Djibouti | Rép. Dominicaine | Dominique | Égypte | Émirats arabes unis

Équateur | Érythrée | Espagne | Estonie | États-Unis

Éthiopie | Fidji | Finlande | France | Gabon

Gambie | Géorgie | Ghana | Grèce | Grenade

Guatemala | Guinée | Guinée-Bissau | Guinée équatoriale | Guyana

Haïti | Honduras | Hongrie | Inde | Indonésie

Irak | Iran | Irlande | Islande | Israël

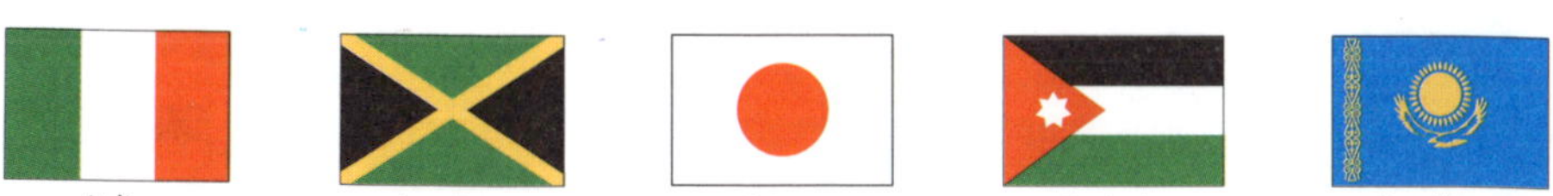

Italie | Jamaïque | Japon | Jordanie | Kazakhstan

Kenya | Kirghizstan | Kiribati | Koweït | Laos

Lesotho | Lettonie | Liban | Liberia | Libye

le Robert Junior illustré

ISBN : 978-2-32100-061-7

le Robert Junior illustré

le Robert

direction éditoriale
Marie-Hélène DRIVAUD

rédaction
Sophie CHANTREAU-RAZUMIEV
Laurence LAPORTE
Béatrice LEBEAU-BENSA (graphies)

avec la participation de Dominique VERNIER LOPIN et Didier de CALAN (encyclopédie) ; Jean-Michel BILLIOUD, Jacky BIVILLE, Hervé THIBON (planches)

illustrateurs : M. BELLAN, L. BLONDEL, E. BOGAERT, A. BOOS, S. DESVERGNES, Ch. DROCHON, B. DUHEM, L. FAVREAU, CH.-E. GOGNY, HÉLIADORE, P. DE HUGO, M. IVERS, Y. LARVOR, O. LECOQ, N. LOCOSTE-LAPLACE, G. MACÉ, P. MAISONNAT, E. MERCIER, F. MERLIER, P. MORIN, F. MULLER, J.-M. PARISELLE, J.-M. PAU, C. PICARD, F. PICHON, D. PIZZI, N. RAZUMIEFF, Y. DE RENTY, L. SCHLOSSER, C. DE SEABRA, J.-C. SENÉE, E. SOUPPART, S. SURBER, D.-C. THIBAULT, N. WINTZ.

iconographie : Veronica BROWN, Nathalie LASSERRE,
Gaëlle MARY, Geoffroy MAUZÉ, Christine MOREL, Claire SEGURA

cartographie : Jean-Pierre CRIVELLARI

direction prépresse et informatique éditoriale
Karol GOSKRZYNSKI
assisté de Claude SELLIN, Monique HÉBRARD et Sébastien PETTOELLO
ainsi que de Lionel GARRIDO (programmation de la mise en pages)

lecture-correction : Élisabeth HUAULT
avec Anne-Marie LENTAIGNE, Méryem PUILL-CHÂTILLON, Muriel ZARKA-RICHARD

maquette et direction artistique : Maud DUBOURG
avec Nadine NOYELLE (illustrations) et Patricia MARCHAL (annexes)
planches : Nathalie PIQUART et M-RGS

précédentes éditions
(rédaction)
Christine de BELLEFONDS
Sophie CHANTREAU-RAZUMIEV
Laurence LAPORTE

Sommaire

Liste des planches thématiques

FAUNE ET FLORE

SANTÉ ET ENVIRONNEMENT

SCIENCES ET TECHNIQUES

Avant-propos

Le Robert Junior est un véritable dictionnaire de la langue française prioritairement destiné, en France, aux élèves du cycle des approfondissements ou cycle 3 (CE 2, CM 1, CM 2) et, dans les autres pays francophones, aux élèves du cycle primaire.

Il fait progresser l'enfant dans l'acquisition du vocabulaire de base (20 000 mots à la nomenclature) pour lui permettre de mieux lire et écrire, de mieux comprendre et se faire comprendre. La nouvelle édition du Robert Junior a été enrichie de plus de 650 mots et de nombreux sens nouveaux. Il aidera ainsi l'enfant à acquérir la maîtrise du langage et de la langue française, base de l'accès à toutes les connaissances. Il est en effet aujourd'hui acquis que la maîtrise de la langue est la clé de tous les apprentissages fondamentaux et ne ressortit pas au seul enseignement du « français ». À cet égard, il est utile de rappeler que les programmes officiels recommandent l'usage du dictionnaire dès le cours élémentaire et sa pratique habituelle au cours moyen.

Le passage progressif à l'abstraction fait du mot un outil que l'enfant apprendra à utiliser à bon escient dans des contextes différents. Seule la fréquentation par celui-ci d'un grand nombre de mots, de leurs dérivés, des mots voisins ou d'antonymes lui permettra d'entendre avec acuité, de lire avec intelligence et d'éprouver le plaisir de communiquer dans une langue partagée.

⊙ Un vrai dictionnaire

En opposition avec l'habitude répandue qui consiste à définir un mot par un exemple, le Robert Junior a choisi de donner pour chaque mot, chaque sens, une **vraie définition**. Aucun exemple ne permet d'accéder au sens exact d'un mot, car il particularise son emploi, alors que la définition, qui généralise, est le seul moyen de comprendre tous les sens d'un mot ou d'employer ce mot dans toutes les phrases possibles.

En outre, le Robert Junior donne de nombreuses informations utiles, comme les **pluriels difficiles** ou **irréguliers**, le **féminin des noms et des adjectifs** (toujours indiqué en entrée), les **synonymes** et les **contraires** ainsi que les **homonymes**, et signale les mots et sens d'un niveau de langue **familier**. La prononciation est indiquée à l'aide de l'alphabet phonétique pour les mots qui ne se prononcent pas comme ils s'écrivent ; certains ont deux prononciations possibles (*anis* [ani] ou [anis]), d'autres sont des emprunts (*chewing-gum* [ʃwiŋgɔm], *loggia* [lɔdʒja]) ou encore peuvent faire l'objet d'une hésitation (*coccyx* [kɔksis], *papaye* [papaj] ou *poêle* [pwal]).

À chaque verbe, un **numéro de conjugaison** renvoie aux tableaux des formes conjuguées, dans le dossier Langue française (voir plus bas).

Les mots sont regroupés par familles, le mot chef de famille étant suivi de ses dérivés, indiqués par le signe ▶. Un renvoi est fait à la suite du dernier dérivé vers les autres mots de la famille situés ailleurs dans l'ordre alphabétique. Ce renvoi est indiqué par le signe ▶ et fait l'objet d'un paragraphe distinct à la fin de la famille de mots. À l'inverse, si un mot fait partie d'une famille, cette information est donnée en fin d'article, précédée du signe ▷.

Comme dans les autres dictionnaires Le Robert, une place significative est faite à l'**analogie**. De nombreux renvois permettent, chaque fois que besoin est, de trouver à partir d'un mot, d'autres mots du même domaine.

Des **remarques** (précédées du signe ▶) donnent des informations utiles sur l'**orthographe** d'un mot quand celle-ci présente une difficulté (ex. *thyroïde*), sur les **variantes** quand un mot peut s'écrire ou se dire de plusieurs façons (ex. *plateforme ; calmar*), sur l'aire géographique où ce mot est employé (ex. *chicon, nonante*), sur le niveau de langue (ex. *clémence, convier, courroux, nounou*). Les particularités d'emploi ou les difficultés grammaticales éventuelles sont clairement signalées (*firmament, orgue*). L'**étymologie** est brièvement donnée pour certains mots d'origine étrangère (ex. *chewing-gum, chorus*) ainsi que pour les mots qui viennent de noms propres de personnes ou de lieux (ex. *calepin, camembert*). D'autre part, des **notices étymologiques** plus détaillées retracent l'histoire de plus de 400 mots. Celles-ci figurent dans le dossier Langue française (voir plus bas) et pourront faire l'objet d'exercices en classe.

L'**orthographe** tient compte des recommandations proposées en 1990, approuvées par l'Académie française, afin de former les élèves du cycle 3 à « l'orthographe révisée [qui] est la référence » (B.O. n° 3, 19 juin 2008). L'écriture de certains mots évolue vers plus de simplicité et de logique (*handball* en un seul mot sur le modèle de *football*, *évènement* accentué comme *avènement*, *pizzéria* francisé à la manière de *cafétéria*, *millepatte* à rapprocher de *millefeuille*...). Les nouvelles graphies qui figurent en entrée principale sont employées dans l'ensemble du dictionnaire ; d'autres sont simplement signalées en remarque dans l'article. Elles ne peuvent être considérées comme fautives, notamment dans le cadre scolaire.

Dans le Robert Junior, la **typographie** contribue à faciliter la consultation du dictionnaire. Les entrées sont en violet, ainsi que les emplois pronominaux des verbes. Les expressions figées (du type *à peu près, à propos, tout à fait, pas du tout, tout de suite*) sont en italique violet. De même, les numéros de sens sont en rose, de manière à être bien repérés par l'enfant.

⊙ L'illustration

Le Robert Junior est abondamment illustré d'environ 2 400 vignettes. L'**illustration** en couleurs n'a pas seulement une fonction esthétique, mais elle joue aussi un rôle pédagogique essentiel. L'image, aide précieuse à la définition, donne immédiatement à voir et à comprendre de quoi il s'agit. Les illustrations du Robert Junior sont constituées par des **dessins** (dessins traditionnels et infographies) et par de nombreuses **photos**. Les formats sont variés pour éviter toute monotonie et pour l'agrément des jeunes lecteurs. Les dessins illustrent des **mots concrets** (animaux, plantes, objets familiers ou techniques) que l'enfant apprend à connaître par l'image ou aime reconnaître en feuilletant son dictionnaire. L'originalité du Robert Junior est d'illustrer simultanément les **divers sens d'un mot** (voir par exemple *aile, antenne, chevron, hotte*) ou **un mot et ses dérivés** (*botte, bottine, bottillon ; gaufre, gaufrette, gaufrier*). Parfois, sont illustrés des **noms d'action** (comme *déboisement, escalade, irrigation*) ou des noms de **phénomènes** (*germination, oxydation*). Par ailleurs, il nous a paru intéressant d'illustrer des **adjectifs** concrets (par exemple *caparaçonné, décharné*) ou plus abstraits (*inégal, recyclable*) ainsi que des **verbes d'action** (*déneiger, filmer*). Parmi les photos, figurent des **reproductions d'œuvres d'art** célèbres comme *Les Repasseuses* de Degas, *Le Groom* de Soutine, *Les Constructeurs* de Fernand Léger ou *Le Penseur* de Rodin. Ainsi, en voyant dans son Robert Junior la reproduction d'un *Mobile* de Calder, l'enfant pourra s'initier à la fois à la maîtrise du sens des mots et à l'histoire de l'art (voir également le cahier consacré à l'histoire des arts). La reproduction photographique d'œuvres d'art permet aussi de faire découvrir à l'enfant bon nombre de **techniques artistiques** (*bas-relief, estampe, fresque, gravure, icône, mosaïque, trompe-l'œil*), de le sensibiliser aux divers **courants de l'art** (*abstrait, baroque, impressionniste, surréaliste, tag*) ou d'évoquer des réalités du passé (*cuirasse, diligence, jabot, redingote, tournoi*). Enfin, la photo permet de montrer des **milieux** et des **paysages naturels** (*brousse, lande, fjord* ou *steppe, toundra*) ou de suggérer des ambiances (*carnaval, souk*).

Les **planches illustrées** abordent en images les thèmes les plus divers. Elles sont toutes organisées selon le même modèle : dans un bandeau dont la couleur varie selon la thématique, un texte synthétique, rédigé par un enseignant, présente le sujet. Les planches consacrées à la **faune** et à la **flore**, les plus nombreuses, montrent des séries, des classes d'êtres vivants (*les félins, les poissons, les arbres, les fleurs...*) ou les animaux dans leur milieu naturel (*la forêt, la montagne, l'océan, le sol, la ville...*). La **santé** et l'**environnement** sont abordés dans les planches traitant de *l'alimentation*, du *corps humain* ou encore de *la pollution*. Les **arts** et la **culture** proposent des sujets aussi variés que *le château fort, la cathédrale, le cirque, les musiques du monde* ou *les créatures fantastiques*. Enfin, les **sciences** et **techniques** sont évoquées par plusieurs séries : *les avions, les bateaux, les deux-roues...* ou *la Lune, le Soleil, la Terre...*, parfois dans une perspective historique (*la conquête de l'espace*). Les mots traités dans le dictionnaire renvoient systématiquement vers la planche où ils sont illustrés. Inversement, dans la planche figurent des liens invitant à consulter dans le dictionnaire d'autres mots associés et les planches complémentaires.

Un cahier spécial de 16 pages est consacré à l'**histoire des arts**, dont l'enseignement est fondé sur une approche pluridisciplinaire. La rencontre avec les œuvres, avec les créateurs, avec l'histoire, participe à la formation culturelle et artistique, à la découverte du patrimoine et à l'éveil de la curiosité et de la sensibilité. La présentation chronologique est privilégiée pour acquérir des repères et comprendre les relations de continuité et de rupture qu'entretiennent les œuvres. Un commentaire accompagne certaines, en plus de la légende. Les nombreux renvois vers le dictionnaire peuvent constituer la base d'un lexique spécifique. On trouvera une présentation détaillée de ce cahier p. 1327.

◉ Le dossier Langue française

Pour accompagner l'enfant vers la maîtrise de la langue, ce dossier, placé à la suite du dictionnaire, rassemble : un **aide-mémoire de grammaire**, qui fait le point sur la nature des mots, les formes et les types de phrases, les fonctions et les accords ; les **noms de nombres** et leurs écritures ; les règles concernant l'accord des mots exprimant **les couleurs** ; les principes (recommandations de 1990) qui régissent les évolutions de **l'orthographe** ; les **tableaux de conjugaison**, dans lesquels chaque verbe modèle est développé ; enfin, un petit **dictionnaire d'étymologie**, qui retrace l'histoire de 400 mots et sensibilise aux différents héritages du français.

◉ 500 noms propres

Par ailleurs, il nous a semblé pertinent d'ajouter à l'ouvrage une partie encyclopédique illustrée, incluant **histoire** et **géographie** .

La partie histoire comprend une **chronologie** illustrée, qui présente les dates importantes et les évènements marquants depuis la formation de la Terre jusqu'au 21e siècle. Les **noms propres** qui y sont cités font ensuite l'objet **de notices**. Ces entrées sont en rouge, afin de bien différencier la partie consacrée aux noms propres du dictionnaire de langue.

Un **atlas mondial**, de lecture facile, aide l'enfant qui n'est pas encore rompu à la géographie physique et politique. Il faut apprendre dès l'école à situer son pays dans le continent européen et dans le monde et savoir où se trouvent les régions qui sont évoquées dans le cadre de la classe ou celles dont le nom est rendu familier par l'actualité. Un planisphère de la **francophonie** montre d'autre part que l'on parle français dans beaucoup d'autres pays que la France. Cet atlas est accompagné de **notices** consacrées aux continents, à tous les pays du monde ainsi qu'aux divisions administratives françaises, belges et suisses. Les drapeaux de tous les pays du monde sont représentés à l'intérieur de la couverture.

Dans le même esprit, nous avons dressé la liste des **noms d'habitants** des pays, régions et villes les plus importants.

Le Robert Junior a ainsi pour ambition d'amener l'enfant à mieux maîtriser la langue française et à mieux connaître le monde qu'elle exprime, celui qui l'entoure.

L'éditeur

LANGUE FRANÇAISE

le mot repère

Le féminin est clairement indiqué

Les synonymes et les contraires

La prononciation. Voir le tableau des signes phonétiques au début du livre

Les homonymes qui ont la même orthographe

Ce mot a plusieurs sens qui sont numérotés

La conjugaison des verbes renvoie aux tableaux à la fin du livre

Les mots qui constituent une famille, traités à l'ordre alphabétique

Ce mot est illustré dans une planche

Les autres mots qui constituent la famille

calciné

calciné, calcinée adj. Complètement brûlé. ➜ **carbonisé.** *Après l'incendie, il ne restait que des débris calcinés.*

calcium [kalsjɔm] n. m. Métal blanc que l'on trouve dans de nombreux éléments qui composent la terre ainsi que dans les organismes vivants. *Les produits laitiers contiennent du calcium.* ➜ planche **Alimentation.**

① **calcul** n. m. Petit caillou qui peut se former dans la vésicule, dans les reins et la vessie et rendre malade. *On l'a opéré d'un calcul dans un rein.*

② **calcul** n. m. 1. Compte, opération. *Il faut faire des calculs très compliqués.* 2. Technique qui permet de faire des opérations. ➜ **arithmétique.** *Alex est très bon en calcul.* 3. Raisonnement, réflexion. *J'ai fait un mauvais calcul en pensant qu'il m'aiderait.*

▸ **calculer** v. (conjug. 3) 1. Chercher en faisant des opérations, des comptes. *Calculez la surface totale de la maison. Une machine à calculer,* qui sert à faire des calculs. ➜ **calculatrice, calculette.** 2. Prévoir comme il faut. *Il avait tout calculé. Elle a bien calculé son coup,* bien combiné.

▸ **calculateur, calculatrice** adj. *Une personne calculatrice,* c'est une personne habile à combiner des plans, des projets pour obtenir ce qu'elle veut. ➜ **intéressé.**

▸ **calculatrice** n. f. Machine électronique que l'on utilise pour faire des calculs très rapidement.

▸ **calculette** n. f. Calculatrice de poche.

▸ Autre mot de la famille : incalculable.

① **cale** n. f. 1. Partie située à l'intérieur d'un bateau, sous le pont. ➜ planche **Bateaux.** *Les marchandises sont entreposées dans la cale.* 2. *Cale sèche,* bassin sans eau aménagé pour réparer les bateaux, dans un port. *Le bateau est en cale sèche.*

② **cale** n. f. Ce que l'on met sous un objet qui manque d'équilibre pour le remettre d'aplomb. *On a glissé une cale sous un pied de la table bancale.*

▸ Autres mots de la famille : cale-pied, caler, décalage, décaler.

Un ascenceur alphabétique pour faciliter les recherches

a b c d e f g h i j k l m n o p q r s t u v w x y z

calé, calée adj. Familier. Bon dans une matière, dans une activité. *Il est calé en histoire.*

Attention ! Ce mot est familier

calèche n. f. Voiture à cheval à quatre roues, que l'on peut couvrir avec une capote. *Les touristes peuvent visiter la ville en calèche.*

L'entrée (mot défini) en violet

La catégorie grammaticale

L'exemple met le mot en contexte

calèche

L'illustration, placée au plus près du mot, éclaire la définition

calembour n. m. Plaisanterie faite avec des mots qui se prononcent de la même façon mais qui n'ont pas le même sens. *«Sois gai, ris donc (guéridon)» est un calembour.*

La définition

calendrier n. m. (→ ÉTYM.) Tableau où sont inscrits les mois et les jours d'une année. *Julie regarde la date sur le calendrier de la classe.*

Des renvois vers le petit dictionnaire d'étymologie

cale-pied n. m. Petite pièce de métal fixée sur la pédale d'une bicyclette pour maintenir le pied. → planche **Deux-roues.** – Au pl. *Des cale-pieds.* ▷ Mot de la famille de ② cale et de ① pied.

Les pluriels difficiles

Ce mot appartient à deux familles différentes

calepin n. m. Petit carnet. *Il a noté le rendez-vous sur son calepin.*

● Ce mot vient du nom d'un moine italien du 16e siècle, *Calepino,* auteur d'un dictionnaire de la langue latine.

Des remarques sur l'orthographe, la prononciation, l'origine des mots

caler v. (conjug. 3) **1.** Empêcher de bouger en mettant une cale. *On a calé la table bancale.* **2.** *La voiture a calé,* le moteur s'est arrêté brusquement. ▷ Mot de la famille de ② cale.

Le mot est replacé dans sa famille

calfeutrer v. (conjug. 3) Boucher les fentes d'une porte, d'une fenêtre. *Ils ont calfeutré les fenêtres pour empêcher l'air froid de passer.* – **se calfeutrer,** s'enfermer. *Elle s'est calfeutrée chez elle et ne veut voir personne.*

Le sens pronominal du verbe est indiqué et expliqué

Les abréviations du dictionnaire

adj.	adjectif	inv.	invariable
adv.	adverbe	km	kilomètre
conjug.	conjugaison	m.	masculin
contr.	contraire	m	mètre
étym.	étymologie	m^2	mètre carré
f.	féminin	masc.	masculin
fam.	familier	n.	nom
fém.	féminin	pl.	pluriel
h	heure	prép.	préposition
interj.	interjection	v.	verbe

L'alphabet phonétique

voyelles

[i]	il, vie, lyre			[œ]	peur, meuble
[e]	blé, jouer	[o]	mot, dôme, eau, gauche	[ə]	le, premier
[ɛ]	lait, jouet, merci	[u]	genou, roue	[ɛ̃]	matin, plein, main
[a]	plat, patte	[y]	rue, vêtu	[ɑ̃]	sans, vent
[ɑ]	bas, pâte	[ø]	peu, deux, chanteuse	[ɔ̃]	bon, ombre
[ɔ]	fort, donner			[œ̃]	lundi, brun

semi-consonnes

[j]	yeux, paille, pied	[w]	oui, nouer	[ɥ]	huile, lui, sueur

consonnes

[p]	père, soupe				
[t]	terre, vite	[ʃ]	chat, tache,	[ɲ]	agneau, vigne
[k]	cou, qui, sac, képi	[v]	vous, rêve		
		[z]	zéro, maison, rose	[ŋ]	camping (mots empruntés à l'anglais)
[b]	bon, robe				
[d]	dans, aide	[ʒ]	je, gilet, geôle		
[g]	gare, bague				
[f]	feu, neuf, photo	[l]	lent, sol	[h]	hop ! (exclamatif)
		[ʀ]	rue, venir		
[s]	sale, celui, ça, dessous, tasse, nation, penser	[m]	main, femme		
		[n]	nous, tonne, animal	[']	*haricot (pas de liaison)

à prép. **1.** Indique le lieu. *Il habite à Paris. Elle a mal aux reins. Alex est allé au Canada et aux États-Unis.* **2.** Indique le moment. *Elle se lève à sept heures.* **3.** Indique l'appartenance. *Ce stylo est à Julie.* **4.** Indique le moyen. *Léa se promène à bicyclette.* **5.** *Une tasse à thé* est faite pour contenir du thé. **6.** Introduit un complément indirect. *Louise plaît à tout le monde. Paul écrit à Julie.*

▶ *À* n'est jamais suivi de *le* ni de *les,* on dit *au, aux.*

abaisser v. (conjug. 3) **1.** Faire baisser, diminuer. *On abaisse le niveau d'eau du lac en ouvrant le barrage.* ▮ contraires : **relever, remonter.** **2. s'abaisser,** perdre sa fierté. *Elle ne s'est pas abaissée à lui demander pardon.* ➜ s'**humilier.**
▷ Mot de la famille de baisser.

abandon n. m. **1.** Le fait de ne plus s'occuper de quelqu'un, de quelque chose. *Les départs en vacances provoquent parfois des abandons d'animaux.* **2.** Le fait de renoncer à quelque chose. *Les abandons ont été nombreux dans la dernière étape,* de nombreux coureurs ont abandonné la course. **3.** *Un jardin à l'abandon,* dont on ne s'occupe plus.

▸ **abandonner** v. (conjug. 3) **1.** Quitter une personne ou un animal dont on devrait s'occuper. *Les parents du Petit Poucet abandonnèrent leurs enfants.* **2.** Renoncer à une action. *Le coureur a abandonné la course.*

▸ **abandonné, abandonnée** adj. *Un animal abandonné,* c'est un animal qu'on a laissé pour toujours, dont on ne veut plus. *Des bêtes abandonnées.*

abasourdi, abasourdie [abazuRdi] adj. Très étonné. ➜ **ahuri, ébahi, stupéfait.** *Elle était abasourdie.*

abat-jour n. m. Partie d'une lampe faite de tissu ou de papier qui évite d'être ébloui par l'ampoule. – Au pl. *Des abat-jours* ou *des abat-jour.* ▷ Mot de la famille de abattre et de jour.

abats n. m. pl. Organes des animaux de boucherie, que l'on peut manger. *Le foie, les rognons sont des abats.*

abattage n. m. **1.** *L'abattage d'un arbre,* c'est l'action de le faire tomber. **2.** *L'abattage d'un animal,* c'est le fait de le tuer. ▷ Mot de la famille de abattre.

abattant n. m. Panneau que l'on peut relever ou abaisser. *Une table à abattant.* ▷ Mot de la famille de abattre.

abattement n. m. **1.** Grande tristesse qui fatigue. *Il était dans un état de profond abattement.* ➜ **accablement.** **2.** Réduction. *Un abattement d'impôts.* ▷ Mot de la famille de abattre.

abattis [abati] n. m. pl. La tête, le cou, les ailerons, les pattes, le foie, le gésier d'une volaille.

abattoir n. m. Bâtiment où l'on abat les animaux de boucherie. ▷ Mot de la famille de abattre.

abattre v. (conjug. 44) **1.** Faire tomber par terre une chose verticale. *Les bûcherons abattent des arbres.* – **s'abattre,** tomber tout d'un coup. *Les sauterelles se sont abattues sur les récoltes.* **2.** Tuer. *Les policiers ont abattu le terroriste.* **3.** Rendre faible. *Cette grippe a abattu Paul.* ➜ **fatiguer.** *La perte de son chat a beaucoup abattu Julie.* ➜ **accabler, déprimer.**

▸ **abattu, abattue** adj. Triste, découragé. *Julie est très abattue parce que son chat a disparu.*

▸ Autres mots de la famille : abat-jour, abattage, abattant, abattement, abattoir, rabat, rabat-joie, rabattre, se rabattre.

abbaye

abbatiale [abasjal] n. f. Église d'une abbaye.

abbaye [abei] n. f. Lieu, bâtiment où vivent des moines ou des religieuses.

abbé n. m. **1.** Prêtre catholique. **2.** Moine dirigeant une abbaye.

La religieuse qui dirige une abbaye est *une abbesse.*

abc [abese] n. m. inv. *L'abc d'un métier,* c'est ce qu'il faut au moins en savoir. → **b. a.-ba.**

▶ Autre mot de la famille : abécédaire.

abcès [absɛ] n. m. Pus qui s'accumule dans un endroit du corps. *Un abcès dentaire.*

abdiquer v. (conjug. 3) Abandonner le pouvoir, quand on est roi ou empereur. *Le roi Louis-Philippe abdiqua en 1848.*

▶ **abdication** n. f. Abandon du pouvoir. *Après son abdication, le roi s'exila.*

abdomen [abdɔmɛn] n. m. Partie du corps où se trouvent l'estomac, le foie, les intestins. → **ventre.** → planche **Corps** humain.

▶ **abdominal, abdominale** adj. Qui concerne l'abdomen. *Des douleurs abdominales.* – n. m. pl. *Les abdominaux,* les muscles du ventre. *Faire des abdominaux,* des exercices qui développent ces muscles.

abécédaire n. m. → ÉTYM. Petit livre illustré dans lequel les enfants apprennent les lettres de l'alphabet. ▷ Mot de la famille de abc.

abeille n. f. → ÉTYM. Insecte brun qui fait le miel et la cire en butinant les fleurs. → aussi **apiculture** et **ruche.** → planches Animaux **domestiques, insectes, prairie.**

aberrant, aberrante adj. Contraire à la raison. *Quelle histoire aberrante !* → **insensé.**

aberration [abeʀasjɔ̃] n. f. Ce qui est contraire à la raison, au bon sens. → **absurdité.**

abêtir v. (conjug. 11) Rendre bête, stupide. *Les livres idiots abêtissent.* → **abrutir.**

▶ **abêtissant, abêtissante** adj. Qui rend stupide. *Des jeux télévisés abêtissants.*

▷ Mots de la famille de ② bête.

abîme n. m. Trou immense et profond. → **gouffre, précipice.**

Attention à l'accent circonflexe du *î.*

abîmer v. (conjug. 3) Mettre en mauvais état. → **détériorer, endommager ;** fam. **esquinter.** *Paul abîme vite ses affaires.* – **s'abîmer,** perdre son bon état, sa belle apparence. *Ces fruits vont s'abîmer.* → se **gâter, pourrir.**

Attention à l'accent circonflexe du *î.*

abject, abjecte adj. Qui mérite le mépris. → **ignoble, méprisable, répugnant.** *Une attitude abjecte.*

abjurer v. (conjug. 3) Renoncer à sa religion. *Henri IV abjura le protestantisme en 1593.* ▷ Mot de la famille de ① jurer.

ablation n. f. Action d'enlever une partie du corps. *L'ablation d'un rein.*

abeille

ablutions n. f. pl. *Faire ses ablutions,* se laver pour se purifier. *Les musulmans font leurs ablutions avant la prière.*

aboiement n. m. Cri du chien. → aussi **jappement.** ▷ Mot de la famille de aboyer.

aux abois adj. *Un cerf aux abois,* poursuivi et entouré par les chiens de chasse. *Être aux* *abois,* dans une situation désespérée. ▷ Mot de la famille de aboyer.

abolir v. (conjug. 11) Faire disparaître. ➜ **supprimer.** *L'esclavage a été aboli en France en 1848.*

▶ **abolition** n. f. Suppression. *L'abolition de la peine de mort en France date de 1981.*

abominable adj. **1.** Qui fait horreur. *Un crime abominable.* ➜ **affreux, horrible. 2.** Très mauvais. *Un temps abominable.* ➜ **exécrable.**

abonder v. (conjug. 3) Être en grande quantité. *Les pommes abondent sur le marché.*

▶ **abondance** n. f. **1.** Grande quantité. *On trouve une abondance de produits dans les supermarchés. Il y a des provisions en abondance dans le réfrigérateur. – Abondance de biens ne nuit pas,* on peut toujours accepter quelque chose que l'on a déjà en quantité suffisante. **2.** *Vivre dans l'abondance,* dans le luxe, la richesse. ➜ **opulence.**

▶ **abondant, abondante** adj. Qui est en grande quantité. ▮ contraires : **insuffisant, rare.** *Une récolte abondante.*

▶ **abondamment** adv. En grande quantité. ➜ **beaucoup, largement.** *Il a plu abondamment hier.*

▶ Autres mots de la famille : surabondance, surabondant.

abonner v. (conjug. 3) **1.** *Abonner une personne à un journal,* c'est payer à l'avance pour qu'elle le reçoive régulièrement par la poste. – **s'abonner,** payer un abonnement pour soi. *Léa s'est abonnée à plusieurs revues.* **2.** *Ils sont abonnés au téléphone et à l'électricité,* ils ont signé un contrat et payent pour pouvoir avoir le téléphone et l'électricité.

▶ **abonné** n. m., **abonnée** n. f. Personne qui est abonnée. *Les abonnés au téléphone.*

▶ **abonnement** n. m. Paiement à l'avance pour recevoir régulièrement un journal, un magazine chez soi. *Un abonnement d'un an.*

abord n. m. **1.** *Louise est d'un abord facile,* on peut facilement s'adresser à elle, l'aborder. **2.** *Au premier abord,* à première vue. *Au premier abord, il est très sympathique.* **3.** *Les abords de la gare sont bruyants,* les alentours, les environs. ▷ Mot de la famille de ① bord.

d'abord adv. En premier lieu, pour commencer. ▮ contraires : **après, enfin, ensuite.** *Julie mange d'abord le jaune de son œuf dur.*

abordable adj. Pas trop cher. *En cette saison, les fraises sont abordables.* ▮ contraires : ② **cher, inabordable.** ▷ Mot de la famille de ① bord.

abordage n. m. Assaut donné à un navire en s'amarrant bord à bord avec lui. *À l'abordage !* ▷ Mot de la famille de ② bord.

① **aborder** v. (conjug. 3) **1.** Arriver au rivage, en venant de la mer. ➜ **accoster.** *Le navire aborda dans une île déserte.* **2.** *Aborder quelqu'un,* c'est l'arrêter pour lui parler, lui demander quelque chose. **3.** *Aborder un problème,* c'est commencer à en parler. ▷ Mot de la famille de ① bord.

② **aborder** v. (conjug. 3) *Les pirates abordèrent le navire,* le prirent à l'abordage. ▷ Mot de la famille de ② bord.

aborigène n. m. et f. Population, personne qui vit depuis toujours dans un pays. ➜ **autochtone, indigène.** *Les aborigènes d'Australie.*

des aborigènes

aboutir v. (conjug. 11) **1.** Se terminer quelque part. *La route aboutit à la mer.* ▮ contraires : **commencer, partir. 2.** Donner un résultat. *L'enquête n'a pas encore abouti.*

▶ **aboutissement** n. m. Résultat. ➜ **couronnement.** *Cette récompense est l'aboutissement de sa carrière.*

▷ Mots de la famille de bout.

aboyer v. (conjug. 10) *Le chien aboie,* il pousse son cri.

▶ Autres mots de la famille : aboiement, aux abois.

abracadabrant, abracadabrante adj. Invraisemblable. *Des histoires abracadabrantes.* ➜ **farfelu.**

▮ Ce mot vient de la formule magique *abracadabra.*

abréger v. (conjug. 5b et 8) Rendre plus court. ➜ **écourter, raccourcir.** *Abrégeons ce texte, il est trop long !*

▶ **abrégé** n. m. **1.** Texte qui ne dit que le plus important. ➜ **résumé. 2.** *Écrire en abrégé,* c'est écrire sans mettre toutes les lettres du mot.

a b c d e f g h i j k l m n o p q r s t u v w x y z

Madame s'écrit «Mme» en abrégé. → aussi **abréviation.**

s'abreuver v. (conjug. 4) Boire. *Les vaches se sont abreuvées dans la rivière.*

Ce mot appartient au langage soutenu.

▸ **abreuvoir** n. m. Grand bac dans lequel on fait boire les animaux.

abréviation n. f. Mot écrit en abrégé. *«Télé» est l'abréviation de «télévision». «Mme» est l'abréviation de «Madame».* → aussi **abrégé.**
▷ Mot de la famille de bref.

abri n. m. Endroit où l'on est protégé du mauvais temps ou du danger. *La grotte leur a servi d'abri.* – *Se mettre à l'abri de quelque chose,* s'en protéger. *Ils se sont mis à l'abri de la pluie.*

▸ **abribus** [abʀibys] n. m. (marque déposée) Petit abri pour les voyageurs, à un arrêt d'autobus. ▷ Mot de la famille de bus.

▸ Autres mots de la famille : abri-sous-roche, abrité, abriter, sans-abri.

abricot n. m. Petit fruit à noyau, de couleur orange, dont la peau est très douce. → planche **Fruits.**

▸ **abricotier** n. m. Arbre fruitier sur lequel poussent les abricots.

abri-sous-roche n. m. Cavité peu profonde au pied d'une falaise. *Les abris-sous-roche servaient d'habitations aux hommes préhistoriques.* ▷ Mot de la famille de abri et de roche.

abriter v. (conjug. 3) **1.** Mettre à l'abri. → **protéger.** *Théo abrite Julie sous son parapluie.* – **s'abriter,** se mettre à l'abri. *Les enfants se sont abrités dans une grotte.* **2.** Servir de maison. *Cet immeuble abrite des dizaines de familles,* des dizaines de familles vivent dedans.

▸ **abrité, abritée** adj. À l'abri du vent. *Une terrasse bien abritée.*
▷ Mots de la famille de abri.

abroger v. (conjug. 5b) *Abroger une loi,* c'est l'annuler. → **abolir.**

▸ **abrogation** n. f. *L'abrogation d'une loi,* son annulation. → **abolition.**

abrupt, abrupte adj. **1.** En pente très raide. → **escarpé.** *La face la plus abrupte de la montagne.* **2.** Sec et brutal. *Une réponse abrupte.*

abrutir v. (conjug. 11) Diminuer les réactions, fatiguer. *La chaleur nous a abrutis.*

▸ **abruti, abrutie** adj. Stupide, sans intelligence. → **idiot.** *Elle est complètement abrutie.* – n. *Quelle abrutie !*

▸ **abrutissant, abrutissante** adj. Qui abrutit. *Un travail abrutissant.* → **fatigant.**

▸ **abrutissement** n. m. Action de rendre stupide, état d'une personne abrutie.

abscisse n. f. Coordonnée horizontale qui sert à repérer la position d'un point dans un plan. → aussi **ordonnée.**

absent, absente adj. Qui n'est pas dans le lieu où il devrait être. ▮ contraire : ① **présent.** *Léa sera absente de chez elle demain.* – n. *Il y a beaucoup d'absents à l'école en hiver.*

▸ **absence** n. f. **1.** Le fait de ne pas être là. ▮ contraire : **présence.** *Son absence a été remarquée.* **2.** Manque. *Quelle absence d'humour !*

▸ **s'absenter** v. (conjug. 4) S'éloigner pour un certain temps d'un lieu où l'on est normalement. *Les parents de Louise se sont absentés.*

abside n. f. Partie d'une église située derrière le chœur. → planche **Cathédrale.**

art **abstrait** (*Tyrol,* Franz Marc, 1914)

absolu, absolue adj. **1.** Complet, sans limite. → **total.** *Il a une confiance absolue en son médecin.* **2.** *La monarchie absolue,* c'est un régime dans lequel seul le roi a le pouvoir. → **absolutisme.** – *Louis XIV était un roi absolu,* il était seul à avoir le pouvoir.

▸ **absolument** adv. Tout à fait. *C'est absolument faux.* → **complètement, totalement.**

▸ **absolutisme** n. m. Régime politique dans lequel le souverain a tout le pouvoir.

absorber v. (conjug. 3) **1.** *Absorber un liquide,* le laisser pénétrer et le retenir. *L'éponge a ab-*

sorbé l'eau. **2.** Boire, manger. ➜ **avaler.** *Le malade n'a rien absorbé depuis ce matin.* **3.** Occuper complètement. *Ce travail l'absorbe.*

▸ **absorbant, absorbante** adj. **1.** *Un papier absorbant,* qui laisse pénétrer les liquides. **2.** *Un travail absorbant,* qui occupe entièrement.

▸ **absorption** n. f. *L'absorption d'un liquide par une éponge,* le fait de l'absorber, de le retenir en elle. *L'absorption d'un médicament,* le fait de le prendre, de l'avaler.

s'abstenir v. (conjug. 13) **1.** Éviter de faire quelque chose volontairement. ➜ s'**empêcher,** se **garder.** *Prière de s'abstenir de fumer.* **2.** Ne pas voter. *De nombreux électeurs se sont abstenus.*

▸ **abstention** n. f. Absence de vote d'un électeur. *Il y a eu 20 % d'abstentions.*

▸ **abstentionniste** n. m. et f. Personne qui choisit de ne pas voter.

abstraction [abstʀaksjɔ̃] n. f. *Faire abstraction de quelque chose,* c'est ne pas en tenir compte. ➜ **écarter, exclure.**

abstrait, abstraite adj. **1.** *Un mot abstrait,* c'est un mot qui désigne une idée, une qualité. ▮ contraire : **concret.** *«Liberté» est un mot abstrait.* **2.** *L'art abstrait,* c'est une forme d'art qui n'essaye pas de représenter ce que l'on voit.

absurde adj. Contraire au bon sens. ➜ **fou, insensé, stupide.** *Une réponse absurde.* ▮ contraire : **sensé.**

▸ **absurdité** n. f. Chose contraire au bon sens. ➜ **sottise.** *Il n'a dit que des absurdités.*

abuser v. (conjug. 3) *Abuser d'une chose,* c'est en consommer exagérément. *Il ne faut pas abuser des sucreries. – Nous réveiller à cinq heures du matin, il abuse !* il exagère.

▸ **abus** n. m. Excès. *L'abus d'alcool est dangereux.*

▸ **abusif, abusive** adj. Exagéré. ➜ **excessif.** *L'usage abusif des pesticides est dangereux pour l'environnement.*

▷ Mots de la famille de ① **user.**

abysse [abis] n. m. Endroit très profond dans la mer. *Les poissons des abysses.*

▸ Ce mot est du masculin. On dit *un abysse.*

acabit [akabi] n. m. Genre, espèce. ➜ **nature.** *Je me méfie des gens de cet acabit.*

acacia n. m. Arbre à fleurs blanches parfumées qui pendent en grappes. *Une avenue bordée d'acacias.*

acacia

académie n. f. **1.** Société d'écrivains, de savants ou d'artistes. *L'Académie française est constituée de quarante écrivains.* **2.** En France, Région regroupant des écoles, des collèges, des lycées et des universités. *L'Académie de Paris.*

▸ **académicien** n. m., **académicienne** n. f. Membre d'une académie, en particulier de l'Académie française.

acajou n. m. (pl. **acajous**) Bois précieux brun-rouge, tiré d'un arbre tropical. *Une table en acajou.*

acariâtre adj. D'un caractère désagréable. ➜ **hargneux, revêche.** *C'est une femme acariâtre.*

acarien n. m. Petit parasite de la famille des araignées et des scorpions, invisible à l'œil nu, qui provoque des allergies. *Les acariens vivent dans la poussière.*

acarien vu au microscope

accabler v. (conjug. 3) Faire supporter à quelqu'un quelque chose de pénible, d'excessif. ➜ **surcharger.** *Certains seigneurs accablaient leurs serfs d'impôts. Elle est accablée de travail.*

▸ **accablant, accablante** adj. *Une chaleur accablante,* très forte. ➜ **écrasant.**

▸ **accablement** n. m. État d'une personne abattue, accablée. ➜ **abattement.**

accalmie n. f. Moment de calme pendant une tempête, un orage. *Attendons une accalmie pour sortir.* ▷ Mot de la famille de calme.

accaparer v. (conjug. 3) Prendre pour soi tout seul. *Julie a accaparé la salle de bains pendant une heure. Alex accapare l'attention des gens qui l'entourent.*

accéder v. (conjug. 8) **1.** *Accéder à un lieu,* c'est y avoir accès, y entrer. *On accède à la ferme par un chemin de terre.* **2.** Parvenir. *Le père de Léa a accédé à un poste important.*

accélérer v. (conjug. 8) **1.** Rendre plus rapide. *On a accéléré la construction de l'immeuble.* ▮ contraire : **ralentir.** – **s'accélérer,** devenir plus rapide. *Les battements du cœur s'accélèrent quand on court.* **2.** Augmenter la vitesse. *Il faut accélérer quand on double une voiture.* ▮ contraire : **freiner.**

▸ **accélérateur** n. m. Mécanisme qui permet d'augmenter la vitesse. *L'automobiliste appuya sur l'accélérateur.*

▸ **accélération** n. f. Augmentation de vitesse. *L'accélération des battements du cœur.*

accent n. m. **1.** Façon de parler, de prononcer une langue, qui est particulière à un groupe de personnes. *Il a l'accent du Midi.* **2.** *Le maître a mis l'accent sur les difficultés des enfants en orthographe,* il a insisté sur ce point. **3.** Signe que l'on place sur certaines voyelles. *Les* ***e*** *de «bébé» portent un accent aigu. Le* ***a*** *de «voilà», le* ***u*** *de «où» et le* ***e*** *de «accès» portent un accent grave. Le* ***a*** *de «âne», le* ***u*** *de «flûte», le* ***o*** *de «tôt» et le* ***e*** *de «tête» portent un accent circonflexe.*

▸ **accentuer** v. (conjug. 3) **1.** Faire ressortir. *Cette couleur accentue sa mauvaise mine.* ➜ **souligner.** ▮ contraire : **atténuer. 2. s'accentuer,** devenir plus fort, plus important. *La douleur s'est accentuée.* ➜ **augmenter.**

accepter v. (conjug. 3) **1.** Prendre ce qui est offert. *J'accepte ton aide.* ▮ contraires : **refuser, rejeter.** *Il a accepté de venir,* il a bien voulu venir. **2.** *Accepter quelqu'un,* c'est l'admettre. *Le nouveau a été bien accepté dans notre équipe.* ▮ contraire : **rejeter.**

▸ **acceptable** adj. **1.** Que l'on peut accepter. *Une demande acceptable.* ▮ contraire : **inacceptable. 2.** Passable, assez bon. *Ce devoir est acceptable.*

▸ **acceptation** n. f. Consentement. ▮ contraire : **refus.**

▶ Autre mot de la famille : inacceptable.

① **accès** n. m. *Un accès de fièvre,* c'est une fièvre brusque et forte. ➜ **poussée.**

② **accès** n. m. **1.** Possibilité d'aller dans un lieu. *L'accès du parc est interdit la nuit.* ➜ **entrée.** *Seuls les ouvriers ont accès au chantier,* peuvent y aller, y accéder. **2.** Endroit par lequel on peut arriver. *Cette région est d'un accès difficile,* difficile à atteindre.

▸ **accessible** adj. Facile à atteindre. ▮ contraire : **inaccessible.** *Range ces livres dans un endroit accessible.*

▸ **accession** [aksesjɔ̃] n. f. Fait d'arriver à une fonction, à une situation. *L'accession d'un homme politique au pouvoir. L'accession à la propriété,* le fait de devenir propriétaire.

▶ Autre mot de la famille : inaccessible.

① **accessoire** adj. Peu important. ➜ **secondaire.** ▮ contraires : **essentiel, primordial.** *Une remarque accessoire.*

② **accessoire** n. m. Objet qui accompagne un objet principal et qui n'est pas indispensable. *Les sacoches et le porte-bagage sont les accessoires d'une bicyclette.*

accident n. m. **1.** Évènement malheureux qui entraîne des dégâts. *Il y a beaucoup d'accidents de la route.* **2.** *Accident de terrain,* déformation du sol. ➜ **inégalité.**

▸ **accidenté, accidentée** adj. **1.** Qui a eu un accident. *Il y a une voiture accidentée au bord de la route.* **2.** *Un terrain accidenté,* où le sol n'est pas plat, présente des accidents de terrain. ➜ **inégal.**

▸ **accidentel, accidentelle** adj. Dû à un accident. *Sa mort est accidentelle. L'incendie était accidentel.* ▮ contraire : **criminel.**

▸ **accidentellement** adv. Par accident. *Il a été blessé accidentellement.*

acclamer v. (conjug. 3) Accueillir par des cris d'enthousiasme. *Le public acclame le vainqueur.* ▮ contraire : **huer.**

▸ **acclamation** n. f. Cri de joie poussé par une foule. *Le chanteur salua sous les acclamations du public.*

acclimater v. (conjug. 3) **1.** Adapter à un nouveau climat. *Ce fermier a acclimaté en France plusieurs espèces de fruits exotiques.* **2.** ***S'acclimater** à quelque chose,* c'est s'y habituer. *Elle s'est bien acclimatée à sa nouvelle école.*

▸ **acclimatation** n. f. *Un jardin d'acclimatation,* où l'on trouve des animaux des pays lointains.

▷ Mots de la famille de climat.

accolade n. f. **1.** *Donner l'accolade à quelqu'un,* c'est le serrer dans ses bras pour le féliciter. **2.** Petit signe ({) qui réunit plusieurs lignes.

accolé, ée adj. Mis l'un à côté de l'autre, côte à côte. *Des lits jumeaux accolés.*

accommoder v. (conjug. 3) **1.** Préparer les aliments pour les manger. *Elle a l'art d'accommoder les restes.* **2.** ***S'accommoder** de quelque chose,* c'est s'en arranger. ➔ se **contenter.** *Ils se sont accommodés de la situation.*

▸ **accommodant, accommodante** adj. Arrangeant, conciliant. *Une personne très accommodante.*

▷ Mots de la famille de ② commode.

accompagner v. (conjug. 3) **1.** Aller avec quelqu'un quelque part. *Paul accompagne sa mère au marché.* **2.** *La viande est accompagnée de légumes,* est servie avec des légumes. **3.** *Le pianiste accompagne la chanteuse,* il joue en même temps qu'elle chante.

▸ **accompagnateur** n. m., **accompagnatrice** n. f. **1.** Personne qui accompagne un groupe. *L'accompagnatrice d'un groupe de touristes.* **2.** *L'accompagnateur d'un chanteur,* le musicien qui joue l'accompagnement.

▸ **accompagnement** n. m. Musique que l'on joue en même temps que quelqu'un chante.

▸ Autre mot de la famille : raccompagner.

accomplir v. (conjug. 11) Faire, exécuter complètement. *Les sauveteurs accomplissent leur mission.* – **s'accomplir,** se réaliser. *Mon vœu s'est accompli.*

▸ **accompli, accomplie** adj. **1.** *Une pianiste accomplie,* très bonne. **2.** *Il a été mis devant le fait accompli,* devant ce qui était déjà fait, sans pouvoir rien y changer.

▸ **accomplissement** n. m. Réalisation. *L'accomplissement d'un travail.*

accord n. m. **1.** Arrangement entre plusieurs personnes. ▮ contraire : **désaccord.** *Les deux adversaires ont conclu un accord.* **2.** Autorisation, permission. *Les élèves doivent avoir l'accord du directeur pour sortir de l'école.* **3.** *Être d'accord,* c'est être du même avis. *Je ne suis pas d'accord avec toi. Elle est d'accord pour nous aider. D'accord !* oui, je veux bien. **4.** *On fait l'accord du verbe avec le sujet,* on accorde le verbe avec le sujet. **5.** Ensemble de notes jouées ensemble. ▷ Mot de la famille de accorder.

accordéon n. m. Instrument de musique à soufflet et à touches ou à boutons. ➔ planche **Musique.**

▸ **accordéoniste** n. m. et f. Musicien, musicienne qui joue de l'accordéon.

accordéon

accorder v. (conjug. 3) **1.** Régler le son d'un instrument de musique. *Les musiciens accordent leurs instruments. – Accordez vos violons !* mettez-vous d'accord. **2.** *Accorder un mot avec un autre,* c'est lui donner la forme qui convient d'après le mot dont il dépend. **3. s'accorder,** être en accord. *Le verbe s'accorde avec le sujet. – Ces couleurs s'accordent bien,* elles vont bien ensemble. **4.** Donner. *Ses parents lui ont accordé la permission d'y aller.* ▮ contraire : **refuser.**

▸ Autres mots de la famille : accord, désaccord, désaccordé.

accoster v. (conjug. 3) **1.** *Le paquebot accoste,* il se range le long du quai. **2.** Aborder quelqu'un sans le connaître. *Théo a accosté un passant pour demander son chemin.*

▸ **accostage** n. m. Le fait d'accoster, pour un bateau. *L'accostage d'un paquebot est délicat.*

accotement n. m. Bord d'une route, d'une voie de chemin de fer. ▷ Mot de la famille de côté.

accoucher v. (conjug. 3) Donner naissance à son enfant. *Elle a accouché d'une fille. La sage-femme l'a accouchée,* l'a aidée à accoucher.

▸ **accouchement** n. m. Sortie d'un enfant hors du ventre de sa mère. ➜ **naissance.**

s'accouder v. (conjug. 4) S'appuyer sur les coudes. *Elle s'est accoudée à la table.*

▸ **accoudoir** n. m. Appui sur lequel on pose les coudes. *Les accoudoirs d'un fauteuil.*
▷ Mots de la famille de coude.

s'accoupler v. (conjug. 4) *Les animaux s'accouplent à la saison des amours,* ils s'unissent pour avoir des petits.

▸ **accouplement** n. m. Union du mâle et de la femelle, chez les animaux. *La mante religieuse femelle dévore parfois le mâle après l'accouplement,* après s'être unie à lui pour avoir des petits.
▷ Mots de la famille de couple.

accourir v. (conjug. 14) Arriver en courant. *Ils sont tous accourus au bruit.* ▷ Mot de la famille de courir.

accoutré, accoutrée adj. Bizarrement habillé. ➜ **affublé.** *Elle était accoutrée d'un vieux manteau démodé.*

▸ **accoutrement** n. m. Habillement étrange ou ridicule. *Quel drôle d'accoutrement !*

s'accoutumer v. (conjug. 4) S'habituer. *Ils se sont accoutumés à leur nouvelle vie.*

▸ **accoutumance** n. f. Le fait que le corps s'habitue. *L'accoutumance au froid.*
▷ Mots de la famille de coutume.

accroc [akʀo] n. m. Petite déchirure. *Paul a fait un accroc à sa veste.* ▷ Mot de la famille de accrocher.

accrochage n. m. **1.** Fait de suspendre à un crochet. *L'accrochage d'un tableau.* **2.** Petit accident de voiture. **3.** Familier. Petite dispute. *Ils ont eu un accrochage, mais ils se sont vite réconciliés.* ▷ Mot de la famille de accrocher.

accrocher v. (conjug. 3) (➜ ÉTYM.) **1.** Suspendre à un crochet. *Accroche ta veste au portemanteau. Les tableaux sont accrochés au mur.* ▮ contraire : **décrocher. 2.** Heurter. *Le camion a accroché la voiture.* **3. s'accrocher,** s'agripper, se cramponner. *Les bébés singes s'accrochent à leur mère. Mon pull s'est accroché aux branches,* a été retenu par elles.
▸ Autres mots de la famille : accroc, accrochage, raccrocher.

accroître v. (conjug. 58) Rendre plus grand, plus important. ➜ **augmenter.** *Le coureur a accru son avance.* – **s'accroître,** prendre plus d'importance. *Le chômage s'est accru.*
▮ contraires : **décroître, diminuer.**

▸ **accroissement** n. m. Augmentation, développement. *L'accroissement de la population.* ▮ contraire : **diminution.**
▷ Mots de la famille de croître.

s'accroupir v. (conjug. 11) Se baisser en s'asseyant sur les talons. *Les enfants se sont accroupis pour regarder la fourmilière.* ▷ Mot de la famille de croupe.

accueillir [akœjiʀ] v. (conjug. 15) Recevoir. *Elle accueille ses invités. La nouvelle a été bien accueillie.*

▸ **accueil** [akœj] n. m. Façon de recevoir quelqu'un ou quelque chose. *Un accueil très chaleureux.*

▸ **accueillant** [akœjɑ̃], **accueillante** [akœjɑ̃t] adj. Hospitalier. *Des gens très accueillants. – Une maison accueillante,* où l'on est bien reçu.

acculer v. (conjug. 3) *Acculer quelqu'un,* le forcer à faire quelque chose sans qu'il puisse réagir. *Le ministre est acculé à la démission,* à *démissionner.* ▷ Mot de la famille de cul.

accumuler v. (conjug. 3) Mettre ensemble, petit à petit, un grand nombre de choses. ➜ **amasser, entasser.** *Ils ont accumulé les vieux journaux.* – **s'accumuler,** devenir petit à petit plus important en quantité. *Les lettres se sont accumulées sur son bureau.*

▸ **accumulateur** n. m. Appareil qui accumule l'électricité et la rend sous forme de courant. *Une voiture possède une batterie d'accumulateurs.*

▸ **accumulation** n. f. Le fait d'être mis ensemble en grand nombre. *Une accumulation de mensonges,* des mensonges ajoutés les uns aux autres.
▷ Mots de la famille de cumuler.

accuser v. (conjug. 3) **1.** Dire que quelqu'un est coupable. *On l'a accusé de vol.* **2.** Rendre plus visible. → **souligner.** *Cette robe accuse sa minceur.* **3.** *Accuser réception d'une lettre,* c'est déclarer qu'on l'a reçue.

▸ **accusateur, accusatrice** adj. Qui accuse. *Il lui lança un regard accusateur. Des paroles accusatrices.* – n. *Un accusateur,* c'est une personne qui accuse. ▮ contraire : **défenseur.**

▸ **accusation** n. f. Parole qui accuse quelqu'un. *Ces accusations sont très graves. Porter une accusation contre quelqu'un,* l'accuser.

▸ **accusé** n. m., **accusée** n. f. Personne que l'on accuse d'un délit. → aussi **prévenu.** *L'accusée a été acquittée par le tribunal.*

acerbe adj. Qui cherche à blesser. *Elle a formulé des critiques acerbes envers lui.*

acéré, acérée adj. Dur et pointu. *Les griffes acérées des chats.*

achalandé, achalandée adj. *Une boutique bien achalandée,* où il y a un grand choix de marchandises.

s'acharner v. (conjug. 4) (→ ÉTYM.) Combattre ou poursuivre avec ténacité. *Le vautour s'acharne sur sa proie,* il la déchire avec fureur. *Louise s'est acharnée à essayer de convaincre Paul,* elle a fait beaucoup d'efforts pour le convaincre. → s'**escrimer,** s'**évertuer.**

▸ **acharné, acharnée** adj. *Une lutte acharnée,* très violente.

▸ **acharnement** n. m. Obstination, ténacité. *Les soldats ont combattu avec acharnement.*

achat n. m. **1.** Action d'acheter. *Théo a fait l'achat d'un stylo.* → **acquisition. 2.** Ce qu'on a acheté. *Montre-moi tes achats.*

▶ Autre mot de la famille : rachat.

acheminer v. (conjug. 3) **1.** Faire parvenir à destination. *La poste achemine le courrier.* **2. s'acheminer,** se diriger, aller quelque part. *Le cortège s'achemine vers la mairie.* ▷ Mot de la famille de chemin.

acheter v. (conjug. 7b) Obtenir en payant. *Ils ont acheté une maison.* → **acquérir.** ▮ contraire : **vendre.**

▸ **acheteur** n. m., **acheteuse** n. f. Personne qui achète. → **client, consommateur.** ▮ contraire : **vendeur.**

▶ Autre mot de la famille : racheter.

achever v. (conjug. 7) **1.** Finir complètement. → **terminer.** *Louise achève son devoir.* **2.** Tuer un animal pour mettre fin à ses souffrances. *On achève les chevaux blessés.* **3. s'achever,** se terminer, prendre fin. *L'année scolaire s'est achevée hier.*

▸ **achèvement** n. m. Fin. *Le magasin est fermé jusqu'à l'achèvement des travaux.*

▶ Autres mots de la famille : inachevé, parachever.

acide adj. Piquant au goût. *Le citron est acide.* – n. m. *Un acide,* c'est un produit chimique qui attaque certaines matières en les rongeant.

▸ **acidité** n. f. Goût acide. *L'acidité du citron.*

▸ **acidulé, acidulée** adj. *Des bonbons acidulés,* au goût légèrement acide.

acier n. m. **1.** Métal très dur formé de fer et de carbone. *Un couteau en acier inoxydable.* **2.** *D'acier,* très dur. *Les sportifs ont des muscles d'acier.* – *Il a un moral d'acier,* très bon.

▸ **aciérie** n. f. Usine où l'on fabrique de l'acier.

aciérie

acné n. f. Maladie de la peau qui se manifeste par de petits boutons sur le visage.

▸ *Acné* est un nom féminin.

acolyte n. m. Compagnon, complice. *L'escroc et son acolyte.*

▸ Il y a un *y* après le *l*.

acompte [akɔ̃t] n. m. Somme d'argent qui représente une partie de ce que l'on doit payer et que l'on donne d'avance. *Il a versé un acompte en commandant sa nouvelle voiture.*
▷ Mot de la famille de compter.

à-côté n. m. Ce qui est secondaire. *Cette situation a des à-côtés désagréables.* ▷ Mot de la famille de côté.

à-coup n. m. Secousse, irrégularité dans la marche d'une machine. *Le moteur a des à-coups.* – *Alex travaille par à-coups,* de manière irrégulière. ▷ Mot de la famille de coup.

acoustique n. f. Qualité du son dans une salle. *Cette salle de concert a une bonne acoustique,* on y entend bien.

acquérir v. (conjug. 24) 1. Acheter. *Les parents de Paul ont acquis une maison de campagne,* ils en sont devenus propriétaires. ➜ aussi **acquisition.** – *Bien mal acquis ne profite jamais,* on ne peut pas profiter de ce que l'on a obtenu malhonnêtement. 2. Parvenir à obtenir. *Ce terrain a acquis beaucoup de valeur,* il a pris beaucoup de valeur.

▸ **acquéreur** n. m. Personne qui devient propriétaire de quelque chose en l'achetant. ➜ **acheteur.** *La villa à vendre n'a pas encore trouvé d'acquéreur.*

▸ Autre mot de la famille : acquisition.

acquiescer [akjese] v. (conjug. 5a) Dire oui, donner son accord. *Il acquiesça d'un signe de tête.* ➜ **approuver.**

acquisition n. f. 1. Achat. *Ils ont fait l'acquisition d'une maison.* 2. Objet acheté. *Voici mes dernières acquisitions.* ➜ **achat.** ▷ Mot de la famille de acquérir.

acquit [aki] n. m. *Par acquit de conscience,* pour n'avoir rien à se reprocher. *Il a vérifié par acquit de conscience.* ▷ Mot de la famille de quitte.

acquitter v. (conjug. 3) 1. Déclarer non coupable. *Le tribunal a acquitté l'accusé.* 2. ***S'acquitter*** *de quelque chose,* c'est le mener à bien. *Elle s'est bien acquittée de sa mission. S'acquitter d'une dette,* la payer.

▸ **acquittement** n. m. Le fait de déclarer non coupable. *Le tribunal a prononcé l'acquittement de l'accusé,* il l'a acquitté. ▮ contraire : **condamnation.**

▷ Mots de la famille de quitte.

âcre adj. Qui pique, irrite la gorge. *Une odeur âcre.* ▮ contraire : **doux.**

▸ **âcreté** n. f. Odeur âcre. *L'âcreté de la fumée.*

▸ Le *a* prend un accent circonflexe.

acrobate n. m. et f. Artiste de cirque qui fait des exercices d'équilibre et de gymnastique. ➜ planche **Cirque.** *Les équilibristes, les funambules et les trapézistes sont des acrobates.*

▸ **acrobatie** [akʀɔbasi] n. f. Exercice que fait l'acrobate. *Les sauts périlleux, la voltige sont des acrobaties. L'acrobatie aérienne,* c'est l'ensemble des exercices d'adresse exécutés par un avion.

▸ **acrobatique** adj. *Un exercice acrobatique,* c'est un exercice qui demande de l'adresse. *Les exercices acrobatiques de l'écuyère de cirque.*

acrylique n. m. Matière artificielle dont on fait des tissus. *Un pull en acrylique.*

① **acte** n. m. Document officiel qui constate un fait. *L'acte de vente a été signé chez le notaire.*

② **acte** n. m. 1. Ce que l'on fait. *Un acte courageux.* ➜ ① **action.** 2. Partie d'une pièce de théâtre. *Une comédie en cinq actes.*

▸ Autre mot de la famille : entracte.

acteur n. m., **actrice** n. f. Personne qui joue dans une pièce de théâtre ou dans un film. ➜ **comédien, interprète.** *Les acteurs de théâtre, de cinéma. Une actrice très célèbre.* ➜ **star,** ② **vedette.**

actif, active adj. 1. Qui aime l'action, fait beaucoup de choses. *Une femme très active.* ➜ **dynamique.** 2. Qui fait beaucoup d'effet. ➜ **efficace.** *Ce sirop est très actif contre la toux.* 3. *La population active,* la partie de la population qui travaille. 4. *La voix active,* c'est la forme que prend le verbe quand le sujet fait l'action. *Dans la phrase «Louise aime les gâteaux», le verbe est à la voix active.* ➜ aussi **passif.**

▸ Autres mots de la famille : activement, activer, activité, inactif, inactivité, radioactif, radio-activité, rétroactif.

des acrobates

① action n. f. **1.** Ce que fait quelqu'un. → **② acte.** *Paul a fait une bonne action. Mentir est une mauvaise action. Il est temps de passer à l'action,* de commencer à agir. **2.** Effet produit par quelque chose. *L'action de ces pilules est très rapide.* **3.** Ce qui se passe dans un roman, un film, une pièce de théâtre. *L'action du roman se passe à Rome. – Paul aime les films d'action,* les films où il se passe beaucoup de choses.

▶ Autres mots de la famille : **actionner, cutiréaction, inaction, réaction, réactionnaire.**

② action n. f. Part du capital d'une société qui donne le droit de toucher des bénéfices. *Il a vendu toutes ses actions.*

▶ **actionnaire** n. m. et f. Personne qui possède des actions d'une société. *Les actionnaires touchent des bénéfices. Elle est actionnaire d'un grand magasin.*

actionner v. (conjug. 3) Mettre en marche, faire fonctionner. *Un voyageur a actionné le signal d'alarme.* ▷ Mot de la famille de **① action.**

activement adv. D'une manière active, énergique. *Elle s'occupe activement de la fête de l'école.* ▷ Mot de la famille de **actif.**

activer v. (conjug. 3) Rendre plus rapide. → **accélérer.** ▮ contraire : **ralentir.** *Il faut activer les travaux.* – **s'activer,** se dépêcher. → s'**affairer.** *Les serveurs s'activent dans la salle de restaurant.* ▷ Mot de la famille de **actif.**

activité n. f. **1.** Dynamisme, énergie. *Ce matin, Léa a fait preuve d'une grande activité.* **2.** Occupation. *Julie a de nombreuses activités.* ▷ Mot de la famille de **actif.**

actualité n. f. **1.** *L'actualité,* c'est ce qui se passe en ce moment dans le monde. *Un problème d'actualité,* important en ce moment. → **actuel. 2.** *Les actualités,* les informations, les nouvelles de la journée données par les médias. *Elle regarde les actualités régionales à la télévision.*

actuel, actuelle adj. **1.** Qui se passe au moment où l'on parle. *L'époque actuelle,* celle d'aujourd'hui. → **contemporain.** *À l'heure actuelle,* en ce moment, actuellement. **2.** Qui concerne notre époque. *Un problème très actuel.*

▶ **actuellement** adv. En ce moment. *Ils sont actuellement en voyage.*

acuité n. f. *L'acuité visuelle,* c'est la capacité de bien voir.

acuponcture n. f. Manière de soigner un malade en piquant des aiguilles en certains points de son corps.

▶ **acuponcteur** n. m., **acuponctrice** n. f. Médecin qui pratique l'acuponcture.

adapter v. (conjug. 3) **1.** Fixer ensemble des objets qui étaient séparés. → **ajuster.** *Le jardinier adapte le tuyau d'arrosage au robinet.* **2.** *Adapter un roman pour le cinéma,* c'est le transformer pour en faire un film. **3. s'adapter,** s'habituer. *Leur fille s'est bien adaptée à sa nouvelle école.*

▶ **adaptateur** n. m. Pièce qui permet d'adapter un appareil à un autre usage que celui qui était prévu.

▶ **adaptation** n. f. **1.** Fait de s'habituer. *Ce travail demande une période d'adaptation.* **2.** Film réalisé d'après un roman ou une pièce de théâtre. *Ils ont regardé l'adaptation télévisée d'un roman célèbre.*

▷ Mots de la famille de **apte.**

additif n. m. *Additif alimentaire :* substance que l'on ajoute à un produit alimentaire pour le conserver ou le rendre meilleur. *Les colorants et les conservateurs sont des additifs alimentaires.*

addition n. f. **1.** Opération qui consiste à ajouter des nombres les uns aux autres. ▮ contraire : **soustraction.** *Théo fait des additions.* **2.** Papier qui indique le total à payer, dans un restaurant, un café. → **note.** *Garçon, l'addition, s'il vous plaît !*

▶ **additionner** v. (conjug. 3) Faire le total de plusieurs nombres. ▮ contraire : **soustraire.**

▶ **additionné, additionnée** adj. Dans lequel on a ajouté quelque chose. *Nous avons bu de l'eau additionnée de sirop d'orange.*

adepte n. m. et f. **1.** Fidèle d'une religion, partisan de quelque chose. ▮ contraire : **adversaire.** *Les adeptes d'une secte.* **2.** Personne qui pratique une certaine activité. → **amateur.** *Les adeptes des sports de glisse.*

adéquat [adekwa], **adéquate** [adekwat] adj. Qui convient tout à fait. → **approprié.** *Il lui a donné la réponse adéquate.*

① adhérer v. (conjug. 8) Tenir fortement sur une surface. *L'autocollant adhère au parebrise.* → **coller.**

▶ **adhérence** n. f. *Les pneus neufs ont une bonne adhérence,* ils tiennent bien sur la route.

a b c d e f g h i j k l m n o p q r s t u v w x y z

(2) adhérer v. (conjug. 8) S'inscrire comme membre d'un groupe. *Alex a adhéré à un club d'échecs.*

▸ **adhérent** n. m., **adhérente** n. f. Membre d'un groupe. *Les adhérents d'un parti politique.*

adhésif, adhésive adj. Spécialement préparé pour coller, adhérer. *Julie ferme le colis avec du ruban adhésif.*

adhésion n. f. Inscription à un groupe, à une organisation. *Alex a rempli son bulletin d'adhésion.*

adieu interj. et n. m. **1.** interj. Mot que l'on dit à quelqu'un que l'on quitte pour longtemps ou pour toujours. *Adieu ! nous ne nous verrons plus.* **2.** n. m. *Je viens vous faire mes adieux,* vous dire au revoir. ▷ Mot de la famille de dieu.

adjacent, adjacente adj. Qui est situé à côté d'autre chose. → **contigu, voisin.** *Il habite dans une rue adjacente.*

adjectif n. m. Mot qui accompagne un nom, s'accorde avec lui et n'est pas un article. *«Grand» est un adjectif qualificatif, «mon» un adjectif possessif.*

adjoint n. m., **adjointe** n. f. Personne qui aide quelqu'un dans son travail et qui peut le remplacer. *Elle est adjointe au maire.* ▷ Mot de la famille de joindre.

adjudant n. m., **adjudante** n. f. Sous-officier chargé de la discipline, qui est au-dessus du sergent.

adjuger v. (conjug. 5b) **1.** Donner en récompense. → **attribuer, décerner.** *Le jury a adjugé le premier prix à Alex.* **2.** ***S'adjuger*** *quelque chose,* c'est le prendre pour soi. *Elle s'est adjugé la meilleure place.* ▷ Mot de la famille de juger.

adjurer v. (conjug. 3) Demander avec insistance à quelqu'un. *Je vous adjure de dire la vérité.* → **conjurer, supplier.** ▷ Mot de la famille de (1) jurer.

admettre v. (conjug. 59) **1.** Accepter quelqu'un. *Julie a été admise en sixième.* **2.** Tolérer, permettre. *Le professeur n'admet pas les retards à son cours.* **3.** Reconnaître comme vrai. *Admettons que tu aies raison !*

▸ Autres mots de la famille : admissible, admission, inadmissible.

administrateur n. m., **administratrice** n. f. Personne qui dirige, organise. *Les administrateurs de l'entreprise se sont réunis.* ▷ Mot de la famille de (1) administrer.

administratif, administrative adj. Qui concerne l'Administration. *Des démarches administratives,* auprès de l'Administration. ▷ Mot de la famille de (1) administrer.

administration n. f. **1.** Direction, organisation d'une société. → **gestion.** *Le conseil d'administration d'une entreprise,* c'est l'ensemble de ses administrateurs. **2.** *L'Administration,* c'est l'ensemble des services où travaillent les fonctionnaires. ▷ Mot de la famille de (1) administrer.

(1) administrer v. (conjug. 3) S'occuper de quelque chose en dirigeant, en organisant. *Le maire administre la commune.*

▸ **administré** n. m., **administrée** n. f. *Le maire et ses administrés,* les gens qui habitent la commune.

▸ Autres mots de la famille : administrateur, administratif, administration.

(2) administrer v. (conjug. 3) Donner, faire prendre un médicament. *L'infirmière a administré un calmant au malade.*

admirer v. (conjug. 3) **1.** Trouver très beau. *Louise admire la robe de Julie.* **2.** Trouver remarquable. *Paul admire beaucoup son père.*
▮ contraire : **mépriser.**

▸ **admirable** adj. Merveilleux, remarquable. *Un paysage admirable.*

▸ **admirablement** adv. Très bien. *Elle danse admirablement.* → **merveilleusement, remarquablement.**

▸ **admirateur** n. m., **admiratrice** n. f. Personne qui admire quelqu'un. *Ce chanteur a de nombreuses admiratrices.*

▸ **admiratif, admirative** adj. Qui exprime de l'admiration. *Un air admiratif. Admirative, elle regardait le tableau,* pleine d'admiration.

▸ **admiration** n. f. Sentiment que l'on éprouve devant quelqu'un ou quelque chose de beau ou de remarquable. *Paul est plein d'admiration pour son père.* ▮ contraire : **mépris.** *Léa est en admiration devant le tableau.*

admissible adj. **1.** Que l'on peut accepter, tolérer. → **acceptable, tolérable.** ▮ contraire : **inadmissible.** *Ce genre de comportement n'est pas admissible.* **2.** *Un candidat admissible,* c'est un candidat qui est admis à passer l'oral d'un examen. ▮ contraire : **recalé.** ▷ Mot de la famille de admettre.

admission n. f. Le fait d'admettre ou d'être admis. *Le jury a décidé l'admission du candidat.* ▷ Mot de la famille de admettre.

adoubement

ADN [adeɛn] n. m. Composé chimique contenu dans chaque cellule du corps, en forme de long ruban extrêmement fin. *Les gènes sont faits d'ADN.*

adolescent [adɔlesɑ̃] n. m., **adolescente** [adɔlesɑ̃t] n. f. (→ ÉTYM.) Personne qui n'est pas un enfant et pas encore un adulte.

▶ **adolescence** [adɔlesɑ̃s] n. f. Période de la vie qui suit l'enfance et précède l'âge adulte (entre 13 et 18 ans environ).

s'**adonner** v. (conjug. 4) *S'adonner à une activité,* c'est s'y consacrer. *Pendant leurs vacances, ils se sont adonnés à la plongée.* ▷ Mot de la famille de donner.

adopter v. (conjug. 3) **1.** Prendre légalement pour fils ou pour fille. *Ils ont adopté un enfant,* ils l'ont pris chez eux et l'ont élevé comme le leur. **2.** *Julie adopte un air indifférent,* elle le prend. **3.** Donner son accord par un vote. *Les députés ont adopté une nouvelle loi,* ils l'ont votée.

▶ **adoptif, adoptive** adj. *C'est leur fille adoptive,* qui a été adoptée par eux. *Ce sont les parents adoptifs d'Alex,* qui ont adopté Alex.

▶ **adoption** n. f. **1.** *L'adoption d'un enfant,* c'est le fait de l'élever comme le sien en lui donnant son nom. **2.** *L'adoption d'une loi,* c'est le fait de la voter.

▷ Mots de la famille de opter.

adorer v. (conjug. 3) **1.** Prier et vénérer. *Les Incas adoraient le Soleil.* **2.** Aimer beaucoup. *Julie adore les chats.* ▮ contraire : **détester.**

▶ **adorable** adj. Charmant. *Ils ont une petite fille adorable.*

▶ **adorateur** n. m., **adoratrice** n. f. *Les Incas étaient des adorateurs du Soleil,* ils le vénéraient comme un dieu.

▶ **adoration** n. f. Amour très vif et admiration. *Ils sont en adoration devant leur petite-fille.*

s'**adosser** v. (conjug. 4) Appuyer son dos contre quelque chose. *Elle s'est adossée à la porte.* ▷ Mot de la famille de dos.

adouber v. (conjug. 3) Au Moyen Âge, faire chevalier un jeune noble et lui remettre son équipement. → **armer.**

▶ **adoubement** n. m. Au Moyen Âge, cérémonie au cours de laquelle un jeune noble était fait chevalier.

adoucir v. (conjug. 11) Rendre plus doux. *Cette crème adoucit la peau.* – **s'adoucir,** devenir plus doux. *Le temps s'est adouci,* il est devenu moins froid. *Sa voix s'est adoucie.* → aussi se **radoucir.**

▶ **adoucissant, adoucissante** adj. *Une crème adoucissante,* qui adoucit la peau.

▶ **adoucissement** n. m. *L'adoucissement de la température,* c'est son réchauffement. → **radoucissement.**

▷ Mots de la famille de doux.

① **adresse** n. f. Qualité d'une personne adroite. → **dextérité, habileté.** *Il renvoya la balle avec adresse.*

▶ Autre mot de la famille : maladresse.

② **adresse** n. f. **1.** Indication de l'endroit où habite quelqu'un. *Ils ont échangé leurs adresses.* **2.** *Adresse électronique,* code qui permet d'envoyer un message à quelqu'un sur son ordinateur. → aussi **e-mail. 3.** *Le professeur a fait une remarque à l'adresse de Julie,* à son intention. ▷ Mot de la famille de adresser.

adresser v. (conjug. 3) **1.** *Adresser une lettre à quelqu'un,* c'est la lui envoyer. **2.** *Adresser la parole à quelqu'un,* c'est lui parler. **3.** ***S'adresser*** *à quelqu'un,* c'est lui parler ou avoir recours à lui. *C'est à toi que je m'adresse.* – *Ce livre s'adresse aux enfants de huit à douze ans,* il leur est destiné.

▶ Autre mot de la famille : ② adresse.

adret n. m. Versant d'une montagne exposé au soleil. ▮ contraire : **ubac.**

adroit, adroite adj. **1.** Qui est habile de ses mains, qui a de l'adresse. ▮ contraires : ① **gauche,**

a b c d e f g h i j k l m n o p q r s t u v w x y z

maladroit. *Un artisan très adroit.* **2.** *Une personne adroite,* c'est une personne qui sait se tirer de situations difficiles. *C'est une négociatrice très adroite.*

▸ **adroitement** adv. Avec adresse, habileté. ➜ **habilement.** *Louise a adroitement saisi le ballon.* ▮ contraire : **maladroitement.**

▸ Autres mots de la famille : maladroit, maladroitement.

aduler v. (conjug. 3) Manifester son admiration à quelqu'un. *Ce chanteur est adulé par les jeunes.*

adulte n. m. et f. Personne qui a fini de grandir, qui n'est plus un enfant. *Un spectacle réservé aux adultes.* – adj. Qui ne grandira plus, qui a terminé sa croissance. *Ce chat a atteint sa taille adulte.* – *L'âge adulte* va de la fin de l'adolescence au début de la vieillesse.

adultère n. m. Fait de tromper son mari ou sa femme.

advenir v. (conjug. 13) Arriver, se produire. *Je t'aiderai quoi qu'il advienne,* quoi qu'il arrive.
▹ Mot de la famille de venir.
▶ Ce verbe ne se conjugue qu'à la 3e personne.

adverbe n. m. Mot qui accompagne un autre mot (verbe, adjectif, adverbe) ou une phrase, dont il modifie le sens. *Les adverbes sont invariables.*

adverse adj. Opposé, contraire. *Nous avons battu l'équipe adverse.*

▸ **adversaire** n. m. et f. **1.** Personne opposée à une autre dans un combat, une compétition. ▮ contraire : **partenaire.** *Le boxeur a envoyé son adversaire au tapis.* **2.** Personne hostile à une idée. ▮ contraire : **partisan.** *Les adversaires de la peine de mort.*

▸ **adversité** n. f. Situation malheureuse d'une personne qui a de la malchance dans la vie. *Il a lutté avec courage contre l'adversité.*

aérer v. (conjug. 8) *Aérer une pièce,* c'est y faire entrer de l'air frais.

▸ **aéré, aérée** adj. Où il y a de l'air qui circule. *Une pièce bien aérée.* – *Un centre aéré,* où l'on accueille les enfants en plein air, pendant les vacances scolaires.

▸ **aération** n. f. Circulation de l'air dans un endroit fermé. *Cette pièce a besoin d'aération. L'air arrive dans le tunnel par les bouches d'aération.*

aérien, aérienne adj. **1.** Qui est à l'air libre, en plein air. *Le métro aérien.* **2.** *Le trafic aérien,* les transports par avion. *Une photo aérienne,* prise d'avion.

aéro- Préfixe d'origine grecque qui signifie «air» ou «avion» (ex. : *aérodrome, aérodynamique*).

aéroclub n. m. Club où se réunissent les amateurs de sports aériens. *Dans les aéroclubs, on peut pratiquer le pilotage ou le vol à voile.* ▹ Mot de la famille de club.

aérodrome n. m. Terrain aménagé pour le décollage et l'atterrissage des avions.

aérodrome

aérodynamique adj. *Cet avion a une forme aérodynamique,* qui offre peu de résistance à l'air.

aérogare n. f. Ensemble des bâtiments d'un aéroport, réservés aux voyageurs et aux marchandises. *Les boutiques de l'aérogare.* ▹ Mot de la famille de garer.

aéroglisseur n. m. Sorte de bateau qui se déplace sur coussin d'air. ▹ Mot de la famille de glisser.

aéroglisseur

aéromodélisme n. m. Construction de modèles réduits d'avions. *Alex est passionné d'aéromodélisme.* ▹ Mot de la famille de modèle.

aéronautique n. f. et adj.
▪ n. f. *L'aéronautique,* la technique de la construction des avions et des fusées.
▪ adj. *L'industrie aéronautique,* la construction des avions et des fusées.

aéroport n. m. Ensemble des pistes et des bâtiments qui servent au transport aérien des voyageurs et des marchandises. ➜ planche **Avions.** ▷ Mot de la famille de ① port.

aéroporté, aéroportée adj. Transporté par avion. *Les troupes aéroportées.* ▷ Mot de la famille de porter.

aérosol [aeʀosɔl] n. m. Appareil qui projette un liquide mélangé à un gaz sous forme de gouttelettes très fines. ➜ aussi **atomiseur.** *Un insecticide en aérosol. – Des bombes aérosols.*

affable adj. Très aimable et bienveillant. ➜ **avenant, courtois.**

▸ **affabilité** n. f. Caractère aimable et bienveillant d'une personne.

▶ Ces mots appartiennent au langage soutenu.

affaiblir v. (conjug. 11) Rendre faible. *Cette grippe l'a affaibli.* ➜ **fatiguer.** – **s'affaiblir,** devenir plus faible. *La vue s'affaiblit avec l'âge.* ➜ **baisser.**

▸ **affaiblissement** n. m. État d'une personne affaiblie. *L'affaiblissement du malade inquiète le médecin.*

▷ Mots de la famille de faible.

affaire n. f. **1.** Ce que quelqu'un a à faire, ce qui le concerne. *Laissez cela, c'est mon affaire. Occupe-toi de tes affaires !* de ce qui te regarde. **2.** Problème, question. *Nous avons parlé de cette affaire. – C'est toute une affaire,* c'est très compliqué. **3.** Marché conclu avec quelqu'un. *J'ai fait une bonne affaire en achetant cette voiture.* **4.** *Faire l'affaire,* convenir. *Ce vieux chiffon fera l'affaire.* **5.** *Avoir affaire à quelqu'un,* c'est avoir à discuter, à traiter avec quelqu'un. *Ne recommence pas ou tu auras affaire à moi !*

▸ **s'affairer** v. (conjug. 4) Faire quelque chose en se dépêchant, en étant très actif. ➜ **s'activer.** *Il s'affairait dans la cuisine.*

▸ **affairé, affairée** adj. *Un air affairé,* occupé.

▷ Mots de la famille de faire.

affaires n. f. pl. **1.** *Il est dans les affaires,* dans le commerce ou l'industrie. *C'est un homme d'affaires. Elle est en voyage d'affaires.* **2.** Objets qui appartiennent à une personne. *Range tes affaires, il y en a partout.* ▷ Mot de la famille de faire.

s'affaisser v. (conjug. 4) S'enfoncer. *Le toit de la maison s'est affaissé par endroits.* ➜ **s'écrouler, s'effondrer.**

▸ **affaissement** n. m. Le fait de s'affaisser. *L'inondation a provoqué un affaissement de terrain,* un effondrement.

s'affaler v. (conjug. 4) Se laisser tomber lourdement. *Julie s'est affalée sur son lit.*

affamé, affamée adj. (➜ ÉTYM.) Qui a très faim. *Léa est affamée, ce matin.* ▮ contraires : **rassasié, repu.**

① **affecter** v. (conjug. 3) **1.** Faire semblant d'éprouver un sentiment. ➜ **feindre, simuler.** *Malgré sa déception, Louise affectait la bonne humeur.* **2.** Toucher, émouvoir. *Cette triste nouvelle nous a beaucoup affectés.* ➜ **affliger, attrister, peiner.**

▸ **affecté, affectée** adj. Peu naturel. *Une attitude affectée.* ➜ **maniéré.** ▮ contraires : **naturel, simple.**

▸ ① **affectation** n. f. Manque de naturel. *Elle riait avec affectation.*

② **affecter** v. (conjug. 3) **1.** Désigner. *Il a été affecté à ce poste,* nommé. **2.** Destiner, réserver à un usage particulier. *Cette pièce est affectée aux réunions.*

▸ ② **affectation** n. f. Nomination à un poste. *Il a reçu sa nouvelle affectation.*

▶ Autre mot de la famille : désaffecté.

affectif, affective adj. Qui est du domaine des sentiments. *La vie affective.* ➜ **sentimental.**

① **affection** n. f. Maladie. *Les affections de la peau.*

② **affection** n. f. Sentiment tendre qui attache à quelqu'un. ➜ **attachement, tendresse.** ▮ contraire : **aversion.** *J'ai beaucoup d'affection pour lui.*

▸ **affectionner** v. (conjug. 3) Aimer beaucoup. *Paul affectionne le bleu.* ▮ contraire : **détester.**

▶ Autre mot de la famille : désaffection.

affectueux, affectueuse adj. Qui fait preuve d'affection, d'attachement. *Une petite fille très affectueuse. Un geste affectueux.*

▸ **affectueusement** adv. Tendrement. *Théo embrasse affectueusement sa mère.*

affermir v. (conjug. 11) Rendre plus ferme, plus fort. *L'orateur affermit sa voix.* ▷ Mot de la famille de ① ferme.

afficher v. (conjug. 3) **1.** Annoncer par une affiche. *Les horaires des cours sont affichés sur le mur de la classe.* → **placarder. 2.** Bien montrer. *Alex affiche sa joie de partir en voyage.*

▸ **affichage** n. m. *Un tableau, un panneau d'affichage* sur lequel on pose des affiches, des annonces, des avis.

▸ **affiche** n. f. Grande feuille de papier, portant un texte ou une image, placée sur un mur ou un panneau spécial et servant à annoncer quelque chose ou à faire de la publicité. *Une affiche publicitaire.*

affiche

d'affilée adv. À la suite, sans s'arrêter. *Il a dormi dix heures d'affilée.* ▷ Mot de la famille de file.

s'affilier v. (conjug. 9) Adhérer à un groupe. *Elle s'est affiliée à un club sportif.*

affiner v. (conjug. 3) **1.** Rendre plus fin, faire paraître plus mince. *Ce mouvement affine les cuisses.* ▮ contraire : **grossir. 2. s'affiner,** c'est devenir plus fin, plus mince. *Sa silhouette s'est affinée.* ▷ Mot de la famille de ② fin.

affinité n. f. Accord, sympathie que l'on éprouve pour quelqu'un à cause de ressemblances ou de goûts communs. *Léa et Louise ont beaucoup d'affinités.*

affirmer v. (conjug. 3) Dire avec assurance. → ① **assurer, certifier, soutenir.** ▮ contraire : **nier.** *Je vous affirme que c'est la vérité.*

▸ **affirmatif, affirmative** adj. Qui affirme avec force. *Il a été affirmatif. Faire une réponse affirmative,* c'est répondre oui. ▮ contraire : ① **négatif.** – n. f. *Répondre par l'affirmative,* répondre oui.

▸ **affirmation** n. f. Parole par laquelle on soutient qu'une chose est vraie ou possible. → **déclaration.** *Votre affirmation est très discutable.*

affleurer v. (conjug. 3) Apparaître à la surface du sol, de l'eau. → **émerger.** *Les rochers affleurent à la surface de la mer.* ▷ Mot de la famille de ② fleur.

affliction n. f. Grand chagrin, grande peine.
▸ Ce mot appartient au langage soutenu.

affliger v. (conjug. 5b) **1.** Attrister, affecter. *Cette nouvelle l'a beaucoup affligée.* **2.** *Être affligé de quelque chose,* avoir quelque chose d'ennuyeux, de désagréable. *Il était affligé d'une verrue sur le nez.*

▸ **affligeant** [afliʒɑ̃], **affligeante** [afliʒɑ̃t] adj. Qui rend triste. → **désolant.** *Ils ont reçu une nouvelle affligeante.*

affluer v. (conjug. 3) Arriver en grand nombre. *Les voyageurs affluaient vers la gare.*

▸ **affluence** n. f. Réunion d'une foule de gens allant au même endroit. *Le métro est bondé aux heures d'affluence.* → **pointe.**

▸ **affluent** n. m. Cours d'eau qui se jette dans un autre. *L'Oise est un affluent de la Seine.* → aussi **confluent.**

▸ **afflux** [afly] n. m. Arrivée en grand nombre. → **affluence.** *Un afflux de voyageurs descendait du train.*
▸ Ce mot se termine par un *x.*

affoler v. (conjug. 3) Faire peur au point de ne plus savoir ce que l'on fait. → **effrayer.** *Le bruit de l'orage affole le chien.* – **s'affoler,** s'inquiéter, perdre la tête. *Au lieu de rester calme, elle s'est tout de suite affolée.* → **paniquer.**

▸ **affolé, affolée** adj. *Un air affolé,* qui montre une grande peur. → **effrayé.**

▸ **affolant, affolante** adj. Inquiétant, effrayant. *Des prix affolants.*

▸ **affolement** n. m. Panique qui fait perdre la tête. *Dans son affolement, Louise a oublié son cartable.*
▷ Mots de la famille de fou.

① **affranchir** v. (conjug. 11) Rendre libre un esclave, un serf. ▮ contraire : **asservir.** *Dans l'Antiquité, le maître pouvait affranchir ses esclaves.* → **émanciper.** ▷ Mot de la famille de ② franc.

② **affranchir** v. (conjug. 11) *Affranchir une lettre,* c'est mettre dessus le timbre qui convient.

▸ **affranchissement** n. m. *L'affranchissement de ce colis est insuffisant,* il n'y a pas assez de timbres dessus.
▷ Mots de la famille de ② franc.

affréter v. (conjug. 8) Louer un camion, un avion ou un bateau. *La mairie a affrété un car pour emmener les enfants en classe de neige.*
▷ Mot de la famille de fret.

affreux, affreuse adj. 1. Très laid. → **hideux, horrible.** *Elle est affreuse avec cette coupe de cheveux.* ▮ contraire : **beau.** 2. Très désagréable. *Il fait un temps affreux.* → **épouvantable, exécrable.** ▮ contraires : **magnifique, splendide.** 3. Qui fait peur. *Théo a fait d'affreux cauchemars.* → **abominable, effrayant.**

▸ **affreusement** adv. Horriblement. *Il a été affreusement défiguré dans l'accident.*

affront n. m. Acte par lequel on fait ou on dit en public à quelqu'un quelque chose qui montre que l'on a du mépris pour lui. → **insulte, offense, outrage.** *Il m'a fait un affront en refusant de me serrer la main.*

affronter v. (conjug. 3) Aller courageusement se battre, faire face à un danger. *Il affronta courageusement ses adversaires.* – **s'affronter,** lutter l'un contre l'autre. *Les deux équipes s'affronteront demain.*

▸ **affrontement** n. m. Combat. *Les discussions ont échoué, l'affrontement paraît inévitable.*
▷ Mots de la famille de front.

affublé, affublée adj. Habillé de manière bizarre. → **accoutré.** *Elle était affublée d'un drôle de chapeau.*

à l'**affût** adv. *Le chasseur est à l'affût,* caché pour attendre le gibier. → aux **aguets.** *Le journaliste est à l'affût des nouvelles,* il les attend, les guette.

affûter v. (conjug. 3) Rendre plus tranchant. → **aiguiser.** *Le boucher affûte la lame de son couteau.*

afin de prép., **afin que** conjonction Pour. *Alex prend son élan afin de sauter plus haut. Parlez plus fort afin qu'elle vous entende !* ▷ Mot de la famille de ① fin.

africain, africaine adj. D'Afrique. *Les pays africains. Les langues africaines.* – n. *Un Africain, une Africaine,* un habitant, une habitante d'Afrique. *Les Africains.*

agacer v. (conjug. 5a) Énerver, irriter. *Tu m'agaces, avec toutes tes questions !* → **exaspérer.**

▸ **agaçant, agaçante** adj. Qui agace. → **exaspérant, énervant, irritant.** *C'est agaçant ce bruit !*
▮ Le *c* prend une cédille.

▸ **agacement** n. m. Irritation. *Elle réprima un geste d'agacement.*

agate n. f. Pierre fine qui sert à faire des bijoux et des objets précieux. *Paul joue avec des billes d'agate,* des billes en verre coloré imitant l'agate.

agave n. m. Grande plante décorative, d'origine mexicaine, aux feuilles longues et épaisses.

agave

âge n. m. 1. Nombre d'années écoulées depuis la naissance de quelqu'un. *Quel âge as-tu ? Louise et Julie ont le même âge. C'est une personne d'un certain âge,* qui n'est plus très jeune. *Les personnes du troisième âge,* qui ont plus de 65 ans. 2. *L'âge de la pierre, l'âge du bronze et l'âge du fer* sont des périodes de la préhistoire.

▸ **âgé, âgée** adj. Vieux. *La grand-mère d'Alex est âgée. Les personnes âgées. – Léa est âgée de 10 ans,* elle a 10 ans.
▮ Il y a un accent circonflexe sur le *a.*
▸ Autres mots de la famille : Moyen Âge, moyenâgeux.

agence n. f. Bureau qui, pour de l'argent, rend certains services. *Une agence de voyages* organise des voyages. *Une agence immobilière* aide les gens à louer ou à acheter un appartement, une maison.

agencer v. (conjug. 5a) Arranger, organiser dans un certain ordre. *Il a bien agencé son bureau.* ➜ **aménager.**

▸ **agencement** n. m. Manière d'arranger, de disposer les choses. *L'agencement de cet appartement est très bien fait.* ➜ **aménagement.**

agenda [aʒɛ̃da] n. m. (➜ ÉTYM.) Carnet où l'on peut noter, jour par jour, ses rendez-vous et tout ce que l'on a à faire.

s'**agenouiller** v. (conjug. 4) Se mettre à genoux. *Ils se sont agenouillés sur le sol.* ▷ Mot de la famille de **genou.**

① **agent** n. m. *Le complément d'agent,* c'est le complément d'un verbe à la voix passive introduit par *de* ou *par. Dans la phrase «le couvert a été mis par Julie», «Julie» est complément d'agent.*

② **agent** n. m. **1.** *Un agent de police,* c'est une personne qui règle la circulation. *L'agent a fait traverser les enfants.* **2.** *Un agent secret,* c'est une personne chargée d'une mission secrète. ➜ **espion.**

▸ Le féminin *une agente* s'emploie surtout en parlant d'un *agent secret.*

s'**agglomérer** v. (conjug. 8) Se mélanger en une masse, un bloc. ➜ s'**amalgamer.** *La farine s'est agglomérée en grumeaux.*

▸ **agglomération** n. f. Groupe d'habitations formant un village ou une ville. *On ralentit à l'approche d'une agglomération.*

▸ **aggloméré** n. m. Matière obtenue à partir de menus morceaux de bois réunis et collés ensemble. *Des panneaux en aggloméré.*

s'**agglutiner** v. (conjug. 4) Se réunir de manière à former un groupe compact. ➜ se **rassembler.** *Les guêpes se sont agglutinées autour du pot de miel.*

aggraver v. (conjug. 3) **1.** Rendre plus grave, plus important. *En mentant, elle a aggravé sa faute.* **2. s'aggraver,** c'est devenir plus grave. *Sa maladie s'est aggravée.* ➜ **empirer.** ▮ contraire : s'**améliorer.**

▸ **aggravant, aggravante** adj. *Les circonstances aggravantes,* les faits qui augmentent la gravité d'une faute. ▮ contraire : **atténuant.** *La préméditation d'un crime est une circonstance aggravante.*

▸ **aggravation** n. f. Le fait de devenir plus grave. *Les médecins ont constaté une aggravation de son état de santé,* ils ont constaté que son état de santé s'est aggravé. ▮ contraire : **amélioration.**

▷ Mots de la famille de **grave.**

agile adj. Qui exécute des mouvements facilement et rapidement. ➜ **leste, souple.** *L'acrobate est agile.* ▮ contraire : **maladroit.**

▸ **agilité** n. f. Souplesse. *Le chat a sauté avec agilité.*

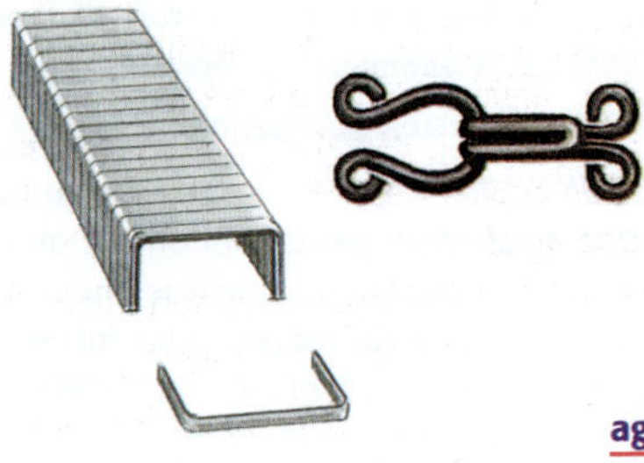

agrafe

agir v. (conjug. 11) **1.** Faire quelque chose. *Réfléchis avant d'agir !* **2.** Se conduire. *Il a mal agi envers son frère.* **3.** Être efficace. *Ce médicament agit très vite.*

▸ **agissements** n. m. pl. Actes malhonnêtes. *Les agissements d'un escroc.*

▸ Autre mot de la famille : **réagir.**

s'**agir** v. (conjug. 11) **1.** Être question. *Selon la police, il s'agirait d'un accident.* **2.** Falloir. *Il s'agit de se dépêcher,* il faut se dépêcher.

agiter v. (conjug. 3) Remuer dans tous les sens. *Agitez la bouteille avant de l'ouvrir,* secouez-la. – **s'agiter,** bouger dans tous les sens. *Cet enfant est très énervé, il s'agite beaucoup.*

▸ **agitateur** n. m., **agitatrice** n. f. Personne qui pousse les autres à manifester.

▸ **agitation** n. f. **1.** Ensemble des mouvements de personnes qui vont et viennent rapidement en tous sens. *Quelle agitation pendant la récréation !* ➜ **effervescence, remue-ménage.** ▮ contraire : **calme.** **2.** *L'agitation sociale,* c'est l'ensemble des manifestations et des grèves que font les gens parce qu'ils sont mécontents.

▸ **agité, agitée** adj. Qui remue beaucoup. *Des élèves agités.* ➜ **remuant, turbulent.** ▮ contraires : **calme, sage.** *Par mauvais temps, la mer est agitée,* il y a de grosses vagues. ➜ **houleux.**

agneau n. m. Jeune mouton. *Une brebis et ses agneaux.* – *Alex a mangé des côtelettes d'agneau.* – Au pl. *Des agneaux.*

agonie n. f. Moment où quelqu'un qui va mourir lutte contre la mort.

▸ **agoniser** v. (conjug. 3) Être en train de mourir.

agrafe n. f. **1.** Petit crochet qui sert à fermer un vêtement. **2.** Petit fil de métal qui sert à fixer ensemble plusieurs feuilles de papier. → aussi **agrafeuse.** **3.** Petite lame qui sert à fermer une plaie.

▸ **agrafer** v. (conjug. 3) **1.** Fermer un vêtement avec une agrafe. *Elle a agrafé son soutien-gorge.* ▮ contraire : **dégrafer.** **2.** *Agrafer deux feuilles de papier,* c'est les attacher ensemble avec une agrafe.

▸ **agrafeuse** n. f. Appareil qui sert à fixer des agrafes dans du papier ou du tissu.

agraire adj. Qui concerne les terres cultivées, les exploitations agricoles. *Il y a eu une réforme agraire dans ce pays. Les unités agraires,* qui mesurent la surface des terres.

agrandir v. (conjug. 11) Rendre plus grand, en augmentant les dimensions. *Ils ont agrandi le magasin. Julie a fait agrandir une photo.* – **s'agrandir,** devenir plus grand. *La famille s'est agrandie.*

▸ **agrandissement** n. m. Reproduction en plus grand d'une photo.
▷ Mots de la famille de **grand.**

agréable adj. Qui plaît, donne du plaisir. *Ils ont une maison très agréable. C'est agréable d'être en vacances.* – *Les parents de Théo sont des gens très agréables,* gentils, sympathiques. ▮ contraires : **déplaisant, désagréable.**

▸ **agréablement** adv. D'une manière agréable. *Nous avons été agréablement surpris de leur accueil.* ▮ contraire : **désagréablement.**
▷ Mots de la famille de **gré.**

agréer v. (conjug. 3) **1.** À la fin d'une lettre, dans une formule de politesse. *Veuillez agréer, Monsieur, mes salutations distinguées,* veuillez les accepter. **2.** *Un fournisseur agréé,* c'est un fournisseur qui a le droit de vendre les produits d'une certaine marque. *Vous trouverez cet article chez tous nos fournisseurs agréés.* ▷ Mot de la famille de **gré.**

① **agrément** n. m. Accord, autorisation. *Il a fait des travaux dans l'appartement avec l'agrément du propriétaire.* ▮ contraire : **refus.**
▷ Mot de la famille de **gré.**

② **agrément** n. m. *Une ville pleine d'agrément,* très agréable. → ② **charme.** ▮ contraire : **désagrément.** *Un voyage d'agrément,* que l'on fait pour son plaisir. ▮ contraire : voyage d'**affaires.**

▸ **agrémenter** v. (conjug. 3) Rendre plus agréable en ajoutant quelque chose. *Il a agrémenté son discours de quelques histoires amusantes.*
▷ Mots de la famille de **gré.**

agrès [agʀɛ] n. m. pl. Appareils de gymnastique. *Les anneaux, la barre fixe, les cordes sont des agrès. Alex fait des exercices aux agrès.*

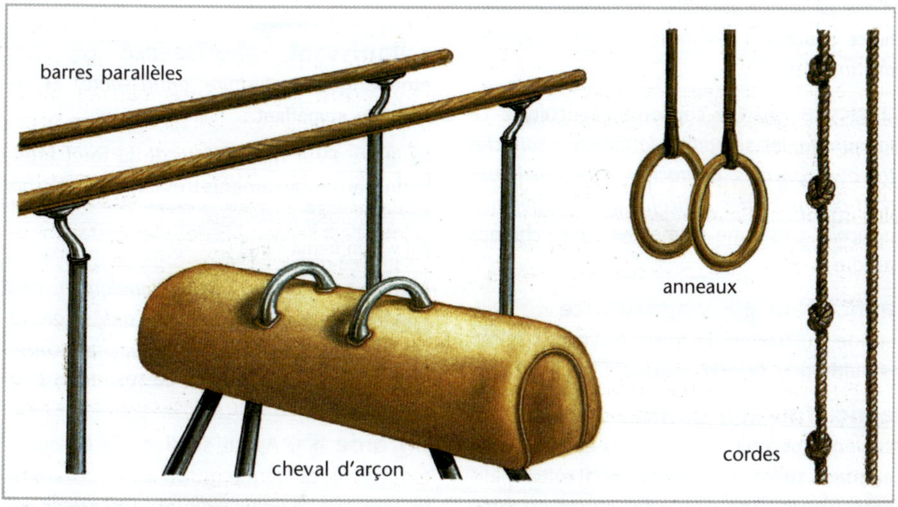

agrès

des **agrumes**

agresser v. (conjug. 3) Attaquer. *Des voyous l'ont agressée pour lui voler son sac.*

▸ **agresseur** n. m., **agresseuse** n. f. Personne qui attaque quelqu'un. *La victime a reconnu son agresseur.*

▸ **agression** n. f. Attaque contre une personne. *Elle a été victime d'une agression.*

▸ **agressif, agressive** adj. *Une personne agressive,* qui attaque les autres par des gestes ou des paroles, même quand on ne lui a rien fait. *Il lui a répondu sur un ton agressif.* → **menaçant.** ▮ contraire : **doux.**

▸ **agressivité** n. f. Nervosité et hostilité d'une personne agressive. ▮ contraires : **bienveillance, douceur.** *Il manifeste son agressivité par des insultes.*

agricole adj. Qui concerne l'agriculture. *Le labourage, les semailles, la moisson sont des travaux agricoles. Le tracteur et la faucheuse sont des machines agricoles. Une exploitation agricole,* c'est une ferme avec des champs autour.

agriculteur n. m., **agricultrice** n. f. Personne qui cultive la terre, élève des bêtes. → **cultivateur, fermier, paysan.**

agriculture n. f. Ensemble des travaux qui servent à produire les végétaux et à élever les animaux utiles à l'homme. → ① **culture, élevage.** *L'agriculture d'un pays.* ▷ Mot de la famille de ① culture.

agripper v. (conjug. 3) Saisir quelque chose en le serrant pour s'accrocher. *Léa a agrippé le bras de son père.* ▮ contraire : **lâcher.** – **s'agripper,** s'accrocher. *Elle s'est agrippée à son bras.* → se **cramponner.**

agroalimentaire adj. *L'industrie agroalimentaire,* c'est l'industrie qui transforme les produits de l'agriculture en produits alimentaires. ▷ Mot de la famille de aliment.

agronome n. m. et f. Spécialiste de l'agronomie. *Elles sont ingénieurs agronomes.*

agronomie n. f. Ensemble des connaissances nécessaires à l'agriculture.

agrume n. m. Fruit juteux à peau épaisse, jaune ou orange. *Les citrons, les oranges, les pamplemousses, les mandarines sont des agrumes.*

s'aguerrir v. (conjug. 11) S'habituer à supporter les choses pénibles. *Ils se sont aguerris contre le froid.* → s'**endurcir.**

aux **aguets** adv. *Le chasseur est aux aguets,* il reste immobile et surveille autour de lui. → à l'**affût.** ▷ Mot de la famille de guetter.

ah interj. Mot qui sert à exprimer la joie, la douleur, l'admiration, l'impatience, la surprise. *Ah ! les voilà ! Ah ! ça suffit ! Ah ! oui ?*

ahuri, ahurie adj. Étonné, distrait au point de paraître stupide. → **ébahi, stupéfait.** *Elle a l'air complètement ahuri.* → **abruti, hébété.** – n. *Espèce d'ahuri !*

▸ **ahurissant, ahurissante** adj. Très étonnant. *Une histoire ahurissante.* → **incroyable, stupéfiant.**

aï n. m. Petit mammifère de la forêt brésilienne, aux mouvements très lents. *Les aïs sont appelés aussi paresseux.*

▮ Il y a un tréma sur le *i.*

aider v. (conjug. 3) **1.** *Aider quelqu'un,* c'est joindre ses efforts aux siens. *Il a aidé sa grand-mère à se lever.* **2.** ***S'aider*** de quelque chose, s'en servir. *Elle s'est aidée de ses mains pour grimper.*

▸ ① **aide** n. f. Appui, soutien. *J'ai besoin de ton aide. Ils leur sont venus en aide.* – *Il a creusé un trou à l'aide d'une pelle.* → au **moyen** de. – *À l'aide !* aidez-moi, au secours.

▸ ② **aide** n. m. et f. Personne qui en aide une autre. *Une aide ménagère* s'occupe du ménage et des courses d'une personne âgée ou handicapée.

▸ **aide-mémoire** n. m. Petit livre qui résume tout ce qu'il faut savoir sur un sujet. – Au pl. *Des aide-mémoire* (invariable) ou *des aide-mémoires.* ▷ Mot de la famille de ① mémoire.

▸ **aide-soignant** n. m., **aide-soignante** n. f. Personne qui aide les infirmiers et les infirmières à soigner les malades, dans un hôpital. – Au pl. *Des aides-soignants, des aides-soignantes.* ▷ Mot de la famille de soigner.

▶ Autres mots de la famille : entraide, s'entraider.

aïe [aj] interj. Mot qui sert à exprimer qu'on a très mal. ➜ **ouille.** *Aïe ! mon pied !* ▮ homonyme : ail.

aïeul [ajœl] n. m., **aïeule** [ajœl] n. f. 1. *L'aïeul de quelqu'un,* son grand-père, *l'aïeule,* sa grand-mère. *Des aïeuls.* 2. *Les aïeux de quelqu'un,* ce sont ses ancêtres.

aigle n. m. Grand oiseau de proie qui vit le jour. ➜ aussi **rapace.** *Les nids d'aigle sont construits sur de hautes montagnes. L'aigle tient un mouton dans ses serres.* ➜ planches **Montagne, oiseaux.** – *Ce n'est pas un aigle,* il n'est pas très intelligent.

▶ Autre mot de la famille : aiglon.

aiglefin ➜ **églefin**

aiglon n. m. Petit de l'aigle. ▷ Mot de la famille de aigle.

aigre adj. 1. Acide et désagréable au goût et à l'odeur. *Le lait tourné est aigre.* 2. *Des paroles aigres,* méchantes, blessantes. – n. m. *La discussion tourne à l'aigre,* les personnes qui discutent en viennent à se dire des paroles désagréables.

▸ **aigre-doux, aigre-douce** adj. À la fois acide et sucré. *Le porc est servi avec une sauce aigre-douce.* ▷ Mot de la famille de doux.

▶ Autres mots de la famille : aigreur, aigri, s'aigrir, vinaigre, vinaigrette.

aigrette n. f. Touffe de plumes sur la tête de certains oiseaux.

aigreur n. f. 1. Goût aigre. ➜ **acidité.** 2. *Il a des aigreurs d'estomac,* il a mal à l'estomac. 3. Méchanceté. *Elle lui a fait une réponse pleine d'aigreur.* ▷ Mot de la famille de aigre.

s'aigrir v. (conjug. 11) 1. Devenir aigre. *Le vin s'aigrit si la bouteille reste ouverte.* 2. Devenir méchant et irritable. *Elle s'est aigrie en vieillissant.*

▸ **aigri, aigrie** adj. Rendu irritable, amer par les déceptions. *C'est maintenant une vieille femme aigrie.*

▷ Mots de la famille de aigre.

aigu [egy], **aiguë** [egy] adj. 1. Très haut, perçant. *Il pousse des cris aigus.* ➜ **perçant.** *Julie a une voix aiguë et Alex une voix grave.* 2. Violent, intense. *Une douleur aiguë.* 3. *Un angle aigu,* c'est un angle plus petit qu'un angle droit. ➜ aussi ① **obtus.** ➜ planche **Géométrie.** 4. *Un accent aigu,* incliné vers la gauche et qui se place sur le e. *Dans «clé», il y a un accent aigu.* ➜ aussi **circonflexe** et **grave.**

▶ Attention au tréma du ë au féminin.

▶ Autres mots de la famille : aiguille, aiguillon, aiguiser, suraigu.

aiguille [egɥij] n. f. 1. Petite tige d'acier avec laquelle on pique. *Elle enfile une aiguille pour coudre.* ➜ aussi **chas.** *L'infirmière adapte l'aiguille sur la seringue.* 2. Tige étroite qui se déplace sur le cadran d'une montre. *La petite aiguille indique les heures.* 3. Feuille très fine, dure et pointue de certains arbres. *Des aiguilles de pin.* 4. Sommet très pointu d'une montagne. *L'aiguille du Midi.* ➜ **pic.** ▷ Mot de la famille de aigu.

aiguiller v. (conjug. 3) 1. Diriger un train d'une voie sur une autre. 2. Orienter quelqu'un. *L'hôtesse accueille et aiguille les clients.*

▸ **aiguillage** n. m. Appareil qui permet de faire changer un train de voie. *Un poste d'aiguillage.*

▸ **aiguilleur** n. m., **aiguilleuse** n. f. 1. Personne dont le métier est de manœuvrer un aiguillage. 2. *Les aiguilleurs du ciel,* ce sont des techniciens qui guident les avions en vol.

aigrette

aiguillon n. m. Dard des guêpes, des abeilles, des scorpions. ▷ Mot de la famille de aigu.

aiguiser [egize] v. (conjug. 3) Rendre plus coupant. → **affûter.** *Le boucher aiguise son couteau.* ▷ Mot de la famille de aigu.

aïkido n. m. Sport japonais de combat.

ail [aj] n. m. (pl. **ails** ou **aulx**) Plante à odeur forte et à goût piquant avec laquelle on assaisonne les aliments. *Une gousse d'ail.* ▮ homonyme : aïe.

aile n. f. **1.** Chacune des parties du corps des oiseaux et de certains insectes qui leur sert à voler. → planche **Oiseaux.** *Le pigeon a battu des ailes et s'est envolé. Le papillon déploie ses ailes. – Léa a mangé une aile de poulet et Paul une cuisse. – Prendre quelqu'un sous son aile,* sous sa protection. *Voler de ses propres ailes,* être indépendant, ne plus avoir besoin de l'aide des autres. **2.** Chacune des deux parties planes et allongées d'un avion qui lui sert à se maintenir en l'air. → planche **Avions. 3.** Chacune des parties mobiles situées à l'extérieur d'un moulin à vent. **4.** *L'aile d'un bâtiment,* c'est la partie qui se trouve sur l'un des côtés. **5.** *Les ailes d'une voiture,* ce sont les parties de la carrosserie au-dessus des roues. **6.** *Les ailes du nez,* ce sont les parties, de chaque côté du nez, qui recouvrent les narines. **7.** *L'aile gauche ou l'aile droite,* ce sont les extrémités de la ligne d'attaque d'une équipe de football, de handball, de rugby. ▮ homonyme : elle.

▸ **ailé, ailée** adj. Qui a des ailes. *Les fourmis volantes sont ailées.*

▸ **aileron** n. m. **1.** Extrémité de l'aile d'un oiseau. **2.** *Les ailerons d'un requin,* ses nageoires.

▸ **ailier** n. m., **ailière** n. f. Avant d'une équipe de football, de handball ou de rugby, qui joue à l'extrême droite ou gauche.

▸ Autre mot de la famille : à tire d'aile.

ailleurs adv. **1.** À un autre endroit. *Il y a trop de bruit ici, allons ailleurs.* **2.** *D'ailleurs,* du reste, de plus. *Rentre, tu as assez joué, d'ailleurs la nuit tombe.*

ailloli → **aïoli**

aimable adj. *Une personne aimable,* qui cherche à faire plaisir. → **affable, courtois, gentil,** ① **poli.** *Cette vendeuse est très aimable.* ▮ contraires : **désagréable, hargneux.** → aussi **amabilité.**

▸ **aimablement** adv. D'une façon aimable, avec amabilité. *La vendeuse renseigne aimablement les clients.*

▷ Mots de la famille de aimer.

aile

aimant n. m. Morceau d'acier qui attire le fer.
▸ **aimanté, aimantée** adj. *Un objet aimanté,* c'est un objet qui attire le fer. *L'aiguille aimantée d'une boussole.*

aimer v. (conjug. 3) **1.** Éprouver de l'amour pour quelqu'un. *Il aime sa femme,* il est amoureux d'elle. – **s'aimer,** avoir de l'amour l'un pour l'autre. *Ils se sont mariés parce qu'ils s'aimaient.* **2.** Avoir de l'amitié, de l'affection, de la sympathie pour quelqu'un. *Paul aime bien Julie.* **3.** Avoir du plaisir à faire quelque chose, trouver une chose agréable. *Louise aime beaucoup les frites. Alex aime dessiner. J'aimerais mieux rester ici,* je préférerais.
▸ Autres mots de la famille : aimable, aimablement, bien-aimé.

aine n. f. Partie du corps entre le haut de la cuisse et le bas du ventre. ▮ homonyme : haine.

aîné n. m., **aînée** n. f. *L'aîné des enfants,* le plus âgé. ➜ aussi **benjamin, cadet.** *Elle est son aînée de six ans,* elle a six ans de plus que lui. – adj. *Le fils aîné.*
◗ On peut aussi écrire *ainé, ainée,* sans accent circonflexe.

▸ **aînesse** n. f. *Le droit d'aînesse,* c'est un droit qui avantageait l'aîné d'une famille dans une succession. *Le droit d'aînesse n'existe plus en France.*
◗ On peut aussi écrire *ainesse,* sans accent circonflexe.

ainsi adv. **1.** De cette façon. *Il vaut mieux agir ainsi.* **2.** *Pour ainsi dire,* presque. *Ils se connaissent pour ainsi dire depuis toujours.* **3.** *Ainsi que,* de même que. *Théo est en CM2, ainsi que Julie.* ➜ **et.** *Il pleut ainsi que l'a annoncé la météo.* ➜ **comme.**

aïoli [ajɔli] n. m. Mayonnaise faite à l'ail et à l'huile d'olive.
◗ Ce mot provençal peut aussi s'écrire *ailloli.* • Il y a un tréma sur le *i.*

① **air** n. m. **1.** Mélange d'oxygène, d'azote et de divers gaz qui constitue l'atmosphère et que respirent les êtres vivants. *Dans les grandes villes, l'air est pollué ; à la campagne, on respire de l'air pur. Il est sorti prendre l'air,* se promener. *L'orchestre joue en plein air,* dehors. – *Vivre de l'air du temps,* de très peu de chose. **2.** *Louise regarde en l'air,* en haut, vers le ciel. ▮ homonymes : aire, ère.

② **air** n. m. **1.** Apparence du visage d'une personne. ➜ **expression,** ① **mine.** *Il a un drôle d'air.* **2.** *Avoir l'air,* sembler, paraître. *Il a l'air surpris. Cette tarte a l'air bonne.*

③ **air** n. m. Mélodie, musique d'une chanson. *Chante-moi l'air de cette chanson même si tu en as oublié les paroles.* – *L'air ne fait pas la chanson,* l'apparence n'est pas forcément la réalité.

airbag n. m. Coussin qui protège les passagers d'un véhicule en se gonflant, en cas de choc. *Les airbags d'une voiture.*
◗ Ce mot vient de l'anglais *air* qui signifie «air» et de *bag* qui veut dire «sac». • En français, on doit dire *coussin gonflable.*

aire n. f. **1.** Surface. *L'aire de ce rectangle est de 6 m^2.* ➜ **superficie. 2.** Grand endroit plat. *Une aire de jeu. L'avion se pose sur l'aire d'atterrissage.* **3.** *L'aire d'un aigle,* son nid. ▮ homonymes : ①, ② et ③ air, ère.

airelle n. f. Petite baie rouge au goût acide. *De la confiture d'airelles.*

aise n. f. *Être à l'aise,* ne pas se sentir gêné. *Es-tu à l'aise dans ce pantalon ? Léa est mal à l'aise avec les grandes personnes,* elle est intimidée. – *Mettez-vous à l'aise,* enlevez votre manteau et installez-vous confortablement. – *Prendre ses aises,* s'installer confortablement, sans se soucier des autres.

▸ **aisance** n. f. **1.** Facilité à faire quelque chose. *Elle parle en public avec aisance.* **2.** Richesse assez grande pour vivre sans difficulté. *Ils vivent dans l'aisance.* ➜ aussi **aisé.**

▸ **aisé, aisée** adj. **1.** *Une personne aisée,* qui a suffisamment d'argent pour vivre sans difficulté. ▮ contraire : **pauvre. 2.** Facile. ➜ **enfantin, simple.** *Ce travail est aisé.* ▮ contraire : **difficile.**
◗ Au sens 2, ce mot appartient au langage soutenu.

▸ **aisément** adv. Facilement. ▮ contraire : **difficilement.**
◗ Ce mot appartient au langage soutenu.
▸ Autres mots de la famille : malaise, malaisé.

aisselle n. f. Creux sous le bras, à l'endroit où il rejoint l'épaule. *Elle s'épile les aisselles.*

ajonc [aʒɔ̃] n. m. Arbuste épineux à fleurs jaunes. ➜ aussi **genêt.** *Des buissons d'ajoncs.*
◗ Ce mot se termine par un *c.*

a b c d e f g h i j k l m n o p q r s t u v w x y z

ajourner v. (conjug. 3) Remettre à un autre jour. *Elle a dû ajourner son voyage en raison des grèves.* → **différer.**

▸ **ajournement** n. m. *L'ajournement d'un projet,* le fait de le remettre à plus tard.

ajouter v. (conjug. 3) **1.** Mettre en plus. *Ajoute du sel dans la sauce. Si j'ajoute 3 à 8, j'obtiens 11.* → **additionner.** ▮ contraires : **enlever, ôter, retrancher. 2.** Dire en plus. *Je n'ai rien à ajouter.*

▸ **ajout** n. m. Ce que l'on ajoute. *Elle a fait quelques ajouts à la liste des invités,* elle a ajouté quelques noms.

▸ Autres mots de la famille : rajout, rajouter.

ajuster v. (conjug. 3) Mettre ensemble deux choses de façon qu'elles s'emboîtent. → **adapter.** *Il a ajusté un nouveau manche à la pioche.*

▸ **ajusté, ajustée** adj. *Une veste ajustée,* qui serre le corps de près. → **moulant.**

▸ **ajustage** n. m. Le fait d'ajuster, de mettre bout à bout deux choses pour qu'elles s'emboîtent. *L'ajustage de deux tuyaux.*

▸ **ajustement** n. m. Modification pour adapter. *La réforme nécessite encore quelques ajustements.*

▸ **ajusteur** n. m., **ajusteuse** n. f. Ouvrier, ouvrière qui fabrique des pièces mécaniques.

▷ Mots de la famille de ① juste.

alaise → **alèse**

alambic n. m. Appareil servant à distiller un liquide.

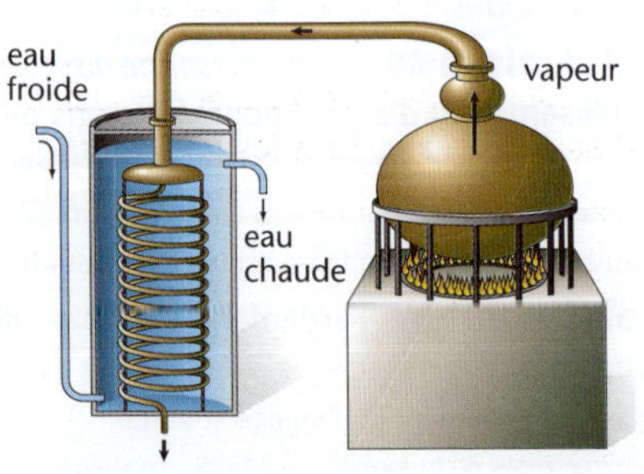

alambic

alambiqué, alambiquée adj. Trop compliqué. *Il a fait une réponse alambiquée.*

alarme n. f. (→ ÉTYM.) Sonnerie qui avertit d'un danger. *L'alarme s'est déclenchée au moment où les cambrioleurs ont ouvert la porte.* – *La sentinelle a donné l'alarme,* elle a averti du danger. → **alerte.**

▸ **s'alarmer** v. (conjug. 4) S'inquiéter. *Elle s'est alarmée en entendant les cris de sa fille.*

▸ **alarmant, alarmante** adj. Inquiétant. *L'état du blessé est alarmant.* ▮ contraire : **rassurant.**

albatros [albatʀos] n. m. Grand oiseau de mer blanc et gris, au bec crochu. → planche **Oiseaux.**

albinos [albinos] n. et adj. Personne ou animal qui a la peau, les cheveux et les poils blancs. – adj. *Une souris albinos.*

album [albɔm] n. m. (→ ÉTYM.) **1.** Sorte de livre dont les pages ne sont pas imprimées et dans lequel on classe des photos, des timbres. **2.** Livre où il y a beaucoup de dessins. *Un album de bandes dessinées.* **3.** Disque de variétés. *Le dernier album d'un groupe de rap.*

alchimiste n. m. et f. Personne qui, au Moyen Âge, essayait, en secret, de transformer les métaux en or.

alcool [alkɔl] n. m. **1.** Liquide incolore très fort qui se trouve dans certaines boissons. *Un apéritif sans alcool.* **2.** Boisson très forte où il y a beaucoup d'alcool. *Le conducteur d'une voiture ne doit pas boire d'alcool.* **3.** Liquide qui sert à désinfecter. *Julie met de l'alcool à 90° sur sa coupure.*

▸ **alcoolémie** [alkɔlemi] n. f. Taux d'alcool dans le sang. *L'alcoolémie se mesure à l'aide de l'alcootest.*

▸ **alcoolique** adj. Qui boit régulièrement beaucoup d'alcool. *Son mari est alcoolique.* – n. *Les alcooliques sont intoxiqués par l'alcool.*

▸ **alcoolisé, alcoolisée** adj. Qui contient de l'alcool. *Une boisson alcoolisée.*

▸ **alcoolisme** n. m. Maladie des gens qui boivent trop d'alcool.

▸ **alcootest** [alkɔtɛst] n. m. (marque déposée) Sorte de ballon dans lequel on fait souffler le conducteur d'une voiture pour savoir s'il a bu trop d'alcool. ▷ Mot de la famille de test.

alcôve n. f. Renfoncement dans une pièce, où l'on place un lit.

▸ Il y a un accent circonflexe sur le *o*.

aléa n. m. Évènement que l'on n'avait pas prévu. *Les aléas de la vie.* ➜ **hasard.**

Ce mot s'emploie plutôt au pluriel.

▸ **aléatoire** adj. Qui dépend du hasard, qui est incertain. *Son succès est aléatoire.*

contraire : **certain.**

alentours n. m. pl. **1.** Lieux qui sont autour de quelque chose. *Les alentours de Paris.* ➜ **environs.** **2.** *Ce livre coûte aux alentours de 8 euros,* environ 8 euros. ▹ Mot de la famille de tourner.

① **alerte** adj. Qui a des mouvements vifs et rapides. *Cette vieille dame est encore alerte pour son âge.*

② **alerte** n. f. Signal qui avertit d'un danger. *Les pompiers se sont précipités sur les lieux à la première alerte. Entendant un bruit suspect, le gardien a donné l'alerte,* il a prévenu d'un danger. ➜ **alarme.**

▸ **alerter** v. (conjug. 3) Avertir en cas de danger. *Il a alerté les pompiers.* ➜ **prévenir.**

alèse n. f. Tissu imperméable que l'on met sous le drap pour protéger le matelas.

On écrit aussi *alaise.*

alevin n. m. Jeune poisson. *Des alevins de truite.*

des **alevins**

alexandrin n. m. Vers français de douze syllabes.

algèbre n. m. Forme de calcul où certains nombres sont remplacés par des lettres.

algue n. f. Plante qui pousse au fond de la mer, des rivières et des lacs. ➜ **goémon, varech.**

alibi n. m. Preuve que l'on n'était pas là au moment d'un vol, d'un crime. *Le suspect a pu fournir un alibi.*

Alibi est un mot latin qui veut dire «ailleurs».

aliéné n. m., **aliénée** n. f. Malade mental. ➜ **dément, fou.**

Ce mot ne s'emploie plus beaucoup. Aujourd'hui, on dit plutôt *malade mental.*

aligner v. (conjug. 3) Ranger en ligne droite. *Ils ont aligné les quilles.*

▸ **alignement** n. m. Ligne droite formée par des objets. *L'alignement des immeubles dans la rue.*

▹ Mots de la famille de ligne.

aliment n. m. Produit qui sert à nourrir les hommes, les animaux ou les plantes. ➜ **nourriture.** *Les aliments frais sont conservés dans le réfrigérateur.*

▸ **alimentaire** adj. *Les produits alimentaires,* ce sont les produits qui servent à nourrir.

▸ **alimentation** n. f. Manière de nourrir quelqu'un ou de se nourrir. ➜ planche **Alimentation.** *Elle donne à ses enfants une alimentation variée.* ➜ **nourriture.** – *Les épiceries, les boucheries sont des magasins d'alimentation,* qui vendent des aliments.

▸ **s'alimenter** v. (conjug. 4) Se nourrir. ➜ **manger.** *Le malade ne s'alimente plus depuis deux jours.*

▸ Autres mots de la famille : agroalimentaire, sous-alimentation, sous-alimenté.

alinéa n. m. Passage qui commence par une ligne en retrait, dans un texte. *Chaque paragraphe commence par un alinéa, dans cette lettre.*

s'aliter v. (conjug. 4) Se mettre au lit lorsqu'on est malade. ➜ se **coucher.** *Léa avait la grippe, elle s'est alitée.* ▹ Mot de la famille de lit.

alizé [alize] n. m. Vent régulier qui souffle de l'est sur les océans, sous les tropiques.

des **algues**

l'alimentation

L'alimentation apporte l'énergie nécessaire au fonctionnement de l'organisme. L'assimilation des aliments se fait par le tube digestif qui les transforme en nutriments utilisables par les organes. Notre corps a besoin en permanence de sucres (glucides), de graisses (lipides), de protéines, de sels minéraux et d'eau. Une alimentation saine doit être équilibrée et variée. Une consommation excessive de sucre, de gras ou de sel peut provoquer des maladies (diabète, obésité, maladies cardiovasculaires). Une alimentation insuffisante (sous-alimentation) ou de mauvaise qualité (malnutrition, « malbouffe ») a de graves conséquences sur la santé.

➔ calorie, diététique, digestion, nourriture, nutrition.
➔ planche **corps** humain, **fruits.**

La pyramide alimentaire représente un modèle d'alimentation équilibrée

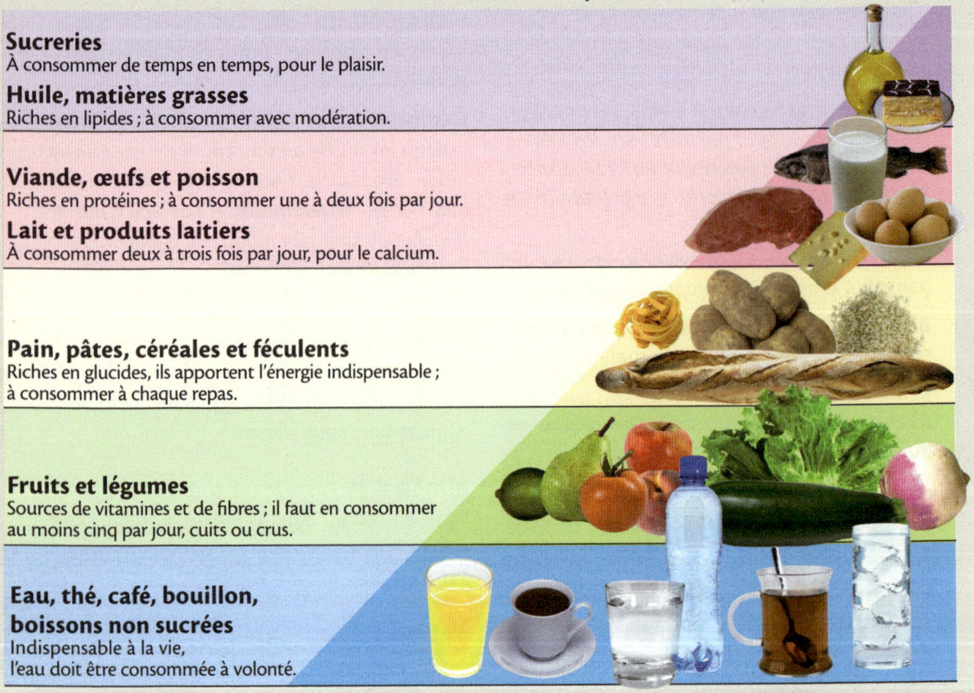

allaiter v. (conjug. 3) Nourrir son bébé de son lait. *La mère allaite son enfant,* elle lui donne le sein.

▸ **allaitement** n. m. Alimentation d'un bébé avec le lait de sa mère. ▮ homonyme : halètement.

▹ Mots de la famille de lait.

allécher v. (conjug. 8) *Allécher quelqu'un,* c'est l'attirer en lui faisant espérer quelque chose d'agréable. ➜ **appâter.** *L'odeur qui venait de la cuisine les a alléchés.*

▸ **alléchant, alléchante** adj. Qui fait espérer quelque chose d'agréable. *Une odeur alléchante,* appétissante, tentante. *Voilà une perspective alléchante.* ➜ **séduisant.**

allée n. f. Chemin bordé d'arbres ou de verdure. ▮ homonymes : ① et ② aller, hâlé, haler.
▹ Mot de la famille de ① aller.

allées et venues n. f. pl. Déplacements de personnes qui vont et viennent. *Les allées et venues des clients dans le hall de l'hôtel.* ▹ Mot de la famille de ① aller et de venir.

alléger v. (conjug. 5b et 8) Rendre plus léger. *Enlève quelques affaires de ton sac, cela l'allégera.* ▮ contraire : **alourdir.**

▸ **allégé, allégée** adj. *Un produit allégé,* c'est un aliment qui contient peu de graisses ou de sucre. *Une confiture allégée.*

▸ **allègement** n. m. Fait de rendre plus léger ce qui est trop lourd à supporter. *L'allègement des programmes scolaires.* ➜ **réduction.**
▶ On écrit aussi *allégement.*
▹ Mots de la famille de léger.

allégorie n. f. Façon de représenter une idée abstraite par une image, un symbole. *La justice représentée par une balance est une allégorie.*

allègre adj. Plein d'une vivacité qui exprime la bonne humeur. *Alex marche d'un pas allègre.* ➜ ① **alerte.**

▸ **allègrement** adv. Avec vivacité, entrain.
▶ On écrit aussi *allégrement.*

▸ **allégresse** n. f. Joie très vive. ▮ contraire : **tristesse.**

① **aller** v. (conjug. 12) **1.** Se rendre quelque part. *Je vais à Lyon. Elles sont allées chez le pharmacien.* **2.** *S'en aller,* partir. *Il s'en ira demain.* **3.** Être sur le point de. *Louise va arriver d'un instant à l'autre. Il va pleuvoir.* **4.** Se porter. *Comment allez-vous ? Je vais bien,* je me sens bien. *Ça va ?* tu es content ? **5.** Convenir. *Ces bottes te vont bien. Cette robe ne lui va pas.* ▮ homonymes : allée, hâlé, haler.

▸ ② **aller** n. m. **1.** Trajet pour aller dans un endroit. *Ils ont pris le bateau à l'aller et l'avion au retour.* **2.** Billet (de train, d'avion, etc.) pour aller dans un endroit. *Deux allers pour Paris.*
▶ Autres mots de la famille : allée, allées et venues, allure, contre-allée, laisser-aller, pis-aller, va-et-vient, va-nu-pieds, va-tout, à la va-vite.

allergie n. f. Réaction anormale du corps à certains aliments ou à certains produits. *Les fraises lui donnent des allergies. Il fait une allergie au pollen.*

▸ **allergique** adj. Qui ne supporte pas quelque chose. *Paul est allergique au pollen.*

alliage n. m. Métal obtenu en fondant ensemble plusieurs métaux. *Le bronze est un alliage de cuivre et d'étain.* ▹ Mot de la famille de lier.

s'allier v. (conjug. 9) S'unir par une alliance. *Pendant la Deuxième Guerre mondiale, la France et la Grande-Bretagne se sont alliées contre l'Allemagne.*

▸ **alliance** n. f. **1.** Union entre plusieurs pays qui s'entendent pour s'aider. *Ces deux pays ont conclu une alliance.* ➜ **accord, coalition, pacte.** **2.** Anneau porté au doigt par les gens mariés.

▸ **allié** n. m., **alliée** n. f. Personne qui en aide une autre. *Pendant la guerre, les Anglais étaient les alliés des Français.* ▮ contraire : **ennemi.**
▹ Mots de la famille de lier.

alligator n. m. (➜ ÉTYM.) Reptile d'Amérique du Nord qui ressemble au crocodile. ➜ planche **Reptiles** et amphibiens.

alligator

allo interj. Premier mot que l'on dit quand on commence une conversation au téléphone. *Allo ! c'est toi, Léa ?* ▮ homonyme : halo.
▶ On écrit aussi *allô.*

allocation n. f. Somme d'argent versée régulièrement à quelqu'un. *Les allocations familiales sont versées par l'État aux personnes qui ont des enfants.*

allocution n. f. Petit discours. *Le président de la République a prononcé une allocution.*

allongement n. m. Le fait de devenir plus long, de durer plus longtemps. *Au printemps, on profite de l'allongement des jours.* ▷ Mot de la famille de long.

allonger v. (conjug. 5b) 1. Étendre. *On a allongé le blessé sur une civière.* ➜ ① **coucher.** – **s'allonger,** se coucher. *Léa s'est allongée sur une chaise longue.* 2. Étendre une partie du corps. *Julie allonge ses jambes sur la banquette.* ▷ Mot de la famille de long.

allumer v. (conjug. 3) 1. Mettre le feu à. *Il allume une cigarette.* ➜ **enflammer.** ▮ contraire : **éteindre.** 2. Rendre lumineux. *Il fait sombre, allume la lampe,* mets-la en marche pour qu'elle éclaire. *Allume la télévision.* – **s'allumer,** devenir lumineux. *Les enseignes s'allument et s'éteignent.*

▸ **allumage** n. m. *L'allumage d'un moteur,* c'est le système qui enflamme le mélange d'air et d'essence. ➜ aussi **bougie.**

▸ **allume-cigare** n. m. Instrument placé sur le tableau de bord d'un véhicule et qui sert à allumer les cigarettes et les cigares. – Au pl. *Des allume-cigares.* ▷ Mot de la famille de cigare.

▸ **allumette** n. f. Brin de bois ou de carton dont un bout est recouvert d'un produit qui s'enflamme quand on le frotte. *Il gratte une allumette.*

▶ Autre mot de la famille : rallumer.

allure n. f. 1. Vitesse. *La moto roulait à toute allure,* très vite. 2. Air, aspect. *Cet homme a une drôle d'allure.* ▷ Mot de la famille de ① aller.

allusion n. f. *Faire allusion à une chose,* c'est en parler indirectement, par sous-entendus. ➜ **insinuation.**

alluvions n. f. pl. Graviers, boue et débris déposés par les cours d'eau. ➜ **sédiment.** *Les alluvions fertilisent la terre.*

almanach [almana] n. m. Livre qui paraît tous les ans et contient un calendrier et des renseignements de toutes sortes. – Au pl. *Des almanachs.*

aloès [alɔɛs] n. m. Plante des pays chauds, aux feuilles charnues très pointues. *L'aloès est utilisé en médecine.*

alors adv. 1. À ce moment-là. *Le pays était alors en guerre.* 2. Dans ce cas. *Tu es d'accord ? Alors, n'en parlons plus.*

▸ **alors que** conjonction 1. Bien que. *Paul est allé à la piscine alors qu'il était enrhumé.* 2. Au moment où. *Ils sont arrivés alors que j'allais sortir.*

▷ Mots de la famille de lors.

alouette n. f. Petit oiseau au plumage brun ou gris qui vit dans les champs.

alouette

alourdir v. (conjug. 11) Rendre plus lourd. *Ces billes alourdissent mes poches.* ▮ contraire : **alléger.** ▷ Mot de la famille de lourd.

alpage n. m. Pâturage de haute montagne.

alphabet n. m. (➜ ÉTYM.) Ensemble des lettres d'une langue classées dans un certain ordre. *En français, l'alphabet compte 26 lettres.*

▸ **alphabétique** adj. *L'ordre alphabétique,* c'est l'ordre des lettres de l'alphabet.

▸ **alphabétisation** n. f. Enseignement de la lecture et de l'écriture aux personnes qui ne savent ni lire ni écrire.

▶ Autres mots de la famille : analphabète, analphabétisme.

alpin, alpine adj. 1. Des Alpes. *La chaîne alpine. Les massifs alpins sont enneigés.* 2. *Le ski alpin,* qui combine slalom et descente.

▸ **alpinisme** n. m. Sport qui consiste à escalader les montagnes, les parois rocheuses. ➜ aussi **varappe.**

▸ **alpiniste** n. m. et f. Personne qui fait de l'alpinisme.

altercation n. f. Dispute violente. *Il y a eu une violente altercation entre deux automobilistes.*

① altérer v. (conjug. 8) Abîmer. → **détériorer.** *Le soleil a altéré les couleurs du papier peint.* – **s'altérer,** perdre sa belle apparence. *Les couleurs du tapis se sont altérées.*
▶ Autre mot de la famille : inaltérable.

② altérer v. (conjug. 8) Donner soif. *Cette longue marche nous a altérés.*
▶ Autres mots de la famille : désaltérant, désaltérer.

alterner v. (conjug. 3) Se succéder et revenir toujours dans le même ordre. *Les saisons alternent.*

▸ **alternance** n. f. Succession de choses qui reviennent toujours dans le même ordre. *L'alternance du jour et de la nuit.*

▸ **alternateur** n. m. Appareil qui produit du courant alternatif. *L'alternateur d'une voiture.*

▸ **alternatif, alternative** adj. **1.** *Un mouvement alternatif,* qui va dans un sens puis dans l'autre, avec régularité. **2.** *Courant alternatif,* dont l'intensité varie, n'est pas continue. → aussi **alternateur.**

▸ **alternative** n. f. Situation dans laquelle on se trouve quand on doit choisir entre deux solutions. *L'alternative est claire : soit tu restes ici, soit tu viens avec nous.*

▸ **alternativement** adv. Tour à tour. *Nous conduirons alternativement,* en nous relayant.

altesse n. f. Titre donné aux princes et aux princesses.

altier, altière adj. Fier. → **hautain.** *Une attitude altière.*

altitude n. f. (→ ÉTYM.) Hauteur mesurée à partir du niveau de la mer. *L'Everest a 8 850 mètres d'altitude. Mexico est en altitude,* à une altitude élevée. – *L'avion prend de l'altitude,* il s'élève.

alpiniste

alto n. m. Violon au son grave. → planche **Instruments** de musique. *L'alto est légèrement plus grand que le violon.*

altruisme n. m. Fait de s'intéresser aux autres, de se soucier d'eux.

▸ **altruiste** adj. Qui se soucie des autres. *Une attitude altruiste.* ▮ contraire : **égoïste.** – n. *C'est un altruiste.*

aluminium [alyminjɔm] n. m. Métal léger de couleur gris clair. *Du papier d'aluminium.*

alunir v. (conjug. 11) Se poser sur la Lune. *Les cosmonautes ont aluni.*

▸ **alunissage** n. m. Action de se poser sur la Lune. *Les Américains ont effectué le premier alunissage.*
▷ Mots de la famille de lune.

alvéole n. f. **1.** Petite cavité en cire que font les abeilles dans la ruche pour y déposer leurs œufs et leur miel. **2.** *Les alvéoles pulmonaires,* les cavités situées à l'extrémité des bronches.

alvéole

amabilité n. f. Qualité des personnes qui sont aimables, qui cherchent à faire plaisir. → **gentillesse.** – *Ils se sont dit des amabilités,* des paroles aimables.

amadouer v. (conjug. 3) *Amadouer quelqu'un,* c'est l'amener à faire ce que l'on veut en étant gentil avec lui. *Alex a réussi à amadouer ses parents.*

amaigri, amaigrie adj. Devenu maigre. *Il a le visage amaigri.*

▸ **amaigrissant, amaigrissante** adj. Qui fait maigrir. *Il suit un régime amaigrissant.*

▸ **amaigrissement** n. m. *Une cure d'amaigrissement,* pour maigrir.
▷ Mots de la famille de maigre.

amalgame n. m. Mélange de choses qui sont différentes. *Un affreux amalgame de couleurs.*

▸ **s'amalgamer** v. (conjug. 4) Se mélanger. *La farine et l'eau s'amalgament facilement.*

amande n. f. Fruit ovale à coquille dont on mange la graine qui est à l'intérieur. ➔ planche **Fruits.** – *Des yeux en amande,* de forme allongée. – Invariable après le nom de couleur *vert. Des robes vert amande.* ▮ homonyme : amende.

▸ **amandier** n. m. Arbre dont le fruit est l'amande.

amande

amanite n. f. Champignon dont certaines espèces sont vénéneuses ou même mortelles. ➔ planche **Champignons.**

amant n. m. *Elle a un amant,* elle a des relations sexuelles avec un homme qui n'est pas son mari. ➔ aussi **maîtresse.**

amarrer v. (conjug. 3) *Amarrer un bateau,* l'attacher avec des amarres.

▸ **amarre** n. f. Câble ou cordage servant à attacher un bateau à un point fixe. *Le paquebot a largué les amarres.*

amasser v. (conjug. 3) Entasser peu à peu. *Louise amasse des pièces dans sa tirelire.* ➔ **accumuler.**

▸ **amas** [ama] n. m. Tas qui s'est formé petit à petit. *Il y a un amas de poussière sous le lit.* ➔ **monceau.**

▷ Mots de la famille de ① masse.

amateur n. m., **amatrice** n. f. 1. Personne qui aime beaucoup une chose. *Son père est un amateur de peinture.* 2. Athlète qui pratique un sport pour son plaisir sans que ce soit son métier. ▮ contraire : **professionnel.** – *Des cyclistes amateurs.*

amazone n. f. *Monter en amazone,* c'est monter à cheval en plaçant les deux jambes du même côté.

▶ Les Amazones étaient des guerrières à cheval, dans la mythologie grecque.

ambassade n. f. Bâtiment où travaillent l'ambassadeur et ses services. *Il est allé demander un visa à l'ambassade.*

▸ **ambassadeur** n. m., **ambassadrice** n. f. Personne dont le métier est de représenter son pays dans un pays étranger. *Il est ambassadeur de France à Rome.* ➔ aussi **consul, diplomate.**

ambiant, ambiante adj. *La température ambiante,* celle de l'endroit où l'on est.

▸ **ambiance** n. f. Atmosphère agréable ou désagréable qu'il y a dans un endroit. *À la fête de l'école, l'ambiance était très gaie.* – *Il y a de l'ambiance ici,* cette réunion est très animée.

ambigu, ambiguë [ɑ̃bigy] adj. Qui peut être compris de plusieurs façons. *Il a fait une réponse ambiguë.* ➔ **équivoque.** ▮ contraires : **clair, net.**

▶ Attention au tréma du ë au féminin.

▸ **ambiguïté** [ɑ̃bigɥite] n. f. Manque de clarté, de netteté. *L'ambiguïté de sa réponse. Il a répondu sans ambiguïté,* clairement, sans équivoque.

▶ Attention au tréma sur le deuxième *ï.*

ambitieux [ɑ̃bisjø], **ambitieuse** [ɑ̃bisjøz] adj. 1. *Une personne ambitieuse,* c'est une personne qui veut devenir quelqu'un d'important. ➔ aussi **ambition.** – n. *Un ambitieux.* 2. *Un projet ambitieux,* qui demande beaucoup de travail pour le réaliser.

ambition n. f. 1. Désir de réussite. *Elle a de l'ambition.* ➔ aussi **ambitieux.** 2. Souhait, désir profond. ➔ ① **objectif.** *Son ambition est de s'installer à la campagne.*

ambre n. m. 1. *L'ambre jaune,* c'est de la résine d'arbres de l'époque préhistorique qui est devenue dure et transparente. *On fait des bijoux avec de l'ambre.* 2. *L'ambre gris,* c'est une matière odorante qui provient de l'intestin des cachalots.

ambulance n. f. Voiture aménagée pour transporter les malades et les blessés. *L'ambulance a son gyrophare allumé.*

▸ **ambulancier** n. m., **ambulancière** n. f. Personne qui conduit une ambulance. *L'ambulancier a mis la sirène de l'ambulance.*

ambulant, ambulante adj. Qui se déplace d'un endroit à un autre pour son travail. *Un marchand ambulant. Les musiciens et les comédiens ambulants jouent dans les rues.*

âme n. f. Partie de l'être humain qui pense et qui éprouve des sentiments, par opposition au corps. *Lorsque l'on croit en Dieu, on considère que l'âme est immortelle.* – *Rendre l'âme,* c'est mourir. *Il lui est dévoué corps et âme* [kɔʀ zeɑm], entièrement. *Elle a pris cette décision en son âme et conscience,* en toute honnêteté.

améliorer v. (conjug. 3) Changer quelque chose en mieux. *Il a amélioré son score,* il l'a rendu meilleur. – **s'améliorer,** devenir meilleur. *Le temps s'améliore.* ▮ contraire : se **gâter.**

▸ **amélioration** n. f. Progrès. ▮ contraire : **aggravation.** *Le médecin a constaté une amélioration de l'état du malade,* il a constaté que le malade allait mieux.

aménager v. (conjug. 5b) Arranger, installer. ➜ **agencer.** *On a aménagé le grenier en chambre d'amis.*

▸ **aménagement** n. m. Modification, transformation. *Elle a fait des aménagements dans la maison.*

amende n. f. Somme d'argent que l'on paye lorsque l'on n'a pas observé la loi. *Il a eu une amende parce qu'il roulait trop vite.* ➜ **contravention.** ▮ homonyme : amande.

amener v. (conjug. 7) **1.** Faire venir quelqu'un avec soi. *Il est venu dîner hier soir et il a amené son frère.* **2.** Transporter. *Un canal d'irrigation amène l'eau dans les champs.* **3.** Entraîner. *Le vent amène la pluie. Cela risque de t'amener des ennuis.* ➜ **attirer. 4.** *Être amené à faire quelque chose,* y être forcé. *Je vais être amenée à vous punir.* ▷ Mot de la famille de mener.

s'amenuiser v. (conjug. 4) Devenir plus petit. *Ses chances de survivre s'amenuisent d'heure en heure.* ➜ **diminuer.** ▷ Mot de la famille de ① menu.

amer [amɛʀ], **amère** adj. **1.** Qui a un goût spécial que certains trouvent désagréable. *L'écorce de citron, les endives sont amères.* **2.** Pénible, douloureux. *Cet échec fut pour elle une amère déception.*

▸ **amèrement** adv. Avec tristesse, amertume. *Elle regrette amèrement d'être venue.*
▸ Autre mot de la famille : amertume.

américain adj. et n. m., **américaine** adj. et n. f.
▪ adj. **1.** D'Amérique. *Le continent américain.* **2.** D'Amérique du Nord. *Le cinéma américain.*
▪ n. **1.** Habitant d'Amérique du Nord. *Une Américaine. Les Américains.* ➜ **nord-américain.** **2.** n. m. *L'américain,* la langue parlée aux États-Unis.
▸ Autres mots de la famille : nord-américain, sud-américain.

amerrir v. (conjug. 11) Se poser à la surface de l'eau. *L'hydravion a amerri dans l'océan Indien.*

▸ **amerrissage** n. m. Action d'amerrir. *L'hydravion a réussi son amerrissage,* il a réussi à se poser à la surface de l'eau.
▷ Mots de la famille de mer.

amertume n. f. **1.** Goût amer. *L'amertume des endives.* **2.** Tristesse causée par la déception. *Elle pense avec amertume à son échec.*
▷ Mot de la famille de amer.

améthyste n. f. Pierre précieuse de couleur violette.
▸ Attention au *th* et au *y.*

améthyste

ameublement n. m. L'ensemble des meubles et de la décoration d'un logement. *Leur ameublement est très moderne.* ➜ aussi **mobilier.** ▷ Mot de la famille de ② meuble.

ameuter v. (conjug. 3) Provoquer un attroupement. *Ses cris ont ameuté les passants.* ▷ Mot de la famille de meute.

ami n. m., **amie** n. f. Personne que l'on aime bien voir, pour qui on a de la sympathie. *Louise est la meilleure amie de Julie.* ➜ aussi **camarade ;** fam. **copain, pote.** *Ce sont des amis d'enfance.* ▮ contraires : **ennemi, rival.**
▸ Autres mots de la famille : amical, amicalement, amitié.

à l'amiable adv. Sans se faire de procès. *Ils ont fait un arrangement à l'amiable,* ils se sont entendus directement.

amiante n. m. Matière brillante qui ne prend pas feu. *La poussière d'amiante est très dangereuse pour la santé.*

amibe n. f. Animal microscopique qui vit dans l'eau et qui est formé d'une seule cellule. *Certaines amibes sont des parasites de l'intestin de l'homme.*

amical, amicale adj. Qui exprime de l'amitié. *Il m'a envoyé une lettre très amicale,* pleine d'amitié. ▮ contraires : **haineux, hostile.** – Au masc. pl. *amicaux.*

▶ **amicalement** adv. Avec amitié. *Il nous a répondu très amicalement.*

▷ Mots de la famille de ami.

amidon n. m. Matière que l'on trouve dans les plantes sous forme de très petits grains qui donnent une sorte de colle quand on les écrase dans l'eau chaude. *Le blé, le riz, la pomme de terre contiennent de l'amidon.*

amincir v. (conjug. 11) Faire paraître plus mince. *Cette robe noire l'amincit.* ▮ contraire : **grossir.**

▶ **amincissant, amincissante** adj. **1.** Qui fait paraître plus mince. *Elle a une robe amincissante.* **2.** Qui fait maigrir. *Il suit un régime amincissant.* ➜ **amaigrissant.**

▷ Mots de la famille de mince.

amiral n. m., **amirale** n. f. Officier du plus haut grade dans la marine nationale. – Au masc. pl. *des amiraux.*

▶ Ce mot vient de l'arabe *âmir* qui veut dire «chef», comme *émir.*

amitié [amitje] n. f. Sentiment que l'on a pour quelqu'un que l'on aime beaucoup. ➜ aussi **affection.** *Louise a de l'amitié pour Théo.*

▷ Mot de la famille de ami.

ammonite n. m. Mollusque fossile à coquille enroulée en spirale.

▶ Ce mot s'écrit avec deux *m.*

ammonite

amnésie n. f. Diminution ou perte de la mémoire. *Depuis son accident, elle souffre d'amnésie.*

▶ **amnésique** adj. Qui a perdu la mémoire. *Un malade amnésique.*

amniotique adj. *Le liquide amniotique,* le liquide dans lequel baigne le fœtus dans le ventre de sa mère.

amnistie n. f. (➜ ÉTYM.) Suppression de certaines peines de prison et de certaines amendes pour ceux qui y étaient condamnés. *Le président de la République a décrété une amnistie.*

amoindrir v. (conjug. 11) Diminuer la force de quelqu'un. *La maladie l'a beaucoup amoindri.*

▷ Mot de la famille de moindre.

s'amollir v. (conjug. 11) Devenir mou. *Le beurre s'amollit sous l'effet de la chaleur.* ➜ **ramollir.** ▮ contraire : **durcir.** ▷ Mot de la famille de mou.

s'amonceler v. (conjug. 6a) Former un tas. *Les livres s'amoncellent sur la table.* ➜ s'**accumuler,** s'**amasser,** s'**entasser.**

▶ **amoncellement** n. m. Accumulation, entassement. *Un amoncellement de nuages dans le ciel.*

▷ Mots de la famille de mont.

amont n. m. (➜ ÉTYM.) *L'amont,* la partie d'un cours d'eau qui est la plus proche de la source. ▮ contraire : **aval.** *Tours est en amont d'Angers, sur la Loire,* plus près de la source de la Loire qu'Angers. ▷ Mot de la famille de mont.

amorcer v. (conjug. 5a) **1.** Mettre un appât. *Pour attirer le poisson, le pêcheur amorce avec un asticot,* il utilise un asticot comme appât. ➜ **appâter. 2.** *Amorcer une bombe,* mettre dedans un système qui déclenchera l'explosion. ▮ contraire : **désamorcer. 3.** Commencer à faire quelque chose. *La voiture amorce son virage,* elle commence à le prendre.

▶ **amorce** n. f. **1.** Ce que l'on jette dans l'eau pour attirer le poisson. ➜ **appât.** *Le pêcheur utilise des asticots comme amorce.* **2.** Dispositif qui déclenche une explosion. *Le soldat place une amorce sur la grenade.* **3.** Petite rondelle de papier qui contient de la poudre et qui explose. *Un pistolet à amorces.* **4.** Commencement, début. *La rencontre des deux chefs d'État* est l'amorce d'un rapprochement entre les pays. ➜ **ébauche.**

▶ Autre mot de la famille : désamorcer.

amorphe adj. Sans énergie, sans réaction. ➜ **indolent, mou.** ▮ contraires : **dynamique, énergique.**

amortir v. (conjug. 11) Rendre moins violent, moins fort. ➜ **atténuer.** *La moquette amortit le bruit des pas.*

▸ **amortisseur** n. m. Système qui permet de diminuer les secousses dans une voiture. ➜ aussi ① **suspension.**

amour n. m. **1.** Sentiment très fort que l'on éprouve pour une personne que l'on a beaucoup de plaisir à voir et par qui on est attiré. *Il éprouve de l'amour pour elle,* il est amoureux d'elle, il l'aime. – *Faire l'amour,* c'est avoir des relations sexuelles avec quelqu'un. – *Vivre d'amour et d'eau fraîche,* en se contentant des sentiments, sans se soucier de gagner de l'argent. **2.** Sentiment d'affection, de tendresse entre les personnes d'une même famille. *L'amour maternel,* ce qu'éprouve une mère pour ses enfants. **3.** Goût, attachement très fort que l'on a pour quelque chose. *Elle s'occupe de son jardin avec amour,* avec soin.

▸ **amoureux** adj. et n. m., **amoureuse** adj. et n. f.

▪ adj. *Être amoureux d'une personne,* c'est l'aimer. *Théo est amoureux de Léa.*

▪ n. **1.** *Des amoureux,* des gens qui s'aiment. *Les amoureux s'embrassent.* **2.** *Les amoureux de la nature,* les personnes qui ont un goût profond pour elle.

▸ **amoureusement** adv. Avec amour. *Les deux fiancés se regardent amoureusement.* ➜ **tendrement.** – *Elle soigne amoureusement ses fleurs,* avec un soin particulier.

▸ **amour-propre** n. m. Sentiment très vif que l'on a de sa dignité et de sa valeur. ➜ **fierté.** *Elle refuse qu'on l'aide par amour-propre.* – Au pl. *Des amours-propres.* ▷ Mot de la famille de ② propre.

amovible adj. Que l'on peut enlever et remettre facilement. *La batterie de l'ordinateur est amovible.*

▶ Autre mot de la famille : inamovible.

amphibie adj. **1.** *Un véhicule amphibie* peut aller sur terre et dans l'eau. **2.** *Un animal amphibie* peut vivre dans l'air et dans l'eau.

▸ **amphibien** n. m. Animal amphibie. ➜ planche **Reptiles** et amphibiens. *Les grenouilles et les crapauds sont des amphibiens.*

▶ On disait autrefois *batracien.*

amphithéâtre n. m. **1.** Grand théâtre à gradins en forme de cercle, sans toit, que construisaient les Romains et les Grecs. **2.** Salle de cours en gradins, à l'université. ▷ Mot de la famille de théâtre.

▶ On dit familièrement *un amphi,* au sens 2.

amphore n. f. Vase en terre cuite à deux anses que l'on utilisait dans l'Antiquité pour conserver les liquides ou les graines.

des **amphores**

ample adj. Large. *Elle met toujours des vêtements amples.* ▮ contraires : **ajusté, serré, collant.**

▸ **amplement** adv. D'une manière plus que suffisante. *300 euros pour ce voyage, c'est amplement suffisant,* cela suffit largement.

▸ **ampleur** n. f. **1.** Largeur. *Donner de l'ampleur à un vêtement,* l'élargir. **2.** Importance. *Les pompiers ont constaté l'ampleur des dégâts.*

▸ **amplifier** v. (conjug. 9) *Amplifier un son,* le rendre plus fort. ▮ contraire : **atténuer.** – **s'amplifier,** devenir plus important. ➜ **augmenter.** *Plus on s'approche de la fête, plus le bruit s'amplifie.*

▸ **amplificateur** n. m. Appareil qui sert à rendre un son plus fort. *Il a mis un amplificateur à sa guitare.*

▶ On dit familièrement *un ampli.*

▸ **amplitude** n. f. Écart entre les températures les plus froides et les plus chaudes. *Dans le désert, il y a une grande amplitude entre le jour et la nuit.*

ampoule n. f. 1. Petite boule de verre qui contient le filament d'une lampe électrique et qui sert à éclairer. *L'ampoule est grillée, il faut la changer.* 2. Petit tube de verre rempli d'un médicament liquide. *Une ampoule de vitamine.* 3. Petite poche de liquide qui se forme sous la peau. → **cloque.** *Léa a une ampoule au pied.*

ampoule

amputer v. (conjug. 3) *Amputer quelqu'un,* c'est lui couper un membre. *On l'a amputé d'un bras.*

▸ **amputation** n. f. Opération qui consiste à couper un membre.

amulette n. f. Petit objet que l'on porte sur soi comme porte-bonheur. → **fétiche, grigri, talisman.**

amusant, amusante adj. Drôle, plaisant, réjouissant. → fam. **marrant.** *Il raconte des histoires amusantes.* ▮ contraire : **ennuyeux.** ▷ Mot de la famille de amuser.

amuse-gueule n. m. Petit sandwich, biscuit salé que l'on mange pour l'apéritif. – Au pl. *Des amuse-gueules.* ▷ Mot de la famille de amuser et de gueule.

amusement n. m. Distraction. *Son plus grand amusement est de jouer aux cartes.* ▷ Mot de la famille de amuser.

amuser v. (conjug. 3) Distraire d'une manière agréable. *Est-ce que cela t'amuserait d'aller au zoo ?* ▮ contraire : **ennuyer.** – **s'amuser,** se distraire, jouer. *Alex s'amuse avec le chien. Julie et Louise se sont amusées à se déguiser.*
▶ Autres mots de la famille : amusant, amuse-gueule, amusement.

amygdale [amidal] n. f. *Les amygdales,* ce sont les organes en forme de petites boules situés au fond de la gorge. *Quand les amygdales s'infectent, elles empêchent d'avaler et de respirer. Paul s'est fait opérer des amygdales.*
▶ Il y a un *y* après le *m* et un *g* qui ne se prononce pas.

an n. m. Période de douze mois. → **année.** *Ils sont mariés depuis dix ans. Julie a huit ans.* – *Le premier de l'an,* on se souhaite une bonne *année,* le 1er janvier, appelé aussi *le jour de l'an.* ▮ homonymes : ① et ② en.
▶ Autres mots de la famille : annales, année, année-lumière, anniversaire, annuel, annuellement, d'antan, pluriannuel, suranné.

anachronisme [anakʀɔnism] n. m. Erreur qui consiste à montrer une chose à une époque où elle n'existe pas. *Une montre au poignet d'un Gaulois, c'est un anachronisme.*

▸ **anachronique** [anakʀɔnik] adj. Qui est d'une autre époque que celle dont il est question. *Un avion piloté par Jeanne d'Arc, ce serait anachronique.*

anaconda n. m. Grand boa d'Amérique du Sud qui vit en partie dans l'eau. → planche **Reptiles** et amphibiens. *Des anacondas.*

anaconda

anagramme n. f. Mot que l'on obtient en changeant l'ordre des lettres d'un autre mot. *«Marie» est l'anagramme de «aimer».*
▶ Ce mot est féminin : on dit *une anagramme.*

analogie n. f. Ressemblance, point commun entre deux choses. *Il y a une analogie entre l'âne et le cheval.*

▸ **analogue** adj. Semblable, comparable. *Ces deux livres racontent une histoire analogue.* ▮ contraire : **différent.**

analphabète n. m. et f. Personne adulte qui ne sait ni lire ni écrire. → aussi **illettré.**

▸ **analphabétisme** n. m. Le fait de ne savoir ni lire ni écrire. → aussi **illettrisme.** *La lutte contre l'analphabétisme.*

▷ Mots de la famille de alphabet.

analyse n. f. Recherche des différentes parties qui forment une chose. *Une analyse de sang.* – *L'analyse grammaticale d'une phrase,* c'est l'étude de la nature des mots et de leur fonction dans la phrase.

▸ **analyser** v. (conjug. 3) Faire une analyse. *Ils ont analysé l'eau du lac.*

▸ Autres mots de la famille : psychanalyse, psychanalyser, psychanalyste.

ananas [anana] ou [ananas] n. m. Gros fruit à pulpe jaune, sucrée et parfumée, qui pousse dans les pays chauds. → planche **Fruits.**

ananas

anarchie n. f. (→ ÉTYM.) Désordre dû à l'absence d'autorité. *Après la guerre, l'anarchie régnait dans le pays.* ▮ contraire : **ordre.**

▸ **anarchiste** n. m. et f. Partisan d'un système politique où il n'y a plus de gouvernement et où les individus s'organisent eux-mêmes pour prendre les décisions.

anatomie n. f. Science qui étudie le corps des êtres vivants. *Les étudiants en médecine apprennent l'anatomie humaine.*

ancêtre n. m. et f. 1. *Les ancêtres de quelqu'un,* ce sont les personnes de sa famille qui vivaient il y a longtemps, avant ses grands-parents. → **aïeul.** 2. *Nos ancêtres,* ce sont les hommes et les femmes qui ont vécu longtemps avant nous.

▸ **ancestral, ancestrale** adj. Très ancien, qui vient des ancêtres. *C'est une coutume ancestrale.* – Au masc. pl. *ancestraux.*

anchois n. m. Petit poisson que l'on pêche dans la mer Méditerranée. *Des filets d'anchois à l'huile.*

ancien, ancienne adj. 1. Qui existe depuis longtemps. → **vieux.** *Ce château est très ancien. Une voiture ancienne.* ▮ contraires : **moderne,** ② **neuf, récent.** 2. *Notre voisine est plus ancienne que nous dans l'immeuble,* elle y habite depuis plus longtemps. 3. *Les anciens élèves du lycée se réunissent une fois par an,* ceux qui étaient autrefois élèves dans ce lycée. – *Son ancienne voiture était rouge,* celle qu'il avait avant. ▮ contraire : **nouveau.**

▸ **anciennement** adv. Autrefois. *La France s'appelait anciennement la Gaule.*

▸ **ancienneté** n. f. Temps passé dans un emploi. *Elle a dix ans d'ancienneté dans l'enseignement,* cela fait dix ans qu'elle travaille comme enseignante.

ancre n. f. Lourde pièce d'acier suspendue à une chaîne que l'on jette au fond de l'eau pour qu'elle s'y fixe et retienne le bateau. → planche **Bateaux.** *Le navire a jeté l'ancre dans le port. Les marins lèvent l'ancre.* ▮ homonyme : encre.

andouille n. f. Charcuterie faite d'un boyau de porc rempli de tripes.

▸ **andouillette** n. f. Petite andouille que l'on mange grillée.

andouiller n. m. Ramification des bois du cerf, du daim et du chevreuil. → **ramure.** *Le nombre d'andouillers permet de connaître l'âge des animaux.*

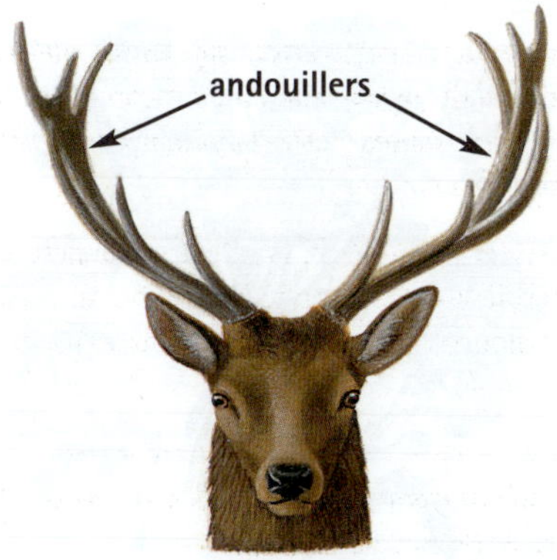

androïde [ɑ̃dʀɔid] n. m. Robot ayant une apparence humaine. *Les androïdes, personnages des romans de science-fiction.*

a b c d e f g h i j k l m n o p q r s t u v w x y z

âne n. m. **1.** Animal qui ressemble à un petit cheval, avec de longues oreilles et un poil gris ou brun. → planche Animaux **domestiques.** *L'âne brait.* – *Être têtu comme un âne,* très têtu. *Faire l'âne pour avoir du son,* faire l'ignorant pour obtenir un renseignement. **2.** Personne sotte et ignorante.

▶ Autres mots de la famille : ânerie, ânesse, ânon, dos-d'âne.

anéantir v. (conjug. 11) **1.** Détruire complètement. → **annihiler.** *La ville a été anéantie par un tremblement de terre.* **2.** Abattre, accabler. *Le chagrin les a anéantis.*

▶ **anéantissement** n. m. Destruction complète. *L'anéantissement d'une ville.*

▷ Mots de la famille de néant.

anecdote n. f. Petite histoire curieuse ou amusante, sans importance. *Ce livre est plein d'anecdotes.*

▶ **anecdotique** adj. Sans grande importance. *Le récit de son voyage est anecdotique,* il contient des anecdotes.

anémie n. f. Manque de globules rouges dans le sang, qui affaiblit le malade.

▶ **anémier** v. (conjug. 9) Provoquer l'anémie. *Ce régime sévère l'a beaucoup anémiée.*

▶ **anémique** adj. Qui souffre d'anémie. *Un malade anémique.*

anémone n. f. **1.** Plante à fleurs rouges, roses, violettes ou blanches avec un cœur noir. → planche **Fleurs.** **2.** *Une anémone de mer,* c'est un animal marin sans squelette, aux nombreux tentacules, qui vit fixé aux rochers.

des **anémones**

ânerie n. f. Bêtise. *Tu dis des âneries.* → **sottise.** ▷ Mot de la famille de âne.

ange (Fra Angelico)

ânesse n. f. Femelle de l'âne. *L'ânesse et son ânon.* ▷ Mot de la famille de âne.

anesthésie n. f. Suppression de la sensibilité, de la douleur grâce à l'action de médicaments spéciaux. *Avant d'arracher une dent, le dentiste fait une anesthésie locale,* il insensibilise la dent. *Avant d'opérer un malade, on lui fait une anesthésie générale,* on l'endort complètement pour qu'il ne sente rien.

▶ **anesthésier** v. (conjug. 9) *Anesthésier quelqu'un,* c'est l'endormir pour qu'il ne sente pas la douleur. → **insensibiliser.**

▶ **anesthésiste** n. m. et f. Médecin qui fait les anesthésies.

▶ Il y a un *h* après le *t*.

aneth [anɛt] n. m. Plante aromatique, qui ressemble au fenouil, utilisée pour parfumer les plats. *Du saumon mariné à l'aneth.*

▶ Ce mot se termine par un *h*.

anfractuosité n. f. Creux profond et irrégulier de la roche. → **cavité, creux.**

ange n. m. **1.** Dans certaines religions, être qui sert d'intermédiaire entre Dieu et les hommes. *Les anges sont souvent représentés avec des ailes.* – *Il a une patience d'ange,* une très grande patience. *Dès qu'elle voit son père,* *elle est aux anges,* très heureuse. **2.** Personne très gentille. *Sois un ange, aide-moi à ouvrir la porte.*

▶ Autre mot de la famille : archange.

angélique adj. Digne d'un ange. *Une patience angélique.*

angine n. f. Maladie de la gorge.

angle n. m. **1.** Figure formée par deux droites qui se coupent. *Les angles se mesurent en degrés.* → planche **Géométrie.** **2.** Coin. *L'école est à l'angle de la rue Thiers et de la rue Férou.* **3.** Aspect. *Je n'avais pas envisagé la chose sous cet angle,* de cette façon.

▶ Autres mots de la famille : rectangle, triangle.

anglo-saxon, anglo-saxonne adj. Qui appartient à la culture, à la civilisation britannique. *Les habitudes anglo-saxonnes.* – n. *Les Anglo-Saxons.*

angoisse n. f. Très grande inquiétude. → **anxiété, peur.** *Léa éprouve de l'angoisse dans le noir.*

▸ **angoissant, angoissante** adj. Qui fait peur. → **inquiétant.** *C'est angoissant de traverser une forêt la nuit.*

▸ **angoissé, angoissée** adj. Inquiet, anxieux. *Léa est angoissée quand elle est seule dans le noir.* ▮ contraire : **tranquille.**

angora adj. (→ ÉTYM.) Qui a des poils longs et très doux. *Des lapins, des chèvres angoras. Paul a une chatte angora.*

chèvre **angora**

anguille n. f. Poisson d'eau douce qui a une forme très allongée comme un serpent et la peau glissante. → planche **Poissons.** – *Il y a anguille sous roche,* il y a quelque chose de caché, la chose n'est pas claire.

anguleux, anguleuse adj. *Un visage anguleux* est maigre et osseux.

anicroche n. f. Petite difficulté. *Tout s'est passé sans anicroche.*

animal n. m. (pl. **animaux**) **1.** Être vivant capable de se déplacer seul. *L'homme, le lion, la mouche sont des animaux. Les animaux et les végétaux.* **2.** Être vivant qui n'est ni une plante ni un être humain. → ① **bête.** *Le chien est un animal domestique, le lion un animal sauvage.* – adj. *Il y a plus d'un million d'espèces animales,* d'espèces de bêtes. → aussi **faune.**

▸ **animalerie** n. f. Magasin qui vend de petits animaux de compagnie et des articles qui les concernent.

▸ **animalier, animalière** adj. **1.** *Un parc animalier,* où les animaux vivent en liberté. **2.** *Un peintre animalier,* qui peint des animaux.

animer v. (conjug. 3) **1.** Donner un mouvement à une chose qui semble alors vivante. *On anime la marionnette en bougeant les fils.* **2.** Diriger une discussion ou un spectacle. *Un journaliste anime le débat télévisé.* **3.** Pousser à agir. *C'est la passion qui l'anime.* **4. s'animer,** devenir vivant. *La rue s'anime les jours de marché.*

▸ **animateur** n. m., **animatrice** n. f. **1.** Personne qui présente un spectacle, une émission. → **présentateur.** *Un animateur de télévision.* **2.** Personne qui organise des activités pour un groupe. *Les animateurs du centre de loisirs.*

▸ **animation** n. f. **1.** Vie, mouvement. *Il y a beaucoup d'animation dans le quartier. Ils discutent avec animation.* → **passion, vivacité.** **2.** Organisation d'activités collectives. *L'animation d'un club de vacances.* **3.** *Le cinéma d'animation,* les dessins animés. *Un film d'animation.*

▸ **animé, animée** adj. **1.** *Les êtres animés,* les êtres vivants. *Les plantes sont des êtres animés.* **2.** Plein de vie, de mouvement. *Tout le monde parlait, la discussion était très animée.* **3.** *Dessin animé.* → **dessin.**

▶ Autres mots de la famille : inanimé, ranimer, réanimation, réanimer.

animosité n. f. Sentiment qui pousse à nuire à quelqu'un, à lui faire du tort. *Il a prononcé des paroles pleines d'animosité.* → **malveillance.**

▶ Ce mot appartient au langage soutenu.

anis [ani] ou [anis] n. m. Plante dont on utilise les graines pour parfumer des bonbons, des boissons et certains gâteaux.

anis

ankylosé, ankylosée adj. *Être ankylosé,* c'est avoir du mal à bouger parce qu'on est resté trop longtemps immobile. → **raide.**

Ce mot s'écrit avec un *k* et un *y*.

annales n. f. pl. Histoire des évènements de toute une période. *Ce match de tennis restera dans les annales.* ▷ Mot de la famille de an.

anneau n. m. **1.** Cercle de bois ou de métal qui sert à retenir. *Des anneaux de rideau.* **2.** Petit cercle de métal ou de pierre précieuse que l'on porte au doigt. → **bague.** *Un anneau de jade.* → aussi **alliance. 3.** Chacun des cercles qui forment le corps de certains animaux. *Le ver de terre avance en dépliant ses anneaux.*

année n. f. **1.** Période de douze mois qui commence le 1er janvier et finit le 31 décembre. → **an.** *Bonne année !* **2.** Période de douze mois qui se succèdent à partir de n'importe quelle date. *Il a vécu quelques années à l'étranger.* **3.** *L'année scolaire,* c'est la période qui va de la rentrée aux grandes vacances.

▸ **année-lumière** n. f. Distance que la lumière parcourt en une année. *Une année-lumière correspond à environ 9 461 milliards de kilomètres.* – Au pl. *Des années-lumière.*

▷ Mot de la famille de lumière.

▷ Mots de la famille de an.

annexe adj. et n. f.

▪ adj. Qui vient en supplément de quelque chose. *Il y aura des dépenses annexes,* qui s'ajouteront aux dépenses principales.

▪ n. f. **1.** *Une annexe,* c'est un bâtiment supplémentaire construit à côté du bâtiment principal. *Comme l'hôtel était complet, nous avons dormi à l'annexe.* **2.** *Les annexes d'un livre,* les pages qui sont en supplément du texte principal. *Les tableaux de conjugaison et l'atlas font partie des annexes de ce dictionnaire.*

▸ **annexer** v. (conjug. 3) Faire passer sous son autorité. *La France a annexé la Savoie en 1860.*

▸ **annexion** n. f. Rattachement. *Depuis son annexion, la Savoie fait partie de la France.*

annihiler [aniile] v. (conjug. 3) Réduire à rien. → **anéantir, détruire.** *Un évènement inattendu a annihilé tous nos efforts.*

Ce mot s'écrit avec deux *n* et un *h* entre les deux *i.*

anniversaire n. m. (→ ÉTYM.) **1.** Jour où l'on fête un évènement qui s'est produit le même jour d'une autre année. *Ils célèbrent leur cinquantième anniversaire de mariage.* **2.** *L'anniversaire d'une personne,* le jour où l'on fête sa naissance. *Demain, c'est mon anniversaire.*

▷ Mot de la famille de an.

annoncer v. (conjug. 5a) **1.** Informer de, faire savoir. *Il m'a annoncé son arrivée.* **2.** Être le signe de quelque chose qui va arriver. *Les hirondelles annoncent le printemps.* – ***S'annoncer*** *bien, mal,* commencer bien, mal. *Ce voyage s'annonce bien.*

▸ **annonce** n. f. **1.** Nouvelle. *Ils ont applaudi à l'annonce de son succès.* **2.** Texte que l'on fait publier dans un journal pour demander ou offrir quelque chose. *Il a passé une annonce pour vendre sa voiture.*

▸ **annonciateur, annonciatrice** adj. Qui annonce un évènement. *Les signes annonciateurs du printemps.* → **avant-coureur, précurseur.**

▸ Autre mot de la famille : bande-annonce.

annoter v. (conjug. 3) *Annoter un texte,* écrire des remarques en marge.

▸ **annotation** n. f. Remarque portée sur un texte. *Le professeur a mis des annotations sur les devoirs des élèves.*

▷ Mots de la famille de note.

annuaire n. m. Livre publié tous les ans et qui contient des renseignements divers. *L'annuaire du téléphone.* ▷ Mot de la famille de an.

annuel, annuelle adj. Qui a lieu tous les ans, revient chaque année. *Noël est une fête annuelle.*

▸ **annuellement** adv. Chaque année.
▷ Mots de la famille de an.

annulaire n. m. Quatrième doigt de la main à partir du pouce. *Il porte son alliance à l'annulaire de la main gauche.*

annuler v. (conjug. 3) **1.** Déclarer ou rendre nul. *On a annulé les élections.* **2.** Supprimer. *Ils ont annulé leur voyage.*

▸ **annulation** n. f. *La secrétaire note l'annulation du rendez-vous,* elle note que le rendez-vous est annulé.
▷ Mots de la famille de ② nul.

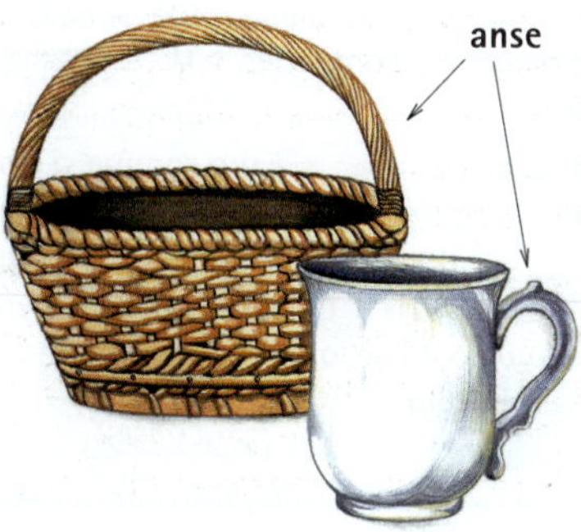

anoblir v. (conjug. 11) Donner un titre de noblesse. *Le roi a anobli son écuyer.* ▷ Mot de la famille de noble.

anodin, anodine adj. Sans danger ou sans importance. *Une blessure anodine.* ▮ contraire : **grave.** *Une remarque anodine.* ➜ **insignifiant.**

anomalie n. f. Chose anormale. ➜ **bizarrerie.** *Le fonctionnement du moteur présente des anomalies.*

ânon n. m. Petit de l'âne et de l'ânesse. ▷ Mot de la famille de âne.

ânonner v. (conjug. 3) Lire, parler ou réciter d'une manière hésitante. *Julie ânonne sa récitation.*

anonyme adj. **1.** Qui ne fait pas connaître son nom. *La personne est restée anonyme.* **2.** *Une lettre anonyme,* c'est une lettre qui n'est pas signée.

▸ **anonymat** n. m. *Le donateur veut garder l'anonymat,* il souhaite que l'on ne sache pas son nom. ➜ aussi **incognito.**

anorak n. m. (➜ ÉTYM.) Veste imperméable et chaude, à capuchon. ➜ **doudoune, parka.**

anormal, anormale adj. **1.** Qui n'est pas normal, qui surprend ou inquiète. *Il y a un bruit anormal dans le moteur.* ➜ **bizarre, inhabituel.** **2.** *Un enfant anormal,* c'est un enfant dont le corps ou l'esprit ne sont pas comme ils devraient être, à son âge. ▮ contraire : **normal.** – Au masc. pl. *anormaux.*

▸ **anormalement** adv. D'une manière anormale. *Il fait anormalement froid pour un mois de juin.* ▮ contraire : **normalement.**
▷ Mots de la famille de norme.

anse n. f. **1.** Partie recourbée d'un ustensile qui permet de le saisir. *L'anse d'une tasse.* **2.** Renfoncement du rivage, de forme arrondie. ➜ ① **baie, crique.** *Le voilier a jeté l'ancre dans une anse.*

antagonisme n. m. Opposition qui existe entre des personnes ou des idées différentes. ➜ **conflit, rivalité.**

▸ **antagoniste** adj. **1.** Opposé, rival. *Les deux partis antagonistes s'affrontent.* – n. Adversaire. *On a séparé les antagonistes.* **2.** *Les muscles antagonistes,* ceux qui ont une action opposée.

d'antan adv. D'autrefois, du temps passé. *Les coutumes d'antan.* ▷ Mot de la famille de an.
▸ Ce mot appartient au langage soutenu.

antarctique adj. *La région antarctique,* située autour du pôle Sud. ➜ **austral.** ➜ planche **Pôles.** ▷ Mot de la famille de arctique.

anté- Préfixe d'origine latine qui signifie «avant» (ex. : *antécédent, antédiluvien*). ➜ **pré-.** ▮ contraire : **post-.**

antécédent n. m. **1.** Mot représenté par le pronom relatif qui le reprend. *Dans «Le train qui va à Lyon part à 5 heures», «train» est l'antécédent du pronom relatif «qui».* **2.** *Les antécédents d'un accusé,* ce sont ses actes passés, bons ou mauvais.

antédiluvien, antédiluvienne adj. Très ancien, complètement démodé. *Il conduisait une voiture antédiluvienne.* ▮ contraire : **moderne.**
▷ Mot de la famille de diluvien.
▸ Ce mot appartient au langage soutenu. Il veut dire exactement «qui est avant le Déluge».

a b c d e f g h i j k l m n o p q r s t u v w x y z

antenne n. f. **1.** Longue tige très mobile que portent certains insectes et crustacés à l'avant de la tête. ➔ planche **Insectes.** *Les antennes servent à toucher et à sentir.* **2.** Dispositif servant à capter et à diffuser les ondes provenant d'un émetteur. ➔ planche **Télécommunications.** *Une antenne de radio. Une antenne de télévision.*

antérieur, antérieure adj. **1.** Qui s'est passé avant. *Cette invention est antérieure à l'année de ta naissance.* ▮ contraire : **postérieur.** **2.** Qui est situé à l'avant. *Les pattes antérieures du cheval,* ses pattes avant. ▮ contraire : **postérieur.**

▸ **antérieurement** adv. À une époque antérieure, auparavant. *Le château est du 16e siècle, mais le donjon a été construit antérieurement.* ➔ **avant, précédemment.**

anthologie n. f. Livre qui contient les plus beaux textes en prose ou les plus beaux poèmes écrits dans une langue.
▶ On dit aussi *morceaux choisis.*

anthracite n. m. Charbon qui brûle lentement en dégageant beaucoup de chaleur. – Invariable après le nom de couleur *gris. Des pantalons gris anthracite,* gris foncé.

anthropoïde n. m. Singe de grande taille, le plus proche de l'homme. *Les chimpanzés, les gorilles, les orangs-outans sont des anthropoïdes.*

anthropologie [ɑ̃tʀɔpɔlɔʒi] n. f. Science qui étudie l'être humain.

▸ **anthropologue** n. m. et f. Spécialiste de l'anthropologie.

anthropophage adj. Qui mange de la chair humaine. *Une tribu anthropophage.* – n. *Un anthropophage, une anthropophage.*

anti- Préfixe d'origine latine qui signifie «qui lutte contre, qui s'oppose à» (ex. : *antigel, antiraciste, antivol*). ➔ aussi **para-.**

antiatomique adj. Qui protège des radiations atomiques. *Un abri antiatomique.*
▷ Mot de la famille de **atome.**

antibiotique n. m. Médicament qui lutte contre les infections. *La pénicilline est un antibiotique.*

antibrouillard adj. *Des phares antibrouillards,* qui éclairent dans le brouillard. – n. m. pl. *Des antibrouillards.* ▷ Mot de la famille de **brouiller.**

antibruit adj. *Un mur antibruit,* qui sert à protéger du bruit. *On a construit un mur antibruit sur ce tronçon d'autoroute.* – Au pl. *Des murs antibruit* ou *antibruits.* ▷ Mot de la famille de **bruit.**

anticiper v. (conjug. 3) Faire comme si ce qui devait arriver s'était déjà produit. *Je sais que le film se termine bien, mais n'anticipons pas !*

▸ **anticipation** n. f. *Un film, un roman d'anticipation,* dont l'action se passe dans le futur. ➔ **science-fiction.**

anticoagulant n. m. Médicament qui empêche le sang de coaguler trop vite. ▷ Mot de la famille de **coaguler.**

anticonformiste adj. *Une personne anticonformiste,* qui s'oppose aux actions et aux idées habituelles. ▮ contraire : **conformiste.** ▷ Mot de la famille de **forme.**

anticorps n. m. Substance fabriquée par l'organisme pour se protéger contre un microbe, une infection. *Les anticorps immunisent contre les bactéries, les virus.* ▷ Mot de la famille de **corps.**

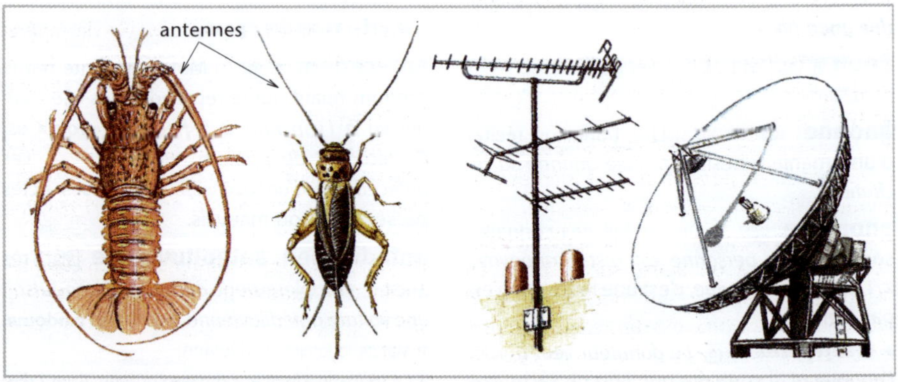

antenne

anticyclone n. m. Centre de hautes pressions atmosphériques, cause de beau temps. ▮ contraire : **dépression.** *L'anticyclone des Açores.* ▷ Mot de la famille de cyclone.

antidote n. m. Contrepoison. *Il a été piqué par une vipère, il faut lui administrer un antidote.*

antigel n. m. Produit qui empêche les liquides de geler. *Il a mis de l'antigel dans le radiateur de sa voiture.* ▷ Mot de la famille de ① gel.

anti-inflammatoire n. m. Médicament qui combat l'inflammation. ▷ Mot de la famille de flamme.

antilope n. f. Animal d'Afrique aux cornes creuses et aux longues pattes fines et qui court très vite. *Un troupeau d'antilopes.* → aussi **gazelle.**

antilope

antimite n. m. Produit qui protège le linge, les vêtements contre les mites. *Il a mis de l'antimite dans tous les placards.* ▷ Mot de la famille de mite.

antipathie n. f. Sentiment d'aversion que l'on ressent pour une personne qui ne nous plaît pas. ▮ contraire : **sympathie.** *Il a de l'antipathie pour elle.*

▸ **antipathique** adj. *Il la trouve très antipathique,* elle lui déplaît beaucoup. ▮ contraire : **sympathique.**

antipersonnel adj. inv. *Des mines antipersonnel,* utilisées pour blesser ou tuer les personnes. ▷ Mot de la famille de ② personne.

antipodes n. m. pl. (→ ÉTYM.) Lieu diamétralement opposé à un autre, sur la Terre. *La Nouvelle-Zélande est aux antipodes de la France,* elle est située exactement à l'opposé. – *Son caractère est aux antipodes de celui de sa sœur,* il est complètement opposé à celui de sa sœur.

antipoison adj. *Un centre antipoison* est un centre où l'on soigne les gens qui ont avalé du poison. – Au pl. *Des centres antipoisons.* ▷ Mot de la famille de poison.

antique adj. Qui appartient aux plus anciennes civilisations. *Les ruines antiques du Forum, à Rome.*

▸ **antiquaire** n. m. et f. Marchand de meubles et d'objets anciens.

▸ **antiquité** n. f. **1.** *L'Antiquité,* l'époque des civilisations les plus anciennes. **2.** *Une antiquité,* c'est un objet ancien qui a de la valeur. → planche **Musée.** *Un marchand d'antiquités.* → **antiquaire.**

antiraciste adj. Qui est opposé au racisme. *Les députés ont voté une loi antiraciste,* contre le racisme. ▮ contraire : **raciste.** ▷ Mot de la famille de race.

antisémite [ɑ̃tisemit] n. m. et f. Personne hostile aux Juifs. – adj. *Des paroles antisémites,* ce sont des paroles racistes dites contre les Juifs.

▸ **antisémitisme** [ɑ̃tisemitism] n. m. Racisme contre les Juifs.

antiseptique [ɑ̃tisɛptik] n. m. Produit qui tue les microbes. → **désinfectant.** *L'alcool et l'éther sont des antiseptiques.*

antitabac adj. inv. Qui lutte contre l'usage du tabac. *Le gouvernement a mené plusieurs campagnes antitabac.* ▷ Mot de la famille de tabac.

antitétanique adj. Qui protège du tétanos. *Un vaccin antitétanique.* ▷ Mot de la famille de tétanos.

antituberculeux, antituberculeuse adj. Qui protège de la tuberculose. *Un traitement antituberculeux.* ▷ Mot de la famille de tuberculeux.

antivirus n. m. Logiciel capable de repérer et d'éliminer les virus informatiques. *Elle a équipé son ordinateur d'un antivirus.* ▷ Mot de la famille de virus.

antivol n. m. Objet qui empêche que l'on vole un véhicule. *Il a accroché un antivol à son vélo.* – Au pl. *Des antivols.* ▷ Mot de la famille de ② voler.

antonyme n. m. Mot qui a un sens opposé à celui d'un autre mot. → **contraire.** *«Grand» et «petit» sont des antonymes.* ▮ contraire : **synonyme.**

antre n. m. Caverne qui sert d'abri à une bête sauvage. *L'antre d'un ours.* ▮ homonyme : entre.

anus [anys] n. m. Petite ouverture entre les fesses, correspondant à la sortie de l'intestin.

anxiété n. f. Très grande inquiétude. → **angoisse.** *Elle attend avec anxiété les résultats de l'examen.* ▮ contraires : **calme, sérénité.**

anxieux, anxieuse adj. Très inquiet. → **angoissé.** *Alex est en retard, sa mère est anxieuse.*

▶ **anxieusement** adv. Avec anxiété, inquiétude. *Elle guette anxieusement le retour de son fils.* ▮ contraires : **calmement, sereinement.**

aorte n. f. Artère qui part du cœur et donne naissance aux autres artères.

août [u] ou [ut] n. m. Huitième mois de l'année. *Ils prennent leurs vacances en août.*

apaiser v. (conjug. 3) Calmer. *Ce médicament apaise la douleur. Elle a apaisé son bébé qui pleurait en le berçant.* – **s'apaiser,** devenir calme. *La tempête s'est apaisée.*

▶ **apaisant, apaisante** adj. *Des paroles apaisantes,* qui calment, qui tranquillisent.

▶ **apaisement** n. m. Retour au calme.

▷ Mots de la famille de paix.

en **aparté** adv. Sans que personne n'entende, à part l'interlocuteur. *Il m'a parlé de ses projets en aparté.* ▷ Mot de la famille de part.

apartheid [apaʀtɛd] n. m. (→ ÉTYM.) Séparation des Noirs d'avec les Blancs (dans les écoles, les magasins, les transports) organisée par le gouvernement en Afrique du Sud. *L'apartheid a été supprimé en 1991.*

apathie [apati] n. f. Manque d'énergie, de dynamisme. → **indolence, mollesse.** ▮ contraires : **dynamisme, énergie.**

▶ **apathique** adj. Qui manque d'énergie. → **indolent, mou.** ▮ contraire : **vif.**

apatride adj. Qui n'a pas de patrie. *Des réfugiés apatrides.* ▷ Mot de la famille de patrie.

apercevoir v. (conjug. 31) **1.** Commencer à voir. *On aperçoit la côte au loin.* → **discerner.** **2.** Voir rapidement. *J'ai aperçu un ami dans la foule.* → **entrevoir.** **3.** **s'apercevoir,** c'est se rendre compte. → **remarquer.** *Il s'est aperçu qu'il avait perdu ses gants. Elle ne s'est aperçue de rien.*

▶ **aperçu** n. m. Connaissance rapide. → **idée.** *Cet exposé vous a donné un aperçu de la situation.*

▷ Mots de la famille de ② percevoir.

apéritif n. m. Boisson souvent alcoolisée que l'on sert avant le repas. *Elle vient prendre l'apéritif à la maison.*

apesanteur n. f. Absence de pesanteur. *Dans la fusée, le cosmonaute est en état d'apesanteur.* ▷ Mot de la famille de peser.

en apesanteur

à **peu près** → **près**

apeuré, apeurée adj. Pris de peur. → **effrayé.** *Les antilopes apeurées ont pris la fuite.* ▷ Mot de la famille de peur.

aphone adj. *Une personne aphone,* qui n'a momentanément plus de voix. *Elle a une extinction de voix, elle est complètement aphone.*

aphte n. m. Petite plaie dans la bouche. *Léa a souvent des apthes quand elle mange des noix.*

à-pic n. m. Pente très raide, verticale. – Au pl. *Des à-pics.*

apiculteur n. m., **apicultrice** n. f. Personne qui élève des abeilles.

apiculteur

apiculture n. f. Élevage des abeilles servant à la production du miel et de la cire.

apitoyer v. (conjug. 10) (→ÉTYM.) Faire éprouver de la pitié. → **attendrir.** *Elle cherche à apitoyer son père en pleurant.* – **s'apitoyer,** éprouver de la pitié. *Ils se sont apitoyés sur le sort des réfugiés.*

▸ **apitoiement** n. m. Compassion. → **pitié.**

aplanir v. (conjug. 11) **1.** Rendre uni, plan. → **égaliser.** *Le court de tennis a été aplani au rouleau.* **2.** *Aplanir une difficulté,* c'est la faire disparaître. ▷ Mot de la famille de ① plan.

aplatir v. (conjug. 11) Rendre plat. *Le boucher a aplati les escalopes.* ▷ Mot de la famille de ① plat.

aplomb [aplɔ̃] n. m. **1.** *D'aplomb,* en équilibre stable. *Le bébé se tient bien d'aplomb sur ses jambes.* **2.** Grande confiance en soi, même si l'on a tort. *Il ment avec aplomb.* → **assurance, audace.**

apnée n. f. *En apnée,* en retenant sa respiration. *Il a plongé en apnée.*

apocalypse n. f. Catastrophe qui fait penser à la fin du monde. *C'était une vision d'apocalypse,* de fin du monde.

▸ **apocalyptique** adj. Effrayant, terrifiant. *Ils ont fait une description apocalyptique de l'accident.*

▸ Il y a un *y* entre le *l* et le *p*.

apogée n. m. Le point le plus élevé, le plus haut degré. *Il est à l'apogée de sa carrière.* → **sommet.**

▸ *Apogée* est un nom masculin qui se termine par un e : on dit *un apogée.*

apologie n. f. *Faire l'apologie de quelqu'un ou de quelque chose,* c'est en dire du bien, en faire l'éloge.

a posteriori [apɔsteʀjɔʀi] adv. Après avoir fait l'expérience. ▮ contraire : **a priori.** *Je pensais qu'il avait raison, mais j'ai constaté a posteriori qu'il avait tort.*

apostolat n. m. Travail qui demande beaucoup de dévouement. *Le métier d'infirmière est un véritable apostolat.*

① **apostrophe** n. f. Parole brusque, impolie, que l'on adresse à quelqu'un. *Les automobilistes en colère se lançaient des apostrophes.*

▸ **apostropher** v. (conjug. 3) Adresser la parole à quelqu'un brusquement, sans politesse. → **interpeler.** *Le piéton a apostrophé l'automobiliste.*

② **apostrophe** n. f. Signe en forme de virgule, placé à droite et en haut d'une consonne, qui marque l'élision d'une voyelle. *Dans «l'arc», il y a une apostrophe entre le l et le a.*

apothéose n. f. Moment le plus réussi, le plus beau. *L'apothéose de la fête a été le feu d'artifice.*

apothicaire n. m. *Des comptes d'apothicaire,* longs et compliqués.

▸ Autrefois, ce mot signifiait «pharmacien».

apôtre n. m. **1.** *Les douze apôtres,* les disciples de Jésus. **2.** *Gandhi était l'apôtre de la non-violence,* il l'enseignait et la défendait.

apparaître v. (conjug. 60) **1.** Se montrer tout à coup. → **surgir.** ▮ contraire : **disparaître.** *Le clocher apparut au détour du chemin.* **2.** Commencer à exister. *Le téléphone est apparu à la fin du 19e siècle.* **3.** Sembler, paraître. *Cette affaire apparaît très compliquée.* ▷ Mot de la famille de paraître.

▸ *Apparaître* s'écrit avec un accent circonflexe sur le *i* quand il est suivi d'un *t* et il se conjugue avec l'auxiliaire *être.*

apparat n. m. *D'apparat,* qui convient pour une occasion solennelle, une cérémonie. *Les tenues d'apparat de la reine.* ▷ Mot de la famille de se parer.

appareil n. m. **1.** Machine qui sert à faire un travail. *Un aspirateur est un appareil ménager. On lui a offert un appareil photo.* – *Un appareil dentaire* sert à redresser les dents. **2.** Téléphone. *Qui est à l'appareil ?* **3.** Avion. *L'appareil vient d'atterrir.* **4.** Ensemble des organes du corps qui remplissent la même fonction. *L'appareil respiratoire.*

① **appareillage** n. m. Ensemble d'appareils. *L'appareillage électrique d'une cuisine.*

appareiller v. (conjug. 3) *Le cargo appareille,* il lève l'ancre, il se prépare à partir.

▸ ② **appareillage** n. m. *Les matelots se préparent à l'appareillage,* ils se préparent à manœuvrer pour quitter le port.

apparent, apparente adj. (→ÉTYM.) **1.** Qui se voit clairement. → **visible.** *Une cicatrice peu apparente.* **2.** Qui n'est qu'une apparence. *Sous un calme apparent, c'est un grand nerveux,* il a l'air calme, mais en réalité, il est très nerveux.

▸ **apparemment** [apaʀamɑ̃] adv. D'après ce que l'on peut voir, constater. *Apparemment, il est sorti.*

a b c d e f g h i j k l m n o p q r s t u v w x y z

▸ **apparence** n. f. **1.** Aspect extérieur. *La maison a belle apparence.* **2.** Ce que l'on voit et qui est différent de la réalité. *Il ne faut pas se fier aux apparences !*

apparenté, apparentée adj. De la même famille. *Ces deux personnes sont apparentées.*
▷ Mot de la famille de parent.

apparition n. f. **1.** *Faire son apparition,* se montrer tout à coup. *Le soleil a fait son apparition à 6 heures.* **2.** *Avoir une apparition,* voir quelqu'un ou quelque chose d'invisible pour les autres.
▸ Autre mot de la famille : réapparition.

appartement n. m. Habitation comprenant plusieurs pièces dans un immeuble.

appartenir v. (conjug. 13) **1.** *Appartenir à quelqu'un,* être à lui. *Ce livre appartient à Léa.* **2.** *Appartenir à quelque chose,* en faire partie. *Le chat appartient à la même famille que le lion.*

▸ **appartenance** n. f. *Elle ne paie pas l'entrée en raison de son appartenance au club,* parce qu'elle fait partie du club.

appât n. m. **1.** Nourriture servant à attirer un animal pour l'attraper. *Le pêcheur accroche un appât à l'hameçon.* ➜ **amorce.** **2.** *L'appât du gain,* c'est l'envie de gagner beaucoup d'argent.

▸ **appâter** v. (conjug. 3) **1.** *Appâter un animal,* c'est l'attirer avec un appât. **2.** *Appâter quelqu'un,* l'attirer en lui promettant quelque chose. ➜ **allécher.** *Il les a appâtés par de belles promesses.*
▸ Il y a un accent circonflexe sur le deuxième *a.*

appauvrir v. (conjug. 11) Rendre pauvre. ➜ **ruiner.** *La guerre a appauvri le pays.* ▮ contraire : **enrichir.** – **s'appauvrir,** devenir plus pauvre. *Avec la crise, les gens se sont appauvris.*

▸ **appauvrissement** n. m. Le fait de devenir plus pauvre. ▮ contraire : **enrichissement.** *L'appauvrissement de la population.*
▷ Mots de la famille de pauvre.

appeau n. m. Sifflet avec lequel on imite le cri des oiseaux pour les attirer. *Le chasseur utilise des appeaux.*

appeau

appeler v. (conjug. 6a) **1.** Dire quelque chose à quelqu'un ou faire un geste pour le faire venir. ➜ **héler, interpeller.** *Paul appelle Théo.* **2.** Téléphoner. *Je vous appellerai demain.* **3.** Donner un nom. ➜ **nommer.** *Elle a appelé son chat Félix.* **4. s'appeler,** avoir comme nom. *Leur fille s'appelle Marie. Comment s'appelle cette fleur ?*

▸ **appel** n. m. **1.** Le fait d'appeler. *Le navire en détresse a lancé un appel au secours.* **2.** Coup de téléphone. *Il y a eu deux appels pour toi en ton absence.* **3.** Action d'appeler des personnes une par une pour savoir si elles sont présentes. *Le professeur fait l'appel.* **4.** *Faire appel à quelqu'un,* c'est lui demander une aide, un service. *Ils ont fait appel à un plombier pour réparer la fuite.*

▸ **appellation** n. f. Nom que l'on donne à une chose. *Un objet peut avoir des appellations différentes selon les régions.*
▸ Autres mots de la famille : rappel, rappeler.

appendice [apɛ̃dis] n. m. Petit prolongement du gros intestin.

▸ **appendicite** [apɛ̃disit] n. f. Maladie due à une inflammation de l'appendice. *Julie a eu une crise d'appendicite.*

appentis [apɑ̃ti] n. m. Petit bâtiment avec un toit à une seule pente, adossé à un mur.
▷ Mot de la famille de pente.

appentis

s'appesantir v. (conjug. 11) *S'appesantir sur un sujet,* c'est en parler trop longuement, insister dessus. *Elle ne s'est pas appesantie là-dessus.* ▷ Mot de la famille de peser.

appétit n. m. Envie de manger. *Il a bon appétit. Cela m'a coupé l'appétit, ton histoire ! – L'appétit vient en mangeant,* plus on a de choses, plus on en veut.

▶ **appétissant, appétissante** adj. Qui met en appétit, donne envie de manger. *Cette tarte est appétissante.*

applaudir v. (conjug. 11) Taper dans ses mains pour montrer que l'on est content. *Les spectateurs applaudissent et crient «bravo !».*

▶ **applaudissement** n. m. Battement des mains en signe d'enthousiasme. *Les applaudissements du public.*

application n. f. **1.** *Laissez sécher le vernis après l'application,* après l'avoir appliqué. **2.** *Mettre quelque chose en application,* en pratique. *Elle a mis son idée en application.* **3.** *Léa travaille avec application,* en s'appliquant. ➜ **soin.** ▷ Mot de la famille de appliquer.

applique n. f. Appareil d'éclairage fixé au mur. *Le couloir est éclairé par des appliques.*

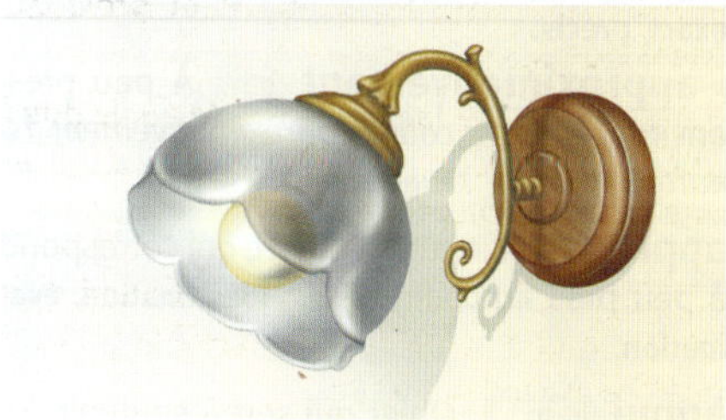

applique

appliqué, appliquée adj. Qui est très attentif, soigneux dans ce qu'il fait. *Louise est une élève appliquée.* ▷ Mot de la famille de appliquer.

appliquer v. (conjug. 3) **1.** Mettre une chose sur une autre de façon à la recouvrir. *Il applique une couche de peinture sur le mur.* ➜ **étendre.** **2.** *Le gendarme applique le règlement,* il le met en pratique.

▶ **s'appliquer** v. **1.** Travailler avec soin. *Chaque élève s'applique.* **2.** *S'appliquer à,* concerner, viser. *Cette remarque s'applique à tout le monde.*

▶ Autres mots de la famille : application, appliqué.

appoint n. m. **1.** *Faire l'appoint,* donner la somme exacte en petite monnaie. **2.** *Ce radiateur électrique sert de chauffage d'appoint,* de chauffage supplémentaire.

appointements n. m. pl. Argent que gagne régulièrement un employé. ➜ **salaire.**

apporter v. (conjug. 3) **1.** *Apporter quelque chose à quelqu'un,* c'est porter quelque chose dans le lieu où se trouve quelqu'un et le lui donner. *Alex a apporté des fleurs à sa mère.* **2.** *Théo apporte beaucoup de soin à son travail,* il y met beaucoup de soin. **3.** *Cette découverte a apporté de grands changements dans la vie de tous les jours,* elle en a été la cause. ➜ (1) **entraîner, produire.**

▶ **apport** n. m. Contribution. *Les travaux de Pasteur ont été un apport considérable pour la médecine.*

▷ Mots de la famille de porter.

apposer v. (conjug. 3) *Il a apposé sa signature au bas de la lettre,* il a signé. ▷ Mot de la famille de poser.

apposition n. f. Mot ou groupe de mots placé à côté d'un autre pour en préciser le sens. *Dans «Vénus, l'étoile du berger», le groupe de mots «l'étoile du berger» est en apposition à «Vénus».* ▷ Mot de la famille de poser.

apprécier v. (conjug. 9) **1.** Aimer, trouver bien. *Il n'a pas apprécié la plaisanterie.* **2.** Déterminer. *Pour freiner à temps, l'automobiliste doit apprécier les distances.* ➜ **évaluer.**

▶ **appréciable** adj. Que l'on apprécie, que l'on trouve agréable. *Avoir un grand jardin en ville, c'est appréciable.* ➜ **précieux.**

▶ **appréciation** n. f. Observation, remarque. *Le professeur écrit ses appréciations dans la marge.*

▶ Autre mot de la famille : inappréciable.

appréhender v. (conjug. 3) **1.** Faire prisonnier. *La police a appréhendé le malfaiteur,* elle l'a arrêté. **2.** Avoir peur de quelque chose qui va se produire. *Il appréhende cet examen,* il s'en inquiète à l'avance. ➜ **redouter.**

appréhension n. f. Crainte que l'on éprouve à l'avance. *Elle a un peu d'appréhension avant son opération.* ➜ **anxiété.**

apprendre v. (conjug. 61) **1.** Faire savoir. ➜ **annoncer.** *Il nous a appris ton arrivée.* **2.** Enseigner. *Le moniteur nous apprend à faire du ski.* **3.** Être informé de quelque chose. *J'ai appris la nouvelle par la radio.* **4.** Acquérir des connaissances dans un domaine. *Julie apprend l'anglais.*

apprenti n. m., **apprentie** n. f. Personne qui apprend un métier en travaillant chez un artisan ou un commerçant. *Elle travaille comme apprentie chez un coiffeur.*

▸ **apprentissage** n. m. Formation pour apprendre un métier manuel ou technique. *Elle est en apprentissage chez un coiffeur.*

s'apprêter v. (conjug. 4) Se préparer. *Il s'apprêtait à partir quand le téléphone a sonné.* → se **disposer.** ▷ Mot de la famille de (1) prêt.

apprivoiser v. (conjug. 3) *Apprivoiser un animal,* c'est l'habituer à vivre en compagnie des humains. *Alex a apprivoisé un écureuil.* → **domestiquer.**

▸ **apprivoisé, apprivoisée** adj. *Un animal apprivoisé,* c'est un animal que l'on a rendu moins craintif ou moins dangereux. ▮ contraire : **sauvage.**

approbateur, approbatrice adj. *Un air, un sourire approbateur,* qui montre que l'on est d'accord. ▮ contraires : **désapprobateur, réprobateur.**
▸ Autre mot de la famille : désapprobateur.

approbation n. f. Accord, consentement. *Ils ont donné leur approbation au projet du maire.* ▮ contraires : **désapprobation, réprobation.**
▸ Autre mot de la famille : désapprobation.

approcher v. (conjug. 3) **1.** Mettre plus près. *Approche ta chaise de la table.* → **rapprocher.** ▮ contraire : **éloigner. 2.** Être sur le point d'arriver. *L'heure du départ approche,* elle est proche. **3.** *Tu approches du but,* tu en es tout près.

▸ **s'approcher** v. Venir plus près. *Approchez-vous, vous verrez mieux.*

▸ **approchant, approchante** adj. *Quelque chose d'approchant,* de ressemblant, de comparable. *Il s'appelle Dulac ou quelque chose d'approchant.*

▸ **approché, approchée** adj. Approximatif. *Un calcul approché,* proche du calcul exact.

▸ **approche** n. f. *Léa est tout excitée à l'approche des vacances,* quand les vacances approchent.
▷ Mots de la famille de proche.

approfondir v. (conjug. 11) **1.** Creuser plus profond. *Un a approfondi le canal.* **2.** Étudier plus à fond. *Il faut approfondir les recherches.*

▸ **approfondissement** n. m. *L'approfondissement d'une question,* c'est son étude plus poussée, son examen complet.
▷ Mots de la famille de fond.

approprié, appropriée adj. Qui convient, qui est adapté. *Pour réparer son vélo, Alex a les outils appropriés.* → **adéquat.** ▷ Mot de la famille de (2) propre.

s'approprier v. (conjug. 9) Prendre pour soi. *Julie s'est approprié la valise de sa mère.* ▷ Mot de la famille de (2) propre.

approuver v. (conjug. 3) Être d'accord avec quelqu'un ou avec ce qu'il fait. *J'approuve ta décision. Je t'approuve d'avoir décidé de partir.*
▸ Autre mot de la famille : désapprouver.

approvisionner v. (conjug. 3) Fournir les provisions nécessaires. *La centrale nucléaire approvisionne la région en électricité.* – **s'approvisionner,** se munir de provisions. *À l'escale, l'avion s'approvisionne en carburant.*

▸ **approvisionné, approvisionnée** adj. *Un magasin bien approvisionné,* où il y a de nombreux produits.

▸ **approvisionnement** n. m. Achat des provisions nécessaires. → **ravitaillement.**
▷ Mots de la famille de provision.

approximatif, approximative adj. Qui n'est pas très précis. *Une date approximative. Un calcul approximatif.* → **approché.** ▮ contraires : **exact, précis.**

▸ **approximativement** adv. À peu près, environ. *Ce livre coûte approximativement 10 euros.* ▮ contraire : **exactement.**

approximation n. f. Chiffre qui correspond à peu près au chiffre réel. → **estimation, évaluation.**

appui n. m. **1.** Objet qui sert à soutenir. *Sa canne lui sert d'appui pour marcher.* **2.** Aide. *J'ai besoin de ton appui pour réussir.* → **soutien. 3.** *Il a démontré son innocence preuves à l'appui,* avec des preuves qui confirmaient ce qu'il disait. ▷ Mot de la famille de appuyer.

appuie-tête n. m. Dispositif fixé au sommet du dossier des sièges d'une voiture, où l'on appuie sa tête. → planche **Voitures.** – Au pl. *Des appuie-têtes.* ▷ Mot de la famille de appuyer et de tête.

appuyer v. (conjug. 10) **1.** Placer une chose contre une autre qui la soutient. *Il appuie l'échelle contre le mur.* – **s'appuyer,** se servir comme appui. *Appuyez-vous sur mon bras.* **2.** Presser. *Appuie sur le bouton.* **3.** Apporter son aide. *Je vous appuierai auprès du directeur.* → **soutenir. 4.** Insister. *Il a beaucoup appuyé sur l'importance de ce problème.*
▸ Autres mots de la famille : appui, appuie-tête.

âpre adj. **1.** *Un goût âpre,* désagréable, qui racle la langue. *Ces fruits sont âpres.* **2.** Dur, pénible. *Ils ont eu une âpre discussion.*

▸ **âprement** adv. D'une manière âpre, dure. *Une course âprement disputée.*
▸ Autre mot de la famille : âpreté.

après prép. et adv. 1. À la suite de quelque chose dans le temps. *Le printemps vient après l'hiver.* ▮ contraire : ① **avant.** – *Cela s'est passé deux ans après. Tu pourras jouer* après que *tu auras fini tes devoirs.* 2. *Prenez la première rue à gauche après le feu rouge,* plus loin que le feu rouge. 3. *Le chat court après la souris,* derrière la souris. 4. *Après tout,* en définitive, finalement. *Après tout, cela ne me regarde pas.* 5. *D'après,* selon, suivant. *Il a peint son portrait d'après une photo. D'après la météo, il fera beau demain.*

▸ **après-demain** adv. Le jour qui suivra demain. *Nous nous reverrons après-demain.* ➜ aussi **surlendemain.** ▷ Mot de la famille de demain.

▸ **après-midi** n. m. ou f. Partie de la journée qui va de midi jusqu'au soir. *Julie a passé l'après-midi à jouer. Un* ou *une après-midi.* – Au pl. *Des après-midis* ou *des après-midi* (invariable). ▷ Mot de la famille de midi.

▸ **après-ski** n. m. Grosse chaussure fourrée que l'on met aux sports d'hiver, quand on ne skie pas. – Au pl. *Des après-skis* ou *des après-ski* (invariable). ▷ Mot de la famille de ski.

▸ **après-vente** adj. *Le service après-vente d'un magasin,* le service qui s'occupe de l'entretien et des réparations du matériel vendu. – Au pl. *Des services après-ventes* ou *après-vente* (invariable). ▷ Mot de la famille de vendre.

âpreté n. f. Caractère dur, pénible ou violent. *L'âpreté du climat.* ➜ **dureté.** ▮ contraire : **douceur.** ▷ Mot de la famille de âpre.
▶ Ce mot appartient au langage soutenu.

a priori adv. Au premier abord, avant d'avoir pu vérifier. ▮ contraire : **a posteriori.** *A priori, l'idée était bonne.*

à-propos n. m. *Elle a réagi avec à-propos,* au bon moment et comme il faut. ▷ Mot de la famille de propos.

apte adj. Capable de faire une chose. *Il a été déclaré apte à ce travail.* ▮ contraire : **inapte.**

▸ **aptitude** n. f. Don que l'on a pour faire quelque chose sans l'avoir appris. *Elle a des aptitudes pour le dessin.* ➜ **capacité.**
▶ Autres mots de la famille : adaptateur, adaptation, adapter, inadapté, inapte, inaptitude, réadaptation, se réadapter.

aqua- Préfixe d'origine latine qui signifie «eau» (ex. : *aquaculture, aquarelle, aquatique*). ➜ aussi **hydro-.**

aquaculture [akwakyltyʀ] n. f. Élevage d'animaux aquatiques. ▷ Mot de la famille de ① culture.

aquarelle [akwaʀɛl] n. f. (➜ ÉTYM.) Peinture légère sur papier, avec des couleurs transparentes délayées dans de l'eau. *Elle fait de l'aquarelle.* – *J'ai mis une aquarelle dans ma chambre,* un tableau peint à l'aquarelle.

aquarium [akwaʀjɔm] n. m. Récipient en verre que l'on remplit d'eau pour y faire vivre des poissons. – Au pl. *Des aquariums.*

aquatique [akwatik] adj. Qui pousse, vit dans l'eau ou au bord de l'eau. *Les plantes et les animaux aquatiques.*

aqueduc n. m. Canal qui conduit l'eau d'un endroit à un autre. ➜ aussi **gazoduc, oléoduc.**

aqueduc

ara n. m. Grand perroquet d'Amérique du Sud, au plumage brillant et très coloré. ▮ homonyme : haras.

arabesque n. f. (➜ ÉTYM.) Ligne sinueuse qui s'enroule avec élégance. *La queue du cerf-volant décrit des arabesques dans le ciel.*

arable adj. *Une terre arable,* une terre que l'on peut labourer. ➜ **cultivable.**

arachide n. f. Graine d'une plante tropicale dont on extrait de l'huile ou que l'on mange grillée. ➜ **cacahouète.**

arachide

a b c d e f g h i j k l m n o p q r s t u v w x y z

araignée n. f. **1.** Animal à huit pattes qui fabrique une toile et sécrète un venin afin d'immobiliser les insectes dont il se nourrit. *Une toile d'araignée.* – Familier. *Avoir une araignée au plafond,* être fou. **2.** *Une araignée de mer,* un crustacé à longues pattes. → planche **Crustacés** et coquillages.

araire n. m. Instrument de labour très simple, sorte de charrue sans roue à l'avant.

arbalète n. f. Arme du Moyen Âge composée d'un arc fixé à un manche de bois sur lequel se trouve un mécanisme qui permet de tendre la corde.

arbitrage n. m. **1.** Jugement de l'arbitre. *Une erreur d'arbitrage.* **2.** *Ils se sont soumis à l'arbitrage de leur frère,* à sa décision. ▷ Mot de la famille de arbitre.

arbitraire adj. *Une décision arbitraire,* c'est une décision qui n'est pas prise dans un souci de justice, mais qui dépend seulement de la seule volonté, du caprice de la personne qui décide. ▷ Mot de la famille de arbitre.

arbitre n. m. et f. **1.** Personne qui fait respecter les règles du jeu dans un match, dans une compétition sportive. *L'arbitre a sifflé la fin de la première mi-temps.* **2.** Personne qui détermine qui a tort et qui a raison, dans une dispute. *Ils ont pris Théo comme arbitre pour les départager.*

▶ **arbitrer** v. (conjug. 3) **1.** Faire respecter les règles d'un jeu. *Il a arbitré un match de boxe,* il a contrôlé qu'il se déroulait dans les règles. **2.** *Arbitrer une dispute,* c'est déterminer qui a tort et qui a raison.

▶ Autres mots de la famille : arbitrage, arbitraire.

arborer v. (conjug. 3) Porter sur soi quelque chose avec le désir d'être regardé. *Julie arborait sa nouvelle robe avec fierté.*

arborescent [aʀbɔʀesɑ̃], **arborescente** [aʀbɔʀesɑ̃t] adj. En forme d'arbre, avec des ramifications. *Une fougère arborescente.*

▶ Il y a un *c* après le *s*.

arboriculture n. f. Culture des arbres fruitiers ou d'ornement. ▷ Mot de la famille de ① culture.

arbre n. m. **1.** Plante de grande taille dont la tige porte des branches à partir d'une certaine hauteur. *Un arbre a des racines, un tronc, des branches et des feuilles.* → planche **Arbres.** – *Les arbres cachent la forêt,* les détails empêchent de voir l'ensemble. **2.** *Un arbre généalogique,* c'est un schéma montrant les liens de parenté entre les membres d'une famille. *Il a fait l'arbre généalogique de sa famille.* **3.** Tige de métal qui transmet un mouvement en tournant sur elle-même. *L'arbre de transmission d'une voiture.*

▶ **arbrisseau** n. m. Petit arbre. *Le lilas et le sureau sont des arbrisseaux.*

▶ **arbuste** n. m. Petit arbrisseau.

arc n. m. **1.** Arme formée d'une tige souple que l'on courbe au moyen d'une corde attachée aux deux extrémités pour lancer des flèches. *Les Indiens tiraient des flèches avec leurs arcs. Le tir à l'arc est aujourd'hui un sport.* → planche **Sport.** **2.** Portion de cercle. *Un arc de 90° égale un quart de cercle.* **3.** Courbure d'une voûte. *Les arcs des cathédrales gothiques sont en ogive.* → planche **Cathédrale.** **4.** *Un arc de triomphe,* c'est un monument percé d'une ouverture en forme d'arc.

▶ **arcade** n. f. **1.** Galerie couverte le long d'une rue, dont les ouvertures sont en forme d'arc. *Il se sont promenés sous les arcades.* **2.** *L'arcade sourcilière,* c'est la partie du visage en forme d'arc, au-dessus de l'œil, où se trouve le sourcil.

▶ **arcboutant** n. m. Construction en forme d'arc qui soutient de l'extérieur une voûte, un mur. → planche **Cathédrale.** – Au pl. *Des arcboutants.*

▶ On écrit aussi *arc-boutant, des arcs-boutants.*

▶ **s'arcbouter** v. (conjug. 4) S'appuyer de tout son poids en prenant appui sur ses pieds pour pousser. *Il s'arcbouta contre la porte.*

▶ On écrit aussi *s'arc-bouter.*

▶ **arceau** n. m. Objet en forme d'arc. *Les arceaux d'une tonnelle.*

▶ **arc-en-ciel** [aʀkɑ̃sjɛl] n. m. Arc multicolore qui apparaît dans le ciel quand les rayons du soleil rencontrent des gouttes de pluie. → planche **Couleurs.** – Au pl. *Des arcs-en-ciel.* ▷ Mot de la famille de ① en et de ciel.

▶ Autre mot de la famille : arqué.

archaïque [aʀkaik] adj. Qui ne s'utilise plus dans le monde moderne. → **désuet, périmé.** *Des outils archaïques.* ▮ contraire : **moderne.**

archange [aʀkɑ̃ʒ] n. m. Être surnaturel qui est placé au-dessus de l'ange, dans la hiérarchie. *L'archange Gabriel.* ▷ Mot de la famille de ange.

arche n. f. 1. Voûte d'un pont qui a une forme d'arc. 2. *L'arche de Noé,* le bateau qui permit à Noé, à sa famille et aux animaux de toutes les espèces d'échapper au Déluge, dans la Bible.

archéologie [aʀkeɔlɔʒi] n. f. Étude des civilisations anciennes d'après les monuments, les objets et les textes qu'elles ont laissés.

▸ **archéologique** [aʀkeɔlɔʒik] adj. *Les fouilles archéologiques,* ce sont les recherches que l'on fait dans le sol pour retrouver les vestiges du passé.

▸ **archéologue** [aʀkeɔlɔg] n. m. et f. Personne qui s'occupe d'archéologie.

fouilles **archéologiques**

archéoptéryx [aʀkeɔpteʀiks] n. m. Oiseau fossile, le plus ancien connu, qui a les dents et la queue d'un reptile. → planche **Dinosaures.**

archer n. m. Tireur à l'arc.

archet n. m. Baguette avec laquelle le violoniste et le violoncelliste font vibrer les cordes du violon et du violoncelle.

archevêque n. m. Évêque qui dirige plusieurs diocèses. ▹ Mot de la famille de **évêque.**

archi- Préfixe d'origine grecque qui signifie «extrêmement», «très», «au plus haut point» et qui se place devant des adjectifs pour en renforcer le sens (ex. : *une histoire archiconnue*).

archipel n. m. Groupe d'îles. *L'archipel des Açores.*

architecte n. m. et f. Personne dont le métier est de dessiner les plans des bâtiments et de diriger les personnes qui les construisent.

▸ **architecture** n. f. Art de construire des édifices. *Elle a suivi des études d'architecture.* – Manière dont est construit un bâtiment. *L'architecture de cet immeuble est très moderne.*

▸ **architectural, architecturale** adj. Relatif à l'architecture. *Un style architectural.* – Au masc. pl. *architecturaux.*

archives n. f. pl. Documents anciens qui sont conservés et classés. *Les archives d'une ville, d'une entreprise.*

arçon n. m. *Un cheval d'arçon,* c'est un appareil de gymnastique, en forme de gros cylindre rembourré qui sert à faire des exercices de saut, de voltige.

▸ Autre mot de la famille : **désarçonner.**

arctique adj. Qui est situé autour du pôle Nord. → planche **Pôles.** *La région arctique.* → **boréal.**

▸ Autre mot de la famille : **antarctique.**

ardent, ardente adj. 1. Très chaud, brûlant. *Au mois d'août, à midi, le soleil est ardent.* 2. Très vif, très fort. *Il a un ardent désir de réussir.*

Le sens 2 appartient au langage soutenu.

▸ **ardemment** [aʀdamɑ̃] adv. Avec force. → **vivement.** *Elle défend ardemment son projet.*

Ce mot appartient au langage soutenu.

ardeur n. f. Énergie et entrain. *Elle travaille avec ardeur.* → **zèle.**

ardoise n. f. 1. Pierre gris foncé qui sert à couvrir les toits des maisons. *En Bretagne, beaucoup de maisons ont des toits en ardoise.* 2. Tablette faite avec cette pierre. *Sur une ardoise, on écrit à la craie.*

ardu, ardue adj. Très difficile. *Une tâche ardue.* ▮ contraires : **aisé, facile.**

are n. m. Unité de mesure de superficie que l'on utilise pour mesurer les terrains. *Un are vaut 100 m^2.* ▮ homonymes : arrhes, art.

▸ Autre mot de la famille : **hectare.**

arène n. f. (→ ÉTYM.) Piste de sable qui est au centre d'un amphithéâtre. *Le taureau est entré dans l'arène.* – *Les arènes,* l'amphithéâtre où ont lieu les corridas. *Les arènes de Nîmes.*

arête n. f. 1. Petit os mince et pointu du squelette de la plupart des poissons. *Théo a avalé une arête.* 2. Ligne où se rejoignent deux surfaces qui forment un angle. *Un dé a six faces et douze arêtes.*

a b c d e f g h i j k l m n o p q r s t u v w x y z

les arbres

Les arbres peuvent être classés en deux grands ensembles. Les chênes, les hêtres, les noyers et les châtaigniers font partie des feuillus, qui portent des feuilles bien développées ; la plupart de ces arbres perdent leurs feuilles en automne : ce sont des arbres à feuilles caduques. Les épicéas, le sapin et le pin sont des conifères, aussi appelés résineux. À l'exception du mélèze, ils conservent leur feuillage d'aiguilles toute l'année. En France métropolitaine, les feuillus forment les deux tiers des forêts et les conifères occupent le tiers restant.

➔ arboriculture, sylviculture.
➔ planche forêt.

résineux
branches
cime
pin parasol
pin sylvestre
sapin pectiné
mélèze
pin maritime
pin laricio
cyprès méditerranéen
épicéa
sapin de Douglas
aiguilles
cèdre

sol **aride**

argent n. m. **1.** Métal précieux blanc et brillant. *Une bague en argent.* **2.** Pièces de monnaie, billets de banque qui servent à payer. ➜ fam. **fric.** *Elle gagne beaucoup d'argent.* – *Jeter l'argent par les fenêtres,* le gaspiller. *L'argent n'a pas d'odeur,* certaines personnes ne se soucient pas de l'origine de leur richesse. *L'argent ne fait pas le bonheur,* ce n'est pas parce qu'on est riche qu'on est heureux.

▸ **argenté, argentée** adj. **1.** Recouvert d'une couche d'argent. *Une cuillère en métal argenté.* **2.** Qui a la couleur, l'éclat de l'argent. *Des cheveux aux reflets argentés.*

▸ **argenterie** n. f. Vaisselle, couverts en argent.

argile n. f. Terre molle et grasse qui, imbibée d'eau, devient comme une pâte et sert à fabriquer des poteries et des briques. ➜ **glaise.** ➜ planche **Artistes.**

Argile est un nom féminin.

▸ **argileux, argileuse** adj. *Une terre argileuse,* qui contient de l'argile.

argot n. m. *L'argot* est un ensemble de mots très familiers, propre à des gens d'un milieu. *Dans l'argot des lycéens, «un pion» veut dire «un surveillant».*

argument n. m. Ce que l'on dit pour essayer de prouver quelque chose. ➜ **raison.** *Elle a donné un bon argument pour ne pas sortir.*

▸ **argumentation** n. f. Raisonnement. *Son argumentation est convaincante.*

▸ **argumenter** v. (conjug. 3) Présenter des arguments, prouver par des arguments. *L'avocat a longuement argumenté pour défendre son client.*

aride adj. *Une région aride,* très sèche, où il ne pousse aucune plante. contraires : **fertile, humide.**

▸ **aridité** n. f. Très grande sécheresse. *L'aridité du sol empêche les cultures de pousser.*

aristocratie [aʀistɔkʀasi] n. f. *L'aristocratie,* c'est l'ensemble des nobles. ➜ **noblesse.**

▸ **aristocrate** n. m. et f. Personne de l'aristocratie, de la noblesse. ➜ **noble.**

▸ **aristocratique** adj. Élégant, raffiné. *Il a des manières aristocratiques.*

arithmétique [aʀitmetik] n. f. Partie des mathématiques qui étudie les nombres. ➜ ② **calcul.** *Alex est bon en arithmétique.*

Il y a un *h* après le *t*.

arlequin n. m. Personnage du théâtre italien, qui porte un habit fait de triangles de tissu de toutes les couleurs et un masque noir. *Un habit d'arlequin.*

arlequin (Degas)

armateur n. m. Personne qui possède des navires de pêche ou de commerce, qui les équipe et les exploite. ▷ Mot de la famille de **arme.**

armature n. f. Ensemble de tiges ou de tubes rigides qui servent à soutenir ou à consolider quelque chose. *La tente de camping a une armature en fibre de verre.* ▷ Mot de la famille de **arme.**

arme n. f. **1.** Instrument qui sert à blesser ou à tuer. *Le couteau, le fusil et le pistolet sont des armes. L'assassin braquait son arme sur le policier.* – *Les rebelles ont pris les armes,* ils se sont préparés au combat. *Les ennemis ont rendu les armes,* ils se sont rendus. – Familier.

Passer l'arme à gauche, mourir. **2.** Moyen d'agir contre un adversaire. *La patience est une meilleure arme que la colère.* **3.** *Les armes,* le dessin d'un animal ou d'un objet qui est l'emblème d'une famille ou d'une ville. ➔ aussi **armoiries, blason.**

▶ Autres mots de la famille : armateur, armature, armé, armée, armement, armer, s'armer, armure, armurier, désarmant, désarmement, désarmer, gendarme, se gendarmer, gendarmerie.

armée n. f. **1.** *L'armée,* l'ensemble des soldats d'un pays. *Il est dans l'armée,* il est militaire. *L'armée de l'air,* l'aviation militaire. *L'armée de terre,* l'infanterie. **2.** *Les armées ennemies ont franchi la frontière,* les troupes assemblées pour combattre. **3.** Grand nombre. *Une armée d'hôtesses guidait les visiteurs.* ➔ **multitude.** ▷ Mot de la famille de arme.

armer v. (conjug. 3) **1.** Donner des armes. *On a armé les soldats avant le combat.* ▮ contraire : **désarmer. 2.** *Armer un navire,* l'équiper pour qu'il puisse prendre la mer. **3.** *Armer un fusil,* le mettre en position de tir. **4.** *Armer un appareil photo,* remonter le mécanisme de déclenchement pour qu'il soit prêt à fonctionner. **5.** *Armer chevalier un jeune homme,* c'était, au Moyen Âge, le faire chevalier en lui remettant son équipement. ➔ **adouber.**

▶ **s'armer** v. *S'armer de quelque chose,* le prendre comme arme. *Elle s'est armée d'un balai pour déloger une araignée. – Il faut s'armer de patience car l'attente sera longue,* être prêt à avoir beaucoup de patience.

▶ **armé, armée** adj. **1.** Qui porte une arme. *Des hommes armés. Une attaque à main armée,* faite par des hommes armés. ➔ **hold-up** ; fam. **braquage. 2.** *Béton armé,* garni d'une armature en acier.

▶ **armement** n. m. Ensemble des armes d'un soldat, d'un pays. *L'armement nucléaire.*

▷ Mots de la famille de arme.

armistice n. m. (➔ ÉTYM.) Accord pour cesser les combats conclu entre deux pays en guerre. *Après l'armistice, on signe la paix.*

▶ C'est un nom masculin : on dit *un armistice.*

armoire n. f. Meuble haut et fermé dans lequel on range du linge, des vêtements, des provisions. *Une armoire de toilette.*

armoiries n. f. pl. Emblème d'une famille noble ou d'une ville. *Les armoiries de la famille ornent l'entrée du château,* les armes de la famille. ➔ **blason.**

armoiries

armure n. f. Vêtement fait de plaques de métal que portaient autrefois les guerriers pour se protéger pendant le combat. ➔ planche **Château** fort. ▷ Mot de la famille de arme.

armurier n. m. Personne qui fabrique ou vend des armes. ▷ Mot de la famille de arme.

arnica n. f. Plante de montagne à fleurs jaunes dont on extrait un produit que l'on utilise pour soigner les bosses, les foulures. ➔ planche **Plantes** et santé.

arobase n. f. Caractère (@) qui entre dans la formule d'une adresse électronique. ➔ aussi **e-mail.**

aromate n. m. Plante que l'on met dans un plat pour lui donner du goût. *Le thym, le laurier sont des aromates.* ➔ aussi **condiment, épice.**

▶ **aromatique** adj. *Une plante aromatique,* une plante qu'on utilise comme aromate. *L'estragon est une plante aromatique.*

▶ **aromatisé, aromatisée** adj. Parfumé. *Des yaourts aromatisés au chocolat.*

▷ Mots de la famille de arôme.

plantes **aromatiques**

arôme n. m. Odeur agréable qui se dégage d'un aliment, d'une fleur. ➔ **parfum.** *L'arôme du café.*

▶ Attention à l'accent circonflexe du *ô.*

▶ Autres mots de la famille : aromate, aromatique, aromatisé.

arpenter v. (conjug. 3) Parcourir un lieu de long en large à grands pas. *Il arpente sa chambre en réfléchissant.*

arqué, arquée adj. Courbé en forme d'arc. *Des jambes arquées.* ▷ Mot de la famille de arc.

arquebuse n. f. Ancienne arme à feu utilisée au 15e siècle. *L'arquebuse est l'ancêtre du fusil.*

arquebuse

d'**arrache-pied** adv. Avec acharnement et sans s'arrêter. *Il travaille d'arrache-pied.* ▷ Mot de la famille de arracher et de ① pied.

arracher v. (conjug. 3) **1.** Enlever, détacher quelque chose en tirant dessus. *Le jardinier arrache les mauvaises herbes. Le dentiste m'a arraché une dent.* ➜ **extraire. 2.** Obtenir avec peine. *Le commissaire a arraché des aveux au suspect.* ➜ **extorquer. 3.** Faire sortir malgré une résistance. *La sonnerie du réveil l'a brutalement arraché au sommeil.*

▸ **arrachage** n. m. Action d'arracher. *L'arrachage des pommes de terre peut se faire à la machine.*

▸ **arracheur** n. m. *Mentir comme un arracheur de dents,* sans en avoir honte (comme les mauvais dentistes qui promettaient de ne pas faire mal).

▶ Autre mot de la famille : d'arrache-pied.

arranger v. (conjug. 5b) **1.** Placer une chose comme il faut ou comme l'on préfère. ➜ **disposer.** *Elle arrange des fleurs dans un vase.* **2.** Remettre en bon état. ➜ **réparer.** *Il a arrangé la serrure qui fermait mal.* **3.** Être pratique. *Cela m'arrangerait davantage que vous veniez demain.* ➜ **convenir.**

▸ **s'arranger** v. **1.** Faire ce qu'il faut. *Louise s'est arrangée pour être assise au premier rang.* ➜ se **débrouiller. 2.** Se mettre d'accord avec quelqu'un. ➜ s'**entendre.** *Elle s'est arrangée avec la voisine pour nourrir le chat.* **3.** *Ne t'en fais pas, cela s'arrangera,* cela ira mieux. ➜ fam. se **tasser.**

▸ **arrangeant** [aʀɑ̃ʒɑ̃], **arrangeante** [aʀɑ̃ʒɑ̃t] adj. *Une personne arrangeante,* avec qui on peut facilement s'arranger, se mettre d'accord. ➜ **accommodant, conciliant.**

▸ **arrangement** n. m. **1.** Installation. *L'arrangement de cette maison est très réussi.* ➜ **agencement. 2.** Accord. *Un arrangement a mis fin à leur dispute.* ➜ **compromis.**

▷ Mots de la famille de rang.

arrestation n. f. Action d'arrêter quelqu'un. *L'arrestation d'un assassin.*

arrêt n. m. **1.** Le fait de cesser d'avancer. *Il ne faut pas descendre avant l'arrêt du train,* avant qu'il ne s'arrête. **2.** *Un arrêt d'autobus,* c'est un endroit où les autobus s'arrêtent pour laisser descendre et monter les voyageurs. ➜ aussi **abribus. 3.** *Sans arrêt,* sans interruption. ➜ **cesse.** *Il a plu sans arrêt.* ▷ Mot de la famille de arrêter.

① **arrêté, arrêtée** adj. *Il a des idées arrêtées sur la question,* qui ne changeront pas. ➜ **définitif, irrévocable.** ▷ Mot de la famille de arrêter.

② **arrêté** n. m. Décision prise par un ministre, un préfet, un maire. *Un arrêté ministériel.* ▷ Mot de la famille de arrêter.

arrêter v. (conjug. 3) **1.** Faire en sorte qu'une chose n'avance plus, cesse d'être en mouvement. *Il a arrêté sa voiture devant la poste.* **2.** Interrompre ce que l'on était en train de faire. *Arrête de pleurer.* ➜ **cesser. 3.** Fixer. *Ils ont arrêté la date de la réunion.* **4.** Faire prisonnier. *La police a arrêté le coupable.* ➜ aussi **arrestation.**

▸ **s'arrêter** v. **1.** Faire halte. *Arrêtons-nous ici pour déjeuner.* **2.** Cesser, s'interrompre. *Elle s'est arrêtée de lire.*

▶ Autres mots de la famille : arrêt, ① et ② arrêté.

arrhes [aʀ] n. f. pl. Partie du prix d'un objet payée à l'avance. *Il a versé des arrhes en commandant sa nouvelle voiture.* ➜ **acompte, avance.** ▮ homonymes : are, art.

▶ Ce mot s'écrit avec deux *r* suivis d'un *h*.

arrière n. m., adj. inv. et adv. **1.** n. m. Partie qui est derrière. *L'arrière de la voiture est enfoncé.* ▮ contraire : ② **avant.** *Paul se met à l'arrière du bateau pour pêcher. – Les arrières d'une équipe de football,* les joueurs placés derrière les

autres. ▮ contraire : ② **avant.** **2.** adj. inv. Qui est derrière. *Les feux arrière des voitures sont rouges. Les pattes arrière du chien.* ➜ **postérieur.** **3.** adv. *En arrière,* loin derrière les autres, à la traîne. *Avance, ne reste pas tout seul en arrière !*
▶ Autres mots de la famille : arriéré, arrière-boutique, arrière-garde, arrière-goût, arrière-pays, arrière-pensée, arrière-plan, arrière-saison, arrière-train.

arriéré, arriérée adj. **1.** *Un enfant arriéré,* qui est très en retard pour son âge, parce qu'il ne s'est pas développé normalement. ▮ contraire : **précoce.** **2.** *Des idées arriérées,* dépassées, qui ne sont pas modernes. ▮ contraire : **avancé.** ▷ Mot de la famille de arrière.

arrière-boutique n. f. Pièce située au fond d'un magasin. — Au pl. *Des arrière-boutiques.* ▷ Mot de la famille de arrière et de boutique.

arrière-garde n. f. Troupe de soldats qui marchent derrière une armée pour la protéger. — Au pl. *Des arrière-gardes.* ▷ Mot de la famille de arrière et de garder.

arrière-goût n. m. Goût désagréable qui reste dans la bouche après avoir mangé. *Cette soupe a un arrière-goût.* — Au pl. *Des arrière-goûts.* ▷ Mot de la famille de arrière et de goût.

arrière-grand-mère n. f. Mère de la grand-mère ou du grand-père. — Au pl. *Des arrière-grands-mères.* ▷ Mot de la famille de mère.

arrière-grand-père n. m. Père du grand-père ou de la grand-mère. — Au pl. *Des arrière-grands-pères.* ▷ Mot de la famille de père.

arrière-grands-parents n. m. pl. Parents des grands-parents. *Il a encore tous ses arrière-grands-parents.* ▷ Mot de la famille de parent.

arrière-pays n. m. inv. Partie d'une région située à plusieurs kilomètres de la côte. *Ils ont une maison dans l'arrière-pays.* ▷ Mot de la famille de arrière et de pays.

arrière-pensée n. f. Pensée que l'on cache, que l'on ne dit pas. *Elle avait des arrière-pensées.* ▷ Mot de la famille de arrière et de penser.

arrière-petite-fille n. f. Fille du petit-fils ou de la petite-fille. — Au pl. *Des arrière-petites-filles.* ▷ Mot de la famille de fille.

arrière-petit-fils n. m. Fils du petit-fils ou de la petite-fille. — Au pl. *Des arrière-petits-fils.* ▷ Mot de la famille de fils.

arrière-petits-enfants n. m. pl. Enfants du petit-fils ou de la petite-fille. ▷ Mot de la famille de enfant.

arrière-plan n. m. Le plan le plus éloigné, au fond. *Sur cette photo, au premier plan on voit la maison et à l'arrière-plan on aperçoit la mer,* dans la partie de la photo qui est la plus éloignée. — Au pl. *Des arrière-plans.* ▷ Mot de la famille de arrière et de ① plan.

arrière-saison n. f. Période qui va de la fin de l'été au début de l'automne. *Nous avons eu de belles arrière-saisons, ces dernières années.* ▷ Mot de la famille de arrière et de saison.

arrière-train n. m. *L'arrière-train d'un animal à quatre pattes,* l'arrière de son corps. — Au pl. *Des arrière-trains.* ▷ Mot de la famille de arrière.

arriver v. (conjug. 3) (➜ ÉTYM.) **1.** Parvenir au lieu où l'on voulait aller. *Nous arriverons à Paris demain.* ▮ contraire : **partir.** — *Le premier arrivé attend les autres.* **2.** Atteindre un certain niveau. *Julie m'arrive à l'épaule.* **3.** Réussir. *Elle est arrivée à ouvrir la porte.* ➜ **parvenir.** **4.** Avoir lieu, se produire. *Il lui arrive de se tromper. Cela ne m'est jamais arrivé.*
▶ Ce verbe se conjugue avec l'auxiliaire *être.*

▶ **arrivage** n. m. Livraison de marchandises. *Il y a eu un arrivage de robes d'été.*

▶ **arrivée** n. f. Moment ou lieu où l'on arrive. *Il attend l'arrivée du train.* ▮ contraire : **départ.**

▶ **arriviste** n. m. et f. Personne qui utilise sans scrupule tous les moyens pour réussir. *C'est une arriviste.*

arrogant, arrogante adj. Qui est très fier, méprise les autres et se montre insolent. ➜ **hautain.** *Une femme arrogante. Un air arrogant.*

▶ **arrogance** n. f. Attitude méprisante et insolante envers les autres. ➜ ① **morgue.** *Il a répondu avec arrogance.*

s'arroger v. (conjug. 5b) Donner à soi-même un droit sans y être autorisé. *Elle s'est arrogé le titre de directrice.*
▶ Ce mot appartient au langage soutenu.

arrondir v. (conjug. 11) **1.** Rendre rond. *La mer arrondit les galets.* — **s'arrondir,** devenir plus rond. *Elle a grossi, son visage s'est arrondi.* **2.** *Arrondir une somme,* donner le chiffre rond, plus grand ou plus petit, le plus proche de cette somme. *J'arrondis 11,8 à 12.*

▸ **arrondi, arrondie** adj. 1. De forme à peu près ronde. *Des ciseaux à bout arrondi.* 2. *Un prix arrondi,* légèrement augmenté ou diminué pour atteindre un chiffre rond.
▷ Mots de la famille de rond.

arrondissement n. m. Partie d'un département ou de certaines grandes villes, en France. *Il habite dans le 11ᵉ arrondissement, à Paris.*

arroser v. (conjug. 3) Mouiller avec un liquide. *Elle arrose les plantes,* elle verse de l'eau dessus.

▸ **arrosage** n. m. *L'arrosage des plantes,* le fait de les arroser. *Un tuyau d'arrosage,* qui sert à arroser.

▸ **arrosoir** n. m. Récipient qui sert à arroser.
→ aussi **pomme** d'arrosoir.

arsenal n. m. (pl. **arsenaux**) 1. Dépôt d'armes et de munitions. 2. Endroit où l'on construit et répare les navires de guerre, dans un port militaire.

arsenic n. m. Poison très violent.

art n. m. 1. *L'art,* c'est l'ensemble des activités humaines qui consistent à créer de belles choses. → planches **Artistes, musée.** *La peinture, la photographie, la musique sont des arts. Une œuvre d'art,* un tableau, une sculpture. 2. Habileté. *Le professeur a l'art de se faire obéir par ses élèves sans crier,* il sait comment faire. → **don, talent.** 3. *L'art culinaire,* les connaissances techniques pour faire la cuisine. ▮ homonymes : are, arrhes.
▶ Autres mots de la famille : artiste, artistique, beaux-arts.

artère n. f. 1. Vaisseau sanguin dans lequel circule le sang qui part du cœur. → aussi ② **veine.** 2. Grande rue d'une ville.

▸ **artériel, artérielle** adj. Des artères. *La tension artérielle.*

artichaut n. m. Légume dont on ne mange que la base des feuilles et le fond. *Des fonds d'artichauts à la vinaigrette.* – Familier. *Avoir un cœur d'artichaut,* changer très souvent d'amoureux.

article n. m. 1. Dans un journal, texte sur un sujet donné. *Il lit un article sur le sida.* 2. Dans un dictionnaire, petit texte qui donne les sens d'un mot et leurs emplois. *Les articles de dictionnaire sont classés dans l'ordre alphabétique.* 3. Chacun des paragraphes d'un texte officiel. *Un article de loi.* 4. Objet en vente dans un magasin. *Ce magasin vend des articles de sport.* 5. En grammaire, déterminant placé devant un nom. *«Le», «la», «les» sont des articles définis ; «un», «une», «des» sont des articles indéfinis.*

articulaire adj. Qui concerne les articulations. *Des rhumatismes articulaires.* ▷ Mot de la famille de articuler.

articuler v. (conjug. 3) 1. Prononcer distinctement. *Articule mieux, je ne comprends pas ce que tu dis !* 2. **s'articuler,** former une articulation. *La main s'articule à l'avant-bras.*

▸ **articulation** n. f. 1. Prononciation. 2. Endroit où s'emboîtent deux os. *Le genou est une articulation.*

▸ **articulé, articulée** adj. *Une poupée articulée,* dont on peut faire bouger les jambes, les bras et la tête.
▶ Autres mots de la famille : articulaire, désarticulé.

feu d'artifice → **feu d'artifice**

artifice n. m. Moyen habile et souvent destiné à tromper. → **ruse, stratagème, subterfuge.** *Il a trouvé un artifice pour résoudre le problème.*

▸ **artificiel, artificielle** adj. Fabriqué par l'homme. ▮ contraire : **naturel.** *Des fleurs artificielles. Un lac artificiel.*

▸ **artificiellement** adv. De manière artificielle. *Cette variété de roses a été créée artificiellement.*

des **artichauts**

artificier n. m. Spécialiste des feux d'artifice.

artillerie n. f. **1.** Ensemble des canons d'une armée. *L'artillerie ennemie a bombardé le village.* **2.** Partie de l'armée qui combat avec des canons. *L'artillerie est intervenue pour soutenir l'infanterie.*

artisan n. m., **artisane** n. f. Personne qui fait un travail manuel et qui est son propre patron. *Les potiers, les cordonniers sont des artisans.*

▸ **artisanal, artisanale** adj. Fait par des artisans. ▮ contraire : **industriel.** *Un tapis artisanal.* – Au masc. pl. *artisanaux.*

▸ **artisanat** n. m. Activité des artisans. *Les produits de l'artisanat de la région sont en vente au marché.*

artiste n. m. et f. **1.** Personne qui crée des œuvres d'art. → planche **Artistes.** *Les peintres, les sculpteurs, les musiciens sont des artistes.* **2.** Personne dont le métier est de jouer la comédie, de chanter, d'interpréter des œuvres musicales, de danser. → **acteur, chanteur, comédien, danseur, musicien.** → planche **Spectacle.**

▸ **artistique** adj. Qui a un rapport avec l'art. *Les professions artistiques.*

▷ Mots de la famille de art.

as [ɑs] n. m. **1.** Carte à jouer qui a un seul signe. *L'as de pique.* **2.** Personne qui réussit très bien dans une activité. → **champion.** *Les as de la glisse.*

as

① **ascendant** [asɑ̃dɑ̃] n. m. Parent dont on descend. → **ancêtre.** *Léa a des ascendants turcs.* ▮ contraire : ① **descendant.**

▸ **ascendance** [asɑ̃dɑ̃s] n. f. Origine familiale. *Léa est d'ascendance turque.* ▮ contraire : **descendance.**

② **ascendant** [asɑ̃dɑ̃], **ascendante** [asɑ̃dɑ̃t] adj. Qui va vers le haut. ▮ contraire : ② **descendant.** *La courbe de température du malade suit une courbe ascendante.*

③ **ascendant** n. m. Grande influence. *Théo a de l'ascendant sur sa petite sœur.*

ascenseur n. m. Appareil transportant les personnes d'un étage à un autre, dans un immeuble. *Il a pris l'ascenseur.* → aussi **monte-charge.**

ascension n. f. *Faire l'ascension d'une montagne,* la gravir jusqu'à son sommet. → **escalade** et aussi **alpinisme.**

ascète [asɛt] n. m. et f. Personne qui vit dans une grande pauvreté pour faire pénitence. *Il mena une vie d'ascète.*

aseptiser [asɛptize] v. (conjug. 3) Nettoyer en tuant les microbes. → **désinfecter.** *La salle d'opération a été aseptisée.*

asexué, asexuée adj. *La multiplication* ou *la reproduction asexuée,* qui se fait sans l'intervention des cellules reproductrices. ▮ contraire : **sexué.** ▷ Mot de la famille de sexe.

asiatique adj. D'Asie. *Le continent asiatique. Les pays asiatiques.* – n. Habitant de l'Asie. *Les Asiatiques. Une Asiatique.*

asile n. m. **1.** Endroit où l'on est à l'abri. *Les victimes de l'inondation ont trouvé asile dans l'école.* → **refuge.** **2.** Établissement accueillant certaines personnes. *Le sans-abri a dormi dans un asile de nuit.* **3.** *Droit d'asile,* droit qu'un pays accorde aux réfugiés politiques.

aspect [aspɛ] n. m. **1.** Manière dont une personne ou une chose se présente, apparaît. → ② **air, apparence.** *Ces fruits ont un bel aspect.* **2.** Manière dont une chose se présente à l'esprit. *Il faut envisager le problème sous tous ses aspects.* → **angle.**

asperge n. f. Plante dont on mange les pousses en forme de longues tiges pointues. *Des asperges à la vinaigrette.*

asperger v. (conjug. 5b) Projeter un liquide. → **arroser.** *La voiture a aspergé les piétons en roulant dans une flaque.* → **éclabousser.**

aspérité n. f. Partie qui dépasse, sur une surface. *Les aspérités d'un rocher.*

asphalte n. m. Préparation noirâtre qui recouvre les routes et les trottoirs. → **bitume, goudron.**

asphyxie [asfiksi] n. f. Arrêt de la respiration. → **étouffement.** *Il est mort par asphyxie.*

▸ **asphyxier** [asfiksje] v. (conjug. 9) Faire mourir par asphyxie. *Il a été asphyxié par une fuite de gaz,* il est mort étouffé.

a b c d e f g h i j k l m n o p q r s t u v w x y z

des artistes : le sculpteur et le peintre

Jusqu'au 19e siècle, les mots *artiste* et *artisan* désignaient des personnes fabriquant de beaux objets (peintures, sculptures, meubles…). Aujourd'hui, le mot *artiste* se rattache plus à l'invention et à la création, et le mot *artisan* désigne celui qui maîtrise une technique. Les arts plastiques sont représentés par le peintre, le sculpteur, le dessinateur, le graveur et aussi le photographe… Ces artistes réalisent soit des images planes (dessins, peintures, collages…), soit des volumes (sculptures, assemblages, installations…).
Ils travaillent en général dans un atelier où ils font des essais avant de créer leur œuvre.

➔ ébauche, exposition, galerie.
➔ planches couleurs, musée.

le sculpteur

modelage de l'argile

l'atelier d'un sculpteur

Le sculpteur travaille la pierre.

le peintre

la palette, les tubes de peinture, les pinceaux et les brosses

L'atelier d'un peintre : le chevalet supporte la toile pendant que l'artiste travaille à son œuvre.

des esquisses, sur le carnet de croquis

aspic n. m. Vipère des montagnes d'Europe. ➜ planche **Montagne.**

aspic

aspirer v. (conjug. 3) **1.** Faire entrer l'air dans les poumons. ➜ **inspirer.** *Pour respirer, on aspire puis on expire l'air.* **2.** Désirer. *Il est si fatigué qu'il n'aspire qu'au repos,* il souhaite se reposer.

Au sens 2, ce mot appartient au langage soutenu.

▸ **aspiré, aspirée** adj. *Un h aspiré* au début d'un mot empêche de faire la liaison avec le mot précédent. *Le **h** de «hérisson» est aspiré, on dit et on écrit «le hérisson»* [ləeʀisɔ̃].

▸ **aspirateur** n. m. Appareil qui aspire la poussière. *Alex a passé l'aspirateur dans sa chambre.*

▸ **aspiration** n. f. Souhait. ➜ **désir, goût.** *Il a trouvé un appartement conforme à ses aspirations.*

aspirine n. f. Médicament qui combat la douleur et la fièvre. *De l'aspirine effervescente.*

s'**assagir** v. (conjug. 11) Devenir plus sage. *Elle s'est assagie en vieillissant.* ▷ Mot de la famille de sage.

assaillir v. (conjug. 16) Attaquer brusquement. *La vieille dame a été assaillie par deux voyous.* ➜ **agresser.**

▸ **assaillant** n. m., **assaillante** n. f. Personne qui attaque, agresse. *La vieille dame a reconnu ses assaillants,* les personnes qui l'ont attaquée. ➜ **agresseur, attaquant.**

assainir v. (conjug. 11) Rendre plus sain, plus propre. ➜ **purifier.** *Il faut assainir l'eau de la piscine.* contraire : **polluer.**

▸ **assainissement** n. m. Le fait de rendre sain. *L'assainissement des eaux usées se fait dans une station d'épuration.*

▷ Mots de la famille de sain.

assaisonner v. (conjug. 3) Mettre dans la nourriture du sel, des épices, ou d'autres ingrédients qui donnent du goût. *Il assaisonne la salade.*

▸ **assaisonnement** n. m. Tout ce qui sert à donner du goût aux aliments. *Cette salade est fade, elle manque d''assaisonnement.* ➜ aussi **aromate, condiment, épice.**

assassin n. m. Personne qui tue volontairement une autre personne. ➜ **criminel, meurtrier.**

▸ **assassinat** n. m. Action de tuer volontairement quelqu'un. *Cet homme a commis plusieurs assassinats.* ➜ **crime, meurtre.**

▸ **assassiner** v. (conjug. 3) Tuer volontairement. *Le meurtrier a assassiné trois personnes.*

assaut n. m. **1.** Attaque. *L'ennemi est monté à l'assaut du village.* **2.** *Prendre d'assaut un lieu,* c'est s'y précipiter en grand nombre. *Au mois d'août, tous les hôtels en bord de mer sont pris d'assaut.* ▷ Mot de la famille de saut.

soldats montant à l'assaut du château

assécher v. (conjug. 8) Enlever l'eau du sol pour le rendre sec. ➜ **drainer.** *On a asséché le marécage.*

▸ **assèchement** n. m. Opération qui consiste à rendre sec. *L'assèchement des marais.* ➜ **assainissement.**

▷ Mots de la famille de sec.

assembler v. (conjug. 3) **1.** Faire tenir ensemble. ➜ **réunir.** *Paul assemble les pièces de son puzzle.* **2. s'assembler,** c'est se réunir au même endroit. *Les gens se sont assemblés sur la place du village.* ➜ se **rassembler.**

▸ **assemblage** n. m. Ensemble de choses groupées, attachées ensemble. *Un cahier est un assemblage de feuilles.* ➜ ② **ensemble, réunion.**

▸ **assemblée** n. f. Groupe de personnes réunies. *L'Assemblée nationale est constituée de l'ensemble des députés.*
▶ Autres mots de la famille : rassemblement, rassembler.

asséner v. (conjug. 8) *Asséner un coup,* c'est le donner avec violence. *Il asséna un coup de poing à son adversaire.*
On écrit aussi *assener* [asene] (conjug. 7), sans accent sur le premier *e.*

assentiment n. m. Accord. ➜ **approbation.** *Il a obtenu l'assentiment de ses parents.*
contraire : **refus.** ▷ Mot de la famille de sentir.

s'asseoir v. (conjug. 29) Poser ses fesses sur un siège ou par terre. *Léa s'est assise sur la table. Asseyez-vous, je vous prie.*
▶ Autres mots de la famille : assis, se rasseoir.

asservir v. (conjug. 11) Soumettre à son autorité. ➜ **assujettir.** *Les Romains ont asservi de nombreux peuples.* contraires : ① **affranchir, émanciper, libérer.**

assez adv. **1.** En quantité suffisante. *Paul n'a pas assez travaillé.* ➜ **suffisamment. 2.** Plutôt. *Ma grand-mère est en assez bonne santé.* **3.** *En avoir assez de quelque chose* ou *de quelqu'un,* ne plus pouvoir le supporter. ➜ fam. **marre.** *J'en ai assez de ces cris.*

assidu, assidue adj. Qui fait bien et régulièrement ce qu'il faut faire. *Louise est une élève assidue.*

▸ **assiduité** n. f. Régularité. *Théo travaille avec assiduité.*

▸ **assidûment** ou **assidument** adv. Avec assiduité. *Louise travaille assidûment.*
Écrire *assidument,* sans accent circonflexe sur le modèle de *absolument, résolument,* est conforme à la nouvelle orthographe.

assiéger v. (conjug. 5b et 8) Faire le siège. *Les ennemis assiègent la ville.* ➜ **encercler, investir.**
▷ Mot de la famille de siège.

assiette n. f. **1.** Récipient pour une personne, dans lequel on met de la nourriture. *Une assiette plate. Des assiettes à soupe. Des assiettes à dessert.* **2.** Familier. *Elle n'est pas dans son assiette,* elle ne se sent pas bien.

▸ **assiettée** n. f. Contenu d'une assiette. *Alex a avalé trois assiettées de soupe.*
▶ Autre mot de la famille : pique-assiette.

assigner v. (conjug. 3) Donner, attribuer. *Le professeur assigne une place à chaque élève.*

assimiler v. (conjug. 3) **1.** Considérer comme semblable. *On ne peut assimiler l'homme à un robot.* **2.** *Le corps assimile les aliments,* il les transforme et s'en nourrit. **3.** *Julie assimile bien ce qu'elle apprend,* elle le comprend et le retient.

▸ **assimilation** n. f. **1.** Transformation des aliments dans le corps. *L'assimilation des aliments suit la digestion.* **2.** *L'assimilation des connaissances,* le fait de comprendre et de retenir ce qu'on apprend.

assis, assise adj. **1.** Appuyé sur son derrière. *Julie est assise par terre.* **2.** *Une place assise,* où l'on peut s'asseoir. *Il y a cent places assises dans ce tramway.* contraire : **debout.**
▷ Mot de la famille de s'asseoir.

assises n. f. pl. *La cour d'assises,* le tribunal qui juge les criminels.

assister v. (conjug. 3) **1.** *Assister à quelque chose,* être présent pour voir ou entendre quelque chose. *Louise a assisté à un spectacle de danse. J'ai assisté à leur dispute,* j'en ai été témoin. **2.** *Assister quelqu'un,* être auprès de lui pour l'aider. ➜ **seconder.** *Le chirurgien était assisté de deux infirmières.*

▸ **assistance** n. f. **1.** Public. ➜ **auditoire.** *Le maire a fait son discours devant une nombreuse assistance.* **2.** Secours. *On a immédiatement prêté assistance au blessé,* on l'a aidé. ➜ ① **aide.**

▸ **assistant** n. m., **assistante** n. f. Personne qui en aide une autre dans son métier. *L'assistant du metteur en scène.* ➜ **adjoint.** *Une assistante sociale* aide et informe des personnes dans le besoin ou malades.

associer v. (conjug. 9) **1.** Faire participer. *Il a associé son frère à son commerce.* **2.** Mettre ensemble pour former un tout. ▮ contraire : **dissocier.** *Le bébé commence à associer des mots.*

▸ **s'associer** v. **1.** Se grouper. *Les deux amis se sont associés pour fonder leur entreprise.* **2.** *S'associer à la peine de quelqu'un,* y prendre part. ➜ **partager.**

▸ **association** n. f. Groupement de personnes unies par les mêmes intérêts. *L'association des parents d'élèves.*

▸ **associé** n. m., **associée** n. f. Personne qui travaille avec une autre et partage les bénéfices. *L'entreprise est dirigée par trois associés.*

assoiffé, assoiffée adj. Qui a soif. *Les lionnes étaient assoiffées.* ▷ Mot de la famille de soif.

assombrir v. (conjug. 11) **1.** Rendre sombre. ▮ contraire : **éclaircir.** *Cette peinture foncée assombrit la pièce.* ➜ **obscurcir. 2.** Rendre triste et inquiet. *Cette mauvaise nouvelle nous a assombris.* ➜ **attrister.**

▸ **s'assombrir** v. Devenir plus sombre. *Le ciel s'assombrit, il va pleuvoir. – Son visage s'est assombri.* ➜ se **rembrunir.**

▷ Mots de la famille de sombre.

assommer v. (conjug. 3) **1.** Donner un coup sur la tête pour faire perdre connaissance. *Le voleur a assommé le gardien de nuit.* **2.** Ennuyer. *Tu nous assommes avec tes histoires.*

▸ **assommant, assommante** adj. Ennuyeux. *Un livre assommant.*

▷ Mots de la famille de ③ somme.

assortir v. (conjug. 11) Mettre ensemble des choses qui vont bien ensemble. *Il assortit toujours ses chaussettes à son pull.*

▸ **assorti, assortie** adj. *Des choses assorties,* qui vont bien ensemble, qui s'harmonisent. *Julie porte un pull et une jupe assortis.* ▮ contraires : **dépareillé, disparate.**

▸ **assortiment** n. m. *Un assortiment de fromages,* plusieurs fromages différents présentés ensemble.

▷ Mots de la famille de sorte.

s'assoupir v. (conjug. 11) S'endormir à moitié. *Ma grand-mère s'est assoupie dans son fauteuil.* ➜ **somnoler.**

assouplir v. (conjug. 11) **1.** Rendre plus souple. *Ce produit assouplit le cuir.* – **s'assouplir,** devenir plus souple. *Louise fait du yoga pour s'assouplir.* **2.** Rendre moins sévère. *Le règlement de l'école a été assoupli.*

▸ **assouplissement** n. m. *Louise fait des exercices d'assouplissement,* des exercices pour s'assouplir.

▷ Mots de la famille de souple.

assourdir v. (conjug. 11) **1.** Rendre comme sourd en étourdissant. *Le bruit des camions nous assourdissait.* **2.** Rendre moins sonore. *La moquette assourdit le bruit des pas.* ➜ **amortir.**

▸ **assourdissant, assourdissante** adj. Qui rend sourd par excès de bruit. *Les marteaux-piqueurs font un bruit assourdissant,* un bruit très fort.

▷ Mots de la famille de sourd.

assouvir v. (conjug. 11) Satisfaire entièrement. *Théo a assouvi sa faim,* il l'a calmée en mangeant.

assujettir v. (conjug. 11) Soumettre. *Les Romains ont assujetti de nombreux peuples,* ils en ont fait leurs sujets. ➜ **asservir.** *Les contribuables sont assujettis à l'impôt,* ils doivent le payer. ▷ Mot de la famille de ② sujet.

assumer v. (conjug. 3) Prendre en charge. *Il faut assumer ses responsabilités.* ➜ **endosser.**

① **assurance** n. f. **1.** Garantie, promesse. *Je vous donne l'assurance que je viendrai,* je vous le promets. **2.** Confiance en soi. ▮ contraire : **timidité.** *Julie a beaucoup d'assurance pour son âge.* ➜ **aplomb.** ▷ Mot de la famille de sûr.

② **assurance** n. f. *Un contrat d'assurance,* qui garantit le remboursement des frais en cas de vol ou d'accident. *Ils ont déclaré le vol à leur compagnie d'assurances,* la compagnie qui les assure pour cela. ▷ Mot de la famille de sûr.

assuré, assurée adj. Sûr de soi. *Elle a répondu d'un air assuré.*

▸ **assurément** adv. Certainement, sûrement.

◗ *Assurément* est plus recherché que *sûrement.*

▷ Mots de la famille de sûr.

① **assurer** v. (conjug. 3) **1.** Affirmer quelque chose, de manière sûre. *Je t'assure que c'est vrai.* ➜ **certifier, garantir, soutenir. 2. s'assurer,** devenir sûr. *Assurez-vous que vous n'avez rien oublié,* vérifiez-le bien. **3.** *Ce train assure la liaison entre les deux villes,* il la fait. ▷ Mot de la famille de sûr.

a b c d e f g h i j k l m n o p q r s t u v w x y z

astrolabe

②**assurer** v. (conjug. 3) *Faire assurer sa voiture ou son appartement,* c'est payer une certaine somme pour être remboursé en cas de vol ou d'accident. – **s'assurer,** prendre une assurance. *Ils se sont assurés contre le vol.*

▸ **assureur** n. m. Personne qui établit des contrats d'assurance.

▷ Mots de la famille de **sûr.**

astérisque n. m. Petit signe en forme d'étoile (*) qui se place à côté d'un mot pour le signaler.

▸ C'est un mot masculin : on dit *un astérisque.*

astéroïde n. m. Petit corps céleste du système solaire qui mesure quelques centaines de kilomètres de diamètre. → aussi **météorite.**

▸ Ce mot est du genre masculin : on dit *un astéroïde.*

asthme [asm] n. m. Maladie qui empêche de respirer normalement. *Théo a des crises d'asthme.*

▸ **asthmatique** [asmatik] adj. Qui a de l'asthme. *Théo est asthmatique.*

▸ Dans ces mots, le groupe *th* ne se prononce pas.

asticot n. m. Larve de la mouche en forme de petit ver blanc que les pêcheurs mettent au bout de l'hameçon pour attirer le poisson.

asticoter v. (conjug. 3) Familier. Agacer quelqu'un pour de petites choses. *Alex asticote sans arrêt son petit frère.*

astigmate adj. Qui a un défaut de la courbure de l'œil qui l'empêche de voir nettement. *Paul est astigmate.*

astiquer v. (conjug. 3) Faire briller en frottant. *Alex astique ses chaussures avec énergie.*

astre n. m. Étoile, planète. *On observe les astres au télescope.*

astreignant, astreignante adj. Qui ne laisse pas beaucoup de liberté. *Elle a des horaires de travail astreignants.* → **contraignant.**

▷ Mot de la famille de **astreindre.**

astreindre v. (conjug. 55) Obliger, forcer. → **contraindre.** *Son état de santé l'a astreinte à un régime sévère.*

▸ Autre mot de la famille : **astreignant.**

astrolabe n. m. Instrument mesurant l'angle formé par l'horizon et un corps céleste, donnant ainsi la latitude exacte. *Les navigateurs utilisaient l'astrolabe avant l'invention du sextant.*

astrologie n. f. *L'astrologie,* c'est l'étude de l'influence des astres sur le caractère et l'avenir des gens.

▸ **astrologique** adj. *Les signes astrologiques,* les signes du zodiaque.

▸ **astrologue** n. m. et f. Personne qui fait de l'astrologie. *Il a consulté une astrologue.*

astronaute n. m. et f. Personne qui se déplace dans l'espace à bord d'un engin spatial. → **cosmonaute, spationaute.** *Les astronautes sont montés dans le vaisseau spatial.*

▸ **astronautique** n. f. Science de la navigation dans l'espace.

astronaute

astronomie n. f. Étude des astres, de l'univers.

▸ **astronome** n. m. et f. Spécialiste de l'étude des astres. *Les astronomes travaillent dans des observatoires.*

▸ **astronomique** adj. **1.** *Une lunette astronomique* est un instrument qui permet d'observer les astres. **2.** *Un prix astronomique,* très élevé. → **exorbitant, faramineux, prohibitif.**

astrophysicien n. m., **astrophysicienne** n. f. Spécialiste qui étudie la nature, la formation et l'évolution des astres. ▷ Mot de la famille de ① physique.

astuce n. f. 1. Moyen habile. → **ruse, truc** ; fam. **combine.** *Alex a trouvé une astuce pour empêcher la porte de claquer.* 2. Plaisanterie. *Il fait sans arrêt des astuces.*

▶ **astucieux, astucieuse** adj. Ingénieux, malin. *Voilà une façon astucieuse de résoudre la difficulté.*

▶ **astucieusement** adv. D'une manière ingénieuse. *Il a astucieusement résolu le problème.*

asymétrique [asimetʀik] adj. Qui n'a pas la même forme des deux côtés. *Il a un visage asymétrique.* → **dissymétrique.** ▮ contraire : **symétrique.** *Des barres asymétriques,* ce sont des barres parallèles dont l'une est plus basse que l'autre. ▷ Mot de la famille de symétrie.

atelier n. m. 1. Endroit où travaille un artisan ou un ouvrier. *Un atelier de menuisier.* 2. Lieu où travaille un peintre, un sculpteur. → planche **Artistes.**

athée [ate] n. m. et f. Personne qui ne croit pas en Dieu. → **incroyant, mécréant.** – adj. *Ils sont athées.*

◗ Il y a un *h* après le *t.*

athlète [atlɛt] n. m. et f. (→ ÉTYM.) Personne qui pratique des sports comme la gymnastique, le saut, la course ou le lancer de poids. *Les athlètes des Jeux olympiques.*

▶ **athlétique** [atletik] adj. Qui a un corps très musclé. *Une jeune homme athlétique.*

▶ **athlétisme** [atletism] n. m. Ensemble de sports comprenant la gymnastique, le saut, la course et le lancer du poids, du disque ou du javelot. *Un championnat d'athlétisme.*

atlas [atlas] n. m. (→ ÉTYM.) Livre de cartes de géographie. *Julie regarde dans l'atlas où se trouve l'Australie.*

atmosphère n. f. 1. Couche de gaz qui entoure la Terre et certains astres. 2. Ambiance qui règne dans un lieu. *Il y avait dans la ville une atmosphère de fête.*

▶ **atmosphérique** adj. *Les phénomènes atmosphériques,* ce sont les choses qui se passent dans l'atmosphère et qui font le beau ou le mauvais temps. → aussi **météorologie.** *La météo annonce pour demain de fortes perturbations atmosphériques.*

▷ Mots de la famille de sphère.

atoll n. m. Île en forme d'anneau, faite de coraux. *Les atolls de l'océan Pacifique.*

◗ Ce mot se termine par deux *l.*

atoll

atome n. m. (→ ÉTYM.) Élément minuscule de la matière. *Un atome est formé d'un noyau et d'électrons.*

▶ **atomique** adj. *L'énergie atomique,* c'est l'énergie produite par le noyau de l'atome quand on le fait exploser. → **nucléaire.** *Les centrales nucléaires utilisent l'énergie atomique.*

▶ Autre mot de la famille : antiatomique.

atomiseur n. m. Petit flacon qui projette un liquide en fines gouttelettes quand on appuie sur le bouchon. *Un atomiseur à parfum.* → **vaporisateur.**

atours n. m. pl. Ensemble de ses plus beaux habits et de ses plus beaux bijoux. *Peau d'Âne mit ses plus beaux atours.*

◗ Ce mot ne s'emploie qu'au pluriel et appartient au langage recherché.

atout n. m. 1. Aux cartes, couleur qui vaut plus que les autres. 2. Moyen de réussir. *Sa bonne connaissance des langues étrangères est son meilleur atout,* elle lui donne un avantage sur les autres.

âtre n. m. Partie de la cheminée où l'on fait le feu. *Des bûches brûlent dans l'âtre.* → **foyer.**

atroce adj. 1. Très cruel. *Un crime atroce a été commis.* → **abominable, épouvantable, monstrueux.** 2. Insupportable. *Il ressentit soudain une atroce douleur.* → **horrible, pénible.**

▶ **atrocement** adv. Horriblement. *Le malade souffre atrocement.*

▶ **atrocité** n. f. *Des atrocités,* des actes d'une grande cruauté. *Ce film montre les atrocités de la guerre.*

s'atrophier v. (conjug. 9) Diminuer de volume, en parlant d'un membre ou d'un organe. *Sa jambe cassée s'est atrophiée à cause du manque d'exercice.*

s'attabler v. (conjug. 4) Se mettre à table. *La famille s'est attablée pour dîner.* ▷ Mot de la famille de table.

attacher v. (conjug. 3) **1.** Faire tenir une chose, un animal ou une personne par un lien. ▮ contraire : ① **détacher.** *Le cavalier a attaché son cheval à la barrière. Julie attache ses cheveux avec une barrette.* **2.** Joindre les deux parties d'une chose. *Les passagers de l'avion attachent leur ceinture de sécurité.* ➜ **boucler.** **3.** ***S'attacher*** *à quelqu'un,* se mettre à l'aimer beaucoup. ➜ aussi **attachant.** *Elle s'était très vite attachée à lui.* **4.** *Attacher de l'importance à une chose,* la considérer comme importante.

▸ **attachant, attachante** adj. Attirant, sympathique. *Julie est une enfant attachante.*

▸ **attaché, attachée** adj. *Paul est très attaché à ses amis,* il les aime beaucoup.

▸ **attache** n. f. **1.** Ce qui sert à attacher des objets ensemble. *Les liens et les agrafes sont des attaches.* **2.** *Les attaches,* ce sont les rapports que l'on garde avec une personne ou un endroit. *Ils ont gardé des attaches avec leur pays natal.*

▸ **attachement** n. m. Sentiment qui unit aux gens ou aux choses que l'on aime. ➜ ② **affection, amitié, amour.** *J'ai beaucoup d'attachement pour elle.*

▶ Autres mots de la famille : rattachement, rattacher.

attaquer v. (conjug. 3) **1.** Commencer le combat. *Les ennemis ont attaqué la forteresse.* **2.** *Attaquer quelqu'un,* s'élancer sur lui pour le voler ou le tuer. ➜ **agresser.** *Deux malfaiteurs ont attaqué la vieille dame.* **3.** Critiquer. *Le journal attaque le gouvernement.* **4.** *Attaquer un travail,* c'est le commencer. – ***S'attaquer à,*** commencer. *Léa s'est attaquée à sa division.* **5.** Détruire, ronger. *La rouille attaque le fer.*

▸ **attaquant** n. m., **attaquante** n. f. Personne qui commence le combat. ➜ **assaillant.** ▮ contraire : **défenseur.** *Les attaquants arrivaient par milliers.*

▸ **attaque** n. f. **1.** Fait de commencer le combat. ➜ **assaut, offensive.** *L'attaque ennemie a été repoussée.* **2.** Critique violente. *Il a répondu aux attaques de ses adversaires.*

▶ Autres mots de la famille : contre-attaque, contre-attaquer, inattaquable.

s'attarder v. (conjug. 4) Faire quelque chose qui met en retard. *Julie s'est attardée en route.* ▷ Mot de la famille de tard.

atteindre v. (conjug. 55) **1.** *Atteindre un lieu,* y arriver. *L'avion atteindra Paris dans trente minutes.* **2.** *Atteindre une chose,* arriver à la toucher. *Je n'arrive pas à atteindre ce livre sur l'étagère.* **3.** Toucher, blesser avec une arme. *Le tireur a atteint la cible.* ▮ contraires : **manquer, rater.**

▸ **atteinte** n. f. **1.** *Hors d'atteinte,* impossible à attraper. *Ce livre est hors d'atteinte.* **2.** *Porter atteinte,* nuire. *Ces critiques portent atteinte à sa réputation.*

atteler v. (conjug. 6a) Attacher un animal à un véhicule pour le tirer. *Les Inuits attellent des chiens à leurs traîneaux.* ▮ contraire : **dételer.**

▸ **attelage** n. m. Groupe de bêtes qui tirent un véhicule. *Un attelage de chevaux blancs tirait le carrosse de la princesse.*

attelage

attelle n. f. Support rigide qui sert à maintenir immobile un membre fracturé. *Une attelle maintient la patte cassée du chien.*

attendre v. (conjug. 44) **1.** Rester au même endroit jusqu'à ce que quelqu'un ou quelque chose arrive. *Louise a attendu Julie devant l'école. Alex attend le bus.* **2.** Ne rien faire avant qu'une chose n'arrive. *Léa attendit que le feu soit rouge et traversa.* **3.** *Elle attend un enfant,* elle est enceinte. **4.** ***S'attendre*** *à quelque* *chose,* penser que quelque chose va se produire. *Je ne m'attendais pas à cela.*

▶ Autres mots de la famille : attente, inattendu.

attendrir v. (conjug. 11) Émouvoir, toucher. ▮ contraire : **endurcir.** *Ses larmes ont attendri tout le monde.* – ***S'attendrir*** *sur son sort,* s'apitoyer.

▶ **attendri, attendrie** adj. *Des airs attendris,* émus.

▶ **attendrissant, attendrissante** adj. Émouvant, touchant. *Ces chatons sont attendrissants.*

▶ **attendrissement** n. m. Émotion. *La jeune maman contemple son nouveau-né avec attendrissement.*

▷ Mots de la famille de ③ tendre.

attentat n. m. Action violente, agression contre des personnes, commise pour des raisons politiques. *Le chef de l'État a échappé à un attentat.* ▷ Mot de la famille de attenter.

attente n. f. **1.** Temps passé à attendre. *L'attente lui parut interminable.* **2.** Désir, espoir. *Le résultat ne répondait pas à son attente,* à ce qu'il espérait. ▷ Mot de la famille de attendre.

attenter v. (conjug. 3) *Attenter à la vie de quelqu'un,* c'est chercher à le tuer.

▶ Autre mot de la famille : attentat.

attentif, attentive adj. Qui écoute, regarde avec attention. *Léa est très attentive en classe.* ▮ contraires : **distrait, étourdi.**

▶ Autres mots de la famille : attentivement, inattentif.

attention n. f. **1.** Attitude de quelqu'un qui fixe son esprit sur quelque chose sans se laisser distraire. ▮ contraire : **inattention.** *Léa écoute le professeur avec attention.* ➜ **intérêt.** *Fais attention en traversant,* prends garde. **2.** Action gentille qui montre l'intérêt que l'on porte à une personne. ➜ **égard, prévenance.** *Paul est plein d'attentions pour sa grand-mère.*

▶ **attentionné, attentionnée** adj. Gentil, prêt à faire plaisir. *Elle est très attentionnée.* ➜ **prévenant.**

▶ Autre mot de la famille : inattention.

attentivement adv. Avec attention. *Écoutez attentivement les explications.*

atténuer v. (conjug. 3) Rendre moins fort. ➜ **diminuer.** *Ce médicament atténue la douleur.* ▮ contraire : **augmenter.**

▶ **atténuant, atténuante** adj. *Les circonstances atténuantes,* les faits qui diminuent l'importance d'une faute. ▮ contraire : **aggravant.** *L'accusé a bénéficié des circonstances atténuantes.*

▷ Mots de la famille de ténu.

atterrer v. (conjug. 3) Plonger dans l'étonnement et la tristesse. *Cette nouvelle nous a atterrés.* ➜ **accabler, consterner.** ▷ Mot de la famille de terre.

atterrir v. (conjug. 11) Se poser à terre. *L'avion en provenance de Berlin atterrira à 18 h 56.* ▮ contraire : ① **décoller.**

▶ **atterrissage** n. m. Moment où un avion touche terre. *Attachez vos ceintures avant l'atterrissage.* ▮ contraire : **décollage.**

▷ Mots de la famille de terre.

attester v. (conjug. 3) Donner la preuve qu'une chose est vraie. ➜ **certifier, garantir.** *Les témoins ont attesté l'innocence de l'accusé.*

▶ **attestation** n. f. Papier qui donne la preuve d'une chose. *Pour s'inscrire à la bibliothèque, il faut une attestation de domicile.* ➜ **certificat.**

attirail n. m. (pl. **attirails**) Matériel dont on se sert dans une activité. *Alex a rangé ses lignes, ses hameçons, tout son attirail de pêche.*

attirer v. (conjug. 3) **1.** Faire venir à soi. *L'aimant attire le fer.* ▮ contraire : ② **repousser. 2.** Inciter à venir. *La lumière attire les papillons de nuit.* ▮ contraires : **écarter, éloigner. 3.** Inspirer du goût, de la sympathie. *Le métier de pilote attire Alex. Léa est attirée par Théo.* **4.** *Attirer des ennuis à quelqu'un,* les provoquer. *Son attitude insolente lui attirera des ennuis.*

▶ **attirance** n. f. Force qui pousse vers une personne ou une chose. *Léa éprouve de l'attirance pour Théo.* ▮ contraires : **aversion, dégoût, répulsion.**

▶ **attirant, attirante** adj. Attrayant, séduisant. *Une femme attirante.* ▮ contraire : **repoussant.** *Un métier attirant.*

▷ Mots de la famille de tirer.

attiser v. (conjug. 3) *Attiser le feu,* le faire brûler plus fort.

attitude n. f. 1. Manière de se tenir. *Julie a une attitude gracieuse sur la photo.* ➜ **pose, posture.** 2. Manière de faire, de réagir. *La fuite n'est pas une attitude très courageuse.* ➜ **comportement.**

attraction n. f. 1. Force qui attire. *L'attraction terrestre nous retient au sol.* 2. Jeu, amusement d'une fête foraine. *Les manèges et les autos tamponneuses sont les attractions préférées des enfants. Un parc d'attractions.*

parc d'**attractions**

attrait n. m. Ce qui attire, séduit. *L'attrait de la nouveauté.*

attraper v. (conjug. 3) 1. Réussir à prendre, à saisir. *Le chat a attrapé une souris.* 2. *Ma farce a réussi, tu es bien attrapé,* surpris et trompé. 3. Être contaminé par une maladie. *Julie a attrapé un rhume,* elle l'a eu par contagion.

▸ **attrape** n. f. Objet qui sert à faire une farce. *Théo a acheté du poil à gratter chez le marchand de farces et attrapes.*

▸ **attrape-nigaud** n. m. Chose qui sert à tromper les gens naïfs. *Cette publicité n'est qu'un attrape-nigaud !* – Au pl. *Des attrape-nigauds.* ▷ Mot de la famille de nigaud.

▷ Mots de la famille de trappe.

attrayant, attrayante adj. (➜ ÉTYM.) Qui attire, plaît. ➜ **attirant, séduisant.** *Ce livre a des illustrations attrayantes.*

attribuer v. (conjug. 3) 1. Donner à quelqu'un, dans une distribution. *Le premier prix du concours a été attribué à Paul.* ➜ **décerner.** 2. *On attribue ce tableau à Raphaël,* on pense que Raphaël en est l'auteur.

▸ Autre mot de la famille : attribution.

attribut n. m. Adjectif relié au sujet par les verbes *être, sembler, paraître.* *Dans la phrase «la mer est bleue», «bleue» est attribut du sujet «la mer».* ➜ aussi **épithète.**

attribution n. f. 1. Le fait de donner quelque chose à quelqu'un. *Le directeur a décidé l'attribution d'une prime à tout le personnel de l'usine.* 2. *Les attributions de quelqu'un,* ce qu'il est chargé de faire. *La correction des devoirs entre dans les attributions du professeur.* ▷ Mot de la famille de attribuer.

attrister v. (conjug. 3) Rendre triste. *Son départ m'a attristée.* ➜ **chagriner, désoler.** ▮ contraire : **réjouir.** ▷ Mot de la famille de triste.

s'attrouper v. (conjug. 4) Se rassembler pour regarder quelque chose dans la rue. *Les passants se sont attroupés devant l'accident.*

▸ **attroupement** n. m. Rassemblement de personnes. *L'agent a dispersé l'attroupement.*

▷ Mots de la famille de troupe.

au ➜ **à** et (1) **le** ▮ homonymes : eau, haut, ho, ô, oh.

aubade n. f. Concert que l'on donnait autrefois sous les fenêtres d'une personne, tôt le matin. *Le prince charmant donne l'aubade à sa belle.* ➜ aussi **sérénade.**

aubaine n. f. Chance inattendue. *Julie a retrouvé 10 euros dans sa poche, quelle aubaine !* ▮ contraire : **malchance.**

(1) **aube** n. f. Moment où il commence à faire clair, juste avant le lever du soleil. ➜ aussi **aurore.** *Ils se sont levés à l'aube.*

(2) **aube** n. f. *Une roue à aubes,* une roue avec des pales qui tourne dans l'eau. *La roue à aubes d'un moulin.*

aubépine n. f. Arbuste épineux à fleurs blanches ou roses. ➜ planche **Plantes** et santé. *Une haie d'aubépines.* ▷ Mot de la famille de épine.

aubépine

auberge n. f. Hôtel-restaurant, à la campagne. *Nous avons déjeuné dans une auberge.* – *On n'est pas sorti de l'auberge,* les ennuis ne sont pas finis.
▶ Autre mot de la famille : aubergiste.

aubergine n. f. Légume de forme allongée, à peau lisse et violette. *Elle a fait griller des aubergines.*

aubergine

aubergiste n. m. et f. Personne qui tient une auberge. ▷ Mot de la famille de auberge.

aubette n. f. Abribus.
▶ Ce mot est employé en Belgique.

aucun, aucune adj. et pronom **1.** adj. Pas un seul. *Je n'ai aucune nouvelle de lui.* **2.** pronom Pas une seule personne, pas une seule chose.
▮ contraire : **tous.** *De tous ses amis, je n'en connais aucun.*

audace n. f. Hardiesse, courage devant le danger, les difficultés. *Il faut de l'audace pour être cascadeur.*

▶ **audacieux, audacieuse** adj. Qui ose faire des choses dangereuses et difficiles. ➜ **courageux, hardi.** *Julie est bien audacieuse de plonger de si haut.* ▮ contraires : ① **lâche, peureux, poltron.** – *Un projet audacieux,* c'est un projet qui demande de la hardiesse.

au-delà adv., prép. et n. m. **1.** adv. et prép. Plus loin. *Tu peux nager jusqu'aux rochers, au-delà, c'est dangereux. La frontière est au-delà de la colline.* ▮ contraire : en **deçà.** **2.** n. m. *L'au-delà,* le monde après la mort. ▷ Mot de la famille de ① de et de là.

au-dessous ➜ **dessous**

au-dessus ➜ **dessus**

au-devant ➜ **devant**

audible adj. Que l'on peut entendre. *Monte le son de la radio, c'est à peine audible.*
▶ Autre mot de la famille : inaudible.

audience n. f. **1.** Entrevue, entretien. *Le président a accordé une audience à l'ambassadeur.* **2.** Séance du tribunal où l'on écoute les témoins, les avocats. *Le juge a suspendu l'audience.* **3.** Public d'une émission de radio ou de télévision. *Cette émission de télévision a une très large audience.*

audio adj. *Une cassette audio,* une bande magnétique qui sert à enregistrer des sons. *Des cassettes audios* ou *audio.* ➜ aussi **vidéo.**

audiovisuel, audiovisuelle adj. *Une méthode audiovisuelle,* c'est une méthode pour apprendre une langue qui utilise le son et l'image. *Julie apprend l'anglais par une méthode audiovisuelle.* ▷ Mot de la famille de voir.

auditeur n. m., **auditrice** n. f. Personne qui écoute la radio. *Les auditeurs d'une station de radio.*

auditif, auditive adj. De l'oreille, de l'ouïe. *Des troubles auditifs. Le nerf auditif,* qui sert à entendre.

audition n. f. **1.** Fait d'entendre, de percevoir les sons. *Les gens âgés ont souvent une mauvaise audition,* ils entendent mal. **2.** *Le chanteur a passé une audition,* il a chanté devant un jury qui le jugeait.

auditoire n. m. Ensemble des personnes qui écoutent quelqu'un. *La pianiste a joué devant un auditoire nombreux.* ➜ **public.**

auditorium [oditɔʀjɔm] n. m. Salle aménagée spécialement pour l'enregistrement de concerts. – Au pl. *Des auditoriums.*

au fur et à mesure ➜ **fur**

auge n. f. Bassin dans lequel on donne à boire et à manger aux cochons.

augmenter v. (conjug. 3) **1.** Rendre plus grand, plus élevé. ➜ **accroître.** *On a augmenté le prix de l'essence.* ▮ contraires : **baisser, diminuer.** **2.** Devenir plus grand. *Le nombre des chômeurs augmente.* **3.** Devenir plus cher. *Le prix du pain augmentera bientôt.*

▶ **augmentation** n. f. **1.** Hausse, accroissement. *Les prix ont subi une forte augmentation.* ▮ contraires : **baisse, diminution.** **2.** Hausse de salaire. *Elle a obtenu une augmentation.*

augure n. m. *Elle a l'air souriant, c'est de bon augure,* c'est bon signe. *Un oiseau de mauvais augure,* c'est une personne qui annonce de mauvaises nouvelles.

auguste n. m. Clown au nez rouge, habillé avec des couleurs criardes.

auguste

aujourd'hui adv. **1.** Le jour où nous sommes. *C'est aujourd'hui mercredi.* → aussi **demain, hier. 2.** De nos jours, à l'époque actuelle. → **actuellement, maintenant.** *Aujourd'hui, il n'y a plus de trains à vapeur.* ▮ contraires : **autrefois, jadis.**

aulne [on] n. m. Arbre qui pousse près des rivières.

aulne

aulx → **ail**

aumône n. f. Argent donné à un mendiant. *Faire l'aumône,* donner de l'argent à une personne qui mendie. *Demander l'aumône,* mendier.

aumônier n. m. Prêtre dans un lycée, un hôpital, une prison.

auparavant adv. Avant cela, d'abord. ▮ contraires : **après, ensuite.** *Julie va se coucher, mais auparavant elle embrasse ses parents.* ▷ Mot de la famille de ① avant.

auprès de prép. À côté de. → **près.** *Elle est restée auprès de lui toute la soirée.* ▷ Mot de la famille de près.

auquel m. sing., **à laquelle** f. sing., **auxquels** m. pl., **auxquelles** f. pl. pronoms relatifs ou interrogatifs. → aussi **lequel. 1.** pronom relatif À qui. *Le garçon auquel j'ai prêté mon livre n'est pas là.* **2.** pronom interrogatif *À laquelle des deux veux-tu parler ?* ▷ Mot de la famille de quel.

auréole n. f. (→ÉTYM.) **1.** Cercle lumineux qui entoure la tête de Jésus et des saints dans les tableaux. **2.** Marque arrondie laissée sur un tissu par une tache qui a été nettoyée. *Ce détachant laisse des auréoles.*

auriculaire n. m. Petit doigt de la main.

aurore n. f. Moment où le soleil se lève. → aussi ① **aube.** *À l'aurore, le ciel devient rose.*

ausculter v. (conjug. 3) Écouter le bruit du cœur et de la respiration. *Le médecin ausculte le malade.*

▸ **auscultation** n. f. Action d'ausculter. *Le médecin n'a rien entendu d'anormal à l'auscultation du malade.*

auspices n. m. pl. *Le voyage avait commencé sous les meilleurs auspices,* avec les meilleures chances de réussite. ▮ homonyme : hospice.

aussi adv. et conjonction **1.** adv. De la même façon, autant. *Louise est partie et Julie aussi.* → **également.** *Louise est aussi grande que Paul.* – En plus. *Théo aime les chiens et aussi les chats.* **2.** conjonction. Pour cette raison, par conséquent. *Cette voiture est très puissante, aussi est-elle très chère.*
▸ Autre mot de la famille : aussitôt.

aussitôt adv. **1.** Tout de suite, sans attendre. *Tu m'as appelée et je suis venue aussitôt.* → **immédiatement. 2.** *Aussitôt que,* dès que. *Léa fait ses devoirs aussitôt qu'elle est rentrée de l'école.* ▷ Mot de la famille de aussi et de tôt.

austère adj. **1.** *Une personne austère,* c'est une personne qui est sérieuse et n'aime pas les plaisirs de la vie. ▮ contraire : **gai. 2.** Triste et sans ornement. → **sévère.** *La façade du collège est austère.*

▸ **austérité** n. f. Absence de plaisir dans la manière de vivre. *Les moines mènent une vie d'austérité,* de privations très dures.

austral, australe adj. Du pôle Sud. ▮ contraire : **boréal.** *L'hémisphère austral,* l'hémisphère Sud. *Les terres australes,* ce sont les terres qui se trouvent près du pôle Sud. ➜ **antarctique** et aussi **arctique.** – Au masc. pl. *australs.*

australopithèque n. m. Ancêtre de l'homme qui vécut entre 7 millions et 1 million d'années avant notre ère. *Toumaï et Lucy étaient des australopithèques.* ➜ aussi **primate.**
▸ Il y a un *h* après le *t.*

australopithèque (reconstitution)

autant adv. 1. Le même nombre, la même quantité. *Il y a autant de tasses que de soucoupes. Je n'ai jamais vu autant de livres dans une maison,* une si grande quantité. *Julie travaille bien, fais-en autant, Louise !* 2. *Il fait très froid d'autant plus qu'il y a du vent,* il fait encore plus froid à cause du vent. ▷ Mot de la famille de tant.

autel n. m. Dans une église, table sur laquelle on célèbre la messe. ➜ planche **Cathédrale.** *Le prêtre a posé le calice sur l'autel.* ▮ homonyme : hôtel.

auteur n. m. 1. Personne qui est la cause de quelque chose. *L'auteur du crime a été arrêté.* 2. Personne qui écrit un livre, fait une œuvre d'art. *Jules Verne est un auteur célèbre.* ➜ **écrivain.**
▸ Au féminin, on peut aussi employer les formes *autrice* ou *auteure.*

authentique adj. 1. Qui a été réellement fait par son auteur. *Ce tableau est un Picasso authentique,* il a été réellement peint par Picasso. *Une œuvre d'art authentique,* qui n'est ni une copie ni un faux. ▮ contraire : ① **faux.** 2. Qui dit la vérité. *Cette histoire est authentique,* ce qu'elle raconte est vrai. ➜ **véridique.**

▸ **authenticité** n. f. Qualité de ce qui est authentique. *Les experts ont reconnu l'authenticité du tableau,* les experts ont reconnu qu'il était vrai.
▸ Il y a un *h* après le *t.*

autiste adj. Qui ne peut pas communiquer avec l'extérieur ni avec les autres. *Ils ont un enfant autiste.* – n. *Les autistes.*

auto n. f. Automobile, voiture.
▶ Autres mots de la famille : auto-école, autoradio, autorail, autoroute, autoroutier, auto-stop, autostoppeur.

auto- Préfixe d'origine grecque qui signifie «soi-même, lui-même» (ex. : *autocassable, autocuiseur*).

autobiographie n. f. Histoire de la vie d'un auteur écrite par lui-même. *Il a écrit son autobiographie.* ▷ Mot de la famille de biographie.

autobus [otobys] n. m. Grand véhicule transportant un grand nombre de personnes dans les villes. ➜ **bus.** *Les passagers montent et descendent aux arrêts d'autobus.*

autocar n. m. Grand véhicule transportant beaucoup de personnes sur d'assez longs parcours. ➜ ② **car.** *Les parents de Paul ont visité la Turquie en autocar.*

autocassable adj. *Une ampoule autocassable,* c'est une ampoule qui peut être ouverte sans l'aide d'une lime. ▷ Mot de la famille de casser.

autochtone [ɔtɔktɔn] n. m. et f. Personne qui est née dans le pays où elle vit. ➜ **indigène.**

autocollant adj. et n. m., **autocollante** adj.
▪ adj. *Une enveloppe autocollante,* qui colle d'elle-même, sans avoir besoin d'être mouillée. *Des timbres autocollants.*
▪ n. m. Image qui colle d'elle-même. *Il a mis des autocollants sur le parebrise de sa voiture.* ▷ Mot de la famille de coller.

autocuiseur n. m. Récipient qui permet de cuire des aliments sous pression. ▷ Mot de la famille de cuire.

autodéfense n. f. Fait de se défendre tout seul, sans l'aide de la police, quand on est attaqué. *Ils sont partisans de l'auto-défense.* ▷ Mot de la famille de ① défendre.

automne

autodictée n. f. Exercice scolaire qui consiste à reproduire par écrit un texte appris par cœur. *Les élèves font une autodictée.* ▷ Mot de la famille de dictée.

autodidacte n. m. et f. Personne qui a appris ce qu'elle sait toute seule, sans professeur.

autodiscipline n. f. Discipline, règlement que l'on s'impose à soi-même, sans contrôle d'autrui. ▷ Mot de la famille de discipline.

auto-école n. f. École où l'on apprend à conduire une voiture. *Son père est moniteur d'auto-école.* – Au pl. *Des autos-écoles.* ▷ Mot de la famille de auto et de école.

On peut aussi écrire *autoécole, des autoécoles.*

autographe n. m. Signature d'une personne célèbre, parfois accompagnée de quelques mots. *Alex a demandé un autographe à son chanteur favori.*

automate n. m. Machine qui a l'aspect d'un homme ou d'un animal et imite certains mouvements grâce à un mécanisme. *Chez l'antiquaire, il y a un automate qui joue de la flûte.*

▸ **automatique** adj. 1. Qui se fait tout seul, grâce à un mécanisme. *Dans les trains, l'ouverture des portes est automatique.* 2. *Un geste automatique,* que l'on fait machinalement, sans y penser. → **machinal, mécanique.** *Il remit les clés dans sa poche d'un geste automatique.*

▸ **automatiquement** adv. Grâce à un mécanisme. *Les portes du garage s'ouvrent automatiquement.*

▸ **automatisé, automatisée** adj. *Système automatisé,* qui fonctionne seul, sans intervention humaine, en exécutant un programme défini.

▸ **automatisme** n. m. Action, geste que l'on fait machinalement, par habitude. → aussi **réflexe.** *Mettre sa ceinture de sécurité doit devenir un automatisme.*

automne [otɔn] n. m. Saison de l'année qui vient après l'été et avant l'hiver. → planche **Terre.** *Les feuilles jaunissent et tombent en automne.*

▸ **automnal** [otɔnal], **automnale** [otɔnal] adj. De l'automne. *Les brumes automnales.* – Au masc. pl. *automnaux.*

automobile n. f. Voiture à moteur. → **auto.** → planche **Voitures.** – adj. *Une course automobile,* c'est une course de voitures.

▸ **automobiliste** n. m. et f. Personne qui conduit une automobile. → **conducteur.** *Les automobilistes doivent respecter le code de la route.*

autonettoyant, autonettoyante adj. *Un four autonettoyant,* qui brûle les dépôts de graisse et qui n'a pas besoin d'être nettoyé. ▷ Mot de la famille de net.

autonome adj. *Un pays autonome,* c'est un pays qui se gouverne lui-même. *Une personne autonome,* qui se débrouille toute seule, sans l'aide de personne.

▸ **autonomie** n. f. 1. *Cette région réclame son autonomie,* elle veut se gouverner elle-même. → aussi **indépendance.** 2. *L'avion a 8 heures d'autonomie,* il peut voler 8 heures sans prendre de carburant.

▸ **autonomiste** n. m. et f. Personne qui réclame l'autonomie de sa région. → **séparatiste.**

autoportrait n. m. Portrait d'un peintre fait par lui-même. *Les autoportraits de Van Gogh.* ▷ Mot de la famille de portrait.

autoportrait (Van Gogh)

autopsie n. f. Examen médical d'un cadavre pour connaître la cause de la mort. *Le commissaire a demandé l'autopsie de la victime.*

autoradio n. m. Poste de radio installé dans une voiture. *Des autoradios.* ▷ Mot de la famille de auto et de radio.

autorail n. m. (pl. **autorails**) Voiture de chemin de fer à moteur diesel. ▷ Mot de la famille de auto et de rail.

autoriser v. (conjug. 3) Donner la permission. ➜ **permettre.** ▮ contraire : **interdire.** *Les parents de Léa l'ont autorisée à aller au cinéma avec Théo.*

▸ **autorisation** n. f. Permission. ▮ contraire : **interdiction.** *Les élèves n'ont pas l'autorisation de sortir de l'école avant la fin de la classe.*

autorité n. f. 1. Droit ou pouvoir de commander, d'imposer l'obéissance. *L'autorité du chef de l'État. Les employés travaillent sous l'autorité du chef,* sous ses ordres. 2. Pouvoir de se faire obéir. *Il a beaucoup d'autorité sur ses enfants,* il sait se faire obéir d'eux. 3. *Les autorités,* les personnes qui ont le pouvoir.

▸ **autoritaire** adj. *Une personne autoritaire,* qui aime être obéie. *Un patron autoritaire avec son personnel. – Une politique autoritaire.*

autoroute n. f. Large route où l'on peut circuler vite et dont les deux sens sont séparés par un terre-plein. *Une autoroute à quatre voies.*

▶ C'est un nom féminin : on dit *une autoroute.*

▸ **autoroutier, autoroutière** adj. Qui concerne les autoroutes. *Le trafic autoroutier est dense, le week-end.*

▷ Mots de la famille de auto et de route.

autosatisfaction n. f. Contentement de soi. ▷ Mot de la famille de satisfaction.

auto-stop n. m. *Faire de l'auto-stop,* faire signe aux voitures pour être pris à leur bord. ➜ fam. **stop.**

▶ On peut aussi écrire *autostop,* en un seul mot.

▸ **auto-stoppeur** n. m., **auto-stoppeuse** n. f. Personne qui fait de l'auto-stop. – Au pl. *Des autos-stoppeurs, des autos-stoppeuses.*

▶ On peut aussi écrire *autostoppeur, autostoppeuse.*

▷ Mots de la famille de auto et de stop.

autour adv. En entourant. *Les enfants ont construit un château de sable et creusé un fossé autour,* ils ont creusé un fossé qui l'entoure. – *La Terre tourne autour du Soleil,* elle en fait le tour. ▷ Mot de la famille de tourner.

autre adj. et pronom 1. adj. Différent. *Alex est plus grand que les autres garçons de son âge. J'ai une autre idée.* – Supplémentaire, nouveau. *Julie a pris une autre part de gâteau.* 2. pronom Une autre personne, une autre chose. *Quand j'aurai fini ce livre, j'en lirai un autre,* un différent. *Les autres sont partis. L'un est blond, l'autre brun.*

▸ **autrefois** adv. Dans le temps passé. ➜ **jadis.** ▮ contraires : **actuellement, aujourd'hui.** *Autrefois, on n'allait pas à l'école le jeudi.* ▷ Mot de la famille de fois.

▸ **autrement** adv. 1. D'une autre manière. *Si tu t'y prenais autrement, tu y arriverais.* ➜ **différemment.** 2. Dans le cas contraire. *Dépêche-toi, autrement nous allons être en retard.* ➜ **sinon.**

▸ **autre part** ➜ **part**

▶ Autre mot de la famille : autrui.

autruche n. f. Très grand oiseau d'Afrique, à longues jambes, qui court très vite. *Les œufs d'autruche sont très gros. – Pratiquer la politique de l'autruche,* ne pas vouloir prendre conscience du danger pour ne pas avoir à l'affronter.

des **autruches**

autrui pronom Les autres personnes. *Il est plus facile de voir les défauts d'autrui que les siens.* ▷ Mot de la famille de autre.

auvent n. m. Petit toit qui s'avance au-dessus d'une porte.

aux ➜ **à** et ① **le**

auxiliaire [ɔksiljɛʀ] adj., n. m. et f.
▪ adj. Qui aide, mais qui n'est pas indispensable. *Un moteur auxiliaire,* c'est un moteur de secours.
▪ n. 1. n. m. et f. Personne qui en aide une autre

dans son métier. → **assistant.** *Sa secrétaire est une auxiliaire précieuse.* **2.** n. m. Verbe utilisé pour former les temps composés. *«Avoir» et «être» sont des auxiliaires.*

auxquels → **auquel**

s'avachir v. (conjug. 11) **1.** Se déformer en devenant mou. *Ces bottes se sont avachies à force d'être portées.* **2.** Familier. Se laisser aller par manque d'énergie. *Épuisée, elle s'est avachie dans un fauteuil.* → s'**affaler.**

▶ **avachi, avachie** adj. Vieux et déformé. *Il portait de vieilles chaussures avachies.*

aval n. m. (pl. **avals**) *L'aval,* c'est la partie d'un cours d'eau qui est la plus proche de l'embouchure. ▮ contraire : **amont.** *Bordeaux est en aval de Toulouse, sur la Garonne,* Bordeaux se trouve plus près de l'embouchure que Toulouse. ▷ Mot de la famille de **val.**

avalanche n. f. **1.** Masse de neige qui se détache du flanc d'une montagne en emportant tout sur son passage. *Les skieurs ont été pris dans une avalanche.* **2.** Grande quantité de choses. *Elle a reçu une avalanche de lettres.*

avaler v. (conjug. 3) **1.** Faire descendre dans le gosier. → **absorber, ingurgiter.** *On avale la nourriture après l'avoir mâchée.* → **déglutir. 2.** Familier. Croire, admettre. *Il est tellement naïf, on lui ferait tout avaler !*

▶ Autre mot de la famille : ② **ravaler.**

avancer v. (conjug. 5a) **1.** Pousser, déplacer vers l'avant. *Il avança une chaise à son invité.* → **approcher.** ▮ contraire : **reculer. 2.** Aller en avant. → **progresser.** *Les explorateurs avançaient lentement au milieu des lianes. Je n'avance pas dans ce travail.* **3.** Faire arriver avant le moment prévu. *Il a avancé son départ,* il est parti plus tôt que prévu. ▮ contraires : **différer, reculer. 4.** *Avancer de l'argent,* en prêter. *Peux-tu m'avancer 20 euros ?* **5.** *Cette montre avance d'une minute,* elle est en avance d'une minute. ▮ contraire : **retarder.**

▶ **s'avancer** v. **1.** S'approcher, venir devant. *Julie s'est avancée vers Louise.* **2.** Prendre de l'avance. *Léa s'est avancée dans son travail.*

▶ **avance** n. f. **1.** Marche, progression. *Il faut arrêter l'avance de l'ennemi.* ▮ contraire : **recul. 2.** Distance qui sépare une personne de celle qui est derrière. *Le coureur a pris de l'avance sur les autres,* il est devant. **3.** Fait d'arriver avant le moment prévu. *Le premier concurrent a une avance de quelques secondes sur le deuxième. Elle a pris de l'avance dans son travail.* → aussi s'**avancer.** *Il est arrivé en avance,* avant l'heure prévue. ▮ contraire : en **retard.** *Il faut s'y prendre longtemps à l'avance,* avant le moment fixé. **4.** Somme d'argent donnée avant le moment prévu. *Il a demandé une avance à son patron.*

▶ **avancé, avancée** adj. **1.** *Il est rentré à une heure avancée,* très tard. → **tardif. 2.** En avance sur les autres. → **précoce.** *Julie est avancée pour son âge.* **3.** *Il a des idées avancées,* très modernes, d'avant-garde. ▮ contraires : **archaïque, rétrograde.**

▶ **avancement** n. m. **1.** Le fait de progresser. *Il a eu de l'avancement,* un poste plus

avalanche

important. → **promotion.** **2.** Progrès. *L'architecte surveille l'avancement des travaux.*
▷ Mots de la famille de ① avant.

① avant prép. et adv. **1.** prép. *Paul est arrivé avant Théo,* plus tôt que Théo. ▮ contraire : **après.** *Réfléchis avant de te décider. Dépêchons-nous de rentrer avant qu'il ne pleuve.* **2.** adv. Plus tôt. *Il habite Paris, mais avant il vivait à Marseille.* → **auparavant.** – *Tu vois le bois, la maison est juste avant.* – *Il s'est penché en avant et il est tombé.* ▮ contraire : en **arrière.** *En avant, marche !*
▶ Autres mots de la famille : auparavant, avance, avancé, avancement, avancer, s'avancer, ② avant, avant-bras, avant-centre, avant-coureur, avant-dernier, avant-garde, avant-goût, avant-hier, avant-propos, avant-veille.

② avant n. m. **1.** *L'avant d'un bateau,* la partie qui est devant. → **proue.** ▮ contraire : **arrière.** – adj. inv. *Les roues avant d'une voiture. Les pattes avant du chien.* → **antérieur.** **2.** *Les avants d'une équipe de football,* les joueurs placés devant. ▮ contraire : **arrière.**

avantage n. m. **1.** Ce qui donne une supériorité à une personne ou à une chose. → **atout.** *C'est un avantage de parler plusieurs langues.* ▮ contraire : **handicap.** *Cet appartement a l'avantage d'être bien exposé.* ▮ contraires : **désavantage, inconvénient.** **2.** Supériorité dans un combat, une lutte. *Notre équipe a pris l'avantage sur l'équipe adverse par 3 buts à 1,* elle l'a dominée par 3 buts à 1.

▶ **avantager** v. (conjug. 5b) **1.** Donner un avantage. → **favoriser.** *Sa connaissance des langues l'avantage.* ▮ contraire : **désavantager.** **2.** Embellir. *Cette nouvelle coiffure l'avantage.*

▶ **avantageux, avantageuse** adj. Qui procure un avantage. *Un prix avantageux,* intéressant. *La grande boîte est plus avantageuse.* → **économique.**

▶ **avantageusement** adv. De façon avantageuse. *Cette nouvelle machine a avantageusement remplacé l'ancienne,* elle la remplace en mieux.
▶ Autres mots de la famille : davantage, désavantage, désavantager, désavantageux.

avant-bras n. m. inv. Partie du bras qui va du coude au poignet. → planche **Corps** humain. *Il a les avant-bras bronzés.* ▷ Mot de la famille de ① avant et de bras.

avant-centre n. m. Joueur de football qui joue au centre de la ligne d'attaque. – Au pl. *Des avant-centres.* ▷ Mot de la famille de ① avant et de centre.

avant-coureur adj. m. *Un signe avant-coureur,* qui annonce, laisse prévoir quelque chose. → **annonciateur, précurseur.** *Le vent et les gros nuages sont les signes avant-coureurs de l'orage.* ▷ Mot de la famille de ① avant et de courir.

avant-dernier, avant-dernière adj. Qui est juste avant le dernier. *C'est l'avant-dernière semaine de classe.* – Au masc. pl. *avant-derniers.*
▷ Mot de la famille de ① avant et de dernier.

avant-garde n. f. **1.** *L'avant-garde d'une armée,* la partie qui est envoyée en avant. – Au pl. *Des avant-gardes.* **2.** *La peinture d'avant-garde,* très moderne. ▷ Mot de la famille de ① avant et de garder.

avant-goût n. m. Aperçu que l'on a de quelque chose qui va se produire. *Ce week-end a donné aux enfants un avant-goût des vacances.* – Au pl. *Des avant-goûts.* ▷ Mot de la famille de ① avant et de goût.

avant-hier [avɑ̃tjɛʀ] adv. Le jour qui a précédé hier. *Nous nous sommes vus hier et avant-hier.* → aussi **avant-veille.** ▷ Mot de la famille de ① avant et de hier.

avant-propos n. m. inv. Introduction au début d'un livre. → **préface.** – Au pl. *Des avant-propos.* ▷ Mot de la famille de ① avant et de propos.

avant-veille n. f. Jour qui précède la veille du jour dont on parle. *Je l'ai vu l'avant-veille de son départ.* → aussi **avant-hier.** – Au pl. *Des avant-veilles.* ▷ Mot de la famille de ① avant et de ① veille.

avare adj. **1.** Qui a de l'argent et refuse de le dépenser. *Elle est très avare.* → fam. **radin.** ▮ contraires : **dépensier, généreux.** – n. *C'est une avare.* **2.** *Il est avare de conseils,* il n'en donne pas beaucoup. → ① **chiche.**

▶ **avarice** n. f. Refus de dépenser de l'argent. *Il se prive de tout par avarice.*

avarie n. f. Dégât qui touche un bateau. *La tempête a causé des avaries au navire.*

avarié, avariée adj. *De la nourriture avariée,* c'est de la nourriture qui s'est abîmée parce qu'on l'a gardée trop longtemps. → **abîmé, pourri.**

avatar n. m. Aventure malheureuse. *Nous avons eu de nombreux avatars au cours de notre voyage.*

avec prép. **1.** *Paul est avec sa sœur,* en sa compagnie. ▮ contraire : **sans. 2.** *Théo s'est battu avec un voyou,* contre un voyou. **3.** *Ils ont loué une maison avec piscine,* qui possède une piscine. **4.** *Avec ce temps, on ne peut pas sortir,* à cause de ce temps. **5.** *Enfonce le clou avec un marteau,* à l'aide d'un marteau. **6.** *Il nous a aidés avec gentillesse,* d'une manière gentille.

avenant, avenante adj. Aimable. ➜ **affable.** *La boulangère est très avenante. Un sourire avenant.* ➜ **engageant.**

avènement n. m. Arrivée au pouvoir. *L'avènement du roi François Ier eut lieu en 1515.*

avenir n. m. **1.** Le temps à venir. ➜ **futur.** *Les voyantes prédisent l'avenir,* ce qui va arriver. *À l'avenir, soyez plus prudents,* à partir de maintenant. ➜ **désormais, dorénavant. 2.** Situation future. *Léa songe à son avenir.* ▷ Mot de la famille de venir.

aventure n. f. **1.** Ce qui arrive d'imprévu, de surprenant. *Les pirates ont trouvé le trésor après bien des aventures.* **2.** Action qui comporte des risques. *Paul n'a pas le goût de l'aventure. Nous avons marché à l'aventure,* sans but précis. ➜ au **hasard. 3.** *Une voyante m'a dit la bonne aventure,* m'a prédit mon avenir.

▸ **s'aventurer** v. (conjug. 4) Prendre le risque d'aller dans un endroit dangereux. ➜ se **risquer.** *Je ne m'aventurerais pas dans la forêt la nuit.*

▸ **aventureux, aventureuse** adj. **1.** Plein d'aventures. *Julie aimerait mener une vie aventureuse.* **2.** Plein de risques. *Ce projet est trop aventureux.* ➜ **hasardeux, risqué.**

▸ **aventurier** n. m., **aventurière** n. f. Personne qui recherche l'aventure.

▸ Autre mot de la famille : mésaventure.

avenue n. f. Large rue souvent bordée d'arbres. ➜ aussi **boulevard.** *Ils habitent avenue du général de Gaulle.*

avenue

s'avérer v. (conjug. 8) Se révéler. *Cette pommade s'est avérée efficace contre les démangeaisons.*

averse n. f. Forte pluie de courte durée. ➜ **ondée.** *Julie et Louise sont sorties entre deux averses. Une averse de grêle.* ▷ Mot de la famille de verser.

aversion n. f. Sentiment d'antipathie, de dégoût. ➜ **antipathie, répulsion.** ▮ contraires : **attirance, goût.** *Il a une profonde aversion pour le mensonge.*

avertir v. (conjug. 11) *Avertir quelqu'un d'un danger,* c'est l'en informer pour qu'il y fasse attention. ➜ **prévenir.** *La météo avait averti les skieurs des risques d'avalanche. – Un homme averti en vaut deux :* la personne prévenue d'un danger est plus apte à l'affronter.

▸ **avertissement** n. m. Mise en garde, appel à l'attention, à la prudence. ➜ **conseil, recommandation.** *Écoutez bien mes avertissements.*

▸ **avertisseur** n. m. Appareil destiné à avertir. *Les ambulances ont des avertisseurs sonores.* ➜ **klaxon.**

aveu n. m. **1.** Le fait d'avouer une chose. *Je vais vous faire un aveu,* vous dire une chose difficile ou pénible. **2.** *L'accusé est passé aux aveux,* il a reconnu qu'il était coupable. ➜ aussi **avouer.**

▸ Autre mot de la famille : désaveu.

aveuglant, aveuglante adj. Qui est très lumineux au point d'éblouir. *Une lumière aveuglante.* ▷ Mot de la famille de aveugle.

aveugle adj. **1.** Qui ne voit pas. *Il est aveugle de naissance.* – n. *Louise a aidé une aveugle à traverser la rue.* ➜ **non-voyant** et aussi **cécité.** *Au royaume des aveugles, les borgnes sont rois,* les gens médiocres paraissent très intelligents au milieu des ignorants. **2.** Incapable de voir la réalité. *On dit que l'amour rend aveugle. – Il a une confiance aveugle en ses amis,* il a une entière confiance dans ses amis. ➜ **absolu, total.**

▸ **aveuglément** adv. Sans réfléchir. *Il suit ses amis aveuglément.*

▸ **aveugler** v. (conjug. 3) Gêner la vue par une lumière trop vive. ➜ **éblouir.** *Les phares de la voiture nous ont aveuglés.*

▶ **aveuglement** (n. m.) Trop grande confiance. ▮ contraire : **lucidité.** *Son aveuglement le mènera à la catastrophe.*

▶ **à l'aveuglette** (adv.) **1.** Sans y voir. *Ils avançaient dans le tunnel à l'aveuglette.* **2.** Au hasard. *Il ne faut pas se lancer dans cette aventure à l'aveuglette.*

▶ Autre mot de la famille : aveuglant.

aviateur (n. m.), **aviatrice** (n. f.) Personne qui pilote un avion. *Hélène Boucher fut une grande aviatrice.*

aviation (n. f.) **1.** Tout ce qui concerne les avions. *Les avions décollent et atterrissent sur un terrain d'aviation. Une compagnie d'aviation.* **2.** Ensemble des avions. *Pendant la guerre, il a combattu dans l'aviation.*

avide (adj.) Qui désire quelque chose avec force. *Napoléon était avide de gloire.*

▶ **avidement** (adv.) Avec avidité.

▶ **avidité** (n. f.) Désir très fort. ➜ **convoitise.** *Le chien mange avec avidité.* ➜ **voracité.**

s'avilir (v.) (conjug. 11) Devenir méprisable, vil. *Elle s'est avilie en acceptant ce marché.* ▷ Mot de la famille de vil.

avion (n. m.) (➜ ÉTYM.) Appareil volant qui a un moteur et des ailes. ➜ planche **Avions.** *Ils ont pris l'avion pour aller en Espagne.*

▶ Autres mots de la famille : hydravion, porte-avion.

aviron (n. m.) **1.** Rame. *Sers-toi des avirons pour faire avancer la barque.* **2.** *L'aviron,* c'est un sport nautique qui se pratique sur un bateau léger à l'aide d'avirons. ➜ planche **Sport.** *Ils font de l'aviron sur la rivière.*

aviron

avis [avi] (n. m.) **1.** Opinion. *Donne-moi ton avis sur ce problème. Il change tout le temps d'avis.* – *Deux avis valent mieux qu'un,* avant d'agir, il vaut mieux consulter plusieurs personnes. **2.** Texte qui informe sur un sujet précis. *Avis au public : les chiens sont interdits sur cette plage.*

▶ **aviser** (v.) (conjug. 3) **1.** Avertir, informer. *Il nous a avisés de sa décision.* **2.** Décider après avoir réfléchi. *On avisera le moment venu.*

▶ **s'aviser** (v.) **1.** S'apercevoir. *Léa s'est avisée trop tard de son oubli.* **2.** Essayer. *Ne t'avise pas de recommencer !*

▶ **avisé, avisée** (adj.) Qui agit de la meilleure façon, après avoir bien réfléchi. *Un homme d'affaires avisé.*

▶ Autres mots de la famille : préavis, se raviser.

① **avocat** (n. m.), **avocate** (n. f.) Personne dont le métier est d'aider les gens à comprendre la loi et à se défendre devant un tribunal. *Maître Dupont, avocat à la cour. L'avocat plaide l'innocence de son client.* – *Se faire l'avocat du diable,* défendre une chose que tout le monde critique.

② **avocat** (n. m.) Fruit vert ou marron, à gros noyau, de la forme et de la taille d'une poire. *Les avocats poussent dans les pays chauds.*

avocat

avoine (n. f.) Plante dont le grain sert de nourriture aux chevaux et aux volailles. *On fait des bouillies avec des flocons d'avoine.*

① **avoir** (v.) (conjug. 1)

▪ **verbe** **1.** Posséder. *Paul a les yeux bleus. Léa a une sœur. Je n'ai pas de voiture.* **2.** Obtenir. *Il a eu son bac à 18 ans.* **3.** Ressentir. *Théo avait mal au cœur.* **4.** *Julie a sa leçon à apprendre,* elle doit apprendre sa leçon. **5.** *Il y a,* il existe. *Il n'y a plus de beurre. Il y a huit jours qu'il est parti,* cela fait huit jours.

▪ **auxiliaire** *Avoir* sert à conjuguer d'autres verbes aux temps composés. *J'ai gagné. Il avait fini ses devoirs. Quand elle a eu fini.*

les avions

En 1890, le premier avion à hélice de Clément Ader réussit à voler au ras du sol sur quelques dizaines de mètres. Aujourd'hui, grâce à leurs réacteurs, les avions de ligne transportent plusieurs centaines de passagers à 900 km/h sur de longues distances et à plusieurs kilomètres d'altitude. Les avions supersoniques, comme le Concorde ou les avions militaires de chasse, peuvent voler à plus de 1 500 km/h.

➔ aviation.

bombardier Breguet (1917)

monomoteur
Caudron-Renault (1934)

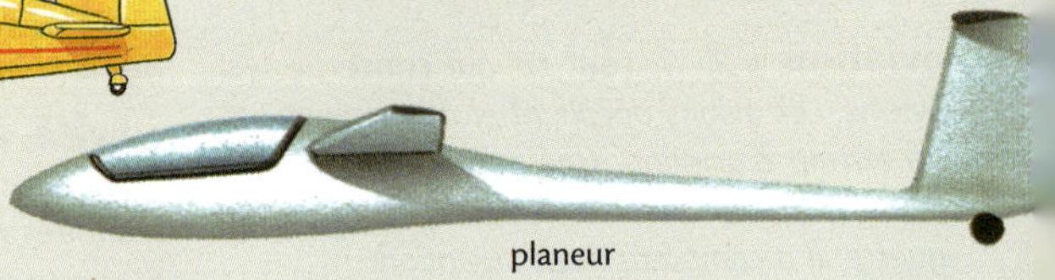

planeur

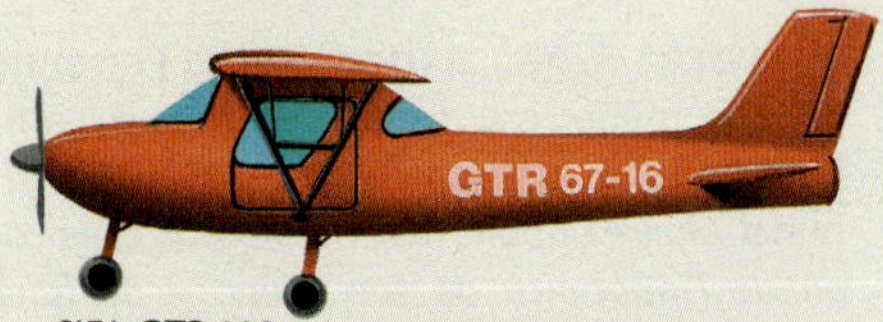

SIFA GTR 300

hydravion

hélicoptère léger P 120

Canadair

Super Puma

Transall C 160

ATR 42

Boeing 747

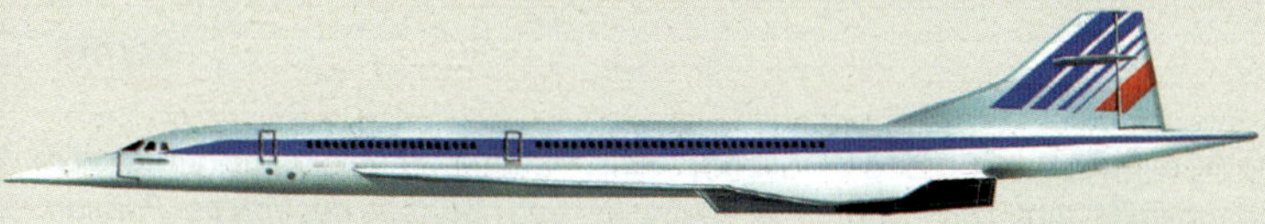

Concorde (1969-2003)

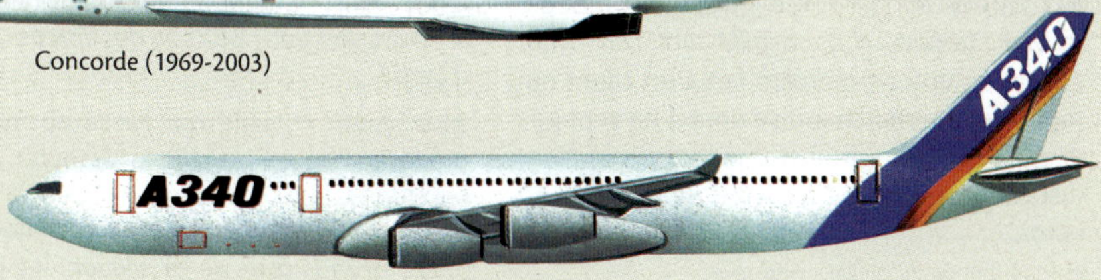

Airbus A340

un avion de ligne

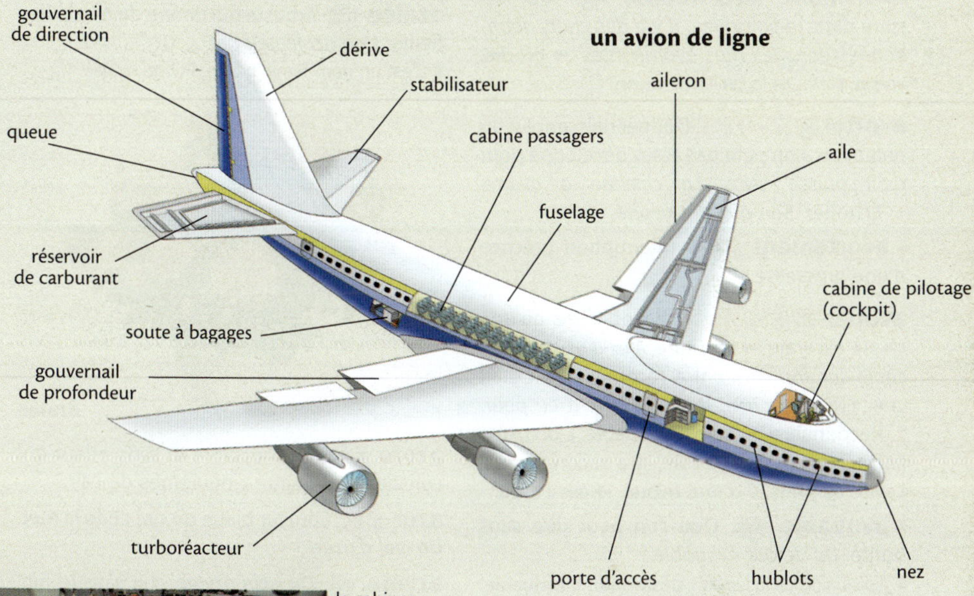

la cabine de pilotage d'un avion de ligne

un aéroport

▶ ② **avoir** n. m. 1. Ce que l'on possède. ➜ **bien, fortune.** *Il a gaspillé tout son avoir.* 2. Bon qu'un commerçant fait à un client qui rapporte une marchandise dont il ne veut pas et qui lui donne droit à une autre marchandise. *Le commerçant lui a fait un avoir de 50 euros.*

▶ Autre mot de la famille : naguère.

avoisinant, avoisinante adj. Qui est situé dans le voisinage. *Il y a des chats abandonnés dans les rues avoisinantes.* ➜ **proche, voisin.** ▷ Mot de la famille de voisin.

avorter v. (conjug. 3) 1. Donner naissance à un enfant ou à un petit pas assez développé pour qu'il puisse vivre. *La chienne a avorté.* 2. Échouer. *Son projet a avorté.*

▶ **avortement** n. m. Interruption précoce d'une grossesse.

avouer v. (conjug. 3) 1. Reconnaître qu'une chose est vraie. ➜ **admettre.** *Alex a avoué avoir copié sur son voisin,* il a reconnu que c'était vrai. ▮ contraire : **nier.** *Il avoue qu'il a eu peur.* 2. Reconnaître qu'on est coupable. *L'accusé a fini par avouer son crime,* il a reconnu qu'il l'avait commis. *Il a tout avoué.* ➜ aussi **aveu.**

▶ **avouable** adj. Que l'on peut dire sans honte. *Un défaut avouable.*

▶ Autres mots de la famille : désavouer, inavouable.

avril n. m. Quatrième mois de l'année. *Le 1er avril, les gens se font des farces. Poisson d'avril !*

axe n. m. 1. Ligne qui passe au milieu de quelque chose. *Une ligne blanche marque l'axe de la route.* 2. *L'axe d'une roue,* la tige qui permet à la roue de tourner sur elle-même. 3. *Les grands axes de circulation,* les grandes routes qui traversent un pays.

azalée n. f. Arbuste qui donne de très belles fleurs. *Une azalée en pot.*

▶ C'est un nom féminin : on dit *une azalée.*

azalée

azote n. m. Gaz incolore et sans odeur qui constitue les quatre cinquièmes de l'air.

azur n. m. Couleur bleue du ciel et de la mer. *Un ciel d'azur.*

azyme adj. *Du pain azyme,* cuit sans levain.

baba n. m. Gâteau arrosé de rhum.
▸ Ce mot vient du polonais. Le baba a été introduit en France au 18e siècle par Stanislas Leszczynski, duc de Lorraine et ancien roi de Pologne.

b. a.-ba [beaba] n. m. inv. Ce qu'il faut absolument savoir dans un domaine particulier. → **abc.** *Savoir tomber sans se faire mal, c'est le b. a.-ba du judo.*

des **babouches**

babiller v. (conjug. 3) *Le bébé babille,* il fait entendre des bruits qui ne sont pas encore des mots. → **gazouiller.**

babines n. f. pl. **1.** Lèvres de certains animaux. *Le chien grogne en retroussant les babines.* **2.** *S'en lécher les babines,* c'est se réjouir à la pensée d'une chose agréable. *En pensant au gâteau qu'il va manger, Paul se lèche les babines.*

babiole n. f. **1.** Petit objet sans valeur. → **bricole.** *Elle n'a rapporté que des babioles de son voyage.* **2.** Chose sans importance. *Ils se sont fâchés pour une babiole.* → **bêtise, broutille.**

bâbord n. m. (→ ÉTYM.) Côté gauche d'un bateau, quand on regarde vers l'avant. → aussi **tribord.** *Il y a des rochers à bâbord.*
▸ On peut aussi écrire *babord,* sans accent circonflexe sur le *a.*

babouche n. f. Chaussure de cuir plate et souple qui laisse le talon libre. *Dans les pays arabes, on porte des babouches.*

babouin n. m. Singe au museau allongé et aux lèvres proéminentes. *Les babouins vivent en Afrique.*

babyfoot [babifut] n. m. Football de table qui se joue en faisant bouger des joueurs en bois à l'aide de manettes. *Une partie de babyfoot.* – Au pl. *Des babyfoots.*
▸ On écrit aussi *baby-foot, des baby-foots.* • Écrire *babyfoot* en un seul mot est conforme à la nouvelle orthographe. • Ce mot vient de l'anglais.

babysitter [babisitœʀ] n. m. et f. Personne qui garde les enfants quand les parents sont sortis. – Au pl. *Des babysitters.*
▸ On écrit aussi *baby-sitter, des baby-sitters.* • Écrire *babysitter* en un seul mot est conforme à la nouvelle orthographe. • Ce mot vient de l'anglais.

babysitting [babisitiŋ] n. m. Garde de jeunes enfants en l'absence de leurs parents. *Cette étudiante fait du babysitting pour se faire de l'argent de poche.*
▸ On écrit aussi *baby-sitting.* • Écrire *babysitting* en un seul mot est conforme à la nouvelle orthographe. • Ce mot vient de l'anglais.

① bac n. m. Bateau qui sert à transporter des personnes et des véhicules d'une rive à l'autre d'un fleuve ou d'un bras de mer. ➜ aussi **ferry.**

② bac n. m. Récipient. *Des bacs à fleurs. Les bacs à glace et le bac à légumes d'un réfrigérateur.*

▶ Autre mot de la famille : baquet.

③ bac n. m. Baccalauréat. *Il a passé son bac.*

▶ Ce mot est l'abréviation de *baccalauréat.*

baccalauréat n. m. Examen que l'on passe à la fin des études secondaires. *Elle a eu son baccalauréat à 17 ans.* ➜ ③ **bac** et aussi **bachelier.**

bâche n. f. Grande couverture en tissu imperméable. *En hiver, la piscine est recouverte d'une bâche.*

bachelier n. m., **bachelière** n. f. Personne qui a obtenu le baccalauréat.

bacille [basil] n. m. Microbe de très petite taille, en forme de petit bâton, composé d'une seule cellule. ➜ aussi **bactérie.** *Certains bacilles donnent des maladies.*

bâcler v. (conjug. 3) Familier. *Bâcler un travail,* le faire trop vite et sans s'appliquer. ▮ contraire : **fignoler.** *Julie a bâclé ses devoirs pour aller jouer.*

▶ Attention à l'accent circonflexe du *â.*

bacon [bekɔn] n. m. Lard fumé. *Des œufs au bacon.*

▶ Ce mot vient de l'anglais.

bactérie n. f. Être vivant de très petite taille formé d'une seule cellule. ➜ aussi **bacille.**

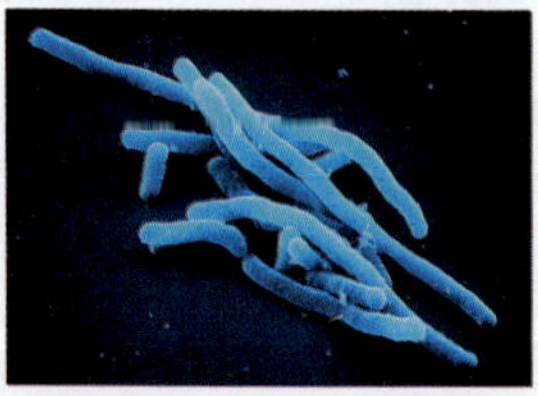

bactérie vue au microscope

bactériologique adj. *L'analyse bactériologique de l'eau,* c'est l'analyse qui consiste à regarder si l'eau ne contient pas de microbes.

badaud n. m. Personne curieuse qui s'arrête dans la rue pour regarder ce qui se passe. ➜ **curieux.** *Une foule de badauds regardait l'accident.*

badge n. m. **1.** Insigne portant une inscription ou une image que l'on épingle sur ses vêtements. ➜ aussi **pin's.** *Tous les participants à la réunion portent un badge à leur nom.* **2.** Document d'identité ressemblant à une carte magnétique, qui permet d'entrer dans certains endroits ou d'en sortir. *Il faut un badge pour ouvrir la porte de l'immeuble.*

▶ Ce mot anglais désignait à l'origine l'insigne d'un chevalier.

▶ **badger** v. (conjug. 5b) Utiliser un badge pour entrer dans un endroit ou pour en sortir ou pour se déplacer. *Ma mère doit badger pour utiliser l'ascenseur de son bureau.*

badigeon [badiʒɔ̃] n. m. Peinture faite avec de l'eau, de la chaux et un colorant, avec laquelle on peint les murs extérieurs. *Il faudrait passer un coup de badigeon sur les murs du garage.*

▶ **badigeonner** [badiʒɔne] v. (conjug. 3) **1.** Enduire d'une couche de badigeon. *Le peintre a badigeonné la façade.* **2.** Enduire d'un produit liquide ou pâteux. *Léa a badigeonné ses piqûres de moustique de pommade.*

badminton [badmintɔn] n. m. Sport dans lequel deux joueurs se renvoient un volant avec une raquette. ➜ planche **Sport.**

▶ Ce mot vient de l'anglais.

baffle n. m. Haut-parleur d'une chaîne stéréo. ➜ aussi ① **enceinte.**

▶ Ce mot vient de l'anglais.

bafouer v. (conjug. 3) Traiter avec mépris. *On l'a bafouée devant tout le monde.* ➜ **outrager.**

▶ Ce mot appartient au langage soutenu.

bafouiller v. (conjug. 3) Parler d'une manière embrouillée, en cherchant ses mots et en n'articulant pas bien. ➜ **balbutier, bredouiller.** *Il bafouille d'émotion.*

bagage n. m. **1.** *Les bagages,* ce sont les valises, les paquets que l'on emporte avec soi en voyage. *Ils ont fait enregistrer leurs bagages avant de prendre l'avion.* – *Plier bagage,* c'est partir. **2.** Ensemble des connaissances qu'une personne a acquises. *Il a un bon bagage en maths.*

▶ Autre mot de la famille : porte-bagage.

bagarre n. f. Échange de coups. ➜ **bataille.** *Il va y avoir de la bagarre.*

▶ **se bagarrer** v. (conjug. 4) Se battre. *Paul et Alex se bagarrent souvent.*

▶ **bagarreur, bagarreuse** adj. Qui aime se battre. *Théo est très bagarreur.* ➜ **batailleur.**

bagne n. m. **1.** Lieu où l'on envoyait autrefois les criminels condamnés aux travaux forcés. **2.** *C'est le bagne, ici !* les conditions de travail sont très dures.

▶ **bagnard** n. m. Criminel qui était emprisonné dans un bagne. *Les bagnards portaient des habits rayés noir et blanc.* ➜ aussi **forçat.**

bagnole n. f. Familier. Voiture. *Le père de Paul a une belle bagnole !*

bagou n. m. (pl. **bagous**) Familier. *Ce vendeur a beaucoup de bagou,* il parle beaucoup et est très persuasif.

bague n. f. Anneau que l'on porte au doigt et qui est souvent orné d'une pierre ou d'une perle.

baguette n. f. **1.** Petit bâton mince. *La baguette du chef d'orchestre. Les Asiatiques mangent avec des baguettes. Les fées ont une baguette magique.* **2.** Pain long et mince. **3.** *Mener quelqu'un à la baguette,* avec autorité.

baguette

bah interj. Mot qui sert à exprimer l'indifférence, l'insouciance. *Bah ! Cela n'a pas d'importance.* ➜ **tant** pis.

bahut [bay] n. m. Buffet large et bas. *Un bahut breton.*

① **baie** n. f. Partie de la côte où la mer rentre dans la terre. ➜ **anse, crique** et aussi **golfe.** *La baie de Douarnenez.*

② **baie** n. f. Grande fenêtre. *Des baies vitrées donnent sur le jardin.*

③ **baie** n. f. Petit fruit juteux contenant des pépins. *Les groseilles, les mûres, les myrtilles sont des baies.*

baigner v. (conjug. 3) **1.** Donner un bain à quelqu'un. *La maman baigne son bébé.* – **se baigner,** se plonger dans l'eau. *Alex aime se baigner dans la mer,* se mettre dans la mer pour le plaisir, pour nager. **2.** Tremper dans un liquide. *La viande baignait dans la sauce.*

▶ **baignade** n. f. **1.** Bain dans la mer, la rivière ou la piscine. *Cette plage est dangereuse, la baignade y est interdite.* **2.** Lieu aménagé pour se baigner. *Il y a une belle baignade plus loin sur la rivière.*

▶ **baigneur** n. m.**, baigneuse** n. f. **1.** Personne qui se baigne dans la mer, la rivière ou la piscine. **2.** n. m. Poupée représentant un bébé. *La petite fille joue avec son baigneur.* ➜ **poupon.**

▶ **baignoire** n. f. Grand récipient dans lequel on prend des bains pour se laver.

bail [baj] n. m. (pl. **baux** [bo]) Contrat que l'on signe quand on loue un appartement, un magasin, etc. *Le propriétaire et le locataire ont signé un bail de trois ans.*

bâiller v. (conjug. 3) Ouvrir très grand la bouche sans le faire exprès en inspirant. *Julie bâille de sommeil.*

▶ **bâillement** n. m. Action de bâiller. *Paul pousse des bâillements d'ennui,* il bâille d'ennui.

▶ Autres mots de la famille : bâillon, bâillonner, entrebâillement, entrebâiller.

bâillon n. m. Morceau de tissu que l'on met sur la bouche de quelqu'un pour l'empêcher de parler ou de crier.

▸ **bâillonner** v. (conjug. 3) Mettre un bâillon sur la bouche de quelqu'un pour l'empêcher de parler ou de crier. *Le voleur a bâillonné sa victime.*
▷ Mots de la famille de bâiller.

bain n. m. *Prendre un bain,* c'est se mettre dans la baignoire pour se laver. *Julie prend un bain chaque soir.* → aussi **douche.** – *Il s'est fait couler un bain,* il a fait couler de l'eau dans la baignoire. *Pour se baigner dans la mer ou dans une piscine, on met un maillot de bain.* – *Elle prend un bain de soleil,* elle se met au soleil pour bronzer.

▸ **bain-marie** n. m. *Cette sauce se fait au bain-marie,* dans un récipient qui trempe dans de l'eau chaude. – Au pl. *Des bains-marie.*

baïonnette n. f. **1.** Arme en forme de lame pointue qui se fixait au bout d'un fusil. **2.** *Une ampoule à baïonnette,* qui se fixe sur la douille à l'aide de deux petites tiges. *Il y a des ampoules à baïonnette et des ampoules à vis.*
L'arme était fabriquée dans la ville de *Bayonne.*

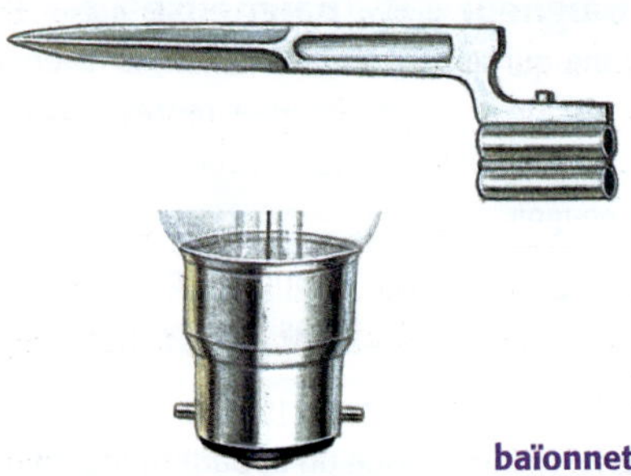

baïonnette

① **baiser** v. (conjug. 3) Toucher avec ses lèvres. *Le prince charmant a baisé la main de la princesse.*

▸ **baisemain** n. m. Geste de politesse qui consiste, pour un homme, à embrasser la main d'une dame. ▷ Mot de la famille de main.

▸ ② **baiser** n. m. *Donner un baiser à quelqu'un,* c'est l'embrasser. *Donne-moi un baiser.* → ② **bise, bisou.**

baisser v. (conjug. 3) **1.** Mettre plus bas, faire descendre. *Baisse la vitre de la voiture.* → **abaisser.** ▮ contraires : ① **lever, relever. 2.** Incliner vers le sol. *Louise baisse la tête,* elle la penche. → **incliner.** – **se baisser,** se pencher. *Il faut se baisser pour entrer dans la grotte.* → **se courber. 3.** Rendre moins fort, diminuer. *Baisse un peu le son, c'est trop fort.* ▮ contraire : **monter. 4.** Devenir moins haut. *Le niveau des rivières baisse en été.* → **descendre.** *Les prix ont baissé.* ▮ contraires : **augmenter, monter. 5.** Devenir plus faible. *Quand on vieillit, la vue baisse,* elle devient moins bonne.

▸ **baisse** n. f. Diminution. *La météo a prévu une baisse de la température.* ▮ contraire : **hausse.**
▸ Autres mots de la famille : abaisser, rabais, rabaisser.

bajoue n. f. **1.** Partie de la face de certains animaux, sur le côté, entre l'œil et la mâchoire. *Les bajoues du hamster.* **2.** Joue qui pend, chez une personne grasse ou âgée. ▷ Mot de la famille de joue.

bal n. m. (pl. **bals**) Fête où les gens dansent. *Le 14 Juillet, il y a de nombreux bals dans toute la France.* ▮ homonyme : balle.

se balader v. (conjug. 4) Familier. Se promener. *Nous nous sommes baladés dans la forêt.*

▸ **balade** n. f. Familier. Promenade. *Ils ont fait une grande balade.* ▮ homonyme : ballade.

▸ **baladeur** n. m. Petit magnétophone à cassettes muni d'un casque très léger, qui sert à écouter de la musique, et que l'on peut porter sur soi. → **walkman.**

balafre n. f. Longue coupure faite par un objet tranchant, ou cicatrice d'une blessure. *Il s'est fait une balafre à la joue en se rasant.* → **estafilade.**

▸ **balafré, balafrée** adj. Marqué d'une longue cicatrice. *Une joue balafrée.*

balai n. m. Brosse souple à long manche, que l'on passe sur le sol pour enlever la poussière, les saletés. *Il faut donner un coup de balai sous la table pour enlever les miettes.* ▮ homonyme : ballet.

▸ **balai-brosse** n. m. Brosse dure fixée sur un manche à balai, pour frotter le sol. – Au pl. *Des balais-brosses.* ▷ Mot de la famille de brosse.
▸ Autres mots de la famille : balayage, balayer, balayette, balayeur.

balance n. f. Instrument qui sert à peser des objets ou des personnes. → **bascule, pèse-personne.** *Julie monte sur la balance et l'aiguille indique 30 kilos.*

▸ **balancer** v. (conjug. 5a) Faire aller d'un côté puis de l'autre plusieurs fois. *Théo balance les bras en marchant.* – **se balancer,** bouger d'un côté et de l'autre ou d'avant en arrière plusieurs fois. *Louise se balançait sur sa chaise.*

▸ **balancement** n. m. Mouvement de va-et-vient. → **oscillation.** *Le balancement du bateau sur l'eau m'a rendu malade.*

▸ **balancier** n. m. **1.** Tige de métal qui va d'un côté et de l'autre, dans les horloges. **2.** Long bâton qui aide un funambule à rester en équilibre. → **contrepoids.**

▸ **balançoire** n. f. Petit siège suspendu à deux cordes sur lequel on s'amuse à se balancer. *Julie fait de la balançoire.*

▶ Autre mot de la famille : contrebalancer.

des **balances**

balayer v. (conjug. 10) **1.** Enlever la poussière, les saletés qui sont par terre, avec un balai. *La gardienne a balayé l'escalier.* **2.** *Le vent balaie les nuages,* les pousse, les chasse.

▸ **balayage** n. m. *Le balayage de la cuisine est terminé,* la cuisine est balayée.

▸ **balayette** n. f. Petit balai.

▸ **balayeur** n. m., **balayeuse** n. f. Personne chargée de balayer les rues. *Les balayeurs ramassent les feuilles mortes.*

▷ Mots de la famille de balai.

balbutier [balbysje] v. (conjug. 9) Dire à voix basse en articulant mal. *Il a balbutié une phrase que personne n'a comprise.* → **bafouiller, bredouiller.**

▸ **balbutiement** [balbysimɑ̃] n. m. **1.** Parole mal articulée que l'on n'entend pas bien. *L'enfant timide a répondu par des balbutiements.* **2.** *Les balbutiements d'une science, d'une technique nouvelle,* ce sont ses débuts pleins de maladresse. → **tâtonnement.**

balcon n. m. Petite plateforme munie d'une balustrade qui surplombe la façade et communique avec une pièce par une porte-fenêtre. → aussi **terrasse.** *Il y a des bacs à fleurs sur le balcon.*

baldaquin n. m. (→ ÉTYM.) Petit toit de tissu placé au-dessus d'un lit. *Dans les châteaux, il y a souvent des lits à baldaquin.*

baleine n. f. **1.** Très grand animal qui vit dans la mer. *La baleine est un mammifère.* → **cétacé.** *Une baleine peut peser 150 tonnes.* → planches **Mammifères,** espèces **menacées, océan.** **2.** *Les baleines de parapluie,* ce sont les tiges de métal sur lesquelles le tissu est tendu.

▸ **baleineau** n. m. Petit de la baleine. *Un baleineau peut mesurer 6 mètres à la naissance.* – Au pl. *Des baleineaux.*

▸ **baleinier** n. m. Bateau qui sert à pêcher la baleine.

balise n. f. Signal qui indique les endroits dangereux, qui montre le chemin à un bateau, à un avion. *Des balises guident le navigateur à l'entrée du port.*

▸ **baliser** v. (conjug. 3) Signaler un endroit dangereux, la route à suivre, par des balises. *La piste d'atterrissage est balisée,* elle est signalée par des lumières, des panneaux.

▸ **balisage** n. m. Ensemble des signaux qui indiquent la route à suivre et les dangers à éviter. *Le balisage d'une voie ferrée, d'un chemin de randonnée.*

balistique adj. Qui concerne le mouvement d'un projectile. *L'étude balistique a permis aux policiers de voir d'où le terroriste a tiré.*

balivernes n. f. pl. Histoires sans intérêt ou sans importance. → **sornettes.** *Cesse de dire des balivernes !*

▶ Ce mot appartient au langage soutenu.

ballade n. f. Poème de plusieurs strophes. *Victor Hugo a écrit des ballades.* ▮ homonyme : balade.

ballant, ballante adj. *Il reste là, les bras ballants,* les bras qui pendent, sans rien faire.

ballast [balast] n. m. Couche de pierres sur laquelle sont posés les rails d'une voie ferrée.

balle n. f. **1.** Petit objet rond avec lequel on joue. *Louise lance la balle à Julie qui l'attrape. Une balle de tennis, de ping-pong. – Saisir la balle au bond,* c'est saisir l'occasion sans attendre. **2.** Petit morceau de métal envoyé par un fusil ou un pistolet et qui peut blesser ou tuer. *Le chargeur contient 6 balles.* ▮ homonyme : bal.

▶ Autres mots de la famille : ballon, ballonné, pare-balle.

ballerine n. f. (→ÉTYM.) **1.** Danseuse de ballet. **2.** Chaussure de femme, très plate, qui ressemble à un chausson de danse.

ballet n. m. (→ÉTYM.) Danse exécutée par des danseurs et des danseuses sur la scène d'un théâtre. → planche **Spectacle.** *Julie est allée à l'Opéra voir un ballet.* ▮ homonyme : balai.

ballet

ballon n. m. **1.** Grosse balle. *Le ballon de football est rond, le ballon de rugby est ovale.* **2.** Mince enveloppe de caoutchouc que l'on gonfle avec un gaz plus léger que l'air et que l'on tient à la main par une ficelle. *Léa a lâché son ballon qui s'est envolé aussitôt.* **3.** Grosse boule gonflée avec un gaz léger, à laquelle est attachée une nacelle, qui peut voler et transporter des gens. → aussi **dirigeable, montgolfière.** *Un voyage en ballon.*

▶ **ballonné, ballonnée** adj. *Avoir le ventre ballonné,* gonflé comme un ballon. *Elle se sent ballonnée.*

▷ Mots de la famille de balle.

ballot n. m. Paquet. *Un ballot de paille.*

ballottage n. m. *Il y a eu ballottage à l'élection présidentielle,* aucun des candidats n'a eu assez de voix pour être élu au premier tour.

ballotter v. (conjug. 3) Secouer dans tous les sens. → **remuer.** *Les passagers du bateau sont ballottés par les vagues.*

balluchon n. m. Petit paquet enveloppé d'un morceau de tissu.

▶ On écrit aussi *baluchon.*

balnéaire adj. *Une station balnéaire,* c'est une ville située au bord de la mer, où l'on peut se baigner. *Ostende est une station balnéaire belge.*

balourd, balourde adj. Maladroit et sans délicatesse. → **lourdaud.** – n. m. *Quel gros balourd !*

balustrade n. f. Barrière qui empêche de tomber dans le vide quand on est sur un balcon, une terrasse ou un pont. → **garde-fou, parapet, rambarde.** *Paul s'appuie à la balustrade.*

bambin n. m. Familier. Petit enfant.

bambou n. m. (pl. **bambous**) Plante des pays chauds dont la très haute tige creuse est employée pour fabriquer toutes sortes d'objets. *Une haie de bambous. Une canne à pêche en bambou. Un fauteuil en bambou.*

ban n. m. **1.** *Publier les bans,* c'est afficher l'annonce d'un mariage. **2.** Applaudissements en cadence. *Un ban pour le vainqueur de la course !* ▮ homonyme : banc.

banal, banale adj. Ordinaire, qui n'étonne personne. → **commun,** ① **courant.** ▮ contraires : **bizarre, curieux, étonnant, extraordinaire, original.** *Un incident très banal. Des faits banals,* sans originalité.

▶ **banalisé, banalisée** adj. *Une voiture banalisée,* une voiture de police que rien ne distingue d'une autre voiture.

▶ **banalité** n. f. **1.** Caractère banal, ordinaire de quelque chose. *Une histoire d'une grande banalité.* **2.** Chose sans intérêt. *Il ne dit que des banalités.* → **platitude.**

bambou

banane n. f. (→ÉTYM.) Fruit allongé à grosse peau jaune. → planche **Fruits.** *Un régime de bananes.*

▸ **bananeraie** n. f. Plantation de bananiers.

▸ **bananier** n. m. Plante des pays chauds dont le fruit est la banane.

banc n. m. **1.** Siège long et étroit, avec ou sans dossier, pour plusieurs personnes. *Nous nous sommes assis sur un banc dans le parc.* **2.** *Un banc de poissons,* une grande quantité de poissons qui se déplacent ensemble. *Un banc de sardines.* **3.** *Un banc de sable,* un amas de sable dans l'eau. → **haut-fond.** *Les bancs de sable rendent la navigation dangereuse.* ▮ homonyme : ban.
▸ Autre mot de la famille : banquette.

banc d'anchois

bancaire adj. De la banque, d'une banque. *Un compte bancaire,* que l'on a dans une banque. *Un chèque bancaire. Une carte bancaire,* une carte de crédit. ▷ Mot de la famille de banque.

bancal, bancale adj. *Une table bancale,* dont les pieds n'ont pas tous la même hauteur. ▮ contraire : **stable.** – *Ils n'ont que des meubles bancals.* → **branlant.**

bandage n. m. Pansement fait avec une bande de tissu. *Il a un bandage autour de la cheville.* ▷ Mot de la famille de ② bande.

① **bande** n. f. Groupe de personnes qui sont ensemble. *Une bande de jeunes.* – *Faire bande à part,* c'est se mettre à l'écart d'un groupe.
▸ Autre mot de la famille : débandade.

② **bande** n. f. **1.** Morceau de tissu, de papier, long et étroit. *Une bande de papier adhésif.* **2.** *Une bande dessinée,* une suite de dessins qui racontent une histoire. *Paul a beaucoup d'albums de bandes dessinées.* – On dit aussi *une B. D.* **3.** Long ruban sur lequel sont enregistrés des sons ou des images. *La bande magnétique d'une cassette.*

▸ **bande-annonce** n. f. Passages d'un film que l'on montre avant sa sortie pour le faire connaître. – Au pl. *Des bandes-annonces.* ▷ Mot de la famille de annoncer.

▸ **bandeau** n. m. Bande de tissu qui tient les cheveux ou que l'on met sur les yeux et que l'on noue derrière la tête pour empêcher de voir. – Au pl. *Des bandeaux.*

▸ **bandelette** n. f. Petite bande de tissu. *Les Égyptiens enveloppaient les momies dans des bandelettes de toile.*

▸ **bander** v. (conjug. 3) **1.** Entourer d'une bande. *On lui a bandé la cheville.* **2.** Entourer d'un bandeau. *Les ravisseurs ont bandé les yeux de leur otage.* **3.** *Bander un arc,* c'est le tendre.

▸ **banderole** n. f. Bande de tissu tendue entre deux bâtons, qui porte une inscription. *Les manifestants brandissent des banderoles.*
▸ Autres mots de la famille : bandage, platebande.

bandit n. m. Malfaiteur. → **voleur.** *La police a arrêté les bandits.* → **gangster.**

▸ **banditisme** n. m. L'activité des bandits. *La police lutte contre le banditisme.*

bandoulière n. f. Bande de cuir ou de tissu servant à porter à l'épaule un objet, un sac. *La bandoulière d'un appareil photo. Louise porte son sac en bandoulière,* en mettant la courroie du sac sur son épaule.

banjo [bɑ̃dʒo] n. m. Instrument de musique qui ressemble à une petite guitare ronde. → planche **Musique.** *Un air de banjo.* – Au pl. *Des banjos.*

banjo

banlieue n. f. Ensemble des communes qui entourent une grande ville. *Ils habitent dans la banlieue de Paris.*

▸ **banlieusard** n. m., **banlieusarde** n. f. Personne qui habite en banlieue.

bannière n. f. Drapeau. *La bannière d'un club sportif.*

bannir v. (conjug. 11) **1.** *Bannir quelqu'un,* c'est le chasser de son pays. → **exiler, expulser. 2.** Supprimer. *Il a banni le sel de son alimentation.*

▸ **bannissement** n. m. Peine qui consiste à chasser une personne de son pays. *Au Moyen Âge, les voleurs pouvaient être condamnés au bannissement.*

banque n. f. → ÉTYM. Établissement où l'on peut déposer de l'argent et en emprunter. *La banque leur a accordé un prêt.*

▶ Autres mots de la famille : bancaire, banquier.

banquet n. m. → ÉTYM. Repas de fête auquel assistent de nombreuses personnes. → **festin.**

banquette n. f. Siège rembourré pour plusieurs personnes. *En voiture, les enfants sont assis sur la banquette arrière.* ▷ Mot de la famille de banc.

banquier n. m., **banquière** n. f. Personne qui dirige une banque. ▷ Mot de la famille de banque.

banquise n. f. → ÉTYM. Étendue de glace flottant sur les mers polaires. → aussi **iceberg.**

baobab n. m. → ÉTYM. Très gros arbre d'Afrique tropicale. *Les baobabs ont d'énormes troncs.*

baptême [batɛm] n. m. **1.** Cérémonie au cours de laquelle on devient chrétien. → aussi **baptiser. 2.** *Le baptême de l'air,* le premier vol que l'on fait en avion.

baptiser [batize] v. (conjug. 3) **1.** Donner le baptême. *Ils ont fait baptiser leurs enfants.* **2.** Donner un nom. → **appeler.** *Julie a baptisé son chat Tibère.*

baptismal, baptismale [batismal] adj. Qui concerne le baptême. *Dans l'église, l'eau qui sert à baptiser est dans une cuve baptismale.* – Au masc. pl. *baptismaux.*

baquet n. m. Grande cuve en bois. ▷ Mot de la famille de ② bac.

① **bar** n. m. **1.** Endroit où des clients viennent boire. → **café. 2.** Comptoir d'un bar, d'un café. *Il a pris son café au bar.* ▮ homonyme : barre.

▶ Ce mot vient de l'anglais.

▶ Autres mots de la famille : barman, voiture-bar.

banquise

baobab

② **bar** n. m. Poisson de mer dont la chair est très appréciée. → **loup.** *Ils ont mangé du bar au fenouil.*

baragouiner v. (conjug. 3) Familier. Parler très mal, en faisant des fautes. *Il baragouine quelques mots d'allemand.*
Ce mot vient du breton *bara* «pain» et *gwin* «vin», mots par lesquels les pèlerins bretons demandaient l'hospitalité dans les auberges.

baraque n. f. **1.** Petite construction en bois, peu solide. → **cabane.** *Les baraques des forains.* **2.** Familier Maison où l'on ne se sent pas bien. *Leur baraque est mal chauffée.* → **bicoque.**
▶ Autre mot de la famille : baraquement.

baraqué, baraquée adj. Familier. Qui est grand et fort. *Son mari est bien baraqué.*

baraquement n. m. Maison provisoire, destinée à loger des ouvriers près de leur chantier ou des réfugiés. ▷ Mot de la famille de baraque.

baratin n. m. Familier. Discours mensonger qu'il ne faut pas croire. *C'est du baratin !*

barbant, barbante adj. Familier. Ennuyeux. *Un livre barbant.* ▷ Mot de la famille de barbe.

barbare n. m. et f. et adj.
■ n. m. et f. Personne cruelle. → **brute.** *Les bandits se sont comportés comme des barbares.*
■ adj. **1.** Étranger pour les Grecs et les Romains de l'Antiquité et plus tard pour la chrétienté. *Les invasions barbares.* **2.** D'une cruauté très grande. *Un crime barbare. Ces coutumes sont barbares.* → **sauvage.**

▶ **barbarie** n. f. Grande cruauté. *Torturer est un acte de barbarie.*

▶ **barbarisme** n. m. (→ ÉTYM.) Grosse faute de langage. *«Concluer» au lieu de «conclure» est un barbarisme.*

barbe n. f. **1.** Poils qui poussent sur la figure d'un homme. *Il s'est laissé pousser la barbe et la moustache.* **2.** Chose ennuyeuse. *Quelle barbe de devoir se lever tôt !* quelle corvée !
▶ Autres mots de la famille : barbant, barbelé, barber, barbiche, barbu, barbue.

barbecue [baʀbəkju] n. m. Gril installé en plein air. *Ils ont fait griller des brochettes sur le barbecue.*
Ce mot anglais vient du mot *barbacoa* qui désignait, en langue haïtienne, le gril de bois sur lequel on faisait cuire la viande.

barbelé, barbelée adj. *Du fil de fer barbelé,* garni de pointes de fer. – n. m. *Le champ est entouré de barbelés,* d'une clôture de fil de fer barbelé. ▷ Mot de la famille de barbe.

barber v. (conjug. 3) Familier. Ennuyer. *Cela barbe Julie de faire ce devoir.* – **se barber,** s'ennuyer. *Elle s'est barbée toute la journée.* ▷ Mot de la famille de barbe.

barbiche n. f. Petite touffe de barbe à la pointe du menton. → **bouc.**
▷ Mot de la famille de barbe.

barboter v. (conjug. 3) S'agiter dans l'eau. → **patauger.** *Les enfants barbotaient dans la piscine.*

barbouiller v. (conjug. 3) Salir. *Le bébé a barbouillé le mur avec de la craie. Léa a le visage barbouillé de chocolat.*

▶ **barbouillage** n. m. Dessin fait vite et mal. → **gribouillis.**

▶ **barbouillé, barbouillée** adj. *Se sentir barbouillé, avoir l'estomac barbouillé,* avoir mal au cœur, envie de vomir.
▶ Autre mot de la famille : se débarbouiller.

barbu, barbue adj. Qui a une barbe. *Un jeune homme barbu et moustachu.* ■ contraire : **imberbe.** – n. m. *Un barbu.* ▷ Mot de la famille de barbe.

barbue n. f. Poisson de mer, à la chair délicate, qui a une sorte de petite barbe. *Des filets de barbue à l'oseille.* ▷ Mot de la famille de barbe.

① **barde** n. m. Chez les Gaulois, poète et chanteur. *Les bardes célébraient les exploits des héros.*

② **barde** n. f. Mince tranche de lard gras. *Le boucher entoure le rôti d'une barde.*

▸ ① **barder** v. (conjug. 3) Envelopper d'une barde. *Le boucher barde le rosbif.*

▸ **bardé, bardée** adj. *Être bardé de diplômes,* en avoir beaucoup. *Une sportive bardée de médailles.*

② **barder** v. (conjug. 3) Familier. *Ça va barder,* ça va aller mal, ça va devenir violent ou dangereux. *Si ta mère se rend compte que tu n'as pas fait tes devoirs, ça va barder !*

barème n. m. Tableau de calculs déjà faits. *Le barème des impôts.*

▸ Ce mot vient du nom du mathématicien du 18e siècle, *François Barrême,* spécialiste des comptes.

baril n. m. 1. Petit tonneau. *Un baril de lessive.* 2. Unité de mesure du volume du pétrole. *Le prix du baril.*

▸ **barillet** n. m. Cylindre dans lequel on met les cartouches d'un révolver.

bariolé, bariolée adj. De plusieurs couleurs vives mélangées. *Paul a une écharpe bariolée.* → **bigarré, chamarré.** ▮ contraire : **uni.**

barman [barman] n. m. Homme qui sert des boissons alcoolisées, des cocktails, derrière le bar d'un hôtel, d'une boîte de nuit, etc. – Au pl. *Des barmans.* ▷ Mot de la famille de ① bar.

▸ Ce mot vient de l'anglais. • On emploie parfois le pluriel anglais *des barmen.*

bar-mitsvah n. f. inv. Cérémonie religieuse au cours de laquelle un garçon juif devient majeur. *Daniel fêtera demain sa bar-mitsvah.* – Au pl. *Des bar-mitsvah.*

▸ Ce mot vient de l'hébreu et veut dire «fils du commandement».

baromètre n. m. Appareil servant à mesurer la pression de l'air et à prévoir le temps qu'il va faire. *Le baromètre monte, il va faire beau.*

baron n. m., **baronne** n. f. Personne noble dont le titre est entre celui de chevalier et celui de vicomte.

baroque adj. *Le style baroque* est un style du 17e siècle, très orné, avec des sculptures peintes ou dorées.

style **baroque**

barque n. f. Petit bateau. *Nous avons fait une promenade en barque, sur le lac.*

▸ **barquette** n. f. 1. Petite tarte en forme de barque. *Une barquette aux fraises.* 2. Petit récipient rigide et léger destiné à contenir des aliments. *Au marché, les framboises sont vendues dans des barquettes en plastique.*

▸ Autres mots de la famille : débarcadère, débarquement, débarquer, embarcadère, embarcation, embarquement, embarquer.

barrage n. m. 1. Le fait de barrer une route, d'empêcher de passer. *La police a établi des barrages sur toutes les routes.* 2. Grand mur construit en travers d'une rivière pour retenir l'eau. → planche **Energie.** *Il y a une centrale hydroélectrique à côté du barrage. Un lac de barrage.* ▷ Mot de la famille de barre.

barre n. f. 1. Morceau de bois, de métal ou de plastique, allongé et droit. *Le cambrioleur a assommé le gardien avec une barre de fer. Dans le gymnase, on peut faire des exercices aux barres parallèles et à la barre fixe.* 2. Trait allongé. *La barre du t.* 3. Levier qui sert à manœuvrer le gouvernail d'un bateau. *Le capitaine est à la barre.* **4.** Petite barrière placée devant les juges, dans un tribunal. *Le témoin est appelé à la barre.* **5.** Zone de hautes vagues. *Le nageur n'arrive pas à franchir la barre.* **6.** Familier *Avoir un coup de barre,* se sentir très fatigué tout à coup. ▮ homonymes : ① et ② bar.

▸ **barreau** n. m. **1.** Petite barre. *Les fenêtres des prisons sont munies de barreaux. Les barreaux d'une chaise. Les barreaux d'une échelle.* ➜ **échelon.** **2.** *Être inscrit au barreau,* être avocat.

▸ Autres mots de la famille : barrage, barrer, barrette, barreur, barrière, code-barre, garde-barrière.

barrer v. (conjug. 3) **1.** *Barrer la route, le passage,* empêcher de passer. *Les ouvriers ont barré la route,* ils en empêchent l'accès. ➜ ② **boucher, couper** et aussi **barrage.** **2.** Diriger un bateau en tenant la barre. *C'est le capitaine qui barre son bateau.* **3.** Supprimer ce qui est écrit en faisant un trait dessus. ➜ **biffer, raturer, rayer.** *Son nom a été barré sur la liste.* ▹ Mot de la famille de barre.

barrette n. f. Pince qui sert à tenir les cheveux. ▹ Mot de la famille de barre.

barreur n. m., **barreuse** n. f. Personne qui tient la barre sur un bateau. ▹ Mot de la famille de barre.

barricade n. f. (➜ ÉTYM.) Barrage construit en travers d'une rue avec des pavés et divers objets. *Les manifestants ont élevé des barricades.*

▸ **barricader** v. (conjug. 3) **1.** *Barricader une porte,* la fermer avec une barre, mettre des meubles devant pour que l'on ne puisse pas l'ouvrir de l'extérieur. **2.** **se barricader,** fermer solidement toutes les ouvertures du lieu où l'on se trouve. *La vieille dame s'est barricadée chez elle.* ➜ s'**enfermer.**

barrière n. f. Assemblage de morceaux de bois ou de métal qui ferme un passage, sert de clôture. *La barrière d'un jardin. Les barrières du passage à niveau sont baissées : le train arrive.* ➜ aussi **garde-barrière.** ▹ Mot de la famille de barre.

barrique n. f. Tonneau qui contient 200 litres. *Une barrique de vin rouge.*

barrir v. (conjug. 11) *L'éléphant, le rhinocéros barrit,* il pousse son cri.

▸ **barrissement** n. m. Cri de l'éléphant et du rhinocéros.

baryton n. m. Chanteur dont la voix se situe entre la voix haute du ténor et la voix grave de la basse.

① **bas** adj., adv. et n. m., **basse** adj.

▪ adj. **1.** Qui a peu de hauteur, est près du sol. ▮ contraire : **haut.** *Le plafond de cette pièce est bas. Une table basse.* **2.** Penché vers le sol. *Théo avait tellement honte qu'il marchait la tête basse,* la tête baissée. **3.** *Parler à voix basse,* doucement. **4.** Dont le chiffre n'est pas élevé. *Pendant les soldes, les prix sont très bas.* ▮ contraires : ② **cher, élevé.** *Ils ont des enfants en bas âge,* très jeunes. **5.** De mauvaise qualité. *Le boucher donne les bas morceaux à son chien,* les morceaux de viande les moins bons. *Elle a la vue basse,* elle ne voit pas bien. **6.** Méprisable. *C'est une basse vengeance.* ➜ **ignoble, vil.**

▪ adv. **1.** À une faible hauteur, près du sol. *Les hirondelles volent bas.* ▮ contraire : **haut.** **2.** Doucement. *Nous parlions tout bas,* à mi-voix. ▮ contraire : ① **fort.** **3.** *La malade est bien bas,* elle est dans un mauvais état physique. **4.** *Mettre bas,* c'est, pour un animal, donner naissance à son petit, à ses petits. *La vache a mis bas.*

▪ n. m. **1.** La partie inférieure. ▮ contraire : **haut.** *Signez au bas de la page. Paul n'est pas monté, il est resté en bas.* **2.** *Dans la vie, il y a des hauts et des bas,* des moments où cela va bien et des moments où cela va mal. **3.** *À bas la guerre !* nous sommes contre la guerre, nous n'en voulons pas. ▮ contraire : **vive.** ▮ homonyme : bât.

▸ Autres mots de la famille : bas-côté, base, baser, bas-fond, bas-relief, basse, basse-cour, bassement, bassesse, basset, bassiste, basson, bas-ventre, branle-bas, en contrebas, contrebasse, contrebassiste, soubassement.

② **bas** n. m. Sous-vêtement de femme en matière souple, qui couvre le pied et la jambe jusqu'en haut de la cuisse. ➜ aussi **collant.** *Elle a mis des bas.*

basalte n. m. Roche volcanique très dure. *Le basalte sort des volcans à l'état liquide et devient solide ensuite.*

basané, basanée (adj.) *Un teint basané,* c'est un teint naturellement très bronzé. → **brun.** ▮ contraires : **clair, pâle.** *Les Mexicains ont la peau basanée.*

bas-côté (n. m.) Côté qui borde une route. → **accotement.** *Le camion est garé sur le bas-côté.* – Au pl. *Des bas-côtés.* ▷ Mot de la famille de ① bas et de côté.

bascule (n. f.) **1.** *Un fauteuil à bascule,* c'est un fauteuil sur lequel on peut se balancer d'avant en arrière. → **rocking-chair.** *Un cheval à bascule.* **2.** Balance qui sert à peser des objets lourds ou encombrants.

▸ **basculer** (v.) (conjug. 3) Se renverser de façon que le haut ou le côté soit en bas. *Le car a basculé dans le ravin.*

base (n. f.) **1.** Partie inférieure. → ① **bas.** *La base de la montagne.* → ① **pied.** ▮ contraires : **haut, sommet. 2.** *La base d'un triangle,* c'est le côté opposé à l'angle pris pour sommet. **3.** Endroit où sont installés des militaires et leur matériel. *Une base aérienne. Une base navale.* **4.** *Cette sauce est à base de beurre,* il y a surtout du beurre dedans. **5.** *Les bases,* ce qu'il faut connaître dans un domaine. → **rudiments.** *Louise manque de bases en solfège,* elle ne connaît pas les choses les plus importantes. ▷ Mot de la famille de ① bas.

baseball [bɛzbol] (n. m.) Sport pratiqué par deux équipes de neuf joueurs qui frappent à l'aide d'un bâton la balle lancée par un joueur adverse et doivent effectuer un parcours précis. *Jouer au baseball. Une batte de baseball.*

▸ Ce mot vient de l'anglais. • On écrit aussi *base-ball.* • Écrire *baseball* en un seul mot est conforme à la nouvelle orthographe.

baseball

baser (v.) (conjug. 3) **1.** *Ce sous-marin est basé à Toulon,* sa base est à Toulon. **2.** Prendre pour élément principal, dans un raisonnement. *Il faut baser une accusation sur des preuves.* → **établir.** – ***Se baser*** *sur quelque chose,* s'appuyer sur quelque chose. *Elle s'est basée sur ce qu'elle a vu.* → se **fonder.** ▷ Mot de la famille de ① bas.

bas-fond (n. m.) Endroit de la mer où l'eau n'est pas très profonde mais où l'on peut naviguer sans danger. → aussi **haut-fond.** – Au pl. *Des bas-fonds.* ▷ Mot de la famille de ① bas et de fond.

basilic (n. m.) Plante aromatique. *Des tomates au basilic.* ▮ homonyme : basilique.

basilique (n. f.) Très grande église. *La basilique du Sacré-Cœur, à Paris.* ▮ homonyme : basilic.

① **basket** [baskɛt] (n. f.) Chaussure de sport montante, à semelle de caoutchouc. *Elle est en jean et en baskets.*

② **basket** [baskɛt] ou **basketball** [baskɛtbol] (n. m.) Jeu entre deux équipes de cinq joueurs qui doivent lancer le ballon dans le panier de l'autre équipe. → planche **Sport.** *Un match de basket.*

▸ On écrit aussi *basket-ball.* • Écrire *basketball* en un seul mot est conforme à la nouvelle orthographe. • Ce mot est l'abréviation de l'anglais *basketball. Basket* veut dire «panier» et *ball* «ballon».

▸ **basketteur** (n. m.), **basketteuse** (n. f.) Personne qui joue au basket.

bas-relief (n. m.) Sculpture faite sur un fond dont elle se détache à peine. – Au pl. *Des bas-reliefs.* ▷ Mot de la famille de ① bas et de relief.

basse (n. f.) **1.** *Une voix de basse,* c'est la plus grave des voix d'homme. ▮ contraire : **ténor. 2.** *Les basses,* ce sont les sons les plus graves d'un instrument de musique. **3.** Contrebasse ou guitare basse. ▷ Mot de la famille de ① bas.

basse-cour (n. f.) Cour de ferme où l'on élève des volailles et des lapins. *Les poules, les oies, les canards sont des animaux de basse-cour.* – Au pl. *Des basses-cours.* ▷ Mot de la famille de ① bas et de ① cour.

▸ On peut aussi écrire *bassecour, des bassecours,* en un seul mot.

bassement adv. De façon méprisable. *Il s'est vengé bassement.* ▷ Mot de la famille de ① bas.

bassesse n. f. Acte bas, méprisable. *Elle est prête à toutes les bassesses pour parvenir à ses fins.* ▷ Mot de la famille de ① bas.

basset n. m. Chien aux pattes très courtes. ➜ aussi **teckel.** ▷ Mot de la famille de ① bas.

bassin n. m. **1.** Construction remplie d'eau. *Le bassin du jardin des Tuileries, à Paris. Le grand bassin et le petit bassin d'une piscine.* **2.** Partie d'un port où sont les bateaux. **3.** Grande plaine en forme de cuvette. *Le Bassin parisien.* **4.** Région arrosée par un fleuve et ses affluents. *Le bassin du Rhône.* **5.** Ensemble des os au bas de la colonne vertébrale, où s'attachent les os des cuisses. ➜ planche **Corps** humain. *Il a une fracture du bassin.*

▸ **bassine** n. f. Récipient à anses qui sert pour le ménage. *Le linge est en train de tremper dans une bassine.* ➜ aussi **cuvette.**

bassiste n. m. et f. Contrebassiste ou joueur, joueuse de guitare basse. *Le bassiste d'un groupe de rock.* ▷ Mot de la famille de ① bas.

basson n. m. Instrument de musique à vent, en bois, qui a un son grave. ➜ planche **Instruments** de musique. ▷ Mot de la famille de ① bas.

bastingage n. m. Barrière qui borde le pont d'un bateau. ➜ **garde-fou, rambarde.** *Des passagers s'appuyaient au bastingage.*

bas-relief

bastion n. m. **1.** Construction qui dépasse d'une fortification. *Un bastion imprenable.* **2.** Ce qui défend, soutient fermement. *Les bastions du terrorisme dans le monde.*

bas-ventre n. m. Partie du ventre en-dessous du nombril. *Il a des douleurs dans le bas-ventre.* – Au pl. *Des bas-ventres.* ▷ Mot de la famille de ① bas et de ventre.

bât n. m. Sorte de selle que l'on met sur le dos d'un âne, d'une mule ou d'un mulet pour porter des charges. *C'est là que le bât blesse,* c'est là le point faible, c'est là que les choses ne vont plus. ▪ homonymes : ① et ② bas.

bataille n. f. **1.** Combat. *François Ier remporta la bataille de Marignan en 1515. Les deux armées se sont livré bataille,* se sont battues. **2.** Lutte, bagarre. *Une bataille de rue. La bataille électorale.* **3.** *Avoir les cheveux en bataille,* en désordre. ➜ **ébouriffé.**

▸ **batailler** v. (conjug. 3) S'acharner pour obtenir une chose difficile. ➜ se **battre, lutter.** *Il a fallu batailler pour la faire changer d'avis.*

▸ **batailleur, batailleuse** adj. *Une personne batailleuse,* c'est une personne qui aime se battre. ➜ **bagarreur.** *Son frère a un caractère batailleur.* ➜ **belliqueux, combatif.**

▸ **bataillon** n. m. Troupe de soldats qui réunit plusieurs compagnies.
▷ Mots de la famille de battre.

bâtard adj. et n. m., **bâtarde** adj. et n. f.
▪ adj. **1.** *Un chien bâtard,* qui a un père et une mère de races différentes. **2.** Qui n'exprime pas un choix clair. *Une solution bâtarde.*
▪ n. Chien qui n'est pas de race pure. *Cette chienne est une bâtarde de cocker et d'épagneul.*

batavia n. f. Salade de la famille de la laitue.

bateau n. m. **1.** Construction faite pour flotter, naviguer, transporter sur l'eau des personnes et des marchandises. ➜ **navire, ② vaisseau** et aussi **barque, bâtiment, hors-bord, paquebot, péniche, voilier, yacht.** *Des bateaux de pêche, de plaisance.* ➜ planche **Bateaux. 2.** Partie la plus basse d'un trottoir, à la sortie d'un garage. *Les voitures ne doivent pas stationner devant un bateau.*

▸ **batelier** n. m., **batelière** n. f. Personne dont le métier est de conduire un bateau sur les rivières et les canaux. *Ce batelier transporte du grain dans sa péniche.* ➜ **marinier.**

les bateaux

Dès la préhistoire, les hommes ont utilisé des troncs d'arbres pour aller sur l'eau, puis ils les ont taillés et en ont fait des pirogues, ou ils les ont assemblés pour construire des radeaux. Des moyens de plus en plus perfectionnés ont été utilisés pour faire avancer les bateaux : les rames et les voiles dès l'Antiquité, des hélices actionnées par des moteurs à partir du 19e siècle. Aujourd'hui des millions de bateaux naviguent sur les océans, les lacs, les fleuves et les canaux. Ils permettent surtout de pêcher, de transporter des personnes et des marchandises. Mais il y a aussi de nombreux navires militaires et bateaux de plaisance.

→ nautisme, navigation.

navire phénicien

caravelle (15e-16e siècles)

trois-mâts

voiliers

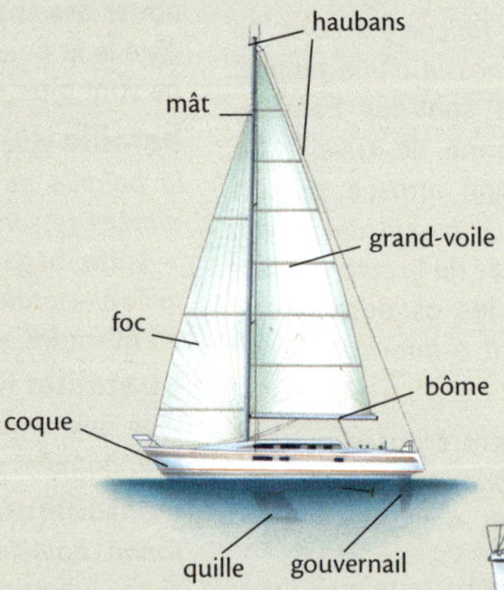

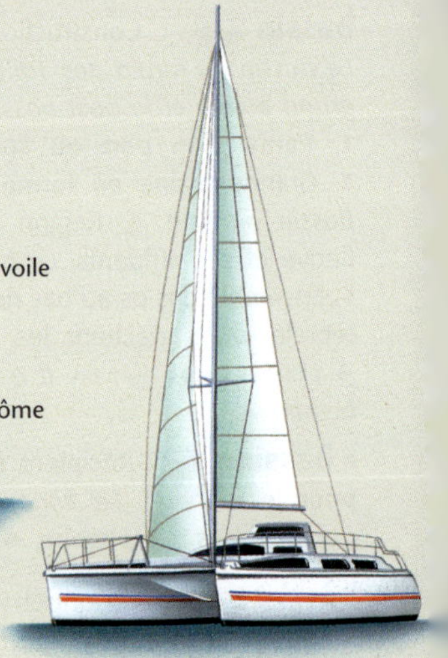
catamaran

jonque en Asie

felouque sur le Nil

un bateau de croisière (paquebot)

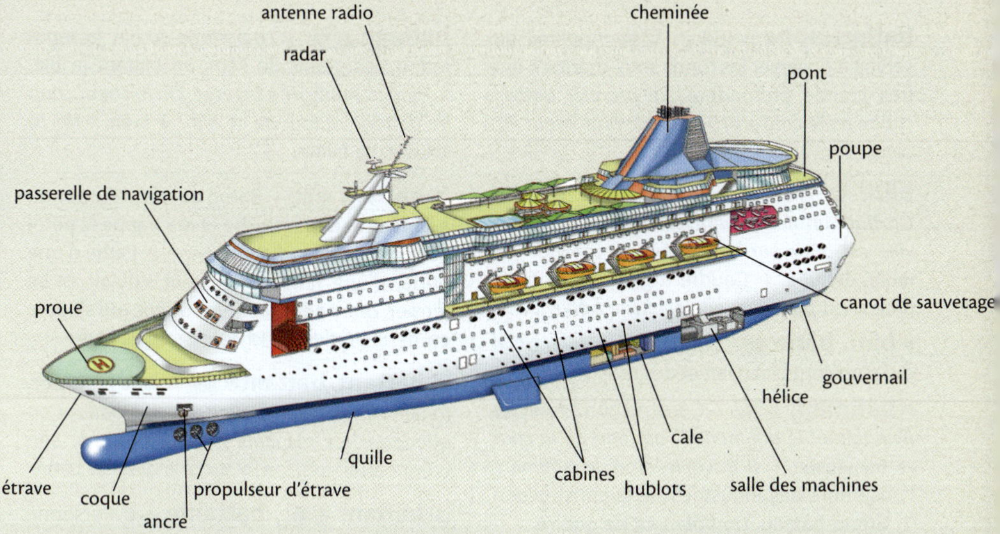

péniche

chalutier

thonier

remorqueur

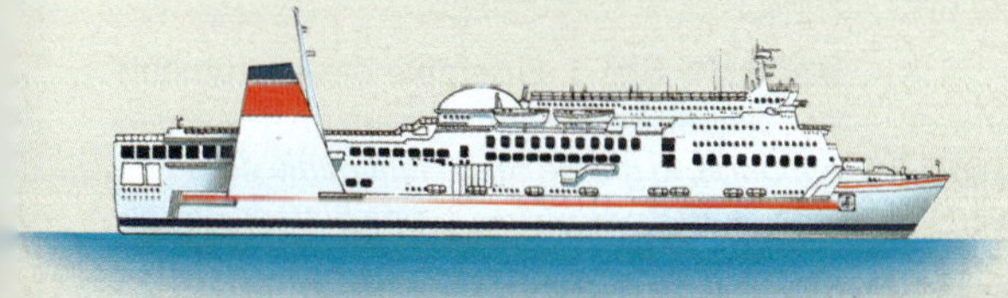

ferry

pétrolier

sous-marin

porte-avion

bathyscaphe [batiskaf] n. m. Appareil qui servait à observer les fonds sous-marins à une très grande profondeur. *Le premier bathyscaphe a été créé en 1948 par le professeur Piccard.*

bâtir v. (conjug. 11) **1.** Construire. → ① **édifier.** *On bâtit un nouvel immeuble dans la rue. La ville est bâtie sur une colline.* ▮ contraires : **démolir, détruire. 2.** Coudre à grands points. *La robe n'est pas finie, elle est juste bâtie.*

▸ **bâti, bâtie** adj. *Une personne bien bâtie,* qui a un corps bien fait et des muscles solides.

▸ **bâtiment** n. m. **1.** Construction. → **édifice.** *Ils habitent le bâtiment B, au fond de la cour.* → **immeuble. 2.** *Il travaille dans le bâtiment,* l'ensemble des industries de la construction. **3.** Grand bateau. *Un bâtiment de guerre.*

▸ **bâtisse** n. f. Grand bâtiment pas très beau. *Une bâtisse en béton.*

bâton n. m. **1.** Long morceau de bois que l'on peut tenir à la main. *Le berger marche en s'appuyant sur un bâton.* → **canne.** *Guignol donne des coups de bâton au gendarme.* **2.** Objet long et mince. *Un bâton de rouge à lèvres. Un bâton de colle.* → **tube. 3.** *Mettre des bâtons dans les roues à quelqu'un,* lui créer des difficultés, des obstacles. *Nos adversaires nous mettent des bâtons dans les roues et les choses n'avancent pas. – Parler à bâtons rompus,* de manière peu suivie, en changeant de sujet.

▸ **bâtonnet** n. m. Petit bâton. *Le bâtonnet d'un esquimau.*

batracien n. m. Animal qui vit sur terre et dans l'eau. *La grenouille, le crapaud, la salamandre sont des batraciens.* → **amphibien.**

battage n. m. **1.** *Le battage du blé,* la séparation des grains de l'épi, en battant le blé. **2.** Familier. Publicité exagérée. *On fait beaucoup de battage autour de ce film.* → **bruit.** ▷ Mot de la famille de **battre.**

① **battant** n. m. **1.** Bâton de métal suspendu à l'intérieur d'une cloche et qui frappe la paroi de la cloche quand on la sonne. **2.** Partie d'une porte, d'une fenêtre qui peut s'ouvrir et se fermer. *Une porte à double battant,* qui s'ouvre en deux parties. ▷ Mot de la famille de **battre.**

② **battant, battante** adj. **1.** *Une pluie battante,* très forte. **2.** *Il avait le cœur battant en attendant les résultats de son examen,* son cœur battait très fort. ▷ Mot de la famille de **battre.**

③ **battant** n. m., **battante** n. f. Personne qui ne se laisse pas faire, qui se bat avec énergie pour arriver à ce qu'elle veut. → aussi **combatif.** *C'est une battante, elle obtiendra toujours ce qu'elle voudra !* ▷ Mot de la famille de **battre.**

batte n. f. Large bâton destiné à renvoyer la balle, au cricket, au baseball. ▷ Mot de la famille de **battre.**

battement n. m. **1.** Choc ou mouvement de ce qui bat. *Le battement de la pluie contre les vitres. Les battements du cœur.* → **pulsation. 2.** Intervalle de temps libre. *Il y a un quart d'heure de battement entre les deux cours.* ▷ Mot de la famille de **battre.**

batterie n. f. **1.** Ensemble des instruments sur lesquels on frappe, dans un orchestre. *Les cymbales, la grosse caisse font partie de la batterie.* → aussi **percussion. 2.** *Une batterie de cas-*

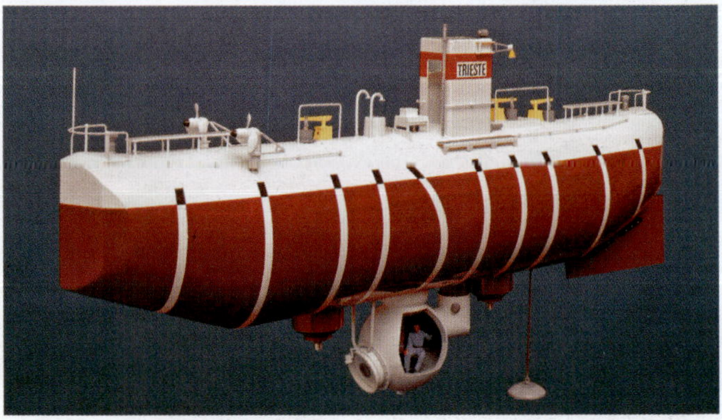

bathyscaphe

seroles, une série de casseroles. **3.** Ensemble d'éléments qui fournissent de l'électricité. *Il faut recharger la batterie de la voiture.* ➜ planche **Voitures.** ▷ Mot de la famille de battre.

batterie

batteur n. m. **1.** Personne qui tient la batterie dans un orchestre. **2.** Ustensile de cuisine qui sert à battre ou mélanger. ➜ **fouet.** *Un batteur électrique.* ▷ Mot de la famille de battre.

battre v. (conjug. 44) **1.** Donner des coups. *Le chasseur a battu son chien qui s'était échappé.* ➜ **frapper, taper. 2.** Remporter une victoire. ➜ **vaincre.** *Nous avons battu l'équipe de l'autre école, 5 à 3.* **3.** *Battre le blé,* séparer les grains des épis. **4.** Mélanger. *Il faut battre les œufs pour faire une omelette.* **5.** Parcourir en cherchant. *Les pompiers battent la forêt pour retrouver le lion qui s'est échappé du cirque.* **6.** *Battre la mesure,* marquer le rythme de la musique. *Le chef d'orchestre bat la mesure avec sa baguette.* **7.** Taper de façon régulière. *Son cœur battait fort tellement il avait peur.* ➜ **cogner. 8.** Taper contre quelque chose. *La pluie bat contre les carreaux.*

▶ se **battre** v. **1.** Échanger des coups. *Paul et Théo se sont battus.* ➜ se **bagarrer. 2.** Lutter, faire de gros efforts. ➜ **batailler** et aussi ③ **battant.** *Il a dû se battre pour obtenir la garde de ses enfants après son divorce.*

▶ **battu, battue** adj. **1.** *Avoir les yeux battus,* cernés par la fatigue. ➜ **cerné. 2.** *Un sol en terre battue,* en terre tassée et durcie.

▶ **battue** n. f. *Faire une battue dans une forêt,* parcourir la forêt en tous sens, en battant les buissons. *Les policiers ont fait une battue pour retrouver le fugitif.*

▶ Autres mots de la famille : bataille, batailler, batailleur, bataillon, battage, ①, ② et ③ battant, batte, battement, batterie, batteur, combat, combatif, combativité, combattant, combattre, débat, débattre, imbattable, rebattre, rebattu.

baudet n. m. Âne. *Les baudets du Poitou ont de longs poils. – Être chargé comme un baudet,* très chargé.

baudet

baudrier n. m. **1.** Bande de cuir ou de tissu qui se porte en bandoulière et qui soutient une épée, un étui de pistolet ou un tambour. **2.** Harnais de sécurité d'un alpiniste, d'un spéléologue ou d'un parachutiste.

baudruche n. f. Caoutchouc très fin. *Un ballon de baudruche.*

bauge n. f. Endroit boueux où vit le sanglier.

baume n. m. **1.** Pommade qui calme la douleur. *Elle masse sa cheville enflée avec du baume.* **2.** *Mettre du baume au cœur,* adoucir la peine, réconforter. *Votre gentillesse me met du baume au cœur.* ▮ homonyme : bôme.

▶ Autre mot de la famille : embaumer.

bauxite n. f. Roche rouge qui sert à la fabrication de l'aluminium.

bavard, bavarde adj. Qui parle beaucoup. ➜ **loquace, volubile.** *Julie est très bavarde.* ▮ contraire : **silencieux.** – n. *Quelle bavarde !*

▶ **bavardage** n. m. Le fait de bavarder. *Léa et Julie ont été punies pour bavardage.*

▶ **bavarder** v. (conjug. 3) Parler de choses sans importance. ➜ **papoter.** *Léa et Julie bavardent au lieu d'écouter le professeur.* ▮ contraire : se **taire.**

▷ Mots de la famille de bave.

bave n. f. **1.** Salive qui coule de la bouche. *Le bébé a de la bave sur le menton.* **2.** *La bave de l'escargot, de la limace,* le liquide gluant produit par ces animaux.

▸ **baver** v. (conjug. 3) **1.** Laisser couler de la bave. *Le bébé bave.* **2.** Couler en débordant. *L'encre a bavé sur la page.*

▸ **baveux, baveuse** adj. *Une omelette baveuse,* pas très cuite, encore un peu liquide.

▸ **bavoir** n. m. Serviette de table pour bébé, que l'on attache autour du cou.

▸ **bavure** n. f. **1.** Trace laissée par l'encre, la peinture qui a coulé, a débordé. **2.** Erreur ou action illégale au cours d'une opération de police.

▶ Autres mots de la famille : bavard, bavardage, bavarder.

bazar n. m. **1.** Magasin où l'on vend toutes sortes de choses. *Maman m'a acheté un seau et une pelle au bazar de la plage.* **2.** Familier. Grand désordre. *Quel bazar dans ta chambre !* → **fouillis.**

Ce mot vient du persan *bâzâr* qui veut dire «marché public».

bazarder v. (conjug. 3) Familier. Se débarrasser de quelque chose en le jetant ou le donnant. *Julie a bazardé sa vieille dînette.*

bazooka [bazuka] n. m. Arme en forme de long tube qui sert à lancer de petits obus. – Au pl. *Des bazookas.*

B. C. G. n. m. Vaccin contre la tuberculose.

Ce mot est formé des initiales de ***b**acille de **C**almette et **G**uérin,* du nom des deux médecins qui ont inventé ce vaccin.

B. D. → ② **bande**

béant, béante adj. Grand ouvert. *Un gouffre béant.*

béat, béate adj. *Un air, un sourire béat,* qui exprime une satisfaction exagérée et un peu bête.

▸ **béatitude** n. f. Impression de bien-être, de bonheur parfait. *Elle est étendue au soleil, dans une douce béatitude.* → **euphorie.**

beau adj. m., adv. et n. m., **belle** adj. f.

■ adj. **1.** Agréable à voir ou à entendre. → **joli, magnifique, superbe.** ▮ contraires : **affreux, laid, moche,** ① **vilain.** *Cette actrice est très belle. Il a une belle voix. C'est un bel homme. Ils ont de beaux enfants.* **2.** Digne d'admiration. *Alex a eu un beau geste en laissant sa place à Julie.* → **noble.** *Ce n'est pas beau de mentir !* **3.** Très réussi. *C'est un beau voyage ! Quel beau temps !* → **ensoleillé.** ▮ contraire : **mauvais.** **4.** *Il est revenu un beau matin,* un certain matin. **5.** Important. *Une belle part de tarte.* → **gros.** ▮ contraire : **petit.** **6.** Mauvais. *Léa a une belle angine.*

■ adv. **1.** *Il fait très beau,* le temps est clair, ensoleillé. **2.** *J'ai eu beau lui expliquer, il n'a rien compris,* bien que je lui aie expliqué, il n'a rien compris. **3.** *Il pleut de plus belle,* encore plus fort. **4.** *Elle s'est bel et bien trompée,* réellement.

■ n. m. *Le chien fait le beau,* il se tient debout sur ses pattes arrière.

Au masculin, *beau* devient *bel* devant une voyelle ou un *h* muet : *un bel enfant, un bel homme.*

▶ Autres mots de la famille : beauté, beaux-arts, embellir.

beaucoup adv. **1.** Un grand nombre. ▮ contraire : **peu.** *Il y a beaucoup de touristes sur la place.* **2.** *J'ai beaucoup à faire,* de nombreuses choses à faire. *Beaucoup le pensent,* de nombreuses personnes le pensent. **3.** Énormément. *Alex aime beaucoup naviguer sur Internet.* **4.** *De beaucoup,* avec une grande différence. *Il est de beaucoup le meilleur.*

beau-fils n. m. **1.** Mari de la fille. → **gendre.** **2.** Fils que son mari ou sa femme a eu d'un autre mariage. *Il a deux beaux-fils et une belle-fille.* ▷ Mot de la famille de fils.

beau-frère n. m. **1.** Frère du mari ou de la femme. *Elle a deux beaux-frères et une belle-sœur.* **2.** Mari de la sœur ou de la belle-sœur. ▷ Mot de la famille de frère.

beaujolais n. m. Vin rouge d'une région proche de la Bourgogne. *Le beaujolais nouveau est arrivé.*

beau-père n. m. **1.** Père de la femme ou du mari. *Mon beau-père et ma belle-mère.* → aussi **beaux-parents.** **2.** Mari de la mère, sans être le père. – Au pl. *Des beaux-pères.* ▷ Mot de la famille de père.

beauté n. f. **1.** Qualité de ce qui est beau. ▮ contraire : **laideur.** *Un paysage d'une grande beauté.* **2.** *Une beauté,* c'est une femme très belle. *Sans être une beauté, elle a beaucoup de charme.* ▷ Mot de la famille de beau.

beaux-arts [bozaʀ] n. m. pl. *Les beaux-arts,* l'architecture, la gravure, la peinture et la sculpture. *Il a étudié les beaux-arts à Paris.*
▷ Mot de la famille de beau et de art.

beaux-parents n. m. pl. **1.** Les parents du mari ou de la femme. **2.** Au singulier. Mari de la mère, sans être le père ou femme du père, sans être la mère. ➜ **beau-père, belle-mère.** *Quels sont les droits et les devoirs d'un beau-parent ?* ▷ Mot de la famille de parent.

bébé n. m. **1.** Enfant très jeune. ➜ **nourrisson.** *Elle vient d'avoir un bébé. Elle attend un bébé,* elle est enceinte. **2.** Très jeune animal. *Un bébé tigre. Des bébés phoques.*
Ce mot vient de l'anglais *baby.*
▶ Autre mot de la famille : pèse-bébé.

bec n. m. **1.** Bouche des oiseaux formée de deux parties dures et sans dents. ➜ planche **Oiseaux. 2.** *Se retrouver le bec dans l'eau,* se retrouver sans rien, sans avoir tiré profit de la situation. **3.** Partie en pointe d'un récipient, qui sert à verser. *Le bec d'une théière. Le bec verseur d'une casserole.*
▶ Autres mots de la famille : bécasse, bécassine, bec-de-lièvre, becquée.

bécane n. f. Familier. **1.** Bicyclette. **2.** Ordinateur. *Qu'est-ce que tu as comme jeux sur ta bécane ?*

bécarre n. m. Signe (♮) de musique qui annule l'effet d'un bémol ou d'un dièse, qui ramène une note à sa hauteur normale. – Invariable après le nom d'une note de musique. *Des mi bécarre.*

bécasse n. f. **1.** Oiseau qui a un long bec et des pattes courtes. **2.** Familier. Personne sotte. *Quelle bécasse !*

▸ **bécassine** n. f. Petit oiseau au long bec, qui ressemble à la bécasse.
▷ Mots de la famille de bec.

bec-de-lièvre n. m. Malformation de la lèvre supérieure. – Au pl. *Des becs-de-lièvre.*
▷ Mot de la famille de bec et de lièvre.

béchamel n. f. Sauce blanche à base de lait. *Des endives à la béchamel.*
Ce mot vient du nom de Louis de Béchamel, maître d'hôtel de Louis XIV.

bêche n. f. Outil de jardinage en forme de pelle plate.

▸ **bêcher** v. (conjug. 3) Retourner la terre avec une bêche. *Le jardinier bêche le jardin.*

becquée n. f. Nourriture qu'un oiseau prend dans son bec pour nourrir ses petits. *L'hirondelle donne la becquée à ses petits.* ▷ Mot de la famille de bec.
On écrit aussi *béquée.*

bedaine n. f. Familier. Ventre rebondi. *Son grand-père a une grosse bedaine.*

bedonnant, bedonnante adj. Qui a un gros ventre. ➜ **ventru.** *Un homme bedonnant.*

bée adj. f. *Bouche bée,* la bouche ouverte d'admiration ou d'étonnement. *Il était si stupéfait qu'il en est resté bouche bée.*

beffroi n. m. Tour située généralement près de l'hôtel de ville, contenant une cloche. *Il y a des beffrois dans le nord de la France et en Belgique.*

bégayer [begeje] v. (conjug. 10) Parler avec peine, en répétant les syllabes. *«Bon..., bon..., bonjour», bégaya-t-il.*

▸ **bégaiement** n. m. Défaut de prononciation d'une personne qui répète de manière saccadée les syllabes. ➜ aussi **bègue.**
▷ Mots de la famille de bègue.

bégonia n. m. (➜ ÉTYM.) Plante à fleurs rouges, jaunes ou blanches, à feuilles brillantes et aux tiges cassantes. – Au pl. *Des bégonias.*

bègue n. m. et f. Personne qui parle difficilement en répétant plusieurs fois la même syllabe. – **adj.** *Ils sont bègues.*
▶ Autres mots de la famille : bégaiement, bégayer.

bécasse

beige (adj.) Brun très clair. *Il a mis des chaussures beiges.* – n. m. *Le beige est une couleur pastel.*

beignet (n. m.) Pâte cuite dans la friture. *Des beignets aux pommes.*

bel → **beau**

bêler (v.) (conjug. 3) *Le mouton bêle,* il pousse son cri.

▸ **bêlement** (n. m.) Cri des moutons et des chèvres.

belette (n. f.) Petit animal au corps allongé, aux pattes courtes et à la fourrure fauve. → planche **Prairie.** *Les belettes sont carnivores.*

belette

bélier (n. m.) **1.** Mouton mâle. **2.** Machine de guerre faite d'une poutre qui servait à enfoncer les portes des châteaux forts ou des remparts.

belle → **beau**

belle-fille (n. f.) **1.** Épouse du fils. **2.** Fille que son mari ou sa femme a eue d'un mariage précédent. *Il a deux belles-filles et un beau-fils.* ▷ Mot de la famille de fille.

belle-mère (n. f.) **1.** Mère du mari ou de la femme. → aussi **beaux-parents. 2.** Épouse du père sans être la mère. – Au pl. *Des belles-mères.* ▷ Mot de la famille de mère.

belle-sœur (n. f.) **1.** Sœur de la femme ou du mari. *Elle a deux belles-sœurs et un beau-frère.* **2.** Femme du frère ou du beau-frère. ▷ Mot de la famille de sœur.

belligérant, belligérante (adj.) *Des États belligérants,* ce sont des États en guerre.

belliqueux, belliqueuse (adj.) **1.** Qui aime faire la guerre. → **guerrier.** *Des nations belliqueuses.* ▮ contraire : **pacifique. 2.** Qui aime la dispute. → **agressif, batailleur, querelleur.** *Un caractère belliqueux.* ▮ contraire : **paisible.**

belote (n. f.) Jeu de cartes qui se joue avec 32 cartes.

bémol (n. m.) Signe (♭) de musique qui baisse la note d'un demi-ton. *Des bémols.* – Invariable après le nom d'une note de musique. *Des mi bémol.* → aussi **dièse** et **bécarre.**

bénédiction (n. f.) **1.** Prière par laquelle un prêtre bénit quelqu'un ou quelque chose. *Le pape a donné sa bénédiction aux fidèles,* il les a bénis. **2.** Chose heureuse qui se produit quand il faut. *Son arrivée a été une bénédiction.* ▮ contraire : **malédiction.**

bénéfice (n. m.) Gain que l'on réalise lorsque l'on revend plus cher ce que l'on a acheté. → **profit.** *Cette entreprise a fait de gros bénéfices.* ▮ contraire : **perte.**

▸ **bénéficiaire** (adj.) Qui fait des bénéfices. ▮ contraire : **déficitaire.** *Une entreprise bénéficiaire.* – n. Personne qui profite d'un avantage, d'un droit. *Les héritiers sont les bénéficiaires d'un testament.*

▸ **bénéficier** (v.) (conjug. 9) Profiter. *Les bons clients bénéficient d'une remise. L'accusé a bénéficié de l'indulgence du tribunal,* il en a tiré avantage.

bénéfique (adj.) Qui fait du bien. *Le climat de la montagne est bénéfique.* → **bienfaisant,** ① **bon.** *Les pouvoirs bénéfiques d'une fée.* ▮ contraire : **maléfique.**

bénévolat (n. m.) Travail qu'une personne fait volontairement et sans être payée. *La grand-mère de Julie fait du bénévolat dans une association.* ▷ Mot de la famille de bénévole.

bénévole (n. m. et f.) Personne qui fait un travail sans y être obligée et sans être payée. *Nous avons besoin de bénévoles pour organiser le festival.* – adj. *Une infirmière bénévole.*

▸ **bénévolement** (adv.) Volontairement et gratuitement. *Il travaille bénévolement à la Croix-Rouge.*

▸ Autre mot de la famille : bénévolat.

bénin, bénigne (adj.) Sans gravité. *Un rhume est une maladie bénigne.* ▮ contraires : **grave, sérieux.** *Une tumeur bénigne.* ▮ contraire : ② **malin.**

bénir (v.) (conjug. 11) **1.** Mettre sous la protection de Dieu. *Le pape bénit les fidèles.* **2.** Rendre saint au cours d'une cérémonie religieuse. *Le prêtre a béni l'eau.*

▸ **bénit, bénite** adj. Qui a été béni par un prêtre. *De l'eau bénite.*

▸ **bénitier** n. m. Petit bassin contenant de l'eau bénite, à l'entrée d'une église.

benjamin [bɛ̃ʒamɛ̃] n. m., **benjamine** [bɛ̃ʒamin] n. f. 1. Personne la plus jeune d'un groupe, d'une famille. *Léa est la benjamine de la classe.* → aussi **aîné, cadet.** 2. Jeune sportif âgé de 10 à 12 ans. → aussi **cadet, minime.**

Ce mot vient de *Benjamin,* nom du plus jeune fils de Jacob, personnage de la Bible. En hébreu, cela veut dire «fils du bonheur».

benne n. f. Partie arrière d'un camion, où l'on charge des matériaux et qui peut basculer. *Une benne à ordures.*

benne à ordures

béquée → **becquée**

béquille n. f. 1. Canne de forme spéciale sur laquelle on s'appuie pour marcher. *Il s'est cassé la jambe, il marche avec des béquilles.* 2. Support qui maintient debout un cyclomoteur, une moto lorsqu'ils sont arrêtés. → planche **Deux-roues.**

bercail n. m. *Rentrer au bercail,* chez soi, dans sa famille.

Le pluriel, *des bercails,* est rare.

bercer v. (conjug. 5a) Balancer doucement dans ses bras ou dans un berceau. *Il berçait son bébé pour qu'il s'endorme.*

▸ **berceau** n. m. 1. Petit lit de bébé que l'on peut balancer. – Au pl. *Des berceaux.* 2. *Une voûte en berceau,* une voûte en forme de demi-cercle. *Les églises romanes ont des voûtes en berceau.*

▸ **bercement** n. m. Mouvement de balancement doux et régulier. *Le bercement des vagues.*

▸ **berceuse** n. f. Chanson douce que l'on chante pour endormir un enfant.

béret n. m. Coiffure ronde, souple et plate en tissu de laine. *Un béret basque.*

berge n. f. Bord d'un cours d'eau, d'un canal. → **rive.** *Les pêcheurs sont installés sur la berge.*

berger n. m., **bergère** n. f. 1. Personne qui garde les moutons et les chèvres. 2. n. m. *Un berger,* un chien qui garde les troupeaux. *Un berger allemand.* → planche **Chiens** et chats.

▸ **bergerie** n. f. Bâtiment où l'on abrite les moutons et les chèvres.

berline n. f. Voiture fermée, à quatre portes.

Au 17e siècle, la *berline* était un carrosse fermé, à la mode à *Berlin,* en Allemagne.

berlingot n. m. Bonbon acidulé en forme de petite pyramide. *Des berlingots multicolores.*

bermuda n. m. Short qui descend jusqu'aux genoux.

C'est le nom américain des îles *Bermudes,* où les touristes ont mis ce short à la mode.

bernard-l'ermite n. m. inv. Petit crustacé qui habite dans des coquilles vides. → planche **Littoral.** – Au pl. *Des bernard-l'ermite.* ▷ Mot de la famille de ermite.

bernard-l'ermite

en **berne** adv. *Un drapeau en berne,* c'est un drapeau serré contre sa hampe, qui ne flotte pas. *Les drapeaux sont mis en berne en signe de deuil.*

berner v. (conjug. 3) Tromper en se moquant. → **duper.** *Même les plus malins ont été bernés par cet escroc.*

bernique n. f. Petit coquillage comestible, en forme de cône, qui se fixe aux rochers. → planches **Crustacés** et coquillages, **littoral.**

On l'appelle aussi *bernicle* ou *patelle.*

besace [bəzas] n. f. Sac de toile à deux poches que l'on porte en bandoulière. *Le* *chasseur met le gibier dans sa besace.* ➜ aussi **gibecière.** ▷ Mot de la famille de ① sac.

besogne n. f. Travail que l'on est obligé de faire. ➜ **tâche.** *Cela n'a pas été une mince besogne de tout ranger.*

besoin n. m. **1.** Chose absolument nécessaire. *Dormir est un besoin.* ➜ **nécessité.** *Les plantes ont besoin de lumière,* il leur faut de la lumière. *Alex avait besoin de boire après cette longue marche.* ➜ **envie.** **2.** *Faire ses besoins,* c'est faire ses excréments. *Le chien a fait ses besoins dans le caniveau.* **3.** *Être dans le besoin,* c'est manquer du nécessaire, être pauvre. *Ces pauvres gens sont dans le besoin.* ➜ **gêne, misère.** **4.** *Au besoin,* s'il le faut. *Appelle-moi au besoin.*

bestial, bestiale adj. *Un air bestial,* un air brutal comme celui d'une bête. – Au masc. pl. *bestiaux.*

bestiaux n. m. pl. Gros animaux élevés à la ferme. ➜ **bétail.** *Le marché aux bestiaux. Un wagon à bestiaux.*

bestiole n. f. (➜ ÉTYM.) Petite bête. *Paul s'est fait piquer par une bestiole.*

best-seller [bɛstsɛlœʀ] n. m. Livre qui a un grand succès, qui se vend très bien. – Au pl. *Des best-sellers.*

▶ Ce mot vient de l'anglais et il veut dire exactement «le mieux vendu».

bétail n. m. Ensemble des gros animaux élevés à la ferme. ➜ **bestiaux.** ▷ Mot de la famille de ① bête.

① **bête** n. f. **1.** Animal. *Théo aime beaucoup les bêtes. Les vaches sont des bêtes à cornes. Les lions sont des bêtes féroces.* **2.** *Une bête à bon Dieu,* une coccinelle. **3.** *La bête noire de quelqu'un,* la personne, la chose qu'il ne supporte pas. – *Chercher la petite bête,* faire remarquer le petit détail qui ne va pas pour créer des difficultés. – *Regarder quelqu'un comme une bête curieuse,* le regarder d'une façon insistante et grossière. ▮ homonyme : bette.

▶ Autre mot de la famille : bétail.

② **bête** adj. Qui n'est pas intelligent. ➜ **idiot, imbécile, sot, stupide.** *Il est bête et méchant. Elle est bête comme ses pieds,* très bête. – *Une histoire très bête.* ➜ **inepte.**

▶ **bêtement** adv. **1.** D'une manière bête. *L'accident est arrivé bêtement.* **2.** *Tout bêtement,* tout simplement. *S'il est arrivé en retard, c'est tout bêtement parce qu'il ne s'est pas réveillé à l'heure.*

▶ **bêtifier** v. (conjug. 9) Dire des bêtises, des niaiseries. *Les grands-parents bêtifiaient devant le bébé.*

▶ **bêtise** n. f. **1.** Manque d'intelligence. ➜ **sottise, stupidité.** *Il est d'une grande bêtise.* **2.** Chose qu'il ne faut pas faire, pas dire. ➜ **sottise.** *Ce chat ne fait que des bêtises. Ne dis pas de bêtises !* ➜ **ânerie.**

▶ Autres mots de la famille : abêtir, abêtissant, pense-bête.

béton n. m. Matériau dur et résistant, fait d'un mélange de sable, de gravier, de ciment et d'eau. *Un mur en béton.*

▶ **bétonnière** n. f. Machine formée d'une grande cuve qui tourne, servant à fabriquer le béton.

bette ou **blette** n. f. Plante dont on mange les feuilles et les tiges blanches. ▮ homonymes : ① et ② bête.

betterave n. f. Plante cultivée pour sa grosse racine. *On extrait du sucre de la betterave à sucre. On mange les betteraves rouges en salade.* ▷ Mot de la famille de rave.

betterave rouge — betterave à sucre

betterave

beugler v. (conjug. 3) (➜ ÉTYM.) *La vache beugle,* elle pousse son cri. ➜ **meugler, mugir.**

▶ **beuglement** n. m. Cri de la vache. ➜ **meuglement, mugissement.**

beur n. m. et f. Familier. Personne née en France de parents maghrébins. – Au pl. *Des beurs.* ▮ homonyme : beurre.

▶ C'est une déformation de *arabe,* en verlan. • Au féminin, on dit aussi *une beure* et *une beurette.*

beurre n. m. 1. Matière grasse obtenue en battant la crème du lait. *Un croissant au beurre.* 2. *Compter pour du beurre,* pour rien. *Vouloir le beurre et l'argent du beurre,* tout vouloir sans avoir à choisir ; sans faire d'effort. ▮ homonyme : beur.

▶ **beurrer** v. (conjug. 3) Recouvrir de beurre. *Théo beurre du pain. – Il mange une tartine beurrée.*

▶ **beurrier** n. m. Récipient dans lequel on met le beurre.

▶ Autre mot de la famille : petit-beurre.

beuverie n. f. Réunion où les gens boivent trop et sont ivres. ➜ aussi **orgie.**

bévue n. f. Erreur due à l'ignorance ou à la maladresse. *Il a commis une bévue.*

bi- Préfixe d'origine latine qui veut dire «deux» (ex. : *bimensuel, bimoteur*).

biais n. m. 1. Moyen détourné et habile. *Louise a trouvé un biais pour expliquer son retard.* 2. *En biais, de biais,* en diagonale, en oblique. *Léa a traversé la rue en biais.*

▶ **biaiser** v. (conjug. 3) Employer des moyens détournés pour faire quelque chose. *Il a biaisé et n'a pas répondu à ma question.*

bibelot n. m. Petit objet que l'on place sur un meuble ou dans une vitrine pour décorer.

biberon n. m. (➜ ÉTYM.) Petite bouteille munie d'une tétine avec laquelle on donne à boire aux bébés. *Le bébé a fini son biberon,* il a bu tout son contenu.

bible n. f. 1. *La Bible,* le livre saint des juifs *(Ancien Testament)* et des chrétiens *(Ancien et Nouveau Testament).* 2. *Une bible,* c'est un livre où l'on trouve tout ce qu'on cherche. *Ce livre sur les plantes est ma bible.*

▶ Au sens 1, le mot s'écrit avec une majuscule. Ce mot vient du grec *biblion* qui veut dire «livre». Il a donné aussi *bibliothèque.*

▶ Autre mot de la famille : biblique.

bibliobus n. m. Bus qui sert de bibliothèque où l'on peut emprunter des livres. ▷ Mot de la famille de bus.

bibliothèque n. f. 1. Meuble où l'on range les livres. *Une bibliothèque vitrée.* 2. Salle ou bâtiment où l'on peut consulter ou emprunter des livres. *La bibliothèque municipale.* ➜ aussi **médiathèque.**

▶ **bibliothécaire** n. m. et f. Personne qui s'occupe de classer et prêter les livres, dans une bibliothèque.

biblique adj. *Adam et Ève sont des personnages bibliques,* de la Bible. ▷ Mot de la famille de bible.

bicentenaire n. m. Anniversaire d'un évènement qui a eu lieu deux cents ans avant. *On a célébré en 2010 le bicentenaire de la naissance d'Alfred de Musset.* ▷ Mot de la famille de cent.

biceps [bisɛps] n. m. Muscle du bras. ➜ planche **Corps** humain.

biche n. f. Femelle du cerf. *Une biche et son faon.*

biche

bichonner v. (conjug. 3) S'occuper avec beaucoup de soin de quelque chose. *Elle aime bichonner sa voiture.* – **se bichonner,** c'est se préparer avec soin, se faire beau. ➜ **se pomponner.** *Julie se bichonne devant la glace.*

bicolore adj. De deux couleurs. *Les bonbons au réglisse et à la menthe sont bicolores.*

bicoque n. f. Petite maison mal construite et qui n'est pas très belle. *Ils habitent une bicoque délabrée.* ➜ **baraque.**

bicorne n. m. Chapeau à deux pointes. *Les membres de l'Académie française ont un bicorne.*

bicyclette n. f. Véhicule à deux roues avec un guidon et deux pédales. → **vélo ;** fam. **bécane.** → planche **Deux-roues.** *Léa est venue à bicyclette.* ▷ Mot de la famille de ② cycle.

bidet n. m. Cuvette ovale et basse servant à se laver le bas du corps. *Dans la salle de bains, il y a un lavabo, une baignoire et un bidet.*

bidon n. m. Récipient en métal ou en plastique fermé par un bouchon. *Il a toujours un bidon d'huile dans le coffre de sa voiture.* → aussi **jerricane.**

▸ **bidonville** [bidɔ̃vil] n. m. Quartier formé de baraques faites de planches, de tôles, de vieux bidons, où habitent des gens très pauvres. ▷ Mot de la famille de ville.

bidonville

bidule n. m. Familier. Objet dont on ne se rappelle pas ou dont on ne connaît pas le nom. → **chose, machin, truc.** *C'est quoi ce bidule ?*

bielle n. f. Tige de métal rigide articulée aux deux bouts. *Dans un moteur de voiture, les bielles transmettent au vilebrequin le mouvement de va-et-vient des pistons.*

bien adv., adj. inv. et n. m.

▪ adv. **1.** D'une manière satisfaisante. ▮ contraire : **mal.** *Elle conduit bien. Tiens-toi bien.* → **correctement. 2.** Très. *Ils étaient bien contents d'avoir fini. Elle est bien jeune pour voyager seule.* → **trop.** – *Il l'aime bien.* → **beaucoup. 3.** Au moins. *Cela fait bien trois jours qu'il est parti.* **4.** Vraiment. *C'est bien elle qui parlait.* **5.** Forcément. *Il va bien finir par arriver.*

▪ adj. inv. **1.** Satisfaisant. *Ce que vous ferez sera très bien.* → **parfait.** *Elle se sent bien en ce moment,* en bonne santé. *On est bien, ici,* on est à l'aise. **2.** *Être bien avec quelqu'un,* être en bons termes. *Elle est très bien avec ses voisins.* **3.** *Quelqu'un de bien,* qui a des qualités morales. *Elle a épousé un type bien.*

▪ n. m. **1.** Ce qui est agréable, utile. *Les médicaments lui ont fait du bien. C'est pour ton bien,* dans ton intérêt. **2.** Ce qui est juste, honnête. *Il faut distinguer le bien du mal.* **3.** Ce que l'on possède. *Il a vendu tous ses biens.*

▶ Autres mots de la famille : bien-aimé, bien-être, bienfaisance, bienfaisant, bienfait, bienfaiteur, bienheureux, bien que, bienséance, bientôt, bienveillance, bienveillant, bienvenu, bienvenue.

bien-aimé, bien-aimée adj. Qui est aimé tendrement. *Sa fille bien-aimée.* – n. *Elle a reçu une lettre de son bien-aimé.* → **amoureux.** ▷ Mot de la famille de bien et de aimer.

◗ Ce mot appartient au langage soutenu.

bien-être n. m. Plaisir que l'on ressent quand on est content ou heureux. *Une sensation de bien-être l'envahit après son bain.* ▮ contraire : **malaise.** ▷ Mot de la famille de bien et de ① être.

bienfaisant [bjɛ̃fəzɑ̃], **bienfaisante** [bjɛ̃fəzɑ̃t] adj. Qui fait du bien. ▮ contraire : **nuisible.** *Cette cure a eu une action bienfaisante sur ma santé.* → **bénéfique, salutaire.**

▸ **bienfaisance** [bjɛ̃fəzɑ̃s] n. f. *Une association de bienfaisance* aide les personnes qui n'ont pas beaucoup d'argent.

▷ Mots de la famille de bien et de faire.

bienfait n. m. Effet bénéfique, salutaire. *Je ressens les bienfaits de ma cure,* je me rends compte que ma cure m'a fait du bien. ▮ contraire : **méfait.**

▸ **bienfaiteur** n. m., **bienfaitrice** n. f. Personne qui fait du bien, apporte une aide généreuse.

▷ Mots de la famille de bien et de faire.

bienheureux, bienheureuse adj. Très heureux. *Il a eu la bienheureuse idée de venir nous voir.* ▮ contraire : **malheureux.** – n. *Il dort comme un bienheureux,* profondément. ▷ Mot de la famille de bien et de heureux.

bien que conjonction Quoique. *Elle est sortie bien qu'il pleuve.* ▷ Mot de la famille de bien.

◗ *Bien que* est suivi du subjonctif.

bienséance n. f. Respect des règles de la politesse, de la bonne éducation. *La bienséance exige que l'on ne dise pas de mots grossiers en classe.* ▷ Mot de la famille de bien et de seoir.

bien sûr → **sûr**

bientôt adv. Dans peu de temps. → **prochainement.** *Le soleil va bientôt se lever. Au revoir et à bientôt !* ▷ Mot de la famille de bien et de tôt.

bienveillant, bienveillante adj. Gentil et indulgent. *Elle a toujours été bienveillante envers nous.* ▮ contraires : **hostile, malveillant, méchant.**

▸ **bienveillance** n. f. Gentillesse et indulgence. *Il nous a regardés avec bienveillance.* ▮ contraires : **hostilité, malveillance, méchanceté.** ▷ Mots de la famille de bien.

bienvenu, bienvenue adj. Qui vient au bon moment. *Vos conseils sont bienvenus,* ils sont reçus avec plaisir. – n. *Tu seras toujours la bienvenue chez nous,* tu seras toujours accueillie avec plaisir.

▸ **bienvenue** n. f. *Souhaiter la bienvenue à quelqu'un,* lui dire que l'on est content de le recevoir.
▷ Mots de la famille de bien et de venir.

① **bière** n. f. Boisson gazeuse alcoolisée faite avec de l'orge et du houblon.

② **bière** n. f. Cercueil. *On a mis le mort en bière.*

biface n. m. Outil préhistorique tranchant, fait d'un silex taillé sur ses deux faces, en forme de triangle ou d'amande. *Les plus anciens bifaces, trouvés au Kenya, datent d'il y a 1,7 million d'années.* ▷ Mot de la famille de face.

biffer v. (conjug. 3) Rayer ce qui est écrit pour supprimer. *Elle a biffé plusieurs mots dans sa rédaction.* → **barrer.** *Plusieurs mots ont été biffés sur la page.*

bifteck n. m. Tranche de viande de bœuf. → **steak.** *Un bifteck haché.*
▶ Ce mot vient de l'anglais *beefsteak* qui veut dire «tranche de bœuf».

bifurquer v. (conjug. 3) **1.** Se séparer en deux pour former une fourche, en parlant d'une route. *La route bifurque à la sortie du village.* **2.** Changer de direction. *Au croisement, la voiture a bifurqué vers la droite,* elle a pris la route de droite.

▸ **bifurcation** n. f. Division d'une route en deux branches. → **embranchement, fourche.**

bigame adj. Qui a deux femmes ou deux maris en même temps. → aussi **monogame, polygame.**

▸ **bigamie** n. f. Situation d'une personne qui a deux femmes ou deux maris en même temps. → aussi **polygamie.**

bigarré, bigarrée adj. Qui a des couleurs vives et variées. → **bariolé.** *Une robe bigarrée.* ▮ contraire : **uni.**

bigarreau n. m. Cerise rouge et blanche à chair ferme. – Au pl. *Des bigarreaux.*

des bigarreaux

bigorneau n. m. Petit coquillage à coquille grise ou noire à spirale, qui ressemble à un escargot. *Nous avons ramassé des bigorneaux.* → planche **Crustacés** et coquillages.

bigoudi n. m. Petit rouleau autour duquel on enroule chaque mèche de cheveux pour la friser. *Elle s'est mis des bigoudis.*

bijou n. m. (pl. **bijoux**) (→ ÉTYM.) Petit objet, souvent précieux, que l'on porte sur soi comme ornement. → aussi **joyau.** *Les bagues, les bracelets, les colliers sont des bijoux.*

▸ **bijouterie** n. f. Magasin où l'on vend des bijoux.

▸ **bijoutier** n. m., **bijoutière** n. f. Personne qui fabrique ou vend des bijoux. → aussi **joaillier, orfèvre.**

bilan n. m. **1.** Tableau des comptes qu'une entreprise fait tous les ans. *Le comptable de l'usine fait le bilan annuel. – Déposer son bilan,* faire faillite. **2.** Résultat d'ensemble. *Le bilan du tremblement de terre est très lourd,* il y a eu de gros dégâts et de nombreuses victimes.
▶ Ce mot vient de l'italien *bilancio* qui veut dire «balance». Un bilan doit être équilibré.

bilatéral, bilatérale adj. Qui concerne deux côtés. *Dans cette rue, le stationnement est bilatéral,* il est autorisé des deux côtés de la rue. ▮ contraire : **unilatéral.** – Au masc. pl. *bilatéraux.* ▷ Mot de la famille de latéral.

bile n. f. **1.** Liquide amer fabriqué par le foie, qui aide à la digestion. ➜ aussi **fiel. 2.** Familier. *Se faire de la bile,* se faire du souci, s'inquiéter.

▸ **biliaire** adj. Qui contient de la bile. *La vésicule biliaire.*

bilingue adj. *Une personne bilingue,* qui parle parfaitement deux langues. *Un dictionnaire bilingue,* qui est en deux langues.

① **bille** n. f. **1.** Petite boule. *Paul et Théo jouent aux billes.* ➜ aussi ① **calot.** *Les billes de billard sont rouges et blanches.* **2.** *Un stylo à bille,* dont l'extrémité est formée d'une petite boule en métal qui, en roulant sur le papier, laisse sortir l'encre.

▸ **billard** n. m. Jeu consistant à faire rouler des billes sur une table spéciale, appelée aussi *billard.*

billard

② **bille** n. f. Gros morceau de bois obtenu en découpant un tronc d'arbre. *Une bille de chêne.*

▸ Autre mot de la famille : billot.

billet n. m. **1.** *Un billet* ou *un billet de banque,* c'est un rectangle de papier qui représente une certaine somme d'argent. *Un billet de 5 euros.* **2.** Rectangle de papier permettant de voyager, d'avoir accès à un lieu payant ou de participer à un jeu. *Un billet de train, d'avion.* ➜ **ticket.** *Un billet de tombola,* pour participer à une tombola.

▸ **billetterie** n. f. **1.** Lieu où l'on peut acheter des billets de spectacle ou des titres de transport. ➜ aussi **guichet.** *La billetterie d'un musée.* **2.** Distributeur automatique qui permet de retirer de l'argent à l'aide d'une carte de crédit.

billot n. m. Gros bloc de bois dont le dessus est plat. *Il a fendu à la hache la bûche posée sur le billot.* ▷ Mot de la famille de ② bille.

bimensuel, bimensuelle adj. Qui paraît deux fois par mois. *Une revue bimensuelle.* ▷ Mot de la famille de mensuel.

bimoteur n. m. Avion qui a deux moteurs. ▷ Mot de la famille de ① moteur.

binaire adj. Composé de deux éléments. *Un rythme binaire,* à deux temps.

biner v. (conjug. 3) Remuer la terre en surface autour des plantes. *Le jardinier bine ses salades.*

▸ **binette** n. f. Outil de jardinage qui sert à biner.

biniou n. m. (pl. **binious**) Instrument de musique breton à vent, composé d'un sac de cuir et de plusieurs tuyaux. ➜ aussi **cornemuse.**

▸ *Biniou* est un mot breton.

joueur de biniou

binocle n. m. Autrefois, lunettes sans branches qui se fixaient sur le nez. ➜ **lorgnon.**

bio- Préfixe d'origine grecque qui veut dire «vie» (ex. : *biodégradable, biodiversité*).

biocarburant n. m. Matière d'origine végétale qui sert à faire fonctionner un moteur. ➜ aussi **biogaz.** *L'huile de tournesol est un biocarburant.* ▷ Mot de la famille de carburant.

biodégradable adj. Qui se décompose dans la nature, sous l'action des bactéries et de champignons microscopiques. *Les emballages biodégradables respectent l'environnement.* ▷ Mot de la famille de dégrader.

biodiversité n. f. Ensemble de toutes les espèces vivantes qui sont présentes sur la Terre. ▷ Mot de la famille de divers.

biogaz n. m. Gaz produit par la décomposition de matières végétales et animales qui fermentent en l'absence d'oxygène. *Le biogaz peut servir de carburant.* ▷ Mot de la famille de gaz.

biographie n. f. Livre qui raconte la vie de quelqu'un. *Alex a lu une biographie de Mozart.*
▶ Autre mot de la famille : autobiographie.

biologie n. f. (→ ÉTYM.) Science qui étudie les êtres vivants.

▸ **biologique** adj. 1. Qui concerne la biologie. 2. Naturel. *Des produits biologiques.*
▶ On dit familièrement *bio : des yaourts bios.*

biomasse n. f. Ensemble des matières végétales et animales vivantes qui peuvent devenir source d'énergie. → planche **Énergie.** *L'énergie provenant de la biomasse est une énergie renouvelable.* ▷ Mot de la famille de ① masse.

biométrie n. f. Ensemble des techniques qui permettent d'identifier une personne par ses caractéristiques physiques et biologiques, comme ses empreintes digitales et son ADN, ou encore par sa voix ou sa façon de marcher.

bipède n. m. Être qui marche sur deux pieds ou deux pattes. *Les êtres humains et les oiseaux sont des bipèdes.*

▸ **bipédie** n. f. Le fait de marcher debout sur deux pieds.

biplan n. m. Avion qui avait deux ailes superposées. ▷ Mot de la famille de ① plan.

bique n. f. Familier. Chèvre.

① **bis** [bi], **bise** [biz] adj. Gris-brun. *Le pain bis contient du son. Un torchon de toile bise.*

② **bis** [bis] adj. et interj.
■ adj. Indique la répétition d'un numéro. *Nous sommes tous voisins : elle habite au 15, moi au 15 bis et lui au 17.* → aussi **ter.**
■ interj. Cri par lequel le public réclame à un artiste de rechanter une chanson, de rejouer un morceau, à la fin d'un concert. *Les spectateurs criaient : «Bis ! bis !».*
▶ Autre mot de la famille : bisser.

bisbille n. f. Familier. Petite querelle pour quelque chose sans importance. *Julie est en bisbille avec Paul,* Julie et Paul sont un peu fâchés.

biscornu, biscornue adj. 1. Qui a une forme irrégulière. *Cette pièce est biscornue.* 2. Familier. Bizarre et compliqué. *Paul a souvent des idées biscornues.* → **bizarre.**

biscotte n. f. (→ ÉTYM.) Tranche de pain de mie séchée au four. *Un paquet de biscottes.*

biscuit n. m. Gâteau sec. *Un paquet de biscuits.* ▷ Mot de la famille de cuire.

① **bise** n. f. Vent froid et sec qui souffle du nord.

② **bise** n. f. Familier. Baiser. *Louise a fait la bise à Paul,* elle l'a embrassé.
▶ Autre mot de la famille : bisou.

biseau n. m. *En biseau,* en oblique. *Cette glace est taillée en biseau,* ses bords sont taillés en oblique.

▸ **biseauté, biseautée** adj. *Une glace biseautée,* dont les bords sont taillés en biseau.

bison n. m. Bœuf sauvage au front large et bombé, armé de cornes courtes, aux épaules plus élevées que la croupe et à la tête ornée d'une épaisse crinière. *Les bisons ont une bosse sur le cou.*

bison

bisou n. m. (pl. **bisous**) Familier. Petit baiser. *Fais-moi un bisou !* ▷ Mot de la famille de ② **bise.**

bissectrice n. f. Droite qui divise un angle en deux angles égaux. ➜ planche **Géométrie.** *Tracez la bissectrice de l'angle A.*

bisser v. (conjug. 3) Faire rechanter une chanson, faire rejouer un morceau à un artiste en criant « bis » et en applaudissant. *Tout le public a bissé la dernière chanson.* ▷ Mot de la famille de ② **bis.**

bissextile adj. *Une année bissextile* est une année de 366 jours parce que le mois de février a 29 jours au lieu de 28. *Il y a une année bissextile tous les quatre ans.*

bistouri n. m. Petit couteau à lame pointue et très tranchante, utilisé par les chirurgiens. ➜ **scalpel.**

bistrot ou **bistro** n. m. Familier. Café. *Ils ont pris un verre au bistrot.*

bitume n. m. Pâte noirâtre et visqueuse, à odeur très forte, dont on recouvre les routes et les trottoirs. ➜ **asphalte, goudron.**

bivouac n. m. Campement provisoire. *Les alpinistes ont établi leur bivouac au pied d'une paroi rocheuse.*

▸ **bivouaquer** v. (conjug. 3) S'installer dans un campement provisoire. ➜ **camper.** *Les randonneurs bivouaquent au bord du ruisseau.*

bizarre adj. **1.** Qui n'est pas habituel. ➜ **curieux, étrange, extraordinaire, insolite, singulier ;** fam. **marrant.** ▮ contraires : **banal, normal.** *Théo a souvent des idées bizarres.* ➜ **saugrenu.** *Un objet bizarre.* **2.** Dont la manière d'être est spéciale, extravagante. *Elle est vraiment bizarre.* ➜ **original.**

▶ Ce mot vient de l'italien *bizzarro* qui veut dire « capricieux ».

▸ **bizarrement** adv. D'une manière bizarre, étrange. ➜ **curieusement.** *Elle était bizarrement habillée.*

▸ **bizarrerie** n. f. Chose étrange, inhabituelle ou anormale. ➜ **anomalie.** *Il y a beaucoup de bizarreries dans l'orthographe française.*

blafard, blafarde adj. Pâle et sans éclat. ➜ **blême.** *Le malade a le teint blafard.* ➜ **livide.** *Une lumière blafarde.*

blague n. f. Familier. **1.** Histoire imaginée que l'on essaie de faire passer pour vraie. *Paul raconte souvent des blagues.* ➜ **blaguer. 2.** Farce. *Léa nous a fait une bonne blague pour le 1er avril.* ➜ aussi **plaisanterie.**

▸ **blaguer** v. (conjug. 3) Familier. Raconter des blagues. *Paul aime bien blaguer.* ➜ **plaisanter.**

blaireau n. m. **1.** Petit animal bas sur pattes, au pelage clair sur le dos, foncé sous le ventre, qui se nourrit de racines, de miel et de petits animaux. ➜ planche **Forêt.** – Au pl. *Des blaireaux.* **2.** Petite brosse servant à faire mousser le savon à barbe.

blaireau

blâmer v. (conjug. 3) Critiquer, désapprouver, condamner. ▮ contraire : **féliciter.** *Tous ses amis l'ont blâmé d'avoir agi ainsi.*

▶ Ce mot appartient au langage soutenu.

▸ **blâme** n. m. Réprimande que l'on fait à quelqu'un qui a commis une faute grave. ▮ contraires : **éloge, louange.** *L'employé a eu un blâme parce qu'il avait volé des fournitures de bureau.*

blanc adj. et n. m., **blanche** adj. et n. f.

▪ adj. **1.** De la couleur la plus claire qui existe. ➜ planche **Couleurs.** *La neige est blanche. Des draps blancs. Des chaussures blanches.* **2.** D'une couleur très pâle. *Un homme aux cheveux blancs. Il préfère le vin blanc au vin rouge. Le raisin blanc et le raisin noir.* **3.** *De nombreux électeurs ont mis un bulletin blanc dans l'urne,* un bulletin sur lequel il n'y avait rien d'écrit. **4.** *Une nuit blanche,* sans sommeil. **5.** Qui appartient au groupe humain qui a une peau naturellement très claire. *Une femme blanche.*

▪ n. m. **1.** Couleur blanche. *La mariée était habillée en blanc. Des photos en noir et blanc.* ▮ contraire : en **couleur. 2.** *Le blanc du poulet,* la chair de la poitrine et des ailes. **3.** *Le blanc d'œuf,* la partie incolore et visqueuse de l'œuf.

Le cuisinier fait monter des blancs en neige. **4.** Vin blanc. *Une bouteille de blanc sec.* **5.** *Un blanc,* un espace qui n'est pas écrit, dans un texte. *Laisse des blancs entre les paragraphes, ce sera plus clair.* **6.** *Tirer à blanc,* avec des cartouches sans balles. *Les policiers ont tiré à blanc.*

■ n. m. et f. Personne qui a la peau naturellement claire. *Les Blancs d'Afrique du Sud.*

▶ **blanchâtre** adj. D'une couleur plus ou moins blanche, pas très belle. *On distingue une lueur blanchâtre au bout du tunnel.*

▶ **blanche** n. f. Note de musique qui vaut deux noires.

▶ **blancheur** n. f. Couleur blanche. *Ses dents sont d'une blancheur éclatante.*

▶ **blanchir** v. (conjug. 11) **1.** Rendre blanc. *La neige blanchit les sommets.* **2.** Devenir blanc. *Les cheveux blanchissent avec l'âge.* **3.** *Être blanchi,* c'est être déclaré innocent. *L'accusée a été blanchie.*

▶ **blanchissage** n. m. Lavage du linge. *Il a envoyé ses chemises au blanchissage.*

▶ **blanchisserie** n. f. Magasin où l'on donne son linge à laver. ➜ aussi **laverie, teinturerie.**

▶ **blanquette** n. f. Ragoût de viande blanche dans une sauce blanche. *De la blanquette de veau.*

▶ Autre mot de la famille : fer-blanc.

blasé, blasée adj. *Une personne blasée,* c'est une personne qui manque d'enthousiasme, à qui rien ne fait plus plaisir.

blason n. m. Dessin, emblème particulier à une famille noble, à une ville. ➜ **armoiries.**

blasphème n. m. Parole qui insulte la religion.

▶ **blasphémer** v. (conjug. 8) Dire des blasphèmes.

blatte n. f. Insecte marron au corps aplati et aux longues antennes. ➜ ① **cafard.** ➜ planche **Insectes.** *Il y a des blattes sous l'évier.*

blazer [blazɛʀ] n. m. Veste de flanelle croisée ou droite. *Son père porte des blazers bleu marine.*

Ce mot anglais vient du verbe *to blaze* qui signifie «flamboyer», car cette veste portée dans les collèges anglais était souvent de couleur vive.

blé n. m. **1.** Céréale dont le grain écrasé sert à faire de la farine, de la semoule. ➜ **froment.** *Un champ de blé. Des épis de blé.* **2.** *Blé noir,* sarrasin. *Des galettes de blé noir.*

bled n. m. **1.** La campagne, en Afrique du Nord. **2.** Familier. Petit village isolé. ➜ fam. **patelin.**

C'est un mot arabe d'Afrique du Nord qui veut dire «terrain, pays».

blême adj. Très pâle. *Il était blême de colère.* ➜ **livide.** *Une lueur blême.* ➜ **blafard.**

▶ **blêmir** v. (conjug. 11) Devenir blême. ➜ **pâlir.** *Il blêmit de rage.*

blesser v. (conjug. 3) **1.** Donner un coup qui provoque une plaie, une meurtrissure. *Il a été blessé dans l'accident.* – **se blesser,** se faire mal. *Léa s'est blessée à la main.* **2.** Faire de la peine, offenser. ➜ **vexer.** *Ta remarque l'a blessé.*

▶ **blessé** adj. et n. m., **blessée** adj. et n. f.

■ adj. Qui a reçu une blessure. *Il y a eu trois personnes grièvement blessées dans l'accident.*

■ n. Personne blessée. *L'ambulance transporte les blessés à l'hôpital.*

▶ **blessant, blessante** adj. *Des paroles blessantes,* qui font de la peine. ➜ **désobligeant, méchant, vexant.**

▶ **blessure** n. f. **1.** Dégât fait à une partie du corps. ➜ **plaie.** *Il faut mettre du désinfectant sur ta blessure.* **2.** Ce qui fait du mal moralement. *Une blessure d'amour-propre.* ➜ **humiliation.**

blet, blette adj. Trop mûr. *Ces poires sont blettes.*

blette ➜ **bette**

bleu adj. et n. m., **bleue** adj.

■ adj. **1.** Qui est de la même couleur qu'un ciel sans nuages. ➜ planche **Couleurs.** *Théo a les yeux bleus.* **2.** *Paul mange son bifteck bleu,* très saignant, à peine cuit. **3.** *Avoir une peur bleue,* une peur très forte.

■ n. m. **1.** Couleur bleue. *Sa robe est d'un beau bleu. Des pulls bleu clair. Des chaussettes bleu marine.* **2.** Marque bleue sur la peau, due à un coup. ➜ **ecchymose, hématome.** *Il était couvert de bleus.* **3.** Fromage de lait de vache qui contient des moisissures. *Du bleu d'Auvergne.* **4.** Combinaison de travail en toile très solide. *Un bleu de mécanicien.*

a b c d e f g h i j k l m n o p q r s t u v w x y z

▸ **bleuâtre** adj. D'une couleur presque bleue. *On aperçoit une fumée bleuâtre.*

▸ **bleuet** n. m. Fleur des champs de couleur bleue. ➜ planche **Fleurs.** *Un bouquet de bleuets.*

▸ **bleuir** v. (conjug. 11) **1.** Devenir bleu. *L'horizon bleuit au lever du jour.* **2.** Rendre bleu. *Le froid lui bleuissait les mains.*

▸ **bleuté, bleutée** adj. D'une couleur légèrement bleue. *Le glacier a des reflets bleutés.*

bleuet

blindé, blindée adj. Recouvert d'une plaque de métal qui protège. *Une porte blindée.* – n. m. *Un blindé,* un véhicule militaire blindé. ➜ **char, tank.**

blizzard n. m. Vent glacial qui souffle au Canada et dans le nord des États-Unis, souvent accompagné de tempêtes de neige.
▸ Ce mot vient de l'américain.

bloc n. m. **1.** Gros morceau. *Des blocs de pierre se sont détachés de la falaise.* **2.** Ensemble de feuilles de papier détachables, de même dimension, collées ensemble sur un côté. *Un bloc de papier à lettres.* **3.** *Faire bloc,* c'est former un groupe uni. *Ils ont fait bloc contre l'agresseur.* **4.** *En bloc,* en totalité. *Ils ont refusé toutes les propositions en bloc.* **5.** *À bloc,* à fond, complètement. *Les pneus sont gonflés à bloc.*
▸ Autres mots de la famille : blocage, bloc-note, bloquer, déblocage, débloquer.

blocage n. m. *Le blocage du ballon par le gardien de but,* le fait d'empêcher le ballon de circuler. – *Le blocage des prix,* c'est le fait de les empêcher de monter. ▷ Mot de la famille de bloc.

bloc-note n. m. Bloc de papier qui sert à écrire des observations, à prendre des notes. *Julie a noté la recette des crêpes sur un bloc-note.* – Au pl. *Des blocs-notes.* ▷ Mot de la famille de bloc et de note.

blocus [blɔkys] n. m. *Faire le blocus d'un pays,* c'est le priver de relations commerciales avec les autres pays en l'empêchant d'importer ou d'exporter des marchandises. ➜ aussi **embargo.**

blog n. m. Journal personnel qu'une personne écrit sur son site Internet. *Cet homme politique dit ce qu'il pense de la situation économique sur son blog.*
▸ Ce mot vient de l'anglais.

blond, blonde adj. **1.** *Des cheveux blonds,* de la couleur la plus claire, proche du jaune. – n. *Louise est une jolie blonde.* **2.** *Des cigarettes blondes,* faites avec du tabac d'un jaune orangé. – *Une bière blonde,* de couleur jaune clair. ▮ contraire : **brun.**

bloquer v. (conjug. 3) **1.** Empêcher de bouger, de se mouvoir. *Le gardien de but a bloqué le ballon. La voiture est bloquée dans les embouteillages.* ➜ **coincer. 2.** Boucher, obstruer. *Des travaux bloquent la rue.* ➜ **barrer. 3.** *Le gouvernement a bloqué les prix,* a interdit qu'ils augmentent. ▮ contraire : **débloquer.** ▷ Mot de la famille de bloc.

se **blottir** v. (conjug. 11) Se replier sur soi-même de manière à occuper le moins de place possible. *Léa s'est blottie sous sa couette.* ➜ se **pelotonner.**

blouse n. f. Vêtement long que l'on met par-dessus les autres pour les protéger quand on travaille. *Le dentiste porte une blouse blanche.*

▸ **blouson** n. m. Veste courte serrée aux hanches. *Un blouson de cuir.*

bluff [blœf] n. m. Attitude qui a pour but de tromper les gens en exagérant. *Il dit qu'il a escaladé cette montagne, mais c'est du bluff.*
▸ Mot américain qui vient du jeu de poker. Le *bluff,* c'est l'attitude du joueur qui fait croire à l'adversaire qu'il a les cartes les plus fortes, même si c'est faux.

▸ **bluffer** [blœfe] v. (conjug. 3) Essayer de tromper. ➜ se **vanter.** *Ne le croyez surtout pas, il bluffe !*

boa n. m. Gros serpent d'Amérique du Sud, sans venin, qui étouffe sa proie dans ses anneaux. ➜ aussi **anaconda.** *Des boas.*

bob n. m. (➜ ÉTYM.) Petit chapeau de toile dont les bords peuvent se relever.

bobard n. m. Familier. Mensonge que l'on raconte pour tromper ou pour se mettre en valeur. → **baratin, blague, boniment.** *Tu nous racontes des bobards !*

bobine n. f. Petit cylindre sur lequel est enroulé du fil, une pellicule photo ou un film. *Une bobine de fil.*

▶ Autre mot de la famille : rembobiner.

bobo n. m. Familier. Petite plaie, petit mal sans gravité. *Un petit bobo de rien du tout.*

Ce mot appartient au langage des très jeunes enfants.

bobsleigh [bɔbslɛg] n. m. **1.** Traîneau à plusieurs places servant à glisser à grande vitesse sur des pistes de neige ou de glace. **2.** Sport pratiqué avec ce traîneau.

Ce mot vient de l'anglais *to bob* qui veut dire «se balancer» et de *sleigh* qui veut dire «traîneau».

bobsleigh

bocage n. m. Région où les prés et les champs sont fermés par des haies et des arbres. *Le bocage normand.*

bocal n. m. (pl. **bocaux**) **1.** Récipient en verre, à ouverture assez large, dans lequel on conserve les aliments. *Des bocaux de cornichons.* **2.** Aquarium en forme de globe. *Les poissons rouges tournent dans leur bocal.*

bœuf n. m. **1.** Taureau castré. *Les bœufs paissent dans le pré.* → aussi **bovin** et **ruminant** ; → planche Animaux **domestiques. 2.** Viande de bœuf ou de vache. *Un rôti de bœuf.*

On dit *un bœuf* [bœf], *des bœufs* [bø].

▶ Autre mot de la famille : œil-de-bœuf.

bof interj. Mot qui sert à exprimer la lassitude ou l'indifférence. *Tu ne veux vraiment pas m'accompagner ? – Bof !*

① **bogue** n. f. Enveloppe de la châtaigne, recouverte de piquants.

② **bogue** n. m. Défaut dans un logiciel qui empêche un ordinateur de fonctionner normalement.

Ce mot remplace le mot anglais *bug* [bœg] qui veut dire exactement «bestiole nuisible».

bohème n. m. et f. Personne qui vit comme elle en a envie, sans souci du lendemain. *Les artistes mènent souvent une vie de bohème.* – adj. *Elle est un peu bohème.*

boire v. (conjug. 56) **1.** Avaler un liquide. *Julie boit un verre de lait.* **2.** *Boire les paroles de quelqu'un,* écouter ce qu'il dit avec attention et admiration. **3.** Absorber beaucoup d'alcool. → s'**enivrer,** se **soûler.** *Si tu bois trop, tu vas être ivre.* **4.** Absorber un liquide. *Le buvard a bu toute l'encre.* **5.** *Qui a bu boira :* on ne se corrige jamais d'un défaut qui est devenu une habitude.

▶ Autres mots de la famille : boisson, buvable, buvard, buvette, buveur, imbu, imbuvable, pourboire.

bois n. m. **1.** Terrain couvert d'arbres. → **forêt.** *Elle se promène dans les bois avec son chien.* **2.** Matière dont est fait un arbre. *Il a coupé du bois pour faire un feu.* → planche **Énergie.** *Une table en bois blanc.* **3.** *Les bois d'un cerf, d'un élan* ou *d'un renne,* leurs cornes. → aussi **andouiller** et **ramure.**

▶ **boisé, boisée** adj. Couvert de bois. *Une colline boisée.*

▶ **boiserie** n. f. Panneau décoratif en bois. *Les murs du salon sont recouverts de boiseries.*

▶ Autres mots de la famille : déboisement, déboiser, hautbois, reboisement, reboiser, sous-bois.

boisson n. f. Liquide qui se boit. *En hiver, on apprécie les boissons chaudes.* ▷ Mot de la famille de boire.

boîte n. f. **1.** Récipient, généralement muni d'un couvercle, qui se transporte facilement. *Une boîte à chaussures. Le tournevis est dans la boîte à outils. Des boîtes de conserve.* – *Mettre quelqu'en en boîte,* se moquer de lui. **2.** *Une boîte aux lettres,* c'est une boîte, sur la voie publique, dans laquelle on met le courrier que l'on poste ; c'est aussi une boîte privée, dans une maison, un immeuble, où le facteur dépose le courrier. **3.** *Une boîte vocale,* un dispositif qui donne une réponse enregistrée et permet de laisser un message sur un téléphone. **4.** *Une boîte de nuit,* c'est un endroit ouvert la nuit où l'on boit et l'on danse. → aussi **discothèque.** *Il sort en boîte.*

▶ Autres mots de la famille : boîtier, ② déboîter, emboîter, ouvre-boîte.

boiter v. (conjug. 3) Marcher en penchant le corps d'un côté plus que de l'autre. *Depuis son accident de voiture, elle boite un peu.*

▶ **boiteux, boiteuse** adj. **1.** *Une personne boiteuse,* qui boite. **2.** *Une chaise boiteuse,* qui n'est pas stable. → **bancal. 3.** *Un raisonnement boiteux,* qui manque d'équilibre et de solidité.

boîtier n. m. *Un boîtier de montre,* c'est la partie qui renferme le mécanisme. *Le boîtier d'une lampe de poche,* c'est la partie qui renferme la pile. ▷ Mot de la famille de boîte.

① **bol** n. m. Petit récipient rond dans lequel on boit. *Elle verse le café dans des bols. – Julie boit un bol de lait,* le contenu d'un bol de lait.

② **bol** n. m. *Le bol alimentaire,* c'est la quantité d'aliments que l'on avale en une seule fois.

boléro n. m. Petite veste sans manches qui ne se boutonne pas et s'arrête au-dessus de la taille.

bolet n. m. Champignon dont certaines espèces sont comestibles. → **cèpe.** → planche **Champignons.**

bolet

bolide n. m. Voiture très rapide. *Les bolides tournent sur le circuit.*

▶ On appelait ainsi les météorites qui passaient à proximité de la Terre, à très grande vitesse.

bombe n. f. **1.** Engin qui détruit en explosant. *Les terroristes ont fait exploser une bombe cachée dans une valise. La bombe atomique utilise l'énergie nucléaire. – La nouvelle de sa mort a fait l'effet d'une bombe,* a provoqué une grande surprise. **2.** Petit bidon de métal qui vaporise un liquide sous pression. → aussi **aérosol.** *Une bombe d'insecticide, de peinture.* **3.** Casquette rigide de forme arrondie que l'on porte pour monter à cheval.

▶ **bombardement** n. m. Action de lancer des bombes. *La gare a été détruite par un bombardement.*

▶ **bombarder** v. (conjug. 3) Lancer des bombes. *Les avions bombardent la ville.*

▶ **bombardier** n. m. Avion équipé pour lancer des bombes. → planche **Avions.**

bomber v. (conjug. 3) *Bomber la poitrine, le torse,* se redresser et arrondir la poitrine en respirant.

▶ **bombé, bombée** adj. Renflé, arrondi. *Théo a le front bombé.*

bombyx n. m. Papillon dont la chenille est le ver à soie.

bombyx

bôme n. f. Barre horizontale sur laquelle est attachée la grand voile d'un bateau. → planche **Bateaux.** ▮ homonyme : baume.

① **bon** adj., adv. et interj., **bonne** adj.
▪ adj. **1.** Agréable à boire, à manger, à sentir. *Quel bon gâteau !* → **délicieux, succulent.** ▮ contraire : **mauvais. 2.** Agréable, réussi. *Bonnes vacances ! J'ai vu un bon film, hier.* **3.** *Le sport est bon pour la santé,* il fait du bien. → **bénéfique. 4.** *Ce vieux pantalon est bon à jeter,* il mérite d'être jeté. **5.** Exact, juste. *Vous avez pris la*

bonne direction. ▮ contraire : **mauvais.** **6.** Qui fait bien ce qu'il doit faire. *Louise est bonne en histoire.* **7.** Qui fait du bien aux autres. ➜ **généreux.** ▮ contraire : **méchant.** *C'est un homme très bon. Il a bon cœur.* **8.** *Il y a encore une bonne dizaine de kilomètres jusqu'au village,* plus d'une dizaine.

▪ **adv.** **1.** *Ces roses sentent bon,* leur odeur est agréable. **2.** *Il fait bon,* la température est agréable. **3.** *Tenir bon,* résister. **4.** *Pour de bon,* réellement. *Il est fâché pour de bon.* ➜ **vraiment.**

▪ **interj.** *Bon !* indique la satisfaction, la surprise ou le mécontentement. *C'est fini ? Bon ! alors on s'en va.* ▮ homonyme : bond.

▸ ② **bon** n. m. Papier qui donne droit à quelque chose. *Un bon de réduction.* ▮ homonyme : bond.

▸ **bonbon** n. m. Friandise à base de sucre parfumé qui se suce ou se croque. *Des bonbons à la menthe.*

▶ Autres mots de la famille : bonbonnière, bonhomme, se bonifier, bonjour, bon marché, bonne, bonne femme, bonnement, bonsoir, bonté, bon vivant, embonpoint.

bonbonne n. f. Grosse bouteille. *Une bonbonne de butane.*

bonbonnière n. f. Boîte à bonbons, souvent en matière précieuse. ▷ Mot de la famille de bon.

bond n. m. **1.** Action de s'élever de terre par un mouvement brusque. ➜ **saut.** *D'un bond, le cheval a franchi l'obstacle. Le kangourou avance par bonds.* **2.** *Les prix ont fait un bond,* ils ont brusquement augmenté. **3.** *Faire faux bond à quelqu'un,* c'est ne pas aller au rendez-vous que l'on a avec lui. *Léa a attendu une heure, mais Julie lui a fait faux bond.* ▮ homonymes : ① et ② bon. ▷ Mot de la famille de bondir.

bonde n. f. Trou rond par lequel se vide l'eau du lavabo, de la baignoire.

bondé, bondée adj. Complètement plein. ➜ ② **comble.** *Au moment des départs en vacances les trains sont bondés.*

bondir v. (conjug. 11) **1.** S'élever brusquement en l'air par un saut. ➜ **sauter.** *Le tigre bondit sur sa proie.* **2.** Se précipiter. ➜ **courir.** *Julie a bondi sur le téléphone à la première sonnerie.*

▶ Autres mots de la famille : bond, rebond, rebondir, rebondissement.

bonheur n. m. **1.** État dans lequel on se trouve quand on est tout à fait content. ▮ contraire : **malheur.** *Le maire a souhaité beaucoup de bonheur aux jeunes mariés.* **2.** Chance. ▮ contraire : **malchance.** *On dit que les trèfles à quatre feuilles portent bonheur. Par bonheur il n'a pas plu,* par chance. ➜ **heureusement.**

▶ Autre mot de la famille : porte-bonheur.

bonhomme [bɔnɔm] n. m. (pl. **bonshommes** [bɔ̃zɔm]) Familier. Homme, monsieur. ➜ **type.** *Un gros bonhomme chauve. Il y a deux bonshommes et une bonne femme devant la maison.* – *Les enfants ont fait un bonhomme de neige,* ils se sont servis de neige pour représenter un homme. ▷ Mot de la famille de ① bon et de homme.

se bonifier v. (conjug. 9) Devenir meilleur. *Le vin se bonifie en vieillissant.* ▷ Mot de la famille de ① bon.

boniment n. m. Familier. Mensonges faits pour essayer de convaincre. *Ne crois pas ce qu'il raconte, c'est du boniment.* ➜ fam. **baratin** et aussi **bobard.**

bonjour n. m. Mot que l'on dit pour saluer quelqu'un que l'on rencontre pour la première fois de la journée. ▮ contraire : au **revoir.** *Il m'a dit bonjour. Bonjour, madame.* ➜ aussi **bonsoir.** – *C'est simple comme bonjour,* c'est très simple. ▷ Mot de la famille de ① bon et de jour.

bon marché adj. inv. Pas cher. *Ces chaussures sont bon marché.* ▷ Mot de la famille de ① bon et de marché.

bonne n. f. Employée de maison. ➜ **domestique.** ▷ Mot de la famille de ① bon.
◗ Ce mot ne s'emploie plus beaucoup.

bonne femme n. f. Familier. Femme. ➜ aussi **bonhomme.** *J'ai rencontré deux bonnes femmes que je connaissais.* ▷ Mot de la famille de ① bon et de femme.

bonnement adv. *Tout bonnement,* tout simplement. *J'ai dit tout bonnement ce que je pensais.* ▷ Mot de la famille de ① bon.

bonnet n. m. Coiffure souple sans bord. *Un bonnet de laine.*

▸ **bonneterie** ou **bonnèterie** n. f. Fabrication et commerce de vêtements fabriqués en tissu à mailles. *La lingerie, les collants, les*

a b c d e f g h i j k l m n o p q r s t u v w x y z

chaussettes sont des articles de bonneterie.

▶ Écrire *bonnèterie* avec e accent grave devant le *t* est conforme à la nouvelle orthographe.

bonsaï [bɔ̃zaj] n. m. Arbre nain cultivé en pot. – Au pl. *Des bonsaïs.*

▶ *Bonsaï* est un mot japonais qui veut dire « arbre en pot ».

bonsoir n. m. Mot que l'on dit pour saluer quelqu'un le soir, quand on le rencontre ou quand on le quitte. *Bonsoir Léa ! Théo nous a dit bonsoir en partant.* → aussi **bonjour.** ▷ Mot de la famille de (1) bon et de soir.

bonté n. f. Qualité d'une personne généreuse avec les autres, gentille et indulgente. ▮ contraire : **méchanceté.** *C'est une femme d'une grande bonté. – Auriez-vous la bonté de m'aider à porter cette caisse ?* auriez-vous l'amabilité, la gentillesse de le faire ? ▷ Mot de la famille de (1) bon.

bonus [bɔnys] n. m. Réduction que fait un assureur à un conducteur qui n'a pas eu d'accident. ▮ contraire : **malus.** *Avoir un bonus.*

bon vivant n. m. Homme d'humeur gaie, qui aime les plaisirs de la vie. *Les bons vivants aiment bien manger et boire.* ▷ Mot de la famille de (1) bon et de (1) vivre.

bonze n. m. Moine bouddhiste.

boom [bum] n. m. Augmentation très rapide. *Il y a eu un boom des naissances à la fin de la Seconde Guerre mondiale.* ▮ homonymes : (1) et (2) boum.

▶ Ce mot vient de l'anglais.

boomerang [bumʀɑ̃g] n. m. Morceau de bois dur recourbé qui revient vers la personne qui l'a lancé si le but n'est pas atteint.

▶ Ce mot anglais vient d'une langue australienne.

borborygme n. m. **1.** Bruit fait par l'air qui se déplace dans l'estomac ou l'intestin. → **gargouillement, gargouillis. 2.** Au plur. Mots incompréhensibles, bruit de voix qu'on ne comprend pas. *Je ne comprends rien de ce qu'il dit, on n'entend que des borborygmes.*

▶ Ce mot appartient au langage soutenu.

(1) **bord** n. m. **1.** Côté, contour, limite de quelque chose. *À ras bord,* jusqu'en haut. *Il a rempli son verre jusqu'au bord. Des coquelicots poussent au bord de la route,* sur le côté de la route. *Elle passe ses vacances au bord de la mer,* dans une région qui est le long de la mer, sur la côte. **2.** *Léa est au bord des larmes,* elle est tout près de pleurer.

▶ Autres mots de la famille : abord, abordable, (1) aborder, border, bordier, bordure, débordé, débordement, déborder, inabordable, rebord.

(2) **bord** n. m. *À bord,* dans un bateau, un avion ou une voiture. *Les passagers de l'avion sont montés à bord,* dans l'avion.

▶ Autres mots de la famille : abordage, (2) aborder, hors-bord.

aborigène tenant un boomerang

bordeaux n. m. et adj.

▪ n. m. Vin rouge ou blanc de la région de Bordeaux.

▪ adj. Rouge foncé. → planche **Couleurs.** *Une jupe, des mocassins bordeaux.*

border v. (conjug. 3) **1.** Être sur le bord de quelque chose. *Des platanes bordent la route. – Un mouchoir bordé de dentelle,* qui a de la dentelle sur les bords, garni de dentelle. **2.** *Border son lit,* c'est replier le bord des draps et des couvertures sous le matelas. ▷ Mot de la famille de (1) bord.

bordier n. m. Riverain. ▷ Mot de la famille de (1) bord.

▶ Ce mot est employé en Suisse.

bordure n. f. **1.** Ce qui forme le bord de quelque chose. *La pelouse est entourée d'une bordure de fleurs,* il y a des fleurs autour de la pelouse. **2.** *En bordure de,* le long de. *La maison est en bordure de la rivière.* ▷ Mot de la famille de (1) bord.

boréal, boréale adj. Qui est au nord du globe terrestre. *L'hémisphère boréal.* ➜ **nord.** ▮ contraire : **austral.** *Les régions boréales,* qui sont près du pôle Nord. ➜ **arctique.** – Au masc. pl. *boréaux.*

borgne adj. Qui ne voit que d'un œil. ➜ aussi **aveugle.** *Son chien est borgne.*

▶ Autre mot de la famille : éborgner.

borne n. f. **1.** Bloc de pierre ou de ciment qui indique la fin d'un terrain ou sert à le mesurer. *Il y a des bornes kilométriques tous les kilomètres, au bord des routes.* **2.** *Les bornes,* les limites. *Ma patience a des bornes ! Attention, tu dépasses les bornes,* tu exagères.

▶ **se borner** v. (conjug. 4) *Se borner à,* se contenter de, se limiter à. *Il n'a pas lu le livre entièrement, il s'est borné à regarder la première et la dernière page.*

▶ **borné, bornée** adj. *Une personne bornée,* qui a l'esprit étroit, ne comprend pas les idées qui ne sont pas les mêmes que les siennes. ➜ ② **obtus.** ▮ contraire : **ouvert.**

bosquet n. m. Petit groupe d'arbres ou d'arbustes.

◗ Ce mot vient de l'ancien provençal *bosc* qui veut dire « bois ».

bosse n. f. **1.** Boule qui se forme sous la peau après un choc. *Paul s'est fait une bosse au front en se cognant.* **2.** Grosseur anormale dans le dos due à une déformation de la colonne vertébrale. ➜ aussi **bossu.** **3.** Petite partie arrondie en relief sur le dos d'un animal. *Le chameau a deux bosses.* **4.** Partie bombée d'un terrain. *La route est pleine de creux et de bosses.* **5.** Familier. *Avoir la bosse des maths,* être doué en maths.

▶ **bosselé, bosselée** adj. Déformé par de petites bosses. *Le parechoc de la voiture est bosselé.* ➜ **cabossé.**

▶ Autres mots de la famille : bossu, cabossé.

bosser v. (conjug. 3) Familier. Travailler. *Ma grande sœur va bosser pendant les vacances pour gagner un peu d'argent.*

bossu, bossue adj. Qui a une bosse dans le dos. – n. *Un bossu, une bossue.* ▷ Mot de la famille de bosse.

botanique n. f. et adj.

▪ n. f. *La botanique,* c'est la science qui étudie les végétaux.

▪ adj. *Un jardin botanique,* c'est un jardin où l'on cultive de nombreuses espèces de plantes et d'arbres.

① **botte** n. f. Assemblage de légumes dont les tiges sont liées ensemble. *Une botte de radis, d'asperges.*

② **botte** n. f. Chaussure montante qui couvre la jambe. *Des bottes en caoutchouc.*

▶ **botté, bottée** adj. Qui porte des bottes. *Le Chat botté. Des cavaliers bottés de cuir.*

▶ **bottillon** n. m. Botte courte. *Des bottillons fourrés.*

▶ **bottine** n. f. Chaussure montante qui serre la cheville. *Des bottines à lacets.*

boubou n. m. (pl. **boubous**) Longue tunique ample portée par les Africains. *Des boubous multicolores.*

bouc n. m. **1.** Mâle de la chèvre. *Les boucs ont une odeur très forte.* **2.** Petite barbe à la pointe du menton. → **barbiche.**

boucan n. m. Familier. Bruit. *Quel boucan ! C'est quoi ce boucan ?* → **raffut, vacarme.**

bouche n. f. **1.** Ouverture dans le bas du visage, bordée par les lèvres. *Ouvrez la bouche ! Ferme la bouche quand tu manges ! Il a mis le gâteau tout entier dans sa bouche.* **2.** *Faire la fine bouche,* se montrer difficile. *La nouvelle a circulé de bouche à oreille,* d'une personne à l'autre. **3.** *Une bouche d'égout,* c'est l'ouverture d'un égout sur le trottoir. *Une bouche de métro,* l'entrée d'une station de métro.

▸ **bouche-à-bouche** n. m. inv. Méthode pour réanimer une personne noyée ou asphyxiée qui consiste à lui envoyer de l'air dans la bouche à l'aide de sa propre bouche. *Le secouriste fait du bouche-à-bouche au noyé.*

▸ Autres mots de la famille : bouchée, débouché, ② déboucher, embouchure.

bouché, bouchée adj. **1.** Fermé, obstrué. *Le lavabo est bouché,* quelque chose empêche l'eau de s'écouler. **2.** *Avoir le nez bouché,* plein de sécrétions épaisses. **3.** Familier. *Être bouché,* ne pas comprendre très vite ni très facilement. → **borné, ② obtus.** ▮ contraires : **intelligent, vif.**

▹ Mot de la famille de ② boucher.

bouchée n. f. **1.** Quantité d'aliments que l'on met dans la bouche en une seule fois. *Louise mange de petites bouchées de viande.* **2.** *Pour une bouchée de pain,* pour très peu d'argent. *Ils ont acheté cette maison pour une bouchée de pain. Pour finir à temps ce travail, il va falloir mettre les bouchées doubles,* travailler beaucoup plus vite. **3.** *Une bouchée au chocolat,* c'est un gros bonbon au chocolat. ▮ homonymes : ① et ② boucher. ▹ Mot de la famille de bouche.

① **boucher** n. m., **bouchère** n. f. (→ ÉTYM.) Personne qui vend de la viande. *Il va chez le boucher acheter un rôti.* ▮ homonyme : bouchée.

▸ Autre mot de la famille : boucherie.

② **boucher** v. (conjug. 3) **1.** *Boucher un trou,* le remplir pour le fermer. → **combler.** *Le maçon a bouché les fissures du mur avec du plâtre.* **2.** *Boucher une bouteille,* la fermer avec un bouchon. ▮ contraire : **déboucher.** **3.** *Théo se bouche le nez car le fromage sent mauvais,* il se pince le nez avec les doigts. **4.** Empêcher le passage. *Un embouteillage bouche la rue,* empêche que l'on puisse circuler. → **bloquer** et aussi **bouchon ; encombrer, obstruer.** **5.** *Boucher la vue,* empêcher de voir. *Ce vilain mur bouche la vue.* → **cacher.**

▸ Autres mots de la famille : bouché, bouche-trou, bouchon, ① déboucher, reboucher, tire-bouchon.

soldat tenant un bouclier

boucherie n. f. Magasin où l'on vend de la viande. ▹ Mot de la famille de ① boucher.

bouche-trou n. m. Personne ou chose qui remplit une place vide à un moment où l'on ne trouve rien de mieux. *Cette émission sert de bouche-trou entre les informations et le match.* – Au pl. *Des bouche-trous.* ▹ Mot de la famille de ② boucher et de trou.

bouchon n. m. **1.** Objet qui sert à fermer un récipient. *Le bouchon d'un réservoir d'essence. Le bouchon de liège d'une bouteille de vin.* **2.** Encombrement de voitures. → **embouteillage.** *Il y a de nombreux bouchons sur l'autoroute le dimanche soir.* ▹ Mot de la famille de ② boucher.

boucle n. f. **1.** Anneau qui sert à fermer une ceinture. *Il attache la boucle de sa ceinture.* **2.** *Des boucles d'oreilles,* ce sont des bijoux qui s'accrochent aux oreilles. → aussi ① **clip.** **3.** Ligne courbe. *La rivière fait des boucles.* → **méandre.** **4.** Mèche de cheveux enroulée sur elle-même. *Louise a des boucles blondes.*

▸ **boucler** v. (conjug. 3) **1.** Attacher au moyen d'une boucle. *Il boucle sa ceinture de sécurité.* **2.** Fermer. *La police a bouclé le quartier.* → **cerner.** **3.** Faire des boucles. *Ses cheveux bouclent naturellement.* → **friser.**

bouclier n. m. Plaque ronde ou rectangulaire que le combattant portait à un bras pour se protéger.

bouddhisme n. m. Doctrine religieuse d'Asie fondée par Bouddha.

▸ **bouddhiste** n. m. et f. Adepte du bouddhisme. – adj. *Les moines bouddhistes.* → **bonze.**

bouder v. (conjug. 3) Montrer que l'on est fâché en prenant un air mécontent et en refusant de parler. *Fais un sourire, arrête de bouder !*

▸ **bouderie** n. f. Attitude d'une personne qui boude. *Ses bouderies continuelles agacent tout le monde.*

▸ **boudeur, boudeuse** adj. **1.** Qui boude souvent. *Une petite fille boudeuse.* **2.** *Un visage boudeur,* qui a l'air mécontent. → **maussade, renfrogné.**

boudin n. m. **1.** Boyau rempli de sang et de graisse de porc, cuits et assaisonnés. *Il mange du boudin grillé.* **2.** Familier. *S'en aller en eau de boudin,* mal tourner, échouer petit à petit.

▸ **boudiné, boudinée** adj. Familier. Serré dans un vêtement trop petit. *Elle est boudinée dans son pantalon.*

boue n. f. → ÉTYM. Terre mouillée par la pluie. *Des chaussures pleines de boue.* ▪ homonyme : bout.

▸ Autres mots de la famille : boueux, éboueur, garde-boue.

bouée n. f. **1.** Objet flottant qui sert de signal pour les bateaux. → aussi **balise.** *Il y a des bouées à l'entrée du port.* **2.** Anneau gonflé d'air que l'on passe autour de la taille pour flotter. *Léa nage avec une bouée. Une bouée de sauvetage.*

boueux, boueuse adj. Plein de boue. *Des chaussures boueuses.* ▷ Mot de la famille de boue.

bouffant, bouffante adj. *Un vêtement bouffant,* ample et qui a l'air gonflé d'air. *Un pantalon bouffant.* ▪ contraires : **ajusté, collant, moulant.** *Des manches bouffantes.*

bouffée n. f. **1.** Petite quantité d'air que l'on aspire ou que l'on rejette brusquement par la bouche. *Il tire des bouffées de sa pipe.* **2.** Souffle d'air que l'on sent tout à coup. *Une bouffée d'air frais.*

bouffer v. (conjug. 3) Familier. Manger. *Il n'y a plus rien à bouffer dans le frigo !*

bouffi, bouffie adj. Gonflé, enflé. *Alex a mal dormi, ce matin, il a les yeux bouffis.*

bouffon n. m. et adj., **bouffonne** n. f. et adj.
▪ n. **1.** n. m. Personne qui était à la cour du roi pour le distraire. → **fou.** **2.** Familier. Personne qu'on ne peut pas prendre au sérieux, qui se rend ridicule. *Espèce de bouffon !*
▪ adj. Très drôle et un peu fou. *Une histoire bouffonne.*

bougeoir [buʒwaʀ] n. m. Petit support pour les bougies. → **chandelier.** ▷ Mot de la famille de bougie.

bouée

bouger v. (conjug. 5b) Faire un mouvement. → **remuer.** *Vous avez bougé, la photo est ratée.* – *Paul a un plâtre qui l'empêche de bouger le bras,* de le déplacer.

▸ **bougeotte** [buʒɔt] n. f. Familier. *Avoir la bougeotte,* c'est se déplacer tout le temps, ne pas pouvoir rester tranquille.

bougie n. f. → ÉTYM. **1.** Bâton de cire ou de paraffine contenant une mèche, que l'on fait brûler. → **chandelle.** *C'est le moment d'allumer les bougies du gâteau d'anniversaire.* **2.** Petite pièce qui produit des étincelles dans un mo-

a b c d e f g h i j k l m n o p q r s t u v w x y z

teur à essence. ➜ aussi **allumage.** *Le garagiste a changé les bougies.*

▶ Autre mot de la famille : bougeoir.

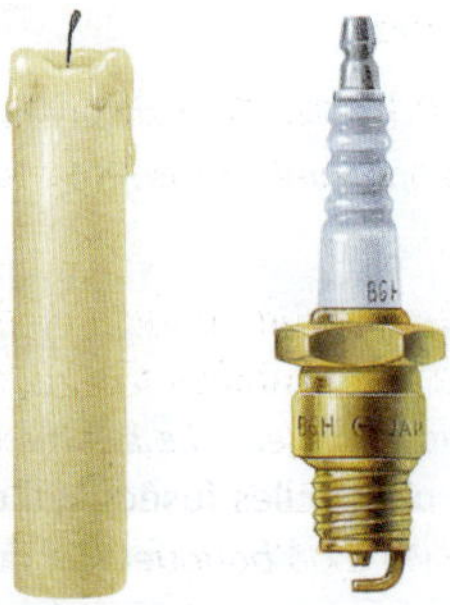

bougie

bougon, bougonne adj. De mauvaise humeur. ➜ **grincheux, grognon.**

▶ **bougonner** v. (conjug. 3) Parler bas, tout seul, en montrant qu'on est de mauvaise humeur. ➜ **grommeler, ronchonner.** *Qu'est-ce que tu as à bougonner dans ton coin ?*

bouillabaisse n. f. Plat provençal fait de plusieurs sortes de poissons servis dans une soupe épicée. ▷ Mot de la famille de bouillir.

bouillant, bouillante adj. **1.** En train de bouillir. *Elle met les pâtes dans l'eau bouillante.* **2.** Très chaud. *Ce café est bouillant.* ➜ **brûlant. 3.** *Être bouillant d'impatience,* ne plus tenir en place tellement on est impatient. ▷ Mot de la famille de bouillir.

bouillie n. f. **1.** Aliment à base de lait et de farine cuits ensemble. *Le bébé mange de la bouillie.* **2.** *En bouillie,* complètement écrasé. *Les pommes de terre sont trop cuites, elles sont en bouillie.* ▷ Mot de la famille de bouillir.

bouillir v. (conjug. 17) (➜ ÉTYM.) **1.** S'agiter en formant des bulles sous l'effet de la chaleur. *L'eau bout à 100 degrés.* ➜ aussi **ébullition. 2.** Cuire dans un liquide qui bout. *La viande du pot-au-feu a bouilli plusieurs heures.* **3.** *Bouillir d'impatience, de colère,* être très impatient, très en colère. ➜ aussi **bouillant. 4.** *Faire bouillir la marmite,* assurer à une famille ce qui lui permet de vivre, en gagnant de l'argent.

▶ **bouilloire** n. f. Récipient qui sert à faire bouillir l'eau. *Une bouilloire électrique.*

▶ **bouillon** n. m. **1.** Potage fait avec le liquide dans lequel les aliments ont bouilli. *Un bouillon de légumes.* **2.** *L'eau bout à gros bouillons,* très fort.

▶ **bouillonner** v. (conjug. 3) Remuer en formant de grosses bulles. *L'eau du fleuve bouillonne.*

▶ **bouillonnement** n. m. Agitation d'un liquide qui fait de grosses bulles. *Le bouillonnement d'un torrent.*

▶ **bouillotte** n. f. Récipient que l'on remplit d'eau très chaude pour se chauffer dans un lit.

▶ Autres mots de la famille : bouillabaisse, bouillant, bouillie, court-bouillon, ébouillanter.

boulanger n. m., **boulangère** n. f. Personne qui fait et vend du pain. *Théo achète une baguette et des croissants chez le boulanger.*

▶ **boulangerie** n. f. Magasin où l'on vend du pain.

boule n. f. Objet tout rond. *La Terre a la forme d'une boule. Ils font une bataille de boules de neige. Ils jouent aux boules.* ➜ **pétanque.** – *En boule,* en forme de boule, en rond. *Le chat est roulé en boule près de la cheminée.*

▶ Autres mots de la famille : boulet, boulette, boulier, ① boulot, débouler.

bouleau n. m. Arbre à écorce blanche et à petites feuilles légères. *Une forêt de bouleaux.* ➜ planche **Arbres.** ▮ homonymes : ① et ② boulot.

bouledogue n. m. (➜ ÉTYM.) Chien à grosse tête et à mâchoires saillantes.

bouledogue

boulet n. m. **1.** Grosse boule de métal que lançaient les canons, autrefois. **2.** Boule de métal très lourde que l'on attachait au pied de certains condamnés pour les empêcher de fuir. *Le bagnard a scié la chaîne de son boulet.* ▷ Mot de la famille de boule.

boulette n. f. Petite boule faite à la main. *Des boulettes de viande.* ▷ Mot de la famille de boule.

boulevard n. m. Rue très large souvent bordée d'arbres. ➜ **avenue.**

bouleverser v. (conjug. 3) **1.** Provoquer une émotion très violente. *L'accident de sa mère l'a bouleversé.* ➜ **ébranler, secouer.** – *Elle est complètement bouleversée.* **2.** Changer complètement et brutalement. *Cette rencontre a bouleversé sa vie.* **3.** Mettre en grand désordre. *Les cambrioleurs ont tout bouleversé dans l'appartement.* ➜ **déranger.**

▸ **bouleversant, bouleversante** adj. Très émouvant. *Une histoire bouleversante.*

▸ **bouleversement** n. m. Grand changement. *La guerre a causé un grand bouleversement dans le pays.* ➜ fam. **chambardement.**

boulier n. m. Cadre portant des tringles sur lesquelles glissent des boules et qui sert à compter. *Les anciens Chinois se servaient de bouliers.* ▷ Mot de la famille de boule.

boulon n. m. Morceau de métal allongé que l'on visse dans un écrou pour fixer des pièces les unes aux autres. *Le mécanicien resserre les boulons de la roue.*

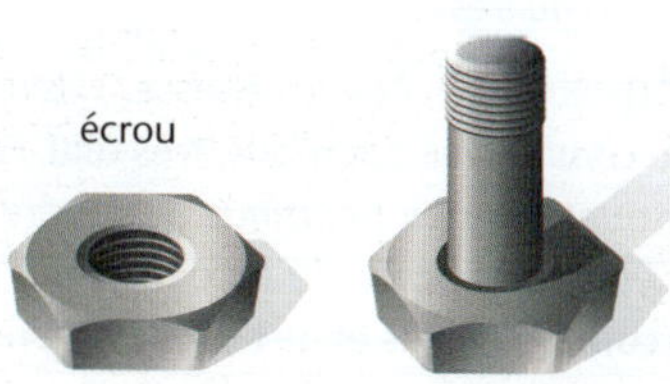

boulon

① **boulot, boulotte** adj. Petit et gros. *Une femme un peu boulotte.* ▮ homonyme : bouleau. ▷ Mot de la famille de boule.

② **boulot** n. m. Familier. Travail. *J'ai plein de boulot à faire pour demain.*

① **boum** interj. et n. m.
▪ interj. Bruit de ce qui tombe ou explose. *Boum ! Le bébé est tombé sur les fesses.*
▪ n. m. **1.** Bruit. *On a entendu un grand boum.* **2.** Familier. *Être en plein boum,* en pleine activité, en plein travail.
▮ homonyme : boom.

② **boum** n. f. Familier. Fête entre amis, où l'on danse. *Alex a organisé une boum pour son anniversaire.*

bouquet n. m. **1.** *Un bouquet de fleurs,* des fleurs coupées rassemblées. *Il a mis le bouquet de fleurs dans un vase.* **2.** *Le bouquet d'un feu d'artifice,* les plus belles fusées qui explosent à la fin. **3.** *Ce vin a du bouquet,* il a du parfum. **4.** Familier. *C'est le bouquet,* c'est le comble, il ne manquait plus que cela.

bouquetin n. m. Chèvre des montagnes d'Europe, aux longues cornes recourbées. ➜ planche **Montagne.**

bouquin n. m. Familier. Livre.

▸ **bouquiner** v. (conjug. 3) Familier. Lire un livre. *Léa aime bien bouquiner.*

▸ **bouquiniste** n. m. et f. Marchand de livres d'occasion. *Il y a des bouquinistes sur les quais de la Seine, à Paris.*

bourbier n. m. Endroit plein de boue. *Dès qu'il pleut, ce chemin devient un vrai bourbier.*

bourdon n. m. Insecte qui ressemble à une grosse abeille couverte de poils et vole en faisant un bruit grave. ➜ planches **Insectes, prairie.**

▸ **bourdonner** v. (conjug. 3) Faire un bruit sourd comme un ronflement continu. *Les guêpes bourdonnent autour du pot de miel.*

▸ **bourdonnement** n. m. **1.** Bruit sourd et continu. *Le bourdonnement d'une mouche.* **2.** *Avoir des bourdonnements d'oreille,* avoir l'impression anormale d'entendre un bruit sourd et continu.

bourdon

bourg [buʀ] n. m. Gros village.

a b c d e f g h i j k l m n o p q r s t u v w x y z

▸ **bourgade** n. f. Village. *Ils habitent une petite bourgade.*
▶ Autre mot de la famille : faubourg.

bourgeois [buʀʒwa] n. m. et adj., **bourgeoise** [buʀʒwaz] n. f. et adj.
▪ n. **1.** Au Moyen Âge, personne riche qui habitait la ville et qui n'était pas noble. ▮ contraire : **paysan. 2.** De nos jours, personne qui ne travaille pas de ses mains et gagne suffisamment d'argent pour vivre facilement. *Les banquiers, les industriels sont des grands bourgeois. Les employés, les commerçants sont des petits bourgeois.*
▪ adj. *Un quartier bourgeois,* un quartier riche. → **cossu.** ▮ contraire : **populaire.**

▸ **bourgeoisie** [buʀʒwazi] n. f. Ensemble des bourgeois (sens 2). *La petite et la grande bourgeoisie.*

bourgeon [buʀʒɔ̃] n. m. Petite pousse d'un arbre qui donnera les feuilles ou les fleurs. *Les bourgeons éclatent au printemps.*

▸ **bourgeonner** [buʀʒɔne] v. (conjug. 3) Se couvrir de bourgeons. *Les arbres bourgeonnent au printemps.*

des **bourgeons**

bourgmestre [buʀgmɛstʀ] n. m. Maire.
▶ Ce mot est employé en Belgique. Il vient du vieil allemand *Burgmeister* qui veut dire «maître du bourg».

bourgogne n. m. Vin rouge ou blanc de la région de Bourgogne.

bourrade n. f. Coup que l'on donne avec le poing, le coude ou l'épaule. *Il lui a donné une bourrade dans le dos.* ▷ Mot de la famille de bourrer.

bourrage n. m. Familier. *Bourrage de crâne,* répétition continuelle de la même chose. *Ces publicités à la radio, c'est du bourrage de crâne.* → **matraquage.** ▷ Mot de la famille de bourrer.

bourrasque n. f. Coup de vent très fort qui dure peu de temps. → **tornade.** *Le vent souffle en bourrasques.* → **rafale.**

bourratif, bourrative adj. *Un aliment bourratif,* qui remplit trop l'estomac, qui est difficile à digérer. *Ce gâteau est bourratif.* ▮ contraire : **léger.** ▷ Mot de la famille de bourrer.

bourreau n. m. **1.** Celui qui exécute les condamnés à mort. **2.** Personne qui maltraite, qui martyrise quelqu'un. *Des bourreaux d'enfants.*

bourrelet n. m. **1.** Bande de mousse de caoutchouc que l'on fixe aux bords des portes et des fenêtres pour empêcher l'air de passer. **2.** Pli de graisse que les personnes grosses ont sur certaines parties du corps.

bourrer v. (conjug. 3) **1.** Remplir complètement en tassant. *Il bourre sa pipe. Ton cartable est bourré de choses inutiles.* **2.** Donner à manger quelque chose en très grande quantité. *Elle bourre ses enfants de vitamines.* → **gaver.** – ***Se bourrer*** *de quelque chose,* en manger trop. *Ne te bourre pas de pain.* → **se goinfrer. 3.** Familier. *Bourrer le crâne à quelqu'un,* c'est l'abrutir en lui répétant sans cesse la même chose. **4.** *Bourrer quelqu'un de coups,* le frapper à coups redoublés. *Alex bourre Paul de coups de poing.*
▶ Autres mots de la famille : bourrade, bourrage, bourratif, rembourrer.

bourriche n. f. Grand panier sans anse. *Une bourriche d'huîtres.*

bourrique n. f. **1.** Âne ou ânesse. **2.** Familier. *Être têtu comme une bourrique,* très têtu. *Faire tourner quelqu'un en bourrique,* le rendre un peu fou et bête à force de lui demander des choses contradictoires et de faire des caprices. → **chèvre.**

▸ **bourricot** n. m. Petit âne.

bourru, bourrue adj. Peu aimable. *Elle est un peu bourrue.* → **acariâtre, revêche.** ▮ contraires : **aimable, avenant.**

① **bourse** n. f. **1.** Petit sac arrondi, fermé par des cordons, dans lequel on met les pièces de monnaie. → **porte-monnaie. 2.** Somme d'argent versée régulièrement par l'État à un élève ou un étudiant pour l'aider à payer ses études. *Il a obtenu une bourse.* **3.** *Les bourses,* la peau qui enveloppe les testicules.

▶ Autres mots de la famille : ① boursier, débourser, remboursement, rembourser.

② Bourse n. f. Bâtiment où les financiers se réunissent pour acheter et vendre des actions. *Actions cotées à la Bourse, en Bourse.*

Bourse s'écrit avec un *b* majuscule. • Ce mot vient du nom d'une famille de banquiers flamands, les *Van der Burse.*

▶ Autre mot de la famille : ② boursier.

① boursier n. m., **boursière** n. f. Élève, étudiant qui a une bourse pour faire ses études. – adj. *Elle est boursière.* ▷ Mot de la famille de ① bourse.

② boursier, boursière adj. *Les opérations boursières,* que l'on fait en Bourse. ▷ Mot de la famille de ② Bourse.

boursouflé, boursouflée ou **boursoufflé, boursoufflée** adj. Gonflé par endroits. → **bouffi, enflé.** *Elle a le visage boursouflé.*

Écrire *boursoufflé* avec deux *f* comme dans le verbe *souffler* est conforme à la nouvelle orthographe.

▶ **boursouflure** ou **boursoufflure** n. f. Gonflement à certains endroits d'une surface lisse. *Il y a des boursouflures de peinture sur le mur.* → **cloque.**

Écrire *boursoufflure* avec deux *f* comme dans le verbe *souffler* est conforme à la nouvelle orthographe.

▷ Mots de la famille de souffler.

bousculer v. (conjug. 3) **1.** Pousser, heurter brutalement. *Paul a bousculé ses camarades pour sortir le premier du car.* **2.** Obliger quelqu'un à se dépêcher. *Louise n'aime pas qu'on la bouscule.* → **brusquer.**

▶ **bousculade** n. f. Mouvement désordonné d'une foule. *Juste avant Noël, c'est la bousculade dans les magasins.* → **cohue.**

bouse n. f. Excrément des vaches, des bœufs, des taureaux et des veaux.

▶ **bousier** n. m. Scarabée qui fait des boulettes de bouse qu'il mange. → planche **Insectes.**

boussole n. f. Instrument d'orientation comportant un cadran muni d'une aiguille aimantée qui indique le nord.

Ce mot vient de l'italien *bussola* qui veut dire « petite boîte ».

boussole

bout n. m. **1.** Morceau. *Julie mange un bout de fromage. Elle a recouvert un coussin avec des bouts de tissu.* **2.** Partie qui termine une chose. *Il a le bout du nez tout froid.* → **extrémité.** *Sa chambre est au bout du couloir.* **3.** Fin d'une durée. *Il a regardé l'émission jusqu'au bout,* jusqu'à la fin. *Elle s'est endormie au bout de cinq minutes,* après cinq minutes. *Le coureur est à bout de forces,* il n'a plus de forces. – *Venir à bout de quelque chose,* c'est en triompher à force d'efforts. ▮ homonyme : boue.

▶ Autres mots de la famille : aboutir, aboutissement, embout.

boutade n. f. Plaisanterie. *Ce n'est pas sérieux, ce n'est qu'une boutade.*

Ce mot appartient au langage soutenu.

boute-en-train n. m. inv. Personne qui met de la gaieté autour d'elle. – Au pl. *Des boute-en-train.* ▷ Mot de la famille de ② train.

bouteille n. f. **1.** Récipient à goulot étroit destiné à contenir un liquide. *Une bouteille d'huile.* **2.** Contenu d'une bouteille. *Ils ont bu deux bouteilles de limonade.* **3.** Récipient en métal contenant du gaz sous pression ou de l'air liquide. *Des bouteilles d'oxygène.*

▶ Autres mots de la famille : embouteillage, embouteiller, ouvre-bouteille.

bouter v. (conjug. 3) Pousser vers l'extérieur. → **chasser, refouler.** *Jeanne d'Arc bouta l'ennemi hors de France.*

Ce mot s'emploie en histoire.

boutique n. f. Local dans lequel un commerçant vend sa marchandise. ➜ **magasin.**
▶ Autre mot de la famille : arrière-boutique.

bouton n. m. **1.** Bourgeon qui donnera naissance à une fleur. *Un bouton de rose. Les arbres fruitiers sont en boutons.* **2.** Petit objet, généralement rond, qui sert à fermer un vêtement. *Elle recoud un bouton.* **3.** Partie que l'on pousse ou que l'on tourne pour déclencher un mécanisme. *Appuie sur le bouton de la sonnette !* **4.** Petite grosseur à la surface de la peau. ➜ **pustule.** *La varicelle donne des boutons.*

▶ **bouton-d'or** n. m. Fleur des prés de couleur jaune doré. *Les boutons-d'or sont des renoncules.* ▷ Mot de la famille de ① or.

▶ **boutonner** v. (conjug. 3) Fermer avec un bouton, des boutons. *Boutonne ton manteau !*

▶ **boutonneux, boutonneuse** adj. Qui a des boutons sur le visage. *Une adolescente boutonneuse.*

▶ **boutonnière** n. f. Petite fente d'un vêtement dans laquelle on passe un bouton.
▶ Autre mot de la famille : déboutonner.

bouture n. f. Pousse détachée d'une plante que l'on met dans la terre pour qu'elle forme une nouvelle plante. *Il fait des boutures de géranium.*

bouvreuil n. m. Petit oiseau au plumage rouge sur la poitrine. ➜ planche **Oiseaux.**

bouvreuil

bovidé n. m. Mammifère ruminant qui a des cornes et des sabots. *Le bœuf, la chèvre, le mouton, l'antilope sont des bovidés.*

bovin adj. et n. m., **bovine** adj.
▪ adj. *La race bovine,* les animaux de l'espèce du bœuf. *L'élevage bovin,* des bœufs et des vaches.
▪ n. m. *Un bovin,* un animal de l'espèce du bœuf. *Les vaches, les veaux et les taureaux sont des bovins.*

bowling [buliŋ] n. m. **1.** Salle où l'on joue aux quilles avec de grosses boules. *Julie et Léa sont allées au bowling.* **2.** Ce jeu. *Elles ont fait un bowling.*
▶ Ce mot anglais vient de *bowl* qui veut dire « boule ».

box n. m. inv. **1.** Compartiment réservé à un seul cheval, dans une écurie. ➜ **stalle.** **2.** Espace délimité par deux cloisons, dans un garage. *Il reste des box à louer.* **3.** *Le box des accusés,* c'est la partie de la salle du tribunal où se tient l'accusé pendant son procès. ▮ homonyme : boxe.
▶ C'est un mot anglais qui veut dire « boîte ».

boxe n. f. (➜ ÉTYM.) Sport qui oppose deux adversaires qui se frappent avec leurs poings munis de gants. ➜ planche **Sport.** *Des gants de boxe. Un match de boxe. Les combats de boxe ont lieu sur le ring.* ▮ homonyme : box.

▶ ① **boxer** v. (conjug. 3) Pratiquer la boxe.
▶ Autre mot de la famille : boxeur.

② **boxer** [bɔksɛʀ] n. m. Chien de garde, à poil ras, fauve ou tacheté et à museau retroussé. ➜ planche **Chiens** et chats.
▶ C'est un mot allemand qui veut dire « boxeur ».

boxeur n. m., **boxeuse** n. f. Personne qui fait de la boxe. ▷ Mot de la famille de boxe.

boyau [bwajo] n. m. **1.** Intestin d'un animal. *On utilise les boyaux de porc et de veau pour faire les andouilles, les boudins et les saucisses.* **2.** Pneu fin et léger des vélos de course.

boycott [bɔjkɔt] n. m. Refus d'acheter un produit ou de prendre part à une réunion pour manifester son désaccord. *Le boycott d'un produit.* ➜ **embargo.** *Le boycott d'une réunion.*
▶ Ce mot vient de l'anglais. *Boycott* était un propriétaire irlandais mis en quarantaine par les paysans mécontents.

▶ **boycotter** [bɔjkɔte] v. (conjug. 3) Soumettre à un boycott. *Les étudiants ont boycotté la réunion,* ils ont refusé d'y participer pour montrer qu'ils n'étaient pas d'accord.

bracelet n. m. **1.** Bijou en forme d'anneau ou de chaîne qui se porte autour du poignet. *Un bracelet en or.* **2.** *Le bracelet d'une montre,* bande de cuir, de métal, de plastique ou de tissu qui sert à attacher une montre autour du poignet. ▷ Mot de la famille de **bras.**

braconner v. (conjug. 3) Chasser ou pêcher sans en avoir le droit.

▸ **braconnage** n. m. Délit d'une personne qui braconne.

▸ **braconnier** n. m., **braconnière** n. f. Personne qui braconne. *Le braconnier pose des pièges.*

brader v. (conjug. 3) Vendre à bas prix. ➜ **liquider, solder.** *À la fin de la saison les commerçants bradent les articles qu'ils n'ont pas vendus.*

▸ **braderie** n. f. Vente à bas prix. *Chaque année, une grande braderie a lieu dans les rues de la ville.*

braguette n. f. Ouverture verticale sur le devant d'un pantalon, d'un slip.

braillard, braillarde adj. Familier. Qui crie très fort, qui braille. *Une petite fille braillarde.* ▷ Mot de la famille de **brailler.**

braille n. m. Écriture en relief utilisée par les aveugles. *On lit le braille avec les doigts.*

▸ Ce mot vient du nom de *Louis Braille,* l'inventeur de cette écriture.

brailler v. (conjug. 3) Familier. Parler ou crier très fort. ➜ **hurler.** *Ce bébé braille depuis une heure.*

▸ Autre mot de la famille : **braillard.**

braire v. (conjug. 53) *L'âne brait,* il pousse son cri.

▸ **braiment** n. m. Cri de l'âne.

braise n. f. Morceau de bois ou de charbon rougi par le feu et qui brûle sans flamme. *Il fait griller un poisson sur la braise.*

▸ **braisé, braisée** adj. Cuit à feu doux dans un récipient fermé. *Nous avons mangé des endives braisées.*

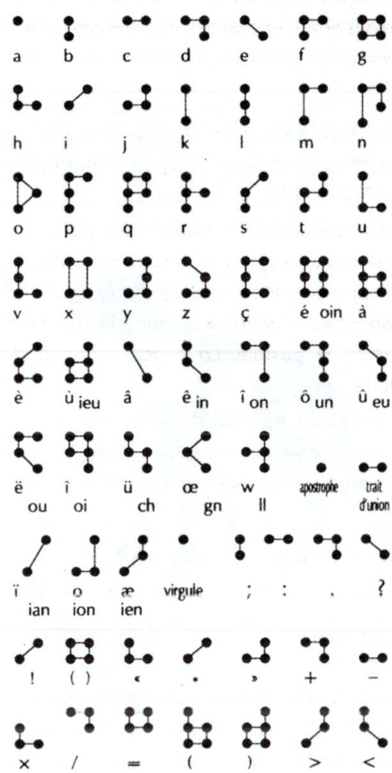

braille

bramer v. (conjug. 3) *Le cerf brame,* il pousse son cri.

brancard n. m. **1.** Sorte de lit sans pieds formé d'une toile tendue entre deux barres et porté par deux personnes. ➜ **civière.** *Le blessé est emmené sur un brancard.* **2.** Chacune des deux longues barres de bois de chaque côté d'une charrette, d'une brouette. *Il a attelé l'âne aux brancards de la charrette.*

▸ *Brancard* vient de *branque,* mot normand qui veut dire « branche ».

▸ **brancardier** n. m., **brancardière** n. f. Personne qui porte un brancard.

branche n. f. **1.** Partie d'un arbre qui part du tronc et qui porte les feuilles, les fleurs et les fruits. *En hiver, les branches sont dénudées.* **2.** Tige articulée d'un objet. *Les branches d'un compas. Elle a cassé une des branches de ses lunettes.* **3.** *Une branche de ma famille vit en*

Allemagne, une partie de ma famille y vit. ➜ aussi **arbre** généalogique. **4.** Partie de quelque chose qui se divise. *Les différentes branches de la science.* ➜ **discipline, spécialité.**

▸ **branchages** n. m. pl. Branches coupées d'un arbre. *Alex a construit une cabane avec des branchages.*

▸ Autre mot de la famille : embranchement.

braque

brancher v. (conjug. 3) **1.** Relier à un circuit principal. *Le plombier a branché l'eau dans la maison.* **2.** *Brancher un appareil électrique,* le relier au courant électrique en mettant sa fiche dans une prise. *Il a branché son ordinateur.*
▮ contraire : **débrancher.**

▸ **branchement** n. m. *Faire le branchement du lecteur de DVD sur la télévision,* relier le lecteur de DVD à la télévision. ➜ **connexion.**

▸ Autre mot de la famille : débrancher.

branchie n. f. Organe avec lequel respirent les poissons et les animaux qui vivent dans l'eau. *Les poissons, les grenouilles, les crabes, les huîtres respirent avec leurs branchies.*

brandir v. (conjug. 11) Agiter en tenant en l'air de façon menaçante ou pour attirer l'attention. *L'homme brandissait un bâton.*

branler v. (conjug. 3) **1.** *Branler la tête,* la remuer d'avant en arrière. ➜ **hocher.** **2.** Être instable, mal fixé. *Cette table branle.*

▸ **branlant, branlante** adj. Qui n'est pas stable. *Cette table est un peu branlante.* ➜ **bancal.**

▸ **branle** n. m. *Mettre en branle,* en mouvement, en action. *Le gouvernement a mis en branle une vaste réforme.* – *Se mettre en branle,* se mettre en marche. *Le cortège s'est mis en branle.* ➜ s'**ébranler.**

▸ **branle-bas** n. m. inv. Remue-ménage. *Quand le réveil sonne, c'est le branle-bas de combat dans la maison.* ▹ Mot de la famille de ① bas.

▸ Autres mots de la famille : ébranler, inébranlable.

braquage n. m. Familier. Attaque à main armée. ➜ **hold-up.** *Le braquage d'une banque.*
▹ Mot de la famille de braquer.

braque n. m. Chien de chasse à poil ras et oreilles pendantes.

braquer v. (conjug. 3) **1.** Diriger une arme, un instrument dans une direction. *Le gangster braque son pistolet sur le caissier.* ➜ **pointer.** – *Tous les regards étaient braqués sur elle,* fixés sur elle. **2.** Familier. *Braquer une banque,* attaquer une banque en étant armé. **3.** Changer la direction des roues en tournant le volant. *L'automobiliste braqua à gauche.* **4. se braquer,** s'opposer avec obstination. ➜ se **buter.** *Julie se braque à la moindre remarque qu'on lui fait.*

▸ Autre mot de la famille : braquage.

bras n. m. **1.** Membre supérieur des êtres humains qui s'attache à l'épaule par une articulation et se termine par la main. *Alex s'est cassé le bras gauche. Elle prend son bébé dans ses bras.* **2.** *Elle lui tape dessus à tour de bras, à bras raccourcis,* de toutes ses forces. *Ne reste pas comme ça les bras croisés,* sans rien faire. *Recevoir quelqu'un les bras ouverts,* chaleureusement. *Avoir le bras long,* avoir beaucoup d'influence. *Baisser les bras,* renoncer à lutter. *Les bras m'en tombent,* je suis stupéfait. – *Être dans les bras de Morphée,* dormir profondément. **3.** *Être le bras droit de quelqu'un,* son plus proche collaborateur. *Elle est le bras droit du directeur.* **4.** *Le bras d'un fauteuil,* l'accoudoir. **5.** *Un bras de mer,* c'est une étroite étendue de mer entre deux terres. ➜ **détroit.**

▸ Autres mots de la famille : avant-bras, bracelet, à bras-le-corps, brassard, brasse, brassée, brassière, embrassade, embrasser.

brasier n. m. Masse d'objets en train de brûler pendant un incendie. *La forêt n'est plus qu'un brasier.*

à bras-le-corps adv. *Prendre à bras-le-corps,* par le milieu du corps avec ses deux bras. *Le lutteur a saisi son adversaire à bras-le-corps.* ▷ Mot de la famille de bras et de corps.

brassard n. m. Bande d'étoffe que l'on porte autour du bras et qui sert d'insigne. *Un brassard de secouriste.* ▷ Mot de la famille de bras.

brasse n. f. Nage sur le ventre, où l'on avance en rassemblant puis en écartant les bras et les jambes. ▷ Mot de la famille de bras.

brassée n. f. Ce que les bras peuvent contenir. *Une brassée de fleurs.* ▮ homonymes : ① et ② brasser. ▷ Mot de la famille de bras.

① **brasser** v. (conjug. 3) *Brasser la bière,* c'est la fabriquer. ▮ homonyme : brassée.
▶ Autres mots de la famille : brasserie, brasseur.

② **brasser** v. (conjug. 3) **1.** Remuer en mélangeant. *La machine à laver brasse le linge.* **2.** *Brasser de l'argent,* c'est disposer de beaucoup d'argent pour faire des affaires. *Les banquiers brassent de grosses sommes d'argent.*

brasserie n. f. **1.** Usine où l'on fabrique la bière. **2.** Grand café-restaurant. *Ils ont dîné dans une brasserie.* ▷ Mot de la famille de ① brasser.

brasseur n. m., **brasseuse** n. f. Personne qui fabrique de la bière. ▷ Mot de la famille de ① brasser.

brassière n. f. **1.** Petite chemise de bébé, courte, ouverte dans le dos, à manches longues. **2.** *Brassière de sauvetage,* gilet de sauvetage. ▷ Mot de la famille de bras.

brave adj. **1.** Courageux devant un ennemi. *Des soldats braves.* ▮ contraire : ① **lâche. 2.** Honnête et bon. *C'est une brave femme.*

▸ **bravade** n. f. *Par bravade,* pour montrer ou faire croire que l'on est courageux. *Théo a tenu tête au professeur devant toute la classe par bravade.*

▸ **bravement** adv. Avec bravoure, courage. *Les soldats ont bravement défendu la ville.* → **courageusement, vaillamment.**

▸ **braver** v. (conjug. 3) **1.** Affronter courageusement quelque chose de dangereux. *Les pompiers bravent tous les dangers.* **2.** S'opposer à quelque chose, à quelqu'un en montrant que l'on n'a pas peur. *Personne n'ose braver les ordres du directeur.*
▶ Autre mot de la famille : bravoure.

bravo interj. Mot que l'on dit pour féliciter quelqu'un. *Bravo ! tu as gagné !* → **félicitations.** – n. m. Applaudissement. *La chanteuse salue sous les bravos du public.* → **ovation.**
▶ C'est un mot italien qui veut dire « excellent ».

bravoure n. f. Courage. *Les pompiers ont été félicités pour leur bravoure.* ▮ contraire : **lâcheté.** ▷ Mot de la famille de brave.

break [bʀɛk] n. m. Voiture en forme de fourgonnette dont l'arrière est vitré. → planche **Voitures.** – Au pl. *Des breaks.*
▶ Ce mot vient de l'anglais.

break

brebis [bʀəbi] n. f. Mouton femelle. → aussi **agneau, bélier.** *Le roquefort est fait avec du lait de brebis.*

brèche n. f. Trou dans un mur ou une clôture. *Les ouvriers ont colmaté la brèche.*
▶ Autres mots de la famille : ébréché, ébrécher.

bréchet n. m. Os saillant sur la poitrine des oiseaux.

bredouille adj. *Revenir, rentrer bredouille,* sans avoir rien pris à la chasse ou à la pêche. *Le chasseur est rentré bredouille.*

bredouiller v. (conjug. 3) Parler d'une façon incompréhensible en articulant mal. → **bafouiller.** *Il bredouilla quelques excuses.* → **balbutier, marmonner.**

bref adj. et adv., **brève** adj.
▪ adj. Qui ne dure pas longtemps. *Sa visite a été brève.* → ① **court.** ▮ contraire : **long.** *Sois bref dans ta réponse,* ne parle pas trop longtemps.
▪ adv. Pour résumer les choses en peu de mots.

a b c d e f g h i j k l m n o p q r s t u v w x y z

Ses parents, ses frères et sœurs, bref, toute la famille était là.

▶ Autre mot de la famille : abréviation.

breloque n. f. Petit bijou qui est attaché à un bracelet, à une chaîne. ➜ **pendentif.**

bretelle n. f. **1.** Chacune des deux bandes de tissu qui passent sur l'épaule et servent à maintenir un vêtement. *Il met des bretelles pour tenir son pantalon. Une robe à bretelles.* **2.** *La bretelle d'un fusil,* la courroie que l'on passe sur l'épaule pour le porter. *Les bretelles d'un sac à dos.* **3.** *Une bretelle d'autoroute,* une route qui relie l'autoroute à une autre route.

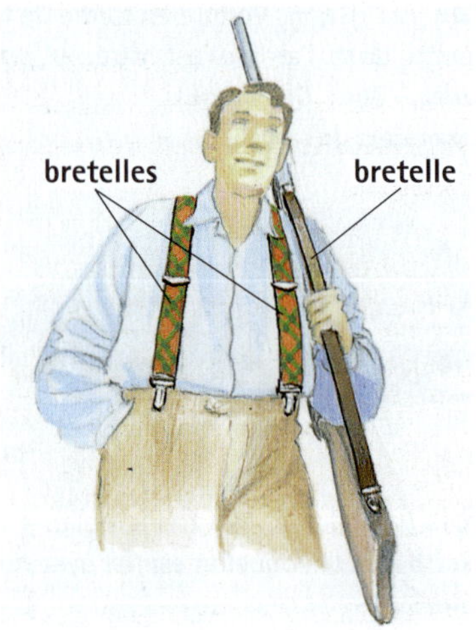

breuvage n. m. Boisson spéciale au goût bizarre. *Un mystérieux breuvage.*

▶ Ce mot appartient au langage soutenu.

brevet n. m. **1.** Diplôme que l'on obtient après avoir passé un examen. *En France, on passe le diplôme national du brevet à la fin de la classe de 3e. Il a son brevet de pilote.* **2.** *Un brevet d'invention,* c'est un papier officiel qui assure qu'une personne est l'auteur d'une invention pour que l'on ne puisse pas la copier.

▸ **breveter** [bʀəvte] v. (conjug. 6b) Protéger une invention par un brevet d'invention. *L'inventeur a fait breveter son appareil.*

bribes n. f. pl. *Des bribes de phrases, de souvenirs,* de petits morceaux. ➜ **fragment.** *Il entendait des bribes de conversation venant de la pièce à côté,* de petits bouts de conversation.

bric-à-brac n. m. inv. Amas de vieux objets de toutes sortes. ➜ **bazar, fatras.** *Quel bric-à-brac dans le grenier !* – Au pl. *Des bric-à-brac.*

de **bric et de broc** adv. En utilisant des objets très différents, pris n'importe où un peu au hasard. *Leur salon est meublé de bric et de broc.*

bricolage n. m. Activité qui consiste à faire de petits travaux manuels. *Le dimanche, il fait du bricolage.* ▷ Mot de la famille de bricoler.

bricole n. f. Familier. **1.** Petit objet qui n'a pas de valeur. *Il lui a offert une petite bricole.* ➜ **babiole.** **2.** Chose sans importance. *Ils se disputent souvent pour des bricoles.* ➜ **bêtise, broutille.**

bricoler v. (conjug. 3) **1.** Faire de petits travaux manuels dans la maison. *Il aime beaucoup bricoler.* **2.** Réparer avec ingéniosité. *Il a bricolé le moteur de sa moto.*

▸ **bricoleur** n. m., **bricoleuse** n. f. Personne qui aime bricoler. *C'est un grand bricoleur.* – adj. *Elle est très bricoleuse.*

▶ Autre mot de la famille : bricolage.

bride n. f. **1.** Courroie attachée au mors qui sert à diriger un cheval. ➜ **rêne.** *Le cavalier tient son cheval par la bride.* **2.** *À bride abattue,* à toute vitesse. *Laisser la bride sur le cou à quelqu'un,* le laisser libre d'agir comme il veut. **3.** Petit anneau de tissu ou de fil qui sert à attacher quelque chose. *La bride d'un torchon.*

▶ Autres mots de la famille : brider, débridé.

bridé, bridée adj. *Des yeux bridés,* aux paupières qui semblent étirées sur les côtés. *Les Asiatiques ont les yeux bridés.*

brider v. (conjug. 3) *Brider un cheval,* lui mettre la bride. ▷ Mot de la famille de bride.

① **bridge** n. m. Jeu de cartes qui se joue à quatre.

② **bridge** n. m. Appareil qui sert à tenir une fausse dent en s'appuyant sur des dents solides. ➜ aussi **couronne, prothèse.**

▶ C'est un mot anglais qui veut dire «pont». Un bridge, c'est un pont entre deux dents.

brie n. m. Fromage de vache à pâte molle.

▶ Ce fromage est fabriqué dans la *Brie,* grande plaine à l'est de Paris.

brièvement adv. En peu de mots. ▮ contraire : **longuement.** *Dis-moi brièvement ce qui s'est passé.*

brièveté n. f. Caractère de ce qui est court. *Le film m'a étonné par sa brièveté.* ▮ contraire : **longueur.**

brigade n. f. Groupe de gendarmes, de policiers. *Une brigade de gendarmerie.*

▸ **brigadier** n. m., **brigadière** n. f. Chef d'une brigade de gendarmes.

▸ Autre mot de la famille : embrigader.

brigand n. m. Homme qui, autrefois, attaquait les voyageurs pour les voler. *La diligence a été attaquée par des brigands.* ➜ **bandit, malfaiteur, voleur.**

◗ *Brigand* vient de l'italien *brigante* «qui fait partie d'une bande», de *brigata* «bande, troupe», mot qui a donné le français *brigade.*

briguer v. (conjug. 3) Chercher à obtenir avec force, rechercher avec ardeur. *Son père brigue un poste de ministre.* ➜ **convoiter, viser.**

◗ Ce mot appartient au langage soutenu.

briller v. (conjug. 3) **1.** Émettre une lumière très vive. ➜ **étinceler, luire, scintiller.** *Les étoiles brillent dans le ciel. Ses yeux brillent de plaisir quand on lui fait un compliment.* **2.** Se faire remarquer par son intelligence ou son talent. *Il a brillé à son examen.*

▸ ① **brillant, brillante** adj. **1.** Qui brille, reluit. *Le buffet est bien ciré, il est brillant.* ▮ contraire : **terne.** *Une peinture brillante.* ▮ contraire : **mat. 2.** Remarquable, exceptionnel. *Alex est un brillant élève.* ➜ **excellent.** *Elle a fait une brillante carrière,* elle a très bien réussi dans son métier. ▮ contraire : **médiocre.**

▸ **brillamment** adv. D'une manière brillante, remarquable. *Il a brillamment réussi son examen.*

▸ ② **brillant** n. m. Petit diamant. *Une alliance en brillants.*

brimer v. (conjug. 3) *Brimer quelqu'un,* c'est le traiter de manière humiliante et vexante. *Julie se sent brimée dès qu'on lui refuse quelque chose.*

▸ **brimade** n. f. Vexation que l'on fait subir à quelqu'un.

brin n. m. **1.** Fil. *Une corde est faite de plusieurs brins.* **2.** Tige, petite pousse d'une plante. *Un brin d'herbe. Julie m'a offert un brin de muguet le 1er mai.* **3.** Petite quantité. *Il n'a pas un brin d'humour,* pas le moindre humour.

▸ **brindille** n. f. Petite branche morte. *Il a ramassé des brindilles pour allumer le feu.*

bringuebaler v. (conjug. 3) Familier. Être secoué de manière brusque et irrégulière. *La voiture bringuebale sur les pavés.* ➜ **cahoter.**

◗ On dit aussi *brinquebaler.*

brio n. m. Talent brillant, aisance. *Le pianiste a joué ce concerto avec brio.* ➜ **virtuosité.**

◗ C'est un mot italien qui veut dire «vivacité».

brioche n. f. (➜ ÉTYM.) Pâtisserie légère souvent en forme de boule surmontée d'une autre boule plus petite. *Il a acheté des brioches et des croissants.*

des **brioches**

brique n. f. **1.** Bloc rectangulaire de terre cuite rouge ou jaune, utilisé pour construire les maisons. *Un mur de briques.* **2.** Emballage de carton de forme rectangulaire. *Une brique de lait.*

▸ Autre mot de la famille : s'imbriquer.

briquer v. (conjug. 3) Familier. Nettoyer en frottant. ➜ **astiquer.** *Il brique sa voiture tous les dimanches.*

briquet n. m. Petit appareil qui produit une flamme. *Il allume sa cigarette avec un briquet.*

brise n. f. Vent léger et doux. *Une petite brise faisait gonfler la voile du bateau.*

▸ Autre mot de la famille : parebrise.

briser v. (conjug. 3) **1.** Casser, mettre en morceaux. *Le cambrioleur a brisé la vitre pour entrer dans la maison.* **2.** Détruire. *Cet accident a brisé sa carrière.* ➜ **anéantir.**

▸ **se briser** v. **1.** Se casser. *Le vase s'est brisé en tombant.* **2.** Déferler. *Les vagues se brisent sur les rochers.*

▸ **brisé, brisée** adj. **1.** *Une ligne brisée,* faite de morceaux de droite qui se suivent en formant des angles. **2.** *De la pâte brisée,* avec laquelle on fait des tartes. ➜ aussi **feuilleté.**

▸ **brise-glace** n. m. Bateau renforcé à l'avant, que l'on utilise pour naviguer dans les mers froides où il peut briser la glace. *Le brise-glace a ouvert un chemin dans la banquise.* – Au pl. *Des brise-glaces.* ▷ Mot de la famille de ② glace.

brise-glace

bristol n. m. Carton blanc et lisse employé surtout pour les cartes de visite.
Ce mot vient du nom de la ville anglaise de *Bristol* où ce carton a d'abord été fabriqué.

britannique adj. Qui se rapporte au Royaume-Uni de Grande-Bretagne et d'Irlande du Nord. ➜ aussi **anglo-saxon.** *Les îles Britanniques.* – n. m. et f. Habitant, habitante du Royaume-Uni. *C'est une Britannique.*

broc [bʀo] n. m. Récipient haut, muni d'une anse et d'un bec verseur, qui sert à contenir des liquides. *Il remplit un broc d'eau.* ➜ **cruche, pichet.**

brocante n. f. Foire où l'on vend toutes sortes de vieux objets. *Elle a déniché une jolie lampe dans une brocante.*

▸ **brocanteur** n. m., **brocanteuse** n. f. Marchand de vieux objets. ➜ **antiquaire.** *Elle a acheté ces vieux fauteuils chez un brocanteur.*

broche n. f. **1.** Tige de fer pointue que l'on passe dans un morceau de viande pour le faire cuire en le faisant tourner au-dessus du feu ou dans un four. *Un poulet rôti à la broche.* **2.** Bijou que l'on épingle sur les vêtements. *Elle porte une broche sur le revers de sa veste.* ➜ aussi **pin's.**
▸ Autres mots de la famille : brochette, embrocher.

broché, brochée adj. *Un livre broché,* c'est un livre dont la couverture n'est pas rigide.
contraire : **relié.**
▸ Autre mot de la famille : brochure.

brochet n. m. Grand poisson d'eau douce, très vorace. ➜ planche **Poissons.** *Nous avons mangé des quenelles de brochet.*

brochette n. f. **1.** Petite tige de métal sur laquelle on enfile des morceaux de viande, de légumes, pour les faire cuire. **2.** Morceaux de viande, de légumes enfilés sur une brochette. *Ils ont mangé des brochettes d'agneau.* ▷ Mot de la famille de broche.

brochure n. f. Petit livre broché qui a peu de pages. *Il consulte une brochure touristique.*
▷ Mot de la famille de broché.

brocoli n. m. Chou dont on mange les fleurs vertes en bouquets. *Le rôti était servi avec des brocolis.*
Ce mot vient de l'italien *broccoli* qui veut dire «pousses de choux».

broder v. (conjug. 3) **1.** Décorer de dessins faits avec des points de couture. *La grand-mère de Julie brode une nappe.* **2.** Inventer des détails pour rendre un récit intéressant. *Quand il raconte une histoire, il brode toujours.*

▸ **broderie** n. f. Dessin fait avec des points de couture en relief sur un tissu pour le décorer. *Elle porte une tunique ornée de broderies.*

bronche n. f. *Les bronches,* ce sont les deux conduits qui vont de la trachée aux poumons. *Ce sirop dégage bien les bronches.*
▸ Autres mots de la famille : bronchiole, bronchite.

broncher v. (conjug. 3) Montrer que l'on est mécontent ou pas d'accord. *Personne ne bronche quand il élève la voix. Les enfants ont obéi sans broncher.* ➜ **discuter, protester.**

bronchiole [bʀɔ̃ʃjɔl] n. f. Ramification des bronches. *Les bronchioles ont moins d'un millimètre de diamètre.* ▷ Mot de la famille de bronche.

bronchite n. f. Maladie des bronches qui fait tousser et gêne la respiration. *Léa a une bronchite.* ▷ Mot de la famille de bronche.

brontosaure n. m. Gigantesque dinosaure qui pouvait mesurer plus de 20 mètres de long et peser 30 tonnes. *Les brontosaures étaient herbivores.*

bronze n. m. Métal brun, lourd et dur, fait d'un mélange de cuivre et d'étain. *Les cloches de l'église sont en bronze.* – *L'âge du bronze,* c'est l'époque de la préhistoire, environ vers 3000 avant Jésus-Christ, où les hommes ont obtenu du bronze en mélangeant du cuivre et de l'étain. – *La médaille de bronze,* le troisième prix dans une compétition.

statue en **bronze**

bronzer v. (conjug. 3) Devenir brun au soleil. ➜ **brunir.** *Elle a bronzé en faisant du jardinage. Paul a une peau qui bronze facilement.*

▸ **bronzé, bronzée** adj. Devenu brun, qui a bruni au soleil. *Elle est toute bronzée.* ➜ **hâlé.**

▸ **bronzage** n. m. Hâle. *Elle a un beau bronzage.*

brosse n. f. **1.** Assemblage de poils ou de fibres montés sur un support, qui sert à nettoyer, à frotter. *Une brosse à dents. Une brosse à cheveux. Une brosse à habits.* **2.** *Des cheveux en brosse,* coupés court et droit, comme des poils de brosse.

▸ **brosser** v. (conjug. 3) Nettoyer, frotter avec une brosse. *Il brosse ses chaussures pour les faire briller. Elle se brosse les dents deux fois par jour.*

▶ Autre mot de la famille : balai-brosse.

brou n. m. *Le brou de noix,* c'est un liquide brun provenant de l'enveloppe de la noix et qui sert à teinter le bois.

brouette n. f. (➜ ÉTYM.) Petit chariot à une roue que l'on pousse devant soi. *Le jardinier transporte les feuilles mortes dans une brouette.*

brouhaha [bʀuaa] n. m. Bruit confus que font plusieurs personnes qui parlent en même temps. *On entend le brouhaha des conversations.*

brouillard n. m. Air humide formé par des gouttes d'eau très petites qui flottent près du sol et réduisent la visibilité. *Une nappe de brouillard.* ➜ **brume.** *Les automobilistes doivent ralentir quand il y a du brouillard.* ▷ Mot de la famille de brouiller.

brouiller v. (conjug. 3) **1.** *L'assassin a brouillé les pistes,* a fait en sorte que l'on perde sa trace. **2.** *Les larmes lui brouillent la vue,* la rendent trouble. *Des parasites brouillent l'émission de radio,* l'empêchent d'être nette. **3.** ***Se brouiller** avec quelqu'un,* c'est cesser d'être ami avec lui. *Julie s'est brouillée avec Léa.* ➜ se **fâcher.** *Ils se sont brouillés pour une histoire d'argent.*

▸ **brouille** n. f. Mésentente entre des amis. *Leur brouille n'a pas duré.*

▸ **brouillé, brouillée** adj. **1.** Qui n'est pas clair. *L'image sur l'écran est brouillée.* ▮ contraire : **net.** **2.** *Des œufs brouillés,* dont on a mélangé le blanc et le jaune en les cuisant.

▸ ① **brouillon, brouillonne** adj. Désordonné. *Louise est très brouillonne.* ▮ contraire : **ordonné.**

▸ ② **brouillon** n. m. Premier texte que l'on va corriger et recopier proprement après. *Paul fait sa rédaction d'abord au brouillon. Un cahier de brouillon.*

▶ Autres mots de la famille : antibrouillard, brouillard, débrouillard, débrouillardise, débrouiller, embrouillé, embrouiller.

broussaille n. f. **1.** Ensemble d'arbustes, de ronces et de buissons qui poussent tout seuls sur les terrains que l'on ne cultive pas. *Le chemin est envahi par les broussailles.* **2.** *Il a les cheveux en broussaille,* emmêlés, mal coiffés.

▶ Autre mot de la famille : débroussailler.

brousse n. f. Dans les pays chauds, terrain où il ne pousse que des arbustes et des buissons. ➜ aussi **savane, steppe.**

brouter v. (conjug. 3) Manger de l'herbe, des feuilles ou des jeunes pousses en les arrachant sur place. *Les vaches, les moutons broutent l'herbe.* ➜ **paître.**

broutille n. f. Petit détail sans importance. *Ils se sont fâchés pour des broutilles.* ➜ **bêtise, bricole.**

broyer [bʀwaje] v. (conjug. 10) **1.** Réduire en morceaux très petits en écrasant. ➜ **mâcher.** *Les molaires broient les aliments.* **2.** *Broyer du noir,* avoir le cafard, être déprimé.

brugnon n. m. Sorte de pêche à la peau lisse. ➜ aussi **nectarine.**

bruine n. f. Pluie fine. ➜ **crachin.** *Il tombe une petite bruine.*

bruire v. (conjug. 11) Faire un peu de bruit, un bruit très léger. *On entend une source bruire au loin.*

▶ **bruissement** n. m. Bruit faible et continu. *Le bruissement des feuilles.*

Ces mots appartiennent au langage soutenu.

bruit n. m. **1.** Son. *Il a entendu le bruit du moteur. Vous faites trop de bruit.* ➜ **chahut, vacarme ;** fam. **boucan, raffut.** ▮ contraire : **silence.** **2.** Nouvelle qui se répand. *La boulangère va se marier, c'est un bruit qui court.* ➜ **rumeur.**

▶ **bruitage** n. m. Reproduction artificielle des sons qui accompagnent l'action d'un film, d'une pièce de théâtre.

▶ Autres mots de la famille : antibruit, bruyamment, bruyant, ébruiter.

à **brûle-pourpoint** adv. Brusquement, de manière inattendue. *Il m'a posé la question à brûle-pourpoint.* ▷ Mot de la famille de brûler et de pourpoint.

Ce mot appartient au langage soutenu.

brûler v. (conjug. 3) **1.** Se consumer. *Des bûches brûlent dans l'âtre.* **2.** Être en feu, en flammes. *La maison brûle.* ➜ **flamber.** – *Le gâteau a brûlé,* il a trop cuit. **3.** Détruire par le feu. *Le jardinier brûle les feuilles mortes.* **4.** Abîmer ou blesser par le feu, la chaleur. *Elle a brûlé la nappe avec sa cigarette. Ce café est trop chaud, je me suis brûlé la langue.* **5.** Faire mal comme une brûlure. *Quand on met de l'alcool sur une coupure, cela brûle.* **6.** Passer sans s'arrêter. *Le chauffard a brûlé un feu rouge.* ➜ fam. **griller.** **7.** *Brûler d'impatience,* être très impatient. *Il brûle d'impatience de la revoir.*

▶ **brûlant, brûlante** adj. Très chaud. *Attention, l'assiette est brûlante ! Un café brûlant.* ➜ **bouillant.** ▮ contraire : **glacé.**

▶ **brûlé** adj. et n. m., **brûlée** adj. et n. f.
▪ adj. **1.** Qui a brûlé. *La tarte est complètement brûlée.* ➜ **calciné, carbonisé.** **2.** *Crème brûlée,*

paysage de **brousse**

dessert fait de crème caramélisée sur le dessus.

■ n. 1. n. m. Odeur d'une chose qui brûle. *Ça sent le brûlé !* → **roussi.** 2. n. Personne qui souffre de brûlures. *Il a été transporté à l'hôpital, dans le service des grands brûlés.*

▸ **brûleur** n. m. Partie d'une cuisinière, d'un réchaud, d'une chaudière d'où sort la flamme.

▸ **brûlure** n. f. 1. Blessure causée par une flamme ou une chose trop chaude. *Il a une brûlure à la main.* 2. Trace ou trou laissé par quelque chose qui a brûlé. *Il y a des brûlures de cigarettes sur la table.*

▸ Autre mot de la famille : à **brûle-pourpoint.**

brume n. f. Brouillard léger. *La montagne est dans la brume.*

▸ **brumeux, brumeuse** adj. Où il y a de la brume. *Le temps est brumeux.* ▮ contraire : **clair.**

brun, brune adj. De couleur sombre, entre le roux et le noir. → planche **Couleurs.** *Les châtaignes mûres sont brunes.* → **marron.** *Un ours brun.* ▮ contraire : **blanc.** *Il fume du tabac brun. De la bière brune.* ▮ contraire : **blond.** *Julie a les cheveux bruns. Cette femme est brune,* elle a les cheveux bruns. – n. *Les blonds et les bruns. Le brun,* la couleur brune. *Elle a les cheveux d'un beau brun.*

▸ **brunir** v. (conjug. 11) 1. Rendre brun. *Le soleil brunit la peau.* → **hâler.** ▮ contraire : **éclaircir.** 2. Devenir brun. *Théo a bruni pendant les vacances.* → **bronzer.**

▸ Autre mot de la famille : se **rembrunir.**

brushing [brœʃiŋ] n. m. Séchage et mise en plis des cheveux mèche par mèche, à l'aide d'un séchoir et d'une brosse ronde. *La coiffeuse lui fait un brushing.*

▸ Ce mot vient de l'anglais *brush* qui veut dire « brosse ».

brusque adj. 1. *Une personne brusque,* qui agit brutalement et de manière imprévisible. → **brutal, violent.** ▮ contraire : **doux.** *Il est parfois un peu brusque.* → **bourru.** 2. Imprévu et soudain. *Il a fait un mouvement brusque et a renversé son verre. Elle a eu une brusque envie de partir.* → **subit.**

▸ **brusquement** adv. D'une manière brutale et inattendue. *Il a brusquement changé d'avis.* → **soudainement, subitement.**

▸ **brusquer** v. (conjug. 3) 1. *Brusquer quelqu'un,* c'est le traiter de manière dure, brutale. → **malmener.** ▮ contraire : **ménager.** *Elle a tort de brusquer son fils.* 2. Faire quelque chose plus vite que prévu. *Il a brusqué son départ.* → **hâter, précipiter.**

▸ **brusquerie** n. f. Manière d'agir dure, brutale. *Elle traite son fils avec brusquerie.* ▮ contraire : **douceur.**

brut [bʀyt], **brute** [bʀyt] adj. 1. Qui est à l'état naturel, qui n'a pas encore été transformé par l'homme. *Un diamant brut,* non taillé. *Du pétrole brut,* non raffiné. *Du cidre, du champagne brut,* dans lequel on n'a pas ajouté de sucre. 2. *Le poids brut d'un objet,* c'est le poids de cet objet avec son emballage. ▮ contraire : **net.** ▮ homonyme : brute.

brute n. f. Homme brutal, violent, cruel. *Quelle brute, ce type !* ▮ homonyme : brut.

▸ **brutal, brutale** adj. 1. Violent. *Des soldats brutaux.* → **brusque.** ▮ contraire : **doux.** 2. Brusque et violent. *Le choc a été brutal.*

▸ **brutalement** adv. 1. D'une manière brutale, violente. *Il a frappé son frère brutalement.* → **violemment.** 2. D'une manière soudaine et violente. *Sa température est montée brutalement.* → **brusquement.** ▮ contraire : **progressivement.**

▸ **brutaliser** v. (conjug. 3) Traiter avec brutalité. *Arrête de brutaliser ton petit frère,* de le maltraiter. → **malmener, molester.**

▸ **brutalité** n. f. Façon de se conduire brutale, violente. *Il l'a frappé avec brutalité,* avec violence.

bruyant [bʀɥijɑ̃], **bruyante** [bʀɥijɑ̃t] adj. 1. Qui fait beaucoup de bruit. *Ces enfants sont très bruyants.* ▮ contraire : **silencieux.** 2. Où il y a beaucoup de bruit. *Ils habitent une rue bruyante.* ▮ contraires : **calme, tranquille.**

▸ **bruyamment** [bʀɥijamɑ̃] adv. En faisant beaucoup de bruit. *Léa se mouche bruyamment.* ▮ contraire : **silencieusement.**

▸ Mots de la famille de **bruit.**

bruyère [bʀyjɛʀ] ou [bʀɥijɛʀ] n. f. Plante sauvage à petites fleurs mauves ou roses. *La lande est couverte de bruyère.*

bruyère

buccal, buccale adj. De la bouche. *Il faut prendre ce médicament par voie buccale,* par la bouche. → **oral.** – Au masc. pl. *buccaux.*

bûche n. f. **1.** Gros morceau de bois de chauffage. *Le feu s'éteint, remets une bûche dans la cheminée.* **2.** *La bûche de Noël,* c'est un gâteau en forme de bûche que l'on mange à Noël.

▸ **bûcher** n. m. Tas de bois sur lequel on brûle les morts ou sur lequel on brûlait certains condamnés à mort. *Au Moyen Âge, on brûlait les sorcières sur des bûchers.*

▸ **bûcheron** n. m., **bûcheronne** n. f. Personne dont le métier est d'abattre des arbres dans une forêt.

bucolique adj. Qui évoque la campagne. *Un paysage bucolique.* → **campagnard, champêtre.**

Ce mot appartient au langage soutenu.

budget n. m. (→ ÉTYM.) Ensemble des gains et des dépenses que l'on prévoit et organise. *Le budget d'une famille. Un budget est équilibré quand les recettes sont égales aux dépenses.*

buée n. f. Vapeur qui se dépose en fines gouttelettes sur une surface froide. *Le pare-brise est couvert de buée.*

buffet n. m. **1.** Meuble dans lequel on range la vaisselle. *Les verres sont rangés dans le buffet de la salle à manger.* **2.** Table où l'on dispose des plats et des boissons dans une réception. *Les invités se pressent autour du buffet.* **3.** Café-restaurant installé dans une gare. *Il a pris un café au buffet en attendant son train.*

buffle n. m. Gros animal ruminant d'Asie et d'Afrique qui ressemble au bœuf. → planche Animaux **domestiques.**

buffle

buis [bɥi] n. m. Arbuste à petites feuilles vert foncé. *Le massif est entouré d'une haie de buis.*

buisson n. m. (→ ÉTYM.) Groupe serré de petits arbres sauvages. → aussi ① **fourré, taillis.**

buissonnière adj. f. *Faire l'école buissonnière,* c'est aller se promener au lieu d'aller en classe.

bulbe n. m. Partie arrondie d'une plante qui se trouve sous terre et qui est remplie de réserves de nourriture grâce auxquelles la plante repousse tous les ans. *Des bulbes de tulipes.* → **oignon.**

bulldozer [byldozœʀ] ou [byldɔzɛʀ] n. m. Machine montée sur des chenilles, qui sert à déplacer de grandes quantités de terre ou de pierres. – Au pl. *Des bulldozers.*

Ce mot vient de l'anglais et veut dire « engin à chenilles ».

bulle n. f. **1.** Petite boule remplie d'air ou de gaz qui s'élève à la surface d'un liquide. *Il y a des bulles dans l'eau gazeuse.* **2.** Petite boule remplie d'air. *Léa fait des bulles avec son*

bulle

chewing-gum. Des bulles de savon. **3.** Dans une bande dessinée, espace délimité par un trait où sont écrites les paroles des personnages.

bulletin n. m. **1.** *Un bulletin de vote,* c'est le papier sur lequel est écrit le nom du candidat pour lequel on vote. *Chaque électeur met son bulletin de vote dans l'urne.* **2.** *Le bulletin scolaire,* c'est le papier sur lequel sont inscrites les notes d'un élève. **3.** Information courte et précise donnée au public. → **communiqué.** *La radio et la télévision diffusent le bulletin météo du jour.*

bungalow [bœ̃galo] n. m. (→ ÉTYM.) Petite maison de vacances très simple qui n'a pas d'étage. *Le club de vacances est formé de bungalows au bord de la plage.*

buraliste n. m. et f. Personne qui tient un bureau de tabac. *J'ai acheté des chewing-gums chez le buraliste.* ▷ Mot de la famille de **bureau.**

bureau n. m. **1.** Table sur laquelle on écrit, on travaille. *Ces bureaux ont des tiroirs de chaque côté.* **2.** Pièce où se trouve une table de travail et des objets pour travailler. *La directrice de l'école a convoqué Julie dans son bureau.* **3.** Endroit où travaillent les employés d'une entreprise ou d'une administration. *Le père de Paul va au bureau tous les matins.* **4.** *Un bureau de tabac,* c'est l'endroit où l'on peut acheter des cigarettes et des timbres. **5.** *Bureau de poste,* lieu ouvert au public où se trouvent les services de la poste.

▸ **bureautique** n. f. Nom déposé. Informatique qui sert à rendre plus facile et plus rapide le travail dans un bureau.

▶ Autre mot de la famille : **buraliste.**

burette n. f. Petit récipient dont le goulot est un tube très fin. *Alex a pris la burette d'huile pour graisser son vélo.*

burin n. m. Outil formé d'un morceau d'acier allongé, qui sert à couper des métaux ou à faire de la gravure.

▸ **buriné, burinée** adj. *Un visage buriné,* marqué de rides très profondes.

burlesque adj. Drôle et extravagant. *Charlie Chaplin a joué dans des films burlesques.* → **comique.** ▮ contraires : **dramatique, tragique.**

burnous [byʀnu] n. m. Grande cape de laine à capuchon, comme on en porte dans les pays du Maghreb.

burnous

bus [bys] n. m. Autobus. *Louise prend le bus pour aller à l'école.*

◗ C'est l'abréviation de *omnibus,* mot latin qui veut dire «pour tous».

▶ Autres mots de la famille : **abribus, bibliobus, minibus, trolleybus.**

buse n. f. Oiseau rapace qui vit le jour et se nourrit de petits rongeurs et d'oiseaux. *La buse a un bec recourbé.* → planches **Oiseaux, prairie.**

busqué, busquée adj. *Un nez busqué,* recourbé.

buste n. m. **1.** Partie du corps humain qui va du cou à la taille. → **poitrine, torse, tronc.** → planche **Corps** humain. **2.** Sculpture représentant la tête et le haut de la poitrine de quelqu'un. *Sur la cheminée, il y avait un buste de Napoléon.*

but [by] ou [byt] n. m. **1.** Endroit que l'on vise, qu'il faut atteindre. *La flèche a atteint son but.* → **cible. 2.** Endroit précis où l'on veut aller. *La rivière est un bon but de promenade.* **3.** Ce que l'on cherche à faire. *Mon but est de vous aider.* → **intention,** ① **objectif** et aussi **finalité. 4.** *Le but d'un terrain de football,* c'est l'espace à l'arrière du terrain, limité par des poteaux et dans lequel il faut faire entrer le ballon. *Le ballon est sorti du but.* **5.** Point marqué. *Notre équipe a marqué un but. Nous avons gagné 3 buts à 1.* **6.** *De but en blanc,* brusquement, sans précaution. *Il nous a annoncé la nouvelle de but en blanc.* ▮ homonyme : butte.

butane n. m. Gaz vendu en bouteilles de métal. *Ce réchaud marche au butane.*

buter v. (conjug. 3) **1.** Heurter avec le pied. *Paul a buté sur une pierre.* → **trébucher.** **2.** Être arrêté par une difficulté. *Nous butons toujours sur le même problème,* nous n'arrivons pas à le résoudre. **3. se buter,** s'entêter. *Il se bute et refuse de comprendre.* → se **braquer.**

▸ **buté, butée** adj. Entêté. → **têtu.** *Elle ne veut rien comprendre, elle est complètement butée.*

▶ Autre mot de la famille : butoir.

butin n. m. Ce que l'on a volé. *Les voleurs ont partagé leur butin.*

butiner v. (conjug. 3) *Les abeilles butinent,* elles vont de fleur en fleur récolter le pollen et le nectar.

butoir n. m. **1.** Obstacle placé à l'extrémité d'une voie ferrée, pour empêcher les trains d'aller trop loin. *Le train s'est arrêté juste devant le butoir.* **2.** *La date butoir,* le dernier délai. → **limite.** *C'est demain la date butoir pour les inscriptions.* ▷ Mot de la famille de buter.

butte n. f. **1.** Petite colline. *La maison est bâtie sur une butte.* → **monticule.** **2.** *Être en butte à quelque chose,* c'est y être exposé. *Il est en butte aux critiques de tout le monde.* ▮ homonyme : but.

buvable adj. Que l'on peut boire. *Ce café est à peine buvable.* ▮ contraire : **imbuvable.** ▷ Mot de la famille de boire.

buvard n. m. Papier très absorbant qui boit l'encre. ▷ Mot de la famille de boire.

buvette n. f. Petite salle, petit comptoir où l'on sert à boire. *La buvette du stade.* ▷ Mot de la famille de boire.

buveur n. m., **buveuse** n. f. Personne qui a l'habitude de boire une certaine boisson. *Les Anglais sont des buveurs de thé.* ▷ Mot de la famille de boire.

c' → ② **ce**

ça pronom démonstratif Familier. Ceci, cela. *Comment ça va ? C'est comme ci ou comme ça. Ça, alors, c'est incroyable !* ▮ homonymes : çà, sa.

çà adv. *Çà et là,* un peu partout. *Les affaires de Julie sont étalées çà et là dans la chambre.* ▮ homonymes : ça, sa.

▶ Autre mot de la famille : en deçà.

cabalistique adj. *Des signes cabalistiques,* que l'on ne peut pas comprendre facilement. → **mystérieux.**

caban n. m. Veste longue, en tissu de laine très épais. *Les marins portent des cabans bleu marine.*

cabane n. f. Petite maison en bois. *Paul et Théo ont construit une cabane dans le jardin.*

▸ **cabanon** n. m. Petite cabane. *Les outils de jardinage sont rangés dans le cabanon.*

cabaret n. m. Endroit où l'on va le soir voir un spectacle, danser, manger et boire.

cabestan

cabas [kabɑ] n. m. Sac à provisions avec deux anses. *Elle va faire son marché avec son cabas.*

cabestan n. m. Appareil autour duquel on enroule un câble pour tirer de lourdes charges. → **treuil.** *Sur un navire, le cabestan sert à manœuvrer l'ancre.*

cabillaud n. m. Morue fraîche. → **églefin.** *Nous avons mangé des œufs de cabillaud.* → aussi **tarama.**

cabine n. f. **1.** Chambre dans un bateau. → planche **Bateaux.** *Les passagers dorment dans leur cabine.* **2.** *Une cabine téléphonique,* un petit local où est installé un téléphone public. **3.** *Une cabine de bain,* l'endroit où l'on se déshabille avant de se baigner dans la mer ou dans une piscine. – *La cabine d'essayage d'un magasin,* où l'on essaie les vêtements. **4.** Partie d'un camion, d'un train ou d'un avion où se tient le conducteur, le pilote. *La cabine de pilotage.* → planche **Avions. 5.** *Une cabine spatiale,* l'endroit où est l'équipage d'un engin spatial.

▸ **cabinet** n. m. **1.** *Cabinet de toilette,* petite pièce où il y a un lavabo. **2.** Bureau d'un avocat, d'un médecin, d'un dentiste. *Le médecin donne ses consultations dans son cabinet.* **3.** *Les cabinets,* l'endroit où l'on fait ses besoins. → **toilettes, waters, W.-C.** *Les cabinets sont au fond du couloir.* **4.** *Le cabinet d'un ministre,* c'est l'ensemble des gens qui travaillent avec lui.

▶ Autre mot de la famille : télécabine.

câble n. m. **1.** Grosse corde. *La cabine du téléférique est suspendue par des câbles d'acier.* **2.** *Les câbles électriques,* gros fils de métal qui transportent l'électricité. **3.** *La télévision par câble* ou *le câble,* c'est une télévision qui diffuse des programmes spéciaux à des abonnés. *Ils sont abonnés au câble.*

▶ **câblage** n. m. Ensemble des connexions d'un appareil électrique ou électronique. *Le câblage d'un ordinateur.*

▶ **câbler** v. (conjug. 3) Installer le câble qui diffuse certains programmes de télévision payants et destinés à des abonnés. *Les techniciens ont câblé tout le quartier. – Dans notre rue, nous sommes câblés,* nous pouvons recevoir la télévision par câble.

cabossé, cabossée adj. Défoncé, couvert de bosses. ➜ **bosselé.** *La voiture est toute cabossée.* ▷ Mot de la famille de bosse.

cabotage n. m. Navigation près des côtes. *Ces bateaux de pêche font du cabotage.*

caboteur n. m. Bateau qui navigue sans s'éloigner des côtes. *Des caboteurs apportent des marchandises sur l'île.*

cabotin n. m., **cabotine** n. f. Personne qui fait des manières pour qu'on la remarque, l'admire. *Cet acteur est un cabotin.* – adj. *Elle est un peu cabotine.*

se **cabrer** v. (conjug. 4) Se dresser sur ses pattes de derrière. *Le cheval affolé rue et se cabre.*

cabri n. m. ➔ ÉTYM. Petit de la chèvre. ➜ **chevreau.** *Les cabris sautent en suivant leur mère.*

cabriole n. f. ➔ ÉTYM. *Faire des cabrioles,* c'est sauter gaiement, se rouler par terre. *Julie et Louise font des cabrioles dans l'herbe.* ➜ **galipette.**

cabriolet n. m. Voiture décapotable. ➜ planche **Voitures.**

caca n. m. **1.** Familier. Excrément. *Le bébé a fait caca dans sa couche.* **2.** *Caca d'oie,* jaune verdâtre. *Elle a un pull caca d'oie.*

cacahouète ou **cacahuète** [kakawɛt] n. f. ➔ ÉTYM. Graine de l'arachide, qui se mange grillée. *Au zoo, Théo a lancé des cacahouètes aux singes. Un paquet de cacahouètes salées.*

cacao n. m. Graine dont on se sert pour fabriquer le chocolat. *Le cacao pur est très amer.* ▶ Comme *cacahouète, cacao* vient de l'aztèque, langue des anciens Indiens du Mexique.

▶ **cacaoyer** [kakaɔje] n. m. Arbuste qui produit les graines de cacao.

cacatoès [kakatɔɛs] n. m. Perroquet à gros bec portant une huppe sur la tête. *Les cacatoès s'apprivoisent facilement.*

cacatoès

cachalot n. m. Gros mammifère marin de la taille de la baleine et qui possède des dents. *Le cachalot est un cétacé.*

cache-cache n. m. inv. Jeu où l'un des joueurs doit trouver les autres, qui se sont cachés. *Julie et ses amis jouent à cache-cache dans le jardin.* ▷ Mot de la famille de cacher.

cachemire n. m. ➔ ÉTYM. Tissu ou tricot en poil de chèvre très fin et doux. *Une écharpe de cachemire.*

cache-nez n. m. inv. Écharpe que l'on se met autour du cou. *Léa a mis un cache-nez pour ne pas attraper froid.* – Au pl. *Des cache-nez.* ▷ Mot de la famille de cacher et de nez.

cache-pot n. m. Vase dans lequel on met un pot de fleurs. *Un cache-pot en porcelaine.* – Au pl. *Des cache-pots.* ▷ Mot de la famille de cacher et de pot.

cacher v. (conjug. 3) **1.** *Cacher un objet,* c'est le mettre dans un endroit où il est difficile de le trouver. ➜ **dissimuler.** *Théo a caché les billes de Paul.* – **se cacher,** faire en sorte de ne pas être vu. ➜ fam. se **planquer.** *Julie s'est cachée derrière le rideau.* **2.** Empêcher de voir. *De gros nuages noirs cachent le soleil.* ➜ **masquer.** **3.** Ne pas montrer, ne pas dire. ▮ contraires : **dévoiler, exprimer, montrer.** *Louise ne pouvait cacher sa déception.*

▶ Autres mots de la famille : cache-cache, cache-nez, cache-pot, cachette, cachotterie, cachottier.

cachet n. m. **1.** Médicament qui a une forme de pastille et que l'on avale. → ② **comprimé.** *Un cachet d'aspirine.* **2.** Marque que l'on imprime avec un tampon. *Le cachet de la poste indique la date et le lieu d'envoi d'une lettre.* **3.** Argent gagné par un chanteur, un acteur. *Il a touché un gros cachet pour ce film.*

▶ **cacheter** v. (conjug. 6b) Fermer une enveloppe en la collant. *Alex cachette sa lettre avant de la poster.* ▮ contraire : **décacheter.**

▶ Autre mot de la famille : décacheter.

cachette n. f. **1.** Endroit où l'on peut cacher quelque chose ou se cacher. *Le chat a trouvé une bonne cachette sous le lit.* **2.** *En cachette,* en se cachant, en secret. → en **catimini.** *Julie a mangé tous les bonbons en cachette.* ▷ Mot de la famille de cacher.

cachot n. m. Cellule de prison petite et obscure. *Le prisonnier a été mis au cachot.*

cachotterie n. f. Petit secret sans importance. *Tu me fais des cachotteries,* tu me caches des choses.

▶ **cachottier** n. m., **cachottière** n. f. Personne qui a des secrets qu'elle ne dit pas. *C'est une petite cachottière, elle ne m'a pas tout dit.*

▷ Mots de la famille de cacher.

cacophonie n. f. Ensemble de sons déplaisants, qui sonnent faux ou ne vont pas ensemble. → **tintamarre, vacarme.** ▮ contraire : **harmonie.** *Les musiciens jouaient chacun de leur côté, quelle cacophonie !*

cactus [kaktys] n. m. Plante grasse des pays chauds, couverte de piquants.

c.-à-d. → **c'est-à-dire**

cadastre n. m. Registre composé des plans de tous les terrains et de toutes les constructions d'une commune avec leur superficie et le nom de leur propriétaire.

cadavérique adj. *Un teint cadavérique,* pâle comme celui d'un mort, d'un cadavre.

cadavre n. m. Corps d'une personne morte, d'un animal mort. *Le cadavre du noyé est à la morgue.* → **dépouille.**

caddie n. m. (marque déposée) Petit chariot métallique que l'on trouve dans les supermarchés, les gares et les aéroports. – Au pl. *Des caddies.*

▶ Ce mot vient de l'anglais.

cadeau n. m. **1.** Objet que l'on offre à quelqu'un. *Louise a eu de beaux cadeaux pour Noël. Garde ce livre, je t'en fais cadeau,* je te le donne. – *Du papier cadeau,* destiné aux cadeaux. *La vendeuse a fait de beaux paquets cadeaux.* **2.** *Ne pas faire de cadeau à quelqu'un,* être dur avec lui, ne pas être indulgent.

cadenas [kadna] n. m. Petite serrure portative munie d'un anneau, servant à fermer une porte, une malle, etc. *On a perdu la clé du cadenas.*

▶ **cadenasser** [kadnase] v. (conjug. 3) Fermer avec un cadenas. *La porte de la cave est cadenassée.*

cadence n. f. Rythme régulier. → **allure, vitesse.** *C'est difficile de travailler à cette cadence. Les enfants frappent des mains en cadence,* en rythme.

▶ **cadencé, cadencée** adj. *Les soldats marchent au pas cadencé,* en faisant des pas réguliers tous en même temps.

cadet n. m., **cadette** n. f. **1.** L'enfant qui vient après l'aîné. *Pierre est l'aîné des garçons et Paul le cadet. Léa est la cadette de la famille,* la plus jeune. → aussi **benjamin.** ▮ contraire : **aîné.** **2.** *Alex est mon cadet d'un an,* il est plus jeune que moi d'un an. **3.** Jeune sportif entre 15 et 17 ans.

cadran n. m. **1.** Partie d'une pendule, d'une montre où l'on peut lire l'heure. *Les aiguilles se déplacent sur le cadran.* **2.** *Un cadran solaire* indique l'heure sur un mur grâce à une tige dont l'ombre est projetée par le Soleil.

cadran solaire

cadre n. m. **1.** Bordure qui entoure une glace, un tableau, une photo. *Le cadre de ce tableau est en bois doré.* **2.** Paysage qui entoure un espace. *La ferme est située dans un très joli cadre.* → **décor, site.** **3.** *Cela sort du cadre du sujet,* des limites du sujet. **4.** Personne qui a des responsabilités dans un service, dans une entreprise. *Elle est cadre dans une usine.* **5.** *Le cadre*

a b c d e f g h i j k l m n o p q r s t u v w x y z

d'un vélo, c'est la partie métallique qui supporte la selle, le guidon, les roues et les pédales. ➜ planche **Deux-roues.**

▸ **cadrer** v. (conjug. 3) **1.** Aller bien avec quelque chose, s'accorder. *Ce qu'il dit aujourd'hui ne cadre pas avec ce qu'il disait hier.* **2.** *Cadrer une photo,* bien orienter et régler l'appareil pour mettre en place l'image. *Alex a mal cadré sa photo, le clocher est coupé. – La photo est mal cadrée.*

▸ **cadreur** n. m., **cadreuse** n. f. Personne dont le métier est de filmer avec une caméra. ➜ **caméraman.** *Il est cadreur à la télévision.*

▸ Autres mots de la famille : encadré, encadrement, encadrer.

caduc, caduque adj. *Un arbre à feuilles caduques,* c'est un arbre dont les feuilles tombent à l'automne et repoussent au printemps.
▮ contraire : **persistant.**

caducée n. m. Emblème des médecins qui représente un serpent enroulé autour d'une baguette.

▸ Ce mot masculin se termine par un e : on dit *un caducée.*

① **cafard** n. m. Petit insecte brun qui vit dans les maisons et sort la nuit. ➜ **blatte.** *On a trouvé des cafards dans le local des poubelles.*

cafard

② **cafard** n. m. *Avoir le cafard,* c'est être triste et déprimé.

▸ **cafardeux, cafardeuse** adj. Triste et mélancolique. ➜ **déprimé.** *Elle se sentait un peu cafardeuse.*

café n. m. **1.** Graine d'un arbuste des pays chauds que l'on fait griller et que l'on moud pour faire une boisson. *On peut acheter du café en grains ou du café moulu. – Il a bu un grand bol de café,* de la boisson faite avec ces graines moulues. **2.** Lieu où l'on peut consommer des boissons. ➜ ① **bar** et aussi **buvette.** *Il fait beau et il y a du monde à la terrasse des cafés.* ➜ fam. **bistrot.**

▸ **caféier** n. m. Arbuste tropical dont le fruit donne les grains de café.

▸ **caféine** n. f. Substance excitante contenue dans le café.

▸ **cafétéria** n. f. Lieu où l'on consomme des boissons, des sandwichs, des plats simples. *La cafétéria d'un supermarché.*

▸ **cafetière** n. f. Appareil servant à faire le café. *Une cafetière électrique.*

▸ Autre mot de la famille : décaféiné.

cafouiller v. (conjug. 3) Familier. S'embrouiller en faisant quelque chose. *Le problème était difficile et Louise a cafouillé dans ses calculs.*

cage n. f. **1.** Abri fermé par un grillage ou par des barreaux, où l'on enferme des animaux vivants. *Les lions du zoo dorment dans leur cage.* **2.** *La cage d'escalier,* l'espace où l'escalier est installé, dans un immeuble, une maison. **3.** *La cage thoracique,* la partie du squelette formée par les côtes, le sternum et les vertèbres. *Le cœur et les poumons sont dans la cage thoracique.*

▸ **cageot** [kaʒo] n. m. Caisse légère servant à transporter des fruits, des légumes. ➜ **caissette.**

▸ **cagibi** n. m. Petite pièce qui sert de débarras et où souvent il n'y a pas de fenêtre. ➜ ② **réduit.**

cagnotte n. f. Argent mis en commun par plusieurs personnes. *Tout le monde a mis 2 euros dans la cagnotte.*

cagoule n. f. **1.** Capuchon qui recouvre la tête et le visage, avec des trous pour les yeux. *Les malfaiteurs avaient le visage caché par une cagoule.* **2.** Bonnet de tricot qui s'enfile et passe sous le menton. ➜ **passe-montagne.** *Il fait froid, mets ta cagoule !*

cahier n. m. (➜ ÉTYM.) Ensemble de feuilles de papier réunies par le côté et protégées par une couverture. *Un cahier à spirale à grands carreaux. Prenez votre cahier d'exercices.* ▮ homonyme : cailler.

▸ Autre mot de la famille : protège-cahier.

cahin-caha adv. Tant bien que mal, péniblement. *La charrette avançait cahin-caha sur le chemin.*

▸ Ce mot appartient au langage soutenu.

cahot n. m. Secousse d'une voiture sur un mauvais terrain. *Les passagers de la voiture étaient secoués par les cahots.* ▮ homonymes : chaos, K.-O.

▸ **cahoter** v. (conjug. 3) Être secoué par les cahots. *La voiture cahote sur les pierres du chemin.*

▸ **cahotant, cahotante** adj. *Une charrette cahotante,* secouée par les cahots.

▸ **cahoteux, cahoteuse** adj. Qui secoue les voitures à cause des creux et des bosses. *Un chemin cahoteux.*

cahute ou **cahutte** n. f. Petite cabane. *Les outils sont rangés dans une cahute au fond du jardin.*

▸ Écrire *cahutte* avec 2 *t* comme dans *hutte* est conforme à la nouvelle orthographe.

caille n. f. Petit oiseau à queue courte, qui ressemble à la perdrix. → planche **Oiseaux.**

cailler v. (conjug. 3) Devenir presque solide. *Le lait a caillé.* → **coaguler.** ▮ homonyme : cahier.

▸ **caillot** n. m. *Un caillot de sang,* c'est du sang qui a formé une petite masse presque solide.

caillou n. m. (pl. **cailloux**) Petite pierre. *L'allée est recouverte de petits cailloux blancs.*

▸ **caillouteux, caillouteuse** adj. Plein de cailloux. *Le sol est caillouteux.* → **pierreux.**

caïman n. m. Crocodile d'Amérique du Sud. → aussi **alligator.**

caisse n. f. **1.** Grande boîte servant à transporter des marchandises, des objets. *Une caisse en bois. Une caisse de champagne.* **2.** Coffre, tiroir où se trouve l'argent d'un commerçant. *Les malfaiteurs ont vidé la caisse de l'épicier.* **3.** Endroit d'un magasin où l'on paie. *Dans un supermarché, il y a plusieurs caisses. J'ai fait la queue dix minutes à la caisse.* **4.** Guichet d'une banque où l'on délivre de l'argent. **5.** *Grosse caisse,* sorte de gros tambour. → planche **Instruments** de musique. *Il joue de la grosse caisse et des cymbales.*

▸ **caissette** n. f. Petite caisse. → **cageot.**

▸ **caissier** n. m., **caissière** n. f. Personne qui est à la caisse, qui encaisse le montant des achats. *Les caissières d'un grand magasin.*

▸ **caisson** n. m. Caisse métallique pleine d'air qui permet de faire des travaux sous l'eau.

▸ Autres mots de la famille : encaisser, tiroir-caisse.

cajoler v. (conjug. 3) Avoir des paroles ou des gestes tendres, affectueux. *Julie cajole son chat,* elle le caresse. → **câliner, dorloter.** ▮ contraire : **rudoyer.**

cajou n. m. *Noix de cajou,* amande ressemblant à une grosse cacahouète. → illustration **Noix.** *Elle a servi des noix de cajou à l'apéritif.*

cake [kɛk] n. m. Gâteau garni de raisins secs et de fruits confits. *Une tranche de cake. Des cakes aux raisins.*

▸ C'est un mot anglais qui veut dire «gâteau».

calamar → **calmar**

calamité n. f. Grand malheur qui atteint beaucoup de gens. → **cataclysme, catastrophe, désastre,** ② **fléau.** *Les guerres, les famines, les épidémies sont des calamités.*

calandre n. f. Partie métallique sur le devant du radiateur d'une voiture.

calanque n. f. Endroit où la mer pénètre dans les rochers, sur les côtes de la Méditerranée. → **crique.** *Ils se sont baignés dans une calanque.*

calanque

calcaire n. m. et adj.

▪ n. m. Matière de certaines roches, blanche ou colorée, que l'on peut chauffer pour faire de la chaux. *On trouve souvent des fossiles dans le calcaire.*

a b c d e f g h i j k l m n o p q r s t u v w x y z

▪ adj. Qui contient du calcaire. *Une eau calcaire. La craie, le marbre sont des roches calcaires.*

calciné, calcinée adj. Complètement brûlé. ➜ **carbonisé.** *Après l'incendie, il ne restait que des débris calcinés.*

calcium [kalsjɔm] n. m. Métal blanc que l'on trouve dans de nombreux éléments qui composent la terre ainsi que dans les organismes vivants. *Les produits laitiers contiennent du calcium.* ➜ planche **Alimentation.**

① **calcul** n. m. Petit caillou qui peut se former dans la vésicule, dans les reins et la vessie et rendre malade. *On l'a opéré d'un calcul dans un rein.*

② **calcul** n. m. **1.** Compte, opération. *Il faut faire des calculs très compliqués.* **2.** Technique qui permet de faire des opérations. ➜ **arithmétique.** *Alex est très bon en calcul.* **3.** Raisonnement, réflexion. *J'ai fait un mauvais calcul en pensant qu'il m'aiderait.*

▸ **calculer** v. (conjug. 3) **1.** Chercher en faisant des opérations, des comptes. *Calculez la surface totale de la maison. Une machine à calculer,* qui sert à faire des calculs. ➜ **calculatrice, calculette.** **2.** Prévoir comme il faut. *Il avait tout calculé. Elle a bien calculé son coup,* bien combiné.

▸ **calculateur, calculatrice** adj. *Une personne calculatrice,* c'est une personne habile à combiner des plans, des projets pour obtenir ce qu'elle veut. ➜ **intéressé.**

▸ **calculatrice** n. f. Machine électronique que l'on utilise pour faire des calculs très rapidement.

▸ **calculette** n. f. Calculatrice de poche.

▸ Autre mot de la famille : incalculable.

① **cale** n. f. **1.** Partie située à l'intérieur d'un bateau, sous le pont. ➜ planche **Bateaux.** *Les marchandises sont entreposées dans la cale.* **2.** *Cale sèche,* bassin sans eau aménagé pour réparer les bateaux, dans un port. *Le bateau est en cale sèche.*

② **cale** n. f. Ce que l'on met sous un objet qui manque d'équilibre pour le remettre d'aplomb. *On a glissé une cale sous un pied de la table bancale.*

▸ Autres mots de la famille : cale-pied, caler, décalage, décaler.

calé, calée adj. Familier. Bon dans une matière, dans une activité. *Il est calé en histoire.*

calèche n. f. Voiture à cheval à quatre roues, que l'on peut couvrir avec une capote. *Les touristes peuvent visiter la ville en calèche.*

calèche

caleçon n. m. **1.** Short très léger que portent les hommes comme sous-vêtement. *Il préfère les caleçons aux slips.* **2.** Pantalon de femme très collant. ➜ **leggins.**

calembour n. m. Plaisanterie faite avec des mots qui se prononcent de la même façon mais qui n'ont pas le même sens. *« Sois gai, ris donc (guéridon) » est un calembour.*

calendrier n. m. (➜ ÉTYM.) Tableau où sont inscrits les mois et les jours d'une année. *Julie regarde la date sur le calendrier de la classe.*

cale-pied n. m. Petite pièce de métal fixée sur la pédale d'une bicyclette pour maintenir le pied. ➜ planche **Deux-roues.** – Au pl. *Des cale-pieds.* ▷ Mot de la famille de ② cale et de ① pied.

calepin n. m. Petit carnet. *Il a noté le rendez-vous sur son calepin.*

▸ Ce mot vient du nom d'un moine italien du 16e siècle, *Calepino,* auteur d'un dictionnaire de la langue latine.

caler v. (conjug. 3) **1.** Empêcher de bouger en mettant une cale. *On a calé la table bancale.* **2.** *La voiture a calé,* le moteur s'est arrêté brusquement. ▷ Mot de la famille de ② cale.

calfeutrer v. (conjug. 3) Boucher les fentes d'une porte, d'une fenêtre. *Ils ont calfeutré les fenêtres pour empêcher l'air froid de passer.* – **se calfeutrer,** s'enfermer. *Elle s'est calfeutrée chez elle et ne veut voir personne.*

calligraphie

calibre n. m. **1.** Diamètre intérieur du canon d'une arme. *Un pistolet de gros calibre.* **2.** Taille, grosseur. *Ces œufs sont de même calibre.*

▸ **calibrer** v. (conjug. 3) Trier selon le calibre. *Ces pommes ne sont pas calibrées,* il y en a de grosses et de petites.

calice n. m. **1.** *Le calice d'une fleur,* c'est la partie qui l'enveloppe quand elle est en bouton, et qui reste à la base des pétales quand elle a fleuri. → planche **Fleurs.** *Les sépales forment le calice.* **2.** Vase dans lequel le prêtre met le vin de messe.

calife n. m. Autrefois, chef religieux et souverain, dans les pays musulmans. *Les califes étaient les successeurs de Mahomet.*

◗ Ce mot vient de l'arabe.

à **califourchon** adv. À cheval, les jambes de chaque côté. *Le cavalier est à califourchon sur son cheval.* ▷ Mot de la famille de fourche.

câlin, câline adj. et n. m.

▪ adj. Qui aime les baisers, les caresses. *Léa est très câline.*

▪ n. m. Échange de caresses. *Julie fait des câlins à son petit frère,* elle le caresse, l'embrasse et lui dit des choses gentilles. → aussi **cajoler.**

▸ **câliner** v. (conjug. 3) Faire des caresses et des baisers. *La maman câline son bébé.* → **cajoler, dorloter.** ▮ contraire : **rudoyer.**

◗ Attention à l'accent circonflexe du *â.*

calleux, calleuse adj. *Des mains calleuses,* ce sont des mains dont la peau est durcie dans la paume et où de la corne s'est formée. *Le jardinier a les mains calleuses.* → **rugueux.** ▮ contraire : **doux.**

▸ Autre mot de la famille : callosité.

calligraphie n. f. Art de bien former les caractères d'écriture. → planche **Écriture.** *La calligraphie chinoise.*

callosité n. f. Endroit où la peau est devenue dure et épaisse à cause des frottements. *Des mains pleines de callosités.* ▷ Mot de la famille de calleux.

calmant n. m. Médicament qui calme la douleur ou l'angoisse. *Il a pris un calmant pour l'aider à dormir.* → **tranquillisant.** ▷ Mot de la famille de calme.

calmar n. m. Mollusque marin dont la tête est pourvue de huit pieds et deux tentacules. → aussi **seiche.** *Le calmar est de la même famille que la pieuvre.* → **céphalopode.** *Des beignets de calmar.*

◗ On dit aussi *calamar.*

calmar

calme n. m. et adj.

▪ n. m. **1.** Absence de bruit et d'agitation. *J'apprécie le calme de la campagne.* → **paix, tranquillité.** ▮ contraire : **tumulte.** **2.** État d'une personne qui n'est ni agitée ni inquiète. ▮ contraires : **agitation, nervosité.** *Il garde son calme au milieu de toutes les difficultés.* → **sang-froid.** *Allons, du calme, les enfants !*

▪ adj. Qui n'est pas agité. *Cet endroit est très calme,* il n'y a pas de bruit. → **tranquille.** ▮ contraire : **bruyant.** *Léa est une enfant calme.* ▮ contraires : **agité, nerveux, turbulent.**

▸ **calmement** adv. Avec calme. *Elle attend calmement les résultats de l'examen.* ▮ contraire : **anxieusement.** *Il lui répondit calmement,* sans s'énerver. → **posément.**

▸ **calmer** v. (conjug. 3) **1.** Rendre calme. *La maman calme son bébé qui pleure.* **2.** Apaiser. *Ce médicament calme la douleur.* → **soulager.** **3.** **se calmer,** devenir plus calme, plus tranquille. *Ne t'énerve pas, voyons ! Calme-toi !* reprends ton calme. ▮ contraire : **s'énerver.** – *La*

tempête s'est calmée, elle est devenue moins violente.
▶ Autres mots de la famille : accalmie, calmant.

calomnie n. f. Chose fausse et méchante que l'on dit au sujet de quelqu'un. ➜ **diffamation** et aussi **médisance.**

▶ **calomnier** v. (conjug. 9) Dire des choses fausses sur quelqu'un pour lui faire du tort. *Les hommes politiques reprochent souvent aux journalistes de les calomnier.* ➜ **diffamer.**

calorie n. f. Unité servant à mesurer la quantité d'énergie fournie par les aliments. *Un homme adulte a besoin de 2 400 calories par jour.*

① **calot** n. m. Grosse bille.

② **calot** n. m. Chapeau allongé que portent certains militaires. *Les soldats de l'armée de l'air portent des calots.* ▷ Mot de la famille de calotte.

calotte n. f. 1. Petit bonnet rond qui ne couvre que le sommet de la tête. *Le pape porte une calotte blanche. La kippa est une calotte.* 2. *La calotte glaciaire,* c'est l'étendue de glace qui recouvre les pôles.
▶ Autre mot de la famille : ② calot.

calque n. m. Dessin copié directement à l'aide d'un papier transparent. – *Le papier calque,* c'est le papier qui sert à faire des calques. *Des papiers calques.*
▶ Autres mots de la famille : décalcomanie, décalquer.

calumet n. m. Pipe à long tuyau que fumaient les Indiens d'Amérique du Nord pendant les discussions importantes. *Les deux chefs indiens ont fumé le calumet de la paix.*

calvaire n. m. 1. Croix qui rappelle la mort de Jésus. *En Bretagne, il y a des calvaires à de nombreux carrefours.* 2. Longue suite de souffrances. *Sa maladie a été un calvaire.* ➜ **martyre.**

calvitie [kalvisi] n. f. Absence de cheveux. ➜ aussi **chauve.**

camarade n. m. et f. Personne qui partage les mêmes occupations que soi et que l'on aime bien. ➜ fam. **copain, pote.** *Théo et Paul sont des camarades de classe.*

▶ **camaraderie** n. f. Relations que l'on a entre camarades. *Il y a un esprit de bonne camaraderie dans la classe,* tout le monde s'entend bien.

cambouis [kɑ̃bwi] n. m. Graisse noire. *Le mécanicien a les mains tachées de cambouis.*

cambré, cambrée adj. *Il a le dos trop cambré,* trop creusé, pas assez droit.

cambrioler v. (conjug. 3) Voler après être entré de force dans un endroit. *Des malfaiteurs ont cambriolé la pharmacie.* ➜ **dévaliser.**

▶ **cambriolage** n. m. Vol dans une maison, un magasin, une banque. *Il y a eu un cambriolage cette nuit dans l'immeuble.*

▶ **cambrioleur** n. m., **cambrioleuse** n. f. Personne qui fait un cambriolage. ➜ **voleur.** *Des cambrioleurs ont volé les bijoux de ma grand-mère.*

caméléon n. m. Lézard d'Afrique et d'Asie qui change de couleur selon l'endroit où il se trouve, pour passer inaperçu. ➜ aussi **mimétisme.** ➜ planche **Reptiles** et amphibiens.

caméléon

camélia n. m. Arbuste toujours vert, à feuilles luisantes et dont les fleurs ressemblent un peu aux roses. – Au pl. *Des camélias.*

camelot n. m. Marchand qui vend dans la rue des objets bon marché. ➜ aussi **colporteur.**

camelote n. f. Familier. Marchandise de mauvaise qualité. ➜ **pacotille.** *Ce stylo s'est cassé tout de suite, c'est de la camelote.*

camembert n. m. Fromage rond à croûte blanche et à pâte molle, fait avec du lait de vache. *Les camemberts sont fabriqués en Normandie.*
▶ *Camembert* est le nom d'un village de Normandie où ce fromage a été inventé.

caméra n. f. Appareil qui sert à faire des films. ➜ aussi **caméscope.**

▸ **caméraman** [kameʀaman] n. m. Personne dont le métier est de faire fonctionner une caméra. ➜ **cadreur.** *Les caméramans travaillent pour le cinéma ou la télévision.*

Ce mot vient de l'anglais. Il vaut mieux dire *cadreur.*

▸ **caméscope** n. m. (marque déposée) Petite caméra portative avec laquelle on peut faire des films vidéos.

camion n. m. Gros véhicule transportant des marchandises. ➜ **poids lourd.** *Un camion de déménagement bloque la rue.*

▸ **camionnette** n. f. Petit camion.

▸ **camionneur** n. m., **camionneuse** n. f. Personne dont le métier est de conduire un camion. ➜ **routier.**

camomille n. f. Plante qui sent très bon et dont on fait des tisanes.

camoufler v. (conjug. 3) Rendre difficile à reconnaître ou à voir. *Les soldats ont camouflé leurs chars avec des branchages.* ➜ **cacher, dissimuler.** – **se camoufler,** se cacher. *Le caméléon se camoufle en changeant de couleur.*

▸ **camouflage** n. m. *La tenue de camouflage,* c'est une tenue militaire, de la couleur du sol et des feuilles, qui permet aux soldats de ne pas être repérés par l'ennemi.

camp n. m. **1.** Terrain où sont installés des baraquements, des tentes. *Les soldats ont installé leur camp.* ➜ **bivouac, campement.** *Un camp scout.* **2.** Lieu où sont regroupées de nombreuses personnes. *Un camp de prisonniers. Les réfugiés ont été accueillis dans des camps.* **3.** Groupe opposé à un autre. *Les joueurs sont séparés en deux camps.* ➜ **équipe.** *Il faut choisir son camp.* ➜ **clan, parti.** ▮ homonyme : quand.

▸ Autres mots de la famille : campement, camper, campeur, décamper.

① **campagne** n. f. Lieu éloigné des villes, où il y a de la verdure, des champs, des bois. *Ils ont acheté une maison à la campagne.*

▸ **campagnard** n. m., **campagnarde** n. f. Personne qui vit à la campagne. ▮ contraire : **citadin.**

▸ Autre mot de la famille : campagnol.

② **campagne** n. f. **1.** Opération de guerre. *L'empereur Napoléon a fait de nombreuses campagnes.* **2.** Ensemble de moyens employés pour faire connaître quelque chose. *Les candidats aux élections exposent leur programme pendant la campagne électorale. Ce constructeur automobile a fait une vaste campagne publicitaire pour lancer son dernier modèle.*

campagnol n. m. Petit rongeur de la taille d'une souris, qui vit dans les champs. ➜ planche **Prairie.** ▷ Mot de la famille de ① campagne.

campagnol

campanile n. m. Clocher en forme de tour. *On voit de nombreux campaniles en Italie.*

Ce mot vient du latin *campana* qui veut dire «cloche».

campanule n. f. Plante à fleurs bleues ou violettes, en forme de clochettes. ➜ planche **Fleurs.**

Ce mot vient du latin *campana* qui veut dire «cloche».

camper v. (conjug. 3) Vivre en plein air sous une tente ou dans une caravane. *Ils aiment camper au bord de la mer.* ➜ aussi **camping.**

▸ **campement** n. m. Camp. *Les Indiens ont installé leur campement dans la vallée.*

▷ Mots de la famille de camp.

se camper v. (conjug. 4) Se tenir devant quelqu'un sans bouger d'une manière fière ou provocante. *Elle s'est campée devant moi pour m'empêcher de passer.*

campeur n. m., **campeuse** n. f. Personne qui campe. ▷ Mot de la famille de camp.

camping [kɑ̃piŋ] n. m. *Faire du camping,* camper, vivre sous la tente ou dans une caravane. – *Un terrain de camping,* un terrain aménagé spécialement pour les campeurs.

▶ C'est un mot anglais, qui vient de *to camp* «camper».

▶ **camping-car** [kɑ̃piŋkaʀ] n. m. Camionnette aménagée pour camper. – Au pl. *Des camping-cars.*

▶ Ce mot vient du français *camping* et de l'anglais *car* qui veut dire «voiture».

canaille n. f. Personne malhonnête, qui mérite le mépris. → **crapule, fripouille.**

canal n. m. (pl. **canaux**) Cours d'eau creusé par l'homme. *Certains canaux servent à la navigation, d'autres à l'irrigation des terres.*

▶ **canaliser** v. (conjug. 3) *On a canalisé la rivière,* on l'a aménagée pour que les bateaux puissent y naviguer.

▶ **canalisation** n. f. Tuyau où passe un liquide ou un gaz. *L'eau a gelé dans les canalisations.*

canapé n. m. **1.** Long siège à dossier, confortable, sur lequel plusieurs personnes peuvent s'asseoir. *Un canapé à trois places.* – *Un canapé-lit,* un canapé qui peut se transformer en lit. **2.** Petite tranche de pain sur laquelle on a mis des morceaux de choses bonnes à manger. *Des canapés au fromage, aux anchois, au saumon, aux asperges, au caviar.*

canard n. m. Oiseau au large bec aplati et aux pattes palmées, qui nage très bien. *Les canards nagent dans l'étang.* → aussi **cane** et **caneton.** → planches Animaux **domestiques, mare, oiseaux.**

canari n. m. Petit oiseau jaune. → **serin.** *Les canaris chantent dans leur cage.*

▶ Ce mot vient de l'espagnol *canario* qui veut dire «des îles Canaries», îles d'où vient cet oiseau.

cancan n. m. Familier. *Les cancans,* les bavardages malveillants sur les gens. *N'écoute pas les cancans.* → **commérage, potin, ragot.**

▶ Ce mot s'emploie surtout au pluriel.

cancer [kɑ̃sɛʀ] n. m. Maladie très grave provoquée par des tumeurs qui détruisent le corps. *On peut maintenant guérir de nombreux cancers.*

▶ **cancéreux** adj. et n. m., **cancéreuse** adj. et n. f.

■ adj. Dû à un cancer. *Une tumeur cancéreuse.* → ② **malin.**

■ n. Personne atteinte d'un cancer.

▶ **cancérigène** adj. *Un produit cancérigène,* qui peut provoquer un cancer. *Le tabac est cancérigène.*

cancre n. m. Familier. Mauvais élève paresseux.

candélabre n. m. Grand chandelier à plusieurs branches.

candélabre

candeur n. f. Naïveté et innocence. *Elle avait un air plein de candeur.* → aussi **candide.**

candi adj. m. inv. *Du sucre candi,* c'est du sucre lisse et transparent en morceaux de taille irrégulière.

candidat n. m., **candidate** n. f. Personne qui veut obtenir un travail, passe un examen ou se présente à une élection. *Il y a beaucoup de candidats pour ce poste.* → **concurrent.**

▶ **candidature** n. f. Le fait de se présenter à un examen, une élection ou à un poste. *Il a annoncé sa candidature à l'élection présidentielle,* il a annoncé qu'il était candidat.

candide adj. *Un air candide,* innocent et naïf. → aussi **candeur.** ▮ contraires : ① **faux, fourbe.**

cane n. f. Femelle du canard. ▮ homonyme : canne.

▶ **caneton** n. m. Petit de la cane et du canard.

canette n. f. **1.** Bobine sur laquelle est enroulé le fil d'une machine à coudre. **2.** Petite boîte de métal contenant une boisson. *Une canette de soda.*

canevas [kanva] n. m. Grosse toile dure aux fils très espacés sur laquelle on fait de la tapisserie. *Léa fait du canevas.*

caniche n. m. Petit chien à poil frisé. → planche **Chiens** et chats.

canicule n. f. (→ ÉTYM.) Période de grande chaleur. *L'été dernier, il y a eu une canicule terrible.*

▸ **caniculaire** adj. Extrêmement chaud. *Un été caniculaire.* → **torride.**

canif n. m. Petit couteau de poche dont la lame se replie dans le manche. *Paul taille un morceau de bois avec son canif.*

canin, canine adj. Qui concerne les chiens. *Julie a visité une exposition canine,* une exposition de chiens. *La race canine,* les chiens.

canine n. f. (→ ÉTYM.) Dent pointue située entre les prémolaires et les incisives. → aussi **croc.** *L'homme a quatre canines.*

caniveau n. m. Rigole dans laquelle coulent les eaux d'une rue, le long du trottoir. *En ville, les chiens doivent faire leurs besoins dans le caniveau.* – Au pl. *Des caniveaux.*

canne n. f. **1.** Bâton sur lequel on s'appuie en marchant. *Le vieux monsieur marche avec une canne.* **2.** *Une canne à pêche,* c'est un long bâton au bout duquel on attache un fil pour pêcher. **3.** *La canne à sucre,* c'est une plante à grande tige dont on extrait du sucre, le *sucre de canne.* ▮ homonyme : cane.

cannelle n. f. Poudre marron clair très parfumée, tirée de l'écorce d'un arbre des pays chauds, et que l'on met dans certains plats pour donner du goût. *De la compote de pommes parfumée à la cannelle.*

cannibale n. m. et f. Personne qui mange de la chair humaine. → **anthropophage.** – adj. *Certaines tribus indiennes d'Amérique du Sud étaient cannibales.*

canoë [kanɔe] n. m. Petit bateau léger et fin que l'on peut porter et que l'on fait avancer avec une pagaie. → aussi **kayak.** → planche **Sport.** *Ils ont descendu la rivière en canoë.*

◗ Ce mot vient d'une langue indienne des Caraïbes qui a donné aussi *canot.*

canoë

cañon → **canyon**

① **canon** n. m. **1.** Arme en forme de gros tube très lourd qui sert à lancer des obus. *Les canons ont bombardé l'armée ennemie.* **2.** Tube de métal d'où partent les balles, dans une arme à feu. *Le canon d'un révolver.*

② **canon** n. m. Chant dans lequel on reprend le même air, décalé, à plusieurs voix. *Alex et Théo chantent «Frère Jacques» en canon.*

canoniser v. (conjug. 3) Déclarer qu'une personne est sainte. *Le pape a canonisé le roi de France Louis IX en 1297.*

canot n. m. Petit bateau ouvert sur le dessus. → **barque.** *Les naufragés ont tous embarqué dans les canots de sauvetage.* → planche **Bateaux.**

▸ **canoter** v. (conjug. 3) Se promener en barque. *Des vacanciers canotaient sur le lac.*

▸ **canotage** n. m. Promenade en canot, en barque. *Alex aime faire du canotage,* se promener en canot, en barque.

cantal n. m. (pl. **cantals**) Fromage à pâte jaune très ferme, fait avec du lait de vache, dans le Cantal.

cantate n. f. Morceau de musique joué par un orchestre et comportant des parties chantées. *Bach a écrit de nombreuses cantates.*

cantatrice n. f. Chanteuse d'opéra. *La Callas était une célèbre cantatrice.*

cantine n. f. (→ ÉTYM.) **1.** Endroit où l'on sert des repas, dans une école, sur un lieu de travail. *Presque tous les enfants de la classe déjeunent à la cantine.* **2.** Grosse malle en métal ou en bois. *Au grenier, il y a une cantine remplie de vieux vêtements.*

cantique n. m. (→ ÉTYM.) Chant religieux. *On chante des cantiques à la messe.*

canton n. m. **1.** En France, partie d'un département, plus petite que l'arrondissement. *Il y a plusieurs communes dans un canton. La ville principale d'un canton est le chef-lieu de canton.* **2.** Chacun des États qui composent la Suisse. *La Suisse est formée de 26 cantons.*

▶ Autre mot de la famille : cantonal.

à la cantonade adv. En s'adressant à tous. *Paul dit bonjour à la cantonade.*

cantonal, cantonale adj. Qui concerne un canton. *Aux élections cantonales, on élit les conseillers généraux de chaque canton.* – Au masc. pl. *cantonaux.* ▷ Mot de la famille de canton.

cantonner v. (conjug. 3) **1.** Loger provisoirement des soldats. *Les soldats ont été cantonnés dans des maisons inhabitées.* **2. se cantonner,** se limiter. *Elle s'est cantonnée à répondre aux questions.* ➜ se **borner.**

▸ **cantonnement** n. m. Endroit où sont logés provisoirement les soldats.

cantonnier n. m. Personne dont le métier est d'entretenir les routes, les chemins.

canular n. m. Histoire, plaisanterie inventée pour tromper quelqu'un, pour profiter de sa naïveté. ➜ **mystification.** *Alex et Paul ont monté un canular.*

canyon [kanjɔn] n. m. (➜ ÉTYM.) Ravin étroit et profond, creusé par un cours d'eau. *Le Grand Canyon du Colorado, aux États-Unis.*
▶ Ce mot qui vient de l'espagnol s'écrit aussi *cañon* [kanjɔn].

canyon

caoutchouc [kautʃu] n. m. Matière élastique et imperméable qui provenait autrefois de la sève de certains arbres et qui est aujourd'hui fabriquée artificiellement. *Des bottes en caoutchouc.* ➜ aussi **hévéa** et **latex.**

▸ **caoutchouteux, caoutchouteuse** adj. *Une matière caoutchouteuse,* qui a la consistance du caoutchouc. *Une viande caoutchouteuse.*

cap n. m. **1.** Pointe de terre qui s'avance dans la mer. *Le cap Horn est au sud de l'Amérique.* **2.** Direction que suit un bateau ou un avion. *Le bateau a mis le cap sur Toulon,* il se dirige vers Toulon. *L'avion a changé de cap.* ▮ homonyme : cape.

capable adj. **1.** Qui peut faire quelque chose. *Alex est capable de courir très vite.* ▮ contraire : **incapable. 2.** *Une personne capable,* habile, compétente. *C'est un ouvrier très capable.* ▮ contraire : **incompétent.**
▶ Autre mot de la famille : incapable.

capacité n. f. **1.** Qualité d'une personne qui peut comprendre ou faire quelque chose. ➜ **compétence, faculté.** ▮ contraires : **incapacité, incompétence.** *Il a de grandes capacités de travail,* il peut travailler beaucoup. ➜ **aptitude. 2.** Ce que peut contenir un récipient. *Cette bouteille a une capacité d'un litre.* ➜ **contenance.** *Les mesures de capacité.*
▶ Autre mot de la famille : incapacité.

caparaçonné, caparaçonnée adj. *Un cheval caparaçonné,* recouvert d'une armure ou d'un harnais richement décoré. *Au Moyen Âge, dans les tournois, les chevaux étaient caparaçonnés.*
▶ Attention à la place du *p* et du *r* !

cape n. f. Manteau sans manches qui couvre le corps et les bras. *Les mousquetaires avaient des capes et des épées.* ▮ homonyme : cap.

capétien [kapesjɛ̃], **capétienne** [kapesjɛn] adj. Qui concerne la dynastie qui a régné sur la France de 987 à 1328. *La dynastie capétienne a succédé à la dynastie carolingienne.*

capharnaüm [kafaʀnaɔm] n. m. Lieu contenant beaucoup d'objets en désordre. *La boutique du brocanteur est un vrai capharnaüm.* ➜ **bazar, bric-à-brac.**

capillaire [kapilɛʀ] adj. **1.** *Une lotion capillaire,* c'est une lotion pour les cheveux. **2.** *Les vaisseaux capillaires,* ce sont des vaisseaux sanguins aussi fins que des cheveux.

en **capilotade** adv. En mauvais état. *J'ai le dos en capilotade,* j'ai des douleurs dans le dos.

capitaine n. m. et f. **1.** Officier, officière qui est à la tête d'une compagnie. *Le capitaine porte trois galons.* **2.** Officier, officière qui commande un navire de commerce. *Le capitaine a donné l'ordre de lever l'ancre.* **3.** Chef. *La capitaine d'une équipe de handball.*

① capital, capitale adj. 1. Très important. *C'est un problème capital.* → **essentiel, primordial.** 2. *La peine capitale,* la peine de mort. *En France, la peine capitale n'existe plus depuis 1981.* – Au masc. pl. *capitaux.*

② capital n. m. (pl. **capitaux**) 1. Somme d'argent que l'on place et qui rapporte des intérêts. *Les hommes d'affaires placent leurs capitaux dans des banques ou des entreprises.* 2. Ensemble des richesses que possède une personne. → **fortune, patrimoine.** *Son capital est constitué d'immeubles et de tableaux.*
▶ Autres mots de la famille : capitalisme, capitaliste.

cheval caparaçonné

capitale n. f. 1. Ville où se trouve le gouvernement d'un pays. *Paris est la capitale de la France.* 2. Lettre majuscule. *Julie écrit son nom en capitales.* → **majuscule.**

capitalisme n. m. Organisation d'un pays où la plupart des terres, des usines et des richesses appartiennent à des personnes et non à l'État. *Les communistes sont contre le capitalisme.*

▸ **capitaliste** adj. Qui concerne le capitalisme, qui est favorable au capitalisme. *Les États-Unis, le Japon sont des pays capitalistes.* – n. *Les gros capitalistes possèdent beaucoup d'argent.*
▷ Mots de la famille de ② capital.

capitonné, capitonnée adj. *Un fauteuil capitonné,* c'est un fauteuil qu'on a rembourré et recouvert de tissu en piquant par endroits.

capituler v. (conjug. 3) Cesser de se battre. *Vercingétorix a capitulé à Alésia.* → se **rendre.**
▮ contraire : **résister.**

▸ **capitulation** n. f. *La capitulation de l'ennemi a été rapide,* l'ennemi s'est rendu très vite. → **reddition.**

caporal n. m. (pl. **caporaux**), **caporale** n. f. Militaire qui a le grade le moins élevé. *Le caporal commande quatre ou cinq hommes.*

capot n. m. Ce qui recouvre le moteur d'une voiture. → planche **Voitures.** *L'automobiliste soulève le capot pour vérifier le niveau d'huile.*

capote n. f. 1. Grand manteau militaire. *Les soldats portent des capotes kaki.* 2. Toit pliant en tissu imperméable, sur les cabriolets.
▶ Autre mot de la famille : décapotable.

capoter v. (conjug. 3) 1. Se retourner, en parlant d'un véhicule. *La voiture a capoté.* 2. Familier. Échouer. *Leur projet a capoté,* il n'a pas abouti.

câpre n. f. Bouton d'un arbuste que l'on conserve dans du vinaigre et que l'on met dans certains plats. *Au menu d'aujourd'hui, il y a de la raie aux câpres.*

caprice n. m. *Faire des caprices,* c'est se mettre en colère pour obtenir ce que l'on veut. *Julie fait souvent des caprices.*

▸ **capricieux, capricieuse** adj. *Un enfant capricieux,* qui fait souvent des caprices. *Julie est une petite fille capricieuse.*

caprin, caprine adj. Qui se rapporte aux chèvres. *Le bouquetin appartient à la race caprine.*

capsule n. f. 1. Bouchon en métal qui sert à fermer certaines bouteilles. *La capsule d'une bouteille d'eau minérale.* 2. *Une capsule spatiale,* c'est la partie habitable d'une fusée. → planche **Espace.** *Les cosmonautes ont pris place dans la capsule spatiale.* → **cabine.**
▶ Autres mots de la famille : décapsuler, décapsuleur.

capter v. (conjug. 3) 1. *Capter l'eau d'une rivière,* c'est la retenir au moyen de canaux ou de tuyaux. → **canaliser.** 2. *Capter l'attention de quelqu'un,* c'est la retenir. *L'orateur a réussi très vite à capter l'attention de la salle.* 3. *Capter une chaîne de radio ou de télévision,* c'est la recevoir. *La télévision par câble permet de capter de nombreuses chaînes.*

▸ **capteur** n. m. *Un capteur solaire,* c'est un appareil qui transforme l'énergie du soleil en électricité.

capteurs solaires

captif n. m., **captive** n. f. Prisonnier de guerre. *Les captifs enchaînés marchaient derrière le vainqueur.* – adj. *Des soldats captifs.*
Ce mot appartient au langage soutenu.
▸ Autre mot de la famille : captivité.

captiver v. (conjug. 3) Intéresser énormément. *Cette histoire a captivé Louise.* ➜ **passionner.** ▮ contraire : **ennuyer.**

▸ **captivant, captivante** adj. Passionnant. *Ce roman raconte une captivante chasse au trésor.* ▮ contraire : **ennuyeux.**

captivité n. f. Absence de liberté. *Certains animaux supportent mal la captivité.* ▮ contraire : **liberté.** *Prisonnier de guerre qui a passé deux ans en captivité,* qui a été retenu prisonnier pendant deux ans. ▹ Mot de la famille de captif.

capture n. f. **1.** *La capture d'un animal,* le fait de l'attraper vivant. **2.** *Une capture,* c'est ce que l'on a pris, attrapé. *Les pêcheurs ont attrapé un énorme poisson, ils sont fiers de leur capture.* ➜ **prise.**

▸ **capturer** v. (conjug. 3) Attraper vivant. *Le cow-boy a capturé un bison.*

capuche n. f. Large bonnet attaché à un vêtement et que l'on peut rabattre sur la tête. *Julie a un imperméable à capuche.*

▸ **capuchon** n. m. **1.** Capuche. *Le capuchon d'un manteau.* **2.** Bouchon de stylo. *J'ai perdu le capuchon de mon stylo.*

capucine n. f. Plante à feuilles rondes et à fleurs orangées ou jaunes. ➜ planche **Fleurs.**

carafe

caqueter [kakte] v. (conjug. 6b) Pousser de petits cris, en parlant de la poule. *Les poules caquettent quand elles pondent.*

▸ **caquet** n. m. *Rabaisser le caquet à quelqu'un,* c'est le faire taire. *Nous allons lui rabaisser le caquet, à cet insupportable bavard !*

① **car** conjonction Parce que. *Louise porte des lunettes, car elle est myope.* ▮ homonymes : carre, quart.

② **car** n. m. Autocar. *Un car de touristes est garé devant l'hôtel.*

carabine n. f. Fusil léger. *Dans les fêtes foraines, il y a des stands de tir à la carabine.*

caracoler v. (conjug. 3) *Le cheval caracole,* il fait des sauts.

caractère n. m. **1.** Lettre d'imprimerie. *Ce livre est écrit en gros caractères.* **2.** Manière d'être, de se comporter. *Léa est gaie, c'est dans son caractère.* ➜ **nature, tempérament.** *Julie a mauvais caractère,* elle est souvent de mauvaise humeur. – *Avoir du caractère,* de la personnalité, de l'énergie et de la volonté. *Ce petit garçon a déjà beaucoup de caractère.* **3.** Particularité. *Cette maladie présente tous les caractères de la rougeole.* ➜ **caractéristique, signe.**

▸ **caractériel, caractérielle** adj. Qui a des troubles du comportement, qui a un caractère difficile, rendant difficile la vie avec les autres. *Ils ont une fille un peu caractérielle.* – n. *C'est un caractériel.*

▸ **caractériser** v. (conjug. 3) Constituer une particularité. *C'est leur poil frisé qui caractérise les caniches,* qui les distingue, les rend différents des autres chiens.

▸ **caractéristique** n. f. Ce qui caractérise. *Le brouillard est une caractéristique du climat de Londres,* une chose spéciale, particulière.

→ **caractère, particularité.** – adj. *L'odeur de l'éther est caractéristique,* particulière. → **typique.**

carafe n. f. Large bouteille de verre, resserrée en haut. *Le serveur a posé une carafe d'eau sur la table.*

carambolage n. m. Série d'accidents de voiture provoqués les uns par les autres. *Il y a eu un terrible carambolage sur l'autoroute : dix voitures se sont tamponnées.* → **télescopage.**

caramel n. m. 1. Produit brun, collant et parfumé obtenu en faisant cuire du sucre. *Paul mange une glace au caramel.* 2. Bonbon au caramel. *Julie a acheté des caramels à la confiserie.*

▸ **caramélisé, caramélisée** adj. Recouvert de caramel. *Comme dessert, il y a des pommes cuites au four et caramélisées.*

carapace n. f. Partie dure du corps de certains animaux, qui les enveloppe et les protège. *La tortue effrayée a rentré sa tête et ses pattes sous sa carapace.*

animaux à carapace

carat n. m. Unité de mesure de la pureté d'un métal précieux. *L'or pur est de l'or à 24 carats.*

caravane n. f. 1. Groupe de personnes qui traversent une région difficile à franchir. *Une caravane de nomades traverse le désert à dos de dromadaire.* 2. Roulotte de camping tirée par une voiture. *Ils sont partis en vacances en caravane.* → aussi **camping-car.**

caravelle n. f. Bateau à voiles triangulaires, utilisé aux 15e et 16e siècles. → planche **Bateaux.** *Christophe Colomb partit en mer avec trois caravelles.*

carbone n. m. 1. Matière très répandue, que l'on trouve dans la terre et dans tous les organismes vivants. *Le charbon et le pétrole contiennent du carbone.* 2. Gaz à effet de serre. *Bilan carbone,* estimation de la quantité de gaz à effet de serre émise par une usine ou produite par le transport d'une marchandise.

▸ **carbonique** adj. *Le gaz carbonique,* c'est un mélange de carbone et d'oxygène. → aussi **dioxyde.**

▸ **carbonisé, carbonisée** adj. Complètement brûlé. *Le rôti est resté trop longtemps au four, il est carbonisé.* → **calciné.**

carburant n. m. Matière liquide qui sert à faire fonctionner un moteur. *L'essence, le gazole, le kérosène sont des carburants.*

▸ **carburateur** n. m. Partie du moteur où le carburant se mélange à l'air. *Le garagiste nettoie le carburateur de la voiture.*

▸ Autre mot de la famille : biocarburant.

carcan n. m. 1. Collier de fer fixé à un poteau en plein air où l'on attachait autrefois un condamné par le cou. 2. Ce qui gêne, empêche la liberté. *Le carcan du règlement.*

carcasse n. f. Squelette d'un animal mort. *On a mangé les ailes, les cuisses et tout le blanc du poulet, il ne reste que la carcasse,* les os.

cardiaque adj. 1. Qui concerne le cœur. *Il a une maladie cardiaque,* du cœur. *Le muscle cardiaque,* le cœur. 2. *Il est cardiaque,* il a une maladie de cœur. – n. Personne malade du cœur. *Ce film d'horreur est déconseillé aux cardiaques.*

cardigan n. m. Veste de laine tricotée, à manches longues, qui se boutonne devant. → **gilet.**

▸ Ce mot vient du nom du comte de Cardigan, un noble anglais du 19e siècle.

caravane

① **cardinal** n. m. (pl. **cardinaux**) Dans l'Église catholique, prêtre de rang élevé. *Les cardinaux élisent le pape et le conseillent.*

② **cardinal, cardinale** adj. **1.** *Trois est un nombre cardinal,* qui indique une quantité. ➜ aussi **ordinal.** **2.** *Les points cardinaux,* servant de repère pour s'orienter. *Le nord, le sud, l'est et l'ouest sont les quatre points cardinaux.*

cardiologue n. m. et f. Médecin spécialiste des maladies du cœur.

cardiovasculaire adj. Qui concerne à la fois le cœur et les vaisseaux sanguins. *Une maladie cardiovasculaire.* ▷ Mot de la famille de vasculaire.

carême n. m. Période de quarante-six jours qui va de Mardi gras au jour de Pâques.
▶ Autre mot de la famille : Mi-Carême.

carence n. f. Insuffisance. *Louise souffre d'une carence en vitamines.* ➜ **manque.**

caresse n. f. Geste affectueux de la main sur le corps d'une personne ou d'un animal. *Julie fait des caresses à son chat.*

▶ **caresser** v. (conjug. 3) Toucher de la main une personne ou un animal avec affection, faire des caresses. *Les chats aiment bien qu'on les caresse.*

cargaison n. f. Ensemble des marchandises transportées par un bateau, un avion, un camion. *Le bateau décharge sa cargaison.* ➜ **chargement, fret.**

cargo n. m. Gros bateau qui transporte des marchandises.

caribou n. m. (pl. **caribous**) ➜ ÉTYM. Renne du Canada. *Un troupeau de caribous.*

caricature n. f. ➜ ÉTYM. Dessin amusant qui insiste sur les défauts d'une personne. *Alex a fait une caricature très réussie du professeur.*

▶ **caricaturer** v. (conjug. 3) Dessiner en exagérant les côtés ridicules. *Les dessinateurs humoristiques des journaux caricaturent les hommes politiques.*

▶ **caricaturiste** n. m. et f. Artiste qui fait des caricatures. *Il aime regarder les dessins des caricaturistes, dans les journaux.*

carie n. f. Maladie qui détruit l'émail et l'ivoire d'une dent en formant un trou. *Pour éviter d'avoir des caries, il faut se brosser les dents après chaque repas.*

▶ **carié, cariée** adj. *Une dent cariée,* qui a une carie. *Le dentiste a soigné la dent cariée de Théo.*

carillon n. m. **1.** Ensemble de cloches qui sonnent en même temps avec des sons différents. *Le carillon de l'église vient de sonner midi.* **2.** Horloge qui joue un air tous les quarts d'heure. ➜ aussi **coucou.**

▶ **carillonner** v. (conjug. 3) *Les cloches de l'église carillonnent,* elles sonnent ensemble.

caritatif, caritative adj. *Une association caritative,* qui a pour but de secourir les personnes défavorisées. ➜ **humanitaire** et aussi **ONG.**

carlingue n. f. Partie d'un avion où se trouvent l'équipage et les passagers.

caricature
(Napoléon et le Premier ministre anglais se partagent le monde)

carnaval

carmin n. m. Rouge vif. ➜ planche **Couleurs.** *Une robe d'un beau carmin.* ➜ aussi **vermillon.** – adj. inv. *Des ongles carmin.*

carnage n. m. Massacre. *La bataille a été un vrai carnage, il y a eu des milliers de morts.* ➜ **hécatombe, tuerie.**

carnassier n. m. Animal qui se nourrit de chair crue. *Le tigre, la hyène, le brochet sont des carnassiers.* ➜ aussi **carnivore.** – adj. *Une espèce carnassière.*

carnaval n. m. (pl. **carnavals**) Grande fête où l'on se déguise et où il y a des défilés. *Les carnavals de Rio et de Nice sont célèbres.*

carnet n. m. **1.** Petit cahier. ➜ **calepin.** *J'ai noté les adresses et les numéros de téléphone de mes amis dans mon carnet d'adresses.* **2.** *Un carnet de timbres,* une série de timbres vendus ensemble. – *Son carnet de chèques est dans son sac.* ➜ **chéquier.**

carnivore n. m. et f. Animal qui chasse et mange de la viande. *Le chien, le lion, le phoque sont des carnivores.* ➜ aussi **carnassier.** – adj. *Le loup est un animal carnivore. Les plantes carnivores,* qui capturent et avalent des insectes.

carolingien, carolingienne adj. Qui concerne la dynastie qui a régné sur la France de 751 à 987 et sur la Germanie de 751 à 911. *Charlemagne est le plus célèbre des rois carolingiens.*

carotide n. f. Chacune des deux grosses artères qui conduisent le sang du cœur à la tête.

carotte n. f. Plante dont on mange la racine rouge orangé crue ou cuite. *Il y avait de la purée de carottes avec le rôti.*

carpe n. f. Gros poisson d'eau douce. *Les carpes vivent très longtemps.* ➜ planches **Mare, poissons.** – *Être muet comme une carpe,* ne pas dire un mot.

carpette n. f. Petit tapis. *Il y a une carpette à côté du lit.*

carquois n. m. Étui à flèches. *Les tireurs à l'arc mettent leurs flèches dans un carquois.*

carre n. f. *Les carres d'un ski,* ce sont les baguettes d'acier qui bordent la semelle du ski.
▮ homonymes : ① et ② car, quart.

carré n. m. et adj.**, carrée** adj.
▪ n. m. **1.** Figure géométrique qui a ses quatre côtés égaux et ses quatre angles droits. ➜ planche **Géométrie.** *Ce carré a 10 centimètres de côté.* **2.** *Le carré d'un nombre,* c'est ce nombre multiplié par lui-même. *16 est le carré de 4. Porter un nombre au carré,* c'est multiplier ce nombre par lui-même. *4 au carré égale 16.* – On écrit $4^2 = 16$.
▪ adj. **1.** Qui a la forme d'un carré. *Cette table est carrée.* **2.** *Un mètre carré,* c'est la surface d'un carré qui a 1 mètre de côté. *Cette pièce mesure 12 mètres carrés (12 m^2).*
▶ Autres mots de la famille : carreau, carrelage, carreler, carrément, carrure.

carreau n. m. **1.** Petite plaque de faïence, de terre cuite ou de marbre servant à revêtir un sol, des murs. *Le sol et les murs de la salle de bains sont recouverts de carreaux de faïence.* ➜ aussi **carrelage.** **2.** Vitre d'une fenêtre. *Le vitrier a remplacé le carreau cassé.* **3.** *Julie porte une jupe à carreaux,* une jupe dont le tissu forme de petits carrés de couleur. **4.** L'une des quatre couleurs, dans un jeu de cartes, dont la marque est un losange rouge. *Dans son jeu, Théo a l'as de carreau.* ▷ Mot de la famille de carré.

carrefour n. m. (→ÉTYM.) Endroit où se croisent plusieurs rues ou plusieurs routes. → **croisement.** *Prenez à gauche au prochain carrefour.*

carrelage n. m. Ensemble de carreaux qui recouvrent le sol ou le mur d'une pièce. *Le carrelage de la salle de bains est blanc.* ▷ Mot de la famille de **carré.**

carreler v. (conjug. 6a) Recouvrir de carreaux. *Mes parents ont fait carreler le sol et les murs de la cuisine.* ▷ Mot de la famille de **carré.**

carrément adv. Franchement. *Je lui ai dit carrément ce que je pensais.* ▷ Mot de la famille de **carré.**

① **carrière** n. f. Lieu d'où l'on extrait du sable ou des pierres.

② **carrière** n. f. Métier dans lequel on progresse. *Il a fait une belle carrière, il est devenu directeur de l'usine. – Faire carrière,* c'est réussir dans une profession.

carriole n. f. Petite charrette, tirée par un cheval ou par un âne.

Il y a deux *r* dans *carriole.*

carrossable adj. *Un chemin carrossable,* où les voitures peuvent rouler sans difficulté. → **praticable.**

carrosse n. m. Autrefois, voiture luxueuse à quatre roues, tirée par des chevaux. *Le carrosse du roi était tiré par quatre chevaux blancs.*

Il y a deux *r* dans *carrosse.*

carrosse

carrosserie n. f. Partie en tôle d'une voiture. → planche **Voitures.** *Les ailes, les portières, le toit et le capot forment la carrosserie.*

carrure n. f. Largeur du dos entre les épaules. *Il a une carrure d'athlète,* il a le dos large et musclé. ▷ Mot de la famille de **carré.**

cartable n. m. (→ÉTYM.) Sac d'écolier à bretelles ou à poignée. *Léa a rangé ses livres et ses cahiers dans son cartable.*

① **carte** n. f. **1.** Petit carton rectangulaire portant des figures et des dessins, et faisant partie d'un jeu. *Louise et Paul font une partie de cartes. Un jeu de cartes comprend 32 ou 54 cartes.* **2.** Liste des plats dans un restaurant. → aussi ② **menu.** *Le maître d'hôtel apporte la carte aux clients.* **3.** *Une carte postale,* c'est un carton rectangulaire illustré d'une photo sur une face et dont l'autre face sert à écrire. *Pendant les vacances, Julie envoie toujours des cartes postales à ses amis.* **4.** *La carte d'identité,* c'est un document officiel qui permet de prouver qui on est. **5.** *Une carte de crédit, une carte bancaire,* c'est un petit rectangle de plastique qui permet de payer et de retirer de l'argent dans les billetteries. **6.** *Une carte de visite,* c'est un petit carton sur lequel on fait imprimer son nom et souvent son adresse. ▮ homonyme : kart.

▶ Autre mot de la famille : **porte-carte.**

② **carte** n. f. Dessin représentant un pays, une partie du monde, une ville, etc. *Une carte de géographie. Alex regarde où est Marseille sur la carte de France.* → aussi **atlas.**

cartilage n. m. Os souple et élastique. *Les ailes du nez sont formées de cartilage.*

▸ **cartilagineux, cartilagineuse** adj. Formé de cartilage. *L'oreille est cartilagineuse.*

cartographie n. f. Réalisation de cartes de géographie.

cartomancien n. m., **cartomancienne** n. f. Personne qui prédit l'avenir à l'aide de cartes à jouer.

carton n. m. **1.** Papier dur et épais. *La couverture de ce livre est en carton.* **2.** Boîte en carton. *J'ai rangé les vieux journaux dans un carton.*

▸ **cartonné, cartonnée** adj. En carton. *Ce livre a une couverture cartonnée.*

cartouche n. f. **1.** Petit tube rempli de poudre ou de plombs que l'on met dans une arme à feu. *Le chasseur a mis des cartouches dans son fusil.* **2.** Petit étui cylindrique. *Louise a changé la cartouche de son stylo,* le petit tube qui contient l'encre. → **recharge. 3.** *Une car-*

touche de cigarettes, c'est un étui contenant dix paquets de cigarettes.

▸ **cartouchière** n. f. Étui où le chasseur range ses cartouches.

cas n. m. **1.** Ce qui arrive. ➜ **circonstance.** *La naissance de triplés est un cas assez rare.* ➜ **évènement.** *En cas de problème, n'hésitez pas à m'appeler,* si vous avez un problème. *Au cas où je serais en retard, appelle-moi,* si je suis en retard. *Je ne sais pas si tu restes, en tout cas, moi je pars,* de toute façon, moi je pars. **2.** *Faire cas de quelque chose,* en tenir compte. *Il n'a fait aucun cas de mes remarques.*
▸ Autres mots de la famille : le cas échéant, encas, occasion, occasionnel, occasionnellement, occasionner.

casanier, casanière adj. *Une personne casanière,* qui aime rester à la maison. ➜ fam. **pantouflard.** *Sa femme lui reproche d'être trop casanier.*

casaque n. f. Veste de jockey. *Un jockey en casaque verte.*

cascade n. f. Chute d'eau. *On entend le bruit de la cascade.*

cascadeur n. m., **cascadeuse** n. f. Personne qui tourne les scènes dangereuses dans un film. *C'est un cascadeur qui conduisait la voiture, dans la scène de l'accident.*

① **case** n. f. Maison très simple, dans les villages d'Afrique noire et aux Antilles. ➜ aussi **hutte, paillote.** ➜ planche **Habitations.**

des **cases**

② **case** n. f. **1.** Compartiment d'une boîte, d'un meuble, d'un tiroir. *Les épingles sont rangées dans une case de la boîte à couture,* dans une partie séparée. **2.** Petit carré sur une surface. *Cochez la case oui ou non.* **3.** Chaque carré d'un échiquier, d'un jeu de dames, d'un jeu de l'oie, d'une grille de mots croisés ou de sudoku. *Un échiquier a 64 cases.*

▸ **caser** v. (conjug. 3) Familier. Mettre dans une place qui suffit. ➜ **loger, placer.** *Je n'ai pas pu caser cette valise dans le coffre de la voiture.*
▸ Autre mot de la famille : casier.

caserne n. f. Bâtiment où sont logés les soldats, les pompiers.

casher [kaʃɛʀ] adj. *Aliment casher,* préparé selon la loi juive. *De la viande casher. Des boucheries casher* (invariable) ou *cashères. Des restaurants casher* ou *cashers.*
On écrit aussi *kasher.*

casier n. m. **1.** Meuble, objet composé de compartiments, de cases. *Il range le vin dans un casier à bouteilles.* **2.** Nasse servant à prendre des crustacés. *Le pêcheur a pris des homards dans ses casiers.* **3.** *Un casier judiciaire,* c'est un document sur lequel on inscrit les condamnations prononcées contre quelqu'un. ▷ Mot de la famille de ② case.

casino n. m. Établissement où l'on joue de l'argent. *Ils sont allés jouer à la roulette au casino.*
Ce mot vient de l'italien.

casoar n. m. Grand oiseau d'Australie qui a sur le crâne une bosse osseuse appelée «casque». *Les casoars ne volent pas mais courent très vite.*

casque n. m. **1.** Objet dur et solide qui couvre la tête et la protège des chocs. *Le motard met son casque.* **2.** Ensemble constitué par un serre-tête et deux écouteurs. *Le casque d'un baladeur.*

▸ **casqué, casquée** adj. Qui a la tête couverte d'un casque. *Les motards doivent être casqués.*

▸ **casquette** n. f. Coiffure plate en tissu, garnie d'une visière.

cassant, cassante adj. **1.** Qui se casse facilement. *La fonte est un métal cassant.* **2.** Autoritaire et dur. *Le directeur de l'usine parle d'un ton cassant.* ▷ Mot de la famille de casser.

casse n. f. **1.** *De la casse,* des objets cassés. *Quand Alex fait la vaisselle, il y a souvent de la* *casse.* **2.** Lieu où l'on casse les voitures très vieilles ou accidentées et où l'on récupère les pièces qui sont encore bonnes. *Il a mis sa voiture à la casse.* ▷ Mot de la famille de casser.

casse-cou n. m. et f. Personne qui aime prendre des risques sans peur du danger. *Julie est une casse-cou.* ➜ **imprudent.** – Au pl. *Des casse-cous* ou *des casse-cou* (invariable). – **adj. invar.** *Des enfants casse-cou.* ▷ Mot de la famille de casser et de cou.

casse-croûte n. m. inv. Repas rapide et léger. – Au pl. *Des casse-croûte.* ▷ Mot de la famille de casser et de croûte.

cassis

casse-noix n. m. inv. Instrument qui sert à casser la coquille des noix, des noisettes ou des amandes. – Au pl. *Des casse-noix.* ▷ Mot de la famille de casser et de noix.

casser v. (conjug. 3) **1.** Mettre en morceaux. ➜ **briser.** *Julie a cassé un verre.* **2.** Se briser un os. *Elle s'est cassé la jambe en faisant du ski,* elle s'est rompu l'os de la jambe. ➜ **fracturer.** **3.** Endommager quelque chose au point de l'empêcher de marcher. *Alex a cassé sa montre.* **4.** *Casser les prix,* c'est les faire diminuer brusquement.

▶ Autres mots de la famille : autocassable, cassant, casse, casse-cou, casse-croûte, casse-noix, casse-tête, cassure, concasser, incassable.

casserole n. f. Récipient en métal muni d'un manche, qui sert à faire cuire les aliments.

casse-tête n. m. Ce qui est très difficile à résoudre, très compliqué. *Ce problème de maths est un vrai casse-tête.* – Au pl. *Des casse-têtes.* ▷ Mot de la famille de casser et de tête.

cassette n. f. **1.** Étui en matière plastique qui contient une bande magnétique enroulée sur des bobines, qui enregistre des sons ou des images. *Elle met une cassette vidéo dans son magnétoscope.* ➜ **vidéocassette.** **2.** Petite boîte où l'on rangeait autrefois de l'argent ou des bijoux.

▶ Autre mot de la famille : vidéocassette.

① **cassis** [kasis] n. m. Petit fruit noir qui ressemble à la groseille, avec lequel on fait de la confiture, du sirop, de la liqueur.

② **cassis** [kasi] ou [kasis] n. m. Creux en travers d'une route. *Les cassis sont signalés par des panneaux.* ➜ aussi **dos-d'âne.**

cassoulet n. m. Ragoût composé de haricots blancs et de diverses viandes (oie, canard, porc, mouton).

cassure n. f. Endroit où un objet est cassé. ➜ aussi **fêlure.** *La cassure est à peine visible sur ce vase.* ▷ Mot de la famille de casser.

castagnettes n. f. pl. Petit instrument composé de deux morceaux de bois réunis par un cordon et que l'on fait claquer l'un contre l'autre dans sa main pour accompagner certaines danses espagnoles. ➜ planche **Instruments** de musique. *La danseuse joue des castagnettes.*

▶ Ce mot vient de l'espagnol.

caste n. f. Groupe de gens qui ne se mêlent pas au reste de la société parce qu'ils se jugent supérieurs aux autres. ➜ **clan.** *Le système des castes, en Inde.*

castor n. m. Petit animal rongeur des pays froids à large queue plate et aux pattes palmées. ➜ planche **Rivière.**

castor

castrer v. (conjug. 3) *Castrer un animal,* c'est lui faire une opération qui l'empêche d'avoir des petits. ➜ **châtrer.** *Un bœuf est un taureau qu'on a castré.*

cataclysme n. m. Catastrophe naturelle qui bouleverse la surface de la Terre. *Les tremblements de terre, les raz-de-marée, les ouragans sont des cataclysmes.*

catacombes n. f. pl. Cimetière souterrain. *Les premiers chrétiens enterraient les morts dans des catacombes.*

catalogue n. m. **1.** Sorte de livre contenant la liste détaillée d'objets à vendre. *Elle choisit des draps dans un catalogue de vente par correspondance.* **2.** Liste détaillée d'objets. *Le catalogue des livres d'une bibliothèque.*

catalytique adj. *Un pot catalytique,* c'est un pot d'échappement qui ne pollue presque pas. *Sa voiture est équipée d'un pot catalytique.*

catamaran n. m. (→ ÉTYM.) Voilier à deux coques. → aussi **trimaran.** → planche **Bateaux.**

catapulte n. f. Machine de guerre utilisée autrefois pour lancer des pierres ou des flèches.

① **cataracte** n. f. Très grande chute d'eau. → aussi **cascade.**

② **cataracte** n. f. Maladie de l'œil qui rend le cristallin opaque. *Son grand-père a été opéré de la cataracte.*

catastrophe n. f. Malheur terrible et brutal. → **cataclysme, désastre.** *La catastrophe aérienne a fait cent morts.*

▸ **catastrophique** adj. Extrêmement grave. *La sécheresse a eu des conséquences catastrophiques pour l'agriculture.* → **désastreux, épouvantable.**

catch n. m. Lutte où presque tous les coups sont permis. *Les matchs de catch ont lieu sur un ring.*
▸ Ce mot vient de l'anglais.

▸ **catcheur** n. m., **catcheuse** n. f. Personne qui fait du catch.

catcheurs

catéchisme n. m. Cours d'instruction religieuse pour les chrétiens.

catégorie n. f. Groupe dans lequel on range des choses du même genre. → ① **classe, espèce, série, sorte.** *Les livres de la bibliothèque sont rangés par catégories. Des fruits de première catégorie.*

catégorique adj. *Une réponse catégorique,* nette, claire et sans réplique. ▪ contraires : **confus, équivoque, évasif.** *Il a été catégorique, il ne viendra pas.*

▸ **catégoriquement** adv. D'une manière catégorique, claire et nette. *Il refuse catégoriquement de nous parler.* → **carrément.**

caténaire n. f. Ensemble de câbles suspendus qui fournit de l'électricité aux locomotives.

cathédrale n. f. Grande église qui dépend d'un évêque. → planche **Cathédrale.** *La cathédrale de Chartres.*

catholique n. m. et f. Chrétien qui reconnaît l'autorité du pape. *Les catholiques et les protestants.* – adj. *Louise et Léa sont catholiques.*

▸ **catholicisme** n. m. Religion des catholiques.

en **catimini** adv. Discrètement, en se cachant. *Elle est sortie de la pièce en catimini.* → en **tapinois.**
▸ Ce mot appartient au langage soutenu.

cauchemar n. m. Rêve qui fait peur. *J'ai fait un affreux cauchemar cette nuit.*

▸ **cauchemardesque** adj. Qui ressemble à un mauvais rêve. *Le voyage a été cauchemardesque.* → **horrible.**

caudal, caudale adj. *Nageoire caudale,* nageoire située au bout de la queue d'un poisson. – Au masc. pl. *caudaux.*

cause n. f. **1.** Ce qui fait qu'un évènement se produit. → **motif, raison.** *La police enquête sur les causes de l'accident.* → **origine.** *Les causes et les conséquences d'un évènement.* **2.** *À cause de,* en raison de. *Je suis arrivé en retard à cause des embouteillages.* **3.** *Plaider la cause de quelqu'un,* c'est le défendre. *Tous les élèves ont plaidé la cause de Julie auprès du professeur.* **4.** *Remettre en cause quelque chose,* c'est l'examiner à nouveau. *Cela remet en cause ma décision,* cela m'oblige à y réfléchir de nouveau, et peut-être à en changer.

▸ ① **causer** v. (conjug. 3) Être la cause de quelque chose. → **provoquer.** *C'est une panne de réacteur qui a causé l'accident. Cette nouvelle leur a causé beaucoup de peine.* → **créer, occasionner.**

la cathédrale

À partir du 11e siècle dans le Moyen Âge chrétien, un grand nombre d'églises et de cathédrales sont construites. Elles sont souvent en forme de croix et décorées de sculptures. Les premières sont de style roman avec des voûtes en berceau. Aux 12e et 13e siècles les cathédrales gothiques s'élèvent de plus en plus haut grâce aux arcboutants et aux voûtes en ogive qui permettent aussi de plus grandes ouvertures avec des vitraux lumineux.

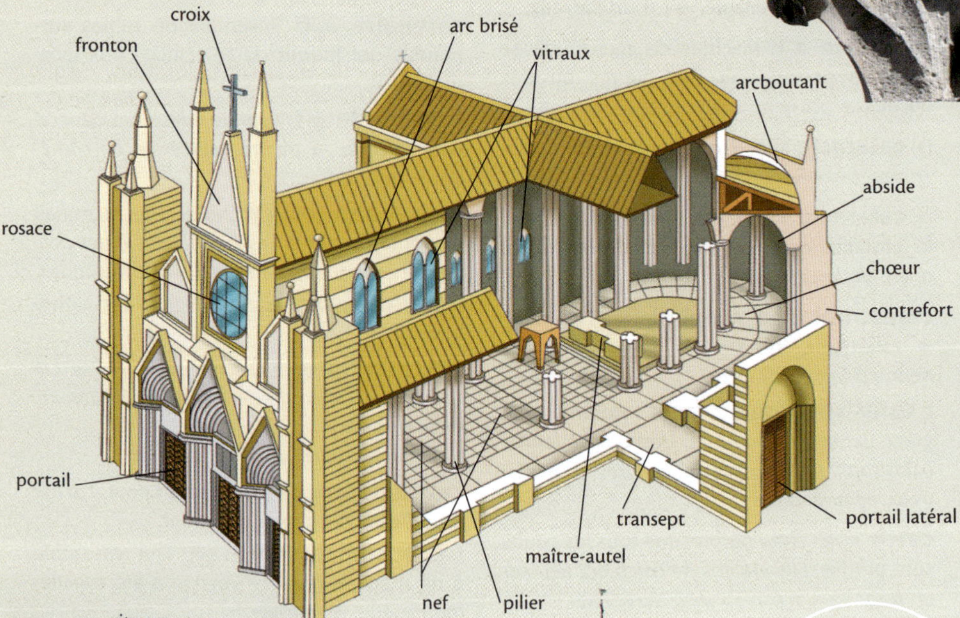

vitraux

voûte en ogive

arcboutant

Notre-Dame de Paris

② **causer** v. (conjug. 3) Parler tranquillement avec quelqu'un. → **bavarder, discuter.** *Ils causent ensemble depuis une heure.*

▸ **causette** n. f. Familier. *Faire la causette, faire un brin de causette,* parler, bavarder avec quelqu'un. *Maman a fait la causette avec la voisine dans l'escalier.*

caustique adj. **1.** Qui brûle la peau, troue les vêtements. *La chaux est un produit caustique.* → **corrosif. 2.** Qui blesse par des phrases moqueuses. *Il a l'esprit caustique.* → **blessant, mordant.**

caution n. f. Somme d'argent qui sert de garantie quand on loue quelque chose et qui est rendue à la fin de la location. *Il a dû laisser une caution pour pouvoir louer des skis.*

▸ **cautionner** v. (conjug. 3) Donner son appui, approuver. *Le maire cautionne le projet d'aménagement du quartier.* → **soutenir.**

cavalcade n. f. (→ ÉTYM.) Course désordonnée et bruyante. *Qu'est-ce que c'est que cette cavalcade que j'entends dans l'escalier ?*

cavaler v. (conjug. 3) Familier. Courir, fuir. *Il s'est mis à cavaler quand il a vu arriver la police.*

cavalerie n. f. *La cavalerie,* c'était la partie de l'armée qui combattait à cheval.

① **cavalier** n. m., **cavalière** n. f. **1.** Personne qui est à cheval. *Julie est une excellente cavalière,* elle monte bien à cheval. **2.** Personne avec qui on forme un couple dans une cérémonie, un bal. *Au milieu de la danse, les hommes doivent changer de cavalière.*

② **cavalier, cavalière** adj. Désinvolte. *Il ne s'est même pas excusé, c'est un peu cavalier.* ▮ contraire : **respectueux.**

▸ **cavalièrement** adv. D'une manière insouciante et impolie. *Il m'a répondu cavalièrement.*

▸ Ces mots appartiennent au langage soutenu.

cave n. f. Partie souterraine d'un bâtiment. *Il est descendu chercher du vin à la cave.* → aussi **cellier.**

▸ **caveau** n. m. Petite construction souterraine qui sert de tombe, dans un cimetière. *Ils sont enterrés dans le caveau de famille.* — Au pl. *Des caveaux.*

caverne n. f. Creux dans un rocher. → **abri-sous-roche, grotte.** *L'ours s'installe dans une caverne pour hiberner.*

▸ **caverneux, caverneuse** adj. *Une voix caverneuse,* grave et sourde.

caviar n. m. (→ ÉTYM.) Petits œufs noirs ou gris de l'esturgeon, que l'on mange crus.

cavité n. f. Partie creuse, anfractuosité. *Le crabe est entré dans une cavité du rocher.* → **creux, trou.**

CD [sede] n. m. inv. Petite plaque ronde sur laquelle sont enregistrés des sons, disque compact. *Louise a une belle collection de CD.*

CD-ROM [sedeʀɔm] n. m. inv. ou **cédérom** n. m. Disque sur lequel sont stockées de nombreuses informations sous forme de textes, de sons et d'images, que l'on consulte sur un ordinateur. *Paul a un dictionnaire sur CD-ROM.* — Au pl. *Des CD-ROM, des cédéroms.*

① **ce** (**cet** devant une voyelle ou un h muet) m. sing., **cette** f. sing., **ces** m. et f. pl. adjectifs démonstratifs *Ce livre est amusant. Cet animal dort. Cette coiffure va bien à Léa. Ces nuages annoncent la pluie. Ces fleurs sont jolies.* ▮ homonymes : se ; sept, set ; ses.

▸ Autres mots de la famille : ceci, cela.

② **ce** (**c'** devant une voyelle) pronom démonstratif *Ce* ne s'emploie qu'avec le verbe *être* et sert à désigner une personne ou une chose. *Qui est là ? C'est Julie. Ce serait bien d'aller à la plage.*

▸ Autres mots de la famille : cependant, c'est-à-dire, est-ce que, n'est-ce pas, parce que.

ceci pronom démonstratif *Comment s'appelle ceci ?* cette chose qui est proche. → **cela.** *Tu peux l'ouvrir comme ceci.* → fam. **ça.** ▷ Mot de la famille de ① ce et de ici.

cécité n. f. État d'une personne qui est aveugle. *Ce vieux monsieur souffre de cécité.*

céder v. (conjug. 8) **1.** Laisser à quelqu'un une chose que l'on avait. *Dans le bus, il a cédé sa place à une femme enceinte. Je vous cède la parole.* → **donner. 2.** *Céder à quelqu'un,* c'est faire ce qu'il veut. *Il a cédé à sa sœur.* → **obéir.** *Il ne faut pas céder.* ▮ contraire : **tenir. 3.** Se casser, s'affaisser. *Le toit a cédé sous le poids de la neige.* ▮ contraire : **résister.**

▸ Autre mot de la famille : concéder.

cédérom → **CD-ROM**

céleri

cédille n. f. (→ ÉTYM.) Petit signe que l'on place sous le *c* quand il est suivi d'un *a*, d'un *o* ou d'un *u* et qui indique que ce *ç* se prononce [s]. *Il y a un c cédille dans façade, garçon, gerçure.*

cèdre n. m. Grand arbre de la famille du sapin aux branches très étalées et presque horizontales. → planche **Arbres.**

ceinture n. f. **1.** Bande de tissu ou de cuir que l'on met autour de la taille pour maintenir un vêtement. *Elle a serré la ceinture de son pantalon d'un cran.* – Familier. *Se serrer la ceinture,* c'est se priver pour faire des économies. **2.** Bande de tissu dont la couleur indique un niveau dans les arts martiaux. *Il est ceinture noire de judo.* → aussi **dan. 3.** *Une ceinture de sécurité,* c'est une courroie qui, dans une voiture ou un avion, maintient les passagers contre leur siège. **4.** Milieu du corps, taille. *Théo a de l'eau jusqu'à la ceinture.*

▶ **ceinturer** v. (conjug. 3) *Ceinturer quelqu'un,* c'est l'attraper en lui entourant la taille avec les bras. *Les policiers ont ceinturé le voleur.*

▶ **ceinturon** n. m. Ceinture large.

cela pronom démonstratif *Comment s'appelle cela ?* cette chose qui est éloignée. → **ceci.** *Cela n'est pas grave.* → fam. **ça.** ▷ Mot de la famille de ① ce et de là.

célébration [selebʀasjɔ̃] n. f. Le fait de célébrer une cérémonie. *La célébration du mariage a eu lieu hier,* le mariage a été célébré hier. ▷ Mot de la famille de célébrer.

célèbre adj. Très connu. *Une actrice célèbre.* → **fameux, illustre, renommé.** ▮ contraire : **inconnu.** ▶ Autre mot de la famille : célébrité.

célébrer v. (conjug. 8) **1.** Fêter un évènement. *Le 11 novembre, on célèbre l'armistice de 1918.* → **commémorer. 2.** Accomplir solennellement. *Leur mariage a été célébré dans une église de campagne.*
▶ Autre mot de la famille : célébration.

célébrité n. f. **1.** Renommée. *La célébrité de Tintin est mondiale.* **2.** Personne célèbre. *Julie a rencontré une célébrité dans la rue.* ▷ Mot de la famille de célèbre.

céleri [sɛlʀi] n. m. Légume dont on mange les tiges, les feuilles ou la racine. *De la purée de céleri.*

céleste adj. Du ciel. *La voûte céleste est étoilée.* – *Les corps célestes,* les astres.

célibat n. m. Situation d'une personne qui n'est pas mariée. *Les prêtres catholiques doivent vivre dans le célibat.*

▶ **célibataire** adj. Qui n'est pas marié. *Il est toujours célibataire. Les mères célibataires.* – n. *C'est un célibataire endurci.*

celle, celle-ci, celle-là → **celui**

cellier n. m. Endroit frais aménagé pour conserver du vin et des provisions. → aussi **cave.** ▮ homonyme : sellier.

cellophane n. f. (marque déposée) Fine feuille de matière transparente qui sert à emballer. *Il a acheté du jambon sous cellophane.*

① **cellule** n. f. Élément très petit qui compose les organismes vivants. *Les cellules contiennent un noyau.*

② **cellule** n. f. Petite pièce. *Les prisonniers sont enfermés dans des cellules.*

cellulite n. f. Couche anormale de graisse et d'eau qui se trouve sous la peau. *Elle a de la cellulite sur les cuisses.*

cellulose n. f. Matière contenue dans les végétaux. *La pâte à papier contient de la cellulose.*

celtique adj. Qui concerne les Celtes. *Les langues celtiques.*

celui m. sing., **celle** f. sing., **ceux** m. pl., **celles** f. pl. pronoms démonstratifs *Julie a oublié son livre, elle a emprunté celui d'Alex. Ma chambre est celle qui donne sur la cour. Les éléphants d'Afrique sont plus grands que ceux d'Asie. Que celles qui savent la réponse lèvent le doigt !* – *Celui-ci* désigne ce qui est plus près, *celui-là* désigne ce qui est plus éloigné. ▮ homonymes : sel, ① et ② selle.

cendre n. f. Ce qui reste de quelque chose qui a brûlé. *La cendre d'une cigarette. – La maison a été réduite en cendres,* elle a complètement brûlé. ▮ homonyme : sandre.

▶ **cendrier** n. m. Récipient où l'on met les cendres et les mégots de cigarettes.

censé, censée adj. *Être censé faire quelque chose,* être en principe obligé de le faire. *Julie est censée avoir appris ses leçons,* il serait normal qu'elle l'ait fait. ▮ homonyme : sensé.

censeur n. m. et f. **1.** Personne qui était chargée de faire respecter la discipline dans un lycée. **2.** Personne qui est chargée par le gouvernement de juger si la sortie d'un livre, d'un film peut être autorisée. → aussi **censure.**

censure n. f. Examen des livres, des films, des pièces de théâtre qui sortent, par des personnes qui décident s'ils peuvent être autorisés par le gouvernement. *Ce film a été interdit aux moins de 18 ans par la censure,* par la réunion des censeurs.

▶ **censurer** v. (conjug. 3) Supprimer. *Une scène très violente du film a été censurée.*

cent adj. **1.** Dix fois dix (100). *Il y a cent habitants dans ce hameau.* **2.** *Pour cent* exprime une proportion par rapport à cent. *Ce fromage contient quarante pour cent (40 %) de matière grasse.* ▮ homonymes : sang, sans.

Cent prend un *s* au pluriel sauf quand il est suivi d'un autre nombre : 500 s'écrit *cinq cents* mais 501 s'écrit *cinq cent un.*

▶ **centaine** n. f. **1.** Groupe de cent unités. *Dans 400, 4 est le chiffre des centaines.* **2.** Groupe d'environ cent personnes ou cent choses semblables. *Le facteur a des centaines de lettres à distribuer.*

▶ Autres mots de la famille : bicentenaire, centenaire, centième, centime, centuple, pourcentage.

centaure n. m. Être imaginaire, moitié homme et moitié cheval. → planche Créatures **fantastiques.** *Le centaure a la tête et le buste d'un homme et le corps d'un cheval.*

centenaire adj. et n. m. et f.

▪ adj. Qui a au moins cent ans. *Il y a des chênes centenaires dans la forêt.* → **séculaire.**

▪ n. **1.** n. m. et f. Personne qui a cent ans ou plus. **2.** n. m. Centième anniversaire. *En 2005, on a célébré le centenaire de la mort de Jules Verne.*

▷ Mot de la famille de cent.

centi- Préfixe d'origine latine qui signifie «centième» et qui, placé devant une unité de mesure, la divise par cent (ex. : *centigramme*).

centième n. m. et adj.

▪ n. m. Partie d'un tout qui est divisé en cent parties égales. *Un centimètre, c'est un centième de mètre.*

▪ adj. Qui a le numéro cent. *Le coureur cycliste a abandonné au centième kilomètre.* ▷ Mot de la famille de cent.

centigramme n. m. La centième partie d'un gramme. *Il suffit de quelques centigrammes de safran pour parfumer un plat.* ▷ Mot de la famille de gramme.

centilitre n. m. La centième partie d'un litre. *Ajoutez dix centilitres de lait dans la sauce.* ▷ Mot de la famille de litre.

centime n. m. La centième partie d'un euro. *Une pièce de 50 centimes.* ▷ Mot de la famille de cent.

centaure

centimètre n. m. **1.** La centième partie d'un mètre. *La table a soixante centimètres (60 cm) de haut.* **2.** Ruban qui a une marque tous les centimètres et qui sert à prendre des mesures. → **mètre.** *La couturière mesure le tissu avec son centimètre.* ▷ Mot de la famille de mètre.

central adj. et n. m. (pl. **centraux**), **centrale** adj.

▪ adj. Situé au centre. *Il habite dans un quartier central.* ▮ contraire : **périphérique.** *Le Massif cen-*

a b c d e f g h i j k l m n o p q r s t u v w x y z

tral est au centre de la France.
■ n. m. *Un central téléphonique,* c'est un lieu où arrivent tous les fils d'un même réseau. ▷ Mot de la famille de centre.

centrale n. f. Usine qui produit de l'électricité. → planche **Énergie.** *Une centrale nucléaire.* ▷ Mot de la famille de centre.

centurion

centraliser v. (conjug. 3) Grouper dans un seul endroit. → **concentrer.** *La mémoire d'un ordinateur centralise des millions d'informations.* ▷ Mot de la famille de centre.

centre n. m. **1.** Point qui est au milieu. *Le centre du cercle. On a mis un bouquet de fleurs au centre de la table.* → **milieu.** *Le centre d'une ville.* ▮ contraire : **périphérie. 2.** Endroit où sont regroupées des activités. *Un centre de documentation. Elle fait ses courses dans le centre commercial.* **3.** *Le centre,* parti politique modéré, qui n'est ni à gauche ni à droite. → aussi **centriste.**

▸ **centrer** v. (conjug. 3) Placer au centre. *Il faut centrer le titre au milieu de la page.*

▸ **centre-ville** n. m. Quartier central d'une ville. *Notre école est dans le centre-ville.* – Au pl. *Des centres-villes.* ▷ Mot de la famille de ville.

▶ Autres mots de la famille : avant-centre, central, centrale, centraliser, centriste, concentration, concentré, concentrer, concentrique, décentralisation, décentraliser, épicentre, excentricité, excentrique.

centrifuge adj. *La force centrifuge,* c'est une force qui repousse les objets vers l'extérieur.

centriste adj. Qui a des opinions politiques situées au centre. *Les députés centristes.* – n. *Les centristes.* ▷ Mot de la famille de centre.

centuple n. m. Nombre qui est cent fois plus grand. *Mille est le centuple de dix.* ▷ Mot de la famille de cent.

centurion n. m. Officier qui avait cent hommes sous ses ordres dans la Rome antique.

cep n. m. Pied de vigne. *Le viticulteur taille les ceps.* ▮ homonyme : cèpe.

cèpe n. m. Gros champignon comestible, à chapeau brun et à chair blanche. → **bolet.** → planche **Champignons.** *Nous avons mangé une omelette aux cèpes.* ▮ homonyme : cep.

cependant adv. et conjonction Pourtant. *Elle mange beaucoup et cependant elle reste mince.* → **néanmoins.** ▷ Mot de la famille de ② ce et de ③ pendant.

céphalopode n. m. Mollusque qui a la tête entourée de tentacules munis de ventouses. *Le calmar, la pieuvre sont des céphalopodes.*

céramique n. f. Matière à base d'argile avec laquelle on fabrique des objets de poterie en terre cuite, en faïence, en porcelaine. *Des carreaux de céramique garnissent les murs de la salle de bains.*

cerceau n. m. Cercle de métal, de bois ou de plastique. *Le dompteur fait traverser au tigre un cerceau enflammé.* – Au pl. *Des cerceaux.*

cercle n. m. **1.** Figure formée par une courbe fermée sur elle-même dont tous les points sont à égale distance d'un point fixe (le centre). → **rond.** *On peut calculer la circonférence, le diamètre, la surface d'un cercle.* → planche **Géométrie. 2.** Ensemble de personnes ou d'objets placés en rond. *Les admirateurs formaient un cercle autour du chanteur.* **3.** Groupe de personnes qui se réunissent. *Il aimerait faire partie de notre cercle d'amis,* de notre groupe d'amis. **4.** *Un cercle vicieux,* c'est une situation désagréable et sans solution dans laquelle on est enfermé. *La vengeance entraîne la vengeance, c'est un cercle vicieux.*

▸ **cerclé, cerclée** adj. Entouré d'un cercle. *Il porte des lunettes cerclées d'écaille.*

▶ Autres mots de la famille : demi-cercle, encerclement, encercler.

cercueil n. m. Caisse de bois dans laquelle on met le corps d'un mort. → ② **bière.**

céréale n. f. (→ ÉTYM.) **1.** Plante dont les grains servent à nourrir l'homme et les animaux. → planche **Alimentation.** *Le blé, l'avoine, le maïs, le riz sont des céréales.* **2.** *Des céréales,* flocons d'avoine, de riz, de maïs, etc. que l'on mange avec du lait froid. *Paul prend des céréales au petit-déjeuner.*

cérébral, cérébrale adj. Du cerveau. *Une tumeur cérébrale.* – Au masc. pl. *cérébraux.*

cérémonie n. f. **1.** Célébration solennelle. *Nous avons assisté au baptême et au déjeuner qui a suivi la cérémonie.* **2.** *Sans cérémonie,* en toute simplicité, sans façon. *Venez dîner ce soir sans cérémonie.*

▸ **cérémonial** n. m. (pl. **cérémonials**) Ensemble des règles que l'on doit respecter au cours d'une cérémonie. → ② **étiquette, protocole.**

▸ **cérémonieux, cérémonieuse** adj. *Une personne cérémonieuse,* qui est trop polie, montre trop de respect. *Elle est très cérémonieuse avec ses invités.* ▮ contraire : **simple.**

cerf [sɛʀ] n. m. Grand animal mâle qui porte des bois sur la tête. → aussi **biche, faon** et **chevreuil.** → planche **Forêt.** *Le cerf brame. Une harde de cerfs.* ▮ homonymes : serf, serre, serres.

▷ Autre mot de la famille : cerf-volant.

cerfeuil n. m. Plante au goût agréable que l'on met dans certains plats. *Le cerfeuil et le persil sont des fines herbes.*

cerf-volant [sɛʀvɔlɑ̃] n. m. Jouet fait de tissu ou de papier tendu sur des baguettes, que l'on tire avec une ficelle pour le faire voler dans le vent. – Au pl. *Des cerfs-volants.* ▷ Mot de la famille de cerf et de ① voler.

cerf-volant

cerise n. f. Petit fruit rouge, rond et charnu, qui a un noyau et une longue queue. → planche **Fruits.**

▸ **cerisier** n. m. Arbre fruitier à fleurs blanches qui produit des cerises.

cerne n. m. Marque arrondie bleuâtre sous l'œil. *Quand elle est fatiguée, elle a des cernes sous les yeux.*

▸ **cerné, cernée** adj. *Des yeux cernés,* marqués par des cernes.

▷ Mots de la famille de cerner.

cerner v. (conjug. 3) Entourer, encercler. *Tout le quartier a été cerné par la police.*

▷ Autres mots de la famille : cerne, cerné.

certain, certaine adj. **1.** Sûr. *Elle est certaine d'avoir raison,* elle en est convaincue. → **persuadé. 2.** Assuré. *Son succès est maintenant certain.* → **indubitable.** ▮ contraires : **douteux, incertain. 3.** *Il y a encore un certain nombre de places vides,* un nombre imprécis. *Tous ces préparatifs ont pris un certain temps,* assez longtemps. *Certains jours il est fatigué. Une certaine Mme Faure est venue,* une personne qui s'appelle Mme Faure et que l'on ne connaît pas. *C'est une dame d'un certain âge,* qui n'est plus toute jeune.

▸ **certainement** adv. Sûrement, d'une manière sûre. *Il va certainement pleuvoir.* ▮ contraire : **peut-être.**

▸ **certains** pronom Quelques personnes. *Certains préfèrent les chiens, d'autres les chats.*

▷ Autre mot de la famille : incertain.

certes adv. Bien sûr. *Il ne fait pas beau, certes, mais la promenade est tout de même agréable.*

▮ Ce mot appartient au langage soutenu.

certifier v. (conjug. 9) Affirmer, assurer. *Il m'a certifié qu'il reviendrait demain.* → **garantir.**

▸ **certificat** n. m. Document officiel qui certifie, garantit quelque chose. *Un certificat de travail indique le travail que l'on a fait et pendant combien de temps.*

certitude n. f. **1.** Chose certaine. *L'accusé est coupable, c'est une certitude,* c'est sûr. → **évidence. 2.** *J'ai la certitude qu'il reviendra,* j'en suis sûr. → **conviction.**

▷ Autre mot de la famille : incertitude.

cérumen [seʀymɛn] n. m. Matière jaune et poisseuse comme de la cire qui se forme dans l'oreille.

chacal

cerveau n. m. Organe qui se trouve dans le crâne. *Le cerveau est le siège des centres nerveux et de la pensée.* → aussi **cérébral.** – Au pl. *Des cerveaux.*
▶ Autres mots de la famille : cervelet, cervelle, écervelé.

cervelas [sɛʀvəla] n. m. Saucisson cuit, gros et court, assez épicé.

cervelet n. m. Petit organe situé à l'arrière du cerveau. ▷ Mot de la famille de cerveau.

cervelle n. f. Cerveau des animaux, que l'on peut manger. *Des cervelles d'agneau.* ▷ Mot de la famille de cerveau.

cervical, cervicale adj. De la région du cou. *Les vertèbres cervicales.* → planche **Corps** humain. – Au masc. pl. *cervicaux.*

ces → ① **ce**

cesser v. (conjug. 3) Arrêter. *Cesse de pleurer, Léa. Le vent a cessé.* ▮ contraire : **continuer.**

▸ **cesse** n. f. *Sans cesse,* sans arrêt. *Il pleut sans cesse depuis deux jours.* → **continuellement.**

▸ **cessez-le-feu** n. m. inv. Arrêt des combats. *Le cessez-le-feu a été proclamé.* – Au pl. *Des cessez-le-feu.* ▷ Mot de la famille de feu.
▶ Autres mots de la famille : incessamment, incessant.

c'est-à-dire conjonction *C'est-à-dire* annonce une explication, une précision. *Il est trois heures de l'après-midi, c'est-à-dire quinze heures.* ▷ Mot de la famille de ② ce et de dire.

cet → ① **ce**

cétacé n. m. Mammifère qui vit dans la mer. *Les baleines, les dauphins, les cachalots sont des cétacés.*

cette → ① **ce**

ceux, ceux-ci, ceux-là → **celui**

chacal n. m. (pl. **chacals**) Animal sauvage d'Asie et d'Afrique qui ressemble au loup et au renard. → planche **Mammifères.** *Les chacals se nourrissent de cadavres d'animaux.* → aussi **coyote.**

chacun pronom indéfini m.**, chacune** pronom indéfini f. Chaque personne, chaque chose. *Ces paquets de bonbons coûtent 2 euros chacun. Elles sont parties chacune de leur côté.* ▷ Mot de la famille de chaque et de un.

chagrin n. m. Grande peine. *Léa pleure parce qu'elle a du chagrin.*

▸ **chagriner** v. (conjug. 3) Cause une légère peine. → **attrister, peiner.** *Son départ me chagrine.* ▮ contraire : **réjouir.**

chahut [ʃay] n. m. Agitation bruyante. *Les enfants font du chahut. Quel chahut dans cette classe !* → **vacarme.**

▸ **chahuter** v. (conjug. 3) Faire du bruit en s'agitant. *Quand la directrice est entrée dans la classe, les enfants chahutaient.*

▸ **chahuteur, chahuteuse** adj. Qui aime faire du chahut. *Des élèves chahuteurs.*

chaîne n. f. **1.** Suite d'anneaux de métal entrelacés. *Léa a une chaîne en or autour du cou. Le chien est attaché à sa niche par une grosse chaîne. La chaîne d'un vélo transmet le mouvement du pédalier à la roue arrière.* → planche **Deux-roues. 2.** *Une chaîne de montagnes,* c'est une suite de montagnes. *La chaîne des Alpes.* **3.** Ensemble composé d'un lecteur, d'un amplificateur, d'un tuner et de deux baffles et qui sert à écouter des CD et la radio. *Il s'est acheté une nouvelle chaîne. Une chaîne hi-fi.* **4.** *Une chaîne de magasins, d'hôtels,* des magasins, des hôtels appartenant au même réseau. **5.** Émetteur de télévision. *Ce film passe sur la deuxième chaîne.* **6.** *Une chaîne de montage,* une suite de machines qui fabriquent des objets en série. *Dans cette usine, les ouvriers travaillent à la chaîne,* chaque ouvrier répète toute la journée les mêmes gestes pour fabriquer des objets en série. **7.** *Une chaîne alimentaire,* c'est un ensemble d'êtres vivants qui se nourrissent les uns des autres, les herbivores mangeant les végétaux, les carnivores mangeant les herbivores, etc. ▮ homonyme : chêne.

▸ **chaînette** n. f. Petite chaîne.

▸ **chaînon** n. m. Anneau d'une chaîne. → **maillon.**

▸ Autres mots de la famille : **déchaîné, déchaîner, enchaînement, enchaîner.**

chair n. f. **1.** Matière molle du corps de l'homme et des animaux constituée par les muscles. *La chair du veau est blanche.* → **viande.** – *En chair et en os,* en personne. *J'ai vu le ministre en chair et en os. Avoir la chair de poule,* avoir la peau qui se hérisse, à cause de la peur ou du froid. **2.** Partie tendre des fruits. *Ces poires ont une chair fondante.* ▮ homonymes : chaire, ① et ② cher, chère.

chaire n. f. Tribune élevée, dans une église. *Le prêtre monte en chaire pour faire son sermon.* ▮ homonymes : chair, ① et ② cher, chère.

chaise n. f. Siège avec un dossier et sans bras pour une seule personne. *Assieds-toi sur une chaise.* – *Une chaise longue,* c'est un siège de toile pliant sur lequel on peut s'allonger. → **transat.**

chaland n. m. Bateau à fond plat qui sert à transporter des marchandises sur les fleuves et les canaux. → **péniche.**

châle n. m. Grand morceau de tissu ou de laine tricotée que l'on porte sur les épaules. → aussi ② **fichu.**

chalet n. m. Maison de bois, dans la montagne. → planche **Habitations.** *Ils ont loué un chalet dans une station de sports d'hiver.*

chaleur n. f. **1.** Température élevée. *Il fait une chaleur étouffante,* il fait très chaud. ▮ contraires : **fraîcheur, froid. 2.** Animation, enthousiasme. *Elle accueille ses amis avec chaleur.* → **cordialité.** ▮ contraire : **froideur.**

▸ **chaleureux, chaleureuse** adj. Plein d'enthousiasme, de chaleur. *Un accueil chaleureux.* → **cordial.** ▮ contraire : **froid.**

▸ **chaleureusement** adv. D'une manière chaleureuse. *Nos amis nous ont reçus chaleureusement.* ▮ contraires : **fraîchement, froidement.**

chaloupe n. f. Grand canot. *Les naufragés ont été évacués dans des chaloupes.*

chalumeau n. m. Appareil qui produit un jet de gaz enflammé. *Le plombier fait une soudure au chalumeau.* – Au pl. *Des chalumeaux.*

chalut [ʃaly] n. m. Grand filet en forme d'entonnoir qui est attaché à l'arrière d'un chalutier. *Les marins pêcheurs pêchent le hareng au chalut.*

▸ **chalutier** n. m. Bateau de pêche d'où l'on pêche avec un chalut. → planche **Bateaux.**

se chamailler v. (conjug. 4) Se disputer pour des raisons sans importance. *Louise et Léa se sont encore chamaillées.*

chamarré, chamarrée adj. *Une étoffe chamarrée,* c'est une étoffe décorée d'ornements aux couleurs très vives.

chambardement n. m. Familier. Grand changement brutal. → **bouleversement.** *Quel chambardement dans le quartier pendant les travaux !*

chambellan n. m. Noble qui s'occupait de la chambre du roi ou de l'empereur et de sa garde-robe.

chambouler v. (conjug. 3) Familier. Bouleverser, mettre sens dessus dessous. *Les cambrioleurs ont tout chamboulé dans la maison.*

chambranle n. m. Cadre fixé au mur qui entoure une porte ou une fenêtre.

chambre n. f. **1.** Pièce où l'on dort. *Il y a des lits superposés dans la chambre d'Alex.* **2.** Pièce aménagée dans un but particulier. *Le boucher a accroché la viande dans la chambre froide.* **3.** *La Chambre des députés,* c'est l'ensemble des députés. → **parlement.** – On dit maintenant *l'Assemblée nationale.* **4.** *Une chambre à air,* c'est le tube de caoutchouc gonflé d'air qui est à l'intérieur d'un pneu. *La chambre à air d'un vélo.*

chameau n. m. Grand animal d'Asie qui a deux bosses sur le dos. → aussi **dromadaire.** → planche Animaux **domestiques.** *Le chameau boit peu, mange peu et résiste très bien à la fatigue. Des caravanes de chameaux traversent le désert.*

▸ **chamelier** n. m. Homme qui conduit les chameaux et s'occupe d'eux.

▸ **chamelle** n. f. Femelle du chameau.

chameau

chamois n. m. Animal très agile à cornes lisses et recourbées qui vit dans les montagnes. → planche **Montagne.**

champ n. m. **1.** Étendue de terre cultivée. *L'agriculteur laboure son champ.* **2.** Terrain. *Le champ de bataille,* le lieu du combat. *Un champ de courses,* c'est un hippodrome. **3.** Domaine d'action, d'activité. *Le champ des connaissances s'étend de plus en plus.* **4.** *À tout bout de champ,* à tout moment, sans arrêt. *Julie interrompt la conversation à tout bout de champ.* ▮ homonyme : chant.

▸ Autres mots de la famille : champêtre, sur-le-champ.

champagne n. m. Vin mousseux blanc ou rosé, fabriqué en Champagne. *Une coupe de champagne.*

champêtre adj. *La vie champêtre,* la vie des champs, de la campagne. → **bucolique, campagnard, rustique.** ▷ Mot de la famille de champ.

▸ Ce mot appartient au langage soutenu.

champignon n. m. Végétal sans feuilles, formé d'un pied surmonté d'un chapeau. → planche **Champignons.** *Certains champignons sont comestibles, d'autres vénéneux.*

▸ **champignonnière** n. f. Lieu humide et frais où l'on cultive certains champignons, spécialement les champignons de Paris.

champion n. m., **championne** n. f. **1.** Vainqueur d'une épreuve sportive. *La championne de France de tennis,* c'est la meilleure joueuse française. **2.** Personne très bonne dans un domaine. *Paul est champion en informatique.*

▸ **championnat** n. m. Épreuve sportive officielle dont le vainqueur est déclaré champion. *L'équipe de football de la ville participera au championnat de France.*

chance n. f. **1.** Hasard heureux qui favorise quelqu'un. *Avoir de la chance,* c'est être favorisé par le sort. *Louise a gagné le concours, elle a de la chance.* → fam. ① **veine.** ▮ contraire : **malchance.** **2.** Possibilité qu'une chose se produise. → **probabilité.** *Il y a des chances pour qu'il rentre demain,* cela est probable.

▸ Autres mots de la famille : chanceux, malchance, malchanceux.

chanceler v. (conjug. 6a) Pencher d'un côté puis de l'autre, comme si on allait tomber. → **tituber, vaciller.** *Elle chancelle de fatigue.*

▸ **chancelant, chancelante** adj. Qui manque d'équilibre. *Le vieux monsieur a une démarche chancelante.* → **vacillant.** ▮ contraire : ① **ferme.**

chanceux, chanceuse adj. Qui a de la chance. → fam. **veinard, verni.** *Léa a été moins chanceuse que Théo, elle a perdu la partie.* ▮ contraire : **malchanceux.** ▷ Mot de la famille de chance.

chandail n. m. (pl. **chandails**) (→ ÉTYM.) Pull-over. → **tricot.** *Alex porte un chandail à col roulé.*

chandelle n. f. **1.** Bâton de suif, contenant une mèche que l'on faisait brûler. → **bougie.** *Autrefois, on s'éclairait à la chandelle.* – *Devoir une fière chandelle à quelqu'un,* avoir une grande reconnaissance envers lui parce qu'il a rendu un grand service. *Voir trente-six chandelles,* être étourdi par un coup que l'on a reçu sur la tête. *Brûler la chandelle par les deux bouts,* dépenser son argent, user sa santé de façon peu raisonnable. *Le jeu n'en vaut pas la chandelle,* le résultat que l'on va obtenir ne vaut pas le mal que l'on se donne. **2.** *L'avion est monté en chandelle,* tout droit, verticalement.

▶ **chandelier** n. m. Support sur lequel on met des chandelles, des bougies. ➜ **bougeoir, candélabre.**

changer v. (conjug. 5b) **1.** Rendre différent. ➜ **modifier, transformer.** *Cette rencontre a changé sa vie.* **2.** Remplacer une chose par une autre. *Elle a changé sa roue.* **3.** *Changer une chose de place,* c'est la mettre ailleurs. *Il a changé les meubles de place.* ➜ **déplacer.** **4.** Devenir différent, se modifier. *Tu as beaucoup grandi, comme tu as changé ! Le temps change, il va pleuvoir.* **5.** *Il aimerait changer d'appartement,* en habiter un autre. **6.** *Changer un bébé,* c'est lui mettre une couche propre. **7.** *Changer de l'argent,* échanger de l'argent d'une monnaie dans une autre. *Il a changé ses euros contre des dollars.*

▶ **se changer** v. **1.** Devenir différent, prendre une autre forme. *À minuit, le carrosse se changera en citrouille.* ➜ se **transformer.** **2.** Mettre d'autres vêtements. *Elle s'est changée pour le dîner.*

▶ **change** n. m. **1.** *Un bureau de change,* c'est un endroit où l'on change de l'argent. **2.** *Perdre au change,* c'est faire un échange désavantageux.

▶ **changeant** [ʃɑ̃ʒɑ̃], **changeante** [ʃɑ̃ʒɑ̃t] adj. Qui change, varie souvent. ▮ contraire : **constant.** *Le temps est très changeant ces jours-ci.* ➜ **instable, variable.** *Il est d'humeur changeante.* ▮ contraire : **égal.** *Un tissu aux reflets changeants,* qui change de couleur avec la lumière. ➜ **chatoyant.**

▶ **changement** n. m. Modification, transformation. *La météo annonce un changement de temps pour demain. Nous avons signalé à la poste notre changement d'adresse.*

▶ Autres mots de la famille : échange, échanger, échangeur, interchangeable, de rechange.

chanson n. f. Texte qui se chante sur un air. ➜ **chant.** *Une chanson d'amour. Les couplets et le refrain d'une chanson. Une chanson à succès.* ➜ fam. **tube.**

▶ **chansonnette** n. f. Petite chanson.

chant n. m. **1.** Air que l'on chante sur des paroles. *La Marseillaise est un chant patriotique.* **2.** Art de chanter. *Un professeur de chant.* **3.** Bruit agréable. *Il écoute le chant des oiseaux.*
▮ homonyme : champ. ▷ Mot de la famille de chanter.

chanter v. (conjug. 3) **1.** Former avec la voix des sons musicaux. *Louise chante juste et Alex chante faux. Léa a chanté une très belle chanson.* **2.** *Les oiseaux chantent,* ils poussent leur cri. ➜ **gazouiller, siffler.** **3.** *Faire chanter quelqu'un,* c'est essayer d'obtenir quelque chose de lui par des menaces. ➜ aussi **chantage, maître chanteur.**

▶ **chantage** n. m. *Faire du chantage à une personne,* c'est menacer de révéler une chose que l'on sait sur elle pour obtenir de l'argent ou un autre avantage.

▶ **chanteur** n. m., **chanteuse** n. f. Personne dont le métier est de chanter. ➜ aussi **cantatrice.** *Julie écoute un disque de son chanteur préféré.*

▶ Autres mots de la famille : chant, chantonner, déchanter, maître chanteur.

chantier n. m. Endroit où des ouvriers font des travaux pour construire ou rénover un immeuble, un bâtiment, un pont, etc. *Chantier interdit au public.*

chantonner v. (conjug. 3) Chanter à mi-voix, très doucement. *Elle chantonne une berceuse.*
▷ Mot de la famille de chanter.

chanvre n. m. Plante que l'on cultive pour la fibre textile que fournit sa tige. *Le chanvre sert à fabriquer de la corde.*

chanvre

chaos [kao] n. m. Grand désordre. *La guerre a plongé le pays dans le chaos.* ➜ **confusion.**
▮ homonymes : cahot, K.-O.

a b c d e f g h i j k l m n o p q r s t u v w x y z

les champignons

Les champignons forment une famille comprenant près de 100 000 espèces dont beaucoup sont microscopiques (les moisissures). Récoltés dans la nature ou cultivés, certains champignons, comme les cèpes, les morilles, les truffes et les girolles sont appréciés des gourmets. Ce goût pour les champignons est très ancien. Les Romains les dégustaient assaisonnés avec une sauce au vin cuit, au miel et à l'huile. Mais attention, certains champignons vénéneux sont très dangereux et même, parfois, mortels.

→ mycologie, spore.
→ planche **forêt.**

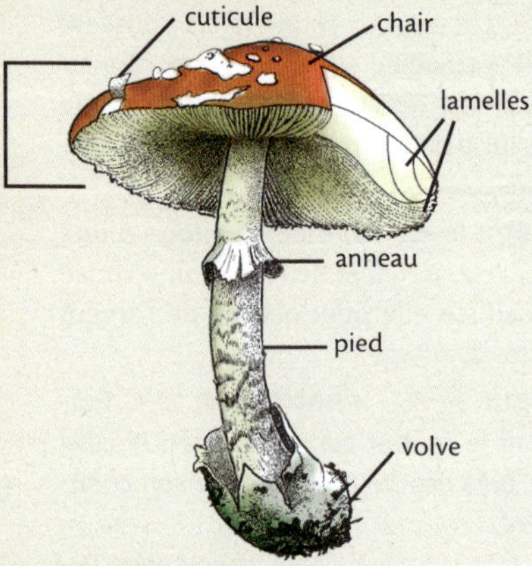

☠ gyromitre commune

● fausse girolle

☠ **toxique ou mortel**
● **non comestible**
● **comestible**

● polypores géants

☠ amanite phalloïde

● coprins noirs d'encre

☠ russules émétiques

☠ amanite tue-mouches

champignons de Paris

coulemelles

girolles

amanites rougissantes

trompettes de la mort

morilles

lactaires délicieux

mousserons d'automne

truffes d'été

cèpe de Bordeaux (bolet)

volvaire soyeuse

pleurotes en huître

▸ **chaotique** [kaɔtik] adj. Qui semble n'avoir aucun ordre. *Il a eu une carrière chaotique,* irrégulière.

chaparder v. (conjug. 3) Familier. Voler de petites choses. ➜ **chiper.** *Le chien a chapardé un morceau de viande.*

chapeau n. m. **1.** Coiffure d'homme ou de femme, assez rigide. *Un chapeau de paille.* **2.** *Le chapeau d'un champignon,* c'est la partie plate qui forme le dessus. ➜ planche **Champignons.** **3.** Familier. *Prendre un virage sur les chapeaux de roues,* très vite. *La voiture a démarré sur les chapeaux de roues.*

▸ **chapeauter** v. (conjug. 3) Être responsable d'un groupe de personnes ou d'un organisme. *Cette organisation chapeaute plusieurs syndicats.*

▸ Autre mot de la famille : chapelier.

chapelet n. m. Objet formé de petites boules enfilées comme un collier, que l'on fait glisser entre ses doigts en récitant des prières. *Elle dit son chapelet tous les jours.*

chapelier n. m., **chapelière** n. f. Personne qui fait ou vend des chapeaux. ▹ Mot de la famille de chapeau.

chapelle n. f. **1.** Petite église. *Une chapelle romane.* **2.** Partie d'une église à l'écart de la partie centrale, qui possède un autel. *Dans la cathédrale, il y a une chapelle dédiée à la Vierge.*

chapelure n. f. Pain sec râpé ou biscotte écrasée. *Les escalopes panées sont passées dans la chapelure.*

chaperon n. m. Autrefois, capuchon. *La petite fille du conte de Perrault portait un chaperon rouge.*

chapiteau n. m. **1.** Partie qui s'élargit en haut d'une colonne. *Les chapiteaux de cette église sont ornés de feuilles sculptées.* **2.** *Le chapiteau d'un cirque,* c'est la tente sous laquelle a lieu le spectacle. ➜ planche **Cirque.**

chapitre n. m. Chacune des parties d'un livre qui porte un numéro et parfois un titre. *Ce roman comprend 20 chapitres.*

chapon n. m. Jeune coq castré que l'on a engraissé pour le manger.

chaque adj. indéfini sing. *Chaque* s'emploie quand on veut parler en particulier d'une personne ou d'une chose qui fait partie d'un groupe. *Chaque élève a ses livres et ses cahiers. Chaque jour le soleil se lève.*

▸ Autre mot de la famille : chacun.

char n. m. **1.** Dans l'Antiquité, voiture à deux roues tirée par un ou plusieurs chevaux. *Ben Hur a remporté la course de chars.* **2.** Grande voiture décorée transportant des personnages déguisés ou masqués. *Nous avons regardé le défilé de chars fleuris du carnaval.* **3.** Véhicule blindé monté sur chenilles et armé d'un canon. ➜ **tank.** *Des chars d'assaut.*

▸ Autres mots de la famille : chariot, charrette, charrue.

charabia n. m. Familier. Langage incorrect et difficile à comprendre. *Qu'est-ce que c'est que ce charabia ?* ➜ **galimatias.**

charade n. f. (➜ ÉTYM.) Énigme où l'on doit deviner un mot de plusieurs syllabes, dont chacune forme un autre mot, et dont on donne la définition. *Connais-tu cette charade ? : mon premier est un animal* (chat)*, mon deuxième n'est pas beau* (laid) *et mon tout est une habitation* (chalet).

charbon n. m. **1.** Matière noire que l'on tire du sol et que l'on brûle pour produire de l'énergie. ➜ **houille.** ➜ planche **Énergie.** **2.** *Charbon de bois,* bois carbonisé servant de combustible. *Il a mis du charbon de bois dans le barbecue pour cuire les brochettes.* **3.** *Être sur des charbons ardents,* très impatient ou très inquiet.

▸ **charbonnier** n. m. Marchand de charbon.

chapiteau

charcutier n. m., **charcutière** n. f. (➜ ÉTYM.) Personne qui prépare et vend des produits fabriqués avec de la viande de porc, et souvent des plats tout prêts. ➜ aussi **traiteur.** *Elle a acheté du jambon et du saucisson chez le charcutier.*

▸ **charcuterie** n. f. **1.** Produit fabriqué avec de la viande de porc. *Il mange souvent de la charcuterie.* **2.** Magasin du charcutier. *Il est allé à la charcuterie acheter du pâté.*

chardon n. m. Plante à épines dont la fleur devient piquante quand elle sèche. ➜ planche **Fleurs.**

chardon

chardonneret n. m. Petit oiseau chanteur à la tête rouge, noir et blanc, aux ailes noir et jaune. ➜ planche **Oiseaux.**

charger v. (conjug. 5b) **1.** Mettre une charge sur un animal, une personne, dans un véhicule. *Les dockers ont chargé des caisses dans le cargo. Ils ont chargé le camion,* ils ont mis dedans des choses à transporter. ▮ contraire : **décharger.** – *Je ne peux pas prendre ce paquet, je suis trop chargé,* j'ai trop de choses à porter. **2.** Mettre de la poudre, des balles dans une arme à feu. *Attention, ce fusil est chargé.* **3.** Confier une tâche, un travail à quelqu'un. *On m'a chargé de vous remettre cette lettre.* ➜ **demander.** **4.** *L'éléphant a chargé les touristes,* il les a attaqués en fonçant sur eux.

▸ **charge** n. f. **1.** Poids à transporter. ➜ **fardeau.** *L'âne transporte une lourde charge sur son dos.* **2.** Quantité de poudre, de munitions qu'une arme à feu peut contenir. *Les obus sont remplis d'une charge d'explosif.* **3.** Travail à faire, tâche. *Mon voisin a la charge de nourrir le chat dimanche.* **4.** *Être à la charge de quelqu'un,* dépendre de lui pour vivre. *Une famille avec deux enfants à charge.* **5.** *Les charges,* les frais d'entretien d'un immeuble, d'un appartement. *Les charges ne sont pas comprises dans le loyer.* **6.** Accusation, preuve qui pèse sur un accusé. *De lourdes charges pèsent sur l'accusé.* **7.** Attaque brusque et violente. *Une charge de police a fait reculer les manifestants.*

▸ **chargement** n. m. Marchandises chargées pour être transportées. *Ce camion a un lourd chargement.* ➜ **cargaison.**

▸ **chargeur** n. m. *Le chargeur d'un pistolet,* c'est l'endroit où l'on met les balles. – *Le chargeur d'un téléphone portable,* l'appareil servant à recharger la batterie.

▸ Autres mots de la famille : décharge, déchargement, décharger, monte-charge, recharge, rechargeable, recharger, surcharge, surcharger, télécharger.

chariot ou **charriot** n. m. Petite voiture à quatre roues que l'on utilise pour transporter quelque chose. *Il a mis ses valises sur un chariot à bagages.* ▷ Mot de la famille de char.

▸ Écrire *charriot* avec 2 *r* comme dans *charrette, charrue,* mots de la même famille, est conforme à la nouvelle orthographe.

charité n. f. **1.** Amour et générosité envers les autres. – *Charité bien ordonnée commence par soi-même,* avant de penser aux autres, il faut penser à soi. **2.** *Faire la charité à quelqu'un,* c'est lui donner un peu d'argent. *La vieille dame a fait la charité à un mendiant.*

▸ **charitable** adj. Bon et généreux envers les autres. *Une personne charitable.* ▮ contraire : **égoïste.**

charivari n. m. Grand bruit, agitation. ➜ **chahut, tapage.** *On ne s'entend plus dans ce charivari.*

charlatan n. m. **1.** Personne qui trompe les gens en leur faisant croire qu'il peut les guérir. *Ce soi-disant guérisseur n'est qu'un charlatan.* **2.** Mauvais médecin.

▸ Ce mot vient de l'italien.

charlotte n. f. Dessert à base de fruits, de crème et de biscuits. *Une charlotte aux poires nappée d'un coulis de framboises.*

charmant, charmante adj. Très agréable. *Une femme charmante. Nous avons passé une charmante soirée.* ▷ Mot de la famille de ② charme.

① **charme** n. m. Arbre à bois blanc et dur.

② **charme** n. m. **1.** *Le charme,* c'est ce qui attire ou séduit dans une personne ou un lieu. ➜ **séduction.** *Sans être jolie, elle a beaucoup de charme. Le charme d'une vieille maison.* – *Faire du charme à quelqu'un,* c'est essayer de lui plaire, de le séduire. **2.** *Un charme,* c'est un enchantement magique. ➜ **sort.** *La mau-*

a b c d e f g h i j k l m n o p q r s t u v w x y z

vaise fée a jeté un charme sur la Belle au bois dormant.

▸ **charmer** v. (conjug. 3) Séduire par son charme. *Elle a charmé tous les invités.*

▸ **charmeur, charmeuse** adj. Qui séduit. *Un sourire charmeur.* ➜ **enjôleur.** – *Il a une voix charmeuse.*

▶ Autre mot de la famille : charmant.

charnier n. m. Fosse où sont entassés de nombreux cadavres. *On a découvert des charniers dans les camps de concentration nazis.*

charnière n. f. Pièce de métal articulée qui permet d'ouvrir et de fermer une porte, un couvercle. ➜ **gond.**

charnu, charnue adj. Qui est formé de chair. *Il a des lèvres charnues.* – *Cette pêche est très charnue,* elle a beaucoup de chair, elle est grosse.

charogne n. f. Cadavre d'un animal en train de pourrir. *Les hyènes se nourrissent de charognes.*

▸ **charognard** n. m. Animal qui se nourrit de cadavres. *Les vautours sont des charognards.*

charpente n. f. Assemblage de pièces de bois ou de métal qui soutient les murs et le toit d'une maison. *La charpente de la ferme est en bois.* ➜ aussi **poutre.**

▸ **charpentier** n. m. Personne qui fabrique et pose des charpentes.

charpie n. f. *Mettre une chose en charpie,* c'est la déchirer. *Le chien a mis mon journal en charpie.*

▶ Autre mot de la famille : écharper.

charrette n. f. Voiture à deux roues tirée par un cheval. ▷ Mot de la famille de char.

▶ Deux *r* et deux *t* dans *charrette.*

charrier v. (conjug. 9) *La rivière charrie des glaçons,* elle les entraîne dans son cours.

charriot ➜ **chariot**

charrue n. f. Machine agricole qui creuse des sillons dans la terre. – *Mettre la charrue avant les bœufs,* c'est commencer par faire ce qui devrait être fait après. ▷ Mot de la famille de char.

charte n. f. Document qui contient le règlement d'une organisation. *La Charte des Nations unies fut signée en 1945 par cinquante et un pays.*

charter [ʃaʀtɛʀ] n. m. Avion dont les places sont vendues à prix réduit. *Ils ont pris un charter pour partir en vacances.*

▶ Ce mot vient de l'anglais.

chas [ʃa] n. m. Trou d'une aiguille, où l'on passe le fil. ▪ homonyme : chat.

chasse n. f. **1.** Action de poursuivre des animaux pour les tuer. *Il est allé à la chasse au canard.* **2.** Période où l'on a le droit de chasser. *L'ouverture de la chasse a lieu demain.* **3.** Endroit où l'on chasse. *Chasse gardée.* **4.** *La chasse d'eau,* c'est, dans les toilettes, le mécanisme qui envoie un jet d'eau très fort. *Tire la chasse !* ▷ Mot de la famille de chasser.

chassé-croisé n. m. Mouvement dans lequel des personnes ou des choses se croisent. *L'été, sur les routes, c'est un immense chassé-croisé.* – Au pl. *Des chassés-croisés.* ▷ Mot de la famille de chasser et de croix.

chasse-neige n. m. Véhicule qui enlève la neige sur les routes. – Au pl. *Des chasse-neiges* ou *des chasse-neige* (invariable). ▷ Mot de la famille de chasser et de neige.

chasse-neige

chasser v. (conjug. 3) **1.** Poursuivre des animaux pour les tuer ou les attraper. *Il aime bien chasser. Le chat chasse les souris et les rats.* **2.** Faire partir de force. *Le vent a chassé les nuages.* ➜ **balayer.**

▸ **chasseur** n. m., **chasseuse** n. f. **1.** Personne qui chasse. *Les chasseurs sont rentrés bredouilles.* **2.** *Un chasseur alpin,* c'est un soldat spécialisé dans les exercices de montagne.

▶ Autres mots de la famille : chasse, chassé-croisé, chasse-neige, garde-chasse, pourchasser.

châssis n. m. *Le châssis d'une voiture,* c'est l'armature sur laquelle est fixée la carrosserie.

chaste adj. **1.** Qui refuse d'avoir des relations sexuelles. *Les moines sont chastes.* **2.** Pur, pudique. *Un chaste baiser.*

▸ **chasteté** n. f. Qualité d'une personne qui décide de ne pas avoir de relations sexuelles. *Les prêtres catholiques font vœu de chasteté.*

chat n. m., **chatte** n. f. Petit animal domestique à poil doux, aux yeux brillants, aux oreilles triangulaires et aux longues moustaches. ➜ planches **Chiens** et chats, animaux **domestiques, félins.** *Le chat miaule quand il a faim et ronronne quand on le caresse.* ➜ aussi **matou ;** fam. **minet.** – *Appeler un chat un chat,* appeler les choses par leur nom, être direct. *Avoir d'autres chats à fouetter,* d'autres choses plus importantes à faire. *Avoir un chat dans la gorge,* un enrouement soudain qui passe en se raclant la gorge. *Il n'y a pas de quoi fouetter un chat,* cette faute n'est pas grave et ne mérite pas de punition. *Quand le chat n'est pas là, les souris dansent,* quand le chef est absent, les autres en profitent pour s'amuser. *Il n'y a pas un chat ici,* il n'y a personne. ▮ homonyme : chas.

▶ Autres mots de la famille : chat-huant, chatière, (1) chaton.

châtaigne n. f. Fruit du châtaignier que l'on mange grillé ou bouilli. ➜ **marron.**

▸ **châtaignier** n. m. Grand arbre des régions tempérées, à feuilles longues et à écorce rougeâtre. ➜ planche **Arbres.**

châtaigne

châtain adj. m. *Alex a les cheveux châtains,* brun clair. – *Léa est châtain,* elle a les cheveux châtains.

château n. m. **1.** Grande et belle habitation. ➜ (1) **palais.** *Nous avons visité les châteaux de la Loire.* **2.** *Un château fort,* c'est un château fortifié du Moyen Âge. ➜ planche **Château** fort. – Au pl. *Des châteaux forts.* **3.** *Un château d'eau,* c'est un grand réservoir qui fournit l'eau aux habitants d'une région. – Au pl. *Des châteaux d'eau.*

▸ **châtelain** n. m., **châtelaine** n. f. Personne qui possède un château.

chat-huant n. m. Oiseau de proie qui a deux touffes de plumes semblables à des oreilles de chat. *Les chats-huants chassent pendant la nuit.* ➜ aussi (1) **chouette, hibou, hulotte.** ▷ Mot de la famille de chat et de huées.

châtier v. (conjug. 9) Punir. *On a châtié les coupables.* – *Qui aime bien, châtie bien,* on n'hésite pas à être sévère avec quelqu'un que l'on aime.

▮ Ce mot appartient au langage soutenu.

▶ Autre mot de la famille : châtiment.

chatière n. f. Petite ouverture au bas d'une porte pour laisser passer un chat. ▷ Mot de la famille de chat.

châtiment n. m. Punition sévère. *Les coupables ont eu un châtiment exemplaire.* ▷ Mot de la famille de châtier.

chatoiement [ʃatwamɑ̃] n. m. Reflet changeant selon la lumière. *Le chatoiement du satin.* ▷ Mot de la famille de chatoyer.

(1) **chaton** n. m. Petit du chat. ▷ Mot de la famille de chat.

(2) **chaton** n. m. Fleur en épi de certains arbres. *Les noisetiers, les saules, les peupliers portent des chatons.*

(3) **chaton** n. m. Dessus d'une bague où est fixée une perle ou une pierre.

chatouiller v. (conjug. 3) Toucher quelqu'un à des endroits sensibles du corps de manière à le faire rire. *Julie rit quand on la chatouille.*

▸ **chatouille** n. f. Familier. *Faire des chatouilles,* chatouiller. *Théo craint les chatouilles.*

▸ **chatouilleux, chatouilleuse** adj. *Une personne chatouilleuse,* très sensible aux chatouilles.

chatoyer v. (conjug. 10) Changer de couleur avec la lumière. *Sa robe chatoie au soleil.*

le château fort

Au Moyen Âge, dès l'an 1000, des seigneurs ont élevé des tours (souvent en bois) sur des buttes de terre pour surveiller leur domaine et se défendre contre leurs ennemis. À partir du 12e siècle, les châteaux forts en pierre ont un système de défense de plus en plus perfectionné (murailles épaisses, chemin de ronde, meurtrières, tours de guet...). En cas d'attaque ou de siège, les seigneurs y abritent leurs soldats, leur famille et les paysans qu'ils font travailler sur leurs terres. Les progrès de l'artillerie rendent les murailles vulnérables et annoncent la fin des châteaux forts.

➔ féodalité, fortification.

une armure

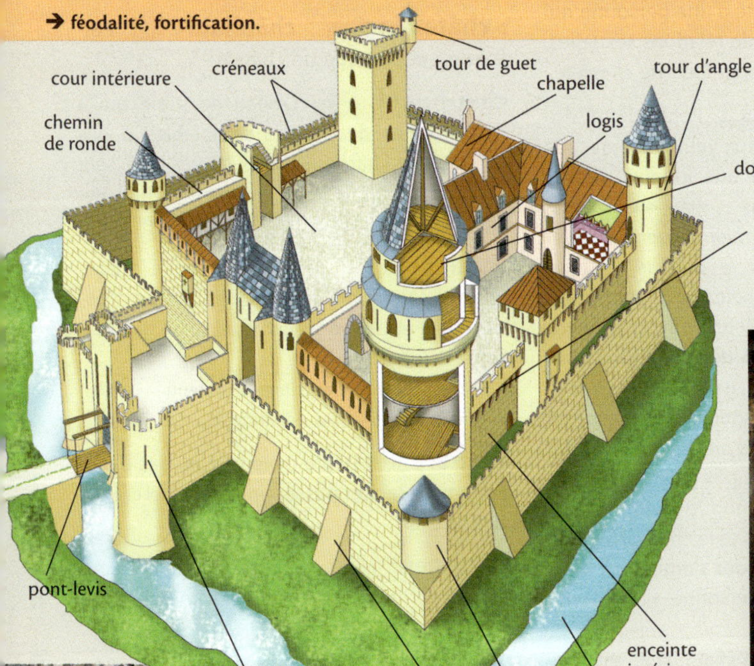

À l'intérieur du château, le dédale de couloirs étroits et d'escaliers ralentit l'avancée des assaillants.

L'entrée principale du château, le point le plus vulnérable, est protégée par un rempart et des bastions avancés. Un pont-levis en rend l'accès plus difficile encore.

Le château de Sedan (15e - 16e siècles), la plus vaste forteresse d'Europe (35 000 m^2).

▸ **chatoyant, chatoyante** adj. Qui a des reflets changeants. *Le satin est une étoffe chatoyante.*
▸ Autre mot de la famille : chatoiement.

châtrer v. (conjug. 3) Enlever les organes sexuels d'un animal. ➜ **castrer.** *Le chapon est un coq que l'on a châtré.*

chatte ➜ **chat**

chaud adj. et n. m., **chaude** adj.
▪ adj. **1.** Qui est à une température élevée. *L'eau du bain est trop chaude.* ▮ contraire : **froid.** **2.** Qui réchauffe. *Il a mis des vêtements chauds pour aller skier.* **3.** *Une chaude discussion,* c'est une discussion animée, passionnée. ➜ **vif.**
▪ n. m. **1.** *Au chaud,* dans un endroit chaud. *Alex est malade, il doit rester au chaud.* **2.** *Avoir chaud,* éprouver une sensation de chaleur. *J'ai trop chaud avec ce pull. Il fait chaud, ouvre la fenêtre !* ▮ homonymes : chaux, show.

▸ **chaudement** adv. **1.** De manière à avoir chaud. *Il est habillé chaudement.* **2.** Vivement. *Ses partisans l'ont chaudement félicité.*

▸ **chaudière** n. f. Appareil qui produit de la chaleur pour le chauffage central. *Une chaudière à mazout.*

▸ **chaudron** n. m. Récipient en métal avec une anse, que l'on suspendait autrefois au-dessus du feu, dans une cheminée.
▸ Autre mot de la famille : échauder.

chauffage n. m. Installation qui produit de la chaleur dans un appartement, une maison. *Le chauffage est en panne. Le chauffage central,* c'est un système qui permet de chauffer plusieurs pièces à partir d'une chaudière. ▹ Mot de la famille de chauffer.

chauffard n. m. Conducteur maladroit ou dangereux. *Le chauffard a renversé un cycliste.*

chauffe-eau n. m. inv. Appareil qui fournit de l'eau chaude. *Un chauffe-eau à gaz.* – Au pl. *Des chauffe-eau.* ▹ Mot de la famille de chauffer et de eau.

chauffer v. (conjug. 3) **1.** Rendre chaud. *Des radiateurs électriques chauffent la maison.* **2.** Devenir chaud. *La soupe est en train de chauffer.* ▮ contraire : **refroidir.** **3. se chauffer,** se réchauffer. *Le chat se chauffe au soleil.*

▸ **chaufferie** n. f. Local où se trouve une chaudière.
▸ Autres mots de la famille : chauffage, chauffe-eau, échauffement, échauffer, réchaud, réchauffement, réchauffer, se réchauffer, surchauffé, surchauffer.

chauffeur n. m. et f. (➜ ÉTYM.) Personne dont le métier est de conduire un véhicule. ➜ **conducteur.** *Un chauffeur de taxi.*

chaume n. m. **1.** Partie de la tige des céréales qui reste en terre après la moisson. *Le paysan a brûlé les chaumes.* **2.** Paille qui recouvre certains toits. *Des toits de chaume.*

▸ **chaumière** n. f. Petite maison à toit de chaume.

toit de **chaume**

chaussée n. f. Partie de la rue, de la route où circulent les voitures. *Monte sur le trottoir, ne reste pas sur la chaussée !*
▸ Autre mot de la famille : rez-de-chaussée.

chausse-pied n. m. Lame incurvée en corne, en matière plastique ou en métal, qui sert à faire entrer plus facilement le pied dans la chaussure. *Théo se chausse avec un chausse-pied.* – Au pl. *Des chausse-pieds.* ▹ Mot de la famille de chausser et de (1) pied.

chausser v. (conjug. 3) **1.** *Alex chausse du 35,* il porte des chaussures de taille 35. **2. se chausser,** c'est mettre des chaussures. *Léa s'est chaussée toute seule.*
▸ Autres mots de la famille : chausse-pied, chaussette, chausson, chaussure, se déchausser.

chausses n. f. pl. Sorte de pantalon qui descendait jusqu'aux genoux ou jusqu'aux pieds que les hommes portaient jusqu'au 17e siècle.

chaussette n. f. Vêtement qui couvre le pied et une partie de la jambe. *Des chaussettes de laine.* ▹ Mot de la famille de chausser.

chausson n. m. 1. Pantoufle qui tient chaud. *À la maison, Louise reste en chaussons.* 2. Chaussure souple. *Des chaussons de danse.* 3. *Un chausson aux pommes,* c'est une pâtisserie faite de pâte feuilletée et remplie de compote de pommes. ▷ Mot de la famille de chausser.

chaussure n. f. Ce que l'on met aux pieds pour marcher et qui a une semelle. ➜ **soulier** et aussi **ballerine, ① basket, ② botte, escarpin, mocassin, sandale, tennis.** *Louise a mis ses chaussures vernies.* ▷ Mot de la famille de chausser.

chauve adj. Qui n'a pas de cheveux. *Son grand-père est chauve.* ➜ aussi **calvitie.**

chauve-souris n. f. Petit animal nocturne qui ressemble à une souris et qui a des ailes. *La chauve-souris est un mammifère.* – Au pl. *Des chauves-souris.* ▷ Mot de la famille de souris.

chauve-souris

chauvin, chauvine adj. Qui a une admiration exagérée pour son pays et trouve que tout est moins bien à l'étranger.

▸ **chauvinisme** n. m. Attitude d'une personne chauvine.

chaux [ʃo] n. f. Matière blanche obtenue quand on chauffe du calcaire. *Les murs de la maison sont blanchis à la chaux.* ▮ homonyme : chaud.

chavirer v. (conjug. 3) *La barque a chaviré,* elle s'est retournée complètement.

chef n. m. et f. Personne qui commande, qui dirige. *Un chef d'État. Un chef d'entreprise.* ➜ **② patron.** *Un chef d'orchestre.* ➜ planche **Instruments** de musique. *La chef du service.* ➜ **supérieur.** *C'est le chef de la bande.*
▶ Autre mot de la famille : cheftaine.

chef-d'œuvre [ʃɛdœvʀ] n. m. Œuvre remarquable, parfaite. *Ce tableau est un véritable chef-d'œuvre.* – Au pl. *Des chefs-d'œuvre.* ▷ Mot de la famille de œuvre.

chef-lieu [ʃɛfljø] n. m. Ville principale d'un département ou d'un canton. *Marseille est le chef-lieu des Bouches-du-Rhône.* – Au pl. *Des chefs-lieux.* ▷ Mot de la famille de ① lieu.

cheftaine n. f. Jeune femme responsable d'un groupe de scouts. ▷ Mot de la famille de chef.

cheik [ʃɛk] n. m. Chef de tribu dans un pays arabe. – Au pl. *Des cheiks.* ▮ homonyme : chèque.

chemin n. m. 1. Petite route qui n'est pas goudronnée. *Un chemin mène à la ferme.* ➜ aussi **sentier.** 2. Distance que l'on a à parcourir. *Tu as fait la moitié du chemin.* ➜ **parcours, trajet.** 3. Direction que l'on doit prendre. ➜ **itinéraire.** *Un touriste nous a demandé son chemin.*

▸ **chemin de fer** n. m. Moyen de transport qui utilise la voie ferrée. ➜ **① train.** ▷ Mot de la famille de fer.
▶ Autres mots de la famille : acheminer, cheminer, cheminot, à mi-chemin.

cheminée n. f. 1. Endroit où l'on fait du feu dans une maison. ➜ **âtre, foyer.** *Les bûches brûlent dans la cheminée.* 2. Partie extérieure du conduit qui sert à évacuer la fumée. *On voit fumer les cheminées sur les toits.*

cheminer v. (conjug. 3) Avancer lentement et péniblement. *La caravane cheminait à travers le désert.* ▷ Mot de la famille de chemin.

cheminot n. m. Personne qui travaille dans les chemins de fer. ▷ Mot de la famille de chemin.

chemise n. f. 1. Vêtement boutonné devant qui couvre le torse. *Il porte une chemise rayée.* 2. *Une chemise de nuit,* c'est une sorte de robe que l'on porte pour dormir. 3. Grande feuille cartonnée pliée en deux dans laquelle on range des papiers. *Elle range ses factures dans une chemise verte.*

▸ **chemisette** n. f. Chemise à manches courtes.

▸ **chemisier** n. m. Chemise de femme. ➜ **corsage.** *Elle s'est acheté un chemisier en soie.*

chenal n. m. (pl. **chenaux**) Passage où les eaux sont assez profondes pour que les bateaux puissent y naviguer.

chenapan n. m. Enfant insupportable. → **galopin, garnement.**
Ce mot appartient au langage soutenu.

chêne n. m. (→ ÉTYM.) Grand arbre dont le bois est très dur et qui peut vivre plus de cinq cents ans. → aussi **gland.** → planche **Arbres.** *Une table en chêne.* ▮ homonyme : chaîne.

▸ **chêne-liège** n. m. Chêne dont l'écorce fournit le liège. – Au pl. *Des chênes-lièges.* ▷ Mot de la famille de liège.

chenet n. m. (→ ÉTYM.) *Les chenets,* ce sont les supports de métal sur lesquels on pose les bûches dans une cheminée.

chenil n. m. Endroit où l'on élève et où l'on garde des chiens. *Ils ont acheté un chiot dans un chenil.*

chenille n. f. **1.** Larve du papillon, au corps allongé et mou, divisé en anneaux, et souvent recouvert de poils. → planche **Papillons.** **2.** Bande formée de plaques de métal articulées qui s'enroulent autour des roues d'un tank, d'un bulldozer. *Les véhicules à chenilles.*

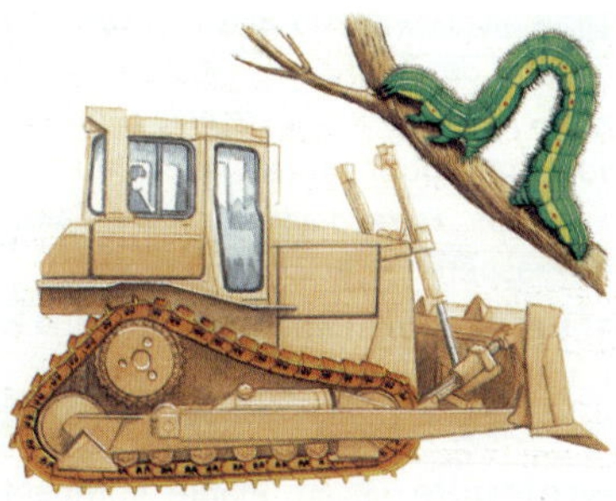

chenille

cheptel [ʃɛptɛl] ou [ʃtɛl] n. m. Ensemble des animaux que l'on élève. *Cet agriculteur a un beau cheptel,* il a de nombreux bestiaux.

chèque n. m. Papier imprimé par une banque sur lequel on inscrit une somme d'argent et qui sert à payer. *Vous pouvez payer par chèque, par carte ou en espèces.* ▮ homonyme : cheik.

▸ **chéquier** n. m. Carnet de chèques.

① **cher, chère** adj. **1.** Que l'on aime beaucoup. *Une amie très chère.* **2.** Formule de politesse. *« Mes chers amis, bonjour. »* ▮ homonymes : chair, chaire, chère.
▶ Autres mots de la famille : chéri, chérir.

② **cher, chère** adj. Qui coûte beaucoup d'argent. → **coûteux, onéreux.** *Cette robe est très chère.* ▮ contraire : **bon marché.** – adv. *Ces voitures coûtent cher.*
▶ Autres mots de la famille : enchère, enchérir, surenchère, surenchérir.

chercher v. (conjug. 3) **1.** Essayer de trouver, de découvrir. *Elle cherche ses lunettes partout. Ils cherchent du travail.* **2.** *Chercher à,* c'est essayer de faire quelque chose. *Le prisonnier cherche à s'échapper.* → **tenter.** **3.** *Aller chercher quelqu'un* ou *quelque chose,* c'est le ramener ou le rapporter. *Il est allé chercher sa fille à l'école.*

▸ **chercheur** n. m., **chercheuse** n. f. **1.** Personne dont le métier est de faire de la recherche scientifique. *Elle est chercheuse dans un laboratoire.* **2.** *Un chercheur d'or,* une personne qui cherche de l'or dans le sol, les rivières.
▶ Autres mots de la famille : recherche, rechercher.

chère n. f. *Faire bonne chère,* c'est bien manger. ▮ homonymes : chair, chaire, ① et ② cher.

chérir v. (conjug. 11) Aimer tendrement. *Elle chérit ses enfants.*

▸ **chéri** n. m., **chérie** n. f. *Mon chéri, ma chérie,* se dit à une personne que l'on aime. – adj. *Mes enfants chéris,* que j'aime beaucoup.
▷ Mots de la famille de ① cher.

chérubin n. m. Enfant mignon et très sage.

chétif, chétive adj. Petit, faible, de santé fragile. *Une petite fille chétive.* → **malingre.**
▮ contraires : **robuste, vigoureux.**

cheval n. m. (pl. **chevaux**) **1.** Grand animal domestique à crinière, qui peut porter de lourdes charges sur son dos et tirer des charrettes. → aussi **destrier, étalon, jument, poulain.** → planche Animaux **domestiques.** *Le cheval est rentré à l'écurie. Les chevaux hennissent.* **2.** *Faire du cheval,* c'est faire de l'équitation. → aussi **poney.** **3.** *À cheval,* les jambes de chaque côté. → à **califourchon.** *Alex est à cheval*

a b c d e f g h i j k l m n o p q r s t u v w x y z

sur le mur. **4.** *Monter sur ses grands chevaux,* se mettre en colère, s'indigner.

▶ **chevaleresque** adj. Noble et généreux, digne d'un chevalier. *Une conduite chevaleresque.*

▶ **chevalerie** n. f. Ordre propre à la noblesse, au Moyen Âge. *Les règles de la chevalerie étaient la bravoure, la courtoisie, la loyauté, la protection des faibles.*

▶ Autres mots de la famille : chevalier, chevalière, chevalin, chevauchée, chevaucher.

chevalet n. m. Support de bois sur lequel un peintre pose sa toile pour peindre. → planche **Artistes.**

chevalier n. m. Seigneur du Moyen Âge qui combattait à cheval. → aussi **chevalerie.** *Les chevaliers devaient être braves et protéger les faibles.*

▷ Mot de la famille de cheval.

combat de **chevaliers**

chevalière n. f. Bague dont la partie aplatie porte des armoiries ou des initiales gravées.

▷ Mot de la famille de cheval.

chevalin, chevaline adj. *Une boucherie chevaline,* c'est une boucherie où l'on vend de la viande de cheval. *La race chevaline,* les chevaux.

▷ Mot de la famille de cheval.

chevaucher v. (conjug. 3) **1.** Aller à cheval. *Les cow-boys chevauchaient dans la plaine.* **2. se chevaucher,** c'est se recouvrir en partie. *Il a deux dents qui se chevauchent.*

▶ **chevauchée** n. f. Longue promenade à cheval.

▷ Mots de la famille de cheval.

chevelu, chevelue adj. Qui a beaucoup de cheveux ou de longs cheveux. *Des garçons chevelus.* ▷ Mot de la famille de cheveu.

chevelure n. f. Ensemble des cheveux. *Louise a une belle chevelure blonde.* ▷ Mot de la famille de cheveu.

chevet n. m. **1.** *Le chevet d'un lit,* c'est l'endroit où l'on pose la tête. *Une lampe de chevet,* c'est une lampe posée à la tête du lit. *Un livre de chevet,* le livre que l'on préfère, que l'on relit souvent. **2.** *Être, rester au chevet de quelqu'un,* près de lui pour le soigner. *L'infirmière est restée au chevet du malade.*

cheveu n. m. Poil qui pousse sur le crâne d'un être humain. *Julie a les cheveux roux.* – *Cette histoire nous a fait dresser les cheveux sur la tête,* nous a terrifiés. – Familier. *Ton explication est un peu tirée par les cheveux,* elle est compliquée et peu vraisemblable. *Couper les cheveux en quatre,* c'est compliquer les choses en entrant trop dans le détail. *Avoir un cheveu sur la langue,* zozoter. *Venir comme un cheveu sur la soupe,* à contretemps, mal à propos.

▶ Autres mots de la famille : chevelu, chevelure, échevelé, sèche-cheveux.

cheville n. f. **1.** Petit morceau de bois que l'on enfonce dans un trou pour assembler les parties d'un meuble. **2.** Articulation située entre la jambe et le pied. *Alex s'est foulé la cheville.*

chèvre n. f. Animal ruminant à cornes recourbées, au poil épais, capable de grimper et de sauter. → fam. **bique** et aussi **bouc, caprin.** → planche Animaux **domestiques.** *La chèvre bêle. Avec le lait de chèvre, on fait du fromage de chèvre.* – *Ménager la chèvre et le chou,* ne pas prendre parti pour ne déplaire à aucun des deux camps. *Faire devenir chèvre,* faire enrager, exaspérer. → **bourrique.**

▶ **chevreau** n. m. Petit de la chèvre. → **cabri.** – Au pl. *Des chevreaux.*

▶ Autres mots de la famille : chevreuil, chevrotant.

chèvrefeuille n. m. Plante grimpante à fleurs très parfumées. ▷ Mot de la famille de feuille.

chevreuil n. m. Animal de la famille du cerf, assez petit, à la robe fauve et au ventre blanchâtre. → aussi **faon.** → planche **Forêt.** *Le chevreuil brame.* ▷ Mot de la famille de chèvre.

chevron n. m. **1.** Pièce de bois inclinée dans le sens de la pente du toit qui s'appuie sur les poutres et forme la charpente. **2.** Ruban cousu sur les manches des uniformes militaires, formant un V renversé. **3.** Dessin décoratif en forme de zigzag. *Un tissu à chevrons.*

chevronné, chevronnée (adj.) Expérimenté. *C'est une conductrice chevronnée.* ▮ contraires : **inexpérimenté, novice.**

chevrotant, chevrotante (adj.) *Une voix chevrotante,* c'est une voix qui tremble légèrement comme un bêlement de chèvre. ▷ Mot de la famille de chèvre.

chewing-gum [ʃwiŋgɔm] (n. m.) Pâte que l'on mâche. – Au pl. *Des chewing-gums.*
▶ Ce mot vient de l'anglais et veut dire «gomme à mâcher».

chez (prép.) **1.** *Je vais chez moi,* dans la maison où j'habite. *Elle est chez le coiffeur,* dans la boutique du coiffeur. **2.** *Il y a une chose que je ne comprends pas chez elle,* dans son caractère. **3.** *C'est une tradition, chez les Anglais, de boire du thé,* dans le pays des Anglais, en Angleterre. *Chez les Romains,* du temps des anciens Romains.

chic (adj., n. m. et interj.)
▪ adj. **1.** Élégant, bien habillé. *Elles sont toujours très chics pour sortir.* **2.** Sympathique, serviable. ➜ **généreux.** *Léa est une chic fille.*
▪ n. m. **1.** Élégance. *Sa robe a beaucoup de chic.* ➜ **allure. 2.** Facilité à faire quelque chose. *Paul a le chic pour mettre tout le monde en retard.*
▪ interj. Mot qui exprime la satisfaction, la joie. ➜ ② **chouette.** *Chic ! ce soir nous allons au cinéma !*

chicane (n. f.) **1.** Dispute au sujet d'une chose sans importance. *Il cherche chicane à tout le monde.* ➜ **querelle. 2.** Passage en zigzag sur une route. *Les chicanes obligent les voitures à ralentir.*

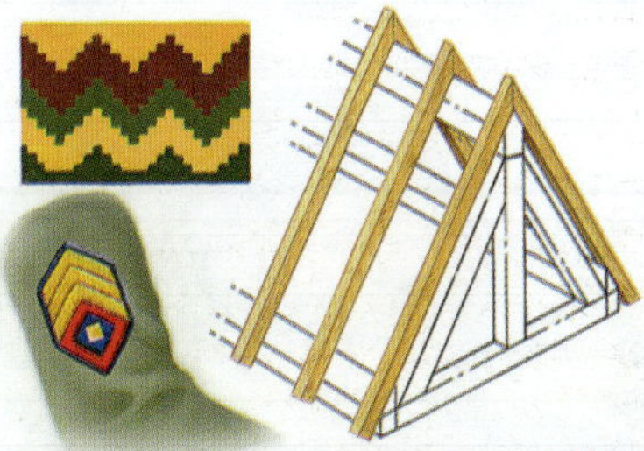

chevron

① **chiche** (adj.) **1.** *Il est chiche de compliments,* il n'en fait pas beaucoup. ➜ **avare. 2.** *Les portions de frites étaient un peu chiches,* peu abondantes. ▮ contraires : **copieux, généreux.**

▸ **chichement** (adv.) En dépensant le moins possible d'argent. *Ils vivent chichement.* ➜ **pauvrement.**

② **chiche** (adj.) *Pois chiche.* ➜ **pois.**

③ **chiche** (interj.) Familier. Mot qui exprime le défi. *«Tu n'oseras pas le faire. – Chiche !»,* j'en suis capable !

chicon (n. m.) Endive.
▶ Ce mot est employé dans le nord de la France et en Belgique.

chicorée (n. f.) **1.** Plante dont on mange les feuilles en salade. **2.** Boisson qui ressemble au café, faite à partir de la racine de chicorée.

chicot (n. m.) Familier. Morceau qui reste d'une dent cassée.

chien (n. m.), **chienne** (n. f.) **1.** Animal domestique carnivore. ➜ planches **Chiens** et chats, animaux **domestiques.** *Le chien aboie. La chienne et ses chiots. – Les adversaires se regardaient en chiens de faïence,* sans se parler, avec un air hostile. *Il fait un temps de chien,* un très mauvais temps. *Il est d'une humeur de chien,* de très mauvaise humeur. *Cela fait un mal de chien,* extrêmement mal. *Ils s'entendent comme chien et chat,* ils se disputent tout le temps. *Entre chien et loup,* quand la nuit commence à tomber. ➜ **crépuscule. 2.** n. m. Pièce coudée d'un fusil ou d'un pistolet. *Être couché en chien de fusil,* sur le côté, les genoux repliés.
▶ Autres mots de la famille : chiendent, chien-loup.

chiendent (n. m.) Mauvaise herbe dont les racines sont très développées. *Le jardinier arrache le chiendent dans le potager. Une brosse en chiendent,* faite avec les racines séchées de cette herbe. ▷ Mot de la famille de chien et de dent.

chien-loup (n. m.) Grand chien qui ressemble à un loup, appelé aussi *berger allemand.* – Au pl. *Des chiens-loups.* ▷ Mot de la famille de chien et de loup.

chiffon (n. m.) Vieux morceau de tissu. *Théo fait briller ses chaussures avec un chiffon.*

▸ **chiffonner** (v.) (conjug. 3) **1.** Froisser. *Julie a chiffonné sa robe en s'asseyant.* ➜ **friper. 2.** Familier. Ennuyer. ➜ **préoccuper.** *Cette histoire me chiffonne,* elle me contrarie. ➜ **tracasser.**

a b c d e f g h i j k l m n o p q r s t u v w x y z

chiens et chats

Il y a des milliers d'années, les hommes ont domestiqué des loups et des chats sauvages pour en faire des animaux familiers qui puissent leur tenir compagnie ou les aider. Il y a plus de 350 races de chiens – qui descendent toutes du loup – que l'on peut classer selon leur fonction principale : la garde des troupeaux et des maisons, la chasse, l'agrément... Certains chiens, mal dressés, peuvent être dangereux. Il y a environ 60 races de chats définies surtout selon leur morphologie. En France, on compte 10 millions de chats et 9 millions de chiens.

➔ planche animaux **domestiques**.

chats

chat des forêts norvégiennes

persan

bobtail

abyssin

européen

bleu russe

chartreux

siamois

chiens
berger allemand
colley
bergers
doberman
boxer
saint-bernard
garde
fox-terrier
yorkshire-terrier
sloughi
terriers
lévriers
épagneul breton
setter gordon
cocker
chasse
chow-chow
husky
primitifs
chihuahua
caniche
teckel à poil ras
compagnie

▸ **chiffonné, chiffonnée** adj. Froissé. ➜ **fripé.** *Ta jupe est toute chiffonnée.*

▸ **chiffonnier** n. m., **chiffonnière** n. f. Personne qui ramasse les vieux vêtements et les vieux objets pour les vendre. – *Paul et Théo se battent comme des chiffonniers,* très violemment.

① **chiffre** n. m. (➜ ÉTYM.) **1.** Signe qui sert à écrire un nombre. *Écrivez la somme en chiffres et en lettres. 3 et 5 sont des chiffres arabes, III et V des chiffres romains.* **2.** Somme. *À quel chiffre s'élèvent les dégâts ?* quel est le montant des dégâts ?

▸ Autre mot de la famille : chiffrer.

② **chiffre** n. m. Ensemble de signes qui servent à correspondre secrètement. ➜ **code.** *Le chiffre d'un message secret.*

▸ **chiffré, chiffrée** adj. *Un message chiffré,* écrit avec des signes secrets. ➜ **codé.**

▸ Autres mots de la famille : déchiffrer, indéchiffrable.

chiffrer v. (conjug. 3) Évaluer le prix. *Le peintre a chiffré les travaux à 1 500 euros.* ➜ **estimer.**

▹ Mot de la famille de ① chiffre.

chignole n. f. Outil qui sert à percer des trous. ➜ **perceuse.**

chignon n. m. Coiffure dans laquelle les cheveux longs sont roulés et attachés derrière la tête ou sur la tête. *Elle s'est fait un chignon.*

chimère n. f. **1.** Monstre imaginaire à tête de lion, à corps de chèvre, à queue de dragon, qui crache des flammes. ➜ planche Créatures **fantastiques.** **2.** Rêve impossible à réaliser. ➜ **illusion, utopie.** *Une des chimères de Paul est d'aller sur la Lune.*

▸ **chimérique** adj. *Un projet chimérique,* qui n'est pas réalisable. ➜ **utopique.** ▮ contraire : **raisonnable.**

chimie n. f. Science qui étudie comment sont faits les éléments de la nature, la manière dont ils se combinent, se transforment et réagissent entre eux. *Les élèves font des expériences de chimie au laboratoire.*

▸ **chimique** adj. Qui est fait grâce à la chimie. *L'analyse chimique de l'air montre de quels éléments il est formé. Les produits chimiques sont fabriqués par l'industrie chimique.*

▸ **chimiste** n. m. et f. Personne qui étudie et pratique la chimie.

chimpanzé n. m. Grand singe intelligent qui vit en petits groupes dans les arbres des forêts humides d'Afrique.

chinchilla [ʃɛ̃ʃila] n. m. Petit rongeur d'Amérique du Sud. *La fourrure du chinchilla est gris clair. Des chinchillas.*

chinchilla

chiné, chinée adj. *Un tissu chiné* est fait de fils de couleurs différentes, alternés de façon irrégulière. *Une veste chinée.*

chiot n. m. Très jeune chien. *Une chienne et ses chiots.*

chiper v. (conjug. 3) Familier. Voler, prendre en cachette. ➜ fam. **piquer.** *On lui a chipé sa gomme.*

chipie n. f. Familier. Fille, femme méchante. *C'est une vieille chipie.*

chipoter v. (conjug. 3) Familier. **1.** Manger par petits morceaux, sans plaisir. *Léa chipote dans son assiette.* **2.** Faire des histoires pour rien. *Ne chipotons pas sur les détails.*

chips [ʃips] n. f. pl. (➜ ÉTYM.) Tranches très fines de pommes de terre frites. *Un paquet de chips.*

chiqué n. m. Familier. *C'est du chiqué,* c'est faux, c'est du bluff. *Alex pleure et il n'a même pas mal, c'est du chiqué !*

chiquenaude n. f. Coup donné par un doigt replié sur l'intérieur du pouce que l'on détend brusquement. *D'une chiquenaude, Paul a poussé la bille.*

▮ Ce mot appartient au langage soutenu.

chirurgie n. f. Partie de la médecine qui s'occupe des opérations. *La chirurgie cardiaque. Le service de chirurgie d'un hôpital,* où sont les médecins et les installations nécessaires aux opérations.

▸ **chirurgical, chirurgicale** adj. *Une intervention chirurgicale,* c'est une opération à l'intérieur du corps. *Les instruments chirurgi-*

caux, ceux que le chirurgien utilise pour opérer.

▸ **chirurgien** n. m., **chirurgienne** n. f. Médecin qui opère les malades et les blessés.

chlore [klɔʀ] n. m. Gaz jaune verdâtre, à l'odeur désagréable. *L'eau de Javel contient du chlore.*

▸ **chloroforme** [klɔʀɔfɔʀm] n. m. Liquide incolore qui endort quand on le respire. *Les cambrioleurs ont endormi le gardien de nuit au chloroforme.*

chlorophylle [klɔʀɔfil] n. f. Substance verte des plantes, qui se forme à la lumière.

choc n. m. **1.** Rencontre brutale de deux choses. *Le choc des deux véhicules a été brutal.* ➜ **collision, heurt.** *Cette montre résiste aux chocs.* ➜ **coup. 2.** Émotion brutale. *La mort de son chien a été un choc pour lui.*

▸ Autres mots de la famille : choquant, choquer, entrechoquer, parechoc.

chocolat n. m. (➜ ÉTYM.) Mélange de cacao et de sucre. *J'ai acheté du chocolat à croquer et du chocolat en poudre. Une tablette de chocolat aux noisettes. Léa aime beaucoup le gâteau au chocolat. Théo boit un chocolat chaud,* du chocolat délayé dans du lait.

▸ *Chocolat* vient de l'aztèque, qui est une langue indienne d'Amérique.

① **chœur** n. m. **1.** Groupe de chanteurs qui chantent ensemble. ➜ aussi **chorale.** *Les chœurs de l'Opéra de Paris.* **2.** *En chœur,* ensemble. *Les élèves ont répondu en chœur à la question du professeur.* ▮ homonyme : cœur.

② **chœur** n. m. Partie de l'église où se trouve l'autel. *Le chœur d'une cathédrale.* ➜ planche **Cathédrale.** *Les enfants de chœur assistent le prêtre pendant la messe.*

choir v. (conjug. présent : *je chois* ; futur : *je choirai* ou *je cherrai* ; participe passé : *chu*) Familier. *Laisser choir quelqu'un,* c'est l'abandonner. ➜ **tomber** et aussi **plaquer.** *Elle a laissé choir tous ses amis.*

▸ *Choir* signifiait «tomber».

▸ Autres mots de la famille : chute, chuter, déchéance, déchoir, déchu, échéance, échéant, parachutage, parachute, parachuter, parachutisme, parachutiste, rechute, rechuter.

choisir v. (conjug. 11) *Choisir une chose,* c'est la prendre de préférence à une autre. *Choisis le gâteau que tu veux.*

▸ **choix** n. m. **1.** Possibilité que l'on a de choisir. *As-tu fait ton choix ? Il a le choix entre trois solutions.* **2.** Ce que l'on a choisi. *Es-tu content de ton choix ?* **3.** Ensemble de choses parmi lesquelles on peut choisir. *Il y a un grand choix de robes dans ce magasin.* **4.** De choix, de qualité. *Le caviar est un mets de choix.* **5.** *Au choix,* avec la possibilité de choisir. *Ce menu propose fromage ou dessert au choix.*

choléra [kɔleʀa] n. m. Grave maladie des intestins, très contagieuse et parfois mortelle. *Le choléra provoque des vomissements, des diarrhées, des crampes et une grande soif.*

cholestérol [kɔlɛsteʀɔl] n. m. Graisse qui se trouve dans le sang. *Mon père fait un régime parce qu'il a trop de cholestérol.*

chœur

a b c d e f g h i j k l m n o p q r s t u v w x y z

chômer v. (conjug. 3) *Ne pas chômer,* travailler beaucoup. *Aujourd'hui, je n'ai pas chômé.*

Autrefois, *chômer* voulait dire «ne pas travailler pendant les fortes chaleurs».

▶ **chômage** n. m. *Être au chômage,* c'est ne plus avoir de travail.

▶ **chômeur** n. m., **chômeuse** n. f. Personne qui n'a pas de travail, qui est au chômage. *Le nombre des chômeurs a augmenté.* → **demandeur** d'emploi.

chope n. f. Grand verre épais muni d'une anse. *Une chope de bière.*

chope

choquer v. (conjug. 3) Déplaire en causant une impression désagréable. *Certaines scènes de ce film d'horreur risquent de choquer les personnes sensibles.* → aussi **choc.** *Elle a été choquée par leur conduite,* heurtée, scandalisée.

▶ **choquant, choquante** adj. Qui est contraire aux bonnes manières, à la bonne éducation. *Tout le monde a trouvé son attitude choquante.* → **grossier, inconvenant.**

▷ Mots de la famille de choc.

chorale [kɔʀal] n. f. Groupe de personnes qui chantent ensemble. → aussi ① **chœur.** *Léa fait partie de la chorale de l'école.*

chorégraphie [kɔʀegʀafi] n. f. Ensemble des pas de danse d'un ballet.

choriste [kɔʀist] n. m. et f. Personne qui chante dans une chorale ou dans un chœur. *Les choristes de l'Opéra.*

chorus [ʃɔʀys] n. m. *Faire chorus,* c'est se joindre à d'autres personnes pour dire comme elles, pour être du même avis. → **approuver.**

C'est un mot latin qui veut dire «chœur».

chose n. f. **1.** Objet. *Dans un supermarché, on trouve toutes sortes de choses.* → fam. **truc. 2.** Fait, évènement. *J'ai beaucoup de choses à vous raconter.* **3.** *Elle pense à autre chose,* à quelque chose d'autre. *Ce n'est pas la même chose,* c'est différent.

▶ Autres mots de la famille : grand-chose, quelque chose.

chou n. m. (pl. **choux**) **1.** Plante qui a des feuilles arrondies qui se recouvrent les unes les autres, formant une grosse boule dure. *Il y a plusieurs sortes de choux : le chou blanc, le chou vert, le chou rouge, le brocoli. Un gratin de choux de Bruxelles.* **2.** *Un chou à la crème,* c'est un gâteau en forme de boule, rempli de crème. **3.** *Mon chou,* mon petit chéri. *Bonne nuit mon chou !*

▶ Autres mots de la famille : ② chouchou, chouchouter, chou-fleur.

choucas [ʃuka] n. m. Oiseau noir de la taille d'un pigeon, qui ressemble à la corneille. *Les choucas vivent en groupes.*

① **chouchou** n. m. (pl. **chouchous**) Morceau de tissu froncé autour d'un élastique qui sert à tenir les cheveux. *Julie s'est attaché les cheveux avec un chouchou.*

② **chouchou** n. m. (pl. **chouchous**), **chouchoute** n. f. Familier. Personne, enfant que l'on préfère. *Son fils aîné a toujours été son chouchou.*

▶ **chouchouter** v. (conjug. 3) Familier. Dorloter. → **choyer.** *Il chouchoute ses petits-enfants.* → ① **gâter.**

▷ Mots de la famille de chou.

choucroute n. f. (→ ÉTYM.) Plat composé de chou coupé en fins rubans que l'on a fait fermenter, et de charcuterie. *Nous avons mangé de la choucroute pendant notre voyage en Alsace.*

① **chouette** n. f. Oiseau rapace à grosse tête et aux yeux ronds, qui chasse la nuit. → aussi **chat-huant, effraie, hibou, hulotte.** → planches **Forêt, oiseaux.** *La chouette hulule.*

② **chouette** adj. et interj. Familier.

■ adj. Agréable, beau. *Sa nouvelle maison est très chouette.*

■ interj. Mot qui exprime la satisfaction. → **chic.** *Chouette ! aujourd'hui, il fait beau.*

chou-fleur n. m. Chou dont on mange les fleurs blanches qui forment une grosse boule. *Le rôti est accompagné de chou-fleur au gratin.* – Au pl. *Des choux-fleurs.* ▷ Mot de la famille de chou et de ① fleur.

chouquette n. f. Petit chou recouvert de sucre en grains. *Julie a acheté des chouquettes à la boulangerie.*

choyer v. (conjug. 10) Dorloter, donner beaucoup de tendresse. *Ils choient leurs trois enfants de la même façon. Ses grands-parents l'ont beaucoup choyé.* ➜ **chouchouter.**

chrétien [kʀetjɛ̃] n. m., **chrétienne** [kʀetjɛn] n. f. Personne qui croit en Jésus-Christ. *Les catholiques, les orthodoxes et les protestants sont des chrétiens.* – adj. *L'ère chrétienne commence à la naissance de Jésus-Christ.*

▸ **chrétienté** [kʀetjɛ̃te] n. f. *La chrétienté,* c'est l'ensemble de tous les chrétiens et des pays où le christianisme est la religion principale.

christianisation n. f. *La christianisation d'un pays,* c'est le fait d'évangéliser un pays, de le faire devenir chrétien. *La christianisation de l'Empire romain a eu lieu au 4e siècle.*

christianisme [kʀistjanism] n. m. Religion des chrétiens.

chrome [kʀom] n. m. **1.** Métal gris, brillant et dur. **2.** *Les chromes,* les pièces d'une voiture, d'une bicyclette en acier chromé. *Il astique les chromes de sa voiture.*

▸ **chromé, chromée** adj. *De l'acier chromé,* recouvert de chrome.

chromosome [kʀomozom] n. m. Élément du noyau de la cellule vivante contenant les gènes qui transmettent les caractères héréditaires. *Chez l'homme et la femme, les chromosomes sont au nombre de 46.*

① **chronique** [kʀɔnik] adj. *Une maladie chronique,* c'est une maladie qui dure longtemps et revient souvent. ▮ contraire : **aigu.** – *Il est d'une mauvaise humeur chronique,* habituelle, fréquente.

② **chronique** n. f. Partie d'un journal où l'on parle d'un sujet particulier. *Elle lit d'abord la chronique sportive.*

chou-fleur

chronologie [kʀɔnɔlɔʒi] n. f. **1.** *La chronologie des évènements,* c'est l'ordre dans lequel ils se succèdent. *Le commissaire rappelle la chronologie des faits, le soir du meurtre.* **2.** *Une chronologie,* c'est un tableau historique qui met en évidence les dates importantes.

▸ **chronologique** adj. *L'ordre chronologique,* c'est l'ordre dans lequel les choses se sont passées. *Racontez-nous ce qui est arrivé, dans l'ordre chronologique.*

chronomètre [kʀɔnɔmɛtʀ] n. m. Montre très précise qui permet de mesurer les centièmes de seconde. *L'arbitre regarde son chronomètre avant de siffler la fin du match.*
▸ On dit familièrement *chrono.*

▸ **chronométrer** v. (conjug. 8) Mesurer une durée avec un chronomètre. *L'arbitre chronomètre la course.*

chrysalide [kʀizalid] n. f. État par lequel passe la chenille avant de devenir un papillon. ➜ **cocon.** ➜ planche **Papillons.**

chrysanthème [kʀizɑ̃tɛm] n. m. Fleur à pétales fins et nombreux, qui fleurit en automne. ➜ planche **Fleurs.** *Alex a déposé un pot de chrysanthèmes sur la tombe de son grand-père.*

chuchoter v. (conjug. 3) Parler tout bas. ➜ **murmurer.** *Léa chuchote quelques mots à l'oreille de Julie.*

▸ **chuchotement** n. m. Bruit de voix très faible. ➜ **murmure.** *On entendait des chuchotements dans le fond de la classe.*

chuinter v. (conjug. 3) **1.** Produire un sifflement continu et assourdi. *Le jet de vapeur chuinte en sortant de l'autocuiseur.* **2.** *La chouette chuinte,* elle pousse son cri.

▸ **chuintement** n. m. **1.** Sifflement continu et assourdi. *Le chuintement de la vapeur.* **2.** Cri de la chouette.

chut [ʃyt] interj. Mot qui s'emploie pour demander le silence. *Chut ! Taisez-vous !* ▮ homonyme : chute.

chute n. f. **1.** *Faire une chute,* c'est tomber. *Julie a fait une chute dans l'escalier. Des chutes de neige sont à prévoir,* il risque de neiger. *Il utilise une lotion contre la chute des cheveux,* pour que ses cheveux ne tombent pas. **2.** *Une chute d'eau,* c'est l'eau d'un cours d'eau qui tombe d'une grande hauteur. ➜ **cascade,** ① **ca-**

taracte. *Les chutes du Niagara.* **3.** *La chute d'un gouvernement,* c'est son renversement, son écroulement. *La Révolution française a provoqué la chute de la monarchie.* **4.** Fin inattendue, surprenante d'une histoire. *Ne me raconte pas la chute !* ▮ homonyme : chut.

▸ **chuter** v. (conjug. 3) Diminuer beaucoup. *Les ventes de magnétoscopes ont chuté avec l'apparition des lecteurs de DVD.* → **baisser.**

▷ Mots de la famille de choir.

les chutes d'Iguaçu

① **ci** adv. **1.** *Ci,* devant un adjectif ou un adverbe, veut dire *ici. Relisez le passage ci-dessus,* le passage au-dessus. **2.** *Ci,* après un nom ou un pronom démonstratif, apporte une précision. *Il doit venir ces jours-ci. Préfères-tu celles-ci ou celles-là ?* ▮ homonymes : scie, ①, ② et ③ si, six.

▶ Autres mots de la famille : ci-joint ; de-ci, de-là ; par-ci, par-là.

② **ci** pronom démonstratif Ceci. *Il veut toujours ci ou ça. Comment allez-vous ? Comme ci comme ça !* pas très bien.

cible n. f. Objet que l'on vise avec une carabine ou des flèches. *Le centre de la cible.*

ciboulette n. f. Plante aromatique dont les longues feuilles cylindriques et creuses à léger goût d'oignon sont utilisées pour donner plus de goût. *La ciboulette, l'estragon, le persil sont des fines herbes.*

cicatrice n. f. Marque laissée sur la peau par une blessure ou une opération. *Paul a une cicatrice sur le genou.*

▸ **cicatriser** v. (conjug. 3) *La plaie a cicatrisé* (ou *s'est cicatrisée*), elle a guéri et il ne reste qu'une marque sur la peau.

▸ **cicatrisation** n. f. *La cicatrisation d'une plaie,* le fait de se fermer. *La cicatrisation de sa coupure a été rapide.*

ci-dessous → **dessous**

ci-dessus → **dessus**

cidre n. m. Jus de pomme fermenté pétillant. *Le cidre est alcoolisé.*

ciel n. m. (pl. **ciels** ou **cieux**) **1.** Espace que l'on voit au-dessus de nos têtes et au loin jusqu'à l'horizon. → **firmament.** *Ce soir, le ciel est étoilé. De beaux ciels d'orage. Sous d'autres cieux,* ailleurs, dans un autre pays. *Une mine à ciel ouvert,* en plein air, à l'air libre. ▮ contraire : **souterrain. 2.** Au pl. *Les cieux,* le paradis. ▮ contraire : **enfer.** *Le royaume des cieux.*

▶ Autres mots de la famille : arc-en-ciel, gratte-ciel.

cierge n. m. Bougie longue et fine que l'on fait brûler dans une église.

cigale n. f. Insecte à quatre ailes, au cri strident, qui vit dans les régions méditerranéennes. → planche **Insectes.** *Le chant des cigales.* → aussi **grillon.**

cigale

cigare n. m. Rouleau de feuilles de tabac. *Il fume un gros cigare.*

▸ **cigarette** n. f. Petit rouleau de tabac haché et enveloppé dans un papier très fin. *Un paquet de cigarettes.*

▶ Autre mot de la famille : allume-cigare.

ci-gît → **gésir**

cigogne n. f. Grand échassier blanc, qui a le bout des ailes noir, de longues pattes rouges et un bec rouge long et droit. → planche **Oiseaux.** *Les cigognes sont des oiseaux migrateurs.*

ciguë [sigy] n. f. Plante vénéneuse dont on extrayait un poison très toxique. *Le philosophe grec Socrate a été condamné à boire de la ciguë.*

ci-joint, ci-jointe adj. Joint à ceci. *Veuillez trouver la facture des travaux ci-jointe.* ▷ Mot de la famille de ① ci et de joindre.

▶ *Ci-joint* est invariable quand il est placé avant le nom. On dit : *veuillez trouver ci-joint la facture des travaux.*

cil n. m. *Les cils,* ce sont les poils qui bordent les paupières.

cime n. f. Sommet pointu. ➜ **faîte.** *La cime des arbres.* ➜ planche **Arbres.** *Les cimes des montagnes disparaissent dans les nuages.*

ciment n. m. Poudre à base de calcaire ou de chaux que l'on mélange avec de l'eau, qui durcit en séchant et qui sert de matériau de construction. *Le sol du garage est en ciment.* ➜ aussi ③ **mortier.**

▸ **cimenter** v. (conjug. 3) Recouvrir de ciment, lier avec du ciment. *Le maçon cimente les briques.*

cimetière n. m. (➜ ÉTYM.) Lieu où l'on enterre les morts.

cinéaste n. m. et f. Personne qui fait des films. ➜ **réalisateur.**

cinéclub ou **ciné-club** n. m. Groupe de personnes qui aiment le cinéma et organisent des projections de films. – Au pl. *Des cinéclubs, des ciné-clubs.* ▷ Mot de la famille de club.

▶ Écrire *cinéclub* en un seul mot est conforme à la nouvelle orthographe.

cigogne

cinéma n. m. **1.** Ensemble des techniques qui permettent de filmer et de projeter des images en mouvement. *Le cinéma fut inventé en 1895 par les frères Lumière. Une vedette de cinéma.* **2.** Salle où l'on projette des films. *Ce soir, nous allons au cinéma voir un film d'espionnage.* – On dit familièrement *ciné.*

▶ *Cinéma* est l'abréviation de *cinématographe.*

▸ **cinémathèque** n. f. Lieu où l'on conserve et où l'on projette des films qui présentent un intérêt particulier. *Ils sont allés voir un vieux film muet à la cinémathèque.*

▸ **cinématographique** adj. Qui concerne le cinéma. *L'art cinématographique.*

cinéphile n. m. et f. Amateur de cinéma. *C'est une cinéphile, elle a vu tous les films que ce cinéaste a réalisés.*

cinglant, cinglante adj. Très méchant. ➜ **blessant, vexant.** *Un ton cinglant. Des remarques cinglantes.* ▷ Mot de la famille de cingler.

cinglé, cinglée adj. Familier. Un peu fou. *Qu'est-ce que tu as fait encore ? Tu es complètement cinglé !*

cingler v. (conjug. 3) Frapper comme un fouet. *La pluie cinglait son visage.*

▶ Autre mot de la famille : cinglant.

cinq adj. inv. Quatre plus un (5). *Les cinq doigts de la main.* – n. m. inv. *Il habite au 5 de la rue de la Gare.*

▸ **cinquante** adj. inv. Dix fois cinq (50). *Il vient d'avoir cinquante ans.* ➜ aussi **quinquagénaire.** – n. m. inv. *Elle habite au 50 de l'avenue de Paris.*

▸ **cinquantaine** n. f. Nombre d'environ cinquante. *Il y avait une cinquantaine de personnes,* environ cinquante personnes. *Il approche de la cinquantaine,* il va bientôt avoir 50 ans.

▸ **cinquantenaire** n. m. Cinquantième anniversaire d'un évènement. *On célèbre cette année le cinquantenaire de la mort de ce grand écrivain.*

▸ **cinquantième** adj. et n. m.
- adj. Qui a le numéro 50. *Il est arrivé cinquantième à l'épreuve de course à pied.*
- n. m. Partie d'un tout qui est divisé en cinquante parties égales. *10 est le cinquantième de 500.*

▸ **cinquième** adj. et n.
- adj. Qui suit le quatrième. *Ils habitent au cinquième étage.*
- n. **1.** n. m. Partie d'un tout qui est divisé en cinq parties égales. *Les trois cinquièmes des élèves sont arrivés en retard.* **2.** n. f. Deuxième année de l'enseignement secondaire. *Le frère de Léa est en cinquième.*

cintre n. m. Barre courbée qui a un crochet et qui sert à suspendre les habits. *Mets ton manteau sur un cintre.*

cintré, cintrée adj. *Un vêtement cintré,* un peu serré à la taille. *Une veste cintrée.*

cirage n. m. Produit qui sert à entretenir et faire briller le cuir. *Du cirage noir.* ▷ Mot de la famille de cire.

circoncision n. f. Opération qui consiste à enlever un peu de la peau qui recouvre l'extrémité du sexe du petit garçon. *La circoncision est un rite des religions juive et musulmane.*

circonférence n. f. Ligne qui forme le périmètre d'un cercle. → **rond.** *Calculez la circonférence d'un cercle de 3 centimètres de rayon.*

circonflexe adj. *Un accent circonflexe,* un accent en forme de petit chapeau pointu (ˆ) qui se place au-dessus de certaines voyelles. *Hôpital s'écrit avec un o accent circonflexe.*

circonscription n. f. Partie d'un pays découpé pour des raisons administratives. *Le canton, l'arrondissement et le département sont des circonscriptions. Le député visite sa circonscription,* la partie du département où il a été élu et dont il s'occupe.

circonscrire v. (conjug. 42) Empêcher de dépasser certaines limites. → **limiter.** *Les médecins ont circonscrit l'épidémie.*

circonspect [siʀkɔ̃spɛ], **circonspecte** [siʀkɔ̃spɛkt] adj. *Une personne circonspecte* fait attention à ce qu'elle dit et à ce qu'elle fait. → **prudent.** *Je suis très circonspect et ne tire pas de conclusion hâtive.*

▸ **circonspection** n. f. Le fait de faire attention à tout ce que l'on fait ou que l'on dit. *Il faut agir avec circonspection, dans cette affaire.* → **précaution, prudence.** ▮ contraires : **imprudence, légèreté.**

circonstance n. f. **1.** Ce qui se passe. *Étant donné les circonstances, il n'y aura pas de fête cette année.* → **situation. 2.** *Les circonstances,* ce sont les conditions dans lesquelles se déroule un évènement. *On ne sait pas encore dans quelles circonstances l'immeuble a pris feu,* on ne sait ni comment ni pourquoi.

▸ **circonstanciel, circonstancielle** adj. *Un complément circonstanciel* indique dans quelles circonstances se passe une action. *Il y a des compléments circonstanciels de lieu, de temps, de manière, etc.*

circuit n. m. **1.** Parcours qui ramène à son point de départ. *De nombreux touristes font le circuit des châteaux de la Loire.* → ② **tour. 2.** *Un circuit électrique,* c'est l'ensemble des fils électriques par où passe le courant.

▶ Autre mot de la famille : court-circuit.

① **circulaire** adj. En forme de cercle. → **rond.** *La piste d'un cirque est circulaire.*

② **circulaire** n. f. Lettre identique envoyée à plusieurs personnes en même temps. *Les parents d'élèves ont reçu une circulaire au sujet de la classe de neige.*

circuler v. (conjug. 3) **1.** Se déplacer. *Les voitures circulent mal ce soir, il y a des embouteillages.* **2.** *Le sang circule dans le corps,* il coule dans les veines et les artères et revient au cœur. **3.** *La nouvelle circule dans toute la ville,* elle se propage d'une personne à l'autre. → **courir,** se **répandre.**

▸ **circulation** n. f. **1.** Mouvement des voitures et des piétons dans les rues d'une ville et sur les routes. *Il y a beaucoup de circulation aujourd'hui.* → **trafic. 2.** *La circulation du sang,* c'est le mouvement du sang dans le corps.

▸ **circulatoire** adj. *L'appareil circulatoire,* c'est l'ensemble formé par le cœur, les veines et les artères, par où passe le sang.

citadelle

cire n. f. **1.** Matière molle et jaune que produisent les abeilles. *Avec la cire, on fabrique des bougies.* **2.** Produit à base de cire d'abeille, utilisé pour l'entretien des parquets et des meubles en bois. → **encaustique.** ▮ homonyme : sire.

▶ Autres mots de la famille : cirage, ① ciré, cirer.

① **ciré, cirée** adj. Passé à la cire. *On risque de glisser dans les escaliers cirés. Des* chaussures bien cirées, passées au cirage. ▷ Mot de la famille de cire.

② ciré adj. et n. m., **cirée** adj.
▪ adj. *Une toile cirée*, c'est une toile recouverte d'un produit qui la rend imperméable. *Il y a une toile cirée sur la table de la cuisine.*
▪ n. m. *Un ciré*, c'est un imperméable en toile cirée ou en plastique. *Quand il pleut, Léa met son ciré.*

cirer v. (conjug. 3) **1.** Mettre de la cire. *Elle a ciré le buffet.* **2.** Mettre du cirage. *Tu devrais cirer tes chaussures.* ▷ Mot de la famille de cire.

cirque n. m. (→ÉTYM.) **1.** Lieu de spectacle formé d'une piste ronde entourée de gradins, couvert d'une tente où des clowns, des acrobates, des dompteurs présentent leurs numéros. → aussi **chapiteau.** → planche **Cirque.** *Les enfants aiment beaucoup aller au cirque.* **2.** Montagnes disposées en cercle ou en demi-cercle. *Le cirque de Gavarnie, dans les Pyrénées.*

cirrhose n. f. Très grave maladie du foie. *L'alcoolisme peut provoquer une cirrhose.*
▶ Il y a deux *r* et un *h*.

cirrus n. m. Nuage élevé, fin et allongé.

cisailles n. f. pl. Gros ciseaux qui servent à couper le métal ou de petites branches. *Le jardinier coupe les ronces avec ses cisailles.* → aussi **sécateur.**

ciseau n. m. Outil d'acier qui sert à tailler le bois, la pierre, le métal. *Le sculpteur utilise un ciseau.*

▶ **ciseaux** n. m. pl. Instrument formé de deux branches tranchantes. *Une paire de ciseaux. Des ciseaux à ongles.*

▶ **ciseler** v. (conjug. 7a) Sculpter avec un ciseau. *Le joaillier cisèle une broche.*

citadelle n. f. Forteresse qui domine et protège une ville. ▷ Mot de la famille de cité.

citadin n. m., **citadine** n. f. Personne qui habite dans une ville. ▮ contraire : **campagnard.**
▷ Mot de la famille de cité.

citation n. f. Phrase écrite ou dite par un personnage célèbre, que l'on cite. *Le professeur a écrit au tableau une citation de Victor Hugo.* ▷ Mot de la famille de citer.

cité n. f. **1.** Ville. *Paris est une grande cité.* **2.** Groupement d'immeubles. → planche **Habitations.** *Les cités de banlieue. Une cité universitaire est habitée par des étudiants.*
▶ Autres mots de la famille : citadelle, citadin, citoyen, citoyenneté, concitoyen, écocitoyen.

citer v. (conjug. 3) **1.** Rapporter exactement ce qu'a écrit ou dit quelqu'un. *Le professeur a cité un vers de Victor Hugo.* **2.** Donner le nom de. *Citez les cinq principales villes françaises.* → **nommer.**
▶ Autre mot de la famille : citation.

citerne n. f. Grand réservoir. *Les eaux de pluie sont recueillies dans une citerne.*

cithare n. f. Instrument de musique à cordes, sans manche.

citoyen n. m., **citoyenne** n. f. (→ÉTYM.) Personne qui a la nationalité d'un pays. *Les citoyens français.* → aussi **concitoyen.**

▶ **citoyenneté** n. f. Le fait d'être citoyen autrefois d'une cité et aujourd'hui d'un pays. → aussi **nationalité.** *L'empereur Claude accorda la citoyenneté romaine à de nombreux Gaulois.*
▷ Mots de la famille de cité.

citron n. m. Fruit jaune de forme ovale, au goût acide. → planche **Fruits.** *Du jus de citron. Il met une rondelle de citron dans son thé.* – Invariable après le nom de couleur jaune. *Des jupes jaune citron*, d'un jaune vif. → planche **Couleurs.**

▶ **citronnade** n. f. Boisson faite avec du jus de citron, de l'eau et du sucre.

▶ **citronnier** n. m. Arbre à fleurs blanches cultivé dans les pays chauds, qui donne des citrons.
▶ Autre mot de la famille : presse-citron.

citrouille n. f. Gros fruit rond, jaune orangé. → **potiron.**

citrouille

civet n. m. Gibier cuit très longuement dans du vin rouge. *Un civet de lièvre.*

le cirque

Le cirque est un spectacle vivant : les artistes jouent en direct devant le public. Sous le grand chapiteau du cirque traditionnel, il y a les gradins pour les spectateurs et la piste circulaire pour les artistes. Les numéros de funambules, d'acrobates, de magiciens et de clowns, de dresseurs de chevaux ou de chiens, de dompteurs d'animaux sauvages se succèdent. La musique et le bruitage accompagnent les numéros présentés par « Monsieur Loyal ». Dans le cirque contemporain, il y a moins d'exhibitions d'animaux et davantage de numéros de funambules et de voltigeurs. La danse, le mime et les effets spéciaux rendent le spectacle magique.

➔ planche spectacle.

chapiteau

clowns

acrobates

jongleur

dressage de fauves

prestidigitateur

dresseur de chevaux

civière n. f. Sorte de lit formé d'une toile tendue entre des barres et qui sert à transporter des malades, des blessés. ➜ **brancard.**

civil adj. et n. m., **civile** adj.
▪ adj. **1.** Qui concerne tous les citoyens. *Les droits civils,* des citoyens. *Une guerre civile vient d'éclater,* une guerre entre tous les habitants d'un pays. **2.** Qui n'est pas religieux. *Le mariage civil a lieu à la mairie.* **3.** Qui n'est pas militaire. *Le général avait mis des habits civils.*
▪ n. m. **1.** *Les civils,* ce sont ceux qui ne sont pas militaires. *Il y a des civils parmi les victimes du bombardement.* **2.** *En civil,* en vêtements non militaires. *Le général est venu habillé en civil.*
▮ contraire : en **uniforme.**

civilisation n. f. **1.** Manière de vivre et de penser d'un peuple. ➜ ② **culture.** *La civilisation de l'Égypte ancienne était très avancée.* **2.** Ensemble des progrès qu'une société a faits et qu'elle fait encore. *Les bienfaits de la civilisation.* ▷ Mot de la famille de civiliser.

civiliser v. (conjug. 3) *Civiliser un peuple,* c'est lui apporter une manière de vivre considérée comme plus évoluée, permettant de faire des progrès dans tous les domaines. *Les Romains ont voulu civiliser les Gaulois.*
▶ Autre mot de la famille : civilisation.

civique adj. *Les droits et les devoirs civiques,* ce sont les droits et les devoirs des citoyens. *Voter est un devoir civique. L'éducation civique,* qui porte sur les devoirs du citoyen.

civisme n. m. Attitude d'un citoyen responsable. *Voter, c'est faire preuve de civisme.*

clafoutis [klafuti] n. m. Gâteau à base de lait, d'œufs et de fruits. *Un clafoutis aux pruneaux.*

clair adj., n. m. et adv., **claire** adj.
▪ adj. **1.** Qui reçoit beaucoup de lumière. ➜ **lumineux.** *Leur maison est très claire.* ▮ contraires : **obscur, sombre.** **2.** Qui n'est pas foncé. *Théo a les yeux clairs. Elle porte souvent des couleurs claires.* ▮ contraire : **foncé.** **3.** Pur. *L'eau de la source est claire.* ➜ **limpide, transparent.** ▮ contraire : ① **trouble.** **4.** Qui est facile à comprendre. *Ses explications sont claires.* ➜ **net.** ▮ contraire : **confus.**
▪ n. m. **1.** *Clair de lune.* ➜ **lune.** **2.** *Tirer une affaire au clair,* essayer de la comprendre, de l'expliquer. *Les enquêteurs veulent tirer cette affaire au clair.*
▪ adv. *Il fait clair,* il y a beaucoup de lumière. ▮ contraire : **sombre.** *Voir clair,* avoir une bonne vue. *La vieille dame ne voyait plus très clair,* elle ne voyait plus bien. *J'aimerais y voir plus clair,* comprendre. ▮ homonyme : clerc.

▶ **clairement** adv. D'une manière claire, compréhensible. *Le professeur a expliqué clairement la règle de trois. Il a clairement refusé.* ➜ **explicitement.**

▶ **claire-voie** n. f. *Un volet à claire-voie,* qui a des ouvertures qui laissent passer la lumière. ▷ Mot de la famille de voie.

▶ **clairière** n. f. Endroit d'une forêt où il n'y a pas d'arbres et où il fait plus clair.
▶ Autres mots de la famille : clairsemé, clairvoyant, ① éclair, éclairage, éclaircie, éclaircir, éclaircissement, éclairer, s'éclairer.

clairon n. m. Instrument de musique à vent en cuivre, utilisé dans l'armée. *Les soldats sont réveillés par une sonnerie de clairon.*

▶ **claironner** v. (conjug. 3) Annoncer d'une manière bruyante, sans discrétion. ➜ **clamer, proclamer.** *Il a claironné partout qu'il avait la meilleure note en géographie.*

clairsemé, clairsemée adj. Réparti d'une manière espacée, peu serrée. ▮ contraire : **dru.** *Il a les cheveux clairsemés,* il n'a pas beaucoup de cheveux. ▷ Mot de la famille de clair et de semer.

clairvoyant, clairvoyante adj. *Une personne clairvoyante* a un jugement sûr, une vue claire, lucide des choses. ▷ Mot de la famille de clair et de voir.

clamer v. (conjug. 3) Faire savoir en criant. *L'accusé clame son innocence.* ➜ **proclamer.**

▶ **clameur** n. f. Cris poussés par de nombreuses personnes en même temps. *Une clameur s'élevait du stade.*

clan n. m. Groupe de personnes qui ont les mêmes goûts, les mêmes idées et qui s'opposent aux autres. *La classe est divisée en deux clans.* ➜ **camp.**

clandestin, clandestine adj. **1.** Qui se fait en cachette. ➜ **secret.** *Les terroristes tenaient une réunion clandestine.* **2.** *Un passager clandestin,* qui n'a pas de billet et se cache. *On*

a b c d e f g h i j k l m n o p q r s t u v w x y z

a trouvé un passager clandestin à bord du bateau. – *Un immigré clandestin,* qui n'a pas de papiers en règle. ➜ **sans-papiers.**

▸ **clandestinement** adv. De façon clandestine, en cachette. *Un passager s'est embarqué clandestinement à bord du cargo.*

▸ **clandestinité** n. f. *Vivre dans la clandestinité,* c'est vivre en se cachant parce que l'on est recherché.

clapier n. m. Cage où l'on élève des lapins.

clapier

clapoter v. (conjug. 3) *L'eau clapote,* elle est agitée de petites vagues qui font un bruit léger.

▸ **clapotis** n. m. Mouvement et bruit que font de petites vagues qui s'entrechoquent.

claquer v. (conjug. 3) **1.** Faire un bruit sec et fort. *Le volet claque contre le mur.* ➜ **battre.** **2.** *Claquer une porte,* la refermer bruyamment. *Il est parti en claquant la porte.* **3.** *Se claquer un muscle,* se déchirer un muscle. ➜ aussi **claquage.** *Le joueur de tennis s'est claqué un muscle.* **4.** *Claquer des dents,* grelotter de froid, de fièvre ou de peur.

▸ **claquage** n. m. Déchirure d'un muscle. *Le footballeur s'est fait un claquage musculaire à la cuisse.*

▸ **claque** n. f. Coup donné avec le plat de la main. ➜ **gifle, tape.** *Sa mère lui a donné une paire de claques.*

▸ **claquement** n. m. Bruit que fait quelque chose qui claque. *On entendit le claquement d'une portière de voiture.*

▸ **claquettes** n. f. pl. *Faire des claquettes,* c'est danser en faisant un bruit sec avec des chaussures munies de lames de métal, pour marquer le rythme.

clarifier v. (conjug. 9) Rendre plus clair, plus facile à comprendre. ➜ **éclaircir.** *Lis ce livre, cela te clarifiera les idées.* ▮ contraires : **compliquer, embrouiller.**

▸ **clarification** n. f. Le fait d'enlever toutes les impuretés d'un liquide pour le rendre limpide, clair.

clarinette n. f. (➜ ÉTYM.) Instrument de musique à vent, long et étroit. ➜ planche **Instruments** de musique. *Elle joue de la clarinette.*

clarté n. f. **1.** Lumière. *La lune répand une douce clarté.* ➜ **lueur.** ▮ contraire : **obscurité.** **2.** Qualité de ce qui est clair, précis. ➜ **netteté.** *Tes explications manquent de clarté.* ▮ contraire : **confusion.**

① **classe** n. f. **1.** Groupe de personnes qui ont le même genre d'activités, le même genre de vie. *Les différentes classes sociales forment la société.* **2.** Groupe d'objets, de personnes ou d'animaux qui ont des caractères communs. ➜ **catégorie, espèce, sorte, type.** *Ce livre s'adresse à toutes les classes de lecteurs. Le lion appartient à la classe des mammifères.* **3.** Catégorie de place, selon le confort, dans un moyen de transport. *Dans le train, il voyage en première classe.* **4.** Valeur. *Nous avons assisté à un spectacle de grande classe,* de grande qualité. **5.** Distinction, allure, élégance. *Cet homme a beaucoup de classe.*

▶ Autres mots de la famille : classement, classer, classeur, déclasser, reclassement, reclasser, surclasser.

② **classe** n. f. **1.** Groupe d'élèves qui suivent ensemble les mêmes cours. *«En quelle classe es-tu ? – En CM1.» Il y a 25 élèves dans ma classe.* **2.** *Faire la classe à des élèves,* c'est enseigner. **3.** Salle où ont lieu les cours. *Sa classe est au premier étage.* **4.** *Aller en classe,* à l'école, au collège ou au lycée.

▶ Autres mots de la famille : classique, interclasse.

classer v. (conjug. 3) **1.** Ranger dans un certain ordre. *Elle a classé ses fiches par ordre alphabétique.* ➜ **trier.** ▮ contraire : **déclasser.** **2.** **se classer,** obtenir une place dans une compétition. *Paul s'est classé cinquième à la course.*

▸ **classement** n. m. **1.** *Faire du classement,* c'est classer, ranger. *Il a fait du classement* *dans ses papiers.* **2.** Place d'une personne dans une compétition. *Louise est deuxième au classement de la course.*

▸ **classeur** n. m. Reliure rigide dans laquelle on range des papiers.
▷ Mots de la famille de ① classe.

classique adj. **1.** *Les auteurs classiques,* ceux que l'on considère comme des modèles et que l'on étudie en classe. *La Fontaine, Victor Hugo sont des auteurs classiques.* **2.** *La musique classique,* celle qui est composée par les grands compositeurs. *Alex préfère le rap à la musique classique.* **3.** Sobre, sans fantaisie. *Elle ne porte que des vêtements classiques.* ▷ Mot de la famille de ② classe.

clause n. f. Condition particulière d'un contrat, d'un accord, d'une loi.

claustrophobe adj. *Une personne claustrophobe* ne supporte pas d'être dans une pièce fermée. *Il ne prend jamais l'ascenseur parce qu'il est claustrophobe.*

clavecin n. m. Instrument de musique à claviers et à cordes pincées, ressemblant à un petit piano à queue.

clavecin

clavicule n. f. Os en forme d'S très allongé, qui constitue une partie de l'épaule. → planche **Corps** humain. *L'os du bras s'articule sur la clavicule.*

clavier n. m. **1.** Ensemble des touches d'un instrument de musique, sur lesquelles on appuie pour obtenir un son. *Le clavier du piano.* **2.** Ensemble des touches d'une machine à écrire, d'un ordinateur, d'un téléphone.

▸ **claviste** n. m. et f. Personne dont le métier est de saisir des textes sur ordinateur. → aussi **dactylo.**

clé n. f. **1.** Instrument de métal qui sert à ouvrir et fermer une serrure. *La porte est fermée à clé. Les médicaments sont sous clé,* dans un meuble fermé à clé. **2.** Outil qui sert à serrer et démonter des écrous, des boulons. *Une clé anglaise. Une clé à molette.* **3.** *La clé du mystère,* ce qui permet de comprendre, la solution. *Personne n'a trouvé la clé du mystère.* **4.** Signe placé au début d'une portée musicale pour indiquer la tonalité. *Clé de sol. Clé de fa.*
▶ On écrit parfois *clef* [kle].
▶ Autre mot de la famille : porte-clé.

clématite n. f. Plante grimpante à fleurs blanches, roses, violettes ou jaunes, disposées en bouquets.

clément, clémente adj. **1.** Qui pardonne, ne punit pas sévèrement. → **indulgent.** *La directrice a été clémente envers les élèves coupables.* ▮ contraire : **sévère. 2.** *Une température clémente,* douce. *L'hiver a été très clément.*
▮ contraires : **rigoureux, rude.**

▸ **clémence** n. f. Indulgence. *La directrice a fait preuve de clémence.* ▮ contraires : **rigueur, sévérité.**
▶ Ces mots appartiennent au langage soutenu.

clémentine n. f. Sorte de petite mandarine à peau fine, souvent sans pépins.

clepsydre n. f. Horloge à eau que l'on utilisait dans l'Antiquité. *La clepsydre fonctionne sur le même principe que le sablier, l'écoulement d'une certaine quantité d'eau indiquant la durée du temps passé.*

clepsydre

cleptomane n. m. et f. Personne qui ne peut pas s'empêcher de commettre des vols.
▶ On écrit aussi *kleptomane.*

a b c d e f g h i j k l m n o p q r s t u v w x y z

clerc [klɛʀ] n. m. **1.** Membre du clergé. → **ecclésiastique.** ▮ contraire : **laïc. 2.** *Un clerc de notaire,* c'est un des principaux employés d'un notaire. ▮ homonyme : clair.

clergé n. m. Ensemble des prêtres et des religieux. *Les moines et les religieuses font partie du clergé régulier ; les évêques et les prêtres du clergé séculier.*

clic n. m. Pression du doigt sur le bouton d'une souris d'ordinateur. *D'un clic, on peut surfer d'un site à l'autre, sur Internet.*

▶ *Clic* est une onomatopée qui évoque un claquement sec.

▶ Autre mot de la famille : cliquer.

cliché n. m. **1.** Photographie. *Ce cliché est flou.* **2.** Idée banale, expression trop souvent utilisée. *Évitez les clichés dans vos rédactions.*

client n. m., **cliente** n. f. Personne qui achète quelque chose ou paie pour un service. *Les clients se pressent dans le magasin.* → **acheteur.** *Les clients d'un médecin.* → ② **patient.** – Familier. *À la tête du client,* selon l'apparence de la personne. *Dans ce magasin, ils sont plus ou moins aimables, c'est vraiment à la tête du client !*

▸ **clientèle** n. f. Ensemble des clients. *Ce boucher a une clientèle importante,* de nombreux clients.

cligner v. (conjug. 3) *Cligner des yeux,* c'est fermer et ouvrir les yeux rapidement. *Le soleil me fait cligner des yeux.* – *Cligner de l'œil,* c'est faire un clin d'œil.

▸ **clignoter** v. (conjug. 3) S'allumer et s'éteindre rapidement plusieurs fois de suite. *Les lumières du passage à niveau clignotent.*

▸ **clignotant** n. m. Lumière qui s'allume et s'éteint sur une voiture, indiquant qu'on va changer de direction. → planche **Voitures.** *L'automobiliste a mis son clignotant à droite.*

▶ Autre mot de la famille : clin d'œil.

climat n. m. Temps qu'il fait dans un pays, une région. *La France a un climat tempéré.*

▸ **climatique** adj. Relatif au climat. *Les conditions climatiques d'une région,* son climat.

▸ **climatisation** n. f. Installation qui permet de maintenir la même température dans un endroit fermé. *Elle a la climatisation dans sa voiture.*

▶ On dit familièrement *la clim.*

▸ **climatisé, climatisée** adj. *Une pièce climatisée,* c'est une pièce où il y a la climatisation. *Toutes les salles de ce cinéma sont climatisées. L'air climatisé.* → **conditionné.**

▶ Autres mots de la famille : acclimatation, acclimater.

clin d'œil n. m. **1.** Mouvement rapide de la paupière pour faire signe. *Il lui a fait un clin d'œil.* – Au pl. *Des clins d'œil* ou *des clins d'yeux.* **2.** *En un clin d'œil,* très rapidement. *Il a fait son exercice en un clin d'œil.* ▷ Mot de la famille de cligner et de œil.

clinique n. f. Établissement médical où l'on soigne et l'on opère les malades et les blessés. → aussi **hôpital.** *Elle a accouché dans une clinique.*

clinquant, clinquante adj. Très voyant et de mauvais goût. *Des bijoux clinquants.*

① **clip** n. m. Boucle d'oreille ou broche qui se fixe avec une pince. *Elle n'a pas les oreilles percées, elle met des clips.*

② **clip** n. m. Petit film qui accompagne une chanson. *Léa regarde des clips à la télévision.*

▶ *Clip* est un mot américain qui signifie «extrait». Il vient du verbe *to clip* qui veut dire «couper aux ciseaux».

clique n. f. Familier. Groupe de personnes que l'on n'aime pas. *Il est venu avec toute sa clique.* → ① **bande.**

cliquer v. (conjug. 3) Appuyer sur la souris d'un ordinateur. *Clique sur l'image pour l'agrandir.* ▷ Mot de la famille de clic.

cliqueter v. (conjug. 6b) Faire des bruits secs d'objets qui s'entrechoquent. *Ses clés cliquettent dans sa poche.*

▸ **cliquetis** [klikti] n. m. Bruit que font des objets qui s'entrechoquent. *On entend un cliquetis de verres et d'assiettes.*

cloaque n. m. Endroit boueux, malpropre. *Après l'orage, le chemin est devenu un cloaque.*

clochard n. m., **clocharde** n. f. Personne pauvre, qui vit sans travail ni maison, dans les grandes villes. → **S. D. F., vagabond.**

cloche n. f. **1.** Objet creux en métal contenant un battant suspendu qui produit un son en frappant la paroi. *Les cloches de l'église sonnent à toute volée.* **2.** Objet creux qui protège. *Une cloche à fromage.*
▶ Autres mots de la famille : ① clocher, clocheton, clochette.

cloche

à **cloche-pied** adv. Sur un pied, en tenant l'autre en l'air. *Julie saute à cloche-pied en jouant à la marelle.* ▷ Mot de la famille de ① pied.

① **clocher** n. m. Partie d'une église, plus haute que le toit, où se trouvent les cloches.
▷ Mot de la famille de cloche.

② **clocher** v. (conjug. 3) Ne pas être comme il faudrait, aller de travers. *Il y a quelque chose qui cloche dans cette histoire,* quelque chose qui ne va pas.

clocheton n. m. Petit clocher. *Le clocheton de l'hôtel de ville.* ▷ Mot de la famille de cloche.

clochette n. f. **1.** Petite cloche. *On entend les clochettes des chèvres dans la montagne.* **2.** Petite fleur en forme de cloche. *Les clochettes blanches du muguet.* ▷ Mot de la famille de cloche.

cloison n. f. Mur intérieur qui sert de séparation entre des pièces. *La cloison entre ces deux pièces a été abattue.*

▸ **cloisonner** v. (conjug. 3) Mettre une cloison. *La grande salle a été cloisonnée pour faire deux pièces séparées.*

cloître n. m. Galerie à colonnes qui entoure une cour ou un jardin, dans un couvent.

▸ se **cloîtrer** v. (conjug. 4) S'enfermer, se retirer dans un endroit où l'on ne voit personne. *Elle s'est cloîtrée chez elle, elle ne veut voir personne.*

clone n. m. Être vivant qui est la copie exacte d'un autre. *Les savants ont produit en laboratoire un clone de brebis.*
◗ Ce mot vient de l'anglais.

▸ **clonage** n. m. Reproduction d'un être vivant à partir d'une de ses cellules. *On voit beaucoup d'histoires de clonage dans les films de science-fiction.*

▸ **cloner** v. (conjug. 3) Reproduire un être vivant à partir d'une de ses cellules.

cloporte n. m. Petit animal gris ou noirâtre, qui a 14 pattes et vit sous les pierres, dans les lieux humides et sombres. ➜ planche **Sol.**

cloque n. f. **1.** Petite poche sous la peau provoquée par une brûlure, un frottement, et remplie de liquide. ➜ **ampoule. 2.** Boursouflure. *Des cloques de peinture.*

cloître

clore v. (conjug. 48) Fermer. *Un mur de pierre clôt le jardin.* – *Clore une discussion,* c'est la terminer.
◗ Attention à l'accent circonflexe du *ô* de *il clôt.* • Ce mot appartient au langage soutenu.

▸ **clos, close** adj. **1.** Fermé. *La maison a les volets clos.* **2.** Fini, terminé. *L'incident est clos, n'en parlons plus. Les inscriptions à l'examen sont closes.* ➜ aussi **clôture.**

▸ **clôture** n. f. **1.** Ce qui entoure un lieu en plein air pour le fermer. *La clôture du jardin est blanche.* **2.** Fin. *C'est demain la clôture des inscriptions.*

a b c d e f g h i j k l m n o p q r s t u v w x y z

▶ **clôturer** v. (conjug. 3) **1.** Fermer par une clôture. *Le jardin est clôturé.* **2.** *Clôturer une discussion,* c'est déclarer qu'elle est finie. *Le maire a clôturé le festival par un discours.*

▶ Autres mots de la famille : éclore, éclosion, enclos.

clou n. m. (pl. **clous**) **1.** Petite tige pointue en métal, qui sert à fixer ou suspendre quelque chose. *Il a planté un clou dans le mur avec un marteau.* **2.** *Le clou d'un spectacle,* c'est le moment le plus réussi. *Le numéro des trapézistes est le clou du spectacle.*

▶ **clouer** v. (conjug. 3) Fixer avec des clous. *Il a cloué le couvercle de la caisse.* – Familier. *Clouer le bec à quelqu'un,* le faire taire. *Je lui ai dit ce qui s'est vraiment passé et ça lui a cloué le bec.*

▶ **clouté, cloutée** adj. Garni de clous. *Pour rouler dans la neige, on équipe les voitures de pneus cloutés.*

clown [klun] n. m. Artiste de cirque qui fait rire par son costume, ses répliques, ses grimaces. → planche **Cirque.** *Les enfants ont bien aimé le numéro des clowns.* → aussi **auguste.** *Léa fait souvent le clown.* → **pitre.**

Ce mot vient de l'anglais et veut dire «farceur».

▶ **clownerie** [klunʀi] n. f. Farce, plaisanterie, grimace comme en font les clowns. → **pitrerie.** *Arrête un peu tes clowneries !*

club [klœb] n. m. Groupe de gens qui se réunissent régulièrement. → **association.** *La mère d'Alex appartient à un club de bridge.*

Ce mot vient de l'anglais.

▶ Autres mots de la famille : aéroclub, cinéclub.

coaguler v. (conjug. 3) Devenir solide, épais. *À l'air, le sang coagule (ou se coagule).* → **cailler,** se **figer.** ▌contraire : se **liquéfier.**

▶ **coagulation** n. f. *La coagulation du sang,* le fait qu'il devienne solide, épais.

▶ Autre mot de la famille : anticoagulant.

se **coaliser** v. (conjug. 4) S'allier pour combattre un même adversaire. → se **liguer.** *L'Angleterre, la Russie et l'Autriche s'étaient coalisées contre Napoléon.*

▶ **coalition** n. f. Alliance contre un ennemi commun. *Napoléon fut vaincu par la coalition de ses ennemis.*

coasser v. (conjug. 3) *La grenouille et le crapaud coassent,* ils poussent leur cri.

Il ne faut pas confondre *coasser* et *croasser* : la grenouille *coasse* et le corbeau *croasse.*

▶ **coassement** n. m. *Les coassements des grenouilles,* leurs cris.

cobaye [kɔbaj] n. m. Petit rongeur à pattes courtes et sans queue, appelé aussi *cochon d'Inde.* → planche Animaux **domestiques.** *On utilise souvent des cobayes pour faire des expériences scientifiques.*

cobra n. m. Grand serpent venimeux qui porte sur le cou un dessin en forme de lunettes, appelé aussi *serpent à lunettes.* → planche **Reptiles** et amphibiens. *Les cobras vivent en Afrique et en Inde.*

cobra

cocagne n. f. **1.** *Un pays de cocagne,* c'est un pays imaginaire où l'on a tout ce qu'on veut. **2.** *Un mât de cocagne,* c'est un mât enduit de savon, au sommet duquel sont accrochés des cadeaux que gagnent les personnes qui arrivent à les attraper.

cocaïne n. f. Drogue tirée d'un petit arbre d'Amérique.

cocarde n. f. Insigne rond portant les couleurs du drapeau d'un pays. *Une cocarde tricolore.*

cocasse adj. Très drôle et étonnant. → **comique.** *Il lui est arrivé une histoire cocasse.*

coccinelle [kɔksinɛl] n. f. Petit insecte rouge, de forme arrondie, portant des points noirs sur les ailes, appelé aussi *bête à bon Dieu.*

→ planche **Insectes.** *Les coccinelles se nourrissent de pucerons.*

coccyx [kɔksis] n. m. Petit os triangulaire situé en bas de la colonne vertébrale des êtres humains. → planche **Corps** humain.

Ce mot s'écrit avec deux *c* suivis d'un *y*.

coche n. m. Grande voiture tirée par des chevaux, qui servait au transport des voyageurs. → aussi **diligence.**

▶ **① cocher** n. m. Personne qui conduisait une voiture tirée par un cheval. → **① postillon.**

▶ Autre mot de la famille : cochère.

② cocher v. (conjug. 3) Marquer d'un signe. *Il a coché mon nom sur la liste.*

cochère adj. f. *Une porte cochère,* une porte d'entrée d'immeuble assez grande pour laisser passer une voiture. *Ils se sont abrités de la pluie sous une porte cochère.* ▷ Mot de la famille de coche.

cochon n. m., **cochonne** n. f.

■ n. m. **1.** Porc. *Les cochons sont dans la porcherie. Un cochon de lait,* un petit cochon qui tète encore sa mère. – *Il fait un temps de cochon,* un très mauvais temps. **2.** *Un cochon d'Inde.* → **cobaye.**

■ n. m. et f. Familier. Personne très sale. *Tu es un cochon, va te laver les mains ! Quelle cochonne, cette Julie !*

▶ **cochonnerie** n. f. Familier. Saleté. *Théo a fait des cochonneries dans son cahier.*

▶ **cochonnet** n. m. Petite boule qui sert de but aux joueurs de boules. *Il a lancé le cochonnet.*

cocker [kɔkɛʀ] n. m. Petit chien de chasse à poil long et doux, qui a de grandes oreilles pendantes. → planche **Chiens** et chats.

Cocker est un mot anglais qui vient de *cocking* qui veut dire «chasse à la bécasse».

cockpit [kɔkpit] n. m. Cabine d'un avion où se tient le pilote. → planche **Avions.**

Ce mot vient de l'anglais.

cocktail [kɔktɛl] n. m. (pl. **cocktails**) **1.** Boisson obtenue par le mélange d'alcools et de sirops. *Le barman a préparé un cocktail dont il a le secret.* **2.** Réception de fin d'après-midi, avec un buffet. *Ils sont invités à un cocktail.*

Ce mot vient de l'anglais.

coco n. m. *La noix de coco,* c'est le fruit du cocotier. → planche **Fruits.** *Des biscuits à la noix de coco.*

▶ Autre mot de la famille : cocotier.

cocon n. m. (→ ÉTYM.) Enveloppe formée d'un long fil enroulé, qui contient la chrysalide du ver à soie. *Le ver file son cocon.*

des **cocons**

cocorico interj. Mot qui imite le chant du coq. – n. m. *Le coq pousse son cocorico.*

cocotier n. m. Grand palmier au tronc assez fin surmonté de longues feuilles, qui produit les noix de coco. *La plage est bordée de cocotiers.* ▷ Mot de la famille de coco.

① cocotte n. f. **1.** Familier. Poule. – Ce sont les très jeunes enfants qui disent cela. **2.** *Une cocotte en papier,* c'est un morceau de papier plié en forme d'oiseau. ▷ Mot de la famille de coq.

② cocotte n. f. Marmite. *Le lapin cuit dans une cocotte en fonte.*

COD [seode] n. m. Complément d'objet direct. → **objet.** *Dans la phrase «Luc aime le chocolat», «chocolat» est le COD du verbe «aimer».*

code n. m. **1.** Ensemble de lois, de règlements. *On doit savoir le code de la route pour passer son permis de conduire.* → planche **Signalisation** routière. **2.** Langage secret. *L'espion a envoyé un message en code.* → aussi **② chiffre** et **codé. 3.** Ensemble de chiffres ou de lettres qui donne accès à quelque chose. *Le code confidentiel d'une carte bancaire. Le code de l'immeuble,* c'est l'ensemble de chiffres et de lettres qu'il faut connaître pour ouvrir la porte. → **digicode. 4.** *Le code postal,* c'est le nombre de cinq chiffres qui correspond à une commune. **5.** *Les codes d'une voiture,* ce sont les feux de croisement, moins éblouissants que les phares. *L'automobiliste a allumé ses codes.*

▸ **code-barre** n. m. Ensemble de barres verticales parallèles imprimé sur une marchandise et donnant des renseignements sur le produit. *La caissière lit le code-barre avec un instrument spécial.* – Au pl. *Des codes-barres.* ▷ Mot de la famille de barre.

▸ **codé, codée** adj. Écrit en code. *L'espion a envoyé un message codé.* ➜ **chiffré.**

▸ **codifier** v. (conjug. 9) Établir un code, faire un règlement. ➜ **réglementer.** *Le badminton est un sport codifié.*

▸ Autres mots de la famille : décoder, décodeur, digicode.

coefficient n. m. Nombre par lequel on multiplie un autre nombre. *Pour cet examen, les mathématiques ont le coefficient 4,* on multiplie la note par 4.

cœlacanthe [selakɑ̃t] n. m. Grand poisson de mer pouvant mesurer 1,75 mètre de long et peser 80 kilos. *Les cœlacanthes existaient déjà il y a trois cents millions d'années.*

cœlacanthe

coéquipier n. m., **coéquipière** n. f. Personne qui fait partie de la même équipe qu'une autre. *Théo joue au football avec son coéquipier Paul.* ▷ Mot de la famille de équipe.

cœur n. m. **1.** Organe situé dans la poitrine, entre les deux poumons, qui reçoit le sang apporté par les veines et le renvoie dans les artères. ➜ aussi **cardiaque.** *Le médecin écoute les battements du cœur.* **2.** Estomac. *Léa a mal au cœur,* elle a envie de vomir. – *En avoir gros sur le cœur,* éprouver du ressentiment. **3.** *Avoir le cœur gros,* être triste. *De bon cœur,* avec plaisir. *Il nous a aidés de bon cœur.* ▮ contraire : à **contrecœur.** *Avoir le cœur sur la main, avoir bon cœur,* être généreux. *Je veux en avoir le cœur net,* savoir ce qui s'est passé exactement. *Je t'aime de tout mon cœur,* de toutes mes forces. **4.** *Par cœur,* de mémoire. *Julie sait sa poésie par cœur.* **5.** Partie qui se trouve au milieu. *L'île de la Cité est au cœur de Paris.* ➜ **centre.** **6.** L'une des quatre couleurs d'un jeu de cartes, dont la marque est un cœur rouge. *L'as de cœur.* ▮ homonymes : ① et ② chœur.

▸ Autres mots de la famille : à contrecœur, écœurant, écœurement, écœurer, haut-le-cœur.

coexister v. (conjug. 3) Exister ensemble, en même temps. *Plusieurs tendances coexistent dans ce parti politique.* ▷ Mot de la famille de exister.

coffre-fort

coffre n. m. **1.** Caisse munie d'un couvercle. *Un coffre à jouets.* **2.** *La valise est dans le coffre de la voiture,* dans l'espace, à l'arrière ou parfois à l'avant d'une voiture, aménagé pour mettre les bagages. ➜ planche **Voitures.**

▸ **coffre-fort** n. m. Armoire en métal, très solide, fermée par une serrure spéciale, où l'on garde de l'argent et des objets précieux. – Au pl. *Des coffres-forts.* ▷ Mot de la famille de ① fort.

▸ **coffret** n. m. Petit coffre. *Un coffret à bijoux.*

cogiter v. (conjug. 3) Familier. Réfléchir. *Je ne sais pas encore comment je vais m'y prendre, laisse-moi cogiter un moment !*

cognac n. m. Eau-de-vie de raisin produite dans la région de Cognac, en Charente.

cognée n. f. Grosse hache. *Les bûcherons d'autrefois se servaient de cognées.*

se cogner v. (conjug. 4) Se heurter par maladresse. *Elle s'est cognée contre le coin du buffet.*

cohabiter v. (conjug. 3) Partager un logement avec quelqu'un. *Elle cohabite avec une amie.* ▷ Mot de la famille de habiter.

cohérent, cohérente adj. Logique. *Le récit du témoin est très cohérent,* tout se tient dans ce récit. ▮ contraire : **incohérent.**

▶ **cohérence** n. f. Rapport entre des idées qui s'accordent bien entre elles. ▮ contraire : **incohérence.** *Son témoignage manque de cohérence.*

▶ Autres mots de la famille : incohérence, incohérent.

cohésion n. f. Union, solidarité entre les membres d'un groupe. *Il y a une bonne cohésion dans l'équipe.*

cohorte n. f. Groupe de personnes. *Julie a une cohorte d'admirateurs.* ➜ **troupe.**

▶ Il y a un *h* entre les deux *o.*

cohue n. f. (➜ ÉTYM.) Foule de personnes qui se bousculent. *Quelle cohue dans les grands magasins juste avant Noël !* ➜ **bousculade.**

▶ Il y a un *h* entre le *o* et le *u.*

① **coi, coite** adj. *Rester coi,* tranquille et silencieux. *Elle en est restée coite,* stupéfaite, abasourdie.

▶ Ce mot appartient au langage soutenu.

② **COI** [seoi] n. m. Complément d'objet indirect. ➜ **objet.** *Dans la phrase «tu dois obéir à tes parents», «tes parents» est le COI du verbe «obéir».*

coiffer v. (conjug. 3) **1.** Couvrir la tête. *La mariée était coiffée d'un chapeau blanc,* elle avait un chapeau blanc sur la tête. **2.** Arranger les cheveux. ➜ **peigner.** *Léa coiffe sa poupée.* – **se coiffer,** arranger ses cheveux. *Elle s'est coiffée devant la glace.*

▶ **coiffe** n. f. Bonnet de tissu, de dentelle que portent les femmes en costume folklorique. *Les coiffes bretonnes.*

▶ **coiffeur** n. m., **coiffeuse** n. f. Personne dont le métier est de coiffer, de couper les cheveux. *Théo est allé chez le coiffeur.*

▶ **coiffure** n. f. **1.** Ce qui sert à couvrir la tête. *Un béret, une casquette sont des coiffures.* **2.** Façon dont les cheveux sont arrangés. *Cette nouvelle coiffure vous va très bien.*

▶ Autres mots de la famille : décoiffer, recoiffer.

coin n. m. **1.** Angle formé par les deux côtés d'une chose, par deux murs, par deux rues. *Je me suis cogné au coin de la table. On a mis un lampadaire dans un coin du salon.* ➜ **encoignure.** *Nous nous sommes rencontrés au coin de la rue.* – *Elle aime lire au coin du feu,* près du feu, devant la cheminée. **2.** Endroit. *Il passe ses vacances dans un coin tranquille.* ▮ homonyme : coing.

▶ Autre mot de la famille : recoin.

coincer v. (conjug. 5a) **1.** Empêcher de bouger. ➜ **bloquer.** *Le tiroir est coincé,* on ne peut ni l'ouvrir ni le fermer. **2.** *Julie s'est coincé le doigt dans la porte,* elle s'est pincé le doigt.

coïncider [kɔɛ̃side] v. (conjug. 3) Arriver, se produire en même temps. *Sa fête coïncide avec mon anniversaire.*

▶ **coïncidence** n. f. Concours de circonstances qui fait que deux évènements se produisent en même temps. ➜ **hasard.** *Nous sommes arrivés par le même train, quelle coïncidence !*

coing [kwɛ̃] n. m. Fruit jaune de la forme et de la taille d'une poire, au goût un peu âcre. *De la gelée de coings.* ▮ homonyme : coin.

coing

col n. m. **1.** Partie du vêtement qui entoure le cou. *Un pull-over à col roulé.* **2.** *Le col du fémur,* la partie la plus étroite du fémur. **3.** Passage entre deux sommets montagneux. *Le col est fermé quand il y a beaucoup de neige.* ▮ homonyme : colle.

▶ Autrefois, *cou* se disait *col.*

▶ Autres mots de la famille : collerette, collet, collier, colvert, décolleté, encolure, torticolis.

colchique n. m. Plante des prés à fleurs roses ou mauves, très vénéneuse. ➜ planche **Fleurs.**

▶ Ce mot est masculin : on dit *un colchique.*

coléoptère n. m. Insecte qui a des ailes dures, les élytres, au-dessus de ses ailes transparentes. *Le hanneton, la coccinelle sont des coléoptères.*

colère n. f. (→ ÉTYM.) Réaction très violente de mécontentement. → **fureur, rage ;** fam. **rogne.** *Paul est rouge de colère. Dans un mouvement de colère, il a cassé un vase. Il est en colère,* il montre qu'il est très mécontent.

▶ **coléreux, coléreuse** adj. Qui se met facilement en colère. *Julie est une petite fille coléreuse.* → **irascible, irritable.**

▶ Autre mot de la famille : décolérer.

colibri n. m. Oiseau d'Amérique de très petite taille, au bec long et au plumage éclatant, appelé aussi *oiseau-mouche. Les colibris peuvent voler dans tous les sens, même à reculons.*

colimaçon n. m. *Un escalier en colimaçon,* en spirale. *L'escalier qui mène en haut du phare est en colimaçon.*

Colimaçon est le vieux nom de l'escargot.

escalier en **colimaçon**

colin n. m. Poisson de mer, de la même famille que la morue.

colin-maillard n. m. Jeu où l'un des joueurs, les yeux bandés, doit chercher les autres à tâtons, en attraper un et le reconnaître. *Jouer à colin-maillard.*

colique n. f. Diarrhée. *Julie a mangé trop de prunes, maintenant elle a la colique.*

colis [kɔli] n. m. Paquet que l'on expédie à quelqu'un. *Louise a reçu un colis par la poste.*

collaborer v. (conjug. 3) Travailler avec d'autres personnes. → **coopérer, participer.** *De nombreuses personnes ont collaboré à cet ouvrage.*

▶ **collaborateur** n. m., **collaboratrice** n. f. Personne qui travaille avec d'autres. *Le directeur a réuni ses principaux collaborateurs.*

▶ **collaboration** n. f. Travail que l'on fait à plusieurs. → **concours, participation.** *Sa collaboration nous a été précieuse.*

collage n. m. Tableau fait avec différents bouts de papier et d'objets collés ensemble sur un support. *Alex fait un collage avec des bouts de papier et de tissu.* ▷ Mot de la famille de colle.

collant adj. et n. m., **collante** adj.

■ adj. **1.** *Du papier collant,* c'est du papier fait pour coller. *Alex fixe une affiche au mur avec du papier collant.* → **adhésif. 2.** Poisseux. *Après avoir mangé sa sucette, Julie avait les mains collantes.* **3.** Très serré. *Louise porte un jean collant.* → **moulant.**

■ n. m. Vêtement qui réunit en une seule pièce une culotte et des bas. *Un collant en laine. Elle a mis un collant sans pieds sous sa jupe.* → **leggins.** ▷ Mot de la famille de colle.

collation n. f. Repas léger. *Nous avons pris une collation avant de partir.* → **casse-croûte.**

Ce mot appartient au langage soutenu.

colle n. f. **1.** Produit épais, plus ou moins visqueux, gluant, qui permet de faire tenir ensemble, de faire adhérer deux objets. *Un tube de colle.* **2.** Question difficile. *Là, tu me poses une colle, je ne sais pas répondre.* ▮ homonyme : col.

▶ Autres mots de la famille : autocollant, collage, collant, coller, colleur, ② décoller, incollable, recoller.

collecte n. f. **1.** Action de recueillir des dons. *On a organisé une collecte de vêtements pour une œuvre de bienfaisance,* on a rassemblé des vêtements donnés. → aussi **quête. 2.** Le fait de réunir des produits pour les traiter. *Dans* *notre quartier, la collecte du verre a lieu tous les jeudis.*

▸ **collecter** v. (conjug. 3) Rassembler de l'argent ou des objets. *L'association collecte de l'argent pour la recherche contre le sida.*

collectif, collective adj. *Un travail collectif,* c'est un travail que l'on fait à plusieurs, en groupe. ▮ contraires : **individuel, personnel.** *Une œuvre collective.*

▸ **collectivement** adv. Ensemble, à plusieurs. *L'exposé a été préparé collectivement.* ▮ contraires : **individuellement, séparément.**

▸ **collectivité** n. f. Ensemble de personnes qui ont des activités communes, des intérêts communs. ➜ **communauté, groupe.** *Une colonie de vacances est une collectivité.*

collage (Florent Touchot)

collection n. f. 1. Ensemble d'objets que l'on garde parce qu'on les trouve intéressants. *Léa a une collection d'autocollants. Elle en fait collection.* 2. Série de livres présentés de la même façon. *Louise a toute la collection des «Contes du monde entier».* 3. Ensemble de vêtements créés chaque saison par un couturier. *Les collections sont présentées au public par des mannequins.*

▸ **collectionner** v. (conjug. 3) Réunir et garder des objets pour en faire collection. *Paul collectionne les coquillages.*

▸ **collectionneur** n. m., **collectionneuse** n. f. Personne qui fait une collection. *Théo est un collectionneur de timbres.*

collège n. m. Établissement d'enseignement secondaire, entre l'école primaire et le lycée.

▸ **collégien** n. m., **collégienne** n. f. Élève d'un collège.

collègue n. m. et f. Personne qui travaille dans la même entreprise ou le même établissement qu'une autre. *Elle a déjeuné avec une de ses collègues.* ➜ aussi **confrère** et **consœur.**

coller v. (conjug. 3) 1. Faire tenir deux choses ensemble avec de la colle. *Colle le timbre sur l'enveloppe !* ▮ contraire : ② **décoller.** 2. *La sueur a collé ses cheveux,* elle les a fait tenir ensemble. ➜ **agglutiner.** ▷ Mot de la famille de colle.

collerette n. f. Col plissé que l'on portait autrefois. ➜ aussi ③ **fraise.** ▷ Mot de la famille de col.

collet n. m. Piège formé d'un nœud coulant servant à prendre certains animaux au cou. *Un lièvre a été pris au collet.* ▷ Mot de la famille de col.

colleur n. m., **colleuse** n. f. *Un colleur d'affiches,* c'est une personne dont le métier est de coller des affiches. ▷ Mot de la famille de colle.

collier n. m. 1. Bijou que l'on porte autour du cou. *Un collier de perles.* 2. Bande de cuir, chaîne de métal que l'on met autour du cou de certains animaux. *Mon chien a son nom inscrit sur son collier.* 3. *Donner un coup de collier,* c'est fournir un gros effort pendant un moment. *Il a donné un coup de collier avant son examen.* ▷ Mot de la famille de col.

collimateur n. m. Partie d'un fusil, d'un canon, etc., qui permet de viser. – Familier. *Avoir quelqu'un dans le collimateur,* le surveiller de près en se préparant à l'attaquer.

colline n. f. Petite hauteur de forme arrondie. ➜ **butte.** *Le village est au pied de la colline.*

collision n. f. Choc entre deux véhicules. ➜ **heurt.** *La collision n'a pas fait de blessé. Les deux voitures sont entrées en collision au carrefour.*

colloque n. m. Réunion, débat entre des spécialistes. *Un colloque de médecins.* ➜ aussi **congrès, séminaire.**

collyre n. m. Médicament liquide que l'on met dans les yeux.

colmater v. (conjug. 3) Fermer un trou, une ouverture étroite. ➜ ② **boucher.** *Le maçon a colmaté une fissure du mur avec du plâtre.*

colombage n. m. *Une maison à colombages,* c'est une maison dont on voit la charpente en bois.

maison à **colombages**

colombe n. f. Pigeon blanc, considéré comme le symbole de la paix.

colon n. m. Personne qui s'est installée dans une colonie (sens 1). *Les premiers colons d'Amérique du Nord furent surtout des Anglais.*
▶ Autres mots de la famille : colonial, colonialisme, colonie, colonisation, coloniser, décolonisation.

côlon n. m. Partie de l'intestin appelée aussi *gros intestin.*

colonel n. m., **colonelle** n. f. Officier qui commande un régiment.

colonie n. f. **1.** Pays occupé par un autre pays plus fort et plus développé qui en tire profit. *L'Algérie, Madagascar furent des colonies françaises.* **2.** *Une colonie de vacances,* c'est un groupe d'enfants réunis pour passer leurs vacances sans leurs parents. *Paul est parti en colonie de vacances, cet été.* **3.** Groupe d'animaux vivant ensemble. *Les abeilles et les fourmis vivent en colonie.*

▶ **colonial, coloniale** adj. *Un empire colonial* est formé par les colonies d'un pays. *L'Inde, l'Australie appartenaient à l'empire colonial britannique.* – Au masc. pl. *coloniaux.*

▶ **colonialisme** n. m. Politique d'un pays qui cherche à conquérir des pays pour en faire des colonies.

▶ **coloniser** v. (conjug. 3) Faire d'un pays une colonie. *La France a colonisé l'Algérie au 19e siècle.*

▶ **colonisation** n. f. Le fait de faire d'un pays une colonie. *La colonisation de l'Afrique par les pays européens eut lieu au 19e siècle,* l'Afrique a été colonisée au 19e siècle.
▮ contraire : **décolonisation.**
▷ Mots de la famille de colon.

colonne n. f. **1.** Support vertical d'un bâtiment, souvent cylindrique. ➜ **pilier, poteau.** *Les temples grecs étaient soutenus par des colonnes.* **2.** Monument formé d'une seule colonne. *La colonne Vendôme, à Paris.* **3.** *La colonne vertébrale,* c'est la partie centrale du squelette formée de l'ensemble des vertèbres. ➜ planche **Corps** humain. **4.** File de personnes, de véhicules se déplaçant les uns derrière les autres. *Les soldats marchent en colonne par deux.* **5.** Division verticale d'une page de journal. *L'article occupe deux colonnes de la deuxième page.* **6.** Ensemble de chiffres disposés les uns sous les autres. *La colonne des unités est à droite de celle des dizaines.*

▶ **colonnade** n. f. Alignement de colonnes. *La colonnade du Louvre.*

coloquinte n. f. Plante dont les fruits ronds et amers sont très décoratifs. *La coloquinte est de la même famille que la citrouille et la pastèque.*

colorer v. (conjug. 3) Donner une couleur. ➜ **teindre, teinter.** *Le sirop de menthe colore l'eau en vert. Le bon air a coloré ses joues.*
▮ contraire : **décolorer.**

▶ **colorant** n. m. Produit qui sert à faire changer de couleur une matière. *Ces bonbons sont garantis sans colorant.*

▶ **coloration** n. f. Le fait de changer la couleur de ses cheveux. ➜ **teinture.** *Elle s'est fait faire une coloration chez le coiffeur.*

▶ **coloré, colorée** adj. Qui a une couleur, des couleurs. ▮ contraire : **incolore.** *L'encre est un liquide coloré.*
▶ Autres mots de la famille : décoloré, décolorer.

colorier v. (conjug. 9) Mettre des couleurs sur un dessin. *Coloriez les feuilles en vert foncé.*

▶ **coloriage** n. m. Dessin à colorier. *Un album de coloriages.*

coloris n. m. Couleur. → **teinte.** *Cette robe existe en différents coloris.*

colosse n. m. Homme de très grande taille et très fort. → **géant.** *L'ogre était un colosse de 200 kilos.*

▸ **colossal, colossale** adj. Très grand. → **énorme, gigantesque.** *Il a une force colossale.* → **herculéen.** *Ils ont fait des efforts colossaux.*

colporter v. (conjug. 3) *Colporter une nouvelle,* c'est la répandre. → **divulguer.**

▸ **colporteur** n. m., **colporteuse** n. f. Marchand ambulant qui vendait ses marchandises en les portant de village en village. → aussi **camelot.**

colvert n. m. Canard sauvage dont le mâle a le cou et la tête recouverts de plumes vertes. *Les colverts vivent près des étangs et des mares.* ▷ Mot de la famille de col et de vert.

colza n. m. Plante à fleurs jaunes dont les graines sont utilisées pour faire de l'huile.

colza

coma n. m. État d'une personne qui a perdu conscience, qui ne se rend compte de rien et ne réagit plus. *Le blessé est dans le coma depuis 2 mois.*

combattre v. (conjug. 44) **1.** Se battre contre un ennemi. *Les Gaulois ont combattu les Romains.* **2.** Lutter contre un danger, une maladie. *Les antibiotiques combattent l'infection.*

▸ **combat** n. m. **1.** Bataille entre des ennemis armés. → **affrontement.** *Il y a eu de violents combats dans la ville.* **2.** Lutte organisée entre des adversaires. *Un combat de boxe.* → **match.**

▸ **combatif, combative** ou **combattif, combattive** adj. Qui aime lutter. *Notre équipe de football est très combative.*

▶ Écrire *combattif* avec 2 *t* comme dans *battre, combattre,* mots de la même famille, est conforme à la nouvelle orthographe.

▸ **combativité** ou **combattivité** n. f. Goût pour la lutte, le combat. *C'est grâce à sa combativité que notre équipe a gagné le match.*

▶ Écrire *combattivité* avec 2 *t* comme dans *battre, combattre,* mots de la même famille, est conforme à la nouvelle orthographe.

▸ **combattant** n. m., **combattante** n. f. Personne qui se bat, participe à un combat. *Les anciens combattants sont les personnes qui ont fait la guerre.* → **vétéran.**

▷ Mots de la famille de battre.

combien adv. *Combien êtes-vous ?* quel nombre ? *Combien coûte cette montre ?* quel est son prix ? *Combien de kilomètres y a-t-il jusqu'à la mer ?* quelle distance y a-t-il ? *Combien de kilos pesez-vous ?* quel poids faites-vous ?

① **combinaison** n. f. Vêtement formé d'un haut et d'un pantalon, d'une seule pièce. *Une combinaison de plongée. Le skieur met sa combinaison de ski.* ▷ Mot de la famille de combiner.

② **combinaison** n. f. **1.** Façon de mettre plusieurs choses ensemble, de les combiner. *En mettant trois chiffres différents côte à côte, on peut faire six combinaisons. La combinaison d'un coffre-fort,* l'ordre des chiffres qui permet de l'ouvrir. **2.** Moyen habile pour réussir quelque chose. → ① **manœuvre.** *Il a trouvé une combinaison pour se sortir d'affaire.* → fam. **combine.** ▷ Mot de la famille de combiner.

combiner v. (conjug. 3) **1.** Réunir plusieurs choses en les arrangeant d'une certaine façon. *En combinant plusieurs chiffres, on obtient de nombreux nombres différents.* **2.** Organiser dans un but précis. → **arranger.** *Léa et Julie ont tout combiné pour être assises à côté l'une de l'autre.*

▸ **combine** n. f. Familier. Moyen astucieux souvent malhonnête. *Il a une combine pour entrer sans payer.* → ② **combinaison.**

▸ **combiné** n. m. Partie d'un téléphone comprenant l'écouteur et le micro. *Il décroche le combiné et dit : «Allo !».*

▶ Autres mots de la famille : ① et ② combinaison.

① **comble** n. m. **1.** *Le comble,* c'est le plus haut degré. *Les nouveaux mariés sont au comble du bonheur,* au maximum du bonheur.

Il a tort et il m'accuse, c'est le comble ! il ne manquait plus que cela. ➜ **bouquet.** **2.** *Les combles,* la partie d'un bâtiment au dernier étage, juste sous les toits. *Une chambre est aménagée sous les combles.* ➜ **grenier.** **3.** *De fond en comble,* complètement. *Il a fouillé l'armoire de fond en comble.*

② comble adj. Rempli de monde. ➜ **plein.** *La salle de cinéma était comble.* ➜ **bondé.** ▮ contraire : **vide.** ▷ Mot de la famille de combler.

combler v. (conjug. 3) **1.** Remplir un vide. *Les ouvriers ont comblé le trou creusé dans la rue.* ➜ **② boucher.** **2.** *Être comblé,* c'est obtenir tout ce que l'on souhaite. *Louise a été comblée de cadeaux pour Noël,* elle en a eu beaucoup.
▶ Autre mot de la famille : ② comble.

combustible n. m. Matière que l'on fait brûler pour produire de la chaleur. *Le charbon et le mazout sont des combustibles.* – adj. *Le bois est combustible,* il peut brûler.

combustion n. f. Le fait de brûler entièrement. *La combustion du bois produit de la chaleur.*

comédie n. f. **1.** Pièce de théâtre qui fait rire. *«L'Avare» est une comédie de Molière.* **2.** *Une comédie musicale,* c'est un film ou un spectacle avec des scènes dansées et chantées par les comédiens. **3.** *Jouer la comédie,* c'est représenter une pièce. **4.** Comportement qui n'est pas sincère. *Julie dit qu'elle a mal au ventre pour ne pas aller en classe, mais c'est de la comédie,* elle fait semblant d'avoir mal.

▶ **comédien** n. m., **comédienne** n. f. **1.** Personne qui joue dans des pièces de théâtre, des films. ➜ **acteur, interprète.** *Les comédiens sont en répétition.* **2.** Personne qui fait semblant. *Cette Julie, quelle comédienne ! Elle nous ferait croire n'importe quoi !*

comestible adj. Que l'on peut manger. *Les groseilles sont de petites baies rouges comestibles. Des champignons comestibles.* ▮ contraires : **toxique, vénéneux.**

comète n. f. Astre qui forme une traînée lumineuse quand il passe près du Soleil. *Certaines comètes réapparaissent régulièrement dans le ciel.*

comique adj. Qui fait rire. ➜ **drôle.** *Théo aime bien les films comiques.* ➜ fam. **marrant.** ▮ contraires : **sérieux, triste.** – n. Artiste qui fait rire. ➜ **fantaisiste.**

comité n. m. Petit groupe de personnes qui se réunissent pour s'occuper de certaines affaires. *Il s'occupe du comité des fêtes de la commune.*

commandant n. m., **commandante** n. f. **1.** Officier qui commande un bataillon. *À vos ordres, mon commandant !* **2.** Officier qui commande un navire. *Le commandant est sur la passerelle.* **3.** *Le commandant de bord,* la personne qui pilote un avion. ▷ Mot de la famille de commander.

commande n. f. **1.** Ordre par lequel un client demande une marchandise. *J'ai passé une commande de livres chez le libraire.* **2.** Mécanisme qui sert à diriger une machine, faire fonctionner un appareil. *Les commandes de l'avion sont dans la cabine de pilotage.* ▷ Mot de la famille de commander.

commandement n. m. **1.** Le fait d'avoir autorité sur un groupe, de donner des ordres. *Le général a pris le commandement de l'armée,* il a pris la tête, la direction de l'armée. **2.** Ordre donné à haute voix. *À mon commandement, feu !* **3.** Règle de conduite donnée par Dieu. *On dit dans la Bible que Moïse a reçu les dix commandements de Dieu.* ▷ Mot de la famille de commander.

comète

commander v. (conjug. 3) **1.** Être le chef. *César commandait l'armée romaine.* **2.** Demander un produit, une marchandise, passer une commande. *Au restaurant, il a commandé une choucroute.* **3.** Faire fonctionner. *Cette pédale commande le frein.*
▶ Autres mots de la famille : commandant, commande, commandement, décommander, télécommande, télécommandé, télécommander.

commando n. m. Petit groupe de soldats spécialement entraînés pour des combats rapides. *Des commandos de parachutistes ont attaqué le village.*

comme conjonction et adv. **1.** De la même manière que. *Paul est têtu comme une mule,* aussi têtu qu'une mule. **2.** *Ne te balance pas comme cela, tu vas tomber,* ne te balance pas ainsi, de cette façon. **3.** Puisque, étant donné que. *Comme il était en retard, il a fallu l'attendre.* **4.** En tant que. *Elle travaille comme secrétaire chez un médecin.* **5.** Combien, que. *Comme c'est beau, ce paysage !*
▶ Autre mot de la famille : comment.

commentateurs sportifs

commémorer v. (conjug. 3) Rappeler le souvenir d'un évènement par une cérémonie. *Le 14 Juillet commémore la prise de la Bastille.*
▸ **commémoratif, commémorative** adj. *Un monument commémoratif,* c'est un monument qui rappelle le souvenir d'un évènement ou d'une personne.
▸ **commémoration** n. f. Cérémonie qui rappelle le souvenir d'un évènement. *La commémoration de la fin d'une guerre.*

commencer v. (conjug. 5a) **1.** Se mettre à faire quelque chose. *Julie a commencé son devoir,* elle s'est mise à le faire. *Nous commençons à faire nos devoirs.* ▮ contraires : **finir, terminer. 2.** Être au commencement. ➜ **débuter.** *L'année commence le 1er janvier.* ▮ contraire : **s'achever.**
▸ **commencement** n. m. Moment où quelque chose débute. ➜ **début.** *J'ai manqué le commencement du film.* ▮ contraire : ① **fin.**
▶ Autre mot de la famille : recommencer.

comment adv. **1.** De quelle façon. *Bonjour, comment allez vous ? Comment as-tu fait pour casser ce vase ? Je ne sais pas comment j'ai fait.* **2.** *Comment !* quoi ! *Comment, tu n'es pas encore prêt !* ▷ Mot de la famille de comme.

commenter v. (conjug. 3) Donner des explications, faire des remarques. *Un journaliste sportif commente le match de tennis à la télévision.*
▸ **commentaire** n. m. Remarque, observation. *Quelques spectateurs faisaient des commentaires pendant le film.*
▸ **commentateur** n. m., **commentatrice** n. f. Journaliste qui commente les nouvelles, à la radio ou à la télévision. *Il est commentateur sportif.*

commérage n. m. *Faire des commérages,* c'est raconter des choses indiscrètes et méchantes sur les autres. ➜ **cancan, potin, racontar, ragot.** ▷ Mot de la famille de commère.

commerce n. m. **1.** Achat et vente de marchandises. *Il fait du commerce. Ce produit n'est pas encore dans le commerce,* sur le marché. **2.** *Un commerce,* c'est un magasin, une boutique. *Il y a beaucoup de commerces dans cette rue.*
▸ **commerçant** n. m. et adj., **commerçante** n. f. et adj.
▪ n. Personne qui fait du commerce. ➜ **marchand.** *Le boucher, l'épicier, le boulanger sont des commerçants.*
▪ adj. *Une rue très commerçante,* où il y a beaucoup de magasins.
▸ **commercer** v. (conjug. 5a) Faire du commerce. *La France commerce avec de nombreux pays.*
▸ **commercial, commerciale** adj. *Une entreprise commerciale* s'occupe d'acheter ou de vendre des marchandises. – *Un centre commercial* est un endroit où sont regroupés de nombreux magasins. – Au masc. pl. *commerciaux.*
▸ **commercialiser** v. (conjug. 3) Mettre en vente dans les magasins. *Ce nouveau modèle de voiture sera commercialisé à l'automne.*

commère n. f. Femme curieuse qui passe son temps à raconter des histoires sur les autres.
▶ Autre mot de la famille : commérage.

commettre v. (conjug. 59) Faire quelque chose de mal. *Il a déjà commis plusieurs délits.*
▶ Ce mot s'écrit avec deux *m* et deux *t.*

commode

commis n. m. Employé de magasin ou de bureau qui fait des livraisons et des rangements. *Le boucher fait livrer la viande par son commis.*

commisération n. f. Sentiment de pitié que l'on éprouve pour des gens malheureux. → **compassion.** *Dans un élan de commisération, il a donné de l'argent au SDF.*
Ce mot appartient au langage soutenu.

commissaire n. m. et f. *Un commissaire de police* dirige les inspecteurs et les agents de police d'un quartier. *Le commissaire mène l'enquête.*

▸ **commissaire-priseur** n. m., **commissaire-priseuse** n. f. Personne dont le métier est de faire des ventes aux enchères. *Le commissaire-priseur dit «Adjugé, vendu» quand un objet a trouvé un acheteur.* – Au pl. *Des commissaires-priseurs, des commissaires-priseuses.* ▹ Mot de la famille de prix.

▸ **commissariat** n. m. Endroit où se trouvent les bureaux du commissaire de police. *Le malfaiteur a été conduit au commissariat par deux agents.*

① **commission** n. f. **1.** Message que quelqu'un est chargé de transmettre. *Julie m'a chargé de te faire une commission.* **2.** *Les commissions,* les courses, les provisions. *Il va faire les commissions.* **3.** Somme d'argent proportionnelle au prix de vente de quelque chose. *L'agence immobilière touche une commission sur la vente du studio.*
▸ Autre mot de la famille : commissionnaire.

② **commission** n. f. Réunion de personnes choisies pour étudier une affaire. → **bureau, comité.** *La commission va se réunir pour prendre une décision.*

commissionnaire n. m. et f. Personne dont le métier est de porter des messages ou des paquets. → **coursier.** *Le commissionnaire a apporté un colis.* ▹ Mot de la famille de ① commission.

commissure n. f. *La commissure des lèvres,* l'endroit où les lèvres se rejoignent de chaque côté de la bouche.

① **commode** n. f. Meuble à tiroirs, de la hauteur d'une table, qui sert à ranger du linge, des vêtements.

② **commode** adj. **1.** Facile à utiliser. → ② **pratique.** *Ce sac est très commode pour le voyage.* ▮ contraire : **malcommode. 2.** Facile. *Ce mot n'est pas commode à expliquer.* → **aisé. 3.** *Ne pas être commode,* c'est avoir un caractère difficile et être sévère. *Il n'est pas toujours commode et se met parfois en colère.*

▸ **commodité** n. f. **1.** Facilité. *Pour plus de commodité, les livres sont rangés par ordre alphabétique.* **2.** *Les commodités,* les installations qui rendent une habitation confortable. *Cet appartement a toutes les commodités.*
▸ Autres mots de la famille : accommodant, accommoder, incommoder, malcommode.

commotion n. f. Grand choc qui n'entraîne pas de blessures apparentes. *Il ne peut plus parler depuis sa commotion cérébrale.*

▸ **commotionné, commotionnée** adj. Qui a subi une commotion, un choc. *Il a été commotionné au cours de cet accident.*

commun, commune adj. **1.** Qui est partagé par plusieurs personnes. *Louise et sa sœur ont une chambre commune.* ▮ contraires : **individuel, particulier.** *Julie et Louise ont un goût commun pour la danse.* → **identique, semblable. 2.** *L'intérêt commun,* c'est l'intérêt de tous. → ② **général.** ▮ contraire : **particulier. 3.** *En commun,* à plusieurs, ensemble. *Ils ont mis en commun tout ce qu'ils ont. J'utilise les transports en commun.* **4.** *Un nom commun,* un nom qui désigne tous les individus d'une même espèce. *«Chat», «table», «joie» sont des noms communs.* → aussi ② **propre. 5.** Banal, courant. *Le nom de Martin est assez commun en France.* ▮ contraire : **rare.** *Il est d'une force peu commune,* peu ordinaire, très grande.
▸ Autres mots de la famille : communautaire, communauté, communément, communisme, communiste.

communal, communale adj. Qui appartient à une commune. *Julie et Alex vont à l'école communale.* – Au masc. pl. *communaux.*
▷ Mot de la famille de commune.

communauté n. f. Groupe de personnes qui vivent ensemble en ayant les mêmes idées ou les mêmes intérêts. ➜ **collectivité.** *Une communauté religieuse. Vivre en communauté,* ensemble, en partageant tout.

▶ **communautaire** adj. *Une vie communautaire,* en groupe, en collectivité. *Les moines mènent une vie communautaire.*
▷ Mots de la famille de commun.

commune n. f. Ville, village. *La commune est administrée par le maire et le conseil municipal.*
▶ Autre mot de la famille : communal.

communément adv. Couramment, habituellement. *On dit communément que l'argent ne fait pas le bonheur.* ➜ **généralement.** ▮ contraire : **rarement.** ▷ Mot de la famille de commun.

communiant n. m., **communiante** n. f. Personne qui communie. *Les premiers communiants reçoivent la communion pour la première fois.* ▷ Mot de la famille de communier.

communicatif, communicative adj. **1.** Qui se communique, se transmet facilement. *Julie a un rire communicatif.* ➜ **contagieux. 2.** *Une personne communicative,* qui aime parler, dire ce qu'elle pense. ➜ **expansif, ouvert.** ▮ contraires : (1) **renfermé, secret, taciturne.**
▷ Mot de la famille de communiquer.

communication n. f. **1.** Message, information. *Le maire a une communication importante à faire,* il a quelque chose d'important à annoncer. ➜ **annonce, déclaration. 2.** *Une communication téléphonique,* un coup de téléphone. **3.** *Un moyen de communication,* c'est ce qui permet de communiquer avec d'autres personnes. *La radio, la télévision, le téléphone et Internet sont des moyens de communication.* ➜ aussi **média. 4.** *Une voie de communication,* un parcours aménagé qui permet d'aller d'un lieu à un autre. *Les routes et les voies ferrées sont des voies de communication.* **5.** *Il y a une porte de communication entre les deux chambres,* une porte qui permet d'aller d'une chambre dans l'autre, qui fait communiquer les deux chambres. ▷ Mot de la famille de communiquer.

communier v. (conjug. 9) Recevoir la communion. *Il a communié le jour de Pâques.*

▶ **communion** n. f. Chez les chrétiens, sacrement en souvenir de Jésus-Christ. ➜ **eucharistie.**
▶ Autre mot de la famille : communiant.

communiquer v. (conjug. 3) **1.** Faire savoir, faire connaître. *Il nous a communiqué ses projets.* **2.** Échanger des informations en parlant, en se faisant des signes. *Les sourds-muets communiquent par gestes.* **3.** Faire partager. *Elle communique sa joie de vivre à tout le monde.* – **se communiquer,** se transmettre. *Le fou rire de Julie s'est communiqué à toute la classe.* **4.** *Le salon communique avec la salle à manger,* il donne directement dedans.

▶ **communiqué** n. m. Avis, déclaration que l'on fait pour le public. *Le président de la République fera un communiqué ce soir, à la télévision.*
▶ Autres mots de la famille : communicatif, communication, télécommunication.

communisme n. m. Organisation d'un pays où les terres, les usines et toutes les richesses appartiennent à l'État. ➜ aussi **socialisme.** ▮ contraire : **capitalisme.**

▶ **communiste** adj. *Le parti communiste* est le parti des partisans du communisme. – n. *Les communistes réclament le partage des richesses.*
▷ Mots de la famille de commun.

compact, compacte adj. **1.** Très épais, très serré. *Une brume compacte.* ➜ **dense. 2.** *Un disque compact,* c'est un disque lu par un rayon laser. ➜ **CD. 3.** Qui ne prend pas beaucoup de place. *Un appareil photo compact.*

compagne n. f. **1.** Camarade. *Léa joue avec ses compagnes de classe.* ➜ aussi (1) **compagnon. 2.** Femme qui partage la vie d'une autre personne. *Il nous a présenté sa nouvelle compagne.* ➜ aussi (1) **compagnon.**

compagnie n. f. **1.** Présence auprès de quelqu'un. *Paul aime la compagnie de Louise,* il aime être avec elle. *Julie est allée à la piscine en compagnie d'une amie,* avec une amie. – *Un animal de compagnie,* qui vit près de l'homme. ➜ **domestique, familier.** – *Tenir compagnie à quelqu'un,* c'est rester près de lui. – *Fausser compagnie à quelqu'un,* c'est le quitter brusquement. **2.** Société, entreprise. *Il* *travaille dans une compagnie d'assurances.* **3.** Troupe de 120 à 180 soldats. *Le capitaine commande une compagnie.*

① compagnon n. m. (→ ÉTYM.) **1.** Personne avec qui on fait quelque chose. *Il a fait ses adieux à ses compagnons de voyage,* aux personnes qui voyageaient avec lui. **2.** Homme qui partage la vie d'une autre personne. → aussi **compagne.**

② compagnon n. m. Ouvrier qui a terminé son apprentissage et qui travaille chez un artisan. *Mon grand frère est compagnon menuisier.*

comparable adj. *Deux choses comparables,* que l'on peut comparer. *Ces deux tissus sont de qualité comparable,* de même qualité. → **analogue, voisin.** ▮ contraire : **différent.** ▷ Mot de la famille de comparer.

comparaison n. f. **1.** Le fait de comparer deux choses, deux personnes. *Il n'y a pas de comparaison possible entre un petit village et une grande capitale.* **2.** Manière de s'exprimer en rapprochant deux choses différentes. *«Il est aimable comme une porte de prison» est une comparaison.* ▷ Mot de la famille de comparer.

comparaître v. (conjug. 60) Se présenter devant un tribunal, un juge. *L'accusé a comparu devant le juge.* → aussi **comparution.** ▷ Mot de la famille de paraître.

comparatif n. m. *Le comparatif* est la forme que prend l'adjectif dans une comparaison. *«Plus vieux» est le comparatif de supériorité de «vieux», «aussi vieux» le comparatif d'égalité et «moins vieux» le comparatif d'infériorité.* ▷ Mot de la famille de comparer.

comparer v. (conjug. 3) **1.** Examiner les différences et les ressemblances. *Compare ces deux photos.* **2.** Établir des ressemblances entre des choses ou des personnes différentes. *Le poète compare la neige qui recouvre les prés à un manteau d'hermine.*
▶ Autres mots de la famille : comparable, comparaison, comparatif, incomparable, incomparablement.

comparse n. m. et f. Complice qui n'a pas de rôle très important. *La police a arrêté le malfaiteur et ses comparses.* → **acolyte.**

compartiment n. m. **1.** Division dans une boîte, un tiroir, un casier. → **② case.** *Les compartiments d'un coffret à bijoux.* **2.** Partie d'une voiture de chemin de fer séparée par une cloison. *Il y avait six personnes dans le compartiment.* ▷ Mot de la famille de part.

comparution n. f. Le fait de comparaître devant un tribunal, un juge. *La comparution d'un témoin.* ▷ Mot de la famille de paraître.

compas n. m. **1.** Instrument à deux branches qui s'écartent, avec lequel on trace des cercles. **2.** Boussole des marins et des aviateurs. *Le compas indique la route à suivre.*

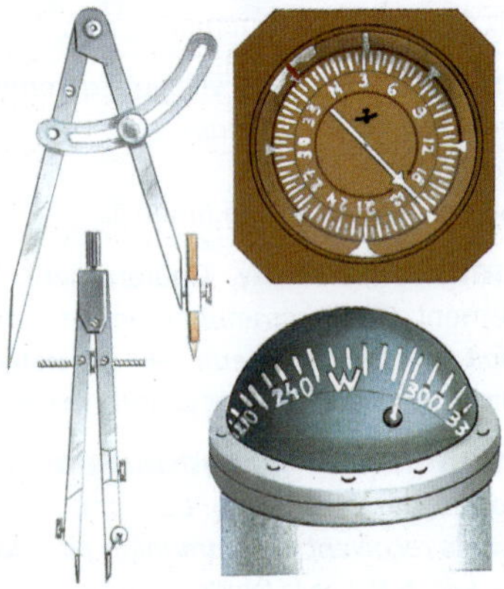

compas

compassion n. f. Sentiment qui fait partager les peines des autres. → **pitié.** *Il éprouve de la compassion pour les malheureux.* → **commisération** et aussi **compatir.**

compatible adj. Qui peut aller avec autre chose, qui peut fonctionner avec autre chose. *Cette imprimante n'est pas compatible avec mon ordinateur.* ▮ contraire : **incompatible.**
▶ Autres mots de la famille : incompatibilité, incompatible.

compatir v. (conjug. 11) *Je compatis à votre peine,* je la partage. → aussi **compassion.**

▸ **compatissant, compatissante** adj. Plein de compassion, de sensibilité pour la peine d'autrui. *Un regard compatissant. Des paroles compatissantes.* ▮ contraires : **dur, insensible.**

compatriote n. m. et f. Personne qui a la même patrie, est du même pays qu'une autre. → **concitoyen.** *En Italie, nous avons rencontré quelques compatriotes.* ▮ contraire : **étranger.** ▷ Mot de la famille de patrie.

compenser v. (conjug. 3) Équilibrer, contrebalancer. *Les avantages de cette maison compensent largement ses inconvénients.*

▸ en **compensation** adv. En contrepartie. *Il gagne peu d'argent, mais, en compensation, il a beaucoup de temps libre.*

compère n. m. Complice. *Le prestidigitateur n'a pas choisi un spectateur au hasard pour faire son numéro, il a désigné son compère.* ➜ **acolyte, comparse.**

Autrefois, *compère* voulait dire «ami, camarade».

compétent, compétente adj. Qui connaît parfaitement son métier, qui a beaucoup de connaissances dans un domaine. ➜ **capable.** *Un chirurgien très compétent.* contraire : **incompétent.**

▸ **compétence** n. f. Qui a une connaissance approfondie de son métier, d'un domaine. contraire : **incompétence.** *La compétence de ce médecin est très grande.*

▸ Autres mots de la famille : incompétence, incompétent.

compétitif, compétitive adj. *Un prix compétitif,* très intéressant par rapport à celui des autres produits du même genre.

compétition n. f. Épreuve sportive faisant se rencontrer plusieurs concurrents, plusieurs équipes. ➜ **championnat, épreuve, match.** *Alex a gagné une compétition de natation.*

compétition d'athlétisme

compilation n. f. CD réunissant les chansons à succès d'un chanteur ou les airs les plus connus d'un compositeur. ▷ Mot de la famille de ① pile.

On dit familièrement *une compil.*

complainte n. f. Chanson triste au ton plaintif. ▷ Mot de la famille de plaindre.

se **complaire** v. (conjug. 57) Trouver du plaisir, de la satisfaction dans quelque chose de désagréable. *Il se complaît dans le malheur.*

▸ **complaisant, complaisante** adj. Toujours prêt à rendre service aux autres. ➜ **obligeant, serviable.** *Ils ont des voisins très complaisants.*

▸ **complaisance** n. f. Disposition à rendre service. *Il est d'une grande complaisance.* ➜ **obligeance.**

▷ Mots de la famille de plaire.

complément n. m. **1.** Ce qui s'ajoute à une chose pour la compléter. *Il a versé un acompte pour l'achat de sa voiture, il paiera le complément le mois prochain.* ➜ **reste. 2.** Mot ou groupe de mots qui dépend d'un autre mot et qui complète le sens d'un mot. *Dans «Julie a invité Léa», «Léa» est le complément du verbe «inviter».* ➜ **COD, COI.**

▸ **complémentaire** adj. Qui apporte un complément. *Pour tout renseignement complémentaire, visitez notre site Internet.*

complet adj. et n. m., **complète** adj.

■ adj. **1.** Où il ne manque rien. *Paul a la collection complète des albums de Tintin.* ➜ **entier, exhaustif.** contraires : **incomplet, partiel. 2.** Où il n'y a plus de place. ➜ **plein.** *Notre hôtel est complet, il n'y a pas de chambre libre.* contraire : **vide. 3.** Total, absolu. *Ne descendez pas du train avant l'arrêt complet.*

■ n. m. *Au complet, au grand complet,* en totalité. *Pour Noël, la famille au complet était réunie.*

▸ **complètement** adv. Entièrement. *Alex a complètement démonté son vélo.* ➜ **totalement.**

▸ **compléter** v. (conjug. 8) Ajouter ce qui manque, rendre plus complet. *Complète chaque phrase par le mot qui manque.*

▸ Autre mot de la famille : incomplet.

① **complexe** adj. Qui est composé de plusieurs éléments qui s'entremêlent. *Le phénomène des marées est très complexe.* ➜ aussi **compliqué.** contraire : **simple.**

▸ Autre mot de la famille : complexité.

② **complexe** n. m. *Avoir des complexes,* c'est manquer de confiance en soi, se sentir inférieur aux autres. *Il a des complexes à cause de sa petite taille.*

▸ **complexé, complexée** adj. Qui a des complexes. *Elle est complexée parce qu'elle se trouve trop grande.*

complexité n. f. Caractère de ce qui est complexe, compliqué. → aussi **complication.** *C'est une affaire d'une grande complexité.* ▮ contraire : **simplicité.** ▷ Mot de la famille de ① complexe.

complication n. f. **1.** Caractère de ce qui est compliqué, difficile à faire ou à comprendre. *Le mécanisme de cette machine est d'une grande complication.* → aussi **complexité. 2.** Difficulté qui apparaît dans une situation. *Elle n'aime pas les complications.* ▷ Mot de la famille de compliquer.

complice n. m. et f. Personne qui en aide une autre à faire quelque chose de mal. *L'un des complices du cambrioleur a réussi à s'enfuir.* → **acolyte, comparse.** – adj. *Les cambrioleurs et le gardien étaient complices.*

▸ **complicité** n. f. Participation à une mauvaise action. *Il a été accusé de complicité de vol.*

compliment n. m. *Faire des compliments à quelqu'un,* c'est le féliciter. *Le professeur a fait des compliments à Léa.*

▸ **complimenter** v. (conjug. 3) Dire à quelqu'un que ce qu'il a fait est bien. *Les invités complimentent la maîtresse de maison pour ce dîner très réussi.* → **féliciter** et aussi **congratuler.**

compliquer v. (conjug. 3) **1.** Rendre difficile. *Il complique toujours tout.* ▮ contraire : **simplifier. 2. se compliquer,** devenir plus difficile. *Les choses se compliquent.* → **se corser.**

▸ **compliqué, compliquée** adj. Difficile à faire, à comprendre. *Pour aller à la poste, ce n'est pas compliqué, vous prenez la première à droite.* ▮ contraire : **simple.**

▸ Autre mot de la famille : complication.

complot n. m. Projet secret préparé par plusieurs personnes contre une autre. → **conjuration, conspiration.** *Le complot contre le président a échoué.*

▸ **comploter** v. (conjug. 3) **1.** Préparer secrètement une action contre quelqu'un. *Des révolutionnaires complotèrent pour renverser le roi.* → **conspirer. 2.** Préparer en secret à plusieurs. *Je ne sais pas ce que Julie et Louise complotent.* → **manigancer.**

comportement n. m. Façon de se conduire, de se comporter. → **attitude, conduite.** *Ce scientifique étudie le comportement des fourmis.* ▷ Mot de la famille de porter.

composteur

comporter v. (conjug. 3) Être composé de, avoir. → ② **comprendre.** *Cet immeuble comporte dix étages.* ▷ Mot de la famille de porter.

se comporter v. (conjug. 4) Se conduire. *Les enfants se sont bien comportés, ils ont été très sages.* ▷ Mot de la famille de porter.

composer v. (conjug. 3) **1.** Faire. *Le fleuriste a composé un ravissant bouquet.* – *Composer un numéro de téléphone,* c'est appuyer sur les touches du clavier. **2.** Écrire une œuvre musicale. *Mozart a composé de nombreux opéras.* **3.** ***Se composer** de,* être formé de, constitué de. *La maison se compose de six pièces.* → **avoir, comporter,** ② **comprendre.**

▸ **composant** n. m. Élément qui forme, qui compose quelque chose. *L'hydrogène et l'oxygène sont les composants de l'eau.* → **constituant.**

▸ **composé, composée** adj. **1.** *Un mot composé,* c'est un mot formé de plusieurs mots. *«Chou-fleur» est un mot composé.* **2.** *Un temps composé,* c'est un temps conjugué avec un verbe auxiliaire et le participe passé du verbe conjugué. *Le passé composé et le futur antérieur sont des temps composés de l'indicatif.*

▸ **compositeur** n. m., **compositrice** n. f. Personne qui compose de la musique.

▸ **composition** n. f. *La composition d'un produit,* les éléments qui le composent. *La composition du produit figure sur l'emballage.*

▸ Autres mots de la famille : décomposer, décomposeur, décomposition, recomposé.

compost n. m. Engrais fait de déchets et de feuilles que l'on a laissés se décomposer.

composter v. (conjug. 3) Valider un billet, un ticket en le passant dans une machine spéciale. *Les voyageurs compostent leur billet avant de monter dans le train.*

▸ **composteur** n. m. Appareil qui sert à valider les billets de train, de métro, de tramway ou d'autobus en les perforant ou en imprimant un code dessus.

compote n. f. Dessert fait avec des fruits cuits dans de l'eau et du sucre. *Louise aime la compote de pommes parfumée à la cannelle.*

▸ **compotier** n. m. Plat creux dans lequel on sert de la compote, des fruits.

compréhensible adj. Que l'on peut comprendre facilement. *Vos explications sont très compréhensibles.* ➜ **clair.** ▮ contraires : **incompréhensible, obscur.**

▸ Autre mot de la famille : incompréhensible.

compréhensif, compréhensive adj. Qui comprend et accepte les actions, les attitudes des autres. ➜ **indulgent, tolérant.** *Sa mère est très compréhensive.*

compréhension n. f. **1.** Fait de comprendre. *La ponctuation est utile à la compréhension d'un texte.* ➜ **clarté. 2.** Indulgence envers quelqu'un. *Je vous remercie de votre compréhension.*

▸ Autre mot de la famille : incompréhension.

① **comprendre** v. (conjug. 61) **1.** *Comprendre une chose,* c'est avoir une idée claire de ce qu'elle veut dire. *Je n'ai rien compris à tes explications.* **2.** Connaître les raisons, les causes de quelque chose. *On ne comprend toujours pas comment l'accident a pu se produire.* **3.** *Comprendre quelqu'un,* c'est être compréhensif, tolérant envers lui. *Certains enfants trouvent que leurs parents ne les comprennent pas.*

▸ Autre mot de la famille : incompris.

② **comprendre** v. (conjug. 61) Être formé de, contenir. *La semaine comprend sept jours,* elle est composée de sept jours. ➜ **avoir, comporter.**

▸ Autre mot de la famille : compris.

compresse n. f. Morceau de tissu fin replié en plusieurs épaisseurs que l'on met sur une blessure, une plaie. *L'infirmière a posé une compresse sur la brûlure.* ➜ aussi **gaze.**

compressible adj. Que l'on peut comprimer, faire diminuer de volume. *Les gaz sont compressibles.*

compression n. f. **1.** Le fait de comprimer. *On gonfle un pneu par compression de l'air dans la chambre à air.* ▮ contraire : **dilatation. 2.** *Une compression de personnel,* une diminution de personnel. ➜ aussi **licenciement.**

comprimer v. (conjug. 3) Serrer en appuyant très fort. *L'infirmière comprime le bras du blessé pour arrêter l'hémorragie.*

▸ ① **comprimé, comprimée** adj. *De l'air comprimé,* c'est de l'air dont on a diminué le volume.

▸ ② **comprimé** n. m. Médicament en forme de pastille, fait de poudre pressée. ➜ **cachet.** *Un comprimé d'aspirine.*

compris, comprise adj. Contenu dans quelque chose. ➜ **inclus.** *Dans ce restaurant, le service est compris,* compté dans la somme à payer. ▷ Mot de la famille de ② comprendre.

compromettre v. (conjug. 59) **1.** *Compromettre quelqu'un,* c'est porter atteinte à sa réputation, le déshonorer. *Le maire a été compromis dans un scandale.* ➜ **impliquer. – se compromettre,** perdre sa réputation. *Elle s'est compromise dans une affaire un peu louche.* **2.** Mettre en danger. *Il compromet sa santé en fumant autant. Le mauvais temps compromet notre randonnée,* risque de la faire échouer.

▸ **compromis** n. m. Arrangement qui aboutit à un accord entre plusieurs personnes. *Les deux adversaires sont arrivés à un compromis.*

▸ **compromission** n. f. Affaire dans laquelle on se compromet, on risque sa réputation. *C'est un homme intègre qui n'accepte aucune compromission.*

comptabilité n. f. Compte des recettes et des dépenses. *Elle tient la comptabilité du magasin.* ▷ Mot de la famille de compter.

comptable n. m. et f. Personne qui s'occupe de la comptabilité. *La comptable fait le bilan annuel de l'entreprise.* ▷ Mot de la famille de compter.

comptage n. m. Le fait de compter. *Il faut attendre la fermeture du scrutin pour pouvoir procéder au comptage des voix et savoir qui est élu.* ▷ Mot de la famille de compter.

comptant adv. *Payer comptant,* c'est payer entièrement au moment où l'on achète quelque chose. *Il a payé comptant sa nouvelle voiture.* ▮ contraire : à **crédit.** ▮ homonyme : content.
▷ Mot de la famille de compter.

a b c d e f g h i j k l m n o p q r s t u v w x y z

compte n. m. **1.** Calcul d'un nombre, évaluation d'une quantité. *Julie fait le compte du nombre de jours qui restent avant les vacances,* elle les compte. ➜ ② **calcul.** **2.** *Faire ses comptes,* c'est calculer ce qu'on a dépensé et gagné. *Le boucher fait ses comptes chaque soir.* – *Les bons comptes font les bons amis,* pour rester amis, il faut régler ses dettes. **3.** *Un compte en banque,* c'est de l'argent déposé à la banque. **4.** *En fin de compte,* finalement. *En fin de compte, ils ne sont pas partis en voyage.* **5.** *Travailler, être à son compte,* travailler pour soi et non pour un patron. **6.** *On raconte beaucoup de choses sur son compte,* sur lui. **7.** *Tenir compte de quelque chose,* c'est y attacher de l'importance. *Le professeur a tenu compte des efforts de Léa.* **8.** *Je n'ai pas de comptes à te rendre,* d'explications à te donner sur ce que je fais. **9.** *Se rendre compte de quelque chose,* c'est s'en apercevoir. *Louise s'est rendu compte qu'elle s'était trompée de chemin.* ▮ homonymes : comte, conte. ▷ Mot de la famille de compter.

compte-goutte n. m. Petit tube à capuchon souple, qui sert à verser un liquide goutte à goutte. – Au pl. *Des compte-gouttes.* ▷ Mot de la famille de compter et de goutte.

▶ On écrit aussi *un compte-gouttes* (invariable).

compte-goutte

compter v. (conjug. 3) **1.** Énumérer les chiffres dans l'ordre. *Tous les enfants de cette classe savent compter.* **2.** Trouver une quantité en se servant des chiffres. ➜ **calculer.** *Julie compte l'argent qui lui reste.* **3.** Inclure dans un total. *Le serveur a oublié de compter les cafés dans l'addition.* **4.** Prévoir. *Je compte partir demain,* j'en ai l'intention. **5.** Avoir de l'importance. *Son avis compte beaucoup pour moi.* ➜ ① **importer.** **6.** *Compter sur quelqu'un,* c'est lui faire confiance. *On peut compter sur elle.* ▮ homonymes : comté, conter.

▶ **compte rendu** n. m. Récit d'un évènement fait par une personne qui l'a vécu. *Il nous a fait un compte rendu enthousiaste de son voyage.* – Au pl. *Des comptes rendus.* ▷ Mot de la famille de rendre.

▶ **compteur** n. m. Appareil qui sert à compter, à mesurer quelque chose. *Dans un taxi, le prix de la course est inscrit au compteur. Un compteur d'électricité.* ▮ homonyme : conteur.

▶ **comptine** n. f. Petite poésie chantée ou parlée.

▶ **comptoir** n. m. **1.** Longue table haute et étroite sur laquelle le marchand présente les marchandises, reçoit l'argent et rend la monnaie. *Le patron du café sert les consommations sur le comptoir.* **2.** Autrefois, établissement de commerce installé dans un pays éloigné. *Pondichéry était un comptoir français en Inde.*

▶ Autres mots de la famille : acompte, comptabilité, comptable, comptage, comptant, compte, compte-goutte.

comte n. m., **comtesse** n. f. Titre de noblesse, entre le vicomte et le marquis. *Le comte a une couronne dans ses armoiries.* ▮ homonymes : compte, conte.

▶ **comté** n. m. Domaine possédé autrefois par un comte. *Le comté de Toulouse.* ▮ homonymes : compter, conter.

▶ Autre mot de la famille : vicomte.

concasser v. (conjug. 3) Casser en tout petits morceaux. ➜ **broyer.** *Cette machine concasse les cailloux.* ▷ Mot de la famille de casser.

concave adj. Arrondi en creux. *Un miroir concave.* ▮ contraire : **convexe.**

concéder v. (conjug. 8) Accorder, admettre. *Je me suis trompé, je te le concède.* ➜ aussi **concession.** ▷ Mot de la famille de céder.

▶ Ce mot appartient au langage soutenu.

concentrer v. (conjug. 3) **1.** Rassembler dans un seul endroit. *Toutes les boutiques de chaussures de la ville sont concentrées dans cette rue.* ▮ contraire : **disperser.** **2. se concentrer,** fixer son attention sur ce que l'on fait. *Je n'arrive pas à me concentrer dans ce bruit.*

▶ **concentré, concentrée** adj. *Du lait concentré,* du lait dont on a enlevé une grande partie de l'eau. *Julie met du lait concentré dans son thé.* n. m. *Du concentré de tomate.*

▶ **concentration** n. f. **1.** Grande attention. *Le jeu d'échecs demande une grande concentration.* **2.** *Les camps de concentration,* ce sont des endroits où sont rassemblés des prisonniers qui sont traités de façon très dure.

▷ Mots de la famille de centre.

concentrique adj. *Deux cercles concentriques,* ce sont deux cercles qui ont le même centre. ▷ Mot de la famille de centre.

cercles **concentriques**

conception n. f. 1. Manière de voir, de concevoir quelque chose. *Je n'ai pas la même conception de la vie que toi.* 2. Formation d'un nouvel être vivant lors de la rencontre d'un spermatozoïde et d'un ovule. → aussi **concevoir.**

concerner v. (conjug. 3) S'appliquer à. *Cette loi concerne tous les citoyens.*

▸ **concernant** prép. Au sujet de, à propos de. *Théo cherche des informations concernant le furet.*

concert n. m. Spectacle où l'on écoute de la musique. *L'orchestre de la ville donnera un concert demain.*

▸ Autre mot de la famille : concerto.

se concerter v. (conjug. 4) S'entendre pour faire quelque chose. *Ils se sont concertés avant de prendre une décision.*

▸ **concertation** n. f. Le fait de discuter, de s'entendre pour agir ensemble. *La concertation entre les deux chefs d'État a été fructueuse.*

concerto n. m. Œuvre musicale dans laquelle alternent l'orchestre et un ou deux instruments. *Des concertos pour piano.*

Ce mot vient de l'italien et veut dire «concert».

concession n. f. *Faire une concession,* c'est céder sur certaines choses pour arriver à un accord. → aussi **concéder.** *Pour s'entendre bien avec quelqu'un, il faut parfois faire des concessions.*

concessionnaire n. m. et f. *Un concessionnaire automobile,* c'est quelqu'un qui vend des voitures d'une seule marque.

concevoir v. (conjug. 31) 1. Avoir l'idée de, imaginer. *C'est lui seul qui a conçu ce projet.* → aussi **conception.** 2. Se faire une idée de. → **envisager,** se **représenter.** *Elle ne concevait pas la vie sans travailler.* 3. *Concevoir un enfant,* le former en soi. *Ce sont les femmes qui conçoivent les enfants.* → aussi **conception.**

▸ Autres mots de la famille : inconcevable, préconçu.

concierge n. m. et f. Personne qui a la garde d'un immeuble. → **gardien.** *La concierge passe l'aspirateur dans le hall de l'immeuble.*

concile n. m. Assemblée d'évêques de l'Église catholique.

conciliabule n. m. Conversation secrète, à voix basse. *Julie et Louise tiennent un conciliabule dans un coin de la cour de récréation.*

concilier v. (conjug. 9) Mettre en accord, faire aller ensemble. *C'est souvent difficile de concilier sa vie professionnelle et sa vie de famille.* → **allier, unir.** ▮ contraire : **opposer.**

▸ **conciliant, conciliante** adj. *Une personne conciliante,* c'est une personne qui cherche à arranger les choses avec les autres, fait des concessions. → **accommodant, arrangeant.**

concert

▶ **conciliation** n. f. Arrangement, accord. *Après bien des discussions, les adversaires sont arrivés à une conciliation.*
▶ Autres mots de la famille : réconciliation, réconcilier.

concombre

concis, concise adj. Qui dit ou écrit ce qu'il a à dire en peu de mots. *Sa réponse a été concise. Soyez plus concis.* ➜ **bref.**

▶ **concision** n. f. Façon de dire, d'écrire en peu de mots. *Il nous a exposé l'affaire avec concision.*

concitoyen n. m., **concitoyenne** n. f. *Des concitoyens,* des habitants du même pays, de la même ville. ➜ aussi **compatriote.** *Le maire s'est adressé à ses concitoyens,* aux habitants de sa ville. ▷ Mot de la famille de cité.

conclure v. (conjug. 38) **1.** *Conclure un accord,* c'est y parvenir. *Les deux pays ennemis ont conclu la paix,* ils se sont mis d'accord pour signer la paix. **2.** Terminer ce qu'on dit ou ce qu'on écrit. *Le Président a conclu son discours en disant : «Vive la France !»* **3.** Juger après avoir réfléchi. *Ne le voyant pas arriver, j'en ai conclu qu'il n'avait pas pu venir.* ➜ **déduire.**

▶ **concluant, concluante** adj. Qui prouve, donne un résultat clair. ➜ **convaincant.** *L'expérience n'est pas très concluante, il faudra la refaire.* ➜ **probant.**

▶ **conclusion** n. f. **1.** Partie qui termine un texte ou un discours. ▮ contraire : **introduction.** *La conclusion de ce roman est vraiment inattendue.* ➜ **chute, dénouement,** ① **fin. 2.** *Une conclusion,* c'est ce à quoi on arrive après avoir observé, raisonné. ➜ **déduction.** *De ses observations, Galilée tira la conclusion que la Terre tournait autour du Soleil.*

concocter v. (conjug. 3) Familier. Préparer minutieusement. *Mamie nous a concocté un bon petit plat pour le dîner.*

concombre n. m. Légume de forme allongée et de couleur verte, à peau lisse, qui se mange le plus souvent cru, en hors-d'œuvre. *Une salade de concombres.*

concordance n. f. *La concordance des temps,* la règle selon laquelle le temps du verbe utilisé dans une proposition subordonnée est lié au temps du verbe de la proposition principale. ▷ Mot de la famille de concorder.

concordat n. m. Accord signé par le pape et un État. *En 1801, un concordat fut signé par le pape Pie VII et Napoléon Bonaparte.*

concorde n. f. Bonne entente. *La concorde règne dans cette famille.* ➜ **harmonie.** ▮ contraire : **discorde.**
◗ Ce mot appartient au langage soutenu.

concorder v. (conjug. 3) Être en accord. *Tous les témoignages concordent : un homme est sorti de l'immeuble à 9 heures.* ➜ **coïncider, correspondre.**
▶ Autre mot de la famille : concordance.

concourir v. (conjug. 14) **1.** Participer à un concours, à une compétition. *De nombreux pays ont concouru pour le championnat du monde.* **2.** *Concourir à,* contribuer à un résultat. *Les efforts de tous concourent au succès de l'entreprise.* ➜ **participer.**

▶ **concours** n. m. **1.** Épreuve, compétition où le nombre des gagnants est fixé à l'avance. *Alex a gagné le concours de photo.* **2.** Aide, collaboration. *La fête a été un succès grâce au concours de tous.* **3.** *Un concours de circonstances,* c'est un ensemble de choses qui se produisent en même temps par hasard. ➜ **coïncidence.** *Un malheureux concours de circonstances a provoqué la catastrophe.*
▷ Mots de la famille de courir.

concret, concrète adj. *Une chose concrète,* c'est une chose que l'on peut voir ou toucher. ▮ contraire : **abstrait.** *Un crayon est une chose concrète, la liberté, une chose abstraite.*

▶ **concrètement** adv. D'une manière concrète, dans la réalité. ➜ **pratiquement.** *Que pouvons-nous faire concrètement pour vous aider ?*
▶ Autre mot de la famille : se concrétiser.

concrétion n. f. Assemblage de plusieurs morceaux qui n'en forment plus qu'un. *Les stalactites et les stalagmites sont des concrétions calcaires.*

se concrétiser v. (conjug. 4) Devenir concret, réel. *À force de travail, ses espoirs se concrétiseront.* → se **matérialiser.** ▷ Mot de la famille de concret.

concubin n. m., **concubine** n. f. Personne qui vit avec une autre sans être mariée avec elle.

▸ **concubinage** n. m. *Vivre en concubinage,* c'est vivre ensemble sans être mariés.

concurrent n. m., **concurrente** n. f. **1.** Personne qui participe à une compétition, à un jeu. → **participant.** *Le vainqueur a battu tous ses concurrents. Il y a plusieurs concurrents pour ce poste.* → **candidat. 2.** Entreprise, commerçant qui est en concurrence, en rivalité avec une autre, avec un autre. *Ce commerçant vend moins cher que son concurrent.*

▸ **concurrence** n. f. Rivalité entre plusieurs personnes, plusieurs entreprises. *Ces deux commerçants se font une concurrence acharnée,* chacun fait tout son possible pour attirer les clients.

▸ **concurrencer** v. (conjug. 5a) Faire concurrence à, être en rivalité avec. *Les supermarchés concurrencent les petits commerçants,* ils leur prennent leur clientèle.

condamner [kɔ̃dane] v. (conjug. 3) **1.** *Condamner quelqu'un,* c'est lui faire subir une peine parce qu'il a été reconnu coupable. *L'escroc a été condamné à vingt ans de prison.* ▮ contraire : **acquitter. 2.** Obliger, forcer. *Nous sommes condamnés à rester à la maison, car il pleut à verse.* **3.** Désapprouver. *Les pacifistes condamnent la guerre.* → **réprouver.** ▮ contraire : **approuver. 4.** *Cette porte a été condamnée,* elle a été fermée pour qu'on ne puisse plus l'utiliser.

▸ **condamnable** adj. Qui mérite d'être condamné. *Son attitude est condamnable.* ▮ contraire : **louable.**

▸ **condamnation** n. f. Peine infligée par un tribunal. *Le chauffard a eu une lourde condamnation.* ▮ contraire : **acquittement.**

▸ **condamné** n. m., **condamnée** n. f. Personne qui a été condamnée. *Le condamné a été libéré.*

condenser v. (conjug. 3) **1.** Résumer. *Quand on condense une histoire, on ne raconte que l'essentiel.* **2. se condenser,** passer de l'état gazeux à l'état liquide. *La vapeur d'eau s'est condensée sur la vitre.*

▸ **condensation** n. f. Transformation de vapeur d'eau en eau. → planche **Eau.** *Quand il fait froid dehors et très chaud à l'intérieur d'une maison, il y a de la condensation sur les vitres.* → **buée.**

▷ Mots de la famille de dense.

condescendant [kɔ̃desɑ̃dɑ̃], **condescendante** [kɔ̃desɑ̃dɑ̃t] adj. Méprisant, hautain. *Il lui a parlé d'un ton condescendant.* → **supérieur.**

▶ Ce mot appartient au langage soutenu.

condiment n. m. Produit qui donne plus de goût aux aliments. → **aromate.** *Le sel, le poivre, les cornichons, la moutarde sont des condiments.*

condition n. f. **1.** Chose nécessaire qui est exigée. *Il y a certaines conditions à remplir pour s'inscrire à ce concours.* **2.** État dans lequel on est. *Alex est en bonne condition physique,* en bonne forme. **3.** Ensemble des circonstances. *Nous avons voyagé dans de très bonnes conditions,* tout a contribué à rendre le voyage agréable. **4.** Situation sociale. *Sa famille est de condition modeste,* a un rang peu élevé dans la société. **5.** *À condition que,* si. *Nous ferons une excursion à condition qu'il fasse beau.*

▸ **conditionné, conditionnée** adj. *L'air conditionné,* c'est un système qui maintient une température fraîche dans une pièce. → **climatisé.**

▸ **conditionnel** n. m. Mode du verbe qui indique que l'action exprimée par le verbe dépend d'une condition. *Dans la phrase «Je le ferais si tu me le demandais», le verbe «faire» est au conditionnel.*

▸ **conditionnement** n. m. Façon dont une marchandise est emballée et présentée pour la vente. → **emballage.** *Le conditionnement d'un flacon de parfum compte beaucoup pour la clientèle.*

▸ **conditionner** v. (conjug. 3) Être la condition de quelque chose. *La rentrée scolaire conditionne la date de notre retour de vacances.*

▸ Autre mot de la famille : inconditionnel.

condoléances n. f. pl. *Présenter ses condoléances à quelqu'un,* c'est lui dire qu'on partage sa peine quand une personne de sa famille est morte. *Mes sincères condoléances !*

condor n. m. Grand oiseau rapace de la famille du vautour. *Il y a des condors en Amérique du Sud, dans les Andes.*
Ce mot vient de l'espagnol.

condor

conducteur n. m., **conductrice** n. f. **1.** Personne qui conduit un véhicule. → **chauffeur.** *Un conducteur de train. Une conductrice d'autobus.* **2.** n. m. Matière qui transmet la chaleur ou l'électricité. *Les métaux sont de bons conducteurs.* ▷ Mot de la famille de conduire.

conduire v. (conjug. 41) **1.** Accompagner. *Louise conduit son petit frère à l'école.* → **emmener.** **2.** Diriger un véhicule. *Il conduit trop vite.* **3.** Mener quelque part. *Ce chemin conduit à la ferme.* **4. se conduire,** se comporter. *Il s'est très mal conduit envers moi.*

▶ **conduit** n. m. Tuyau dans lequel passe un liquide ou un gaz. *Un gazoduc est un conduit.*

▶ **conduite** n. f. **1.** Action de conduire un véhicule. *Il prend des leçons de conduite,* il apprend à conduire. **2.** Façon de se comporter, d'agir. → **comportement, tenue.** *Cet élève a été récompensé pour sa bonne conduite.* **3.** *Une conduite d'eau,* c'est un tuyau qui sert à transporter l'eau. → **canalisation.**
▶ Autres mots de la famille : conducteur, reconduire.

cône n. m. Objet dont la base est ronde et le sommet pointu. → planche **Géométrie.** *Un cornet de glace a la forme d'un cône.*
Attention à l'accent circonflexe du *ô.*
▶ Autres mots de la famille : conifère, conique.

confection n. f. **1.** Préparation, fabrication. *La confection de ce plat est longue.* **2.** *La confection,* c'est l'industrie du vêtement. → **prêt-à-porter.**

▶ **confectionner** v. (conjug. 3) Préparer. *Julie a confectionné un gâteau au chocolat.* → **faire.**

confédération n. f. Groupement de plusieurs États. *La Confédération helvétique est le groupement des 26 cantons suisses.* → **fédération.** ▷ Mot de la famille de fédération.

confédéré n. m., **confédérée** n. f. Personne qui habite un autre canton.
Ce mot est utilisé en Suisse.

conférence n. f. **1.** Réunion de travail. *Le directeur est en conférence.* **2.** Réunion où quelqu'un parle d'un sujet en public. → **exposé.** *Nous avons assisté à une conférence sur l'Antarctique. – Une conférence de presse,* c'est une réunion où une personne s'adresse aux journalistes et répond à leurs questions.

▶ **conférencier** n. m., **conférencière** n. f. Personne qui fait une conférence. *Le conférencier a parlé pendant deux heures.*

confesser v. (conjug. 3) **1.** Avouer. *Je confesse que j'ai eu tort.* **2. se confesser,** c'est avouer ses péchés à un prêtre.
Confesser (au sens 1) appartient au langage soutenu.

▶ **confesseur** n. m. Prêtre à qui l'on se confesse.

▶ **confession** n. f. **1.** Déclaration de ses péchés à un prêtre. *Le prêtre entend les fidèles en confession.* **2.** Appartenance à une religion. *En France, beaucoup de gens sont de confession catholique.* → **religion.**

▶ **confessionnal** n. m. (pl. **confessionnaux**) Dans une église, cabine de bois séparée en deux par une grille de chaque côté de laquelle prennent place le prêtre et la personne qui se confesse.

▶ **confessionnel, confessionnelle** adj. *Une école confessionnelle,* une école dans laquelle on reçoit un enseignement religieux.
contraire : **laïque.**

confetti n. m. Petite rondelle de papier de couleur que l'on lance par poignées dans une fête. *Un sac de confettis.*
Confetti est le pluriel de *confetto,* un mot italien qui veut dire « dragée ».

confiance n. f. **1.** Sentiment que l'on éprouve quand on sait qu'on ne sera pas déçu, pas trompé. ▮ contraires : **défiance, méfiance.** *Julie a confiance en ses parents. Il me fait confiance,* il sait qu'il peut compter sur moi, se fier à moi. **2.** Sentiment qui fait que l'on est sûr de soi, de ses capacités. *Louise manque de confiance en elle,* elle est timide. ➜ ① **assurance.**

▸ **confiant, confiante** adj. Qui a confiance. *Julie est une petite fille confiante,* elle fait confiance à tout le monde. ▮ contraire : **méfiant.**

▷ Mots de la famille de se fier.

confidence n. f. Secret qui concerne soi-même et que l'on confie à quelqu'un. *Léa a fait une confidence à sa meilleure amie.*

▸ **confident** n. m., **confidente** n. f. Personne à qui l'on se confie. *Julie est la confidente de Léa.*

▸ **confidentiel, confidentielle** adj. Qui se dit, se fait dans le secret. *Une lettre confidentielle,* qui ne doit être ouverte et lue que par son destinataire.

confier v. (conjug. 9) **1.** Laisser en garde. *J'ai confié mes clés à la gardienne de l'immeuble.* **2. se confier,** dire ses pensées secrètes à quelqu'un. ➜ aussi **confidence.** *Léa s'est confiée à Julie.* ▷ Mot de la famille de se fier.

confiné, confinée adj. *De l'air confiné,* qui n'a pas été renouvelé. *Une atmosphère confinée.*

confins n. m. pl. *Aux confins de,* à la limite, à la frontière de. *Le Tchad est aux confins du Sahara.* ▷ Mot de la famille de ① fin.

confirmer v. (conjug. 3) Rendre certain ce qu'on a déjà annoncé. *Il a téléphoné à son père pour lui confirmer l'heure d'arrivée de son train. On nous a confirmé que le spectacle était annulé.* ▮ contraire : **démentir.**

▸ **confirmation** n. f. Le fait de confirmer qu'une chose est vraie. *Nous attendons la confirmation de la nouvelle,* que la nouvelle soit certaine. ▮ contraire : **démenti.**

confiscation n. f. Le fait de confisquer quelque chose à quelqu'un qui en est propriétaire. *Si on conduit trop vite, on risque la confiscation de sa voiture par la police.* ➜ **saisie.**

▷ Mot de la famille de confisquer.

confiserie n. f. **1.** Magasin où l'on vend des bonbons. *Louise a acheté des chocolats dans une confiserie.* **2.** Bonbon, sucrerie. *Les caramels, les sucres d'orge sont des confiseries.*

confisquer v. (conjug. 3) Prendre un objet à quelqu'un pour le punir. *Le professeur a confisqué le portable de Julie.*

▸ Autre mot de la famille : confiscation.

confit, confite adj. *Les fruits confits,* ce sont des fruits que l'on a trempés dans un sirop de sucre.

confiture n. f. Fruits que l'on a fait cuire longtemps dans du sucre. *De la confiture de fraises. Un pot de confiture.* ➜ aussi ② **gelée, marmelade.**

conflictuel, conflictuelle adj. Qui entraîne un conflit ou qui constitue un conflit. *Les relations entre des parents divorcés sont parfois conflictuelles.*

conflit n. m. Lutte entre des pays ou des personnes. *Les deux guerres mondiales ont été de grands conflits internationaux. Il est en conflit avec son patron.* ➜ **désaccord** et aussi **conflictuel.**

confluent n. m. (➜ ÉTYM.) Endroit où se rejoignent deux cours d'eau. ➜ aussi **affluent.** *Lyon est au confluent de la Saône et du Rhône.*

confluent

confondre v. (conjug. 44) Prendre une personne pour une autre, une chose pour une autre. *On confond souvent Paul et son frère tellement ils se ressemblent.* ➜ aussi **confusion.**

▸ **se confondre** v. **1.** Se mélanger. *Certains jours le ciel et la mer se confondent.* **2.** *Se confondre en excuses,* s'excuser plusieurs fois de suite. *Il s'est aperçu qu'il s'était trompé et il s'est confondu en excuses.*

conforme adj. Qui est en accord avec quelque chose. *Ce modèle de voiture est conforme aux normes de sécurité.*

▸ **conformément** adv. En accord avec, selon. *Tout se passa conformément au plan prévu.* ▮ contraire : **contrairement.**

▸ **se conformer** v. (conjug. 4) *Se conformer à,* être en accord avec. *Il faut se conformer aux règles du jeu,* les respecter.

▸ **conformiste** adj. Qui respecte scrupuleusement les usages, les traditions. *Elle est très conformiste, elle ne fait jamais rien d'original.* ➜ **conventionnel.** ▮ contraires : **anticonformiste, non-conformiste.**

▸ **conformité** n. f. *En conformité,* en accord avec, selon. *Il a agi en conformité avec le règlement.*

▷ Mots de la famille de forme.

confort n. m. *Le confort,* c'est ce qui rend la vie matérielle plus facile et plus agréable. *Cet hôtel offre tout le confort.*

▸ **confortable** adj. Qui offre du confort. *Ce fauteuil est très confortable,* on y est très bien assis. ▮ contraire : **inconfortable.**

▸ **confortablement** adv. De manière à être à l'aise. *Elle est confortablement assise sur le canapé.*

▸ Autre mot de la famille : inconfortable.

confrère n. m. Homme qui exerce le même métier qu'une autre personne. ➜ **collègue.** *Le chirurgien a demandé l'avis d'un de ses confrères sur ce cas difficile.* ▷ Mot de la famille de frère.

◗ Si c'est une femme, on dit *une consœur.* ➜ **consœur.**

confronter v. (conjug. 3) **1.** Réunir des personnes pour comparer ce qu'elles disent. *On a confronté les témoins du drame.* **2.** *Être confronté à quelque chose,* être obligé d'y faire face. *La région est confrontée à de graves inondations.*

▸ **confrontation** n. f. Mise en présence, rencontre. *La confrontation des témoins aura lieu demain au commissariat.*

▷ Mots de la famille de front.

confus, confuse adj. **1.** Qui manque de clarté, difficile à comprendre. *Ses explications étaient si confuses que je n'ai rien compris.* ➜ **embrouillé, obscur.** ▮ contraire : **clair. 2.** Gêné, embarrassé. *Je suis confus d'arriver en retard.*

▸ **confusion** n. f. **1.** Manque de clarté. *Quelle confusion dans ses explications, on n'y comprend rien !* **2.** Le fait de confondre deux personnes ou deux choses, de les prendre l'une pour l'autre. *Léa fait parfois la confusion entre le «b» et le «d».* **3.** Embarras, gêne que l'on manifeste quand on est confus. *S'apercevant de son erreur, il rougit de confusion.*

congé n. m. **1.** *Être en congé,* en vacances. **2.** *Donner son congé à quelqu'un,* c'est le renvoyer. *Le patron a donné son congé à un de ses employés.* ➜ **congédier. 3.** *Prendre congé de quelqu'un,* c'est lui dire au revoir. *Ils ont pris congé de leurs amis.*

▸ **congédier** v. (conjug. 9) *Congédier un employé,* c'est le renvoyer. ➜ **licencier.** *Le patron du café a congédié un serveur.*

congeler v. (conjug. 7a) *Congeler des aliments,* c'est les mettre à une température très basse pour les conserver. *Les pêcheurs congèlent les poissons dès qu'ils sont pêchés.* ➜ aussi **surgelé.** ▮ contraire : **décongeler.**

▸ **congélateur** n. m. Appareil qui congèle les aliments et les conserve au froid.

▷ Mots de la famille de ① gel.

congénital, congénitale adj. *Une maladie congénitale,* qu'une personne a déjà avant sa naissance. *Leur fils a une maladie congénitale très rare.* – Au masc. pl. *congénitaux.*

congère n. f. Amas de neige entassée par le vent. *Une congère bloque la route.*

congestion n. f. Maladie causée par une trop grande quantité de sang qui s'accumule dans une partie du corps. *Il s'est remis de sa congestion pulmonaire.*

▸ **congestionné, congestionnée** adj. *Avoir le visage congestionné,* rendu très rouge par un afflux de sang.

congratuler v. (conjug. 3) Féliciter. ➜ **complimenter.** *Tout le monde congratule l'heureux gagnant.*

▸ **congratulations** n. f. pl. Compliments. ➜ **félicitations.** *À l'annonce de la naissance du bébé, l'heureux papa a eu droit aux congratulations de tous ses amis.*

◗ Ces mots appartiennent au langage soutenu.

congre n. m. Poisson de mer au corps cylindrique et sans écailles, ressemblant à une grande anguille.

congrès n. m. Réunion de personnes qui se rassemblent pour échanger leurs idées. ➜ **colloque.** *Un congrès de médecins.*

▸ **congressiste** n. m. et f. Personne qui participe à un congrès.

conifère n. m. Arbre qui porte des aiguilles, produit de la résine et dont les fruits sont en forme de cônes. ➜ **résineux.** *Le pin, le sapin, le cèdre, le cyprès sont des conifères.* ➜ planche **Arbres.** ▹ Mot de la famille de cône.

conique adj. Qui a la forme d'un cône. *Les pommes de pin sont coniques.* ▹ Mot de la famille de cône.

conjecture n. f. Supposition. ➜ **hypothèse.** *Comme rien n'est sûr, on ne peut faire que des conjectures.*

Il ne faut pas confondre ce mot avec *conjoncture.*

conjoint n. m., **conjointe** n. f. Personne mariée à une autre. ➜ **époux.** *Ce papier doit être signé par les deux conjoints.* ▹ Mot de la famille de joindre.

C'est un terme administratif.

conjonctif, conjonctive adj. *Une proposition subordonnée conjonctive* est une proposition subordonnée introduite par une conjonction de subordination. *Dans la phrase «Je le verrai quand il arrivera», «quand il arrivera» est une proposition subordonnée conjonctive.*

conjonction n. f. Mot invariable qui relie deux mots ou deux groupes de mots. *«Mais» et «car» sont des conjonctions de coordination,* des mots qui relient deux mots ou deux propositions qui ont la même fonction. *«Puisque» et «comme» sont des conjonctions de subordination,* des mots qui relient une proposition subordonnée à la principale.

conjoncture n. f. Situation. *Quand il y a peu de chômage et que la production industrielle augmente, on peut dire que la conjoncture économique est bonne.*

Il ne faut pas confondre ce mot avec *conjecture.*

congre

conjugaison n. f. *La conjugaison,* c'est l'ensemble des formes que peut prendre un verbe. *Le verbe «parler» a une conjugaison régulière et le verbe «aller» une conjugaison irrégulière.* ▹ Mot de la famille de conjuguer.

conjugal, conjugale adj. Relatif au mari et à sa femme, aux deux conjoints. *L'amour conjugal.* — Au masc. pl. *conjugaux.*

conjuguer v. (conjug. 3) **1.** *Conjuguer un verbe,* c'est réciter ou écrire toutes les formes de ce verbe. *Conjuguez au futur le verbe aller.* — **se conjuguer,** être conjugué. *Le verbe «manger» se conjugue avec l'auxiliaire «avoir».* **2.** *Conjuguer ses efforts,* les unir. *Tous les membres de l'équipe ont conjugué leurs efforts pour remporter le match.*

▸ Autre mot de la famille : conjugaison.

conjuré n. m., **conjurée** n. f. Conspirateur. *Les conjurés ont préparé un attentat contre le dictateur.*

▸ **conjuration** n. f. Complot, conspiration. *La conjuration a été découverte.*

▹ Mots de la famille de (1) jurer.

conjurer v. (conjug. 3) Implorer, supplier. *Je vous conjure de me croire. Croyez-moi, je vous en conjure.*

Ce mot appartient au langage soutenu.

connaître v. (conjug. 60) **1.** Savoir. *Je connais le nom de cet arbre. Connaissez-vous la nouvelle ?* ▮ contraire : **ignorer.** **2.** *Connaître un endroit,* y être déjà allé. *Julie connaît l'Amérique.* **3.** *Connaître quelqu'un,* c'est avoir des relations avec lui. *Je connais sa sœur.* **4.** Avoir. *Ce film a connu un grand succès.*

▸ **se connaître** v. **1.** *S'y connaître,* être compétent. *Il s'y connaît en informatique.* **2.** Être en relation. *Elles se connaissent bien. Ils se sont connus pendant les vacances,* ils ont fait connaissance. ➜ se **rencontrer.**

▸ **connaissance** n. f. **1.** Ce que l'on connaît. *Il a une bonne connaissance de l'allemand,* il sait bien l'allemand. *Les connaissances,* l'ensemble des choses que l'on connaît. *Elle a beaucoup de connaissances en histoire,* elle sait beaucoup de choses en histoire. **2.** *Il a pris connaissance de cette lettre,* il l'a lue pour savoir ce qu'elle contenait. **3.** *Une connaissance,* c'est une personne que l'on connaît, sans être un ami. ➜ **relation.** *À ce dîner, j'ai rencontré une connaissance de mon frère.* **4.** *Perdre connais-*

a b c d e f g h i j k l m n o p q r s t u v w x y z

sance, s'évanouir. *Le blessé a perdu connaissance.* ➜ **conscience.** **5.** *Faire connaissance avec quelqu'un,* le rencontrer pour la première fois. *Nous avons fait connaissance l'été dernier.*

▸ **connaisseur** n. m., **connaisseuse** n. f. Personne compétente, qui s'y connaît. *C'est un connaisseur en vins.*

▸ Autres mots de la famille : connu, inconnu, méconnaissable, méconnaissance, méconnaître, méconnu, reconnaissable, reconnaissance, reconnaissant, reconnaître.

connecter v. (conjug. 3) *Connecter deux appareils électriques,* c'est les relier ensemble. ▮ contraire : **déconnecter.** *L'imprimante est connectée à l'ordinateur.* – **se connecter,** établir une connexion. *Louise s'est connectée à Internet.*

▸ Autre mot de la famille : déconnecter.

connexion n. f. Liaison d'un appareil à un circuit électrique ou de deux appareils entre eux. *L'installateur établit la connexion entre les deux ordinateurs.* ➜ **branchement** et aussi **connecter.**

connivence n. f. Entente secrète. *Le gardien de l'immeuble était de connivence avec les cambrioleurs,* il était d'accord en secret avec eux. ➜ aussi **complice.**

connu, connue adj. Que tout le monde connaît. *Harry Potter est un héros de roman très connu.* ➜ **célèbre.** ▮ contraire : **inconnu.** ▹ Mot de la famille de connaître.

conquérir v. (conjug. 24) *Conquérir un pays,* c'est l'occuper avec des soldats et le soumettre. *Les Romains ont conquis la Gaule.* ➜ aussi **conquête.** ▮ contraire : **perdre.**

▸ **conquérant** n. m., **conquérante** n. f. Personne qui fait des conquêtes en combattant. *Napoléon fut un grand conquérant.* ➜ aussi **conquistador.**

▸ Autre mot de la famille : reconquérir.

conquête n. f. Action de conquérir. *Les Romains ont fait la conquête de la Gaule,* ils ont conquis la Gaule.

▸ Autre mot de la famille : reconquête.

conquistador n. m. Aventurier espagnol qui partit à la conquête de l'Amérique au 16e siècle. *Des conquistadors débarquèrent au Mexique en 1519.*

▸ C'est un mot espagnol qui veut dire « conquérant ».

consacrer v. (conjug. 3) **1.** *Consacrer une église,* c'est en faire un lieu sacré. *Cette église est consacrée à la Vierge,* elle est dédiée à la Vierge. **2.** *Consacrer son temps à quelque chose,* l'employer. *Pasteur a consacré sa vie à la science.*

▸ **se consacrer** v. *Se consacrer à quelque chose,* y passer tout son temps. *Depuis qu'elle est à la retraite, elle se consacre à ses petits-enfants.*

▹ Mots de la famille de sacrer.

conscient, consciente adj. **1.** Qui est lucide, a tous ses esprits. *Le blessé est resté conscient.* ▮ contraire : **inconscient.** **2.** *Être conscient de quelque chose,* s'en rendre compte. *Il était conscient du danger.*

▸ **consciemment** [kɔ̃sjamɑ̃] adv. En sachant ce que l'on fait. *Il fait du mal consciemment.* ➜ ① **exprès, sciemment, volontairement.** ▮ contraire : **inconsciemment.**

▸ **conscience** n. f. **1.** *Perdre conscience,* c'est s'évanouir. *Le malade a perdu conscience.* ➜ **connaissance.** **2.** *Avoir conscience de quelque chose,* s'en rendre compte. *Il n'a pas conscience du danger.* **3.** *La conscience,* c'est ce qui permet de juger si quelque chose est bien ou mal. *Paul a fait une bêtise, il n'a pas la conscience tranquille,* il a l'impression d'avoir mal agi. **4.** Application, soin. *Léa travaille avec conscience,* aussi bien qu'elle peut.

▸ **consciencieux, consciencieuse** adj. Qui fait son travail du mieux qu'il peut, en s'appliquant. ➜ **sérieux.** *Léa est une élève consciencieuse.* ➜ **travailleur.**

▸ **consciencieusement** adv. Avec soin, en s'appliquant. *Léa fait consciencieusement ses devoirs.* ➜ **sérieusement.**

▸ Autres mots de la famille : inconsciemment, inconscience, inconscient.

conquistador

consécration n. f. Reconnaissance par tous. *Ce jeune acteur a reçu un prix qui a été la consécration de son talent.*

consécutif, consécutive adj. Qui se suit dans le temps. *Il n'a pas dormi pendant deux nuits consécutives,* deux nuits de suite.

conseil n. m. **1.** Réunion de personnes qui discutent, donnent leur avis sur un problème. ➜ **assemblée.** *Le conseil général s'occupe des affaires du département, le conseil municipal de celles de la commune.* **2.** Opinion donnée à quelqu'un sur ce qu'il doit faire. ➜ **avis, recommandation.** *Il m'a donné d'excellents conseils.*

▶ ① **conseiller** n. m., **conseillère** n. f. **1.** Personne qui fait partie d'un conseil. *Elle est conseillère municipale,* elle fait partie du conseil municipal. **2.** Personne qui donne des conseils. *Un bon conseiller.*

▶ ② **conseiller** v. (conjug. 3) **1.** *Conseiller quelque chose à quelqu'un,* c'est lui indiquer ce qu'il devrait faire. ➜ **recommander.** *Il nous a conseillé d'attendre jusqu'à demain.* ▮ contraire : **déconseiller.** **2.** *Conseiller quelqu'un,* c'est lui donner des conseils. *Elle s'est fait conseiller par un avocat.*

▶ Autre mot de la famille : déconseiller.

consensus [kɔ̃sɑ̃sys] n. m. Accord d'un grand nombre de personnes sur un sujet. *La décision du ministre a recueilli un large consensus.*

consentir v. (conjug. 20) *Consentir à quelque chose,* c'est être d'accord pour qu'une chose se fasse. *Il a consenti à nous prêter sa voiture.* ➜ **accepter.** ▮ contraire : **refuser.** – *Qui ne dit mot consent,* la personne qui ne s'exprime pas est supposée être d'accord.

▶ **consentement** n. m. Accord. *Les mineurs ne peuvent pas se marier sans le consentement de leurs parents.* ➜ **autorisation.** ▮ contraire : **refus.**

▷ Mots de la famille de sentir.

conséquent, conséquente adj. Logique. *C'est un homme conséquent, il ne fait pas n'importe quoi.* ▮ contraire : **inconséquent.**

▶ par **conséquent** adv. Donc, ainsi, comme suite logique. *Il pleut, par conséquent nous ne ferons pas de pique-nique.*

▶ **conséquence** n. f. Effet, résultat. *La sécheresse a eu de graves conséquences sur les récoltes.*

▶ Autre mot de la famille : inconséquent.

conservateur n. m., **conservatrice** n. f. **1.** Personne chargée de diriger un musée. *Les conservateurs du musée du Louvre.* **2.** Personne qui, en politique, veut garder les choses telles qu'elles sont. *Les conservateurs sont contre le changement.* – adj. *Il a des idées très conservatrices.* ➜ aussi **réactionnaire.** ▮ contraire : **progressiste.** **3.** n. m. Produit que l'on met dans les aliments pour les conserver. *Ce pain est garanti sans conservateur ni colorant.* ▷ Mot de la famille de conserver.

conservation n. f. Le fait de garder intact, de conserver en bon état. *Le froid permet la conservation des aliments.* ▷ Mot de la famille de conserver.

conservatoire n. m. École qui forme des musiciens, des comédiens. *Louise suit des cours de piano au conservatoire.*

conserve n. f. Aliment conservé dans une boîte de métal ou un bocal. *Des boîtes de conserve. Des petits-pois en conserve.* ▮ contraire : ① **frais.** ▷ Mot de la famille de conserver.

aliments en conserve

conserver v. (conjug. 3) **1.** Garder en bon état. *On conserve les aliments dans le réfrigérateur.* **2.** Ne pas jeter, garder. *Elle conserve toutes les lettres de ses amies.* ▮ contraire : **jeter.** **3.** Garder.

J'ai conservé un excellent souvenir de ces vacances.
▶ Autres mots de la famille : conservateur, conservation, conserve.

considérer v. (conjug. 8) **1.** Examiner, observer attentivement. *Julie considéra l'inconnu avec curiosité.* **2.** Estimer. *Je le considère comme un homme intelligent,* je trouve qu'il est intelligent. **3.** Avoir comme avis. *Je considère que tu as raison.* ➜ **estimer, juger, penser.**

▶ **considérable** adj. Très grand, très important. *Une somme considérable.* ▮ contraires : **faible, petit.**

▶ **considérablement** adv. D'une manière considérable, très importante. ➜ **beaucoup, énormément.** *La vie de tous les jours a considérablement changé depuis 50 ans.* ▮ contraire : **peu.**

▶ **considération** n. f. **1.** *Prendre quelque chose en considération,* c'est en tenir compte. *Toutes les remarques seront prises en considération.* **2.** Estime. *Il jouit de la considération de ses supérieurs.* ▮ contraire : **mépris.**
▶ Autres mots de la famille : déconsidérer, inconsidéré.

consigner v. (conjug. 3) **1.** *Consigner un emballage,* le faire payer et le rembourser quand il est rapporté vide. *Cette bouteille de gaz ne doit pas être jetée, elle est consignée.* **2.** Noter par écrit. *Le commandant consigne dans son journal de bord tout ce qui se passe sur le bateau.*

▶ **consigne** n. f. **1.** Instruction, ordre de faire quelque chose. *Les consignes de sécurité en cas d'incendie sont inscrites sur la porte. Lis bien la consigne avant de faire l'exercice.* **2.** Endroit où l'on peut laisser ses bagages dans une gare. *Il a mis sa valise à la consigne.* **3.** Prix d'un emballage qui sera remboursé si on le rapporte. *La glace coûte 9 euros plus 1 euro de consigne pour la boîte.*

consistant, consistante adj. Épais, presque solide. *Cette sauce est trop consistante.* ▮ contraire : **liquide.**

▶ **consistance** n. f. État dans lequel est une matière. *Quand il sort du réfrigérateur, le beurre a une consistance ferme, quand il est resté au soleil, il a une consistance molle.*
▶ Autre mot de la famille : inconsistant.

consister v. (conjug. 3) **1.** *Consister à,* avoir pour objet. *Le travail d'un médecin consiste à soigner les gens.* **2.** *Consister en,* être composé de. *Le repas consistait en un plat et un dessert.* ➜ **comporter.**

consœur n. f. Femme qui exerce la même profession qu'une autre personne. *Le médecin demande l'avis de sa consœur sur le cas d'un patient.* ➜ aussi **collègue.** ▷ Mot de la famille de sœur.
▶ Si c'est un homme, on dit *un confrère.* ➜ **confrère.**

consolant, consolante adj. Qui console, réconforte. *Des paroles consolantes.* ➜ **réconfortant.** ▷ Mot de la famille de consoler.

consolateur n. m., **consolatrice** n. f. Personne qui console. *Elle est ma consolatrice dans les moments difficiles.* ▷ Mot de la famille de consoler.

consolation n. f. Soulagement apporté au chagrin de quelqu'un. *Il lui a dit quelques mots de consolation.* ➜ **réconfort.** ▷ Mot de la famille de consoler.

console n. f. **1.** Petite table appuyée contre un mur. *Il y a un bouquet de fleurs sur la console de l'entrée.* **2.** *Une console de jeux,* c'est un terminal d'ordinateur que l'on relie à un téléviseur pour jouer à des jeux électroniques.

console

consoler v. (conjug. 3) **1.** *Consoler quelqu'un,* calmer son chagrin. *Paul a consolé Léa qui pleurait.* ➜ **apaiser, réconforter.** **2. se consoler,** oublier son chagrin. *Louise ne s'est pas consolée de la mort de son chat.*
▶ Autres mots de la famille : consolant, consolateur, consolation, inconsolable.

consolider v. (conjug. 3) Rendre plus solide. *Le maçon a consolidé le mur avec du ciment.* ➜ **renforcer.** ▷ Mot de la famille de solide.

consommer v. (conjug. 3) **1.** Absorber pour se nourrir. *Les Français consomment beaucoup de fromage.* **2.** Utiliser pour fonctionner. *Cette voiture consomme très peu d'essence.*

▸ **consommateur** n. m., **consommatrice** n. f. **1.** Personne qui achète et utilise les produits vendus dans les magasins. ➜ **acheteur, client.** *Les commerçants cherchent à satisfaire les besoins des consommateurs.* **2.** Personne qui boit quelque chose dans un café. *Quand il fait beau, on voit des consommateurs aux terrasses des cafés.*

▸ **consommation** n. f. **1.** Usage que l'on fait de quelque chose. *Julie fait une grande consommation de bonbons,* elle en mange beaucoup. **2.** Boisson que l'on boit dans un café. *Le serveur apporte les consommations.*

consonne n. f. (➜ ÉTYM.) Lettre qui représente un bruit produit par le passage de l'air dans la gorge et dans la bouche. *Dans le mot «mer» il y a deux consonnes,* ***m*** *et* ***r****, et une voyelle* ***e****.*

conspirer v. (conjug. 3) S'entendre en secret pour renverser une personne au pouvoir. *Les révolutionnaires conspiraient pour renverser le roi.* ➜ **comploter.**

▸ **conspirateur** n. m., **conspiratrice** n. f. Personne qui conspire. *Les conspirateurs tenaient une réunion secrète.* ➜ **conjuré.**

▸ **conspiration** n. f. Accord secret entre plusieurs personnes pour renverser quelqu'un qui est au pouvoir. *La conspiration a échoué.* ➜ **complot, conjuration.**

conspuer v. (conjug. 3) Manifester bruyamment son désaccord avec quelqu'un ou quelque chose. *La foule des spectateurs conspuait l'arbitre,* elle lui criait des injures. ➜ **huer.** ▮ contraires : **acclamer, applaudir.**

Ce mot appartient au langage soutenu.

constant, constante adj. **1.** Qui ne s'arrête jamais. *Il y a un bruit constant dans la rue.* ➜ **continuel, incessant, permanent. 2.** Qui ne change pas. *Grâce au thermostat du radiateur, la température de la pièce reste constante.* ▮ contraires : **changeant, variable.**

▸ **constamment** adv. Sans cesse, tout le temps. *Il est constamment de mauvaise humeur.* ▮ contraire : **jamais.**

▸ **constance** n. f. Persévérance, patience. *Il a travaillé avec constance pour réussir.*

▸ Autre mot de la famille : **inconstant.**

constater v. (conjug. 3) Remarquer, observer. *Le professeur a constaté l'absence de Julie. Il a constaté qu'elle n'était pas là.*

▸ **constat** n. m. Document officiel qui décrit une situation. *Après l'accident, les deux automobilistes ont fait un constat,* ils ont indiqué par écrit comment s'était passé l'accident.

▸ **constatation** n. f. Ce que l'on a constaté, observé. *Il nous a fait part de ses constatations.* ➜ **observation, remarque.**

constellation n. f. Groupe d'étoiles qui forment un dessin particulier dans le ciel. *La Grande Ourse, la Petite Ourse et la Balance sont des constellations.*

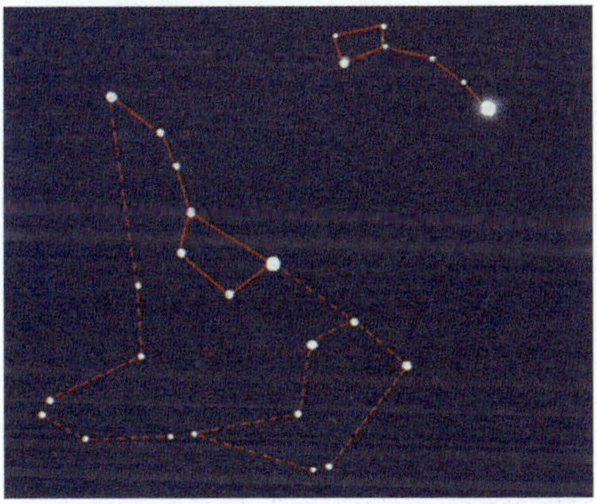

les **constellations**
de la Grande Ourse et de la Petite Ourse

constellé, constellée adj. **1.** *Un ciel constellé d'étoiles,* rempli d'étoiles. ➜ **étoilé. 2.** *Une jupe constellée de taches,* couverte, parsemée de taches. ➜ **plein.**

consterner v. (conjug. 3) Causer une très mauvaise surprise. *Cette mauvaise nouvelle nous a consternés.* ➜ **désoler.** ▮ contraire : **réjouir.**

▸ **consternant, consternante** adj. Désolant, navrant. *Cet échec est consternant.*

▸ **consternation** n. f. Tristesse, abattement. *Cette triste nouvelle plongea tout le monde dans la consternation.* ▮ contraire : **joie.**

constipé, constipée adj. Qui a du mal à faire ses besoins. *Paul a mangé trop de chocolat, il est constipé.*

a b c d e f g h i j k l m n o p q r s t u v w x y z

▶ **constipation** n. f. Le fait d'avoir du mal à faire ses besoins. *Les pruneaux sont efficaces contre la constipation.* ▮ contraires : **colique, diarrhée.**

constituer v. (conjug. 3) **1.** Composer, former. *La table est constituée d'une planche et de quatre pieds.* ➜ **comporter. 2.** Organiser, mettre sur pied. *Les joueurs ont constitué les équipes.* ➜ **former.**

▶ **constitué, constituée** adj. *Bien constitué,* bien formé, sans malformation. *Ce nouveau-né est robuste et bien constitué.*

▶ **constituant, constituante** adj. **1.** Qui compose, forme quelque chose. *L'oxygène et l'azote sont des éléments constituants de l'air.* – n. m. *L'oxygène est un des constituants de l'eau.* ➜ **composant. 2.** *Une assemblée constituante,* c'est un groupe de personnes chargé de mettre au point la constitution d'un pays.

▶ **constitution** n. f. **1.** Manière dont une chose est composée. *Nous étudierons aujourd'hui la constitution de l'air.* ➜ **composition. 2.** Organisation, formation. *Il a participé à la constitution de notre club sportif.* **3.** *Ce bébé a une robuste constitution,* il est bien développé. **4.** *La Constitution d'un pays,* c'est l'ensemble des lois qui disent comment ce pays doit être gouverné.

▶ **constitutionnel, constitutionnelle** adj. En accord avec la Constitution d'un pays. *Cette loi n'est pas constitutionnelle.*

▶ Autres mots de la famille : reconstituer, reconstitution.

construire v. (conjug. 41) **1.** Bâtir. ➜ ① **édifier.** *La maison a été construite il y a deux ans.* ▮ contraires : **démolir, détruire. 2.** Tracer. *Construis un triangle isocèle.* **3.** *Construire une phrase,* c'est mettre les mots dans le bon ordre. *Cette phrase est mal construite.*

▶ **constructeur** n. m., **constructrice** n. f. Personne, groupe de personnes qui construit, fabrique. *Les grands constructeurs d'automobiles.*

▶ **constructif, constructive** adj. Qui propose des solutions pour améliorer les choses, ne critique pas sans cesse. ➜ **positif.** *Alex a fait des remarques constructives.* ▮ contraire : ① **négatif.**

▶ **construction** n. f. **1.** Action de bâtir. *La construction de la maison a été longue.* ➜ **édification.** ▮ contraires : **démolition, destruction. 2.** Maison, immeuble. *Il y a beaucoup de constructions neuves dans le quartier.* **3.** *La construction d'une phrase,* c'est l'ordre des mots dans la phrase. *Léa a fait une faute de construction dans sa rédaction.*

▶ Autres mots de la famille : reconstruction, reconstruire.

constructeur
(*Les Constructeurs,* F. Léger, 1950)

consul n. m., **consule** n. f. **1.** n. m. Celui qui gouvernait l'État romain, dans l'Antiquité. *La république romaine était gouvernée par deux consuls.* **2.** Personne chargée, à l'étranger, de défendre les intérêts de ses compatriotes. *La consule de France à Barcelone.* ➜ aussi **ambassadeur.**

▶ **consulat** n. m. Endroit où travaille un consul. *Le consulat des États-Unis à Paris.*

consulter v. (conjug. 3) **1.** Demander un avis, un conseil. *Vous devriez consulter un avocat. Elle a consulté un médecin,* elle s'est fait examiner par un médecin. **2.** Regarder quelque chose pour se renseigner. *Il consulte l'horaire des trains sur Internet.*

▸ **consultation** n. f. Examen d'un malade par un médecin dans son cabinet. *Le médecin est en consultation.*

se **consumer** v. (conjug. 4) Brûler et devenir de la cendre. *La cigarette s'est consumée lentement dans le cendrier.*

contact n. m. **1.** Position de choses qui se touchent. *Elle ne supporte pas le contact du nylon. Léa s'est brûlée au contact du radiateur,* en touchant le radiateur. *Alex a des verres de contact.* ➜ **verre** et aussi **lentille. 2.** *Mettre le contact,* c'est, dans une voiture, permettre au courant électrique de passer de la batterie au démarreur afin que le moteur se mette en marche. *L'automobiliste met le contact et démarre.* **3.** Relations entre des personnes. *Ils ont d'excellents contacts avec leurs voisins. Elle a pris contact avec nous,* elle est entrée en relation avec nous.

▸ **contacter** v. (conjug. 3) Se mettre en relation avec quelqu'un. *Il a contacté son avocat.* ➜ **joindre, rencontrer.**

contagion n. f. Transmission d'une maladie. *Les enfants qui ont la varicelle ne vont pas à l'école pour éviter la contagion,* pour éviter de contaminer les autres.

▸ **contagieux, contagieuse** adj. **1.** *Une maladie contagieuse,* qui s'attrape facilement. *La rougeole est une maladie contagieuse.* **2.** *Un malade contagieux,* qui peut transmettre sa maladie. *Tu retourneras à l'école quand tu ne seras plus contagieux.*

contaminer v. (conjug. 3) Transmettre une maladie. *Le malade a contaminé ses camarades.* ➜ aussi **contagion.**

▸ **contamination** n. f. Le fait d'être infecté par des microbes ou par la pollution. *La contamination de l'eau de la rivière est due à des produits chimiques.* ➜ **pollution.**

conte n. m. Histoire inventée qui raconte des aventures merveilleuses. *Le Chat botté et Cendrillon sont des contes de Perrault.* ▮ homonymes : compte, comte. ▷ Mot de la famille de conter.

contempler v. (conjug. 3) Regarder attentivement pendant longtemps, en admirant. *Les touristes contemplent le paysage.*

▸ **contemplation** n. f. Attitude d'une personne qui regarde longuement, avec attention ou admiration. *Il était en contemplation devant le coucher de soleil.* ➜ **extase.**

contemporain, contemporaine adj. **1.** *Jeanne d'Arc et Charles VII étaient contemporains,* ils vivaient à la même époque. **2.** Actuel. ➜ **moderne.** *Une exposition de peinture contemporaine.* ▮ contraires : **ancien, antique.**

contenir v. (conjug. 13) **1.** Avoir en soi. *Les fruits contiennent des vitamines.* ➜ **renfermer. 2.** Avoir une capacité, une contenance. *Cette bouteille contient un litre.* **3.** Empêcher d'avancer. *La police contenait la foule.* ➜ **endiguer. 4. se contenir,** se retenir, se dominer. *Elle est très en colère, mais elle se contient.*

▸ **contenance** n. f. **1.** Quantité qu'un récipient peut contenir. *Cette bouteille a une contenance de deux litres.* ➜ **capacité. 2.** Manière de se tenir, attitude. *Elle a perdu contenance devant l'examinateur,* elle s'est troublée. ➜ aussi **décontenancer.**

▸ **contenant** n. m. Ce qui peut contenir quelque chose. *Une valise, une bouteille sont des contenants.* ➜ aussi **contenu.**

▸ **conteneur** n. m. Grande caisse servant à transporter des marchandises ou dans laquelle on dépose des déchets. *Les bouteilles de verre doivent être déposées dans les conteneurs prévus à cet effet.*

▷ Mots de la famille de tenir.

conteneur à verre

content, contente adj. **1.** Satisfait. *Alex est content de son nouveau vélo.* ➜ **enchanté, ravi.** ▮ contraire : **mécontent.** *Le professeur est content de ses élèves.* **2.** Gai, joyeux. ➜ **heureux.** *Léa est toute contente de partir en classe de neige.* ➜ **ravi.** ▮ homonyme : comptant.

▸ **contenter** v. (conjug. 3) **1.** Rendre quelqu'un content en lui donnant ce qu'il dé-

a b c d e f g h i j k l m n o p q r s t u v w x y z

sire. → **satisfaire.** *Nous nous efforçons de contenter tous nos clients.* contraire : **mécontenter.** **2.** ***Se contenter*** *de quelque chose*, c'est n'avoir besoin de rien de plus. *Elle s'est contentée d'un yaourt pour son dîner.*

▸ **contentement** n. m. Satisfaction. *Son contentement se lit sur son visage.* contraire : **mécontentement.**

▶ Autres mots de la famille : mécontent, mécontentement, mécontenter.

contenu n. m. **1.** Ce qu'il y a dans quelque chose. *Paul a bu tout le contenu de son verre*, tout ce que son verre contenait. **2.** *Je ne me souviens plus du contenu de ce livre*, de ce qui est écrit dedans. ▷ Mot de la famille de tenir.

conter v. (conjug. 3) Raconter. *La vieille dame nous conta l'histoire de la Belle au bois dormant.* homonymes : compter, comté.

Ce mot appartient au langage soutenu.

▶ Autres mots de la famille : conte, conteur, racontar, raconter.

contester v. (conjug. 3) Refuser d'admettre. *L'avocat conteste le récit du témoin*, il n'est pas d'accord avec ce qu'il dit. contraire : **approuver.**

▸ **contestable** adj. Que l'on peut contester. *Un choix contestable.* → **discutable.** contraire : **incontestable.**

▸ **contestataire** n. m. et f. Personne qui n'est pas d'accord et le dit bien fort. *Une contestataire.* – adj. *Des étudiants contestataires ont organisé une grève.*

▸ **contestation** n. f. Fait de contester, d'affirmer son désaccord. *Sa décision n'a pas soulevé de contestation.* → **protestation.**

▸ sans **conteste** adv. Sans discussion possible. → **incontestablement.** *C'est sans conteste la meilleure élève de la classe.*

Cet adverbe appartient au langage soutenu.

▶ Autres mots de la famille : incontestable, incontestablement.

conteur n. m., **conteuse** n. f. Personne qui dit des contes, raconte des histoires. *C'est un excellent conteur.* homonyme : compteur. ▷ Mot de la famille de conte.

contexte n. m. Texte qui entoure un mot ou une phrase. *Il faut voir le contexte pour savoir ce que veut dire «voler».* ▷ Mot de la famille de texte.

contigu, contiguë [kɔ̃tigy] adj. *Deux pièces contiguës*, situées l'une à côté de l'autre. *La salle de bains est contiguë à sa chambre.*

Attention au tréma du ë au féminin : contiguë.

contorsionniste

continent n. m. Grande étendue de terre comprise entre deux océans. *L'Europe, l'Asie, l'Afrique, l'Amérique, l'Océanie et l'Antarctique sont les six continents.*

▸ **continental, continentale** adj. Qui concerne les continents. *Le climat continental*, c'est le climat des régions éloignées de la mer. – Au masc. pl. *continentaux.*

continu, continue adj. Qui ne s'arrête pas. → **incessant.** *Il y a eu une pluie continue toute la journée.* → **ininterrompu.** contraire : **intermittent.** *On ne doit pas doubler quand il y a une ligne blanche continue au milieu de la route.* contraire : **discontinu.**

▸ **continuel, continuelle** adj. Qui ne s'arrête pas ou se répète régulièrement. → **incessant.** *Il lui fait des critiques continuelles.*

▸ **continuellement** adv. Sans arrêt. → **constamment.** *Elle se plaint continuellement.*

▸ **continuer** v. (conjug. 3) **1.** Ne pas arrêter de faire quelque chose. *Elle a continué de travailler jusqu'à minuit.* – On peut dire aussi : *elle a continué à travailler.* contraire : **cesser.** **2.** Ne pas s'arrêter. *Le chemin continue après la ferme*, il va plus loin. → se **poursuivre,** se **prolonger.**

▸ **continuité** n. f. Le fait d'être continu, de ne pas s'arrêter. *Le chef d'État a défendu la continuité de son action.*

▶ Autres mots de la famille : discontinu, sans discontinuer.

contondant, contondante adj. *Une arme contondante,* qui blesse sans couper. *Un bâton, une matraque sont des armes contondantes.* ▮ contraires : **coupant, tranchant.**

contorsion n. f. *Faire des contorsions,* c'est se tordre dans tous les sens.

▸ **se contorsionner** v. (conjug. 4) Se tordre dans tous les sens, faire des contorsions. *Il faut se contorsionner pour se gratter le dos.*

▸ **contorsionniste** n. m. et f. Acrobate qui fait des contorsions, peut mettre ses membres dans toutes les positions. *Paul a beaucoup aimé le numéro des contorsionnistes au cirque.*
▷ Mots de la famille de tordre.

contour n. m. Ligne qui fait le tour. *Le dessinateur commence le portrait en dessinant le contour du visage.* ▷ Mot de la famille de tourner.

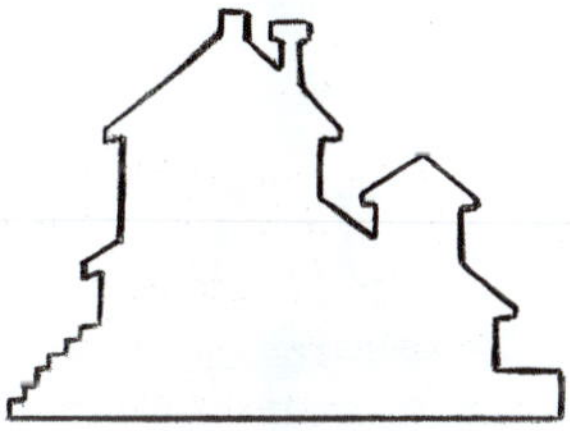

contour d'une maison

contourner v. (conjug. 3) Faire le tour, passer autour. *L'autoroute contourne la ville,* elle l'évite en faisant le tour. ▷ Mot de la famille de tourner.

contraceptif n. m. Moyen utilisé pour ne pas avoir d'enfants. *La pilule et le préservatif sont des contraceptifs.*

contraception n. f. Ensemble des moyens utilisés pour ne pas avoir d'enfant. ➜ aussi **pilule, préservatif.**

contracté, contractée adj. Tendu, nerveux. *Les candidats sont très contractés.* ▮ contraires : **décontracté, détendu.** ▷ Mot de la famille de ③ contracter.

① **contracter** v. (conjug. 3) S'engager par un contrat. *Contracter une assurance,* c'est prendre une assurance, signer un contrat d'assurance. ➜ aussi **contrat.**

② **contracter** v. (conjug. 3) **1.** *Contracter une maladie,* c'est l'attraper. *Théo a contracté la grippe.* **2.** *Contracter une habitude,* c'est la prendre. *Il a contracté très jeune la mauvaise habitude de fumer.*

③ **contracter** v. (conjug. 3) *Contracter ses muscles,* c'est les raidir, les tendre. – **se contracter,** devenir contracté. *Les muscles se contractent sous l'effort.*

▸ **contraction** n. f. Le fait de se contracter. *La contraction raccourcit le muscle.* ▮ contraire : **relâchement.**
▸ Autres mots de la famille : contracté, décontracté, se décontracter, décontraction.

contractuel n. m., **contractuelle** n. f. Personne chargée par la police de mettre des contraventions aux automobilistes en stationnement interdit.

contradiction n. f. **1.** *Avoir l'esprit de contradiction,* c'est aimer contredire les autres, sans raison valable. **2.** Opposition entre deux choses que l'on affirme en même temps. *Il y a une contradiction entre ce qu'il dit et ce qu'il fait.*

▸ **contradictoire** adj. *Des affirmations contradictoires,* qui se contredisent, s'opposent.

contraignant, contraignante adj. Qui contraint, qui gêne. ➜ **astreignant.** *Des horaires contraignants.* ▷ Mot de la famille de contraindre.

contraindre v. (conjug. 55) Obliger. *Le mauvais temps nous a contraints à rester à la maison.*

▸ **contrainte** n. f. **1.** Violence exercée contre quelqu'un. *Le caissier a donné l'argent sous la contrainte,* en y étant forcé. **2.** Obligation que l'on ne peut pas éviter. *Chaque métier a des contraintes.*
▸ Autre mot de la famille : contraignant.

contraire adj. et n. m.
▪ adj. Opposé. *«Oui» et «non» sont des mots de sens contraire.* ▮ contraires : **même, pareil, semblable.** *Se lever tôt est contraire à ses habitudes.*
▪ n. m. **1.** *Le contraire d'une chose,* c'est ce qui lui est opposé. *Julie fait toujours le contraire de ce qu'on lui demande de faire.* ➜ **inverse.** *Théo n'est pas méchant, au contraire il est très gentil,* loin de là. **2.** Mot de sens opposé. ➜ **antonyme.** *«Grand» est le contraire de «petit».* ▮ contraire : **synonyme.**

▸ **contrairement** adv. D'une manière contraire. *Contrairement à son frère, Julie est bonne élève.* ▮ contraire : **conformément.**
▷ Mots de la famille de contre.

a b c d e f g h i j k l m n o p q r s t u v w x y z

contrarier v. (conjug. 9) **1.** Empêcher la réalisation d'une chose. *Le mauvais temps a contrarié nos projets.* → **contrecarrer.** ▮ contraires : **aider, favoriser.** **2.** Rendre mécontent. *Son départ me contrarie.*

▶ **contrariant, contrariante** adj. Gênant. → **fâcheux.** *Ce retard est vraiment contrariant.*

▶ **contrarié, contrariée** adj. Mécontent. *Alex a l'air contrarié.* ▮ contraire : **content.**

▶ **contrariété** n. f. Mécontentement causé par quelque chose ou quelqu'un qui s'oppose à ce que l'on veut faire. *Elle a eu beaucoup de contrariétés aujourd'hui.* → aussi **frustration.** ▮ contraire : **satisfaction.**

▷ Mots de la famille de contre.

contraste n. m. **1.** Grande différence très visible. *Quel contraste entre ces villas luxueuses et ces bidonvilles !* ▮ contraire : **ressemblance.** **2.** Différence entre les parties claires et les parties sombres d'une image. *Cette photo manque de contraste.*

▶ **contraster** v. (conjug. 3) S'opposer de façon frappante. *Sa méchanceté contraste avec la gentillesse de sa sœur.* → **trancher.**

▷ Mots de la famille de contre.

contrat n. m. Accord entre plusieurs personnes fixant les droits et les devoirs de chacun. → aussi ① **contracter.** *Les futurs mariés ont signé leur contrat de mariage.*

contravention n. f. Amende. *Il a eu une contravention pour excès de vitesse.* → **procès-verbal.**

contre prép., adv. et n. m.

▪ prép. **1.** *Il a poussé le lit contre le mur,* tout près du mur jusqu'à ce qu'il le touche. **2.** Indique l'idée d'opposition. *Louise est en colère contre son frère. Beaucoup de gens sont contre ce projet.* ▮ contraire : **pour.** *Alex nage dans la rivière contre le courant.* **3.** *Paul a échangé une sucette contre une bille,* il a donné une sucette en échange d'une bille.

▪ adv. *Par contre,* en revanche, au contraire. *Il est très brun, par contre sa sœur est blonde.* → **mais.**

▪ n. m. *Le pour et le contre,* les avantages et les inconvénients. *Avant de prendre une décision, il faut peser le pour et le contre.*

▶ Autres mots de la famille : contraire, contrairement, contrariant, contrarié, contrarier, contrariété, contraste, contraster, contrer, à l'encontre de, malencontreusement, malencontreux, rencontre, rencontrer, se rencontrer.

contre-allée n. f. Allée qui longe une avenue. *Les contre-allées de l'avenue Foch, à Paris.* ▷ Mot de la famille de ① aller.

contrebasse

contre-attaque n. f. Attaque lancée alors qu'on est attaqué. → **contre-offensive.** – Au pl. *Des contre-attaques.*

▶ **contre-attaquer** v. (conjug. 3) Faire une contre-attaque. *L'armée ennemie a contre-attaqué.*

▷ Mots de la famille de attaquer.

contrebalancer v. (conjug. 5a) Équilibrer. → **compenser.** *Les avantages contrebalancent les inconvénients.* ▷ Mot de la famille de balancer.

contrebande n. f. *Faire de la contrebande,* c'est passer en fraude des marchandises d'un pays dans un autre, sans payer les droits de douane.

▶ **contrebandier** n. m., **contrebandière** n. f. Personne qui fait de la contrebande. → **trafiquant.**

en contrebas adv. Plus bas que l'endroit où l'on est. *La route passe en contrebas.* ▷ Mot de la famille de ① bas.

contrebasse n. f. Grand instrument de musique à quatre cordes, au son très grave. ➔ planche **Instruments** de musique. *Il joue de la contrebasse.*

▸ **contrebassiste** n. m. et f. Personne qui joue de la contrebasse. ➔ aussi **bassiste.**
▷ Mots de la famille de (1) bas.

contrecarrer v. (conjug. 3) Faire obstacle en s'opposant. *Sa venue a contrecarré mes projets.* ➔ **contrarier.** ▮ contraire : **favoriser.**

à **contrecœur** adv. En se forçant, de mauvaise grâce. *Elle a accepté de venir, à contrecœur.* ▮ contraires : de bon **cœur, volontiers.** ▷ Mot de la famille de cœur.

contrecoup n. m. Évènement qui est provoqué par un autre. ➔ **conséquence.** *L'usine subit les contrecoups de la crise.* ▷ Mot de la famille de coup.

à **contre-courant** adv. En remontant le courant. *Alex nage dans la rivière à contre-courant.* ▷ Mot de la famille de courir.

contredire v. (conjug. 40 ; mais *vous contredisez*) **1.** *Contredire quelqu'un,* c'est dire le contraire de ce qu'il dit. *Julie contredit sans arrêt sa mère.* ➔ aussi **contradiction. 2. se contredire,** dire le contraire de ce qu'on avait dit auparavant. *Louise s'est contredite plusieurs fois en racontant ce qu'elle avait vu.* ▷ Mot de la famille de dire.

contrée n. f. Pays, région. *La Normandie est une belle contrée.* ▮ homonyme : contrer.
▸ Ce mot appartient au langage soutenu.

contrefaçon n. f. Imitation faite pour tromper. *La contrefaçon des billets de banque est un délit très grave.* ▷ Mot de la famille de façon.

contrefaire v. (conjug. 37) Imiter une chose avec une intention malhonnête. *Le voleur avait contrefait ma signature sur mes chèques. Le ravisseur a contrefait sa voix au téléphone.* ➔ **déguiser.**

▸ **contrefait, contrefaite** adj. *Une personne contrefaite,* c'est une personne dont le corps n'a pas une forme normale. ➔ **difforme.**
▷ Mots de la famille de faire.

contrefort n. m. **1.** Mur servant d'appui à un autre mur, à un pilier. ➔ **arcboutant.** ➔ planche **Cathédrale.** *Les contreforts d'un pont.* **2.** *Les contreforts d'une chaîne de montagnes,* ses premières pentes. ▷ Mot de la famille de (1) fort.

contre-indication n. f. Cas dans lequel un traitement, un médicament est déconseillé ou dangereux. *Une notice énumère les contre-indications du médicament.* ▷ Mot de la famille de indiquer.

contre-indiqué, contre-indiquée adj. Qui est déconseillé dans certains cas, dangereux pour la santé. *Ce médicament est contre-indiqué en cas de diabète.* ▮ contraire : **indiqué.**
▷ Mot de la famille de indiquer.

à **contre-jour** adv. *À contre-jour,* en étant éclairé par-derrière. *La photo a été prise à contre-jour.* ▷ Mot de la famille de jour.

contre-la-montre n. m. inv. Course cycliste chronométrée dans laquelle les coureurs parcourent l'un après l'autre le même trajet. – Au pl. *Des contre-la-montre.* ▷ Mot de la famille de montre.

contremaître n. m., **contremaîtresse** n. f. Personne qui dirige une équipe d'ouvriers. ▷ Mot de la famille de maître.

contre-offensive n. f. Contre-attaque pour empêcher l'ennemi d'avancer. – Au pl. *Des contre-offensives.* ▷ Mot de la famille de offense.

en **contrepartie** adv. En échange de ce que l'on donne, du service que l'on rend. ➔ en **compensation.** *Ils logent une jeune fille qui, en contrepartie, garde leur bébé le soir.* ▷ Mot de la famille de part.

contrepied n. m. *Prendre le contrepied de quelque chose,* c'est faire ou dire exactement le contraire. *Paul prend toujours le contrepied de ce que dit sa sœur.* ▷ Mot de la famille de (1) pied.
▸ On écrit aussi *contre-pied.*

contreplaqué n. m. Matériau formé de minces plaques de bois collées les unes aux autres. *Alex fait une maquette d'avion en contreplaqué.* ▷ Mot de la famille de plaquer.

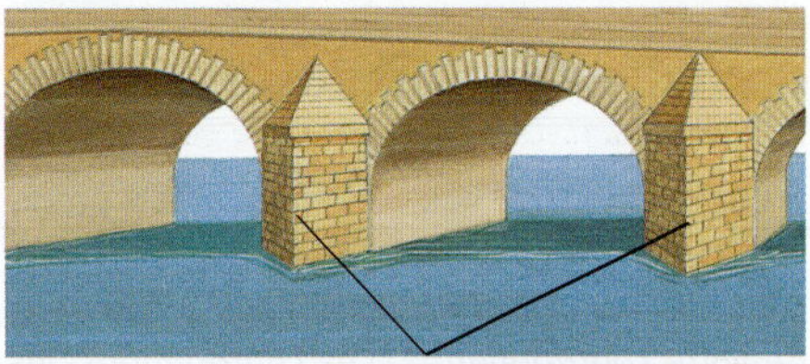

contreforts d'un pont

contrepoids n. m. Poids qui fait équilibre à un autre poids. *Le contrepoids de l'ascenseur descend quand l'ascenseur monte.* ▷ Mot de la famille de **poids.**

contrepoison n. m. Produit qui agit contre un poison. ➜ **antidote.** ▷ Mot de la famille de **poison.**

contrer v. (conjug. 3) S'opposer avec succès à. *Notre équipe de football a contré l'attaque de l'équipe adverse.* ▮ homonyme : contrée. ▷ Mot de la famille de **contre.**

contresens n. m. Mauvaise interprétation du sens d'un mot. *Elle a fait plusieurs contresens dans sa version.* ▷ Mot de la famille de ② **sens.**

à contresens adv. Dans la direction contraire à la direction normale. *Un automobiliste ivre a pris l'autoroute à contresens.* ▷ Mot de la famille de ① **sens.**

à **contresens**

contretemps n. m. Évènement inattendu qui retarde, complique ce que l'on a prévu de faire. *Un contretemps fâcheux m'a empêché de venir à votre dîner.* ▷ Mot de la famille de ① **temps.**

contribuer v. (conjug. 3) Aider à ce que quelque chose se fasse et réussisse. ➜ **participer.** *De nombreuses personnes ont contribué au succès de la fête.* ➜ **aider, collaborer, coopérer.**

▸ **contribuable** n. m. et f. Personne qui paye des impôts.

▸ **contribution** n. f. **1.** Part que l'on prend à la réalisation de quelque chose. ➜ ① **aide, concours, participation.** *Nous vous remercions de votre contribution.* **2.** *Les contributions,* les impôts que chacun doit payer.

contrôle n. m. **1.** Examen, vérification. *La police procède à des contrôles d'identité. Le contrôle technique d'un véhicule.* **2.** Devoir fait en classe pour contrôler les connaissances des élèves. *Louise a un contrôle de maths demain.* **3.** *Le chauffard a perdu le contrôle de sa voiture,* il n'a plus réussi à la diriger.

▸ **contrôler** v. (conjug. 3) S'assurer qu'une chose est en règle. ➜ **inspecter, vérifier.** *Le policier a contrôlé nos papiers d'identité.*

▸ **contrôleur** n. m., **contrôleuse** n. f. Personne dont le métier est de faire des contrôles. *Le contrôleur du train vérifie les billets des voyageurs.*

▸ Autre mot de la famille : **incontrôlable.**

contrordre n. m. Ordre qui ordonne le contraire d'un ordre déjà donné. *Il y a contrordre, vous ne partirez que demain.* – Au pl. *Des contrordres.* ▷ Mot de la famille de ② **ordre.**

controverse n. f. Discussion qui oppose ceux qui y participent. *L'énergie nucléaire provoque de vives controverses.* ➜ **débat** et aussi **polémique.**

contusion n. f. Blessure légère faite par un choc, sans saignement. *Il s'est sorti de son accident avec seulement quelques contusions.*

convaincre v. (conjug. 45) *Convaincre quelqu'un,* c'est le persuader, l'amener à croire qu'une chose est vraie ou nécessaire. *L'accusé a convaincu le juge de son innocence.* ➜ aussi **conviction.** *J'ai convaincu Julie de venir avec nous.*

▸ **convaincant, convaincante** adj. Qui convainc. ➜ **concluant.** *Des arguments convaincants.*

convalescent [kɔ̃valesɑ̃], **convalescente** [kɔ̃valesɑ̃t] adj. Qui vient d'être malade et va mieux, tout en étant encore faible. *Julie est convalescente.*

▸ **convalescence** [kɔ̃valesɑ̃s] n. f. Temps de repos après une maladie. *Pendant sa convalescence, Julie a lu plusieurs bandes dessinées.*

convenir v. (conjug. 13) **1.** Reconnaître. ➜ **admettre.** *Louise a convenu de son erreur.* **2.** Se mettre d'accord. *Ils ont convenu de s'écrire toutes les semaines. – Qu'est-ce qui a été convenu entre eux ?* ➜ **décider.** **3.** Être approprié, aller bien. *Le judo est un sport qui convient* à Théo. 4. *Il convient de*, il faut. *Il convient de les remercier.* 5. *Comme convenu*, comme c'est décidé, prévu. *On se retrouve tous ici à midi, comme convenu.*

▸ **convenable** adj. 1. Assez bon, suffisant. ➜ **acceptable, correct.** *Son salaire est tout à fait convenable.* 2. Conforme aux règles de la politesse, aux usages. *Ce n'est pas convenable de dire des gros mots.* ➜ **correct.** ▮ contraires : **inconvenant, incorrect.**

▸ **convenablement** adv. Comme il faut, de manière convenable. *Tenez-vous convenablement à table !* ➜ **correctement.**

▸ **convenance** n. f. 1. *Léa a trouvé une robe à sa convenance*, à son goût. 2. *Les convenances*, ce sont les règles de la politesse. *Il faudrait toujours respecter les convenances.* ➜ aussi **convention.**

▶ Autres mots de la famille : inconvenant, inconvénient.

convention n. f. 1. Accord entre deux ou plusieurs personnes sur un sujet précis. *Les deux pays ont signé une convention commerciale.* ➜ **entente.** 2. *Les conventions*, les règles qu'il est d'usage de respecter. *Elle est très attachée aux conventions sociales.* ➜ aussi **convenance.**

▸ **conventionnel, conventionnelle** adj. Qui respecte ce qu'il faut dire, penser ou faire en société. *Il a des idées très conventionnelles.* ▮ contraire : **avancé.** *C'est un homme très conventionnel.* ➜ **conformiste.** ▮ contraire : **original.**

converger v. (conjug. 5b) 1. Aller vers le même point. *De nombreuses routes convergent vers la ville.* 2. *Nos idées convergent*, elles sont très proches. ▮ contraire : **diverger.**

▸ **convergent, convergente** adj. 1. Qui se dirige vers un même point. *Ces deux lignes se coupent en un point, elles sont convergentes.* 2. Qui aboutit au même résultat. *Nos opinions sont convergentes.* ▮ contraire : **divergent.**

▸ **convergence** n. f. Le fait de se diriger dans la même direction, d'aboutir au même résultat. *La convergence de leurs points de vue leur a permis de signer un accord. Les scientifiques constatent la convergence de leurs travaux.* ▮ contraire : **divergence.**

converser v. (conjug. 3) Parler avec quelqu'un. ➜ **s'entretenir.** *Ils ont conversé un long moment.* ➜ **bavarder, discuter.**

◗ Ce mot appartient au langage soutenu.

▸ **conversation** n. f. Échange de paroles entre des personnes. *Nous avons eu une longue conversation.* ➜ **discussion,** ② **entretien.**

conversion n. f. 1. Le fait de changer de religion. *La conversion de Clovis au christianisme eut lieu en 496.* ➜ aussi se **convertir.** 2. Passage d'une mesure en d'autres unités. *Le professeur a fait faire des conversions de kilomètres en mètres.*

▶ Autre mot de la famille : reconversion.

convertir v. (conjug. 11) 1. **se convertir,** c'est adopter une religion ou en changer. *Henri IV s'est converti au catholicisme.* ➜ aussi **conversion.** 2. Transformer en une autre unité. *Léa a appris à convertir les heures en secondes.*

▸ **convertisseur** n. m. *Un convertisseur de devises*, une calculatrice qui convertit une monnaie dans une autre.

▶ Autre mot de la famille : reconvertir.

convexe adj. Arrondi en dehors, vers l'extérieur. ➜ **bombé.** *Un miroir convexe.* ▮ contraire : **concave.**

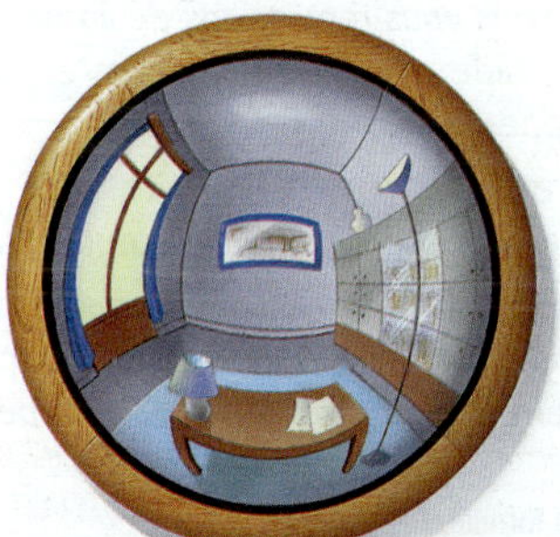

miroir convexe

conviction n. f. 1. Certitude. *J'ai la conviction qu'il viendra*, j'en suis sûr, j'en suis convaincu. 2. Opinion. *Ils n'ont pas les mêmes convictions politiques.*

convier v. (conjug. 9) Inviter. *Les parents de Paul ont convié le maire à dîner.*

◗ Ce mot appartient au langage soutenu.

convive n. m. et f. Personne invitée à un repas. ➜ **invité.** *Les convives sont au nombre de trois.*

a b c d e f g h i j k l m n o p q r s t u v w x y z

▸ **convivial, conviviale** adj. Qui favorise les relations agréables entre les gens. *Une soirée conviviale.* – Au pl. *Des repas conviviaux.*

convocation n. f. Lettre obligeant quelqu'un à venir. *Le frère d'Alex a reçu sa convocation au baccalauréat.* → aussi **convoquer.** ▹ Mot de la famille de convoquer.

convoi n. m. Groupe de véhicules, de personnes qui font route ensemble. *Un convoi militaire a traversé la ville.* ▹ Mot de la famille de voie.

convoiter v. (conjug. 3) Désirer. *Il convoite le poste de directeur.* → **briguer.**

▸ **convoitise** n. f. Très grand désir. → **avidité.** *Les enfants regardent la vitrine de la pâtisserie avec convoitise.*

convoquer v. (conjug. 3) Faire venir. *Le directeur a convoqué deux élèves dans son bureau.*
▸ Autre mot de la famille : convocation.

convulsion n. f. Contraction violente et involontaire des muscles. *La fièvre peut provoquer des convulsions.*

coopérer v. (conjug. 8) Travailler avec quelqu'un à la même chose. → **collaborer.** *Plusieurs ingénieurs ont coopéré à la construction de l'usine.*

▸ **coopération** n. f. 1. Participation. → (1) **aide.** *Nous vous remercions de votre coopération.* 2. Aide apportée à un pays en voie de développement.

▸ **coopératif, coopérative** adj. Qui apporte son aide. *Léa s'est montrée coopérative.*

▸ **coopérative** n. f. Association de personnes unies pour vendre, acheter ou produire. *Le fermier vend son lait à une coopérative.*
▹ Mots de la famille de opérer.

coordination n. f. 1. Organisation de plusieurs choses pour atteindre un but. *Il y a une bonne coordination entre les membres de l'équipe.* 2. *Une conjonction de coordination* relie deux mots ou deux propositions qui ont la même fonction. *«Mais», «ou», «et», «donc», «or», «ni», «car» sont des conjonctions de coordination.*

coordonné, coordonnée adj. *Une proposition coordonnée,* une proposition reliée à la proposition principale par une conjonction de coordination. *Dans la phrase «Il est parti mais il n'a pas dit où», «mais il n'a pas dit où» est une proposition coordonnée.* ▹ Mot de la famille de (1) ordonner.

coordonnée n. f. 1. *L'abscisse et l'ordonnée sont les coordonnées d'un point,* ce sont les éléments permettant de situer un point sur un plan. 2. *Les coordonnées d'une personne,* son adresse et son numéro de téléphone. *Donnez-moi vos coordonnées.* ▹ Mot de la famille de (1) ordonner.

coordonner v. (conjug. 3) Organiser pour faire marcher ensemble. → **harmoniser.** *Les pompiers et les sauveteurs ont coordonné leurs efforts.* → **synchroniser** et aussi **coordination.** ▹ Mot de la famille de (1) ordonner.

copain n. m., **copine** n. f. Familier. Ami. → **camarade,** fam. **pote.** *Alex est sorti avec une bande de copains.*

copeau n. m. Déchet, en forme de ruban, obtenu en égalisant une pièce de bois ou de métal. *Il y a un tas de copeaux de bois dans l'atelier.*

copie n. f. 1. Feuille volante sur laquelle les élèves font leurs devoirs. *Une copie double à petits carreaux.* – *Le professeur corrige les copies,* les devoirs. 2. Ce qui est copié, reproduit. → **reproduction.** *Ce tableau n'est pas l'original, c'est une copie.* → **imitation.** *Il a gardé une copie de sa lettre.* → **double,** (1) **exemplaire, photocopie.**

▸ **copier** v. (conjug. 9) 1. Reproduire. *Théo copie le résumé de la leçon sur son cahier.* → **recopier.** 2. *Louise a copié sur son voisin,* elle a regardé ce qu'il écrivait et a écrit la même chose.

▸ **copieur** n. m., **copieuse** n. f. Élève qui copie sur un autre. *Les copieurs sont des tricheurs.*
▸ Autres mots de la famille : copiste, photocopie, photocopier, photocopieuse, recopier, télécopie, télécopieur.

copieux, copieuse adj. Abondant. *Un repas copieux. Des portions copieuses.*

▸ **copieusement** adv. En grande quantité, beaucoup. *Nous sommes copieusement servis.* → **largement.**

copilote n. m. et f. Second pilote d'un avion qui peut remplacer le pilote. ▹ Mot de la famille de pilote.

copine → **copain**

copiste n. m. et f. Personne qui copiait des manuscrits au Moyen Âge. *Il y avait des ateliers de copistes dans les monastères.* ▷ Mot de la famille de copier.

copiste

coproduction n. f. Production d'un film par plusieurs producteurs, souvent de pays différents. *Ce film est une coproduction franco-italienne.* ▷ Mot de la famille de produire.

copropriétaire n. m. et f. *Les copropriétaires d'un immeuble,* ce sont toutes les personnes qui possèdent un appartement dans cet immeuble. ▷ Mot de la famille de ② propre.

copropriété n. f. *Un immeuble en copropriété* appartient à plusieurs propriétaires. ▷ Mot de la famille de ② propre.

coq n. m. Mâle de la poule. *Le coq, la poule et les poussins. Le chant du coq.* → **cocorico.** – *Être comme un coq en pâte,* être confortablement installé, être choyé, dorloté. ▮ homonyme : coque.
▶ Autre mot de la famille : ① cocotte.

coque n. f. **1.** Enveloppe rigide de certains fruits. → **coquille.** *Une coque de noix.* **2.** *Des œufs à la coque,* des œufs cuits avec leur coquille dans l'eau bouillante sans que le jaune soit dur. **3.** *La coque d'un bateau,* c'est la partie d'un bateau formée du fond et des côtés, sur laquelle on construit le pont. → planche **Bateaux.** **4.** Petit coquillage arrondi dont la coquille est en deux parties, qui vit dans le sable. ▮ homonyme : coq.
▶ Autres mots de la famille : coquetier, monocoque, multicoque.

coquelicot n. m. (→ ÉTYM.) Fleur rouge vif qui pousse dans les champs en été. → planche **Fleurs.**

coqueluche n. f. Maladie contagieuse qui fait tousser. *Le bébé a été vacciné contre la coqueluche.*

coquet, coquette adj. Qui aime plaire par son élégance, sa façon de s'habiller. *Louise est très coquette.*
▶ Autre mot de la famille : coquetterie.

coquetier n. m. Petite coupe dans laquelle on met un œuf à la coque pour le manger. ▷ Mot de la famille de coque.

coquetterie n. f. Désir de plaire, en étant élégant et soigné. ▷ Mot de la famille de coquet.

coquille n. f. **1.** Enveloppe dure qui recouvre le corps de certains animaux. → **coquillage** et aussi **carapace.** *L'escargot rentre dans sa coquille.* – *Rentrer dans sa coquille,* se replier sur soi-même, ne plus voir personne. **2.** *Une coquille Saint-Jacques,* c'est un mollusque comestible qui est dans une grande coquille plate et striée. → planche **Crustacés** et coquillages. **3.** Enveloppe de l'œuf des oiseaux. *Le poussin est sorti de sa coquille.* **4.** Enveloppe dure de certains fruits. → **coque.** *Les noisettes ont une coquille très dure.*

▶ **coquillage** n. m. **1.** Animal marin dont le corps est protégé par une coquille. → planche **Crustacés** et coquillages. *Paul ramasse des coquillages dans les rochers.* → aussi **mollusque.** **2.** La coquille. *Un collier de coquillages.*

▶ **coquillette** n. f. *Les coquillettes,* ce sont des pâtes en forme de petit tube coudé. *Des coquillettes à la sauce tomate.*

coquin n. m., **coquine** n. f. Personne malicieuse et taquine. *Tu es une petite coquine !* – adj. *Julie est très coquine.* → **espiègle.**

① **cor** n. m. Instrument de musique à vent, en cuivre, formé d'un long tube enroulé sur lui-même. → planche **Instruments** de musique. *Un cor de chasse.* ▮ homonyme : corps.

des coques

② **cor** n. m. *Un cor au pied,* une petite boule de peau dure qui s'est formée sur un orteil. → **durillon.**

corail n. m. (pl. **coraux**) **1.** Petit animal recouvert de calcaire, qui vit dans les mers chaudes en colonies formant des rochers. **2.** Matière calcaire qui recouvre ces animaux et dont on fait des bijoux. *Un collier de corail.*

▸ **corallien, corallienne** adj. Formé de coraux. *Il y a de magnifiques massifs coralliens au large de cette île.*

des **coraux**

Coran n. m. Livre sacré des musulmans. *Les versets du Coran.*

Coran vient de l'arabe *al qur'an* qui veut dire «la lecture par excellence».

▸ **coranique** adj. Du Coran. *Les musulmans suivent la loi coranique. – Une école coranique,* c'est une école musulmane traditionnelle, où l'on enseigne le Coran aux enfants.

corbeau n. m. Oiseau au plumage noir ou gris, au grand bec courbe. *Les corbeaux croassent.*

corbeille n. f. Panier léger sans anse. *Une corbeille de fruits. Une corbeille à pain. Une corbeille à papiers,* où l'on jette les papiers.

corbillard n. m. Voiture qui sert à transporter un cercueil jusqu'au cimetière. *La famille du défunt suivait le corbillard,* le fourgon mortuaire.

corde n. f. (→ ÉTYM.) **1.** Grosse ficelle. *La chèvre est attachée au piquet avec une corde. – Il tombe des cordes,* il pleut très fort, il pleut à verse. **2.** Fil très solide. *Une corde à linge,* c'est une corde sur laquelle on étend le linge mouillé pour le faire sécher. **3.** Fil de métal ou de boyau servant à produire des sons sur certains instruments de musique. *Le violon, la guitare sont des instruments à cordes.* → planche **Instruments** de musique. **4.** *Les cordes vocales* sont des petits muscles situés dans le fond de la gorge qui vibrent et produisent les sons quand on parle.

▸ **cordage** n. m. Grosse corde. → aussi **câble.** *Le bateau est amarré avec des cordages.*

▸ **cordée** n. f. Groupe d'alpinistes reliés les uns aux autres par une corde. *La cordée fait l'ascension du mont Blanc.*

▸ **cordelette** n. f. Corde fine.

▸ Autres mots de la famille : cordon, s'encorder.

cordial, cordiale adj. Qui vient du cœur. → **chaleureux.** *Ils nous ont réservé un accueil très cordial.* ▮ contraires : **froid, hostile.** – Au masc. pl. *cordiaux.*

▸ **cordialement** adv. Amicalement et chaleureusement. *Tu es cordialement invité à notre fête de fin d'année.*

▸ **cordialité** n. f. Attitude amicale et chaleureuse. *Ils nous ont accueillis avec cordialité.* → **chaleur, sympathie.** ▮ contraire : **froideur.**

cordillère [kɔʀdijɛʀ] n. f. Chaîne de montagnes, en Amérique. *La Cordillère des Andes traverse l'Amérique du Sud.*

Ce mot vient de l'espagnol *cordillera* qui veut dire «chaîne de montagnes» et qui vient de *cuerda* «corde».

cordon n. m. **1.** Petite corde. *Les cordons et les câbles d'un ordinateur.* **2.** Rangée de personnes alignées. → **file, ligne.** *Un cordon de policiers empêchait la foule d'avancer.* ▷ Mot de la famille de corde.

cordon-bleu n. m. Personne qui fait très bien la cuisine. *Cette cuisinière est un fin cordon-bleu.* – Au pl. *Des cordons-bleus.*

cordonnier n. m., **cordonnière** n. f. (→ ÉTYM.) Personne qui répare les chaussures. *Mes chaussures ont été ressemelées par le cordonnier. – Les cordonniers sont toujours les plus mal chaussés,* on manque souvent des choses que son métier permet pourtant d'obtenir facilement.

▸ **cordonnerie** n. f. Boutique du cordonnier.

coriace adj. *Une viande coriace,* très dure. ▮ contraire : ③ **tendre.**

cormoran n. m. (→ ÉTYM.) Oiseau de mer au plumage sombre, dont les pattes sont palmées.

cormoran

cornac n. m. Personne qui soigne et conduit un éléphant.

▸ Ce mot vient d'une langue indienne et veut dire «dompteur d'éléphant».

corne n. f. **1.** Pointe dure qui orne la tête de certains animaux. *Le taureau a blessé le toréro d'un coup de corne. Le rhinocéros d'Asie a une corne sur le nez.* **2.** Matière constituant certaines parties dures du corps des animaux. *Les sabots des chevaux sont en corne.* **3.** Chacune des deux longues tiges ressemblant à une antenne que les escargots et les limaces portent sur la tête. **4.** Pli fait au coin d'une feuille de papier. *Louise a fait une corne à la page où elle a arrêté sa lecture.* → aussi ① **corner.** **5.** Instrument sonore. *Une corne de brume.*

▶ Autres mots de la famille : ① corner, cornet, cornu, cornue, licorne, racorni.

cornée n. f. Partie transparente du globe de l'œil. ▮ homonyme : ① corner.

corneille n. f. Oiseau noir plus petit que le corbeau. → planche **Ville.** *Les corneilles croassent.*

cornemuse n. f. Instrument de musique formé d'un sac de cuir et de plusieurs tuyaux. → aussi **biniou.** → planche **Musique.** *Les Écossais jouent de la cornemuse.*

① corner v. (conjug. 3) Plier un coin d'une feuille de papier, faire une corne. *Louise corne les pages de son livre.* ▮ homonyme : cornée. ▷ Mot de la famille de corne.

② corner [kɔʀnɛʀ] n. m. Faute commise par un joueur de football qui a envoyé le ballon derrière la ligne de but de son équipe.

▸ C'est un mot anglais qui veut dire «coin».

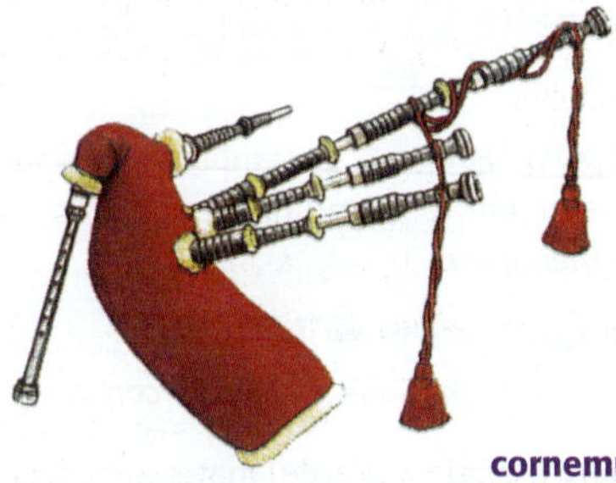

cornemuse

cornet n. m. **1.** Objet en forme de cône. *Alex s'est acheté une glace en cornet. Un cornet de frites,* des frites dans un cône en papier. **2.** En Suisse. Sac en papier ou en plastique dans lequel on met ce qu'on achète dans un magasin. ▷ Mot de la famille de corne.

cornflakes [kɔʀnflɛks] n. m. pl. Flocons de maïs grillés et croustillants. *Théo verse du lait sur ses cornflakes.*

▸ C'est un mot anglais formé de *corn* qui signifie «maïs» et de *flake* qui veut dire «flocon».

corniche n. f. **1.** Partie située en haut d'un mur ou d'un meuble, et qui dépasse. *Les corniches protègent les bâtiments de la pluie.* **2.** *Une route en corniche,* c'est une route aménagée sur la pente d'une montagne, surplombant la mer.

cornichon n. m. Petit concombre conservé dans du vinaigre. *Julie mange des cornichons avec la viande froide.*

cornu, cornue adj. Qui a des cornes. *Le bouc est cornu.* ▮ homonyme : cornue. ▷ Mot de la famille de corne.

cornue n. f. Récipient à col étroit, long et recourbé, utilisé par les chimistes. ▮ homonyme : cornu. ▷ Mot de la famille de corne.

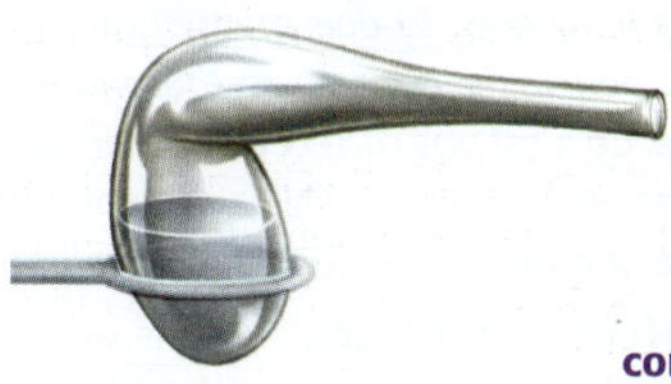

cornue

corolle n. f. (→ ÉTYM.) Ensemble des pétales d'une fleur. → planche **Fleurs.** *Les coquelicots ont une corolle rouge.*

coron n. m. Groupe de maisons toutes pareilles des mineurs du nord de la France et du sud de la Belgique.

coronaire n. f. Artère qui part de l'aorte et qui irrigue le cœur.

corporation n. f. Ensemble des personnes qui exercent le même métier. *La corporation des menuisiers.*

corporel, corporelle adj. Qui concerne le corps. → ② **physique.** *L'hygiène corporelle.*

corps n. m. **1.** Partie matérielle des personnes et des animaux. *Le corps humain.* → planche **Corps** humain. *Les différentes parties du corps. On a retrouvé le corps de la victime,* son cadavre. **2.** Objet matériel, substance minérale, végétale ou animale. *Les astres sont des corps célestes. L'eau est un corps composé d'oxygène et d'hydrogène.* **3.** Groupe organisé de personnes. *Les professeurs font partie du corps enseignant.* ▮ homonymes : ① et ② cor.

▸ **corps-à-corps** [kɔʀakɔʀ] n. m. Lutte dans laquelle les adversaires sont en contact direct. – Au pl. *Des corps-à-corps.*

▸ **corpulent, corpulente** adj. *Une personne corpulente,* c'est une personne large et grosse. ▮ contraires : **mince, fluet.**

▸ **corpulence** n. f. Taille et grosseur du corps. *Les deux frères n'ont pas la même corpulence.*

▸ **corpuscule** n. m. Très petite parcelle d'un corps, d'une substance.

▸ Autres mots de la famille : **anticorps, à bras-le-corps, haut-le-corps, justaucorps.**

correct, correcte adj. **1.** Qui ne présente pas d'erreur. → ① **juste.** *Cette phrase est correcte,* elle ne comporte pas de faute. ▮ contraire : **incorrect.** **2.** Qui a de bonnes manières, respecte les règles. *Tu dois mettre une tenue correcte pour aller dans ce restaurant.* → **convenable.** *Ce n'est pas correct de passer devant les autres.* → ① **poli. 3.** Familier. Acceptable, passable. *Il a un salaire correct, sans plus.*

▸ **correctement** adv. **1.** Sans erreur, sans faute. *Il parle correctement l'anglais.* → **bien.** **2.** Convenablement. *Julie, tiens-toi correctement !*

▸ **correcteur** n. m., **correctrice** n. f. **1.** Personne qui corrige les épreuves écrites d'un examen. *Les correcteurs du baccalauréat.* **2.** Personne dont le métier est de relire et de corriger les textes à imprimer. *Elle est correctrice dans un journal.*

▸ **correction** n. f. **1.** Action de corriger des devoirs. *Le professeur a fait la correction de la dictée.* **2.** Faute corrigée. *Les corrections sont en rouge dans la marge.* **3.** Coups que l'on donne pour punir. *Il a donné une correction à son fils.* **4.** Attitude d'une personne qui se tient convenablement, a une bonne éducation. *C'est un homme d'une parfaite correction.* ▮ contraire : **incorrection.**

▸ Autres mots de la famille : **incorrect, incorrection.**

corrélation n. f. Lien, rapport entre deux choses. → **correspondance.** *Il y a une corrélation entre l'habitude de fumer et le cancer du poumon. – Les deux choses sont en corrélation,* elles sont liées.

correspondre v. (conjug. 44) **1.** Être en accord. *Ce qu'il raconte ne correspond pas à la réalité.* → **concorder.** **2.** Échanger des lettres. *Pendant les vacances, Louise et Léa correspondent régulièrement,* elles s'écrivent. *Théo correspond avec son cousin qui vit au Canada.*

▸ **correspondance** n. f. **1.** Relation entre deux choses. *Il y a une correspondance entre la taille et le poids d'une personne.* → **corrélation.** **2.** Liaison entre deux moyens de transport. *Une navette assure la correspondance entre les deux aérogares.* **3.** Échange de lettres. *Léa est en correspondance avec Louise,* elles s'écrivent. **4.** Lettres. *Les célébrités reçoivent une abondante correspondance.* → **courrier.** **5.** *Le carnet de correspondance,* où sont inscrites les notes de l'élève et les appréciations des professeurs et qui permet aux parents et aux professeurs de communiquer.

▸ **correspondant** n. m., **correspondante** n. f. Personne avec qui on échange des lettres. *La sœur de Julie a une correspondante anglaise.*

corrida n. f. Spectacle au cours duquel un toréro combat contre un taureau et le tue. *Ils ont assisté à une corrida dans les arènes de Séville.*

▸ On dit aussi *une course de taureaux.* • *Corrida* est un mot espagnol qui veut dire «course».

corridor n. m. (→ ÉTYM.) Couloir étroit. *Les chambres donnent sur le corridor.*

corriger v. (conjug. 5b) **1.** *Corriger des fautes,* c'est les supprimer en indiquant ce qu'il faut écrire ou dire à la place. *Le professeur a corrigé les dictées,* il a relevé les fautes et mis des notes. **2.** Donner des coups pour punir. ➜ **battre.** *Paul s'est fait corriger par son père.* ➜ aussi **correction.**

▶ **corrigé** n. m. Devoir présenté comme un modèle, comportant la solution des exercices. *Le professeur a distribué le corrigé des exercices de géométrie.*

▶ Autre mot de la famille : incorrigible.

corrompre v. (conjug. 44) *Corrompre une personne,* c'est lui faire faire quelque chose de malhonnête en lui donnant de l'argent ou des avantages en échange. *Le témoin avait été corrompu.* ➜ **acheter, soudoyer** et aussi **corruption.**

corrosif, corrosive adj. *Un produit corrosif,* qui détruit lentement en brûlant, en rongeant. ➜ **caustique.** *Les acides sont des produits corrosifs.*

corrosion n. f. *Cette voiture est garantie six ans contre la corrosion,* contre l'attaque de la rouille.

corruption n. f. Moyens employés pour faire agir quelqu'un malhonnêtement. *Il a été condamné pour corruption de fonctionnaire,* pour avoir corrompu un fonctionnaire.

corsage n. m. Vêtement de femme qui couvre le buste. ➜ **chemisier.** *Un corsage en soie.*

corrida

corsaire n. m. (➜ ÉTYM.) Capitaine de navire qui avait le droit d'attaquer et de piller les navires ennemis avec l'accord de son gouvernement. *Surcouf fut un corsaire célèbre.* ➜ aussi **pirate.**

corsé, corsée adj. *Un café corsé,* c'est un café très fort, qui a beaucoup de goût.

se corser v. (conjug. 4) Devenir plus compliqué. ➜ se **compliquer.** *L'enquête se corse, la police interroge de nouveaux suspects.*

corset n. m. Sous-vêtement rigide que les femmes portaient autrefois et qui serrait le buste et le ventre. ➜ aussi **gaine.**

cortège n. m. Ensemble de personnes qui marchent les unes derrière les autres. *Un cortège de manifestants s'est dirigé vers la mairie.*

corvée n. f. **1.** Chose pénible et ennuyeuse que l'on est obligé de faire. *Repasser, quelle corvée !* ▮ contraire : **plaisir. 2.** Travail obligatoire et non payé que les paysans devaient à leur seigneur, au Moyen Âge.

cosaque n. m. Cavalier qui servait dans l'armée russe.

Ce mot vient du russe.

cosmétique n. m. Produit de beauté. *On vend des cosmétiques dans les parfumeries et les pharmacies.* – adj. *Des produits cosmétiques.*

cosmique adj. Qui est dans l'espace, loin de la Terre et de son atmosphère. *Un vaisseau cosmique.* ➜ **spatial** et aussi **interplanétaire, intersidéral.** ▷ Mot de la famille de cosmos.

cosmonaute n. m. et f. Personne qui voyage dans l'espace, dans un vaisseau spatial. ➜ **astronaute, spationaute.** *Gagarine fut le premier cosmonaute.* ▷ Mot de la famille de cosmos.

Ce mot s'emploie surtout à propos des Russes.

cosmopolite adj. *Une ville cosmopolite,* c'est une ville qui est habitée par des personnes venant de nombreux pays.

cosmos [kɔsmos] n. m. Espace immense, hors de l'atmosphère terrestre, où se trouvent la Lune, le Soleil, les étoiles, les planètes.

Ce mot vient du grec *kosmos* qui veut dire « l'ordre de l'univers ».

▶ Autres mots de la famille : cosmique, cosmonaute.

a b c d e f g h i j k l m n o p q r s t u v w x y z

le corps humain : squelette et muscles

La structure du corps humain est décrite par l'anatomie. Le squelette, formé de plus de 200 os, constitue la charpente du corps, dont la mobilité est assurée par plus de 600 muscles. Chaque mouvement nécessite la participation d'au moins deux muscles, dont la contraction et le relâchement entraînent le déplacement des os. Les muscles des membres sont attachés aux os par des tendons, de part et d'autre d'une articulation. Les articulations et les ligaments relient les os entre eux. Le squelette protège également les organes vitaux : la cage thoracique abrite le cœur et les poumons, le cerveau est dans le crâne.

➔ planche **alimentation**.

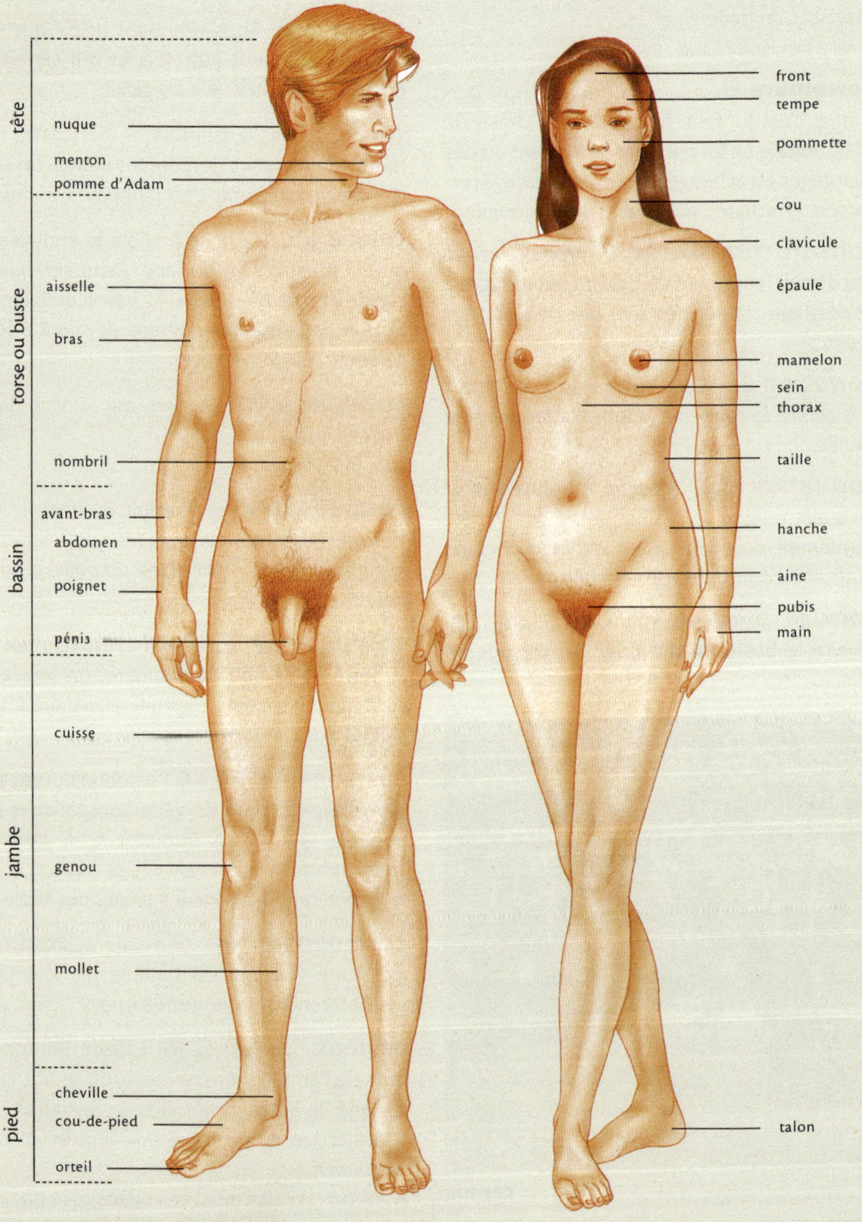

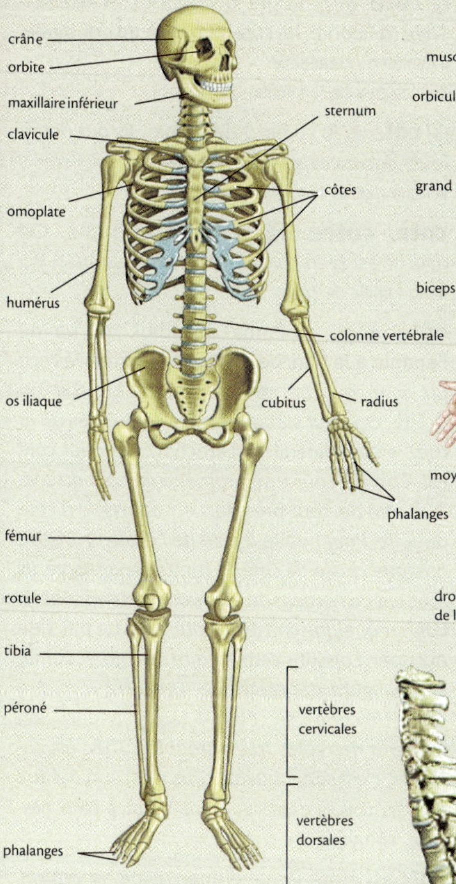

squelette

face antérieure **face postérieure**

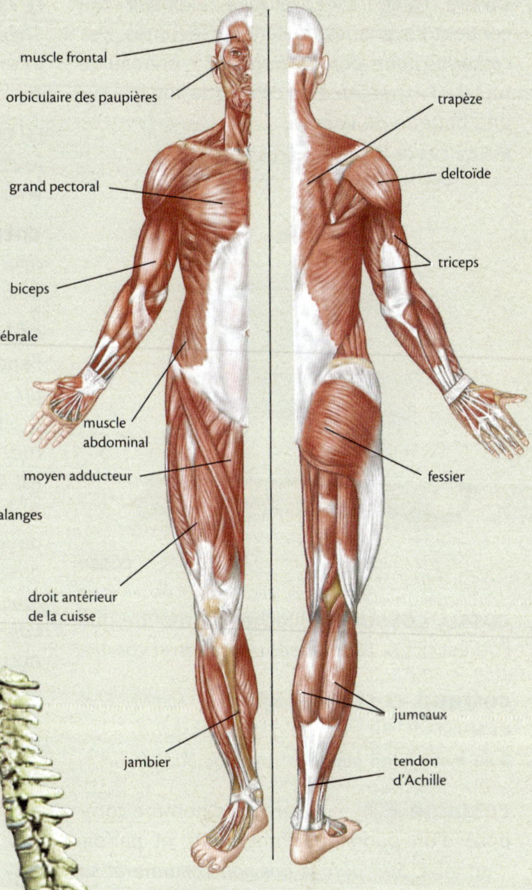

système musculaire

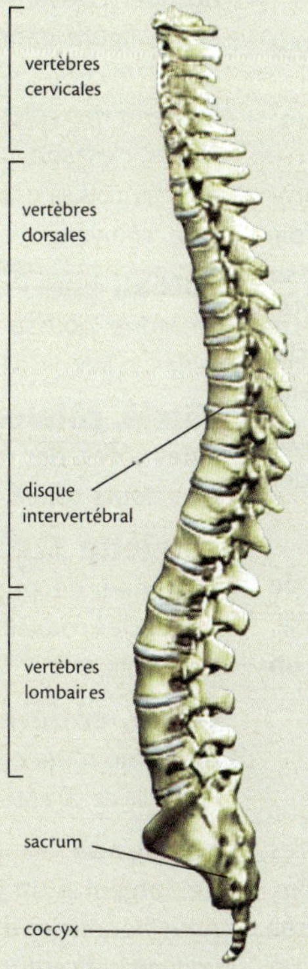

colonne vertébrale

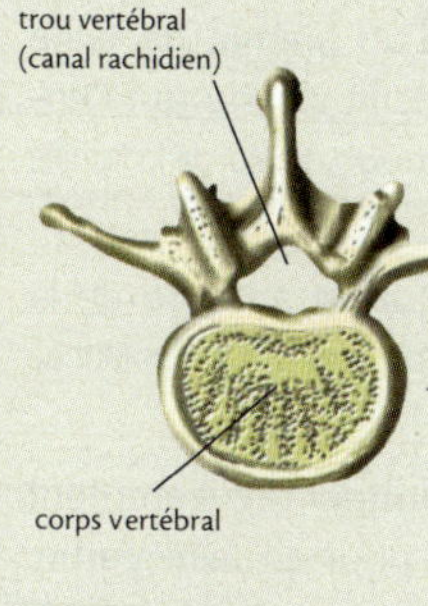

vertèbre

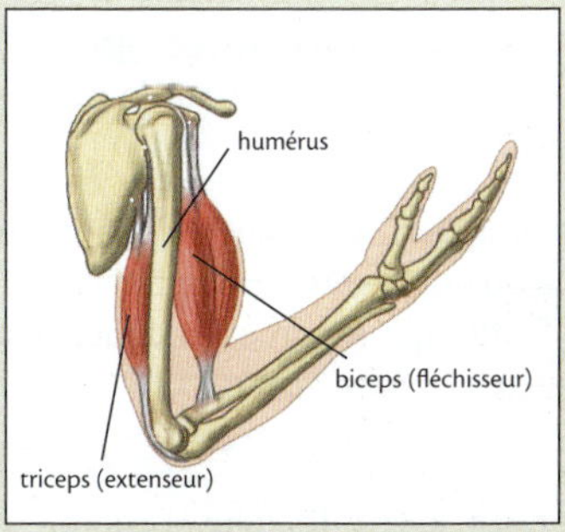

L'insertion des muscles sur deux os articulés permet le mouvement : la contraction du biceps entraîne la flexion du bras, celle du triceps en entraîne l'extension.

cosse n. f. **1.** Enveloppe allongée qui contient les graines de certains légumes. *Des cosses de petits-pois, de haricots.* **2.** Anneau de métal à l'extrémité d'un câble que l'on fixe sur une batterie de voiture.
▶ Autre mot de la famille : écosser.

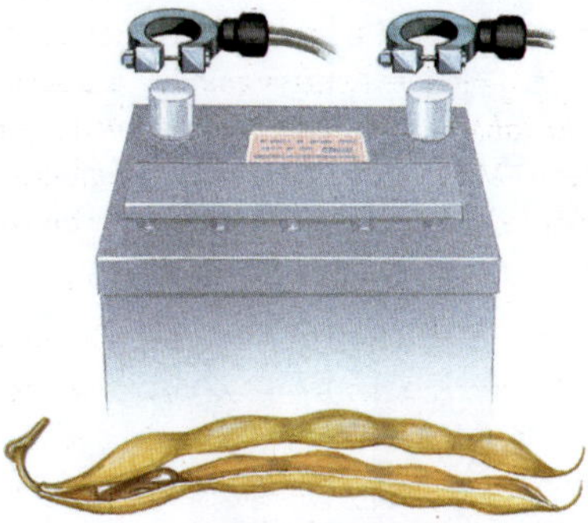
cosse

cossu, cossue adj. Riche, qui montre que l'on est riche. *Ils habitent une maison cossue.*

costaud, costaude adj. (→ ÉTYM.) Familier. Fort et résistant. *Alex est un garçon costaud.*
▶ Au féminin, on peut dire *costaude* ou *costaud.*

costume n. m. **1.** Vêtement d'homme composé d'un pantalon, d'une veste et parfois d'un gilet. *Son père a mis son costume et sa cravate.* **2.** Vêtement que l'on met pour se déguiser ou jouer la comédie. → planche **Spectacle.** *Paul a un costume de pompier.* → **déguisement.**

▸ **costumé, costumée** adj. *Un bal costumé,* c'est un bal où tout le monde est déguisé.

cote n. f. **1.** Estimation de la popularité de quelqu'un. *La cote du ministre a encore baissé.* **2.** Chiffre qui exprime les dimensions sur un plan. ▮ homonyme : cotte.
▶ Autre mot de la famille : coté.

① côte n. f. **1.** Os long et courbe situé dans le thorax. *Les êtres humains ont douze paires de côtes.* → planche **Corps** humain. **2.** *Côte à côte,* l'un à côté de l'autre. *Léa et Louise sont assises côte à côte.* **3.** Rayure en relief d'un tissu, d'un tricot. → aussi **côtelé.** *Un pull à grosses côtes.*
▶ Autres mots de la famille : côtelé, côtelette, entrecôte.

② côte n. f. Route qui monte. → **montée.** *Théo a monté la côte à bicyclette.* → **pente.**
▮ contraire : **descente.**
▶ Autre mot de la famille : coteau.

③ côte n. f. Le bord de la mer. *Ils ont passé leurs vacances sur la côte d'Azur.*
▶ Autre mot de la famille : côtier.

coté, cotée adj. Estimé, renommé. *Cet avocat est bien coté dans sa profession.* ▷ Mot de la famille de cote.

côté n. m. **1.** Partie du corps qui va de l'épaule à la hanche. → **flanc.** *Le boxeur a reçu un coup au côté droit.* **2.** Partie gauche ou droite. *On peut stationner des deux côtés de la rue.* → aussi **latéral.** **3.** Direction. *De quel côté est-il parti ? Louise se promène du côté du zoo.* **4.** *À côté de,* tout près de. *Léa est assise à côté de Julie. Paul habite à côté de l'école.* **5.** *Mettre quelque chose de côté,* le mettre en réserve. *Ils mettent de l'argent de côté pour leurs vacances. Laisser quelque chose de côté,* c'est ne pas s'en occuper. *Laissons cette affaire de côté.* **6.** Limite d'une figure géométrique. *Un carré a quatre côtés. Un cube a six côtés.* → **face.** **7.** Aspect. *Son métier a des côtés très agréables. Théo est coléreux, c'est son mauvais côté,* c'est son défaut.
▶ Autres mots de la famille : accotement, à-côté, bas-côté, côtoyer.

coteau n. m. Pente d'une colline. → **versant.** *La vigne pousse bien sur les coteaux ensoleillés.* ▷ Mot de la famille de ② côte.

côtelé, côtelée adj. *Du velours côtelé,* qui a des côtes, des rayures en relief. *Un pantalon en velours côtelé.* ▷ Mot de la famille de ① côte.

côtelette n. f. Côte d'un animal de taille moyenne, découpée avec la viande qui l'entoure. *Des côtelettes d'agneau.* ▷ Mot de la famille de ① côte.

côtier, côtière adj. Qui est au bord de la mer. *Une route côtière longe la plage.* ▷ Mot de la famille de ③ côte.

cotiser v. (conjug. 3) **1.** Donner régulièrement de l'argent à un groupe pour en faire partie, pour bénéficier d'avantages. *Les gens qui travaillent cotisent à la Sécurité sociale.* **2.** **se cotiser,** c'est donner de l'argent pour une dépense commune. *Tous les élèves se sont cotisés pour faire un cadeau au professeur.*

▸ **cotisation** n. f. Somme d'argent que l'on donne régulièrement pour faire partie d'une association, bénéficier des avantages procurés par un organisme. *Il a envoyé sa cotisation à l'association sportive.*

coton n. m. (→ÉTYM.) **1.** Matière textile fournie par les graines d'une plante des pays chauds. *Des chaussettes en coton.* **2.** Cette matière non tissée, qui sert à absorber les liquides. ➜ **ouate.** *L'infirmière a nettoyé la plaie avec un morceau de coton hydrophile imbibé d'alcool.*

▸ **cotonnade** n. f. Tissu de coton. *Léa porte une robe en cotonnade.*

coton

côtoyer v. (conjug. 10) *Côtoyer quelqu'un*, c'est être en contact avec lui. ➜ **fréquenter.** *Les journalistes côtoient de nombreuses personnalités.* ➜ **coudoyer.** ▷ Mot de la famille de côté.

cotte n. f. *Une cotte de mailles*, c'est une tunique en fils de métal. *Les soldats du Moyen Âge portaient une cotte de mailles.* ➜ **haubert.** ▮ homonyme : cote.

cotylédon n. m. Partie de la graine qui contient les réserves nécessaires au développement de la plante.

cou n. m. (pl. **cous**) Partie du corps qui unit la tête au tronc. *La girafe a un long cou.* ▮ homonymes : coup, coût.

▸ Autres mots de la famille : casse-cou, cou-de-pied.

couchage n. m. *Un sac de couchage*, c'est une sorte de grand sac garni de duvet. *Les campeurs ont dormi dans leur sac de couchage.* ➜ aussi **duvet.** ▷ Mot de la famille de ① coucher.

couchant adj. m. et n. m.
▪ adj. m. *Le soleil couchant*, c'est le moment où le soleil se couche. ▮ contraire : **levant.** *Julie admire la montagne au soleil couchant.*
▪ n. m. *Le couchant*, le côté de l'horizon où le soleil se couche. ➜ aussi **ouest.** *Le ciel est rose au couchant.* ▷ Mot de la famille de ① coucher.

couche n. f. **1.** Matière étalée sur une surface. *Le peintre a passé deux couches de peinture sur le mur*, il a étalé de la peinture deux fois. *Il y avait une épaisse couche de poussière sur la table*, une grosse épaisseur de poussière. **2.** Morceau de tissu ou de matière absorbante que l'on place entre les jambes d'un bébé. *Il change la couche de sa fille.*

① **coucher** v. (conjug. 3) **1.** Mettre au lit. *Elle couche ses enfants à 21 heures.* **2.** Passer la nuit. *Julie et sa sœur couchent dans la même chambre.* ➜ **dormir.** **3.** Rapprocher de l'horizontale. *Le vent couche les blés.*

▸ se **coucher** v. **1.** Se mettre en position allongée. *Les soldats se sont couchés par terre.* ➜ **s'allonger.** **2.** Se mettre au lit. *Léa s'est couchée tard hier soir.* ▮ contraire : se **lever.** **3.** Descendre vers l'horizon, en parlant du soleil. *Le soleil se couche à l'ouest.* ➜ aussi **couchant.**

▸ ② **coucher** n. m. *Le coucher du soleil*, c'est le moment où le soleil se couche. ▮ contraire : ② **lever.** *Théo aime regarder les couchers de soleil sur la mer.*

▸ **couchette** n. f. Lit étroit dans un train, un bateau.

▸ Autres mots de la famille : couchage, couchant, recoucher.

coucou n. m. (pl. **coucous**) **1.** Oiseau gris rayé de noir, gros comme un pigeon, dont le cri ressemble à « coucou ». ➜ planche **Oiseaux.** *La femelle du coucou pond dans le nid d'autres oi-*

coucou

a b c d e f g h i j k l m n o p q r s t u v w x y z

seaux. **2.** Pendule dont la sonnerie ressemble au cri du coucou. **3.** Primevère sauvage à fleurs jaunes qui fleurit au début du printemps. ➔ planche **Fleurs.** *Un bouquet de coucous.*

coude n. m. **1.** Articulation qui permet de plier le bras. *Quand on mange, on ne doit pas poser les coudes sur la table.* – *Se serrer les coudes,* être solidaires, s'entraider. **2.** Partie de la manche d'un vêtement qui recouvre le coude. *Les coudes de son pull sont usés.* **3.** Angle courbe. *Le chemin fait un coude.*

▸ **coudé, coudée** adj. Qui fait un coude. *Le tuyau est coudé, l'eau ne peut pas passer.*

▸ Autres mots de la famille : s'accouder, accoudoir, coudoyer.

cou-de-pied n. m. Partie bombée du dessus du pied, entre la cheville et le milieu du pied. ➔ planche **Corps** humain. *Alex a le cou-de-pied un peu fort.* – Au pl. *Des cous-de-pied.* ▮ homonyme : coup de pied. ▷ Mot de la famille de cou et de ① pied.

coudoyer v. (conjug. 10) Être en contact avec. ➔ **côtoyer.** *Il coudoie beaucoup de médecins.* ➔ **fréquenter.** ▷ Mot de la famille de coude.

coudre v. (conjug. 51) Fixer au moyen d'un fil passé dans une aiguille. ▮ contraire : **découdre.** *Elle a cousu l'ourlet de sa jupe. Louise ne sait pas coudre. La couturière coud à la machine.* ➔ **piquer.**

▸ Autres mots de la famille : cousu, couture, couturier, couturière, découdre, décousu, recoudre.

coudrier n. m. Noisetier.

couenne [kwan] n. f. Peau de porc qui recouvre le lard et le jambon.

① **couette** n. f. Édredon que l'on met dans une housse et qui sert de drap de dessus et de couverture. *Paul dort sous une couette.*

② **couette** n. f. (➔ ÉTYM.) Grosse mèche de cheveux que l'on retient des deux côtés de la tête avec des barrettes, des rubans ou des élastiques. *Julie s'est fait des couettes.*

couffin n. m. Grand panier de paille ou d'osier à deux anses, servant à transporter un bébé. *Le bébé dort dans son couffin.*

couiner v. (conjug. 3) **1.** Pousser de petits cris. *La souris couine.* **2.** Familier. Grincer. *La porte couine quand on l'ouvre.*

▸ **couinement** n. m. Petit cri aigu. *Les couinements du rat.*

coulant, coulante adj. *Un nœud coulant,* c'est un nœud formant une boucle qui se resserre quand on tire. ▷ Mot de la famille de couler.

coulée n. f. Écoulement épais de matière liquide. *Une coulée de lave s'échappait du volcan en éruption.* ➔ planche **Volcans.** ▷ Mot de la famille de couler.

couler v. (conjug. 3) **1.** Se déplacer, en parlant d'un liquide. *La rivière coule d'est en ouest. Le sang coule dans les veines.* ➔ **circuler. 2.** Laisser échapper un liquide. *Mon stylo coule.* ➔ **fuir.** *Théo est enrhumé, il a le nez qui coule.* **3.** Verser une matière liquide dans un moule. *Le sculpteur coule du bronze.* **4.** S'enfoncer dans l'eau par accident. ▮ contraire : **flotter.** *Pendant la tempête, un bateau a coulé.* ➔ **sombrer. 5.** Envoyer au fond de l'eau. *Le sous-marin a coulé un navire ennemi.*

▸ Autres mots de la famille : coulant, coulée, coulis, découler, écoulement, écouler, s'écouler.

couleur n. f. **1.** Teinte. *L'arc-en-ciel est composé de sept couleurs : violet, indigo, bleu, vert, jaune, orangé, rouge.* ➔ planche **Couleurs. 2.** *Les couleurs,* le drapeau d'un pays. *Le capitaine du bateau fait hisser les couleurs.* **3.** Chacune des marques dans un jeu de cartes. *Trèfle, carreau, cœur et pique sont les quatre couleurs des cartes.* **4.** Coloration de la peau. *Léa a pris de belles couleurs,* elle a bonne mine. *Un homme de couleur,* un Noir. **5.** Toute couleur autre que noir, blanc ou gris. *Des photos en couleurs et des photos en noir et blanc.*

▸ On peut écrire *des photos en couleurs* ou *des photos en couleur.*

couleuvre n. f. Serpent non venimeux qui peut atteindre 1,70 mètre de long et se nourrit de petits rongeurs. *La couleuvre a une tête arrondie.* – *Avaler des couleuvres,* c'est supporter des injustices sans se plaindre.

couleuvre

coulis [kuli] n. m. Purée de fruits crus. *Un coulis de framboises.* ▷ Mot de la famille de couler.

les couleurs

Au 17e siècle, Newton, en observant l'arc-en-ciel formé par la lumière du soleil passant à travers une goutte d'eau, a montré que la lumière blanche est le mélange des sept couleurs de l'arc-en-ciel : rouge, orangé, jaune, vert, bleu, indigo et violet. En 1810, l'écrivain allemand Goethe propose un schéma triangulaire des couleurs : lorsqu'on mélange deux à deux les trois couleurs fondamentales primaires (rouge, jaune, bleu), elles donnent trois couleurs secondaires. D'autre part, on distingue des couleurs « chaudes » (du rouge au jaune) et des couleurs « froides » (du vert au violet).

➔ coloris, nuance, teinte, ton.
➔ planche **artistes**.

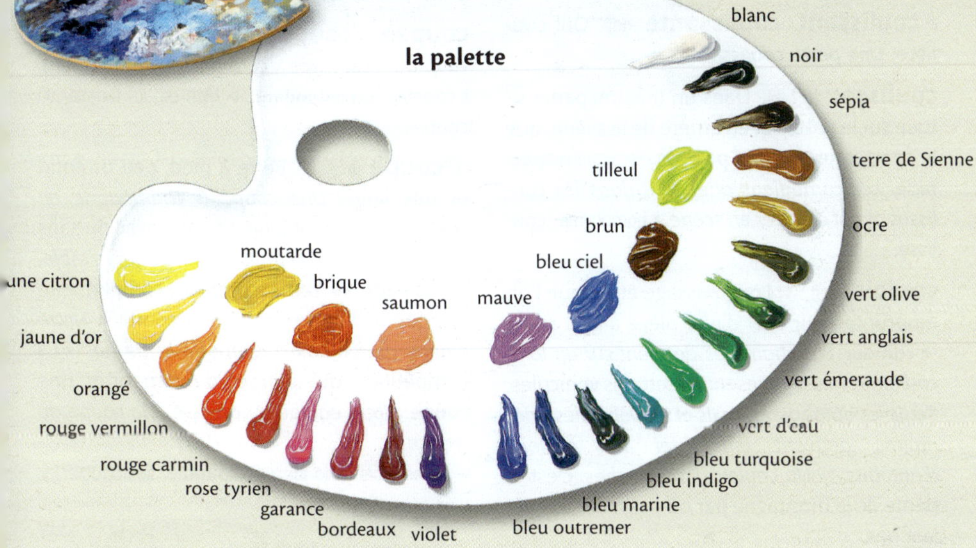

les couleurs chaudes | les couleurs froides

mélanges de couleurs primaires

L'arc-en-ciel est composé de sept couleurs : rouge, orangé, jaune, vert, bleu, indigo et violet.

coulisse n. f. **1.** Rainure le long de laquelle glisse une porte, une fenêtre. *Le salon est séparé de la salle à manger par une porte à coulisse.* → aussi **coulissant. 2.** Ourlet dans lequel on fait passer un cordon. *Les paquets de coton sont fermés par une coulisse.* ▮ homonyme : coulisses.

▸ **coulisser** v. (conjug. 3) Glisser sur une coulisse. *Il y a une porte qui coulisse entre les deux pièces.*

▸ **coulissant, coulissante** adj. Qui coulisse. *Une porte coulissante.*

coulisses n. f. pl. Dans un théâtre, partie située sur les côtés et en arrière de la scène, que le spectateur ne peut pas voir. → planche **Spectacle.** *Les comédiens attendent dans les coulisses avant d'entrer en scène.* ▮ homonyme : coulisse.

couloir n. m. **1.** Long passage étroit que l'on emprunte pour aller d'une pièce à une autre. → **corridor.** *Les chambres donnent sur un long couloir.* **2.** Passage réservé à certains véhicules. *Seuls les autobus, les taxis et les véhicules prioritaires peuvent emprunter les couloirs d'autobus.* **3.** *Un couloir d'avalanches,* c'est la pente de la montagne par où passent des avalanches.

coup n. m. **1.** Mouvement fait en tapant, en heurtant. *Il enfonce le clou à coups de marteau.* **2.** Mouvement d'une partie du corps. *Le footballeur donne un coup de pied dans le ballon. Jette un coup d'œil par la fenêtre,* regarde rapidement. *As-tu besoin d'un coup de main ?* as-tu besoin d'aide ? **3.** Décharge d'une arme à feu. *Un coup de pistolet.* **4.** Mouvement rapide que l'on fait faire à un objet. *Il a donné un coup de balai dans la cuisine.* **5.** Bruit que font certains appareils. *Léa a entendu un coup de sonnette à la porte. Paul attend un coup de téléphone,* un appel téléphonique. **6.** Émotion. *Cette nouvelle m'a fait un coup.* → **choc. 7.** Action soudaine ou violente. *Un coup de vent l'a décoiffé. Louise a attrapé un coup de soleil sur le nez,* une brûlure. **8.** Fois. *Il a réussi du premier coup.* **9.** Action hasardeuse. *Les bandits préparaient un mauvais coup.* **10.** Action rapide, faite en une seule fois. *Julie a eu deux rhumes coup sur coup,* l'un après l'autre. – *Tout à coup, tout d'un coup,* brusquement. *Il s'est mis à pleuvoir tout d'un coup.* ▮ homonymes : cou, coût.

▸ Autres mots de la famille : à-coup, contrecoup.

coupable adj. *Une personne coupable,* c'est une personne qui a commis une faute. *Un cambrioleur est coupable de vol. Il se sent coupable de l'accident.* → aussi **culpabiliser.** – n. *La police a arrêté les coupables.* ▮ contraire : **innocent.** → aussi **culpabilité.**

coupant, coupante adj. Qui coupe. *Ce couteau est très coupant.* → **tranchant.** ▮ contraire : **contondant.** ▷ Mot de la famille de couper.

① **coupe** n. f. **1.** Verre à pied, peu profond et très large. *Une coupe à champagne en cristal.* **2.** Récipient large et rond, avec ou sans pied. *Une coupe de fruits est posée sur la table.* **3.** Vase que l'on remet comme récompense au vainqueur d'une compétition sportive. *Notre équipe de football a remporté la coupe.* – La compétition qui permet de remporter une coupe. *Notre équipe a participé à la coupe de France.*

▸ Autres mots de la famille : coupole, soucoupe.

coupe

② **coupe** n. f. **1.** Façon dont les cheveux sont coupés. *Louise a une nouvelle coupe qui lui va très bien.* **2.** Manière dont on coupe le tissu, le cuir pour faire des vêtements. *Ce manteau est d'une coupe élégante.* **3.** Dessin qui représente un objet comme s'il était coupé en deux. *Pour expliquer la circulation du sang, le professeur a dessiné une coupe du cœur au tableau.* ▷ Mot de la famille de couper.

coupé n. m. Voiture à deux portes, quatre vitres et deux ou quatre places. *Un coupé décapotable.* → **cabriolet.** ▷ Mot de la famille de couper.

coupe-gorge n. m. Lieu dangereux où l'on risque d'être attaqué. *Je ne veux pas passer dans cette impasse, c'est un vrai coupe-gorge !* – Au pl. *Des coupe-gorges* ou *des coupe-gorge* (invariable). ▷ Mot de la famille de couper et de gorge.

coupe-ongle n. m. Pince pour couper les ongles. – Au pl. *Des coupe-ongles.* ▷ Mot de la famille de couper et de ongle.

coupe-papier n. m. Sorte de couteau qui sert à couper le papier plié. *Papi ouvre l'enveloppe avec un coupe-papier.* – Au pl. *Des coupe-papiers* ou *des coupe-papier* (invariable). ▷ Mot de la famille de couper et de papier.

couper v. (conjug. 3) **1.** Diviser, séparer avec un objet tranchant. *Paul coupe du pain. Julie coupe une rondelle de saucisson.* **2.** Rendre plus court en enlevant une partie. *Paul s'est fait couper les cheveux. Louise s'est coupé les ongles.* **3.** Faire une entaille. *Théo s'est coupé le doigt avec ses ciseaux.* **4.** Être tranchant. *Ce couteau coupe bien.* **5.** Interrompre. *Ne me coupe pas la parole ! L'eau a été coupée toute la matinée,* la distribution d'eau a été arrêtée. ➜ aussi **coupure.** **6.** Croiser. *Le chemin coupe la route nationale.* **7.** Prendre un chemin plus court. *Nous avons coupé à travers champs.*

▶ **se couper** v. **1.** Se faire une entaille. *Il s'est coupé en se rasant.* **2.** Se croiser. *Les deux routes se coupent à angle droit.*

▶ **coupe-vent** n. m. Vêtement imperméable qui protège du vent. – Au pl. *Des coupe-vents* ou *des coupe-vent* (invariable). ▷ Mot de la famille de vent.

▶ Autres mots de la famille : coupant, ② coupe, coupé, coupe-gorge, coupe-ongle, coupe-papier, coupon, coupure, découpage, découpé, découper, entrecouper, recoupement, recouper.

couple n. m. **1.** Un homme et une femme ensemble. *Ses parents forment un beau couple.* **2.** Un mâle et une femelle ensemble. *Un couple d'hirondelles.*

▶ Autres mots de la famille : accouplement, s'accoupler.

couplet n. m. Chacune des parties d'une chanson qui sont séparées par le refrain. *«La Marseillaise» a sept couplets.*

coupole n. f. Toit en forme de demi-sphère. ➜ **dôme.** *Le palais de l'Institut à Paris, qui abrite l'Académie française, est surmonté d'une coupole.* ▷ Mot de la famille de ① coupe.

coupon n. m. Reste d'une pièce de tissu. *Elle s'est fait une jupe dans un coupon de soie.* ▷ Mot de la famille de couper.

coupure n. f. **1.** Blessure faite par un instrument tranchant. ➜ **entaille.** *Julie s'est fait une coupure au doigt.* **2.** Interruption. *Il y a eu une coupure d'électricité ce matin en raison des travaux,* l'électricité a été coupée. **3.** Billet de banque. *Les ravisseurs ont exigé une rançon en petites coupures.* **4.** *Des coupures de journaux,* ce sont des articles découpés dans des journaux. ▷ Mot de la famille de couper.

① **cour** n. f. Espace découvert situé entre des bâtiments. *Les enfants jouent dans la cour de récréation.* ▮ homonymes : courre, ① et ② cours, ① et ② court.

▶ Autre mot de la famille : basse-cour.

② **cour** n. f. **1.** Résidence d'un roi et ensemble des personnes qui vivent auprès de lui. *Louis XIV installa la cour à Versailles.* ➜ aussi **courtisan.** **2.** *Faire la cour à quelqu'un,* c'est chercher à lui plaire, à le séduire. ➜ aussi **courtiser.** **3.** Tribunal. *Le témoin jure devant la cour de dire la vérité. La cour d'assises.*

coupole

courage n. m. **1.** Ardeur. ➜ **énergie.** *Paul n'a pas eu le courage de se lever très tôt pour aller à la pêche.* **2.** *Avoir du courage,* c'est ne pas avoir peur du danger. ➜ **bravoure ;** fam. ② **cran.** *Les pompiers ont beaucoup de courage.* ▮ contraire : **lâcheté.**

▶ **courageux, courageuse** adj. **1.** Qui agit malgré le danger. ➜ **brave.** *Les parachutistes sont des hommes courageux.* ▮ contraires : ① **lâche, peureux.** **2.** Qui a de l'énergie. *Léa ne se sent pas très courageuse, ce matin.*

▸ **courageusement** adv. Avec courage. *Les sauveteurs sont entrés courageusement dans la maison en feu.*

▸ Autres mots de la famille : décourageant, découragement, décourager, encourageant, encouragement, encourager.

① **courant, courante** adj. **1.** *L'eau courante,* c'est l'eau qui arrive directement par des tuyaux. **2.** Que l'on utilise, qui se produit fréquemment. ➜ **commun, fréquent, habituel, ordinaire.** *«Manger» est un mot très courant.* ▮ contraire : **rare.**

▸ **couramment** adv. **1.** Bien, avec facilité. *Il parle couramment l'anglais.* **2.** D'une façon habituelle. ➜ **fréquemment, souvent.** *Théo arrive couramment en retard à l'école.* ▮ contraire : **rarement.**

▷ Mots de la famille de courir.

② **courant** n. m. **1.** Mouvement de l'eau. *Le nageur a été emporté par le courant.* **2.** *Un courant d'air,* c'est de l'air froid qui passe par une ouverture. *La fenêtre est mal fermée, on sent un courant d'air.* **3.** Électricité qui passe dans les câbles. *Il y a eu une coupure de courant en raison des travaux.* **4.** *Dans le courant de,* au cours de, pendant. *Je viendrai vous voir dans le courant de la semaine.* ➜ ① **cours.** **5.** *Être au courant de quelque chose,* en être informé. *Es-tu au courant de la nouvelle ?* ▷ Mot de la famille de courir.

courbatu, courbatue ou **courbattu, courbattue** adj. Qui a des courbatures. *Après sa première journée de ski, Louise était toute courbatue.*

▸ **courbature** ou **courbatture** n. f. Douleur que l'on sent dans un muscle après un effort ou quand on est malade. *Louise a des courbatures dans tout le corps.*

▸ Écrire *courbattu* et *courbatture* avec 2 *t* comme dans *battre, battu,* mots de la même famille, est conforme à la nouvelle orthographe.

courbe adj. et n. f.

▪ adj. Qui change de direction sans former d'angles, qui est arrondi. ➜ planche **Géométrie.** *La surface de la Terre est courbe.* ▮ contraires : ① **droit, rectiligne.**

▪ n. f. **1.** Ligne courbe. *La route suit les courbes de la rivière.* ➜ **méandre.** **2.** Ligne, graphique qui donne la valeur de quelque chose à différents moments. *L'infirmière trace la courbe de température du malade.*

▸ **courber** v. (conjug. 3) **1.** Rendre courbe ce qui était droit. *Le poids des fruits courbe les branches de l'arbre.* **2.** Pencher quelque chose vers le bas. ➜ **incliner.** *La girafe courbe le cou pour boire.* ▮ contraire : **redresser.** **3.** Devenir courbe, pencher vers le bas. *La branche courbe sous le poids des fruits.* ➜ **ployer.**

▸ **se courber** v. **1.** Être, devenir courbe. *La branche s'est courbée sous le poids de la neige.* **2.** Se baisser. *Il s'est courbé pour passer sous la voûte.*

▸ **courbette** n. f. *Faire des courbettes devant quelqu'un,* être d'une politesse exagérée envers lui. *Il fait des courbettes devant ses chefs,* il est servile, obséquieux.

▸ **courbure** n. f. Forme d'un objet courbe. ➜ **galbe.** *La courbure de la Terre.*

▸ Autres mots de la famille : recourbé, recourber.

coureur n. m., **coureuse** n. f. Personne qui participe à une course. *Un coureur à pied. Des coureurs cyclistes.* ▷ Mot de la famille de courir.

des **coureuses**

courge n. f. Plante potagère cultivée pour ses fruits. *La citrouille, le potiron, la courgette sont des courges.*

▸ **courgette** n. f. Fruit vert, allongé, à peau mate. *Un gratin de courgettes.*

courir v. (conjug. 14) **1.** Se déplacer rapidement, en portant le poids du corps sur une jambe puis sur l'autre, de telle sorte qu'à un moment aucun des pieds ne touche terre. *Paul court vite. – Rien ne sert de courir, il faut partir*

à point : pour mener une chose à bien, mieux vaut agir calmement et à temps plutôt que se précipiter. **2.** *La rivière court entre deux rangées d'arbres,* elle coule. **3.** Circuler. ➜ se **répandre.** *Le bruit court que le directeur va démissionner.* **4.** Participer à une course. *Théo court un cent mètres avec Paul.* **5.** *Courir un danger,* c'est y être exposé. *Les pompiers courent de grands dangers. Courir sa chance,* c'est essayer. *Les concurrents ont couru leur chance.* **6.** Aller dans de nombreux endroits. *Juste avant Noël, les gens courent les magasins.*
▶ Autres mots de la famille : accourir, avant-coureur, concourir, concours, à contre-courant, couramment, ① et ② courant, coureur, courre, ① cours, course, coursier.

couronne n. f. **1.** Cercle de métal que l'on met autour de la tête comme marque d'autorité. *Les rois et les reines portent des couronnes.* ➜ **diadème. 2.** *Une couronne mortuaire,* c'est un cercle de fleurs et de feuilles que l'on pose sur une tombe. *Elle a déposé une couronne sur la tombe de sa tante.* **3.** Capsule dont on entoure une dent abîmée. *Le dentiste lui a posé une couronne en céramique.*

▶ **couronner** v. (conjug. 3) **1.** *Couronner quelqu'un,* c'est faire de lui un souverain en lui donnant une couronne. *Charlemagne fut couronné empereur en l'an 800.* ➜ **sacrer. 2.** Récompenser. *Ses efforts ont été couronnés de succès.*

▶ **couronnement** n. m. Cérémonie au cours de laquelle on couronne un souverain. *Le couronnement de Napoléon Ier.* ➜ **sacre.**

courre n. f. *La chasse à courre,* la chasse que l'on fait à cheval en suivant les chiens qui poursuivent le gibier. ▮ homonymes : ① et ② cour, ① et ② cours, ① et ② court. ▷ Mot de la famille de courir.

courriel n. m. Courrier électronique. ➜ **e-mail, mail.** *J'ai reçu plusieurs courriels ce matin.*

courrier n. m. **1.** Ensemble des lettres et des journaux envoyés par la poste. *Le facteur distribue le courrier.* **2.** *Courrier électronique,* message échangé entre ordinateurs. ➜ **courriel, e-mail, mail.**

courroie n. f. Longue bande étroite d'une matière souple et résistante, qui sert à attacher. ➜ **lanière, sangle.** *La courroie d'une boîte à outils.*

courroux [kuʀu] n. m. Colère, fureur. *Le roi entra dans un grand courroux.*

▶ **courroucer** v. (conjug. 5a) Mettre en colère.
▶ Ces mots appartiennent au langage soutenu.

① **cours** n. m. **1.** Mouvement de l'eau qui s'écoule. *Le cours d'un fleuve. Les torrents ont un cours rapide. – Les fleuves, les rivières, les torrents, les ruisseaux sont des cours d'eau.* ➜ planche **Eau. 2.** Suite dans le temps. *La maladie suit son cours,* elle évolue normalement. *Le gymnase est en cours d'aménagement,* en train d'être aménagé. *Paul passera nous voir au cours de l'année prochaine.* ➜ ② **courant.** *Il a beaucoup voyagé au cours de sa carrière.*

la cérémonie du couronnement

→ **durant,** ③ **pendant.** 3. Prix d'une marchandise qui change tous les jours. *Le cours du cacao est en hausse.* ▮ homonymes : ① et ② cour, courre, ① et ② court. ▷ Mot de la famille de courir.

② **cours** n. m. 1. Leçon sur une matière. *Ce matin, les élèves suivent un cours d'histoire.* 2. Chacune des classes de l'enseignement primaire en France. *Le cours préparatoire, le cours élémentaire, le cours moyen.* 3. École privée. *Il est en terminale au cours Charlemagne.*

course n. f. 1. Action de courir. *Léa est partie au pas de course,* en courant. 2. Épreuve sportive où l'on essaye d'aller le plus vite possible pour arriver le premier. *Louise fait de la course à pied. Il a participé à une course de motos. Une course cycliste.* 3. Marche, randonnée. → **excursion.** *Ils ont fait une course en montagne.* 4. Achat. *Julie est descendue faire une course. Ils font leurs courses au supermarché.* → ① **commission.**

▶ **coursier** n. m., **coursière** n. f. Personne qui fait certaines courses dans une entreprise, qui va chercher et apporte des lettres, des paquets. *Un coursier passera prendre le paquet vers 5 heures.*

▷ Mots de la famille de courir.

① **court** adj. et adv., **courte** adj.

▪ adj. 1. Qui a peu de longueur. *Julie a les cheveux courts.* ▮ contraire : **long.** 2. Qui dure peu de temps. → **bref.** *En hiver, les jours sont plus courts qu'en été.*

▪ adv. 1. De manière courte. *Julie a les cheveux coupés court. Leur projet a tourné court,* il n'a pas abouti. 2. *Tout court,* sans rien d'autre. *Son prénom est Marie tout court.* 3. *Être à court de quelque chose,* c'est en manquer. *L'avocat était à court d'arguments.* – *Être pris de court,* ne pas avoir assez de temps pour réagir. *Il n'a pas eu le temps de vous prévenir, il a été pris de court.*

▮ homonymes : ① et ② cour, courre, ① et ② cours.

▶ Autres mots de la famille : court-bouillon, court-circuit, écourter, raccourci, raccourcir.

② **court** n. m. *Un court de tennis,* c'est un terrain aménagé pour jouer au tennis. *Ils jouent sur le court n° 3.*

▶ Ce mot d'origine anglaise vient de l'ancien français *court* qui signifiait «cour».

court-bouillon n. m. Bouillon assaisonné dans lequel on fait cuire du poisson. *Elle fait cuire le turbot au court-bouillon.* – Au pl. *Des courts-bouillons.* ▷ Mot de la famille de ① court et de bouillir.

court-circuit n. m. Interruption du circuit électrique quand deux fils électriques se touchent. *L'incendie a été provoqué par un court-circuit.* – Au pl. *Des courts-circuits.* ▷ Mot de la famille de ① court et de circuit.

courtisan n. m. (→ ÉTYM.) Homme qui vivait à la cour, dans l'entourage du roi. *Les courtisans étaient des nobles.*

courtiser v. (conjug. 3) Faire la cour. *Il courtise toutes les femmes,* il cherche à leur plaire.

▶ Ce mot appartient au langage soutenu.

court métrage → **métrage**

courtois, courtoise adj. Très poli, aimable. *C'est une femme courtoise.* ▮ contraires : **grossier, impoli.**

▶ **courtoisie** n. f. Politesse, amabilité. *C'est une femme d'une grande courtoisie.* ▮ contraire : **grossièreté.**

couscous [kuskus] n. m. Plat d'Afrique du Nord fait de semoule servie avec de la viande, des légumes et de la sauce piquante.

① **cousin** n. m., **cousine** n. f. *Des cousins,* ce sont des personnes de la même famille, qui ont des ancêtres communs. *Julie a beaucoup de cousins et de cousines.* → aussi **germain.**

② **cousin** n. m. Gros moustique aux pattes très longues.

coussin n. m. 1. Sac d'une matière souple, rembourré, sur lequel on s'assied, on s'appuie. *Il y a plusieurs coussins sur le canapé.* 2. *Un coussin d'air,* c'est de l'air comprimé qui sert de support. *L'aéroglisseur avance sur coussin d'air.*

cousu, cousue adj. Attaché par des points de couture. *Des gants cousus main,* faits à la main, non à la machine. ▷ Mot de la famille de coudre.

coût [ku] n. m. Prix que coûte une chose. *Nous attendons le devis du plombier pour connaître le coût des travaux.* – *Le coût de la vie,* le prix de toutes les choses que l'on achète, de tout ce que l'on doit dépenser pour vivre. ▮ homonymes : cou, coup. ▷ Mot de la famille de coûter.

coûtant adj. m. *Le prix coûtant,* c'est le prix qu'une chose a coûté. *Dans ce supermarché, on vend l'essence à prix coûtant,* sans bénéfice.
▷ Mot de la famille de coûter.

couteau n. m. **1.** Instrument composé d'un manche et d'une lame servant à couper. *Prends le couteau à pain pour couper la baguette. Alex a un couteau de poche très perfectionné.* ➜ **canif. 2.** Coquillage fait de deux coquilles très longues. ➜ planche **Crustacés** et coquillages. *On trouve des couteaux dans le sable, sur la plage.*

▶ **coutelas** [kutla] n. m. Grand couteau à lame large. *Le boucher découpe la viande avec un coutelas.*

▶ **coutellerie** n. f. Boutique où l'on vend des couteaux, des ciseaux, des rasoirs.

coutelas

coûter v. (conjug. 3) **1.** Valoir un certain prix. *Ce stylo coûte 8 euros. Cette voiture coûte cher,* elle a un prix élevé. **2.** Causer, occasionner. *Ce travail nous a coûté bien des efforts. Le pilote a fait une erreur qui a failli lui coûter la vie,* le faire mourir. – *Coûte que coûte,* à tout prix. *Théo veut gagner la course, coûte que coûte.*

▶ **coûteux, coûteuse** adj. Qui coûte cher. *Cette voiture est coûteuse.* ➜ **onéreux.** ▮ contraire : **bon marché.**

▶ Autres mots de la famille : coût, coûtant.

coutume n. f. Habitude, tradition d'un pays, d'un groupe de personnes. ➜ ① **usage.** *On offre des dragées pour un baptême, c'est la coutume.* – *Une fois n'est pas coutume,* on peut autoriser une chose si elle reste exceptionnelle.
▶ Autres mots de la famille : accoutumance, s'accoutumer, inaccoutumé.

couture n. f. **1.** *Faire de la couture,* c'est coudre. **2.** Suite de points que l'on fait avec du fil et une aiguille pour assembler deux morceaux de tissu. *La couture de sa robe a craqué.*

▶ **couturier** n. m. Personne qui crée des vêtements de luxe. *Cette robe est un modèle de grand couturier.*

▶ **couturière** n. f. Femme dont le métier est de coudre, de faire des vêtements de femme. *La couturière pique l'ourlet.* ➜ aussi **tailleur.**
▷ Mots de la famille de coudre.

couvée n. f. Ensemble des petits oiseaux qui viennent de sortir des œufs qui ont été couvés ensemble. ➜ **nichée.** *La cane est suivie de sa couvée.* ▷ Mot de la famille de couver.

couvée de canetons

couvent n. m. Maison où vivent en communauté des religieuses ou des moines. ➜ aussi **monastère.** *Elle est entrée au couvent,* elle est devenue religieuse.

couver v. (conjug. 3) **1.** Rester un certain temps sur ses œufs pour les faire éclore, en parlant d'un oiseau. *Les poules couvent pendant vingt et un jours.* **2.** *Couver quelqu'un,* c'est le protéger de manière excessive. *Elle couve ses enfants.* **3.** *Couver une maladie,* être sur le point de l'avoir. *Théo a des frissons, il couve la grippe.* **4.** *Le feu couve sous la cendre,* il brûle sans qu'on le voie.
▶ Autres mots de la famille : couvée, couveuse.

couvercle n. m. Ce qui sert à fermer l'ouverture d'un récipient. *Le couvercle d'une casserole.* ▷ Mot de la famille de couvrir.

① **couvert** n. m. **1.** Ensemble des objets que l'on met sur la table pour le repas. *Louise a mis le couvert.* ➜ aussi **table. 2.** *Les couverts,* ce sont les couteaux, les cuillères et les fourchettes. *Des couverts en inox.* ▷ Mot de la famille de couvrir.

② **couvert, couverte** adj. **1.** Qui a un vêtement chaud. *Julie a pris froid parce qu'elle n'était pas assez couverte.* **2.** Qui a quelque chose sur lui, au-dessus de lui. *En hiver, Louise va à la piscine couverte.* ▮ contraire : **découvert.** *Aujourd'hui, le ciel est couvert,* il y a des nuages. ▮ contraire : **dégagé.** ▷ Mot de la famille de couvrir.

à couvert adv. Dans un lieu où l'on est couvert, protégé. ➜ à l'**abri.** *Les enfants se sont mis à couvert dès que l'orage a éclaté.* ▮ contraire : à **découvert.** ▷ Mot de la famille de couvrir.

couverture n. f. **1.** Pièce de tissu qui sert à couvrir, à tenir chaud. *Julie met deux couvertures sur son lit.* **2.** Ce qui recouvre l'ensemble des pages d'un livre, d'un cahier. *Ce livre a une couverture verte.* **3.** Toit. *Leur maison a une couverture en ardoise.* ➜ aussi **couvreur.** ▷ Mot de la famille de couvrir.

couveuse n. f. **1.** Appareil utilisé pour faire éclore les œufs qui ne sont pas couvés. **2.** Appareil transparent dans lequel il fait toujours la même température, où l'on met les nouveau-nés fragiles. *Le bébé prématuré a été mis en couveuse.* ▷ Mot de la famille de couver.

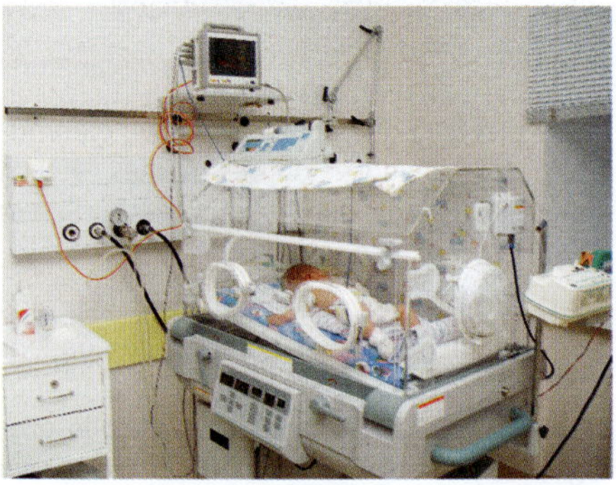

couveuse

couvre-feu n. m. En temps de guerre, heure à partir de laquelle on n'a plus le droit de circuler dans les rues. *Le gouvernement a décrété le couvre-feu.* – Au pl. *Des couvre-feux.* ▷ Mot de la famille de couvrir et de feu.

couvre-lit n. m. Tissu recouvrant un lit, par-dessus les draps et les couvertures. ➜ **dessus-de-lit.** *Un couvre-lit en coton.* – Au pl. *Des couvre-lits.* ▷ Mot de la famille de couvrir et de lit.

couvreur n. m., **couvreuse** n. f. Ouvrier qui fait ou répare les toitures. ▷ Mot de la famille de couvrir.

couvrir v. (conjug. 19) **1.** *Couvrir une chose,* c'est placer quelque chose sur elle. *Léa a couvert ses livres de classe.* ➜ **recouvrir.** *Couvre la casserole pendant que l'eau chauffe,* mets un couvercle sur la casserole. **2.** Être placé sur quelque chose. *Une jolie nappe couvre la table.* **3.** Mettre une grande quantité de. *Des voyous ont couvert le mur d'inscriptions.* **4.** Être répandu en grande quantité sur quelque chose. *Les feuilles couvrent le sol.* ➜ **joncher.** **5.** Donner en grande quantité. *Il couvre sa femme de cadeaux,* il lui en fait beaucoup. ➜ **combler.** **6.** Protéger. *Il couvre toujours ses collaborateurs,* il les défend et prend la responsabilité de ce qu'ils font. **7.** *Couvrir une dépense,* c'est en assurer le paiement. **8.** Parcourir. *Les coureurs ont couvert la distance en trois heures.*

▶ **se couvrir** v. **1.** Mettre des vêtements chauds. *Couvre-toi bien, il neige !* ▮ contraire : se **découvrir.** **2.** *Le ciel se couvre,* il se remplit de nuages.

▶ Autres mots de la famille : couvercle, ① et ② couvert, à couvert, couverture, couvre-feu, couvre-lit, couvreur, découvert, à découvert, découverte, découvrir, se découvrir, recouvrir.

cow-boy [kobɔj] n. m. Celui qui garde de grands troupeaux dans l'ouest des États-Unis. *Paul adore les films de cow-boys.* ➜ aussi **western.**

▶ Ce mot vient de l'anglais. (➜ ÉTYM.)

coyote n. m. Animal sauvage d'Amérique, à la fourrure fauve, qui ressemble au loup et au chacal. *Les coyotes se nourrissent surtout de charognes.*

coyote

crabe n. m. Animal marin à carapace, qui a huit pattes et deux pinces. ➜ planche **Crustacés et coquillages.** *Nous avons mangé du crabe à la mayonnaise.* – *Marcher en crabe,* de côté.

cracher v. (conjug. 3) **1.** Projeter de la salive, des crachats hors de la bouche. *Défense de cracher.* **2.** Projeter hors de la bouche. *Paul a* craché son chewing-gum avant d'entrer en classe.

▸ **crachat** n. m. Salive ou matière plus épaisse et gluante que l'on rejette par la bouche.

▸ **crachin** n. m. Pluie fine et serrée. → **bruine.**

craie n. f. **1.** Roche blanche calcaire qui s'effrite facilement. *Les falaises d'Étretat sont en craie.* **2.** Petit bâton fait à partir de cette roche réduite en poudre, qui sert à écrire au tableau et sur des ardoises. *Le professeur écrit à la craie blanche sur le tableau noir.*

▸ Autre mot de la famille : crayeux.

craindre v. (conjug. 55) **1.** Avoir peur. → **appréhender, redouter.** *Ne craignez rien, le chien n'est pas méchant. Je crains qu'il ne soit pas d'accord.* **2.** Mal supporter. *Cette plante craint le gel.* ▮ contraire : **aimer.**

▸ **crainte** n. f. Peur. *Elle ferme sa porte à clé par crainte des voleurs.* → **appréhension.**

▸ **craintif, craintive** adj. Peureux. *Les daims sont des bêtes craintives.*

cramoisi, cramoisie adj. Rouge foncé presque violet. *Des rideaux cramoisis.*

crampe n. f. Douleur brusque et passagère qui survient quand un muscle se contracte involontairement et plus qu'il ne le devrait. *Le coureur a une crampe au mollet.*

crampon n. m. *Des chaussures à crampons,* dont la semelle est garnie de petites pointes de métal ou de matière plastique. *Les footballeurs ont des chaussures à crampons.*

▸ se **cramponner** v. (conjug. 4) S'accrocher fermement. → s'**agripper,** se **retenir.** *Louise s'est cramponnée à son père pour traverser le ruisseau.*

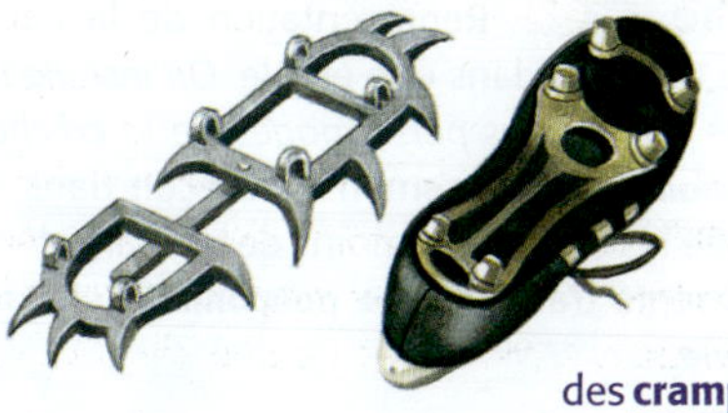

des **crampons**

① **cran** n. m. **1.** Entaille que l'on fait dans quelque chose de dur, qui sert à accrocher, à retenir. → **encoche.** *Il a baissé l'étagère de deux crans. – Un couteau à cran d'arrêt,* muni d'un mécanisme qui permet à la lame de se replier. **2.** Trou qui permet de régler une ceinture, une courroie. *Alex a desserré sa ceinture d'un cran.*

② **cran** n. m. Familier. Courage, audace. *Théo a eu le cran de se dénoncer.*

crâne n. m. **1.** Ensemble des os de la tête. → planche **Corps** humain. *Il s'est fait une fracture du crâne dans un accident de voiture.* **2.** Sommet de la tête. *Son grand-père a le crâne chauve.*

▸ Autre mot de la famille : crânien.

crâner v. (conjug. 3) Familier. Prendre un air supérieur. *Paul crâne parce que ses parents ont une nouvelle voiture.* → fam. **frimer.**

▸ **crâneur** n. m., **crâneuse** n. f. Familier. Personne prétentieuse. *Quel crâneur, ce Paul !*

crânien, crânienne adj. Du crâne. *Les os du crâne forment la boîte crânienne. Le blessé a un traumatisme crânien.* ▹ Mot de la famille de crâne.

crapaud n. m. Petit animal au corps massif, aux pattes arrière courtes et à la peau rugueuse, qui appartient à la même famille que la grenouille, les amphibiens. → planche **Reptiles** et amphibiens.

crapule n. f. Personne très malhonnête. → **bandit, canaille ;** fam. **fripouille.** *Cette crapule devrait être en prison.*

se **craqueler** v. (conjug. 6a) Se couvrir de petites fentes. → se **fendiller.** *La terre se craquelle sous l'effet de la sécheresse.*

▸ **craquelé, craquelée** adj. Couvert de petites fentes, fendillé. *La terre est sèche, elle est toute craquelée.*

▹ Mots de la famille de craquer.

craquer v. (conjug. 3) **1.** Produire un bruit sec. *Le parquet craque sous ses pas.* **2.** Se déchirer, se casser en faisant un bruit sec. *Sa jupe a craqué quand elle s'est assise. Le cinéma est plein à craquer,* il est complètement plein. **3.** Familier. Ne plus résister. → s'**effondrer.** *Le candidat a craqué à la troisième épreuve.*

▸ **craquement** n. m. Bruit sec. *La branche est tombée avec un grand craquement.*

▸ Autres mots de la famille : craquelé, se craqueler.

crasse n. f. Couche de saleté sur la peau, le linge, les objets. *On voit la crasse sur les poignets de sa chemise.*

▸ **crasseux, crasseuse** adj. Couvert de crasse, très sale. *Une chemise crasseuse.*

▸ Autres mots de la famille : décrasser, encrasser.

cratère n. m. **1.** Ouverture évasée d'un volcan. → planche **Volcans.** *De la lave en fusion s'écoule du cratère.* **2.** Trou naturel à la surface d'une planète. *Les cratères de la Lune.*

cratère

cravache n. f. Baguette flexible dont se sert le cavalier pour stimuler son cheval. *Il fait avancer son cheval à coups de cravache.*

cravate n. f. (→ ÉTYM.) Bande de tissu que les hommes passent sous le col de leur chemise et nouent devant.

crawl [kʀol] n. m. Nage sur le ventre, consistant à battre des jambes et tirer les bras en avant tour à tour. *Alex sait nager le crawl et la brasse.*

▸ Ce mot vient de l'anglais *to crawl* qui veut dire «ramper».

crayeux [kʀɛjø], **crayeuse** [kʀɛjøz] adj. Formé de craie. *Les falaises d'Étretat sont crayeuses.* ▷ Mot de la famille de craie.

crayon n. m. Petite baguette de bois contenant une longue mine, qui sert à écrire, à dessiner. *Julie met dans sa trousse des crayons noirs et des crayons de couleur.*

▸ **crayonner** v. (conjug. 3) Dessiner, écrire au crayon sans y apporter beaucoup de soin. *Alex a crayonné son numéro de téléphone sur un bout de papier.*

▸ Autre mot de la famille : taille-crayon.

créancier n. m., **créancière** n. f. Personne à qui l'on doit de l'argent. *Il n'a pas encore remboursé ses créanciers.* ▮ contraire : **débiteur.**

créateur n. m., **créatrice** n. f. Auteur d'une chose nouvelle, qui a créé une chose nouvelle. *Les créateurs de mode proposent de nouveaux vêtements.* – adj. *L'entreprise a besoin de personnes créatrices.* → **créatif.** ▷ Mot de la famille de créer.

créatif, créative adj. Qui crée, invente, a des idées nouvelles. → **imaginatif, inventif** et aussi **créativité.** *Julie a un esprit créatif. Elle est créative.* ▷ Mot de la famille de créer.

création n. f. **1.** Action de faire une chose qui n'existait pas encore. *La Bible raconte la création du monde. Il est dans cette entreprise depuis sa création,* depuis qu'elle existe. ▮ contraire : **suppression. 2.** Nouveau modèle. *Voici les dernières créations de ce grand couturier.* ▷ Mot de la famille de créer.

créativité n. f. Capacité pour créer, inventer des choses nouvelles. *Le professeur organise des activités qui stimulent la créativité des enfants.* → **imagination.** ▷ Mot de la famille de créer.

créature n. f. Être vivant. *L'homme est une créature humaine.* → ② **personne.** *Les films de science-fiction nous montrent souvent des créatures d'un autre monde.* ▷ Mot de la famille de créer.

crécelle n. f. Petit instrument en bois, formé d'une petite planche qui tourne autour d'un axe en faisant du bruit. – *Une voix de crécelle,* une voix aiguë et désagréable.

crécelle

crèche n. f. **1.** Représentation de la naissance de Jésus dans une étable. *On installe la crèche à Noël. Les personnages de la crèche.* → **santon. 2.** Établissement qui reçoit dans la journée les enfants de moins de trois ans dont les parents travaillent. → **pouponnière** et aussi **garderie.**

crédible adj. Que l'on peut croire. → **croyable, vraisemblable.** *Ce qu'il dit n'est pas crédible.* ▮ contraire : **incroyable.**

crédit n. m. **1.** Somme d'argent prêtée. ➜ ② **prêt.** *La banque lui a accordé un crédit sur cinq ans,* elle lui a prêté une somme d'argent qu'il doit rembourser avec les intérêts en cinq ans. – *À crédit,* sans payer immédiatement. *Il a acheté sa maison à crédit.* ▮ contraire : **comptant.** *Le boucher ne fait pas crédit,* on doit le payer tout de suite. **2.** Somme d'argent destinée à un usage particulier. *L'école a obtenu des crédits pour repeindre les salles de classe.* **3.** Argent disponible sur un compte en banque. *Vous avez 500 euros à votre crédit.* ▮ contraire : ① **débit.** – *Une carte de crédit.* ➜ ① **carte. 4.** Influence qu'a une personne grâce à la confiance qu'elle inspire. *À force de mentir, il a perdu tout crédit.*

▸ **créditer** v. (conjug. 3) Verser une somme d'argent sur un compte en banque. *Il a crédité son compte de 1 000 euros.* ▮ contraire : ① **débiter.**

▶ Autre mot de la famille : discréditer.

crédule adj. Qui croit tout ce qu'il entend ou lit. ➜ **naïf.** *Elle est trop crédule.* ▮ contraire : **incrédule.**

▸ **crédulité** n. f. Grande facilité à croire n'importe quoi. ➜ **naïveté.** *Ce garagiste indélicat a profité de la crédulité d'un client pour lui vendre une voiture en mauvais état.* ▮ contraires : **incrédulité, méfiance.**

▶ Autres mots de la famille : incrédule, incrédulité.

créer v. (conjug. 3) **1.** Faire que quelque chose existe. *Cette entreprise a été créée il y a 10 ans.* ➜ **fonder.** *Le maire a créé de nouveaux emplois.* **2.** Inventer. *Il a créé cette voiture il y a longtemps.* ➜ **concevoir. 3.** Causer. ➜ **provoquer.** *Nous ne voudrions pas vous créer des ennuis.* ➜ **occasionner.**

▶ Autres mots de la famille : créateur, créatif, création, créativité, créature, procréation, procréer.

crémaillère n. f. Tige de fer à crans pendue dans une cheminée à laquelle on suspendait autrefois une marmite au-dessus du feu. – *Pendre la crémaillère,* c'est fêter son installation dans un nouveau logement.

crématoire adj. *Un four crématoire,* c'est un four dans lequel on brûle le corps des morts.

crématorium [kʀematɔʀjɔm] n. m. Lieu où l'on brûle les morts, dans un cimetière. – Au pl. *Des crématoriums.*

crème n. f. **1.** Matière grasse du lait avec laquelle on fait le beurre. *Léa mange des concombres à la crème fraîche.* **2.** Plat sucré fait avec du lait et des œufs. *Pour le dessert, il y a de la crème au chocolat.* **3.** Produit doux au toucher que l'on utilise pour les soins de la peau. *Elle se met de la crème de nuit sur le visage avant de se coucher.* – adj. inv. D'une couleur blanche légèrement teintée de jaune. ➜ **beige.** *Des gants crème.*

▸ **crémerie** [kʀɛmʀi] n. f. Boutique, rayon d'un magasin où l'on vend des produits laitiers et des œufs.

▸ **crémeux, crémeuse** adj. Qui contient beaucoup de crème. *Une sauce très crémeuse.*

▸ **crémier** n. m., **crémière** n. f. Personne qui tient une crémerie.

▶ Autre mot de la famille : écrémé.

créneau n. m. **1.** Ouverture rectangulaire en haut d'un rempart qui servait à la défense. ➜ aussi **meurtrière.** ➜ planche **Château** fort. *Une pluie de flèches tombait des créneaux de la tour.* **2.** Espace assez grand pour se garer entre deux voitures en stationnement. *L'automobiliste a fait un créneau,* il a garé sa voiture entre deux autres voitures.

créneau

créole n. m. et f. **1.** Blanc né aux Antilles. *L'impératrice Joséphine était une créole.* – adj. *Elle était créole.* **2.** n. m. Langue qui est née du contact d'une langue européenne avec une langue qui existait avant l'arrivée des Européens. *Il parle le créole de la Martinique.*

▶ Ce mot vient du portugais.

① **crêpe** n. f. Mince couche d'une pâte faite avec de la farine, du lait et des œufs, cuite à la poêle ou sur une plaque ronde. ➜ **galette.** *Il nous a fait des crêpes pour le goûter.*

▶ Autre mot de la famille : crêperie.

② **crêpe** n. m. **1.** Tissu léger de soie ou de laine, à l'aspect granuleux. *Une robe longue en crêpe vert.* **2.** Caoutchouc qui ne glisse pas. *Des chaussures à semelles de crêpe.*

▶ Autre mot de la famille : crépon.

a b c d e f g h i j k l m n o p q r s t u v w x y z

crêperie [kʀɛpʀi] n. f. Lieu où l'on vend et où l'on mange des crêpes. ▷ Mot de la famille de ① crêpe.

crépi n. m. Couche granuleuse de plâtre ou de ciment que l'on applique sur un mur. *Un mur en crépi.*

crépiter v. (conjug. 3) Faire entendre des bruits secs et répétés. *Le feu crépite dans la cheminée.*

▸ **crépitement** n. m. Bruit sec et répété. *On entendait au loin le crépitement des mitraillettes.*

crépon n. m. *Papier crépon,* papier décoratif d'aspect ondulé. *Des fleurs en papier crépon.* ▷ Mot de la famille de ② crêpe.

crépu, crépue adj. *Des cheveux crépus,* frisés en boucles très serrées. ▮ contraires : **lisse, raide.**

crépuscule n. m. Moment de la journée où la lumière du jour s'affaiblit, quand le soleil se couche.

cresson n. m. Plante qui pousse dans l'eau douce, dont on mange les feuilles arrondies vert foncé. *Une botte de cresson.*

cresson

crête n. f. **1.** Morceau de chair rouge dentelé, situé au-dessus de la tête de certains oiseaux. *Le coq a une crête plus grosse que celle de la poule.* **2.** Ligne formée par le sommet d'une montagne, d'un toit, d'une vague. *La crête des vagues est couverte d'écume.*

crétin n. m., **crétine** n. f. (→ ÉTYM.) Personne stupide. ➜ **idiot, imbécile.** *Bande de crétins !*

creuser v. (conjug. 3) **1.** Rendre creux en enlevant quelque chose. *Alex creuse une citrouille.* ➜ **évider.** **2.** *Creuser un puits,* c'est le fabriquer en faisant un trou dans la terre. *Cette association creuse des puits en Afrique.* ➜ **forer.** ▮ contraire : **combler.** **3.** *Se creuser la tête,* c'est réfléchir beaucoup. *Elle s'est creusé la tête pour trouver une idée de cadeau.* ▷ Mot de la famille de creux.

creuset n. m. Récipient dans lequel on fait fondre des métaux. ▷ Mot de la famille de creux.

creux adj. et n. m., **creuse** adj.
■ adj. **1.** Vide. *La cloison est en briques creuses.* ▮ contraire : **plein.** **2.** Qui présente une courbe vers l'intérieur. *La soupe est servie dans une assiette creuse,* qui peut contenir un liquide. ▮ contraire : ① **plat.** **3.** Sans valeur. *Il n'a dit que des paroles creuses,* sans intérêt. **4.** *Les heures creuses,* celles où les activités sont ralenties. *Il prend le métro aux heures creuses, il y a moins de monde.* ▮ contraires : heure **d'affluence,** de **pointe.**
■ n. m. **1.** Partie vide, enfoncée. *Théo a trouvé un crabe dans un creux de rocher.* ➜ **anfractuosité, cavité, trou.** *Paul a des billes dans le creux de la main.* ➜ **paume.** **2.** Familier. *Alex a un creux à l'estomac,* il a faim. *J'ai un petit creux,* j'ai faim.
▶ Autres mots de la famille : creuser, creuset.

crevaison n. f. Ouverture brutale et accidentelle, qui se produit dans un objet gonflé ou tendu. *La crevaison d'un pneu.* ▷ Mot de la famille de crever.

crevant, crevante adj. Familier. Qui fatigue beaucoup. ➜ **épuisant, exténuant.** *Ce travail est crevant.* ▷ Mot de la famille de crever.

crevasse n. f. **1.** Fente profonde dans la terre, dans la glace. *Des crevasses se sont formées dans la terre desséchée.* **2.** Petite fente qui se forme dans la peau à cause du froid.

crevasse

→ **gerçure.** *Elle a des crevasses aux mains.* ▷ Mot de la famille de crever.

crever v. (conjug. 7) **1.** S'ouvrir brutalement en éclatant. *Le ballon a crevé.* **2.** Faire éclater une chose gonflée ou tendue. *Il a crevé un pneu en roulant sur un clou. Louise a failli se crever un œil avec son bâton de ski.* – Familier. *Cela crève les yeux,* c'est évident. **3.** Mourir. *Cette plante crèvera si on ne l'arrose pas.*

▸ **crevé, crevée** adj. **1.** Qui a éclaté. *Elle a donné le pneu crevé à réparer.* **2.** Mort. *On a trouvé des rats crevés dans la cave.* **3.** Familier. Très fatigué. *Elle était trop crevée pour sortir.* → fam. **vanné.**

▶ Autres mots de la famille : crevaison, crevant, crevasse.

crevette n. f. (→ÉTYM.) Petit crustacé qui vit dans la mer. → planches **Crustacés** et coquillages, **littoral.** *Nous avons pêché des crevettes grises.*

cri n. m. **1.** Son perçant produit par la voix. *Effrayée, Julie a poussé un cri.* **2.** Son que font les animaux. *Le cri du chat est le miaulement, celui du chien l'aboiement.* ▷ Mot de la famille de crier.

criant, criante adj. Qui fait protester. *Cette punition est d'une injustice criante.* → **révoltant.** ▷ Mot de la famille de crier.

criard, criarde adj. **1.** Aigu et désagréable. *La voisine a une voix criarde.* **2.** Désagréable à voir. *Une couleur criarde,* trop vive. → ③ **voyant.** ▷ Mot de la famille de crier.

crible n. m. Instrument percé de trous qui sert à trier des objets de différente grosseur. → **passoire, tamis.** *Léa passe du sable au crible.* – *Passer au crible,* examiner avec soin et en détail. *Le commissaire a passé au crible tous les témoignages.*

▸ **criblé, criblée** adj. Percé de nombreux trous. *La voiture était criblée de balles.* – *Le pauvre homme est criblé de dettes,* il a beaucoup de dettes.

cric n. m. Appareil à manivelle qui sert à soulever des choses très lourdes. *Le garagiste place le cric sous la voiture pour changer la roue.* ▮ homonyme : crique.

cricket [kʀikɛt] n. m. Jeu anglais qui se pratique avec une batte en bois et une balle de cuir. *Un match de cricket.* → aussi **baseball.**

▶ *Cricket* est un mot anglais qui veut dire «bâton».

criée n. f. *Une vente à la criée,* c'est une vente publique aux enchères. → aussi **enchères.** *Le poisson est vendu à la criée, sur le port.* ▷ Mot de la famille de crier.

crier v. (conjug. 9) **1.** Faire entendre un ou plusieurs cris. *Julie a crié tellement elle a eu peur.* **2.** Parler très fort. → **hurler.** *Ce n'est pas la peine de crier, je t'entends très bien !*

▶ Autres mots de la famille : cri, criant, criard, criée, s'écrier, se récrier.

crime n. m. **1.** Faute très grave punie par la loi. *Le dictateur est accusé de crime contre l'humanité.* **2.** Assassinat, meurtre. *L'auteur du crime a été arrêté par la police. L'assassin a commis un crime parfait,* dont on ne découvrira pas l'auteur. **3.** Acte que l'on condamne avec force. *Ce serait un crime d'abattre un si bel arbre.*

criminel n. m., **criminelle** n. f. Personne coupable d'un crime. → **assassin.** *Le criminel sera jugé en cour d'assises.* – adj. *Un incendie criminel,* qui constitue un crime. ▮ contraire : **accidentel.**

▸ **criminalité** n. f. Ensemble des crimes commis. *La criminalité a diminué dans le pays depuis l'an dernier.*

crin n. m. Poil long et rude qui pousse sur le cou, la queue et le bas des pattes du cheval. *Elle se frictionne avec un gant de crin.*

▸ **crinière** n. f. Ensemble des poils qui poussent sur le cou de certains animaux. *Le cheval secoue sa crinière. La crinière du lion.*

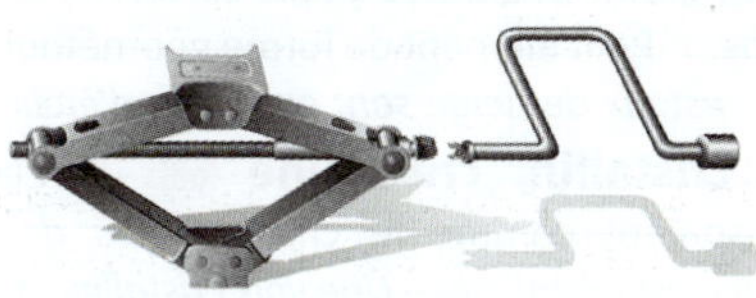

cric

crinoline n. f. *Une robe à crinoline,* sous laquelle il y a des cerceaux qui la rendent bouffante. *Au 19e siècle, les femmes portaient des robes à crinoline.*

crique n. f. Partie du rivage où la mer s'enfonce dans la terre en formant un abri. → **anse,** ① **baie.** *Ils se sont baignés dans une crique.* → aussi **calanque.** ▮ homonyme : cric.

a b c d e f g h i j k l m n o p q r s t u v w x y z

criquet n. m. Insecte des pays chauds, très vorace, qui peut voler et sauter. → aussi **sauterelle.** → planches **Désert, insectes.** *Une nuée de criquets s'est abattue sur les cultures et a tout dévoré en quelques minutes.*

crise n. f. 1. Accident qui atteint une personne en bonne santé. *Il est mort d'une crise cardiaque. Théo a parfois des crises d'asthme,* son asthme se réveille. 2. Manifestation violente et soudaine d'une émotion. *Léa a eu une crise de larmes,* elle s'est mise à pleurer tout d'un coup. 3. Période difficile. *Le pays traverse une crise économique,* des difficultés de l'économie.

crisper v. (conjug. 3) 1. Contracter les muscles d'une partie du corps. *La douleur lui crispe le visage.* 2. Familier. Irriter. *Le ton sur lequel elle me parle a le don de me crisper.* → **énerver, exaspérer.**

▸ **se crisper** v. 1. S'agripper. *Sa main s'est crispée sur l'accoudoir du fauteuil.* 2. Se raidir, se contracter. *Ne te crispe pas, détends-toi !*

crisser v. (conjug. 3) Faire un bruit grinçant de frottement. *Le gravier crisse sous les pas.*

▸ **crissement** n. m. Bruit grinçant désagréable. *Le crissement de la craie sur le tableau.*

cristal n. m. (pl. **cristaux**) 1. Verre que l'on a rendu plus transparent et plus lourd que du verre ordinaire et qui donne un joli son quand on le frappe légèrement. *Un vase en cristal taillé.* 2. *Le cristal de roche,* c'est une roche transparente et dure. *Le quartz est du cristal de roche.* 3. Petit élément de forme géométrique. *Les cristaux de neige sont en forme d'étoile.*

▸ ① **cristallin, cristalline** adj. 1. Clair, transparent comme le cristal. *L'eau de la source est cristalline. – Une voix cristalline,* très pure. 2. Qui est formé de cristaux. *Le mica et le granit sont des roches cristallines.*

▸ ② **cristallin** n. m. Partie transparente de l'œil, en forme de lentille, à l'arrière de la pupille.

▸ **cristallisé, cristallisée** adj. *Du sucre cristallisé,* formé de petits cristaux.

critère n. m. Ce qui permet de juger. *Sur quels critères vous basez-vous pour faire votre choix ?*

① **critique** adj. *Une situation critique,* difficile et qui peut avoir des conséquences fâcheuses. → **alarmant, préoccupant.**

② **critique** n. m. et f.
■ n. f. 1. Ce que l'on dit en bien ou en mal d'une œuvre. *La critique de son dernier livre est très bonne. Il garde toutes les critiques des films qu'il a réalisés,* les articles de journaux qui parlent de ses films. → **compte rendu.** 2. Jugement défavorable. → **reproche.** *Julie ne supporte pas qu'on lui fasse des critiques.* ▮ contraires : **éloge, louange.**
■ n. m. et f. Personne dont le métier est de juger les livres ou les spectacles. *Il est critique de cinéma à la télévision.*

▸ **critiquer** v. (conjug. 3) Donner son appréciation, son jugement, en faisant ressortir les défauts. → **blâmer, condamner.** ▮ contraires : **approuver,** ① **louer.** *Elle critique tout le monde.*

croasser v. (conjug. 3) *Le corbeau et la corneille croassent,* ils poussent leur cri.
▶ Il ne faut pas confondre *croasser* et *coasser* : la grenouille *coasse* et le corbeau *croasse.*

▸ **croassement** n. m. Cri du corbeau et de la corneille.

croc [kʀo] n. m. 1. Dent pointue de certains animaux. → **canine.** *Le chien montre ses crocs.* 2. Tige de métal pointue et recourbée servant à suspendre quelque chose. *Le boucher suspend la viande à des crocs.*

▸ **croc-en-jambe** [kʀɔkɑ̃ʒɑ̃b] n. m. Manière de faire tomber quelqu'un en accrochant sa jambe avec le pied. → **croche-pied.** *Julie a fait un croc-en-jambe à Paul.* – Au pl. *Des crocs-en-jambe.* ▷ Mot de la famille de ① **en** et de **jambe.**

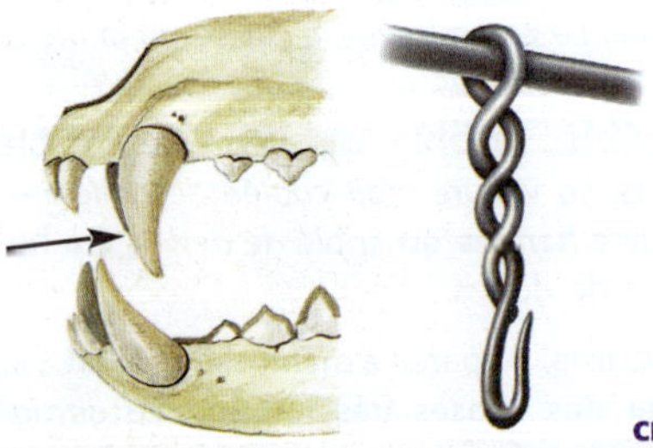

croc

croche n. f. Note de musique qui vaut la moitié d'une noire. *La queue de la croche porte un crochet.*

croche-pied n. m. Manière de faire tomber quelqu'un en accrochant sa jambe avec le pied. ➜ **croc-en-jambe.** *Il lui a fait un croche-pied.* – Au pl. *Des croche-pieds.* ▷ Mot de la famille de ① pied.

crochet n. m. **1.** Pièce de métal recourbée pour pendre ou retenir quelque chose. *Le tableau est suspendu à un crochet.* **2.** Aiguille dont l'extrémité recourbée retient le fil qui doit passer dans la maille. *Louise apprend à faire du crochet,* à faire du tricot avec un crochet. *Un napperon au crochet.* **3.** Détour qui allonge la route suivie. *Ils ont fait un crochet par la plage.* **4.** Sorte de parenthèse dont les extrémités sont en angle droit. *Les mots écrits en phonétique sont entre crochets [ ].* **5.** Dent recourbée. *Les crochets venimeux de la vipère.*

▶ **crocheter** [kʀɔʃte] v. (conjug. 7b) *Crocheter une serrure,* c'est l'ouvrir avec un instrument recourbé du bout. *Les cambrioleurs ont crocheté la serrure.*

crochu, crochue adj. Recourbé. *L'aigle a un bec crochu.*

crocodile n. m. **1.** Reptile carnivore vivant dans les fleuves des pays chauds, au corps massif recouvert d'écailles et aux pattes courtes. ➜ planche **Reptiles** et amphibiens. *Le crocodile noie sa proie avant de la dévorer.* ➜ aussi **alligator, caïman.** – *Verser des larmes de crocodile,* pleurer de manière hypocrite, pour émouvoir ou pour tromper. **2.** Peau du crocodile utilisée pour faire des sacs, des chaussures, des ceintures, des portefeuilles. *Une ceinture en crocodile.*

crocus [kʀɔkys] n. m. Plante à bulbe, à tige courte, qui fleurit très tôt au printemps.

croire v. (conjug. 47) **1.** *Croire quelque chose,* c'est penser que c'est vrai. *Louise croit tout ce qu'on lui raconte.* ➜ aussi **crédule. 2.** *Croire quelqu'un,* c'est penser que ce qu'il dit est vrai. *Je ne te crois plus, tu es trop menteur !* **3.** Considérer comme vraisemblable, sans en être sûr. ➜ **estimer, juger, penser, supposer.** *Léa croyait être seule. Je crois qu'il va venir. Théo croyait à la victoire de son équipe.* – **se croire,** se considérer comme. *Louise se croyait perdue,* elle s'imaginait qu'elle était perdue. **4.** *Croire en Dieu,* c'est être convaincu que Dieu existe. ➜ aussi **croyant.**

▶ Autres mots de la famille : croyable, croyance, croyant, incroyable, incroyablement, incroyant.

croisé n. m. Chevalier chrétien qui prenait les armes pour chasser les musulmans de Terre sainte, au Moyen Âge. *Les croisés avaient une croix cousue sur leurs vêtements.*

▶ **croisade** n. f. **1.** Expédition militaire qui était menée par les chrétiens contre les musulmans de Terre sainte, au Moyen Âge. *La première croisade. Il y a eu huit croisades entre 1095 et 1270.* **2.** Lutte. *Le gouvernement mène une croisade contre le tabac.*

▷ Mots de la famille de croix.

croisée n. f. **1.** Carrefour. *Ils se sont rencontrés à la croisée des chemins,* là où les chemins se croisent. **2.** Fenêtre. *Ouvre la*

combat pendant une **croisade**

croisée. ▷ Mot de la famille de croix.

◗ Ce mot appartient au langage soutenu.

croiser v. (conjug. 3) **1.** Poser deux choses l'une sur l'autre, en forme de croix. *Léa s'est assise et a croisé les jambes.* **2.** Passer au travers d'une ligne, d'une route. *La voie ferrée croise la route.* ➜ **couper, traverser. 3.** Rencontrer en allant en sens contraire. *Théo a croisé Julie dans la rue.* **4.** Naviguer en allant et venant dans les mêmes parages. *Le navire croisait au large de la Bretagne.*

▶ **se croiser** v. **1.** Se couper. *Les deux routes se croisent à la sortie du village.* **2.** Se rencontrer. *Les deux trains se croiseront à 14 h 17.*

▶ **croisement** n. m. **1.** *Les feux de croisement,* ce sont, sur un véhicule, les lumières qui n'éblouissent pas le conducteur que l'on croise. ➜ **code. 2.** Intersection de routes. ➜ **carrefour.** *Prenez à droite au prochain croisement.* **3.** Mélange de races d'animaux. *Le mulet est le résultat d'un croisement entre une jument et un âne.*

▶ **croiseur** n. m. Grand navire de guerre.

▶ **croisière** n. f. Voyage touristique en bateau. *Ils ont fait une croisière en Méditerranée.* ▷ Mots de la famille de croix.

croissance n. f. **1.** Le fait de grandir, de croître. ➜ **développement.** *À dix ans, on est en pleine croissance.* **2.** Progression. *La croissance de la production a été faible cette année.* ➜ **expansion.** ▮ contraires : **déclin, régression.** ▷ Mot de la famille de croître.

① **croissant** n. m. **1.** *Un croissant de lune,* c'est la partie visible de la Lune quand sa partie éclairée a une forme étroite, creusée en arrondi. ➜ planche **Lune. 2.** Petite pâtisserie recourbée, en forme de croissant. *Julie aime les croissants au beurre.* ▷ Mot de la famille de croître.

② **croissant, croissante** adj. Qui croît, s'accroît. *Les enfants se sont rangés par ordre croissant de taille,* du plus petit au plus grand. ▮ contraire : **décroissant.** ▷ Mot de la famille de croître.

croître v. (conjug. 58) **1.** Grandir, se développer. *Les mauvaises herbes croissent vite.* ➜ ① **pousser. 2.** Devenir plus grand, plus nombreux. *Le nombre des naissances a crû,* les naissances sont devenues plus nombreuses. ➜ s'**accroître, augmenter.** ▮ contraire : **décroître.** – *Les jours croissent au printemps,* ils deviennent plus longs. ▮ contraire : **diminuer.**

▶ Autres mots de la famille : accroissement, accroître, croissance, ① et ② croissant, ① cru, crue, décroissant, décroître, décrue, excroissance, surcroît.

croquet

croix n. f. **1.** Instrument de supplice fait de deux poteaux de bois qui se croisent à angle droit, sur lequel on attachait les condamnés pour les faire mourir. *Jésus est mort sur la croix.* ➜ aussi **crucifix. 2.** Marque formée par deux traits qui se croisent. *Cochez la bonne réponse d'une croix.* **3.** Décoration en forme de croix. *Il a été décoré de la croix de guerre.*

▶ Autres mots de la famille : chassé-croisé, croisade, croisé, croisée, croisement, croiser, se croiser, croiseur, croisière, entrecroiser.

croquant, croquante adj. Qui croque sous la dent. *Une pomme bien croquante.* ▷ Mot de la famille de croquer.

croque-monsieur n. m. inv. Sandwich chaud fait de pain de mie, de jambon et de fromage. – Au pl. *Des croque-monsieur.* ▷ Mot de la famille de croquer.

croquemort n. m. Familier. Employé des pompes funèbres. *Les croquemorts ont déposé le cercueil dans le corbillard.* ▷ Mot de la famille de croquer et de mourir.

◗ On écrit aussi *croque-mort, des croque-morts.*
• Écrire *croquemort* en un seul mot est conforme à la nouvelle orthographe.

croquer v. (conjug. 3) **1.** Faire un bruit sec. ➜ **craquer** et aussi **croustiller.** *Ce biscuit croque sous la dent.* **2.** Réduire en petits morceaux avec les dents. *Théo croque un bonbon.* – *Léa croque dans une pomme.* ➜ **mordre.**

▶ Autres mots de la famille : croquant, croque-monsieur, croquemort, croquette.

croquet n. m. Jeu consistant à faire passer des boules sous de petits arcs de métal au moyen d'un maillet. *Ils font une partie de croquet dans le jardin.*

croquette n. f. **1.** Boulette de pâte, de hachis, frite dans l'huile. *Des croquettes de pommes de terre.* **2.** Boulette de nourriture sèche que l'on donne aux chats ou aux chiens.
▷ Mot de la famille de croquer.

croquis n. m. Dessin rapide. → **esquisse.** *Un carnet de croquis.* → planche **Artistes.** *Il a fait un croquis des lieux où s'est produit l'accident.*

cross n. m. **1.** Course à pied sur différentes sortes de terrains, dans la nature. *Paul et Alex ont fait un cross dans la forêt.* **2.** Course de vélo ou de moto dans la nature. ▮ homonyme : crosse.
▶ *Cross* est un mot anglais qui est l'abréviation de *cross-country,* qui vient de *across the country,* qui veut dire «à travers la campagne».
▶ Autres mots de la famille : cyclocross, motocross.

cross

crosse n. f. **1.** Bâton recourbé. *La crosse d'un évêque.* **2.** Partie d'une arme à feu que l'on tient ou que l'on appuie sur l'épaule pour tirer. *La crosse d'un fusil.* ▮ homonyme : cross.

crotale n. m. Serpent très venimeux qui fait du bruit avec sa queue quand il se déplace, appelé aussi *serpent à sonnette. Les crotales vivent en Amérique.*

crotte n. f. **1.** Excrément. *Le chien a fait une crotte dans le caniveau.* **2.** *Des crottes en chocolat,* des bonbons au chocolat.
▶ Autre mot de la famille : crottin.

crotté, crottée adj. Couvert de boue. *Ses chaussures étaient toutes crottées.*
▶ Ce mot appartient au langage soutenu.

crottin n. m. **1.** Excrément du cheval. *Le crottin est un bon engrais pour les fleurs.* **2.** Petit fromage de chèvre. *Une salade au crottin chaud.* ▷ Mot de la famille de crotte.

crouler v. (conjug. 3) *Crouler sous,* plier sous le poids de. *L'arbre de Noël croule sous les décorations.* – *Il croule sous le travail,* il est surchargé de travail.
▶ Autres mots de la famille : écroulement, s'écrouler.

croupe n. f. Partie arrière arrondie du corps de certains animaux. → **derrière, fesse.** *Le cavalier donne un coup de cravache sur la croupe de son cheval.*

▶ **croupion** n. m. Partie arrière du corps des oiseaux, qui porte les plumes de la queue. → planche **Oiseaux.** *Le croupion du poulet.*
▶ Autre mot de la famille : s'accroupir.

croupir v. (conjug. 11) **1.** *De l'eau qui croupit,* c'est de l'eau qui devient mauvaise parce qu'elle reste immobile, ne s'écoule pas. → **stagner.** **2.** Rester dans un endroit sans en sortir. *Les opposants au dictateur croupissent en prison depuis des années.*

croustiller v. (conjug. 3) Croquer sous la dent. *Ces biscuits croustillent.*

▶ **croustillant, croustillante** adj. Qui croustille. *La croûte du pain frais est croustillante.*

croûte n. f. **1.** Partie extérieure. *Alex mange la croûte du pain et laisse la mie. Léa enlève la croûte du camembert.* **2.** Plaque dure qui se forme sur une plaie. *N'arrache pas la croûte, ta plaie cicatrisera plus vite.*

▶ **croûton** n. m. **1.** Extrémité du pain. *Les croûtons d'une baguette.* **2.** Morceau de pain frit. *Une salade avec des lardons et des croûtons.*
▶ Autre mot de la famille : casse-croûte.

croyable adj. *Une chose croyable,* que l'on peut croire. → **crédible, pensable, possible.** *Cette histoire est à peine croyable.* ▮ contraire : **incroyable.** ▷ Mot de la famille de croire.

croyant, croyante adj. Qui croit en Dieu. *Elle est très croyante.* ▮ contraires : **athée, incroyant.** – n. *C'est une croyante.*

▶ **croyance** n. f. Ce que l'on croit, surtout en matière religieuse. *Il faut respecter les croyances de chacun.*
▷ Mots de la famille de croire.

① cru n. m. Vignoble. *La France est réputée pour ses grands crus.* ▮ homonyme : crue. ▷ Mot de la famille de croître.

② cru, crue adj. **1.** Qui n'est pas cuit. *Léa aime les carottes crues.* ▮ contraire : **cuit.** **2.** *La lumière crue fait mal aux yeux,* la lumière vive et violente. ▮ contraires : **doux, tamisé.** **3.** Qui dit ou montre les choses, sans douceur, telles qu'elles sont. *Ce documentaire est une description crue de la réalité.* → **réaliste.**
▶ Autre mot de la famille : crudités.

cruauté n. f. Méchanceté des personnes cruelles, qui prennent du plaisir à faire souffrir. *Il fait partie d'une association qui lutte contre la cruauté envers les animaux.* → **férocité.** ▮ contraire : **humanité.**

cruche n. f. **1.** Pot, étroit du haut, muni d'un bec et d'une anse. *Une cruche à eau.* **2.** Familier. Personne bête. → **imbécile.** *Quelle cruche !* → ② **gourde.**

cruche (Braque)

crucial, cruciale adj. Très important. *Voici le moment crucial.* → **décisif.** *Le réchauffement de la Terre est une question cruciale.* → **essentiel.** — Au masc. pl. *cruciaux.*

crucifier v. (conjug. 9) *Crucifier quelqu'un,* c'est l'attacher et le clouer sur une croix pour qu'il meure. *Les Romains crucifièrent Jésus.*

▸ **crucifix** [kʀysifi] n. m. Croix sur laquelle est représenté Jésus. *Il y a un crucifix dans l'église.*

cruciverbiste [kʀysivɛʀbist] n. m et f. Amateur de mots croisés.

crudités n. f. pl. Légumes que l'on mange crus. *On nous a servi une assiette de crudités en hors-d'œuvre.* ▷ Mot de la famille de ② cru.

crudités

crue n. f. Montée des eaux d'un cours d'eau. *Les fortes pluies ont provoqué une crue du fleuve. La rivière est en crue,* ses eaux montent. ▮ homonymes : ① et ② cru. ▷ Mot de la famille de croître.

cruel, cruelle adj. **1.** Qui aime faire souffrir. → **féroce, méchant.** *Il est cruel envers les animaux.* → aussi **cruauté.** **2.** Qui fait souffrir. *Sa mort est pour nous une perte cruelle.*

▸ **cruellement** adv. **1.** Avec cruauté. *Il a été cruellement torturé.* **2.** D'une façon douloureuse. *Ses rhumatismes le font cruellement souffrir.*

crustacé n. m. (→ ÉTYM.) Animal recouvert d'une carapace, muni de pattes articulées, de branchies et d'antennes, qui vit dans l'eau et qui est bon à manger. *La crevette, le crabe, la langouste sont des crustacés.* → planche **Crustacés** et coquillages.

crypte n. f. Partie souterraine d'une église. *La crypte de la cathédrale.*
▮ Ce mot s'écrit avec un *y.*

cube n. m. (→ ÉTYM.) **1.** Corps dont les six faces sont six carrés égaux. → planche **Géométrie.** *Un dé à jouer est un cube.* **2.** *Le cube d'un nombre,* c'est ce nombre multiplié par lui-même deux fois de suite. *Le cube de 4 est 64. 4 au cube égale 64.* — On écrit 4^3 et on peut dire aussi 4 puissance 3. **3.** *Un mètre cube,* c'est le volume d'un cube d'un mètre de côté. *Un mètre cube de bois.* → **stère.** *Trois mètres cubes ($3\ m^3$).*

crustacés et coquillages

Les crustacés sont des invertébrés dont le corps est protégé par une carapace rigide. Les plus petits mesurent moins de 1 mm alors que les plus grandes araignées de mer ont une envergure de près de 4 m. Les langoustes, crevettes, crabes qui peuplent les océans mais aussi les écrevisses des rivières font partie des 40 000 espèces de crustacés. Les coquillages sont des mollusques marins généralement comestibles revêtus d'une coquille. Il en existe de nombreux types parmi lesquels les gastéropodes, comme le bigorneau, et les « bivalves » (qui ont deux valves) comme les moules et les huîtres.

→ planche **littoral.**

crabe tourteau

palourde

étoile de mer

huîtres

coquille Saint-Jacques

langoustine

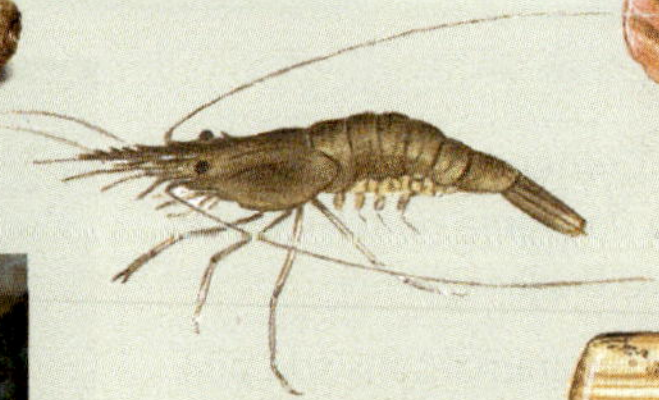
crevette grise

nautile

couteau

moule

bernique (patelle)

bigorneau

murex

vénus

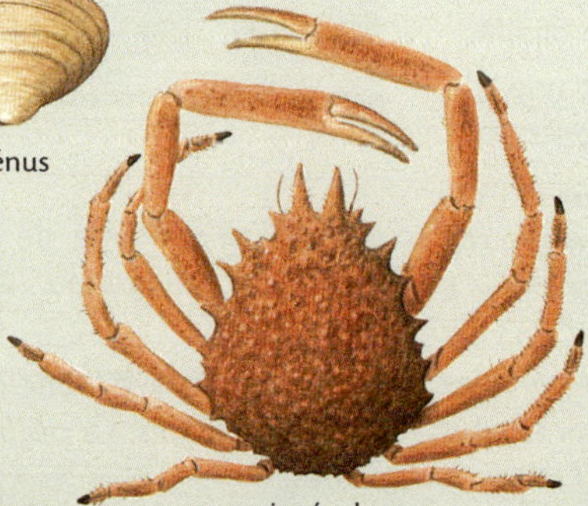
araignée de mer

langouste

homard

▸ **cubique** adj. Qui a la forme d'un cube. *Une boîte cubique.*

cubitus [kybitys] n. m. Le plus gros des deux os de l'avant-bras. ➜ planche **Corps** humain.
▸ *Cubitus* est un mot latin qui veut dire «coude».

cueillir v. (conjug. 15) *Cueillir une fleur,* c'est la ramasser en coupant la tige, en la détachant de la plante qui la porte. *Cueillir des fruits ou des légumes,* c'est les récolter.

▸ **cueillette** n. f. Récolte. *La cueillette des aubergines se fait en été.*

cuillère [kɥijɛʀ] n. f. Couvert composé d'un manche et d'une partie creuse dont on se sert pour manger ou faire la cuisine. *N'oublie pas de mettre des cuillères à soupe et des petites cuillères sur la table.*
▸ On écrit aussi *cuiller.*

▸ **cuillérée** n. f. Contenu d'une cuillère. *Ajoutez une cuillérée de crème dans la sauce.*
▸ On écrit aussi *cuillerée* [kɥijeʀe].

cuir n. m. **1.** Peau d'un animal sans son poil, avec laquelle on fait des sacs, des chaussures, des vêtements, des ceintures. *Alex a un blouson de cuir.* **2.** *Le cuir chevelu,* c'est la peau du crâne. ▮ homonyme : cuire.

cuirasse n. f. **1.** Armure qui était destinée à protéger la poitrine, le ventre et le dos. **2.** Revêtement d'acier protégeant les navires de guerre et les chars.

▸ **cuirassé** n. m. Navire de guerre blindé.

▸ **cuirassier** n. m. Soldat revêtu d'une cuirasse, qui combattait à cheval.

cuire v. (conjug. 41) **1.** *Cuire un aliment,* c'est le chauffer pour le rendre bon à manger. *Elle cuit les légumes à la vapeur.* **2.** Devenir bon à manger sous l'action de la chaleur. *Le poulet cuit dans le four. Le cuisinier fait cuire les pommes de terre dans une cocotte.* **3.** Rendre dur en chauffant. *Le potier cuit les objets qu'il fabrique.* ▮ homonyme : cuir.

▸ **cuisant, cuisante** adj. Qui fait mal. ➜ **douloureux.** *Son échec a été cuisant.*
▸ Autres mots de la famille : autocuiseur, biscuit, cuisine, cuisiné, cuisiner, cuisinier, cuisinière, cuisson, cuit.

cuisine n. f. **1.** Pièce où l'on prépare les repas. *Leur cuisine est grande.* **2.** Préparation de la nourriture. *Il fait bien la cuisine. Elle a un livre de recettes de cuisine.* ➜ aussi **culinaire.**

▸ **cuisiner** v. (conjug. 3) Faire la cuisine. *Il cuisine très bien.*

▸ **cuisiné, cuisinée** adj. *Un plat cuisiné,* vendu tout préparé et cuit. *J'ai acheté des plats cuisinés chez le traiteur.*

▸ **cuisinier** n. m., **cuisinière** n. f. **1.** Personne dont le métier est de faire la cuisine. *Il est cuisinier dans un grand restaurant.* **2.** Personne qui fait la cuisine. *C'est une bonne cuisinière.* ➜ aussi **cordon-bleu.**

▸ **cuisinière** n. f. Appareil qui sert à faire cuire les aliments. *Une cuisinière électrique.*
▷ Mots de la famille de cuire.

cuirasse

cuisse n. f. Partie de la jambe entre la hanche et le genou. *Alex a les cuisses musclées.*

▸ **cuissarde** n. f. Botte qui monte jusqu'en haut des cuisses. *Le pêcheur a mis ses cuissardes.*

cuisson n. f. Préparation des aliments par l'action de la chaleur ; durée pendant laquelle on fait cuire la nourriture. *Le poulet demande une heure de cuisson.* ▷ Mot de la famille de cuire.

cuit, cuite adj. Que l'on a fait cuire. *Le rôti n'est pas assez cuit.* ▮ contraire : ② **cru.** ▷ Mot de la famille de cuire.

cuivre n. m. **1.** Métal rouge assez mou. *Les fils électriques sont en cuivre.* **2.** *Les cuivres,* ce sont des objets de cuisine, des bibelots en cuivre. *La femme de ménage astique les cuivres.* **3.** *Les cuivres,* les instruments de musique à vent en cuivre. *La trompette, le cor, le trombone sont des cuivres.* → planche **Instruments** de musique.

cul [ky] n. m. (→ ÉTYM.) **1.** Très familier. Le derrière, les fesses. *Le bébé est cul nu sur la plage.* **2.** *Le cul d'une bouteille,* c'est le fond.
▶ Autres mots de la famille : acculer, cul-de-jatte, cul-de-sac, culotte, sans-culotte.

culbute n. f. Tour que l'on fait sur soi-même en faisant passer les jambes par-dessus la tête. → **cabriole, galipette, roulade.** *Paul a fait une culbute dans l'escalier,* il est tombé.

▶ **culbuter** v. (conjug. 3) Renverser. *Elle s'est fait culbuter par une moto.*

cul-de-jatte n. m. et f. Personne qui n'a plus de jambes. — Au pl. *Des culs-de-jatte.* ▷ Mot de la famille de cul et de jatte.

cul-de-sac n. m. Rue, chemin, passage sans issue. → **impasse.** — Au pl. *Des culs-de-sac.* ▷ Mot de la famille de cul et de ① sac.

culinaire adj. Qui concerne la cuisine, la préparation des aliments. *Les cuisiniers ont appris l'art culinaire.*

culminer v. (conjug. 3) Atteindre son point le plus élevé. *Les Alpes culminent à 4 810 mètres au mont Blanc.*

▶ **culminant, culminante** adj. *Le point culminant,* c'est l'endroit le plus élevé. *L'Everest est le point culminant du monde.*

culot n. m. Familier. Audace. → **toupet.** *Il a eu le culot de venir alors qu'il n'était pas invité. Quel culot !* → **aplomb.**
▶ Autre mot de la famille : culotté.

culotte n. f. **1.** Pantalon d'homme. *Théo est en culotte courte.* → **short.** **2.** Vêtement féminin de dessous, couvrant le bas du ventre et du dos. → **slip.** *Une culotte en coton.* ▷ Mot de la famille de cul.

culotté, culottée adj. Familier. Qui a du culot. *Julie est culottée,* elle exagère. → **effronté.**
▮ contraire : **timide.** ▷ Mot de la famille de culot.

culpabiliser v. (conjug. 3) Se sentir coupable de quelque chose, se penser responsable de quelque chose alors qu'on ne l'est pas forcément. *Arrête de culpabiliser, l'accident n'était vraiment pas de ta faute.*

culpabilité n. f. Le fait d'être coupable. *L'enquête a prouvé la culpabilité de l'accusé.*
▮ contraire : **innocence.**

culte n. m. **1.** Hommage religieux que l'on rend à un dieu ou à un saint. *Les Égyptiens rendaient un culte au dieu Amon,* ils lui témoignaient leur respect. **2.** Cérémonie religieuse protestante. *Le pasteur célèbre le culte.*

cultivable adj. Que l'on peut cultiver. *Des terres cultivables.* → **arable.** ▷ Mot de la famille de cultiver.

cultivateur n. m., **cultivatrice** n. f. Personne qui cultive la terre. → **agriculteur, paysan.** ▷ Mot de la famille de cultiver.

cultivé, cultivée adj. Qui sait beaucoup de choses, est instruit. *C'est une femme très cultivée.* ▮ contraires : **ignare, ignorant,** ② **inculte.** ▷ Mot de la famille de se cultiver.

cultiver v. (conjug. 3) **1.** *Cultiver la terre,* c'est la travailler pour qu'elle produise des plantes. → aussi ① **culture.** **2.** *Cultiver des plantes,* c'est les faire pousser. *Dans ce champ, on cultive du maïs.*
▶ Autres mots de la famille : cultivable, cultivateur.

se cultiver v. (conjug. 4) S'instruire, enrichir son esprit. → aussi ② **culture.** *Elle s'est cultivée en lisant beaucoup.*
▶ Autre mot de la famille : cultivé.

① **culture** n. f. **1.** Le fait de travailler la terre. *Cette région est spécialisée dans la culture des betteraves.* **2.** *Les cultures,* ce sont les terres cultivées. *Les cultures occupent une grande partie du sol français.*
▶ Autres mots de la famille : agriculture, apiculture, aquaculture, arboriculture, horticulture, ostréiculture, pisciculture, polyculture, sylviculture, viticulture.

② **culture** n. f. **1.** Les connaissances que l'on a. → **instruction.** *Elle a une solide culture générale.* **2.** Les traditions, les connaissances propres à un pays. → **civilisation.** *Il s'intéresse à la culture orientale.* **3.** *La culture physique,*

a b c d e f g h i j k l m n o p q r s t u v w x y z

c'est l'ensemble des exercices que l'on fait pour maintenir son corps en bonne forme. → **gymnastique.** *La mère de Julie fait de la culture physique tous les matins.*

▸ **culturel, culturelle** adj. Qui permet de se cultiver. *L'instituteur a organisé des activités culturelles pour ses élèves.*

cumuler v. (conjug. 3) *Cumuler des fonctions,* c'est exercer plusieurs fonctions en même temps. *Le député-maire cumule les fonctions de député et de maire.*

▸ **cumul** n. m. Fait de cumuler des activités, des avantages. *En France, le cumul des mandats est réglementé,* les hommes politiques n'ont pas le droit d'exercer trop de fonctions à la fois.

▸ **cumulus** [kymylys] n. m. Gros nuage arrondi. *Les cumulus annoncent l'orage.*

▶ Autres mots de la famille : accumulateur, accumulation, accumuler.

cumulus

cunéiforme adj. (→ ÉTYM.) *L'écriture cunéiforme,* c'est une écriture très ancienne dont les caractères sont en forme de clous. *Les Assyriens et les Perses utilisaient l'écriture cunéiforme.* ▷ Mot de la famille de forme.

cupide adj. Qui est avide d'argent, en veut toujours plus. ▮ contraire : **désintéressé.** *C'est un homme cupide.*

▸ **cupidité** n. f. Caractère d'une personne cupide. → **avidité.** *Sa cupidité n'a pas de limites.*
▮ contraire : **désintéressement.**

écriture **cunéiforme**

curare n. m. Poison violent extrait de diverses plantes, qui paralyse les muscles. *Le curare est utilisé en anesthésie.*

▸ *Curare* vient de *k-urary,* mot caraïbe qui veut dire « là où il vient, on tombe ».

① **cure** n. f. Traitement médical qui dure un certain temps. *Léa a fait une cure de vitamines. Il doit faire une cure dans une station thermale,* y faire un séjour pour sa santé.

▶ Autre mot de la famille : curiste.

② **cure** n. f. Maison du curé. → **presbytère.**

▸ **curé** n. m. Prêtre catholique responsable d'une paroisse. ▮ homonyme : curer.

curer v. (conjug. 3) Nettoyer en raclant. *Il faut curer la citerne. Louise se cure les ongles,* elle enlève la saleté sous ses ongles. ▮ homonyme : curé.

▸ **cure-dent** n. m. Bâtonnet pointu servant à se curer les dents. – Au pl. *Des cure-dents.*

▷ Mot de la famille de dent.

▶ Autre mot de la famille : récurer.

curieux, curieuse adj. **1.** Qui veut voir, savoir quelque chose. *Je serais curieuse de savoir où ils sont allés,* j'aimerais bien le savoir. **2.** Qui cherche à savoir ce qui ne le regarde pas. → **indiscret.** *Tu es trop curieuse, Léa !* ▮ contraire : **discret.** – n. Personne qui veut voir ou savoir sans raison particulière. *Les policiers ont dispersé les curieux.* → **badaud.** **3.** Bizarre, étonnant. → **étrange.** *Elle a une curieuse façon de s'habiller.* → **drôle, singulier.** ▮ contraires : **banal, ordinaire.**

▸ **curieusement** adv. Bizarrement. *Curieusement, il ne nous a plus jamais donné de ses nouvelles.*

▸ **curiosité** n. f. **1.** Envie d'apprendre, de connaître des choses nouvelles. *Théo a acheté un livre sur les escargots pour satisfaire sa curiosité.* ▮ contraire : **indifférence.** **2.** Envie de connaître les secrets de quelqu'un. ➜ **indiscrétion.** *La curiosité est un vilain défaut !* ▮ contraire : **discrétion.** **3.** Chose étonnante, qui sort de l'ordinaire. *Un geyser est une curiosité de la nature.*

curiste n. m. et f. Personne qui fait une cure thermale. ▹ Mot de la famille de ① cure.

curry [kyʀi] n. m. Poudre jaune foncé composée de nombreuses épices, utilisée dans la cuisine indienne. *Du poulet au curry.*
▸ On dit aussi *cary* ou *carri.* • *Curry* est un mot du sud de l'Inde qui veut dire « sauce pour assaisonner le riz ».

curseur n. m. **1.** Petite pièce qui se déplace le long d'une glissière, sur un appareil, qui sert à indiquer une position, une mesure. *Le curseur d'une balance.* **2.** Petite marque qui apparaît sur un écran d'ordinateur et qui indique l'endroit où se déroule la prochaine opération.

cursif, cursive adj. *L'écriture cursive,* l'écriture tracée à la main, sans utiliser les lettres d'imprimerie. ➜ **manuscrit** et aussi **script.** *L'écriture cursive est celle que l'on emploie naturellement dans la vie courante.*

cutané, cutanée adj. De la peau. *L'eczéma est une maladie cutanée.*
▸ Autre mot de la famille : sous-cutané.

cuti ou **cutiréaction** n. f. Petite griffure que l'on fait généralement sur le bras, dans laquelle on introduit un liquide permettant de voir si on a la tuberculose ou si le vaccin contre la tuberculose a pris. – Au pl. *Des cutis, des cutiréactions.* ▹ Mot de la famille de ① action.

cutter [kœtœʀ] ou [kytɛʀ] n. m. Lame très tranchante qui coulisse sur un manche et qui sert à couper du papier, du carton. *Fais attention, ne te blesse pas avec ce cutter !*
▸ Ce mot vient de l'anglais *to cut* qui veut dire « couper ».

cuve n. f. Grand récipient. *Une cuve à mazout.* ➜ **réservoir.**

▸ **cuvée** n. f. Vin produit par une vigne. *La cuvée de cette année est excellente.*

▸ **cuvette** n. f. **1.** Récipient large, peu profond, dans lequel on met de l'eau. ➜ **bassine.** *Il a mis ses chaussettes à tremper dans une cuvette.* **2.** Partie d'un terrain plus basse que ce qui l'entoure. ➜ **bassin.** *Le Bassin parisien est une vaste cuvette.*

C. V. [seve] n. m. inv. Ensemble des indications données par une personne qui cherche du travail sur son état civil, ses diplômes, ses expériences professionnelles et ses goûts. *Adressez un C. V. avec une photo au secrétariat.*
▸ *C. V.* est l'abréviation du latin *curriculum vitae* qui signifie « course de la vie ».

cyanure n. m. Poison chimique très dangereux. *L'espion s'est suicidé en avalant du cyanure.*
▸ Ce mot s'écrit avec un *y.*

cyclable adj. *Une piste cyclable,* c'est la partie d'une route ou d'une rue réservée aux bicyclettes. ▹ Mot de la famille de ② cycle.

cyclamen [siklamɛn] n. m. Petite plante à fleurs mauves, roses ou blanches portées par des tiges à queue recourbée en forme de crosse. *Un pot de cyclamens.*

cyclamen

① **cycle** n. m. Suite d'évènements qui se répètent sans arrêt, toujours dans le même ordre. *Le cycle des saisons. Le cycle de l'eau.*
➜ planche **Eau.**
▸ Autres mots de la famille : cyclique, recyclable, recyclage, recycler.

② **cycle** n. m. Véhicule à deux ou trois roues, sans carrosserie. *Les bicyclettes et les cyclomoteurs sont des cycles.*
▸ Autres mots de la famille : bicyclette, cyclable, cyclisme, cycliste, motocyclette, motocycliste, tricycle.

a b c d e f g h i j k l m n o p q r s t u v w x y z

cygne

cyclique adj. *Un phénomène cyclique,* qui se reproduit régulièrement, en suivant les mêmes étapes. ▷ Mot de la famille de ① cycle.

cyclisme n. m. Sport qui consiste à faire de la bicyclette. → planche **Sport.**

▸ **cycliste** n. m. et f. et adj.

▪ n. m. et f. Personne qui fait du vélo. *L'automobiliste a failli renverser un cycliste.*

▪ adj. *Un champion cycliste,* c'est un champion de course à vélo. *Une course cycliste,* c'est une course de vélos.

▷ Mots de la famille de ② cycle.

cyclocross n. m. Épreuve de vélo qui a lieu sur des chemins et des terrains difficiles. – Au pl. *Des cyclocross.* ▷ Mot de la famille de cross.

◗ On écrit aussi *cyclo-cross.*

cyclomoteur n. m. Vélo à moteur de faible puissance. → **vélomoteur.** → planche **Deux-roues.** *On peut conduire un cyclomoteur à partir de l'âge de 14 ans.* ▷ Mot de la famille de ① moteur.

cyclone n. m. (→ ÉTYM.) Forte tempête avec un vent très violent. *Les cyclones se produisent surtout dans les pays tropicaux.* → **ouragan, tornade, typhon.**

▸ Autre mot de la famille : anticyclone.

cyclope n. m. Géant légendaire qui avait un seul œil au milieu du front.

cygne n. m. Grand oiseau aux pattes palmées, au plumage blanc, parfois noir, et au cou long et souple. → planches **Oiseaux, ville.** *Des cygnes nagent sur le lac.* ▮ homonyme : signe.

cylindre n. m. **1.** Objet en forme de rouleau dont les deux extrémités sont deux cercles égaux. → planche **Géométrie.** *Un rouleau à pâtisserie, un tambour sont des cylindres.* **2.** Partie d'un moteur dans laquelle bouge le piston. *Cette voiture a un moteur de six cylindres.*

▸ **cylindrée** n. f. Volume des cylindres d'un moteur. *Cette voiture a une cylindrée de 1 600 cm*^{3}.

▸ **cylindrique** adj. Qui a la forme d'un cylindre. *Les rouleaux et les bobines sont des objets cylindriques.*

cymbale [sɛ̃bal] n. f. *Les cymbales,* ce sont deux disques en cuivre ou en bronze, qui composent un instrument de musique. → planche **Instruments** de musique. *Il a frappé un coup de cymbales.*

cynisme n. m. Attitude d'une personne qui prend plaisir à provoquer les gens en disant des choses choquantes, contraires à la morale ou à ce que l'on a l'habitude de penser et que généralement on garde pour soi. *Il a osé te dire ça ! Quel cynisme !*

▸ **cynique** adj. *Une personne cynique,* qui se moque durement de tout sans peur de choquer, d'être désagréable.

cyprès [sipʀɛ] n. m. Arbre droit et élancé qui ne perd jamais son feuillage vert sombre. → planche **Arbres.** *Le cyprès est un conifère.*

◗ Le *s* final ne se prononce pas.

cytoplasme n. m. Partie principale de la cellule vivante, en dehors du noyau.

dactylo n. m. et f. Personne dont le métier est de taper des textes à la machine à écrire ou sur un ordinateur. ➜ aussi **claviste** et **saisir.**

▶ **dactylographier** v. (conjug. 9) Taper à la machine. *Des pages dactylographiées.*

▶ Autre mot de la famille : **sténodactylo.**

dada n. m. Familier. Sujet préféré. *Léa raconte toujours des histoires d'animaux, c'est son dada.* ➜ **marotte.**

dague n. f. Épée courte.

dahlia n. m. Grosse fleur ronde, très décorative. *Un bouquet de dahlias de toutes les couleurs.*

Ce mot vient du nom d'Andrea *Dahl,* un botaniste suédois, qui rapporta cette plante du Mexique à la fin du 18e siècle.

daigner v. (conjug. 3) *Daigner faire quelque chose,* c'est bien vouloir le faire, s'abaisser à le faire. *Elle n'a pas daigné répondre à mon invitation.*

▶ Autres mots de la famille : **dédaigner, dédaigneux, dédain.**

daim [dɛ̃] n. m. **1.** Animal de la même famille que le cerf, qui a une robe tachetée de blanc et des bois reliés entre eux comme des palmes. ➜ planche **Mammifères.** *Les daims sont des ruminants.* **2.** Cuir fin, doux au toucher, ressemblant à la peau de daim tannée. *Un pantalon de daim.*

dalle n. f. Plaque de pierre ou de ciment dont on recouvre le sol. *Le sol de l'entrée est recouvert de dalles de marbre.*

▶ **dallage** n. m. Ensemble des dalles qui recouvrent un sol. ➜ **carrelage.** *Le dallage de la terrasse est en céramique.*

▶ **dallé, dallée** adj. Recouvert de dalles. *L'entrée est dallée de marbre.*

daim

dalmatien [dalmasjɛ̃] n. m. Chien au poil blanc et court, avec des taches noires. *Les dalmatiens ont les oreilles tombantes.*

daltonien, daltonienne adj. Qui ne voit pas certaines couleurs, ou les voit différemment de la normale. *Leur fils est daltonien.* – n. *Les daltoniens ne font pas de différence entre le vert et le rouge.*

Ce mot vient du nom du physicien anglais John *Dalton* qui lui-même voyait mal les couleurs.

① **dame** n. f. **1.** Femme. *Il y a un monsieur et une dame qui vous demandent.* **2.** Carte à jouer représentant une reine. *La dame de trèfle.*

▶ Autre mot de la famille : **madame.**

② **dame** n. f. *Le jeu de dames,* c'est un jeu qui se joue à deux, avec des pions noirs et des pions blancs sur un damier. *Paul joue aux dames avec sa grand-mère.*
▶ Autre mot de la famille : damier.

damer v. (conjug. 3) *Damer la neige,* c'est la tasser. *Les pistes de ski ont été damées.*

damier n. m. Plateau carré divisé en 100 carreaux blancs et noirs, sur lequel on joue aux dames. ➜ aussi **échiquier.** ▷ Mot de la famille de ② dame.

damier

damné, damnée [dane] adj. Qui est condamné à aller en enfer après sa mort.

▸ **damnation** [danasjɔ̃] n. f. Condamnation à aller en enfer après la mort.
▸ Le *m* ne se prononce pas.

dan [dan] n. m. Chacun des grades de la ceinture noire, au judo et au karaté. *Il est troisième dan.*

se dandiner v. (conjug. 4) Balancer le corps d'une jambe sur l'autre, d'une patte sur l'autre. *Les canards se dandinent en marchant.*

danger n. m. Ce qui fait courir un risque. ➜ **péril.** *Les pompiers affrontent le danger avec courage. Le blessé est hors de danger,* il est sauvé.

▸ **dangereux, dangereuse** adj. Qui peut faire du mal, fait courir un risque. ➜ **périlleux.** *Attention, ce croisement est très dangereux.*

▸ **dangereusement** adv. D'une manière dangereuse. *On lui a enlevé son permis parce qu'il conduisait dangereusement.*

dans prép. **1.** À l'intérieur de. *Julie est dans sa chambre.* **2.** *Dans sa jeunesse, elle aimait danser,* quand elle était jeune. *Il doit revenir dans la semaine,* au cours de la semaine. *Il sera là dans deux jours,* d'ici deux jours. **3.** *Cette voiture doit coûter dans les 12 000 euros,* environ 12 000 euros. ▮ homonyme : dent.
▶ Autre mot de la famille : dedans.

danse n. f. Suite de mouvements, de pas que l'on fait au rythme de la musique. *Julie fait de la danse classique.* ➜ planche **Spectacle.** *La valse, le tango, le rock sont des danses.* ▮ homonyme : dense.

▸ **danser** v. (conjug. 3) Faire des pas de danse. *Alex a invité sa sœur à danser. Louise danse très bien le rock.*

▸ **danseur** n. m., **danseuse** n. f. **1.** Personne dont le métier est de danser. ➜ planche **Spectacle.** *Il est danseur à l'Opéra de Paris.* **2.** Personne qui danse. *Des couples de danseurs évoluaient sur la piste.*

dard n. m. Petite pointe que certains animaux ont à l'arrière de l'abdomen, avec laquelle ils piquent et introduisent leur venin. ➜ **aiguillon.** *Les guêpes et les abeilles ont un dard.*

dartre n. f. Plaque de peau desséchée, rugueuse et légèrement rosée. *Quand il fait très froid, Théo a des dartres sur le visage.*

date n. f. **1.** Indication du jour, du mois, de l'année. *Le 15 août 1769 est la date de naissance de Napoléon Ier.* **2.** Époque où un évènement s'est produit. *Ils se connaissent de longue date,* depuis longtemps. ▮ homonyme : datte.

▸ **dater** v. (conjug. 3) **1.** Mettre la date. *Il a oublié de dater son chèque.* **2.** Exister. *L'église du village date du 12e siècle.* ➜ **remonter.**
▶ Autre mot de la famille : horodateur.

datte n. f. Petit fruit brun allongé, très sucré, qui pousse en grappes sur le dattier. ➜ planche **Fruits.** *On mange les dattes fraîches ou sèches.*
▮ homonyme : date.

▸ **dattier** n. m. Grand palmier d'Afrique du Nord et du Moyen-Orient, qui donne des dattes.

① **dauphin** n. m. Animal marin qui peut atteindre 5 mètres de long et a un museau allongé en forme de bec muni de nombreuses dents pointues. ➜ planche **Océan.** *Les dauphins sont des mammifères. Les dauphins vivent en groupe et communiquent entre eux en émettant des sons qui jouent le rôle d'un langage.*

② Dauphin n. m. Autrefois, fils aîné du roi de France. *Le Dauphin était l'héritier du trône.*

daurade → **dorade**

davantage adv. **1.** Plus. *Théo doit travailler davantage s'il veut réussir ses examens.* **2.** Plus longtemps. *Je n'attendrai pas davantage,* pas plus. ▷ Mot de la famille de avantage.

① de prép. **1.** Indique le lieu d'où l'on vient. *Julie sort de sa chambre. Il revient des États-Unis.* **2.** Indique le temps. *Alex part de lundi à jeudi,* à partir de lundi. *Il a voyagé de nuit,* pendant la nuit. **3.** Indique la cause, le moyen, la manière. *Paul tremble de froid. Un signe de la main.* **4.** Indique la mesure. *Ma montre retarde de 5 minutes. Cet arbre fait 3 mètres de haut.* **5.** Indique l'appartenance. *Le stylo de Léa est cassé.* **6.** Indique la matière. *Louise a une veste de cuir.* → **① en.** **7.** Indique le genre. *Julie aime les films d'horreur.* **8.** Indique le contenu. *Louise a bu un verre d'eau.* **9.** Introduit des compléments. *Elle se souvient de moi. Les enfants jouent dans la cour de récréation.*

▶ Autres mots de la famille : au-delà, en deçà, de-ci de-là, dedans, dehors, depuis, dessous, dessous-de-plat, par-delà.

② de, du, de la, des article partitif S'emploie devant des noms de choses que l'on ne compte pas ou que l'on ne peut pas compter. *Voulez-vous du vin ou de la bière ? Il n'a pas d'argent. Il a mangé des pâtes.*

▶ *Du* est employé à la place de *de le*.

③ de article indéfini S'emploie à la place de *des* devant un adjectif. *Léa a de longs cheveux blonds. Paul a fait d'affreux cauchemars.* → aussi **② des.**

① dé n. m. Petit cube qui porte une marque de un à six points sur chacune de ses faces. *Louise et Alex jouent aux dés.*

dauphin

② dé n. m. *Un dé à coudre,* c'est un petit étui dans lequel on met le bout du doigt qui pousse l'aiguille quand on coud. *La couturière coud toujours avec un dé.*

dé- Préfixe d'origine latine, qui indique l'action contraire (ex. : *défaire, déboutonner, dégel, dégoût*) et qui peut prendre les formes *des-* (ex. : *desceller, dessécher*) ou *dés-* (ex. : *désespoir, désagréable, déshabiller*).

déambuler v. (conjug. 3) Marcher tranquillement, sans but précis. → **errer, flâner.** *Les promeneurs déambulaient dans les rues.*

débâcle n. f. **1.** Fuite précipitée. → **débandade.** *La retraite des soldats s'est achevée en débâcle.* → **déroute.** **2.** Dans un cours d'eau gelé, rupture de la couche de glace dont les morceaux sont emportés par le courant. ▮ contraire : **embâcle.**

▶ Attention à l'accent circonflexe du *â*.

déballer v. (conjug. 3) Sortir de son emballage. *Paul déballe son cadeau.* ▮ contraire : **① emballer.**

▸ **déballage** n. m. Action de sortir de l'emballage. *Le déballage des cartons a pris du temps.* ▮ contraire : **emballage.**

débandade n. f. Fuite désordonnée en tous sens. → **débâcle.** *Dès qu'il s'est mis à pleuvoir, cela a été la débandade.* ▷ Mot de la famille de ① bande.

se débarbouiller v. (conjug. 4) Se laver le visage. *Julie s'est débarbouillée avant de se laver les dents.* ▷ Mot de la famille de barbouiller.

débarcadère n. m. Lieu aménagé pour le débarquement des voyageurs et des marchandises qui sont dans un navire. → **quai** et aussi **embarcadère.** ▷ Mot de la famille de barque.

débardeur n. m. **1.** Personne qui charge et décharge un navire. → **docker.** **2.** Maillot de corps sans manches ni col, très échancré. *L'été, Léa met souvent des débardeurs.*

débarquer v. (conjug. 3) **1.** Quitter un navire, un avion. *Les passagers ont débarqué.* **2.** Faire sortir d'un navire. *Les passagers attendent que l'on débarque leurs bagages.* ▮ contraire : **embarquer.**

▸ **débarquement** n. m. Opération militaire qui consiste à faire débarquer des troupes en terrain ennemi. *Le débarquement des troupes alliées eut lieu en Normandie le 6 juin 1944.*
▮ contraire : **embarquement.**
▷ Mots de la famille de barque.

débarrasser v. (conjug. 3) Enlever ce qui encombre, ce qui embarrasse. *Théo débarrasse sa chambre pour qu'on pose de la moquette. Il faut débarrasser la table,* enlever de la table tout ce qui a servi au repas. ➜ **desservir.** – ***Se débarrasser** de,* jeter, abandonner. *Léa s'est débarrassée de ses vieilles poupées.* ➜ fam. **bazarder.** ▮ contraire : s'**embarrasser.**

▸ **débarras** [debaʀa] n. m. **1.** Endroit où l'on range les objets qui encombrent ou dont on ne se sert pas souvent. *Les vieux outils sont dans le débarras.* **2.** Familier. *Il est parti ! Bon débarras !* quel soulagement !
▶ Ce mot s'écrit avec deux *r* et un *s* final.

débattre v. (conjug. 44) **1.** Discuter en donnant des arguments. *L'acheteur a débattu du prix de l'appartement avec le vendeur.* **2. se débattre,** lutter pour se dégager. *La truite s'est débattue longtemps au bout de la ligne du pêcheur.*

▸ **débat** n. m. Discussion. *Le ministre a participé à un débat télévisé sur l'éducation.*
▷ Mots de la famille de battre.

débauche n. f. Comportement d'une personne qui se livre à ses vices. *L'empereur romain Néron vivait dans la débauche,* il abusait des plaisirs, satisfaisait ses vices.

débaucher v. (conjug. 3) Renvoyer parce qu'il n'y a plus de travail. *L'entreprise a débauché dix employés.* ➜ **congédier, licencier.** ▮ contraire : **embaucher.**

débile n. m. et f. et adj.
▪ n. m et f. Personne dont l'intelligence ne s'est pas développée normalement. *Un débile ne dépasse pas le niveau mental d'un enfant de dix ans.*
▪ adj. **1.** Dont l'intelligence n'est pas développée normalement. *Ils ont un enfant débile.* ➜ **arriéré. 2.** Familier. Qui est idiot, stupide. *Un film débile.*

① **débit** n. m. Partie d'un compte où sont inscrites les sommes que l'on doit. ▮ contraire : **crédit.**
▶ Autres mots de la famille : ① débiter, débiteur.

② **débit** n. m. **1.** Établissement où l'on vend quelque chose. *Les cafés et les bars sont des débits de boissons. Il va acheter des cigarettes au débit de tabac.* **2.** Quantité de liquide qui s'écoule en un temps donné. *Le débit d'un fleuve. Ce robinet a un débit très faible.* **3.** Vi-

débarquement (Normandie, 1944)

tesse à laquelle on parle. *Il a un débit très rapide,* il parle très vite. ▷ Mot de la famille de ② débiter.

① débiter v. (conjug. 3) *Débiter une somme d'un compte,* l'enlever. ▮ contraire : **créditer.** ▷ Mot de la famille de ① débit.

② débiter v. (conjug. 3) **1.** Couper en morceaux. *Le charcutier débite le jambon,* il le coupe en tranches. **2.** Faire s'écouler régulièrement du liquide. *La Loire débite 850 mètres cubes d'eau par seconde.* **3.** Dire en public. *Léa a débité sa poésie à toute allure.*
▶ Autre mot de la famille : ② débit.

débiteur n. m., **débitrice** n. f. Personne qui doit de l'argent à quelqu'un. *Il est votre débiteur,* il vous doit de l'argent. ▮ contraire : **créancier.** ▷ Mot de la famille de ① débit.

déblaiement n. m. Fait de déblayer un lieu, un passage de ce qui l'encombre. *Le chasse-neige a entrepris le déblaiement de la route enneigée.* ▷ Mot de la famille de déblayer.

déblayer v. (conjug. 10) Débarrasser de ce qui encombre. *Il déblaie le terrain pour planter des arbres.* ▮ contraire : **remblayer.**
▶ **déblais** n. m. pl. Terre, débris que l'on enlève quand on déblaie. *Il y a des déblais de chaque côté de la route.*
▶ Autre mot de la famille : déblaiement.

débloquer v. (conjug. 3) **1.** Remettre en marche une chose qui était bloquée. *Le serrurier a débloqué la serrure.* ▮ contraire : **bloquer.** **2.** Rendre disponible. *Le maire a débloqué des crédits pour les travaux de l'école,* il a donné de l'argent.
▶ **déblocage** n. m. Action de rendre disponible. *Le déblocage des crédits a été difficile à obtenir,* les crédits ont été difficiles à débloquer, à obtenir.
▷ Mots de la famille de bloc.

déboires n. m. pl. Ennuis. *Elle a eu de nombreux déboires avec son ordinateur.*

déboiser v. (conjug. 3) Abattre les arbres qui poussent sur un terrain. *Avant de construire l'autoroute, on a déboisé de nombreux terrains.*
▮ contraire : **reboiser.**
▶ **déboisement** n. m. Action d'abattre les arbes qui recouvrent une surface. ➜ aussi **déforestation.** *Le déboisement de la région a été rapide,* la région a été rapidement déboisée.
▮ contraire : **reboisement.**
▷ Mots de la famille de bois.

déboisement

① déboîter v. (conjug. 3) Sortir d'une file de voitures. *L'automobiliste a mis son clignotant et a déboîté.*
▶ Attention à l'accent circonflexe du *î.*

② déboîter v. (conjug. 3) Faire sortir un os de l'articulation. *Louise s'est déboîté l'épaule en tombant.* ➜ **démettre, luxer.** ▷ Mot de la famille de boîte.
▶ Attention à l'accent circonflexe du *î.*

déborder v. (conjug. 3) **1.** Se répandre, passer par-dessus bord. *Le lait a débordé en bouillant.* – *La baignoire va déborder,* l'eau va passer par-dessus bord. **2.** *Déborder de,* être plein d'un sentiment. *Julie déborde de joie,* elle est très joyeuse.
▶ **débordé, débordée** adj. Qui a trop de travail, trop de choses à faire. *Elle est débordée et n'arrive pas à s'en sortir.*
▶ **débordement** n. m. Le fait de passer par-dessus bord. *Les pluies ont entraîné le débordement du fleuve,* elles ont fait déborder le fleuve. ➜ aussi **crue.**
▷ Mots de la famille de ① bord.

① déboucher v. (conjug. 3) **1.** Débarrasser de ce qui bouche. *Le plombier a débouché le lavabo.* **2.** Enlever le bouchon. *Il a débouché la bouteille avec un tire-bouchon.* ➜ **ouvrir.**
▮ contraire : ② **boucher.** ▷ Mot de la famille de ② boucher.

② déboucher v. (conjug. 3) **1.** Aboutir à une place, à une rue plus large. *La rue débouche sur une avenue.* **2.** Aboutir, mener à quelque chose. *Ces études ne débouchent sur aucune profession.*

a b c d e f g h i j k l m n o p q r s t u v w x y z

▸ **débouché** n. m. **1.** Possibilité de vendre un produit. *Cet industriel a trouvé de nouveaux débouchés à l'étranger,* de nouveaux endroits où vendre ses produits. **2.** Possibilité de trouver un métier. *Ces études offrent de nombreux débouchés,* elles donnent accès à des métiers, des situations.
▷ Mots de la famille de bouche.

débouler v. (conjug. 3) Familier. **1.** Descendre à grande vitesse. *Il a raté une marche et a déboulé l'escalier jusqu'en bas.* ➜ **dégringoler. 2.** Arriver brusquement. *Il a déboulé chez nous sans prévenir.* ▷ Mot de la famille de boule.

débourser v. (conjug. 3) Verser de l'argent. ➜ **dépenser, payer.** *Nous n'avons pas déboursé un centime.* ▷ Mot de la famille de ① bourse.

debout adv. **1.** Sur ses pieds. *Elle a dû voyager debout.* ▮ contraire : **assis. 2.** Levé. *Louise est déjà debout.* ▮ contraire : **couché. 3.** Posé verticalement. *Alex range ses CD debout.* **4.** *Cette histoire ne tient pas debout,* elle n'est pas vraisemblable.

déboutonner v. (conjug. 3) Ouvrir un vêtement en défaisant les boutons. *Il a déboutonné sa veste.* ▮ contraire : **boutonner.** ▷ Mot de la famille de bouton.

débraillé, débraillée adj. (➜ ÉTYM.) Qui porte ses vêtements en désordre. *Paul est tout débraillé.*

débrancher v. (conjug. 3) Arrêter le fonctionnement d'un appareil électrique en enlevant la fiche de la prise de courant. *Elle débranche le fer à repasser.* ▮ contraire : **brancher.** ▷ Mot de la famille de brancher.

débrayer v. (conjug. 10) Interrompre la liaison entre le moteur et les roues d'un véhicule. *Il débraya et passa la vitesse supérieure.* ▮ contraire : **embrayer.**

▸ **débrayage** n. m. Action de débrayer. *La pédale de débrayage est celle de gauche,* la pédale qui sert à débrayer. ▮ contraire : **embrayage.**

débridé, débridée adj. Très libre. *Léa a une imagination débridée,* sans bornes. ▷ Mot de la famille de bride.

débris [debʀi] n. m. Morceau, fragment d'un objet cassé. *Les débris du vase sont éparpillés sur le sol.*
▶ Ce mot se termine par un *s*.

débrouiller v. (conjug. 3) **1.** Rendre clair, compréhensible. *La police a réussi à débrouiller cette mystérieuse affaire.* ➜ **démêler, éclaircir.** ▮ contraire : **embrouiller. 2. se débrouiller,** trouver le moyen de se sortir d'affaire. *Julie s'est bien débrouillée pour être au premier rang,* elle a bien su s'arranger.

▸ **débrouillard, débrouillarde** adj. Familier. Capable de se tirer facilement d'affaire. ➜ **dégourdi.** *Léa est une petite fille très débrouillarde.* ▮ contraire : **empoté.**

▸ **débrouillardise** n. f. Familier. Qualité d'une personne capable de se tirer d'affaire, de se débrouiller.
▷ Mots de la famille de brouiller.

débroussailler v. (conjug. 3) Enlever les broussailles. *Le jardinier a débroussaillé le jardin.* ▷ Mot de la famille de broussaille.

débusquer v. (conjug. 3) Faire sortir de son refuge, de son abri. *Les chasseurs ont débusqué un lièvre.*

début n. m. **1.** Commencement. *Louise a manqué le début du film. Ils partent en vacances au début du mois d'août.* ▮ contraire : ① **fin. 2.** *Faire ses débuts,* commencer sa carrière. *Ce jeune acteur fait ses débuts au théâtre,* il commence à jouer. ➜ aussi **débuter.**

▸ **débuter** v. (conjug. 3) **1.** Commencer. *Les cours débutent à 9 heures.* ▮ contraire : **finir. 2.** Commencer sa carrière. *Il a débuté comme simple employé.*

▸ **débutant** n. m., **débutante** n. f. Personne qui commence à apprendre quelque chose. *Louise ne joue pas bien au tennis, c'est encore une débutante.* — adj. *Un conducteur débutant.*

déca- Préfixe d'origine grecque qui multiplie par dix une unité de mesure (ex. : *décamètre*).

en deçà adv. et prép. **1.** adv. De ce côté-ci. *Le pont s'étant écroulé, le car a dû s'arrêter en deçà,* avant le pont. **2.** prép. *En deçà de,* sans franchir un point donné. *Les soldats sont restés en deçà de la frontière.* ▮ contraire : **au-delà.** ▷ Mot de la famille de ① en, ① de et çà.

décacheter v. (conjug. 6b) Ouvrir ce qui est cacheté. *Il décachette la lettre qu'il vient de recevoir.* ▮ contraire : **cacheter.** ▷ Mot de la famille de cachet.

décade n. f. Période de dix jours. *Pendant la Révolution, la décade a remplacé la semaine.*

décadence n. f. Le fait de décliner, de perdre sa puissance. *C'est avec les invasions barbares que commença la décadence de l'Empire romain,* son affaiblissement. ➜ **chute, déclin, ruine.**

décaféiné, décaféinée adj. *Du café décaféiné,* c'est du café dont on a enlevé la caféine. ▷ Mot de la famille de café.

décagramme n. m. Dix grammes. ▷ Mot de la famille de gramme.

décalage n. m. Écart, différence. *Il y a un décalage horaire d'une heure entre la France et la Grande-Bretagne.* ▷ Mot de la famille de ② cale.

décalcomanie n. f. Image que l'on détache du papier sur lequel elle est collée, pour la fixer ailleurs. *Paul a collé des décalcomanies sur son vélo.* ▷ Mot de la famille de calque.

décaler v. (conjug. 3) Déplacer. *Son voyage a été décalé d'une semaine.* ▷ Mot de la famille de ② cale.

décalitre n. m. Dix litres. *Cette citerne contient trois décalitres d'eau de pluie.* ▷ Mot de la famille de litre.

décalquer v. (conjug. 3) Reproduire un dessin à l'aide d'un papier transparent. *Julie décalque une carte de l'Europe.* ▷ Mot de la famille de calque.

décamètre n. m. Dix mètres. *La clôture mesure deux décamètres.* ▷ Mot de la famille de mètre.

décamper v. (conjug. 3) Familier. S'en aller à toute vitesse. *Surpris pendant leur cambriolage, les voleurs ont décampé sans rien emporter.* ➜ **déguerpir,** s'**enfuir,** se **sauver.** ▷ Mot de la famille de camp.

décanter v. (conjug. 3) Débarrasser un liquide de ses impuretés en les laissant se déposer au fond d'un récipient. *On décante les eaux usées.*

▸ **décantation** n. f. Fait de débarrasser un liquide de ses impuretés. *Bassin de décantation des eaux usées.*

décaper v. (conjug. 3) Nettoyer en grattant pour débarrasser de ce qui recouvre. *Le peintre décape la porte avant de la repeindre.*

décapiter v. (conjug. 3) (➜ ÉTYM.) Trancher la tête de quelqu'un. ➜ **guillotiner.** *Louis XVI a été décapité en 1793.*

décapotable adj. *Une voiture décapotable,* c'est une voiture dont la capote se replie. ➜ **cabriolet.** ▷ Mot de la famille de capote.

décapsuler v. (conjug. 3) Enlever la capsule d'une bouteille. *Julie décapsule la bouteille de limonade.* ➜ **ouvrir.**

▸ **décapsuleur** n. m. Objet servant à décapsuler les bouteilles. ➜ **ouvre-bouteille.**

▷ Mots de la famille de capsule.

décapsuleur

décathlon [dekatlɔ̃] n. m. Compétition d'athlétisme comportant dix épreuves.

Le *t* est suivi d'un *h.*

décéder v. (conjug. 8) Mourir. *Le grand-père d'Alex est décédé l'année dernière.* ➜ aussi **décès.**

déceler v. (conjug. 7a) Découvrir, trouver quelque chose qui ne se voit pas. *Le plombier a décelé l'origine de la fuite.* ➜ **détecter.**

décembre n. m. Douzième et dernier mois de l'année. *Noël est le 25 décembre.*

décemment [desamɑ̃] adv. D'une manière décente. *Elle était habillée très décemment.* ➜ **convenablement, correctement.** ▷ Mot de la famille de décent.

décennie n. f. Durée de dix ans. *On ne s'éclaire plus au pétrole depuis des décennies,* depuis longtemps.

décent, décente adj. Convenable, correct. *Dans les églises, il faut avoir une tenue décente.*
▮ contraire : **indécent.**

▸ **décence** n. f. Respect de ce qu'il convient de faire. *Elle s'habille avec décence.* ▮ contraire : **indécence.**

▸ Autres mots de la famille : décemment, indécence, indécent.

décentraliser v. (conjug. 3) Installer loin d'un grand centre industriel, d'une grande ville. *Cette entreprise vient d'être décentralisée.*

▸ **décentralisation** n. f. Le fait de répartir des entreprises, des usines, des administrations sur le territoire d'un pays.

▷ Mots de la famille de centre.

déception n. f. Tristesse que l'on éprouve lorsque l'on n'a pas eu ce que l'on espérait avoir. ➜ **déconvenue.** *Cet échec lui a causé une grosse déception.* ➜ aussi **décevoir.**

a b c d e f g h i j k l m n o p q r s t u v w x y z

animal **décharné**

décerner v. (conjug. 3) Accorder une récompense à quelqu'un. *Le premier prix de dessin a été décerné à Louise.* → **attribuer.**

décès [desɛ] n. m. Mort d'une personne. → **disparition.** *Le médecin a constaté le décès.* → aussi **décéder.**

décevoir v. (conjug. 31) Causer une déception, une désillusion. *Ce voyage nous a beaucoup déçus.* ▮ contraire : **satisfaire.**

▸ **décevant, décevante** adj. Qui déçoit. *Cette pièce de théâtre est très décevante,* elle ne correspond pas à ce qu'on attendait.
▸ Autre mot de la famille : déçu.

déchaîner v. (conjug. 3) **1.** Provoquer. *Les mimiques du clown déchaînent les rires des enfants.* → **déclencher. 2. se déchaîner,** devenir violent. *La tempête s'est soudain déchaînée.*

▸ **déchaîné, déchaînée** adj. **1.** Qui est très excité. *Les enfants étaient déchaînés à l'anniversaire de Julie.* ▮ contraire : **calme. 2.** *Une mer déchaînée,* très agitée. → **démonté.**
▹ Mots de la famille de chaîne.

déchanter v. (conjug. 3) Perdre ses illusions. *Il a vite déchanté.* ▹ Mot de la famille de chanter.

décharge n. f. **1.** *Une décharge publique,* un terrain où l'on jette les ordures. → aussi **déchetterie.** → planche **Pollution. 2.** *Le lapin a reçu une décharge de plombs,* un coup de fusil. **3.** *Une décharge électrique,* c'est une secousse désagréable provoquée par le passage du courant lorsque l'on touche un fil électrique mal isolé, un appareil électrique ou une prise. ▹ Mot de la famille de charger.

déchargement n. m. Action de décharger, d'enlever un chargement. *Le déchargement des marchandises a pris la matinée.* ▮ contraire : **chargement.** ▹ Mot de la famille de charger.

décharger v. (conjug. 5b) **1.** Débarrasser de son chargement. *Les dockers ont déchargé le cargo.* ▮ contraire : **charger. 2.** Soulager quelqu'un d'un travail. *Son assistante le décharge d'une partie de son travail.* **3.** Vider une arme à feu en tirant toutes les balles. *Il a déchargé son fusil sur la cible.* ▹ Mot de la famille de charger.

décharné, décharnée adj. Très maigre. *Le malade a le visage décharné.*

se déchausser v. (conjug. 4) Enlever ses chaussures. *Les musulmans se déchaussent avant d'entrer dans une mosquée. Léa s'est déchaussée en rentrant.* ▮ contraire : se **chausser.**
▹ Mot de la famille de chausser.

déchéance n. f. Situation beaucoup plus mauvaise que celle où l'on était. → aussi **déchoir.** *En arriver là, quelle déchéance !* ▹ Mot de la famille de choir.

déchet n. m. Ce qui reste et qu'on ne peut utiliser. → **résidu.** *On peut recycler certains déchets ménagers.* → **détritus, ordures.** → planche **Pollution.**

▸ **déchetterie** n. f. Endroit aménagé pour recueillir et traiter certains déchets.

traitement des **déchets**

déchiffrer v. (conjug. 3) **1.** Réussir à comprendre les signes d'un code, ce qui est écrit dans une écriture inconnue. → **décoder.** *L'espion a réussi à déchiffrer le code secret de ses ennemis.* **2.** Lire difficilement. *Tu écris trop mal, je n'arrive pas à déchiffrer ta lettre.* **3.** Lire les notes d'un morceau de musique. *Paul déchiffre une nouvelle partition.* ▹ Mot de la famille de ② chiffre.

déchiqueter v. (conjug. 6b) Déchirer en petits morceaux, mettre en pièces. *Julie déchiquette la feuille de papier en menus morceaux.*

déchirer v. (conjug. 3) **1.** Mettre en morceaux. *Théo a déchiré la feuille en mille morceaux.* ➜ **déchiqueter. 2.** Faire un accroc. *Léa a déchiré son pantalon.* – **se déchirer,** devenir déchiré, avoir un accroc. *Sa robe s'est déchirée.* **3.** Faire beaucoup de peine. *Cette nouvelle m'a déchiré le cœur.*

▸ **déchirant, déchirante** adj. Qui fait beaucoup de peine, qui fait souffrir. *Ils se sont fait des adieux déchirants,* douloureux.

▸ **déchirement** n. m. Grande peine. *C'est toujours un déchirement de se quitter.*

▸ **déchirure** n. f. Fente faite en déchirant. *Léa a une déchirure à sa robe,* sa robe a un accroc.

déchoir v. (conjug. 28) Tomber dans une situation plus mauvaise que celle où l'on était. ➜ aussi **déchéance.** *Il avait l'impression de déchoir en acceptant ce travail.* ➜ s'**abaisser.**

▸ **déchu, déchue** adj. Privé de son pouvoir, de son rang. *Abandonné de tous, le roi déchu prit le chemin de l'exil.*
▷ Mots de la famille de choir.

déci- Préfixe d'origine latine qui divise par dix une unité de mesure (ex. : *décilitre, décimètre*).

décibel n. m. (➜ ÉTYM.) Unité de puissance d'un son.

de-ci de-là adv. De côté et d'autre. *Il allait sans but de-ci de-là.* ▷ Mot de la famille de ① ci, ① de et là.

décider v. (conjug. 3) **1.** Choisir de faire quelque chose. *Ils ont décidé de s'installer au Canada,* ils en ont pris la décision. **2.** Pousser quelqu'un à faire quelque chose. *Alex a décidé sa sœur à l'accompagner.* **3. se décider,** prendre une décision. *Elle s'est décidée à apprendre à conduire.* ➜ se **résoudre.**

▸ **décidé, décidée** adj. **1.** Qui sait ce qu'il veut. *Julie est une petite fille décidée.* ▮ contraires : **hésitant, indécis. 2.** Réglé, fixé. *Nous partirons en août, c'est décidé.*

▸ **décidément** adv. D'une manière certaine, définitive. *Décidément, il est toujours en retard !*

décigramme n. m. Unité de poids valant le dixième du gramme. *10 décigrammes (10 dg) valent 1 gramme.* ▷ Mot de la famille de gramme.

décilitre n. m. Mesure de capacité valant le dixième du litre. *Il faut 10 décilitres (10 dl) pour faire 1 litre.* ▷ Mot de la famille de litre.

décimal adj. m., **décimale** adj. f. et n. f.
▪ adj. *Un nombre décimal,* c'est un nombre qui a des chiffres placés à droite de la virgule et qui a pour base le nombre dix. *6,25 et 2,50 sont des nombres décimaux.* – *Le système décimal,* le système de poids et mesures dans lequel les unités ont pour base le nombre dix. *Le système décimal sert à compter et à mesurer.*
▪ n. f. *Une décimale,* un chiffre placé à droite de la virgule, dans un nombre décimal. *5 et 0 sont les décimales de 2,50.*

décimer v. (conjug. 3) Faire mourir une grande quantité d'êtres vivants. *L'épidémie a décimé une grande partie du troupeau.*

décimètre n. m. **1.** Unité de longueur correspondant à la dixième partie du mètre. *Il faut 10 décimètres (10 dm) pour faire 1 mètre.* **2.** *Un double décimètre,* c'est une règle graduée mesurant deux décimètres (= 20 cm). ▷ Mot de la famille de mètre.

décisif, décisive adj. Qui conduit à un résultat définitif. *L'équipe a remporté une victoire décisive.* ➜ ① **capital, déterminant.**

décision n. f. **1.** Résolution. *Il a pris la décision de vivre à la campagne.* **2.** Qualité d'une personne qui décide sans hésitation. *Il a su montrer beaucoup de décision.* ➜ **détermination, fermeté, initiative.** ▮ contraire : **indécision.**

déclamer v. (conjug. 3) Dire d'une voix solennelle, en rythmant les phrases. *La comédienne déclama des alexandrins et fut très applaudie.*

▸ **déclamatoire** adj. *Un ton déclamatoire,* très solennel. ➜ **emphatique, pompeux.**

déclarer v. (conjug. 3) **1.** Faire savoir, annoncer. ➜ **révéler.** *Le Président a déclaré son intention de remanier le gouvernement. Ils ont déclaré qu'ils n'étaient pas d'accord.* **2.** Faire connaître l'existence de quelqu'un ou de quelque chose à une autorité. *Tous les ans, il faut déclarer ses revenus au service des impôts,* il faut dire combien on a gagné dans l'année. **3. se déclarer,** commencer à apparaître. *Un incendie s'est déclaré dans la cale du cargo.*

▸ **déclaratif, déclarative** adj. *Une phrase déclarative,* c'est une phrase qui présente un fait, un évènement, une opinion (ex. : *elle lit, il fait beau*).

▸ **déclaration** n. f. **1.** Ce que l'on dit pour faire savoir quelque chose. *Le ministre a fait une déclaration à la télévision. Il lui a fait une déclaration d'amour.* **2.** Formulaire qui sert à déclarer quelque chose. *Elle a rempli sa déclaration de revenus.*

déclasser v. (conjug. 3) Déranger, mettre en désordre des objets qui étaient classés, rangés. *Tous ces livres ont été déclassés.* ▮ contraire : **classer.** ▷ Mot de la famille de ① classe.

déclencher v. (conjug. 3) **1.** Mettre en marche. *Ce bouton déclenche l'ouverture de la porte.* – **se déclencher,** se mettre en marche. *L'alarme s'est déclenchée toute seule.* **2.** Provoquer. *Son arrivée déclencha un fou rire général.* ➜ **déchaîner.**

▸ **déclenchement** n. m. Le fait de se mettre en marche. *Le déclenchement de l'alarme se produit automatiquement.*

déclic n. m. **1.** Mécanisme qui déclenche quelque chose. *Le déclic d'un chronomètre.* **2.** Bruit sec que fait un mécanisme en se déclenchant. *La photo a été prise, j'ai entendu le déclic.*

① **décliner** v. (conjug. 3) **1.** *Le jour décline,* il tombe. ➜ **baisser. 2.** Diminuer. *Les forces du malade déclinent rapidement.* ➜ **décroître.**

▸ **déclin** n. m. **1.** *Le déclin du jour,* c'est le moment où il tombe. **2.** *Le déclin d'une civilisation,* c'est la diminution de son importance, de sa puissance. ➜ **affaiblissement, décadence.**

② **décliner** v. (conjug. 3) **1.** Refuser. *Ils ont décliné notre invitation.* ▮ contraire : **accepter. 2.** *Décliner son identité,* dire son nom. *L'inspecteur de police a demandé au témoin de décliner son identité.*

décocher v. (conjug. 3) Lancer avec un arc. *Le tireur décoche une flèche.*

décoder v. (conjug. 3) Mettre en langage clair un message codé. ➜ **déchiffrer.** *L'espion a décodé le message envoyé par l'ennemi.*

▸ **décodeur** n. m. Appareil qui sert à voir clairement des émissions sur une chaîne de télévision qui est brouillée.

▷ Mots de la famille de code.

décoiffer v. (conjug. 3) Mettre les cheveux de quelqu'un en désordre. ➜ **dépeigner.** *Le vent l'a décoiffé.* ▮ contraire : **coiffer.** ▷ Mot de la famille de coiffer.

décolérer v. (conjug. 8) *Ne pas décolérer,* ne pas cesser d'être en colère. *Il n'a pas décoléré depuis hier.* ▷ Mot de la famille de colère.

① **décoller** v. (conjug. 3) Quitter le sol en volant. ➜ **s'envoler.** *L'avion a décollé.* ▮ contraires : **atterrir,** se **poser.**

▸ **décollage** n. m. Moment où un avion décolle. *Les passagers doivent attacher leur ceinture pendant le décollage.* ▮ contraire : **atterrissage.**

avion qui **décolle**

② **décoller** v. (conjug. 3) Détacher quelque chose qui était collé. *Théo décolle le timbre de l'enveloppe.* ▮ contraire : **coller.** – **se décoller,** se détacher. *L'affiche s'est décollée.* ▷ Mot de la famille de colle.

décolleté adj. et n. m., **décolletée** adj. f.

▪ adj. Qui laisse voir le cou et une partie de la poitrine ou du dos. *Une robe décolletée.* ➜ **échancré.**

▪ n. m. Partie d'un vêtement qui laisse le cou et le haut de la poitrine ou du dos découvert. *Sa robe a un décolleté arrondi.* ▷ Mot de la famille de col.

décolonisation n. f. Le fait pour un pays qui était une colonie de devenir libre et indépendant. *La décolonisation des pays africains.* ▮ contraire : **colonisation.** ▷ Mot de la famille de colon.

décolorer v. (conjug. 3) Rendre plus claire la couleur de quelque chose. *Le soleil a décoloré les rideaux.* ▮ contraire : **colorer.**

▸ **décoloré, décolorée** adj. Qui n'a plus sa couleur naturelle. *Des cheveux décolorés.*

▷ Mots de la famille de colorer.

décombres n. m. pl. Débris, gravats, qui restent d'un bâtiment détruit. *On a retrouvé des survivants sous les décombres.* ➜ aussi **ruine.**

décommander v. (conjug. 3) **1.** Annuler une commande. ▮ contraire : **commander. 2. se décommander,** annuler un rendez-vous, prévenir qu'on ne viendra pas alors qu'on était invité. *Les invités se sont tous décommandés.*

▷ Mot de la famille de commander.

décomposer v. (conjug. 3) **1.** Analyser, séparer les différentes parties d'un ensemble. *Le* *professeur de danse décompose le mouvement pour bien l'expliquer à ses élèves.* **2. se décomposer,** pourrir. *La viande commençait à se décomposer.*

▸ **décomposeur** n. m. Organisme qui se nourrit de matière organique comme les cadavres, les excréments ou les débris végétaux qu'il transforme. *Les décomposeurs se trouvent au dernier stade de la chaîne alimentaire.*

▸ **décomposition** n. f. Le fait de se décomposer. *Le cadavre de l'oiseau était en décomposition,* en train de pourrir. ➜ **putréfaction.**
▷ Mots de la famille de composer.

décompresser v. (conjug. 3) Familier. Se détendre, cesser d'être énervé. *J'ai besoin de décompresser, je vais prendre des vacances.*

déconcerter v. (conjug. 3) Troubler, embarrasser. *La question du professeur déconcerta Louise qui ne sut pas répondre.* ➜ **décontenancer, dérouter, désarçonner.**

▸ **déconcertant, déconcertante** adj. Qui déconcerte, déroute. *Il est déconcertant, par moments. Une attitude déconcertante.* ➜ **déroutant.**

déconfit, déconfite adj. Déçu et honteux. *Paul était tout déconfit d'avoir perdu la course.* ➜ **dépité.** ▮ contraire : **triomphant.**

▸ **déconfiture** n. f. Défaite, échec. *Notre équipe n'a pas gagné un seul match, quelle déconfiture !*

décongeler v. (conjug. 7a) Ramener un aliment congelé à une température supérieure à zéro degré. *Il sort la tarte du congélateur et la met à décongeler dans le four à micro-ondes.* ▮ contraire : **congeler.** ▷ Mot de la famille de ① gel.

déconnecter v. (conjug. 3) Débrancher. *Les fils électriques sont déconnectés. Louise déconnecte son ordinateur,* elle interrompt la connexion. ▮ contraire : **connecter.** ▷ Mot de la famille de connecter.

déconseiller v. (conjug. 3) Conseiller de ne pas faire. *Le médecin lui a déconseillé les sports violents.* ▮ contraire : ② **conseiller.** ▷ Mot de la famille de conseil.

déconsidérer v. (conjug. 8) Faire perdre l'estime des autres. *Sa méchanceté l'a déconsidéré auprès de tout le monde.* ➜ **discréditer.**
▷ Mot de la famille de considérer.

décontenancer v. (conjug. 5a) Faire perdre sa contenance, mettre dans l'embarras. *Léa a été décontenancée par la question du professeur.* ➜ **déconcerter, dérouter, désarçonner.** ▷ Mot de la famille de tenir.

se décontracter v. (conjug. 4) Se détendre, se relaxer. *Il est très nerveux et a du mal à se décontracter. Elle s'est décontractée en prenant un bain.*

▸ **décontracté, décontractée** adj. Insouciant, détendu. *Julie est très décontractée, personne ne l'intimide.*

▸ **décontraction** n. f. Relâchement des muscles, détente du corps. *Le yoga aide à la décontraction du corps.* ➜ **relaxation.** ▮ contraire : **contraction.**
▷ Mots de la famille de ③ contracter.

déconvenue n. f. Grande déception. *Alex voulait voir ce film, mais il ne restait plus de places, quelle déconvenue !*

décorer v. (conjug. 3) **1.** Orner de manière à rendre plus beau. *Théo a décoré les murs de*

décombres d'une ville

sa chambre avec des affiches de films. **2.** Remettre une décoration à quelqu'un. *Il a été décoré de la Légion d'honneur,* on lui a donné la Légion d'honneur.

▸ **décor** n. m. **1.** *Les décors,* c'est ce qui représente l'endroit où se passe l'action, sur une scène de théâtre, un plateau de cinéma ou de télévision. ➜ planche **Spectacle.** *Entre chaque acte de la pièce, on change les décors.* **2.** Endroit où l'on vit, cadre de vie. *Ils vivent dans un décor très agréable.*

▸ **décorateur** n. m., **décoratrice** n. f. Personne dont le métier est de faire des décors de théâtre, de cinéma, ou de décorer l'intérieur des maisons.

▸ **décoratif, décorative** adj. Qui décore bien, fait un joli effet. *Cette lampe est très décorative.*

▸ **décoration** n. f. **1.** Façon dont une pièce est décorée, objets et ornements qui servent à décorer. *Julie a changé la décoration de sa chambre.* **2.** Insigne que l'on donne à une personne pour la récompenser d'avoir fait quelque chose de bien. *La Légion d'honneur, la médaille du Travail sont des décorations.*

décorations de Noël

décortiquer v. (conjug. 3) Enlever l'enveloppe dure ou la coquille de quelque chose qui se mange. *Louise décortique des langoustines.*

découdre v. (conjug. 51) Défaire ce qui était cousu. ▮ contraire : **coudre.** *Il découd l'ourlet de son pantalon.* – **se découdre,** se défaire où c'était cousu. *La jupe de Julie s'est décousue.*
▷ Mot de la famille de coudre.

découler v. (conjug. 3) Être la conséquence, le résultat. *Les obligations qui découlent de ce contrat.* ➜ **provenir, résulter.** ▷ Mot de la famille de couler.

découper v. (conjug. 3) **1.** Couper en morceaux. *Il découpe le poulet.* **2.** Couper en suivant un tracé. *Découpez suivant le pointillé.* **3. se découper,** se détacher sur un fond. *Les montagnes se découpent sur le ciel.*

▸ **découpé, découpée** adj. Qui a des bords irréguliers. *Les feuilles du platane sont découpées.*

▸ **découpage** n. m. Action de découper. *Le découpage du gigot. Léa fait des découpages,* elle découpe des images.
▷ Mots de la famille de couper.

montagnes qui se **découpent** sur le ciel

décourager v. (conjug. 5b) Enlever son courage à quelqu'un. *Son échec ne l'a pas découragé.* ➜ **abattre, démoraliser.** ▮ contraires : **encourager, stimuler.** – **se décourager,** perdre courage. *Malgré les difficultés, elles ne se sont pas découragées.*

▸ **décourageant** [dekuʀaʒɑ̃], **décourageante** [dekuʀaʒɑ̃t] adj. Qui décourage. ➜ **déprimant, désespérant.** *Cette mauvaise volonté est vraiment décourageante,* elle démoralise.
◗ Il y a un e après le *g.*

▸ **découragement** n. m. Sentiment d'abattement, de tristesse, que l'on éprouve quand on a perdu courage. *Ne vous laissez pas aller au découragement, réagissez !*
▷ Mots de la famille de courage.

décousu, décousue adj. **1.** Dont la couture est défaite. *La poche de ma veste est décousue.* **2.** *Des propos décousus,* sans suite, sans logique. ➜ **incohérent.** *Dans son sommeil, il prononçait des mots décousus.* ▷ Mot de la famille de coudre.

découvert, découverte adj. **1.** *Une piscine découverte,* une piscine sans toit, qui est en plein air. ▮ contraire : ② **couvert.** **2.** *En terrain découvert,* dans un lieu qui n'a pas d'arbres ni de bâtiments autour. ➜ aussi à **découvert.** ▷ Mot de la famille de couvrir.

à découvert adv. **1.** Dans un lieu où l'on n'est pas couvert, pas protégé. *Les cow-boys, qui chevauchaient à découvert, ont été attaqués par des Indiens.* **2.** *Son compte en banque est à découvert,* il n'y a plus d'argent dessus. ▷ Mot de la famille de couvrir.

découverte n. f. *Faire une découverte,* c'est découvrir, trouver quelque chose de caché ou d'inconnu. *Alex a fait une drôle de découverte dans le grenier. – Les aventuriers sont partis à la découverte d'un trésor,* à sa recherche. ▷ Mot de la famille de couvrir.

découvrir v. (conjug. 19) **1.** Trouver, arriver à connaître une chose cachée ou inconnue. *J'aimerais découvrir son secret. C'est Pasteur qui a découvert le vaccin contre la rage.* ➜ **inventer.** **2.** Apercevoir. *Du haut de la colline, on découvre la mer.*

▸ **se découvrir** **1.** Enlever ce qui couvre. *Le bébé s'est découvert en dormant,* il a repoussé ses couvertures. **2.** Enlever son chapeau. *Les hommes se découvrent en entrant dans une église.* **3.** Devenir moins couvert, plus dégagé. *Après l'orage, le ciel s'est découvert.*
▷ Mots de la famille de couvrir.

décrasser v. (conjug. 3) Débarrasser de la crasse. ➜ **laver, nettoyer.** ▷ Mot de la famille de crasse.

décret n. m. Décision écrite du gouvernement. *Le gouvernement a publié un décret.*

▸ **décréter** v. (conjug. 8) Décider fermement. *Julie a décrété qu'elle ne voulait plus faire de piano.*

décrié, décriée adj. Critiqué, dénigré. *Cet écrivain est injustement décrié.*

décrire v. (conjug. 42) **1.** Dire exactement comment est quelque chose ou quelqu'un. *Décrivez l'endroit où vous avez passé vos vacances,* dites quel était son aspect. ➜ aussi **description.** **2.** *Le fleuve décrit des méandres,* il forme des méandres. ➜ aussi **tracer.**

décrocher v. (conjug. 3) **1.** Détacher une chose qui était accrochée. *Après Noël, on a décroché les guirlandes du sapin.* ▮ contraire : **accrocher.** **2.** Soulever le combiné du téléphone. *Julie décroche et dit : «Allo !»* ▮ contraire : **raccrocher.**

décroître v. (conjug. 58) Diminuer petit à petit. *En vieillissant, la vue décroît.* ➜ s'**affaiblir, baisser.** ▮ contraires : s'**accroître, croître.**

▸ **décroissant, décroissante** adj. Qui va en diminuant. *10, 8 et 6 sont classés dans l'ordre décroissant,* ils vont du plus grand au plus petit. ▮ contraire : ② **croissant.**

▸ **décrue** n. f. Baisse du niveau d'un fleuve ou d'une rivière après une crue. ▮ contraire : **crue.**
▷ Mots de la famille de croître.

déçu, déçue adj. Qui n'a pas eu ce qu'il attendait ou ce qu'il espérait. *Louise était très déçue de ne pas avoir gagné le concours.* ➜ **désappointé** et aussi **déception.** ▷ Mot de la famille de décevoir.

décupler v. (conjug. 3) Devenir dix fois plus grand. *Le prix des terrains a décuplé en quelques années.*

dédaigner v. (conjug. 3) Repousser avec mépris. *Il a dédaigné notre aide,* il n'en a pas voulu. ➜ **mépriser.** *Quelques jours de vacances, ce n'est pas à dédaigner !,* à négliger.

▸ **dédaigneux, dédaigneuse** adj. Qui montre du mépris. *Il regarde tout le monde d'un air dédaigneux.* ➜ **fier, hautain, méprisant.**

▸ **dédain** n. m. Mépris que l'on éprouve pour une personne ou une chose que l'on ne trouve pas assez intéressante. *Il considérait tout le monde avec le plus grand dédain.* ▮ contraire : **estime.**
▷ Mots de la famille de daigner.

dédale n. m. (➜ ÉTYM.) Ensemble compliqué de rues, de couloirs où l'on risque de se perdre. ➜ **labyrinthe.** *Les rues du village forment un vrai dédale.*

dedans adv. et n. m.
▪ adv. À l'intérieur. ▮ contraire : **dehors.** *Il a ouvert la penderie et rangé ses vêtements dedans.*
▪ n. m. *Le dedans,* c'est l'intérieur. *Le bruit venait du dedans.* ▷ Mot de la famille de ① en et de dans.

dédicace n. f. Phrase qu'une personne écrit sur son livre, son disque ou sa photo pour un admirateur. *Julie a demandé une dédicace à son chanteur favori.* ➜ aussi **autographe.**

▸ **dédicacer** v. (conjug. 5a) Mettre une dédicace. *Le célèbre comédien a dédicacé le programme de la pièce à ses jeunes admiratrices.*

dédier v. (conjug. 9) Rendre hommage à quelqu'un en inscrivant son nom au début

a b c d e f g h i j k l m n o p q r s t u v w x y z

d'un livre qu'on a écrit. *L'auteur a dédié son livre à sa femme,* il a fait imprimer «à ma femme» au début de son livre, en signe de reconnaissance.

se dédire v. (conjug. 40) Ne pas tenir sa parole. → se **rétracter.** *Il m'a fait une promesse puis il s'est dédit.* ▷ Mot de la famille de dire.

dédommager v. (conjug. 5b) *Dédommager quelqu'un,* c'est le payer pour réparer un dégât. *Les victimes de l'accident ont été dédommagées par l'assurance.* → **indemniser.**

▸ **dédommagement** n. m. Ce que l'on obtient pour remplacer une chose qui a été abîmée ou perdue. *L'assurance a versé des dédommagements aux victimes de la catastrophe.* → **indemnité.**

▷ Mots de la famille de dommage.

dédoubler v. (conjug. 3) Partager en deux. *Comme les élèves étaient trop nombreux, on a dédoublé la classe,* on a fait deux classes. ▷ Mot de la famille de double.

dédramatiser v. (conjug. 3) Faire paraître moins dramatique, moins grave. *Il faut dédramatiser la situation, tout cela va finir par s'arranger.* ▮ contraire : **dramatiser.** ▷ Mot de la famille de drame.

déductible adj. *Une somme déductible,* que l'on peut déduire. *Certaines charges sont déductibles des impôts.*

déduire v. (conjug. 41) **1.** Enlever une certaine somme d'un total à payer. *Je déduis du total les 3 euros que tu me devais.* → **soustraire.** ▮ contraire : **ajouter. 2.** Trouver en raisonnant. → **conclure.** *En voyant l'air penaud d'Alex, la maîtresse en a déduit qu'il n'avait pas appris sa leçon.*

▸ **déduction** n. f. **1.** Action d'enlever une somme d'une autre. → **soustraction.** *L'hôtelier fait la déduction de la somme que lui a déjà versée son client,* il la déduit, la soustrait du total. **2.** Raisonnement. *D'après les déductions du commissaire, les malfaiteurs ont commis le vol avant minuit.*

déesse n. f. Divinité de sexe féminin. *Vénus était la déesse romaine de l'amour.* → aussi **dieu.**

défaillir v. (conjug. 16) Se trouver mal, s'évanouir. *Léa se sent défaillir dès qu'elle voit du sang.*

▮ Ce mot appartient au langage soutenu.

▸ **défaillance** n. f. Moment de faiblesse physique. *Le chauffeur du car a eu une défaillance au volant.*

▸ **défaillant, défaillante** adj. Qui fonctionne mal. *Ma mémoire est défaillante,* elle est mauvaise.

▷ Mots de la famille de faillir.

déesse indienne

défaire v. (conjug. 37) Faire une action, un geste qui supprime ce qui avait été fait. *Le voyageur défait sa valise en arrivant à l'hôtel.* → **vider.** *J'ai défait l'ourlet de mon pantalon.* → **découdre.** ▮ contraire : **faire.**

▸ **se défaire** v. **1.** Cesser d'être fait, d'être arrangé. *Sa natte s'est défaite,* elle s'est dénouée. **2.** Se débarrasser de quelque chose. *Il faudrait qu'il se défasse de cette mauvaise habitude.*

▸ **défait, défaite** adj. **1.** Qui n'est plus fait, plus arrangé. *Alex est parti en classe en laissant son lit défait,* en désordre. **2.** Qui semble très fatigué ou bouleversé. *Il avait le visage défait,* très marqué, avec les traits tirés.

▸ **défaite** n. f. Perte d'une bataille, d'une guerre. ▮ contraire : **victoire.** *Napoléon a subi une grave défaite à Waterloo.*

▸ **défaitiste** adj. *Une personne défaitiste,* c'est une personne qui ne croit pas à la victoire, qui veut abandonner la lutte. *Ne sois pas défaitiste, on peut encore gagner le match !* ▮ contraire : **optimiste.**
▷ Mots de la famille de faire.

défaut n. m. 1. Ce qui n'est pas bien, est imparfait chez quelqu'un. ▮ contraire : **qualité.** *L'égoïsme est un vilain défaut.* 2. Partie mal faite de quelque chose. *Cette jupe a un défaut.* ➜ **imperfection.** *Un défaut de fabrication.* 3. *Faire défaut,* manquer. *Le courage commençait à lui faire défaut.* 4. *À défaut de,* en l'absence de. *À défaut de café, nous boirons du thé.*

défavorable adj. Qui n'est pas favorable à quelque chose. *Le directeur est défavorable à nos projets.* ▮ contraire : **favorable.** ▷ Mot de la famille de favorable.

défavoriser v. (conjug. 3) Priver quelqu'un d'un avantage. *Cette loi défavorise les personnes les plus pauvres.* ➜ **désavantager.** ▮ contraire : **favoriser.**

▸ **défavorisé, défavorisée** adj. Qui n'a pas les mêmes possibilités, les mêmes avantages qu'un autre. *Au basket, les petits sont défavorisés par rapport aux grands,* ils sont désavantagés. *Il vient d'un milieu défavorisé,* pauvre. ▮ contraire : **privilégié.**
▷ Mots de la famille de favoriser.

défection n. f. Le fait de ne pas venir là où on est attendu, de ne pas faire ce que l'on devrait faire. *De nombreuses personnes qui s'étaient inscrites pour la visite ont fait défection,* ne sont pas venues.

défectueux, défectueuse adj. Qui a un défaut, une imperfection et ne fonctionne pas bien. *Un aspirateur défectueux.*

① **défendre** v. (conjug. 44) 1. Protéger contre une attaque en se battant. *Alex défend toujours les plus faibles.* ▮ contraire : **attaquer.** – **se défendre,** résister à une attaque, se battre. *Il sait très bien se défendre tout seul.* 2. Se battre pour. *Il défendit son idée avec énergie.*
▸ Autres mots de la famille : autodéfense, ① défense, défenseur, défensif, défensive, indéfendable.

② **défendre** v. (conjug. 44) Interdire. *Je te défends d'y aller. Il est défendu de fumer en avion.* ➜ **interdit.** ▮ contraires : **autoriser, permettre.**
▸ Autre mot de la famille : ② défense.

① **défense** n. f. 1. Protection contre une attaque. *Un pont-levis assurait la défense du château. Louise prend toujours la défense de sa petite sœur,* elle la défend toujours. 2. Dent très longue de certains animaux, qui leur sert à se défendre. *Les sangliers et les éléphants ont des défenses.* ▷ Mot de la famille de ① défendre.

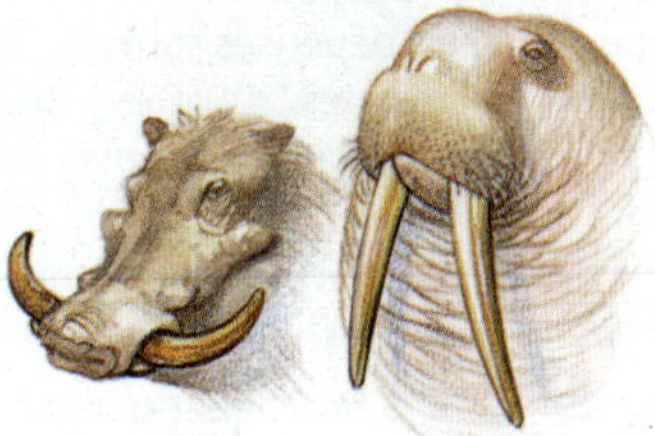
phacochère morse

défenses

② **défense** n. f. Interdiction. *Défense de marcher sur les pelouses.* ▮ contraires : **autorisation, permission.** ▷ Mot de la famille de ② défendre.

défenseur n. m. et f. Personne qui défend quelqu'un ou quelque chose contre une attaque. *L'accusé a choisi pour défenseur un avocat célèbre.* ▷ Mot de la famille de ① défendre.

défensif, défensive adj. Qui sert à se défendre. *Les armes défensives.* ▮ contraire : **offensif.** ▷ Mot de la famille de ① défendre.

défensive n. f. *Être sur la défensive,* prêt à se défendre. *Elle est toujours sur la défensive.*
▷ Mot de la famille de ① défendre.

déférence n. f. Respect. *Traitez votre interlocuteur avec déférence.* ➜ **égard.**

déferler v. (conjug. 3) *Les vagues déferlent sur la plage,* elles retombent en roulant et en formant de l'écume.

▸ **déferlement** n. m. Fait de déferler. *Le déferlement des vagues sur la plage.*

défi n. m. *Lancer un défi à quelqu'un,* c'est le provoquer en lui disant qu'il est incapable de faire quelque chose. ➜ aussi **défier.** *Paul a mis Alex au défi de sauter aussi haut que lui.* ▷ Mot de la famille de défier.

défiance n. f. Sentiment d'une personne qui n'a pas confiance. ➜ **méfiance.** ▮ contraire : **confiance.** *Il est tellement menteur que, même si ce qu'il dit paraît vrai, on éprouve toujours une certaine défiance quand il parle.* ▷ Mot de la famille de se fier.

déficient, déficiente adj. Qui est faible, présente une déficience. *Cet enfant a une santé déficiente,* mauvaise, fragile.

▸ **déficience** n. f. Faiblesse, insuffisance. *Cet enfant souffre de déficience mentale,* son développement mental n'a pas le niveau normal.

déficit [defisit] n. m. Somme d'argent qui manque quand les dépenses sont plus importantes que les recettes. ▮ contraire : **bénéfice.** *L'entreprise a un déficit de plusieurs millions d'euros.*

▸ **déficitaire** adj. Qui présente un déficit. *Le budget de la société est déficitaire.*

défier v. (conjug. 9) Provoquer quelqu'un en lui demandant de faire quelque chose que l'on pense qu'il est incapable de faire. *Paul a défié Alex de sauter du grand plongeoir,* il lui a lancé ce défi.

▸ Autre mot de la famille : défi.

se **défier** v. (conjug. 9) Ne pas avoir confiance. *Il sentait qu'on se défiait de lui.* ➜ se **méfier.**

▷ Mot de la famille de se fier.

défigurer v. (conjug. 3) Enlaidir. *Une grosse verrue sur le nez la défigure.* ▷ Mot de la famille de figure.

défiler v. (conjug. 3) **1.** Marcher en file, en rang. *Les soldats défilent le jour de la fête nationale.* **2.** Se suivre sans interruption. *Les voitures défilaient à toute allure sur l'autoroute.*

▸ **défilé** n. m. **1.** Passage étroit entre deux montagnes. *Les Indiens ont attaqué les cow-boys à la sortie du défilé.* **2.** Marche de personnes, de véhicules en file. *Le défilé du 14 Juillet commencera à 10 heures.*

▷ Mots de la famille de file.

défilé de mode

définir v. (conjug. 11) *Définir un mot,* c'est expliquer ce qu'il veut dire. ➜ aussi **définition.**

▸ **défini, définie** adj. **1.** Qui est bien précisé. ➜ **précis.** *Ce jeu a des règles bien définies.* **2.** *Un article défini,* qui se rapporte à une chose, une personne ou un animal bien précis. *«Le», «la», «les» sont des articles définis.*

▸ Autres mots de la famille : définition, indéfini, indéfinissable.

définitif, définitive adj. **1.** Qui ne changera pas. *Nous venons d'avoir les résultats définitifs des élections.* ▮ contraire : **provisoire.** **2.** *En définitive,* finalement. *En définitive, il n'est pas parti.*

▸ Autre mot de la famille : définitivement.

définition n. f. Explication du sens d'un mot, d'une expression. *Le professeur a demandé aux élèves de chercher dans leur dictionnaire la définition du mot «grange».* ▷ Mot de la famille de définir.

définitivement adv. Pour toujours. *Cette famille portugaise s'est installée définitivement en France.* ▷ Mot de la famille de définitif.

déflagration n. f. Explosion. *La déflagration a cassé toutes les vitres.*

défoncer v. (conjug. 5a) **1.** Casser en poussant. *Pour pénétrer dans la maison, la police a dû défoncer la porte.* ➜ **enfoncer.** **2.** Creuser profondément. *Les ouvriers défoncent le trottoir avec leurs marteaux-piqueurs.*

▸ **défoncé, défoncée** adj. Qui a des trous et des bosses. *Ce chemin de terre est tout défoncé.*

déforestation n. f. Destruction de la forêt. *La déforestation de l'Amazonie.*

déformer v. (conjug. 3) Changer la forme. *Cette glace déforme les traits du visage.* – **se déformer,** changer de forme, devenir déformé. *Mes chaussures se sont déformées.*

▸ **déformant, déformante** adj. Qui déforme. *Un miroir déformant,* qui déforme les traits du visage ou la silhouette.

▸ **déformation** n. f. Changement de forme. *Certains rhumatismes provoquent des déformations des doigts.*

▷ Mots de la famille de forme.

se **défouler** v. (conjug. 4) Familier. Se soulager, se libérer en faisant ce que l'on a envie de faire. *Elle s'est défoulée en dansant toute la nuit.*

▸ **défoulement** n. m. Le fait de se défouler, moyen de se défouler. *Le sport est un excellent défoulement.*

miroir **déformant**

défraîchi, défraîchie adj. Qui n'a plus un aspect neuf, qui a perdu sa fraîcheur. *Cette robe est un peu défraîchie.* ▷ Mot de la famille de ① frais.

défrayer v. (conjug. 10) **1.** Rembourser à quelqu'un les dépenses qu'il a eues. *La société qui l'emploie l'a défrayé de son voyage.* **2.** *Défrayer la chronique,* faire beaucoup parler de soi. *Ce scandale défraie la chronique.* ▷ Mot de la famille de ② frais.

défricher v. (conjug. 3) Préparer une terre pour la culture en enlevant les plantes sauvages et les arbres. *Une partie de la forêt a été défrichée, puis cultivée.*

▸ **défrichement** n. m. Action de défricher. *Le défrichement d'une forêt.* ➜ aussi **déforestation.**

▷ Mots de la famille de friche.

défunt n. m., **défunte** n. f. Personne morte. *Le prêtre dit une prière pour les défunts.* ➜ ③ **mort.**

dégager v. (conjug. 5b) **1.** Débarrasser de ce qui encombre. *«Dégagez le passage», dit l'agent aux automobilistes,* cessez d'encombrer le passage. **2.** Libérer de ce qui retient. *Les sauveteurs ont dégagé les blessés des décombres.* **3.** Laisser échapper. *Ces roses dégagent un merveilleux parfum.* ➜ **répandre.** **4.** Envoyer le ballon le plus loin possible. *Le footballeur a dégagé.*

▸ se **dégager** v. **1.** Devenir libre de ce qui encombre. *Le ciel se dégage,* les nuages s'en vont. ➜ s'**éclaircir.** **2.** Sortir. *Une épaisse fumée se dégageait de l'usine en feu.*

▸ **dégagé, dégagée** adj. **1.** Qui n'est pas couvert. *Le ciel est dégagé ce matin,* il est sans nuages. ▮ contraire : ② **couvert.** *Elle est coiffée avec le front dégagé,* sans cheveux qui recouvrent le front. **2.** *Un air dégagé,* désinvolte et innocent. *Il a pris un air dégagé pour me répondre.*

▸ **dégagement** n. m. **1.** Action de libérer ce qui gêne. *Il a fallu attendre longtemps le dégagement de la rue encombrée,* que la rue ne soit plus encombrée. **2.** *Le gardien de but a fait un dégagement,* il a envoyé le ballon très loin.

▷ Mots de la famille de gage.

dégaine n. f. Familier. Allure. *Il a une drôle de dégaine avec ce chapeau.*

dégainer v. (conjug. 3) Tirer une arme de son étui. *Le gangster a dégainé son révolver.* ▷ Mot de la famille de gaine.

dégarnir v. (conjug. 11) **1.** Enlever ce qui garnit. *Après les fêtes, on a dégarni le sapin de Noël,* on a enlevé les décorations. **2.** **se dégarnir,** perdre ses cheveux. *Il se dégarnit avec l'âge. Ses tempes se dégarnissent.* ▷ Mot de la famille de garnir.

dégât n. m. Dommage, destruction causée par un accident, une catastrophe. *La grêle a fait de gros dégâts dans les champs.* ➜ **ravages.**

▷ Mot de la famille de ② gâter.

◗ Attention à l'accent circonflexe du *â*.

dégazer v. (conjug. 3) Nettoyer les citernes d'un pétrolier. *Il est interdit de dégazer en mer.*

▸ **dégazage** n. m. *Le dégazage en mer est interdit,* un pétrolier n'a pas le droit de nettoyer ses citernes en mer.

▷ Mots de la famille de gaz.

dégel n. m. Fonte de la neige et de la glace quand le temps devient plus chaud. ▮ contraire : ① **gel.** *Le débit des torrents augmente au moment du dégel.*

▸ **dégeler** v. (conjug. 7a) Cesser d'être gelé, fondre. ▮ contraire : **geler.** *Au printemps, le lac dégèle.*

▷ Mots de la famille de ① gel.

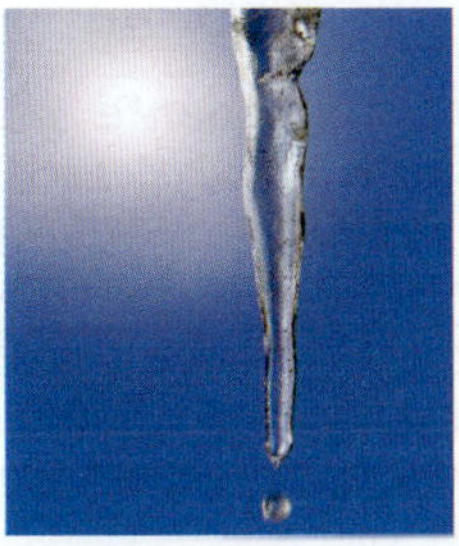

dégel

dégénérer v. (conjug. 8) Se transformer en quelque chose de mauvais. *Les disputes entre Paul et Alex dégénèrent toujours en bagarre.*

dégivrer v. (conjug. 3) Enlever le givre. *Une soufflerie dégivre le parebrise de la voiture.*

▸ **dégivrage** n. m. Action d'enlever le givre, de dégivrer. *Le dégivrage du réfrigérateur est automatique.*
▷ Mots de la famille de givre.

déglutir v. (conjug. 11) Avaler sa salive ou un aliment. *Léa a eu du mal à déglutir son morceau de viande.*

dégonfler v. (conjug. 3) **1.** Faire sortir l'air qui gonflait quelque chose. *Théo a dégonflé son ballon.* **2.** Devenir moins gonflé. *Sa paupière a dégonflé.* ▮ contraire : **enfler.** **3. se dégonfler,** se vider de son air. *Un pneu de la voiture s'est dégonflé.* ▷ Mot de la famille de gonfler.

dégouliner v. (conjug. 3) Couler lentement. *Alex a chaud, la sueur dégouline sur son front.*

dégourdir v. (conjug. 11) **1.** *Se dégourdir les jambes,* les remuer après être resté longtemps dans la même position. *Julie s'est dégourdi les jambes après avoir passé l'après-midi en voiture.* **2. se dégourdir,** devenir moins timide et plus débrouillard. *Léa s'est dégourdie au contact de ses camarades de classe.*

▸ **dégourdi, dégourdie** adj. Qui sait se débrouiller tout seul. ➜ fam. **débrouillard.** *Cette petite fille est dégourdie pour son âge.*
▷ Mots de la famille de gourd.

dégoûter v. (conjug. 3) Inspirer du dégoût. ➜ **répugner.** *Les araignées me dégoûtent.*

▸ **dégoût** n. m. Impression désagréable que l'on a devant quelqu'un ou quelque chose. *Théo a du dégoût pour les huîtres.*

▸ **dégoûtant, dégoûtante** adj. Très sale. *Va te laver les mains, elles sont dégoûtantes !*

▸ **dégoûté, dégoûtée** adj. Qui éprouve ou montre du dégoût. *Julie prend un air dégoûté devant le plat de tripes.*
▷ Mots de la famille de goût.

dégradant, dégradante adj. Qui fait perdre la dignité. *Il vivait dans une misère dégradante.* ➜ **humiliant.** *Un travail dégradant.* ➜ **déshonorant.** ▷ Mot de la famille de dégrader.

dégradation n. f. Dégât, détérioration. *Ce vieux château a subi de nombreuses dégradations au cours des siècles.* ➜ **dommage.** ▷ Mot de la famille de dégrader.

dégradé n. m. Couleur qui passe peu à peu du foncé au clair. *Elle était habillée dans un dégradé de bleu.*

dégradé de bleu

dégrader v. (conjug. 3) **1.** Abîmer. *Des voyous ont dégradé les murs avec des inscriptions.* ➜ **détériorer.** – **se dégrader,** s'abîmer. *Cette maison inhabitée se dégrade peu à peu. – Sa santé s'est dégradée rapidement,* s'est détériorée. **2.** Priver un officier de son grade. *Le capitaine a été dégradé.*
▶ Autres mots de la famille : biodégradable, dégradant, dégradation.

dégrafer v. (conjug. 3) Détacher ce qui est agrafé. *Elle dégrafe sa jupe.* ▮ contraire : **agrafer.**

degré n. m. **1.** Unité qui sert à mesurer la température. *L'eau bout à 100 degrés (100°).* **2.** Unité qui sert à mesurer les angles. *Un angle de 90 degrés (90°) est un angle droit.* **3.** Unité qui sert à mesurer l'alcool contenu dans un liquide. *Ce vin fait 12 degrés (12°).* **4.** Échelon. *Il était parvenu au plus haut degré de la réussite.* ➜ **niveau,** ② **stade.**

dégressif, dégressive adj. Qui va en diminuant. *Si on achète cette lessive en grande quantité, on bénéficie d'un tarif dégressif,* on paie le kilo de moins en moins cher.

dégringoler v. (conjug. 3) **1.** Tomber de haut. *Après l'orage, l'eau dégringole du toit.* **2.** Descendre très vite. *Julie dégringole l'escalier.* ➜ **dévaler.**

▸ **dégringolade** n. f. Familier. Chute. *La dégringolade des cours de la Bourse.*

dégrossir v. (conjug. 11) Tailler grossièrement pour donner une forme. *Le sculpteur dégrossit un bloc de marbre.* ▷ Mot de la famille de gros.

déguenillé, déguenillée adj. Vêtu de guenilles, de vieux vêtements. *Une clocharde déguenillée demandait la charité.* ▷ Mot de la famille de guenilles.

déguerpir v. (conjug. 11) Se sauver à toute allure. ➜ **détaler, filer.** *Quand les cambrioleurs ont entendu du bruit, ils ont aussitôt déguerpi.*

déguiser v. (conjug. 3) **1. se déguiser,** se maquiller, mettre un masque et des vêtements qui donnent l'apparence d'un personnage, d'un animal. *Julie s'est déguisée en fée pour le goûter costumé.* ➜ se **travestir. 2.** Transformer pour tromper. *Pour faire des farces au téléphone, Paul déguise sa voix,* il la change. ➜ **contrefaire.**

▸ **déguisement** n. m. Habits avec lesquels on se déguise. ➜ **costume, panoplie.** *Léa essaie un déguisement de princesse.*

déguster v. (conjug. 3) Apprécier par le goût un aliment, une boisson. *Dégustez ce café !* ➜ ① **goûter, savourer.**

▸ **dégustation** n. f. Consommation d'aliments, de boissons, pour les goûter. *L'apiculteur propose une dégustation de miel.*

dehors adv. et n. m.
■ adv. À l'extérieur. *Louise joue dehors,* hors de la maison. ▮ contraire : **dedans.** – *La balle est tombée en dehors du terrain,* à l'extérieur du terrain. *Reste en dehors de cette histoire,* tiens-toi à l'écart, ne t'en mêle pas.
■ n. m. **1.** *Le dehors,* c'est l'extérieur. *Le bruit semble venir du dehors.* ▮ contraire : **intérieur. 2.** *Les dehors,* l'apparence, ce que l'on voit d'abord. *Sous des dehors un peu brusques, il est très gentil.* ▷ Mot de la famille de ① de et de hors.

déjà adv. **1.** Dès ce moment. *À cinq ans, ma petite sœur sait déjà lire. Il est déjà parti.* ▮ contraire : **enfin. 2.** Avant. *Alex a déjà pris l'avion plusieurs fois.* ▮ contraire : **jamais.**
▸ Attention à l'accent grave du *à.*
▸ Autre mot de la famille : d'ores et déjà.

① **déjeuner** v. (conjug. 3) **1.** Prendre le repas de midi. *Julie et Théo déjeunent à la cantine de l'école. Alex a déjeuné avec ses amis.* **2.** Prendre le petit-déjeuner. *Ce matin, Paul s'est levé en retard et n'a pas eu le temps de déjeuner.*

▸ ② **déjeuner** n. m. Repas de midi. *Louise rentre chez elle à l'heure du déjeuner. Quel bon déjeuner !*
▷ Mots de la famille de jeûner.

déjouer v. (conjug. 3) *Déjouer les plans de quelqu'un,* c'est empêcher qu'ils réussissent. *Les espions ont déjoué les plans de leurs adversaires.* ➜ **contrecarrer, contrarier.**

delà ➜ **au-delà, par-delà**

se délabrer v. (conjug. 4) S'abîmer, se détériorer. *La maison s'est délabrée, il faudrait faire des travaux.*

▸ **délabré, délabrée** adj. Abîmé, en mauvais état. *Cette maison est tellement délabrée que c'est presque une ruine.*

▸ **délabrement** n. m. État de ce qui tombe en ruine. *Le toit de la grange est dans un état de délabrement avancé,* il est en très mauvais état.

maison **délabrée**

délacer v. (conjug. 5a) Desserrer ou défaire des lacets. ▮ contraire : **lacer.** *Il délace ses chaussures, puis les enlève.* ▮ homonyme : délasser. ▷ Mot de la famille de lacer.

délai n. m. Temps limité que l'on a pour faire quelque chose. *Nous aurons fini ce travail dans le délai prévu. J'ai répondu à sa lettre sans délai,* sans attendre, immédiatement.

délaisser v. (conjug. 3) **1.** *Délaisser quelqu'un,* c'est ne plus s'en occuper, l'abandonner. *Julie a délaissé ses anciennes amies ; elle s'en est fait de nouvelles cette année.* **2.** *Délaisser quelque chose,* c'est ne plus s'y intéresser. *Alex a délaissé le tennis pour le judo.* ▷ Mot de la famille de laisser.

délasser v. (conjug. 3) Faire disparaître l'ennui, la fatigue. *C'est un spectacle qui délasse.* ➜ **distraire.** – **se délasser,** se reposer, se détendre. *Elle s'est délassée en prenant un bain chaud.* ▮ homonyme : délacer.

▸ **délassement** n. m. Moyen de se détendre. ➜ **détente.** *Pour Théo, la lecture de bandes dessinées est un bon délassement.* ➜ **distraction.**
▷ Mots de la famille de las.

délateur n. m., **délatrice** n. f. Personne qui dénonce quelqu'un pour en tirer profit ou pour se venger. ➜ **dénonciateur ;** fam. **mouchard.**

délation n. f. Le fait de dénoncer quelqu'un par intérêt ou par vengeance. ➜ **dénonciation.** *Le dictateur encourageait la délation.*

délavé, délavée adj. Décoloré par l'eau, l'eau de Javel ou les nombreux lavages. *Julie porte un jean bleu délavé.* ▷ Mot de la famille de laver.

délayer v. (conjug. 10) *Délayer une substance,* c'est la mélanger avec un liquide. *Paul délaie du cacao dans du lait.*

▸ **délayage** n. m. Action de mélanger avec un liquide. *Le délayage de la farine dans le lait.*

se **délecter** v. (conjug. 4) Prendre beaucoup de plaisir. *Léa s'est délectée à regarder des dessins animés.* ➜ se **régaler.**

▸ **délectation** n. f. Plaisir que l'on éprouve en savourant ou en faisant quelque chose. *Théo déguste sa glace avec délectation.* ➜ **délice.**

Ce mot appartient au langage soutenu.

déléguer v. (conjug. 8) Charger d'une mission. *Chaque pays a délégué des représentants pour cette réunion.* ➜ **envoyer.**

▸ **délégué** n. m., **déléguée** n. f. Personne qui est chargée d'une mission. *Elle est déléguée du personnel de son entreprise.* ➜ **représentant.** *Un délégué de classe représente tous les élèves de la classe.*

▸ **délégation** n. f. Groupe de délégués, de représentants. *Le ministre a reçu une délégation de syndicalistes.*

délester v. (conjug. 3) Rendre moins lourd en enlevant un chargement. ➜ **alléger.** *On a délesté le navire de sa cargaison.* ▮ contraire : **lester.** ▷ Mot de la famille de lest.

délibérer v. (conjug. 8) Réfléchir et discuter ensemble avant de prendre une décision commune. *Le jury s'est réuni pour délibérer.*

▸ **délibération** n. f. Discussion avant de prendre une décision. *Le conseil municipal est en pleine délibération.* ➜ **débat.**

▸ **délibéré, délibérée** adj. Volontaire, réfléchi. *Sa méchanceté est délibérée.* ▮ contraire : **involontaire.**

▸ **délibérément** adv. Volontairement, exprès. *Il m'a délibérément tourné le dos.* ▮ contraire : **involontairement.**

délicat, délicate adj. **1.** Agréable et fin. *Ces roses ont un parfum délicat.* **2.** Fragile. *Théo a une santé délicate.* ▮ contraires : **robuste, solide.** **3.** Difficile, embarrassant. *La situation devient délicate.* **4.** Qui fait attention aux autres. *Sous des dehors un peu brusques, c'est quelqu'un de très délicat.* ➜ **prévenant.** ▮ contraire : **grossier.** *Une attention délicate,* qui fait plaisir, qui touche.

▸ **délicatement** adv. **1.** Finement. *Un savon délicatement parfumé. Un bijou délicatement ciselé.* ▮ contraire : **grossièrement.** **2.** Doucement, avec précaution. *Ces verres sont fragiles, il faut les manier délicatement.* ▮ contraire : **brutalement.**

▸ **délicatesse** n. f. **1.** Finesse. *La délicatesse d'une nuance.* **2.** Discrétion. *Je n'ai pas insisté, par délicatesse.* ➜ **tact.** ▮ contraire : **grossièreté.**
▸ Autre mot de la famille : indélicat.

délice n. m. **1.** Plaisir vif et délicat. *Quel délice de faire la grasse matinée !* ➜ **enchantement.** **2.** Régal. *Cette tarte est un vrai délice.*

▸ **délicieux, délicieuse** adj. Très bon, très agréable. *Cette glace est délicieuse.* ➜ **exquis.** ▮ contraires : **infect, mauvais.** *Quelle femme délicieuse !* ➜ **charmant.** ▮ contraire : **odieux.**

délier v. (conjug. 9) Enlever des liens. *On a délié le prisonnier.* ▮ contraire : **lier.** ▷ Mot de la famille de lier.

délimiter v. (conjug. 3) Fixer les limites. *Un muret délimite la propriété.* ▷ Mot de la famille de limite.

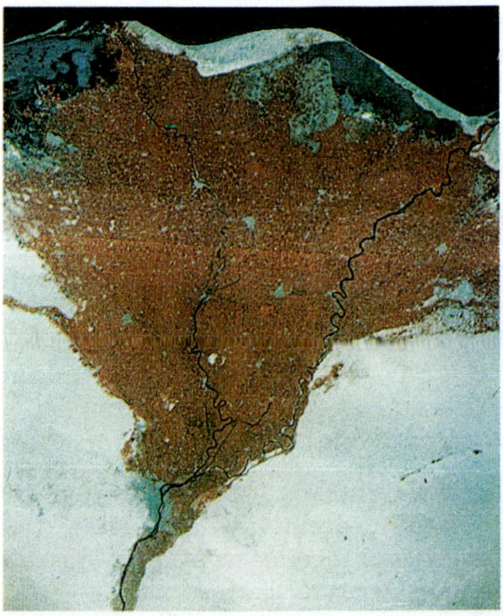

delta

délinquant n. m., **délinquante** n. f. Personne qui a commis un délit, une faute punie par la loi. *Les jeunes délinquants ont été emmenés au poste de police.*

▶ **délinquance** n. f. L'ensemble des délits, des actes punis par la loi, qui sont commis. *On déplore dans les grandes villes l'augmentation de la délinquance.*

délire n. m. 1. État provoqué par une forte fièvre, dans lequel on dit des choses qui n'ont pas de sens. *Dans son délire, le malade disait des mots sans suite.* 2. Enthousiasme très grand. *La foule en délire applaudit avec frénésie.*

▶ **délirer** v. (conjug. 3) Avoir le délire. *Le malade a déliré toute la nuit.*

▶ **délirant, délirante** adj. 1. Extravagant. ➜ **fou.** *Elle a une imagination délirante.* 2. Très fort. ➜ **frénétique.** *Des applaudissements délirants.* ▮ contraire : **mesuré.**

délit [deli] n. m. Acte puni par la loi. *Le vol est un délit. Le cambrioleur a été pris en flagrant délit,* sur le fait. ➜ aussi **délinquant.**
▶ Ce mot prend un *t* à la fin.

délivrer v. (conjug. 3) 1. Remettre en liberté. ➜ **libérer.** *Le prisonnier a été délivré par un complice.* 2. Débarrasser. *Léa a pris des cours de natation qui l'ont délivrée de sa peur de l'eau.* 3. Donner un document, un papier officiel qui sert de garantie. *La mairie lui a délivré son certificat d'inscription.*

▶ **délivrance** n. f. 1. Libération. *Le prisonnier attend sa délivrance.* 2. Soulagement. *Elle éprouva soudain un sentiment de délivrance.*
▷ Mots de la famille de livrer.

délocaliser v. (conjug. 3) Déplacer une entreprise, une usine dans une autre région ou un autre pays. *L'usine de chaussures a été délocalisée en Chine.* ▷ Mot de la famille de local.

déloger v. (conjug. 5b) *Déloger quelqu'un,* c'est le faire partir de la place qu'il occupait. *Le coucou déloge les autres oiseaux de leur nid et y pond ses œufs.* ▷ Mot de la famille de loge.

déloyal, déloyale adj. Qui n'est pas honnête, ne respecte pas ses promesses. ▮ contraires : ② **franc, loyal.** *C'est déloyal de tricher.* – Au masc. pl. *déloyaux.* ▷ Mot de la famille de loi.

delta n. m. (➜ ÉTYM.) Embouchure d'un fleuve qui se divise en plusieurs bras. *Le delta du Rhône. Les deltas et les estuaires.*

deltaplane n. m. (marque déposée) Planeur très léger formé d'une toile tendue sur des tubes de métal. ➜ aussi **parapente.**

deltaplane

déluge n. m. 1. *Le Déluge,* c'est, dans la Bible, l'inondation qui recouvrit la Terre et noya presque tous ses habitants. *Seule l'arche de Noé échappa au Déluge.* 2. Très forte pluie. *Il se mit à tomber un véritable déluge.* ➜ aussi **diluvien.** 3. Très grande quantité. *Elle se mit à verser un déluge de larmes.* ➜ **flot, torrent.**

déluré, délurée adj. Malin, vif. *Julie est une petite fille délurée.* ➜ **dégourdi.** ▮ contraire : **empoté.**

démagogie n. f. Attitude par laquelle on flatte les gens pour qu'ils soient d'accord avec vous. *Cet homme politique fait de la démagogie pour se faire élire.*

▶ **démagogique** adj. Fait pour flatter un très grand nombre de gens, éventuellement en les trompant. *Le candidat aux élections tient des discours démagogiques pour se faire élire.*

▶ **démagogue** n. m. et f. Personne qui fait de la démagogie. *Les démagogues sont les ennemis de la démocratie.*

demain adv. Le jour qui suit celui où l'on parle. *Aujourd'hui nous sommes dimanche et demain, c'est lundi. Au revoir, à demain ! – Demain, il fera jour,* rien ne presse d'agir aujourd'hui.
▶ Autres mots de la famille : après-demain, lendemain, surlendemain.

demander v. (conjug. 3) 1. Faire savoir ce que l'on veut obtenir. ➜ **réclamer.** *Léa a demandé de l'argent à sa mère pour s'acheter des bonbons. Je vous demande de vous taire.* 2. Essayer de savoir en interrogeant. *Il a demandé son chemin à un passant.* – **se demander,** se poser une question à soi-même. *Je me de-*

mande quelle heure il peut bien être. Elle s'est demandé si c'était vrai. **3.** Avoir besoin d'une personne. *On demande une vendeuse expérimentée.* **4.** Réclamer, nécessiter. *Ce travail demande beaucoup d'attention.*

▸ **demande** n. f. Réclamation. *Sa demande n'a pas été acceptée.*

▸ **demandeur** n. m., **demandeuse** n. f. Personne qui demande quelque chose. *Il est demandeur d'emploi,* il est au chômage et cherche un travail. ➜ **chômeur.**

démanger v. (conjug. 5b) Provoquer un picotement qui donne envie de se gratter. *Les piqûres de moustiques le démangeaient.*

▸ **démangeaison** [demɑ̃ʒɛzɔ̃] n. f. Picotement sur la peau qui donne envie de se gratter. *L'urticaire provoque des démangeaisons.*

▸ Il y a un *e* après le *g.*

démanteler v. (conjug. 7a) **1.** Démolir des murailles. *La forteresse a été démantelée.* **2.** Détruire. *La police a démantelé un réseau de trafiquants de drogue.*

▸ **démantèlement** n. m. Destruction, désorganisation. *Le démantèlement d'un réseau de terroristes.*

démantibulé, démantibulée adj. Familier. Mis en pièces, démoli. *Un vieux vélo tout démantibulé.*

se **démaquiller** v. (conjug. 4) Enlever son maquillage. *Elle se démaquille soigneusement chaque soir.*

▸ **démaquillant** n. m. Produit pour se démaquiller. *Un flacon de démaquillant.*

▹ Mots de la famille de maquiller.

démarcation n. f. *Une ligne de démarcation,* c'est une ligne qui sépare deux régions, deux territoires. *Pendant la Deuxième Guerre mondiale, en France, une ligne de démarcation séparait la zone occupée par les Allemands de la zone libre.* ▹ Mot de la famille de marquer.

démarche n. f. **1.** Façon de marcher. ➜ **allure,** ① **pas.** *Il a une démarche souple et silencieuse.* **2.** Demande faite à quelqu'un pour obtenir quelque chose. *Il a dû faire de nombreuses démarches à la mairie pour obtenir ces papiers.* ▹ Mot de la famille de marcher.

démarquer v. (conjug. 3) **1.** Changer la marque, l'étiquette d'un objet. *Le commerçant a démarqué ces vêtements pour les vendre en solde.* **2.** ***Se démarquer*** *de quelqu'un,* agir de façon différente pour ne pas être confondu avec lui. ➜ se **distinguer.** *Léa s'est démarquée de ses camarades en refusant de chanter.* ▹ Mot de la famille de marquer.

démarrer v. (conjug. 3) (➜ ÉTYM.) Se mettre à fonctionner, se mettre en marche. *Le moteur a démarré du premier coup. La voiture démarra brusquement,* elle commença à rouler.
▮ contraires : s'**arrêter, stopper.**

▸ **démarrage** n. m. Le fait d'être mis en marche. *Le moteur a calé au démarrage,* en démarrant.

▸ **démarreur** n. m. Mécanisme qui sert à mettre un moteur en marche. *Il tourna la clé du démarreur et le moteur se mit à vrombir.*

▸ Ces mots s'écrivent avec deux *r.*

démasquer v. (conjug. 3) *Démasquer quelqu'un,* c'est l'identifier, le reconnaître. *Le pyromane a été démasqué par les policiers.*
▹ Mot de la famille de masque.

démêlé n. m. *Avoir des démêlés avec quelqu'un,* c'est avoir des difficultés, des ennuis avec lui. *Il a un caractère difficile et a des démêlés avec tous ses voisins.* ▹ Mot de la famille de mêler.

▸ Ce mot s'emploie surtout au pluriel.

démêler v. (conjug. 3) **1.** Séparer des choses qui étaient emmêlées. *Julie démêle ses cheveux avec un peigne.* ▮ contraire : **emmêler.** **2.** Débrouiller, éclaircir une chose compliquée. *La police essaie de démêler cette affaire. C'est difficile de démêler le vrai du faux dans ce qu'il dit.* ➜ **discerner, distinguer.** ▹ Mot de la famille de mêler.

déménager v. (conjug. 5b) **1.** Changer de logement, aller habiter ailleurs. ▮ contraire : **emménager.** *Ils ont trouvé un appartement plus grand et déménagent le mois prochain.* **2.** Transporter des objets d'un endroit dans un autre. *Il m'a aidé à déménager tous mes livres.*

▸ **déménagement** n. m. Action de déménager. *Tout est prêt et emballé pour le déménagement.* ▮ contraire : **emménagement.** *Un camion de déménagement,* c'est un camion qui sert à transporter les meubles et les objets, quand on déménage.

▸ **déménageur** n. m., **déménageuse** n. f. Personne dont le métier est de faire des déménagements. *Les déménageurs portent les meubles et les cartons dans le camion.*

démence n. f. Maladie mentale. ➜ **folie.** *Il a eu une crise de démence.* ▹ Mot de la famille de dément.

se démener v. (conjug. 7) **1.** S'agiter dans tous les sens, se débattre. *Le chanteur se démène sur la scène.* **2.** Se donner du mal. *Elle s'est beaucoup démenée pour trouver des crédits.*
▷ Mot de la famille de mener.

dément n. m., **démente** n. f. (→ ÉTYM.) Personne folle. → **aliéné, fou.** *Le crime a été commis par un dément.*
▶ Autres mots de la famille : démence, démentiel.

démenti n. m. Déclaration par laquelle on affirme que ce qui a été dit est faux. *Le Président a opposé un démenti aux accusations portées contre lui.* ▮ contraire : **confirmation.** ▷ Mot de la famille de mentir.

démentiel, démentielle adj. Insensé, déraisonnable. *Des idées démentielles.* ▷ Mot de la famille de dément.

démentir v. (conjug. 20) *Démentir une nouvelle,* c'est déclarer qu'elle est fausse. ▮ contraire : **confirmer.** *Le bruit a couru que le ministre allait démissionner, mais la nouvelle a été aussitôt démentie.* ▷ Mot de la famille de mentir.

démesure n. f. Manque de mesure dans les sentiments ou les attitudes. *La démesure de ses ambitions.* → **excès, outrance.** ▮ contraires : **mesure, modération.**

▸ **démesuré, démesurée** adj. Très grand, qui dépasse la mesure. → **colossal, gigantesque.** *Une taille démesurée. Un orgueil démesuré.* → **excessif.** ▮ contraire : **modéré.**
▷ Mots de la famille de mesure.

camion de **déménagement**

démettre v. (conjug. 59) **1.** Renvoyer quelqu'un de son travail. → **congédier, licencier.** *Le directeur a été démis de son poste.* → **destituer, révoquer.** – ***Se démettre*** *de ses fonctions,* démissionner. → aussi **démission. 2.** Faire sortir un os de l'articulation. *Louise s'est démis l'épaule en tombant,* elle s'est déplacé l'articulation de l'os. → ② **déboîter, luxer.** ▷ Mot de la famille de mettre.

demeurer v. (conjug. 3) **1.** Rester, continuer à être dans un état, une situation. *Il demeurait complètement immobile. La porte est demeurée fermée.* **2.** Habiter. *Ils ont demeuré plusieurs années à Bordeaux.* → **résider.**
▶ Au sens 1, *demeurer* se conjugue avec l'auxiliaire *être,* au sens 2 avec l'auxiliaire *avoir.*

▸ **au demeurant** adv. En fin de compte, en somme. *Au demeurant, c'est une femme compétente.*
▶ Ce mot appartient au langage soutenu.

▸ **demeure** n. f. **1.** *Mettre une personne en demeure de faire quelque chose,* c'est lui en donner l'ordre. *Il l'a mise en demeure de se taire.* **2.** *À demeure,* en permanence, d'une manière stable. *Il vit à demeure à la campagne.* **3.** *Une demeure,* une belle et grande maison. → **résidence.** *Une vieille et majestueuse demeure.*

demi adj., adv. et n. m., **demie** adj. et n. f.
▪ adj. Qui est la moitié. *Il est dix heures et demie,* dix heures et la moitié d'une heure. *Julie a neuf ans et demi. Je voudrais un demi-litre de lait et une demi-livre de beurre,* la moitié d'un litre de lait et la moitié d'une livre de beurre. *Une demi-baguette.*
▶ Quand *demi* est avant le nom, il est suivi d'un trait d'union et reste invariable.
▪ adv. *À demi,* à moitié. *Les petits oiseaux étaient à demi morts de froid. Elle ne fait jamais les choses à demi,* elle les fait jusqu'au bout.
▪ n. m. **1.** La moitié de l'unité. *Un demi et un demi font un.* **2.** Verre de bière. *Garçon, deux demis, s'il vous plaît !* **3.** Joueur de rugby ou de football, entre les avants et les arrières. *Le demi d'ouverture a lancé le ballon.*
▪ n. f. **1.** Moitié. *Voulez-vous une pomme entière ou seulement une demie ?* **2.** *La demie,* la fin de la demi-heure. *La demie vient de sonner. Nous avons rendez-vous à la demie.*
▶ Autres mots de la famille : demi-cercle, demi-douzaine, demi-droite, demi-finale, demi-frère, demi-heure, demi-mesure, à demi-mot, demi-pension, demi-pensionnaire, demi-sœur, demi-tarif, demi-ton, demi-tour.

demi-cercle n. m. Moitié d'un cercle limitée par le diamètre. *Les musiciens sont assis en* *demi-cercle autour du chef d'orchestre.* – Au pl. *Des demi-cercles.* ▷ Mot de la famille de demi et de cercle.

demi-douzaine n. f. La moitié d'une douzaine. ➜ **six.** *Une demi-douzaine d'œufs.* – Au pl. *Des demi-douzaines.* ▷ Mot de la famille de demi et de douze.

demi-droite n. f. Portion de droite limitée par un point appelé origine. *La bissectrice d'un angle est une demi-droite.* – Au pl. *Des demi-droites.* ▷ Mot de la famille de demi et de ① droit.

demi-finale n. f. Avant-dernière épreuve d'une compétition. *L'équipe s'est qualifiée pour la demi-finale de la Coupe d'Europe.* – Au pl. *Des demi-finales.* ▷ Mot de la famille de demi et de ① fin.

demi-frère n. m. Frère par l'un des parents seulement. ➜ aussi **demi-sœur.** *Ses parents se sont remariés chacun de leur côté : il a deux demi-frères du côté de sa mère et une demi-sœur du côté de son père.* ▷ Mot de la famille de demi et de frère.

demi-heure n. f. Moitié d'une heure. *Il y a un train toutes les demi-heures,* toutes les trente minutes. *Je serai là dans une demi-heure.* ▷ Mot de la famille de demi et de heure.

demi-mesure n. f. Moyen insuffisant pour atteindre un but. *Il n'est pas du genre à se contenter de demi-mesures, il va jusqu'au bout.* ▷ Mot de la famille de demi et de mesure.

à demi-mot adv. Sans avoir besoin de tout expliquer. *Ils se sont compris à demi-mot.* ▷ Mot de la famille de demi et de mot.

déminer v. (conjug. 3) Enlever les mines qui rendent un endroit dangereux. *Des spécialistes ont déminé la plage.* ▷ Mot de la famille de ④ mine.

demi-pension n. f. **1.** Tarif d'un hôtel comprenant la chambre, le petit-déjeuner et un repas par jour. *Ils sont en demi-pension.* – Au pl. *Des demi-pensions.* **2.** Situation d'un élève qui déjeune à la cantine scolaire. *Théo est inscrit à la demi-pension.*

▸ **demi-pensionnaire** n. m. et f. Élève qui déjeune à la cantine de l'école. *Les demi-pensionnaires vont en récréation après le déjeuner.*

▷ Mots de la famille de demi et de ② pension.

demi-sœur n. f. Sœur par l'un des parents seulement. ➜ aussi **demi-frère.** *Son père s'est remarié et elle a deux demi-sœurs.* ▷ Mot de la famille de demi et de sœur.

démission n. f. *Donner sa démission,* c'est quitter son travail, ses fonctions. *Il a trouvé un travail plus intéressant et il a donné sa démission.* ➜ aussi se **démettre.**

▸ **démissionner** v. (conjug. 3) Donner sa démission, se démettre de son poste. *Elle a démissionné car elle a trouvé un travail mieux payé.*

▷ Mots de la famille de mettre.

demi-tarif n. m. Tarif qui est la moitié du tarif normal. *Un billet de train à demi-tarif.* – Au pl. *Des demi-tarifs.* ▷ Mot de la famille de demi et de tarif.

demi-ton n. m. Intervalle plus petit que le ton, dans la musique occidentale. *Il y a un demi-ton entre le do et le do dièse.* – Au pl. *Des demi-tons.* ▷ Mot de la famille de demi et de ② ton.

demi-tour n. m. *Faire demi-tour,* c'est se retourner de façon à se retrouver dans l'autre sens. *La voiture fit demi-tour et repartit en sens inverse.* – Au pl. *Des demi-tours.* ▷ Mot de la famille de demi et de tourner.

démobiliser v. (conjug. 3) Faire quitter l'armée à des soldats. *À la fin de la guerre, les troupes ont été démobilisées,* elles ont été rendues à la vie civile. ▮ contraire : **mobiliser.**

▸ **démobilisation** n. f. Le fait de renvoyer des soldats chez eux. *La démobilisation des soldats aura lieu bientôt,* les soldats seront bientôt démobilisés. ▮ contraire : **mobilisation.**

▷ Mots de la famille de mobiliser.

démolition d'une maison

démocratie [demɔkʀasi] n. f. (→ ÉTYM.) **1.** Forme de gouvernement dans laquelle le pouvoir appartient à des personnes élues par les citoyens. ▮ contraire : **dictature. 2.** Pays dans lequel existe cette forme de gouvernement. *La France est une démocratie.*

▸ **démocrate** n. m. et f. Personne qui est adepte de la démocratie.

▸ **démocratique** adj. Conforme à la démocratie, qui respecte la démocratie. *Un pays démocratique,* où règne la démocratie. *Des élections démocratiques,* où l'on peut voter librement.

▸ **démocratiser** v. (conjug. 3) Rendre quelque chose accessible à tous. *On a démocratisé l'enseignement.* – **se démocratiser,** devenir plus libre, plus démocratique. *Ce pays s'est démocratisé.*

démodé, démodée adj. Qui n'est plus à la mode. → **désuet, suranné, vieillot.** *Une robe démodée. Des idées démodées.* → **dépassé.** ▮ contraire : **moderne.**

▸ **se démoder** v. (conjug. 4) Passer de mode, devenir démodé. *Cette jupe est très classique, elle ne se démodera pas.*
▷ Mots de la famille de (1) mode.

démographie n. f. Étude de la population. *La démographie permet de connaître le nombre d'habitants d'un pays, le nombre de naissances et de morts par an.*

▸ **démographique** adj. Qui se rapporte à la démographie, à la population. *La croissance démographique est plus importante en Afrique qu'en Europe.*

demoiselle n. f. **1.** Jeune fille. *Les dames et les demoiselles.* **2.** Femme qui ne s'est jamais mariée. *Deux vieilles demoiselles.* **3.** *Une demoiselle d'honneur,* c'est une petite fille ou une jeune fille qui accompagne la mariée pendant la cérémonie. *Julie a été demoiselle d'honneur au mariage de sa tante.*
▸ Autre mot de la famille : mademoiselle.

démolir v. (conjug. 11) Détruire. *On a démoli ces vieilles maisons pour construire un immeuble à leur place.* → **abattre, raser.** ▮ contraires : **bâtir, construire.**

▸ **démolition** n. f. Destruction. ▮ contraire : **construction.** *La démolition d'un vieil immeuble.*

démon n. m. **1.** Mauvais ange qui pousse les hommes à faire le mal. → **diable.** *Dans la religion chrétienne, le démon est aussi appelé Satan ou Lucifer.* **2.** Enfant turbulent, insupportable. *Cet enfant est un vrai démon.* → **diable.**

▸ **démoniaque** adj. Digne du démon. → **diabolique, infernal, satanique.** *Un rire démoniaque.*

démonstrateur n. m., **démonstratrice** n. f. Personne qui montre comment fonctionne un appareil avant de le vendre. *Elle est démonstratrice d'appareils ménagers dans un grand magasin.*

démonstratif, démonstrative adj. **1.** Qui manifeste ses sentiments. → **expansif.** *Léa est une enfant démonstrative.* ▮ contraires : (1) **renfermé, réservé. 2.** *Les adjectifs et les pronoms démonstratifs* désignent une personne ou une chose dont on a déjà parlé ou que l'on montre. *«Ce», «cet», «cette» et «ces» sont des adjectifs démonstratifs ; «ce», «ceci», «cela» et «celui» sont des pronoms démonstratifs.*

démonstration n. f. **1.** Manifestation de ses sentiments. *Le chien l'accueille avec des démonstrations de joie.* **2.** Raisonnement qui montre comment on arrive à un résultat. *Ta démonstration ne m'a pas entièrement convaincu,* les preuves que tu donnes. **3.** Action de montrer comment fonctionne un appareil. *Je vais vous faire une démonstration. Il y a des ordinateurs en démonstration dans ce magasin.* → aussi **démonstrateur.**

démontable adj. Qui peut être démonté et remonté facilement. *Théo a un petit robot démontable.* ▷ Mot de la famille de monter.

démontage n. m. Action de démonter quelque chose. *Le démontage du moteur a pris deux heures.* ▷ Mot de la famille de monter.

démonté, démontée adj. *Une mer démontée,* très agitée. → **déchaîné.** ▮ contraire : **calme.** ▷ Mot de la famille de monter.

mer **démontée**

a b c d e f g h i j k l m n o p q r s t u v w x y z

déneiger

démonter v. (conjug. 3) **1.** Défaire un objet en séparant toutes les pièces dont il est fait. *Paul a démonté son réveil.* **2. se démonter,** perdre son assurance. ➜ se **troubler.** *Julie a répondu à la question sans se démonter,* sans s'émouvoir, sans se troubler. ▷ Mot de la famille de monter.

démontrer v. (conjug. 3) Montrer de manière claire que quelque chose est vrai. ➜ **prouver.** *L'avocat a démontré l'innocence de son client.* ➜ aussi **démonstration.** ▷ Mot de la famille de montrer.

démoraliser v. (conjug. 3) Faire perdre le moral, décourager. ➜ **déprimer.** *Son échec l'a beaucoup démoralisé.* ▮ contraire : **réconforter.**

▸ **démoralisant, démoralisante** adj. Qui fait perdre le moral, décourage. ➜ **décourageant, déprimant.** *Refaire dix fois le même travail, c'est démoralisant !*

▷ Mots de la famille de moral.

démordre v. (conjug. 44) *Ne pas démordre d'une idée,* c'est ne pas en changer. *Quand Paul a une idée derrière la tête, il n'en démord pas !* ▷ Mot de la famille de mordre.

démouler v. (conjug. 3) Retirer du moule. *Le pâtissier a retiré la tarte du four, puis l'a démoulée.* ▷ Mot de la famille de ② moule.

se démunir v. (conjug. 11) Se séparer de quelque chose. *Elle s'est démunie de toute sa monnaie.* ➜ se **dessaisir.**

▸ **démuni, démunie** adj. *Être démuni,* c'est être sans argent, sans ressources. *Cette organisation vient en aide aux personnes les plus démunies,* les plus pauvres.

▷ Mots de la famille de se munir.

dénaturer v. (conjug. 3) Changer le sens. *Il a dénaturé tout ce que j'ai dit.* ▷ Mot de la famille de nature.

déneiger v. (conjug. 5b) Enlever la neige. *Le chasse-neige a déneigé les routes.* ▷ Mot de la famille de neige.

dénicher v. (conjug. 3) **1.** Enlever du nid. *Alex a déniché des œufs de pigeon.* **2.** Familier. Trouver. *Ils ont déniché cette table rustique chez un antiquaire.* ▷ Mot de la famille de nicher.

denier n. m. **1.** Ancienne monnaie. **2.** *Payer quelque chose de ses deniers,* avec son propre argent. **3.** *Les deniers publics,* l'argent de l'État.

dénier v. (conjug. 9) Refuser d'admettre. *Nous dénions toute responsabilité en cas de vol.* ➜ ② **décliner.** ▷ Mot de la famille de nier.

dénigrer v. (conjug. 3) Critiquer, mépriser. *Elle dénigre tout ce que font les autres.* ▮ contraires : ① **louer, vanter.**

dénivelé n. m. Différence d'altitude. *La piste a 300 mètres de dénivelé.* ➜ **dénivellation.** ▷ Mot de la famille de niveau.

dénivellation n. f. Différence de niveau, d'altitude. ➜ **dénivelé.** *Il y a 1 500 mètres de dénivellation entre le village et le sommet de la montagne.* ▷ Mot de la famille de niveau.

dénombrer v. (conjug. 3) Faire le compte. ➜ **compter, recenser.** *Le professeur dénombre les élèves chaque matin.* ▷ Mot de la famille de nombre.

dénominateur n. m. Nombre d'une fraction placé sous la barre, indiquant en combien de parties l'unité a été divisée. *Le numérateur et le dénominateur.*

dénommer v. (conjug. 3) Donner un nom. ➜ **appeler.** *Les habitants de Paris sont dénommés les Parisiens.*

▸ **dénommé, dénommée** adj. *Le dénommé Dupont,* la personne qui s'appelle Dupont.

▷ Mots de la famille de nom.

dénoncer v. (conjug. 5a) **1.** Désigner comme coupable ou responsable. *Les élèves hésitent à dénoncer le tricheur.* **2.** Signaler, faire connaître. *Le scandale a été dénoncé.*

▸ **dénonciateur** n. m., **dénonciatrice** n. f. Personne qui en dénonce une autre. ➜ **délateur ;** fam. **mouchard.**

▸ **dénonciation** n. f. Action de dénoncer quelqu'un. ➜ **délation.** *La police a reçu une lettre de dénonciation,* qui dénonçait quelqu'un.

dénoter v. (conjug. 3) Indiquer, montrer. *Sa remarque dénote un grand bon sens.*

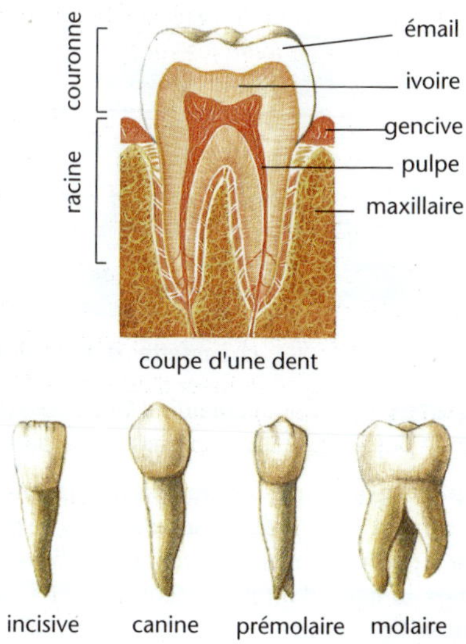

les **dents**

dénouer v. (conjug. 3) **1.** Défaire un nœud. *Il dénoue son nœud de cravate.* ▮ contraire : **nouer.** – **se dénouer,** se défaire. *Les lacets de ses chaussures se sont dénoués.* **2.** Éclaircir une affaire compliquée. *Le détective a dénoué l'intrigue.*

▸ **dénouement** n. m. Façon dont se termine une histoire. ➜ **chute,** ① **fin.** *Le dénouement d'une pièce.*

▷ Mots de la famille de nouer.

dénoyauter v. (conjug. 3) Enlever le noyau. *Il dénoyaute des olives.* ▷ Mot de la famille de noyau.

denrée n. f. Produit alimentaire. ➜ **aliment.** *Les fruits sont des denrées périssables.*

dense adj. **1.** Épais, compact. *Un brouillard très dense. Une foule dense,* nombreuse et serrée. **2.** Qui occupe un certain volume. *L'eau est plus dense que l'air,* à volume égal, l'eau est plus lourde que l'air. ▮ homonyme : danse.

▸ **densité** n. f. **1.** Épaisseur. *La densité de la fumée rendait l'air irrespirable.* **2.** *La densité de la population,* c'est le nombre d'habitants par kilomètre carré. **3.** *La densité d'un corps,* c'est le rapport entre le volume et le poids. *La densité de l'or est plus forte que celle du plomb.*

▸ Autres mots de la famille : condensation, condenser.

dent n. f. **1.** Chacun des organes blancs et durs implantés dans la mâchoire, sur les gencives et qui servent à mordre et à mâcher. ➜ **canine, incisive, molaire, prémolaire.** *Les dents sont en ivoire et recouvertes d'émail. Julie se brosse les dents matin et soir. Paul a mal aux dents.* – *Avoir une dent contre quelqu'un,* lui en vouloir. *Il n'a pas desserré les dents de la soirée,* il n'a pas dit un mot. **2.** Chacune des parties pointues de certains objets. *Les dents d'un peigne, d'une fourchette.* ▮ homonyme : dans.

▸ **dentaire** adj. Qui concerne les dents. *Un abcès dentaire. Un appareil dentaire,* pour redresser les dents.

▸ **denté, dentée** adj. Dont le bord a des entailles, des dents pointues. *Un engrenage est formé de plusieurs roues dentées.*

▸ **dentelé, dentelée** adj. Qui présente de petites dents. *Les feuilles d'orties sont dentelées.*

▸ Autres mots de la famille : chiendent, cure-dent, dentier, dentifrice, dentiste, dentition, édenté, trident.

dentelle n. f. Tissu très léger fait d'un réseau de fils entrelacés qui forment des dessins. *Un napperon en dentelle.*

▸ **dentellière** [dɑ̃təljɛʀ] ou **dentelière** n. f. Personne dont le métier est de faire de la dentelle.

▮ Écrire *dentelière* avec un seul *l* est conforme à la nouvelle orthographe et à la prononciation.

dentelle

dentier n. m. Appareil composé de fausses dents. ➜ fam. **râtelier.** *Elle porte un dentier.* ▷ Mot de la famille de dent.

dentifrice n. m. Pâte qui sert à laver les dents. *Un tube de dentifrice.* ▷ Mot de la famille de dent.

dentiste n. m. et f. Personne dont le métier est de soigner les dents. *Paul est allé chez le dentiste.* ▷ Mot de la famille de dent.

dentition n. f. Ensemble des dents. *Léa a une bonne dentition.* ▷ Mot de la famille de dent.

dénuder v. (conjug. 3) Mettre à nu. *L'électricien a dénudé les fils électriques,* il a retiré l'isolant qui les recouvre. – **se dénuder,** se mettre nu ou presque nu. ➜ se **déshabiller.** *Les baigneurs se sont dénudés.*

dénué, dénuée adj. *Dénué de,* qui manque de. *Ce livre est dénué d'intérêt.* ➜ **dépourvu.**

▸ **dénuement** n. m. État d'une personne qui manque du nécessaire pour vivre. *Ils vivent dans le plus complet dénuement.* ➜ **misère.**
▷ Mots de la famille de nu.

déodorant n. m. Produit qui enlève les odeurs de transpiration. *Il se met du déodorant sous les bras.* ➜ aussi **désodorisant.**

dépanner v. (conjug. 3) Réparer un appareil, un véhicule en panne. *Le garagiste a dépanné ma voiture.*

▸ **dépannage** n. m. Réparation de quelque chose qui est en panne. *Pouvez-vous venir rapidement pour un dépannage ?*

▸ **dépanneur** n. m., **dépanneuse** n. f. Personne dont le métier est de dépanner. *Le dépanneur doit venir réparer la machine à laver.*

▸ **dépanneuse** n. f. Véhicule qui remorque des voitures en panne.
▷ Mots de la famille de panne.

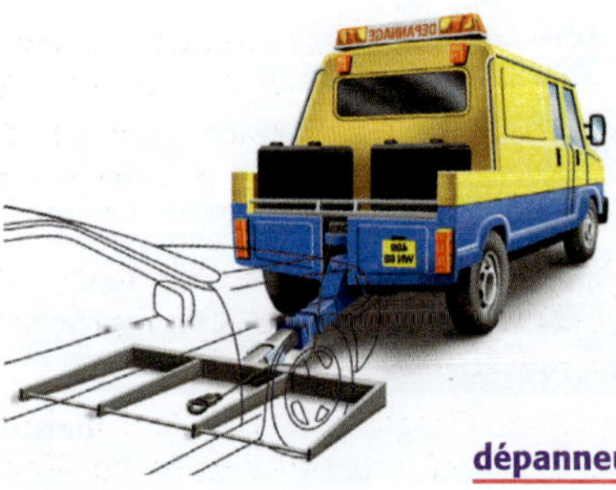

dépanneuse

dépareillé, dépareillée adj. Qui n'est pas pareil à un autre objet du même genre. *Des chaussettes dépareillées,* qui ne forment pas une paire. *Ces verres sont dépareillés,* ils ne font pas partie du même service. ▮ contraire : **assorti.** ▷ Mot de la famille de pareil.

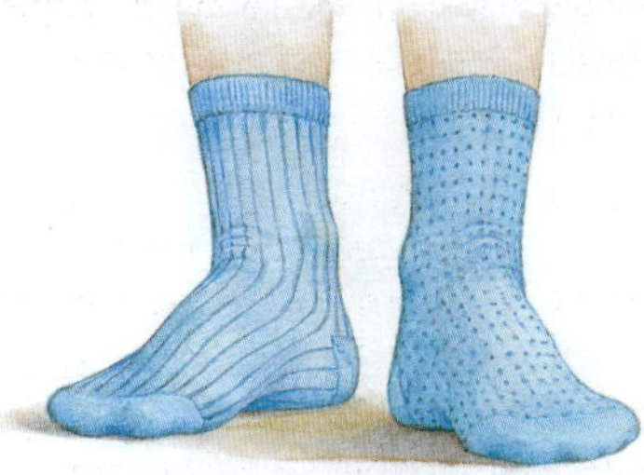

chaussettes dépareillées

déparer v. (conjug. 3) Enlaidir. *L'autoroute dépare le paysage.* ▷ Mot de la famille de se parer.

départ n. m. **1.** Le fait de partir, le moment où l'on part. *Théo prépare son départ,* il se prépare à partir. *Les coureurs sont sur la ligne de départ,* la ligne d'où ils partent. ▮ contraire : **arrivée. 2.** Commencement. *Il s'en doutait dès le départ.* ➜ **début.** *Nous n'avions pas prévu cela au départ.* ▮ contraire : (1) **fin.** ▷ Mot de la famille de partir.

départager v. (conjug. 5b) Choisir entre des personnes qui sont à égalité. *Une question subsidiaire départagera les concurrents,* permettra de désigner le vainqueur. ▷ Mot de la famille de part.

département n. m. Partie du territoire français placée sous l'autorité d'un préfet. *Lille est le chef-lieu du département du Nord.*

▸ **départemental, départementale** adj. Qui appartient au département, en dépend. *Une route départementale.* – Au masc. pl. *départementaux.*

se départir v. (conjug. 20 ; ne s'emploie qu'à l'inf., au p. p. départi et aux temps composés) Abandonner une attitude. *Elle ne s'est jamais départie de son calme.*

dépasser v. (conjug. 3) **1.** Passer devant. *La voiture a dépassé le camion.* ➜ **doubler. 2.** *Dépasser quelqu'un,* c'est être plus grand que lui. *Il dépasse son frère de 10 centimètres,* il mesure 10 centimètres de plus. **3.** Aller au-delà de certaines limites. *Ils dépassent la mesure,* ils exagèrent. – **se dépasser,** faire un effort pour aller au bout de ses possibilités. *Léa s'est dépassée pour arriver la première.* ➜ se **surpasser. 4.** *Être dépassé par les évènements,* ne plus les comprendre, ne plus pouvoir y faire face.

▸ **dépassé, dépassée** adj. Démodé. *Il a des idées dépassées sur l'éducation.*

▸ **dépassement** n. m. Le fait de dépasser un véhicule. *Attention, dépassement interdit !*
▷ Mots de la famille de passer.

dépayser [depeize] v. (conjug. 3) Changer les habitudes, troubler en changeant de pays, d'endroit. *Ce voyage en Afrique les a dépaysés.*

▸ **dépaysement** n. m. Changement qui intervient quand on est dans un autre pays. *En vacances, ils recherchent le dépaysement.*
▷ Mots de la famille de pays.

dépecer v. (conjug. 5a et 7) Découper un animal en morceaux. *Le boucher dépèce un mouton.*

dépêcher v. (conjug. 3) Envoyer quelqu'un porter rapidement un message. *Le roi a dépêché un messager.*

▸ **dépêche** n. f. Information transmise rapidement par les médias. *Consultez les dernières dépêches sur notre site Internet.*

se **dépêcher** v. (conjug. 4) Faire vite. → **se hâter,** se **presser.** *Louise s'est dépêchée de finir ses devoirs pour pouvoir aller jouer.* ▮ contraire : **traîner.**

dépeigner v. (conjug. 3) Décoiffer. *Le vent nous a dépeignés.* ▷ Mot de la famille de peigner.

dépeindre v. (conjug. 55) Décrire. *Louise nous a dépeint la maison de ses grands-parents.*
▷ Mot de la famille de peindre.

① **dépendre** v. (conjug. 44) **1.** Exister en fonction de quelque chose d'autre. *Théo ne sait pas s'il viendra demain, cela dépendra du temps.* **2.** Être sous l'autorité. *Les enfants mineurs dépendent de leurs parents.*

▸ **dépendance** n. f. **1.** Le fait de dépendre d'un pays, d'une personne. *La France n'a plus de colonies sous sa dépendance,* sous son autorité. **2.** Bâtiment annexe qui fait partie d'un domaine, d'une propriété. *Les écuries et le pavillon de chasse sont des dépendances du château.*

▸ **dépendant, dépendante** adj. Qui est sous l'autorité de quelqu'un. *Les esclaves étaient dépendants de leurs maîtres.*
▮ contraires : **autonome, indépendant.**
▶ Autres mots de la famille : indépendamment, indépendance, indépendant, indépendantiste.

② **dépendre** v. (conjug. 44) Retirer ce qui est pendu. → **décrocher.** *On a dépendu les rideaux.*
▷ Mot de la famille de pendre.

aux **dépens** prép. **1.** À la charge de quelqu'un. *Elle vit aux dépens de sa sœur.* **2.** *Rire aux dépens de quelqu'un,* rire de lui, en se moquant de lui, en le ridiculisant. → au **détriment.**

dépense n. f. **1.** Somme d'argent consacrée à un achat, un paiement. *Elle a eu de grosses dépenses à cause de sa voiture.* → ② **frais.**
▮ contraires : **gain, recette, revenu. 2.** Quantité de matière consommée. *Réduisez vos dépenses d'électricité !*

▸ **dépenser** v. (conjug. 3) **1.** Employer de l'argent. *Paul a dépensé tout son argent de poche.* **2.** Consommer. *Cette voiture dépense peu d'essence.* **3. se dépenser,** faire des efforts physiques. *Les enfants se sont dépensés à la piscine.*

▸ **dépensier, dépensière** adj. Qui dépense trop d'argent. *Elle est très dépensière.*
▮ contraires : **avare, économe.**

déperdition n. f. Perte. *La fenêtre ferme mal, cela fait une déperdition de chaleur.* ▷ Mot de la famille de perdre.

dépérir v. (conjug. 11) S'affaiblir peu à peu. *Les plantes dépérissent si on ne les arrose pas.*
▷ Mot de la famille de périr.

se **dépêtrer** v. (conjug. 4) Se dégager. *La mouche n'arrive pas à se dépêtrer de la toile d'araignée.*
▶ Attention à l'accent circonflexe du ê.

dépeupler v. (conjug. 3) Faire perdre des habitants. *Au Moyen Âge, la peste dépeuplait des régions entières.* ▮ contraire : **repeupler. – se dépeupler,** perdre de nombreux habitants. *Les campagnes se sont dépeuplées au profit des villes.* ▷ Mot de la famille de peuple.

dépister v. (conjug. 3) **1.** Trouver en suivant une trace. *Les chiens ont dépisté un cerf.* **2.** Reconnaître une maladie après avoir fait des examens. *Ce test permet de dépister le sida.*
→ aussi **diagnostiquer.**

▸ **dépistage** n. m. Recherche d'une maladie. *On lui a fait un test de dépistage du sida.*
▷ Mots de la famille de piste.

dépit n. m. Chagrin mêlé de colère ou de déception. *Son refus lui causa un grand dépit.*
▶ Autre mot de la famille : dépité.

en **dépit de** prép. Malgré. *Il a accepté en dépit de nos conseils,* sans en tenir compte.

dépité, dépitée adj. Qui éprouve du dépit. *Elle était dépitée d'avoir échoué à son examen.*
→ **déçu, désappointé.** ▷ Mot de la famille de dépit.

déplacer v. (conjug. 5a) **1.** Changer de place. *Léa a déplacé son lit.* **2.** Faire changer de poste. *Ce fonctionnaire doit être déplacé en province.* → **muter.** **3. se déplacer,** aller d'un endroit à un autre. *Son métier l'oblige à se déplacer,* à voyager.

▸ **déplacé, déplacée** adj. Inconvenant, de mauvais goût. → **choquant.** *Une plaisanterie déplacée.*

▸ **déplacement** n. m. **1.** Action de faire changer de place. *Le déplacement d'une armoire.* **2.** Voyage que l'on fait pour son travail. *Il est en déplacement.*

▷ Mots de la famille de place.

déplaire v. (conjug. 57) Ne pas plaire. *Dès que je l'ai vu, il m'a déplu,* il m'a été antipathique.

▸ **se déplaire** v. **1.** Ne pas se plaire l'un à l'autre. *Ils se sont déplu dès qu'ils se sont vus.* **2.** Ne pas se trouver bien là où l'on est. *Mes parents se sont toujours déplu dans cette ville.*

▸ **déplaisant, déplaisante** adj. Qui déplaît. *Cette femme est déplaisante.* → **désagréable.** ▮ contraire : **plaisant.**

▷ Mots de la famille de plaire.

déplier v. (conjug. 9) Défaire les plis, étendre ce qui est plié. *Elle déplie la carte routière.* → **déployer.** ▮ contraires : **plier, replier.**

▸ **dépliant** n. m. Feuille de papier imprimée et pliée. *Un dépliant publicitaire.* → **prospectus.**

▷ Mots de la famille de pli.

déploiement n. m. Action de déployer. *Il n'y a pas eu d'incident grâce au déploiement des policiers,* au grand nombre de policiers déployés. ▷ Mot de la famille de ployer.

déplorer v. (conjug. 3) **1.** Regretter beaucoup. *Je déplore qu'il n'ait pas pu venir.* ▮ contraire : **se réjouir.** **2.** Constater avec tristesse. *On déplore de nombreuses victimes.* → **pleurer.**

▸ **déplorable** adj. Qui donne envie de pleurer. *La maison était dans un état déplorable.* → **lamentable.** *Paul a eu des résultats déplorables,* très mauvais. → **désastreux.** ▮ contraire : **excellent.**

déployer v. (conjug. 10) **1.** Déplier complètement. *L'oiseau déploie ses ailes et s'envole.* **2. se déployer,** se disposer sur une grande étendue. *Les policiers se sont déployés et ont bouclé le quartier.* → aussi **déploiement.** **3.** Montrer. *Les bénévoles de l'association déploient beaucoup d'énergie.* → **manifester.** ▷ Mot de la famille de ployer.

dépoli, dépolie adj. *Un verre dépoli,* un verre qui laisse passer la lumière sans être transparent. → **translucide.** *La vitre de la salle de bains est en verre dépoli.* ▷ Mot de la famille de polir.

dépolluer v. (conjug. 3) Diminuer ou supprimer la pollution d'un lieu. *Il faut dépolluer la mer après une marée noire.* → **épurer, purifier.** ▮ contraire : **polluer.** ▷ Mot de la famille de polluer.

déporter v. (conjug. 3) **1.** Envoyer dans un camp de concentration. *Pendant la Deuxième Guerre mondiale, de nombreux Juifs et de nombreux résistants furent déportés par les nazis.* **2.** Envoyer en exil loin de son pays. *Au 18e siècle, beaucoup de Noirs furent déportés d'Afrique en Amérique et réduits en esclavage.* **3.** Faire changer de direction. *Le vent déportait la voiture vers la gauche.* → **dévier.**

▸ **déportation** n. f. Emprisonnement dans un camp de concentration. *Ses arrière-grands-parents sont morts en déportation.*

▸ **déporté** n. m., **déportée** n. f. Personne envoyée dans un camp de concentration.

▷ Mots de la famille de porter.

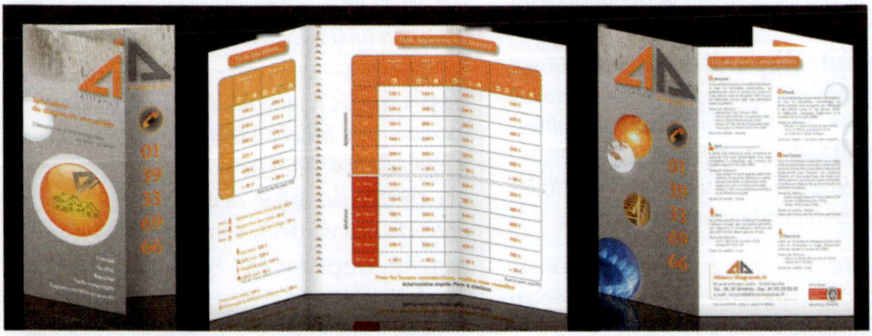

dépliant

dépouillement des bulletins de vote

déposer v. (conjug. 3) 1. Poser une chose que l'on portait. *Déposez votre parapluie à l'entrée.* 2. Laisser quelqu'un quelque part après l'avoir conduit en voiture. *Il a déposé sa fille devant l'école.* 3. Mettre dans un endroit sûr. *Elle dépose son argent à la banque.* → aussi **dépôt.** 4. **se déposer,** tomber et se poser sur quelque chose. *De la poussière s'est déposée sur le piano.* 5. Témoigner. *Le témoin a déposé contre l'accusé.* 6. Renverser. *Des révolutionnaires ont déposé le Président.*

▸ **dépositaire** n. m. et f. Personne à qui on confie quelque chose. *Le dépositaire d'une lettre.*

▸ **déposition** n. f. Déclaration faite par un témoin dans une enquête, un procès. → **témoignage.** *L'inspecteur de police a recueilli les dépositions des témoins. Signez votre déposition.*

▷ Mots de la famille de poser.

déposséder v. (conjug. 8) Enlever à quelqu'un ce qu'il possède. *On l'a dépossédé de ses biens,* on l'en a privé. → **dépouiller.** ▷ Mot de la famille de posséder.

dépôt n. m. 1. Action de mettre quelque chose en lieu sûr ; ce que l'on dépose. *Il a fait un dépôt à la banque.* 2. Endroit où l'on dépose du matériel, où on le range. → **entrepôt.** *Les autobus rentrent au dépôt.* 3. Matière qui se dépose au fond d'un liquide. *Il y a du dépôt au fond de la bouteille de vinaigre.* → **lie.**

Attention à l'accent circonflexe du ô.

▸ **dépotoir** n. m. Endroit où l'on met les choses dont on veut se débarrasser. *Le grenier sert de dépotoir.*

▷ Mots de la famille de poser.

dépouiller v. (conjug. 3) 1. Enlever la peau d'un animal mort. → **écorcher.** *Le chasseur dépouille le lièvre.* 2. Prendre à quelqu'un tout ce qu'il a. → **détrousser.** *L'escroc a dépouillé le millionnaire trop crédule.* 3. Lire et examiner avec soin. *Elle dépouille son courrier,* elle l'ouvre et elle le lit.

▸ **dépouille** n. f. Corps d'une personne qui vient de mourir. → **cadavre.** *Le Président s'est recueilli devant les dépouilles des victimes.*

▸ **dépouillement** n. m. *Le dépouillement des bulletins de vote,* l'ouverture des enveloppes, le compte et le classement des bulletins.

dépourvu, dépourvue adj. Qui manque de quelque chose. *Elle est dépourvue d'humour,* elle n'a pas d'humour. *Ce livre est dépourvu d'intérêt.* → **dénué.**

▸ au **dépourvu** adv. Sans que l'on soit averti, préparé. *La question m'a pris au dépourvu.*

▷ Mots de la famille de pourvoir.

déprécier v. (conjug. 9) 1. Ne pas apprécier à sa juste valeur. → **critiquer, dénigrer.** *Il déprécie tout ce que font ses collègues.* contraires : ① **louer, vanter.** 2. **se déprécier,** perdre de sa valeur. *Une voiture se déprécie rapidement.* → se **dévaloriser.**

déprédation n. f. Dégât matériel. → **dégradation.** *Les manifestants n'ont commis aucune déprédation.*

dépressif, dépressive adj. Qui souffre de dépression. *Elle est dépressive,* elle est souvent triste et abattue. → **déprimé.**

dépression n. f. 1. *Une dépression nerveuse,* c'est une maladie qui se manifeste par un grand abattement et une grande fatigue. → aussi **dépressif, déprimer.** 2. *Une dépression de terrain,* c'est un endroit où le terrain forme un creux. contraires : **éminence, hauteur.** 3. Baisse de la pression de l'air qui donne du mauvais temps. contraire : **anticyclone.** *Une dépression est actuellement située sur l'Irlande.*

déprimer v. (conjug. 3) Décourager, rendre triste et sans énergie. → **abattre, démoraliser.** *Son échec l'a beaucoup déprimé.* contraire : **réjouir.**

▸ **déprimant, déprimante** adj. Qui rend triste et sans énergie, qui déprime. → **démoralisant.** *Ce temps est déprimant. Toutes ces nouvelles sont vraiment déprimantes.*

▸ **déprimé, déprimée** adj. Qui est triste et découragé. *Il est déprimé depuis que sa femme l'a quitté.* → aussi **dépressif, dépression.**

depuis prép. et adv. **1.** À partir d'un moment donné ou pendant la durée passée qui sépare du moment dont on parle. *Il est là depuis cinq minutes,* il y a cinq minutes qu'il est là. *Il a plu depuis son arrivée,* à partir de son arrivée. *Je l'ai rencontré avant-hier et je ne l'ai pas revu depuis. – Elle a beaucoup changé* depuis que *je la connais.* **2.** À partir d'un lieu. *Le chien nous a suivis depuis la ferme.* ▷ Mot de la famille de (1) de et de puis.

député n. m., **députée** n. f. Personne élue pour faire partie d'une assemblée où elle représente le peuple. *Les députés votent les lois.* ➜ aussi **parlementaire** et **sénateur.** *Elle a été élue députée européenne.*

déraciner v. (conjug. 3) Arracher ce qui tient au sol par des racines. *L'orage a déraciné plusieurs arbres.*

▸ **déraciné, déracinée** adj. *Une personne déracinée,* une personne qui a été arrachée à son pays d'origine, à son milieu habituel.
▷ Mots de la famille de racine.

dérailler v. (conjug. 3) **1.** Sortir des rails. *Le train a déraillé à cause d'une erreur d'aiguillage.* **2.** Familier. Dire des choses qui n'ont pas de sens. *Tu déraillles complètement.* ➜ **déraisonner, divaguer.**

▸ **déraillement** n. m. Accident de chemin de fer au cours duquel le train sort des rails. *Le déraillement du train n'a pas fait de victimes.*

▸ **dérailleur** n. m. *Le dérailleur d'une bicyclette,* c'est ce qui permet de changer de vitesse en faisant passer la chaîne d'un pignon sur un autre. ➜ planche **Deux-roues.**
▷ Mots de la famille de rail.

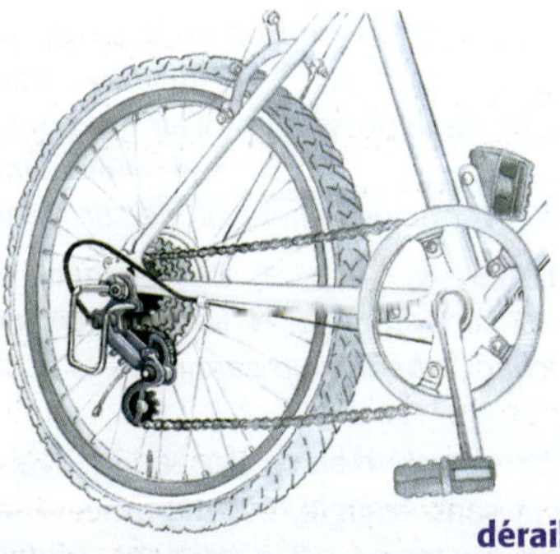
dérailleur

déraisonnable adj. Qui n'est pas raisonnable. ➜ **absurde, insensé.** *Il a pris une décision déraisonnable.* ▮ contraire : **raisonnable.** ▷ Mot de la famille de raison.

déraisonner v. (conjug. 3) Dire des choses qui n'ont aucun sens. ➜ **dérailler, divaguer.** *Il déraisonne !* ▷ Mot de la famille de raison.

déranger v. (conjug. 5b) **1.** *Déranger des objets,* c'est les mettre en désordre, à une place qui n'est pas la leur. *Paul a dérangé les affaires de sa sœur.* **2.** *Déranger quelqu'un,* c'est le gêner dans ce qu'il fait. *Excusez-moi de vous déranger.* **3. se déranger,** quitter l'endroit où l'on est. *Elle s'est dérangée pour venir me voir. Ne vous dérangez pas pour moi !*

▸ **dérangé, dérangée** adj. *Avoir l'esprit dérangé,* être un peu fou.

▸ **dérangement** n. m. **1.** État de ce qui ne fonctionne pas bien. *Le téléphone est en dérangement,* il est en panne. **2.** Le fait de déranger, de gêner quelqu'un. *Je ne voudrais pas vous causer de dérangement.* ➜ **gêne.**
▷ Mots de la famille de rang.

déraper v. (conjug. 3) Glisser sur le sol. *Le vélo a dérapé sur le gravier et Julie est tombée.*

▸ **dérapage** n. m. Le fait de déraper. *Le pilote de course fait des dérapages contrôlés,* il fait exprès de faire déraper sa voiture.

dératé n. m., **dératée** n. f. Familier. *Courir comme un dératé,* très vite. ▷ Mot de la famille de rate.
▸ On disait autrefois que les chiens auxquels on avait enlevé la rate couraient très vite.

dérégler v. (conjug. 8) Faire qu'une chose ne soit plus bien réglée, changer les réglages. *Mon petit frère a déréglé la télévision en appuyant sur la télécommande.* ➜ **détraquer.** ▷ Mot de la famille de règle.

dérider v. (conjug. 3) Rendre moins triste, faire sourire. *Léa raconte une histoire drôle à son père pour le dérider.* ➜ **égayer.** ▷ Mot de la famille de ride.

dérision n. f. Moquerie. *Théo tourne tout en dérision,* il se moque de tout, ne prend rien au sérieux.

dérisoire adj. Tellement insuffisant que c'est ridicule. *Il a eu sa voiture pour un prix dérisoire,* très bas. ➜ **minime.**

dérivatif n. m. Occupation qui permet d'oublier ses soucis, son chagrin. ➜ **distraction.** *La lecture est un bon dérivatif.* ▷ Mot de la famille de rive.

dérivation n. f. Action de dériver un cours d'eau. *Un canal de dérivation.* ▷ Mot de la famille de rive.

dérive n. f. **1.** *Partir à la dérive,* partir sur l'eau, entraîné par le vent et le courant, sans être guidé. *Le canot pneumatique est parti à la dérive.* **2.** Partie d'un bateau qui s'enfonce profondément dans l'eau, que l'on peut relever, et qui permet de diriger le bateau. ➜ aussi ② **quille.** *Les petits voiliers ont une dérive.* ▷ Mot de la famille de rive.

dérivé n. m. **1.** Produit provenant d'un autre produit. *Le plastique est un dérivé du pétrole.* **2.** Mot venant d'un autre mot. *«Beauté» est un dérivé de «beau».* ▷ Mot de la famille de ② dériver.

① **dériver** v. (conjug. 3) **1.** Détourner de son cours. *Dériver un cours d'eau,* le faire aller dans une autre direction. ➜ **dévier. 2.** S'écarter de son chemin, à cause du vent ou du courant. *Le bateau dérive vers les récifs.* ▷ Mot de la famille de rive.

② **dériver** v. (conjug. 3) *Dériver de quelque chose,* venir de quelque chose. *Le mot «chaudement» dérive de l'adjectif «chaud».*
▶ Autre mot de la famille : dérivé.

dériveur n. m. Bateau à voile muni d'une dérive. *Les enfants font du dériveur sur le lac.*
▷ Mot de la famille de rive.

dériveur

dermatologie n. f. Partie de la médecine qui étudie et soigne les maladies de la peau.
▶ **dermatologue** n. m. et f. Médecin spécialiste des maladies de la peau. *Le dermatologue soigne l'eczéma de Théo.*

dernier, dernière adj. **1.** Qui vient après tous les autres. ▮ contraire : **premier.** *Le 31 décembre est le dernier jour de l'année. C'est la dernière fois que je te le dis. Faisons un dernier effort.* ➜ **ultime.** *Julie est arrivée dernière.* – n. *Alex est le dernier de la liste.* **2.** Le plus bas, le pire. *C'est le dernier de mes soucis,* cela m'est égal. **3.** Qui est le plus proche du moment présent. *C'était l'année dernière,* l'an passé. ▮ contraire : ① **prochain.** *Léa est habillée à la dernière mode,* à la mode la plus récente. *Quel est le dernier livre que tu as lu ?* le livre que tu as lu le plus récemment.

▶ **dernièrement** adv. Ces derniers temps. ➜ **récemment.** *Je l'ai rencontré dernièrement,* il n'y a pas longtemps.
▶ Autre mot de la famille : avant-dernier.

dérober v. (conjug. 3) **1.** Prendre en cachette quelque chose qui appartient à quelqu'un d'autre. ➜ **subtiliser,** ② **voler.** *On lui a dérobé son portefeuille dans le métro.* **2.** *Une porte dérobée,* c'est une porte qui permet d'entrer et de sortir d'une maison sans être vu.
▶ Le premier sens appartient au langage soutenu.

▶ se **dérober** v. **1.** Échapper à quelque chose volontairement, s'y soustraire. *Elle s'est dérobée à ses responsabilités.* **2.** S'effondrer. *Le sol se déroba sous ses pas.*

▶ à la **dérobée** adv. En cachette, d'une manière furtive. *Il observait ses voisins à la dérobée,* sans se faire voir.

dérogation n. f. Autorisation spéciale, exceptionnelle. ➜ **dispense.** *Il a obtenu une dérogation pour que son fils change d'école.*

dérouler v. (conjug. 3) **1.** Étendre ce qui est roulé. *Il déroule le tapis.* ▮ contraires : **enrouler, rouler. 2. se dérouler,** prendre place dans le temps. ➜ se **passer.** *L'action du film se déroule au 19e siècle. La manifestation s'est déroulée dans le calme.*

▶ **déroulement** n. m. Façon dont les choses se passent, les unes à la suite des autres. *Voici le déroulement des opérations.*
▷ Mots de la famille de roue.

dérouter v. (conjug. 3) **1.** Faire changer de route, de destination. *Les pirates de l'air ont dérouté l'avion de Rio vers Cuba.* ➜ **détourner. 2.** Rendre incapable de réagir, de se conduire comme il faudrait. ➜ **déconcerter, décontenancer, désarçonner, désorienter.** *La question l'a dérouté et il n'a su que répondre.* ➜ **embarrasser.**

▶ **déroutant, déroutante** adj. Qui provoque l'étonnement, qui déroute. *Il a une attitude déroutante.* ➜ **déconcertant.**

▸ **déroute** n. f. Fuite désordonnée de troupes de soldats vaincus. ➜ **débâcle, débandade.** *L'armée ennemie est en déroute.*
▷ Mots de la famille de route.

derrick n. m. Échafaudage métallique monté au-dessus d'un puits de pétrole.
▸ Ce mot vient de l'anglais.

derrick

derrière adv., prép. et n. m.
▪ adv. et prép. **1.** En arrière. ▮ contraire : **devant.** *Léa s'est cachée derrière les rideaux. Cette robe se ferme derrière,* dans le dos. **2.** À la suite. *Louise et Julie marchent l'une derrière l'autre.* ➜ **après.** *Léa va arriver, elle est derrière.*
▪ n. m. **1.** Le côté qui est placé derrière, la partie postérieure. ➜ **arrière.** *Le chien s'est mis debout sur ses pattes de derrière,* sur ses pattes postérieures. **2.** Familier. Les fesses. *Le bébé est tombé sur le derrière.*

① **des** ➜ ① **de** et ② **de**

② **des** article indéfini *Des* est le pluriel de *un, une. Achète-moi des crayons et des feuilles.*

dès prép. À partir de. *Il est debout dès le lever du soleil. Je vous en remercie dès à présent,* tout de suite. – *Dès que* Julie et Théo seront là, *nous pourrons commencer.* ➜ **aussitôt** que, **sitôt** que.

désabusé, désabusée adj. Qui a perdu ses illusions. ➜ **déçu, désenchanté.** *Il a l'air désabusé.* ▷ Mot de la famille de ① user.

désaccord n. m. Le fait de n'être pas d'accord. *Ils sont en désaccord au sujet des vacances.* ▷ Mot de la famille de accorder.

désaccordé, désaccordée adj. Qui n'est plus accordé. *La guitare est désaccordée.* ▷ Mot de la famille de accorder.

désaffecté, désaffectée adj. Qui n'est plus utilisé comme on l'avait prévu au départ. *L'usine est désaffectée.* ▷ Mot de la famille de ② affecter.

désaffection n. f. Perte de l'affection que l'on avait. *On assiste à la désaffection du public pour le festival.* ▷ Mot de la famille de ② affection.

désagréable adj. **1.** Qui déplaît. ➜ **déplaisant, pénible.** *Cette porte fait un bruit désagréable. Une odeur désagréable.* ▮ contraire : **agréable. 2.** Dont le comportement blesse. *Elle a été très désagréable avec moi.* ➜ **odieux.** *Un homme désagréable.* ➜ **antipathique.**
▮ contraires : **aimable, charmant.**

▸ **désagréablement** adv. D'une manière désagréable. *Il a été désagréablement surpris.*
▮ contraire : **agréablement.**
▷ Mots de la famille de gré.

désagréger v. (conjug. 5b et 8) Séparer les différents éléments qui étaient unis. *La pluie, le vent et le gel ont désagrégé la falaise.* – **se désagréger,** s'effriter. *La paroi s'est désagrégée. Le sucre se désagrège dans le café.* ➜ se **dissoudre.**

désagrément n. m. Chose désagréable, qui contrarie. ➜ **ennui,** ① **souci.** *Cette situation nous a causé bien des désagréments.* ▮ contraires : ② **agrément, plaisir.** ▷ Mot de la famille de gré.

désaltérer v. (conjug. 8) Calmer la soif. *Le thé désaltère.* – **se désaltérer,** boire pour ne plus avoir soif. *Léa s'est désaltérée en buvant de l'eau fraîche.*

▸ **désaltérant, désaltérante** adj. Qui apaise la soif. *Une boisson désaltérante.*
▷ Mots de la famille de ② altérer.

désamorcer v. (conjug. 5a) Enlever le détonateur qui fait exploser une bombe, un obus, une grenade. *La bombe a été désamorcée à temps.* ▮ contraire : **amorcer.** ▷ Mot de la famille de amorcer.

désappointé, désappointée adj. Qui n'a pas obtenu ce qu'il attendait et en est déçu. ➜ **dépité.** *Léa est toute désappointée que Théo ne puisse pas venir.*

▸ **désappointement** n. m. Sentiment d'une personne qui n'a pas obtenu ce qu'elle voulait et qui est déçue. ➜ **déception.** *Elle n'a pas pu cacher son désappointement.* ➜ **déconvenue.**

désapprobateur, désapprobatrice adj. Qui montre que l'on n'est pas d'accord, que l'on désapprouve. *Il avait un air désapprobateur.* → **réprobateur.** ▮ contraire : **approbateur.** ▷ Mot de la famille de approbateur.

désapprobation n. f. Mécontentement qui montre que l'on n'est pas d'accord, que l'on désapprouve. *Il a exprimé sa désapprobation en partant.* → **réprobation.** ▮ contraire : **approbation.** ▷ Mot de la famille de approbation.

désapprouver v. (conjug. 3) Trouver mauvais. → **condamner, critiquer.** *Paul et Théo désapprouvent la conduite de certains élèves.* → **blâmer, réprouver.** ▮ contraire : **approuver.** ▷ Mot de la famille de approuver.

désarçonner v. (conjug. 3) **1.** Faire tomber de la selle. *Le cheval a désarçonné son cavalier.* **2.** Faire perdre son assurance à quelqu'un, en le surprenant. *Cette question l'a désarçonné.* → **déconcerter, décontenancer.** ▷ Mot de la famille de arçon.

le cheval cherche à **désarçonner** son cavalier

désarmer v. (conjug. 3) **1.** Enlever son arme à quelqu'un. *Le policier a désarmé le tireur.* ▮ contraire : **armer.** **2.** Faire cesser la colère de quelqu'un, le rendre moins sévère. *Le sourire de Julie désarme toujours son père,* le pousse à être plus indulgent.

▸ **désarmant, désarmante** adj. Qui fait cesser la colère. → **attendrissant.** *Une gentillesse désarmante.*

▸ **désarmement** n. m. Réduction ou suppression de la fabrication et de l'usage des armes dans un pays. *Une manifestation pour le désarmement.*

▷ Mots de la famille de arme.

désarroi n. m. Grand trouble qui empêche de savoir ce qu'il faut faire. *L'assassinat du Président a jeté le pays dans le désarroi. Ils sont en plein désarroi.* → **détresse.**

désarticulé, désarticulée adj. Séparé en plusieurs morceaux. *Un pantin désarticulé.* ▷ Mot de la famille de articuler.

désastre n. m. (→ ÉTYM.) Grand malheur. → **catastrophe.** *Ces inondations sont un désastre pour les agriculteurs.*

▸ **désastreux, désastreuse** adj. Très mauvais. → **catastrophique.** *Alex a eu des notes désastreuses.* → **déplorable.**

désavantage n. m. Ce qui rend inférieur, moins bon. → **inconvénient.** ▮ contraire : **avantage.** *Être grand quand on veut être jockey, c'est un désavantage.* → **handicap.**

▸ **désavantager** v. (conjug. 5b) Mettre dans un état d'infériorité. ▮ contraire : **avantager.** *Sa timidité le désavantage.* → **handicaper.**

▸ **désavantageux, désavantageuse** adj. Qui n'avantage pas. → **défavorable.** *Un contrat désavantageux.* ▮ contraire : **avantageux.** ▷ Mots de la famille de avantage.

désaveu n. m. Le fait de dire que l'on n'est pas d'accord avec quelqu'un, le fait de désavouer quelqu'un ou quelque chose. *Ces élections sont un désaveu de la politique du gouvernement.* ▷ Mot de la famille de aveu.

désavouer v. (conjug. 3) Dire que l'on n'est pas d'accord avec quelqu'un ou avec ce qu'il fait. *Il a désavoué la conduite de son fils.* ▮ contraire : **approuver.** ▷ Mot de la famille de avouer.

desceller v. (conjug. 3) Arracher, détacher ce qui est fixé dans la pierre. *Le prisonnier essaie de desceller les barreaux de la fenêtre.* ▮ homonyme : desseler. ▷ Mot de la famille de sceller.
▶ Le *s* est suivi d'un *c*.

① **descendant** n. m., **descendante** n. f. Personne qui a un ancêtre, qui descend d'un ancêtre. *Cette femme est une descendante de Victor Hugo,* elle a Victor Hugo comme ancêtre. ▮ contraire : ① **ascendant.**

▸ **descendance** n. f. Ensemble des personnes qui descendent du même ancêtre. *Les grands-parents ont réuni pour leurs noces d'or* *leur nombreuse descendance.* ▮ contraire : **ascendance.**

▷ Mots de la famille de descendre.

② **descendant, descendante** adj. Qui descend. *Paul a ramassé des coquillages à marée descendante.* ▮ contraire : **montant.**

descendre v. (conjug. 44) **1.** Aller du haut vers le bas. ▮ contraire : **monter.** *Descends de là, tu vas tomber ! Il est descendu à la cave.* **2.** Sortir d'une voiture, d'un train. *Nous descendons à la prochaine station.* **3.** Aller en pente. *Le sentier descend à pic vers la mer.* **4.** Diminuer de niveau. ➜ **baisser.** *La mer descend.* ➜ se **retirer.** *Le thermomètre est descendu au-dessous de zéro.* **5.** Avoir comme ancêtre. ➜ aussi ① **descendant.** *Elle descend de Victor Hugo.* **6.** Aller vers le bas de quelque chose. *Il a descendu l'escalier quatre à quatre.* **7.** Porter de haut en bas. *Les déménageurs descendent les meubles du camion.*

▶ Quand il est suivi d'un complément d'objet direct, *descendre* se conjugue avec l'auxiliaire *avoir.*

▶ **descente** n. f. **1.** Action d'aller d'un lieu élevé vers un autre plus bas. *Il attend sa fille à la descente du train. – Arrivé en haut de la piste, le skieur commence sa descente,* il commence à descendre. **2.** Chemin par lequel on descend. *Freinez dans la descente.* ➜ **pente.** ▮ contraires : ② **côte, montée.** **3.** *Une descente de police,* c'est une fouille faite par la police. ➜ **perquisition.** **4.** *Une descente de lit,* un petit tapis sur lequel on pose les pieds en descendant de son lit. ➜ **carpette.**

▶ Autres mots de la famille : descendance, ① et ② descendant, redescendre.

descente à skis

description n. f. Action de décrire, de dire exactement comment est quelque chose. *Léa fait la description de sa chambre.* ➜ aussi **décrire.**

désemparé, désemparée adj. Qui ne sait plus que dire ou que faire, se sent perdu. *Elle était complètement désemparée.*

sans **désemparer** adv. Sans s'arrêter. *Ils ont travaillé toute la journée sans désemparer.*

▶ *Sans désemparer* appartient au langage soutenu.

désenchanté, désenchantée adj. Qui a perdu son enthousiasme, ses illusions. ➜ **déçu, désabusé.** *Un air désenchanté.* ▷ Mot de la famille de enchanter.

déséquilibre n. m. Absence d'équilibre. *Les livres étaient en déséquilibre et ils sont tombés.* ▮ contraire : **équilibre.**

▶ **déséquilibrer** v. (conjug. 3) Faire perdre l'équilibre. *Le catcheur a déséquilibré son adversaire.*

▶ **déséquilibré** n. m., **déséquilibrée** n. f. Malade mental. ➜ **fou.** *Le crime a été commis par un déséquilibré.*

▷ Mots de la famille de équilibre.

① **désert, déserte** adj. **1.** Sans habitants. *Les naufragés ont pu atteindre une île déserte.* ➜ **inhabité.** **2.** Qui a perdu ses occupants pour quelque temps. *Il est tard, les rues sont désertes.* ➜ **vide.**

▶ Autres mots de la famille : déserter, déserteur, désertion.

② **désert** n. m. Région très sèche, sans végétation et très peu peuplée. ➜ planche **Désert.** *Le Sahara est le plus grand des déserts.*

▶ Autre mot de la famille : désertique.

déserter v. (conjug. 3) **1.** Abandonner un lieu où l'on était installé. ➜ **quitter.** *Les jeunes ont déserté le village.* **2.** Quitter l'armée sans permission. *Des soldats ont déserté avant la bataille.*

▶ **déserteur** n. m. Soldat qui a déserté.

▷ Mots de la famille de ① désert.

désertion n. f. Le fait de quitter son poste à l'armée sans permission. *Le soldat a été jugé pour désertion.* ▷ Mot de la famille de ① désert.

désertique adj. **1.** Propre au désert, qui appartient au désert. *Un climat désertique.* **2.** Qui a certains aspects du désert. *Ils ont campé dans une région désertique,* sans végétation et très peu peuplée. ▷ Mot de la famille de ② désert.

désespérer v. (conjug. 8) **1.** Cesser d'espérer. *Je désespère de retrouver mes clés. Il ne faut pas désespérer.* **2.** Décevoir profondément.

L'étourderie de ses élèves la désespère. → **décourager.** **3.** **se désespérer,** perdre l'espoir, se désoler. *Ne te désespère pas !*

▸ **désespérant, désespérante** adj. Qui fait perdre espoir. *Il refait toujours les mêmes erreurs, c'est désespérant.* → **décourageant, déprimant.** ▮ contraire : **encourageant.**

▸ **désespéré, désespérée** adj. **1.** Extrême. *Alex faisait des efforts désespérés pour se souvenir de sa poésie,* il faisait de très grands efforts. **2.** Qui ne laisse aucun espoir. *Le blessé est dans un état désespéré.*

▸ **désespérément** adv. **1.** Avec désespoir. *Il se sent désespérément seul.* – *La salle est restée désespérément vide,* complètement vide. **2.** Avec acharnement. *J'ai désespérément essayé de te joindre toute la journée.*

▷ Mots de la famille de espérer.

désespoir n. m. **1.** Très grande tristesse. → **chagrin.** *Il ne faut pas céder au désespoir.* ▮ contraire : **espoir.** **2.** *En désespoir de cause,* en essayant une dernière fois alors que rien d'autre n'a réussi et sans qu'on soit sûr que cela ait du succès. *En désespoir de cause, il a appelé une dépanneuse.* ▷ Mot de la famille de espoir.

déshabiller v. (conjug. 3) Enlever les vêtements. *Louise déshabille son petit frère.* – **se déshabiller,** enlever ses vêtements. *Léa s'est déshabillée dans sa chambre.* ▮ contraire : **s'habiller.** ▷ Mot de la famille de habiller.

désherber v. (conjug. 3) Enlever les mauvaises herbes. → **sarcler.** *Le jardinier désherbe les allées du parc.*

▸ **désherbant** n. m. Produit qui détruit les mauvaises herbes. → **herbicide.** *Le jardinier a mis du désherbant dans les allées.*

▷ Mots de la famille de herbe.

déshériter v. (conjug. 3) Priver quelqu'un de son héritage, auquel il a droit. *Il voulait déshériter ses enfants.*

▸ **déshérité, déshéritée** adj. *Les personnes déshéritées,* les personnes les plus pauvres. → **défavorisé, démuni.** – n. *Les organisations humanitaires viennent en aide aux déshérités.*

▷ Mots de la famille de hériter.

déshonneur n. m. Perte de l'honneur. *Il n'y a pas de déshonneur à reconnaître que l'on s'est trompé.* → **honte.** ▷ Mot de la famille de honneur.

déshonorer v. (conjug. 3) Faire perdre son honneur, sa bonne réputation à quelqu'un. → **salir.** *Ce voyou déshonore sa famille.* – **se déshonorer,** perdre son honneur. *Elle s'est déshonorée en nous mentant.*

▸ **déshonorant, déshonorante** adj. Qui déshonore, fait perdre l'honneur. *Il a eu une conduite déshonorante.* → **dégradant, honteux, infâmant.**

▸ *Déshonorer* et *déshonorant* s'écrivent avec un seul *n,* alors que *honneur* en a deux.

▷ Mots de la famille de honorer.

déshydrater v. (conjug. 3) **1.** Priver d'eau, rendre sec. *On déshydrate des prunes pour obtenir des pruneaux.* → **dessécher.** **2.** **se déshydrater,** perdre de l'eau. *Si on ne boit pas assez, le corps se déshydrate.*

désert

les animaux du désert

Les animaux du Sahara ont dû élaborer de véritables stratégies pour survivre dans ce milieu aride. Pour échapper aux fortes chaleurs et au rayonnement solaire intense, la plupart des rongeurs, lézards et serpents ne sortent que la nuit. Pendant la journée, les oiseaux se perchent à l'ombre et les scorpions se cachent sous les pierres. Beaucoup d'animaux du désert parviennent aussi à résister à la déshydratation en ne transpirant presque pas et en supportant de ne boire que très rarement.

moineau blanc

faucon pèlerin

criquet migrateur

gerbille

lézard

fennec

poisson des sables (scinque)

vipère à cornes

scorpion

dromadaires

▸ **déshydraté, déshydratée** adj. Privé de son eau. *Les légumes déshydratés se conservent longtemps. Une peau déshydratée.*
▸ **déshydratation** n. f. 1. Fait de priver un corps de son eau. *Le lait en poudre est obtenu par déshydratation.* 2. État d'un organisme qui a perdu son eau, qui est déshydraté. *Cette crème combat la déshydratation de la peau.* ➜ **dessèchement.**
Ces mots prennent un *y* après le *h*.
▷ Mots de la famille de hydrater.

design [dizajn] n. m. Recherche esthétique appliquée à la création d'objets produits de manière industrielle. *Grâce au design, des objets fonctionnels peuvent être à la fois pratiques et beaux.* – adj. inv. *Des meubles design.*
Ce mot vient de l'anglais.

désigner v. (conjug. 3) 1. Indiquer par un signe. ➜ **montrer.** *Paul désigne du doigt le gâteau qu'il a choisi.* 2. Représenter. *Le mot «bébé» désigne un enfant très jeune.* 3. Choisir. *Léa a été désignée pour remettre le cadeau au professeur.* ➜ **nommer.**
▸ **désignation** n. f. Choix. *On attend la désignation de son successeur.* ➜ **nomination.**
▷ Mots de la famille de signe.

désillusion [dezilyzjɔ̃] n. f. Déception provoquée par la perte d'une illusion. *Je le croyais incapable de mentir, quelle désillusion !* ➜ **déception.** ▷ Mot de la famille de illusion.

désinfecter v. (conjug. 3) Nettoyer en tuant les microbes. *Désinfecte ta plaie avec de l'alcool avant de mettre un pansement.*
▸ **désinfectant** n. m. Produit qui nettoie en tuant les microbes. *L'eau de Javel est un désinfectant.* – adj. *Une lotion désinfectante.* ➜ **antiseptique.**
▸ **désinfection** n. f. Nettoyage qui débarrasse des microbes. *La désinfection d'une salle d'opération.*
▷ Mots de la famille de infect.

désintégrer v. (conjug. 8) Détruire en faisant éclater en morceaux. *L'explosion a désintégré l'immeuble.* – **se désintégrer,** se détruire en explosant. ➜ se **désagréger.** *La fusée s'est désintégrée dans l'espace.*
▸ **désintégration** n. f. Transformation des atomes d'un élément qu'on désintègre. *La désintégration de l'uranium produit de l'énergie nucléaire.*
▷ Mots de la famille de intégrer.

désintéressé, désintéressée adj. Qui n'agit pas par intérêt personnel, ne recherche pas d'avantages pour soi-même. ➜ **généreux.** *C'est une femme désintéressée en qui on peut avoir confiance.* ▮ contraire : **intéressé.**
▸ **désintéressement** n. m. Qualité d'une personne qui agit sans se soucier de son intérêt personnel. ➜ **générosité.**
▷ Mots de la famille de intérêt.

se **désintéresser** v. (conjug. 4) Ne pas porter intérêt. ➜ **négliger.** *Julie s'est désintéressée de ses poupées.* ▮ contraire : s'**intéresser.**
▸ **désintérêt** n. m. Absence d'intérêt. ➜ **indifférence.** *Louise montre du désintérêt pour la lecture.* ▮ contraire : **intérêt.**
▷ Mots de la famille de intérêt.

désintoxiquer v. (conjug. 3) Faire suivre un traitement à quelqu'un pour lui faire perdre l'habitude de boire de l'alcool ou de se droguer. *Ici, les alcooliques peuvent se faire désintoxiquer.*
▸ **désintoxication** n. f. Traitement suivi par une personne alcoolique ou droguée pour se faire désintoxiquer. *Une cure de désintoxication.*
▷ Mots de la famille de toxique.

désinvolte adj. Qui montre de l'insouciance et de l'insolence, sans se soucier des autres. *Alex a répondu d'un ton désinvolte. Elle est trop désinvolte.*
▸ **désinvolture** n. f. Sans-gêne, négligence, attitude désinvolte. *Il a agi avec désinvolture.*
▮ contraires : **respect, sérieux.**

désirer v. (conjug. 3) 1. Vouloir, avoir envie de quelque chose. ➜ **souhaiter.** *«Que désirez-vous ?» demande la vendeuse. Le directeur désire vous parler.* 2. *Laisser à désirer,* être mauvais, imparfait. *Le travail d'Alex laisse à désirer.*
▸ **désir** n. m. Envie d'avoir, de faire quelque chose. ➜ **souhait.** *Sa grand-mère satisfait tous ses désirs.*
▸ **désirable** adj. Que l'on peut désirer, souhaiter. *Il a toutes les qualités désirables pour cet emploi.* ➜ **souhaitable.**
▸ **désireux, désireuse** adj. Qui a envie de quelque chose, qui souhaite quelque chose. *Elle est désireuse de vous connaître,* elle aimerait vous connaître.
▸ Autre mot de la famille : indésirable.

se désister v. (conjug. 4) Renoncer à se faire élire, se retirer d'une élection. *Elle s'est désistée au second tour.*

▸ **désistement** n. m. Le fait de se retirer d'une élection.

désobéir v. (conjug. 11) Ne pas faire ce qui est ordonné. *Paul a désobéi à ses parents.* ▮ contraire : **obéir.**

▸ **désobéissance** n. f. Le fait de ne pas obéir, de désobéir. *Elle sera punie pour sa désobéissance.* ▮ contraire : **obéissance.**

▸ **désobéissant, désobéissante** adj. Qui désobéit. *Théo est souvent désobéissant en classe.* ➜ **indiscipliné.** ▮ contraire : **obéissant.** ▷ Mots de la famille de obéir.

désobligeant, désobligeante adj. Peu aimable et vexant. ➜ **blessant, désagréable.** *Elle lui a fait des réflexions désobligeantes.* ▷ Mot de la famille de ② obliger.

désodorisant n. m. Produit qui chasse les mauvaises odeurs. *Il y a une bombe de désodorisant dans les toilettes.* ➜ aussi **déodorant.**

désœuvré, désœuvrée adj. Qui n'a rien à faire. *Une personne désœuvrée.* ➜ aussi **oisif.**

▸ **désœuvrement** n. m. Manque d'occupation. ➜ **inaction, oisiveté.** *Ils ont erré dans les rues par désœuvrement,* pour passer le temps. ▷ Mots de la famille de œuvre.

désolant, désolante adj. Qui rend triste. ➜ **navrant.** *Cette nouvelle est désolante.* ➜ **consternant.** ▮ contraire : **réjouissant.** ▷ Mot de la famille de désoler.

désolation n. f. Grande tristesse. ➜ **consternation.** ▷ Mot de la famille de désoler.

① **désolé, désolée** adj. Inhabité et triste. *Un endroit désolé.*

② **désolé, désolée** adj. *Être désolé,* regretter. *Je suis désolé de vous avoir dérangé.* ➜ **navré.** ▮ contraire : **ravi.** ▷ Mot de la famille de désoler.

désoler v. (conjug. 3) Faire de la peine. ➜ **attrister.** *Son échec nous désole.* ➜ **consterner.** ▮ contraire : **réjouir.**
▸ Autres mots de la famille : désolant, désolation, ② désolé.

se désolidariser v. (conjug. 4) Ne plus soutenir les personnes dont on était solidaire. *Ils se sont désolidarisés de leurs camarades.* ▮ contraire : se **solidariser.** ▷ Mot de la famille de solidaire.

désopilant, désopilante adj. Très drôle. *Une histoire désopilante.* ➜ **comique, hilarant.**

désordonné, désordonnée adj. Qui ne range pas ses affaires, manque d'ordre. *Louise est très désordonnée, elle ne retrouve jamais ses affaires.* ▷ Mot de la famille de ① ordonner.

désordre n. m. Absence d'ordre. *Sa chambre est en désordre,* elle n'est pas rangée. *Quel désordre !* ➜ **bazar, fouillis, pagaille.** ▷ Mot de la famille de ① ordre.

désorganiser v. (conjug. 3) Détruire l'organisation. ➜ **déranger.** *La pluie a désorganisé notre journée.* ▮ contraire : **organiser.**

▸ **désorganisation** n. f. Action de désorganiser, état de ce qui est organisé. *La désorganisation du service complique le travail.* ▮ contraire : **organisation.**
▷ Mots de la famille de organe.

désorienter v. (conjug. 3) Rendre hésitant. ➜ **déconcerter.** *Sa question m'a désorienté.* ➜ **désarçonner.** ▷ Mot de la famille de orienter.

désormais adv. À partir de maintenant. ➜ **dorénavant.** *Désormais, on ne les verra plus ensemble.*

désosser v. (conjug. 3) Enlever les os. *Le boucher désosse le gigot.* ▷ Mot de la famille de os.

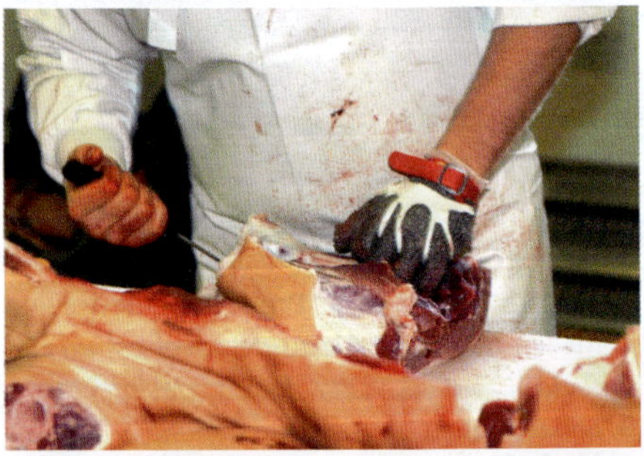
désosser

despote n. m. Souverain, chef qui a un pouvoir absolu. ➜ **dictateur, tyran.**

▸ **despotique** adj. Très autoritaire. ➜ **tyrannique.** *Un patron despotique.*

▸ **despotisme** n. m. Pouvoir absolu d'un despote, d'une personne qui gouverne de façon autoritaire.

desquels, desquelles ➜ **duquel, lequel**

se dessaisir v. (conjug. 11) Se séparer volontairement de quelque chose. *Le tribunal s'est dessaisi du dossier.* ▮ contraires : **conserver, garder.** ▷ Mot de la famille de saisir.

dessin (Dürer)

dessaler v. (conjug. 3) Enlever le sel, complètement ou en partie. *Le cuisinier fait tremper la morue pour la dessaler.* ▷ Mot de la famille de saler.

dessécher v. (conjug. 8) **1.** Rendre sec. *Le froid dessèche la peau.* ➜ **déshydrater, sécher.** ▮ contraire : **hydrater.** – **se dessécher,** devenir sec. *La terre s'est desséchée.* **2.** Rendre insensible. *La jalousie a desséché son cœur.*

▸ **dessèchement** n. m. État de ce qui est desséché. *Cette crème combat le dessèchement de la peau.* ➜ **déshydratation.**

▷ Mots de la famille de sec.

dessein n. m. **1.** Intention, but. *Il a le dessein d'aller en Grèce.* ➜ **projet.** **2.** *À dessein,* exprès, volontairement. *C'est à dessein que je n'ai pas répondu.* ▮ homonyme : dessin.

desseller v. (conjug. 3) Enlever la selle. *Le cavalier a dessellé son cheval.* ▮ homonyme : desceller. ▷ Mot de la famille de ② selle.

desserrer v. (conjug. 3) Relâcher ce qui est serré. *N'oublie pas de desserrer le frein à main.* ▮ contraires : **resserrer, serrer.** *Théo n'a pas desserré les dents de la soirée,* il n'a pas parlé du tout. ▷ Mot de la famille de serrer.

dessert n. m. Plat que l'on sert à la fin d'un repas, après le fromage. *Elle a fait une tarte aux fraises pour le dessert.*

desservir v. (conjug. 18) **1.** S'arrêter dans un lieu. *Plusieurs trains desservent la ville.* **2.** Enlever ce qui a servi au repas. *Le serveur dessert la table,* il enlève les plats et les couverts. ➜ **débarrasser.** **3.** Rendre un mauvais service. *Sa timidité le dessert.* ➜ **nuire.** ▮ contraire : **aider.** ▷ Mot de la famille de servir.

dessin n. m. **1.** Représentation d'un objet par des traits que l'on trace. *Paul a fait un dessin pour son grand-père.* **2.** L'art de dessiner. *Il est professeur de dessin.* **3.** *Un dessin animé,* c'est un film composé de dessins qui s'enchaînent. *Julie a regardé des dessins animés à la télévision.* ▮ homonyme : dessein.

▸ **dessinateur** n. m., **dessinatrice** n. f. Personne dont le métier est de dessiner. *Un dessinateur industriel. Une dessinatrice de bandes dessinées.* ➜ aussi **illustrateur.**

▸ **dessiner** v. (conjug. 3) **1.** Faire un dessin. *Paul dessine son chien. Léa aime beaucoup dessiner.* **2.** **se dessiner,** apparaître avec un contour net. *On voyait la colline se dessiner au loin.* ➜ se **détacher, ressortir.**

dessous adv., prép. et n. m.

▪ **adv.** et **prép.** À la partie inférieure, sous quelque chose. ▮ contraire : **dessus.** *Le prix du vase est dessous. Soulève la couverture, le chat est caché dessous. Julie est passée par-dessous les fils de fer barbelés. Là-dessous :* sous cet objet, cette chose. *Que fais-tu là-dessous ? Sa jupe lui arrive au-dessous du genou. Le nom des gagnants est écrit ci-dessous,* sous ce que l'on vient d'écrire.

▪ n. m. **1.** Ce qui est sous quelque chose. *Le bruit vient de l'étage du dessous. Ils sont très amis avec les gens du dessous,* de l'étage inférieur. ▮ contraire : **dessus.** **2.** *Avoir le dessous,* perdre. *Théo s'est battu mais il a eu le dessous.* **3.** *Des dessous,* des sous-vêtements. *Léa a des dessous en coton.* **4.** *Les dessous d'une affaire,* ce que l'on ne dit pas, qui est tenu secret.

▸ **dessous-de-plat** n. m. inv. Objet que l'on met sur une table pour poser les plats chauds. *Des dessous-de-plat en bois.* ▷ Mot de la famille de ③ plat.

▷ Mots de la famille de ① de et de sous.

dessus adv., prép. et n. m.

▪ **adv.** et **prép.** À la face supérieure, sur quelque chose. ▮ contraire : **dessous.** *La chaise est cassée, ne vous asseyez pas dessus ! C'est mon cahier, j'ai écrit mon nom dessus. Alex a sauté par-dessus la barrière. Je ne peux pas attraper les livres qui sont au-dessus. Il avait de l'eau au-dessus de la taille,* plus haut que la taille. *Monte là-dessus,* sur cela. *Monte là-dessus, tu verras mieux. Là-dessus, il est parti,* sur ce. *Regardez ci-dessus,* ce qui est écrit plus haut.

▪ n. m. **1.** Ce qui est sur quelque chose, partie

a b c d e f g h i j k l m n o p q r s t u v w x y z

supérieure de quelque chose. ▮ contraire : **dessous.** *Les voisins du dessus sont bruyants.* 2. *Avoir le dessus,* gagner. *Notre équipe a eu le dessus.*

▸ **dessus-de-lit** n. m. inv. Tissu qui recouvre un lit. ➜ **couvre-lit.** *Des dessus-de-lit de coton blanc.* ▷ Mot de la famille de lit.

▶ Autre mot de la famille : pardessus.

déstabiliser v. (conjug. 3) Rendre moins stable, faire devenir plus faible. ➜ **ébranler.** *Les manifestations ont déstabilisé le gouvernement.* ▷ Mot de la famille de stable.

destiner v. (conjug. 3) 1. Décider à l'avance de ce que l'on va faire de quelque chose. *Je destine cet argent à l'achat d'une voiture.* ➜ **réserver.** *Cette lettre t'est destinée,* elle est pour toi. 2. Préparer quelqu'un à un emploi. *Rien ne le destinait à la médecine.* – **se destiner,** se préparer à un emploi. *Louise se destine au théâtre.*

▸ **destin** n. m. Ensemble des évènements de la vie de quelqu'un et contre lesquels on ne peut rien faire. ➜ **sort** et aussi **fatalité.** *Il a eu un destin tragique.*

▸ **destinée** n. f. Destin. *C'était sa destinée de te rencontrer.*

▸ **destinataire** n. m. et f. Personne à qui est envoyé quelque chose. *Qui est la destinataire de cette lettre ?* ▮ contraire : **expéditeur.**

▸ **destination** n. f. Lieu où l'on va. *Le train à destination de Lille va partir.*

▶ Autre mot de la famille : prédestiné.

destituer v. (conjug. 3) Chasser de son poste. ➜ **licencier, renvoyer.** *Ce ministre a été destitué.* ➜ **démettre, révoquer.**

▸ **destitution** n. f. Fait de révoquer quelqu'un de son poste, de le destituer. *La destitution d'un ministre.*

destrier n. m. (➜ ÉTYM.) Cheval de bataille, au Moyen Âge. *Le chevalier enfourcha son destrier.*

destructeur, destructrice adj. Qui détruit. *La tempête a été très destructrice.*

destruction n. f. 1. Action de défaire entièrement un bâtiment. ➜ **démolition** et aussi **détruire.** *Le conseil municipal a voté la destruction d'immeubles insalubres.* ▮ contraires : **construction, édification.** 2. Action de faire disparaître. ➜ **élimination.** *Ce produit est radical pour la destruction des insectes.* ➜ **extermination.**

désuet, désuète adj. Qui fait ancien, démodé. ➜ **suranné, vieillot.** *Une gravure ancienne d'un charme désuet.* ▮ contraire : **moderne.**

▸ **désuétude** n. f. *Tomber en désuétude,* ne plus être utilisé, être vieilli. *Cette tradition est tombée en désuétude.* ▮ contraire : en **vigueur.**

carte **désuète**

désunir v. (conjug. 11) Séparer. ➜ **brouiller.** *Cette dispute les a désunis.* ▮ contraire : **unir.** ▷ Mot de la famille de un.

détachable adj. Que l'on peut dégager de ce qui attache, que l'on peut détacher. *Les feuilles du bloc sont détachables une par une. Renvoyez le coupon détachable.* ▷ Mot de la famille de ① détacher.

détachant n. m. Produit qui enlève les taches. *Un détachant liquide.* ➜ aussi ② **détacher.** ▷ Mot de la famille de tache.

détaché, détachée adj. 1. *Des pièces détachées,* ce sont des pièces vendues séparément pour remplacer les pièces usées d'un moteur, d'une machine. 2. Qui montre un manque d'intérêt, du détachement. *Il sifflotait d'un air détaché.* ▷ Mot de la famille de ① détacher.

détachement n. m. **1.** Petit groupe de soldats qui est envoyé en mission. **2.** Indifférence. *Léa a parlé de sa mauvaise note avec détachement.* ▷ Mot de la famille de ① **détacher.**

① **détacher** v. (conjug. 3) **1.** Dégager de ce qui tenait attaché. *Il a détaché son chien.* ▮ contraire : **attacher.** *Détachez le coupon en suivant le pointillé.* **2.** Envoyer quelqu'un en mission. *Le commandant a détaché des éclaireurs,* il les a fait partir avant les autres. ➜ aussi **détachement.**

▶ **se détacher** v. **1.** Cesser d'être attaché, de tenir. *Des pommes se sont détachées de l'arbre,* elles sont tombées. **2.** Apparaître nettement. *Le village se détache au loin.* ➜ se **découper,** se **dessiner. 3.** Ne plus avoir l'affection, l'amitié ou l'amour que l'on avait pour quelqu'un. *Elle s'est détachée de ses amis.*

▶ Autres mots de la famille : **détachable, détaché, détachement.**

② **détacher** v. (conjug. 3) Enlever des taches. ➜ **nettoyer.** *Louise détache son teeshirt.* ➜ aussi **détachant.** ▷ Mot de la famille de **tache.**

détailler v. (conjug. 3) **1.** Examiner en détail, avec précision. *Julie a détaillé le nouvel arrivant des pieds à la tête.* **2.** Donner tous les détails à propos de quelque chose. *Le général détaille son plan aux officiers.* ➜ aussi **détaillé.**

▶ **détail** n. m. (pl. **détails**) **1.** *Vendre au détail,* c'est vendre à la pièce, par petites quantités. ▮ contraire : en **gros.** *Ces verres sont vendus au détail,* un par un. **2.** Élément peu important dont on pourrait se passer. *Alex raconte ce qui lui est arrivé, en donnant tous les détails.* **3.** *En détail,* avec précision, sans rien laisser de côté. *L'inspecteur examine les lieux en détail.*

▶ **détaillant** n. m., **détaillante** n. f. Commerçant qui vend au détail. ▮ contraire : **grossiste.**

▶ **détaillé, détaillée** adj. Qui donne beaucoup de détails. *Un programme détaillé.*

détaler v. (conjug. 3) Partir subitement en courant. ➜ **déguerpir, filer.** *Le voleur a détalé comme un lapin.*

détartrer v. (conjug. 3) Enlever le tartre. *Elle s'est fait détartrer les dents par le dentiste.* ▮ contraire : **entartrer.**

▶ **détartrage** n. m. Action d'enlever le tartre. *Il s'est fait faire un détartrage par le dentiste.*

▶ **détartrant** n. m. Produit qui empêche la formation de tartre. *Elle utilise régulièrement un détartrant pour son lave-linge.*

▷ Mots de la famille de **tartre.**

détaxer v. (conjug. 3) Supprimer ou diminuer une taxe. *Dans certains avions, le parfum, les cigarettes et les alcools sont moins chers car ils sont détaxés.* ▮ contraire : ① **taxer.** ▷ Mot de la famille de ① **taxer.**

détecter v. (conjug. 3) Découvrir la présence de quelque chose de caché. ➜ **déceler.** *Le plombier a détecté une fuite de gaz.*

▶ **détecteur** n. m. Appareil qui sert à découvrir la présence d'un objet. *Un détecteur de mines.*

▶ **détection** n. f. Action de détecter. *Le radar permet la détection des avions,* il permet de déceler la présence d'avions.

▶ Autre mot de la famille : **télédétection.**

détecteur de métaux

détective n. m. et f. Personne qui fait des enquêtes policières pour un client. *Il fait suivre sa femme par un détective.*

déteindre v. (conjug. 55) **1.** Perdre sa couleur. *Son teeshirt bleu a déteint au lavage.* ➜ se **décolorer. 2.** Donner un peu de sa couleur. *Les chaussettes rouges risquent de déteindre sur la chemise blanche.* ▷ Mot de la famille de **teindre.**

dételer v. (conjug. 6a) Détacher un animal attelé. *Le cocher dételle les chevaux.* ▮ contraire : **atteler.**

détendre v. (conjug. 44) **1.** Rendre moins tendu. *Le guitariste détend les cordes de sa guitare.* **2.** Supprimer la fatigue. ➜ **délasser.** *Un bain chaud vous détendrait.*

▸ **se détendre** v. **1.** Devenir moins tendu. *L'élastique de ses chaussettes s'est détendu.* **2.** Se laisser aller. *Elle s'est détendue en écoutant de la musique.* ➜ se **décontracter.**

▸ **détendu, détendue** adj. Calme. ➜ **décontracté.** *Il avait l'air détendu.* ▮ contraires : **nerveux, tendu.**

▷ Mots de la famille de ① tendre.

détenir v. (conjug. 13) **1.** Posséder. *Le gardien détient les clés. Le record du monde du 100 mètres est détenu par un Américain.* ➜ aussi **détenteur.** **2.** Retenir prisonnier. *Le criminel est détenu en prison depuis un an.* ➜ aussi **détenu.**
▷ Mot de la famille de tenir.

détente n. f. **1.** Mouvement rapide de quelque chose qui se relâche, se détend. *La détente d'un ressort, d'un élastique.* **2.** Pièce d'une arme à feu qui sert à faire partir le coup. *Le policier a appuyé sur la détente.* ➜ aussi **gâchette.** **3.** Repos. ➜ **décontraction, délassement.** *J'ai besoin d'un moment de détente.* ➜ **relaxation.** ▷ Mot de la famille de ① tendre.

détenteur n. m., **détentrice** n. f. Personne à qui appartient quelque chose. *Le détenteur du record du monde du 100 mètres à la course.* ➜ aussi **détenir.**

détention n. f. Le fait d'être en prison. ➜ **emprisonnement.** *Il a été condamné à dix ans de détention.* ➜ **réclusion.**

détenu n. m., **détenue** n. f. Personne qui est en prison. ➜ **prisonnier.** *L'évasion d'un détenu.* ▷ Mot de la famille de tenir.

détergent n. m. Produit nettoyant qui dissout les saletés. *La lessive est un détergent.*

détériorer v. (conjug. 3) **1.** Mettre en mauvais état. ➜ **abîmer, endommager.** *L'humidité détériore les livres.* **2. se détériorer,** devenir moins bon. *Leurs relations se sont détériorées.* ➜ se **dégrader.** ▮ contraire : s'**améliorer.**

▸ **détérioration** n. f. Le fait d'être abîmé, détérioré. *La détérioration de leurs relations.* ➜ **dégradation.** ▮ contraire : **amélioration.**

déterminer v. (conjug. 3) **1.** Établir avec précision. *L'enquête permettra de déterminer les causes de l'accident.* **2.** Pousser à agir d'une certaine façon. ➜ **décider.** *Tous ses ennuis l'ont déterminé à partir.* ➜ **inciter.** – **se déterminer,** prendre la décision, se décider. *Elle s'est déterminée à accepter.*

▸ **déterminé, déterminée** adj. **1.** Qui a été précisé, fixé. *Il faut une quantité déterminée de sucre pour ce gâteau.* ▮ contraire : **indéterminé.** **2.** Décidé, résolu. *Paul avait l'air déterminé.*

▸ **déterminant** adj. et n. m., **déterminante** adj.
▪ adj. Qui amène à agir de telle ou telle façon. *Le goût des voyages a été déterminant dans le choix de son métier.* ➜ **décisif.**
▪ n. m. Mot qui précède le nom et s'accorde avec lui, mais qui n'est pas un adjectif qualificatif. *Les articles, les adjectifs possessifs, démonstratifs, numéraux et indéfinis sont des déterminants.*

▸ **détermination** n. f. Manière dont se comporte une personne décidée, qui sait ce qu'elle veut. *Il a agi avec détermination.*
▸ Autre mot de la famille : indéterminé.

déterrer v. (conjug. 3) Sortir de terre ce qui était enfoui. ➜ **exhumer.** *Le chien a déterré un os.* ▮ contraire : **enterrer.** ▷ Mot de la famille de terre.

détester v. (conjug. 3) Ne pas aimer du tout. ➜ **haïr.** *Léa déteste ce chanteur.* ▮ contraire : **adorer.** *Julie déteste le fromage.* ➜ **exécrer.** *Je déteste être dérangé quand je travaille.*

▸ **détestable** adj. Très désagréable, très mauvais. ➜ **exécrable.** *Paul était d'une humeur détestable.* ➜ **abominable.**

détoner v. (conjug. 3) Exploser en faisant beaucoup de bruit. *Les terroristes ont fait détoner la bombe.* ▮ homonyme : détonner.

▸ **détonant, détonante** adj. Qui produit une explosion. *Un mélange détonant.*

▸ **détonateur** n. m. Ce qui sert à provoquer une explosion. *Le soldat appuie sur le détonateur de la bombe.*

▸ **détonation** n. f. Bruit soudain et violent de ce qui explose. *Les voisins ont entendu des détonations,* des coups de feu.

détonner v. (conjug. 3) **1.** Chanter ou jouer faux. *Alex chante faux, il fait détonner toute la classe.* **2.** Ne pas être en harmonie avec un ensemble. *Ces deux couleurs détonnent.* ➜ ③ **jurer.** *Ce fauteuil ancien détonne avec le mobilier moderne.* ▮ homonyme : détoner. ▷ Mot de la famille de ② ton.

détour n. m. **1.** Tracé qui ne fait pas une ligne droite, qui s'écarte du chemin direct. *La route fait des détours. Le chasseur a vu un sanglier* *au détour du chemin,* à l'endroit où tourne le chemin. ➜ **tournant.** 2. Action de parcourir un trajet plus long que le chemin direct. *En rentrant, nous avons fait un détour par le supermarché.* ➜ **crochet.** ▮ contraire : **raccourci.** ▷ Mot de la famille de tourner.

détourner (v.) (conjug. 3) 1. Changer la direction. *Les pirates de l'air ont détourné l'avion.* ➜ aussi **détournement.** 2. *Détourner la conversation,* c'est parler d'un autre sujet. ➜ **dévier.** 3. Tourner d'un autre côté. *Théo détourne la tête pour cacher son fou rire.* 4. Prendre pour soi d'une manière malhonnête. *Le comptable a détourné de l'argent.* ➜ ② **voler.**

▸ **détourné, détournée** (adj.) Qui n'est pas direct, fait des détours. *Elle m'a parlé de ses ennuis d'une façon détournée,* indirecte.

▸ **détournement** (n. m.) 1. Action de changer la direction. *Les pirates de l'air ont été jugés pour détournement d'avion,* parce qu'ils avaient contraint l'équipage de l'avion à changer de destination. 2. Action de prendre pour soi de façon malhonnête. *Le comptable est accusé de détournement de fonds.*

▷ Mots de la famille de tourner.

détracteur, détractrice (n. m.) Personne qui critique, cherche à rabaisser. *Le Président a répondu à tous ses détracteurs.*

détraquer (v.) (conjug. 3) Abîmer, détériorer. *Julie a détraqué l'ordinateur.* ➜ **dérégler.**

détremper (v.) (conjug. 3) Rendre mou en mélangeant avec un liquide. *La pluie a détrempé les chemins.* ▷ Mot de la famille de tremper.

détresse (n. f.) 1. Situation très pénible. ➜ **malheur, misère.** *La détresse de ces pauvres gens nous a beaucoup émus.* 2. Situation dangereuse. *L'avion était en détresse au-dessus de l'Atlantique.* ➜ **perdition.**

au **détriment** de (prép.) En faisant du tort à quelqu'un. *La caissière s'est trompée en rendant la monnaie à mon détriment,* à mon désavantage. ▮ contraire : **avantage.**

détritus [detRitys] ou [detRity] (n. m.) Restes sales ou inutilisables. ➜ **ordures.** *Alex a jeté tous les détritus à la poubelle.*

▮ On prononce ou non le *s.*

détroit (n. m.) Bras de mer entre deux terres rapprochées, qui fait communiquer deux mers. *Le détroit de Gibraltar sépare l'Europe de l'Afrique et fait communiquer la Méditerranée et l'océan Atlantique.*

détroit de Gibraltar

détromper (v.) (conjug. 3) Faire comprendre à quelqu'un qu'il se trompe. *Alex n'ose pas détromper la directrice.* – **se détromper,** se rendre compte que l'on s'est trompé. *Détrompez-vous !* n'en croyez rien. ▷ Mot de la famille de tromper.

détrôner (v.) (conjug. 3) 1. Chasser du trône. *La Révolution de 1848 détrôna le roi Louis-Philippe.* 2. Faire passer au second rang. ➜ **éclipser, supplanter.** *L'ordinateur a détrôné la machine à écrire,* il l'a remplacée. ▷ Mot de la famille de trône.

détrousser (v.) (conjug. 3) Prendre à quelqu'un ce qu'il a sur lui, avec violence. ➜ **dépouiller,** ② **voler.** *Les voyageurs se sont fait détrousser par des malfaiteurs.*

détruire (v.) (conjug. 41) 1. Défaire complètement une construction. ➜ **abattre, démolir.** ▮ contraires : **bâtir, construire.** *Des immeubles insalubres ont été détruits.* ➜ **raser.** 2. Faire disparaître. *Les averses de grêle ont détruit les récoltes.* ➜ **dévaster, ravager.** *Le faussaire a détruit toutes les preuves.* ▮ contraires : **conserver, garder.** *Ce produit détruit les cafards,* il les tue. ➜ **anéantir, exterminer** et aussi **destruction.**

dette (n. f.) Somme d'argent qu'une personne doit à une autre. *Elle n'a pas encore remboursé ses dettes. – Qui paie ses dettes s'enrichit,* la personne qui rembourse ce qu'elle doit augmente la confiance qu'on a en elle.

▸ Autres mots de la famille : endettement, s'endetter.

deuil (n. m.) 1. Mort d'une personne de la famille ou d'un ami. *Il y a eu plusieurs deuils dans sa famille cette année.* 2. Douleur, tristesse que

l'on éprouve de la mort de quelqu'un. *Le pays est en deuil après la mort du président.*
▶ Autre mot de la famille : endeuiller.

deux adj. 1. Un plus un (2). *Ils ont deux enfants. Ouvrez votre livre page deux.* — n. m. Le nombre deux. *Un et un font deux. Mettez-vous en rang par deux.* 2. Pour indiquer un petit nombre. *Attends-moi, j'en ai pour deux minutes,* pour quelques minutes.

▶ **deuxième** adj. Qui succède au premier. *Le bureau de la directrice est au deuxième étage.* ➜ **second.**

▶ **deuxièmement** adv. En deuxième lieu. *Premièrement asseyez-vous, deuxièmement taisez-vous !*

▶ **deux-pièces** n. m. Maillot de bain de femme, formé de deux parties, un slip et un soutien-gorge. *Elle a plusieurs deux-pièces.* ▷ Mot de la famille de ① pièce.

▶ **deux-points** n. m. Signe de ponctuation formé de deux points l'un sur l'autre (:) que l'on met avant une explication, une énumération, une citation. *Deux-points, ouvrez les guillemets.* ▷ Mot de la famille de ① point.

▶ **deux-roues** n. m. Véhicule à deux roues. *La bicyclette et la moto sont des deux-roues.* ➜ planche **Deux-roues.** ▷ Mot de la famille de roue.

dévaler v. (conjug. 3) Descendre très rapidement. *Le skieur a dévalé la pente en trois minutes.* ▷ Mot de la famille de val.

dévaliser v. (conjug. 3) 1. Voler tout ce qu'a quelqu'un, toutes les marchandises d'un magasin. *Des cambrioleurs ont dévalisé la bijouterie.* 2. Familier. Faire de nombreux achats dans un magasin. *Au moment de Noël, les grands magasins sont dévalisés.* ▷ Mot de la famille de valise.

dévaloriser v. (conjug. 3) 1. Faire perdre sa valeur, diminuer la valeur. *Le gouvernement a dévalorisé la monnaie.* ➜ **dévaluer.** — **se dévaloriser,** perdre de sa valeur. *L'euro s'est dévalorisé ces dernières années.* ➜ se **déprécier.** 2. Ne pas apprécier à sa valeur. *Sa sœur la dévalorise auprès de ses amis.* ➜ **dénigrer, déprécier.**

▶ **dévalorisant, dévalorisante** adj. Qui enlève de la valeur à quelque chose ou à quelqu'un. *Cette publicité donne une image dévalorisante de la femme.* ▮ contraire : **valorisant.**
▷ Mots de la famille de valoriser.

dévaluer v. (conjug. 3) Dévaloriser. *Le gouvernement de ce pays a dévalué sa monnaie,* il a diminué sa valeur par rapport aux monnaies des autres pays. — **se dévaluer,** perdre de sa valeur. *La monnaie de ce pays s'est dévaluée.*

▶ **dévaluation** n. f. Diminution de la valeur d'une monnaie par rapport aux monnaies des autres pays. ▮ contraire : **revalorisation.**
▷ Mots de la famille de valoir.

devancer v. (conjug. 5a) 1. *Devancer quelqu'un,* c'est être devant lui, le laisser derrière soi. *Paul a gagné la course, il a devancé tous les concurrents,* il est arrivé avant eux. ➜ **dépasser, distancer.** ▮ contraire : **suivre.** 2. Aller au-devant. *Son mari devance toujours ses désirs,* il les devine et va au-devant d'eux. *Tu as devancé ma question,* tu y as répondu avant que je ne te la pose. ▷ Mot de la famille de devant.

devant adv., prép. et n. m.
▪ adv. et prép. 1. En avant. *Paul est passé devant Théo. Sa chemise se boutonne devant,* sur la poitrine. *Asseyez-vous devant.* ▮ contraire : **derrière.** 2. En face de. *Je t'attends devant l'église.* 3. En présence de quelqu'un. *Il l'a dit devant moi.* 4. *Au-devant de quelqu'un,* à sa rencontre. *Louise a couru au-devant de son père.* 5. *Avoir de l'argent devant soi,* en réserve.
▪ n. m. 1. Partie qui est placée devant. *Il y a de la vigne vierge sur le devant de la maison.* ▮ contraires : **arrière, derrière.** 2. *Prendre les devants,* c'est agir le premier, à la place de quelqu'un d'autre ou pour empêcher quelque chose d'arriver.

▶ **devanture** n. f. Partie d'un magasin où les marchandises sont montrées. ➜ **vitrine.** *La robe qui est en devanture lui plaît beaucoup.*
▶ Autre mot de la famille : devancer.

dévaster v. (conjug. 3) Détruire entièrement, faire de gros dégâts. *L'ouragan a dévasté l'île.* ➜ **ravager.**

▶ **dévastateur, dévastatrice** adj. Qui détruit, abîme tout. *Un ouragan dévastateur.*

déveine n. f. Familier. Malchance. *Il pleut le jour du pique-nique ; quelle déveine !* ▮ contraires : **chance,** ① **veine.** ▷ Mot de la famille de ① veine.

les deux-roues

Les bicyclettes (deux-roues ou vélos), les cyclomoteurs (ou vélomoteurs) et les motocyclettes (ou motos) se ressemblent. Les vélos fonctionnent sans moteur grâce à la seule force du cycliste. Il y a 1,5 milliard de vélos dans le monde et 250 millions de cyclomoteurs. L'ancêtre de la bicyclette – la draisienne – était une sorte de patinette en bois avec une selle mais pas de pédales. Pédales, chaîne et pneus gonflables ont été inventés à la fin du 19e siècle. Un cycliste roule en moyenne à 15 ou 20 km/h mais avec leurs vélos de course les champions peuvent atteindre 70 km/h. Une moto de compétition peut dépasser les 250 km/h. Sur un deux-roues, il faut respecter le code de la route et porter des équipements de sécurité.

➔ planche **signalisation** routière.

vélo de course

moto

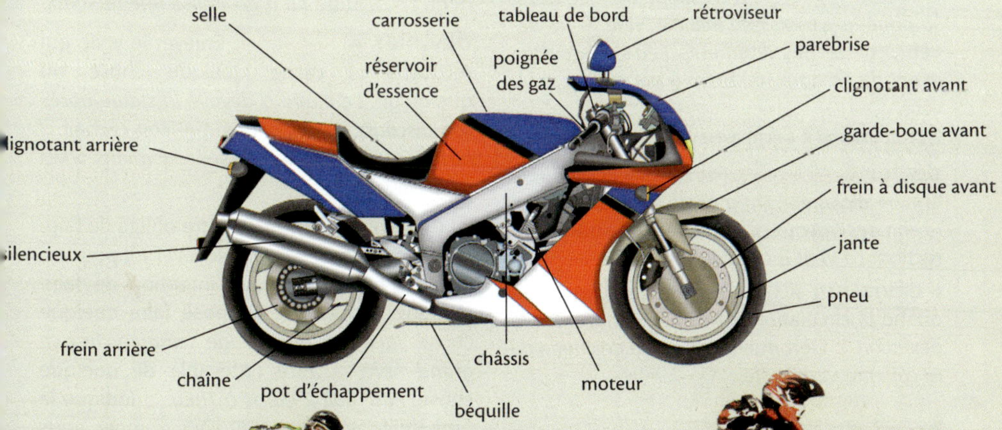

preuve de motocross

développer v. (conjug. 3) **1.** Faire grandir, augmenter. *La natation développe les muscles.* – **se développer,** croître. ➜ s'**épanouir.** *Les plantes se sont bien développées au soleil.* **2.** Exposer en détail. *Développez votre idée,* expliquez-la davantage. **3.** *Développer une pellicule,* faire apparaître les images fixées sur la pellicule par des procédés chimiques.

▸ **développement** n. m. **1.** Croissance. *Une industrie en plein développement.* ➜ **essor.** *Un pays en voie de développement,* un pays dont l'économie est en train de se développer. **2.** Texte où l'on développe une idée. *Une rédaction se compose d'une introduction, d'un développement et d'une conclusion.* **3.** Opération consistant à faire apparaître les images fixées sur une pellicule photographique.

▸ Autre mot de la famille : sous-développé.

devenir v. (conjug. 13) **1.** Commencer à être. *Louise a eu si peur qu'elle est devenue toute pâle. La chenille devient papillon.* **2.** Avoir tel résultat, tel sort. *Je me demande ce que sont devenus mes anciens voisins.*

▸ Autre mot de la famille : redevenir.

déverser v. (conjug. 3) **1.** Laisser tomber, déposer. *Le camion a déversé son chargement de sable dans la cour.* **2.** **se déverser,** s'écouler. ➜ se **vider.** *Les eaux usées se déversent dans les égouts,* elles se jettent dedans. ▷ Mot de la famille de verser.

dévêtir v. (conjug. 23) Déshabiller. *Julie dévêt sa poupée.* ▮ contraires : **habiller, vêtir.** – **se dévêtir,** enlever ses vêtements. *Léa s'est dévêtue avant de prendre son bain.* ▷ Mot de la famille de vêtir.

▶ Le deuxième ê s'écrit avec un accent circonflexe.

dévier v. (conjug. 9) **1.** Faire changer de direction. ➜ **détourner.** *On a dévié la circulation en raison des travaux.* **2.** S'écarter de la bonne direction. *Le vent a fait dévier la balle.*

▸ **déviation** n. f. **1.** Chemin que l'on prend quand la circulation est déviée. *Empruntez la déviation.* **2.** Déformation. *Il a une déviation de la colonne vertébrale.*

déviation

devin n. m. Personne qui prétend prédire l'avenir. *Je ne sais pas s'il fera beau demain, je ne suis pas devin !* ➜ ① **voyant.**

▸ **deviner** v. (conjug. 3) Trouver, par déduction ou par supposition, ce que l'on ne savait pas. *Devine ce que j'ai dans mon sac.*

▸ **devinette** n. f. Question amusante dont il faut deviner la réponse. *Paul nous a posé une devinette.* ➜ aussi **charade.**

devis [dəvi] n. m. Estimation du prix que doivent coûter des travaux. *Il a fait faire un devis par le peintre avant de faire repeindre sa maison.*

dévisager v. (conjug. 5b) Regarder le visage de quelqu'un avec insistance. *Louise dévisageait l'inconnu assis en face d'elle.* ➜ **fixer.** ▷ Mot de la famille de visage.

① **devise** n. f. Phrase, le plus souvent courte, qui exprime un idéal. *«Liberté, égalité, fraternité» est la devise de la France.*

② **devise** n. f. Monnaie étrangère. *Changer des devises à la banque.*

dévisser v. (conjug. 3) **1.** Défaire ce qui est vissé. *Julie dévisse le bouchon du tube de dentifrice.* ▮ contraire : **visser.** **2.** Lâcher prise en montagne et tomber. *L'alpiniste a dévissé.* ▷ Mot de la famille de vis.

dévitaliser v. (conjug. 3) Enlever le nerf d'une dent. *Le dentiste lui a dévitalisé une molaire.*

dévoiler v. (conjug. 3) **1.** Enlever le voile qui recouvre et cache quelque chose ou quelqu'un. *Le maire a dévoilé la statue après son discours.* **2.** Révéler ce que l'on cachait. *Il ne lui a pas encore dévoilé ses sentiments.* ▷ Mot de la famille de ① voile.

① **devoir** v. (conjug. 31) **1.** Être obligé de faire quelque chose. *Léa a dû se lever tôt pour arriver à l'heure.* **2.** Avoir l'intention de faire quelque chose, être supposé faire quelque chose. *Julie doit passer une semaine chez sa grand-mère.* **3.** Être redevable de quelque chose. *Paul doit 2 euros à Théo.* **4.** Indique la probabilité. *Vous avez dû vous tromper,* vous vous êtes probablement trompés. *Cela devait arriver.* **5.** *Comme il se doit,* comme il faut. *Comme il se doit, le maire présidera la réunion,* comme cela est normal.

▸ ② **devoir** n. m. **1.** Ce que l'on doit faire. *Voter, c'est accomplir son devoir de citoyen.*

2. Exercice écrit donné à un élève par un enseignant. *Julie a des devoirs à faire et des leçons à apprendre pour demain.*
▶ Autres mots de la famille : dû, indu, redevable, redevance.

dévolu n. m. *Jeter son dévolu sur quelqu'un* ou *quelque chose,* fixer son choix sur cette personne ou cette chose. *Julie a jeté son dévolu sur les ballerines rouges.*

dévorer v. (conjug. 3) **1.** Manger en déchirant avec ses dents. *Le lion a dévoré la gazelle.* **2.** Manger avec voracité. *Il a dévoré un poulet entier.* ➜ **engloutir, engouffrer. 3.** Lire avec avidité. *Elle dévore les romans policiers.* **4.** Faire disparaître complètement. *Les flammes dévoraient l'immeuble.*

lionne qui **dévore** sa proie

dévot, dévote adj. Qui est très attaché à sa religion. *Elle est très dévote.* ➜ **pieux.**
Dévot est beaucoup moins courant que *pieux.*

▶ **dévotion** [devɔsjɔ̃] n. f. Attachement à la religion. *Elle est pleine de dévotion.* ➜ **piété.**

se **dévouer** v. (conjug. 4) Faire quelque chose de pénible pour rendre service à quelqu'un. ➜ se **sacrifier.** *Il s'est dévoué pour changer la roue.*

▶ **dévoué, dévouée** adj. Toujours prêt à rendre service. *Sa secrétaire est très dévouée.* ➜ **serviable.**

▶ **dévouement** [devumɑ̃] n. m. Qualité d'une personne qui fait des efforts pour rendre service aux autres. *Il a soigné sa mère avec beaucoup de dévouement.*
Dévouement s'écrit avec un e entre le *u* et le *m.*
▷ Mots de la famille de vouer.

dextérité n. f. Adresse, habileté. *Alex a assemblé la maquette avec une grande dextérité.*
▮ contraire : **gaucherie.**

diabète n. m. Maladie causée par l'impossibilité pour le corps de transformer les sucres. *Il a du diabète.*

▶ **diabétique** adj. Qui a du diabète. *Elle est diabétique.* – n. *Les diabétiques suivent un régime strict.*

diable n. m. **1.** Esprit qui représente le mal pour les chrétiens. ➜ **démon.** *On représente le diable avec des cornes, des pieds fourchus et une longue queue.* – *Ils tirent le diable par la queue,* ils ont du mal à vivre parce qu'ils n'ont pas assez d'argent. *Ils habitent au diable,* très loin. **2.** Enfant espiègle, turbulent. ➜ **diablotin.** *C'est un vrai diable !* **3.** Petit chariot à deux roues qui sert à transporter des caisses ou des objets lourds.

▶ **diablement** adv. Familier. Très. *Il fait diablement chaud.* ➜ **terriblement.**

▶ **diablotin** n. m. Enfant turbulent. ➜ **diable.**
▶ Autre mot de la famille : endiablé.

diabolique adj. Très méchant, digne du diable. ➜ **démoniaque, machiavélique, satanique.** *Un personnage diabolique. Une invention diabolique.*

diadème n. m. Bijou de femme en forme de couronne que l'on pose sur les cheveux.

diadème

diagnostic [djagnɔstik] n. m. Le fait de reconnaître une maladie d'après ses symptômes. *Le médecin a fait son diagnostic,* il a dit le nom de la maladie.

▶ **diagnostiquer** v. (conjug. 3) Reconnaître une maladie d'après les symptômes. *Le médecin a diagnostiqué une hépatite.*

diagonale n. f. 1. Ligne droite qui relie deux angles opposés dans une figure géométrique qui a au moins quatre côtés. ➜ planche **Géométrie.** *Les deux diagonales d'un carré.* 2. *En diagonale,* en biais. *Il a traversé la rue en diagonale.*

diagramme n. m. Graphique ou courbe qui représente l'évolution et les variations d'un phénomène. *Le médecin regarde le diagramme de température du malade.*

dialecte n. m. Forme particulière que prend une langue dans une région. ➜ **patois.** *Le dialecte picard.*

dialogue n. m. 1. Conversation entre deux personnes. 2. Paroles qu'échangent les personnages d'un livre, d'une pièce de théâtre, d'un film. *Les dialogues de ce film sont très drôles.*

▸ **dialoguer** v. (conjug. 3) Avoir une conversation. ➜ **discuter.** *Julie et Louise ont dialogué sur Internet,* elles se sont parlé longtemps.

diamant n. m. Pierre précieuse très brillante et très dure. ➜ ② **brillant.** *Une bague ornée d'un diamant.*

▸ **diamantaire** n. m. et f. Personne qui taille ou vend des diamants.

diamètre n. m. Ligne droite qui passe par le centre d'un cercle et coupe le cercle en deux demi-cercles. ➜ planche **Géométrie.** *Le rayon est la moitié du diamètre.*

▸ **diamétralement** adv. *Diamétralement opposé,* complètement opposé. *Leurs idées sont diamétralement opposées.*

diapason n. m. Petit instrument qui donne la note «la» quand on le fait vibrer.

diapason

diaphane adj. Très pâle, presque transparent. *Un teint diaphane.*

diaphragme [djafʀagm] n. m. 1. Muscle large et mince qui sépare la poitrine de l'abdomen. 2. Ouverture réglable qui laisse passer plus ou moins de lumière dans un appareil photo. *On règle le diaphragme avant de prendre une photo.*

diaporama n. m. Projection de diapositives accompagnée d'un commentaire et de musique. *Les élèves ont vu un diaporama sur la fabrication du fromage.*

diapositive n. f. Photo que l'on projette sur un écran. *Un projecteur de diapositives.*
▸ On dit familièrement *une diapo, des diapos.*

diarrhée n. f. *Avoir la diarrhée,* c'est avoir des selles fréquentes et liquides. ➜ **colique.**
▸ *Diarrhée* s'écrit avec deux *r* et un *h.*

dictateur n. m., **dictatrice** n. f. Personne qui gouverne seule, sans être contrôlée par personne. ➜ **despote, tyran.** *Hitler était un dictateur.*

dictatorial, dictatoriale adj. Imposé par un dictateur. *Un régime dictatorial. Des pouvoirs dictatoriaux.* ▮ contraire : **démocratique.**

dictature n. f. Régime politique dans lequel une seule personne ou un petit groupe de personnes a tous les pouvoirs pour gouverner, sans aucun contrôle. *Une dictature militaire.*

dicter v. (conjug. 3) 1. Dire un texte à haute voix pour que quelqu'un l'écrive. *Le professeur dicte un poème à ses élèves.* 2. Imposer. *Les pirates de l'air ont dicté leurs conditions.*

▸ **dictée** n. f. Exercice qui consiste à écrire un texte que quelqu'un lit à haute voix. *Léa a fait deux fautes d'orthographe dans sa dictée.*
▸ Autre mot de la famille : autodictée.

diction n. f. Façon de prononcer. *Un comédien doit avoir une bonne diction.* ➜ **élocution.**

dictionnaire n. m. Livre où l'on trouve l'orthographe et le sens des mots ou leur traduction dans une autre langue. *Dans ce dictionnaire, les mots sont classés par ordre alphabétique. Paul cherche «fauteuil» dans son dictionnaire.*

dicton n. m. Proverbe qui parle de la vie quotidienne ou du temps qu'il fait. *«En avril, ne te découvre pas d'un fil» est un dicton.*

dièse n. m. Signe (♯) de musique qui fait monter une note d'un demi-ton. ➜ aussi **bécarre, bémol.** – Invariable après le nom d'une note de musique. *Des fa dièse.*

diesel ou **diésel** n. m. Moteur qui fonctionne avec du gazole. *Les camions sont équipés de diesels* ou *de diésels.* – adj. *Des moteurs diesels* ou *diésels.*
▸ Écrire *diésel,* avec un accent aigu, est conforme à la nouvelle orthographe. • C'est l'ingénieur Rudolf *Diesel* qui a mis au point ce type de moteur.

diète n. f. Traitement médical qui prescrit de manger très peu pendant quelques jours. ➜ aussi **jeûne.** *Le médecin a mis Julie à la diète.*

▸ **diététique** n. f. Étude de ce qu'il faut manger pour être en bonne santé. – adj. *Des aliments diététiques,* des aliments de régime.

▸ **diététicien** n. m., **diététicienne** n. f. Spécialiste de l'alimentation. *La diététicienne lui a donné un régime alimentaire pour maigrir.*

dieu n. m. 1. Être unique, pur esprit tout-puissant et éternel qui a créé le monde. *Les chrétiens croient en Dieu. Allah est le dieu des musulmans et Yahvé celui des juifs.* 2. Être supérieur aux hommes, qui gouverne le monde. ➜ **divinité** et aussi **déesse.** *Dans l'Antiquité grecque et romaine, les dieux avaient chacun un rôle particulier.*

▶ Autres mots de la famille : adieu, prie-Dieu.

dieu égyptien

dieu gaulois

diffamer v. (conjug. 3) *Diffamer quelqu'un,* c'est dire des choses fausses sur lui pour lui faire une mauvaise réputation. ➜ **calomnier.**

▸ **diffamation** n. f. Chose fausse que l'on dit ou l'on écrit sur quelqu'un. ➜ **calomnie.**

différé n. m. Émission de radio ou de télévision diffusée après avoir été enregistrée. *Le match a été retransmis en différé.* ▮ contraire : **direct.** ▷ Mot de la famille de différer.

différemment [difeʀamɑ̃] adv. D'une manière différente. ➜ **autrement.** *Tu aurais dû t'y prendre différemment.* ▷ Mot de la famille de différer.

différence n. f. 1. Ce qui distingue une chose d'une autre, un être d'un autre. *Il y a beaucoup de différences entre le nord et le sud du pays.* ▮ contraire : **ressemblance.** 2. Écart. *Léa et sa sœur ont deux ans de différence.*

▸ **différencier** v. (conjug. 9) Faire une différence entre deux choses, deux personnes. ➜ **distinguer.** *Il est difficile de différencier ces deux jumeaux.*

▷ Mots de la famille de différer.

différend n. m. Désaccord dû à une différence d'opinion. ➜ **dispute.** *Ils ont parfois des différends au sujet de l'éducation de leurs enfants.* ▮ homonyme : différent. ▷ Mot de la famille de différer.

▶ *Différend* se termine par un *d.*

différent, différente adj. 1. Qui n'est pas semblable. *Léa et sa sœur n'ont pas le même caractère, elles sont très différentes.* ▮ contraires : **identique, semblable.** 2. Plusieurs. *La vendeuse nous a montré différents modèles de chaussures.* ➜ **divers.** ▮ homonyme : différend.

▷ Mot de la famille de différer.

différer v. (conjug. 8) 1. Remettre à plus tard. ➜ **ajourner,** ② **repousser, retarder.** *Elle a différé son départ.* ▮ contraire : **avancer.** 2. Être différent. *Elle n'est pas du même avis que son mari, leurs opinions diffèrent.* ➜ **diverger,** s'**opposer.**

▶ Autres mots de la famille : différé, différemment, différence, différencier, différend, différent, indifféremment, indifférence, indifférent.

difficile adj. 1. Qui demande un effort. ➜ **ardu, dur.** *Ce mot est difficile à prononcer.* ▮ contraire : **facile.** 2. Qui n'est pas agréable, dont le caractère n'est pas facile. *Julie est difficile à contenter,* il est rare qu'elle soit contente de ce que l'on fait pour elle. ▮ contraires : **accommodant, conciliant.** *Il n'est pas difficile, il mange de tout.*

▸ **difficilement** adv. Avec peine, avec difficulté. *Elle marche difficilement avec ses béquilles.* ▮ contraire : **facilement.**

difficulté n. f. 1. Peine. *Léa a trouvé la maison sans difficulté. Elle a de la difficulté à marcher.* 2. Chose difficile. *Il y a plusieurs difficultés grammaticales dans cet exercice.* 3. Embarras, problème. *Paul a des difficultés en français.* ▮ contraire : **facilité.**

difforme adj. Qui n'a pas la forme qu'il devrait avoir normalement. ➜ **contrefait.** *Un corps difforme.*

▸ **difformité** n. f. Malformation, état de ce qui est difforme.
▷ Mots de la famille de forme.

diffus [dify], **diffuse** [difyz] adj. Qui se répand dans toutes les directions. *Une lumière diffuse.*

▸ **diffuser** v. (conjug. 3) **1.** Transmettre par la radio ou la télévision. *La première chaîne diffuse un feuilleton.* ➜ **retransmettre. 2.** Faire connaître au public. *Tous les journaux ont diffusé la nouvelle.* **3.** Répandre dans toutes les directions. *Un radiateur diffuse la chaleur.*

▸ **diffusion** n. f. **1.** Transmission. *La diffusion du film est interrompue par des spots publicitaires.* **2.** Vente d'un livre, d'un journal. *La diffusion de la presse est en difficulté.*
▸ Autres mots de la famille : radiodiffusé, radiodiffusion, rediffusion.

digérer v. (conjug. 8) Transformer dans son corps les aliments qu'on a mangés. *Ce repas était trop lourd, j'ai du mal à le digérer.* ➜ aussi **digestion.**

digeste adj. Qui peut être facilement digéré. ➜ **léger.** *Les légumes cuits sont très digestes.*
▮ contraire : **indigeste.**

▸ **digestif** adj. et n. m., **digestive** adj.
▪ adj. Qui sert à la digestion. *Le foie, l'estomac, l'intestin sont des organes de l'appareil digestif.*
▪ n. m. *Un digestif,* un alcool, une liqueur que l'on boit après le repas.

▸ **digestion** n. f. Transformation des aliments dans l'appareil digestif. *La digestion dure plusieurs heures.*
▸ Autres mots de la famille : indigeste, indigestion.

digicode n. m. Appareil situé devant une porte d'entrée, sur lequel on tape un code pour que la porte s'ouvre. *L'immeuble est équipé d'un digicode.* ▷ Mot de la famille de code.

digital, digitale adj. *Les empreintes digitales,* ce sont les empreintes laissées par les doigts. – Au masc. pl. *digitaux.*

▸ **digitale** n. f. Plante portant une longue grappe de fleurs pendantes en forme de doigt de gant. ➜ planche **Plantes** et santé. *Les digitales poussent dans les clairières, à la lisière des bois.*

digne adj. **1.** Qui mérite quelque chose. *Ces sauveteurs sont dignes d'admiration.* ▮ contraire : **indigne. 2.** Qui est en accord avec le caractère, le comportement habituel de quelqu'un. *Cette façon de se comporter n'est pas digne de toi.* **3.** Qui est grave et sérieux. *Elle est restée digne pendant toute la cérémonie.*

▸ **dignement** adv. Avec dignité. *La mère du prévenu s'est avancée dignement à la barre des témoins.*

▸ **dignitaire** n. m. Personne qui a un haut rang, une haute fonction. *Les hauts dignitaires de l'État seront reçus par le Président.*

▸ **dignité** n. f. **1.** Attitude calme et retenue qui montre que l'on éprouve du respect pour soi-même. ➜ **amour-propre, fierté.** *Arrête de te plaindre, un peu de dignité !* **2.** Distinction honorifique. *L'évêque a été élevé à la dignité de cardinal.*
▸ Autres mots de la famille : indignation, indigne, indigner.

digression n. f. *Faire une digression,* c'est, dans une conversation ou dans un écrit, parler de quelque chose qui n'a rien à voir avec le sujet.

digue n. f. Sorte de long mur qui empêche l'eau de la mer ou d'un fleuve de passer. ➜ **jetée, môle.** *Les vagues se brisent contre la digue.*
▸ Autre mot de la famille : endiguer.

digitale

dilapider v. (conjug. 3) Dépenser beaucoup d'argent en faisant n'importe quoi. ➜ **gaspiller.** *Il a dilapidé sa fortune en jouant au casino.*

dilater v. (conjug. 3) Augmenter le volume de quelque chose. *La chaleur dilate le liquide contenu dans le thermomètre.* ▮ contraire : **comprimer. – se dilater,** augmenter de volume. *Les veines se dilatent quand il fait chaud,* elles gonflent.

▸ **dilatation** n. f. Augmentation de volume. *La dilatation d'un gaz.* ▮ contraire : **compression.**

dilemme [dilɛm] n. m. Choix difficile que l'on a à faire entre deux solutions. → **alternative.** *Il ne savait pas s'il devait partir ou rester, quel dilemme !*
▸ *Dilemme* s'écrit avec deux *m*.

dilettante n. m. et f. Personne qui s'occupe de quelque chose sans le faire sérieusement. *Il fait de la musique en dilettante.* → **amateur.**
▸ C'est un mot qui vient de l'italien.

diligence n. f. Voiture à chevaux qui servait à transporter des voyageurs.

diluer v. (conjug. 3) Mélanger dans du liquide. → **délayer.** *Elle dilue le sirop dans de l'eau.*

diluvien, diluvienne adj. *Une pluie diluvienne,* très forte, très abondante. → aussi **déluge.**
▸ Autre mot de la famille : antédiluvien.

dimanche n. m. Jour de la semaine, entre le samedi et le lundi, souvent consacré au repos. *Je fais la grasse matinée tous les dimanches.*
▸ Autre mot de la famille : s'endimancher.

dîme n. f. Impôt sur les récoltes que les paysans devaient autrefois à l'Église catholique. *La dîme a été abolie en 1789.*

dimension n. f. Grandeur de quelque chose. → **mesure** et aussi ② **taille.** *Quelles sont les dimensions de cette table ?* quelles sont sa longueur, sa largeur et sa hauteur ? *Le peintre prend les dimensions de la pièce,* il la mesure.

diminuer v. (conjug. 3) **1.** Rendre plus petit. → **réduire.** *Il a diminué sa consommation de sucre.* ▮ contraire : **augmenter.** **2.** Devenir moins grand. → **baisser, décroître.** *En automne, les jours diminuent,* ils raccourcissent.

▸ **diminutif** n. m. Mot formé sur un autre mot pour désigner quelque chose de plus petit. *«Clochette» est le diminutif de «cloche».*

▸ **diminution** n. f. Baisse, réduction. *La diminution du nombre des accidents de la route.*
▮ contraires : **augmentation, hausse.**

dinde n. f. (→ ÉTYM.) Femelle du dindon. → planche Animaux **domestiques.** *À Noël, on mange de la dinde aux marrons.*

▸ **dindon** n. m. Grand oiseau de basse-cour dont la tête et le cou sont recouverts d'une membrane rouge violacé. *Le dindon est le mâle de la dinde.* – *Être le dindon de la farce,* être la personne qui est trompée, dans une affaire.

▸ **dindonneau** n. m. Petit de la dinde. – Au pl. *Des dindonneaux.*

① **dîner** v. (conjug. 3) **1.** Prendre le repas du soir. *Elle nous a invités à dîner.* **2.** En Suisse. Prendre le repas de midi. → ① **déjeuner.**

▸ ② **dîner** n. m. **1.** Repas du soir. *Le dîner est prêt.* **2.** En Suisse. Repas de midi. → ② **déjeuner.**

▸ **dînette** n. f. **1.** Repas que des enfants font semblant de prendre. *Ils jouent à la dînette.* **2.** Service de table miniature qui sert de jouet.
▸ Attention à l'accent circonflexe du *î* de *dîner* et *dînette.*

dinosaure n. m. (→ ÉTYM.) Animal préhistorique de très grande taille. → planche **Dinosaures.** *Les brontosaures et les diplodocus sont des dinosaures.*

diocèse n. m. Région placée sous l'autorité d'un évêque ou d'un archevêque. *L'évêque a réuni tous les prêtres de son diocèse.*

dioxyde n. m. *Le dioxyde de carbone,* le gaz carbonique. *Les voitures, les usines produisent beaucoup de dioxyde de carbone.* ▷ Mot de la famille de oxyde.

diligence

les dinosaures

Longtemps considérés comme des squelettes de dragons, les fossiles de dinosaures n'ont été reconnus comme tels qu'au début du 19e siècle. Les dinosaures ont vécu sur Terre durant 160 millions d'années. Vers la fin du crétacé, il y a 65 millions d'années, la chute d'un astéroïde, une éruption volcanique ou un changement climatique a provoqué leur disparition. Seuls certains dinosaures à plumes auraient survécu : ce sont les ancêtres des oiseaux actuels.

➔ **paléontologie, préhistoire.**
➔ planche **reptiles** et amphibiens.

Squelette d'un ancêtre d'oiseau qui vivait entre 140 et 100 millions d'années avant notre ère.

Squelette d'un tyrannosaure, qui vivait entre 68 et 65 millions d'années avant notre ère.

Squelette d'un petit reptile qui vivait il y a 300 millions d'années.

Souvent remarquablement conservés, les œufs de dinosaures ne sont pas rares.

Ces fossiles, empreintes de pas de dinosaure, mesurent 50 cm de long.

Une équipe de paléontologues fouille un site qui recèle un très grand nombre de dinosaures fossiles datant du jurassique.

tyrannosaure
velociraptor
tricératops
camptosaure
stégosaure
compsognathus
dryosaure
archéoptéryx
diplodocus
brachiosaure
hétérodontosaure
herrerasaure
herbivore
carnivore

diplodocus

diphtérie [difteʀi] n. f. Grave maladie contagieuse qui provoque des étouffements. *Théo est vacciné contre la diphtérie.*

diplodocus n. m. Grand reptile préhistorique, de la famille des dinosaures. → planche **Dinosaures.**

diplomate n. m. et f. et adj.
▪ n. m. et f. Personne chargée par le gouvernement de représenter son pays dans un pays étranger. *Les ambassadeurs sont des diplomates.*
▪ adj. Qui résout les problèmes entre les gens avec habileté et délicatesse. *Elle a su les réconcilier car elle est très diplomate.*

▸ **diplomatie** [diplɔmasi] n. f. **1.** Métier du diplomate. **2.** Habileté, tact. *Elle a mis fin à leur dispute avec diplomatie.*

▸ **diplomatique** adj. Qui concerne les relations entre États. *Ces deux pays ont rompu leurs relations diplomatiques,* ils ne veulent plus négocier entre eux aucun accord.

diplôme n. m. Document qui prouve que l'on a réussi un examen. *Elle a un diplôme d'ingénieur.*

▸ **diplômé, diplômée** adj. Qui a un diplôme. *Elle est diplômée d'histoire,* elle a un diplôme d'histoire.
▪ Attention à l'accent circonflexe du *ô*.

dire v. (conjug. 40) **1.** Faire connaître une chose à une personne par la parole. *Paul m'a dit son nom de famille. La météo dit qu'il fera beau demain.* → **affirmer, annoncer.** – **se dire,** penser. *Elle s'est dit que cela allait s'arranger.* **2.** Ordonner. *Le professeur leur a dit de se taire.* **3.** Avoir l'impression. *On dirait qu'il va pleuvoir. Qu'est-ce que c'est que ce fruit, on dirait une orange,* cela ressemble à une orange. **4.** *Vouloir dire,* signifier. *Ces deux mots ne veulent pas dire la même chose.*
▶ Autres mots de la famille : c'est-à-dire, contredire, se dédire, dit, édit, lieudit, maudire, maudit, médire, médisance, médisant, on-dit, ouï-dire, prédire, qu'en-dira-t-on, redire, redite, soi-disant.

direct adj. et n. m., **directe** adj.
▪ adj. **1.** Qui est en ligne droite, qui ne fait pas de détours. *Il a pris le chemin direct pour aller à la ferme.* **2.** Sans intermédiaire. *Il est en contact direct avec le Président. Une ligne directe,* une ligne téléphonique qui permet d'obtenir son correspondant directement. **3.** Qui ne s'arrête pas ou peu. *Il a pris un train direct pour Lyon.* **4.** *Le style direct,* c'est un style de discours dans lequel on rapporte des paroles telles qu'elles ont été dites. *Dans la phrase : «elle a dit : "taisez-vous !"», on utilise le style direct.* ▪ contraire : **indirect.**
▪ n. m. *En direct,* transmis sans enregistrement. *Le match est retransmis en direct,* au moment où il a lieu. ▪ contraire : **différé.** *Elle chante en direct à la télévision.* ▪ contraire : **play-back.**

▸ **directement** adv. **1.** Sans faire de détours. *Léa est rentrée directement de l'école.* **2.** Sans intermédiaire. *Il achète ses légumes directement chez le producteur.*
▶ Autres mots de la famille : indirect, indirectement.

directeur n. m., **directrice** n. f. Personne qui commande, qui dirige. → **chef, dirigeant,** ② **patron** et aussi **président.** *Le directeur de l'école est très sévère.*
▶ Autre mot de la famille : directorial.

direction n. f. **1.** Action de diriger. *On lui a confié la direction de l'usine.* **2.** Personne ou équipe qui dirige. *Adressez-vous à la direction,* au directeur. **3.** Sens dans lequel se déplace quelqu'un ou quelque chose. *La girouette indique la direction du vent,* dans quel sens souffle le vent. *Il est parti en direction de la gare,* vers la gare. **4.** *La direction d'une voiture,* le mécanisme qui permet d'orienter les roues.

directives n. f. pl. Indications données par une personne qui dirige. → **instruction,** ② **ordre.** *Le chef nous a donné des directives.*

directorial, directoriale adj. Du directeur. *Elle a obtenu un poste directorial.* – Au masc. pl. *directoriaux.* ▷ Mot de la famille de directeur.

dirigeable [diʀiʒabl] n. m. Ballon dirigé par un pilote. ▷ Mot de la famille de diriger.

Il y a un *e* après le *g*.

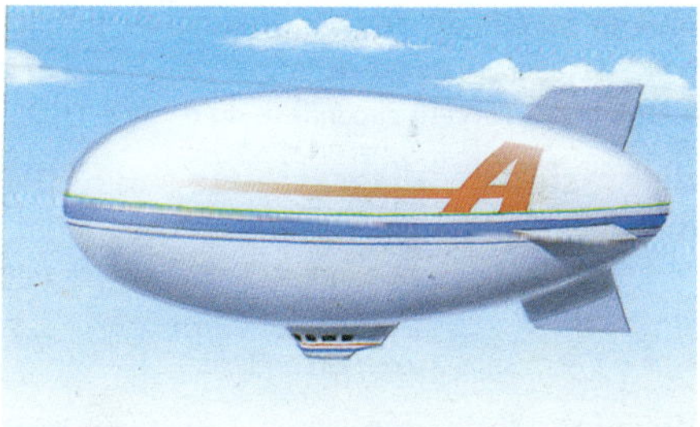

dirigeable

diriger v. (conjug. 5b) **1.** Être le chef, le responsable. → aussi **direction.** *Elle dirige l'usine depuis dix ans.* **2.** Guider vers un endroit. → **conduire.** *Le capitaine dirige son bateau vers le port.* – **se diriger,** aller dans un sens. *La fusée se dirige vers la Lune,* elle va vers la Lune. **3.** Orienter dans une certaine direction. → **braquer.** *Il dirige le projecteur vers la scène.*

▸ **dirigeant** [diʀiʒɑ̃] n. m., **dirigeante** [diʀiʒɑ̃t] n. f. Personne qui dirige. → **chef, directeur, responsable.** *Les dirigeants d'un parti politique.*

▶ Autre mot de la famille : dirigeable.

discerner [disɛʀne] v. (conjug. 3) **1.** Arriver à apercevoir ce qui est difficilement visible. *On discernait à peine la côte en raison du brouillard.* → **distinguer.** **2.** Faire la différence entre deux choses. *Le commissaire a du mal à discerner le vrai du faux dans les déclarations des suspects,* à faire la distinction entre le vrai et le faux. → **démêler, distinguer.**

▸ **discernement** n. m. Capacité de porter un jugement exact. → bon **sens.** *Tu as agi sans discernement et tu t'es trompé.*

Il y a un *c* après le *s*.

disciple [disipl] n. m. et f. Personne qui reçoit l'enseignement d'un maître et continue la même recherche que lui. *Ce grand philosophe a de nombreux disciples.*

▸ **discipline** [disiplin] n. f. **1.** Matière que l'on apprend à l'école ou à l'université. *La chimie est une discipline scientifique.* **2.** Règlement que l'on doit respecter pour que l'ordre règne. *La discipline du lycée est très sévère.*

▸ **discipliné, disciplinée** adj. Qui respecte le règlement. → **obéissant.** *Léa est une élève disciplinée.* ▮ contraires : **dissipé, indiscipliné.**

Il y a un *c* après le *s*.

▶ Autres mots de la famille : autodiscipline, indiscipline, indiscipliné.

discobole n. m. Athlète qui lançait le disque, dans l'Antiquité.

discobole

discontinu, discontinue adj. Qui s'arrête puis reprend. *Le téléphone a une sonnerie discontinue.* ▮ contraire : **continu.**

▸ **sans discontinuer** adv. Sans arrêt. *Il a plu toute la semaine sans discontinuer.*

▷ Mots de la famille de continu.

discorde n. f. Désaccord. → **dispute.** *La politique est un sujet de discorde entre eux.* ▮ contraire : **concorde.**

▸ **discordant, discordante** adj. Qui manque d'harmonie, ne s'accorde pas. *Des*

a b c d e f g h i j k l m n o p q r s t u v w x y z

couleurs discordantes. Des sons discordants. → **dissonant.** ▮ contraire : **harmonieux.**

discothèque n. f. 1. Collection de disques. *Elle a une grande discothèque.* 2. Boîte de nuit où l'on passe des disques. *Ils sont allés danser dans une discothèque.*
▶ Attention au *h* après le *t*.

discourir v. (conjug. 14) Parler trop longuement et de façon peu intéressante de quelque chose. *Ils ont discouru pendant des heures sur la corruption au lieu d'agir.*

▶ **discours** n. m. Paroles que l'on dit en public pour une occasion particulière. → **allocution.** *Ce soir le président de la République fait un discours à la télévision. Qui doit prononcer le discours de bienvenue ?*

discréditer v. (conjug. 3) Faire perdre la confiance que l'on a en quelqu'un. *Cette erreur l'a discrédité auprès de son patron.* ▷ Mot de la famille de crédit.

discret, discrète adj. 1. Qui ne se mêle pas des affaires des autres. *Elle ne lui a pas posé de questions embarrassantes, elle a été très discrète.* ▮ contraire : **indiscret.** 2. Qui sait garder un secret. *Ne répète pas ce que je t'ai dit, sois discrète !* ▮ contraire : **bavard.** 3. Qui n'attire pas l'attention. *Elle aime les bijoux discrets.* → **sobre.** ▮ contraire : ③ **voyant.**

▶ **discrètement** adv. D'une manière qui n'attire pas l'attention. *Elle est sortie discrètement de la pièce,* sans se faire remarquer.

▶ **discrétion** n. f. 1. Délicatesse. → **tact.** *Par discrétion, elle n'a posé aucune question.* ▮ contraire : **indiscrétion.** 2. Qualité de quelqu'un qui sait garder un secret. *Je compte sur votre discrétion.* 3. *À discrétion,* autant que l'on veut. → à **volonté.** *Dans ce menu, les boissons sont à discrétion.*
▶ Autres mots de la famille : indiscret, indiscrétion.

discrimination n. f. Le fait de traiter mal certaines personnes d'un groupe. *La discrimination raciale.* → **ségrégation** et aussi **apartheid.** – *La loi s'applique à tous sans discrimination,* sans distinction.

discriminatoire adj. Qui fait une différence dans la manière de traiter moins bien certaines personnes par rapport aux autres. *Des mesures discriminatoires.*

se disculper v. (conjug. 4) Prouver son innocence. *L'accusé essaie de se disculper. Elle s'est disculpée grâce à son alibi.* → se **justifier.**

discussion n. f. 1. Conversation où chacun donne son avis. → aussi **discuter.** *Nous avons eu une discussion au sujet des vacances.* → **débat.** 2. Le fait de s'opposer à une décision. → **protestation.** *Obéissez, et pas de discussion !*

discuter v. (conjug. 3) 1. Parler avec quelqu'un. → aussi **discussion.** *Ils ont discuté de politique pendant toute la soirée.* 2. Protester. *Julie est allée se coucher sans discuter.*

▶ **discutable** adj. Que l'on peut mettre en doute. → **contestable.** *Ce que tu dis là est très discutable.*
▶ Autre mot de la famille : indiscutable.

disette n. f. Manque de nourriture. → **famine.** *Les mauvaises récoltes ont entraîné la disette.*

disgrâce n. f. État dans lequel est une personne qui a perdu la faveur qu'on lui accordait. *Le journaliste est tombé en disgrâce,* il n'a plus la faveur de ses supérieurs, du public. ▷ Mot de la famille de grâce.
▶ Attention à l'accent circonflexe du *â*.

disgracieux, disgracieuse adj. Qui manque d'élégance. *Une démarche disgracieuse.* ▮ contraire : **gracieux.** ▷ Mot de la famille de grâce.
▶ Le *a* s'écrit sans accent circonflexe.

disjoint, disjointe adj. Qui n'est plus joint à autre chose. *Des pierres disjointes,* des pierres qui ne se touchent plus. ▷ Mot de la famille de joindre.

disjoncteur n. m. Interrupteur automatique de courant électrique. *Le disjoncteur saute en cas de court-circuit.* → aussi **fusible, plomb.**

disloquer v. (conjug. 3) Séparer violemment les parties d'un ensemble. *La tempête a disloqué le bateau.* → **démolir.** – **se disloquer,** se disperser. *Le cortège s'est disloqué après la manifestation.*

disparaître v. (conjug. 60) 1. Cesser d'être visible. *Le soleil disparaît derrière la montagne.* ▮ contraire : **apparaître.** *Mes lunettes ont disparu,* elles ne sont plus là, je ne les trouve plus. → aussi **disparition.** 2. Cesser d'exister. *Les mammouths ont disparu depuis très longtemps. Cette tache disparaîtra au lavage.* → **partir.** ▷ Mot de la famille de paraître.

disparate adj. *Des choses disparates,* qui ne vont pas ensemble. *Les meubles du salon sont disparates.* → **hétéroclite.** ▮ contraire : **assorti.**

disparité n. f. Grande différence entre des choses que l'on compare. *Il y a une disparité des salaires des hommes et des femmes.* ➜ **disproportion, écart, inégalité.**

disparition n. f. **1.** Le fait de ne plus être visible. *On annonce la disparition d'un enfant de six ans,* son absence impossible à expliquer. **2.** Action de disparaître en cessant d'exister. *On protège les ours car ils sont en voie de disparition,* bientôt ils ne vont plus exister, leur existence est menacée. ➜ **extinction.** **3.** Mort. *Le journal télévisé vient d'annoncer sa disparition.* ➜ **décès.** ▷ Mot de la famille de paraître.

l'ours polaire, menacé de **disparition**

disparu n. m., **disparue** n. f. Personne dont on n'a pas retrouvé le corps. *Il y a eu trois morts et deux disparus.* – adj. *Des marins ont été portés disparus.* ▷ Mot de la famille de paraître.

dispensaire n. m. Endroit où l'on peut consulter un médecin et recevoir des soins gratuitement. *Elle s'est fait vacciner au dispensaire.* ▷ Mot de la famille de dispenser.

dispenser v. (conjug. 3) **1.** Autoriser quelqu'un à ne pas faire quelque chose d'obligatoire. *Le médecin a dispensé Paul de gymnastique.* ➜ **exempter.** – **se dispenser,** se permettre de ne pas faire quelque chose. *Julie s'est dispensée d'apprendre ses leçons.* **2.** Distribuer avec générosité. *La boulangère dispense des sourires à tous ses clients.*

▸ **dispense** n. f. Autorisation spéciale. ➜ **dérogation.** *On lui a accordé une dispense.*

▸ Autres mots de la famille : dispensaire, indispensable.

disperser v. (conjug. 3) **1.** Faire aller dans plusieurs directions. ➜ **disséminer, éparpiller.** *Un courant d'air a dispersé les copies qui étaient sur le bureau du professeur.* ▮ contraires : **rassembler, regrouper.** – **se disperser,** aller dans plusieurs directions. *La foule s'est dispersée à la fin du spectacle.* **2.** *Disperser son attention,* c'est ne pas se concentrer sur une seule chose. *Léa fait des fautes d'étourderie parce qu'elle disperse son attention.*

▸ **dispersion** n. f. Action de disperser ou de se disperser. *La dispersion des manifestants s'est faite sans incident,* leur départ chacun de leur côté.

disponible adj. **1.** Que l'on peut utiliser. *Le train est complet, il ne reste plus de places disponibles.* ➜ **inoccupé, libre.** ▮ contraire : **occupé.** **2.** Qui a du temps pour faire quelque chose. *Elle est toujours disponible pour ses enfants.*

▸ **disponibilité** n. f. État d'une personne qui est disponible, libre. *Il a une grande disponibilité d'esprit.*

dispos [dispo], **dispose** [dispoz] adj. Qui est en forme pour agir. *Théo est frais et dispos.* ▮ contraire : **fatigué.** ▷ Mot de la famille de disposer.

disposer v. (conjug. 3) **1.** Placer d'une certaine façon. *Elle a disposé les fleurs dans un vase.* **2. se disposer,** être prêt à faire quelque chose. *Il se disposait à partir quand le téléphone a sonné.* ➜ **s'apprêter.** **3.** Pouvoir se servir de quelque chose, avoir quelque chose à sa disposition. *Le président dispose d'un avion privé pour ses déplacements.*

▸ **disposé, disposée** adj. **1.** *Être bien disposé à l'égard de quelqu'un,* lui vouloir du bien. **2.** *Être disposé à faire quelque chose,* être prêt à le faire, bien vouloir le faire. *La directrice est disposée à vous recevoir.*

▸ **dispositif** n. m. Mécanisme. *Un dispositif de sûreté empêche d'ouvrir la porte quand le train est en marche.*

▸ **disposition** n. f. **1.** Façon dont les choses sont disposées. *Elle a changé la disposition des meubles de sa chambre.* **2.** Possibilité de se servir de quelque chose. *Il aura une voiture à sa disposition à l'aéroport,* une voiture qu'il pourra utiliser. **3.** Moyens avec lesquels on se prépare à quelque chose. *Elle a pris des dispositions pour partir en vacances sans fermer son magasin,* elle a fait tout ce qu'il fallait pour cela. **4.** Don pour faire quelque chose. *Théo a des dispositions pour le piano.* **5.** Attitude. *Il est dans de bonnes dispositions envers moi,* il a une attitude bienveillante envers moi.

▸ Autres mots de la famille : dispos, indisposer, indisposition, prédisposer, prédisposition.

disproportion n. f. Trop grande différence entre deux choses. *Il y a une grande disproportion entre le salaire de sa femme et le sien.* → **disparité.**

▶ **disproportionné, disproportionnée** adj. Qui est trop grand ou trop petit, trop important ou pas assez important par rapport à quelque chose. ▮ contraire : **proportionné.** *Il a des oreilles disproportionnées,* bien trop grandes par rapport à son visage.

▷ Mots de la famille de portion.

disputer v. (conjug. 3) **1.** *Disputer un match,* participer à un match pour gagner. *Les deux équipes disputeront la finale.* **2. se disputer,** avoir une querelle. → se **quereller.** *Léa s'est disputée avec son frère. Ils se sont disputés.* → fam. se **chamailler.**

▶ **dispute** n. f. Échange de paroles violentes et désagréables. → **querelle.** *Une dispute a éclaté à propos du chien.* → **désaccord, différend.**

disqualifier v. (conjug. 9) Exclure un concurrent parce qu'il a commis une faute. *Le coureur a été disqualifié pour dopage.* → **éliminer.**

▶ **disqualification** n. f. Élimination. *La disqualification d'une équipe.*

▷ Mots de la famille de qualifier.

disque n. m. **1.** Objet plat et rond qu'un athlète doit lancer le plus loin possible. *On lance le disque d'une seule main en pivotant sur soi-même.* → aussi **discobole. 2.** Plaque ronde sur laquelle sont enregistrés des sons, des images et des informations. → **CD, CD-ROM, DVD. 3.** *Disque dur,* support qui conserve toutes les informations contenues dans un ordinateur.

▶ **disquette** n. f. Plaque souple utilisée en informatique pour enregistrer des informations.

▶ Autre mot de la famille : vidéodisque.

dissection n. f. Fait d'ouvrir un cadavre pour observer et étudier ses différentes parties. → aussi **disséquer.** *Les étudiants en médecine font des dissections.*

disséminer v. (conjug. 3) Disperser. *Tes affaires sont disséminées dans tout l'appartement.* → **éparpiller.** ▮ contraires : **rassembler, regrouper.**

dissension n. f. Désaccord important. *Des dissensions familiales font que les deux frères ne se voient plus.*

◗ Ce mot appartient au langage soutenu.

disséquer v. (conjug. 8) Séparer les parties d'un corps mort pour l'étudier. → aussi **dissection.** *Le professeur de sciences a disséqué une souris.*

dissident n. m., **dissidente** n. f. Personne qui se sépare d'un groupe dont elle faisait partie. *Les dissidents ont fondé un nouveau parti.*

dissimuler v. (conjug. 3) **1.** Cacher ce que l'on ressent ou ce que l'on sait. *Elle détourna la tête pour dissimuler son envie de rire.* ▮ contraire : **montrer. 2.** Tenir à l'abri du regard. → **cacher.** *Le coffre-fort est dissimulé derrière un tableau.*

▶ **dissimulation** n. f. Hypocrisie. *Il a agi avec dissimulation.* ▮ contraire : **franchise.**

dissiper v. (conjug. 3) **1.** Faire disparaître quelque chose en le dispersant. *Le soleil a dissipé la brume.* → **chasser.** *Il faut dissiper ce malentendu.* – **se dissiper,** disparaître. *Le brouillard s'est dissipé. Ses craintes se sont dissipées.* **2.** Distraire une personne qui était attentive. *Alex dissipe ses camarades en faisant des grimaces.*

▶ **dissipé, dissipée** adj. Inattentif et turbulent. *Ces élèves sont très dissipés.* ▮ contraires : **discipliné, sage.**

▶ **dissipation** n. f. Le fait de disparaître. *Il fera beau demain après dissipation des brumes matinales,* quand elles auront disparu.

visage **dissymétrique** (Picasso)

dissocier v. (conjug. 9) Séparer deux ou plusieurs choses qui étaient liées. *Il faut dissocier ces deux problèmes.* ▮ contraire : **associer.**
▶ Autre mot de la famille : indissociable.

dissolution n. f. **1.** Action de mettre fin légalement à quelque chose. *Le président de la République a prononcé la dissolution de l'Assemblée nationale.* **2.** Le fait de fondre, de se dissoudre. *La dissolution du sucre dans l'eau est rapide.*

dissolvant n. m. Produit qui sert à enlever le vernis à ongles. ▷ Mot de la famille de dissoudre.

dissonant, dissonante adj. Qui est désagréable à entendre, manque d'harmonie. *Des accords dissonants.* ➜ **discordant.** ▮ contraire : **harmonieux.**

dissoudre v. (conjug. 54) **1.** Mettre fin légalement à quelque chose. *Le président de la République a dissous l'Assemblée nationale.* ➜ aussi **dissolution. 2. se dissoudre,** fondre. *Le sucre se dissout dans l'eau.* ➜ aussi **soluble.**
▶ Autre mot de la famille : dissolvant.

dissuader v. (conjug. 3) Amener quelqu'un à renoncer à faire quelque chose. *Il m'a dissuadé de partir.* ➜ **déconseiller** et aussi **dissuasion.** ▮ contraire : **persuader.**

dissuasif, dissuasive adj. Qui dissuade de faire quelque chose. *Des armes dissuasives,* qui font peur et dissuadent l'ennemi d'attaquer.

dissuasion n. f. Le fait de dissuader. *Les armes atomiques sont une force de dissuasion,* elles servent à convaincre l'adversaire de ne pas attaquer.

dissymétrique adj. Dont les deux moitiés ne sont pas semblables. ➜ **asymétrique.** *Les tours de la cathédrale de Chartres sont dissymétriques.* ▮ contraire : **symétrique.** ▷ Mot de la famille de symétrie.
◗ Ce mot s'écrit avec deux *s* et un *y*.

distant, distante adj. **1.** Séparé par un intervalle. *La Terre et la Lune sont distantes d'environ 350 000 kilomètres.* ➜ **éloigné. 2.** Qui n'est pas familier avec les autres, qui ne se lie pas facilement. *Cette jeune femme est très distante.* ➜ **froid, réservé.**

▶ **distance** n. f. **1.** Longueur qui sépare deux choses. ➜ **éloignement.** *Quelle distance y a-t-il entre Paris et Rome ? Ces deux magasins sont à égale distance de chez toi.* **2.** Écart entre deux moments. ➜ **intervalle.** *Les deux coureurs ont franchi la ligne d'arrivée à une minute de distance.*

▶ **distancer** v. (conjug. 5a) Dépasser d'une certaine longueur. *Il a très vite distancé les autres nageurs.* ➜ **devancer.**
▶ Autre mot de la famille : équidistant.

distendre v. (conjug. 44) Déformer en allongeant. *Des mouvements trop violents ont distendu les ligaments de son genou.* – **se distendre,** se relâcher. *La peau se distend avec l'âge. Avec l'éloignement, leurs relations se sont distendues,* elles sont devenues moins fréquentes. ▷ Mot de la famille de ① tendre.

distiller [distile] v. (conjug. 3) Chauffer un liquide pour en extraire d'autres substances. *On utilise un alambic pour distiller la lavande.*

▶ **distillation** [distilasjɔ̃] n. f. Procédé qui permet de transformer en vapeur une partie d'un mélange liquide. *On obtient du cognac par distillation du vin,* en le distillant.

▶ **distillerie** [distilʀi] n. f. Endroit où l'on fabrique les produits de la distillation. *Une distillerie de lavande.*
◗ Ces mots se prononcent comme s'il n'y avait qu'un *l*.

distillerie

distinct, distincte adj. **1.** Différent. *Les deux sœurs ont des caractères bien distincts.* **2.** Qui se voit ou s'entend bien. *Parlez d'une voix distincte !* ➜ **net.**
◗ Au masculin, on peut ou non prononcer le *c* et le *t* : [distɛ̃] ou [distɛ̃kt]. Au féminin, on prononce toujours [distɛ̃kt].

▶ **distinctement** [distɛ̃ktəmɑ̃] adv. Nettement, clairement. *On voit distinctement des traces de pas sur la neige.*

▶ **distinctif, distinctive** adj. Qui permet de distinguer, de faire une différence. ➜ **caractéristique.** *Les organisateurs portent un badge comme signe distinctif.*

a b c d e f g h i j k l m n o p q r s t u v w x y z

▸ **distinction** n. f. **1.** Différence. *Il ne fait pas la distinction entre les ajoncs et les genêts.* → aussi **distinguer.** *Il a félicité tout le monde, sans distinction,* sans faire de différence entre les uns et les autres. **2.** Élégance, délicatesse et réserve dans la tenue et les manières. → **raffinement.** *Cette femme a beaucoup de distinction.* ▮ contraire : **vulgarité.**

▸ Autre mot de la famille : indistinct.

distinguer v. (conjug. 3) **1.** Permettre de reconnaître, être un signe caractéristique. *Le langage, la bipédie distinguent l'homme des animaux.* **2.** Faire une différence entre plusieurs personnes ou plusieurs choses. → **différencier.** *Il est difficile de distinguer ces deux jumeaux l'un de l'autre.* **3.** Voir, entendre ou sentir. *On distinguait le bruit d'un moteur dans le lointain.* **4. se distinguer,** c'est être au-dessus des autres, se faire remarquer. → se **signaler,** se **singulariser.** *Elle s'est distinguée par son courage.*

▸ **distingué, distinguée** adj. Élégant et réservé. *Cette femme est très distinguée.* → aussi **distinction.** ▮ contraire : **vulgaire.**

distraction n. f. **1.** Manque d'attention à ce que l'on fait, parce que l'on pense à autre chose. → **inattention.** *Il a mis du sel dans son café par distraction.* → aussi **distrait. 2.** Occupation qui change les idées, qui permet de se distraire. → **amusement, divertissement, passe-temps.** *Sa distraction préférée est d'aller au cinéma.*

distraire v. (conjug. 53) **1.** Détourner l'attention de quelqu'un. *Ce coup de téléphone m'a distrait de mon travail.* → **déranger. 2.** Faire passer le temps agréablement. *Allez au cinéma, cela vous distraira.* – **se distraire,** faire passer agréablement le temps. → se **divertir.** *Il est allé au cinéma pour se distraire.*

▸ **distrait, distraite** adj. Qui ne pense pas à ce qu'il fait, à ce qu'on lui dit. → **étourdi.** *Julie n'écoute pas en classe, elle est très distraite.* ▮ contraire : **attentif.**

▸ **distraitement** adv. De façon distraite, peu attentive. *Julie a écouté distraitement les explications du professeur.* ▮ contraire : **attentivement.**

▸ **distrayant, distrayante** adj. Qui distrait, amuse. → **amusant, divertissant.** *Cette émission de variétés est très distrayante.* ▮ contraire : **ennuyeux.**

distribuer v. (conjug. 3) Donner à chaque personne une partie de quelque chose. → **partager, répartir.** *Alex distribue les cartes.*

▸ **distributeur** n. m. Machine qui sert à distribuer des objets, des boissons, etc. *Elle a mis une pièce de monnaie dans le distributeur pour avoir un café. Un distributeur de billets de banque.* → **billetterie.**

▸ **distribution** n. f. Action de distribuer. *Le facteur s'occupe de la distribution du courrier.*

distributeur de boissons

district n. m. Groupe de plusieurs communes, de plusieurs villes.

dit, dite adj. **1.** Appelé, surnommé. *Louis XV, dit le Bien-Aimé.* **2.** Fixé, convenu. *À l'heure dite.*

▹ Mot de la famille de dire.

dithyrambique adj. Très élogieux. *Les critiques du film ont été dithyrambiques.*

▸ Ce mot appartient au langage soutenu. • Il y a un *h* après le *t*, suivi d'un *y*.

diurne adj. Qui se montre le jour. *Les faucons sont des rapaces diurnes.* ▮ contraire : **nocturne.**

divaguer v. (conjug. 3) Dire des choses qui n'ont pas de sens. → **dérailler, déraisonner.** *Il a beaucoup de fièvre, il divague.* → **délirer.**

▸ **divagation** n. f. Le fait de dire des choses qui n'ont pas de lien entre elles. *Les divagations du malade sont dues à la fièvre.*

divan n. m. (→ ÉTYM.) Long siège sans bras ni dossier, qui peut servir de lit. → aussi **canapé.**

diverger v. (conjug. 5b) **1.** S'écarter l'un de l'autre. *À partir de là, nos chemins divergent.* ▮ contraires : **converger,** se **rejoindre. 2.** Être en désaccord. → s'**opposer.** *Leurs opinions divergent.* ▮ contraires : **concorder, converger.**

▸ **divergence** n. f. Désaccord, différence. *Il y a divergence d'opinions entre eux.* ▮ contraires : **accord, convergence.**

▸ **divergent, divergente** adj. **1.** Qui s'écarte. *Nos chemins sont divergents,* ils partent chacun d'un côté. **2.** Qui ne s'accorde pas. *Leurs opinions sont divergentes.* ➜ **différent.** ▮ contraire : **convergent.**

divers, diverse adj. **1.** Différent, varié. *Paul a des billes de couleurs diverses.* ▮ contraires : **identique, même, semblable,** ① **uniforme, unique.** **2.** Au pl. Plusieurs. *Diverses personnes m'ont parlé de ce livre.*

▸ **diversifier** v. (conjug. 9) Varier. *Vous devriez diversifier vos lectures,* lire des choses différentes.

▸ Autres mots de la famille : biodiversité, diversité, fait divers.

diversion n. f. *Faire diversion,* c'est détourner l'attention. *Julie et Léa étaient en train de se disputer, l'arrivée de Paul a fait diversion.*

diversité n. f. Variété. *Il y a une grande diversité de fruits dans ce magasin.* ▷ Mot de la famille de divers.

divertir v. (conjug. 11) Distraire, amuser. *Ce film nous a bien divertis.* – **se divertir,** se distraire. *Nous nous sommes bien divertis.*

▸ **divertissant, divertissante** adj. Distrayant, amusant. *Ce film était très divertissant.*

▸ **divertissement** n. m. Distraction. ➜ **amusement, passe-temps.** *La lecture est son divertissement favori.*

dividende n. m. Nombre que l'on divise par un autre. *Dans la division «20 : 4», «20» est le dividende et «4» est le diviseur.*

divin, divine adj. **1.** Qui concerne Dieu ou un dieu. *Elle implore la bonté divine,* la bonté de Dieu. **2.** Excellent, parfait. *Il fait un temps divin,* merveilleux. ➜ **délicieux.** *Ce repas est divin.* ➜ **exquis.** ▮ contraire : **mauvais.**

▸ Autres mots de la famille : divinement, divinité.

divination n. f. Art de deviner l'avenir ou des choses cachées par des moyens magiques. ➜ aussi **devin.** *Les voyantes pratiquent la divination.*

divinement adv. Très bien, à la perfection. *Il joue divinement du piano.* ▮ contraire : **mal.** *Il fait divinement beau.* ➜ **merveilleusement.** ▷ Mot de la famille de divin.

divinité n. f. Dieu, déesse. *Les Grecs croyaient en de nombreuses divinités.* ▷ Mot de la famille de divin.

diviser v. (conjug. 3) **1.** Séparer en plusieurs parties. ➜ **fractionner, partager.** *Elle a divisé la tarte en huit.* – **se diviser,** se séparer en plusieurs parties. *Les cellules se divisent.* **2.** Calculer combien de fois une quantité est contenue dans une autre. *Divisez 172 par 4. 172 divisé par 4 égale 43.* ▮ contraire : **multiplier.** **3.** Être la source d'un désaccord entre des personnes. *Ce problème divise les Français. Le groupe est divisé sur la décision à prendre,* tout le monde n'est pas du même avis.

▸ **diviseur** n. m. Nombre par lequel on en divise un autre. *Dans la division «20 : 4», «20» est le dividende et «4» est le diviseur.*

▸ **divisible** adj. Qui peut être divisé exactement. *9 est divisible par 3.* ▮ contraire : **indivisible.**

▸ **division** n. f. **1.** Opération qui consiste à calculer combien de fois un nombre est contenu dans un autre. ▮ contraire : **multiplication.** *Une division à deux chiffres.* **2.** Trait qui divise. *Un thermomètre a des divisions.* ➜ **graduation.** **3.** Désaccord. *Il y a des divisions au sein de notre groupe.* ➜ **dissension.** **4.** Partie de l'armée composée de plusieurs régiments. *Un général de division.* **5.** Groupe d'équipes sportives. *Cette équipe de football joue en première division,* dans le premier groupe d'équipes, le plus fort.

▸ Autres mots de la famille : indivisible, subdiviser, subdivision.

divorce n. m. Rupture légale d'un mariage. *Elle a demandé le divorce.*

▸ **divorcer** v. (conjug. 5a) Se séparer légalement de son mari ou de sa femme. *Les parents d'Alex ont divorcé.*

divulguer v. (conjug. 3) Faire savoir à tout le monde quelque chose qui était connu par peu de personnes. ➜ **dévoiler, ébruiter, révéler.** *Les journaux ont divulgué la nouvelle.* ▮ contraires : **cacher, taire.**

▸ **divulgation** n. f. Fait de divulguer, de rendre public une chose qui était connue de peu de personnes. ➜ **révélation.** *La divulgation d'un secret.*

dix adj. Neuf plus un (10). *Nous sommes dix à table. Il est 10 heures.* – n. Le nombre dix. *Il a eu 10 à sa dictée.*

▸ **dix-huit** adj. Dix plus huit (18). *En France, la majorité est à dix-huit ans.* ▷ Mot de la famille de huit.

▶ **dix-huitième** adj. Qui suit le dix-septième. *Le dix-huitième arrondissement de Paris.* ▷ Mot de la famille de huit.

▶ **dixième** [dizjɛm] adj. et n. m.
▪ adj. Qui suit le neuvième. *Elle habite au dixième étage.*
▪ n. m. Partie d'un tout qui est divisé en dix parts égales. *Il a mangé les neuf dixièmes du gâteau.*

▶ **dix-neuf** adj. Dix plus neuf (19). *Elle a dix-neuf ans. Il est 19 heures.* ▷ Mot de la famille de (1) neuf.

▶ **dix-neuvième** adj. Qui suit le dix-huitième. *Ils habitent au dix-neuvième étage.* ▷ Mot de la famille de (1) neuf.

▶ **dix-sept** adj. Dix plus sept (17). *Un garçon de dix-sept ans.* ▷ Mot de la famille de sept.

▶ **dix-septième** adj. Qui suit le seizième. *Le dix-septième siècle.* ▷ Mot de la famille de sept.

▶ **dizaine** n. f. **1.** Groupe de dix unités. *Le chiffre des dizaines s'écrit à gauche de celui des unités.* **2.** Groupe d'environ dix personnes ou dix choses. *Elle a invité une dizaine d'amis.*
▶ Autres mots de la famille : quatre-vingt-dix, soixante-dix.

djellaba n. f. Longue robe à manches longues et à capuchon, portée par les hommes et les femmes en Afrique du Nord.
▶ Ce mot est un mot arabe, qui vient du Maroc.

djellaba

do n. m. inv. Note de musique. → **ut.** *La gamme de do commence par un do.* ▮ homonyme : dos.

doberman [dɔbɛrman] n. m. Chien de garde au poil ras, généralement noir et roux. → planche **Chiens** et chats.

dodo

docile adj. Qui obéit facilement. *Ce chien est très docile.* → **obéissant, soumis.** ▮ contraires : **rebelle, rétif.**

▶ **docilement** adv. D'une manière docile, avec docilité. *Le chien est rentré docilement dans sa niche.*

▶ **docilité** n. f. Caractère d'une personne obéissante. → **soumission.** *Un enfant d'une grande docilité.*

docks n. m. pl. Hangars où l'on entrepose les marchandises, dans un port. → **entrepôt.**

▶ **docker** [dɔkɛʀ] n. m. Ouvrier qui charge et décharge les bateaux. → **débardeur.**
▶ *Docks* et *docker* sont des mots anglais.

docte adj. Pédant, prétentieux. *Il parle d'un ton docte.*
▶ Ce mot appartient au langage soutenu.

docteur n. m. et f. **1.** Personne qui a le plus haut diplôme de l'université. *Elle est docteur en histoire.* **2.** Médecin. *Il est allé chez le docteur. Bonjour, docteur !*

▶ **doctoral, doctorale** adj. *Un ton doctoral,* grave et solennel. – Au masc. pl. *doctoraux.*

▶ **doctorat** n. m. Diplôme de l'université qui donne droit au titre de docteur. *Pour passer un doctorat, il faut soutenir une thèse.*

doctrine n. f. Ensemble des idées que l'on pense être vraies et que l'on défend. *La doctrine d'un parti politique.*
▶ Autre mot de la famille : endoctriner.

document n. m. Texte, objet qui sert de preuve ou de renseignement. *Il cherche des documents sur les kangourous,* des livres, des articles de journaux, des dessins, des photos.

▸ **documentaire** n. m. Film qui donne des renseignements sur un sujet. *Un documentaire sur le Japon passe à la télévision.*

▸ **documentaliste** n. m. et f. Personne dont le métier est de réunir des documents, de les classer et les conserver. *Elle est documentaliste dans un collège.*

▸ se **documenter** v. (conjug. 4) Se renseigner en regardant des documents. *Léa s'est documentée sur l'Auvergne.*

▸ **documentation** n. f. Ensemble de documents. *Théo a réuni une documentation sur les baleines et les dauphins.*

▸ Autre mot de la famille : porte-document.

dodeliner v. (conjug. 3) *Dodeliner de la tête,* c'est balancer doucement la tête. *Il s'endormait sur sa chaise en dodelinant de la tête.*

① **dodo** n. m. 1. Lit. *C'est l'heure d'aller au dodo.* 2. *Faire dodo,* dormir.

Ce mot appartient au langage des jeunes enfants.

② **dodo** n. m. Gros oiseau originaire de l'île Maurice, aujourd'hui disparu et qui ressemblait à un gros dindon. → planche Espèces **menacées**.

dodu, dodue adj. Bien gras. *Ces oies sont bien dodues. Un bébé dodu.* → **grassouillet.**

contraire : **maigre.**

dogme n. m. Vérité enseignée par une religion et qu'il faut croire. *La vie éternelle est un dogme de la religion chrétienne.*

▸ **dogmatique** adj. *Un ton dogmatique,* un ton très autoritaire, auquel on ne peut rien répliquer. → **péremptoire.**

dogue n. m. Chien de garde trapu, à grosse tête et au museau écrasé. → aussi **bouledogue.** *Un dogue garde la propriété.*

doigt n. m. (→ ÉTYM.) 1. Chacune des cinq parties qui terminent la main. → **annulaire, auriculaire,** ① **index, majeur, pouce.** *Léa compte sur ses doigts. Il sait sa leçon sur le bout des doigts,* il la sait parfaitement. *Se mordre les doigts de quelque chose,* s'en repentir amèrement, regretter d'avoir fait quelque chose. *Se mettre le doigt dans l'œil,* se tromper complètement. – *Les doigts de pied.* → **orteil.** 2. Mesure qui équivaut à peu près à un doigt. *Être à deux doigts de :* être sur le point de. *Il était à deux doigts de réussir,* il allait réussir.

▸ **doigté** [dwate] n. m. 1. Manière de placer les doigts sur un instrument de musique. *Ce pianiste a un bon doigté,* il utilise ses doigts avec habileté. 2. Habileté, tact. *Pour résoudre cette affaire, il faut du doigté.*

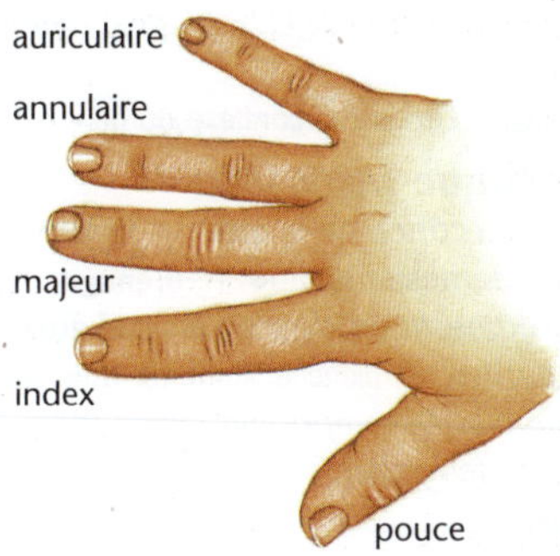

les **doigts**

doléances n. f. pl. Plaintes faites pour réclamer quelque chose. → **réclamation, récrimination.** *Les employés ont présenté leurs doléances au directeur de l'usine.* → **revendication.**

dollar n. m. Monnaie des États-Unis d'Amérique et de quelques autres pays (Canada, Australie, etc.).

dolmen [dɔlmɛn] n. m. Monument préhistorique fait de grosses pierres disposées en forme de table. → aussi **menhir.**

dolmen

domaine n. m. 1. Grande propriété à la campagne. *Un domaine de 35 hectares.* 2. Lieu où l'on se considère comme chez soi. *Sa chambre, c'est son domaine.* 3. Matière que l'on connaît bien. *Le bricolage, c'est son domaine.* → **spécialité.** 4. *Le domaine public,* c'est l'ensemble des biens qui appartiennent à l'État. *Les routes font partie du domaine public.*

▸ **domanial, domaniale** adj. Qui appartient au domaine public, à l'État. *Les forêts domaniales.* – Au masc. pl. *domaniaux.*

dôme n. m. Toit arrondi de certains édifices. ➔ **coupole.** *Le dôme de la basilique Saint-Pierre, à Rome.*

▸ Attention à l'accent circonflexe du *ô*.

domestique adj., n. m. et f. (➔ ÉTYM.)

▪ adj. **1.** Qui concerne la maison, la famille. *Les travaux domestiques.* ➔ ① **ménager. 2.** *Un animal domestique,* c'est un animal qui vit près de l'homme. ➔ planche Animaux **domestiques.** *Les animaux de compagnie, les animaux d'élevage sont des animaux domestiques.* ▮ contraire : **sauvage.**

▪ n. m. et f. Personne dont le métier est d'être au service de quelqu'un. *Autrefois, les gens riches avaient de nombreux domestiques.*

▸ Maintenant on dit *employé de maison.*

▸ **domestiquer** v. (conjug. 3) Rendre domestique un animal sauvage. ➔ **apprivoiser.** *Le cheval a été domestiqué il y a très longtemps.*

domicile n. m. Logement dans lequel on habite. *Téléphonez-moi à mon domicile,* à la maison, chez moi. *Une personne sans domicile fixe.* ➔ **SDF.**

▸ **domicilié, domiciliée** adj. Qui habite à un certain endroit. *Elle est domiciliée 8 rue de la République.*

dominer v. (conjug. 3) **1.** Avoir au-dessous de soi. *Le château domine le village.* ➔ **surplomber. 2.** Maîtriser. *Il ne réussit pas à dominer sa colère.* – **se dominer,** être maître de soi. *Il ne sait pas se dominer.* ➔ se **contrôler. 3.** Être plus fort. *Les Australiens ont dominé l'équipe adverse.* ➔ **surpasser.**

▸ **dominant, dominante** adj. Qui est le plus important, le plus fort. *Dans ce tableau, la couleur dominante est le bleu.*

▸ **dominateur, dominatrice** adj. Autoritaire. *Un tempérament dominateur.*

▸ **domination** n. f. Autorité. *Les esclaves vivaient sous la domination de leurs maîtres.*

▸ Autre mot de la famille : prédominer.

dominical, dominicale adj. Du dimanche. *Il fait sa promenade dominicale.* – Au masc. pl. *dominicaux.*

domino n. m. Petite plaque rectangulaire marquée de points noirs qui fait partie d'un jeu qui en contient vingt-huit. *Léa joue aux dominos avec sa sœur.*

dommage n. m. **1.** Dégât subi par quelque chose. *L'inondation a causé de graves dommages.* ➔ **dégradation. 2.** Chose triste. *Il ne peut pas venir, quel dommage ! C'est dommage que tu ne puisses pas venir.* ➔ **regrettable.** *Dommage qu'il pleuve !*

▸ Autres mots de la famille : dédommagement, dédommager, endommager.

dompter [dɔ̃te] v. (conjug. 3) *Dompter un animal,* c'est se faire obéir par lui. ➔ ② **dresser.** *Il dompte des fauves.*

▸ **dompteur** n. m., **dompteuse** n. f. Personne dont le métier est de dompter des animaux. ➔ **dresseur.** ➔ planche **Cirque.**

▸ Autre mot de la famille : indomptable.

don n. m. **1.** Chose, argent que l'on donne. *Pour aider à lutter contre le cancer, envoyez vos dons à cette adresse. Il a fait don de sa collection de tableaux au musée,* il la lui a donnée. ➔ aussi **donateur. 2.** Qualité d'une personne qui

un **dompteur** de fauves

est douée pour quelque chose. ➜ **talent.** *Elle a un don pour le dessin.* ▮ homonymes : donc, dont. ▷ Mot de la famille de donner.

donateur n. m., **donatrice** n. f. Personne qui fait un don. *Dans le musée, il y a une plaque portant le nom du généreux donateur.* ▷ Mot de la famille de donner.

donation n. f. Acte officiel par lequel on fait un don à quelqu'un. *Leur grand-père leur avait fait une donation avant de mourir.* ▷ Mot de la famille de donner.

donc conjonction **1.** Par conséquent, en conclusion. *La porte est fermée à clé, ils sont donc sortis.* **2.** S'emploie pour renforcer ce que l'on dit. *Venez donc dîner ce soir !* **3.** Exprime la surprise. *C'était donc toi qui essayais d'entrer !* ▮ homonymes : don, dont.

donjon n. m. Tour la plus haute d'un château fort. ➜ planche **Château** fort.

donner v. (conjug. 3) **1.** Offrir. *Il lui a donné un livre pour son anniversaire.* ▮ contraire : **recevoir.** *Tu me le prêtes ou tu me le donnes ?* **2.** Fournir. *Donnez-moi un kilo de pommes.* ➜ **vendre.** **3.** Confier. *J'ai donné mon manteau à nettoyer.* **4.** Provoquer. *Cette marche m'a donné soif.* **5.** Indiquer, communiquer. *Il lui a donné son adresse. Donne de tes nouvelles !* **6.** Accorder. *Elle a donné à sa fille la permission de sortir ce soir.* **7.** *Donner une gifle à quelqu'un,* le gifler. *Léa s'est donné un coup de peigne,* elle s'est coiffée. **8.** *Ma chambre donne sur le jardin,* elle a vue sur le jardin.

▸ **donnant** adv. *Donnant donnant,* en ne donnant qu'à la condition de recevoir quelque chose en échange. *Finis tes devoirs et après tu pourras aller jouer chez Paul, c'est donnant donnant.*

▸ **donné, donnée** adj. **1.** Déterminé, précis. *À un moment donné, elle se leva et partit.* **2.** *Étant donné,* en raison de. *Étant donné les circonstances, nous ne viendrons pas. Étant donné qu'il est malade, il n'ira pas en classe,* puisqu'il est malade.

▸ **donnée** n. f. **1.** Ce qui est donné, connu et qui sert à découvrir ce qui est inconnu. *Les données d'un problème.* ➜ aussi **énoncé.** **2.** Ce qui sert de point de départ pour une recherche. *Le commissaire manque de données pour mener son enquête.* **3.** Information pouvant être traitée par un ordinateur. *Une banque de données.*

▸ **donneur** n. m., **donneuse** n. f. *Un donneur de sang,* une personne qui donne son sang.

▶ Autres mots de la famille : s'adonner, don, donateur, donation, redonner.

dont pronom relatif Représente un nom précédé par « de ». *Voici l'ami dont je t'ai parlé,* de qui je t'ai parlé. *Quelle est cette plante dont les fleurs sont bleues ?* qui a des fleurs bleues. ▮ homonymes : don, donc.

doper v. (conjug. 3) Donner un médicament, une drogue qui augmente les forces. *Le jockey avait dopé son cheval.* – **se doper,** prendre des produits, des médicaments qui rendent plus fort. *Le coureur cycliste a été disqualifié parce qu'il s'était dopé.*

▸ **dopage** n. m. Utilisation de médicaments qui modifient les capacités d'un sportif. *Le dopage est interdit.*

dorade n. f. Poisson de mer aux reflets dorés ou argentés. ➜ planche **Poissons.** *La chair de la dorade est très savoureuse.*

▶ On écrit aussi *daurade.*

doré, dorée adj. **1.** Recouvert d'une mince couche d'or. *Un cadre doré.* **2.** Qui a la couleur de l'or. *Des ballerines dorées. Elle est rentrée de vacances toute dorée,* toute bronzée. ▷ Mot de la famille de ① or.

dorénavant adv. À partir de maintenant, à l'avenir. ➜ **désormais.** *Dorénavant, le magasin sera ouvert le dimanche.*

dorer v. (conjug. 3) **1.** Recouvrir d'une mince couche d'or. *Le relieur a doré la tranche du livre.* **2.** Prendre une couleur dorée. *Le poulet dore dans le four.* ▷ Mot de la famille de ① or.

dorloter v. (conjug. 3) S'occuper de quelqu'un avec beaucoup de tendresse. *Elle dorlote son fils quand il est malade.* ➜ **cajoler, câliner, chouchouter, choyer.** ▮ contraire : **rudoyer.**

dormir v. (conjug. 20) **1.** Être en état de sommeil. ➜ fam. **roupiller** et aussi **sommeiller, somnoler.** *Louise dort debout,* elle a sommeil. – *Qui dort dîne,* le sommeil fait oublier la faim. **2.** Rester inactif. *De l'argent qui dort,* qui ne rapporte pas.

▸ **dormant, dormante** adj. *De l'eau dormante,* qui n'est agitée par aucun courant. ➜ **stagnant.** ▮ contraire : ① **courant.**

a b c d e f g h i j k l m n o p q r s t u v w x y z

les animaux domestiques

Depuis des millénaires, l'homme a voulu apprivoiser des animaux sauvages (comme l'aurochs, le loup, le sanglier...) et sélectionner les espèces les plus utiles pour le nourrir, le vêtir et faciliter son travail (agriculture, transport...). Certains animaux sont devenus de véritables compagnons. Il y a en France 65 millions d'animaux de compagnie (chiens, chats, poissons, furets...). Aujourd'hui, les élevages industriels permettent de nourrir une grande partie de la planète, mais ils posent des problèmes de défense des animaux et de pollution.

➔ apprivoiser, domestiquer, dresser, élevage, familier.
➔ planches chiens et chats, mammifères.

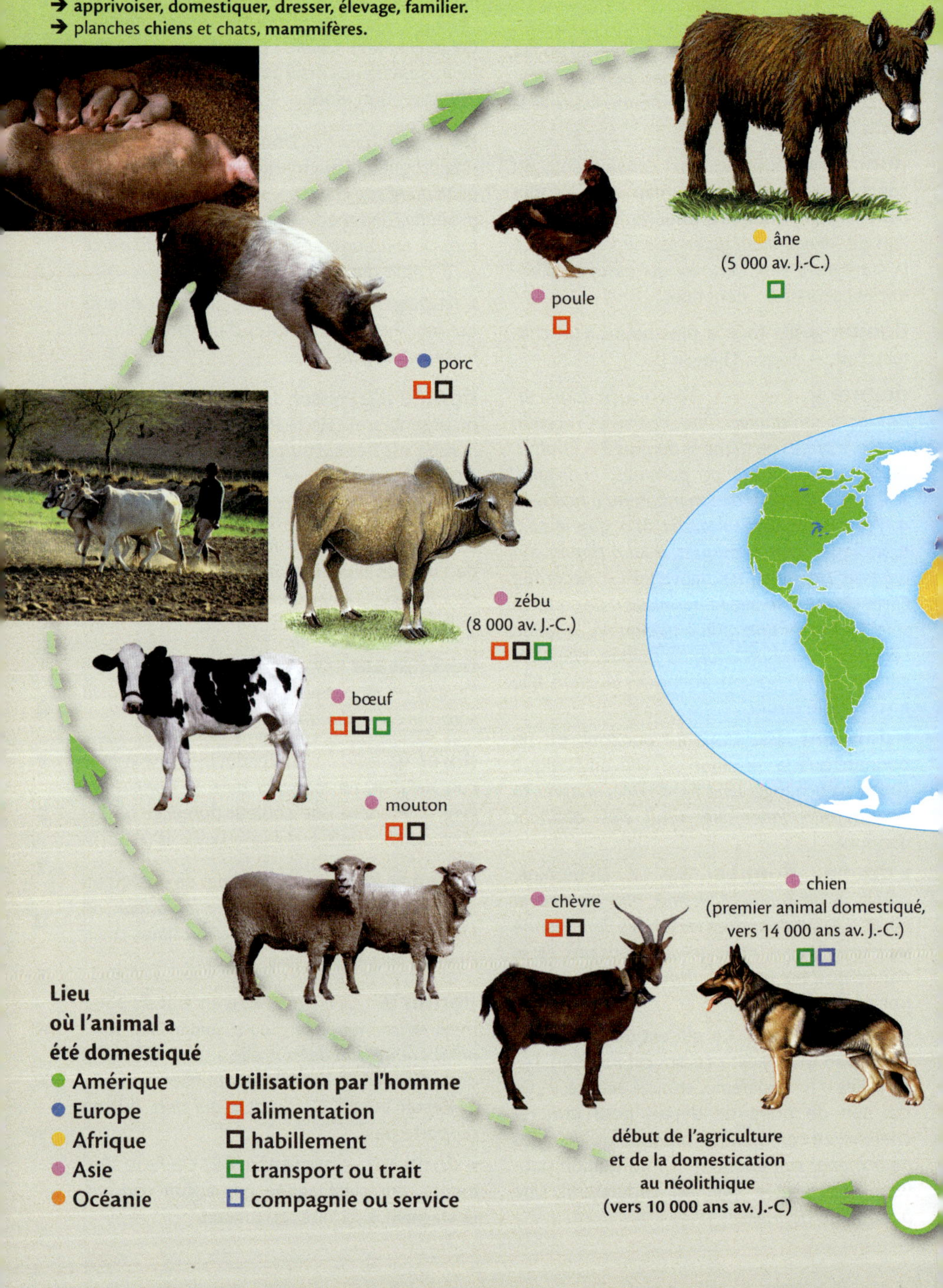

abeille
chat
cheval
buffle
(4 000 av. J.-C.)
lama
pigeon
chameau de Bactriane
dromadaire
(2 500 av. J.-C.)
yack
oie
canard
cobaye
lapin
(vers 1 500 apr. J.-C.)
dinde
renne
(1 000 av. J.-C.)

▸ **dormeur** n. m., **dormeuse** n. f. Personne qui dort. *Un dormeur ronflait dans la chambre à côté.*
▸ Autres mots de la famille : endormi, endormir, se rendormir.

dorsal, dorsale adj. Du dos. *Les muscles dorsaux. Les nageoires dorsales et les nageoires ventrales d'un poisson.*

dortoir n. m. Grande salle où dorment plusieurs personnes. *Le dortoir d'un pensionnat.*

dorure n. f. Mince couche d'or. *La dorure du cadre de ce tableau est abîmée.* ▷ Mot de la famille de ① or.

doryphore n. m. Insecte jaune à rayures noires qui dévore les feuilles des plants de pommes de terre.
Ce mot s'écrit avec un *y*.

doryphore

dos n. m. **1.** Partie du corps qui s'étend du cou aux reins. → aussi **dorsal.** *Il est couché sur le dos.* ▮ contraire : à plat **ventre.** *Léa a fait une promenade à dos de poney,* sur son dos. *De dos, elle ressemble à un garçon,* vue du côté du dos. ▮ contraires : de **face,** de **profil.** *Elle cache un cadeau derrière son dos. Paul et Alex se sont mis dos à dos pour voir lequel était le plus grand,* ils se sont mis dos contre dos. *Dès que le professeur a le dos tourné, les élèves bavardent,* dès qu'il s'éloigne. *Il n'a jamais de temps, son travail a bon dos,* son travail est un mauvais prétexte. **2.** *Le dos d'une cuillère,* c'est sa partie convexe. *Le dos de la main.* ▮ contraire : **paume.** **3.** *Le dos d'une feuille de papier,* c'est l'envers. → **verso.** *Elle écrit son adresse au dos de l'enveloppe.* ▮ homonyme : do.
▸ Autres mots de la famille : s'adosser, dos-d'âne, dossard, ① dossier, endosser.

dosage n. m. Proportion de produits à mélanger. *Il faut respecter le dosage de farine et de sucre.* ▷ Mot de la famille de dose.

dos-d'âne n. m. inv. Bosse sur une route. *Automobilistes, ralentissez, il y a un dos-d'âne.* → aussi ② **cassis.** – Au pl. *Des dos-d'âne.* ▷ Mot de la famille de dos et de âne.

dose n. f. **1.** Quantité d'un médicament que l'on doit prendre en une fois. *Il ne faut pas dépasser la dose prescrite par le médecin.* **2.** Quantité d'une substance. *Elle a mis une dose de lessive dans la machine.*

▸ **doser** v. (conjug. 3) Mesurer la bonne dose, pour faire un mélange. *Le cuisinier dose la farine et le sucre pour faire le gâteau.*
▸ Autres mots de la famille : dosage, surdose.

dossard n. m. Carré de tissu que les concurrents d'une épreuve sportive portent sur le dos, parfois sur la poitrine, et qui indique leur numéro. *C'est le cycliste qui porte le dossard numéro 12 qui a gagné.* ▷ Mot de la famille de dos.

① **dossier** n. m. Partie d'un siège sur laquelle on appuie son dos. *Le dossier d'un fauteuil.* ▷ Mot de la famille de dos.

② **dossier** n. m. Ensemble de documents sur un sujet. *Théo a préparé un dossier sur les dauphins.*

dot [dɔt] n. f. Argent, biens qu'une jeune fille apportait autrefois en se mariant.

▸ **doter** v. (conjug. 3) **1.** Donner une dot. *Il a doté sa fille.* **2.** Équiper. *Cette usine est dotée d'un matériel très perfectionné.* **3.** *Être doté de quelque chose,* c'est avoir, posséder quelque chose. *Il est doté d'une grande intelligence.*

douane n. f. Service chargé de contrôler le passage des marchandises à la frontière d'un pays. *Il n'a rien à déclarer à la douane.*

▸ **douanier** n. m. et adj., **douanière** n. f. et adj.
▪ n. Employé, employée de la douane. *Les douaniers ont fouillé ses bagages.*
▪ adj. De la douane. *Les contrôles douaniers sont renforcés en raison de la contrebande.*

doublage n. m. *Le doublage d'un film,* c'est le remplacement de la voix des comédiens par la voix d'autres comédiens qui parlent une autre langue que la langue d'origine du film.
▷ Mot de la famille de double.

double adj. et n. m.
▪ adj. **1.** Qui est répété deux fois ou qui est formé de deux choses semblables. *Il a fait un double nœud à ses lacets. La rue est à double sens.* ▮ contraire : **unique.** *J'ai ce disque en double exemplaire,* j'ai deux fois le même. **2.** Qui a deux aspects dont l'un est caché. *Elle mène une double vie.*
▪ n. m. **1.** Quantité qui équivaut à deux fois une

autre. *Dix est le double de cinq.* ▮ contraire : **moitié.** **2.** Chose semblable à une autre. *J'ai un double du document.* ➜ **copie, duplicata.** ▮ contraire : **original.** *Il a fait faire un double de sa clé.*

▸ **doublement** adv. Pour deux raisons. *Julie est arrivée en retard et n'avait pas appris sa leçon, elle est doublement fautive.*

▸ **doubler** v. (conjug. 3) **1.** Multiplier par deux. *Les suppléments doublent le prix du voyage.* **2.** Dépasser un véhicule. *Il a doublé un camion.* **3.** Garnir l'intérieur d'un vêtement avec une doublure. *Son blouson est doublé de fourrure.* **4.** Remplacer un acteur sans que cela se voie. *Dans cette scène dangereuse, l'acteur est doublé par un cascadeur.* **5.** Enregistrer les dialogues d'un film dans une autre langue. *Ce film américain est doublé en français,* les dialogues sont en français. ➜ aussi **doublage.** *Tu préfères les films doublés ou les films en version originale ?*

▸ **doublure** n. f. **1.** Tissu ou fourrure à l'intérieur d'un vêtement. *La doublure de sa veste est décousue.* **2.** Comédien qui en remplace un autre. *Il est la doublure d'un célèbre acteur.*
▸ Autres mots de la famille : dédoubler, doublage, redoublant, redoublement, redoubler.

en **douce** adv. Familier. Sans bruit, discrètement. *Il est sorti en douce de la classe.* ▷ Mot de la famille de doux.

douceâtre [dusatʀ] adj. Qui est d'une douceur fade et écœurante. *Ce sirop a un goût douceâtre.* ▷ Mot de la famille de doux.
◗ On peut aussi écrire *douçâtre.*

doucement adv. **1.** Lentement. *La voiture roulait doucement.* ▮ contraire : **rapidement.** **2.** Avec douceur, sans violence, sans faire de bruit. *Parle plus doucement !* moins fort. *Elle a fermé tout doucement la porte.* ▮ contraire : **violemment.** ▷ Mot de la famille de doux.

douceur n. f. **1.** Qualité de ce qui est doux et agréable. *La douceur du pelage d'un chat.* ▮ contraire : **rugosité.** *La douceur du climat.* ▮ contraire : **rigueur.** **2.** Gentillesse. *Elle parle à ses élèves avec douceur.* ▮ contraire : **rudesse.** **3.** *En douceur,* doucement. *L'avion a atterri en douceur.* **4.** *Des douceurs,* ce sont des bonbons, des friandises.

▸ **doucereux, doucereuse** adj. Doux et hypocrite. *Une voix doucereuse.* ➜ **mielleux.**
▷ Mots de la famille de doux.

douche n. f. Projection d'eau en pluie qui arrose le corps. *Tous les matins, Julie prend une douche.* ➜ aussi **bain.**

▸ se **doucher** v. (conjug. 4) Prendre une douche. *Léa s'est douchée avant de se coucher.*

doudoune n. f. Familier. Grosse veste en duvet. ➜ aussi **anorak.** ▷ Mot de la famille de doux.

doué, douée adj. Qui a un don dans un domaine. *Elle est douée pour les mathématiques.*
▸ Autre mot de la famille : surdoué.

douille n. f. **1.** Pièce de métal rattachée au fil électrique dans laquelle on fixe l'ampoule d'une lampe. *Il y a des douilles à vis et des douilles à baïonnette.* **2.** Cylindre qui contient la poudre d'une cartouche.

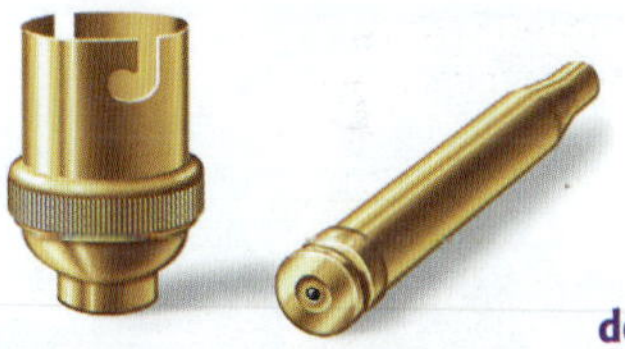

douille

douillet, douillette adj. **1.** Trop sensible aux petites douleurs physiques. *Léa a peur des piqûres, elle est très douillette.* **2.** Doux et confortable. *Un lit douillet.*

douleur n. f. (➜ ÉTYM.) **1.** Sensation d'avoir mal. ➜ **souffrance.** *Louise a ressenti une grande douleur au ventre,* elle a eu très mal au ventre. **2.** Grand chagrin. *Il a eu la douleur de perdre sa mère.* ➜ ② **peine.** ▮ contraire : **bonheur.** – *Les grandes douleurs sont muettes,* on ne peut pas en parler.

▸ **douloureux, douloureuse** adj. Qui fait mal. *Cette brûlure est douloureuse.* ▮ contraire : **indolore.**
▸ Autre mot de la famille : souffre-douleur.

doute n. m. Le fait de ne pas être sûr de quelque chose. ➜ aussi **dubitatif.** *J'ai des doutes sur son honnêteté,* je ne suis pas sûr qu'il soit honnête. *C'est bien lui que j'ai aperçu, il n'y a pas de doute,* c'est certain. ➜ **incertitude.** *Elle arrivera sans doute demain,* probablement. ▮ contraire : **sûrement.**

▸ **douter** v. (conjug. 3) **1.** Ne pas être sûr de quelque chose. *Le magasin est peut-être ouvert aujourd'hui, mais j'en doute.* **2.** *Ne douter de rien,* être sûr de soi. *Elle croit qu'elle court plus vite que nous, elle ne doute de rien,* elle se fait des illusions. **3.** *Se douter de quelque* *chose,* c'est l'imaginer, le soupçonner. *Elle ne s'est pas douté qu'on lui avait fait une farce.* → **deviner.**

▸ **douteux, douteuse** adj. 1. Qui n'est pas certain, est peu probable. *Est-ce que tu crois qu'il va venir ? Cela me paraît douteux.* ▮ contraires : **évident, sûr.** 2. Qui n'est pas très propre. *Cette assiette est douteuse.*

douve n. f. Fossé rempli d'eau qui entoure un château fort. → planche **Château** fort. *Le château est entouré de douves profondes.*

douves

doux adj. et adv., **douce** adj.

▪ adj. 1. Agréable à toucher. *La fourrure de ce chat est très douce.* ▮ contraires : **rêche, rude, rugueux.** 2. *L'eau douce,* c'est l'eau non salée des lacs et des rivières. 3. Qui n'est pas très fort. *Elle fait réchauffer la soupe à feu doux.* ▮ contraires : ① **fort, vif.** *Le chemin descend en pente douce.* ▮ contraires : **abrupt, raide.** 4. Gentil et patient. *Elle est très douce avec les enfants.* ▮ contraires : **brutal, dur, sévère.**

▪ adv. 1. *Il fait doux,* ni trop chaud, ni trop froid. 2. Familier. *Filer doux,* obéir sans discuter.

▶ Autres mots de la famille : adoucir, adoucissant, adoucissement, aigre-doux, en douce, douceâtre, doucement, doucereux, douceur, doudoune, se radoucir, radoucissement, redoux.

douze adj. inv. Dix plus deux (12). *Les douze mois de l'année.* – n. m. inv. Le nombre douze. *Trois fois quatre font douze.*

▸ **douzaine** n. f. 1. Ensemble de douze choses semblables. *Elle a acheté une douzaine d'œufs.* 2. Groupe d'environ douze personnes ou douze choses semblables. *La plage est à une douzaine de kilomètres d'ici.*

▸ **douzième** adj. et n. m.

▪ adj. Qui succède au onzième. *Décembre est le douzième mois de l'année.*

▪ n. m. Partie d'un tout divisé en douze parts égales. *Les trois douzièmes du gâteau.*

▶ Autre mot de la famille : demi-douzaine.

doyen n. m., **doyenne** n. f. La personne la plus âgée. *Le doyen du village a 103 ans.*

drache n. f. Averse.

◗ Ce mot est employé en Belgique.

draconien, draconienne adj. Très sévère. *La discipline du collège est draconienne.* → **rigoureux.**

◗ Ce mot vient de *Dracon,* un homme politique grec du 7e siècle avant Jésus-Christ, qui avait fait des lois très sévères.

dragée n. f. Bonbon fait d'une amande recouverte de sucre durci. *On offre des dragées pour le baptême d'un enfant.*

dragon n. m. Animal imaginaire qui a des ailes, des griffes et une queue de serpent. → planche Créatures **fantastiques.** *Le dragon se mit à cracher du feu.*

dragon

dragonne n. f. Courroie d'un bâton de ski, d'un parapluie, que l'on passe à son poignet pour ne pas le perdre.

draguer v. (conjug. 3) Nettoyer le fond d'une rivière ou d'un port en enlevant la vase et le sable qui s'y sont accumulés. *Le bassin du port a été dragué.*

▸ **dragueur** n. m. Bateau muni d'un engin servant à nettoyer le fond d'un port, d'un fleuve. – *Dragueur de mines,* bateau qui enlève les mines sous-marines.

drain n. m. Tube souple, ouvert aux deux bouts, qui permet au sang et au pus de s'écouler hors d'une plaie.

▸ **drainer** v. (conjug. 3) Enlever l'eau d'un sol trop humide. → **assécher.**

▸ **drainage** n. m. Action de drainer un terrain. *On effectue le drainage du marais.*

drakkar n. m. (→ ÉTYM.) Navire à voile carrée et à rames, utilisé autrefois par les Vikings.
◗ *Drakkar* prend deux *k.*

drakkar

drame n. m. **1.** Pièce de théâtre où il se passe des choses graves et tristes. *Un drame de Victor Hugo.* **2.** Évènement grave, terrible. → **tragédie.** *La mort de son mari a été un drame pour toute la famille.* → **catastrophe.**

▸ **dramatique** adj. Très grave, terrible. → **tragique.** *Ces enfants sont dans une situation dramatique à cause de la famine.*

▸ **dramatiquement** adv. D'une manière tragique. *L'histoire s'est terminée dramatiquement.* → **tragiquement.**

▸ **dramatiser** v. (conjug. 3) Exagérer la gravité d'une situation. *Cela n'est pas si grave, il ne faut pas dramatiser.* ▮ contraire : **dédramatiser.**
▸ Autres mots de la famille : dédramatiser, mélodramatique, mélodrame.

drap n. m. **1.** *Les draps,* ce sont les grands morceaux de toile que l'on met dans le lit entre le matelas et la couverture et dans lesquels on dort. **2.** *Un drap de bain,* une grande serviette de toilette.

▸ **drapeau** n. m. Morceau d'étoffe fixé sur un manche, qui porte les couleurs d'un pays et le représente. *Le drapeau français est bleu, blanc, rouge.* – Au pl. *Des drapeaux.*

▸ se **draper** v. (conjug. 4) S'envelopper dans un tissu en faisant de grands plis. *Elle s'est drapée dans son châle.*

▸ **draperie** n. f. Morceau de tissu qui forme de grands plis.

dressage n. m. Action de dresser un animal. *Le dressage des fauves est dangereux.* ▹ Mot de la famille de ② dresser.

① **dresser** v. (conjug. 3) **1.** Tenir droit et vertical. *Le chien dresse les oreilles.* ▮ contraire : **baisser.** **2.** Faire tenir droit. *Les campeurs ont dressé leur tente près de la rivière.* → **monter, planter.** **3.** Établir avec soin. *Il dresse la liste des invités.* **4. se dresser,** s'élever tout droit. *La montagne se dresse à l'horizon.*
▸ Autres mots de la famille : redressement, redresser, se redresser, redresseur.

② **dresser** v. (conjug. 3) *Dresser un animal,* c'est l'habituer à obéir et à faire facilement et régulièrement quelque chose qu'on lui demande. → **dompter.** *Ce chien est bien dressé.*

▸ **dresseur** n. m. **dresseuse** n. f. Personne qui dresse des animaux. → planche Cirque. *Un dresseur de tigres.* → **dompteur.**
▸ Autre mot de la famille : dressage.

drève n. f. Allée bordée d'arbres.
◗ Ce mot est employé en Belgique.

dribbler ou **dribler** v. (conjug. 3) Courir en poussant devant soi le ballon du pied au football, ou de la main au basket.

▸ **dribble** ou **drible** n. m. Action de dribbler.
◗ Ces mots viennent de l'anglais. • Écrire *drible, dribler,* avec un seul *b,* est conforme à la nouvelle orthographe.

drogue n. f. **1.** Produit qui agit sur le cerveau en procurant des sensations bizarres et qui est extrêmement dangereux pour la santé. → **stupéfiant.** *Le trafic de drogue est très sévèrement puni par la loi.* **2.** Médicament inutile ou qui fait du mal. *Elle prend des drogues pour dormir.*

▸ **drogué** n. m., **droguée** n. f. Personne qui prend régulièrement de la drogue et ne peut plus s'en passer. *Ce centre accueille les drogués qui viennent faire une cure de désintoxication.* → **toxicomane.**

▸ **droguer** v. (conjug. 3) **1.** *Droguer quelqu'un,* c'est lui donner beaucoup de calmants ou de somnifères. *Les ravisseurs ont drogué leur victime.* **2. se droguer,** prendre de la drogue. *Elle s'est droguée pendant plusieurs années.*

droguerie n. f. Magasin où l'on vend des produits d'entretien et de la quincaillerie. ➜ aussi **droguiste.**

droguiste n. m. et f. Commerçant qui tient une droguerie.

① **droit** adj. et adv., **droite** adj.
▪ adj. **1.** Qui est sans déviation, sans courbure d'un bout à l'autre. ➜ **rectiligne.** *Il a doublé le camion dans la ligne droite.* ▮ contraires : **courbe, incurvé. 2.** Vertical. *Tiens ton verre bien droit !* ▮ contraires : **oblique, penché. 3.** *Un angle droit,* c'est un angle de 90 degrés. ➜ aussi **aigu,** ① **obtus.** ➜ planche **Géométrie. 4.** Franc et honnête. *C'est un homme très droit.* ▮ contraire : **fourbe.**
▪ adv. En ligne droite. *C'est droit devant vous.*
▶ Autres mots de la famille : demi-droite, ① droite, droiture.

② **droit, droite** adj. Du côté opposé à celui du cœur. *Léa écrit de la main droite.* – *Le côté droit d'une chose,* c'est le côté qui est du côté de la main droite. ▮ contraire : ① **gauche.**
▶ Autres mots de la famille : ② droite, droitier.

③ **droit** n. m. **1.** Autorisation, permission. *Elle n'a pas le droit de sortir seule le soir.* ▮ contraire : **interdiction. 2.** *Être dans son droit,* avoir raison, être en règle. ▮ contraire : **tort. 3.** Ce qui est permis par un règlement, une loi. *La Déclaration des droits de l'homme et du citoyen. Les employés ont le droit de grève.* **4.** Ensemble des lois qui règlent les rapports des hommes entre eux. *Il fait des études de droit.* ➜ aussi **juridique. 5.** Somme d'argent à payer. *Des droits de douane.* ➜ aussi **taxe.**
▶ Autre mot de la famille : passe-droit.

① **droite** n. f. Ligne qui est comme un fil parfaitement tendu. ➜ planche **Géométrie.** *Ces deux droites sont parallèles.* ▮ contraire : **courbe.** ▷ Mot de la famille de ① droit.

② **droite** n. f. **1.** Le côté droit. *Tournez d'abord à droite, puis à gauche.* **2.** *La droite,* c'est l'ensemble des personnes qui ont des idées conservatrices en politique. ▮ contraire : ② **gauche.**

▸ **droitier, droitière** adj. Qui se sert de sa main droite pour écrire. *Léa est droitière.* ▮ contraire : **gaucher.**
▷ Mots de la famille de ② droit.

droiture n. f. Qualité d'une personne franche et honnête. ➜ **loyauté.** ▷ Mot de la famille de ① droit.

drôle adj. **1.** Qui fait rire. ➜ **amusant ;** fam. **marrant, rigolo.** *Ce film est très drôle.* ➜ **comique.** *Alex raconte souvent des histoires drôles.* ▮ contraire : **triste. 2.** Anormal, étonnant. *J'ai entendu un drôle de bruit.* ➜ **bizarre, étrange. 3.** Familier. *Elle a fait de drôles de progrès,* beaucoup de progrès.

▸ **drôlement** adv. **1.** D'une façon anormale, étonnante. ➜ **bizarrement.** *Elle était drôlement accoutrée.* **2.** Familier. Très. *Elle est drôlement sévère.*

▸ **drôlerie** n. f. Caractère de ce qui est drôle. *Ce film est d'une drôlerie incroyable,* il est très drôle.
▶ Attention à l'accent circonflexe du *ô*.

dromadaire n. m. ➜ ÉTYM. Animal qui ressemble au chameau mais n'a qu'une seule bosse. ➜ planches **Désert,** animaux **domestiques.** *Les dromadaires vivent dans le désert en Afrique et en Inde.*

dromadaire

dru, drue adj. Qui pousse épais et serré. *L'herbe est haute et drue.* ➜ **touffu.** ▮ contraire : **clairsemé.**

druide n. m. Prêtre gaulois. *Chaque année les druides coupaient le gui sacré sur les chênes.*

du article Forme contractée de *de* et *le.* **1.** Article défini masculin singulier. ➜ ① **de.** *Il vient du Portugal. C'est le fils du notaire. Il tape du pied,* avec son pied. **2.** Article partitif masculin singulier. ➜ ② **de.** *Il mange du fromage,* un peu de fromage. ▮ homonyme : dû.

dû, due adj. **1.** Que l'on doit. *Il a payé la somme due,* qu'il devait. – n. m. *Il vient réclamer son dû,* ce qu'on lui doit. **2.** Causé par quelque chose. *Le retard de l'avion est dû au brouillard. Ses nombreux échecs sont dus à la malchance.* ▮ homonyme : du. ▷ Mot de la famille de ① devoir.
▶ Il y a un *û* seulement au masculin singulier : on écrit *dû, dus, due, dues.*

dubitatif, dubitative adj. Qui montre que l'on a un doute, des doutes. *Elle le regarda d'un air dubitatif.* ➜ **incrédule, sceptique.** *Elle était dubitative.*

duc n. m., **duchesse** n. f. Personne qui porte le titre de noblesse le plus élevé après celui de prince ou de princesse.

▸ **ducal, ducale** adj. Qui appartient à un duc ou à une duchesse. *Le palais ducal.* – Au masc. pl. *ducaux.*

▸ **duché** n. m. Territoire gouverné par un duc.

duel n. m. Combat, à armes égales, entre deux personnes dont l'une a offensé l'autre. *Autrefois les nobles se battaient en duel à l'épée ou au pistolet.*

duffel-coat [dœfœlkot] n. m. Manteau court à capuchon, en gros tissu de laine. – Au pl. *Des duffel-coats.*

Ce mot vient de l'anglais. • On écrit parfois *duffle-coat, des duffle-coats.*

dune n. f. (➜ ÉTYM.) Colline de sable fin formée par le vent le long de la mer ou dans le désert.

dune du Pyla

duo n. m. Air de musique pour deux voix ou deux instruments. *Elles chantent en duo.* – Au pl. *Des duos.*

Duo est un mot italien.

dupe adj. *Ne pas être dupe,* c'est ne pas se laisser tromper. *Tu me dis des mensonges, mais je ne suis pas dupe,* je m'en rends compte.

▸ **duper** v. (conjug. 3) Tromper. ➜ **berner.** *Il s'est fait duper par un escroc.*

▸ **duperie** n. f. Tromperie.

Duperie appartient au langage soutenu.

duplex n. m. Appartement sur deux étages reliés par un escalier intérieur.

duplicata n. m. Copie exacte d'un document important. ➜ **double.** ▮ contraire : **original.** *Elle s'est fait faire un duplicata de son permis de conduire.* – Au pl. *Des duplicatas* ou *des duplicata.*

duplicité n. f. Caractère d'une personne qui a deux attitudes, qui joue deux rôles. ➜ **hypocrisie.** ▮ contraire : **franchise.**

duquel m. sing., **de laquelle** f. sing., **desquels** m. pl., **desquelles** f. pl. Pronoms relatifs et interrogatifs. *J'ai acheté deux gâteaux, duquel as-tu envie ?* ➜ aussi **lequel.** ▷ Mot de la famille de quel.

dur adj. et adv., **dure** adj.

■ adj. **1.** Qui résiste quand on appuie, qui ne se laisse pas entamer facilement. *Cette viande est dure comme du bois.* ➜ **coriace.** ▮ contraires : (1) **mou,** (3) **tendre.** *Du pain dur.* ➜ **rassis.** ▮ contraire : (1) **frais.** **2.** Difficile. *Cette dictée est très dure.* ▮ contraires : **facile, simple.** **3.** Pénible à supporter. *La mort de sa mère a été une dure épreuve.* ➜ **rude.** **4.** Insensible, inflexible. *La directrice est souvent dure envers les élèves.* ➜ **sévère.** ▮ contraires : **doux, indulgent.**

■ adv. Fort, beaucoup. *Il travaille dur pour réussir.*

▶ Autres mots de la famille : durcir, durcissement, durement, dureté, durillon, endurance, endurant, endurci, endurcir, endurer.

durable adj. **1.** Qui va durer longtemps. *Il gardera de ces vacances un souvenir durable.* ▮ contraires : **fugace,** (2) **fugitif,** (2) **passager.** **2.** *Le développement durable,* c'est une forme de développement qui respecte l'environnement et qui cherche à préserver les ressources naturelles de la Terre. ▷ Mot de la famille de durer.

durant prép. **1.** Pendant. *Ils se sont rencontrés durant les vacances.* **2.** *Il a plu trois jours durant,* trois jours de suite. ▷ Mot de la famille de durer.

durcir v. (conjug. 11) **1.** Devenir dur. *Le ciment durcit très vite.* ▮ contraire : **ramollir.** **2.** **se durcir,** devenir plus dur. *Son ton s'est durci,* est devenu plus sévère. ▮ contraire : se **radoucir.** **3.** Rendre plus intransigeant. *Les adversaires ont durci leur position.*

▸ **durcissement** n. m. **1.** Le fait de devenir dur, de durcir. *Le durcissement du plâtre est très rapide.* **2.** Le fait de se durcir. *On constate un certain durcissement de la grève.*

▷ Mots de la famille de dur.

a b c d e f g h i j k l m n o p q r s t u v w x y z

durée n. f. Temps qui s'écoule entre le début et la fin de quelque chose. *Le magasin est fermé pour la durée des vacances.* ▷ Mot de la famille de durer.

durement adv. Brutalement, sévèrement. *Il lui a parlé très durement.* ▮ contraire : **gentiment.** ▷ Mot de la famille de dur.

durer v. (conjug. 3) **1.** Se dérouler pendant un certain temps. *Ce film dure deux heures.* **2.** Résister à la destruction, à l'usure. *Ces fleurs n'ont pas duré longtemps.*
▶ Autres mots de la famille : durable, durant, durée.

dureté n. f. **1.** Caractère de ce qui est dur, résistant et ne se laisse pas entamer facilement. *La dureté du marbre.* ▮ contraire : **tendreté.** **2.** Manque de sensibilité, de cœur. *Ils traitent leurs enfants avec dureté.* ➜ **sévérité.** ▮ contraires : **douceur, gentillesse.** ▷ Mot de la famille de dur.

durillon n. m. Endroit où la peau a durci. *Il a un gros durillon sous un orteil.* ➜ ② **cor.** ▷ Mot de la famille de dur.

duvet n. m. **1.** Petites plumes douces et légères qui recouvrent le corps des oisillons et que l'on trouve sur le ventre et le dessous des ailes des oiseaux adultes. *Le duvet des poussins. Une couette garnie de duvet.* **2.** Sac de couchage garni de duvet ou d'une autre matière semblable. *Les campeurs dorment dans un duvet.* **3.** Poils fins et doux chez certains animaux et certaines plantes. *Les pêches sont recouvertes de duvet.*

▸ **duveté, duvetée** adj. Couvert de duvet. *Une pêche duvetée.* ➜ **velouté.**

DVD [devede] n. m. inv. Disque sur lequel sont enregistrés des sons et des images vidéos. *Ce film vient de sortir en DVD. Un lecteur de DVD.*

dynamique adj. Qui est actif, a beaucoup d'entrain et d'énergie. ➜ **énergique.** *Une femme dynamique.* ▮ contraires : **indolent, mou.**

▸ **dynamiser** v. (conjug. 3) Donner du dynamisme, de l'énergie. *L'entraîneur dynamise son équipe.*

▸ **dynamisme** n. m. Caractère d'une personne dynamique. ➜ **énergie, vitalité.** *Il est plein de dynamisme.*

▶ Attention, il y a un *y* puis un *i*.

dynamite n. f. Explosif très puissant. *Les résistants ont fait sauter le pont à la dynamite.*

▸ **dynamiter** v. (conjug. 3) Faire sauter à la dynamite. *Les résistants ont dynamité un train.*

dynamo n. f. Petit appareil qui produit du courant électrique. *La dynamo fait fonctionner le phare du vélo.*

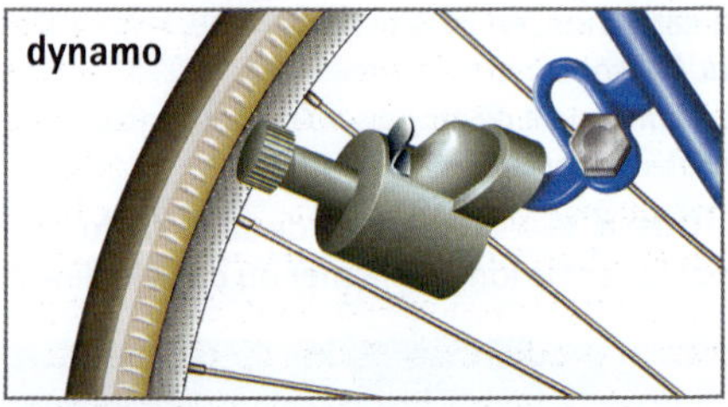

dynastie n. f. Famille de rois qui ont régné les uns à la suite des autres. *La dynastie des Capétiens a régné en France de 987 à 1328.*

▸ **dynastique** adj. Qui concerne une dynastie. *Les querelles dynastiques.*

dysenterie [disɑ̃tʀi] n. f. Maladie grave qui donne très mal au ventre et provoque des diarrhées. *On peut attraper la dysenterie en buvant de l'eau polluée, dans les pays chauds.*

dyslexique adj. Qui a des difficultés pour lire, confond certaines lettres et intervertit les syllabes. *Leur fils est dyslexique.* – n. *Une dyslexique.*

eau n. f. (pl. **eaux**) **1.** Liquide naturel sans odeur, sans goût, sans couleur et transparent quand il est pur. → fam. ② **flotte.** *L'eau de pluie est douce, l'eau de mer est salée. Un cours d'eau.* → planche **Eau.** *Les enfants jouent au bord de l'eau. Paul a bu un verre d'eau.* → planche **Alimentation.** – *Se jeter à l'eau,* se décider brusquement, se lancer dans un travail, un projet. – *Son projet est tombé à l'eau,* il ne s'est pas réalisé. → **échouer.** – *Il passera de l'eau sous les ponts,* le temps passera. – *Mettre de l'eau dans son vin,* c'est être moins difficile, moins exigeant. **2.** *Une ville d'eaux,* où il y a des sources d'eaux qui aident à soigner certaines maladies. *La Bourboule est une ville d'eaux.* → aussi **thermal. 3.** *Eau de Cologne,* liquide parfumé qui sert à la toilette. **4.** *Eau de Javel,* liquide jaunâtre qui sert à désinfecter et à décolorer. **5.** *Mettre l'eau à la bouche,* faire saliver. *La vue des gâteaux dans la vitrine de la pâtisserie lui met l'eau à la bouche.* ▮ homonymes : au, haut, ho, ô, oh.

▸ **eau-de-vie** n. f. Boisson faite à partir du jus fermenté des fruits, qui contient beaucoup d'alcool. *Des eaux-de-vie de prune. Des cerises à l'eau-de-vie.* ▷ Mot de la famille de **vie.**

▸ Autres mots de la famille : **tirant d'eau,** à **vau-l'eau.**

ébahir v. (conjug. 11) Étonner, stupéfier. *La nouvelle les a tous ébahis.*

▸ **ébahi, ébahie** adj. Très étonné. *Louise est restée tout ébahie à cette nouvelle.* → **abasourdi, ahuri, éberlué, stupéfait.**

▸ Il y a un *h* après le *a*.

s'ébattre v. (conjug. 44) Bouger, s'agiter dans tous les sens pour s'amuser. → **folâtrer.** *Les nageurs s'ébattent dans la piscine.*

▸ **ébats** n. m. pl. Mouvement d'une personne ou d'un animal qui s'agite. *Dans le square, les mamans surveillent les ébats de leurs enfants.*

▸ Ces mots appartiennent au langage recherché.

ébaucher v. (conjug. 3) **1.** Commencer à faire quelque chose ; donner la première forme à un objet que l'on fabrique. *Le peintre a ébauché un tableau mais ne l'a pas achevé.* → **esquisser. 2.** Commencer quelque chose sans aller jusqu'au bout. *À travers ses larmes, il ébaucha un sourire.*

▸ **ébauche** n. f. **1.** Première forme donnée à quelque chose. → **esquisse.** *Le tableau est encore à l'état d'ébauche.* **2.** Commencement, début. *L'ébauche d'un sourire.* → **amorce.**

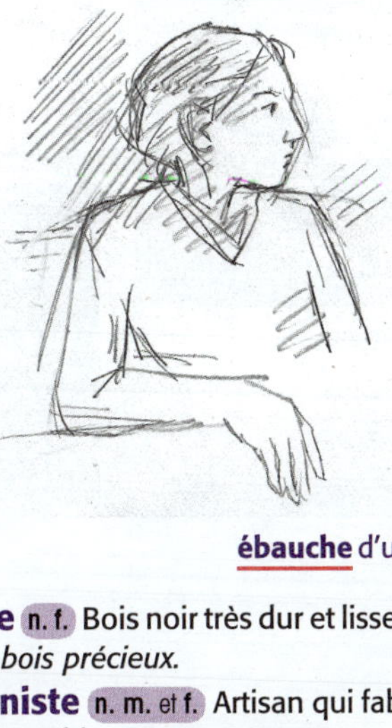

ébauche d'un portrait

ébène n. f. Bois noir très dur et lisse. *L'ébène est un bois précieux.*

▸ **ébéniste** n. m. et f. Artisan qui fabrique de beaux meubles. → aussi **menuisier.**

▸ **ébénisterie** n. f. Fabrication de beaux meubles.

le cycle de l'eau

Sous l'effet du soleil, une partie de l'eau des mers, des lacs, des sols humides et de la transpiration des plantes s'évapore et forme des nuages. Ces derniers s'élèvent et finissent par donner des précipitations (pluie, neige...) dont 80 % tombe dans les océans et 20 % sur les continents. Ce cycle ne s'arrête jamais : plus de la moitié de la pluie tombée sur le sol s'évapore à nouveau rapidement. 25 % s'infiltre dans le sol et alimente les nappes et les rivières souterraines et 15 % rejoint par ruissellement les cours d'eau qui se jettent dans les océans. La déforestation, l'urbanisation, l'irrigation perturbent ce cycle.

→ **hydrographie**, nappe **phréatique**, **vapeur** (d'eau).
→ planches **mare, océan, rivière.**

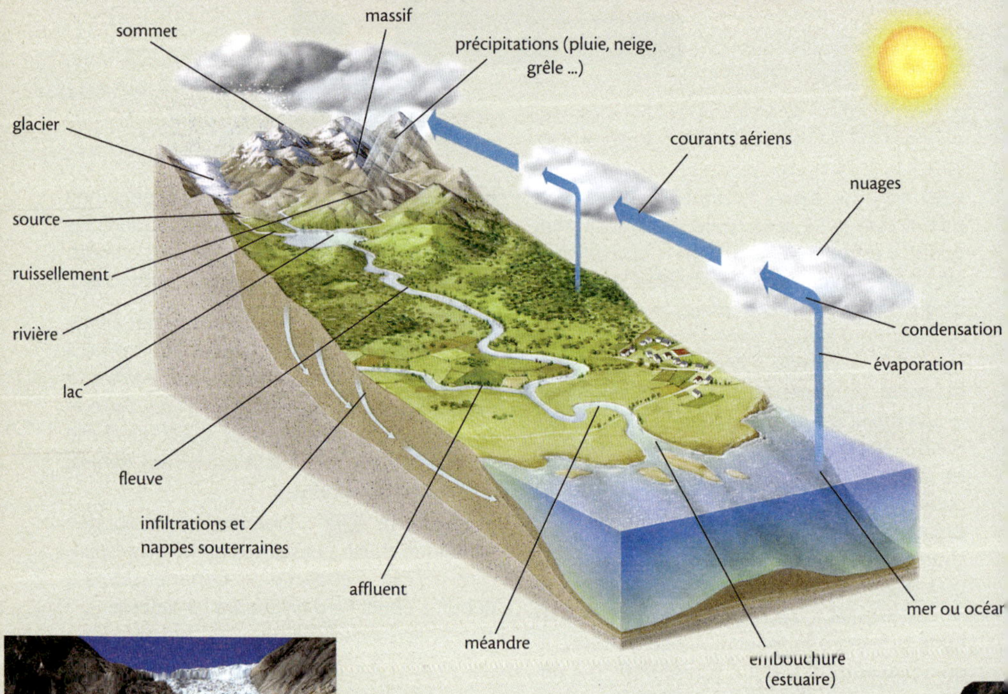

glacier

lac glaciaire

cascade

éberlué, éberluée adj. Très étonné. ➜ **ébahi, stupéfait.** *Un air éberlué.*

éblouir v. (conjug. 11) **1.** Troubler la vue par une lumière trop forte. ➜ **aveugler.** *L'éclat du soleil l'éblouissait.* **2.** Émerveiller, fasciner. *Les acrobates éblouissent les enfants.*

▸ **éblouissant, éblouissante** adj. **1.** Qui éblouit. ➜ **éclatant.** *La blancheur éblouissante de la neige.* **2.** Merveilleux, fascinant. *Elle était éblouissante de beauté. Un spectacle éblouissant,* d'une qualité impressionnante.

▸ **éblouissement** n. m. **1.** Trouble de la vue accompagné de vertige. *Il a eu un éblouissement et s'est évanoui.* **2.** Enchantement, émerveillement. *Ce spectacle est un éblouissement.*

éborgner v. (conjug. 3) Rendre borgne, crever un œil à quelqu'un. *Fais attention à ne pas éborgner quelqu'un avec ton parapluie !* ▹ Mot de la famille de borgne.

éboueur n. m., **éboueuse** n. f. Personne dont le travail est de ramasser les ordures. *Les éboueurs vident les poubelles dans le camion.* ▹ Mot de la famille de boue.

ébouillanter v. (conjug. 3) **1.** Passer à l'eau bouillante. *On ébouillante la théière avant de faire le thé.* **2. s'ébouillanter,** se brûler avec un liquide bouillant. *Julie s'est ébouillantée avec du lait brûlant.* ▹ Mot de la famille de bouillir.

s'ébouler v. (conjug. 4) Tomber par morceaux en s'affaissant. *Le talus s'est éboulé.*

▸ **éboulement** n. m. Chute de terre, de pierres. *Un éboulement a bloqué la route.*

▸ **éboulis** [ebuli] n. m. Tas de pierres, de matériaux éboulés. *Des éboulis de roches.*
▸ Attention au *s* final, qui ne se prononce pas.

ébouriffé, ébouriffée adj. Qui a les cheveux en désordre. *Léa est tout ébouriffée à cause du vent.* ➜ **échevelé.**

ébranler v. (conjug. 3) **1.** Faire trembler, faire vibrer par un choc. ➜ **secouer.** *La détonation a ébranlé les vitres.* **2.** Affaiblir, mettre en danger. ➜ **déstabiliser.** *La crise a ébranlé le gouvernement.* **3. s'ébranler,** se mettre en marche. *Le cortège s'ébranla.* ▹ Mot de la famille de branler.

ébrécher v. (conjug. 8) Abîmer en cassant le bord. *Elle a ébréché un bol en le heurtant contre l'évier.*

▸ **ébréché, ébréchée** adj. Dont le bord est abîmé, cassé. *Des bols ébréchés.*
▹ Mots de la famille de brèche.

ébriété n. f. État d'une personne qui a bu trop d'alcool. ➜ **ivresse.** *Il est interdit de conduire en état d'ébriété.*

s'ébrouer v. (conjug. 4) S'agiter pour se débarrasser de l'eau, des saletés qu'on a sur le corps. *La chienne s'est ébrouée en sortant de l'eau.*

ébruiter v. (conjug. 3) Faire connaître à de nombreuses personnes une nouvelle qui était secrète. ➜ **divulguer.** *Il ne faut pas ébruiter nos projets.* ▹ Mot de la famille de bruit.

ébullition n. f. État d'un liquide qui bout. *L'eau est à ébullition à 100 degrés. Attends l'ébullition pour mettre les pâtes dans l'eau.*
▸ Ce mot prend deux *l*.

écaille n. f. **1.** Chacune des petites plaques dures qui recouvrent le corps des poissons et des reptiles. *Les serpents, les lézards, les tortues ont des écailles. Les écailles argentées des sardines.* **2.** Matière qui recouvre la carapace des tortues de mer et dont on fait des objets. *Un peigne en écaille.* **3.** Petit morceau qui se détache. *Des écailles de peinture tombent du plafond.*

▸ **écailler** v. (conjug. 3) **1.** Enlever les écailles. *Le poissonnier écaille la dorade.* **2. s'écailler,** partir par petites plaques, par écailles. *La peinture du mur s'est écaillée.*

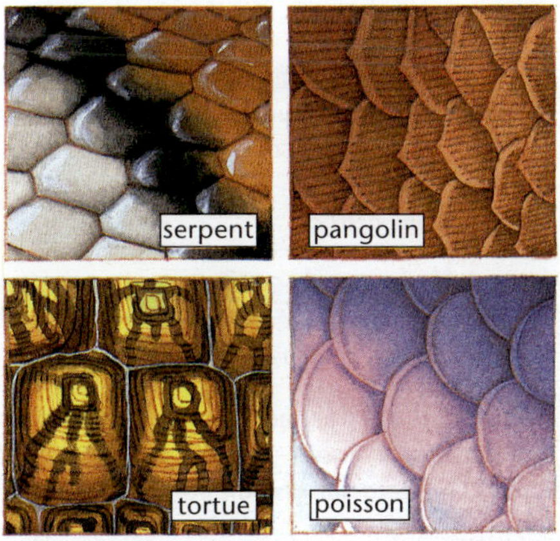

écailles

écarlate adj. D'un rouge très vif. *Des rubans écarlates. Julie est devenue écarlate,* toute rouge. ➜ **cramoisi.**

écarquiller v. (conjug. 3) *Écarquiller les yeux,* les ouvrir très grand.

écart n. m. 1. *Faire le grand écart,* écarter les jambes au maximum de façon à les avoir à l'horizontale. *Le danseur a fait le grand écart.* 2. Différence. *Dans le désert, il y a de grands écarts de température entre le jour et la nuit.* → **variation** et aussi **amplitude.** 3. Mouvement brusque sur le côté. *Le cheval a fait un écart.* 4. *À l'écart,* à une certaine distance. *Il se tient toujours à l'écart. La ferme est à l'écart de la route.* ▷ Mot de la famille de écarter.

écarteler v. (conjug. 7a) 1. Déchirer un condamné à mort en quatre en faisant tirer ses membres par quatre chevaux. *Ravaillac, l'assassin d'Henri IV, fut écartelé en 1610.* 2. *Être écartelé entre deux choses,* hésiter sans réussir à choisir, être tiraillé entre les deux.

écarter v. (conjug. 3) 1. Mettre plusieurs choses à une certaine distance les unes des autres. *Écartez les bras. Il faut écarter la table du mur.* → **éloigner.** ▮ contraire : **rapprocher.** 2. Ne pas tenir compte d'une chose. → **rejeter.** *Écartons cette hypothèse.* → **éliminer, exclure.**

▸ **écartement** n. m. Espace qui sépare une chose d'une autre. → **distance.** *L'écartement des rails de chemin de fer.*

▶ Autre mot de la famille : écart.

ecchymose [ekimoz] n. f. Tache bleue laissée sur la peau par un coup. → **bleu, hématome.** *Il avait le corps couvert d'ecchymoses.*

▶ Deux *c*, un *h* et un *y*.

ecclésiastique n. m. Membre du clergé. → **clerc** et aussi **pasteur, prêtre.** *Le pape, les évêques, les pasteurs sont des ecclésiastiques.*

▮ contraire : **laïc.**

▶ Attention aux deux *c*.

écervelé, écervelée adj. Étourdi, sans cervelle. *Julie est un peu écervelée.* – n. *C'est une écervelée.* ▷ Mot de la famille de cerveau.

échafaud n. m. Estrade où l'on exécutait les condamnés à mort. *Le 21 janvier 1793, Louis XVI monta sur l'échafaud.* → aussi **guillotine.**

échafauder v. (conjug. 3) *Échafauder un plan,* l'imaginer, le combiner. → **élaborer.** *Théo a échafaudé un plan pour ne pas aller à l'école demain.*

▸ **échafaudage** n. m. Plateforme démontable que l'on installe pour construire ou réparer un bâtiment. *Les ouvriers ont dressé un échafaudage pour ravaler la façade de l'immeuble.*

échalas [eʃalɑ] n. m. 1. Pieu qui soutient une plante grimpante ou un cep de vigne. 2. *Un grand échalas,* une personne grande et maigre. → **escogriffe.** *Leur fils est un grand échalas d'un mètre quatre-vingt-dix.*

▶ On ne prononce pas le *s* final.

échalote n. f. Plante dont on utilise le bulbe, cru ou cuit, dans les assaisonnements et les sauces. *Elle prépare une sauce à l'échalote.*

▶ *Échalote* s'écrit avec un seul *t*.

des **échalotes**

échancré, échancrée adj. Creusé en arrondi ou en pointe. *Elle porte une robe échancrée dans le dos.* → **décolleté.**

▸ **échancrure** n. f. Partie échancrée, ouverte. *L'échancrure d'un col.*

échanger v. (conjug. 5b) 1. *Échanger une chose contre une autre,* donner une chose à quelqu'un et recevoir autre chose à la place. *Paul a échangé trois billes contre un calot.* → **troquer.** 2. Donner et recevoir en retour. *Ils n'ont pas échangé un mot de la soirée.*

▸ **échange** n. m. Action de donner quelque chose et de recevoir autre chose à la place. *Alex et Louise ont fait un échange de CD.*

▸ **échangeur** n. m. Ensemble de routes qui se croisent à des niveaux différents. *Les bretelles d'un échangeur.*

▷ Mots de la famille de changer.

échantillon n. m. Petite quantité d'un produit qui permet au client de se faire une idée de la marchandise. *La vendeuse lui a donné des échantillons de parfum.*

échassier

échapper v. (conjug. 3) **1.** *Échapper à quelqu'un,* ne pas être attrapé, pris par lui. *Le fugitif a échappé à ses poursuivants.* **2.** Ne pas être vu, remarqué ou compris. *C'est un détail qui m'avait échappé. Son prénom m'échappe,* je ne m'en souviens pas. *Rien ne lui échappe,* il remarque tout. **3.** Glisser, tomber. *Le verre lui échappa des mains.* **4.** Éviter quelque chose de désagréable. *Il a échappé de justesse à l'accident,* il a failli avoir un accident. – *Il l'a échappé belle,* il a évité de peu le danger.

▸ **s'échapper** v. **1.** S'enfuir, se sauver. → aussi **s'évader.** *Un lion s'est échappé du zoo.* **2.** Sortir. *La fumée s'échappe par la cheminée.*

▸ **échappatoire** n. f. Moyen de se tirer d'embarras. *Il cherchait une échappatoire pour refuser cette invitation qui l'ennuyait.* → **faux-fuyant.**

Échappatoire est un nom féminin.

▸ **échappée** n. f. Action menée par un concurrent qui prend de l'avance sur les autres. *Le cycliste a gagné l'étape après une échappée solitaire.*

▸ **échappement** n. m. Sortie des gaz du moteur. *Les gaz sortent par le pot d'échappement.*

Ces mots s'écrivent avec deux *p.*

▸ Autre mot de la famille : réchapper.

écharde n. f. Petit morceau de bois ou épine qui a pénétré sous la peau par accident. *Julie a une écharde sous le pied.*

écharpe n. f. **1.** Longue bande de tissu ou de tricot que l'on porte autour du cou. → **cache-nez.** *Mets ton écharpe, il fait froid.* **2.** Large bande de tissu qui sert d'insigne. *Le maire porte une écharpe tricolore.* **3.** Bandage passé par-dessus une épaule pour soutenir le bras. *Paul a un bras en écharpe.*

écharper v. (conjug. 3) Massacrer, mettre en charpie. *Furieux, les spectateurs du match voulaient écharper l'arbitre.* ▷ Mot de la famille de charpie.

échasses n. f. pl. Longs bâtons munis d'un support pour le pied, utilisés pour se déplacer. *Les bergers des Landes utilisaient autrefois des échasses.*

▸ **échassier** n. m. Oiseau des marais à longues pattes. *La cigogne, la bécasse sont des échassiers.*

échauder v. (conjug. 3) *Se faire échauder,* c'est être victime d'une mésaventure et être très déçu. *J'ai été bien échaudé, je ne recommencerai pas.* – *Chat échaudé craint l'eau froide,* quand il vous est arrivé une mésaventure, vous devenez très prudent. ▷ Mot de la famille de chaud.

s'échauffer v. (conjug. 4) Exercer ses muscles avant de faire un effort. *Les danseurs s'échauffent au début de chaque répétition.*

▸ **échauffement** n. m. Action d'échauffer ses muscles. *Le cours de gymnastique commence par des exercices d'échauffement.*

▷ Mots de la famille de chauffer.

échauffourée n. f. Bagarre de courte durée. *Il y a eu une échauffourée entre des voyous.* → aussi **escarmouche.**

Ce mot prend deux *f.*

échauguette n. f. Petite tour à l'angle d'un château fort d'où l'on peut faire le guet.

échauguette

échéance n. f. **1.** Date à laquelle on doit payer quelque chose. *L'échéance de la facture* *est le 30.* **2.** Temps que l'on a pour faire quelque chose. ➜ **délai.** *Un projet à longue échéance,* qui doit se réaliser dans un avenir lointain. ➜ ① **terme.** *À brève échéance,* bientôt, dans peu de temps. ▷ Mot de la famille de choir.

le cas échéant adv. À l'occasion, éventuellement. *Vous pouvez lui téléphoner et, le cas échéant, aller le voir.* ▷ Famille de cas et de choir.

échec n. m. Le fait d'échouer, de ne pas réussir. ▮ contraires : **réussite, succès, triomphe.** *Il a subi un échec au baccalauréat.*

échecs n. m. pl. Jeu qui se joue à deux, avec des pièces que l'on déplace sur un échiquier. *Alex et son grand-père font une partie d'échecs.*
▶ Autre mot de la famille : échiquier.

échelle n. f. **1.** Objet formé de deux longues barres verticales, réunies par des barreaux transversaux qui servent de marches. *Le couvreur est monté sur une échelle pour aller sur le toit. – Faire la courte échelle à quelqu'un,* lui offrir ses mains et ses épaules comme points d'appui pour qu'il puisse grimper. **2.** *L'échelle d'un plan ou d'une carte,* le rapport entre la dimension réelle et sa représentation sur le plan ou la carte. *Sur une carte à l'échelle de 1/100, 1 mètre est représenté par 1 centimètre.*

▶ **échelon** n. m. **1.** Barreau d'une échelle. **2.** Degré, niveau. *Il a gravi peu à peu tous les échelons et est devenu directeur de la société.*
▶ Il n'y a qu'un seul *l* dans *échelon.*

▶ **échelonner** v. (conjug. 3) Répartir régulièrement dans le temps. *Les paiements seront échelonnés sur deux ans.* ➜ **étaler.**

écheveau n. m. (pl. **écheveaux**) Masse de fils repliés et réunis par un fil.

échevelé, échevelée adj. Qui a les cheveux en désordre, décoiffés. *Léa est complètement échevelée.* ➜ **ébouriffé.** ▷ Mot de la famille de cheveu.

échevin n. m., **échevine** n. f. Conseiller municipal.
▶ Ce mot est employé en Belgique.

échine n. f. **1.** Colonne vertébrale, dos. **2.** *L'échine de porc,* c'est la viande du dos du porc. **3.** *Courber, plier l'échine,* se soumettre, céder.

▶ **s'échiner** v. (conjug. 4) Se donner beaucoup de mal, beaucoup de peine. *Elle s'est échinée à les convaincre.* ➜ se **fatiguer.**

échiquier n. m. Plateau divisé en 64 cases noires et blanches, sur lequel on joue aux échecs. ➜ aussi **damier.** *Les deux joueurs disposent leurs pièces sur l'échiquier.* ▷ Mot de la famille de échecs.

écho [eko] n. m. **1.** Répétition d'un son renvoyé par un obstacle. *En montagne, il y a souvent de l'écho.* **2.** Ce qui est répété par quelqu'un. *Avez-vous des échos de ce qui s'est passé ?* ➜ **information,** ② **nouvelle.** ▮ homonyme : écot.

▶ **échographie** [ekogRafi] n. f. Méthode qui permet de voir sur un écran une partie du corps en utilisant des ondes sonores très faibles. *On fait des échographies aux femmes enceintes.*

échoppe n. f. Petite boutique. *L'échoppe du cordonnier.*

échouer v. (conjug. 3) **1.** Toucher le fond de l'eau par accident et ne plus pouvoir avancer. *Le bateau a échoué.* – On dit aussi *le bateau s'est échoué.* **2.** Ne pas réussir. *Il a échoué à son examen.* ➜ aussi **échec.** *Tous ses projets ont échoué.* ➜ fam. **capoter.** ▮ contraires : **marcher, réussir.**

éclabousser v. (conjug. 3) Mouiller en projetant du liquide. *La voiture a éclaboussé les passants en roulant dans une flaque d'eau.*
➜ **asperger.**

▶ **éclaboussure** n. f. Liquide que l'on projette quand on éclabousse. *Il était couvert d'éclaboussures.*

① **éclair** n. m. **1.** Lumière très forte et très brève, qui forme une ligne en zigzag dans le ciel, pendant un orage. *Le ciel était sillonné d'éclairs.* **2.** Lumière très vive qui dure très peu de temps. *L'éclair du flash d'un appareil photo. Un éclair de malice passa dans ses yeux.*
➜ **lueur.** **3.** *En un éclair,* très vite. *Nous avons tout organisé en un éclair.* ▷ Mot de la famille de clair.

② **éclair** n. m. Petit gâteau allongé, fourré de crème au café ou au chocolat et glacé sur le dessus. *Des éclairs au chocolat.*

éclairage n. m. Manière d'éclairer, lumière. *L'éclairage de cette pièce est insuffisant. Le technicien règle les éclairages de la scène.*
➜ planche **Spectacle.** ▷ Mot de la famille de clair.

éclaircir v. (conjug. 11) **1.** Rendre plus clair. *La peinture blanche éclaircit la pièce.* ▮ contraire : **assombrir.** – **s'éclaircir,** devenir plus clair. *Le temps s'éclaircit. Ses cheveux se sont éclaircis avec le soleil.* ▮ contraire : ① **foncer. 2.** Rendre claire une affaire embrouillée. → **débrouiller, élucider.** *L'inspecteur de police a éclairci cette mystérieuse affaire.* ▮ contraires : **embrouiller, obscurcir.**

▸ **éclaircie** n. f. Moment où le ciel s'éclaircit et où la pluie cesse. *Profitons de cette éclaircie pour aller nous promener.*

▸ **éclaircissement** n. m. Explication, renseignement sur une chose obscure. *Comme il ne comprenait pas, il m'a demandé des éclaircissements.*

▷ Mots de la famille de clair.

éclairer v. (conjug. 3) **1.** Donner de la lumière. *Cette lampe éclaire très bien.* **2.** Rendre plus clair, plus gai. *Un sourire a éclairé son visage.* → **illuminer. 3.** Aider quelqu'un à comprendre. *Éclairez-nous sur le sujet car nous n'y connaissons rien.*

▸ s'**éclairer** v. **1.** Se procurer de la lumière. *Autrefois, on s'éclairait à la bougie,* on utilisait la bougie pour avoir de la lumière. **2.** Prendre un air joyeux. *Son visage s'éclaira.* **3.** Devenir clair, facile à comprendre. *Avec ses explications, tout s'est éclairé.*

▷ Mots de la famille de clair.

éclaireur n. m., **éclaireuse** n. f. **1.** n. m. Soldat que l'on envoie devant les autres pour reconnaître le terrain ou observer l'ennemi. **2.** n. Enfant, adolescent, entre onze et seize ans, membre d'une association de scoutisme.

des **éclairs**

① **éclat** n. m. **1.** Force, intensité d'une lumière ou d'une couleur. → **luminosité.** *Les lunettes noires protègent de l'éclat du soleil.* **2.** Splendeur. *Cette fête est célébrée chaque année avec beaucoup d'éclat.*

▶ Autre mot de la famille : éclatant.

② **éclat** n. m. **1.** Morceau d'un objet qui éclate, que l'on casse. *Julie s'est coupé le doigt avec un éclat de verre.* **2.** Bruit violent et soudain. *On entend des éclats de rire,* le bruit que fait une personne qui rit. *Le bébé rit aux éclats.*

▷ Mot de la famille de éclater.

éclatant, éclatante adj. **1.** Qui brille avec éclat. *Une couleur éclatante.* → **vif.** ▮ contraire : **terne. 2.** Remarquable. *Un succès éclatant.* → **triomphal.** ▷ Mot de la famille de ① éclat.

éclater v. (conjug. 3) **1.** Se briser avec violence et avec bruit en s'ouvrant, en projetant des morceaux. → **exploser.** *Le pneu de la voiture a éclaté.* → **crever. 2.** Faire un bruit violent et brusque. *À la fin du spectacle, les applaudissements éclatèrent. Théo a éclaté de rire,* il s'est mis à rire brusquement. *Paul a éclaté en sanglots.* **3.** Commencer brutalement. *Une guerre a éclaté dans le pays.* **4.** Apparaître de façon claire. *La vérité a finalement éclaté.*

▸ **éclatement** n. m. Rupture brutale d'un objet, explosion. *L'éclatement du pneu aurait pu provoquer un accident.*

▶ Autre mot de la famille : ② éclat.

éclectique adj. Qui a des goûts variés. *Mes parents sont éclectiques en musique : ils ont des disques de musique classique, de rock et de jazz.*

éclipse n. f. *Une éclipse de Soleil,* c'est ce qui se produit lorsque le Soleil disparaît pendant quelques minutes, caché par la Lune. → planche **Soleil.** *Une éclipse de Lune.* → planche **Lune.**

▸ **éclipser** v. (conjug. 3) **1.** *Éclipser quelqu'un,* se montrer plus brillant que lui. → **surpasser.** *Dans ce film, ce jeune comédien éclipse tous les autres acteurs.* **2. s'éclipser,** s'en aller discrètement. → **s'esquiver.** *Elle s'est éclipsée avant la fin de la réunion.*

éclopé, éclopée adj. Qui boite ou marche difficilement, à cause d'une blessure. *Alex est revenu éclopé des sports d'hiver.*

éclore (v.) (conjug. 48) S'ouvrir. *L'œuf éclot et le poussin en sort. Les roses en bouton ont éclos.*

▸ **éclosion** (n. f.) Le fait de s'ouvrir. *Les oiseaux couvent leurs œufs jusqu'à l'éclosion. L'éclosion des œufs de papillon.* → planche **Papillons.** *L'éclosion des bourgeons a lieu au printemps.*

▷ Mots de la famille de clore.

écluse (n. f.) Partie d'une rivière ou d'un canal limitée par deux portes, dans laquelle on fait changer la hauteur de l'eau, de sorte que les bateaux puissent passer d'un niveau à l'autre. *La péniche franchit l'écluse sur le canal.*

▸ **éclusier** (n. m.), **éclusière** (n. f.) Personne qui est chargée de manœuvrer une écluse.

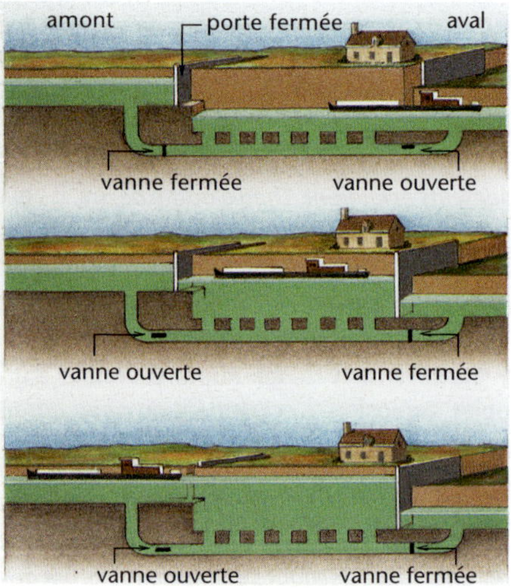

fonctionnement d'une **écluse**

écocitoyen, écocitoyenne (adj.) Responsable à l'égard de l'environnement. *Le tri des déchets est un geste écocitoyen.* – n. *Les écocitoyens,* les personnes engagées dans le respect de l'environnement. ▷ Mot de la famille de cité.

écœurer (v.) (conjug. 3) **1.** Dégoûter au point de donner envie de vomir. *Cette crème m'écœure, elle est trop sucrée.* **2.** Inspirer du mépris, de l'indignation. → **dégoûter, répugner.** *Toutes ces manigances l'écœuraient.*

▸ **écœurant, écœurante** (adj.) **1.** Qui donne envie de vomir. *Cette mousse au chocolat est écœurante.* **2.** Répugnant, révoltant. *C'est d'une injustice écœurante.*

▸ **écœurement** (n. m.) **1.** État d'une personne écœurée. *Il a mangé jusqu'à l'écœurement.* → **nausée.** **2.** Dégoût profond. → **répugnance.** *On ne peut éprouver que de l'écœurement devant une telle injustice !*

▷ Mots de la famille de cœur.

école (n. f.) **1.** Endroit où est donné un enseignement à des groupes de personnes. *Théo est à l'école primaire, en CM2. Chaque matin, les enfants vont à l'école,* en classe. *Le père de Léa a suivi les cours d'une école d'ingénieurs.* **2.** Ensemble des élèves et des enseignants d'une école. *Toute l'école a participé à la fête.*

▸ **écolier** (n. m.), **écolière** (n. f.) Enfant qui va à l'école primaire. → **élève.** *Les écoliers apprennent à lire au cours préparatoire.*

▶ Autre mot de la famille : auto-école.

écologie (n. f.) (→ ÉTYM.) Science qui étudie le milieu naturel, dans son rapport avec les êtres vivants. → aussi **écosystème.**

▸ **écologique** (adj.) Qui concerne l'écologie. *La pollution est un problème écologique.*

▸ **écologiste** (n. m. et f.) Personne qui est engagée dans la protection de la nature et de l'environnement. *Les écologistes protègent les animaux en voie de disparition.*

économe (adj., n. m. et f.)

▪ adj. Qui dépense peu d'argent. ▮ contraire : **dépensier.**

▪ n. m. et f. Personne dont le métier est de s'occuper de l'argent reçu et dépensé dans un couvent, un hôpital, un collège. → **intendant.**

▸ **économie** (n. f.) **1.** Ce que l'on évite de dépenser. *L'avion permet une économie de temps.* → **gain.** ▮ contraire : **perte.** – Au plur. Argent que l'on a économisé. *Il a mis ses économies à la Caisse d'épargne.* **2.** *L'économie d'un pays,* la façon dont sont organisés son agriculture, son industrie et son commerce. *L'économie de ce pays est florissante.*

▸ **économique** (adj.) **1.** Qui permet de moins dépenser, de faire des économies. *La grande boîte est plus économique que la petite.* → **avantageux.** ▮ contraire : **coûteux.** **2.** Qui concerne l'économie d'un pays. *Ce pays a des difficultés économiques.*

▸ **économiser** v. (conjug. 3) **1.** Dépenser peu, ne pas trop consommer. ▮ contraire : **gaspiller.** *Il faut économiser l'énergie. Repose-toi, économise tes forces !* ➜ ② **ménager. 2.** Mettre de l'argent de côté, ne pas le dépenser. *Il économise un peu chaque mois.* ➜ **épargner.** ▮ contraire : **dépenser.**

▸ **économiste** n. m. et f. Spécialiste de l'économie.

écoper v. (conjug. 3) **1.** Vider l'eau qui s'est introduite dans un bateau. *Il y a une fuite à bord, il va falloir écoper.* **2.** Familier. Recevoir, subir une punition. *L'automobiliste en infraction a écopé d'une amende.*

écorce n. f. **1.** Partie de l'arbre qui entoure le tronc et les branches et qui protège la sève. *L'écorce des bouleaux est blanche.* **2.** Enveloppe dure de certains fruits. *L'écorce de l'orange.* ➜ **peau. 3.** *L'écorce terrestre,* la partie solide qui entoure la Terre. *L'écorce terrestre a une épaisseur d'environ 30 kilomètres.*

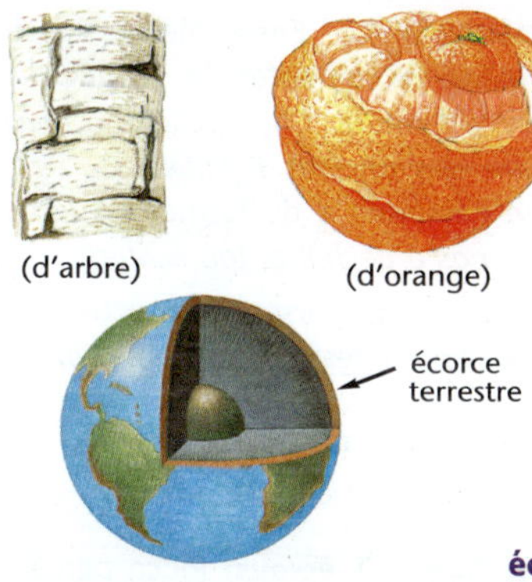

écorce

écorcher v. (conjug. 3) **1.** Enlever la peau d'un animal mort. *On écorche un lapin avant de le faire cuire.* ➜ **dépouiller. 2.** Déchirer légèrement la peau. *Les ronces lui ont écorché les bras.* ➜ **égratigner, érafler.** *Julie s'est écorché le genou en tombant.* **3.** *Écorcher un mot,* le déformer en le prononçant mal. *Les bébés écorchent souvent les mots quand ils commencent à parler.*

▸ **écorchure** n. f. Déchirure légère de la peau. ➜ **égratignure.** *Paul est tombé de vélo, il a des écorchures sur les genoux.*

écossais, écossaise adj. *Un tissu écossais* est tissé de fils de plusieurs couleurs qui se croisent en formant des rayures et des carreaux. *Une jupe écossaise,* en tissu écossais.

écosser v. (conjug. 3) Retirer des graines de leur cosse. *Les enfants écossent les petits-pois.* ▷ Mot de la famille de cosse.

écosystème n. m. Ensemble formé par un milieu naturel et les organismes qui y vivent. *La montagne est un écosystème.* ▷ Mot de la famille de système.

écot n. m. Ce que chacun doit payer pour un repas en commun. *Chaque convive a payé son écot,* sa part. ➜ aussi **quote-part.** ▮ homonyme : écho.

écouler v. (conjug. 3) Vendre complètement une marchandise. *L'épicier a écoulé tout son stock de lait.* ▮ contraire : **stocker.**

▸ s'**écouler** v. **1.** Couler hors d'un endroit, se déverser. *La pluie s'écoule par la gouttière.* **2.** Passer, en parlant du temps. *Dix ans se sont écoulés depuis leur dernière rencontre.*

▸ **écoulement** n. m. Le fait de sortir, de s'écouler. *Le tout-à-l'égout assure l'écoulement des eaux usées.* ➜ **évacuation.**

▷ Mots de la famille de couler.

écourter v. (conjug. 3) Rendre plus court en durée. ➜ **abréger.** *Ils ont écourté leurs vacances de quelques jours.* ▮ contraire : **prolonger.** ▷ Mot de la famille de ① court.

écouter v. (conjug. 3) **1.** Faire attention à des bruits, des sons, des paroles. *Louise écoute de la musique. J'ai essayé d'écouter ce qu'ils disaient mais je n'entendais pas bien.* **2.** *Écouter quelqu'un,* suivre ses conseils. *Si tu m'avais écouté, tu n'en serais pas là !*

▸ **écoute** n. f. *Être à l'écoute,* écouter. *Restez à l'écoute de notre émission !* continuez à l'écouter ! *Ils sont à l'écoute de leurs enfants,* ils sont très attentifs à leurs enfants.

▸ **écouteur** n. m. Partie d'un téléphone ou d'un casque que l'on applique sur l'oreille pour écouter. *Les écouteurs d'un baladeur.*

écoutille n. f. Ouverture rectangulaire dans le pont d'un navire qui permet de descendre à l'intérieur.

écrabouiller v. (conjug. 3) Familier. Écraser complètement, mettre en bouillie. *Je vais écrabouiller ce moustique !*

écran n. m. **1.** Ce qui cache ou qui protège. *Les arbres forment un écran contre le vent.*

2. Surface sur laquelle on projette un film ou des photos. *Au cinéma, Julie aime bien être assez loin de l'écran.* **3.** Surface sur laquelle on voit l'image de la télévision ou de l'ordinateur. **4.** *L'écran,* le cinéma. *Ce roman va être porté à l'écran,* on va en faire un film. **5.** *Le petit écran,* la télévision. *Les vedettes du petit écran.*

écraser v. (conjug. 3) **1.** Aplatir et déformer en comprimant très fort. ➜ **broyer ;** fam. **écrabouiller.** *Alex écrase des pommes de terre pour faire de la purée.* – **s'écraser,** s'aplatir et se déformer. *L'avion s'est écrasé au sol.* **2.** Tuer en aplatissant. *Le chat s'est fait écraser par une voiture.* **3.** Faire supporter un poids trop lourd. *Elle est écrasée de travail,* elle en a trop. ➜ **accabler, surcharger. 4.** Vaincre. *Notre équipe a écrasé le camp adverse.*

▸ **écrasant, écrasante** adj. Très lourd. ➜ **accablant.** *Des soucis écrasants.* ➜ **lourd.** *Il fait une chaleur écrasante,* très forte.

▸ **écrasement** n. m. Destruction complète des forces d'un adversaire. ➜ **anéantissement.** *Les soldats ont combattu jusqu'à l'écrasement de l'armée ennemie.*

écrémé, écrémée adj. *Du lait écrémé,* c'est du lait dont on a enlevé la crème, la matière grasse. ▷ Mot de la famille de crème.

écrevisse n. f. Petit animal d'eau douce qui a cinq paires de pattes dont la première a de fortes pinces. ➜ planche **Rivière.** *L'écrevisse est un crustacé.* – *Paul est devenu rouge comme une écrevisse,* tout rouge, comme l'écrevisse cuite.

écrevisse

s'écrier v. (conjug. 9) Dire d'une voix forte. ➜ **s'exclamer.** *« Tiens, le voilà ! » s'écria-t-il.* ▷ Mot de la famille de crier.

écrin n. m. Boîte dans laquelle on range des bijoux, des objets précieux. *Elle a rangé sa bague dans son écrin.*

écrire v. (conjug. 42) **1.** Tracer des lettres, des signes d'écriture. *Les enfants apprennent à lire et à écrire au cours préparatoire. Théo écrit bien,* il a une jolie écriture. *Julie a écrit son nom sur son cahier.* ➜ **inscrire. 2.** Faire une lettre. *Louise m'a écrit une carte postale.* **3.** Faire un livre, une œuvre musicale. ➜ **composer.** *Mozart a écrit de nombreux opéras.*

▸ **s'écrire** v. **1.** Avoir telle orthographe. *Je ne sais pas comment s'écrit son nom. « Échalote » s'écrit avec un seul « t ».* **2.** Échanger des lettres, des messages. *Léa et Théo s'écrivent très souvent.* ➜ **correspondre.**

▸ **écrit** n. m. **1.** Texte écrit. *Les écrits de Victor Hugo sont très nombreux. Pour obtenir ce papier, il faut faire une demande par écrit,* en écrivant. ▮ contraire : **oralement. 2.** Épreuve écrite d'un examen. *Il a été meilleur à l'écrit qu'à l'oral.*

▸ **écriteau** n. m. Panneau qui porte une inscription. ➜ **pancarte.** *Sur l'écriteau, on pouvait lire : « Propriété privée, défense d'entrer ».*

▸ **écriture** n. f. **1.** Ensemble de signes que l'on utilise pour noter le langage parlé. ➜ planche **Écriture.** *Champollion a déchiffré l'écriture des anciens Égyptiens.* **2.** Manière qu'une personne a de former les lettres. *Je n'arrive pas à déchiffrer ton écriture.*

▸ **écrivain** n. m. Personne qui écrit des livres. ➜ **auteur.** *La comtesse de Ségur est un écrivain du 19e siècle.*

▮ On dit parfois au féminin *une écrivaine.*

▸ Autre mot de la famille : réécrire.

écrou n. m. (pl. **écrous**) Pièce percée d'un trou, qui maintient une vis ou un boulon. *Alex serre les écrous des freins de son vélo.*

▸ **écrouer** v. (conjug. 3) Emprisonner, incarcérer. *Le malfaiteur a été écroué.* ▮ contraires : **libérer, relâcher.**

s'écrouler v. (conjug. 4) Tomber tout d'un coup de tout son poids. ➜ **s'affaisser, s'effondrer.** *Plusieurs maisons se sont écroulées pendant le tremblement de terre.*

▸ **écroulement** n. m. Effondrement, destruction. *L'explosion a provoqué l'écroulement du pont.*

▷ Mots de la famille de crouler.

écru, écrue adj. **1.** Qui n'a pas été blanchi, préparé, et garde une teinte naturelle, en par-

l'écriture

L'écriture est apparue en Mésopotamie environ 3 500 ans avant notre ère. Les premières écritures, comme les hiéroglyphes égyptiens, utilisaient des pictogrammes, c'est-à-dire des signes représentant les choses. Dans les écritures alphabétiques — notre alphabet latin ou l'écriture arabe — les lettres correspondent à des sons de la langue parlée. L'hébreu, l'arabe s'écrivent de droite à gauche ; le chinois traditionnel, le japonais s'écrivent de haut en bas en commençant par la droite.

→ calligraphie, idéogramme.

Pictogrammes sur une tablette d'écriture (Basse-Mésopotamie, 4e millénaire av. J.-C.).

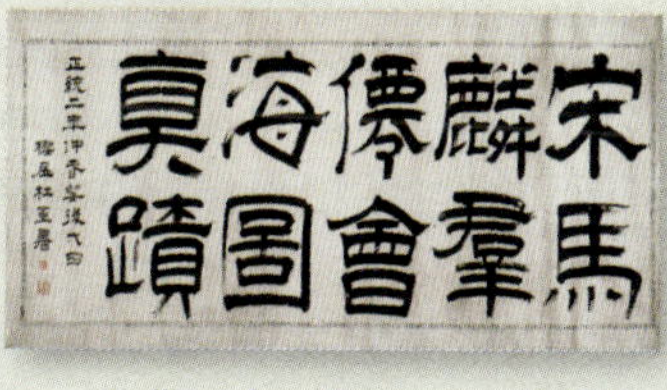

Calligraphie chinoise (13e s.).

Miniature d'un livre de prières juif en hébreu (Pologne, 16e-17e s.).

Page du Coran en arabe (écriture coufique) (13e s.).

Calligraphie japonaise (17e s.).

Inscription en chinois, tibétain et mongol (13e-14e s.).

Pierre runique (10e s.).

Inscription grecque (1er s.).

Hiéroglyphes égyptiens

Hiéroglyphes mayas (6e s.).

lant d'un textile. *Un pull de laine écrue.* **2.** Beige très clair, comme la laine écrue. *Théo a mis son pull écru.*

écu n. m. **1.** Ancienne monnaie française. *Des écus d'or.* **2.** Bouclier des soldats du Moyen Âge.

écu

écueil [ekœj] n. m. **1.** Rocher à ras de l'eau. ➜ **récif.** *La carte signale les écueils le long de la côte.* **2.** Difficulté, obstacle. *Attention, cette dictée est pleine d'écueils.* ➜ **piège.**

écuelle n. f. Petite assiette creuse, sans rebord. *Le chat mange sa pâtée dans une écuelle.* ➜ **gamelle.**

éculé, éculée adj. **1.** Dont le talon est usé. *Il avait des chaussures éculées.* **2.** Trop connu parce que répété de nombreuses fois. *Nous en avons assez de tes plaisanteries éculées.*

écume n. f. Mousse blanchâtre qui se forme à la surface des vagues ou sur les liquides en train de cuire ou de fermenter. *Les vagues se brisent et l'écume bouillonne.*

▸ **écumer** v. (conjug. 3) **1.** Enlever l'écume qui s'est formée à la surface d'un liquide. *Elle écume la confiture.* **2.** *Écumer de rage,* être au comble de la fureur.

▸ **écumoire** n. f. Instrument formé d'un manche et d'une partie plate, arrondie et percée de trous, qui sert à écumer le bouillon, la confiture.

écureuil n. m. Petit animal au pelage roux, parfois gris, à longue queue touffue, très agile, qui vit dans les arbres. ➜ planches **Forêt, ville.** *L'écureuil est un rongeur qui se nourrit de glands et de noisettes.*

écurie n. f. **1.** Bâtiment où on loge les chevaux. ➜ aussi **box.** *Les chevaux rentrent à l'écurie.* **2.** *Une écurie de course,* l'ensemble des chevaux appartenant à un même propriétaire, et aussi l'ensemble des voitures de course d'une même marque ou des cyclistes d'une même équipe.

écusson n. m. Insigne en tissu cousu sur un vêtement et montrant l'appartenance à un groupe. *Les militaires portent des écussons sur leur uniforme.*

écuyer n. m., **écuyère** n. f. (➜ ÉTYM.) **1.** n. m. Au Moyen Âge, gentilhomme qui était au service d'un chevalier. **2.** Personne qui, dans un cirque, fait un numéro d'acrobatie à cheval. *L'écuyère était debout sur le dos de son cheval.*

écuyère (*Le Cirque,* Seurat)

eczéma [ɛgzema] n. m. Maladie caractérisée par des plaques rouges sur la peau. *Théo a parfois de l'eczéma.*

On peut aussi écrire *exéma.*

édelweiss ou **edelweiss** [edɛlvajs] ou [edɛlvɛs] n. m. Fleur blanche en forme d'étoile couverte de duvet, qui pousse en haute montagne. – Au pl. *Des édelweiss, des edelweiss.*

▶ Écrire *édelweiss* avec un accent aigu sur le premier *e* est conforme à la nouvelle orthographe. • Ce mot vient de l'allemand.

édelweiss

éden [edɛn] n. m. Lieu très agréable. → **paradis.** *Ce square est un éden de verdure.*
▶ Ce mot appartient au langage soutenu.

édenté, édentée adj. Qui a perdu ses dents. *Une mâchoire édentée. Un peigne édenté.* ▷ Mot de la famille de dent.

édifiant, édifiante adj. *Une histoire édifiante,* une histoire très morale, qui montre l'exemple à suivre. ▷ Mot de la famille de ② édifier.

édification n. f. Construction. *L'édification de ce château a duré plusieurs dizaines d'années.* ▷ Mot de la famille de ① édifier.

édifice n. m. Grand bâtiment. *Cet édifice contient un musée et une bibliothèque.* ▷ Mot de la famille de ① édifier.

① **édifier** v. (conjug. 9) Bâtir un édifice, un monument. → **construire, élever.** *Cette cathédrale a été édifiée au 13e siècle.*
▶ Autres mots de la famille : édification, édifice.

② **édifier** v. (conjug. 9) Donner un bon exemple. *La comtesse de Ségur a écrit ses romans pour édifier ses jeunes lecteurs.*
▶ Autre mot de la famille : édifiant.

édit n. m. Autrefois, loi promulguée par le roi de France. *L'édit de Nantes fut promulgué en 1598 par Henri IV et mit fin aux guerres de Religion.* ▷ Mot de la famille de dire.

éditer v. (conjug. 3) *Éditer un livre,* le fabriquer, l'imprimer et le mettre en vente. → **publier.**

▶ **éditeur** n. m., **éditrice** n. f. Personne ou société qui édite des livres. *Un éditeur d'ouvrages scolaires.*

▶ **édition** n. f. **1.** *Une maison d'édition,* c'est une entreprise qui édite, publie des livres. **2.** Série d'exemplaires d'un livre édités en une fois. *Il y a eu plusieurs éditions des «Misérables».* **3.** Ensemble des exemplaires d'un journal imprimés en une seule fois. *Un évènement très important peut donner lieu à une édition spéciale.*
▶ Autres mots de la famille : inédit, rééditer, réédition.

éditorial n. m. (pl. **éditoriaux**) Article dans lequel la direction d'un journal donne son avis sur un évènement important. *Dans un quotidien, l'éditorial est généralement en première page.*

▶ **éditorialiste** n. m. et f. Personne qui écrit l'éditorial d'un journal, d'une revue.

édredon n. m. Grande enveloppe garnie de duvet qui se met sur un lit. → aussi ① **couette.** *L'hiver, Louise dort bien au chaud sous son gros édredon.*

éducateur n. m., **éducatrice** n. f. Personne chargée de s'occuper de l'éducation et de l'instruction des enfants. *Les enseignants sont des éducateurs.* ▷ Mot de la famille de éduquer.

éducatif, éducative adj. Qui développe l'intelligence et l'habileté. *Les jeux éducatifs instruisent et amusent en même temps.* ▷ Mot de la famille de éduquer.

éducation n. f. **1.** Formation, instruction. *Les parents s'occupent de l'éducation de leurs enfants. Les élèves suivent des cours d'éducation physique et sportive,* de gymnastique. **2.** *Avoir de l'éducation,* c'est être bien élevé. → **savoir-vivre.** *C'est un homme grossier, qui n'a aucune éducation,* qui est mal élevé. ▷ Mot de la famille de éduquer.

édulcorer v. (conjug. 3) **1.** Adoucir en ajoutant du sucre ou du sirop. *Je mets du miel dans ma tisane pour l'édulcorer.* **2.** Atténuer en enlevant

a b c d e f g h i j k l m n o p q r s t u v w x y z

ce qui peut choquer. *Il nous a raconté leur dispute en l'édulcorant.*

▸ **édulcorant** n. m. (→ ÉTYM.) Produit sans sucre qui donne un goût sucré. *Il met de l'édulcorant dans son café.*

éduquer v. (conjug. 3) *Éduquer un enfant,* s'en occuper en cherchant à développer toutes ses qualités. → **élever.** *Ils éduquent très bien leurs enfants.*

▸ Autres mots de la famille : éducateur, éducatif, éducation, rééducation, rééduquer.

effacer v. (conjug. 5a) **1.** Faire disparaître ce qui est écrit. *Louise efface le tableau avec un chiffon. Théo efface son dessin avec une gomme.* **2.** Faire oublier. *Le temps efface les mauvais souvenirs.*

▸ **s'effacer** v. **1.** Disparaître. *Les traces de pas se sont effacées.* **2.** Se mettre de côté pour ne pas gêner. *Il s'est effacé pour la laisser passer.*

▸ **effacé, effacée** adj. Qui se tient à l'écart, évite de se mettre en avant. *C'est une femme effacée.* → **discret.**

▸ **effacement** n. m. Discrétion. *Elle a vécu dans l'effacement.*

effarer v. (conjug. 3) Troubler en faisant peur. → **affoler, effrayer.** *Cette violente réaction nous a effarés.* ▮ contraire : **rassurer.**

▸ **effarant, effarante** adj. Qui étonne en indignant ou en faisant peur. *La moto roulait à une vitesse effarante.* → **effrayant.**

▸ **effaré, effarée** adj. Effrayé, affolé. *Il avait un air effaré.*

▸ **effarement** n. m. Frayeur, stupeur. *Il la regarda avec effarement.*

effaroucher v. (conjug. 3) Faire peur, effrayer. *Le bruit a effarouché les oiseaux, qui se sont envolés.* ▷ Mot de la famille de farouche.

① **effectif** n. m. Nombre de personnes qui forment un groupe. *L'effectif de cette classe est de 30 élèves.*

② **effectif, effective** adj. Qui produit un effet, un résultat. *Il nous a apporté une aide effective.*

▸ **effectivement** adv. En effet. *Effectivement, tu avais raison.*

effectuer v. (conjug. 3) Faire, exécuter. *Théo a des divisions et des multiplications à effectuer pour demain.*

monnaie à l'**effigie** de Louis XVI

efféminé, efféminée adj. *Un homme efféminé,* qui a quelque chose de féminin dans les manières. ▮ contraires : **mâle, viril.**

effervescence n. f. **1.** Bouillonnement d'un liquide produit par un dégagement de gaz qui forme des bulles. *La chaux vive entre en effervescence au contact de l'eau.* **2.** Agitation. *À l'approche du festival, toute la ville est en effervescence.*

▸ **effervescent, effervescente** adj. Qui se dissout dans l'eau en faisant des bulles. *Il a pris un comprimé effervescent de vitamine C.*

▸ Le *s* est suivi d'un *c*.

effet n. m. **1.** Ce qui est produit par une cause. → **résultat.** *L'effet de ce médicament est rapide.* **2.** *Sous l'effet de* la colère, sous l'action de la colère. → **empire, emprise. 3.** Impression. *Cette tenue débraillée fait très mauvais effet.* **4.** *En effet,* sert à introduire une explication. *Elle va nager tous les mardis soir, en effet la piscine ferme à 22 heures ce jour-là.* → ① **car, effectivement.**

effeuiller v. (conjug. 3) Enlever les feuilles d'un arbre ou les pétales d'une fleur. *Le vent effeuille les arbres. Paul effeuille une marguerite.* ▷ Mot de la famille de feuille.

efficace adj. **1.** Qui produit l'effet qu'on attend. *Ce sirop est efficace contre la toux.* → **actif. 2.** Qui fait ce qu'il faut quand il le faut. *C'est un collaborateur efficace.*

▸ **efficacement** adv. D'une manière efficace. *Théo aide efficacement sa mère.*

▸ **efficacité** n. f. Caractère d'une chose, d'une personne efficace. *Ce traitement a une grande efficacité.*
▸ Autres mots de la famille : inefficace, inefficacité.

effigie n. f. Portrait d'une personne sur une médaille, une pièce de monnaie. *On lui a donné une ancienne pièce de monnaie à l'effigie de Napoléon.*

effilé, effilée adj. Mince et allongé. *Elle a des doigts effilés.* ▷ Mot de la famille de fil.

s'effilocher v. (conjug. 4) Se défaire fil à fil. *Ce tissu s'effiloche. – Ce vieux torchon est tout effiloché par l'usure.* ▷ Mot de la famille de fil.

efflanqué, efflanquée adj. Qui est très maigre, dont les flancs sont creux. *Un chien efflanqué.* ▷ Mot de la famille de flanc.

effleurer v. (conjug. 3) **1.** Toucher légèrement. ➜ **frôler.** *Il effleura sa joue d'un baiser.* **2.** Venir à l'esprit. *Cette idée ne m'a pas effleuré.* ▷ Mot de la famille de ② fleur.

effluves n. m. pl. Odeurs qui se dégagent. *On sent les effluves parfumés des roses.* ➜ **parfum.**
▸ C'est un nom masculin qui appartient au langage soutenu.

s'effondrer v. (conjug. 4) **1.** S'écrouler. ➜ **s'affaisser.** *Le pont s'est effondré.* **2.** Ne plus tenir, ne plus résister. *Elle s'effondra en larmes dans ses bras. Le suspect s'est effondré et a avoué le vol.* ➜ fam. **craquer.**
▸ **effondré, effondrée** adj. Très abattu. *Elle paraissait totalement effondrée.*
▸ **effondrement** n. m. Écroulement. *L'effondrement de l'immeuble a fait plusieurs victimes.*

s'efforcer v. (conjug. 5a) *S'efforcer de faire quelque chose,* faire tout ce qu'on peut pour y arriver. *Léa s'est efforcée de sourire à travers ses larmes.* ➜ **essayer, tâcher, ② tenter.**
▸ **effort** n. m. Mal que l'on se donne pour faire quelque chose. ➜ **② peine.** *Paul a fait beaucoup d'efforts pour gagner la course. Encore un petit effort !*
▷ Mots de la famille de force.

effraction n. f. *Entrer quelque part par effraction,* c'est y entrer en cassant la porte, la fenêtre ou la serrure. *Les cambrioleurs ont pénétré dans la maison par effraction.*

effraie n. f. Chouette au plumage roux et gris clair. *L'effraie se nourrit de petits rongeurs et d'insectes.*

effraie

effrayer v. (conjug. 10) Faire peur. *Le bruit strident a effrayé le chat, qui s'est sauvé.* ➜ **terrifier, terroriser.**
▸ **effrayant, effrayante** adj. Qui fait peur. ➜ **effroyable, terrible.** *Alex a fait des cauchemars effrayants cette nuit. Quelle histoire effrayante !* ➜ **effarant.**
▸ **effrayé, effrayée** adj. *Un air effrayé,* qui montre une grande peur. ➜ **affolé.**

effréné, effrénée adj. Sans frein, très rapide. *Alex et Louise font une course effrénée.*

s'effriter v. (conjug. 4) Tomber en petits morceaux, en poussière. *Le rocher s'effritait dangereusement sous les pieds de l'alpiniste.* ➜ **se désagréger.**
▸ **effritement** n. m. Le fait de s'effriter. *L'effritement d'un mur.*

effroi n. m. Grande peur. ➜ **épouvante, frayeur, terreur** et aussi **effroyable.** *Ses yeux étaient remplis d'effroi.*
▸ Autres mots de la famille : effroyable, effroyablement.

effronté, effrontée adj. Très insolent. *Julie est quelquefois très effrontée.* ▮ contraires : **réservé, respectueux.**
▸ **effrontément** adv. D'une manière effrontée, avec insolence. ➜ **insolemment.** *Il ment effrontément.*
▸ **effronterie** n. f. Grande insolence. *Julie nous a regardés avec effronterie et nous a tiré la langue.*

effroyable adj. Très effrayant. → **terrifiant.** *On entendit soudain un vacarme effroyable.* → **épouvantable.**

▸ **effroyablement** adv. Excessivement, terriblement. → **épouvantablement.** *Ce chat est effroyablement maigre.* → **horriblement.**

effusion n. f. **1.** Manifestation sincère et exubérante d'un sentiment. *Il nous a remerciés avec effusion.* ▮ contraire : **froideur. 2.** *Sans effusion de sang,* sans que le sang ne coule. *La bagarre s'est terminée sans effusion de sang,* sans qu'il y ait de blessés ou de morts.

égal, égale adj. **1.** *Des choses égales,* des choses de même dimension. *Il faut couper la tarte en huit parts égales.* → **équivalent, identique, semblable.** ▮ contraire : **inégal. 2.** Qui a les mêmes droits et les mêmes devoirs. *Tous les hommes sont égaux.* **3.** Qui est toujours le même, qui ne change pas. → **constant, régulier.** *Théo est d'un caractère égal.* ▮ contraire : **changeant.** *Elle est toujours égale à elle-même,* elle ne change pas. **4.** *Cela m'est égal,* cela m'est indifférent.

▸ **également** adv. **1.** D'une manière égale. *La distribution de jouets a été faite également entre tous les enfants.* → **équitablement.** ▮ contraire : **inégalement. 2.** De même, aussi. *Louise passera voir Julie, et Léa également.*

▸ **égaler** v. (conjug. 3) **1.** Être égal par la quantité ou la valeur. *Deux plus deux égalent quatre (2 + 2 = 4).* → **faire.** – On écrit aussi *deux plus deux égale quatre.* **2.** Atteindre le même niveau. *Le champion a égalé le record du monde.*

▸ **égaliser** v. (conjug. 3) **1.** Rendre égal. *Le coiffeur égalise les cheveux de Julie,* il les coupe à la même longueur. **2.** Obtenir le même nombre de points que l'adversaire. *Les deux équipes ont égalisé 1 à 1.*

▸ **égalisation** n. f. Le fait d'égaliser. *Ce but a permis l'égalisation,* il a permis d'obtenir le même nombre de points dans chaque équipe.

▸ **égalité** n. f. **1.** Qualité de ce qui est égal. *À la mi-temps, les deux équipes étaient à égalité,* elles avaient le même nombre de points. → **ex-æquo. 2.** Le fait d'avoir les mêmes droits, d'être égaux devant la loi. *Il y a égalité entre tous les hommes,* tous les hommes sont égaux. *«Liberté, Égalité, Fraternité» est la devise de la République française.* ▮ contraire : **inégalité. 3.** Rapport existant entre deux grandeurs égales.

▸ **égalitaire** adj. Qui est fait pour établir l'égalité entre tous. *Une loi égalitaire a été votée.* ▮ contraire : **inégalitaire.**

▶ Autres mots de la famille : inégal, inégalable, inégalement, inégalitaire, inégalité.

égard n. m. **1.** *À l'égard de* quelqu'un, envers lui, vis-à-vis de lui. *Léa est toujours très gentille à l'égard de ses petits frères. Son indifférence à mon égard me fait de la peine.* **2.** *Des égards,* des marques de respect. *Le roi a été reçu à l'étranger avec les plus grands égards.*

égarer v. (conjug. 3) **1.** Ne plus savoir où l'on a mis quelque chose. → **perdre.** *Léa a égaré ses lunettes.* **2. s'égarer,** se perdre. *Les enfants s'étaient égarés dans la forêt.*

▸ **égarement** n. m. *Un moment d'égarement,* c'est un moment où l'on ne sait plus ce que l'on fait. *Dans un moment d'égarement, il l'a embrassée !* → **folie.**

égayer [egeɛje] v. (conjug. 10) Rendre gai. *Les plaisanteries d'Alex ont égayé ses amis.* ▷ Mot de la famille de gai.

églantine n. f. Rose sauvage, d'un blanc rosé, qui fleurit de mai à juillet. *L'églantine fleurit dans les haies et les buissons.*

églantine

églefin n. m. Poisson de mer qui ressemble à la morue et porte une tache noire sur le flanc. *Le haddock est de l'églefin fumé.*

▶ On écrit aussi *aiglefin.*

église n. f. (→ ÉTYM.) **1.** *L'Église,* c'est l'ensemble des chrétiens. *Le pape est le chef de l'Église catholique.* **2.** Bâtiment où les fidèles des religions catholique et orthodoxe se rassemblent pour prier. → **basilique, cathédrale, chapelle.** *Les cloches de l'église sonnent.*

égoïsme n. m. Trop grand attachement qu'une personne a pour elle-même, qui lui fait chercher son seul plaisir ou son seul intérêt et ne jamais s'occuper des autres. ▮ contraires : **altruisme, générosité.** *Son frère est d'un égoïsme monstreux.*

▸ **égoïste** adj. (→ ÉTYM.) Qui montre de l'égoïsme. *Julie est un peu égoïste et n'aime pas beaucoup partager.* ▮ contraires : **altruiste, généreux.** – n. *C'est une égoïste.*

▸ **égoïstement** adv. D'une manière égoïste, avec égoïsme. *Égoïstement, il a tout gardé pour lui.*

Attention au tréma sur le *ï*.

égorger v. (conjug. 5b) Tuer en coupant la gorge. *Les prêtres romains égorgeaient les animaux qu'ils sacrifiaient à leurs dieux.* ▷ Mot de la famille de gorge.

s'**égosiller** v. (conjug. 4) Se fatiguer la gorge à force de crier. *Les spectateurs du match s'égosillaient pour encourager les joueurs.*

égout n. m. Canalisation sous la terre qui sert à évacuer les eaux sales. *L'eau du caniveau se déverse dans l'égout.*

▸ **égoutier** n. m. Personne qui travaille à l'entretien des égouts. *Les égoutiers portent de grandes bottes.*

église (*L'Église d'Auvers*, Van Gogh, 1890)

égoutter v. (conjug. 3) Débarrasser une chose du liquide qu'elle contient, en le laissant couler goutte à goutte. *Elle égoutte les pâtes dans la passoire.* – **s'égoutter,** perdre son eau, goutte à goutte. *Le linge s'égoutte sur le séchoir, au-dessus de la baignoire.*

▸ **égouttoir** n. m. Instrument dans lequel on fait égoutter la vaisselle.

▷ Mots de la famille de goutte.

égratigner v. (conjug. 3) Écorcher en déchirant la peau très légèrement. → **érafler.** *Les ronces lui ont égratigné les jambes.* – **s'égratigner,** s'écorcher. *Louise s'est égratignée dans les buissons.*

▸ **égratignure** n. f. Petite déchirure de la peau, très légère. *Les jambes de Julie sont couvertes d'égratignures.* → **écorchure, éraflure.**

égrener v. (conjug. 7) **1.** Détacher les grains d'un épi, d'une cosse ou d'une grappe. *Elle égrène des groseilles.* **2.** *Égrener son chapelet,* faire passer chaque grain du chapelet entre ses doigts en changeant de grain à chaque prière.

eh interj. Mot qui sert à appeler, à attirer l'attention. → **hé, hep.** *Eh ! toi là-bas ! viens ici !*

éhonté, éhontée adj. Qui n'a pas honte de ce qu'il fait de mal. *C'est un menteur éhonté.*

▷ Mot de la famille de honte.

éjaculation n. f. Écoulement de sperme par la verge.

éjecter v. (conjug. 3) Projeter au-dehors avec violence. *Le conducteur a été éjecté de sa voiture au moment du choc.*

▸ **éjectable** adj. *Un siège éjectable,* qui peut être projeté hors de l'avion, avec son occupant, en cas d'accident.

élaborer v. (conjug. 3) Mettre au point, préparer avec soin. *Les prisonniers ont élaboré un plan d'évasion.* → **échafauder.**

▸ **élaboration** n. f. Travail de l'esprit qui prépare quelque chose. *L'élaboration de son projet a été rapide.* → **préparation.**

élaguer v. (conjug. 3) **1.** *Élaguer un arbre,* lui couper des branches. → **émonder, tailler.** *Les jardiniers ont élagué les marronniers de l'avenue.* **2.** *Élaguer un texte,* enlever ce qu'il a de trop long. → **raccourcir.**

a b c d e f g h i j k l m n o p q r s t u v w x y z

① **élan** n. m. Grand cerf des pays du Nord, qui a une grosse tête et des bois aplatis.

élan

② **élan** n. m. **1.** Mouvement rapide vers l'avant. *Paul a pris son élan et a sauté.* **2.** Mouvement vif et soudain, provoqué par un sentiment très fort. *Dans un élan de générosité, Alex a donné toutes ses billes à son frère.* ➜ **impulsion.** ▷ Mot de la famille de lance.

élancé, élancée adj. Grand, mince et souple. ➜ **svelte.** *Elle a une silhouette élancée.* ▮ contraires : ① **massif, trapu.** ▷ Mot de la famille de lance.

élancer v. (conjug. 5a) Causer des douleurs brusques et fortes. *Sa blessure l'élançait.*

s'élancer v. (conjug. 5a) Se lancer en avant avec force. ➜ se **précipiter.** *La panthère s'est élancée sur sa proie.* ▷ Mot de la famille de lance.

élargir v. (conjug. 11) Rendre plus large. *Les ouvriers élargissent la route.* – **s'élargir,** devenir plus large. *Ce pull s'est élargi au lavage.* ▮ contraire : **rétrécir.**

▸ **élargissement** n. m. Action d'élargir. *Les travaux d'élargissement de la chaussée ont commencé.* ▮ contraire : **rétrécissement.**
▷ Mots de la famille de large.

élasticité n. f. Souplesse de certaines matières qui peuvent se déformer et reprendre leur forme. *L'élasticité du caoutchouc.* ▮ contraire : **rigidité.** ▷ Mot de la famille de élastique.

élastique adj. et n. m.
▪ adj. Qui peut se déformer et reprendre sa forme. ➜ **extensible.** *Julie a une ceinture élastique à sa jupe.*
▪ n. m. Ruban de caoutchouc. *Il a roulé l'affiche et mis un élastique autour.*
▶ Autre mot de la famille : élasticité.

électeur n. m., **électrice** n. f. Personne qui a le droit de vote dans une élection. *Les électeurs ont mis leur bulletin dans l'urne.* ➜ **votant.**

élection n. f. Vote qui a pour résultat d'élire une ou plusieurs personnes. *Il s'est présenté aux élections municipales et a été élu.*
▶ Autre mot de la famille : réélection.

électoral, électorale adj. Qui concerne une élection. *Les électeurs sont inscrits sur une liste électorale.* – Au masc. pl. *électoraux.*

électorat n. m. Ensemble des électeurs. *La majorité de l'électorat de gauche a voté non au référendum.*

électricien n. m., **électricienne** n. f. Personne qui installe ou répare le matériel et les installations électriques. *L'électricien a refait l'installation électrique de la maison.* ▷ Mot de la famille de électrique.

électricité n. f. Forme d'énergie qui permet de s'éclairer, de se chauffer, de faire fonctionner des moteurs et que l'on utilise dans l'industrie et dans les habitations. *Cette cuisinière marche au gaz et à l'électricité.* ▷ Mot de la famille de électrique.

électrifier v. (conjug. 9) Faire fonctionner à l'électricité. *Les lignes de chemin de fer sont électrifiées.*

électrique adj. **1.** Qui est produit par l'électricité. *Le courant électrique.* **2.** Qui fonctionne à l'électricité. *Un rasoir électrique. Une voiture électrique.*
▶ Autres mots de la famille : électricien, électricité, hydroélectricité, hydroélectrique, photoélectrique.

électriser v. (conjug. 3) Produire une impression forte sur quelqu'un, éveiller son enthousiasme. *L'orateur a électrisé la foule.* ➜ **enflammer, galvaniser.**

s'électrocuter v. (conjug. 4) Être tué par une décharge électrique. *Il s'est électrocuté en touchant le câble électrique.*
▸ **électrocution** n. f. Le fait de s'électrocuter. *Il est mort par électrocution.*

région d'élevage

électroménager adj. m. *Les appareils électroménagers,* ce sont les appareils qui marchent à l'électricité et dont on se sert dans la maison. *L'aspirateur, le réfrigérateur, le fer à repasser sont des appareils électroménagers.* ▷ Mot de la famille de ménage.

électron n. m. Partie de l'atome chargée d'électricité. *Les électrons tournent autour du noyau.*

▸ **électronique** adj. et n. f.
■ adj. Qui fonctionne grâce à certaines propriétés des électrons. *Les ordinateurs sont des appareils électroniques. Des jeux électroniques.*
■ n. f. *L'électronique,* science qui fait partie de la physique et qui étudie les électrons. *Un ingénieur en électronique.*

▸ **électronicien** n. m., **électronicienne** n. f. Spécialiste de l'électronique.

élégant, élégante adj. **1.** De bon goût. *Une robe élégante.* ➜ **chic.** *Une femme élégante,* qui s'habille bien, avec goût. **2.** Qui montre de la délicatesse. *C'est la solution la plus élégante.* ▮ contraire : **grossier.**

▸ **élégamment** adv. Avec élégance. *Il était très élégamment habillé.*

▸ **élégance** n. f. **1.** Bon goût pour s'habiller. *Elle est toujours d'une grande élégance.* **2.** Délicatesse. *Elle a agi avec élégance.* ▮ contraire : **grossièreté.**

élément n. m. **1.** Chacune des choses qui forment un tout, un ensemble. *La bibliothèque est vendue par éléments.* **2.** *Les éléments d'une science,* les premières choses à savoir, les bases de cette science. ➜ **notion, rudiments.** *Il connaît quelques éléments d'informatique.* **3.** *Les éléments,* les forces qui agitent la terre, la mer, le ciel. *Au milieu de la tempête, le bateau luttait contre les éléments déchaînés.* **4.** Milieu dans lequel on se sent à l'aise. *À la ferme, mon grand-père est dans son élément.*

▸ **élémentaire** adj. **1.** Très simple, très facile. *Ce livre donne quelques notions élémentaires de mécanique.* ➜ **rudimentaire.** **2.** *Le cours élémentaire,* la classe qui vient après le cours préparatoire et avant le cours moyen. *L'école élémentaire.* ➜ **primaire.**

éléphant n. m. **1.** Très grand animal d'Afrique et d'Asie, qui a une peau rugueuse, de grandes oreilles plates, un nez allongé en trompe et de très longues incisives supérieures, les défenses. ➜ planches **Mammifères,** espèces **menacées, savane.** *L'éléphant est un herbivore.* **2.** *Éléphant de mer,* très gros phoque qui a un nez allongé en forme de trompe. ➜ planche **Pôles.**

élevage n. m. Activité qui consiste à s'occuper d'animaux, à les nourrir, les soigner et les faire se développer. ➜ aussi **élever.** *Ces fermiers font l'élevage des oies et des canards. Le Charolais est une région d'élevage,* une région où on élève du bétail. ▷ Mot de la famille de ① lever.

élévateur n. m. Appareil qui sert à soulever et à monter des choses lourdes. *Les grues sont des élévateurs.* — adj. *Un chariot élévateur.* ▷ Mot de la famille de ① lever.

chariot élévateur

élévation n. f. **1.** Augmentation, hausse. *Il y a eu une forte élévation de la température.* ▮ contraires : **baisse, diminution.** **2.** *Une élévation de terrain,* une hauteur. ➜ **éminence.** ▷ Mot de la famille de ① lever.

a b c d e f g h i j k l m n o p q r s t u v w x y z

élève n. m. et f. Jeune personne qui reçoit l'enseignement d'un établissement scolaire. → aussi **collégien, écolier, lycéen,** et aussi **étudiant.** *La classe compte 30 élèves. Léa est une bonne élève,* elle travaille bien à l'école.

élever v. (conjug. 7) **1.** Construire en hauteur. → **dresser.** *On a élevé un grand mur autour de la propriété.* → **édifier.** *Une statue a été élevée à sa mémoire.* → **ériger. 2.** S'occuper d'un enfant jusqu'à ce qu'il devienne adulte. *Il a été élevé par ses grands-parents.* → **éduquer. 3.** Nourrir et soigner des animaux. *Le fermier élève des vaches, des porcs et des poules.* → aussi **élevage.**

▸ **s'élever** v. **1.** Monter. *L'avion s'élève dans le ciel. La température s'est élevée de 5 degrés.* → **augmenter.** ▮ contraire : **baisser. 2.** Se dresser. *Le château s'élevait en haut de la colline.* **3.** Atteindre. *La facture s'élève à 1 000 euros.* **4.** *S'élever contre une chose,* s'opposer à elle, la combattre. *De nombreuses personnes se sont élevées contre cette décision.*

▸ **élevé, élevée** adj. **1.** Haut. *Cette montagne est très élevée.* **2.** *Une personne bien élevée,* qui a reçu une bonne éducation, qui est polie. *Des enfants mal élevés.*

▸ **éleveur** n. m., **éleveuse** n. f. Personne qui élève des animaux. *Un éleveur de chiens.*

▷ Mots de la famille de ① lever.

elfe n. m. Génie de l'air, du feu ou de la terre, dans les légendes des pays du Nord.

éligible adj. Qui peut être élu. *Elle est éligible dans sa circonscription.*

▸ Autre mot de la famille : inéligible.

élimé, élimée adj. Usé par le frottement. *Une veste élimée aux coudes.* → **râpé.** ▷ Mot de la famille de lime.

éliminer v. (conjug. 3) **1.** Écarter, rejeter d'une compétition, d'un jeu. → **exclure.** *Le joueur qui n'a plus de cartes est éliminé.* **2.** Rejeter à l'extérieur du corps. *La transpiration permet au corps d'éliminer des substances nuisibles. Boire permet d'éliminer.* → **uriner.**

▸ **élimination** n. f. **1.** Action d'éliminer quelqu'un ou d'être éliminé. *Les spectateurs ont protesté contre l'élimination d'un joueur par l'arbitre.* **2.** Le fait de rejeter des substances hors du corps. *Cette eau minérale favorise l'élimination.* → **excrétion.**

▸ **éliminatoire** adj. et n. f.

▪ adj. *Une note éliminatoire,* qui élimine, exclut un candidat, quelles que soient ses autres notes. *Il a eu une note éliminatoire en français et il doit repasser l'examen.*

▪ n. f. Épreuve que les joueurs doivent réussir pour se qualifier. *Ce champion a gagné les éliminatoires et s'est qualifié pour la finale.*

élire v. (conjug. 46) Nommer quelqu'un à une place en votant pour lui. *Dimanche, les électeurs éliront leurs députés.* → aussi **élection.**

▸ Autres mots de la famille : élu, réélire.

élision n. f. Remplacement par une apostrophe de la voyelle finale d'un mot devant un autre mot commençant par une voyelle ou un *h* muet. *Dans «l'ami», il y a élision du «e» de l'article «le».*

élite n. f. **1.** Ensemble des personnes considérées comme les plus remarquables d'un groupe. *Il fait partie de l'élite intellectuelle de son pays.* **2.** *D'élite,* très bon. → **excellent.** *Des tireurs d'élite sont postés sur les toits.*

élixir n. m. Médicament liquide à base de sirop. → **potion.** *Le charlatan vendait un élixir de jeunesse.*

elle pronom personnel f. Pronom personnel féminin de la troisième personne, sujet ou complément. *Elle est partie. Voici une photo d'elle. Elles sont sœurs. Je me suis assis entre elles.* → aussi **il.** ▮ homonyme : aile.

① **ellipse** n. f. Omission volontaire d'un mot dans une phrase. *Dans la phrase «Julie aime les chiens et sa sœur les chats», il y a ellipse de «aime»,* on ne répète pas «aime» après «sa sœur».

▸ ① **elliptique** adj. *Une phrase elliptique,* dans laquelle un ou plusieurs mots ne sont pas exprimés.

② **ellipse** n. f. Figure géométrique qui a la forme d'une courbe ovale fermée. → planche **Géométrie.** *La Terre décrit une ellipse en tournant autour du Soleil.*

▸ ② **elliptique** adj. En forme d'ellipse. *Une courbe elliptique.*

élocution n. f. Manière de prononcer les mots, d'articuler. → **diction.** *Il a une bonne élocution,* il parle clairement.

élytres de coccinelle

éloge n. m. Paroles par lesquelles on dit le bien que l'on pense de quelqu'un. *Le professeur a fait l'éloge de ses meilleurs élèves.* ➜ aussi **louange.** ▮ contraire : ② **critique.**

▸ **élogieux, élogieuse** adj. Qui contient des compliments, des félicitations. *Des paroles élogieuses.* ➜ **flatteur.**

éloigner v. (conjug. 3) Mettre plus loin. *Éloigne un peu la table du mur.* ➜ **écarter.** ▮ contraire : **rapprocher.** – **s'éloigner,** aller plus loin. *Le bateau s'éloigne de la côte.*

▸ **éloigné, éloignée** adj. Qui est à une certaine distance. *Ce quartier est éloigné du centre de la ville,* il est loin du centre de la ville. ▮ contraire : **proche.**

▸ **éloignement** n. m. Grande distance qui sépare. *Malgré l'éloignement, ils sont restés très amis,* bien qu'ils vivent loin l'un de l'autre. ▮ contraire : **proximité.**

élongation n. f. Allongement douloureux d'un muscle ou d'un tendon. *Il s'est fait une élongation en jouant au tennis.* ▷ Mot de la famille de long.

éloquent, éloquente adj. (➜ ÉTYM.) **1.** Qui parle bien et arrive à convaincre ceux qui écoutent. *C'est un avocat éloquent.* **2.** Qui exprime ce qu'il veut dire sans l'aide de la parole. *Il lui a lancé un regard éloquent.* ➜ **expressif.** *Un silence éloquent.* ➜ **significatif.**

▸ **éloquence** n. f. Facilité à bien parler. *Le maire s'est adressé à ses concitoyens avec éloquence.*

élu n. m., **élue** n. f. Personne qui a été choisie par un vote. *Les élus se réuniront demain.* – adj. *Les députés élus.* ▷ Mot de la famille de élire.

élucider v. (conjug. 3) Éclaircir, expliquer. *L'affaire n'a pas encore été élucidée.*

élucubration n. f. Idée bizarre et compliquée. *Il ne faut pas prendre au sérieux les élucubrations d'Alex.*

éluder v. (conjug. 3) *Éluder une question,* s'arranger pour éviter d'y répondre. *Il a éludé la question qui l'embarrassait.*

élytre n. m. Aile dure d'un insecte qui recouvre l'aile transparente. *Les élytres du hanneton, de la coccinelle.*
▶ Il y a un *y* après le *l*.

émacié, émaciée adj. Très maigre. *Un visage émacié.* ➜ **décharné.** ▮ contraire : **empâté.**

e-mail [imɛl] n. m. (pl. **e-mails**) **1.** Adresse électronique. **2.** Message que l'on envoie ou que l'on reçoit sur un ordinateur, à une adresse électronique. *J'ai reçu plusieurs e-mails aujourd'hui.* ➜ **courriel, courrier** électronique, **mail** et aussi **arobase.**
▶ C'est un mot anglais.

émail n. m. (pl. **émaux**) **1.** Vernis dur et brillant. *Les baignoires sont recouvertes d'émail.* **2.** Matière dure et blanche qui recouvre l'ivoire des dents. *L'émail protège les dents.* **3.** *Des émaux,* des objets d'art, des bijoux recouverts d'émail. *Les enfants ont fait des émaux pour la fête des mères.*

▸ **émaillé, émaillée** adj. Recouvert d'émail. *Une baignoire en fonte émaillée.*

émaux

émanciper v. (conjug. 3) Rendre libre. *À Rome, certains maîtres émancipaient leurs esclaves.* ➜ ① **affranchir, libérer.** ▮ contraires : **asservir, soumettre.**

▸ **émancipation** n. f. Libération. *Ce pays a lutté pour obtenir son émancipation.* ➜ **indépendance.**

émaner v. (conjug. 3) Provenir. *Cette décision émane du gouvernement.* → **venir.**

▸ **émanation** n. f. Odeur, vapeur qui se dégage. *Des émanations de gaz proviennent du volcan.*

embâcle n. m. Obstruction d'un cours d'eau par de la glace flottante. ▮ contraire : **débâcle.**

① **emballer** v. (conjug. 3) Envelopper, faire un paquet. → **empaqueter.** *La vendeuse a emballé soigneusement le vase.* ▮ contraire : **déballer.**

▸ **emballage** n. m. **1.** Action de faire un paquet, d'emballer. *Les déménageurs se chargent de l'emballage de la vaisselle.* ▮ contraire : **déballage.** *Du papier d'emballage,* qui sert à emballer, à faire des paquets. **2.** Conditionnement. *La glace est vendue dans un emballage isotherme.*

▶ Autre mot de la famille : remballer.

② **emballer** v. (conjug. 3) Familier. Enthousiasmer. *Ils ont été emballés par leur voyage.* → **enchanter.**

▸ **s'emballer** v. **1.** Se mettre à galoper, sans obéir à son cavalier. *La jument s'est emballée.* **2.** Se laisser porter par son enthousiasme. *Ne t'emballe pas, on n'a pas encore gagné !*

▸ **emballement** n. m. Enthousiasme brusque. *Julie a des emballements de courte durée pour de nouveaux amis.* → **engouement.**

embarcadère n. m. Endroit aménagé, dans un port, sur une rivière, pour l'embarquement des personnes ou des marchandises. → aussi **débarcadère.** *Les passagers du bateau achètent leur billet à l'embarcadère.* ▷ Mot de la famille de barque.

embarcation n. f. Petit bateau. → **barque, canot.** ▷ Mot de la famille de barque.

embardée n. f. Changement de direction brusque et dangereux que fait un bateau, une voiture. → aussi **écart.** *Le camion a fait une embardée sur le verglas.*

embargo n. m. Interdiction faite à un pays d'exporter ou d'importer un produit. *Le gouvernement a mis l'embargo sur les armes.* → aussi **blocus.**

embarquer v. (conjug. 3) **1.** Faire monter des passagers, des marchandises dans un bateau, un avion. *On embarque les valises dans la soute.* ▮ contraire : **débarquer. 2.** Monter à bord d'un bateau, d'un avion. *Les passagers vont embarquer.* On peut dire aussi *Ils vont s'embarquer.* **3.** Familier. Emporter, prendre. *Il a embarqué toutes mes B. D.* **4.** Familier. Entraîner. *Il nous a embarqués dans une aventure incroyable.* – **s'embarquer,** s'engager dans une affaire compliquée. *Elle s'est embarquée dans des travaux trop coûteux.*

▸ **embarquement** n. m. Action de s'embarquer. *Les passagers pour Oslo sont appelés porte 12 : embarquement immédiat !* ▮ contraire : **débarquement.**

▷ Mots de la famille de barque.

embarrasser v. (conjug. 3) **1.** Encombrer et gêner. *Les jouets de Louise embarrassent le couloir.* – **s'embarrasser,** se gêner soi-même avec quelque chose d'encombrant. *Elle s'est embarrassée d'un grand sac.* ▮ contraire : se **débarrasser. 2.** Mettre dans une situation difficile. → **troubler.** *Sa question m'a embarrassé, je n'ai su que répondre.* → **déconcerter, dérouter.**

▶ Attention, il y a deux *r* et deux *s*.

▸ **embarras** n. m. **1.** Situation difficile. *Votre question l'a mis dans l'embarras,* l'a gêné. **2.** *Avoir l'embarras du choix,* avoir le choix entre de nombreuses possibilités. *Julie ne sait pas quel teeshirt mettre, elle n'a que l'embarras du choix.*

▸ **embarrassant, embarrassante** adj. **1.** Qui encombre, prend trop de place. *Un paquet embarrassant.* → **encombrant. 2.** Qui met dans une situation délicate. *Une question embarrassante.* → **gênant.**

▸ **embarrassé, embarrassée** adj. Qui est dans une situation difficile. *Il ne sait plus quoi dire, il est bien embarrassé.*

embaucher v. (conjug. 3) Engager pour un travail. *Il a embauché une comptable.* → **recruter.** ▮ contraires : **congédier, débaucher, licencier, renvoyer.**

▸ **embauche** n. f. Le fait d'engager quelqu'un, de l'embaucher. *Dans cette usine, il y a de l'embauche,* on engage des ouvriers.

embaumer v. (conjug. 3) **1.** *Embaumer un cadavre,* c'est le traiter avec des substances qui le dessèchent et le conservent. *Les Égyptiens embaumaient le corps des pharaons.* **2.** Remplir d'une odeur agréable. → **parfumer.** *Le lilas embaume le salon.* ▮ contraire : **empester.** ▷ Mot de la famille de baume.

embellir v. (conjug. 11) **1.** Rendre plus beau. *Cette coiffure l'embellit.* ▮ contraire : **enlaidir.** *Paul embellissait l'histoire en la racontant.* ➜ **enjoliver.** **2.** Devenir plus beau. *Léa embellit de jour en jour.* ▮ contraire : **enlaidir.** ▷ Mot de la famille de beau.

embêter v. (conjug. 3) Familier. **1.** Agacer. *Arrête d'embêter ton frère !* ➜ **ennuyer.** **2. s'embêter,** s'ennuyer, trouver le temps long. *Louise s'est embêtée toute la journée.*

▸ **embêtant, embêtante** adj. Familier. Qui cause du souci. ➜ **contrariant, ennuyeux, fâcheux.** *C'est embêtant que Julie soit tombée malade le jour des vacances.*

▸ **embêtement** n. m. Familier. Chose qui donne du souci. ➜ **contrariété, ennui, tracas.** *Il a des tas d'embêtements.*

d'emblée adv. Tout de suite. *Notre équipe a marqué un but d'emblée.* ➜ **immédiatement.**

emblème n. m. Objet qui représente une idée, un parti, un métier, une autorité. *La fleur de lys est l'emblème de la monarchie française.*

le caducée, **emblème** des médecins

emboîter v. (conjug. 3) **1.** Mettre une chose dans une autre. *Le bébé emboîte des cubes.* – **s'emboîter,** entrer exactement dans quelque chose. ➜ **s'imbriquer.** *Les tuyaux se sont emboîtés facilement.* **2.** Envelopper parfaitement comme une boîte. *Ces chaussures emboîtent bien le pied.* **3.** *Emboîter le pas à quelqu'un,* le suivre en marchant juste derrière lui. *Alex lui a emboîté le pas.* ▷ Mot de la famille de boîte.

▶ Attention à l'accent circonflexe du *î*.

embolie n. f. Fermeture d'une veine par un caillot de sang. *Il est mort d'une embolie pulmonaire.*

embonpoint n. m. État d'un corps un peu trop gros. *Il a pris de l'embonpoint,* il a grossi, il a pris du poids. ▷ Mot de la famille de ① en, ① bon et ① point.

▶ Il y a un *m* devant le *b* et un *n* devant le *p*.

embouchure n. f. **1.** Partie d'un instrument de musique que l'on met contre les lèvres pour jouer. *L'embouchure d'une trompette.* **2.** Endroit où un fleuve se jette dans la mer ou dans un lac. *L'embouchure de la Garonne.* ➜ aussi **delta, estuaire.** ▷ Mot de la famille de bouche.

s'embourber v. (conjug. 4) S'enfoncer dans la boue. ➜ **s'enliser.** *La voiture s'est embourbée.*

embout n. m. Morceau de métal ou de caoutchouc qui se place au bout d'un objet. *L'embout en caoutchouc d'une canne.* ▷ Mot de la famille de bout.

embouteiller v. (conjug. 3) Empêcher la circulation des véhicules en provoquant un encombrement. *La rue est embouteillée.*

▸ **embouteillage** n. m. Encombrement qui arrête la circulation. ➜ **bouchon.** *Elle est bloquée dans les embouteillages.*

▷ Mots de la famille de bouteille.

embouteillage

emboutir v. (conjug. 11) Enfoncer en heurtant avec violence. *Un camion a embouti l'arrière de ma voiture.*

a b c d e f g h i j k l m n o p q r s t u v w x y z

embranchement n. m. Endroit où une route se divise en deux ou plusieurs routes. → **bifurcation, croisement, fourche, intersection.** *Prenez à droite à l'embranchement.* ▷ Mot de la famille de **branche.**

embraser v. (conjug. 3) **1.** Enflammer. *Une cigarette mal éteinte a embrasé la forêt,* y a mis le feu. **2.** Illuminer vivement. *Le feu d'artifice embrasait le ciel.*

embrasser v. (conjug. 3) **1.** Donner un baiser en prenant ou non dans ses bras. *Paul embrasse Léa sur la joue.* – **s'embrasser,** se donner un baiser, des baisers. *Julie et Louise se sont embrassées en arrivant.* **2.** *Embrasser du regard,* voir dans toute son étendue. *Du haut de la colline, on embrasse du regard toute la région.* **3.** Choisir un métier, une carrière. *Il a embrassé une carrière internationale.*
Les sens 2 et 3 appartiennent au langage soutenu.

▸ **embrassade** n. f. Action de mettre les bras autour du cou et de donner des baisers amicaux. *Que d'embrassades le jour de l'An !*
▷ Mots de la famille de **bras.**

embrasure n. f. Ouverture dans un mur correspondant à une porte ou une fenêtre. *Alex se tient dans l'embrasure de la porte.*

embrayer v. (conjug. 10) Commander le mécanisme qui permet au moteur d'un véhicule d'entraîner les roues. *Il changea de vitesse et embraya.* contraire : **débrayer.**

▸ **embrayage** n. m. Mécanisme qui permet d'embrayer. contraire : **débrayage.** *La pédale d'embrayage.*

embrigader v. (conjug. 3) Entraîner quelqu'un pour le faire participer à une action de groupe. *Des amis l'ont embrigadé dans une association de consommateurs.* ▷ Mot de la famille de **brigade.**

embrocher v. (conjug. 3) Enfiler sur une broche pour faire rôtir. *Le cuisinier embroche le poulet.* ▷ Mot de la famille de **broche.**

embrouiller v. (conjug. 3) **1.** *Embrouiller des fils,* les emmêler. → **enchevêtrer.** contraires : **débrouiller, démêler. 2.** Rendre difficile à comprendre. → **compliquer.** *Ce nouveau témoignage embrouille l'enquête de la police.* contraire : **éclaircir. 3. s'embrouiller,** perdre le fil de ses idées. *Julie s'est embrouillée dans ses explications,* elle a donné des explications confuses sans s'y retrouver elle-même. → **s'empêtrer.**

▸ **embrouillé, embrouillée** adj. Très compliqué et confus. *Une affaire policière très embrouillée.* contraire : **clair.**
▷ Mots de la famille de **brouiller.**

embruns n. m. pl. Fines gouttelettes formées par les vagues et emportées par le vent.

embryon n. m. Être vivant qui commence à se développer dans un œuf ou dans le ventre de sa mère. → aussi **fœtus.**

▸ **embryonnaire** adj. **1.** Qui concerne un embryon. *Le développement embryonnaire.* **2.** Qui est juste à son début. *Le projet est encore à l'état embryonnaire.*
Il y a un *y* après le *r.*

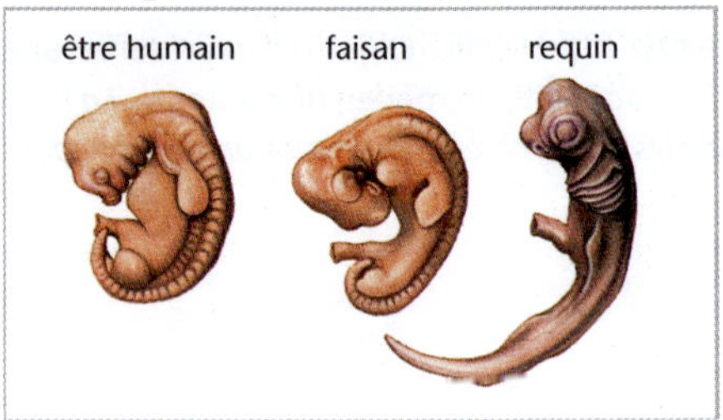

embryon

embûches n. f. pl. Difficultés. → **piège.** *La dictée était remplie d'embûches.*
Attention à l'accent circonflexe du *û.*

s'embusquer v. (conjug. 4) Se cacher pour surprendre un ennemi. *Les Indiens s'étaient embusqués derrière un rocher.*

▸ **embuscade** n. f. Piège tendu à quelqu'un pour l'attaquer par surprise. → **guet-apens.** *Les rebelles sont tombés dans une embuscade.*

éméché, éméchée adj. Familier. Un peu ivre. → **gai.** *Elle était éméchée après plusieurs coupes de champagne.*

émeraude n. f. **1.** Pierre précieuse verte. *Un collier d'émeraudes.* **2.** Invariable après le nom de couleur vert. *Des feuillages vert émeraude.*
→ planche **Couleurs.**

émerger v. (conjug. 5b) Apparaître hors de l'eau. *Les rochers émergent à marée basse ; à marée haute, ils sont immergés.*

émeri n. m. *Toile émeri,* papier recouvert de poudre collée qui sert à gratter, à poncer.

émerveiller v. (conjug. 3) Remplir d'admiration. → **éblouir.** *Le feu d'artifice a émerveillé les enfants.* – **s'émerveiller,** trouver merveilleux. → s'**extasier.** *Elle s'est émerveillée des progrès de son petit-fils.*

▸ **émerveillement** n. m. Grande admiration. *Paul regarde ses cadeaux avec émerveillement.*

▷ Mots de la famille de merveille.

émettre v. (conjug. 59) **1.** Faire sortir de soi. → **produire.** *Un instrument de musique émet des sons, une lampe émet de la lumière.* **2.** Transmettre des sons, des images par le moyen des ondes. *Cette station de radio émet 24 heures sur 24.* → **diffuser** et aussi **émission.** **3.** Exprimer. *Ils ont émis des avis différents.* **4.** Mettre en circulation. *On vient d'émettre une nouvelle pièce de monnaie.*

▸ **émetteur** n. m. Appareil qui produit des ondes capables de transmettre des sons, des images. *Nos émissions sont interrompues en raison d'une panne d'émetteur.* ▮ contraire : **récepteur.** – adj. *Un poste émetteur.*

émeu n. m. (pl. **émeus**) Grand oiseau d'Australie, qui ressemble à l'autruche. *Les émeus courent vite, mais ne peuvent pas voler.*

émeu

émeute n. f. Mouvement de révolte violent d'une foule. → **insurrection, soulèvement.** *La manifestation a tourné à l'émeute.*

émietter v. (conjug. 3) Réduire en miettes. *Théo émiette du pain dur pour les oiseaux.*

▷ Mot de la famille de miette.

émigrer v. (conjug. 3) Quitter son pays pour s'installer ailleurs. → s'**exiler,** s'**expatrier.** *Pendant la Révolution française, de nombreux nobles émigrèrent en Angleterre.* → aussi **immigrer.**

▸ **émigrant** n. m., **émigrante** n. f. Personne qui quitte son pays pour vivre ailleurs.

▸ **émigration** n. f. Départ de personnes qui vont vivre dans un autre pays. *La guerre les a poussés à l'émigration.* → **exil** et aussi **immigration.**

▸ **émigré** n. m., **émigrée** n. f. Personne qui a quitté son pays pour aller vivre ailleurs. *Des émigrés politiques.* → **réfugié** et aussi **immigré.**

▷ Mots de la famille de migrer.

éminence n. f. **1.** Petite élévation de terrain. → **butte, colline, hauteur, monticule, tertre.** *L'observatoire a été construit sur une éminence.* ▮ contraires : **creux, dépression.** **2.** Titre donné à un cardinal. *Son Éminence, le cardinal Dubois.*

▸ **éminent, éminente** adj. Très important, remarquable. *Il joue un rôle éminent dans notre association.*

▸ **éminemment** [eminamɑ̃] adv. Extrêmement, au plus haut degré. *Nous sommes éminemment reconnaissants de votre aide.* → **hautement.**

▸ Autre mot de la famille : proéminent.

émir n. m. (→ ÉTYM.) Souverain d'un pays musulman. *L'émir du Koweït.*

▸ **émirat** n. m. État gouverné par un émir. *Les Émirats du golfe Persique.*

émissaire n. m. Personne chargée d'une mission officielle. *Un émissaire du gouvernement a commencé à négocier.*

émission n. f. Partie d'un programme de radio, de télévision. *Julie a regardé à la télévision une émission sur les animaux.* → aussi **émettre.** ▷ Mot de la famille de mettre.

emmagasiner v. (conjug. 3) **1.** Mettre de côté et garder. ➜ **accumuler, amasser, stocker.** *L'écureuil emmagasine des provisions pour l'hiver.* **2.** Garder dans sa mémoire. *Il a emmagasiné beaucoup de connaissances.* ➜ **engranger.** ▷ Mot de la famille de magasin.

emmailloter v. (conjug. 3) Envelopper dans un lange. *Autrefois, on emmaillotait les bébés.* ➜ **langer.** ▷ Mot de la famille de maillot.
Ce mot ne s'emploie plus beaucoup.

emmancher v. (conjug. 3) Fixer à un manche. *Il faut emmancher ce balai.* ▷ Mot de la famille de ② manche.

emmanchure n. f. Endroit d'un vêtement où est cousue la manche. *Cette veste est trop étroite aux emmanchures.* ▷ Mot de la famille de ① manche.

emmêler v. (conjug. 3) Mêler de manière désordonnée. ➜ **embrouiller, enchevêtrer.** *Elle a emmêlé tous les fils.* contraire : **démêler.** – **s'emmêler,** devenir emmêlé. *Ses cheveux se sont emmêlés.* ▷ Mot de la famille de mêler.

emménager v. (conjug. 5b) S'installer dans un nouveau logement. *Ils ont emménagé dans un grand appartement.* contraire : **déménager.**
▸ **emménagement** n. m. Installation dans un nouveau logement. contraire : **déménagement.** *Leur emménagement dans cette maison est très récent.*

emmener v. (conjug. 7) Mener avec soi en allant d'un lieu dans un autre. *Il emmène sa fille chez le dentiste.* ➜ **conduire.** ▷ Mot de la famille de mener.

emmental [emɛ̃tal] n. m. (➜ ÉTYM.) Fromage qui ressemble au gruyère avec des trous plus gros.
On écrit aussi *emmenthal.* • Ce mot vient de l'allemand.

s'emmitoufler v. (conjug. 4) S'envelopper dans des vêtements chauds. *Louise s'est emmitouflée dans un châle.*

emmurer v. (conjug. 3) Enfermer derrière des murs, des amas de pierres. *Un éboulement a emmuré les mineurs.* ▷ Mot de la famille de mur.

émoi n. m. Agitation due à l'inquiétude. *Quand la poste a brûlé, tout le quartier était en émoi.*
Ce mot appartient au langage soutenu.

émonder v. (conjug. 3) Débarrasser un arbre de branches mortes ou inutiles. *Le cerisier a été émondé.* ➜ **élaguer, tailler.**

émotif, émotive adj. Très sensible, qui se trouble facilement. *Léa est très émotive.* ➜ **impressionnable.** contraire : **impassible.**

émotion n. f. Trouble dans lequel on est quand on éprouve une grande joie, une grande tristesse ou une grande peur. ➜ aussi **émouvoir.** *Théo a rougi d'émotion quand on l'a félicité.*

émoulu, émoulue adj. *Frais émoulu, fraîche émoulue,* qui vient juste de finir ses études dans une école. *Elle est fraîche émoulue d'une école de commerce.*

émousser v. (conjug. 3) **1.** Rendre moins coupant, moins pointu. contraire : **aiguiser.** *La lame du couteau est émoussée.* **2.** Rendre moins vif, moins douloureux. *Le temps émoussera sa peine.* ➜ **atténuer.**
Au sens 2, ce verbe appartient au langage soutenu.

émoustiller v. (conjug. 3) Familier. Rendre gai, mettre de bonne humeur. ➜ **égayer, réjouir.** *Le champagne a émoustillé les convives.*

émouvoir v. (conjug. 30) **1.** Troubler, bouleverser. *Sa peine a ému tout le monde.* ➜ ① **toucher.** **2.** **s'émouvoir,** ressentir une émotion. *Alex a répondu sans s'émouvoir,* sans se troubler.
▸ **émouvant, émouvante** adj. Qui provoque une émotion, touche. ➜ **attendrissant, pathétique, poignant.** *Une histoire émouvante.* ➜ **bouleversant.**
▶ Autre mot de la famille : ému.

empailler v. (conjug. 3) Bourrer de paille la peau d'un animal mort que l'on veut conserver. *Le chasseur a fait empailler un renard.* ➜ ② **naturaliser** et aussi **taxidermiste.** ▷ Mot de la famille de paille.

empaqueter v. (conjug. 6b) Faire un paquet. ➜ ① **emballer.** *Elle empaquette de vieux vêtements à donner.* ▷ Mot de la famille de paquet.

s'emparer v. (conjug. 4) Prendre de force ou sans en avoir le droit. *Le général s'est emparé du pouvoir.* ➜ **usurper.**

empâté, empâtée adj. Devenu épais. *Son visage est empâté.* ▮ contraire : **émacié.** ▷ Mot de la famille de pâte.

empêcher v. (conjug. 3) **1.** Rendre une chose, une action impossible. *Ce dispositif empêche le démarrage.* ▮ contraire : **permettre. 2.** *Empêcher quelqu'un de faire quelque chose,* faire en sorte qu'il ne puisse pas le faire. *Son petit frère l'empêche de travailler.* ▮ contraire : **laisser. 3. s'empêcher,** se retenir. *On ne peut pas s'empêcher d'éternuer.*

▸ **empêchement** n. m. Ce qui empêche de faire ce que l'on voudrait ou devrait faire. *Elle n'a pas pu venir, elle a eu un empêchement de dernière minute.*

empereur n. m. Chef d'un empire. *L'empereur et l'impératrice.* ➜ aussi **impérial.**

empereur romain

empester v. (conjug. 3) Dégager une très mauvaise odeur. ➜ **puer.** *La poubelle empeste. La salle empestait le tabac.* ▮ contraire : **embaumer.**

s'empêtrer v. (conjug. 4) Ne pas pouvoir se dégager. *Julie s'est empêtrée dans ses explications.* ➜ s'**embrouiller,** s'**enferrer.**

▶ Attention à l'accent circonflexe du deuxième ê.

emphase n. f. Ton prétentieux et solennel. *Le directeur s'est adressé à ses employés avec emphase.*

▸ **emphatique** adj. *Un discours emphatique,* dit sur un ton prétentieux et solennel. ➜ **grandiloquent, pompeux.**

empiéter v. (conjug. 8) Prendre une partie de la place. *La terrasse du café empiète sur le trottoir,* elle occupe une partie du trottoir.

s'empiffrer v. (conjug. 4) Familier. Manger énormément. ➜ se **bourrer,** se **gaver,** se **goinfrer.** *Julie s'est empiffrée de bonbons.*

empiler v. (conjug. 3) Mettre en pile. *Paul empile ses livres sur son bureau.* – **s'empiler,** former un tas. *Les journaux s'empilent dans le salon.* ➜ s'**accumuler,** s'**amonceler,** s'**entasser.** ▷ Mot de la famille de ① pile.

empire n. m. **1.** Ensemble de pays qui sont gouvernés par un empereur ou une impératrice. *Napoléon Ier régna sur un vaste empire.* **2.** *Un empire colonial,* un ensemble de colonies. *Autrefois la Grande-Bretagne possédait un empire colonial.* **3.** Très grand pouvoir. *Elle a hurlé sous l'empire de la colère.* ➜ **effet, emprise.**

empirer v. (conjug. 3) Devenir plus grave, pire. ➜ s'**aggraver.** *L'état du malade a empiré.* ▮ contraire : s'**améliorer.** ▷ Mot de la famille de pire.

empirique adj. *Une méthode empirique,* une méthode qui ne s'appuie que sur les expériences pratiques, sur des essais que l'on fait en tâtonnant. ▮ contraire : **scientifique.**

emplacement n. m. Endroit choisi pour faire ou installer quelque chose. ➜ **place.** *Les campeurs ont trouvé l'emplacement idéal pour planter leur tente.* ▷ Mot de la famille de place.

emplette n. f. Achat. *Il fait ses emplettes au supermarché.* ➜ ① **commission, course.**

▶ Ce mot se trouve surtout au pluriel et ne s'emploie plus beaucoup.

emplir v. (conjug. 11) Remplir. *Cette nouvelle m'emplit de joie.* – **s'emplir,** se remplir. *Ses yeux se sont emplis de larmes.*

▶ Ce mot appartient au langage soutenu.

▶ Autres mots de la famille : remplir, remplissage.

emploi n. m. **1.** Façon d'utiliser quelque chose. ➜ ② **usage, utilisation.** *Cette peinture est prête à l'emploi. Lis bien le mode d'emploi.* **2.** *L'emploi du temps,* le programme des choses que l'on a à faire. *Elle a un emploi du temps chargé,* beaucoup de choses à faire. **3.** Travail que l'on fait pour gagner sa vie. ➜ **place,** ② **poste, situation.** *Il a perdu son emploi.* ▷ Mot de la famille de employer.

employer v. (conjug. 10) **1.** Utiliser. → se **servir.** *Ils ont dû employer les grands moyens pour se tirer d'affaire.* **2.** Faire travailler pour de l'argent. *L'usine emploie 2 000 personnes.*

▸ **s'employer** v. **1.** Être utilisé. *Ce mot ne s'emploie plus beaucoup.* **2.** Passer du temps à faire quelque chose. *Julie s'est employée à ranger sa chambre.*

▸ **employé** n. m., **employée** n. f. Personne qui fait un travail non manuel pour un patron. *Un employé de bureau. Elle est employée de maison.* → **domestique.**

▸ **employeur** n. m., **employeuse** n. f. Personne ou entreprise qui emploie un personnel salarié. → ② **patron.**

▸ Autre mot de la famille : emploi.

empocher v. (conjug. 3) Recevoir de l'argent. *Il a empoché une grosse somme.* → ① **toucher.**

▷ Mot de la famille de poche.

empoigner v. (conjug. 3) **1.** Prendre en serrant fort dans la main. *Le jardinier empoigne sa bêche.* **2. s'empoigner,** se battre. *Les deux adversaires se sont empoignés.*

▸ **empoignade** n. f. Discussion violente. → **dispute.** *L'empoignade a dégénéré en bagarre.*

▷ Mots de la famille de poigne.

empoisonner v. (conjug. 3) Faire mourir ou rendre malade avec du poison. → **intoxiquer.** *Toute la famille a été empoisonnée par des champignons vénéneux.*

▸ **empoisonnement** n. m. Le fait d'être empoisonné. *Il a été victime d'un empoisonnement.* → **intoxication.**

▷ Mots de la famille de poison.

emporter v. (conjug. 3) **1.** Prendre avec soi quand on s'en va. *Théo a emporté son ours en peluche.* ▮ contraire : **laisser. 2.** Entraîner avec force. *Le cyclone a tout emporté sur son passage.* **3.** *L'emporter sur quelqu'un,* c'est avoir le dessus sur lui. *Paul l'a emporté sur Alex.* **4. s'emporter,** se mettre en colère. *Elle s'emporte facilement.*

▸ **emportement** n. m. Violent mouvement de colère. *Il a eu un moment d'emportement, au cours du débat.*

▷ Mots de la famille de porter.

empoté, empotée adj. Familier. Maladroit, peu dégourdi. ▮ contraires : **adroit, débrouillard, déluré.** – n. *Quelle empotée, cette Louise !* ▷ Mot de la famille de pot.

empreint, empreinte adj. *Un visage empreint de bonté,* qui exprime la bonté, est marqué par la bonté.

empreinte n. f. **1.** Marque laissée en creux ou en relief. → **trace.** *On a relevé des empreintes de renard près du poulailler. Les policiers ont relevé les empreintes digitales sur le lieu du crime.* **2.** *L'empreinte écologique* mesure la pression exercée par l'homme sur la nature, et permet d'évaluer, pour une population ou une personne, la surface terrestre en hectares nécessaires à la consommation de ressources naturelles et à l'absorption des déchets produits. *Calcule ton empreinte écologique.*

des **empreintes**

s'empresser v. (conjug. 4) Se dépêcher. *Léa s'est empressée de le dire à Paul,* elle l'a fait sans attendre. ➜ se **hâter.**

▸ **empressé, empressée** adj. Qui est plein de zèle et de prévenance. *Le maître d'hôtel est très empressé auprès de ses clients.*

▸ **empressement** n. m. Zèle. *Il s'occupe de ses clients avec empressement.* ➜ **ardeur.**

emprise n. f. *Sous l'emprise,* sous l'effet. *Il peut devenir violent sous l'emprise de la colère.* ➜ **empire.** ▷ Mot de la famille de prendre.

emprisonner v. (conjug. 3) Mettre en prison ou dans un endroit fermé. *L'accusé a été emprisonné.* ➜ **écrouer, incarcérer.**

▸ **emprisonnement** n. m. Action d'emprisonner quelqu'un, fait d'être emprisonné. *Le meurtrier a été condamné à l'emprisonnement à vie,* à la prison à vie. ➜ **détention, réclusion.** ▷ Mots de la famille de prison.

emprunter v. (conjug. 3) **1.** Obtenir en prêt. *Il a emprunté de l'argent à la banque pour acheter une maison.* **2.** Prendre un chemin. *Empruntez le passage protégé pour traverser la rue.*

▸ **emprunt** n. m. **1.** Action d'obtenir une somme d'argent que l'on devra rembourser plus tard. *Il a fait un emprunt à la banque.* ➜ aussi ② **prêt. 2.** *Un nom d'emprunt,* un nom qu'on a choisi, qui n'est pas son vrai nom. ➜ **pseudonyme.** *Il fait sa carrière de chanteur sous un nom d'emprunt.*

▸ **emprunté, empruntée** adj. Qui manque de naturel. ➜ ① **gauche.** *Louise se sentait empruntée dans sa robe neuve.*

ému, émue adj. Rempli d'émotion. *Le sportif était très ému en recevant sa médaille.* ▷ Mot de la famille de émouvoir.

émule n. m. et f. Personne qui essaie de faire aussi bien ou mieux qu'une autre. *Ce champion a fait de nombreux émules.*

▸ **émulation** n. f. Envie qui pousse à faire aussi bien ou mieux qu'un autre. *Il y a une certaine émulation entre les élèves de la classe.*

émulsion n. f. Mélange formé d'un liquide et d'un produit huileux réparti en fines gouttelettes. *La vinaigrette est une émulsion.*

① **en** prép. et adv. **1.** Indique le lieu où l'on est. *Les enfants sont en classe.* ➜ aussi **dans. 2.** Indique le lieu où l'on va. *Nous irons en Italie.* **3.** Pendant. *Quelqu'un est venu en votre absence. Elle est née en 2002.* **4.** Indique la matière. *Une montre en or.* ➜ ① **de. 5.** Indique l'état dans lequel on est. *Théo était en larmes. Julie est en pantalon. Son père était en colère.* **6.** De là. *Vas-tu à la boulangerie ? Non, j'en viens.* **7.** *Le peintre siffle en travaillant,* pendant qu'il travaille. *Alex s'est fait mal en tombant,* parce qu'il est tombé. ▪ homonyme : an.

▶ Autres mots de la famille : arc-en-ciel, croc-en-jambe, en deçà, embonpoint, encas, à l'encontre de, enfin, enjeu, ensuite, entête, entrain, lendemain, malencontreusement, malencontreux, rencontre, rencontrer, se rencontrer, surlendemain.

② **en** pronom personnel *Je n'en ai plus,* je n'ai plus de cette chose. *Il s'en souviendra longtemps,* il se souviendra de cela. *Ses enfants, elle en est très fière,* elle est fière d'eux.

▶ Autre mot de la famille : qu'en-dira-t-on.

encablure n. f. Unité de mesure de longueur utilisée autrefois dans la marine, valant environ 200 mètres. *Le port n'est plus qu'à quelques encablures.*

encadrer v. (conjug. 3) **1.** Mettre dans un cadre. *Elle a fait encadrer une photo.* **2.** Diriger, surveiller et être responsable d'un groupe de personnes. *Plusieurs moniteurs encadrent les enfants en classe de neige.*

▸ **encadré** n. m. Texte entouré d'un trait. *Dans son livre d'histoire, les résumés sont dans des encadrés.*

▸ **encadrement** n. m. **1.** Ce qui entoure un tableau. ➜ **cadre.** *L'encadrement du tableau est en bois.* **2.** Ensemble des personnes responsables d'un groupe, du personnel d'une entreprise. ➜ aussi **cadre.**
▷ Mots de la famille de cadre.

encaissé, encaissée adj. Resserré entre deux pentes. *Les gorges du Tarn sont encaissées.*

a b c d e f g h i j k l m n o p q r s t u v w x y z

enceinte d'une ville

encaisser v. (conjug. 3) Recevoir de l'argent. *La serveuse encaisse le montant de l'addition.*
▷ Mot de la famille de caisse.

encas n. m. ou **en-cas** n. m. inv. Repas léger préparé au cas où l'on aurait faim. *Les randonneurs ont préparé des encas, des en-cas.* ➜ **casse-croûte.** ▷ Mot de la famille de ① en et cas.
Écrire *encas* en un seul mot est conforme à la nouvelle orthographe.

encastrer v. (conjug. 3) Faire entrer un objet dans un trou de même dimension. *Le coffre-fort est encastré dans le mur.*
▸ **encastrable** adj. Que l'on peut encastrer. *Le four et le lave-vaisselle sont encastrables.*

encaustique n. f. Produit fait de cire et d'essence que l'on utilise pour faire briller le bois. *Il a passé le buffet à l'encaustique.*

① **enceinte** n. f. **1.** Muraille fortifiée défendant l'accès d'un lieu. ➜ planche **Château** fort. *L'enceinte d'une ville.* ➜ aussi **rempart. 2.** Ensemble des haut-parleurs d'une chaîne haute-fidélité. ➜ aussi **baffle.**

② **enceinte** adj. f. Qui attend un bébé. *Elle est enceinte de six mois.*

encens [ɑ̃sɑ̃] n. m. Résine provenant de certains arbres, répandant une odeur agréable en brûlant. *Des bâtonnets d'encens.*
Le *s* final ne se prononce pas.
▸ **encenser** v. (conjug. 3) **1.** Agiter un encensoir pour honorer. *Le prêtre encense le cercueil.* **2.** Faire l'éloge, chanter les louanges de quelqu'un. ➜ ① **louer.** *Ses admirateurs l'ont encensé.*
▸ **encensoir** n. m. Petit récipient, suspendu à des chaînettes, dans lequel on fait brûler de l'encens.

encercler v. (conjug. 3) Entourer de tous côtés. ➜ **cerner.** *L'ennemi a encerclé la ville.*
▸ **encerclement** n. m. Action d'encercler, fait d'être encerclé. *L'ennemi a commencé une manœuvre d'encerclement.*
▷ Mots de la famille de cercle.

enchaîner v. (conjug. 3) **1.** Attacher avec une chaîne. *Les bagnards étaient enchaînés.* **2. s'enchaîner,** se suivre avec logique. *Les évènements se sont enchaînés rapidement.* ➜ **se succéder.**
▸ **enchaînement** n. m. Liaison de choses qui se succèdent. *Un enchaînement de circonstances malheureuses l'a empêché de venir.* ➜ **succession, suite.**
▷ Mots de la famille de chaîne.

enchanter v. (conjug. 3) Plaire beaucoup. ➜ **enthousiasmer.** *Ce voyage m'a enchanté.* ➜ fam. ② **emballer.**
▸ **enchanté, enchantée** adj. **1.** Magique. *Le monde enchanté des contes de fées.* **2.** Très content. ➜ **ravi.** *Enchanté de faire votre connaissance !*

encensoir

enclume

▸ **enchantement** n. m. 1. Résultat d'une opération magique. *Mes lunettes ont disparu comme par enchantement.* ➜ **magie.** 2. Chose qui fait un grand plaisir. ➜ **délice.** *Ces deux jours à la campagne ont été un enchantement.*

▸ **enchanteur** n. m. et adj., **enchanteresse** n. f. et adj.

■ n. Personne qui fait de la magie. ➜ **magicien.** *Merlin l'Enchanteur et la fée Viviane vivaient dans la forêt de Brocéliande.*

■ adj. Très beau et très agréable. ➜ **charmant, ravissant.** *Un paysage enchanteur.*

▸ Autre mot de la famille : désenchanté.

enchère n. f. *Une vente aux enchères,* c'est une vente publique où chaque chose est vendue à la personne qui offre la plus grosse somme d'argent. ➜ aussi **commissaire-priseur.**

▸ **enchérir** v. (conjug. 11) Mettre une enchère. *Le dernier acheteur a enchéri sur le précédent,* il a proposé d'acheter à un prix plus élevé.

▹ Mots de la famille de (2) cher.

s'enchevêtrer v. (conjug. 4) S'emmêler. *Les fils électriques se sont enchevêtrés.*

▸ **enchevêtrement** n. m. Amas de choses emmêlées. *Il est impossible de s'y retrouver dans cet enchevêtrement de fils.*

enclave n. f. Terrain, territoire entouré par un autre terrain ou territoire. *Le Vatican est une enclave dans la ville de Rome.*

enclencher v. (conjug. 3) Faire fonctionner un mécanisme. *Le conducteur enclenche la troisième vitesse,* il la passe.

enclin, encline adj. *Être enclin à quelque chose,* avoir tendance à quelque chose, à faire cette chose. *Il est enclin à la méfiance. Je ne suis pas très encline à te croire.*

enclos n. m. Terrain entouré d'une clôture. *Les brebis paissent dans l'enclos.* ▹ Mot de la famille de clore.

enclume n. f. Masse de métal sur laquelle on forge les métaux. *Le forgeron tape sur l'enclume avec un marteau.*

encoche n. f. Petite entaille. *Le menuisier scie la planche à la hauteur de l'encoche.*

encoignure [ɑ̃kɔɲyʀ] ou [ɑ̃kwaɲyʀ] n. f. Angle intérieur formé par deux murs. ➜ **coin.** *Il y a un fauteuil dans l'encoignure.*

encolure n. f. 1. *L'encolure du cheval,* c'est la partie de son corps qui s'étend entre la tête et les épaules. 2. Ouverture d'un vêtement par où passe la tête. *Un pull-over à encolure en V.* ➜ **col.** ▹ Mot de la famille de col.

encombrer v. (conjug. 3) Gêner en occupant trop de place. ➜ **embarrasser.** *Les valises encombrent le couloir.*

▸ **encombrant, encombrante** adj. Qui prend trop de place et gêne. ➜ **embarrassant.** *Ce sac n'est pas lourd mais il est encombrant.*

▸ sans **encombre** adv. Sans ennui, sans rencontrer d'obstacle. *Le voyage s'est passé sans encombre.*

▸ **encombrement** n. m. Grande quantité de véhicules qui gênent la circulation. ➜ **embouteillage.** *Elle est arrivée en retard à cause des encombrements.* ➜ **bouchon.**

à l'**encontre** de prép. À l'opposé de. *Votre demande va à l'encontre du règlement.* ➜ **contre.** ▹ Famille de (1) en et contre.

s'encorder v. (conjug. 4) S'attacher avec une corde. *Les alpinistes se sont encordés pour l'ascension du pic.* ▹ Mot de la famille de corde.

encore adv. 1. Indique qu'une action, un état continue. *Il s'est couché tard et il dort encore. Si tu es encore malade demain, je ferai venir le médecin.* ➜ **toujours.** ■ contraire : **déjà.** 2. Indique une idée de répétition. *J'ai encore oublié son nom.* ➜ de **nouveau.** 3. Indique une idée de supplément. *Veux-tu encore du gâteau ? Il est encore plus grand que son frère.*

encourager v. (conjug. 5b) 1. Donner du courage. *Les spectateurs encourageaient leur équipe.* ■ contraire : **décourager.** *Elle encourage* son fils à travailler. ➜ **inciter.** 2. Aider. *Le maire encourage les sports dans sa commune.*

▸ **encourageant** [ɑ̃kuʀaʒɑ̃], **encourageante** [ɑ̃kuʀaʒɑ̃t] adj. Qui encourage. ➜ **prometteur.** *Ces résultats sont encourageants.* ▮ contraire : **décourageant.**

▸ **encouragement** n. m. Acte, parole, cri qui encourage. ➜ **soutien.** *Les encouragements de ses amis l'ont aidé à réaliser son projet.*
▷ Mots de la famille de courage.

encourir v. (conjug. 14) S'exposer à quelque chose de désagréable. *Il encourt un retrait de permis de conduire.* ➜ **risquer.**
▸ Ce mot appartient au langage soutenu.

encrasser v. (conjug. 3) Salir en empêchant le bon fonctionnement. *La poussière a encrassé le moteur.* – **s'encrasser,** devenir sale. *Le moteur s'est encrassé.* ▷ Mot de la famille de crasse.

encre n. f. 1. Liquide coloré utilisé pour écrire. *Un stylo à encre. Paul écrit à l'encre.* 2. Liquide noir, émis par certains animaux marins. *La seiche et la pieuvre projettent de l'encre quand elles se sentent attaquées.* ▮ homonyme : ancre.

▸ **encreur** adj. m. *Un tampon encreur,* enduit d'encre.

▸ **encrier** n. m. Petit récipient dans lequel on met de l'encre.

encyclopédie n. f. Livre qui traite de tous les sujets dans tous les domaines ou qui traite un domaine spécial. *Il consulte son encyclopédie en quinze volumes. Une encyclopédie d'architecture.*

▸ **encyclopédique** adj. 1. *Un dictionnaire encyclopédique* donne des renseignements sur les mots et sur les choses qu'ils désignent. 2. Qui concerne l'ensemble des connaissances. *Il a des connaissances encyclopédiques,* très étendues et sur de nombreux sujets.

s'endetter v. (conjug. 4) Emprunter de l'argent et devoir le rembourser. *Elle s'est beaucoup endettée pour acheter sa maison.* ➜ aussi **dette.**

▸ **endettement** n. m. Le fait de s'endetter, d'avoir des dettes. *Son endettement est important,* ses dettes.
▷ Mots de la famille de dette.

endeuiller v. (conjug. 3) Plonger dans le deuil, le chagrin. *Cet accident d'avion a endeuillé le pays.* ▷ Mot de la famille de deuil.

endiablé, endiablée adj. Très rapide. *Une danse au rythme endiablé.* ▷ Mot de la famille de diable.

endiguer v. (conjug. 3) 1. Retenir au moyen d'une digue. *On a endigué le fleuve.* 2. Empêcher d'aller plus loin. ➜ **contenir, retenir.** *Les policiers ont endigué les manifestants.* ▷ Mot de la famille de digue.

s'endimancher v. (conjug. 4) Mettre des vêtements plus soignés que d'habitude dans lesquels on n'est pas toujours à l'aise. *Les enfants se sont endimanchés pour la fête de l'école.* ▷ Mot de la famille de dimanche.

endive n. f. Plante à feuilles blanches, qui pousse à l'abri de la lumière, et que l'on mange crue ou cuite. *Une salade d'endives.*

culture des **endives**

endoctriner v. (conjug. 3) Chercher à amener une personne à devenir partisan d'une doctrine, à partager ce que l'on pense. *Il a réussi à endoctiner ses amis.* ▷ Mot de la famille de doctrine.

endolori, endolorie adj. Qui fait mal, est envahi par la douleur. ➜ **douloureux.** *Le cycliste avait les jambes endolories.*

endommager v. (conjug. 5b) Causer des dégâts, du dommage, mettre en mauvais état. ➜ **abîmer, détériorer.** *La grêle a endommagé les récoltes.* ➜ **ravager, saccager.** ▮ contraires : **arranger, réparer.** ▷ Mot de la famille de dommage.

endormir v. (conjug. 20) 1. Faire dormir, amener au sommeil. *Elle endort son bébé en* *le berçant.* ▮ contraire : **réveiller.** *On a endormi le malade avant de l'opérer.* ➜ **anesthésier.** – **s'endormir,** commencer à dormir. *Louise s'est endormie devant la télévision.* ➜ **s'assoupir.** **2.** Faire disparaître, rendre moins fort. ➜ **calmer.** *Cette pommade endormira la douleur.*

▸ **endormi, endormie** adj. Qui est en train de dormir. *On a retrouvé Louise endormie dans le fauteuil.* ▮ contraire : **éveillé.**

▷ Mots de la famille de dormir.

endosser v. (conjug. 3) **1.** Mettre sur son dos. *Il a endossé sa veste.* ➜ **revêtir.** **2.** Prendre la responsabilité de quelque chose. *Elle endosse la responsabilité du service.* ➜ **assumer.** **3.** *Endosser un chèque,* c'est le signer au dos avant de le remettre à la banque. ▷ Mot de la famille de dos.

① **endroit** n. m. **1.** Partie d'un espace, d'une chose, du corps. *Ils ont trouvé un endroit où camper.* ➜ **emplacement,** ① **lieu, place.** *Signez à l'endroit marqué d'une croix. À quel endroit as-tu mal ?* **2.** *Par endroits,* par-ci par-là. *Des mauvaises herbes poussent par endroits,* çà et là.

② **endroit** n. m. Côté destiné à être vu. *Elle repasse sa jupe sur l'endroit.* ▮ contraire : ② **envers.** *Léa remet son pull à l'endroit,* du bon côté. *L'endroit d'une feuille.* ➜ **recto.** ▮ contraire : **verso.**

enduire v. (conjug. 41) Recouvrir d'une couche de produit liquide ou pâteux. *Elle s'enduit le visage de crème solaire.*

▸ **enduit** n. m. Produit que l'on applique sur un mur pour égaliser sa surface avant de le peindre.

endurance n. f. Force que l'on possède pour résister à la fatigue, à la souffrance. ➜ **résistance.** *Le coureur manquait d'endurance, il a abandonné la course.*

▸ **endurant, endurante** adj. Qui résiste bien à la fatigue, à la souffrance. ➜ **résistant.** *Un sportif endurant.* ▮ contraires : **délicat, fragile.**

▷ Mots de la famille de dur.

endurcir v. (conjug. 11) Rendre plus dur, moins sensible. *Tous ses malheurs l'avaient endurci.* ▮ contraire : **attendrir.** – **s'endurcir,** devenir plus résistant, moins fragile. *Elle s'est endurcie en vieillissant.*

▸ **endurci, endurcie** adj. **1.** Qui supporte tout. *Il a le cœur endurci.* **2.** Qui ne change pas d'attitude, d'opinion. *Un célibataire endurci.*

▷ Mots de la famille de dur.

endurer v. (conjug. 3) Supporter avec patience. ➜ **subir.** *Il a enduré de nombreuses épreuves.* ▷ Mot de la famille de dur.

énergétique adj. *Les ressources énergétiques d'un pays,* ce sont les sources d'énergie. – *Les féculents sont des aliments énergétiques,* qui fournissent de l'énergie au corps, qui contiennent beaucoup de calories.

énergie n. f. **1.** Force et volonté qui rendent capable de faire des choses très difficiles. ➜ **dynamisme, vitalité.** *Elle travaille avec énergie.* ▮ contraire : **mollesse.** **2.** Force capable de produire du travail, de la chaleur, du mouvement. *Le charbon, le pétrole, le vent sont des sources d'énergie.* ➜ planche **Énergie.** *L'énergie nucléaire.*

▸ **énergique** adj. **1.** Très actif, efficace. *Le médecin m'a donné un traitement énergique.* ▮ contraire : **inefficace.** **2.** Qui a de la force et de la volonté. ➜ **dynamique.** *C'est une femme énergique.* ▮ contraires : **indolent,** ① **mou.**

▸ **énergiquement** adv. Avec force et détermination. ➜ **fermement.** *Je proteste énergiquement.*

énergumène n. m. Personne qui s'agite beaucoup pour manifester son enthousiasme, sa joie ou sa fureur. *Une bande d'énergumènes.*

énerver v. (conjug. 3) **1.** Exciter, faire perdre son calme. ➜ **crisper, excéder, irriter.** *Les enfants qui crient l'énervent.* ▮ contraires : **calmer, détendre.** *Tais-toi, tu m'énerves !* ➜ **agacer, exaspérer.** **2.** **s'énerver,** perdre son calme. *Ne t'énerve pas, elle va arriver. Elle s'est énervée toute seule.*

▸ **énervant, énervante** adj. Qui provoque une excitation désagréable. ➜ **agaçant, pénible.** *Comme c'est énervant d'attendre !* ▮ contraire : **apaisant.** *C'est un enfant très énervant.*

▸ **énervé, énervée** adj. Qui est agité, dans un état d'excitation inhabituelle. ➜ **nerveux.** *La*

a b c d e f g h i j k l m n o p q r s t u v w x y z

les sources d'énergie

Nées de la transformation dans la roche d'animaux et de plantes devenus fossiles, les « énergies fossiles » comme le pétrole, le gaz naturel et la houille (le charbon) représentent près de 70 % des énergies consommées dans le monde. Mais les réserves non renouvelables s'épuisent et les pollutions qu'elles entraînent – notamment l'émission de CO_2 (dioxyde de carbone) – sont préoccupantes. L'énergie nucléaire est efficace mais le traitement des déchets radioactifs qu'elle produit est un grave problème. Propres et inépuisables, les énergies solaire, éolienne et hydraulique ainsi que la géothermie ou la biomasse sont des solutions durables. Mais leur production est encore très insuffisante.

➔ planches eau, Soleil, Terre.

mineur de fon

énergies non renouvelables

coupe d'une mine de charbon

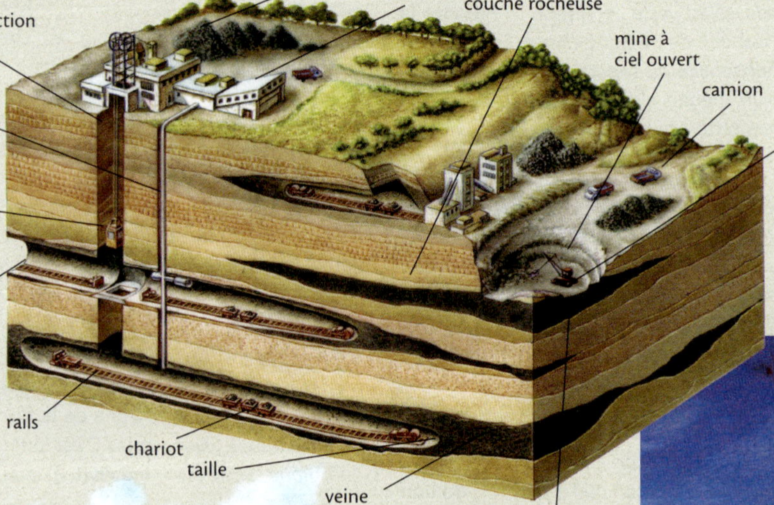

raffinerie de pétrole

centrale thermique

plateforme pétrolière

énergies renouvelables

barrage hydroélectrique

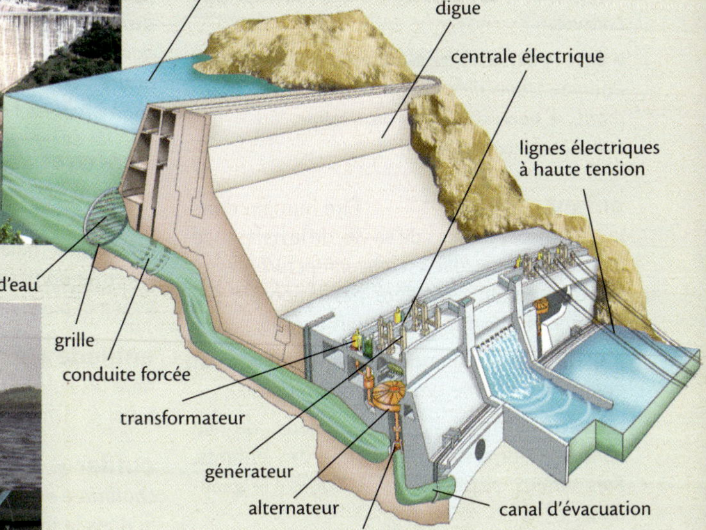

un barrage

énergie marémotrice, produite par les marées

bois (biomasse)

centrale solaire

centrale géothermique

éoliennes

veille des vacances, les enfants étaient très énervés.

▶ **énervement** n. m. État d'une personne énervée. *Julie ne pouvait cacher son énervement.* → **nervosité.** ▮ contraire : **calme.**

▷ Mots de la famille de nerf.

enfant n. m. et f. (→ ÉTYM.) **1.** Être humain dans les premières années de sa vie, de la naissance à l'adolescence. *Julie est une enfant turbulente.* **2.** Être humain considéré par rapport à ses parents. → **fille, fils.** *Ils ont trois enfants.*

▶ **enfance** n. f. Période de la vie où l'on est enfant. *Il a eu une enfance malheureuse.*

▶ **enfantillage** n. m. Manière de se conduire qui ressemble à celle des enfants. *Sois sérieux, cesse tes enfantillages !* → **gaminerie.**

▶ **enfantin, enfantine** adj. **1.** Qui est propre aux enfants. *Paul a une voix enfantine,* une voix d'enfant. → aussi **infantile, puéril.** **2.** Très facile, élémentaire. *Le problème était d'une simplicité enfantine.* ▮ contraires : **compliqué, difficile.**

▶ Autres mots de la famille : arrière-petits-enfants, petits-enfants.

enfer [ɑ̃fɛʀ] n. m. **1.** Endroit où les chrétiens pensent que vont les âmes des personnes qui ont beaucoup péché, après leur mort. ▮ contraire : **paradis.** – *La voiture roulait à un train d'enfer,* très vite. **2.** Situation insupportable, chose très pénible. *Sa vie est un enfer.* → aussi **infernal.**

représentation de l'**enfer** (16e siècle)

enfermer v. (conjug. 3) Mettre dans un endroit fermé. *La nuit, on enferme les vaches dans l'étable.* – **s'enfermer,** s'isoler dans un endroit fermé. *Louise s'est enfermée dans sa chambre.* ▷ Mot de la famille de fermer.

s'enferrer v. (conjug. 4) Se mettre dans une situation de plus en plus difficile, rendue encore plus délicate par des explications et des arguments maladroits. → s'**empêtrer.** *Léa s'est enferrée dans ses mensonges.*

▶ Ce mot prend deux *r.*

enfilade n. f. Suite de choses les unes derrière les autres. *Les chambres sont en enfilade.*

▷ Mot de la famille de fil.

enfiler v. (conjug. 3) **1.** Traverser par un fil. *La couturière enfile une aiguille,* elle fait passer du fil dans le trou d'une aiguille. **2.** Mettre un vêtement en faisant passer la tête ou les membres. *Il a enfilé son manteau.* ▷ Mot de la famille de fil.

enfin adv. **1.** Marque la fin d'une attente. *Enfin, te voilà !* ▮ contraire : **déjà.** **2.** Présente le dernier élément d'une succession. *Nous irons à la boucherie, puis à la boulangerie et enfin chez le marchand de légumes.* ▮ contraire : d'**abord.** ▷ Mot de la famille de (1) en et (1) fin.

enflammer v. (conjug. 3) **1.** Mettre en flammes. → **allumer.** *Il enflamma une allumette.* → **embraser.** ▮ contraire : **éteindre.** **2.** Remplir d'ardeur, de passion. → **exalter, exciter.** *Cette histoire a enflammé l'imagination des enfants.*

▶ **s'enflammer** v. **1.** Prendre feu. *L'essence s'enflamme rapidement.* **2.** S'infecter. *La plaie s'est enflammée,* elle est rouge et fait mal. → aussi **inflammation.**

▶ **enflammé, enflammée** adj. **1.** Qui est en flammes. *Une poutre enflammée est tombée du toit.* **2.** Rempli d'ardeur, passionné. *Un discours enflammé.* → **exalté.**

▷ Mots de la famille de flamme.

enfler v. (conjug. 3) Augmenter de volume. → **gonfler.** *Julie s'est fait une entorse, sa cheville a enflé.* ▮ contraire : **dégonfler.**

▶ **enflé, enflée** adj. Qui a gonflé, est plus gros que d'habitude. → **gonflé.** *Julie a la cheville enflée.*

▶ **enflure** n. f. État d'une partie du corps qui a enflé. ➜ **gonflement.**
▶ Autre mot de la famille : renflé.

enfoncer v. (conjug. 5a) **1.** Faire aller vers le fond, faire pénétrer profondément. *Le fermier enfonce un pieu dans le sol. Elle enfonce le clou avec un marteau.* **2.** **s'enfoncer,** aller vers le fond. *Le navire s'enfonçait dans la mer,* il coulait. *Les roues de la voiture s'enfoncent dans le sable.* **3.** Briser en poussant, en forçant. *Le policier enfonça la porte d'un coup d'épaule.* ➜ **défoncer.**
▶ Autre mot de la famille : renfoncement.

enfouir v. (conjug. 11) Mettre dans la terre après avoir creusé. *Le chien a enfoui un os dans le jardin.* ➜ **enterrer.**

enfourcher v. (conjug. 3) Se mettre à califourchon sur un cheval, un vélo. *Léa enfourche son vélo.* ▷ Mot de la famille de fourche.

enfourner v. (conjug. 3) Mettre dans un four. *Le boulanger enfourne le pain.*

le boulanger **enfourne** le pain

enfreindre v. (conjug. 55) Ne pas respecter un règlement, une loi. ➜ **transgresser, violer,** et aussi **infraction.** *Ils ont enfreint la loi.*

s'enfuir v. (conjug. 21) S'en aller très vite, s'éloigner en fuyant. ➜ **déguerpir.** *La voleuse s'est enfuie par le toit.* ➜ se **sauver.** ▷ Mot de la famille de fuir.

enfumer v. (conjug. 3) Remplir de fumée. *On enfume les ruches pour récolter le miel.*
▶ **enfumé, enfumée** adj. Plein de fumée. *La pièce était enfumée.*
▷ Mots de la famille de fumer.

engager v. (conjug. 5b) **1.** Prendre à son service. ➜ **embaucher, recruter.** *Il a engagé une nouvelle secrétaire.* ▮ contraires : **licencier, renvoyer. 2.** Introduire dans un endroit étroit. *Il engagea la clé dans la serrure.* ▮ contraire : **retirer. 3.** Commencer. ➜ **entamer.** *Elle a engagé la conversation avec lui.*
▶ **s'engager** v. **1.** Promettre. *Julie s'est engagée à aider son frère.* **2.** Signer un contrat avec l'armée. *Il s'est engagé dans la marine.* ➜ aussi **enrôler. 3.** Entrer. *Léa s'est engagée dans un chemin ombragé.*
▶ **engageant** [ɑ̃gaʒɑ̃], **engageante** [ɑ̃gaʒɑ̃t] adj. Qui plaît, attire, donne envie d'entrer en relation. *Un sourire engageant.* ➜ **avenant.**
▶ **engagement** n. m. **1.** Promesse. *Il a respecté son engagement.* **2.** Le fait d'engager quelqu'un pour travailler. *Cet acteur a beaucoup d'engagements.*
▷ Mots de la famille de gage.

engelure n. f. Boursouflure de la peau provoquée par le froid. *Théo a des engelures aux mains et aux pieds.* ▷ Mot de la famille de ① gel.

engendrer v. (conjug. 3) Faire naître, avoir pour effet. ➜ ① **causer, créer,** ① **entraîner, produire, provoquer.** *Ce médicament peut engendrer des allergies.*

engin n. m. Appareil, instrument, machine. *Les chars sont des engins de guerre, les fusées des engins spatiaux.*

engin spatial

englober v. (conjug. 3) Réunir en un tout. ➜ ② **comprendre, rassembler.** *La classe des mammifères englobe tous les animaux qui allaitent leurs petits.*

a b c d e f g h i j k l m n o p q r s t u v w x y z

engloutir v. (conjug. 11) **1.** Avaler rapidement, avec avidité. *Louise a englouti son goûter en cinq minutes.* → **dévorer, engouffrer. 2.** Faire disparaître brusquement. *Le camping a été englouti par l'inondation.*

engoncer v. (conjug. 5a) Faire paraître le cou enfoncé dans les épaules. *Léa est engoncée dans ce manteau,* elle est gênée, trop à l'étroit.

engorger v. (conjug. 5b) Boucher par une accumulation de matières. *Les feuilles mortes engorgent la gouttière,* elles la bouchent et empêchent l'eau de s'écouler. → **obstruer.**
▷ Mot de la famille de gorge.

engouement [ɑ̃gumɑ̃] n. m. Admiration soudaine qui ne dure pas longtemps. → **emballement.** *Depuis quelques semaines, Alex s'est pris d'un engouement extraordinaire pour le judo.*
Attention au e après *ou*.

engouffrer v. (conjug. 3) **1.** Manger rapidement avec avidité. → **engloutir.** *Léa a engouffré trois éclairs au chocolat.* **2. s'engouffrer,** pénétrer avec violence. *Le vent s'engouffrait dans la cheminée.* ▷ Mot de la famille de gouffre.

engourdir v. (conjug. 11) **1.** Rendre insensible et presque paralysé, incapable de bouger. *Le froid engourdit les doigts.* **2.** Ôter toute envie de bouger, de réagir. *La chaleur nous engourdit.*

▸ **engourdi, engourdie** adj. Qui est insensible, qu'on ne peut plus remuer. *Louise avait les mains engourdies.* → **gourd.**

▸ **engourdissement** n. m. État d'une personne qui ne peut plus bouger et qui a l'air de ne plus rien sentir. *L'engourdissement gagnait Louise.* → **léthargie, torpeur.**
▷ Mots de la famille de gourd.

engrais n. m. Produit que l'on met dans la terre pour que les plantes poussent mieux. *Des engrais chimiques.*

engraisser v. (conjug. 3) **1.** Faire devenir gros. *Le fermier engraisse ses porcs,* il les fait grossir. **2.** Devenir gros, gras. → **grossir.** *Il a engraissé avec l'âge.* contraire : **maigrir.** ▷ Mot de la famille de graisse.

engranger v. (conjug. 5b) **1.** Mettre dans une grange. *Les agriculteurs engrangent le foin.* **2.** Accumuler, mettre de côté. *Il a engrangé une importante documentation sur ce sujet.* → **emmagasiner.** ▷ Mot de la famille de grange.

engrenage n. m. Système formé de roues dentées qui entrent les unes dans les autres et se transmettent leur mouvement.

des engrenages

s'enhardir [ɑ̃aʀdiʀ] v. (conjug. 11) Devenir plus hardi, prendre de l'assurance. *Léa s'est enhardie depuis l'année dernière.* ▷ Mot de la famille de hardi.

énigme n. f. Chose difficile à comprendre, à expliquer. → **mystère.** *Sa disparition reste une énigme. La police doit résoudre de nombreuses énigmes.*

▸ **énigmatique** adj. Obscur, peu clair, difficile à comprendre. *Un sourire énigmatique.* → **mystérieux.**

enivrer [ɑ̃nivʀe] v. (conjug. 3) **1.** Rendre ivre. *Deux verres de vin suffisent à l'enivrer.* – **s'enivrer,** boire jusqu'à être soûl. *Elle s'est enivrée.* → se **soûler. 2.** Remplir d'excitation. *Il s'est laissé enivrer par la réussite.*

▸ **enivrant, enivrante** adj. Qui rend comme ivre. *Ces fleurs ont un parfum enivrant.* → **grisant.**
▷ Mots de la famille de ivre.

enjambée n. f. Grand pas. *Alex marche à grandes enjambées.*

▸ **enjamber** v. (conjug. 3) Passer par-dessus un obstacle en étendant la jambe, en faisant un grand pas. *Léa a enjambé le petit ruisseau.*
▷ Mots de la famille de jambe.

enjeu n. m. **1.** Somme d'argent que l'on met en jeu. → **mise.** *Les joueurs posent les enjeux sur la table.* **2.** Ce que l'on peut gagner ou perdre. *L'enjeu d'un pari,* ce que l'on s'engage à donner à la personne qui a raison. ▷ Mot de la famille de ① en et de jeu.

enjôler v. (conjug. 3) Séduire par de belles paroles, des flatteries, des promesses qu'on ne tiendra pas. *Elle l'a enjôlé et il a cédé.*

▸ **enjôleur, enjôleuse** adj. Qui séduit, enjôle. *Un sourire enjôleur.* ➜ **charmeur.** – n. *C'est une enjôleuse.*

Attention à l'accent circonflexe du *ô*.

enjoliver v. (conjug. 3) Orner, rendre plus joli. *Des roses en sucre enjolivent le gâteau. Paul enjolive toujours les histoires qu'il raconte.* ➜ **embellir.**

▸ **enjoliveur** n. m. Plaque ronde en métal qui cache le centre d'une roue de voiture. ➜ planche **Voitures.**

▷ Mots de la famille de joli.

enjoué, enjouée adj. Qui montre de la bonne humeur, de la gaieté. *Elle répondit d'une voix enjouée.* ▮ contraires : **maussade, triste.**

enlacer v. (conjug. 5a) Serrer dans ses bras. *Il enlaça sa fiancée.* ➜ **étreindre.** – **s'enlacer,** se serrer dans les bras l'un de l'autre. *Les deux amoureux s'étaient enlacés tendrement.*

enlaidir v. (conjug. 11) **1.** Rendre laid. *Cette cicatrice l'enlaidit.* ➜ **défigurer.** ▮ contraires : **embellir, enjoliver. 2.** Devenir laid. *Il a enlaidi en vieillissant.* ▷ Mot de la famille de laid.

enlever v. (conjug. 7) **1.** *Enlever une chose,* c'est la changer de place, la mettre ailleurs. ➜ **ôter, retirer.** *Julie a enlevé ses cahiers de la table. Léa enlève son bonnet.* **2.** Faire disparaître. ➜ **éliminer, supprimer.** *Je n'arrive pas à enlever cette tache.* **3.** Emmener de force et garder prisonnier. *Les malfaiteurs ont libéré l'enfant qu'ils avaient enlevé.* ➜ **kidnapper,** ② **ravir.**

▸ **enlèvement** n. m. **1.** Action d'enlever quelque chose. *L'enlèvement des ordures ménagères se fait très tôt le matin.* **2.** Action d'enlever quelqu'un. *Il a été condamné pour enlèvement d'enfant.* ➜ **rapt.**

▷ Mots de la famille de ① lever.

s'enliser v. (conjug. 4) **1.** S'enfoncer dans la boue, le sable. *La voiture s'est enlisée dans la boue.* ➜ **s'embourber, s'ensabler. 2.** Ne pas évoluer. *L'enquête s'enlise, elle n'avance pas.* ➜ **piétiner.**

▸ **enlisement** n. m. Le fait de s'enliser.

enluminure n. f. Lettre peinte ou dessin ornant des manuscrits anciens. *Les moines faisaient des enluminures dans les livres religieux.*

enluminure

enneigé, enneigée adj. Couvert de neige. *Des routes enneigées.*

▸ **enneigement** n. m. Hauteur de la couche de neige. *L'enneigement de la station est suffisant pour faire du ski.*

▷ Mots de la famille de neige.

ennemi n. m., **ennemie** n. f. **1.** Personne qui déteste quelqu'un et qui lui veut du mal. *La victime avait-elle des ennemis ?* ▮ contraire : **ami. 2.** Personne qui s'oppose à quelque chose. *Les ennemis du progrès s'opposaient au chemin de fer.* ➜ **adversaire.** ▮ contraire : **partisan. 3.** Pays contre lequel on est en guerre. *Pendant la guerre de Cent Ans, l'Angleterre était l'ennemie de la France.* ▮ contraire : **allié.** *L'ennemi a attaqué cette nuit.* – adj. *Un avion ennemi,* qui appartient à l'ennemi.

ennoblir [ɑ̃nɔbliʀ] v. (conjug. 11) Donner un caractère plus noble moralement, rendre meilleur. *Les bonnes actions ennoblissent les gens qui les font.* ▷ Mot de la famille de noble.

ennui n. m. **1.** Chose qui donne du souci, du tracas. *Sa grand-mère a des ennuis de santé.* → **problème ;** fam. **embêtement. 2.** Impression de lassitude. *Le film était à mourir d'ennui,* très ennuyeux. ▮ contraire : **intérêt.** ▷ Mot de la famille de ennuyer.

ennuyer v. (conjug. 10) **1.** Donner du souci. → **contrarier.** *La voiture fait un bruit qui m'ennuie.* → **inquiéter, tracasser. 2.** Déranger. → **importuner.** *Tu m'ennuies avec toutes tes questions.* → **agacer,** fam. **embêter. 3.** Faire trouver le temps long. *Ce film nous a ennuyés.* ▮ contraires : **amuser, distraire, intéresser.**

▸ **s'ennuyer** v. **1.** Trouver le temps long. *Léa s'est ennuyée pendant sa maladie.* → fam. **s'embêter. 2.** *S'ennuyer de quelqu'un,* c'est regretter son absence. *Louise s'ennuie de ses parents quand ils sont en voyage.*

▸ **ennuyeux, ennuyeuse** adj. **1.** Qui cause du souci ou qui gêne. → **contrariant.** *Cette panne est bien ennuyeuse.* → fam. **embêtant. 2.** Qui n'intéresse pas. → **assommant.** *Un livre ennuyeux.* ▮ contraires : **amusant, distrayant, intéressant.**

▶ Autre mot de la famille : ennui.

énoncer v. (conjug. 5a) Dire très nettement. *Ce papier énonce la règle du jeu.* → **exposer.**

▸ **énoncé** n. m. *L'énoncé du problème,* c'est le texte du problème avec les questions posées.

s'enorgueillir [ɑ̃nɔʀgœjiʀ] v. (conjug. 11) Être fier de quelque chose, en tirer vanité. *Paul s'enorgueillit de ses résultats.* ▷ Mot de la famille de orgueil.

énorme adj. Très grand, très gros. → **gigantesque.** *Ils ont une énorme fortune.* → **colossal, immense.** ▮ contraires : **minuscule, petit.** *Ils ont eu d'énormes difficultés.* → **considérable.**

▸ **énormément** adv. Vraiment beaucoup. *Théo aime énormément le chocolat.*

▸ **énormité** n. f. Très grosse sottise. *Julie a encore dit une énormité.*

s'enquérir v. (conjug. 24) Chercher à savoir. → **s'informer,** se **renseigner.** *Elle s'enquiert de l'heure du train pour Lyon.*
▶ *Enquis, enquise* au participe passé.

enquête n. f. **1.** Recherche de la vérité. *La police mène une enquête sur les attentats.* **2.** Étude qui s'appuie sur des témoignages, des réponses à des questions. *On a fait une enquête sur la pollution dans notre quartier.* → aussi **sondage.**

▸ **enquêter** v. (conjug. 3) Faire une enquête. *La police enquête sur le cambriolage.*

▸ **enquêteur** n. m., **enquêtrice** n. f. Personne qui pose des questions pour une enquête. *Les enquêteurs interrogent les témoins.*
▶ Au féminin, on dit aussi *une enquêteuse.*

enraciné, enracinée adj. Profondément, solidement fixé. *C'est une croyance bien enracinée dans les esprits.* ▷ Mot de la famille de racine.

enrager v. (conjug. 5b) **1.** Être en rage, très mécontent et énervé. *Alex enrage d'avoir perdu le match.* **2.** *Faire enrager quelqu'un,* le mettre en colère.

▸ **enragé, enragée** adj. **1.** Atteint de la rage. *Un chien enragé.* **2.** Passionné. *Elle est enragée de moto.* – n. *C'est un enragé de photo.*
▷ Mots de la famille de rage.

enrayer v. (conjug. 10) **1.** Arrêter la progression de quelque chose. *Les médecins ont pu enrayer l'épidémie.* → **juguler. 2. s'enrayer,** se bloquer, se coincer. *Son fusil s'est enrayé et le coup n'est pas parti.*

enregistrer v. (conjug. 3) **1.** Inscrire sur un registre. *L'acte de vente a été enregistré.* **2.** Confier ses bagages au service qui assure leur transport. *Les passagers font enregistrer leurs bagages.* **3.** Fixer dans sa mémoire. *Enregistrez bien la leçon !* → **retenir. 4.** Fixer un son, une image sur une bande magnétique, un film, un disque. *Il va enregistrer l'émission de télévision. – Ce chanteur a enregistré plusieurs disques,* sa voix a été recueillie et gardée sur des disques.

▸ **enregistrement** n. m. **1.** Action d'enregistrer des bagages. *Le guichet d'enregistrement des bagages,* l'endroit où l'on fait enregistrer ses bagages. **2.** Action de fixer un son, une image pour les garder et les reproduire.

L'enregistrement de ce disque n'est pas bon, ce disque est mal enregistré.

▸ **enregistreur, enregistreuse** adj. Qui enregistre. *Le prix est inscrit sur le ticket délivré par la caisse enregistreuse.*
▷ Mots de la famille de registre.

s'enrhumer v. (conjug. 4) Attraper un rhume. *Léa s'est enrhumée à la piscine.* ▷ Mot de la famille de rhume.
Il y a un *h* après le *r*.

enrichir v. (conjug. 11) Rendre riche, faire gagner beaucoup d'argent. *Le commerce des vins a enrichi la ville de Bordeaux.* contraire : **appauvrir.** – **s'enrichir,** devenir riche. *Elle s'est enrichie grâce à ses placements.*

▸ **enrichissement** n. m. Le fait de devenir riche. *Le pays doit son enrichissement au pétrole,* il s'est enrichi grâce au pétrole.
▷ Mots de la famille de riche.

enrober v. (conjug. 3) Recouvrir d'une couche. *Ces caramels sont enrobés de chocolat.*

enrôler v. (conjug. 3) Engager dans l'armée. *Autrefois, on enrôlait de force les paysans dans les armées du roi.*

enroué, enrouée adj. Qui a la voix rauque, éraillée. *Paul est enroué ce matin.*

enrouler v. (conjug. 3) Disposer autour de quelque chose. *L'infirmière enroule une bande autour de la cheville de Julie.* contraire : **dérouler.**

▸ **s'enrouler** v. **1.** Faire le tour de quelque chose. *Du lierre s'est enroulé autour du tronc de l'arbre.* **2.** S'envelopper dans quelque chose que l'on roule autour de soi. *Louise s'est enroulée dans une couverture.*

▸ **enrouleur** n. m. Système qui permet d'enrouler. *La voiture est équipée de ceintures de sécurité à enrouleur.*
▷ Mots de la famille de roue.

s'ensabler v. (conjug. 4) **1.** S'enfoncer dans le sable. ➜ s'**enliser.** *Le camion s'est ensablé sur la plage.* **2.** Se remplir de sable. *L'entrée du port s'est ensablée.* ▷ Mot de la famille de sable.

ensanglanté, ensanglantée adj. Couvert de sang. *Après sa chute de vélo, son pantalon était ensanglanté.* ▷ Mot de la famille de sang.

enseignant n. m., **enseignante** n. f. Personne dont le métier est d'enseigner. *Les professeurs sont des enseignants.* – adj. *Elle fait partie du corps enseignant.* ▷ Mot de la famille de enseigner.

enseigne n. f. Panneau portant une inscription, qui signale un magasin, un café, un cinéma. *Cette croix verte qui clignote est l'enseigne d'une pharmacie.*

enseigne

enseigner v. (conjug. 3) **1.** Transmettre des connaissances, des techniques à quelqu'un. *Le professeur nous enseigne l'histoire et la géographie,* il nous apprend l'histoire et la géographie. **2.** Donner une leçon à quelqu'un. ➜ **montrer.** *Cette expérience lui enseignera la prudence,* lui apprendra à être prudent.

▸ **enseignement** n. m. **1.** Instruction que l'on donne à des élèves. ➜ aussi **éducation.** *On a réformé l'enseignement des mathématiques.* **2.** Métier de l'enseignant. *Son père est dans l'enseignement,* il est enseignant.
▸ Autre mot de la famille : enseignant.

① **ensemble** adv. **1.** L'un avec l'autre, les uns avec les autres. *Léa, Louise et Julie jouent ensemble.* contraire : **séparément.** *Ces deux couleurs vont bien ensemble.* **2.** En même temps. *Ne parlez pas tous ensemble !* ➜ **simultanément.** contraire : **successivement.**

▸ ② **ensemble** n. m. **1.** Groupe. *Une chorale est un ensemble de chanteurs. Un ensemble est composé d'éléments.* **2.** Totalité. *Le professeur s'adresse à l'ensemble de ses élèves.* contraire : **partie.** **3.** Vêtements assortis, faits pour être portés ensemble. *Sa mère portait un ensemble pantalon de lainage bleu,* une veste et un pantalon assortis. ➜ **tailleur.** **4.** *Un grand ensemble,* c'est un groupe d'immeubles de la même sorte. **5.** *Dans l'ensemble,* en général. *Dans l'ensemble, nous avons eu beau temps,* en gros.

ensemencer v. (conjug. 5a) Semer des graines. *Le fermier ensemençait le champ de blé.* ▷ Mot de la famille de semer.

enserrer v. (conjug. 3) Entourer étroitement, de près. *Une large ceinture lui enserre la taille. – D'anciens remparts enserrent la ville.* ▷ Mot de la famille de serrer.

ensevelir v. (conjug. 11) **1.** Mettre au tombeau. *Les pharaons étaient ensevelis dans des pyramides.* ➜ **enterrer, inhumer.** **2.** Recouvrir complètement. *Des skieurs ont été ensevelis par l'avalanche.*

ensoleillé, ensoleillée adj. Où il y a beaucoup de soleil. *Le jardin est très ensoleillé.*

▸ **ensoleillement** n. m. **1.** État d'un lieu ensoleillé. *L'appartement jouit d'un bon ensoleillement.* **2.** Temps pendant lequel il y a du soleil quelque part. *La ville a 200 jours d'ensoleillement par an.*

▷ Mots de la famille de soleil.

ensommeillé, ensommeillée adj. Qui a envie de dormir, est mal réveillé. *Léa était encore tout ensommeillée.* ▮ contraire : **éveillé.** ▷ Mot de la famille de ③ somme.

▮ Ce mot prend deux *m* et deux *l*.

ensorceler v. (conjug. 6a) **1.** Jeter un sort, exercer une influence magique. ➜ **envoûter.** *La méchante fée a ensorcelé la princesse.* **2.** Séduire de façon irrésistible. *Sa beauté ensorcelle tout le monde.* ➜ **fasciner.**

▸ **ensorcellement** n. m. État d'une personne sur qui on a jeté un sort. ➜ **envoûtement.**

ensuite adv. **1.** Après cela, plus tard. ➜ **puis.** *Ils ont déjeuné et ensuite ils se sont promenés.* ▮ contraire : **d'abord.** **2.** Derrière en suivant. *Pour le défilé, les petits marcheront devant et les grands viendront ensuite.* ▷ Mot de la famille de ① en et suivre.

s'ensuivre v. (conjug. 43 ; ne s'emploie qu'à l'infinitif et à la 3e personne) Venir après cela, être la conséquence de cela. *Elle assiste à la conférence et au débat qui s'ensuit.* ▷ Mot de la famille de suivre.

entaille n. f. Coupure. *Louise s'est fait une entaille dans le doigt. Le bûcheron fait une entaille dans le tronc de l'arbre.* ➜ **encoche.**

▸ **entailler** v. (conjug. 3) Faire une entaille. *Le bûcheron entaille le tronc de l'arbre.* – **s'entailler,** se faire une entaille. *Louise s'est entaillé un doigt.* ➜ se **couper.**

▷ Mots de la famille de tailler.

entamer v. (conjug. 3) **1.** Couper le premier morceau. *Paul entame le saucisson.* **2.** Pénétrer et abîmer. *La rouille entame le fer.* ➜ **attaquer, ronger.** **3.** Commencer à faire. *Les deux pays en guerre ont entamé des négociations de paix.* ➜ **engager, entreprendre.**

▸ **entame** n. f. Premier morceau coupé d'une chose qui se mange. *Le charcutier coupe l'entame du jambon.*

entartrer v. (conjug. 3) Recouvrir de tartre. *L'eau calcaire entartre les tuyaux.* ▮ contraire : **détartrer.** ▷ Mot de la famille de tartre.

entasser v. (conjug. 3) Mettre en tas, sans ordre. ➜ **accumuler.** *Paul a entassé ses vieux jouets au grenier.*

▸ **s'entasser** v. **1.** Être en tas, former un tas. *Les dossiers s'entassent sur son bureau.* ➜ s'**amonceler,** s'**empiler.** **2.** Se serrer les uns contre les autres dans un espace trop étroit. *Les vacanciers s'entassent sur les plages.*

▸ **entassement** n. m. Accumulation d'objets mis les uns sur les autres. ➜ **amas, amoncellement, tas.** *Un entassement de bûches.*

▷ Mots de la famille de tas.

entendement n. m. Capacité à comprendre. *Cette histoire dépasse l'entendement,* elle est incompréhensible. ▷ Mot de la famille de entendre.

entendre v. (conjug. 44) **1.** Percevoir les sons avec les oreilles. *J'ai entendu du bruit dans l'es-*

calier. Sa grand-mère n'entend plus très bien, elle est un peu sourde. → aussi **audition, ouïe.** *As-tu entendu parler de son dernier livre ?* **2.** Écouter. *Il est allé entendre un concert de rock.* **3.** Vouloir. *Le professeur entend se faire obéir.* **4.** Comprendre. *Elle m'a laissé entendre qu'elle était au courant. Léa n'entend rien aux mathématiques.*

▸ **s'entendre** v. **1.** *S'y entendre,* être habile. *Alex s'y entend en mécanique,* il s'y connaît. **2.** Être bien ensemble. *Julie et Louise s'entendent bien,* elles sont amies.

▸ **entendu, entendue** adj. **1.** *Un air entendu,* complice. *Ils se sont regardés d'un air entendu.* **2.** Décidé après accord. *Nous nous retrouverons demain, c'est entendu,* c'est convenu. **3.** *Bien entendu,* bien sûr. → **évidemment.** *Bien entendu, il était déjà au courant !* → **naturellement.**

▸ **entente** n. f. **1.** Relations amicales. *Il règne une parfaite entente entre Alex et Louise.* ▮ contraire : **mésentente. 2.** Accord. *Les deux pays sont arrivés à une entente.*

▸ Autres mots de la famille : entendement, malentendant, malentendu, mésentente, sous-entendre, sous-entendu.

enteriner v. (conjug. 3) Rendre définitif et légal en approuvant officiellement. → **ratifier.** *Le Sénat a entériné la réforme.*

enterrer v. (conjug. 3) **1.** *Enterrer un mort,* c'est mettre son corps dans la terre. → **ensevelir, inhumer.** ▮ contraire : **exhumer. 2.** Mettre dans la terre. → **enfouir.** *Les voleurs ont enterré leur magot dans le jardin.* ▮ contraire : **déterrer.**

▸ **enterrement** n. m. Cérémonie au cours de laquelle on enterre un mort. → **funérailles, inhumation, obsèques.** *Il est allé à un enterrement.*

▷ Mots de la famille de terre.

entête ou **en-tête** n. m. *Du papier à entête,* c'est du papier à lettres portant une inscription en haut de la feuille indiquant le nom et l'adresse de l'expéditeur. – Au pl. *Des entêtes, des en-têtes.* ▷ Mot de la famille de ① en et tête.

▸ Écrire *entête* en un seul mot est conforme à la nouvelle orthographe.

s'entêter v. (conjug. 4) Ne pas céder. → **s'obstiner.** *Paul s'entête à vouloir aller à la piscine malgré sa fièvre.* → **persister.**

▸ **entêté, entêtée** adj. Têtu. *Une petite fille entêtée.*

▸ **entêtement** n. m. Obstination à persister dans un comportement, une idée malgré les circonstances ou les conseils que l'on reçoit. → **obstination.** *Il refuse de céder avec entêtement.*

▷ Mots de la famille de tête.

enthousiasme n. m. **1.** Grande admiration. *Léa parle du film qu'elle a vu avec enthousiasme.* **2.** Grande joie. *Théo a accepté l'invitation avec enthousiasme.* ▮ contraires : **froideur, indifférence.**

▸ **enthousiasmer** v. (conjug. 3) Remplir d'admiration ou de joie. → **enchanter.** *Ce roman m'a enthousiasmé,* il m'a beaucoup plu. → fam. ② **emballer.**

▸ **enthousiasmant, enthousiasmante** adj. Qui fait plaisir, rend heureux. → **exaltant.** *Un projet enthousiasmant.*

▸ **enthousiaste** adj. Très joyeux, plein d'admiration. *Les spectateurs étaient enthousiastes.* ▮ contraires : **blasé, froid, indifférent.**

▸ Ces mots prennent un *h* après le *t.*

s'enticher v. (conjug. 4) Se prendre de passion pour. *Julie s'est entichée d'un nouveau groupe de rap.*

entier, entière adj. **1.** Dans toute son étendue. *Le magasin sera fermé un mois entier,* tout le mois. – *En entier,* complètement. *Julie a appris sa leçon en entier.* **2.** À quoi il ne manque rien. *Une boîte entière de chocolats.* → ① **complet.** *Le vase est arrivé entier,* il n'était pas cassé. → **intact. 3.** *Un nombre entier,* c'est un nombre qui ne contient pas de virgule. *613 est un nombre entier.* ▮ contraire : **décimal. 4.** Parfait. *J'ai une entière confiance en lui.* → **plein, total. 5.** Qui n'admet aucune nuance. *Il est entier dans ses opinions,* il a des opinions tranchées. → **intransigeant.**

▸ **entièrement** adv. Complètement. *L'incendie a entièrement détruit l'immeuble.* → **totalement.** *Tu as entièrement raison.* → ① **tout à fait.** ▮ contraire : **partiellement.**

a b c d e f g h i j k l m n o p q r s t u v w x y z

entomologie n. f. Science qui étudie les insectes.

▸ **entomologiste** n. m. et f. Spécialiste des insectes.

entonner v. (conjug. 3) Commencer à chanter. *Paul a entonné un air.* ▷ Mot de la famille de ② ton.

entonnoir n. m. Petit instrument creux, en forme de cône terminé par un tube, qui sert à verser un liquide dans un récipient à ouverture étroite.

entonnoir

entorse n. f. Blessure que l'on se fait quand on se tord une articulation. *Julie s'est fait une entorse à la cheville en tombant.* ▷ Mot de la famille de tordre.

entortiller v. (conjug. 3) Envelopper en tortillant. *Les oranges sont entortillées dans du papier,* elles sont enroulées dans un papier tordu aux deux bouts. ▷ Mot de la famille de tordre.

entourer v. (conjug. 3) **1.** Mettre autour. *Le fermier a entouré le champ d'une clôture électrique.* **2.** Être autour. *Les soldats entourent la ville.* ➜ **cerner, encercler.** **3.** Être habituellement autour de quelqu'un. *Les ministres et les personnes qui les entourent.* – **s'entourer,** réunir autour de soi. *Il aime s'entourer de jeunes.* **4.** S'occuper de quelqu'un, lui montrer son affection. *Ses petits-enfants l'ont beaucoup entouré.*

▸ **entourage** n. m. Personnes qui entourent habituellement quelqu'un. *Il a consulté un médecin sur les conseils de son entourage.*

▷ Mots de la famille de tourner.

entracte n. m. Temps d'arrêt entre deux parties d'un spectacle. *Nous mangerons une glace à l'entracte.* ▷ Mot de la famille de ② acte.

s'entraider v. (conjug. 4) S'aider les uns les autres. *Tous les gens du village se sont entraidés pendant l'inondation.*

▸ **entraide** n. f. Aide mutuelle. ➜ **solidarité.** *Un comité d'entraide.*

▷ Mots de la famille de aider.

entrailles n. f. pl. Organes contenus dans l'abdomen. ➜ **boyau, intestin, tripes, viscère.** *Les hyènes ont dévoré les entrailles du zèbre.*

entrain n. m. Vivacité, bonne humeur. *Théo travaille avec entrain.* ➜ **dynamisme, énergie.** ▷ Mot de la famille de ① en et ② train.

entraînant, entraînante adj. Qui entraîne à la gaieté. *Cette musique a un rythme entraînant.* ▷ Mot de la famille de traîner.

▶ Attention à l'accent circonflexe du *î.*

entraînement n. m. Préparation à une compétition sportive. *Il faut des heures d'entraînement pour devenir un champion.* ▷ Mot de la famille de ② entraîner.

boxeurs à l'entraînement

① **entraîner** v. (conjug. 3) **1.** Emporter au loin. *Le courant entraîne la barque.* **2.** Communiquer son mouvement. *La chaîne du vélo entraîne les roues.* **3.** *Entraîner quelqu'un,* c'est le pousser à faire quelque chose qu'il ne voulait pas faire. *Julie a entraîné Paul à venir jouer dans le parc.* **4.** Être la cause de. ➜ ① **causer.** *L'accident a entraîné un ralentissement de la circulation.* ➜ **provoquer.** ▷ Mot de la famille de traîner.

② **entraîner** v. (conjug. 3) Préparer à une compétition sportive. *Le jockey entraîne son cheval chaque jour.* – **s'entraîner,** se préparer à une compétition sportive. ➜ **s'exercer.** *Les na-*

geuses se sont entraînées pour le championnat.

▸ **entraîneur** n. m., **entraîneuse** n. f. Personne qui entraîne des sportifs.

Attention à l'accent circonflexe du *î*.

▸ Autre mot de la famille : entraînement.

entraver v. (conjug. 3) **1.** Empêcher un animal de bouger en lui attachant les jambes. *Le maréchal-ferrant entrave le cheval pour le ferrer.* **2.** Empêcher de se développer, de se réaliser. *Des difficultés imprévues ont entravé son projet.*

▸ **entrave** n. f. Ce qui empêche la réalisation de quelque chose. *Il n'y a plus aucune entrave à mon projet.* → **frein, obstacle.**

entre prép. **1.** Dans l'espace qui sépare. *Les Pyrénées se dressent entre la France et l'Espagne.* **2.** Dans le temps qui sépare. *Je viendrai entre midi et deux heures.* **3.** Parmi. *Il faut choisir entre toutes ces solutions.* **4.** Pour faire une comparaison. *Il y a une grande ressemblance entre un loup et un chien.* **5.** En formant un groupe fermé. *Nous serons entre amis,* il n'y aura que des amis. **6.** L'un avec l'autre, les uns avec les autres. *Il y a eu une dispute entre Paul et Alex.* ▮ homonyme : antre.

entrebâiller v. (conjug. 3) Ouvrir très peu. → **entrouvrir.** *Elle a entrebâillé la fenêtre.*

▸ **entrebâillement** n. m. Ouverture laissée par une porte ou une fenêtre entrebâillée. *Louise passe la tête par l'entrebâillement de la porte.*

▷ Mots de la famille de bâiller.

entrechoquer v. (conjug. 3) Heurter l'un contre l'autre. *Les invités entrechoquent leurs verres pour trinquer.* ▷ Mot de la famille de choc.

entrecôte n. f. Morceau de viande de bœuf découpée entre les côtes. *Une entrecôte grillée.* ▷ Mot de la famille de ① côte.

entrecouper v. (conjug. 3) Interrompre par moments. *Théo entrecoupe son histoire de commentaires.* ▷ Mot de la famille de couper.

entrecroiser v. (conjug. 3) Croiser ensemble plusieurs fois. → **entrelacer.** *On entrecroise des brins d'osier pour tresser un panier.* ▷ Mot de la famille de croix.

entrée n. f. **1.** Moment où l'on passe de l'extérieur à l'intérieur. *Les élèves se sont tus à l'entrée de la directrice.* → **arrivée.** ▮ contraire : **sortie.** **2.** Possibilité ou droit d'entrer. *L'entrée en classe de 6e est difficile. Entrée gratuite pour les enfants.* **3.** Endroit par où l'on rentre. *Ce grand magasin a plusieurs entrées.* ▮ contraire : **issue.** **4.** Pièce où donne la porte d'entrée. → **vestibule.** *L'entrée d'un immeuble.* → **hall.** **5.** Plat qui est servi au début du repas. *Il y avait du saumon fumé en entrée.* → aussi **hors-d'œuvre.** **6.** Mot qui fait l'objet d'un article dans un dictionnaire. *Il y a 20 000 entrées dans ce dictionnaire.* ▷ Mot de la famille de entrer.

sur ces **entrefaites** adv. À ce moment-là. → **alors.** *Ils sont arrivés sur ces entrefaites.* ▷ Famille de faire.

entrefilet n. m. Article très court dans un journal.

entrelacer v. (conjug. 5a) Entrecroiser. *Léa entrelaçait des rubans.* → **tresser.** ▷ Mot de la famille de lacer.

entremêler v. (conjug. 3) Mêler avec soin des choses différentes. *Julie entremêle des rubans bleus et des rubans rouges.* ▷ Mot de la famille de mêler.

entremets [ɑ̃tʀəmɛ] n. m. Plat sucré servi après le fromage. *Un soufflé aux framboises est un entremets.* ▷ Mot de la famille de mets.

Le *s* final ne se prononce pas.

entremise n. f. *Par l'entremise,* par l'intermédiaire. *Julie a eu le numéro de téléphone de Paul par l'entremise de Louise.* ▷ Mot de la famille de mettre.

entrepont n. m. Étage entre deux ponts d'un navire. ▷ Mot de la famille de ② pont.

brins **entrecroisés**

entreposer v. (conjug. 3) Déposer pour un certain temps. *Les maçons ont entreposé leur matériel dans le garage.*

▶ **entrepôt** n. m. Bâtiment qui sert d'abri à des marchandises. ➜ aussi **dépôt, docks, hangar.** *Les entrepôts du grand magasin sont à l'extérieur de la ville.*

▷ Mots de la famille de **poser.**

entrepôt

entreprendre v. (conjug. 61) Se mettre à faire une chose longue, difficile ou ennuyeuse. *Alex a entrepris de ranger sa chambre.* ➜ **commencer.** ▮ contraires : **achever, finir, terminer.**

▶ **entreprenant, entreprenante** adj. Qui décide avec audace de faire quelque chose de long ou difficile. *Une femme d'affaires entreprenante.* ▮ contraires : **hésitant, timoré.**

▶ **entrepreneur** n. m., **entrepreneuse** n. f. Personne dont le métier est de réaliser les travaux qu'on lui a commandés. *Un entrepreneur de peinture.*

▶ **entreprise** n. f. **1.** Ce que l'on veut entreprendre ou que l'on a déjà entrepris. ➜ **projet.** *C'est une entreprise délicate.* **2.** Société qui produit des choses à vendre ou qui offre des services. *Il a fait appel à une entreprise de plomberie pour réparer la fuite. Un chef d'entreprise,* un patron. ➜ aussi **affaire, commerce, établissement, exploitation, industrie.**

▷ Mots de la famille de **prendre.**

entrer v. (conjug. 3) **1.** Passer de l'extérieur à l'intérieur. ➜ **pénétrer.** *Louise est entrée dans le salon.* ▮ contraire : **sortir.** *Le train entre en gare.* **2.** Aller à l'intérieur. *La valise n'entre pas dans le placard.* **3.** Commencer à faire partie d'un groupe. *Son frère est entré en 4ᵉ.* **4.** Faire partie. *Le miel entre dans la composition du nougat.* **5.** Introduire. *Entrez votre mot de passe.*

▶ Autres mots de la famille : **entrée, rentrée, rentrer.**

entresol n. m. Étage situé entre le rez-de-chaussée et le premier étage, dans certains immeubles anciens. ▷ Mot de la famille de ① **sol.**

entre-temps ou **entretemps** adv. Dans cet intervalle de temps, pendant ce temps-là. *Elle s'est absentée une heure ; entre-temps le livreur est passé.* ▷ Mot de la famille de ① **temps.**

▮ Écrire *entretemps* en un seul mot est conforme à la nouvelle orthographe.

entretenir v. (conjug. 13) **1.** S'occuper d'une chose pour qu'elle reste en bon état. *Il entretient bien sa moto.* **2.** Donner à quelqu'un tout ce qu'il faut pour vivre. *Elle entretient ses enfants et ses parents.* ▷ Mot de la famille de **tenir.**

s'entretenir v. (conjug. 13) Parler avec quelqu'un de choses importantes. *Le maire s'est entretenu avec son adjoint de l'aménagement du nouveau quartier.* ▷ Mot de la famille de **tenir.**

① **entretien** n. m. Soins que l'on donne à une chose pour qu'elle reste en bon état. *Une voiture coûte cher à l'entretien. Les produits d'entretien,* qui servent au ménage. ▷ Mot de la famille de **tenir.**

② **entretien** n. m. Discussion sur un sujet important. ➜ **conversation.** *Il a demandé un entretien à son patron.* ▷ Mot de la famille de **tenir.**

s'entretuer v. (conjug. 4) Se tuer les uns les autres. *Les rats, affamés, se sont entretués.* ▷ Mot de la famille de **tuer.**

entrevoir v. (conjug. 33) **1.** Voir très rapidement. ➜ **apercevoir.** *Je l'ai entrevu dans la foule.* **2.** Commencer à trouver. ➜ **pressentir.** *On entrevoit la solution du problème.*

▶ **entrevue** n. f. Rencontre préparée d'avance. ➜ ② **entretien.** *Les deux hommes d'État ont parlé de l'Europe au cours de leur entrevue.*

▷ Mots de la famille de **voir.**

entrouvrir v. (conjug. 19) Ouvrir très peu. → **entrebâiller.** *Elle a entrouvert la porte.* ▷ Mot de la famille de ouvrir.

énumérer v. (conjug. 8) Dire l'un après l'autre. *Elle énumère les départements traversés par la Seine.*

▸ **énumération** n. f. Inventaire, liste. *Julie fait l'énumération des cadeaux qu'elle a eus.*

envahir v. (conjug. 11) (→ ÉTYM.) **1.** Entrer dans un pays et l'occuper de force. *Les Romains ont envahi la Gaule.* → **conquérir** et aussi **invasion. 2.** Occuper toute la place. *Les ronces envahissent la haie.* **3.** S'emparer de quelqu'un. *Le sommeil m'envahit.* → **gagner.**

▸ **envahissant, envahissante** adj. Qui prend trop de place, se répand partout. *Ces ronces sont envahissantes. Ils ont des voisins envahissants,* qui viennent trop souvent chez eux. → **importun.**

▸ **envahissement** n. m. Invasion. *La population s'est révoltée contre l'envahissement du pays par l'ennemi.*

▸ **envahisseur** n. m. Ennemi qui occupe un pays, qui l'envahit. → **occupant.**

▶ Attention au *h* après le *a.*

s'envaser v. (conjug. 4) **1.** Se remplir de vase. *Le port s'est envasé.* **2.** S'enfoncer dans la vase. → **s'enliser.** *La barque s'est envasée.* ▷ Mot de la famille de ② vase.

envelopper v. (conjug. 3) Entourer et recouvrir complètement. *La vendeuse a enveloppé la boîte dans du papier à fleurs.* → **emballer, empaqueter.** – **s'envelopper,** s'entourer, se couvrir. *Julie s'est enveloppée dans la serviette de bain.* → **s'enrouler.**

▸ **enveloppe** n. f. **1.** Pochette de papier dans laquelle on met une lettre. *Il a écrit l'adresse et collé un timbre sur l'enveloppe.* **2.** Ce qui enveloppe quelque chose. → **gaine.** *La coquille est l'enveloppe de l'œuf.*

▸ **enveloppé, enveloppée** adj. Familier. Bien en chair, un peu gros. *La bouchère est bien enveloppée.* ▮ contraire : **maigre.**

s'envenimer v. (conjug. 4) **1.** S'infecter. *Sa plaie s'est envenimée.* **2.** Devenir plus violent. → **s'aggraver.** *Le conflit s'est envenimé.* ▷ Mot de la famille de venin.

envergure n. f. **1.** Étendue des ailes d'un oiseau quand elles sont déployées. *Un aigle peut atteindre 2,50 mètres d'envergure.* **2.** Grande valeur d'une personne qui est capable de comprendre beaucoup de choses. *C'est un homme de grande envergure.* **3.** Ampleur. *Une attaque de grande envergure.*

① **envers** prép. À l'égard de. *Elle est pleine d'indulgence envers les enfants.* → **avec, pour, vis-à-vis** de. ▷ Mot de la famille de ② vers.

② **envers** n. m. Côté opposé à celui qui doit être vu. *L'endroit et l'envers d'une chaussette. Il a mis son pull à l'envers,* du mauvais côté, dans le mauvais sens. *L'envers d'une feuille de papier.* → **verso.** ▮ contraire : **recto.**

enviable adj. Qui fait envie. *Ce pauvre homme n'a pas un sort enviable.* ▷ Mot de la famille de envie.

envie n. f. **1.** Jalousie. *Les voisins regardent sa nouvelle voiture avec envie.* → **convoitise.** – *Il vaut mieux faire envie que pitié,* il vaut mieux qu'on vous envie plutôt que l'on vous plaigne. **2.** Désir vif. *Elle a envie d'une nouvelle robe. Il a envie d'acheter une moto. Ce croissant me fait envie,* il me tente. **3.** Besoin. *Il est tard, Paul a envie de dormir.*

▸ **envier** v. (conjug. 9) Désirer être à la place de quelqu'un. *Je t'envie de partir en vacances. Il est très riche, ses amis l'envient.* → **jalouser.**

▸ **envieux, envieuse** adj. Qui est jaloux des autres. *Elle est envieuse et méchante.* ▮ contraire : **bienveillant.** – n. *Sa moto fait des envieux,* rend les autres jaloux.

▶ Autre mot de la famille : enviable.

environ adv. À peu près. → **approximativement.** *Cette valise pèse environ vingt kilos.* ▮ contraires : **exactement, précisément.**

a b c d e f g h i j k l m n o p q r s t u v w x y z

champ d'**éoliennes**

environner v. (conjug. 3) Être autour. *Le village est environné de forêts,* entouré de forêts.

▸ **environnant, environnante** adj. Qui est autour, dans les environs. *Ils sont allés se promener dans la campagne environnante.*

▸ **environnement** n. m. Milieu dans lequel on vit, qui nous entoure. → **nature.** *De nos jours, on s'efforce de protéger l'environnement.* → aussi **écologie.**

▷ Mots de la famille de environs.

environs n. m. pl. Lieux proches de quelque chose. *Il habite dans les environs,* près d'ici. → **alentours.**

▸ Autres mots de la famille : environnant, environnement, environner.

envisager v. (conjug. 5b) **1.** Avoir l'intention, le projet de faire quelque chose. *Elle envisage d'acheter une nouvelle voiture.* → **penser,** ① **projeter. 2.** Prendre en considération. → **examiner.** *Avant de se décider, il faut envisager toutes les solutions.*

▸ **envisageable** [ɑ̃vizaʒabl] adj. Possible, imaginable. *Il n'est pas envisageable de la laisser partir seule.*

▸ Attention au e entre le *g* et le *a*.

envoi n. m. **1.** Action d'envoyer quelque chose. *L'envoi de ce paquet par la poste a coûté cher.* → **expédition.** *Le footballeur a donné le coup d'envoi,* il a ouvert le jeu en envoyant le ballon. **2.** Ce que l'on a envoyé. *Je vous remercie de votre envoi.* ▷ Mot de la famille de envoyer.

s'envoler v. (conjug. 4) **1.** Partir en volant. *Les moineaux se sont envolés.* ▮ contraire : se **poser.** *L'avion s'envole à 3 heures.* → ① **décoller.** ▮ contraire : **atterrir. 2.** Être emporté par le vent. *Son chapeau s'est envolé.* **3.** Disparaître. *Nos espoirs se sont envolés.* → s'**évanouir.**

▸ **envol** n. m. Le fait de s'envoler. *Les oiseaux ont pris leur envol. L'avion est sur la piste d'envol,* de décollage.

▷ Mots de la famille de ① voler.

envoûter v. (conjug. 3) **1.** Faire perdre à quelqu'un sa volonté par un effet magique. → **ensorceler.** *La sorcière a envoûté la princesse.* **2.** Séduire irrésistiblement. *Les paysages du désert l'ont envoûté.*

▸ On peut aussi écrire *envouter,* sans accent circonflexe.

▸ **envoûtant, envoûtante** adj. Très séduisant. → **fascinant.** *Ce pays a un charme envoûtant.*

▸ On peut aussi écrire *envoutant, envoutante,* sans accent circonflexe.

▸ **envoûtement** n. m. Ensorcellement. *Le sorcier a prononcé les paroles d'envoûtement.*

▸ On peut aussi écrire *envoutement,* sans accent circonflexe.

envoyer v. (conjug. 10) **1.** Faire aller quelqu'un quelque part. *J'ai envoyé Théo à la boulangerie.* **2.** Faire parvenir. *Je t'ai envoyé une carte postale de Bretagne.* → **adresser, expédier.** *Il a envoyé le ballon dans les buts.* → ① **lancer.**

▸ **envoyé** n. m., **envoyée** n. f. *Un envoyé spécial,* un journaliste qui est envoyé par son journal pour rendre compte d'un évènement.
▸ Autres mots de la famille : envoi, renvoi, renvoyer.

enzyme n. f. ou m. Substance qui accélère les réactions chimiques des organismes vivants. *Les enzymes jouent un rôle important dans la digestion.*
▸ *Enzyme* s'écrit avec un *y*.

éolien, éolienne adj. (→ ÉTYM.) *L'énergie éolienne,* l'énergie produite par l'action du vent. → planche **Énergie.**

▸ **éolienne** n. f. (→ ÉTYM.) Machine qui utilise l'énergie du vent pour pomper l'eau ou fabriquer de l'électricité. → planche **Énergie.**

épagneul n. m., **épagneule** n. f. Chien de chasse à longs poils et à oreilles pendantes. → aussi **cocker.** → planche **Chiens** et chats.

épagneul

épais, épaisse adj. **1.** Gros. *Une épaisse couche de neige recouvre le sol.* ▮ contraires : ② **fin, mince.** *Le mur est épais de 50 centimètres.* **2.** Consistant, pâteux. *La sauce est trop épaisse.* ▮ contraire : **liquide. 3.** Dont les éléments sont nombreux et serrés. *Son épaisse chevelure.* ▮ contraire : **clairsemé. 4.** Très dense. *Une épaisse fumée s'élève de la forêt en feu.*

▸ **épaisseur** n. f. **1.** Grosseur. *Une planche de 5 centimètres d'épaisseur.* **2.** Densité. *L'épaisseur du brouillard nous empêchait d'avancer.*

▸ **épaissir** v. (conjug. 11) **1.** Devenir épais. *La crème épaissit en cuisant.* **2.** Grossir. *Elle a un peu épaissi cette année.* **3.** Rendre plus épais. *La farine épaissit la sauce.* **4. s'épaissir,** devenir plus dense. *Le brouillard s'est épaissi.*

s'**épancher** v. (conjug. 4) Faire ses confidences. → se **confier,** se **livrer.** *Léa s'est épanchée auprès de sa sœur.*

▸ **épanchement** n. m. Confidence.
▸ Ces mots appartiennent au langage soutenu.

épandage n. m. Opération qui consiste à répandre du fumier, de l'engrais dans les champs pour fertiliser le sol.

s'**épanouir** v. (conjug. 11) **1.** Ouvrir complètement ses pétales. *Les roses s'épanouissent dans le vase.* → **éclore. 2.** Manifester de la joie. *Son visage s'est épanoui quand il a vu son fils.* **3.** Se développer en étant bien et heureux. *Elle s'est épanouie depuis l'année dernière.*

▸ **épanouissement** n. m. Développement. *Ces roses sont dans leur plein épanouissement.*

épargner v. (conjug. 3) **1.** Mettre de l'argent de côté. *Il épargne une centaine d'euros chaque mois.* → **économiser.** ▮ contraires : **dépenser, gaspiller. 2.** *Épargner quelque chose à quelqu'un,* c'est faire en sorte qu'il ne le subisse pas. *Je voulais vous épargner cette fatigue inutile.* → **éviter.** *Tu te serais épargné bien des ennuis en restant chez toi.* **3.** Ne pas faire de mal à quelqu'un, le laisser en vie. *Les otages ont été épargnés.*

▸ **épargnant** n. m., **épargnante** n. f. Personne qui économise une partie de son argent. *Les petits épargnants.*

▸ **épargne** n. f. Argent que l'on met de côté. → **économie.** *Il a placé son épargne à la banque. La Caisse d'épargne,* c'est une sorte de banque où l'on peut déposer ses économies pour qu'elles rapportent des intérêts.

éparpillement n. m. État de choses éparpillées. *Un éparpillement de papiers sur une table,* des papiers éparpillés. ▷ Mot de la famille de épars.

éparpiller v. (conjug. 3) Disperser. *Le vent a éparpillé la paille dans la cour de la ferme.* ▮ contraire : **rassembler.**

▸ s'**éparpiller** v. **1.** Se disperser, aller dans plusieurs directions. *À la récréation, les enfants s'éparpillent dans la cour.* **2.** Passer d'une idée à une autre, d'une occupation à une autre. *Alex*

a b c d e f g h i j k l m n o p q r s t u v w x y z

a du mal à se concentrer, il s'éparpille facilement.
▷ Mots de la famille de **épars**.

épars [epaʀ], **éparse** [epaʀs] adj. Dispersé, éparpillé. *Toutes ses affaires sont éparses dans sa chambre.*
▶ Autres mots de la famille : **éparpillement, éparpiller, s'éparpiller**.

épaté, épatée adj. *Un nez épaté,* court, large et aplati.

épater v. (conjug. 3) Familier. Étonner énormément en remplissant d'admiration. *Son courage nous a épatés.* ➜ **époustoufler.**

épaulard n. m. Mammifère marin de la famille des dauphins. ➜ **orque.**

épaule n. f. **1.** Endroit où le bras s'attache au corps. *Il porte son enfant sur ses épaules. Elle a haussé les épaules,* elle a fait un mouvement des épaules signifiant «cela m'est égal». *Il a la tête sur les épaules,* il a du bon sens. **2.** Haut de la patte avant d'un animal que l'on mange. *On a mangé de l'épaule d'agneau.* ➜ aussi **gigot.**

▶ **épauler** v. (conjug. 3) **1.** Mettre l'extrémité de la crosse du fusil contre l'épaule. *Le soldat épaula, visa et tira.* **2.** Aider quelqu'un à réussir. *Son père l'épaule dans son travail.*

▶ **épaulette** n. f. **1.** Bande de tissu boutonnée sur l'épaule. *Les galons des militaires sont fixés sur les épaulettes.* **2.** Couche épaisse de matière textile cousue et posée en demi-cercle dans l'épaule d'une veste, d'un manteau. *Les épaulettes font une carrure plus large.*

épave n. f. **1.** Bateau qui a fait naufrage, rejeté par la mer ou englouti. *Une épave s'est échouée sur la plage.* **2.** Personne qui ne fait rien et vit dans un état misérable. *Ce drogué est devenu une épave.*

épée n. f. Arme formée d'une longue lame droite et d'une poignée munie d'une garde. ➜ aussi **fleuret.** ➜ planche **Sport.** *Les mousquetaires se battaient à l'épée. – C'est un coup d'épée dans l'eau,* c'est un effort inutile, une action qui ne sert à rien.

épeler v. (conjug. 6a) *Épeler un mot,* c'est nommer l'une après l'autre les lettres qui le composent. *Théo épelle son nom.*

épépiner v. (conjug. 3) Enlever les pépins. *Léa épépine des tomates.* ▷ Mot de la famille de **pépin**.

éperdu, éperdue adj. **1.** Qui éprouve une sensation très forte. *Louise était éperdue de joie en retrouvant ses parents,* folle de joie. **2.** Très rapide. *Le chevreuil s'est lancé dans une fuite éperdue.*

▶ **éperdument** adv. Très fortement. ➜ **follement.** *Il est éperdument amoureux d'elle.* ➜ **passionnément.** *Elle s'en moque éperdument,* complètement.
▷ Mots de la famille de **perdre**.

éperlan n. m. Petit poisson de mer. *Une friture d'éperlans.*

éperon n. m. Petite pointe de métal fixée au talon de la botte du cavalier, qui sert à piquer les flancs du cheval. *Le cavalier a donné un coup d'éperon à son cheval.*

▶ **éperonner** v. (conjug. 3) Donner des coups d'éperon. *Le cavalier éperonne son cheval.*

épervier n. m. Oiseau de proie de la taille d'un pigeon. *On dresse les éperviers pour la chasse aux oiseaux.*

épervier

éphémère adj. Très court, qui ne dure pas. *Ce film a eu un succès éphémère.* ➜ ② **passager.** *Leur bonheur a été éphémère.* ➜ **fugace.**
▮ contraires : **durable, éternel.**

éphéméride n. f. Calendrier dont on détache chaque jour une feuille.

épi n. m. **1.** Groupe de grains serrés qui se trouve au bout de la tige de certaines céréales. *Des épis de maïs.* **2.** Mèche de cheveux qui se dresse quand on essaie de la coiffer. *Théo se met du gel pour cacher son épi.* **3.** *En épi,* en oblique. *Les voitures sont garées en épi sur la place.*

épice n. f. Plante parfumée ou piquante qui sert à donner du goût aux aliments. ➜ aussi **aromate, condiment.** *La cannelle, le poivre sont des épices.*

▸ **épicé, épicée** adj. Assaisonné d'épices, piquant. *La sauce du couscous est très épicée.*

▶ Autres mots de la famille : épicerie, épicier.

épicéa n. m. Grand arbre qui ressemble au sapin. ➜ planche **Arbres.** *Une forêt d'épicéas.*

épicentre n. m. Zone où un tremblement de terre est le plus fort. ▷ Mot de la famille de centre.

épicerie n. f. Magasin ou rayon d'un magasin, où l'on vend des produits alimentaires. ▷ Mot de la famille de épice.

épicier n. m., **épicière** n. f. Personne qui tient une épicerie. ▷ Mot de la famille de épice.

épidémie n. f. (➜ ÉTYM.) Maladie contagieuse que beaucoup de personnes attrapent en même temps. *Une épidémie de grippe.*

▸ **épidémique** adj. Qui atteint de nombreuses personnes. *La peste est une maladie épidémique.*

épiderme n. m. Couche superficielle de la peau qui est en contact avec l'extérieur. ➜ **peau.**

épier v. (conjug. 9) Observer attentivement et secrètement. *Le chat épie les oiseaux.* ➜ **guetter.** *Arrête de m'épier !* ➜ **espionner, surveiller.**

épieu n. m. Arme ancienne formée d'un gros bâton à pointe de métal. – Au pl. *Des épieux.*

épilation n. f. Action d'arracher les poils. *Elle s'est fait une épilation des jambes à la cire.* ▷ Mot de la famille de épiler.

épilepsie n. f. Maladie nerveuse où le malade a des convulsions et perd parfois connaissance. *Il a parfois des crises d'épilepsie.*

▸ **épileptique** adj. Qui a des crises d'épilepsie. *Une femme épileptique.* – n. *Les épileptiques ont des convulsions et des tremblements.*

épiler v. (conjug. 3) Arracher les poils d'une partie du corps. *Elle s'est fait épiler les jambes.*

▶ Autre mot de la famille : épilation.

épilogue n. m. Fin d'un récit, d'une histoire, d'un discours. ➜ **conclusion, dénouement.** *J'attends l'épilogue du roman avec impatience.* ➜ aussi **prologue.**

◗ *Épilogue* est un nom masculin.

▸ **épiloguer** v. (conjug. 3) Faire de longs commentaires. *Il ne sert à rien d'épiloguer sur ce qui nous est arrivé,* d'en parler longuement.

épinard n. m. *Les épinards,* ce sont les feuilles vertes d'une plante, que l'on mange cuites ou parfois crues.

des **épinards**

épine n. f. **1.** Partie piquante d'une plante. ➜ **piquant.** *La rose a des épines.* **2.** *L'épine dorsale,* la colonne vertébrale. ➜ aussi **moelle** épinière.

▸ **épineux, épineuse** adj. **1.** Couvert d'épines. *La rose a une tige épineuse.* **2.** Difficile, délicat. *Une question épineuse.* ➜ **embarrassant.**

▶ Autres mots de la famille : aubépine, épinière.

épingle n. f. **1.** Petite tige d'acier fine, pointue, munie d'une tête à une extrémité. *Elle fixe l'ourlet avec des épingles.* – *Être tiré à quatre épingles,* être habillé avec beaucoup de soin. *Tirer son épingle du jeu,* se sortir habilement d'une situation difficile. **2.** *Une épingle de nourrice,* une épingle recourbée et munie d'une fermeture. – On dit aussi *une épingle de sûreté* ou *une épingle double.* **3.** *Une épingle à cheveux,* c'est une tige très recourbée qui sert

a b c d e f g h i j k l m n o p q r s t u v w x y z

à faire tenir les cheveux. – *Un virage en épingle à cheveux,* un virage très serré, en forme de U.

▸ **épingler** v. (conjug. 3) Attacher avec des épingles. *La couturière épingle l'ourlet de la jupe.*

épinière adj. f. *La moelle épinière.* ➜ **moelle.**
▷ Mot de la famille de épine.

épique adj. Qui rappelle une épopée. ➜ **extraordinaire.** *Un voyage épique.*

épisode n. m. **1.** Moment particulier d'un livre, d'un film. *Dans ce livre, il y a des épisodes très drôles.* ➜ **passage. 2.** Partie d'une série, division d'un feuilleton. *J'ai raté le troisième épisode du feuilleton télévisé.*

▸ **épisodique** adj. Qui se produit par moments, de manière irrégulière. *Il vient ici de façon épisodique.* ▮ contraire : **régulier.**

▸ **épisodiquement** adv. De temps à autre. *Ils se voient épisodiquement.* ▮ contraire : **régulièrement.**

épistolaire adj. Qui concerne la correspondance par lettres. *Louise est en relations épistolaires avec une amie de vacances.*

épitaphe n. f. Inscription sur une tombe.

épithète adj. et n. f.
▪ adj. *Un adjectif épithète,* c'est un adjectif qualificatif qui n'est pas relié par un verbe au nom qu'il qualifie. *Dans la phrase : «il a des chaussures neuves», «neuves» est épithète de «chaussures».* ➜ aussi **attribut.**
▪ n. f. Mot qui est un compliment ou une injure. *Il l'a traité d'idiot, de crétin et autres épithètes peu flatteuses.*
▶ *Épithète* est un nom féminin. • Attention au *h* après le premier *t.*

éploré, éplorée adj. Qui est en pleurs, a du chagrin. *La veuve éplorée suivait le cercueil de son mari.*

éplucher v. (conjug. 3) *Éplucher des fruits, des légumes,* enlever la peau et tout ce que l'on ne mange pas. ➜ aussi **peler.**

▸ **épluchage** n. m. Action d'éplucher. *L'épluchage des oignons fait pleurer.*

▸ **épluchure** n. f. Ce que l'on a enlevé en épluchant. ➜ **pelure.** *Des épluchures de pommes de terre.*

éponge n. f. **1.** Animal marin fixé au fond de l'eau. **2.** Objet fait d'une substance souple qui absorbe l'eau et la rejette, et qui sert à laver. *Elle nettoie l'évier avec une éponge.* **3.** *Du tissu éponge,* c'est du tissu épais avec de petites boucles de fil, qui essuie très bien. *Une serviette de bain en tissu éponge.* – Invariable après un nom. *Des serviettes éponge.*

▸ **éponger** v. (conjug. 5b) Absorber avec une éponge ou un chiffon. *Il éponge le lait qu'il a renversé.*

éponge de mer

épopée n. f. **1.** Long poème qui raconte les aventures d'un héros. *La «Chanson de Roland» est une épopée du Moyen Âge.* **2.** Suite d'aventures. *Ce voyage, quelle épopée !* ➜ aussi **épique.**

époque n. f. Période de l'histoire. *Jeanne d'Arc et Napoléon ne vivaient pas à la même époque.*

épouiller v. (conjug. 3) Débarrasser des poux. – **s'épouiller,** s'enlever les poux. *Les singes s'épouillent.*

singes qui s'épouillent

s'époumoner v. (conjug. 4) Crier jusqu'à en être essoufflé. *Elle s'époumone à appeler ses enfants qui ne répondent pas.* ▷ Mot de la famille de poumon.

épouser v. (conjug. 3) **1.** Se marier avec quelqu'un. *Il a épousé sa voisine.* ➜ aussi **époux.** ▮ contraire : **divorcer. 2.** Adopter, partager. *Elle a épousé mes idées.* **3.** Suivre exactement. *Cette robe épouse bien la forme du corps.* ➜ **mouler.**
▷ Mot de la famille de époux.

épousseter v. (conjug. 6b) Enlever la poussière. *Elle époussette les meubles avec un chiffon.*

époustoufler v. (conjug. 3) Familier. Étonner beaucoup. ➜ **épater.** *Sa réussite nous a époustouflés.*

▸ **époustouflant, époustouflante** adj. Familier. Qui étonne énormément. *C'est une nouvelle époustouflante.* ➜ **incroyable, stupéfiant.**

épouvantable adj. **1.** Qui cause une grande peur. *On entendit des cris épouvantables.* ➜ **effrayant, effroyable, horrible, terrifiant. 2.** Très pénible, très désagréable. *Quel temps épouvantable !* ➜ **abominable, affreux.**

▸ **épouvantablement** adv. D'une manière épouvantable. *Ce problème est épouvantablement compliqué.* ➜ **atrocement, horriblement.**
▷ Mots de la famille de épouvanter.

épouvantail n. m. (pl. **épouvantails**) Mannequin habillé de vieux vêtements que l'on met dans un champ pour faire peur aux oiseaux et les empêcher de manger les fruits ou les graines. *Un épouvantail à moineaux.* ▷ Mot de la famille de épouvanter.

épouvante n. f. Grande peur soudaine. ➜ **terreur.** *Un film d'épouvante,* qui provoque la peur chez les spectateurs. ▷ Mot de la famille de épouvanter.

épouvanter v. (conjug. 3) Causer une grande peur. ➜ **effrayer.** *Cette histoire de fantômes nous a épouvantés.* ➜ **terrifier, terroriser.**
▮ contraire : **rassurer.**
▶ Autres mots de la famille : épouvantable, épouvantablement, épouvantail, épouvante.

époux n. m., **épouse** n. f. Personne mariée à une autre. ➜ **conjoint.** *Mme Leroy est l'épouse de M. Leroy,* elle est sa femme. *Elle dit au revoir à son époux,* à son mari. – *Les époux,* le mari et la femme. *Les nouveaux époux ont échangé leurs anneaux.*
▶ Autre mot de la famille : épouser.

s'éprendre v. (conjug. 61) Devenir amoureux de quelqu'un. *Il s'est épris de sa cousine.*
▶ Ce mot appartient au langage soutenu.

épreuve n. f. **1.** Partie d'un examen. *Les épreuves écrites et les épreuves orales du baccalauréat.* **2.** Compétition sportive. *Les épreuves de natation des Jeux olympiques.* **3.** *Mettre quelqu'un à l'épreuve,* c'est lui demander de faire quelque chose de difficile pour voir s'il en est capable. ➜ aussi **éprouver.** *Ces chaussures sont d'une solidité à toute épreuve,* elles sont très solides. **4.** Souffrance, malheur. *La mort de son mari fut une dure épreuve.* ➜ **peine.**

éprouver v. (conjug. 3) **1.** Mettre à l'épreuve. *Ils ont voulu éprouver son courage.* **2.** Faire de la peine. *Ce deuil l'a beaucoup éprouvé.* **3.** Ressentir. *Il éprouve une grande joie à l'approche des vacances.*

▸ **éprouvant, éprouvante** adj. Pénible à supporter. *Une journée éprouvante.* ➜ **fatigant.**

▸ **éprouvé, éprouvée** adj. **1.** Qui a fait ses preuves. *Une méthode éprouvée.* ➜ **sûr. 2.** Qui a subi des épreuves, des malheurs. *Une famille éprouvée par les deuils. Cette région a été durement éprouvée par les inondations,* durement touchée par les inondations.

éprouvette n. f. Tube de verre utilisé dans les expériences de chimie.

épouvantail

a b c d e f g h i j k l m n o p q r s t u v w x y z

épuiser v. (conjug. 3) **1.** Utiliser jusqu'à ce qu'il ne reste plus rien. *Le tireur a épuisé ses munitions.* **2.** Fatiguer. *Cette marche m'a épuisé.* ➜ **éreinter, exténuer.** ▮ contraire : **reposer.**

▶ **épuisant, épuisante** adj. Très fatigant. *Un travail épuisant.* ➜ **éreintant, exténuant, harassant.** ▮ contraire : **reposant.**

▶ **épuisé, épuisée** adj. Très fatigué. *La malade est épuisée par cet effort.* ➜ **harassé.**

▶ **épuisement** n. m. **1.** État de ce qui est épuisé. *L'épuisement des ressources naturelles.* **2.** Grande fatigue. *Il est dans un état d'épuisement extrême.*

▶ Autre mot de la famille : inépuisable.

épuisette n. f. Petit filet de pêche fixé au bout d'un long manche.

épurer v. (conjug. 3) Rendre pur. ➜ **purifier.** *On épure l'eau en la filtrant.*

▶ **épuration** n. f. *Une station d'épuration,* c'est un endroit où l'on purifie l'eau. ➜ planche **Pollution.**

▷ Mots de la famille de pur.

station d'**épuration**

équateur [ekwatœʀ] n. m. Cercle imaginaire qui partage la Terre en deux hémisphères. ➜ planche **Terre.** *À l'équateur, les jours sont égaux aux nuits.*

▶ **équatorial, equatoriale** [ekwatɔʀjal] adj. De l'équateur. *Le climat équatorial est chaud et humide.* – Au masc. pl. *équatoriaux.*

équerre [ekɛʀ] n. f. Triangle de bois, de métal ou de plastique qui sert à tracer les angles droits.

équestre [ekɛstʀ] adj. *Une statue équestre,* c'est une statue qui représente une personne à cheval.

équi- Préfixe d'origine latine qui signifie «égal» (ex. : *équidistant, équivaloir*).

équidistant [ekɥidistɑ̃], **équidistante** [ekɥidistɑ̃t] adj. Situé à la même distance. *Ces deux villes sont équidistantes de Paris.* ▷ Mot de la famille de distant.

équilatéral, équilatérale [ekɥilateʀal] adj. *Un triangle équilatéral,* dont les trois côtés sont égaux. ➜ planche **Géométrie.** – Au masc. pl. *équilatéraux.* ▷ Mot de la famille de latéral.

équilibre n. m. **1.** Position qui permet de ne pas tomber. *Le chat est en équilibre sur le mur.* ▮ contraire : **déséquilibre.** *Paul a perdu l'équilibre et il est tombé.* **2.** Position de la balance quand les deux plateaux sont à la même hauteur. *Les deux plateaux de la balance sont en équilibre, à la même hauteur.* **3.** État d'une personne raisonnable, sensée et calme. *Julie a un bon équilibre.*

▶ **équilibrer** v. (conjug. 3) Mettre en équilibre. *Pour équilibrer les deux plateaux de la balance, il faut ajouter un poids.*

▶ **équilibré, équilibrée** adj. **1.** Calme et sensé. *Un enfant équilibré.* ▮ contraire : **instable.** **2.** *Une alimentation équilibrée,* qui couvre tous les besoins de l'organisme.

portrait **équestre**

▸ **équilibriste** n. m. et f. Personne dont le métier est de faire des exercices d'équilibre. → **acrobate, funambule.**

▸ Autres mots de la famille : déséquilibre, déséquilibré, déséquilibrer.

équinoxe n. m. (→ ÉTYM.) Moment de l'année où les jours et les nuits ont la même durée. *Il y a deux équinoxes : le 21 mars et le 23 septembre.* → planche **Terre.**

Équinoxe est un nom masculin.

équipage n. m. Ensemble des personnes qui assurent la manœuvre et le service dans un avion ou sur un bateau. *Le commandant de bord et son équipage vous souhaitent la bienvenue.*

équipe n. f. 1. Groupe de personnes qui travaillent ensemble. *Il aime travailler en équipe.* 2. Groupe de personnes qui pratiquent un sport ensemble. *Il y a onze joueurs dans une équipe de football.*

▸ **équipier** n. m., **équipière** n. f. 1. Personne qui fait partie d'une équipe sportive. 2. Personne qui fait partie de l'équipage d'un voilier.

▸ Autre mot de la famille : coéquipier.

équipée n. f. Aventure. *Ce voyage en Corse, quelle équipée !*

équiper v. (conjug. 3) Munir de ce qui est nécessaire. *Cette voiture est équipée de vitres teintées.*

▸ **équipement** n. m. Ensemble des objets, des vêtements, des appareils nécessaires à une activité. *Un équipement de ski.*

équitable adj. 1. Qui ne favorise ni ne défavorise personne. → ② **juste.** *Un partage équitable.* ▮ contraires : **inégal, injuste.** 2. *Commerce équitable*, genre de commerce qui respecte les droits des producteurs, qui se soucie de l'environnement et contribue au développement durable.

▸ **équitablement** adv. D'une manière juste. *Elle a partagé équitablement les chocolats.*

▷ Mots de la famille de équité.

équitation n. f. Sport qui consiste à monter à cheval. → planche **Sport.** *Alex fait de l'équitation.* → aussi **équestre.**

équité n. f. Respect de ce qui est juste. *Le magistrat a jugé l'affaire avec équité.* → **impartialité, justice.**

▸ Autres mots de la famille : équitable, équitablement.

équivalence n. f. Qualité de ce qui est équivalent. ▮ contraire : **différence.** ▷ Mot de la famille de valoir.

équivalent adj. et n. m., **équivalente** adj.

▪ adj. Qui a la même valeur. *Ces deux appartements ont une surface équivalente.* → **égal.**

▪ n. m. Chose qui a la même valeur qu'une autre chose ou qui est à peu près semblable. *Je n'ai pas trouvé cette marque de café mais j'ai acheté l'équivalent.* ▷ Mot de la famille de valoir.

équivaloir v. (conjug. 32) Être égal à autre chose, avoir la même valeur qu'autre chose. *Une tonne équivaut à 1 000 kilos.* ▷ Mot de la famille de valoir.

équivoque adj. et n. f.

▪ adj. Dont le sens n'est pas clair, qui peut s'expliquer de plusieurs façons. *Il a fait une réponse équivoque.* → **ambigu.** ▮ contraires : **clair, explicite.**

▪ n. f. Incertitude. *Pour qu'il n'y ait pas d'équivoque, je lui ai dit clairement ce que je voulais.* → **malentendu, quiproquo.**

érable n. m. Grand arbre à feuilles dentées. → planche **Arbres.** *Au Canada, on fait du sirop avec la sève des érables.*

érafler v. (conjug. 3) 1. Faire une longue écorchure. → **écorcher.** *Les ronces lui ont éraflé les jambes.* → **égratigner.** 2. Entamer la surface en rayant. *Le camion a éraflé l'aile de la voiture.* → **rayer.**

▸ **éraflure** n. f. 1. Écorchure. *Elle s'est fait des éraflures aux jambes.* → **égratignure.** 2. Rayure. *Cette voiture a des éraflures sur sa carrosserie.*

éraillé, éraillée adj. *Une voix éraillée*, enrouée, rauque.

ère n. f. Longue période qui commence par un évènement à partir duquel on compte les années. *Les arènes d'Arles datent du 2e siècle de l'ère chrétienne.* ▮ homonymes : ①, ② et ③ air, aire.

a b c d e f g h i j k l m n o p q r s t u v w x y z

érection n. f. 1. Action de construire un monument en hauteur. → aussi **ériger.** *L'érection d'une statue.* 2. Le fait, pour le pénis, de devenir dur et de se dresser.

éreinter v. (conjug. 3) 1. Causer une grande fatigue physique. *Cette longue marche les a éreintés.* → **épuiser, exténuer.** ▮ contraire : **reposer.** 2. Démolir par une violente critique. *Les journalistes ont éreinté ce livre.*

▸ **éreintant, éreintante** adj. Très fatigant. *Un travail éreintant.* → **épuisant, exténuant.**

ergot n. m. Pointe recourbée et dure derrière la patte du coq et du chien. – *Se dresser sur ses ergots,* prendre une attitude agressive.

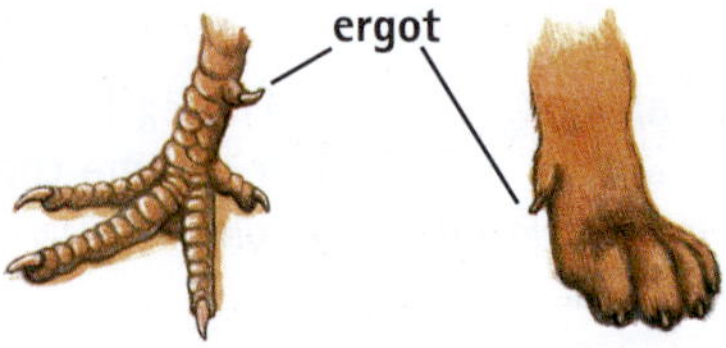

ergoter v. (conjug. 3) Discuter sur des détails. → **chipoter.** *Tu ne vas pas ergoter pour 1 euro !*

ériger v. (conjug. 5b) Construire solennellement un monument. → **élever** et aussi **érection.** *On a érigé une statue sur la place.*

ermite n. m. Religieux qui vit seul dans un lieu désert.

▸ **ermitage** n. m. Lieu écarté, isolé.

▸ Autre mot de la famille : bernard-l'ermite.

éroder v. (conjug. 3) User, creuser par une action lente. *L'eau érode le lit des rivières.* → aussi **érosion.**

érosion n. f. Usure de la surface de la Terre provoquée par les eaux qui coulent, le gel, le vent, etc. → aussi **éroder.** *L'érosion transforme le relief.*

érotique adj. (→ ÉTYM.) Qui concerne l'amour et le plaisir sexuel. *Les films érotiques sont interdits aux enfants.* → aussi **pornographique.**

errer v. (conjug. 3) Aller çà et là, au hasard. *Ils ont longtemps erré avant de trouver la maison.*

▸ **errant, errante** adj. Qui erre. *Ils ont recueilli un chien errant,* un chien perdu.

escalade d'une paroi rocheuse

erreur n. f. 1. Action de se tromper, de ne pas faire ce qu'il aurait fallu faire. → **faute.** *Le voleur a commis une erreur en laissant ses empreintes sur le mur. Vous avez pris mon journal par erreur.* 2. Faute, inexactitude. *Paul a fait une erreur d'addition.*

erroné, erronée adj. Faux, inexact. *Cette ancienne croyance est erronée.* ▮ contraires : **exact,** ① **juste, vrai.**

ersatz [ɛRzats] n. m. Produit alimentaire qui en remplace un autre que l'on ne trouve plus ou que l'on ne peut pas utiliser. → **substitut, succédané.** *Des ersatz de café.*

▸ Ce mot vient de l'allemand.

érudit n. m., **érudite** n. f. Personne qui connaît très bien un sujet parce qu'elle a étudié tous les documents anciens et actuels qui en parlent. → **savant.**

▸ **érudition** n. f. Très grand savoir dans un domaine précis.

éruption n. f. 1. Jaillissement de lave, de cendres et de gaz hors du cratère d'un volcan. *Le volcan est en éruption.* 2. Apparition soudaine d'un grand nombre de boutons sur la peau. *Léa a une éruption de boutons sur tout le corps.*

escabeau n. m. Petite échelle pliante aux marches assez larges. *Elle monte sur un escabeau pour décrocher les rideaux.* – Au pl. *Des escabeaux.*

escadre n. f. Groupe de navires ou d'avions de guerre.

▸ **escadrille** n. f. Groupe d'avions de guerre plus petit qu'une escadre.

▸ **escadron** n. m. Unité commandée par un capitaine dans la cavalerie, les blindés et la gendarmerie.

escalade n. f. 1. Le fait de gravir une montagne, une paroi. → **ascension** et aussi **varappe.** *Les alpinistes ont fait l'escalade d'une paroi rocheuse.* 2. Augmentation soudaine. *On assiste à une escalade de la violence.*

▸ **escalader** v. (conjug. 3) 1. Passer par-dessus une clôture. *Le voleur a escaladé le mur du jardin.* 2. Faire l'ascension d'une pente très raide. → **gravir, grimper.** *Ils ont escaladé un rocher abrupt.*

escalator n. m. Escalier mécanique. → escalier **roulant.** *Les escalators d'un grand magasin.*

escale n. f. (→ ÉTYM.) Arrêt pour prendre du carburant, embarquer ou débarquer des passagers ou des marchandises. *L'avion pour Dakar a fait escale à Madrid. Le bateau a fait le trajet Marseille-Naples sans escale.*

escalier n. m. Suite de marches qui servent à monter et à descendre. *Elle monte l'escalier quatre à quatre. Théo se laisse glisser sur la rampe de l'escalier. Dans le métro, il y a des escaliers roulants, des escaliers mécaniques.* → aussi **escalator.**

escalope n. f. Mince tranche de viande blanche ou de poisson. *Le cuisinier a préparé des escalopes de dinde à la crème.*

escamoter v. (conjug. 3) Faire disparaître quelque chose sans être vu. *Le prestidigitateur a escamoté une carte.* → **dissimuler.**

▸ **escamotable** adj. Qui se replie, se rentre de telle manière qu'on ne le voie plus. *On monte au grenier par une échelle escamotable.*

escampette n. f. Familier. *Prendre la poudre d'escampette,* prendre la fuite. → **décamper, déguerpir.**

escapade n. f. Petite promenade que l'on fait pour se distraire en se sauvant d'un endroit où l'on est surveillé ou en échappant à ses obligations. *Ils ont fait une escapade de trois jours en Espagne.*

escarcelle n. f. Petit sac attaché à la ceinture, dans lequel on mettait son argent autrefois. → ① **bourse.**

escargot n. m. Petit mollusque qui porte sur son dos une coquille arrondie enroulée en spirale et se nourrit de végétaux. → planche **Sol.** *Les cornes de l'escargot portent les yeux. Paul a mangé une douzaine d'escargots.*

escargot

escarmouche n. f. Bref combat de peu d'importance entre des groupes de soldats isolés. → aussi **échauffourée.**

escarpé, escarpée adj. En pente raide. *Un sentier escarpé.* → **abrupt,** à **pic.**

▸ **escarpement** n. m. Versant en pente raide. *L'escarpement de la falaise est impressionnant.*

escarpin n. m. Chaussure de femme très fine, à talons hauts, qui laisse découvert le dessus du pied. *Elle a mis ses escarpins vernis.*

à **bon escient** [abɔnɛsjɑ̃] adv. Comme il fallait le faire, avec de bonnes raisons. *Il l'a critiqué à bon escient.*

▸ Il y a un c après le *s.*

s'esclaffer v. (conjug. 4) Éclater de rire bruyamment. → **pouffer.** *Ils se sont esclaffés en entendant cette plaisanterie.*

▸ Attention aux deux *f.*

esclandre n. m. Incident qui consiste à montrer très bruyamment son mécontentement dans un endroit où il y a du monde. *Il a fait un esclandre dans le magasin.* → **scandale.**

▸ Ce mot est masculin.

esclave n. m. et f. et adj.

▪ n. m. et f. À certaines époques et dans certaines civilisations, personne entièrement privée de liberté qui est achetée par un maître et demeure sous sa domination absolue. *Un esclave devenait un homme libre quand il était*

a b c d e f g h i j k l m n o p q r s t u v w x y z

convoi d'**esclaves**

affranchi par son maître.
▪ adj. Soumis à quelque chose qui ne laisse plus de liberté. *Il est esclave de son travail.* ➜ **prisonnier.**

▸ **esclavage** n. m. Condition d'esclave. ➜ aussi **servage.** *La France a aboli l'esclavage dans ses colonies, en 1848.*

escogriffe n. m. *Un grand escogriffe*, un homme de grande taille paraissant un peu maladroit. ➜ **échalas.**

escompte n. m. Diminution de prix que fait dans certains cas le vendeur à l'acheteur quand celui-ci paie immédiatement. ➜ **rabais, remise.** *Le fabricant fait un escompte de 20 % à un grossiste qui paie comptant.*

escompter v. (conjug. 3) S'attendre à quelque chose. *Ce député escompte bien être réélu.* ➜ **compter, espérer.**

escorte n. f. Groupe de personnes, de véhicules, qui accompagne quelqu'un pour le protéger ou lui faire honneur. *Des chevaliers formaient l'escorte de la reine.*

▸ **escorter** v. (conjug. 3) Accompagner quelqu'un pour le protéger ou lui faire honneur. *Des motards escortaient la voiture du président.*

escouade n. f. Groupe de quelques hommes. *Une escouade de policiers.*

escrime n. f. Sport de combat dans lequel deux adversaires s'affrontent au sabre, au fleuret ou à l'épée. ➜ planche **Sport.** *Elle fait de l'escrime.*
▶ Autre mot de la famille : escrimeur.

s'escrimer v. (conjug. 4) Déployer de grands efforts pour faire quelque chose. ➜ s'**acharner,** s'**évertuer.** *Je m'escrime à ouvrir cette boîte depuis dix minutes.*

escrimeur n. m., **escrimeuse** n. f. Sportif, sportive qui pratique l'escrime. *Les deux escrimeurs participent au championnat du monde.* ▷ Mot de la famille de escrime.

escroc [ɛskʀo] n. m. Personne malhonnête qui trompe les gens pour leur prendre de l'argent. *Cet homme d'affaires est un escroc.*
◗ Le *c* final ne se prononce pas.

▸ **escroquer** v. (conjug. 3) Obtenir malhonnêtement de l'argent de quelqu'un en le trompant. *Ce commerçant a escroqué ses clients.*

▸ **escroquerie** n. f. Vol. *Il a été condamné pour escroquerie. Vendre des fraises des bois aussi cher, c'est de l'escroquerie !*

espace n. m. **1.** Place. *Cet appartement est grand, il y a de l'espace.* ➜ aussi **spacieux.** *Les enfants ont besoin d'espace pour jouer.* **2.** *Un espace vert*, c'est un endroit, dans une ville, où il y a de la verdure, des arbres. **3.** *L'espace*, le milieu qui se trouve en dehors de l'atmosphère terrestre, là où sont les planètes, les étoiles, le Soleil et la Lune. ➜ **cosmos.** ➜ planche **Espace.** *Une fusée a été envoyée dans l'espace.* ➜ aussi **spatial. 4.** Distance entre deux objets. *Il y a le même espace entre chaque banc.* ➜ **espacement, intervalle. 5.** Étendue de temps. *En l'espace de quelques minutes, le ciel est devenu sombre,* en quelques minutes.

▸ **espacement** n. m. Distance entre deux choses. *L'espacement des arbres de l'allée est régulier.* ➜ **espace, intervalle.**

▸ **espacer** v. (conjug. 5a) **1.** Mettre un certain espace entre deux choses. *Il faut espacer ces chaises, elles sont trop rapprochées.* ▮ contraire : **rapprocher. 2.** Séparer par un intervalle de temps. *Maintenant que le malade va mieux, le médecin espace ses visites.*

espadon n. m. Grand poisson de mer dont la mâchoire supérieure est très longue et pointue. *Nous avons mangé de l'espadon grillé.*

espadon

espadrille n. f. Chaussure légère de toile à semelle de corde. *L'été, Louise met des espadrilles.*

espagnolette n. f. Poignée actionnant une tige métallique, qui permet d'ouvrir ou de fermer une fenêtre.

espalier n. m. **1.** Mur contre lequel on fait pousser des arbres fruitiers. *Il y a des poiriers en espalier dans le potager,* appuyés contre un espalier. **2.** Échelle de bois fixée à un mur qui sert à faire des exercices de gymnastique.

espèce n. f. **1.** Catégorie d'êtres vivants qui ont des caractères communs et peuvent se reproduire entre eux. *Il y a des espèces animales et des espèces végétales. Une espèce d'arbres.* ➜ **essence.** *De nombreuses espèces sont en voie de disparition.* ➜ planche Espèces **menacées.** *Les hommes et les femmes forment l'espèce humaine.* **2.** Genre, sorte. *Je ne parle pas aux gens de votre espèce,* aux gens comme vous. *Elle porte une espèce de pantalon qui ressemble à un pyjama. Espèce d'idiot !* **3.** Au pl. Argent liquide. *Elle a payé en espèces.*

▸ *Espèce* est un nom féminin : on doit dire *une espèce de cartable.*

espérer v. (conjug. 8) Souhaiter qu'une chose que l'on désire se réalise. *J'espère revenir l'été prochain. J'espère que tu seras là. N'espérez pas de récompense !* ➜ **attendre, escompter.** ▮ contraires : **craindre, redouter.**

▸ **espérance** n. f. Sentiment d'une personne qui espère. ➜ **espoir.** *Le vert est la couleur de l'espérance. Il vit dans l'espérance de la revoir.*

▸ Autres mots de la famille : **désespérant, désespéré, désespérément, désespérer, inespéré.**

espiègle adj. Vif et malicieux, sans méchanceté. *Léa est espiègle, elle adore faire des farces.* ➜ **coquin.**

▸ **espièglerie** n. f. Farce.

espion n. m., **espionne** n. f. Personne qui cherche à connaître les secrets militaires, industriels ou politiques d'un pays étranger pour les transmettre à son propre pays. *Les espions ont souvent une fausse identité pour ne pas être reconnus.*

▸ On dit aussi un *agent secret.*

▸ **espionner** v. (conjug. 3) Surveiller quelqu'un en cachette pour connaître un secret. ➜ **épier.** *Il espionne ses voisins.*

▸ **espionnage** n. m. Activité des espions. *Il lit des romans d'espionnage.*

esplanade n. f. Grand terrain plat et dégagé aménagé devant un monument. *L'esplanade des Invalides, à Paris.*

esplanade

espoir n. m. **1.** Sentiment d'une personne qui souhaite que la chose qu'elle désire arrive. ➜ **espérance.** *Il a le ferme espoir de réussir.*

a b c d e f g h i j k l m n o p q r s t u v w x y z

la conquête de l'espace

Le 4 octobre 1957, les Soviétiques gagnent la première manche de « la guerre des étoiles » avec le lancement de Spoutnik, mot russe signifiant « compagnon de route », le premier satellite artificiel. Quatre ans plus tard, Iouri Gagarine devient le premier homme à voyager dans l'espace. Mais les Américains vont gagner « la bataille de la Lune ». Après un voyage de quatre jours, Neil Armstrong, commandant la mission Apollo 11, devient le premier homme à marcher sur la Lune, le 21 juillet 1969, quelques heures avant son coéquipier Buzz Aldrin.

➔ **astronautique, fusée.**
➔ planches **Lune, télécommunications.**

Buzz Aldrin : il a marché sur la Lune (1969).

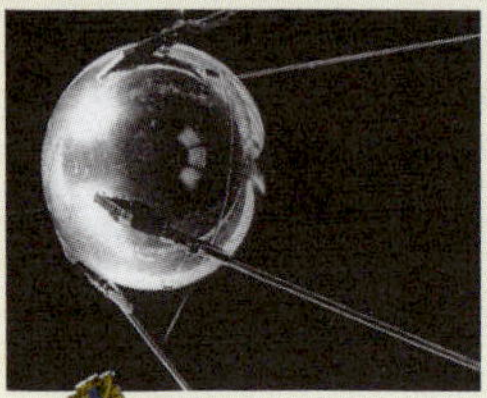

Spoutnik 1, le premier satellite (1957).

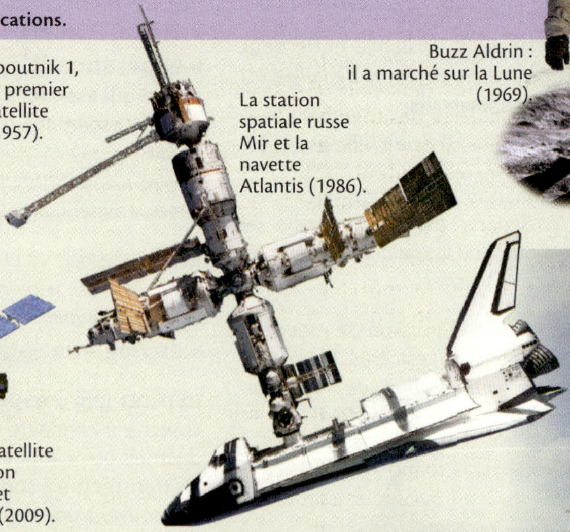

La station spatiale russe Mir et la navette Atlantis (1986).

SMOS, un satellite d'observation de la Terre et des océans (2009).

La fusée Ariane (1979).

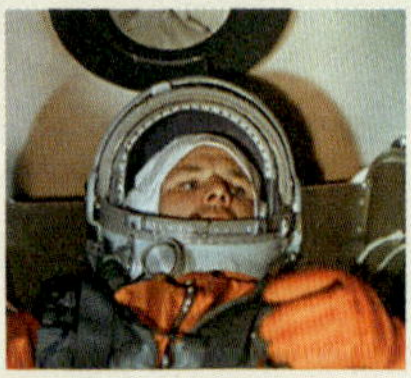

Iouri Gagarine, le premier homme dans l'espace (1961).

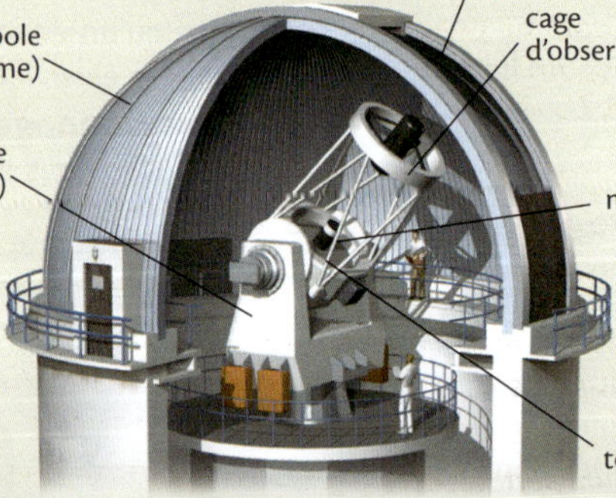

un observatoire

La capsule Gemini (1964).

Salle de contrôle de l'Agence spatiale européenne (2009).

→ aussi **espérer.** *On a perdu l'espoir de retrouver les naufragés.* **2.** Personne qui a des chances de devenir un grand champion ou un artiste célèbre. *C'est un espoir du ski français.*
▶ Autre mot de la famille : désespoir.

esprit n. m. **1.** Pensée. *Il me vient une idée à l'esprit. Il a eu la présence d'esprit d'appeler les pompiers,* il a réagi vite et bien en appelant les pompiers. **2.** Humour. *Elle a beaucoup d'esprit.* **3.** Manière d'agir habituelle. *Il a l'esprit d'équipe,* il est solidaire des membres de son équipe. *Elle a mauvais esprit,* elle est malveillante, elle voit le mal partout. **4.** *Un esprit,* l'âme d'un mort qui revient parmi les vivants. → **fantôme, revenant.** *Esprit, es-tu là ?* **5.** *Les grands esprits se rencontrent,* se dit quand deux personnes ont en même temps la même idée (ou disent la même chose).

esquif n. m. Petit bateau léger.

① **Esquimau** n. m., **Esquimaude** n. f. Habitant des régions polaires du nord de l'Amérique et du Groenland. → **Inuit.** – adj. *Les chiens esquimaux. La civilisation esquimaude.*
▶ On écrit aussi *un Eskimo, une Eskimo.* • On dit plutôt les *Inuits.*

② **esquimau** n. m. Nom déposé Glace enrobée que l'on tient comme une sucette, par un bâton. *Un esquimau au chocolat.* – Au pl. *Des esquimaux.*

esquinter v. (conjug. 3) Familier. Abîmer. *Le chat a esquinté le fauteuil.*

esquisse n. f. Dessin rapidement fait, où l'on ne voit que l'essentiel. → **croquis, ébauche.** → planche **Artistes.** *L'esquisse d'un tableau.*

▶ **esquisser** v. (conjug. 3) **1.** Dessiner rapidement. *Il a esquissé un portrait de sa grand-mère.* **2.** Commencer à faire quelque chose. *Elle esquissa un sourire.* → **ébaucher.**

esquiver v. (conjug. 3) **1.** *Esquiver un coup,* éviter de le recevoir. → **parer.** **2.** **s'esquiver,** s'en aller sans se faire remarquer. → **s'éclipser.** *Julie s'est esquivée avant la fin du film.*

essai n. m. **1.** Utilisation de quelque chose pour en voir les qualités et les défauts. *J'ai acheté cette nouvelle marque de café pour faire un essai.* → **expérience, test.** **2.** Le fait d'agir sans être sûr du résultat. → **tentative.** *Au premier essai, il a envoyé la flèche dans la cible.* **3.** Au rugby, avantage obtenu quand un joueur pose ou touche le ballon derrière la ligne de but. *Notre équipe a marqué un essai. Le joueur a transformé l'essai.* **4.** Livre dans lequel l'auteur dit ce qu'il pense sur un sujet. *Un essai politique.* ▷ Mot de la famille de essayer.

essaim n. m. Groupe d'insectes en vol ou posés. *Il y a un essaim de guêpes sous le toit.*
▶ Il y a un *m* à la fin de *essaim.*

▶ **essaimer** v. (conjug. 3) **1.** Quitter la ruche en essaim pour aller s'établir ailleurs. *Les abeilles vont essaimer.* **2.** Se disperser et fonder de nouveaux groupes ailleurs. *Cette société a essaimé à l'étranger,* elle y a installé des succursales.

essaim

essayer v. (conjug. 10) **1.** Utiliser une chose pour la première fois afin de voir ses qualités et ses défauts. → **expérimenter, tester.** *Il essaie une nouvelle voiture.* **2.** Faire des efforts sans être sûr du résultat. *Alex essaie de faire de la planche à voile.* → **s'efforcer,** ② **tenter.** **3.** Mettre un vêtement pour voir s'il va. *Julie a essayé plusieurs jupes.*

▶ **essayage** n. m. Le fait d'essayer un vêtement. *Dans les magasins de vêtements, il y a des cabines d'essayage.*
▶ Autre mot de la famille : essai.

essence n. f. **1.** Carburant tiré du pétrole qui sert à faire fonctionner les véhicules. *Il s'est arrêté pour prendre de l'essence. Elle met de l'essence sans plomb dans sa voiture.* **2.** Espèce d'arbres. *Dans cette forêt, il y a des essences très variées.* **3.** Extrait d'une plante, très concentré. *De l'essence de lavande.*

essentiel adj. et n. m., **essentielle** adj.
■ adj. Très utile, très important. *Il manque une*

pièce essentielle pour faire cette maquette d'avion. ➜ **indispensable, nécessaire.** contraire : **inutile.** *Raconte-nous les faits essentiels pour que nous puissions comprendre.* ➜ **principal.** contraire : **secondaire.**

▪ n. m. Le plus important. *En voyage, il n'emporte que l'essentiel,* les objets indispensables.

▸ **essentiellement** adv. Surtout, principalement. *C'est un pays essentiellement montagneux.*

essieu n. m. Barre de métal qui relie deux roues. – Au pl. *Des essieux.*

essor n. m. **1.** *Prendre son essor,* s'envoler. *L'oiseau prend son essor.* **2.** Développement rapide et important. ➜ **expansion.** *Le tourisme est en plein essor dans cette région.*

essorer v. (conjug. 3) *Essorer du linge,* c'est le tordre pour en faire sortir l'eau.

▸ **essorage** n. m. Action de débarrasser le linge de l'eau qu'il contient. *Le lave-linge tourne très vite pendant l'essorage.*

essouffler v. (conjug. 3) Faire perdre le souffle. *Cette course m'a essoufflé. Je suis tout essoufflé.* ➜ **haletant.**

▸ **essoufflement** n. m. Respiration très rapide et malaisée.

Attention : deux *s* et deux *f.*

▷ Mots de la famille de **souffle.**

essuie-glace n. m. Petit appareil muni d'une lame de caoutchouc qui essuie le pare-brise ou la vitre arrière d'un véhicule. ➜ planche **Voitures.** *Les essuie-glaces de sa voiture sont usés.* ▷ Mot de la famille de ① **essuyer** et de ① **glace.**

essuie-main n. m. Torchon ou serviette qui sert à essuyer les mains. – Au pl. *Des essuie-mains.* ▷ Mot de la famille de ① **essuyer** et de **main.**

On écrit aussi *un essuie-mains.*

essuie-tout n. m. inv. Papier absorbant vendu en rouleau. ▷ Mot de la famille de ① **essuyer** et de ① **tout.**

① **essuyer** v. (conjug. 10) **1.** Sécher en frottant. *Théo essuie la vaisselle.* – **s'essuyer,** se sécher. *Léa s'est essuyée en sortant de son bain.* **2.** Enlever la poussière, la saleté en frottant. *Elle essuie le buffet avec un chiffon.*

▸ Autres mots de la famille : **essuie-glace, essuie-main, essuie-tout.**

estampe japonaise

② **essuyer** v. (conjug. 10) Subir une chose désagréable. *Il a essuyé un refus.*

est [ɛst] n. m. Un des quatre points cardinaux. *Le soleil se lève à l'est.* → **orient.** *Reims est à l'est de Paris.* – Invariable après un nom. *Il habite dans la banlieue est,* située à l'est de la ville.

estafilade n. f. Longue coupure au visage. *Son père s'est fait une estafilade en se rasant.* → **balafre.**

estampe n. f. Gravure. *Certains livres anciens sont illustrés de magnifiques estampes.*

est-ce que adv. Mot qui sert à poser des questions. *Est-ce que tu viens avec moi ? Où est-ce que nous allons ?* ▷ Famille de ① être et ② ce.

esthétique adj. **1.** Beau, décoratif. *Cette vieille poubelle n'est vraiment pas très esthétique.* **2.** *Chirurgie esthétique,* qui est faite pour rendre une personne plus belle.

▸ **esthéticien** n. m., **esthéticienne** n. f. Personne qui donne des soins de beauté, fait des maquillages. *L'esthéticienne travaille dans un institut de beauté.*

▶ Il y a un *h* après le *t.*

estimer v. (conjug. 3) **1.** Donner un prix, une valeur à quelque chose. *L'expert a estimé ce tableau à un million d'euros.* → **évaluer.** **2.** Calculer approximativement. *Le nombre des victimes est encore impossible à estimer.* **3.** Avoir une opinion sur quelque chose. → **juger, penser.** *J'estime que j'ai raison.* **4.** Penser du bien de quelqu'un, trouver qu'il a des qualités. *Le directeur estime ses collaborateurs.* → **apprécier.** ▮ contraire : **mépriser.**

▸ **estimable** adj. Qui a beaucoup de qualités.

▸ **estimation** n. f. Détermination du prix, de la valeur, du nombre, de l'importance de quelque chose. *Le plombier a fait une estimation du prix des travaux,* il a dit combien cela coûterait. → **évaluation.**

▸ **estime** n. f. Bonne opinion que l'on a d'une personne. *J'ai beaucoup d'estime pour elle.* → **considération, respect.** ▮ contraires : **dédain, mépris.**

▶ Autres mots de la famille : inestimable, mésestimer, sous-estimer, surestimer.

estival, estivale adj. D'été. *Malgré la saison, il fait une température estivale.* ▮ contraire : **hivernal.** – Au masc. pl. *estivaux.*

estivant n. m., **estivante** n. f. Personne qui vient passer ses vacances d'été dans un lieu. → aussi **vacancier.** *Les premiers estivants arrivent en juin.*

estomac [ɛstɔma] n. m. Partie de l'appareil digestif située entre l'œsophage et l'intestin et formée d'une poche destinée à recevoir les aliments. *La nourriture est broyée et commence à être digérée dans l'estomac.* – *Avoir l'estomac dans les talons,* avoir faim.

▶ Le *c* final ne se prononce pas.

estomper v. (conjug. 3) Rendre moins net. *La brume estompe le paysage.* → **voiler.** *Le temps estompe la douleur.* → **atténuer.** ▮ contraire : **raviver.** – **s'estomper,** devenir moins net. *Les couleurs du papier peint se sont estompées,* elles ont pâli.

estrade n. f. Plancher surélevé de quelques marches au-dessus du sol. *L'orchestre est installé sur une estrade.*

estragon n. m. Plante dont on utilise la tige et les feuilles pour parfumer les plats. *Nous avons mangé du poulet à l'estragon.*

s'estropier v. (conjug. 9) Se blesser gravement. *Il aurait pu s'estropier en tombant du mur.*

estuaire n. m. Embouchure vaste et profonde d'un fleuve. *Saint-Nazaire est un port sur l'estuaire de la Loire.*

estuaire

a b c d e f g h i j k l m n o p q r s t u v w x y z

esturgeon [ɛstyʀʒɔ̃] n. m. Grand poisson qui pond ses œufs dans les fleuves mais vit dans la mer. → planche **Poissons.** *Le caviar est composé d'œufs d'esturgeon.*
Il y a un *e* après le *g.*

et conjonction. Mot qui sert à relier deux mots ou deux groupes de mots. *Ferme les yeux et ouvre la bouche. Il est bête et méchant.*

étable n. f. Bâtiment où l'on loge les vaches, les bœufs, les veaux. → aussi **bergerie, écurie, porcherie.**

établi n. m. Grande table très solide sur laquelle on travaille le bois, les pièces métalliques. *Le menuisier ponce une planche sur son établi.* ▷ Mot de la famille de **établir.**

établir v. (conjug. 11) **1.** Mettre en place. → **installer.** *Les militaires ont établi leur camp près de l'aéroport.* **2.** Apporter la preuve de quelque chose. → **démontrer, prouver.** *L'expert a établi que l'accident était dû à une défaillance mécanique.* **3.** Faire avec soin et précision. *Elle établit la liste des invités.* → **dresser.** **4.** Commencer, mettre en application. *Ces deux pays ont établi des relations diplomatiques,* ils les ont nouées. **5. s'établir,** se fixer quelque part pour y habiter ou y travailler. → s'**installer.** *Ils se sont établis en Savoie.*
▸ **établissement** n. m. **1.** Installation. *Je ne les ai pas revus depuis leur établissement en Savoie.* **2.** Bâtiment servant à un usage précis. *Un collège, un lycée sont des établissements scolaires.* **3.** Au pl. Société commerciale. *Les Établissements Dupont.* → **entreprise.**
▶ Autres mots de la famille : **établi, rétablir, rétablissement.**

étage n. m. **1.** Chacun des niveaux d'un bâtiment placés les uns au-dessus des autres. *Une maison de trois étages. Elle habite au quatrième étage.* **2.** Chaque niveau d'un vaisseau spatial. *Le deuxième étage de la fusée s'est détaché.*
▸ s'**étager** v. (conjug. 5b) Être disposé les uns au-dessus des autres. *Les maisons s'étagent sur la colline.*
▸ **étagère** n. f. Planche horizontale. *Les livres sont rangés sur l'étagère.* → ① **rayon.**

étai n. m. Poutre qui sert à soutenir un mur ou une construction peu solide.
▶ Autre mot de la famille : **étayer.**

étain n. m. Métal blanc grisâtre, assez mou. *Une théière en étain.*

étaler v. (conjug. 3) **1.** Disposer des objets de façon à ce qu'ils occupent beaucoup de place pour être bien vus. *Il a étalé des photos sur la table.* → **éparpiller.** contraire : **ramasser.** **2.** Mettre à plat. *L'automobiliste étale sa carte routière.* **3.** Étendre en couche fine. *Paul étale du beurre sur sa tartine.* **4.** Montrer quelque chose dont on est très fier. *Il étale ses connaissances.* **5.** Répartir dans le temps. → **échelonner.** *Il faut étaler les départs en vacances.* **6.** Familier. **s'étaler,** tomber. *Julie s'est étalée de tout son long.*
▸ **étal** n. m. (pl. **étals**) **1.** Table où l'on expose les marchandises dans un marché. → **éventaire.** **2.** Table de bois très épaisse sur laquelle le boucher découpe la viande.
▸ **étalage** n. m. Endroit où l'on expose des marchandises à vendre. *Julie admire les étalages d'un grand magasin.* → **devanture, vitrine.**
▸ **étalagiste** n. m. et f. Personne dont le métier est de disposer les marchandises dans les vitrines des magasins.
▸ **étale** adj. *La mer est étale,* elle a cessé de monter et ne descend pas encore.
▸ **étalement** n. m. Répartition dans le temps. *L'étalement des départs en vacances évite les bouchons sur les routes.*

① **étalon** n. m. Cheval mâle qui peut se reproduire.

② **étalon** n. m. Modèle de mesure. *On vérifie une balance avec des poids étalons.*
▸ **étalonner** v. (conjug. 3) *Étalonner une balance,* la graduer d'après un étalon.

étamine n. f. Partie mâle d'une fleur qui produit le pollen. → planche **Fleurs.** *Les insectes en butinant transportent le pollen des étamines sur le pistil.*

étanche adj. Qui ne laisse pas passer l'eau. *Théo peut se baigner avec sa montre étanche.*
▸ **étanchéité** n. f. Qualité de ce qui est étanche. *L'étanchéité de cette montre est garantie.*

étau

étancher v. (conjug. 3) *Étancher sa soif,* l'apaiser en buvant. → se **désaltérer.**

étang [etɑ̃] n. m. Petit lac peu profond. → aussi **mare.**
▶ Le *g* final ne se prononce pas.

étant donné → **donné**

étape n. f. 1. Endroit où l'on s'arrête au cours d'un voyage. → **halte.** *Ils ont fait une étape dans le Midi.* 2. Distance à parcourir avant de s'arrêter. *Les cyclistes ont parcouru une longue étape.* 3. Période. *L'adolescence est une étape difficile de la vie.* → **moment, phase.**

① **état** n. m. 1. Manière d'être d'un être vivant. *Son état de santé est bon,* il est en bonne santé. *Depuis qu'elle a appris la nouvelle, elle est dans tous ses états,* elle est très agitée, affolée. 2. Manière d'être d'une chose. *Ce livre est en mauvais état,* il est abîmé. *La voiture est en état de marche,* elle fonctionne. *Le film est encore à l'état de projet,* sous forme de projet. 3. *L'état civil d'une personne,* son nom, sa date et son lieu de naissance, sa situation de famille.
▶ Autre mot de la famille : état-major.

② **État** n. m. 1. *Un État,* c'est un ensemble de personnes qui vivent sur un territoire et obéissent au même gouvernement. → **nation, pays.** *Ce pays commerce avec les États voisins.* 2. *L'État,* l'ensemble des services qui gouvernent un pays. → **administration, gouvernement.** *Plusieurs chefs d'État se sont réunis à Paris. Ce président est un grand homme d'État,* un homme capable de bien gouverner. *Le gouvernement a été renversé par un coup d'État,* par une révolution. → **putsch.**

état-major n. m. Groupe d'officiers qui commande une armée sous les ordres d'un général. – Au pl. *Des états-majors.* ▷ Mot de la famille de ① état et de major.

étau n. m. Instrument composé de deux mâchoires qui maintiennent en le serrant un objet que l'on veut travailler. *Un étau d'établi.* – Au pl. *Des étaux.*

étayer v. (conjug. 10) Consolider un mur, un plafond avec des poutres. → aussi **étai.** ▷ Mot de la famille de étai.

etc. [ɛtseteʀa] adv. Et ainsi de suite, et le reste. *Pour faire un gâteau, il faut de la farine, du sucre, des œufs, etc.*

été n. m. Saison la plus chaude de l'année. → planche **Terre.** *Tous les étés, il va en Corse.* → aussi **estival, estivant.**

éteindre v. (conjug. 55) 1. Faire cesser de brûler. *Les pompiers ont éteint l'incendie.* 2. Faire cesser d'éclairer. *Éteins la lumière.* ▮ contraire : **allumer.** 3. Faire cesser de fonctionner un appareil électrique. *J'ai oublié d'éteindre la radio.* → **fermer.**

▶ **s'éteindre** v. 1. Cesser de brûler. *Le feu s'est éteint.* 2. Cesser de vivre. → **mourir.** *Le malade s'est éteint dans la nuit.*

▶ **éteint, éteinte** adj. 1. Qui ne brûle plus, n'éclaire plus. *La voiture roulait tous feux éteints,* sans aucune lumière allumée. 2. Faible et triste. *Il parle d'une voix éteinte.*

étendard n. m. Drapeau. → **bannière.**

étendre v. (conjug. 44) 1. Allonger. *On a étendu le blessé sur le bord de la route.* → ① **coucher.** 2. Étaler quelque chose qui était plié. *Elle étend le linge sur le séchoir.* 3. Diluer, délayer. *Ce sirop doit être étendu d'eau avant d'être bu.* 4. Rendre plus grand. *Il a étendu ses connaissances en géographie.* → **accroître, augmenter.**

▶ **s'étendre** v. 1. S'allonger, se coucher. *Elle s'est étendue sur son lit.* 2. Occuper un certain espace. *La plaine s'étend sur des kilomètres.* 3. Devenir plus grand. *L'infection s'est étendue.* → se **propager.**

▶ **étendu, étendue** adj. Grand, vaste. *D'ici, on a une vue étendue sur la ville. Il a des connaissances très étendues.* ▮ contraire : **restreint.**

▸ étendue n. f. **1.** Espace, surface. *Une immense étendue désertique.* **2.** Importance. *Il a constaté l'étendue des dégâts.*
▷ Mots de la famille de ① tendre.

éternel, éternelle adj. **1.** Qui a toujours existé et existera toujours. *Les chrétiens croient en un Dieu éternel.* **2.** Qui doit durer toujours. *Une amitié éternelle.* ➜ **durable.** ▮ contraire : **éphémère.** *Il y a des neiges éternelles sur les sommets,* des neiges qui ne fondent jamais. **3.** Qui ennuie parce que c'est toujours la même chose. *Ils ont recommencé leurs éternelles discussions politiques.*

▸ éternellement adv. Sans cesse, continuellement. *Il est éternellement en retard.* ➜ **toujours.** *Cette situation ne va pas durer éternellement.* ➜ **indéfiniment.**

s'éterniser v. (conjug. 4) Durer trop longtemps. *Ce repas s'éternise.*

éternité n. f. **1.** Durée sans commencement ni fin. *Les chrétiens croient que Dieu vit dans l'éternité.* **2.** Temps extrêmement long. *Cela fait une éternité qu'il est parti.*

éternuer v. (conjug. 3) Rejeter brusquement et avec bruit de l'air par le nez et la bouche.

▸ éternuement n. m. Passage brutal d'air rejeté par le nez, accompagné d'un bruit. *Le poivre provoque des éternuements.*
▶ Ce mot prend un *e* entre le *u* et le *m.*

éther [etɛʀ] n. m. Liquide incolore qui a une odeur forte, s'évapore très vite et sert à anesthésier et à désinfecter.
▶ Il y a un *h* après le *t.*

ethnie [ɛtni] n. f. Groupe de personnes qui parlent la même langue et ont la même culture. *Ce pays est composé de plusieurs ethnies.*

▸ ethnique adj. Qui concerne un groupe de personnes parlant la même langue et ayant la même culture. *Ce pays compte plusieurs groupes ethniques.*
▶ Il y a un *h* après le *t.*

ethnologie n. f. Science qui étudie la vie et les habitudes des peuples.

▸ ethnologue n. m. et f. Personne qui étudie la façon de vivre des différents peuples.
▶ Il y a un *h* après le *t.*

étinceler v. (conjug. 6a) Briller vivement. *Les étoiles étincellent dans le ciel.* ➜ **scintiller.**

▸ étincelant, étincelante adj. Qui brille, qui étincelle. *La neige est étincelante de blancheur.*
▷ Mots de la famille de étincelle.

étincelle n. f. **1.** Minuscule partie brûlante et brillante qui se détache d'un feu. *La bûche crépite et lance des étincelles. – C'est l'étincelle qui a mis le feu aux poudres,* c'est le petit incident qui a déclenché la catastrophe. **2.** Petit éclair. *Il y a eu une étincelle dans la prise électrique. – Faire des étincelles,* réussir brillamment, avoir de très bons résultats.
▶ Autres mots de la famille : étincelant, étinceler.

étincelles

s'étioler v. (conjug. 4) Perdre de sa vigueur. *La plante s'étiole,* elle devient rabougrie et décolorée. ➜ se **faner,** se **flétrir.** ▮ contraire : s'**épanouir.**

étiqueter v. (conjug. 6b) Mettre une étiquette. *Elle étiquette les bocaux de confiture.* ▷ Mot de la famille de ① étiquette.

① étiquette n. f. Morceau de papier placé sur un objet, qui indique son prix, sa composition, sa destination ou son propriétaire. *Elle a attaché une étiquette à sa valise. Julie met des étiquettes sur ses livres de classe.*
▶ Autre mot de la famille : étiqueter.

② étiquette n. f. Règles que l'on doit observer en présence d'un chef d'État, d'un grand personnage. ➜ **protocole.** *Sous Louis XIV, la cour respectait l'étiquette.*

étirer v. (conjug. 3) **1.** Allonger en tirant. *Elle étire un élastique.* **2. s'étirer,** étendre ses membres pour détendre ses muscles. *Le chat s'étire au soleil.* ▷ Mot de la famille de tirer.

étoffe n. f. Tissu.

étoffer v. (conjug. 3) Enrichir. *Il faut étoffer ton exposé de quelques exemples.*

étoile n. f. (→ ÉTYM.) **1.** Astre. *Les étoiles brillent dans le ciel.* → aussi **constellation.** *Une étoile filante traverse le ciel,* un météore. – *Dormir à la belle étoile,* en plein air, la nuit. **2.** Ornement à plusieurs branches. *Le général a des étoiles brodées sur son képi.* **3.** *Une étoile de mer,* un animal marin en forme d'étoile à cinq branches. → planche **Littoral. 4.** Artiste très célèbre. *Les étoiles du cinéma américain.* → **star,** ② **vedette.** *Une danseuse étoile,* qui a le plus haut rang parmi les danseurs de l'Opéra. *Des danseurs étoiles.*

▸ **étoilé, étoilée** adj. Rempli d'étoiles. *Le ciel était étoilé.*

étonner v. (conjug. 3) **1.** Causer de la surprise à quelqu'un. *Ta réaction m'a étonné.* → **surprendre.** *Cela m'étonnerait qu'il revienne,* c'est peu probable. **2. s'étonner,** être surpris, trouver étrange. *Elle s'est étonnée de trouver la porte fermée.*

▸ **étonnant, étonnante** adj. Qui cause une surprise. *Je viens d'apprendre une chose étonnante.* → **ahurissant, effarant, inattendu, renversant, surprenant.** ▮ contraires : **banal, ordinaire.**

▸ **étonnamment** adv. D'une manière surprenante. *Les enfants sont étonnamment sages.* → **étrangement.**

▸ **étonnement** n. m. Surprise. *À mon grand étonnement, il est arrivé à l'heure.* → **stupéfaction.**

étouffer v. (conjug. 3) **1.** Empêcher de respirer. *Serre-moi moins fort, tu m'étouffes.* – **s'étouffer,** ne plus arriver à respirer. *Il a failli s'étouffer en avalant de travers.* → **s'étrangler. 2.** Faire mourir quelqu'un en l'empêchant de respirer. *Le meurtrier a étouffé sa victime.* → aussi **asphyxier. 3.** Atténuer. *La moquette étouffe le bruit des pas.* → **amortir. 4.** Avoir du mal à respirer, avoir trop chaud. *Ouvre la fenêtre, on étouffe.*

▸ **étouffant, étouffante** adj. Qui empêche de respirer normalement. *Il fait une chaleur étouffante.* → **accablant, suffocant.**

▸ à l'**étouffée** adv. *Cuire à l'étouffée,* à la vapeur, dans un récipient fermé. → à l'**étuvée.** *Des légumes cuits à l'étouffée.*

▸ **étouffement** n. m. Difficulté à respirer. *L'asthme provoque des crises d'étouffement.* → **asphyxie.**

étourdi, étourdie adj. Qui ne fait pas attention, oublie tout. → **distrait.** *Louise est très étourdie.* ▮ contraire : **attentif.** – n. *C'est une étourdie.*

▸ **étourderie** n. f. Manque d'attention. *Julie a fait des fautes d'étourderie dans sa dictée.*

étourdir v. (conjug. 11) **1.** Faire presque perdre connaissance. → **assommer.** *Ce coup sur la tête l'a étourdi.* **2.** Faire mal à la tête. *Le bruit nous étourdissait.*

▸ **étourdissant, étourdissante** adj. Assourdissant. *Un vacarme étourdissant.*

▸ **étourdissement** n. m. Vertige. *Il a eu un étourdissement.*

étourneau n. m. Petit oiseau au plumage sombre tacheté de blanc. → **sansonnet.** → planche **Ville.** – Au pl. *Des étourneaux.*

étourneau

étrange adj. Qui étonne. → **bizarre, curieux.** *Cet homme a un air étrange. C'est une étrange façon d'agir.*

▸ **étrangement** adv. Étonnamment. *Il est étrangement silencieux.* → **bizarrement, curieusement.**

▸ Autre mot de la famille : étrangeté.

étranger adj. et n. m., **étrangère** adj. et n. f.
▪ adj. **1.** Qui est d'un autre pays. *Il a de nombreux amis étrangers. Elle parle plusieurs langues étrangères.* **2.** Qui n'est pour rien dans quelque chose. *Nous sommes étrangers à cette affaire.*
▪ n. **1.** Personne d'un autre pays. *De nombreux étrangers visitent Paris.* **2.** n. m. *L'étranger,* un pays étranger. *Ils vont en vacances à l'étranger.*

étrangeté n. f. Caractère de ce qui est étrange. *Il était déconcerté par l'étrangeté de la situation.* ▹ Mot de la famille de étrange.

a b c d e f g h i j k l m n o p q r s t u v w x y z

étrangler v. (conjug. 3) Empêcher de respirer en comprimant le cou. *Cette cravate trop serrée l'étrangle.*

▸ **étranglement** n. m. **1.** Endroit resserré. → **rétrécissement.** *Le barrage a été construit dans un étranglement de la vallée.* **2.** Action d'étrangler. *Il est mort par étranglement,* étranglé. → **strangulation.**

étrave n. f. Pièce qui forme la proue d'un navire et qui fend l'eau. → planche **Bateaux.** *Les vagues se brisent sur l'étrave.*

étrave d'un navire

① **être** v. (conjug. 2)
▪ **verbe** être **1.** *Être* marque l'état, la qualité du sujet. *Il est roux. Elle a été courageuse. Les écureuils sont des rongeurs. Le mur est en briques.* **2.** Se trouver. *Les enfants sont en classe.* **3.** Exister. *Il était une fois...* **4.** *Être à quelqu'un,* lui appartenir. *Cette moto est à lui.* **5.** *Être à faire,* devoir être fait. *La maison est à vendre,* elle va être vendue. **6.** *C'est* présente une personne ou une chose. *Ce sont mes amis. C'est une pipe en terre.*
▪ **auxiliaire** être **1.** *Être* sert à former la voix passive. *Le cambrioleur a été arrêté.* **2.** *Être* sert à former le passé composé de certains verbes. *Il est parti. Elle s'est blessée.* ▮ homonyme : hêtre.

▸ ② **être** n. m. Créature. *Les plantes, les animaux, les humains sont des êtres vivants.*

▶ Autres mots de la famille : bien-être, c'est-à-dire, est-ce que, n'est-ce pas, peut-être, soit.

étreindre v. (conjug. 55) Entourer et serrer très fort. *Il étreint ses enfants avant de partir.* – *Qui trop embrasse, mal étreint,* la personne qui entreprend trop de choses risque de ne rien réussir.

▸ **étreinte** n. f. Mouvement par lequel on serre quelqu'un très fort contre soi. *Le catcheur ne relâche pas son étreinte.*

étrenner v. (conjug. 3) Utiliser pour la première fois. *Elle étrenne ses nouvelles chaussures.*
▶ Ce mot s'écrit avec deux *n.*

étrennes n. f. pl. Somme d'argent que l'on donne à l'occasion du 1er janvier. *Il a donné des étrennes au gardien de son immeuble.*
▶ Ce mot s'écrit avec deux *n.*

étrier n. m. Anneau métallique qui pend de chaque côté de la selle d'un cheval et dans lequel le cavalier passe le pied. ▮ homonyme : étriller.

étrier

étriller v. (conjug. 3) *Étriller son cheval,* le frotter, le nettoyer. → **panser.** ▮ homonyme : étrier.

étriqué, étriquée adj. Trop étroit. *Cette veste est étriquée.* ▮ contraires : **ample, large.**

étroit, étroite adj. **1.** Qui n'est pas large. *Une route très étroite.* ▮ contraire : **large.** – *À l'étroit,* dans un espace trop petit. *Ils sont trop à l'étroit dans leur appartement.* **2.** *Il a l'esprit étroit,* il manque d'ouverture d'esprit. → **borné,** ② **obtus. 3.** Qui unit de près. *Nous sommes restés en rapports étroits avec lui.*

▸ **étroitement** adv. De très près. *La police le surveille étroitement.*

▸ **étroitesse** n. f. Manque de largeur. *L'étroitesse de la route.* → **exiguïté.** *Son étroitesse d'esprit est consternante.* ▮ contraire : **largeur.**

étude n. f. **1.** Travail que l'on fait pour apprendre. *L'étude de l'histoire la passionne. Il fait ses études de médecine.* **2.** Ouvrage sur un sujet précis qui a demandé des recherches. *Il* *lit une étude sur les volcans.* ➜ **essai.** **3.** Temps que les élèves passent à travailler à l'école en dehors des heures de cours. *Alex fait ses devoirs pendant l'étude.* **4.** *L'étude d'un notaire,* l'endroit où il travaille.

▸ **étudiant** n. m., **étudiante** n. f. Personne qui fait des études à l'université. *Elle est étudiante en médecine.*

▸ **étudier** v. (conjug. 9) **1.** Apprendre. *Il étudie l'histoire. Elle étudie le piano,* elle apprend à en jouer. **2.** Examiner avec soin. *Ils ont étudié le projet avant de l'accepter.*

▸ **étudié, étudiée** adj. Médité et préparé avec soin. *Leur coup était très bien étudié.*

étui n. m. Boîte ou petite housse qui sert à contenir un objet. *Un étui à lunettes.*

étuve n. f. Pièce où il fait très chaud, où l'on transpire. ➜ **fournaise.**

▸ **à l'étuvée** adv. *Cuire à l'étuvée,* à la vapeur, dans un récipient fermé. *Des carottes cuites à l'étuvée.* ➜ à l'**étouffée.**

étymologie n. f. Origine d'un mot. *L'étymologie du mot «école» c'est le mot latin «schola».*

Il y a un *y* après le *t.*

eucalyptus [økaliptys] n. m. Grand arbre des pays chauds dont les feuilles pointues sentent très bon. *Pastilles à l'eucalyptus contre le mal de gorge.*

Il y a un *y* après le *l.*

eucalyptus

eucharistie [økaʀisti] n. f. Sacrement chrétien qui rappelle le sacrifice de Jésus-Christ. ➜ **communion.**

euh interj. Marque l'embarras, la difficulté à trouver ses mots. ➜ **heu.** *Euh ! je ne sais pas.*

euphémisme n. m. Façon de parler qui atténue ce que l'on veut dire. *«Disparu» pour «mort» est un euphémisme.*

euphorie n. f. Impression de bien-être, de grand contentement. *La veille des vacances, c'est l'euphorie générale dans l'école.*
contraire : **tristesse.**

▸ **euphorique** adj. Qui est très content et le montre. *Un air euphorique.* contraires : **mélancolique, sombre, triste.**

eurêka interj. S'emploie pour exprimer la joie d'avoir eu une bonne idée ou trouvé une solution. *Eurêka ! Voilà la solution !*

C'est un mot grec qui veut dire «j'ai trouvé».

euro n. m. Monnaie européenne. *Les prix sont indiqués en euros. Cette robe coûte 40 euros.*

Le symbole de l'euro est €.

européen adj. et n. m., **européenne** adj. et n. f. adj. De l'Europe. *Les pays européens. L'Union européenne.* – n. Habitant, habitante de l'Europe. *Les Européens.*

euthanasie n. f. Mort donnée à un malade que l'on ne peut pas guérir, pour mettre fin à ses souffrances ou rendre plus courte son agonie.

Il y a un *h* après le *t.*

eux pronom personnel m. pl. Pluriel de *lui. Je me souviens d'eux. Ils l'ont dit eux-mêmes.*

évacuer v. (conjug. 3) **1.** Quitter un endroit. *Dès que l'alarme a retenti, les habitants ont évacué l'immeuble.* **2.** Faire partir. *Les pompiers évacuent les clients et les employés du magasin en feu.*

▸ **évacuation** n. f. Action d'évacuer. *L'évacuation du magasin a été rapide.*

s'évader v. (conjug. 4) S'échapper d'un lieu où l'on est prisonnier. ➜ s'**enfuir,** se **sauver.** *Les prisonniers se sont évadés par les égouts.* ➜ aussi **évasion.**

évaluer v. (conjug. 3) Donner approximativement un nombre, un prix. *On a évalué à 2 000 le nombre des manifestants. Il a fait évaluer sa maison.* ➜ **estimer.**

a b c d e f g h i j k l m n o p q r s t u v w x y z

▸ **évaluation** n. f. Calcul approximatif. ➜ **estimation.** *Il a fait l'évaluation du coût des travaux.*
▷ Mots de la famille de valoir.

évangéliser v. (conjug. 3) Prêcher l'Évangile, enseigner la parole de Jésus. *Les missionnaires évangélisaient les païens.*

Évangile n. m. **1.** Enseignement de Jésus-Christ. *Les missionnaires prêchaient l'Évangile pour convertir les païens.* **2.** *Les quatre Évangiles,* les quatre livres de la Bible qui font partie du Nouveau Testament.

s'**évanouir** v. (conjug. 11) **1.** Perdre connaissance, devenir inconscient. *Louise s'est évanouie.* ➜ **défaillir. 2.** Disparaître. *Tous ses espoirs se sont évanouis.* ➜ s'**envoler.**

▸ **évanouissement** n. m. Perte de connaissance. ➜ **syncope.**

s'**évaporer** v. (conjug. 4) Se transformer en vapeur. ➜ se **volatiliser.** *L'éther s'évapore rapidement.*

▸ **évaporation** n. f. Transformation d'un liquide en vapeur. *L'évaporation de l'eau provoque la formation des nuages.* ➜ planche **Eau.**

évasé, évasée adj. Qui a une forme qui va en s'élargissant. *Une jupe évasée.* ▷ Mot de la famille de ① vase.

évasif, évasive adj. Qui ne répond pas clairement, reste dans le vague. *Elle est restée très évasive. Une réponse évasive.* ➜ ② **vague.** ▮ contraires : **clair, net, précis.**

▸ **évasivement** adv. D'une manière vague, évasive. *Il a répondu évasivement.* ▮ contraire : **clairement.**

évasion n. f. Le fait de s'échapper d'un lieu où l'on est prisonnier. *Le prisonnier a fait une tentative d'évasion.* ➜ aussi s'**évader.**

évêché n. m. **1.** Région dont s'occupe un évêque. ➜ **diocèse. 2.** Résidence d'un évêque.

éveiller v. (conjug. 3) **1.** Faire sortir du sommeil. *L'orage l'a éveillé.* ➜ **réveiller. – s'éveiller,** cesser de dormir. *Louise s'est éveillée très tôt.* ▮ contraire : s'**endormir. 2.** Faire naître. ➜ **provoquer.** *Son absence a éveillé les soupçons.*

▸ **éveillé, éveillée** adj. **1.** Qui ne dort pas. *Théo est resté éveillé toute la nuit.* ▮ contraires : **endormi, ensommeillé. 2.** Plein de vie, de vivacité. *Un bébé très éveillé.* ➜ **dégourdi, vif.** ▮ contraires : **abruti,** ① **mou.**

▸ **éveil** n. m. **1.** *Des activités d'éveil,* qui développent l'imagination, l'intelligence et l'intérêt des enfants. **2.** *Donner l'éveil,* attirer l'attention. *Cette odeur inhabituelle nous a donné l'éveil.* ➜ **alerter. 3.** *Être en éveil,* être attentif. *Léa a toujours l'esprit en éveil.*
▷ Mots de la famille de ② veille.

évènement ou **événement** [evɛnmɑ̃] n. m. Ce qui arrive et qui a de l'importance. ➜ ② **fait.** *Un évènement imprévu m'a empêché de venir.*
▸ Écrire *évènement* avec un accent grave sur le deuxième e est conforme à la nouvelle orthographe.

éventail n. m. (pl. **éventails**) Objet que l'on déplie et que l'on agite pour s'éventer. ▷ Mot de la famille de vent.

éventail

éventaire n. m. Table sur laquelle on expose des marchandises devant un magasin, sur un marché. ➜ **étal.**

éventer v. (conjug. 3) Rafraîchir en agitant l'air.

▸ **s'éventer** v. **1.** Se rafraîchir en agitant l'air. *Louise s'évente avec un cahier.* **2.** Perdre son parfum et son goût en restant au contact de l'air. *Le café s'est éventé.*
▷ Mots de la famille de vent.

éventrer v. (conjug. 3) Déchirer en ouvrant le ventre. *Le poissonnier éventre la truite pour la vider.* ▷ Mot de la famille de ventre.

éventuel, éventuelle adj. Qui peut arriver ou non. ➜ **possible.** *Léa est restée chez elle dans l'attente d'une éventuelle visite de Julie.* ➜ **hypothétique.** ▮ contraires : **certain, sûr.**

▸ **éventuellement** adv. Si l'occasion se présente. ➜ le cas **échéant.** *J'aurais éventuellement besoin de votre aide.*

▸ **éventualité** n. f. Chose qui peut arriver. *Il faut envisager toutes les éventualités.* ➜ **cas, possibilité.**

évêque n. m. Prêtre catholique nommé par le pape, et qui est à la tête d'un diocèse. ➜ aussi **évêché.**

▶ Autre mot de la famille : archevêque.

s'évertuer v. (conjug. 4) Faire tous ses efforts, se donner beaucoup de peine. ➜ s'**acharner,** se **fatiguer,** s'**ingénier.** *Le professeur s'est évertué à nous expliquer la règle de trois.* ➜ s'**escrimer.**

éviction n. f. Le fait d'évincer, d'éliminer quelqu'un. ➜ **exclusion, expulsion.** *L'éviction du chef d'un parti politique.*

évident, évidente adj. Qui ne fait aucun doute, est tout à fait vrai, réel. ➜ **certain, sûr.** *Une preuve évidente. Il est évident qu'elle a menti.* ➜ **incontestable.** ▮ contraires : **douteux, incertain.**

▸ **évidemment** [evidamɑ̃] adv. Bien sûr. *Évidemment, Louise et Léa se sont assises l'une à côté de l'autre.* ➜ **naturellement.**

▸ **évidence** n. f. **1.** Réalité que l'on ne peut mettre en doute. *Le métier de coureur automobile est dangereux, c'est une évidence. Il faut se rendre à l'évidence,* il faut finir par admettre ce qui est incontestable. **2.** *En évidence,* d'une manière visible. *Elle a mis des photos de sa petite-fille en évidence.*

évider v. (conjug. 3) Creuser en enlevant un morceau. *Elle évide les pommes et les remplit de miel.* ▷ Mot de la famille de vider.

évier n. m. (➜ ÉTYM.) Dans une cuisine, bassin composé d'un ou deux bacs, placé sous un robinet et dans lequel l'eau peut s'écouler. *Il lave la salade dans l'évier.*

évincer v. (conjug. 5a) Éliminer, écarter. *Elle a été évincée de sa place.* ➜ **chasser** et aussi **éviction.**

éviter v. (conjug. 3) **1.** Réussir à ne pas toucher. *Le conducteur a évité le cycliste de justesse.* **2.** Faire en sorte de ne pas rencontrer. *Je l'évite le plus possible.* ➜ **fuir. 3.** Ne pas faire intentionnellement. *Évite de marcher sur la pelouse.* ➜ s'**abstenir. 4.** Faire en sorte que quelqu'un n'ait pas quelque chose de désagréable à faire. *Nous vous avons évité ce déplacement inutile.* ➜ **épargner.**

▶ Autres mots de la famille : inévitable, inévitablement.

évocateur, évocatrice adj. Qui rappelle des souvenirs, fait penser à quelque chose. *Une musique évocatrice.* ▷ Mot de la famille de évoquer.

évocation n. f. Rappel d'une chose passée ou oubliée. *L'évocation de vieux souvenirs.* ▷ Mot de la famille de évoquer.

évoluer v. (conjug. 3) **1.** Faire des mouvements variés. *L'avion évolue dans le ciel.* **2.** Changer, se transformer. ➜ **progresser.** *Les ordinateurs ont beaucoup évolué depuis qu'ils existent.* ▮ contraire : **stagner.**

▸ **évolué, évoluée** adj. Qui a atteint un certain degré de développement, de culture, de civilisation. *Les pays évolués. Une personne évoluée.* ▮ contraires : **arriéré, rétrograde.**

▸ **évolution** n. f. **1.** Au pl. Suite de mouvements et de figures variés. *Les spectateurs admirent les évolutions des patineurs.* **2.** Changement, développement continu. ➜ **progression, transformation.** *L'évolution des techniques permet de grands progrès.* ▮ contraires : **immobilité, stabilité.** – *L'évolution biologique,* la transformation progressive d'une espèce en une autre.

évolution de la roue

évoquer v. (conjug. 3) Rappeler à la mémoire. *Ces deux vieux amis évoquaient leurs souvenirs d'enfance.*
▶ Autres mots de la famille : évocateur, évocation.

① **ex-** Préfixe d'origine latine qui signifie «ancien». *Son ex-mari,* celui qui a été son mari mais ne l'est plus.

② **ex-** Préfixe d'origine latine qui signifie «hors de» (ex. : *exporter, extérieurement, externe*). ▮ contraire : ② **in-.**

exacerber v. (conjug. 3) Rendre plus vif, porter à un degré plus élevé. *Son obstination exacerbe ma colère.* ➜ **accroître, augmenter.** ▮ contraires : **atténuer, calmer.**

exact [ɛgza] ou [ɛgzakt], **exacte** [ɛgzakt] adj. **1.** Vrai et précis. *Avez-vous l'heure exacte ?* ➜ ① **juste.** *Le témoin a dit l'exacte vérité.* ➜ **strict.** ▮ contraires : **approximatif,** ① **faux, inexact. 2.** Qui arrive à l'heure. ➜ **ponctuel.** *Soyez exact au rendez-vous.* ▮ contraire : en **retard.**

▶ **exactement** adv. D'une manière exacte. *Il est exactement 14 h 12.* ➜ **précisément.** *Un kilo de plumes et un kilo de plomb pèsent exactement le même poids.* ▮ contraires : **approximativement, environ.**

▶ **exactitude** n. f. **1.** Caractère d'une chose vraie. *L'exactitude d'un témoignage.* **2.** Qualité d'une personne qui arrive toujours à l'heure. ➜ **ponctualité.** ▮ contraire : **inexactitude.**
▶ Autres mots de la famille : inexact, inexactitude.

ex æquo [ɛgzeko] adv. (➜ ÉTYM.) Sur le même rang, à égalité. *Ils sont arrivés tous les deux premiers ex æquo.*

exagérer v. (conjug. 8) **1.** *Exagérer quelque chose,* c'est lui donner plus d'importance qu'il ne faudrait. ➜ **amplifier, enfler, grossir.** *Il ne faut pas exagérer son rôle dans cette affaire.* ▮ contraire : **minimiser. 2.** En prendre trop à son aise. ➜ **abuser.** *Tu aurais pu prévenir, vraiment tu exagères !* ▮ contraire : se **gêner.**

▶ **exagération** n. f. Le fait de présenter quelque chose en le montrant plus grand, plus important. *Il y a beaucoup d'exagération dans ce que tu dis.* ▮ contraires : **mesure, modération.**

excavateur

▶ **exagéré, exagérée** adj. Qui dépasse ce qui est normal. *Le prix est exagéré,* trop élevé. ➜ **exorbitant, prohibitif.** ▮ contraire : **raisonnable.**

▶ **exagérément** adv. Avec excès. ➜ **trop.** *Elle était exagérément maquillée.*

exalter v. (conjug. 3) Remplir d'enthousiasme. *Son discours a exalté l'assistance.* ➜ **enflammer.** ▮ contraires : **abattre, calmer, déprimer.**

▶ **exaltant, exaltante** adj. Qui remplit d'exaltation. ➜ **excitant, enthousiasmant.** *Une lecture exaltante.* ▮ contraire : **déprimant.**

▶ **exaltation** n. f. Grande excitation. ➜ **fièvre.** *L'orateur parlait avec exaltation.* ➜ **enthousiasme.**

▶ **exalté, exaltée** adj. Rempli de passion, d'enthousiasme. *Il parle de sa passion pour le cinéma d'un ton exalté.* ➜ **enflammé.**

examen n. m. **1.** Observation faite avec attention. ➜ **inspection** et aussi **examiner.** *Les policiers font un examen détaillé des pièces à conviction. Vous devez passer un examen médical.* **2.** Série d'épreuves que l'on passe pour obtenir un titre, un diplôme ou pour entrer dans une école. *Le baccalauréat est un examen national. Il a été reçu à son examen.* ➜ aussi **concours.**

examiner v. (conjug. 3) Regarder, observer avec attention. ➜ **inspecter.** *Le douanier a examiné le contenu de la valise. Le médecin examine le malade.* ➜ aussi **ausculter.**

▶ **examinateur** n. m., **examinatrice** n. f. Personne qui fait passer un examen.

exaspérer v. (conjug. 8) Agacer énormément, rendre furieux. ➜ **énerver, excéder.** *Sa lenteur m'exaspère.* ➜ **irriter.**

▸ **exaspérant, exaspérante** adj. Qui agace énormément. ➜ **horripilant.** *La voisine a une voix exaspérante. Arrête de siffler, c'est exaspérant !* ➜ **agaçant, énervant.**

▸ **exaspération** n. f. Très grand agacement. ➜ **énervement.** *Son exaspération était à son comble.* ➜ **irritation.**

exaucer v. (conjug. 5a) *Exaucer une prière,* l'accueillir favorablement et faire en sorte qu'elle se réalise. *Mon vœu a été exaucé.*

excavateur n. m. et **excavatrice** n. f. Machine qui sert à creuser le sol. *L'excavateur est un engin de terrassement.* ➜ **bulldozer.**

excavation n. f. Creux, trou dans un terrain. ➜ **cavité.**

excéder v. (conjug. 8) **1.** Fatiguer en irritant. ➜ **agacer.** *Je suis excédé par tous ces contretemps.* ➜ **énerver, exaspérer. 2.** Dépasser en nombre, en quantité, en durée. *Son absence n'excédera pas une semaine.*

▸ **excédent** n. m. Ce qu'il y a en trop. ➜ **surplus.** *Il y a un supplément à payer pour excédent de bagages en avion.*

▸ **excédentaire** adj. Supérieur à ce qu'il faudrait. *Cette année, la récolte de maïs a été excédentaire.* ▮ contraire : **insuffisant.**

exceller v. (conjug. 3) Être très fort, très bon. *Léa excelle en dessin.*

▸ **excellence** n. f. **1.** *Le prix d'excellence,* le prix décerné au meilleur élève de la classe. **2.** Titre que l'on donne à un évêque, un ambassadeur, un ministre. *Oui, Excellence.*

▸ **excellent, excellente** adj. Très bon. *C'est une excellente comédienne.* ➜ **admirable, merveilleux, remarquable.** *Ce gâteau était excellent.* ➜ **délicieux, succulent.** ▮ contraires : **exécrable, mauvais.**

▸ Attention au *c* après le *x.*

excentrique adj. **1.** Éloigné du centre. ➜ **périphérique.** *Ils habitent dans un quartier excentrique.* ▮ contraire : **central. 2.** Qui n'est pas comme les autres. *Elle porte une robe excentrique.* ➜ **extravagant.** ▮ contraire : **banal.**

▸ **excentricité** n. f. Manière de se comporter différente de celle des autres gens. *Elle s'habille avec excentricité.* ▮ contraire : **banalité.**

▷ Mots de la famille de centre.

excepté prép. Sauf. *Le restaurant est ouvert tous les jours, excepté le lundi.* ➜ **hormis.** *Tous les enfants étaient là, excepté Julie et Théo.*

exception n. f. **1.** Cas particulier. *Certaines règles de grammaire admettent des exceptions. – L'exception confirme la règle,* il n'y aurait pas d'exception si la règle n'existait pas. **2.** *Sans exception,* sans restriction. *Toute la famille était réunie, sans exception.*

▸ **exceptionnel, exceptionnelle** adj. Très rare, hors de l'ordinaire. ➜ **extraordinaire.** *Il fait une chaleur exceptionnelle pour un mois de novembre.* ▮ contraires : **banal,** (1) **courant, habituel, normal.**

▸ **exceptionnellement** adv. D'une manière exceptionnelle. *Exceptionnellement, la piscine sera fermée mercredi prochain.*

excès n. m. **1.** Trop grande quantité. *Il a eu une contravention pour excès de vitesse,* parce qu'il dépassait la vitesse autorisée. **2.** Au pl. Le fait de trop boire et trop manger. *Il ne faut pas faire d'excès, dit le médecin.* ➜ **abus.**

▸ **excessif, excessive** adj. Qui dépasse la mesure permise ou habituelle. *Le chauffard conduisait à une vitesse excessive.* ➜ **exagéré.**

▸ **excessivement** adv. Trop. *Elle est excessivement curieuse.*

▸ Attention au *c* après le *x.*

excipient [ɛksipjɑ̃] n. m. Substance à laquelle on incorpore un médicament. *L'excipient de ce sirop est à la framboise.*

exciter v. (conjug. 3) **1.** Faire naître. ➜ **stimuler.** *Ce jeu excite notre curiosité.* ➜ **susciter. 2.** Rendre nerveux. *L'altitude excite les bébés.*

▸ **excitant** adj. et n. m., **excitante** adj.
▪ adj. Qui excite. *Un projet excitant.* ➜ **exaltant, passionnant.**
▪ n. m. Produit qui rend nerveux. *Le café est un excitant.*

▸ **excitation** n. f. Énervement, agitation. *Quelle excitation la veille des vacances !* ▮ contraire : **calme.**

▷ Autre mot de la famille : surexcité.

s'exclamer v. (conjug. 4) Dire d'une voix forte, en exprimant sa joie, sa colère ou son étonnement. ➜ **s'écrier.** *«Ce n'est pas vrai !» s'exclama-t-elle.*

▸ **exclamatif, exclamative** adj. Qui exprime une exclamation. *«Quelle surprise !» est une phrase exclamative.*

exclamations dans une BD

▸ **exclamation** n. f. Paroles que l'on dit d'une voix forte. *Les spectateurs poussaient des exclamations de joie. Point d'exclamation,* signe de ponctuation (!) qui marque la fin d'une phrase exclamative ou qui se place après une interjection.

exclure v. (conjug. 38) **1.** Renvoyer. → **expulser.** *On exclut du collège les élèves trop indisciplinés.* **2.** Considérer comme impossible. → **refuser, rejeter.** *J'exclus cette éventualité.* → **écarter, éliminer.**

▸ **exclu, exclue** adj. Non compris. *Les vacances auront lieu du 1er au 6 exclu.* ▮ contraire : **inclus.**

▸ **exclusif, exclusive** adj. Que l'on ne peut trouver ailleurs, qui est produit par une seule firme. *Ce journal publie les photos exclusives du concert.*

▸ **exclusivement** adv. Uniquement. *Les médicaments sont vendus exclusivement en pharmacie.* → **seulement.**

▸ **exclusion** n. f. **1.** Renvoi. *Cet élève a mérité son exclusion du collège.* **2.** *À l'exclusion de,* sauf, mis à part. *Le malade peut manger de tout, à l'exclusion des laitages.*

▸ **exclusivité** n. f. *Un film en exclusivité,* c'est un film qui passe dans quelques cinémas seulement.

excrément n. m. Matière solide que les hommes et les animaux rejettent par l'anus après la digestion. → **crotte,** ① **selle,** fam. **caca ;** et aussi **bouse, crottin, fiente.**

▸ Ce mot s'emploie souvent au pluriel.

excrétion n. f. Rejet des déchets hors du corps. → aussi **excrément.** *L'excrétion de l'urine par le rein.*

excroissance n. f. Petite grosseur qui se forme sur la peau ou à l'intérieur du corps. *Une verrue est une excroissance.* → **protubérance.**

▷ Mot de la famille de croître.

excursion n. f. Longue promenade. *Alex et Paul ont fait une excursion en montagne.* → **randonnée.**

excuser v. (conjug. 3) **1.** Justifier quelqu'un ou ce qu'a fait quelqu'un. → ① **défendre, disculper.** *Elle essaie toujours d'excuser ses enfants.* ▮ contraire : **accuser. 2.** Accorder son pardon à quelqu'un. → **pardonner.** *Je t'excuse pour cette fois, mais ne recommence pas ! Excusez-moi d'arriver en retard. Je vous prie de m'excuser.* **3. s'excuser,** présenter des excuses. *Julie s'est excusée de son insolence.*

▸ **excusable** adj. Que l'on peut excuser. *Il a fait une erreur bien excusable.* → **pardonnable.** ▮ contraires : **impardonnable, inexcusable.**

▸ **excuse** n. f. **1.** Regret que l'on témoigne à quelqu'un de l'avoir gêné, contrarié. *Il lui a fait ses excuses,* il lui a demandé pardon. *J'attends qu'il me présente ses excuses.* **2.** Raison que l'on donne pour se défendre, pour expliquer pourquoi on a commis une faute. → **justification.** *Son retard est sans excuse.*

▸ Autre mot de la famille : inexcusable.

exécrable adj. Très mauvais. → **abominable, détestable.** *Cette eau a un goût exécrable.* → **épouvantable, infect.** *Il a fait un temps exécrable.* ▮ contraires : **agréable,** ① **bon, excellent.**

exécrer v. (conjug. 8) Détester, avoir en horreur. *Alex exècre le poisson.*

▸ Ce mot appartient au langage soutenu.

exécuter v. (conjug. 3) **1.** Faire mourir quelqu'un. *Les ravisseurs ont exécuté l'otage.* **2.** Effectuer, accomplir. → **faire, réaliser.** *Ils ont fait exécuter des travaux dans la cuisine. Vous devez exécuter les ordres,* obéir aux ordres. **3.** Jouer une œuvre musicale. → **interpréter.** *Le pianiste exécute une ballade de Chopin.*

▸ **exécutant** n. m., **exécutante** n. f. **1.** Personne qui travaille sous les ordres de quelqu'un. *Il n'est pas patron, c'est un simple exécutant.* **2.** Musicien qui joue dans un orchestre. *L'orchestre comprend vingt exécutants.*

▸ **exécutif, exécutive** adj. *Le pouvoir exécutif,* c'est le pouvoir qui fait appliquer les lois. *Le président de la République est à la tête du pouvoir exécutif.*

▸ **exécution** n. f. **1.** Mise à mort. *L'exécution d'un condamné.* **2.** Réalisation. *Le projet a été mis à exécution,* il a commencé à être réalisé.

exéma → **eczéma**

① **exemplaire** n. m. Chacun des objets semblables d'une série. *Les journaux sont tirés à plusieurs milliers d'exemplaires. Photocopiez la lettre en trois exemplaires.* → **copie.**

② **exemplaire** adj. Qui peut servir d'exemple. *Léa a été d'une sagesse exemplaire.* → **irréprochable, parfait.** ▷ Mot de la famille de exemple.

exemple n. m. **1.** Modèle que l'on peut imiter. *Julie, tu devrais suivre l'exemple de Léa.* **2.** Ce qui prouve, illustre ce que l'on veut démontrer. *Dans un dictionnaire, les exemples montrent comment s'emploie un mot.* **3.** *Par exemple,* notamment, ainsi. *De nombreuses inventions facilitent la vie, par exemple le téléphone.*

▶ Autre mot de la famille : ② exemplaire.

exempt [ɛgzɑ̃], **exempte** [ɛgzɑ̃t] adj. Qui n'est pas soumis à quelque chose. *Un placement exempt d'impôts.* → **exonéré.**

▸ **exempter** [ɛgzɑ̃te] v. (conjug. 3) Autoriser à ne pas faire quelque chose. → **dispenser.** *Théo a été exempté de gymnastique.*

▶ On ne prononce pas le *p* de *exempt, exempte* et *exempter.*

exercer v. (conjug. 5a) **1.** Faire travailler pour développer. *Le calcul mental exerce la mémoire.* — **s'exercer,** s'entraîner. *Julie et Louise se sont exercées à plonger.* **2.** Pratiquer. *Il exerce le métier d'informaticien.* **3.** Mettre en usage. *Léa exerce une bonne influence sur ses camarades.*

▸ **exercice** n. m. **1.** Activité physique effectuée pour faire travailler son corps. *Alex fait de l'exercice.* **2.** Devoir. *Théo a fini ses exercices de mathématiques.* → **problème.** **3.** Le fait d'exercer un métier. *Elle rencontre beaucoup de gens dans l'exercice de sa profession.*

exergue n. m. Inscription au début d'un livre pour le présenter, l'expliquer. *L'auteur a mis en exergue de son roman une citation de Balzac.*

exhaler v. (conjug. 3) Dégager. *Ces roses exhalent un parfum très doux.* → **répandre.**

▶ Attention au *h* après le *x*.

exhaustif, exhaustive adj. Qui ne laisse rien de côté, contient tout sur un sujet. *Une liste exhaustive.* → ① **complet.**

▶ Attention au *h* après le *x*.

exhiber v. (conjug. 3) Faire voir de manière à attirer l'attention. → **montrer.** *Paul exhibe son nouveau vélo.* ▮ contraire : **cacher.**

▸ **exhibition** n. f. Présentation d'un spectacle. *Les acrobates ont fait une exhibition étonnante.*

▶ Attention au *h* après le *x*.

exhorter v. (conjug. 3) Conseiller vivement, encourager fortement. → **inciter, inviter.** *Le ministre exhorte la population au calme.*

▸ **exhortation** n. f. Paroles dites pour exhorter quelqu'un. → **encouragement, incitation, recommandation.**

▶ Il y a un *h* après le *x*. • Ces mots appartiennent au langage soutenu.

exhumer v. (conjug. 3) Retirer de la terre. *Les archéologues ont exhumé un squelette de dinosaure.* → **déterrer.** ▮ contraires : **enterrer, inhumer.**

▶ Il y a un *h* après le *x*.

exiger v. (conjug. 5b) **1.** Demander avec force et autorité. → **réclamer.** *Le professeur exige le silence.* → ② **ordonner.** **2.** Rendre indispensable ou obligatoire. *Ce travail exige de la patience.* → **nécessiter, requérir.**

▸ **exigeant** [ɛgziʒɑ̃], **exigeante** [ɛgziʒɑ̃t] adj. Qui exige beaucoup, est difficile à satisfaire. *C'est une cliente très exigeante.*

▸ **exigence** n. f. **1.** Caractère difficile d'une personne exigeante. *Elle est d'une exigence insupportable.* **2.** Chose que l'on exige. → **demande, réclamation.** *Nous tâcherons de satisfaire vos exigences.*

▸ **exigible** adj. Que l'on a le droit d'exiger. *Le remboursement des frais est exigible à la fin du mois.*

exigu, exiguë adj. Très petit. → **étroit, minuscule.** *La chambre de Théo est exiguë.*
▮ contraire : **spacieux.**
▶ Il y a un tréma sur le e au féminin : *exiguë.*

▸ **exiguïté** n. f. Petitesse d'un lieu. *L'exiguïté d'un appartement.*

exil n. m. Situation d'une personne obligée de vivre hors de son pays. *Il a été contraint à l'exil pour échapper à la police de son pays.* → **émigration.**

▸ **exiler** v. (conjug. 3) Obliger à vivre hors de son pays. → **bannir, expulser, proscrire.** *Les militaires qui ont pris le pouvoir ont exilé les opposants.* – **s'exiler,** quitter son pays pour aller vivre ailleurs. → **émigrer,** s'**expatrier.** *Ces révolutionnaires ont dû s'exiler.*

▸ **exilé, exilée** adj. *Une personne exilée,* qui vit en exil. – n. *Des exilés politiques ont demandé asile à notre pays.*

exister v. (conjug. 3) **1.** Avoir une réalité. *La licorne est un animal imaginaire qui n'a jamais existé,* qui n'a jamais été en vie. → (1) **être,** (1) **vivre.** *Il existe plusieurs écoles dans le quartier,* il y en a plusieurs. **2.** Avoir de l'importance. *Pour elle, rien n'existe en dehors de la musique.* → **compter.**

▸ **existant, existante** adj. Qui existe actuellement. *Il faut respecter les lois existantes,* en vigueur.

▸ **existence** n. f. **1.** Réalité. *Crois-tu à l'existence des fantômes ?* **2.** Vie. *Ils mènent une existence tranquille.*

▶ Autres mots de la famille : coexister, inexistant.

exode n. m. (→ ÉTYM.) **1.** Fuite, départ en masse de personnes. *L'arrivée de l'armée ennemie a provoqué l'exode de toute la population.* **2.** *L'exode rural,* le départ définitif des habitants de la campagne vers les villes.

exonéré, exonérée adj. *Être exonéré d'impôts,* c'est être dispensé d'en payer. → aussi **exempt.**

▸ **exonération** n. f. Le fait de dispenser quelqu'un de payer une taxe, un impôt.

exorbitant, exorbitante adj. Exagéré, qui dépasse la mesure. → **excessif.** *Ils ont payé leur maison une somme exorbitante.* → **prohibitif.**

exorbité, exorbitée adj. *Des yeux exorbités,* des yeux grands ouverts qui ont l'air de sortir de leurs orbites. ▷ Mot de la famille de orbite.

exotique adj. Qui vient des pays lointains et chauds. *L'ananas, la mangue sont des fruits exotiques.*

▸ **exotisme** n. m. Ce qui évoque les choses qui viennent de pays lointains. *Ce tissu africain met une note d'exotisme dans la pièce.*

expansif, expansive adj. Qui dit facilement et longuement ce qu'il pense ou ce qu'il ressent. → **communicatif, démonstratif, exubérant.** *Julie est expansive.* ▮ contraires : (1) **renfermé, réservé.**

l'**exode** (France, 1940)

expansion n. f. **1.** Croissance, développement, essor. *Cette ville est en pleine expansion.* ▮ contraires : **récession, régression. 2.** Mot ou groupe de mots qui accompagne un autre mot dont il dépend. *L'article et l'adjectif sont des expansions du nom.*

s'expatrier v. (conjug. 9) Quitter sa patrie pour s'installer dans un autre pays. ➜ **émigrer, s'exiler.** *Elle s'est expatriée pour trouver du travail.* ▷ Mot de la famille de **patrie**.

expectative n. f. Attente prudente avant de prendre une décision. *Les candidats sont dans l'expectative avant les résultats du bac.*

expédient n. m. Moyen qui peut tirer d'embarras provisoirement. ➜ fam. **combine, truc.** *Nous trouverons bien un expédient pour nous tirer d'affaire.*

expédier v. (conjug. 9) **1.** Envoyer à une adresse. *Il a expédié un colis à ses parents.* **2.** Faire sans soin et rapidement, pour s'en débarrasser. *Paul a expédié ses devoirs.* ➜ **bâcler.**

▸ **expéditeur** n. m., **expéditrice** n. f. Personne qui envoie une lettre, un paquet. *L'adresse de l'expéditeur est au dos de l'enveloppe.* ▮ contraire : **destinataire.**

▸ **expéditif, expéditive** adj. Qui fait les choses rapidement, sans attendre. *Elle est expéditive en affaires. – Une méthode expéditive,* rapide et efficace.

▸ **expédition** n. f. **1.** Envoi. *L'expédition du courrier.* **2.** Voyage d'exploration dans un pays lointain, difficile d'accès. *Une expédition dans l'Himalaya.*

expérience n. f. **1.** Essai scientifique destiné à étudier un phénomène. *Les expériences en laboratoire font progresser les connaissances.* ➜ aussi **expérimenter. 2.** Connaissance que l'on a acquise par la pratique. *Le professeur a une grande expérience des enfants. C'est un homme d'expérience,* qui connaît la vie.

expérimenter v. (conjug. 3) Utiliser pour essayer ou étudier. *Le pilote de course expérimente un nouveau modèle de voiture.* ➜ **tester.**

▸ **expérimental, expérimentale** adj. Fondé sur l'expérience. *La physique et la chimie sont des sciences expérimentales.* – Au masc. pl. *expérimentaux.* ▮ contraire : **théorique.**

▸ **expérimenté, expérimentée** adj. Qui a de l'expérience. ➜ **chevronné.** *C'est un technicien expérimenté.* ▮ contraire : **débutant.**
▸ Autre mot de la famille : **inexpérimenté.**

expert adj. et n. m., **experte** adj.
▪ adj. Qui est devenu habile grâce à l'expérience. *La mère de Léa est experte en pâtisserie.*
▪ n. m. Spécialiste d'une question, d'un domaine, que l'on consulte pour avoir un avis sûr. *L'expert de la compagnie d'assurances examine la voiture accidentée.*

▸ **expertise** n. f. Estimation de la valeur ou de l'authenticité d'un bien ou d'une œuvre d'art par un expert. *L'expertise a prouvé que le tableau était un faux.*

▸ **expertiser** v. (conjug. 3) Estimer la valeur d'un bien. *Il a fait expertiser ses tableaux.*

expier v. (conjug. 9) Réparer sa faute en subissant la peine que l'on mérite. *Le coupable expiera sa faute.*

expirer v. (conjug. 3) **1.** Rejeter l'air qui se trouve dans les poumons. *On respire en inspirant et en expirant.* **2.** Mourir. *Le blessé a expiré,* il a rendu le dernier soupir. **3.** Ne plus être valable. ➜ **finir.** *Son passeport expire dans six mois.*

▸ **expiration** n. f. **1.** Mouvement qui fait sortir l'air des poumons. *Respirez à fond : inspiration, expiration !* **2.** Moment où se termine un délai. *Le contrat est arrivé à expiration.* ➜ **échéance,** ① **terme.**

explicatif, explicative adj. Qui donne des explications. *La notice explicative d'un appareil,* son mode d'emploi. ▷ Mot de la famille de **expliquer**.

expérience de laboratoire

explication n. f. **1.** Ce qui sert à faire comprendre quelque chose. → **commentaire, éclaircissement.** *Le professeur a donné des explications très claires.* **2.** Cause, raison. → **motif.** *J'espère que tu as une explication valable à ton retard.* → **justification. 3.** Discussion au cours de laquelle on s'explique, on justifie sa conduite, son opinion. *Paul et son père ont eu une explication orageuse.* ▷ Mot de la famille de expliquer.

explicite adj. **1.** Très clair, qui ne laisse aucun doute. *Le texte est très explicite.* → **net.** ▮ contraires : **ambigu, équivoque, implicite. 2.** Qui s'exprime clairement et se fait bien comprendre. *Il a été très explicite sur ce point.*

▸ **explicitement** adv. D'une manière explicite, très claire. *Il a explicitement exprimé son désaccord.* → **clairement.** ▮ contraire : **implicitement.**

expliquer v. (conjug. 3) **1.** Faire comprendre. → **montrer.** *Le professeur nous a expliqué le mouvement de la Terre autour du Soleil.* **2.** Donner la raison, la cause de quelque chose. *Explique-moi pourquoi tu pleures.* **3.** Être la cause de quelque chose. *Le verglas explique l'accident.* **4. s'expliquer,** se justifier. *Louise s'est expliquée avec Paul,* elle a eu une discussion avec lui.

▶ Autres mots de la famille : explicatif, explication, inexplicable.

exploit n. m. Action remarquable, difficile ou dangereuse. → **prouesse.** *Cet alpiniste a réalisé un nouvel exploit.* → **performance.**

exploiter v. (conjug. 3) **1.** Travailler quelque chose pour le mettre en valeur et en tirer profit. *Les agriculteurs exploitent la terre.* **2.** Profiter de quelque chose, en tirer profit. *Elle n'a pas su exploiter sa chance.* **3.** Se servir de quelqu'un en le faisant travailler pour son propre profit. *Au Moyen Âge, les seigneurs exploitaient les serfs.*

▸ **exploitant** n. m., **exploitante** n. f. Personne ou société qui fait fonctionner une entreprise. *Son cousin est exploitant agricole.*

▸ **exploitation** n. f. **1.** Action de mettre en valeur, d'exploiter. *L'exploitation du sous-sol. Cette ligne de chemin de fer n'est plus en exploitation,* elle n'est plus en service. **2.** Entreprise que l'on met en valeur. *Une exploitation agricole.* **3.** Action de se servir de quelqu'un et de son travail pour en profiter. *Les syndicats ont protesté contre l'exploitation des ouvriers.*

▸ **exploiteur** n. m., **exploiteuse** n. f. Personne qui exploite les autres. *Les ouvriers ont traité leur patron d'exploiteur.*

exploitation agricole

explorer v. (conjug. 3) **1.** Parcourir une région mal connue en l'étudiant avec soin. *Stanley et Livingstone explorèrent l'Afrique au 19e siècle.* **2.** Examiner, étudier. *La police a exploré toutes les hypothèses.*

▸ **explorateur** n. m., **exploratrice** n. f. Personne qui part dans des régions mal connues. *Savorgnan de Brazza fut un grand explorateur français.*

▸ **exploration** n. f. **1.** Action de parcourir des pays inconnus ou mal connus. *Ce robot est spécialisé dans l'exploration des fonds marins.* **2.** Examen minutieux, approfondi. *L'exploration d'un sujet sous tous ses aspects.*

▶ Autre mot de la famille : inexploré.

exploser v. (conjug. 3) **1.** Se rompre tout à coup, éclater violemment. → **sauter.** *La voiture piégée a explosé.* **2.** Se manifester avec violence. *Sa colère a explosé.* → **éclater.**

▸ **explosif, explosive** adj. **1.** Qui peut exploser. *Une matière explosive.* – n. m. *Le plastic et la dynamite sont des explosifs,* des produits qui peuvent exploser. **2.** Qui peut provoquer des conflits. *La situation est devenue explosive,* très tendue.

▸ **explosion** n. f. **1.** Éclatement brusque et violent. → **déflagration.** *L'explosion de la bombe a fait de nombreuses victimes. On a entendu une explosion.* **2.** Manifestation soudaine et violente d'un sentiment. *Une explosion de colère.*

exporter v. (conjug. 3) Vendre à l'étranger. *La France exporte des automobiles.* ▮ contraire : ② **importer.**

▸ **exportateur** n. m., **exportatrice** n. f. Personne ou pays qui vend des produits à l'étranger. *Le Brésil est un grand exportateur de café.* ▮ contraire : **importateur.** – adj. *Les pays exportateurs de pétrole.*

▸ **exportation** n. f. Vente de marchandises à l'étranger. *Ces voitures sont destinées à l'exportation.* ▮ contraire : **importation.**

▷ Mots de la famille de porter.

exposer v. (conjug. 3) **1.** Montrer, présenter des choses pour qu'on les voie bien. *De nombreux modèles sont exposés en vitrine.* ▮ contraire : **cacher.** *Ce peintre expose ses tableaux dans une galerie.* **2.** Faire connaître, présenter. ➜ **décrire.** *Le maire a exposé ses projets aux conseillers municipaux.* **3.** Placer de manière à soumettre à l'action de quelque chose. *Exposer son corps au soleil. – Ma chambre est exposée à l'ouest,* elle est tournée vers l'ouest. ➜ **orienter. 4.** ***S'exposer*** *à quelque chose,* risquer quelque chose. *Vous vous exposez à de graves ennuis.*

▸ **exposant** n. m., **exposante** n. f. Personne qui expose ses produits. *Les exposants de la Foire de Paris.*

▸ **exposé** n. m. Petit discours sur un sujet précis. *En classe, Léa a fait un exposé sur Vercingétorix.*

▸ **exposition** n. f. **1.** Présentation d'objets que l'on veut montrer. *Le professeur a organisé une exposition des dessins de ses élèves. Mes parents ont visité une exposition de peinture.* **2.** Action de se soumettre à l'action de quelque chose. *Les expositions prolongées au soleil sont déconseillées,* il est déconseillé de rester longtemps au soleil. **3.** Sens dans lequel est orienté un bâtiment, un terrain. *Son appartement a une bonne exposition,* il est bien orienté.

▷ Mots de la famille de poser.

① **exprès** [ɛksprɛ] adv. Avec une intention spéciale. ➜ **volontairement.** *C'est exprès que j'ai laissé la porte ouverte.* ▮ contraire : par **hasard.** *Il ne l'a pas fait exprès.*

② **exprès** [ɛksprɛs] adj. inv. *Une lettre exprès,* remise immédiatement au destinataire en main propre avant l'heure de distribution ordinaire du courrier. ▮ homonyme : express.

③ **exprès** [ɛksprɛs], **expresse** adj. *Interdiction expresse de fumer,* interdiction absolue. ➜ **catégorique, formel.**

▸ **expressément** adv. Nettement, clairement. *Il est expressément défendu d'ouvrir les portières quand le train roule.*

express adj. et n. m.

▪ adj. Qui assure un déplacement rapide. *Un train express ne s'arrête pas dans toutes les gares. Une voie express,* à sens unique et interdite à certains véhicules lents.

▪ n. m. **1.** Train qui ne s'arrête que dans quelques gares. *L'express pour Paris partira à 9 h 13.* **2.** Café fait à la vapeur. *Un express et deux croissants, s'il vous plaît !* ▮ homonymes : ② et ③ exprès.

expressif, expressive adj. Qui exprime bien ce que l'on pense, ce que l'on ressent. *Il a eu un geste expressif.* ➜ **éloquent, significatif.** *Un visage expressif,* vivant, mobile. ▮ contraire : **inexpressif.**

▸ Autre mot de la famille : inexpressif.

expression n. f. **1.** Le fait de montrer ses sentiments, ses émotions par son comportement, par son visage. *Le visage de Julie avait une expression joyeuse.* ➜ ② **air, mimique. 2.** *Un moyen d'expression,* de s'exprimer. *Le dessin est un moyen d'expression.* **3.** Groupe de mots employés ensemble avec un sens particulier. ➜ **locution, tournure.** *«Donner sa langue au chat» est une expression.*

expressions du visage (Boilly)

exprimer v. (conjug. 3) **1.** Faire connaître, laisser voir. *Alex fronça les sourcils pour exprimer son mécontentement.* ➜ **montrer** et aussi **expression. 2. s'exprimer,** faire savoir ce que l'on pense par le langage. ➜ **parler.** *Les sourds-muets s'expriment par gestes.*

▸ Autre mot de la famille : inexprimable.

exproprier v. (conjug. 9) *Exproprier quelqu'un,* l'obliger à céder à l'État son terrain, son immeuble contre de l'argent. *On a dû exproprier de nombreuses personnes pour construire l'autoroute.* ▷ Mot de la famille de ② propre.

expulser v. (conjug. 3) Mettre dehors. → **chasser.** *Cet élève a été expulsé du collège.* → **exclure, renvoyer.** *On l'a expulsé de son pays.* → **bannir, exiler.**

▸ **expulsion** n. f. Le fait de chasser quelqu'un de chez lui, de l'expulser. *S'il ne paye pas son loyer, le locataire risque l'expulsion.*

exquis, exquise adj. Très bon, très agréable. → **délicieux.** *Une tarte exquise.* → **succulent.** *Elle a un goût exquis.* ▮ contraire : **exécrable.**

exsangue [ɛgzɑ̃g] adj. Qui a perdu beaucoup de sang. *Le blessé est exsangue.* – *Un visage exsangue,* très pâle. ▷ Mot de la famille de sang.

extase n. f. Grande admiration. *Léa est en extase devant son petit frère.*

▸ **s'extasier** v. (conjug. 9) Montrer son admiration, son enthousiasme. → **s'émerveiller.** *Léa et Louise se sont extasiées devant la robe de Julie.*

extensible adj. Qui peut s'étendre, s'étirer. *Un tissu extensible.* → **élastique.**

extensif, extensive adj. *Agriculture, culture extensive,* qui est pratiquée sur de grandes surfaces. ▮ contraire : **intensif.**

extension n. f. **1.** Mouvement par lequel on étend un membre. *Flexion puis extension du bras.* **2.** Augmentation, développement. *Les pompiers ont évité l'extension de l'incendie.* → **propagation.**

exténuer v. (conjug. 3) Rendre très faible, fatiguer énormément. → **épuiser, éreinter.** *Cette promenade nous a exténués.*

▸ **exténuant, exténuante** adj. Très fatigant. → **épuisant, éreintant.** *Un travail exténuant. Cette randonnée est exténuante.*

extérieur adj. et n. m., **extérieure** adj.
▪ adj. **1.** Qui est dehors. *Un escalier extérieur.* ▮ contraire : **intérieur.** **2.** Que l'on voit tout de suite. → ① **externe.** *Le revêtement extérieur de la casserole est rouge.* **3.** *Les boulevards extérieurs d'une ville,* qui entourent la ville. → aussi **périphérique.** **4.** Qui concerne les pays étrangers. *Le pays a changé sa politique extérieure,* ses relations avec les autres pays.
▪ n. m. **1.** Ce qui est dehors. *L'extérieur de la maison est en crépi.* – *À l'extérieur,* dehors. *La réserve de bois est à l'extérieur.* **2.** Face externe. *L'extérieur de la boîte est peint à la main.* ▮ contraire : **intérieur.**

▸ **extérieurement** adv. À l'extérieur, vu de l'extérieur. *Extérieurement, leur maison est très jolie.* ▮ contraire : **intérieurement.**

▸ **extérioriser** v. (conjug. 3) Montrer ce que l'on ressent. *Il n'extériorise pas facilement ses sentiments.*

exterminer v. (conjug. 3) Tuer, massacrer jusqu'au dernier. → **anéantir, détruire, supprimer.** *Certaines tribus d'Indiens d'Amérique ont été exterminées.*

▸ **extermination** n. f. Destruction, massacre systématique. *L'extermination des bisons. De nombreux Juifs ont péri dans les camps d'extermination nazis.*

① **externe** adj. Qui est situé à l'extérieur. *La face externe d'un verre.* ▮ contraire : **interne.**

② **externe** n. m. et f. Élève qui va en classe, sans être en pension et sans déjeuner à la cantine. ▮ contraires : **demi-pensionnaire, interne.**

extincteur n. m. Appareil qui sert à éteindre un feu, un incendie.

extincteur

extinction n. f. **1.** Action d'éteindre. *L'extinction d'un incendie.* **2.** Disparition. *Ces ani-*

maux sont en voie d'extinction. ➜ planche Espèces **menacées.** 3. *Une extinction de voix,* l'impossibilité momentanée de parler d'une voix claire. ➜ aussi **aphone.**

extirper v. (conjug. 3) 1. Arracher complètement. *Le jardinier extirpe les mauvaises herbes.* 2. Familier. Faire sortir avec difficulté. *On a toujours du mal à extirper Alex de son lit.* ➜ **extraire.**

extorquer v. (conjug. 3) Prendre par force ou par ruse. ➜ **soutirer.** *Un escroc lui a extorqué ses économies.*

extra n. m. et adj.
▪ n. m. 1. Chose extraordinaire qu'on ne fait pas d'habitude. *Ils ont fait un extra, ils ont dîné au champagne.* 2. Serveur que l'on engage pour une grande occasion. *Ils ont pris trois extras pour le cocktail.*
▪ adj. Familier. Très bien, très bon, très agréable. *C'est une fille extra.* ➜ ② **super, extraordinaire.** *Sa grand-mère fait des confitures extras.*

extra- Préfixe d'origine latine, suivi ou non d'un trait d'union, qui signifie «en dehors de» (ex. *extraterrestre*), «mieux que», «tout à fait» (ex. *extrafin*).

extraction n. f. 1. Action d'enlever une chose du lieu où elle est enfouie. *L'extraction des minerais.* 2. Action d'arracher. *Le dentiste a procédé à l'extraction d'une dent.* ➜ aussi **extraire.**

extraction du marbre

extrader v. (conjug. 3) Livrer une personne poursuivie à un pays étranger qui la réclame. *Le terroriste a été extradé vers son pays d'origine.* ➜ aussi **extradition.**

extradition n. f. Action de justice qui permet à un État de se faire livrer une personne poursuivie ou condamnée qui se trouve dans un autre pays. *Le gouvernement a demandé l'extradition d'un terroriste.* ➜ aussi **extrader.**

extrafin, extrafine adj. Très fin. *Des petits-pois extrafins. Une aiguille extrafine.* ▷ Mot de la famille de ② fin.
▶ On écrit aussi *extra-fin, extra-fine. Des petits-pois extra-fins.*

extraire v. (conjug. 53) 1. Retirer d'un endroit quelque chose qui y est enfoui, enfoncé. *Le médecin a extrait la balle de l'épaule du blessé.* ➜ **arracher, extirper** et aussi **extraction.** 2. Séparer une substance du corps dont elle fait partie. *On extrait de l'huile des olives.* 3. Tirer un passage d'un livre. *Cette phrase est extraite de «Blanche-Neige».*
▶ **extrait** n. m. 1. Parfum concentré. *De l'extrait de lavande.* 2. Passage tiré d'une œuvre. ➜ **morceau.** *Nous avons vu un extrait de ce film à la télévision.* 3. Copie d'un acte officiel. *Un extrait d'acte de naissance.*

extralucide adj. *Une voyante extralucide,* une personne qui prédit l'avenir. ▷ Mot de la famille de lucide.

extraordinaire adj. 1. Qui n'est pas habituel, que l'on voit rarement. ➜ **exceptionnel.** *Les actionnaires sont convoqués pour une assemblée extraordinaire.* ▮ contraire : **ordinaire.** 2. Qui étonne, provoque la surprise ou l'admiration. ➜ **curieux, étonnant.** *Il lui est arrivé des aventures extraordinaires.* ➜ **fantastique, incroyable, merveilleux.** *C'est un homme extraordinaire.* ➜ **remarquable.** ▮ contraires : **banal, commun.**
▶ **extraordinairement** adv. Très. *Il est extraordinairement beau.* ➜ **extrêmement, prodigieusement.**
▷ Mots de la famille de ordinaire.

extraterrestre n. m. et f. Créature qui habiterait une autre planète que la Terre. *Les Martiens sont des extraterrestres.* ▷ Mot de la famille de terre.

extravagant, extravagante adj. Bizarre et un peu fou. *Julie a souvent des idées extravagantes.* ➜ **déraisonnable.** ▮ contraires : **raison-**

a b c d e f g h i j k l m n o p q r s t u v w x y z

nable, sensé. *Une robe extravagante.* → **excentrique.**

▸ **extravagance** n. f. Attitude bizarre. *Ses extravagances nous étonneront toujours.*

extrême adj. et n. m.

▪ adj. **1.** Très grand. *Il conduit avec une extrême prudence.* **2.** Qui est tout au bout, le plus loin. *L'extrême nord du pays est peu peuplé. Ma patience a atteint l'extrême limite.* → **dernier.** **3.** Qui manque de modération. *Il a des opinions extrêmes.* → aussi **extrémiste.** ▮ contraire : **modéré.** **4.** *Un sport extrême,* qui se pratique dans des conditions difficiles et dangereuses.
▪ n. m. *À l'extrême,* au plus haut degré. *Julie est susceptible à l'extrême.* – *Passer d'un extrême à l'autre,* exagérer dans un sens, puis dans l'autre.

▸ **extrêmement** adv. À un très haut degré. → **infiniment, très.** *Il est extrêmement riche.* → **extraordinairement, prodigieusement.**

▸ **extrême-onction** n. f. Sacrement qu'un prêtre catholique donne à une personne qui est sur le point de mourir. – Au pl. *Des extrêmes-onctions.*

▸ **extrémiste** n. m. et f. Personne qui a des opinions politiques extrêmes, sans modération. ▮ contraire : **modéré.** *L'attentat a été commis par des extrémistes.*

◗ *Extrémiste* s'écrit avec un é.

▸ **extrémité** n. f. **1.** Partie qui se trouve au bout, à la limite. *Paul court jusqu'à l'extrémité de la jetée.* **2.** *Être à la dernière extrémité,* sur le point de mourir. *Le malade est à la dernière extrémité.* → aussi **agonie.**

exubérant, exubérante adj. **1.** Très abondant. *Dans la jungle, la végétation est exubérante.* → **luxuriant.** **2.** Qui manifeste ses sentiments sans retenue. → **démonstratif.** *Une petite fille exubérante.*

▸ **exubérance** n. f. Attitude d'une personne exubérante, qui manifeste ses sentiments, sans retenue. *Julie a manifesté sa joie avec exubérance.*

exulter v. (conjug. 3) Éprouver et montrer une joie immense. → **jubiler.** *Les gagnants exultaient.* ▮ contraire : se **désoler.**

fa n. m. inv. Note de musique, la quatrième de la gamme. *Fa est entre mi et sol. Des fa dièse.*

fable n. f. Poésie ou petit récit qui donne un enseignement, fait réfléchir. *«La Cigale et la Fourmi» est une fable de La Fontaine.* → aussi **fabuliste.**

fabriquer v. (conjug. 3) **1.** Faire un objet. *Il a fabriqué une niche pour son chien.* → **construire, façonner.** *Dans cette usine, on fabrique des meubles.* → **produire. 2.** Familier. Faire. *Julie, on t'attend, qu'est-ce que tu fabriques ?*

▸ **fabricant** n. m., **fabricante** n. f. Personne qui dirige une entreprise qui fabrique des produits. *Un fabricant de jouets.*

▸ **fabrication** n. f. Action ou art de faire des objets. *Cet objet est de fabrication artisanale,* il est fabriqué par des artisans. *Un défaut de fabrication.*

▸ **fabrique** n. f. Établissement où l'on fabrique les objets en série. → **manufacture, usine.** *Une fabrique de meubles.*

▸ Autre mot de la famille : préfabriqué.

fabuleux, fabuleuse adj. **1.** Qui n'existe que dans les histoires, dans l'imagination. → **imaginaire.** *La licorne est un animal fabuleux.* → **légendaire. 2.** Incroyable mais vrai. → **extraordinaire, fantastique.** *Il est d'une force fabuleuse.* → **prodigieux.**

▸ **fabuleusement** adv. D'une manière fabuleuse, prodigieuse. → **extrêmement.** *Une princesse fabuleusement belle.*

fabuliste n. m. Auteur qui écrit des fables. *La Fontaine est un grand fabuliste français du 17e siècle.*

fac → **faculté**

face n. f. **1.** Visage. *Il a été blessé à la face.* → **figure. 2.** Côté d'une pièce de monnaie, d'une médaille portant une figure. *Le côté pile et le côté face d'une pièce de monnaie.* **3.** Chacun des côtés d'un objet. *Un cube a six faces égales.* **4.** *En face,* par-devant. *Je lui ai dit en face ce que je pensais,* franchement. *Il faut voir les choses en face,* telles qu'elles sont. – *La boulangerie est en face de l'école,* devant l'école, de l'autre côté de la rue. *Ils se sont assis l'un en face de l'autre.* → en **vis-à-vis.** – *La villa est face à la mer,* la façade tournée du côté de la mer. **5.** *Il s'est retrouvé face à face avec son ancien élève,* ils se sont retrouvés l'un en face de l'autre. → **nez** à nez. **6.** *De face,* du côté où l'on voit le visage. *Il n'a pas vu son agresseur de face.* ▮ contraires : de **dos,** de **profil. 7.** *Faire face à quelque chose,* l'affronter. *Il a dû faire face aux difficultés,* les affronter et agir. → faire **front.**

▸ **façade** n. f. **1.** Côté d'un bâtiment où se trouve l'entrée. *La façade du chalet est en bois.* **2.** Apparence. *Elle a l'air calme, mais c'est une façade.*

▸ **face-à-face** n. m. inv. Débat entre deux personnalités. *Il y a eu un face-à-face télévisé entre les deux hommes politiques.* – Au pl. *Des face-à-face.*

▸ Autres mots de la famille : biface, facette, facial, surface, volte-face.

facétie [fasesi] n. f. Plaisanterie. → **blague,** (1) **farce.** *Julie aime bien faire des facéties.*

▸ **facétieux** [fasesjø], **facétieuse** [fasesjøz] adj. Qui fait des farces. *Une petite fille facétieuse.* → **farceur.**

▸ Ces mots appartiennent au langage soutenu.

facette n. f. Chacune des petites faces d'un objet qui en a beaucoup. *Un diamant a de nombreuses facettes.* ▷ Mot de la famille de face.

facettes

fâcher v. (conjug. 3) Mettre en colère. → **irriter.** *Cela va sûrement fâcher ton père.* ▮ contraire : **réjouir.**

▶ **se fâcher** v. 1. Se mettre en colère. *Ne te fâche pas, ce n'est pas grave ! Elle s'est fâchée contre son fils.* → s'**emporter.** 2. *Se fâcher avec quelqu'un,* cesser d'être ami avec lui. → se **brouiller.** *Il s'est fâché avec son meilleur ami. Ils se sont fâchés pour des bêtises.* ▮ contraire : se **réconcilier.**

▶ **fâché, fâchée** adj. 1. Désolé. → **contrarié, navré.** *Je suis bien fâché de ce qui vous arrive.* ▮ contraire : **content.** 2. *Louise et Julie sont fâchées,* elles sont en mauvais termes.

▶ **fâcheux, fâcheuse** adj. Ennuyeux, regrettable. → **contrariant.** *Une fâcheuse nouvelle.*

▶ Ce mot appartient au langage soutenu.

facial, faciale adj. Qui concerne le visage. *Il est atteint d'une paralysie faciale. Les nerfs faciaux,* de la face. ▷ Mot de la famille de face.

facile adj. 1. Qui se fait sans effort. → **aisé.** *Une dictée facile.* → **simple.** ▮ contraires : **ardu, difficile, dur.** 2. Agréable. *Paul n'a pas un caractère facile. Léa est facile à vivre.* ▮ contraire : **difficile.**

▶ **facilement** adv. Sans effort. → **aisément.** *Ce problème se résout facilement.* ▮ contraire : **difficilement.** *Léa se vexe facilement,* pour peu de chose.

▶ **facilité** n. f. 1. Qualité de ce qui se fait sans peine. *Cet exercice est d'une grande facilité.* ▮ contraire : **difficulté.** 2. Moyen qui permet de faire quelque chose facilement. *Le vendeur lui a accordé des facilités de paiement.*

▶ **faciliter** v. (conjug. 3) Rendre plus facile. *Avoir une voiture me faciliterait la vie.* → **aider.** ▮ contraire : **gêner.**

façon n. f. 1. Manière. *Il y a plusieurs façons de procéder.* → ② **moyen.** *Elle veut vivre à sa façon,* comme elle l'entend. *Il n'est jamais content de toute façon,* en tout cas, quoi qu'il arrive. *De toute façon, je n'irai pas ! Léa s'est placée de façon à ce que tout le monde la voie,* pour que tout le monde la voie. 2. *Les façons de quelqu'un,* sa manière de se comporter. *Je n'aime pas ses façons.* 3. *Faire des façons,* des manières. *Julie fait toujours des façons. Il a accepté sans façon,* simplement. 4. *La façon d'une robe,* c'est la manière dont elle a été coupée, cousue, sa forme.

▶ **façonner** v. (conjug. 3) Donner une forme. *Le potier façonne l'argile pour en faire un vase.*

▶ Autres mots de la famille : contrefaçon, malfaçon.

fac-similé n. m. Reproduction exacte d'un écrit, d'un tableau, etc. → **copie.** – Au pl. *Des fac-similés.*

① **facteur** n. m. 1. Élément qui contribue à un résultat. *La réussite du projet dépend de plusieurs facteurs.* 2. Chacun des termes d'une multiplication.

② **facteur** n. m., **factrice** n. f. Personne dont le métier est de distribuer le courrier. → **préposé** et aussi **postier.** *Le facteur fait sa tournée.*

factice adj. Faux, imité. *Les gâteaux en vitrine sont factices.* ▮ contraire : **vrai.**

faction n. f. 1. Groupe, parti qui provoque des troubles dans un pays en s'opposant violemment au pouvoir. *Des factions rivales s'opposent.* 2. *Être en faction,* c'est monter la garde. *Le soldat est en faction devant le palais.*

facture n. f. Note à payer. *Le plombier a envoyé sa facture.*

▶ **facturer** v. (conjug. 3) Porter sur une facture. *Le café est facturé deux euros, dans ce restaurant,* il coûte deux euros.

faculté n. f. 1. Partie d'une université. *La faculté de médecine de Montpellier.* 2. Possibilité. *Vous avez la faculté de choisir.* → **liberté.** 3. *Ce vieillard n'a plus toutes ses facultés,* toute sa raison.

▶ On dit familièrement *la fac* (sens 1).

▸ **facultatif, facultative** adj. Qui n'est pas obligatoire. *Les matières facultatives, à un examen.*

fade adj. **1.** Qui n'a pas beaucoup de goût. *Cette purée est fade,* elle manque de sel. ➜ **insipide.** ▮ contraire : **épicé. 2.** Sans éclat. *Une couleur fade.* ➜ **terne.** ▮ contraire : **vif.**

▸ **fadeur** n. f. *La fadeur d'un plat,* son absence de goût. ▮ contraire : **saveur.**

fagot n. m. Petites branches attachées ensemble. *Mets un fagot dans la cheminée pour allumer le feu.*

▸ **fagoté, fagotée** adj. Familier. *Être mal fagoté,* mal habillé. *Elle est toujours mal fagotée.*

faible adj. et n. m.

▪ adj. **1.** Qui manque de force physique. ➜ **délicat, fragile.** *Louise se sent faible ce matin.* ▮ contraires : ① **fort, robuste, vigoureux. 2.** Qui manque de capacités intellectuelles. *Théo est faible en mathématiques.* ➜ **mauvais, médiocre.** ▮ contraires : ① **bon, doué,** ① **fort. 3.** Qui manque de volonté. *Elle est trop faible avec ses enfants,* elle leur cède facilement. ▮ contraires : **dur,** ① **ferme, sévère. 4.** Peu important. *Un vent faible.* ➜ **léger.** ▮ contraire : **puissant.**

▪ n. m. **1.** Personne sans volonté. *C'est un faible.* **2.** Goût particulier. ➜ **penchant, préférence.** *Léa a un faible pour le miel.*

▸ **faiblement** adv. De manière faible, peu importante. *La pièce est faiblement éclairée.* ➜ **peu.** ▮ contraire : **fortement.**

▸ **faiblesse** n. f. **1.** Manque de force physique. *Le malade est d'une grande faiblesse.* **2.** Manque d'énergie, d'autorité, de fermeté. *Elle a eu la faiblesse de lui pardonner.* ▮ contraire : **force.**

▸ **faiblir** v. (conjug. 11) Devenir faible. *Les forces du malade faiblissent.* ➜ **décliner.** *Le vent a faibli.* ➜ **mollir.** ▮ contraire : **s'intensifier.**

▶ Autres mots de la famille : affaiblir, affaiblissement.

faïence [fajɑ̃s] n. f. Terre cuite recouverte d'émail ou de vernis. *Des assiettes en faïence.* ➜ aussi **porcelaine.**

faïence

faille n. f. **1.** Cassure dans l'écorce terrestre. *Les failles provoquent des tremblements de terre.* **2.** Défaut. *Il y a une faille dans ce raisonnement.*

faillir v. (conjug. ne s'emploie qu'à l'infinitif et aux temps composés ; participe passé : *failli*) **1.** Ne pas faire ce que l'on devrait faire. *Il a failli à ses engagements.* **2.** Être sur le point de faire quelque chose, n'être pas loin de faire quelque chose. *Elle a failli tomber. Il a failli rater son train.*

▸ **faillite** n. f. Situation d'un commerçant qui ne peut plus payer ses dettes ni tenir ses engagements. *Le boucher a fait faillite.*

▶ Autres mots de la famille : défaillance, défaillant, défaillir, infaillible.

faim n. f. Besoin, envie de manger. *Alex a toujours faim,* il est toujours affamé. *J'ai une faim de loup.* ➜ fam. **fringale.** *Dans de nombreux pays, on souffre de la faim,* du manque de nourriture. ➜ **famine.** ▮ homonymes : ① et ② fin.

faine n. f. Fruit du hêtre.

▶ On écrit aussi *faîne.*

fainéant n. m., **fainéante** n. f. Personne qui ne veut rien faire. ➜ **paresseux.** *Quelle fainéante, cette Julie !* – adj. ➜ fam. **feignant, flemmard.** – *Les Rois fainéants,* les derniers Mérovingiens que les maires du palais empêchaient d'agir.

▸ **fainéantise** n. f. Comportement d'une personne qui ne veut rien faire, d'un fainéant. ➜ **paresse.** *Julie est restée tout l'après-midi devant la télévision par fainéantise.* ➜ fam. **flemme.**

▷ Mots de la famille de faire et de néant.

faire v. (conjug. 37) **1.** Fabriquer. *Au printemps, les oiseaux font leur nid.* ➜ **construire. 2.** Effectuer, exécuter. *Léa fait ses devoirs. J'ai beaucoup de choses à faire aujourd'hui.* **3.** Pratiquer, exercer. *Paul fait du ski et du tennis.* **4.** Arranger. *Louise a fait son lit.* **5.** Causer, provoquer. *L'explosion a fait du bruit. Alex s'est fait mal. Cette histoire l'a beaucoup fait rire. Cela ne fait rien,* ce n'est pas grave. **6.** Agir. *Faites comme chez vous.* **7.** Constituer. *Deux et deux font quatre.* ➜ **égaler.** *Il ferait un bon mari pour elle.* ➜ **être. 8.** Paraître. *Elle fait jeune pour son âge. Théo, arrête de faire l'idiot !* de te comporter comme un idiot. **9.** Parcourir. *Julie et Louise ont fait dix kilomètres à vélo.* **10.** Présenter une certaine mesure, un certain aspect. *Le salon fait 15 mètres carrés.* ➜ **mesurer.** *Quelle taille* *faites-vous ? Il fera sûrement beau demain.* **11.** *Faire faire quelque chose,* charger quelqu'un d'exécuter quelque chose. *Le bouquet qu'elle a fait faire par la fleuriste est très joli.* ▮ homonyme : fer.

▶ **se faire** (v.) **1.** Devenir. *Notre chienne se fait vieille,* elle commence à être vieille. *Sa femme s'est fait belle pour aller dîner. Il se fait tard,* il commence à être tard. **2.** *Se faire à quelque chose,* s'y habituer. *Je ne peux pas me faire à cette idée.* **3.** Avoir. *Elle s'est fait longtemps des illusions. Je me fais du souci.* – ***S'en faire,*** se faire du souci. *Ne vous en faites pas !* ne vous inquiétez pas ! **4.** Exister. *Cette robe se fait aussi en bleu.* **5.** *Cela ne se fait pas,* il ne faut pas faire cela. **6.** *Il pourrait bien se faire qu'il pleuve ce soir,* cela pourrait bien arriver. *Comment se fait-il qu'ils ne soient pas encore là ?* comment cela est-il possible ?

▶ **faire-part** (n. m. inv.) Lettre annonçant une naissance, un mariage, un décès. *Ils ont envoyé des faire-part de mariage.* ▷ Mot de la famille de part.

▶ **faisable** (adj.) Qui peut être fait. ➜ **possible.** *Ce n'est pas faisable en cinq minutes.* ➜ **réalisable.** ▮ contraire : **infaisable.**

▶ Autres mots de la famille : affaire, affairé, s'affairer, affaires, bienfaisance, bienfaisant, bienfait, bienfaiteur, contrefaire, contrefait, défaire, se défaire, défait, défaite, défaitiste, sur ces entrefaites, fainéant, fainéantise, ① et ② fait, fait divers, faitout, infaisable, insatisfait, malfaisant, malfaiteur, méfait, refaire, satisfaire, satisfaisant, satisfait, savoir-faire, stupéfait, surfait.

faisan [fəzɑ̃] (n. m.), **faisane** [fəzan] (n. f.) Oiseau au plumage coloré et à longue queue, de la même famille que la poule. *Un faisan doré.* – adj. *Une poule faisane.*

▶ **faisandé, faisandée** (adj.) *De la viande faisandée,* c'est de la viande qui commence à se décomposer, à pourrir.

faisan

faisceau [fɛso] (n. m.) **1.** Ensemble de choses allongées attachées ensemble. *Des faisceaux de brindilles.* **2.** *Le faisceau lumineux d'un phare,* les rayons lumineux qu'il envoie. – Au pl. *Des faisceaux.*

▶ Il y a un *s* avant le *c.*

① fait, faite (adj.) **1.** Exécuté, fabriqué. *J'aime le travail bien fait.* **2.** *Le camembert est bien fait,* il est à point pour être mangé. – *Tout fait,* préparé à l'avance, tout prêt. *Le traiteur vend des plats tout faits.* **3.** Maquillé. *Elle a les yeux faits.* **4.** *Une femme bien faite,* qui a un corps harmonieux, bien proportionné. **5.** *C'est bien fait pour lui,* il a eu ce qu'il méritait.

▶ **② fait** (n. m.) **1.** Action. *Il surveille tous les faits et gestes de ses voisins,* tout ce qu'ils font. – *Prendre quelqu'un sur le fait,* le surprendre en train de faire quelque chose de mal. *Le cambrioleur a été pris sur le fait.* **2.** Ce qui a eu lieu, qui existe réellement. *Il est venu, c'est un fait,* c'est sûr. *En fait, ils sont frères,* en réalité. *Le fait est qu'il a menti,* il faut admettre qu'il a menti. **3.** *Au fait, donne-moi ton adresse !* à propos, pendant que j'y pense.

▷ Mots de la famille de faire.

fait divers (n. m.) Évènement peu important, rapporté par les médias. *Dans son journal, le grand-père de Théo lit d'abord la rubrique des faits divers.* ▷ Mot de la famille de faire et de divers.

faîte (n. m.) Le point le plus élevé. ➜ **sommet.** *Le faîte d'un arbre.* ➜ **cime.** ▮ homonyme : fête.

▶ Attention à l'accent circonflexe du *î.*

faitout (n. m.) (➜ ÉTYM.) Grand récipient qui a deux poignées et un couvercle, et qui va sur le feu. ➜ **② cocotte, marmite.** – Au pl. *Des faitouts.* ▷ Mot de la famille de faire et de tout.

fakir (n. m.) Homme qui fait des tours de magie et semble être insensible à la douleur. *Le fakir s'est couché sur une planche à clous.*

▶ Ce mot vient de l'arabe *faqîr* qui veut dire « pauvre ».

falaise (n. f.) Côte élevée qui tombe à pic dans la mer. *Les falaises d'Étretat.*

fallacieux, fallacieuse (adj.) Trompeur. *Une promesse fallacieuse.* ➜ **① faux, mensonger.** ▮ contraire : **sincère.**

▶ Ce mot appartient au langage soutenu.

falloir (v.) (conjug. **36** ; ne s'emploie qu'à l'infinitif et à la 3e personne du singulier) **1.** Être nécessaire. *Il faut un passeport pour aller aux États-Unis. Il me fallait une valise,* j'avais besoin d'une valise. *Il faut que tu me fasses confiance,* tu dois me faire confiance. *Il faudra que tu me donnes ton numéro de portable.* **2.** *Comme il faut,* comme il convient. *Tiens-toi à table comme il faut,* convenablement.

s'en falloir v. (conjug. 36) *Il s'en est fallu de peu qu'il rate son train,* il a failli rater son train.

falot, falote adj. *Une personne falote,* que l'on ne remarque pas, qui passe inaperçue. ➜ **effacé, insignifiant, terne.**
Ce mot appartient au langage soutenu.

falsifier v. (conjug. 9) Changer pour tromper. ➜ **trafiquer.** *Quelqu'un a falsifié la date de ce document.*

▸ **falsification** n. f. Changement fait pour tromper. *La falsification des chèques est punie par la loi.*

mal **famé** ➜ **malfamé**

famélique adj. Qui est maigre parce qu'il ne mange pas assez. *Les voisins ont recueilli une chatte famélique.*
Ce mot appartient au langage soutenu.

fameux, fameuse adj. **1.** Qui a une grande réputation, bonne ou mauvaise. *La région est fameuse pour ses vins.* ➜ **célèbre, connu, renommé.** contraires : **inconnu, obscur. 2.** Remarquable parce que très bon. *On nous a servi un repas vraiment fameux.* ➜ **excellent.** contraire : **mauvais.**

familial, familiale adj. De la famille. *Une réunion familiale. Ils ont des problèmes familiaux.*

se **familiariser** v. (conjug. 4) S'habituer. *Elle s'est vite familiarisée avec son nouvel ordinateur.*

familiarité n. f. Manière familière de se comporter avec quelqu'un. *La directrice de l'école n'aime pas que les élèves lui parlent avec familiarité.*

familier, familière adj. **1.** Que l'on connaît bien. *C'est une voix familière qui a répondu au téléphone.* – n. m. Personne qui est considérée comme un membre de la famille, un intime. *Les familiers de la victime ont témoigné.* **2.** *Un animal familier,* un animal apprivoisé qui vit dans la maison. ➜ **domestique.** *Leurs animaux familiers sont un chien et un furet.* **3.** Qui ne témoigne pas de respect. *Ces élèves sont trop familiers avec leur professeur.* contraire : **respectueux. 4.** *Un mot familier,* c'est un mot que l'on évite d'employer quand on parle à quelqu'un que l'on ne connaît pas bien ou quand on écrit. *«Bagnole» est un mot familier. Le style familier, la langue familière.* contraires : **littéraire, soutenu.**

▸ **familièrement** adv. De manière familière. *On dit familièrement «la fac» pour «la faculté».*

famille n. f. **1.** Le père, la mère et les enfants. *Julie et ses parents forment une famille unie.* – *Un père de famille, une mère de famille,* c'est un homme, une femme qui a des enfants. **2.** Ensemble des personnes liées entre elles par le mariage, la naissance, l'adoption. *Pour l'anniversaire de Paul, toute la famille était réunie. Ils passent Noël en famille.* ➜ aussi **parenté. 3.** Classement qui rassemble des groupes d'animaux ou de plantes. *Le mouton et l'antilope font partie de la famille des bovidés.* **4.** *Une famille de mots,* c'est l'ensemble des mots qui sont formés à partir du même mot. *«Dentaire», «dentifrice», «édenté» sont des mots de la famille de «dent».*

falaise

fanal

famine n. f. Manque de nourriture. *La sécheresse a détruit les récoltes et provoqué la famine dans la région.* → **disette** et aussi **faim.**

fan [fan] n. m. et f. Admirateur, admiratrice enthousiaste d'une vedette. *Les fans d'un groupe de rap.* → aussi **fanatique.**

▸ *Fan* est l'abréviation de l'anglais *fanatic* qui veut dire «fanatique, admirateur».

fanal n. m. (pl. **fanaux**) Grosse lanterne, sur un navire. *On voit de loin les fanaux du bateau.*

fanatique adj. et n. m. et f.
▪ adj. **1.** Qui a une foi absolue, qui croit aveuglément une doctrine ou une personne, et qui est capable de n'importe quoi pour faire triompher ses idées. *Des terroristes fanatiques.* **2.** Qui a une grande admiration pour quelqu'un ou quelque chose. *Il est fanatique de rap.* → **fou.**
▪ n. m. et f. **1.** Personne qui est capable de tout pour défendre ses idées. *Un fanatique a tenté d'assassiner le président.* **2.** Personne qui a une passion pour quelque chose ou une grande admiration pour quelqu'un. *C'est un fanatique de football.* → **fan, passionné.**

▸ **fanatisme** n. m. Comportement de personnes fanatiques. *Le fanatisme peut être dangereux.* ▮ contraire : **tolérance.**

fane n. f. *Les fanes,* ce sont les tiges et les feuilles de certaines plantes. *Mamie fait de la soupe avec les fanes de radis.*

faner v. (conjug. 3) **1.** *Les paysans fanent la luzerne,* ils la retournent après l'avoir fauchée pour la faire sécher. → aussi **fenaison. 2.** Dessécher et décolorer une fleur. *La forte chaleur fane les fleurs.* → **flétrir. 3. se faner,** se dessécher et perdre sa couleur. → aussi **s'étioler.** *La rose s'est fanée.* → se **flétrir.**

▸ **fané, fanée** adj. *Des fleurs fanées,* desséchées, mortes.

fanfare n. f. Orchestre composé d'instruments en cuivre et de tambours. *La fanfare municipale a défilé dans les rues.*

fanfaron n. m., **fanfaronne** n. f. Personne qui se vante de ses exploits ou de son courage. *Paul fait le fanfaron devant ses amis.*

fanfreluche n. f. Petit ornement utilisé sur les vêtements ou dans l'ameublement. *La robe de la mariée a trop de fanfreluches.*

fange n. f. Boue presque liquide.

▸ Ce mot appartient au langage soutenu.

fanion n. m. Petit drapeau.

fanions

fanon n. m. Chacune des nombreuses lames en corne fixées dans la bouche de certains cétacés. *Les fanons de la baleine.*

fantaisie n. f. **1.** Originalité amusante. *Nous avons vu une pièce de théâtre pleine de fantaisie. Sa vie manque de fantaisie.* **2.** Envie soudaine. *Ses parents lui passent toutes ses fantaisies.* → **caprice.** *Tout à coup, il lui a pris la fantaisie de traverser la rivière à la nage.* → **lubie. 3.** *Des bijoux fantaisie,* sans valeur, mais imitant de vrais bijoux.

▸ **fantaisiste** adj. et n. m. et f.
▪ adj. Peu sérieux. *Son explication est un peu fantaisiste.*
▪ n. m. et f. Artiste qui chante des chansons amusantes, raconte des histoires drôles, fait des imitations. → **comique, humoriste.**

fantasmagorique adj. Qui semble irréel. *Un spectacle fantasmagorique.* → **fantastique, féerique.**

fantasque adj. Qui change souvent d'avis. → **capricieux.** *Julie a un esprit fantasque.*

fantassin n. m. (→ ÉTYM.) Soldat qui combat à pied. → aussi **infanterie.**

fantastique adj. **1.** Qui est créé par l'imagination, qui n'existe pas. → **fabuleux, imaginaire.** *Le dragon est un animal fantastique.* → planche Créatures **fantastiques. 2.** *Une œuvre fantastique,* qui montre, raconte des choses extraordinaires, surnaturelles. *Théo aime les films fantastiques.* **3.** Qui étonne ou plaît beaucoup. → **étonnant, formidable, sensationnel.** *Il a une chance fantastique.* → **extraordinaire.**

fantôme n. m. Être imaginaire qui serait l'apparition d'un mort. → **revenant,** ① **spectre.** *On dit que ce château est hanté par un fantôme.*

▸ **fantomatique** adj. Qui fait penser à un fantôme. *On distingue une silhouette fantomatique dans la brume.*

faon [fɑ̃] n. m. Petit du cerf, du daim ou du chevreuil. *Une biche et son faon.*

faramineux, faramineuse adj. Beaucoup trop important. *Le loyer de cet appartement est faramineux,* il est beaucoup trop cher. → **astronomique, exorbitant, prohibitif.**

farandole n. f. Danse exécutée par une file de danseurs qui se tiennent par la main. *Ils ont fait la farandole autour du feu de la Saint-Jean.*

farandole

① **farce** n. f. **1.** Tour que l'on joue à quelqu'un. → **plaisanterie ;** fam. **blague.** *Paul et Théo ont fait une farce à Léa.* **2.** Objet qui sert à faire une farce. *Un magasin de farces et attrapes.*

▸ Autre mot de la famille : farceur.

② **farce** n. f. Mélange d'aliments hachés que l'on met dans une viande, un poisson, des légumes. *Une farce aux champignons.*

▸ Autres mots de la famille : farci, farcir.

farceur n. m., **farceuse** n. f. Personne qui aime plaisanter, faire des farces. *Quel farceur, ce Paul !* ▹ Mot de la famille de ① farce.

farcir v. (conjug. 11) Remplir avec de la farce. *Le cuisinier farcit la dinde.*

▸ **farci, farcie** adj. Rempli de farce. *Ils ont mangé des tomates farcies.*

▹ Mots de la famille de ② farce.

fard n. m. **1.** Produit coloré que l'on emploie pour se maquiller. *Du fard à paupières.* **2.** Familier. *Piquer un fard,* rougir brusquement. *Louise a piqué un fard quand le professeur l'a complimentée.* ▪ homonyme : phare.

▸ Autre mot de la famille : se farder.

farde n. f. Chemise cartonnée.

▸ Ce mot est employé en Belgique.

fardeau n. m. Chose lourde qu'il faut porter. *L'âne est chargé d'un lourd fardeau.* – Au pl. *Des fardeaux.*

se farder v. (conjug. 4) Mettre du fard. → **se maquiller.** *Elle s'est trop fardée.* ▹ Mot de la famille de fard.

farfadet n. m. Lutin agile et malicieux.

farfelu, farfelue adj. Un peu fou, bizarre et amusant. *Une histoire farfelue.* → **saugrenu.**

farine n. f. Poudre obtenue en écrasant les graines de certaines céréales. *On fait des crêpes avec de la farine de blé ou de sarrasin.*

▸ **farineux** n. m. et adj., **farineuse** adj.

▪ n. m. Légume qui peut fournir de la farine ou qui contient de la fécule. → **féculent.** *Les lentilles, les haricots sont des farineux.*

▪ adj. Fade et pâteux. *Une pomme farineuse.*

farouche adj. **1.** Qui s'enfuit quand on l'approche. → **craintif, peureux, sauvage.** *Cette biche est venue près de nous, elle n'est pas farouche.* **2.** Qui refuse de se soumettre, violent. *Un farouche adversaire.*

▸ **farouchement** adv. Avec violence et détermination. *Ils sont farouchement opposés à ce projet.*

▸ Autre mot de la famille : effaroucher.

fascicule [fasikyl] n. m. Petit livre très plat, comprenant peu de pages, qui représente une partie d'un gros livre. *Cette encyclopédie est vendue chaque semaine par fascicules.*

fasciner v. (conjug. 3) Éblouir et attirer. → **captiver, émerveiller, subjuguer.** *Le numéro exécuté par le magicien a fasciné les spectateurs.*

a b c d e f g h i j k l m n o p q r s t u v w x y z

les créatures fantastiques

La plupart des créatures fantastiques sont des êtres hybrides composés soit de plusieurs parties d'animaux différents comme la chimère, soit de parties animales et humaines tels la sirène et le centaure. Elles sont à l'origine des mythes et des légendes présents dans tous les pays et à toutes les époques. Elles expriment les peurs et les rêves et on leur attribue des pouvoirs magiques supérieurs aux pouvoirs humains. Au Moyen Âge, elles décorent les marges des manuscrits et les façades des églises.

→ fabuleux, imaginaire, légendaire, monstre, mythologie.

la chimère

la sirène

le centaure

le griffon

le Sphinx

la licorne

Pégase, le cheval ailé

un dragon

▸ **fascinant, fascinante** adj. Qui charme et retient. *Elle est d'une beauté fascinante.* ➜ **envoûtant.**

▸ **fascination** n. f. Séduction irrésistible. *Ce chanteur exerce une véritable fascination sur les jeunes.*

fascisme [faʃism] n. m. Système politique fondé sur un parti unique et un chef tout-puissant qui contrôle tout, n'admet aucune opposition et élimine ses adversaires par la violence. *Mussolini a établi le fascisme en Italie en 1922.* ➜ aussi **nazisme.**

▸ **fasciste** [faʃist] n. m. et f. Partisan du fascisme. *La lutte contre les fascistes.* – adj. *Il a des idées fascistes,* qui appartiennent au fascisme.

Ces mots viennent de l'italien.

① **faste** n. m. Grand luxe. ➜ **apparat,** ① **éclat,** ① **pompe.** *Ils nous ont reçus avec faste.* ▮ contraire : **simplicité.**

Ce mot appartient au langage soutenu.

▶ Autre mot de la famille : fastueux.

② **faste** adj. *Un jour faste,* un jour heureux, favorable, où tout réussit. ▮ contraire : **néfaste.**

▶ Autre mot de la famille : néfaste.

fastidieux, fastidieuse adj. Qui cause de l'ennui. ➜ **assommant, ennuyeux.** *C'est fastidieux tous ces détails qu'il raconte.* ▮ contraires : **amusant, distrayant, intéressant.**

fastueux, fastueuse adj. Plein de luxe. ➜ **luxueux.** *Le roi menait une vie fastueuse.* ▮ contraires : **modeste, simple.** ▷ Mot de la famille de ① faste.

fatal, fatale adj. **1.** Qui doit arriver forcément. ➜ **inéluctable, inévitable.** *Il n'a pas assez travaillé et il va redoubler, c'est fatal.* **2.** Qui a des effets catastrophiques. *Les averses de grêle ont été fatales aux récoltes.* **3.** Qui provoque la mort. ➜ **mortel.** *Le conducteur a commis une imprudence qui lui a été fatale.* – Au masc. pl. *fatals.*

▸ **fatalement** adv. D'une façon inévitable. ➜ **forcément, obligatoirement.** *Cela devait fatalement arriver.* ➜ **inévitablement.**

▸ **fataliste** adj. Qui accepte les évènements en pensant qu'ils sont fixés par le destin, qu'ils sont inévitables. *Elle est devenue fataliste en vieillissant.*

▸ **fatalité** n. f. Coup du destin, hasard malheureux. *Ce n'est pas de ma faute, c'est la fatalité.*

fatidique adj. Qui doit fatalement arriver. *Et voici le jour fatidique de la rentrée !*

fatigant, fatigante adj. **1.** Qui cause de la fatigue. ➜ **épuisant, éreintant, exténuant ;** fam. **crevant.** *Une journée très fatigante.* ▮ contraire : **reposant. 2.** Qui ennuie. ➜ **lassant ;** fam. **embêtant.** *Tais-toi un peu, Théo, tu es vraiment fatigant !* ▷ Mot de la famille de fatiguer.

L'adjectif *fatigant* s'écrit sans *u* après le *g,* contrairement au participe présent du verbe *fatiguer.*

fatiguer v. (conjug. 3) **1.** Causer de la fatigue. ➜ **épuiser, éreinter, exténuer.** *Cette longue marche nous a fatigués.* ▮ contraire : ② **reposer.** *Julie s'est fatigué les yeux en jouant trop longtemps avec ses jeux vidéos.* **2.** Ennuyer. *Tu nous fatigues avec tes histoires !*

▸ **se fatiguer** v. **1.** Faire des efforts, se donner de la fatigue. *Je me suis fatigué à tout lui expliquer et il n'a rien compris.* ➜ s'**évertuer,** se **tuer. 2.** *Se fatiguer de quelque chose,* en avoir assez. ➜ se **lasser.** *Léa s'est vite fatiguée de son nouveau jouet.*

▸ **fatigue** n. f. Affaiblissement des forces dû à un grand effort ou à la maladie. *Louise tombe de fatigue.* ➜ **épuisement, lassitude.**

▸ **fatigué, fatiguée** adj. Qui ressent de la fatigue. *En ce moment, elle est très fatiguée. Repose-toi, tu as l'air fatigué.* ➜ **épuisé, harassé ;** fam. **crevé, vanné.** – *Être fatigué de quelque chose,* en avoir assez. *Elle est fatiguée de répéter sans cesse la même chose.* ➜ **las.**

▶ Autres mots de la famille : fatigant, infatigable.

fatras [fatʀa] n. m. Tas d'objets en désordre. *Alex cherche son stylo sous un fatras de livres et de cahiers.*

faubourg n. m. Partie d'une ville qui se trouve loin du centre, à la périphérie. *Il habite dans les faubourgs de Marseille.* ➜ **banlieue.**
▷ Mot de la famille de bourg.

fauché, fauchée adj. Familier. Qui n'a pas d'argent. ➜ **pauvre.** *Elle est complètement fauchée après les vacances.* ▷ Mot de la famille de ② faux.

① **faucher** v. (conjug. 3) **1.** Couper avec une faux ou une faucheuse. *On fauche les blés en été.* ➜ **moissonner. 2.** Faire tomber. ➜ **renverser.** *La voiture a fauché un poteau électrique.* ▷ Mot de la famille de ② faux.

② **faucher** v. (conjug. 3) Familier. Voler. *On m'a fauché mon téléphone.* ➜ fam. **piquer.** ▷ Mot de la famille de ② faux.

faucheuse n. f. Machine agricole qui sert à faucher. *Le fermier conduit la faucheuse.* ▷ Mot de la famille de ② faux.

faucheux n. m. Sorte d'araignée au corps très mince et aux très longues pattes. ▷ Mot de la famille de ② faux.

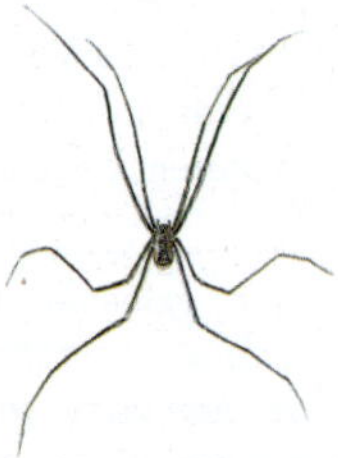
faucheux

faucille n. f. Petit instrument formé d'une lame d'acier en demi-cercle au bout d'un manche court et qui sert à faucher l'herbe. *Au Moyen Âge, les moissons se faisaient à la faucille.* ▷ Mot de la famille de ② faux.

faucon n. m. Oiseau de proie au bec court et crochu, qui vit le jour. → planches **Désert, oiseaux.** *Autrefois, on chassait avec des faucons.*

faucon

faufiler v. (conjug. 3) **1.** Coudre à grands points et provisoirement. *La couturière faufile l'ourlet.* **2. se faufiler,** se glisser sans se faire remarquer. *Julie et Louise se sont faufilées dans la file d'attente.* ▷ Mot de la famille de fil.

faune n. f. *La faune d'une région,* c'est l'ensemble des animaux qui vivent dans cette région. *La faune sauvage est menacée. Dans les parcs nationaux, la faune est protégée.* → aussi **flore.**

faussaire n. m. et f. Personne qui fait des faux. *La police a arrêté un faussaire qui vendait de faux tableaux de Picasso.* ▷ Mot de la famille de ① faux.

faussement adv. D'une manière fausse, étudiée, affectée. *Un air faussement gai.* ▮ contraire : **vraiment.** ▷ Mot de la famille de ① faux.

fausser v. (conjug. 3) **1.** Rendre faux. *Une erreur de calcul a faussé le résultat.* **2.** Déformer. *La serrure ne fonctionne plus, elle a été faussée.* ▮ homonyme : fossé. ▷ Mot de la famille de ① faux.

fausseté n. f. Caractère de ce qui est faux, contraire à la vérité. ▮ contraire : **véracité.** *L'avocat démontre la fausseté de l'accusation.* ▷ Mot de la famille de ① faux.

faute n. f. **1.** Erreur. *Une faute d'orthographe. Léa a fait deux fautes dans sa dictée.* **2.** Mauvaise action. *Il a reconnu sa faute et présenté ses excuses.* – *Être en faute,* c'est avoir fait quelque chose de mal ou d'interdit. → aussi **fautif.** – *Faute avouée est à moitié pardonnée,* on obtient plus facilement l'indulgence en reconnaissant ses torts. **3.** *C'est de ta faute,* c'est toi le responsable. *Julie est en retard ce matin, mais ce n'est pas de sa faute,* elle n'est pas responsable. **4.** *Faute de preuves, le suspect a été relâché,* par manque de preuves. **5.** *Soyez là demain sans faute à 8 heures,* de manière sûre. ▶ Autre mot de la famille : fautif.

fauteuil n. m. Siège qui a des bras et un dossier pour une seule personne. *On est bien assis dans ce fauteuil. Un fauteuil roulant,* c'est un fauteuil à grandes roues qui permet à un handicapé de se déplacer.

fautif, fautive adj. **1.** Qui est en faute. *Julie se sent fautive d'avoir cassé le plat.* → **coupable.** ▮ contraire : **innocent. 2.** Qui contient des fautes, des erreurs. *Cette traduction est fautive.* → **erroné, incorrect.** ▮ contraires : **exact, ① juste.** ▷ Mot de la famille de faute.

fauve adj. **1.** *Les bêtes fauves,* ce sont les grands mammifères féroces, sauvages. *Les tigres et les lions sont des bêtes fauves.* – n. m. *Le dompteur est entré dans la cage des fauves.* → planche **Cirque. 2.** D'une couleur jaune tirant sur le roux. *Elle avait des bottes fauves.*

▶ **fauvette** n. f. Petit oiseau à plumage parfois fauve. → planche **Prairie.** *Les fauvettes se nourrissent d'insectes et de petits fruits.*

① faux adj., adv. et n. m., **fausse** adj.
▪ adj. **1.** Contraire à la vérité. *Ce que tu dis est faux.* → **inexact.** ▮ contraires : **exact, ① juste, vrai.**

C'est faux, je ne l'ai pas vu, c'est un mensonge. **2.** Qui semble vrai mais ne l'est pas. *Ces perles sont fausses. Il a mis une fausse barbe.* → **postiche.** *De fausses fleurs.* → **artificiel, factice.** *Le faussaire fabriquait de faux billets.* ▮ contraires : **authentique, vrai. 3.** Hypocrite. *Il a un air faux et sournois.* **4.** Qui n'est pas justifié. *On a cru qu'il y avait une bombe dans l'avion mais c'était une fausse alerte.* **5.** Qui comporte une erreur. *Ta multiplication est fausse,* le résultat n'est pas bon. ▮ contraire : **correct. 6.** Qui n'est pas comme il devrait être. *Ce piano est faux,* il ne joue pas juste. *Le flûtiste a fait une fausse note.* ▮ contraire : **juste.** *Elle a fait un faux mouvement,* un mouvement maladroit.
■ adv. *Alex chante faux,* il ne chante pas juste.
■ n. m. **1.** Ce qui n'est pas vrai. *Avec Paul, c'est toujours difficile de distinguer le vrai du faux.* **2.** Copie que l'on fait passer pour vraie. *Ce tableau est un faux.* → aussi **faussaire.**
▶ Autres mots de la famille : faussaire, faussement, fausser, fausseté, faux-filet, faux-fuyant, faux-monnayeur, en porte-à-faux.

fauvette

② faux n. f. Instrument formé d'un long manche et d'une grande lame qui sert à couper l'herbe. *Le fermier aiguise sa faux.*
▶ Autres mots de la famille : fauché, ① et ② faucher, faucheuse, faucheux, faucille.

faux-filet n. m. Morceau de bœuf à griller situé à côté du filet, le long de l'échine. *Des faux-filets saignants.* ▷ Mot de la famille de ① faux et de fil.

faux-fuyant n. m. Moyen que l'on trouve pour ne pas répondre à une question ou ne pas prendre une décision. → **échappatoire, excuse, prétexte.** *Il cherche toujours des faux-fuyants pour ne pas avoir à s'expliquer.* ▷ Mot de la famille de ① faux et de fuir.

faux-monnayeur n. m. Personne qui fabrique de la fausse monnaie. *Les faux-monnayeurs ont écoulé de faux billets de 50 euros.* ▷ Mot de la famille de ① faux et de monnaie.

faveur n. f. **1.** Avantage que l'on accorde à quelqu'un parce qu'on l'aime bien ou qu'on veut lui faire plaisir. *Le roi a accordé une faveur à son protégé.* → **privilège. 2.** Considération. *Cette actrice a la faveur du public,* elle est très populaire. **3.** *Le professeur est intervenu en faveur d'un élève,* dans l'intérêt d'un élève.

favorable adj. **1.** Qui aide à l'accomplissement de quelque chose. *Il faut attendre le moment favorable pour lui parler.* → **opportun, propice. 2.** Qui est d'accord avec une décision. *Il est très favorable à ce projet.* ▮ contraires : **défavorable, hostile.**

▶ **favorablement** adv. D'une manière favorable, positive. *Sa demande a été accueillie favorablement.* → **bien.**
▶ Autre mot de la famille : défavorable.

favoriser v. (conjug. 3) Donner un avantage. → **aider, avantager.** *Le professeur ne favorise aucun de ses élèves.*

▶ **favori** adj. et n. m., **favorite** adj. et n. f.
■ adj. Que l'on préfère. *Louise écoute toute la journée le dernier CD de sa chanteuse favorite.*
■ n. **1.** n. m. *Le favori,* c'est, dans une course, le cheval qui a les meilleures chances de gagner. *Le favori a pris un mauvais départ.* **2.** n. f. *La favorite,* la maîtresse du roi. *La Pompadour était la favorite de Louis XV.*

▶ **favoritisme** n. m. Injustice qui avantage ceux que l'on préfère. *Elle traite ses trois enfants de la même façon, sans faire de favoritisme.*
▶ Autres mots de la famille : défavorisé, défavoriser.

fax n. m. **1.** Appareil qui permet de transmettre un message écrit immédiatement, en faisant un numéro, comme au téléphone. → **télécopieur.** *Je t'envoie le document par fax.* **2.** Message écrit transmis par cet appareil. → **télécopie.** *Il m'a envoyé un fax de Tokyo.*

▶ **faxer** v. (conjug. 3) Transmettre un message, un document par fax. *Faxez-nous la facture.*

fébrile adj. **1.** Qui a de la fièvre. → **fiévreux.** *Ce matin, Théo se sent un peu fébrile.* **2.** Qui

a b c d e f g h i j k l m n o p q r s t u v w x y z

montre une agitation très grande. *Son grand frère attend avec une impatience fébrile les résultats du bac.*

▸ **fébrilité** n. f. Excitation, agitation. *Les résultats de l'élection sont attendus avec fébrilité.*

fécond, féconde adj. **1.** Qui a beaucoup de petits. *Les lapines sont très fécondes.* ➜ **prolifique.** ▮ contraire : **stérile. 2.** *La journée a été féconde en évènements,* il s'est passé beaucoup de choses. ➜ **fertile, riche.**

▸ **féconder** v. (conjug. 3) Faire un petit à une femelle, en parlant d'un mâle. *Le taureau a fécondé la vache.*

▸ **fécondation** n. f. Union d'une cellule mâle et d'une cellule femelle aboutissant à la formation d'un œuf. *Chez certains animaux, la fécondation se fait dans le corps de la femelle, chez d'autres elle se fait à l'extérieur.*

▸ **fécondité** n. f. **1.** Possibilité de se reproduire. *La fécondité des lapines est très grande.* ➜ **fertilité.** ▮ contraire : **stérilité. 2.** Richesse. *Son imagination est d'une fécondité prodigieuse.*

fécule n. f. Sorte de farine contenue dans certains légumes. *La fécule de pomme de terre.*

▸ **féculent** n. m. Légume qui contient de la fécule. ➜ planche **Alimentation.** *Les haricots blancs, les pommes de terre sont des féculents.* ➜ aussi **farineux.**

fédéral, fédérale adj. *Un État fédéral,* c'est un État dirigé à la fois par un gouvernement central et des assemblées locales. *Les États-Unis, le Canada, la Suisse sont des États fédéraux.* ➜ aussi **fédération.**

fédération n. f. **1.** État formé de la réunion de plusieurs États. *Le Canada est une fédération,* un État fédéral. **2.** Association. *Une fédération sportive.*

▶ Autre mot de la famille : confédération.

fée n. f. Femme imaginaire qui a des pouvoirs magiques. *Les fées ont une baguette magique. Les contes de fées,* ce sont des contes où apparaissent des fées.

▸ **féerie** [feʀi] ou [feeʀi] ou **féérie** n. f. Spectacle merveilleux. *Ce feu d'artifice sur le lac est une vraie féerie.*

▮ Écrire *féérie* avec un accent aigu sur le deuxième e est conforme à la nouvelle orthographe.

▸ **féerique** [feʀik] ou [feeʀik] ou **féérique** adj. D'une beauté irréelle, qui semble sortir d'un conte de fées. *Un décor féerique.*

▮ Écrire *féérique* avec un accent aigu sur le deuxième e est conforme à la nouvelle orthographe.

feignant, feignante adj. Familier. Paresseux. ➜ **flemmard** et aussi **fainéant.** *Julie est très feignante.*

feindre v. (conjug. 55) Faire semblant. ➜ ① **affecter, simuler.** *Alex feignit de n'avoir pas entendu qu'on l'appelait.*

▮ Ce mot appartient au langage soutenu.

▸ **feinte** n. f. Coup ou mouvement qui trompe l'adversaire. *Le boxeur fait une feinte et réussit à se dégager.*

fêler v. (conjug. 3) Fendre sans casser en morceaux. *J'ai fêlé la tasse en la mettant dans le lave-vaisselle.* — **se fêler,** se fendre. *L'assiette s'est fêlée mais ne s'est pas cassée.*

▶ Autre mot de la famille : fêlure.

féliciter v. (conjug. 3) **1.** *Féliciter quelqu'un,* c'est lui faire des compliments. *Le maire félicite les jeunes mariés.* ➜ **complimenter.** ▮ contraire : **blâmer. 2.** ***Se féliciter*** *d'une chose,* c'est s'estimer heureux de cette chose. *Louise s'est félicitée d'avoir pris son parapluie, car il s'est mis à pleuvoir juste après son départ.*

▸ **félicitations** n. f. pl. Compliments que l'on adresse à quelqu'un pour lui dire qu'on est content et fier de lui. *Toutes mes félicitations pour votre nomination !*

félin n. m. *Les félins,* ce sont les animaux carnassiers de la même famille que le chat. ➜ planche **Félins.** *Le tigre, la panthère sont des félins.*

félon, félonne adj. *Un chevalier félon,* qui trahit son seigneur. ➜ **déloyal.** ▮ contraires : **fidèle, loyal.** — n. *Le félon a été banni du royaume.* ➜ **traître.**

▮ Ce mot appartient au langage soutenu.

fêlure n. f. Petite fissure dans une chose. *Le vase est en solde à cause d'une légère fêlure.*

▷ Mot de la famille de fêler.

fée

femelle n. f. Animal du sexe féminin qui peut former les œufs ou les petits dans son corps. ▮ contraire : **mâle.** *La chatte est la femelle du chat.* – adj. *Un kangourou femelle.*

féminin, féminine adj. **1.** Qui se rapporte à la femme. *C'est une voix féminine qui m'a répondu,* une voix de femme. ▮ contraire : **masculin.** – *Une équipe féminine de football,* composée de femmes. **2.** *Les noms féminins,* ce sont les noms qui peuvent être précédés au singulier des articles « la » ou « une ». *« Cigale » et « fourmi » sont des noms féminins.* – n. m. Le genre féminin. *Le féminin de l'adjectif « blanc », c'est « blanche ».* ➜ aussi **masculin.**

féministe n. m. et f. Personne qui défend l'égalité des droits entre les hommes et les femmes. *Des féministes ont manifesté pour l'égalité des salaires entre les hommes et les femmes.* – adj. *Elle milite dans un mouvement féministe.*

féminité n. f. Ensemble des qualités qui appartiennent plutôt aux femmes. *C'est un vrai garçon manqué, elle manque de féminité.*

femme [fam] n. f. **1.** Personne adulte, du sexe féminin. *Il y avait trois femmes et deux hommes.* ➜ ① **dame.** *C'est une jeune femme charmante.* **2.** *La femme d'un homme,* avec qui il est marié. *Il nous a présenté sa femme.* ➜ **épouse. 3.** *Une femme de chambre* fait le ménage dans les chambres d'hôtel.
▶ Autres mots de la famille : bonne femme, sage-femme.

fémur n. m. Os long à l'intérieur de la cuisse. ➜ planche **Corps** humain. *La vieille dame s'est cassé le col du fémur.*
▶ Ce mot vient du latin *femur* qui veut dire « cuisse ».

fenaison n. f. Coupe et récolte des foins. *La fenaison a lieu en été.*

se **fendiller** v. (conjug. 4) Se couvrir de petites fentes. ➜ se **craqueler.** *La couche de glace sur le lac s'est fendillée. Avec ce froid, mes lèvres se fendillent.* ▷ Mot de la famille de fendre.

fendre v. (conjug. 44) **1.** Couper dans le sens de la longueur. *Le fermier fend du bois avec une hache.* – **se fendre,** s'ouvrir dans le sens de la longueur. *La planche s'est fendue,* une fente s'y est formée. ➜ se **fissurer. 2.** *Fendre le cœur,* faire de la peine. *Cela me fend le cœur d'entendre ce bébé pleurer.* **3.** Avancer en écartant. *Le voilier fend les flots,* il se fraie un passage dans la mer.
▶ Autres mots de la famille : se fendiller, fente.

fenêtre n. f. Ouverture dans un mur destinée à laisser entrer l'air et la lumière. ➜ ② **baie, croisée.** *Alex regarde par la fenêtre. Ouvre la fenêtre, il fait trop chaud ! Il y a un des carreaux de la fenêtre qui est cassé.*
▶ Autre mot de la famille : porte-fenêtre.

fennec [fenɛk] n. m. Petit renard à grandes oreilles pointues, qui habite les oasis d'Afrique du Nord et qu'on appelle aussi *renard des sables.* ➜ planche **Désert.** *Le fennec est un carnivore qui chasse la nuit.*

fennec

fenouil n. m. Plante de forme arrondie, aux feuilles vertes et blanches, qui a un goût d'anis. ➜ planche **Plantes** et santé. *Le fenouil se mange cru ou cuit.*

fente n. f. Ouverture étroite et longue. *La fente d'une boîte aux lettres.* ▷ Mot de la famille de fendre.

féodal, féodale adj. *La société féodale,* c'est la société du Moyen Âge. ➜ aussi **serf** et **vassal.** *Les seigneurs féodaux vivaient dans des châteaux forts.*

▸ **féodalité** n. f. Manière dont la société du Moyen Âge était organisée. ➜ aussi **fief.**

fer n. m. **1.** Métal gris qui se déforme facilement quand on le chauffe et qui conduit bien la chaleur. ➜ **acier, fonte.** *Du fil de fer barbelé. Une grille en fer forgé. L'âge du fer,* c'est la période, à la fin de la préhistoire, où les hommes ont commencé à travailler le fer. – *Il faut battre le fer tant qu'il est chaud,* il faut profiter d'une situation avantageuse sans attendre. **2.** Instrument en fer ou en acier. *Un fer à repasser. Un fer à souder.* **3.** *Un fer à cheval,* c'est un morceau de fer en forme de U que l'on fixe sous

a b c d e f g h i j k l m n o p q r s t u v w x y z

les félins

Des sommets enneigés d'Asie centrale au désert du Sahara, les félins ont conquis tous les milieux depuis leur apparition en Asie il y a environ 10 millions d'années. Les lions, jaguars et panthères appartiennent à la famille la plus ancienne alors que les chats domestiques sont apparus les derniers. Redoutables prédateurs, les félins sont armés de griffes rétractiles idéales pour attraper leurs proies. Le guépard quant à lui peut aussi compter sur sa vitesse qui atteint 110 km/h.

→ **fauve.**
→ planches **chiens** et chats, **savane.**

tigre

chat sauvage ou chat forestier

caracal

lynx d'Europe

serval

chat domestique

lion, lionne et lionceaux

puma

once
ou panthère
des neiges

panthère noire

chat
de Pallas

jaguar

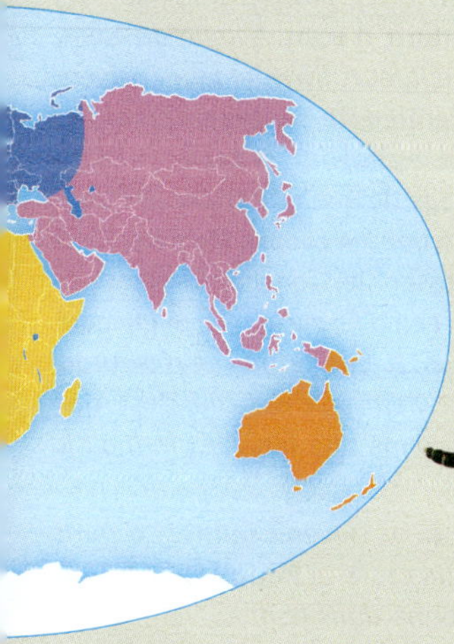

Amérique
Europe
Afrique
Asie
Océanie

ocelot

léopard

guépard

margay

les sabots d'un cheval. *Les fers à cheval sont des porte-bonheur.* ▮ homonyme : faire.

▸ **fer-blanc** n. m. Fer recouvert d'étain. *Les boîtes de conserve sont en fer-blanc.* ▷ Mot de la famille de blanc.

▶ Autres mots de la famille : chemin de fer, ferraille, ferrailleur, ferré, ferrer, ferrure, maréchal-ferrant.

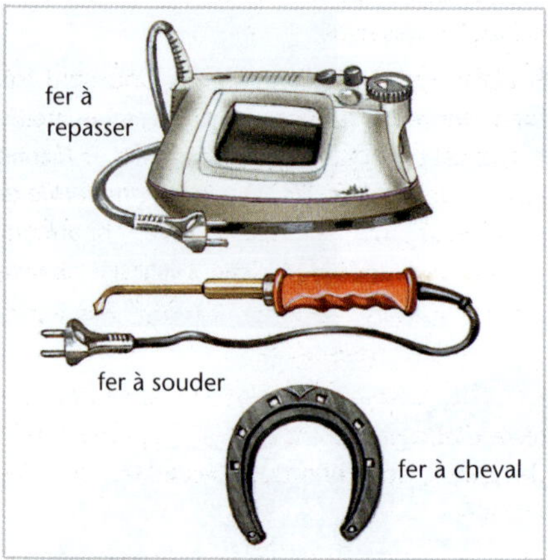

fer

férié, fériée adj. *Un jour férié,* c'est un jour où l'on ne travaille pas parce qu'il y a une fête légale. *En France, le 1er Mai et le 14 Juillet sont des jours fériés.* ▮ contraire : **ouvrable.**

① **ferme** adj. **1.** Qui a de la consistance, sans être très dur. *Ces pêches ne sont pas mûres, elles sont encore trop fermes.* ▮ contraires : **flasque, mou. 2.** Qui se tient debout sans fléchir, ni chanceler. *Le bébé qui commence à marcher n'est pas encore bien ferme sur ses jambes.* ➜ **solide.** ▮ contraires : **chancelant, vacillant. 3.** Qui ne change pas d'avis, ne se laisse pas influencer et agit avec autorité. ➜ **déterminé.** *Il a parlé d'un ton ferme.* ➜ **assuré, décidé.** ▮ contraire : **hésitant.** *Ces parents sont très fermes avec leurs enfants.* ▮ contraire : **faible.**

▶ Autres mots de la famille : affermir, fermement, fermeté, raffermir.

② **ferme** n. f. Ensemble formé par les bâtiments, la terre et la maison d'un agriculteur. *Dans la Beauce et dans la Brie, il y a de très grandes fermes.*

▶ Autre mot de la famille : fermier.

fermé, fermée adj. Qui n'est pas ouvert. *La boucherie est fermée le lundi.* ▮ contraire : **ouvert.**

▷ Mot de la famille de fermer.

fermement adv. Avec force. ➜ **énergiquement, résolument.** *Il est fermement décidé à refuser votre offre.* ▷ Mot de la famille de ① ferme.

ferment n. m. Très petit organisme capable de transformer une matière vivante. *Il y a des ferments dans les yaourts et dans certains fromages.*

▸ **fermenter** v. (conjug. 3) Se transformer sous l'action d'organismes microscopiques. *Le moût fermente dans les cuves.*

▸ **fermenté, fermentée** adj. Qui a subi une fermentation. *Le camembert est un fromage fermenté.*

▸ **fermentation** n. f. Transformation d'un produit sous l'action d'organismes microscopiques. *Le vin provient de la fermentation du jus de raisin.*

fermer v. (conjug. 3) **1.** Boucher un passage, une ouverture. *Ferme la fenêtre, j'ai froid !* ▮ contraire : **ouvrir. 2.** Rapprocher pour qu'il n'y ait plus d'ouverture, d'écart. *À la fin du cours, les élèves ferment leurs livres et leurs cahiers.* **3.** Empêcher l'entrée, le passage. *La rue est fermée pendant les travaux.* ➜ **barrer. 4.** Interrompre le passage de quelque chose. *N'oublie pas de fermer le gaz !* ➜ **couper, éteindre. 5.** Familier. Faire cesser le fonctionnement de quelque chose. *Léa a fermé la télé.* ➜ **éteindre.** ▮ contraire : **allumer. 6.** Être fermé. *Le restaurant ferme en août.* **7.** *Fermer la marche,* c'est marcher le dernier, dans une file. *Alex fermait la marche.*

▸ **se fermer** v. **1.** Devenir fermé. *La porte s'est fermée toute seule.* **2.** Pouvoir être fermé. *Cette robe se ferme dans le dos.*

▶ Autres mots de la famille : enfermer, fermé, fermeture, fermoir, refermer, ① et ② renfermé, renfermer.

fermeté n. f. **1.** Autorité, énergie que rien n'ébranle. ➜ **détermination, résolution.** ▮ contraire : **mollesse.** *Il a refusé cette offre avec la plus grande fermeté.* **2.** Qualité d'une personne qui est autoritaire sans être brutale. *Ils font preuve de fermeté dans l'éducation de leurs enfants.* ➜ **autorité.** ▮ contraire : **faiblesse.**

▷ Mot de la famille de ① ferme.

fermeture n. f. **1.** Mécanisme qui sert à fermer. *La fermeture de ce coffre est très perfectionnée. Le blouson de Théo a une ferme-*

ture Éclair (marque déposée), une fermeture formée de deux bandes de tissu portant chacune des dents qui s'emboîtent les unes dans les autres. **2.** État de ce qui est fermé. *Nous sommes arrivés après l'heure de fermeture du magasin.* ▮ contraire : **ouverture.** ▷ Mot de la famille de fermer.

fermier n. m. et adj., **fermière** n. f. et adj.
▪ n. Personne qui s'occupe d'une ferme. ➜ **agriculteur, cultivateur, paysan.** *La fermière distribue du grain aux poules.*
▪ adj. Qui est produit dans une ferme, de manière traditionnelle. *Nous avons mangé du poulet fermier. Un camembert fermier.* ▮ contraire : **industriel.** ▷ Mot de la famille de (2) ferme.

fermoir n. m. Attache qui sert à fermer, à tenir fermé. *Le fermoir d'un collier.* ▷ Mot de la famille de fermer.

féroce adj. Cruel et brutal. *Une bête féroce,* c'est une bête sauvage qui tue par instinct. *Les fauves sont des bêtes féroces.*

▸ **férocement** adv. D'une manière féroce. *Le lion a férocement attaqué la gazelle.*

▸ **férocité** n. f. Grande cruauté. *La férocité du combat.*

ferraille n. f. Ensemble de vieux morceaux de fer ou d'objets en fer qui ne servent plus. *Un tas de ferraille.*

▸ **ferrailleur** n. m., **ferrailleuse** n. f. Marchand, marchande de ferraille. *Le ferrailleur a récupéré de la ferraille sur le chantier.* ▷ Mots de la famille de fer.

ferré, ferrée adj. **1.** Garni de fer. *Une canne à bout ferré.* **2.** *Une voie ferrée,* c'est une voie de chemin de fer, les rails sur lesquels circulent les trains. – *Le réseau ferré de la France,* l'ensemble des lignes de chemin de fer français. ➜ **ferroviaire.** ▷ Mot de la famille de fer.

ferrer v. (conjug. 3) *Le maréchal-ferrant ferre les chevaux,* il garnit leurs sabots d'un fer à cheval. ▷ Mot de la famille de fer.

ferroviaire adj. Qui concerne les chemins de fer. *Le réseau ferroviaire d'un pays,* c'est l'ensemble de ses lignes de chemin de fer. ➜ **ferré.**

ferrure n. f. Garniture de fer. *Les ferrures d'une porte.* ▷ Mot de la famille de fer.

ferry [feʀi] n. m. Bateau aménagé pour transporter les trains ou les voitures et leurs passagers. ➜ (1) **bac.** ➜ planche **Bateaux.** *Ils ont pris le ferry pour l'Angleterre.* – Au pl. *Des ferrys.*
▸ Ce mot vient de l'anglais *ferry-boat* qui veut dire « bateau de transport ». • On emploie parfois le pluriel anglais *des ferries.*

fertile adj. **1.** Où les cultures poussent très bien. *Des terres fertiles.* ▮ contraires : **aride, stérile.** **2.** Qui est capable de faire des petits. ➜ **fécond.** *Les lapines sont fertiles.* **3.** *Un voyage fertile en aventures,* où il est arrivé beaucoup d'aventures. ➜ **fécond, riche.** ▮ contraire : **pauvre.**

▸ **fertiliser** v. (conjug. 3) Rendre plus fertile. *Les engrais fertilisent le sol.*

▸ **fertilité** n. f. **1.** Qualité d'un sol fertile. *Une terre d'une grande fertilité.* **2.** Capacité à faire des petits, des enfants. ➜ **fécondité.** ▮ contraire : **stérilité.**

féru, férue adj. Passionné. *Louise est férue de mode.*

fervent, fervente adj. Plein d'ardeur, d'enthousiasme. *Cette actrice a de fervents admirateurs.* ➜ **ardent, enthousiaste.**

▸ **ferveur** n. f. Très grande ardeur. *Ils travaillent avec ferveur.* ➜ **zèle.**

fesse n. f. (➜ ÉTYM.) Chacune des deux parties charnues qui forment le derrière. *Léa est tombée sur les fesses.*

▸ **fessée** n. f. Coup donné sur les fesses. *La fessée est un châtiment corporel.*

festin n. m. Repas de fête copieux et excellent. ➜ **banquet.**

ferrer un cheval

a b c d e f g h i j k l m n o p q r s t u v w x y z

festival n. m. (pl. **festivals**) Série de concerts, de représentations de théâtre ou de cinéma qui ont lieu dans un endroit spécial pendant une période assez courte. *Le festival de Cannes est un festival de cinéma très réputé.*

festivités n. f. pl. Fêtes, réjouissances. *De nombreuses festivités sont prévues pour le 14 Juillet en France.*

festoyer v. (conjug. 10) Prendre part à un festin. *Les convives ont festoyé jusqu'à l'aube.*

fête n. f. **1.** Jour destiné à rappeler par des cérémonies le souvenir agréable d'un évènement. → **anniversaire.** *Noël et Pâques sont des fêtes religieuses.* **2.** Jour où l'on célèbre un saint et les personnes qui portent son nom. *La fête de Léa est le 22 mars. Bonne fête, Léa !* **3.** Réception joyeuse où sont invités des amis, de la famille. *Il a organisé une grande fête pour ses 20 ans.* **4.** *Faire fête à quelqu'un,* l'accueillir joyeusement. *Le chien fait fête à son maître quand il rentre.* **5.** *Se faire une fête de quelque chose,* s'en réjouir à l'avance. *Julie se fait une fête d'aller aux sports d'hiver.* ▮ homonyme : faîte.

▸ **fêter** v. (conjug. 3) Célébrer, commémorer. *Aujourd'hui, on fête l'anniversaire de Théo.*

▸ Autre mot de la famille : trouble-fête.

fétiche n. m. Objet qui est supposé porter bonheur. *Son fétiche est un petit ours en peluche.* → **mascotte, porte-bonheur.**

fétide adj. Qui a une odeur très désagréable. → **nauséabond.** *L'odeur fétide des poubelles.* → **pestilentiel.**

fétu n. m. *Un fétu de paille,* un brin de paille.

feu n. m. **1.** Dégagement de lumière et de chaleur qui se produit quand on brûle quelque chose. *Un grand feu brûle dans la cheminée.* → **flambée.** *Il lit au coin du feu,* près de la cheminée. – *Jouer avec le feu,* avec le danger, être imprudent. *Mettre le feu aux poudres,* déclencher une réaction violente. **2.** Incendie. *Le feu a pris dans la forêt. Au feu ! – Il n'y a pas le feu,* rien ne presse. *Mettre un pays à feu et à sang,* le saccager. **3.** Source de chaleur utilisée pour cuire les aliments. *Le cuisinier fait fondre du beurre à feu doux.* **4.** Ce qui sert à allumer le tabac. *Auriez-vous du feu, s'il vous plaît ?* des allumettes ou un briquet. **5.** *Une arme à feu,* c'est une arme qui lance un projectile quand la poudre contenue dans la cartouche s'enflamme. *Le fusil, le pistolet sont des armes à feu.* **6.** *Un coup de feu,* un coup tiré avec une arme à feu. *On a entendu trois coups de feu.* **7.** *Les malfaiteurs ont fait feu sur les policiers,* ils ont tiré sur eux. **8.** Lumière, signal lumineux. *Les piétons traversent au feu rouge. La voiture roulait tous feux éteints.* → **phare.** → planche **Voitures.** – *N'y voir que du feu,* ne s'apercevoir de rien.

▸ **feu d'artifice** n. m. Série de fusées lumineuses et colorées que l'on fait exploser en l'air les nuits de fête. *Le 14 Juillet, on tire des feux d'artifice dans toute la France.*

▸ Autres mots de la famille : cessez-le-feu, couvre-feu, pare-feu, pot-au-feu.

feu d'artifice

feuille n. f. **1.** Partie plate et verte d'une plante, qui part de la branche ou de la tige. *Le chêne perd ses feuilles en automne. Le jardinier balaie les feuilles mortes.* **2.** Morceau de papier rectangulaire. *Léa écrit son nom en haut de la feuille blanche.* → ② **page.** **3.** Mince plaque de bois, de carton ou de métal. *Le cadre est doré à la feuille d'or.*

▸ **feuillage** n. m. Ensemble des feuilles d'un arbre. → **frondaison.** *Le feuillage de cet arbre jaunit en automne.*

▸ **feuillet** n. m. Ensemble des deux pages d'un livre, d'un cahier, qui se trouvent sur la même feuille de papier. *On a arraché un feuillet à ce livre.*

▸ **feuilleté, feuilletée** adj. *La pâte feuilletée,* c'est une pâte légère formée de fines feuilles superposées.

▸ **feuilleter** v. (conjug. 6b) Tourner les pages d'un livre en les regardant rapidement. *Paul feuillette une revue.*

▸ **feuilleton** n. m. Histoire racontée en plusieurs épisodes à la radio, à la télévision ou dans un journal. *Chaque soir, Léa regarde son feuilleton favori à la télévision.* → aussi **série.**

▸ **feuillu** n. m. Arbre qui porte des feuilles. → planche **Arbres.** *Une forêt de feuillus.*

▸ Autres mots de la famille : chèvrefeuille, effeuiller, millefeuille, portefeuille.

forêt de **feuillus**

feuler v. (conjug. 3) *Le tigre feule,* il pousse son cri.

feutre n. m. **1.** Tissu épais fait de laine ou de poils écrasés. *Un béret en feutre.* **2.** Chapeau fait dans ce tissu. *Le détective portait un feutre gris.* **3.** Stylo dont la pointe imbibée d'encre est en feutre ou en nylon. *Il écrit au feutre bleu.*

▸ **feutré, feutrée** adj. **1.** Qui a l'aspect du feutre. *Un pull feutré.* **2.** Silencieux, peu sonore. *Les cambrioleurs marchent à pas feutrés.*

▸ **feutrine** n. f. Tissu de laine feutrée. *Léa joue avec des marionnettes en feutrine.*

fève n. f. **1.** Graine assez plate, ressemblant à un gros haricot, qui se mange fraîche ou séchée. *Ils ont mangé des fèves au lard.* **2.** Petit objet de porcelaine, de métal ou de plastique caché dans la galette des Rois. *Alex a trouvé la fève, il va choisir sa reine.*

février n. m. Deuxième mois de l'année, qui compte 28 jours dans les années ordinaires et 29 dans les années bissextiles. *Julie et sa famille iront aux sports d'hiver en février.*

fiable adj. À quoi ou à qui on peut se fier, en quoi ou en qui on peut avoir confiance. *Un appareil très fiable. Ce n'est pas quelqu'un de très fiable.*

▸ **fiabilité** n. f. Qualité d'une personne, d'un matériel à qui on peut se fier. *Une voiture d'une grande fiabilité.*

▷ Mots de la famille de se fier.

fiacre n. m. Voiture à cheval, fermée, que l'on louait autrefois. *Un cocher de fiacre.*

se fiancer v. (conjug. 5a) Se promettre solennellement de s'épouser. *Ils se sont fiancés et se marieront l'année prochaine.*

▸ **fiançailles** n. f. pl. Promesse solennelle de mariage. *Une bague de fiançailles,* c'est une bague que le fiancé offre à sa future femme.

▸ **fiancé** n. m., **fiancée** n. f. (→ ÉTYM.) Personne fiancée. *Les fiancés choisissent leurs alliances.*

fiasco n. m. Échec. *Cette pièce de théâtre a été un fiasco.* – Au pl. *Des fiascos.*

▸ Ce mot vient de l'italien.

fibre n. f. Chacun des filaments souples et allongés qui forment une matière. *Les muscles sont formés de fibres. Les fibres du coton et de la laine servent à fabriquer du tissu.*

▸ **fibreux, fibreuse** adj. Qui a des fibres, est formé de fibres. *Les muscles sont fibreux. Une viande fibreuse.* → **filandreux.**

fiacre

a b c d e f g h i j k l m n o p q r s t u v w x y z

ficelle n. f. **1.** Lien mince formé de fibres tordues ensemble. ➜ aussi **corde.** *Julie défait la ficelle du colis.* **2.** Petite baguette de pain, très mince.

▶ **ficeler** v. (conjug. 6a) Attacher, lier avec une ficelle. *Alex ficelle soigneusement le colis qu'il veut envoyer.*

① **fiche** v. (conjug. 3 ; sauf à l'infinitif et au participe passé : fichu) Familier. **1.** *Ne rien fiche,* ne rien faire. *Il ne fiche rien de la journée.* **2.** *Fichez-moi la paix,* laissez-moi tranquille. **3.** Mettre. *J'ai fichu ces vieux journaux à la poubelle.* ➜ **jeter.** *Il nous a fichus à la porte.* ➜ fam. **flanquer.** **4.** *Se fiche de,* se moquer de. *Elle se fiche de tout. Il s'est bien fichu de nous !* **5.** *Fiche le camp !* va-t'en !
▶ Autre mot de la famille : ① fichu.

② **fiche** n. f. **1.** Petite feuille de carton sur laquelle on note un renseignement et que l'on classe. *Ces fiches sont classées par ordre alphabétique.* **2.** Pièce formée de deux petites tiges, au bout d'un fil électrique, que l'on branche dans une prise.

▶ **fichier** n. m. **1.** Ensemble de fiches. *Elle consulte son fichier.* **2.** Boîte où l'on range les fiches. **3.** Ensemble organisé d'informations classées dans la mémoire d'un ordinateur. *La secrétaire ouvre un fichier.*

① **fichu, fichue** adj. Familier. **1.** Qui ne peut plus servir, bon à jeter. *Ces chaussures sont fichues, je vais les jeter.* **2.** *Être mal fichu,* être un peu malade. *Léa est un peu mal fichue aujourd'hui.* ➜ **souffrant.** ▷ Mot de la famille de ① fiche.

② **fichu** n. m. Morceau de tissu coupé ou plié en triangle que l'on met sur la tête ou les épaules. ➜ **châle, foulard.**

fictif, fictive adj. Créé par l'imagination, inventé. ➜ **imaginaire.** *Les personnages des contes de fées sont des créatures fictives.*
▮ contraire : **réel.**

fiction n. f. *Une œuvre de fiction,* créée par l'imagination. *Les romans et les contes sont des œuvres de fiction.*
▶ Autre mot de la famille : science-fiction.

fidèle adj. et n. m. et f.
▪ adj. **1.** Qui est loyal, dévoué à quelqu'un. *Les vassaux devaient être fidèles à leur suzerain.*
▮ contraire : **traître.** **2.** *Être fidèle à une promesse,* c'est la respecter. *Il est resté fidèle à sa parole.*
▮ contraire : **infidèle.** **3.** Dont les sentiments ne changent pas, restent les mêmes. *Elle a des amis fidèles.* **4.** Qui n'a de relations amoureuses qu'avec la personne avec qui il vit.
▮ contraire : **infidèle.** **5.** Exact, conforme à la vérité. *Il nous a fait un récit fidèle des évènements.*
▮ contraire : **mensonger.**
▪ n. m. et f. *Les fidèles,* ce sont les gens qui appartiennent à une religion. ➜ **croyant.** *Les fidèles assistaient à la messe avec recueillement.*

▶ **fidèlement** adv. Exactement. *Ce roman est fidèlement traduit de l'anglais.*

▶ **fidélité** n. f. **1.** Qualité d'une personne fidèle à une autre. *La fidélité de ses amis l'a beaucoup aidé.* ▮ contraire : **trahison.** **2.** Qualité d'une chose fidèle à une autre chose. ➜ **exactitude.** *La fidélité d'une reproduction en couleurs.*
▶ Autres mots de la famille : haute-fidélité, infidèle, infidélité.

fief n. m. Au Moyen Âge, domaine confié par un seigneur à un vassal en échange de sa fidélité et de certains services. *En échange du fief, le vassal devait assistance à son suzerain.*
➜ aussi **féodalité.**

fieffé, fieffée adj. *Un fieffé menteur,* un menteur au plus haut point.

fiel n. m. **1.** Liquide noir, visqueux et amer, produit par le foie de certains animaux. *Les volailles ont une poche de fiel dans le foie.* **2.** Méchanceté, haine. *Une remarque pleine de fiel.*
▶ Le sens 2 appartient au langage soutenu.

fiente n. f. Excrément d'oiseau. *De la fiente de pigeon.*

se fier v. (conjug. 9) Avoir confiance. *On ne sait plus à qui se fier,* à qui faire confiance. *Je me fie à votre jugement.* ▮ contraires : se **défier,** se **méfier.**
▶ Autres mots de la famille : confiance, confiant, confier, défiance, se défier, fiabilité, fiable, méfiance, méfiant, se méfier.

fier [fjɛʀ], **fière** adj. **1.** Qui se croit supérieur aux autres. ➜ **hautain, méprisant.** *Elle est trop fière pour accepter qu'on l'aide.* ➜ **orgueilleux, prétentieux, vaniteux.** ▮ contraire : **simple.** **2.** Très satisfait. *Il est fier de sa réussite.* ▮ contraire : **honteux.**

▸ **fièrement** adv. Avec fierté, dignité. *Il redresse fièrement la tête.*

▸ **fierté** n. f. **1.** Amour-propre. *Il a refusé toute aide, par fierté.* → **orgueil. 2.** Grande satisfaction. *Léa a remporté le premier prix et elle en éprouve beaucoup de fierté.*

fièvre n. f. **1.** Température du corps trop élevée. *Julie ne se sent pas bien aujourd'hui, elle a un peu de fièvre.* **2.** Très grande agitation. → **excitation.** *Dans la fièvre de la discussion, Paul a dit des choses désagréables à Théo.*

▸ **fiévreux, fiévreuse** adj. Qui a de la fièvre. → **fébrile.** *Louise se sent un peu fiévreuse, ce matin.*

fifre n. m. Petite flûte en bois au son aigu. *Des joueurs de fifre.*

fifre

figer v. (conjug. 5b) **1.** Devenir épais. *La sauce a figé dans l'assiette.* → aussi **coaguler.** – **se figer,** devenir épais. *Avec le froid, l'huile s'est figée dans la bouteille.* **2.** Paralyser, immobiliser. *La peur la figeait sur place.* → **pétrifier.**

fignoler v. (conjug. 3) Familier. Finir un travail avec beaucoup de soin. ▮ contraire : **bâcler.** *Alex fignole son dessin.* → **peaufiner.**

figue n. f. Fruit arrondi, à peau verte ou violette et à chair rouge. → planche **Fruits.** *Les figues se mangent fraîches ou séchées.*

▸ **figuier** n. m. Arbre qui donne les figues.

figurant n. m., **figurante** n. f. Au théâtre ou au cinéma, personne qui joue un tout petit rôle, souvent muet. *Ce comédien a commencé sa carrière par des rôles de figurants.* ▷ Mot de la famille de **figure.**

figuration n. f. *Faire de la figuration,* c'est avoir un rôle de figurant. *Elle a fait de la figuration dans un film.* ▷ Mot de la famille de **figure.**

figure n. f. **1.** Visage. *Julie a la figure barbouillée de chocolat.* – *Faire bonne figure,* prendre l'air aimable, content. *Malgré sa déception, Paul a essayé de faire bonne figure.* **2.** *Une figure géométrique,* c'est la représentation d'une forme par un dessin. → planche **Géométrie.** *Le carré, le triangle, le cercle sont des figures géométriques.* **3.** Suite de mouvements précis, de pas, qu'un danseur ou un patineur exécute. *Le couple de patineurs exécute un enchaînement de figures sur la glace.*

▸ **figurer** v. (conjug. 3) **1.** Apparaître. *Le nom des acteurs principaux figure sur l'affiche.* **2.** Représenter. *Les montagnes sont figurées en brun sur la carte.* **3. se figurer,** s'imaginer, croire. *Il se figure qu'il va réussir sans effort ! Figure-toi que Léa a gagné le gros lot à la tombola !*

▸ **figuré, figurée** adj. *Le sens figuré d'un mot,* c'est le sens évoqué par une image. *Au sens propre, un ours est un animal, au sens figuré, c'est un homme grincheux qui aime être seul.*

▸ **figurine** n. f. Très petite statue. *Les figurines de la crèche.* → **santon.**

▸ Autres mots de la famille : **défigurer, figurant, figuration, préfigurer, transfigurer.**

figuier

figue

fil n. m. **1.** Brin fait d'une matière textile qui sert à coudre. *Louise prend du fil et une aiguille pour recoudre un bouton.* – *De fil en aiguille,* petit à petit, insensiblement. **2.** Brin de matière textile qui sert à tenir ou à attacher. *Le fil de la canne à pêche s'est cassé.* **3.** *Un fil à plomb,* un fil au bout duquel pend un morceau de plomb et qui sert à voir si un mur est bien vertical. *Le maçon utilise un fil à plomb.* **4.** *Du fil de fer,* c'est du fer étiré en un long brin très mince. *Une clôture en fil de fer barbelé.* **5.** Brin de métal entouré d'une matière isolante qui conduit le courant électrique. *L'électricien dénude les fils électriques. Les cambrioleurs ont coupé les fils téléphoniques.* – Familier. *Un coup de fil,* un coup de téléphone. **6.** Matière produite par une araignée pour tisser sa toile. **7.** Enchaînement, déroulement. → ① **cours, suite.** *Je n'ai pas suivi le fil de la conversation. J'ai perdu le fil,* je ne sais plus ce que je voulais dire. **8.** Partie coupante d'une lame. *Le fil d'un rasoir.* ▮ homonyme : file.

▶ **filament** n. m. Fil très fin. *Le filament d'une ampoule électrique produit de la lumière.*

▶ **filandreux, filandreuse** adj. *Une viande filandreuse,* pleine de fibres dures. → **fibreux.**

▶ **filant, filante** adj. *Une étoile filante,* c'est un météore. *On dit qu'il faut faire un vœu quand on voit une étoile filante.*

▶ **filature** n. f. **1.** Usine où l'on fabrique le fil. **2.** Le fait de suivre quelqu'un discrètement sans être vu pour le surveiller. *Le policier a pris le suspect en filature.* → aussi **filer.**

▶ Autres mots de la famille : effilé, s'effilocher, enfiler, faufiler, faux-filet, filer, ①, ② et ③ filet, filière, filin, filon.

file n. f. Suite de personnes ou de choses placées les unes derrière les autres. *La file des voitures est à l'arrêt sur l'autoroute. – Il y a une longue file d'attente devant le cinéma.* → **queue.** *Ils marchent en file indienne,* les uns derrière les autres, en se suivant. – *À la file,* à la suite. *Théo a mangé trois gâteaux à la file.* ▮ homonyme : fil.

▶ Autres mots de la famille : d'affilée, défilé, défiler, enfilade.

filer v. (conjug. 3) **1.** Transformer en fil. *On file la laine dans les filatures.* **2.** *Filer quelqu'un,* c'est marcher derrière lui pour le surveiller. *Le détective a filé le suspect toute une journée.* → aussi **filature.** **3.** Aller vite. *Le train file dans la nuit.* **4.** Familier. S'en aller rapidement. *Allez, file, je ne veux plus te voir !* → **déguerpir.** ▷ Mot de la famille de fil.

① **filet** n. m. Petit écoulement continu. *Un filet d'eau coule du robinet.* ▷ Mot de la famille de fil.

② **filet** n. m. **1.** Morceau de viande découpé le long de la colonne vertébrale d'un animal. *Du filet de bœuf grillé.* → aussi **faux-filet.** **2.** Morceau de chair que l'on peut détacher de chaque côté de l'arête centrale d'un poisson. *Des filets de sole.* ▷ Mot de la famille de fil.

③ **filet** n. m. **1.** Ensemble de fils entrelacés, formant un réseau à larges mailles et servant à capturer des animaux. *Un filet de pêche sert à prendre du poisson.* **2.** *Un filet à provisions,* c'est un sac fait de fils entrelacés dans lequel on met ses achats. **3.** Rectangle de fils entrelacés tendu au milieu d'une table de ping-pong ou sur un terrain de sport. *La balle a touché le filet.* ▷ Mot de la famille de fil.

filet

filial, filiale adj. *Les sentiments filiaux,* ce sont ceux qui unissent les enfants à leurs parents. *L'amour filial,* c'est l'amour que les enfants éprouvent pour leurs parents.

filiale n. f. Société qui dépend d'une société plus importante. *Cette entreprise a de nombreuses filiales à l'étranger.*

filiation n. f. Lien de parenté qui unit un enfant à ses parents.

filière n. f. **1.** Suite d'étapes obligatoires pour parvenir à un résultat. *Quelle filière faut-il suivre pour faire ce métier ?* **2.** *Remonter la filière,* retrouver les unes après les autres toutes les personnes qui ont participé à un mauvais coup. *L'inspecteur a remonté toute la filière et il a pu arrêter les trafiquants de drogue.* ▷ Mot de la famille de fil.

filiforme adj. Mince comme un fil. *Les pattes du moustique sont filiformes.* ▷ Mot de la famille de forme.

filigrane n. m. Dessin imprimé dans le papier et que l'on voit par transparence. *Les billets de banque ont un filigrane.*
▶ *Filigrane* est un nom masculin : on dit *un filigrane.*

filin n. m. Cordage utilisé sur les bateaux. *Des filins d'acier.* ▷ Mot de la famille de fil.

fille n. f. **1.** *La fille de quelqu'un*, c'est son enfant de sexe féminin. *Louise est la fille d'un ingénieur et d'une actrice. Ils ont deux filles et un garçon.* → aussi **fils.** **2.** Personne de sexe féminin, très jeune ou assez jeune. *Il y a autant de filles que de garçons dans la classe de Paul. Julie joue avec d'autres petites filles de son âge. Sa correspondante anglaise est une jeune fille de 15 ans.* **3.** Jeune femme, mariée ou non. *C'est une fille charmante.*

▸ **fillette** n. f. Petite fille. *Léa et Julie sont des fillettes.* → aussi **garçonnet.**

▸ Autres mots de la famille : arrière-petite-fille, belle-fille, petite-fille.

filleul n. m., **filleule** n. f. (→ ÉTYM.) *Louise est ma filleule*, je suis son parrain (ou sa marraine).

film n. m. **1.** Bande sur laquelle sont enregistrées des images. → **pellicule.** *Il a mis un film dans sa caméra.* **2.** Œuvre cinématographique. *Paul aime bien les films d'aventures.*

▸ **filmer** v. (conjug. 3) Enregistrer des images avec une caméra ou un caméscope. *Ils ont filmé la cérémonie.*

▸ Autres mots de la famille : microfilm, téléfilm.

cinéaste en train de **filmer**

filon n. m. Couche de minerai dans le sol. *Les chercheurs d'or ont découvert un nouveau filon.*

▹ Mot de la famille de fil.

filou n. m. (pl. **filous**) Homme malhonnête. *Ce commerçant nous a escroqués, c'est un filou.* → **escroc, voleur.**

fils [fis] n. m. *Le fils de quelqu'un*, c'est son enfant de sexe masculin. → **garçon.** *Alex est le fils d'un médecin. Ils ont trois fils et une fille.*

▸ Autres mots de la famille : arrière-petit-fils, beau-fils, petit-fils.

filtre n. m. **1.** Appareil qui laisse passer un liquide et retient les morceaux, les déchets, les impuretés. *Un filtre à café. Il faut nettoyer le filtre de la machine à laver.* **2.** Bout d'une cigarette, qui retient une partie de la nicotine et des goudrons. *Il fume des cigarettes sans filtre.* ▮ homonyme : philtre.

▸ **filtrer** v. (conjug. 3) **1.** Faire passer dans un filtre. *On filtre l'eau pour qu'elle soit potable.* **2.** Trier, contrôler. *Les invités de l'émission sont filtrés à l'entrée.* **3.** S'écouler lentement. *L'eau filtre à travers le sable.*

▸ **filtration** n. f. Action de filtrer, de faire passer dans un filtre. *La filtration de l'eau.*

▸ Autres mots de la famille : infiltration, s'infiltrer.

① fin n. f. **1.** Moment où quelque chose se termine ou cesse d'exister. *Je suis parti avant la fin du film. Il part en vacances à la fin du mois.* ▮ contraires : **commencement, début.** *Prendre fin*, se terminer. *La réunion a pris fin à 20 heures.* **2.** Chose que l'on veut réaliser. → **but.** *Il est très tenace et arrive toujours à ses fins*, à ce qu'il veut. – *Qui veut la fin veut les moyens*, on ne doit pas reculer devant les moyens qu'il faut utiliser pour obtenir ce que l'on veut. ▮ homonyme : faim.

▸ Autres mots de la famille : afin de, afin que, confins, demi-finale, enfin, final, finale, finalement, finaliste, finalité, fini, finir, finition, indéfiniment, infini, infiniment, infinité.

② fin, fine adj. **1.** Mince, peu épais. ▮ contraire : **épais.** *Théo a les cheveux fins. Le gâteau est recouvert d'une fine couche de caramel.* **2.** Formé d'éléments très petits. *Une pluie très fine. Une plage de sable fin. Du sel fin.* ▮ contraire : **gros.** **3.** Élégant, délicat. *Léa a les traits fins.* **4.** De qualité supérieure. *Du chocolat fin. Des vins fins.* **5.** Très sensible. *Les chiens ont l'oreille fine.* **6.** Subtil, intelligent. *Ce journaliste est un observateur très fin de la vie politique. Une fine plaisanterie.* ▮ contraires : **grossier, lourd.** **7.** Malin, rusé. *Il se croit toujours plus fin que les autres.* → **astucieux.** **8.** *Le fin fond*, le lieu le plus reculé. *Ils habitent au fin fond de la banlieue.*

▸ Autres mots de la famille : affiner, extrafin, finaud, finement, finesse, peaufiner, raffinage, raffiné, raffinement, raffiner, raffinerie.

a b c d e f g h i j k l m n o p q r s t u v w x y z

final, finale adj. Qui est à la fin. → **dernier.** *La victoire finale a été remportée par les joueurs français. Le point final,* c'est le point qui est à la fin d'un texte. – Au masc. pl. *finals* ou *finaux.*

▶ **finale** n. f. Dernière épreuve d'un championnat. *Notre équipe a gagné la finale du championnat de football.*

▶ **finalement** adv. Pour finir, en définitive. *Finalement, ils se sont décidés à partir.* → en fin de **compte.**

▶ **finaliste** n. m. et f. Concurrent qui participe à une finale. *Les finalistes d'un tournoi de tennis.*

▶ **finalité** n. f. Raison pour laquelle on fait quelque chose. → **but.** *Quelle est la finalité de tout ce qu'il a entrepris ?* pourquoi a-t-il fait tout ça ?

▷ Mots de la famille de ① fin.

finance n. f. **1.** *Les finances d'une entreprise,* l'argent dont elle dispose et qu'elle doit gérer. *Le ministre des Finances s'occupe des finances de l'État.* **2.** *Le monde de la finance,* le monde des grandes affaires d'argent, de la banque.

▶ **financer** v. (conjug. 5a) Fournir l'argent nécessaire. *La commune a financé les travaux du nouveau théâtre.*

▶ **financement** n. m. *La municipalité a assuré le financement des travaux,* elle a fourni l'argent nécessaire aux travaux.

▶ **financier** adj. et n. m., **financière** adj. et n. f.

■ adj. Qui concerne l'argent. *Ils ont des problèmes financiers.* → **pécuniaire.**

■ n. Personne dont le métier est de gérer des affaires d'argent. *Les banquiers sont des financiers.*

finaud, finaude adj. Familier. Qui a de la finesse, de la subtilité sous un air simple. → **malin, rusé.** *Il n'a pas l'air bien finaud.* ▷ Mot de la famille de ② fin.

finement adv. D'une manière fine, délicate. → **délicatement.** ▮ contraire : **grossièrement.** *Un bracelet finement ciselé.* ▷ Mot de la famille de ② fin.

finesse n. f. **1.** Qualité de ce qui est fin, délicat. *Une broderie d'une grande finesse.* → **délicatesse.** **2.** Qualité de ce qui n'est pas épais. *La finesse d'un tissu.* ▮ contraire : **épaisseur.** **3.** Subtilité qui permet de comprendre les choses les plus délicates. *Une personne d'une grande finesse.* → **intelligence, perspicacité.** ▷ Mot de la famille de ② fin.

finir v. (conjug. 11) **1.** Faire tout ce qui est à faire. *Léa finit ses devoirs.* → **achever, terminer** et aussi ① **fin.** ▮ contraire : **commencer.** **2.** Ne rien laisser. *Théo a fini le plat,* il a mangé tout ce qui restait. ▮ contraire : **entamer.** **3.** Mettre fin. *Julie et Louise, vous n'avez pas fini de vous disputer ?* → **cesser.** **4.** Arriver à sa fin. *Le spectacle finit à minuit. Tout est bien qui finit bien :* se dit quand quelque chose finit bien alors que l'on avait peur que ce soit le contraire. **5.** *Finir par,* arriver à. *Alex, tu vas finir par casser ce verre !* **6.** *En finir,* mettre fin. *Il faut en finir avec cette histoire.* **7.** *N'en plus finir,* être trop long. *Ce discours n'en finit plus.*

▶ **fini, finie** adj. *Un produit fini,* c'est un objet que l'on fabrique en transformant une matière première. *Le bois est une matière première et les meubles sont des produits finis.*

▶ **finition** n. f. *Les finitions,* ce sont les derniers travaux faits sur un objet. *Cette robe est jolie mais il ne faut pas regarder de trop près les finitions.*

▷ Mots de la famille de ① fin.

fiole n. f. Petit flacon de verre. *Une fiole de poison.*

des **fioles**

fiord → **fjord**

fioritures n. f. pl. Petits ornements compliqués. *Les fioritures d'un dessin.*

▶ Ce mot vient de l'italien *fiore* qui veut dire «fleur».

fioul n. m. Mazout. *L'immeuble est chauffé au fioul.*

▶ *Fioul* est la forme française de l'anglais *fuel* qui se prononce de la même façon [fjul] et que l'on emploie parfois.

firmament n. m. Ciel. *Les étoiles brillent au firmament.*

▶ Ce mot appartient à la langue poétique.

firme n. f. Entreprise industrielle ou commerciale. *Une grosse firme internationale.*

fisc n. m. Administration qui s'occupe des impôts. *On doit déclarer ses revenus au fisc.*

▸ **fiscal, fiscale** adj. Qui concerne les revenus et les impôts. *Il a eu un contrôle fiscal,* un contrôle de ses revenus par le fisc. – Au masc. pl. *fiscaux.*

▸ **fiscalité** n. f. Ensemble des lois qui s'appliquent aux impôts.

fission n. f. Division du noyau d'un atome qui libère une grande quantité d'énergie.

fissure n. f. Petite fente. → **lézarde.** *Il y a des fissures dans le mur.*

▸ **fissurer** v. (conjug. 3) Provoquer une fissure. → **fendre.** *L'explosion a fissuré la façade.* – **se fissurer,** se fendre. *Le mur s'est fissuré,* une fissure s'est formée.

fixe adj. **1.** Qu'on ne peut pas changer de place. *Les bancs du jardin public sont fixes.* ▮ contraire : **mobile. 2.** Qui ne change pas. → **régulier.** *Léa se couche à heure fixe,* toujours à la même heure. ▮ contraire : **variable.** *Julie voudrait passer à la télévision, c'est une idée fixe,* qui ne peut sortir de sa tête. → aussi **obsession. 3.** Durable. *Le temps est au beau fixe,* il va faire beau longtemps. **4.** *Avoir le regard fixe,* regarder le même point sans bouger les yeux. *Le malade a le regard fixe.*

▸ **fixement** adv. Avec un regard fixe. *Elle regarde son frère fixement.*

▸ **fixer** v. (conjug. 3) **1.** Attacher solidement. *Le lavabo est fixé au mur.* **2.** Regarder fixement. *Arrête de me fixer !* **3.** Décider avec précision. *L'heure de la réunion n'est pas encore fixée.*

▸ **fixation** n. f. Ce qui sert à fixer, à faire tenir solidement. *Les skis tiennent aux pieds grâce aux fixations de sécurité.*

▸ **fixité** n. f. Caractère de ce qui est fixe, ne bouge pas. *La fixité de son regard me met mal à l'aise.*

fjord ou **fiord** [fjɔʀd] n. m. Golfe qui s'enfonce très loin à l'intérieur des terres, dans les pays nordiques. *Il y a de nombreux fjords en Norvège.*

▶ *Fjord* est un mot norvégien. • Écrire *fiord* avec un *i* est conforme à la nouvelle orthographe.

flacon n. m. Petite bouteille. *Un flacon de parfum.*

flagelle n. m. Filament mobile qui permet à certaines cellules de se déplacer. *Le flagelle du spermatozoïde.*

flageoler [flaʒɔle] v. (conjug. 3) Trembler de peur, de fatigue ou de faiblesse. *Elle avait tellement peur que ses jambes flageolaient.*

① **flageolet** [flaʒɔlɛ] n. m. Flûte à bec à six trous. → aussi **pipeau.**

② **flageolet** [flaʒɔlɛ] n. m. Petit haricot dont on mange les grains encore verts. *Le gigot est accompagné de flageolets.*

flagrant, flagrante adj. Évident, que l'on ne peut pas nier. *Il a réuni des preuves flagrantes.*

fjord

flairer v. (conjug. 3) **1.** Reconnaître par l'odeur. *Le chien flaire sa pâtée.* → **renifler.** **2.** Deviner par intuition. *Cette offre cache une escroquerie, heureusement que j'ai flairé le piège !* → **pressentir, soupçonner.**

▶ **flair** n. m. **1.** Faculté de reconnaître, de trouver par l'odeur. → **odorat.** *Les chiens ont un excellent flair.* **2.** Intuition. *Il faut du flair pour être détective.*

flamant n. m. (→ ÉTYM.) Grand oiseau au plumage rose, à longues pattes et à long cou. → planche **Oiseaux.** *Les flamants sont des échassiers.*

des **flamants** roses

flambant adj. inv. *Flambant neuf,* tout neuf. *Léa est heureuse d'étrenner sa trousse flambant neuf* (ou *flambant neuve*). – Au pl. *Des bureaux flambant neufs* (ou *flambant neuf*).

flamber v. (conjug. 3) **1.** Brûler très fort, en faisant des flammes. *Un grand feu flambe dans la cheminée.* **2.** *Faire flamber des crêpes,* les arroser d'alcool et les enflammer.

▶ **flambeau** n. m. Bâton enduit de cire ou de résine que l'on enflamme pour éclairer. → **torche.** *La cour du château était éclairée par des flambeaux.*

▶ **flambée** n. f. **1.** Grand feu qui ne dure pas longtemps. *On a fait une grande flambée dans la cheminée pour se réchauffer.* **2.** Augmentation brusque et élevée. *La flambée des prix du pétrole.*

▶ **flamboyer** v. (conjug. 10) **1.** Produire des flammes qui donnent beaucoup de lumière. *Le feu de camp flamboyait dans la nuit.* **2.** Briller beaucoup, lancer des éclats. *Les yeux de Paul flamboient de colère.*

▶ **flamboyant, flamboyante** adj. Brillant, étincelant. *Un rouge flamboyant,* très vif. *Des yeux flamboyants de haine.*

flamme n. f. **1.** Lumière produite par un feu. *Les flammes dansent dans la cheminée.* – *Être en flammes,* brûler. *La grange était en flammes.* → aussi **flamber.** **2.** Animation, enthousiasme. → **fougue.** *L'orateur parle avec flamme.*

▶ **flammèche** n. f. Petite flamme. *Quelques flammèches s'échappent encore du brasier.*

▶ Autres mots de la famille : anti-inflammatoire, enflammé, enflammer, s'enflammer, inflammable, inflammation, ininflammable, lance-flamme.

flan n. m. Crème épaisse faite avec du lait, des œufs et de la farine. *Un flan au caramel.*
▮ homonyme : flanc.

flanc n. m. **1.** Côté du corps de l'homme et des grands mammifères. *La vache est couchée sur le flanc.* **2.** Côté de certaines choses. *Le chalet est à flanc de colline,* construit sur un versant de la colline. ▮ homonyme : flan.

▶ Autres mots de la famille : efflanqué, flanqué, flanquer.

flancher v. (conjug. 3) Familier. Faiblir, céder, lâcher. *Le coureur, épuisé, a flanché avant l'arrivée.*

flanelle n. f. Tissu de laine léger et doux. *Un pantalon de flanelle grise.*

flâner v. (conjug. 3) Se promener tranquillement, en regardant ce qui se passe. → **déambuler, musarder.** *Elle aime flâner dans son quartier.*

▶ **flânerie** n. f. Action de flâner. *Le beau temps invite à la flânerie.*

▶ **flâneur** n. m., **flâneuse** n. f. Personne qui flâne, aime flâner. *Il y a de nombreux flâneurs dans le jardin public.*

flanqué, flanquée adj. **1.** Garni d'une construction de chaque côté. *Le château est flanqué de deux grosses tours.* **2.** Accompagné de chaque côté. *Le voleur est arrivé à la prison, flanqué de deux gendarmes.* ▷ Mot de la famille de flanc.

flanquer v. (conjug. 3) Familier. Lancer, jeter brutalement et avec force. *Il m'a flanqué une gifle,* il me l'a donnée. *Son patron l'a flanqué à la porte,* il l'a renvoyé. → **mettre** ; fam. ① **fiche.**
▷ Mot de la famille de flanc.

flaque n. f. Petite nappe d'eau sur le sol. → **mare.** *Julie s'amuse à sauter dans les flaques d'eau.*

flash [flaʃ] n. m. **1.** Lampe qui produit un éclair de lumière très vive, et que l'on utilise pour prendre des photos. *Une photo prise au flash.* **2.** *Un flash d'information,* un court bulletin d'information, à la radio ou à la télévision. *L'émission a été interrompue par un flash spécial.* – Au pl. *Des flashs.*
C'est un mot anglais qui veut dire «éclair». • On emploie parfois le pluriel anglais *des flashes.*

flash-back [flaʃbak] n. m. inv. Dans un film, séquence qui est un retour en arrière par rapport à ce qui est raconté. – Au pl. *Des flash-back.*
C'est un mot anglais formé de *flash* «éclair» et *back* «en arrière».

flasque adj. Mou, qui manque de fermeté. *Elle a la peau flasque.* contraire : ① **ferme.**

flatter v. (conjug. 3) **1.** *Flatter quelqu'un,* lui faire des compliments exagérés, pour lui plaire. *Il flatte son chef de service pour obtenir une promotion.* **2.** Faire plaisir en rendant fier. *Il a été flatté de recevoir la légion d'honneur,* honoré. **3.** *Flatter un animal,* le caresser avec la main. *Alex flatte son chien et lui donne un sucre.* **4.** Faire paraître plus beau qu'en réalité. *Cette photo le flatte.* **5.** ***Se flatter*** *d'une chose,* c'est s'en vanter, en être fier. *Il se flatte d'avoir très bien réussi.* → se **targuer.**

▸ **flatterie** n. f. Parole qui flatte quelqu'un. *Les gens vaniteux sont très sensibles aux flatteries.*

▸ **flatteur** n. m. et adj., **flatteuse** n. f. et adj.
■ n. Personne qui flatte. *N'écoutez jamais les flatteurs.*
■ adj. Qui flatte. → **élogieux.** *Il lui a fait des remarques flatteuses.*

① **fléau** n. m. **1.** Instrument formé de deux bâtons attachés bout à bout par une courroie, qui servait autrefois à battre le blé. – Au pl. *Des fléaux.* **2.** *Le fléau d'une balance,* la pièce en équilibre sur laquelle sont posés les plateaux.

② **fléau** n. m. Catastrophe qui s'abat sur une population. *La guerre, les épidémies, les tremblements de terre sont des fléaux.* → **calamité, désastre.**

flèche n. f. **1.** Arme faite d'une mince tige terminée par une pointe. *On lance les flèches avec un arc. Le skieur est parti comme une flèche,* très vite. **2.** Dessin de flèche qui sert à indiquer un sens. *Suivez la flèche.* **3.** Clocher très pointu. *La flèche d'une cathédrale.* **4.** *Monter en flèche,* augmenter très rapidement. *Les prix sont montés en flèche.*

▸ **fléché, fléchée** adj. Qui porte une flèche. *Suivez le parcours fléché,* indiqué par des flèches.

▸ **fléchette** n. f. Petite flèche qui se lance à la main contre une cible. *Un jeu de fléchettes.*

flèche

fléchir v. (conjug. 11) **1.** Faire plier. *Fléchissez les jambes !* contraire : ① **tendre.** **2.** Plier, se courber sous un poids. *La branche du pommier fléchit sous le poids des fruits.* → **ployer** et aussi **flexible.** **3.** Perdre de sa force. → **céder.** *Le coureur a continué son effort et n'a pas fléchi.* **4.** Baisser. *Les prix fléchissent.* contraires : **augmenter, monter.**

▸ **fléchissement** n. m. **1.** État d'une chose que l'on fait plier. → **flexion.** *Le fléchissement des genoux.* **2.** Diminution. → **baisse.** *Le fléchissement des températures.* contraire : **hausse.**

flegme [flɛgm] n. m. Caractère d'une personne calme, impassible. → **impassibilité.** contraires : **agitation, émotion.** *Les Britanniques sont réputés pour leur flegme.*

▸ **flegmatique** adj. Qui contrôle très bien ses émotions. ➜ **calme, impassible, imperturbable.** *C'est un garçon flegmatique.* ▮ contraires : **émotif, impulsif.**

flemme [flɛm] n. f. Familier. Grande paresse. *Julie a la flemme de se lever,* elle n'en a pas l'énergie.

▸ **flemmard, flemmarde** adj. Familier. Qui n'aime pas faire d'effort. ➜ **paresseux.** *Alex est assez flemmard.* ➜ **feignant.** – n. *Lève-toi, flemmarde, il est midi !*

flétan n. m. Grand poisson plat des mers froides, à chair blanche et délicate.

flétrir v. (conjug. 11) Faire perdre sa fraîcheur et son éclat. *La chaleur flétrit les plantes,* elle les dessèche et les décolore. – **se flétrir,** se faner. *Les fleurs se flétrissent par manque d'eau.* ➜ s'**étioler.**

① **fleur** n. f. **1.** Partie colorée d'une plante, qui sent souvent bon et qui porte les étamines et le pistil. ➜ planche **Fleurs.** *Il y a un bouquet de fleurs sur la table. Elle arrose les fleurs du jardin. Les cerisiers sont en fleurs,* ils fleurissent. **2.** Dessin, objet qui représente une fleur. *Louise a une robe à fleurs.*

▶ Autres mots de la famille : **chou-fleur, fleuri, fleurir, fleuriste, fleuron, refleurir.**

② **à fleur de** prép. *À fleur d'eau,* presque au niveau de l'eau. *Les rochers à fleur d'eau sont dangereux pour les navires. – Une sensibilité à fleur de peau,* très vive.

▶ Autres mots de la famille : **affleurer, effleurer.**

fleurer v. (conjug. 3) Répandre une odeur agréable. *Ça fleure bon le thym dans la cuisine !*

▶ Ce mot appartient au langage soutenu.

fleuret n. m. Épée à lame fine, avec laquelle on fait de l'escrime.

fleurir v. (conjug. 11) **1.** Produire des fleurs, être en fleurs. *Les arbres fruitiers fleurissent au printemps.* **2.** Décorer avec des fleurs. *Elle a fleuri l'église pour le mariage.*

▸ **fleuri, fleurie** adj. **1.** Couvert de fleurs. *Les pommiers sont fleuris,* en fleurs. **2.** Garni de fleurs. *Toutes les tables du restaurant sont fleuries.*

▷ Mots de la famille de ① **fleur.**

fleuriste n. m. et f. Personne dont le métier est de vendre des fleurs, des plantes. ▷ Mot de la famille de ① **fleur.**

fleuron n. m. **1.** Ornement en forme de fleur. *Les fleurons d'une couronne.* **2.** Élément le plus beau, le plus précieux d'un ensemble, d'une collection. *Ce tableau est le fleuron de la collection.* ▷ Mot de la famille de ① **fleur.**

fleuve n. m. Cours d'eau qui se jette dans la mer. ➜ planche **Eau.** *La Loire est le plus long fleuve de France.* ➜ aussi **fluvial** et **rivière.**

flexible adj. Qui peut être plié, courbé. ➜ **élastique, souple** et aussi **fléchir.** *Le roseau a une tige flexible.* ▮ contraires : **raide, rigide.**

▶ Autre mot de la famille : **inflexible.**

flexion n. f. Mouvement qui consiste à fléchir un membre. ➜ **fléchissement.** *Le gymnaste fait une série de flexions et d'extensions des jambes.*

flibustier n. m. Pirate qui pillait les navires dans la mer des Antilles, du 16e au 18e siècle. ➜ **forban** et aussi **corsaire.**

① **flipper** [flipœʀ] n. m. Billard électrique. *Alex et Paul font une partie de flipper.*

▶ Ce mot vient de l'américain *to flip* qui veut dire « secouer ».

② **flipper** v. (conjug. 3) Familier. Avoir peur, être angoissé. *Mon frère flippe en attendant les résultats de son examen.*

flirt [flœʀt] n. m. Petite aventure amoureuse. *Un flirt de vacances.*

▶ *Flirt* est un mot anglais.

▸ **flirter** [flœʀte] v. (conjug. 3) Avoir une petite aventure amoureuse avec quelqu'un. *Ils ont flirté ensemble cet été.*

▶ Ce verbe vient de l'anglais *to flirt* qui veut dire « faire la cour ».

flocon n. m. **1.** *Un flocon de neige,* c'est une petite masse de neige qui tombe du ciel. *La neige tombe à gros flocons.* **2.** Lamelle séchée de céréales, de légumes. *Paul prend des flocons d'avoine à son petit-déjeuner. De la purée en flocons.*

flonflons n. m. pl. Musique populaire très bruyante. *Les flonflons du bal du 14 Juillet.*

floraison n. f. Moment où les plantes, les arbres sont en fleurs. *La floraison des arbres fruitiers a lieu au printemps.*

floral, florale adj. Qui concerne les fleurs. *Louise a visité une exposition florale,* une exposition de fleurs. *Dans la région, il y a plusieurs parcs floraux,* des parcs où il y a des fleurs.

flore n. f. Ensemble des plantes d'un pays ou d'une région. ➜ **végétation.** *La flore de la région est très variée.* ➜ aussi **faune.**

florissant, florissante adj. Qui réussit bien. *Un commerce florissant.* ➜ **prospère.**

flot n. m. **1.** *Les flots,* ce sont les eaux de la mer. *Le bateau navigue sur les flots.* **2.** Grande quantité. *Elle a versé des flots de larmes.* ➜ **torrent.** *Des flots de voyageurs entraient et sortaient de la gare.* **3.** *Le bateau est à flot,* il flotte.

flottage n. m. Transport du bois en le faisant flotter sur des cours d'eau. ▷ Mot de la famille de flotter.

flottage du bois

flottant, flottante adj. Qui flotte sur un liquide. *Les icebergs sont de gros blocs de glace flottants.* ▷ Mot de la famille de flotter.

① **flotte** n. f. Ensemble des bateaux d'un pays. *La flotte de commerce française. – La flotte aérienne d'un pays,* l'ensemble de ses avions.
▶ Autre mot de la famille : flottille.

② **flotte** n. f. Familier. **1.** Eau. *Louise a bu un verre de flotte.* **2.** Pluie. *Il est tombé de la flotte toute la journée.*

flotter v. (conjug. 3) **1.** Être porté sur un liquide. ➜ **surnager.** *Des branchages flottent sur la rivière.* ▮ contraire : **couler.** **2.** Être suspendu dans les airs. *De la brume flottait au-dessus des prés.* **3.** Remuer avec le vent. *La crinière du poney flotte au vent.* **4.** *Flotter dans un vêtement,* porter un vêtement trop grand. *Je flotte dans cette robe.* ➜ **nager.**

▸ **flottement** n. m. Hésitation, incertitude. *Il y a eu un moment de flottement à l'annonce de la nouvelle.*

▸ **flotteur** n. m. Objet qui flotte et sert à maintenir quelque chose à la surface de l'eau. ➜ aussi **bouée.** *Les filets de pêche sont garnis de flotteurs. – Les pédalos, les catamarans, les hydravions ont des flotteurs.*
▶ Autres mots de la famille : flottage, flottant.

flottille n. f. Ensemble de petits bateaux. *Une flottille de pêche.* ▷ Mot de la famille de ① flotte.

flou, floue adj. **1.** Qui n'a pas de contours nets. *Cette photo est floue.* ▮ contraire : **net.** – **adv.** *Il voit flou sans ses lunettes.* ➜ ① **trouble.** **2.** Vague, imprécis. *Mamie a des souvenirs très flous de son enfance.* ▮ contraires : **clair, précis.**

fluctuant, fluctuante adj. Qui change, varie. ➜ **variable.** *Des prix fluctuants.* ▮ contraire : **fixe.**

fluctuation n. f. Changement. *Les fluctuations de la Bourse.* ➜ **variation.**

fluet, fluette adj. **1.** Très mince et délicat. *Les jambes de Léa sont fluettes.* ➜ ① **grêle.** **2.** *Une voix fluette,* aiguë et faible.

fluide adj. et n. m.
▪ adj. Qui coule facilement, n'est ni solide ni épais. *Une sauce très fluide. La circulation est fluide ce soir,* on circule bien, il n'y a pas de bouchon.
▪ n. m. *Un fluide,* c'est un liquide ou un gaz. *L'huile, l'oxygène sont des fluides.* ▮ contraire : **solide.**

▸ **fluidité** n. f. Caractère de ce qui est fluide. *La fluidité du sang.*

fluo adj. Fluorescent. *Un feutre orange fluo. Les couleurs fluos.*

fluor n. m. Substance chimique. *Un dentifrice au fluor.*

▸ **fluorescent** [flyɔʀesɑ̃], **fluorescente** [flyɔʀesɑ̃t] adj. Qui semble émettre une lumière. ➜ aussi **phosphorescent.** *Un écran de télévision est fluorescent. Un rose fluorescent.* ➜ **fluo.**
▶ Il y a un *s* devant le *c.*

① **flûte** interj. Mot qui sert à montrer que l'on n'est pas content, que l'on est déçu ou agacé. ➜ **zut.** *Flûte ! il pleut, on ne va pas pouvoir jouer dehors !*

les fleurs

Plantées par l'homme ou sauvages, les fleurs poussent dans la terre à l'exception de quelques espèces qui fleurissent dans l'eau. Elles sont composées d'organes mâles – les étamines – et femelles – le pistil – placés dans les pétales colorés et parfumés qui attirent les insectes. Les insectes, le vent ou l'eau transportent le pollen de l'organe mâle d'une fleur vers l'organe femelle d'une autre fleur de la même espèce. C'est la pollinisation, qui permet aux fleurs de produire des graines contenues dans des fruits.

→ flore, horticulture, jardin.
→ planche **plantes** et santé.

rose trémière

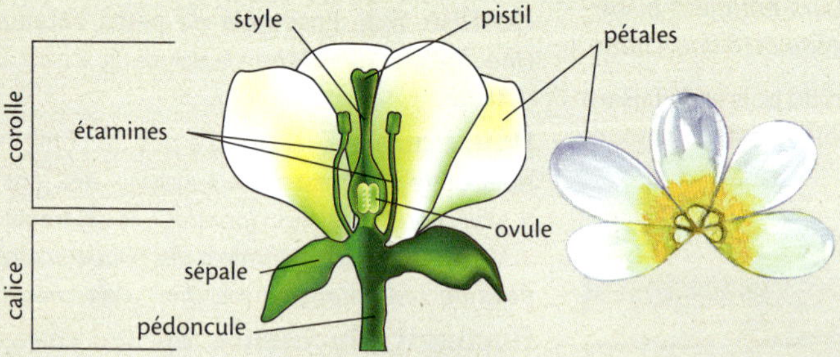

fleurs cultivées

fuchsia

tournesol

tulipe

iris

chrysanthème

capucines

jacinthe

pensées

orchidée

rose

fleurs sauvages

anémones des bois

chardon

colchiques

violettes des bois

coquelicot

orchis

primevère
(coucou)

campanule

souci d'eau

bleuet

trèfle

marguerites

② **flûte** n. f. **1.** Instrument de musique fait d'un tuyau percé de trous, dans lequel on souffle. → planche **Instruments** de musique. – *Une flûte de Pan,* une flûte à plusieurs tuyaux de longueurs inégales. → planche **Musiques** du monde. **2.** Verre très haut et très étroit. *On boit le champagne dans des flûtes ou dans des coupes.*

▶ **flûtiste** n. m. et f. Personne qui joue de la flûte. → planche **Instruments** de musique.

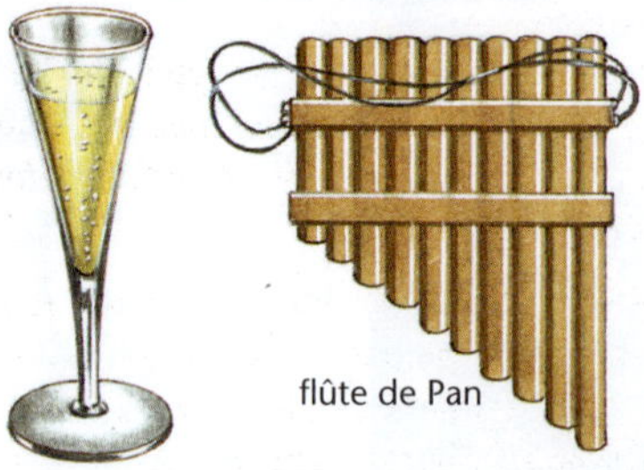

flûte

fluvial, fluviale adj. Relatif aux fleuves et aux rivières. *Strasbourg est un port fluvial,* un port qui est sur un fleuve. *La navigation fluviale,* c'est la navigation sur les fleuves. ▮ contraire : **maritime.** – Au masc. pl. *fluviaux.*

flux [fly] n. m. Marée montante. *Avec le flux, on ne voit plus les rochers.*

◗ Ce mot se termine par un *x* que l'on ne prononce pas.

▶ Autre mot de la famille : **reflux.**

foc n. m. Voile triangulaire à l'avant d'un voilier. → planche **Bateaux.** *Le marin hisse le foc.* ▮ homonyme : phoque.

foehn [føn] n. m. **1.** Vent chaud et sec des Alpes suisses et autrichiennes. **2.** En Suisse. Sèche-cheveux.

◗ *Foehn* est un mot suisse allemand.

fœtus [fetys] n. m. Enfant ou animal qui est encore dans le ventre de sa mère. → aussi **embryon.**

foi n. f. **1.** *Avoir la foi,* croire en Dieu. *Les gens qui ont la foi sont appelés des croyants.* **2.** Confiance. *C'est un témoin digne de foi,* que l'on peut croire sur parole. **3.** *Envoyez vos réponses avant lundi à minuit, le cachet de la poste faisant foi,* prouvant la date de l'envoi. **4.** *Être de bonne foi,* être sincère. *Je suis sûr de sa bonne foi,* je suis sûr qu'il est sincère. *Être de mauvaise foi,* être malhonnête, chercher à tromper autrui. *On ne peut pas discuter avec lui, il est de mauvaise foi.* ▮ homonymes : foie, fois.

foie n. m. **1.** Organe situé dans le haut de l'abdomen, à droite, et qui joue un rôle très important dans la formation du sang et dans la digestion. → aussi **hépatique.** *La jaunisse est une maladie du foie.* **2.** Cet organe chez certains animaux, que l'on mange. *Une tranche de foie de veau.* – *Foie gras,* foie d'oie ou de canard que l'on a engraissés. *Du foie gras truffé.* ▮ homonymes : foi, fois.

foin n. m. Herbe séchée qui sert de nourriture au bétail. → aussi **fourrage.** *Une botte de foin. Les agriculteurs font les foins en été,* ils coupent l'herbe et la ramassent une fois séchée. → aussi **fenaison.**

foire n. f. **1.** Grand marché qui a lieu à date fixe, au même endroit. *Le fermier a vendu ses cochons à la foire aux bestiaux.* **2.** Grande exposition qui a lieu dans une ville et où l'on peut voir et acheter toutes sortes d'objets. *La foire de Paris.* **3.** Fête foraine. *Les manèges d'une foire.*

foire aux bestiaux

fois n. f. **1.** Cas où quelque chose se produit. *Alex a repris trois fois du dessert,* à trois reprises. *Il vient nous voir une fois par semaine. La dernière fois où je l'ai vu, il était malade.* **2.** *À la fois,* en même temps. *Ne parlez pas tous à la fois.* **3.** *Il était une fois un roi qui était très puissant,* il y avait un jour, à une époque passée. **4.** *Trois fois trois égale neuf* ($3 \times 3 = 9$), trois multiplié par trois. ▮ homonymes : foi, foie.

▶ Autres mots de la famille : **autrefois, parfois, quelquefois, toutefois.**

à foison adv. Beaucoup, en grande quantité. *Dans la forêt, il y avait des cèpes à foison,*

hier. ▮ contraire : **peu.**
◗ Cet adverbe appartient au langage soutenu.

▸ **foisonner** v. (conjug. 3) Être, se trouver en grande quantité. ➜ **abonder.** *Les champignons foisonnent cette année.* ➜ **pulluler.**

▸ **foisonnement** n. m. Abondance. *Un foisonnement de détails.*

fol ➜ **fou**

folâtrer v. (conjug. 3) Sauter, s'agiter dans tous les sens pour s'amuser. *Regarde les agneaux qui folâtrent dans le pré.* ➜ **gambader.** ▷ Mot de la famille de fou.
◗ Ce mot appartient au langage soutenu.

folie n. f. **1.** Maladie dans laquelle les gens ont l'esprit dérangé, disent ou font des choses bizarres, pas normales. ➜ **démence** et aussi **mental.** *Un accès de folie.* **2.** Chose qui n'est pas raisonnable. *C'est de la folie de sortir pieds nus dans la neige.* **3.** *Une folie,* une dépense excessive. *Tu as fait une folie en m'offrant ce bijou !* **4.** *À la folie,* beaucoup, énormément. *Paul aime les gâteaux à la folie.* ➜ **follement.** ▷ Mot de la famille de fou.

folklore n. m. Ensemble des traditions, chansons, danses et légendes anciennes d'un pays, d'une région. *Le folklore breton.*
◗ C'est un mot anglais qui veut dire «science du peuple».

▸ **folklorique** adj. Du folklore. *Une danse folklorique.*

danse **folklorique**

follement adv. D'une manière folle, exagérée. *Il est follement amoureux d'elle,* il l'aime à la folie. ➜ **éperdument, passionnément.** ▷ Mot de la famille de fou.

follet, follette adj. *Un feu follet,* c'est une petite flamme qui apparaît dans un endroit où ont lieu des émanations de gaz dues à la décomposition de certaines matières.

fomenter v. (conjug. 3) Préparer secrètement une mauvaise action. ➜ **provoquer, susciter.** *Des rebelles ont fomenté des troubles dans le pays.*

① **foncer** v. (conjug. 5a) Devenir plus sombre. *Les cheveux de Louise étaient blonds, mais ils ont foncé.* ▮ contraire : **s'éclaircir.**

▸ **foncé, foncée** adj. De couleur sombre. ▮ contraire : **clair.** *Une jupe bleu foncé.*

② **foncer** v. (conjug. 5a) **1.** *Foncer sur quelqu'un,* se précipiter, se jeter sur lui. *Le chien a grogné et a foncé sur moi.* ➜ **fondre,** se **ruer.** **2.** Familier. Aller très vite. *La voiture a foncé dans le brouillard.*

foncier, foncière adj. *Un propriétaire foncier,* c'est une personne qui possède un appartement, une maison, un immeuble, un bâtiment ou des terres. – *La taxe foncière,* c'est l'impôt que doit payer un propriétaire foncier.

foncièrement adv. Par nature. *Elle est foncièrement gentille.* ➜ **naturellement, profondément.**

fonction n. f. **1.** Travail, métier. *Il exerce la fonction de proviseur.* **2.** Activité, responsabilité. *Ses fonctions dans l'entreprise sont très importantes.* **3.** Rôle d'un organe dans le corps. *La fonction du cœur est d'assurer la circulation du sang.* **4.** Rôle que joue un mot dans la phrase par rapport aux autres mots. *La fonction du verbe est d'exprimer une action ou un état.* **5.** *En fonction de,* par rapport à, compte tenu de. ➜ **selon.** *On décidera de ce qu'on fait en fonction du temps.*

▸ **fonctionnaire** n. m. et f. Personne employée par l'État. *Les enseignants, les policiers, les préfets sont des fonctionnaires.*

▸ **fonctionnel, fonctionnelle** adj. Pratique, commode. *Cette maison est confortable et fonctionnelle.*

▸ **fonctionner** v. (conjug. 3) Être en état de marche. *Mon ordinateur ne fonctionne plus.* ➜ **marcher.** *La cuisinière fonctionne à l'électricité.*

▸ **fonctionnement** n. m. Manière dont un appareil ou une machine marche. *Le fonctionnement de cette machine est compliqué.*

fond n. m. **1.** Partie la plus basse, la plus profonde d'un objet. *Le fond du verre est sale. Mes* *clés sont au fond de ma poche.* **2.** Partie d'un lieu la plus éloignée de l'entrée. *Les toilettes sont au fond du couloir.* **3.** Surface colorée sur laquelle se détache un dessin, un motif. *Une robe à pois blancs sur fond rouge. Théo a changé son fond d'écran,* l'image qui apparaît quand il allume son ordinateur. **4.** *Je vous remercie du fond du cœur,* sincèrement. **5.** *Au fond, ce n'était pas si terrible !* après tout. *Dans le fond, il avait raison,* finalement. **6.** *À fond,* complètement. *Respirez à fond. Le bouchon est vissé à fond,* à bloc. **7.** *Une course de fond* se court sur une très longue distance, pendant longtemps. *Le marathon est une course de fond. Le ski de fond.* ▮ homonymes : fonds, fonts.

▶ Autres mots de la famille : approfondir, approfondissement, bas-fond, haut-fond, profond, profondément, profondeur.

fondamental, fondamentale adj. Essentiel. → ① **capital, primordial.** *Il est fondamental de savoir lire et écrire.* ▮ contraires : ① **accessoire, secondaire.** — Au masc. pl. *fondamentaux.*

▸ **fondamentalement** adv. Complètement, totalement. *Les deux choses sont fondamentalement différentes.* → **radicalement.**

fondant, fondante adj. Qui fond. *La neige fondante s'est transformée en boue. Des bonbons fondants,* des bonbons qui fondent dans la bouche. ▷ Mot de la famille de fondre.

fondateur n. m., **fondatrice** n. f. Personne qui fonde ou qui a fondé quelque chose. *Romulus et Remus sont les fondateurs de Rome.* ▷ Mot de la famille de fonder.

fondation n. f. **1.** Création d'une chose qui n'existait pas. *La fondation de Marseille remonte à l'an 600 avant Jésus-Christ. La fondation d'un parti politique.* **2.** *Les fondations d'une maison,* ce sont les parties qui sont construites directement dans le sol et qui la soutiennent. *Les maçons ont déjà construit les fondations de l'immeuble.* ▷ Mot de la famille de fonder.

fondement n. m. Fait sur lequel on peut se fonder, s'appuyer. → **motif, raison.** *Cette rumeur n'a aucun fondement.* ▷ Mot de la famille de fonder.

fonder v. (conjug. 3) **1.** Créer. *Notre ville a été fondée par les Romains. — Fonder un foyer,* se marier. **2.** ***Se fonder*** *sur quelque chose,* faire appel à des arguments, des preuves pour se justifier. *Sur quoi vous fondez-vous pour dire cela ?* → se **baser.**

▸ **fondé, fondée** adj. Juste, légitime. *Les soupçons du commissaire n'étaient pas fondés, le suspect était innocent.* ▮ contraires : **gratuit, injustifié.**

▶ Autres mots de la famille : fondateur, fondation, fondement.

fonderie n. f. Usine où l'on fond le métal. *La fonte est fabriquée dans des fonderies.* ▷ Mot de la famille de fondre.

fondre v. (conjug. 44) **1.** Devenir liquide. *La neige a fondu au soleil.* **2.** Se dissoudre. *Le sucre fond dans du lait chaud.* **3.** *Fondre un métal,* c'est le faire passer à l'état liquide en le portant à très haute température. *Pour fabriquer une cloche, il faut faire fondre du bronze.* **4.** *Fondre en larmes,* se mettre à pleurer. **5.** *Fondre sur quelque chose,* se jeter dessus. *Le tigre fond sur la gazelle.* → ② **foncer.**

▶ Autres mots de la famille : fondant, fonderie, fondue, fonte.

fondrière n. f. Trou dans le sol, plein d'eau ou de boue. → **crevasse** et aussi **ornière.**

fonds n. m. **1.** *Un fonds de commerce,* c'est un magasin. *Ils sont propriétaires de leur fonds de commerce.* **2.** *Les fonds,* la somme d'argent nécessaire à quelque chose. → ② **capital.** *Mes parents n'ont pas les fonds nécessaires pour acheter une maison.* ▮ homonymes : fond, fonts.

◗ Ce mot se termine par un *s* même au singulier.

fondue n. f. *La fondue savoyarde,* c'est un plat à base de fromage fondu avec du vin blanc, dans lequel on trempe des morceaux de pain. — *La fondue bourguignonne,* c'est un plat composé de morceaux de viande crue que l'on trempe dans de l'huile bouillante et que l'on mange avec différentes sauces. ▷ Mot de la famille de fondre.

les **fondations** d'une maison

fontaine n. f. Petite construction avec un bassin où coule de l'eau. *Il y a une jolie fontaine sur la place du village.*

fontaine

fonte n. f. **1.** *La fonte des neiges,* le moment où la neige fond. *La fonte des neiges a lieu au printemps.* **2.** Métal très dur obtenu en fondant le fer avec du charbon. *La cocotte en fonte garde bien la chaleur.* ▷ Mot de la famille de fondre.

fonts [fɔ̃] n. m. pl. *Les fonts baptismaux,* le bassin contenant l'eau qui sert à baptiser, dans une église. ▮ homonymes : fond, fonds.

football [futbol] n. m. Sport pratiqué par deux équipes de onze joueurs qui doivent faire pénétrer le ballon rond dans les buts de l'autre équipe, sans utiliser les mains. *Un match de football.*

▶ On dit familièrement *foot* [fut]. • Ce mot vient de l'anglais. (→ ÉTYM.)

▸ **footballeur** n. m., **footballeuse** n. f. Personne qui joue au football.

footing [futiŋ] n. m. Marche à pied que l'on pratique pour se promener ou faire de l'exercice. → aussi **jogging.** *Il fait une heure de footing chaque matin.*

▶ Ce mot vient de l'anglais *foot* qui veut dire « pied ».

forage n. m. Fait de forer, de creuser des puits. *Les derricks servent au forage des puits de pétrole.* ▷ Mot de la famille de forer.

forain, foraine adj. **1.** *Une fête foraine,* c'est un ensemble de baraques, de manèges et d'attractions installés en plein air, pendant une période assez courte. *Les stands de tir et les autos tamponneuses de la fête foraine.* → aussi **foire. 2.** *Un marchand forain,* c'est un marchand ambulant qui s'installe sur les marchés et les foires. – n. *Les caravanes des forains.*

forban n. m. **1.** Pirate qui pillait les navires ennemis sans l'autorisation du roi. → aussi **corsaire, flibustier. 2.** Personne sans scrupule, qui exploite les gens. *Ce commerçant est un vrai forban.* → **bandit.**

forçat n. m. Autrefois, homme condamné aux travaux forcés. *Les forçats étaient envoyés au bagne.* → **bagnard.**

▶ Attention à la cédille du ç. • Ce mot vient de l'italien.

force n. f. **1.** Capacité à faire de grands efforts physiques. → **vigueur.** *Il a beaucoup de force dans les bras.* → aussi ① **fort.** ▮ contraire : **faiblesse.** *Je suis si fatigué que je n'ai plus la force de marcher.* → **énergie.** *Léa a crié de toutes ses forces,* le plus fort possible. **2.** *La force de caractère,* c'est la volonté, le courage. **3.** Niveau. *Alex et Paul sont de la même force au tennis.* **4.** *Les forces de l'ordre,* la police. *Les forces de l'ordre ont dispersé les manifestants.* **5.** Contrainte, violence. *Il a fallu employer la force pour calmer le cheval qui s'était emballé.* ▮ contraire : **douceur. 6.** Puissance. *On peut transformer la force des chutes d'eau en électricité.* **7.** *On a agi ainsi par la force des choses,* parce qu'on ne pouvait pas faire autrement. **8.** *À force de chercher, tu finiras bien par trouver,* en cherchant longtemps.

▸ **forcé, forcée** adj. **1.** Imposé. *L'avion a dû faire un atterrissage forcé.* **2.** Qui n'est pas naturel. *Un sourire forcé.* ▮ contraire : **spontané.**

▸ **forcément** adv. Nécessairement. *En partant si tard, il est forcément arrivé en retard.* → **inévitablement.**

▸ Autres mots de la famille : s'efforcer, effort, forcer, forcir, renforcement, renforcer, renfort.

forcené n. m., **forcenée** n. f. Personne qui a une crise de folie furieuse. *Théo criait comme un forcené.*

forcer v. (conjug. 5a) **1.** *Forcer quelqu'un à faire quelque chose,* l'y obliger. → **contraindre.** *Elle force ses enfants à manger de tout.* – **se forcer,** s'obliger. *Léa se força à sourire à travers ses larmes.* → s'**efforcer. 2.** Ouvrir par la force. *Le voleur a forcé la serrure.* → **fracturer.** ▷ Mot de la famille de force.

forcir v. (conjug. 11) Prendre du poids, de l'embonpoint. *Il a forci depuis qu'il a arrêté de fumer.* → **grossir.** ▷ Mot de la famille de force.

forer v. (conjug. 3) Faire un trou profond avec une machine. *Les ouvriers forent le rocher pour percer un tunnel. Forer un puits,* le creuser.
▶ Autres mots de la famille : forage, perforation, perforer.

forestier, forestière adj. 1. Couvert de forêts, qui appartient à la forêt. *Un chemin forestier. Les Vosges et le Jura sont des régions forestières,* où il y a des forêts. 2. *Le garde forestier,* c'est une personne chargée de protéger et d'entretenir la forêt. *Des gardes forestiers.*

chemin **forestier**

forêt n. f. Grand terrain couvert d'arbres. → **bois** et aussi **forestier.** → planche **Forêt.** *Louise et Julie cherchent des champignons dans la forêt. Alex aime bien marcher en forêt.*

① **forfait** n. m. Prix fixé à l'avance. *Il a payé un forfait pour tous les cours de judo de l'année.*

② **forfait** n. m. *Déclarer forfait,* renoncer à participer à une compétition. *Deux coureurs blessés ont déclaré forfait avant la fin de la course.*

③ **forfait** n. m. Crime énorme. *Il a été condamné pour tous ses forfaits.*
▶ Ce mot appartient au langage soutenu.

forger v. (conjug. 5b) Donner une forme à du métal en le chauffant à très haute température. *On forge les métaux avec un marteau, sur une enclume.* – *C'est en forgeant qu'on devient forgeron,* il faut s'exercer pour arriver à bien faire quelque chose.
▶ **forge** n. f. Atelier où l'on travaille les métaux. *Le maréchal-ferrant surveille le feu de la forge.*
▶ **forgeron** n. m. Personne qui travaille le fer au marteau après l'avoir fait chauffer dans une forge.

for intérieur n. m. inv. *Dans son for intérieur, il reconnaît qu'il a eu tort,* au fond de lui-même, dans sa conscience.

se formaliser v. (conjug. 4) Être choqué par une impolitesse, un manque de savoir-vivre. *Il ne lui a pas dit bonjour, mais elle ne s'en est pas formalisée.* → s'**offusquer.** ▷ Mot de la famille de forme.

formalité n. f. *Une formalité,* c'est une démarche administrative obligatoire. *Il y a des formalités à accomplir lorsque l'on déménage.*
▷ Mot de la famille de forme.

format n. m. Dimension, taille. *Le format d'une feuille de papier.*
▶ Ce mot vient de l'italien.

formateur, formatrice adj. Qui forme l'esprit, qui apprend à faire des choses. *Cette expérience a été très formatrice.* ▷ Mot de la famille de forme.

formation n. f. 1. Manière dont une chose s'est formée. → **constitution, création.** *La formation des montagnes a pris des millions d'années.* 2. Ensemble des connaissances que l'on doit acquérir dans un domaine, un métier. *Il a suivi un stage de formation professionnelle.* → aussi **apprentissage.** 3. Groupement de personnes. *Elle appartient à une formation politique.* → **parti.** ▷ Mot de la famille de forme.

forge

forme n. f. 1. Apparence, ensemble des contours d'un objet. → **aspect.** *Léa a un médaillon en forme de cœur. Prendre forme,* devenir plus précis. → se **préciser.** *Le projet commence à prendre forme.* → **tournure.** 2. Variété, sorte. *L'énergie nucléaire et l'énergie solaire sont deux formes d'énergie.* → **type.** 3. Façon dont se présente un mot ou une phrase. *Le*

les animaux de la forêt

Les forêts d'Europe abritent de nombreuses espèces animales sauvages que l'on reconnaît – parfois sans les voir – à leur cri ou à des bruits caractéristiques : le pivert qui frappe les troncs pour trouver des larves, le chevreuil qui saute dans les sous-bois. Le geai pousse un cri strident au moindre danger. La chouette hulotte est reconnaissable à son hululement étrange. En automne, le silence de la forêt est parfois rompu par le « brame », ce cri rauque que pousse le cerf pour attirer des biches.

➔ planches **arbres, champignons.**

cerf élaphe

geai des chênes

pivert

blaireau

chevreuil

renard commun

écureuil roux

tabac d'Espagne

sanglier

chouette hulotte

verbe «s'ébattre» n'existe qu'à la forme pronominale. **4.** *Je lui demanderai l'autorisation pour la forme,* pour respecter les usages. **5.** Condition physique. *Tu as l'air en pleine forme ! Louise n'est pas en forme aujourd'hui,* elle ne se sent pas très bien.

▸ **formel, formelle** adj. **1.** Qu'on ne peut discuter. *Un refus formel.* ➜ **catégorique.** *Des preuves formelles.* ➜ **irréfutable.** **2.** Fait uniquement pour la forme, pour l'apparence. *Une politesse formelle.*

▸ **formellement** adv. Absolument, totalement. *Il est formellement interdit de stationner dans cette rue.*

▸ **former** v. (conjug. 3) **1.** Donner une forme. *Théo forme mal ses lettres, on a du mal à le lire.* **2.** Prendre la forme, l'apparence de quelque chose. *La rivière forme de nombreux méandres.* – **se former,** apparaître. *Un halo s'est formé autour de la lune.* **3.** Créer, faire. *Alex et ses amis ont formé un petit orchestre.* ➜ **constituer.** **4.** Instruire, enseigner un métier. *Le boulanger forme lui-même ses apprentis.*

▸ Autres mots de la famille : anticonformiste, conforme, conformément, se conformer, conformiste, conformité, cunéiforme, déformant, déformation, déformer, difforme, difformité, filiforme, se formaliser, formalité, formateur, formation, haut-de-forme, indéformable, informe, malformation, non-conformiste, plateforme, réformateur, réforme, réformer, réformiste, transformateur, transformation, transformer, ① et ② uniforme, uniformément, uniformiser, uniformité.

formidable adj. Extraordinaire, admirable. ➜ **sensationnel.** *J'ai vu un film formidable.* ➜ fam. **génial, ① super, terrible.** *Il est formidable avec ses enfants.*

formule n. f. **1.** Suite de paroles prononcées dans le même ordre, toujours de la même façon. *«S'il vous plaît» est une formule de politesse. La sorcière prononça la formule magique.* **2.** *H_2O est la formule chimique de l'eau,* la suite de lettres et de chiffres qui représentent les éléments chimiques qui composent l'eau. **3.** Manière de faire. *Il a trouvé la bonne formule pour attirer les clients.* ➜ **méthode.**

▸ **formulaire** n. m. Feuille imprimée qui contient des questions auxquelles on doit répondre. *Il faut remplir un formulaire pour emprunter des livres à la bibliothèque.*

▸ **formuler** v. (conjug. 3) Exprimer avec précision. *Formulez votre réclamation par écrit.*

① **fort** adj., adv. et n. m., **forte** adj.

▪ adj. **1.** Qui a beaucoup de force physique. ➜ **robuste, vigoureux.** *Il faut être fort pour être déménageur.* ▮ contraires : **faible, fragile.** **2.** Gros. *Elle se trouve un peu forte et voudrait perdre quelques kilos.* **3.** Bon. *Théo est fort en calcul.* ➜ **doué.** ▮ contraires : **faible, ② nul.** **4.** Violent, intense. *Un vent très fort souffle sur la plage.* ➜ **puissant.** *Il y a eu une forte averse.* ➜ **gros.** *Ce parfum est fort,* très concentré. ▮ contraires : **doux, léger.** **5.** *Une voix forte,* qu'on entend de loin. ➜ **puissant.** ▮ contraire : **doux.** **6.** Difficile à croire ou à supporter. ➜ **exagéré.** *C'est un peu fort !* c'est un comble ! **7.** *C'est plus fort que lui,* il ne peut pas s'en empêcher. **8.** inv. *Se faire fort de,* se déclarer capable de. *Louise se fait fort d'y arriver toute seule.*

▪ adv. **1.** Avec de la force physique. *Frappe plus fort !* ▮ contraire : **doucement.** **2.** Avec violence, intensité. *Le vent souffle très fort.* **3.** Très. *Léa était fort gaie, ce soir-là.* ➜ **bien.**

▪ n. m. *Le fort de quelqu'un,* c'est ce en quoi il est fort. *Le calcul, ce n'est pas son fort !*

▸ Autres mots de la famille : coffre-fort, contrefort, fortement, fortifiant, ① fortifier, main-forte, réconfort, réconfortant, réconforter.

② **fort** n. m. Bâtiment fortifié protégeant une région ou une ville contre les attaques. ➜ **citadelle, forteresse.**

▸ Autres mots de la famille : forteresse, fortification, ② fortifier.

fort

fortement adv. Avec force. *Le médecin lui a fortement conseillé de suivre un régime.* ➜ **vivement.** ▷ Mot de la famille de ① fort.

forteresse n. f. Lieu fortifié qui protège une région ou une ville contre les attaques. ➜ **citadelle, ② fort.** *La forteresse est entourée de remparts.* ▷ Mot de la famille de ② fort.

① **fortifier** v. (conjug. 9) Rendre fort, vigoureux. *L'air de la montagne a fortifié les enfants.*

▸ **fortifiant** n. m. Médicament qui donne des forces. *Julie a pris des fortifiants pendant sa convalescence.*
▷ Mots de la famille de ① fort.

② **fortifier** v. (conjug. 9) *Fortifier une ville,* c'est y construire des fortifications pour la protéger contre les attaques. *La cité fortifiée de Carcassonne.*

▸ **fortification** n. f. *Les fortifications,* ce sont les remparts, les tours qui défendent un lieu contre les attaques. *La ville est entourée de fortifications.*
▷ Mots de la famille de ② fort.

fortuit, fortuite adj. Qui arrive par hasard. *Il a fait une rencontre fortuite.* ➜ **imprévu, inattendu.**

fortune n. f. **1.** Grande richesse. *Elle a hérité d'une grosse fortune. – Faire fortune,* s'enrichir. *Les chercheurs d'or voulaient faire fortune.* **2.** *La bonne fortune,* c'est la chance. *La mauvaise fortune,* c'est la malchance. – *Faire contre mauvaise fortune bon cœur,* ne pas se laisser abattre par la malchance. **3.** *Les réfugiés ont campé dans des installations de fortune,* des installations que l'on a improvisées très vite parce que c'était nécessaire. ➜ **provisoire.**

▸ **fortuné, fortunée** adj. Très riche. *Elle est d'une famille très fortunée.* ▮ contraire : **pauvre.**
▸ Autres mots de la famille : infortune, infortuné.

forum [fɔʀɔm] n. m. **1.** Dans la Rome antique, place où les gens se réunissaient pour discuter. **2.** Réunion où l'on échange des idées sur un sujet. ➜ **colloque, débat.** *Le maire a organisé un forum sur l'école.* – Au pl. *Des forums.*

fosse n. f. **1.** Grand trou creusé dans le sol. *On a descendu le cercueil dans la fosse.* ➜ **tombe** et aussi **fossoyeur. 2.** *Une fosse sous-marine,* c'est un endroit où la mer est très profonde. **3.** *Les fosses nasales,* l'intérieur des narines. **4.** *La fosse d'orchestre,* c'est l'endroit où sont les musiciens, au bas de la scène d'un théâtre.

▸ **fossé** n. m. Trou creusé en long dans le sol. *La voiture est tombée dans le fossé.* ▮ homonyme : fausser.

▸ **fossette** n. f. Petit creux, dans les joues, le menton. *Les fossettes d'un bébé potelé.*
▸ Autre mot de la famille : fossoyeur.

fossile n. m. (➜ ÉTYM.) Débris ou empreintes d'animaux et de plantes conservés depuis très longtemps dans les pierres. ➜ planche **Dinosaures.** *Certains fossiles ont plusieurs millions d'années.*

fossoyeur n. m. Personne qui creuse les tombes dans un cimetière. ➜ aussi **croquemort.**
▷ Mot de la famille de fosse.

fou n. m. et adj. (pl. **fous**), **folle** n. f. et adj.
▪ n. **1.** Personne qui n'a pas toute sa raison, qui a l'esprit dérangé. ➜ **aliéné** et aussi **folie.** *Les fous sont soignés dans des hôpitaux psychiatriques.* – On dit plutôt *malade mental.* **2.** Personne qui ne se comporte pas d'une manière raisonnable. *Cessez de faire les fous ! – Plus on est de fous, plus on rit,* plus on est nombreux, plus on s'amuse. **3.** n. m. Personnage qui était chargé de distraire un roi ou un seigneur. ➜ **bouffon.** *Le fou portait un costume orné de grelots.* **4.** n. m. Pièce du jeu d'échecs. *Le fou avance en diagonale.*
▪ adj. **1.** Qui n'a pas toute sa raison. ➜ **dément ;** fam. **cinglé.** *Elle est devenue folle.* **2.** Hors de soi. *Il était fou de joie.* ➜ **éperdu. 3.** Qui agit d'une manière imprudente. *Il faut être fou pour sortir par ce temps.* **4.** Qui aime beaucoup quelque chose. ➜ **fanatique.** *Il est fou de musique.* ➜ **passionné ;** fam. **fan. 5.** Énorme, immense. *J'ai un travail fou, en ce moment. Il y a un monde fou,* beaucoup de monde.
◗ *Fou* devient *fol* devant un nom masculin commençant par une voyelle ou un *h* muet : *un fol espoir, un fol humour.*
▸ Autres mots de la famille : affolant, affolé, affolement, affoler, folâtrer, folie, follement, garde-fou, raffoler.

fossile

foudre n. f. **1.** Pendant un orage, décharge électrique très forte accompagnée d'un éclair, puis de tonnerre. *La foudre est tombée sur un arbre.* **2.** *Un coup de foudre,* un amour soudain et très violent que l'on éprouve pour quelqu'un. *Il a eu le coup de foudre pour sa femme.*

a b c d e f g h i j k l m n o p q r s t u v w x y z

▸ **foudroyer** v. (conjug. 10) **1.** Tuer ou détruire par la foudre. *Un arbre a été foudroyé pendant l'orage.* **2.** Tuer brusquement. *Il a été foudroyé par une crise cardiaque.* ➜ **terrasser.** **3.** *Foudroyer quelqu'un du regard,* c'est le regarder méchamment.

▸ **foudroyant, foudroyante** adj. Rapide et brutal comme la foudre. *Une maladie foudroyante.*

fouet n. m. **1.** Instrument fait d'une lanière de cuir ou d'une corde attachée à un manche et qui sert à frapper, à battre. *Le dompteur fait claquer son fouet.* – *Donner un coup de fouet,* rendre des forces. *Ce remontant va lui donner un coup de fouet.* – *De plein fouet,* de face. *La voiture a heurté le camion de plein fouet.* **2.** Appareil qui sert à battre les sauces, les blancs d'œufs. ➜ **batteur.** *Maman utilise un fouet électrique pour faire la mayonnaise.*

▸ **fouetter** v. (conjug. 3) **1.** Frapper avec un fouet. *Le jockey fouette son cheval pour le faire aller plus vite.* **2.** Frapper comme avec un fouet. *La pluie leur fouettait le visage.* ➜ **cingler.** **3.** Battre rapidement. *On fouette les blancs d'œufs pour obtenir des œufs en neige.*

fougère n. f. Plante verte à longues feuilles très découpées.

fougère

fougue n. f. Élan. ➜ **enthousiasme.** *L'entraîneur a parlé avec fougue à son équipe.*
▮ contraire : **calme.**

▸ **fougueux, fougueuse** adj. Très vif. *Une jument fougueuse.*

fouiller v. (conjug. 3) Explorer soigneusement. ➜ **examiner, inspecter.** *Les policiers ont fouillé son domicile.* ➜ **perquisitionner.** *Alex déteste que l'on fouille dans ses affaires.* ➜ fam. **fouiner.**

▸ **fouille** n. f. **1.** Inspection minutieuse. *La fouille d'un véhicule par les douaniers.* **2.** Au pl. Travaux qui permettent de mettre au jour des ruines, des objets ensevelis. *Des archéologues font des fouilles sur le site d'une ancienne ville romaine.*

▸ **fouillis** [fuji] n. m. Grand désordre. *On ne retrouve rien dans ce fouillis.*

fouine n. f. Petit animal carnivore au museau allongé. ➜ planche **Ville.** *La fouine a tué deux poulets.*

▸ **fouiner** v. (conjug. 3) Familier. Fouiller de manière indiscrète. ➜ **fureter.** *Il est venu fouiner dans mes affaires.*

foulard n. m. Morceau de tissu carré que l'on porte autour du cou ou sur la tête. ➜ aussi **châle,** ② **fichu.** *Un foulard de soie.* – *Le foulard islamique,* avec lequel certaines musulmanes se couvrent la tête et les cheveux.

foule n. f. **1.** Grand rassemblement de gens. *La foule applaudit l'arrivée des coureurs.* **2.** *Une foule de,* beaucoup de. *Elle a une foule de projets pour l'année prochaine.* ➜ **multitude, quantité.**

foulée n. f. Grand pas que l'on fait en courant. ➜ **enjambée.** *Ce coureur a une belle foulée.* – *Dans la foulée,* sur son élan, sans s'interrompre. *Elle a tondu le gazon et, dans la foulée, taillé les rosiers.*

fouler v. (conjug. 3) *Se fouler une articulation,* c'est se la tordre. *Julie s'est foulé la cheville en tombant.*

▸ **foulure** n. f. Petite entorse. *Julie a la cheville enflée, elle s'est fait une foulure.*

four n. m. (➜ ÉTYM.) **1.** Appareil ménager fermé par une porte dans lequel on fait cuire des aliments. *Le cuisinier a mis le poulet dans le four. Un four électrique. Un four à micro-ondes.* **2.** Appareil qui sert à cuire des choses à très forte chaleur. ➜ aussi **haut-fourneau.** *Les briques, les poteries sont cuites dans des fours.*

fourbe adj. Qui trompe en faisant semblant d'être honnête. *Cet homme a un air fourbe.*

→ **hypocrite, sournois.** contraires : ① **droit,** ② **franc, loyal.**

▸ **fourberie** n. f. Le fait de tromper quelqu'un avec hypocrisie. *«Les Fourberies de Scapin» est une pièce de Molière.*
Ce mot appartient au langage soutenu.

fourbu, fourbue adj. Très fatigué. → **harassé.** *Louise est fourbue après cette randonnée.*

fourche n. f. **1.** Instrument formé d'un long manche muni de plusieurs dents. *L'agriculteur soulève la botte de foin avec sa fourche.* **2.** *La fourche d'un arbre,* c'est l'endroit où les grosses branches se séparent du tronc. *La fourche d'une bicyclette, d'une moto,* c'est la partie formée de deux tubes entre lesquels passe la roue avant. → planche **Deux-roues.** **3.** Endroit où un chemin se divise en deux. *À la fourche, prenez à droite.* → **bifurcation, embranchement.**

▸ **fourchette** n. f. Objet formé d'un manche et de plusieurs dents, dont on se sert pour piquer les aliments et les porter à la bouche. *Un couteau et une fourchette.*

▸ **fourchu, fourchue** adj. En forme de fourche. *La vipère a une langue fourchue. Des cheveux fourchus.*
▸ Autres mots de la famille : à califourchon, enfourcher.

fourgon n. m. **1.** Dans un train, wagon qui sert au transport des bagages, du courrier, des colis, des journaux. *Un fourgon postal.* **2.** *Un fourgon mortuaire,* c'est une camionnette qui emporte le cercueil au cimetière. → **corbillard.**

▸ **fourgonnette** n. f. Camionnette.

fourmi n. f. Petit insecte noir ou rouge qui vit en colonies nombreuses dans des fourmilières. → planches **Insectes, sol.** *Les fourmis rouges piquent. – Avoir des fourmis dans les jambes,* des picotements désagréables. → **fourmillement.** *Un travail de fourmi,* qui demande beaucoup de soin et de patience.

▸ **fourmilier** n. m. Animal à museau très long et à langue visqueuse avec laquelle il attrape les fourmis. → **tamanoir.**

▸ **fourmilière** n. f. Petit monticule de terre creusé de nombreuses galeries où vivent les fourmis. → planche **Insectes.**

▸ **fourmillement** n. m. Picotement désagréable. → **fourmi.** *Avoir des fourmillements dans les mains.*

▸ **fourmiller** v. (conjug. 3) Être en grand nombre. *Les erreurs fourmillent dans cet article de journal.* → **pulluler.** – *Cette dictée fourmille de fautes,* elle en contient beaucoup.

fournaise n. f. **1.** Feu très violent. *Les pompiers se sont élancés dans la fournaise.* **2.** Endroit où il fait très chaud. → **étuve.** *En été, cette véranda est une vraie fournaise.*

fourneau n. m. Appareil qui sert à faire cuire les aliments. → **cuisinière, réchaud.** *Un fourneau à gaz. – Être aux fourneaux,* c'est faire la cuisine. *Le chef cuisinier est aux fourneaux.*
▸ Autre mot de la famille : haut-fourneau.

fournée n. f. Quantité de pain que l'on peut faire cuire à la fois dans un four. *Le boulanger fait trois fournées par jour.*

fournir v. (conjug. 11) **1.** Donner ce qui est nécessaire. *L'hôtel fournit les serviettes de bain pour la piscine.* → **procurer.** – **se fournir,** faire ses achats. *Elle se fournit toujours chez le même boucher.* → **s'approvisionner,** se **ravitailler.** **2.** Donner ce qui est demandé. *L'hôtesse d'accueil nous a fourni tous les renseignements.* **3.** Accomplir, faire. *Louise a fourni un gros effort en classe cette année.*

▸ **fournisseur** n. m., **fournisseuse** n. f. Personne qui vend des marchandises à un client. *Elle achète toujours sa viande chez le même fournisseur.* → **commerçant, marchand.**

▸ **fourniture** n. f. *Les fournitures,* ce sont les objets dont on a besoin pour une activité. *Les livres, les cahiers, les crayons, les gommes sont des fournitures scolaires.*
Ce mot s'emploie surtout au pluriel.

fourmilier

fourrage n. m. *Le fourrage,* les plantes qui servent de nourriture au bétail.

▸ **fourragère** adj. f. *Les plantes fourragères,* les plantes qui fournissent le fourrage. *La luzerne, le foin, le trèfle sont des plantes fourragères.*

fourre n. f. **1.** Housse de couette. **2.** Couverture cartonnée dans laquelle on range des papiers. ➜ **chemise.** ▷ Mot de la famille de fourrer.
▶ Ce mot est utilisé en Suisse.

① **fourré** n. m. Endroit où les arbustes et les broussailles sont très touffus. *Le renard s'est caché dans un fourré.* ➜ aussi **buisson, taillis.**

② **fourré, fourrée** adj. **1.** Doublé de fourrure ou de lainage chaud. *Des bottes fourrées.* **2.** Dont l'intérieur contient de la crème, de la liqueur ou de la confiture. *Des chocolats fourrés au café.* ▷ Mot de la famille de fourrer.

fourreau n. m. Étui allongé dans lequel on glisse un objet de même forme pour le protéger quand on ne s'en sert pas. *Le fourreau d'une épée.* – Au pl. *Des fourreaux.* ▷ Mot de la famille de fourrer.

sabre dans son **fourreau**

fourrer v. (conjug. 3) **1.** Faire entrer dans quelque chose, vite et sans soin. *Julie a fourré ses affaires dans son cartable.* ➜ **mettre. 2.** Familier. Mettre une chose quelque part. *Où ai-je fourré mes lunettes ?*

▸ **fourre-tout** n. m. inv. Sac, trousse où l'on met des objets pêle-mêle. – Au pl. *Des fourre-tout.* ▷ Mot de la famille de ① tout.

▸ **fourreur** n. m. Personne qui fabrique et vend des vêtements de fourrure.

▶ Autres mots de la famille : fourre, ② fourré, fourreau, fourrure.

fourrière n. f. **1.** Lieu où l'on transporte les animaux perdus ou abandonnés. *Ce chien sans collier a été emmené à la fourrière.* **2.** Endroit où la police met les voitures mal garées ou abandonnées. *Il faut payer une amende pour récupérer sa voiture quand elle a été mise à la fourrière.*

fourrure n. f. **1.** Poil particulièrement beau et épais de certains animaux. *Les chats angoras ont une épaisse fourrure.* **2.** Peau d'animal garnie de ses poils, dont on fait des vêtements. *Un manteau de fourrure.* ▷ Mot de la famille de fourrer.

se fourvoyer v. (conjug. 10) **1.** Se tromper de chemin. *Les promeneurs se sont fourvoyés dans la forêt.* ➜ s'**égarer,** se **perdre. 2.** Se tromper, faire une erreur. *Elle pensait qu'il était sincère, mais elle s'est fourvoyée.* ▷ Mot de la famille de voie.

foyer n. m. **1.** *Le foyer d'une cheminée,* la partie où brûle le feu. ➜ **âtre. 2.** *Un foyer d'incendie,* un endroit en feu d'où se propage un incendie. **3.** Lieu où habite une famille. *Une femme au foyer,* une femme qui s'occupe de sa maison et de sa famille et n'a pas un travail rétribué. **4.** Établissement qui accueille et loge certaines personnes. *Elle habite dans un foyer d'étudiants.*

fracasser v. (conjug. 3) Briser avec violence. *Il a fracassé la chaise en tombant.* ➜ **casser, disloquer.** – **se fracasser,** se casser. *Le bateau risque de se fracasser contre les rochers.*

▸ **fracas** [fʀaka] n. m. Bruit violent. *La vitre s'est brisée avec fracas.*

▸ **fracassant, fracassante** adj. Qui produit une forte impression. *Le ministre a fait une déclaration fracassante.*

fraction n. f. **1.** Quantité que l'on calcule en divisant une unité en parts égales. *Dans la fraction 2/5 (deux cinquièmes), 2 est le numérateur et 5 le dénominateur.* **2.** Partie. *Les enfants représentent une fraction importante de la population. Pendant une fraction de seconde,* un très court instant.

▸ **fractionner** v. (conjug. 3) Diviser. ➜ **fragmenter.** *L'héritage a été fractionné en trois parts.* ➜ **partager.**

fracture n. f. Blessure due à un os cassé. *Le blessé a une fracture de la jambe.*

▸ **fracturer** v. (conjug. 3) **1.** *Se fracturer un os,* se le casser. *Elle s'est fracturé le tibia.* **2.** Casser pour ouvrir. *Les cambrioleurs ont fracturé la serrure.* ➜ aussi **effraction.**

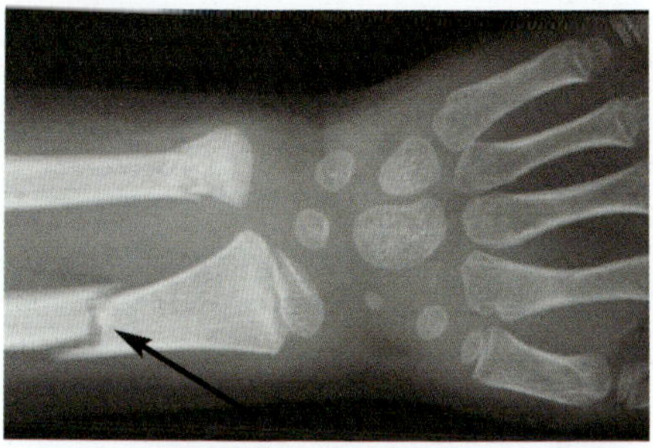

fracture du poignet (radiographie)

fragile adj. **1.** Qui se casse facilement. *Les verres en cristal sont fragiles.* ▮ contraires : **résistant, solide. 2.** Qui tombe facilement malade. *Leur fille est une enfant fragile.* ➜ **délicat.** ▮ contraire : **robuste.**

▶ **fragilité** n. f. **1.** Le fait d'être fragile, de se casser facilement. *Ce vase est d'une grande fragilité.* ▮ contraire : **solidité. 2.** Le fait d'avoir une santé fragile. *La fragilité du bébé inquiète ses parents.* ▮ contraires : **endurance, résistance.**

fragment n. m. **1.** Morceau d'une chose qui a été cassée. *Les archéologues ont trouvé des fragments de poterie.* ➜ **débris. 2.** Passage d'un texte. ➜ **extrait, morceau.** *Nous allons étudier un fragment de ce poème.*

▶ **fragmentaire** adj. Incomplet, partiel. *Des connaissances fragmentaires.* ▮ contraire : ① **complet.**

▶ **fragmenter** v. (conjug. 3) Partager. ➜ **diviser, fractionner.** *On a fragmenté le film en plusieurs épisodes.* ➜ **morceler.**

fraîchement adv. **1.** Depuis très peu de temps. *Un mur fraîchement repeint.* ➜ **récemment. 2.** Avec froideur. *Il nous a reçus fraîchement.* ➜ **froidement.** ▮ contraire : **chaleureusement.** ▷ Mot de la famille de ① frais.

fraîcheur n. f. **1.** Température fraîche. *Après une journée très chaude, on attend la fraîcheur de la nuit.* ▮ contraire : **chaleur. 2.** Qualité d'un produit frais. *Ce poisson n'est pas de première fraîcheur,* il n'est pas frais. **3.** Qualité de ce qui a l'air sain et éclatant. *La fraîcheur du teint.* **4.** Absence de cordialité. *La fraîcheur de son accueil nous a surpris.* ➜ **froideur.** ▷ Mot de la famille de ① frais.

fraîchir v. (conjug. 11) Devenir plus frais. *Le temps a fraîchi.* ▷ Mot de la famille de ① frais.

① **frais** adj., n. m. et adv., **fraîche** adj.
▪ adj. **1.** Légèrement froid. *En montagne, les nuits sont fraîches.* ➜ fam. **frisquet.** ▮ contraires : **chaud, doux.** *Un verre d'eau fraîche.* **2.** Qui a été fabriqué, pêché, cueilli, il y a peu de temps. *Ces soles sont toutes fraîches. Du pain frais.* ▮ contraires : **dur, rassis. 3.** Qui n'est ni séché, ni en conserve. *Les légumes frais sont pleins de vitamines.* **4.** Récent, nouveau. *On voit des traces fraîches d'animaux dans la neige. J'ai reçu des nouvelles fraîches.*
▪ n. m. *Prendre le frais,* respirer l'air frais. *Il est sorti prendre le frais sur le balcon. Il faut mettre le beurre au frais,* dans un endroit frais.
▪ adv. *Il fait frais,* il fait légèrement froid.
▶ Autres mots de la famille : défraîchi, fraîchement, fraîcheur, fraîchir, rafraîchir, se rafraîchir, rafraîchissant, rafraîchissement.

② **frais** n. m. pl. **1.** Dépenses. *Cette réparation va entraîner des frais. – Aux frais de la princesse,* sans rien payer. **2.** *Faire les frais de quelque chose,* en subir les conséquences. *C'est nous qui allons faire les frais de sa maladresse.*
▶ Autre mot de la famille : défrayer.

① **fraise** n. f. Petit fruit rouge qui pousse sur le fraisier. ➜ planche **Fruits.** *Une tarte aux fraises.*
▶ Autre mot de la famille : fraisier.

② **fraise** n. f. Instrument dont se sert le dentiste pour soigner les dents cariées. ➜ **roulette.**

③ **fraise** n. f. Collerette plissée que l'on portait aux 16e et 17e siècles.

fraise

fraisier n. m. Plante qui produit les fraises. ▷ Mot de la famille de ① fraise.

framboise n. f. Petit fruit rouge foncé qui pousse sur le framboisier. → planche **Fruits.** *De la gelée de framboises.*

▸ **framboisier** n. m. Arbrisseau sur lequel poussent les framboises.

① **franc** n. m. **1.** Ancienne monnaie de la France, de la Belgique et du Luxembourg. *Le franc a été remplacé par l'euro.* **2.** Monnaie de la Suisse et de quelques pays d'Afrique. *Ce livre coûte 13 francs suisses.*

② **franc, franche** adj. **1.** *Une personne franche,* qui dit ce qu'elle pense sans mentir et sans rien cacher. → **sincère.** ▮ contraires : **fourbe, hypocrite, menteur, sournois.** – *Un regard franc.* – *Jouer franc jeu,* agir loyalement. **2.** *Un coup franc,* c'est, au football, un coup tiré par un joueur sans que l'adversaire ait le droit de le gêner. **3.** *Expédier un colis franc de port,* sans que celui qui le reçoit ait à payer les frais d'envoi.

▸ Autres mots de la famille : ① et ② affranchir, affranchissement, franchement, franchise, franc-parler, franc-tireur.

③ **franc, franque** adj. Qui concerne les Francs, le peuple qui a envahi la Gaule au 5e siècle. *Clovis était un roi franc.*

franchement adv. **1.** Sans rien cacher, sans mentir. *Dis-moi franchement ce que tu penses.* → **sincèrement.** **2.** Très. *Ce film est franchement mauvais.* → **vraiment.** ▷ Mot de la famille de ② franc.

franchir v. (conjug. 11) **1.** Passer par-dessus un obstacle en sautant ou en grimpant. *Le cheval a franchi le ruisseau.* **2.** Aller au-delà d'une limite. *Le coureur franchit la ligne d'arrivée.* → **passer.**

▸ Autre mot de la famille : infranchissable.

franchise n. f. Qualité d'une personne franche. → **sincérité.** *Louise a répondu en toute franchise.* ▷ Mot de la famille de ② franc.

francophone adj. Qui parle le français. *Les Québécois sont francophones.*

▸ **francophonie** n. f. *La francophonie,* c'est l'ensemble des populations qui parlent le français. *La Suisse, la Belgique, certains pays d'Afrique font partie de la francophonie.*

franc-parler n. m. Manière de parler très franche, où l'on dit ce que l'on pense. *Alex a son franc-parler.* ▷ Mot de la famille de ② franc et de parler.

franc-tireur n. m. Personne qui combat un ennemi sans appartenir à une armée régulière. → **partisan.** *Un groupe de francs-tireurs a fait sauter le pont.* ▷ Mot de la famille de ② franc et de tirer.

frange n. f. **1.** Ensemble des fils qui forment la bordure d'un tapis, d'un vêtement. *Le chat joue avec les franges du tapis.* **2.** Cheveux coupés droit qui recouvrent le front sur toute sa largeur. *Julie a une frange.*

frangin n. m., **frangine** n. f. Familier. Frère, sœur. *Viens avec ta frangine !*

frangipane n. f. Crème aux amandes que l'on met dans des gâteaux. *Une galette des rois fourrée à la frangipane.*

à la bonne **franquette** adv. Très simplement, sans cérémonie. *Nous avons dîné chez lui à la bonne franquette.*

frapper v. (conjug. 3) **1.** Porter un coup à quelqu'un. → **battre, taper.** *Le boxeur a frappé son adversaire au menton.* **2.** Donner un coup contre quelque chose. → **heurter.** *Quelqu'un frappe à la porte.* **3.** *Frapper une pièce de monnaie,* la fabriquer en imprimant dessus un dessin en relief. **4.** Atteindre. *Cette maladie frappe les platanes.* → ① **toucher.** **5.** Impressionner. *J'ai été frappé par sa maigreur.*

▸ **frappant, frappante** adj. Qui impressionne. *La ressemblance entre les deux frères est frappante.* → **impressionnant, saisissant.**

▸ **frappe** n. f. Action ou manière de taper sur un clavier de machine à écrire ou d'ordinateur. *Il a fait des fautes de frappe.* → aussi **saisie.**

fraternel, fraternelle adj. Qui existe entre les frères, entre les sœurs ou entre les frères et sœurs. *L'amour fraternel.*

▸ **fraternellement** adv. D'une manière fraternelle, comme des frères et des sœurs entre eux. *Il l'ont accueilli fraternellement.*

fraterniser v. (conjug. 3) S'entendre comme des frères et sœurs. *Les supporteurs ont fraternisé.* → **sympathiser.**

fraternité n. f. Entente profonde qui existe entre plusieurs personnes. → **solidarité.** *Il existe une grande fraternité entre tous les membres de l'équipe.*

fraude n. f. Acte d'une personne qui triche en essayant de ne pas se soumettre à la loi. *La fraude aux examens.* → **tricherie.** – *Les* *contrebandiers passent des marchandises en fraude,* de manière illégale.

▸ **frauder** v. (conjug. 3) Commettre une fraude. → **tricher.** *Les personnes qui fraudent le fisc risquent une amende.* → ② **voler.**

▸ **fraudeur** n. m., **fraudeuse** n. f. Personne qui fraude.

▸ **frauduleux, frauduleuse** adj. Contraire à la loi. *Il a employé des méthodes frauduleuses pour s'enrichir.*

frayer v. (conjug. 10) **1.** *Se frayer un chemin,* se faire un passage en écartant tout ce qui gêne. *Elle s'est frayé un chemin à travers les fourrés.* **2.** *Frayer avec quelqu'un,* le fréquenter. *Il ne fraie pas avec ses voisins.*
Le sens 2 appartient au langage soutenu.

frayeur n. f. Très grande peur. *Elle a poussé un cri de frayeur en voyant l'araignée.* → **effroi, épouvante, terreur.**

fredonner v. (conjug. 3) Chanter à mi-voix, sans ouvrir la bouche. → **chantonner.** *Il fredonne une chanson en se rasant.*

freezer [fʀizœʀ] n. m. Compartiment d'un réfrigérateur où se forme la glace. *Il a sorti des glaçons du freezer.*
Ce mot vient de l'anglais *to freeze* qui veut dire «geler». • On peut aussi écrire *freezeur.*

frégate n. f. **1.** Autrefois, navire de guerre à trois mâts. **2.** Bateau de guerre, spécialisé dans la chasse aux sous-marins. **3.** Oiseau de mer à grandes ailes fines et à long bec crochu. → planche **Tropiques.**

frégate

frein n. m. Système qui sert à ralentir, à arrêter une voiture, une bicyclette. → planche **Deux-roues.** *Ce camion a de bons freins. Elle a donné un coup de frein,* elle a freiné. – *Il a mis un frein à ses dépenses,* il les a ralenties. *Julie a une imagination sans frein,* débordante.

▸ **freiner** v. (conjug. 3) Ralentir en utilisant les freins. *L'automobiliste a freiné brutalement.* ▮ contraire : **accélérer.**

▸ **freinage** n. m. Action de freiner. *On voit des traces de freinage sur le goudron.*

frelaté, frelatée adj. *Un vin frelaté,* qui n'est pas pur, qui est mélangé à autre chose.

frêle adj. Fragile, délicat. *Léa est une petite fille frêle.* ▮ contraire : **robuste.**

frelon n. m. Grosse guêpe rousse et jaune, au thorax noir. *La piqûre du frelon est très douloureuse.*

frelon

frémir v. (conjug. 11) Trembler très légèrement. *Les feuilles du bouleau frémissent dans la brise. Cette histoire fait frémir,* elle fait trembler de peur. → **frissonner.**

▸ **frémissement** n. m. Léger tremblement. *Un léger frémissement agite le feuillage.*

frêne n. m. Arbre à bois clair, très dur. → planche **Arbres.** *On fait des manches d'outil avec le bois du frêne.*

frénésie n. f. Grande excitation. *Elle est prise d'une frénésie de rangement.* → **fièvre.**

▸ **frénétique** adj. Très fort. *Le chanteur a fini son spectacle sous des applaudissements frénétiques.*

fréquent, fréquente adj. Qui se produit souvent. *En cette saison, les pluies sont fréquentes.* → ① **courant.** ▮ contraires : **exceptionnel, rare.**

▸ **fréquemment** [fʀekamɑ̃] adv. Souvent. *Il part fréquemment en voyage.* ▮ contraires : **jamais, rarement.**

▸ **fréquence** n. f. Caractère de ce qui arrive plusieurs fois. *Il risque d'être puni pour la fréquence de ses retards.* → **répétition.**

fréquenter v. (conjug. 3) **1.** Aller souvent dans un endroit. *Il fréquente beaucoup les musées.* **2.** Voir souvent quelqu'un. *Elle ne fréquente pas ses voisins.* → aussi **frayer.**

▸ **fréquenté, fréquentée** adj. *Un lieu fréquenté,* où il y a beaucoup de monde. – *Un lieu mal fréquenté,* où l'on peut faire de mauvaises rencontres. ➜ aussi mal **famé.**

▸ **fréquentation** n. f. 1. Le fait de fréquenter un lieu, une personne. *La fréquentation des salles de cinéma a augmenté.* 2. Personne que l'on fréquente. *Il a de mauvaises fréquentations,* il voit souvent des gens qui ont une mauvaise influence sur lui.

frère n. m. Garçon qui a les mêmes parents que la personne qui parle ou dont on parle. ➜ fam. **frangin.** *Louise a deux frères. Théo est le frère de Léa.* ➜ aussi **sœur.**

▸ Autres mots de la famille : beau-frère, confrère, demi-frère.

fresque n. f. (➜ ÉTYM.) Peinture faite directement sur un mur. *Le chœur de cette église est orné de fresques.*

fret [fʀɛt] n. m. 1. Prix à payer pour le transport de marchandises par bateau ou par avion. 2. Marchandises que transporte un bateau ou un avion. ➜ **cargaison.** *Le déchargement du fret.*

▸ Autre mot de la famille : affréter.

frétiller v. (conjug. 3) Remuer avec de petits mouvements rapides. *Le chien a la queue qui frétille quand il est content.*

fretin n. m. 1. Poissons trop petits pour être pêchés. *Le pêcheur a rejeté le fretin à l'eau.* 2. *Le menu fretin,* les gens que l'on considère comme peu importants. *Il ne fréquente pas le menu fretin.*

friable adj. Qui s'effrite facilement, se réduit en poudre. *Ces biscuits sont très friables.*

friand, friande adj. *Être friand d'un aliment,* l'aimer beaucoup. *Les chats sont friands de poisson.*

▸ **friandise** n. f. Bonbon, petit gâteau. ➜ **confiserie, sucrerie.**

fric n. m. Familier. Argent. *Tu peux me prêter du fric ?*

friche n. f. Terrain qui n'est pas cultivé. *Ce champ est en friche.*

▸ Autres mots de la famille : défrichement, défricher.

friction n. f. 1. Massage vigoureux du corps. *Après son bain, elle s'est fait une friction au gant de crin.* 2. Désaccord qui entraîne des discussions et des heurts. *Il y a des frictions dans ma famille au sujet de la politique.*

▸ **frictionner** v. (conjug. 3) Frotter une partie du corps. *Il se frictionne le cuir chevelu avec une lotion.*

frigidaire n. m. (marque déposée) Réfrigérateur. *Elle range le beurre dans le frigidaire.*

▸ On dit familièrement *frigo.*

fresque d'une église

frigorifier v. (conjug. 9) Mettre au froid pour conserver. *Le boucher frigorifie la viande.* → aussi **congeler.**

▸ **frigorifié, frigorifiée** adj. Familier. Qui a très froid. *Avec ce vent glacé, je suis frigorifié.* → **gelé.**

▸ **frigorifique** adj. Qui produit du froid. *Le boucher conserve la viande dans une armoire frigorifique.*

frileux, frileuse adj. Qui est très sensible au froid. *Léa est très frileuse.*

frime n. f. Familier. Ce que l'on dit ou ce que l'on fait pour impressionner les autres. *Son histoire d'invitation par le président, c'est de la frime,* ce n'est pas vrai, il raconte des histoires. → **bluff.**

▸ **frimer** v. (conjug. 3) Familier. Chercher à se faire remarquer, à impressionner. *Il frime avec sa nouvelle moto.* → **crâner.**

frimousse n. f. Familier. Visage d'enfant. → **minois.** *Ce bébé a une jolie frimousse.*

fringale n. f. Familier. Très grande envie de manger. *J'ai une de ces fringales !* → **faim.**

fringant, fringante adj. 1. *Un cheval fringant,* c'est un cheval très vif et nerveux. 2. Élégant et gracieux. → **pimpant.** *Sa grand-mère est encore fringante.*

se **friper** v. (conjug. 4) Devenir froissé, chiffonné. *Ce tissu se fripe facilement.*

▸ **fripé, fripée** adj. Froissé. *Ma robe est toute fripée.* → **chiffonné.**

fripon n. m., **friponne** n. f. Enfant malicieux. → **coquin, polisson.** *Cette petite friponne s'est encore cachée !*

fripouille n. f. Familier. Personne malhonnête. → **canaille, crapule.** *Ce commerçant vole tout le monde, c'est une vraie fripouille.*

frire v. (conjug. ne s'emploie qu'à l'infinitif et au participe passé : *frit*) Cuire dans de la matière grasse bouillante. *Une poêle à frire. Elle fait frire du poisson.*
▶ Autres mots de la famille : frit, frite, friteuse, friture.

frise n. f. 1. Bordure formant une bande continue ornée de motifs décoratifs. *La frise d'un papier peint. Les temples grecs étaient souvent ornés de frises,* de bandes sculptées au-dessus des colonnades. 2. *Une frise chronologique,* c'est un tableau présentant des évènements dans l'ordre où ils se sont produits.

friser v. (conjug. 3) (→ ÉTYM.) 1. Boucler. *Ses cheveux frisent naturellement.* 2. Approcher de très près. *Il frise la cinquantaine,* il a presque cinquante ans.

▸ **frisé, frisée** adj. Qui frise, fait des boucles. *Julie a les cheveux frisés.* ▮ contraire : **raide.**

▸ **frisette** n. f. Petite boucle de cheveux frisés.

frisquet, frisquette adj. Familier. Un peu froid. *Il fait frisquet ce matin.* → ① **frais.**

frisson n. m. Tremblement passager accompagné d'une sensation de froid. *Louise a des frissons, elle doit avoir de la fièvre. – Ton histoire me donne des frissons,* elle me fait trembler de peur.

▸ **frissonner** v. (conjug. 3) Être secoué de frissons. *Elle frissonne de froid.* → **grelotter, trembler.** *Ce que tu me racontes me fait frissonner,* me fait trembler de peur. → **frémir.**

▸ **frissonnant, frissonnante** adj. Qui a des frissons. *Elle est frissonnante de fièvre.* → **tremblant.**

frit, frite adj. Cuit dans de la matière grasse bouillante. *Alex aime beaucoup les pommes de terre frites.*

▸ **frite** n. f. Morceau de pomme de terre long et étroit que l'on mange frit et chaud. *Un cornet de frites.*

▸ **friteuse** n. f. Récipient dans lequel on fait frire les aliments. *Une friteuse électrique.*

▸ **friture** n. f. 1. Matière grasse bouillante. *Il plonge les beignets dans la friture.* 2. Petits poissons frits. *Il aime beaucoup la friture.*
▷ Mots de la famille de frire.

frivole adj. Qui n'est pas sérieux. *Une jeune femme frivole.* → **futile, superficiel.**

▸ **frivolité** n. f. Occupation peu sérieuse. *Elle perd son temps à des frivolités.* → **futilité.**

frise

froid adj. et n. m., **froide** adj.
▪ adj. **1.** Qui est à une température peu élevée. *C'est désagréable de se laver à l'eau froide.* ▮ contraire : **chaud.** **2.** Réservé. ➜ **distant.** *La mère de Julie est une personne assez froide.* ▮ contraire : **chaleureux.** **3.** Qui reste calme, qui ne se trouble pas. *Cela me laisse froid,* cela m'est indifférent. *Garder la tête froide,* ne pas s'affoler, garder son sang-froid.
▪ n. m. Température peu élevée. *J'ai froid. Il fait froid dehors. Léa a pris froid,* elle a attrapé un rhume. – *Il fait un froid de canard,* il fait très froid. *Ne pas avoir froid aux yeux,* avoir de l'audace, être décidé. *Théo et Alex sont en froid,* brouillés, fâchés. *Cette nouvelle a jeté un froid,* a provoqué une impression de gêne.

▸ **froidement** adv. D'une manière peu aimable. *Il nous a reçus froidement.* ➜ **fraîchement.** ▮ contraires : **chaleureusement, cordialement.**

▸ **froideur** n. f. Indifférence, manque d'empressement. *Son accueil était d'une grande froideur.* ➜ **fraîcheur.** ▮ contraires : **chaleur, cordialité.**

▶ Autres mots de la famille : refroidir, refroidissement, sang-froid.

froisser v. (conjug. 3) **1.** Rendre fripé, chiffonné. *Elle a froissé sa jupe en s'asseyant.* **2.** Vexer. *Ma remarque l'a froissé.* – **se froisser,** se vexer. *Théo se froisse facilement.*

▸ **froissé, froissée** adj. Chiffonné. ➜ **fripé.** *Ma robe est toute froissée.*

▸ **froissement** n. m. Bruit d'une chose que l'on froisse. *J'entends des froissements de papier.*

frôler v. (conjug. 3) **1.** Toucher à peine ou passer tout près en touchant presque. ➜ **effleurer.** *Le camion a frôlé le mur.* **2.** Éviter de justesse. *On a frôlé la catastrophe,* elle a failli se produire.

▸ **frôlement** n. m. Contact léger et rapide. *Il a senti le frôlement d'un chat contre sa jambe.*

fromage n. m. (➜ ÉTYM.) Aliment fabriqué avec du lait caillé. *Du fromage de chèvre. Un plateau de fromages.*

▸ **fromager** n. m. et adj., **fromagère** n. f. et adj.
▪ n. Personne qui fabrique ou vend des fromages.
▪ adj. Relatif au fromage. *Une spécialité fromagère,* à base de fromage.

froment n. m. Blé. *La farine de froment sert à faire le pain.*

fronce n. f. Petit pli rond. *Une jupe à fronces.*

▸ **froncer** v. (conjug. 5a) **1.** *Froncer un tissu,* y faire de petits plis ronds. – *Une jupe froncée à la taille.* **2.** *Froncer les sourcils,* les plisser en les rapprochant l'un de l'autre. *Il nous regarde d'un air furieux en fronçant les sourcils.*

▸ **froncement** n. m. Action de froncer les sourcils. *À son froncement de sourcils, on voyait qu'il était mécontent.*

frondaison n. f. Ensemble des feuilles d'un arbre. ➜ **feuillage.**
▶ Ce mot appartient au langage soutenu.

① **fronde** n. f. Lance-pierre.

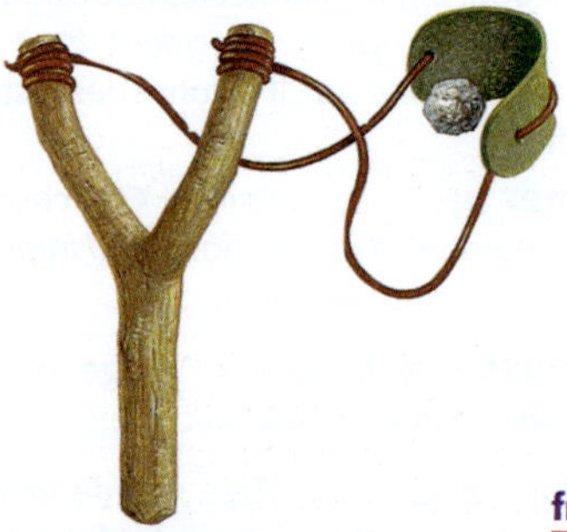

fronde

② **fronde** n. f. Révolte. *Un esprit de fronde agite la classe.*
▶ Ce mot appartient au langage soutenu.

front n. m. **1.** Partie du visage située entre les sourcils et la racine des cheveux. *Mamie a un grand front.* **2.** *Le front,* c'est l'endroit où l'on se bat pendant une guerre. *Ce soldat est envoyé au front,* sur le champ de bataille. **3.** *Faire front,* faire face, résister. *Il va falloir faire front à ces nouvelles difficultés.* ➜ **affronter.** – *De front,* côte à côte. *Les deux cyclistes roulent de front.* – *Elle mène de front son travail et sa vie de famille,* elle s'occupe des deux en même temps.

▸ **frontal, frontale** adj. **1.** Qui concerne le front. *Les muscles frontaux.* **2.** Qui se fait de face. *Le choc entre les deux voitures a été frontal.*

▶ Autres mots de la famille : affrontement, affronter, confrontation, confronter, fronton.

frontalier, frontalière adj. Situé près d'une frontière. *Les Pyrénées sont une région frontalière.* – n. *Un frontalier, une frontalière,* c'est une personne qui habite tout près d'une frontière.

frontière n. f. Limite marquant la séparation de deux pays voisins. *À la frontière, les policiers ont contrôlé nos passeports.*

frontispice n. m. Titre d'un livre imprimé sur la première page.

fronton n. m. **1.** Partie triangulaire, ornée de sculptures, au-dessus de l'entrée d'un monument. → planche **Cathédrale.** *Les temples grecs avaient souvent de très beaux frontons.* **2.** Mur contre lequel on lance la balle quand on joue à la pelote basque. ▷ Mot de la famille de **front.**

fronton

frotter v. (conjug. 3) **1.** Appuyer une chose contre une autre, en faisant un mouvement de va-et-vient. *Les hommes préhistoriques faisaient du feu en frottant deux silex l'un contre l'autre. Il se frotte les yeux car il a sommeil. Il se frotte les mains en signe de satisfaction.* **2.** Rendre propre en astiquant. *J'ai dû frotter mon teeshirt pour enlever la tache.* **3.** Accrocher et racler contre. *La roue frotte contre le garde-boue.*

▶ **se frotter** v. **1.** Frotter son corps. *Elle s'est frottée avec un gant de crin en sortant de son bain.* → se **frictionner.** *Le chat se frotte contre les jambes de Julie.* **2.** *Se frotter à quelqu'un,* le provoquer, s'en prendre à lui. *Ne vous frottez pas à ces gens-là, ils sont dangereux. Qui s'y frotte s'y pique :* quand on se risque à attaquer quelqu'un, on risque d'en subir les conséquences.

▶ **frottement** n. m. Mouvement ou bruit de ce qui frotte contre quelque chose. *Le frottement de la porte a usé la moquette.*

frousse n. f. Familier. *Avoir la frousse,* avoir peur. *Louise a eu une de ces frousses en entendant des pas dans l'escalier !* → fam. **trouille.**

▶ **froussard** n. m., **froussarde** n. f. Familier. Peureux. *Quel froussard !* → fam. **trouillard.** – adj. *Elle est très froussarde.*

fructifier v. (conjug. 9) Produire un bénéfice, des intérêts. → aussi **rapporter.** *Elle a placé son argent pour le faire fructifier.*

fructueux, fructueuse adj. Qui donne de bons résultats. *Une collaboration fructueuse.* → **profitable, utile.**
▶ Autre mot de la famille : **infructueux.**

frugal, frugale adj. *Un repas frugal,* léger. ▮ contraires : **copieux, plantureux.** – Au masc. pl. *frugaux.*

fruit n. m. **1.** Ce que produit un arbre après la fleur. → planches **Alimentation, fruits.** *Le gland est le fruit du chêne. La banane, la pêche sont des fruits.* **2.** *Les fruits de mer,* ce sont les crustacés et les coquillages que l'on peut manger. **3.** Résultat. *Cette découverte est le fruit de nombreuses années de recherches.* – *Porter ses fruits,* donner des résultats. *Son travail commence à porter ses fruits.*

▶ **fruité, fruitée** adj. Qui a un goût de fruit. *Un vin fruité. Une huile d'olive fruitée.*

▶ **fruitier, fruitière** adj. Qui donne des fruits qui se mangent. *Le pommier, l'oranger sont des arbres fruitiers.*

fruste adj. *Un homme fruste,* c'est un homme qui n'est pas très délicat ni très cultivé. ▮ contraires : **délicat, raffiné.**

frustrer v. (conjug. 3) Priver quelqu'un de ce qu'il attendait. *Cet échec l'a frustré. – Léa se sent frustrée, elle voulait une glace à la pistache et il n'y en a plus.*

▶ **frustration** n. f. Sentiment pénible d'être privé de ce que l'on attendait. *Quelle frustration !* → **contrariété.**

fuchsia [fyʃja] n. m. Plante à fleurs rose vif en forme de clochettes. → planche **Fleurs.** *Un massif de fuchsias.* – Invariable après le nom de couleur rose. *Des chemisiers rose fuchsia,* rose vif.
▶ Ce mot vient de *Fuchs,* nom d'un botaniste allemand.

fuel → **fioul**

fugace adj. Qui ne dure pas, disparaît très vite. *La piqûre provoque une sensation fugace de chaleur.* → ② **fugitif,** ② **passager.** ▮ contraires : **durable, tenace.**

① **fugitif** n. m., **fugitive** n. f. Personne qui s'est enfuie. *La police poursuit les fugitifs.* → **fuyard.**

② **fugitif, fugitive** adj. Qui ne dure pas. → **fugace,** ② **passager.** *Il a eu l'impression fugitive de la connaître.* ▮ contraires : **durable, tenace.**

les fruits

On mange surtout des fruits charnus qui contiennent beaucoup d'eau : certains comme les cerises ont des noyaux, d'autres – les baies comme le raisin – ont des pépins. Les plus cultivés dans le monde sont les agrumes (en grande majorité les oranges), le raisin, les bananes et les pommes. Près de la moitié de la production de fruits est réalisée sur le continent asiatique. La plupart des fruits sont délicieux et de plus sont bons pour la santé par leur apport en vitamines et en sucre. Mais quelques-uns sont toxiques, ainsi les baies du houx, du gui ou du lierre.

➔ **verger.**
➔ planche **alimentation.**

pomme

poire

raisin

cerises

olives

figues

pêches

abricots

prunes

oranges

citrons

mandarines

fruits des pays chauds

fumerolles

fugue n. f. (→ÉTYM.) *Faire une fugue,* s'enfuir de l'endroit où l'on habite.

▸ **fuguer** v. (conjug. 3) Faire une fugue. *Leur fils a déjà fugué plusieurs fois.*

▸ **fugueur, fugueuse** adj. Qui fait des fugues. *On a retrouvé rapidement les adolescents fugueurs.*

fuir v. (conjug. 21) **1.** Partir très vite pour échapper à quelqu'un ou à quelque chose de désagréable. → s'**enfuir,** se **sauver.** *Le chat a fui à la vue du chien.* **2.** Chercher à éviter. *Ma voisine est si bavarde que je la fuis comme la peste. Il fuit ses responsabilités.* **3.** Laisser échapper un liquide ou un gaz. *Le robinet fuit.*

▸ **fuite** n. f. **1.** Mouvement d'un être qui part en fuyant. *Le voleur a pris la fuite.* **2.** Écoulement d'eau ou de gaz. *Le plombier est venu réparer la fuite d'eau.* **3.** Révélation de ce qui devait rester secret. *Il y a eu des fuites, certains candidats connaissaient les sujets d'examen.*

▸ Autres mots de la famille : s'enfuir, faux-fuyant, fuyant, fuyard.

fulgurant, fulgurante adj. *Une vitesse fulgurante,* rapide comme l'éclair. *Une douleur fulgurante,* très vive et très brève.

fumer v. (conjug. 3) **1.** Dégager de la fumée. *Les bûches humides fument dans la cheminée.* **2.** Aspirer par la bouche la fumée du tabac et la rejeter. *Il fume un cigare. Elle a arrêté de fumer.*

▸ **fumé, fumée** adj. Qui a été séché à la fumée. *Du jambon fumé. Une tranche de saumon fumé.*

▸ **fumée** n. f. Sorte de nuage produit par quelque chose qui brûle. *Une fumée blanche sort de la cheminée. La fumée de cigarette me pique les yeux. – Il n'y a pas de fumée sans feu,* il n'y a pas d'effet sans cause.

▸ Autres mots de la famille : enfumé, enfumer, fumet, fumeur, ① fumiste, non-fumeur.

fumerolle n. f. Gaz qui s'échappe d'un volcan. → planche **Volcans.** *Certaines fumerolles peuvent atteindre une température de 800 degrés.*

fumet n. m. Odeur agréable d'une viande en train de cuire. *Ce gigot dégage un fumet appétissant.* ▹ Mot de la famille de fumer.

fumeur n. m., **fumeuse** n. f. Personne qui a l'habitude de fumer. *Son père est un ancien fumeur.* ▹ Mot de la famille de fumer.

fumeux, fumeuse adj. Qui manque de clarté. *Son explication est vraiment fumeuse, je n'ai rien compris !* → **nébuleux, obscur.**

fumier n. m. Mélange de paille et d'excréments de bestiaux qui sert d'engrais. *Il y a un tas de fumier dans la cour de la ferme.*

① **fumiste** n. m. Personne dont le métier est d'entretenir les cheminées et les appareils de chauffage. → aussi **ramoneur.** ▹ Mot de la famille de fumer.

② **fumiste** n. m. et f. Familier. Personne qui n'est pas sérieuse, sur qui on ne peut pas compter. *Elle bâcle son travail, c'est une fumiste.*

funambule n. m. et f. (→ÉTYM.) Acrobate qui marche et danse sur une corde tendue. → **équilibriste.**

funèbre adj. Qui concerne la mort, les enterrements. → **funéraire.** *Le maire a prononcé l'éloge funèbre du défunt. Les pompes funèbres.* → ① **pompe.**

funérailles n. f. pl. Cérémonie qui accompagne l'enterrement ou l'incinération d'un mort. *Il a assisté aux funérailles d'un ami.* → **obsèques.**

funéraire adj. Qui concerne les enterrements. → **funèbre.** *Un convoi funéraire passe dans la rue.* → **mortuaire.**

▸ **funérarium** n. m. Pièce où est conservé le corps d'une personne qui vient de mourir et où se réunissent avant ses obsèques sa famille et ses amis.

funeste adj. Qui peut causer la mort ou un grand malheur. → **fatal.** *Cette décision a eu des conséquences funestes.* → **catastrophique, tragique.**

funiculaire n. m. Petit train tiré par des câbles, installé sur une pente abrupte. *Le funiculaire de Montmartre, à Paris.*

furet n. m. Petit animal carnivore au pelage blanc (ou marron) et aux yeux rouges, que l'on utilise parfois pour chasser le lapin.
▶ Autre mot de la famille : fureter.

furet

au fur et à mesure adv. En même temps et successivement. *Alex regarde les photos et les passe à Julie au fur et à mesure.*

fureter v. (conjug. 7b) Chercher partout avec curiosité. *Louise furète dans les affaires de sa sœur.* → **fouiller, fouiner.** ▷ Mot de la famille de furet.

fureur n. f. **1.** Grande colère. *La mauvaise nouvelle l'a mis en fureur.* → **furie. 2.** Grande violence. *Les deux adversaires se battent avec fureur.* → **acharnement. 3.** *Faire fureur,* avoir un grand succès. *Cette chanson a fait fureur l'été dernier.*

furibond, furibonde adj. Très en colère. → **furieux.** *La directrice est furibonde. Un air furibond.*

furie n. f. **1.** Fureur très vive. → **rage.** *Cette histoire l'a mis en furie.* **2.** *Une furie,* c'est une femme qui manifeste une violente colère. *Quand elle perd son calme, quelle furie !*

▸ **furieux, furieuse** adj. Très en colère. *Louise est furieuse contre son père.* → **furibond.**

▸ **furieusement** adv. **1.** Avec fureur, d'une manière furieuse. *Il criait furieusement.* **2.** Extrêmement. *J'avais furieusement envie de m'en aller tellement je m'ennuyais.*

furoncle n. m. Gros bouton douloureux qui contient du pus. → **abcès.**

furtif, furtive adj. *Un regard furtif,* discret et très rapide. *Il jeta un coup d'œil furtif à sa montre.*

▸ **furtivement** adv. De manière discrète et rapide. *Elle s'est esquivée furtivement.* → **subrepticement.** ▮ contraire : **ostensiblement.**

fusain n. m. **1.** Petit arbre à feuilles brillantes et à fruits rouges. *Une haie de fusains.* **2.** Morceau de charbon de bois de fusain que l'on utilise pour dessiner. *Il a fait un portrait au fusain.*

fuseau n. m. **1.** Petite toupie allongée qui servait à enrouler le fil lorsque l'on filait la laine à la quenouille. **2.** *Un fuseau horaire,* c'est une zone imaginaire, allant d'un pôle à l'autre, à l'intérieur de laquelle l'heure est la même partout. *Il y a 24 fuseaux horaires.* **3.** Pantalon étroit en matière élastique dont les jambes sont tendues par une patte qui passe sous le pied. *Un fuseau de sport.*

fusée n. f. **1.** Tube rempli de poudre qui explose en l'air en faisant des étincelles de couleur. *Les fusées multicolores d'un feu d'artifice.* **2.** Véhicule spatial. → planche **Espace.** *La fusée s'est élancée dans le ciel.*
▶ Autre mot de la famille : fuser.

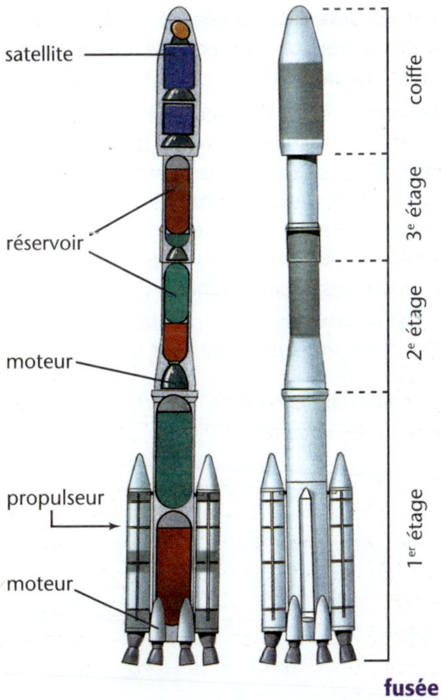

fusée

fuselage n. m. Corps d'un avion auquel sont fixées les ailes. → aussi **carlingue.** → planche **Avions.**

a b c d e f g h i j k l m n o p q r s t u v w x y z

fût

fuser v. (conjug. 3) Partir comme une fusée. *Les rires fusèrent des quatre coins de la classe.* ➜ **jaillir.** ▷ Mot de la famille de fusée.

fusible n. m. Petit fil de plomb placé dans un circuit électrique, qui fond en cas de court-circuit. ➜ **plomb.** *Les fusibles évitent les incendies.*

fusil [fyzi] n. m. Arme à feu à long canon. *Un fusil de chasse. On a entendu un coup de fusil.* – *Changer son fusil d'épaule,* changer d'idée, de projet ou d'activité.
On ne prononce pas le *l* final.

▸ **fusiller** v. (conjug. 3) Tuer à coups de fusil. *À la fin du film, les traîtres sont fusillés.*

▸ **fusillade** n. f. Combat où s'échangent des coups de feu. *Un policier a été blessé au cours de la fusillade.*

fusion n. f. **1.** Passage d'un corps solide à l'état liquide, sous l'action de la chaleur. *La fusion du fer se fait à plus de 1 500 degrés. De la lave en fusion s'échappe du cratère du volcan.* **2.** Réunion de plusieurs choses en une seule. *La fusion de ces deux entreprises a entraîné des licenciements.*

▸ **fusionner** v. (conjug. 3) Se réunir en un tout. *Ces deux partis politiques ont fusionné.*

fût [fy] n. m. **1.** Tronc d'un arbre. *Ces arbres ont un fût très haut.* **2.** *Le fût d'une colonne,* c'est la partie allongée, entre la base et le chapiteau. **3.** Tonneau. *Le vin vieillit dans des fûts.* ➜ **barrique.**

▸ **futaie** n. f. Forêt de grands arbres. *Une futaie de hêtres.*

futé, futée adj. Familier. Malin, rusé. *Julie est très futée.* ➜ **débrouillard.**

futile adj. Qui n'est pas très sérieux. ➜ **frivole.** *Une conversation futile.* ▮ contraires : **grave, important.**

▸ **futilité** n. f. Chose futile, sans importance. *Il a passé sa journée en futilités.* ➜ **frivolité.**

futon [fytɔ̃] n. m. Matelas japonais formé de couches de coton superposées.
Futon est un mot japonais.

futur adj. et n. m., **future** adj.
▪ adj. Qui appartient à l'avenir. *Il est difficile d'imaginer comment on vivra dans les siècles futurs,* dans les siècles qui vont venir après nous. *Il nous a présenté sa future épouse,* celle qui va devenir sa femme.
▪ n. m. **1.** *Le futur,* ce qui va arriver. ➜ **avenir.** ▮ contraire : **passé.** **2.** Temps de l'indicatif qui indique qu'une action se fera plus tard. *Dans «je lui dirai», le verbe «dire» est au futur.*

▸ **futuriste** adj. Qui évoque les temps futurs. *Ce musée a une architecture futuriste.*

fuyant, fuyante adj. *Un regard fuyant,* c'est un regard qui évite celui des autres. ▷ Mot de la famille de fuir.

fuyard n. m., **fuyarde** n. f. Personne qui s'est enfuie. *Les fuyards ont été rattrapés.* ➜ ① **fugitif.** ▷ Mot de la famille de fuir.

gabardine n. f. **1.** Tissu de laine ou de coton très serré. *Un pantalon en gabardine beige.* **2.** Manteau qui protège de la pluie. → **imperméable.**

gabarit [gabaʀi] n. m. Dimensions d'un objet en hauteur, largeur et longueur. *Ce camion est d'un trop gros gabarit pour passer sous le tunnel.*
▶ Le *t* final ne se prononce pas.

gabegie [gabʒi] n. f. Désordre qui est la conséquence d'une mauvaise organisation. → **gaspillage.**

gabelle n. f. Impôt que l'on payait sur le sel avant la Révolution française. *La taille et la gabelle.*

gâcher v. (conjug. 3) **1.** *Gâcher du plâtre,* le mélanger avec de l'eau. **2.** Gaspiller, mal utiliser. *Ne gâche pas ton argent en achetant n'importe quoi.* **3.** Gâter, rendre peu agréable. *Elle nous a gâché la soirée en arrivant si tard.*
▶ Autre mot de la famille : **gâchis.**

gâchette n. f. Pièce d'un fusil ou d'un pistolet qui fait partir le coup de feu quand on appuie sur la détente. → aussi **détente.** *Le chasseur a le doigt sur la gâchette.*

gâchis [gaʃi] n. m. **1.** Gaspillage. *Ne jette pas cette viande, c'est du gâchis.* **2.** Situation confuse, désordre. ▷ Mot de la famille de **gâcher.**

gadget [gadʒɛt] n. m. Objet amusant et nouveau qui quelquefois ne sert à rien.
▶ Ce mot vient de l'anglais.

gadoue n. f. Terre mouillée. *Après la pluie, on patauge dans la gadoue.* → **boue.**

① **gaffe** n. f. Long bâton muni d'une pointe ou d'un crochet. *Le marin a repoussé la barque avec sa gaffe.*

② **gaffe** n. f. Familier. Parole ou action maladroite. *Il a encore fait une gaffe.* → ① **impair.**

▶ **gaffeur** n. m., **gaffeuse** n. f. Personne qui fait souvent des gaffes. *Julie est une affreuse gaffeuse.* – adj. *Il est très gaffeur.*

gag n. m. Dans un film, évènement qui surprend et qui fait rire. *Un film plein de gags irrésistibles.*
▶ Ce mot vient de l'anglais et veut dire «histoire drôle».

gage n. m. **1.** *Laisser une chose en gage,* la laisser comme garantie. *Comme il n'avait pas d'argent pour payer, il a laissé sa montre en gage.* **2.** Sorte de pénitence qu'un joueur doit accomplir s'il perd. *Le premier qui ne sait pas répondre a un gage.*

▶ **gages** n. m. pl. *Un tueur à gages,* c'est une personne qui est payée pour tuer.
▶ Autres mots de la famille : **dégagé, dégagement, dégager,** se **dégager, engageant, engagement, engager,** s'**engager.**

gageure [gaʒyʀ] n. f. Chose qui semble impossible à faire. *Vouloir repeindre cet appartement en un jour, c'est une gageure.*

gagner v. (conjug. 3) **1.** *Gagner de l'argent,* en recevoir en échange de son travail. *Son mari gagne beaucoup d'argent.* → aussi **gain.** *Elle gagne bien sa vie,* elle a assez d'argent pour vivre de son travail. **2.** Obtenir de l'argent ou un objet, grâce au hasard. *Théo a gagné le gros lot à la loterie.* **3.** Être vainqueur dans une compétition. *Les Français ont gagné le match.* → **remporter.** ▮ contraire : **perdre.** **4.** *Gagner du temps,* faire une économie de temps. *En prenant ce raccourci, vous gagnerez du temps.* **5.** Atteindre un endroit en se déplaçant. *Les passagers ont gagné la sortie. L'incendie gagne du terrain,* il progresse. **6.** Envahir progressivement. *L'inondation a gagné le premier étage.* – *Le sommeil me gagne,* il s'empare de moi.

▶ **gagnant, gagnante** adj. Qui gagne. *Théo a eu le billet gagnant.* – n. *Léa est une des gagnantes,* une des personnes qui ont gagné. → **vainqueur** ▮ contraire : **perdant.**

▶ **gagne-pain** n. m. inv. Travail qui permet de gagner modestement sa vie. *Entretenir des jardins est son gagne-pain.* – Au pl. *Des gagne-pain.* ▷ Mot de la famille de pain.

▶ Autre mot de la famille : regagner.

gai, gaie adj. **1.** Qui est de bonne humeur et rit souvent. *Louise est souvent gaie.* → **content, joyeux.** ▮ contraires : **grave, morose, triste.** **2.** Qui rend gai. *Le rouge est une couleur gaie.* → **vif.** ▮ contraire : **terne.** ▮ homonymes : gué, guet.

▶ **gaiement** adv. Avec gaieté. → **joyeusement.** *Les enfants chantaient gaiement.* ▮ contraire : **tristement.**

◗ On peut aussi écrire *gaiment* sans accent circonflexe, comme dans *vraiment,* conformément à la nouvelle orthographe. • On écrit aussi *gaîment.*

▶ **gaieté** n. f. Bonne humeur. *Léa a très vite retrouvé sa gaieté.* ▮ contraire : **tristesse.**

◗ On écrit aussi *gaîté.*

▶ Autre mot de la famille : égayer.

gaillard adj. et n. m., **gaillarde** adj.

▪ adj. Alerte et vif. *Elle est âgée mais encore très gaillarde.*

▪ n. m. Homme, garçon vigoureux et plein d'entrain. *Alex est un solide gaillard.*

▶ Autre mot de la famille : ragaillardir.

gaiment, gaîment → **gaiement**

gain n. m. **1.** Argent que l'on gagne. *En vendant sa maison il a fait un gain important.* → **bénéfice, profit.** ▮ contraire : **dépense.** – *Avoir gain de cause,* obtenir ce que l'on voulait. **2.** Économie. *Voyager en avion est un gain de temps.* ▮ contraire : **perte.**

gaine n. f. **1.** Enveloppe ayant la forme de l'objet qu'elle protège. *Les fils électriques sont enfermés dans des gaines isolantes. La gaine d'un parapluie.* → **étui, fourreau.** **2.** Sous-vêtement de femme en tissu élastique qui serre les hanches et la taille. → aussi **corset.**

▶ Autre mot de la famille : dégainer.

gaîté → **gaieté**

gala n. m. Grande fête où se rendent des personnalités, organisée pour défendre une cause ou pour célébrer un évènement. *Une soirée de gala.*

galant, galante adj. Poli et plein d'attentions délicates à l'égard des femmes. *Un homme galant.* ▮ contraire : **grossier.** – *Des manières galantes.*

▶ **galanterie** n. f. Politesse et bonnes manières à l'égard des femmes.

galaxie n. f. **1.** Immense ensemble d'étoiles qui a la forme d'une spirale. *La Voie lactée est l'une des nombreuses galaxies de l'Univers.* **2.** *La Galaxie,* celle dont font partie le Soleil et la Terre.

galaxie

galbe n. m. Contour harmonieux, de forme arrondie, d'un objet, d'un corps ou d'un visage. → **courbe.** *Le galbe d'un vase.*

▶ **galbé, galbée** adj. Qui a de jolies courbes. *Des jambes bien galbées.*

galion

gale n. f. Maladie de peau contagieuse provoquée par un parasite et qui provoque des démangeaisons. *Ce chien a la gale.*
▶ Autre mot de la famille : galeux.

galère n. f. 1. Grand bateau à rames et à voiles utilisé autrefois pour la guerre et le commerce. 2. Familier. Travail pénible ou situation difficile, désagréable. *Voyager un jour de grève, quelle galère !*
▶ Autre mot de la famille : galérien.

galerie n. f. 1. Chemin, passage souterrain. ➜ **tunnel.** *La taupe creuse des galeries dans le sol. Les galeries d'une mine.* ➜ planche **Énergie.** 2. *Une galerie marchande,* c'est un lieu de passage dans un bâtiment où sont installées de nombreuses boutiques. 3. Magasin où l'on expose et où l'on vend des objets d'art, des tableaux. *Une galerie de peinture.* 4. Porte-bagage métallique fixé sur le toit d'une voiture. *Il a attaché les skis sur la galerie.*

galérien n. m. Homme qui était condamné à ramer sur une galère. ➜ aussi **bagnard, forçat.**
▷ Mot de la famille de galère.

galet n. m. Caillou arrondi, usé et poli par la mer ou l'eau des torrents. *Une plage de galets.*

galette n. f. 1. Gâteau plat et rond fait de farine, de beurre et d'œufs. *La galette des Rois contient une fève.* 2. Crêpe salée faite avec de la farine de sarrasin ou de maïs. *Une galette bretonne.*

galeux, galeuse adj. Qui a la gale. *Les chiens galeux perdent leurs poils.* ▷ Mot de la famille de gale.

galimatias [galimatja] n. m. Langage incompréhensible. ➜ **charabia.**
▶ Le *s* final ne se prononce pas.

galion n. m. Grand bateau à voiles qu'utilisaient les Espagnols au 17e siècle pour faire du commerce avec l'Amérique.

galipette n. f. Tour que l'on fait au sol en faisant passer les jambes au-dessus de la tête. *Faire des galipettes.* ➜ **culbute, roulade.**

gallicisme n. m. Expression ou tournure particulière à la langue française. *«Il y a» et «l'échapper belle» sont des gallicismes.*

gallinacé n. m. Gros oiseau qui vit au sol et qui vole mal. *Le dindon, la perdrix, le faisan, la poule, le coq sont des gallinacés.*

gallo-romain, gallo-romaine adj. Qui concerne la Gaule ou les Gaulois après la conquête de la Gaule par les Romains. *L'époque gallo-romaine. Des vestiges gallo-romains.* ▷ Mot de la famille de romain.

galoche n. f. Chaussure de cuir à semelle de bois. *Une paire de galoches.* ➜ aussi **sabot.** – *Un menton en galoche,* long et relevé vers l'avant.

galon n. m. 1. Ruban épais qui sert à orner. *Chapeau bordé d'un galon.* 2. Très fin ruban cousu sur l'épaule ou sur la manche de l'uniforme d'un militaire ou sur son képi. *On reconnaît le grade d'un militaire à ses galons.* – *Prendre du galon,* monter en grade.

galop [galo] n. m. Allure la plus rapide d'un cheval. *Le cheval est parti au galop. Au pas, au trot, au galop !*

▶ **galoper** v. (conjug. 3) 1. Aller au galop. *Les chevaux galopent dans la plaine.* 2. Courir très vite. *Les enfants galopent dans le jardin.*

▶ **galopade** n. f. Course très rapide. ➜ **cavalcade.** *On entend des galopades dans l'escalier.*

galopin n. m. Enfant insupportable et farceur. *Une bande de galopins.* ➜ **chenapan, garnement.**

galvaniser v. (conjug. 3) 1. *Galvaniser quelqu'un,* c'est l'enthousiasmer et l'entraîner. *Cet orateur galvanise les foules.* ➜ **électriser, enflammer.** 2. *Galvaniser un fil métallique,* c'est le recouvrir d'une couche de zinc pour qu'il ne rouille pas.
▶ Ce mot vient du nom du physicien italien *Galvani.*

émeraude dans sa **gangue**

galvauder v. (conjug. 3) Gâcher en faisant un mauvais usage. *En jouant dans de mauvais films, ce comédien galvaude son talent.*

gambade n. f. (→ ÉTYM.) Saut joyeux. *Les enfants font des gambades.* → **bond.**

▸ **gambader** v. (conjug. 3) Sauter dans tous les sens en faisant de petits bonds de joie. *Le chien gambade autour de son maître.* → **bondir, sautiller.**

gamelle n. f. Récipient individuel pour transporter et réchauffer de la nourriture préparée. – *La gamelle d'un chien.* → **écuelle.**

gamin n. m., **gamine** n. f. Familier. Enfant ou adolescent. *Une gamine de onze ans.* → fam. **gosse, môme.**

▸ **gaminerie** n. f. Manière de se conduire qui est celle d'un enfant. → **enfantillage.**

gamme n. f. **1.** Suite de notes de musique, dans un ordre précis. *Les notes de la gamme. Quand on commence à jouer du piano, on fait des gammes.* **2.** Série. *La parfumerie propose toute une gamme de produits solaires.* – *Haut de gamme, bas de gamme,* le plus cher, le moins cher dans une série. *Des téléviseurs haut de gamme.*

gang [gɑ̃g] n. m. Bande organisée de malfaiteurs. → aussi **gangster.** *La police a arrêté le chef du gang.* ▪ homonyme : gangue.
▸ C'est un mot anglais qui veut dire « équipe, bande ».

ganglion n. m. Organe en forme de petite boule situé sous la peau. *Quand on a une angine, les ganglions du cou sont enflés.*

gangrène n. f. Maladie très grave qui fait pourrir la chair. *Un membre rongé par la gangrène.*

gangster [gɑ̃gstɛʀ] n. m. Bandit qui fait partie d'un gang. *Des gangsters masqués ont attaqué la banque.* → **malfaiteur.**
▸ C'est un mot anglais qui vient de *gang.*

gangue n. f. Matière qui enveloppe un minerai ou une pierre précieuse quand on les trouve dans les gisements. *Il faut débarrasser un diamant de sa gangue pour le voir briller.*
▪ homonyme : gang.

gant n. m. **1.** Vêtement pour la main qui s'adapte exactement à sa forme et enveloppe chaque doigt séparément. → aussi **mitaine** et **moufle.** *Une paire de gants.* – *Aller comme un gant,* très bien. *Cette robe te va comme un gant.* *Prendre des gants,* prendre des précautions pour ne pas blesser ou vexer. *On a pris des gants pour lui annoncer la mauvaise nouvelle.* **2.** *Un gant de toilette,* c'est une poche en tissu éponge dans laquelle on met sa main et qui sert à se laver. – *Des gants de boxe,* de grosses moufles bourrées de crin.

garage n. m. **1.** Abri couvert et généralement fermé où l'on range les voitures. *Le soir, il rentre sa voiture au garage.* → **box** et aussi **parking.** **2.** Entreprise qui s'occupe de la vente, de l'entretien et de la réparation des voitures. *Il a conduit sa voiture au garage pour la faire réviser.* → aussi **station-service.**

▸ **garagiste** n. m. et f. Personne qui tient un garage. *Le garagiste a fait la vidange de la voiture.*

▷ Mots de la famille de garer.

garant n. m. et adj., **garante** n. f. et adj.
▪ n. Personne qui est responsable de ce que doit une autre personne. *Son père lui a servi de garant quand il a emprunté à la banque.*
▪ adj. *Se porter garant de quelqu'un,* être responsable de lui, répondre de lui. *Elle s'est portée garante de l'honnêteté de son fils.*

▸ **garantie** n. f. Obligation pour un vendeur d'assurer à l'acheteur le bon état d'un appareil et la possibilité de le changer en cas de défaut ou de panne. *Un bon de garantie est joint à* *l'appareil photo. – Ma voiture est sous garantie pendant un an,* elle est garantie un an.

▸ **garantir** v. (conjug. 11) **1.** S'engager sur la qualité d'un objet que l'on vend. *Cette montre est garantie un an,* si elle se casse d'ici un an, on la réparera gratuitement. **2.** Affirmer, assurer. *Je vous garantis que tout se passera bien.* ➜ **certifier, promettre. 3.** Protéger. *Son manteau le garantit du froid.*

garçon n. m. **1.** Enfant du sexe masculin. *Elle a deux garçons.* ➜ **fils.** *Un garçon manqué,* une fille qui se comporte comme un garçon. **2.** Jeune homme. *C'est un garçon très intelligent.* **3.** *Un garçon de café,* c'est un serveur, dans un café.

▸ **garçonnet** n. m. Petit garçon. *Un garçonnet de huit ans.*

▷ Mots de la famille de gars.

① **garde** n. f. **1.** Action de veiller sur une personne ou un animal, pour en prendre soin. *Elle a confié son chat à la garde des voisins. Après le divorce, c'est la mère qui a eu la garde des enfants.* **2.** *Monter la garde,* surveiller. *Les sentinelles montent la garde sur les remparts. Les bergers allemands sont de bons chiens de garde.* **3.** Groupe de personnes qui gardent. *La garde d'honneur escortait le président.* **4.** *En garde ! crie le mousquetaire avant de commencer le duel,* mettez-vous en position pour parer les coups. **5.** *Mettre quelqu'un en garde,* le prévenir d'un danger. *Ils nous a mis en garde contre les pickpockets.* **6.** *Être sur ses gardes,* se méfier, être prêt à réagir à un danger. **7.** *Prends garde ! il y a une marche,* fais attention ! **8.** *La garde d'une épée,* c'est le rebord placé entre la lame et la poignée, qui sert à protéger la main. ▷ Mot de la famille de garder.

② **garde** n. m. et f. **1.** Personne qui surveille un lieu. ➜ **gardien.** *Les gardes forestiers surveillent les forêts.* **2.** *Un garde du corps,* un homme chargé de la sécurité d'une personnalité. ▷ Mot de la famille de garder.

garde-à-vous n. m. inv. Position du militaire qui se tient droit et immobile, les talons serrés, prêt à exécuter un ordre. *Les soldats se mettent au garde-à-vous devant le général.* – Au pl. *Des garde-à-vous.* ▷ Mot de la famille de garder et de vous.

garde-barrière n. m. et f. Personne qui surveille un passage à niveau. – Au pl. *Des gardes-barrières.* ▷ Mot de la famille de garder et de barre.

garde-boue n. m. Bande de métal qui recouvre une partie de la roue d'une bicyclette ou d'une moto et qui protège de la boue. ➜ planche **Deux-roues.** – Au pl. *Des garde-boues* ou *des garde-boue* (invariable). ▷ Mot de la famille de garder et de boue.

garde-chasse n. m. Homme qui protège et soigne le gibier, dans une forêt privée, un domaine. *Le garde-chasse n'aime pas les braconniers.* – Au pl. *Des gardes-chasses.* ▷ Mot de la famille de garder et de chasser.

garde-fou n. m. Barrière placée au bord d'un pont, qui empêche les gens de tomber. ➜ **balustrade, parapet, rambarde.** – Au pl. *Des garde-fous.* ▷ Mot de la famille de garder et de fou.

garde-malade n. m. et f. Personne qui garde et soigne un malade. – Au pl. *Des gardes-malades.* ▷ Mot de la famille de garder et de malade.

garde-manger n. m. Petite armoire munie d'un grillage, dans laquelle on conserve les aliments au frais. – Au pl. *Des garde-mangers.* ▷ Mot de la famille de garder et de manger.

garde-meuble n. m. Lieu où l'on entrepose des meubles pour un temps limité. *Ils ont mis leur grand canapé au garde-meuble pendant les travaux.* – Au pl. *Des garde-meubles.* ▷ Mot de la famille de garder et de meuble.

militaires au garde-à-vous

garder v. (conjug. 3) **1.** Prendre soin d'une personne ou d'un animal. *Une babysitter garde les enfants ce soir.* **2.** Empêcher quelqu'un de sortir ou de s'en aller. *Le gardien garde les prisonniers.* **3.** Rester dans un endroit pour le surveiller ou le défendre. *Le chien garde la ferme.* **4.** Conserver en bon état. *On ne peut pas garder longtemps les pêches.* **5.** Conserver pour soi. *Tu peux garder ce livre, je te le donne.* **6.** Conserver sur soi. *Gardez votre manteau, nous repartons tout de suite.* ▮ contraires : **enlever, ôter, retirer.** **7.** Ne pas quitter un lieu. *Le malade doit garder la chambre.* **8.** Ne pas dire quelque chose. *Surtout, garde le secret !* ▮ contraire : **divulguer.** **9.** Continuer à avoir. *Il garde un bon souvenir de ce voyage.* **10.** Mettre de côté, réserver. *Si tu arrives le premier, garde-moi une place.* **11.** *Garder le silence,* se taire. **12.** *Garder ses distances,* ne pas être trop familier. *Il garde ses distances avec ses collègues.*

▸ se **garder** v. **1.** *Se garder de faire quelque chose,* c'est éviter de le faire. ➜ s'**abstenir.** *Julie s'est bien gardée de raconter la bêtise qu'elle avait faite.* **2.** Rester en bon état. *Ce gâteau ne se garde pas, il faut le finir.*

▸ Autres mots de la famille : arrière-garde, avant-garde, ① et ② garde, garde-à-vous, garde-barrière, garde-boue, garde-chasse, garde-fou, garde-malade, garde-manger, garde-meuble, garderie, garde-robe, gardien, halte-garderie, par mégarde, sauvegarde, sauvegarder.

garderie n. f. Endroit où l'on garde les petits enfants ou les jeunes élèves pendant les heures où il n'y a pas de cours. *Le matin, elle dépose son fils à la garderie.* ➜ aussi **halte-garderie.** ▷ Mot de la famille de garder.

garde-robe n. f. Ensemble des vêtements d'une personne. *Quand elle part en vacances, Julie veut emporter toute sa garde-robe.* – Au pl. *Des garde-robes.* ▷ Mot de la famille de garder et de robe.

gardian n. m. Gardien d'un troupeau de taureaux ou de chevaux, en Camargue.
▮ *Gardian* est un mot provençal.

gardien n. m., **gardienne** n. f. **1.** Personne qui garde une autre personne, un animal ou un endroit. *Le gardien de l'immeuble distribue le courrier.* ➜ **concierge.** *Un gardien de prison.* ➜ **geôlier.** **2.** *Le gardien de but,* le joueur qui défend le but au football ou au hockey. ➜ **goal.** **3.** *Un gardien de la paix,* un agent de police. ▷ Mot de la famille de garder.

gardon n. m. Poisson qui vit dans les rivières et dans les étangs. – *Être frais comme un gardon,* en pleine forme.

① **gare** n. f. **1.** Ensemble des bâtiments et des installations où s'arrêtent et d'où partent les trains. *Le train entre en gare. Elle l'attend sur le quai de la gare.* **2.** *Une gare routière,* l'endroit où arrivent et d'où partent les cars. ▷ Mot de la famille de garer.

② **gare** interj. Attention ! *Gare à toi si tu désobéis !* – *Sans crier gare,* à l'improviste. *Elle est arrivée sans crier gare.* ▷ Mot de la famille de garer.

garenne n. f. Bois où des lapins vivent en liberté. *Un lapin de garenne.*

garer v. (conjug. 3) *Garer une voiture,* la ranger dans un endroit spécialement aménagé. *Il n'a pas trouvé de place pour garer sa voiture.* – Familier. **se garer,** ranger sa voiture. *Elle s'est garée en double file.* ➜ **stationner.**

▸ Autres mots de la famille : aérogare, garage, garagiste, ① et ② gare.

se **gargariser** v. (conjug. 4) Se rincer le fond de la bouche et la gorge avec un liquide spécial. *Léa s'est gargarisée avant de se coucher.*

▸ **gargarisme** n. m. **1.** Action de se gargariser. *Louise s'est fait un gargarisme parce qu'elle avait mal à la gorge.* **2.** Médicament avec lequel on se gargarise.

gardian

gargouille n. f. Gouttière en pierre souvent sculptée en forme d'animal, de démon ou de monstre. *Les gargouilles de la cathédrale Notre-Dame de Paris.*

▸ **gargouiller** v. (conjug. 3) **1.** Faire un bruit d'eau qui coule. *L'eau gargouille en sortant de la fontaine.* **2.** Faire un bruit qui ressemble à celui d'un liquide dans un tuyau. *Le ventre gargouille quand on a faim.*

▸ **gargouillement** n. m. **1.** Bruit d'eau qui coule. *Le gargouillement de la fontaine.* **2.** Bruit produit par le passage d'air dans l'estomac ou l'intestin. ➜ **borborygme, gargouillis.** *Mon ventre fait des gargouillements.*

▸ **gargouillis** [gaʀguji] n. m. Familier. Gargouillement. ➜ **borborygme.** *Alex a faim, son estomac fait des gargouillis.*

gargouille

garnement n. m. Enfant insupportable qui fait des sottises. ➜ **chenapan, galopin.**

garnir v. (conjug. 11) **1.** Munir de quelque chose qui protège ou qui renforce. *Un sac en toile garnie de cuir.* **2.** Remplir. *De nombreux livres garnissent les étagères.* **3.** Munir de quelque chose qui s'ajoute. *Le poulet est garni de haricots verts,* accompagné de haricots verts.

▸ Autres mots de la famille : dégarnir, garniture.

garnison n. f. Groupe de soldats installé dans une caserne, dans une ville. ➜ aussi **cantonnement, régiment.** *Une ville de garnison.*

garniture n. f. **1.** Chose qui renforce ou qui orne. *Un capuchon avec une garniture de fourrure.* **2.** Légumes qui accompagnent un plat de viande ou de poisson. *Elle a servi du fenouil en garniture.* ▷ Mot de la famille de garnir.

garrigue n. f. Terrain aride et sec des régions méditerranéennes où poussent des broussailles, du thym, de la lavande et des chênes verts. ➜ aussi **maquis.**

① **garrot** n. m. Partie du corps qui est juste au-dessus de l'épaule, chez le cheval et les autres grands animaux à quatre pattes. *La taille d'un cheval ou d'un chien se mesure du sol au garrot.*

② **garrot** n. m. Lien servant à serrer très fort un membre pour empêcher une veine ou une artère de saigner.

gars [ga] n. m. Familier. Garçon, homme. ➜ **type.** *C'est un gentil petit gars. Eh, les gars ! attendez-nous !*

▸ Autres mots de la famille : garçon, garçonnet.

gasoil ➜ **gazole**

gaspiller v. (conjug. 3) Dépenser ou utiliser n'importe comment, sans faire attention. *Julie gaspille son argent de poche.* ▮ contraire : **économiser.**

▸ **gaspillage** n. m. Le fait de dépenser sans faire attention. *Ne laisse pas la lumière allumée quand tu sors, c'est du gaspillage.* ➜ **gâchis.** ▮ contraire : **économie.**

gastéropode n. m. Animal au corps mou, qui rampe sur un large pied. *Les escargots, les limaces sont des gastéropodes.* ➜ aussi **mollusque.**

gastrique adj. De l'estomac. *Des douleurs gastriques.*

gastronome n. m. et f. Personne qui aime manger de bonnes choses et sait reconnaître ce qui est bon. ➜ **gourmet.** *Le père d'Alex est un fin gastronome.*

▸ **gastronomie** n. f. Art de la bonne cuisine.

▸ **gastronomique** adj. Qui a rapport à la bonne cuisine. *Un repas gastronomique,* c'est un très bon repas, avec des plats raffinés. *Un restaurant gastronomique,* où l'on mange très bien.

① **gâté, gâtée** adj. *Un enfant gâté,* à qui on passe tous ses caprices. ▷ Mot de la famille de ① gâter.

② gâté, gâtée adj. Abîmé. *Une dent gâtée,* cariée. ▷ Mot de la famille de ② gâter.

gâteau n. m. Pâtisserie faite généralement avec de la farine, des œufs, du beurre et du sucre. *Un gâteau au chocolat. Un gâteau d'anniversaire. Des gâteaux secs.* ➜ **biscuit.**

① gâter v. (conjug. 3) *Gâter un enfant,* c'est lui donner tout ce qu'il désire et le laisser faire tout ce qu'il veut. *Les parents de Julie l'ont trop gâtée. Quel beau cadeau ! vous me gâtez,* vous me donnez trop. ➜ **combler.**
▶ Autres mots de la famille : ① gâté, gâterie.

② gâter v. (conjug. 3) **1.** Gâcher. *Elle est intelligente et jolie, ce qui ne gâte rien.* **2. se gâter,** devenir mauvais. *Le temps se gâte, il va pleuvoir.*
▶ Autres mots de la famille : dégât, ② gâté, gâteux.

gâterie n. f. Petit cadeau, friandise. ▷ Mot de la famille de ① gâter.

gâteux, gâteuse adj. *Une personne gâteuse,* dont la mémoire et l'intelligence sont diminuées par l'âge. *Une vieille dame un peu gâteuse.* ▷ Mot de la famille de ② gâter.

gauche adj. et n. f.
■ adj. **1.** Du côté du cœur. ▮ contraire : ② **droit.** *Paul s'est cassé la jambe gauche. – Le côté gauche d'une chose,* le côté de la main gauche. *Le côté gauche d'un bateau s'appelle bâbord.* **2.** Maladroit et embarrassé. *Un garçon timide et gauche.* ▮ contraires : **adroit, habile.**
■ n. f. **1.** Le côté gauche. *Louise s'est assise à la gauche d'Alex.* ▮ contraire : ② **droite.** *Tournez à gauche au prochain croisement,* du côté gauche. **2.** Ensemble des personnes qui ont des idées avancées et veulent le progrès en politique et dans la société. ▮ contraire : ② **droite.** *Un homme de gauche.*

▸ **gaucher, gauchère** adj. Qui se sert de la main gauche pour écrire, manger, etc. *Léa est gauchère.* ▮ contraire : **droitier.**

▸ **gaucherie** n. f. Maladresse. *Des gestes pleins de gaucherie.* ▮ contraires : ① **adresse, dextérité, habileté.**

gaufre n. f. Pâtisserie faite avec une pâte légère, cuite dans un moule formé de deux plaques dessinant de petits carrés en relief sur la pâte.

▸ **gaufré, gaufrée** adj. *Tissu, papier gaufré,* à motifs imprimés en relief ou en creux.

▸ **gaufrette** n. f. Petit gâteau sec rectangulaire, quadrillé comme une gaufre et formé de très fines feuilles de pâte superposées.

▸ **gaufrier** n. m. Moule à gaufres.

gaule n. f. **1.** Bâton long et mince. *On fait tomber les noix de l'arbre avec une gaule.* **2.** Canne à pêche. ▮ homonyme : goal.

▸ **gauler** v. (conjug. 3) Frapper les branches des arbres pour en faire tomber les fruits. *On gaule les noix à l'automne.*

gaulois, gauloise adj. De la Gaule. *Les prêtres gaulois.* ➜ **druide.** *Un poète gaulois.* ➜ ① **barde.** – n. *Les Gaulois,* les habitants de la Gaule.

se gausser v. (conjug. 4) Se moquer ouvertement de quelqu'un. ➜ **railler.**
▶ Ce mot appartient au langage soutenu.

gave n. m. Torrent, dans les Pyrénées. *Le gave de Pau.*

gaver v. (conjug. 3) **1.** *Gaver une oie, un canard,* les faire manger de force et beaucoup pour les engraisser. *On gave les oies et les canards pour faire du foie gras.* **2. Se gaver** de quelque *chose,* c'est en manger trop. *Louise s'est gavée de chocolats et maintenant elle a mal au cœur.* → se **bourrer,** se **goinfrer.**

gavial n. m. (pl. **gavials**) Grand crocodile, au museau étroit et très allongé, qui vit dans les fleuves de l'Inde. → planche **Reptiles** et amphibiens. *Les gavials se nourrissent surtout de charognes.* → aussi **alligator** et **caïman.**

gavial

gaz n. m. **1.** Substance qui n'est ni liquide, ni solide. *L'air est un mélange de plusieurs gaz.* **2.** *Le gaz,* c'est un combustible que l'on utilise pour le chauffage et la cuisson des aliments. → planche **Énergie.** *Une chaudière à gaz.* **3.** *Mettre les gaz,* accélérer. *Le pilote de l'avion a mis les gaz.* ▮ homonyme : gaze.

▶ Autres mots de la famille : biogaz, dégazage, dégazer, gazer, gazeux, gazoduc.

gaze n. f. Tissu très léger que l'on utilise pour faire des pansements. *Une compresse de gaze.* ▮ homonyme : gaz.

gazelle n. f. Animal de la famille de l'antilope, aux cornes arquées et aux longues pattes très fines, qui vit en troupeaux dans les régions chaudes et sèches d'Afrique et d'Asie. → planche **Savane.**

gazer v. (conjug. 3) Tuer par asphyxie avec un gaz toxique. *De nombreux Juifs ont été gazés dans les camps nazis.* ▷ Mot de la famille de gaz.

gazeux, gazeuse adj. **1.** Qui est de la nature du gaz. *La vapeur d'eau, c'est de l'eau à l'état gazeux.* **2.** Qui contient du gaz. *Une boisson gazeuse est pétillante.* ▷ Mot de la famille de gaz.

gazoduc n. m. Très gros tuyau qui transporte le gaz d'un endroit à un autre sur une longue distance. ▷ Mot de la famille de gaz.

gazole n. m. Carburant utilisé dans les moteurs diesels.
▶ Ce mot est la forme française de l'anglais *gas oil,* formé de *gas* «gaz, essence» et *oil* «huile». • On dit aussi *gasoil.*

gazon n. m. Herbe courte, fine et serrée que l'on a semée. → **pelouse.** *Une tondeuse à gazon.*

gazouiller v. (conjug. 3) **1.** *Les oiseaux gazouillent,* ils font un bruit doux et léger. → **chanter, pépier. 2.** *Le bébé gazouille,* il fait entendre des sons qui ne sont pas encore des mots. → **babiller, jaser.**

▶ **gazouillis** [gazuji] n. m. Bruit léger fait par un oiseau ou un bébé.

geai [ʒɛ] n. m. Oiseau de la taille d'un pigeon, au plumage beige, bleu et noir. → planches **Forêt, oiseaux.** ▮ homonymes : jais, jet.

géant n. m. et adj.**, géante** n. f. et adj.
▪ n. Personne de très grande taille. ▮ contraire : **nain.** *Les géants des contes de fées.* – *Marcher à pas de géant,* en faisant de très grands pas.
▪ adj. Très grand. → **énorme, gigantesque.** *Un écran géant. Une sucette géante.* ▮ contraire : **minuscule.**

gecko n. m. Lézard des pays tempérés ou chauds. *En France, les geckos vivent sur la côte méditerranéenne.*

gecko

geindre v. (conjug. 55) Faire entendre des cris faibles et longs. *Le malade a geint toute la nuit.*

→ **gémir,** se **plaindre.** *Arrête de geindre !* de te lamenter.

▸ **geignard, geignarde** adj. Qui geint et se plaint sans cesse. *Une petite fille geignarde. Un ton geignard.* → **pleurnichard.**

① **gel** n. m. Passage de l'eau à l'état solide. *Cette plante supporte le gel.* → aussi ① **gelée,** ② **glace.** ▮ contraire : **dégel.**

▶ Autres mots de la famille : antigel, congélateur, congeler, décongeler, dégel, dégeler, engelure, gelé, ① gelée, geler, surgelé, surgeler.

② **gel** n. m. Crème translucide à base d'eau et d'huile. *Alex met du gel sur ses cheveux pour les fixer.*

▸ **gélatine** n. f. Matière molle et transparente, un peu élastique, obtenue en faisant bouillir des os ou des algues. *On utilise la gélatine pour fabriquer de la colle, des bonbons, des médicaments.*

▸ **gélatineux, gélatineuse** adj. Qui ressemble à de la gélatine. *Les méduses sont gélatineuses.*

▶ Autres mots de la famille : ② gelée, gélule.

gelé, gelée adj. **1.** Transformé en glace. *Un lac gelé.* **2.** Très abîmé par le froid. *L'alpiniste avait les doigts gelés.* **3.** Qui a très froid. *Louise n'est pas assez couverte, elle est gelée.* → **transi ;** fam. **frigorifié.** *J'ai les pieds gelés.* → **glacé.** ▷ Mot de la famille de ① gel.

① **gelée** n. f. Très grand froid qui provoque le passage de l'eau à l'état solide. *La météo prévoit des gelées matinales.* ▷ Mot de la famille de ① gel.

② **gelée** n. f. **1.** Sauce de viande devenue solide en refroidissant. *Nous avons mangé du bœuf en gelée.* **2.** Confiture faite avec du jus de fruit cuit au sucre. *De la gelée de groseille.* ▷ Mot de la famille de ② gel.

geler v. (conjug. 7a) **1.** Se transformer en glace. *L'eau gèle à 0°.* ▮ contraires : **dégeler, fondre.** *Cet hiver, le lac a gelé.* **2.** *Cette nuit, il gèlera,* la température descendra en dessous de 0°. **3.** Familier. Avoir très froid. *Ferme la fenêtre, on gèle ici !* → **grelotter.** ▷ Mot de la famille de ① gel.

gélule n. f. Petite capsule en gélatine qui contient un médicament en poudre, que l'on doit avaler. ▷ Mot de la famille de ② gel.

gémir v. (conjug. 11) Pousser de petits cris pour se plaindre parce que l'on a mal. → **geindre.** *Le malade gémissait dans son sommeil.*

▸ **gémissement** n. m. Cri faible et plaintif. *Un gémissement de douleur.*

gemme n. f. Pierre précieuse. *Les diamants, les émeraudes, les rubis sont des gemmes.*

gênant, gênante adj. **1.** Qui dérange, empêche que quelque chose se fasse normalement. ▮ contraires : ② **commode,** ② **pratique.** *Les talons très hauts sont gênants pour courir. Cette musique est très gênante, je ne peux pas travailler.* **2.** Qui met mal à l'aise. → **embarrassant.** *Il lui a posé une question gênante.* ▷ Mot de la famille de gêne.

gencive n. f. Chair qui recouvre la base des dents. *Le dentiste lui a fait une piqûre dans la gencive.*

gendarme n. m. et f. (→ ÉTYM.) Militaire chargé de faire respecter la loi et de protéger les gens. *Les gendarmes arrêtent les automobilistes qui roulent trop vite.*

▸ se **gendarmer** v. (conjug. 4) Parler fort et d'un ton menaçant. *Elle s'est gendarmée pour se faire obéir par ses élèves.* → se **fâcher.**

▸ **gendarmerie** n. f. **1.** *La gendarmerie nationale,* l'ensemble des gendarmes. **2.** Bâtiment dans lequel se trouvent les bureaux et les logements des gendarmes. *Il va porter plainte à la gendarmerie.*

▷ Mots de la famille de gens et de arme.

gendre n. m. Mari de la fille. *Voici notre gendre.* → **beau-fils.**

gène n. m. Partie du noyau de la cellule qui porte et transmet les caractères héréditaires. → aussi **génétique.** ▮ homonyme : gêne.

gêne n. f. **1.** Difficulté que l'on ressent pour faire quelque chose. *L'asthme provoque une gêne respiratoire.* **2.** Situation désagréable, embarrassante. *Je veux bien rester dîner, mais j'espère que cela ne vous cause aucune gêne.* → **dérangement.** *Vivre dans la gêne,* manquer d'argent. **3.** Impression désagréable que l'on éprouve devant quelqu'un quand on est mal à l'aise. → **embarras,** ② **trouble.** *Il y a eu un mo-*

ment de gêne au début de la soirée. ▮ homonyme : gène.

▸ **gêné, gênée** adj. Qui éprouve ou manifeste de la gêne, de l'embarras. *Ne soyez pas gêné. – Un silence gêné s'est installé.*

▸ Autres mots de la famille : gênant, gêner, gêneur, sans-gêne.

généalogie n. f. Ensemble des personnes dont on descend. → **ascendance.**

▸ **généalogique** adj. *L'arbre généalogique de quelqu'un,* c'est un tableau en forme d'arbre qui représente tous ses ancêtres et ses descendants.

gêner v. (conjug. 3) **1.** Empêcher que quelque chose se fasse normalement. *Les travaux gênent la circulation.* **2.** Être désagréable. → **déranger.** *Ce bruit me gêne pour travailler.* **3.** Mettre mal à l'aise. → **embarrasser.** *Cela le gêne de parler en public.* – **se gêner,** s'imposer des contraintes, se sentir mal à l'aise. *Ne vous gênez pas, faites comme chez vous.* ▷ Mot de la famille de gêne.

① **général** n. m. (pl. **généraux**), **générale** n. f. Officier qui a le grade le plus élevé dans l'armée de terre et dans l'armée de l'air.

② **général, générale** adj. **1.** Qui s'applique à un ensemble de personnes, de choses. ▮ contraires : **individuel, particulier.** *Le député a exposé les principes généraux de son projet. – En règle générale,* dans la majorité des cas. **2.** Qui concerne tout le monde, une chose tout entière. *Sa proposition a provoqué l'enthousiasme général. Du haut des remparts, on a une vue générale de la région,* une vue qui montre la région tout entière. ▮ contraire : **partiel.** **3.** *En général,* le plus souvent, d'habitude. *Il se lève tôt, en général.* → **généralement.**

▸ **généralement** adv. Dans la plupart des cas. → en **général, habituellement.** *Généralement, ils passent Noël en famille.* ▮ contraires : **exceptionnellement, jamais, rarement.**

▸ **généraliser** v. (conjug. 3) **1.** Appliquer quelque chose à tout le monde. *On a généralisé le stationnement payant dans les grandes villes.* **2.** Dire qu'une chose s'applique à tout le monde alors qu'elle ne s'applique qu'à un certain nombre. *Il ne faut pas généraliser.*

▸ **se généraliser** v. **1.** Se répandre, devenir général. *L'usage de l'ordinateur s'est généralisé.* **2.** S'étendre. *L'infection s'est généralisée, elle a atteint tout le corps du malade.* ▮ contraire : se **localiser.**

▸ **généraliste** n. m. et f. Médecin qui soigne l'ensemble du corps. ▮ contraire : **spécialiste.**

▸ **généralités** n. f. pl. Choses que l'on dit ou que l'on écrit, qui ne sont pas précises et n'expliquent pas en détail. *Il a commencé son exposé par des généralités.*

générateur n. m., **génératrice** n. f. Machine qui produit de l'électricité. *La dynamo qui produit la lumière sur un vélo est une génératrice.*

génération n. f. Groupe de personnes qui ont à peu près le même âge. *Les enfants, les parents et les grands-parents appartiennent à trois générations différentes.*

généreux, généreuse adj. Qui donne beaucoup. ▮ contraires : **avare, égoïste, mesquin, radin.** *C'est une femme généreuse.*

▸ **généreusement** adv. De façon généreuse. *Elle l'a servi généreusement de gâteau.*

▸ Autre mot de la famille : générosité.

① **générique** n. m. Liste des noms de toutes les personnes qui ont collaboré à un film, à une émission de télévision. *Les acteurs, le metteur en scène et les techniciens figurent au générique du film.*

② **générique** adj. **1.** *Un terme générique,* un terme qui désigne un genre, une catégorie d'objets. *« Véhicule » est un terme générique qui désigne les voitures, les camions, les autobus, les deux-roues.* **2.** *Un médicament générique,* qui n'a pas le même nom et qui est moins cher qu'un médicament de marque. *Un produit générique,* sans marque.

générosité n. f. Qualité d'une personne qui donne beaucoup, qui donne plus que ce que l'on donne d'habitude. ▮ contraires : **avarice, mesquinerie.** *Nous vous remercions de votre générosité.* ▷ Mot de la famille de généreux.

genèse n. f. Manière dont une chose s'est mise à exister. *Dans la Bible, la Genèse est l'histoire de la création du monde. – L'écrivain raconte au journaliste la genèse de son roman.* → **élaboration.**

genêt n. m. Petit arbuste sauvage dont les fleurs jaunes sentent très bon. *Le genêt ressemble à l'ajonc, mais n'a pas d'épines.*

genêt

génétique adj. et n. f.
▪ adj. Qui concerne l'hérédité. → **héréditaire.** *Les lois génétiques. Une maladie génétique,* due à une anomalie d'un ou plusieurs gènes.
▪ n. f. Science qui étudie les lois de l'hérédité.

gêneur n. m., **gêneuse** n. f. Personne qui empêche de faire ce que l'on veut faire, qui gêne. → **importun.** ▷ Mot de la famille de **gêne.**

genévrier n. m. Arbuste épineux qui produit les baies de genièvre.

① **génie** n. m. **1.** Être imaginaire qui a des pouvoirs magiques. *Le bon génie d'un conte de fées.* **2.** Ensemble des dons exceptionnels qui permettent de créer et d'inventer des choses que les autres n'auraient pas pu trouver. *Mozart avait du génie. Un inventeur de génie. Une idée de génie.* → **génial.** **3.** Personne qui a du génie. *Ce mathématicien est un génie.*

▸ **génial, géniale** adj. **1.** Qui a du génie. *Un écrivain génial. Une invention géniale,* inspirée par le génie. – Au masc. pl. *géniaux.* **2.** Familier. Formidable, extraordinaire. *Un film génial.* → **extra,** ① **super.**

▶ Autres mots de la famille : s'**ingénier, ingénieux, ingéniosité.**

② **génie** n. m. Ensemble des services chargés de construire les routes, les ponts, les barrages, etc.

▶ Autre mot de la famille : **ingénieur.**

genièvre n. m. Petite baie violette ou noire très parfumée produite par le genévrier. *On met des baies de genièvre dans la choucroute.*

génisse n. f. Jeune vache qui n'a pas encore eu de veau.

génital, génitale adj. Qui concerne la reproduction, chez les hommes et les animaux. *L'appareil génital,* les organes sexuels. *Les organes génitaux du mâle sont différents de ceux de la femelle.* → **sexuel.**

génocide n. m. Massacre systématique de tous les hommes de même origine, d'une même religion ou d'un même pays. *L'extermination des Juifs par les nazis, pendant la Seconde Guerre mondiale, est un génocide.*

genou n. m. (pl. **genoux**) Endroit où s'articule la cuisse sur la jambe. *Léa a de l'eau jusqu'aux genoux. Louise s'est assise sur les genoux de son père. Se mettre à genoux,* poser ses genoux à terre.

▸ **genouillère** n. f. Accessoire qui sert à protéger le genou. *Théo met des genouillères quand il fait du roller.*

▶ Autre mot de la famille : s'**agenouiller.**

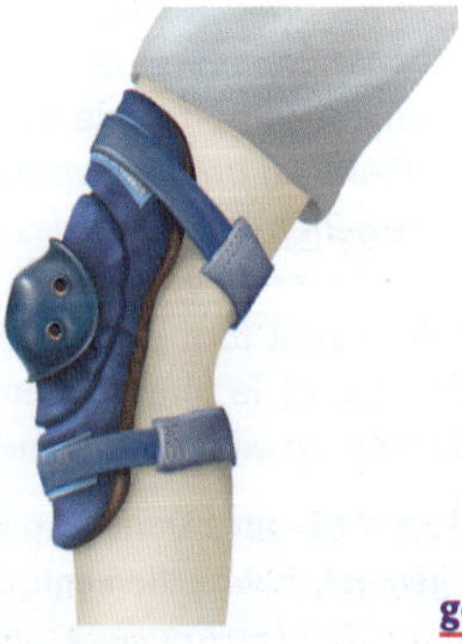

genouillère

genre n. m. **1.** Groupe de personnes ou de choses ayant des caractères communs. → **espèce.** *Le genre humain,* l'ensemble des êtres humains. *J'aime bien ce genre de chaussures.* → **sorte, type.** **2.** Façon de s'habiller ou de se comporter. *Cette fille a mauvais genre,* elle est vulgaire. *Ce n'est pas mon genre de faire cela,* ce n'est pas dans mes manières, mes habitudes. **3.** Catégorie grammaticale suivant laquelle un nom est masculin ou féminin. *«Chat» est un mot du genre masculin, «prune» un mot du genre féminin.* ➜ aussi **nombre.**

gens n. m. pl. **1.** Personnes, hommes, femmes ou enfants, dont on ne précise pas le nombre. *Il y a des gens dans la rue. En août, beaucoup de gens sont en vacances.* – Quand l'adjectif précède *gens,* il se met au féminin. On dit *des gens vieux* mais *de vieilles gens.* **2.** *Des jeunes gens,* des jeunes garçons et des jeunes filles. *Un groupe de jeunes gens discute devant le cinéma. – Dans cette école, il y a des jeunes filles et des jeunes gens.* – Dans ce sens, *jeunes gens* est le pluriel de *jeune homme.*

▶ Autres mots de la famille : gendarme, se gendarmer, gendarmerie.

gentiane [ʒɑ̃sjan] n. f. Plante à fleurs bleues, violettes ou jaunes qui pousse dans la montagne. ➜ planche **Plantes** et santé.

gentiane

gentil, gentille adj. **1.** Aimable, serviable. *Louise est très gentille avec son petit frère.* ▮ contraire : **méchant.** *Un chien gentil.* ➜ **doux.** *Le maire a eu un mot gentil pour tous ses adjoints.* ➜ **agréable, aimable. 2.** Sage et tranquille. *Les enfants ont été gentils aujourd'hui.* ▮ contraires : **désagréable, insupportable. 3.** Joli, mignon. *C'est gentil chez vous.* ➜ **charmant.**

▶ Autres mots de la famille : gentillesse, gentiment.

gentilhomme [ʒɑ̃tijɔm] n. m. Autrefois, homme noble. *Ce gentilhomme a été présenté au roi.* – Au pl. *Des gentilshommes* [ʒɑ̃tizɔm].
▷ Mot de la famille de homme.

gentillesse n. f. **1.** Qualité d'une personne gentille. *Sa mère est d'une grande gentillesse. Pourriez-vous avoir la gentillesse de m'aider ?* ➜ **amabilité.** ▮ contraires : **dureté, méchanceté. 2.** Parole ou action gentille, aimable. *Elle nous a dit des gentillesses.* ▷ Mot de la famille de gentil.

gentiment adv. Avec gentillesse. ➜ **aimablement.** *Il nous a aidés très gentiment.* ▮ contraire : **méchamment.** ▷ Mot de la famille de gentil.

gentleman [dʒɑ̃tləman] n. m. (➜ ÉTYM.) Homme très bien élevé. *Il s'est conduit en parfait gentleman.* – Au pl. *Des gentlemans.*
▶ On utilise parfois le pluriel anglais *des gentlemen* [dʒɑ̃tləmɛn].

géo- Préfixe d'origine grecque qui signifie «terre» (ex. : *géographie, géologique, géomètre*).

géographie n. f. (➜ ÉTYM.) Science qui décrit la surface de la Terre, son relief, son climat, sa végétation, son économie, sa population. *Un livre de géographie. Des cartes de géographie.* ➜ aussi **atlas.**

▸ **géographe** n. m. et f. Spécialiste de géographie.

▸ **géographique** adj. Qui concerne la géographie. *Une carte géographique.*

geôle [ʒol] n. f. Prison, cachot.
▶ Ce mot appartient au langage soutenu.

▸ **geôlier** [ʒolje] n. m., **geôlière** [ʒoljɛʀ] n. f. Gardien, gardienne de prison. *Le prisonnier a réussi à échapper à ses geôliers.*

géologie n. f. Science qui étudie le sol et le sous-sol de la Terre, la manière dont ils se sont formés et se transforment encore.

▸ **géologique** adj. Qui concerne la géologie. *Les temps géologiques,* les grandes périodes de l'histoire de la Terre.

▸ **géologue** n. m. et f. Spécialiste de la géologie. *Des géologues étudient le sous-sol de la région.*

géomètre n. m. et f. Personne dont le métier est de mesurer des terrains, de faire des plans.

géométrie n. f. Partie des mathématiques qui étudie les lignes, les surfaces, les volumes. → planche **Géométrie.**

▸ **géométrique** adj. *Une figure géométrique,* aux formes simples et régulières. → planche **Géométrie.** *Le carré, le cercle, le trapèze sont des figures géométriques.*

géostationnaire adj. *Un satellite géostationnaire* semble immobile quand on l'observe de la Terre. ▷ Mot de la famille de station.

géothermie n. f. Énergie qui utilise la chaleur des profondeurs de la Terre. → planche **Énergie.** *La géothermie est un mode de chauffage naturel.*

▸ **géothermique** adj. *L'énergie géothermique,* tirée de la chaleur interne de la Terre.

gérance n. f. Le fait de diriger, d'administrer à la place du propriétaire. → aussi **gérant.** *Un magasin en gérance.* ▷ Mot de la famille de gérer.

géranium [ʒeʀanjɔm] n. m. Plante à fleurs rouges, blanches ou roses. *Il y a des pots de géraniums sur le balcon.*

gérant n. m., **gérante** n. f. Personne qui s'occupe d'un magasin ou d'un immeuble à la place du propriétaire. → aussi **gérance, gestion.** ▷ Mot de la famille de gérer.

gerbe n. f. **1.** *Une gerbe de fleurs,* un gros bouquet de fleurs à longues tiges. *Une gerbe de blé,* une botte de blé. **2.** *Une gerbe d'eau,* de l'eau qui jaillit en forme de gerbe. *La baleine projette des gerbes d'eau.*

gerbille n. f. Petit rongeur du désert, de la même famille que le rat et la souris. → planche **Désert.**

gerboise n. f. Petit rongeur d'Asie et d'Afrique, aux pattes arrière très longues. *La gerboise se déplace en sautant.*

gercer v. (conjug. 5a) Se fendiller, se couvrir de petites crevasses. *Quand il fait très froid, on a parfois les lèvres qui gercent. – Avoir les lèvres gercées.*

▸ **gerçure** n. f. Petite fente de la peau. *Elle a des gerçures aux mains.* → **crevasse.**

gérer v. (conjug. 8) **1.** S'occuper d'un commerce, d'une entreprise, d'un immeuble. → ① **administrer, diriger ;** et aussi **gestion.** *Ce magasin est bien géré.* **2.** S'occuper de ses propres affaires. *C'est sa femme qui gère le budget de la famille.*

▸ Autres mots de la famille : gérance, gérant, ingérence, s'ingérer.

germain, germaine adj. *Des cousins germains,* des cousins qui ont le même grand-père ou la même grand-mère. *La fille de mon oncle et de ma tante est ma cousine germaine.*

germanique adj. Qui concerne les Germains, peuples barbares du nord et de l'est de l'Europe. *Les invasions germaniques.*

germe n. m. (→ ÉTYM.) **1.** Toute petite partie d'un œuf ou d'une graine qui, en se développant, donne naissance à un être vivant. → aussi **embryon. 2.** Première pousse qui sort d'une graine. *Des germes de soja.* **3.** Microbe qui provoque une maladie. *Le germe responsable d'une infection.*

▸ **germer** v. (conjug. 3) **1.** Produire un germe. *Les pommes de terre ont germé.* **2.** Se former, se développer. *Cette idée a germé dans mon esprit.*

▸ **germination** n. f. Moment où une plante fait sortir son germe. *Les haricots ont besoin de chaleur et d'humidité pendant leur germination.*

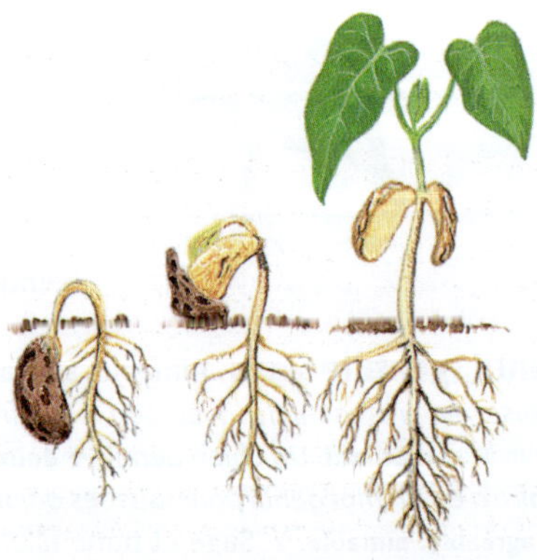

la **germination** du haricot

gésier n. m. Une des poches de l'estomac des oiseaux où sont broyés les aliments.

gésir v. (conjug. on emploie seulement *je gis, tu gis, il gît, nous gisons, vous gisez, ils gisent ; je gisais, etc. ; gisant.*) **1.** Être couché, étendu en restant immobile. *La victime gisait, inanimée.* **2.** Être éparpillé. *Les vêtements de Julie gisent au milieu de la chambre.* **3.** *Ci-gît Voltaire,* ici est enterré Voltaire.
▶ Ce mot appartient au langage soutenu.
▶ Autres mots de la famille : gisant, gisement, gîte.

gestation n. f. (→ ÉTYM.) Période pendant laquelle une femelle vivipare porte ses petits. *La durée de la gestation est d'environ 8 semaines chez la chatte.*

① **geste** n. f. *Une chanson de geste,* c'est un grand poème du Moyen Âge qui raconte les exploits d'un héros. *La «Chanson de Roland» est une chanson de geste.*

② **geste** n. m. **1.** Mouvement des bras, des mains, de la tête. *Paul fait un geste de la main pour dire au revoir.* **2.** Action gentille, généreuse. *C'est un beau geste de l'avoir aidé.*

▸ **gesticuler** v. (conjug. 3) Faire beaucoup de gestes. *Arrête de gesticuler !*
▶ Autre mot de la famille : gestuel.

gestion n. f. Le fait de diriger une affaire. → **gérance** et aussi **gérer.** *Il s'occupe de la gestion de l'usine.*

▸ **gestionnaire** n. m. et f. Personne chargée de la gestion d'une entreprise, d'une affaire. *Une excellente gestionnaire.*

gestuel, gestuelle adj. Qui se fait avec des gestes. *Le langage gestuel des sourds et des malentendants.* ▷ Mot de la famille de ② geste.

geyser [ʒɛzɛʀ] n. m. Source d'eau chaude qui jaillit par moments. → planche **Volcans.** *Il y a de nombreux geysers en Islande.*
▶ Ce mot vient de l'islandais *Geysir,* nom d'une source d'eau chaude d'Islande qui signifie «celui qui jaillit».

ghetto [geto] n. m. Quartier où des gens vivent séparés du reste de la population. *Les Juifs du ghetto de Varsovie se révoltèrent contre les nazis en 1943 et furent massacrés.*
▶ C'était le nom du quartier juif de Venise.

gibbon n. m. Singe d'Asie, sans queue et aux bras très longs.

gibecière [ʒibsjɛʀ] n. f. Sac dans lequel le chasseur met les bêtes qu'il a tuées.

gibet n. m. Assemblage de poutres où l'on pendait les condamnés à mort. → **potence.**

gibier n. m. Ensemble des animaux que l'on chasse pour les manger. *Le gibier se mange faisandé.*

giboulée n. f. Pluie soudaine qui dure peu de temps, quelquefois accompagnée de vent et de grêle. → **averse.** *Les giboulées de mars.*

giboyeux, giboyeuse adj. *Un endroit giboyeux,* où il y a beaucoup de gibier. *Une forêt giboyeuse.*

gicler v. (conjug. 3) Jaillir en éclaboussant. *L'encre a giclé partout.*

▸ **giclée** n. f. Jet. *Alex a envoyé une giclée d'encre sur son cahier.*

gifle n. f. Coup donné du plat de la main sur la joue de quelqu'un. → **claque.** *Une paire de gifles.*

▸ **gifler** v. (conjug. 3) Donner une gifle. *Elle l'a giflé.*

geyser

giga- Préfixe d'origine grecque qui se place devant une unité de mesure et la multiplie par un milliard.

gigantesque adj. Très grand. → **énorme, géant.** *Le mammouth était un animal gigantesque.* ▮ contraire : **minuscule.**

gigogne adj. *Des tables gigognes,* qui s'emboîtent les unes dans les autres. – *Des*

a b c d e f g h i j k l m n o p q r s t u v w x y z

la géométrie

La géométrie est l'étude mathématique de l'espace avec la description des figures et des lignes qui peuvent s'y trouver. On distingue les figures planes en deux dimensions et les solides qui sont des volumes en trois dimensions.
La géométrie a été inventée il y a plus de 2500 ans par des savants de la Grèce antique.

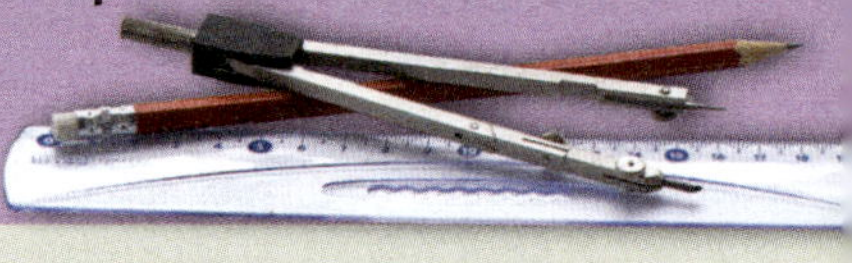

lignes

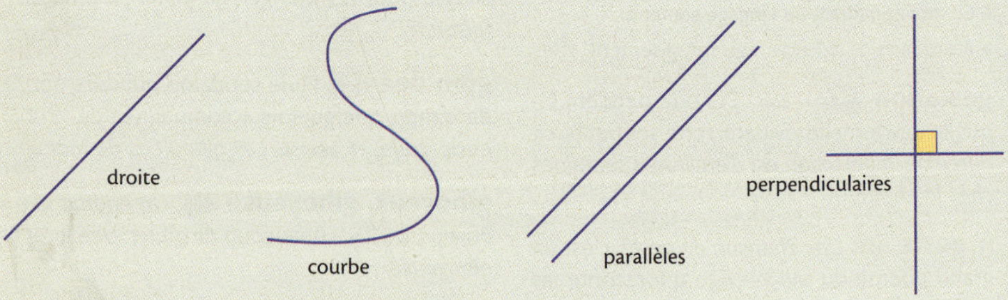

lignes intérieures

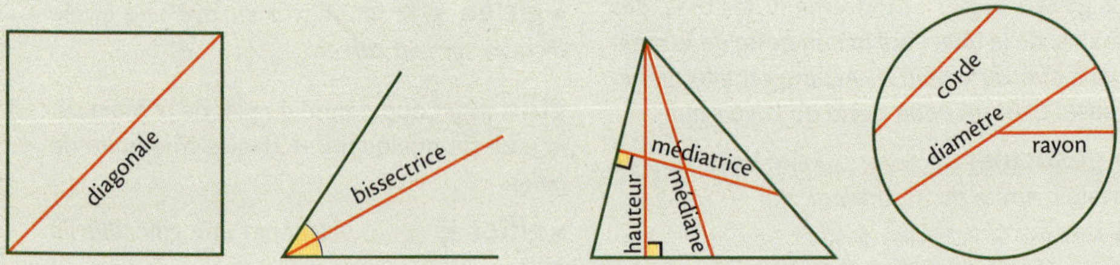

angles

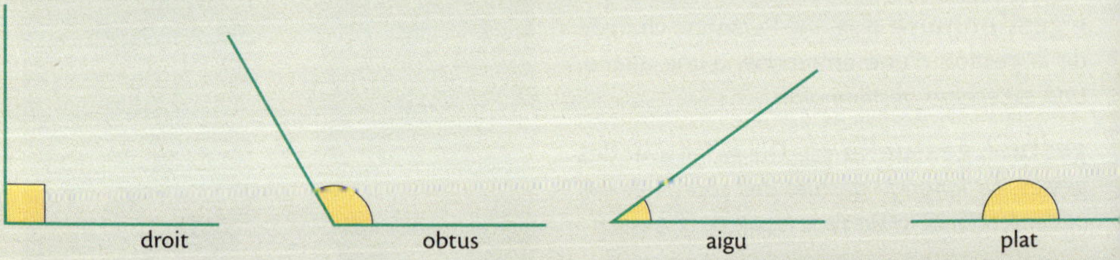

Les formes géométriques, présentes dans la nature, sont une source d'inspiration pour les artistes.

figures

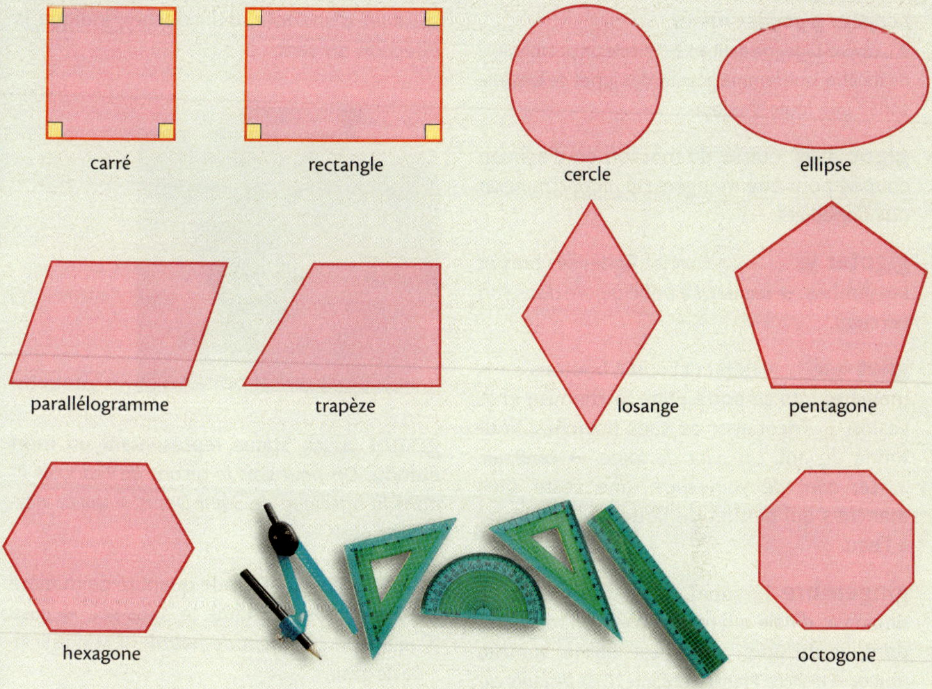

figures (triangles)

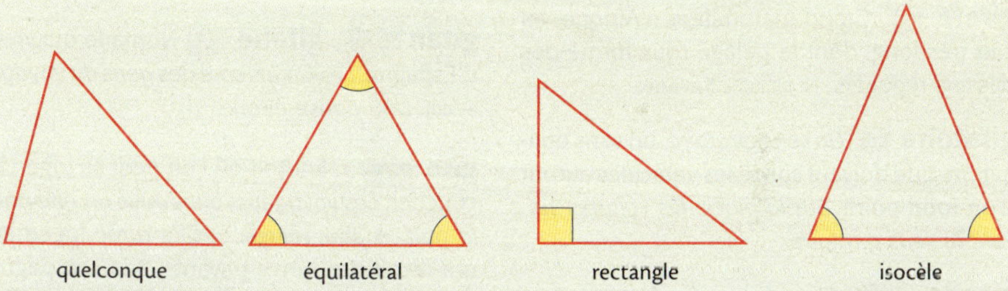

solides

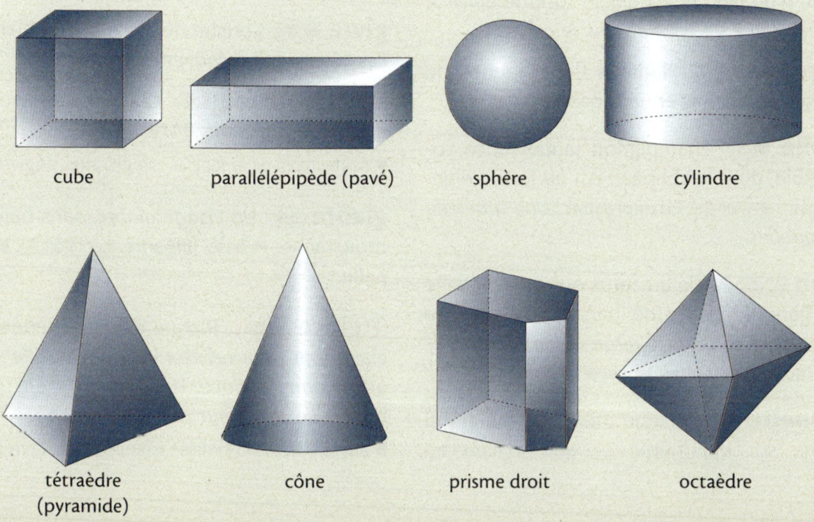

poupées gigognes russes.

La *mère Gigogne* était au 17e siècle un personnage de théâtre, une femme géante, des jupes de laquelle sortait une foule d'enfants.

gigot n. m. Cuisse de mouton ou d'agneau coupée pour être mangée. *Du gigot d'agneau aux flageolets.*

gigoter v. (conjug. 3) Familier. Agiter ses bras et ses jambes. → **remuer.** *Le bébé gigote dans son berceau.*

gilet n. m. **1.** Vêtement court à boutons, sans manches, qui se porte entre la chemise et le veston. **2.** Tricot avec ou sans manches, boutonné devant. *Un gilet de laine.* → **cardigan.** **3.** *Un gilet de sauvetage,* une veste sans manches qui permet de flotter si l'on tombe à l'eau.

gingembre [ʒɛ̃ʒɑ̃bʀ] n. m. Grande herbe originaire d'Asie qui ressemble à un roseau et dont le rhizome séché est utilisé comme épice. → planche **Plantes** et santé. *Des biscuits au gingembre.*

girafe n. f. Grand mammifère d'Afrique, au cou très long, dont le pelage roux forme des dessins réguliers. → planche **Savane.**

giratoire adj. *Un sens giratoire,* un sens obligatoire que doivent suivre les véhicules autour d'un rond-point. *Sur la place, les voitures suivent le sens giratoire.*

girofle n. m. *Clou de girofle,* bouton desséché de la fleur d'un arbre exotique, qui a la forme d'un clou et est utilisé comme épice. *Il y a des clous de girofle dans le curry.*

▸ **giroflée** n. f. Plante à fleurs jaunes ou rousses disposées en grappes.

girolle n. f. Champignon jaune foncé comestible, dont le chapeau est en forme d'entonnoir. → planche **Champignons.** *Une omelette aux girolles.*

giron n. m. Partie du corps qui va de la taille aux genoux, chez une personne assise. *Le bébé est blotti dans le giron de sa mère.*

Ce mot appartient au langage soutenu.

girouette n. f. Plaque mince de métal qui tourne sur elle-même et qui, placée au sommet d'une tour, d'un clocher, indique la direction du vent.

girouette

gisant n. m. Statue représentant un mort étendu. *On peut voir le gisant de François Ier dans la basilique de Saint-Denis.* ▷ Mot de la famille de gésir.

gisement n. m. Grande quantité de matière minérale présente dans le sous-sol. → aussi ③ **mine.** *Un gisement de pétrole.* ▷ Mot de la famille de gésir.

ci-gît → **gésir**

gitan n. m., **gitane** n. f. Nomade qui vient d'Espagne. *Les Gitans sont des gens du voyage.* – adj. *Une danse gitane.*

gîte n. m. **1.** Endroit où l'on peut se loger, se coucher. *Les voyageurs ont trouvé un gîte pour la nuit.* → **abri, refuge.** **2.** *Gîte rural,* logement qui reçoit des hôtes payants, à la campagne. **3.** Endroit où s'abrite un animal. *Le gîte d'un lièvre.* → **tanière, terrier.** ▷ Mot de la famille de gésir.

givre n. m. Couche de glace fine et blanche. *Les vitres sont recouvertes de givre.*

▸ **givré, givrée** adj. Couvert de givre. *Les arbres du parc sont givrés.*

▸ Autres mots de la famille : dégivrage, dégivrer.

glabre adj. *Un visage glabre,* sans barbe ni moustache. → aussi **imberbe.** ▮ contraires : **barbu, poilu.**

① **glace** n. f. **1.** Plaque de verre traitée spécialement pour refléter les images. *Elle se regarde dans la glace.* → **miroir.** **2.** Vitre d'un véhicule. *Le chauffeur relève sa glace.*

▸ Autres mots de la famille : essuie-glace, lave-glace.

② glace n. f. **1.** Eau congelée. *Les enfants patinent sur la glace. Les cristaux de glace ont une forme d'étoile.* – *Briser la glace,* faire cesser la gêne, dans une réunion. **2.** Crème glacée ou sorbet. *Une glace à la vanille.* ➜ aussi ② **esquimau.**

▸ **glacer** v. (conjug. 5a) **1.** Donner très froid. *Ferme la fenêtre, ce courant d'air me glace.* **2.** Faire si peur que l'on reste cloué sur place. *Les hurlements du loup les glacèrent d'horreur.* **3.** Intimider, rendre incapable de réagir. *Il a un regard qui glace ses interlocuteurs.* ➜ **pétrifier** et aussi **glacial.**

▸ **glacé, glacée** adj. **1.** *Une crème glacée,* une glace à base de crème fraîche. **2.** *Des marrons glacés,* confits et recouverts d'une fine couche de sucre. **3.** Très froid. *Un verre d'eau glacée. Tu as le bout du nez glacé.* ➜ **gelé.** ▮ contraires : **bouillant, brûlant. 4.** *Papier glacé,* brillant et lisse. ▮ contraire : **mat.**

▸ **glaciaire** adj. **1.** Qui est fait de glace. *Les pôles sont recouverts d'une calotte glaciaire.* **2.** *La période glaciaire,* où les glaciers se sont développés sur la Terre. ▮ homonyme : glacière.

▸ **glacial, glaciale** adj. **1.** Très froid. *Un vent glacial.* **2.** Qui intimide par sa froideur. *Un accueil glacial.* ▮ contraire : **chaleureux.** – Au masc. pl. *glacials* ou *glaciaux.*

▸ **glacier** n. m. **1.** Grand champ de glace en haute montagne, formé par l'accumulation de couches de neige. ➜ **névé** et aussi **moraine.** ➜ planche **Eau.** *Les glaciers des Alpes.* **2.** Fabricant ou marchand de glaces et de sorbets.

▸ **glacière** n. f. Boîte tapissée d'une matière isolante qui garde au froid. *Le pique-nique est au frais dans la glacière.* ▮ homonyme : glaciaire.

▸ **glaçon** n. m. Petit morceau de glace. *Il met des glaçons dans son jus d'orange.*

▸ Autre mot de la famille : brise-glace.

gladiateur n. m. Dans la Rome antique, homme qui combattait contre une bête féroce ou d'autres hommes, pour distraire les spectateurs. *Les combats de gladiateurs avaient lieu dans l'arène.*

glaïeul n. m. Plante à feuilles longues et pointues et à grandes fleurs rouges, roses, jaunes ou blanches disposées en épi d'un seul côté de la tige.

glaise n. f. Terre grasse qui, imbibée d'eau, forme une pâte avec laquelle on peut faire des briques, des tuiles, des poteries. ➜ **argile.** *Le potier modèle un vase dans la glaise.* – adj. *De la terre glaise.*

glaive n. m. Grosse épée courte et large à deux tranchants, utilisée autrefois. *Le glaive d'un soldat romain.*

gland n. m. Fruit du chêne. *Les écureuils mangent des glands.*

glande n. f. Organe du corps qui produit une sécrétion. *La salive, la sueur, les larmes sont produites par des glandes. La thyroïde est une glande qui sécrète des hormones.*

glaner v. (conjug. 3) **1.** Ramasser dans un champ les épis qui restent après la moisson. *Autrefois, les pauvres allaient glaner du blé.* **2.** Recueillir en divers endroits des détails, des informations. *L'inspecteur a glané quelques informations sur le suspect.* ➜ **grappiller.**

glapir v. (conjug. 11) Pousser de petits cris brefs et aigus. *Le renard et le lapin glapissent.*

▸ **glapissement** n. m. Cri aigu. *Les glapissements d'un chacal.*

glas [gla] n. m. Tintement lent et grave d'une cloche d'église qui sert à annoncer que quelqu'un est mort. *Les cloches sonnent le glas.*

combat de **gladiateurs**

a b c d e f **g** h i j k l m n o p q r s t u v w x y z

glatir v. (conjug. 11) Pousser son cri, en parlant de l'aigle.

▸ **glatissement** n m. Cri de l'aigle.

glauque adj. D'un vert qui rappelle l'eau de mer. ➜ **verdâtre.** *L'eau du lac est glauque quand il pleut.*

glisser v. (conjug. 3) **1.** Se déplacer d'un mouvement continu sur une surface lisse en restant en contact avec elle. *Louise a glissé sur une feuille morte. La voiture glisse sur le verglas.* ➜ **déraper. 2.** *Le verre lui a glissé des mains,* il lui est tombé des mains. ➜ **échapper. 3.** Ne pas insister. *C'est un problème sur lequel il vaut mieux glisser.* **4.** Faire passer dans un endroit étroit, introduire adroitement ou discrètement. *Le facteur glisse une lettre dans la boîte.* – **se glisser,** s'introduire, se faufiler. *Léa s'est glissée sous les couvertures.*

▸ **glissade** n. f. Mouvement que l'on fait en glissant. *Le patineur fait des glissades sur la glace.*

▸ **glissant, glissante** adj. Où l'on glisse facilement. *Il a plu, la route est glissante.*

▸ **glisse** n. f. *Les sports de glisse,* ce sont les sports où l'on glisse. *Le ski, le surf, la planche à voile sont des sports de glisse.*

▸ **glissement** n. m. *Un glissement de terrain,* un déplacement du sol le long d'une pente. *La pluie a provoqué un glissement de terrain.*

▸ **glissière** n. f. **1.** Rainure ou rail permettant de faire glisser, coulisser un objet. *Une porte à glissière,* qui s'ouvre et se ferme en coulissant le long d'un rail. *Une fermeture à glissière.* **2.** *Une glissière de sécurité,* une bordure métallique qui retient les voitures en cas d'accident. *L'autoroute est bordée de glissières de sécurité.*

▶ Autres mots de la famille : aéroglisseur, hydroglisseur.

global, globale adj. Qui s'applique à un ensemble, un tout. ➜ **total.** *Une somme globale.* ▮ contraire : **partiel.** – Au masc. pl. *globaux.*

▸ **globalement** adv. D'une manière globale, dans l'ensemble. *Le bilan est globalement positif.*

glycine

globe n. m. **1.** Boule creuse en verre, en cristal, entourant une ampoule électrique ou recouvrant un objet pour le protéger. **2.** Boule. ➜ **sphère.** *Le globe oculaire,* l'œil. **3.** *Le globe terrestre* ou *le globe,* la Terre. *Une partie du globe.*

▶ Autres mots de la famille : globule, globuleux.

globe-trotteur n. m., **globe-trotteuse** n. f. ou **globe-trotter** [glɔbtʀɔtœʀ ; glɔb tʀɔtɛʀ] n. m. Personne qui parcourt le monde entier. *Les reporteurs sont souvent de vrais globe-trotteurs* (ou *globe-trotters*).

◗ Ce mot vient de l'anglais *globe* « globe terrestre » et de *trotter* « coureur ». • Écrire *globe-trotteur, globe-trotteuse,* avec le suffixe *-eur,* est conforme à la nouvelle orthographe.

globule n. m. Petite cellule arrondie que l'on trouve dans certains liquides du corps. *Le sang contient des globules rouges et des globules blancs.*

▸ **globuleux, globuleuse** adj. *Des yeux globuleux,* qui ressortent de l'orbite. *Les grenouilles ont des yeux globuleux.*

▷ Mots de la famille de globe.

gloire n. f. Célébrité et admiration de tous. *Ce film lui a apporté la gloire.* ➜ **renommée.** *Un acteur au sommet de sa gloire,* très célèbre. – *À la gloire de,* en l'honneur de. *L'Arc de Triomphe a été élevé à la gloire de la Grande Armée.*

glorieux, glorieuse adj. Qui donne de la gloire. *La glorieuse carrière d'un champion.*

se glorifier v. (conjug. 9) *Se glorifier de quelque chose,* en tirer de la gloire. *Alex se glorifie de passer dans la classe supérieure.* ➜ se **vanter.**

glorioile n. f. Vanité que l'on tire de petites choses. *Il raconte ses succès par gloriole.*

glousser v. (conjug. 3) 1. *La poule glousse,* elle pousse des cris brefs et répétés. 2. Rire en poussant de petits cris. *La plaisanterie de Julie fait glousser Léa.*

▸ **gloussement** n. m. 1. Cri de la poule. 2. Petit rire. *On entend des gloussements au fond de la classe.*

glouton, gloutonne adj. Qui mange beaucoup et très vite, en engloutissant les aliments. ➜ **goinfre, goulu, vorace.** – n. *Quelle gloutonne !*

▸ **gloutonnerie** n. f. Comportement d'une personne gloutonne. ➜ **goinfrerie, voracité.**

glu n. f. Liquide épais et visqueux qui colle très fort. *La glu sert à prendre des insectes.*

▸ **gluant, gluante** adj. Visqueux et collant. ➜ **poisseux.** *Un champignon gluant.*

glucide n. m. *Les glucides,* les aliments qui contiennent du sucre et les féculents. ➜ aussi **lipide, protéine.** *Les glucides donnent de l'énergie à l'organisme.* ➜ planche **Alimentation.**

glycine n. f. Plante grimpante dont les fleurs mauves, blanches ou rose pâle, qui forment des grappes pendantes, sentent très bon.

gnome [gnom] n. m. Petit personnage des contes, souvent laid et difforme. ➜ **lutin, nain.**

gnou [gnu] n. m. (pl. **gnous**) Animal d'Afrique du Sud, de la famille de l'antilope, au corps lourd, à la tête épaisse munie de cornes recourbées, au pelage gris-brun. ➜ planche **Savane.** *La migration des gnous.*

gnou

goal [gol] n. m. Gardien de but, au football, au hockey ou au handball. *Le goal a bloqué le ballon.* ▮ homonyme : gaule.
▶ C'est un mot anglais qui signifie «but».

gobelet n. m. Petit récipient pour boire, plus haut que large et sans pied. ➜ **godet.** *Des gobelets en carton.*

gober v. (conjug. 3) 1. Avaler brusquement en aspirant, sans mâcher. *Les oiseaux gobent les mouches.* 2. Familier. Croire naïvement. *Elle gobe tout ce qu'on lui raconte.*

godasse n. f. Familier. Chaussure.

godet n. m. Verre large et peu profond, sans pied. ➜ **gobelet.** *Le peintre rince ses pinceaux dans un godet rempli d'eau.*

godille n. f. Rame unique placée à l'arrière d'un bateau. *Le pêcheur avance à la godille.*

▸ **godiller** v. (conjug. 3) Manœuvrer à la godille.

godillot n. m. (➜ ÉTYM.) Familier. Grosse chaussure de marche.

goéland n. m. Oiseau de mer à la tête blanche et au corps gris et blanc, de la taille d'une grosse mouette. ➜ planche **Océan.** *Les goélands vivent en colonies.*

goélette n. f. Bateau à voiles léger, à deux mâts.

goémon n. m. Algues rejetées par la mer. *À marée basse, la plage est couverte de goémon.* ➜ **varech.**

goguenard, goguenarde adj. Qui a l'air de se moquer gentiment. *Un sourire goguenard.* ➜ **moqueur, narquois, railleur.**

goinfre n. m. Personne qui mange trop et salement. *Alex mange comme un goinfre.* – adj. *Il est goinfre.* ➜ **glouton, goulu.**

▸ se **goinfrer** v. (conjug. 4) Familier. Manger trop et salement. *Léa s'est goinfrée de bonbons.* ➜ se **bourrer,** se **gaver.**

▸ **goinfrerie** n. f. Manière de manger du goinfre. ➜ **gloutonnerie, voracité.**

goitre n. m. Déformation de l'avant du cou qui devient très gros. *Il a été opéré d'un goitre.*

golf n. m. Sport qui consiste à faire entrer une balle dans une série de trous répartis sur un vaste terrain recouvert d'herbe, en la frappant

a b c d e f g h i j k l m n o p q r s t u v w x y z

avec une sorte de canne, appelée *club. Un grand terrain de golf comprend dix-huit trous.* ▮ homonyme : golfe.

◗ Ce mot vient de l'anglais.

golf

golfe n. m. Endroit où la mer avance profondément à l'intérieur des terres et forme un bassin ouvert. ➜ aussi **anse,** ① **baie, crique.** *Le golfe de Gascogne.* ▮ homonyme : golf.

gomme n. f. **1.** Petit bloc de caoutchouc ou de plastique, qui sert à effacer. **2.** Matière collante et transparente qui coule de certains arbres quand on fend l'écorce. *La gomme de l'hévéa s'appelle le latex.* **3.** *Une boule de gomme,* un bonbon fait avec une sorte de résine et du sucre.

▸ **gommer** v. (conjug. 3) Effacer avec une gomme. *Théo gomme un mot.*

▸ **gommé, gommée** adj. *Du papier gommé,* c'est du papier qui colle quand on le mouille. *Une enveloppe gommée.*

▸ **gommette** n. f. Petit morceau de papier gommé. *Les enfants décorent leur cahier avec des gommettes.*

gond n. m. **1.** Pièce métallique sur laquelle tourne une porte ou une fenêtre. *La porte pivote sur ses gonds.* **2.** *Sortir de ses gonds,* se mettre en colère.

gondole n. f. Barque longue et plate, aux extrémités relevées et recourbées. *À Venise, les touristes se promènent en gondole sur les canaux.*

▶ Autre mot de la famille : gondolier.

gondoler v. (conjug. 3) Se déformer en devenant bombé à certains endroits et en se creusant à d'autres. *Le papier peint a gondolé.* – **se gondoler,** se déformer. *Les volets de bois se sont gondolés à cause de l'humidité.*

gondolier n. m. Batelier qui conduit une gondole. ▷ Mot de la famille de gondole.

gonfler v. (conjug. 3) **1.** Remplir d'air, de gaz. *Alex gonfle un ballon en soufflant dedans.* **2.** Augmenter de volume. ➜ **grossir.** *Louise est tombée, son genou a gonflé.* ➜ **enfler.** *La pâte gonfle dans le four.* ➜ ① **lever.**

▸ **gonflable** adj. Qui doit être rempli d'air pour avoir sa forme. *Un matelas gonflable.* ➜ **pneumatique.** *L'airbag est un coussin gonflable.*

▸ **gonflage** n. m. Action de gonfler. *L'automobiliste vérifie le gonflage des pneus de sa voiture.* ➜ **pression.**

▸ **gonflé, gonflée** adj. **1.** Rempli d'air ou de gaz. *Les pneus de cette voiture ne sont pas assez gonflés.* **2.** Plus gros que d'habitude. *Louise a pleuré, elle a les yeux gonflés.* ➜ **bouffi.**

▸ **gonflement** n. m. État de ce qui est gonflé. ➜ **enflure.**

▸ **gonfleur** n. m. Appareil qui sert à envoyer de l'air. *Il gonfle sa bouée avec un gonfleur.*

▶ Autres mots de la famille : dégonfler, regonfler.

gong n. m. Plateau de métal suspendu sur lequel on frappe avec un maillet pour qu'il résonne. *Dans un match de boxe, le coup de gong annonce la fin d'un round.*

gondole

goret n. m. Jeune cochon. → **porcelet.**

gorge n. f. **1.** Intérieur du cou, à partir du fond de la bouche. → aussi **gosier, pharynx.** *Julie a mal à la gorge.* **2.** Partie avant du cou. *Le chien a sauté à la gorge du malfaiteur.* **3.** Vallée étroite et très encaissée au fond de laquelle coule un cours d'eau. → aussi **canyon, défilé.** *Les gorges du Tarn.*

▸ **gorgé, gorgée** adj. Complètement imprégné de liquide. *Après l'orage, la terre est gorgée d'eau.* → **saturé.**

▸ **gorgée** n. f. Petite quantité de liquide que l'on avale d'un seul coup. *Une gorgée d'eau.*

▸ Autres mots de la famille : coupe-gorge, égorger, engorger, regorger, se rengorger, rouge-gorge.

gorille n. m. Grand singe d'Afrique équatoriale qui marche à quatre pattes. → planches **Mammifères,** espèces **menacées.** *Le gorille est le plus grand et le plus fort des singes.*

gosier n. m. Partie de la gorge qui contient certains organes de la voix. *Les enfants chantent à plein gosier,* à tue-tête.

gosse n. m. et f. Familier. Enfant. → fam. **gamin, môme.**

gothique adj. *Le style gothique,* c'est une forme d'architecture qui s'est répandue en Occident après l'art roman, du Moyen Âge à la Renaissance. → planche **Cathédrale.** *Les cathédrales gothiques ont des voûtes en forme d'arc brisé, des fenêtres hautes ornées de vitraux et des clochers pointus.* → aussi **ogive.**

gouache n. f. Peinture à l'eau, assez épaisse. *Des tubes de gouache.*

goudron n. m. Pâte noire et visqueuse à odeur forte, que l'on utilise pour recouvrir les routes, les trottoirs. → **asphalte, bitume** et aussi **macadam.**

▸ **goudronner** v. (conjug. 3) Recouvrir de goudron. *Les ouvriers goudronnent la route.*

gouffre n. m. **1.** Trou très profond et assez large. → **abîme, précipice.** *Les spéléologues sont descendus au fond du gouffre.* **2.** Ce qui fait dépenser beaucoup d'argent. *Cette vieille maison est un gouffre, il y a sans cesse des travaux à faire !*

▸ Autre mot de la famille : engouffrer.

style **gothique**

goujat n. m. Homme grossier, mal élevé, dont le manque de délicatesse est blessant et choquant. → **malotru,** ② **mufle, rustre.** *Ce goujat m'a claqué la porte au nez.*

goujon n. m. Petit poisson de rivière que l'on mange en friture. → planche **Rivière.**

goulet n. m. Passage étroit. *Le port communique avec la mer par un goulet.*

goulot n. m. Partie la plus étroite d'une bouteille dans laquelle est enfoncé le bouchon. *Il boit au goulot.*

goulu, goulue adj. (→ ÉTYM.) Qui se précipite sur la nourriture, mange beaucoup et vite. → **glouton, goinfre.**

▸ **goulûment** ou **goulument** adv. Avec gloutonnerie. *Paul mange goulûment,* trop et trop vite.

▸ Écrire *goulument,* sans accent circonflexe comme *absolument, résolument,* est conforme à la nouvelle orthographe.

goupillon n. m. **1.** Brosse étroite et cylindrique, dont les poils sont au bout d'une longue tige. *On nettoie les biberons avec un goupillon.* **2.** Boule de métal creuse et percée de trous, montée au bout d'un manche, servant à asperger d'eau bénite. *Le prêtre bénit la foule des fidèles avec le goupillon.*

gourd, gourde adj. Engourdi et comme paralysé par le froid. *Léa a les doigts gourds.*

▶ Autres mots de la famille : dégourdi, dégourdir, engourdi, engourdir, engourdissement.

① **gourde** n. f. Bidon en métal ou en plastique, qui sert à transporter la boisson.

② **gourde** n. f. Familier. Personne un peu bête et maladroite. → **idiot.** *Il ne comprend jamais rien, quelle gourde ! –* adj. *Ce qu'elle est gourde !* → **empoté.** ▮ contraire : **dégourdi.**

gourdin n. m. Gros bâton lourd et solide. → **massue, matraque, trique.** *Des malfaiteurs armés de gourdins.*

se **gourer** v. (conjug. 4) Familier. Se tromper. *Elle s'est encore gourée.*

gourmand, gourmande adj. Qui aime manger de bonnes choses et en mange beaucoup. *Julie est très gourmande. –* n. *Un gourmand a fini le gâteau.*

▶ **gourmandise** n. f. Caractère d'une personne gourmande. *Je vais reprendre du gratin par gourmandise.*

gourmet n. m. Personne qui reconnaît et apprécie la cuisine raffinée et le bon vin. *Un fin gourmet.* → **gastronome.**

gourmette n. f. Bracelet en forme de chaîne dont les mailles sont aplaties. *Une gourmette en or.*

gourou n. m. (pl. **gourous**) Personne très écoutée et suivie par les adeptes d'une secte.

gousse n. f. **1.** Enveloppe allongée qui renferme des graines. *Les petits-pois sont dans une gousse.* → **cosse.** *Une gousse de vanille.* **2.** *Une gousse d'ail,* chacune des parties d'une tête d'ail.

goût n. m. **1.** Un des cinq sens, grâce auquel on peut reconnaître la saveur de ce que l'on mange. *La langue et le palais sont les organes du goût.* **2.** Saveur. *Ces pêches ont très bon goût.* **3.** *Avoir du goût pour quelque chose,* l'aimer. *Théo a du goût pour la lecture. Avoir le goût du risque,* aimer prendre des risques. **4.** *Avoir du goût,* savoir reconnaître ce qui est beau de ce qui est laid. *Julie a bon goût. – Une plaisanterie de mauvais goût,* vulgaire.

▶ ① **goûter** v. (conjug. 3) **1.** Manger ou boire un petit peu d'une chose pour savoir quelle saveur elle a. *Le cuisinier goûte la sauce pour voir si elle est assez salée.* **2.** Prendre un repas léger dans l'après-midi. *Les enfants goûtent en rentrant de l'école.* → aussi ② **goûter.** ▮ homonyme : goutter.

▶ ② **goûter** n. m. Repas que l'on prend dans l'après-midi. *Paul a mangé un pain au chocolat pour son goûter.* ▮ homonyme : goutter.

▶ Autres mots de la famille : arrière-goût, avant-goût, dégoût, dégoûtant, dégoûté, dégoûter, ragoût, ragoûtant.

goutte n. f. **1.** Très petite quantité de liquide qui prend une forme arrondie. *On entend les gouttes de pluie tomber. Une goutte de sang. – Suer à grosses gouttes,* transpirer beaucoup. *Se ressembler comme deux gouttes d'eau,* beaucoup. *– Goutte à goutte,* une goutte après l'autre. *– C'est la goutte d'eau qui fait déborder le vase,* la petite chose pénible qui vient s'ajouter au reste et qui fait qu'on ne supporte plus la situation. **2.** Très petite quantité de boisson. *Une goutte de cognac.* → **doigt, larme.** **3.** *Des gouttes,* médicament liquide qui se prend sous forme de gouttes. *Quand on est enrhumé, on se met des gouttes dans le nez.*

▶ **goutte-à-goutte** n. m. inv. Appareil qui permet de faire passer très lentement un médicament en perfusion.

▶ **gouttelette** n. f. Petite goutte. *Les fleurs sont recouvertes de gouttelettes de rosée.*

▶ **goutter** v. (conjug. 3) Couler goutte à goutte. *Le robinet est mal fermé, il goutte.* ▮ homonymes : ① et ② goûter.

▶ **gouttière** n. f. Canal étroit qui borde les toits et recueille les eaux de pluie.

▶ Autres mots de la famille : compte-goutte, égout, égoutier, égoutter, égouttoir, tout-à-l'égout.

gouvernail n. m. (pl. **gouvernails**) Appareil mobile placé sur un bateau ou un avion, qui sert à le diriger. ➔ planches **Avions, bateaux.** *La barre du gouvernail.* ▷ Mot de la famille de gouverner.

gouvernail

gouvernant n. m. Personne qui dirige un pays, qui est au pouvoir. ➔ **dirigeant.** ▷ Mot de la famille de gouverner.

gouvernante n. f. Femme dont le métier est de s'occuper d'enfants, de les garder et de les élever, au domicile de leurs parents. ➔ **nurse.** ▷ Mot de la famille de gouverner.

gouvernement n. m. Ensemble des personnes qui dirigent un pays. *En France, le gouvernement est constitué par le Premier ministre et les ministres.*

▸ **gouvernemental, gouvernementale** adj. Du gouvernement. *La politique gouvernementale.* – Au masc. pl. *gouvernementaux.*
▷ Mots de la famille de gouverner.

gouverner v. (conjug. 3) **1.** Exercer le pouvoir politique. *C'est une lourde responsabilité de gouverner un pays.* **2.** Diriger un bateau. *Le navigateur gouverne vent arrière.*
▶ Autres mots de la famille : gouvernail, gouvernant, gouvernante, gouvernement, gouvernemental.

goyave [gɔjav] n. f. Fruit tropical de la taille d'une mandarine, très sucré et rafraîchissant. ➔ planche **Fruits.** *De la confiture de goyaves.*

GPS [ʒepeɛs] n. m. Appareil électronique qui permet de savoir exactement où l'on est et où l'on va. *Voiture équipée d'un GPS.*

grabat n. m. Lit misérable.

▸ **grabataire** adj. Qui ne peut pas quitter son lit. *Un malade grabataire.*

grabuge n. m. Familier. Dispute bruyante qui provoque des dégâts. *La discussion dégénère, il va y avoir du grabuge.*

grâce n. f. **1.** Charme et beauté dans les mouvements d'une personne, dans son attitude. *La danseuse évolue avec grâce.* ➔ **élégance.** ▮ contraire : **lourdeur. 2.** Pardon. *Le président de la République a accordé sa grâce au condamné,* il a décidé que le condamné ne ferait pas les années de prison qu'il devait faire. ➔ aussi **gracier. 3.** *Faire quelque chose de bonne grâce,* en y mettant de la bonne volonté. *Il nous a aidés de bonne grâce.* **4.** *Être dans les bonnes grâces de quelqu'un,* être bien vu par lui. **5.** *Grâce à,* à l'aide de. *Les oiseaux volent grâce à leurs ailes.* ▮ contraires : à **cause** de, **malgré.**

▸ **gracier** v. (conjug. 9) Accorder son pardon à quelqu'un qui doit subir une peine. *Le condamné a été gracié par le président.*

▸ **gracieux, gracieuse** adj. **1.** Charmant, élégant. *Léa est très gracieuse quand elle danse.* **2.** *À titre gracieux,* gratuitement. *Elle est logée à titre gracieux.*

▸ **gracieusement** adv. **1.** Avec charme, élégance. *La danseuse s'incline gracieusement.* **2.** Sans avoir à payer. *Un cadeau sera remis gracieusement à chaque acheteur.* ➔ **gratuitement.**
▶ Autres mots de la famille : disgrâce, disgracieux.

goyave

gracile adj. Mince et délicat. *Un corps gracile.* ▮ contraires : **épais, trapu.**

gradation n. f. Progression par degrés. *Une gradation de couleurs.* ➔ aussi **dégradé.**

grade n. m. Rang dans le classement militaire. *Le grade de colonel est au-dessus de celui de capitaine. Monter en grade,* avoir de l'avancement.

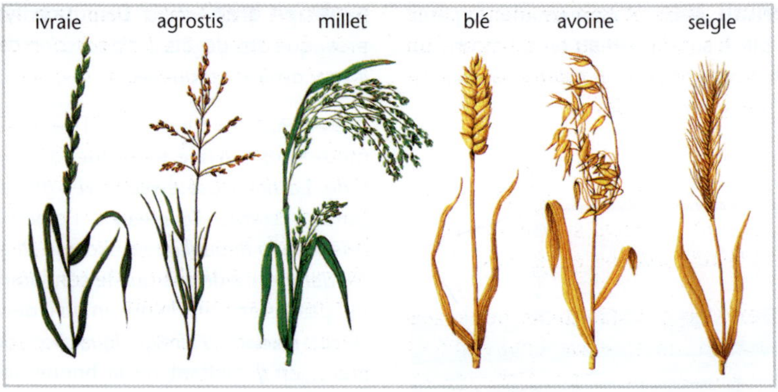

graminées

▸ **gradé** n. m., **gradée** n. f. Militaire qui a un grade inférieur à celui d'officier. *Les caporaux sont de simples gradés.*

gradin n. m. Chacun des bancs disposés en étages, comme des marches d'escalier. *Au cirque, les spectateurs sont assis sur des gradins.* ➜ planche **Cirque.**

graduer v. (conjug. 3) **1.** Diviser en mettant des traits. *Le thermomètre est gradué,* divisé en degrés. – *Une règle graduée,* où sont indiqués les centimètres et les millimètres. **2.** Augmenter peu à peu. *Les exercices du livre sont gradués,* ils sont de plus en plus difficiles.

▸ **graduation** n. f. Petit trait qui indique les divisions d'un thermomètre, d'une règle.

▸ **graduel, graduelle** adj. Qui se fait petit à petit, par degrés. ➜ **progressif**. *On observe, depuis plusieurs jours, un réchauffement graduel de la température.* ▮ contraires : **brusque, brutal.**

▸ **graduellement** adv. Par degrés, progressivement. *La température remonte graduellement.*

graffiti n. m. Inscription, dessin griffonné sur un mur. *Des murs couverts de graffitis.* ➜ aussi **tag.**

▸ C'est un mot italien qui veut dire «inscriptions sur les murs».

graillon n. m. Mauvaise odeur de graisse frite. *Cela sent le graillon dans ce restaurant.*

grain n. m. **1.** Fruit ou graine d'une céréale. *On broie les grains de blé pour faire de la farine. La fermière lance du grain aux poules.* ➜ aussi **granivore. 2.** Petit fruit de certaines plantes. *Les grains de café sont torréfiés. Des grains de raisin.* **3.** Toute petite parcelle. *Louise a un grain de sable dans l'œil.* **4.** *Un grain de beauté,* une petite tache brune sur la peau. **5.** *Le grain d'un papier,* l'aspect de sa surface. **6.** Très petite quantité. *Un grain de fantaisie.* ➜ **brin. 7.** Coup de vent violent, soudain et bref, accompagné d'une averse. **8.** Familier. *Avoir un grain,* être un peu fou.

▸ **graine** n. f. **1.** Partie d'une plante qui, une fois dans la terre, donne naissance à une autre plante. ➜ **semence.** *Le jardinier sème des graines d'œillets. Les lentilles et les fèves sont des graines que l'on peut manger.* **2.** *En prendre de la graine,* suivre l'exemple de quelqu'un, tirer une leçon de quelque chose.

▸ **grainetier** [gʀɛntje] n. m., **grainetière** [gʀɛntjɛʀ] n. f. Personne qui vend des graines, des oignons de fleurs, des bulbes.

graisse n. f. **1.** Substance grasse qui se trouve sous la peau. *Des bourrelets de graisse.* **2.** Matière grasse tirée des animaux ou des végétaux. *Le beurre est une graisse animale, l'huile une graisse végétale.* **3.** Produit gras qui sert à lubrifier les moteurs, les pièces mécaniques. ➜ **cambouis.**

▸ **graisser** v. (conjug. 3) Enduire de graisse. *Le mécanicien graisse le moteur.* ➜ **huiler, lubrifier.**

▶ **graissage** n. m. Action de mettre de la graisse sur les parties d'un moteur ou d'un mécanisme qui bougent. *Le garagiste fait la vidange et le graissage de la voiture.*
▶ Autre mot de la famille : engraisser.

graminées n. f. pl. Plantes à tige cylindrique et creuse, dont les fleurs sont groupées en épis. *Les céréales sont des graminées.*

grammaire n. f. 1. Ensemble des règles qu'il faut connaître et suivre pour écrire et parler correctement une langue. *Des fautes de grammaire.* 2. Livre, manuel où sont expliquées les règles de grammaire.

grammatical, grammaticale adj. De la grammaire. *Les règles grammaticales.* – Au masc. pl. *grammaticaux.*

gramme n. m. 1. Unité de poids. *Un bifteck de deux cents grammes (200 g).* 2. Très petite quantité. *Il n'a pas un gramme de bon sens.*
▶ Autres mots de la famille : centigramme, décagramme, décigramme, kilogramme, milligramme.

grand adj., n. m. et adv., **grande** adj. et n. f.
■ adj. 1. De haute taille. *Louise est grande pour son âge.* ▮ contraire : **petit.** 2. Qui a atteint un certain âge. *Théo aimerait être pompier quand il sera grand. Les grandes personnes,* les adultes. *C'est son grand frère,* son frère aîné. ▮ contraire : **petit.** 3. Plus long que ce que l'on voit habituellement. *De grands pieds. Un grand couteau.* ▮ contraire : **petit.** 4. Vaste, étendu. *Ils ont un grand appartement.* ▮ contraire : **exigu.** 5. Très intense, très fort. *J'ai entendu un grand bruit.* ▮ contraire : **faible.** 6. Important. *Aujourd'hui, c'est un grand jour. J'ai une grande nouvelle à vous annoncer.* 7. Qui a du talent et est célèbre. *Victor Hugo est un grand écrivain français.*
■ n. Enfant plus âgé par rapport à un plus jeune. *La classe des grands.*
■ adv. 1. *Grand ouvert,* ouvert au maximum. *Des fenêtres grand ouvertes. Les yeux grand ouverts.* 2. *Voir grand,* avoir des projets ambitieux.

▶ **grand-chose** n. m. inv. *Pas grand-chose,* presque rien. *Je n'ai pas vu grand-chose.* ▷ Mot de la famille de chose.

▶ **grandement** adv. Dans une large mesure, beaucoup. *L'entraîneur a grandement contribué à la victoire de son équipe.*

▶ **grandeur** n. f. 1. Dimension, taille. *Des boîtes de toutes les grandeurs. Paul a dessiné une chaussure grandeur nature,* aux dimensions réelles. 2. Puissance et gloire. *L'Empire romain connut la grandeur puis la décadence.* 3. *Grandeur d'âme,* générosité, noblesse des sentiments.
▶ Autres mots de la famille : agrandir, agrandissement, grandir.

grandiloquent, grandiloquente adj. *Un discours grandiloquent,* avec de grands mots qui font de l'effet. ➜ **emphatique, pompeux.**

grandiose adj. Qui impressionne par sa grandeur et sa beauté. ➜ **majestueux.** *Un paysage grandiose.*

grandir v. (conjug. 11) 1. Devenir plus grand. *Paul a grandi de deux centimètres en un mois.* ▮ contraire : **rapetisser.** 2. Devenir plus fort, plus intense. ➜ **augmenter.** *Le vacarme grandissait.* ▮ contraire : **diminuer.** 3. Faire paraître plus grand. *Le microscope grandit les objets.* ➜ **agrandir.** ▮ contraire : **réduire.** – **se grandir,** se rendre plus grand. *Elle se grandit en mettant des talons hauts.* ▷ Mot de la famille de grand.

grand-mère n. f. Mère du père ou de la mère. *Louise passe ses vacances chez sa grand-mère.* ➜ **mamie.** – Au pl. *Des grands-mères.* ▷ Mot de la famille de mère.

à grand-peine adv. Avec beaucoup de mal, difficilement. *Il se déplace à grand-peine sur ses béquilles.* ▮ contraire : **facilement.** ▷ Mot de la famille de ② peine.

grand-père n. m. Père du père ou de la mère. *Son grand-père a 60 ans.* ➜ **papi.** – Au pl. *Des grands-pères.* ▷ Mot de la famille de père.

grands-parents n. m. pl. Les parents des parents. ➜ aussi **grand-mère, grand-père.** *Léa a encore ses quatre grands-parents.* ▷ Mot de la famille de parent.

a b c d e f g h i j k l m n o p q r s t u v w x y z

grange n. f. Bâtiment où l'on abrite les récoltes.

▶ Autre mot de la famille : engranger.

granit [gʀanit] n. m. Roche très dure dont la surface forme de petits grains. *Les vieilles maisons bretonnes sont en granit.*

On écrit aussi *granite.*

▶ **granitique** adj. *Une roche granitique,* qui contient du granit.

côte de **granit**

granivore adj. Qui se nourrit de grains, de graines. *Les oiseaux granivores.*

granule n. m. Petite pilule, très petit grain. *Des granules homéopathiques.*

▶ **granulé** n. m. Petit grain. *Un médicament en granulés. Son hamster mange des granulés.* ➜ **croquette.**

▶ **granuleux, granuleuse** adj. Recouvert de petits grains. *La toile émeri est granuleuse.*
contraire : **lisse.**

graphie n. f. Manière dont s'écrit un mot. ➜ **orthographe.** *Certains mots ont plusieurs graphies.*

graphique n. m. et adj.
▪ n. m. Dessin formé d'une ligne qui relie des points à différentes hauteurs. *Le graphique de la température d'un malade.* ➜ **courbe.**
▪ adj. Représenté par l'écriture. *Les lettres sont des signes graphiques.*

graphisme n. m. Manière de tracer des traits, de dessiner, particulière à une personne, à un artiste.

graphologie n. f. Étude de l'écriture de quelqu'un qui donne des indications sur ses traits de caractère.

grappe n. f. Ensemble serré de fleurs ou de grains accrochés sur une tige. *Une grappe de raisin.*

▶ **grappiller** v. (conjug. 3) **1.** Cueillir çà et là de petites quantités. *Les enfants grappillent des mûres sur le chemin.* **2.** Familier. Recueillir çà et là. *L'inspecteur a grappillé quelques indices pour son enquête.* ➜ **glaner.**

grappin n. m. Crochet à deux ou plusieurs branches, fixé au bout d'un cordage.

gras, grasse adj. **1.** Formé de graisse. *Le beurre et l'huile sont des matières grasses.* ➜ planche **Alimentation.** – n. m. *Le gras du jambon,* sa partie grasse. **2.** Gros. *La fermière a tué une oie bien grasse.* contraire : **efflanqué.** **3.** Enduit, sali de graisse. *Julie a essuyé ses mains grasses sur son pantalon.* **4.** Épais. *Le titre du chapitre est écrit en caractères gras. Une plante grasse,* aux feuilles épaisses et charnues. **5.** *Faire la grasse matinée,* se lever tard.

▶ **grassement** adv. Largement, généreusement. *Il est grassement payé.*

▶ **grassouillet, grassouillette** adj. Assez gras et potelé. ➜ **dodu.** *Un bébé grassouillet.*
contraire : **maigrichon.**

gratifier v. (conjug. 9) Donner en récompense, pour remercier. *La chanteuse gratifie ses fans de nombreux sourires.*

▶ **gratification** n. f. Somme d'argent que l'on donne à quelqu'un en plus de ce qu'on lui donne d'habitude. *À la fin de l'année, les ouvriers de l'usine ont eu une gratification.* ➜ 1 **prime.**

gratin n. m. Plat recouvert de fromage râpé ou de chapelure que l'on fait dorer dans le four. *Un gratin de courgettes.*

▶ **gratiner** v. (conjug. 3) Cuire au gratin. *Elle fait gratiner des pâtes.*

gratis [gʀatis] adv. Familier. Sans payer. ➜ **gratuitement.** *Ils ont assisté gratis au spectacle.*

Gratis est un mot latin.

gratitude n. f. Reconnaissance que l'on éprouve envers quelqu'un. *Il lui a manifesté sa gratitude en lui offrant des fleurs.* ▮ contraire : **ingratitude.**

gratte-ciel n. m. Immeuble très haut, qui a de très nombreux étages. ➜ ① **tour.** *Les gratte-ciels* ou *les gratte-ciel* (invariable) *de New York.* ▷ Mot de la famille de gratter et de ciel.

des **gratte-ciels**

gratter v. (conjug. 3) **1.** Frotter avec quelque chose de dur pour enlever un peu de ce qui est à la surface. *Il faut gratter la vieille peinture avant de repeindre.* ➜ **racler. 2.** Donner des démangeaisons. *Ce pull-over me gratte.* **3. se gratter,** frotter avec ses ongles ou ses griffes un endroit qui démange. *La chienne s'est grattée, elle doit avoir des puces.*

▸ **grattement** n. m. Bruit que l'on fait en grattant. *On entend les grattements du chat derrière la porte.*

▸ **grattoir** n. m. Instrument qui sert à gratter.

▸ Autre mot de la famille : gratte-ciel.

gratuit, gratuite adj. **1.** Que l'on a sans payer. *Un journal gratuit.* ▮ contraire : **payant. 2.** Qui est fait sans preuves. *Une accusation purement gratuite.* ▮ contraire : **fondé.**

▸ **gratuitement** adv. Sans payer. *Les enfants sont entrés au zoo gratuitement.* ➜ fam. **gratis.**

▸ **gratuité** n. f. Le fait d'être gratuit. *La gratuité de l'enseignement public.*

gravats [gʀava] n. m. pl. Débris de pierre, de plâtre, de briques, de béton venant d'une construction qui a été démolie. ➜ **décombres.** *Un tas de gravats.*

grave adj. **1.** Qui peut avoir des conséquences ennuyeuses. *Il a de graves ennuis.* ▮ contraire : **petit.** *Ne pleure pas, ce n'est pas grave !* ➜ **dramatique, tragique.** *Il a fait une grave erreur.* ➜ **grossier.** *Une maladie grave.* ▮ contraires : **anodin, bénin. 2.** Sérieux. *Le médecin prend un air grave.* ➜ **sombre.** ▮ contraire : **gai. 3.** *Une voix grave,* qui produit des sons bas. ▮ contraire : **aigu.**

▸ **gravement** adv. **1.** D'une façon importante, dangereuse. *Elle a été gravement blessée.* ➜ **grièvement, sérieusement. 2.** Avec beaucoup de sérieux. *Le président s'est adressé gravement aux citoyens.*

▸ Autres mots de la famille : aggravant, aggravation, aggraver, ① gravité.

graver v. (conjug. 3) **1.** Tracer quelque chose en creux sur une matière dure avec un instrument pointu. *Il a gravé ses initiales sur l'écorce d'un arbre.* **2.** *Graver un CD,* l'enregistrer. **3.** Fixer pour toujours dans l'esprit ou dans le cœur. *Ce souvenir est gravé dans ma mémoire.*

▸ **graveur** n. m., **graveuse** n. f. **1.** Personne qui grave des dessins. *Un graveur sur bois, sur pierre, sur métal.* **2.** n. m. Appareil utilisé pour graver des disques. *Un graveur de CD.*

▸ Autre mot de la famille : gravure.

gravier n. m. Ensemble de petits cailloux qui recouvrent les allées d'un jardin. *Le jardinier ratisse le gravier.*

gravillon n. m. Gravier très fin. *Il y a des gravillons sur la route.*

gravir v. (conjug. 11) Monter avec effort une pente difficile. ➜ **grimper.** *Les cyclistes gravissent lentement la côte.*

gravitation n. f. Phénomène selon lequel deux objets s'attirent avec une certaine force. ➜ **attraction,** ② **gravité, pesanteur.** *C'est Newton qui a découvert la gravitation.* ▷ Mot de la famille de ② gravité.

a b c d e f g h i j k l m n o p q r s t u v w x y z

① gravité n. f. **1.** Danger. *Une opération sans gravité.* **2.** Sérieux. *Le président a parlé avec gravité de la situation internationale.* ▷ Mot de la famille de **grave**.

② gravité n. f. Attraction, force qu'exerce la Terre. *Les objets tombent au sol sous l'effet de la gravité.* ➜ **pesanteur.**

▶ **graviter** v. (conjug. 3) Tourner sur son orbite autour d'un astre qui exerce une attraction. *La Terre gravite autour du Soleil, la Lune autour de la Terre.*

▶ Autre mot de la famille : **gravitation.**

gravure n. f. **1.** Art de graver un dessin sur une plaque que l'on recouvre d'encre et que l'on imprime ensuite sur un papier. *La gravure sur cuivre.* **2.** Image que l'on obtient à partir d'une planche gravée. ➜ **estampe.** *Un livre orné de gravures.* ▷ Mot de la famille de **graver.**

gré n. m. **1.** *Au gré de quelqu'un,* à son goût, comme il veut. *Faites à votre gré.* ➜ **guise.** *Théo est venu de son plein gré,* sans y être forcé. *Louise a obéi de bon gré,* avec plaisir. ➜ **volontiers.** *Julie ira en classe de gré ou de force,* qu'elle le veuille ou non. *Il a accepté bon gré mal gré,* en se résignant. **2.** *Savoir gré à quelqu'un de quelque chose,* lui en être reconnaissant. *Je vous sais gré de ce que vous avez fait pour moi.*

▶ Autres mots de la famille : **agréable, agréer, ① et ② agrément, agrémenter, désagréable, désagréablement, désagrément, malgré, maugréer.**

grec adj. et n. m., **grecque** adj. et n. f.
▪ adj. Qui concerne la langue et la civilisation de la Grèce. *L'Antiquité grecque. Les dieux grecs et les dieux romains.*
▪ n. **1.** Les habitants de la Grèce. *Les Grecs.* **2.** n. m. *Le grec :* la langue des Grecs. *De nombreux mots français viennent du grec.*

▶ **gréco-romain, gréco-romaine** adj. Qui concerne à la fois la civilisation de la Grèce et celle de la Rome de l'Antiquité. *Les monuments gréco-romains. La mythologie gréco-romaine.* ▷ Mot de la famille de **romain.**

gredin n. m., **gredine** n. f. Personne malhonnête. ➜ **canaille, crapule.**

gréer v. (conjug. 3) Mettre en place les voiles, les poulies et les cordages sur un bateau. *Le navigateur grée son voilier pour la régate.*

▶ **gréement** [gʀemɑ̃] n. m. Ensemble des objets et des appareils nécessaires à la manœuvre d'un bateau. *Les voiles, les poulies et les cordages forment le gréement.*

① greffe n. m. Bureau où l'on garde les dossiers des procès, les copies des jugements. *Le greffe du tribunal.*

▶ Autre mot de la famille : **greffier.**

② greffe n. f. **1.** Opération par laquelle on fixe une pousse ou une branche d'une plante sur une autre. *Le jardinier a fait une greffe sur un prunier.* **2.** Opération chirurgicale par laquelle on remplace un organe malade par un organe sain dans le corps d'un être humain ou d'un animal. *On lui a fait une greffe du rein.* ➜ aussi **transplantation.**

▶ **greffer** v. (conjug. 3) **1.** Faire une greffe à une plante. *Le jardinier a greffé un rosier.* **2.** Faire une greffe d'organe. *On lui a greffé un cœur.* ➜ aussi **transplanter.**

gravure (G. Doré)

grenades sur le **grenadier**

greffier n. m., **greffière** n. f. Personne qui s'occupe des dossiers conservés au greffe. ▷ Mot de la famille de ① greffe.

grégaire adj. *L'instinct grégaire,* qui pousse les animaux, les individus à vivre en groupe. *Les moutons ont l'instinct grégaire.*

grège adj. **1.** *Soie grège,* soie brute tirée du cocon. **2.** De la couleur beige gris de la soie grège. *Des chaussures grèges.*

① **grêle** adj. **1.** Très long et très mince. → **fluet.** *Les flamants roses ont des pattes grêles.* → **filiforme.** ▮ contraire : **épais.** – *L'intestin grêle,* la partie longue et mince de l'intestin. **2.** *Une voix grêle,* aiguë et faible. ▮ contraires : **fort, puissant.**

② **grêle** n. f. Pluie gelée qui tombe sous forme de grains de glace. *Une averse de grêle.* → aussi **grésil.**

▸ **grêler** v. (conjug. 3) *Il grêle,* il tombe de la grêle.

Ce verbe ne se conjugue qu'à la troisième personne du singulier.

▸ **grêlon** n. m. Grain d'eau congelée qui tombe quand il grêle. *Les grêlons ont saccagé la récolte.*

grelot n. m. Petite clochette en forme de boule. *Un bracelet à grelots.*

▸ **grelotter** v. (conjug. 3) Trembler de froid, de fièvre ou de peur. *Ferme la fenêtre, on grelotte ici.*

On peut aussi écrire *greloter,* avec un seul *t.*

① **grenade** n. f. Fruit rond de la taille d'une orange, qui contient de nombreux grains rouges renfermant chacun un pépin. → planche **Fruits.**

▶ Autres mots de la famille : ① grenadier, grenadine.

② **grenade** n. f. Petite bombe que l'on lance à la main. *Le terroriste a lancé une grenade sur la voiture du président.*

▶ Autre mot de la famille : ② grenadier.

① **grenadier** n. m. Petit arbre épineux à fleurs rouges qui donne des grenades. ▷ Mot de la famille de ① grenade.

② **grenadier** n. m. Soldat qui lançait des grenades. ▷ Mot de la famille de ② grenade.

grenadine n. f. (→ ÉTYM.) Sirop rouge fait avec le jus de la grenade. ▷ Mot de la famille de ① grenade.

grenat n. m. Pierre précieuse très dure, de couleur rouge sombre. – Invariable après le nom de couleur rouge. *Des vernis à ongles rouge grenat,* rouge foncé.

grenier n. m. Partie de la maison qui se trouve juste sous le toit. *On a mis les vieux jouets au grenier.* → aussi ① **comble.**

▶ Autre mot de la famille : vide-grenier.

grenouille n. f. Petit animal à la peau lisse, aux pattes arrière longues et palmées, qui nage et qui saute. → aussi **têtard** et **batracien.** → planche **Mare.** *La grenouille coasse. Les grenouilles vivent près des mares.*

▶ Autre mot de la famille : homme-grenouille.

grès [gʀɛ] n. m. **1.** Roche très dure formée de sable dont les grains sont soudés. *La cathédrale de Strasbourg est en grès rose.* **2.** Terre glaise mêlée de sable fin avec laquelle on fait des poteries. *Des assiettes en grès.*

Le *s* final ne se prononce pas.

grésil n. m. Grêle très fine, blanche et dure. *De la pluie mêlée de grésil.*

grésiller v. (conjug. 3) Faire de petits bruits secs et rapides. *Le beurre grésille dans la poêle.* → **crépiter.**

▸ **grésillement** n. m. Léger crépitement. *Il y a des grésillements sur la ligne téléphonique.*

① **grève** n. f. Rivage plat, formé de sable et de gravier, au bord de la mer ou d'un fleuve. *La mer rejette des algues sur la grève.* → **plage.**

Ce mot appartient au langage soutenu.

a b c d e f g h i j k l m n o p q r s t u v w x y z

② grève n. f. (→ ÉTYM.) Arrêt du travail pour obtenir certains avantages ou pour protester. *Les ouvriers de l'usine sont en grève.* – *Le prisonnier fait la grève de la faim,* il refuse de manger.

▸ **gréviste** n. m. et f. Travailleur qui fait la grève.

gribouiller v. (conjug. 3) Écrire de façon illisible ou faire des dessins sans forme. *Il a gribouillé son adresse sur un bout de papier.* → **griffonner.**

▸ **gribouillage** n. m. Écriture ou dessin sans forme. → **gribouillis.**

▸ **gribouillis** n. m. Gribouillage. *Des gribouillis illisibles.* → **griffonnage.**

grief [gʀijɛf] n. m. Chose que l'on reproche à quelqu'un. *Elle a des griefs contre lui.* → **reproche.**

grièvement adv. *Être grièvement blessé,* gravement blessé. *Les passagers de la voiture accidentée ont été grièvement blessés.* ▮ contraire : **légèrement.**

griffe n. f. **1.** Ongle pointu de certains animaux. *Le chat sort ses griffes. Un coup de griffe.* **2.** Petit crochet qui maintient une pierre sur un bijou. **3.** Marque cousue sur un vêtement de luxe et portant le nom du fabricant. *Cette robe porte la griffe d'un grand couturier.*

▸ **griffer** v. (conjug. 3) Égratigner d'un coup de griffe ou d'ongle. *Le chat a griffé Julie.*
▸ Autre mot de la famille : griffure.

griffe

griffonner v. (conjug. 3) Écrire ou dessiner quelque chose vite et sans soin. *Il a griffonné son adresse sur un bout de papier.* → **gribouiller.**

▸ **griffonnage** n. m. Écriture difficile à lire ou dessin informe. → **gribouillage, gribouillis.**

griffure n. f. Égratignure. *Alex a les mains couvertes de griffures.* → **écorchure, éraflure.**
▷ Mot de la famille de griffe.

grignoter v. (conjug. 3) **1.** Manger quelque chose petit à petit, lentement, en rongeant. *La souris grignote le morceau de fromage.* **2.** Manger très peu, par petites quantités. *Elle grignote entre les repas.*

grigri n. m. Petit objet considéré comme un porte-bonheur. → **amulette, fétiche, talisman.**

gril [gʀil] n. m. Ustensile de cuisine sur lequel on fait griller des aliments. *Des côtelettes cuites au gril.* → aussi **barbecue.** ▷ Mot de la famille de grille.

grillade n. f. Viande grillée. ▷ Mot de la famille de grille.

grillage n. m. Clôture de fils de fer entrecroisés de manière à former une sorte de tissage qui laisse passer le jour. *Le jardin est entouré d'un grillage.*

▸ **grillager** v. (conjug. 5b) Mettre un grillage. *On a grillagé la fenêtre.*
▷ Mots de la famille de grille.

grille n. f. **1.** Ensemble de barreaux parallèles en métal qui entoure un lieu ou sert de porte. *Le jardin public est entouré de grilles.* **2.** *Une grille de mots croisés, de sudoku,* l'ensemble des cases dans lesquelles on écrit les lettres de chaque mot ou les chiffres.
▸ Autres mots de la famille : gril, grillade, grillage, grillager, grille-pain, griller.

grille-pain n. m. Appareil qui sert à griller des tranches de pain. *Des grille-pains* ou *des grille-pain* (invariable). ▷ Mot de la famille de grille et de pain.

griller v. (conjug. 3) **1.** Cuire à feu vif sur un gril. *Il fait griller des saucisses sur le barbecue.* – *Du pain grillé.* **2.** Racornir, dessécher par excès de chaleur ou de froid. *Le soleil a grillé la pelouse.* **3.** Mettre hors d'usage par un court-circuit ou un courant trop fort. *L'ampoule est grillée.* **4.** Familier. *Griller un feu rouge,* le franchir sans s'arrêter. → **brûler.** ▷ Mot de la famille de grille.

grillon n. m. Petit insecte noir qui vit dans les champs et fait un bruit strident. → aussi **cigale.** *Le chant des grillons.*

grimace n. f. **1.** Déformation du visage due à la contraction de certains muscles. *Une gri-*

mace de dégoût. Il a fait une grimace de douleur. Julie et Louise s'amusent à faire des grimaces. **2.** *Faire la grimace,* montrer que l'on est mécontent ou dégoûté. *Quand elle a vu ce qu'il y avait à manger, elle a fait la grimace.*

▸ **grimacer** v. (conjug. 5a) Faire des grimaces. *L'effort le fait grimacer.*

grimer v. (conjug. 3) Maquiller pour le théâtre ou le cinéma. *On a grimé l'acteur principal en vieillard.* – **se grimer,** se maquiller pour un spectacle ou pour s'amuser. *Le clown se grime avant d'entrer sur la piste.*

grimoire n. m. Écrit mystérieux, impossible à lire et à comprendre. *La maison de la sorcière est pleine de vieux grimoires.*

grimper v. (conjug. 3) **1.** Monter en s'agrippant. *Les singes grimpent aux arbres.* **2.** S'élever sur une pente très raide. *La voiture a grimpé la côte.* → **gravir.** *Les alpinistes grimpent jusqu'au sommet de la montagne.* → **escalader.** **3.** S'élever en s'accrochant. *Le lierre grimpe le long du mur.*

▸ **grimpant, grimpante** adj. *Une plante grimpante,* dont la tige s'élève en s'agrippant à un support. *Le lierre est une plante grimpante.*

▸ **grimpeur** n. m., **grimpeuse** n. f. Alpiniste ou cycliste qui monte bien les pentes, les côtes. *Un bon grimpeur.*

grincer v. (conjug. 5a) **1.** Faire un bruit aigu et désagréable. *La porte grince.* **2.** *Grincer des dents,* faire entendre un bruit en serrant les mâchoires et en frottant les dents du bas contre celles du haut.

▸ **grincement** n. m. Bruit fait par quelque chose qui grince. *Le grincement de la porte.*

grillon

grincheux, grincheuse adj. Mécontent et de mauvaise humeur. → **bougon, grognon.**

gringalet n. m. Homme de petite taille et tout maigre.

griotte n. f. (→ ÉTYM.) Cerise à la queue courte et dont la chair est molle et très acidulée. *De la confiture de griottes.*

① **grippe** n. f. *Prendre en grippe,* se mettre à détester. *Elle a pris cet endroit en grippe.*

② **grippe** n. f. Maladie contagieuse due à un virus.

▸ **grippé, grippée** adj. Qui a la grippe. *Léa est grippée.*

se gripper v. (conjug. 4) Se coincer. *La serrure s'est grippée.*

gris adj. et n. m., **grise** adj.

■ adj. D'une couleur qui est un mélange de blanc et de noir. *Une jupe grise. Il a les cheveux gris.* – *Faire grise mine à quelqu'un,* lui faire mauvais accueil. – *Il fait gris,* le temps est couvert.

■ n. m. La couleur grise. *Il est habillé en gris. Des gants gris foncé.*

▸ **grisaille** n. f. Paysage gris et brumeux. *On aperçoit les toits rouges dans la grisaille.*

▸ Autres mots de la famille : grisâtre, grisonnant, grisonner, vert-de-gris.

grisant, grisante adj. Excitant, étourdissant. *Un parfum grisant.* → **enivrant.** ▹ Mot de la famille de griser.

grisâtre adj. Un peu gris. *Ces murs blancs sont devenus grisâtres.* ▹ Mot de la famille de gris.

griser v. (conjug. 3) Exciter, étourdir comme fait le vin. *La réussite l'a grisé.*

▸ **griserie** n. f. Excitation. *La griserie du succès.*

▸ Autre mot de la famille : grisant.

grisonner v. (conjug. 3) Commencer à devenir gris. *Ses cheveux grisonnent.*

▸ **grisonnant, grisonnante** adj. *Des cheveux grisonnants,* qui commencent à devenir gris.

▹ Mots de la famille de gris.

a b c d e f g h i j k l m n o p q r s t u v w x y z

grisou n. m. (pl. **grisous**) Gaz naturel très inflammable qui se dégage dans les mines de charbon. – *Coup de grisou,* explosion due au grisou.

grive n. f. Oiseau au plumage brun parsemé de noir. → planche **Oiseaux.** – *Faute de grives, on mange des merles,* il faut se contenter de ce que l'on a.

grive

grivois, grivoise adj. Amusant et un peu osé. *Des plaisanteries grivoises.*

grizzli n. m. Grand ours brun des montagnes d'Amérique du Nord. *Les grizzlis d'Alaska.*
On écrit aussi *grizzly.*

grog [gʀɔg] n. m. Boisson chaude faite avec de l'eau, du rhum, du sucre et du citron.
Old Grog était le surnom d'un amiral anglais du 17e siècle, qui obligeait les marins à mettre de l'eau dans leur rhum.

groggy [gʀɔgi] adj. **1.** Étourdi par les coups. *Le boxeur est resté groggy.* **2.** Familier. Étourdi par la fatigue ou l'alcool. *Ils étaient tous complètement groggys.*
C'est un mot anglais qui veut dire «ivre».

grogner v. (conjug. 3) **1.** Pousser son cri, en parlant de certains animaux. *Le cochon et l'ours grognent. Le chien grogne quand quelqu'un s'approche de la maison.* → **gronder.** **2.** Montrer que l'on n'est pas content en murmurant tout bas. *Alex a obéi à son père en grognant.* → **bougonner, grommeler, ronchonner.**

▸ **grogne** n. f. Mécontentement que l'on exprime. → **colère.** *Les ouvriers mécontents ont manifesté leur grogne en faisant la grève.*

▸ **grognement** n. m. **1.** Cri du cochon, de l'ours et du sanglier. **2.** Bruit qui montre que l'on n'est pas content. *Il nous a répondu par des grognements.*

▸ **grognon** adj. De mauvaise humeur. → **bougon, grincheux.** *Julie est grognon. Ces enfants sont grognons.*
Le féminin *grognonne* existe, mais il s'emploie très peu.

groin [gʀwɛ̃] n. m. Museau du cochon, du sanglier.

grommeler [gʀɔmle] v. (conjug. 6a) Murmurer entre ses dents en se plaignant. *Alex a obéi en grommelant.* → **bougonner, grogner.** *Il a grommelé des injures.*

gronder v. (conjug. 3) **1.** Faire un bruit sourd et menaçant. *Le tonnerre gronde. Le chien gronde quand on s'approche de la maison.* → **grogner.** **2.** Être près d'éclater. *La révolte gronde.* **3.** *Gronder quelqu'un,* lui faire des reproches. → **réprimander.**

▸ **grondement** n. m. Bruit sourd qui dure un moment. *Le grondement du tonnerre.*

groom [gʀum] n. m. Jeune homme en uniforme, employé dans les grands hôtels. – Au pl. *Des grooms.*
C'est un mot anglais qui veut dire «jeune homme, valet».

gros adj., adv. et n. m., **grosse** adj. et n. f.
■ adj. **1.** Qui occupe beaucoup de place. *Une grosse valise.* → **volumineux.** *Une grosse voiture.* ■ contraire : **petit.** **2.** Plus large et plus gras que les autres gens en général. → **corpulent, gras, obèse.** *Elle veut maigrir, car elle se trouve trop grosse.* ■ contraires : **maigre, mince.** *Un gros ventre.* **3.** Important. *Il a touché une grosse somme d'argent.* **4.** Fort, intense. *Un gros rhume.* **5.** *Des gros mots,* des mots grossiers. → **vulgaire.** **6.** *Avoir le cœur gros,* avoir du chagrin.
■ adv. **1.** *Écrire gros,* en faisant de grandes lettres. – *En avoir gros sur le cœur,* avoir beaucoup de chagrin ou de rancune. **2.** *Acheter, vendre en gros,* en grande quantité. → aussi

grossiste. ▮ contraire : au **détail.** *Le restaurateur achète sa viande en gros.* – *En gros,* à peu près, sans donner de détails. ➜ **grosso modo.** *Dis-moi en gros ce qui s'est passé.*

▪ n. **1.** Personne grosse. **2.** n. m. *Le gros de,* la plus grande partie de. *Il nous reste encore du travail, mais le plus gros est fait,* l'essentiel, le principal.

▶ Autres mots de la famille : dégrossir, grossesse, grosseur, grossier, grossièrement, grossièreté, grossir, grossissement, grossiste.

groom (*Le Groom,* Soutine)

groseille n. f. Petit fruit rouge ou blanc au goût acide qui pousse en grappes. ➜ planche **Fruits.** *De la gelée de groseille.*

▶ **groseillier** n. m. Arbuste sur lequel poussent les groseilles.

grossesse n. f. Période pendant laquelle une femme attend un bébé, est enceinte. *La grossesse dure neuf mois.* ▷ Mot de la famille de gros.

▶ Pour les femelles des mammifères, on dit *la gestation.*

grosseur n. f. **1.** Dimension, volume. *Ces œufs ne sont pas tous de la même grosseur.* ➜ **calibre,** ② **taille.** **2.** Petite boule sous la peau, que l'on voit ou que l'on sent quand on touche. *Il a une grosseur dans le cou.* ▷ Mot de la famille de gros.

grossier, grossière adj. **1.** Qui est de mauvaise qualité ou fabriqué de façon rudimentaire. *Les hommes préhistoriques avaient des outils grossiers.* ▮ contraire : **perfectionné.** *Une sculpture grossière.* ▮ contraire : **délicat.** **2.** Énorme, grave. *Une grossière erreur.* ➜ **gros.** **3.** Mal élevé, impoli. *Quel grossier personnage !* ▮ contraires : **courtois,** ① **poli.** *Des mots grossiers,* des gros mots. ➜ **vulgaire.**

▶ **grossièrement** adv. **1.** D'une manière impolie. *Il m'a répondu grossièrement.* ▮ contraire : **poliment.** **2.** De manière approximative, sans finesse. *Un visage grossièrement dessiné.* ➜ **maladroitement.** ▮ contraire : **délicatement.**

▶ **grossièreté** n. f. **1.** Impolitesse, mauvaise éducation. *Il m'a répondu avec grossièreté.* ▮ contraire : **courtoisie.** **2.** Mot grossier. *Il dit beaucoup de grossièretés.*

▷ Mots de la famille de gros.

grossir v. (conjug. 11) **1.** Devenir gros. *Il a grossi de deux kilos.* ➜ **engraisser.** ▮ contraires : **maigrir, mincir.** **2.** Faire paraître plus gros. *Cette robe la grossit.* ▮ contraire : **affiner.** *Ce microscope grossit mille fois les objets.* ▮ contraire : **réduire.** **3.** Exagérer, amplifier. *Les journaux ont grossi l'évènement.* ▮ contraire : **minimiser.**

▶ **grossissement** n. m. Action de rendre plus gros. *Ces jumelles ont un fort grossissement.*

▷ Mots de la famille de gros.

des groseilles

grossiste n. m. et f. Commerçant qui vend ses marchandises seulement à d'autres commerçants et en très grande quantité à la fois. *Le grossiste achète des stocks chez le fabricant*

a b c d e f g h i j k l m n o p q r s t u v w x y z

et les revend aux détaillants. ▷ Mot de la famille de gros.

grosso modo adv. À peu près, sans entrer dans les détails. *Voici, grosso modo, ce que nous allons faire.* ➜ en **gros.**

grotesque adj. Ridicule. *Un chapeau grotesque.*

grotte n. f. Cavité de grande taille, dans un rocher ou le flanc d'une montagne. ➜ aussi **caverne.** *Les spéléologues ont exploré la grotte.*

grouiller v. (conjug. 3) **1.** Être en très grand nombre et remuer. ➜ **fourmiller.** *Les vers grouillent dans le sol.* **2.** Être plein de. *La rue grouille de monde. Ce rosier grouille de pucerons,* il en est infesté. **3.** Familier. **se grouiller,** se dépêcher. *Grouille-toi, on va être en retard !* ➜ se **hâter.**

▸ **grouillant, grouillante** adj. Qui est en grand nombre et s'agite. *Des rues grouillantes de monde.*

▸ **grouillement** n. m. Mouvement de ce qui grouille. *Alex observe le grouillement des fourmis.*

groupe n. m. **1.** Ensemble de personnes réunies dans un même lieu. *Un groupe de touristes est entré dans le musée.* **2.** Ensemble de personnes ayant quelque chose en commun. *Un groupe politique. Les élèves travaillent en groupe,* à plusieurs. ➜ **équipe.** – *Un groupe de rap,* un petit orchestre de rap. **3.** Ensemble de choses. *Un groupe d'immeubles. Un groupe scolaire,* les bâtiments d'une école. **4.** En grammaire, ensemble de mots qui sont organisés autour d'un mot principal et qui a une fonction dans la phrase. *Le groupe du nom, le groupe du verbe.* – Ensemble de verbes de la même catégorie. *Les verbes du 1er groupe (en -er), les verbes du 2e groupe (en -ir, participe présent en -issant) et les verbes du 3e groupe, irréguliers.* **5.** *Groupe sanguin,* ce qui permet de classer les personnes selon la composition de leur sang. *Les groupes A, B et O.*

▸ **grouper** v. (conjug. 3) Mettre ensemble. *Il a groupé tous ses livres de classe sur une étagère.* – **se grouper,** se rassembler. *Les touristes se groupent autour du guide.* ➜ **regrouper.**

▸ **groupement** n. m. Réunion d'un grand nombre de personnes qui agissent ensemble. ➜ **association.** *Un groupement syndical.*

▶ Autre mot de la famille : regrouper.

gruau n. m. Farine très fine. *Du pain de gruau.*

① **grue** n. f. Grand oiseau migrateur à longues pattes, qui vole par bandes. ➜ planche **Oiseaux.** *La grue est un échassier.* – *Faire le pied de grue,* attendre longtemps debout au même endroit.

② **grue** n. f. Appareil qui sert à soulever des objets très lourds.

▶ Autre mot de la famille : grutier.

grumeau n. m. Petite boule qui n'arrive pas à se mélanger à un liquide. *La farine fait des grumeaux dans le lait.*

grotte

grue

grutier n. m., **grutière** n. f. Personne qui manœuvre une grue. ▷ Mot de la famille de ② grue.

gruyère [gʀyjɛʀ] n. m. Fromage de lait de vache, à pâte cuite, percé de trous et fabriqué en grosses meules. *Un morceau de gruyère. Du gruyère râpé.*

Ce mot vient du nom de la *Gruyère* qui est une région de Suisse.

gué n. m. Endroit d'une rivière où le niveau de l'eau est assez bas pour que l'on puisse passer à pied. *On peut traverser la rivière à gué,* à pied. ▮ homonymes : gai, guet.

guenilles n. f. pl. Vêtements sales, déchirés. ➜ **haillons, hardes.**

▶ Autre mot de la famille : déguenillé.

guenon n. f. Femelle du singe.

guépard n. m. Fauve au pelage roux clair tacheté de noir, ressemblant à la panthère, qui vit en Afrique et en Asie. ➜ planches **Félins, savane.** *Le guépard est le plus rapide des animaux.*

guêpe n. f. Insecte au corps rayé jaune et noir dont la femelle porte un aiguillon venimeux. ➜ aussi **frelon.** ➜ planche **Insectes.** *Il y a un essaim de guêpes dans l'arbre.*

▶ **guêpier** n. m. **1.** Nid de guêpes. **2.** Situation dangereuse. *Comment sortir de ce guêpier ?*

guère adv. *Ne... guère,* pas beaucoup, pas très. *Le chat de Julie n'a guère plus d'un an. Vous ne venez guère nous voir,* vous ne venez pas souvent. ▮ homonyme : guerre.

▶ Autre mot de la famille : naguère.

guéri, guérie adj. Rétabli. *Louise a été malade, mais la voilà guérie.* ▷ Mot de la famille de guérir.

guéridon n. m. Petite table ronde avec un pied central.

guérilla n. f. Sorte de guerre où les combattants organisent de petites attaques contre les soldats ennemis et leur tendent des embuscades sans s'opposer à eux dans une vraie bataille.

▶ **guérilléro** n. m. Combattant d'une guérilla. – Au pl. *Des guérilléros.*

Ces mots viennent de l'espagnol *guerrilla* qui veut dire «petite guerre».

guérir v. (conjug. 11) **1.** Aller mieux, être à nouveau en bonne santé. *S'il se soigne bien, il guérira vite.* ➜ se **rétablir. 2.** Délivrer quelqu'un d'une maladie. *Le médecin a guéri Alex.* **3.** Faire cesser une maladie. *Ce médicament guérit l'angine.* **4.** Débarrasser quelqu'un d'une manie, d'un défaut. *Il faudrait guérir Léa de sa timidité.*

▶ **guérison** n. f. Fait d'être guéri. *Il doit rester au lit jusqu'à sa guérison.* ➜ **rétablissement.**

▶ **guérisseur** n. m., **guérisseuse** n. f. Personne qui n'est pas médecin et qui prétend guérir les malades par d'autres moyens que les médicaments.

▶ Autre mot de la famille : guéri.

guérite n. f. Petite baraque en bois qui sert d'abri à une sentinelle. *Les soldats montent la garde devant leurs guérites.*

guérite

a b c d e f g h i j k l m n o p q r s t u v w x y z

guerre n. f. **1.** Lutte armée entre des États ou entre des groupes d'hommes. ▮ contraire : **paix.** *En 1939, la France a déclaré la guerre à l'Allemagne. Ces deux pays sont en guerre depuis plusieurs années,* ils se battent depuis plusieurs années. **2.** *Faire la guerre à quelqu'un,* le harceler jusqu'à ce qu'il fasse ce qu'on lui demande. *Elle fait la guerre à son fils pour qu'il range sa chambre.* **3.** *De bonne guerre,* sans hypocrisie ni traîtrise. – *De guerre lasse,* en renonçant à résister. *Il a accepté de guerre lasse.*
▮ homonyme : guère.

▸ **guerrier** n. m. et adj., **guerrière** adj.
▪ n. m. *Un guerrier,* c'était, autrefois, une personne dont le métier était de faire la guerre. → **soldat.** *Les guerriers gaulois.*
▪ adj. Qui aime faire la guerre. *Un peuple guerrier.* → **belliqueux.** ▮ contraire : **pacifique.**

▸ **guerroyer** v. (conjug. 10) Faire la guerre. *Au Moyen Âge, le seigneur guerroyait contre ses vassaux.*

guet n. m. *Faire le guet,* c'est surveiller un endroit pour voir si quelqu'un approche. *Pendant le cambriolage, un des voleurs fait le guet. La sentinelle monte la garde dans la tour de guet.* → planche **Château** fort. ▮ homonymes : gai, gué.
▷ Mot de la famille de guetter.

guet-apens [gɛtapɑ̃] n. m. inv. Piège préparé contre quelqu'un pour qu'il y tombe par surprise. → **embuscade.** *On l'a attiré dans un guet-apens.* – Au pl. *Des guet-apens.*

guetter v. (conjug. 3) **1.** Observer en cachette pour surprendre. *Le chat guette la souris.* **2.** Attendre avec impatience quelqu'un ou quelque chose qui doit arriver en faisant attention de ne pas le laisser échapper. *Julie guette l'arrivée du facteur.* **3.** Menacer. *Avec ce froid, le rhume nous guette.*
▶ Autres mots de la famille : aux aguets, guet.

gueule n. f. Bouche de certains animaux. *Le chat tient une souris dans sa gueule.* – *Se jeter dans la gueule du loup,* se précipiter vers un danger.
▶ Autre mot de la famille : amuse-gueule.

gui n. m. Plante parasite à boules blanches et à feuilles toujours vertes qui pousse sur les branches de certains arbres. *On décore les maisons avec du gui pour la nouvelle année.*

guichet n. m. Petite ouverture par laquelle on peut parler aux employés d'une poste, d'une gare, d'un théâtre, d'une banque.

guignol

guider v. (conjug. 3) **1.** Accompagner en montrant le chemin. *L'hôtesse guide les visiteurs.* → aussi **guide. 2.** Diriger. *Le cavalier guide son cheval. La fusée est guidée par radio.* – **se guider,** trouver son chemin. *Les randonneurs se guidaient avec une carte et une boussole.* → s'**orienter,** se **repérer.**

▸ **guide** n. m. et f. **1.** Personne qui accompagne pour montrer le chemin, donner des explications. *Les guides d'un musée. Il est guide de haute montagne.* **2.** n. m. Livre qui donne des renseignements sur une région, un pays et que l'on utilise en voyage. *Ils ont acheté un guide touristique pour visiter l'Italie.*

▸ **guides** n. f. pl. Lanières de cuir attachées au mors d'un cheval et servant à le diriger. → **rêne.**

▸ **guidon** n. m. Tube de métal muni de poignées qui sert à diriger la roue avant d'une bicyclette, d'une mobylette ou d'une moto. → planche **Deux-roues.**
▶ Autres mots de la famille : téléguidé, téléguider.

guigner v. (conjug. 3) Regarder avec envie, du coin de l'œil. *Le chat guigne le morceau de poulet que Julie a dans son assiette.* → **convoiter, lorgner.**

guignol n. m. Spectacle de marionnettes où l'on joue des pièces dont Guignol est en général le héros. *Il a emmené sa fille au guignol.*

guillemets n. m. pl. Petits signes (« ») qui servent à mettre en valeur un mot ou à signaler qu'une autre personne que celle qui raconte l'histoire parle. *Les citations sont entre guillemets.*

Ce mot vient de *Guillaume*, nom de l'imprimeur qui inventa ces signes.

guilleret, guillerette adj. Vif et gai. → **joyeux.** *Elle se sent toute guillerette ce matin.* contraires : **morose, triste.**

guillotine n. f. (→ ÉTYM.) Machine qui servait à couper la tête des condamnés à mort. *Pendant la Révolution de 1789, de nombreux nobles furent condamnés à la guillotine.*

▸ **guillotiner** v. (conjug. 3) Exécuter quelqu'un en lui coupant la tête avec une guillotine. → **décapiter.** *Louis XVI a été guillotiné en 1793.*

guimauve n. f. 1. Plante à très haute tige et à jolies fleurs d'un blanc rose. *Les feuilles et les racines de guimauve ont une action adoucissante.* 2. Pâte molle et sucrée que l'on mange comme bonbon. *Des boules de guimauve.*

guindé, guindée adj. Raide, digne et sévère. *Un air guindé.* contraires : **décontracté, naturel.**

de guingois adv. Familier. De travers. *Cette vieille grange est toute de guingois.* contraire : (1) **droit.**

guirlande n. f. Long cordon de feuillage, de fleurs ou de papier découpé que l'on suspend ou que l'on enroule en couronne. *L'arbre de Noël est décoré de guirlandes scintillantes.*

guise n. f. 1. *À sa guise,* comme il veut. → **gré.** *Que chacun agisse à sa guise !* 2. *En guise de,* à la place de. *Les hommes de cette tribu portent un pagne en guise de vêtement.* → **comme.**

guitare n. f. Instrument de musique à cordes. *La guitare a six cordes. Une guitare électrique,* branchée sur un amplificateur. *Une guitare basse,* à quatre cordes.

▸ **guitariste** n. m. et f. Musicien, musicienne qui joue de la guitare.

guttural, gutturale adj. Qui part du fond de la gorge. *Une voix gutturale.* → **rauque.** — Au masc. pl. *gutturaux.*

gymnase n. m. Grande salle aménagée spécialement pour faire de la gymnastique.

gymnase

gymnaste n. m. et f. Athlète dont la spécialité est la gymnastique.

gymnastique n. f. Ensemble d'exercices qui rendent le corps plus musclé et plus souple. → planche **Sport.** *Il fait de la gymnastique tous les matins. Elle est professeur de gymnastique,* d'éducation physique et sportive.
▸ On dit aussi familièrement *la gym.*

gynécologie n. f. Partie de la médecine qui soigne les organes génitaux de la femme.

▸ **gynécologue** n. m. et f. Médecin spécialiste de la gynécologie.

gypse n. m. Roche calcaire tendre. *Le gypse sert à fabriquer le plâtre.*

gyrophare n. m. Lumière qui tourne, placée sur le toit d'une voiture de police, de pompiers ou d'une ambulance. *Le gyrophare bleu de l'ambulance clignote.* ▷ Mot de la famille de **phare.**

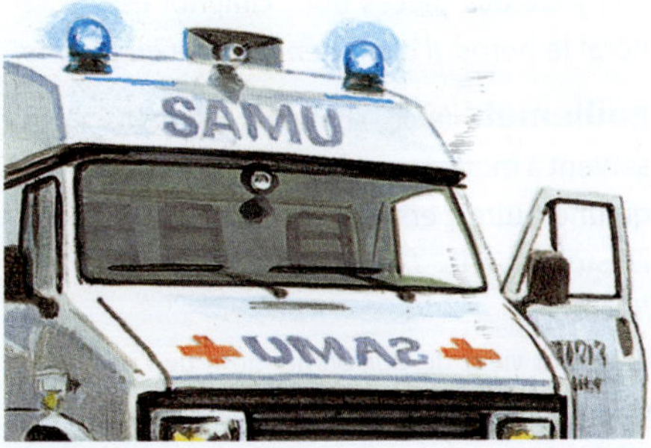

ambulance équipée d'un **gyrophare**

h n. m. inv. **1.** *L'heure H,* c'est l'heure fixée pour le début d'une opération importante. **2.** *La bombe H,* c'est la bombe atomique à hydrogène dont la puissance est très grande.

***ha** interj. Mot qui sert à exprimer la douleur, la surprise, l'admiration ou le rire. → **ah.** *Ha ! c'est toi !*

habile adj. Qui se sert de ses mains d'une manière efficace, rapide et intelligente. *Un prestidigitateur doit être très habile.* → **adroit.** ▮ contraires : **gauche, maladroit, malhabile.**

▸ **habilement** adv. D'une manière adroite. → **adroitement.** *Il s'est habilement tiré d'affaire.*

▸ **habileté** n. f. Adresse. *Il fait des tours de cartes avec habileté.*

▶ Autre mot de la famille : malhabile.

habiliter v. (conjug. 3) Autoriser légalement quelqu'un à faire quelque chose. *Cette association est habilitée à recevoir des dons.*

▶ Autre mot de la famille : réhabiliter.

habiller v. (conjug. 3) Mettre des vêtements à quelqu'un. *Louise habille son petit frère.* → **vêtir.** – *Pour la fête, Théo était habillé en clown,* il était déguisé en clown.

▸ **s'habiller** v. **1.** Mettre ses habits. *Léa s'est habillée toute seule.* ▮ contraire : se **déshabiller.** **2.** Choisir ses vêtements. *Elle n'a aucun goût, elle ne sait pas s'habiller.* **3.** Acheter ses vêtements. *Il s'habille toujours dans le même magasin.* **4.** Mettre des vêtements élégants. *Ils se sont habillés pour aller au théâtre.*

▸ **habillé, habillée** adj. **1.** Couvert de vêtements. *Il s'est couché tout habillé.* ▮ contraire : **nu.** **2.** Élégant, chic. *Une robe habillée.*

▸ **habillement** n. m. Manière dont une personne est habillée. *Un habillement chaud est nécessaire pour faire du ski.* → **tenue.**

▸ **habilleur** n. m., **habilleuse** n. f. Personne qui aide les acteurs, les actrices, les mannequins à s'habiller et qui prend soin de leurs costumes.

▶ Autres mots de la famille : déshabiller, rhabiller.

habit n. m. **1.** *Les habits,* ce sont les vêtements. *Elle a mis des habits d'été.* **2.** Costume noir que portent les hommes pour les cérémonies. *À la soirée de gala, les femmes étaient en robe du soir et les hommes en habit.* **3.** *L'habit ne fait pas le moine,* il ne faut pas se fier à l'apparence.

habiter v. (conjug. 3) Avoir sa maison. *Alex habite à Paris.* → **demeurer, loger, résider,** (1) **vivre.** *Les lapins habitent dans des terriers.*

▶ On peut dire *J'habite Paris* ou *J'habite à Paris.*

▸ **habitable** adj. Où l'on peut habiter. *Ils ont aménagé le grenier pour le rendre habitable,* pour que l'on puisse y vivre. ▮ contraire : **inhabitable.**

▸ **habitacle** n. m. Partie d'un avion, d'un vaisseau spatial, d'une voiture où l'on peut s'installer. *Cette voiture a un habitacle spacieux.*

* *h : dans certains mots le h aspiré empêche la liaison et l'élision.*

▸ **habitant** n. m., **habitante** n. f. Personne qui vit habituellement dans un endroit. *Il y a deux millions d'habitants dans cette ville.*

▸ **habitat** n. m. **1.** Manière dont on se loge. *L'habitat urbain est différent de l'habitat rural.* **2.** Endroit où vit habituellement une espèce d'animaux, une espèce de plantes. *L'habitat des singes, c'est la forêt.*

▸ **habitation** n. f. Lieu où l'on habite. → planche **Habitations.** *On construit de nouvelles habitations près de chez nous.* → **immeuble, logement, maison, résidence.**

▸ **habité, habitée** adj. Où il y a des habitants. *Ce château n'est pas habité,* personne n'y habite. ▮ contraire : **inhabité.** *Un vol spatial habité,* qui transporte des personnes.

▸ Autres mots de la famille : cohabiter, inhabitable, inhabité.

habitude n. f. **1.** Chose que l'on fait souvent et régulièrement. *Il a l'habitude de se lever très tôt. Elle a pris l'habitude de ranger ses affaires.* **2.** Expérience, connaissance. *L'infirmière a l'habitude des enfants.* **3.** Usage, coutume. *Les habitudes ne sont pas les mêmes dans tous les pays.* **4.** *D'habitude,* ordinairement. → **généralement, habituellement.** *D'habitude, il arrive le premier. Elle est en retard, comme d'habitude,* comme toujours.

habitué n. m., **habituée** n. f. Personne qui va souvent dans un restaurant ou un café. *Ils prennent toujours la même table, ce sont des habitués.* ▷ Mot de la famille de habituer.

habituel, habituelle adj. Qui est devenu une habitude. *Je ne reconnais pas le chemin, tu n'as pas pris la route habituelle,* celle que l'on prend d'habitude.

▸ **habituellement** adv. La plupart du temps. → **généralement.** *Habituellement, je me lève la première.* ▮ contraire : **exceptionnellement.**

▸ Autre mot de la famille : inhabituel.

habituer v. (conjug. 3) **1.** Donner l'habitude à quelqu'un de faire quelque chose. *Elle a habitué ses enfants à faire leur lit.* **2. s'habituer,** prendre l'habitude. → **s'accoutumer.** *Au bout d'un moment, on s'habitue à l'obscurité.*

▸ Autre mot de la famille : habitué.

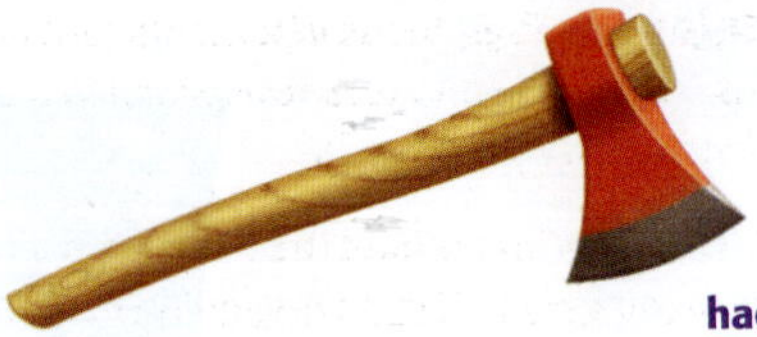

hache

***hache** n. f. Instrument tranchant à grosse lame et à long manche qui sert à fendre, à couper. *Il coupe du bois pour faire des bûches avec une hache.*

▸ ***hacher** v. (conjug. 3) Couper en très petits morceaux avec un couteau ou un appareil spécial. *Le cuisinier hache du persil et des échalotes. – Il mange du bifteck haché.*

▸ ***hachette** n. f. Petite hache. ▷ Mot de la famille de hache.

▸ ***hachis** n. m. Préparation de viande, de poisson, de légumes ou d'herbes hachés. *Elle farcit les poivrons avec un hachis de viande,* de la viande hachée.

▮ Le *s* final ne se prononce pas.

▸ ***hachoir** n. m. Appareil qui sert à hacher la viande, le poisson, etc. *Le boucher met des morceaux de viande dans son hachoir électrique.*

▸ ***hachure** n. f. *Des hachures,* ce sont de petits traits parallèles ou croisés qui servent à indiquer les ombres sur un dessin ou certains endroits particuliers sur une carte de géographie.

▸ ***hachurer** v. (conjug. 3) Couvrir de hachures. *Les parties de la carte hachurées en vert représentent les forêts.*

***haddock** n. m. Églefin fumé. *Nous avons mangé du haddock poché.*

***hagard, *hagarde** adj. *Un air hagard,* un air effrayé et perdu. → **effaré.**

***haie** n. f. **1.** Clôture d'arbres ou d'arbustes alignés, qui limite un champ, un jardin, ou les protège contre le vent. *Le jardinier taille les haies.* **2.** *Une course de haies,* c'est une course où des chevaux ou des coureurs à pied doivent franchir des barrières. *Il a remporté le 110 mètres haies.* → planche **Sport. 3.** Rangée de personnes. *Le chanteur est passé entre deux haies d'admirateurs.*

** h : dans certains mots le h aspiré*

***haillons** n. m. pl. Vieux vêtements tout déchirés. ➜ **guenilles, hardes.** *Un prisonnier en haillons.* ▮ homonyme : hayon.

***haine** n. f. Sentiment très fort que l'on éprouve quand on déteste quelqu'un et qu'on lui veut du mal. ➜ aussi **haïr.** *Il éprouve de la haine pour le tyran.* ➜ aussi **aversion, répulsion.** ▮ contraires : **affection, amitié, amour.** ▮ homonyme : aine.

▸ ***haineux, *haineuse** adj. Plein de haine. ➜ **méchant.** *Des paroles haineuses.* ▮ contraire : **amical.**

***haïr** v. (conjug. 11 ; se conjugue comme *finir* sauf au singulier du présent de l'indicatif je *hais* ['ɛ] et au passé simple nous *haïmes*) Détester. ▮ contraire : **aimer.** *Il hait tout le monde, c'est un vieux misanthrope.* ➜ aussi **haine.** *Alex hait le mensonge.*

▸ ***haïssable** adj. Qui mérite d'être haï. *La guerre est haïssable.* ➜ **détestable, odieux.**

***halage** n. m. *Un chemin de halage,* un chemin qui permet de remorquer les péniches, les bateaux à l'aide d'un cordage tiré du rivage. ➜ aussi **haler.** ▷ Mot de la famille de haler.

course de **haies**

***hâle** n. m. Couleur brune que prend la peau quand on s'expose au soleil. *En rentrant de vacances, elle avait un joli hâle.* ➜ **bronzage.**

▸ ***hâlé, *hâlée** adj. Bruni par le soleil. *Elle a le teint hâlé,* elle est bronzée. ▮ homonymes : allée, ① et ② aller, haler.

▶ Attention à l'accent circonflexe du *â*.

haleine n. f. **1.** Air qui sort des poumons quand on expire. *Les bonbons à la menthe donnent une haleine fraîche. Il a mauvaise haleine,* il sent mauvais de la bouche. **2.** Respiration, souffle. *Elle a trop couru, elle est hors d'haleine,* très essoufflée. *Ils rient à perdre haleine,* au point d'avoir du mal à respirer. **3.** *Tenir quelqu'un en haleine,* le captiver. *Ce film nous a tenus en haleine jusqu'au bout,* il nous a intéressés en nous laissant toujours attendre la suite des évènements. **4.** *Un travail de longue haleine,* c'est un travail très long et qui demande beaucoup d'efforts.

***haler** v. (conjug. 3) *Haler un bateau,* c'est le remorquer avec des cordes tirées du rivage, de la berge. ▮ homonymes : allée, ① et ② aller, hâlé.

▶ Autre mot de la famille : halage.

***haleter** v. (conjug. 7b) Respirer très vite, être essoufflé. *La chienne halète aux pieds de son maître.*

▸ ***haletant, *haletante** adj. Essoufflé. *Léa a beaucoup couru, elle est toute haletante.*

▸ ***halètement** n. m. Respiration rapide d'une personne ou d'un animal qui halète. ▮ homonyme : allaitement.

***hall** ['ol] n. m. Grande salle par laquelle on entre dans les gares, les hôtels, les immeubles. *Rendez-vous dans le hall de l'hôtel, à midi.* – Au pl. *Des halls.*

▶ Ce mot vient de l'anglais.

***halle** n. f. **1.** *Une halle,* c'est un grand bâtiment où l'on vend des marchandises en gros. *La halle au blé.* **2.** *Les halles,* ce sont les bâtiments qui forment un immense marché où les commerçants d'une grande ville vont s'approvisionner.

***hallebarde** n. f. Arme ancienne qui ressemble à une lance. – *Il pleut des hallebardes,* il pleut très fort.

halloween [alɔwin] n. f. Fête annuelle qui a lieu le 31 octobre et à l'occasion de laquelle les enfants masqués et déguisés font la tournée de leur quartier pour recevoir des friandises. *Les enfants veulent fêter halloween.*

▶ Ce mot vient de l'anglais.

hallucinant, hallucinante adj. Extraordinaire. *Il y a une ressemblance hallucinante entre la mère et la fille.* ➜ **frappant, saisissant.**

hallucination n. f. Impression de voir ou d'entendre quelque chose qui n'existe pas. *Elle a cru le voir passer mais c'était une hallucination.* ➜ **illusion.**

* empêche la liaison et l'élision.

les habitations

À travers le monde, les habitations traditionnelles ont été bâties par les hommes avec les matériaux dont ils disposaient sur place : terre, bois, pierre ou encore peaux d'animaux. Elles étaient également bien adaptées aux conditions climatiques. Dès le 19e siècle, les architectes et les bâtisseurs ont utilisé des techniques et des matériaux nouveaux (béton armé, métal, verre...) pour construire des habitations de plus en plus élevées et adaptées à la vie moderne, à la croissance des villes et, aujourd'hui, au développement durable.

● maisons de terre, au Maroc

● case africaine

●● isba russe

● huttes en pierre (bories)

● maison japonaise

● case créole

● maison sur pilotis

● tipi

● hutte

●●● igloo

● Amériqu
● Europe
● Afrique
● Asie
● Océanie

● yourte mongole

chalet

pavillon

maison équipée de capteurs solaires

immeuble contemporain

immeuble du 19e siècle

Burj Dubaï (tour de Dubaï)

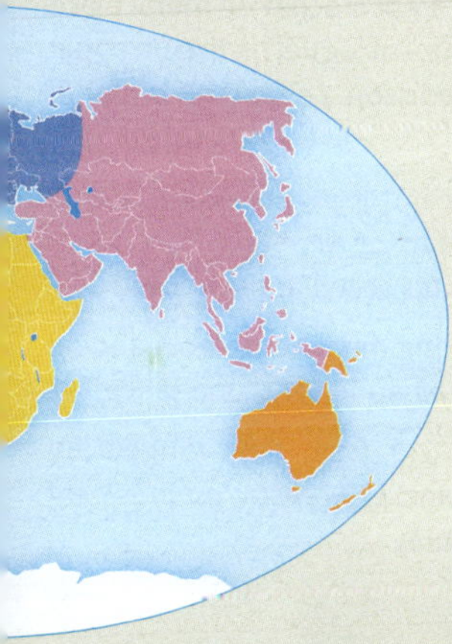

cité H.L.M.

***halo** n. m. Cercle de lumière aux contours flous qui entoure un point lumineux. *Le halo de la lune.* ▮ homonyme : allo.

halogène adj. *Une lampe halogène,* c'est une lampe dont l'ampoule contient un élément chimique spécial donnant un éclairage très puissant qui ressemble à la lumière du jour.

ampoule **halogène**

***halte** n. f. et interj.
▪ n. f. Moment d'arrêt pendant une marche ou un voyage. *Ils ont fait une halte pour le déjeuner.*
▪ interj. Commandement qui ordonne de s'arrêter. *«Halte !», dirent les policiers en stoppant la voiture,* arrêtez-vous ! ➜ **stop.**

▸ ***halte-garderie** n. f. Lieu où l'on peut faire garder un enfant en bas âge de temps en temps. *Elle a déposé son fils à la halte-garderie pour aller faire ses courses.* – Au pl. *Des haltes-garderies.* ▹ Mot de la famille de garder.

haltère n. m. **1.** Instrument de gymnastique fait de deux boules ou de deux disques de métal réunis par une barre. *L'athlète soulève à bout de bras un haltère de 200 kg.* **2.** *Les poids et haltères,* sport qui consiste à soulever des haltères très lourds en faisant certains mouvements. ➜ **haltérophilie.**
◗ *Haltère* est un nom masculin.

▸ **haltérophile** n. m. et f. Athlète qui fait des poids et haltères.

▸ **haltérophilie** n. f. Sport des poids et haltères. ➜ planche **Sport.**

***hamac** ['amak] n. m. Rectangle de toile ou de filet suspendu par ses deux extrémités, dans lequel on s'allonge pour dormir ou se reposer. *Elle a accroché un hamac entre deux arbres, dans le jardin.*

***hamburger** ['ãbuʀgœʀ] n. m. Sandwich chaud composé d'un bifteck haché cuit, servi à l'intérieur d'un petit pain rond. *Il aime les hamburgers au fromage.*
◗ Ce mot vient de l'anglais.

***hameau** n. m. Petit groupe de maisons situé à l'écart du village. *Vous ne trouverez pas de boulangerie dans le hameau.* – Au pl. *Des hameaux.*

hameçon n. m. Petit crochet de métal placé au bout d'une ligne, sur lequel on fixe un appât pour prendre le poisson. *Le poisson a mordu à l'hameçon.*

***hammam** ['amam] n. m. Établissement où l'on prend des bains de vapeur.
◗ C'est un mot turc qui veut dire «bain chaud».

***hampe** n. f. Long manche de bois auquel est fixé un drapeau ou le fer d'une lance.

***hamster** ['amstɛʀ] n. m. Petit rongeur au pelage roux et blanc. *Le hamster est plus petit que le cochon d'Inde.*

handball

* h : dans certains mots le h aspiré

***hanche** n. f. Chacune des deux parties du corps situées sur le côté, juste au-dessous de la taille. *La boulangère discutait devant sa boutique, les mains sur les hanches.*

***handball** ['ɑ̃dbal] n. m. Sport d'équipe qui ressemble au football mais où l'on joue uniquement avec les mains. *Un match de handball.*

Ce mot vient de l'allemand. (→ ÉTYM.) • Écrire *handball* en un seul mot comme *football* est conforme à la nouvelle orthographe. • On écrit aussi *hand-ball.*

▸ ***handballeur** n. m., ***handballeuse** n. f. Joueur, joueuse de handball. *Notre équipe de handballeuses a gagné le match.*

***handicap** ['ɑ̃dikap] n. m. Chose qui empêche de réussir. *C'est un sérieux handicap de ne savoir ni lire, ni écrire.* → **désavantage.** ▮ contraire : **avantage.**

▸ ***handicaper** v. (conjug. 3) Empêcher de réussir. → **désavantager.** *Sa mauvaise orthographe l'a handicapé pour son examen.* ▮ contraire : **avantager.**

▸ ***handicapé** n. m., **handicapée** n. f. Personne qui est infirme *(handicapé physique)* ou dont le développement du cerveau est anormal *(handicapé mental). La handicapée était dans un fauteuil roulant.* → aussi **invalide.**

***hangar** n. m. **1.** Grand bâtiment ouvert formé d'un toit supporté par des poteaux et qui sert à abriter des machines ou des marchandises. *Le tracteur est sous le hangar.* **2.** Grand garage pour avions. *L'avion de chasse est garé dans son hangar.*

***hanneton** n. m. Gros insecte roux à antennes qui vole en faisant beaucoup de bruit. → planches **Insectes, sol.**

***hanter** v. (conjug. 3) **1.** Apparaître régulièrement dans un endroit, en parlant de fantômes ou d'esprits. *On dit qu'un fantôme hante le château.* **2.** Être continuellement présent à l'esprit. → **obséder, tourmenter.** *Ce souvenir me hante.*

▸ ***hantise** n. f. Peur que l'on a tout le temps. → **obsession.** *Elle a la hantise de la maladie.*

***happer** v. (conjug. 3) Saisir brusquement dans la bouche, la gueule, le bec. *Le chien a happé le morceau de viande qu'on lui tendait.*

***harakiri** n. m. *Se faire harakiri,* se suicider en s'ouvrant le ventre avec un sabre. *Au Japon, les samouraïs, déshonorés, se faisaient harakiri.* — Au pl. *Des harakiris.*

Ce mot est japonais. • On écrit aussi *hara-kiri, des hara-kiris.*

***harangue** n. f. Discours solennel prononcé par une personne devant une foule. *Le général adresse une harangue à ses soldats.*

▸ ***haranguer** v. (conjug. 3) Prononcer un discours solennel devant une foule. *L'officier harangue ses troupes avant la bataille.*

***haras** ['aʀa] n. m. Endroit où l'on élève des chevaux. ▮ homonyme : ara.

haras

***harasser** v. (conjug. 3) Fatiguer énormément. *Ce voyage nous a harassés.* → **épuiser, éreinter.** ▮ contraire : **reposer.**

▸ ***harassant, *harassante** adj. Très fatigant. *Une journée harassante.* → **épuisant, éreintant.**

▸ ***harassé, *harassée** adj. Très fatigué. *À la fin de la journée, les enfants étaient harassés.* → **épuisé.**

***harceler** v. (conjug. 7a) Faire subir à quelqu'un des attaques courtes et sans cesse répétées. *Les moustiques me harcèlent. Les journalistes l'ont harcelé de questions,* ils lui ont posé beaucoup de questions en l'obligeant à répondre très vite.

* empêche la liaison et l'élision.

a b c d e f g h i j k l m n o p q r s t u v w x y z

▶ ***harcèlement** n. m. Action d'importuner quelqu'un sans cesse. *Une guerre de harcèlement,* c'est une guerre faite de petites attaques répétées.

***harde** n. f. Troupe de bêtes sauvages vivant ensemble. *Une harde de cerfs.* ▮ homonyme : hardes.

***hardes** n. f. pl. Vêtements usés. ➜ **guenilles, haillons.** *Le clochard est vêtu de vieilles hardes.* ▮ homonyme : harde.

***hardi, *hardie** adj. Qui n'a pas peur du danger, qui prend des risques. *Des alpinistes hardis veulent escalader le glacier.* ➜ **audacieux, aventureux, intrépide.** ▮ contraires : **peureux, timoré.**

▶ ***hardiesse** n. f. Audace, intrépidité. *Ce reporteur a fait preuve d'une grande hardiesse.*

▶ ***hardiment** adv. Courageusement. *Les sauveteurs affrontent hardiment le danger.*
▶ Autre mot de la famille : s'**enhardir.**

***harem** ['aʀɛm] n. m. Endroit de la maison où habitent les femmes, chez certains musulmans.
▶ Ce mot vient de l'arabe.

***hareng** ['aʀɑ̃] n. m. Poisson au dos bleu vert et au ventre argenté qui vit dans les mers froides. *Il mange des filets de hareng marinés.* – Familier. *On est serrés comme des harengs, dans ce train,* on est très serrés.

***hargne** n. f. Mauvaise humeur qui fait que l'on est désagréable avec les autres et que l'on dit des paroles méchantes. *Elle a répondu avec hargne à la question qu'on lui posait.* ▮ contraire : **amabilité.**

▶ ***hargneux, *hargneuse** adj. Plein de hargne, de mauvaise humeur. *La caissière du café est une femme hargneuse.* ➜ **acariâtre, désagréable, grincheux.** ▮ contraire : **aimable.**

***haricot** n. m. Plante dont on mange les gousses quand elles sont encore vertes *(les haricots verts)* ou dont on mange les graines contenues dans ces gousses quand elles sont mûres *(les haricots blancs).* ➜ aussi ② **flageolet.** *Nous avons mangé du gigot aux haricots.*

haricot

(*)harissa n. f. ou m. Poudre ou purée de piments. *Le couscous est servi avec de l'harissa.*
▶ On peut dire *de l'harissa, de la harissa* ou *du harissa.*

harmonica n. m. Petit instrument de musique que l'on tient dans une main et que l'on fait glisser entre les lèvres en soufflant et en aspirant. ➜ planche **Musique.** *Le cow-boy solitaire jouait de l'harmonica.* ▷ Mot de la famille de **harmonie.**

harmonie n. f. **1.** Accord qui existe entre plusieurs choses et qui les rend agréables à regarder ou à entendre. *Admirez l'harmonie des couleurs de ce tableau.* **2.** Bonne entente. *L'harmonie règne dans ce couple.* ▮ contraires : **désaccord, mésentente.**

▶ **harmonieux, harmonieuse** adj. *Une voix harmonieuse,* agréable à entendre. ➜ **mélodieux.** *Des couleurs harmonieuses,* qui vont bien ensemble.

▶ **harmonieusement** adv. D'une manière harmonieuse, avec harmonie. *La ville s'est développée harmonieusement.*

▶ **harmoniser** v. (conjug. 3) Mettre plusieurs choses en accord, les coordonner. *Le décora-*

* *h : dans certains mots le h aspiré*

teur a su harmoniser les couleurs dans le salon. – **s'harmoniser,** aller bien ensemble. *Le bleu du pull-over de Léa s'harmonise avec ses yeux,* est assorti à ses yeux.

▸ **harmonisation** n. f. Action d'harmoniser, de faire aller des choses ensemble. *Le peintre s'est attaché à l'harmonisation des couleurs.*

▸ Autres mots de la famille : **harmonica, harmonium.**

harmonium [aʀmɔnjɔm] n. m. Instrument de musique qui ressemble à un piano droit mais produit le même son qu'un orgue. *Ma tante joue de l'harmonium à l'église pendant la messe.* ▷ Mot de la famille de **harmonie.**

***harnacher** v. (conjug. 3) *Harnacher un cheval,* c'est lui mettre tout l'équipement qu'il lui faut pour porter un cavalier ou pour tirer une voiture. ➜ aussi **harnais.**

▸ ***harnachement** n. m. **1.** Équipement d'un cheval ou d'un animal que l'on monte. ➜ **harnais. 2.** Équipement lourd et peu pratique. *L'alpiniste est parti avec tout son harnachement.*

***harnais** n. m. **1.** Ensemble de l'équipement que l'on met à un cheval pour le monter ou l'atteler : selle, collier, mors, rênes, etc. ➜ **harnachement. 2.** Ensemble de sangles de sécurité qui entourent le corps d'un alpiniste, d'un navigateur, d'un parachutiste ou d'un véliplanchiste.

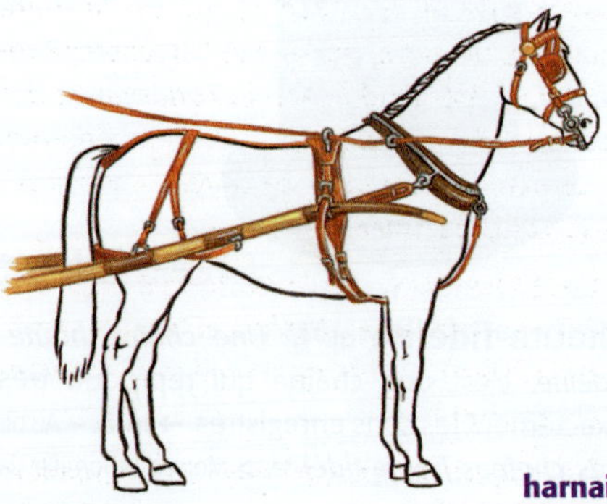

harnais

***harpe** n. f. Grand instrument de musique fait d'un cadre en bois qui a la forme d'un triangle sur lequel sont tendues des cordes que l'on pince des deux mains. ➜ planche **Instruments** de musique.

▸ Autre mot de la famille : **harpiste.**

***harpie** n. f. Femme méchante et désagréable. ➜ **mégère.** *C'est une vieille harpie.*

***harpiste** n. m. et f. Personne qui joue de la harpe. *La harpiste jouait, assise derrière sa harpe.* ▷ Mot de la famille de **harpe.**

***harpon** n. m. Instrument ressemblant à une très longue flèche munie d'une corde à l'une de ses extrémités, qui sert à accrocher et tirer les gros poissons. *Ils pêchent le thon au harpon.*

▸ ***harponner** v. (conjug. 3) Accrocher avec un harpon. *Les pêcheurs ont harponné un espadon.*

***hasard** n. m. (➜ ÉTYM.) **1.** *Un hasard,* c'est quelque chose qui arrive et qui n'était pas prévu. ➜ **circonstance.** *C'est un pur hasard si je me trouve ici aujourd'hui.* ➜ **coïncidence.** *Un malheureux hasard nous a séparés,* la malchance. **2.** *Il nous a donné ce conseil un peu au hasard,* sans réfléchir. *Prenez mon adresse, à tout hasard,* au cas où cela pourrait vous être utile. *J'ai retrouvé mon cahier par hasard,* sans l'avoir cherché. **3.** *Un jeu de hasard,* un jeu où l'on n'a pas besoin de réfléchir pour gagner, où il faut seulement avoir de la chance. *Le loto est un jeu de hasard.*

▸ ***hasarder** v. (conjug. 3) **1.** Faire quelque chose en risquant d'échouer ou de déplaire. *Il a hasardé une question.* **2. se hasarder,** aller dans un lieu dangereux. *Il n'est pas prudent de se hasarder dans ces marais.* ➜ **s'aventurer.**

▸ ***hasardeux, *hasardeuse** adj. Qui comporte un risque. ➜ **dangereux, risqué.** *Il serait hasardeux de prendre une décision trop rapide.* ▮ contraire : **sûr.**

***haschich** [aʃiʃ] n. m. Plante dont on fume les feuilles séchées pour se droguer. *La police a arrêté un trafiquant de haschich.*

***hase** n. f. Femelle du lièvre ou du lapin de garenne. *La hase et ses levrauts.*

***hâte** n. f. Grande rapidité pour faire quelque chose. *Il a hâte de rentrer chez lui,* il

*empêche la liaison et l'élision.

est très pressé de rentrer chez lui. *Le médecin est parti en hâte au chevet d'un malade,* rapidement, sans tarder. *Elle a fait ses devoirs à la hâte,* très vite, sans s'appliquer.

▶ ***hâter** v. (conjug. 3) **1.** Faire arriver plus tôt, plus vite. *Il a dû hâter son départ.* ➜ **avancer.** ▮ contraire : **retarder. 2.** Rendre plus rapide. *Il faut hâter le pas si vous voulez arriver à l'heure,* il faut marcher plus vite. ➜ **accélérer.** ▮ contraire : **ralentir. 3. se hâter,** se dépêcher. *Hâtez-vous, le film va commencer.* ➜ ② se **presser.**

▶ ***hâtif, *hâtive** adj. Qui a été fait trop vite. *Il a pris une décision hâtive.* ➜ **précipité, prématuré.**

***hauban** n. m. *Les haubans,* ce sont les câbles d'acier qui servent à maintenir le mât d'un bateau à voile, à soutenir un pont suspendu. ➜ planche **Bateaux.**

***haubert** n. m. Cotte de mailles. *Le chevalier avait revêtu son haubert.*

***hausser** v. (conjug. 3) **1.** Mettre à un niveau plus élevé. *Elle a haussé les épaules,* elle les a soulevées pour montrer son mépris ou son indifférence. ➜ ① **lever** et aussi **haussement.** *Il a montré son étonnement en haussant les sourcils.* **2. se hausser,** s'élever. *Elle se hausse sur la pointe des pieds,* elle se dresse sur la pointe des pieds. **3.** *Hausser la voix,* se mettre à parler plus fort. **4.** Augmenter. *Les commerçants ont haussé leurs prix.* ▮ contraire : **baisser.**

▶ ***hausse** n. f. Augmentation. *Il y a eu une hausse de température.* ➜ **élévation.** ▮ contraire : **baisse.** *L'inflation entraîne la hausse des prix.*

▶ ***haussement** n. m. *Un haussement d'épaules,* un mouvement par lequel on lève les épaules pour montrer qu'on est agacé, résigné ou indifférent à ce qui se passe. *On a compris à son haussement d'épaules qu'il ne ferait aucun commentaire.*

***haut** adj., n. m. et adv., ***haute** adj.

▪ adj. **1.** Grand, dans le sens vertical. ➜ **élevé.** *Il aime se promener en haute montagne. Les gratte-ciels sont des immeubles très hauts. Ce mur est haut de 2 mètres.* **2.** Dans une position élevée. *Il est midi, le soleil est haut dans le ciel.* ▮ contraire : ① **bas. 3.** Situé au-dessus. *La confiture est sur l'étagère la plus haute.* **4.** Fort. *Léa lit la poésie à voix haute.* **5.** Supérieur. *Il a une montre de haute précision.*

▪ n. m. **1.** Hauteur. *La tour Eiffel a 320 mètres de haut.* ➜ aussi **altitude. 2.** La partie haute d'une chose. *Théo est assis sur le haut du mur. Le cycliste s'est arrêté en haut de la côte.* ➜ **sommet.** ▮ contraire : ① **bas.**

▪ adv. **1.** En un point très élevé sur la verticale. *L'avion vole très haut dans le ciel.* **2.** À voix haute. *Dites tout haut ce que vous pensez !* ▮ contraires : ① **bas, doucement.** ▮ homonymes : au, eau, ho, ô, oh.

▶ Autres mots de la famille : hautain, hautbois, haut-de-forme, haute-fidélité, hautement, hauteur, haut-fond, haut-fourneau, haut-le-cœur, haut-le-corps, haut-parleur, rehausser.

***hautain, *hautaine** adj. Dédaigneux. *Elle est hautaine et distante.* ➜ **arrogant, méprisant.** ▷ Mot de la famille de haut.

***hautbois** n. m. Instrument de musique en bois et en métal, formé d'un long tuyau droit percé de trous, dans lequel on souffle. ➜ aussi **clarinette.** ➜ planche **Instruments** de musique. *Il joue du hautbois dans un orchestre.* ▷ Mot de la famille de haut et de bois.

***haut-de-forme** n. m. Chapeau dur, haut et cylindrique, à petits bords, que les hommes portent encore quelquefois pour les cérémonies. – Au pl. *Des hauts-de-forme.* ▷ Mot de la famille de haut et de forme.

haut-de-forme

***haute-fidélité** n. f. *Une chaîne haute-fidélité,* c'est une chaîne qui reproduit très exactement les sons enregistrés. ➜ **hi-fi.** – Au pl. *Des chaînes haute-fidélité.* ▷ Mot de la famille de haut et de fidèle.

***hautement** adv. Très. *Elle est hautement qualifiée pour faire ce travail.* ➜ **éminemment.** ▷ Mot de la famille de haut.

* h : dans certains mots le h aspiré

hayon

***hauteur** n. f. **1.** Dimension dans le sens vertical. *La hauteur d'un triangle.* ➜ planche **Géométrie.** *Quelle est la hauteur de cet arbre ?* **2.** Niveau. *Le lit et la table de nuit sont à la même hauteur.* **3.** Lieu élevé. *Le château est sur une hauteur.* ➜ **éminence.** ▮ contraires : **creux, dépression.** **4.** Dédain, mépris. *Elle lui parle avec hauteur.* ▷ Mot de la famille de **haut.**

***haut-fond** n. m. Sommet sous-marin recouvert de très peu d'eau. *Les bateaux doivent faire attention de ne pas s'échouer sur les hauts-fonds.* ➜ aussi **bas-fond.** ▷ Mot de la famille de **haut** et de **fond.**

***haut-fourneau** n. m. Grand four dans lequel on fait fondre le minerai de fer. – Au pl. *Des hauts-fourneaux.* ▷ Mot de la famille de **haut** et de **fourneau.**

***haut-le-cœur** n. m. inv. Envie soudaine de vomir provoquée par quelque chose de dégoûtant. ➜ **nausée.** *Il a eu un haut-le-cœur en découvrant la viande avariée.* – Au pl. *Des haut-le-cœur.* ▷ Mot de la famille de **haut** et de **cœur.**

***haut-le-corps** n. m. inv. Mouvement brusque et involontaire du haut du corps qui manifeste la surprise ou l'indignation. – Au pl. *Des haut-le-corps.* ▷ Mot de la famille de **haut** et de **corps.**

***haut-parleur** n. m. Appareil qui transforme les courants électriques en sons. *Une chaîne stéréo a deux haut-parleurs.* ➜ **baffle,** ① **enceinte.** ▷ Mot de la famille de **haut** et de **parler.**

***havre** n. m. Endroit où on se sent bien, à l'abri, en sécurité. *La maison de ses grands-parents est pour lui un havre de paix.*
▶ Ce mot appartient au langage soutenu.

***hayon** ['ajɔ̃] n. m. Porte qui s'ouvre de bas en haut à l'arrière de certaines voitures. ▮ homonyme : haillons.

***hé** interj. Mot qui sert à appeler quelqu'un ou à attirer l'attention. ➜ **eh, hep.** *Hé là ! pas si vite !*

***heaume** n. m. Grand casque en métal enveloppant toute la tête et le visage, que portaient les combattants, au Moyen Âge.

hebdomadaire adj. et n. m.
▪ adj. Qui a lieu chaque semaine. *Le mardi est le jour de fermeture hebdomadaire du musée.*
▪ n. m. *Un hebdomadaire,* c'est un journal qui paraît chaque semaine. *Elle est abonnée à plusieurs hebdomadaires.*

héberger v. (conjug. 5b) Faire habiter quelqu'un chez soi pendant un certain temps. *Pouvez-vous nous héberger pour la nuit ?* ➜ **loger.**

▸ **hébergement** n. m. Action d'héberger quelqu'un, le fait d'être hébergé. *Les réfugiés ont été regroupés dans un centre d'hébergement.*

hébété, hébétée adj. *Un air hébété,* c'est un air ahuri, dû à la fatigue ou à un grand étonnement. ➜ **abruti.**

hébreu adj. m. Qui concerne les Hébreux, le peuple juif de l'Antiquité. ➜ aussi **juif.**
▶ On trouve le féminin *hébreue : la langue hébreue ;* on emploie aussi l'adjectif *juive,* et parfois *israélite* pour ce qui concerne la religion.

hécatombe n. f. Massacre d'un très grand nombre de personnes ou d'animaux. *Cette guerre a provoqué une hécatombe.* ➜ **carnage, tuerie.**

hectare n. m. Unité de mesure de superficie utilisée pour mesurer une forêt, un domaine. *Un hectare vaut 100 ares ou 10 000 m^2. Un parc de 50 hectares (50 ha).* ▷ Mot de la famille de **are.**

hecto- Préfixe d'origine grecque qui signifie « cent » et qui se place devant un nom de mesure. *Un hectogramme (1 hg) de sucre,* c'est 100 grammes de sucre.

a b c d e f g h i j k l m n o p q r s t u v w x y z

hectolitre n. m. Unité de mesure de capacité valant 100 litres. *Les vaches de cet éleveur produisent 4 000 hectolitres (4 000 hl) de lait par an.* ▷ Mot de la famille de litre.

hectomètre n. m. Unité de mesure de longueur valant 100 mètres. *4 hectomètres (4 hm). Calculez le nombre d'hectomètres compris dans 20 kilomètres.* ▷ Mot de la famille de mètre.

hégémonie n. f. Domination d'un État sur un autre. → **suprématie.**

***hein** interj. Familier. **1.** Mot qu'on emploie pour faire répéter ce que quelqu'un vient de dire. *Hein ? qu'est-ce que tu dis ?* comment ? quoi ? → **pardon. 2.** Mot qui sert à demander à quelqu'un d'approuver ce que l'on vient de dire ou qui sert à marquer l'étonnement. *Tu n'es pas fâché, hein ?* n'est-ce pas ?

***hélas** interj. Mot qui sert à exprimer le regret, la tristesse. *Hélas ! les vacances sont finies !* malheureusement.

***héler** v. (conjug. 8) Appeler de loin pour faire venir. *Il hèle un taxi.*

hélice n. f. Appareil formé de deux ou trois ailes fixées sur un axe, qui tourne et sert à faire avancer un bateau, un avion ou à capter l'énergie d'un fluide. → aussi **pale.** → planche **Bateaux.** *L'hélice d'une éolienne.*

hélicoptère n. m. Appareil d'aviation qui se déplace grâce à une grande hélice horizontale placée au-dessus de son toit. → planche **Avions.** *Les hélicoptères décollent et atterrissent à la verticale. Le blessé a été transporté en hélicoptère.*

héliport n. m. Aéroport pour hélicoptères. ▷ Mot de la famille de ① port.

héliporté, héliportée adj. Transporté par hélicoptère. *Des troupes héliportées doivent arriver en renfort.* ▷ Mot de la famille de porter.

helvétique adj. Qui concerne la Suisse. *Le Valais est un canton helvétique,* un canton suisse.

hématome n. m. Marque bleue ou noire sur le corps, due à un coup qui a fait couler du sang sous la peau. *Il s'est cogné et maintenant il a des hématomes sur la jambe.* → **bleu, ecchymose.**

hémisphère n. m. Moitié du globe terrestre limitée par l'équateur. → planche **Terre.** *La France et le Canada sont dans l'hémisphère Nord ; le Chili et l'Australie sont dans l'hémisphère Sud.* ▷ Mot de la famille de sphère.

▶ *Hémisphère* est un nom masculin, comme *planisphère.*

hémoglobine n. f. Substance contenue dans le sang et qui lui donne sa couleur rouge.

hémophile adj. Qui est atteint d'une maladie qui empêche le sang de coaguler normalement. *Leur fils est hémophile.* – n. *Les hémophiles.*

▸ **hémophilie** n. f. Maladie héréditaire qui empêche le sang de coaguler normalement et qui entraîne des hémorragies.

hémorragie n. f. (→ ÉTYM.) Écoulement du sang hors des vaisseaux sanguins. → **saignement.** *Le médecin a arrêté l'hémorragie.*

***henné** n. m. Poudre végétale utilisée pour se teindre les cheveux. *Elle s'est fait un shampoing au henné.*

***hennin** n. m. Coiffure faite d'un cône très haut et rigide que les femmes portaient au Moyen Âge.

***hennir** v. (conjug. 11) *Le cheval hennit,* il pousse son cri.

▸ ***hennissement** n. m. Cri du cheval. *La jument pousse des hennissements.*

***hep** interj. Mot qui sert à appeler. → **hé.** *Hep ! garçon, l'addition, s'il vous plaît.*

hépatique adj. Du foie. *Il a une insuffisance hépatique,* son foie ne fonctionne pas bien.

hépatite n. f. Maladie du foie. *Il a une hépatite virale.* → aussi **cirrhose, jaunisse.**

***héraut** n. m. Au Moyen Âge, personne qui était chargée de transmettre les nouvelles importantes en faisant une proclamation. ▮ homonyme : héros.

* *h : dans certains mots le h aspiré*

herbe n. f. **1.** *L'herbe,* c'est un ensemble de plantes à tiges souples et vertes formant une végétation pas très haute. *Les vaches broutent l'herbe du pré. Nous avons pique-niqué sur l'herbe. Il tond l'herbe devant la maison.* ➜ **gazon, pelouse. 2.** *Des herbes,* des plantes aromatiques dont on se sert, en cuisine, pour assaisonner certains plats. *Le persil, l'estragon, la ciboulette sont des fines herbes. Le thym, le romarin, le basilic sont des herbes de Provence.* **3.** Plante sauvage qui pousse naturellement. *Il arrache les mauvaises herbes dans son jardin,* les plantes qui poussent et qui empêchent les autres de pousser. **4.** *En herbe,* qui a des dispositions pour quelque chose. *Paul est un pianiste en herbe,* il a des dons pour le piano.

▸ **herbage** n. m. Prairie dont l'herbe est consommée sur place par le bétail. *Les vaches paissent dans les herbages.* ➜ **pacage, pâturage.**

▸ Autres mots de la famille : désherbant, désherber, herbier.

herbicide n. m. Produit qui détruit les mauvaises herbes. *Le jardinier a mis de l'herbicide dans les allées du parc.*

herbier n. m. Collection de plantes que l'on fait sécher et que l'on garde aplaties entre deux feuilles de papier. *Théo cherche des trèfles à quatre feuilles pour son herbier.* ▹ Mot de la famille de herbe.

herbier

herbivore adj. Qui se nourrit uniquement d'herbe ou de feuilles. *Les vaches sont herbivores.* – n. m. *L'éléphant est un herbivore.*

herboriser v. (conjug. 3) Cueillir des plantes là où elles poussent pour les étudier, pour confectionner un herbier ou pour faire des remèdes.

▸ **herboriste** n. m. et f. Personne qui vend des plantes médicinales et des produits à base de plantes.

hercule n. m. Homme extrêmement fort. ➜ **colosse.** *Il est bâti en hercule,* il est très grand et très musclé.

▸ *Hercule* était un héros de la mythologie romaine.

▸ **herculéen, herculéenne** adj. Très grand. *Il a une force herculéenne.* ➜ **colossal.**

hérédité n. f. Transmission de certains caractères des parents à leurs enfants. *Julie a les mêmes yeux que son père, cela est dû à l'hérédité.* ➜ aussi **génétique.**

▸ **héréditaire** adj. Qui se transmet des parents aux enfants. *L'hémophilie est une maladie héréditaire.* ➜ aussi **génétique.**

hérésie n. f. Croyance différente des croyances établies comme étant les seules vraies. *L'Église catholique a toujours condamné les hérésies.* ➜ aussi **hérétique.**

▸ **hérétique** n. m. et f. Personne qui est coupable d'hérésie, qui défend une opinion différente de la croyance établie, dans une religion. *Pendant les guerres de Religion, on brûlait les hérétiques.* – adj. *Une secte hérétique.*

***hérisser** v. (conjug. 3) **1.** Dresser ses poils, ses plumes. *Quand un chat a peur, il hérisse ses poils et fait le gros dos.* – **se hérisser,** se dresser. *Dès que le chien est entré, les poils du chat se sont hérissés.* **2.** Inspirer de la colère. ➜ **énerver, exaspérer, horripiler, irriter.** *Sa mauvaise foi me hérisse.*

▸ ***hérissé, *hérissée** adj. **1.** Dressé sur la tête, le corps. *Paul est sorti de son lit, les cheveux hérissés.* **2.** Garni de choses pointues. *Le cactus est hérissé de piquants.*

▸ ***hérisson** n. m. Petit animal au corps couvert de piquants. ➜ planches **Mammifères, sol.** *Le hérisson se roule en boule en cas de danger.*

hériter v. (conjug. 3) **1.** Recevoir quelque chose d'une personne qui vient de mourir. *Il a hérité de la maison de ses parents.* – On peut

* empêche la liaison et l'élision.

a b c d e f g h i j k l m n o p q r s t u v w x y z

dire aussi *il a hérité la maison de ses parents.* **2.** Tenir quelque chose de quelqu'un par hérédité. *Julie a hérité des yeux de son père,* elle a les mêmes yeux que lui.

▸ **héritage** n. m. Bien transmis par une personne qui vient de mourir. *Ils ont fait un héritage,* ils ont hérité.

▸ **héritier** n. m., **héritière** n. f. Personne qui doit recevoir ou qui reçoit des biens en héritage. *Une riche héritière.*

▶ Autres mots de la famille : **déshérité, déshériter.**

hermaphrodite adj. Qui a des caractères des deux sexes, est à la fois mâle et femelle. *Les escargots sont hermaphrodites.*

hermétique adj. **1.** Qui ferme complètement en ne laissant passer ni air ni liquide. *Cette boîte est hermétique.* ➜ aussi **étanche. 2.** Difficile à comprendre. *Il prononça des paroles hermétiques.* ➜ **énigmatique, sibyllin.** ▮ contraire : **clair.**

▸ **hermétiquement** adv. D'une manière hermétique. *Ce bouchon ferme hermétiquement,* complètement.

hermine n. f. Petit animal carnivore très féroce qui ressemble à la belette et dont la fourrure est très recherchée. ➜ planche **Montagne.** *Le pelage de l'hermine est brun-rouge en été et blanc en hiver, sauf le bout de la queue qui reste noir.*

hermine en pelage d'été

***hernie** n. f. Grosseur formée par un organe qui est sorti de la cavité où il se trouve normalement. *Quand on porte quelque chose de lourd, on peut se faire une hernie,* la paroi du ventre s'étire trop et une partie de l'intestin se loge dedans en formant une boule.

① **héroïne** n. f. Drogue très dangereuse tirée de la morphine. *Il se drogue à l'héroïne.*
▮ Attention au tréma du *ï*.

② **héroïne** ➜ **héros**

héroïque adj. Très courageux. ➜ **brave.** *Les sauveteurs ont été décorés pour leur conduite héroïque.*

▸ **héroïquement** adv. À la manière d'un héros, très courageusement. ➜ **vaillamment.** *La population a résisté héroïquement.*

▷ Mots de la famille de **héros.**

héroïsme n. m. Très grand courage. ➜ **bravoure.** *Le pompier a fait preuve d'héroïsme en sauvant la fillette des flammes.* ▮ contraire : **lâcheté.** ▷ Mot de la famille de **héros.**

***héron** n. m. Grand oiseau échassier à long cou grêle, à très long bec et à longues pattes. ➜ planches **Mare, oiseaux.** *Les hérons vivent en colonies au bord des marécages et des étangs.*

***héros** n. m., **héroïne** n. f. **1.** Personne très courageuse qui a accompli des exploits. *Jeanne d'Arc est une héroïne française.* **2.** Personnage principal d'une histoire. *Astérix est un héros de bande dessinée.* **3.** Personnage de la mythologie, né d'un dieu et d'une femme ou d'un homme et d'une déesse. *Hercule est un héros de la mythologie romaine.* ▮ homonyme : héraut.

▶ Autres mots de la famille : **héroïque, héroïquement, héroïsme.**

***herse** n. f. **1.** Instrument agricole muni de dents ou de disques de métal, tiré par un tracteur, qui sert à briser les mottes de terre. **2.** Lourde grille munie de grosses pointes orientées vers le bas, suspendue à l'entrée d'un château fort.

hertzien, hertzienne adj. *Les ondes hertziennes,* les ondes qui permettent de transmettre des sons et des images. *Le réseau hertzien,* le réseau de télévision qui utilise les ondes hertziennes.

hésiter v. (conjug. 3) **1.** Ne pas arriver à se décider. *J'hésite entre deux solutions.* ▮ contraire : **choisir.** *Elle a hésité longtemps avant d'accepter. Il a hésité à vous déranger pendant la réunion.* ▮ contraire : se **décider. 2.** S'arrêter parce que l'on n'est pas décidé ou parce que l'on ne sait pas. *Le cheval hésite devant l'obstacle.*

** h : dans certains mots le h aspiré*

▸ **hésitant, hésitante** adj. **1.** Qui a du mal à se décider. → **indécis.** *Julie est hésitante, elle ne sait pas comment s'habiller aujourd'hui.* ▮ contraires : **décidé, résolu. 2.** Qui manque d'assurance, de fermeté. *Paul récite sa poésie d'une voix hésitante.* ▮ contraires : **assuré,** ① **ferme.**

▸ **hésitation** n. f. Le fait d'hésiter. *Louise s'est décidée après bien des hésitations,* après avoir hésité longtemps. *Elle a accepté de venir sans hésitation,* tout de suite.

hétéroclite adj. Fait d'un mélange de choses qui ne vont pas ensemble. → **disparate.** *La décoration du salon est hétéroclite.*

hétérogène adj. Qui est composé de choses ou de personnes très différentes les unes des autres. *La population de ce quartier est très hétérogène.* ▮ contraire : **homogène.**

***hêtre** n. m. Très grand arbre à petites feuilles ovales et à l'écorce lisse, fine et grisâtre. → planche **Arbres.** *Une forêt de hêtres.* ▮ homonymes : ① et ② être.

***heu** interj. Mot qui sert à exprimer l'hésitation. → **euh.** *Je cherche son nom, heu !... attendez...*

heure n. f. **1.** Espace de temps égal à la vingt-quatrième partie de la journée. *Un jour est divisé en 24 heures et une heure en 60 minutes. Théo est arrivé deux heures en retard.* **2.** Moment précis de la journée. *Quelle heure est-il ? Il est dix heures dix (10 h 10). Ma montre est à l'heure,* elle indique l'heure juste. *C'est l'heure de partir.* **3.** Moment de la journée. *Louise doit dormir à l'heure qu'il est,* actuellement, en ce moment. *Vous pouvez m'appeler à toute heure,* à tout moment de la journée. *Nous nous reverrons tout à l'heure,* dans un moment proche. *À tout à l'heure ! Julie n'aime pas se lever de bonne heure,* tôt. **4.** *À la bonne heure, tu fais des progrès !* c'est très bien. ▮ homonyme : heurt.

▸ Autres mots de la famille : demi-heure, quart d'heure.

heureux, heureuse adj. (→ ÉTYM.) **1.** Qui est rempli de joie, vit dans le bonheur. *Je suis très heureuse de vous voir bientôt.* → **content, ravi.** ▮ contraires : **malheureux, triste.** *Ils ont tout pour être heureux.* → aussi **bonheur. 2.** Qui a de la chance. *Il peut s'estimer heureux de ne pas avoir été blessé dans l'accident.* → **chanceux. 3.** Rempli de bonheur. *Nous vous souhaitons un heureux anniversaire.* → **joyeux.** ▮ contraire : **mauvais.**

▸ **heureusement** adv. Par chance, par bonheur. *Nous avons fait un pique-nique hier, et heureusement il a fait beau.* ▮ contraire : **malheureusement.** *Heureusement qu'il était là !*

▸ Autre mot de la famille : bienheureux.

***heurter** v. (conjug. 3) **1.** Toucher brutalement. *La moto a heurté le trottoir.* → **percuter. 2.** Choquer. *Sa grossièreté me heurte,* me déplaît fortement.

▸ se **heurter** v. **1.** Se cogner mutuellement. *Les deux voitures se sont heurtées violemment.*

herse

empêche la liaison et l'élision.

2. Rencontrer. *Ils se sont heurtés à des difficultés.*

▸ ***heurt** ['œʀ] n. m. 1. Choc. *Attention aux heurts, ces verres sont fragiles.* 2. Dispute. *La rencontre s'est passée sans heurt.* ▮ homonyme : heure.

▶ On ne prononce pas le *t* final.

hévéa n. m. Grand arbre des pays chauds qui renferme un liquide avec lequel on fabrique le caoutchouc. ➜ aussi **latex.** *Une forêt d'hévéas.*

hexagone n. m. Figure géométrique à six côtés. ➜ planche **Géométrie.** *On appelle souvent la France l'«Hexagone», à cause de sa forme.*

(*)hiatus [(')jatys] n. m. Suite de deux voyelles qui se prononcent à l'intérieur d'un mot (ex. *géant*) ou entre deux mots (ex. *il a été*).

▶ On dit *l'hiatus* ou *le hiatus.*

hiberner v. (conjug. 3) Passer l'hiver dans un état d'engourdissement. *Certains animaux, comme les ours, les marmottes, les écureuils, hibernent.*

▸ **hibernation** n. f. État d'engourdissement ou de sommeil dans lequel sont certains animaux pendant l'hiver. *Les marmottes entrent en hibernation au début de l'automne.*

***hibou** n. m. (pl. **hiboux**) Oiseau rapace vivant la nuit, qui a une face ronde et aplatie et porte des aigrettes sur la tête, contrairement à la chouette. *Les hiboux hululent.*

hibou

***hic** n. m. Familier. Difficulté, problème. *Voilà le hic. Il y a un hic.*

▶ *Hic* est un mot latin qui veut dire «ici».

***hideux, *hideuse** adj. Très laid, horrible à voir. ➜ **affreux.** *Cette coiffure est hideuse.*
▮ contraires : **beau, joli.**

hier [jɛʀ] adv. Le jour qui est juste avant celui où l'on est. *Il est arrivé hier.* ➜ aussi ① **veille.** *Il a passé toute la journée d'hier au lit.*

▶ Autre mot de la famille : avant-hier.

***hiérarchie** n. f. Classement de personnes selon la qualification, l'importance et les responsabilités qu'elles ont dans leur métier. *Le président-directeur général est au sommet de la hiérarchie de l'entreprise.*

▸ ***hiérarchique** adj. *Un supérieur hiérarchique,* une personne qui a des gens qui travaillent sous ses ordres. *Les employés rendent des comptes à leur supérieur hiérarchique,* à leur chef.

***hiéroglyphe** n. m. (➜ ÉTYM.) Petit dessin qui servait de signe d'écriture aux anciens Égyptiens. ➜ planche **Écriture.** *Les Égyptiens ont écrit avec des hiéroglyphes pendant trois mille ans.*

▶ Il y a un *y* après le *l.*

***hi-fi** adj. inv. *Une chaîne hi-fi,* c'est une chaîne haute-fidélité. ➜ **haute-fidélité.** – Au pl. *Des chaînes hi-fi.*

▶ On peut aussi écrire *hifi,* en un seul mot.

hilare adj. Qui a l'air très content et rit tout le temps. *Les spectateurs étaient hilares en regardant le numéro des clowns.*

▸ **hilarant, hilarante** adj. Très drôle. *Une histoire hilarante.* ➜ **désopilant.**

▸ **hilarité** n. f. Très grande gaieté se manifestant par des éclats de rire. *Les clowns ont déclenché l'hilarité générale.*

hindou n. m. (pl. **hindous**), **hindoue** n. f. Personne qui pratique l'hindouisme. *Les hindous pensent que les vaches sont des animaux sacrés.* – adj. *La religion hindoue.*

▸ **hindouisme** n. m. Religion la plus répandue en Inde. *L'hindouisme est une religion très ancienne.*

hippique adj. Qui concerne le cheval et le sport qui consiste à monter à cheval. *Paul a*

* *h : dans certains mots le h aspiré*

participé à un concours hippique. → **équestre** et aussi **équitation.**

▶ **hippisme** n. m. Ensemble des sports pratiqués à cheval ou avec un cheval. → **équitation.** *Elle s'intéresse à l'hippisme.*

hippocampe n. m. Petit poisson de mer à la queue courbe, dont la tête, rabattue contre la gorge, ressemble à celle du cheval. → planche **Poissons.** *L'hippocampe nage en position verticale.*

hippodrome n. m. Terrain réservé aux courses de chevaux. *L'hippodrome de Longchamp, à Paris.* → **champ** de courses.

hippopotame n. m. (→ ÉTYM.) Gros animal herbivore d'Afrique dont le corps massif est recouvert d'une peau très épaisse. → planche **Mammifères.** *Les hippopotames passent la plus grande partie de leur temps dans l'eau des fleuves.*

des **hiéroglyphes**

hirondelle n. f. Petit oiseau migrateur noir et blanc, aux ailes fines et longues et à la queue fourchue. → planches **Oiseaux, ville.** *Une hirondelle a fait son nid sous le toit.*

hirsute adj. Très mal coiffé ou pas coiffé. → **ébouriffé.** *Va te coiffer, tu es hirsute !*

hispanique adj. Qui concerne l'Espagne, les Espagnols. *Son frère aime le cinéma hispanique.*

***hisser** v. (conjug. 3) **1.** Faire monter avec des cordes. *Les matelots ont hissé les voiles.* **2. se hisser,** s'élever avec effort. *Julie s'est hissée sur le mur,* elle est montée dessus. → **grimper.**

① **histoire** n. f. **1.** Récit d'évènements vrais ou imaginaires. *Il raconte une histoire à sa fille avant qu'elle ne s'endorme.* → aussi **conte.** *Léa m'a raconté une histoire drôle.* **2.** Histoire inventée pour tromper. *Il ne faut pas le croire, ce sont des histoires,* c'est faux. **3.** Suite d'évènements compliqués. *Leur voyage s'est déroulé sans histoire,* sans ennui. *Cela a été toute une histoire,* cela a été très compliqué.

② **histoire** n. f. Récit des évènements passés importants d'un pays, d'un peuple. *Léa étudie l'histoire de France.*

▶ Autre mot de la famille : préhistoire.

historien n. m., **historienne** n. f. Personne spécialisée dans l'étude de l'histoire.

historique adj. et n. m.

■ adj. **1.** Qui a réellement existé. *Napoléon est un personnage historique.* **2.** Qui est célèbre dans l'histoire et que l'on conserve. *Le château de Versailles est un monument historique,* un monument important, témoin de l'histoire.

■ n. m. Exposé des faits. → **chronologie.** *Le journaliste a fait l'historique de la situation,* il a raconté tous les faits qui se sont déroulés depuis l'origine et peuvent aider à comprendre la situation.

▶ Autre mot de la famille : préhistorique.

***hit-parade** n. m. Classement selon un certain succès. *Son disque est pemier au hit-parade.* → aussi **palmarès.** – Au pl. *Des hit-parades.*

▶ C'est un mot américain.

hiver n. m. La plus froide des saisons, qui suit l'automne et précède le printemps. → planche **Terre.** *Dans l'hémisphère Nord, l'hiver commence le 22 décembre et finit le 20 ou le 21 mars.*

hivernage n. m. Séjour du bétail à l'étable, pendant l'hiver. ▷ Mot de la famille de hiverner.

hivernal, hivernale adj. *Il fait une température hivernale,* d'hiver. – Au masc. pl. *hivernaux.*

* empêche la liaison et l'élision.

hiverner v. (conjug. 3) Passer l'hiver à l'abri. *Les vaches hivernent à l'étable.*
▶ Autre mot de la famille : hivernage.

***H. L. M.** ['aʃɛlɛm] n. m. ou f. inv. Grand immeuble dont les appartements sont loués à un prix peu élevé. → planche **Habitations.** *Ils habitent dans un H. L. M.* – Au pl. *Des H. L. M.*
On dit *un H. L. M.* ou *une H. L. M.* • C'est l'abréviation de *Habitation à Loyer Modéré.*

***ho** interj. Mot qui sert à appeler ou à exprimer la surprise, l'admiration ou l'indignation. *Ho ! Quelle belle maison !* ▮ homonymes : au, eau, haut, ô, oh.

***hobby** n. m. Passe-temps, distraction favorite. *Son hobby, c'est la photo.* – Au pl. *Des hobbys.*
Ce mot vient de l'anglais. • On utilise parfois le pluriel anglais *des hobbies.*

***hocher** v. (conjug. 3) *Hocher la tête,* c'est la remuer de haut en bas pour accepter et de gauche à droite pour refuser.
▸ ***hochement** n. m. *Un hochement de tête,* c'est le fait de hocher la tête. *Il a montré qu'il n'est pas d'accord par un hochement de tête.*
▸ ***hochet** n. m. Jouet de bébé formé d'un manche et d'une partie qui fait du bruit quand on la secoue.

***hockey** n. m. Sport d'équipe qui consiste à envoyer une balle dans le but adverse en la poussant avec une crosse au bout aplati. *Il joue au hockey sur gazon. Au hockey sur glace, la balle est remplacée par un palet.* → planche **Sport.** ▮ homonyme : hoquet.
Ce mot vient de l'anglais.

hockey sur glace

***holà** interj. Mot qui sert à dire d'aller moins vite ou d'arrêter. *Holà ! calme-toi !* – n. m. inv. *Ses parents ont mis le holà à ses dépenses,* ils y ont mis fin.

***hold-up** ['ɔldœp] n. m. inv. (→ ÉTYM.) Attaque à main armée d'une banque ou d'un magasin pour y prendre l'argent ou les marchandises. → **braquage.** *Le bijoutier a été victime d'un hold-up.* – Au pl. *Des hold-up.*
Ce mot vient de l'anglais.

holocauste n. m. **1.** Sacrifice religieux où la victime était brûlée, chez les Juifs de l'Antiquité. *Ils offrirent un bélier en holocauste.* **2.** Extermination des Juifs par les nazis, pendant la Seconde Guerre mondiale.

hologramme n. m. Image en trois dimensions qui change selon l'angle sous lequel on la regarde. *Il y a un hologramme sur certaines cartes de crédit.*

homard

***homard** n. m. Grand crustacé marin dont les pattes avant sont armées de grosses pinces. → planche **Crustacés** et coquillages. *Le homard est bleu foncé, il devient rouge quand on le fait cuire.*

homéopathie n. f. Manière de soigner les malades en leur donnant une très petite quantité de remèdes qui provoqueraient, s'ils étaient donnés à des doses plus fortes, la même maladie que celle que l'on essaie de guérir. *Elle se soigne à l'homéopathie.*
▸ **homéopathique** adj. Relatif à l'homéopathie. *Il soigne son rhume avec des médicaments homéopathiques.*

homicide n. m. Acte de la personne qui tue un être humain. *Quand on tue quelqu'un par accident, c'est un homicide involontaire. Il est accusé d'homicide volontaire.* → **assassinat, crime, meurtre.**

** h : dans certains mots le h aspiré*

hommage n. m. **1.** Acte par lequel un vassal jurait fidélité à son seigneur. *Le vassal a prêté hommage à son seigneur et a reçu un fief.* **2.** Témoignage de respect, d'admiration, de reconnaissance. *Le général a rendu hommage au courage de ses soldats.* **3.** *Des hommages,* des salutations respectueuses qu'un homme adresse à une femme. *«Je vous présente mes hommages, Madame».* ➜ **respect.**

homme n. m. **1.** L'être humain, qu'il soit de sexe masculin ou féminin, enfant ou adulte. *Contrairement à l'animal, l'homme se tient debout, il parle et a une intelligence développée.* **2.** Personne adulte de sexe masculin. *Il y a un homme et deux femmes dans le magasin.* ➜ **monsieur.** *C'est encore un jeune homme.* ➜ **garçon.** *Il n'est pas homme à refuser,* ce n'est pas dans son caractère. **3.** Personne adulte de sexe masculin caractérisée par ce qu'elle fait. *Un ministre est un homme politique, un écrivain est un homme de lettres, un magistrat est un homme de loi.*

▸ **homme-grenouille** n. m. Plongeur équipé d'un appareil pour respirer sous l'eau. *Des hommes-grenouilles examinent la coque du bateau.* ➜ aussi **scaphandrier.** ▷ Mot de la famille de grenouille.

▸ Autres mots de la famille : bonhomme, gentilhomme.

homogène adj. Qui est composé de choses ou de personnes semblables, qui vont bien ensemble et forment un tout cohérent. ▮ contraire : **hétérogène.** *Les élèves de la classe forment un groupe homogène,* ils s'entendent bien et sont du même niveau.

▸ **homogénéité** n. f. Qualité de ce qui est homogène. *Ce parti politique se flatte de son homogénéité.*

homographe n. m. Mot qui s'écrit comme un autre mais n'a pas le même sens. ➜ **homonyme.** *Moule «coquillage» et moule «objet creux» sont des homographes.*

homologue n. m. et f. Personne qui occupe la même fonction qu'une autre. *Le ministre de l'Industrie de notre pays a rencontré son homologue espagnol.*

homologuer v. (conjug. 3) Approuver quelque chose et l'enregistrer officiellement. *Le record mondial de saut a été homologué par la fédération internationale.*

homonyme n. m. (➜ ÉTYM.) **1.** Mot qui se prononce de la même façon qu'un autre mais qui ne s'écrit pas forcément pareil et n'a pas le même sens. ➜ **homographe, homophone.** *Les mots «pain» et «pin» sont des homonymes.* **2.** Personne, ville qui a le même nom qu'une autre. *Cette lettre n'est pas pour moi, mais pour un homonyme.*

▸ Il y a un *y* après le *n.*

homophone n. m. Mot qui se prononce comme un autre mais n'a pas le même sens. ➜ **homonyme.** *Vair, ver, verre et vers sont des homophones.*

homosexuel n. m., **homosexuelle** n. f. Personne qui est attirée par les personnes du même sexe qu'elle. *Un couple d'homosexuels.*
▷ Mot de la famille de sexe.

honnête adj. **1.** *Une personne honnête,* c'est une personne qui ne vole pas, ne cherche pas à obtenir des choses en trompant les autres. ➜ **intègre.** ▮ contraire : **malhonnête. 2.** D'un niveau moyen. *Ce restaurant propose une cuisine honnête, sans plus.* ➜ **honorable, passable.**

▸ **honnêtement** adv. **1.** De façon honnête, selon le devoir. *Il a agi honnêtement en donnant aux gendarmes le portefeuille qu'il a trouvé.* ▮ contraire : **malhonnêtement. 2.** Franchement. *Honnêtement, je pense que tu as tort.*

▸ **honnêteté** n. f. Qualité d'une personne honnête. *Il est d'une grande honnêteté.*

▸ Autres mots de la famille : malhonnête, malhonnêtement, malhonnêteté.

honneur n. m. **1.** Sentiment d'être digne d'estime. ➜ **fierté.** *Autrefois, on se battait en duel pour défendre son honneur. Il met un point d'honneur à respecter ses engagements,* il s'en fait un devoir. **2.** Traitement particulier que l'on fait à quelqu'un pour lui montrer qu'on l'estime. *Vous me faites trop d'honneur. On a donné une fête en l'honneur des vainqueurs de la compétition,* pour eux. **3.** *Les honneurs,* ce

empêche la liaison et l'élision.

a b c d e f g h i j k l m n o p q r s t u v w x y z

sont les marques de respect que l'on donne à une personne importante. *Le président de la République a été reçu avec tous les honneurs dus à son rang.*

▶ Autre mot de la famille : déshonneur.

honorable adj. **1.** Digne d'estime, de respect. ➜ **respectable.** *C'est une femme honorable.* **2.** Pas très bon mais suffisant. *14 sur 20 est une note honorable.* ➜ **convenable, honnête.**

▶ **honorablement** adv. **1.** De manière honorable. *Sa famille est honorablement connue dans la ville.* **2.** Convenablement, suffisamment. *Ils ont de quoi vivre honorablement.*

▷ Mots de la famille de honorer.

honoraires n. m. pl. Somme d'argent que l'on donne à un avocat, un notaire, un médecin, pour le payer. *Quel est le montant de ses honoraires ?*

honorer v. (conjug. 3) *Honorer quelqu'un,* c'est lui rendre hommage, lui montrer qu'on l'estime. *Le président a honoré ce scientifique en lui remettant la Légion d'honneur.*

▶ Autres mots de la famille : déshonorant, déshonorer, honorable, honorablement.

honorifique adj. Qui procure de la considération et n'apporte pas d'avantages matériels. *Une décoration militaire est une distinction honorifique.*

***honte** n. f. **1.** Chose odieuse, scandaleuse. *C'est une honte de maltraiter des enfants.* **2.** Sentiment très désagréable d'être humilié ou ridiculisé devant les autres. *Léa était rouge de honte. Alex a honte d'avoir été grossier,* il n'en est pas fier.

▶ ***honteux, *honteuse** adj. **1.** Qui éprouve de la honte. *Louise est honteuse d'avoir mal agi,* elle en a honte. ▮ contraire : **fier.** **2.** Odieux, scandaleux, méprisable. *C'est honteux de torturer des animaux.* ➜ **ignoble, scandaleux.**

▶ Autre mot de la famille : éhonté.

***hop** interj. Mot qui accompagne un geste ou une action brusque et rapide. *Allez, hop ! debout !*

hôpital n. m. (pl. **hôpitaux**) Établissement dans lequel on soigne et on opère les malades et les blessés, et où les femmes peuvent accoucher. ➜ aussi **clinique** et ② **hospitalier, hospitaliser.** *Le blessé a été transporté à l'hôpital.*

***hoquet** n. m. *Avoir le hoquet,* c'est être agité de petites secousses et faire avec sa gorge, sans le vouloir, un bruit rauque et répété dû à des contractions du diaphragme. ▮ homonyme : hockey.

horaire adj. et n. m.

▪ adj. **1.** Correspondant à une durée d'une heure. *La vitesse horaire d'un avion,* c'est le nombre de kilomètres qu'il parcourt en une heure. **2.** Qui concerne la division du temps en heures. *Il y a six heures de décalage horaire entre New York et Paris,* quand il est midi à New York, il est 18 heures à Paris.

▪ n. m. **1.** Tableau des heures de départ et d'arrivée d'un moyen de transport, des heures des séances d'un cinéma, etc. *Il consulte l'horaire des trains pour Pau.* **2.** Emploi du temps. *Elle a un horaire chargé.*

***horde** n. f. Groupe de personnes agitées ou violentes. *Une horde de journalistes attend le ministre dans la rue.*

horizon n. m. **1.** Ligne que l'on voit au loin où le ciel et la terre ou la mer semblent se toucher. *Le soleil se couche à l'horizon.* **2.** *Ouvrir des horizons,* c'est faire découvrir des choses que l'on ne connaissait pas. *Ce livre m'a ouvert des horizons.*

▶ **horizontal, horizontale** adj. Dans le même sens que la ligne d'horizon. *Tracez une ligne horizontale de 7 centimètres.* ▮ contraires : **debout, oblique, vertical.** — Au masc. pl. *horizontaux.*

▶ **horizontalement** adv. En suivant une ligne horizontale. ▮ contraire : **verticalement.**

horloge n. f. (➜ ÉTYM.) Grand appareil qui indique l'heure. *Il est 2 heures à l'horloge de la gare.* ➜ aussi ② **pendule.**

▶ **horloger** n. m., **horlogère** n. f. Personne dont le métier est de fabriquer, de réparer ou de vendre des montres, des horloges,

* *h : dans certains mots le h aspiré*

travail de l'**horloger**

des pendules. *Il a acheté un réveil chez un horloger-bijoutier.*

▸ **horlogerie** n. f. **1.** Fabrication des objets qui indiquent l'heure. *Il travaille dans l'horlogerie.* **2.** Magasin de l'horloger.

***hormis** prép. Excepté, sauf. *Tous les enfants sont arrivés, hormis Léa,* à part Léa. ▮ contraire : y **compris.** ▷ Mot de la famille de hors et de mettre.
◗ Ce mot appartient au langage soutenu.

hormone n. f. Substance qui est produite par des glandes et qui, transportée par le sang, agit sur certaines parties du corps. *Les hormones de croissance permettent de grandir.*

horodateur n. m. Appareil qui imprime automatiquement la date et l'heure. *L'horodateur délivre un ticket de stationnement à l'automobiliste.* ➜ aussi **parcmètre.** ▷ Mot de la famille de date.

horoscope n. m. Ensemble des prévisions que font les astrologues sur l'avenir des gens en étudiant l'influence que les astres exercent sur eux depuis le jour de leur naissance. *Louise lit son horoscope dans un magazine.* ➜ aussi **astrologie** et **zodiaque.**

horreur n. f. **1.** Impression violente de répulsion et de peur. *Julie poussa un cri d'horreur en voyant l'araignée. Alex aime les films d'horreur,* qui montrent des choses qui font peur. ➜ **épouvante.** **2.** *Avoir horreur de quelque chose,* ne pas l'aimer du tout. *Les chats ont horreur de l'eau. J'ai horreur de me lever tôt,* je déteste cela. **3.** Ce qui dégoûte ou fait peur. *J'ai vu une souris sous mon lit, quelle horreur !* **4.** *Des horreurs,* des choses horribles. *Il a dit des horreurs sur toi.*

horrible adj. **1.** Qui provoque le dégoût ou la peur. ➜ **abominable, effrayant, terrifiant.** *Un monstre horrible.* **2.** Très laid, très mauvais. ➜ **épouvantable, monstrueux.** *Quel horrible chapeau !* ➜ **hideux.** *Il fait un temps horrible.* ▮ contraire : **merveilleux.**

▸ **horriblement** adv. **1.** D'une manière horrible. *Le poisson pourri sent horriblement mauvais.* **2.** Extrêmement. *Ces chaussures sont horriblement chères,* beaucoup trop chères. ➜ **terriblement, très.**

horrifier v. (conjug. 9) Remplir d'épouvante. *Cette histoire les a horrifiés.*

horripiler v. (conjug. 3) Exaspérer, agacer. *Ce bruit m'horripile.* ➜ **énerver.**

▸ **horripilant, horripilante** adj. Qui agace, exaspère. ➜ **énervant.** *Cette fille est vraiment horripilante.* ➜ **agaçant.**

***hors** ['ɔʀ] prép. **1.** *Hors de,* à l'extérieur de. *Le poisson sauta hors de l'eau.* **2.** *Hors de danger,* à l'abri du danger. *Le malade est maintenant hors de danger,* il est sauvé. **3.** *Hors d'usage,* trop abîmé ou trop vieux pour pouvoir encore servir. *Cette voiture est hors d'usage.* **4.** *Hors de prix,* trop cher. *Les fraises sont hors de prix en cette saison.* **5.** *Être hors de soi,* très en colère. ▮ homonymes : ① et ② or.
▶ Autres mots de la famille : dehors, hormis, hors-bord, hors-jeu, hors-la-loi.

***hors-bord** n. m. Petit bateau léger, très mobile, dont le moteur est placé en dehors de la coque. *On fait du ski nautique tiré par un hors-bord.* — Au pl. *Des hors-bords* ou *des hors-bord* (invariable). ▷ Mot de la famille de hors et de ② bord.

hors-bord

* empêche la liaison et l'élision.

a b c d e f g **h** i j k l m n o p q r s t u v w x y z

***hors-d'œuvre** n. m. inv. Plat froid servi au début du repas avant les entrées ou le plat principal. *On nous a proposé des hors-d'œuvre variés pour commencer le repas.*

***hors-jeu** n. m. Faute d'un joueur de football ou de rugby dont la position sur le terrain est interdite. *L'arbitre a sifflé un hors-jeu.* – Au pl. *Des hors-jeux.* ▷ Mot de la famille de hors et de jeu.

***hors-la-loi** n. m. inv. Personne qui vit sans respecter les lois. ➜ aussi **marginal.** *Une bande de hors-la-loi.* ▷ Mot de la famille de hors et de loi.

hortensia n. m. Petit arbuste dont les fleurs roses, blanches ou bleues sont groupées en grosses boules. *Un massif d'hortensias.*

hortensia

horticulteur n. m., **horticultrice** n. f. Personne qui cultive les plantes qui poussent dans les jardins. ➜ **jardinier.**

horticulture n. f. Culture des légumes, des fruits, des fleurs et des arbres qui poussent dans les jardins. ▷ Mot de la famille de ① culture.

hospice n. m. Maison où l'on accueille les personnes âgées qui n'ont pas d'argent. *Il a fini sa vie à l'hospice.* ▮ homonyme : auspices.

① hospitalier, hospitalière adj. Accueillant. *Cette femme est très hospitalière,* sa maison est ouverte à tous. ➜ aussi **hospitalité.**

▶ Autre mot de la famille : inhospitalier.

② hospitalier, hospitalière adj. Relatif aux hôpitaux, aux cliniques. *Les infirmières appartiennent au personnel hospitalier.*

hospitaliser v. (conjug. 3) Faire entrer quelqu'un à l'hôpital pour le soigner. *On a dû l'hospitaliser.*

▶ **hospitalisation** n. f. Admission et séjour dans un hôpital ou dans une clinique. *Je suis allé voir ma grand-mère toutes les semaines pendant son hospitalisation.*

hospitalité n. f. Fait de recevoir, de loger chez soi. *Des amis m'ont offert l'hospitalité,* ils m'ont hébergé. ➜ aussi ① et ② **hôte.**

hostie n. f. Petite rondelle de pain sans levain que les catholiques mangent à la messe au moment de la communion. *L'hostie représente le corps du Christ.*

hostile adj. **1.** Malveillant, méchant. *Elle l'a regardé d'un air hostile.* ➜ **haineux.** ▮ contraires : **amical, bienveillant. 2.** Opposé. *Les gens du quartier sont hostiles à la construction d'un parking,* ils sont contre. ▮ contraire : **favorable.**

▶ **hostilité** n. f. **1.** Haine. *Le chat observe le chien avec hostilité.* ▮ contraire : **bienveillance. 2.** *Les hostilités,* ce sont les combats entre ennemis, la guerre. *Les hostilités ont repris dans le nord du pays.*

***hotdog** ou ***hot-dog** ['ɔtdɔg] n. m. Sandwich chaud constitué d'un petit pain contenant une saucisse. – Au pl. *Des hotdogs* ou *des hot-dogs.*

▶ Ce mot vient de l'américain et veut dire « chien chaud ». • Écrire *hotdog* en un seul mot est conforme à la nouvelle orthographe.

① hôte n. m., **hôtesse** n. f. Personne qui reçoit quelqu'un chez elle, lui donne l'hospitalité. *Nos hôtes nous ont très bien reçus. C'est une charmante hôtesse.*

▶ **② hôte** n. m. et f. Personne qui est reçue chez quelqu'un, qui reçoit l'hospitalité. ➜ **invité.** *Julie a dormi chez les parents de Louise, elle était leur hôte.*

▶ Autre mot de la famille : hôtesse.

hôtel n. m. **1.** Maison ayant des chambres où l'on peut dormir en payant. *Ils ont passé deux nuits à l'hôtel.* **2.** *Un hôtel particulier,* une belle et grande maison ancienne dans une ville. **3.** *L'hôtel de ville,* la mairie. **4.** *Un maître d'hôtel,*

* h : dans certains mots le h aspiré

la personne qui dirige le service de la table dans un restaurant. *Le maître d'hôtel a pris notre commande.* ▮ homonyme : autel.

▸ **hôtelier** n. m., **hôtelière** n. f. Personne qui dirige un hôtel. – adj. *L'école hôtelière,* l'école où l'on apprend à travailler dans un hôtel ou dans un restaurant.

▸ **hôtellerie** n. f. Métier que font les personnes qui travaillent dans un hôtel ou dans un restaurant.

hôtesse n. f. **1.** Femme chargée d'accueillir et de renseigner les visiteurs dans un magasin ou une exposition. *Adressez-vous aux hôtesses.* **2.** *Une hôtesse de l'air,* une femme qui veille au confort des passagers d'un avion. → aussi **steward.** *Les hôtesses de l'air nous ont apporté des rafraîchissements.* ▹ Mot de la famille de ① hôte.

***hotte** n. f. **1.** Grand panier que l'on porte sur son dos à l'aide de bretelles. *La hotte du père Noël est remplie de jouets.* **2.** *La hotte d'une cheminée,* la partie par laquelle s'évacue la fumée. *L'intérieur de la hotte de la cheminée est noir de suie.* **3.** *Une hotte électrique,* un appareil qui aspire la fumée et les odeurs dégagées par la cuisson des aliments. *Il y a une hotte électrique au-dessus de la cuisinière.*

hotte

***hou** interj. Mot que l'on utilise pour faire peur ou pour se moquer. *Hou ! la menteuse !* ▮ homonymes : houe, houx, ou, où.

***houblon** n. m. Plante grimpante dont on utilise les fleurs dans la fabrication de la bière. *Il y a de grands champs de houblon en Alsace.*

***houe** n. f. Pioche à large lame. *Le jardinier bine la terre avec sa houe.* ▮ homonymes : hou, houx, ou, où.

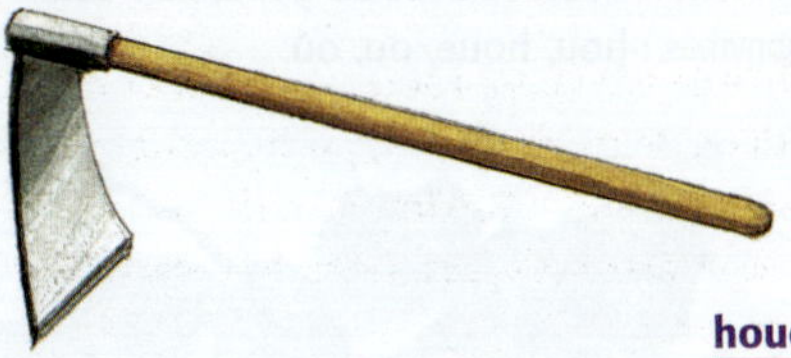

houe

***houille** n. f. **1.** Charbon. → planche **Énergie.** *Une mine de houille.* **2.** *La houille blanche,* c'est l'électricité produite par les chutes d'eau. → aussi **hydroélectricité.** ▮ homonyme : ouille.

▸ ***houiller, *houillère** adj. Relatif à la houille. *Un bassin houiller,* c'est une région dont le sous-sol contient de la houille.

▸ ***houillère** n. f. Mine de houille.

***houle** n. f. Mouvement qui agite la mer sans faire déferler les vagues. → aussi **roulis.** *Au large, il y a une forte houle.*

▸ Autre mot de la famille : houleux.

***houlette** n. f. *Sous la houlette de quelqu'un,* sous sa direction. *Le festival est organisé sous la houlette du maire.*

***houleux, *houleuse** adj. **1.** *Une mer houleuse,* agitée par la houle. **2.** *Une réunion houleuse,* agitée, mouvementée. → **orageux.** ▮ contraires : **calme, paisible.** ▹ Mot de la famille de houle.

***houppe** n. f. Touffe de cheveux qui se dresse sur la tête. *Tintin a une houppe.*

▸ ***houppette** n. f. Petit tampon arrondi formé de brins de fil ou de duvet. *Elle se met de la poudre avec une houppette.*

***hourra** interj. Mot que l'on crie pour acclamer, montrer sa joie. *Hourra ! on a gagné !* – n. m. *Les gagnants poussaient des hourras.*

***houspiller** v. (conjug. 3) Faire sans arrêt des reproches et des critiques. *Elle ne cesse de houspiller son mari.*

***housse** n. f. Enveloppe souple, en tissu, en cuir ou en plastique, dont on recouvre des objets pour les protéger. *Une housse de couette.*

* empêche la liaison et l'élision.

***houx** ['u] n. m. Arbuste à feuilles vertes et luisantes munies de piquants, dont les fruits forment de petites boules rouges. *À Noël, la salle était décorée avec du gui et du houx.* ▮ homonymes : hou, houe, ou, où.

houx

***hublot** n. m. **1.** Petite fenêtre étanche, dans les bateaux, les avions. → planches **Avions, bateaux.** **2.** Partie vitrée d'une machine à laver, d'un four.

***hue** interj. Mot que l'on dit pour faire avancer un cheval.

***huées** n. f. pl. Cris poussés par des personnes mécontentes. *Le ministre a continué son discours sous les huées du public.*

▸ ***huer** v. (conjug. 3) Pousser des cris de mécontentement contre quelqu'un. *Quelques spectateurs ont hué le chanteur.* → **conspuer.**
▮ contraires : **acclamer, applaudir.**

▸ Autre mot de la famille : chat-huant.

huile n. f. **1.** Liquide gras, tiré de certains végétaux, dont on se sert pour faire la cuisine. → planche **Alimentation.** *Elle assaisonne la salade avec de l'huile d'olive et du vinaigre.* – *Jeter de l'huile sur le feu,* pousser des gens à se disputer en rajoutant des sujets de désaccord. **2.** Liquide gras utilisé pour graisser les moteurs. *Le garagiste vérifie le niveau d'huile de la voiture.* **3.** *L'huile solaire,* liquide gras qui permet de bronzer en protégeant la peau du soleil. *Elle s'est enduit le corps d'huile solaire.*

▸ **huiler** v. (conjug. 3) Mettre de l'huile. → **graisser, lubrifier.** *Il faut huiler cette serrure qui grince.*

▸ **huileux, huileuse** adj. Imbibé ou recouvert d'huile. → **gras.** *Ces frites sont trop huileuses.*

à **huis clos** [ɥiklo] adv. Toutes les portes étant fermées et sans que le public soit admis. *L'accusé a été jugé à huis clos.*

▸ *Huis* est un vieux mot qui veut dire «porte».

huissier n. m., **huissière** n. f. **1.** Personne qui accueille les visiteurs dans un ministère, une mairie, etc. *Donnez votre nom à l'huissier.* **2.** Personne qui fait exécuter les décisions de justice. *Si vous ne payez pas vos contraventions, un huissier risque de venir saisir vos meubles.*

***huit** adj. inv. Sept plus un (8). *Elle a huit ans. Julie reviendra dans huit jours,* dans une semaine. – n. m. inv. *Il habite au 8 de la rue de la République.*

▸ Le *t* final se prononce toujours devant une voyelle (ex. *huit ans* [ɥitɑ̃]) ou un *h* muet (ex. *huit heures* [ɥitœʀ]) mais pas devant une consonne (ex. *huit jours* [ɥiʒuʀ]).

▸ ***huitaine** n. f. Ensemble d'environ huit personnes ou huit choses de même sorte. *Elle restera ici une huitaine de jours,* environ une semaine.

▸ ***huitante** adj. inv. Quatre-vingts (80).

▸ Ce mot est employé en Suisse.

▸ ***huitième** adj. et n. m.

▪ adj. Qui succède au septième. *Ils habitent au huitième étage.*

▪ n. m. Partie d'un tout divisé en huit parts égales. *Alex a mangé les trois huitièmes de la tarte.*

▸ Autres mots de la famille : dix-huit, dix-huitième.

huître n. f. Mollusque à grande coquille qui vit dans la mer. → planche **Crustacés** et coquillages. *On élève les huîtres dans des parcs à huîtres.* → aussi **ostréiculture.** *Elle a mangé une douzaine d'huîtres.*

***hulotte** n. f. Sorte de chouette. → aussi **chat-huant.** → planche **Forêt.**

***hululer** v. (conjug. 3) *La chouette et le hibou hululent,* ils poussent leur cri.

▸ On peut écrire aussi *ululer.*

▸ ***hululement** n. m. Cri des oiseaux de nuit.

▸ On peut écrire aussi *ululement.*

***hum** ['œm] interj. Mot qui sert à exprimer le doute, la méfiance. *Hum ! cela cache sûrement quelque chose.*

* *h : dans certains mots le h aspiré*

humain adj. et n. m., **humaine** adj.
■ adj. 1. De l'homme (sens 1). *Les êtres humains,* les hommes et les femmes. *L'espèce humaine est apparue sur la Terre il y a des millions d'années.* → aussi **humanité.** 2. Compréhensif, compatissant. *C'est une femme très humaine.* → 1 **bon.** ▮ contraire : **inhumain.**
■ n. m. *Les humains,* les hommes et les femmes. *Il y a plus de 6 milliards d'humains sur la Terre.*

▸ **humainement** adv. 1. Comme peut le faire un être humain. *Les médecins ont fait tout ce qui est humainement possible pour sauver le blessé.* 2. D'une manière humaine, avec bienveillance. *Les otages ont été traités humainement,* avec humanité.

▸ Autres mots de la famille : **inhumain, surhumain.**

s'**humaniser** v. (conjug. 4) Devenir plus humain, plus compréhensif. *Elle s'est humanisée en vieillissant.*

hulotte

humaniste n. m. Intellectuel de la Renaissance qui étudiait et faisait connaître les écrivains de l'Antiquité.

▸ **humanisme** n. m. Mouvement intellectuel de la Renaissance qui, grâce à la connaissance des écrivains et des philosophes antiques, mettait l'être humain en valeur en démontrant que l'homme peut, par son esprit, agir sur son destin sans être entièrement soumis à Dieu.

humanité n. f. 1. L'ensemble des êtres humains. *On s'interroge encore sur les origines de l'humanité.* 2. Bienveillance, bonté. *Les otages ont été traités avec humanité,* humainement. ▮ contraires : **barbarie, cruauté.**

▸ **humanitaire** adj. 1. Qui est fait pour le bien des hommes. *Des organisations humanitaires ont envoyé des secours aux victimes du tremblement de terre.* → **caritatif** et aussi **ONG.** 2. Qui met en danger un très grand nombre de personnes. *Une catastrophe humanitaire.*

humanoïde n. m. Dans la science-fiction, robot d'apparence humaine. *Les héros de ce film sont des humanoïdes.*

humble adj. (→ ÉTYM.) Qui ne se vante pas, se conduit avec modestie et simplicité. → **modeste.** *Elle est restée humble malgré sa réussite.* ▮ contraires : **fier, orgueilleux, prétentieux.**

▸ **humblement** adv. Avec humilité. *Je te demande humblement pardon.*

humecter v. (conjug. 3) Mouiller légèrement. *Elle humecte le linge avant de le repasser.* → **humidifier.**

***humer** v. (conjug. 3) Aspirer par le nez. *Léa hume l'air frais du matin. Julie humait la bonne odeur du chocolat chaud,* elle la sentait.

humérus [ymeʀys] n. m. Os du bras, qui va de l'épaule au coude. → planche **Corps** humain.

humeur n. f. 1. Fait de se sentir gai ou triste à un moment donné. *Je ne sais pas si je viendrai, cela dépendra de mon humeur. Julie est de bonne humeur aujourd'hui,* elle est gaie et aimable. *Le père d'Alex était de mauvaise humeur,* il était désagréable, irrité. 2. *L'humeur vitrée,* c'est le liquide gélatineux qui remplit le globe de l'œil.

humide adj. Légèrement mouillé. *Une serviette humide.* ▮ contraire : **sec.** *Une région humide,* où il pleut beaucoup. ▮ contraire : **aride.**

▸ **humidifier** v. (conjug. 9) Mouiller légèrement. → **humecter.** *Cet appareil humidifie l'air.* ▮ contraires : **dessécher, sécher.**

▸ **humidité** n. f. Vapeur d'eau que contient l'air. *Les murs de la cave sont moisis à cause de l'humidité.*

*empêche la liaison et l'élision.

a b c d e f g h i j k l m n o p q r s t u v w x y z

humilier v. (conjug. 9) *Humilier quelqu'un,* le rabaisser et le vexer en lui faisant éprouver un sentiment d'infériorité. *Julie a été humiliée quand sa mère a dit devant ses camarades qu'elle jouait encore à la poupée,* elle a eu honte.

▸ **humiliant, humiliante** adj. Qui blesse l'amour-propre. ➜ **vexant.** *Il a subi un échec humiliant.*

▸ **humiliation** n. f. État d'une personne qui a été blessée dans son amour-propre. ➜ **confusion, honte.** *Grondé en public, Théo a rougi d'humiliation.*

humilité n. f. Caractère d'une personne humble. ➜ **modestie.** *Ils baissent la tête en signe d'humilité.* ➜ **soumission.** ▮ contraires : **fierté, orgueil, prétention.**

humoriste n. m. et f. Personne qui écrit, dessine ou raconte des choses drôles, avec humour.

▸ **humoristique** adj. Qui fait rire. ➜ **comique, drôle.** *Des dessins humoristiques.*

humour n. m. Façon de faire rire ou sourire en se moquant des choses désagréables qui vous sont arrivées, sans avoir l'air de s'amuser. *Alex nous a raconté ses mésaventures avec beaucoup d'humour.*

humus [ymys] n. m. Terre noire très fertile formée par des végétaux décomposés. ➜ **terreau.**

▶ C'est un mot latin qui veut dire «sol».

***huppe** n. f. Touffe de plumes que certains oiseaux ont sur la tête. ➜ **aigrette.** *La grue couronnée porte une huppe.*

***huppé, *huppée** adj. Familier. Riche et distingué. *Ce quartier est habité par des gens huppés.*

***hurler** v. (conjug. 3) **1.** Pousser des cris prolongés et violents. *Les loups hurlent. Le blessé hurlait de douleur.* **2.** Parler, crier, chanter de toutes ses forces. *Il y avait tant de bruit qu'il devait hurler pour se faire entendre.*

▸ ***hurlement** n. m. Cri aigu et prolongé. *Julie poussa un hurlement de douleur.*

hurluberlu n. m., **hurluberlue** n. f. Personne extravagante. *Une bande d'hurluberlus.* ➜ **original.**

***husky** ['œski] n. m. Chien de traîneau à fourrure beige et noire, aux yeux bleus. ➜ planche **Chiens** et chats. *Des huskys.*

▶ Ce mot vient de l'anglais.

***hussard** n. m. Soldat de la cavalerie.

hussard

***hutte** n. f. Cabane faite avec des branches, de la terre séchée, de la paille. ➜ ① **case.** ➜ planche **Habitations.**

hybride adj. *Une espèce hybride,* c'est une espèce qui provient du croisement de deux espèces différentes. – n. m. *La mule est un hybride de la jument et de l'âne.*

hydrater v. (conjug. 3) Introduire de l'eau dans l'organisme et l'y fixer. *Cette crème hydrate la peau.* ▮ contraire : **dessécher.**

▸ **hydratant, hydratante** adj. *Une crème hydratante,* qui fixe l'eau dans la peau.

▸ **hydratation** n. f. Le fait d'introduire et de fixer l'eau dans l'organisme. *Il faut boire beaucoup pour maintenir l'hydratation du corps.*

▶ Autres mots de la famille : **déshydratation, déshydraté, déshydrater.**

hydraulique adj. **1.** Qui fonctionne en utilisant la force de l'eau. *Ce moteur est actionné par une turbine hydraulique.* **2.** *L'énergie hydraulique,* c'est l'énergie produite par les chutes d'eau, les courants, les marées. ➜ aussi **hydroélectrique.** ➜ planche **Énergie.**

* *h : dans certains mots le h aspiré*

énergie **hydraulique**

hydravion n. m. Avion construit pour décoller et se poser sur l'eau. ➔ planche **Avions.** *L'hydravion va bientôt amerrir.* ▷ Mot de la famille de avion.

hydro- Préfixe d'origine grecque qui signifie «eau» (ex. : *hydroélectrique, hydroglisseur*).

hydrocarbure n. m. Corps chimique contenant du carbone et de l'hydrogène. *Le pétrole est un hydrocarbure.*

hydrocution n. f. Syncope due au choc causé par de l'eau trop froide. *On peut mourir par hydrocution.*

hydroélectrique adj. *Une centrale hydroélectrique,* c'est une usine qui transforme en électricité l'énergie qui est produite par les chutes d'eau. ➔ aussi **hydraulique.** ➔ planche **Énergie.**

▸ **hydroélectricité** n. f. Électricité produite par l'énergie hydraulique. ➔ planche **Énergie.**
▷ Mots de la famille de électrique.

hydrogène n. m. Gaz incolore et inodore, le plus léger que l'on connaisse. *L'eau est composée d'hydrogène et d'oxygène.*

hydroglisseur n. m. Bateau à fond plat propulsé par une hélice d'avion. *On peut traverser la Manche en hydroglisseur.* ▷ Mot de la famille de glisser.

hydrographie n. f. **1.** Partie de la géographie qui étudie les mers, les lacs et les cours d'eau. **2.** *L'hydrographie d'une région,* c'est l'ensemble de ses cours d'eau et de ses lacs.

hydromel n. m. (➔ ÉTYM.) Boisson fermentée faite d'eau et de miel. *Les Gaulois buvaient de l'hydromel.*

hydrophile adj. Qui absorbe l'eau, le liquide. *Du coton hydrophile.*

(*)hyène n. f. Animal des plaines sèches d'Afrique et d'Asie, au pelage gris ou fauve, qui se nourrit surtout de charognes. ➔ planche **Savane.** *Les hyènes ont un odorat puissant et une excellente vue.* ▮ homonyme : yen.
▶ On dit *la hyène* ou *l'hyène.*

hyène

hygiène n. f. Ensemble des habitudes de tous les jours et des soins qui permettent d'être en bonne santé. *Se laver et avoir une alimentation saine sont des règles d'hygiène élémentaires.*

▸ **hygiénique** adj. **1.** Bon pour la santé. ➔ **sain.** *Ils font une promenade hygiénique après le déjeuner.* **2.** Qui sert à la propreté du corps, à l'hygiène. *Du papier hygiénique.*

hygrométrie n. f. Mesure de l'humidité de l'air.

(*) empêche la liaison et l'élision.

a b c d e f g h i j k l m n o p q r s t u v w x y z

hymne n. m. *L'hymne national,* c'est un chant solennel en l'honneur de la patrie et de ses défenseurs. *«La Brabançonne» est l'hymne national belge.*

hyper- Préfixe d'origine grecque qui signifie «excessivement», «au plus haut point», «très grand» (ex. : *hypermarché*).

hypermarché n. m. Très grand magasin où l'on se sert soi-même. *Il fait ses courses dans un hypermarché.* ➜ aussi **supermarché.** ▷ Mot de la famille de marché.

hypermétrope adj. Qui ne voit pas bien ce qui est près. ➜ aussi **presbyte.** *Elle est hypermétrope.*

hypnose n. f. (➜ ÉTYM.) Sommeil provoqué par des gestes spéciaux ou par des médicaments. *Il a agi sous hypnose,* en ayant été hypnotisé.

▸ **hypnotique** adj. *Un sommeil hypnotique,* obtenu par hypnose.

▸ **hypnotiser** v. (conjug. 3) Endormir quelqu'un en faisant des mouvements de main devant son visage et en le regardant fixement. *Le magicien a hypnotisé un spectateur.* ➜ aussi **hypnose.**

hypocrisie n. f. (➜ ÉTYM.) Fait de cacher ce que l'on pense ou ce que l'on ressent et d'exprimer des sentiments que l'on n'a pas. *Faire de grands sourires à quelqu'un que l'on déteste, c'est de l'hypocrisie.* ➜ **duplicité** et aussi **hypocrite.**

hypocrite adj. *Une personne hypocrite,* qui dissimule ce qu'elle pense ou ce qu'elle ressent et montre des sentiments qu'elle n'a pas. ➜ **fourbe, sournois** et aussi **hypocrisie.** ▮ contraires : ② **franc, loyal, sincère.** – n. *C'est une hypocrite.*

hypothèse n. f. Chose que l'on suppose pour expliquer un évènement. ➜ **supposition.** *On a émis l'hypothèse que l'incendie a été provoqué par un court-circuit.*

▸ **hypothétique** adj. Incertain. ➜ **douteux.** *L'existence des soucoupes volantes est hypothétique.* ▮ contraires : **certain, sûr.**

▷ Mots de la famille de thèse.

hystérie n. f. Comportement d'une personne très excitée qui ne se contrôle pas. *Cela a été l'hystérie générale quand le chanteur est apparu sur scène.*

▸ **hystérique** adj. Très excité. *Un rire hystérique.*

* h : dans certains mots le h aspiré empêche la liaison et l'élision.

ibérique adj. Qui concerne l'Espagne et le Portugal. *La péninsule Ibérique.*

ibis [ibis] n. m. Oiseau échassier à longues pattes et à grand bec mince, qui vit en Afrique et en Amérique. *L'ibis blanc et noir était un animal sacré chez les anciens Égyptiens.*

iceberg [isbɛʀg] ou [ajsbɛʀg] n. m. Énorme bloc de glace qui flotte sur les mers polaires après s'être détaché de la banquise.

Iceberg vient d'un mot norvégien qui veut dire «montagne de glace».

ici adv. 1. Dans le lieu où l'on se trouve. *Ici, il fait beau. Viens ici tout de suite !* contraires : **là, là-bas.** – *Signez ici,* à cet endroit. *La plage est par ici,* dans cette direction. 2. *D'ici peu,* dans peu de temps. → **bientôt.** *Il va arriver d'ici peu. D'ici là,* de maintenant à cette date.

▶ Autres mots de la famille : ceci, ① ci, voici.

icone n. m. Signe, dessin affiché sur un écran d'ordinateur qui correspond à une fonction du logiciel. *Alex clique sur l'icone de l'imprimante.*

icône n. f. Peinture religieuse faite sur des panneaux de bois. *Une icône russe.*

idéal adj. et n. m., **idéale** adj.

▪ adj. Aussi parfait que l'on puisse imaginer. *Voici une robe idéale pour l'été.* – Au masc. pl. *idéaux* ou *idéals.*

▪ n. m. 1. *L'idéal,* le mieux. *L'idéal, ce serait de pouvoir y aller ensemble.* 2. *L'idéal de quelqu'un,* l'idée, le projet auquel il tient le plus. *Chacun voudrait réaliser son idéal.* – Au pl. *Des idéals* ou *des idéaux.*

▶ **idéaliser** v. (conjug. 3) Embellir. *Le romancier idéalise son enfance.*

▶ **idéalisme** n. m. Attitude d'esprit qui consiste à agir en fonction de son idéal. *Il s'est engagé dans l'action humanitaire par idéalisme.*

▶ **idéaliste** n. m. et f. Personne qui pense et agit en fonction de son idéal, parfois sans tenir compte de la réalité. *C'est une idéaliste.* – adj. *Une jeune fille idéaliste.* contraires : **matérialiste, réaliste.**

▷ Mots de la famille de idée.

icône

idée n. f. **1.** Chose que l'on pense. *Au réveil, on a les idées claires. L'idée de partir en classe de neige réjouit Théo.* → ① **pensée, perspective.** **2.** Notion, apercu. *Le professeur a donné à ses élèves une idée de ce qu'est le désert.* **3.** Rêve créé par l'imagination. → **illusion.** *C'est peut-être une idée, mais j'ai l'impression qu'il fait moins froid. Il se fait des idées,* il imagine des choses fausses. **4.** Projet. *Quelle bonne idée ! Qui a eu cette idée ?* → **initiative.** **5.** Façon de juger. *Ils n'ont pas les mêmes idées politiques.* → **opinion.** **6.** Esprit. *J'ai dans l'idée que ce ne sera pas possible. Cela ne m'est jamais venu à l'idée.*

▶ Autres mots de la famille : idéal, idéaliser, idéalisme, idéaliste.

identifier v. (conjug. 9) **1.** *Identifier quelqu'un ou quelque chose,* c'est trouver de qui ou de quoi il s'agit. *La police a identifié le coupable. Paul a cueilli une fleur qu'il n'arrive pas à identifier.* **2.** ***S'identifier*** *à quelqu'un,* se mettre à sa place. *Julie s'identifie à l'héroïne du livre qu'elle lit.*

▶ **identification** n. f. Fait de découvrir l'identité de quelqu'un. *L'enquête a permis l'identification du coupable.*

identique adj. *Des objets identiques,* des objets qui ont exactement les mêmes caractéristiques. *Ton vélo est identique au mien.* → **pareil, semblable.** ▮ contraire : **différent.**

identité n. f. *L'identité d'une personne,* c'est ce qui permet de la reconnaître parmi les autres, c'est-à-dire son état civil. *L'identité de chaque électeur est vérifiée dans le bureau de vote. Une carte d'identité.*

idéogramme n. m. Signe écrit qui représente le sens d'un mot et non les sons qui le composent. *Les idéogrammes chinois.*

idéogrammes chinois

idéologie n. f. Ensemble des idées et des croyances qui inspirent les actes d'un groupe de personnes. *L'idéologie d'un parti politique.*

▶ **idéologique** adj. Qui concerne l'idéologie, les idées. *Des discussions idéologiques.*

idiot, idiote adj. Qui manque d'intelligence, de bon sens. → **abruti,** ② **bête, stupide.** *Cette fille est complètement idiote.* ▮ contraire : **intelligent.** *Une réflexion idiote.* → **inepte.** – n. *Espèce d'idiot !* → **imbécile.**

▶ **idiotie** [idjɔsi] n. f. **1.** Manque d'intelligence. → **bêtise, stupidité.** *Nous avons vu un film d'une rare idiotie.* **2.** Action ou parole idiote. *Il n'y a que des idioties à la télévision, ce soir.* → **bêtise, sottise.**

idolâtrer v. (conjug. 3) Aimer de façon exagérée, avec une sorte de culte. *Elle idolâtre ses enfants.* → **adorer.** ▷ Mot de la famille de idole.

idole n. f. **1.** Statue, image qui représente un dieu et que l'on adore. **2.** Vedette que le public aime beaucoup. *Ce chanteur est la nouvelle idole des jeunes.*

▶ Autre mot de la famille : idolâtrer.

idylle n. f. Petite histoire d'amour. *Y a-t-il une idylle entre eux ?*

▶ **idyllique** adj. Idéal, merveilleux. *Il nous a fait un tableau idyllique de cette île.* → **enchanteur.**

if n. m. Arbre à feuillage toujours vert et à baies rouges, de la famille des conifères. → planche **Plantes** et santé. *Une allée d'ifs.*

igloo [iglu] ou **iglou** (pl. **iglous**) n. m. (→ ÉTYM.) Abri arrondi, construit avec des blocs de glace ou de neige. → planche **Habitations.** *En période de chasse, les Inuits habitent dans des igloos.*

▶ La forme française *iglou* est conforme à la nouvelle orthographe.

ignare adj. Qui ne sait rien. → **ignorant,** ② **inculte.** *Elle est totalement ignare en géographie.* ▮ contraires : **cultivé, instruit, savant.**

ignifugé, ignifugée adj. *Une matière ignifugée,* traitée pour ne pas pouvoir brûler. *Ces rideaux sont ignifugés.*

ignoble adj. (→ÉTYM.) **1.** Qui est très laid, très sale ou très mauvais et inspire du dégoût. → **dégoûtant, immonde, infect, répugnant.** *Une nourriture ignoble.* **2.** Qui fait horreur. *C'est ignoble de maltraiter des enfants.* → **atroce, honteux, infâme, odieux, révoltant.**

ignominie n. f. Action honteuse, ignoble. → **infamie.** *Il a commis les pires ignominies.* → **turpitude.**

ignorer v. (conjug. 3) **1.** Ne pas savoir. *Elle ignorait tout de lui, même son nom.* ▮ contraire : **connaître.** *J'ignore s'il viendra.* **2.** *Ignorer quelqu'un,* faire comme s'il n'existait pas. *Alex a ignoré Léa toute la journée.*

▸ **ignorance** n. f. Manque de connaissances, de savoir, d'instruction. *Théo reconnaît son ignorance en géographie.* → **incompétence.**

▸ **ignorant, ignorante** adj. Qui ne sait rien, manque d'instruction. → **ignare, inculte.** *Des gens ignorants.* ▮ contraire : **instruit.** – n. *Une ignorante.*

iguane [igwan] n. m. Animal d'Amérique tropicale qui ressemble à un gros lézard. → planches **Reptiles** et amphibiens, **tropiques.**
▶ *Iguane* vient d'un mot des Caraïbes qui veut dire «gros lézard».

iguane

il (pl. **ils**) pronom personnel m. **1.** Pronom personnel masculin de la troisième personne, sujet. *Il est en voyage. Ils sont venus ici.* → aussi **elle, lui, eux.** **2.** Au singulier, sujet d'un verbe impersonnel. *Il pleut. Il est 8 heures.* ▮ homonyme : **île.**

île n. f. Terre entourée d'eau. *La Corse est une île.* → aussi **atoll.** *Un groupe d'îles forme un archipel.* ▮ homonyme : **il.**

▶ Autres mots de la famille : **îlot, presqu'île.**

illégal, illégale [i(l)legal] adj. Contraire à la loi. → **illégitime, illicite.** *Des actions illégales.* ▮ contraire : **légal.** – Au masc. pl. *illégaux.*

▸ **illégalement** [i(l)legalmɑ̃] adv. D'une manière illégale, contraire à la loi. *Il a téléchargé illégalement de la musique sur Internet.* ▮ contraire : **légalement.**

▸ **illégalité** [i(l)legalite] n. f. Situation contraire à la loi. *Les trafiquants de drogue vivent dans l'illégalité.* ▮ contraire : **légalité.**

▷ Mots de la famille de **légal.**

illégitime [i(l)leʒitim] adj. **1.** Qui n'est pas conforme à la loi. *Un acte illégitime.* → **illégal.** **2.** Qui n'a pas de raison d'être, est injustifié. *Vos craintes sont illégitimes.* ▮ contraire : **légitime.**

▷ Mot de la famille de **légitime.**

illettré, illettrée [i(l)letʀe] adj. *Des personnes illettrées,* des personnes adultes qui ne savent pas bien lire ni écrire. → aussi **analphabète.** – n. *Elle donne des cours à des illettrés.*

▸ **illettrisme** [i(l)letʀism] n. m. Fait de ne pas bien savoir lire et écrire. *La lutte contre l'illettrisme.* → aussi **analphabétisme.**

▷ Mots de la famille de **lettre.**

illicite [i(l)lisit] adj. Interdit par la loi. *Un commerce illicite.* → **illégal.** ▮ contraire : **autorisé.**

illimité, illimitée [i(l)limite] adj. **1.** Qui n'a pas de limites, de bornes. → **immense, infini.** ▮ contraire : **limité.** *Un pouvoir illimité.* **2.** *Une durée illimitée,* qui n'est pas fixée à l'avance. → **indéterminé.** *Le cinéma est fermé pour une durée illimitée.* ▷ Mot de la famille de **limite.**

illisible [i(l)lizibl] adj. **1.** Très difficile à lire parce que les lettres sont mal écrites ou mal imprimées. *Une signature illisible.* → **indéchiffrable.** ▮ contraire : **lisible.** **2.** Impossible à lire parce que c'est trop compliqué ou trop ennuyeux. *Ce livre est illisible.* ▷ Mot de la famille de **lire.**

illogique [i(l)lɔʒik] adj. Qui n'est pas logique. *Un raisonnement illogique.* ➜ **incohérent.** *Une conduite illogique.* ➜ **irrationnel.** ▷ Mot de la famille de **logique.**

illuminer [i(l)lymine] v. (conjug. 3) **1.** Éclairer d'une lumière très forte. *Les éclairs illuminent le ciel. Au moment de Noël, les rues sont illuminées.* **2.** Rendre lumineux. *La joie illumine son visage.* ➜ **éclairer.** ▮ contraire : **assombrir.**

▸ **illuminé** [i(l)lymine] n. m., **illuminée** [i(l)lymine] n. f. Personne qui a des idées extravagantes et qui y croit. *Une bande d'illuminés annonce la fin du monde pour l'année prochaine.*

▸ **illumination** [i(l)lyminasjɔ̃] n. f. **1.** Éclairage. *Les illuminations de Noël.* **2.** Idée soudaine qui vient à l'esprit et qui permet de comprendre. ➜ **inspiration.** *Il a eu soudain une illumination.* ➜ aussi **eurêka.**

illusion [i(l)lyzjɔ̃] n. f. **1.** Impression fausse. *Un mirage est une illusion d'optique,* une chose que l'on croit voir mais qui n'existe pas. **2.** Idée fausse que l'on veut croire parce qu'elle fait plaisir. *S'il croit que je vais accepter, il se fait des illusions,* il se trompe.

▸ **s'illusionner** [i(l)lyzjɔne] v. (conjug. 4) Se faire des illusions, se tromper. *Elle s'illusionne sur ses chances de réussite.* ➜ se **leurrer.**

▸ **illusionniste** [i(l)lyzjɔnist] n. m. et f. Personne qui fait des tours de magie. ➜ aussi **magicien, prestidigitateur.**

▸ **illusoire** [i(l)lyzwaʀ] adj. Qui est faux mais peut sembler vrai, possible. ➜ **trompeur.** *Il est illusoire d'espérer retrouver des rescapés.* ➜ **vain.**

▶ Autre mot de la famille : **désillusion.**

illustrateur [i(l)lystʀatœʀ] n. m., **illustratrice** [i(l)lystʀatʀis] n. f. Personne qui exécute des illustrations. ➜ aussi **dessinateur.** *Une illustratrice de livres pour enfants.* ▷ Mot de la famille de **illustrer.**

illustration [i(l)lystʀasjɔ̃] n. f. Image, dessin, photo qui illustre un livre. *Les illustrations d'un magazine, d'un dictionnaire.* ▷ Mot de la famille de **illustrer.**

illustre [i(l)lystʀ] adj. Célèbre, très connu. ➜ **fameux.** *Victor Hugo est un écrivain français illustre.* ▮ contraire : **inconnu.**

▶ Autre mot de la famille : **s'illustrer.**

illustré [i(l)lystʀe] adj. et n. m., **illustrée** [i(l)lystʀe] adj.

▪ adj. Qui contient des illustrations. *Un livre bien illustré.*

▪ n. m. Revue, journal qui contient surtout des images, des dessins ou des photos. ▷ Mot de la famille de **illustrer.**

illustrer [i(l)lystʀe] v. (conjug. 3) **1.** Décorer avec des images, des dessins, des photos. *Léa illustre son cahier de géographie avec des photos.* **2.** Donner des exemples pour expliquer plus clairement. *Dans un dictionnaire, l'exemple illustre la définition du mot.*

▶ Autres mots de la famille : **illustrateur, illustration, illustré.**

s'illustrer [i(l)lystʀe] v. (conjug. 4) Devenir célèbre, se faire remarquer. ➜ se **distinguer.** *Cette actrice s'est illustrée dans de nombreux films.* ▷ Mot de la famille de **illustre.**

îlot n. m. Petite île. *Un îlot rocheux.* ▷ Mot de la famille de **île.**

îlot

il y a ➜ ① **avoir**

image n. f. **1.** Dessin, photographie. *Un livre avec des images.* ➜ **illustration.** **2.** Apparence d'une personne qui se reflète dans un miroir. ➜ **reflet.** *Je vois mon image dans la glace.* **3.** Ce que l'on voit sur un écran de télévision, de cinéma. *L'image et le son d'un téléviseur.* **4.** Reproduction d'un être ou d'une chose. *Julie est l'image de son père.* → **portrait.** 5. Idée. *Ce documentaire donne une bonne image de ce pays.* → **description.** 6. Façon de parler où l'on mélange le sens propre et le sens figuré d'un mot. *« Foudroyer quelqu'un du regard » est une image.*

▸ **imagé, imagée** adj. *Un langage, un style imagé,* où il y a beaucoup d'images.

▸ Autres mots de la famille : imaginable, imaginaire, imaginatif, imagination, imaginer, s'imaginer, inimaginable.

une **image** d'Épinal

imaginable adj. Que l'on peut imaginer. ▮ contraire : **inimaginable.** *Il nous a donné toutes les raisons imaginables pour refuser.* ▮ contraire : **inimaginable.** ▷ Mot de la famille de image.

imaginaire adj. Qui n'est pas réel. *Les personnages imaginaires d'un roman.* → **fictif.** *L'équateur est une ligne imaginaire. Le loup-garou est un être imaginaire.* → **fabuleux, fantastique.** ▷ Mot de la famille de image.

imaginatif, imaginative adj. Qui a beaucoup d'imagination. *Une petite fille très imaginative.* → **créatif.** ▷ Mot de la famille de image.

imagination n. f. *Avoir de l'imagination,* avoir beaucoup d'idées, pouvoir inventer toutes sortes de choses. ▷ Mot de la famille de image.

imaginer v. (conjug. 3) 1. Se faire une idée de quelque chose. *Léa imagine mal qu'elle a été un bébé.* 2. Inventer. *L'architecte a imaginé la maison du futur.*

▸ **s'imaginer** v. 1. Se représenter soi-même en esprit. *Julie s'imagine parfois à 20 ans.* 2. Croire à tort. *Louise s'était imaginé qu'elle pouvait réussir sans travailler.*

▷ Mots de la famille de image.

imam [imam] n. m. Chef religieux musulman.

◗ Ce mot vient de l'arabe.

imbattable adj. Très fort, que l'on ne peut pas battre. → **invincible.** *Alex est imbattable aux dominos.* ▷ Mot de la famille de battre.

imbécile n. m. et f. Personne qui n'est pas intelligente. → **crétin, idiot.** *Théo a traité sa sœur d'imbécile.*

▸ **imbécillité** [ɛ̃besilite] ou **imbécilité** n. f. 1. Manque d'intelligence. → **bêtise, stupidité.** *Il est d'une imbécillité rare.* 2. Action ou parole sotte. → **bêtise, idiotie, sottise.** *Arrête de dire des imbécillités !*

◗ Écrire *imbécilité,* avec un seul *l* comme dans *imbécile,* est conforme à la nouvelle orthographe.

imberbe adj. Qui n'a pas de barbe. ▮ contraire : **barbu.**

imbiber v. (conjug. 3) Pénétrer et mouiller complètement. *La pluie a imbibé le sol.* → **imprégner.**

s'imbriquer v. (conjug. 4) 1. S'ajuster en se recouvrant en partie. *Les pièces du jeu de construction s'imbriquent les unes dans les autres.* → **s'emboîter.** 2. Être lié de façon étroite. *Ces deux affaires s'imbriquent.* ▷ Mot de la famille de brique.

imbroglio [ɛ̃bʀɔljo] n. m. Situation très embrouillée. *Quel imbroglio !*

◗ C'est un mot italien.

imbu, imbue adj. *Être imbu de soi-même,* se croire supérieur aux autres. ▷ Mot de la famille de boire.

imbuvable adj. Très mauvais à boire. *Ce café trop amer est imbuvable.* ▮ contraire : **buvable.** ▷ Mot de la famille de boire.

a b c d e f g h i j k l m n o p q r s t u v w x y z

imiter v. (conjug. 3) **1.** Reproduire. *Paul sait imiter des cris d'animaux.* **2.** Suivre l'exemple de quelqu'un. *Julie est toujours bien habillée, ses amies essaient de l'imiter.* ➜ **copier.** **3.** Produire le même effet que, ressembler à. *Cette matière plastique imite parfaitement le cuir.*

▸ **imitateur** n. m., **imitatrice** n. f. Personne qui arrive à imiter la voix et les manières de quelqu'un. *Certains imitateurs parodient des hommes politiques.*

▸ **imitation** n. f. **1.** Fait d'imiter la voix, les attitudes de quelqu'un. *Théo fait des imitations très réussies.* **2.** Objet copié sur un autre. ➜ **reproduction.** *Ce fauteuil n'est pas un vrai fauteuil Louis XVI, c'est une imitation.* ➜ **copie.**

▶ Autre mot de la famille : inimitable.

immaculé, immaculée adj. Très propre, sans aucune tache. ➜ **impeccable.** *Une nappe blanche immaculée.* ▷ Mot de la famille de maculé.

immangeable [ɛ̃mɑ̃ʒabl] adj. Très mauvais à manger. *Cette viande est trop dure, elle est immangeable.* ▮ contraire : **mangeable.** ▷ Mot de la famille de manger.

immanquable [ɛ̃mɑ̃kabl] adj. Qui se produit forcément. ➜ **fatal, inévitable.** *Chaque fois qu'ils se voient, ils se disputent, c'est immanquable.* ▷ Mot de la famille de manquer.

immatriculer v. (conjug. 3) Inscrire sous un certain numéro, sur un registre public. *Elle a fait immatriculer sa nouvelle voiture. – Camion immatriculé en Belgique.*

▸ **immatriculation** n. f. Inscription du nom, du numéro d'une personne, d'un animal, d'une chose sur un registre pour pouvoir l'identifier. *Les voitures ont des plaques d'immatriculation.* ➜ planche **Voitures.**

immédiat adj. et n. m., **immédiate** adj.
▪ adj. **1.** Qui a lieu, se produit tout de suite. *Sa réponse à la question a été immédiate.* **2.** Qui est tout proche. *Nos voisins immédiats.*
▪ n. m. *Dans l'immédiat,* pour le moment. *On ne peut rien dire dans l'immédiat.*

▸ **immédiatement** adv. Tout de suite, à l'instant même. *Rentre immédiatement !*

immense adj. Extrêmement grand. *Le Canada est un pays immense.* ➜ **vaste.** ▮ contraires : **minuscule, petit.** *Vous me faites un immense plaisir en acceptant.* ➜ **extrême.**

▸ **immensément** adv. Très. *Il est immensément riche.* ➜ **extrêmement.**

▸ **immensité** n. f. Très grande étendue. *L'immensité de l'océan.* ▮ contraire : **petitesse.**

immerger v. (conjug. 5b) Mettre sous l'eau. *On a immergé des câbles dans la mer.* – **s'immerger,** plonger. *Le sous-marin s'immerge.* ▮ contraire : **émerger.**

▸ **immergé, immergée** adj. *La partie immergée d'un iceberg,* la partie qui est sous l'eau.

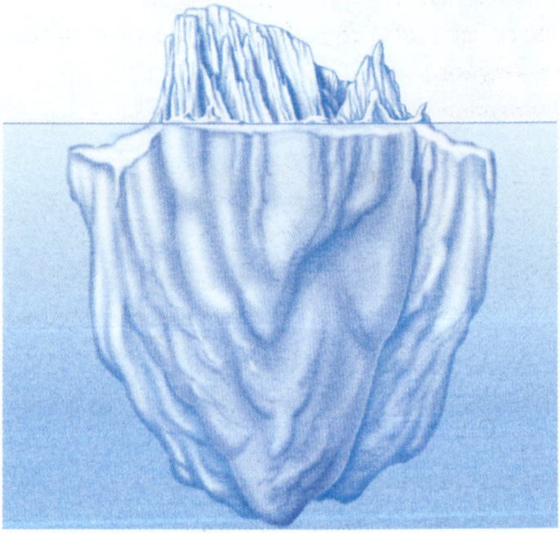

partie **immergée** d'un iceberg

immersion n. f. Action d'immerger, de plonger dans un liquide. *Le sous-marin est en immersion,* sous l'eau.

immettable [ɛ̃metabl] adj. *Un vêtement immettable,* que l'on ne peut plus mettre. *Ce pantalon troué est devenu immettable.* ▮ contraire : **mettable.** ▷ Mot de la famille de mettre.

immeuble n. m. Grand bâtiment à plusieurs étages. ➜ planche **Habitations.** *Un immeuble de bureaux.*

immigrer v. (conjug. 3) Arriver dans un pays étranger pour y vivre. *De nombreux Irlandais ont immigré aux États-Unis.* ➜ aussi **émigrer.**

▸ **immigration** n. f. Installation d'étrangers dans un pays. ▮ contraire : **émigration.**

▸ **immigré, immigrée** adj. Qui est venu s'installer dans un pays étranger. *Des travailleurs immigrés.* – n. *Elle donne des cours de français à des immigrés.* ➜ aussi **émigré.**

▷ Mots de la famille de migrer.

imminent, imminente adj. Qui doit avoir lieu dans très peu de temps. ➜ **proche.** *On annonce l'arrivée imminente de l'avion en provenance de Madrid.* ➜ **immédiat.** ▮ contraire : **lointain.**

▸ **imminence** n. f. Caractère de ce qui est très proche dans le temps. *L'imminence du départ.* ➜ **proximité.**

s'immiscer [imise] v. (conjug. 5a) Se mêler de quelque chose de manière indiscrète. *Il s'immisce toujours dans les affaires des autres.* ➜ **s'ingérer.**

◗ Attention au *s* avant le *c*.

immobile adj. Qui ne bouge pas. *Les enfants ont du mal à rester immobiles longtemps.* ➜ **tranquille.** ▷ Mot de la famille de mobile.

immobilier adj. et n. m., **immobilière** adj.

▪ adj. Qui concerne la construction, la vente et la location d'immeubles et de maisons. *Une agence immobilière.*

▪ n. m. *L'immobilier,* la construction, la vente et la location de logements.

immobiliser v. (conjug. 3) Rendre immobile, empêcher de bouger. *Son opération l'a immobilisé plusieurs semaines.* – **s'immobiliser,** s'arrêter. *La voiture s'est immobilisée au feu rouge.*

▸ **immobilisation** n. f. Le fait d'être immobilisé, de ne pas pouvoir bouger. *Sa fracture à la jambe a nécessité un mois d'immobilisation.*

▷ Mots de la famille de mobile.

immobilité n. f. État de ce qui reste sans bouger. *Le blessé est condamné à l'immobilité.* ▮ contraires : **mobilité, mouvement.** ▷ Mot de la famille de mobile.

immodéré, immodérée adj. Qui dépasse la mesure, la normale. *Elle a un goût immodéré pour les belles chaussures.* ➜ **exagéré, excessif.** *Des dépenses immodérées.* ▮ contraire : **modéré.** ▷ Mot de la famille de modérer.

immoler v. (conjug. 3) Tuer une victime pour l'offrir en sacrifice à un dieu. *Les Romains immolaient des moutons.* ➜ **sacrifier.**

immonde adj. **1.** Très sale. ➜ **dégoûtant, répugnant.** *Un taudis immonde.* ➜ **sordide. 2.** Révoltant. ➜ **abject, ignoble, infect, odieux.** *C'est immonde de dénoncer ses amis.*

▸ **immondices** n. f. pl. Déchets, ordures. ➜ **détritus.** *Un tas d'immondices.*

immoral, immorale adj. Contraire à ce que l'on doit faire, à la morale. ▮ contraire : **moral.** *Une histoire immorale.* – Au masc. pl. *immoraux.*

▷ Mot de la famille de moral.

immortaliser v. (conjug. 3) Rendre immortel dans la mémoire. *Les films de Chaplin ont immortalisé Charlot.* ▷ Mot de la famille de mourir.

immortalité n. f. État de ce qui ne meurt jamais. *Les gens qui ont la foi croient à l'immortalité de l'âme.* ▷ Mot de la famille de mourir.

immortel, immortelle adj. **1.** Qui ne meurt pas. *Les dieux sont immortels.* ▮ contraire : **mortel. 2.** Qui reste dans la mémoire. *Victor Hugo a écrit des œuvres immortelles.* ➜ **impérissable.** ▷ Mot de la famille de mourir.

immuable adj. Qui ne change pas. *Les mois de l'année se succèdent dans un ordre immuable.* ➜ **constant, invariable.** ▮ contraires : **changeant, variable.**

immuniser v. (conjug. 3) Préserver d'une maladie. *Un vaccin immunise contre une maladie.*

immunité n. f. **1.** Capacité de résister à une cause de maladie. *Le vaccin antitétanique donne l'immunité contre le tétanos.* **2.** *L'immunité parlementaire,* privilège qui donne à un député la possibilité de ne pas être jugé tant qu'il est en fonction.

impact n. m. **1.** *Le point d'impact d'une balle,* l'endroit où elle a frappé. **2.** Effet. ➜ **influence.**

a b c d e f g h i j k l m n o p q r s t u v w x y z

Cette campagne publicitaire a eu un grand impact sur le public. → **répercussion, retentissement.**

① **impair** n. m. Maladresse. *Il a commis un impair en disant qu'il était déjà au courant.* → fam. ② **gaffe.**

② **impair, impaire** adj. *Un nombre impair,* un nombre qui, divisé par 2, ne donne pas un nombre entier. *5 et 27 sont des nombres impairs.* ▮ contraire : ② **pair.** ▷ Mot de la famille de ② pair.

impala [impala] n. m. Petite antilope d'Afrique qui vit en troupeaux dans la savane. → aussi **gazelle.**

impala

imparable adj. Impossible à parer, à éviter. *Le footballeur a fait un tir imparable et a marqué un but.* ▷ Mot de la famille de parer.

impardonnable adj. Qui ne mérite pas d'être pardonné. → **inexcusable.** *Tu es impardonnable d'avoir oublié. Une faute impardonnable.* ▮ contraires : **excusable, pardonnable.** ▷ Mot de la famille de pardonner.

① **imparfait, imparfaite** adj. Qui présente des défauts, des imperfections. *Sa connaissance de l'espagnol est imparfaite.* ▮ contraire : **parfait.** ▷ Mot de la famille de parfait.

② **imparfait** n. m. Temps du verbe que l'on emploie pour parler de ce qui est arrivé dans le passé et a duré un certain temps, ou qui s'est répété. *Dans la phrase «Léa aimait la bouillie quand elle était petite», les verbes «aimer» et «être» sont à l'imparfait.*

imparti, impartie adj. Qui est attribué, accordé. *Le travail doit être terminé dans les délais impartis.* ▷ Mot de la famille de part.

impartial, impartiale adj. *Une personne impartiale,* c'est une personne juste, qui n'a pas de parti pris et ne montre pas ses préférences. → ③ **objectif.** *Les juges doivent être impartiaux.* ▮ contraire : **partial.**

▸ **impartialité** n. f. Qualité d'une personne qui juge sans parti pris, sans tenir compte de ses préférences. → **objectivité.** *L'impartialité est la première qualité d'un arbitre.* ▮ contraire : **partialité.**

▷ Mots de la famille de part.

impasse n. f. Petite rue sans issue, fermée à un bout. → **cul-de-sac.** ▷ Mot de la famille de passer.

impasse

impassible adj. Qui ne montre aucune émotion, aucun trouble. → **calme, imperturbable.** ▮ contraire : **ému.** *Louise reste impassible quand son frère la taquine.*

▸ **impassibilité** n. f. Caractère d'une personne qui ne manifeste aucune émotion. → **flegme.** *Malgré sa surprise, il a gardé son impassibilité.*

impatient, impatiente adj. Qui n'aime pas attendre, est incapable d'attendre tranquillement. *Léa est impatiente d'ouvrir ses cadeaux.* → ② **pressé.** ▮ contraire : ① **patient.**

▸ **impatiemment** [ɛ̃pasjamɑ̃] adv. Avec impatience. *Julie attend impatiemment les vacances.* ▮ contraire : **patiemment.**

▸ **impatience** n. f. État d'une personne qui n'aime pas attendre. *Alex attend son tour avec impatience.* ▮ contraire : **patience.**

▸ **impatienter** v. (conjug. 3) **1.** Faire perdre patience. ➜ **agacer, énerver. 2. s'impatienter,** perdre patience. *Les clients s'impatientent dans la salle d'attente.* ▮ contraire : **patienter.**
▷ Mots de la famille de ① patient.

impavide adj. Qui ne montre aucune peur. *Les pompiers sont restés impavides devant le danger.*
▶ Ce mot appartient au langage soutenu.

impeccable adj. **1.** Sans défaut. *Théo a rendu un devoir impeccable.* ➜ **irréprochable. 2.** D'une propreté parfaite. *Il porte une chemise blanche impeccable.* ➜ **immaculé.**

▸ **impeccablement** adv. D'une manière impeccable. *Une chemise impeccablement repassée.* ➜ **parfaitement.**

impénétrable adj. **1.** Où l'on ne peut aller, pénétrer. *La forêt d'Amazonie est impénétrable.* **2.** Mystérieux. *Un air impénétrable,* qui ne permet pas de deviner ce qu'on pense.
▷ Mot de la famille de pénétrer.

impensable adj. Inimaginable, incroyable. *Ce qu'il a réussi à faire était impensable au siècle dernier.* ➜ **inconcevable, inimaginable.** ▮ contraire : **pensable.** ▷ Mot de la famille de penser.

impératif adj. et n. m., **impérative** adj.
▪ adj. **1.** Qui exprime un ordre. *Un ton impératif. Une voix impérative.* ➜ **autoritaire, impérieux. 2.** Absolument nécessaire. *Il est impératif que vous veniez.*
▪ n. m. Mode du verbe employé pour donner un ordre ou des conseils, ou pour interdire quelque chose à quelqu'un. *Dans la phrase «Range tes affaires et ne te couche pas trop tard», les verbes «ranger» et «se coucher» sont à l'impératif.*

▸ **impérativement** adv. D'une manière impérative. ➜ **absolument, obligatoirement.** *Nous devons impérativement partir demain.*

impératrice n. f. **1.** Femme d'un empereur. *L'impératrice Joséphine, première femme de Napoléon Ier.* **2.** Souveraine d'un empire. *Catherine II, impératrice de Russie.*

imperceptible adj. Très difficile à percevoir par les organes des sens. *Un bruit imperceptible.* ➜ **inaudible.** ▮ contraire : **perceptible.** ▷ Mot de la famille de perceptible.

imperfection n. f. Défaut. *Ce travail est bien fait, malgré quelques imperfections.* ▷ Mot de la famille de perfection.

impérial, impériale adj. Qui appartient à un empereur ou dépend de son autorité. *La garde impériale de Napoléon.* – Au masc. pl. *impériaux.*

impériale n. f. Étage supérieur d'un autobus. *À Londres, il y a des autobus à impériale.*

autobus à impériale

impérialisme n. m. Politique d'un pays qui cherche à conquérir ou à dominer d'autres pays. ➜ aussi **colonialisme.**

▸ **impérialiste** adj. Qui pratique l'impérialisme. *Au 19e siècle, l'Angleterre était un pays impérialiste.*

impérieux, impérieuse adj. **1.** Très autoritaire. *Une voix impérieuse.* ➜ **impératif. 2.** *Un besoin impérieux,* auquel on ne peut pas résister. *Un besoin impérieux de dormir.* ➜ **irrésistible, pressant, urgent.**

impérissable adj. Qui ne peut périr, disparaître. *Il a gardé un souvenir impérissable de ce voyage.* → **immortel, inoubliable.** ▷ Mot de la famille de périr.

imperméabiliser v. (conjug. 3) Rendre imperméable. *Ce produit imperméabilise les chaussures.*

imperméabilité n. f. Caractère de ce qui est imperméable. *L'imperméabilité de l'argile.*

imperméable adj. et n. m.
▪ adj. Qui ne laisse pas passer l'eau, ni aucun autre liquide. *L'argile est une roche imperméable.* ▮ contraires : **perméable, poreux.**
▪ n. m. Vêtement qui protège de la pluie. → ② **ciré.** ▷ Mot de la famille de perméable.

impersonnel, impersonnelle adj. **1.** Sans particularité. → **neutre.** *À l'aéroport, une voix impersonnelle annonce l'arrivée des avions.* **2.** *Verbe impersonnel*, qui ne s'emploie qu'à la troisième personne du singulier et à l'infinitif. *«Falloir» et «neiger» sont des verbes impersonnels.* ▷ Mot de la famille de ② personne.

impertinent, impertinente adj. Trop familier, impoli. *Julie a répondu à sa mère sur un ton impertinent.* → **insolent.** ▮ contraire : **respectueux.**

▸ **impertinence** n. f. Attitude d'une personne qui manque de politesse, de respect. → **insolence.**

imperturbable adj. Que rien ne peut troubler. → **impassible, inébranlable, serein.** *Il est resté imperturbable pendant toute la discussion.* ▮ contraire : **énervé.**

▸ **imperturbablement** adv. Sans se laisser troubler. *Malgré le vacarme, il continue à lire imperturbablement.*

▷ Mots de la famille de perturber.

impétueux, impétueuse adj. *Une personne impétueuse*, une personne qui agit avec une grande rapidité et un peu de violence. → **fougueux, vif.** – *Un caractère impétueux.*

▸ **impétueusement** adv. Avec impétuosité, vivacité. *Il a réagi impétueusement à l'attaque.*

▸ **impétuosité** n. f. Vivacité. *L'orateur parle avec impétuosité.* → **ardeur, fougue.**

▮ Ces mots appartiennent au langage soutenu.

impie adj. Qui manque de respect pour la religion. *Des paroles impies.* ▮ contraire : **pieux.**

impitoyable adj. Sans pitié. *Un ennemi impitoyable.* → **cruel, implacable.** – *Un critique impitoyable.* → **sévère.** ▮ contraire : **indulgent.**

▸ **impitoyablement** adv. Sans pitié. *L'armée a impitoyablement réprimé la révolte.* → **durement.**

▷ Mots de la famille de pitoyable.

implacable adj. **1.** Qu'on ne peut faire céder. → **inflexible.** *Une haine implacable.* → **impitoyable.** **2.** *Une logique implacable*, sans faille, sans défaut. *Un raisonnement d'une logique implacable.*

implanter v. (conjug. 3) Installer de façon durable. *On a implanté de nouvelles industries dans la région.* – **s'implanter,** s'établir. *Une usine de chaussures s'est implantée dans la ville.*

▸ **implantation** n. f. Installation. *L'implantation d'une usine crée des emplois.*

▷ Mots de la famille de planter.

implication n. f. **1.** Le fait d'être impliqué dans une affaire, d'y être mêlé. *L'implication d'un malfaiteur dans un hold-up.* → **participation** et aussi **impliquer.** **2.** Conséquence. *Les implications d'une décision du ministre.* → **incidence, répercussion.** ▷ Mot de la famille de impliquer.

implicite adj. Qui n'est pas dit clairement mais qui peut se deviner d'après la situation. → **tacite.** *Votre absence de réponse sera considérée comme un accord implicite.* ▮ contraire : **explicite.**

▸ **implicitement** adv. D'une manière implicite, tacite. *Cette fable de La Fontaine critique implicitement la cour.* ▮ contraire : **explicitement.**

impliquer v. (conjug. 3) **1.** *Impliquer une personne dans une affaire*, l'y mêler. *Le maire a* *été impliqué dans un scandale.* ➜ **compromettre.** **2.** Entraîner comme conséquence. ➜ aussi **implication.** *Elle doit être à l'école à 8 heures, cela implique qu'elle parte de chez elle à 8 heures moins le quart.*

▶ Autre mot de la famille : implication.

implorer v. (conjug. 3) (➜ÉTYM.) Demander en suppliant. *L'avocat implore l'indulgence du jury envers son client.*

implorer

imploser v. (conjug. 3) En parlant d'un téléviseur, se détruire brutalement de l'intérieur. *Notre vieux téléviseur a implosé.*

impoli, impolie adj. Incorrect, grossier. *C'est impoli de ne pas dire merci.* ➜ fam. **malpoli.** ▮ contraire : ① **poli.**

▶ **impolitesse** n. f. Manque de politesse. ➜ **grossièreté.**

▷ Mots de la famille de ① poli.

impondérable n. m. Évènement que l'on n'avait pas prévu. *Les impondérables sont toujours possibles.* ➜ **imprévu.**

▶ Ce mot s'emploie le plus souvent au pluriel.

impopulaire adj. Qui déplaît à la plupart des gens. *Le gouvernement a pris des décisions impopulaires.* ▮ contraire : **populaire.**

▶ **impopularité** n. f. Caractère impopulaire. ▮ contraire : **popularité.** *L'augmentation du chômage a eu pour conséquence l'impopularité du gouvernement.*

▷ Mots de la famille de populaire.

importance n. f. Ce qui fait qu'une chose compte beaucoup, a de l'intérêt. *Votre avis a beaucoup d'importance pour nous. Laisse, tu finiras demain, cela n'a pas d'importance,* cela ne fait rien, ce n'est pas grave. *Vous attachez trop d'importance à des détails,* certains détails comptent trop pour vous.

▶ **important, importante** adj. **1.** Qui compte beaucoup, qui présente de l'intérêt. *Une question importante. Vérifie que tu n'oublies rien d'important !* ▮ contraires : **insignifiant, secondaire.** – n. m. *L'important,* ce qui est important. *L'important, c'est d'agir vite.* **2.** Gros. *Une somme importante.* ➜ **considérable.** ▮ contraires : **dérisoire, minime.** **3.** *Une personne importante,* qui joue un grand rôle dans la société. ➜ **influent.** *Un homme très important.*

▷ Mots de la famille de ① importer.

importateur n. m., **importatrice** n. f. Personne dont le métier est de faire des importations. *Un importateur de riz.* – adj. *Les pays importateurs de pétrole.* ▮ contraire : **exportateur.** ▷ Mot de la famille de porter.

importation n. f. Achat de marchandises à un pays étranger. *Les ananas et les bananes sont des produits d'importation.* ▮ contraire : **exportation.** *Les importations d'un pays.* ▷ Mot de la famille de porter.

① **importer** v. (conjug. 3) **1.** Compter beaucoup. *La seule chose qui importe, c'est d'arriver à temps. Ce qui lui importe, c'est de réussir. Peu importe !, qu'importe,* cela n'a pas d'importance. *Peu m'importe que tu viennes ou non,* cela m'est égal. – *Il importe que nous réfléchissions,* il faut que nous réfléchissions. **2.** *N'importe qui peut en faire autant,* tout le monde le peut. *Tu racontes n'importe quoi,* tu dis des choses sans valeur. *Ne pose pas tes affaires n'importe où,* dans un endroit qui n'est pas leur place. *Ce travail a été fait n'importe comment,* sans soin.

▶ Autres mots de la famille : importance, important.

② **importer** v. (conjug. 3) Faire venir une marchandise d'un pays étranger. *La France importe du pétrole, du coton, du café.* ➜ aussi **importation.** ▮ contraire : **exporter.** ▷ Mot de la famille de porter.

importun adj. et n. m., **importune** adj.
■ adj. Qui dérange, gêne. *Elle craignait d'être importune en arrivant à l'improviste.*
■ n. m. *Un importun,* une personne qui dérange, gêne. ➜ **gêneur.** *C'est parfois difficile de se débarrasser des importuns.*

▸ **importuner** v. (conjug. 3) Déranger, ennuyer. *Je m'en vais, je ne vais pas vous importuner plus longtemps.*

imposable adj. *Un revenu imposable,* sur lequel on doit payer des impôts. ▷ Mot de la famille de ② imposer.

imposant, imposante adj. Qui impressionne par l'importance, la quantité. *Il a réuni une imposante documentation.* ➜ **considérable, impressionnant.** ▷ Mot de la famille de ① imposer.

① **imposer** v. (conjug. 3) **1.** Faire subir, faire accepter de façon autoritaire. *Il leur a imposé ses conditions.* **2.** *En imposer,* inspirer du respect, de l'admiration. ➜ **impressionner.** *Son courage en impose à tous.*

▸ **s'imposer** v. **1.** Se faire admettre. *Elle s'est imposée à ce poste par sa compétence.* **2.** Être nécessaire. *Après cette longue route, une petite halte s'impose.*

▶ Autre mot de la famille : imposant.

② **imposer** v. (conjug. 3) *Imposer quelqu'un,* lui faire payer des impôts.

▶ Autres mots de la famille : imposable, impôt.

impossible adj. **1.** Qui ne peut pas arriver ou être réalisé. *Une tâche impossible. C'est impossible de réparer ce vélo.* ▮ contraire : **possible.** – n. m. *Je ferai l'impossible pour être à l'heure,* je ferai tout ce que je peux faire. *À l'impossible nul n'est tenu,* on ne peut demander à personne de faire ce qu'il est incapable de faire. **2.** Très difficile à supporter. ➜ **insupportable.** *Ces enfants sont impossibles aujourd'hui.*

▸ **impossibilité** n. f. *Être dans l'impossibilité de faire quelque chose,* ne pas pouvoir le faire. *Je suis dans l'impossibilité de te répondre.* ➜ **incapacité.**

▷ Mots de la famille de possible.

imposteur n. m. Personne qui trompe les autres en racontant des mensonges ou en se faisant passer pour quelqu'un d'autre. *L'imposteur a été démasqué.* ➜ aussi **imposture.**

imposture n. f. Tromperie d'un imposteur. *L'imposture a été découverte.*

impôt n. m. (➜ ÉTYM.) Argent que l'on verse à l'État. ➜ **contribution.** *Les impôts directs sont ceux que l'on paye sur l'argent que l'on gagne. Les impôts indirects sont des taxes comprises dans le prix des marchandises que l'on achète.* ➜ aussi **fisc, taxe.** ▷ Mot de la famille de ② imposer.

impotent, impotente adj. Qui ne peut pas marcher ou qui marche avec difficulté. ➜ **handicapé, infirme, invalide.** *Une vieille dame impotente.* ▮ contraire : ① **valide.**

impraticable adj. Où l'on ne peut pas circuler. *Il a beaucoup neigé, la route est impraticable.* ▮ contraire : **praticable.** ▷ Mot de la famille de ① pratique.

imprécis, imprécise adj. Vague, incertain. *Je n'ai que des souvenirs imprécis de ce voyage.* ➜ **flou.** ▮ contraire : **précis.**

▸ **imprécision** n. f. Manque de précision. *Des explications d'une grande imprécision.* ▮ contraire : **précision.**

▷ Mots de la famille de précis.

imprégner v. (conjug. 8) Mouiller complètement. *L'eau imprègne le sol.* ➜ **imbiber.**

imprenable adj. **1.** Qui ne peut être pris. *Une place forte imprenable.* **2.** *Une vue imprenable,* qui ne peut être cachée par de nouvelles constructions. *De cette terrasse, nous avons une vue imprenable sur le lac.* ▷ Mot de la famille de prendre.

imprésario [ɛ̃pʀesaʀjo] n. m. Personne qui s'occupe de l'organisation d'un spectacle et des engagements d'un artiste. – Au pl. *Des imprésarios.*

▮ Ce mot vient de l'italien *impresario* qui veut dire « entrepreneur ».

① **impression** n. f. Le fait d'imprimer, de reproduire un texte, un dessin. ➜ aussi **imprimerie.** *Il y a beaucoup de fautes d'impression dans ce journal.*

▶ Autre mot de la famille : réimpression.

② **impression** n. f. **1.** Effet produit sur quelqu'un. *Cela nous a fait une drôle d'impression de la revoir après si longtemps.* – *Faire bonne, mauvaise impression,* produire un bon, un mauvais effet. **2.** Sensation, sentiment. *Les touristes échangent leurs impressions.* – *Avoir l'impression,* penser, croire. *J'ai l'impression que nous sommes suivis.*

▸ **impressionner** v. (conjug. 3) Faire une forte impression. *Ce film nous a beaucoup impressionnés.* ➜ **frapper.**

▸ **impressionnable** adj. Émotif, sensible. *Il ne faut pas aller voir ce film si l'on est impressionnable.*

▸ **impressionnant, impressionnante** adj. **1.** Étonnant, frappant. *Les trapézistes ont fait un numéro impressionnant.* **2.** Qui impressionne par la taille, le nombre. *Théo a une impressionnante collection de bandes dessinées.* ➜ **imposant.**

▸ **impressionnisme** n. m. Style de peinture de la fin du 19e siècle dans lequel les peintres ont essayé de rendre les impressions de la lumière sur les objets. ➜ aussi **impressionniste.**

▸ **impressionniste** n. m. et f. ➜ÉTYM. *Les impressionnistes,* ce sont les peintres qui, à la fin du 19e siècle, ont cherché à exprimer les impressions fugitives données par la lumière et les objets. ➜ aussi **impressionnisme.** *Manet, Renoir, Monet sont de grands impressionnistes.* – adj. *Un tableau impressionniste,* un tableau peint par petites touches de couleur.

imprévisible adj. Qui ne peut être prévu, connu à l'avance. *Cette panne de voiture était imprévisible.* ➜ aussi **imprévu.** ▮ contraire : **prévisible.** ▷ Mot de la famille de **voir.**

imprévoyant, imprévoyante adj. Qui ne réfléchit pas à l'avance à ce qui pourrait arriver et qui ne prend pas de précautions. *Elle a été bien imprévoyante en ne prenant pas son parapluie.* ▮ contraire : **prévoyant.**

▸ **imprévoyance** n. f. Le fait de ne pas penser à l'avance à ce qui peut arriver. ▮ contraire : **prévoyance.**

▷ Mots de la famille de **voir.**

imprévu adj. et n. m., **imprévue** adj.
▪ adj. Inattendu. *Il a reçu la visite imprévue d'un ancien ami.*
▪ n. m. Évènement qui arrive et qu'on n'attendait pas. *Un voyage plein d'imprévus.* ➜ aussi **impondérable.** ▷ Mot de la famille de **voir.**

imprimer v. (conjug. 3) Reproduire un texte, un dessin sur du papier ou du tissu avec des encres spéciales. *Les journaux du matin sont imprimés pendant la nuit.* ➜ aussi ① **impression.**

tableau **impressionniste** (*Coquelicots,* Monet, 1873)

▸ **imprimé** n. m. Feuille sur laquelle est imprimé un texte. ➜ **formulaire.** *Remplissez très lisiblement cet imprimé.*

▸ **imprimante** n. f. Machine qui imprime sur du papier les textes qui sont mis en mémoire dans un ordinateur.

▸ **imprimerie** n. f. **1.** Technique qui permet d'imprimer des livres et des journaux en très grand nombre. *Au 15e siècle, Gutenberg perfectionna l'imprimerie en fabriquant des caractères en plomb.* **2.** Atelier, usine où l'on imprime des livres et des journaux. ➜ aussi **presse.**

▸ **imprimeur** n. m. Personne qui dirige une imprimerie ou qui y travaille.

▸ Autre mot de la famille : réimprimer.

improbable adj. Qui a peu de chances de se produire. *Une victoire improbable.* ➜ **douteux.** ▮ contraires : **certain, probable, sûr.** ▷ Mot de la famille de probable.

impromptu, impromptue [ɛ̃pʀɔ̃pty] adj. Qui est improvisé. *Elle a fait un dîner impromptu.*

imprononçable adj. Qui est difficile à prononcer. *Il a un nom imprononçable.* ▷ Mot de la famille de prononcer.

impropre adj. **1.** *Un mot impropre,* un mot qui ne convient pas pour ce que l'on veut dire. ▮ contraires : **approprié, exact,** ① **juste. 2.** *Impropre à,* qui n'est pas fait pour. *Cette eau est impropre à la consommation,* elle n'est pas potable. ▮ contraire : ② **propre.** ▷ Mot de la famille de ② propre.

improviser v. (conjug. 3) Faire quelque chose sans l'avoir préparé. *Il a improvisé un discours. Le pianiste improvise,* il joue une musique qu'il invente au fur et à mesure.

▸ **improvisation** n. f. Air improvisé. *Les musiciens de jazz ont joué une improvisation.*

à l'improviste adv. D'une manière imprévue, au moment où l'on ne s'y attend pas. *Des amis sont arrivés à l'improviste.* ➜ **inopinément.**

imprudent, imprudente adj. Qui ne fait pas assez attention à ce qui peut être dangereux. *Elle est quelquefois imprudente au volant.* ▮ contraire : **prudent.**

▸ **imprudemment** [ɛ̃pʀydamɑ̃] adv. Sans faire attention au danger. *Elle conduit très imprudemment.* ▮ contraire : **prudemment.**

▸ **imprudence** n. f. **1.** Manque de prudence, d'attention. *Elle a oublié de fermer sa porte à clé, quelle imprudence !* **2.** Action imprudente. *Bonne route et ne faites pas d'imprudences !*

▷ Mots de la famille de prudent.

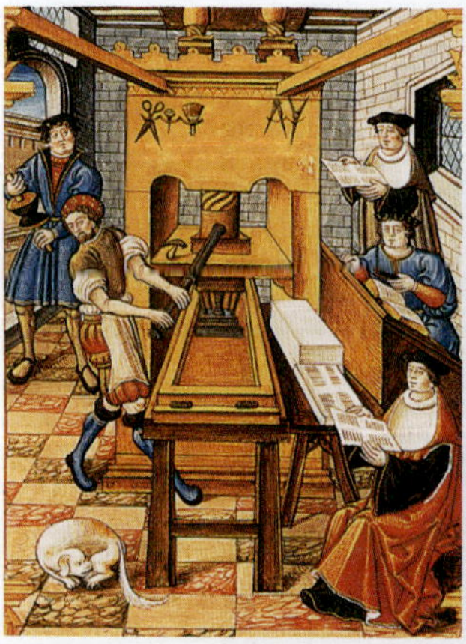

(16e siècle)

(aujourd'hui)

imprimerie

impudent, impudente adj. Qui manifeste une effronterie, une insolence qui choque ou indigne. *Des paroles impudentes.* → **effronté, insolent.**

▸ **impudence** n. f. Effronterie qui choque ou indigne. *Il ment avec une telle impudence !* → **insolence.**

Ces mots appartiennent au langage soutenu.

impuissant, impuissante adj. Qui n'a pas les moyens suffisants pour faire quelque chose. *Ils sont restés impuissants devant ce désastre,* sans pouvoir rien faire.

▸ **impuissance** n. f. Impossibilité de faire quelque chose. *Les pompiers sont réduits à l'impuissance devant l'incendie.*

▷ Mots de la famille de (1) pouvoir.

impulsif, impulsive adj. Qui agit très vite, sans réfléchir. contraire : **réfléchi.** *Un homme impulsif. – Une réaction impulsive.*

impulsion n. f. **1.** Poussée qui met un objet en mouvement. *Alex donne une impulsion à la boule qui se met à rouler. – Impulsion électrique,* décharge électrique. **2.** Envie qui pousse à agir. *Il ne faut pas céder à toutes ses impulsions.*

impunément adv. Sans être puni. *Il ne continuera pas à se moquer de nous impunément.*

impuni, impunie adj. Qui ne reçoit pas de punition. *Cette faute ne doit pas rester impunie.*

▸ **impunité** n. f. Fait de ne pas être puni. *Le tricheur se croyait assuré de l'impunité.*

▷ Mots de la famille de punir.

impur, impure adj. Qui n'est pas pur, qui contient des éléments étrangers. *Une eau impure.* → **pollué.** contraire : **pur.**

▸ **impureté** n. f. Ce qui rend impur. *En filtrant l'eau, on élimine ses impuretés.*

▷ Mots de la famille de pur.

imputer v. (conjug. 3) *Imputer quelque chose à quelqu'un,* c'est l'en rendre responsable. *On lui a imputé cette grave erreur.* → **attribuer.**

imputrescible [ɛ̃pytʀesibl] adj. *Une matière imputrescible,* c'est une matière qui ne pourrit pas. *L'or est imputrescible.*

Il y a un *s* devant le *c*.

(1) **in-** Préfixe d'origine latine qui indique la négation, le contraire (ex. : *inacceptable, inaction*) et qui devient *il-* devant *l* (ex. : *illégalement, illisible*), *im-* devant *b, m* et *p* (ex. : *imbuvable, immobile, impartialité, imprudemment*) et *ir-* devant *r* (ex. : *irréel, irrégularité, irrésistiblement*).

(2) **in-** Préfixe d'origine latine qui signifie « dans, en » (ex. : *inspiration, inclus, inhumer*) et qui devient *im-* devant *m, b* et *p* (ex. : *importation, imploser*). contraire : (2) **ex-.**

inabordable adj. Dont le prix est trop élevé. *En cette saison, les asperges sont inabordables.* → (2) **cher.** contraire : **abordable.** ▷ Mot de la famille de (1) bord.

inacceptable adj. Que l'on ne peut pas accepter. *Ta conduite est inacceptable.* → **inadmissible.** ▷ Mot de la famille de accepter.

inaccessible adj. **1.** Impossible à atteindre. *Ce village est inaccessible par la route en hiver.* contraire : **accessible. 2.** *Une personne inaccessible,* que l'on n'arrive pas à voir, à rencontrer. ▷ Mot de la famille de (2) accès.

inaccoutumé, inaccoutumée adj. Inhabituel. *Il y a une agitation inaccoutumée sur la place.* contraire : **habituel.** ▷ Mot de la famille de coutume.

inachevé, inachevée adj. Qui n'est pas terminé. *Le compositeur a laissé sa sonate inachevée.* contraire : **fini.** ▷ Mot de la famille de achever.

construction **inachevée**

inactif, inactive adj. Sans activité. *Elle n'aime pas rester inactive.* ➜ **désœuvré, oisif.** ▮ contraire : **actif.** ▷ Mot de la famille de actif.

inaction n. f. État d'une personne sans activité. *Elle a du mal à supporter l'inaction.* ➜ **inactivité, oisiveté.** ▷ Mot de la famille de ① action.

inactivité n. f. Absence d'activité. *Sa maladie l'oblige à l'inactivité.* ▷ Mot de la famille de actif.

inadapté, inadaptée adj. **1.** Qui n'est pas adapté. *Des moyens inadaptés au but poursuivi.* **2.** *Un enfant inadapté,* un enfant qui a des difficultés à s'adapter à la vie normale. ▷ Mot de la famille de apte.

inadmissible adj. Que l'on ne peut admettre, tolérer. *Une conduite inadmissible.* ➜ **inacceptable, intolérable.** ▷ Mot de la famille de admettre.

par **inadvertance** adv. Par erreur, par manque d'attention. *Julie a pris l'écharpe de Léa par inadvertance.* ➜ par **mégarde.**

inaltérable adj. Qui ne peut pas s'altérer, s'abîmer, qui garde sa qualité. *L'or est un métal inaltérable.* ▷ Mot de la famille de ① altérer.

inamovible adj. Que l'on ne peut changer de poste ou renvoyer. *Un juge inamovible.* ▷ Mot de la famille de amovible.
▶ Ce mot appartient au vocabulaire du droit.

inanimé, inanimée adj. **1.** Qui est sans vie. *Les objets sont inanimés.* **2.** *Une personne inanimée,* morte ou évanouie. *Il est resté inanimé pendant quelques minutes.* ➜ **inconscient, inerte.** ▷ Mot de la famille de animer.

inanition n. f. *Mourir d'inanition,* de faim.
▶ Ce mot appartient au langage soutenu.

inaperçu, inaperçue adj. *Passer inaperçu,* ne pas être remarqué. *Avec ce chapeau, elle ne passe pas inaperçue.* ▷ Mot de la famille de ② percevoir.

inappréciable adj. Que l'on apprécie, qui a beaucoup de valeur. *Cette nouvelle machine rend des services inappréciables.* ➜ **inestimable, précieux.** ▷ Mot de la famille de apprécier.

métal **incandescent**

inapte adj. Incapable de faire quelque chose. *Il a été déclaré inapte au travail.* ▮ contraire : **apte.**

▶ **inaptitude** n. f. Incapacité. *Elle a montré son inaptitude à tout exercice physique.* ▮ contraire : **aptitude.**

▷ Mots de la famille de apte.

inattaquable adj. Que l'on ne peut pas attaquer, critiquer. *Une théorie scientifique inattaquable.* ▷ Mot de la famille de attaquer.

inattendu, inattendue adj. Que l'on n'attendait pas. *J'ai reçu hier une visite inattendue.* ➜ **imprévu, surprenant.** ▷ Mot de la famille de attendre.

inattentif, inattentive adj. Qui ne fait pas attention à ce qui se passe ou à ce qu'il fait. *Julie n'a pas entendu la question parce qu'elle était inattentive.* ➜ **distrait.** ▮ contraire : **attentif.** ▷ Mot de la famille de attentif.

inattention n. f. Manque d'attention. *Il a eu un moment d'inattention.* ➜ **distraction.** ▮ contraire : **attention.** ▷ Mot de la famille de attention.

inaudible adj. *Un son inaudible,* que l'on entend très mal ou que l'on n'entend pas du tout. ➜ **imperceptible.** ▷ Mot de la famille de audible.

inaugurer v. (conjug. 3) Ouvrir officiellement au public un nouveau monument, un nouvel édifice. *Le ministre a inauguré le nouvel hôpital.*

▶ **inauguration** n. f. Cérémonie par laquelle on inaugure un édifice.

inavouable adj. Que l'on ne peut pas avouer par honte. *Une faute inavouable.* → **honteux.** ▮ contraire : **avouable.** ▷ Mot de la famille de avouer.

incalculable adj. Impossible ou difficile à évaluer. *Cet évènement a eu des conséquences incalculables.* → **considérable.** ▷ Mot de la famille de ② calcul.

incandescent [ɛ̃kɑ̃desɑ̃], **incandescente** [ɛ̃kɑ̃desɑ̃t] adj. Rendu rouge par une très forte chaleur. *Les braises sont incandescentes.*

▸ **incandescence** [ɛ̃kɑ̃desɑ̃s] n. f. État d'une matière rendue rouge sous l'effet de la chaleur. *Une barre de fer portée à l'incandescence.*

Il y a un *s* devant le *c*.

incantation n. f. Formule magique, récitée ou chantée. *Les incantations d'une sorcière.*

incapable adj. et n. m. et f.
▪ adj. Qui ne sait pas ou ne peut pas faire quelque chose. *Ce bébé est encore incapable de se tenir debout.* ▮ contraire : **capable.**
▪ n. m. et f. Personne qui n'est bonne à rien. *C'est une incapable. Une bande d'incapables.*
▷ Mot de la famille de capable.

incapacité n. f. 1. Impossibilité. *Je suis dans l'incapacité de te répondre.* ▮ contraire : **capacité.** 2. Incompétence. *Il a reconnu son incapacité.*
▷ Mot de la famille de capacité.

incarcérer v. (conjug. 8) Mettre en prison. *On a incarcéré les malfaiteurs.* → **écrouer, emprisonner.** ▮ contraire : **libérer.**

▸ **incarcération** n. f. Le fait de mettre quelqu'un en prison ou d'être en prison. *Le trafiquant a été condamné à quinze ans d'incarcération.* → **détention, emprisonnement, réclusion.**

incarner v. (conjug. 3) Représenter un personnage dans un spectacle. *Ce comédien a incarné Napoléon au cinéma.* → **interpréter, jouer.**
▶ Autre mot de la famille : réincarnation.

incartade n. f. Faute sans gravité. *Il était puni à la moindre incartade.* → **bêtise.**

incassable adj. Qui ne peut pas se casser. *Des lunettes aux verres incassables.* ▷ Mot de la famille de casser.

incendie n. m. Grand feu qui s'étend en brûlant tout sur son passage. *Les pompiers ont maîtrisé l'incendie.*

▸ **incendiaire** n. m. et f. Personne qui allume volontairement un incendie. → **pyromane.**

▸ **incendier** v. (conjug. 9) Mettre le feu, faire brûler. *Des manifestants ont incendié des voitures.*

incendie de forêt

incertain, incertaine adj. 1. Que l'on ne connaît pas avec certitude. *L'heure de son arrivée est incertaine.* ▮ contraire : **certain.** 2. Que l'on ne peut pas prévoir. *Le temps est incertain.*
▷ Mot de la famille de certain.

incertitude n. f. État d'une personne qui est dans le doute. *Il est dans l'incertitude sur ce qu'il fera l'an prochain.* ▷ Mot de la famille de certitude.

incessant, incessante adj. Qui ne cesse pas, ne s'arrête pas. *Des averses incessantes.* → **continu, continuel, ininterrompu.**

▸ **incessamment** adv. Dans très peu de temps, tout de suite. *Il doit arriver incessamment.*
▷ Mots de la famille de cesser.

inceste n. m. Relations sexuelles entre parents et enfants ou entre frères et sœurs. *La loi punit l'inceste.*

incidemment [ɛ̃sidamɑ̃] adv. Par hasard. *Elle a appris la nouvelle incidemment.* ▷ Mot de la famille de incident.

a b c d e f g h i j k l m n o p q r s t u v w x y z

incidence n. f. Conséquence, effet. *La hausse du prix du pétrole a des incidences sur le prix de l'essence.* → **implication, répercussion.**

incident n. m. Petite difficulté imprévue qui survient. *Un incident technique a interrompu le programme de télévision.*

▶ Autre mot de la famille : incidemment.

incinérer v. (conjug. 8) Réduire en cendres, brûler. *Certaines personnes veulent se faire incinérer après leur mort.*

▶ **incinérateur** n. m. Appareil pour incinérer les déchets. *Un incinérateur de jardin.*

▶ **incinération** n. f. Action de réduire en cendres. *Une usine d'incinération des ordures.*

inciser v. (conjug. 3) Couper, fendre. *Le médecin a incisé l'abcès.*

▶ **incisif, incisive** adj. Qui est très dur, blesse profondément. *Un ton incisif. Une critique incisive.* → **acerbe, mordant.**

▶ **incision** n. f. Fente, entaille. *Le médecin a pratiqué l'incision de l'abcès.*

▶ **incisive** n. f. (→ ÉTYM.) Dent plate et coupante sur le devant de la mâchoire. *L'homme a huit incisives.*

des **incisives**

inciter v. (conjug. 3) *Inciter quelqu'un à faire quelque chose,* le pousser à le faire. *Il m'a incité à agir.* → **encourager.**

▶ **incitation** n. f. Ce qui incite à faire quelque chose. *Il a été condamné pour incitation à la violence.*

incliner v. (conjug. 3) Pencher. *Elle incline la théière vers la tasse pour verser le thé.*

▶ **s'incliner** v. **1.** Pencher le buste en avant. *Le comédien salue le public en s'inclinant profondément.* **2.** Renoncer, s'avouer vaincu. *Puisque vous pensez avoir raison, je m'incline.*

▶ **inclinaison** n. f. État d'une chose inclinée, en pente. *L'inclinaison d'une toiture.*

▶ **inclination** n. f. Goût, penchant que l'on a pour quelque chose. → **propension.** *Léa a de l'inclination pour la musique.* ▮ contraires : **aversion, dégoût.**

▶ Ce mot appartient au langage soutenu.

inclure v. (conjug. 38) Mettre dans un ensemble. *Ce prix inclut tous les frais annexes.* → ② **comprendre.** ▮ contraire : **exclure.**

▶ **inclus, incluse** adj. Compris dans un ensemble. *Le restaurant est ouvert tous les jours, dimanche inclus.* ▮ contraire : **exclu.**

incognito adv. et n. m.

▪ adv. En cherchant à ne pas être reconnu. *La star voyage incognito.*

▪ n. m. *Garder l'incognito,* ne pas vouloir être reconnu. → aussi **anonymat.**

▶ C'est un mot italien qui veut dire «inconnu».

incohérent, incohérente adj. *Des paroles incohérentes,* qui n'ont pas de lien entre elles. → **décousu.** ▮ contraire : **cohérent.**

▶ **incohérence** n. f. Chose qui n'est pas logique. *Ce film est plein d'incohérences.*

▷ Mots de la famille de cohérent.

incollable adj. **1.** Qui ne colle pas. *Du riz incollable.* **2.** Familier. Qui est capable de répondre à n'importe quelle question. *Alex est incollable sur les mangas.* ▷ Mot de la famille de colle.

incolore adj. Sans couleur. *L'eau est incolore, inodore et sans saveur.*

incomber v. (conjug. 3) *Incomber à quelqu'un,* faire partie de son travail, être à sa charge. *Ces travaux incombent au locataire.*

incommensurable adj. Très grand, qui dépasse la mesure. → **démesuré.** *Il est d'une bêtise incommensurable.* → **colossal, immense.**

▶ Ce mot appartient au langage soutenu.

incommoder v. (conjug. 3) Gêner, mettre mal à l'aise. *L'odeur du cigare m'incommode.* → **indisposer.** ▷ Mot de la famille de (2) commode.

incomparable adj. Très remarquable, exceptionnel. *La princesse était d'une beauté incomparable.*

▸ **incomparablement** adv. Sans comparaison possible. *Elle est incomparablement plus jolie que sa sœur.*

▷ Mots de la famille de comparer.

incompatible adj. *Des choses incompatibles,* qui ne peuvent pas aller ensemble. *Ces deux souhaits sont incompatibles.* → **contradictoire.** ▮ contraire : **compatible.**

▸ **incompatibilité** n. f. Impossibilité de s'accorder, d'exister ensemble. *Ils ont divorcé pour incompatibilité d'humeur,* parce qu'ils ne s'entendaient pas.

▷ Mots de la famille de compatible.

incompétent, incompétente adj. Qui n'a pas les connaissances suffisantes pour juger de quelque chose. *Elle est incompétente en architecture.* ▮ contraire : **compétent.**

▸ **incompétence** n. f. Ignorance. → **incapacité.** *Elle reconnaît volontiers son incompétence dans ce domaine.* ▮ contraire : **compétence.**

▷ Mots de la famille de compétent.

incomplet, incomplète adj. Qui n'est pas complet, à quoi il manque une partie. *Une réponse incomplète.* ▮ contraire : (1) **complet.** ▷ Mot de la famille de (1) complet.

incompréhensible adj. Impossible à comprendre. ▮ contraire : **compréhensible.** *Il marmonne des mots incompréhensibles. Sa disparition est incompréhensible,* difficile à expliquer. → **mystérieux.** ▷ Mot de la famille de compréhensible.

incompréhension n. f. Incapacité ou refus de comprendre quelque chose ou quelqu'un. *Cet artiste a souffert de l'incompréhension de ses contemporains.* ▮ contraire : **compréhension.** ▷ Mot de la famille de compréhension.

incompris, incomprise adj. Qui n'est pas apprécié ou reconnu à sa valeur. *Cet artiste s'est senti incompris toute sa vie.* ▷ Mot de la famille de (1) comprendre.

inconcevable adj. Inimaginable. *Il est d'une bêtise inconcevable.* → **impensable, incroyable.** ▷ Mot de la famille de concevoir.

inconditionnel, inconditionnelle adj. Qui ne dépend d'aucune condition. *Un soutien inconditionnel,* sans réserve. → **absolu.**
▷ Mot de la famille de condition.

inconfortable adj. Peu confortable. *Une chaise inconfortable.* ▮ contraire : **confortable.**
▷ Mot de la famille de confort.

incongru, incongrue adj. Contraire aux usages, incorrect. → **déplacé.** *Il a fait une remarque incongrue.*

▸ **incongruité** n. f. Action ou parole grossière, inconvenante. *Il a dit des incongruités.*

inconnu adj. et n. m., **inconnue** adj. et n. f.
▪ adj. **1.** Que l'on ne connaît pas. *Il est parti pour une destination inconnue. Elle est née de père inconnu.* **2.** Qui n'est pas célèbre. *Un acteur encore inconnu.* ▮ contraires : **célèbre, fameux.**
▪ n. **1.** Personne dont on n'a jamais fait connaissance. *Une inconnue lui a souri.* **2.** n. m. *L'inconnu,* ce que l'on ne connaît pas. *La peur de l'inconnu.* ▷ Mot de la famille de connaître.

inconscient, inconsciente adj. **1.** Qui a perdu connaissance. *Le blessé est resté inconscient quelques minutes.* → **évanoui, inanimé.** **2.** Qui ne pense pas aux conséquences de ses actes. *Ce chauffard est complètement inconscient, il traverse le village à 100 km à l'heure.* **3.** Dont on ne se rend pas compte. *Un mouvement inconscient.* → **automatique, machinal.**

▸ **inconsciemment** [ɛ̃kɔ̃sjamɑ̃] adv. Sans avoir conscience de ce que l'on fait, sans se rendre compte. *Inconsciemment, il tape du pied en écoutant la musique.* → **machinalement.**

▸ **inconscience** n. f. Manque de réflexion. *Conduire si vite, c'est de l'inconscience.* → **folie.**

▷ Mots de la famille de conscient.

inconséquent, inconséquente adj. Qui agit sans réfléchir aux conséquences de ses actes. → **irresponsable, léger.** *Elle s'est montrée inconséquente.* ▷ Mot de la famille de conséquent.

inconsidéré, inconsidérée adj. Qui montre que l'on n'a pas réfléchi aux conséquences. *Une dépense inconsidérée.* → **irréfléchi.** ▷ Mot de la famille de considérer.

inconsistant, inconsistante adj. *Une personne inconsistante,* qui manque de caractère, de solidité morale. → **faible.** *Un film inconsistant,* qui manque de force ou d'intérêt.
▷ Mot de la famille de consistant.

inconsolable adj. Que l'on n'arrive pas à consoler. *Elle est inconsolable depuis la mort de son chien.* ▷ Mot de la famille de consoler.

inconstant, inconstante adj. Qui change souvent d'opinion, de sentiment ou de conduite. *Julie est inconstante dans ses amitiés.* → **changeant, instable, versatile.** ▮ contraires : **constant, fidèle.** ▷ Mot de la famille de constant.

incontestable adj. Que l'on ne peut pas contester, mettre en doute. *Le climat se réchauffe, c'est incontestable.* → **indéniable.**

▸ **incontestablement** adv. D'une manière incontestable, sans aucun doute possible. → sans **conteste.** *Ce peintre a incontestablement beaucoup de talent.* → **indéniablement.**
▷ Mots de la famille de contester.

incontournable adj. Dont il faut tenir compte, que l'on ne peut ignorer ou éviter. *Le gouvernement a entrepris des réformes incontournables.* → **indispensable, inéluctable, inévitable.** ▷ Mot de la famille de tourner.

incontrôlable adj. **1.** Que l'on ne peut pas contrôler, maîtriser. *La situation est devenue incontrôlable.* **2.** Que l'on ne peut pas contrôler, vérifier. *Un témoignage incontrôlable.* ▮ contraire : **vérifiable.** ▷ Mot de la famille de contrôle.

inconvenant, inconvenante adj. Contraire aux usages, aux convenances. *Des sous-entendus inconvenants.* → **déplacé, grossier.** ▮ contraire : **convenable.** ▷ Mot de la famille de convenir.

inconvénient n. m. Défaut, désavantage. *Chaque situation a ses inconvénients.* ▷ Mot de la famille de convenir.

incorporer v. (conjug. 3) **1.** Mélanger une matière à une autre pour former un tout. *Elle incorpore le jaune d'œuf à la sauce.* **2.** Faire entrer dans une troupe. *Il a été incorporé dans la marine.*

incorrect, incorrecte adj. **1.** Qui présente des fautes. *Une phrase incorrecte.* → **fautif.** ▮ contraire : **correct. 2.** Qui ne respecte pas la politesse. *Il s'est montré incorrect avec sa mère.* → **grossier.**

▸ **incorrection** n. f. **1.** Faute de style, de grammaire. *Il y a beaucoup d'incorrections dans ce devoir.* **2.** Grossièreté. *Alex a été d'une grande incorrection avec ses invités.* → **impolitesse.**
▷ Mots de la famille de correct.

incorrigible adj. Qui ne peut pas être corrigé. *Une incorrigible bavarde.* ▷ Mot de la famille de corriger.

incorruptible adj. Que l'on ne peut pas corrompre, qui agit selon son devoir. *Un juge incorruptible.* → **intègre.**

incrédule adj. Qui ne croit pas ce qu'on lui dit ou ce qu'il voit, qui ne se laisse pas convaincre. → **dubitatif, méfiant, sceptique.** *Il l'a écouté d'un air incrédule.*

▸ **incrédulité** n. f. Doute. *Il a accueilli la nouvelle avec incrédulité.* → **scepticisme.**
▷ Mots de la famille de crédule.

incriminer v. (conjug. 3) Accuser, mettre en cause. *On a incriminé à tort un innocent.*

incroyable adj. **1.** Difficile ou impossible à croire. *Une histoire incroyable.* → **invraisemblable. 2.** Extraordinaire, peu habituel. *Notre équipe a fait un score incroyable.* → **étonnant.**

▸ **incroyablement** adv. Extraordinairement. *Il fait incroyablement chaud pour la saison.* → **excessivement, extrêmement, très.**
▷ Mots de la famille de croire.

incroyant n. m., **incroyante** n. f. Personne qui ne croit pas en Dieu. → **athée.** ▮ contraire : **croyant.** ▷ Mot de la famille de croire.

s'incruster v. (conjug. 4) **1.** S'accrocher. *Les moules s'incrustent sur les rochers.* **2.** *S'incruster chez quelqu'un*, s'y installer et ne plus en partir. *Les voisins se sont incrustés chez nous toute la soirée.*

▸ **incrusté, incrustée** adj. Orné de morceaux d'une matière précieuse enfoncés dans une autre. *Ce poignard a un manche incrusté d'ivoire.*

▸ **incrustation** n. f. Ornement enfoncé dans une matière pour y former des dessins. *Un coffret à bijoux orné d'incrustations de nacre.*

pot orné d'**incrustations**

incubation n. f. **1.** Période pendant laquelle les œufs sont couvés. *Au bout de 21 jours d'incubation, les œufs de poule sont prêts à éclore.* **2.** Temps qui s'écoule entre l'entrée des microbes dans le corps et l'apparition de la maladie. *La durée d'incubation de la varicelle est de 15 jours.*

inculper v. (conjug. 3) Accuser officiellement. *À la fin de l'enquête, le juge a inculpé le suspect.*

▸ **inculpé** n. m., **inculpée** n. f. Personne à qui on attribue officiellement une infraction. *L'inculpé sera jugé au cours du procès.* ➜ aussi **accusé, prévenu.**

▸ **inculpation** n. f. Fait d'accuser une personne d'une faute, d'un crime. *Le suspect a été arrêté sous l'inculpation d'espionnage.*

inculquer v. (conjug. 3) Faire entrer dans l'esprit de façon à ne jamais oublier. *Ses parents lui ont inculqué très tôt le respect des autres.* ➜ **enseigner.**

① **inculte** adj. *Une terre inculte*, qui n'est pas cultivée. *Les broussailles envahissent les terres incultes.* ➜ en **friche.**

② **inculte** adj. *Une personne inculte*, sans instruction, sans culture. ➜ **ignare, ignorant.** ▮ contraires : **cultivé, instruit.**

incurable adj. Qui ne peut être guéri. *Il a une maladie incurable. Un malade incurable.*

incursion n. f. Entrée, court séjour dans un lieu, un milieu. *Ce journaliste a fait une incursion dans la mode.*

incurvé, incurvée adj. Qui a une forme courbe. *Le bec incurvé de l'ibis.* ▮ contraire : ① **droit.**

indécent, indécente adj. Qui n'est pas conforme aux convenances, choquant. *Une robe transparente un peu indécente.* ▮ contraires : **convenable, décent.**

▸ **indécence** n. f. Caractère de ce qui est contraire à la décence, à la pudeur. *L'indécence d'un décolleté.* ▮ contraire : **décence.**
▷ Mots de la famille de **décent.**

indéchiffrable adj. Impossible à déchiffrer, à lire. *Une écriture indéchiffrable.* ➜ **illisible.**
▷ Mot de la famille de ② **chiffre.**

indécis, indécise adj. **1.** Qui n'est pas certain. *La victoire est encore indécise.* ➜ **douteux, incertain.** ▮ contraire : **sûr. 2.** Qui n'a pas encore pris de décision. *Elle ne sait pas quoi choisir, elle est indécise.* ➜ **hésitant.** ▮ contraire : **décidé.**

▸ **indécision** n. f. Caractère d'une personne qui hésite, qui n'arrive pas à se décider.

indéfectible adj. Qui dure toujours. *Une amitié indéfectible.* ➜ **éternel.**
▶ Ce mot appartient au langage soutenu.

indéfendable adj. Que l'on ne peut pas défendre, excuser. *Sa conduite est indéfendable.* ➜ **inadmissible, inexcusable.** ▷ Mot de la famille de ① **défendre.**

indéfini, indéfinie adj. **1.** Imprécis, vague. *Sa robe est d'une couleur indéfinie, ni bleue, ni grise.* **2.** *Un article indéfini*, qui se rapporte à une personne, une chose de manière vague, générale. *«Un», «une», «des» sont des articles indéfinis.* ▷ Mot de la famille de **définir.**

a b c d e f g h i j k l m n o p q r s t u v w x y z

indéfiniment adv. Sans limite, sans fin. ➜ **éternellement.** *Nous n'allons pas rester ici indéfiniment.* ➜ **toujours.** ▷ Mot de la famille de ① fin.

indéfinissable adj. Difficile à définir, à préciser, à expliquer. *Une couleur indéfinissable.* ➜ **imprécis.** ▷ Mot de la famille de définir.

indéformable adj. Qui ne peut pas être déformé. *Un matelas indéformable.* ▷ Mot de la famille de forme.

indélébile adj. Qui ne peut pas s'effacer. *Une tache indélébile.*

indélicat, indélicate adj. **1.** Qui manque de délicatesse, de tact. *Ce serait indélicat d'insister.* **2.** Malhonnête et déloyal. *Un homme d'affaires indélicat.* ▷ Mot de la famille de délicat.

indemne adj. Sans blessure. *Elle est sortie indemne de l'accident.* ➜ sain et **sauf.**

indemniser v. (conjug. 3) Verser de l'argent à quelqu'un pour un dommage qu'il a subi, ou des frais qu'il a eus. *La compagnie d'assurances a indemnisé les victimes de l'accident.* ➜ **dédommager.**

▸ **indemnisation** n. f. Fait d'indemniser quelqu'un. *Les victimes de l'inondation ont reçu une importante indemnisation,* une somme importante pour les indemniser. ➜ aussi **dédommagement.**

indemnité n. f. **1.** Somme que l'on verse à quelqu'un pour le dédommager. *Les ouvriers licenciés ont reçu une indemnité.* **2.** Somme que l'État ou une entreprise verse à quelqu'un. *Les sénateurs touchent une indemnité de logement.* ➜ **allocation.**

indéniable adj. Que l'on ne peut pas nier. *Il a du talent, c'est indéniable.* ➜ **incontestable, indiscutable.**

▸ **indéniablement** adv. D'une manière indéniable, incontestable. ➜ **incontestablement.**

▷ Mots de la famille de nier.

indépendant, indépendante adj. **1.** Qui ne dépend de personne. *Une femme indépendante.* **2.** *Un État indépendant,* qui n'est pas soumis à l'autorité d'un autre pays. ➜ **autonome.** **3.** *Une proposition indépendante,* qui ne dépend d'aucune autre. ▮ contraire : **subordonné.** *Cette décision est indépendante de ma volonté,* ce n'est pas moi qui ai voulu la prendre. **4.** Qui a une entrée particulière. *Une chambre indépendante.*

▸ **indépendamment** adv. *Indépendamment de,* en plus de. *Indépendamment de son prix, cet appartement est trop petit pour eux.* ➜ ② **outre.**

▸ **indépendance** n. f. Le fait de ne dépendre de personne. *Elle tient à son indépendance.* ➜ **liberté.** *Ce pays vient d'acquérir son indépendance.* ➜ aussi **autonomie.**

▸ **indépendantiste** n. m. et f. Partisan de l'indépendance d'une région, d'un pays. ➜ aussi **autonomiste, séparatiste.**

▷ Mots de la famille de ① dépendre.

des panneaux **indicateurs**

indescriptible adj. Si grand qu'on ne peut le décrire. *Sa chambre est dans un désordre indescriptible.*

indésirable adj. Dont on ne veut pas dans un groupe. *Les personnes indésirables ont été exclues.* ▷ Mot de la famille de désirer.

indestructible adj. Qui ne peut être détruit. *Un matériau indestructible. Une amitié indestructible.* ➜ **indéfectible.**

indéterminé, indéterminée adj. Qui n'est pas déterminé, fixé. ▮ contraire : **déterminé.**

Leur départ a été remis à une date indéterminée. ▷ Mot de la famille de déterminer.

① **index** n. m. Doigt de la main le plus proche du pouce. *Il m'a montré l'objet de l'index.*

② **index** n. m. Liste alphabétique des noms cités dans un livre. *L'index d'un atlas.*

indexer v. (conjug. 3) Faire varier une chose, une valeur en fonction d'une autre qui sert de référence. *En France, le prix du gaz est indexé sur celui du pétrole.*

indicateur n. m. et adj., **indicatrice** n. f. et adj.
▪ n. **1.** Personne qui donne des renseignements aux policiers. ➜ **informateur. 2.** n. m. Ce qui donne une indication. *L'indicateur de vitesse d'une voiture.* ➜ **compteur.**
▪ adj. *Un panneau indicateur,* portant l'indication d'une direction. ▷ Mot de la famille de indiquer.

indicatif n. m. et adj., **indicative** adj.
▪ n. m. **1.** Morceau de musique très court qui annonce le début ou la fin d'une émission de radio ou de télévision. *L'indicatif du journal télévisé.* **2.** Mode du verbe qui indique que la réalisation d'une action ou d'un état est sûre. *«Je parle» est le verbe parler à la première personne du singulier du présent de l'indicatif.*
▪ adj. Qui donne une indication. *Voici quelques prix, à titre indicatif.* ▷ Mot de la famille de indiquer.

indication n. f. Ce qui est indiqué ou recommandé. *Suivez les indications du mode d'emploi.* ▷ Mot de la famille de indiquer.

indice n. m. Signe qui indique quelque chose. *L'enquête piétine, la police n'a pas beaucoup d'indices.*

indicible adj. Que l'on ne peut dire, exprimer. *Une joie indicible.* ➜ **ineffable, inexprimable.**

indien, indienne adj. Qui concerne les premiers habitants de l'Amérique. *Un chef indien. Une tente indienne.* ➜ **tipi.** – n. *Les Indiens,* les premiers habitants de l'Amérique. *Un Indien du Canada. Une Indienne d'Amazonie.*

indifférent, indifférente adj. **1.** Qui n'a pas d'importance. *Ils ont parlé de choses indifférentes.* **2.** *Être indifférent à quelqu'un,* lui être égal. *Que tu partes ou que tu restes, cela m'est indifférent.* **3.** Qui n'est ému par rien ni personne. *Un air indifférent.* ➜ **froid.**

▸ **indifféremment** [ɛ̃difeʀamɑ̃] adv. Sans faire de différence. *Ce plat se mange indifféremment froid ou chaud.*

▸ **indifférence** n. f. Manque d'intérêt. *Elle regarde autour d'elle avec indifférence.*

▷ Mots de la famille de différer.

indigence n. f. Très grande pauvreté. ▮ contraires : **opulence, richesse.** ▷ Mot de la famille de indigent.

indigène adj. Qui est né dans le pays dont on parle. ➜ **autochtone.** *La population indigène d'un pays.* – n. *Les indigènes d'Australie.* ➜ **aborigène.**

indigent n. m., **indigente** n. f. Personne très pauvre. ➜ **nécessiteux.** *L'aide aux indigents.*

▶ Ce mot appartient au langage soutenu.

▶ Autre mot de la famille : indigence.

indigeste adj. Difficile à digérer. ➜ **lourd.** *Une nourriture indigeste.* ▮ contraire : **digeste.**

▸ **indigestion** n. f. Malaise dû à une digestion qui se fait mal. *Paul a mangé tellement de mousse au chocolat qu'il a eu une indigestion.*

▷ Mots de la famille de digeste.

art indien

a b c d e f g h i j k l m n o p q r s t u v w x y z

indigne adj. **1.** Qui ne mérite pas. *Il est indigne de notre confiance.* contraire : **digne.** **2.** Qui n'est pas à la hauteur de quelqu'un. *Ce travail lui paraît indigne de lui,* pas assez bien pour lui. **3.** Odieux, révoltant. *Ils ont commis un acte indigne.* **4.** Qui n'est pas digne de son rôle. *Une mère indigne.* ▷ Mot de la famille de digne.

indigner v. (conjug. 3) Révolter. *Ces massacres d'animaux nous ont indignés.* ➜ **scandaliser.** – **s'indigner,** manifester son indignation. *Elle s'est indignée devant sa malhonnêteté.*

▸ **indignation** n. f. Colère contre une chose révoltante. *Les supporteurs ont protesté avec indignation contre la décision de l'arbitre.*

▷ Mots de la famille de digne.

indigo adj. inv. Bleu foncé. ➜ planche **Couleurs.** *Des jeans indigo.*

indiquer v. (conjug. 3) **1.** Montrer par un geste ou un signal. *Un passant nous a indiqué la bonne direction.* ➜ **désigner.** *L'horloge indique deux heures.* ➜ **marquer. 2.** Faire connaître quelque chose. *Elle m'a indiqué l'adresse de son coiffeur.* ➜ **donner.**

▸ **indiqué, indiquée** adj. Conseillé, recommandé. *La natation est le sport indiqué pour son mal de dos.* contraire : **contre-indiqué.**

▶ Autres mots de la famille : contre-indication, indicateur, indicatif, indication.

indirect, indirecte adj. **1.** Qui ne va pas en ligne droite. *Un éclairage indirect,* qui n'éclaire pas directement. contraire : **direct.** – *Il l'a accusé d'une manière indirecte d'avoir perdu son livre,* d'une manière détournée, en ne le disant pas franchement. **2.** *Le style indirect,* style de discours dans lequel on rapporte les paroles de quelqu'un sous la forme d'une proposition subordonnée. *Dans la phrase : «il m'a dit qu'il viendrait» on utilise le style indirect.* contraire : **direct.**

▸ **indirectement** adv. D'une manière indirecte. *J'ai appris indirectement ton retour,* par d'autres personnes que toi. contraire : **directement.**

▷ Mots de la famille de direct.

indiscipline n. f. Désobéissance au règlement. *Il a été puni pour indiscipline.*

▸ **indiscipliné, indisciplinée** adj. Qui ne respecte pas le règlement. ➜ **désobéissant.** *Des élèves indisciplinés.* contraires : **discipliné, obéissant, sage.**

▷ Mots de la famille de disciple.

indiscret, indiscrète adj. **1.** Qui s'occupe de ce qui ne le regarde pas. *Je ne voudrais pas être indiscret, mais qu'est-ce que tu fais là ?* ➜ **curieux.** – *C'est indiscret d'écouter aux portes.* **2.** Qui répète ce qu'il ne devrait pas répéter. *Il ne faut pas lui confier un secret, elle est très indiscrète.* ➜ **bavard.** contraire : **discret.**

▸ **indiscrétion** n. f. **1.** Manque de discrétion, de réserve. ➜ **curiosité.** *Sans indiscrétion, peut-on savoir où vous habitez ?* **2.** Le fait de révéler un secret. *Elle commet souvent des indiscrétions.*

▷ Mots de la famille de discret.

indiscutable adj. Évident. *Le talent de ce comédien est indiscutable.* ➜ **incontestable, indéniable.** contraire : **discutable.** ▷ Mot de la famille de discuter.

indispensable adj. Dont on ne peut pas se passer. *Il est indispensable de bien se couvrir quand il fait froid.* ➜ **nécessaire, obligatoire.** *Votre présence est indispensable.* contraires : **inutile, superflu.** ▷ Mot de la famille de dispenser.

indisposer v. (conjug. 3) **1.** Rendre un peu malade. *L'odeur de son parfum l'indispose.* ➜ **incommoder. 2.** Agacer. *Il indispose tout le monde avec ses jérémiades.* ➜ **importuner.**

▸ **indisposition** n. f. Petit ennui de santé. *Elle a une légère indisposition.*

▷ Mots de la famille de disposer.

indissociable adj. Que l'on ne peut pas dissocier, séparer. *Ces deux questions sont indissociables.* ▷ Mot de la famille de dissocier.

indistinct [ɛ̃distɛ̃] ou [ɛ̃distɛ̃kt], **indistincte** [ɛ̃distɛ̃kt] adj. Que l'on distingue mal. *On ne voit que des formes indistinctes à travers le brouillard.* ➜ **flou, imprécis,** ② **vague.** contraire : **net.** ▷ Mot de la famille de distinct.

individu n. m. (→ ÉTYM.) **1.** Personne. *Il y a plusieurs milliards d'individus sur la Terre.* **2.** Personne d'allure bizarre, louche. *De drôles d'individus rôdent dans ce quartier.*

▸ **individualiste** adj. Indépendant et non conformiste.

▸ **individuel, individuelle** adj. Personnel, à soi. *Leurs enfants ont chacun une chambre individuelle.* → **particulier.** ▮ contraire : **commun.** *Le travail individuel.* ▮ contraires : **collectif,** en **groupe.**

▸ **individuellement** adv. Chacun en particulier, à part. *La directrice a reçu dans son bureau chaque professeur individuellement.* ▮ contraire : **collectivement.**

indivisible adj. Que l'on ne peut pas diviser. *Un nombre premier est indivisible, sauf par 1 et par lui-même.* ▮ contraire : **divisible.** ▷ Mot de la famille de diviser.

indolent, indolente adj. Nonchalant, mou. *Une fille un peu indolente.* → **amorphe.** *Un air indolent.* → **languissant.** ▮ contraires : **actif, énergique.**

▸ **indolence** n. f. Nonchalance, mollesse. *La chaleur pousse à l'indolence.*

indolore adj. Qui ne fait pas mal. *Une piqûre totalement indolore.* ▮ contraire : **douloureux.**

indomptable [ɛ̃dɔ̃tabl] adj. Dont rien ne peut venir à bout. *Il a fait preuve d'une volonté indomptable.* → **inflexible.** ▷ Mot de la famille de dompter.

paysage indistinct

indu, indue adj. *Une heure indue,* très tardive. ▷ Mot de la famille de ① devoir.

indubitable adj. Que l'on ne peut pas mettre en doute. → **certain.** *Des preuves indubitables.* → **indéniable, indiscutable.** ▮ contraire : **douteux.**

▸ **indubitablement** adv. Sans aucun doute. → **incontestablement, indéniablement.**

induire v. (conjug. 41) *Induire quelqu'un en erreur,* lui faire faire une erreur. → **tromper.** *Ses renseignements étaient faux et nous ont induits en erreur.*

indulgent, indulgente adj. Qui pardonne facilement aux autres. *Elle est indulgente avec ses petits-enfants.* → **bienveillant, compréhensif.** ▮ contraire : **sévère.**

▸ **indulgence** n. f. Facilité à pardonner. *Ce professeur a beaucoup d'indulgence pour ses élèves.* → **bienveillance.** ▮ contraire : **sévérité.**

industrialiser v. (conjug. 3) Équiper en industries, en usines. *Il faudrait industrialiser la région.* – **s'industrialiser,** s'équiper en industries. *Les pays d'Europe se sont industrialisés au 19ᵉ siècle.*

▸ **industrialisation** n. f. Fait de s'industrialiser. *L'industrialisation d'un pays.*

▷ Mots de la famille de industrie.

industrie n. f. **1.** Ensemble des activités qui contribuent à l'exploitation des sources d'énergie et des richesses du sous-sol, ainsi qu'à la transformation des matières premières en produits fabriqués. *La métallurgie est l'industrie qui transforme les métaux. L'industrie automobile.* **2.** Usine. *Il y a beaucoup d'industries dans cette région.*

▸ **industriel** n. m. et adj., **industrielle** n. f. et adj.

■ adj. **1.** Qui concerne l'industrie. *Le nord de la France est une région industrielle,* où il y a beaucoup d'industries. **2.** Qui est produit par l'industrie. *Un camembert industriel.* ▮ contraire : **fermier.**

a b c d e f g h i j k l m n o p q r s t u v w x y z

paysage **industriel**

▪ n. Personne qui dirige ou possède une industrie. *Les industriels de la chimie.*

▶ Autres mots de la famille : industrialisation, industrialiser.

inébranlable adj. Que l'on ne peut faire changer. *Il est resté inébranlable.* ➜ **inflexible.** *Une confiance inébranlable.* ▷ Mot de la famille de branler.

inédit, inédite adj. **1.** Qui n'a pas encore été édité, publié. *Un roman encore inédit.* **2.** Nouveau, original. *Voilà un moyen inédit de se faire connaître.* ▷ Mot de la famille de éditer.

ineffable adj. Que l'on ne peut pas exprimer par la parole. *Une joie ineffable.* ➜ **indicible, inexprimable.**

▶ Ce mot appartient au langage soutenu.

inefficace adj. Qui n'a aucun effet. *Ce médicament est totalement inefficace.* ▮ contraire : **efficace.**

▸ **inefficacité** n. f. Caractère de ce qui n'a aucun effet, ne sert à rien. *L'inefficacité d'une méthode de travail.* ▮ contraire : **efficacité.**

▷ Mots de la famille de efficace.

inégal, inégale adj. **1.** Qui n'est pas égal à une autre chose. *Un partage inégal. Des parts inégales,* qui n'ont pas toutes la même dimension. ▮ contraire : **égal. 2.** *Un combat inégal,* dans lequel les adversaires ne sont pas de la même force. **3.** *Un sol inégal,* qui a des creux et des bosses. ▮ contraire : (1) **plat. 4.** Qui n'a pas toujours la même qualité. *Les films de ce cinéaste sont inégaux.* ▷ Mot de la famille de égal.

des parts **inégales**

inégalable adj. Sans égal. ➜ **incomparable.** *Le prestidigitateur est d'une adresse inégalable.* ▷ Mot de la famille de égal.

inégalement adv. D'une manière inégale. *Elle a partagé le gâteau inégalement.* ▷ Mot de la famille de égal.

inégalitaire adj. Qui est basé sur l'inégalité sociale. *Une société inégalitaire.* ▮ contraire : **égalitaire.** ▷ Mot de la famille de égal.

inégalité n. f. **1.** Absence d'égalité. *L'inégalité sociale,* la différence entre les conditions de vie des riches et celles des pauvres. **2.** *Les inégalités du sol,* les creux et les bosses. *La voiture roule lentement à cause des inégalités du terrain.* ➜ **accident.** ▷ Mot de la famille de égal.

inéligible adj. Qui ne peut pas être élu. *Un candidat inéligible.* ▷ Mot de la famille de éligible.

inéluctable adj. Que l'on ne peut pas empêcher. *Un destin inéluctable.* ➜ **fatal, inévitable.**

inénarrable adj. Dont on ne peut parler sans rire. *C'était une scène inénarrable !* ▷ Mot de la famille de narrer.

inepte adj. Stupide, absurde. *Une histoire inepte.* ➜ **idiot.**

▸ **ineptie** [inɛpsi] n. f. Parole inepte. *Il raconte des inepties pour se rendre intéressant.* ➜ **bêtise, idiotie.**

inépuisable adj. **1.** Que l'on ne peut pas épuiser, qui n'a pas de fin. *Internet est une source inépuisable de renseignements.* **2.** Qui peut parler très longtemps. *Théo est inépuisable sur le chapitre des chevaux.* ➜ **intarissable.** ▷ Mot de la famille de épuiser.

inerte adj. Qui ne donne aucun signe de vie, ne réagit pas. ➜ **inanimé.** *Le blessé est étendu, inerte.*

▸ **inertie** [inɛʀsi] n. f. Manque d'énergie, d'activité. *Il est difficile de le faire sortir de son inertie.* ➜ **passivité.**

inespéré, inespérée adj. Que l'on n'espérait pas. *C'est une réussite inespérée.* ➜ **inattendu.** ▷ Mot de la famille de espérer.

inestimable adj. Qui a une si grande valeur que l'on ne peut pas l'estimer. *Il y a des œuvres d'art inestimables dans ce musée.* ▷ Mot de la famille de estimer.

inévitable adj. Qu'on ne peut pas éviter. *L'accident était inévitable.* ➜ **certain, fatal, inéluctable, inexorable.**

▸ **inévitablement** adv. D'une manière inévitable. ➜ **fatalement, forcément.** *Cela devait inévitablement arriver.* ➜ **inexorablement.**

▷ Mots de la famille de éviter.

inexact, inexacte adj. Qui n'est pas exact. *Une adresse inexacte.* ➜ **erroné,** (1) **faux.** ▮ contraire : (1) **juste.**

▸ **inexactitude** n. f. Erreur. *Il y a des inexactitudes dans tes calculs.*

▷ Mots de la famille de exact.

inexcusable adj. Que l'on ne peut excuser, pardonner. *Une faute inexcusable.* ➜ **impardonnable.** ▮ contraires : **excusable, pardonnable.** ▷ Mot de la famille de excuser.

inexistant, inexistante adj. **1.** Qui n'existe pas. *Les risques sont inexistants.* **2.** Sans valeur, sans efficacité. *L'aide qu'il nous apporte est inexistante.* ➜ (1) **nul.** ▮ contraire : **réel.** ▷ Mot de la famille de exister.

inexorable adj. **1.** Sans pitié, que l'on ne peut pas fléchir. *Il est resté inexorable à toutes les prières.* ➜ **impitoyable, inflexible.** ▮ contraires : **clément, indulgent.** **2.** Que l'on ne peut pas éviter. *Un sort inexorable.* ➜ **inéluctable, inévitable.**

▸ **inexorablement** adv. D'une manière inexorable, inévitable. ➜ **inévitablement, fatalement.** *Le temps passe inexorablement.*

▶ Ces mots appartiennent au langage soutenu.

inexpérimenté, inexpérimentée adj. Qui n'a pas d'expérience. ➜ **novice.** *Une conductrice encore inexpérimentée.* ▮ contraire : **expérimenté.** ▷ Mot de la famille de expérimenter.

inexplicable adj. Impossible à expliquer. *Sa disparition est inexplicable.* ➜ **incompréhensible.** ▷ Mot de la famille de expliquer.

inexploré, inexplorée adj. Qui n'a pas encore été exploré. *Des régions inexplorées.* ▷ Mot de la famille de explorer.

inexpressif, inexpressive adj. Qui n'exprime aucun sentiment. *Il a un visage totalement inexpressif.* ▮ contraires : **expressif, mobile.** ▷ Mot de la famille de expressif.

inexprimable adj. Impossible ou difficile à exprimer. *Une joie inexprimable.* ➜ **indescriptible, indicible, ineffable.** ▷ Mot de la famille de exprimer.

inextinguible adj. Qu'il est impossible d'apaiser. *Une soif inextinguible.*

▶ Ce mot appartient au langage soutenu.

in extremis [inɛkstʀemis] adv. Au dernier moment. *Il a failli tomber, il s'est rattrapé in extremis.*

inextricable adj. Très compliqué, très embrouillé. *Il s'est mis dans une situation inextricable.*

a b c d e f g h i j k l m n o p q r s t u v w x y z

infaillible adj. **1.** Qui donne toujours de bons résultats. *Un remède infaillible.* **2.** Qui ne peut pas se tromper. *Personne n'est infaillible.* ▷ Mot de la famille de **faillir.**

infaisable [ɛ̃fəzabl] adj. Impossible à faire. *Cet exercice est infaisable.* ▷ Mot de la famille de **faire.**

infâmant, infâmante adj. Qui porte atteinte à l'honneur, à la réputation de quelqu'un. *Une accusation infâmante.* ➜ **déshonorant.**

infâme adj. **1.** Horrible. *Cet attentat est un acte infâme.* ➜ **ignoble. 2.** Très mauvais. *Une nourriture infâme.* ➜ **infect, répugnant.**

▸ **infamie** n. f. Action honteuse. *Le rapt d'enfants est une infamie.*

infanterie n. f. Partie d'une armée chargée de conquérir et d'occuper le terrain. *Un régiment d'infanterie.* ➜ aussi **fantassin.**

régiment d'**infanterie**

infantile adj. **1.** Qui concerne les jeunes enfants. *La coqueluche, la varicelle sont des maladies infantiles.* **2.** Digne d'un enfant. *Une réaction infantile.* ➜ **enfantin, puéril.**

infarctus [ɛ̃faʀktys] n. m. Grave maladie du cœur qui se produit quand une artère se bouche.

infatigable adj. Qui ne se fatigue pas facilement. *C'est une nageuse infatigable.* ▷ Mot de la famille de **fatiguer.**

infect [ɛ̃fɛkt], **infecte** [ɛ̃fɛkt] adj. **1.** Très mauvais. *Une nourriture infecte.* ➜ **répugnant. 2.** Moralement ignoble. *C'est un type infect.*

▸ **s'infecter** v. (conjug. 4) Être envahi par des microbes. *La plaie s'est gravement infectée.* ➜ **s'envenimer.**

▸ **infectieux, infectieuse** adj. Provoqué par des microbes. *La rougeole est une maladie infectieuse.*

▸ **infection** n. f. **1.** Chose qui sent très mauvais. *Jette ce vieux fromage, c'est une infection.* ➜ **puanteur. 2.** Pénétration et développement de microbes dans le corps. *Il faut désinfecter la plaie pour éviter l'infection.*

▶ Autres mots de la famille : **désinfectant, désinfecter, désinfection.**

inférieur adj. et n. m., **inférieure** adj. et n. f.

▪ adj. **1.** Situé plus bas. *Le bruit vient de l'étage inférieur.* **2.** Plus petit. *7 est inférieur à 9.* ▮ contraire : **supérieur.** *Paul a eu une note inférieure à la moyenne.*

▪ n. Personne qui occupe un poste plus bas qu'une autre dans une entreprise. ➜ **subalterne, subordonné.**

▸ **infériorité** n. f. *Sentiment d'infériorité,* impression d'être moins bien que les autres. ➜ ② **complexe.** *Il éprouve un sentiment d'infériorité vis-à-vis de son frère.* ▮ contraire : **supériorité.**

infernal, infernale adj. Difficile à supporter. *Il y a un bruit infernal, ici. Leurs enfants sont infernaux.* ➜ **insupportable.**

infester v. (conjug. 3) Envahir. *La région est infestée de moustiques.*

infidèle adj. et n. m. et f.

▪ adj. **1.** Qui trompe son mari ou sa femme. *Elle est infidèle à son mari.* ➜ aussi **adultère, tromper.** ▮ contraire : **fidèle. 2.** Qui n'est pas exact, n'est pas conforme à la vérité. *Un récit infidèle. Une traduction infidèle,* qui reflète mal le texte d'origine.

■ n. m. et f. Personne qui n'a pas la même religion. *Les croisés combattaient les infidèles.*

▸ **infidélité** n. f. Absence de fidélité en amour.

▷ Mots de la famille de **fidèle**.

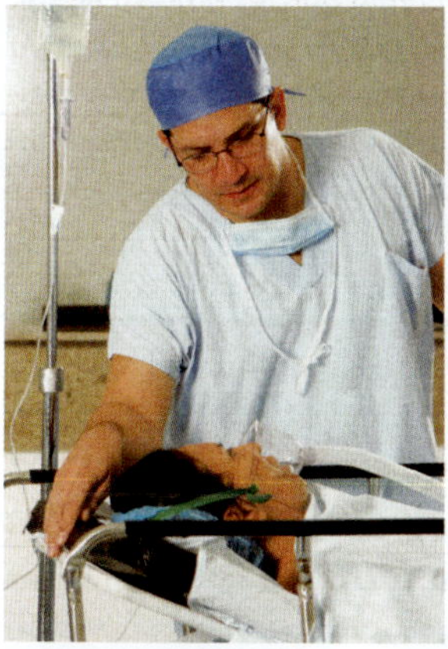

infirmier

s'infiltrer v. (conjug. 4) Pénétrer lentement. *L'eau s'est infiltrée dans le mur.*

▸ **infiltration** n. f. Pénétration d'eau dans le sol, dans un mur. ➜ planche **Eau.** *Il y a des traces d'infiltration dans la cave.*

▷ Mots de la famille de **filtre**.

infime adj. Tout petit. *La différence de taille entre Julie et Louise est infime.* ➜ **minime.**

infini adj. et n. m., **infinie** adj.

■ adj. Qui semble sans fin. *On voit dans le ciel un nombre infini d'étoiles.* ➜ **incalculable.** *Elle a une patience infinie.* ➜ **illimité.**

■ n. m. *À l'infini,* indéfiniment, sans fin. *On pourrait discuter de cela à l'infini.*

▸ **infiniment** adv. **1.** *L'espace est infiniment grand,* plus grand que tout ce que l'on connaît. **2.** Beaucoup, énormément. *Je vous remercie infiniment.*

▸ **infinité** n. f. Très grande quantité. *On peut imaginer une infinité de phrases différentes.*

▷ Mots de la famille de ① **fin**.

infinitif n. m. Mode du verbe qui ne se conjugue pas. *Dans la phrase «je vais partir», le verbe «partir» est à l'infinitif.*

infirme adj. (➜ ÉTYM.) Qui ne peut plus se servir d'une partie de son corps. *Elle est restée infirme à la suite d'un accident.* ➜ **handicapé, invalide, paralysé.** – n. *Un infirme en fauteuil roulant.*

▸ **infirmerie** n. f. Endroit où l'on reçoit et soigne les malades, les blessés, dans une école, une prison.

▸ **infirmier** n. m., **infirmière** n. f. Personne dont le métier est de prendre soin des malades. *L'infirmière lui a fait une piqûre.*

▸ **infirmité** n. f. État d'une personne infirme. *La surdité, la cécité sont des infirmités.* ➜ **handicap.**

inflammable adj. Qui prend feu facilement. *L'essence est un liquide inflammable.*

▮ contraire : **ininflammable.** ▷ Mot de la famille de **flamme**.

inflammation n. f. Gonflement douloureux, accompagné de rougeur. *L'otite est une inflammation de l'oreille.* ▷ Mot de la famille de **flamme**.

inflation n. f. Hausse des prix accompagnée d'une baisse de la valeur de l'argent. *L'inflation fait baisser le pouvoir d'achat.*

inflexible adj. Que rien ne peut faire changer d'avis. *Il est resté inflexible.* ➜ **inébranlable, intraitable.** ▷ Mot de la famille de **flexible**.

inflexion n. f. Changement de ton dans la voix. *Sa voix prend une inflexion plus douce.* ➜ aussi **accent, intonation.**

infliger v. (conjug. 5b) **1.** Donner, appliquer. *Le tribunal lui a infligé une amende.* **2.** Faire subir, imposer. *Elle nous a infligé le récit de tous ses malheurs.*

influer v. (conjug. 3) Avoir une action qui modifie. *Les facteurs qui influent sur le climat.*

▸ **influence** n. f. **1.** Action qui a un résultat. ➜ **effet.** *L'influence du climat sur la végétation. Il a agi sous l'influence de la colère.* ➜ **empire, emprise.** **2.** Action qu'une personne exerce sur une autre. *Elle a beaucoup d'influence sur son mari.* ➜ ③ **ascendant,** ② **pouvoir.**

▸ **influencer** v. (conjug. 5a) Soumettre à son influence. *Prenez ce que vous aimez, je ne veux pas vous influencer,* vous amener à faire, à choisir ce que je veux. ➜ ① **entraîner.**

▸ **influençable** adj. Qui se laisse facilement influencer. *Une personnalité très influençable.*

▸ **influent, influente** adj. Qui a beaucoup de pouvoir, d'influence. *C'est une personne très influente.* ➜ **important.**

influx [ɛ̃fly] n. m. *Influx nerveux,* série de petites décharges nerveuses par laquelle se transmet l'excitation dans les nerfs. *Le trajet de l'influx nerveux.*
On ne prononce pas le *x* final.

informateur n. m., **informatrice** n. f. Personne qui donne ou recueille des informations. *La police a des informateurs.* ➜ **indicateur.** ▷ Mot de la famille de informer.

informaticien n. m., **informaticienne** n. f. Spécialiste de l'informatique. ▷ Mot de la famille de informer.

information n. f. **1.** Renseignement. *On trouve toutes sortes d'informations sur Internet.* **2.** *Les informations,* les nouvelles que donnent la radio et la télévision tous les jours. ▷ Mot de la famille de informer.

informatique n. f. et adj.
▪ n. f. Science et technique qui rassemblent des renseignements dans des mémoires d'ordinateur et les organisent grâce à des moyens automatiques.
▪ adj. Relatif à l'informatique. *Une école équipée en matériel informatique.* ▷ Mot de la famille de informer.

informe adj. Qui n'a pas de forme bien définie. *Une robe informe.* ▷ Mot de la famille de forme.

informer v. (conjug. 3) **1.** Mettre au courant, avertir. *Il m'a informé de son arrivée.* ➜ **prévenir.** *On nous a informés que le train avait du retard.* **2.** **s'informer,** demander des renseignements, des informations. *Je me suis informé à la mairie.* ➜ se **renseigner.**
▶ Autres mots de la famille : informateur, informaticien, information, informatique.

infortune n. f. Malheur. *L'un des rescapés essayait de réconforter ses compagnons d'infortune,* ceux qui partageaient le même sort malheureux.

▸ **infortuné, infortunée** adj. Qui n'a pas de chance, qui est dans le malheur. ➜ **malheureux.** *Les infortunées victimes.* – n. *Les infortunés.*
Ces mots appartiennent au langage soutenu.
▷ Mots de la famille de fortune.

infraction n. f. Faute commise contre les règlements, punie par la loi. *En garant sa voiture sur le passage pour piétons, il commet une infraction au code de la route.*

infranchissable adj. Impossible à franchir. *Un sommet infranchissable.* ▷ Mot de la famille de franchir.

salle **informatique**

infrarouge adj. *Les rayons infrarouges,* les radiations invisibles qui sont au-delà du rouge dans le spectre solaire. ▷ Mot de la famille de rouge.

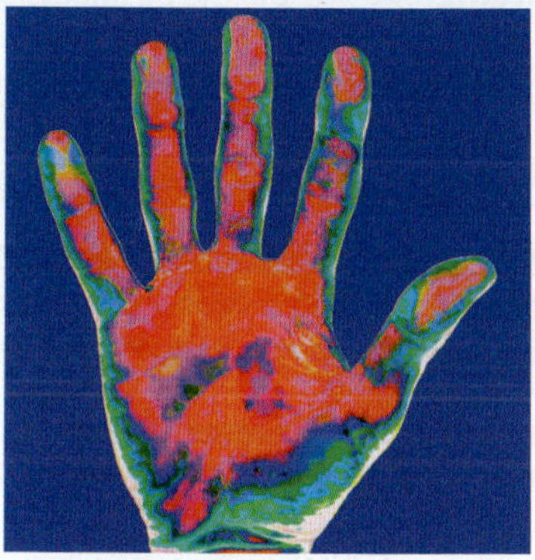
rayonnement infrarouge de la main

infructueux, infructueuse adj. Sans résultat. ➜ **inefficace, vain.** *Toutes les recherches sont restées infructueuses.* ▮ contraire : **fructueux.** ▷ Mot de la famille de fructueux.

infuser v. (conjug. 3) Tremper les feuilles d'une plante aromatique dans de l'eau bouillante pour qu'elles dégagent leur arôme. *Elle laisse infuser le thé quelques minutes.* ➜ **macérer.**

▸ **infusion** n. f. Boisson chaude faite avec des plantes que l'on a laissées infuser. ➜ **tisane.** *Une infusion de tilleul.*

s'ingénier v. (conjug. 9) Faire tout ce que l'on peut. *Il s'ingénie à nous faire plaisir.* ➜ s'**évertuer.** ▷ Mot de la famille de ① génie.

ingénieur n. m. et f. Personne ayant reçu une formation scientifique et technique qui lui permet de diriger certains travaux et de participer à la création de nouveaux produits. *Elle est ingénieur dans l'aviation.* ▷ Mot de la famille de ② génie.

ingénieux, ingénieuse adj. **1.** Qui a beaucoup d'idées pour trouver des solutions aux problèmes pratiques. ➜ **habile, inventif.** *Un bricoleur ingénieux.* **2.** Qui montre de l'intelligence et de l'imagination. *Il a trouvé un système ingénieux pour arroser le jardin.* ➜ **astucieux.**

▸ **ingéniosité** n. f. Qualité d'une personne ingénieuse. *Il a fait preuve d'ingéniosité pour mettre au point ce système.* ➜ **habileté.**

▷ Mots de la famille de ② génie.

ingénu, ingénue adj. Innocent et naïf. *Un air ingénu.* ➜ **candide.**

s'ingérer v. (conjug. 8) Intervenir sans en avoir le droit. *Elle n'aime pas qu'on s'ingère dans sa vie privée.* ➜ s'**immiscer, intervenir.**

▸ **ingérence** n. f. Intervention. *Le chef de l'État refuse toute ingérence étrangère dans les affaires de son pays.*

▷ Mots de la famille de gérer.

ingrat, ingrate adj. **1.** Qui n'a pas de reconnaissance, de gratitude pour ce que l'on a fait pour lui. *Elle s'est toujours montrée ingrate envers ceux qui l'ont aidée.* ▮ contraire : **reconnaissant.** – n. *C'est une ingrate.* **2.** *Un travail ingrat,* qui ne donne pas de satisfaction à la personne qui le fait. **3.** *Un visage ingrat,* laid. ➜ **disgracieux.** ▮ contraire : **agréable.**

▸ **ingratitude** n. f. Manque de reconnaissance. *Il fait preuve d'ingratitude envers ceux qui l'ont aidé.* ▮ contraire : **gratitude.**

ingrédient n. m. Élément qui entre dans la composition d'une préparation. *Elle mélange tous les ingrédients dans le saladier pour faire un gâteau.*

ingurgiter v. (conjug. 3) Avaler rapidement et en très grande quantité. *En un instant, le chien a ingurgité toute sa pâtée.* ➜ **engloutir.**

inhabitable adj. Où l'on ne peut pas habiter. *Cette vieille maison en ruine est inhabitable.* ▮ contraire : **habitable.** ▷ Mot de la famille de habiter.

inhabité, inhabitée adj. Sans habitant, désert. *Les régions inhabitées du globe.* ▮ contraire : **habité.** ▷ Mot de la famille de habiter.

inhabituel, inhabituelle adj. Qui n'est pas habituel. *Il y a dans la rue une animation inhabituelle.* ➜ **inaccoutumé.** ▷ Mot de la famille de habituel.

inhaler v. (conjug. 3) Absorber par le nez et les poumons. → **aspirer.** *Ils ont inhalé un gaz toxique.*

▸ **inhalation** n. f. Aspiration de vapeurs par le nez. *Pour soigner son rhume, il fait une inhalation à l'eucalyptus.*

inhalation

inhérent [ineʀɑ̃], **inhérente** [ineʀɑ̃t] adj. Qui est lié très intimement à un être ou à une chose. *Les avantages inhérents à ce métier sont nombreux.*

inhibé, inhibée adj. Qui a peur d'agir ou de manifester ses sentiments, ses désirs. *Une adolescente inhibée.* → aussi **timide.**

inhospitalier, inhospitalière adj. Peu accueillant, hostile. *Une côte inhospitalière.* ▮ contraire : ① **hospitalier.** ▷ Mot de la famille de ① hospitalier.

inhumain, inhumaine adj. **1.** Cruel, barbare. *La torture est une pratique inhumaine.* **2.** Pénible. *Un travail inhumain.* ▷ Mot de la famille de humain.

inhumer v. (conjug. 3) Mettre en terre. → **ensevelir, enterrer.** *Il a été inhumé auprès des siens.*

▸ **inhumation** n. f. Enterrement. *L'inhumation aura lieu jeudi.*

inimaginable adj. Difficile ou impossible à imaginer. *Il y a un désordre inimaginable dans cette chambre.* → **incroyable.** ▷ Mot de la famille de image.

inimitable adj. Difficile ou impossible à imiter. *Il est inimitable dans sa façon de raconter des histoires.* ▷ Mot de la famille de imiter.

inimitié n. f. Hostilité. *Elle a une profonde inimitié pour lui.* → **antipathie.** ▮ contraire : **amitié.**

ininflammable adj. Qui ne peut pas s'enflammer. *Une matière ininflammable.* ▮ contraire : **inflammable.** ▷ Mot de la famille de flamme.

inintelligible adj. Difficile ou impossible à comprendre. *Il marmonne dans son sommeil des mots inintelligibles.* → **incompréhensible.** ▮ contraire : **intelligible.** ▷ Mot de la famille de intelligible.

inintéressant, inintéressante adj. Sans intérêt. *Un film inintéressant.* ▮ contraire : **intéressant.** ▷ Mot de la famille de intérêt.

ininterrompu, ininterrompue adj. Continu. *Une file ininterrompue de voitures passe sur le boulevard.* ▷ Mot de la famille de rompre.

initial, initiale adj. Qui est au commencement. → **originel, premier.** *J'ai oublié la raison initiale de notre dispute.* – Au masc. pl. *initiaux.*

▸ **initiale** n. f. Première lettre d'un mot. *Il a écrit ses initiales sur son dessin,* la première lettre de son prénom et de son nom de famille.

▸ **initialement** adv. Au début, au commencement. *Initialement, le projet était très différent.*

initiation n. f. Le fait d'apprendre les rudiments de quelque chose. *Il suit des cours d'initiation au chinois.* ▮ contraire : **perfectionnement.** ▷ Mot de la famille de initier.

initiative n. f. **1.** Action d'une personne qui est la première à proposer ou à faire quelque chose. *Paul a pris l'initiative d'organiser une collecte pour acheter un cadeau au professeur.* **2.** Qualité d'une personne qui propose et entreprend de faire les choses. *Elle a l'esprit d'initiative.*

initier v. (conjug. 9) **1.** Être le premier à enseigner les rudiments de. *Il a initié son fils à la voile.* **2.** ***S'initier** à,* acquérir les premières connaissances de. *Cet été, Léa s'est initiée au tennis.*

▸ **initié** n. m., **initiée** n. f. Personne qui connaît déjà bien le sujet dont on parle. *Ce* *stage est réservé aux initiés.* ▮ contraires : **débutant, néophyte, profane.**

▶ Autre mot de la famille : initiation.

injecter v. (conjug. 3) Faire entrer un liquide dans le corps avec une seringue. *Avant l'opération, on lui a injecté un produit pour l'anesthésier.*

▶ **injection** n. f. Introduction d'un liquide dans le corps avec une seringue. *Ce vaccin nécessite trois injections.* ➜ **piqûre.**

injonctif, injonctive adj. *Une phrase injonctive,* qui exprime un ordre. ➜ aussi **injonction.** *«Rentre immédiatement» est une phrase injonctive. L'impératif a une valeur injonctive.*

injonction n. f. Ordre. *L'automobiliste doit obéir aux injonctions de l'agent de police.*

injure n. f. Parole blessante. ➜ **insulte.** *Les conducteurs en sont venus aux injures.*

▶ **injurier** v. (conjug. 9) Prononcer des paroles blessantes ou vexantes. ➜ **insulter.** *Un grossier personnage nous a injuriés au passage.*

▶ **injurieux, injurieuse** adj. Blessant, méchant. *Il a employé des termes injurieux dans sa lettre.* ➜ **insultant, offensant.** ▮ contraire : **flatteur.**

▷ Mots de la famille de ② jurer.

injuste adj. Contraire à la justice. *Une punition injuste.* ▮ contraire : ② **juste.**

▶ **injustement** adv. D'une manière injuste. *Paul a été injustement accusé.* ➜ **à tort.**

▶ **injustice** n. f. Acte ou décision contraire à la justice. *Il cherche le moyen de réparer l'injustice qu'il a commise.*

▷ Mots de la famille de ② juste.

injustifié, injustifiée adj. Qui n'est pas justifié, qui n'a pas de raison d'être. *Ta peur est injustifiée, il n'y a aucun danger.* ▷ Mot de la famille de ② juste.

inlassable adj. Qui ne se lasse pas. ➜ **infatigable.** *Avec une patience inlassable, le professeur répète les explications.*

▶ **inlassablement** adv. Sans cesse, sans se fatiguer. *Elle répète inlassablement les mêmes choses.*

▷ Mots de la famille de las.

inné, innée adj. Possédé dès la naissance. ➜ **naturel.** *Théo a un don inné pour le dessin.*

▷ Mot de la famille de naître.

innocent, innocente adj. **1.** Qui n'a rien fait de mal. *L'enquête a montré que le suspect était innocent.* ▮ contraire : **coupable.** – n. *On allait condamner un innocent.* **2.** Pur. *Un enfant innocent.* **3.** Naïf, crédule. *Il faut être bien innocent pour croire un mensonge pareil.*

▶ **innocemment** [inɔsamɑ̃] adv. Sans vouloir faire le mal, avec naïveté. *Il a posé cette question innocemment.*

▶ **innocence** n. f. État d'une personne qui n'est pas coupable. *L'accusé clame son innocence.* ▮ contraire : **culpabilité.**

▶ **innocenter** v. (conjug. 3) Faire connaître l'innocence de quelqu'un. *La déclaration du témoin a innocenté l'accusé.* ➜ **disculper.** ▮ contraire : **accuser.**

innombrable adj. Très nombreux. *La manifestation a réuni une foule innombrable.* ➜ **considérable.** ▷ Mot de la famille de nombre.

innover v. (conjug. 3) Faire une chose qui n'a jamais été faite. *L'architecte a innové en utilisant le caoutchouc dans ses constructions.*

▶ **innovation** n. f. Nouveauté, changement. *Des innovations techniques.*

inoccupé, inoccupée adj. **1.** Vide, inhabité. *Cette maison est inoccupée depuis plusieurs mois.* **2.** Qui n'a pas d'occupation. *Elle ne reste pas souvent inoccupée.* ➜ **désœuvré, inactif.** ▮ contraire : **occupé.** ▷ Mot de la famille de occuper.

inoculer v. (conjug. 3) Introduire les germes d'une maladie, un virus dans un organisme pour le protéger.

inodore adj. Sans odeur. *L'eau est incolore, inodore et sans saveur.* ▮ contraire : **odorant.**

inoffensif, inoffensive adj. Qui n'est pas dangereux, qui ne fait pas de mal. *Ce chien aboie, mais il est inoffensif.* ▮ contraires : **dangereux, nuisible.** ▷ Mot de la famille de offense.

inonder v. (conjug. 3) Recouvrir d'eau. *En débordant, la rivière a inondé les champs.*

▸ **inondé, inondée** adj. Recouvert d'eau. *Des champs inondés.*

▸ **inondation** n. f. Débordement d'eaux qui se mettent à recouvrir un endroit. *De très fortes pluies ont provoqué d'importantes inondations.*

inondation

inopiné, inopinée adj. Imprévu, inattendu. *Sa venue inopinée a surpris tout le monde.*

▸ **inopinément** adv. De manière imprévue, inopinée. *Il est arrivé inopinément.* ➜ **à l'improviste.**

inopportun, inopportune adj. Mal choisi, déplacé. *Le moment lui sembla inopportun pour s'expliquer.* ▮ contraire : **opportun.** ▷ Mot de la famille de opportun.

inoubliable adj. Que l'on ne peut pas oublier. ➜ **mémorable.** *Des souvenirs inoubliables.* ➜ **impérissable.** ▷ Mot de la famille de oublier.

inouï, inouïe adj. Extraordinaire, incroyable. *La tempête était d'une violence inouïe.* ▷ Mot de la famille de ouïr.

▶ Attention au tréma du *ï*.

inoxydable adj. *Un métal inoxydable,* qui ne s'oxyde pas, ne rouille pas. *Des couverts en acier inoxydable.* ▷ Mot de la famille de oxyde.

▶ On dit souvent *des couverts en inox.*

inqualifiable adj. *Une conduite inqualifiable,* tellement scandaleuse qu'il n'y a pas de mot pour la qualifier. ▷ Mot de la famille de qualifier.

inquiet, inquiète adj. Qui se fait du souci. *Louise n'est pas encore rentrée, sa mère est inquiète.* ➜ **angoissé, anxieux, soucieux.** ▮ contraires : **serein, tranquille.**

▸ **inquiéter** v. (conjug. 8) **1.** Rendre inquiet. *L'état du malade inquiète le médecin.* ➜ **préoccuper. 2. s'inquiéter,** se faire du souci. *Je m'inquiétais de ne pas te voir.*

▸ **inquiétant, inquiétante** adj. Qui inquiète, préoccupe. ➜ **alarmant, préoccupant.** ▮ contraire : **rassurant.** *La fièvre du malade est montée d'une façon inquiétante.*

▸ **inquiétude** n. f. État pénible dans lequel est une personne qui attend quelque chose avec crainte ou appréhension. *Sa fille n'est pas rentrée, elle est folle d'inquiétude.* ➜ **angoisse, anxiété.**

insaisissable adj. **1.** Impossible à saisir, à attraper. *Un ennemi invisible et insaisissable.* **2.** *Une personnalité insaisissable,* difficile à saisir, à comprendre. ▷ Mot de la famille de saisir.

insalubre adj. Malsain, mauvais pour la santé. *Un climat insalubre.* ▮ contraires : **sain, salubre.** ▷ Mot de la famille de salubre.

insanité n. f. Chose ou parole absurde, contraire au bon sens. *Il ne dit que des insanités.* ➜ **absurdité, ineptie.**

▶ Ce mot appartient au langage soutenu.

insatiable [ɛ̃sasjabl] adj. **1.** Jamais rassasié. *Un appétit insatiable.* **2.** Jamais satisfait. *Une curiosité insatiable.*

insatisfait, insatisfaite adj. Qui n'est pas satisfait, pas content. ➜ **mécontent.** *Elle est insatisfaite de sa voiture.* ▮ contraire : **satisfait.** ▷ Mot de la famille de faire.

inscription n. f. **1.** Ensemble de mots écrits ou gravés sur un mur, un monument, un panneau ou un écriteau. *Le mur du lycée est couvert d'inscriptions.* ➜ **graffiti. 2.** Action d'inscrire ou de s'inscrire. *L'inscription d'un élève au collège.*

inscrire v. (conjug. 42) **1.** Écrire, noter. *Julie inscrit son nom sur la première page de son cahier.* **2.** Faire mettre le nom de quelqu'un sur une liste pour qu'il fasse partie d'un groupe. *Elle a inscrit son fils à la crèche.* – **s'inscrire,** inscrire ou faire inscrire son nom. *Théo s'est inscrit au club de football de l'école.*

insecte n. m. (→ ÉTYM.) Petit animal sans squelette, au corps articulé, qui a trois paires de pattes et souvent des ailes. → planche **Insectes.** *Les fourmis, les puces, les moustiques sont des insectes.*

insecticide adj. et n. m.
■ adj. Qui tue les insectes. *De la poudre insecticide.*
■ n. m. Produit qui tue les insectes. *Il vaporise de l'insecticide.*

insectivore adj. et n. m.
■ adj. Qui mange des insectes. *Des oiseaux insectivores.*
■ n. m. Animal qui se nourrit d'insectes. *Les taupes, les lézards, les grenouilles sont des insectivores.*

oiseau **insectivore**

insécurité n. f. Manque de sécurité. *Seule dans cet endroit désert, elle éprouvait un vague sentiment d'insécurité.* ▮ contraire : **sécurité.** ▷ Mot de la famille de sécurité.

insémination n. f. *L'insémination artificielle,* c'est l'introduction de sperme dans les voies génitales de la femelle ou de la femme sans qu'il y ait d'accouplement ou de rapports sexuels. *Cette vache a eu son veau par insémination artificielle.*

insensé, insensée adj. Contraire au bon sens. → **absurde.** *Il a des idées insensées.* ▮ contraires : **raisonnable, sensé.** ▷ Mot de la famille de ② sens.

insensibiliser v. (conjug. 3) Rendre insensible à la douleur. *Le dentiste m'a insensibilisé la mâchoire avant de m'arracher une dent.* → **anesthésier.** ▷ Mot de la famille de ② sens.

insensibilité n. f. **1.** Absence de sentiment, manque de sensibilité. → **détachement, indifférence.** ▮ contraire : **sensibilité.** **2.** Absence de sensibilité du corps ou d'une partie du corps. *L'anesthésie provoque l'insensibilité à la douleur.* ▷ Mot de la famille de ② sens.

insensible adj. **1.** Que rien ne touche, n'émeut. *Une personne égoïste et insensible.* ▮ contraire : **sensible.** **2.** Qui ne ressent pas de douleur. *Le dentiste lui fait une piqûre pour rendre sa mâchoire insensible.* → aussi **insensibiliser.** **3.** Dont on se rend à peine compte. *Entre ces deux jumeaux, la différence est insensible,* très peu visible. ▮ contraires : **notable, visible.**

▸ **insensiblement** adv. De manière insensible, imperceptible. *La route monte insensiblement.*

▷ Mots de la famille de ② sens.

inséparable adj. *Des personnes inséparables,* qui sont toujours ensemble. *Julie et Louise sont inséparables.* ▷ Mot de la famille de part.

insérer v. (conjug. 8) **1.** Ajouter, introduire. *Cet article a été inséré dans la dernière édition du journal.* **2. s'insérer,** trouver sa place dans un ensemble, un groupe. → **s'intégrer.** *La nouvelle représentante s'est bien insérée dans l'équipe.*

▸ Autre mot de la famille : réinsérer.

insertion n. f. Le fait de trouver sa place dans un ensemble, un groupe. *L'insertion des handicapés dans le monde du travail.*

▸ Autre mot de la famille : réinsertion.

insidieux, insidieuse adj. Trompeur, sournois. *Une question insidieuse.*

▸ **insidieusement** adv. De manière insidieuse, sournoise. *La maladie progresse insidieusement.*

les insectes

Un million d'espèces d'insectes sont aujourd'hui répertoriées mais les scientifiques estiment que ce nombre doit être multiplié par 3 ou 4. Apparus 400 millions d'années avant les humains, les insectes peuplent tous les milieux terrestres et aquatiques (eau douce surtout). La taille des adultes varie d'un tiers de mm pour les moucherons à 30 cm pour certains phasmes. Les insectes « sociaux » comme les fourmis, les abeilles ou les termites vivent en colonies très organisées.

➔ entomologie.
➔ planches **papillons, sol.**

demoiselle (caloptéryx vierge)

insectes volants

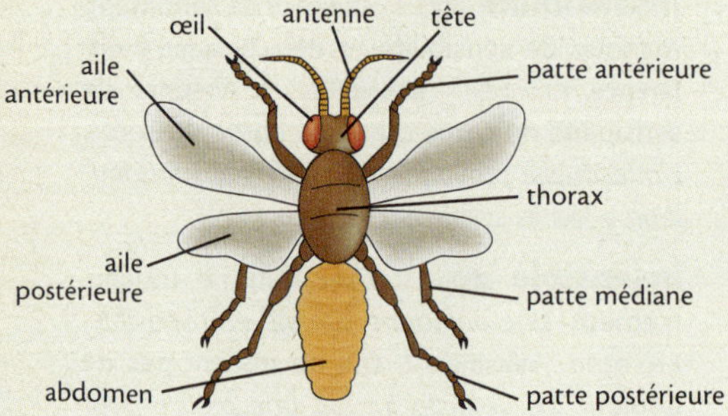

demoiselle (agrion)

éphémère

moustique

chrysope

cochenille

luciole

libellule (æschne)

cigale

abeille

guêpe

bourdon

coccinelle

taon

mouche

criquet

hanneton

lucane (cerf-volant)

sauterelle

insectes rampants

insigne n. m. **1.** Signe qui permet de distinguer les membres d'un groupe. → **badge.** *Théo porte sur son blouson l'insigne de son club de football.* **2.** Marque extérieure et distinctive d'une dignité, d'une fonction, d'un grade. *Le sceptre et la couronne, insignes de la royauté.* ▷ Mot de la famille de **signe.**

insignes royaux

insignifiant, insignifiante adj. Sans importance, très petit. *Des détails insignifiants.* → **minime, négligeable.** ▮ contraire : **important.** ▷ Mot de la famille de **signe.**

insinuer v. (conjug. 3) Laisser entendre une chose, sans la dire franchement. → **suggérer.** *Tu insinues que j'ai menti ?*

▸ **insinuation** n. f. Parole qui laisse entendre quelque chose de façon détournée, sournoise. → **allusion, sous-entendu.** *Des insinuations perfides.*

s'insinuer v. (conjug. 4) S'introduire habilement. *Un traître s'est insinué dans le groupe.*

insipide adj. Sans goût. → **fade.** *Une sauce insipide.*

insister v. (conjug. 3) **1.** *Insister sur quelque chose,* s'arrêter avec force sur une difficulté particulière. → mettre l'**accent.** *Le professeur insiste sur l'orthographe des mots difficiles.* **2.** Réclamer plusieurs fois, avec obstination. *Elle a insisté pour venir.*

▸ **insistance** n. f. Obstination. *Louise a réclamé avec insistance à sa mère d'aller au cinéma.*

insolation n. f. Malaise assez grave provoqué par une trop longue exposition au soleil.

insolent, insolente adj. Qui manque de respect envers quelqu'un. → **effronté, impertinent, impoli, impudent.** *Julie a été insolente avec sa mère.* ▮ contraires : (1) **poli, respectueux.**

▸ **insolemment** adv. D'une manière insolente. *Il a répondu insolemment.* → **effrontément.**

▸ **insolence** n. f. Manque de respect. → **effronterie, impertinence, impolitesse, impudence.** ▮ contraire : **politesse.** *Paul a été puni pour son insolence envers le professeur.*

insolite adj. Qui étonne, surprend. → **bizarre, étrange, inhabituel.** *Des bruits insolites.* ▮ contraires : **familier, habituel, normal.**

insoluble adj. Que l'on ne peut pas résoudre. *Un problème insoluble,* sans solution.

insomnie n. f. Impossibilité de dormir la nuit pendant de longs moments. *La mère de Léa a souvent des insomnies.*

▸ **insomniaque** adj. Qui ne peut pas dormir normalement la nuit. *Elle est insomniaque depuis plusieurs années.*

insondable adj. **1.** Trop profond pour être sondé, mesuré. *Une fosse sous-marine d'une profondeur insondable.* **2.** *Un mystère insondable,* trop compliqué pour être expliqué. ▷ Mot de la famille de **sonde.**

insonoriser v. (conjug. 3) Rendre moins sonore, plus silencieux. *Toutes les pièces de l'appartement ont été insonorisées.*

▸ **insonorisation** n. f. Le fait de rendre insonore. *L'insonorisation d'une pièce.*

▷ Mots de la famille de **sonner.**

insouciant, insouciante adj. Qui vit sans se faire de souci, sans s'inquiéter. ▮ contraire : **soucieux.** *Léa est une petite fille gaie et insouciante.*

▸ **insouciance** n. f. Caractère d'une personne qui vit sans se faire de souci.

▷ Mots de la famille de (1) **souci.**

insoutenable adj. Que l'on ne peut supporter. *Une douleur insoutenable.* → **insupportable.** ▷ Mot de la famille de **tenir.**

inspecter v. (conjug. 3) **1.** Contrôler, surveiller. *L'architecte inspecte le travail des maçons.* **2.** Examiner avec attention. *Les douaniers ont inspecté les bagages.*

▸ **inspecteur** n. m., **inspectrice** n. f. Personne dont le métier est de contrôler, de surveiller. *Un inspecteur est venu hier dans la classe assister aux cours.* – *Inspecteur de police,* policier en civil, dans un commissariat ou une préfecture de police.

▸ **inspection** n. f. Examen qui sert à contrôler, vérifier, surveiller. *Le professeur fait l'inspection des cahiers.*

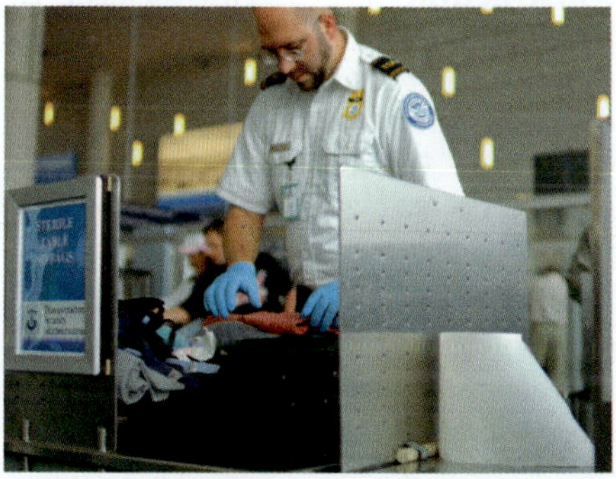

inspection des bagages, à la douane

inspirer v. (conjug. 3) **1.** Faire entrer l'air dans les poumons. → **aspirer.** *Inspirez profondément, puis expirez.* **2.** Faire naître une idée, un sentiment. *Ce paysage a inspiré de nombreux peintres. Cet individu ne m'inspire aucune confiance,* je n'ai aucune confiance en lui. **3.** ***S'inspirer*** *de quelque chose,* y trouver des idées. *L'écrivain s'est inspiré d'une histoire vraie pour écrire son roman.*

▸ **inspiration** n. f. **1.** Mouvement qui fait entrer l'air dans les poumons. *L'inspiration précède l'expiration.* **2.** Ensemble d'idées qui viennent à l'esprit. *Alex cherche l'inspiration pour écrire sa lettre.*

instable adj. **1.** Qui ne tient pas bien en équilibre. *Ne t'assieds pas sur cette chaise, elle est instable.* → **bancal, branlant.** ▮ contraire : **stable.** **2.** Variable, changeant. *Un temps instable.* **3.** Qui change souvent d'idée, d'humeur. *Un enfant instable.* ▮ contraire : **équilibré.**

▸ **instabilité** n. f. Caractère de ce qui n'est pas stable, qui change souvent. *Ce pays vit dans l'instabilité politique.* ▮ contraire : **stabilité.**

▷ Mots de la famille de **stable.**

installer v. (conjug. 3) **1.** Mettre en place, poser. *Ils ont fait installer la géothermie dans leur maison.* **2.** Mettre, placer quelqu'un dans un endroit, d'une certaine façon. *L'infirmière installe le malade dans un fauteuil.*

▸ **s'installer** v. **1.** Se mettre dans un endroit, d'une certaine façon. *Installez-vous confortablement.* **2.** Aller habiter quelque part. *Ils se sont installés en Australie.* → s'**établir.**

▸ **installateur** n. m., **installatrice** n. f. Personne dont le métier est d'installer des appareils. *Un installateur de cuisine.*

▸ **installation** n. f. **1.** Mise en place. *Les ouvriers ont terminé l'installation du chauffage dans la maison. L'installation électrique,* tout ce qui permet de brancher des appareils électriques. **2.** Fait de s'installer, d'aller habiter quelque part. *Ils ont fêté leur installation dans leur nouvel appartement.*

instamment adv. Avec force, en insistant. *Il nous a demandé instamment d'arriver à l'heure.*

instances n. f. pl. *Sur les instances de,* à la demande pressante de. *Il a fini par céder, sur les instances de ses amis.*

instant n. m. Court moment. *Attendez un instant, s'il vous plaît. Le film va commencer dans un instant,* bientôt. *Elle est sortie à l'instant,* elle vient de sortir. *Le téléphone a sonné à l'instant où j'arrivais,* juste au moment où j'arrivais. *Il change d'avis à chaque instant,* sans arrêt, continuellement. *Pour l'instant, tout est calme,* pour le moment.

▸ **instantané, instantanée** adj. Qui se produit en un instant, très vite. *Certains poisons provoquent une mort instantanée.* → **immédiat.** ▮ contraires : **lent, long.**

▸ **instantanément** adv. Tout de suite, aussitôt. → **immédiatement.** *Le feu a pris instantanément.*

instaurer v. (conjug. 3) Établir pour la première fois. → **fonder, instituer.** *La République française fut instaurée en 1792.* ▮ contraires : **abolir, renverser.**

instigateur n. m., **instigatrice** n. f. Personne qui pousse, incite à faire quelque chose. *Les instigateurs de l'attentat ont été arrêtés.* → **meneur.**

instigation n. f. *À l'instigation de,* sur les conseils de. *Il a agi à l'instigation de ses amis.* → aussi **instigateur.**

instinct [ɛ̃stɛ̃] n. m. **1.** Force qui pousse les êtres vivants à accomplir certains actes naturellement, sans les avoir appris. *Les chattes ont un instinct maternel très développé.* **2.** Intuition. *Il se fie toujours à son instinct pour prendre des décisions importantes.* – *D'instinct, je lui ai fait confiance,* spontanément.

▸ **instinctif, instinctive** adj. Qui n'est pas réfléchi. → **spontané.** *Une réaction instinctive.* → **automatique, machinal.**

▸ **instinctivement** adv. De manière instinctive. *Instinctivement, elle a reculé.* → **involontairement, machinalement.**

instituer v. (conjug. 3) Établir, mettre en place. *En France, la Cinquième République a été instituée en 1958 par le général de Gaulle.* → **instaurer.**

▶ Autre mot de la famille : ② institution.

institut n. m. **1.** Endroit destiné à la recherche scientifique. *L'institut Pasteur fabrique des vaccins.* **2.** *Institut de beauté,* endroit où l'on donne des soins de beauté.

▸ **instituteur** n. m., **institutrice** n. f. Personne qui enseigne dans une école maternelle ou primaire. → **maître, professeur.**

▶ Depuis 1990, on dit aussi *professeur des écoles.*

▸ ① **institution** n. f. École privée. *Une institution religieuse.*

② **institution** n. f. **1.** Chose instituée, établie comme règle. *L'école obligatoire jusqu'à 16 ans est une institution française.* **2.** *Les institutions,* ce sont les lois et principes qui règlent la vie politique d'un pays. → aussi **constitution.** *Les institutions de la Cinquième République.*

▷ Mot de la famille de instituer.

instruire v. (conjug. 41) **1.** Enseigner, apprendre. *La lecture instruit beaucoup.* **2. s'instruire,** apprendre quelque chose. *Les enfants vont à l'école pour s'instruire.* **3.** *Instruire une affaire,* faire en sorte qu'elle puisse être jugée. *Le juge a instruit cette affaire pendant plusieurs mois.*

▸ **instructeur** n. m., **instructrice** n. f. Personne qui enseigne certaines activités. *Un instructeur de secourisme.* → **moniteur.** – Personne chargée d'instruire les jeunes soldats.

▸ **instructif, instructive** adj. Qui instruit, apprend des choses. *Une émission très instructive.*

▸ **instruction** n. f. **1.** Enseignement. *En France, l'instruction est gratuite et obligatoire.* **2.** *Avoir de l'instruction,* avoir appris beaucoup de choses, être instruit. **3.** Au plur. Explications, ordres que l'on donne à une personne chargée de faire quelque chose. *Avant de sortir, elle donne ses instructions à la babysitter.* → **directives.**

▸ **instruit, instruite** adj. Qui sait beaucoup de choses. → **cultivé.** *Une femme instruite.* ▮ contraires : **ignare, ignorant.**

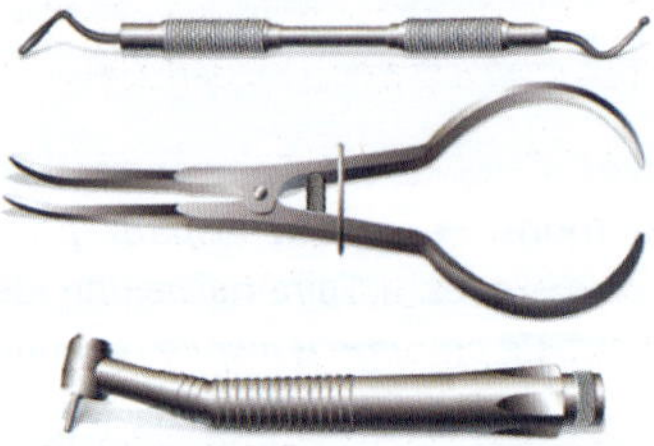

instruments de dentiste

instrument n. m. **1.** Objet servant à exécuter un travail. → **outil.** *Le couteau et la scie sont des instruments tranchants. La balance est un instrument de mesure.* **2.** *Les instruments de musique,* les objets fabriqués spécialement pour jouer de la musique. → planches **Instruments** de musique, **musiques** du monde. *Le piano, la guitare, la flûte sont des instruments de musique.*

▸ **instrumental, instrumentale** adj. *La musique instrumentale,* exécutée avec des instruments. ▮ contraire : **vocal.** – Au masc. pl. *instrumentaux.*

▸**instrumentiste** n. m. et f. Personne qui joue d'un instrument de musique, dans un orchestre. → aussi **musicien.**

à l'insu de prép. Sans que la chose soit sue. *Il fait du théâtre à l'insu de ses parents.* ▮ contraire : au **vu** et au su de. ▷ Famille de (1) **savoir.**

insubmersible adj. *Un bateau insubmersible,* qui ne peut pas couler. *Les canots de sauvetage sont insubmersibles.* ▷ Mot de la famille de **submersible.**

insubordination n. f. Refus d'obéir. → **désobéissance, indiscipline.** *Il a été exclu du collège pour insubordination.*

insuffisant, insuffisante adj. Qui ne suffit pas. *Paul a des notes insuffisantes.* → **médiocre.** ▮ contraire : **suffisant.**

▸**insuffisamment** adv. Pas assez. *Il s'est insuffisamment entraîné.* ▮ contraire : **suffisamment.**

▸**insuffisance** n. f. **1.** Caractère de ce qui n'est pas suffisant. *L'insuffisance de leurs moyens ne leur permet aucune dépense.* **2.** Manque. *Théo a des insuffisances en orthographe.* → **lacune. 3.** Défaut dans le fonctionnement de certains organes du corps. *Il souffre d'insuffisance cardiaque.* → **déficience.**

▷ Mots de la famille de **suffire.**

insuffler v. (conjug. 3) Communiquer, inspirer un sentiment. *L'entraîneur insuffle à son équipe la rage de vaincre.*

insulaire adj. Qui vit dans une île. *Le peuple britannique est un peuple insulaire.* — n. *Les Corses sont des insulaires.*

insulter v. (conjug. 3) Prononcer des paroles vexantes, blessantes envers quelqu'un. → **injurier, invectiver.** *Un joueur a insulté l'arbitre.*

▸**insultant, insultante** adj. Qui insulte, blesse, vexe. *Des paroles insultantes.* → **injurieux.**

▸**insulte** n. f. Parole blessante, vexante. → **injure.** *«Espèce d'imbécile», «sale abruti» sont des insultes.*

insupportable adj. Très difficile à supporter. ▮ contraire : **supportable.** *Un vacarme insupportable.* → **intolérable.** *Quels enfants insupportables !* → **infernal, odieux.** ▮ contraires : **agréable, gentil, sage.** *Une douleur insupportable.* → **insoutenable.** ▷ Mot de la famille de **porter.**

s'insurger v. (conjug. 5b) **1.** Se révolter contre une autorité. → se **rebeller.** *Le 14 juillet 1789, le peuple s'insurgea contre le roi en prenant la Bastille.* → aussi **insurrection. 2.** Protester violemment. *Les habitants de la région se sont insurgés contre le projet d'autoroute.*

▸**insurgé, insurgée** adj. Qui s'est insurgé, soulevé contre une autorité. → aussi **insurrection.** *Des populations insurgées.* — n. *Les insurgés se sont rendus.* → **rebelle.**

insurmontable adj. Que l'on ne peut pas surmonter. *Une peur insurmontable.* ▷ Mot de la famille de **monter.**

insurrection n. f. Soulèvement, révolte. *L'armée a durement réprimé l'insurrection.* → aussi s'**insurger.**

insurrection

les instruments de musique classique

L'orchestre classique est composé de quatre « familles » d'instruments : les cordes, les bois, les cuivres et les percussions. Les bois et les cuivres sont des instruments à vent, souvent en forme de tubes, où le son est produit par le souffle du musicien. On joue des instruments à cordes avec un archet ou avec les doigts. De son pupitre, le chef d'orchestre indique aux instrumentistes le rythme et les nuances de la musique notés sur la partition écrite par le compositeur.

→ planche **musiques** du monde.

chef d'orchestre

- **percussions**
- **cuivres**
- **bois**
- **cordes**

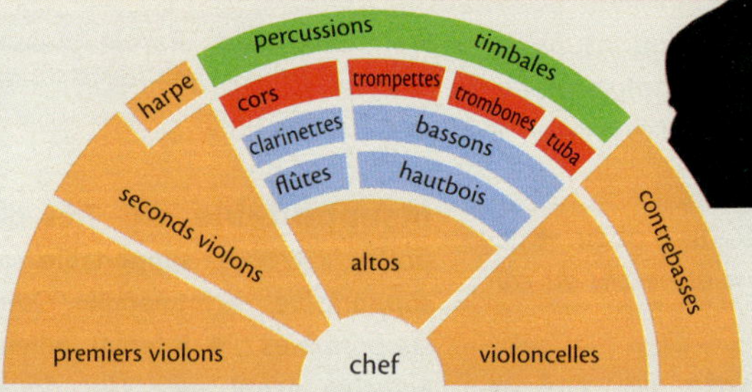

composition de l'orchestre symphonique classique

harpe

piano

violoniste

alto

violon

violoncelle

contrebasse

vibraphone
grosse caisse
timbale
triangle
castagnettes
tambourin
maracas
cymbales
caisse claire
cor
français
trompettiste
trompette
tuba
trombone
à coulisse
piccolo
clarinette
clarinette
basse
flûte traversière
basson
contrebasson
flûtiste
hautbois
saxophone

intact [ɛ̃takt], **intacte** [ɛ̃takt] adj. Qui n'a pas été endommagé, est resté en bon état. *Après sa chute de vélo, Théo a retrouvé ses lunettes intactes.* ▮ contraire : **abîmé.**

intarissable adj. Qui ne peut pas s'arrêter de parler. *Alex est intarissable sur le football.* ➜ **inépuisable.** ▷ Mot de la famille de tarir.

intégral, intégrale adj. Entier, complet. *Il a obtenu le remboursement intégral de son billet de train.* ➜ **total.** ▮ contraire : **partiel.** – Au masc. pl. *intégraux.*

▸ **intégralement** adv. D'une manière intégrale, complète. ➜ **complètement, totalement.** *Son œuvre est traduite intégralement,* toute son œuvre est traduite. ▮ contraire : **partiellement.**

▸ **intégralité** n. f. Totalité. *Elle a lu l'intégralité des œuvres de Victor Hugo.*

intégrant, intégrante adj. *Faire partie intégrante de quelque chose,* être parmi les éléments importants qui forment cette chose. *La musique fait partie intégrante de sa vie.*

▷ Mot de la famille de intégrer.

intégration n. f. Le fait de s'intégrer, de trouver sa place dans un groupe. *L'intégration des handicapés dans les entreprises.* ➜ **insertion.** ▷ Mot de la famille de intégrer.

intègre adj. *Une personne intègre,* parfaitement honnête. ➜ **incorruptible** et aussi **intégrité.** ▮ contraire : **malhonnête.**

▶ Autre mot de la famille : intégrité.

intégrer v. (conjug. 8) **1.** Faire entrer dans un ensemble. ➜ **inclure, incorporer.** *Un supplément a été intégré à la nouvelle édition du livre.* **2. s'intégrer,** trouver sa place dans un groupe. ➜ **s'insérer.** *Le nouvel élève s'est bien intégré à la classe.*

▶ Autres mots de la famille : désintégration, désintégrer, intégrant, intégration, réintégration, réintégrer.

intégrité n. f. Honnêteté parfaite. ➜ **probité.** *Un homme d'une grande intégrité.* ▮ contraire : **malhonnêteté.** ▷ Mot de la famille de intègre.

intellectuel n. m. et adj., **intellectuelle** n. f. et adj.

▪ n. Personne qui, par goût ou par métier, s'intéresse aux idées, aux choses de l'esprit. *Les philosophes sont des intellectuels.*

▪ adj. Qui fait appel à l'intelligence. *Un travail intellectuel.* ▮ contraire : ① **manuel.**

▸ **intellectuellement** adv. Sur le plan intellectuel, du point de vue intellectuel. *Il est intellectuellement doué.*

intelligent, intelligente adj. Qui comprend facilement les choses et s'adapte bien à toutes les situations. *Une fille intelligente.* ▮ contraires : ② **bête, stupide.**

▸ **intelligemment** [ɛ̃teliʒamɑ̃] adv. D'une manière intelligente. *Théo a répondu très intelligemment à la question du professeur.*

▸ **intelligence** n. f. **1.** Ce qui permet aux gens d'apprendre, de comprendre et de s'adapter. ▮ contraire : **bêtise.** *Une intelligence très vive. Il n'a pas fait preuve d'intelligence en réagissant ainsi.* **2.** *Vivre en bonne intelligence avec quelqu'un,* bien s'entendre avec lui. *Ils vivent en bonne intelligence avec leurs voisins.*

intelligible adj. Qui peut être facilement compris. ➜ **clair, compréhensible.** ▮ contraire : **incompréhensible.** *Des explications très intelligibles. Parlez à haute et intelligible voix !*

▶ Autre mot de la famille : inintelligible.

intempéries n. f. pl. Mauvais temps. *L'avion n'a pas pu décoller en raison des intempéries.*

intempestif, intempestive adj. *Une action intempestive,* faite au mauvais moment. ➜ **déplacé, inopportun.** *Une question intempestive.* ▮ contraire : **opportun.**

intenable adj. Difficile à supporter. ➜ **insupportable.** *Il fait une chaleur intenable.* ▷ Mot de la famille de tenir.

intendance n. f. Service chargé d'acheter les fournitures et d'entretenir le matériel d'une communauté, d'un groupe. *L'intendance du lycée commande les manuels.*

▸ **intendant** n. m., **intendante** n. f. Personne chargée de l'intendance dans une collectivité. *L'intendante d'un hôpital.* ➜ **économe.**

intense adj. Très fort, très puissant. *Un froid intense.* → **vif.** *Un plaisir intense.* → **extrême.** ▮ contraire : **faible.**

▸ **intensément** adv. De manière intense. *Il ressent les choses intensément.*

▸ **intensif, intensive** adj. **1.** Qui demande des efforts intenses et prolongés. *Un travail intensif.* **2.** *Agriculture, culture intensive,* qui donne de forts rendements sur une surface restreinte. ▮ contraire : **extensif.**

▸ **intensifier** v. (conjug. 9) **1.** Rendre plus intense. *Le gouvernement a intensifié la lutte contre le terrorisme.* → **amplifier, renforcer.** **2. s'intensifier,** devenir plus intense, plus fort. *La douleur s'intensifie.* → **augmenter.** ▮ contraire : **faiblir.**

▸ **intensité** n. f. Grandeur, force. *Un courant électrique de faible intensité.*

intenter v. (conjug. 3) *Intenter un procès à quelqu'un,* lui faire un procès.

intention n. f. Le fait de se proposer un certain but. → **dessein, projet.** *Ils ont l'intention de déménager. Ce dictionnaire a été fait à l'intention des enfants,* il a été écrit pour eux.

▸ **intentionné, intentionnée** adj. *Être bien intentionné,* avoir de bonnes intentions, vouloir bien faire. → aussi **bienveillant.** *Des personnes bien intentionnées ont cherché à l'aider.*

▸ **intentionnel, intentionnelle** adj. Qui est voulu, fait exprès. → **volontaire.** *Sa remarque blessante était intentionnelle.* ▮ contraire : **involontaire.**

▸ **intentionnellement** adv. Exprès, volontairement. *L'incendie a été allumé intentionnellement.* ▮ contraire : **involontairement.**

▶ Autre mot de la famille : malintentionné.

inter- Préfixe d'origine latine qui signifie «entre» (ex. : *interligne, interplanétaire, s'interposer*).

intercaler v. (conjug. 3) Mettre une chose entre deux autres. *Elle intercale un nouveau rendez-vous dans son emploi du temps.* – **s'intercaler,** se placer entre deux choses. *Les titres s'intercalent entre les paragraphes.*

▸ **intercalaire** n. m. Feuille de carton ou de plastique que l'on intercale dans un classeur pour séparer des documents.

intercéder v. (conjug. 8) Intervenir en faveur de quelqu'un. *L'avocat intercède auprès du juge en faveur de son client.*

intercepter v. (conjug. 3) Attraper au passage et par surprise. *Théo a intercepté le ballon au bon moment.*

▸ **interception** n. f. Le fait de s'emparer de ce qui n'était pas pour soi. *L'interception d'une cargaison d'opium.*

interchangeable adj. *Des objets interchangeables,* qui peuvent être mis les uns à la place des autres. *Les quatre roues de la voiture sont interchangeables.* ▷ Mot de la famille de changer.

interdiction n. f. Action d'interdire. *Un panneau d'interdiction de stationner.* → ② **défense.** → planche **Signalisation** routière. *Le malade a l'interdiction de sortir.* ▮ contraires : **autorisation,** ③ **droit, permission.**

panneaux d'**interdiction**

interdire v. (conjug. 40 ; sauf *vous interdisez*) Faire savoir à une personne qu'elle n'a pas le droit de faire quelque chose. → ② **défendre.** ▮ contraires : **autoriser, permettre.** *Elle a interdit à sa fille de sortir.*

▸ **interdit, interdite** adj. **1.** Qui n'est pas autorisé. *Le stationnement est interdit dans cette rue.* **2.** Très étonné. *La réponse l'a laissée interdite.* → **ébahi, stupéfait.**

intéresser v. (conjug. 3) **1.** Éveiller l'intérêt, retenir l'attention. *Cette histoire les a beaucoup intéressés.* ▮ contraire : **ennuyer.** **2.** Avoir de l'importance pour quelqu'un. → **concerner.** *Cette* *réforme n'intéresse que les classes primaires.* **3.** ***S'intéresser** à quelque chose,* avoir de l'intérêt pour cela. *Alex s'intéresse aux motos.* ▮ contraire : se **désintéresser.**

▸ **intéressant, intéressante** adj. **1.** Qui présente de l'intérêt, retient l'attention. *Une histoire très intéressante.* ➜ **captivant, passionnant.** ▮ contraires : **ennuyeux, inintéressant.** *Julie cherche souvent à se rendre intéressante,* à se faire remarquer. **2.** Avantageux. *Ils ont acheté leur maison à un prix intéressant.*

▸ **intéressé, intéressée** adj. *Une personne intéressée,* qui pense d'abord à son intérêt, à ce qu'elle peut gagner, obtenir. ➜ **calculateur.** ▮ contraires : **désintéressé, généreux.**

▷ Mots de la famille de **intérêt.**

intérêt n. m. **1.** Attention que l'on porte à quelqu'un ou à quelque chose. *Léa écoute avec intérêt l'histoire que lui raconte sa grand-mère. Ce professeur sait éveiller l'intérêt de ses élèves.* ➜ **curiosité.** ▮ contraire : **désintérêt.** **2.** Qualité de ce qui est intéressant. *Ce film ne présente aucun intérêt.* **3.** *L'intérêt de quelqu'un,* ce qui lui est utile, profitable. *Je te dis cela dans ton intérêt,* pour te rendre service. *Vous avez intérêt à vous dépêcher,* le mieux pour vous est de vous dépêcher. **4.** Recherche de son avantage personnel. *Il agit toujours par intérêt.* ➜ aussi **intéressé.** **5.** Somme que l'on donne à une personne qui prête de l'argent ou qui le dépose sur un compte spécial. *Ce placement rapporte 4 % d'intérêts par an.*

▶ Autres mots de la famille : **désintéressé, désintéressement,** se **désintéresser, désintérêt, inintéressant, intéressant, intéressé, intéresser.**

intérieur adj. et n. m., **intérieure** adj.

▪ adj. **1.** Qui est dedans et non dehors. *La poche intérieure d'une veste.* ▮ contraire : **extérieur.** **2.** *La politique intérieure d'un pays,* ce qui concerne le pays lui-même et ses habitants. ▮ contraires : **étranger, extérieur.**

▪ n. m. **1.** *L'intérieur d'une chose,* le dedans. *L'intérieur de la voiture est gris.* ▮ contraire : **extérieur.** *À l'intérieur,* dans la maison. *Il fait froid dehors, attends-moi à l'intérieur.* **2.** Lieu où l'on habite. *Ils ont un intérieur très confortable. C'est une vraie femme d'intérieur,* qui aime s'occuper de sa maison, être chez elle. **3.** Espace compris entre les frontières d'un pays. *Le ministre de l'Intérieur s'occupe de l'administration et de la police.*

▸ **intérieurement** adv. Au-dedans. *Intérieurement, la maison est en bon état.* ▮ contraire : **extérieurement.**

intérim [ɛ̃teʀim] n. m. Remplacement provisoire. *Quand la secrétaire est tombée malade, c'est une de ses collègues qui a assuré l'intérim. – Une agence d'intérim,* qui propose aux entreprises du personnel temporaire.

scène d'**intérieur** (Baschet)

▸ intérimaire n. m. et f. et adj.
■ n. m. et f. Personne qui travaille temporairement dans des entreprises pour y faire des remplacements.
■ adj. Qui se fait par intérim. *Un travail intérimaire.* ➜ **temporaire.**

interjection n. f. Mot invariable qui exprime un sentiment ou une attitude. *«Aïe !», «bravo !», «coucou !» sont des interjections.* ➜ aussi **onomatopée.**

interligne n. m. Espace entre deux lignes. ▷ Mot de la famille de ligne.

interlocuteur n. m., **interlocutrice** n. f. Personne qui parle avec une autre. *Le candidat doit convaincre son interlocuteur.*

interloqué, interloquée adj. Tellement surpris qu'on ne sait plus quoi dire. *En entendant cela, elle est restée complètement interloquée.* ➜ **abasourdi, ébahi, stupéfait.**

intermède n. m. Interruption. *Un intermède musical.*

intermédiaire adj. et n. m. et f.
■ adj. Situé entre deux choses. *Le moment intermédiaire entre le jour et la nuit est le crépuscule.*
■ n. 1. n. m. Moyen. *Il a réservé sa croisière par l'intermédiaire d'une agence de voyages.* ➜ **entremise.** 2. n. m. et f. Personne qui met en relation d'autres personnes. *Le ministre a servi d'intermédiaire entre le gouvernement et les rebelles.*

interminable adj. Qui semble ne jamais devoir finir. ▮ contraires : ① **court, bref.** *Un discours interminable.* ▷ Mot de la famille de terminer.

intermittent adj. et n. m., **intermittente** adj. et n. f.
■ adj. Qui s'arrête puis recommence. *Des averses intermittentes.* ▮ contraire : **continu.**
■ n. Personne dont le travail n'est pas continu, qui travaille par périodes. *Les intermittents du spectacle.*

▸ intermittence n. f. *Par intermittence,* par moments. *Le soleil brille par intermittence.*

internat n. m. 1. Établissement scolaire dans lequel vivent des élèves qui sont pensionnaires. ➜ **pensionnat** et aussi **interne.** *Elle a fait toutes ses études en internat.* 2. Concours pour devenir interne dans un hôpital. *Il a été brillamment reçu à l'internat.* ▷ Mot de la famille de interne.

international, internationale adj. Qui concerne plusieurs nations. *Des championnats internationaux de tennis. La politique internationale d'un pays,* la politique adoptée à l'égard des autres pays. ➜ **étranger, extérieur.** ▮ contraires : **intérieur, national.** ▷ Mot de la famille de nation.

internaute n. m. et f. Personne qui utilise le réseau Internet.

interne adj. et n. m. et f.
■ adj. Situé à l'intérieur du corps. ➜ **intérieur.** *Le foie est un organe interne.*
■ n. m. et f. 1. Élève qui mange et dort dans son école. ➜ **pensionnaire.** ▮ contraire : ② **externe.** *Elles sont internes dans un lycée.* 2. Médecin qui a passé le concours de l'internat et poursuit sa formation à l'hôpital. *L'interne de garde.*

▸ interner v. (conjug. 3) Enfermer dans un hôpital psychiatrique. *Certains malades mentaux doivent être internés.*

▸ internement n. m. Le fait d'interner un malade ou d'être interné dans un hôpital psychiatrique.

▶ Autre mot de la famille : internat.

Internet [ɛ̃tɛʀnɛt] n. m. Réseau informatique qui permet de communiquer avec le monde

navigation sur **Internet**

a b c d e f g h i j k l m n o p q r s t u v w x y z

entier. → planche **Télécommunications.** *Julie aime naviguer sur Internet.* → aussi **internaute.**

interpeler (conjug. 6a) ou **interpeller** [ɛ̃tɛʀpəle] v. (conjug. 3 ; deux *l* à toutes les formes) 1. Adresser la parole brusquement. → **apostropher.** *Un inconnu l'a interpelé dans la rue.* 2. Vérifier l'identité de quelqu'un. *La police interpelle tous les suspects.*

Écrire *interpeler* avec un seul *l* est conforme à la nouvelle orthographe.

▸ **interpellation** n. f. Fait d'interpeler quelqu'un. *L'interpellation d'un suspect.*

interphone n. m. Nom déposé Appareil qui permet la communication entre un logement et l'extérieur. *Le facteur sonne à l'interphone.*

interplanétaire adj. Qui a lieu dans l'espace, entre les planètes. *Les voyages interplanétaires.* → **intersidéral.** ▷ Mot de la famille de planète.

s'interposer v. (conjug. 4) Se mettre au milieu. → **intervenir.** *Elle s'est interposée entre les deux enfants qui se battaient.* ▷ Mot de la famille de poser.

interpréter v. (conjug. 8) 1. Expliquer, comprendre. *Vous avez mal interprété mes paroles.* 2. Jouer un rôle au théâtre ou au cinéma. → **incarner.** *Cet acteur interprète des rôles très différents.* 3. Exécuter un morceau de musique, chanter une chanson. *La pianiste a interprété une sonate de Mozart.*

▸ **interprète** n. m. et f. 1. Comédien qui joue un rôle, musicien qui joue une œuvre musicale, chanteur qui chante une chanson. *Les interprètes d'une pièce de théâtre.* 2. Personne dont le métier est de traduire oralement ce que se disent deux personnes qui ne parlent pas la même langue. *Elle est interprète dans un organisme international.* → aussi **traducteur.**

▸ **interprétation** n. f. 1. Façon de comprendre une chose. *Il y a plusieurs interprétations à ce que tu dis.* → **explication.** 2. Façon de jouer un rôle ou un morceau de musique. *Ce jeune acteur a reçu le prix de la meilleure interprétation.*

interroger v. (conjug. 5b) Poser des questions. → **questionner.** *La police a interrogé les témoins de l'accident.* – **s'interroger,** se poser des questions, se demander. *Il s'interroge sur la décision à prendre.*

▸ **interrogateur, interrogatrice** adj. Qui a l'air d'interroger, de poser une question. *Un regard interrogateur.*

▸ **interrogatif, interrogative** adj. Qui sert à poser une question. *«Veux-tu jouer avec moi ?», «Est-ce qu'il reviendra ?» sont des phrases interrogatives. «Où, quand, comment» sont des adverbes interrogatifs.*

▸ **interrogation** n. f. 1. *Une interrogation écrite,* un ensemble de questions auxquelles les élèves doivent répondre par écrit. *Aujourd'hui, le professeur a fait une interrogation écrite.* 2. *Point d'interrogation,* signe de ponctuation (?) qui marque la fin d'une phrase interrogative.

▸ **interrogatoire** n. m. Ensemble de questions posées pour connaître la vérité dans une affaire policière. *La police a fait subir un interrogatoire au suspect.*

▸ **interrogeable** [ɛ̃teʀɔʒabl] adj. Que l'on peut interroger. *Un répondeur interrogeable à distance.*

interrompre v. (conjug. 44) 1. Arrêter un moment ou définitivement. → aussi **interruption.** *L'association interrompt ses activités pendant les vacances.* → ② **suspendre.** 2. *Interrompre quelqu'un,* lui couper la parole. – **s'interrompre,** cesser de parler. *Elle s'est interrompue dès qu'il est entré.* ▷ Mot de la famille de rompre.

interrupteur n. m. Petit appareil qui permet d'arrêter ou de rétablir le courant électrique. *Il appuie sur l'interrupteur pour allumer.*

interruption n. f. Arrêt. *Il y a eu une interruption de courant pendant l'orage.* → **coupure.** *Il a plu toute la journée sans interruption.*

intersection n. f. Endroit où deux lignes, deux surfaces ou deux volumes se coupent. *Un panneau signale l'intersection des deux routes.* → **croisement.**

intersidéral, intersidérale adj. *Un vol intersidéral,* un vol qui a lieu entre les astres. → **interplanétaire.** – Au masc. pl. *intersidéraux.*

interstellaire adj. Situé entre les étoiles. *L'espace interstellaire.*

interstice n. m. Petit espace vide. ➜ **fente.** *Le jour passe à travers les interstices des volets.*

intervalle n. m. **1.** Distance entre deux choses. ➜ **espace, espacement.** *Les arbres de l'avenue sont plantés à intervalles réguliers.* **2.** Espace de temps qui sépare deux faits. *Les trains se suivent à quelques minutes d'intervalle.*

fleurs plantées à **intervalles** réguliers

intervenir v. (conjug. 13) **1.** Prendre part à une action. *Les pompiers sont rapidement intervenus dès le début de l'incendie.* ➜ aussi **intervention.** **2.** Se passer, se produire. *Un accord devrait intervenir prochainement.* ▷ Mot de la famille de **venir.**

intervention n. f. **1.** Action d'intervenir. *L'intervention de la police a été très rapide.* **2.** *Une intervention chirurgicale,* une opération. *Il a subi une intervention sans gravité.*

interversion n. f. Action d'intervertir, de changer l'ordre de quelque chose. *L'interversion des mots dans une phrase peut modifier le sens.*

intervertir v. (conjug. 11) Changer l'ordre en mettant une chose à la place d'une autre. ➜ **inverser, permuter.** *Si on intervertit les deux chiffres de 14, on obtient 41.*

interview [ɛ̃tɛʀvju] n. f. Conversation entre un journaliste et une personnalité. ➜ ② **entretien.** *Le célèbre acteur américain a accordé une interview à un journal français.* – Au pl. *Des interviews.*

Ce mot anglais vient du français *entrevue.*

▸ **interviewer** [ɛ̃tɛʀvjuve] v. (conjug. 3) Poser des questions à une personnalité. *Le journaliste a interviewé le chef de l'État.*

intestin n. m. Organe de l'appareil digestif constitué d'une sorte de long tuyau enroulé dans le ventre qui va de l'estomac jusqu'à l'anus. *Après leur passage dans l'intestin, les aliments sont rejetés sous forme d'excréments.*

▸ **intestinal, intestinale** adj. De l'intestin. *Des douleurs intestinales.* – Au masc. pl. *intestinaux.*

intime adj. **1.** Personnel, privé. *Mes pensées intimes ne regardent que moi.* **2.** *Un ami intime,* très proche. *Julie et Louise sont des amies intimes.* **3.** Qui a lieu avec seulement des gens très proches. *Une cérémonie très intime.*

▸ **intimement** adv. **1.** Profondément. *Je suis intimement convaincu qu'il dit la vérité.* **2.** De manière intime, personnelle. *Ils sont intimement liés.*

▶ Autre mot de la famille : **intimité.**

intimer v. (conjug. 3) *Intimer un ordre,* le donner avec autorité. *L'agent de police a intimé à l'automobiliste l'ordre de s'arrêter.*

intimider v. (conjug. 3) Remplir de timidité, de gêne. *Les grandes personnes intimident Léa.* ➜ **impressionner.** ▮ contraire : **rassurer.**

▸ **intimidé, intimidée** adj. Troublé, gêné par quelqu'un qui fait un peu peur. *Elle se sent tout intimidée.*

▷ Mots de la famille de **timide.**

intimité n. f. **1.** *L'intimité,* la vie privée. *Les stars cherchent à préserver leur intimité. Ils se sont mariés dans l'intimité,* en présence seulement de leurs proches. **2.** Relation étroite. *Il y a entre elles une grande intimité.* ▷ Mot de la famille de **intime.**

interview

a b c d e f g h i j k l m n o p q r s t u v w x y z

intituler v. (conjug. 3) Donner un titre. *Le romancier ne sait pas encore comment intituler son livre.* – **s'intituler,** s'appeler. *Le conte qui s'intitule «Peau d'Âne» est de Charles Perrault.*

intolérable adj. Que l'on ne peut pas tolérer, supporter. → **insupportable.** *Il fait une chaleur intolérable.* → **insoutenable, intenable.** *Une attitude intolérable.* → **inacceptable, inadmissible.** ▮ contraire : **tolérable.** ▷ Mot de la famille de tolérer.

intolérant, intolérante adj. Qui ne supporte pas et condamne ce qui lui déplaît chez les autres. ▮ contraire : **tolérant.** *Elle est très intolérante et ne supporte pas que l'on ait des idées différentes des siennes.*

▸ **intolérance** n. f. Fait de ne pas admettre, de ne pas tolérer les idées des autres. *Les fanatiques font preuve d'intolérance.* ▮ contraire : **tolérance.**

▷ Mots de la famille de tolérer.

intonation n. f. Ton que l'on prend en parlant, en lisant. *À l'intonation de sa voix, elle sentit qu'il était fâché.* → **accent, inflexion.** ▷ Mot de la famille de ② ton.

intoxiquer v. (conjug. 3) Empoisonner. *Ils ont été intoxiqués par des moules pas fraîches.*

▸ **intoxication** n. f. Empoisonnement. *Une intoxication alimentaire.*

▷ Mots de la famille de toxique.

intraduisible adj. Que l'on ne peut pas traduire exactement. *Cette expression anglaise est intraduisible en français.* ▷ Mot de la famille de traduire.

intraitable adj. Qui refuse de céder, de changer d'avis. → **inflexible, intransigeant.** *La directrice de l'école est intraitable sur la discipline.* ▷ Mot de la famille de traiter.

intramusculaire adj. *Une piqûre intramusculaire,* qui se fait dans l'épaisseur d'un muscle. ▷ Mot de la famille de musculaire.

intransigeant [ɛ̃tʀɑ̃ziʒɑ̃], **intransigeante** [ɛ̃tʀɑ̃ziʒɑ̃t] adj. Qui ne cède pas, ne transige pas, ne fait pas de concessions. → **inflexible, intraitable.** *Elle est trop intransigeante avec les autres.* ▮ contraires : **accommodant, conciliant.**

▸ **intransigeance** [ɛ̃tʀɑ̃ziʒɑ̃s] n. f. Caractère, attitude d'une personne intransigeante. *Il est entier dans ses opinions et fait souvent preuve d'intransigeance.*

▷ Mots de la famille de transiger.

intransitif, intransitive adj. *Verbe intransitif,* qui n'a jamais de complément d'objet direct. ▮ contraire : **transitif.** *«Marcher» et «naître» sont des verbes intransitifs.* ▷ Mot de la famille de transitif.

intraveineux, intraveineuse adj. *Une piqûre intraveineuse,* qui se fait à l'intérieur d'une veine. ▷ Mot de la famille de ② veine.

intrépide adj. (→ ÉTYM.) Qui n'a pas peur du danger. → **courageux, hardi.** *Une équipe d'alpinistes intrépides a escaladé le plus haut sommet.* ▮ contraires : **craintif, ① lâche.**

▸ **intrépidité** n. f. Qualité d'une personne intrépide. *Les explorateurs ont fait preuve d'intrépidité.* → **courage, hardiesse.**

intrigant n. m., **intrigante** n. f. Personne qui intrigue pour obtenir ce qu'elle veut. *Ce n'est qu'une vulgaire intrigante.* → **arriviste.** ▷ Mot de la famille de intrigue.

intrigue n. f. **1.** Histoire racontée dans un roman, une pièce de théâtre ou un film. *Le dénouement de l'intrigue.* **2.** Manœuvre secrète et compliquée. → **machination.** *Nous avons déjoué les intrigues de nos concurrents.* → **③ plan.**

▸ **intriguer** v. (conjug. 3) **1.** Éveiller la curiosité. → **étonner, surprendre.** *Ces bruits suspects dans l'appartement intriguent les voisins.* **2.** Se livrer à des manœuvres secrètes pour obtenir ce que l'on désire. → **manœuvrer.** *Il a intrigué pour obtenir ce poste.*

▸ Autre mot de la famille : intrigant.

introduire v. (conjug. 41) **1.** Mettre dans, faire entrer. *Léa introduit la clé dans la serrure.* → **enfoncer.** **2.** Faire entrer, conduire. *La secrétaire introduit les visiteurs dans la salle d'attente.* – ***S'introduire*** quelque part, y entrer. *Les* *cambrioleurs se sont introduits par effraction dans la maison.*

▸ **introduction** n. f. **1.** Action d'introduire quelqu'un, de le faire entrer. *La secrétaire est chargée de l'introduction des visiteurs.* **2.** Début d'un texte, qui le présente et l'explique. *L'introduction et la conclusion d'un texte.*

introuvable adj. Impossible à trouver. *J'ai cherché ce livre partout, mais il est introuvable.* ▷ Mot de la famille de trouver.

intrus [ɛ̃tʀy] n. m., **intruse** [ɛ̃tʀyz] n. f. Personne qui est entrée dans un lieu sans y être invitée. *Elle se sent comme une intruse dans ce groupe.*

▸ **intrusion** n. f. Arrivée soudaine. *Il a fait intrusion chez moi.* ➜ **irruption.**

intuitif, intuitive adj. **1.** Qui est le résultat d'une intuition. *Il a une connaissance intuitive du sujet.* **2.** Qui fait preuve d'intuition. *Une personne intuitive.* ➜ aussi **intuition.**

intuition n. f. Impression, sentiment de comprendre les choses sans avoir besoin de réfléchir. ➜ **pressentiment** et aussi **intuitif.** *Elle se fie souvent à son intuition. J'ai l'intuition qu'il ne viendra pas.*

inuit [inɥit] adj. m. et n. m., **inuite** adj. f. et n. f.
▪ adj. Qui concerne les habitants des terres arctiques d'Amérique et du Groenland. ➜ **esquimau.** *La civilisation inuite. Les coutumes inuites.*
▪ n. *Les Inuits,* les habitants des terres arctiques d'Amérique et du Groenland. *Une Inuite.*

art **inuit**

inusable adj. Qui ne s'use pas, très solide. *Ces chaussures sont inusables.* ▷ Mot de la famille de ② user.

inusité, inusitée adj. *Un mot inusité,* qui ne s'emploie pas, ou presque pas. *Les formes de l'imparfait du subjonctif sont inusitées.* ▮ contraires : ① **courant, usuel.** ▷ Mot de la famille de ① user.

inutile adj. Qui ne sert à rien. *Ne vous encombrez pas d'objets inutiles.* ➜ **superflu.** *Tous ses efforts sont restés inutiles.* ➜ **vain.** ▮ contraire : **utile.**

▸ **inutilement** adv. Pour rien, sans résultat. *Nous avons inutilement essayé de le faire changer d'avis.* ➜ **vainement.**

▷ Mots de la famille de utile.

inutilisable adj. Que l'on ne peut pas utiliser. ▮ contraire : **utilisable.** *Le grenier contient de vieux objets inutilisables.* ▷ Mot de la famille de utile.

inutilisé, inutilisée adj. Qui n'est pas utilisé. *Ces outils sont tout neufs et encore inutilisés.* ▷ Mot de la famille de utile.

inutilité n. f. Fait d'être inutile. *Elle est convaincue de l'inutilité de ses efforts.* ▮ contraire : **utilité.** ▷ Mot de la famille de utile.

invalide adj. et n. m. et f.
▪ adj. Qui est handicapé ou malade, incapable de travailler. ▮ contraire : ① **valide.** *Il est resté invalide à la suite d'un accident.*
▪ n. Personne infirme. *Cette place est réservée aux invalides.* ➜ **handicapé.**

▸ **invalidité** n. f. État d'une personne invalide. *Il touche une pension d'invalidité.*

▷ Mots de la famille de valoir.

invariable adj. Qui ne varie pas, ne change pas. ➜ **constant, immuable.** *Les adverbes sont des mots invariables ; ils s'écrivent toujours de la même façon.*

▸ **invariablement** adv. D'une manière invariable, constante. *Elle est invariablement en retard.* ➜ **constamment.**

▷ Mots de la famille de varier.

a b c d e f g h i j k l m n o p q r s t u v w x y z

invasion n. f. Entrée en masse d'une armée dans un pays. *L'invasion des Huns eut lieu au 5e siècle.*

invectives n. f. pl. Paroles violentes. ➜ **injure.** *Le chauffard lance des invectives aux autres automobilistes.*
Ce mot appartient au langage soutenu.

▸ **invectiver** v. (conjug. 3) Lancer des injures. *La vedette invective le photographe.* ➜ **injurier, insulter.**

invendable adj. Que l'on ne peut pas vendre. *Ces livres abîmés sont invendables.*
▷ Mot de la famille de **vendre.**

inventaire n. m. Liste détaillée du stock d'un commerçant. *Le magasin fait son inventaire de fin d'année.*

inventer v. (conjug. 3) **1.** Créer, fabriquer une chose nouvelle pour la première fois. *Les Chinois ont inventé l'imprimerie.* ➜ **découvrir.** – *Ne pas avoir inventé la poudre,* ne pas être très malin. **2.** Imaginer. *Paul invente toujours des histoires incroyables.*

▸ **inventeur** n. m., **inventrice** n. f. Personne qui invente quelque chose. *Denis Papin est l'inventeur de la machine à vapeur.*

▸ **inventif, inventive** adj. Qui a beaucoup d'idées, est capable d'inventer. *Julie est très inventive. Elle a l'esprit inventif.* ➜ **créatif.**

▸ **invention** n. f. **1.** Chose que l'on a inventée. ➜ **découverte.** *Le téléphone et l'ordinateur sont de belles inventions.* **2.** Chose imaginée. *Cette histoire est une pure invention.* ➜ **fiction.**

inverse adj. et n. m.
■ adj. *Le sens inverse,* le sens contraire, opposé. *La voiture a heurté le camion qui venait en sens inverse.*
■ n. m. *L'inverse,* le contraire. *Ce n'est pas cela qu'il faut faire, c'est l'inverse.* ➜ **opposé.**

▸ **inversement** adv. Vice versa, réciproquement. *Alex aide Théo en mathématiques et, inversement, Théo aide Alex en français.*

▸ **inverser** v. (conjug. 3) Mettre en sens inverse. ➜ **intervertir.** *Si on inverse l'ordre de l'alphabet, la première lettre est Z.*

▸ **inversion** n. f. Déplacement d'un mot ou d'un groupe de mots dans la phrase par rapport à sa place habituelle. *Il y a une inversion du sujet dans la phrase : «Où est Léa ?».*

invertébré n. m. Animal qui n'a pas de colonne vertébrale. *Les vers, les mollusques sont des invertébrés.* ▮ contraire : **vertébré.** ▷ Mot de la famille de **vertèbre.**

les méduses sont des **invertébrés**

investigation n. f. Recherche longue et soigneuse. *Les investigations de la police n'ont pas encore donné de résultat.*

investir v. (conjug. 11) **1.** *Investir de l'argent,* le placer, l'utiliser pour qu'il rapporte. *L'argent que l'on investit s'appelle un capital.* **2.** Assiéger, encercler. *L'ennemi a investi la ville.* **3.** Confier une charge, une responsabilité. *Le président a investi le ministre d'une mission spéciale.*

▸ **investissement** n. m. Action de placer son argent pour qu'il produise des bénéfices. *Un bon investissement.* ➜ **placement.**

invétéré, invétérée adj. Qui est comme il est depuis longtemps. *Une paresseuse invétérée.* ➜ **incorrigible.**
Ce mot appartient au langage soutenu.

invincible adj. Impossible à vaincre. ➜ **imbattable.** *Un héros invincible.*

invisible adj. Que l'on ne peut pas voir. *Une étoile invisible à l'œil nu.* ▮ contraire : **visible.** ▷ Mot de la famille de voir.

inviter v. (conjug. 3) Proposer à quelqu'un de faire quelque chose ou d'aller quelque part. *Julie a invité tous ses amis pour son anniversaire. Ils nous ont invités à dîner.*

▸ **invité** n. m., **invitée** n. f. Personne que l'on a invitée. *Elle a placé ses invités autour de la table.* → **convive.**

▸ **invitation** n. f. Proposition d'aller chez une personne ou de faire quelque chose avec elle. *J'ai accepté son invitation à déjeuner.* – *Un carton d'invitation,* qui convie une personne à une fête, à une cérémonie.

invivable adj. Impossible ou difficile à vivre. *Un homme invivable,* avec lequel il est difficile de vivre. → **insupportable.** *La situation est devenue invivable.* → **intolérable.** ▷ Mot de la famille de (1) vivre.

invocation n. f. *Une invocation aux dieux,* une prière pour leur demander quelque chose. ▷ Mot de la famille de invoquer.

involontaire adj. Qui n'est pas volontaire, que l'on fait sans le vouloir. *Un geste involontaire.* → **machinal.** ▮ contraire : **volontaire.**

▸ **involontairement** adv. Sans le vouloir, sans le faire exprès. *Elle lui a fait de la peine involontairement.* ▮ contraires : **intentionnellement, volontairement.**

▷ Mots de la famille de volonté.

invoquer v. (conjug. 3) **1.** *Invoquer une divinité,* l'appeler à son aide par des prières. *Les Grecs invoquaient leurs dieux avant de partir en guerre.* **2.** Avoir recours à. *Il a invoqué tous les prétextes pour ne pas venir.*

▸ Autre mot de la famille : invocation.

invraisemblable adj. Impossible à croire. → **incroyable.** *Une histoire invraisemblable.* ▮ contraire : **vraisemblable.** ▷ Mot de la famille de vrai et de sembler.

invraisemblance n. f. Chose que l'on ne peut pas croire. *C'est une histoire vraie malgré toutes ses invraisemblances.* ▮ contraire : **vraisemblance.** ▷ Mot de la famille de vrai et de sembler.

invulnérable adj. Qui ne peut être ni blessé ni tué. *Achille, héros grec, était invulnérable, sauf au talon.* ▮ contraire : **vulnérable.** ▷ Mot de la famille de vulnérable.

iode n. m. Matière qui se trouve dans l'eau de mer et dans les algues. *Teinture d'iode,* liquide contenant de l'iode, qui sert à désinfecter les plaies.

▸ **iodé, iodée** adj. Qui contient de l'iode. *L'air iodé du bord de mer.*

iourte → **yourte**

irascible [iʀasibl] adj. Qui se met facilement en colère. → **coléreux, irritable.** *Un homme irascible.*

iris [iʀis] n. m. **1.** Grande fleur bleue, violette, blanche, jaune ou brune, à feuilles pointues. → planche **Fleurs.** **2.** Partie arrondie et colorée, au milieu de l'œil. *L'iris présente un petit trou au centre, la pupille.*

iris

irisé, irisée adj. Qui possède toutes les couleurs de l'arc-en-ciel. *Le lac a des reflets irisés.*

ironie n. f. Manière de se moquer en disant le contraire de ce qu'on devrait dire. → **moquerie, raillerie.** *Une réflexion pleine d'ironie.* → **humour.**

▸ **ironique** adj. Moqueur. *Un sourire ironique.* → **narquois.**

irradier v. (conjug. 9) Exposer à l'action de rayons radioactifs. *Certaines personnes ont été irradiées à la suite de l'accident de la centrale nucléaire.*

irrationnel, irrationnelle adj. Qui est contraire à la raison. *Une conduite irrationnelle.* → **illogique.** ▷ Mot de la famille de rationnel.

irréalisable adj. Qui ne peut pas être réalisé. → **infaisable.** *Un souhait irréalisable.* → **utopique.** ▮ contraire : **réalisable.** ▷ Mot de la famille de réaliser.

irréaliste adj. Qui est impossible à réaliser. *Un projet irréaliste.* ▮ contraire : **réaliste.** ▷ Mot de la famille de réalisme.

irrécupérable adj. Que l'on ne peut pas récupérer. *Des déchets irrécupérables.* ▮ contraire : **recyclable.** ▷ Mot de la famille de récupérer.

irrécusable adj. Qui ne peut pas être mis en doute. *Un témoignage irrécusable.* → **incontestable, irréfutable.** ▷ Mot de la famille de récuser.

irréductible adj. *Un ennemi irréductible,* dont on ne peut venir à bout.

irréel, irréelle adj. Qui n'existe pas vraiment, n'appartient pas à la réalité. *Les personnages des romans sont irréels.* → **fictif, imaginaire.** ▮ contraire : **réel.** ▷ Mot de la famille de réel.

irréfléchi, irréfléchie adj. Qui agit ou se fait sans réfléchir. *Une action irréfléchie.* → **inconsidéré.** ▷ Mot de la famille de réfléchir.

irréfutable adj. Qui ne peut être mis en doute. → **incontestable, irrécusable.** *Les preuves irréfutables de son innocence.* ▷ Mot de la famille de réfuter.

irrégularité n. f. Action ou chose qui n'est pas conforme à la règle, à la loi. *Des irrégularités ont été commises au cours des élections.* → aussi **irrégulier.** ▷ Mot de la famille de régularité.

irrégulier, irrégulière adj. **1.** Qui n'a pas toujours le même aspect, la même forme, le même rythme. *Une écriture irrégulière.* ▮ contraire : **régulier. 2.** Qui ne suit pas la règle générale. *Le verbe «aller» est irrégulier.* **3.** Qui n'est pas conforme au règlement, à la loi. *Des étrangers en situation irrégulière.* → aussi **irrégularité.**

▸ **irrégulièrement** adv. De manière irrégulière.

▷ Mots de la famille de régulier.

irrémédiable adj. À quoi l'on ne peut pas remédier, que l'on ne peut pas réparer. *L'incendie a fait des dégâts irrémédiables.* → **irréparable.** ▷ Mot de la famille de remède.

irremplaçable adj. Qu'on ne peut pas remplacer. *Un objet irremplaçable.* ▷ Mot de la famille de place.

▸ N'oublie pas la cédille du ç.

irréparable adj. Qui ne peut pas être réparé. ▮ contraire : **réparable.** *Ma montre est irréparable. – Une perte irréparable.* → **irrémédiable.** ▷ Mot de la famille de réparer.

irréprochable adj. Sans reproche. → **parfait.** *Il a eu une conduite irréprochable.* ▮ contraire : **condamnable.** ▷ Mot de la famille de reprocher.

canaux d'**irrigation**

irrésistible adj. **1.** À quoi on ne peut résister. *Louise a une irrésistible envie de dormir.* → **impérieux, pressant. 2.** Qui fait beaucoup rire. *Des gags irrésistibles.*

▸ **irrésistiblement** adv. Sans que l'on puisse résister. *Le nageur est irrésistiblement entraîné vers le large par le courant.*

▷ Mots de la famille de résister.

irrespirable adj. Désagréable ou dangereux à respirer. *Un air irrespirable.* ▷ Mot de la famille de respirer.

irresponsable adj. **1.** Qui n'est pas responsable de ses actes. *Les malades mentaux sont considérés par la loi comme irresponsables.*

▮ contraire : **responsable.** 2. Qui ne réfléchit pas aux conséquences de ce qu'il fait, qui agit à la légère. *Un conducteur dangereux et irresponsable.* ▷ Mot de la famille de **responsable.**

irréversible adj. Qui ne peut se produire que dans un seul sens, sans possibilité de retour en arrière. *La marche du temps est irréversible.* ▮ contraire : **réversible.** ▷ Mot de la famille de **réversible.**

irrévocable adj. Définitif. *Une décision irrévocable.* ▷ Mot de la famille de **révoquer.**

irriguer v. (conjug. 3) Arroser au moyen de canaux, de tuyaux. *On irrigue les champs pour éviter la sécheresse.* ▮ contraire : **drainer.**

▸ **irrigation** n. f. Action d'irriguer, d'arroser. *Des canaux d'irrigation parcourent l'oasis.*

irriter v. (conjug. 3) 1. Mettre en colère. *Son indécision irrite tout le monde.* → **agacer, énerver.** 2. Faire mal en picotant. *La fumée irrite la gorge.*

▸ **irritable** adj. Qui se met facilement en colère. → **irascible.**

▸ **irritant, irritante** adj. Agaçant. *C'est irritant, ces retards perpétuels.* → **énervant.**

▸ **irritation** n. f. 1. Colère. *Un mouvement d'irritation.* → **agacement.** 2. Légère inflammation. *Une irritation de la gorge.*

▸ **irrité, irritée** adj. 1. En colère. *Il a l'air très irrité contre elle.* 2. *J'ai la gorge un peu irritée,* un peu rouge et douloureuse.

irruption n. f. Entrée brutale et inattendue dans un lieu. *Julie a fait irruption dans le salon.*

isard n. m. Chamois des Pyrénées. *Un troupeau d'isards.*

isba n. f. Petite maison en bois, en Russie. → planche **Habitations.**

islam [islam] n. m. (→ ÉTYM.) Religion des musulmans. *Mahomet a fondé l'islam au 7e siècle.*

▸ **islamique** adj. Musulman. *La religion islamique.*

isocèle adj. *Un triangle isocèle,* qui a deux côtés égaux. → planche **Géométrie.**

isoler v. (conjug. 3) 1. Empêcher d'être en contact. → **séparer.** *L'avalanche a isolé le village.* 2. *Isoler une maison,* la calfeutrer pour la protéger du froid, de la chaleur ou du bruit. → aussi **isolant.** 3. *Isoler quelqu'un,* l'éloigner d'autres personnes. *On a isolé le malade contagieux.* – **s'isoler,** se mettre à l'écart des autres. *Léa s'est isolée dans sa chambre.*

▸ **isolant** n. m. et adj., **isolante** adj.

▪ n. m. 1. Matière qui empêche l'électricité de passer. *Les fils électriques sont recouverts d'un isolant.* 2. Matière qui isole, protège du froid, de la chaleur ou du bruit. *Le liège et les matières plastiques sont de bons isolants.*

▪ adj. Qui protège du froid, de la chaleur ou du bruit. *Des matières isolantes.*

▸ **isolation** n. f. Action d'isoler, de protéger une pièce, une maison, contre le froid, la chaleur ou le bruit. *L'isolation d'une maison.*

▸ **isolé, isolée** adj. (→ ÉTYM.) 1. Éloigné, à l'écart. *Une ferme isolée.* 2. Seul, sans famille ni amis. *Elle se sent très isolée dans cette ville inconnue.*

▸ **isolement** n. m. Solitude. *Il vit dans un isolement complet.*

▸ **isolément** adv. Séparément. *Pris isolément, ces deux enfants sont charmants.*

▸ **isoloir** n. m. Cabine où l'on s'isole pour mettre son bulletin de vote dans une enveloppe. *Chaque électeur va voter dans l'isoloir.*

isotherme adj. Qui garde à la même température. *Elle transporte les surgelés dans un sac isotherme. Une bouteille isotherme.* → **thermos.**

isard

a b c d e f g h i j k l m n o p q r s t u v w x y z

israélite n. m. et f. Personne de religion juive. *Les israélites prient dans une synagogue.* ➜ **juif.** – adj. *La communauté israélite d'une ville.* ➜ aussi **judaïque.**

issu, issue adj. Né. *Elle est issue d'une famille ouvrière.* ➜ **originaire.**

issue n. f. **1.** Passage qui permet de sortir. *Une issue de secours.* ➜ **sortie.** *Une voie sans issue.* ➜ **cul-de-sac, impasse.** **2.** Possibilité de sortir d'une situation difficile. *La situation semble sans issue.* ➜ ② **solution.**

isthme [ism] n. m. Étroite bande de terre qui sépare deux mers et unit deux terres. *L'isthme de Suez sépare la Méditerranée de la mer Rouge et relie l'Afrique à l'Asie.*

italique n. m. Lettre d'imprimerie légèrement penchée vers la droite. *Dans ce dictionnaire, les exemples sont en italique.*

itinéraire n. m. Chemin que l'on suit pour aller d'un endroit à un autre. ➜ **parcours, trajet.**

itinérant, itinérante adj. Qui se déplace d'un endroit à un autre. *Un cirque itinérant. Une exposition itinérante.*

ivoire n. m. **1.** Matière blanc jaunâtre très dure dont sont faites les défenses d'éléphant. *Le trafic de l'ivoire est interdit.* **2.** Matière blanche et dure des dents. *L'ivoire des dents est recouvert par l'émail.*

l'**isthme** de Suez

ivre adj. **1.** Qui a l'esprit troublé par l'alcool. ➜ **soûl.** *Il se sent un peu ivre. Il est ivre mort,* complètement ivre. **2.** Animé par un sentiment très fort. *Elle est ivre de rage,* folle de rage. ➜ **éperdu.**

▸ **ivresse** n. f. État dans lequel se trouve une personne qui a bu trop d'alcool. ➜ **ébriété.** *Il est interdit de conduire en état d'ivresse.*

▸ **ivrogne** n. m. et f. Personne qui a l'habitude de boire beaucoup et qui est souvent ivre.

▸ Autres mots de la famille : enivrant, enivrer.

j n. m. inv. *Le jour J,* c'est le jour fixé pour quelque chose d'important.

j' → **je**

jabot n. m. **1.** Poche située dans le cou des oiseaux, où la nourriture est gardée avant son passage dans l'estomac. *Le jabot est une partie de l'œsophage.* **2.** Ornement de dentelle attaché au col d'une chemise et qui s'étale sur la poitrine. *Les courtisans de Louis XIV portaient un pourpoint et une chemise à jabot.*

jabot

jacasser v. (conjug. 3) **1.** *La pie jacasse,* elle pousse son cri. **2.** Familier. Bavarder sans arrêt. *Louise et Julie jacassent au fond de la classe.*

jachère n. f. *Une terre en jachère,* c'est une terre que l'on ne cultive pas pendant un certain temps pour la laisser reposer.

jacinthe n. f. Plante à fleurs en grappes de couleur bleu mauve, blanche ou rose vif, à odeur très forte. → planche **Fleurs.** *Des jacinthes en pot.*

▸ Il y a un *h* après le *t.*

jacquerie n. f. Autrefois, révolte de paysans. *Les jacqueries du Moyen Âge.*

jacuzzi [ʒakuzi] n. m. (marque déposée) Grande baignoire équipée d'un appareil qui fait des remous dans l'eau. – Au pl. *Des jacuzzis.*

jade n. m. Pierre fine très dure, de couleur verte. *Un bracelet de jade.*

jadis [ʒadis] adv. → ÉTYM. Autrefois, il y a longtemps. *Jadis, il n'y avait pas l'eau courante dans les maisons.*

▸ Le *s* final se prononce.

jaguar [ʒagwaʀ] n. m. Grand félin d'Amérique du Sud, au pelage beige tacheté de noir, qui ressemble à la panthère. → planches **Félins, mammifères.** *Le jaguar grimpe aux arbres et peut nager.*

jaillir v. (conjug. 11) Sortir brusquement en faisant un grand jet. *L'eau jaillit avec force du tuyau.* → **gicler.**

▸ **jaillissement** n. m. Mouvement de ce qui sort brusquement en un grand jet. *Le jaillissement d'une source.*

▸ Autre mot de la famille : rejaillir.

jais [ʒɛ] n. m. Matière très dure, d'un noir brillant, dont on fait des bijoux. *Une broche en jais. Elle a les cheveux noirs comme du jais,* très noirs. ▮ homonymes : geai, jet.

jalon n. m. Piquet de bois ou de métal planté en terre pour servir de repère. *Des jalons marquent les limites du terrain.* – *Poser des jalons,* préparer le terrain pour obtenir ce que l'on veut.

▸ **jalonner** v. (conjug. 3) **1.** Planter des jalons. *Le jardinier jalonne les allées du parc.* **2.** Marquer, délimiter. *Des bottes de paille jalonnent le circuit de la course. Sa carrière fut jalonnée de succès,* semée de succès.

jaloux, jalouse adj. **1.** Qui éprouve de la jalousie, envie ce que les autres ont. ➜ **envieux.** *Elle n'est jamais contente de ce qu'elle a, elle est jalouse de tout le monde.* **2.** *Une personne jalouse,* c'est une personne qui a peur que la personne qu'elle aime ne lui soit pas fidèle. *Son mari est très jaloux.*

▸ **jalousement** adv. Avec un soin inquiet. *La chatte veille jalousement sur ses petits.*

▸ **jalouser** v. (conjug. 3) Être jaloux, envieux. ➜ **envier.** *Elle jalouse tout le monde.*

▸ **jalousie** n. f. **1.** Envie de ce que les autres ont et que l'on voudrait pour soi. *Les succès des autres excitent sa jalousie.* **2.** Désir d'avoir la personne que l'on aime tout à soi. *Dès que sa femme parle à un autre homme, il lui fait une crise de jalousie.*

jamais adv. **1.** À aucun moment, en aucun cas. *Elle ne boit jamais de café.* ▮ contraires : **souvent, toujours.** *Es-tu déjà allé au Japon ? – Non, jamais ! – Jamais deux sans trois :* ce qui arrive deux fois a des chances d'arriver une troisième fois. **2.** *Si jamais,* si par hasard, au cas où. *Si jamais je t'attrape, gare à toi ! À tout jamais,* pour toujours. *Ils ont quitté leur pays à tout jamais.*

jambe n. f. **1.** Membre inférieur de l'être humain, y compris la cuisse. *Elle a de jolies jambes. Théo a mal à une jambe. Il traîne la jambe. Ce chat est toujours dans mes jambes,* il me gêne en restant trop près de moi. – *À toutes jambes,* en courant très vite. *Paul s'est enfui à toutes jambes. Prendre ses jambes à son cou,* partir en courant. **2.** *Les jambes d'un pantalon,* ce sont les parties d'un pantalon qui recouvrent les jambes. *Alex a un accroc à la jambe droite de son pantalon.*

▸ **jambage** n. m. Trait vertical d'une lettre. *Le « m » a trois jambages, le « n » n'en a que deux.*

▸ **jambon** n. m. Cuisse ou épaule de porc préparée pour être conservée et mangée. *Une tranche de jambon.*

▸ **jambonneau** n. m. Petit jambon fait avec la partie de la patte du porc située sous le genou. – Au pl. *Des jambonneaux.*

▸ Autres mots de la famille : croc-en-jambe, enjambée, enjamber, unijambiste.

jante n. f. Cercle de métal au centre d'une roue, sur lequel est monté le pneu. ➜ planche **Deux-roues.** *Il a roulé avec un pneu crevé, cela a abîmé la jante.*

janvier n. m. (➜ ÉTYM.) Premier mois de l'année. *L'année commence le 1er janvier.*

japper v. (conjug. 3) Pousser de petits aboiements aigus. *Le chiot sautille en jappant.*

▸ **jappement** n. m. Cri d'un jeune chien qui jappe.

jaquette n. f. **1.** Veste d'homme qui descend derrière jusqu'aux genoux et que l'on porte pour les cérémonies. *Le marié portait une jaquette grise.* **2.** Couverture d'un livre ou d'un DVD, en papier.

jardin n. m. Terrain où l'on fait pousser des légumes, des arbres, des fleurs. *La maison est entourée d'un jardin. Il cultive des légumes dans son jardin potager.* – *Un jardin public,* c'est un espace vert dans une ville. ➜ aussi **square.**

▸ **jardiner** v. (conjug. 3) Cultiver, entretenir un jardin. *La mère de Julie a jardiné toute la journée.*

▸ **jardinage** n. m. Culture, entretien des jardins. *Elle aime faire du jardinage. Les outils*

matériel de **jardinage**

de jardinage, ce sont des outils qui servent à jardiner.

▸ **jardinerie** n. f. Magasin où l'on vend des plantes et tout ce qui sert au jardinage.

▸ **jardinier** n. m., **jardinière** n. f. Personne dont le métier est d'entretenir les jardins. ➜ **horticulteur** et aussi **pépiniériste.** *Le jardinier ratisse les feuilles mortes des allées du parc.*

▸ **jardinière** n. f. **1.** Bac dans lequel on cultive des fleurs. *Le balcon est orné de jardinières de géraniums.* **2.** *Une jardinière de légumes,* c'est un plat composé de légumes du jardin coupés en petits morceaux et cuits ensemble. ➜ aussi **macédoine.** *Le rôti est servi avec une jardinière de légumes.*

jargon n. m. **1.** Langage incorrect et difficile à comprendre. ➜ **charabia.** *Qu'est-ce que c'est que ce jargon ?* **2.** Langage particulier à un métier. *Le jargon des sportifs.*

jarre

jarre n. f. Grand vase de terre cuite ou de grès. *Autrefois, on conservait l'eau et l'huile dans des jarres.* ▪ homonyme : jars.

jarret n. m. **1.** Creux situé derrière le genou. *Le pli du jarret.* **2.** *Le jarret de veau,* c'est la partie inférieure de la jambe et de l'épaule du veau. *Nous avons mangé du jarret de veau au citron.*

jars [ʒaʀ] n. m. Mâle de l'oie. ▪ homonyme : jarre.

jaser v. (conjug. 3) **1.** Faire de petits gazouillis. ➜ **gazouiller.** *Les merles jasent dans les arbres.* **2.** Faire des commentaires malveillants, des critiques sur quelqu'un. *Si on les voit ensemble, cela va faire jaser dans le quartier.*

jasmin n. m. Arbuste à fleurs jaunes ou blanches, très parfumées. *Il prépare du thé au jasmin.*

jatte n. f. Plat creux et arrondi, sans rebords. *Mélangez les œufs et la farine dans une jatte.*
▶ Autre mot de la famille : cul-de-jatte.

jauge n. f. **1.** Baguette graduée servant à mesurer le niveau de liquide contenu dans un récipient, dans un réservoir. *Le garagiste vérifie le niveau d'huile de la voiture avec la jauge.* **2.** Volume de marchandises que peut contenir un bateau. *La jauge s'exprime en tonneaux.* ➜ **tonnage.**

▸ **jauger** v. (conjug. 5b) **1.** Mesurer avec une jauge. *L'automobiliste jauge le niveau d'huile avant de partir.* **2.** Juger, estimer. *Il la jaugea au premier coup d'œil.* **3.** *Ce bateau jauge 1 000 tonneaux,* il a une capacité de 1 000 tonneaux. ➜ aussi **tonnage.**

jaune adj., n. m. et adv.
▪ adj. **1.** De la couleur du citron ou de l'or. ➜ planche **Couleurs.** *Le mimosa a des fleurs jaunes.* **2.** Qui est devenu jaune, mais dont la couleur normale est le blanc. *Certains fumeurs ont les dents toutes jaunes.*
▪ n. m. **1.** La couleur jaune. *Un pull d'un beau jaune vif. Des rideaux jaune pâle.* **2.** *Le jaune d'œuf,* c'est la partie jaune, à l'intérieur d'un œuf. *Mélangez bien le jaune et le blanc pour faire une omelette.*
▪ adv. *Rire jaune,* c'est rire de façon forcée, sans en avoir envie.

▸ **jaunâtre** adj. D'un vilain jaune terne. *Ces vieux rideaux sont devenus jaunâtres.*

▸ **jaunir** v. (conjug. 11) **1.** Rendre jaune. *La nicotine jaunit les doigts et les dents.* **2.** Devenir jaune. *Les feuilles jaunissent en automne.*

▸ **jaunisse** n. f. Maladie du foie qui donne le teint jaune. ➜ **hépatite.**

javelot n. m. Sorte de lance que les athlètes doivent envoyer le plus loin possible. ➜ planche **Sport.** *Les javelots sont en métal ou en fibre de verre.*

jazz [dʒaz] n. m. Musique créée au début du 20e siècle par les musiciens noirs des États-Unis. ➜ planche **Musique.** *Un orchestre de*

a b c d e f g h i j k l m n o p q r s t u v w x y z

jazz. Une chanteuse de jazz.
Ce mot vient de l'américain.

je pronom personnel m. et f. Pronom personnel sujet représentant la première personne du singulier. ➜ aussi **moi.** *Je viens. Qu'est-ce que je t'ai fait ? Comment dirais-je ? J'arrive. J'en veux. J'y vais.*
Devant une voyelle ou un *h* muet, *je* devient *j'.*

jean [dʒin] n. m. **1.** Tissu de toile très solide servant à faire des vêtements. *Un blouson en jean.* **2.** Pantalon taillé dans ce tissu. *Julie portait un jean et un teeshirt blanc.* — Au pl. *Des jeans.*
Ce mot vient de l'américain *blue-jean* qui veut dire «bleu de Gênes», nom d'une toile très solide d'abord fabriquée à Gênes.

jeep [dʒip] n. f. (marque déposée) Voiture qui roule sur n'importe quel terrain. *Les jeeps sont des voitures très solides.* ➜ aussi **quatre-quatre, tout-terrain.**

jérémiades n. f. pl. Plaintes sans fin qui fatiguent. ➜ **lamentations.** *J'en ai assez d'entendre tes jérémiades.*

jerricane n. m. Bidon rectangulaire, à poignée, contenant environ 20 litres. *Il charge des jerricanes d'essence dans la jeep.*
On emploie aussi *jerrycan,* mot qui vient de l'anglais.

jerricane

jersey n. m. Tissu en tricot très souple. *Une veste en jersey.*

jet n. m. **1.** Distance parcourue par une chose qu'on a lancée. *Le lanceur de javelot a réussi un jet de plus de 90 mètres,* il a jeté son javelot à cette distance. **2.** Liquide ou gaz qui sort brusquement. *Un jet de vapeur s'échappe de la bouilloire,* de la vapeur en jaillit. *Le jet d'eau d'un bassin.* ▮ homonymes : geai, jais. ▷ Mot de la famille de **jeter.**

jetable adj. Que l'on jette après usage. *Un briquet jetable.* ▮ contraires : **rechargeable, réutilisable.** ▷ Mot de la famille de **jeter.**

jetée n. f. Mur qui s'avance dans la mer pour protéger le port des vagues. ➜ aussi **digue.** *Il y a des promeneurs sur la jetée.*

jeter v. (conjug. 6b) **1.** Lancer. *Ma petite sœur a jeté tous ses jouets par terre.* **2.** *Jeter quelque chose,* c'est s'en débarrasser, le mettre à la poubelle. *Alex a jeté ses vieux dessins.* **3.** *Jeter un coup d'œil,* regarder rapidement. *Je jette un coup d'œil dans le rétroviseur avant de doubler.*

▶ **se jeter** v. **1.** Sauter, se laisser tomber. *Il s'est jeté à l'eau,* il a plongé. **2.** *Le Rhône se jette dans la mer Méditerranée,* il y déverse ses eaux.

▶ Autres mots de la famille : **jet, jetable,** ② **projeter, rejet, rejeter, rejeton.**

jeton n. m. Pièce plate en métal ou en plastique qui représente une certaine valeur. *Pour jouer au casino, on change de l'argent contre des jetons et des plaques.*

jeu n. m. **1.** Activité que l'on pratique pour s'amuser. *Léa aime les jeux calmes et Alex les jeux de plein air.* **2.** *Un jeu de mots,* c'est une plaisanterie fondée sur la ressemblance de mots avec d'autres. ➜ **calembour. 3.** Ce qui sert à jouer. *Pour jouer à la belote, il faut un jeu de cartes. Théo a beaucoup de jeux vidéos. Ce magasin vend des jeux éducatifs.* ➜ **jouet. 4.** *Le jeu,* c'est l'ensemble des jeux où l'on risque de l'argent. *Jouer gros jeu,* c'est miser beaucoup d'argent. **5.** *Un jeu de clés,* c'est une série de clés attachées ensemble. ➜ **trousseau. 6.** *Cacher son jeu,* c'est dissimuler ses intentions secrètes. **7.** Espace entre les différentes pièces d'un mécanisme. *Il y a du jeu dans l'embrayage.*

▶ Autres mots de la famille : **enjeu, hors-jeu.**

jeudi n. m. Jour de la semaine, entre le mercredi et le vendredi. *Ils vont au cinéma tous les jeudis soir.*

à jeun [aʒœ̃] adv. Sans avoir mangé. *Il faut que tu sois à jeun pour ta prise de sang.* ▷ Mot de la famille de **jeûner.**

jeune adj. et n. m. et f.
▪ adj. **1.** Dont l'âge n'est pas avancé. *Un chaton est un jeune chat. Sa mère est une jeune femme.* ▮ contraires : **âgé, mûr, vieux. 2.** *Paul est plus jeune que sa sœur,* il est moins âgé qu'elle. ➜ aussi **cadet. 3.** Qui a l'aspect ou les qualités de la jeunesse. *Sa grand-mère est*

jeune de caractère, elle est gaie et ouverte.
■ n. m. et f. Personne jeune. *C'est un film qui plaît aux jeunes.*
▶ Autres mots de la famille : jeunesse, rajeunir, rajeunissement.

jeûner [ʒøne] v. (conjug. 3) Se priver ou être privé de nourriture. *Le médecin a ordonné au malade de jeûner pendant une journée.*

▶ **jeûne** [ʒøn] n. m. Privation de toute nourriture. → aussi **diète.** *Pendant le ramadan, les musulmans observent le jeûne.*
◗ Attention à l'accent circonflexe du *û.*
▶ Autres mots de la famille : ① et ② déjeuner, à jeun, petit-déjeuner.

jeunesse n. f. **1.** Temps de la vie, entre l'enfance et la maturité. *Il a passé sa jeunesse à l'étranger.* – *Il faut que jeunesse se passe,* il faut excuser les erreurs des jeunes qui sont dues à leur insouciance et à leur manque d'expérience. **2.** Les personnes jeunes. *Louise regarde les émissions pour la jeunesse,* destinées aux enfants, aux adolescents. ▷ Mot de la famille de jeune.

joaillier [ʒɔaje] n. m., **joaillière** [ʒɔajɛʀ] n. f. Personne qui fabrique et vend des bijoux. → **bijoutier.**
◗ On peut aussi écrire *joailler, joaillère,* sans *i* après les deux *l.*

▶ **joaillerie** [ʒɔajʀi] n. f. **1.** Art de monter les pierres précieuses pour en faire des bijoux. → aussi **joyau. 2.** Magasin du joaillier. → **bijouterie.**

jockey [ʒɔkɛ] n. m. Personne dont le métier est de monter les chevaux dans les courses. *Les jockeys sont pesés avant le départ de la course.* → aussi **cavalier.**
◗ Ce mot vient de l'anglais.

jogging [dʒɔgiŋ] n. m. **1.** Course que l'on fait sans esprit de compétition, pour faire de l'exercice. → aussi **footing.** *Il fait du jogging le dimanche.* **2.** Survêtement. *Il a mis son jogging pour courir.* – Au pl. *Des joggings.*
◗ Ce mot vient de l'anglais.

joie n. f. Sentiment agréable que l'on ressent lorsque l'on est très content et heureux. → aussi **jubilation.** ▮ contraires : ② **peine, tristesse.** *Il a accepté notre invitation avec joie.* → **plaisir.** *Quelle joie de vous revoir !* quel bonheur !
▶ Autres mots de la famille : joyeusement, joyeux, rabat-joie.

joindre v. (conjug. 52) **1.** *Joindre des choses,* c'est les mettre ensemble de sorte qu'elles se touchent ou tiennent ensemble. → **assembler, attacher.** *Le plombier joint les deux tuyaux bout à bout.* **2.** Mettre avec. *Il a joint un chèque à sa lettre.* → **ajouter. 3.** *Joindre quelqu'un,* c'est prendre contact avec lui. *Où peut-on le joindre ?* → ① **toucher. 4.** ***Se joindre*** *à quelqu'un,* s'associer à lui. *Mon frère se joint à moi pour vous embrasser.*

▶ ① **joint, jointe** adj. **1.** Mis l'un contre l'autre. *Il a les mains jointes,* les mains paume contre paume. *Léa saute à pieds joints.* **2.** Mis avec. *Vous trouverez une photo jointe à ma lettre. Le peintre a envoyé un mail et il a mis son devis en pièce jointe.*

▶ ② **joint** n. m. Pièce de matière souple que l'on met entre deux autres pièces pour que l'ensemble soit étanche. *Le robinet ne fuit plus depuis que le plombier a changé le joint.*

▶ **jointure** n. f. Endroit où les os se rejoignent. → **articulation.** *Alex fait craquer les jointures de ses doigts.*
▶ Autres mots de la famille : adjoint, ci-joint, conjoint, disjoint, rejoindre, se rejoindre.

joker [ʒɔkɛʀ] n. m. Carte à jouer qui, dans certains jeux, peut remplacer n'importe quelle autre carte.
◗ C'est un mot anglais qui veut dire «farceur».

joli, jolie adj. Très agréable à voir, à entendre. → **beau.** *Léa est très jolie.* ▮ contraires : **affreux, laid,** ① **vilain.** *Louise a une jolie voix.* → **mélodieux.**

▶ **joliment** adv. D'une manière jolie, agréable. *La chambre de Julie est joliment décorée.* → **bien.**
▶ Autres mots de la famille : enjoliver, enjoliveur.

jockey

a b c d e f g h i j k l m n o p q r s t u v w x y z

jonc [ʒɔ̃] n. m. Plante à hautes tiges droites et flexibles, qui pousse dans les marécages.

joncher v. (conjug. 3) Recouvrir le sol. *Les feuilles mortes jonchent le sol.*

jonction n. f. Endroit où deux choses se rejoignent, sont mises en contact. *Il y a un embouteillage à la jonction des deux autoroutes.*

jongler v. (conjug. 3) Lancer des objets en l'air l'un après l'autre, les rattraper et recommencer. *Le clown jonglait avec six bouteilles.*

▸ **jongleur** n. m., **jongleuse** n. f. Artiste de cirque ou de music-hall qui jongle. → planche **Cirque.**

jonque n. f. Bateau à voile d'Extrême-Orient, à fond plat et dont les voiles sont cousues sur des lattes en bambou. → planche **Bateaux.**

jonque

jonquille n. f. Fleur jaune à longue tige qui pousse au printemps. → aussi **narcisse.** *Théo a offert à sa mère un bouquet de jonquilles.*

Ce mot vient de l'espagnol.

joue n. f. Partie du visage entre le nez et l'oreille. *Louise embrasse Paul sur les deux joues.* ▮ homonyme : joug.

▸ Autre mot de la famille : bajoue.

jouer v. (conjug. 3) **1.** Faire quelque chose uniquement pour le plaisir. → **s'amuser.** *Les enfants jouent dans le jardin. Julie joue à la poupée et Léa joue aux cartes. Théo joue bien au tennis.* **2.** Savoir se servir d'un instrument de musique. *Alex joue du piano.* **3.** Interpréter un morceau de musique. *La pianiste a joué une sonate.* **4.** Risquer de l'argent à des jeux de hasard. *Il joue au casino.* **5.** Représenter en public. *On joue «Le Cid» au théâtre de notre ville. Cet acteur joue le rôle d'un séducteur.* → **interpréter.** **6.** Avoir du jeu. *La porte joue,* elle ne ferme pas bien.

▸ **jouet** n. m. Objet avec lequel on joue. *À Noël, les enfants ont reçu beaucoup de jouets.* → **jeu, joujou.**

▸ **joueur** n. m., **joueuse** n. f. Personne qui joue à un sport, à un jeu ou qui joue d'un instrument de musique. *Un joueur de tennis. Il faut quatre joueurs pour jouer à la belote. Un joueur de flûte.* – *Un beau joueur,* qui accepte de perdre sans protester. *Un mauvais joueur,* qui proteste quand il perd. – adj. Qui aime jouer. *Cette chatte est très joueuse.*

▸ Autre mot de la famille : joujou.

joufflu, joufflue adj. Qui a de grosses joues. *Un bébé joufflu.*

joug [ʒu] n. m. Pièce de bois que l'on met sur la tête des bœufs pour les attacher quand ils tirent une charrette ou une charrue. ▮ homonyme : joue.

On ne prononce pas le *g* final.

jouir v. (conjug. 11) *Jouir d'une bonne santé,* c'est avoir une bonne santé.

▸ **jouissance** n. f. *Avoir la jouissance de quelque chose,* c'est avoir le droit d'en profiter. *Les habitants de la résidence ont la jouissance de la piscine.*

joujou n. m. (pl. **joujoux**) Jouet. ▹ Mot de la famille de jouer.

On utilise ce mot quand on s'adresse à de très jeunes enfants.

jour n. m. **1.** Temps qui se passe entre le lever et le coucher du soleil. → **journée.** *Les jours sont plus longs en été qu'en hiver.* ▮ contraire : **nuit.** **2.** Durée de 24 heures qui s'écoule de minuit à minuit. *La semaine compte 7 jours. Quel jour sommes-nous ? Il sera là dans deux jours.* – *Les jours se suivent et ne se ressemblent pas,* les choses changent (en bien ou en mal) d'un jour à l'autre. **3.** Lumière que le Soleil donne à la Terre. *Il fait déjà grand jour. Les couleurs sont différentes à la lumière électrique et au jour.* **4.** *Vivre au jour le jour,* sans projets, sans penser à l'avenir. *De nos jours, on ne s'éclaire plus à la bougie,* à notre époque. → aussi **aujourd'hui.** **5.** *Être à jour dans son travail,* ne pas être en retard.

▸ Autres mots de la famille : abat-jour, bonjour, à contre-jour, toujours.

journal n. m. (pl. **journaux**) **1.** Cahier où l'on écrit chaque jour ce que l'on a fait et ce que l'on pense. *Julie tient un journal intime.* **2.** Publication qui paraît chaque jour, donnant les informations. ➜ **quotidien.** *Elle lit le journal en prenant son petit-déjeuner.* **3.** Magazine. ➜ ① **revue.** *Un journal pour enfants.* **4.** Émission de radio ou de télévision où l'on donne les informations. *Il regarde le journal télévisé.*
▶ Autres mots de la famille : journalisme, journaliste.

journalier, journalière adj. Qui se fait chaque jour. ➜ **quotidien.** *Traire les vaches est une des occupations journalières d'un fermier.*

journaliste n. m. et f. Personne dont le métier est d'écrire dans les journaux et les magazines, de donner les informations à la radio ou à la télévision. ➜ aussi **reporteur.** *Des journalistes ont interviewé le ministre.*

▶ **journalisme** n. m. Métier de journaliste. *Alex aimerait faire du journalisme.*
▷ Mots de la famille de journal.

journée n. f. Temps qui s'écoule entre le lever et le coucher du soleil. ➜ **jour.** *Louise a passé sa journée à jouer.*

joute n. f. Combat de deux chevaliers armés de lances, au Moyen Âge. ➜ **tournoi.**

jovial, joviale adj. Gai, joyeux et sympathique. ➜ **enjoué.** *C'est une femme très joviale.*
▮ contraires : **maussade, morose, triste.**
– Au masc. pl. *jovials* ou *joviaux.*

joyau n. m. Bijou très précieux. *La reine possède des joyaux inestimables.* ➜ aussi **joaillier.**

joyeux, joyeuse adj. Qui éprouve et manifeste de la joie. ➜ **gai, heureux.** *Julie est une enfant très joyeuse.* ▮ contraire : **triste.**

▶ **joyeusement** adv. Avec joie. ➜ **gaiement.**
▮ contraire : **tristement.** *Nous avons joyeusement fêté la nouvelle année.*
▷ Mots de la famille de joie.

jubiler v. (conjug. 3) Être très content. ➜ **exulter,** se **réjouir.** *Les enfants jubilent à l'idée d'une promenade en mer.*

▶ **jubilation** n. f. Très grande joie.

jucher v. (conjug. 3) Mettre très haut. *Il a juché sa fille sur ses épaules.* – **se jucher,** se placer très haut. *La mésange s'est juchée sur la plus haute branche du pommier.* ➜ se **percher.**

judaïsme n. m. Religion des juifs. *Le judaïsme se fonde sur la Bible.* ➜ aussi **israélite.**

▶ **judaïque** adj. Qui appartient à la religion juive, au judaïsme. ➜ aussi **israélite.** *La loi judaïque.*

judas [ʒyda] n. m. Petite ouverture dans une porte qui permet de regarder de l'autre côté sans être vu. *Regarde par le judas avant d'ouvrir la porte !*

judiciaire adj. Qui concerne la justice. *Un innocent a été condamné, c'est une erreur judiciaire,* faite par la justice.

judicieux, judicieuse adj. Intelligent, malin. *Léa a fait une remarque judicieuse.* ➜ **pertinent.** ▮ contraires : **absurde, stupide.**

▶ **judicieusement** adv. D'une manière judicieuse. *Louise a judicieusement répondu à la question du professeur.* ➜ **intelligemment.**

judo n. m. Sport de combat d'origine japonaise. ➜ planche **Sport.** *Alex fait du judo.*
▶ C'est un mot japonais. (➜ ÉTYM.)

▶ **judoka** n. m. et f. Personne qui fait du judo.
– Au pl. *Des judokas.*

judo

juger v. (conjug. 5b) **1.** Soumettre à la décision d'un juge qui doit estimer si un accusé est coupable ou non et à quelle peine on doit le condamner. *Le cambrioleur n'a pas encore été jugé.* **2.** Penser, estimer. *Il a jugé que cela n'en valait pas la peine.* **3.** Donner son opinion. *Les examinateurs jugent les candidats,* ils évaluent leurs connaissances.

▶ **juge** n. m. et f. **1.** Personne dont le métier est d'appliquer les lois et de rendre la justice. *Le juge a acquitté l'accusé.* **2.** Personne qui doit

a b c d e f g h i j k l m n o p q r s t u v w x y z

donner son avis. *Ce film est vraiment mauvais, je vous en fais juge.*

▸ **jugement** n. m. 1. Décision prise par la justice. *Le jugement sera prononcé demain.* ➜ **sentence, verdict.** 2. Opinion que l'on donne. *Elle porte des jugements sur tout.*

▸ **jugeote** [ʒyʒɔt] n. f. Familier. Bon sens. *Il suffisait d'un peu de jugeote pour trouver la solution.*

▸ Autres mots de la famille : adjuger, préjugé, préjuger.

juguler v. (conjug. 3) Arrêter complètement. *Le médecin a jugulé l'infection en donnant des antibiotiques.* ➜ **enrayer.**

juif n. m., **juive** n. f. Personne d'une religion qui reconnaît un seul dieu et attend la venue du Messie. ➜ **israélite** et aussi **judaïsme.** *Les juifs sont les descendants d'un peuple qui vivait en Palestine. Il fait preuve de racisme envers les juifs.* ➜ aussi **antisémitisme.** – adj. *La religion juive.* ➜ aussi **hébreu** et **judaïque.**

juillet n. m. Septième mois de l'année, entre juin et août, qui a 31 jours. *Ils prennent leurs vacances en juillet.*

juin n. m. Sixième mois de l'année, entre mai et juillet, qui a 30 jours. *Les examens ont souvent lieu en juin.*

jumeau n. m. et adj., **jumelle** n. f. et adj.
- n. *Des jumeaux,* ce sont deux enfants nés en même temps de la même mère. *Pierre et Marie sont des jumeaux. Marie est la jumelle de Pierre.*
- adj. 1. Né d'un même accouchement. *Des frères jumeaux. Il a une sœur jumelle.* 2. *Des lits jumeaux,* ce sont deux lits semblables placés l'un à côté de l'autre.

des **jumelles**

▸ **jumeler** v. (conjug. 6a) *Jumeler des villes,* c'est établir des contacts fréquents entre elles, des rencontres entre leurs habitants.

▸ **jumelage** n. m. *Le jumelage de deux villes,* l'association de deux villes jumelées.

▸ **jumelles** n. f. pl. Appareil formé de deux lunettes qui permet de voir très loin. *Il observe les lions avec ses jumelles.*

jument n. f. Femelle du cheval. *La jument et son poulain.* ➜ aussi **pouliche.**

jungle [ʒœ̃gl] n. f. Dans les pays tropicaux, étendue dont la végétation très épaisse est formée de hautes herbes, de broussailles et d'arbres où vivent les grands fauves. *Dans la jungle, les arbres sont envahis de lianes.*

jungle

junior n. m. et f. et adj.
■ n. m. et f. Jeune sportif qui a entre 17 et 21 ans. *Les juniors sont entre les cadets et les séniors.*
■ adj. 1. Relatif aux juniors. *Il joue dans l'équipe junior.* 2. Qui concerne les jeunes, est destiné aux jeunes. *La mode junior.*

jupe n. f. Vêtement féminin qui part de la taille et couvre une partie des jambes. *Julie a une jupe très courte.*
▸ **jupon** n. m. Sous-vêtement de tissu léger qui se porte sous une jupe ou sous une robe.
▶ Autre mot de la famille : minijupe.

① **jurer** v. (conjug. 3) 1. Promettre par un serment. *Dans un procès, les témoins jurent de dire la vérité.* 2. Affirmer solennellement, avec force. → ① **assurer.** *Je te jure que ce n'est pas facile à faire.*
▸ **juré** n. m., **jurée** n. f. Membre d'un jury.
▶ Autres mots de la famille : abjurer, adjurer, conjuration, conjuré, jury, parjure.

② **jurer** v. (conjug. 3) Dire des injures, des jurons. *Ne jure pas, c'est très grossier !*
▶ Autres mots de la famille : injure, injurier, injurieux, juron.

③ **jurer** v. (conjug. 3) *Ces deux couleurs jurent,* elles vont mal ensemble. → **détonner.**

juridique adj. Qui se rapporte au droit, aux lois. *Pour être avocat ou notaire, il faut faire des études juridiques.*

juron n. m. Mot grossier qui sert à injurier, à manifester sa colère, sa contrariété. ▷ Mot de la famille de ② jurer.

jury n. m. 1. Ensemble de personnes chargées, dans un procès, de décider si un accusé est coupable ou non. → aussi **juré.** *Le jury a délibéré et a conclu à l'innocence de l'accusé.* 2. Groupe de personnes chargées de juger des candidats à un examen ou un concours. *Ce jury est très sévère.* – Au pl. *Des jurys.* ▷ Mot de la famille de ① jurer.

jus [ʒy] n. m. 1. Liquide contenu dans les fruits et les légumes. *Un jus d'orange.* 2. Liquide rendu par une viande qui cuit. *Laissez mijoter les carottes dans le jus du rôti.* → **sauce.**
▶ Autre mot de la famille : juteux.

jusque prép. et conjonction.
■ prép. 1. Indique la limite d'un endroit que l'on ne dépasse pas. *Ils sont allés jusqu'en Espagne. Ce train va jusqu'à Lyon. Louise raccompagne Julie jusque chez elle.* 2. Indique le moment que l'on ne dépasse pas. *Le beau temps va durer jusqu'à demain.*
■ conjonction *Alex attendra Léa jusqu'à ce qu'elle vienne,* jusqu'au moment où elle viendra.
▸ *Jusque* devient *jusqu'* devant une voyelle.

justaucorps n. m. Maillot à manches courtes ou longues, très collant, que l'on met pour faire de la danse ou de la gymnastique.
▷ Mot de la famille de ① juste et de corps.

justaucorps de danseuse

① **juste** adj. et adv.
■ adj. 1. Correct. *Ton addition est juste.* → **exact.** ▮ contraire : ① **faux.** 2. Trop petit. → **étriqué.** *Ces chaussures sont un peu justes, il faudrait prendre la taille au-dessus.* ▮ contraire : **large.** 3. À peine suffisant. *La tarte va être juste pour dix personnes.*
■ adv. 1. Comme il faut. *Louise chante juste.* ▮ contraire : ① **faux.** 2. Exactement. *Il est 11 heures juste.* → fam. ③ **pile, tapant.** *Paul vient juste de partir.* 3. En quantité insuffisante. *Elle pensait que 3 mètres de tissu suffiraient, mais elle a calculé trop juste.*
▶ Autres mots de la famille : ajustage, ajusté, ajustement, ajuster, ajusteur, justaucorps, justement, justesse, rajustement, rajuster, réajuster.

② **juste** adj. Qui ne favorise ni ne défavorise personne. → **équitable.** *Le professeur s'efforce*

d'être juste envers tous ses élèves. → **impartial.**
▮ contraire : **injuste.**
▶ Autres mots de la famille : **injuste, injustement, injustice, injustifié, justice, justicier, justificatif, justification, justifier, repris de justice.**

justement adv. Précisément. *C'est justement ce qu'il ne fallait pas faire.* → **exactement.**
▷ Mot de la famille de ① **juste.**

justesse n. f. **1.** Caractère d'une chose juste, exacte. → **exactitude.** *La justesse d'un raisonnement.* **2.** *De justesse,* de très peu. *Il a eu son train de justesse.* ▷ Mot de la famille de ① **juste.**

justice n. f. **1.** Respect des droits de chacun. *Le professeur note les devoirs avec justice,* en ne favorisant personne. → **équité, impartialité.** *Il n'y a pas de justice,* ce n'est pas juste. **2.** *La justice,* c'est l'ensemble des juges. *L'accusé est entre les mains de la justice.* **3.** *Rendre la justice,* c'est juger. *Saint Louis rendait la justice sous un chêne.*

▸ **justicier** n. m., **justicière** n. f. Personne qui venge les victimes innocentes et punit les coupables. → **redresseur** de torts.
▷ Mots de la famille de ② **juste.**

justifier v. (conjug. 9) **1.** Trouver une excuse valable. *Louise n'a pas pu justifier son retard.* **2.** Faire reconnaître comme vrai, légitime. *Mes craintes étaient justifiées,* elles étaient fondées. **3.** Apporter des preuves de ce qu'on affirme. → **démontrer, prouver.** *Faites l'exercice et justifiez votre réponse,* dites comment vous avez trouvé ce résultat. **4. se justifier,** c'est prouver son innocence. *Qu'as-tu à dire pour te justifier ?* pour t'excuser.

▸ **justificatif** n. m. Document qui sert à prouver quelque chose. *Une quittance de loyer est un justificatif de domicile.*

▸ **justification** n. f. Ce qui permet de justifier quelque chose. *Sa mère lui a demandé des justifications,* des explications qui l'excuseraient de ce qu'il a fait.
▷ Mots de la famille de ② **juste.**

jute n. m. Plante cultivée en Inde, dont on tire une fibre qui sert à fabriquer du tissu. *De la toile de jute.*
▮ *Jute* est un nom masculin : on dit *du jute.*

jute

juteux, juteuse adj. *Un fruit juteux,* qui contient beaucoup de jus. *Ces pêches sont juteuses.* ▷ Mot de la famille de **jus.**

juvénile adj. Propre à la jeunesse. *Cette coiffure lui donne une allure juvénile.* → **jeune.**
▮ contraires : **sénile, vieux.**

juxtaposer v. (conjug. 3) Mettre des choses côte à côte. *Elle a juxtaposé les photos de tous ses petits-enfants sur le mur de sa chambre.*

▸ **juxtaposé, juxtaposée** adj. *Des propositions juxtaposées,* des propositions qui se suivent en étant séparées par une virgule ou un point-virgule. *La phrase «Il fait beau, nous allons pouvoir aller à la plage» est composée de deux propositions juxtaposées.*

▸ **juxtaposition** n. f. Assemblage d'éléments placés côte à côte.
▷ Mots de la famille de **poser.**

① **kaki** n. m. Fruit originaire du Japon, de couleur orange, ressemblant à une tomate. → planche **Fruits.** *Des kakis.*
▶ Ce mot vient du japonais.

② **kaki** adj. inv. (→ ÉTYM.) Brun jaunâtre. *Les militaires portent des uniformes kaki.*

kaléidoscope [kaleidɔskɔp] n. m. Tube dans lequel sont placés trois miroirs et de petits morceaux de verre coloré qui font des dessins changeants en se réfléchissant sur les miroirs.

kamikaze n. m. et f. Personne qui commet un attentat en se suicidant. *Les kamikazes font le sacrifice de leur vie pour leur cause.*
▶ Ce mot vient du japonais.

kangourou n. m. (pl **kangourous**) Animal herbivore de la famille des marsupiaux, qui se déplace en faisant de grands bonds grâce à ses pattes de derrière très développées, sa queue servant de balancier. → planche **Mammifères.** *Les kangourous vivent en Australie.*
▶ Ce mot vient d'une langue australienne.

kaolin n. m. Argile blanche qui sert à faire la porcelaine.
▶ Ce mot vient du chinois.

kapok n. m. Matière faite des poils fins et soyeux recouvrant les graines d'un arbre exotique. *Ce coussin est rembourré de kapok.*
▶ Ce mot vient du malais.

karaoké n. m. Jeu qui consiste à chanter en public sur un accompagnement musical, en regardant défiler les paroles sur un écran. *Il participe souvent à des karaokés.*
▶ Ce mot vient du japonais.

karaté n. m. Sport de combat d'origine japonaise. *Il fait du karaté.*
▸ **karatéka** n. m. et f. Personne qui fait du karaté. – Au pl. *Des karatékas.*
▶ Ces deux mots viennent du japonais.

kart [kaʀt] n. m. Petite voiture de compétition à une place, sans carrosserie, ni boîte de vitesses, très rapide. ▪ homonymes : ① et ② carte.
▸ **karting** n. m. Sport qui consiste à faire des courses de karts. *Il fait du karting.*
▶ Ces deux mots viennent de l'anglais.

kart

kasher → **casher**

kayak [kajak] n. m. Petit bateau léger à une ou deux places, que l'on fait avancer avec une pagaie. → planche **Sport.** *Ils ont fait du kayak sur la Dordogne.* → aussi **canoë.**
▶ *Kayak* est un mot inuit.

képi n. m. (→ ÉTYM.) Chapeau militaire rond et rigide, à visière. *L'officier salue en portant la main à son képi.*

kermesse n. f. Fête de bienfaisance avec des jeux, des buvettes et des stands. *Tous les ans, il y a la kermesse de l'école.*
▶ Ce mot vient du flamand.

kérosène n. m. Carburant tiré du pétrole. *Le kérosène est utilisé par les avions.*

ketchup [kɛtʃœp] n. m. Sauce tomate épicée légèrement sucrée. *Léa met du ketchup sur ses frites.*
Ce mot vient de l'anglais.

kibboutz [kibuts] n. m. En Israël, village où l'on travaille et l'on vit en communauté. *Les kibboutz agricoles.*
C'est un mot hébreu qui veut dire «collectivité».

kidnapper v. (conjug. 3) Enlever quelqu'un en demandant une rançon. *Des malfaiteurs ont kidnappé un milliardaire.* ➜ aussi **ravisseur.**

▸ **kidnapping** n. m. Enlèvement d'une personne. ➜ **rapt.**
Ces deux mots viennent de l'anglais.

kilo n. m. Abréviation de *kilogramme. Elle a acheté deux kilos de bananes. Il pèse 90 kilos.*

kilo- Préfixe d'origine grecque qui, placé devant une unité de mesure, la multiplie par mille (ex. *kilogramme*).

kilogramme n. m. Unité de poids valant mille grammes. ➜ **kilo.** *Un litre d'eau pèse un kilogramme (1 kg).* ▷ Mot de la famille de gramme.

kilomètre n. m. Unité de mesure des distances, valant 1 000 mètres. *La ferme est à 3 kilomètres (3 km). La voiture roulait à 120 kilomètres à l'heure (120 km/h).*

▸ **kilométrage** n. m. *Le kilométrage d'une voiture,* c'est le nombre de kilomètres parcourus par cette voiture.

▸ **kilométrique** adj. *Les bornes kilométriques,* ce sont les bornes qui marquent les kilomètres sur une route.
▷ Mots de la famille de mètre.

kilt [kilt] n. m. Jupe en tissu écossais, courte et plissée, fermée sur le côté. *Le kilt fait partie du costume traditionnel des hommes, en Écosse.*
Ce mot vient de l'anglais.

kimono n. m. **1.** Tunique japonaise à larges manches, croisée devant et fermée par une grosse ceinture. **2.** Tenue des judokas et des karatékas formée d'une veste et d'un pantalon ample.
Ce mot vient du japonais.

kinésithérapie n. f. Activité qui consiste à soigner les gens qui ont des douleurs musculaires, en les massant ou en leur faisant faire des mouvements de gymnastique.

▸ **kinésithérapeute** n. m. et f. Personne qui pratique la kinésithérapie. ➜ aussi **masseur.**
On dit familièrement *kiné.*

kiosque n. m. **1.** Pavillon ouvert servant d'abri dans un jardin. *Des musiciens, installés dans le kiosque, donnent un concert.* **2.** *Un kiosque à journaux,* c'est une petite boutique installée sur le trottoir, où l'on vend des journaux.
Ce mot vient du turc.

kippa n. f. Calotte portée par les juifs pratiquants.
C'est un mot hébreu.

kirsch [kiʀʃ] n. m. Eau-de-vie de cerises.
Ce mot vient de l'allemand *Kirsche* qui veut dire «cerise».

kit [kit] n. m. Ensemble d'éléments vendus en pièces détachées et que l'acheteur doit assembler d'après un plan de montage. *Ils ont acheté leurs meubles de cuisine en kit.*
Kit est un mot anglais qui veut dire «boîte à outils».

kiwi [kiwi] n. m. **1.** Oiseau coureur de Nouvelle-Zélande, qui a un long bec et de petites ailes. *Les kiwis ont une mauvaise vue mais une ouïe très fine et un odorat développé.* **2.** Fruit originaire de Chine, à la chair verte et acidulée. ➜ planche **Fruits.**

kiwi

klaxon [klaksɔn] n. m. (marque déposée) Avertisseur sonore. *L'automobiliste a donné un coup de klaxon dans le virage.*

▸ **klaxonner** v. (conjug. 3) Faire fonctionner un avertisseur sonore. *Il est interdit de klaxonner en ville.*

kleptomane → **cleptomane**

K.-O. [kao] adj. inv. Hors de combat. *Le boxeur a été mis K.-O.* ▮ homonymes : cahot, chaos.

▶ C'est l'abréviation de l'anglais *to knock out* «éliminer».

koala n. m. Animal australien de la famille des marsupiaux, qui grimpe aux arbres et se nourrit de feuilles d'eucalyptus. *Les koalas ont un pelage gris très fourni.*

▶ Ce mot vient d'une langue australienne.

kung-fu [kuŋfu] n. m. inv. Art martial chinois. *Le kung-fu ressemble au karaté.*

▶ C'est un mot chinois.

koala

kyrielle n. f. Très grand nombre. → **ribambelle.** *Notre équipe a gagné une kyrielle de médailles.*

kyste n. m. Petite grosseur qui se forme sous la peau ou à l'intérieur du corps.

l' → ① et ② **le**

① **la** → ① et ② **le** ▮ homonymes : là, las.

② **la** n. m. inv. Note de musique, la sixième de la gamme. *La est entre sol et si.* – Au pl. *Des la.* ▮ homonymes : là, las.

là adv. **1.** Dans un endroit qui n'est pas celui où l'on est. *Ne reste pas là, viens ici avec nous.* **2.** À l'endroit où l'on est. *Arrêtons-nous là pour déjeuner.* **3.** *Passez par là, c'est plus court,* par cet endroit. **4.** *En ce temps-là,* à l'époque dont nous parlons. **5.** *La confiture est là-haut, sur l'étagère,* dans ce lieu au-dessus. *Je vais là-bas,* plus loin. ▮ homonymes : ① et ② la, las.
▶ Attention à l'accent grave du *à.*
▶ Autres mots de la famille : au-delà, cela, de-ci de-là, holà ; par-ci, par-là ; par-delà, voilà.

label n. m. Marque posée sur un produit pour en garantir l'origine, la qualité.

labeur n. m. (→ ÉTYM.) Travail intense et pénible. *Un dur labeur.*
▶ Ce mot appartient au langage soutenu.
▶ Autre mot de la famille : laborieux.

laboratoire n. m. Endroit aménagé pour faire des expériences et des recherches scientifiques. *Il s'est fait faire une prise de sang dans un laboratoire d'analyses médicales.*

laborieux, laborieuse adj. Qui est long et difficile, demande beaucoup de travail. *La découverte de ce médicament a nécessité de laborieuses recherches. C'est laborieux,* long et pénible. ▷ Mot de la famille de labeur.

labourer v. (conjug. 3) Creuser et retourner la terre. *Il faut labourer avant de semer.*

▶ **labour** n. m. Travail qui consiste à retourner la terre. → **labourage.**

▶ **labourage** n. m. Labour. *Le paysan a fini le labourage de ses champs.*

▶ **laboureur** n. m. Paysan qui laboure, cultive la terre.
▶ Ce mot ne s'emploie plus beaucoup. Aujourd'hui, on dit plutôt *agriculteur* ou *cultivateur.*

labrador n. m. Grand chien de chasse à poil ras, noir ou beige.

labrador

labyrinthe n. m. Ensemble compliqué de chemins, de rues, de galeries ou de couloirs dans lesquels on risque de se perdre et d'où l'on a du mal à sortir. → **dédale.** *Un labyrinthe de ruelles.*
▶ Ce mot s'écrit avec un *y* et *th.*

lac n. m. Grande étendue d'eau à l'intérieur des terres, plus grande qu'une mare ou qu'un étang. → planche **Eau.** *La ville d'Annecy est construite au bord d'un lac.* ▮ homonyme : laque.
▶ Autre mot de la famille : lacustre.

lacer v. (conjug. 5a) Attacher avec un lacet. *Théo lace ses chaussures.* ▮ homonyme : lasser.
▶ Autres mots de la famille : délacer, entrelacer, lacet.

lacérer v. (conjug. 8) Mettre en pièces, en lambeaux. → **déchirer.** *Le chat a lacéré le fauteuil en cuir avec ses griffes.*

lacet n. m. **1.** Cordon étroit que l'on passe dans de petits trous pour attacher une chaussure. → aussi **lacer.** *Julie, fais attention, un de tes lacets est défait !* **2.** Suite de tournants très serrés sur une route. → **zigzag.** *La route fait des lacets jusqu'au sommet de la colline.* ▷ Mot de la famille de lacer.

① **lâche** adj. Qui manque de courage, recule devant le danger. → **peureux, poltron.** *Elle est trop lâche pour se dénoncer.* ▮ contraires : **brave, courageux, intrépide, vaillant.** – n. *Quel lâche !*
▶ Attention à l'accent circonflexe du *â*.
▶ Autres mots de la famille : lâchement, lâcheté.

② **lâche** adj. Pas serré. *Le nœud est trop lâche, il va se défaire.* ▮ contraire : **serré.** ▷ Mot de la famille de lâcher.
▶ Attention à l'accent circonflexe du *â*.

lâchement adv. Avec lâcheté. *Il a fui lâchement ses responsabilités.* ▮ contraire : **courageusement.** ▷ Mot de la famille de ① lâche.

lâcher v. (conjug. 3) **1.** Cesser de tenir. *Léa a lâché le plat,* elle l'a laissé tomber. *Ne me lâche pas la main !* **2.** Cesser de retenir. *Il a lâché ses chiens dans le champ,* il les a laissés aller dans le champ. **3.** Se casser brusquement. *La corde a lâché.*
▶ Autres mots de la famille : ② lâche, lâcheur, relâche, relâchement, relâcher.

lâcheté n. f. Manque de courage devant le danger. ▮ contraires : **audace, bravoure, courage, intrépidité, vaillance.** *Il a préféré mentir, par lâcheté.* ▷ Mot de la famille de ① lâche.

lâcheur n. m., **lâcheuse** n. f. Personne qui abandonne les personnes envers qui elle s'était engagée. *Louise devait nous aider mais elle n'est pas venue, quelle lâcheuse !* ▷ Mot de la famille de lâcher.

laconique adj. Qui est exprimé en peu de mots. → **bref, concis.** *Il nous a adressé une réponse laconique.*
▶ Ce mot appartient au langage soutenu.

lacrymal, lacrymale adj. Qui concerne les larmes. *Les glandes lacrymales,* qui produisent les larmes. – Au masc. pl. *lacrymaux.*

lacrymogène adj. *Un gaz lacrymogène,* qui pique les yeux et la gorge et qui fait pleurer. *Une bombe lacrymogène,* qui contient du gaz lacrymogène.
▶ Il y a un *y* après le *r*.

lacté, lactée adj. **1.** *Un produit lacté,* qui contient du lait. *Le bébé mange une bouillie lactée.* **2.** *La Voie lactée,* c'est la grande traînée blanche et floue, formée de milliers d'étoiles et de corps célestes, que l'on aperçoit dans le ciel quand la nuit est claire. → aussi **galaxie.**

lacune n. f. Ce qui manque dans un texte ou des connaissances. *Il a de graves lacunes en histoire.* → **insuffisance.**

lacustre adj. Situé dans un lac ou au bord d'un lac. *Les cités lacustres étaient des villages dont les maisons étaient construites sur pilotis au-dessus de l'eau.* ▷ Mot de la famille de lac.

cité **lacustre**

lagon n. m. Petit lac d'eau de mer entre la terre et un récif de corail.

lagune n. f. Étendue d'eau salée séparée de la mer par une étroite bande de sable. *La ville de Venise, en Italie, est construite sur une lagune.*

laïc [laik] n. m., **laïque** [laik] n. f. et adj.
▪ n. Personne qui ne fait pas partie du clergé. *L'entretien de l'église est assuré par des laïcs.* ▮ contraires : **clerc, ecclésiastique.**
▪ adj. Indépendant de toute religion. *L'enseignement laïque. Paul va dans une école laïque.* ▮ contraire : **religieux.**
◗ On écrit *un laïc, une laïque,* mais l'adjectif s'écrit toujours *laïque,* au masculin comme au féminin.

▸ **laïcité** n. f. *La laïcité de l'État,* c'est son indépendance par rapport à la religion.

laid, laide adj. Désagréable à regarder. ➜ **affreux, hideux, horrible,** ① **vilain ;** fam. **moche.** *Sa cousine est très laide.* ▮ contraires : **beau, joli.** ▮ homonymes : laie, lait, les.

▸ **laideur** n. f. Caractère de ce qui est laid. *La sorcière était d'une laideur repoussante.* ▮ contraire : **beauté.**

▸ Autre mot de la famille : enlaidir.

laie n. f. Femelle du sanglier. *La laie et ses marcassins.* ▮ homonymes : laid, lait, les.

laine n. f. Matière souple provenant du poil des moutons. *Des chaussettes de laine.*

▸ **lainage** n. m. **1.** Tissu de laine. *Un manteau en lainage.* **2.** Vêtement de laine tricotée. *Mets un lainage, il ne fait pas chaud.*

▸ **laineux, laineuse** adj. Qui contient beaucoup de laine. *Une étoffe laineuse.*

▸ **lainier, lainière** adj. Relatif à la laine. *L'industrie lainière.*

laïque ➜ **laïc**

laisse n. f. Lanière que l'on attache au collier d'un chien pour le tenir. *Il promène son chien en laisse.*

lagon

laisser v. (conjug. 3) **1.** Ne pas empêcher. *Laissez-moi passer. Il a laissé son chien partir.* **2.** Ne pas manger. *Louise a laissé toute sa purée.* **3.** Ne pas prendre. *Il laissera sa voiture à la gare.* **4.** Ne pas emmener avec soi. *L'été, nous laissons le chien à des amis.* ➜ **confier.** **5.** Maintenir. *Laisse-moi tranquille ! Il faut laisser la porte ouverte.* **6.** Quitter. *Je vous laisse sinon je vais être en retard.* **7.** Vendre à un prix avantageux. *Le pâtissier nous a laissé deux gâteaux pour le prix d'un.* **8.** *Il faut laisser cuire le poulet pendant une heure,* le faire cuire sans y toucher. *Julie a laissé tomber ses lunettes,* elle les a fait tomber sans le faire exprès. **9. se laisser,** ne pas s'empêcher, ne pas se priver. *Laissez-vous aller,* détendez-vous. *Ne te laisse pas faire !* ne cède pas !

▸ **laisser-aller** n. m. inv. Manque d'effort, de soin. *Il y a du laisser-aller dans son travail.* ➜ **relâchement.** ▷ Mot de la famille de ① aller.

▸ **laissez-passer** n. m. inv. Papier officiel autorisant une personne à circuler librement dans un endroit gardé. *Le journaliste montre son laissez-passer au policier.* – Au pl. *Des laissez-passer.* ▷ Mot de la famille de passer.

▸ Autre mot de la famille : délaisser.

lait n. m. Liquide blanc, très nourrissant, produit par les mamelles des femelles de certains animaux et par les seins des femmes qui viennent d'avoir un bébé. ➜ planche **Alimentation.** *Ce fromage est fait avec du lait de vache. Alex a bu un café au lait.* ▮ homonymes : laid, laie, les.

▸ **laitage** n. m. Aliment fabriqué avec du lait. *Les yaourts, le fromage blanc sont des laitages.*

▸ **laitance** n. f. Liquide blanc produit par les poissons mâles, qui contient des milliers de spermatozoïdes. *Le mâle couvre de sa laitance les œufs du poisson femelle pour les féconder.*

▸ **laiterie** n. f. Usine dans laquelle on traite le lait pour le conserver ou le transformer en beurre et fabriquer des produits laitiers.

▸ **laiteux, laiteuse** adj. Blanc comme du lait. *Le bébé a la peau laiteuse.*

▸ **laitier** n. m. et adj., **laitière** n. f. et adj.
▪ n. Personne qui ramasse le lait dans les fermes ou qui le livre chez les commerçants.
▪ adj. **1.** *Une vache laitière,* une vache élevée pour son lait. **2.** *Les produits laitiers,* faits avec

du lait. ➔ planche **Alimentation.** *Le beurre, le fromage, la crème sont des produits laitiers.* ➔ **laitage.**

▶ Autres mots de la famille : allaitement, allaiter, petit-lait.

laiton n. m. Alliage de cuivre et de zinc, de couleur jaune. *Un fil de laiton.*

laitue n. f. Salade à feuilles tendres.

laïus [lajys] n. m. Familier. Discours. *Il nous a fait un laïus interminable à la fin du dîner.*

▶ Ce mot vient de *Laïus,* nom d'un personnage de la mythologie grecque.

lama n. m. Animal au pelage brun clair, qui ressemble à un petit chameau sans bosse et vit dans les montagnes d'Amérique du Sud. ➔ **vigogne.** *Les lamas sont utilisés comme bêtes de somme ainsi que pour leur laine et leur viande.* ➔ planche Animaux **domestiques.**

▶ C'est un mot d'Amérique du Sud.

lama

lambeau n. m. Morceau d'un tissu déchiré. *Théo s'est battu et maintenant sa chemise est en lambeaux.*

lambin, lambine adj. Familier. Lent. *Paul est un peu lambin.* ▮ contraires : ① **rapide, vif.** – n. *Dépêche-toi Louise ; quelle lambine !*

lambris [lɑ̃bʀi] n. m. Panneau en bois ou en marbre qui recouvre les murs ou le plafond d'une pièce et sert de décoration.

lame n. f. **1.** Partie tranchante d'un couteau, d'un outil servant à couper ou à tailler. *La lame d'un poignard.* **2.** *Une lame de rasoir,* un petit rectangle d'acier très coupant que l'on met dans un rasoir. **3.** Bande plate et mince d'une matière dure. *Les lames du parquet grinçaient à chaque pas.* ➔ **latte.** **4.** Vague. *La lame se brise sur les rochers.*

▶ **lamelle** n. f. Petite lame très mince. *Des oignons coupés en lamelles.*

se **lamenter** v. (conjug. 4) Se plaindre. ➔ **geindre, gémir.** *Elle ne cesse de se lamenter sur son sort.* ▮ contraire : se **réjouir.**

▶ **lamentable** adj. Très mauvais. ➔ **déplorable, désastreux, minable, pitoyable.** *Julie a eu une note lamentable en français.* ▮ contraire : **excellent.**

▶ **lamentablement** adv. De manière lamentable. *Il a lamentablement échoué à son examen.* ➔ **piteusement.**

▶ **lamentations** n. f. pl. Suite de paroles dites pour se plaindre. *Cesse tes lamentations !* ➔ **jérémiades.**

laminer v. (conjug. 3) Amincir du métal en le comprimant fortement. *On lamine le métal pour le transformer en plaques, en tôles, en barres ou en tubes.*

▶ **laminoir** n. m. Machine composée de deux gros rouleaux d'acier tournant en sens inverse entre lesquels on fait passer le métal à laminer.

lampe n. f. Appareil d'éclairage. *L'abat-jour de sa lampe de chevet est blanc. La lampe ne marche plus, il faut changer l'ampoule.*

▶ **lampadaire** n. m. Lampe montée sur un très haut pied et qui sert à éclairer une pièce ou une rue. ➔ aussi **réverbère.**

▶ **lampion** n. m. Lanterne en papier coloré. *C'est la fête au village, on a suspendu des lampions dans les rues.*

lamproie n. f. Poisson au corps très allongé sans écailles, qui ressemble à une anguille. ➔ planche **Poissons.** *Certaines lamproies vivent dans la mer, d'autres dans les rivières.*

lance n. f. **1.** Arme formée d'un long manche terminé par une pointe en fer. ➔ aussi **javelot,** ① **pique.** *Le chevalier fit tomber de cheval son adversaire d'un coup de lance.* **2.** *Une lance à eau,* c'est un tube métallique placé au bout d'un tuyau d'arrosage pour aider à diriger le jet. *Les pompiers éteignent l'incendie avec leur lance.*

▶ Autres mots de la famille : ② élan, élancé, élancer, s'élancer, lancée, lance-flamme, lancement, lance-pierre, ① et ② lancer, lanceur, relance, relancer.

lampion

lancée n. f. Vitesse que l'on a prise. → ② **élan.** *Le cavalier a continué sur sa lancée et ne s'est pas arrêté à la ligne d'arrivée.* ▷ Mot de la famille de lance.

lance-flamme n. m. Engin de combat servant à projeter des liquides enflammés. – Au pl. *Des lance-flammes.* ▷ Mot de la famille de lance et de flamme.

lancement n. m. **1.** Envoi d'un engin dans l'espace. *Le lancement de la fusée a été retransmis à la télévision.* **2.** Fait de faire connaître un produit, de le lancer. *La publicité est nécessaire au lancement d'un produit.* ▷ Mot de la famille de lance.

lance-pierre n. m. Instrument à deux branches muni d'un gros élastique dont on se sert pour lancer des pierres. → **fronde.** – Au pl. *Des lance-pierres.* ▷ Mot de la famille de lance et de pierre.

① **lancer** v. (conjug. 5a) **1.** Envoyer loin de soi avec force. → **jeter.** *Paul lance un bâton à son chien.* **2.** *Lancer un appel,* l'émettre. *Le navire a lancé un message de détresse.* **3.** Mettre en mouvement. *Le train était lancé à toute vitesse.* **4.** Faire connaître en mettant en valeur. *C'est ce film qui a lancé ce comédien,* qui l'a rendu célèbre. *On lance une nouvelle marque de yaourts,* on fait de la publicité pour la faire connaître. → aussi **lancement.** **5. se lancer,** s'élancer. *Julie s'est lancée à la poursuite de son chien.* → se **précipiter.**

▶ ② **lancer** n. m. Épreuve sportive qui consiste à lancer quelque chose le plus loin possible. *Le lancer du poids, du disque, du javelot, du marteau.*

▶ **lanceur** n. m., **lanceuse** n. f. Athlète spécialisé dans les lancers. *Une lanceuse de poids.*

▷ Mots de la famille de lance.

lancinant, lancinante adj. *Une douleur lancinante,* très vive et qui revient sans cesse. *Elle a une douleur lancinante dans l'épaule.*

landau n. m. (pl. **landaus**) Voiture d'enfant à capote, dans laquelle le bébé est couché. → aussi **poussette.** *Le bébé est dans son landau.*

lande n. f. Grande étendue de terre où ne poussent que certaines plantes sauvages comme les ajoncs, la bruyère et les genêts. → aussi **garrigue, maquis.** *La lande bretonne.*

lande

langage n. m. 1. Emploi d'un ensemble de signes permettant de communiquer. *La parole et l'écriture constituent le langage des êtres humains.* 2. Système qui permet de communiquer. *Le langage des signes des sourds-muets.* 3. Façon de parler particulière à une personne ou à un groupe de personnes. *Le mot «quenotte» appartient au langage des enfants, «bagnole» au langage familier.* → **langue.** ▷ Mot de la famille de langue.

lange n. m. Morceau de tissu de laine ou de coton dont on enveloppait les bébés autrefois.

▸ **langer** v. (conjug. 5b) Envelopper dans des langes. *Autrefois on langeait les bébés.* → **emmailloter.** *Une table à langer,* sur laquelle on change un bébé.

langoureux, langoureuse adj. Tendre et rêveur. *Il jette à sa fiancée des regards langoureux.* ▷ Mot de la famille de languir.

langouste n. f. Animal marin de couleur grise ou rose, avec de longues antennes mais sans pinces, à la différence du homard. → planche **Crustacés** et coquillages. *Ils mangent une langouste grillée.*

▸ **langoustine** n. f. Petit animal marin rose, à pinces longues et étroites. *Nous avons mangé des beignets de langoustines.* → planches **Crustacés** et coquillages, **océan.**

langue n. f. 1. Organe charnu, placé dans la bouche, qui sert à goûter les aliments et à parler. *Julie s'est brûlé la langue en mangeant sa soupe.* 2. *Avoir la langue bien pendue,* être bavard. *Donner sa langue au chat,* renoncer à deviner, à trouver la solution. *Ne pas savoir tenir sa langue,* ne pas savoir garder un secret. *Une mauvaise langue,* une personne qui dit du mal des autres. *Il faut tourner sa langue sept fois dans sa bouche avant de parler,* il faut réfléchir avant de prendre la parole. 3. Ensemble des mots et des règles qu'on utilise pour parler, comprendre ce qui est dit, écrire et lire. *Les Français et les Anglais ne parlent pas la même langue. Sa langue maternelle est le chinois,* la langue qu'il a apprise quand il a commencé à parler. *L'italien est une langue vivante,* une langue que l'on parle actuellement. *Le latin est une langue morte,* une langue que l'on ne parle plus. 4. Ensemble de mots particuliers employés par certaines personnes ou à certains moments. → **langage** et aussi **jargon.** *La langue des médecins est parfois difficile à comprendre.*

▸ **languette** n. f. Objet plat, souple et allongé qui ressemble à une petite langue. *Les chaussures à lacets ont une languette sous les lacets.*

▶ Autre mot de la famille : langage.

languir v. (conjug. 11) 1. Manquer d'animation. *La conversation languissait.* → **traîner.** 2. *Faire languir quelqu'un,* le faire attendre. *Ne me fais pas languir, raconte-moi la fin de l'histoire.*

▸ **langueur** n. f. Manque d'activité ou d'énergie. *Julie est allongée sur le canapé dans une pose pleine de langueur.*

▸ **languissant, languissante** adj. Qui manque d'énergie, d'entrain. *Elle parle d'une voix languissante.* → **indolent.**

▶ Autre mot de la famille : langoureux.

lanière n. f. Longue et étroite bande de cuir, de tissu, de plastique. → **courroie.** *Des lanières de sandales.*

lanterne n. f. 1. Boîte à parois transparentes dans laquelle on place une lumière. *Une lanterne en fer forgé.* 2. *La lanterne rouge,* c'est le dernier d'un classement. *La lanterne rouge de la course.*

lanterne

lapalissade n. f. Vérité tellement évidente qu'elle fait rire. *«Cinq minutes avant sa mort, il était encore vivant» est une lapalissade.*

▶ On dit aussi une *vérité de La Palice.* (→ ÉTYM.)

laper v. (conjug. 3) Boire à coups de langue. *Le chat lape le lait dans son écuelle.*

lapereau n. m. Jeune lapin. *Une lapine et ses lapereaux.*

lapider v. (conjug. 3) Tuer en lançant des pierres.

lapin n. m., **lapine** n. f. **1.** Petit animal herbivore, au pelage beige, fauve, noir ou blanc, très doux, et aux longues oreilles. → aussi **lapereau** et **lièvre.** *Les lapins d'élevage vivent dans des clapiers.* → planche Animaux **domestiques.** **2.** Familier. *Poser un lapin à quelqu'un,* c'est ne pas aller à un rendez-vous avec lui.

laps [laps] n. m. *Un laps de temps,* un espace de temps, une durée. *Il y a eu un laps de temps assez long entre les deux mails qu'il m'a envoyés.*

lapsus [lapsys] n. m. Erreur involontaire qui consiste à employer un mot à la place d'un autre. *Paul a fait un lapsus, il a dit «au revoir» quand il est arrivé.*

laquais n. m. Autrefois, serviteur qui portait l'uniforme de la maison de son maître. → **valet** et aussi **livrée.**

laque n. f. **1.** Peinture brillante qui a l'aspect du vernis. *La carrosserie de la voiture est recouverte de laque.* **2.** Produit que l'on vaporise sur les cheveux pour les faire tenir. ▮ homonyme : lac.

▶ Autre mot de la famille : laquer.

laquelle → **lequel**

laquer v. (conjug. 3) **1.** Recouvrir de laque. *Les murs de la salle de bains sont laqués.* **2.** *Se laquer les cheveux,* vaporiser de la laque dessus.

▷ Mot de la famille de laque.

larcin n. m. Vol d'un objet de peu de valeur.

lard [laʀ] n. m. Épaisse couche de graisse que le porc a sous la peau. *Une omelette au lard.*

▮ Il y a un *d* à la fin.

▶ **larder** v. (conjug. 3) Mettre des morceaux de lard dans un morceau de viande. *Le boucher larde le rôti.*

▶ **lardon** n. m. Petit morceau de lard. *Une salade aux lardons.*

large adj., n. m. et adv.

▪ adj. **1.** Grand dans le sens de la largeur. *Une avenue est plus large qu'une ruelle.* ▮ contraire : **étroit.** **2.** Qui n'est pas serré. *Julie aime les pantalons larges.* → **ample.** **3.** Important. *Il y a une large part de mensonge dans ce qu'il dit.* ▮ contraire : **petit.** **4.** *Avoir les idées larges,* admettre que les autres puissent penser autrement que soi. – On dit aussi *être large d'esprit.* ▮ contraires : **borné, étroit.** **5.** Généreux. *Elle est très large avec ses petits-enfants.* ▮ contraire : **mesquin.**

▪ n. m. **1.** Largeur. *La pièce a 4 mètres de long et 3 mètres de large.* **2.** *Être au large,* avoir beaucoup de place. *Dans cette voiture, on est au large.* ▮ contraire : à l'**étroit.** **3.** La haute mer. *Le bateau a gagné le large.*

▪ adv. *Compter, calculer large,* en comptant un peu plus. *Ce voyage reviendrait à 800 euros en comptant large.*

▶ **largement** adv. Plus que nécessaire. *Alex a largement de quoi payer son livre.* → **amplement.** *Nous sommes arrivés largement en avance,* très en avance.

▶ **largesse** n. f. Don généreux. *Ce n'est pas son genre de faire des largesses.*

▶ **largeur** n. f. **1.** La plus petite dimension d'une surface. *La table a 2 mètres de longueur sur 80 centimètres de largeur.* → **large.** **2.** *La largeur d'esprit,* c'est la tolérance, la compréhension. ▮ contraire : **étroitesse.**

▶ Autres mots de la famille : élargir, élargissement.

larguer v. (conjug. 3) **1.** *Larguer les amarres,* c'est les détacher pour que le bateau puisse partir. *Les matelots larguent les amarres.* **2.** Laisser tomber. *L'avion a largué des vivres aux réfugiés.*

larme n. f. **1.** Goutte d'eau salée qui coule des yeux. *Léa a du chagrin, elle est en larmes.* → **pleurs.** **2.** Petite quantité de liquide. *Maman a repris une larme de whisky.*

▶ **larmoyer** v. (conjug. 10) Être plein de larmes. *Ses yeux larmoyaient à cause du vent.*

larve n. f. Forme que prennent certains animaux avant de devenir adultes. *La chenille est*

a b c d e f g h i j k l m n o p q r s t u v w x y z

la larve du papillon, le têtard celle de la grenouille. → planche **Reptiles** et amphibiens.

▸ **larvaire** adj. Qui est à l'état de larve. *Un insecte au stade larvaire.*

larynx [laʀɛ̃ks] n. m. Organe situé à l'intérieur du cou et qui contient les cordes vocales.
Ce mot prend un *y* et un *x*.

las [lɑ], **lasse** [lɑs] adj. **1.** Très fatigué, incapable de faire un effort supplémentaire. *Louise était très lasse après cette longue randonnée.* → **épuisé, harassé.** **2.** *Être las de quelque chose*, en avoir assez. *Je suis lasse de t'entendre te plaindre.* ▮ homonymes : ① et ② la, là.
Ce mot appartient au langage soutenu.
▶ Autres mots de la famille : délassement, délasser, inlassable, inlassablement, lassant, lasser, lassitude.

lasagne n. f. *Des lasagnes*, ce sont des pâtes en forme de large ruban que l'on mange à la sauce tomate et gratinées.

laser [lazɛʀ] n. m. Rayon de lumière très concentré, utilisé dans de nombreuses techniques. *Une opération chirurgicale au laser.* — adj. *Un rayon laser. Des imprimantes lasers.*
Ce mot vient de l'anglais.

coupe au **laser**

lasser v. (conjug. 3) Fatiguer en ennuyant. *Elle lasse tout le monde avec ses histoires interminables.* — **se lasser,** en avoir assez. *Les enfants ne se lassent jamais de jouer.* ▮ homonyme : lacer.

▸ **lassant, lassante** adj. Fatigant. *C'est lassant de devoir toujours répéter les mêmes choses !*

▸ **lassitude** n. f. **1.** Grande fatigue. *Malgré sa lassitude, il se remit à travailler.* **2.** Ennui et découragement. *Un soupir de lassitude.*
▷ Mots de la famille de las.

lasso n. m. Longue corde terminée par un nœud coulant. *Les cow-boys attrapent les chevaux sauvages au lasso.* — Au pl. *Des lassos.*
Ce mot vient de l'espagnol.

latent, latente adj. Qui ne se manifeste pas mais peut éclater à tout moment. *La colère était latente.*

latéral, latérale adj. Situé sur le côté. *Il a garé sa voiture dans l'allée latérale.* — Au masc. pl. *latéraux.*
▶ Autres mots de la famille : bilatéral, équilatéral, unilatéral.

latex n. m. Liquide visqueux, parfois un peu blanc, qui forme la sève de certains arbres. *On recueille le latex de l'hévéa pour fabriquer le caoutchouc.*

latin n. m. et adj., **latine** adj.
▪ n. m. Langue que les Romains parlaient autrefois. *De nombreux mots français viennent du latin.*
▪ adj. **1.** Qui concerne la langue et la civilisation romaines. *La grammaire latine. Les langues latines,* qui viennent du latin. **2.** *L'Amérique latine,* l'Amérique du Sud.

latitude n. f. **1.** Distance qui sépare un point du globe terrestre de l'équateur. *Paris est à 48° 52′ de latitude Nord.* → **parallèle** et aussi **longitude.** → planche **Terre.** **2.** Possibilité de faire comme l'on veut. → **liberté.** *Vous avez toute latitude de refuser.*

latte n. f. Long morceau de bois mince et étroit. *Les lattes du parquet.* → **lame.**

lauréat n. m., **lauréate** n. f. Personne qui a remporté un prix dans un concours. → **gagnant, vainqueur.** *Les lauréats du prix Nobel.*

laurier n. m. Arbuste dont les feuilles allongées et brillantes ne tombent pas en hiver et sont utilisées en cuisine comme aromate. *Elle met du thym et du laurier dans le ragoût.*

lavable adj. Que l'on peut laver. *Une peinture lavable. Ce pantalon est lavable en machine.* ▷ Mot de la famille de **laver**.

lavabo n. m. Cuvette à hauteur de table fixée au mur, munie de robinets et d'un système de vidange, servant à faire sa toilette. *Louise se lave les mains dans le lavabo.*

lavage n. m. Action de laver. *Mon pull a déteint au lavage,* quand on l'a lavé. ▷ Mot de la famille de **laver**.

lavande n. f. (→ ÉTYM.) Plante à fleurs bleues ou violettes qui sentent très bon. *Un savon à la lavande.*

champ de **lavande**

lave n. f. Matière pâteuse et noirâtre qui sort brûlante d'un volcan en éruption. → planche **Volcans.** *Une coulée de lave.*

laver v. (conjug. 3) Nettoyer avec de l'eau et éventuellement du savon ou de la lessive. *Alex lave la voiture de ses parents. Léa s'est lavé les dents.* – **se laver,** c'est faire sa toilette. *Julie s'est lavée avant de se coucher.*

▸ **lave-glace** n. m. Appareil qui envoie un jet d'eau sur le parebrise et parfois sur la vitre arrière d'une voiture. – Au pl. *Des lave-glaces.* ▷ Mot de la famille de ① **glace**.

▸ **lave-linge** n. m. Machine à laver le linge. *Il met les draps sales dans le lave-linge.* – Au pl. *Des lave-linges* ou *des lave-linge* (invariable). ▷ Mot de la famille de **linge**.

▸ **laverie** n. f. Local équipé de machines dans lesquelles on peut laver son linge en payant. → aussi **blanchisserie.**

▸ **lavette** n. f. Gant de toilette.
◗ Ce mot est employé en Suisse.

▸ **laveur** n. m., **laveuse** n. f. Personne dont le métier est de laver quelque chose. *Un laveur de carreaux.*

▸ **lave-vaisselle** n. m. Machine à laver la vaisselle. *Elle vide le lave-vaisselle.* – Au pl. *Des lave-vaisselles* ou *des lave-vaisselle* (invariable). ▷ Mot de la famille de **vaisselle**.

▸ **lavoir** n. m. Bassin aménagé pour laver le linge. *Autrefois, on lavait son linge au lavoir du village.*

▸ Autres mots de la famille : **délavé, lavable, lavage.**

laxatif, laxative adj. *Une tisane laxative,* qui relâche l'intestin et purge légèrement. – n. m. *Quand on est constipé, on prend des laxatifs.* → **purgatif.**

layette [lɛjɛt] n. f. Ensemble des vêtements d'un bébé. *Elle tricote de la layette pour ses petits-enfants.*

① **le** article défini m., **la** article défini f., **les** article défini pl. *Le singe et la guenon ont mangé toutes les bananes. Il a perdu l'appétit.* → aussi **au, du.**
◗ *Le* et *la* deviennent *l'* devant une voyelle (ex. : *l'artiste*) ou un *h* muet (ex. : *l'hippopotame*).
▸ Autres mots de la famille : **lendemain, lequel, sur-le-champ, surlendemain.**

② **le** pronom m., **la** pronom f., **les** pronom pl. Pronoms personnels de la 3e personne, compléments d'objet direct représentant un nom ou un pronom qui vient d'être exprimé ou va l'être. *C'est Julie, je la reconnais. Je l'entends mais je ne le vois pas. Je ne trouve pas mes clés, où les ai-je mises ?*
◗ *Le* et *la* deviennent *l'* devant une voyelle ou un *h* muet.

leader [lidœʀ] n. m. ou **leadeur** n. m., **leadeuse** n. f. **1.** Chef d'un parti politique. *Les leaders de l'opposition.* **2.** Concurrent qui est en tête d'une compétition. *Le leader de la course.*
◗ *Leader* est un mot anglais qui veut dire «celui qui dirige». • Écrire *leadeur, leadeuse* avec le suffixe *-eur* est conforme à la nouvelle orthographe.

lécher v. (conjug. 8) Passer sa langue sur. *Léa lèche sa glace.* – **se lécher,** passer sa langue sur soi. *Le chat se lèche pour lustrer sa fourrure.*

▸ **lèche-vitrine** n. m. *Faire du lèche-vitrine,* se promener en regardant les vitrines des magasins. ➜ **shopping.** ▷ Mot de la famille de vitre.

▶ Autre mot de la famille : se pourlécher.

leçon n. f. **1.** Ce qu'un élève doit apprendre et savoir. *Théo apprend sa leçon d'histoire et il fera ses devoirs après.* **2.** Cours donné par un professeur. *Louise prend des leçons de piano.* **3.** Enseignement que l'on tire d'un évènement. *Cette mauvaise expérience lui a servi de leçon.*

lecteur n. m., **lectrice** n. f. **1.** Personne qui lit. *Ce journal a de nombreux lecteurs.* **2.** n. m. Appareil qui permet de reproduire des sons, des images et des informations enregistrés. *Ils ont un lecteur de CD et un lecteur de DVD.*

lecture n. f. **1.** Action de lire. *Louise aime la lecture,* elle aime lire. *Mamie fait la lecture à ses petits-enfants,* elle leur lit des histoires à haute voix. **2.** Ce que l'on lit. *Ce livre est très difficile, ce n'est pas une lecture pour toi,* ce n'est pas un texte pour toi. *Je vous ai apporté de la lecture,* de quoi lire.

légal, légale adj. Conforme à la loi, fixé par la loi. *L'avortement n'est pas légal dans tous les pays.* ▮ contraire : **illégal.** – Au masc. pl. *légaux.*

▸ **légalement** adv. Suivant la loi. *Les députés ont été élus légalement.* ▮ contraire : **illégalement.**

▸ **légaliser** v. (conjug. 3) Rendre légal, autoriser par une loi. *Les jeux d'argent en ligne ont été légalisés en France en 2010.*

▸ **légalité** n. f. Ce qui est conforme à la loi. ▮ contraire : **illégalité.** *Il a agi en toute légalité,* en respectant la loi.

▶ Autres mots de la famille : illégal, illégalement, illégalité.

légataire n. m. et f. Personne à qui on lègue ses biens, sa fortune. ➜ aussi **héritier.** ▷ Mot de la famille de léguer.

légende n. f. **1.** Récit merveilleux que les gens se transmettent de génération en génération. ➜ **conte,** ① **histoire.** *La légende dit que le château est hanté.* **2.** Petit texte qui explique l'image, sous une photo ou un dessin. *La légende indique qu'il s'agit de Paris, en 1920.* **3.** Liste expliquant les signes et à quoi correspondent les couleurs figurant sur une carte ou un plan.

▸ **légendaire** adj. **1.** Qui n'existe que dans les légendes. *L'ogre est un personnage légendaire.* ➜ **fabuleux, imaginaire.** ▮ contraire : **historique.** **2.** Bien connu. *Ses colères sont légendaires.* ➜ **célèbre.**

léger, légère adj. **1.** Qui a peu de poids, qui se soulève facilement. *Ma valise est très légère.* ▮ contraires : **lourd, pesant.** **2.** Peu abondant. *Elle a pris un repas léger.* ➜ **frugal.** ▮ contraire : **copieux.** **3.** Vif et gracieux. *Elle a une démarche souple et légère.* **4.** Qui a peu de matière. *Une légère couche de neige recouvre le sol.* ➜ ② **fin, mince.** ▮ contraire : **épais.** *Léa porte une robe légère.* ▮ contraire : **chaud.** *Il fume des cigarettes légères.* ▮ contraire : ① **fort.** **5.** Peu important. ➜ **faible.** *Le gâteau a un léger goût de brûlé.* **6.** Irresponsable. ➜ **inconséquent.** *Il est un peu léger d'avoir laissé son bébé tout seul.* ▮ contraire : **sérieux.** **7.** *À la légère,* sans réfléchir, avec insouciance. *Il a pris sa décision à la légère.*

▸ **légèrement** adv. **1.** Sans excès. *Dînez légèrement et couchez-vous de bonne heure.* **2.** *S'habiller légèrement,* avec des vêtements légers. ▮ contraire : **chaudement.** **3.** À peine. *Paul est légèrement plus jeune que Louise,* un petit peu plus jeune. ➜ fam. **un tantinet.** *Le cheval est légèrement blessé.* ▮ contraire : **grièvement.** **4.** Sans réfléchir suffisamment, à la légère. *Il a agi légèrement.*

▸ **légèreté** n. f. **1.** Caractère de ce qui ne pèse pas lourd. *Cette table est d'une grande légèreté.* ▮ contraire : **lourdeur.** **2.** Aisance dans les mouvements. *Louise marche avec légèreté.* **3.** Finesse. *La légèreté d'un tissu.* **4.** Manque de sérieux. ➜ **insouciance.** *Il a fait preuve de légèreté en ne vérifiant pas ses comptes.*

▶ Autres mots de la famille : allégé, allègement, alléger.

leggins ou **leggings** n. m ou f. pl. Collant sans pieds. ➜ **caleçon.** *Julie a mis une jupe noire et des leggins rouges.*

▶ Ce mot vient de l'anglais.

légionnaires romains

légion n. f. **1.** Chez les anciens Romains, armée composée de soldats à pied et à cheval. *Les légions de Jules César conquirent la Gaule.* **2.** *La Légion étrangère*, c'est une troupe d'élite française composée de volontaires français et étrangers soumis à une discipline très stricte et envoyés dans les combats les plus durs. **3.** *La Légion d'honneur*, c'est une décoration que l'on reçoit, en France, en récompense des services que l'on a rendus au pays.

▸ **légionnaire** n. m. **1.** Soldat d'une légion romaine. **2.** Soldat de la Légion étrangère. *Les légionnaires portent un képi blanc et une ceinture bleue.*

législatif, législative adj. **1.** Qui fait les lois, vote les lois. *L'Assemblée nationale et le Sénat sont des assemblées législatives.* → aussi **exécutif.** **2.** *Les élections législatives*, ce sont les élections des députés.

législation n. f. Ensemble des textes de lois qui s'appliquent dans un pays ou dans un domaine particulier. *La législation française. La législation du travail.*

légitime adj. **1.** Reconnu par la loi. ▪ contraire : **illégitime.** *C'est sa femme légitime*, la femme avec laquelle il est marié. **2.** Juste, compréhensible. *Tes reproches sont légitimes.* → **fondé.** *Être en état de légitime défense*, c'est avoir le droit de se défendre pour se protéger ou protéger quelqu'un, au risque de tuer son agresseur.

▸ Autre mot de la famille : illégitime.

léguer v. (conjug. 8) Donner par testament. *Il a légué tous ses biens à sa nièce.*

▸ **legs** [lɛg] n. m. Don que l'on fait par testament. *Il a fait un legs à un musée.* → aussi **légataire.**

▸ Autre mot de la famille : légataire.

légume n. m. Plante dont on mange certaines parties. *Les fruits et les légumes.* → planche **Alimentation.** *La salade, les épinards, les carottes sont des légumes verts. Les lentilles sont des légumes secs.*

leitmotiv [lajtmɔtif] ou [lɛtmɔtiv] n. m. Phrase, idée qui revient sans cesse. *La lutte contre la pollution, c'est son leitmotiv.* → **refrain.** — Au pl. *Des leitmotivs.*

▸ *Leitmotiv* est un mot allemand qui veut dire « motif conducteur ». • On emploie aussi le pluriel allemand des leitmotive.

lémurien n. m. Animal qui ressemble au singe et qui habite les régions tropicales. *Les lémuriens vivent surtout la nuit.* → aussi **maki.**

lémurien

lendemain n. m. Jour qui suit celui dont il est question. → aussi **demain.** *Il est tombé malade le lendemain de son arrivée. Du jour au lendemain*, en très peu de temps. ▷ Mot de la famille de ① en et de demain.

lent, lente adj. Qui met beaucoup de temps à faire quelque chose. ▮ contraires : **prompt,** ① **rapide.** *Elle a été lente à comprendre ce qu'on lui disait.* ➜ **long.** *Ce train s'arrête tout le temps, il est très lent.*

▸ **lentement** adv. Avec lenteur. *Léa écrit lentement.* ▮ contraires : **rapidement, vite.**

▸ **lenteur** n. f. Manque de rapidité, de vivacité. *Le cortège avance avec lenteur.*

▶ Autres mots de la famille : ralenti, ralentir, ralentissement.

lente n. f. Œuf de pou.

lentille n. f. **1.** *Les lentilles,* ce sont des légumes secs qui se présentent sous la forme de petites graines rondes et plates. *Des lentilles vertes.* **2.** Petit disque de verre qui sert à voir plus gros. *Les lentilles d'un télescope. Il ne met pas de lunettes, il porte des lentilles,* des petits disques en verre ou en plastique qui corrigent la vue et qui s'appliquent directement sur l'œil. ➜ aussi **verre** de contact.

léopard n. m. Panthère d'Afrique au pelage tacheté de jaune et de noir. ➜ planche **Félins.** *Les léopards sont des fauves solitaires.*

lèpre n. f. Maladie grave et très contagieuse qui se caractérise par des boursouflures rouges et des plaies sur la peau.

▸ **lépreux** n. m., **lépreuse** n. f. Personne qui a la lèpre.

lequel m. sing., **laquelle** f. sing., **lesquels** m. pl., **lesquelles** f. pl. Pronoms relatifs et interrogatifs. *Le lit dans lequel j'ai dormi est trop étroit. La personne à laquelle vous venez de parler est la directrice,* à qui vous venez de parler. *Parmi ces chaussettes, lesquelles sont à toi ?* ➜ aussi **auquel, duquel.** ▷ Mot de la famille de ① le et de quel.

les ➜ ① et ② **le**

léser v. (conjug. 8) Désavantager quelqu'un dans un partage. *Quand les enfants ont partagé les bonbons, Louise a été lésée,* elle en a eu moins que les autres. ➜ **défavoriser, désavantager.** ▮ contraires : **avantager, favoriser.**

▸ **lèse-majesté** n. f. *Un crime de lèse-majesté,* c'est un attentat commis contre un souverain ou une atteinte portée à quelqu'un ou à quelque chose de très respectable. ▷ Mot de la famille de majesté.

lésiner v. (conjug. 3) Dépenser le moins d'argent possible, par avarice. *Elle lésine sur tout.*

lésion n. f. Blessure due à une maladie ou à un accident, qui abîme une partie du corps. *Il a eu une lésion au cerveau à la suite d'une embolie.*

lessive n. f. **1.** Produit liquide ou en poudre, que l'on dissout dans l'eau pour laver le linge. ➜ aussi **détergent.** *Un baril de lessive.* **2.** *Faire la lessive,* c'est laver le linge. **3.** Linge qui vient d'être lavé. *Elle étend la lessive sur une corde à linge.*

▸ **lessiver** v. (conjug. 3) Nettoyer avec un détergent. *Le peintre lessive les murs du salon.*

▸ **lessiveuse** n. f. Grande bassine dans laquelle on lavait le linge autrefois en le faisant bouillir.

lest n. m. Poids dont on charge un navire, un véhicule pour le rendre plus stable. *En ballon, on lâche du lest pour monter plus haut.* ▮ homonyme : leste.

▸ **lester** v. (conjug. 3) Charger de lest. *Les marchandises qui lestent le cargo sont au fond de la cale.* ▮ contraire : **délester.**

▶ Autre mot de la famille : délester.

leste adj. Souple et vif dans ses mouvements. *Il marche d'un pas leste.* ➜ ① **alerte.** ▮ contraire : **lourd.** ▮ homonyme : lest.

léthargie n. f. Engourdissement, torpeur. *Il est difficile de l'arracher à sa léthargie.*

▶ Le *t* est suivi d'un *h*.

▸ **léthargique** adj. Qui manifeste de la léthargie. *Le malade est dans un moment d'abattement léthargique.*

▶ Le *t* est suivi d'un *h*.

lettre n. f. **1.** Chacun des signes de l'alphabet qui note les sons du langage parlé. ➜ aussi **caractère.** *Il y a 26 lettres dans l'alphabet français. Alex a écrit le nombre en toutes lettres.* – *À la lettre,* exactement. *Elle a suivi mon conseil à la lettre,* dans tous ses détails. **2.** Texte écrit que l'on adresse à quelqu'un pour lui faire part de quelque chose. *Il a répondu à ma lettre.* **3.** *Les lettres,* la littérature, les langues, la philosophie et l'histoire. *Elle veut faire des études de lettres après son bac.* ➜ aussi **littéraire.**

▸ **lettré, lettrée** adj. Qui a des connaissances littéraires. ➜ aussi **cultivé.** *Les académiciens sont des personnes lettrées.*

▸ **lettrine** n. f. Grande lettre décorée, au début d'un chapitre ou d'un paragraphe, dans un livre. *Les manuscrits du Moyen Âge sont ornés de superbes lettrines.*

▸ Autres mots de la famille : illettré, illettrisme, pèse-lettre.

lettrine

leucémie n. f. Très grave maladie caractérisée par un trop grand nombre de globules blancs dans le sang. *La leucémie est un cancer des cellules du sang.*

① **leur** pronom personnel inv. Pronom personnel de la 3e personne du pluriel employé comme complément d'objet indirect. *Le professeur leur a donné un devoir de calcul,* à elles, à eux. ➜ aussi **lui.** ▮ homonyme : leurre.

② **leur** adj. possessif sing., **leurs** adj. possessif pl. Qui est à eux, à elles ; qui sont à eux, à elles. *Ils partent en voyage avec leur fils et leur fille. Les enfants ont rangé leurs cahiers.* ➜ aussi ① **son.**

③ **leur** pronom possessif et n. m.

▪ pronom possessif *Le leur, la leur,* la personne ou la chose qui est à eux, à elles. *Notre maison est voisine de la leur. Mes enfants sont plus âgés que les leurs.*

▪ n. m. **1.** *Ils y ont mis du leur,* ils ont fait un effort. **2.** n. m. pl. *Ils veulent habiter près des leurs,* près de leur famille, de leurs parents, de leurs enfants.

leurre n. m. **1.** Faux appât utilisé pour attraper des poissons. **2.** Tromperie, illusion. *Cet espoir n'était qu'un leurre.* ▮ homonymes : ①, ② et ③ leur.

▸ **se leurrer** v. (conjug. 4) Se faire des illusions. *Il ne faut pas se leurrer, ce travail ne sera pas facile.*

▶ Ce mot appartient au langage soutenu.

levain n. m. Pâte dans laquelle on a mis de la levure. *Le boulanger mélange le levain à la pâte pour que le pain gonfle.* ▷ Mot de la famille de ① lever.

levant adj. m. et n. m.

▪ adj. m. *Le soleil levant,* qui se lève. ▮ contraire : **couchant.**

▪ n. m. *Le levant,* l'endroit du ciel où le soleil se lève. ➜ aussi **est, orient.** ▷ Mot de la famille de ① lever.

levée n. f. **1.** Moment où le facteur retire les lettres de la boîte aux lettres pour les acheminer vers leur destination. *La prochaine levée est à 16 heures.* **2.** *Faire une levée,* c'est ramasser les cartes des autres lorsqu'on gagne. ➜ **pli. 3.** Digue de terre ou de pierres. *Une levée retient les eaux du lac.* ▷ Mot de la famille de ① lever.

① **lever** v. (conjug. 7) **1.** Faire monter. *Il lève les vitres de sa voiture.* ➜ **remonter.** ▮ contraire : **baisser.** *Je lève mon verre à votre santé.* **2.** Mettre une partie du corps plus haut qu'elle n'est d'habitude. *Julie lève le doigt, elle veut répondre. Il n'a pas levé les yeux de son livre.* **3.** *Le chasseur a levé un lièvre,* il l'a fait sortir de son gîte, à la chasse. **4.** Faire cesser. *Le professeur a levé la punition,* il l'a supprimée. *Le président lève la séance,* il déclare qu'elle est terminée. **5.** *Lever les troupes,* les enrôler, les recruter pour partir en guerre. **6.** Commencer à sortir de terre. *Le blé lève.* ➜ ① **pousser. 7.** *La pâte lève,* elle gonfle sous l'effet de la fermentation. ➜ aussi **levain, levure.**

▸ **se lever** v. **1.** Se mettre debout. *Levez-vous, voici la directrice.* ▮ contraire : **s'asseoir. 2.** Sortir de son lit. *Louise s'est levée tôt, ce matin.* ▮ contraire : se **coucher. 3.** *Le soleil se lève à l'est,* il apparaît à l'horizon. **4.** *Le vent* *s'est levé,* il a commencé à souffler. **5.** Devenir plus clair. *Le temps s'est levé dans l'après-midi.*

▶ Autres mots de la famille : élevage, élévateur, élévation, élevé, élever, s'élever, éleveur, enlèvement, enlever, levain, levant, levée, ② lever, levier, levure, pont-levis, prélèvement, prélever, relève, relevé, relèvement, relever, soulèvement, soulever, surélever.

② lever n. m. **1.** Moment où un astre se lève. *Le lever du soleil.* ▮ contraire : **② coucher. 2.** Action de sortir de son lit. *Prendre un comprimé au lever et au coucher.* **3.** *Le lever du rideau,* le moment où le rideau se lève au théâtre et où la scène apparaît. *Ils sont arrivés au théâtre juste avant le lever du rideau,* juste avant le début du spectacle. ▷ Mot de la famille de ① lever.

levier n. m. **1.** Barre très rigide que l'on met sous un objet lourd pour le faire basculer. *Il s'est servi d'un bâton comme levier.* **2.** *Le levier de vitesse d'une voiture,* la manette qui commande la boîte de vitesses. ➜ planche **Voitures.** ▷ Mot de la famille de ① lever.

levraut n. m. Petit du lièvre. *La hase et ses levrauts.*

lèvre n. f. Chacune des deux parties charnues, roses, qui entourent la bouche. *La lèvre supérieure et la lèvre inférieure. Elle s'est mis du rouge à lèvres. Manger du bout des lèvres,* sans appétit. – *Être suspendu aux lèvres de quelqu'un,* l'écouter avec une grande attention.

lévrier n. m. ➜ ÉTYM. Chien à longues pattes, au corps très fin, agile et rapide. ➜ planche **Chiens.** *Une course de lévriers.*

levure n. f. Produit que l'on met dans la pâte pour la faire lever. *Mélangez les œufs, le lait, la farine et la levure.* ▷ Mot de la famille de ① lever.

lexique n. m. **1.** Petit dictionnaire. *Un lexique français-anglais.* **2.** Ensemble des mots d'une langue. *Le mot «yes» ne fait pas partie du lexique français.* ➜ **vocabulaire.**

▶ **lexical, lexicale** adj. Qui concerne le vocabulaire. *Un champ lexical,* c'est un ensemble de mots qui appartiennent au même thème. *«Écran, souris, ordinateur, cliquer, imprimante, clavier» appartiennent au champ lexical de l'informatique.* – Au masc. pl. *lexicaux.*

lézard n. m. Petit reptile à quatre pattes, à longue queue effilée, au corps allongé et recouvert d'écailles. ➜ planches **Désert, reptiles** et amphibiens. *La queue des lézards peut se détacher et repousser. Elle a une ceinture en lézard,* en peau de lézard.

▶ Autre mot de la famille : lézarder.

lézard

lézarde n. f. Fente profonde, étroite et irrégulière dans un mur, un plafond. ➜ **fissure.**

▶ **lézardé, lézardée** adj. Fendu par une ou plusieurs lézardes. *La façade de la maison est lézardée.*

lézarder v. (conjug. 3) Familier. Se chauffer au soleil en restant sans rien faire. *Il lézarde sur la terrasse toute la journée.* ▷ Mot de la famille de lézard.

liaison n. f. **1.** Rapport entre deux choses. *Le commissaire a fait la liaison entre les deux évènements.* ➜ **lien. 2.** Action de prononcer deux mots qui se suivent en unissant la dernière consonne du premier mot à la première voyelle du mot suivant. *Il lit à haute voix en faisant les liaisons.* **3.** Communication établie entre plusieurs personnes. *Le pilote reste en liaison avec la tour de contrôle.* ➜ **relation. 4.** Communication régulière entre deux villes. *Des vols quotidiens assurent la liaison entre Paris et Londres.* ▷ Mot de la famille de lier.

liane n. f. Plante possédant de longues tiges souples qui grimpent et s'accrochent aux arbres, surtout dans la forêt tropicale. *Le singe se balance au bout d'une liane.* ▷ Mot de la famille de lier.

liant, liante adj. Qui se lie facilement avec les autres. *Elle est très liante.* ➜ **sociable.** ▷ Mot de la famille de lier.

liasse n. f. Paquet de papiers ou de billets de banque attachés ensemble. *Il a sorti une liasse de billets de sa poche.* ▷ Mot de la famille de lier.

libations n. f. pl. *Faire des libations,* boire beaucoup de vin, d'alcool à l'occasion d'une fête.

libeller v. (conjug. 3) Rédiger selon les règles établies. *Le client a libellé son chèque à l'ordre du restaurant.*

libellule n. f. Insecte au corps allongé et aux quatre ailes transparentes. → planche **Insectes.** *Des libellules volaient au-dessus de la rivière.*

libéral, libérale adj. **1.** *Une profession libérale,* c'est une profession que l'on exerce librement, sans avoir de patron. *Les professions de médecin, d'avocat, d'architecte sont des professions libérales.* **2.** Respectueux des idées des autres. *Julie a des parents très libéraux.* → **tolérant.** **3.** *Un gouvernement libéral,* favorable aux libertés individuelles et à la limitation du pouvoir de l'État. ▮ contraires : **totalitaire, tyrannique.**

libérer v. (conjug. 8) **1.** Mettre en liberté. *On a libéré deux prisonniers.* → **relâcher.** **2.** Dégager de ce qui gêne. *Il faudrait pousser ces chaises pour libérer le passage.* **3.** *Libérer un pays,* c'est le délivrer de l'occupation d'un peuple étranger. *Les Américains ont libéré la France en 1944.* **4. se libérer,** se dégager de ses occupations, se rendre disponible. *Excusez-moi je n'ai pas pu me libérer plus tôt.*

▸ **libérateur** n. m., **libératrice** n. f. Personne qui libère. *Le peuple acclame les libérateurs.* – adj. *L'armée libératrice.*

▸ **libération** n. f. **1.** Mise en liberté. *Le gouvernement a négocié la libération des otages.*

la **Libération** (Paris, 1944)

2. *La Libération,* c'est, en France, la période où les territoires qui étaient occupés par les troupes allemandes pendant la Seconde Guerre mondiale ont été libérés. *La Libération a mis fin à l'Occupation.*

liberté n. f. **1.** Droit de faire, de penser et de dire ce que l'on veut. *Si tu n'es pas d'accord, tu as toute liberté de refuser,* tu es libre de refuser. → **latitude.** *Les peuples luttent pour la liberté, contre la tyrannie.* **2.** Situation d'un être qui n'est pas enfermé. *Les otages ont retrouvé la liberté. Elle élève des oiseaux en liberté dans le jardin.* ▮ contraire : **captivité.**

libraire n. m. et f. Personne dont le métier est de vendre des livres. *Louise est allée chez la libraire acheter une bande dessinée.*

▸ **librairie** n. f. Magasin où l'on vend des livres.

libre adj. **1.** Qui fait, pense et dit ce qu'il veut. → aussi **liberté.** *Je me sens libre comme l'air,* tout à fait libre. *Si tu ne veux pas venir, tu es libre de refuser,* tu as le droit de refuser. **2.** Qui n'est pas emprisonné. *L'accusée est sortie de prison, elle est libre.* **3.** Qui est sans occupations. *Êtes-vous libre ce soir ?* ▮ contraire : **pris.** *Le temps libre,* c'est du temps dont on peut disposer comme on le souhaite. → aussi **loisir.** *Son métier lui laisse beaucoup de temps libre.* **4.** *Un pays libre,* c'est un pays qui n'est pas dirigé par un tyran ou par un autre pays. → **indépendant.** **5.** *L'école libre,* qui ne dépend pas entièrement de l'État. → **privé.** **6.** Qui n'est pas occupé. *Ce taxi est libre, nous pouvons le prendre.* → **disponible.** ▮ contraire : **occupé.** *Allons-y, la voie est libre !* **7.** Gratuit. *L'entrée à ce concert est libre.* ▮ contraire : **payant.**

▸ **librement** adv. **1.** Sans que ce soit interdit par la loi ou par un règlement. *Vous pouvez circuler librement dans le parc.* **2.** Avec franchise. *Je vous ai parlé très librement.*

▸ **libre-service** n. m. Magasin où l'on se sert soi-même. *Elle fait ses courses dans un libre-service.* → aussi **hypermarché, supermarché.** – Au pl. *Des libres-services.* ▷ Mot de la famille de servir.

lice n. f. *Entrer en lice,* s'engager dans une compétition, intervenir dans un débat. *Plusieurs comédiens sont en lice pour le prix du meilleur acteur de l'année.* ▮ homonymes : lis, lisse.

a b c d e f g h i j k **l** m n o p q r s t u v w x y z

licence n. f. **1.** Diplôme d'études supérieures. *Il a une licence d'histoire.* **2.** Autorisation que donne l'Administration pour exercer un commerce ou un sport. *Pour vendre des boissons alcoolisées, il faut une licence.* → **permis.**

▶ ① **licencié** n. m., **licenciée** n. f. **1.** Personne qui a obtenu une licence. *Ils ont engagé une licenciée en droit.* – adj. *Les étudiants licenciés.* **2.** Personne appartenant à une fédération sportive. *La Fédération française de judo compte de nombreux licenciés.*

② **licencié** n. m., **licenciée** n. f. Personne qui a été renvoyée de son travail. *Il y a eu de nombreux licenciés dans cette usine.* ▷ Mot de la famille de licencier.

licenciement n. m. Renvoi. *Il a reçu sa lettre de licenciement.* ▷ Mot de la famille de licencier.

licencier v. (conjug. 9) Renvoyer de son travail. *L'usine a licencié cent personnes.* → **congédier, remercier.** ▮ contraires : **embaucher, engager, recruter.**

▶ Autres mots de la famille : ② licencié, licenciement.

lichen [likɛn] n. m. Végétal formé de l'association d'un champignon et d'une algue, qui ressemble à la mousse. *Les lichens poussent sur les pierres et les troncs d'arbres.*

lichen

licorne n. f. Animal imaginaire qui a le corps d'un cheval, la tête d'un cheval ou d'un cerf, une barbiche et une corne unique au milieu du front. → planche Créatures **fantastiques.**

lie n. f. *La lie de vin,* c'est le dépôt qui se forme au fond d'une bouteille de vin ou d'un tonneau. ▮ homonyme : lit.

licorne
(*La Dame à la licorne,* tapisserie, 15e siècle)

liège n. m. Matière légère, imperméable et élastique qui vient de l'écorce de certains arbres. *Un bouchon en liège.*

▶ Autre mot de la famille : chêne-liège.

lier v. (conjug. 9) **1.** Attacher. *On a lié les mains du prisonnier.* → **ligoter.** ▮ contraires : **délier,** ① **détacher.** **2.** Établir un lien, un rapport entre deux choses. *«Ces deux affaires sont liées», dit le commissaire. L'odeur de la lavande est liée à son enfance.* **3.** *Être lié par une promesse,* être obligé de la tenir. **4.** Unir, rapprocher. *Leur goût commun pour la musique les a liés.* – ***Se lier*** *avec quelqu'un,* devenir ami avec lui. *Louise s'est liée d'amitié avec Julie. Elle se lie facilement.* → aussi **liant.**

▶ **lien** n. m. **1.** Chose longue et flexible qui sert à attacher. *Le prisonnier a défait ses liens et s'est enfui.* **2.** Rapport entre deux choses. → **liaison.** *Ces deux faits ont un lien.* **3.** Relation entre deux personnes. *Il y a un lien de parenté entre Théo et Léa.*

▶ Autres mots de la famille : alliage, alliance, allié, s'allier, délier, liaison, liane, liant, liasse, ralliement, rallier, relier, relieur, reliure.

lierre n. m. Plante grimpante à feuilles luisantes toujours vertes. *Le mur du jardin est couvert de lierre.*

① lieu n. m. (pl. **lieux**) **1.** Endroit, place. *Pouvez-vous me préciser l'heure et le lieu du rendez-vous ? Un lieu public,* c'est un endroit où tout le monde peut aller. – *Sur les lieux,* sur place, à l'endroit où il s'est passé quelque chose. *La police est déjà sur les lieux.* **2.** *Avoir lieu,* c'est se produire, se dérouler. *La fête aura lieu sur la place. Le concert n'a pas eu lieu.* **3.** *Avoir lieu de,* avoir des raisons de. *Tout s'est bien passé, il n'y a pas lieu de s'inquiéter.* **4.** *Donner lieu à,* être l'occasion de. *Cet incident a donné lieu à de nombreuses discussions.* ➜ **provoquer.** **5.** *Tenir lieu de,* servir de. *Ce sac lui tient lieu de cartable.* **6.** *Au lieu de,* plutôt que de. *Vous feriez mieux de travailler au lieu de jouer.* **7.** *Un lieu commun,* une chose banale que tout le monde dit. *Il ne dit que des lieux communs.* ➜ **banalité, cliché.** ▮ homonyme : lieue.

▶ Autres mots de la famille : chef-lieu, lieudit, milieu, non-lieu.

② lieu n. m. (pl. **lieus**) Poisson qui vit près des côtes de l'océan Atlantique. *Un filet de lieu.*

lieudit ou **lieu-dit** n. m. Lieu qui, à la campagne, porte un nom qui rappelle une particularité du paysage ou un évènement qui s'y est passé. *Ils habitent le lieudit «les Trois-Routes».* – Au pl. *Des lieudits* ou *des lieux-dits.*

▷ Mot de la famille de ① lieu et de dire.

◗ Écrire *lieudit* en un seul mot est conforme à la nouvelle orthographe.

lieue n. f. Ancienne mesure de distance qui valait environ 4 kilomètres. *Le Petit Poucet a chaussé les bottes de sept lieues de l'Ogre.* – *Être à cent lieues de,* très loin de. *J'étais à cent lieues d'imaginer cela.* ▮ homonymes : ① et ② lieu.

lieutenant n. m., **lieutenante** n. f. Officier dont le grade est juste au-dessous de celui de capitaine.

lièvre n. m. Animal rongeur qui ressemble au lapin et vit en liberté. ➜ planches **Montagne, prairie.** *La femelle du lièvre s'appelle la hase et ses petits, les levrauts.* – *Soulever un lièvre,* soulever une question embarrassante, s'apercevoir d'une difficulté. *Il ne faut pas courir deux lièvres à la fois,* il ne faut pas essayer d'atteindre deux buts en même temps.

▶ Autre mot de la famille : bec-de-lièvre.

ligament n. m. Ensemble de fibres qui relient les os d'une articulation. *Il s'est distendu un ligament du genou en sautant.*

ligaturer v. (conjug. 3) Serrer, fixer avec un lien spécial. *Le chirurgien a ligaturé l'artère.*

ligne n. f. **1.** Trait continu, allongé et fin. ➜ aussi **linéaire.** *Léa trace des lignes sur le sol pour jouer à la marelle.* **2.** Trait qui sépare. *Le coureur a franchi la ligne d'arrivée.* **3.** Forme d'un objet ou du corps d'une personne. *Cette voiture a une belle ligne. Elle fait attention à sa ligne,* elle veille à rester mince. **4.** Trajet emprunté par un autobus, un métro, un train, un avion. *La ligne de métro nº 4 est fermée. Il est pilote de ligne.* **5.** Fil de nylon muni d'un hameçon. *Il aime beaucoup la pêche à la ligne.* **6.** Fils ou câbles conduisant l'électricité. *Une ligne téléphonique.* **7.** *Sur toute la ligne,* complètement. *Il s'est trompé sur toute la ligne.* **8.** Suite de mots disposés, dans une page, sur une ligne horizontale. *Elle a lu le texte de la première à la dernière ligne,* entièrement. **9.** *En ligne,* en étant connecté à Internet. *Elle consulte son compte en banque en ligne.*

▶ **lignée** n. f. Ensemble des descendants d'une personne. *Il est le dernier d'une lignée de marins.*

▶ Autres mots de la famille : alignement, aligner, interligne, rectiligne, souligner, surligneur.

ligneux, ligneuse adj. Qui est de la nature du bois. *Quand un arbrisseau pousse, sa tige devient ligneuse.*

ligoter v. (conjug. 3) Attacher solidement de manière à immobiliser. *Les voleurs ont ligoté le gardien.*

ligue n. f. Association pour améliorer la condition physique ou morale de l'homme. *La Ligue des droits de l'homme se bat contre la torture.*

▶ **se liguer** v. (conjug. 4) S'unir contre quelqu'un ou quelque chose. ➜ se **coaliser.** *Les*

a b c d e f g h i j k l m n o p q r s t u v w x y z

habitants se sont ligués contre le projet d'autoroute.

lilas n. m. Arbuste aux fleurs en grappes très parfumées, violettes ou blanches.
Il y a un *s* à la fin.

lilas

lilliputien [lilipysjɛ̃], **lilliputienne** [lilipysjɛn] adj. Très petit. → **minuscule.** *Ils ont un jardin lilliputien.* → **microscopique.**

limace n. f. Petit animal au corps mou, sans coquille, qui avance en rampant. *La limace est un mollusque.*

limande n. f. Poisson de mer ovale et plat, plus large que la sole.

lime n. f. Outil de métal qui sert à user en frottant. *Une lime à métaux. Une lime à ongles.*

▶ **limer** v. (conjug. 3) User, polir avec une lime. *Elle se lime les ongles.*
▶ Autre mot de la famille : élimé.

limier n. m. **1.** Grand chien que l'on utilise pour la chasse à courre. **2.** Personne qui suit une piste. *Sherlock Holmes est un fin limier,* un bon détective.

limite n. f. **1.** Endroit où une étendue se termine. *La rivière marque la limite de la propriété.* **2.** Début ou fin d'une période. *N'attendez pas la dernière limite pour vous inscrire.* **3.** Point au-delà duquel on ne peut pas aller. *Il a nagé jusqu'à la limite de ses forces. Ma patience a des limites !* → **borne.** **4.** *À la limite,* à la rigueur. *On peut, à la limite, y aller à pied.*

▶ **limiter** v. (conjug. 3) **1.** Enfermer dans des limites. *En France, on a limité la vitesse sur les autoroutes à 130 km/h.* **2. se limiter,** se donner des limites. → se **borner.** *Je me limiterai à quelques exemples. Elle n'a pas rangé sa chambre, elle s'est limitée à faire son lit.*

▶ **limité, limitée** adj. Qui a des limites, dont la grandeur est fixée. *L'exercice doit être fait en temps limité.* contraire : **illimité.**

▶ **limitation** n. f. État de ce qui est limité. *Il fait très attention de respecter la limitation de vitesse.*
▶ Autres mots de la famille : délimiter, illimité.

limitrophe adj. *Des pays limitrophes,* ce sont des pays qui ont une frontière commune. *La Suisse et l'Italie sont des pays limitrophes.*

limon n. m. Mélange de sable, de fines particules calcaires et de débris végétaux et animaux qu'un cours d'eau dépose sur ses rives au moment des crues. → **alluvions.** *Le limon est très fertile.*

limonade n. f. (→ ÉTYM.) Boisson gazeuse incolore faite d'eau légèrement sucrée et acidulée.

limousine n. f. Automobile à quatre portes et six glaces. *Les mariés sont allés à la mairie en limousine.*

limousine

limpide adj. **1.** Clair, transparent. *L'eau qui jaillit de la source est limpide.* contraire : ① **trouble.** **2.** Facile à comprendre. *Une explication limpide.* → **clair.** contraire : **obscur.**

▶ **limpidité** n. f. **1.** Clarté, transparence. *La limpidité de l'eau de source.* **2.** *La limpidité d'une explication,* sa clarté.

lin n. m. Plante à fleurs bleues dont la graine est utilisée pour faire de l'huile et dont la tige sert à faire du fil. *Un pantalon en lin blanc,* en fil de lin.

▶ **linceul** n. m. Grand morceau de tissu dans lequel on enveloppe un mort.

▶ Autre mot de la famille : linoléum.

linéaire adj. Qui a l'aspect d'une ligne. *On peut représenter le temps de façon linéaire.*

linge n. m. 1. *Le linge,* c'est l'ensemble des pièces de tissu qui servent dans une maison (draps, serviettes, nappes) ou les sous-vêtements et les vêtements en tissu léger (chemises, teeshirts, chaussettes, etc.). *Il met le linge sale dans la machine à laver. Elle étend le linge sur le séchoir. – Laver son linge sale en famille,* régler ses désaccords entre soi, sans témoin. 2. En Suisse. *Un linge,* une serviette de toilette. *Un linge de bain.*

▶ **lingerie** n. f. *La lingerie,* c'est l'ensemble des sous-vêtements et des vêtements de nuit des femmes.

▶ Autres mots de la famille : lave-linge, sèche-linge.

lingot n. m. Bloc de métal qui a la forme du moule dans lequel on l'a coulé. *Des lingots d'or.*

des **lingots**

linguistique [lɛ̃gɥistik] n. f. Science qui étudie le langage.

linoléum [linɔleɔm] n. m. Revêtement de sol imperméable. – Au pl. *Des linoléums.* ▷ Mot de la famille de lin.

▶ On dit familièrement *du lino.*

linotte n. f. Petit oiseau au plumage brun et rouge. – *Une tête de linotte,* une personne très étourdie.

linteau n. m. *Le linteau d'une porte ou d'une fenêtre,* c'est la pièce horizontale de bois, de pierre ou de métal, qui forme la partie supérieure de l'ouverture et soutient la maçonnerie. – Au pl. *Des linteaux.*

lion n. m., **lionne** n. f. Grand animal carnivore à pelage fauve qui vit en Afrique et en Asie. → planches **Félins, savane.** *Les lions ont une crinière alors que les lionnes n'en ont pas. Le lion rugit. – Se tailler la part du lion,* prendre pour soi la part la plus importante, parce qu'on est le plus fort.

▶ **lionceau** n. m. Petit du lion et de la lionne. *La lionne nourrit ses lionceaux.*

lipide n. m. *Les lipides,* ce sont les matières grasses tirées des animaux et des végétaux. → aussi **glucide, protéine.** *Le beurre, l'huile sont des lipides.* → planche **Alimentation.**

liquéfier v. (conjug. 9) Rendre liquide. *La chaleur du soleil a liquéfié le goudron.* – **se liquéfier,** devenir liquide. *Le beurre s'est liquéfié.* → **fondre.**

liqueur n. f. Boisson sucrée et aromatisée, à base d'alcool. *De la liqueur de cassis.*

liquidation n. f. 1. Vente au rabais. *Sur la vitrine, il y a écrit : «Liquidation avant travaux».* 2. Familier. Action de tuer. *La liquidation d'un témoin gênant.* ▷ Mot de la famille de liquider.

liquide adj. et n. m.
▪ adj. 1. *Une matière liquide,* qui coule, fond. *Le beurre devient liquide quand on le chauffe.* → aussi se **liquéfier.** *Il se lave les mains avec du savon liquide.* 2. *De l'argent liquide,* c'est de l'argent sous forme de pièces et de billets. *Il a payé en argent liquide.*
▪ n. m. 1. *Un liquide,* c'est un corps qui s'écoule. *L'eau et le lait sont des liquides.* → aussi **fluide.** ▮ contraires : **gaz, solide.** 2. *Du liquide,* de l'argent liquide, des espèces. *Il va à la billetterie retirer du liquide.*

liquider v. (conjug. 3) 1. Vendre à bas prix. *Le marchand de vêtements liquide ses stocks.* 2. Familier. Tuer. *Les bandits ont liquidé le chauffeur car il en savait trop.* → **éliminer.**

▶ Autre mot de la famille : liquidation.

a b c d e f g h i j k l m n o p q r s t u v w x y z

lire v. (conjug. 46) **1.** Suivre des yeux ce qui est écrit en le comprenant. → aussi **lecture.** *Ma petite sœur ne sait pas encore lire.* **2.** Prendre connaissance d'un texte écrit. *J'ai lu ta lettre.* **3.** Dire à haute voix un texte écrit. *Elle lit une histoire à ses enfants.* **4.** Déchiffrer. *Le pianiste lit la partition.* **5. se lire,** être visible. *La peur se lisait dans ses yeux.* ▮ homonyme : lyre.

▶ Autres mots de la famille : illisible, lisibilité, lisible, lisiblement, relire.

lis [lis] n. m. Grande fleur blanche ou colorée, très parfumée, à tige très droite. *Des lis roses poussent dans le jardin. – La fleur de lys était l'emblème des rois de France.* ▮ homonymes : lice, lisse.

◗ On écrit aussi *lys.*

drapeau à fleurs de lys

lis

liseré [lizʀe] ou **liséré** n. m. Ruban étroit que l'on coud au bord d'un vêtement.

liseron n. m. Plante grimpante à fleurs blanches en forme d'entonnoir.

lisible adj. Qui est facile à lire. *Il a une écriture très lisible.* ▮ contraire : **illisible.**

▸ **lisiblement** adv. D'une manière lisible. *Écris lisiblement !*

▸ **lisibilité** n. f. Fait d'être lisible. *Son écriture est d'une lisibilité parfaite.*

▷ Mots de la famille de lire.

lisière n. f. **1.** Bord, limite d'un terrain. *Les sangliers viennent rôder à la lisière de la forêt, le soir.* → **orée. 2.** Bordure limitant un tissu, de chaque côté, dans le sens de la longueur. *Le tissu ne s'effiloche pas du côté de la lisière.*

lisse adj. Doux et uni au toucher. *Il a la peau du visage toute lisse quand il vient de se raser.* ▮ contraire : **rugueux.** ▮ homonymes : lice, lis.

▸ **lisser** v. (conjug. 3) Rendre lisse. *L'oiseau lisse ses plumes avec son bec.*

liste n. f. Suite de mots inscrits les uns au-dessous des autres. *Elle fait la liste de ce qu'elle doit acheter.*

lit n. m. **1.** Meuble sur lequel on se couche pour dormir. *Allez, les enfants, au lit !* allez vous coucher ! *Faire son lit,* c'est remettre les draps et les couvertures comme il faut. – *Comme on fait son lit, on se couche,* on obtient les résultats, bons ou mauvais, que l'on mérite, selon la façon dont on s'est conduit. **2.** Creux du sol dans lequel coule un cours d'eau. *À la fonte des neiges, le torrent est sorti de son lit.*
▮ homonyme : lie.

▶ Autres mots de la famille : s'aliter, couvre-lit, dessus-de-lit, literie, litière, wagon-lit.

litanie n. f. Énumération longue et ennuyeuse. *Une litanie de reproches. Elle se plaint sans cesse, c'est toujours la même litanie.*

litchi n. m. Petit fruit arrondi à peau brune et à chair blanche très parfumée, qui pousse en Asie. → planche **Fruits.** *Des litchis.*

◗ Ce mot vient du chinois.

des litchis

literie n. f. Ensemble des objets qui garnissent un lit (matelas, oreiller, draps, couverture...). ▷ Mot de la famille de lit.

lithographie n. f. Reproduction d'un dessin. *Il y a deux lithographies accrochées au mur.*

◗ On dit familièrement *une litho.*

litière n. f. **1.** Paille que l'on répand sur le sol d'une écurie ou d'une étable pour que les animaux puissent s'y coucher. **2.** Sorte de sable dans lequel les chats font leurs besoins. *Il faut changer la litière du chat.* ▷ Mot de la famille de **lit.**

litige n. m. Désaccord entre deux personnes qui veulent conclure une affaire. *Le tribunal a arbitré le litige.*

▸ **litigieux, litigieuse** adj. *Une affaire litigieuse,* c'est une affaire qui provoque un désaccord.

litre n. m. **1.** Unité de mesure de capacité pour les liquides. *Le réservoir contient quarante litres (40 l) d'essence.* **2.** Contenu d'une bouteille d'un litre. *Elle a bu un litre d'eau.*

▸ Autres mots de la famille : **centilitre, décalitre, décilitre, hectolitre, millilitre.**

littéraire adj. Qui concerne la littérature, les écrivains et leurs œuvres. *Il écoute une émission littéraire à la radio. Elle fait des études littéraires,* des études de lettres.

littéral, littérale adj. **1.** Qui suit un texte à la lettre. *La traduction littérale d'un texte,* mot à mot. **2.** *Le sens littéral d'un mot,* son premier sens, son sens propre. *Au sens littéral, «énerver» veut dire «enlever les nerfs».* ▮ contraire : **figuré.** – Au masc. pl. *littéraux.*

▸ **littéralement** adv. Au sens propre, véritablement. *Il était littéralement fou de rage.*

littérature n. f. *La littérature,* c'est l'ensemble des œuvres des écrivains. *Les pièces de Molière comptent parmi les grandes œuvres de la littérature française.*

littoral n. m. (pl. **littoraux**) Bord de mer. ➜ **côte, rivage.** ➜ planche **Littoral.** *Les orangers poussent sur le littoral méditerranéen.* – adj. *Une région littorale,* située au bord de la mer.

liturgie n. f. Ensemble des règles qui fixent le déroulement d'une cérémonie religieuse. *La liturgie catholique.*

▸ **liturgique** adj. Conforme à la liturgie. *Ils ont appris des prières et des chants liturgiques au catéchisme.*

livide adj. Extrêmement pâle. *Le blessé était livide.* ➜ **blême.**

living [liviŋ] n. m. Pièce de séjour qui sert à la fois de salle à manger et de salon. *Ils ont mis la télévision dans le living.* – Au pl. *Des livings.*
▮ *Living* est l'abréviation de l'anglais *living-room* qui veut dire «pièce à vivre».

livraison n. f. Le fait de remettre une marchandise à la personne qui l'a achetée. ➜ aussi **livrer, livreur.** *Dans ce magasin, la livraison est gratuite à partir de cent euros d'achats.* ▷ Mot de la famille de **livrer.**

① **livre** n. m. **1.** Assemblage de feuilles imprimées réunies par une couverture. ➜ fam. **bouquin.** *Alex lit un livre passionnant. Louise a pris trois livres à la bibliothèque. Julie a oublié son livre d'histoire.* ➜ ② **manuel, ouvrage.** **2.** *Livre électronique,* appareil électronique portable muni d'un écran sur lequel on peut lire des textes qu'on a téléchargés. **3.** Gros cahier. *La caissière inscrit les dépenses dans son livre de comptes.* ➜ **registre.**

▸ Autre mot de la famille : **livret.**

② **livre** n. f. Unité de poids valant cinq cents grammes. *Une livre de fraises.*

③ **livre** n. f. Monnaie du Royaume-Uni et d'autres pays (Égypte, Liban, Chypre, Turquie, etc.).

livrée n. f. Uniforme que portaient les domestiques d'une grande maison. *Un laquais en livrée.*

livrer v. (conjug. 3) **1.** Apporter à domicile une marchandise achetée. *Ils se sont fait livrer des pizzas pour le dîner.* **2.** Remettre entre les mains de quelqu'un. *Les policiers ont livré le voleur à la justice.* **3.** Dénoncer. *Il n'a pas voulu livrer ses complices.* ➜ **donner.** **4.** *Livrer un secret,* c'est le confier. ➜ **dévoiler.** **5.** *Livrer un combat, une bataille,* l'engager.

▸ **se livrer** v. **1.** Se rendre. *Le suspect s'est livré à la police.* **2.** Se confier. *Léa ne se livre pas facilement.* **3.** *Se livrer à une activité,* s'y consacrer. *Ce jour-là, elle s'est livrée à ses activités habituelles.* ➜ **s'adonner.**

▸ Autres mots de la famille : **délivrance, délivrer, livraison, livreur.**

les animaux du littoral

Sternes, macareux, goélands ou mouettes, les oiseaux du littoral atlantique venus du « large » regagnent les falaises pour pondre et élever leurs petits. Pour nourrir son poussin, le macareux moine est capable de rapporter plusieurs poissons à la fois dans son bec imposant. Le tourne-pierre à collier retourne un à un les galets des plages pour essayer de trouver ses mollusques et crustacés préférés.

➔ planches **crustacés** et coquillages, **océan.**

mouette rieuse

phoque veau marin

étoile de mer

sterne

crevette grise

tourne-pierre à collier

berniques (patelles)

oursin

bernard-l'ermite

huîtrier pie

moules

turbot

macareux moines

livret n. m. **1.** Petit livre mince. ➜ **carnet.** *Un livret scolaire,* c'est un carnet où les professeurs inscrivent les notes et les appréciations. ➜ aussi **bulletin.** *Un livret de famille,* c'est un livre mince où sont inscrites les dates de naissance, de mariage et de mort de chaque membre d'une famille. **2.** *Le livret d'un opéra,* c'est le texte sur lequel a été composée la musique. ▷ Mot de la famille de ① livre.

livreur n. m., **livreuse** n. f. Personne qui apporte à domicile une marchandise que l'on a achetée. ▷ Mot de la famille de livrer.

lobe n. m. *Le lobe de l'oreille,* c'est le petit bout arrondi et charnu, au bas de l'oreille. *Julie veut se faire percer le lobe de l'oreille.*

local adj. et n. m., **locale** adj.
▪ adj. **1.** Qui concerne une région, un lieu. *Quand il est en vacances, il lit les journaux locaux.* **2.** *Une anesthésie locale,* qui n'insensibilise qu'une partie du corps. ▮ contraire : ② **général.** *Le dentiste lui a fait une anesthésie locale pour lui arracher une dent.*
▪ n. m. Partie d'un bâtiment qui sert à quelque chose de particulier. *On peut mettre les poussettes dans le local à vélos de notre immeuble.* – Au pl. *Des locaux.*

▸ **localement** adv. Par endroits. *Demain le temps sera localement brumeux.*

▸ **localiser** v. (conjug. 3) **1.** Déterminer l'endroit précis où se trouve quelque chose. ➜ **repérer, situer.** *La tour de contrôle a localisé l'avion.* **2. se localiser,** être dans un certain endroit. *L'infection s'est localisée dans le rein,* elle est uniquement dans le rein. ▮ contraire : se **généraliser.**

▸ **localisation** n. f. Le fait de situer en un certain lieu. *Les radars permettent la localisation des avions.*

▸ **localité** n. f. Petite ville, village. *Il est né dans une localité du Poitou.*

▶ Autre mot de la famille : délocaliser.

locataire n. m. et f. Personne qui paie un loyer pour habiter dans un logement. ➜ aussi **location,** ② **louer** et **propriétaire.**

location n. f. **1.** Action d'habiter en payant un loyer. ➜ aussi **locataire** et ② **louer.** *Ils ont trouvé une maison en location pour les vacances.* **2.** Emprunt d'un objet en échange d'argent. *Il a payé très cher la location de ses skis. Une voiture de location,* une voiture que l'on loue. **3.** Réservation de places de spectacle, de billets d'avion ou de train. *Le bureau de location du théâtre ouvre à 11 heures.*

locomotion n. f. *Un moyen de locomotion,* un moyen de transport. *L'avion, le train, la voiture, la bicyclette sont des moyens de locomotion.*

locomotive n. f. Machine très puissante qui tire les trains. ➜ aussi **motrice.**

locution n. f. Groupe de mots toujours employés ensemble et qui a un sens particulier. ➜ **expression.** *«Prendre garde» est une locution verbale. «Soulever un lièvre» est une locution figurée.*

loge n. f. **1.** Petit appartement, au rez-de-chaussée d'un immeuble, où vit le gardien. *Le facteur a déposé le courrier dans la loge.* **2.** Petite pièce où les artistes changent de costume, se maquillent et se reposent, dans les coulisses d'une salle de spectacle. *Des admi-*

locomotive

rateurs sont venus féliciter la chanteuse dans sa loge. **3.** Compartiment contenant plusieurs sièges, dans une salle de spectacle. *Une loge de balcon.* – *Être aux premières loges,* être à la meilleure place pour voir quelque chose.

▸ **logement** n. m. Endroit où l'on habite. ➜ **habitation.** *Un logement de quatre pièces.* ➜ **appartement.**

▸ **loger** v. (conjug. 5b) **1.** Habiter. *Ils logent à six dans cet appartement.* ➜ ① **vivre.** **2.** Abriter, héberger. *Ils ont logé un ami pour la nuit.* **3.** Faire entrer, faire pénétrer. *Il a logé la balle au milieu de la cible.*

▸ se **loger** v. **1.** Trouver un logement. *Ils ont eu du mal à se loger.* **2.** Se mettre quelque part. *La balle s'est logée dans le mur.*

▸ **logeur** n. m., **logeuse** n. f. Personne qui loue des chambres meublées.

▶ Autres mots de la famille : déloger, logis, reloger, sans-logis.

loggia [lɔdʒja] n. f. Balcon couvert. *On a déjeuné dans la loggia.* – Au pl. *Des loggias.*

▶ Ce mot vient de l'italien.

logiciel n. m. Programme d'ordinateur. *Un logiciel de traitement de texte.* ▷ Mot de la famille de logique.

logique adj. et n. f.

▪ adj. **1.** Conforme au bon sens, à la raison. *Ton raisonnement est logique.* ➜ **cohérent.** **2.** Qui raisonne avec justesse. *Vous n'êtes pas logique, si vous n'aimez pas cette voiture, ne rachetez pas la même !*

▪ n. f. Manière de raisonner juste, bon sens. *Ton raisonnement manque de logique.*

▸ **logiquement** adv. Normalement, si tout se passe comme il faut. *Logiquement, il devrait recevoir ma lettre demain.*

▶ Autres mots de la famille : illogique, logiciel.

logis [lɔʒi] n. m. Endroit où l'on habite. ➜ **demeure, maison.** *Il avait quitté le logis familial.* ➜ **domicile.** ▷ Mot de la famille de loge.

▶ Ce mot appartient au langage soutenu.

logo n. m. Dessin qui représente une marque ou une entreprise. *Cette société a un nouveau logo.*

loi n. f. **1.** *La loi,* c'est l'ensemble des règles établies par la société qui indiquent ce qui est autorisé et ce qui est interdit. *En France, fumer dans un lieu public est interdit par la loi.* ➜ aussi **légal.** **2.** Règle établie par le Parlement, que tout le monde doit respecter. *Les députés et les sénateurs votent les lois.* ➜ aussi **législatif.** **3.** Règle qui permet d'expliquer des phénomènes naturels. *Newton a découvert la loi de la pesanteur.*

▶ Autres mots de la famille : déloyal, hors-la-loi, loyal, loyalement, loyauté.

loin adv. **1.** À une grande distance de l'endroit où l'on est. *Il travaille loin de chez lui.* ▮ contraire : **près.** *On aperçoit au loin des sommets couverts de neige,* dans le lointain. **2.** À une grande distance dans le temps. *L'été est encore loin. Il n'est pas loin de minuit,* il est presque minuit. **3.** *Il n'est pas bête, loin de là !* au contraire. **4.** *Ce garçon ira loin, je vous le dis !* il réussira. **5.** *Cette affaire peut vous mener loin,* avoir de graves conséquences. **6.** *Elle a échappé à un grave accident, elle revient de loin,* elle a couru un grand danger.

lointain adj. et n. m., **lointaine** adj.

▪ adj. **1.** Qui est à une grande distance. *Les pays lointains.* ➜ **éloigné.** ▮ contraires : **proche, voisin.** **2.** Qui est très éloigné dans le temps. *Je n'ai de mon arrière-grand-père qu'un souvenir lointain. Une époque lointaine.* ➜ **reculé.** **3.** Vague. *Il n'y a qu'une ressemblance lointaine entre les deux sœurs.*

▪ n. m. Endroit très éloigné. *On distingue la maison, là-bas, dans le lointain,* au loin.

loir n. m. Petit animal rongeur, à poil gris et à queue touffue. – *Dormir comme un loir,* profondément. ➜ **marmotte.**

loir

loisir n. m. **1.** Temps que l'on a pour faire facilement quelque chose. *Elle n'a pas encore eu le loisir de lire ce livre, elle a trop de travail.* **2.** *Les loisirs,* les moments pendant lesquels on peut se distraire. *Il a beaucoup de loisirs.* **3.** *Les loisirs,* les occupations auxquelles on consacre son temps libre. *Le football et la natation sont ses loisirs préférés.* → **distraction.**

lombago → **lumbago**

lombaire adj. Situé dans le bas du dos. *Les cinq vertèbres lombaires.* → planche **Corps** humain. *Elle a des douleurs lombaires.* → aussi **lumbago.**

lombric [lɔ̃bʀik] n. m. Ver de terre. → planche **Sol.**

lompe → **lump**

long adj., n. m. et adv., **longue** adj.
▪ adj. **1.** Grand dans le sens de la longueur. *Cyrano de Bergerac avait un très long nez. Julie a les cheveux longs. La mariée était en robe longue.* ▮ contraire : ① **court.** **2.** *Cette voiture est longue de trois mètres,* sa longueur est de trois mètres. **3.** Qui dure longtemps. *Elle resta un long moment sans rien dire.* ▮ contraire : **bref.** **4.** *Le feu est long à s'éteindre,* il met du temps pour s'éteindre. → **lent.** **5.** *À la longue,* avec le temps, petit à petit. *À la longue, elle s'est habituée à vivre seule.*
▪ n. m. Longueur. *La table a 2 mètres de long et 1 mètre de large. Louise court le long de la rivière,* en longeant la rivière. *Il marche de long en large dans la pièce,* en faisant des allées et venues. *Il est tombé de tout son long,* en s'allongeant par terre.
▪ adv. Beaucoup. *Il en sait long sur cette affaire.*
▶ Autres mots de la famille : allongement, allonger, élongation, longer, longévité, longitude, longitudinal, longtemps, longuement, longueur, longue-vue, oblong, prolongation, prolongement, prolonger, rallonge, rallonger.

longer v. (conjug. 5b) **1.** Avancer le long de. *Alex longe la rivière.* **2.** Être le long de. *La route longe la mer.* → **suivre.** ▷ Mot de la famille de long.

longévité n. f. **1.** Longue durée de vie. *La longévité des carpes est bien connue.* **2.** Durée moyenne de la vie. *Quelle est la longévité d'un chat ?* ▷ Mot de la famille de long.

longitude n. f. Distance qui sépare un point du globe terrestre d'une ligne imaginaire qui va du pôle Nord au pôle Sud en passant par la ville anglaise de Greenwich. → planche **Terre.** *Paris est à 48° 52′ de latitude nord et 2° 20′ de longitude est.* → aussi **méridien.** ▷ Mot de la famille de long.

longitude

longitudinal, longitudinale adj. Qui est dans le sens de la longueur. *Cet autobus est équipé de sièges longitudinaux.* ▷ Mot de la famille de long.

longtemps adv. *Je t'ai attendu longtemps,* pendant un long moment. → **longuement.** *Il est parti depuis longtemps,* depuis un long moment. *Elle est déjà venue ici il y a longtemps.* → aussi **autrefois, jadis.** ▷ Mot de la famille de long et de ① temps.

longuement adv. Pendant un long moment. *Nous avons discuté longuement.* → **longtemps.** ▮ contraire : **brièvement.** ▷ Mot de la famille de long.

longueur n. f. **1.** Dimension la plus longue. → aussi **largeur.** *Le tuyau d'arrosage a une longueur de 20 mètres,* il fait 20 mètres de long. **2.** Durée trop longue. *La longueur de l'attente l'a épuisé.* **3.** *À longueur de journée,* toute la journée. **4.** *Des longueurs,* des passages trop longs. *Ce film est intéressant mais il y a des longueurs.* ▷ Mot de la famille de long.

longue-vue n. f. Instrument en forme de tube qui grossit les objets et permet de voir très loin. → aussi **jumelles.** *Le capitaine regarde* *l'horizon avec sa longue-vue.* – Au pl. *Des longues-vues.* ▷ Mot de la famille de long et de voir.

look [luk] n. m. Familier. Allure, apparence. *Avec ses cheveux courts, Léa a complètement changé de look.*
▶ C'est un mot anglais qui veut dire « aspect, allure ».

looping [lupiŋ] n. m. Acrobatie qui consiste à faire une boucle dans le ciel avec un avion. *Regarde l'avion qui fait des loopings !*
▶ Ce mot vient de l'expression anglaise *looping the loop* « action de boucler la boucle ».

lopin n. m. Petit morceau de terrain. *Il cultive un lopin de terre derrière sa maison.*

loquace [lɔkas] adj. Qui parle beaucoup. ➜ **bavard.** *Ton ami n'est pas très loquace.*

loque n. f. Morceau de tissu usé ou déchiré. *Ce pantalon tombe en loques, il faut le jeter.*
▶ Ce mot s'emploie surtout au pluriel.

loquet n. m. Petite tige de métal mobile qui sert à fermer une porte. *Il a abaissé le loquet.* ➜ aussi **targette, verrou.**

lorgner v. (conjug. 3) Regarder quelque chose avec envie. *Alex lorgne le morceau de gâteau qui reste.* ➜ **guigner.**

▸ **lorgnette** n. f. Petite lunette qui permet de voir les objets éloignés. *Le marin observe les dauphins avec sa lorgnette.* – *Voir, regarder par le petit bout de la lorgnette,* ne voir que l'aspect le moins important des choses, avoir l'esprit étroit.

▸ **lorgnon** n. m. Paire de lunettes sans branches qui tient sur le nez grâce à un ressort. ➜ **binocle.** *On ne porte plus de lorgnon de nos jours.*

loriot n. m. Petit oiseau au plumage jaune et noir qui vit dans les régions tempérées et tropicales.

lors [lɔʀ] adv. **1.** *Lors de,* au moment de, pendant. *Ils se sont connus lors d'un voyage en Italie.* **2.** *Depuis lors,* depuis ce moment-là. *Ils ne s'étaient pas revus depuis lors.*

▸ **lorsque** [lɔʀsk(ə)] conjonction Au moment où. ➜ **quand.** *Lorsque tu auras fini ce livre, tu me le prêteras. J'allais sortir lorsqu'il a téléphoné.*
▶ Autres mots de la famille : alors, alors que.

lotte

losange n. m. Figure géométrique à quatre côtés égaux dont les angles ne sont pas forcément droits. ➜ planche **Géométrie.**

① **lot** n. m. Argent ou objet que l'on gagne dans une loterie. *Théo a gagné le gros lot,* le lot le plus important.
▶ Autres mots de la famille : loterie, loti.

② **lot** n. m. **1.** Partie d'une chose que l'on a partagée. *Pour vendre son terrain, le propriétaire l'a divisé en lots.* ➜ **parcelle, portion** et aussi **lotir, lotissement. 2.** Paquet de marchandises de la même sorte. *Elle a donné un lot de vêtements à une association.*
▶ Autres mots de la famille : lotir, lotissement.

loterie n. f. Jeu de hasard où l'on distribue des billets numérotés et où des lots sont donnés aux personnes qui sont désignées par le sort. *Il a acheté un billet de loterie.* ➜ **tombola.** ▷ Mot de la famille de ① lot.

loti, lotie adj. *Être bien, mal loti,* être favorisé, défavorisé. ▷ Mot de la famille de ① lot.

lotion [lɔsjɔ̃] n. f. Liquide utilisé pour rafraîchir ou soigner le visage, le corps, les cheveux. *Sa mère lui applique sur les cheveux une lotion contre les poux.*

lotir v. (conjug. 11) Partager en lots. *Il a loti son terrain pour le vendre.*

▸ lotissement n. m. Grand terrain divisé en parcelles que l'on vend pour y construire des maisons. *Ils ont acheté un terrain dans un lotissement au bord de la mer.*
▷ Mots de la famille de ② lot.

loto n. m. **1.** Jeu de société où il faut être le premier à remplir une carte portant des cases numérotées, avec des numéros qu'un participant tire au hasard et annonce à voix haute. *Ils font une partie de loto.* **2.** Sorte de loterie organisée par l'État, en France. *La télévision donne les résultats du loto.*
▸ Ce mot vient de l'italien.

lotte n. f. Poisson dont le corps est presque cylindrique et la peau épaisse et gluante. *Nous avons mangé de la lotte à l'américaine.*

lotus [lɔtys] n. m. Plante à fleurs blanches ou bleues qui ressemble au nénuphar. *Le lotus pousse dans les eaux calmes des fleuves, des lacs et des marais.*

louable adj. Qui mérite d'être loué, félicité. *Julie a fait de louables efforts pour ranger ses affaires.* ➜ **méritoire.** ▷ Mot de la famille de ① louer.

louange n. f. **1.** Fait de rendre hommage aux qualités, aux mérites d'une personne. *Son attitude est digne de louange.* **2.** *Des louanges,* des compliments, des félicitations. ➜ aussi **éloge.** *À la suite de ce succès on l'a couvert de louanges.* ▮ contraire : ② **critique.** ▷ Mot de la famille de ① louer.

① **louche** adj. Pas clair et malhonnête. *Cette affaire est louche.* ➜ **suspect,** ① **trouble.** *Cet individu a l'air louche,* bizarre et inquiétant.

② **louche** n. f. Grande cuillère à long manche destinée à servir la soupe. *Une louche en argent.*

loucher v. (conjug. 3) **1.** Avoir l'œil gauche qui regarde vers la droite et l'œil droit qui regarde vers la gauche. *Elle louche légèrement.* **2.** Familier. *Loucher sur,* regarder avec envie. *Paul louche sur les gâteaux.* ➜ **guigner, lorgner.**

① **louer** v. (conjug. 3) **1.** Déclarer digne d'admiration, de grande estime. *On loue les pompiers pour leur courage.* ➜ **féliciter.** ▮ contraires : **blâmer, critiquer. 2.** ***Se louer*** *de,* être très content de. ➜ se **féliciter.** *Je me loue d'avoir accepté son offre.* ▮ contraires : **regretter,** se **repentir.**
▸ Autres mots de la famille : louable, louange.

② **louer** v. (conjug. 3) **1.** Donner en location. *Au mois d'août, elle a loué son appartement à des Américains,* elle leur a permis d'y habiter et, en échange, ils lui ont versé une somme d'argent. **2.** Prendre en location. *Il a loué un appartement à Limoges,* il y habite en payant un loyer au propriétaire. ➜ aussi **locataire, location, loyer.** *Elle a loué une voiture. Ils louent souvent des DVD.* **3.** Réserver en payant. *Elle a loué deux places de concert.* ➜ **retenir.**

louis n. m. *Un louis d'or,* c'est une ancienne pièce d'or française.
▸ Ce mot vient du nom du roi Louis XIII qui fit frapper cette monnaie.

loup n. m. **1.** Animal sauvage à museau pointu qui ressemble à un gros chien et se nourrit de viande. ➜ aussi **louve, louveteau.** ➜ planche **Montagne.** *Les loups vivent en meute.* – *Avoir une faim de loup,* une grande faim. *Les loups ne se mangent pas entre eux,* les méchants ne se font pas de mal entre eux. **2.** *Un vieux loup de mer,* c'est un marin qui a beaucoup navigué. **3.** Poisson argenté à chair délicate qui vit dans la Méditerranée. ➜ ② **bar. 4.** Petit masque de satin ou de velours noir que l'on porte sur les yeux.
▸ Autres mots de la famille : chien-loup, loup-garou, louve, louveteau, vesse-de-loup.

loupe n. f. Instrument formé d'un verre bombé à travers lequel on voit les objets agrandis. *L'horloger examine le mécanisme de la montre avec une loupe.*

loupe

louper v. (conjug. 3) Familier. Ne pas réussir, manquer. *Elle a loupé son examen. S'il loupe ce train, il prendra le suivant.* ➜ **rater.**

loutre

loup-garou n. m. (pl. **loups-garous**) Homme qui, selon la légende, se transforme en loup la nuit et erre dans la campagne. ▷ Mot de la famille de loup.

lourd adj. et adv., **lourde** adj.
■ adj. **1.** Difficile à porter à cause de son poids. → **pesant.** *Ce cartable est très lourd.* ▮ contraire : **léger. 2.** Difficile à supporter. *La directrice a de lourdes responsabilités.* → **écrasant. 3.** *Un temps lourd,* chaud, orageux et oppressant. **4.** Difficile à digérer. → **indigeste.** *J'ai mal dormi, ce dîner était trop lourd.* **5.** *Un sommeil lourd,* profond. *Paul a le sommeil lourd, aucun bruit ne le réveille.* **6.** *Lourd de,* plein de, chargé de. *Cette phrase est lourde de sous-entendus.* **7.** Massif, trappu. *Elle a une silhouette lourde.* **8.** *Une plaisanterie lourde,* sans finesse. ▮ contraires : ② **fin, subtil.**
■ adv. Beaucoup. *Cette valise pèse lourd.* – *Cet argument ne pèse pas lourd,* il importe peu.

▸ **lourdaud, lourdaude** adj. Maladroit et lourd dans ses mouvements et sa conduite. *Elle est parfois un peu lourdaude.* → **balourd.** – n. *C'est une lourdaude.*

▸ **lourdement** adv. **1.** Avec une charge pesante. *La barque est lourdement chargée.* **2.** De tout son poids. *Il est tombé lourdement.* **3.** Maladroitement. *Il a insisté lourdement pour rester dîner.* **4.** Beaucoup. *Tu te trompes lourdement.*

▸ **lourdeur** n. f. **1.** État de ce qui est lourd, pesant. *Cette valise est d'une lourdeur !* ▮ contraire : **légèreté. 2.** Manque de finesse. *La lourdeur d'une plaisanterie.* **3.** *Des lourdeurs d'estomac,* une impression de pesanteur qui empêche de digérer.
▶ Autres mots de la famille : alourdir, poids lourd.

loutre n. f. Petit animal au pelage brun épais et court et aux pattes palmées, qui vit dans l'eau et sur la terre. → planche **Rivière.** *Les loutres se nourrissent de poissons, de grenouilles et d'oiseaux.*

louve n. f. Femelle du loup. *La louve allaite ses louveteaux puis leur apprend à chasser.*

▸ **louveteau** n. m. **1.** Petit du loup et de la louve. *La louve vient de mettre bas six louveteaux.* **2.** Jeune scout de moins de douze ans.
▷ Mots de la famille de loup.

louvoyer v. (conjug. 10) Naviguer en zigzag pour utiliser un vent qui vient de face. *Le voilier louvoie le long de la côte.*

se lover v. (conjug. 4) S'enrouler pour dormir. *Le chat s'est lové dans un fauteuil.* → **se pelotonner.**

loyal, loyale adj. Qui est honnête et sincère, qui n'essaie pas de tricher. ▮ contraires : **déloyal, hypocrite.** *Julie est une amie loyale.* – Au masc. pl. *loyaux.*

▸ **loyalement** adv. Honnêtement, sans tricher. *Les deux chevaliers ont combattu loyalement.*

▸ **loyauté** n. f. Honnêteté, droiture. *Le candidat a reconnu avec loyauté les mérites de son adversaire.*
▷ Mots de la famille de loi.

loyer n. m. Somme d'argent que le locataire verse au propriétaire pour lui louer un appartement ou une maison. → aussi **location.** *Il paie son loyer au début de chaque mois.*

lubie n. f. Idée, envie capricieuse, parfois un peu folle. → **caprice.** *Sa dernière lubie est d'avoir un boa chez lui.*

lubrifier v. (conjug. 9) Graisser, huiler un mécanisme pour qu'il fonctionne mieux. *Il a lubrifié le moteur de la tondeuse.*

▸ **lubrifiant** n. m. Produit qui sert à graisser. *L'huile est un lubrifiant.*

lucarne n. f. Petite fenêtre percée dans le toit d'une maison. *Il regarde les oiseaux par la lucarne du grenier.*

lucide adj. **1.** Qui voit les choses telles qu'elles sont. *C'est une femme intelligente et lucide.* → **clairvoyant, perspicace.** **2.** Qui a toute sa conscience, toute sa tête. *Il est revenu de son évanouissement mais il n'est pas encore entièrement lucide.* → **conscient.**

▸ **lucidité** n. f. **1.** Qualité d'une personne qui voit clairement les choses et les comprend bien. *Elle a analysé la situation avec une grande lucidité.* → **perspicacité.** **2.** Fonctionnement normal de l'esprit. *Le malade n'a plus toute sa lucidité.* → **conscience, raison.**
▸ Autre mot de la famille : extralucide.

luciole n. f. (→ ÉTYM.) Insecte ailé et lumineux qui ressemble au ver luisant. → planche **Insectes.**

lucratif, lucrative adj. Qui rapporte beaucoup d'argent. *Une profession lucrative.*

ludique adj. Qui concerne le jeu. *Les enfants ont beaucoup d'activités ludiques.*

ludothèque n. f. Lieu où l'on peut emprunter des jouets et des jeux.

lueur n. f. **1.** Lumière faible. *Ils ont dîné à la lueur des chandelles.* **2.** Éclat vif dans le regard. *Elle eut une lueur de colère dans les yeux.* → ① **éclair.** **3.** Légère trace. *Il reste une lueur d'espoir.* ▷ Mot de la famille de luire.

luge n. f. Petit traîneau utilisé pour glisser sur la neige. → planche **Sport.** *Paul aime beaucoup faire de la luge.* → aussi **bobsleigh.**

luge

lugubre adj. Très triste. *Il parle d'un ton lugubre.* → ① **sinistre.** ▮ contraires : **gai, joyeux.**

lui pronom personnel **1.** Pronom personnel de la troisième personne du singulier masculin et féminin, complément. → aussi ① **leur.** *Le chat avait faim, je lui ai donné à manger. J'ai croisé Léa et je lui ai parlé, à elle. Je vais chez lui.* → aussi **eux.** **2.** Pronom personnel de la troisième personne du singulier masculin, sujet. *Paul, lui aussi, aime beaucoup le chocolat.* **3.** *Il a pris lui-même la décision de partir,* personnellement.

luire v. (conjug. 41) Briller. *Le soleil luit. Son front luisait de sueur.*

▸ **luisant, luisante** adj. **1.** Brillant. *Le chien a le poil luisant.* **2.** *Un ver luisant,* c'est un insecte qui brille la nuit en émettant une lumière jaune-vert. *On voit des vers luisants sur le chemin.*
▸ Autres mots de la famille : lueur, reluire.

lumbago [lɔ̃bago] ou [lœ̃bago] n. m. Douleur dans le bas du dos. *Elle a souvent des lumbagos.* → aussi **lombaire.**
▸ On écrit aussi *lombago.*

lumière n. f. **1.** Ce qui éclaire naturellement les objets. *Il n'y a pas beaucoup de lumière dans cette pièce.* → **clarté.** ▮ contraire : **obscurité.** **2.** Ce qui éclaire artificiellement les objets. *Allume la lumière, il fait sombre.* → **éclairage.** **3.** *Faire la lumière sur quelque chose,* chercher à l'élucider. *Le commissaire cherche à faire toute la lumière sur ce crime.* **4.** Les Lumières, courant de pensée du 18e siècle, défendant l'idée que le progrès est lié à la liberté et à la raison.

luminaire n. m. Appareil d'éclairage. *Les lampes, les lampadaires, les lustres, les spots sont des luminaires.*

lumineux, lumineuse adj. **1.** Qui brille dans l'obscurité. *Ce réveil a des chiffres lumineux. On voit de loin l'enseigne lumineuse de la pharmacie.* **2.** Clair. *Cet appartement est très lumineux.* ▮ contraire : **sombre.**

▸ **luminosité** n. f. Clarté brillante. *La luminosité du ciel méditerranéen.* → ① **éclat.**

lump [lœ̃p] n. m. Poisson des mers froides dont on mange les œufs. *Les œufs de lump ressemblent au caviar.*
▸ On dit aussi *lompe* [lɔ̃p]. *Des œufs de lompe.*

lunaire adj. De la Lune. *Le sol lunaire.* – *Un paysage lunaire,* désolé comme celui de la Lune. ▷ Mot de la famille de lune.

lunaison n. f. Intervalle de temps d'environ 29 jours, qui correspond au temps que met la Lune pour effectuer un tour autour de la Terre. ➜ aussi **phase.** ▷ Mot de la famille de lune.

lunatique adj. Qui est d'une humeur changeante sans que l'on comprenne pourquoi. ➜ **capricieux, fantasque** et aussi **luné.** ▷ Mot de la famille de lune.

lunch [lœntʃ] ou [lœ̃ʃ] n. m. Repas léger, au cours d'une réception. *Un lunch de mariage.* ➜ **buffet, cocktail.** – Au pl. *Des lunchs.*
Ce mot vient de l'anglais. • On emploie aussi le pluriel anglais *des lunches.*

lundi n. m. (➜ ÉTYM.) Jour de la semaine entre le dimanche et le mardi. *Les enfants ont cours de dessin tous les lundis matin.*

lune n. f. Satellite qui tourne autour de la Terre et reçoit sa lumière du Soleil. ➜ planche **Lune.** *Les phases de la Lune.* ➜ aussi **lunaison.** *Un croissant de lune brille dans le ciel. Le clair de lune,* c'est la lumière que la Lune envoie sur la Terre la nuit quand elle brille. *La fusée a atterri sur la Lune,* a aluni. – *Être dans la lune,* c'est être distrait, rêveur. *Demander la lune,* des choses impossibles.

▸ **luné, lunée** adj. Familier. *Bien luné, mal luné,* de bonne humeur, de mauvaise humeur. *Julie est mal lunée aujourd'hui.* ➜ aussi **lunatique.**

▸ Autres mots de la famille : alunir, alunissage, lunaire, lunaison, lunatique.

lunette n. f. **1.** *Des lunettes,* ce sont deux verres mis sur une monture munie de branches que l'on place devant les yeux pour mieux voir ou se protéger les yeux. *Théo porte des lunettes. Elle a deux paires de lunettes de soleil.* **2.** *Une lunette,* c'est un instrument d'optique qui permet de voir des objets très éloignés. *On observe les étoiles avec une lunette astronomique.* ➜ **télescope** et aussi **jumelles, longue-vue, lorgnette.**

il y a belle **lurette** adv. (➜ ÉTYM.) Familier. Il y a très longtemps. *Il y a belle lurette que les automobiles ont remplacé les voitures à chevaux.*

luron n. m., **luronne** n. f. Personne gaie et aimant plaisanter. *C'est un joyeux luron.*

lustre n. m. Appareil d'éclairage à plusieurs lampes que l'on suspend au plafond. ➜ ① **suspension.** *Un lustre en cristal.*

lustrer v. (conjug. 3) **1.** Rendre brillant, luisant. *Le chat lustre son poil en le léchant.* **2.** Rendre brillant par le frottement. *L'usure a lustré son pantalon.*

luth [lyt] n. m. Instrument de musique à cordes très utilisé du 16e au 18e siècle. ➜ planche **Musique.** ▮ homonyme : lutte.
Ce mot se termine par un *h.*

▸ **luthier** n. m., **luthière** n. f. Artisan qui fabrique et entretient des instruments de musique à cordes. *Le luthier répare les violons, les guitares et les contrebasses.*

luth

lutin n. m. Petit personnage imaginaire, espiègle et malicieux. ➜ **farfadet, gnome.** *Les lutins portent un bonnet pointu.*

lutte n. f. **1.** Sport consistant à renverser l'adversaire et à le maintenir à terre. **2.** Combat entre deux adversaires. *La lutte armée.* ➜ **bataille, guerre.** **3.** Action, effort énergique. *Les chercheurs poursuivent leur lutte contre le cancer.* ▮ homonyme : luth.

▸ **lutter** v. (conjug. 3) **1.** Combattre à la lutte. *Les deux athlètes luttent corps à corps.* **2.** Mener une action énergique. *Des personnalités se sont mobilisées pour lutter contre le sida.* **3.** Résister. *Théo lutte contre le sommeil,* il s'efforce de ne pas s'endormir.

▸ **lutteur** n. m., **lutteuse** n. f. **1.** Athlète qui pratique la lutte. **2.** Personne énergique qui aime l'action. *Il a un tempérament de lutteur.* ➜ ③ **battant.**

luxation n. f. Déplacement d'un os hors de son articulation. *Paul s'est fait une luxation de l'épaule.* ▷ Mot de la famille de luxer.

la Lune

Seul satellite naturel de la Terre, la Lune est une sphère rocheuse 4 fois plus petite et 80 fois moins massive que notre planète. Elle tourne sur son axe et aussi autour de la Terre à une distance moyenne de 384 000 kilomètres. La Lune n'émet aucune lumière : elle est éclairée uniquement par la lumière solaire. Quand elle disparaît entièrement dans l'ombre de la Terre, c'est une éclipse de Lune totale. La force d'attraction de la Lune (et celle du Soleil) influence les marées.

➔ lunaison.
➔ planches **espace, Soleil, Terre.**

les phases de la Lune

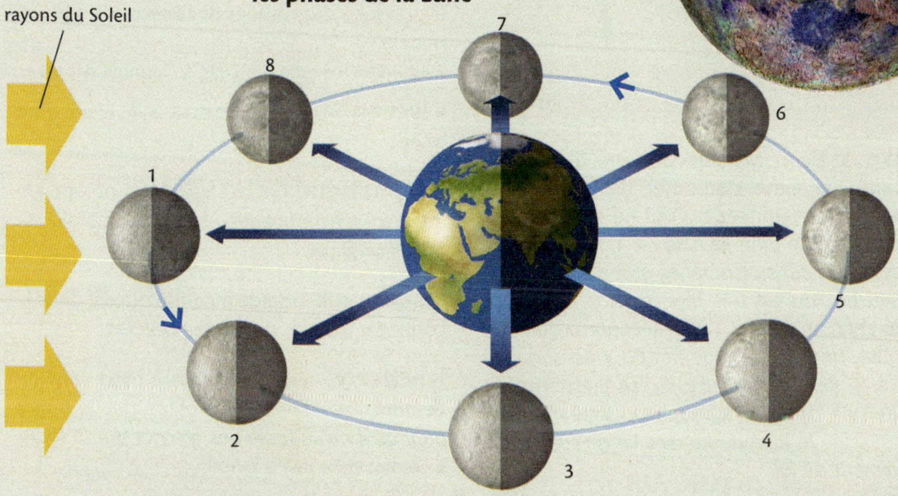

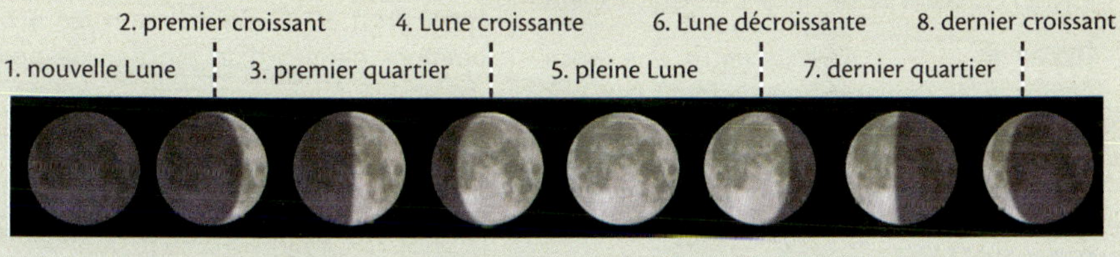

éclipse de Lune

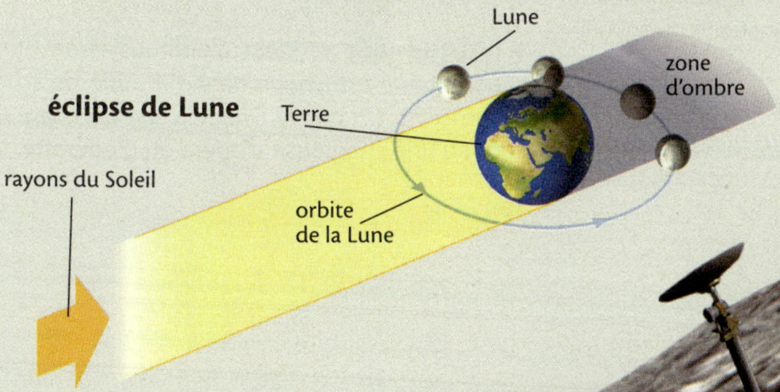

la Terre vue de la Lune

luzerne

luxe n. m. 1. Manière de vivre d'une personne qui aime s'entourer de choses très chères, très raffinées ou qui ne sont pas nécessaires. *Elle aime le luxe.* → ① **faste.** *Ils sont descendus dans un hôtel de grand luxe,* un bel hôtel où l'on est très bien servi et qui coûte très cher, un palace. 2. Plaisir coûteux que l'on s'offre. *Un beau voyage par an, c'est son seul luxe.* 3. *Se payer le luxe de,* se permettre de faire une chose inhabituelle et agréable. *Elle s'est payé le luxe de lui dire ce qu'elle pense vraiment de lui.*

▶ Autres mots de la famille : luxueusement, luxueux.

luxer v. (conjug. 3) *Se luxer un os, une articulation,* se les déplacer hors de leur place normale. *Léa s'est luxé l'épaule.* → ② **déboîter, démettre.**

▶ Autre mot de la famille : luxation.

luxueux, luxueuse adj. Qui se caractérise par son luxe. *Leur salle de bains est luxueuse.* → **fastueux, magnifique, somptueux.** ▮ contraire : **simple.**

▶ **luxueusement** adv. De façon luxueuse. *Un appartement luxueusement meublé.* ▮ contraire : **simplement.**

▷ Mots de la famille de luxe.

luxuriant, luxuriante adj. *Une végétation luxuriante,* une végétation composée de plantes et d'arbres très nombreux et très serrés, qui poussent très haut. → **exubérant, touffu.** *La forêt vierge a une végétation luxuriante.*

luzerne n. f. Plante à petites fleurs violettes qui sert de fourrage. *Un champ de luzerne.*

lycée n. m. Établissement scolaire où les élèves font leurs études de la seconde à la terminale.

▶ Attention, ce nom masculin se termine par un *e.*

▶ **lycéen** n. m., **lycéenne** n. f. Élève d'un lycée.

lymphatique [lɛ̃fatik] adj. Mou et lent. *Un adolescent lymphatique.* → **indolent.** ▮ contraires : **actif, énergique.**

lymphe n. f. Liquide incolore qui est dans le corps. *La lymphe nourrit les cellules.*

lyncher v. (conjug. 3) Mettre à mort sans jugement. *Le suspect est protégé par la police pour qu'il ne se fasse pas lyncher par la foule.*

▶ Ce mot vient de l'américain. (→ ÉTYM.)

lynx [lɛ̃ks] n. m. Animal sauvage à oreilles pointues garnies d'un pinceau de poils, qui ressemble à un gros chat. → planche **Félins.** – *Avoir des yeux de lynx,* une très bonne vue.

lyre n. f. Ancien instrument de musique à cordes. *Les poètes grecs de l'Antiquité récitaient leurs poèmes en s'accompagnant à la lyre.* ▮ homonyme : lire.

▶ **lyrique** adj. 1. Plein d'enthousiasme et d'émotion. *Il est lyrique quand il parle de sa jeunesse.* 2. *Un artiste lyrique,* c'est un chanteur ou une chanteuse d'opéra ou d'opérette.

lys → **lis**

M m

M. → **monsieur**

m' → **me, moi**

ma → **mon**

macabre adj. Qui évoque la mort, les cadavres, les squelettes. *Une histoire macabre.*

macadam [makadam] n. m. Revêtement de route fait de pierres concassées et de sable, tassé au rouleau compresseur et recouvert de goudron. → **asphalte, bitume.**

▶ Ce mot vient du nom de l'inventeur de ce revêtement, l'Écossais *McAdam.*

macaque n. m. Singe d'Asie au corps trapu et au museau proéminent. → planche **Mammifères.**

macaque

macaron n. m. 1. Gâteau sec, rond, fait avec de la poudre d'amandes, du blanc d'œuf et du sucre. 2. Natte de cheveux roulée sur l'oreille.

macaroni n. m. *Des macaronis,* des pâtes en forme de tube. *Un gratin de macaronis.*

▶ Ce mot vient de l'italien.

macédoine n. f. › ÉTYM. 1. Mélange de légumes cuits coupés en morceaux. → aussi **jardinière.** 2. *Macédoine de fruits,* mélange de fruits divers coupés en petits morceaux et servis avec un sirop. → aussi **salade.**

macérer v. (conjug. 8) Tremper longtemps dans un liquide. → aussi **mariner.** *Elle fait macérer des pruneaux dans du thé.*

mâche n. f. Plante à petites feuilles allongées qui se mange en salade.

mâcher v. (conjug. 3) 1. Écraser avec ses dents avant d'avaler. *Mâche bien ta viande !* → **mastiquer.** 2. Triturer longuement dans sa bouche sans avaler. *Alex mâche du chewing-gum.* 3. *Ne pas mâcher ses mots,* dire franchement ce qu'on pense.

▶ Autres mots de la famille : mâchoire, mâchonner, remâcher.

machette n. f. Grand couteau à lame épaisse servant à couper les branches, utilisé surtout dans les pays tropicaux.

machiavélique [makjavelik] adj. Rusé, perfide et calculateur. *Une manœuvre machiavé-*

lique. → **démoniaque, diabolique.**

▸ Ce mot vient du nom d'un homme politique de Florence, Nicolas *Machiavel.*

mâchicoulis n. m. Balcon percé d'ouvertures au sommet des murailles ou des tours des châteaux forts. → planche **Château** fort. *Au Moyen Âge, on lançait des projectiles du haut des mâchicoulis.*

▸ On peut aussi écrire *machicoulis,* sans accent circonflexe.

mâchicoulis

machin n. m. Familier. Objet dont on ignore le nom. → **bidule, chose, truc.** *Qu'est-ce que c'est que ce machin ?* ▷ Mot de la famille de machine.

machinal, machinale adj. Que l'on fait sans y penser, sans réfléchir, comme si l'on était une machine. *Un geste machinal.* → **automatique, mécanique.** ▮ contraire : **volontaire.** — Au masc. pl. *machinaux.*

▸ **machinalement** adv. D'une façon machinale. *Il a fermé la porte machinalement.* → **automatiquement, mécaniquement.**

▷ Mots de la famille de machine.

machination n. f. Ensemble de manœuvres secrètes destinées à nuire à quelqu'un. *Il a été victime d'une machination.* → **complot, intrigue.** ▷ Mot de la famille de machine.

machine n. f. **1.** Appareil qui transforme l'énergie pour produire un travail. *Une machine agricole. Une machine à laver.* → **lave-linge.** *Une machine à café.* **2.** *Les machines d'un bateau,* le moteur qui le fait avancer. *La salle des machines d'un paquebot.*

salle des **machines**

▸ **machinerie** n. f. Ensemble de machines. *Pour changer les décors au théâtre, il faut une machinerie très complexe.*

▸ **machinisme** n. m. Emploi généralisé de machines dans les usines. *Au 19e siècle, le machinisme a transformé l'industrie.*

▸ **machiniste** n. m. et f. Personne qui s'occupe des changements de décors, des trucages, au théâtre et au cinéma.

▸ Autres mots de la famille : machin, machinal, machinalement, machination.

macho [matʃo] n. m. Familier. Homme qui pense que les hommes sont supérieurs aux femmes et veut les dominer. *Son mari est un vrai macho.*

▸ Ce mot vient de l'espagnol.

mâchoire n. f. **1.** Chacun des deux os de la bouche, en forme d'arc, dans lesquels sont implantées les dents. *La mâchoire supérieure est fixe et la mâchoire inférieure est mobile.* → aussi **maxillaire.** **2.** Chacune des pièces d'un outil qui, en se rapprochant, peuvent serrer un objet. *Les mâchoires d'un étau.* ▷ Mot de la famille de mâcher.

mâchonner v. (conjug. 3) Mâcher longuement ou mordre à petits coups, machinalement. *Théo mâchonne le bout de son crayon.* → **mordiller.** ▷ Mot de la famille de mâcher.

maçon n. m., **maçonne** n. f. Ouvrier qui construit des maisons. – adj. *Abeille maçonne,* abeille solitaire qui construit son nid.

▶ **maçonnerie** n. f. 1. Travaux de construction d'un édifice. *Une entreprise de maçonnerie.* 2. Partie de la construction faite par le maçon avec des pierres ou des briques assemblées par du ciment ou du béton.

▶ Attention à la cédille du ç.

maculé, maculée adj. Couvert de taches, sali. *Des chaussures maculées de boue.*

▶ Autre mot de la famille : immaculé.

madame n. f. (pl. **mesdames**) 1. Nom donné à une femme qui est mariée ou qui a été mariée. *«Chère madame», écrit Théo à sa professeur de piano. Cette lettre est adressée à madame Brun (M*me *Brun).* 2. Titre donné par respect à certaines femmes mariées ou pas. *Madame la directrice.* ▷ Mot de la famille de mon et de dame.

madeleine n. f. Petit gâteau bombé à pâte moelleuse, cuit dans un moule en forme de coquille.

mademoiselle n. f. (pl. **mesdemoiselles**) Nom donné aux jeunes filles et aux femmes non mariées. *«Bonjour mesdemoiselles», dit le boulanger à Léa et à Louise. Ce paquet est adressé à mademoiselle Mangin (M*lle *Mangin).* ▷ Mot de la famille de mon et de demoiselle.

madrier n. m. Poutre très épaisse. *Des madriers de chêne soutiennent le toit de la grange.*

maestria [maɛstʀija] n. f. Maîtrise, aisance et perfection dans l'exécution d'une œuvre d'art ou d'un exercice. *Le violoniste a joué ce concerto avec maestria.* → **brio, virtuosité.**

▶ Ce mot vient de l'italien.

mafia n. f. Groupe secret dont les membres prennent des places importantes dans la société et s'enrichissent par des moyens interdits par la loi. *La mafia de la drogue.*

▶ On écrit aussi *maffia.* • Ce mot vient du sicilien.

magasin n. m. 1. Endroit où l'on vend des marchandises. → **boutique.** *Un magasin d'alimentation.* → aussi **libre-service, hypermarché, supermarché.** *Un magasin de jouets.* 2. *Grand magasin,* magasin sur plusieurs étages où l'on peut acheter toutes sortes de choses. 3. Endroit où sont stockées des marchandises. *Nous n'avons plus cet article en magasin.* → **entrepôt,** ① **réserve.**

▶ **magasinier** n. m. Personne qui range et garde les marchandises déposées dans un magasin.

▶ Autre mot de la famille : emmagasiner.

magazine n. m. 1. Journal généralement illustré. → ① **revue.** *Un magazine féminin.* 2. Émission régulière de radio ou de télévision sur un sujet particulier. *Un magazine télévisé.*

mage n. m. 1. Personne qui pratique les sciences occultes, la magie. → **devin, sorcier.** 2. *Les Rois mages,* les personnages venus d'Orient, qui, selon l'Évangile, guidés par une étoile, vinrent adorer Jésus dans sa crèche. *Les Rois mages s'appelaient Gaspard, Melchior et Balthazar.*

▶ Autres mots de la famille : magicien, magie, magique.

maghrébin adj. et n. m. **maghrébine** adj. et n. f.

▪ adj. Du Maghreb. *Le Maroc, l'Algérie et la Tunisie sont des pays maghrébins. Une famille maghrébine.*

▪ n. m. et f. Personne originaire du Maghreb. *Les Maghrébins.*

magicien n. m., **magicienne** n. f. Personne qui fait des tours de magie. *Le magicien a fait sortir un lapin de son chapeau.* → aussi **illusionniste, prestidigitateur.** ▷ Mot de la famille de mage.

magie n. f. Art de faire des choses qui semblent inexplicables, avec des paroles et des gestes mystérieux. *Les alchimistes du Moyen Âge utilisaient la magie pour essayer de fabriquer de l'or.* → **sorcellerie.** *Des tours de magie.* → **prestidigitation.** ▷ Mot de la famille de mage.

a b c d e f g h i j k l m n o p q r s t u v w x y z

magique adj. Qui est utilisé ou produit par magie. *Les sorcières ont des pouvoirs magiques. Une baguette magique,* qui a des pouvoirs extraordinaires. ▷ Mot de la famille de mage.

magistral, magistrale adj. Qui est remarquable, parfait. *Ce financier a réussi un coup magistral,* un coup de maître. – Au masc. pl. *magistraux.*

▸ **magistralement** adv. Avec brio, d'une manière remarquable. ➜ **brillamment.** *Le pianiste a joué ce morceau magistralement.*

magistrat n. m., **magistrate** n. f. Fonctionnaire chargé de rendre la justice. *Les juges sont des magistrats.*

▸ **magistrature** n. f. Fonction de magistrat ; ensemble des magistrats. *Il est dans la magistrature,* il est magistrat.

magma n. m. Matière visqueuse qui se trouve au centre de la Terre et qui est formée de roches en fusion. *La lave qui sort des volcans provient du magma.* ➜ planche **Volcans.**

magnanime [maɲanim] adj. Qui pardonne facilement. *Le vainqueur s'est montré magnanime, il a épargné les vaincus.* ➜ **généreux, noble.**

magnésium [maɲesjɔm] n. m. Métal blanc argenté, très léger, qui brûle à l'air avec une flamme éblouissante.

magnétique adj. **1.** Qui attire le fer. *L'aimant a des propriétés magnétiques.* **2.** *Bande magnétique,* bande enduite d'une matière spéciale sur laquelle on enregistre les sons avec un magnétophone ou les sons et les images avec un magnétoscope. **3.** Qui attire et fascine. *Un regard magnétique.*

▸ **magnétiser** v. (conjug. 3) **1.** Attirer comme un aimant, rendre magnétique. *L'aimant magnétise le fer.* ➜ aussi **aimanté.** **2.** Exercer une très forte influence. *L'orateur a magnétisé son public.* ➜ **fasciner.**

▸ **magnétisme** n. m. **1.** Propriété qu'ont les aimants d'attirer le fer. *L'aiguille de la boussole est soumise au magnétisme terrestre.* **2.** Grand charme, fascination. *Ce chanteur exerce un véritable magnétisme.*

magnétophone n. m. Appareil qui permet d'enregistrer et de reproduire des sons. *Un magnétophone portable.* ➜ **baladeur.**

magnétoscope n. m. Appareil qui permet d'enregistrer des images et des sons sur la bande magnétique d'une cassette vidéo. ➜ aussi **caméscope** et **vidéo.**

magnificence [maɲifisɑ̃s] n. f. Beauté magnifique, pleine de grandeur. *Ce château est meublé avec magnificence.* ➜ **splendeur.**
Ce mot appartient au langage soutenu.

magnifique adj. D'une beauté éclatante. *Quel magnifique coucher de soleil !* ➜ **splendide, superbe.** ▮ contraire : **affreux.**

▸ **magnifiquement** adv. D'une manière magnifique. *Un palais magnifiquement décoré.*

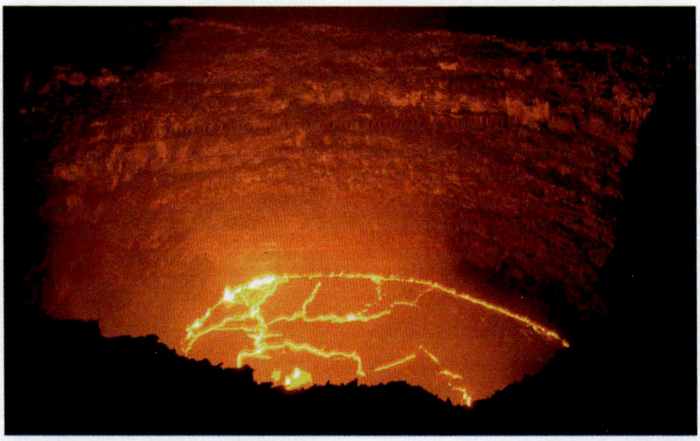

magma

magnitude n. f. *La magnitude d'un séisme,* son énergie mesurée selon une échelle spéciale. *Un séisme de magnitude 6.*

magnolia [maɲɔlja] n. m. Arbre à feuilles luisantes et à grosses fleurs blanches ou roses très parfumées.

magnolia

magnum [magnɔm] n. m. Grosse bouteille contenant un litre et demi. *Des magnums de champagne.*

magot n. m. Familier. Somme d'argent que l'on a amassée et mise en réserve. *Les cambrioleurs ont volé son magot.*

magret n. m. Filet de viande découpé sur le ventre d'un canard ou d'une oie.

maharadja [maaʀadʒa] n. m. Prince hindou. *Les palais des maharadjas.*
▶ On écrit aussi *maharaja.*

mai n. m. Cinquième mois de l'année. *Le mois de mai a 31 jours.* ▮ homonymes : mais, mets.

maigre adj. **1.** Dont le corps a peu de graisse, qui a un poids peu élevé par rapport à sa taille. *Léa est un peu maigre.* ▮ contraire : **gros.** **2.** Qui ne contient pas de matières grasses. *Des yaourts maigres.* → aussi **allégé.** **3.** Peu important, médiocre. *Avec son maigre salaire, il a du mal à faire des économies.*

▶ **maigreur** n. f. État d'une personne maigre. ▮ contraire : **obésité.**

▶ **maigrichon, maigrichonne** adj. Un peu maigre. *Une petite fille maigrichonne.* ▮ contraire : **grassouillet.**

▶ **maigrir** v. (conjug. 11) Devenir maigre, perdre du poids. → **s'amincir.** *Depuis qu'elle fait un régime, elle a maigri de dix kilos.* ▮ contraire : **grossir.**

▶ Autres mots de la famille : amaigri, amaigrissant, amaigrissement.

mail [mɛl] n. m. Adresse, courrier électronique. → **courriel, e-mail.**

maille n. f. **1.** Chacune des petites boucles de laine ou de fil qui s'entrelacent pour former un tissu plus ou moins serré. *Elle compte les mailles de son tricot.* **2.** Trou à l'intérieur de chaque maille d'un filet. *Le poisson est passé à travers les mailles du filet.*

▶ Autre mot de la famille : maillon.

maillet n. m. Marteau en bois.

maharadja

maillon n. m. Anneau d'une chaîne. → **chaînon.** ▷ Mot de la famille de maille.

maillot n. m. **1.** Vêtement de sport souple et collant, fait d'une seule pièce, que l'on porte pour faire de la danse ou de la gymnastique. → **justaucorps.** *Un maillot de danseur.* **2.** Vêtement couvrant le buste, que portent les sportifs. *Les cyclistes portent un numéro sur leur maillot.* **3.** *Maillot de bain,* vêtement que l'on met pour se baigner, nager.

▶ Autre mot de la famille : emmailloter.

main n. f. Partie du corps située au bout du bras, qui sert à toucher et à saisir les objets. *Chacune des deux mains possède cinq doigts. Louise donne la main à sa sœur pour traverser la rue. Il serre la main à ses invités. Les artisans travaillent de leurs mains,* manuellement. *Je vais te donner un coup de main,* t'aider. *J'en mettrais ma main au feu,* j'en ai la conviction, j'en suis sûr. *J'ai pris ce que j'avais sous la main,* à ma portée. *Je n'arrive pas à remettre la main sur ce livre,* à le retrouver. *Le facteur a remis le colis en mains propres à son destinataire,* à son destinataire en personne. *Les deux adversaires en sont venus aux mains,* ils se sont mis à se battre. ▮ homonyme : maint.

▶ Autres mots de la famille : baisemain, essuie-main, main-d'œuvre, main-forte, maintenance, maintenir, maintien, sous-main, en un tournemain.

mainate n. m. Oiseau noir à bec jaune, capable d'imiter la voix humaine.

mainate

main-d'œuvre n. f. **1.** Travail d'un ou de plusieurs ouvriers. *Il faut compter quatre heures de main-d'œuvre pour démonter ce moteur.* **2.** Ensemble des ouvriers. *Cette usine emploie beaucoup de main-d'œuvre étrangère.* – Au pl. *Des mains-d'œuvre.* ▷ Mot de la famille de main et de œuvre.

main-forte n. f. *Prêter main-forte à quelqu'un,* l'aider. ▷ Mot de la famille de main et de ① fort.

maint [mɛ̃], **mainte** adj. Nombreux. *Elle a déjà emprunté cette route maintes fois,* souvent. ▮ homonyme : main.

▶ Ce mot appartient au langage soutenu.

maintenance n. f. Ensemble des opérations d'entretien et de réparation de machines et d'appareils. *Ils ont un contrat de maintenance pour leur chaudière.* ▷ Mot de la famille de main et de tenir.

maintenant adv. **1.** Tout de suite. *Il faut partir maintenant si nous voulons être à l'heure.* **2.** À présent, actuellement. *Maintenant, ce n'est plus comme avant.* ▮ contraires : **autrefois, jadis.**

maintenir v. (conjug. 13) **1.** Tenir dans une même position, empêcher de bouger. *Maintiens ce clou bien droit pendant que tu l'enfonces.* **2.** Faire durer un état. *Il est difficile de maintenir la paix dans ce pays.* **3.** Affirmer avec force. *Alex maintient qu'il a dit la vérité.* ➜ **soutenir.**

▶ **maintien** n. m. **1.** Façon de se tenir. ➜ **attitude, posture, tenue.** *Les mannequins ont un maintien très élégant.* **2.** Action de faire durer. *Le maintien de l'ordre.*

▷ Mots de la famille de main et de tenir.

maire n. m. et f. (➜ ÉTYM.) **1.** Personne élue par le conseil municipal pour diriger les affaires d'une commune. *Le maire est aidé par des adjoints. Madame le maire* ou *la maire.* **2.** *Maire du palais,* intendant du palais royal, au temps des Mérovingiens, qui avait un rôle de premier ministre. ▮ homonymes : mer, mère.

▶ **mairie** n. f. Bâtiment où se trouvent les bureaux du maire et de l'administration de la commune. *Les mariés sortent de la mairie.* ➜ aussi **hôtel** de ville.

mais conjonction et adv. **1.** conjonction S'emploie pour annoncer une idée contraire ou apporter une correction à ce qui a été dit. *Louise aimerait bien avoir un chien, mais sa mère n'aime pas les animaux.* **2.** adv. S'emploie pour renforcer ce qu'on dit. *Mais où est donc passé Théo ?* ▮ homonymes : mai, mets.

maïs [mais] n. m. (➜ ÉTYM.) Plante qui a une longue tige, de larges feuilles pointues et des grains jaunes serrés sur un gros épi cylindrique. *La ferme est entourée de champs de maïs. Les poules mangent du maïs,* des grains de maïs.

▶ Il y a un tréma sur le *ï.*

maison n. f. **1.** Bâtiment qui sert d'habitation. → aussi **château, ② ferme, pavillon, résidence, villa.** → planche **Habitations.** *Ils ont une maison au bord de la mer.* **2.** L'endroit où l'on habite. → **domicile.** *Ce matin, Théo est resté à la maison,* chez lui. **3.** Bâtiment qui sert à un usage particulier. *Maison de retraite,* établissement où vivent des personnes âgées. *Maison d'arrêt,* prison. *La maison des jeunes et de la culture.* **4.** Entreprise commerciale. *La maison sera fermée au mois d'août.* → **firme, société.** **5.** (Invariable après un nom) Fait sur place, à la maison. *Des tartes maison.*

▸ **maisonnée** n. f. Toutes les personnes qui habitent la même maison, toute la famille. *Toute la maisonnée est réunie autour de l'arbre de Noël.*

▸ **maisonnette** n. f. Petite maison.

maître n. m. et adj., **maîtresse** n. f. et adj.
■ n. **1.** Personne qui exerce une autorité sur quelqu'un. *Le tyran règne en maître absolu.* **2.** *Le maître et la maîtresse de maison,* les personnes qui habitent la maison et décident de ce qu'on y fait. **3.** Personne qui possède un animal domestique. *Le chien court au-devant de son maître.* **4.** *Être maître de soi,* garder le contrôle de soi-même, se dominer. *Elle est restée maîtresse d'elle-même,* calme. **5.** Personne qui enseigne aux enfants. → **instituteur, professeur.** *Julie aime bien sa maîtresse.* **6.** Grand artiste, grand écrivain, grand savant. *La Joconde est un tableau de maître. Il a réussi un coup de maître,* une action très brillante, un coup très bien réussi. → **magistral.** **7.** n. f. Femme avec laquelle un homme a des relations sexuelles et qui n'est pas sa femme légitime. → aussi **amant.** *Il a une maîtresse.* **8.** n. m. Titre que l'on donne à un notaire, un avocat, une avocate.
■ adj. Essentiel. → **principal.** *La pièce maîtresse d'une collection,* la plus importante, la plus précieuse. ▮ homonymes : mètre, mettre.

▸ **maître chanteur** n. m., **maître chanteuse** n. f. Personne qui exerce un chantage sur quelqu'un. – Au pl. *Des maîtres chanteurs.*
▷ Mot de la famille de chanter.

▸ **maître nageur** n. m. Personne qui apprend à quelqu'un à nager et qui surveille les endroits où l'on se baigne. ▷ Mot de la famille de nager.

▸ **maîtrise** n. f. **1.** *Maîtrise de soi* ou *maîtrise,* qualité d'une personne qui sait se contrôler, se dominer. *Dans cette situation difficile, elle a montré une parfaite maîtrise.* → **calme, sang-froid.** **2.** Groupe de chanteurs, chorale. *La maîtrise d'une église.* **3.** Habileté, perfection. → **brio, virtuosité.** *Ce tableau a été exécuté avec une très grande maîtrise.*

▸ **maîtriser** v. (conjug. 3) **1.** Se rendre maître de quelqu'un ou de quelque chose par la force. *Le cow-boy a maîtrisé le cheval sauvage. Les pompiers maîtrisent l'incendie.* **2.** Contenir, dominer. *Elle a du mal à maîtriser son émotion.* → **contrôler, vaincre.** – **se maîtriser,** se dominer. *Allons, maîtrisez-vous !*
▸ Autre mot de la famille : contremaître.

majesté n. f. **1.** Titre que l'on donne aux souverains. → aussi **sire.** *Sa Majesté la reine d'Angleterre.* **2.** Grandeur, noblesse dans l'attitude, l'allure. *La majesté et la grâce de cette statue.* → aussi **majestueux.**

▸ **majestueux, majestueuse** adj. **1.** Qui a de la majesté, de la grandeur. *Elle avait une démarche majestueuse,* lente et solennelle. **2.** D'une beauté pleine de noblesse. *L'Amazone est un fleuve majestueux.* → **grandiose.**
▸ Autre mot de la famille : lèse-majesté.

majeur adj. et n. m., **majeure** adj.
■ adj. **1.** *La majeure partie,* la plus grande partie. *La majeure partie des gens est d'accord,* la plupart des gens. **2.** Très important. → **principal.** *Sa préoccupation majeure est sa santé.* **3.** Qui a l'âge de la majorité. *En France, on est majeur à 18 ans.* ▮ contraire : ② **mineur.**
■ n. m. Le plus grand doigt de la main. → **médius.** *Le majeur est le doigt du milieu.*
▸ Autres mots de la famille : majoritaire, majorité.

major n. m. **1.** Officier supérieur. *Le major est chargé de l'administration.* **2.** Candidat reçu premier au concours d'une grande école. *Elle est major de sa promotion.*
▸ Autres mots de la famille : état-major, majorette.

majorer v. (conjug. 3) Augmenter. *Le prix du billet a été majoré de 10 %.* → **hausser, relever.** ▮ contraires : **baisser, diminuer.**

▸ **majoration** n. f. Augmentation. *On attend une majoration du prix de l'essence.* → **hausse.** ▮ contraires : **baisse, diminution.**

majorette n. f. Fillette ou jeune fille en uniforme militaire de fantaisie. *Les majorettes défilent au son de la fanfare.* ▷ Mot de la famille de major.

majorettes

majorité n. f. **1.** Le plus grand nombre de voix, dans une élection. *Ce candidat a obtenu la majorité.* **2.** Le plus grand nombre. *La majorité des Français prend ses vacances en août,* la plupart. ▮ contraire : **minorité. 3.** Âge à partir duquel une personne devient responsable de ses actes devant la loi et a le droit de voter. *En France, la majorité est fixée à 18 ans.*

▸ **majoritaire** adj. Qui fait partie d'une majorité, qui a la majorité. ▮ contraire : **minoritaire.** *Ce parti est majoritaire à l'Assemblée nationale.*

▷ Mots de la famille de majeur.

majuscule n. f. Grande lettre d'une forme particulière. *Les noms propres commencent par une majuscule.* → **capitale.** ▮ contraire : **minuscule.**

maki n. m. Petit mammifère de Madagascar, au pelage épais, au museau pointu et à longue queue touffue, appelé aussi *lémur.* → planche **Mammifères.** *Les makis sont des lémuriens.* ▮ homonyme : maquis.

mal adv., adj. inv. et n. m. (pl. **maux**)
■ adv. **1.** D'une manière qui n'est pas satisfaisante. *Cela commence mal !* ▮ contraire : **bien.** *Se sentir mal,* éprouver un malaise. *Se trouver mal,* s'évanouir. **2.** Autrement qu'il ne convient. *Des enfants mal élevés. Elle est mal habillée.* **3.** Contrairement à la morale. *Il a mal agi.* **4.** D'une façon insuffisante. *Il est mal payé.* **5.** *Pas mal,* assez bien. *Cette robe ne lui va pas mal.* **6.** Familier. *Pas mal de,* beaucoup de. *Il y a pas mal de monde ici.*
■ adj. inv. **1.** Contraire à la morale. *Je n'ai rien fait de mal.* **2.** *Pas mal :* plutôt bien. *Ces photos ne sont pas mal du tout,* elles sont plutôt réussies.
■ n. m. **1.** Souffrance, douleur. *Des maux de tête. Alex a mal aux dents. Aïe ! tu m'as fait mal !* **2.** Maladie. *Habille-toi, tu vas prendre mal !,* tomber malade. **3.** Difficulté, peine. *Il a du mal à ouvrir la porte. Elle s'est donné beaucoup de mal pour lui apprendre à lire.* **4.** Ce qui cause de la peine, fait souffrir. *Ce qu'on a dit sur lui lui a fait du mal.* → **tort.** *Il dit du mal de tout le monde,* des choses méchantes. → aussi **médire.** – *De deux maux, il faut choisir le moindre,* entre deux choses désagréables, il faut choisir la moins désagréable. **5.** *Le mal,* ce que l'on ne doit pas faire, ce qui est contraire à la morale. *Cet enfant est assez grand pour savoir distinguer le bien du mal.* ▮ homonymes : malle ; mot.

▶ Autres mots de la famille : maladresse, maladroit, maladroitement, malaise, malaisé, malchance, malchanceux, malcommode, malencontreusement, malencontreux, malentendant, malentendu, malfaçon, malfaisant, malfaiteur, malfamé, malformation, malgré, malhabile, malhonnête, malhonnêtement, malhonnêteté, malice, malicieux, ② malin, malintentionné, malmener, malnutrition, malodorant, malpoli, malpropre, malpropreté, malsain, maltraiter, malveillance, malveillant, malvoyant.

malade adj. Qui souffre d'une maladie. *Théo est tombé malade.* ▮ contraires : bien **portant,** ① **valide.** *Je me sens un peu malade aujourd'hui.* → **souffrant.** – n. *La malade sera bientôt guérie.*

▸ **maladie** n. f. **1.** Trouble de l'organisme. ➜ ① **affection.** *La varicelle est une maladie contagieuse. Une maladie grave.* **2.** Manie. *Elle a la maladie du rangement.*

▸ **maladif, maladive** adj. **1.** Qui montre que l'on est malade. *Une pâleur maladive.* **2.** Anormal et impossible à contrôler. *Elle a une peur maladive des araignées.* ➜ **excessif.**

maladresse n. f. **1.** Manque d'adresse. *Il a renversé son verre par maladresse.* ▮ contraire : **habileté. 2.** Manque de délicatesse, de tact. *Elle lui a fait de la peine par maladresse.* ▷ Mot de la famille de mal et de ① adresse.

maladroit, maladroite adj. **1.** Qui manque d'adresse. ➜ **malhabile.** ▮ contraires : **adroit, habile.** *Une serveuse maladroite a laissé tomber une pile d'assiettes.* – n. *Le maladroit a tout cassé.* **2.** Qui manque de tact, de délicatesse. *Elle est très maladroite, elle dit toujours ce qu'il ne faut pas dire.*

▸ **maladroitement** adv. Avec maladresse. *Il s'y prend maladroitement.* ▮ contraire : **adroitement.**

▷ Mots de la famille de mal et de adroit.

malaise n. m. **1.** Sensation pénible et vague provoquée par un trouble du fonctionnement du corps. *Il faisait si chaud qu'elle a eu un malaise,* elle s'est trouvée mal. ➜ aussi **s'évanouir. 2.** Sentiment de gêne incontrôlable provoqué par une situation. *Paul éprouve un malaise quand il doit parler devant ses camarades de classe,* il n'est pas à l'aise. ➜ **angoisse, gêne.** ▷ Mot de la famille de mal et de aise.

des **makis**

malaisé, malaisée adj. Difficile. ➜ **ardu.** *Il est parfois malaisé de démêler le vrai du faux.* ▮ contraires : **aisé, facile.** ▷ Mot de la famille de mal et de aise.

malaria n. f. Maladie grave transmise par certains moustiques des pays tropicaux. ➜ **paludisme.**

malaxer v. (conjug. 3) Pétrir une matière pour qu'elle devienne plus molle et pour qu'elle soit bien mélangée. *Le sculpteur malaxe l'argile.*

malchance n. f. Manque de chance. *Julie a eu la malchance de tomber malade le jour de la fête de l'école.* ➜ fam. **déveine.** ▮ contraire : **chance.**

▸ **malchanceux, malchanceuse** adj. Qui n'a pas de chance. ▮ contraire : **chanceux.** *Un joueur malchanceux.*

▷ Mots de la famille de mal et de chance.

malcommode adj. Qui n'est pas commode, pas pratique. *Une poignée malcommode.* ▷ Mot de la famille de mal et de ② commode.

mâle n. m. et adj.
▪ n. m. Animal de sexe masculin. *Le coq est le mâle de la poule.*
▪ adj. **1.** De sexe masculin. *Des souris mâles.* **2.** Caractéristique de l'homme. ➜ **viril.** *Une voix mâle.* ➜ aussi **masculin.** ▮ contraire : **efféminé.**

malédiction n. f. **1.** Ensemble de paroles par lesquelles on souhaite du mal à quelqu'un en appelant sur lui la colère d'une puissance supérieure. *La méchante fée a jeté une malédiction sur la princesse.* ➜ aussi **maudire.** ▮ contraire : **bénédiction. 2.** Malheur qui semble provoqué par le sort. *Ce tremblement de terre est une malédiction pour la région.* ➜ **calamité, fatalité.** ▮ contraires : **bonheur, chance.**

maléfice n. m. Pratique magique dont le but est de nuire. *La princesse a été victime d'un maléfice.* ➜ **sortilège.**

▸ **maléfique** adj. Qui fait du mal, qui peut nuire. *Les sorcières ont un pouvoir maléfique.* ➜ aussi **malfaisant.** ▮ contraire : **bénéfique.**

a b c d e f g h i j k l m n o p q r s t u v w x y z

malencontreux, malencontreuse adj. Qui se produit à un mauvais moment. ➜ **ennuyeux, fâcheux.** *Une panne malencontreuse nous a retardés.*

▸ **malencontreusement** adv. D'une manière malencontreuse. *Elle a malencontreusement oublié ses clés.*

▷ Mots de la famille de mal, ① en et contre.

malentendant, malentendante adj. Qui entend à peine, est presque sourd. – n. *Les sourds et les malentendants.* ▷ Mot de la famille de mal et de entendre.

malentendu n. m. Désaccord entre des personnes qui croient s'être comprises, mais qui n'ont pas compris la même chose. *Leur dispute est due à un malentendu.* ➜ **méprise, quiproquo.** ▷ Mot de la famille de mal et de entendre.

malfaçon n. f. Défaut dans un objet mal fabriqué. *Il y a des malfaçons dans cette maison.* ▷ Mot de la famille de mal et de façon.

malfaisant, malfaisante adj. Qui fait du mal. ➜ **nuisible.** *Un être malfaisant.* ➜ **mauvais, méchant.** ▮ contraire : **bienfaisant.** ▷ Mot de la famille de mal et de faire.

malfaiteur n. m. Bandit, voleur. ➜ **brigand, gangster, truand.** *Une bande de malfaiteurs a attaqué la banque.* ▷ Mot de la famille de mal et de faire.

malfamé, malfamée adj. (➜ ÉTYM.) *Un endroit malfamé,* qui a mauvaise réputation à cause des gens qui le fréquentent. *Des rues malfamées.* ▷ Mot de la famille de mal.

▶ Écrire *malfamé, malfamée* en un seul mot est conforme à la nouvelle orthographe. • On écrit aussi *mal famé, mal famée.*

malformation n. f. Défaut que présente une partie du corps à la naissance. *Une malformation cardiaque.* ➜ **difformité.** ▷ Mot de la famille de mal et de forme.

malgré prép. **1.** *Malgré soi,* sans le vouloir, involontairement. *J'ai surpris leur conversation malgré moi.* **2.** En dépit de. *Elle veut aller à la plage malgré la pluie,* bien qu'il pleuve. *Nous réussirons malgré tout,* quoi qu'il arrive. ▷ Mot de la famille de mal et de gré.

malhabile adj. Maladroit. *Des gestes malhabiles.* ➜ ① **gauche.** ▮ contraires : **adroit, habile.**

▷ Mot de la famille de mal et de habile.

malheur n. m. **1.** Évènement pénible, triste. ➜ **catastrophe, épreuve.** *Sa mort a été un grand malheur pour tous ses amis.* ▮ contraire : **bonheur.** – *À quelque chose malheur est bon,* on peut tirer avantage d'une expérience désagréable. **2.** Situation pénible, triste. *Une famille dans le malheur.* ➜ **peine.** *Il a fait le malheur des siens.* ➜ **chagrin.** ▮ contraire : **joie. 3.** Malchance. *Si tu as le malheur de casser ce vase, gare à toi ! Les gens superstitieux pensent que cela porte malheur de passer sous une échelle.* **4.** Ennui. *Un petit malheur.* ➜ **désagrément,** ① **souci. 5.** *Par malheur,* par malchance.

▸ **malheureux, malheureuse** adj. **1.** Qui n'est pas heureux. *Ce chien est malheureux dans un appartement. Un air malheureux.* ➜ **triste.** – n. *Aider les malheureux.* **2.** Malchanceux. *Heureux au jeu, malheureux en amour.* **3.** Qui a des conséquences regrettables. *Il a eu un mot malheureux.* **4.** Sans importance. *En voilà des histoires pour dix malheureux centimes !* ➜ **insignifiant, misérable.**

▸ **malheureusement** adv. Par malheur. *Il aimerait bien regarder la télévision, mais malheureusement elle est en panne.* ▮ contraire : **heureusement.**

malhonnête adj. Qui vole ou trompe les gens. *Un commerçant malhonnête.* ➜ **déloyal, voleur.** ▮ contraire : **honnête.**

▸ **malhonnêtement** adv. D'une façon malhonnête. *Il s'est conduit malhonnêtement avec ses associés.* ▮ contraire : **honnêtement.**

▸ **malhonnêteté** n. f. Caractère d'une personne malhonnête. ▮ contraire : **honnêteté.**

▷ Mots de la famille de mal et de honnête.

malice n. f. Tournure d'esprit d'une personne qui aime se moquer des autres sans méchanceté. *Il a répondu avec une pointe de malice.*

▸ **malicieux, malicieuse** adj. Qui aime faire des farces, se moquer. → **espiègle.** *Une petite fille malicieuse.*

▷ Mots de la famille de mal.

① **malin, maligne** adj. Rusé, capable de se tirer d'embarras. *Elle est maligne comme un singe.* → **astucieux, débrouillard.** ▮ contraire : **nigaud.** – Familier. Intelligent. *Il se croit malin. Ce n'est pas malin d'avoir fait cela.*

▶ On peut dire aussi familièrement *elle est maline.*

② **malin, maligne** adj. **1.** Qui montre de la méchanceté. *Il éprouve un malin plaisir à embêter le chat.* **2.** *Tumeur maligne,* tumeur très dangereuse, quelquefois mortelle. → aussi **cancer.** ▮ contraire : **bénin.** ▷ Mot de la famille de mal.

malingre adj. Faible et fragile. *Un enfant malingre.* → **chétif.**

malintentionné, malintentionnée adj. Qui a de mauvaises intentions, qui cherche à nuire. *Des gens malintentionnés.* → **malveillant.** ▮ contraire : **bienveillant.** ▷ Mot de la famille de mal et de intention.

malle n. f. Grand bagage rigide, en bois, en osier ou en métal. → aussi **valise.** ▮ homonyme : mal.

▶ Autre mot de la famille : mallette.

malléable adj. **1.** Que l'on peut aplatir et étirer facilement. *L'or est le plus malléable des métaux.* **2.** Qui se laisse diriger, influencer. *Une enfant malléable.* → **docile, influençable.**

mallette n. f. Petite valise rigide. *La mallette d'un médecin.* ▷ Mot de la famille de malle.

malmener v. (conjug. 7) Traiter durement. *Les cambrioleurs ont malmené la caissière.* → **brutaliser, maltraiter, molester.** ▷ Mot de la famille de mal et de mener.

malnutrition n. f. Nourriture insuffisante ou mal équilibrée. *Les enfants des pays pauvres souffrent de malnutrition.* → aussi **sous-alimentation.** ▷ Mot de la famille de mal et de nutrition.

malodorant, malodorante adj. Qui sent mauvais. *Des poubelles malodorantes.* → **nauséabond.** ▮ contraire : **odoriférant.** ▷ Mot de la famille de mal et de odorant.

malotru n. m., **malotrue** n. f. Personne grossière, mal élevée. *Un malotru m'a bousculé sans s'excuser.* → **goujat,** ② **mufle.**

malpoli, malpolie adj. Familier. Mal élevé, grossier. → **impoli.** ▷ Mot de la famille de mal et de ① poli.

malpropre adj. Sale. *Des vêtements malpropres.* ▮ contraire : ① **propre.**

▸ **malpropreté** n. f. État de ce qui n'est pas propre. *Sa chambre est d'une malpropreté répugnante.*

▷ Mots de la famille de mal et de ① propre.

malsain, malsaine adj. **1.** Mauvais pour la santé. *Un climat malsain.* → **insalubre.** ▮ contraire : **sain.** **2.** *Une curiosité malsaine,* anormale, qui se complaît dans le mal. → **morbide, pervers.** ▷ Mot de la famille de mal et de sain.

malt n. m. Mélange de céréales, surtout de l'orge, que l'on fait germer artificiellement, puis sécher. *Le malt est utilisé dans la fabrication de la bière.*

maltraiter v. (conjug. 3) Traiter avec brutalité, faire du mal. *Il maltraite son chien.* → **brutaliser.** ▷ Mot de la famille de mal et de traiter.

malus [malys] n. m. Augmentation de la somme à payer pour l'assurance d'un véhicule, en raison d'accidents dont le conducteur est responsable. ▮ contraire : **bonus.**

malveillant, malveillante adj. Hostile, méchant. → **malintentionné.** ▮ contraire : **bienveillant.** *Des gens malveillants ont crevé les pneus de sa moto.*

▸ **malveillance** n. f. Intention de faire du mal. → **hostilité.** *La panne serait due à un acte de malveillance.* ▮ contraire : **bienveillance.**

▷ Mots de la famille de mal.

malversation n. f. Faute qui consiste à détourner de l'argent à son profit. *Un fonctionnaire coupable de malversations.*

malvoyant n. m., **malvoyante** n. f. Personne qui ne voit pas bien. *Ce livre pour les malvoyants est écrit en gros caractères.* ▷ Mot de la famille de mal et de voir.

a b c d e f g h i j k l m n o p q r s t u v w x y z

maman n. f. Nom affectueux que l'on donne à sa mère.

mamelle n. f. Organe des femelles des mammifères qui sécrète le lait. → aussi ① **pis** et **sein.** *Les chatons cherchent les mamelles de leur mère.*

▸ **mamelon** n. m. **1.** Bout du sein d'une femme. **2.** Sommet arrondi d'une colline. *Le village est construit sur un mamelon.*

mamie n. f. Nom affectueux que les enfants donnent à leur grand-mère. *Léa a dormi chez son papi et sa mamie.*

mammifère n. m. (→ ÉTYM.) Animal qui a un squelette et un cerveau développés, qui respire par des poumons et dont la femelle a des mamelles. → planche **Mammifères.** *Le chat, le cheval, le kangourou, la baleine sont des mammifères.*

mammouth [mamut] n. m. Grand éléphant de l'ère quaternaire, couvert de poils. *Les mammouths avaient de grandes défenses recourbées.*

▸ Ce mot vient du russe. (→ ÉTYM.)

manageur n. m., **manageuse** n. f. Personne qui dirige une entreprise ou qui organise le travail d'un sportif ou d'un artiste. → aussi **entraîneur** et **imprésario.** *Le manageur d'un boxeur.*

▸ Écrire *manageur, manageuse* est conforme à la nouvelle orthographe. • On écrit aussi *manager* [manadʒœʀ], mot qui vient de l'anglais, du verbe *to manage* qui veut dire « diriger ».

① **manche** n. f. **1.** Partie d'un vêtement qui entoure le bras. *Un pull à manches longues.* **2.** Chacune des deux parties liées d'un jeu. *Après la première manche, on joue la seconde manche.* → **revanche** et aussi **set.** **3.** *Manche à air,* grand tuyau de tissu qui indique dans quelle direction souffle le vent.

▸ Autres mots de la famille : emmanchure, ① manchette, manchon.

② **manche** n. m. **1.** Partie allongée d'un outil, par laquelle on le tient. *Un manche de pioche. Le manche d'un couteau. Un manche à balai.* – *Jeter le manche après la cognée,* renoncer à faire quelque chose par découragement. **2.** Partie allongée d'un violon, d'une guitare, le long de laquelle sont tendues les cordes.

▸ Autre mot de la famille : emmancher.

③ **manche** n. f. Familier. *Faire la manche,* faire la quête, mendier. *Des musiciens font la manche dans le métro.*

① **manchette** n. f. Extrémité de la manche d'une chemise garnie d'un revers. *Des boutons de manchettes.* ▷ Mot de la famille de ① manche.

② **manchette** n. f. Gros titre en première page d'un journal. *Lire les manchettes.*

manchon n. m. Étui de fourrure dans lequel on glisse ses mains pour les protéger du froid. ▷ Mot de la famille de ① manche.

mammouth

mandragore

manchot adj. et n. m., **manchote** adj.
▪ adj. À qui il manque une main ou les deux, un bras ou les deux. – n. *Le moignon d'un manchot.*
▪ n. m. Oiseau du pôle Sud, aux pattes palmées, au plumage noir et blanc, qui vit en colonie. ➔ planche **Pôles.** *Le manchot a les ailes trop courtes pour pouvoir voler.* ➔ aussi **pingouin.**

mandarine n. f. (➔ÉTYM.) Fruit doux et parfumé qui ressemble à une petite orange et dont la peau se détache facilement. ➔ aussi **clémentine.** ➔ planche **Fruits.**

mandat n. m. **1.** Document qui permet d'envoyer de l'argent par la poste. *Elle a touché un mandat de 300 euros.* **2.** Fonction, charge confiée à une personne élue. *En France, un député exerce son mandat pendant cinq ans.* **3.** Acte par lequel une personne donne à une autre le pouvoir de faire quelque chose en son nom. ➔ aussi **mandater.**

▸ **mandataire** n. m. et f. Personne à qui est confié un mandat.

▸ **mandater** v. (conjug. 3) Confier à une personne le pouvoir d'agir en son nom. ➔ **déléguer.** *Les délégués du personnel sont mandatés pour représenter les employés auprès de la direction.*

mandibule n. f. Chacune des parties du bec des oiseaux ou de la bouche des insectes qui sert à attraper et à couper les aliments.

mandoline n. f. Instrument de musique qui ressemble à une petite guitare bombée. ➔ planche **Instruments** de musique.

mandragore n. f. Plante dont la racine fourchue peut évoquer une forme humaine.

mandrill [mɑ̃dʀil] n. m. Grand singe d'Afrique au museau allongé, bariolé de rouge et de bleu. ➔ planche **Mammifères.**
▸ Ce mot se termine par deux *l*.

manège n. m. **1.** Plateforme ronde qui tourne, sur laquelle des chevaux de bois et des petits véhicules servent de monture aux enfants. *Louise a fait un tour de manège à la fête foraine.* **2.** Lieu où l'on dresse et où l'on monte les chevaux. *Il prend des cours d'équitation dans un manège.* **3.** Façon habile d'agir pour obtenir ce que l'on veut. ➔ (1) **manœuvre.** *J'ai vite compris son petit manège.*

manette n. f. Poignée ou levier que l'on manœuvre à la main. *Une manette de jeu vidéo.*

manga n. m. Bande dessinée japonaise. *Théo aime lire des mangas.*
▸ *Manga* est un mot japonais.

personnage de manga

manger v. (conjug. 5b) Avaler, pour se nourrir, un élément solide après l'avoir mâché. ➔ fam. **bouffer.** *Nous mangeons beaucoup de légumes.* ➔ **consommer.** *Léa ne mange pas beaucoup. Le chat a mangé une souris.* ➔ **dé-**

a b c d e f g h i j k l m n o p q r s t u v w x y z

les mammifères

La classe des mammifères compte environ 5 000 espèces dont font partie les humains et la majorité des gros animaux tels que l'ours, l'éléphant et la baleine. Caractérisés par la présence de mamelles (pour allaiter leurs petits) et de poils, ils vivent sur terre, dans les mers et plus rarement dans les airs, à l'exemple de la chauve-souris. Plus de 20 % des espèces de mammifères est menacé d'extinction – on peut citer le gorille – ou ont déjà disparu à l'état sauvage.

➔ planches **chiens** et chats, animaux **domestiques, félins,** espèces **menacées.**

● ● ● ours

● wapiti

● jaguar

● paresseux

● tatou

● tamarin

○ lamantin

○ morse

○ otarie

○ baleine bleue

- ● **Amérique**
- ● **Europe**
- ● **Afrique**
- ● **Asie**
- ● **Océanie**
- ○ **océan**

taupe
renard
putois
marmotte
daim
musaraigne
hérisson
macaques du Japon
chacals
roussette
babiroussa
zèbre
hippopotame
échidné
mandril
kangourou
gorille
lémur (maki)
éléphant d'Afrique

vorer. *On prend ses repas dans la salle à manger.* ➜ aussi ① **déjeuner,** ① **dîner.**

▸ **mangeable** [mɑ̃ʒabl] adj. Bon à manger. *Cette viande est trop dure, elle n'est pas mangeable.* ▮ contraire : **immangeable.**

◗ Attention au *e* après le *g*.

▸ **mangeoire** [mɑ̃ʒwaʀ] n. f. Récipient qui contient la nourriture de certains animaux domestiques (les chevaux, les bestiaux, la volaille).

◗ Attention au *e* après le *g*.

▸ **mangeur** n. m., **mangeuse** n. f. Personne, animal qui mange telle ou telle chose. *Le singe est un grand mangeur de bananes. Un gros mangeur,* une personne qui mange beaucoup.

▶ Autres mots de la famille : garde-manger, immangeable.

mangouste n. f. Petit mammifère carnivore d'Afrique et d'Asie qui ressemble à une belette. ➜ planche **Tropiques.** *Les mangoustes tuent les serpents et les rats.*

mangouste

mangrove n. f. Forêt formée surtout de palétuviers, qui pousse en bord de mer dans les pays tropicaux.

mangue n. f. Gros fruit ovale, à peau lisse de couleur jaune orangé, à chair jaune et parfumée qui pousse dans les régions tropicales. ➜ planche **Fruits.**

maniable adj. Facile à manier, à utiliser. *Une voiture très maniable.* ➜ ② **pratique.** ▷ Mot de la famille de manier.

manie n. f. Habitude bizarre, souvent agaçante. *Nous avons tous nos petites manies.*

▸ **maniaque** adj. et n. m. et f.

▪ adj. Attaché à ses habitudes d'une manière exagérée. *Il est maniaque, il remet toujours les objets à la même place.*

▪ n. m. et f. Malade mental. ➜ **fou.** *La police a arrêté un maniaque qui rôdait dans le parc.* ➜ aussi **obsédé.**

manier v. (conjug. 9) **1.** Remuer, déplacer. *Il faut manier ce paquet avec précaution.* ➜ **manipuler.** *Le caissier manie de grosses sommes d'argent,* de grosses sommes d'argent lui passent entre les mains. **2.** Se servir de quelque chose. *Cette tondeuse est facile à manier.* ➜ **manœuvrer** et aussi **maniable.**

▸ **maniement** n. m. Façon d'utiliser. ➜ **manipulation.** *Un appareil photo d'un maniement très simple.*

▶ Autres mots de la famille : maniable, remaniement, remanier.

manière n. f. **1.** Façon. *Il y a de nombreuses manières d'accommoder les pâtes. Je n'aime pas la manière dont tu me parles. Il est parti tôt de manière à ne pas arriver en retard,* pour ne pas arriver en retard. *De toute manière, il ne reconnaît jamais ses torts,* quoi qu'il arrive, en tout cas. **2.** *Des manières,* des façons de se comporter. *En voilà des manières !* cette façon de se comporter n'est pas bien. *Elle fait toujours des manières avant d'accepter une invitation,* elle se fait prier.

▸ **maniéré, maniérée** adj. Qui manque de simplicité, de naturel. *Une femme maniérée.* ▮ contraires : **naturel, simple.**

manifeste adj. Évident. ➜ **certain.** *Il est d'une mauvaise foi manifeste.* ➜ **flagrant.**

▸ **manifestement** adv. De façon manifeste, évidente. ➜ **visiblement.** *Elle prend manifestement plaisir à embêter son frère.*

▸ **manifester** v. (conjug. 3) **1.** Faire connaître d'une manière évidente. ➜ **exprimer.** *Il a violemment manifesté son désaccord.* ➜ **montrer.** – **se manifester,** apparaître. *La varicelle se manifeste par une éruption de boutons.* **2.** Se rassembler et défiler pour exprimer son opinion. *Les grévistes ont manifesté devant le ministère.*

▸ **manifestant** n. m., **manifestante** n. f. Personne qui participe à une manifestation. *Les manifestants ont défilé en criant des slogans.*

▸ **manifestation** n. f. **1.** Manière de montrer ce que l'on ressent. ➜ **démonstration.** *Il a été accueilli par des manifestations de joie.* **2.** Rassemblement et défilé organisés pour exprimer son opinion. *Une manifestation contre le racisme.*

▸ On dit familièrement *une manif.*

manifestation

manigance n. f. Manœuvre secrète et suspecte. *Je n'aime pas beaucoup toutes ces manigances.* ➜ **micmac.**

▸ **manigancer** v. (conjug. 5a) Comploter, préparer en secret. *Qu'est-ce qu'ils manigancent encore, ces deux-là ?* ➜ fam. **mijoter.**

manioc n. m. Plante des régions tropicales dont la racine est riche en amidon.

manipuler v. (conjug. 3) **1.** Prendre dans ses mains avec soin. *Le chimiste manipule des éprouvettes. Il faut manipuler ces verres avec précaution.* **2.** Prendre et transporter. *À la poste, on manipule des centaines de colis par jour.*

▸ **manipulation** n. f. Le fait de manipuler des produits, des appareils. *Les chimistes font des manipulations,* ils font des expériences avec des produits chimiques.

manitou n. m. (pl. **manitous**) Familier. *Un grand manitou,* une personne importante et puissante dans un domaine. *Les grands manitous de la finance.*

manivelle n. f. Levier que l'on actionne avec la main et qui sert à faire tourner un mécanisme. *La manivelle d'un store.*

mannequin n. m. et f. (➜ ÉTYM.) **1.** n. m. Sorte de statue représentant une personne grandeur nature. *Les mannequins des vitrines des grands magasins.* **2.** n. m. et f. Personne dont le métier est de porter sur elle de nouveaux modèles de vêtements pour les présenter aux clients. *Un défilé de mannequins.* ➜ **top-modèle.**

manœuvrer v. (conjug. 3) **1.** Effectuer une manœuvre sur un bateau ou avec une voiture. *Il a dû manœuvrer pour garer sa voiture.* **2.** Manier pour faire fonctionner. *Le marin manœuvre le gouvernail.* **3.** Employer des moyens adroits pour obtenir ce que l'on désire. *Julie a bien manœuvré ; son père lui a acheté la poupée qu'elle voulait tant avoir.*

▸ ① **manœuvre** n. f. **1.** Mouvement d'un véhicule que l'on gare. *Elle fait des manœuvres pour garer sa voiture.* **2.** Mouvement à effectuer pour faire fonctionner quelque chose. *Le pilote exécute les manœuvres d'atterrissage.* **3.** Exercice militaire. *Les soldats font des manœuvres.* **4.** Moyen plus ou moins honnête utilisé pour atteindre un but. ➜ **intrigue, machination, manigance.** *Il a obtenu le poste de directeur par d'habiles manœuvres.*

▸ ② **manœuvre** n. m. Ouvrier qui n'a pas de qualification professionnelle particulière.

▹ Mots de la famille de œuvre.

manoir n. m. Petit château, à la campagne.

manomètre n. m. Appareil qui sert à mesurer la pression d'un gaz ou d'un liquide.

manomètre

manquer v. (conjug. 3) **1.** Ne pas être là lorsqu'il le faudrait. *Ce produit manque en magasin. – Il manque une fourchette sur la table.* **2.** Être absent. *Ce matin, deux élèves manquent dans la classe.* **3.** Faire souffrir quelqu'un par son absence. *Son frère lui manque.* **4.** *Manquer l'école,* ne pas y aller. *Louise a manqué l'école hier.* **5.** Ne pas avoir en quantité suffisante. *Elle manque de temps pour lire. Cette purée manque de sel.* **6.** *Ne pas manquer de faire quelque chose,* le faire à coup sûr. *Si je pars, je ne manquerai pas de vous avertir. Je n'y manquerai pas.* **7.** Ne pas réussir. *Les voleurs ont manqué leur coup.* ➜ **rater.** **8.** Ne pas atteindre. *Le tireur a manqué la cible.* **9.** Ne pas arriver à temps pour monter dans un véhicule ou pour assister à quelque chose. ➜ **rater ;** fam. **louper.** *Elle a manqué son train. Ils ont manqué le début du film.*

▸ **manquant, manquante** adj. Qui manque. *Dans cet exercice à trous, il faut trouver le mot manquant.*

▸ **manque** n. m. Insuffisance. ➜ **absence.** *Cet enfant souffre d'un manque de calcium.* ➜ **carence.** *Le manque d'eau dans ce pays est dramatique.* ➜ **pénurie.**

▸ **manqué, manquée** adj. **1.** Qui n'a pas réussi. *Une pianiste manquée.* **2.** *Un garçon manqué,* une fille qui a une allure et des goûts de garçon.

▸ **manquement** n. m. Fait de ne pas observer un devoir, une règle. *Un grave manquement à la discipline.*

▶ Autre mot de la famille : immanquable.

mansarde n. f. (➜ ÉTYM.) Pièce située sous le toit et dont un mur est en pente.

▸ **mansardé, mansardée** adj. Dont un mur est en pente. *Une chambre mansardée.*

manteau n. m. **1.** Vêtement chaud, à manches, que l'on met par-dessus les autres vêtements, pour sortir. – Au pl. *Des manteaux.* **2.** En Suisse. *Un manteau de pluie,* un imperméable. **3.** *Le manteau de la cheminée,* le rebord de la cheminée au-dessus du foyer.

▶ Autre mot de la famille : portemanteau.

mante religieuse n. f. Insecte vert ou roux à tête triangulaire et à longues et fortes pattes antérieures. ➜ planche **Insectes.** *La mante religieuse femelle dévore souvent le mâle après l'accouplement.* ▮ homonyme : menthe.

manucure n. m. et f. Personne dont le métier est de soigner les mains, les ongles. ➜ aussi **pédicure.**

① **manuel, manuelle** adj. Qui se fait à la main, qui exige le travail des mains. *Un métier manuel. Des activités manuelles.* ▮ contraire : **intellectuel.**

▸ **manuellement** adv. Par une opération qui exige le travail des mains. *Les raisins de ce vignoble sont récoltés manuellement,* à la main. ▮ contraires : **automatiquement, mécaniquement.**

② **manuel** n. m. Livre de classe. *Un manuel d'histoire.*

mappemonde (16e siècle)

manufacture n. f. (→ ÉTYM.) Usine où l'on fabrique des objets qui nécessitent une main-d'œuvre très qualifiée. *La manufacture de porcelaine de Sèvres est renommée.*

▸ **manufacturé, manufacturée** adj. *Produit manufacturé,* qui a subi une transformation industrielle, qui a été fabriqué en usine.

manuscrit adj. et n. m., **manuscrite** adj.
▪ adj. Écrit à la main. *Une lettre manuscrite.*
▪ n. m. **1.** Livre écrit à la main, avant l'invention de l'imprimerie. *Au Moyen Âge, les moines copiaient les manuscrits sur du parchemin.* **2.** Texte qui n'est pas encore imprimé. *L'écrivain a apporté son manuscrit à son éditeur.*

manutention n. f. Travail qui consiste à déplacer des caisses de marchandises pour les stocker dans un magasin ou les expédier.

▸ **manutentionnaire** n. m. et f. Personne qui fait des travaux de manutention. *Les manutentionnaires chargent le camion de livraison.*

mappemonde n. f. (→ ÉTYM.) Carte représentant la Terre, sous forme de deux cercles côte à côte. → **planisphère.**

maquereau n. m. Poisson de mer au dos vert et bleu. → planche **Poissons.** *Des filets de maquereau.* – Au pl. *Des maquereaux.*

maquette n. f. **1.** Modèle réduit. *Théo fait des maquettes d'avion. La maquette d'une ville.* **2.** Modèle d'un livre, d'un magazine montrant la disposition du texte et des illustrations.

▸ **maquettiste** n. m. et f. Personne dont le métier est de réaliser des maquettes de livres, de magazines, de publicités.

maquiller v. (conjug. 3) **1.** Mettre des produits de beauté, des fards sur le visage pour l'embellir ou en modifier les traits. *On a maquillé les enfants pour la fête de l'école.* – **se maquiller,** se mettre des fards sur le visage. *Le comédien se maquille dans sa loge.* → se **grimer.** *Elle ne s'est pas maquillée aujourd'hui.* → se **farder.** **2.** Modifier l'apparence d'une chose pour qu'on ne la reconnaisse pas. → **falsifier, truquer.** *Les bandits ont maquillé la voiture volée.*

▸ **maquillage** n. m. Action de maquiller, façon de maquiller. *Un maquillage discret. Produits de maquillage,* produits de beauté qui servent à se maquiller. → aussi **cosmétique.**

▸ Autres mots de la famille : **démaquillant, démaquiller.**

maquis n. m. **1.** Terrain couvert d'arbustes et de buissons touffus, dans les régions méditerranéennes. *Dans le maquis corse, il pousse de la lavande et du romarin.* **2.** *Prendre le maquis,* c'était, pendant la Seconde Guerre mondiale, se joindre à des groupes de résistants qui luttaient contre l'ennemi dans des lieux difficiles d'accès. ▮ homonyme : maki.

▸ **maquisard** n. m. Résistant d'un maquis.

marabout n. m. Grand oiseau au plumage gris et blanc, qui a un gros jabot, à la tête et au cou dénudés. *Les marabouts sont des échassiers.*

marabout

maraca n. f. Instrument de musique d'Amérique du Sud, formé d'une coque contenant des graines et que l'on agite pour marquer le rythme. → planche **Instruments** de musique. *Une paire de maracas* [maʀakas].

marcassin

maraîcher n. m. et adj., **maraîchère** n. f. et adj.

■ n. Personne qui cultive des légumes pour les vendre.

■ adj. *La culture maraîchère,* la culture des légumes.

marais n. m. Terrain couvert d'eau stagnante où poussent des roseaux. → aussi **étang, marécage.**

marasme n. m. Situation économique ou politique très mauvaise. → **crise.** *Une économie en plein marasme.* → **récession.**

marathon n. m. (→ÉTYM.) **1.** Course à pied, sur route, de 42,195 km. → planche **Sport.** *Le marathon de Paris.* **2.** Épreuve qui demande une grande endurance. *Un marathon de danse.*

▶ *Marathon* prend un *h* après le *t.*

marâtre n. f. Mauvaise mère, méchante avec ses enfants.

▶ Autrefois, la marâtre était la deuxième femme du père.

maraudeur n. m., **maraudeuse** n. f. Personne qui vole des fruits et des légumes dans les champs ou les jardins.

marbre n. m. Pierre très dure veinée de couleurs variées, qui se polit bien. *La cathédrale a des colonnes de marbre rose.*

▸ **marbré, marbrée** adj. Qui présente des taches, des veines, semblables à celles du marbre. *Des bras marbrés de bleus.*

▸ **marbrure** n. f. Marque sur la peau, semblable aux taches du marbre.

marc [maʀ] n. m. **1.** Ce qui reste des fruits quand on les a pressés. *On fait de l'alcool avec le marc du raisin.* **2.** Eau-de-vie obtenue à partir du marc de raisin. *Du marc de champagne.* **3.** *Le marc de café,* la substance noirâtre qui reste quand on a fait passer l'eau chaude sur le café moulu. ▮ homonymes : mare, marre.

▶ On ne prononce pas le *c* final.

marcassin n. m. Jeune sanglier. *Une laie et ses marcassins.*

marchand n. m. et adj., **marchande** n. f. et adj.

■ n. Personne dont le métier est de vendre des marchandises. → **commerçant, vendeur.** *Un marchand de chaussures.*

■ adj. **1.** Où il y a de nombreux commerçants. *Une galerie marchande.* **2.** *La marine marchande,* la marine de commerce.

▸ **marchander** v. (conjug. 3) Essayer d'acheter une chose moins cher que le prix indiqué, en discutant avec le vendeur. *Il a eu cinq kilos de tomates pour le prix de quatre en marchandant.*

▸ **marchandage** n. m. Discussion pour acheter ou vendre au meilleur prix. *Il a réussi à faire baisser le prix après un long marchandage.*

▸ **marchandise** n. f. Produit que l'on peut acheter ou vendre. *Des marchandises de bonne qualité.*

marche n. f. **1.** Action de marcher, d'avancer en faisant des pas. *Ils aiment beaucoup la marche. Ils font de longues marches en montagne.* → **promenade, randonnée. 2.** Déplacement dans une direction déterminée. *Le sens de la marche d'un train. La voiture fait marche arrière.* **3.** Fonctionnement. *Une machine en état de marche. Il a mis le moteur en marche.* **4.** *La marche à suivre,* ce qu'il faut faire pour obtenir ce que l'on veut. → **démarche.** *Elle lui a indiqué la marche à suivre pour s'inscrire à l'université.* → **méthode. 5.** Chacune des surfaces planes où l'on pose le pied dans un escalier. ▷ Mot de la famille de marcher.

marché n. m. **1.** Endroit où les marchands installent leurs étalages, certains jours fixes, pour vendre leurs marchandises. *Il a acheté des légumes au marché. Elle fait son marché deux fois par semaine,* elle fait les courses. **2.** Ensemble des achats et des ventes concernant un produit, dans une région déterminée. *Le marché de l'automobile.* **3.** Accord, affaire. *Cette entreprise a conclu un marché avec les Japonais.* **4.** *Par-dessus le marché,* en plus de cela. *Cet endroit est affreux et par-dessus le marché il pleut.* ▮ homonyme : marcher.

▶ Autres mots de la famille : bon marché, hypermarché, supermarché.

marchepied n. m. Marche ou série de marches fixée à l'extérieur d'un véhicule haut, qui sert à y monter et à en descendre facilement. *Le marchepied d'un car, d'un train.* ▷ Mot de la famille de marcher et de ① pied.

marcher v. (conjug. 3) **1.** Se déplacer en mettant un pied devant l'autre tout en restant en contact avec le sol. *Il marche à grands pas. Elle aime marcher dans la forêt.* ➜ se **promener.** **2.** Avancer. *Le bébé marche à quatre pattes. Les acrobates marchent sur les mains.* **3.** Mettre le pied sur quelque chose tout en avançant. *Il est interdit de marcher sur les pelouses. Il m'a marché sur le pied.* **4.** Fonctionner. *La télévision ne marche plus.* **5.** Avoir de bons résultats. *Ses affaires marchent bien.* ➜ **prospérer.** **6.** Familier. *Faire marcher quelqu'un,* c'est lui faire croire ce qu'on veut. *Je ne te crois pas, tu me fais marcher !* ▮ homonyme : marché.

▶ **marcheur** n. m., **marcheuse** n. f. Personne qui peut marcher longtemps, sans se fatiguer. *Elle est bonne marcheuse.*

▶ Autres mots de la famille : démarche, marche, marchepied.

mardi n. m. **1.** Jour de la semaine qui succède au lundi et vient avant le mercredi. *Tous les mardis, Théo va à son cours de piano.* **2.** *Mardi gras,* le jour qui précède le début du Carême et où l'on fête d'habitude le carnaval. *Les enfants se sont déguisés pour Mardi gras.*

mare n. f. **1.** Petite étendue d'eau immobile. ➜ **flaque.** ➜ planche **Mare.** *Il y a des grenouilles dans la mare.* **2.** Grande quantité de liquide répandu. *Une mare de sang.* ▮ homonymes : marc, marre.

marécage n. m. Terrain gorgé d'eau où ne poussent que des plantes qui aiment l'humidité. *Les marécages sont couverts de roseaux.* ➜ aussi **marais.**

▶ **marécageux, marécageuse** adj. Couvert de marécages. *Un sol marécageux. Une région marécageuse.*

terrain **marécageux**

maréchal n. m. (pl. **maréchaux**), **maréchale** n. f. Officier qui a la plus haute dignité de l'armée.

▶ **maréchal-ferrant** n. m. Artisan qui forge les fers et les pose sous les sabots des chevaux, des ânes, des mulets et des bœufs. – Au pl. *Des maréchaux-ferrants.* ▷ Mot de la famille de fer.

marée n. f. **1.** Mouvement de la mer dont le niveau monte et descend deux fois par jour. *La marée basse. La marée haute.* ➜ aussi **flux** et **reflux.** *La force des marées.* ➜ planche **Énergie.** **2.** *Une marée noire,* nappe de mazout échappée des soutes d'un pétrolier, qui pollue l'eau et les côtes. **3.** Grand nombre de personnes. *Une marée humaine accueille l'actrice à sa descente d'avion.*

▶ Autres mots de la famille : mareyeur, raz-de-marée.

marelle n. f. Jeu d'enfants où l'on pousse un palet dans des cases tracées sur le sol, en sautant à cloche-pied. *Léa et Julie jouent à la marelle.*

mareyeur n. m., **mareyeuse** n. f. Personne qui achète le poisson aux pêcheurs pour l'expédier aux marchands de poisson. ▷ Mot de la famille de marée.

les animaux de la mare

Cette étendue d'eau dormante, naturelle ou artificielle, abrite une faune très variée d'insectes, de poissons, d'oiseaux, de reptiles et d'amphibiens. Certains y vivent en permanence, ainsi les petites ablettes et les carpes qui peuvent atteindre plus de 15 kg. D'autres s'y nourrissent, comme les échassiers à longues pattes et long cou tels que le héron. D'autres enfin s'y reproduisent, par exemple les grenouilles et les tritons dont les larves naissent et grandissent dans l'eau. Devenus adultes, ces amphibiens gagnent les berges où ils se cachent.

→ planche **reptiles** et amphibiens.

grenouille verte

dytique

punaise aquatique

cistude d'Europe

grèbes huppés

canards colverts

grande aigrette

triton

héron

ablette

carpe

margarine n. f. Matière grasse faite avec des huiles végétales, qui ressemble au beurre.

marge n. f. **1.** Espace blanc autour d'un texte écrit ou imprimé. *Le professeur écrit des corrections dans la marge des cahiers.* **2.** *Vivre en marge de la société,* à l'écart, sans se mêler à elle. → aussi **marginal.** **3.** *De la marge,* du temps disponible. *Ce délai nous laisse de la marge pour nous décider.*

▶ **margelle** n. f. *La margelle d'un puits,* le rebord de pierre qui l'entoure.

marginal n. m., **marginale** n. f. Personne qui vit en marge de la société, ne suit pas les règles de vie de la majorité. *Les marginaux et les SDF.*

marguerite n. f. Fleur des champs à cœur jaune et à pétales blancs. → aussi **pâquerette.** → planche **Fleurs.** *Un bouquet de marguerites.*

▶ Autre mot de la famille : reine-marguerite.

mari n. m. Homme avec lequel une femme est mariée. *Le mari de Brigitte est pilote.* → **époux** et aussi **conjoint.** *Brigitte et Pierre sont mari et femme.*

▶ **mariage** n. m. **1.** Union légitime d'un homme et d'une femme. → aussi **matrimonial.** *Un mariage d'amour.* **2.** Cérémonie du mariage. → **noce.** *Ils nous ont invités à leur mariage.* **3.** Union de plusieurs choses. *Un joli mariage de couleurs.*

▶ **marier** v. (conjug. 9) Unir un homme et une femme en célébrant le mariage. *C'est l'adjoint au maire qui les a mariés.*

▶ **se marier** v. **1.** S'unir par le mariage. *Ils se sont mariés l'année dernière.* **2.** Aller bien ensemble. *Le bleu et le vert se marient bien.*

▶ **marié** n. m., **mariée** n. f. Personne dont on célèbre le mariage. *Une robe de mariée. Les jeunes mariés sont partis en voyage de noces.*

▶ Autre mot de la famille : se remarier.

marin adj. et n. m., **marine** adj.

■ adj. **1.** De la mer. *Des tortues marines.* **2.** De la navigation sur la mer. *Une carte marine. Avoir le pied marin,* savoir garder l'équilibre sur un bateau.

■ n. m. Personne dont le métier est de naviguer sur la mer. → **matelot** et aussi **loup** de mer, (1) **mousse, navigateur.**

▶ Autres mots de la famille : marine, marinier, sous-marin.

des **marins**

marina n. f. Port de plaisance.

marinade n. f. Mélange de vin, d'huile et d'épices dans lequel on fait macérer des aliments avant de les faire cuire. ▷ Mot de la famille de mariner.

marine n. f. **1.** Tout ce qui concerne la navigation sur mer. *Le musée de la Marine, à Paris.* **2.** Ensemble des navires de commerce ou de guerre d'un pays. → **flotte.** *La marine française. Un officier de marine.* **3.** Invariable après le nom de couleur bleu. *Bleu marine,* bleu très foncé, de la couleur des uniformes de la marine. → planche **Couleurs.** *Des vestes bleu marine.*

▷ Mot de la famille de marin.

mariner v. (conjug. 3) Tremper dans un liquide épicé, souvent à base de vin, pendant plusieurs heures. *Cette viande doit mariner pendant douze heures.* → aussi **macérer.**

▶ Autre mot de la famille : marinade.

marinier n. m., **marinière** n. f. Personne dont le métier est de conduire les péniches, les bateaux, sur les fleuves et les canaux pour transporter des marchandises. → **batelier.** ▷ Mot de la famille de marin.

marionnette n. f. Poupée représentant un animal ou un personnage, que l'on fait bouger. *Un spectacle de marionnettes.* → aussi **guignol.**

▸ **marionnettiste** n. m. et f. Personne qui manipule des marionnettes, fait des spectacles de marionnettes.

maritime adj. Qui est au bord de la mer, subit l'influence de la mer. *Marseille est un port maritime.* ▮ contraire : **fluvial.** *La Bretagne a un climat maritime.* → aussi **océanique.**

marjolaine n. f. Plante sauvage utilisée dans la cuisine comme aromate.

marketing [maʀketiŋ] n. m. Ensemble des techniques que l'on utilise pour mieux vendre un produit commercial.
Ce mot vient de l'anglais.

marmaille n. f. Familier. Groupe de jeunes enfants bruyants.

marmelade n. f. Sorte de confiture dans laquelle les fruits sont écrasés. *De la marmelade d'oranges.*

marmite n. f. Grand récipient muni d'un couvercle et de deux anses dans lequel on fait bouillir de l'eau, cuire des aliments. → ② **cocotte, faitout.**

▸ **marmiton** n. m. Jeune aide-cuisinier.

marmonner v. (conjug. 3) Murmurer entre ses dents d'une façon confuse. *Il marmonne quelques excuses.* → **bredouiller, grommeler.**

marmot n. m. Familier. Jeune enfant. → **gosse, môme.**

marmotte n. f. Petit rongeur des montagnes, à la fourrure épaisse. → planches **Mammifères, montagne.** *La marmotte hiberne. Dormir comme une marmotte,* profondément. → **loir.**

maroquinier n. m. Personne qui fabrique ou qui vend des objets en cuir.

▸ **maroquinerie** n. f. (→ ÉTYM.) Fabrication d'objets en cuir et magasin où l'on vend ces objets.

marotte n. f. Idée fixe, manie. → fam. **dada.** *Sa nouvelle marotte, c'est la décoration.*

marquer v. (conjug. 3) **1.** Signaler par une marque. *Le berger a marqué ses moutons au fer rouge.* **2.** Laisser des marques, des empreintes. *Tes doigts marquent sur la vitre. Ce film l'a beaucoup marqué,* il lui a fait une forte impression. **3.** Exprimer un sentiment. *La population a marqué sa préférence pour un candidat.* → **manifester, montrer.** **4.** Indiquer. *L'horloge marque 5 heures.* **5.** *Marquer un point,* l'obtenir. *L'équipe adverse a marqué un point. Le footballeur a marqué un but,* il a mis le ballon dans les buts. **6.** Accentuer, souligner. *Le métronome marque la mesure.*

▸ **marquant, marquante** adj. Qui marque, qui laisse un souvenir fort. *Cette rencontre a été l'un des évènements marquants de sa vie.* → **mémorable.** ▮ contraire : **insignifiant.**

▸ **marque** n. f. **1.** Signe que l'on fait sur une chose pour la distinguer ou servir de repère. *Avant de planter le clou, il a fait une marque sur le mur.* **2.** Trace laissé par un objet. *Marques*

des **marionnettes**

de pas sur le sol. **3.** Signe, preuve. *Une marque de confiance, d'amitié.* ➜ **témoignage.** **4.** Nom qui est propre à un fabricant. *La marque d'une voiture.*

▶ Autres mots de la famille : démarcation, démarquer, marqueur.

marqueterie [maʀkɛtʀi] ou **marquèterie** n. f. Assemblage décoratif de morceaux de bois en feuilles minces, de couleurs et de formes diverses, appliqués sur un meuble. *Une table en marqueterie.*

▶ Écrire *marquèterie* avec e accent grave avant le *t* est conforme à la nouvelle orthographe.

marqueterie

marqueur n. m. Gros feutre à pointe épaisse. *La secrétaire écrit au marqueur le titre du dossier.* ▷ Mot de la famille de marquer.

marquis n. m., **marquise** n. f. Personne qui a un titre de noblesse inférieur à celui de duc et supérieur à celui de comte.

marraine n. f. Femme qui, le jour du baptême d'un enfant, le tient sur les fonts baptismaux et s'engage à veiller sur lui. *Le parrain et la marraine.* ➜ aussi **filleul.**

marrant, marrante adj. Familier. **1.** Amusant. ➜ **drôle.** *Un garçon très marrant.* **2.** Bizarre. *C'est marrant qu'il n'ait rien dit.* ➜ **étonnant.** ▷ Mot de la famille de se marrer.

marre adv. Familier. *En avoir marre,* en avoir assez. *J'en ai marre de ce bruit.* ▮ homonymes : marc, mare.

se **marrer** v. (conjug. 4) Familier. Rire, s'amuser. ➜ fam. **rigoler.** *Ils se sont bien marrés ensemble.*

▶ Autre mot de la famille : marrant.

marron n. m. et adj. inv. **1.** n. m. Fruit comestible du châtaignier. ➜ **châtaigne.** *Une dinde aux marrons.* **2.** adj. inv. D'une couleur brune. *Des chaussures marron.*

▶ **marronnier** n. m. Grand arbre d'ornement.

mars n. m. Troisième mois de l'année. *Le printemps commence le 21 mars.*

marsouin n. m. Animal marin qui ressemble à un petit dauphin. *Un banc de marsouins.*

marsupial n. m. (pl. **marsupiaux**) Animal dont les petits naissent à l'état de fœtus et finissent de se développer dans une poche extérieure, sur le ventre de la mère. *Le kangourou, le koala sont des marsupiaux.*

marteau n. m. **1.** Outil qui sert à frapper, constitué d'un manche en bois auquel est fixée une masse en métal. *Il enfonce des clous avec un marteau.* – *Marteau-piqueur,* outil qui fonctionne avec un moteur et sert à défoncer le sol. *On entend le bruit des marteaux-piqueurs jusqu'ici.* **2.** Lourde sphère en métal tenue par un fil d'acier, qu'un athlète lance après avoir tourné sur lui-même. *Une championne de marteau.*

lancer du marteau

marteler v. (conjug. 7a) **1.** Frapper à coups de marteau. *Le forgeron martèle le fer sur l'enclume.* **2.** Frapper fort et à coups répétés sur quelque chose. *Les bottes des soldats martelaient le sol.*

▶ **martèlement** n. m. Succession de bruits qui fait penser aux chocs répétés du marteau. *Le martèlement des pas sur le pavé.*

martial, martiale adj. **1.** Conquérant et fier. *Un pas martial.* **2.** *Les arts martiaux,* ce sont des sports de combat d'origine japonaise. *Le judo et le karaté sont des arts martiaux.*

Martien [maʀsjɛ̃] n. m., **Martienne** [maʀsjɛn] n. f. Habitant supposé de la planète Mars. *Nous avons vu un film avec des Martiens.* → aussi **extraterrestre.**

① **martinet** n. m. Oiseau très petit au plumage brun, qui ressemble à une hirondelle.

② **martinet** n. m. Petit fouet constitué d'un manche et de plusieurs fines lanières de cuir.

martingale n. f. Bande de tissu fixée horizontalement dans le dos d'un vêtement. *La martingale d'un manteau.*

martin-pêcheur n. m. Petit oiseau roux et bleu, qui vit au bord de l'eau et se nourrit de poissons, de têtards et de larves d'insectes. → planches **Oiseaux, rivière.** – Au pl. *Des martins-pêcheurs.* ▷ Mot de la famille de ② pêcher.

martre n. f. Petit animal agile, au corps allongé, au museau pointu, au pelage brun, de la même famille que la fouine et la zibeline. *Les martres sont recherchées pour leur fourrure.*

martyr n. m., **martyre** n. f. **1.** Personne qui souffre ou meurt pour sa religion ou pour un idéal. *Les martyrs chrétiens.* **2.** Personne que l'on maltraite. → **souffre-douleur.** – *Des enfants martyrs.* ▮ homonyme : martyre.

▸ **martyre** n. m. **1.** Tourment, torture endurés pour sa religion ou pour un idéal, une cause. **2.** Très grande souffrance. → **calvaire, torture.** *Il a souffert le martyre pendant sa maladie.* ▮ homonyme : martyr.

▸ **martyriser** v. (conjug. 3) Maltraiter, torturer. *Les premiers chrétiens ont été parfois martyrisés.*

▶ Ces mots s'écrivent avec un *y* après le *t.*

mas [ma] ou [mas] n. m. Ferme ou maison de campagne traditionnelle, en Provence. ▮ homonyme : mât.

mascarade n. f. Mise en scène trompeuse qui laisse croire que l'on agit avec justice et sérieux alors qu'il n'en est rien. *Ce procès n'est qu'une mascarade.*

mascotte n. f. Animal, personne ou objet porte-bonheur. → **fétiche.** *Ce hamster est la mascotte de la classe.*

masculin, masculine adj. **1.** Propre à l'homme, au mâle. ▮ contraire : **féminin.** *Le sexe masculin. Une voix masculine.* **2.** *Nom masculin,* nom qui est précédé au singulier des articles *le* ou *un.* *«Chêne», «roseau», «voyage» sont des noms masculins.* – n. m. Le genre masculin. *Le masculin et le féminin.*

masochiste adj. Qui trouve du plaisir à souffrir. *Il faut être masochiste pour aimer se baigner dans l'eau glacée.*

▶ On dit familièrement *maso : ils sont masos !*

masque n. m. **1.** Objet qui couvre le visage et que l'on porte pour changer d'apparence. *Un masque de carnaval.* → aussi **loup.** **2.** Objet qui sert à protéger les yeux, le visage. *Un masque de plongée.*

▸ **masqué, masquée** adj. **1.** Couvert d'un masque. *Il a été kidnappé par des hommes masqués.* **2.** *Bal masqué,* où l'on porte des masques. → aussi **costumé.**

▸ **masquer** v. (conjug. 3) **1.** Cacher à la vue. *L'entrée du souterrain est masquée par des branches.* **2.** Dissimuler sous une fausse apparence. *Il ne faut pas masquer la vérité.*

▶ Autre mot de la famille : démasquer.

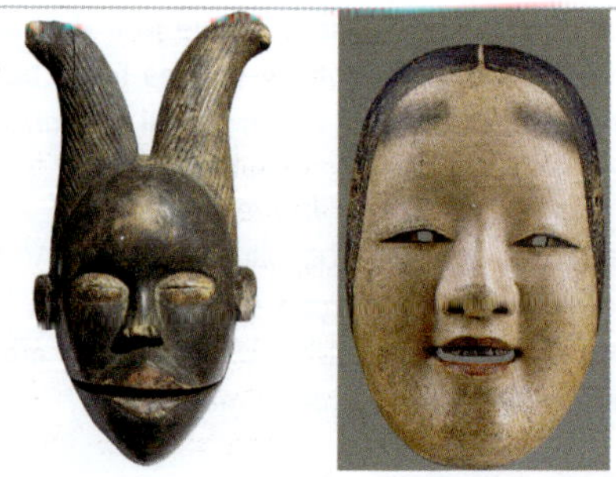

Afrique Japon

masque

massacrer v. (conjug. 3) **1.** Tuer avec sauvagerie un grand nombre de personnes ou de bêtes qui ne peuvent pas se défendre. *Les* *soldats ennemis ont massacré tous les habitants du village.* **2.** Abîmer, saccager. *Les sangliers ont massacré les platebandes.*

▸ **massacre** n. m. **1.** Tuerie d'un grand nombre de personnes ou d'animaux. ➜ **carnage.** *Le massacre d'une population.* ➜ **extermination, génocide.** *Le massacre des bisons.* **2.** Fait d'abîmer quelque chose par maladresse. *Il a coupé le gâteau n'importe comment, c'est un massacre.*

▸ **massacrant, massacrante** adj. *Une humeur massacrante,* très mauvaise.

massage n. m. Action de frotter, presser, pétrir une partie du corps avec les mains ou à l'aide d'appareils, pour soigner ou détendre les muscles. *Le kinésithérapeute fait des massages.* ➜ aussi ② **masser.** ▷ Mot de la famille de ② masser.

① **masse** n. f. **1.** Grande quantité. *Le barrage retient une masse d'eau considérable.* ➜ ① **volume.** **2.** Réunion de nombreuses personnes ou de nombreuses choses. *J'ai une masse de documents sur ce sujet.* ➜ **foule.** **3.** *En masse,* en un groupe très nombreux. *Ils ont accouru en masse.* ➜ **massivement.** **4.** Quantité de matière d'un corps. *Le poids est proportionnel à la masse.* **5.** *La masse,* la majorité des gens, le grand public. Au pl. *Les masses,* le peuple. *Les masses populaires.*

▸ Autres mots de la famille : amas, amasser, biomasse, ① masser, ① et ② massif, massivement, ramassage, ramasser, ramassis.

② **masse** n. f. Gros maillet. *Le sculpteur tape avec sa masse sur la pierre.*

▸ Autre mot de la famille : massue.

① **masser** v. (conjug. 3) Rassembler en masse. *Le berger a massé les moutons dans l'enclos.* – **se masser,** se rassembler. *La foule s'est massée sur le trottoir pour voir passer le défilé.*
▷ Mot de la famille de ① masse.

② **masser** v. (conjug. 3) Frotter, pétrir une partie du corps, pour assouplir les muscles et atténuer les douleurs. *Les sportifs se font masser avant et après les compétitions.*

▸ **masseur** n. m., **masseuse** n. f. Personne dont le métier est de faire des massages. ➜ **kinésithérapeute.**
▸ Autre mot de la famille : massage.

① **massif, massive** adj. **1.** Qui occupe tout le volume d'un objet, qui n'est pas un revêtement. *Un bracelet en or massif. Une porte en chêne massif.* **2.** Gros, épais, lourd. *Les colonnes de ce temple sont massives.* **3.** Qui est fait ou qui est donné en grande quantité. *Il a pris une dose massive d'antibiotiques.*

▸ **massivement** adv. En masse, en grand nombre. *Ils ont répondu massivement à cet appel.*

▸ ② **massif** n. m. **1.** Groupe compact de fleurs ou d'arbres. *Un massif de roses.* **2.** Groupe de montagnes qui forment un gros bloc. *Le massif des Alpes.*
▷ Mots de la famille de ① masse.

massif

massue n. f. Gros bâton court, à tête très épaisse et arrondie, servant d'arme. ➜ aussi **gourdin, matraque.** ▷ Mot de la famille de ② masse.

mastic n. m. Pâte qui colle et durcit en séchant. *On fixe les vitres aux fenêtres avec du mastic.*

mastiquer v. (conjug. 3) Broyer longuement avec les dents. ➜ **mâcher.** *Julie mastique un chewing-gum.*

▸ **mastication** n. f. Action de mâcher. *La mastication des aliments est importante pour la digestion.*

mastodonte n. m. **1.** Énorme animal fossile qui ressemblait à un éléphant. *Les mastodontes avaient quatre défenses.* **2.** Personne ou objet énorme. *Ce camion est un vrai mastodonte.*

masure n. f. Vieille maison en très mauvais état. ➜ aussi **bicoque.**

mat [mat], **mate** adj. **1.** Qui n'est pas brillant ou poli. *De la peinture mate.* ▮ contraire : **satiné. 2.** Qui n'est pas transparent. *Peau mate,* assez foncée. ▮ contraire : **clair. 3.** *Un bruit mat,* qui ne résonne pas. ➜ **sourd.**

mât [ma] n. m. **1.** Longue pièce de métal ou de bois dressée sur un bateau, qui porte les voiles ou divers appareils. ➜ planche **Bateaux.** *Les caravelles avaient trois mâts.* **2.** Long poteau. *Le mât du chapiteau.* ▮ homonyme : mas.

▶ Attention à l'accent circonflexe du *â*.

▶ Autre mot de la famille : trois-mâts.

matador n. m. Homme chargé de tuer le taureau dans une corrida. ➜ aussi **toréro.**

▶ C'est un mot espagnol.

match n. m. Compétition sportive. *Notre équipe a gagné le match de football.* – Au pl. *Des matchs.*

▶ On utilise parfois le pluriel anglais *des matches.*

match

matelas [matla] n. m. Grand coussin long et large, généralement posé sur un sommier, sur lequel on s'allonge pour dormir. *Un matelas à ressorts.* ➜ aussi **literie.**

▸ **matelassé, matelassée** adj. Rembourré. *Une veste en tissu matelassé.*

matelot n. m. Membre de l'équipage d'un bateau qui effectue les manœuvres et participe à l'entretien. ➜ **marin.**

mater v. (conjug. 3) Rendre docile, obéissant. ➜ **dompter,** ② **dresser.** *L'armée a maté les rebelles.* ➜ **soumettre.**

se matérialiser v. (conjug. 4) Devenir réel. *Leurs rêves se sont matérialisés.* ➜ se **concrétiser,** se **réaliser.** ▷ Mot de la famille de ① matériel.

matérialiste adj. et n. Qui est davantage intéressé par les choses matérielles que par les idées. ▮ contraire : **idéaliste.** ▷ Mot de la famille de ① matériel.

matériau n. m. Toute matière qui sert à construire, à fabriquer un objet. *Le plastique est un matériau léger. Des matériaux de construction.*

① **matériel, matérielle** adj. **1.** Que l'on peut voir, toucher, entendre. *On a la preuve matérielle de sa culpabilité.* ➜ **tangible. 2.** Qui concerne uniquement des objets, pas des personnes. *L'accident n'a fait que des dégâts matériels.* **3.** Qui concerne l'argent et les moyens d'existence. *Les biens matériels. Le confort matériel.*

▸ **matériellement** adv. En fait, pratiquement. *Il m'est matériellement impossible d'être chez toi dans une heure.*

▸ ② **matériel** n. m. Ensemble des objets qui servent à quelque chose de précis. *Il a emporté son matériel de pêche en vacances.* ➜ **équipement.**

▶ Autres mots de la famille : se matérialiser, matérialiste.

maternel, maternelle adj. **1.** Propre à une mère. *L'instinct maternel.* **2.** Qui est du côté de la mère, qui vient de la mère. *Les grands-parents maternels.* ➜ aussi **paternel. 3.** *L'école maternelle,* où vont les enfants de deux à six ans. **4.** *La langue maternelle,* la première langue que l'on a parlée enfant.

maternité n. f. **1.** Le fait d'être mère. *Les joies de la maternité.* **2.** Hôpital ou clinique où les femmes vont accoucher. **3.** *Le congé de maternité,* c'est le congé accordé à une femme à la fin de sa grossesse et après son accouchement.

mathématique n. f. Science qui étudie les nombres, les grandeurs, les figures géométriques et les relations qui existent entre eux. *Le calcul, l'algèbre, l'arithmétique, la géométrie font partie des mathématiques.*

Ce mot s'emploie plutôt au pluriel. On dit familièrement *les maths.*

▸ **mathématicien** n. m., **mathématicienne** n. f. Personne dont le métier est de faire des mathématiques.

matière n. f. **1.** Ce qui constitue les objets, les corps. *Le centre de la Terre est constitué de matière en fusion.* **2.** Substance, dont est faite une chose, que l'on peut distinguer des autres. *Le beurre, l'huile, la margarine sont des matières grasses.* **3.** *Matière première,* chose que l'on trouve dans la nature et que l'homme peut transformer pour faire des objets. *Le bois est une matière première avec laquelle on peut faire des meubles.* **4.** Partie de ce que l'on apprend à l'école. ➜ **discipline.** *L'histoire est la matière préférée de Théo. La physique, la chimie, la biologie sont des matières scientifiques.* **5.** Contenu, sujet d'un ouvrage, d'un discours. *L'entrée en matière d'un discours,* son commencement. *La table des matières d'un livre,* la liste des chapitres.

matin n. m. Début de la journée. ➜ **matinée.** ▮ contraire : **soir.** *Tous les matins, au réveil, il écoute la radio. Elle viendra demain matin.*

▸ **matinal, matinale** adj. **1.** Du matin. *Une douche matinale.* **2.** Qui se lève tôt. *Vous êtes bien matinaux aujourd'hui !*

▸ **matinée** n. f. **1.** Première partie de la journée qui va du lever du soleil à midi. ➜ **matin.** *Il a plu toute la matinée.* – *Faire la grasse matinée,* se lever tard. **2.** Spectacle qui a lieu l'après-midi. *Nous allons au théâtre, dimanche, en matinée.*

matou n. m. (pl. **matous**) Gros chat mâle. *Deux matous se battent dans la cour.*

matraque n. f. Bâton qui sert à frapper. ➜ **gourdin.** *Le voleur a assommé le gardien d'un coup de matraque.*

▸ **matraquer** v. (conjug. 3) Frapper avec une matraque. *Le gardien a été matraqué par les cambrioleurs.*

▸ **matraquage** n. m. Répétition continuelle d'une information. *Le matraquage publicitaire.*

matrimonial, matrimoniale adj. Qui concerne le mariage. *Une agence matrimoniale,* qui fait se rencontrer des gens qui veulent se marier.

maturation n. f. Le fait d'arriver à maturité, de devenir mûr. *Le soleil accélère la maturation des fruits.*

maturité n. f. **1.** État de ce qui est mûr. *On cueille les fruits quand ils sont arrivés à maturité.* ➜ aussi **maturation.** **2.** *La maturité,* l'âge mûr. **3.** Sérieux que l'on doit avoir quand on est adulte. *Elle manque de maturité.* **4.** En Suisse. Examen qui est l'équivalent du baccalauréat français. *Il a passé sa maturité.*

Au sens 4, on dit familièrement *matu.*

maudire v. (conjug. 11 ; sauf au participe passé *maudit*) **1.** Souhaiter du mal à quelqu'un en appelant sur lui la colère d'une puissance supérieure. ➜ aussi **malédiction.** ▮ contraire : **bénir.** **2.** Manifester sa colère ou sa contrariété contre une personne ou un évènement. *Il maudit le jour où il l'a rencontrée.*

▸ **maudit, maudite** adj. Détestable, exaspérant. *Cette maudite panne nous a fait perdre une heure.*

▷ Mots de la famille de **dire.**

maugréer v. (conjug. 3) Manifester son mécontentement en grognant. ➜ **bougonner, grommeler, ronchonner.** ▷ Mot de la famille de **gré.**

mausolée n. m. Somptueux tombeau de très grandes dimensions. *Le mausolée de Lénine à Moscou.*

Ce nom masculin se termine par un e.

maussade adj. **1.** Triste et de mauvaise humeur. ➜ **grognon.** *Julie est d'humeur maussade.* **2.** Gris et triste. *Le temps est maussade aujourd'hui.*

mauvais adj. et adv., **mauvaise** adj.
▪ adj. 1. Qui a un défaut ou peu de valeur. ➜ aussi **pire.** *Ce café est vraiment mauvais.* ▮ contraire : ① **bon.** *Un tissu de mauvaise qualité. Un mauvais film,* mal fait, pas intéressant. 2. Qui n'a pas les qualités qu'il faudrait. *Un mauvais élève. Julie est mauvaise en orthographe.* ➜ **faible,** ② **nul.** ▮ contraire : ① **fort.** 3. Méchant, désagréable. *Un air mauvais.* ▮ contraire : **gentil.** *Une mauvaise langue,* une personne qui dit des méchancetés sur les gens. 4. Pénible. *J'ai une mauvaise nouvelle à vous annoncer.* ▮ contraire : **heureux.** *Une mauvaise plaisanterie,* une plaisanterie qui n'est pas amusante. 5. Qui ne convient pas. *Une mauvaise réponse.* ➜ ① **faux.**
▪ adv. *Les poubelles sentent mauvais,* elles ne sentent pas bon. *Il fait mauvais,* il ne fait pas beau temps.

mauve adj. D'une couleur violet pâle. ➜ planche **Couleurs.** *Des fleurs mauves.*

mauviette n. f. Personne peureuse, sans force ni courage. *Il s'est laissé insulter sans rien dire, quelle mauviette !*

maux ➜ **mal** ▮ homonyme : mot.

maxillaire [maksilɛʀ] n. m. Os des mâchoires. ➜ planche **Corps** humain. *Lorsqu'on ouvre la bouche, le maxillaire inférieur s'abaisse.*

maximal, maximale adj. Le plus grand. ▮ contraire : **minimal.** *La vitesse maximale autorisée sur autoroute est de 130 kilomètres à l'heure.* ➜ **maximum.** — Au masc. pl. *maximaux.*

maxime n. f. Phrase qui donne une règle de conduite. *«Il faut prendre la vie comme elle vient» est une maxime.* ➜ aussi **dicton, proverbe.**

maximum n. m. et adj.
▪ n. m. La plus grande quantité. *Le joueur le plus rapide gagne le maximum de points.* ▮ contraire : **minimum.** *Il sera là dans une heure au maximum,* au plus.
▪ adj. Le plus grand. ➜ **maximal.** *La température maximum ne dépassera pas 10 degrés.* — On peut dire aussi *la température maxima.*
▶ Le pluriel est *maximums ;* on emploie parfois le pluriel latin *maxima : des prix maxima.*

mayonnaise n. f. Sauce froide et épaisse, composée de jaune d'œuf, d'huile et de moutarde mélangés.

mazout [mazut] n. m. (➜ ÉTYM.) Liquide tiré du pétrole, utilisé comme combustible. ➜ **fioul.** *Leur maison est chauffée au mazout.*

me pronom Pronom personnel de la première personne du singulier, complément. ➜ aussi **je, moi.** *Je me lave les mains. Tu me le diras demain. Qui m'a appelé ? Me voici de retour.*
▶ *Me* devient *m'* devant un *h* muet ou une voyelle (ex. *je m'habille, il m'envie*).

méandre n. m. (➜ ÉTYM.) Courbe que fait un cours d'eau. *La Seine fait de nombreux méandres.*

méandres

mécanicien n. m., **mécanicienne** n. f. Personne qui entretient et répare les machines et les moteurs. ▷ Mot de la famille de **mécanique.**
▶ On dit familièrement *un mécano.*

mécanique n. f. et adj.
▪ n. f. Science de la construction et du fonctionnement des machines.
▪ adj. 1. Qui fonctionne grâce à un mécanisme. *Un jouet mécanique. Un escalier mécanique,* un escalier roulant. ➜ aussi **escalator.** 2. Qui concerne le moteur. *Sa voiture a des ennuis mécaniques.* 3. Fait à la machine et non à la main. *Un tapis mécanique.* 4. Automatique. *Un geste mécanique.* ➜ **machinal.**

▸ **mécaniquement** adv. **1.** Sans réfléchir. *Elle a fermé le placard mécaniquement.* ➜ **machinalement.** **2.** À l'aide d'une machine. ▮ contraire : **manuellement.**

▶ Autre mot de la famille : mécanicien.

mécaniser v. (conjug. 3) Introduire la machine dans une activité, un travail. ➜ aussi **industrialiser.** *Il y a longtemps que l'on a mécanisé l'agriculture.*

▸ **mécanisation** n. f. Le fait d'utiliser des machines. *La mécanisation de l'agriculture a augmenté le rendement des cultures.*

mécanisme n. m. Ensemble des pièces qui permettent à un appareil, une machine, un moteur, de fonctionner. *Le mécanisme d'une montre.*

mécène n. m. ➜ ÉTYM. Personne ou entreprise qui aide les artistes, les écrivains avec son argent. *Cette exposition est soutenue par plusieurs mécènes.* ➜ aussi **sponsor.**

▸ **mécénat** n. m. Protection et aide financière. *Léonard de Vinci travailla en France grâce au mécénat de François Ier. Le mécénat d'entreprise.*

méchant, méchante adj. Qui cherche et prend plaisir à faire du mal. ➜ **mauvais,** ① **vilain.** *Parfois, pendant la récréation, les grands sont méchants avec les petits.* ▮ contraires : ① **bon, gentil.** *Un chien méchant. – Un air méchant.* ▮ contraire : **inoffensif.** – n. *Les bons et les méchants d'un film.*

▸ **méchamment** adv. Pour faire du mal. *Il lui a répondu méchamment.* ▮ contraire : **gentiment.**

▸ **méchanceté** n. f. **1.** Intention de faire du mal. ➜ **cruauté, malveillance.** *Il a agi par pure méchanceté.* ▮ contraires : **bonté, gentillesse.** **2.** Parole ou action méchante. *Elle ne dit que des méchancetés.*

mèche n. f. **1.** Cordon de fil qui dépasse d'une bougie et que l'on fait brûler. *La mèche de la bougie. – Vendre la mèche,* trahir un secret. **2.** Tige de métal que l'on enfile au bout d'une perceuse pour faire des trous. ➜ aussi **vrille.** **3.** Petit paquet de cheveux. *Julie a une mèche qui lui tombe sur les yeux.* ➜ aussi **épi.**

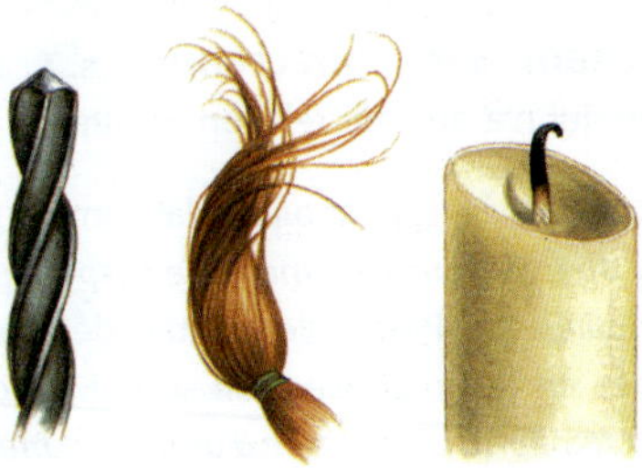

mèche

méchoui n. m. Mouton rôti entier à la broche. – Au pl. *Des méchouis.*

▸ *Méchoui* veut dire «grillé au feu» en arabe.

méconnaissable adj. Qui est si changé qu'on ne peut le reconnaître. *Le quartier est méconnaissable depuis les travaux.* ▮ contraire : **reconnaissable.** ▷ Mot de la famille de connaître.

méconnaissance n. f. Le fait de méconnaître, de ne pas reconnaître quelque chose pour ce qu'il est. *La méconnaissance des règles de sécurité est dangereuse.* ➜ **ignorance.**

▷ Mot de la famille de connaître.

méconnaître v. (conjug. 60) **1.** Ne pas connaître. *Il méconnaît la loi.* ➜ **ignorer.** **2.** Ne pas reconnaître la valeur de quelqu'un ou de quelque chose. ➜ **mésestimer.** *Les critiques méconnaissent le talent de ce jeune peintre.* ▮ contraire : **apprécier.** ▷ Mot de la famille de connaître.

méconnu, méconnue adj. Mal connu, pas apprécié à sa juste valeur. *Les auteurs méconnus.* ▷ Mot de la famille de connaître.

mécontent, mécontente adj. Pas content, fâché, contrarié. ▮ contraire : **content.** *Elle est mécontente de ses vacances.* ▮ contraires : **enchanté, ravi, satisfait.** – n. *L'augmentation des impôts fait des mécontents.*

▸ **mécontentement** n. m. Le fait d'être mécontent. *Il manifeste son mécontentement.* ➜ **contrariété.** ▮ contraire : **contentement.**

▶ **mécontenter** v. (conjug. 3) Rendre mécontent. ➜ **contrarier, fâcher.** *Cette loi mécontente tout le monde.* ▮ contraire : **contenter.**

▷ Mots de la famille de content.

mécréant n. m., **mécréante** n. f. Personne qui n'a aucune religion. ➜ **athée.**

médaille n. f. 1. Petit bijou plat comme une pièce de monnaie. *Une médaille suspendue à sa chaîne.* 2. Pièce de métal décorative donnée en récompense à un sportif. *Ce coureur a remporté la médaille d'or du 100 mètres aux Jeux olympiques.*

▶ **médaillé** n. m., **médaillée** n. f. Personne qui a reçu une médaille. *Les médaillés olympiques ont été reçus par le président de la République.*

▶ **médaillon** n. m. Bijou en forme de petite boîte plate qui peut s'ouvrir. *On peut mettre une photo ou une mèche de cheveux dans un médaillon.*

des **médailles**

médecin n. m. Personne dont le métier est de soigner les malades. ➜ **docteur.**

▶ **médecine** n. f. Science qui a pour objet de prévenir et de soigner les maladies de l'homme.

média n. m. Moyen de communication par lequel les informations sont données au public. *Les journaux, la radio, la télévision, le Web sont les principaux médias.*

▶ Autres mots de la famille : médiathèque, médiatique, médiatiser, multimédia.

médian, médiane adj. Qui est au milieu. *Une ligne blanche médiane partage la chaussée.*

▶ **médiane** n. f. Ligne droite qui joint le sommet d'un triangle au milieu du côté opposé. ➜ planche **Géométrie.**

médiateur n. m., **médiatrice** n. f. Personne qui sert d'intermédiaire pour rapprocher deux personnes en désaccord ou pour favoriser un accord entre deux pays. ➜ aussi **arbitre** et **médiation.**

médiathèque n. f. Lieu où sont conservés et où l'on peut consulter des documents provenant de différents médias. *On peut consulter des livres et des journaux, emprunter des CD et des DVD à la médiathèque.* ▷ Mot de la famille de média.

médiation n. f. Intervention destinée à mettre d'accord deux personnes ou deux pays. ➜ **arbitrage.** *La paix a été signée grâce à la médiation d'un organisme international.* ➜ aussi **médiateur.**

médiatique adj. Dont on parle souvent dans les médias, qui est connu par le grand public. *Cet écrivain est un personnage médiatique.* ▷ Mot de la famille de média.

médiatiser v. (conjug. 3) Faire connaître par les médias. *L'évènement a été très médiatisé,* on en a entendu beaucoup parler dans les médias. ▷ Mot de la famille de média.

médiatrice n. f. Droite perpendiculaire à un segment et qui le coupe en son milieu. ➜ planche **Géométrie.**

médical, médicale adj. Qui concerne la santé, la médecine. *Tous les ans, il passe une visite médicale,* il est examiné par un médecin. *Des examens médicaux.*

médicament n. m. Produit préparé pour soigner. ➜ **remède.** *J'achète à la pharmacie les médicaments que le médecin m'a prescrits.* ➜ aussi ② **ordonnance.**

médicinal, médicinale adj. *Les plantes médicinales,* qui contiennent des substances qui soignent, servent de médicament. ➜ planche **Plantes** et santé. — Au masc. pl. *médicinaux.*

château **médiéval**

médiéval, médiévale adj. Qui concerne le Moyen Âge. *L'histoire médiévale. Des châteaux médiévaux.* ➜ aussi **moyenâgeux.**

médiocre adj. Assez mauvais. *Un élève médiocre. Des résultats médiocres.* ➜ **faible, insuffisant.** ▮ contraires : (1) **bon, excellent.**

▸ **médiocrement** adv. Assez peu, assez mal. *Il gagne médiocrement sa vie.* ▮ contraire : **bien.**

▸ **médiocrité** n. f. Insuffisance de qualité. ➜ **faiblesse.** *Un livre d'une grande médiocrité.*

médire v. (conjug. 40 ; sauf *vous médisez*) Dire du mal. *Il médit toujours de ses voisins.*

▸ **médisance** n. f. Chose méchante mais vraie que l'on dit sur quelqu'un. *Personne n'est à l'abri de ses médisances.* ➜ aussi **calomnie, diffamation.**

▸ **médisant, médisante** adj. Qui dit du mal des autres. *Une personne très médisante.*

▷ Mots de la famille de dire.

méditer v. (conjug. 3) Réfléchir longuement et profondément. *Les philosophes méditent sur la vie et la mort.*

▸ **méditation** n. f. Réflexion profonde. *Il est en pleine méditation.*

▸ Autres mots de la famille : préméditation, prémédité, préméditer.

méditerranéen, méditerranéenne adj. (➜ ÉTYM.) Qui se rapporte à la Méditerranée. *Les pays méditerranéens. La Côte d'Azur a un climat méditerranéen,* aux étés chauds et secs et aux hivers doux et pluvieux. ▷ Mot de la famille de terre.

médium [medjɔm] n. m. et f. Personne censée communiquer avec les morts. – Au pl. *Des médiums.*

médius [medjys] n. m. Doigt du milieu de la main, le plus long. ➜ **majeur.**

méduse n. f. Animal marin formé d'une masse transparente gélatineuse sous laquelle se trouvent la bouche et les tentacules. *Certaines méduses piquent.*

méduse

médusé, médusée adj. Très étonné. → **stupéfait.** *Nous sommes restés médusés par cette nouvelle.*

meeting [mitiŋ] n. m. Réunion publique. *Un meeting politique.* → **rassemblement.**
▶ Ce mot vient de l'anglais. (→ ÉTYM.)

méfait n. m. **1.** Mauvaise action. → **faute.** *Ce malfaiteur a commis les pires méfaits.* **2.** Effet dangereux. *Les méfaits de l'alcool.* ▮ contraire : **bienfait.** ▷ Mot de la famille de faire.

se **méfier** v. (conjug. 9) Ne pas avoir confiance. *Méfiez-vous de lui, il est hypocrite.* → se **défier.**

▸ **méfiance** n. f. Attitude d'une personne qui se méfie. → **défiance.** ▮ contraire : **confiance.** *J'éprouve la plus grande méfiance à son égard.*

▸ **méfiant, méfiante** adj. Qui a tendance à se méfier de tout. → **soupçonneux.** *Elle est devenue méfiante. – Un air méfiant.* ▮ contraire : **confiant.**

▷ Mots de la famille de se fier.

mégalithe n. m. (→ ÉTYM.) Grand monument formé de blocs de pierre brute. *Les dolmens et les menhirs sont des mégalithes.* → aussi **monolithe.**
▶ Attention au *h* après le *t*.

mégalomane adj. Qui exagère et enjolive tout ce qui le concerne et a une ambition démesurée. *Il se voit déjà président de la République, il est complètement mégalomane.*
▶ On dit familièrement *mégalo : elles sont mégalos.*

par **mégarde** adv. Sans le vouloir, par erreur. *J'ai pris son écharpe par mégarde.* ▮ contraire : ① **exprès.** ▷ Famille de garder.

mégère n. f. Femme méchante et hargneuse. → **harpie.**

mégot n. m. Reste d'une cigarette qui a été fumée. *Un cendrier rempli de mégots.*

meilleur, meilleure adj. **1.** Comparatif de supériorité de *bon. La tarte de mamie est meilleure que celle de maman.* ▮ contraire : **pire.** **2.** Superlatif de supériorité de *bon. Léa est la meilleure amie de Louise. Recevez nos meilleurs vœux ! –* n. *Alex est le meilleur de la classe en français.*

mêlée

mélancolie n. f. Tristesse vague accompagnée de rêverie. *Elle se souvient de sa jeunesse avec mélancolie.*

▸ **mélancolique** adj. Un peu triste. *Des souvenirs mélancoliques.* → **cafardeux, sombre, triste.** ▮ contraires : **gai, joyeux.**

mélange n. m. Ensemble de choses différentes mêlées. *La pâte à crêpes est un mélange d'œufs, de lait et de farine.*

▸ **mélanger** v. (conjug. 5b) **1.** Mettre ensemble des choses différentes de manière à former un tout. → **mêler.** *Mélangez le sucre et la farine.* ▮ contraire : **séparer.** – **se mélanger,** se fondre ensemble. *L'huile et l'eau se mélangent mal.* → s'**amalgamer.** **2.** Mettre en désordre. *Tu as mélangé tous mes papiers.* **3.** Confondre. *Vous mélangez tout !*

▸ **mélangeur** n. m. Robinet qui mélange l'eau chaude et l'eau froide, avec deux manettes. → aussi **mitigeur.**

▷ Mots de la famille de mêler.

mêler v. (conjug. 3) **1.** Mettre ensemble des choses différentes. → **mélanger.** *L'écrivain a mêlé plusieurs histoires dans son roman.* → **entremêler.** – *Il a mêlé des détails amusants à son récit,* il les a ajoutés. **2.** Faire participer quelqu'un à quelque chose. *Je ne veux pas être mêlé à cela.*

▸ se **mêler** v. **1.** Se joindre. *Elle s'est mêlée à notre groupe.* **2.** *Se mêler de quelque chose,* s'en occuper. *Ne te mêle pas de ce qui ne te regarde pas. Mêle-toi de tes affaires !*

▸ **mêlée** n. f. **1.** Combat désordonné. *La dispute avec les voyous s'est terminée en mêlée générale.* **2.** Au rugby, moment où les joueurs de chaque équipe se groupent autour du ballon.

▸ Autres mots de la famille : démêlé, démêler, emmêler, entremêler, mélange, mélanger, mélangeur, méli-mélo, pêle-mêle.

mélèze n. m. Arbre de la famille des conifères, qui ressemble au sapin mais perd ses aiguilles en hiver. → planche **Arbres.** *Une forêt de mélèzes.*

méli-mélo n. m. Familier. Mélange désordonné. *Les pièces des deux puzzles sont mélangées : quel méli-mélo ! Des mélis-mélos.*

▹ Mot de la famille de mêler.

On peut aussi écrire *mélimélo, des mélimélos.*

mélodie n. f. Suite de notes qui forment un air de musique. *La mélodie d'une chanson.*

▸ **mélodieux, mélodieuse** adj. Agréable à entendre. *Une voix mélodieuse.* → **harmonieux.**

mélodrame n. m. Pièce de théâtre dans laquelle l'histoire, très triste, est invraisemblable et les caractères des personnages très exagérés. *Le jeune amoureux, l'héroïne persécutée et le traître sont des personnages de mélodrame.*

On dit familièrement *un mélo.*

▸ **mélodramatique** adj. *Une situation mélodramatique,* qui ressemble à un mélodrame.

▹ Mots de la famille de drame.

mélomane n. m. et f. Amateur de musique.

melon n. m. **1.** Gros fruit rond, à l'écorce vert clair et à la chair orangée, jaune ou verte, juteuse et sucrée. → planche **Fruits.** **2.** *Un chapeau melon,* un chapeau d'homme en feutre rigide, rond et bombé.

chapeau **melon**

mélopée n. f. Chant monotone et mélancolique.

membrane n. f. Peau très mince et très souple qui enveloppe un organe, recouvre une cavité du corps. *Les méninges sont les membranes qui entourent le cerveau.*

membre n. m. **1.** Chacune des quatre parties du corps qui s'attachent au tronc. *Les bras sont les membres supérieurs et les jambes les membres inférieurs du corps humain.* **2.** Personne qui fait partie d'un groupe, d'un club, d'une association, d'un parti. *Tous les membres d'une famille. Les membres d'une association de parents d'élèves.* → **adhérent.**

▸ Autre mot de la famille : remembrement.

même adj., pronom et adv.

■ adj. **1.** Identique, semblable. *Léa et Julie ont la même écharpe.* ▮ contraire : **différent.** *Paul est dans la même classe que Théo.* ▮ contraire : **autre.** *Il a gardé la même chemise trois jours,* il n'en a pas changé. **2.** *Même* renforce ce qui est dit. *Mamie est la bonté même,* elle est très bonne. *C'est cela même,* c'est exactement cela. **3.** *Moi-même, toi-même, lui-même...,* en personne, tout seul. *Ils ont tout fait eux-mêmes, dans leur maison.* – *Par soi-même,* pas ses propres moyens.

■ pronom Ce qui est semblable à quelque chose. *Louise regarde la ceinture de Julie, elle aimerait bien avoir la même. Cela revient au même,* c'est pareil.

■ adv. **1.** *Tout le monde dansait, même Mamie,* Mamie aussi. **2.** Exactement. *Je vous attends ici même.* **3.** *Quand même, tout de même,* malgré tout. *Paul est malade mais il va quand même à l'école.* → **néanmoins, pourtant.** **4.** *À même,* directement sur. *Les campeurs couchaient à même le sol.* **5.** *Être à même de faire quelque chose,* en être capable, pouvoir le faire. *Je ne suis pas à même de vous renseigner.*

① **mémoire** n. f. (→ ÉTYM.) **1.** Ce qui permet de se souvenir. *Paul a une bonne mémoire. Il a de la mémoire. Avoir une mémoire d'éléphant,* une très bonne mémoire. *Louise a eu un trou de mémoire en récitant sa poésie,* elle a oublié

a b c d e f g h i j k l m n o p q r s t u v w x y z

un passage. **2.** *La mémoire d'un ordinateur,* le mécanisme qui permet de conserver les informations et de les consulter quand on veut. *Il met des informations en mémoire.* **3.** Souvenir. *Un monument a été élevé à la mémoire des victimes.*

▶ Autre mot de la famille : aide-mémoire.

② **mémoire** n. m. Texte qu'un étudiant écrit sur un sujet précis. *Un mémoire de stage.*

▶ **Mémoires** n. m. pl. Livre qu'une personne écrit pour raconter sa vie et les évènements auxquels elle a participé. ➜ **autobiographie.**

mémorable adj. Dont on garde longtemps le souvenir. ➜ **inoubliable.** *Un évènement mémorable.*

mémorial n. m. (pl. **mémoriaux**) Monument élevé pour conserver le souvenir d'une personne ou d'un évènement. *Le mémorial de Verdun.*

menacer v. (conjug. 5a) **1.** Chercher à faire peur, à intimider. *Les malfaiteurs menaçaient le caissier avec un révolver.* **2.** Mettre en danger. *Les flammes menacent la maison.* **3.** Risquer de se produire. *Le ciel se couvre, l'orage menace.*

▶ **menaçant, menaçante** adj. Destiné à faire peur. *Un air menaçant.* ▮ contraire : **rassurant.**

▶ **menacé, menacée** adj. Qui est en danger. *Une espèce menacée,* en voie de disparition. ➜ planche Espèces **menacées.**

▶ **menace** n. f. **1.** Parole ou geste destiné à montrer à quelqu'un qu'on est décidé à lui faire du mal. *Il a reçu des lettres de menace.* **2.** Danger. *Certains pays vivent sous la menace d'un tremblement de terre.*

ménage n. m. **1.** Ensemble des travaux nécessaires pour tenir propre l'intérieur d'une maison. *Léa fait le ménage dans sa chambre,* elle nettoie et range sa chambre. *Un homme, une femme de ménage,* une personne employée pour faire le ménage chez quelqu'un. **2.** Les deux personnes d'un couple qui vivent ensemble. *Un ménage uni.* – *Les chiens et les chats ne font pas toujours bon ménage,* ils ne s'entendent pas toujours bien.

▶ Autres mots de la famille : électroménager, ① ménager, ménagère, remue-ménage.

ménagement n. m. Douceur et égards avec lesquels on traite quelqu'un. ➜ **précaution.** ▮ contraire : **brutalité.** *On lui a annoncé la mauvaise nouvelle avec ménagement.* ▷ Mot de la famille de ② ménager.

① **ménager, ménagère** adj. Qui concerne l'entretien de la maison. *Les travaux ménagers.* ➜ **domestique.**

▶ **ménagère** n. f. Femme qui s'occupe de sa maison. *Une excellente ménagère.*

▷ Mots de la famille de ménage.

② **ménager** v. (conjug. 5b) **1.** Utiliser avec mesure. *Le convalescent doit ménager ses forces.* ➜ **économiser.** – **se ménager,** se reposer. *Tu devrais te ménager davantage.* **2.** Traiter avec douceur. *Au karaté, Alex ne ménage pas ses adversaires.* **3.** Installer. *Il a ménagé un escalier intérieur entre les deux appartements.* ➜ **aménager.** **4.** Organiser. *La secrétaire du directeur nous a ménagé une entrevue.* ➜ **arranger.**

▶ Autre mot de la famille : ménagement.

ménagerie n. f. Endroit où sont rassemblés les animaux d'un cirque.

mendier v. (conjug. 9) Demander l'aumône, la charité. *Un clochard mendie à la sortie du métro.* ➜ faire la **manche.**

▶ **mendiant** n. m., **mendiante** n. f. Personne qui demande la charité, qui mendie pour vivre.

▶ **mendicité** n. f. Fait de mendier. *Il en est réduit à la mendicité.*

mener v. (conjug. 7) **1.** Conduire en accompagnant ou en commandant. *Le général a mené ses troupes à la victoire.* **2.** Être en tête. *Notre équipe mène 2 buts à 0.* **3.** Diriger. *Elle mène sa vie comme elle veut. Le commissaire mène l'enquête.* **4.** Permettre d'aller quelque part. *Cette route mène à la ferme.*

▶ **meneur** n. m., **meneuse** n. f. **1.** Personne qui dirige, entraîne les autres. *La police*

les espèces animales menacées

La liste rouge publiée régulièrement par l'Union internationale pour la conservation de la nature (UICN) permet d'évaluer l'état de conservation des espèces et leur risque d'extinction si aucune mesure n'est prise. Toutes les espèces et toutes les parties du monde sont concernées. L'UICN considère qu'une espèce de mammifère sur quatre, une espèce d'oiseau sur huit, et un tiers des amphibiens sont menacés de disparition (2006). L'activité humaine (destruction des habitats naturels, pollution, chasse, pêche) et le changement climatique (réchauffement, tempêtes, sécheresses, inondations, incendies) contribuent au déclin de la diversité biologique.

→ biodiversité, écosystème, environnement.

Statut de l'espèce :
- ● **disparue**
- ● **disparue à l'état sauvage, survit en captivité**
- ○ **en danger critique d'extinction** } **menacée**
- ● **en danger** } **menacée**
- ○ **vulnérable** } **menacée**

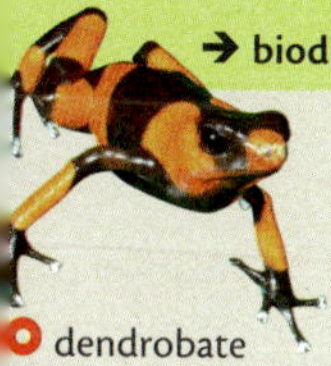

○ dendrobate le Lehmann Colombie)

● zèbre de Grévy (Kenya, Éthiopie)

vautour moine (○ en France)

● éléphant d'Asie (Inde, Sri Lanka, Sumatra, Bornéo)

● le dodo ou dronte de Maurice s'est éteint à la fin du 17e siècle, avec l'arrivée des Européens sur l'île.

○ gorille des plaines de l'Ouest (Afrique)

● l'oryx de Libye vivait dans les steppes du Sahara et du Sahel

● baleine bleue (tous les océans)

● panda géant (Sichuan, Tibet)

○ échidné à long nez (Nouvelle-Guinée)

● tigre de Sibérie (Chine, Sibérie, Corée du Nord)

● mérou de Méditerranée ou mérou brun (Méditerranée, Brésil)

○ lamantin d'Amérique du Sud (bassin de l'Amazone)

a arrêté les meneurs. **2.** *Meneur de jeu,* personne qui organise et anime des jeux.

▶ Autres mots de la famille : amener, se démener, emmener, malmener, promenade, promener, promeneur, ramener, surmenage, surmener.

ménestrel n. m. (→ÉTYM.) Musicien et chanteur, au Moyen Âge.

menhir [meniʀ] n. m. (→ÉTYM.) Grande pierre dressée verticalement datant de l'époque préhistorique. → aussi **dolmen.** *Il y a de nombreux menhirs en Bretagne.*

menhir

méninge n. f. **1.** Chacune des membranes qui entourent le cerveau et la moelle épinière. **2.** Familier. *Les méninges,* le cerveau, l'esprit. *Tu ne t'es pas fatigué les méninges,* tu n'as pas fait beaucoup d'efforts.

▶ **méningite** n. f. Maladie qui atteint les méninges.

ménopause n. f. Arrêt définitif des règles et de l'activité des ovaires, chez la femme.

menotte n. f. **1.** Familier. Main. *Les menottes d'un bébé.* **2.** *Les menottes,* les bracelets en métal réunis par une chaîne, que l'on fixe aux poignets des prisonniers. *Le policier lui a passé les menottes.*

▶ Ce sont les personnes qui s'adressent à des enfants qui emploient ce mot au sens 1.

mensonge n. m. Chose fausse dite dans l'intention de tromper. *Paul a dit un mensonge,* il a menti.

▶ **mensonger, mensongère** adj. Qui trompe. *Le témoin a fait une déclaration mensongère.* → ① **faux.** ▮ contraire : **sincère.**

menthe

mensualité n. f. Somme que l'on verse ou que l'on reçoit chaque mois. *Il paye ses impôts par mensualités.*

mensuel, mensuelle adj. Qui se fait, qui a lieu tous les mois. *Un salaire mensuel. Une revue mensuelle,* qui paraît une fois par mois.

▶ **mensuellement** adv. Chaque mois. *Les salariés de cette entreprise sont payés mensuellement.*

▶ Autre mot de la famille : bimensuel.

mensurations n. f. pl. Mesures principales du corps. *Les mensurations d'un mannequin.*

mental, mentale adj. **1.** Qui se fait dans l'esprit, de tête, sans écrire. *Le calcul mental.* **2.** *Les malades mentaux,* ce sont des personnes qui ont des troubles de l'esprit. → aussi **aliéné, fou.** *On soigne les maladies mentales dans des hôpitaux psychiatriques.* → **psychique.** ▮ contraire : ② **physique.**

▶ **mentalement** adv. **1.** Intérieurement. *Louise se récite sa leçon mentalement.* **2.** Du point de vue de l'esprit. *Le champion se prépare mentalement à affronter son adversaire.* ▮ contraire : **physiquement.**

▶ **mentalité** n. f. État d'esprit, façon de penser d'une personne ou d'un ensemble de personnes. *Les mentalités ont beaucoup évolué depuis le Moyen Âge.*

menteur n. m., **menteuse** n. f. Personne qui ment, qui a l'habitude de dire des mensonges. *Méfie-toi de ce qu'elle dit, c'est une menteuse.* – adj. *Il est très menteur.* ▮ contraire : ② **franc.** ▷ Mot de la famille de mentir.

menthe n. f. Plante qui sent très bon, dont on se sert pour parfumer des plats, des bonbons et pour faire des tisanes et des sirops. *Du thé à la menthe.* ▮ homonyme : mante.

mention n. f. **1.** Action de citer, de signaler quelque chose. *Le journaliste a fait mention de la grève des transports.* → **mentionner. 2.** Mot ou groupe de mots qui apporte une précision. *Rayez les mentions inutiles.* **3.** Appréciation favorable donnée lors d'un examen. *Il a eu son bac avec mention bien.*

▸ **mentionner** v. (conjug. 3) Indiquer. → **signaler.** *N'oubliez pas de mentionner votre date de naissance.*

travail du **menuisier**

mentir v. (conjug. 20) Affirmer que quelque chose est vrai tout en sachant que c'est faux. → aussi **mensonge.** *Théo a menti à ses parents. Il ment comme il respire,* continuellement.

▸ Autres mots de la famille : démenti, démentir, menteur.

menton n. m. Partie du visage située au-dessous de la bouche. *Elle a un double menton,* des plis sous le menton.

① **menu, menue** adj. **1.** Petit et mince. *Léa est toute menue.* → ② **fin.** ▮ contraire : **corpulent. 2.** Tout petit. *Il déchire la lettre en menus morceaux.* **3.** Sans importance. → **négligeable.** *Les menus détails d'une histoire.* → **moindre.**

▸ Autre mot de la famille : s'amenuiser.

② **menu** n. m. **1.** Liste des plats qui peuvent être servis au cours d'un repas. *Qu'y a-t-il au menu, ce soir ?* **2.** Dans un restaurant, liste des plats qui composent un repas pour un prix fixe. *Nous avons pris le menu gastronomique.* → aussi ① **carte. 3.** Liste des opérations affichées sur l'écran d'un ordinateur et parmi lesquelles on peut choisir. *Menu principal.*

menuet n. m. Danse ancienne des 17e et 18e siècles.

menuisier n. m., **menuisière** n. f. Personne dont le métier est de travailler le bois et de fabriquer des meubles, des portes, etc. → aussi **ébéniste.**

▸ **menuiserie** n. f. Travail du bois pour la fabrication des meubles et pour la décoration.

se méprendre v. (conjug. 61) Se tromper. *Ces frères jumeaux se ressemblent à s'y méprendre. Elle s'est méprise sur mon compte.*
▹ Mot de la famille de prendre.

mépris n. m. **1.** Sentiment par lequel on considère que quelqu'un est indigne d'estime. *Elle n'a que du mépris pour lui.* → **dédain.** ▮ contraires : **admiration, respect. 2.** Le fait de ne pas tenir compte de quelque chose. *Les sauveteurs ont plongé, au mépris du danger.* → **en dépit** de, **malgré.** ▹ Mot de la famille de prix.

méprisable adj. Qui mérite d'être méprisé. *Un homme méprisable. Il a agi d'une façon méprisable.* ▮ contraires : **admirable, respectable.**
▹ Mot de la famille de prix.

méprisant, méprisante adj. Qui manifeste du mépris. *Elle est très méprisante.* → **arrogant, dédaigneux, hautain.** ▹ Mot de la famille de prix.

méprise n. f. Erreur. *Au téléphone, on a pris Alex pour une fille, quelle méprise !* → **malentendu, quiproquo.** ▹ Mot de la famille de prendre.

mépriser v. (conjug. 3) **1.** *Mépriser quelqu'un,* le considérer comme inférieur, ne pas le trouver digne de son estime. *Il méprise tout le monde.* ▮ contraires : **admirer, apprécier. 2.** *Mépriser quelque chose,* ne pas y prêter attention. *Le dompteur mit sa tête dans la gueule du lion, méprisant le danger.* → **dédaigner.** ▹ Mot de la famille de prix.

mer n. f. Vaste étendue d'eau salée qui recouvre une grande partie de la Terre. → **océan.** → planches **Eau, océan.** *Le bateau est en pleine*

a b c d e f g h i j k l m n o p q r s t u v w x y z

mer, au milieu de la mer. *Ils passent leurs vacances au bord de la mer. Marseille est un port de la mer Méditerranée, Boulogne un port de la mer du Nord.* ▮ homonymes : maire, mère.

▶ Autres mots de la famille : amerrir, amerrissage, outremer, outre-mer.

mercantile adj. Qui n'est intéressé que par l'argent. *Un esprit mercantile.*

mercenaire n. m. et f. Soldat qui combat pour de l'argent dans les rangs d'une armée étrangère.

mercerie n. f. Magasin où l'on vend tout ce qui sert à la couture. *Elle a acheté du fil et des boutons à la mercerie.* ▷ Mot de la famille de mercier.

① **merci** n. m. et interj. Terme de politesse utilisé pour remercier. *Mille mercis pour votre accueil. «Voulez-vous du café ? – Non, merci !» Dire merci,* remercier. *Il m'a dit merci en partant.*

▶ Autres mots de la famille : remerciement, remercier.

② **merci** n. f. **1.** *Être à la merci de quelque chose, de quelqu'un,* dans une situation où l'on en dépend complètement. *On est toujours à la merci d'un accident,* on risque toujours d'avoir un accident. **2.** *Sans merci,* sans pitié. *Un combat sans merci,* impitoyable.

mercier n. m., **mercière** n. f. Personne qui vend des articles qui servent à la couture.

▶ Autre mot de la famille : mercerie.

mercredi n. m. Jour de la semaine entre le mardi et le jeudi. *Léa va à la piscine tous les mercredis après-midi.*

mercure n. m. Métal liquide et brillant qui augmente de volume avec la chaleur.

mère n. f. **1.** Femme qui a un ou plusieurs enfants. ➜ **maman** et aussi **maternel.** *Paul doit venir avec son père et sa mère.* **2.** Femelle qui a un ou plusieurs petits. *Où est la mère de ces chiots ?* ▮ homonymes : maire, mer.

▶ Autres mots de la famille : arrière-grand-mère, belle-mère, grand-mère.

merguez [mɛʀgɛz] n. f. Petite saucisse très épicée. *Des merguez grillées.*

▶ *Merguez* est un mot arabe.

méridien n. m. (➜ ÉTYM.) Demi-cercle imaginaire qui va du pôle Nord au pôle Sud. ➜ planche **Terre.** *On calcule les longitudes à partir du méridien qui passe à Greenwich, en Angleterre.* ➜ aussi **parallèle.**

méridiens

méridional, méridionale adj. Situé au sud. *L'Espagne et l'Italie sont en Europe méridionale. Il a l'accent méridional,* du Midi. – n. *Les Méridionaux,* les gens du sud de la France. ➜ aussi **Midi.**

meringue n. f. Gâteau très léger fait de blancs d'œufs battus en neige et de sucre.

mérinos [meʀinos] n. m. Mouton de race espagnole, à la laine blanche très abondante et très fine.

merise n. f. Petite cerise sauvage au goût acide.

▶ **merisier** n. m. Cerisier sauvage dont le bois est utilisé en ébénisterie. *Une armoire en merisier.*

mérite n. m. **1.** Qualité qui rend une personne estimable. – *Avoir du mérite,* être digne d'être récompensé et admiré. *Julie a du mérite d'avoir fait ses devoirs alors qu'elle était malade.* **2.** Avantage, utilité. *Ils comparent les mérites du train et de l'avion.*

▶ **mériter** v. (conjug. 3) **1.** Avoir le droit de recevoir une récompense. *Julie a bien travaillé, elle mérite des compliments.* **2.** Valoir la peine. *Ce monument mérite le détour.*

▶ **méritant, méritante** adj. Qui a du mérite. *Ces personnes dévouées sont bien méritantes.*

▶ **méritoire** adj. Digne d'éloge. ➜ **louable.** *Louise fait des efforts méritoires pour avoir une bonne note en dictée.*

merlan n. m. Poisson de mer vivant en bancs et pêché près des côtes. → planche **Océan.** *Des filets de merlan.*

merlan

merle n. m. Oiseau qui a un plumage noir et un bec jaune. → planche **Oiseaux.** *On entend un merle siffler.*

mérou n. m. (pl. **mérous**) Gros poisson des mers chaudes, dont la chair est très délicate. *Le mérou de Méditerranée.* → planche Espèces **menacées.**

mérovingien, mérovingienne adj. et n. Relatif à la dynastie qui régna sur la Gaule de Clovis à l'élection de Pépin le Bref. *La dynastie mérovingienne. Les rois mérovingiens.* – *Les Mérovingiens,* les membres de cette dynastie.

merveille n. f. 1. Chose très belle, admirable. *Cette robe brodée est une merveille.* → **chef-d'œuvre.** 2. *Faire merveille,* avoir de très bons résultats. *Ce médicament a fait merveille.* 3. *À merveille,* très bien, parfaitement. *Théo et Paul s'entendent à merveille.*

▸ **merveilleux, merveilleuse** adj. 1. Étonnant par son côté magique, surnaturel. *Un conte merveilleux.* → **fantastique.** 2. Très beau, admirable. → **extraordinaire.** *Un paysage merveilleux.* → **magnifique.** ▮ contraire : **affreux.**

▸ **merveilleusement** adv. Parfaitement. *Tout va merveilleusement bien.* → **admirablement.**

▸ Autres mots de la famille : émerveillement, émerveiller.

mes → **mon**

mésange n. f. Petit oiseau passereau au chant très mélodieux, qui se nourrit d'insectes. → planches **Oiseaux, ville.**

mésaventure n. f. Aventure désagréable, fâcheuse. *Il lui est arrivé de nombreuses mésaventures au cours de son voyage.* ▷ Mot de la famille de aventure.

mesdames ; mesdemoiselles → **madame ; mademoiselle**

mésentente n. f. Mauvaise entente. *La mésentente règne entre les associés.* → **brouille, désaccord.** ▷ Mot de la famille de entendre.

mésestimer v. (conjug. 3) Ne pas apprécier à sa juste valeur. → **méconnaître.** *L'alpiniste a mésestimé la difficulté et il a dévissé.* → **sous-estimer.** ▮ contraire : **surestimer.** ▷ Mot de la famille de estimer.

mesquin, mesquine adj. (→ ÉTYM.) Qui a l'esprit étroit, s'attache aux petits détails sans importance. ▮ contraire : **généreux.** *Un esprit mesquin.*

▸ **mesquinerie** n. f. Caractère d'une personne, d'une action mesquine. *Il a fait preuve de mesquinerie. De petites mesquineries.*

message n. m. Information transmise. *Elle lui a laissé un message sur son téléphone portable.*

▸ **messager** n. m., **messagère** n. f. Personne qui apporte un message.

▸ **messagerie** n. f. 1. *Messagerie électronique,* technique qui permet d'envoyer et de recevoir du courrier électronique. 2. *Des messageries,* des entreprises chargées de transporter des marchandises.

messe n. f. Principale cérémonie du culte catholique. *Il va à la messe tous les dimanches.*

Messie n. m. Envoyé de Dieu. *Pour les chrétiens, Jésus-Christ est le Messie.*

messieurs → **monsieur**

messire n. m. Titre donné autrefois à un homme noble. ▷ Mot de la famille de sire.

mesure n. f. 1. Dimension. *Les mesures de la chambre. Le tailleur prend les mesures de son client.* → **mensurations.** *Elle s'est fait faire une robe sur mesure,* une robe faite spécialement pour elle, à ses mesures. 2. *Les unités de mesure,* les unités qui servent à calculer les dimensions. *Le mètre est l'unité de mesure de la longueur.* 3. *Les mesures d'une partition musicale,* ses divisions. → aussi **rythme.** *Le chef d'orchestre bat la mesure. Ils dansent en me-*

a b c d e f g h i j k l m n o p q r s t u v w x y z

sure, en cadence. **4.** Quantité normale. *Tu dépasses la mesure,* tu exagères. *Il n'a pas le sens de la mesure,* il ne sait pas se modérer. **5.** Proportion. *Je serai là de bonne heure* ***dans la mesure du possible,*** si c'est possible. **6.** Moyen d'agir. *Le gouvernement a pris des mesures pour venir en aide aux victimes des inondations.* **7.** *Être en mesure de faire quelque chose,* pouvoir le faire, en être capable. *Je ne suis pas en mesure de vous répondre.*

▸ **mesuré, mesurée** adj. Qui agit avec modération. ➜ **pondéré.** *Elle est restée mesurée dans ses paroles.*

▸ **mesurer** v. (conjug. 3) **1.** Prendre des mesures. *Le peintre mesure la pièce.* **2.** Avoir pour taille. *Il mesure un mètre quatre-vingts.* **3.** Évaluer. *Il n'a pas mesuré la difficulté.* **4.** ***Se mesurer*** *à quelqu'un,* affronter quelqu'un pour se comparer à lui.

▶ Autres mots de la famille : **démesure, démesuré, demi-mesure.**

métairie n. f. Domaine agricole exploité par un locataire qui partage la récolte avec le propriétaire. ➜ aussi **métayer.** ▷ Mot de la famille de **métayer.**

métal n. m. (pl. **métaux**) Matière, le plus souvent dure et brillante, que l'on extrait des minerais. *Le fer, l'aluminium sont des métaux.* ➜ aussi **alliage.**

▸ **métallique** adj. En métal. *Une armoire métallique.*

▸ **métallisé, métallisée** adj. Qui a l'éclat du métal. *Sa voiture est gris métallisé,* peinte avec une peinture spéciale qui a l'éclat du métal.

▸ **métallurgie** n. f. Ensemble des industries et des techniques qui permettent de fabriquer des objets en métal. ➜ aussi **sidérurgie.**

▸ **métallurgique** adj. *Une usine métallurgique,* où l'on travaille le métal.

▸ **métallurgiste** n. m. Ouvrier qui travaille dans la métallurgie.

◗ On dit familièrement *un métallo.*

• Les mots de la famille de *métal* s'écrivent avec deux *l.*

métamorphose n. f. **1.** Transformation d'une larve en individu adulte. *La métamorphose d'une chenille en papillon* (➜ planche **Papillons**), *du têtard en grenouille* (➜ planche **Reptiles** et amphibiens). **2.** Grand changement. *On la reconnaît à peine avec cette nouvelle coiffure, c'est une véritable métamorphose.*

▸ **métamorphoser** v. (conjug. 3) **1.** Changer complètement. *L'amour l'a métamorphosé.* **2. se métamorphoser,** changer complètement de forme. ➜ se **transformer.** *Le têtard s'est métamorphosé en grenouille.*

métaphore n. f. Comparaison imagée. *«La vie nous sourit» est une métaphore.*

métayer n. m., **métayère** n. f. Paysan qui exploite une métairie.

▶ Autre mot de la famille : **métairie.**

météo n. f. et adj. inv.

▪ n. f. Météorologie. *Les prévisions de la météo.*

▪ adj. inv. Météorologique. *Les conditions météo sont excellentes.*

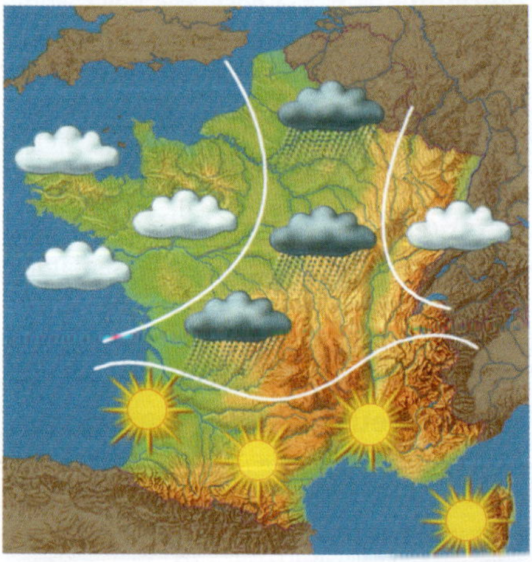

carte **météo**

météore n. m. Phénomène lumineux qui se produit dans le ciel quand un corps venu de l'espace traverse l'atmosphère. *Les étoiles filantes sont des météores.*

▸ **météorite** n. m. ou f. Pierre tombée de l'espace et qui traverse l'atmosphère. *En tombant, les météorites creusent un cratère dans le sol.*

météorologie n. f. Science qui, en étudiant ce qui se passe dans l'atmosphère, permet de prévoir le temps qu'il va faire. → **météo.** *La Météorologie nationale,* c'est un service qui s'occupe de la prévision du temps.

▸ **météorologique** adj. Qui concerne le temps. *Quelles sont les prévisions météorologiques ?* → **météo.**

méthode n. f. **1.** Ordre logique que l'on suit pour faire quelque chose. *Alex range ses DVD avec méthode.* **2.** Moyen. → **procédé, technique.** *Une méthode de travail.* **3.** Livre qui contient les règles élémentaires à suivre pour apprendre quelque chose. *Une méthode de guitare.*

▸ **méthodique** adj. Organisé, ordonné. *Une personne très méthodique.* ▮ contraire : ① **brouillon.**

▸ **méthodiquement** adv. Avec méthode. *Louise range ses crayons de couleur méthodiquement.*

méticuleux, méticuleuse adj. Qui fait attention à tous les détails. → **minutieux, soigneux.** *Elle est très méticuleuse dans son travail, elle ne laisse rien au hasard.* ▮ contraire : **négligent.**

▸ **méticuleusement** adv. D'une manière méticuleuse, en faisant attention à tout. *Il range méticuleusement ses affaires.*

métier n. m. **1.** Travail que l'on fait et pour lequel on gagne de l'argent. → **profession.** *Le métier de plombier. – Il n'y a pas de sot métier,* tous les métiers sont utiles et dignes de respect. **2.** *Un métier à tisser,* une machine qui sert à fabriquer des tissus.

métis [metis] n. m., **métisse** n. f. Personne dont le père et la mère sont de couleur de peau différente. *L'enfant d'un Chinois et d'une Brésilienne est un métis.* → aussi **mulâtre. –** adj. *Un enfant métis.*

mètre n. m. **1.** Unité de longueur. *Il mesure un mètre quatre-vingts (1,80 m). Un mètre carré.* → **carré.** *Un mètre cube.* → **cube. 2.** Règle ou ruban gradué qui mesure au moins un mètre. → **centimètre.** *La couturière prend les mesures avec son mètre.* ▮ homonymes : maître, mettre.

▸ **métrage** n. m. *Le métrage d'un film,* c'est la longueur de la pellicule. *Court métrage,* film très court. *Long métrage,* film de durée normale.

▸ **métrique** adj. *Le système métrique,* le système de mesures qui a le mètre pour base.

▸ Autres mots de la famille : centimètre, décamètre, décimètre, hectomètre, kilométrage, kilomètre, kilométrique, millimètre, millimétré.

métro n. m. Chemin de fer électrique, souvent souterrain, dans une grande ville.

▸ On a d'abord dit *chemin de fer métropolitain.*

métronome n. m. Instrument qui marque la mesure d'un morceau de musique.

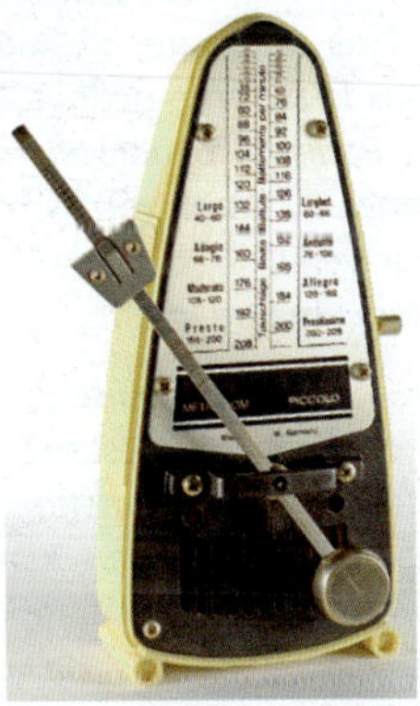

métronome

métropole n. f. (→ ÉTYM.) **1.** Grande ville qui n'est pas forcément la capitale d'un pays. *Lyon, Toulouse sont des métropoles régionales françaises.* **2.** Partie d'un État où se trouve la capitale. *Il n'est pas né en métropole, mais à la Martinique.*

▸ **métropolitain, métropolitaine** adj. *Le territoire métropolitain,* la partie d'un État où se trouve la capitale. *Lille et Marseille sont en France métropolitaine, Fort-de-France dans la France d'outre-mer.*

mets [mɛ] n. m. Aliment préparé pour un repas. → ③ **plat.** *Le couscous est son mets préféré.* ▮ homonymes : mai, mais.

▸ Autre mot de la famille : entremets.

mettable adj. Que l'on peut encore mettre sans être ridicule ou mal à l'aise. *Une robe encore mettable.* → **portable.** ▮ contraire : **immettable.** ▷ Mot de la famille de mettre.

metteur n. m., **metteuse** n. f. *Metteur en scène, metteuse en scène,* personne qui dirige la réalisation d'un film ou la représentation sur scène d'une pièce de théâtre. → aussi **réalisateur.** ▷ Mot de la famille de mettre.

mettre v. (conjug. 59) **1.** Faire passer dans un endroit. → **placer.** *Mets tes affaires ailleurs. Je mets le vase sur la table.* → **poser.** *Il met deux sucres dans son café.* → **ajouter.** *Léa mettra mes lettres à la poste. Je vais mettre le linge à sécher,* l'installer de manière à ce qu'il sèche. **2.** Revêtir. *Elle met son manteau.* → **enfiler.** ▮ contraires : **ôter, retirer. 3.** *Mettre la table,* disposer la vaisselle et les couverts sur la table pour le repas. ▮ contraires : **débarrasser, desservir. 4.** Faire passer dans une autre position, un autre état. *Mettons la planche debout. Mettez la phrase au futur. Paul met la radio en marche,* il la fait fonctionner. **5.** Employer. *Ils ont mis deux heures pour venir,* il leur a fallu deux heures. ▮ homonymes : maître, mètre.

▸ se **mettre** v. **1.** S'installer. *Louise s'est mise au lit,* elle s'est couchée. *Paul s'est mis à côté de Léa. Théo ne savait plus où se mettre,* il était très gêné. **2.** S'habiller. *Aujourd'hui, Julie s'est mise en jupe.* **3.** Changer de position, d'état. *Mets-toi debout. Alex s'est mis en colère.* **4.** Commencer. *Léa s'est mise à apprendre ses leçons. Mon père s'est mis au régime. J'espère qu'il ne va pas se mettre à pleuvoir.*

▸ Autres mots de la famille : démettre, démission, démissionner, émetteur, émettre, émission, entremise, hormis, immettable, mettable, metteur, mise, miser, remettre, se remettre, remise, retransmettre, retransmission, soumettre, soumis, soumission, transmettre, transmissible, transmission.

① **meuble** adj. *Une terre meuble,* que l'on peut labourer facilement.

② **meuble** n. m. Objet qui sert à aménager une maison. *Les sièges, les armoires, les commodes, les tables, les lits sont des meubles.* → aussi **mobilier.**

▸ **meubler** v. (conjug. 3) **1.** Garnir de meubles. *Elle a meublé le salon avec goût.* **2.** Occuper. *Il parle pour meubler le silence.*

▸ Autres mots de la famille : ameublement, garde-meuble.

meugler v. (conjug. 3) *Les vaches meuglent,* elles poussent leur cri. → **beugler, mugir.**

▸ **meuglement** n. m. Cri des bovins. → **beuglement, mugissement.**

meule de foin

① **meule** n. f. Gros tas de foin, de paille.

② **meule** n. f. **1.** Grosse pierre dure qui sert à moudre. *Dans le moulin, la meule moud le grain.* **2.** Roue en pierre dure qui sert à affûter les lames. *Il aiguise la lame du couteau sur une meule.*

▸ **meulière** adj. f. *La pierre meulière,* une pierre rugueuse employée pour la construction. – n. f. *Un pavillon en meulière.*

meunier n. m., **meunière** n. f. Personne dont le métier est de fabriquer de la farine dans un moulin.

meurtre n. m. Action de tuer volontairement quelqu'un. → **assassinat, crime, homicide.**

▸ **meurtrier** n. m., **meurtrière** n. f. Personne qui a commis un meurtre. → **assassin, criminel.** *La police recherche le meurtrier.* – adj. Qui entraîne la mort de nombreuses personnes. *Une route meurtrière,* sur laquelle de nombreuses personnes sont mortes dans des accidents.

▸ **meurtrière** n. f. Fente verticale, dans une muraille, qui permet de tirer sur l'ennemi. → aussi **créneau** et **mâchicoulis.** *Les meurtrières d'un château fort.* → planche **Château** fort.

meurtri, meurtrie adj. Où il y a des traces de coups, de blessures. *Julie est tombée, elle a les genoux tout meurtris.*

▸ **meurtrissure** n. f. Trace de coup sur la peau. → **blessure, contusion.** *Ses jambes sont couvertes de meurtrissures.*

meute n. f. **1.** Troupe de chiens dressés pour la chasse à courre. *Le cerf est poursuivi par la meute.* **2.** Groupe d'animaux organisés autour d'un chef. *Les loups vivent en meute.*
▸ Autre mot de la famille : ameuter.

mezzanine [mɛdzanin] n. f. Plateforme dans une pièce haute de plafond à laquelle on accède par un escalier, une échelle. *Le lit est sur la mezzanine.*

mi n. m. inv. Note de musique entre ré et fa. *Des mi bémols.* ▮ homonyme : mie.

mi- Préfixe qui signifie «moitié de, à moitié». *Les yeux mi-clos,* à moitié fermés. *À la mi-avril,* au milieu du mois d'avril, vers le 15 avril. *À mi-voix,* d'une voix faible.

miasmes n. m. pl. Effluves malsains. *Les miasmes des marais.*

miauler v. (conjug. 3) *Le chat miaule,* il pousse son cri.

▸ **miaulement** n. m. Cri du chat.

mica n. m. Roche composée de feuilles brillantes et transparentes.

mi-carême n. f. Fête qui a lieu un jeudi au milieu du carême, pour laquelle les enfants se déguisent. ▹ Mot de la famille de carême.

miche n. f. Gros pain rond.

à **mi-chemin** adv. Au milieu du chemin, du trajet. *Il s'est mis à pleuvoir à mi-chemin.* ▹ Mot de la famille de chemin.

micmac n. m. Familier. Suite de manœuvres compliquées et suspectes. → **manigance.** *Qu'est-ce que c'est que ces micmacs ?*

micro n. m. **1.** Appareil qui permet d'amplifier les sons, de les transmettre ou de les enregistrer. *Parlez devant le micro.* **2.** Petit ordinateur. *Il y a plusieurs micros dans la classe.*
▸ Au sens 1, *micro* est l'abréviation de *microphone,* au sens 2 de *micro-ordinateur.*

micro- Préfixe d'origine latine qui signifie «petit» (ex. *micro-onde, micro-ordinateur, micro-organisme*).

microbe n. m. Être vivant tout petit qu'on ne peut voir qu'au microscope et qui provoque des maladies infectieuses. → **germe** et aussi **virus.**

▸ **microbien, microbienne** adj. Causé par un microbe. *Les infections microbiennes.*

microfilm n. m. Film qui reproduit un document sur une très petite surface. ▹ Mot de la famille de film.

micro-onde n. f. et n. m. **1.** n. f. Onde de très petite longueur. *Un four à micro-ondes.* **2.** n. m. Four à micro-ondes. *Elle réchauffe le riz au*

meute de loups

micro-onde. ▷ Mot de la famille de onde.
◗ On peut aussi écrire *microonde, des microondes.*

micro-ordinateur n. m. Ordinateur personnel de petite taille. – Au pl. *Des micro-ordinateurs.* ▷ Mot de la famille de ordinateur.
◗ On dit aussi *un micro.* • On peut écrire *microordinateur,* des *microordinateurs.*

micro-organisme n. m. Organisme vivant que l'on ne peut voir qu'au microscope. *Les virus, les microbes sont des micro-organismes.* ▷ Mot de la famille de organe.
◗ On peut aussi écrire *microorganisme, des micro-organismes.*

microscope n. m. (→ ÉTYM.) Instrument d'optique qui grossit les objets et permet de voir ce qui est invisible à l'œil nu.

▸ **microscopique** adj. **1.** Si petit qu'on ne peut le voir qu'au microscope. *Les virus et les microbes sont microscopiques.* **2.** Très petit. → **lilliputien, minuscule.** *Une cuisine microscopique.*

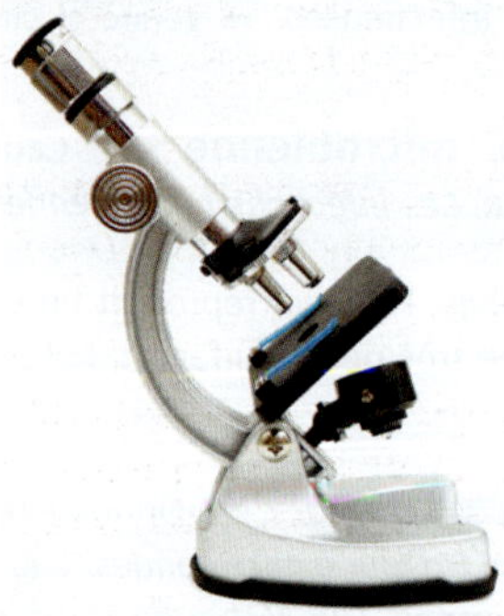

microscope

midi n. m. **1.** Milieu du jour, entre le matin et l'après-midi. *Il déjeune à midi et demi,* à 12 heures 30. – *Chercher midi à quatorze heures,* compliquer les choses. **2.** *Le Midi,* le sud de la France. *Il est originaire du Midi.* → aussi **méridional.**
▸ Autre mot de la famille : après-midi.

mie n. f. Partie molle à l'intérieur du pain. *La mie et la croûte.* – *Pain de mie,* pain à la mie dense et abondante et à croûte peu épaisse. → aussi ② **toast.** ▮ homonyme : mi.

miel n. m. Produit sucré que fabriquent les abeilles à partir des fleurs.

▸ **mielleux, mielleuse** adj. Doux et hypocrite. → **doucereux.** *Une voix mielleuse.*

mien pronom possessif et n. m., **mienne** pronom possessif
▪ pronom Pronom possessif de la première personne du singulier. *Le mien, la mienne,* l'être ou la chose qui est à moi. *Voici tes chaussures ; où sont les miennes ?* où sont mes chaussures ? *Ton frère est en classe avec le mien,* avec mon frère.
▪ n. m. **1.** *J'y ai mis du mien,* j'ai fait un effort. **2.** n. m. pl. *Les miens,* mes parents, mes proches.

miette n. f. (→ ÉTYM.) **1.** Petit morceau de pain, de gâteau. *La nappe est couverte de miettes.* **2.** Petit morceau. *L'assiette est tombée, elle est en miettes.*
▸ Autre mot de la famille : émietter.

mieux adv., adj. et n. m.
▪ adv. **1.** Comparatif de supériorité de *bien.* D'une manière meilleure. *Théo travaille mieux que son frère.* ▮ contraire : plus **mal.** *Léa a été malade mais elle va mieux. Tu ferais mieux de te taire,* tu aurais intérêt à te taire. **2.** Superlatif de *bien.* De la meilleure manière. *Elle est la mieux payée de l'équipe. Au mieux, il arrivera demain,* dans le meilleur des cas. *Fais pour le mieux,* aussi bien que possible.
▪ adj. *Il est mieux sans barbe,* il est plus beau. *Enlève ta veste, tu seras mieux,* plus à l'aise.
▪ n. m. *Il fait de son mieux,* aussi bien qu'il peut. *Il y a du mieux dans son travail,* son travail s'améliore. *Je m'attendais à mieux.* ▮ contraire : **pire.** – *Le mieux est l'ennemi du bien :* en cherchant à mieux faire, on risque de gâcher ce qui était bien.

mièvre adj. Agréable mais un peu fade, sans vigueur. *Un roman un peu mièvre.*

mignon, mignonne adj. **1.** Joli, charmant, gracieux. *Une petite fille très mignonne.* ▮ contraire : **laid. 2.** Aimable, gentil. *Sois mignonne, va fermer la porte.* ▮ contraire : ① **vilain.**

migraine n. f. (→ ÉTYM.) Mal de tête. *Il a la migraine.*

migrer v. (conjug. 3) Se déplacer, changer d'endroit. *Les cigognes migrent vers l'Afrique en automne.*

▸ **migrateur, migratrice** adj. Qui se déplace suivant les saisons. *Les hirondelles sont des oiseaux migrateurs.* ➜ aussi **migration.**

▸ **migration** n. f. 1. Déplacement de personnes qui quittent un pays ou une région pour s'installer ailleurs. ➜ **émigration, immigration.** *Les famines du Moyen Âge provoquèrent de grandes migrations.* 2. Déplacement des animaux selon les saisons. ➜ aussi **migrateur.** *Les cigognes commencent leur migration vers l'Afrique à la fin de l'été.*

▸ Autres mots de la famille : émigrant, émigration, émigré, émigrer, immigration, immigré, immigrer.

mijoter v. (conjug. 3) 1. Cuire très doucement, à petit feu. *Le ragoût mijote.* 2. Familier. Préparer en secret. ➜ **manigancer.** *Ses amis mijotent une surprise pour son anniversaire.*

mil n. m. Céréale cultivée en Afrique. *On pile le mil pour faire de la farine.* ▮ homonymes : ① et ② mille.

mil

milan n. m. Oiseau rapace au plumage brun foncé, à la queue et aux ailes très longues. *Les milans ont un vol très lent.*

mildiou n. m. Maladie de la vigne causée par des champignons microscopiques.

mile [majl] n. m. Mesure de longueur anglaise et américaine qui vaut 1 609 mètres.
▶ Ce mot vient de l'anglais.

milice n. f. Troupe de civils qui remplace ou renforce une armée ou une police régulières. *Les milices d'autodéfense sont interdites par la loi.*

▸ **milicien** n. m., **milicienne** n. f. Membre d'une milice.

milieu n. m. 1. Partie d'une chose située à égale distance de ses bords, de ses extrémités. ➜ **centre.** *Il y a une table basse au milieu du salon. Julie a la raie au milieu.* 2. Moment situé à distance égale du début et de la fin. *Le milieu de l'année.* 3. Entourage d'une personne. *Le milieu familial. Un milieu aisé.* 4. Environnement naturel d'un être vivant. *Les champignons poussent en milieu humide.* – Au pl. *Des milieux.* ▷ Mot de la famille de ① lieu.

militaire adj. et n. m. et f.
▪ adj. Relatif à l'armée. *Les uniformes militaires. L'aviation militaire.* ▮ contraire : **civil.**
▪ n. m. et f. Personne qui fait partie de l'armée. ➜ **soldat.** *Les gendarmes sont des militaires.*

militer v. (conjug. 3) Être membre actif d'un parti, d'un syndicat, d'une organisation et se battre pour une cause. *Elle milite pour la paix dans le monde.*

▸ **militant** n. m., **militante** n. f. Membre actif d'une organisation, d'un parti. *Une militante syndicale.*

① **mille** [mil] n. m. Unité de distance utilisée par les marins, qui vaut 1 852 mètres. *Le bateau n'est qu'à quelques milles de la côte.* ▮ homonymes : mil et ② mille.

② **mille** [mil] adj. inv. 1. Dix fois cent (1 000). *Un kilomètre fait mille mètres. La ville compte trois mille deux cents habitants.* – n. m. inv. *Deux fois cinq cents font mille.* 2. Une grande quantité, un grand nombre. *Encore mille mercis. Je te l'ai déjà dit mille fois.*

▸ **millefeuille** [milfœj] n. m. Gâteau fait de couches superposées de pâte feuilletée et de crème. ▷ Mot de la famille de feuille.

▸ **millénaire** [milenɛʀ] adj. Qui a mille ans ou plus. *Les pyramides d'Égypte sont millénaires.* – n. m. Période de mille ans. *L'an 2001*

a b c d e f g h i j k l m n o p q r s t u v w x y z

marque le début du troisième millénaire de l'ère chrétienne.

▸ **millepatte** [milpat] n. m. Petit animal formé de 21 anneaux et possédant 42 pattes. → **scolopendre.** → planche **Sol.** *Il y a des millepattes sous l'écorce de ce vieil arbre.* ▹ Mot de la famille de ① patte.

Écrire *millepatte* en un seul mot est conforme à la nouvelle orthographe. • On écrit aussi *mille-pattes* (invariable).

▸ **millésime** [milezim] n. m. Date inscrite sur une pièce de monnaie, une bouteille, et qui indique l'année de sa fabrication. *Le millésime d'un champagne.*

▸ Autres mots de la famille : milliard, milliardaire, millième, millier, million, millionnaire.

millepatte

millet n. m. Céréale à grains très petits.

milli- Préfixe d'origine latine qui divise par mille (ex. *milligramme, millimètre*).

milliard [miljaʀ] n. m. Mille millions (1 000 000 000). *Il y a des milliards d'étoiles dans l'univers.*

▸ **milliardaire** [miljaʀdɛʀ] n. m. et f. Personne très riche, qui a un ou plusieurs milliards (d'euros, de dollars...). *Le château a été acheté par un milliardaire japonais.* – adj. *Elle est milliardaire.* → aussi **millionnaire.**

▹ Mots de la famille de ② mille.

millième [miljɛm] adj. et n. m. **1.** adj. Qui vient au rang numéro mille. *Le millième spectateur aura une place gratuite.* **2.** n. m. Chacune des parties d'un tout divisé en mille parts égales. ▹ Mot de la famille de ② mille.

millier [milje] n. m. Environ mille. *Des milliers de visiteurs sont attendus.* ▹ Mot de la famille de ② mille.

milligramme [miligʀam] n. m. Millième partie du gramme. *Il a récupéré deux milligrammes (2 mg) d'or.* ▹ Mot de la famille de gramme.

millilitre [mililitʀ] n. m. Millième partie du litre. *Une bouteille de parfum de 30 millilitres (30 ml).* ▹ Mot de la famille de litre.

millimètre [milimɛtʀ] n. m. Millième partie du mètre. *Dix millimètres (10 mm) font un centimètre. Tout a été calculé au millimètre près,* très précisément.

▸ **millimétré, millimétrée** [milimetʀe] adj. *Papier millimétré,* papier quadrillé par des lignes espacées les unes des autres d'un millimètre. *Il dessine un graphique sur du papier millimétré.*

▹ Mots de la famille de mètre.

million [miljɔ̃] n. m. Mille fois mille (1 000 000). *Une ville de plusieurs millions d'habitants.*

▸ **millionnaire** [miljɔnɛʀ] n. m. et f. Personne qui possède un ou plusieurs millions (d'euros, de dollars...). → aussi **milliardaire.** – adj. *Elle est millionnaire.*

▹ Mots de la famille de ② mille.

mime

mime n. m. et f. Acteur qui ne s'exprime que par les gestes et les attitudes, sans parler. → planche **Spectacle.**

▸ **mimer** v. (conjug. 3) Reproduire par des gestes, des mimiques, sans paroles. *Paul mime le professeur.* → **imiter, singer.** *Essaie de mimer la joie !*

▸ **mimétisme** n. m. **1.** Imitation involontaire et machinale de quelqu'un. *Par mimétisme, le* *bébé fait les mêmes grimaces que son grand frère.* **2.** Possibilité qu'ont certains animaux de se rendre semblables au milieu environnant pour se protéger. *Le mimétisme du caméléon.*

▸ **mimique** n. f. Geste, attitude ou expression du visage qui sert à exprimer quelque chose. *Une mimique de dégoût.*

▸ Autre mot de la famille : pantomime.

mimosa n. m. Arbre de la famille de l'acacia, à petites fleurs jaunes très parfumées en forme de boules.

minable adj. Familier. Très médiocre, mauvais. → **lamentable.** *Des résultats scolaires minables.* ▮ contraire : **excellent.**

minaret n. m. Tour d'une mosquée. *Le muezzin appelle les fidèles à la prière du haut du minaret.*

minaret

minauder v. (conjug. 3) Faire des mines, des manières, pour plaire ou attirer l'attention.
▷ Mot de la famille de ① mine.

mince adj. **1.** Fin, peu épais. *Une cloison très mince.* ▮ contraire : **épais. 2.** Svelte, élancé. *Une silhouette mince.* ▮ contraires : ① **fort, gros. 3.** Peu important. → **insignifiant.** *Il ne reste qu'un mince espoir de retrouver des survivants.* → **faible, maigre.**

▸ **minceur** n. f. Finesse. *Elle est d'une minceur remarquable.*

▸ **mincir** v. (conjug. 11) Devenir plus mince. *Elle a beaucoup minci.* ▮ contraire : **grossir.**

▸ Autres mots de la famille : amincir, amincissant.

① **mine** n. f. **1.** Apparence, aspect extérieur. *Une mine soucieuse.* → ② **air.** *Faire mine de,* faire semblant. *Elle fait mine de s'intéresser à la conversation.* **2.** Aspect du visage. *Elle doit être malade, elle a très mauvaise mine. Les enfants ont bonne mine en rentrant de vacances.*

▸ Autres mots de la famille : minauder, minois.

② **mine** n. f. Petit bâton qui laisse une trace sur le papier et qui forme la partie centrale d'un crayon. *La mine d'un crayon.*

③ **mine** n. f. Endroit du sol, plus ou moins profond, d'où l'on extrait du charbon, des minerais, en grande quantité. → **gisement.** → planche **Énergie.** *Les mines de diamant d'Afrique du Sud.*

▸ Autres mots de la famille : ② miner, minerai, minéral, minéralogie, ① mineur, minier.

④ **mine** n. f. Engin explosif. *Le char a sauté sur une mine.*

▸ ① **miner** v. (conjug. 3) Poser une mine. *Des rebelles ont miné le pont.*

▸ Autre mot de la famille : déminer.

② **miner** v. (conjug. 3) Affaiblir. *La maladie l'a miné.* → **ronger.** ▷ Mot de la famille de ③ mine.

minerai n. m. Roche qui contient des substances que l'on peut extraire. *La bauxite est le minerai dont on extrait l'aluminium.* ▷ Mot de la famille de ③ mine.

minéral n. m. et adj. **minérale** adj.

▪ n. m. Corps formé de matière non vivante qui fait partie de l'écorce terrestre. *Les roches, les métaux, les pierres précieuses sont des minéraux.*

▪ adj. **1.** Fait de matière inerte, non vivante. *Le pétrole et le charbon sont des matières minérales.* — Au masc. pl. *minéraux.* **2.** *Eau minérale,* eau qui contient des matières minérales. **3.** *Sels minéraux,* substances minérales indispensables au bon fonctionnement du corps.

▸ **minéralogie** n. f. Science qui étudie les minéraux. *La minéralogie est une branche de la géologie.*

▷ Mots de la famille de ③ mine.

minéralogique adj. *La plaque minéralogique d'un véhicule,* la plaque portant le numéro d'immatriculation.

minet n. m., **minette** n. f. Familier. Chat, chatte.

① **mineur** n. m. Ouvrier qui travaille dans une mine. ▷ Mot de la famille de ③ mine.

② **mineur, mineure** adj. **1.** Qui n'a pas beaucoup d'importance. ➜ ① **accessoire, secondaire.** *Un problème mineur.* ▮ contraires : ① **capital, important, majeur. 2.** *Une personne mineure,* un jeune homme ou une jeune fille qui n'a pas encore atteint l'âge de la majorité (18 ans en France). *Des filles encore mineures.* ▮ contraire : **majeur.** – n. *Un film interdit aux mineurs,* aux moins de 18 ans.
▶ Autres mots de la famille : minoritaire, minorité.

mini- Préfixe d'origine latine qui signifie «petit» (ex. *minibus, minijupe*).

miniature n. f. (➜ ÉTYM.) **1.** Peinture très fine et très minutieuse de petits sujets servant à illustrer les anciens manuscrits. ➜ **enluminure.** *Les miniatures du Moyen Âge.* **2.** *Objet en miniature* ou *objet miniature,* reproduction d'objet en petit, en réduction. ➜ **modèle** réduit. *Des trains miniatures.*

▶ **miniaturiser** v. (conjug. 3) Donner les plus petites dimensions possibles. *On miniaturise les circuits électroniques.*

miniature

minibus [minibys] n. m. Petit autobus. ▷ Mot de la famille de bus.

minier, minière adj. Qui concerne les mines (➜ ③ **mine**). *L'industrie minière. Un gisement minier,* d'où l'on peut extraire du minerai. *Une région minière,* où il y a des mines.
▷ Mot de la famille de ③ mine.

minijupe n. f. Jupe très courte. ▷ Mot de la famille de jupe.

minimal, minimale adj. Le plus petit. *Les températures minimales atteindront moins 10 degrés,* les températures les plus basses. ➜ **minimum.** ▮ contraire : **maximal.** – Au masc. pl. *minimaux.*

minime adj. et n. m. et f.
▪ adj. Très petit, peu important. ➜ **faible, infime.** *Une somme minime.*
▪ n. m. et f. Jeune sportif qui a entre 13 et 15 ans. *L'équipe des minimes.*

▶ **minimiser** v. (conjug. 3) Diminuer l'importance de quelque chose. *Je ne minimise pas le rôle qu'il a eu.* ▮ contraires : **exagérer, grossir.**

minimum n. m. et adj.
▪ n. m. La plus petite quantité, le plus petit nombre. *Il a fait le minimum d'efforts.* ▮ contraire : **maximum.** *Les travaux dureront deux mois au minimum,* au moins deux mois.
▪ adj. Le plus petit. ➜ **minimal.** *La température minimum sera de 2 degrés.* – On peut dire aussi la température minima.
▶ Le pluriel est *minimums ;* on emploie parfois le pluriel latin *minima.*

ministère n. m. **1.** Ensemble des ministres et des secrétaires d'État d'un gouvernement. *Le Premier ministre a formé son ministère.* **2.** Administration qui dépend d'un ministre. *Le ministère de l'Agriculture.*

▶ **ministériel, ministérielle** adj. Relatif au gouvernement. ➜ **gouvernemental.** *Un remaniement ministériel.*

ministre n. m. et f. Personne placée à la tête d'un ministère. *La ministre de l'Économie. Le Premier ministre,* le chef du gouvernement.

minium [minjɔm] n. m. Peinture orange qui protège le fer contre la rouille. *Le peintre a passé les volets au minium.*

minois n. m. Visage jeune et charmant. *Un joli minois.* ➜ **frimousse.** ▷ Mot de la famille de ① mine.

minorité n. f. **1.** Très petit nombre. *Ce film n'intéressera qu'une minorité de spectateurs.* ▮ contraire : **majorité. 2.** Période pendant laquelle une personne est trop jeune pour être responsable de ses actes devant la loi. *Le Régent* *gouverna la France pendant la minorité de Louis XV.* ➜ aussi (2) **mineur.**

▸ **minoritaire** adj. Qui appartient à une minorité, qui représente peu de personnes. ▮ contraire : **majoritaire.** *Un groupe politique minoritaire.*

▷ Mots de la famille de (2) mineur.

des **mirabelles**

minoterie n. f. Usine où l'on moud les grains pour faire de la farine. ➜ aussi **moulin.**

minuit n. m. Heure du milieu de la nuit, la douzième après midi. *On entend sonner les douze coups de minuit. Il est rentré à minuit dix (0 h 10).* ▷ Mot de la famille de nuit.

minuscule adj. et n. f.
▪ adj. Très petit. ➜ **infime, lilliputien, microscopique.** *Le colibri est un oiseau minuscule.* ▮ contraires : **énorme, gigantesque, immense.**
▪ n. f. Petite lettre. *Écrivez votre prénom en minuscules.* ▮ contraires : **capitale, majuscule.**

minute n. f. **1.** Unité de mesure du temps d'une durée de 60 secondes. *Il y a 60 minutes dans une heure. La récréation dure 15 minutes,* un quart d'heure. **2.** Court moment. *Attends-moi deux minutes,* un instant.

▸ **minuter** v. (conjug. 3) Organiser selon un horaire précis. *Son emploi du temps est minuté.*

▸ **minuterie** n. f. Éclairage électrique qui s'arrête automatiquement au bout d'un certain temps. *La minuterie d'un escalier.*

▸ **minuteur** n. m. Dispositif qui sonne après un temps déterminé. *Le minuteur d'un four.*

minutie [minysi] n. f. Très grand soin apporté aux plus petits détails. *Un philatéliste classe ses timbres avec minutie.* ▮ contraire : **négligence.**

▸ **minutieux, minutieuse** adj. (➜ ÉTYM.) Qui s'applique, fait attention. ➜ **méticuleux, soigneux.** *Une dentellière très minutieuse.*

▸ **minutieusement** adv. En s'appliquant, avec soin. *Théo a minutieusement assemblé sa maquette.* ➜ **soigneusement.**

mirabelle n. f. Petite prune ronde et jaune. *Une tarte aux mirabelles.*

miracle n. m. **1.** Évènement extraordinaire où l'on croit reconnaître une intervention divine. *Les miracles de Lourdes.* **2.** Évènement exceptionnel, très étonnant, à peine croyable. *Par miracle, il est sorti indemne de l'accident.*

▸ **miraculeux, miraculeuse** adj. **1.** Obtenu par un miracle, grâce à une intervention de Dieu. *Une guérison miraculeuse.* **2.** Qui fait un effet inespéré et merveilleux. *Un remède miraculeux.*

▸ **miraculeusement** adv. De façon miraculeuse, comme par miracle. *Il a échappé miraculeusement à l'accident.*

mirador n. m. Tour du haut de laquelle on surveille des prisonniers.

▸ Ce mot vient de l'espagnol. (➜ ÉTYM.)

mirage n. m. Paysage imaginaire qui apparaît dans le désert comme un reflet dans l'eau. *Les mirages sont causés par l'échauffement de l'air.* ▷ Mot de la famille de se mirer.

mirage

mire n. f. **1.** *Ligne de mire,* ligne droite imaginaire qui va de l'œil du tireur à l'objet qu'il vise. *Le faisan est dans la ligne de mire du chasseur.* **2.** *Point de mire,* ce que tout le monde regarde, le centre d'intérêt. *L'actrice est le point de mire de tout le restaurant.* ▮ homonyme : myrrhe. ▷ Mot de la famille de se mirer.

se mirer v. (conjug. 4) **1.** Se regarder dans un miroir. **2.** Se refléter. *La montagne se mire dans le lac.*

◗ Ce mot appartient au langage soutenu.

▶ Autres mots de la famille : mirage, mire, miroir, miroitement, miroiter.

mirobolant, mirobolante adj. Familier. Trop beau pour être vrai. *L'acteur principal a touché une somme mirobolante pour ce film.*

miroir n. m. Objet qui a une surface polie où la lumière se réfléchit et les images se reflètent. ➜ ① **glace** et aussi **tain.** *Julie se regarde dans le miroir de la salle de bains.* ▷ Mot de la famille de se mirer.

miroiter v. (conjug. 3) **1.** Réfléchir la lumière avec des reflets scintillants. ➜ **étinceler, scintiller.** *La mer miroite au soleil.* **2.** *Faire miroiter quelque chose à quelqu'un,* c'est lui proposer quelque chose de bien pour l'attirer. *On lui a fait miroiter qu'il serait à la place d'honneur pour qu'il accepte de venir.*

▸ **miroitement** n. m. Reflet produit par quelque chose qui miroite. ➜ **scintillement.** *Le miroitement des eaux du lac.*

▷ Mots de la famille de se mirer.

misaine n. f. *Mât de misaine,* mât situé à l'avant d'un voilier. *Le mât de misaine d'une goélette.*

misanthrope n. m. et f. Personne qui n'aime pas la compagnie des gens. – adj. *Il est devenu misanthrope.*

◗ Il y a un *h* après le *t.*

mise n. f. **1.** Action de mettre. *La mise en bouteilles du vin.* – *La mise en scène d'une pièce, d'un film,* sa réalisation. **2.** Argent que l'on joue dans un jeu. ➜ **enjeu.** *Les joueurs ont déposé leur mise sur le tapis.*

▸ **miser** v. (conjug. 3) Jouer de l'argent. ➜ **parier.** *Il a misé 50 euros sur le cheval gagnant.*

▷ Mots de la famille de mettre.

misère n. f. **1.** Grande pauvreté. *Cet écrivain a fini sa vie dans la misère.* ➜ **dénuement.** ▮ contraires : **opulence, richesse. 2.** Évènement malheureux, douloureux. ➜ **malheur.** *Il lui arrive toujours des misères.*

▸ **misérable** adj. **1.** Qui fait pitié, qui indique la misère. *Ils vivent dans des conditions misérables,* dans une grande pauvreté. ➜ **lamentable, pitoyable.** *Un quartier misérable.* ➜ **miséreux, pauvre. 2.** Sans valeur. ➜ **insignifiant.** *Que d'histoires pour un misérable billet de 5 euros !* ➜ **malheureux.**

▸ **misérablement** adv. Très pauvrement. *Ils vivent misérablement.*

▸ **miséreux, miséreuse** adj. Qui donne une impression de misère. *Un quartier miséreux,* très pauvre. – n. *Une miséreuse fait la quête dans le métro.*

miséricorde n. f. Pardon, pitié. *J'implore votre miséricorde !* ➜ **indulgence.**

misogyne adj. Qui méprise les femmes. *Un homme un peu misogyne.* ➜ aussi **macho.** – n. *Quel affreux misogyne !*

missel n. m. Livre de messe.

missi dominici n. m. pl. Envoyés des souverains carolingiens, qui inspectaient les provinces. *Les missi dominici de Charlemagne.*

◗ Cette expression vient de mots latins qui veulent dire « envoyés du maître ».

missile n. m. Fusée portant une bombe. *L'avion a largué un missile.*

mission n. f. **1.** Ce que l'on est chargé de faire. ➜ **tâche.** *Il s'est bien acquitté de sa mission.* **2.** Organisation religieuse chargée de propager la religion chrétienne dans les pays non chrétiens. **3.** Groupe de personnes chargées d'une étude, d'une recherche. *Une mission scientifique étudie la flore de la région.*

▸ **missionnaire** n. m. et f. Religieux qui fait partie d'une mission.

missive n. f. Lettre. *Une longue missive.*

◗ Ce mot appartient au langage soutenu.

mistral n. m. (pl. **mistrals**) (➜ ÉTYM.) Vent froid et violent qui souffle dans le sud-est de la France, du nord vers la mer. ➜ aussi **tramontane.**

mitaine n. f. Gant qui ne couvre pas le bout des doigts. *Une paire de mitaines.*

mite n. f. Petit papillon blanc dont la larve ronge le tissu, la laine, la fourrure. *La naphtaline éloigne les mites.* ▮ homonyme : mythe.

▸ **mité, mitée** adj. Rongé par les mites. *Un pull-over tout mité.*

▸ **miteux, miteuse** adj. D'aspect misérable. *Cette chambre d'hôtel est vraiment miteuse.* ➜ **minable.**

▶ Autre mot de la famille : antimite.

mite

mi-temps n. f. inv. **1.** Pause au milieu d'un match. *À la mi-temps, les deux équipes étaient à égalité.* **2.** Chacune des deux parties d'un match. *Il a marqué un but à la fin de la première mi-temps.* – Au pl. *Des mi-temps.* **3.** *À mi-temps,* pendant la moitié du temps normal. *Elle travaille à mi-temps.* ▷ Mot de la famille de ① temps.

mitigé, mitigée adj. Qui est mêlé de critiques, de réserves. *On lui a fait des compliments mitigés.*

mitigeur n. m. Robinet qui mélange directement l'eau chaude et l'eau froide. ➜ aussi **mélangeur.**

mitonner v. (conjug. 3) Préparer en faisant cuire longtemps à feu doux. *Il nous mitonne un bon pot-au-feu.*

mitoyen, mitoyenne adj. *Mur mitoyen,* mur qui sépare deux propriétés et appartient aux deux. *Leurs maisons sont mitoyennes,* elles ont un mur mitoyen.

mitraille n. f. Décharge d'obus ou de balles. *Les soldats fuient sous la mitraille ennemie.*

▸ **mitrailler** v. (conjug. 3) **1.** Envoyer des balles en grand nombre. *Les soldats mitraillent l'ennemi.* **2.** Familier. Prendre en photo ou filmer sans arrêt. *Le photographe mitraille la vedette.*

▸ **mitraillette** n. f. Arme automatique portative qui tire rapidement un grand nombre de balles.

▸ **mitrailleur** adj. m. *Un pistolet mitrailleur,* une mitraillette. *Des pistolets mitrailleurs.*

▸ **mitrailleuse** n. f. Arme automatique posée à terre qui tire rapidement un grand nombre de balles.

mitre n. f. Haute coiffure triangulaire portée par le pape et les évêques dans certaines cérémonies.

mitre

mitron n. m. Apprenti boulanger ou pâtissier.

① **mixer** v. (conjug. 3) Faire le mixage des différents sons d'un film enregistrés sur plusieurs bandes. *L'ingénieur du son mixe les paroles et la musique du film.*

▸ **mixage** n. m. Opération qui consiste à regrouper les différentes sources sonores. *Le mixage d'un film. Une table de mixage,* servant à mixer les différents sons d'un film.

② **mixer** v. (conjug. 3) Broyer ou mélanger des aliments. *Il mixe les légumes pour faire de la soupe.*

▸ **mixeur** n. m. Appareil ménager servant à broyer, hacher et mélanger les aliments.

mixte adj. Où il y a des personnes des deux sexes. *Une école mixte,* où il y a des filles et des garçons.

mixture n. f. Mélange peu appétissant. *Cette mixture est imbuvable.*

a b c d e f g h i j k l m n o p q r s t u v w x y z

Mlle → **mademoiselle**

Mme → **madame**

mnémotechnique adj. *Moyen mnémotechnique,* moyen utilisé pour se rappeler facilement quelque chose. *« Mais où est donc Ornicar ? » est un moyen mnémotechnique pour se souvenir des sept conjonctions de coordination (mais, ou, et, donc, or, ni, car).*

mobile adj. et n. m.

▪ adj. **1.** Qui peut bouger, que l'on peut déplacer. *La mâchoire inférieure est mobile.* ▮ contraires : **fixe, immobile.** *Un téléphone mobile* ou *un mobile.* → **portable.** *Un visage mobile.* → **expressif.** ▮ contraire : **inexpressif. 2.** Dont la date ou la valeur peut changer. *Pâques est une fête mobile.*

▪ n. m. **1.** Objet décoratif constitué de plusieurs éléments suspendus en équilibre. *Elle a accroché un mobile au-dessus du berceau.* **2.** Ce qui pousse à agir. → **motif, raison.** *Le mobile d'un crime.*

▶ Autres mots de la famille : immobile, immobilisation, immobiliser, immobilité, mobilité.

mobile (Calder)

mobilier n. m. Ensemble des meubles d'une habitation. → **ameublement.** *Un mobilier contemporain.*

mobiliser v. (conjug. 3) **1.** Appeler quelqu'un à l'armée pour combattre. *Les soldats ont été mobilisés dès la déclaration de guerre.* ▮ contraire : **démobiliser. 2.** Faire appel à un groupe de personnes pour agir. *Le syndicat a mobilisé ses adhérents.* – **se mobiliser,** se rassembler pour passer à l'action. *Les téléspectateurs se sont mobilisés et ont envoyé de l'argent.*

▸ **mobilisation** n. f. Rappel par l'armée de tous les hommes valides pour combattre. *À l'annonce de la guerre, la mobilisation générale a été déclarée.*

▶ Autres mots de la famille : démobilisation, démobiliser.

mobilité n. f. Caractère de ce qui bouge, se déplace. ▮ contraire : **immobilité.** *Les personnes à mobilité réduite* ont des difficultés à se déplacer. ▷ Mot de la famille de mobile.

mobylette n. f. (marque déposée) Vélomoteur.

mocassin n. m. Chaussure basse sans lacets. *Une paire de mocassins.*

moche adj. Familier. Pas agréable à regarder. → **laid,** ① **vilain.** *Sa robe est vraiment moche.* → **affreux.** ▮ contraires : **beau, joli.**

① **mode** n. f. Manière de s'habiller, goût particulier d'une époque, d'un moment. *La mode est aux jupes courtes cet été.* – *À la mode,* au goût du moment. *La dernière chanson à la mode.* → en **vogue.** *Elle est toujours à la mode.*

▶ Autres mots de la famille : démodé, se démoder.

② **mode** n. m. **1.** Façon, manière. *Le mode d'emploi d'un appareil, d'une machine,* le document sur lequel on explique son fonctionnement. → **notice.** *Les différents modes de transport.* → ② **moyen. 2.** Manière dont le verbe exprime une action dans la phrase. *En français, les six modes sont l'indicatif, l'impératif, le subjonctif, l'infinitif, le conditionnel et le participe.*

modelage n. m. Action de faire des objets avec de la pâte à modeler, de l'argile. → planche **Artistes.** ▷ Mot de la famille de modeler.

modèle n. m. **1.** Objet ou personne que l'on doit reproduire par le dessin. *Il a peint d'après un modèle. Le modèle d'un peintre,* la personne qui pose pour lui. **2.** Exemple à suivre. *Un modèle de gentillesse.* – adj. *Paul et sa sœur sont des élèves modèles.* → **parfait. 3.** Sorte, genre. *De nouveaux modèles de voitures sortent chaque année.* **4.** *Modèle réduit,* objet qui reproduit en petit un objet plus grand. *Alex construit avec son père des modèles réduits d'avions.* → **maquette** et aussi **miniature, modélisme.**

▶ Autres mots de la famille : aéromodélisme, modélisme, modéliste.

modeler v. (conjug. 7a) Donner une forme. → **façonner.** *Le potier modèle l'argile pour faire un vase. De la pâte à modeler.*

▶ Autre mot de la famille : modelage.

modélisme n. m. Construction de modèles réduits, de maquettes. *Alex est passionné de modélisme.*

▶ **modéliste** n. m. et f. 1. Personne qui fabrique des modèles réduits. 2. Personne qui dessine des vêtements.

▷ Mots de la famille de modèle.

modem n. m. Appareil qui permet de connecter un ordinateur à Internet.

modérer v. (conjug. 8) Réduire à une juste mesure, rendre moins excessif. → **diminuer.** *Il faudrait modérer vos dépenses. Modère tes paroles !*

▶ **modération** n. f. Absence d'exagération, d'excès. → **mesure.** *Buvez et mangez avec modération.* ▮ contraire : **abus.**

▶ **modéré, modérée** adj. Éloigné de tout excès. → **raisonnable.** *Un homme modéré dans ses désirs. Des prix modérés.* ▮ contraires : **démesuré, excessif, extrême, immodéré.**

▶ **modérément** adv. Sans excès. *Le malade doit manger modérément.* ▮ contraire : **exagérément.**

▶ Autre mot de la famille : immodéré.

moderne adj. Qui correspond à l'époque actuelle, est de notre temps. → **nouveau.** *Des meubles modernes.* ▮ contraire : **ancien.** *L'art moderne.* → **contemporain.** ▮ contraire : **classique.** *Des idées modernes.* ▮ contraires : **archaïque, démodé.**

▶ **moderniser** v. (conjug. 3) Rendre moderne. *La ville a modernisé son musée.* → **rénover.**

▶ **modernisation** n. f. Le fait de rendre plus moderne. *La modernisation de l'usine a permis d'augmenter la production.* → **rénovation.**

▶ **modernisme** n. m. Goût de ce qui est moderne.

▶ Autre mot de la famille : ultramoderne.

modeste adj. 1. Peu important. *Des revenus modestes.* → **faible.** *Une somme modeste.* → **modique.** 2. Qui ne se vante pas. *Malgré sa réussite, il est resté modeste.* → **humble, simple.** ▮ contraires : **orgueilleux, prétentieux, vaniteux.**

▶ **modestement** adv. 1. D'une manière médiocre. *Il gagne modestement sa vie.* 2. Avec modestie, simplicité. *Il se comporte modestement, malgré sa célébrité.* → **simplement.**

▶ **modestie** n. f. Qualité d'une personne qui reste modérée dans l'appréciation qu'elle a d'elle-même. → **humilité.** *Elle n'étale jamais ses succès, par modestie.* ▮ contraires : **fierté, orgueil, prétention, vanité.**

modifier v. (conjug. 9) Transformer sans changer complètement. *L'auteur a modifié la fin de son roman.*

▶ **modification** n. f. Changement, transformation. *Il y a eu quelques modifications dans ce projet.*

modique adj. *Une somme modique,* peu élevée. → **faible.** ▮ contraire : **considérable.**

module n. m. Élément qui forme un ensemble avec d'autres. *Elle a assemblé plusieurs modules pour faire une bibliothèque.*

moduler v. (conjug. 3) 1. Émettre un son en changeant de ton, d'intensité. *Alex module «Au clair de la lune» en sifflant.* 2. Adapter. *On module les tarifs des chemins de fer selon l'âge des passagers et les dates où l'on voyage.*

▶ **modulation** n. f. Variation de ton, d'intensité dans l'émission d'un son. *Les modulations du chant d'un oiseau.*

moelle [mwal] n. f. 1. Matière grasse et molle qui se trouve à l'intérieur des os. *Elle met un os à moelle dans le pot-au-feu.* 2. *La moelle épinière,* le cordon nerveux qui part du cerveau et passe à l'intérieur de la colonne vertébrale.

▶ **moelleux** [mwalø], **moelleuse** [mwaløz] adj. Qui est doux et mou au toucher. *Cette couverture en cachemire est moelleuse. Des coussins moelleux.*

moellon [mwalɔ̃] n. m. Pierre de construction. *Un mur en moellons.*

mœurs [mœʀ] n. f. pl. Habitudes de vie, manière de vivre. ➜ **coutume,** ① **usage.** *Cet ethnologue étudie les mœurs des peuples d'Amazonie.* – *Autres temps, autres mœurs :* les habitudes changent selon les époques.

mohair n. m. Poil de la chèvre angora avec lequel on fait de la laine très douce. *Un pull en mohair.*

moi pronom Pronom personnel masculin et féminin de la première personne du singulier, utilisé pour renforcer le sujet ou comme complément. *Moi, je ne viens pas. Donne-moi la main. Je rentre chez moi. Donne-m'en. Je le lui dirai moi-même.* ▮ homonyme : mois.

moignon n. m. Ce qui reste d'un membre amputé. *On a adapté une jambe artificielle sur son moignon.*

moindre adj. Plus petit. *Il nous a raconté sa journée dans les moindres détails.*

▶ Autre mot de la famille : amoindrir.

moine n. m. Religieux qui vit en communauté et suit les règles de son ordre. ➜ aussi **monacal** et **monastère.**

des **moines**

moineau n. m. Petit oiseau brun. *Les moineaux sont nombreux dans les villes.* ➜ planche **Ville.**

moins adv. et prép.

▪ adv. **1.** *Elle est moins grande que son frère,* elle est plus petite que lui. *J'ai pris le moins de bagages possible,* aussi peu que possible. ▮ contraire : ① **plus.** *Cette voiture me plaît moins que l'autre.* ▮ contraire : **davantage. 2.** *Julie a moins de 10 ans,* elle n'a pas encore 10 ans. *Mets moins de sucre dans ton chocolat,* mets-en une quantité inférieure. **3.** *Théo a un an de moins que son frère,* il est plus jeune d'un an. **4.** *Nous n'arriverons pas à l'heure, à moins de partir tout de suite,* sauf si nous partons tout de suite. **5.** *Elle a 35 ans, du moins c'est ce qu'elle dit,* ou plutôt c'est ce qu'elle dit. **6.** *Il pèse au moins 100 kilos,* au minimum 100 kilos. ➜ **bien.**

▪ prép. **1.** En soustrayant. *Douze moins deux égale dix (12 – 2 = 10). Il est 11 heures moins 5,* 10 heures 55 minutes. **2.** *Le jour de Noël, il faisait moins dix degrés (–10°),* dix degrés au-dessous de zéro.

moire n. f. Tissu aux reflets changeants, avec des parties mates et des parties brillantes.

▶ **moiré, moirée** adj. Qui a l'aspect de la moire, qui a des reflets changeants. *Un tissu moiré.*

mois n. m. **1.** Chacune des douze divisions de l'année. *Il prend ses vacances au mois de juillet.* **2.** Période d'environ 30 jours. *Cela fait deux mois qu'ils ont déménagé.* **3.** Salaire correspondant à un mois de travail ou somme à payer chaque mois. *Il a touché son mois.* ▮ homonyme : moi.

moisir v. (conjug. 11) S'abîmer à cause de l'humidité, en se couvrant de petits champignons. *Les fruits moisissent vite l'été.*

▶ **moisi, moisie** adj. Attaqué par la moisissure. *De la confiture moisie.* – n. m. *Ce pain a un goût de moisi.*

▶ **moisissure** n. f. Couche de petits champignons formant une sorte de mousse bleuâtre ou verdâtre. *Le roquefort contient des moisissures.*

moisson n. f. **1.** Récolte des céréales. *L'été est la saison des moissons.* **2.** Céréales récoltées. *La moisson a été bonne cette année.*

▶ **moissonner** v. (conjug. 3) Récolter les céréales. *Le fermier moissonne le champ de blé.*

▸ **moissonneur** n. m., **moissonneuse** n. f. **1.** Personne qui fait la moisson. **2.** n. f. Machine agricole qui moissonne automatiquement. *La moissonneuse-batteuse coupe les épis, les bat, rejette la paille et conserve le grain.*

moissonneuse

moite adj. Légèrement humide de sueur. *Il a toujours les mains moites.* ▮ contraire : **sec.**

▸ **moiteur** n. f. Légère humidité. *La moiteur de l'air est étouffante.*

moitié n. f. **1.** Chacune des deux parties égales d'un tout. → **demi.** *5 est la moitié de 10.* ▮ contraire : **double.** **2.** *À moitié,* à demi. *La bouteille est à moitié vide. Théo s'est à moitié endormi devant la télévision,* il s'est presque endormi. *La chambre est repeinte à moitié,* en partie.

moka n. m. **1.** Café d'Arabie. **2.** Gâteau fourré de crème au beurre parfumée au café.
▶ *Moka* est le nom d'un port du Yémen.

mol → ① **mou**

molaire n. f. (→ ÉTYM.) Grosse dent du fond de la bouche, qui sert à broyer. *L'adulte a 12 molaires.*
▸ Autre mot de la famille : prémolaire.

môle n. m. **1.** Construction qui protège l'entrée d'un port des grosses vagues. → **digue, jetée.** **2.** Quai d'embarquement. *Les marchandises sont entassées sur le môle.*

molécule n. f. La plus petite partie d'un corps qui peut exister seule. *Une molécule est formée d'atomes.*

molester v. (conjug. 3) Maltraiter. → **brutaliser, malmener.** *Des manifestants ont molesté le photographe.*

molette n. f. Petite roue dentée. *La molette d'un briquet. Une clé à molette,* une clé dont on règle l'écartement des mâchoires avec une roulette.

molle → **mou**

mollement adv. Sans énergie ni vigueur. *Paul travaille mollement.* ▷ Mot de la famille de mou.

mollesse n. f. Manque d'énergie, de vitalité. ▮ contraires : **énergie, vivacité.** *Ils ont protesté avec mollesse.* ▷ Mot de la famille de mou.

① **mollet** adj. m. *Œuf mollet,* œuf cuit dans sa coquille de façon à ce que le jaune soit crémeux. ▷ Mot de la famille de mou.

② **mollet** n. m. Partie arrière de la jambe, charnue, entre la cheville et le genou.

molletonné, molletonnée adj. Doublé, garni d'un tissu moelleux. *Une veste molletonnée.* ▷ Mot de la famille de mou.

mollir v. (conjug. 11) **1.** Perdre sa force, sa violence. *Le vent a molli.* → **faiblir.** **2.** Commencer à céder. *Son courage mollit.* → **diminuer.** ▷ Mot de la famille de mou.

mollusque n. m. (→ ÉTYM.) Animal au corps mou, le plus souvent recouvert d'une coquille calcaire. *Les escargots, les moules, les huîtres sont des mollusques.* ▷ Mot de la famille de mou.

molosse n. m. Gros chien de garde.

môme n. m. et f. Familier. Enfant. → **gamin, gosse.**

moment n. m. **1.** Espace de temps assez court. → **instant.** *Je suis à vous dans un moment. Il n'en a que pour un moment,* il n'en a pas pour longtemps. *Elle n'a pas un moment à elle. N'attends pas le dernier moment pour faire tes devoirs. Ce n'est pas le moment de la déranger.* **2.** Instant précis. *Il passera au moment du dîner,* pendant le dîner. *L'avion va décoller d'un moment à l'autre,* bientôt. *En ce moment, il fait beau,* actuellement. *Le téléphone a sonné au moment où il allait sortir,* juste comme il allait sortir. *Du moment qu'elle est d'accord, je n'ai rien à dire,* si elle est d'accord.

a b c d e f g h i j k l m n o p q r s t u v w x y z

▸ **momentané, momentanée** adj. Qui ne dure qu'un moment. ➜ **bref,** ① **court,** ② **passager, temporaire.** *Les travaux n'occasionneront qu'une gêne momentanée.* ▮ contraire : **durable.**

▸ **momentanément** adv. Pour un court moment. *Le trafic est momentanément interrompu en raison d'un accident.* ➜ **provisoirement.**

momie n. f. Cadavre embaumé. *Les momies des pharaons étaient enroulées dans des bandelettes de toile.*

▸ **momifié, momifiée** adj. Transformé en momie. *Les chats momifiés de l'Égypte antique.*

momie de chat

mon adj. possessif m., **ma** adj. possessif f., **mes** adj. possessif pl. Qui est à moi, m'appartient, me concerne. ➜ aussi **mien.** *Je vous présente mon frère, ma sœur, mon amie Julie et mes parents.* ▮ homonyme : mont.

▶ Devant un mot féminin commençant par une voyelle ou un *h* muet, on emploie *mon* au lieu de *ma : mon amie, mon histoire.*

▶ Autres mots de la famille : madame, mademoiselle, monsieur.

monacal, monacale adj. Qui concerne les moines. *La vie monacale.* – Au masc. pl. *monacaux.*

monarchie n. f. État dont le chef est un roi. ➜ **royauté.** *L'Espagne et la Belgique sont des monarchies.*

▸ **monarchique** adj. Relatif à la monarchie. *L'Angleterre est un État monarchique,* une monarchie.

▸ **monarchiste** n. m. et f. Partisan de la monarchie. ➜ **royaliste.**

▸ **monarque** n. m. Souverain d'une monarchie. ➜ **empereur, roi.** *Louis XIV était un monarque absolu.*

monastère n. m. Lieu où vivent des moines. ➜ aussi **abbaye, couvent.**

monceau n. m. Gros tas. ➜ **amas, amoncellement.** *Un monceau de ruines.* – Au pl. *Des monceaux.* ▷ Mot de la famille de mont.

mondain, mondaine adj. Qui concerne la haute société. *Ils mènent une vie très mondaine,* ils voient beaucoup de gens en vue. – *Une femme mondaine,* qui aime sortir et recevoir.

▸ **mondanités** n. f. pl. Divertissements de la vie mondaine. *Il est timide et déteste les mondanités.*

▷ Mots de la famille de monde.

monde n. m. **1.** Tout ce qui existe. ➜ **univers.** *D'après la Bible, Dieu a créé le monde.* **2.** La Terre. *Il a fait le tour du monde en bateau. Les championnats du monde de natation.* **3.** *Mettre au monde un enfant,* lui donner naissance. *Venir au monde,* naître. **4.** La haute société. *Une femme du monde.* ➜ aussi **mondain.** **5.** Grand nombre de personnes. ➜ **foule.** *Il y a du monde dans les rues.* **6.** Un certain nombre de personnes. *Il y a trop de monde dans le métro a cette heure-ci,* trop de gens. *Julie dit bonjour à tout le monde,* à toutes les personnes qui sont là. **7.** Ensemble de choses considéré comme un domaine à part. *Les comédiens appartiennent au monde du spectacle.* ➜ **milieu.** – *Se faire tout un monde de quelque chose,* s'exagérer la difficulté d'une chose que l'on doit faire.

▸ **mondial, mondiale** adj. Qui concerne le monde entier. ➜ **universel.** *L'actualité mon-*

diale. ➜ **international.** *Les records mondiaux ont été battus aux jeux Olympiques.*

▶ **mondialement** adv. Dans le monde entier. *Un acteur mondialement connu.* ➜ **universellement.**

▶ **mondialisation** n. f. Le fait, pour l'économie de chaque pays, de se développer sur le marché mondial.

▶ Autres mots de la famille : mondain, mondanités, quart-monde, tiers-monde.

monétaire adj. Relatif à la monnaie. *Unité monétaire.* ➜ **monnaie.**

mongolien, mongolienne adj. (➜ ÉTYM.) *Un enfant mongolien,* atteint d'une très grave anomalie qui empêche son développement normal. ➜ **trisomique.**

moniteur n. m., **monitrice** n. f. **1.** Personne qui enseigne certaines activités. *La monitrice d'auto-école lui apprend à conduire. Il est moniteur de ski.* **2.** Personne qui s'occupe d'un groupe d'enfants en dehors de l'école. *Les moniteurs d'une colonie de vacances.* ➜ **animateur.**

monnaie n. f. **1.** Argent d'un pays. *La monnaie française est l'euro.* ➜ aussi **monétaire. 2.** *Une pièce de monnaie,* un rond de métal avec lequel on paie. **3.** *Rendre la monnaie,* donner la différence entre la somme d'argent déboursée pour acheter un objet et le prix de cet objet. – *Rendre à quelqu'un la monnaie de sa pièce,* lui rendre la pareille. **4.** Ensemble des pièces et billets de banque de faible valeur. *De la petite monnaie. Faire de la monnaie,* échanger un billet contre l'équivalent en pièces et en billets de plus faible valeur.

▶ **monnayer** v. (conjug. 10) Échanger contre de l'argent. *Le témoin a monnayé son silence.*

▶ Autres mots de la famille : faux-monnayeur, porte-monnaie.

mono- Préfixe d'origine grecque qui signifie «un seul» (ex. *monocoque, monoparental, monothéisme*). ➜ **uni-.** ▮ contraires : **multi-, pluri-, poly-.**

monocle n. m. Verre de lunette que l'on coince sous le sourcil. *Le vieux colonel portait un monocle.*

monocoque n. m. Voilier à une seule coque. ▮ contraire : **multicoque.** ▷ Mot de la famille de coque.

monogame adj. Qui n'a qu'un seul mari ou une seule femme légitime à la fois. ➜ aussi **bigame, polygame.**

▶ **monogamie** n. f. Le fait d'avoir un seul mari ou une seule femme à la fois. ➜ aussi **bigamie, polygamie.**

monolithe n. m. Monument fait d'un seul bloc de pierre. *Les menhirs sont des monolithes.* ➜ aussi **mégalithe.**

monologue n. m. Scène d'une pièce de théâtre à un seul personnage qui parle seul.

monoparental, monoparentale adj. Qui ne comprend qu'un seul parent. *Une famille monoparentale.* – Au masc. pl. *monoparentaux.* ▷ Mot de la famille de parent.

monoplan n. m. Avion qui n'a qu'une seule paire d'ailes. ▷ Mot de la famille de ① plan.

monoplan

monopole n. m. Privilège donnant le droit d'être le seul à fabriquer et à vendre quelque chose. *En France, l'État a le monopole du tabac.*

▶ **monopoliser** v. (conjug. 3) Utiliser pour soi tout seul. ➜ **accaparer.** *Il a monopolisé la parole pendant deux heures.*

monoski n. m. Sport que l'on pratique avec un ski unique assez large sur lequel on pose les deux pieds. ▷ Mot de la famille de ski.

monosyllabe n. m. Mot qui n'a qu'une syllabe. *«Oui», «non», «tiens», «ah !» sont des monosyllabes.* ▷ Mot de la famille de syllabe.

monothéisme n. m. Croyance en un seul dieu. *Le monothéisme des musulmans.* ▮ contraire : **polythéisme.**

▸ **monothéiste** n. m. et f. Personne qui croit en un seul dieu. *Les chrétiens, les musulmans et les juifs sont des monothéistes.* – adj. *Les religions monothéistes.* ▮ contraire : **polythéiste.**

monotone adj. Qui ne change pas, est toujours pareil. ➜ ① **uniforme.** *Il a une vie monotone.* ▮ contraire : **varié.**

▸ **monotonie** n. f. Caractère de ce qui est monotone et lassant. ➜ **uniformité.** *Un travail d'une grande monotonie.* ▮ contraires : **diversité, variété.**

▷ Mots de la famille de ② ton.

monsieur n. m. (pl. **messieurs**) **1.** Titre que l'on donne à un homme et qui précède son nom. *Je passe la parole à monsieur le Maire. Monsieur Dupont (M. Dupont). Bonjour messieurs !* **2.** Homme. *Un monsieur et une dame d'un certain âge.* ▷ Mot de la famille de mon.

monstre n. m. et adj.

▪ n. m. **1.** Être imaginaire qui fait peur. *Les dragons et les chimères sont des monstres.* **2.** Être vivant anormal. *Un mouton à cinq pattes est un monstre.* **3.** Personne effrayante. *C'est un monstre d'égoïsme.*

▪ adj. Familier. Très important. *J'ai un travail monstre.* ➜ **colossal, énorme.**

▸ **monstrueux, monstrueuse** adj. **1.** Abominable. *Un crime monstrueux.* ➜ **épouvantable, horrible.** *Un animal d'une laideur monstrueuse.* **2.** Très grand ou très gros. ➜ **gigantesque.** *Cette ville a atteint une taille monstrueuse.*

▸ **monstruosité** n. f. Caractère de ce qui est monstrueux, horrible. *Un crime d'une monstruosité inimaginable.* ➜ **atrocité, horreur.**

mont n. m. Montagne. *Le mont Blanc.* – *Promettre monts et merveilles,* des choses extraordinaires qui ne se réaliseront pas. ▮ homonyme : mon.

▸ Autres mots de la famille : s'amonceler, amoncellement, amont, monceau, montagnard, montagne, montagneux, monticule, passe-montagne, promontoire.

montage n. m. Assemblage des parties d'un objet. *Le montage d'un meuble.* ▷ Mot de la famille de monter.

montagne n. f. **1.** Importante élévation de terrain. ➜ planche **Montagne.** *Une très haute montagne. Les Alpes et les Pyrénées sont des chaînes de montagnes.* ➜ aussi ② **massif.** – *C'est la montagne qui accouche d'une souris,* les résultats de ce projet ambitieux sont décevants. *Se faire une montagne de quelque chose,* s'exagérer la difficulté de ce que l'on doit faire. *Soulever des montagnes,* surmonter de grandes difficultés. **2.** Grande quantité. *J'ai une montagne de choses à faire aujourd'hui.* ➜ ① **masse. 3.** *Montagnes russes,* attraction foraine constituée d'une suite de montées et de descentes sur lesquelles on roule à grande vitesse dans un véhicule sur rail.

▸ **montagnard** n. m., **montagnarde** n. f. Personne qui vit en montagne.

▸ **montagneux, montagneuse** adj. Où il y a des montagnes. *La Corse est une île montagneuse.*

▷ Mots de la famille de mont.

montant n. m. et adj., **montante** adj.

▪ n. m. **1.** Total d'un compte. ➜ ① **somme.** *Le montant des travaux s'élève à 800 euros.* **2.** Barre verticale dans laquelle s'encastrent des barreaux. *Les montants d'une échelle.*

▪ adj. **1.** Qui se déplace vers le haut. *La marée montante,* haute. ▮ contraire : ② **descendant. 2.** Qui s'étend vers le haut. *Des chaussures montantes,* qui couvrent les chevilles. ▷ Mot de la famille de monter.

monte-charge n. m. Appareil servant à monter des marchandises, des objets lourds. ➜ aussi **ascenseur.** – Au pl. *Des monte-charges.* ▷ Mot de la famille de monter et de charger.

montée n. f. **1.** Chemin qui monte. ➜ ② **côte, pente.** *Paul est descendu de vélo au milieu de la montée.* ▮ contraire : **descente. 2.** Ascension. *L'ascenseur est tombé en panne pendant la montée.* **3.** Augmentation. *La montée des prix.* ➜ **hausse.** ▮ contraires : **baisse, diminution.** ▷ Mot de la famille de monter.

les animaux de la montagne

Les Alpes abritent une faune caractéristique répartie à différentes altitudes. Avec ses ailes de 2 m d'envergure, l'aigle plane au-dessus des alpages et fond sur ses proies à près de 150 km/h. En quelques secondes, le rapace débusque un lièvre ou une marmotte et l'emporte dans ses serres. Capable de faire des bonds de 6 mètres, le chamois se promène en été sur les pentes escarpées vers 2 500 m d'altitude alors que le bouquetin grimpe facilement jusqu'à 3 000 m.

aigle

altitude :
- + de 3 200 m
- 2 100 à 3 200 m
- 1 600 à 2 100 m
- 800 à 1 600 m

chocard

marmotte

lièvre variable

apollon

vipère aspic

hermine

bouquetins

loup

chamois

monter v. (conjug. 3) **1.** Aller du bas vers le haut. *Les enfants sont montés au grenier.* ▮ contraire : **descendre.** *Théo monte la côte à vélo.* ➜ **gravir, grimper. 2.** Porter vers le haut. *Le facteur a monté un colis.* **3.** Prendre place dans un véhicule ou sur un animal. *Il est monté dans l'autocar. Alex sait monter à cheval,* faire du cheval. **4.** Passer du grave à l'aigu. *Sa voix monte très haut.* **5.** Augmenter. *Les prix montent.* ▮ contraire : **baisser. 6.** Progresser. *Il a monté en grade,* obtenu un meilleur poste. **7.** *La mer monte,* elle se rapproche du rivage. **8. se monter,** atteindre. *Les frais se montent à 400 euros.* ➜ s'**élever. 9.** Assembler les différentes parties d'un tout. *Ce meuble est à monter soi-même.* **10.** Créer et organiser. *Il a monté une société.*

▶ Autres mots de la famille : démontable, démontage, démonté, démonter, insurmontable, montage, montant, monte-charge, montée, ① et ② monture, remontant, remontée, remonte-pente, remonter, remontoir, surmonter.

montgolfière n. f. Ballon gonflé à l'air chaud, auquel est suspendue une nacelle.

▶ Ce mot vient du nom des frères *de Montgolfier* qui inventèrent ce ballon en 1782.

montgolfière

monticule n. m. Petite bosse de terrain.
▷ Mot de la famille de mont.

montre n. f. Petite boîte à cadran qui indique l'heure. *Ma montre retarde.*

▶ Autre mot de la famille : contre-la-montre.

montrer v. (conjug. 3) **1.** Faire voir. *Léa montre ses photos à Théo.* **2.** Indiquer. *Pouvez-vous me montrer le chemin pour aller à la poste ?* **3.** Laisser voir, laisser paraître. *Il a montré qu'il était courageux.* ➜ **démontrer, prouver.** ▮ contraire : **cacher. 4.** Faire comprendre. ➜ **expliquer.** *Montre-moi comment marche cette machine.*

▶ **se montrer** v. **1.** Être vu, apparaître à la vue. *Le soleil se montre derrière les nuages.* **2.** Se révéler. *Elle s'est montrée très gentille.*

▶ Autres mots de la famille : démontrer, remontrance, remontrer.

① **monture** n. f. Animal que l'on monte. *Le cavalier descend de sa monture.* – *Qui veut voyager loin ménage sa monture,* il faut épargner ses forces pour aller au bout de ses projets. ▷ Mot de la famille de monter.

② **monture** n. f. **1.** Partie d'une paire de lunettes qui maintient les verres. *Une monture en écaille.* **2.** Partie d'une bague dans laquelle on fixe la pierre. *Un diamant serti dans une monture d'or.* ▷ Mot de la famille de monter.

monument n. m. (➜ ÉTYM.) **1.** Édifice remarquable. *Il y a de nombreux monuments à visiter à Paris.* **2.** *Un monument aux morts,* une construction élevée à la mémoire des morts d'une guerre ou des victimes d'une catastrophe.

▶ **monumental, monumentale** adj. Très grand. *Un escalier monumental. Il a fait une erreur monumentale.* ➜ **colossal.** – Au masc. pl. *monumentaux.*

se moquer v. (conjug. 4) **1.** Rire de quelqu'un, le tourner en ridicule. ➜ se **gausser.** *Léa et Louise se sont moquées de Paul.* **2.** Essayer de tromper, ne pas parler sérieusement. *Je ne te crois pas, tu te moques de moi.* **3.** Ne pas se soucier. *Tu peux dire ce que tu veux, je m'en moque,* cela m'est égal.

▶ **moquerie** n. f. Plaisanterie par laquelle on se moque. ➜ **raillerie.** *Les moqueries de ses camarades l'ont peiné.*

▶ **moqueur, moqueuse** adj. Qui montre que l'on se moque. ➜ **ironique.** *Un air moqueur.*

moquette n. f. Tapis fixé au sol, qui couvre toute la surface d'une pièce.

moraine n. f. Ensemble des débris de roche entraînés par un glacier.

moraine

moral adj. et n. m., **morale** adj.
▪ adj. **1.** Qui concerne les mœurs, les règles de bonne conduite. *Les principes moraux permettent de faire ce qui est bien.* **2.** Qui est juste et montre l'exemple à suivre. *La fin de l'histoire est très morale : les méchants sont punis.* ➜ **édifiant** ▮ contraire : **immoral.** **3.** Qui concerne l'esprit, la pensée. ➜ **mental.** *Le malade fait preuve d'une grande force morale.* ▮ contraire : ② **physique.**
▪ n. m. État d'esprit qui permet de supporter plus ou moins bien les difficultés, à être heureux ou malheureux, optimiste ou pessimiste. *Le malade garde bon moral.*

▸ **morale** n. f. **1.** Ce qui permet de distinguer le bien du mal et de faire ce qui est bien. *Le crime est contraire à la morale.* **2.** *Faire la morale à quelqu'un,* lui reprocher ce qu'il fait et lui dire ce qu'il devrait faire. ➜ **sermonner.** **3.** *La morale d'une histoire,* la leçon que l'on peut en tirer. *À la fin des fables de La Fontaine, il y a toujours une morale.* ➜ **moralité.**

▸ **moralement** adv. **1.** En ce qui concerne la morale. *Vous êtes moralement responsables.* **2.** En ce qui concerne l'esprit. *Elle a beaucoup souffert moralement.* ▮ contraire : **physiquement.**

▸ **moralisateur, moralisatrice** adj. Qui donne des leçons de morale. *Un ton moralisateur.*

▸ **moraliste** n. m. et f. Écrivain qui réfléchit sur la conduite des hommes et propose une morale. *La Fontaine fut un grand moraliste.*

▸ **moralité** n. f. **1.** Qualité d'une personne qui a des principes moraux. *C'est un homme sans moralité,* qui se conduit mal. **2.** Enseignement que l'on peut tirer d'une histoire. ➜ **morale.** *La moralité d'une fable.*

▶ Autres mots de la famille : démoralisant, démoraliser, immoral.

morbide adj. Anormal et malsain. *Une curiosité morbide.*

morceau n. m. (➜ ÉTYM.) **1.** Partie. ➜ **bout.** *Un morceau de pain. Léa met deux morceaux de sucre dans son chocolat. L'assiette s'est cassée en mille morceaux.* ➜ **miette.** **2.** Air de musique. *Théo apprend un nouveau morceau de piano.*

▸ **morceler** v. (conjug. 6a) Partager en plusieurs parties. *Le terrain a été morcelé en plusieurs lots.*

▸ **morcellement** n. m. Partage. *Le morcellement d'un domaine.*

mordant, mordante adj. Qui fait de la peine, peut vexer. ➜ **blessant.** *Une ironie mordante.* ▷ Mot de la famille de mordre.

mordiller v. (conjug. 3) Mordre légèrement. *Louise mordille son crayon.* ▷ Mot de la famille de mordre.

mordoré, mordorée adj. (➜ ÉTYM.) Brun avec des reflets dorés. *Un sac en cuir mordoré.* ▷ Mot de la famille de ① or.

mordre v. (conjug. 44) **1.** Blesser avec les dents. *Ce chien ne mord pas.* **2.** Enfoncer les dents. *Elle mord dans une pomme.* ➜ **croquer.** **3.** Ronger. *L'acide mord le métal.* ➜ **entamer.** **4.** Attraper l'appât. *Un poisson a mordu à l'hameçon.* **5.** Empiéter. *Le camion a mordu sur la ligne blanche.* ➜ **dépasser.**

▸ **mordu, mordue** adj. Familier. Qui a une passion pour quelque chose. ➜ **fanatique, passionné.** *Il est mordu de football.* ➜ fam. **fan.** – n. *Les mordus de jeux vidéos.*

▶ Autres mots de la famille : démordre, mordant, mordiller, mors, morsure.

se morfondre v. (conjug. 44) S'ennuyer en attendant. *Léa s'est morfondue une heure en attendant Julie.*

a b c d e f g h i j k l m n o p q r s t u v w x y z

① **morgue** n. f. Air hautain et méprisant d'une personne arrogante.

② **morgue** n. f. Endroit où l'on dépose provisoirement le corps des gens qui viennent de mourir.

moribond, moribonde adj. Qui est en train de mourir. → **mourant.** *Un malade moribond.* – n. *Le moribond respire de plus en plus difficilement.*

morille n. f. Champignon au chapeau brun très étroit, ressemblant un peu à une éponge, au goût très parfumé. → planche **Champignons.**

morne adj. Maussade et triste. *Une morne journée de pluie.* ▮ contraire : **gai.**

morose adj. Triste et sombre. *Il est d'humeur morose.* ▮ contraires : **gai, joyeux.**

▸ **morosité** n. f. Tristesse, manque d'entrain. → **mélancolie.**

morphine n. f. (→ ÉTYM.) Produit tiré de l'opium, que l'on utilise pour calmer les très fortes douleurs. → aussi ① **héroïne.**

morphologie n. f. **1.** Forme, aspect extérieur d'un être vivant. *Il a une morphologie d'athlète.* **2.** Étude de la forme des mots. *La morphologie permet de rapprocher les mots «froid» et «refroidir».*

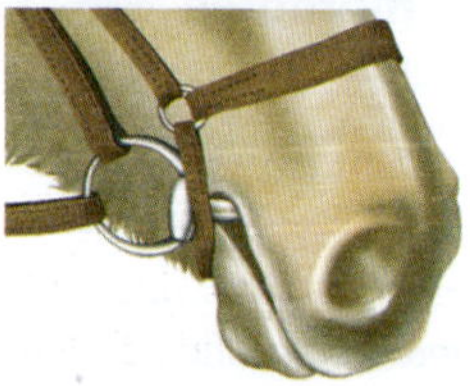

mors

mors [mɔʀ] n. m. Petite barre de métal que l'on passe dans la bouche d'un cheval et qui sert à le diriger. *Le cheval a pris le mors aux dents,* il s'est emballé. ▮ homonymes : ①, ② et ③ mort. ▷ Mot de la famille de mordre.

① **morse** n. m. Gros animal des mers polaires, ressemblant un peu au phoque, dont la gueule est munie de deux défenses. → aussi **otarie** et **phoque.** → planches **Mammifères, pôles.**

② **morse** n. m. Système de signaux utilisant des points et des traits et servant à envoyer des messages. → aussi **S. O. S.**

▶ Ce mot vient du nom de l'inventeur de ce système, l'Américain Samuel *Morse.*

morsure n. f. Blessure faite en mordant. *La morsure de certains serpents est mortelle.* ▷ Mot de la famille de mordre.

mortier et pilon

① **mort** n. f. Arrêt de la vie. → **décès.** *La mort de son chat lui a fait beaucoup de peine.* → **disparition.** *La peine de mort a été abolie en France.* – *Léa en veut à mort à Théo,* elle lui en veut beaucoup. – *Un silence de mort,* très profond. ▮ homonyme : mors.

▸ ② **mort, morte** adj. **1.** Qui a cessé de vivre. *Un oiseau mort.* ▮ contraire : **vivant. 2.** Qui semble avoir perdu la vie. *Elle est morte de fatigue,* très fatiguée. *Nous étions morts de faim,* affamés. **3.** Hors d'usage. *Les piles de la radio sont mortes.* **4.** Qui est sans animation, sans activité. *Ce quartier est mort après 19 heures.* **5.** Qui appartient au passé. *Le latin est une langue morte,* une langue que l'on ne parle plus. ▮ contraire : ① **vivant.**

▸ ③ **mort** n. m., **morte** n. f. Personne qui n'est plus en vie. *L'accident a fait deux morts. On enterre ou on incinère les morts.* → **défunt**

▷ Mots de la famille de mourir.

mortadelle n. f. Gros saucisson de porc et de bœuf.

▶ Ce mot vient de l'italien.

mortalité n. f. Nombre de personnes qui meurent. *La mortalité infantile est élevée en Afrique.* ▮ contraire : **natalité.** ▷ Mot de la famille de mourir.

mortel, mortelle adj. **1.** Qui doit mourir un jour. *Tous les êtres vivants sont mortels.* ▮ contraires : **éternel, immortel. 2.** Qui entraîne la mort. *Une morsure de vipère peut être mortelle.* **3.** Qui souhaite la mort. *Un ennemi mortel.* **4.** Très ennuyeux. ➜ **lugubre,** ① **sinistre.** *Cette soirée était mortelle.*

▸ **mortellement** adv. **1.** De manière à causer la mort. *Le soldat a été mortellement blessé,* blessé à mort. **2.** Énormément. *Nous nous sommes mortellement ennuyés,* ennuyés à mourir.

▷ Mots de la famille de mourir.

① **mortier** n. m. Bol dans lequel on broie certaines matières. *Il pile de l'ail dans un mortier à l'aide d'un pilon.*

② **mortier** n. m. Canon à angle de tir courbe. *Les mortiers servent à tirer des obus.*

③ **mortier** n. m. Mélange de ciment et de sable délayé dans de l'eau, utilisé en maçonnerie pour lier les pierres entre elles.

mortifier v. (conjug. 9) Blesser moralement. ➜ **humilier, vexer.** *La remarque du professeur l'a mortifié.* ▷ Mot de la famille de mourir.

mort-né, mort-née adj. Mort à la naissance. *La chienne a mis bas deux chiots mort-nés.* ▷ Mot de la famille de mourir et de naître.

▮ Dans ce mot composé, *mort* reste invariable.

mortuaire adj. Qui concerne les morts. *On transporte les cercueils dans des fourgons mortuaires.* ➜ **funéraire.** ▷ Mot de la famille de mourir.

morue n. f. Gros poisson des mers froides, de la même famille que le colin et le merlan. ➜ planche **Océan.** *La morue se mange fraîche, séchée ou salée.* ➜ aussi **cabillaud.**

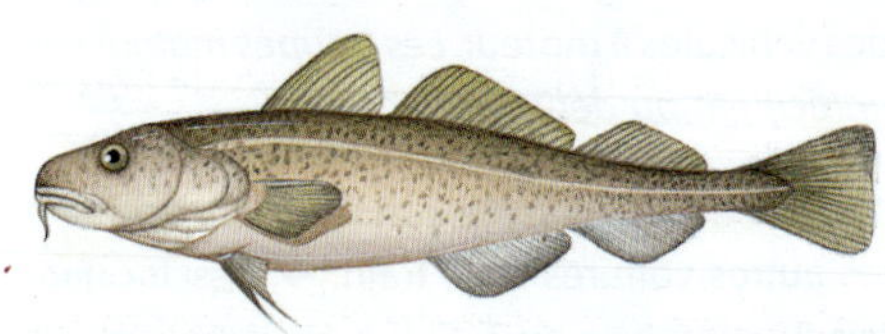

morue

morve n. f. Liquide visqueux qui sort du nez.

▸ **morveux, morveuse** adj. Qui a de la morve au nez. *Un enfant morveux.* – *Qui se sent morveux se mouche,* que la personne qui se sent visée par une critique s'applique à elle-même ce qui vient d'être dit.

mosaïque n. f. Assemblage de petits carreaux de pierres de couleurs différentes formant un dessin. *Dans les maisons romaines, le sol était en mosaïque.*

mosaïque

mosquée n. f. Bâtiment où les musulmans vont prier.

mot n. m. **1.** La plus petite partie d'une phrase qui a un sens même si on l'emploie seule. *«Chat» est un mot de 4 lettres. Que veut dire ce mot ?* ➜ **terme.** *Gros mot,* mot grossier. *Se donner le mot,* se mettre secrètement d'accord. *Louise et Léa sont toutes les deux habillées en rouge, on dirait qu'elles se sont donné le mot. Avoir un mot sur le bout de la langue,* ne pas arriver à se souvenir d'un mot tout en étant sûr de le connaître. **2.** Parole. *J'ai deux mots à te dire,* j'ai à te parler. *Elle veut toujours avoir le dernier mot,* avoir raison. *Il a toujours le mot pour rire,* il fait sans cesse des plaisanteries. **3.** Court message. *Il a laissé un mot sur la porte.* **4.** *Mots croisés,* jeu dans lequel il faut trouver, à l'aide d'une courte définition, des mots qui se croisent sur une grille formant des cases, de telle sorte que chaque lettre d'un mot horizontal apparaisse aussi dans un mot vertical. ▮ homonyme : maux.

▶ Autres mots de la famille : à demi-mot, motus.

motard n. m., **motarde** n. f. **1.** Personne qui conduit une moto. → **motocycliste. 2.** n. m. Gendarme à moto. ▷ Mot de la famille de moto.

motel n. m. Hôtel situé au bord d'une grande route, destiné aux automobilistes qui peuvent garer leur voiture devant leur chambre.

① **moteur, motrice** adj. Capable de produire un mouvement. *Les nerfs moteurs permettent aux muscles de faire des mouvements. Les voiliers utilisent la force motrice du vent pour avancer.*

▶ ② **moteur** n. m. Appareil qui, en transformant l'énergie, fait fonctionner une machine ou permet de faire tourner les roues d'un véhicule. *Le moteur du bateau. Cette voiture a un moteur diesel.*

▶ Autres mots de la famille : bimoteur, cyclomoteur, motrice, quadrimoteur, vélomoteur.

motif n. m. **1.** Raison, cause. *Quel est le motif de ton absence ? Une agression sans motif.* → **mobile. 2.** Dessin qui décore. *Un tissu à motifs géométriques.*

▶ Autres mots de la famille : motivation, motivé, motiver.

motion n. f. Proposition faite par un membre d'une assemblée.

motiver v. (conjug. 3) **1.** Expliquer quelque chose en donnant la raison, le motif. *Toute absence doit être motivée.* **2.** Pousser à agir. *Ce professeur sait motiver ses élèves.*

▶ **motivé, motivée** adj. Qui a de bonnes raisons pour faire ce qu'il fait. *Elle est très motivée dans son travail.*

▶ **motivation** n. f. Ce qui pousse à agir, à faire quelque chose. *La motivation des élèves.*

▷ Mots de la famille de motif.

moto n. f. Véhicule qui a deux roues et un moteur puissant. → **motocyclette.** → planche **Deux-roues.** *Il fait de la moto.* → aussi **motard, motocycliste.** *Une course de motos.*

▮ *Moto* est l'abréviation de *motocyclette.*

▶ **motocross** n. m. Course de motos sur un parcours accidenté. *Ils font du motocross en forêt.* – Au pl. *Des motocross.* ▷ Mot de la famille de cross.

▮ On écrit aussi *moto-cross.*

▶ Autres mots de la famille : motard, motoneige.

motoculteur n. m. Petit engin à moteur à deux roues, dirigé à la main et utilisé pour de petits travaux agricoles. *Il retourne la terre de son jardin avec un motoculteur.*

motocyclette n. f. Moto. → aussi **cyclomoteur.** ▷ Mot de la famille de ② cycle.

motocycliste n. m. et f. Personne qui conduit une moto. → **motard.** ▷ Mot de la famille de ② cycle.

motoneige n. f. Petit véhicule à une ou deux places, muni de skis à l'avant et de chenilles à l'arrière, qui sert à se déplacer sur la neige. ▷ Mot de la famille de moto et de neige.

motoneige

motorisé, motorisée adj. **1.** Équipé d'un moteur. *Un engin motorisé.* **2.** Transporté par des véhicules à moteur. *Les troupes motorisées participent au défilé du 14 Juillet.*

motrice n. f. Voiture à moteur qui entraîne les autres voitures d'un train. → aussi **locomotive.** *Une motrice de T. G. V.* ▷ Mot de la famille de ① moteur.

mots croisés → **mot.**

motte n. f. **1.** Morceau de terre compacte. *Le soc de la charrue retourne des mottes de terre.* **2.** *Motte de beurre,* gros bloc de beurre que les crémiers détaillent en le vendant au poids.
▶ Autre mot de la famille : rase-mottes.

motus [mɔtys] interj. Mot qui s'emploie pour demander à quelqu'un de ne pas répéter quelque chose. *Motus et bouche cousue !* silence ! ▷ Mot de la famille de mot.

mou, molle adj. **1.** Qui change facilement de forme quand on appuie dessus. *À la chaleur, le beurre devient mou.* ▮ contraire : **dur.** *Il a le ventre mou.* ➜ **flasque.** ▮ contraire : ① **ferme.** *Des coussins mous,* dans lesquels on s'enfonce facilement. ➜ **moelleux. 2.** Qui manque d'énergie, de vitalité. ➜ **amorphe, apathique, indolent, nonchalant.** ▮ contraires : **dynamique, énergique.** – n. *C'est un mou,* un homme sans énergie. ▮ homonymes : moue, moût.
▶ Autres mots de la famille : s'amollir, mollement, mollesse, ① mollet, molletonné, mollir, mollusque, ramollir, ramollissement.

mouchard n. m., **moucharde** n. f. Familier. Personne qui dénonce quelqu'un. ➜ **délateur, dénonciateur.** *Le terroriste a été dénoncé à la police par un mouchard.* ➜ **indicateur, informateur.**

▶ **moucharder** v. (conjug. 3) Familier. Dénoncer quelqu'un, répéter ce que quelqu'un a fait ou dit. ➜ **rapporter.** *Il a mouchardé ses camarades.*

mouche n. f. **1.** Insecte noir qui a deux ailes et une trompe. ➜ planche **Insectes.** *Une mouche s'est posée sur le fromage. Un nuage de mouches.* – *Une fine mouche,* une personne habile et rusée. *On entendrait une mouche voler,* il y a un silence profond. *Tomber comme des mouches,* mourir en grand nombre, les uns après les autres. *Quelle mouche l'a piqué ?* pourquoi s'est-il mis brusquement en colère ? *Elle ne ferait pas de mal à une mouche,* elle est très gentille. *Faire la mouche du coche,* s'agiter inutilement en prétendant aider. **2.** *Faire mouche,* tirer au centre de la cible, atteindre son but. *Le tireur a fait mouche.*
▶ Autres mots de la famille : moucheron, moucheté.

se moucher v. (conjug. 4) Souffler avec force par le nez pour le débarrasser des mucosités qui l'encombrent.
▶ Autre mot de la famille : mouchoir.

moucheron n. m. Petite mouche. ▷ Mot de la famille de mouche.

moucheté, mouchetée adj. Parsemé de petites taches rondes. *Les léopards ont une fourrure fauve mouchetée de noir.* ▷ Mot de la famille de mouche.

mouchoir n. m. Morceau de tissu ou de papier dans lequel on se mouche. ▷ Mot de la famille de se moucher.

moudre v. (conjug. 50) Écraser les grains pour en faire de la poudre. *On moud le blé pour faire de la farine.*
▶ Autres mots de la famille : moulin, moulinet, moulinette, moulu, mouture, rémouleur, vermoulu.

moue n. f. Grimace que l'on fait en avançant les lèvres. *Une moue boudeuse. Julie fait la moue.* ▮ homonymes : mou, moût.

mouette n. f. Oiseau au plumage gris pâle, aux pattes palmées et aux ailes longues et pointues, qui vit au bord de la mer ou des fleuves. ➜ planches **Littoral, oiseaux.** ➜ aussi **goéland.**

moufle n. f. Gant dans lequel seul le pouce est séparé des autres doigts.

mouflon n. m. Animal ruminant sauvage, proche du mouton. *Les mouflons mâles ont des cornes recourbées vers l'arrière.*

des **mouflons**

a b c d e f g h i j k l m n o p q r s t u v w x y z

mouiller v. (conjug. 3) 1. Mettre en contact avec de l'eau. → **humecter.** *La rosée mouille l'herbe,* elle la rend humide. *La voiture nous a mouillés en roulant dans une flaque.* → **arroser, asperger, éclabousser, tremper.** ▮ contraire : **sécher.** – **se mouiller,** devenir humide ou trempé. *Le linge s'est mouillé sous la pluie.* 2. Mettre à l'eau. *Le capitaine a mouillé l'ancre,* il a jeté l'ancre. *Le bateau mouille dans la baie,* il y est arrêté.

▸ **mouillage** n. m. Endroit abrité où un bateau peut jeter l'ancre, mouiller.

▸ **mouillé, mouillée** adj. Humide. *Une serviette encore mouillée.* ▮ contraire : **sec.**

▸ **mouillette** n. f. Petit morceau de pain long et mince que l'on trempe dans un œuf à la coque. *Des mouillettes beurrées.*

moulage n. m. Objet fabriqué à partir d'un moule. *Un moulage en plâtre.* ▷ Mot de la famille de ② moule.

moulant, moulante adj. Collant, ajusté. *Une robe moulante.* ▷ Mot de la famille de ② moule.

① **moule** n. f. Petit coquillage comestible à la coquille noire allongée, qui se fixe sur les rochers. → planches **Crustacés** et coquillages, **littoral.**

② **moule** n. m. Objet creux dans lequel on verse une pâte pour lui donner une forme. *Un moule à tarte. Le sculpteur coule le bronze dans le moule.*

▸ **mouler** v. (conjug. 3) 1. Fabriquer un objet avec un moule. *Le boulanger moule les baguettes.* 2. Serrer. *Cette robe la moule,* épouse les formes de son corps. → aussi **moulant.**

▶ Autres mots de la famille : démouler, moulage, moulant, moulure.

moulin n. m. 1. Machine servant à moudre le grain des céréales. – Bâtiment où elle est installée. *Un moulin à vent. Un moulin à eau.* – *Apporter de l'eau au moulin de quelqu'un,* lui donner des arguments dans une discussion, sans le vouloir. 2. Appareil ménager servant à moudre, à broyer. *Un moulin à café.* – *Moulin à légumes.* → **moulinette.**

▸ **moulinet** n. m. 1. Petit appareil fixé sur une canne à pêche, sur lequel s'enroule le fil. 2. Mouvement rapide en forme de cercle. *Il fait des moulinets avec les bras.*

▸ **moulinette** n. f. Nom déposé Moulin à légumes ou à viande.

▷ Mots de la famille de moudre.

mousqueton

moulu, moulue adj. Réduit en poudre. *Du poivre moulu.* ▷ Mot de la famille de moudre.

moulure n. f. Ornement en creux ou en relief, sur un plafond, un mur, une porte, un meuble. ▷ Mot de la famille de ② moule.

mourir v. (conjug. 22) 1. Cesser de vivre. → **décéder, expirer, périr, trépasser.** *Le blessé mourut de ses blessures.* → **succomber.** *Son chien est mort de vieillesse.* 2. Ressentir une sensation très vivement. *Léa meurt d'envie d'aller au cinéma,* elle le souhaite ardemment. *Je mourais de soif,* j'avais très soif. *On s'ennuie à mourir ici,* on s'ennuie beaucoup, mortellement. 3. Diminuer. *Le feu meurt dans la cheminée,* il s'éteint doucement.

▸ **mourant, mourante** adj. Qui est en train de mourir. → **moribond.** *La vieille chienne est mourante.* – n. *Le mourant a demandé à voir un prêtre.*

▶ Autres mots de la famille : croquemort, immortaliser, immortalité, immortel, ①, ② et ③ mort, mortalité, mortel, mortellement, mortifier, mort-né, mortuaire, nature morte.

mouron n. m. Plante à toutes petites fleurs rouges ou blanches. *Les oiseaux mangent du mouron blanc.*

mousquetaire n. m. Soldat noble qui était chargé de protéger le roi aux 16e et 17e siècles. *Les mousquetaires étaient des cavaliers.*

mousqueton n. m. Boucle à ressort qui se referme toute seule. *Les parachutes sont fixés avec des mousquetons.*

moussant, moussante adj. Qui fait de la mousse. *Une crème à raser moussante.* ▷ Mot de la famille de ③ mousse.

① mousse n. m. Jeune garçon qui apprend le métier de marin.

② mousse n. f. Plante généralement verte, rase et douce, constituée de courtes tiges, qui tapisse le sol, les pierres, les arbres. *Le rocher est couvert de mousse.*
▶ Autre mot de la famille : moussu.

③ mousse n. f. **1.** Petites bulles très serrées. ➜ aussi **écume.** *Ce shampoing fait beaucoup de mousse.* ➜ aussi **moussant. 2.** Crème à base de blancs d'œufs en neige. *Une mousse au chocolat.* **3.** Caoutchouc spongieux. *Un matelas en mousse.*
▶ Autres mots de la famille : moussant, mousser, mousseux.

mousseline n. f. (➜ ÉTYM.) Tissu léger et fin de coton, de soie ou de laine. *Une robe en mousseline.*

mousser v. (conjug. 3) Faire de la mousse. *Cette lessive mousse beaucoup.* ▷ Mot de la famille de ③ mousse.

mousseron n. m. Petit champignon à chapeau et à lamelles, qui pousse en cercle dans les haies et les clairières. ➜ planche **Champignons.** *Une omelette aux mousserons.*

mousseux adj. et n. m., **mousseuse** adj.
▪ adj. Qui fait de la mousse. *L'écume mousseuse des vagues.*
▪ n. m. Vin qui ressemble au champagne. *Une bouteille de mousseux.* ▷ Mot de la famille de ③ mousse.

mousson n. f. (➜ ÉTYM.) Vent d'Asie qui souffle en été de la mer vers la terre et en hiver de la terre vers la mer.

moussu, moussue adj. Couvert de mousse. *Des rochers moussus.* ▷ Mot de la famille de ② mousse.

moustache n. f. **1.** Poils qui poussent entre le nez et la lèvre supérieure de l'homme. *Il a une petite moustache.* **2.** Longs poils de la lèvre supérieure de certains animaux. *Les moustaches du chat.*

▸ **moustachu, moustachue** adj. Qui porte une moustache. *Un homme moustachu.*

moustique n. m. (➜ ÉTYM.) Insecte ailé qui vit dans les lieux humides et dont la piqûre est douloureuse. ➜ planche **Insectes.** ➜ aussi **② cousin.**

▸ **moustiquaire** n. f. Rideau très fin qui protège des moustiques. *La fenêtre est garnie d'une moustiquaire.*

moût [mu] n. m. Jus de raisin, de poire ou de pomme qui n'a pas encore fermenté. *Le moût sort du pressoir.* ▮ homonymes : mou, moue.

moutarde n. f. **1.** Crème jaunâtre au goût piquant préparée avec les graines d'une plante appelée aussi *moutarde.* **2.** Invariable après le nom de couleur *jaune. Des chaussettes jaune moutarde.* ➜ planche **Couleurs.**

moutarde

mouton n. m. **1.** Animal au poil épais et frisé. ➜ aussi **agneau, bélier, brebis.** ➜ planche Animaux **domestiques.** *Les moutons bêlent. Un troupeau de moutons.* – Viande de cet animal. *Des côtelettes de mouton.* **2.** Flocon de poussière. *Il y a des moutons sous le lit.* **3.** Petite vague sur-

a b c d e f g h i j k l m n o p q r s t u v w x y z

montée d'écume qui apparaît quand la mer est agitée.

▶ Autre mot de la famille : saute-mouton.

mouture n. f. Façon dont quelque chose est moulu. *Du café à mouture fine,* moulu très fin. ▷ Mot de la famille de moudre.

mouvant, mouvante adj. *Sables mouvants,* sables gorgés d'eau dans lesquels on s'enfonce. ▷ Mot de la famille de mouvoir.

mouvement n. m. **1.** Changement de position dans l'espace. ➜ **déplacement.** *Les astronomes observent le mouvement des astres.* **2.** Changement de position du corps ou d'une partie du corps. ➜ **geste.** *Des mouvements de gymnastique.* **3.** Réaction. *Paul a eu un mouvement d'agacement,* il a manifesté son agacement. *Un bon mouvement,* une action généreuse et désintéressée. **4.** Organisation. *Un mouvement syndical.* ➜ **formation.** **5.** Partie d'un morceau de musique. *Cette sonate comporte trois mouvements.* **6.** Ce qui donne l'impression de la vie. *Il y a du mouvement dans ce film,* de l'action.

▸ **mouvementé, mouvementée** adj. Qui est rempli d'évènements imprévus. *Un voyage mouvementé. Une vie mouvementée.*
▮ contraires : **calme, paisible.**

▷ Mots de la famille de mouvoir.

mouvoir v. (conjug. 30) Mettre en mouvement. *La roue du moulin est mue par l'eau.* – **se mouvoir,** faire des mouvements. ➜ **bouger, remuer.** *Il a du mal à se mouvoir.*

▶ Autres mots de la famille : mouvant, mouvement, mouvementé.

① moyen, moyenne adj. **1.** Qui se trouve au milieu, entre deux extrêmes. *Il est de taille moyenne,* ni grand, ni petit. **2.** *Cours moyen,* les deux classes entre le cours élémentaire et la sixième. *Cours moyen première année, deuxième année.* **3.** Qui n'est ni bon, ni mauvais. *Ses résultats scolaires sont moyens.* ➜ **passable.** *Son dernier livre est très moyen,* pas très bon. ➜ **médiocre.** **4.** Que l'on calcule en faisant une moyenne. *Une vitesse moyenne de 100 km/heure.* ➜ aussi **moyenne.**

▶ Autres mots de la famille : Moyen Âge, moyenâgeux, moyenne, moyennement.

② moyen n. m. **1.** Procédé qui permet de parvenir à ce que l'on veut. ➜ **façon, manière.** *Elle a trouvé un moyen pour travailler plus vite.* ➜ **méthode.** *Il a ouvert la bouteille au moyen d'un décapsuleur,* grâce à un décapsuleur. ➜ à l'**aide** de, **grâce** à et aussi **avec.** **2.** *Moyen de transport,* ce qui permet de transporter des personnes ou des choses d'un endroit à un autre. *L'avion, le train, le bateau, la voiture sont des moyens de transport.* ➜ **② mode.** *La presse, la radio, la télévision sont des moyens de communication.* ➜ aussi **média.** **3.** *Les moyens,* les capacités, les qualités pour réussir. *Il a beaucoup de moyens, mais il est paresseux.* **4.** L'argent dont on dispose. *Il n'a pas les moyens de changer de voiture.*

▶ Autre mot de la famille : moyennant.

Moyen Âge n. m. Période de l'histoire qui va de la chute du dernier empereur romain en 476, marquant la fin de l'Antiquité, jusqu'au 15e siècle, où commence la Renaissance. ➜ aussi **médiéval.**

▸ **moyenâgeux, moyenâgeuse** adj. **1.** Qui date du Moyen Âge. *Les rues moyenâgeuses d'un village.* ➜ aussi **médiéval.** **2.** Archaïque, vétuste. *Des techniques moyenâgeuses.*

▷ Mots de la famille de ① moyen et de âge.

moyennant prép. En échange de. *J'accepte de faire ce travail, moyennant un bon salaire.* ▷ Mot de la famille de ② moyen.

moyenne n. f. **1.** Vitesse obtenue en divisant le nombre de kilomètres parcourus par le nombre d'heures mis à les parcourir. *La voiture roule à une moyenne de 90 km/heure.* ➜ aussi **① moyen.** **2.** La moitié des points que l'on peut obtenir à un devoir, un examen. *Léa a eu la moyenne à son devoir.* ▷ Mot de la famille de ① moyen.

moyennement adv. Ni peu, ni beaucoup. *J'ai trouvé ce livre moyennement intéressant.* ▷ Mot de la famille de ① moyen.

moyeu n. m. Partie centrale d'une roue. *Les rayons de la roue de la bicyclette sont fixés au moyeu.* – Au pl. *Des moyeux.*

mozzarella [mɔdzaʀɛlla] n. f. Fromage frais italien.

▮ C'est un mot italien.

muguet

mucosité n. f. Liquide épais produit par les muqueuses. *Quand on est enrhumé, on a le nez encombré de mucosités.* → aussi **morve.**

mucoviscidose [mykovisidoz] n. f. Maladie très grave provoquée par des sécrétions très épaisses qui gênent la respiration et la digestion.

muer v. (conjug. 3) 1. Changer de peau, de plumage ou de poil. *Les serpents, les crustacés, les araignées muent.* 2. Changer de voix. *Les garçons muent à l'adolescence.*

▶ **mue** n. f. 1. Changement qui touche la peau, la carapace, le plumage ou le poil de certains animaux. *Les serpents ont plusieurs mues par an.* 2. Peau laissée par un animal qui a mué. *Il a trouvé la mue d'une vipère.* 3. Transformation de la voix d'un adolescent. *Un garçon à l'âge de la mue.*

muet, muette adj. 1. Qui n'est pas capable de parler. – n. *Les muets communiquent par gestes.* 2. Qui se tait, reste silencieux. *Elle est restée muette de peur.* → aussi **mutisme.** 3. *Un film muet,* sans paroles. ▮ contraire : **parlant.** 4. Qui ne se fait pas entendre dans la prononciation. *Il y a un e muet à la fin de «moue». On fait la liaison devant un h muet.* ▮ contraire : **aspiré.**

▶ Autre mot de la famille : sourd-muet.

muezzin [mɥɛdzin] n. m. Musulman chargé d'appeler les fidèles à la prière, du haut du minaret de la mosquée.

① **mufle** n. m. Bout du museau de certains animaux. *Le mufle du bœuf.*

② **mufle** n. m. Homme grossier et mal élevé. → **goujat.** *Quel mufle !*

▶ **muflerie** n. f. Attitude d'un mufle.

mugir v. (conjug. 11) 1. *La vache mugit,* elle pousse son cri. → **beugler, meugler.** 2. Faire entendre un bruit sourd et prolongé. *La sirène d'alarme mugit.*

▶ **mugissement** n. m. 1. Cri d'un animal qui mugit. → **beuglement, meuglement.** *Les mugissements des vaches.* 2. Bruit sourd et prolongé. *Le mugissement du vent.*

muguet n. m. Plante dont les petites fleurs blanches en forme de clochettes sont groupées en grappes. *On offre des brins de muguet le 1er mai.*

mulâtre n. m. et f. Personne née de parents qui sont l'un noir et l'autre blanc. → aussi **métis.**

① **mule** n. f. Chaussure qui ne couvre pas le talon.

② **mule** n. f. Animal femelle, né d'une jument et d'un âne, ou d'une ânesse et d'un cheval. – *Têtu comme une mule,* très entêté. *Une tête de mule,* une personne entêtée.

▶ ① **mulet** n. m. Animal mâle, né d'une jument et d'un âne, ou d'une ânesse et d'un cheval. *Les mulets ne peuvent pas se reproduire.*

② **mulet** n. m. Poisson de mer comestible, au corps cylindrique, qui vit en bancs le long du littoral.

mulot n. m. Petit rongeur qui vit dans les haies et les bois, appelé aussi *rat des champs.*

▶ Autre mot de la famille : surmulot.

mulot

a b c d e f g h i j k l m n o p q r s t u v w x y z

multi- Préfixe d'origine latine qui signifie «plusieurs» (ex. : *multicolore, multinationale, multiprise*). → **pluri-, poly-.** ▮ contraires : **mono-, uni-.**

multicolore adj. De plusieurs couleurs. *L'habit d'Arlequin est multicolore.* → **bariolé.** ▮ contraire : **uni.**

multicoque n. m. Voilier comportant plusieurs coques. ▮ contraire : **monocoque.** *Le catamaran et le trimaran sont des multicoques.* ▷ Mot de la famille de coque.

multicoque

multimédia adj. Qui utilise une technologie qui permet de consulter des documents et des informations sous forme d'images, de textes et de sons. *Une encyclopédie multimédia.* — n. *Le multimédia.* ▷ Mot de la famille de média.

multinationale n. f. Société qui a des activités dans de nombreux pays. *Une multinationale pharmaceutique.* ▷ Mot de la famille de nation.

multiple n. m. et adj.
■ n. m. Nombre qui contient plusieurs fois exactement un nombre donné. *6 et 27 sont des multiples de 3,* des nombres qu'on obtient en multipliant un autre nombre par trois.
■ adj. Nombreux. *Il n'est pas venu pour de multiples raisons.* ▮ contraire : **unique.**
▶ Autres mots de la famille : multiplicande, multiplicateur, multiplication, multiplier.

multiplicande n. m. Nombre que l'on multiplie, dans une multiplication. *Dans «4 × 3», 4 est le multiplicande.* ▷ Mot de la famille de multiple.

multiplicateur n. m. Nombre qui multiplie, dans une multiplication. *Dans «4 × 3», 3 est le multiplicateur.* ▷ Mot de la famille de multiple.

multiplication n. f. **1.** Opération de calcul qui a pour but d'obtenir à partir de deux nombres un troisième qui est le produit des deux premiers. *Les tables de multiplication.* ▮ contraire : **division.** **2.** Augmentation en nombre. *La multiplication des blogs sur Internet.* ▮ contraire : **diminution.** ▷ Mot de la famille de multiple.

multiplier v. (conjug. 9) **1.** Faire une multiplication. ▮ contraire : **diviser.** *Quand on multiplie 4 par 3, on additionne trois fois le nombre quatre.* **2.** Faire quelque chose un grand nombre de fois. *Julie multiplie les bêtises.* **3. se multiplier,** augmenter, se répéter un grand nombre de fois. *Les disputes se sont multipliées.* ▮ contraire : **diminuer.** ▷ Mot de la famille de multiple.

multiprise n. f. Prise de courant dans laquelle on peut brancher les prises de plusieurs appareils électriques. ▷ Mot de la famille de prise.

multitude n. f. Grand nombre, grande quantité. *La ville est visitée par une multitude de touristes.* → **foule.**

muni, munie adj. Équipé. *Cette voiture est munie d'un GPS.* ▷ Mot de la famille de se munir.

municipal, municipale adj. Qui appartient à une commune. → **communal.** *Les conseillers municipaux d'une ville. Une piscine municipale.*

▶ **municipalité** n. f. Ensemble des personnes qui administrent, gèrent une commune. *Le maire est à la tête de la municipalité.*

se munir v. (conjug. 11) Prendre avec soi. *Munissez-vous de vêtements chauds pour faire du ski. Julie s'est munie d'un parapluie.*

▶ **munitions** n. f. pl. Explosifs et projectiles servant au chargement des armes à feu. *Les* *balles, les cartouches, les obus sont des munitions.*

▶ Autres mots de la famille : démuni, démunir, muni, se prémunir.

muqueuse n. f. Membrane, toujours un peu humide, qui recouvre l'intérieur de certains organes. *La bouche, le nez, l'estomac sont tapissés d'une muqueuse.* → aussi **mucosité.**

mur n. m. **1.** Construction qui s'élève verticalement sur une certaine longueur et qui sert à soutenir un bâtiment, à fermer ou à séparer. *Les murs de l'immeuble sont en béton. Un petit mur de pierre entoure le jardin.* → **muret. 2.** Côté du mur qui se trouve à l'intérieur d'un bâtiment. → **cloison.** *Théo a mis des posters sur les murs de sa chambre.* **3.** *Franchir le mur du son,* dépasser la vitesse du son. *L'avion a franchi le mur du son.* ▮ homonymes : mûr, mûre.

▶ Autres mots de la famille : emmurer, muraille, mural, murer, muret.

mûr, mûre adj. **1.** *Un fruit mûr,* qui a atteint son plein développement. *Cette pêche est trop mûre.* → **blet.** ▮ contraire : **vert. 2.** Qui est devenu adulte. *Un homme mûr.* → aussi **maturité. 3.** Qui est devenu raisonnable et réfléchi. *Elle est très mûre pour son âge.* ▮ homonymes : mur, mûre.

▶ Autres mots de la famille : mûrement, mûrir.

muraille n. f. Mur de fortification, épais et élevé. *Il ne reste du château fort que des murailles en ruines.* → aussi **rempart.** ▷ Mot de la famille de mur.

mural, murale adj. *Une peinture murale,* faite sur un mur. *Une pendule murale,* accrochée au mur. – Au masc. pl. *muraux.* ▷ Mot de la famille de mur.

mûre n. f. Petit fruit sauvage noir qui pousse sur les ronces. → planche **Fruits.** *De la gelée de mûres.* ▮ homonymes : mur, mûr.

▶ On peut aussi écrire *mure,* sans accent circonflexe.

mûrement adv. Longuement et sérieusement. *J'ai mûrement réfléchi.* ▷ Mot de la famille de mûr.

murène n. f. Poisson long et mince très vorace, dont la morsure est très dangereuse. → planche **Océan.** *Les murènes vivent dans les mers chaudes.*

murer v. (conjug. 3) Fermer définitivement par un mur. *Les fenêtres de l'immeuble inhabité ont été murées.* → ② **boucher, condamner.** ▷ Mot de la famille de mur.

muret n. m. Petit mur. ▷ Mot de la famille de mur.

mûrier n. m. Arbre des régions chaudes dont les feuilles servent à nourrir les vers à soie.

▶ On peut aussi écrire *murier,* sans accent circonflexe.

mûrir v. (conjug. 11) **1.** Devenir mûr. *Les blés mûrissent en été.* **2.** Devenir plus réfléchi, raisonnable. *Elle a beaucoup mûri en un an.* ▷ Mot de la famille de mûr.

murmure n. m. Bruit de voix léger, sourd et continu. *On entend un murmure dans le fond de la classe.*

▶ **murmurer** v. (conjug. 3) **1.** Dire à voix basse. → **chuchoter, susurrer.** *Louise murmure un secret à l'oreille de Paul.* **2.** Protester, grogner. *Julie obéit sans murmurer.*

musaraigne n. f. Petit animal au museau allongé et aux dents pointues, qui se nourrit d'insectes, de vers et de petits œufs. → planche **Mammifères.** *La musaraigne est de la même famille que la souris.*

musarder v. (conjug. 3) Perdre son temps à faire des choses sans importance. → **flâner, paresser, traîner.** *Elle a musardé toute la journée.*

musc n. m. Liquide à l'odeur très forte qui provient des glandes de certains animaux et qui sert à la fabrication des parfums.

muscade n. f. Graine de la grosseur d'une olive, utilisée comme épice.

▶ On dit aussi *une noix de muscade.* → illustration **Noix.**

des **mûres**

muscat n. m. **1.** Raisin très sucré et très parfumé. *Une grappe de muscat.* **2.** Vin très sucré fait avec ce raisin, qui se boit en apéritif. *Elle a bu un verre de muscat.*

muscle n. m. Organe formé de fibres qui produit des mouvements en se contractant. → planche **Corps** humain. *Les cyclistes ont les muscles des jambes très développés.*

▸ **musclé, musclée** adj. Pourvu de muscles bien visibles et puissants. *Les athlètes ont le corps musclé.*

▸ **muscler** v. (conjug. 3) Rendre les muscles puissants. *Le tennis muscle les bras et les jambes.* – **se muscler,** développer ses muscles. *Elle fait de la gymnastique pour se muscler.*

musculaire adj. Qui concerne les muscles. *La force musculaire.*

▸ Autre mot de la famille : intramusculaire.

musculation n. f. Ensemble d'exercices faits pour développer ses muscles. *Il fait de la musculation dans une salle de sports.*

musculature n. f. Ensemble des muscles du corps. *Cet athlète a une musculature développée.*

muse n. f. (→ ÉTYM.) **1.** Chacune des neuf déesses grecques qui protégeaient et inspiraient les artistes. *Les neuf Muses étaient les filles de Zeus.* **2.** Femme qui inspire un artiste. *La muse d'un poète.*

museau n. m. Partie avant, allongée et plus ou moins pointue, de la tête de certains animaux. *Le chien avance le museau et renifle sa pâtée.* → aussi **groin,** ① **mufle, truffe.** – Au pl. *Des museaux.*

▸ Autres mots de la famille : museler, muselière.

musée n. m. Bâtiment où l'on rassemble des collections d'objets qui ont un intérêt historique, scientifique ou artistique, afin de les montrer au public. *Le musée du Louvre, à Paris.* → planche **Musée.**

◗ Ce mot masculin se termine par un e.

▸ Autre mot de la famille : muséum.

museler v. (conjug. 6a) Emprisonner le museau d'un animal pour l'empêcher de mordre. *On muselle les chiens dangereux.*

▸ **muselière** n. f. Appareil dont on entoure le museau de certains animaux pour les empêcher de mordre. *Entrée interdite aux chiens ne portant pas de muselière.*

▷ Mots de la famille de museau.

muselière

musette n. f. Sac de toile qui se porte souvent en bandoulière.

muséum [myzeɔm] n. m. Musée consacré aux sciences naturelles. – Au pl. *Des muséums.*

▷ Mot de la famille de musée.

musical, musicale adj. **1.** Qui concerne la musique. *Il a fait des études musicales.* **2.** *Une comédie musicale,* une pièce de théâtre ou un film dont les paroles sont chantées. – Au masc. pl. *musicaux.* ▷ Mot de la famille de musique.

music-hall [myzikol] n. m. Établissement qui présente des spectacles de variétés avec des chanteurs, des fantaisistes, des acrobates, des jongleurs, des prestidigitateurs, etc. *Un spectacle de music-hall.* – Au pl. *Des music-halls.*

◗ Ce mot vient de l'anglais et veut dire « salle de musique ».

musicien n. m., **musicienne** n. f. Personne dont le métier est de composer ou de jouer de la musique. *Mozart et Bach sont de célèbres musiciens.* → **compositeur.** *Un orchestre composé de cinquante musiciens.* → **instrumentiste** et aussi **virtuose.** ▷ Mot de la famille de musique.

musique n. f. Ensemble de sons combinés de manière harmonieuse. → planche **Musiques** du monde. *La musique d'un film, d'une chanson.*

Le piano et le violon sont des instruments de musique. ➜ planche **Instruments** de musique.

▶ Autres mots de la famille : musical, musicien.

mustang n. m. Cheval sauvage d'Amérique du Nord. *Le cow-boy a capturé un mustang.*

musulman, musulmane adj. *La religion musulmane,* la religion fondée par Mahomet, dont le dieu est Allah. ➜ **islam.** *Ils sont musulmans,* de religion musulmane. – n. *Les musulmans vont prier à la mosquée.*

mutant n. m., **mutante** n. f. Dans les œuvres de science-fiction, être extraordinaire résultant des transformations supposées pouvant survenir chez l'homme. ▷ Mot de la famille de muter.

muter v. (conjug. 3) Nommer à un autre poste, dans une autre ville ou un autre pays. *Il a été muté à Toulouse.*

▶ **mutation** n. f. **1.** Changement. *L'informatique est un secteur en pleine mutation.* ➜ **évolution. 2.** *Mutation génétique,* modification des gènes, des caractères héréditaires d'une personne. **3.** Changement de lieu de travail. *Il a demandé sa mutation à Lille.*

▶ Autre mot de la famille : mutant.

mutiler v. (conjug. 3) Priver de l'usage d'un membre ou d'un organe. *Il a été mutilé des deux jambes, à la guerre.* ➜ aussi **amputer.**

▶ **mutilation** n. f. Action de mutiler ou fait d'être mutilé. *Ces soldats ont subi de graves mutilations à la guerre.*

▶ **mutilé** n. m., **mutilée** n. f. Personne qui a perdu l'usage d'un membre ou d'un organe à la guerre ou dans un accident. ➜ aussi **handicapé, infirme, invalide.** *Des mutilés de guerre.*

mutin n. m., **mutine** n. f. Soldat, marin ou prisonnier qui se révolte contre ses supérieurs ou ses gardiens. ➜ **rebelle.** *Les mutins se sont rendus.*

▶ **se mutiner** v. (conjug. 4) Se révolter collectivement contre l'autorité. *Les soldats se sont mutinés.* ➜ se **rebeller.**

▶ **mutinerie** n. f. Révolte collective. *Une mutinerie a éclaté dans la prison.*

mutisme n. m. Refus de parler. *Il refuse de sortir de son mutisme.* ➜ **silence** et aussi **muet.**

mutuel, mutuelle adj. Qui implique un échange. *Ils se vouent une haine mutuelle,* ils se haïssent l'un l'autre. ➜ **réciproque.**

▶ **mutuelle** n. f. Société d'assurances privée et de protection sociale, qui ne fait pas de bénéfices et qui est gérée par ses adhérents.

▶ **mutuellement** adv. L'un l'autre. *Les deux complices s'accusent mutuellement.* ➜ **réciproquement.**

mycologie n. f. Étude des champignons.

mycose n. f. Maladie de peau due à des champignons microscopiques.

mygale n. f. Grosse araignée velue des pays chauds, qui se creuse un abri dans le sol. *La morsure de la mygale est douloureuse.*

mygale

myopathie n. f. Maladie très grave qui détruit peu à peu les muscles.

▶ **myopathe** adj. Qui est atteint de myopathie. *Un enfant myopathe.* – n. *Les myopathes.*

myope adj. Qui ne voit pas bien de loin. *Il porte des lunettes car il est myope.*

▶ **myopie** n. f. État de quelqu'un qui ne voit pas bien de loin. *Sa myopie a augmenté, il lui faut des verres plus forts.*

myosotis [mjɔzɔtis] n. m. Plante à petites fleurs bleues qui pousse dans les lieux humides.

myriade n. f. Très grand nombre, quantité immense. *On peut voir des myriades d'étoiles dans le ciel.*

myrrhe n. f. Résine odorante fournie par un arbuste d'Asie. *On dit que les Rois mages offrirent à Jésus de l'or, de l'encens et de la myrrhe.* ▮ homonyme : mire.

▶ *Myrrhe* prend un *y* et deux *r,* puis un *h.*

un musée : le Louvre

Le Louvre, ancien palais des rois de France, a été transformé au 18e siècle en musée des collections royales d'art. Il est rapidement devenu l'un des plus grands musées du monde. Comme tous les musées, son but est d'enrichir ses collections (antiquités égyptiennes, grecques, romaines, peintures, art islamique...). Il se doit aussi de conserver les œuvres, c'est-à-dire de les protéger et de les restaurer, de les classer, les étudier et les présenter au public. Longtemps, seuls les artistes le fréquentaient. Aujourd'hui, il reçoit des millions de visiteurs par an, qui entrent par la pyramide de verre de l'architecte Ieoh Ming Pei.

➔ galerie, muséum.
➔ planche artistes.

Collections du musée :
- **antiquités orientales** (vert)
- **antiquités égyptiennes** (jaune)
- **antiquités grecques, étrusques et romaines** (orange)
- **arts de l'Islam** (rose)
- **sculptures** (rouge)
- **objets d'art** (bleu)
- **peintures** (violet)
- **arts graphiques** (noir)

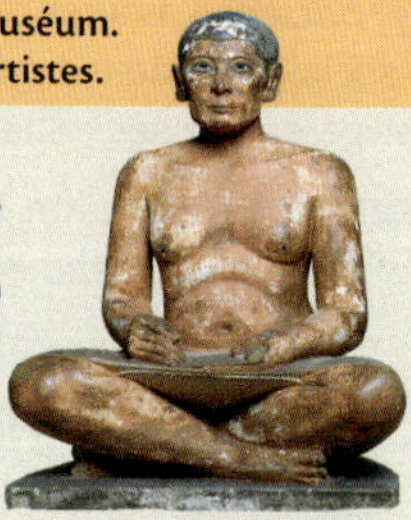
Le Scribe accroupi (2600-2350 av. J.-C.)

Cratère du peintre de Pothos (vers 460-450 av. J.-C.)

Sphinx royal de Tanis (vers 2600 av. J.-C.)

Héros combattant (1er siècle av. J.-C.)

«Apollon de Piombino» (1er siècle av J.-C.)

Statue de Ebih-il (vers 2400 av J.-C.)

Tête d'athlète (5e siècle av. J.-C.)

Tablette d'écriture (4e millénaire av. J.-C.)

Panneau de céramique (Iran, fin 15e siècle)

Botticelli, *Tête de jeune femme* (15e siècle)

Léonard de Vinci, *La Joconde* (1503-1505)

Georges de La Tour, *Le Tricheur à l'as de carreau* (1635)

Aiguière (17e siècle)

Jan Vermeer, *La Dentellière* (vers 1669-1670)

François Boucher, *Le Déjeuner* (1739)

François Girardon, Louis XIV à cheval (1685-1687)

Goya, *Portrait de la marquise de Santa Cruz* (1798)

Ingres, *Le Bain turc* (1862)

David, *Les Sabines* (1799)

les musiques du monde

La majorité des musiques du monde sont des musiques traditionnelles (non écrites) qui se transmettent d'une personne à l'autre. Certaines sont des musiques populaires ou folkloriques ; d'autres des musiques savantes qui étaient interprétées dans des fêtes religieuses ou des spectacles de cour. Comme ce fut le cas pour le jazz, toutes ces musiques peuvent être entendues aujourd'hui dans le monde entier.

➔ planche **instruments** de musique.

cornemuse

mandoline

luth

harmonica

bongo

ocarina

flûte de Pan

- **Amérique**
- **Europe**
- **Afrique**
- **Asie**
- **Océanie**

banjo

berimbau

orchestre de jazz

accordéon

tambour japonais

sitar

psaltérion

balalaïka

ukulélé

flûte tibétaine

koto

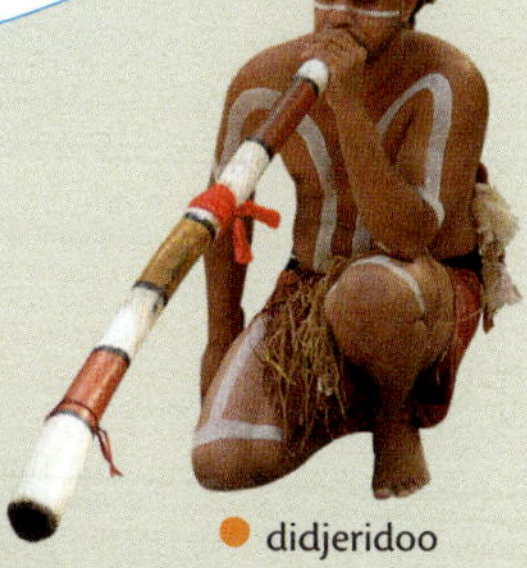

didjeridoo

vielle mongole à tête de cheval

djembé

tambours africains

myrtille n. f. Petit fruit rond et noir qui pousse sur des arbrisseaux en montagne. ➜ planche **Fruits.** *Une tarte aux myrtilles.*

des **myrtilles**

mystère n. m. **1.** Chose que l'on ne peut arriver à comprendre. *Comment le prisonnier a-t-il pu s'évader ? C'est encore un mystère pour la police.* ➜ **énigme. 2.** Précaution prise pour garder une chose secrète. *Léa et Julie doivent manigancer quelque chose, elles font des mystères.*

▸ **mystérieux, mystérieuse** adj. **1.** Difficile à comprendre, à expliquer. *Cette disparition est bien mystérieuse.* ➜ **énigmatique, incompréhensible, inexplicable.** ▮ contraires : **clair, évident. 2.** Qui cache un secret. *Un personnage mystérieux.*

▸ **mystérieusement** adv. D'une façon incompréhensible. *Mes lunettes ont mystérieusement disparu.*

mysticisme n. m. Attitude de l'esprit par laquelle l'être humain se rapproche le plus possible de la divinité. ▷ Mot de la famille de mystique.

mystifier v. (conjug. 9) *Mystifier quelqu'un,* le tromper en se servant de sa naïveté et de sa confiance. ➜ **duper.** *Paul et Théo ont mystifié Louise en lui racontant qu'ils avaient vu une soucoupe volante.*

▸ **mystification** n. f. Tromperie. ➜ ① **farce.** *Les naïfs sont souvent victimes de mystifications.*

mystique adj. Qui a un sentiment religieux très fort et cherche à être près de son dieu.
▶ Autre mot de la famille : mysticisme.

mythe n. m. Récit merveilleux qui donne une explication du monde et des phénomènes naturels en mettant en scène des dieux et des personnages imaginaires. ➜ **légende.** *Les mythes grecs.* ▮ homonyme : mite.

▸ **mythique** adj. Qui appartient au mythe, qui est un mythe. *Zorro est un personnage mythique.* ➜ **fabuleux, imaginaire, légendaire.** ▮ contraires : **historique, réel.**

▸ **mythologie** n. f. Ensemble des mythes et des légendes d'un peuple. *Hercule est un héros de la mythologie romaine.*

▸ **mythologique** adj. Qui appartient à la mythologie. *Zeus est un dieu mythologique grec.*

mythomane adj. Qui ne peut s'empêcher de raconter des histoires fausses et d'y croire. *Elle est mythomane.* – n. *C'est un mythomane.*

n' → **ne**

na interj. Familier. Mot que l'on ajoute à la fin d'une phrase pour s'opposer, montrer que l'on est le plus fort. *C'est bien fait pour toi, na !*

nacelle n. f. **1.** Grand panier suspendu au-dessous d'une montgolfière, dans lequel voyagent les passagers. **2.** Partie d'une poussette ou d'un landau où l'on installe le bébé.

nacre n. f. Matière brillante, d'un blanc rosé, qui tapisse l'intérieur de la coquille de certains coquillages, et dont on fait des bijoux, des boutons. *Les boutons de sa chemise sont en nacre.*

▸ **nacré, nacrée** adj. Qui a l'aspect, la couleur de la nacre. *Du vernis à ongles nacré.*

boutons de **nacre**

nager v. (conjug. 5b) **1.** Avancer dans l'eau en faisant certains mouvements sans que les pieds touchent le fond. *Léa apprend à nager. Alex nage le crawl.* → aussi **natation.** **2.** *Nager dans un vêtement,* c'est être trop au large dedans parce qu'il est trop grand. → **flotter.** *Paul nage dans le pull de son grand frère.* **3.** *Nager dans le bonheur,* être très heureux. *Les amoureux nageaient dans le bonheur.*

▸ **nage** n. f. **1.** Manière de nager. *Ses nages favorites sont la brasse et le crawl.* **2.** *Être en nage,* transpirer, être couvert de sueur.

▸ **nageoire** [naʒwaʀ] n. f. Organe court et plat qui permet aux poissons et à certains animaux marins, comme les baleines et les phoques, d'avancer et de se diriger dans l'eau. → planche **Poissons.** *Une nageoire est formée d'une membrane tendue sur des os très fins.*

▸ Il y a un *e* après le *g.*

▸ **nageur** n. m., **nageuse** n. f. Personne ou animal qui nage, qui sait nager. *L'ours est un bon nageur.*

▸ Autres mots de la famille : maître nageur, surnager.

naguère adv. (→ ÉTYM.) Il y a peu de temps. → **récemment.** *Nous nous voyions souvent naguère.* ▷ Mot de la famille de ne, ① avoir et guère.

▸ Ce mot appartient au langage soutenu.

naïf, naïve adj. Qui croit tout ce qu'on dit. *Elle est vraiment trop naïve !* → **crédule, niais.**

▸ Attention au tréma du *ï.*

▸ Autres mots de la famille : naïvement, naïveté.

nain n. m. et adj., **naine** n. f. et adj.

▪ n. Personne beaucoup plus petite que la normale. → aussi **nanisme.** ▮ contraire : **géant.** *Blanche-Neige a été recueillie par les sept nains.*

▪ adj. D'une espèce animale ou végétale particulièrement petite. *Julie a un lapin nain. Les bonsaïs sont des arbres nains.*

naître v. (conjug. 62) **1.** Venir au monde. *Napoléon est né à Ajaccio le 15 août 1769.* ▮ contraire : **mourir.** *L'infirmière s'occupe du bébé qui vient de naître,* du nouveau-né. **2.** Commencer à exister. *Une grande amitié naquit entre elles.* ▮ contraire : **finir.** **3.** *Naître de,* être causé par, résulter. *Ce projet est né d'une discussion entre deux architectes.*
▶ Attention à l'accent circonflexe du *î* devant *t.*

▸ **naissance** n. f. **1.** Venue au monde. *La naissance du bébé est prévue en mars. Quelle est ta date de naissance ? Indiquez votre lieu de naissance.* ➜ aussi **natal.** ▮ contraire : ① **mort.** **2.** Commencement, apparition. ➜ **début.** *La naissance de leur amitié date des vacances.* ▮ contraire : ① **fin.** **3.** Endroit où commence quelque chose. *Théo a un grain de beauté à la naissance du cou.* ➜ **base.**
▶ Autres mots de la famille : inné, mort-né, né, nouveau-né, renaissance, renaître.

naïvement adv. Avec une trop grande confiance. *Il a cru naïvement qu'on allait l'aider.* ▷ Mot de la famille de naïf.
▶ Attention au tréma du *ï.*

naïveté n. f. Trop grande confiance. ➜ **crédulité.** *Elle a la naïveté de croire qu'elle peut réussir sans travailler.* ▷ Mot de la famille de naïf.
▶ Attention au tréma du *ï.*

naja n. m. Serpent très venimeux d'Afrique et d'Asie, appelé aussi *cobra* ou *serpent à lunettes.* ➜ **cobra.**

nanisme n. m. Fait d'être nain. *Leur enfant est atteint de nanisme.*

nanotechnologie n. f. Technologie qui s'intéresse à des objets extrêmement petits. *Grâce aux nanotechnologies, on peut fabriquer des tissus qui absorbent les odeurs ou qui détruisent les microbes.* ▷ Mot de la famille de technologie.

naphtaline [naftalin] n. f. Produit qui éloigne les mites. *Elle a mis des boules de naphtaline dans les placards.*

① **nappe** n. f. Grande étendue de liquide ou de gaz qui forme une couche sur terre ou sous terre. *Des nappes de brouillard ralentissent la circulation. Une nappe phréatique.* ➜ planche **Eau.**
▶ Autre mot de la famille : napper.

② **nappe** n. f. Linge qui sert à couvrir la table du repas. *Julie pose les assiettes sur la nappe.*
▶ Autre mot de la famille : napperon.

napper v. (conjug. 3) Recouvrir d'une sauce ou d'une crème. *Elle nappe le gâteau de chocolat chaud.* ▷ Mot de la famille de ① nappe.

napperon n. m. Petit linge que l'on place sous un vase, une assiette, pour décorer ou pour protéger. ➜ aussi **set.** *Il y a un napperon de dentelle au centre de la table.* ▷ Mot de la famille de ② nappe.

narcisse n. m. Fleur blanche au cœur jaune vif, qui sent très bon. ➜ aussi **jonquille.** *Un bouquet de narcisses.*

des **narcisses**

narcissisme n. m. (➜ ÉTYM.) Très grande attention que l'on se porte à soi-même. *Arrête de te regarder tout le temps dans la glace, c'est du narcissisme !*

narcotique n. m. Produit qui engourdit et fait dormir. ➜ **somnifère.** *L'opium et la morphine sont des narcotiques.*

narguer v. (conjug. 3) Braver avec un air insolent et méprisant. ➜ **défier, provoquer.** *Il mange un bonbon en narguant son frère qui est puni.*
▶ Il y a un *u* après le *g.*

narine n. f. Chacune des deux ouvertures du nez. ➜ aussi **naseau.**

narquois, narquoise adj. Moqueur et malicieux. *Il nous regardait d'un air narquois.* ➔ **goguenard, ironique.**

narrer v. (conjug. 3) Raconter. *Il nous a narré ses aventures.*

◗ Ce mot appartient au langage soutenu.

▸ **narrateur** n. m., **narratrice** n. f. 1. Personne qui raconte. ➔ **conteur.** 2. Personne qui dit «je» dans un texte. *Dans ce livre, le narrateur est un petit garçon.*

▸ **narration** n. f. Récit d'une histoire, d'un évènement.

▸ Autre mot de la famille : inénarrable.

narval n. m. (pl. **narvals**) Grand animal marin de la famille des baleines, qui porte une longue défense sur le devant de la tête. *Les narvals vivent dans les mers arctiques.*

◗ Ce mot vient du danois.

nasal, nasale adj. Du nez. *La cloison nasale sépare les deux narines.* — Au masc. pl. *nasaux.*

naseau n. m. Narine de certains animaux comme le cheval, le bœuf, le taureau. *Les poneys soufflaient bruyamment par leurs naseaux.*

nasillard, nasillarde adj. *Une voix nasillarde,* c'est une voix qui semble venir du nez.

nasse n. f. Panier allongé que les pêcheurs plongent dans l'eau pour prendre des poissons ou des crustacés. *Le pêcheur a pris des crabes dans ses nasses.*

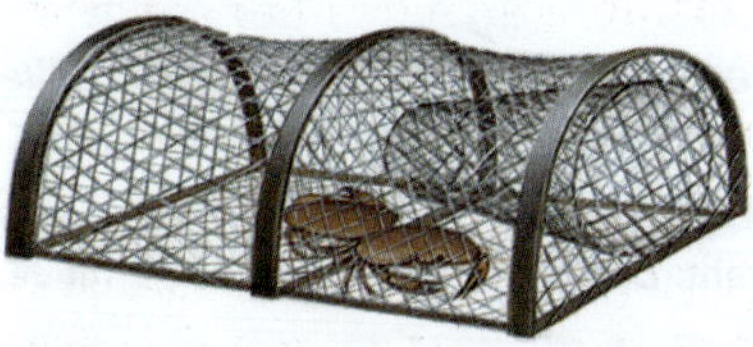

nasse

natal, natale adj. Où l'on est né. *Nous avons visité la maison natale de Napoléon à Ajaccio.* — Au masc. pl. *natals.*

▸ **natalité** n. f. Nombre d'enfants qui naissent dans un pays, par rapport au nombre d'habitants. *L'Inde a une très forte natalité.* ➔ aussi **démographie.** ▮ contraire : **mortalité.**

▸ Autre mot de la famille : prénatal.

natation n. f. Sport qui consiste à nager. ➔ planche **Sport.** *Alex fait de la natation.*

natif, native adj. Originaire. *Elle est native de Bretagne,* elle est née en Bretagne.

nation n. f. Ensemble que forment un peuple, le pays où il habite et son gouvernement. ➔ ② **État.** *La nation française.*

▸ **national, nationale** adj. 1. Qui appartient à une nation. ▮ contraires : **étranger, international.** *La production nationale d'électricité. La fanfare joue l'hymne national.* — Au masc. pl. *nationaux.* 2. Qui concerne le pays entier. *Ce footballeur fait partie de notre équipe nationale.* 3. *Une route nationale,* dont la construction et l'entretien sont financés par l'État. *La voiture a quitté la route nationale pour prendre une route départementale.* — n. f. *La nationale 7 passe à Aix-en-Provence.*

▸ **nationaliser** v. (conjug. 3) Donner à l'État la propriété de biens qui appartenaient à des propriétaires privés. ▮ contraire : **privatiser.** *Cette banque a été nationalisée.*

▸ **nationalisation** n. f. Action de nationaliser une entreprise. *La nationalisation des chemins de fer français date de 1938.* ▮ contraire : **privatisation.**

▸ **nationalisme** n. m. Attitude des personnes qui placent leur pays au-dessus des autres. ➔ aussi **chauvinisme, patriotisme.**

▸ **nationaliste** n. m. et f. Personne qui place son pays au-dessus des autres. *C'est un nationaliste farouche.* — adj. *Il est très nationaliste.* ➔ aussi **chauvin.**

▸ **nationalité** n. f. Lien juridique qui rattache une personne à la nation à laquelle elle appartient. *Elle a la nationalité française,* elle est française.

▸ Autres mots de la famille : international, multinationale.

nativité n. f. Tableau ou sculpture qui représente la naissance de Jésus dans la crèche.

natte n. f. 1. Tapis de paille. 2. Assemblage de trois longues mèches de cheveux entrecroisées et retenues par une attache. ➔ **tresse.** *Louise s'est fait des nattes.*

① **naturaliser** v. (conjug. 3) Accorder la nationalité du pays à un étranger. *Elle s'est fait naturaliser française,* elle est devenue citoyenne française.

▸ **naturalisation** n. f. Le fait pour un étranger d'acquérir la nationalité du pays dans lequel il a choisi de vivre. *Il a dû faire beaucoup de démarches pour obtenir sa naturalisation.*

② **naturaliser** v. (conjug. 3) *Naturaliser un animal,* c'est conserver un animal mort en lui donnant l'apparence de la vie. ➜ **empailler.**
▷ Mot de la famille de nature.

naturaliste n. m. et f. Savant qui s'occupe de sciences naturelles. *Les naturalistes sont des spécialistes de botanique et de zoologie.* ▷ Mot de la famille de nature.

nature n. f. **1.** Tout ce qui existe sur Terre et qui n'est pas fabriqué par l'homme. ➜ **monde, univers.** *Les écologistes militent pour la protection de la nature.* ➜ **environnement.** **2.** La campagne, le paysage. *La nature est belle en automne.* **3.** Ce qui caractérise un être, une chose ou un sentiment. *La nature humaine,* c'est ce que l'être humain a de particulier, ce qui le différencie des animaux. *Quelle est la nature de ce sol ?* **4.** Caractère d'une personne. *Elle est jalouse de nature.* ➜ **tempérament.** **5.** *Payer en nature,* c'est payer avec des objets au lieu de payer avec de l'argent.

▸ **naturel** adj. et n. m., **naturelle** adj.
▪ adj. **1.** Qui fait partie de la nature. *La pluie et la neige sont des phénomènes naturels. Dans ce zoo, les animaux vivent dans des enclos qui ressemblent à leur milieu naturel.* **2.** Qui n'a pas été modifié par l'homme. *Elle porte une chemise en soie naturelle.* ▮ contraires : **artificiel, synthétique.** **3.** Normal. *C'est naturel de pleurer quand on est triste.* ▮ contraire : **anormal.** **4.** Simple, spontané. *Louise est très naturelle sur cette photo.* ▮ contraire : **guindé.**
▪ n. m. **1.** Caractère, tempérament. *Elle est d'un naturel méfiant,* elle est méfiante de nature. **2.** Simplicité avec laquelle on se comporte. *Sur la photo, elle sourit avec naturel,* sans avoir l'air de se forcer.

▸ **naturellement** adv. **1.** D'une manière naturelle, de par sa nature. *Les cheveux de Léa frisent naturellement.* ▮ contraire : **artificiellement.** **2.** Évidemment, forcément. *Naturellement, Paul est encore en retard.*

▸ **nature morte** n. f. Peinture qui représente des objets et des animaux sans vie. *Chardin a peint de célèbres natures mortes.*
▷ Mot de la famille de mourir.

▸ **naturisme** n. m. Mode de vie des gens qui vivent en harmonie avec la nature, qui pratiquent le nudisme et ont une alimentation à base de produits naturels. *En vacances, ils aiment faire du naturisme.*

▸ **naturiste** n. m. et f. Personne qui pratique le naturisme. ➜ aussi **nudiste.**

▸ Autres mots de la famille : dénaturer, ② naturaliser, naturaliste, surnaturel.

naufrage n. m. Fait de couler, pour un bateau. *Le bateau a fait naufrage,* il a sombré.

▸ **naufragé** n. m., **naufragée** n. f. Personne se trouvant dans un bateau qui a fait naufrage. *Les naufragés ont été hissés à bord des canots de sauvetage.*

naufrage

nausée n. f. (➜ ÉTYM.) Envie de vomir. *Cette odeur me donne la nausée.* ➜ **haut-le-cœur.**

▸ **nauséabond, nauséabonde** adj. Écœurant. *Une odeur nauséabonde.* ➜ **fétide, puant.**

nautile n. m. Mollusque à coquille nacrée, en spirale, qui vit dans l'océan Pacifique. ➜ planche **Crustacés** et coquillages.

nautique adj. *Les sports nautiques,* ce sont des sports qui consistent à se déplacer sur l'eau, à naviguer. *L'aviron, la planche à voile sont des sports nautiques. L'été, Alex fait du ski nautique,* du ski sur l'eau.

nautisme n. m. *Le nautisme*, c'est l'ensemble des sports nautiques, en particulier la navigation de plaisance. *Cette émission sur la navigation de plaisance s'adresse aux amateurs de nautisme.*

naval, navale adj. Qui se rapporte aux navires. *On construit des navires dans les chantiers navals. L'amiral Nelson est mort à Trafalgar, au cours d'un combat naval,* au cours d'un combat entre navires de guerre.

combat **naval**

navet n. m. **1.** Légume rond, blanc ou mauve, qui se mange cuit. *Le cuisinier a préparé un canard aux navets.* **2.** Familier Mauvais film. *Quel navet, ce film !*

navette n. f. **1.** *La navette d'un métier à tisser,* c'est la bobine allongée que l'on passe dans un sens puis dans l'autre, entre les fils, pour tisser. – *Faire la navette entre deux endroits,* c'est aller et venir régulièrement entre ces deux endroits. **2.** Petit car, train ou bateau qui fait l'aller et retour entre deux lieux, sur une courte distance. *Il y a une navette entre l'aéroport et l'hôtel.* **3.** *Une navette spatiale,* un vaisseau spatial capable de revenir sur la Terre. ➜ planche **Espace.**

naviguer v. (conjug. 3) **1.** Se déplacer sur l'eau. ➜ **voguer.** *Le bateau naviguait vers l'Irlande.* **2.** Voyager comme marin sur un bateau. *Ce vieux loup de mer a navigué sur toutes les mers du globe.* **3.** *Naviguer sur Internet,* consulter Internet, aller d'un site à l'autre. ➜ **surfer.**

▸ **navigable** adj. Où l'on peut naviguer. *Le Rhône est navigable entre Lyon et Marseille.*

▸ **navigant, navigante** adj. Dont le métier est de travailler à bord d'un avion. *Le pilote, les hôtesses et les stewards font partie du personnel navigant.* ➜ aussi **équipage.**

▸ **navigateur** n. m., **navigatrice** n. f. **1.** Marin qui fait de longs voyages sur la mer. *Christophe Colomb était un grand navigateur.* **2.** Personne qui s'occupe de la direction à suivre, dans un bateau ou un avion. *Le navigateur et le radio sont assis dans la cabine de pilotage de l'avion.* **3.** n. m. Logiciel utilisé pour naviguer sur Internet.

▸ **navigation** n. f. **1.** Déplacement en mer à bord d'un bateau. *Un fort vent d'ouest gêne la navigation.* **2.** *La navigation aérienne,* c'est la circulation des avions.

navire n. m. Grand bateau destiné à naviguer en pleine mer. ➜ planche **Bateaux.** *Les cargos et les paquebots sont des navires de commerce.*

▸ **navire-usine** n. m. Navire sur lequel les poissons qui viennent d'être pêchés sont immédiatement préparés et congelés. – Au pl. *Des navires-usines.* ▷ Mot de la famille de usine.

navette spatiale

navrant, navrante adj. Désolant, contrariant. *C'est une histoire navrante.* ▮ contraire : **réjouissant.**

navré, navrée adj. Désolé. *Je suis navrée de vous déranger si tard.*

nazi n. m., **nazie** n. f. Membre du parti du dictateur allemand Hitler. *Les nazis voulaient*

a b c d e f g h i j k l m n o p q r s t u v w x y z

exterminer tous les Juifs. – adj. *Le régime nazi.*
Ce mot vient de l'allemand.

▸ **nazisme** n. m. Doctrine du dictateur allemand Hitler. → aussi **fascisme.** *Le nazisme était fondé sur le racisme, tout spécialement l'antisémitisme.*
On dit aussi *le national-socialisme.*

ne adv. Mot qui se place devant un verbe pour indiquer la négation et qui est souvent suivi de *jamais, pas, plus* ou *rien. Ce bébé ne pleure jamais. À ta place, je n'hésiterais pas. Il ne veut plus partir. Elle n'a rien compris. Je ne vois personne.*
Ne devient *n'* devant une voyelle ou un *h* muet.
▸ Autres mots de la famille : naguère, n'est-ce pas, sainte nitouche.

né, née adj. Qui a un don inné pour quelque chose. *Cette petite fille est une comédienne née.* ▮ homonyme : nez. ▷ Mot de la famille de naître.

néanmoins adv. Malgré cela. → **cependant, pourtant.** *Une voiture familiale mais néanmoins nerveuse.*

néant n. m. **1.** *Réduire à néant,* réduire à rien, anéantir. *Tous ses espoirs ont été réduits à néant.* **2.** Rien. *Signes particuliers : néant,* rien à signaler.
▸ Autres mots de la famille : anéantir, anéantissement, fainéant, fainéantise.

nébuleux, nébuleuse adj. **1.** Couvert de nuages. *Un ciel nébuleux.* → **nuageux.** ▮ contraire : **clair. 2.** Difficile à comprendre, confus. *Ses explications étaient nébuleuses.* → **fumeux, obscur.** ▮ contraires : **clair, précis.**

▸ **nébuleuse** n. f. Nuage de gaz et de poussière, dans l'espace. *Certaines nébuleuses sont opaques et cachent les étoiles.*

nécessaire adj. et n. m.
▪ adj. Très utile, essentiel. *Emporte tout ce qui te sera nécessaire,* tout ce dont tu auras besoin. ▮ contraires : **inutile, superflu.** *Il a les qualités nécessaires pour être un bon professeur.* → **indispensable.**
▪ n. m. **1.** Ce qui est indispensable pour vivre. *Dans ce pays si pauvre, beaucoup de gens manquent du nécessaire.* **2.** Ce qu'il faut faire et qui suffit. *Nous ferons le nécessaire pour que tout se passe bien.* **3.** Boîte ou étui renfermant les objets indispensables à la toilette, à un ouvrage, etc. *Un nécessaire à couture.*

▸ **nécessairement** adv. Obligatoirement. → **forcément.** *Pour aller en Irlande, il faut nécessairement traverser la mer.*

nécessité n. f. Chose indispensable. → **obligation.** *Dormir est une nécessité pour l'organisme.*

▸ **nécessiter** v. (conjug. 3) Exiger, demander. *Ce travail nécessite une grande attention.*

▸ **nécessiteux, nécessiteuse** adj. *Une personne nécessiteuse,* c'est une personne qui manque du nécessaire pour vivre. → **pauvre.** – n. *Les nécessiteux.*

nécrologie n. f. Article, texte qui retrace la vie d'une personne qui vient de mourir.

▸ **nécrologique** adj. Qui a rapport à la nécrologie. *Le journal a consacré un article nécrologique au grand comédien disparu,* un article qui retrace sa vie.

nécropole n. f. Grand cimetière de l'Antiquité. *Les nécropoles étrusques.*

nébuleuse

nectar n. m. **1.** Liquide sucré que contiennent les fleurs et les feuilles. *Les abeilles butinent le nectar.* **2.** Boisson à base de jus ou de purée de fruit. *Du nectar d'abricot.* **3.** Boisson délicieuse. *Ce vin est un vrai nectar.*

▸ **nectarine** n. f. Pêche à peau lisse dont le noyau n'adhère pas à la chair. → aussi **brugnon.**

nef [nɛf] n. f. **1.** Partie centrale d'une église, située entre le portail et le chœur. → planche **Cathédrale. 2.** Autrefois, navire à voiles.

néfaste adj. **1.** *Un jour néfaste,* où il arrive des malheurs. *Certaines personnes pensent que le vendredi 13 est un jour néfaste.* ▮ contraire : ② **faste. 2.** Mauvais, nuisible. *Ce climat humide et chaud est néfaste pour la santé.* ▮ contraire : **bénéfique.**

nèfle n. f. Petit fruit rond qui se mange très mûr.

▸ **néflier** n. m. Arbre sur lequel poussent les nèfles.

① **négatif, négative** adj. **1.** Qui exprime une négation. *«Je ne viendrai pas» est une phrase négative.* **2.** Qui marque un refus. *Sa réponse a été négative,* il a répondu non. ▮ contraire : **affirmatif.** – n. f. *La négative,* c'est une réponse négative. *Elle a répondu par la négative.* **3.** Qui ne fait que des critiques. *Je lui ai demandé ce qu'il pensait et il s'est montré très négatif.* ▮ contraires : **constructif, positif.**

② **négatif** n. m. Pellicule photographique développée sur laquelle on voit en clair ce qui devrait être sombre et en sombre ce qui devrait être clair. *On tire une photo à partir du négatif.*

négation n. f. **1.** Mot qui sert à nier. *«Non» est un adverbe de négation.* **2.** Ce qui est contraire à. *Cette méthode archaïque est la négation du progrès.* ▮ contraire : **affirmation.**

négliger v. (conjug. 5b) **1.** Ne pas faire attention à, ne pas se préoccuper de. *Elle néglige sa santé.* → se **désintéresser.** *Il néglige ses amis.* → **délaisser. 2.** Omettre. *Il a négligé de nous prévenir.* **3. se négliger,** ne pas prendre soin de soi, être sale et mal habillé.

▸ **négligé** n. m. Laisser-aller dans la tenue. *Le négligé de ses vêtements.*

▸ **négligeable** [negliʒabl] adj. Sans importance. → **insignifiant.** *C'est un détail négligeable.* ▮ contraire : **important.**

▸ **négligence** n. f. Manque de soin, d'attention ou de prudence. *Il ne répond pas à son courrier, par négligence.* → **désinvolture.** ▮ contraire : **attention.**

▸ **négligent, négligente** adj. *Une personne négligente,* c'est une personne qui n'apporte pas de soin, d'attention à ce qu'elle fait. ▮ contraire : **attentif.** *Le feu de forêt a été causé par des campeurs négligents.*

▸ **négligemment** [negliʒamɑ̃] adv. Sans mettre de soin à ce que l'on fait, sans faire attention. *Julie a négligemment posé son cartable au milieu de la pièce.* ▮ contraire : **soigneusement.**

négoce n. m. Commerce. *Cet homme s'était enrichi dans le négoce des épices.*
▸ Ce mot appartient au langage soutenu.

▸ **négociant** n. m., **négociante** n. f. Personne qui fait du commerce en gros. → **grossiste.** *Un négociant en vins.* ▮ contraire : **détaillant.**

négocier v. (conjug. 9) Discuter afin de se mettre d'accord. → aussi **parlementer.** *Les deux chefs d'État ont négocié un accord commercial.*

▸ **négociateur** n. m., **négociatrice** n. f. Personne qui mène une négociation. *Les négociateurs ont signé une déclaration commune.*

▸ **négociation** n. f. Suite de discussions que l'on entreprend pour arriver à un accord. *Les représentants du patronat et les syndicats ont engagé des négociations.*

nègre n. m., **négresse** n. f. Homme ou femme noir. → **noir.**
▸ Ce mot est vieux ou péjoratif. On dit maintenant *un Noir, une Noire* ou *une personne de couleur.*

▸ **négrier** n. m. et adj., **négrière** adj. **1.** n. m. Autrefois, personne qui achetait et vendait les

a b c d e f g h i j k l m n o p q r s t u v w x y z

esclaves noirs. *Les négriers allaient capturer des Noirs en Afrique pour les vendre en Amérique.* → aussi ② **traite.** 2. adj. Relatif à la traite des Noirs. *Un navire négrier.*

neige n. f. 1. Eau gelée qui tombe du ciel en flocons blancs et légers, lorsqu'il fait froid. → planche **Eau.** *Il est tombé de la neige cette nuit. Alex et Théo ont fait une bataille de boules de neige.* 2. *Une classe de neige,* c'est un séjour à la montagne d'une classe qui étudie avec son professeur tout en pratiquant les sports d'hiver. 3. *Des blancs (d'œufs) en neige,* ce sont des blancs d'œufs battus qui forment une mousse blanche et ferme.

▸ **neiger** v. (conjug. 5b) *Il neige,* il tombe de la neige.

▸ Ce verbe ne s'emploie qu'à la 3e personne du singulier.

▸ **neigeux, neigeuse** adj. Couvert de neige. *Les skieurs dévalent les pentes neigeuses.*

▸ Autres mots de la famille : chasse-neige, déneiger, enneigé, enneigement, motoneige, perce-neige.

nénuphar ou **nénufar** n. m. Plante à grandes feuilles rondes et à fleurs blanches, roses ou jaunes, qui pousse dans l'eau.

▸ Ce mot vient de l'arabe. • Écrire *nénufar* avec un *f* est conforme à la nouvelle orthographe.

nénuphar

néolithique n. m. Période la plus récente de la préhistoire, correspondant à l'âge de la pierre. *Au néolithique, les hommes savaient tailler et polir des outils de pierre et fabriquer des poteries.* → aussi **paléolithique.**

▸ Il y a un *h* après le *t.*

néologisme n. m. Mot nouveau. *Les journalistes emploient souvent des néologismes.*

néon n. m. 1. Gaz qui sert à éclairer. *Une enseigne lumineuse au néon signale le cinéma.* 2. Tube fluorescent qui éclaire avec ce gaz. *Il faut remplacer le néon de la cuisine.*

néophyte n. m. et f. Personne qui pratique depuis peu une technique, un art. *Ce livre est une initiation à l'informatique pour les néophytes.* → **débutant, novice.**

▸ Il y a un *y* après le *h.*

nerf [nɛʀ] n. m. 1. *Les nerfs,* ce sont les filaments qui relient chaque partie du corps au cerveau et à la moelle épinière. *Les nerfs servent à sentir, à voir, à entendre et à bouger.* – *Être à bout de nerfs,* c'est être très énervé et fatigué. *Avoir une crise de nerfs,* c'est se mettre à pleurer et à crier sans pouvoir se contrôler. 2. Ligament, tendon des muscles. *Cette viande est pleine de nerfs,* elle est nerveuse. 3. Énergie, vigueur. *Allons, du nerf !*

▸ **nerveux, nerveuse** adj. 1. *Une personne nerveuse,* c'est une personne qui est excitée, agitée. ▮ contraire : **calme.** *Elle se sentait un peu nerveuse.* → **énervé.** 2. Qui se rapporte aux nerfs. *Le système nerveux,* c'est l'ensemble formé par les nerfs, le cerveau et la moelle épinière. *Une cellule nerveuse.* → **neurone.** 3. *Une viande nerveuse,* pleine de nerfs, trop dure. 4. *Une voiture nerveuse,* qui avance très vite dès qu'on accélère un tout petit peu.

▸ **nerveusement** adv. Avec nervosité. ▮ contraire : **calmement.** *Elle rit nerveusement.*

▸ **nervosité** n. f. Énervement, irritation. ▮ contraire : **calme.** *Elle est d'une grande nervosité aujourd'hui.*

▸ **nervure** n. f. *Les nervures d'une feuille,* ce sont les fines lignes en relief à la surface de la feuille.

▸ Autres mots de la famille : énervant, énervé, énervement, énerver.

hache du **néolithique**

n'est-ce pas adv. Expression qui est utilisée pour interroger quelqu'un et obtenir une réponse positive. *Tu es d'accord, n'est-ce pas ?*
▷ Famille de ne, ① être, ② ce et ② pas.

net [nɛt] adj. et adv., **nette** adj.
▪ adj. 1. Propre. *Cette chemise n'est pas très nette.* ▮ contraire : **sale.** – *En avoir le cœur net,* ne plus avoir de doute. 2. *Le poids net d'une marchandise,* c'est son poids sans l'emballage. ▮ contraire : **brut.** 3. Clair et précis. *Sa réponse a été nette.* ▮ contraires : **ambigu, confus, évasif.** 4. Évident, indiscutable. *Il y a une nette amélioration du temps depuis hier.* 5. *Une image nette,* dont on distingue bien les contours et les moindres détails. *Cette photo est très nette.* ▮ contraire : **flou.**
▪ adv. Tout d'un coup, brusquement. *La voiture s'est arrêtée net.*

▸ **nettement** adv. 1. D'une manière claire, visible. *On voit très nettement le mont Blanc à l'horizon.* ▮ contraire : **vaguement.** 2. D'une manière évidente, visible. ➜ **beaucoup.** *Le malade va nettement mieux. La voiture roulait nettement trop vite.*

▸ **netteté** n. f. 1. Clarté et précision. *Le professeur explique les choses avec netteté.* ▮ contraire : **ambiguïté.** 2. Qualité de ce qui est bien visible. *Ces photos sont d'une grande netteté,* on peut en distinguer chaque détail.

▸ **nettoyer** v. (conjug. 10) Rendre net, propre. *La femme de ménage nettoie la salle de bains. Il a donné son manteau à nettoyer.* ➜ aussi **laver.**

▸ **nettoyage** n. m. Fait de nettoyer, de rendre propre. *Elle a fait un grand nettoyage de printemps, dans sa maison.*
▸ Autre mot de la famille : autonettoyant.

① **neuf** [nœf] adj. inv. Huit plus un (9). *Il y avait neuf personnes dans la salle. Julie a 9 ans* [nœvɑ̃]. *Il est 9 heures* [nœvœʀ]. – n. m. inv. *Ils habitent au 9, rue Didot,* au numéro 9.
▸ Autres mots de la famille : dix-neuf, dix-neuvième, neuvième.

② **neuf** adj. et n. m., **neuve** adj.
▪ adj. 1. Qui vient d'être acheté ou qui n'a pas encore servi. *Julie a mis ses chaussures neuves.* ▮ contraires : **usagé, vieux.** *Il s'est acheté une voiture neuve.* ▮ contraire : d'**occasion.** *Ils n'ont que des meubles neufs.* ▮ contraire : **ancien.** 2. Nouveau. *Alors, quoi de neuf, aujourd'hui ?*
▪ n. m. Ce qui est neuf. *Il n'achète que du neuf,* que des choses neuves. *Cet appartement a été refait à neuf,* il a été refait complètement. ➜ aussi **rénover.**

neurasthénie n. f. Maladie qui se manifeste par une grande tristesse, un grand abattement. ➜ **dépression.** *Il souffre de neurasthénie depuis la mort de sa femme.*
▶ Il y a un *h* après le *t*.

▸ **neurasthénique** adj. Qui souffre de neurasthénie, triste et déprimé. *Sa femme est neurasthénique.* ➜ **dépressif.**
▶ Il y a un *h* après le *t*.

neurologie n. f. Partie de la médecine qui s'occupe du système nerveux.

▸ **neurologique** adj. *Des troubles neurologiques,* ce sont des troubles du système nerveux.

▸ **neurologue** n. m. et f. Médecin spécialiste du système nerveux.

neurone n. m. Cellule nerveuse. *Il y a des milliards de neurones dans le cerveau.*

neutraliser v. (conjug. 3) Empêcher d'agir, rendre inoffensif. *Les pompiers ont neutralisé l'incendie.* ▷ Mot de la famille de neutre.

neutralité n. f. État d'une personne ou d'un pays qui ne prend pas parti. *Pendant la Seconde Guerre mondiale, la Suisse a observé la plus stricte neutralité.* ▷ Mot de la famille de neutre.

neutre adj. 1. Qui ne participe pas à un conflit, à une guerre. *La Suisse et la Suède sont des pays neutres.* 2. Qui ne prend pas parti, ne favorise personne. *Un arbitre doit toujours rester neutre.* ➜ **impartial.** ▮ contraire : **partial.** 3. *Un ton neutre,* sans passion, indifférent. 4. *Une couleur neutre,* sans éclat. ▮ contraire : **vif.**
▸ Autres mots de la famille : neutraliser, neutralité.

neuvième adj. et n. m.
▪ adj. Qui succède au huitième. *Louise habite au neuvième étage.*
▪ n. m. La partie d'un tout divisé en neuf. *Le neuvième d'une somme.* ▷ Mot de la famille de ① neuf.

névé

névé n. m. Masse de neige dure, en haute montagne, qui se transforme parfois en glacier.

neveu n. m. Fils du frère ou de la sœur. *Il a trois neveux et deux nièces.* → aussi **oncle, tante.**

névralgie n. f. Douleur ressentie sur le trajet d'un nerf. *Une névralgie faciale.*

nez n. m. **1.** Partie qui dépasse du visage, entre le front et la bouche, et qui sert à sentir et à respirer. → aussi **narine** et **odorat.** *Paul a un grand nez. Théo se met des gouttes dans le nez.* → aussi **nasal.** *Julie saigne du nez. – Mener quelqu'un par le bout du nez,* lui faire faire tout ce qu'on veut. *Avoir le nez creux,* deviner juste, être clairvoyant. *Ne pas voir plus loin que le bout de son nez,* manquer de bon sens, ne pas être prévoyant. *Se trouver nez à nez avec quelqu'un,* face à face. *Fourrer son nez partout,* être très curieux. *Rire au nez de quelqu'un,* se moquer de lui ouvertement. **2.** Partie avant. *L'avion piqua du nez.* ▮ homonyme : né.

▶ Autres mots de la famille : cache-nez, pied de nez.

ni conjonction *Ni,* accompagné de *ne,* indique qu'on ajoute quelque chose de négatif dans une phrase négative. *Je ne prends ni lait ni sucre dans mon thé,* pas de lait et pas de sucre non plus. ▮ homonyme : nid.

niais, niaise adj. Bête et naïf. *Il a fait une réflexion un peu niaise. Il est vraiment niais.* → **nigaud.**

▶ **niaiserie** n. f. Parole bête. → **bêtise, sottise.** *Arrête de dire des niaiseries !*

▶ Ce mot ne s'emploie plus beaucoup.

① **niche** n. f. Farce. → **blague.** *Alex est très taquin et fait souvent des niches à ses camarades.*

▷ Mot de la famille de nicher.

▶ Ce mot appartient au langage soutenu.

② **niche** n. f. **1.** Abri en forme de petite maison, où couche un chien. *Le chien dort dans sa niche.* **2.** Renfoncement dans l'épaisseur d'un mur, où l'on met un objet décoratif. *La statuette est placée dans une niche.* ▷ Mot de la famille de nicher.

nicher v. (conjug. 3) **1.** Faire son nid. *La plupart des oiseaux nichent dans les arbres.* **2. se nicher,** c'est se blottir, se cacher. *Léa a couru se nicher dans les bras de son père.*

▶ **nichée** n. f. Ensemble d'oiseaux de la même couvée qui sont encore au nid. *Une nichée de poussins.* → **couvée.**

▶ Autres mots de la famille : dénicher, ① et ② niche.

nickel n. m. Métal inoxydable, d'un blanc argenté.

▶ Ce mot vient de l'allemand.

▶ **nickelé** [nikle], **nickelée** [nikle] adj. Recouvert de nickel. *Une poignée de porte en laiton nickelé.*

nicotine n. f. (→ ÉTYM.) Produit dangereux qui se trouve dans le tabac. *La nicotine jaunit les doigts et les dents des fumeurs.*

nid n. m. Abri que les oiseaux construisent pour pondre, couver leurs œufs et élever leurs petits. → aussi **nicher.** → planche **Oiseaux.** *Des hirondelles ont fait leur nid sous le toit. – Petit à petit l'oiseau fait son nid,* les choses se font progressivement. ▮ homonyme : ni.

nièce n. f. Fille du frère ou de la sœur. *Elle a deux nièces et un neveu.* → aussi **oncle, tante.**

nier v. (conjug. 9) *Nier quelque chose,* c'est dire que cette chose n'est pas vraie. ▮ contraire : **affirmer.** *Alex et Théo ont nié avoir fait une farce à leurs camarades. L'accusé continue à nier,* à dire que ce n'est pas lui le coupable. ▮ contraire : **avouer.**

▶ Autres mots de la famille : indéniable, indéniablement, reniement, renier.

nigaud, nigaude adj. Un peu bête et naïf. → **niais.** ▮ contraire : ① **malin.** *Elle est un peu nigaude.* → fam. ② **gourde.** – n. *Quel grand nigaud !*

▶ Autre mot de la famille : attrape-nigaud.

niche

n'importe qui, n'importe quoi → ① **importer**

nippon, nipponne adj. Japonais. *L'empire nippon.*

▶ *Nippon* est un mot japonais qui veut dire «soleil levant».

nitrate n. m. Produit chimique avec lequel on fait des engrais, des médicaments et des explosifs.

nitroglycérine n. f. Explosif très puissant. *La dynamite contient de la nitroglycérine.*

niveau n. m. **1.** Hauteur jusqu'à laquelle s'élève un liquide, par rapport à un plan horizontal. *Elle a de l'eau au niveau de la taille. La ville est à 500 mètres au-dessus du niveau de la mer. On vérifie le niveau d'huile d'une voiture avec une jauge.* – Au pl. *Des niveaux.* **2.** Instrument qui sert à vérifier qu'une surface est horizontale ou verticale. **3.** Étage d'un bâtiment. *Cette maison est construite sur deux niveaux.* **4.** Degré d'intelligence et de connaissances. *Léa a un bon niveau en français,* elle est bonne en français. *Le niveau de la classe est très bon,* il n'y a que de bons élèves. **5.** *Le niveau de vie,* c'est la manière dont vivent les gens, en fonction de l'argent qu'ils gagnent et de l'économie du pays où ils habitent. *Dans les pays riches, le niveau de vie est élevé.* **6.** Caractère que présente la langue selon la personne qui parle et les circonstances. → **registre.** *«Livre» est d'un niveau de langue courant, «bouquin» d'un niveau de langue familier. «Narrer» est d'un niveau de langue soutenu.*

▸ **niveler** v. (conjug. 6a) Supprimer les creux et les bosses. → **aplanir, égaliser.** *L'érosion nivelle les reliefs.*

▸ **nivellement** n. m. Action de niveler, d'égaliser. *Le nivellement d'un terrain.*

▶ Autres mots de la famille : dénivelé, dénivellation.

noble adj. et n. m. et f.

▪ adj. Beau et généreux. *C'est un geste très noble.* ▮ contraire : **mesquin.**

▪ n. m. et f. Personne qui appartenait autrefois à la plus haute classe de la société. → **aristocrate.** *Les nobles possédaient des châteaux et des terres.* ▮ contraire : **roturier.**

▸ **noblement** adv. D'une manière noble, élevée et généreuse. *Il a agi noblement.*

▸ **noblesse** n. f. **1.** Générosité. *Pardonner à son ennemi est un acte d'une grande noblesse.* **2.** *La noblesse,* c'était la classe la plus élevée de la société, composée des nobles. → **aristocratie.** *Avant la Révolution de 1789, la noblesse avait de nombreux privilèges.*

▶ Autres mots de la famille : anoblir, ennoblir.

noce n. f. **1.** *Les noces,* le mariage. *Les jeunes mariés sont partis en voyage de noces. Mes arrière-grands-parents vont fêter leurs noces d'or,* leurs 50 ans de mariage. **2.** *Une noce,* c'est la fête qui suit le mariage. *Ils sont invités à une noce à la campagne.* **3.** Familier. *Faire la noce,* faire la fête, s'amuser.

nocif, nocive adj. (→ ÉTYM.) *Une chose nocive,* c'est une chose qui peut faire beaucoup de mal. → **dangereux, nuisible.** *Fumer est nocif,* mauvais pour la santé. → **néfaste, toxique.** ▮ contraires : **bienfaisant,** ① **bon, inoffensif.**

noctambule n. m. et f. Personne qui aime sortir et se divertir la nuit.

nocturne adj. et n. m. et f.
▪ adj. **1.** Qui a lieu pendant la nuit. *Ses voisins font du tapage nocturne.* **2.** *Les animaux nocturnes,* qui vivent la nuit et dorment le jour. *La chouette est un oiseau nocturne.* ▮ contraire : **diurne.**
▪ n. **1.** n. f. Ouverture le soir assez tard d'un magasin ou d'une exposition. *Le supermarché est ouvert en nocturne le vendredi jusqu'à 22 heures.* **2.** n. m. Morceau de piano au ton un peu mélancolique. *Le pianiste joue des nocturnes de Chopin.*

Noël n. m. **1.** Fête que les chrétiens célèbrent le 25 décembre en souvenir de la naissance de Jésus. *Julie a eu de nombreux cadeaux pour Noël.* **2.** *Un arbre de Noël,* c'est un sapin que l'on décore avec des guirlandes et des boules multicolores, au moment de Noël. **3.** *Le père Noël,* c'est un personnage légendaire chargé de distribuer des cadeaux aux enfants la nuit de Noël.

nœud n. m. **1.** Boucle faite en entrecroisant les deux bouts d'un fil, d'une corde ou d'un ruban, de manière à les resserrer si on tire sur les extrémités. *Il fait son nœud de cravate devant la glace.* **2.** Point très important. *Voilà le nœud du problème.* **3.** *Un nœud ferroviaire,* c'est un endroit où se croisent de nombreuses lignes de chemin de fer. **4.** Partie très dure à l'intérieur d'un arbre, qui forme des cercles dans le bois. *Il y a beaucoup de nœuds dans cette planche.* **5.** Unité de vitesse des bateaux. *Un nœud équivaut à 1 mille à l'heure ou 1,8 km/h.*

noir adj. et n. m., **noire** adj. et n. f.
▪ adj. **1.** De la couleur la plus foncée qui existe. → planche **Couleurs.** *Un chat noir. Des yeux noirs,* brun très foncé. **2.** Sombre, sans lumière. *La nuit, il fait noir. Il faisait nuit noire,* il n'y avait ni lune ni étoiles. ▮ contraire : **clair.** **3.** *Avoir des idées noires,* tristes, sombres. **4.** Qui appartient à un groupe de gens dont la peau est très foncée. *Les populations noires et métisses. Une chanteuse noire.*
▪ n. **1.** n. m. Couleur noire. *Le noir est la couleur du deuil. Les photos de mariage de ses arrière-grands-parents sont en noir et blanc.* ▮ contraire : en **couleurs.** **2.** n. m. Obscurité. *Léa a peur du noir.* **3.** n. m. *Voir tout en noir,* c'est être pessimiste. **4.** n. Personne à la peau noire. *Un Noir américain. Les Noirs d'Afrique. La traite des Noirs.* → aussi **nègre.** – On dit aussi *une personne de couleur.* ▮ homonyme : noire.

▸ **noirâtre** adj. D'une couleur foncée, presque noire. *L'eau de la mare est noirâtre.*

▸ **noirceur** n. f. **1.** Couleur noire. *La noirceur du charbon.* **2.** Méchanceté odieuse. *La noirceur d'une trahison.*

▸ **noircir** v. (conjug. 11) **1.** Rendre noir. *La fumée noircit les murs.* **2.** Décrire en exagérant le mauvais côté. *Tu noircis un peu trop la situation !*

▸ **noire** n. f. Note de musique qui vaut la moitié d'une blanche. *Deux croches valent une noire.* ▮ homonyme : noir.

nœud

noisette n. f. Petit fruit brun clair contenu dans une coque. → planche **Fruits.** *L'écureuil fait provision de noisettes pour l'hiver.*

▸ **noisetier** n. m. Arbuste qui produit les noisettes.

noix [nwa] n. f. **1.** Fruit du noyer contenu dans une coquille ovale très dure. → planche

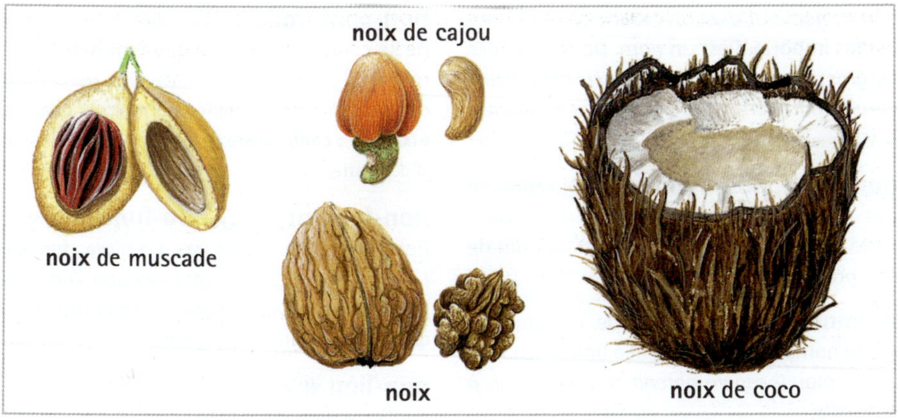

Fruits. *On gaule les noix en automne.* **2.** Fruit à coque dure poussant sur d'autres arbres que le noyer. *Noix de coco.* ➜ **coco.** *Noix de cajou.* ➜ **cajou.**

▶ Autres mots de la famille : casse-noix, ② noyer.

nom n. m. **1.** Mot qui sert à désigner une personne. *Écris ton nom de famille et ton prénom en haut de la page.* **2.** Mot qui sert à désigner un animal, un lieu, un objet. *Je ne me souviens plus du nom de cette rue. Tarzan est le nom que Julie a donné à son chien.* **3.** Mot qui sert à désigner les êtres et les choses de la même espèce. *Quel est le nom de cette fleur ?* ➜ **appellation, désignation.** **4.** Mot qui peut être le sujet d'un verbe. *Un nom commun peut être précédé d'un article et accompagné d'un adjectif. «Chat» et «gomme» sont des noms communs.* ➜ **substantif.** *«Belgique», «Julie» et «Balzac» sont des noms propres.* ➜ ② **propre.** ▮ homonyme : non.

▶ Autres mots de la famille : dénommé, dénommer, nommément, nommer, prénom, prénommer, pronom, renom, renommé, renommée, surnom, surnommer.

nomade n. m. et f. Personne qui n'a pas d'habitation fixe. *Les nomades du désert vivent dans des tentes.* – adj. *Les populations nomades.* ▮ contraire : **sédentaire.**

nombre n. m. **1.** Ce qui sert à compter. *217 est un nombre de 3 chiffres.* **2.** Ensemble plus ou moins grand de personnes ou de choses. *Quel est le nombre d'habitants de Paris ? Il y avait un grand nombre de personnes,* beaucoup de personnes. *Il était au nombre des invités,* il faisait partie des invités. **3.** Catégorie grammaticale du singulier et du pluriel. *L'adjectif s'accorde en genre et en nombre avec le nom qu'il accompagne.*

▸ **nombreux, nombreuse** adj. En grand nombre. *Julie a fait de nombreuses fautes dans sa dictée,* elle a fait beaucoup de fautes.

▶ Autres mots de la famille : dénombrer, innombrable, en surnombre.

nombril [nɔ̃bʀil] ou [nɔ̃bʀi] n. m. Petite cicatrice ronde au milieu du ventre, à l'endroit où se trouvait le cordon qui rattachait le bébé à sa mère. ➜ aussi **ombilical.**

nomenclature n. f. Ensemble des mots qui sont définis dans un dictionnaire. *Ce dictionnaire a une nomenclature de 20 000 mots.*

campement **nomade**

nominal, nominale adj. **1.** Qui concerne le nom de la personne. *Le professeur a fait l'appel nominal des élèves.* ➜ **nominatif.** **2.** *Un*

groupe nominal, c'est un groupe de mots dont le plus important est un nom. *Dans la phrase «le gros chien a une muselière», «le gros chien» et «une muselière» sont des groupes nominaux.*
▶ Autre mot de la famille : pronominal.

nominatif, nominative adj. Qui contient des noms. *Une liste nominative des invités. Cette carte est nominative,* elle est au nom de son propriétaire.

nomination n. f. Le fait de nommer ou d'être nommé officiellement à une fonction, à un emploi. *Il espère obtenir sa nomination à Marseille.*

nommer v. (conjug. 3) **1.** Citer, en disant le nom. ➜ **désigner, indiquer.** *Nommez dix mammifères.* **2.** Choisir pour remplir une fonction. *Elle a été nommée professeur en banlieue parisienne.* **3. se nommer,** avoir comme nom. ➜ **s'appeler.** *Il se nomme Luc Favre.*

▶ **nommément** adv. Par son nom. *Le meneur a été nommément désigné par ses complices.*
▷ Mots de la famille de nom.

non adv. Mot qui sert à exprimer le refus, la négation. ▮ contraire : **oui.** *Tu viens avec nous ? Non ! Mais non ! Non merci. Il a dit que non.* ➜ aussi **nier.** *C'est pour moi et non pour toi.* ➜ ② **pas.** *C'est ainsi, que tu le veuilles ou non. Moi non plus.* ▮ homonyme : nom.
▶ Autres mots de la famille : non-conformiste, non-fumeur, non-lieu, non-sens, non-violence, non-violent, non-voyant, sinon.

nonagénaire adj. Qui a entre 90 et 99 ans. *Son arrière-grand-père est nonagénaire.* – n. *C'est une alerte nonagénaire.*

nonante adj. inv. et n. m. inv. Quatre-vingt-dix (90).
▶ Ce mot est employé en Belgique et en Suisse.

nonchalant, nonchalante adj. (➜ ÉTYM.) Qui n'a pas beaucoup d'énergie, d'ardeur. ➜ **indolent.** ▮ contraire : **vif.** *Elle est très nonchalante.* ➜ **mou.** *Il marche d'un pas nonchalant.* ▮ contraires : **énergique, vif.**

▶ **nonchalance** n. f. Mollesse, manque d'énergie. *Elle s'est levée avec nonchalance.* ▮ contraires : **entrain, vivacité.**

non-conformiste n. m. et f. Personne qui ne se conforme pas à ce que font habituellement les autres gens. – adj. *Des gens non-conformistes.* ➜ **anticonformiste, original.** ▮ contraire : **conformiste.** ▷ Mot de la famille de non et de forme.

non-fumeur n. m., **non-fumeuse** n. f. Personne qui ne fume pas. ▮ contraire : **fumeur.** *Les non-fumeurs sont contents que l'on n'ait plus le droit de fumer dans les restaurants.* ▷ Mot de la famille de non et de fumer.

non-lieu n. m. Décision de justice par laquelle le juge déclare qu'il n'y a pas lieu de continuer les poursuites contre quelqu'un. *Le prévenu a bénéficié d'un non-lieu.* – Au pl. *Des non-lieux.* ▷ Mot de la famille de non et de ① lieu.

nonne n. f. Religieuse.

non-sens n. m. inv. Absurdité. *C'est un non-sens de faire cela.* – Au pl. *Des non-sens.* ▷ Mot de la famille de non et de ② sens.

non-stop [nɔnstɔp] adj. inv. Qui se déroule sans être interrompu. *Les députés ont eu des débats non-stop jusqu'au vote de la loi.*
▶ Ce mot vient de l'anglais.

non-violent, non-violente adj. *Une manifestation non-violente,* c'est une manifestation où les gens disent ce qu'ils pensent sans utiliser la violence. ➜ **pacifiste.** – n. *Les non-violents,* ce sont les personnes qui refusent d'avoir recours à la violence pour persuader leurs adversaires. *C'est une non-violente convaincue.*

▶ **non-violence** n. f. Doctrine des personnes qui refusent d'utiliser la violence dans une action politique. *Les adeptes de la non-violence.*
▷ Mots de la famille de non et de violent.

non-voyant n. m., **non-voyante** n. f. Personne qui ne voit pas. ➜ **aveugle.** – adj. *Sa femme est non-voyante.* ▷ Mot de la famille de non et de voir.

nord n. m. **1.** *Le nord,* c'est l'un des 4 points cardinaux, celui qui correspond à la direction du pôle de l'hémisphère où se trouve l'Europe. ▮ contraire : **sud.** *L'aiguille de la boussole indique* *le nord. Leur chambre est exposée au nord. La Belgique est au nord de la France.* **2.** Le Nord, c'est la région de France située le plus au nord. *Lille est dans le Nord.* **3.** Partie nord d'un pays, d'un continent. *L'Algérie est en Afrique du Nord.* **4.** (Invariable après un nom) Qui se trouve au nord. *Les banlieues nord. L'hémisphère Nord.* ➜ aussi **boréal, septentrional.** *Le pôle Nord.*

Nord s'écrit avec une majuscule quand il s'agit d'un nom propre géographique.

▸ **nord-américain, nord-américaine** adj. D'Amérique du Nord. *Le Canada et les États-Unis sont des pays nord-américains.* — n. Personne qui habite en Amérique du Nord. *Les Nord-Américains. Il a épousé une Nord-Américaine.* ▷ Mot de la famille de américain.

▸ **nordique** adj. Qui est situé au nord de l'Europe. *La Suède, la Norvège, le Danemark et la Finlande forment les pays nordiques.*

normal, normale adj. Qui n'a rien de particulier, qui est comme les autres. *La température est normale pour la saison. C'est normal d'être fatigué à la fin de la journée.* ▮ contraires : **anormal, exceptionnel, spécial.** — Au masc. pl. *normaux.*

▸ **normalement** adv. D'une manière normale. *Tout se passe normalement. Normalement, il rentre déjeuner tous les jours.* ➜ **habituellement.**

▷ Mots de la famille de norme.

norme n. f. **1.** État habituel, qui correspond à la majorité des cas. *Travailler 8 heures par jour, c'est la norme.* **2.** Les normes, ce sont les règles auxquelles on doit se conformer pour fabriquer des objets. *Les constructeurs de voitures doivent respecter les normes de sécurité.*

▶ Autres mots de la famille : anormal, anormalement, normal, normalement.

nos ➜ **notre**

nostalgie n. f. Tristesse vague, causée par le regret de quelque chose qui est fini ou que l'on n'a pas eu. ➜ aussi **mélancolie.** *Il garde la nostalgie de son enfance à la campagne.*

▸ **nostalgique** adj. Triste, mélancolique. *Une chanson nostalgique.*

notable adj. et n. m.

▪ adj. Digne d'être remarqué. *Léa a fait des progrès notables en orthographe.* ➜ **important, sensible.**

▪ n. m. Personne importante. *Le maire, le pharmacien, le notaire font partie des notables du village.* ➜ **personnalité.**

▸ **notablement** adv. D'une manière sensible, assez importante. *La situation s'est notablement améliorée.* ➜ **sensiblement.**

notaire n. m. et f. Personne dont le métier est de garantir devant la loi une vente, un contrat entre deux personnes. ➜ aussi **clerc.** *Les actes de vente sont signés chez le notaire.* ➜ aussi **étude.** ▷ Mot de la famille de note.

notamment adv. En particulier. *Il a fait froid cet hiver, notamment en Alsace.* ➜ **particulièrement, spécialement.**

paysage **nordique**

notation n. f. **1.** Façon de noter. *La notation des devoirs,* la façon dont ils sont notés. **2.** *La notation musicale,* la représentation des sons musicaux par les notes écrites. ▷ Mot de la famille de note.

notation musicale

note n. f. **1.** Petite remarque en bas d'une page ou à la fin d'un livre, qui explique le texte. *Les mots difficiles sont expliqués en note.* **2.** Observation que l'on écrit pour se souvenir de ce qu'on écoute ou qu'on voit. *Prenez des notes pendant le cours.* **3.** Papier sur lequel est écrit ce que l'on doit payer. *J'ai reçu la note d'électricité.* → **facture.** *Une note de restaurant.* → **addition.** **4.** Chiffre ou lettre qui représente l'appréciation du professeur sur le travail de l'élève. *Théo a eu une bonne note en histoire.* **5.** Signe représentant un son, qui sert à écrire la musique. *Do, ré, mi, fa, sol, la, si sont les sept notes de la gamme.* **6.** Son figuré par une note. *Le pianiste a fait une fausse note.* **7.** Détail, élément. *Ce tapis rouge met une note de couleur dans la pièce.* → (1) **touche.**

▶ **noter** v. (conjug. 3) **1.** Inscrire. *Julie a noté l'adresse de ses amis dans son carnet.* **2.** Remarquer. *Je n'ai rien noté d'anormal.* → **constater.** **3.** Mettre une note. *Le professeur note les devoirs.*

▶ Autres mots de la famille : annotation, annoter, bloc-note, notaire, notation.

notice n. f. Petit texte qui explique comment se servir d'un appareil. *Lisez bien la notice avant de brancher votre console de jeux,* le mode d'emploi.

notifier v. (conjug. 9) Annoncer de manière officielle. *Le directeur lui a notifié sa promotion.*

notion n. f. **1.** Connaissance élémentaire. *Il a quelques notions de russe.* → **rudiments.** **2.** Idée que l'on se fait de quelque chose. *Je n'ai pas la moindre notion de l'heure qu'il est,* je n'en ai aucune idée.

notoire adj. Connu d'un grand nombre de personnes. *Il est d'une incompétence notoire.*

notoriété n. f. Renommée, réputation. *Les parfums français ont une grande notoriété à l'étranger.* → **célébrité, renom.**

notre (pl. **nos**) adj. possessif Qui est à nous. *Voilà notre maison. La maîtresse nous a rendu nos devoirs.*

nôtre pronom possessif et n. m.

■ **pronom possessif** *Le nôtre, la nôtre,* l'être ou la chose qui est à nous. *Votre voiture est là mais je ne vois pas la nôtre. Ils ont leurs soucis et nous, les nôtres.*

■ **n. m. 1.** *Nous y mettrons du nôtre,* nous ferons un effort. **2. n. m. pl.** *Les nôtres,* ce sont nos parents, nos amis. *J'espère que vous serez des nôtres,* que vous serez avec nous.

nouer v. (conjug. 3) **1.** Unir en faisant un nœud. *Alex noue les lacets de ses baskets.* → **attacher.** ■ contraire : **dénouer.** **2.** *Avoir la gorge nouée par l'émotion,* la gorge serrée. **3.** Établir des liens. *Les deux pays ont noué des relations diplomatiques.*

▶ **noueux, noueuse** adj. **1.** Où il y a beaucoup de nœuds. *Ce vieil arbre a un tronc noueux.* **2.** *Des mains noueuses,* aux articulations enflées, à cause de l'âge et des rhumatismes.

▶ Autres mots de la famille : dénouement, dénouer, renouer.

nougat n. m. Confiserie faite d'amandes, de sucre cuit et de miel. *Le nougat de Montélimar est très réputé.*

▶ **nougatine** n. f. Confiserie à base de caramel dur et d'amandes pilées. *Ce gâteau contient des morceaux de nougatine.*

nouille n. f. (→ ÉTYM.) *Les nouilles,* ce sont des pâtes coupées en lanières minces. *Nous avons mangé des nouilles à la sauce tomate.*

nounou n. f. (pl. **nounous**) Familier. Nourrice. *Mon petit frère est chez sa nounou.* ▷ Mot de la famille de nourrir.

▶ Ce mot appartient au langage des enfants.

nourrice n. f. Femme dont le métier est de garder chez elle de très jeunes enfants. → fam.

nounou. *Chaque matin, elle conduit son bébé chez la nourrice.*

▶ **nourricier, nourricière** adj. **1.** *Les parents nourriciers d'un enfant,* ce sont ses parents adoptifs. **2.** Qui fournit la nourriture. *La terre nourricière.*

▷ Mots de la famille de nourrir.

nourrir v. (conjug. 11) **1.** Allaiter. *Elle a nourri son bébé pendant deux mois.* **2.** Donner à manger. *Julie nourrit son chat matin et soir.* – **se nourrir,** manger. *Ces oiseaux se nourrissent d'insectes.* **3.** Donner de quoi vivre, de quoi subsister. *Ils ont bien du mal à nourrir leur nombreuse famille.* ➜ **élever. 4.** Avoir en soi un sentiment, un désir. *Il nourrissait l'espoir de s'installer à l'étranger,* il l'espérait.

▶ **nourrissant, nourrissante** adj. Qui nourrit beaucoup. *La choucroute est un plat nourrissant.* ➜ **nutritif.**

▶ **nourrisson** n. m. Bébé qui a plus d'un mois et moins de deux ans et qui se nourrit surtout de lait. ➜ aussi **nouveau-né.**

▶ **nourriture** n. f. Ensemble des aliments servant à nourrir l'organisme. *Il faut avoir une nourriture variée.*

▶ Autres mots de la famille : nounou, nourrice, nourricier.

nous pronom personnel **1.** Pronom sujet de la première personne du pluriel, représentant la personne qui parle et une ou plusieurs autres. ➜ **on.** *Il y a longtemps que nous ne nous sommes pas vus, toi et moi. Lui et moi, nous sommes d'accord.* **2.** Pronom complément. *Il ne nous a pas vus,* moi et ceux qui sont avec moi. **3.** *Nous-mêmes,* nous et personne d'autre. *Nous avons tout fait nous-mêmes.*

nouveau adj., n. m. et adv., **nouvelle** adj. et n. f.

▪ adj. **1.** Qui n'existait pas avant, qui vient d'apparaître. ▮ contraires : **ancien, vieux.** *Voici le nouvel hôpital. Où allez-vous pour le nouvel an ? Julie a une nouvelle robe. Voici les nouveaux modèles de voiture.* ➜ **récent.** *C'est la saison des pommes de terre nouvelles. Rien de nouveau depuis hier ?* ➜ ② **neuf.** – *Tout nouveau tout beau,* on trouve toujours bien ce qui est nouveau. **2.** Original. *Il peint dans un style tout à fait nouveau.* ➜ ② **neuf.**

▪ n. **1.** Personne qui vient d'arriver dans une école, un bureau. *La nouvelle avait l'air intimidé.* **2.** n. m. *Du nouveau,* des faits récents, des choses nouvelles. *Est-ce qu'il y a du nouveau dans l'enquête ?*

▪ adv. *De nouveau, à nouveau,* pour la seconde fois, une fois de plus. *Il pleut de nouveau.* ➜ **encore.** *Il est à nouveau au chômage,* une nouvelle fois.

▶ Au masculin singulier, *nouveau* devient *nouvel* devant un *h* muet ou une voyelle.

▶ **nouveau-né** n. m. Enfant qui vient de naître. ➜ **bébé, nourrisson.** *On entend les cris des nouveau-nés dans la maternité.* – adj. *Une génisse nouveau-née.* ▷ Mot de la famille de naître.

▶ **nouveauté** n. f. **1.** *La nouveauté,* c'est ce qui est nouveau. *Les clients recherchent la nouveauté.* **2.** *Une nouveauté,* c'est une chose nouvelle. *Le libraire a mis en vitrine toutes les nouveautés,* les livres qui viennent de paraître.

▶ Autres mots de la famille : ② nouvelle, nouvellement, renouveau, renouvelable, renouveler, se renouveler, renouvellement.

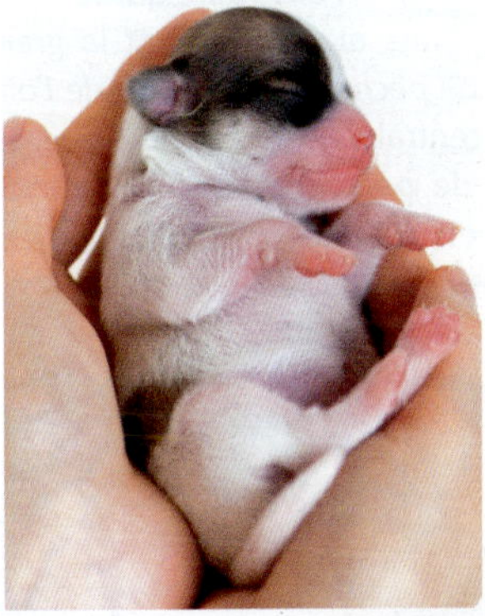

chiot nouveau-né

nouvel ➜ **nouveau**

① **nouvelle** n. f. Histoire courte avec peu de personnages. *Un recueil de nouvelles.*

② **nouvelle** n. f. **1.** Évènement arrivé récemment et que l'on vient d'apprendre. *Connaissez-vous la nouvelle ? J'ai une bonne nouvelle à vous annoncer.* **2.** *Les nouvelles,* ce sont les informations que donnent les médias. ➜ aussi **actualité.** *Il écoute les nouvelles à la radio chaque jour.* **3.** *Les nouvelles,* ce sont les renseignements récents sur une personne ou une chose. *Je suis sans nouvelles d'eux. Donne-nous de tes nouvelles ! – Pas de nouvelles, bonnes nouvelles,* on suppose que tout va bien si l'on n'a pas de nouvelles.

▸ **nouvellement** adv. Depuis peu de temps. *La vitrine a été nouvellement refaite.* ➜ **récemment.**

▹ Mots de la famille de nouveau.

novateur, novatrice adj. Qui innove, invente des choses nouvelles. *Il a des idées novatrices.* – n. *Les grands novateurs.*

novembre n. m. Onzième mois de l'année. *Le 11 novembre, on fête l'armistice de 1918.*

novice adj. Sans expérience. *Il est encore novice dans le métier,* il commence à l'apprendre. ➜ **inexpérimenté.** – n. *C'est une novice au volant.* ➜ **débutant, néophyte.**

noyade n. f. Mort par asphyxie sous l'eau. *Le maître nageur l'a sauvé de la noyade,* il l'a empêché de se noyer. ▹ Mot de la famille de ① noyer.

noyau n. m. **1.** Partie dure qui se trouve dans certains fruits et qui contient la graine. *Des noyaux de pêches.* **2.** *Le noyau de l'atome,* sa partie centrale. ➜ aussi **nucléaire.** **3.** Petit groupe de personnes qui s'apprécient, s'aiment bien. *Un petit noyau d'amis.*

▸ Autre mot de la famille : dénoyauter.

des **noyaux**

① noyer v. (conjug. 10) **1.** Tuer en plongeant dans un liquide. *L'inondation a noyé deux vaches.* – **se noyer,** mourir asphyxié sous l'eau. *Paul a failli se noyer.* ➜ aussi **noyade.** – *Se noyer dans un verre d'eau,* être incapable de résoudre le moindre problème. **2.** Recouvrir d'eau. *L'inondation a noyé les prés.* ➜ **inonder, submerger.** **3.** Perdre, embrouiller. *Il nous a noyés sous un flot de paroles.*

▸ **noyé, noyée** adj. **1.** Mort en se noyant. *Ce monument a été construit à la mémoire des marins noyés en mer.* – n. *Les pompiers ont repêché une noyée,* une femme qui s'est noyée. **2.** Dépassé par une difficulté, perdu. *Léa n'arrive plus à suivre en mathématiques, elle est complètement noyée.*

▸ Autre mot de la famille : noyade.

② noyer n. m. Grand arbre qui donne des noix. ➜ planche **Arbres.** *Il est assis sur un tabouret en noyer,* en bois de noyer. ▹ Mot de la famille de noix.

nu adj. et n. m., **nue** adj.

▪ adj. **1.** Sans aucun vêtement. ▮ contraire : **habillé.** *N'entre pas, je suis toute nue. Il est sorti nu-pieds,* sans chaussettes ni chaussures. **2.** Sans décoration, sans ornement. *Des murs complètement nus.* **3.** *À l'œil nu,* sans loupe ni microscope. *On ne peut pas distinguer les microbes à l'œil nu.* **4.** *Mettre à nu,* enlever ce qui protège ou recouvre. *Ce fil électrique est à nu, c'est dangereux.* ➜ aussi **dénuder.**

▪ n. m. *Un nu,* c'est une représentation d'un corps humain nu. *Un peintre de nus.* ▮ homonyme : nue.

▸ Autres mots de la famille : dénué, dénuement, nu-pieds, va-nu-pieds.

nuage n. m. **1.** Amas de fines gouttelettes d'eau qui se maintiennent en suspension dans l'atmosphère. ➜ planche **Eau.** *Le ciel est chargé de nuages. – Être dans les nuages,* être distrait. ➜ être dans la **lune.** **2.** Amas de vapeur ou de petites particules qui empêche de voir. *Il y avait un nuage de fumée dans la pièce.* **3.** *Un bonheur sans nuages,* que rien ne trouble.

▸ **nuageux, nuageuse** adj. Couvert de nuages. *Le ciel est nuageux aujourd'hui.* ▮ contraires : **clair, dégagé.**

▹ Mots de la famille de nue.

nuance n. f. **1.** Chacun des degrés par lesquels peut passer une même couleur. *Le bleu ciel et le bleu marine sont deux nuances* *de bleu.* → ② **ton.** **2.** Petite différence. *Il y a une nuance entre belle et jolie.*

▸ **nuancer** v. (conjug. 5a) Exprimer en tenant compte des différences. *Il faut nuancer un peu ta pensée.*

▸ **nuancé, nuancée** adj. *Des opinions nuancées,* qui tiennent compte des différences, des détails. ▮ contraire : **tranché.**

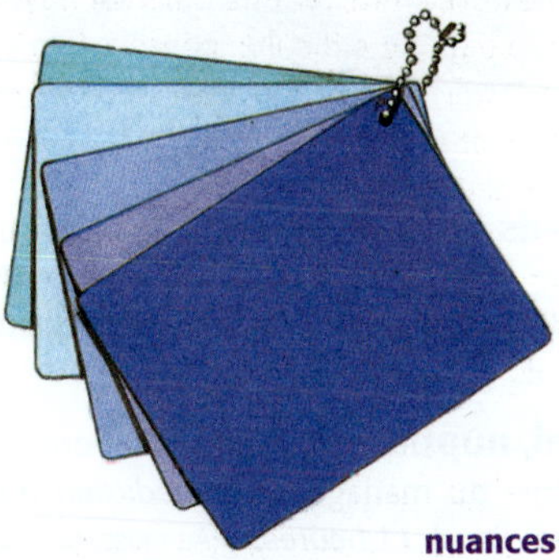

nuances de bleu

nucléaire adj. (→ ÉTYM.) **1.** *L'énergie nucléaire,* c'est l'énergie libérée par le noyau de l'atome quand il se désintègre. → **atomique.** **2.** *Une centrale nucléaire,* c'est une centrale qui utilise l'énergie nucléaire. → planche **Énergie.**

▶ Autre mot de la famille : thermonucléaire.

nudisme n. m. *Faire du nudisme,* c'est vivre tout nu, au grand air. → aussi **naturisme.**

▸ **nudiste** n. m. et f. Personne qui fait du nudisme. *Cette plage est réservée aux nudistes.* → aussi **naturiste.**

nudité n. f. État d'une personne nue. *Elle a mis un peignoir pour cacher sa nudité.*

nue n. f. Nuage. *Porter quelqu'un aux nues,* c'est faire son éloge avec un grand enthousiasme. *Tomber des nues,* c'est être très surpris. ▮ homonyme : nu.

◗ Ce mot appartient au langage soutenu.

▸ **nuée** n. f. Grande quantité d'insectes ou d'oiseaux en vol. *Une nuée de moustiques.* – *Une nuée de photographes entoure la vedette,* une foule de photographes.

▶ Autres mots de la famille : nuage, nuageux.

nuire v. (conjug. 41) Faire du tort, du mal. *Il a fait cela avec l'intention de nuire. Le tabac nuit gravement à la santé.*

▸ **nuisance** n. f. Ensemble d'inconvénients provoqués par la société industrielle, qui rendent la vie malsaine ou pénible. *Le bruit et la pollution sont des nuisances.*

▸ **nuisible** adj. Dangereux, nocif. → **néfaste.** ▮ contraires : **bénéfique, bienfaisant, favorable.** *L'abus de sel et de sucre est nuisible à la santé.* – *Les animaux nuisibles,* ce sont les animaux venimeux, parasites ou destructeurs et ceux qui transmettent des maladies. ▮ contraire : **utile.**

nuit n. f. **1.** Temps qui s'écoule entre le coucher et le lever du soleil et pendant lequel il fait noir. ▮ contraire : **jour.** *Je n'ai pas dormi de la nuit.* – *La nuit porte conseil,* il faut attendre le lendemain pour prendre une décision difficile. *Le hibou est un oiseau de nuit,* qui vit la nuit. → aussi **nocturne.** **2.** Obscurité. *En hiver, il fait nuit très tôt.* ▮ contraire : **jour.** – *La nuit tous les chats sont gris,* la confusion est facile dans l'obscurité.

▶ Autre mot de la famille : minuit.

① **nul** adj. et pronom, **nulle** adj.

▪ adj. Pas un. *Garde ce livre pour toi, je n'en ai nul besoin.* → **aucun.**

▪ pronom Pas une personne. *Nul ne sait où il est.* → ① **personne.** ▮ contraire : **tous.**

▶ Autre mot de la famille : nullement.

② **nul, nulle** adj. **1.** Qui n'existe pas. *Ne craignez rien, le danger est nul.* **2.** Mauvais. *Ce devoir est vraiment nul. Louise est nulle en dessin.* ▮ contraire : ① **fort.** **3.** *Un match nul,* où il n'y a ni gagnant, ni perdant. *Les deux équipes ont fait match nul.*

▶ Autres mots de la famille : annulation, annuler, nullité.

nullement adv. Pas du tout. *Ce bruit ne me gêne nullement.* ▷ Mot de la famille de ① nul.

nulle part → **part**

nullité n. f. **1.** Manque de talent, de connaissances, de savoir-faire. *Il est d'une parfaite nullité en anglais.* **2.** Personne nulle. *C'est une vraie nullité en sport.* ▷ Mot de la famille de ② nul.

numéral, numérale adj. *Un adjectif numéral,* c'est un adjectif qui indique le nombre et le rang. → aussi ② **cardinal** et **ordinal.** *«Deux» et «quatrième» sont des adjectifs numéraux.*

nymphe (J. Goujon)

numérateur n. m. Chiffre placé au-dessus de la barre d'une fraction. *Dans la fraction 2/5, 2 est le numérateur et 5 le dénominateur.*

numération n. f. Manière de représenter les nombres, de compter. *La numération décimale a pour base le nombre 10.*

numérique adj. **1.** Qui est évalué en nombre. *La supériorité numérique des ennemis était écrasante,* leur supériorité en nombre. **2.** Qui utilise des procédés informatiques. *Un appareil photo numérique. La télévision numérique.*

numéro n. m. **1.** Nombre attribué à une chose pour la distinguer parmi les choses semblables ou pour la classer. *Le billet numéro (n°) 4 250 est gagnant. Donne-moi ton numéro de portable.* **2.** Exemplaire d'un journal ou d'une revue. *Les anciens numéros de la revue sont épuisés.* **3.** Partie d'un spectacle de cirque ou de variétés. *Les acrobates ont fait un numéro de trapèze volant extraordinaire.*

▸ **numéroter** v. (conjug. 3) Marquer d'un numéro. *Julie numérote les pages de son cahier de musique.*

▸ **numérotation** n. f. Façon de numéroter, ordre des numéros. *La numérotation des pages d'un livre.*

numismate n. m. et f. Spécialiste des médailles et des monnaies.

▸ **numismatique** n. f. Étude des médailles et des monnaies.

nu-pieds n. m. inv. Sandale à lanières, qui laisse le pied très découvert. *Julie a des nu-pieds de cuir blanc.* ▹ Mot de la famille de nu et de (1) pied.

nuptial, nuptiale adj. Qui se rapporte à la cérémonie du mariage. *La bénédiction nuptiale aura lieu à 11 heures.* – Au masc. pl. *nuptiaux.*

nuque n. f. Partie arrière du cou. *Alex croise les mains derrière la nuque.*

nurse [nœʀs] n. f. Femme chargée exclusivement de s'occuper des enfants dans une famille. → **gouvernante.**

▸ C'est un mot anglais qui veut dire «infirmière». (→ ÉTYM.)

nutriment n. m. Substance alimentaire que l'organisme peut assimiler directement. *Les vitamines sont des nutriments.*

nutritif, nutritive adj. Qui nourrit. → **nourrissant.** *Des aliments nutritifs.*

nutrition n. f. Transformation et utilisation des aliments dans l'organisme. *La nutrition joue un rôle dans la prévention des maladies.* → **alimentation.**

▸ Autre mot de la famille : malnutrition.

nylon n. m. (marque déposée) Textile synthétique. *Un collant en nylon.*

nymphe [nɛ̃f] n. f. Déesse des eaux, des bois et des montagnes, dans les légendes de la Grèce ancienne.

▸ Ce mot s'écrit avec un *y.*

ô interj. Mot qui sert à invoquer, à interpeler. *Ô, Dieu !* → aussi **oh.** *Ô merveille !* ▮ homonymes : au, eau, haut, ho, oh.

▶ Ce mot appartient au langage soutenu.

oasis [ɔazis] n. f. Endroit, dans un désert, où il y a de l'eau et de la végétation. *La caravane a fait halte dans une oasis.*

obéir v. (conjug. 11) *Obéir à quelqu'un,* c'est faire ce qu'il ordonne. *Julie n'obéit pas toujours à sa mère.* ▮ contraire : **désobéir.** *Obéir au doigt et à l'œil,* exactement.

▶ **obéissance** n. f. Le fait d'obéir. *Les enfants doivent obéissance à leurs parents.*

▶ **obéissant, obéissante** adj. Qui obéit facilement. → **docile.** *Un chien obéissant.* ▮ contraire : **désobéissant.**

▶ Autres mots de la famille : désobéir, désobéissance, désobéissant.

obélisque n. m. Colonne de pierre à quatre faces, se terminant par une petite pyramide. *L'obélisque de la place de la Concorde, à Paris.*

obèse adj. Qui est anormalement gros. *Une femme obèse.* ▮ contraire : **maigre.**

▶ **obésité** n. f. État d'une personne anormalement grosse. *L'obésité a des conséquences néfastes sur la santé.* ▮ contraire : **maigreur.**

objecter v. (conjug. 3) Dire quelque chose contre. *Je n'ai rien à objecter à cette décision.*

▶ Autre mot de la famille : objection.

① **objectif** n. m. But que l'on s'est fixé. *Nous avons réalisé nos objectifs.*

② **objectif** n. m. Ensemble de lentilles que l'on adapte sur un appareil photo ou une caméra pour obtenir une image des objets que l'on photographie.

▶ Autre mot de la famille : téléobjectif.

oasis

③ **objectif, objective** adj. Qui juge les choses comme elles sont réellement, sans se laisser influencer par ses idées personnelles. ▮ contraires : **partial, subjectif.** *Un juge doit être objectif.* ➜ **impartial, neutre.**

▶ Autres mots de la famille : objectivement, objectivité.

objection n. f. Ce que l'on répond pour s'opposer à une proposition avec laquelle on n'est pas d'accord. *Je partirai ce soir, si tu n'y vois pas d'objection.* ➜ **inconvénient, obstacle.** ▷ Mot de la famille de objecter.

objectivement adv. Sans parti pris. *Le journaliste a relaté objectivement les faits.* ▷ Mot de la famille de ③ objectif.

objectivité n. f. Qualité d'une personne qui ne prend pas parti. ➜ **impartialité.** *Ce journal manque d'objectivité.* ➜ **neutralité.** ▮ contraire : **partialité.** ▷ Mot de la famille de ③ objectif.

objet n. m. **1.** Chose. *Une lampe est un objet fragile. À quoi sert cet objet bizarre ?* **2.** But. *Quel est l'objet de votre visite ?* ➜ **raison.** **3.** *Le complément d'objet du verbe,* c'est la personne ou la chose sur laquelle porte l'action exprimée par le verbe. *Dans la phrase : «Julie a invité Léa», «Léa» est le complément d'objet direct du verbe ; dans la phrase : «Paul répond à sa mère», «mère» est le complément d'objet indirect du verbe.* ➜ **COD, COI.**

obligation n. f. Nécessité. *Les élèves doivent faire signer leur carnet de correspondance, c'est une obligation. Je suis dans l'obligation d'y aller,* je dois y aller. ▷ Mot de la famille de ① obliger.

obligations n. f. pl. Devoirs que l'on a envers quelqu'un qui vous a rendu service. *J'ai des obligations envers lui car il m'a beaucoup aidé.* ▷ Mot de la famille de ② obliger.

obligatoire adj. Imposé par la loi. ➜ **indispensable, nécessaire.** ▮ contraire : **facultatif.** *L'école est gratuite et obligatoire pour tous les enfants.*

▶ **obligatoirement** adv. Nécessairement. *Vous devez obligatoirement composter votre billet avant de monter dans le train.* ➜ **impérativement.**

▷ Mots de la famille de ① obliger.

obligeant [ɔbliʒɑ̃], **obligeante** [ɔbliʒɑ̃t] adj. Qui rend volontiers service. *C'est une femme très obligeante.* ➜ **complaisant, serviable.**

▶ **obligeance** [ɔbliʒɑ̃s] n. f. Disposition à rendre service. *Voulez-vous avoir l'obligeance de fermer la porte ?* ➜ **amabilité.**

▷ Mots de la famille de ② obliger.

① **obliger** v. (conjug. 5b) Forcer, contraindre. *Elle a obligé sa fille à ranger sa chambre. Nous sommes obligés de partir,* nous devons partir.

▶ Autres mots de la famille : obligation, obligatoire, obligatoirement.

② **obliger** v. (conjug. 5b) Rendre service, faire plaisir. *Vous m'obligeriez beaucoup en ne parlant de cela à personne.*

◗ Ce mot appartient au langage soutenu.

▶ Autres mots de la famille : désobligeant, obligations, obligeance, obligeant.

oblique adj. Qui n'est ni vertical ni horizontal. *Les rayons obliques du soleil couchant.*

▶ **obliquer** v. (conjug. 3) Prendre une direction oblique. *La voiture oblique vers la droite.* ➜ **tourner.**

oblitérer v. (conjug. 8) *Oblitérer un timbre,* le marquer du cachet de la poste. *Des timbres oblitérés.*

timbre **oblitéré**

oblong, oblongue adj. Qui est plus long que large. *La carotte a une forme oblongue.* ➜ **allongé.** ▷ Mot de la famille de long.

obnubiler v. (conjug. 3) Obséder. *Il est obnubilé par l'examen qu'il doit passer,* il ne pense qu'à cela.

obole n. f. Petite somme d'argent que l'on donne pour contribuer à quelque chose. *Pour la fête du village, chacun avait versé son obole.*

obscène adj. Indécent et grossier. *Un geste obscène.*

▸ **obscénité** n. f. Grossièreté. *Il dit des obscénités.*

obscur, obscure adj. **1.** Privé de lumière. ➜ **noir, sombre.** *Une pièce obscure.* ▮ contraires : **clair, lumineux. 2.** Difficile à comprendre. ➜ **fumeux.** *Des paroles obscures.* ➜ **incompréhensible.** ▮ contraires : **clair, limpide. 3.** Inconnu. *C'est l'œuvre d'un obscur écrivain.* ▮ contraires : **célèbre, fameux.**

▸ **obscurcir** v. (conjug. 11) Rendre obscur. *Ce papier peint foncé obscurcit la pièce.* ➜ **assombrir.** ▮ contraires : **éclaircir, illuminer.** — **s'obscurcir,** devenir obscur. *Le ciel s'obscurcit, il va pleuvoir.*

▸ **obscurément** adv. Vaguement, d'une manière confuse. *Elle sentait obscurément qu'il y avait un danger.* ▮ contraires : **clairement, nettement.**

▸ **obscurité** n. f. Absence de lumière. *La pièce est plongée dans l'obscurité.* ➜ **noir.** ▮ contraire : **clarté.**

obséder v. (conjug. 8) Tourmenter sans cesse l'esprit. ➜ **obnubiler** et aussi **obsession.** *Ce cauchemar l'obsède.*

▸ **obsédant, obsédante** adj. Qui occupe sans arrêt l'esprit. *Une idée obsédante.*

▸ **obsédé** n. m. **obsédée** n. f. Personne qui est en proie à une obsession, à une idée fixe. *C'est une obsédée du rangement. Un obsédé sexuel.* ➜ **maniaque.**

obsèques n. f. pl. Cérémonie qui accompagne l'enterrement ou l'incinération d'un mort. ➜ **funérailles.** *Les obsèques auront lieu demain.*

obséquieux, obséquieuse adj. Trop poli et trop empressé. *Un personnage obséquieux. Des manières obséquieuses.* ➜ **servile.**

observer v. (conjug. 3) **1.** Considérer avec attention afin de connaître, d'étudier. *Théo passe des heures à observer les insectes. Il observe ses voisins.* ➜ **épier. 2.** Constater, remarquer. *Je n'ai rien observé d'anormal.* **3.** Obéir à une loi, une règle. *Il faut observer le règlement.* ➜ **respecter.** ▮ contraires : **enfreindre, transgresser, violer.**

▸ **observable** adj. Que l'on peut observer. *Un phénomène observable au microscope seulement.* ➜ **visible.**

▸ **observateur** adj. et n. m., **observatrice** adj. et n. f.
▪ adj. Qui sait observer. *Elle est très observatrice,* elle remarque tout.
▪ n. Personne qui assiste à quelque chose sans y participer. ➜ **spectateur, témoin.** *Des observateurs ont assisté au vote.*

▸ **observation** n. f. **1.** Fait de considérer avec attention, de savoir observer. *Elle a l'esprit d'observation.* **2.** Remarque, commentaire. *Je ferai plusieurs observations sur ce qui vient d'être dit.* **3.** Critique, reproche. *Il ne supporte aucune observation.*

▸ **observatoire** n. m. Endroit aménagé spécialement pour observer le ciel et les astres. ➜ planche **Espace.**

obsession n. f. Idée, image qui tourmente sans cesse l'esprit. ➜ **hantise** et aussi **obséder.** *Son régime est devenu une véritable obsession.* ➜ idée **fixe.**

obstacle n. m. **1.** Objet qui empêche de passer. *Le camion a heurté un obstacle. Une course d'obstacles,* une course où les chevaux

saut d'**obstacle**

ont à sauter des haies, des barres, etc. → planche **Sport.** **2.** Ce qui empêche la réalisation d'une chose. *Il a dû surmonter beaucoup d'obstacles pour créer son entreprise.* → **difficulté.**

s'obstiner v. (conjug. 4) Persister dans une idée, une décision sans vouloir en changer malgré les obstacles. *Elle s'obstine à vouloir jouer de la flûte alors qu'elle n'a aucun don pour la musique.* → **s'acharner, s'entêter.**

▸ **obstination** n. f. Acharnement, entêtement. *Léa refuse avec obstination qu'on lui coupe les cheveux.* → **insistance.**

▸ **obstiné, obstinée** adj. Qui s'obstine, s'attache avec entêtement à quelque chose. *Elle ne démord pas de son idée, elle est obstinée.* → **entêté, têtu.**

▸ **obstinément** adv. Avec obstination, entêtement. *Il refuse obstinément de céder.*

obstruction n. f. **1.** Le fait d'être obstrué, bouché. *Un caillot de sang a provoqué l'obstruction d'une artère.* **2.** *Faire de l'obstruction,* empêcher le bon déroulement d'une action, d'une discussion. *Certains députés ont fait de l'obstruction pour empêcher le vote de la loi.*

obstruer v. (conjug. 3) Boucher en faisant obstacle. *Un gros camion obstrue la rue.* → **barrer, encombrer.**

obtempérer v. (conjug. 8) Obéir. *L'automobiliste a obtempéré à l'ordre de l'agent et s'est arrêté.*

▸ Ce mot s'emploie dans la langue de l'administration ou de la justice.

obtenir v. (conjug. 13) Réussir à avoir. *Il a obtenu une réduction sur le prix de sa voiture.* → aussi **obtention.** ▷ Mot de la famille de tenir.

obtention n. f. Fait d'obtenir quelque chose. *Il ira à l'étranger après l'obtention de son diplôme,* quand il l'aura obtenu.

obturer v. (conjug. 3) Boucher un trou. → **colmater.** *Le dentiste obture la dent cariée.*

① **obtus** [ɔpty] adj. m. *Angle obtus,* plus grand qu'un angle droit. → aussi **aigu.** → planche **Géométrie.**

② **obtus** [ɔpty], **obtuse** [ɔptyz] adj. Borné, stupide. *Elle est un peu obtuse.* ▮ contraire : **ouvert.**

obus [ɔby] n. m. Projectile creux de forme allongée, rempli d'explosif. *La façade a été abîmée par des éclats d'obus.*

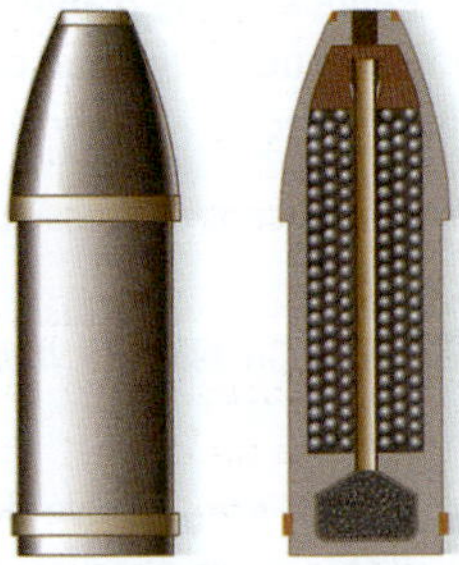

obus

oc n. m. *La langue d'oc,* la langue parlée dans le midi de la France, où «oui» se disait «oc» au Moyen Âge. → **occitan** et aussi **oïl.**

▶ Autre mot de la famille : occitan.

occasion n. f. **1.** Circonstance qui se présente au bon moment et qui permet de faire une chose. *J'ai déjà eu l'occasion de le rencontrer. Julie a organisé un goûter à l'occasion de son anniversaire,* pour son anniversaire. **2.** *D'occasion,* qui n'est pas vendu neuf, qui a déjà servi à quelqu'un d'autre. *Une voiture d'occasion.* ▮ contraire : ② **neuf.** **3.** *Une occasion,* une bonne affaire. *J'ai acheté cette jupe en solde, c'était une occasion.*

▸ **occasionnel, occasionnelle** adj. Qui se produit par hasard, quand l'occasion se présente. ▮ contraires : **habituel, régulier.** *Une dépense occasionnelle.* → **exceptionnel.**

▸ **occasionnellement** adv. Dans de rares circonstances. *Elle conduit occasionnellement.* → **exceptionnellement.**

▸ **occasionner** v. (conjug. 3) Être la cause de quelque chose de désagréable. *L'orage a occasionné des dégâts.* → ① **causer.**

occident n. m. **1.** Ouest. *Le soleil se lève à l'orient et se couche à l'occident.* → aussi **couchant.** **2.** *L'Occident,* l'Europe de l'Ouest et l'Amérique du Nord.

▸ **occidental, occidentale** adj. **1.** Qui est à l'ouest. *Ajaccio est sur la côte occidentale de la Corse et Bastia sur la côte orientale.* **2.** Qui se rapporte à l'Occident. *Les pays occidentaux.* – n. *Les Canadiens et les Espagnols sont des Occidentaux,* des habitants de l'Occident.

occitan [ɔksitɑ̃] n. m. Langue d'oc. ➔ **oc.** – adj. *La poésie occitane.* ▷ Mot de la famille de oc.

occulte adj. *Les sciences occultes,* les disciplines qui font intervenir des forces secrètes qui ne sont reconnues ni par la science ni par la religion. *La magie, l'astrologie, l'alchimie sont des sciences occultes.*

occuper v. (conjug. 3) **1.** Remplir un espace. *Elle occupe deux places à elle toute seule.* ➔ **prendre. 2.** Habiter un endroit. *Ils occupent le dernier étage de la maison.* **3.** *Occuper un pays, un lieu,* l'envahir et en prendre possession. *L'armée allemande a occupé la France pendant la Seconde Guerre mondiale.* **4.** *Occuper son temps à quelque chose,* c'est l'employer, le passer à quelque chose. *Il occupe ses loisirs à jouer au football.* ➔ **consacrer.**

▶ **s'occuper** v. **1.** Se distraire. *Elle s'est mise à ranger pour s'occuper.* **2.** Prendre en main, se charger de. *Laisse cela, je m'en occupe !* **3.** *S'occuper de quelqu'un,* en prendre soin. *Une jeune fille s'est occupée des enfants.*

▶ **occupant** n. m., **occupante** n. f. **1.** Personne qui occupe un lieu. *Les occupants de l'immeuble.* ➔ **habitant. 2.** Ennemi qui occupe un pays. *Les occupants ont quitté le pays.* ➔ **envahisseur.**

▶ **occupation** n. f. **1.** Activité qui occupe le temps. *Elle ne travaille pas, mais elle a de nombreuses occupations.* **2.** *L'Occupation,* la période de la Seconde Guerre mondiale pendant laquelle les Allemands ont occupé la France.

▶ **occupé, occupée** adj. **1.** Très pris. *Le directeur est très occupé et ne peut vous recevoir.* **2.** Qui est utilisé, qui n'est pas libre. *Les toilettes sont occupées.* ▮ contraire : **libre.**

▶ Autres mots de la famille : inoccupé, préoccupant, préoccupation, préoccupé, préoccuper.

occurrence n. f. *En l'occurrence,* dans le cas présent. *Adressez votre demande au responsable, en l'occurrence au chef du service des réclamations.*

océan n. m. Vaste étendue d'eau salée qui couvre une grande partie de la surface de la Terre. ➔ **mer.** ➔ planches **Eau, océan.** *L'océan Atlantique.*

▶ Autres mots de la famille : océanique, océanographe, océanographie, océanographique.

océanien, océanienne adj. De l'Océanie. *L'art océanien.* – n. *Les Océaniens,* les peuples qui vivent en Océanie.

art **océanien**

océanique adj. *Climat océanique,* climat doux et humide des régions qui subissent l'influence de l'océan. ▷ Mot de la famille de océan.

océanographie n. f. Étude des mers et des océans.

▶ **océanographe** n. m. et f. Spécialiste de l'océanographie.

▶ **océanographique** adj. Relatif à l'océanographie. *Une mission océanographique.*

▷ Mots de la famille de océan.

ocelot n. m. Grand chat sauvage au pelage roux tacheté de brun, qui vit en Amérique centrale et en Amérique du Sud. ➔ planche **Félins.**

ocre n. m. Couleur d'un brun jaune ou orangé. ➔ planche **Couleurs.** *Le mur est d'un bel ocre.* – adj. inv. *Des maisons aux façades ocre.*

octave n. f. Intervalle de huit notes formant la gamme.

octobre n. m. Dixième mois de l'année. *Le mois d'octobre a 31 jours.*

octodon n. m. Petit rongeur qui ressemble au chinchilla, qui vit à l'état sauvage en Amérique du Sud.

octogénaire n. m. et f. Personne qui a entre quatre-vingts et quatre-vingt-neuf ans. *Une octogénaire.* – adj. *Son arrière-grand-père est octogénaire.*

a b c d e f g h i j k l m n o p q r s t u v w x y z

les animaux de l'océan

Le hareng, la sardine, l'anchois, le maquereau et le thon sont des poissons « pélagiques », c'est-à-dire qu'ils vivent en haute mer, loin des côtes, et se déplacent en bancs à faible profondeur. Mais en dessous de 1 000 mètres de profondeur, les abysses sont aussi très peuplés contrairement à ce que l'on pensait autrefois. Certains animaux y ont développé au cours de l'évolution des yeux démesurés capables de capter la moindre source lumineuse, d'autres émettent leur propre lumière. Dans cet univers encore méconnu, ils restent le plus souvent immobiles et avalent les proies qui passent à proximité.

→ planches **crustacés** et coquillages, **eau, littoral, poissons.**

de 0 à 1 000 m

en dessous de 1 000 m

octogone n. m. Figure géométrique qui a huit côtés. ➔ planche **Géométrie.**

octroyer v. (conjug. 10) Accorder en faisant une faveur. *Le directeur de l'usine a octroyé une prime exceptionnelle au personnel. – Elle s'est octroyé un jour de repos.*

oculaire adj. 1. Relatif à l'œil. *Des troubles oculaires.* ➔ **visuel.** 2. *Un témoin oculaire,* une personne qui a vu de ses propres yeux la chose dont elle témoigne. *Les témoins oculaires d'un l'accident.*

oculiste n. m. et f. Médecin spécialiste des yeux. ➔ **ophtalmologiste.**

ode n. f. Long poème.

odeur n. f. Ce que l'on sent avec le nez. *Il y a une bonne odeur de lavande dans le placard.* ➔ **effluve, parfum.** *La bouche d'égout dégage une odeur infecte.* ➔ **puanteur.**

odieux, odieuse adj. 1. Qui inspire le dégoût et l'indignation. *Un acte odieux a été commis.* ➔ **ignoble.** 2. Très désagréable. ➔ **détestable, insupportable.** *Leur fille est odieuse.* ▮ contraires : **adorable, charmant, gentil.**

▶ **odieusement** adv. D'une manière odieuse, abominable. *Ces prisonniers sont traités odieusement.*

odorant, odorante adj. Qui dégage une odeur. *Les violettes sont des fleurs très odorantes.* ➔ **parfumé.** ▮ contraire : **inodore.**

▶ Autre mot de la famille : malodorant.

odorat n. m. Sens par lequel on perçoit les odeurs. *Les chiens ont l'odorat très développé.* ➔ **flair** et aussi **olfactif.**

odoriférant, odoriférante adj. Qui répand une bonne odeur. *Une plante odoriférante.* ▮ contraire : **malodorant.**

odyssée n. f. Voyage riche en évènements et en aventures. *Leur voyage a été une vraie odyssée.*

▶ *L'Odyssée* est le titre du poème d'Homère qui raconte les aventures d'Ulysse.

œdème [edɛm] ou [ødɛm] n. m. Gonflement d'une partie du corps. *Un œdème des jambes.*

œil n. m. (pl. **yeux**) 1. Organe de la vue. *Théo a les yeux bleus. – Ouvrir l'œil,* faire attention. *Elle n'a pas fermé l'œil de la nuit,* elle n'a pas dormi. *Fermer les yeux sur quelque chose,* l'ignorer volontairement. *Ne pas avoir les yeux dans sa poche,* être observateur. *Pour les beaux yeux de quelqu'un,* pour lui faire plaisir. *Coûter les yeux de la tête,* coûter très cher. *Avoir les yeux plus grands que le ventre,* vouloir manger plus que ce que son appétit réclame. *À vue d'œil,* d'une manière très visible. *À vue d'œil, l'armoire ne peut pas passer par cette porte. Ne pas avoir froid aux yeux,* être audacieux. *Œil pour œil, dent pour dent :* se venger de quelqu'un en lui faisant subir la même chose que ce qu'il a fait subir à sa victime. 2. Regard. *Elle l'a suivi des yeux jusqu'au bout de l'allée. – Loin des yeux, loin du cœur,* les absents sont vite oubliés. *Jeter un coup d'œil,* regarder rapidement. *Sauter aux yeux,* être évident, se voir beaucoup. *Voir quelque chose d'un bon œil,* y être favorable. 3. *Aux yeux de quelqu'un,* selon son appréciation. *Cela n'a aucun intérêt à ses yeux.* 4. Familier. *À l'œil,* gratuitement. *Il est entré au cinéma à l'œil.* ➔ fam. **gratis.**

▶ **œil-de-bœuf** n. m. Petite fenêtre ronde ou ovale. – Au pl. *Des œils-de-bœuf.* ▷ Mot de la famille de bœuf.

▶ **œillade** n. f. Clin d'œil complice ou de coquetterie.

▶ **œillère** n. f. Plaque de cuir qui empêche un cheval de voir sur le côté. – *Avoir des œillères,* ne pas voir certaines choses parce que l'on a l'esprit étroit ou que l'on est de parti pris.

▶ Autres mots de la famille : clin d'œil, tape-à-l'œil, trompe-l'œil.

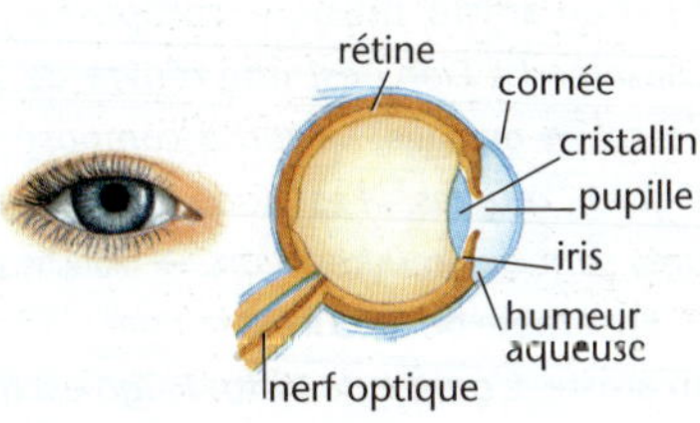

œil

① **œillet** n. m. Petit trou dans un tissu ou dans du cuir, souvent entouré de métal ou de plastique, dans lequel on passe un lacet ou un bouton. *Il passe des lacets neufs dans les œillets de ses chaussures.*

② **œillet** n. m. Fleur très odorante de couleur rouge, rose ou blanche. *Un bouquet d'œillets.*

œsophage [ezɔfaʒ] n. m. Partie du tube digestif qui va de la bouche à l'estomac. *En se contractant, les muscles de l'œsophage font descendre les aliments dans l'estomac.*

œuf n. m. **1.** Corps plus ou moins gros, dur et arrondi, que pondent les femelles des oiseaux et qui contient un germe. → planche **Oiseaux.** *Des œufs de poule, de caille. L'hirondelle couve ses œufs dans son nid. Le poussin sort de l'œuf.* **2.** Œuf de poule. → planche **Alimentation.** *Une douzaine d'œufs. Des œufs durs,* des œufs de poule cuits dans leur coquille jusqu'à ce que le blanc et le jaune soient durs. – *Marcher sur des œufs,* agir avec une grande prudence. **3.** Produit des femelles ovipares, comme les poissons, les serpents et les grenouilles. *Des œufs d'esturgeon.* → **caviar.** **4.** Première cellule d'un être vivant provenant de l'union d'une cellule mâle et d'une cellule femelle. ▸ aussi **fécondation.**

On prononce *un œuf* [œ̃nœf], *des œufs* [dezø].

œuvre n. f. **1.** Résultat d'un travail, d'une action. *La décoration de la classe est l'œuvre des élèves. Julie a fini son dessin, elle est fière de son œuvre.* **2.** Livre écrit par un écrivain, objet réalisé par un artiste, musique composée par un musicien. *«Le Lion» est une œuvre de Joseph Kessel.* → **ouvrage.** *Mozart a composé de magnifiques œuvres. Les tableaux et les sculptures sont des œuvres d'art.* → planche **Artistes.** **3.** Ensemble de ce qui est fait par un écrivain, un artiste. *L'œuvre de Victor Hugo est très variée.* **4.** *Mettre en œuvre,* mettre en application, utiliser. *Les pompiers ont tout mis en œuvre pour éteindre rapidement l'incendie.*

▸ **œuvrer** v. (conjug. 3) Travailler, agir. *Il œuvre pour une ONG.*

Ce mot appartient au langage soutenu.

▸ Autres mots de la famille : chef-d'œuvre, désœuvré, désœuvrement, main-d'œuvre, ① et ② manœuvre, manœuvrer.

offense n. f. Parole ou action qui fait de la peine à quelqu'un en le vexant, en le blessant. → **affront, insulte, outrage.** *Il lui a fait une offense en oubliant de l'inviter.*

▸ **offenser** v. (conjug. 3) Faire de la peine en faisant ou disant quelque chose qui vexe, qui blesse. → **blesser, froisser, humilier, vexer.** *Je ne voulais pas t'offenser.*

▸ **offensant, offensante** adj. Qui fait de la peine, qui blesse. *Une remarque offensante.*

▸ **offensif, offensive** adj. Qui sert à attaquer. *Des armes offensives.* contraire : **défensif.**

▸ **offensive** n. f. Attaque. *L'armée est passée à l'offensive.*

▸ Autres mots de la famille : contre-offensive, inoffensif.

office n. m. **1.** *Faire office de,* jouer le rôle de, faire fonction de. *Parfois, le gardien de l'immeuble fait office de plombier.* **2.** *D'office,* sans l'avoir demandé. *Louise a été désignée d'office pour effacer le tableau.* **3.** Organisme, bureau. → **agence.** *Demandez un plan à l'office du tourisme.* **4.** *Bons offices,* service que l'on rend à quelqu'un. *J'ai eu recours à ses bons offices.* **5.** Cérémonie religieuse. *L'office de 11 heures.*

officiel, officielle adj. **1.** Qui vient d'une autorité reconnue. *Il vous faut une autorisation officielle pour entrer. La nouvelle n'est pas encore officielle,* pas encore certifiée par les autorités. contraire : **officieux.** **2.** Qui est organisé par les autorités. *Le Président est en visite officielle à l'étranger.* **3.** Qui a une fonction importante dans un gouvernement, une institution. *Le maire est un personnage officiel.* – n. m. *Un officiel,* une personnalité qui représente l'État ou une autorité. *La voiture des officiels est précédée par des motards.*

▸ **officiellement** adv. D'une manière officielle, par les autorités. *Il n'a pas été averti officiellement.* ▮ contraire : **officieusement.**

officier n. m., **officière** n. f. Militaire dont le grade est égal ou supérieur à celui de sous-lieutenant.

▶ Autre mot de la famille : sous-officier.

officieux, officieuse adj. Qui n'est ni annoncé ni confirmé par les autorités. *La nouvelle est encore officieuse.* ▮ contraire : **officiel.**

▸ **officieusement** adv. D'une manière officieuse. *On l'a averti officieusement de sa prochaine nomination.* ▮ contraire : **officiellement.**

offrande n. f. Argent que l'on donne par charité. ➔ **don.** ▷ Mot de la famille de offrir.

offrant n. m. *Le plus offrant,* l'acheteur qui offre le prix le plus élevé. *Le tableau a été adjugé au plus offrant.* ▷ Mot de la famille de offrir.

offre n. f. Proposition. *J'accepte votre offre avec plaisir.* ▮ contraire : **demande.** ▷ Mot de la famille de offrir.

offrir v. (conjug. 19) **1.** Donner en cadeau. *Alex a offert une cassette à Julie. Ils se sont offert des vacances somptueuses.* **2.** Proposer. *Elle nous a offert de nous héberger pour la nuit.* **3.** Présenter. *Cette solution offre de nombreux avantages.*

▶ Autres mots de la famille : offrande, offrant, offre.

offusquer v. (conjug. 3) Choquer. *Sa grossièreté a offusqué tout le monde.*

ogive n. f. **1.** Arc qui soutient la voûte d'une église gothique. ➔ planche **Cathédrale.** *Croisée d'ogives,* partie de la voûte où se croisent deux arcs, à leur sommet. **2.** Partie avant d'un projectile, en forme de cône. *Missile équipé d'une ogive nucléaire,* d'une tête contenant des bombes atomiques.

ogre n. m., **ogresse** n. f. Géant, géante des contes de fées à l'aspect effrayant, qui mange les enfants. – *Manger comme un ogre,* énormément.

oh interj. Mot qui sert à exprimer la surprise, l'admiration, l'indignation, l'impatience. *Oh ! que c'est beau !* ▮ homonymes : au, eau, haut, ho, ô.

oie n. f. Gros oiseau au long cou, au bec large, aux pattes palmées et aux plumes blanches ou grises. ➔ aussi **jars.** *On gave les oies pour faire du foie gras. Une oie rôtie.* ➔ planche Animaux **domestiques.**

▶ Autre mot de la famille : patte-d'oie.

vol d'**oies** du Canada

oignon [ɔɲɔ̃] n. m. **1.** Bulbe d'une plante à l'odeur forte et au goût un peu piquant. *Faites revenir les oignons dans une poêle.* **2.** Bulbe de certaines plantes. *Le jardinier plante des oignons de tulipes.* – Familier. *En rang d'oignons,* sur une seule ligne.

oïl [ɔjl] n. m. *La langue d'oïl,* la langue que l'on parlait au Moyen Âge, en France, dans les régions situées au nord de la Loire où «oui» se disait «oïl». ➔ aussi **oc.**

oiseau n. m. Animal au corps couvert de plumes, pourvu de deux ailes, de deux pattes et d'un bec, capable généralement de voler. ➔ planche **Oiseaux.** *La chouette est un oiseau de nuit. Les oiseaux pondent des œufs.* – *À vol d'oiseau,* en ligne droite. *Il y a 50 kilomètres à vol d'oiseau d'ici à Lyon.*

▶ Autre mot de la famille : oisillon.

oiseux, oiseuse adj. Qui ne sert à rien, qui ne mène à rien. ➔ **inutile, vain.** *Ils se sont lancés dans une discussion oiseuse.* ➔ **stérile.** ▮ contraires : **important, utile.**

a b c d e f g h i j k l m n o p q r s t u v w x y z

les oiseaux

Ce groupe rassemble environ 9 500 espèces dont près de la moitié est formée d'oiseaux migrateurs. Tous les oiseaux ont des ailes, mais tous ne volent pas (autruche, manchot). Ils sont tous dotés d'un bec et recouverts de plumes. Ces dernières leur sont utiles pour voler et pour réguler la température de leur corps, maintenue en permanence à 40° environ. Le nombre de plumes varie selon les oiseaux. Certains colibris ne pèsent que 2 g et n'ont que 900 plumes contre 25 000 pour un cygne de 20 kg et 2,50 m d'envergure. La majorité des oiseaux pond ses œufs dans des nids.

➔ échassier, ornithologie, passereau, rapace, volatile.

faucon crécerelle

un oiseau (bouvreuil)

becs

pélican

flamant

pivert

aigle

bec croisé

avocette

nids

tisserin

pic

flamant

rousserolle

œufs

1. grèbe
2. chouette
3. grive
4. cygne
5. guillemot

cigogne

vautour
aigle royal
buse
chouette chevêche
grive musicienne
bergeronnette
mésange
rouge-gorge
geai
pigeon biset
merle
chardonneret
pie
coucou
pivert
hirondelle
échasse blanche
caille
martin-pêcheur
albatros
canard colvert
mouette rieuse
cygne
héron
flamant rose
pélicans
grue

oisif, oisive adj. *Une personne oisive,* qui ne travaille pas, n'est pas occupée. *Elle ne reste jamais oisive.* ➜ **désœuvré, inactif.**

▶ **oisiveté** n. f. État d'une personne oisive. *Il vit dans l'oisiveté.* ➜ **désœuvrement.** – *L'oisiveté est la mère de tous les vices,* quand on n'a rien à faire, on risque de mal tourner.

oisillon n. m. Très jeune oiseau. ▷ Mot de la famille de oiseau.

okapi n. m. Mammifère d'Afrique, qui ressemble à une grande antilope à tête de girafe, au pelage brun rayé de blanc sur la croupe et le haut des pattes. *Les okapis sont des ruminants.*

▶ *Okapi* est un mot d'une langue d'Afrique.

okapi

oléagineux, oléagineuse adj. Qui contient de l'huile. *L'arachide, le tournesol sont des plantes oléagineuses.* – n. m. *Le colza et l'olive sont des oléagineux.*

oléoduc n. m. Gros tuyau qui sert à transporter du pétrole. ➜ **pipeline.**

olfactif, olfactive adj. *Le sens olfactif,* le sens qui permet de percevoir les odeurs. ➜ aussi **odorat.**

oligarchie n. f. Forme de gouvernement dans lequel seul un petit nombre de personnes a le pouvoir.

olive n. f. Petit fruit ovale, verdâtre, à peau lisse et à noyau, qui devient noir quand il est mûr. ➜ planche **Fruits.** *De l'huile d'olive.*

▶ **oliveraie** n. f. Terrain planté d'oliviers.

▶ **olivier** n. m. Arbre des régions méditerranéennes, au tronc noueux et aux feuilles vert pâle, dont le fruit est l'olive.

olympique adj. 1. *Les Jeux olympiques,* ce sont des rencontres sportives qui ont lieu tous les quatre ans dans un pays différent, auxquelles participent des athlètes du monde entier. *Les Jeux olympiques d'hiver ont lieu deux ans après les Jeux olympiques d'été.* ➜ planche **Sport.** 2. Qui concerne les Jeux olympiques. *Un champion olympique. La flamme olympique.*

ombilical, ombilicale adj. *Le cordon ombilical,* le cordon de chair qui relie le bébé à sa mère quand il est dans son ventre, par lequel il respire et se nourrit. *À la naissance, on coupe le cordon ombilical et il se forme une cicatrice, le nombril.* – Au masc. pl. *ombilicaux.*

ombrage n. m. 1. Ombre donnée par le feuillage d'un arbre. *Ce marronnier fait un ombrage agréable.* 2. *Prendre ombrage de quelque chose,* mal le prendre, en être vexé. *Elle a pris ombrage de ta remarque.*

▶ **ombragé, ombragée** adj. *Une terrasse ombragée,* où il y a de l'ombre.

▶ **ombrageux, ombrageuse** adj. Qui se vexe facilement. ➜ ② **susceptible.** *Elle a un caractère ombrageux.*

▷ Mots de la famille de ombre.

ombre n. f. 1. Zone sombre formée par une chose opaque qui empêche les rayons du soleil de passer. ▮ contraire : **lumière.** *Viens t'asseoir à l'ombre sous le parasol. Il fait 30° à l'ombre.* 2. Image que projette un corps ou un objet éclairé par le soleil ou par une autre lumière. *L'ombre d'un chat se dessine sur le mur.* 3. *Il n'y a pas l'ombre d'un doute,* c'est absolument certain.

▶ **ombrelle** n. f. Petit parapluie léger dont les femmes se servaient autrefois pour se protéger du soleil. ➜ aussi **parasol.**

▶ Autres mots de la famille : ombrage, ombragé, ombrageux, pénombre.

omelette n. f. Plat composé d'œufs battus cuits dans une poêle. *Une omelette aux champignons.*

omettre v. (conjug. 59) Oublier. *J'ai omis d'indiquer l'heure de la réunion.*

▸ **omission** n. f. Chose que l'on a omise, oubliée. *Il y a de nombreuses omissions dans le compte rendu de la séance.* ➜ **oubli.**

▸ Ces mots appartiennent au langage soutenu.

omni- Préfixe d'origine latine qui signifie «tout» (ex. *omnibus, omniprésent, omnisports*).

omnibus [ɔmnibys] n. m. Train qui s'arrête dans toutes les gares. *Les omnibus sont moins rapides que les express.* – adj. *Un train omnibus.*

omnipotent, omnipotente adj. Qui a tous les pouvoirs. *Un souverain omnipotent.* ➜ **tout-puissant.**

omniprésent, omniprésente adj. Qui est présent partout et continuellement. *L'informatique est omniprésente dans notre vie.* ▷ Mot de la famille de ① présent.

omnisports adj. Où l'on pratique tous les sports. *Une salle omnisports.* ▷ Mot de la famille de sport.

omnivore adj. Qui mange toutes les sortes d'aliments, se nourrit aussi bien de végétaux que de viande. *L'homme et le porc sont omnivores.*

ombre

omoplate n. f. Os plat et triangulaire de l'épaule, en haut du dos. ➜ planche **Corps** humain. ▷ Mot de la famille de ① plat.

on pronom Pronom personnel indéfini de la troisième personne, sujet. **1.** Les gens. *On dit qu'il va se marier.* **2.** Quelqu'un. *On a frappé à la porte.*

▸ *On* s'emploie dans la langue familière à la place de *nous* (ex. *On s'est baignés* au lieu de *nous nous sommes baignés*).

▸ Autres mots de la famille : on-dit, qu'en-dira-t-on.

once n. f. **1.** Ancienne mesure de poids valant environ 30 grammes, encore utilisée en Grande-Bretagne et au Canada. **2.** Petite quantité. *Il n'a pas une once de bon sens.* ➜ **grain, gramme.**

oncle n. m. Le frère du père ou de la mère, ou le mari de la tante. ➜ aussi **neveu, nièce.** *Mon oncle et ma tante seront là pour Noël.*

onction n. f. Le fait de toucher quelqu'un avec une huile sainte pour le bénir ou le sacrer. *Le roi reçoit l'onction pendant la cérémonie du sacre.*

onctueux, onctueuse adj. *Une crème onctueuse,* qui n'est ni trop liquide ni trop épaisse et procure une sensation de douceur.

onde n. f. **1.** Mouvement à la surface de l'eau, qui se propage. *Lorsque l'on jette un caillou dans l'eau, il se forme des ondes à la surface de l'eau.* **2.** *Les ondes hertziennes* ou *les ondes,* les vibrations produites par un émetteur, qui transportent les sons. – *Cette chanson passe souvent sur les ondes,* à la radio. – *Être sur la même longueur d'onde,* se comprendre.

▸ Autres mots de la famille : micro-onde, ondulation, ondulé, onduler.

ondée n. f. Pluie soudaine qui ne dure pas longtemps. ➜ **averse.**

on-dit n. m. inv. Bruit qui court. ➜ **racontar, ragot, rumeur.** *D'après les on-dit, il serait très malade.* ▷ Mot de la famille de on et de dire.

onduler v. (conjug. 3) **1.** Remuer en s'élevant et en s'abaissant comme font les vagues. *Le blé ondule sous le vent.* **2.** Friser légèrement en faisant de petits crans. *Ses cheveux ondulent.*

▸ **ondulé, ondulée** adj. **1.** *Tôle ondulée,* qui présente une suite de plis arrondis. *Le toit du hangar est en tôle ondulée.* **2.** *Des cheveux ondulés,* légèrement bouclés. ▮ contraires : ① **plat, raide.**

▸ **ondulation** n. f. **1.** Mouvement de ce qui s'élève et s'abaisse tour à tour. *L'ondulation des vagues.* **2.** Mouvement de cheveux qui ondulent, frisent légèrement.

▷ Mots de la famille de onde.

onéreux, onéreuse adj. Qui coûte beaucoup d'argent. → ② **cher.** *Des vacances onéreuses.* ▮ contraire : **bon marché.**

ONG n. f. inv. Organisme qui se consacre à l'aide humanitaire. *Plusieurs ONG sont sur les lieux de la catastrophe.*

▶ Ce mot est le sigle de *organisation non gouvernementale.*

opale

ongle n. m. Partie dure, en corne, qui recouvre le bout des doigts et des orteils. *Elle se met du vernis à ongles. Il s'est coupé les ongles.*

▸ **onglée** n. f. *Avoir l'onglée,* avoir très mal au bout des doigts à cause du froid.

▸ Autre mot de la famille : coupe-ongle.

onguent [ɔ̃gɑ̃] n. m. Pommade grasse. *Il met un onguent sur sa brûlure.* → **crème.**

▶ Ce mot ne s'utilise plus beaucoup.

onirique adj. Qui est merveilleux comme dans un rêve. *Un paysage onirique.*

onomatopée n. f. Mot dont le son imite le bruit de ce qu'il représente. *«Plouf», «boum», «pan» sont des onomatopées.*

onyx [ɔniks] n. m. Pierre rare, variété d'agate, présentant des parties de couleurs différentes. *Une bague en onyx.*

▶ Il y a un *y* après le *n.*

onze adj. inv. Dix plus un (11). *Il a onze ans. Le chapitre onze du livre.* – n. m. inv. *Onze plus deux égalent treize.*

▸ **onzième** adj. et n. m.

▪ adj. Qui vient tout de suite après le dixième. *Il habite au onzième étage.*

▪ n. m. Partie d'un tout divisé en onze parts égales. *Les trois onzièmes de l'héritage.*

opale n. f. Pierre précieuse blanche aux reflets multicolores.

opaque adj. Qui ne laisse pas passer la lumière. *Un store opaque.* ▮ contraires : **translucide, transparent.**

opéra n. m. **1.** Pièce de théâtre entièrement chantée et accompagnée de musique. → planche **Spectacle.** *Mozart a composé de nombreux opéras.* **2.** Théâtre où l'on joue des opéras et où l'on présente des ballets. *L'opéra de Lille.*

▶ Ce mot vient de l'italien.

▸ Autre mot de la famille : opérette.

opéra chinois

opérer v. (conjug. 8) **1.** Produire un effet. *Le remède commence à opérer.* ➜ **agir. 2.** Faire. *Il faut opérer des changements.* ➜ **accomplir, effectuer, exécuter. 3.** Ouvrir le corps ou un organe pour en enlever une partie, le soigner ou le modifier. *Le chirurgien a opéré Julie de l'appendicite.*

▸ **opérateur** n. m., **opératrice** n. f. **1.** Personne qui fait fonctionner un appareil. *Un opérateur de prises de vues.* ➜ **cadreur, caméraman. 2.** n. m. En mathématiques, signe qui indique l'opération à réaliser. + *est l'opérateur de l'addition, – celui de la soustraction.*

▸ **opération** n. f. **1.** Acte à accomplir en vue d'obtenir un résultat. *Dans la construction d'une voiture, la plupart des opérations sont effectuées par des machines.* **2.** Calcul qui, à partir d'éléments connus, permet d'obtenir un nouveau résultat. *Il y a quatre opérations, l'addition, la soustraction, la multiplication et la division.* **3.** Ensemble de manœuvres militaires, de combats. *Le général a pris la tête des opérations.* **4.** Action d'ouvrir le corps pour enlever une partie malade ou la soigner. ➜ **intervention** chirurgicale. *Le chirurgien est en salle d'opération.* **5.** Affaire financière. *Il a fait une bonne opération en achetant son appartement.*

▸ **opérationnel, opérationnelle** adj. Qui peut fonctionner, être mis en service. *La salle informatique n'est pas encore opérationnelle.*

▸ **opératoire** adj. Relatif à une opération chirurgicale. *La technique opératoire de la greffe.* – *Bloc opératoire,* pièce où se trouvent les installations pour faire des interventions chirurgicales.

▶ Autres mots de la famille : coopératif, coopération, coopérative, coopérer, postopératoire.

opérette n. f. Pièce de théâtre gaie, accompagnée de musique, dont certains dialogues sont chantés. ➜ aussi **opéra.** *Offenbach est l'auteur de nombreuses opérettes.* ▷ Mot de la famille de opéra.

ophtalmologie n. f. Partie de la médecine qui soigne les yeux et les troubles de la vue.

▸ **ophtalmologiste** n. m. et f. Médecin spécialiste des yeux. ➜ **oculiste.**

opiner v. (conjug. 3) *Opiner à quelque chose,* acquiescer, donner son assentiment à quelque chose. *Il opine à tout ce qu'elle dit.* – *Opiner du bonnet, de la tête,* approuver en hochant la tête.

◗ *Opiner à* appartient au langage soutenu.

opiniâtre adj. Acharné, obstiné. *Ils ont réussi grâce à un travail opiniâtre.*

▸ **opiniâtreté** n. f. Acharnement, persévérance. *L'opiniâtreté des sauveteurs a permis de retrouver des survivants.*

opinion n. f. **1.** Manière de penser. *Je ne partage pas votre opinion sur ce sujet.* ➜ **avis, idée, point de vue.** *Elle a une bonne opinion de vous,* elle pense du bien de vous, elle vous apprécie. **2.** *L'opinion publique* ou *l'opinion,* l'ensemble des gens et ce qu'ils pensent. *L'opinion publique a été alertée par les médias.*

opium [ɔpjɔm] n. m. Drogue tirée d'une plante, le pavot. ➜ aussi **morphine.**

opossum [ɔpɔsɔm] n. m. Petit marsupial d'Amérique et d'Australie au pelage gris.

opossum

oppidum [ɔpidɔm] n. m. Ville fortifiée datant de l'époque romaine. ➜ **citadelle.**

opportun, opportune adj. *Le moment opportun,* le moment favorable, le bon moment. ▮ contraire : **inopportun.**

▸ **opportunément** adv. Au bon moment. *Il est arrivé opportunément.*

a b c d e f g h i j k l m n o p q r s t u v w x y z

▶ **opportunisme** n. m. Attitude qui consiste à profiter des circonstances selon son propre intérêt et sans scrupule.

▶ **opportuniste** n. m. et f. Personne qui tire profit des circonstances, sans scrupule.

▶ **opportunité** n. f. Caractère de ce qui est opportun. *L'opportunité d'une démarche.*

▶ Autre mot de la famille : inopportun.

opposant n. m., **opposante** n. f. Personne qui n'est pas d'accord avec la politique du gouvernement. *Les opposants à la réforme manifestent.* ➜ **adversaire** et aussi **opposition.**

▷ Mot de la famille de poser.

opposé adj. et n. m., **opposée** adj.

■ adj. **1.** Qui est situé en face, vis-à-vis. *Léa a collé un poster sur le mur opposé à la fenêtre. Paul et Théo sont partis dans des directions opposées,* dans deux directions allant en sens inverse. ➜ **contraire. 2.** Très différent. *Les deux sœurs ont des caractères opposés.* ▮ contraires : **identique, semblable. 3.** Hostile. *Elle est opposée à tout changement.* ▮ contraire : **favorable.**

■ n. m. **1.** *L'opposé,* le contraire. *Souvent, il dit une chose et il fait l'opposé.* **2.** *À l'opposé,* de l'autre côté. *Ici c'est la poste, la gare est à l'opposé.* ▷ Mot de la famille de poser.

opposer v. (conjug. 3) **1.** Mettre face à face dans un combat, une compétition. *Le match oppose l'équipe de Lyon à celle de Marseille.* **2.** Placer en face pour faire obstacle. *À tous ces reproches, il a opposé un silence obstiné.* **3.** Comparer pour faire ressortir les différences. *On oppose souvent le comportement des chiens et celui des chats.* ▮ contraire : **rapprocher.**

▶ **s'opposer** v. **1.** Empêcher, interdire. *Ses parents se sont opposés à son départ.* ▮ contraires : **consentir, permettre. 2.** Contraster. *Le rouge et le noir sont deux couleurs qui s'opposent.* ➜ **opposé.**

▶ **opposition** n. f. **1.** Désaccord, conflit. *Il est en opposition avec ses parents.* **2.** *Faire opposition à quelque chose,* l'empêcher, s'y opposer. *Le conseil de classe a fait opposition à son passage dans la classe supérieure.* **3.** *L'opposition,* l'ensemble des personnes qui ne sont pas d'accord avec la politique du gouvernement. *Les partis de l'opposition.* ➜ aussi **opposant.**

▷ Mots de la famille de poser.

oppresser v. (conjug. 3) Gêner la respiration. *La chaleur l'oppresse.*

▶ **oppressant, oppressante** adj. Qui étouffe, gêne la respiration. ➜ **étouffant.** *Il fait une chaleur oppressante.* ➜ **écrasant, suffocant.**

▶ **oppressé, oppressée** adj. Qui a du mal à respirer. *Elle se sent oppressée.*

▶ Il ne faut pas confondre *oppressé* et *opprimé.*

▶ **oppresseur** n. m. Personne qui exerce une autorité trop grande. ➜ **tyran.** *Le peuple opprimé s'est révolté contre l'oppresseur.*

▶ **oppression** n. f. **1.** Autorité excessive et injuste. ➜ **tyrannie.** *La population tente de résister à l'oppression de la dictature.* **2.** Sensation d'un poids qui empêche de respirer. *Il sent une oppression dans sa poitrine.*

opprimer v. (conjug. 3) Écraser sous le poids d'une autorité trop grande et injuste. *Le seigneur du village opprimait les paysans.* ➜ **tyranniser.**

▶ **opprimé** n. m., **opprimée** n. f. Personne victime d'un oppresseur. *Les opprimés se révolteront.* – adj. *Ce peuple opprimé s'est révolté.*

▶ Il ne faut pas confondre *opprimé* et *oppressé.*

opprobre n. m. Ce qui humilie, fait honte publiquement. *Le scandale a jeté l'opprobre sur lui.* ➜ **déshonneur.**

▶ Ce mot appartient au langage soutenu.

opter v. (conjug. 3) *Opter pour quelque chose,* choisir quelque chose. *Pour quelle solution allez-vous opter ?*

▶ Ce mot appartient au langage soutenu.

▶ Autres mots de la famille : adopter, adoptif, adoption, option, optionnel.

opticien n. m., **opticienne** n. f. Personne qui fabrique et vend des objets et des appareils qui servent à mieux voir. *Un opticien vend des lunettes, des lentilles de contact, des loupes, des jumelles.* ▷ Mot de la famille de optique.

optimisme n. m. Attitude d'une personne qui prend toujours les choses du bon côté. *Elle envisage l'avenir avec optimisme.* ▮ contraire : **pessimisme.**

▸ **optimiste** adj. Qui prend les choses du bon côté, pense que tout va bien et que tout se passera bien. *Un tempérament optimiste.* ▮ contraire : **pessimiste.** – n. *C'est une optimiste.*

bijoux en **or**

option n. f. **1.** Choix. *Il y a plusieurs options possibles. Une matière à option,* facultative. **2.** Chose qui peut être achetée en plus. *Un modèle de voiture avec le GPS en option.*

▸ **optionnel, optionnelle** adj. Qui fait l'objet d'un choix. *Certaines matières scolaires sont optionnelles.* ➜ **facultatif.** ▮ contraire : **obligatoire.**

▷ Mots de la famille de opter.

optique adj. et n. f.

▪ adj. De l'œil, de la vision. *Le nerf optique relie l'œil au cerveau.*

▪ n. f. **1.** Science qui étudie la lumière et les lois de la vision. **2.** *Instrument d'optique,* instrument qui permet de voir, d'observer. *Les lunettes, les loupes, les microscopes sont des instruments d'optique.* **3.** Manière de voir les choses. *Pour apprécier les contes de fées, il faut se placer dans l'optique des enfants.* ➜ **point de vue.**

▶ Autre mot de la famille : opticien.

opulence n. f. Grande richesse. *Les milliardaires vivent dans l'opulence.* ▮ contraires : **indigence, misère, pauvreté.**

▸ **opulent, opulente** adj. **1.** Très riche. *Une famille opulente.* ▮ contraire : **pauvre.** **2.** *Une poitrine opulente,* une grosse poitrine. ➜ ① **fort.**

opus [ɔpys] n. m. Indication utilisée pour désigner un morceau de musique avec son numéro, dans l'œuvre d'un compositeur. *Le numéro d'opus d'une symphonie.*

▶ C'est un mot latin qui veut dire «ouvrage».

① **or** n. m. Métal précieux jaune et brillant. *Une bague en or.* – *À prix d'or,* très cher. *Rouler sur l'or,* être très riche. *Faire un pont d'or à quelqu'un,* lui offrir beaucoup d'argent pour le décider à occuper un poste. *Avoir un cœur d'or,* être très généreux. *Pour tout l'or du monde,* à aucun prix. ▮ homonyme : hors.

▶ Autres mots de la famille : bouton-d'or, doré, dorer, dorure, mordoré, orfèvre, orfèvrerie.

② **or** conjonction Mot qui sert à lier deux propositions en montrant l'arrivée d'un élément nouveau, plus ou moins en opposition avec ce qui précède. *Il doit nous montrer le chemin, or il n'est pas encore arrivé.* ➜ **mais.**

oracle n. m. Réponse que faisaient les dieux, dans l'Antiquité, à ceux qui venaient les interroger. *Les oracles étaient interprétés par les prêtres.*

orage n. m. Trouble violent dans l'atmosphère qui se manifeste par des éclairs, du tonnerre, une très forte pluie et du vent. *Le ciel s'assombrit, l'orage va éclater.* – *Il y a de l'orage dans l'air,* il va certainement y avoir une dispute.

▸ **orageux, orageuse** adj. **1.** Qui annonce l'orage. *Un temps orageux.* **2.** Tumultueux. *Une discussion orageuse,* violente et agitée. ➜ **houleux.** ▮ contraires : **calme, paisible.**

oral, orale adj. **1.** Qui se fait de vive voix et non par écrit. *L'examen comporte des épreuves orales et des épreuves écrites.* – Au masc. pl. *oraux.* – n. m. *L'oral d'un examen,* la partie de l'examen où l'on est interrogé de vive voix. *Le résultat des oraux.* **2.** *Par voie orale,* par la bouche. *Ce médicament est à prendre par voie orale.*

▸ **oralement** adv. Par la parole. *Répondez oralement.* ➜ **verbalement.** ▮ contraire : par **écrit.**

a b c d e f g h i j k l m n o p q r s t u v w x y z

orange n. f. et adj. inv.
■ n. f. Fruit rond, assez gros, d'un jaune un peu rouge. → planche **Fruits.** *Du jus d'orange. Il a acheté un kilo d'oranges.*
■ adj. inv. D'une couleur formée par la combinaison du jaune et du rouge. → **orangé.** *Des gants orange.*

▸ **orangé, orangée** adj. D'une couleur proche de l'orange. → planche **Couleurs.** *Une lumière orangée.*

▸ **orangeade** [ɔʀɑ̃ʒad] n. f. Boisson faite de jus d'orange, de sucre et d'eau.

▸ **oranger** n. m. Arbre fruitier qui donne les oranges.

▸ **orangeraie** n. f. Plantation d'orangers. *Il y a beaucoup d'orangeraies au Maroc.*

▸ **orangerie** n. f. Bâtiment dans lequel on met à l'abri, pendant l'hiver, des orangers cultivés dans des pots.

orang-outan [ɔʀɑ̃utɑ̃] n. m. (→ ÉTYM.) Grand singe d'Asie, à longs poils d'un brun roux et aux bras très longs. *Les orangs-outans vivent dans les arbres.*
▸ On écrit aussi *orang-outang.*

orang-outan

orateur n. m., **oratrice** n. f. Personne qui prononce un discours. *Un brillant orateur.*

oratoire adj. Qui concerne l'art de parler en public. *L'art oratoire.*

orbite n. f. 1. Courbe que décrit un astre ou un satellite autour d'un astre. *La Terre parcourt son orbite autour du Soleil en 365 jours 6 heures et 9 minutes.* → planche **Soleil.** 2. Chacun des deux trous du crâne dans lesquels se trouvent les yeux. → planche **Corps** humain.

▸ **orbital, orbitale** adj. Qui concerne l'orbite d'une planète, d'un satellite. *Le mouvement orbital de la Terre autour du Soleil.* – *Une station orbitale,* un engin spatial qui décrit une orbite. – Au masc. pl. *orbitaux.*
▸ Autre mot de la famille : exorbité.

orchestre [ɔʀkɛstʀ] n. m. 1. Groupe de musiciens jouant ensemble d'instruments différents. → planche **Instruments** de musique. *Un orchestre de jazz. Le chef d'orchestre dirige les musiciens.* 2. Rez-de-chaussée d'une salle de spectacle. → planche **Spectacle.** *Il a réservé deux fauteuils d'orchestre.*

▸ **orchestrer** [ɔʀkɛstʀe] v. (conjug. 3) 1. Adapter pour l'orchestre. *Le compositeur a orchestré cette mélodie.* 2. Organiser avec ampleur. *La campagne publicitaire a été bien orchestrée.*

orchidée [ɔʀkide] n. f. Fleur qui pousse dans les pays chauds et humides, recherchée pour ses formes et ses couleurs originales. → planche **Fleurs.**

ordinaire adj. et n. m.
■ adj. 1. Habituel. *Avec sa maladresse ordinaire, il m'a marché sur les pieds.* ▮ contraires : **exceptionnel, extraordinaire.** 2. De la qualité la plus courante. *Du café de qualité ordinaire.* ▮ contraire : **supérieur.**
■ n. m. 1. Ce qui est habituel. *Cette robe est originale, elle sort de l'ordinaire.* 2. *D'ordinaire,* d'habitude, le plus souvent. *D'ordinaire, il se lève plus tôt.* → **ordinairement.**

▸ **ordinairement** adv. Habituellement. *Ordinairement, les trains arrivent à l'heure.* → **généralement.**
▸ Autres mots de la famille : extraordinaire, extraordinairement.

ordinal, ordinale adj. *Un adjectif numéral ordinal,* un adjectif qui indique le rang, l'ordre d'une chose ou d'une personne dans un ensemble. *«Troisième», «vingt-cinquième» sont des adjectifs numéraux ordinaux.* → aussi ② **cardinal.**

ordinateur n. m. (→ ÉTYM.) Machine électronique pouvant résoudre très rapidement des problèmes très complexes et très variés à l'aide de programmes spéciaux et qui garde beaucoup d'informations en mémoire. → fam. **bécane** et aussi **informatique.** *Un ordinateur portable.*

▶ Autre mot de la famille : micro-ordinateur.

ordination n. f. Cérémonie au cours de laquelle un homme devient prêtre.

① **ordonnance** n. f. Arrangement. → **disposition.** *L'ordonnance des mots dans la phrase.* → **ordre** et aussi ① **ordonner.** ▷ Mot de la famille de ① ordonner.

② **ordonnance** n. f. **1.** Papier sur lequel le médecin inscrit les médicaments qu'il prescrit. *Le pharmacien lit l'ordonnance.* **2.** *Une ordonnance ministérielle,* une décision du gouvernement. **3.** Autrefois, soldat au service d'un officier. ▷ Mot de la famille de ② ordonner.

① **ordonner** v. (conjug. 3) **1.** Mettre dans un certain ordre, mettre en ordre. *Il a du mal à ordonner ses idées.* – **s'ordonner,** se mettre en place, en ordre. *Mes pensées s'ordonnent et se précisent.* → s'**organiser.** **2.** *Ordonner un prêtre,* lui donner le sacrement qui fera de lui un prêtre. → aussi **ordination.**

▶ **ordonné, ordonnée** adj. Qui a de l'ordre, range ses affaires. *Une petite fille ordonnée.* ▮ contraires : ① **brouillon, désordonné.**

▶ **ordonnée** n. f. Coordonnée verticale qui sert, avec l'abscisse, d'élément de repère pour définir la position d'un point dans un plan.

▶ Autres mots de la famille : coordonné, coordonnée, coordonner, désordonné, ① ordonnance, subordonné, subordonner.

② **ordonner** v. (conjug. 3) Donner un ordre. → **commander.** *Je t'ordonne de te taire. Le médecin lui a ordonné des antibiotiques.* → **prescrire.**

▶ Autre mot de la famille : ② ordonnance.

① **ordre** n. m. **1.** Manière de classer, de ranger. *Les mots d'un dictionnaire sont rangés dans l'ordre alphabétique.* → **classement.** **2.** Disposition, rangement des choses à leur place. *Une pièce en ordre,* bien rangée. ▮ contraire : **désordre.** *Alex met de l'ordre dans sa chambre,* il la range. **3.** Qualité d'une personne qui range les choses à leur place. *Louise a de l'ordre,* elle est ordonnée. **4.** Organisation de la société, respect des lois. *La police assure le maintien de l'ordre.* **5.** Catégorie. *Le prix de cette robe est de l'ordre de 150 euros,* d'environ 150 euros. **6.** Ensemble de moines ou de religieuses obéissant à certaines règles. *Entrer dans les ordres,* devenir prêtre ou religieux. **7.** *Ordre du jour,* liste des sujets à aborder dans une réunion.

▶ Autre mot de la famille : désordre.

② **ordre** n. m. Acte qui manifeste l'autorité. *Le professeur donne à ses élèves l'ordre de se taire.* → ② **ordonner.** *Le soldat obéit aux ordres de ses supérieurs.* → **commandement, consigne.** – *Être sous les ordres de quelqu'un,* devoir lui obéir. – *Jusqu'à nouvel ordre,* pour le moment, jusqu'à ce qu'un fait nouveau vienne changer la situation.

▶ Autre mot de la famille : contrordre.

ordures n. f. pl. Déchets dont on se débarrasse. → **immondices.** *Les éboueurs ramassent les ordures.* → **détritus** et aussi **poubelle.**

▶ **ordurier, ordurière** adj. Très grossier. *Des propos orduriers.* → **obscène.**

▶ Autre mot de la famille : vide-ordures.

orée n. f. *L'orée du bois,* la lisière.

◗ Ce mot appartient au langage soutenu.

oreille n. f. *Les oreilles,* les organes, situés de chaque côté de la tête, qui servent à entendre. → aussi **ouïe.** *Le lapin a de grandes oreilles.* – *N'écouter que d'une oreille,* écouter d'un air distrait. *Prêter l'oreille,* écouter attentivement. *Être dur d'oreille,* être un peu sourd. *Avoir l'oreille fine,* très bien entendre. *Faire la sourde oreille,* faire semblant de ne pas entendre. *Casser les oreilles à quelqu'un,* faire trop de bruit. *Se faire tirer l'oreille pour faire quelque chose,* se faire prier. *Dresser, tendre l'oreille,* se mettre à écouter attentivement. *Les*

oreilles

murs ont des oreilles, on peut être surveillé sans s'en douter.

▸ **oreiller** n. m. Coussin, carré ou rectangulaire, sur lequel on pose la tête pour dormir. ➜ aussi **traversin.**

▸ **oreillette** n. f. **1.** Chacune des deux cavités supérieures du cœur. *Les oreillettes et les ventricules.* **2.** Petit récepteur qui s'adapte à l'oreille. *L'oreillette d'un téléphone portable.*

▸ **oreillons** n. m. pl. Maladie contagieuse due à un virus qui donne mal aux oreilles et fait enfler le cou.

▶ Autre mot de la famille : perce-oreille.

d'ores et déjà [dɔʀzedeʒa] adv. Dès maintenant, dès aujourd'hui. *La maison n'est pas terminée mais on peut d'ores et déjà l'habiter.*
▷ Famille de déjà.

orfèvre n. m. et f. ➜ ÉTYM. Personne qui fabrique ou vend des objets en métal précieux.

▸ **orfèvrerie** n. f. Travail, art de l'orfèvre.
▷ Mots de la famille de ① or.

travail de l'orfèvre

orfraie n. f. Rapace diurne qui se nourrit de poissons. – *Pousser des cris d'orfraie,* des cris perçants.

organe n. m. Partie du corps qui a une fonction particulière. *L'œil est l'organe de la vue.*
▶ Autres mots de la famille : désorganisation, désorganiser, micro-organisme, organique, organisateur, organisation, organisé, organiser, organisme, réorganiser.

organigramme n. m. Schéma qui représente les diverses parties d'un ensemble et les relations entre elles. *L'organigramme d'une entreprise.*

organique adj. **1.** Qui se rapporte aux organes, aux êtres vivants. *Les fonctions organiques.* **2.** Qui provient d'un être vivant. *Le jardinier utilise des engrais organiques.* ▮ contraire : **chimique.** ▷ Mot de la famille de organe.

organiser v. (conjug. 3) **1.** Préparer selon un plan précis, mettre sur pied. *Le professeur a organisé un voyage scolaire.* **2. s'organiser,** aménager son emploi du temps de manière à être plus efficace. *Il perd beaucoup de temps car il ne sait pas s'organiser.*

▸ **organisé, organisée** adj. **1.** *Voyage organisé,* voyage en groupe où tout est prévu et préparé et se déroule selon un ordre déterminé. *Ils sont allés au Japon en voyage organisé.* **2.** *Une personne organisée,* qui sait aménager son temps de manière efficace.

▸ **organisateur** n. m., **organisatrice** n. f. Personne qui prépare, organise. *Les organisateurs d'un spectacle.*

▸ **organisation** n. f. **1.** Préparation. *L'organisation de la fête était parfaite.* **2.** Manière dont une chose est organisée. *Il y a une bonne organisation dans cette entreprise.* **3.** Groupe de personnes qui travaillent ensemble dans un but commun. *Une organisation humanitaire.* ➜ **ONG.**

▷ Mots de la famille de organe.

organisme n. m. **1.** Le corps humain. *Les besoins de l'organisme.* **2.** Être vivant. *Les virus sont des organismes visibles seulement au microscope.* **3.** Ensemble de services et de bureaux où les gens travaillent dans un but commun. *Un organisme de crédit.* ▷ Mot de la famille de organe.

organiste n. m. et f. Personne qui joue de l'orgue. ▷ Mot de la famille de orgue.

orge n. f. Plante portant un épi garni de longs poils. *L'orge est une céréale qui sert à l'alimentation du bétail et à fabriquer de la bière.*

orgelet n. m. Petit bouton sur le bord de la paupière.

orgie n. f. Repas long et bruyant où les gens mangent et boivent trop et se tiennent mal. *Les orgies romaines.*

orgue n. m. Grand instrument de musique à vent, composé de nombreux tuyaux et de plusieurs claviers.

Au pluriel, *orgue* est un nom féminin : on dit *les grandes orgues de la cathédrale de Chartres.*

▸ Autre mot de la famille : organiste.

orgueil [ɔʀgœj] n. m. Sentiment qu'une personne a d'avoir plus de valeur que les autres. ➜ **prétention, vanité.** *Il est d'un orgueil démesuré.* ▮ contraires : **humilité, modestie.**

▸ **orgueilleux, orgueilleuse** adj. Qui se pense supérieur aux autres. ➜ **fier, prétentieux, vaniteux.** *Elle est orgueilleuse comme un paon,* très orgueilleuse. ▮ contraires : **humble, modeste.** – n. *Quel orgueilleux !*

▸ Autre mot de la famille : s'enorgueillir.

orient n. m. **1.** Est. *Le soleil se lève à l'orient et se couche à l'occident.* ➜ aussi **levant.** **2.** *L'Orient,* c'est l'Asie et certains pays du bassin méditerranéen.

▸ Autre mot de la famille : oriental.

orientable adj. Que l'on peut diriger dans le sens que l'on veut. *Un projecteur orientable.* ▷ Mot de la famille de orienter.

oriental, orientale adj. **1.** Qui est à l'est. *Bastia est sur la côte orientale de la Corse et Ajaccio sur la côte occidentale.* **2.** Situé en Orient. *L'Égypte et le Japon sont des pays orientaux.* – n. *Les Orientaux,* les habitants de l'Orient. ▷ Mot de la famille de orient.

orienter v. (conjug. 3) **1.** Disposer par rapport à une direction. ➜ **exposer.** *La chambre de Paul est orientée au sud.* **2.** Diriger dans une certaine direction. *On l'a orienté vers des études scientifiques.* **3. s'orienter,** déterminer l'endroit où l'on se trouve par rapport aux points cardinaux. ➜ se **repérer.** *Une boussole permet de s'orienter.*

▸ **orientation** n. f. **1.** Le fait de se repérer par rapport aux points cardinaux. *Elle n'a pas le sens de l'orientation.* **2.** Direction que l'on prend dans ses études. *Il ne sait quelle orientation choisir après son bac.*

▸ Autres mots de la famille : désorienter, orientable.

orifice n. m. Ouverture. ➜ **trou.** *L'orifice d'un tube.*

orgue

oriflamme n. f. Long drapeau découpé. *L'oriflamme des rois de France.*

originaire adj. Qui vient d'un lieu, qui y est né. *Sa mère est originaire du Brésil.* ➜ **natif.**
▷ Mot de la famille de origine.

original adj. et n. m., **originale** adj. et n. f.
■ adj. 1. Qui sort de l'ordinaire, qui ne ressemble à rien d'autre. *Une robe originale.* ➜ aussi **excentrique.** *Théo fait toujours des cadeaux originaux.* ▮ contraires : **banal, commun.** 2. *Un film en version originale,* qui n'est pas doublé, qui est dans la langue où il a été tourné.
■ n. 1. Personne qui ne se conduit pas comme tout le monde. *C'est une originale.* 2. n. m. Document ou tableau fait par l'auteur, qui n'est pas une copie. *Photocopiez ces lettres et rendez-moi les originaux.*

▶ **originalité** n. f. Caractère de ce qui ne ressemble pas à autre chose. ▮ contraire : **banalité.** *Une œuvre d'une grande originalité.*

origine n. f. 1. Endroit, milieu d'où vient une personne. *Sa mère est d'origine suisse.* ➜ **ascendance.** 2. Provenance. *Beaucoup de mots français sont d'origine grecque ou latine.* ➜ aussi **étymologie.** 3. Commencement. *L'origine de la vie. À l'origine, ce mot avait un autre sens.* 4. Cause, source. *L'injustice est à l'origine de leur révolte.*

▶ **originel, originelle** adj. Qui date du début. ➜ **initial.** *Le château a retrouvé sa forme originelle.* ➜ **primitif.**
▶ Autre mot de la famille : originaire.

oripeaux n. m. pl. Vêtements bizarres, extravagants et vieux.

orme n. m. Grand arbre à feuilles dentelées. *Une allée d'ormes.*

▶ ① **ormeau** n. m. Petit orme. *Une allée d'ormeaux.*

② **ormeau** n. m. Coquillage plat comestible. – Au pl. *Des ormeaux.*

orner v. (conjug. 3) Décorer. *Des jardinières ornent le balcon.*

▶ **orné, ornée** adj. Qui comporte des ornements, des décorations. ➜ **ouvragé.** *Une lettre ornée.* ➜ **enluminure.** *Un style très orné.* ➜ **tarabiscoté.**

▶ **ornement** n. m. Ce qui décore. ➜ **décoration.** *Le mur est tout blanc, sans aucun ornement.*

▶ **ornemental, ornementale** adj. Qui décore. ➜ **décoratif.** *L'azalée est une plante ornementale. Des motifs ornementaux.*

ornière n. f. Trace profonde creusée par les roues d'un véhicule dans un chemin de terre.

ornithologie n. f. Science qui étudie les oiseaux.

▶ **ornithologue** n. m. et f. Spécialiste des oiseaux.

ornithorynque n. m. Mammifère d'Australie à bec de canard, à longue queue plate, aux pattes palmées munies de griffes, qui vit à la fois sur terre et dans l'eau, et pond des œufs.

oronge n. f. Champignon dont certaines espèces sont comestibles. ➜ **amanite.**

orpailleur n. m., **orpailleuse** n. f. Personne qui cherche de l'or.

orphelin n. m., **orpheline** n. f. Enfant dont les parents sont morts. – adj. *Elle a été orpheline à 8 ans.*

▶ **orphelinat** n. m. Établissement qui recueille les orphelins.

orque n. f. Mammifère marin noir et blanc, de la famille des dauphins. ➜ **épaulard.** ➜ planche **Pôles.** *Les orques se nourrissent de poissons et de cétacés.*

orque

orteil n. m. Doigt de pied. *L'homme a dix orteils.*

orthodontiste n. m. et f. Dentiste spécialisé dans le redressement des dents. *L'orthodontiste lui a mis un appareil.*

orthodoxe adj. **1.** *La religion orthodoxe,* la religion des chrétiens d'Orient qui ne reconnaît pas l'autorité du pape. *L'Église orthodoxe s'est séparée de l'Église catholique romaine au 11e siècle.* – n. *Il y a des orthodoxes en Grèce et en Europe de l'Est,* des chrétiens de religion orthodoxe. **2.** Conforme aux traditions ou aux usages. *Cette méthode n'est pas très orthodoxe.*

orthographe n. f. (→ ÉTYM.) Manière correcte d'écrire les mots. *L'orthographe d'un mot. Des fautes d'orthographe.*

▸ **orthographier** v. (conjug. 9) Écrire correctement, en suivant les règles. *On orthographie souvent mal son nom de famille.*

▸ **orthographique** adj. Qui concerne l'orthographe. *Les difficultés orthographiques du français.*

orthopédique adj. *Un appareil orthopédique,* un appareil qui corrige une malformation des os. *Des chaussures orthopédiques.*

orthophonie n. f. Traitement des troubles du langage oral et écrit.

▸ **orthophoniste** n. m. et f. Personne dont le métier est de corriger les troubles du langage oral et écrit. *Cet enfant ne bégaye plus grâce au travail d'une orthophoniste.*

ortie n. f. Plante dont les feuilles couvertes de poils piquent et donnent de petits boutons quand on les touche.

ortolan n. m. Petit oiseau à la chair délicieuse. *L'ortolan est une espèce protégée.*

orvet n. m. Sorte de lézard sans pattes qui ressemble à un petit serpent. → planche **Reptiles** et amphibiens.

os n. m. Chacune des parties dures et rigides qui forment le squelette de l'homme et des animaux vertébrés. *Le chien ronge l'os du gigot.* – *N'avoir que la peau sur les os,* être très maigre.

On prononce *un os* [œ̃nɔs], *des os* [dezo].

▶ Autres mots de la famille : désosser, ossature, osselets, ossements, osseux, ossuaire.

oscar n. m. Récompense, prix obtenu dans un concours. *Ce film a remporté plusieurs oscars.*

osciller [ɔsile] v. (conjug. 3) Avoir un mouvement régulier dans un sens puis dans l'autre. *Le balancier de la pendule oscille régulièrement.*

▸ **oscillation** [ɔsilasjɔ̃] n. f. Mouvement de va-et-vient régulier. → **balancement.** *Les oscillations du balancier.*

osé, osée adj. **1.** Audacieux, hardi. *Une démarche osée.* **2.** Choquant, indécent. *Un décolleté osé. Une plaisanterie osée.* → **scabreux.** ▷ Mot de la famille de oser.

oseille n. f. Plante dont les feuilles, au goût acide, se mangent cuites. *De la soupe à l'oseille.*

oser v. (conjug. 3) Avoir l'audace, le courage de faire quelque chose. *Elle n'ose pas prendre la parole en public. Il a osé nous faire des reproches.*

▶ Autre mot de la famille : osé.

osier n. m. Sorte de saule dont on utilise les petites branches souples pour faire des paniers. → aussi **vannerie.** *Un fauteuil en osier.*

osier

ossature n. f. Ensemble des os d'une personne ou d'un animal. *Une ossature massive.* → **squelette.** ▷ Mot de la famille de os.

osselets n. m. pl. **1.** Jeu d'adresse qui consiste à lancer en l'air et à rattraper sur le dos de la main des objets en métal ou en plastique qui ont la forme de petits os. **2.** Petit os. *Les osselets de l'oreille.* ▷ Mot de la famille de os.

ostréiculture

ossements n. m. pl. Os desséchés d'un cadavre d'homme ou d'animal. *Des ossements ont été découverts dans une grotte.* ▷ Mot de la famille de os.

osseux, osseuse adj. **1.** Qui concerne les os. *Une maladie osseuse,* des os. **2.** Dont les os sont très apparents. *Des mains osseuses.* ▷ Mot de la famille de os.

ossuaire n. m. Endroit où sont conservés des ossements humains. ➜ aussi **catacombes.** ▷ Mot de la famille de os.

ostensible adj. Que l'on fait sans se cacher ou avec l'intention d'être remarqué. ▮ contraire : **discret.** *Une discrimination ostensible.*
▶ Ce mot appartient au langage soutenu.

▸ **ostensiblement** adv. Sans se cacher, avec l'intention de se faire remarquer. *Il tousse ostensiblement en présence de fumeurs.* ▮ contraire : **discrètement.**

ostentation n. f. Attitude d'une personne qui cherche à se faire remarquer. *Il regarda sa montre avec ostentation.* ▮ contraire : **discrétion.**

ostentatoire adj. Qui est montré de manière à être remarqué. *Un luxe ostentatoire.* ▮ contraire : **discret.**

ostréiculteur n. m., **ostréicultrice** n. f. Personne qui élève des huîtres.

ostréiculture n. f. Élevage des huîtres.

otage n. m. et f. Personne qui est faite prisonnière et qui ne sera libérée que lorsque son ravisseur aura obtenu ce qu'il exige. *Des journalistes ont été pris en otage par des terroristes.*

otarie n. f. Animal marin qui ressemble à un phoque, mais avec de petites oreilles et un cou plus allongé. ➜ planches **Mammifères, pôles.** *L'otarie vit dans l'océan Pacifique et dans les mers de l'hémisphère Sud.*

ôter v. (conjug. 3) **1.** Enlever. *Il ôte son manteau.* ➜ **retirer.** *Cet accident lui a ôté l'envie de faire de la moto.* ▮ contraire : **donner. 2.** Retrancher. *6 fois 8 égalent 48, j'ôte 3, il reste 45.* ➜ **soustraire.** ▮ contraire : **ajouter. 3. s'ôter,** se pousser, s'écarter. *Ôte-toi de là.*

otite n. f. Maladie de l'oreille.

oto-rhino-laryngologiste n. m. et f. Médecin spécialiste des oreilles, du nez et de la gorge. – Au pl. *Des oto-rhino-laryngologistes.*
▶ On peut aussi écrire *otorhinolaryngologiste* mais on abrège souvent ce mot : *otorhino* (ou *oto-rhino, des oto-rhinos*) ou encore *O. R. L., des O. R. L.*

ou conjonction **1.** Sert à indiquer une équivalence. *On peut aller à Londres en avion ou en train,* aussi bien en avion qu'en train. *On dit une coccinelle ou une bête à bon Dieu,* l'un ou l'autre. **2.** Sert à indiquer un choix. *Entre ou sors, mais ferme la porte,* soit tu entres, soit tu sors. **3.** Sert à indiquer une approximation. *Il restait cinq ou six enfants,* environ cinq enfants. **4.** Sert à exprimer le doute. *Elle est belge ou suisse, je ne me rappelle plus.* ▮ homonymes : hou, houe, houx, où.

où adv. et pronom **1.** adv. interrogatif En quel lieu, en quel endroit ? *Où est Julie ? Dis-moi où tu vas.* **2.** pronom relatif *Léa nous décrit le village où elle est née. C'est l'heure où il fait le plus chaud,* à laquelle il fait le plus chaud. ▮ homonymes : hou, houe, houx, ou.
▶ Attention à l'accent grave du *ù.*

ouate [wat] n. f. Coton spécialement préparé qui sert pour la toilette et les pansements.

Un morceau d'ouate. ▮ homonyme : watt.
▶ On peut dire *la ouate* ou *l'ouate.*

oublier v. (conjug. 9) **1.** Ne plus se souvenir. *J'ai oublié son nom.* ▮ contraires : se **rappeler, retenir,** se **souvenir. 2.** Ne pas penser. *Julie oublie souvent ses lunettes à l'école,* elle les laisse là-bas. *Il a oublié de nous prévenir.* → **omettre. 3.** Cesser volontairement de penser à quelque chose de désagréable. *Oublie tes soucis et viens danser.*

▸ **oubli** n. m. **1.** Absence de souvenirs. *Le temps apporte l'oubli.* – *Tomber dans l'oubli,* être oublié de tous. *Ce chanteur, si célèbre autrefois, est tombé dans l'oubli.* **2.** Chose que l'on aurait dû faire et que l'on a oublié de faire. → **négligence, omission.** *Excusez-moi de ne pas vous avoir prévenus : c'est un oubli.*

▸ **oubliette** n. f. Cachot souterrain où l'on enfermait autrefois les prisonniers. *Le seigneur a fait jeter son rival dans les oubliettes du château.*

▶ Autre mot de la famille : inoubliable.

oued [wɛd] n. m. En Afrique du Nord, cours d'eau souvent à sec qui peut se gonfler d'eau rapidement. *Les oueds algériens.*
▶ *Oued* est un mot arabe qui veut dire «vallée, fleuve».

oued

ouest n. m. Un des quatre points cardinaux. *Le soleil se couche à l'ouest.* → **couchant, occident.** *Rennes est une ville de l'ouest de la France.* – Invariable après un nom. *Ajaccio est sur la côte ouest de la Corse.* → **occidental.**

ouf interj. Mot qui exprime le soulagement. *Ouf ! elle est partie, bon débarras !*
▶ *Ouf* est une onomatopée.

oui adv. Mot qui sert à indiquer que l'on affirme ou que l'on accepte quelque chose. *Tu pars déjà ? – Oui.* ▮ contraire : **non.** ▮ homonyme : ouïe.

ouï-dire n. m. inv. *Par ouï-dire,* pour l'avoir entendu dire. *Je l'ai appris par ouï-dire.* ▷ Mot de la famille de ouïr et de dire.
▶ Attention au tréma du *ï.*

ouïe n. f. **1.** *L'ouïe,* le sens qui permet d'entendre les sons. *Avoir l'ouïe fine,* entendre très bien. → **oreille** et aussi **audition. 2.** *Les ouïes,* les deux ouvertures situées de chaque côté de la tête d'un poisson, par lesquelles il respire. ▮ homonyme : oui. ▷ Mot de la famille de ouïr.
▶ Attention au tréma du *ï.*

ouille interj. Mot qui sert à exprimer que l'on a mal. → **aïe !** *Ouille ! tu m'as marché sur le pied.*
▮ homonyme : houille.
▶ *Ouille* est une onomatopée.

ouïr v. (conjug. s'emploie surtout à l'infinitif, à l'impératif *oyez* [ɔje] et au participe passé *ouï*) Entendre. *J'ai ouï dire qu'ils allaient se marier,* je l'ai entendu dire.
▶ Attention au tréma du *ï.*
▶ Autres mots de la famille : inouï, ouï-dire, ouïe.

ouistiti n. m. Petit singe à longue queue touffue. *Les ouistitis vivent en Amérique du Sud, dans les arbres de la forêt tropicale.*

ouragan n. m. Forte tempête accompagnée d'un vent très violent. *L'ouragan a tout emporté sur son passage.* → aussi **cyclone, tornade, typhon.**

ourdir v. (conjug. 11) Préparer en cachette. *Les opposants ourdissent un complot.*
▶ Ce mot appartient au langage soutenu.

ourlet n. m. Bord d'un tissu replié et cousu. *Elle a fait un ourlet à son jean.*

ours n. m. **1.** Grand animal au pelage épais, brun, gris ou blanc, au museau allongé et aux

a b c d e f g h i j k l m n o p q r s t u v w x y z

pattes armées de griffes. → planche **Mammifères.** *Les ours bruns. Un ours blanc.* → planche **Pôles.** – *Il ne faut pas vendre la peau de l'ours avant de l'avoir tué,* il ne faut pas se réjouir ou se vanter de quelque chose avant de l'avoir obtenu. **2.** Homme grincheux et solitaire. *C'est un vrai ours !*

▸ **ourse** n. f. Femelle de l'ours.

▸ **ourson** n. m. Petit de l'ours. *L'ourse protège ses oursons.*

oursin n. m. Petit animal marin rond, à la carapace brun foncé hérissée de piquants. → planche **Littoral.**

oursin

ouste interj. Mot que l'on emploie pour dire à quelqu'un de s'en aller ou de se dépêcher. *Allez ouste ! dehors !*

On écrit aussi *oust.*

outil [uti] n. m. Objet que l'on utilise pour faire un travail manuel. *Une boîte à outils.*

▸ **outillage** n. m. Ensemble des outils ou des machines qui servent à exécuter un travail. *L'outillage d'un plombier.* → ② **matériel.**

▸ **outillé, outillée** adj. Qui a les outils nécessaires à un travail. *Il n'est pas outillé pour réparer sa voiture.*

outrage n. m. Parole ou acte très offensant. → **affront, injure, insulte, offense.** *Il m'a fait l'outrage de ne pas me croire.*

▸ **outrager** v. (conjug. 5b) Offenser gravement. → **injurier, insulter.** *Ces insinuations l'ont outragé.*

outrance n. f. Exagération dans les paroles ou le comportement. → **excès, démesure.** *On lui a reproché l'outrance de ses propos.* – *À outrance,* avec excès, exagération. *Elle est maquillée à outrance.*

▸ **outrancier, outrancière** adj. Très exagéré, excessif. *Des propos outranciers.* → **outré.**
contraires : **mesuré, nuancé.**
▹ Mots de la famille de ② outre.

① **outre** n. f. Sac en peau de bouc ou de chameau servant à transporter des liquides.

② **outre** prép. et adv.
- **prép.** En plus de. *Outre les bagages, il y avait le panier du chat à emporter.*
- **adv.** **1.** *En outre,* en plus de cela. *C'est un excellent peintre et en outre un musicien remarquable.* **2.** *Outre mesure,* excessivement. → **trop.** *J'espère que le voyage ne vous a pas fatigués outre mesure.* **3.** *Passer outre à quelque chose,* ne pas en tenir compte. *Théo est passé outre à l'interdiction de ses parents.*

▸ **outré, outrée** adj. **1.** Exagéré. *Des compliments outrés.* **2.** Indigné, scandalisé. *Un air outré.*

Au sens 1, ce mot appartient au langage soutenu.

▸ Autres mots de la famille : outrance, outrancier, outremer, outre-mer, outrepasser.

outremer n. m. Couleur d'un bleu intense, un peu violet. → planche **Couleurs.** – Invariable après le nom de couleur bleu. *Des yeux bleu outremer.* homonyme : outre-mer. ▹ Mot de la famille de ② outre et de mer.

outre-mer adv. *Les départements d'outre-mer,* les départements situés au-delà des mers, par rapport à la métropole. *La Martinique est un département d'outre-mer.* homonyme : outremer. ▹ Mot de la famille de ② outre et de mer.

outrepasser v. (conjug. 3) Aller au-delà de ce qui est permis. *Elle a outrepassé ses droits.*
▹ Mot de la famille de ② outre et de passer.

outsider [autsajdœʀ] n. m. Dans une course, cheval ou concurrent qui n'est pas parmi les favoris. *Le prix a été remporté par un outsider.* – Au pl. *Des outsiders.*

C'est un mot anglais qui veut dire « celui qui se tient en dehors ».

ouvert, ouverte adj. **1.** Qui laisse un passage, où l'on peut entrer. *Entrez, la porte est ouverte.* ▮ contraire : **fermé.** *Le magasin sera ouvert dimanche.* **2.** Aimable et franc. ▮ contraire : ① **renfermé.** *Un visage ouvert.* **3.** Qui accepte facilement les idées nouvelles. *C'est un homme très ouvert. Un esprit ouvert.* ▮ contraires : **étroit,** ② **obtus.**

▶ **ouvertement** adv. Sans se cacher. *Il a dit ouvertement ce qu'il pensait.*

▶ **ouverture** n. f. **1.** Action d'ouvrir. *L'ouverture d'une boîte.* ▮ contraire : **fermeture.** – *Quelles sont les heures d'ouverture du musée ?* les heures pendant lesquelles le musée est ouvert. **2.** Mise en fonctionnement. *L'ouverture du nouveau restaurant aura lieu demain.* ➜ **inauguration. 3.** Passage permettant d'entrer dans un lieu. ➜ ② **accès.** *Cette pièce a de nombreuses ouvertures.* ➜ **fenêtre, porte.**

▷ Mots de la famille de ouvrir.

ouvrable adj. (➜ ÉTYM.) *Jour ouvrable,* jour de la semaine qui n'est ni un dimanche ni un jour de fête. ▮ contraire : **férié.** *Ce train circule les jours ouvrables.*

ouvrage n. m. **1.** Travail. ➜ **besogne, tâche.** *Il est temps de se mettre à l'ouvrage.* **2.** *Une boîte à ouvrage,* où l'on range ce qui sert aux travaux de couture. **3.** Livre. *Un ouvrage de philosophie.*

▶ **ouvragé, ouvragée** adj. Très orné, travaillé avec soin. *Un meuble très ouvragé.*

objet **ouvragé**

ouvrant, ouvrante adj. *Un toit ouvrant,* qui peut s'ouvrir. *Une voiture à toit ouvrant.* ➜ planche **Voitures.** ▷ Mot de la famille de ouvrir.

ouvre-boîte n. m. Instrument qui sert à ouvrir les boîtes de conserve. – Au pl. *Des ouvre-boîtes.* ▷ Mot de la famille de ouvrir et de boîte.

ouvre-bouteille n. m. Instrument qui sert à ouvrir les capsules des bouteilles. ➜ **décapsuleur.** – Au pl. *Des ouvre-bouteilles.* ▷ Mot de la famille de ouvrir et de bouteille.

ouvreur n. m., **ouvreuse** n. f. Personne qui place les spectateurs dans une salle de spectacle. *Les ouvreuses d'un théâtre.* ▷ Mot de la famille de ouvrir.

ouvrier n. m., **ouvrière** n. f. Personne qui travaille de ses mains et reçoit un salaire. *Les ouvrières d'une usine. Un ouvrier agricole.* – adj. *La classe ouvrière,* les ouvriers. *Les revendications ouvrières.*

ouvrir v. (conjug. 19) **1.** Déplacer les éléments d'une ouverture pour permettre de passer ou de voir. *Ouvre la fenêtre pour aérer la pièce.* ▮ contraire : **fermer. 2.** Ôter l'obstacle qui sépare l'intérieur de l'extérieur. *Louise ouvre une bouteille de soda.* ➜ **décapsuler. 3.** Faire une plaie en coupant. *Théo s'est ouvert le genou en tombant.* **4.** Recevoir des clients, le public. *Le magasin ouvre à 9 heures.* **5.** Écarter des parties qui sont l'une contre l'autre. *Ouvrez votre livre à la page 30.* **6.** Percer. *Le maçon a ouvert une fenêtre dans le grenier.* **7.** Commencer. *Le maire ouvrira la cérémonie par un discours.*

▶ **s'ouvrir** v. **1.** Devenir ouvert. *La porte s'ouvre automatiquement.* **2.** S'épanouir, éclore. *Toutes les roses se sont ouvertes.* **3.** Commencer à fonctionner. *Une nouvelle parfumerie s'est ouverte dans la rue.*

▶ Autres mots de la famille : entrouvrir, ouvert, ouvertement, ouverture, ouvrant, ouvre-boîte, ouvre-bouteille, ouvreur, réouverture, rouvrir.

ovaire n. m. Chacune des deux glandes qui servent à la reproduction chez la femme et la femelle des animaux. *Les ovaires produisent les ovules.*

ovale adj. (➜ ÉTYM.) Qui a une forme courbe et allongée comme celle d'un œuf. *Le ballon de rugby est ovale. Une ellipse est une courbe ovale fermée.* – n. m. *L'ovale du visage.*

ovation n. f. Ensemble d'applaudissements et de cris en l'honneur de quelqu'un. → **acclamation.** *Les spectateurs lui ont fait une ovation quand il est entré en scène.*

▸ **ovationner** v. (conjug. 3) Acclamer par une ovation. *Les supporteurs ovationnent l'équipe gagnante.* ▮ contraires : **conspuer, huer.**

overdose [ɔvœʀdoz] n. f. Dose de drogue excessive qui provoque la mort. → **surdose.**
◗ Ce mot vient de l'anglais.

ovin, ovine adj. Qui se rapporte aux moutons. *Il existe plusieurs races ovines,* de moutons. – n. m. *Les moutons, les chèvres sont des ovins.*

ovipare adj. *Un animal ovipare,* qui se reproduit en pondant des œufs. *Les oiseaux, la plupart des poissons et des insectes sont ovipares.* → aussi **ovovivipare.** – n. *Les ovipares et les vivipares.*

ovni n. m. Objet volant que l'on n'arrive pas à identifier. *Les soucoupes volantes sont des ovnis.*
◗ *Ovni* est le sigle de *objet volant non identifié.*

ovovivipare adj. *Un animal ovovivipare,* qui se reproduit par des œufs, qu'il conserve à l'abri dans son corps jusqu'à l'éclosion. → aussi **ovipare.** *La vipère est ovovivipare.* – n. *Les ovovivipares.*

ovule n. m. **1.** Cellule reproductrice chez la femme et la femelle des animaux. *L'ovule est fécondé par le spermatozoïde et produit l'œuf.* **2.** Cellule femelle d'une plante qui se transforme en graine après fécondation. → planche **Fleurs.**

oxyde n. m. Substance composée d'oxygène et d'un autre corps. *La rouille est un oxyde de fer,* un mélange de fer et d'oxygène. *Les voitures dégagent de l'oxyde de carbone,* un gaz composé de carbone et d'oxygène.

▸ s'**oxyder** v. (conjug. 4) S'abîmer au contact de l'oxygène de l'air en se recouvrant d'une couche d'oxyde. *L'argent noircit en s'oxydant.*

▸ **oxydation** n. f. Le fait de s'oxyder, de s'abîmer au contact de l'air. *La rouille est le résultat de l'oxydation du fer.*

▸ Autres mots de la famille : **dioxyde, inoxydable.**

oxydation du métal

oxygène n. m. Gaz invisible et inodore que l'on trouve dans l'air. *L'oxygène est indispensable à la vie.*

▸ **oxygéné, oxygénée** adj. *Eau oxygénée,* liquide contenant beaucoup d'oxygène. *L'eau oxygénée désinfecte et décolore.*

ozone n. m. Gaz bleu et odorant qui se forme dans l'air et protège des rayons du soleil. *Une couche d'ozone enveloppe la Terre.*

pacage n. m. Terrain où l'on fait paître le bétail. ➜ **pâturage.** *Après la transhumance, les bêtes descendent vers leur pacage d'hiver.*

pacha n. m. Noble qui dirigeait une province dans l'ancien Empire turc. – *Mener une vie de pacha,* se faire servir, mener une vie fastueuse, vivre dans le luxe.
▶ Ce mot vient du turc.

pachyderme n. m. Gros animal à la peau épaisse. *Les éléphants, les rhinocéros, les hippopotames sont des pachydermes.*
▶ Ce mot s'écrit avec un *y*.

pacifier v. (conjug. 9) Ramener la paix. *Des forces armées internationales ont pacifié le pays, après plusieurs années de guerre civile.*

▸ **pacifique** adj. (➜ ÉTYM.) **1.** Qui aime la paix, le calme. *Léa est une petite fille pacifique.* ➜ **paisible, tranquille.** ▮ contraires : **agressif, belliqueux. 2.** *Des relations pacifiques,* fondées sur la paix. *Ce pays entretient des relations pacifiques avec ses voisins.*

▸ **pacifiste** n. m. et f. et adj.
▪ n. m. et f. Partisan de la paix. *C'est une pacifiste convaincue.* ➜ aussi **non-violent.**
▪ adj. *Une manifestation pacifiste,* une manifestation pour la paix.

pack n. m. Emballage qui contient un lot de la même marchandise. *Elle a acheté un pack de yaourts au supermarché.*
▶ C'est un mot anglais qui veut dire «paquet».

pacotille n. f. *Des bijoux de pacotille,* ce sont des bijoux qui n'ont aucune valeur. ➜ **toc.**

pacs [paks] n. m. Contrat qui lie deux personnes qui vivent ensemble et qui ne peuvent pas ou ne veulent pas se marier. *Ils ont conclu un pacs.*
▶ C'est le sigle de *pacte civil de solidarité.*

pacte n. m. Accord. *Ces pays ont conclu un pacte.* ➜ **alliance, traité.**

▸ **pactiser** v. (conjug. 3) Conclure un pacte, un accord. *Les ennemis ont fini par pactiser.*

pactole n. m. Source de grande richesse. *Il a joué au loto et il a touché le pactole,* il a gagné énormément d'argent.

paella [paela] ou [paelja] n. f. Plat espagnol composé de riz cuit avec du poisson, des crustacés, de la viande et des légumes.
▶ C'est un mot espagnol. (➜ ÉTYM.)

pagaie [pagɛ] n. f. Petite rame à bout large et court, que l'on tient à deux mains. *On se sert d'une pagaie dans un canoë.*
▶ Autre mot de la famille : pagayer.

pagaille n. f. Grand désordre. ➜ **fouillis.** *Toutes ses affaires sont en pagaille.* ➜ fam. **bazar.**

paganisme n. m. Religion de ceux qui ne sont ni juifs, ni chrétiens, ni musulmans. ➜ aussi **païen.**

pagayer [pageje] v. (conjug. 10) Ramer avec une pagaie. ▷ Mot de la famille de pagaie.

des **pages**
(*Le Chancelier Séguier*, Le Brun, 1660)

① **page** n. m. Jeune noble au service d'un roi, d'un prince, d'un seigneur, d'une grande dame.

② **page** n. f. **1.** Chacun des deux côtés d'une feuille de papier. *Un livre de 500 pages. Ouvrez votre dictionnaire page 42.* **2.** Feuille de papier. *Louise a arraché une page de son cahier.* ➜ **feuillet.** – *Tourner la page,* c'est oublier le passé, passer à autre chose. **3.** Passage d'une œuvre d'un écrivain ou d'un musicien. *Les plus belles pages de Victor Hugo.*

▸ **pagination** n. f. Numérotation des pages d'un livre. *Il y a une erreur de pagination dans ce livre.*

pagne n. m. Morceau de tissu qui se noue autour des hanches et qui couvre le bas du corps. *Les Tahitiennes qui nous ont accueillis sur le port portaient des pagnes.* ➜ aussi **paréo.**
Ce mot vient de l'espagnol.

pagode n. f. Temple consacré au culte de Bouddha. *Une pagode chinoise.*

paie ➜ **paye** homonymes : paix, pet.

paiement [pɛmɑ̃] n. m. Action de payer. *Il faut présenter une pièce d'identité pour tout paiement par chèque.* ➜ **règlement.** ▷ Mot de la famille de payer.
On écrit aussi *payement* [pɛjmɑ̃].

païen, païenne adj. (➜ ÉTYM.) Qui est d'une religion autre que juive, chrétienne ou musulmane, ou qui est sans religion. ➜ aussi **paganisme.** *Les missionnaires partirent évangéliser les peuples païens.* – n. *Une païenne.*

① **paillasse** n. f. Partie plate d'un évier, à côté de la cuve. *La vaisselle s'égoutte sur la paillasse.*

② **paillasse** n. f. Matelas rempli de paille.

▸ **paillasson** n. m. Petit tapis épais et rugueux placé devant une porte d'entrée pour s'essuyer les pieds.
▷ Mots de la famille de paille.

paille n. f. **1.** Tiges des céréales une fois séparées du grain. *La paille sert de litière aux bêtes.* – *Être sur la paille,* dans la misère. **2.** Petit tuyau servant à boire en aspirant. *Alex boit sa grenadine avec une paille.*

▸ **paillé, paillée** adj. *Une chaise paillée,* une chaise garnie de paille.
▸ Autres mots de la famille : empailler, ② paillasse, paillasson, paillote, rempailler, rempailleur.

paillette n. f. **1.** Petite lamelle de matière brillante. *Elle a mis sa robe à paillettes pour le réveillon.* **2.** Petite parcelle d'or dans le sable de certaines rivières.

▸ **pailleté, pailletée** adj. Orné de paillettes. *Une robe pailletée.*

pagode

paillote n. f. Hutte, case de paille. *On peut déjeuner sur la plage dans des paillotes.* ▷ Mot de la famille de paille.

pain n. m. **1.** Aliment à base de farine, d'eau et de levain, cuit au four. → planche **Alimentation.** *On achète du pain à la boulangerie.* – *Avoir du pain sur la planche,* avoir beaucoup de travail. **2.** *Un pain au chocolat, un pain aux raisins,* pâtisserie fourrée au chocolat, aux raisins. **3.** *Du pain d'épice,* gâteau fait avec de la farine de seigle, du miel et du sucre. ▮ homonyme : pin.

▶ Autres mots de la famille : **gagne-pain, grille-pain.**

① **pair** n. m. **1.** Personne du même rang qu'une autre. *Les seigneurs féodaux ne pouvaient être jugés que par leurs pairs.* **2.** *Hors pair,* sans égal. *C'est un cuisinier hors pair.* **3.** *Aller de pair,* aller ensemble. *Sa peur va de pair avec sa lâcheté.* **4.** *Une jeune fille au pair,* une jeune fille logée et nourrie en échange du travail qu'elle fait dans la maison. ▮ homonymes : paire, père.

② **pair, paire** adj. *Un nombre pair,* que l'on peut diviser par 2. *2, 4, 12, 54 sont des nombres pairs.* ▮ contraire : **impair.**

▶ Autre mot de la famille : ② **impair.**

paire n. f. **1.** Réunion de deux choses semblables qui vont ensemble. *Une paire de chaussures.* **2.** Objet formé de deux parties symétriques. *Une paire de ciseaux. Une paire de lunettes.* ▮ homonymes : ① et ② pair, père.

paisible adj. Calme, tranquille. *Louise est d'un naturel paisible.* → **pacifique.** ▮ contraire : **agressif.** *Cette île est un endroit paisible.*

▶ **paisiblement** adv. De manière paisible. *Le bébé dort paisiblement.* → **calmement.**

▷ Mots de la famille de **paix.**

paître v. (conjug. 60 ; n'est pas conjugué au passé simple ni aux temps composés) Manger de l'herbe. → **brouter.** *Les vaches paissent dans le pré.*

▶ Autres mots de la famille : se **repaître, repu.**

paix n. f. **1.** Absence de conflit. *La vie est plus agréable en temps de paix.* ▮ contraire : **guerre.** *Les partisans de la paix dans le monde ont manifesté.* → aussi **pacifiste. 2.** Traité qui fait cesser une guerre. *Les deux pays qui étaient en guerre ont signé la paix.* **3.** Calme. *Elle préfère la paix de la campagne à l'agitation de la ville.* → **tranquillité.** *Il éteint son téléphone pour avoir la paix,* pour qu'on le laisse tranquille. *Julie, la paix !* tais-toi ! ▮ homonymes : paie, pet.

▶ Autres mots de la famille : **apaisant, apaisement, apaiser, paisible, paisiblement.**

palabre n. f. Discussion très longue. *Assez de palabres, il faut prendre une décision.*

▶ **palabrer** v. (conjug. 3) Discuter sans fin. *Les conseillers municipaux ont palabré la moitié de la nuit.*

palace n. m. Hôtel de luxe.

▶ *Palace* est un mot anglais qui vient du français *palais.*

① **palais** n. m. **1.** Grand château somptueux. *La reine d'Angleterre habite le palais de Buckingham, à Londres.* **2.** *Le palais de justice,* le bâtiment où siègent les tribunaux. ▮ homonyme : palet.

② **palais** n. m. Partie supérieure de l'intérieur de la bouche. *Théo s'est brûlé le palais en mangeant sa soupe.*

palan n. m. Appareil qui peut soulever et déplacer de très lourdes charges au bout d'un câble.

pale n. f. Partie plate d'une hélice. *Les pales du ventilateur brassent de l'air en tournant.* ▮ homonyme : pâle.

▶ Autres mots de la famille : **palet, palette.**

pâle adj. **1.** Qui a le visage d'une blancheur terne. *Paul est tout pâle, il a l'air malade.* **2.** *Des couleurs pâles,* claires. → aussi **pastel.** *Des chaussettes vert pâle.* ▮ contraires : **foncé, vif.** ▮ homonyme : pale.

▶ Autres mots de la famille : **pâleur, pâlichon, pâlir, pâlot.**

palefrenier n. m., **palefrenière** n. f. Personne dont le métier est de s'occuper des chevaux. *Le palefrenier du haras nettoie les écuries.*

paléolithique n. m. Période de la préhistoire pendant laquelle l'homme taillait ses outils dans la pierre. *Ces silex taillés datent du paléolithique.* ➜ aussi **néolithique.**
▶ Il y a un *h* après le *t.*

pointes de silex du **paléolithique**

paléontologie n. f. Science qui étudie les êtres vivants de l'époque préhistorique. ➜ planche **Dinosaures.**

palet n. m. Petit objet plat et rond que l'on lance. *Léa joue à la marelle avec un palet.* ▮ homonymes : ① et ② palais. ▷ Mot de la famille de pale.

palette n. f. Plaque sur laquelle on étale et mélange ses couleurs pour peindre. ➜ planches **Artistes, couleurs.** *Le peintre s'est installé dehors avec son chevalet et sa palette.* ▷ Mot de la famille de pale.

palétuvier n. m. Grand arbre des régions tropicales dont les racines sont en partie aériennes.
▶ Ce mot vient d'une langue indienne d'Amérique du Sud.

pâleur n. f. Fait d'être pâle. *Le malade est d'une pâleur cadavérique.* ▷ Mot de la famille de pâle.
▶ Attention à l'accent circonflexe du *â.*

pâlichon, pâlichonne adj. Un peu pâle. ➜ **pâlot.** *Louise est pâlichonne, ce matin.* ▷ Mot de la famille de pâle.
▶ Attention à l'accent circonflexe du *â.*

palier n. m. **1.** Plateforme située entre deux séries de marches d'un escalier. ➜ **étage.** *Elle est amie avec ses voisins de palier,* avec les personnes dont l'appartement donne sur le même palier que le sien. **2.** *Par paliers,* progressivement. *La maladie évolue par paliers.* ▮ homonyme : pallier.

pâlir v. (conjug. 11) **1.** Devenir pâle. *Il a pâli de colère.* ➜ **blêmir.** ▮ contraire : **rougir. 2.** Perdre son éclat, sa couleur. *Les rideaux foncés pâlissent au soleil.* ▷ Mot de la famille de pâle.
▶ Attention à l'accent circonflexe du *â.*

palissade n. f. Clôture faite de planches. *Une palissade entoure le chantier.*

palissandre n. m. Bois très dur d'une couleur violacée, nuancée de noir et de jaune, qui vient de Madagascar et d'Amérique tropicale. *Une armoire en palissandre.*

pallier v. (conjug. 9) Résoudre d'une manière provisoire, remédier à. *Léa suit des cours particuliers pour pallier ses insuffisances en mathématiques.* ▮ homonyme : palier.
▶ *Pallier* est suivi d'un complément d'objet direct.

▸ **palliatif** n. m. Mesure insuffisante qui n'a qu'un effet passager. *Cette solution n'est qu'un palliatif.*

palmarès [palmaʀɛs] n. m. Liste des personnes qui ont remporté un prix. ➜ aussi **hit-parade.** *Le nom de cet acteur figure au palmarès du festival.*

palme n. f. **1.** Feuille de palmier. *Les palmes poussent en bouquet au sommet de la tige.* **2.** Symbole de la victoire. *Ce film a remporté la palme d'or au festival de Cannes.* **3.** Chaussure de caoutchouc ressemblant à une nageoire, que l'on utilise pour nager plus vite ou pour nager sous l'eau. *Louise a pris ses palmes, son masque et son tuba.*

▸ **palmé, palmée** adj. *Des pattes palmées,* des pattes dont les doigts sont réunis par une membrane. *Le canard a les pattes palmées.* ➜ aussi **palmipède.**

▸ **palmeraie** n. f. Plantation de palmiers.

▸ **palmier** n. m. Arbre des régions chaudes qui porte de grandes feuilles en éventail à son sommet. *Les dattiers et les cocotiers sont des palmiers.*

palmeraie

palmipède adj. *Un oiseau palmipède,* qui a les pieds palmés. – n. m. *Le cygne, la mouette, l'oie sont des palmipèdes.*

palombe n. f. Pigeon sauvage du sud-ouest de la France. ➜ **ramier.** *On voit beaucoup de palombes dans les Landes.*

pâlot, pâlotte adj. Un peu pâle. ➜ **pâlichon.** *Léa était pâlotte après sa grippe.* ▷ Mot de la famille de pâle.

palourde n. f. Coquillage ovale, gris ou beige. ➜ planche **Crustacés et coquillages.** *Nous avons mangé des palourdes farcies.*

palper v. (conjug. 3) Examiner en tâtant. *Le médecin palpe le ventre du malade.*

palpiter v. (conjug. 3) Battre très fort, en parlant du cœur. *Son cœur palpitait de joie.*

▸ **palpitant, palpitante** adj. Très intéressant. ➜ **passionnant.** *Ce livre raconte une histoire palpitante.*

▸ **palpitation** n. f. Battement trop rapide du cœur. *Le café peut provoquer des palpitations.*

paludisme n. m. Maladie provoquée par la piqûre de certains moustiques des pays chauds, qui donne de fortes fièvres. *Il a eu une crise de paludisme à son retour d'Afrique.* ➜ **malaria.**

se **pâmer** v. (conjug. 4) Être comme paralysé par une sensation très agréable. *Julie s'est pâmée d'admiration devant son cadeau.* ➜ s'**extasier.**

▸ Attention à l'accent circonflexe du *â.* • Ce mot appartient au langage soutenu.

pampa n. f. Grande plaine, en Amérique du Sud. *On élève de grands troupeaux dans les pampas d'Argentine.*

pamphlet [pɑ̃flɛ] n. m. Texte écrit contre les institutions ou contre une personne connue. *Un député de l'opposition a écrit un pamphlet contre le gouvernement.*

pamplemousse n. m. Gros fruit rond et jaune au goût acide. ➜ illustration **Agrumes.**

▸ Ce mot vient du néerlandais.

pan n. m. **1.** Partie flottante d'un vêtement. *Le chien a déchiré un pan de l'imperméable avec ses dents.* **2.** *Un pan de mur,* un morceau de mur. *Il ne reste plus qu'un pan de mur à peindre.* ▪ homonyme : paon.

▸ Autre mot de la famille : panneau.

panacée n. f. Remède qui guérit tout, moyen qui résout tous les problèmes. *Les somnifères ne sont pas une panacée.*

panache n. m. **1.** Bouquet de plumes ornant une coiffure. *Le chevalier portait un panache blanc à son casque.* **2.** *Avoir du panache,* avoir fière allure. *Notre équipe joue avec panache.*

panaché adj. et n. m., **panachée** adj.

▪ adj. Formé de plusieurs choses différentes. *Une glace panachée vanille-fraise.*

▪ n. m. Boisson faite d'un mélange de bière et de limonade. *Il boit un panaché à la terrasse d'un café.*

panaris [panaʀi] n. m. Bouton rempli de pus, près d'un ongle. ➜ aussi **abcès.**

pancarte n. f. Écriteau sur lequel une indication est inscrite. *Devant la maison en construction, il y a une pancarte : «Chantier interdit au public».*

pancréas [pɑ̃kʀeas] n. m. Glande allongée, située derrière l'estomac, qui fait partie de l'appareil digestif.

panda n. m. Gros animal noir et blanc, aux yeux entourés de taches noires, qui ressemble à un ours et vit en Chine et au Tibet. → planche Espèces **menacées.** *Les pandas se nourrissent de pousses de bambou.*

panda

pané, panée adj. Enrobé de miettes de pain, de chapelure. *Des escalopes panées.*

panégyrique n. m. *Faire le panégyrique de quelqu'un,* dire beaucoup de bien de lui. → **éloge.**

Il y a un *y* après le *g.*

pangolin n. m. Mammifère des régions tropicales et équatoriales d'Afrique et d'Asie dont le corps est recouvert d'écailles et qui se roule en boule en cas de danger. *Les pangolins ont des pattes courtes, une queue et une langue très longues.*

panier n. m. **1.** Sac, souvent en osier, à une ou deux anses. → aussi **corbeille.** *Elle prend son panier pour aller faire les courses.* → **cabas.** *Ces vieux papiers sont à mettre au panier,* à jeter. **2.** Filet ouvert fixé à un panneau dans lequel on doit envoyer le ballon au basket. *Faire un panier,* marquer un but.

panique n. f. (→ ÉTYM.) Grande peur, souvent collective. *Les passants ont été pris de panique en voyant l'incendie.* → **affolement.**

▸ **paniquer** v. (conjug. 3) Familier. Avoir peur. → s'**affoler.** *Ne paniquez pas, les pompiers arrivent !*

panne n. f. Arrêt anormal du fonctionnement d'un mécanisme, d'un moteur. *Sa voiture est tombée en panne. Il y a eu une panne d'électricité,* une coupure accidentelle de courant.

▶ Autres mots de la famille : **dépannage, dépanner, dépanneur, dépanneuse.**

panneau n. m. **1.** Plaque portant des inscriptions. *Ce panneau de signalisation, au bord de la route, indique la vitesse à ne pas dépasser.* → planche **Signalisation** routière. **2.** Surface plane entourée d'une bordure. *Une porte est un panneau mobile.* – Au pl. *Des panneaux.*

▷ Mot de la famille de **pan.**

panonceau n. m. Petit panneau. → **pancarte.** – Au pl. *Des panonceaux.*

panoplie n. f. Déguisement avec tous les accessoires. *Paul a une panoplie de pompier, Léa une panoplie d'infirmière.*

panorama n. m. Paysage que l'on voit tout autour de soi. *Il y a un très beau panorama du haut de la colline.*

▸ **panoramique** adj. *Une vue panoramique,* une vue d'ensemble. *Du haut de la tour Eiffel, on a une vue panoramique de Paris.*

panosse n. f. Serpillière.

Ce mot est employé en Suisse.

panse n. f. Première poche de l'estomac des ruminants, dans laquelle ils gardent leur nourriture avant de la mastiquer.

panser v. (conjug. 3) **1.** Soigner en faisant un pansement. *L'infirmière a pansé la blessure de Paul.* **2.** Donner des soins de propreté à un cheval. *Le palefrenier panse la jument.* ▪ homonymes : ① et ② pensée, penser.

▸ **pansement** n. m. Ce que l'on met sur une blessure pour la protéger (coton, compresse, gaze, bande, sparadrap). *Théo met un pansement adhésif sur sa coupure.*

pantagruélique adj. (→ ÉTYM.) *Un repas pantagruélique,* extrêmement copieux. *Alex a un appétit pantagruélique,* un gros appétit.

pantalon n. m. Vêtement qui va de la taille aux pieds et qui enveloppe chaque jambe. *Julie est en pantalon.*

pantelant, pantelante adj. Qui respire avec peine. *L'émotion l'a laissé pantelant.*

panthère n. f. Félin au pelage jaune tacheté de noir ou tout noir, qui vit en Afrique et en Asie. → aussi **léopard** et **jaguar.** → planche **Félins.**
Il y a un *h* après le *t.*

pantin n. m. Marionnette articulée. *Pinocchio est un pantin de bois.*

pantois, pantoise adj. Très étonné. → **stupéfait.**
Ce mot appartient au langage soutenu.

pantomime n. f. Pièce de théâtre mimée, sans paroles. *Les élèves de la classe ont joué une pantomime à la fête de l'école.* ▷ Mot de la famille de mime.

pantoufle n. f. Chaussure d'intérieur, que l'on met pour rester chez soi. → **chausson.**

▸ **pantouflard, pantouflarde** adj. Familier. Qui aime bien rester chez soi, qui tient à ses habitudes. *Son père est plutôt pantouflard.* → **casanier.**

paon [pɑ̃] n. m., **paonne** [pan] n. f. Grand oiseau vert et bleu dont le mâle a une longue queue qu'il peut redresser et étaler comme un éventail. *Regarde ce paon qui fait la roue.* – *Se parer des plumes du paon,* se glorifier de mérites qui appartiennent à d'autres personnes. ▮ homonyme : pan.
Le féminin s'emploie rarement.

paon

papa n. m. Nom affectueux que l'on donne à son père. *«Où es-tu papa ?» Léa est venue avec son papa et sa maman.*

papal, papale adj. Du pape. *La résidence papale est le palais du Vatican, à Rome.* → **pontifical.** – Au masc. pl. *papaux.* ▷ Mot de la famille de pape.

papauté n. f. Fonction de pape, temps pendant lequel un pape est en fonction. → **pontificat.** *L'histoire de la papauté,* du gouvernement de tous les papes. ▷ Mot de la famille de pape.

papaye [papaj] n. f. Fruit des pays chauds, ressemblant à un gros melon allongé, à la chair rouge orangé. → planche **Fruits.** *Un sorbet à la papaye.*
Papaye est un mot des Antilles.

pape n. m. Chef de l'Église catholique. → aussi **pontife.** *Le pape est élu par les cardinaux.*
▶ Autres mots de la famille : papal, papauté.

paperasse n. f. Papier que l'on considère comme inutile, sans valeur et prenant trop de place. *J'ai jeté toutes ces paperasses qui m'encombraient.*

▸ **paperasserie** n. f. Accumulation de papiers sans intérêt.

papetier n. m., **papetière** n. f. Personne qui tient une papeterie.

▸ **papeterie** [papɛtʀi] ou **papèterie** n. f. Magasin où l'on vend tout ce qui est nécessaire pour écrire et dessiner, les fournitures pour l'école et le bureau. *Julie a acheté des cahiers et des enveloppes à la papeterie.*
Écrire *papèterie* avec e accent grave avant le *t* est conforme à la nouvelle orthographe.

papi n. m. Nom affectueux que l'on donne à son grand-père. *Paul va souvent chez son papi et sa mamie.*

papier n. m. (→ ÉTYM.) **1.** Feuille fabriquée à partir de végétaux réduits en pâte et séchés, servant à écrire et à emballer. *Du papier à lettres. Le papier à cigarettes est très fin.* **2.** Document. *Il a perdu un papier important. Le policier lui a demandé ses papiers d'identité,* des documents écrits prouvant son identité (carte d'identité, passeport, permis de conduire). – On dit aussi *les papiers.* **3.** Feuille très mince qui sert à envelopper. *Elle met le reste de viande dans du papier d'aluminium.*
▶ Autres mots de la famille : coupe-papier, presse-papier, sans-papiers.

papille n. f. Petit point en relief sur la langue, qui permet de sentir le goût des aliments. *La langue est recouverte de papilles.*

papillon n. m. **1.** Insecte aux grandes ailes colorées. → aussi **chenille** et **chrysalide.** → planche **Papillons.** *Les papillons volent de fleur en fleur.* **2.** *Un nœud papillon,* c'est un nœud plat que l'on passe sous le col d'une chemise et qui sert de cravate.

▸ **papillonner** v. (conjug. 3) Passer sans cesse d'un sujet à un autre, d'une personne à une autre, sans s'intéresser vraiment. *Ce n'est pas en papillonnant comme ça que tu vas apprendre ta poésie !*

papillote n. f. Morceau de papier qui sert à envelopper des aliments pour les faire cuire au four. *Des rougets en papillotes.*

papilloter v. (conjug. 3) *Il est fatigué, ses yeux papillotent,* ils s'ouvrent et se ferment très vite. → **cligner.**

papoter v. (conjug. 3) Familier. Bavarder, dire des choses sans grand intérêt. *Elle papote avec sa voisine.*

paprika n. m. Piment doux en poudre. *Du bœuf au paprika.*
▸ C'est un mot hongrois.

papyrus [papiʀys] n. m. **1.** Plante qui pousse au bord du Nil, dont la tige servait aux anciens Égyptiens à fabriquer des feuilles pour écrire. *Des papyrus en pot.* **2.** Manuscrit écrit sur papyrus. *Les plus anciens papyrus datent de 3 000 ans avant Jésus-Christ.*
▸ Ce mot s'écrit avec un *y.*

papyrus

pâque n. f. Fête juive qui commémore le départ des Juifs d'Égypte. ▮ homonyme : Pâques.
▸ Attention à l'accent circonflexe du *â.*

paquebot n. m. Grand bateau qui transporte des passagers. → planche **Bateaux.** *Ils ont fait une croisière aux Antilles sur un paquebot.*
▸ Ce mot vient de l'anglais.

pâquerette n. f. Petite marguerite blanche et rose à cœur jaune, qui pousse au printemps. *La pelouse est couverte de pâquerettes.*
▸ Attention à l'accent circonflexe du *â.*

Pâques n. f. pl. et n. m. **1.** n. f. pl. Fête chrétienne qui commémore la résurrection de Jésus. *Joyeuses Pâques !* **2.** n. m. Le jour de Pâques. *Pâques est toujours un dimanche.* ▮ homonyme : pâque.
▸ Attention à l'accent circonflexe du *â.*

paquet n. m. **1.** Objet enveloppé dans un emballage. *Le facteur a apporté un paquet.* → **colis. 2.** Marchandise enveloppée dans un emballage. *Un paquet de café.* **3.** Grande quantité. *Des paquets de mer,* de grosses vagues.
▸ Autre mot de la famille : empaqueter.

par prép. **1.** Indique le lieu. *Léa regarde par la fenêtre. Nous passerons par Pau.* **2.** Indique le temps. *Ils sont partis par un beau matin d'été.* **3.** Indique la fréquence. *Il prend ce médicament trois fois par jour.* **4.** Indique le moyen, la manière. *Il est venu par le train. Répondez par oui ou par non.* **5.** Introduit un complément d'agent. *Théo a été interrogé par le professeur.* ▮ homonyme : part.
▸ Autres mots de la famille : parce que ; par-ci, par-là ; par-delà, pardessus, parfois, parsemé, parterre, partout, passe-partout.

para- Préfixe qui veut dire « qui protège de » (ex. *parasismique, parapluie, paratonnerre*). → aussi **anti-.**

① **parabole** n. f. Récit de l'Évangile qui contient un enseignement et sert d'exemple.

② **parabole** n. f. Antenne en forme de grand plat rond, capable de capter les émissions des télévisions étrangères retransmises par satellite.

▸ **parabolique** adj. *Une antenne parabolique,* une parabole pour capter les émissions de télévision retransmises par satellite. → planche **Télécommunications.**

parachever v. (conjug. 7) Terminer avec soin. *Elle parachève son gâteau en le décorant avec des fruits confits.* ▷ Mot de la famille de achever.
Ce mot appartient au langage soutenu.

parachute n. m. Objet formé d'un grand morceau de tissu qui, en se déployant, ralentit la chute d'une personne qui saute d'un avion en vol. *Les soldats ont sauté en parachute.*

▸ **parachuter** v. (conjug. 3) Lâcher en parachute. *L'avion a parachuté les soldats près de la frontière.*

▸ **parachutage** n. m. Action de lâcher en parachute. *Le parachutage des troupes.*

▸ **parachutisme** n. m. Sport qui consiste à sauter en parachute. *Alex aimerait faire du parachutisme.* → aussi **parapente.**

▸ **parachutiste** n. m. et f. Personne qui fait du parachutisme. *Les soldats d'un régiment de parachutistes.*
▷ Mots de la famille de choir.

saut en **parachute**

① **parade** n. f. Manière d'éviter un coup, de le parer. → ① **défense.** *Le catcheur a trouvé la parade à l'attaque de son adversaire.* ▷ Mot de la famille de parer.

② **parade** n. f. **1.** Défilé militaire où les soldats sont en grande tenue. → ② **revue.** *La parade du 14 Juillet.* **2.** *Un habit de parade,* un très bel habit que l'on porte pour une occasion importante. *Les musiciens de la fanfare portent leur uniforme de parade.* **3.** *La parade nuptiale,* le comportement qu'a un animal pour attirer un animal du sexe opposé et s'accoupler avec lui.

▸ **parader** v. (conjug. 3) Se montrer en se faisant remarquer. → se **pavaner.** *Julie parade avec sa nouvelle robe devant ses amies.*
▷ Mots de la famille de se parer.

paradis [paʀadi] n. m. **1.** Lieu de bonheur où les croyants pensent que vont les âmes des personnes qui l'ont mérité. → **ciel.** ▮ contraire : **enfer. 2.** Endroit très agréable. *Cette île déserte est un paradis !* → **éden.**

▸ **paradisiaque** adj. *Un lieu paradisiaque,* très beau et très agréable. → **délicieux, enchanteur.**

paradoxe n. m. Opinion qui s'oppose à ce que pensent généralement la plupart des gens. *Il a le goût du paradoxe.*

▸ **paradoxal, paradoxale** adj. Bizarre et contradictoire. *C'est paradoxal de passer ses vacances à la mer quand on préfère la montagne.* – Au masc. pl. *paradoxaux.*

parafe → **paraphe**

paraffine n. f. Matière blanche, solide, tirée du pétrole. *La paraffine sert à fabriquer les bougies.*
Ce mot s'écrit avec deux *f.*

parages n. m. pl. *Dans les parages,* dans les environs. *J'entends miauler, le chat doit être dans les parages.*

paragraphe n. m. Morceau de texte qui commence et finit par un passage à la ligne. *Lisez les deux premiers paragraphes du chapitre.*

paraître v. (conjug. 60) **1.** Se montrer. *Un sourire parut sur ses lèvres.* → **apparaître.** ▮ contraire : **disparaître. 2.** Être édité, mis en vente. *Son prochain roman paraîtra dans un an. Cette revue paraît une fois par mois.* **3.** Avoir l'air. → **sembler.** *Julie paraissait contente de ses cadeaux. Son père paraît jeune,* il fait jeune. **4.** *Il paraît que,* on dit que. *Il paraît que Paul va avoir une petite sœur.*
▸ Autres mots de la famille : apparaître, comparaître, comparution, disparaître, disparu, parution, réapparaître, reparaître, transparaître.

a b c d e f g h i j k l m n o p q r s t u v w x y z

les papillons

Avant de se métamorphoser en superbes insectes aux ailes recouvertes d'écailles colorées, les papillons restent des mois et parfois des années dans un cocon à l'état de chenille. Leur vie d'adulte étant très éphémère, certains ont mis au point des stratégies de survie face à leurs prédateurs en adoptant des couleurs vives et effrayantes. D'autres se « camouflent » : ils se posent sur les feuilles ou les troncs d'arbre auxquels ils ressemblent le plus et restent immobiles.

➔ planche **insectes**.

chenille de machao

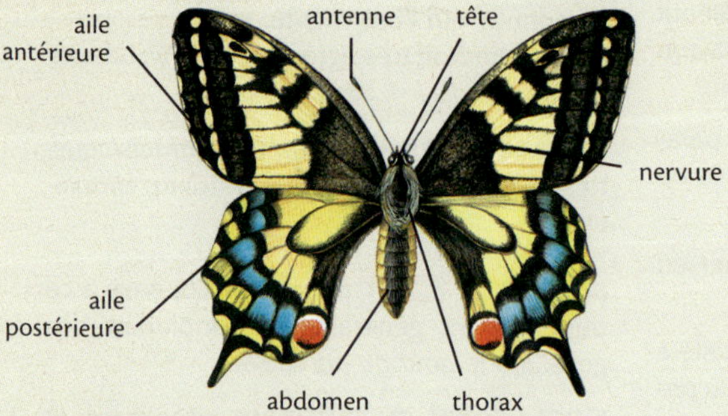

un papillon (machaon)

citron

cycle d'un papillon

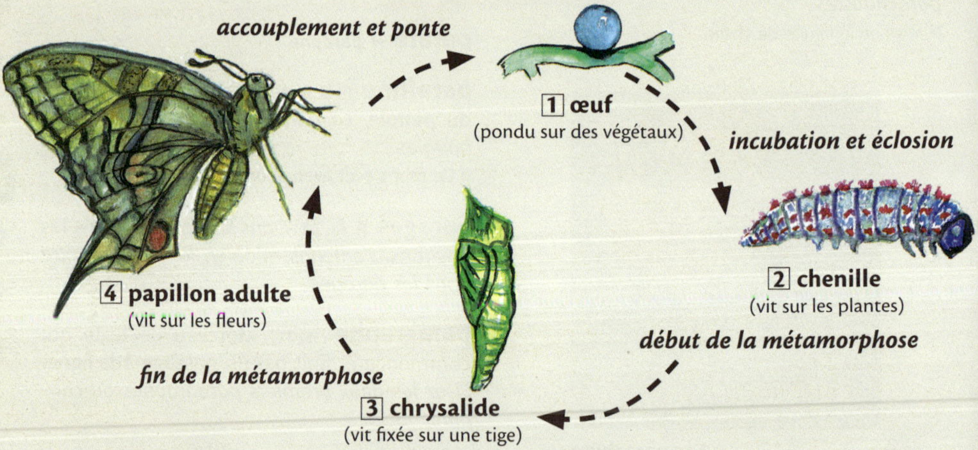

flambé

grand mars

azuré

argus

moro sphinx

sphinx tête-de-mort

tircis

carte géographique

souci

cuivré écarlate

zygène

gamma

petit paon de nuit

vanesse des chardons

faux apollon

paon de jour

proserpine

vulcain

morio

piéride

parallèle adj., n. f. et m.
▪ adj. Se dit de lignes qui sont toujours à la même distance l'une de l'autre et ne se coupent jamais. *Ces deux rues sont parallèles. La rue Carnot est parallèle à la rue Danton.*
▪ n. f. *Des parallèles,* des lignes qui sont toujours à égale distance l'une de l'autre, vont dans la même direction et ne se coupent jamais. → planche **Géométrie.**
▪ n. m. **1.** Cercle imaginaire parallèle à l'équateur et qui sert à mesurer la latitude. → aussi **tropique.** → planche **Terre.** *Montréal et Milan sont sur le même parallèle.* → aussi **méridien.** **2.** Comparaison. *On peut faire un parallèle entre ces deux évènements.*
Il y a deux *l* après le *a*.

▸ **parallèlement** adv. En même temps. *Il travaille dans un garage et continue ses études parallèlement.*
Il y a deux *l* après le *a*.

▸ **parallélépipède** n. m. Objet qui a six faces parallèles deux à deux. → planche **Géométrie.** *Une boîte à chaussures est un parallélépipède.* → **pavé.**
Il y a deux *l* après le *a*.

▸ **parallélisme** n. m. État de lignes, d'objets parallèles. *Il fait vérifier le parallélisme des roues de sa voiture.*
Il y a deux *l* après le *a*.

▸ **parallélogramme** n. m. Figure géométrique qui a quatre côtés parallèles deux à deux. → planche **Géométrie.** *Un losange et un carré sont des parallélogrammes.*
Il y a deux *l* après le *a*.

paralyser v. (conjug. 3) **1.** Rendre incapable de bouger son corps ou une partie de son corps, à la suite d'une maladie ou d'un accident. *Un terrible accident l'a paralysé des deux jambes.* **2.** Rendre incapable de bouger, de réagir. *La peur la paralysait.* **3.** Empêcher de fonctionner. *Une grève paralyse l'usine.*

▸ **paralysé, paralysée** adj. Incapable de bouger. *Il a les jambes paralysées.* – n. Handicapé atteint de paralysie. → **paralytique.**

▸ **paralysie** n. f. Incapacité de bouger le corps ou une partie du corps, à la suite d'une maladie ou d'un accident. *Il est atteint d'une paralysie des membres inférieurs.*

▸ **paralytique** n. m. et f. Personne qui, à la suite d'un accident ou d'une maladie, ne peut plus bouger. → **paralysé.**

parapente n. m. Sport qui consiste à s'élancer du haut d'une falaise ou d'une montagne avec un parachute rectangulaire. → aussi **deltaplane.** ▷ Mot de la famille de pente.

parapente

parapet n. m. Petit mur qui empêche de tomber. *Le parapet d'un pont.*

paraphe ou **parafe** n. m. Signature abrégée. *Le médecin met son paraphe au bas de l'ordonnance.*
Écrire *parafe,* avec *f,* est conforme à la nouvelle orthographe.

paraphrase n. f. Phrase ou texte qui reprend, avec d'autres mots, ce qui a déjà été dit. ▷ Mot de la famille de phrase.

parapluie n. m. Objet portatif formé d'un tissu imperméable tendu sur des baleines, et monté sur un manche, qui sert à se protéger de la pluie. *Ouvre ton parapluie, il commence à pleuvoir.* ▷ Mot de la famille de pluie.

parascolaire adj. Qui complète l'enseignement scolaire, sans faire partie des programmes. *Le judo, le théâtre sont des activités parascolaires proposées par cette école.* ▷ Mot de la famille de scolaire.

parasismique adj. Construit pour résister aux tremblements de terre. *Ils habitent dans un bâtiment parasismique.*

parasite n. m. **1.** Être qui vit sur ou dans le corps d'un autre et en tire sa nourriture. *Le pou est un parasite de l'homme.* – adj. *Le ténia est* *un ver parasite.* **2.** Personne qui vit aux dépens des autres. ➜ **pique-assiette.** **3.** *Des parasites,* des bruits qui perturbent les émissions de radio ou de télévision.

parasol n. m. Objet ressemblant à un grand parapluie qui protège du soleil. *Nous avons déjeuné dehors, sous un parasol.*

paratonnerre n. m. Tige de fer, fixée au toit et reliée au sol, qui protège des effets de la foudre. *Un paratonnerre a été installé sur le clocher de l'église.* ▷ Mot de la famille de tonner.

paravent n. m. Suite de panneaux articulés qui sert à isoler ou à protéger des courants d'air. *Dans sa chambre, un lavabo est caché par un paravent.* ▷ Mot de la famille de vent.

parc n. m. **1.** Grand jardin. *Ils se sont promenés dans le parc du château.* **2.** *Un parc naturel,* c'est une zone où la végétation et les animaux sont protégés. *Le parc naturel des Pyrénées.* **3.** *Un parc à huîtres,* un bassin où l'on élève des huîtres. **4.** *Un parc de stationnement,* un terrain réservé au stationnement des voitures. ➜ **parking.** **5.** *Le bébé est dans son parc,* dans un espace entouré par une sorte de clôture, dont il ne peut sortir tout seul.
▶ Autres mots de la famille : parcmètre, parquer.

parcelle n. f. Très petite partie. *Les enfants cultivent une parcelle du jardin.* ▷ Mot de la famille de part.

parce que conjonction Exprime la cause. *Je mange parce que j'ai faim.* ➜ ① **car.** ▷ Mot de la famille de par, ② ce et que.

parchemin n. m. Peau de mouton ou de chèvre spécialement préparée pour écrire dessus. *Au Moyen Âge, les moines écrivaient sur des parchemins.*

par-ci, par-là adv. En différents endroits. *Ce devoir est bon, sauf quelques fautes d'orthographe par-ci, par-là.* ▷ Mot de la famille de par, ① ci et de là.

parcimonie n. f. *Avec parcimonie,* en petites quantités. *Louise distribue ses bonbons avec parcimonie.*

parcmètre n. m. Appareil qui mesure le temps de stationnement payant pour les voitures. *Il a mis 2 euros dans le parcmètre.* ➜ aussi **horodateur.** ▷ Mot de la famille de parc.

parcourir v. (conjug. 14) **1.** Aller partout. *Cet été, nous parcourrons l'Irlande,* nous irons d'un bout à l'autre de l'Irlande. ➜ **sillonner.** **2.** Effectuer un trajet. *Il nous reste 100 kilomètres à parcourir.* **3.** Lire rapidement. *Il a parcouru son journal avant le dîner.*

▶ **parcours** n. m. Trajet. *L'autobus a changé de parcours en raison des travaux.* ➜ **itinéraire.**

par-delà prép. De l'autre côté de. *Par rapport à la France, l'Espagne est par-delà les Pyrénées.* ▷ Mot de la famille de par, ① de et là.

par-dessous ➜ **dessous**

pardessus n. m. Manteau d'homme. *Un pardessus en cachemire.* ▷ Mot de la famille de par et de dessus.

par-dessus ➜ **dessus**

paravent

pardonner v. (conjug. 3) **1.** *Pardonner quelque chose à quelqu'un,* c'est ne pas lui en vouloir, ne pas lui en tenir rigueur. *Le professeur ne pardonne pas à Alex d'avoir triché.* **2.** Excuser. *Pardonnez-moi de vous déranger.*

▸ **pardon** n. m. **1.** *Demander pardon,* demander qu'on pardonne, qu'on excuse ce qu'on a fait de mal. *Louise a demandé pardon à son père d'avoir désobéi. Dis-moi pardon !* **2.** Formule de politesse que l'on emploie pour s'excuser de déranger ou de faire répéter. *Pardon madame, pourriez-vous me dire l'heure ?* excusez-moi.

▸ **pardonnable** adj. Qui peut être pardonné. *C'est une erreur bien pardonnable.* ➜ **excusable.** ▮ contraires : **impardonnable, inexcusable.**

▸ Autre mot de la famille : impardonnable.

pare-balle ou **pare-balles** adj. *Un gilet pare-balle,* qui protège des balles des armes à feu. *Les policiers ont des gilets pare-balles.* ▷ Mot de la famille de parer et de balle.

▸ On peut aussi écrire *un gilet pare-balles.*

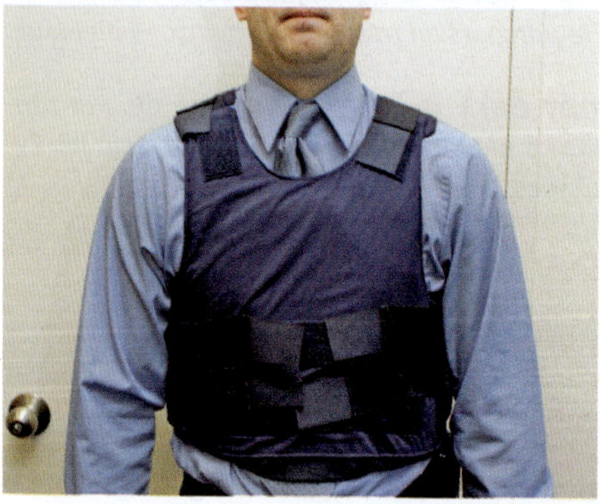

gilet **pare-balle**

parebrise ou **pare-brise** n. m. Grande vitre à l'avant d'un véhicule, qui protège du vent, de la pluie et des poussières. ➜ planche **Voitures.** – Au pl. *Des parebrises* ou *des pare-brise* (invariable). ▷ Mot de la famille de parer et de brise.

parechoc n. m. ou **pare-chocs** n. m. inv. Partie en métal ou en plastique placée à l'avant et à l'arrière d'un véhicule pour le protéger des chocs. ➜ planche **Voitures.** – Au pl. *Des parechocs* ou *des pare-chocs.* ▷ Mot de la famille de parer et de choc.

pare-feu n. m. Petit paravent que l'on met devant une cheminée pour empêcher les étincelles de sauter et de mettre le feu. – Au pl. *Des pare-feux* ou *des pare-feu* (invariable). ▷ Mot de la famille de parer et de feu.

pareil adj. et n. m., **pareille** adj. et n. f.
▪ adj. **1.** Semblable. ➜ **identique.** *Ces deux vélos sont pareils,* ce sont les mêmes. ▮ contraire : **différent.** **2.** De cette nature. *Je n'avais jamais eu une peur pareille.* ➜ **tel.**
▪ n. **1.** *Ne pas avoir son pareil pour,* être unique, inégalable. *Elle n'a pas sa pareille pour raconter des histoires.* **2.** n. f. *Rendre la pareille à quelqu'un,* lui faire ce qu'il nous a fait. *Merci de m'avoir aidé, je serais heureux de te rendre la pareille.*

▸ Autre mot de la famille : dépareillé.

parent n. m., **parente** n. f. **1.** *Les parents,* ce sont le père et la mère. *Les parents de Julie sont très sévères. Mes parents vont venir à la fête de l'école.* **2.** Personne de la famille. *C'est un parent éloigné de son mari.* ➜ ① **cousin.**

▸ **parenté** n. f. Rapport existant entre les personnes d'une même famille. *Ils n'ont aucun lien de parenté.*

▸ Autres mots de la famille : apparenté, arrière-grands-parents, beaux-parents, grands-parents, monoparental.

parenthèse n. f. Chacun des deux signes de ponctuation qui encadrent un mot, un groupe de mots ou une phrase qu'il n'est pas indispensable de lire pour comprendre l'ensemble. *Dans la phrase «c'est sa sœur (jumelle)», le mot «jumelle» est mis entre parenthèses.*

▸ Il y a un *h* après le *t.*

paréo n. m. Grand morceau de tissu dans lequel on se drape. ➜ aussi **pagne.** *Elle a mis un paréo par-dessus son maillot de bain. Julie a plusieurs paréos.*

▸ Ce mot vient du tahitien.

parer v. (conjug. 3) **1.** *Parer un coup,* l'éviter. *Le boxeur a paré le coup de son adversaire.* ➜ **esquiver** et aussi ① **parade.** **2.** *Être paré contre quelque chose,* en être protégé. *Avec sa doudoune, Léa est parée contre le froid.* **3.** *Parer au* *plus pressé*, s'occuper de ce qui est le plus urgent. *Les sauveteurs ont paré au plus pressé.*

▶ Autres mots de la famille : imparable, (1) parade, pare-balle, parebrise, parechoc, pare-feu.

se parer v. (conjug. 4) S'habiller avec recherche. *La princesse s'était parée de ses plus beaux atours.*

Ce mot appartient au langage soutenu.

▶ Autres mots de la famille : apparat, déparer, (2) parade, parader, parure.

paresse n. f. Comportement d'une personne qui ne fait pas d'efforts, n'a pas envie de travailler, de se fatiguer. ➜ fam. **flemme.** contraires : **dynamisme, énergie.** *Il est d'une grande paresse.*

▶ **paresseux** adj. et n. m., **paresseuse** adj. et n. f.

■ adj. Qui ne fait pas d'efforts, aime ne rien faire. *Julie est très paresseuse, elle n'a pas encore fait ses devoirs.* contraire : **travailleur.**

■ n. 1. Personne qui aime ne rien faire. *Quelle paresseuse !* ➜ **fainéant ;** fam. **feignant, flemmard.** 2. n. m. Animal très lent qui vit dans les arbres des pays tropicaux. ➜ **aï, unau.** ➜ planche **Mammifères.**

▶ **paresser** v. (conjug. 3) Rester sans rien faire. *Louise a paressé toute la matinée dans son lit.*

parfait, parfaite adj. Sans défaut, aussi bien que possible. *Un travail parfait.* ➜ **irréprochable.** *Ses enfants sont en parfaite santé.*

▶ **parfaitement** adv. D'une manière parfaite. *Léa savait ses leçons parfaitement*, très bien. *Ils sont parfaitement heureux*, totalement.

▶ Autre mot de la famille : (1) imparfait.

paréo

parfois adv. De temps en temps, dans certains cas. ➜ **quelquefois.** *Nous allons parfois au cinéma le dimanche.* contraires : **jamais, souvent, toujours.** *Il vient me voir parfois le samedi, parfois le dimanche.* ➜ **tantôt.** ▷ Mot de la famille de par et de fois.

parfum [paʀfœ̃] n. m. 1. Odeur agréable. *Le parfum des roses.* ➜ **arôme.** 2. Produit liquide que l'on met sur soi pour sentir bon. *Un flacon de parfum.* ➜ aussi eau de **toilette.** 3. Goût. *À quel parfum veux-tu ta glace ?*

▶ **parfumer** v. (conjug. 3) (➜ ÉTYM.) 1. Remplir d'une odeur agréable. ➜ **embaumer.** *La lavande parfume le linge.* 2. Mettre du parfum. *Louise parfume sa lettre.* – **se parfumer**, se mettre du parfum. *Julie s'est parfumée.* 3. Mettre des aromates dans un plat. *Il a parfumé son rôti avec du romarin.*

▶ **parfumé, parfumée** adj. 1. Qui a un parfum, une très bonne odeur. *Ces fraises sont très parfumées.* 2. Qui a tel parfum, tel goût. *Un gâteau parfumé au café.* ➜ **aromatisé.**

▶ **parfumerie** n. f. Magasin où l'on vend du parfum et des produits de beauté.

▶ **parfumeur** n. m., **parfumeuse** n. f. Personne qui tient une parfumerie.

pari n. m. Jeu dans lequel on s'engage à donner quelque chose à la personne qui a raison. *Julie et Théo ont fait un pari. J'ai gagné mon pari.*

▶ Autres mots de la famille : parier, parieur.

paria n. m. Personne tenue à l'écart et méprisée par tout le monde. *Elle est traitée en paria par les habitants du village.*

parier v. (conjug. 9) 1. Faire un pari. *Théo a parié un album de bandes dessinées avec Julie qu'il gagnerait la course.* 2. Affirmer en étant sûr d'avoir raison. *Je te parie que Paul va encore arriver en retard.* ▷ Mot de la famille de pari.

pariétal, pariétale adj. Exécuté sur une paroi rocheuse. ➜ **rupestre.** *On peut admirer des peintures pariétales dans les grottes préhistoriques.* – Au masc. pl. *pariétaux.*

parieur n. m., **parieuse** n. f. Personne qui parie de l'argent sur les chevaux, aux courses. ➜ **turfiste.** ▷ Mot de la famille de pari.

parité n. f. Répartition égale entre deux groupes. *Ce parti politique souhaite la parité entre les hommes et les femmes dans ses rangs,* souhaite qu'il y ait autant d'hommes que de femmes parmi ses membres.

parjure n. m. et f. **1.** n. m. Faux serment. *Le témoin a commis un parjure,* il a menti alors qu'il avait juré de dire la vérité. **2.** n. m. et f. Personne qui viole son serment. *C'est une parjure.*
▷ Mot de la famille de (1) jurer.

parka n. f. ou m. Manteau court imperméable, muni d'une capuche. *Julie a mis sa parka.*
▶ C'est un nom masculin ou féminin : on dit *un parka* ou *une parka.* • C'est un mot inuit qui signifie « peau ».

parka

parking [paʀkiŋ] n. m. Parc de stationnement pour les voitures. *Il a garé sa voiture dans un parking souterrain.*
▶ Ce mot vient de l'anglais.

parlant, parlante adj. **1.** *Un film parlant,* dans lequel les acteurs parlent. *Le premier film parlant date de 1927.* ▮ contraire : **muet. 2.** Qui n'a pas besoin d'être expliqué, commenté. *Les élections ont été un triomphe pour le maire, les chiffres sont parlants.* ▷ Mot de la famille de parler.

Parlement n. m. Ensemble des personnes élues qui votent les lois. *Le Parlement français est constitué de l'Assemblée nationale et du Sénat.* ➜ aussi **législatif.**

▸ **parlementaire** adj. et n. m. et f.
▪ adj. Qui concerne le Parlement. *Les débats parlementaires. Une démocratie parlementaire.*
▪ n. m. et f. Membre du Parlement. ➜ **député, sénateur.** *Un parlementaire européen.*

parlementer v. (conjug. 3) Discuter pour se mettre d'accord avec quelqu'un qui est d'un avis opposé. ➜ **négocier.** *Le joueur parlemente avec l'arbitre.* ▷ Mot de la famille de parler.

parler v. (conjug. 3) **1.** S'exprimer avec des mots. ➜ aussi **parole.** *Ma petite sœur n'a qu'un an, elle ne parle pas encore. Louise et Julie étaient en train de parler.* ➜ **bavarder, discuter.** *Paul parle avec Théo. Parlez-moi de vos projets,* dites-moi des choses à ce sujet. *De quoi parle ce livre ?* quelle en est l'histoire, que raconte-t-il ? **2.** Être capable de s'exprimer dans une langue. *Il parle l'anglais et l'allemand.* **3.** *Parler de faire quelque chose,* dire qu'on en a l'intention. *Ils parlent de s'associer.* **4.** Avouer. *Le cambrioleur a parlé : il a dénoncé ses complices.*

▸ se **parler** v. **1.** Être parlé. *L'espagnol se parle en Argentine.* **2.** Parler l'un à l'autre. *Ils ne se parlent plus,* ils sont fâchés.

▸ **parleur** n. m. *Un beau parleur,* un homme qui aime faire de belles phrases mais n'agit pas.

▸ **parloir** n. m. Salle où sont reçus les visiteurs dans un lycée, un couvent, une prison.
▸ Autres mots de la famille : franc-parler, haut-parleur, parlant, parlementer, pourparlers, reparler.

parme adj. inv. Violet clair. *Des écharpes parme.*
▶ Ce mot vient du nom de la ville italienne de Parme, réputée pour ses cultures de violettes.

parmesan n. m. Fromage italien très dur. *Louise met du parmesan râpé dans ses spaghettis.*
▶ Ce fromage est fabriqué dans la région de la ville italienne de Parme.

parmi prép. **1.** Au milieu de. *Paul s'est assis parmi les invités.* **2.** Dans, au nombre de. *Je le compte parmi mes amis.*

parodie n. f. Imitation amusante d'une œuvre connue. ➜ aussi **pastiche.** *Il existe de nombreuses parodies des Fables de La Fontaine.*

▸ **parodier** v. (conjug. 9) Imiter d'une manière comique. *Cet imitateur parodie les hommes politiques.*

paroi n. f. **1.** Surface intérieure d'un récipient. *Du tartre s'est déposé sur les parois de la bouilloire.* **2.** Face verticale d'un rocher, d'une montagne, d'une falaise. *L'alpiniste escalade la paroi rocheuse. Les parois de la caverne sont recouvertes de peintures préhistoriques.* → aussi **pariétal.**

paroisse n. f. Territoire qui dépend d'un curé ou d'un pasteur. *Le curé de la paroisse a organisé une kermesse.*

▸ **paroissial, paroissiale** adj. De la paroisse. *La fête paroissiale.* – Au masc. pl. *paroissiaux.*

▸ **paroissien** n. m., **paroissienne** n. f. Personne qui dépend d'une paroisse. *Le curé fait un sermon à ses paroissiens.*

parole n. f. **1.** Possibilité de communiquer par le langage. *Les animaux ne sont pas doués de la parole,* ils ne peuvent pas parler. *Il ne m'a pas adressé la parole,* il ne m'a pas parlé. *Prendre la parole,* commencer à parler. *Le directeur a pris la parole. Ne me coupe pas la parole !* ne m'interromps pas quand je parle ! **2.** Mot, phrase que l'on prononce. *Le président a eu une parole aimable pour chacun.* **3.** *Les paroles,* le texte d'une chanson. *Je me souviens de l'air de cette chanson, mais pas des paroles.* **4.** Promesse sur l'honneur. *Il m'a donné sa parole qu'il viendrait.* – *Sur parole,* sur la simple affirmation de ce qui est dit. *Je te crois sur parole.*

▸ **parolier** n. m., **parolière** n. f. Personne qui écrit des paroles de chansons. → **auteur.**

▸ Autre mot de la famille : porte-parole.

paronyme n. m. Mot dont la forme est très proche de celle d'un autre mot mais dont le sens est différent. *«Éminent» et «imminent» sont des paronymes.* → aussi **homonyme.**

▶ Il y a un *y* après le *n*.

paroxysme n. m. Le plus haut point. *La douleur a atteint son paroxysme.*

▶ Il y a un *y* après le *x*.

parpaing [paʀpɛ̃] n. m. Bloc de ciment ou de plâtre servant à construire des murs. → aussi **brique.** *Un mur en parpaings.*

▶ Le *g* final ne se prononce pas.

parquer v. (conjug. 3) **1.** Mettre dans un terrain entouré d'une clôture. *Le fermier a parqué ses moutons.* **2.** *Parquer une voiture,* la garer dans un parc de stationnement. ▷ Mot de la famille de parc.

parquet n. m. Lattes de bois assemblées qui recouvrent un sol. → **plancher.** *Il y a du parquet dans le salon et de la moquette dans les chambres.*

parquet

parrain n. m. Homme qui s'engage, le jour du baptême d'un enfant, à l'aider et à le protéger. *Mon parrain et ma marraine.* → aussi **filleul.**

▸ **parrainer** v. (conjug. 3) Soutenir une entreprise, un artiste en l'aidant moralement ou financièrement. *Cette marque de ski parraine des émissions de sports à la télévision.* → **patronner, sponsoriser.**

parricide n. m. et f. **1.** n. m. Meurtre de son père ou de sa mère. *Il a commis un parricide.* **2.** n. m. et f. Personne qui a tué son père ou sa mère. *La parricide a été arrêtée.*

parsemé, parsemée adj. Couvert çà et là. *Un ciel parsemé d'étoiles. Une pelouse parsemée de pâquerettes.* ▷ Mot de la famille de par et de semer.

part n. f. **1.** Morceau. *Coupe le gâteau en huit parts.* **2.** *Prendre part à quelque chose,* y participer. *Les enfants ont pris part aux préparatifs de la fête.* **3.** *Faire part de quelque chose à quelqu'un,* l'en informer. *Le directeur nous a* fait part de sa décision. **4.** *De la part de quelqu'un,* en son nom. *Je viens vous voir de la part de Mme Dubois,* c'est elle qui m'envoie vous voir. **5.** *Nulle part,* en aucun endroit. *Il ne peut emmener son chien nulle part.* ▮ contraire : **partout.** – *Autre part,* ailleurs. *Ce restaurant est fermé, allons autre part. Quelque part,* dans un autre endroit, un endroit quelconque. *Je les ai déjà vus quelque part. Mes clés doivent bien être quelque part !* **6.** *D'une part... d'autre part,* d'abord..., et en plus. *Je n'irai pas chez eux : d'une part je suis fatigué et d'autre part je ne les aime pas.* **7.** *Pour ma part,* en ce qui me concerne, personnellement. *Pour sa part, Léa est contente,* en ce qui la concerne. **8.** *À part,* excepté. ➜ ① **sauf.** *À part Paul, tous les invités sont arrivés. Prendre quelqu'un à part,* lui parler à lui seul à seul. *Le professeur a pris Julie à part pour lui parler. Les baleines sont des mammifères à part,* un peu spéciaux, différents des autres. **9.** *De part et d'autre,* de chaque côté. *Il y a des platanes de part et d'autre de la route.* ▮ homonyme : par.

▸ **partage** n. m. Division en parts. ➜ **répartition.** *Le notaire a fait le partage des biens entre les héritiers.*

▸ **partager** v. (conjug. 5b) **1.** Diviser en parts. *Mamie partage le gâteau en six.* **2.** Donner une partie de ce qui vous appartient. *Théo a partagé son croissant avec Léa,* il lui en a donné un morceau. **3.** Avoir en commun avec quelqu'un. *Louise et sa sœur partagent la même chambre,* elles occupent la même chambre. *Je ne partage pas son avis,* je ne suis pas du même avis. *Nous partageons votre tristesse,* nous y prenons part. **4.** *Être partagé,* ne pas savoir choisir. *Julie est partagée entre l'envie de rester et celle de partir.* – *Les avis sont partagés,* ils sont divers.

▸ Autres mots de la famille : en aparté, compartiment, en contrepartie, départager, faire-part, imparti, impartial, impartialité, inséparable, parcelle, parti, partial, partialité, participant, participation, participer, se particulariser, particularité, particule, particulier, particulièrement, ① et ② partie, partiel, partiellement, partisan, partitif, partition, la plupart, quote-part, répartir, répartition, séparation, séparatiste, séparément, séparer, se séparer.

en partance adv. Sur le point de partir. *L'avion en partance pour Madrid est sur la piste.* ▷ Mot de la famille de partir.

partant n. m., **partante** n. f. Concurrent au départ d'une course. *Il y a deux favoris parmi les vingt partants du tiercé.* ▷ Mot de la famille de partir.

partenaire n. m. et f. Personne avec qui on est allié contre d'autres joueurs. *Il a remporté le tournoi de bridge avec sa partenaire.* ▮ contraire : **adversaire.**

parterre n. m. Partie d'un jardin ou d'un parc où l'on a planté des fleurs ou des arbustes de façon régulière. *Des parterres de bégonias.* ▷ Mot de la famille de par et de terre.

parterre de buis taillés

parti n. m. **1.** Organisation qui regroupe des personnes qui ont les mêmes opinions politiques. *Il appartient à un parti de gauche.* **2.** *Prendre le parti de quelqu'un,* c'est le défendre. *Alex a pris le parti des filles. Prendre le parti de faire quelque chose,* décider de le faire. *Nous avons pris le parti d'en rire,* nous avons décidé qu'il valait mieux en rire. *Il n'a pas voulu prendre parti,* il n'a pas choisi, pas donné son avis. ➜ **position.** *Avoir un parti pris contre quelque chose,* avoir une idée préconçue contre quelque chose. *Louise a un parti pris contre le latin.* ➜ **préjugé.** *Être de parti pris,* avoir des idées toutes faites, être partial. **3.** *Tirer parti de quelque chose,* savoir l'utiliser. *Elle sait tirer parti de tous les vieux bouts de tissu.* ▮ homonymes : ① et ② partie.

▸ **partial** [parsjal], **partiale** [parsjal] adj. Qui prend parti pour ou contre quelqu'un, sans souci de justice ni de vérité. *Un arbitre ne* *doit pas être partial.* ▮ contraires : **impartial, neutre,** ③ **objectif.** – Au masc. pl. *partiaux.*

▸ **partialité** [paʀsjalite] n. f. Attitude d'une personne qui favorise ceux qu'elle préfère. *L'arbitre a été accusé de partialité.* ▮ contraires : **impartialité, objectivité.**

▷ Mots de la famille de part.

participant n. m., **participante** n. f. Personne qui prend part à quelque chose. *Tous les participants à la tombola gagneront un lot.* ▷ Mot de la famille de part.

participation n. f. **1.** Le fait de participer. *La participation aux élections a été faible,* peu de gens ont voté. **2.** Collaboration. *Je vous remercie de votre participation.* ➜ **concours.** ▷ Mot de la famille de part.

participe n. m. Forme du verbe. *«Parlant» est le participe présent du verbe «parler», «parlé» est son participe passé.*

participer v. (conjug. 3) Jouer un rôle, prendre part. *Les parents d'Alex ont participé à un jeu télévisé.* ▷ Mot de la famille de part.

se **particulariser** v. (conjug. 4) Se distinguer des autres par quelque chose de spécial, de particulier. ➜ se **singulariser.** *Julie s'est particularisée en venant déguisée à la fête.* ▷ Mot de la famille de part.

particularité n. f. Caractère qui rend différent, unique en son genre. ➜ aussi **particulier.** *Le hibou a la particularité d'avoir des aigrettes.* ➜ **caractère, caractéristique.** ▷ Mot de la famille de part.

particule n. f. **1.** Très petit élément. *L'atome est constitué de particules.* **2.** Préposition *de,* ou *du,* placée devant un nom de famille souvent d'origine noble. *La comtesse de Ségur avait un nom à particule.* ▷ Mot de la famille de part.

particulier adj. et n. m., **particulière** adj. et n. f.

▪ adj. **1.** Qui ne ressemble à rien d'autre. ➜ ② **propre, spécial.** *La lumière de l'aube est particulière.* ▮ contraires : **banal, ordinaire. 2.** Qui ne concerne qu'une personne ou qu'une chose. *Ceci est un cas particulier.* ➜ **individuel.** *Ils ont chacun une chambre particulière.* ➜ **personnel.** ▮ contraire : **collectif.** *Louise prend des cours particuliers de français,* des cours pour elle toute seule. **3.** *En particulier,* spécialement. ➜ **particulièrement.** *Julie est bonne en mathématiques, en particulier en géométrie.* ➜ **surtout.**

▪ n. m. et f. Personne seule, qui agit en son nom. *Elle a acheté sa voiture à un particulier et non à un garage.*

▸ **particulièrement** adv. **1.** Surtout. ➜ **spécialement.** *Alex aime le cinéma, particulièrement les films d'aventures,* en particulier. **2.** D'une manière extraordinaire. *Il a particulièrement plu cet été,* beaucoup.

▷ Mots de la famille de part.

① **partie** n. f. **1.** Morceau. *Je regarde un téléfilm en deux parties.* ➜ **épisode.** *Théo passe la plus grande partie de son temps à lire.* ▮ contraire : **totalité. 2.** *Faire partie d'un groupe,* en être membre. *Paul fait partie de la chorale de l'école.* **3.** Domaine particulier. *La cuisine, c'est sa partie.* ➜ **spécialité.** ▮ homonyme : parti.

▷ Mot de la famille de part.

② **partie** n. f. **1.** Personne engagée dans un procès. *L'avocat de la partie adverse.* **2.** *Prendre quelqu'un à partie,* l'attaquer, l'insulter. ▷ Mot de la famille de part.

③ **partie** n. f. Durée d'un jeu jusqu'à ce qu'il y ait un gagnant. *Alex et son père font une partie d'échecs.* ➜ aussi **match.**

partiel, partielle adj. Pas complet. *On n'a encore que les résultats partiels des élections. Il travaille à temps partiel.* ▮ contraire : à **plein temps.**

▸ **partiellement** adv. D'une manière incomplète. *Ils ont partiellement remboursé leur emprunt.* ▮ contraires : **complètement, entièrement, intégralement.**

▷ Mots de la famille de part.

partir v. (conjug. 20) **1.** S'en aller, quitter un endroit. *Paul est parti à pied. Il n'est pas encore parti de chez lui.* ▮ contraire : **arriver.** *Ils doivent partir pour Rome,* aller à Rome. *Louise part en vacances demain. L'avion est parti de Londres à 15 heures,* il a quitté Londres. **2.** Commencer. *L'affaire est mal partie.* **3.** Être lancé. *Le coup de feu part quand on appuie sur la gâchette.* **4.** Disparaître. *Cette tache partira au lavage.* ▮ contraire : **rester.** *Son bleu est parti.* **5.** *À partir* *de,* dès, depuis. *La piscine est ouverte à partir de 9 heures. Nous avons eu du brouillard à partir de Lille.*

▶ Autres mots de la famille : départ, en partance, partant, repartir.

partisan n. m., **partisane** n. f. **1.** Personne qui prend parti. *Un partisan du socialisme.* ▮ contraires : **adversaire, ennemi.** – adj. *Ils sont partisans d'accepter,* ils sont d'avis qu'il faut accepter, ils sont d'accord pour accepter. **2.** n. m. Combattant qui n'appartient pas à l'armée régulière en temps de guerre. ➜ **franc-tireur** et aussi **maquisard.** *Un groupe de partisans avait attaqué le train.* ▷ Mot de la famille de part.

partitif, partitive adj. *Un article partitif* désigne une partie de quelque chose que l'on ne peut ni mesurer ni compter. *Dans «Veux-tu du vin ou de la bière ?», «du» et «de la» sont des articles partitifs.* ➜ ② **de, du.** ▷ Mot de la famille de part.

partition n. f. Morceau de musique écrite. *Est-ce que tu sais lire une partition ?* ▷ Mot de la famille de part.

partout adv. Dans tous les endroits. *J'ai cherché mes lunettes partout.* ▮ contraire : **nulle part.** ▷ Mot de la famille de part et de ① tout.

parure n. f. Ensemble de très beaux bijoux assortis. ▷ Mot de la famille de se parer.

parure

parution n. f. Moment où un livre est publié. ➜ **publication, sortie** et aussi **paraître.** *J'ai acheté ce roman le jour de sa parution.* ▷ Mot de la famille de paraître.

parvenir v. (conjug. 13) **1.** Arriver à destination. *Ma lettre ne lui est jamais parvenue.* **2.** Réussir. *Je suis si fatiguée que je ne parviens pas à me lever.* **3.** *Les tomates sont parvenues à maturité,* elles sont arrivées à maturité.

▶ **parvenu** n. m., **parvenue** n. f. Personne qui est devenue riche rapidement et aime montrer qu'elle a beaucoup d'argent. *Ce sont des parvenus.*

◗ Ce mot est péjoratif.

▷ Mots de la famille de venir.

parvis [paʀvi] n. m. Place devant une église, une cathédrale. ➜ aussi **esplanade.** *Les mariés ont été pris en photo sur le parvis de l'église.*

◗ On ne prononce pas le *s* final.

parvis

① **pas** n. m. **1.** Action de mettre un pied devant l'autre pour avancer. *Mon petit frère a fait ses premiers pas,* il a commencé à marcher. – *Faire le premier pas, les premiers pas,* prendre l'initiative d'une action. *Il n'y a que le premier pas qui coûte,* le plus difficile, c'est de commencer. – *Faire les cent pas,* attendre en marchant de long en large. – *Pas à pas,* lentement et avec précaution. *Nous avancions pas à pas.* **2.** Trace laissée par un pied humain. *J'ai vu des pas dans la neige. Louise est revenue sur ses pas pour regarder la vitrine,* elle est revenue en arrière. **3.** Longueur d'un pas. *C'est à deux pas d'ici,* tout près d'ici. **4.** Façon de marcher. *Les soldats marchent au pas,* tous ensemble, au même rythme. *Alex marchait d'un bon pas,* il marchait vite. **5.** Mouvement exécuté par un danseur avec ses pieds. *Nous avons appris un nouveau pas de danse.* **6.** *Le pas de la porte,* l'entrée d'une maison. ➜ **seuil.**

Le chien s'est couché sur le pas de la porte. ▷ Mot de la famille de passer.

② **pas** adv. *Ne... pas* sert à exprimer la négation. ➜ ③ **point.** *Il ne peut pas venir.*
▶ Autre mot de la famille : n'est-ce pas.

passable adj. Ni bon ni mauvais. ➜ ① **moyen.** *Alex a des notes passables.*

▶ **passablement** adv. De façon passable, moyenne. *Théo joue passablement au tennis.* ▷ Mots de la famille de passer.

passage n. m. **1.** Action, fait de passer. *Savez-vous quelles sont les heures de passage de l'autobus ?* à quel moment il passe. – *Au passage,* en passant. *Alex est allé chez Julie et il a acheté du pain au passage. Être de passage,* ne pas rester longtemps quelque part. *Elle est de passage à Bruxelles,* elle y fait un court séjour. **2.** Endroit par où l'on peut passer. *Il a pris le passage souterrain. Un passage pour piétons. Un passage à niveau,* l'endroit où la route croise la voie ferrée. **3.** Morceau d'un texte, d'un film, d'une chanson, etc. ➜ **extrait.** ▷ Mot de la famille de passer.

① **passager** n. m., **passagère** n. f. Personne transportée à bord d'une voiture, d'un train, d'un avion, d'un bateau. *Bienvenue à nos passagers !* ▷ Mot de la famille de passer.

② **passager, passagère** adj. Qui ne dure pas longtemps. ➜ ① **court, éphémère, fugace,** ② **fugitif.** *Une douleur passagère.* ▮ contraires : **durable, permanent, tenace.** ▷ Mot de la famille de passer.

① **passant** n. m., **passante** n. f. Personne qui passe dans la rue. *Paul demande son chemin à un passant.* – adj. *Une rue passante,* où passent beaucoup de gens. ▮ contraire : ① **désert.** ▷ Mot de la famille de passer.

② **passant** n. m. Lanière de tissu ou de cuir cousue verticalement sur un vêtement à l'endroit de la taille, afin d'y faire passer une ceinture. ▷ Mot de la famille de passer.

passe n. f. **1.** *Un mot de passe,* c'est le mot secret qu'il faut savoir pour pouvoir passer. *La sentinelle a dit le mot de passe. Entre ton mot de passe pour que le programme s'ouvre,* entre le mot ou la formule nécessaire pour accéder au système informatique. ➜ **code. 2.** Action de passer le ballon. *Le footballeur fait une passe à son partenaire.* **3.** *Être en passe de,* être sur le point de. *Ce comédien est en passe de devenir célèbre. Une bonne, une mauvaise passe,* une période de chance, de malchance. *Ils ont traversé une mauvaise passe,* une période de difficultés. ▷ Mot de la famille de passer.

① **passé** n. m. **1.** Ce qui est arrivé avant maintenant. *Mamie évoque le passé avec son amie d'enfance. Le passé, le présent et l'avenir.* **2.** *Les temps du passé,* les temps du verbe qui indiquent que l'action ou l'état exprimé par le verbe se situe dans le passé. *Le passé composé, le passé simple, l'imparfait et le plus-que-parfait sont des temps du passé.* ▷ Mot de la famille de passer.

② **passé, passée** adj. Qui s'est écoulé, qui n'est plus. *Nous nous sommes vus l'an passé,* l'année dernière. *Il est 9 heures passées,* plus de 9 heures. ▷ Mot de la famille de passer.

③ **passé** prép. Après, au-delà de. *Passé cette date, votre billet n'est plus valable. Passé l'église, tournez à gauche.* ▷ Mot de la famille de passer.

passe-droit n. m. Faveur accordée à quelqu'un, qui lui permet de faire quelque chose d'interdit. *Il a pu entrer grâce à un passe-droit.* – Au pl. *Des passe-droits.* ▷ Mot de la famille de passer et de ③ droit.

passe-montagne n. m. Bonnet qui enveloppe complètement la tête et le cou en ne laissant voir qu'une partie du visage. ➜ **cagoule.** – Au pl. *Des passe-montagnes.* ▷ Mot de la famille de passer et de mont.

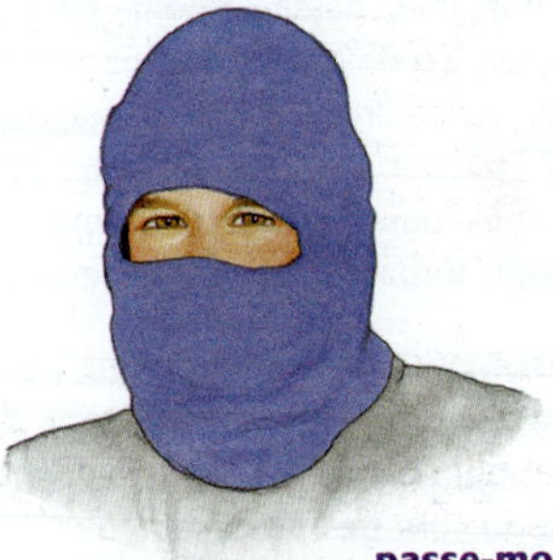

passe-montagne

passe-partout n. m. inv. Clé qui ouvre plusieurs serrures. *La femme de chambre de* *l'hôtel a un passe-partout.* – Au pl. *Des passe-partout.* ▷ Mot de la famille de passer, par et de ① tout.

passe-passe n. m. inv. *Un tour de passe-passe,* un tour d'adresse qui consiste à faire disparaître et faire réapparaître un objet comme par magie. *Le prestidigitateur fait des tours de passe-passe.* ▷ Mot de la famille de passer.

passeport n. m. Pièce d'identité qui permet d'aller à l'étranger. *Les voyageurs présentent leur passeport aux douaniers.* ▷ Mot de la famille de passer et de ① port.

passer v. (conjug. 3) **1.** Avancer sans s'arrêter. *Les vaches regardent passer les trains.* **2.** Venir dans un lieu et y rester peu de temps. *Julie est passée me voir. Ils sont passés par l'Allemagne,* ils ont traversé ce pays. **3.** Traverser un filtre. *Le café est en train de passer.* **4.** Être projeté. *Ce film passe demain à la télévision.* **5.** Être accepté, admis. *La sœur d'Alex est passée en terminale.* **6.** Aller. *Passons à table !* **7.** *Le temps passe vite,* il s'écoule vite. **8.** Disparaître. *La douleur passera.* ➔ **partir. 9.** *Passer un examen,* en subir les épreuves. **10.** Employer son temps. *Julie a passé la journée au lit,* elle est restée dans son lit. **11.** *Passer l'aspirateur,* l'utiliser. **12.** Donner. *Passe-moi ton assiette.* **13.** Perdre de son éclat. *La couleur du dessus-de-lit a passé.* **14.** *Passer pour,* être considéré comme. *Il passe pour le meilleur médecin de la ville.*

▶ se **passer** v. **1.** Se produire, avoir lieu. *L'histoire se passe en l'an 2043. Tout s'est bien passé.* **2.** *Se passer de quelque chose,* vivre sans. *On peut se passer de voiture.*

▶ Autres mots de la famille : dépassé, dépassement, dépasser, impasse, laissez-passer, outrepasser, ① pas, passable, passablement, passage, ① et ② passager, ① et ② passant, passe, ①, ② et ③ passé, passe-droit, passe-montagne, passe-partout, passe-passe, passeport, passerelle, passe-temps, passeur, passoire, repassage, ① et ② repasser, surpasser, trépas, trépasser.

passereau n. m. *Les passereaux,* ce sont des oiseaux de petite taille qui vivent dans les arbres et qui chantent. *L'alouette, l'hirondelle, le moineau sont des passereaux.*

passerelle n. f. **1.** Pont étroit réservé aux piétons. *Empruntez la passerelle pour traverser la voie ferrée.* **2.** Escalier qui permet d'accéder à un avion ou à un bateau. **3.** Plateforme située au-dessus des cabines, sur un bateau. ➔ planche **Bateaux.** *Le commandant est sur la passerelle.* ▷ Mot de la famille de passer.

passerelle

passe-temps n. m. inv. Occupation agréable. *La lecture est son passe-temps favori.* – Au pl. *Des passe-temps.* ▷ Mot de la famille de passer et de ① temps.

passeur n. m., **passeuse** n. f. **1.** Personne qui fait traverser une étendue d'eau quand il n'y a pas de pont. **2.** Personne qui fait traverser une frontière à des gens qui ne sont pas en règle. ▷ Mot de la famille de passer.

passible adj. *Être passible d'une peine,* la mériter. *Le chauffard est passible d'une amende.*

passif, passive adj. **1.** *Une personne passive,* une personne qui ne réagit pas, manque d'énergie et d'initiative. ▮ contraire : **actif. 2.** *La voix passive,* c'est la forme que prend le verbe quand le sujet subit l'action. *Dans la phrase «ce livre a été lu par des millions de personnes», le verbe «lire» est à la voix passive.* ➔ aussi **actif.**

▶ Autres mots de la famille : passivement, passivité.

① **passion** n. f. *Le fruit de la passion,* c'est le fruit d'une plante tropicale. ➔ planche **Fruits.** *Un sorbet aux fruits de la passion.*

② **passion** n. f. **1.** Amour très fort. *Roméo et Juliette s'aimaient avec passion.* **2.** Chose que l'on aime par-dessus tout. *Il a la passion des voyages,* il aime beaucoup voyager. *Le cinéma, c'est sa passion.*

▶ **passionner** v. (conjug. 3) Intéresser très vivement. *Le film a passionné les enfants.* ➔ **cap-**

tiver, enthousiasmer. contraire : **ennuyer.** – ***Se passionner*** *pour quelque chose,* s'y intéresser vivement. *Théo se passionne pour les ours.*

▸ **passionnant, passionnante** adj. Très intéressant. *Une histoire passionnante.* ➜ **captivant, palpitant.** contraire : **ennuyeux.**

▸ **passionné** n. m., **passionnée** n. f. Personne qui aime beaucoup quelque chose. *Alex est un passionné de ski.* ➜ **fanatique ;** fam. **fan.**

▸ **passionnel, passionnelle** adj. *Un crime passionnel,* un crime provoqué par la jalousie ou le dépit d'une personne passionnément amoureuse.

▸ **passionnément** adv. Avec passion. *Ils s'aiment passionnément.*

passivement adv. D'une manière passive, sans réagir. *Il se laissait faire passivement.* ▷ Mot de la famille de passif.

passivité n. f. Caractère d'une personne qui subit les choses sans réagir. *Sa passivité est exaspérante.* ▷ Mot de la famille de passif.

passoire n. f. Récipient percé de trous qui laissent passer les liquides. *Elle égoutte les pâtes dans la passoire.* ▷ Mot de la famille de passer.

pastel n. m. **1.** Bâtonnet fait d'une pâte colorée et durcie, utilisé comme un crayon de couleur. *Un portrait au pastel.* **2.** Œuvre faite au pastel. *Le peintre Degas est célèbre pour ses pastels.* **3.** Invariable après un nom. *Des couleurs pastel,* des couleurs douces et claires. *Des chaussettes bleu pastel.*
Ce mot vient de l'italien.

pastèque n. f. Gros fruit ovale à la peau lisse et verte et à la chair rose. *Il mange des tranches de pastèque et de melon.*
Ce mot vient de l'arabe.

pasteur n. m. et f. Personne qui dirige le culte dans la religion protestante.

pasteuriser v. (conjug. 3) (➜ ÉTYM.) *Pasteuriser un liquide,* le chauffer à haute température, puis le refroidir brusquement, pour détruire les microbes et augmenter sa durée de conservation. ➜ aussi **stériliser.** – *Un litre de lait pasteurisé.*

▸ **pasteurisation** n. f. Opération qui consiste à chauffer à haute température un produit et à le refroidir brusquement afin d'éliminer les microbes et de pouvoir le conserver plus longtemps. ➜ aussi **stérilisation.**

pastiche n. m. Imitation du style et de la manière d'un écrivain, d'un artiste. ➜ aussi **parodie.** *Il a écrit un pastiche d'une tragédie de Corneille.*

pastille n. f. **1.** Petit bonbon rond et plat. *Des pastilles à la menthe.* **2.** En Suisse. Cachet, comprimé.

pastis [pastis] n. m. Boisson alcoolisée à l'anis, que l'on prend à l'apéritif.
On prononce le *s* final.

patate n. f. **1.** *Une patate douce,* c'est la racine d'une plante des pays chauds, au goût sucré. **2.** Familier. Pomme de terre. *Deux kilos de patates.*
Ce mot vient d'une langue indienne d'Haïti.

pastèque

pataud, pataude adj. Maladroit et lourd dans ses mouvements. ➜ ① **gauche.** *La petite panthère est encore pataude.*

patauger v. (conjug. 5b) Marcher dans l'eau, la boue. *Les enfants aiment patauger dans les flaques.*

▸ **pataugeoire** [patoʒwaʀ] n. f. Piscine peu profonde où les très jeunes enfants peuvent se baigner.
Il y a un *e* après le *g*.

patchwork [patʃwœʀk] n. m. Assemblage de morceaux de tissus différents cousus les

a b c d e f g h i j k l m n o p q r s t u v w x y z

uns aux autres. *Un dessus-de-lit en patchwork.*
C'est un mot anglais. (→ ÉTYM.)

patchwork

pâte n. f. **1.** Mélange plus ou moins épais, à base de farine, que l'on mange cuit. *Le cuisinier étale la pâte à tarte dans le moule. Une pâte à crêpes.* **2.** *Les pâtes,* ce sont des morceaux de pâte de diverses formes que l'on mange après les avoir fait cuire dans de l'eau bouillante. → **coquillette, lasagne, macaroni, nouille, ravioli, spaghetti, tagliatelle, vermicelle.** → planche **Alimentation.** *Un gratin de pâtes.* **3.** Mélange plus ou moins mou. *Le camembert est un fromage à pâte molle. De la pâte à modeler. Des pâtes de fruits,* des friandises faites avec des fruits.
Attention à l'accent circonflexe du *â.*

▸ **pâté** n. m. **1.** Viande hachée et épicée, cuite dans une terrine, que l'on mange froide. *Une boîte de pâté pur porc.* **2.** *Un pâté de maisons,* un groupe de maisons formant un bloc délimité par des rues. *Julie et Louise habitent dans le même pâté de maisons.* **3.** *Un pâté de sable,* un petit tas de sable mouillé et moulé dans un seau. *Sur la plage, Léa fait des pâtés de sable.*
homonyme : pâtée.
Attention à l'accent circonflexe du *â.*

▸ **pâtée** n. f. Mélange épais dont on nourrit les animaux. *Le chien mange sa pâtée.* homonyme : pâté.

▸ Autres mots de la famille : empâté, pâteux, pâtisserie, pâtissier.

patelin n. m. Familier. Village. *Ils passent leurs vacances dans un petit patelin, en Normandie.* → fam. **bled.**

patère n. f. Crochet fixé à un mur qui sert à suspendre des vêtements. → **portemanteau.** *Il accroche son imperméable à la patère.*

paternalisme n. m. Attitude exagérément bienveillante, imitant celle d'un père envers ses enfants, qui n'est en fait qu'un moyen de dominer et de renforcer son autorité. *Ce patron traite ses employés avec paternalisme.*

▸ **paternaliste** adj. Qui fait preuve de paternalisme. *Un ton paternaliste.*

paternel, paternelle adj. Du père. *L'autorité paternelle. Ma grand-mère paternelle,* la mère de mon père. → aussi **maternel.**

paternité n. f. **1.** Le fait d'être père d'un enfant. → aussi **maternité. 2.** Le fait d'être l'auteur d'une œuvre, d'une idée. *Un ingénieur américain revendique la paternité de cette invention.*

pâteux, pâteuse adj. Qui a la consistance épaisse d'une pâte. *Cette sauce est pâteuse.*
▷ Mot de la famille de pâte.
Attention à l'accent circonflexe du *â.*

pathétique adj. Émouvant et triste. → **bouleversant, poignant.** *L'otage a enregistré un message pathétique.*
Il y a un *h* après le *t.*

pathologique adj. Qui est dû à une maladie. *Son amaigrissement est pathologique.*
Il y a un *h* après le *t.*

patibulaire adj. Sinistre et inquiétant. *Dans le film, le méchant avait une mine patibulaire,* qui faisait peur.

patiemment [pasjamɑ̃] adv. Avec calme, sans s'énerver. *Elle attendait son tour, patiemment.* contraire : **impatiemment.** ▷ Mot de la famille de ① patient.

patience n. f. (→ ÉTYM.) **1.** Qualité d'une personne qui reste calme, attend sans s'énerver. contraire : **impatience.** *Il faut beaucoup de patience dans les embouteillages.* **2.** Qualité d'une personne qui va jusqu'au bout de ce qu'elle a entrepris, sans se décourager. *Ce professeur fait preuve de beaucoup de patience avec ses élèves.* **3.** *Un jeu de patience,* un jeu solitaire qui consiste à mettre en ordre tous les éléments de l'ensemble. *Les puzzles et les réussites sont des jeux de patience.* ▷ Mot de la famille de ① patient.

① patient, patiente adj. Qui sait garder son calme et ne se décourage jamais. *Soyez patients, je reviens bientôt.* ▮ contraire : **impatient.**

▶ Autres mots de la famille : impatiemment, impatience, impatient, impatienter, patiemment, patience, patienter.

② patient n. m.**, patiente** n. f. Client d'un médecin. ➜ aussi **malade.** *Le médecin reçoit ses patients l'après-midi.*

patienter v. (conjug. 3) Attendre avec patience. *Veuillez patienter un instant.* ▮ contraire : s'**impatienter.** ▷ Mot de la famille de ① patient.

patin n. m. **1.** *Un patin à glace,* c'est une chaussure sous laquelle est fixée une lame qui permet de glisser sur la glace. *Alex fait du patin à glace.* **2.** *Un patin à roulettes,* c'est une semelle munie de petites roues qui permettent de se déplacer sur le sol en roulant. ➜ aussi **roller.** *Paul fait du patin à roulettes.*

▶ Autres mots de la famille : patinage, patiner, patinette, patineur, patinoire.

patinage n. m. Sport qui consiste à patiner. ➜ planche **Sport.** *Elle participe au championnat de patinage artistique.* ▷ Mot de la famille de patin.

patinage artistique

patine n. f. Couleur et aspect que prennent certains objets en vieillissant. *La patine d'une vieille armoire.*

patiner v. (conjug. 3) **1.** Faire du patin à glace ou du patin à roulettes. *Les enfants patinent sur le lac gelé.* **2.** Tourner sans avancer. *Les roues de la voiture patinent sur le verglas.*

▸ **patinette** n. f. Jouet composé d'une planche montée sur deux roues et d'un guidon. ➜ **trottinette.**

▸ **patineur** n. m.**, patineuse** n. f. Personne qui fait du patinage.

▸ **patinoire** n. f. Piste de glace aménagée pour faire du patin à glace.

▷ Mots de la famille de patin.

patio [pasjo] ou [patjo] n. m. Cour intérieure d'une maison de style espagnol.
▮ Ce mot vient de l'espagnol.

patio

pâtir v. (conjug. 11) Subir les conséquences fâcheuses de quelque chose. *Alex n'a pas trop pâti du divorce de ses parents.* ➜ **souffrir.**
▮ Ce mot appartient au langage soutenu. • Attention à l'accent circonflexe du *â.*

pâtisserie n. f. **1.** Gâteau. *Théo aime beaucoup les pâtisseries.* **2.** Magasin où l'on fabrique et vend des gâteaux. *Une boulangerie-pâtisserie.*

▸ **pâtissier** n. m.**, pâtissière** n. f. Personne qui fabrique et vend des gâteaux.
▮ Attention à l'accent circonflexe du *â.*

▷ Mots de la famille de pâte.

patois n. m. Langue particulière à une région. ➜ aussi **dialecte.** *Dans ce village, les paysans parlent patois.*

pâtre n. m. Berger.
▮ Ce mot appartient au langage soutenu. • Attention à l'accent circonflexe du *â.*

patriarche n. m. Homme le plus âgé d'une famille et considéré comme son chef.

jeu de **paume**

patrie n. f. Pays auquel on appartient ou auquel on a le sentiment d'appartenir, parce que l'on y est né ou que l'on y vit. *Ces opposants politiques ont dû fuir leur patrie.*

▶ Autres mots de la famille : apatride, compatriote, s'expatrier, patriote, patriotique, patriotisme, rapatriement, rapatrier.

patrimoine n. m. (→ ÉTYM.) **1.** Ensemble des biens dont on hérite de ses parents. → **héritage.** *Il a laissé un beau patrimoine à ses enfants.* **2.** Ensemble de toutes les richesses que nous ont laissées nos ancêtres. *Le château de Versailles fait partie du patrimoine artistique français.*

patriote n. m. et f. Personne qui aime sa patrie et le prouve par ses actes. *Une patriote.* – adj. *Il est très patriote.*

▶ **patriotique** adj. Qui exprime l'amour de la patrie. *«La Marseillaise» est un chant patriotique.*

▶ **patriotisme** n. m. Amour de la patrie qui peut conduire à la défendre si elle est attaquée. *Les partisans luttèrent contre l'envahisseur par patriotisme.*

▷ Mots de la famille de patrie.

① **patron** n. m. Modèle en papier qui représente, à leurs vraies dimensions, les différentes parties d'un vêtement et que l'on pose sur le tissu à découper. *Le patron d'une robe.*

② **patron** n. m., **patronne** n. f. **1.** Saint, sainte qui protège une ville, un pays, une église, une profession ou les personnes qui portent son nom. *Saint Yves est le patron des avocats.* **2.** Personne qui dirige une entreprise, a des employés. → **chef.** *Le patron de l'usine a reçu les délégués du personnel.*

▶ **patronage** n. m. **1.** Soutien apporté par une personne ou un organisme. *Le gala a été placé sous le haut patronage du président de la République.* **2.** Organisation de loisirs pour les enfants. *Le mercredi, Julie va au patronage de la paroisse.*

▶ **patronal, patronale** adj. **1.** *La fête patronale d'un village,* la fête de son saint patron. **2.** *Les syndicats patronaux,* les syndicats de patrons d'entreprise.

▶ **patronat** n. m. Ensemble des chefs d'entreprise.

▶ **patronner** v. (conjug. 3) Soutenir, donner sa protection. → **parrainer, sponsoriser.** *Ce concert est patronné par une station de radio et une chaîne de télévision.*

patronyme n. m. Nom de famille. *Écrivez votre patronyme en majuscules.*

▶ Ce mot appartient au langage soutenu.

patrouille n. f. Petit groupe chargé de surveiller. *Le cambrioleur a été arrêté par une patrouille de police. Des soldats sont partis en patrouille de reconnaissance.*

▶ **patrouiller** v. (conjug. 3) Surveiller en se déplaçant par petits groupes. *Les douaniers patrouillaient le long de la frontière.*

① **patte** n. f. **1.** *Les pattes d'un animal,* ses membres. *Le chien fait le beau en se dressant sur ses pattes arrière.* – *Le bébé marche à quatre pattes,* sur les mains et les genoux.

2. Petite bande. ➜ **languette.** *Son portefeuille se ferme par une patte de cuir.*

▶ Autres mots de la famille : millepatte, patte-d'oie.

② **patte** n. f. Chiffon.

▶ Ce mot est employé en Suisse.

patte-d'oie n. f. Carrefour d'où partent plusieurs routes. – Au pl. *Des pattes-d'oie.* ▷ Mot de la famille de ① patte et de oie.

pâture n. f. Nourriture d'un animal. *Les biches cherchent leur pâture dans la forêt.*

▶ **pâturage** n. m. Pré où le bétail vient paître. ➜ **pacage.** *Le fermier mène ses vaches au pâturage.*

paume n. f. 1. L'intérieur, le creux de la main. *Louise tient un œuf dans la paume de sa main.* ▮ contraire : **dos.** 2. *Le jeu de paume,* ancien sport qui consistait à se renvoyer une balle avec la paume de la main. *Le jeu de paume est l'ancêtre du tennis.*

paupière n. f. Repli de peau qui protège l'œil. *Les paupières sont bordées de cils.*

paupiette n. f. Tranche de viande roulée et farcie. *Des paupiettes de veau.*

pause n. f. Arrêt de courte durée. *Nous avons fait une pause de dix minutes au milieu de la réunion.* ▮ homonyme : pose.

pauvre adj. 1. *Une personne pauvre,* une personne qui n'a pas assez d'argent pour vivre dans de bonnes conditions. ➜ aussi **misérable.** *Elle est si pauvre qu'elle ne mange pas tous les jours.* ▮ contraire : **riche.** *Les pays pauvres.* – n. *Une collecte de vêtements est organisée pour les pauvres du quartier.* ➜ **déshérité, indigent, miséreux, nécessiteux.** 2. *Une terre pauvre,* qui produit peu. ▮ contraire : **fertile.** 3. Qui fait pitié. ➜ **malheureux.** *Ce pauvre enfant est orphelin. Ces pauvres gens ont tout perdu.* – Dans ce sens, *pauvre* se place toujours devant le nom. – n. *La pauvre, elle n'a vraiment pas de chance !*

▶ **pauvrement** adv. Misérablement, sans argent. *Ils vivent pauvrement.*

▶ **pauvreté** n. f. État dans lequel est une personne qui n'a pas assez d'argent. ➜ **dénuement, misère.** *La lutte contre la pauvreté et la malnutrition.* ▮ contraires : **opulence, richesse.**

▶ Autres mots de la famille : appauvrir, appauvrissement.

se pavaner v. (conjug. 4) Marcher avec orgueil pour se faire remarquer. *Julie se pavane avec sa nouvelle robe.* ➜ **parader.**

pavé n. m. 1. Petit bloc de pierre, taillé pour revêtir le sol. *Paul n'aime pas rouler sur les pavés à bicyclette.* 2. Chose qui a la forme d'un bloc. *Il a mangé un pavé de bœuf.* 3. *Un pavé droit,* un parallélépipède de forme allongée, dont les 6 faces sont des rectangles.

▶ **paver** v. (conjug. 3) Couvrir avec des pavés, des dalles. *On a pavé ce chemin.* – *Une rue pavée.*

pavillon n. m. 1. Maison souvent avec un jardin. ➜ **villa.** ➜ planche **Habitations.** *Ils habitent un pavillon en banlieue.* 2. *Le pavillon de l'oreille,* la partie visible de l'oreille. 3. Drapeau que l'on hisse sur un bateau pour indiquer sa nationalité ou faire des signaux. *Le bateau navigue sous pavillon belge.*

pavoiser v. (conjug. 3) Orner de drapeaux à l'occasion d'une fête. *On pavoise les édifices publics les jours de fête nationale.* – Familier. *Il*

rue **pavoisée**
(*La rue Montorgueil,* Monet, 1878)

a b c d e f g h i j k l m n o p q r s t u v w x y z

n'y a pas de quoi pavoiser, il n'y a pas de quoi se réjouir ou être fier.

pavot n. m. Plante cultivée pour ses fleurs blanches, mauves ou rouges et ses graines, qui fournit l'opium. → planche **Plantes** et santé. *Le coquelicot est une sorte de pavot.*

pavot

payer v. (conjug. 10) **1.** *Payer quelqu'un,* lui donner l'argent qu'on lui doit. *Les salariés sont payés à la fin du mois. Il est bien payé,* il gagne bien sa vie. → **rémunérer, rétribuer. 2.** *Payer quelque chose,* donner de l'argent en échange d'un objet ou d'un service. *Combien as-tu payé tes chaussures ?* → **acheter.** *C'est demain qu'il faut payer ses impôts.* → **régler.** *Paierez-vous par chèque, par carte ou en liquide ?* **3.** Subir les conséquences désagréables de quelque chose. *Ils ont payé cher leurs erreurs. Tu me le paieras !* (menace). **4.** Être profitable. *Un métier qui paie bien.* → **rapporter.**

▶ **payable** adj. Qui doit être payé. *Cette commande est payable à la livraison.*

▶ **payant, payante** adj. **1.** Qu'il faut payer. *L'entrée est payante.* ▮ contraire : **gratuit. 2.** Qui rapporte. *Ses efforts ont été payants.*

▶ **paye** [pɛj] ou **paie** [pɛ] n. f. Argent donné en échange du travail. → **salaire.** *Il vient de toucher sa paye.* ▮ homonymes : paix, pet.

▶ **payement** → **paiement**

▶ **payeur** n. m., **payeuse** n. f. Personne qui paye ce qu'elle doit. *Ce client est un mauvais payeur.*

▶ Autre mot de la famille : paiement.

pays [pei] n. m. **1.** Territoire bordé de frontières et dirigé par un gouvernement. → ② **État, nation.** *La France est un pays d'Europe.* **2.** Région. *Nous avons mangé du jambon de pays,* du jambon produit dans la région.

▶ **paysage** n. m. Partie d'une région que l'on voit d'un endroit. *Dans le train, Julie regarde le paysage qui défile.* → **panorama.**

▶ **paysagiste** n. m. et f. **1.** Peintre qui peint des paysages. **2.** Personne qui aménage des jardins et des espaces verts.

▶ **paysan** n. m., **paysanne** n. f. Personne qui cultive la terre et élève des animaux. → **agriculteur, cultivateur, éleveur, fermier.** *Il est issu d'une famille de paysans.* – adj. *Les revendications paysannes,* des paysans.

▶ **paysannerie** n. f. Ensemble des paysans.

▶ Autres mots de la famille : arrière-pays, dépaysement, dépayser.

P.-D. G. [pedeʒe] n. m. et f. inv. Président-directeur général, présidente-directrice générale. *Le nouveau P.-D. G. de la société.* – Au pl. *Des P.-D. G.*

péage n. m. **1.** Prix à payer pour pouvoir utiliser certaines routes, certains ponts. *Une autoroute à péage.* **2.** Endroit où s'effectue le péage. *Le péage est dans 10 kilomètres.*

peau n. f. **1.** Enveloppe extérieure du corps des hommes et des animaux. *Les bébés ont la peau douce.* – *N'avoir que la peau sur les os,* c'est être très maigre. *Se mettre dans la peau de quelqu'un,* essayer de se mettre à sa place. **2.** Cuir, fourrure. *Une veste en peau de mouton.* **3.** Enveloppe des fruits. *La peau d'une pêche.* → aussi **pelure.** *Paul a glissé sur une peau de banane.* – Au pl. *Des peaux.* **4.** *La peau du lait,* la pellicule qui se forme sur le lait bouilli. ▮ homonyme : pot.

▶ **peaufiner** v. (conjug. 3) Soigner dans les moindres détails. *Il peaufine son travail jusqu'à ce qu'il soit impeccable.* → **fignoler.** ▷ Mot de la famille de ② fin.

▶ Autres mots de la famille : pelé, peler, pelure.

pécari n. m. Petit cochon sauvage d'Amérique. *Les pécaris ressemblent à de petits san-*

gliers.
Ce mot vient d'une langue caraïbe.

pécari

peccadille n. f. Petite faute sans importance. *Paul a été puni pour une peccadille.*
Ce mot s'écrit avec deux c.

① **pêche** n. f. (→ÉTYM.) Fruit du pêcher, au gros noyau très dur, à la chair juteuse et à la peau veloutée. → aussi **brugnon, nectarine.** → planche **Fruits.**
Attention à l'accent circonflexe du ê.
▶ Autre mot de la famille : ① pêcher.

② **pêche** n. f. 1. Action ou manière de prendre des poissons. *La pêche au thon. La pêche à la ligne. Aller à la pêche,* essayer d'attraper du poisson. 2. Poissons pêchés. *Il a rapporté une belle pêche aujourd'hui.* ▷ Mot de la famille de ② pêcher.
Attention à l'accent circonflexe du ê.

péché n. m. Chose défendue par la religion chrétienne. → **faute.** *Mentir est un péché. Les catholiques confessent leurs péchés à un prêtre.* ▮ homonymes : pécher, ① et ② pêcher.

▶ **pécher** v. (conjug. 8) Commettre un péché. *Il a péché par orgueil.* ▮ homonymes : péché, ① et ② pêcher.
▶ Autre mot de la famille : pécheur.

① **pêcher** n. m. Arbre fruitier qui donne des pêches. *Les fleurs du pêcher sont roses.* ▮ homonymes : péché, pécher. ▷ Mot de la famille de ① pêche.
Attention à l'accent circonflexe du ê.

② **pêcher** v. (conjug. 3) Prendre du poisson. *Il a pêché deux truites.*
Attention à l'accent circonflexe du ê.
▶ Autres mots de la famille : martin-pêcheur, ② pêche, pêcheur, repêcher.

pécheur n. m., **pécheresse** n. f. Personne qui a commis des péchés. ▮ homonyme : pêcheur. ▷ Mot de la famille de péché.

pêcheur n. m., **pêcheuse** n. f. Personne qui va à la pêche pour son plaisir ou pour gagner sa vie. ▮ homonyme : pécheur. ▷ Mot de la famille de ② pêcher.
Attention à l'accent circonflexe du ê.

pectoral, pectorale adj. 1. Qui concerne la poitrine. *Les muscles pectoraux. Un sirop pectoral,* un sirop qui combat les maladies des poumons et des bronches. – n. m. pl. *Les pectoraux,* les muscles de la poitrine. *La natation développe les pectoraux.* 2. *Les nageoires pectorales,* les nageoires situées de chaque côté du corps du poisson, en arrière des ouïes.

pécule n. m. Somme d'argent économisée peu à peu. *Il a amassé un joli pécule.* → aussi **magot.**

pécuniaire adj. Qui a rapport à l'argent. *Des soucis pécuniaires.* → **financier.** *Ils ont besoin d'une aide pécuniaire,* qu'on les aide en leur donnant de l'argent.

pédagogie n. f. Science de l'éducation. *Les professeurs suivent des cours de pédagogie,* ils apprennent à enseigner.

▶ **pédagogique** adj. *Une méthode pédagogique,* une façon d'enseigner.

▶ **pédagogue** n. m. et f. Personne qui a le sens de l'enseignement, qui sait apprendre aux autres. *La professeur de Julie est une excellente pédagogue.*

pédale n. f. Pièce sur laquelle on appuie avec le pied pour faire tourner une roue ou pour actionner un mécanisme. *L'automobiliste appuie sur la pédale de frein et s'arrête. Les pédales du vélo.* → planche **Deux-roues.**

▶ **pédaler** v. (conjug. 3) Actionner les pédales d'une bicyclette. *Théo pédale fort dans la côte.*

▸ **pédalier** n. m. Mécanisme formé par les pédales, le pignon et la roue dentée d'une bicyclette. *Le pédalier entraîne la chaîne.*

▸ **pédalo** n. m. (marque déposée) Petite embarcation à flotteurs que l'on fait avancer en pédalant. *Alex fait du pédalo sur le lac.* – Au pl. *Des pédalos.*

pédalo

pédant, pédante adj. Qui étale tout ce qu'il sait avec prétention. *Elle sait beaucoup de choses, mais elle n'est jamais pédante.*

pédestre adj. Qui se fait à pied. *Une randonnée pédestre.*

pédiatre n. m. et f. (→ ÉTYM.) Médecin qui soigne les enfants. *La pédiatre a vacciné le bébé.*

▸ **pédiatrie** n. f. Médecine des enfants. *Le service de pédiatrie d'un hôpital.*

pédicure n. m. et f. Personne dont le métier est de prendre soin des pieds. *La pédicure a soigné mon cor au pied.* → aussi **manucure.**

pedigree [pedigʀe] n. m. Origine des parents d'un animal de pure race. *Son chien a un beau pedigree.*
▸ Ce mot vient de l'anglais.

pédoncule n. m. Tige qui porte la fleur, puis le fruit. → **queue.** → planche **Fleurs.**

pédophile n. m. et f. Adulte qui a une attirance sexuelle pour les enfants. *Le pédophile a été condamné à trois ans de prison.*

▸ **pédophilie** n. f. Attirance sexuelle pathologique qu'a un adulte pour les enfants.

pédopsychiatre [pedopsikjatʀ] n. m. et f. Psychiatre qui s'occupe des enfants et des adolescents. ▷ Mot de la famille de psychiatre.

peigner v. (conjug. 3) Coiffer avec un peigne. *Louise peigne sa poupée.* – **se peigner,** se coiffer. *Julie s'est peignée devant la glace.*

▸ **peigne** n. m. Objet muni de dents, qui sert à démêler et lisser les cheveux. *Léa se donne un coup de peigne,* elle se coiffe rapidement. – *Passer quelque chose au peigne fin,* en examiner minutieusement tous les détails, tous les recoins. *La police a passé la ville au peigne fin pour retrouver le fugitif.*
▸ Autre mot de la famille : dépeigner.

peignoir n. m. Vêtement ample en tissu éponge, que l'on met en sortant du bain.

peindre v. (conjug. 55) **1.** Couvrir, colorer avec de la peinture. *Les volets de la maison sont peints en bleu.* **2.** Représenter par la peinture. *Cézanne a peint des natures mortes.* **3.** Décrire, montrer. *Ce livre peint très bien la vie d'autrefois.*
▸ Autres mots de la famille : dépeindre, peintre, peinture, peinturlurer, repeindre.

① **peine** n. f. Punition prévue par la loi, infligée à toute personne qui a commis une faute. *La peine de mort a été abolie en France en 1981. Une peine de prison.* ▮ homonymes : pêne, penne.

② **peine** n. f. **1.** Chagrin, tristesse. *Julie a fait de la peine à sa mère.* ▮ contraires : **joie, plaisir.** **2.** Effort, fatigue. → aussi **pénible.** *Ce travail m'a donné beaucoup de peine. Ce n'est pas la peine de crier comme ça,* c'est inutile. – *Toute peine mérite salaire,* chacun doit être payé, récompensé pour ce qu'il a fait. **3.** *À peine,* presque pas, très peu. *On entend à peine le bruit de la rue. J'étais à peine réveillé quand le téléphone a sonné,* je me réveillais tout juste. **4.** Difficulté, embarras. *Depuis son accident, elle a de la peine à marcher,* elle marche difficilement. → **mal.**

▸ **peiner** v. (conjug. 3) **1.** Avoir de la peine, de la difficulté. *La voiture peine dans la montée.* **2.** Faire de la peine à quelqu'un. → **attrister.** *Ses réflexions désagréables m'ont beaucoup peiné.*
▸ Autre mot de la famille : à grand-peine.

peintre n. m. et f. **1.** *Un peintre en bâtiment,* c'est quelqu'un qui fait les peintures d'une maison. **2.** Artiste qui fait de la peinture. → planche **Artistes.** *Manet est un grand peintre du 19e siècle.* ▷ Mot de la famille de peindre.

pèlerin

peinture n. f. 1. Couleur dont on recouvre quelque chose. ➜ aussi **peindre, pictural.** *Le peintre applique une seconde couche de peinture sur le mur. Alex a eu une boîte de peinture pour sa fête.* ➜ aussi **gouache.** 2. *La peinture,* l'art de représenter des choses réelles ou imaginaires. ➜ planches **Artistes, musée.** *Elle aurait aimé faire de la peinture,* être peintre. ➜ aussi **aquarelle.** *Une exposition de peinture,* de tableaux. 3. Description. *Ce roman est une bonne peinture du milieu du cinéma.*

▸ **peinturlurer** v. (conjug. 3) Familier. Peindre maladroitement avec des couleurs criardes. *La barrière est peinturlurée en rouge vif.*

▷ Mots de la famille de peindre.

péjoratif, péjorative adj. *Un mot péjoratif,* un mot qui exprime une idée négative, qui déprécie ce dont on parle. *«Chauffard» est un mot péjoratif.*

pelage n. m. (➜ ÉTYM.) Fourrure, poil d'un animal. *Ce chat a un beau pelage tigré.* ➜ aussi **toison.**

pelé, pelée adj. Qui a perdu ses poils ou ses cheveux. *Paul a recueilli un chat pelé dans la rue.* ▷ Mot de la famille de peau.

pêle-mêle adv. En désordre, en vrac. *Julie a jeté pêle-mêle ses livres et ses cahiers sur la table.* ▷ Mot de la famille de mêler.

▶ Attention aux deux accents circonflexes. • On peut aussi écrire *pêlemêle.*

peler v. (conjug. 7a) 1. Enlever la peau. ➜ **éplucher.** *Léa pèle une orange.* 2. Perdre le dessus de la peau par petits morceaux. *Louise a le nez qui pèle.* ▷ Mot de la famille de peau.

pèlerin n. m. Personne qui se rend dans un lieu saint pour prier. *De nombreux pèlerins vont à La Mecque.*

▸ **pèlerinage** n. m. Voyage que l'on fait pour aller prier dans un lieu saint. *Saint-Jacques de Compostelle est un célèbre lieu de pèlerinage.*

pèlerine n. f. Grand manteau sans manches, souvent avec un capuchon. ➜ aussi **cape.** *Autrefois, les écoliers portaient une pèlerine.*

pélican n. m. Grand oiseau des régions chaudes aux pattes palmées et au long bec crochu muni d'une poche où il emmagasine la nourriture pour la donner à ses petits. ➜ planche **Oiseaux.** *Le pélican peut avoir trois mètres d'envergure.*

pelisse n. f. Manteau ou imperméable doublé de fourrure.

pelle n. f. Outil formé d'une plaque mince fixée à un manche. *Paul joue dans le sable avec un seau et une pelle. Une pelle mécanique.* ➜ **pelleteuse.** *On sert les parts de gâteau avec une pelle à tarte.*

▸ **pelletée** n. f. Contenu d'une pelle. *Des pelletées de terre.*

▸ **pelleteuse** n. f. Pelle mécanique qui sert à charger et déplacer les matériaux.

pellicule n. f. (➜ ÉTYM.) 1. Petite écaille de peau morte qui se détache du cuir chevelu. *Son père utilise un shampoing contre les pellicules.* 2. Fine couche. *Une pellicule de glace recouvre l'étang.* 3. Feuille mince recouverte d'un produit sensible à la lumière, que l'on utilise pour faire de la photo et du cinéma. ➜ **film.**

pelote n. f. 1. *Une pelote de laine,* une boule de laine enroulée sur elle-même. *Il me faut quatre pelotes de laine pour te faire un pull.* 2. *Une pelote d'épingles,* un petit coussin sur lequel on plante des aiguilles et des épingles. 3. *La pelote basque,* c'est un jeu dans lequel les joueurs envoient une balle rebondir contre un mur. ➜ aussi **fronton.**

▶ Autre mot de la famille : se pelotonner.

pelote basque

peloton [plɔtɔ̃] n. m. **1.** Groupe de coureurs, dans une course. *Le champion est en tête du peloton.* **2.** *Un peloton d'exécution,* c'est un groupe de soldats chargé de fusiller un condamné.

se pelotonner v. (conjug. 4) Se rouler en boule. *Julie se pelotonne au fond de son lit.* ➜ **se blottir.** ▷ Mot de la famille de pelote.

pelouse n. f. Terrain couvert de gazon. *Le jardinier tond les pelouses.*

peluche n. f. **1.** Tissu qui ressemble à de la fourrure. *Léa dort avec son ours en peluche.* – *Une peluche,* un jouet en peluche. **2.** Familier. Petit poil qui se détache d'un tissu. *Ce pull laisse des peluches.*

▶ **pelucheux, pelucheuse** adj. **1.** Doux et poilu comme la peluche. *Une couverture en laine douce et toute pelucheuse.* **2.** Familier. Qui laisse des peluches. *Ce tissu de mauvaise qualité est devenu pelucheux.*

pelure n. f. Peau d'un fruit ou d'un légume pelé. ➜ **épluchure.** *Des pelures de pomme.* ▷ Mot de la famille de peau.

pénal, pénale adj. *Le Code pénal,* c'est un règlement qui fixe les peines pour les crimes et les délits. *Les juges appliquent le Code pénal.* – Au masc. pl. *pénaux.*

▶ **pénaliser** v. (conjug. 3) Infliger une peine. *Le chauffard a été pénalisé pour excès de vitesse.*

▶ **pénalisation** n. f. Punition infligée pendant un match à un joueur qui n'a pas respecté une règle. ➜ **pénalité, pénalty.** *L'arbitre a infligé une pénalisation au joueur trop brutal.*

▶ **pénalité** n. f. **1.** Sanction, punition. *Les fraudeurs s'exposent à des pénalités.* **2.** Au rugby, pénalisation. *Ils ont remporté le match grâce à un coup de pied de pénalité.*

pénalty n. m. Au football, pénalisation grave. – Au pl. *Des pénaltys.*

▶ Ce mot vient de l'anglais *penalty.* • On emploie aussi la graphie anglaise *penalty,* sans accent, et le pluriel anglais *des penalties.*

pénates n. m. pl. Lieu où l'on habite. ➜ **demeure, foyer.** *C'est l'heure de regagner mes pénates,* de rentrer chez moi.

▶ Ce mot s'emploie généralement par plaisanterie.

penaud, penaude adj. Honteux. *Julie est restée toute penaude d'avoir été prise en faute.*

▮ contraire : **fier.**

▶ Ce mot appartient au langage soutenu.

pencher v. (conjug. 3) **1.** Être oblique, incliné. *Le bateau penchait dangereusement.* **2.** Faire aller vers le bas. ➜ **incliner.** *Louise penche la tête pour parler à Léa.* **3.** *Pencher pour,* préférer. *Je penche pour la deuxième solution.*

▶ se **pencher** v. **1.** Incliner le haut du corps. *Louise s'est penchée vers Léa.* **2.** *Se pencher sur quelque chose,* s'y intéresser, s'en occuper. *Les scientifiques se sont penchés sur ce mystère.*

▶ **penchant** n. m. **1.** Tendance. *Alex a un penchant à la paresse.* **2.** Goût particulier. *Paul a un penchant pour le chocolat.* ➜ **faible.**

pendaison n. f. Le fait de tuer quelqu'un en le pendant ou le fait de se pendre. ▷ Mot de la famille de pendre.

① **pendant** n. m. *Des pendants d'oreilles,* ce sont de longues boucles d'oreilles. ▷ Mot de la famille de pendre.

② **pendant, pendante** adj. Qui pend. *Le cocker est un chien à oreilles pendantes.* ▷ Mot de la famille de pendre.

③ **pendant** prép. Durant. *Il a plu pendant toutes les vacances. Je l'ai attendu pendant deux heures.*

▶ **pendant que** conjonction En même temps que. *Julie et Louise bavardaient pendant que le professeur écrivait au tableau.* ➜ **tandis que.**

▶ Autre mot de la famille : cependant.

pendre v. (conjug. 44) **1.** Être suspendu, fixé par le haut. *Une ampoule pendait au plafond.* **2.** Accrocher, suspendre. *Paul a pendu son blouson à la patère.* **3.** Tuer en suspendant par le cou à l'aide d'une corde. *Dans certains pays, on pend les condamnés à mort.* ➜ aussi **pendaison.** – **se pendre,** se suicider par pendaison. *Il s'est pendu dans la cave.*

▶ **pendentif** n. m. Bijou suspendu à une chaîne. *Un pendentif en or.*

▶ **penderie** n. f. Placard où l'on suspend ses vêtements. *Elle a rangé sa veste dans la penderie.*

▶ **pendu** n. m., **pendue** n. f. Personne morte par pendaison.

▶ ① **pendule** n. m. Objet suspendu par un fil et qui oscille autour d'un point fixe. *Les mouvements d'un pendule.*

▶ Autres mots de la famille : ② dépendre, pendaison, ① et ② pendant, ① suspendre, suspendu, ① suspension.

② **pendule** n. f. Petite horloge que l'on pose sur un meuble ou que l'on accroche au mur. *Il y a une pendule sur la cheminée.*

▶ **pendulette** n. f. Petite pendule portative. ➜ aussi **réveil.**

pêne n. m. Partie de la serrure qui se déplace quand on tourne la clé. ▮ homonymes : ① et ② peine, penne.

pêne

pénétrer v. (conjug. 8) **1.** Entrer. *Les cambrioleurs pénétrèrent sans bruit dans la maison.* ➜ **s'introduire. 2.** Parvenir à comprendre. *Nous n'avons pas pu pénétrer son secret.* ➜ **découvrir.**

▶ **pénétrant, pénétrante** adj. **1.** *Une pluie pénétrante,* une pluie qui pénètre, transperce les vêtements. **2.** *Un regard pénétrant,* aigu, perçant.

▶ **pénétration** n. f. Action de pénétrer. *La force de pénétration d'un projectile.*

▶ Autre mot de la famille : impénétrable.

pénible adj. **1.** Qui donne de la peine. ➜ **dur, fatigant.** *Un travail pénible.* ▮ contraires : **facile, reposant. 2.** Qui fait de la peine, qui cause de la douleur. *Elle a connu des moments pénibles dans sa vie.* ➜ **difficile, éprouvant.** ▮ contraire : **agréable.**

▶ **péniblement** adv. **1.** Avec peine, effort. *Le cycliste monte péniblement la côte.* ➜ **difficilement.** ▮ contraires : **aisément, facilement. 2.** À peine, tout juste. *Julie arrive péniblement à obtenir la moyenne en mathématiques.*

péniche n. f. Long bateau à fond plat, qui sert à transporter les marchandises sur les fleuves et sur les canaux. ➜ **chaland.** ➜ planche **Bateaux.** *La péniche franchit l'écluse.*

pénicilline [penisilin] n. f. Médicament qui combat les infections. *La pénicilline est le premier antibiotique découvert.*

▶ Ce mot s'écrit avec deux *l*.

péninsule n. f. (➜ ÉTYM.) Grande presqu'île ; région entourée par la mer de tous les côtés sauf un. *L'Italie, la Grèce sont des péninsules.*

pénis [penis] n. m. Sexe de l'homme. ➜ ② **verge.** *Le pénis et les testicules forment les organes génitaux externes de l'homme.*

▶ On prononce le *s* final.

pénitence n. f. **1.** Punition, peine. *Pour ta pénitence, tu seras privé de dessert.* **2.** *Faire pénitence,* se repentir de ses fautes en promettant à Dieu de ne pas recommencer. *Quand ils se confessent, les catholiques font pénitence.*

▶ **pénitencier** n. m. Prison, bagne.

▶ **pénitentiaire** adj. Qui a rapport aux prisonniers. *Un établissement pénitentiaire,* une prison.

penne n. f. Grande plume des ailes et de la queue des oiseaux. *Les pennes recouvrent le duvet.* ▮ homonymes : ① et ② peine, pêne.

le **Penseur** (Rodin, 1889)

pénombre n. f. Lumière très faible. *On distingue une forme dans la pénombre.* ▷ Mot de la famille de ombre.

pensable adj. Que l'on peut admettre, imaginer. *Ce n'est pas pensable d'agir comme cela.* ▮ contraire : **impensable.** ▷ Mot de la famille de penser.

Ce mot s'emploie surtout dans des phrases négatives.

pensant, pensante adj. Capable de penser. *Les hommes sont des êtres pensants.* ▷ Mot de la famille de penser.

pense-bête n. m. Objet, marque qui sert à se rappeler ce que l'on risque d'oublier. *Il s'est fait un pense-bête pour ne pas oublier de prendre son médicament.* – Au pl. *Des pense-bêtes.* ▷ Mot de la famille de penser et de ② bête.

① **pensée** n. f. **1.** Faculté de penser, de réfléchir. *L'homme se distingue de l'animal par la pensée.* **2.** Ce que l'on pense. *Je vais te dire vraiment ma pensée.* → **idée, opinion.** **3.** Ce que l'on a dans l'esprit quand on réfléchit ou quand on se souvient. *Elle avait l'air perdue dans ses pensées. Je vous envoie mes plus affectueuses pensées,* mon plus affectueux souvenir. **4.** *À la pensée de,* à la perspective de. *Les enfants sont excités à la pensée des vacances.* ▮ homonymes : panser, penser. ▷ Mot de la famille de penser.

② **pensée** n. f. Fleur aux pétales veloutés, souvent violette ou jaune. → planche **Fleurs.**

penser v. (conjug. 3) **1.** Former des pensées, des idées dans son esprit. → **raisonner, réfléchir.** *Seuls les êtres humains pensent.* **2.** *Penser à quelque chose,* c'est l'avoir à l'esprit. *Julie pense aux vacances qui approchent.* → **songer.** *Pense à faire tes devoirs avant d'aller jouer,* n'oublie pas de les faire. **3.** Avoir une opinion. *Je pense que tu as tort.* **4.** Avoir l'intention de. *Théo pense venir nous voir demain.* → **compter, envisager.** ▮ homonymes : panser, ① et ② pensée.

▸ **penseur** n. m., **penseuse** n. f. Personne qui réfléchit sur les grands problèmes de l'humanité, du monde. *Les philosophes sont des penseurs.*

▸ **pensif, pensive** adj. Absorbé dans ses pensées. *Louise regarde le feu d'un air pensif.* → **rêveur, songeur.**

▸ Autres mots de la famille : arrière-pensée, impensable, pensable, pensant, pense-bête, ① pensée.

① **pension** n. f. Somme d'argent que touche régulièrement une personne. → **allocation.** *Les retraités touchent une pension.* → ② **retraite.** *Le jugement de divorce fixe une pension alimentaire pour l'éducation et l'entretien des enfants.*

▸ Autre mot de la famille : pensionné.

② **pension** n. f. **1.** Prix d'une chambre et des repas dans un hôtel. *Ils sont à l'hôtel en pension complète,* tous les repas sont compris dans le prix. → aussi **demi-pension.** **2.** École où l'on habite et où l'on prend ses repas. *Elle a fait toutes ses études en pension.* → **internat, pensionnat.** **3.** *Une pension de famille,* un hôtel simple à l'ambiance familiale.

▸ **pensionnaire** n. m. et f. **1.** Élève nourri et logé dans l'école où il fait ses études. → **interne.** *Les pensionnaires peuvent sortir le week-end.* **2.** Personne qui est en pension chez quelqu'un ou à l'hôtel. *Les pensionnaires de l'hôtel déjeunent entre midi et 14 heures.*

▸ **pensionnat** n. m. École privée où les élèves sont logés et nourris. → **internat,** ② **pension.** *Elles ont fait leurs études dans le même pensionnat.*

▸ Autres mots de la famille : demi-pension, demi-pensionnaire.

pensionné n. m., **pensionnée** n. f. Personne à la retraite. → **retraité.** ▷ Mot de la famille

pépinière

de ① pension.

Ce mot est employé en Belgique.

pentagone [pɛ̃tagɔn] n. m. Figure géométrique qui a cinq côtés et cinq angles. ➜ planche **Géométrie.**

pente n. f. Surface inclinée, qui monte ou qui descend. ➜ ② **côte, descente.** *Les skieurs descendent les pentes enneigées.*

▶ Autres mots de la famille : appentis, parapente, remonte-pente, soupente.

pénurie n. f. Manque de ce qui est nécessaire. ▮ contraire : **abondance.** *Dans les pays désertiques, il y a pénurie d'eau.*

pépier v. (conjug. 9) *Les jeunes oiseaux pépient,* ils poussent de petits cris. ➜ **gazouiller.**

pépin n. m. Petite graine que l'on trouve dans certains fruits. *Les pommes, les poires, les agrumes, le raisin ont des pépins.*

▶ **pépinière** n. f. Terrain où l'on fait pousser des plantes, de jeunes arbres avant de les replanter ailleurs.

▶ **pépiniériste** n. m. et f. Jardinier qui cultive des plantes, de jeunes arbres dans une pépinière.

▶ Autre mot de la famille : épépiner.

pépite n. f. Morceau d'or pur. *Les chercheurs d'or ont trouvé des pépites dans la rivière.*

Ce mot vient de l'espagnol. (➜ ÉTYM.)

perçant, perçante adj. 1. *Une vue perçante,* très bonne. *Les lynx ont une vue perçante.* 2. *Un cri perçant,* très aigu, qui fait mal aux oreilles. *Le bébé pousse des cris perçants.*

▷ Mot de la famille de percer.

Attention à la cédille du ç.

percée n. f. 1. Ouverture qui permet de passer ou d'avoir un point de vue. *Une percée dans les arbres permettait d'apercevoir la mer.* ➜ **trouée.** 2. Action de rompre les défenses de l'adversaire. *Les troupes ont réussi une percée dans les lignes ennemies.* ▷ Mot de la famille de percer.

percement n. m. Action de percer, de faire une ouverture. *Le percement d'un tunnel.* ▷ Mot de la famille de percer.

perce-neige n. m. ou f. Fleur blanche en forme de clochette, qui pousse à la fin de l'hiver. *Les perce-neiges* (ou *les perce-neige* invariable) *commencent à fleurir, c'est le printemps !* ▷ Mot de la famille de percer et de neige.

perce-neige

perce-oreille n. m. Insecte qui porte une espèce de pince à l'extrémité de l'abdomen. ➜ planche **Insectes.** *Les perce-oreilles vivent sous les pierres.* ▷ Mot de la famille de percer et de oreille.

percepteur n. m., **perceptrice** n. f. Personne chargée de recueillir l'argent des impôts ou des amendes. ➜ aussi ① **perception** et ① **percevoir.**

saut à la **perche**

perceptible adj. Qui peut être perçu par la vue ou par l'ouïe. *Une étoile à peine perceptible à l'œil nu.* ➜ **visible.** *Un son bien perceptible.* ➜ **audible.** ▮ contraire : **imperceptible.**

▶ Autre mot de la famille : imperceptible.

① **perception** n. f. Bureau du percepteur.

② **perception** n. f. Ce qui permet de connaître le monde extérieur par les sens. ➜ **sensation** et aussi **perceptible** et ② **percevoir.** *Les yeux, le nez, les oreilles et la langue sont des organes de perception.*

percer v. (conjug. 5a) **1.** Faire un trou. ➜ **perforer, trouer.** *Il a percé un trou dans le mur.* **2.** Ouvrir, creuser. *Le tunnel a été percé à travers la roche.* ➜ **forer. 3.** Traverser. *Le soleil perce les nuages.* **4.** Parvenir à découvrir. *Nul n'a réussi à percer le mystère.* ➜ **pénétrer. 5.** *Une dent qui perce,* qui pousse à travers la gencive.

▶ **perceuse** n. f. Outil qui sert à percer des trous. ➜ **chignole.** *Une perceuse électrique.*

▶ Autres mots de la famille : perçant, percée, percement, perce-neige, perce-oreille, transpercer.

① **percevoir** v. (conjug. 31) Recevoir de l'argent. *L'État perçoit des taxes sur l'essence, l'alcool, le tabac.* ➜ aussi **percepteur** et ① **perception.**

② **percevoir** v. (conjug. 31) **1.** Sentir, éprouver par les organes des sens. *On perçoit une vague lueur au loin.* ➜ **apercevoir, distinguer.** *Il perçut un léger bruit.* **2.** Discerner, saisir. *Il percevait de l'inquiétude dans sa voix.*

▶ Autres mots de la famille : apercevoir, aperçu, inaperçu.

① **perche** n. f. Poisson d'eau douce, à chair délicate. ➜ planche **Rivière.** *La perche a une épine sur le dos.*

② **perche** n. f. **1.** Bâton long et mince. *Les perches d'un téléski. Le saut à la perche,* le saut en hauteur réalisé à l'aide d'une perche. ➜ aussi **perchiste. 2.** *Tendre la perche à quelqu'un,* l'aider à se tirer d'embarras. *Comme Léa avait du mal à répondre à la question, le professeur lui a tendu la perche.*

▶ Autre mot de la famille : perchiste.

se percher v. (conjug. 4) Se tenir sur un endroit élevé. *Les poules se perchent pour dormir.*

▶ Autre mot de la famille : perchoir.

perchiste n. m. et f. Personne qui pratique le saut à la perche. ▷ Mot de la famille de ② perche.

perchoir n. m. Endroit où se perchent les oiseaux domestiques. *Le perroquet est juché sur son perchoir.* ▷ Mot de la famille de se percher.

perclus, percluse adj. Qui a de la peine à bouger. *La vieille dame est percluse de rhumatismes.*

percolateur n. m. Appareil à vapeur sous pression qui fait du café.

percussion n. f. *Un instrument à percussion,* un instrument sur lequel on frappe pour obtenir des sons. ➜ planche **Instruments** de musique. *Le tambour, les cymbales, la grosse caisse sont des instruments à percussion.* ➜ aussi **batterie.**

▶ **percussionniste** n. m. et f. Musicien, musicienne qui joue d'un instrument à percussion.

percuter v. (conjug. 3) Heurter violemment. *La voiture a percuté un arbre.*

▶ **percutant, percutante** adj. Frappant. *Cet avocat utilise des arguments percutants.*

perdre v. (conjug. 44) **1.** Ne plus avoir en sa possession. *Julie a perdu son stylo.* ➜ **égarer.** *Il* *a perdu beaucoup d'argent dans cette affaire.* ▮ contraire : **gagner. 2.** Avoir le dessous dans une épreuve, un jeu. *Paul est mauvais joueur, il déteste perdre. Le frère de Julie a perdu le match de tennis.* ▮ contraire : **remporter. 3.** Cesser d'avoir. *Les arbres perdent leurs feuilles en automne. Mon père perd ses cheveux. Elle a perdu patience,* elle s'est énervée. **4.** *Perdre quelqu'un,* en être séparé par la mort. *Elle vient de perdre sa grand-mère,* sa grand-mère vient de mourir. **5.** Ne pas faire bon usage de quelque chose. *Tu perds ton temps.* ➜ **gaspiller.** *Il n'y a pas un instant à perdre.*

▶ **se perdre** v. **1.** Ne plus retrouver son chemin. *Ils se sont perdus dans la forêt.* ➜ **s'égarer. 2.** *S'y perdre,* ne plus rien comprendre, ne pas s'y retrouver. *C'est trop compliqué, on s'y perd !*

▶ **perdant** adj. et n. m., **perdante** adj. et n. f. ▪ adj. Qui perd ou a perdu. *Alex a tiré un numéro perdant à la loterie.* ▮ contraire : **gagnant.** ▪ n. Personne qui a perdu. *Les perdants auront un lot de consolation. Julie est mauvaise perdante,* elle n'accepte pas sa défaite.

▶ **perdition** n. f. *Le bateau est en perdition,* il risque de sombrer.

▶ Autres mots de la famille : déperdition, éperdu, éperdument, perdu, perte.

perdreau n. m. Jeune perdrix. – Au pl. *Des perdreaux.*

perdrix [pɛʀdʀi] n. f. Oiseau de taille moyenne, au plumage gris et roux, à queue courte. ➜ planche **Prairie.** *La perdrix grise niche sur le sol.*

▶ On ne prononce pas le *x* final.

perdu, perdue adj. **1.** Égaré. *Le bureau des objets perdus.* **2.** Écarté, isolé. *Un coin perdu, en pleine nature.* **3.** Sur le point de mourir. *La malade se savait perdue.* ▷ Mot de la famille de perdre.

père n. m. **1.** Homme qui a un ou plusieurs enfants. *C'est le père de Léa.* ➜ **papa.** *Un père de famille.* – *Tel père, tel fils,* le fils ressemble souvent à son père. **2.** Inventeur, créateur d'une chose. *Les frères Lumière sont les pères du cinéma.* **3.** Nom donné à certains religieux. *Le père Dupond est le curé de la paroisse.* ▮ homonymes : ① et ② pair, paire.

▶ Autres mots de la famille : arrière-grand-père, beau-père, grand-père.

pérégrination n. f. Déplacement, voyage. *Les pérégrinations d'Ulysse sont racontées dans l'«Odyssée».*

▶ Ce mot appartient au langage soutenu et s'emploie le plus souvent au pluriel.

péremptoire adj. Sans réplique. *Un ton péremptoire.* ➜ **impérieux.**

perfectible adj. Qui peut être amélioré. *Ton travail est encore perfectible.*

perfection n. f. Caractère de ce qui est parfait, sans défaut. *Ce travail est proche de la perfection.* – *À la perfection,* très bien, remarquablement. *Elle nage à la perfection.*

▶ **perfectionner** v. (conjug. 3) **1.** Rendre meilleur, plus proche de la perfection. ➜ **améliorer.** *Il prend des cours de crawl pour perfectionner son style.* **2. se perfectionner,** devenir meilleur, faire des progrès. *Ce séjour en Angleterre lui a permis de se perfectionner en anglais.*

▶ **perfectionné, perfectionnée** adj. Très moderne sur le plan technique. *Une machine très perfectionnée.* ➜ **sophistiqué.**

▶ **perfectionnement** n. m. **1.** Amélioration qui rend un objet plus moderne. *Le téléphone portable de Théo possède tous les derniers perfectionnements.* **2.** *Un cours de perfectionnement,* qui permet de se perfectionner. *Elle suit des cours de perfectionnement en russe.* ▮ contraire : **initiation.**

▶ **perfectionniste** n. m. et f. Personne qui cherche à atteindre la perfection dans tout ce qu'elle fait. *Elle se donne vraiment trop de mal, c'est une perfectionniste.* – adj. *Il est trop perfectionniste.*

▶ Autre mot de la famille : imperfection.

perfide adj. **1.** Qui trahit la personne qui lui fait confiance. ➜ **déloyal, fourbe.** *C'est un homme perfide.* **2.** Dangereux, nuisible sans que cela se voie. *Des insinuations perfides.*

▶ **perfidie** n. f. Traîtrise. *Il est capable de toutes les perfidies.*

▶ Ces mots appartiennent au langage soutenu.

perforer v. (conjug. 3) Percer de trous. → **trouer.** *Une infection lui a perforé le tympan.*

▸ **perforation** n. f. Ouverture accidentelle. *L'ulcère peut entraîner une perforation de l'estomac.*

▷ Mots de la famille de forer.

performance n. f. **1.** Résultat obtenu par un athlète dans une compétition. *Ce skieur a réalisé la meilleure performance de l'épreuve.* **2.** Exploit, prouesse. *Le travail a été terminé bien avant la date prévue, c'est une performance !*

▸ **performant, performante** adj. Qui est capable de performances élevées. *Une industrie très performante.*

▶ Autre mot de la famille : contre-performance.

perfusion n. f. Injection lente et continue de médicaments ou de sang dans les veines. *Le malade est sous perfusion.* → aussi **transfusion.**

pergola n. f. Petite construction, dans un jardin, qui sert de support aux plantes grimpantes. → aussi **tonnelle.**

pergola

péricliter v. (conjug. 3) Aller vers la ruine. → ① **décliner.** ▮ contraire : **prospérer.** *L'entreprise a rapidement périclité.*

péridurale n. f. Anesthésie locale à l'aide d'une injection entre les vertèbres. *Elle a accouché sous péridurale.*

péril [peʀil] n. m. **1.** Danger. *Ce conducteur imprudent a mis en péril la sécurité des autres automobilistes. Le pompier a sauvé l'enfant au péril de sa vie,* en risquant sa vie. **2.** *Faire quelque chose à ses risques et périls,* en acceptant d'en subir les conséquences.

▸ **périlleux, périlleuse** adj. Où il y a des risques, du danger. → **dangereux.** *Les alpinistes ont tenté une ascension périlleuse. Le trapéziste a exécuté un saut périlleux,* il a sauté en faisant un tour complet sur lui-même.

périmé, périmée adj. Qui n'est plus valable. *Mon passeport est périmé.* ▮ contraire : ② **valide.**

périmètre n. m. Ligne qui délimite le contour d'une figure. *Le périmètre d'un rectangle. Le périmètre d'un cercle.* → **circonférence.**

période n. f. Espace de temps. *Les magasins restent ouverts plus tard pendant la période des fêtes de fin d'année.* → **durée.**

▸ **périodique** adj. et n. m.

▪ adj. Qui se reproduit à intervalles réguliers. *Léa a des crises d'asthme périodiques.*

▪ n. m. *Un périodique,* un journal, une revue qui paraît à intervalles réguliers. *Les quotidiens et les hebdomadaires sont des périodiques.*

▸ **périodiquement** adv. À intervalles réguliers. *Ces champs sont périodiquement inondés par le fleuve.*

péripétie [peʀipesi] n. f. Évènement imprévu. *Un voyage plein de péripéties.* → **aventure.**

périphérie n. f. Ensemble de quartiers éloignés du centre d'une ville. *L'usine est installée à la périphérie de Lyon.*

▸ **périphérique** adj. et n. m.

▪ adj. Situé à la périphérie. *Les quartiers périphériques d'une grande ville.* ▮ contraire : **central.** *À Paris, un boulevard périphérique fait le tour de la ville.*

▪ n. m. **1.** Voie rapide qui entoure une ville. *Nous avons pris le périphérique pour venir chez toi.* **2.** Appareil que l'on relie à un ordinateur. *Une imprimante, un modem sont des périphériques.*

périphrase n. f. Groupe de mots, expression désignant une chose qui pourrait être nommée par un seul mot. *«La capitale de la France» est une périphrase pour dire «Paris».*

▷ Mot de la famille de phrase.

périple n. m. Long voyage. *Ils ont fait un périple au Canada.*

périr v. (conjug. 11) Mourir par accident. *Deux marins ont péri noyés.*
Ce mot appartient au langage soutenu.
▶ Autres mots de la famille : dépérir, impérissable, périssable.

périscope n. m. Appareil formé d'un tube et de miroirs permettant de voir par-dessus un obstacle. *Les sous-marins sont équipés de périscopes.*

périssable adj. *Les denrées périssables,* qui s'abîment facilement. *Les fruits sont périssables.* ▷ Mot de la famille de périr.

péristyle n. m. Rangée de colonnes autour d'un bâtiment ou de la cour intérieure d'un bâtiment. *Les temples antiques étaient entourés d'un péristyle.*
Il y a un *y* après le *t*.

péristyle

péritel adj. inv. (marque déposée) *Une prise péritel,* c'est une prise qui permet de brancher un téléviseur à un autre appareil. *Le lecteur de DVD est relié au téléviseur par une prise péritel.*

périurbain, périurbaine adj. Qui est très près d'une ville. *La banlieue se trouve dans la zone périurbaine.* ▷ Mot de la famille de urbain.

perle n. f. **1.** Petite boule brillante et dure formée de couches de nacre sécrétées par les huîtres, dont on fait des bijoux. *Un collier de perles.* **2.** Petite boule percée d'un trou. *Les enfants enfilent des perles de bois.* **3.** Personne très remarquable. *Cette cuisinière est une perle.*

▶ **perler** v. (conjug. 3) Former de petites gouttes. *La sueur perlait sur son front.*

▶ **perlier, perlière** adj. *Une huître perlière,* une huître qui peut sécréter des perles.

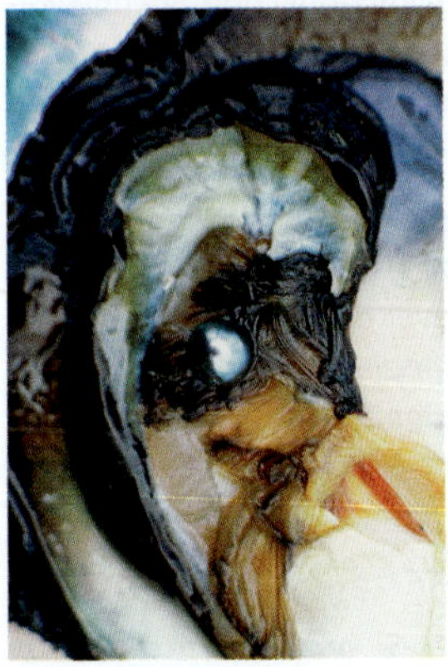
huître perlière

permanent, permanente adj. Qui dure sans changer. → **constant, perpétuel.** *J'ai une douleur permanente dans l'épaule.* contraires : **fugitif,** ② **passager.**

▶ **permanence** n. f. **1.** Service qui permet à des bureaux de fonctionner sans interruption. *Quelques policiers assurent la permanence du commissariat.* **2.** Salle où travaillent les élèves quand ils n'ont pas cours. *Julie apprend ses leçons en permanence.* → aussi **étude.** **3.** *En permanence,* de façon constante. *L'hiver, nous laissons le chauffage en permanence.* → **constamment, toujours.** contraire : **parfois.**

▶ **permanente** n. f. Traitement qui permet de faire onduler les cheveux de façon durable. *Elle s'est fait faire une permanente.*

perméable adj. Qui laisse passer un liquide. *Le calcaire est une roche perméable.* contraire : **imperméable.**
▶ Autre mot de la famille : imperméable.

permettre v. (conjug. 59) **1.** Donner à quelqu'un le droit de faire quelque chose. → **autoriser, laisser.** *Elle a permis à sa fille de sortir jusqu'à minuit.* contraires : **défendre, interdire.** **2.** Rendre une chose possible. *Le ciel est clair, cela permet de bien voir les étoiles.* contraire : **empêcher.** **3.** *Il se croit tout permis,* il croit qu'il a le droit de tout faire. **4.** *Se per-*

a b c d e f g h i j k l m n o p q r s t u v w x y z

***mettre** de*, oser, prendre la liberté de. *Léa s'est permis d'interrompre le professeur.*

▸ **permis** n. m. Papier qui donne le droit de faire une chose. *Les chasseurs doivent avoir un permis de chasse. Le permis de conduire,* le certificat qu'il faut avoir pour conduire une voiture, un camion ou une moto. *Il vient de passer son permis de conduire,* l'examen qui donne le droit de conduire une voiture.

▸ **permission** n. f. **1.** Autorisation de faire quelque chose. → ③ **droit.** *Paul demande la permission de se lever de table. Elle a donné à ses enfants la permission de sortir.* ▮ contraires : ② **défense, interdiction. 2.** Congé accordé à un militaire. *Ce soldat a eu une permission ce week-end.*

permuter v. (conjug. 3) Mettre une chose à la place d'une autre. *Si on permute les deux chiffres de 58, on obtient 85.* → **intervertir.**

▸ **permutation** n. f. *La permutation de deux lettres,* le fait de mettre chacune à la place de l'autre. → **interversion.**

pernicieux, pernicieuse adj. Mauvais, malfaisant. *Boire et fumer sont des habitudes pernicieuses.* → **nocif, nuisible.**

▸ Ce mot appartient au langage soutenu.

péroné n. m. Os de la jambe. → aussi **tibia.** → planche **Corps** humain. *Il a une fracture du péroné.*

pérorer v. (conjug. 3) Parler d'une manière très prétentieuse. *Julie pérorait au milieu de ses amies.*

perpendiculaire adj. *Des lignes perpendiculaires,* des lignes qui se coupent en formant un angle droit. *Le boulevard de la Gare est perpendiculaire à la rue Gambetta.* – n. f. *Une perpendiculaire,* une droite qui coupe une autre droite en formant un angle droit. → planche **Géométrie.**

perpétrer v. (conjug. 8) *Perpétrer un crime,* le commettre.

▸ C'est un mot de la langue du droit.

perpétuel, perpétuelle adj. **1.** Qui ne s'arrête jamais. → **continu, incessant, permanent.** *Il y a une agitation perpétuelle dans la ville.* **2.** Qui se reproduit très souvent. *Elle nous fatigue avec ses jérémiades perpétuelles.* → **continuel.**

▸ **perpétuellement** adv. Constamment, sans arrêt. *Il est perpétuellement en retard.* → **toujours.**

perpétuer v. (conjug. 3) *Perpétuer une tradition,* la faire durer, la maintenir. – **se perpétuer,** se maintenir. *Les espèces se perpétuent,* se reproduisent.

à perpétuité adv. Pour toujours. *Le preneur d'otages a été condamné à la prison à perpétuité,* pour toute sa vie.

perplexe adj. Qui est embarrassé, ne sait que penser. → **hésitant, indécis.** *Ta question me laisse perplexe.*

▸ **perplexité** n. f. Incertitude, embarras. *Il lisait le menu avec perplexité, sans pouvoir se décider.*

perquisition n. f. Fouille faite par la police. *Les policiers ont fait une perquisition au domicile du suspect.*

▸ **perquisitionner** v. (conjug. 3) Faire une perquisition. → **fouiller.** *La police a perquisitionné, mais n'a pu trouver aucun indice.*

perron n. m. Escalier se terminant par une plateforme devant la porte d'entrée d'une maison. *Elle accueille ses invités sur le perron.*

▸ Ce mot s'écrit avec deux *r.*

perroquet n. m. Oiseau au plumage très coloré, au gros bec recourbé, capable d'imiter la voix humaine. → aussi **ara, cacatoès.** *Les per-*

des **perroquets**

roquets s'apprivoisent très facilement.
▶ Ce mot s'écrit avec deux *r*.

perruche n. f. Petit oiseau à longue queue et au plumage coloré, ressemblant au perroquet. *Ils ont un couple de perruches en cage.*
▶ Ce mot s'écrit avec deux *r*.

perruque n. f. Fausse chevelure. *Autrefois, les hommes portaient une perruque poudrée.*
▶ *Perruque* s'écrit avec deux *r*. • Ce mot vient de l'italien.

persécuter v. (conjug. 3) Tourmenter sans relâche par des traitements injustes et cruels. *Les nazis ont persécuté les Juifs.*

▸ **persécution** n. f. Mauvais traitements infligés avec acharnement. *Les premiers chrétiens subirent des persécutions.*

persévérer v. (conjug. 8) Continuer ce que l'on fait sans jamais se décourager. *Léa a fait des progrès, mais il faut qu'elle persévère dans son effort.* → **persister.** ▮ contraires : **abandonner, renoncer.**

▸ **persévérance** n. f. Obstination dans ce que l'on fait. → **ténacité, volonté.** *Armez-vous de patience et de persévérance avant d'entreprendre cette recherche.*

▸ **persévérant, persévérante** adj. *Une personne persévérante,* une personne qui poursuit son effort sans se décourager. *Léa est persévérante, elle réussira sûrement.*

persienne n. f. Volet percé de fentes. *Elle a fermé les persiennes pour maintenir la fraîcheur dans la pièce.*

persienne

persil [pɛʀsi] n. m. Plante dont on utilise les feuilles pour donner du goût aux aliments. *J'ai mis du persil haché sur la salade de tomates.*
▶ On ne prononce pas le *l* final.

persister v. (conjug. 3) **1.** Persévérer, s'obstiner dans ce que l'on fait ou ce que l'on pense. ▮ contraire : **renoncer.** *Le suspect persiste à nier sa participation au hold-up.* **2.** Durer, rester malgré tout. *Si la douleur persiste, consultez un médecin.* ▮ contraires : **cesser, disparaître.**

▸ **persistance** n. f. Fait de persister, de ne pas cesser. *Devant la persistance du mauvais temps, ils ont renoncé à pique-niquer.*

▸ **persistant, persistante** adj. Durable, tenace. *Paul souffre d'une douleur persistante au genou.* ▮ contraire : ② **passager.** *Le sapin est un arbre à feuilles persistantes,* qui ne tombent pas. ▮ contraire : **caduc.**

personnage n. m. **1.** Personne qui a une grande importance dans la société ou dans l'histoire. *Jeanne d'Arc est un personnage historique.* **2.** Personne qui est représentée dans un roman, une pièce de théâtre ou un film. → **héros** et aussi **protagoniste.** *Harry Potter est un personnage de roman.* ▷ Mot de la famille de ② personne.

personnaliser v. (conjug. 3) Donner à une chose un caractère personnel pour qu'elle ait l'air bien à soi. *Alex a décoré sa planche de skate pour la personnaliser.* ▷ Mot de la famille de ② personne.

personnalité n. f. **1.** *La personnalité,* c'est ce qui fait qu'une personne est elle-même et non une autre. *Julie a une forte personnalité,* elle a beaucoup de caractère. **2.** *Une personnalité,* une personne importante ou connue. *Les personnalités du monde du spectacle.* → **célébrité.** ▷ Mot de la famille de ② personne.

① **personne** pronom indéfini Aucun être humain. ▮ contraire : **quelqu'un.** *Il n'y a personne. Que personne ne sorte ! Je ne connais personne de plus gentil que Louise.*

② **personne** n. f. **1.** Être humain. *Une famille de quatre personnes. Une grande personne,* un adulte. **2.** *En personne,* soi-même. *Le ministre en personne a assisté à la cérémonie.* → **personnellement.** **3.** En grammaire, *la première personne* désigne celui ou ceux qui parlent, *la deuxième personne* celui ou ceux à qui l'on parle, *la troisième personne* celui ou ceux dont on parle. *Dans la phrase «Nous* *dormons», le verbe dormir est conjugué à la première personne du pluriel.*

▸ **personnel** adj. et n. m., **personnelle** adj.

▪ adj. **1.** Ce qui appartient en propre à une personne, qui est bien à lui. ➜ **individuel, particulier, privé.** ▮ contraires : **collectif, commun.** *Ses affaires personnelles sont rangées dans sa chambre. Cet artiste a un style personnel.* ➜ **original.** *Il ne pense qu'à son intérêt personnel.* ▮ contraire : **public. 2.** *Les pronoms personnels* désignent des personnes. *«Je», «tu», «il» sont des pronoms personnels sujets, «le» «lui», «leur» des pronoms personnels compléments.*
▪ n. m. Ensemble des personnes qui travaillent dans une entreprise. *Le personnel de cette usine compte plusieurs centaines d'employés.*

▸ **personnellement** adv. **1.** En personne, soi-même. *Je tiens à m'occuper de cette affaire personnellement.* **2.** En ce qui concerne, quant à moi. *Personnellement, je préfère la jupe bleue.*

▸ **personnifier** v. (conjug. 9) Représenter sous l'aspect d'une personne. *Molière a personnifié l'avarice sous les traits d'Harpagon.*

▸ Autres mots de la famille : antipersonnel, impersonnel, personnage, personnaliser, personnalité, pèse-personne.

perspective n. f. **1.** Façon de dessiner un objet en donnant l'impression de profondeur dans l'espace. *L'architecte a dessiné la maison en perspective.* **2.** Idée qu'une chose va se produire. *La perspective des vacances réjouit les enfants.* – *En perspective,* en vue. *Il a beaucoup de projets en perspective.*

perspective

perspicace adj. Capable de deviner les choses. ➜ ② **fin, subtil.** *Elle a tout compris sans qu'on ait eu besoin de lui en parler, c'est une femme très perspicace.*

▸ **perspicacité** n. f. Finesse d'esprit, subtilité. *Elle a une grande perspicacité.*

persuader v. (conjug. 3) Convaincre de faire quelque chose. ➜ aussi **persuasion.** *Julie a persuadé sa mère de lui acheter un nouveau jeu vidéo.* ▮ contraire : **dissuader.**

▸ **persuadé, persuadée** adj. Convaincu, absolument sûr. *Elle est persuadée d'avoir raison. J'étais persuadé que vous vous connaissiez,* je le pensais.

persuasif, persuasive adj. Qui sait persuader, convaincre. ➜ **convaincant.** *Elle est très persuasive quand elle veut quelque chose. Un ton persuasif.* ▮ contraire : **dissuasif.**

persuasion n. f. Action de persuader, de convaincre. *Il vaut mieux utiliser la persuasion que la force.* ▮ contraire : **dissuasion.**

perte n. f. **1.** Le fait de perdre, d'égarer quelque chose. *Julie est contrariée par la perte de son stylo.* **2.** Somme d'argent que l'on n'a plus. *L'entreprise a subi de grosses pertes cette année,* elle a perdu beaucoup d'argent. ▮ contraires : **bénéfice, profit. 3.** Le fait d'être séparé de quelqu'un par la mort. *Paul a été très affecté par la perte de son grand-père.* ➜ **décès, disparition. 4.** *À perte de vue,* aussi loin que l'on peut voir. *La mer s'étend à perte de vue.* **5.** Le fait de gaspiller, de dépenser inutilement. *Quelle perte de temps ! Tu te démènes en pure perte.* **6.** *Avec perte et fracas,* brutalement, sans ménagement. *Il a été renvoyé avec perte et fracas.* ▷ Mot de la famille de perdre.

pertinent, pertinente adj. Rempli de bon sens. ➜ **judicieux.** *Votre remarque est très pertinente.*

▸ **pertinemment** [pɛʀtinamɑ̃] adv. *Savoir pertinemment,* d'une manière certaine. *Tu savais pertinemment que j'allais refuser.*

perturber v. (conjug. 3) **1.** Empêcher de fonctionner normalement. *Des travaux perturbent la circulation.* **2.** Bouleverser psychologiquement. *Le divorce de ses parents l'a perturbé.*

▸ perturbateur n. m., **perturbatrice** n. f. Personne qui provoque le trouble, le désordre. *Julie et Louise, les deux perturbatrices de la classe, ont été punies.*

▸ perturbation n. f. **1.** Trouble, désordre. *La grève a provoqué de nombreuses perturbations dans le trafic aérien.* **2.** *Une perturbation atmosphérique*, un changement de temps, avec vent et pluie. *Une perturbation traversera le pays demain d'ouest en est.*

▶ Autres mots de la famille : imperturbable, imperturbablement.

pervenche n. f. Petite plante à fleurs bleu-mauve. *Les pervenches poussent dans les bois et au creux des haies.* — Invariable après le nom de couleur bleu. *Des yeux bleu pervenche*, du bleu des pervenches.

pervenche

pervers [pɛʀvɛʀ], **perverse** [pɛʀvɛʀs] adj. Qui aime faire le mal. *Elle est un peu perverse.*

▸ perversité n. f. Tendance à trouver du plaisir en faisant le mal. *La perversité d'un tortionnaire.*

pervertir v. (conjug. 11) *Pervertir quelqu'un*, le faire changer en mal, le rendre mauvais. *Tout cet argent l'a perverti.* ➜ **corrompre.**

peser v. (conjug. 7) **1.** Calculer le poids. *La postière a pesé le paquet.* — **se peser,** monter sur une balance et regarder quel poids elle indique. *Il se pèse chaque semaine.* **2.** Avoir pour poids. *Léa pèse 40 kilos.* **3.** *Peser le pour et le contre*, c'est réfléchir aux avantages et aux inconvénients. *Avant de prendre sa décision, il a longuement pesé le pour et le contre.* **4.** Être pénible à supporter. *La solitude lui pèse.* **5.** Avoir de l'importance, compter. *Son avis a beaucoup pesé dans ma décision.*

▸ pesant, pesante adj. **1.** Qui donne une impression de lourdeur. *L'éléphant a une démarche pesante.* **2.** Pénible à supporter. *Un silence pesant.*

▸ pesamment adv. D'une manière pesante. *Il se laissa tomber pesamment sur la chaise.*

▸ pesanteur n. f. Force qui entraîne les objets vers le centre de la Terre et qui fait qu'ils ont un poids. *Les lois de la pesanteur.* ➜ ② **gravité.** ▮ contraire : **apesanteur.**

▸ pèse-bébé n. m. Balance pour peser les nourrissons. — Au pl. *Des pèse-bébés.* ▷ Mot de la famille de bébé.

▸ pesée n. f. Opération par laquelle on calcule un poids. *À sa dernière pesée, le bébé faisait 5 kilos.*

▸ pèse-lettre n. m. Petite balance pour peser les lettres. — Au pl. *Des pèse-lettres.* ▷ Mot de la famille de lettre.

▸ pèse-personne n. m. Balance plate à cadran gradué qui sert à se peser. — Au pl. *Des pèse-personnes.* ▷ Mot de la famille de ② personne.

▶ Autres mots de la famille : apesanteur, s'appesantir, soupeser.

pessimisme n. m. Façon qu'une personne a de prendre les choses du mauvais côté, d'être persuadée qu'elles tourneront mal. ▮ contraire : **optimisme.** *Elle était d'humeur sombre et voyait l'avenir avec pessimisme.*

▸ pessimiste adj. Mécontent du présent et inquiet de l'avenir. *Il est très pessimiste de nature.* ▮ contraire : **optimiste.** — n. *C'est une pessimiste.*

peste n. f. **1.** Très grave maladie contagieuse. *Au Moyen Âge, les épidémies de peste ont fait des millions de victimes.* **2.** Femme, fillette insupportable. *Quelle petite peste, cette Julie !* ➜ **poison.**

▸ pester v. (conjug. 3) Manifester son mécontentement, sa mauvaise humeur par des paroles. ➜ **râler.** *Il peste contre sa voiture qui ne démarre pas.*

▶ Autre mot de la famille : pestiféré.

pesticide n. m. (→ ÉTYM.) Produit chimique qui protège les cultures des parasites.

pestiféré n. m., **pestiférée** n. f. Personne atteinte de la peste. ▷ Mot de la famille de peste.

pestilentiel, pestilentielle adj. *Une odeur pestilentielle*, infecte. → **puant.** *L'odeur d'œuf pourri est pestilentielle.* → **fétide.**

pet n. m. Familier. Gaz provenant de l'intestin, qui s'échappe par l'anus. *L'âne lâcha une série de pets.* ▮ homonymes : paie, paix.

▶ Autres mots de la famille : pétarade, pétarader, pétard, péter, pétillant, pétiller.

pétale n. m. Chacune des parties colorées qui forment la corolle d'une fleur. → planche **Fleurs.** *La rose épanouie perdait un à un ses pétales.*

◗ *Pétale* est un nom masculin : on dit *un pétale.*

pétanque n. f. (→ ÉTYM.) Jeu de boules. *Dans le Midi, on joue beaucoup à la pétanque.*

joueurs de **pétanque**

pétarade n. f. Suite de détonations. *On entend au loin les pétarades d'une moto.*

▸ **pétarader** v. (conjug. 3) Faire entendre une pétarade. *La moto démarre en pétaradant.*

▷ Mots de la famille de pet.

pétard n. m. Petite quantité d'explosif contenue dans un emballage. *Le 14 Juillet, les enfants font exploser des pétards dans la rue.*
▷ Mot de la famille de pet.

péter v. (conjug. 8) Familier. Faire un pet. *Qui a pété ?* ▷ Mot de la famille de pet.

pétiller v. (conjug. 3) **1.** Faire de petits bruits secs. *Le feu pétille dans la cheminée.* → **crépiter.** **2.** Faire de petites bulles. *Le champagne pétillait dans les verres.* **3.** Briller d'un éclat vif. *Les yeux de Théo pétillent de malice.*

▸ **pétillant, pétillante** adj. **1.** Qui contient de petites bulles. *De l'eau pétillante.* → **gazeux.** **2.** Qui brille avec éclat. *Un regard pétillant de malice.*

▷ Mots de la famille de pet.

pétiole [pesjɔl] n. m. Partie centrale très étroite d'une feuille qui va vers la tige. → **queue.**

petit adj., n. m. et adv., **petite** adj. et n. f.
▪ adj. **1.** Qui a une taille inférieure à la moyenne. *Léa est petite pour son âge. Le caniche est un petit chien.* ▮ contraire : **grand.** **2.** Jeune. *La sœur de Paul est trop petite pour savoir lire.* ▮ contraire : **âgé.** *Je vous présente ma petite sœur, ma sœur qui est plus jeune que moi.* ▮ contraire : **grand.** **3.** Faible, léger. *On entend de petits bruits dans le grenier.* **4.** Peu important. *Une petite entreprise familiale.* ▮ contraire : **gros.** **5.** Dont les dimensions sont inférieures à la moyenne. *Une petite maison. Une petite ville de province.* **6.** Exprime l'affection. *Mais oui, ma petite Julie !*
▪ n. **1.** Jeune être humain. *La sœur de Théo est à l'école maternelle, dans la section des petits. Cette petite est adorable.* **2.** Jeune animal. *La chatte a eu quatre petits.*
▪ adv. *Petit à petit,* peu à peu. *Petit à petit, Léa a appris à nager.*

▸ **petit-beurre** n. m. Petit gâteau sec, fait au beurre. *Il a acheté un paquet de petits-beurre.*
▷ Mot de la famille de beurre.

▸ **petit-déjeuner** n. m. Repas du matin. *Théo prend du chocolat et du pain avec du beurre pour son petit-déjeuner.* – Au pl. *Des petits-déjeuners.* ▷ Mot de la famille de jeûner.

▶ Autres mots de la famille : petitesse, petit-four, petit-lait, petit-pois, petit-suisse, rapetisser, tout-petit.

petite-fille n. f. Fille d'un fils ou d'une fille. *Mamie a emmené ses deux petites-filles au théâtre.* → aussi **grand-mère.** ▷ Mot de la famille de fille.

petitesse n. f. Caractère de ce qui est petit. *Il se plaint de la petitesse de son appartement.* → **exiguïté.** ▷ Mot de la famille de petit.

petit-fils n. m. Fils d'un fils ou d'une fille. *Louis XVI était le petit-fils de Louis XV,* Louis XV était son grand-père. – Au pl. *Des petits-fils.* ▷ Mot de la famille de fils.

petit-four n. m. Très petit gâteau, frais ou sec, sucré ou salé. *Paul a mangé beaucoup de petits-fours.* ▷ Mot de la famille de petit.

pétition n. f. Demande écrite, signée par plusieurs personnes. *Des écologistes nous ont fait signer une pétition contre l'installation d'une centrale nucléaire.*

petit-lait n. m. Liquide clair qui se sépare du lait caillé. – *Boire du petit-lait,* avoir une grande satisfaction d'amour-propre. ▷ Mot de la famille de petit et de lait.

petit-pois n. m. *Les petits-pois,* ce sont des graines rondes et vertes contenues dans une gousse, que l'on mange comme légume. *Elle écosse des petits-pois.* ▷ Mot de la famille de petit et de pois.
▶ On écrit aussi *petit pois, des petits pois.*

petits-enfants n. m. pl. Enfants d'un fils ou d'une fille. *Ces grands-parents s'occupent beaucoup de leurs petits-enfants.* ▷ Mot de la famille de enfant.

petit-suisse n. m. Petit fromage frais à la crème, en forme de cylindre. – Au pl. *Des petits-suisses.* ▷ Mot de la famille de petit.

pétoncle n. m. Petit coquillage comestible qui ressemble à une petite coquille Saint-Jacques.

pétrel n. m. Oiseau palmipède très vorace, qui vit en haute mer. *Les pétrels vivent en colonies.*
▶ Ce mot vient de l'anglais.

pétrifier v. (conjug. 9) Rendre immobile, incapable de bouger. *Léa était pétrifiée de peur.*

pétrin n. m. Grand récipient dans lequel les boulangers pétrissent le pain. *Un pétrin mécanique.*

pétrir v. (conjug. 11) *Pétrir de la pâte,* la presser, la remuer. *Elle pétrit la pâte à tarte avec ses doigts.* → **malaxer.**

pétrole n. m. (→ ÉTYM.) Liquide visqueux que l'on tire du sous-sol et qui est utilisé comme source d'énergie. → planche **Énergie.** *Un gisement de pétrole. Le pétrole raffiné donne de l'essence, du mazout et sert à fabriquer les matières plastiques.*

▸ **pétrolier** adj. et n. m., **pétrolière** adj.
■ adj. Qui concerne le pétrole. *Les produits pétroliers,* fabriqués à partir du pétrole. *Les compagnies pétrolières exploitent et vendent le pétrole.*
■ n. m. Navire équipé pour transporter le pétrole. → planche **Bateaux.** *Les pétroliers mesurent plus de 300 mètres de long.*

▸ **pétrolifère** adj. Qui contient du pétrole. *Des terrains pétrolifères.*

pétulant, pétulante adj. Vif et exubérant. *Julie est une petite fille pétulante.* ▮ contraire : **réservé.**

pétrel

pétunia n. m. Plante à fleurs roses, violettes ou blanches. *Elle a planté des pétunias sur le balcon.*

peu adv. **1.** Pas beaucoup, en petite quantité. *Elle mange peu, le soir.* ▮ contraire : **beaucoup. 2.** Pas très. *Cette vendeuse est peu aimable.* ▮ contraire : **très. 3.** *Peu de,* pas beaucoup de. *Cela a peu d'importance. Cela concerne peu de gens,* un petit nombre de personnes. **4.** *Un peu de,* une petite quantité de. *Elle ajoute un peu de sel dans la soupe.* ▮ contraire : **beaucoup. 5.** *Un peu,* légèrement. *Léa est un peu timide.* **6.** *Peu à peu,* progressivement, petit à petit. *Le chaton s'enhardit peu à peu.* **7.** *Sous peu,* bientôt, dans

a b c d e f g h i j k l m n o p q r s t u v w x y z

peu de temps. *Le médecin sera là sous peu.* → **incessamment.** 8. *Depuis peu,* il n'y a pas longtemps. *Ils ont déménagé depuis peu.*

peuple n. m. 1. Ensemble de personnes habitant le même pays, ayant la même langue, la même culture et les mêmes traditions. → **nation, population.** *Le peuple français.* 2. *Le peuple,* c'est la partie la plus nombreuse de la population (par opposition aux classes supérieures de la société). → aussi **populace.** *Le peuple de Paris s'est soulevé en 1871.*

▸ **peuplade** n. f. Petit groupe de gens qui vivent en tribus, dans une société qui n'est pas industrialisée. *Les peuplades d'Amazonie.*

▸ **peupler** v. (conjug. 3) Habiter un pays, une région. *Autrefois, seuls les Indiens peuplaient l'Amérique.*

▸ **peuplé, peuplée** adj. Où il y a des habitants. *Tokyo et Mexico sont parmi les villes les plus peuplées du monde.*

▸ **peuplement** n. m. Installation d'habitants dans une région. *Le peuplement de la région remonte aux Romains.*

▸ Autres mots de la famille : dépeupler, repeupler, surpeuplé, surpeuplement.

peuplier n. m. Arbre élancé, assez haut, qui a de petites feuilles et pousse dans des endroits humides et frais. → planche **Arbres.** *La rivière est bordée de peupliers.*

peur n. f. 1. Émotion que l'on ressent en face d'un danger ou d'une menace. → **crainte, frayeur, terreur ;** fam. **frousse, trouille.** *Léa a peur des chiens. L'orage lui fait peur. Théo a toujours peur d'arriver en retard.* → aussi **craindre.** *N'aie pas peur,* ne t'inquiète pas. 2. *Il rentre les coussins à l'intérieur, de peur que la pluie ne les mouille,* afin d'être sûr que la pluie ne les mouille pas.

▸ **peureux, peureuse** adj. Qui a facilement peur. *Léa est assez peureuse.* → **craintif, poltron ;** fam. **froussard, trouillard.** ▮ contraires : **brave, courageux, hardi.**

▸ Autre mot de la famille : apeuré.

peut-être adv. Indique la possibilité. *Nous irons peut-être à la campagne dimanche. Peut-être qu'il fera beau.* ▮ contraires : **certainement, sûrement.** ▷ Mot de la famille de (1) pouvoir et de (1) être.

phacochère n. m. Grand animal sauvage d'Afrique, qui ressemble au sanglier.

phalange n. f. Chaque partie du doigt, soutenue par un os. → planche **Corps** humain. *Le pouce et le gros orteil ont deux phalanges ; les autres doigts en ont trois.*

phalène n. f. ou m. Grand papillon de nuit.

pharaon n. m. Roi de l'Égypte ancienne. *Toutankhamon et Ramsès II furent de célèbres pharaons.*

phare n. m. 1. Haute tour munie d'une très forte lumière servant à guider les bateaux, la nuit. *La lumière du phare balaie la mer.* 2. Lumière placée à l'avant d'un véhicule pour éclairer la route, la nuit. *Il a fait régler les phares de sa voiture.* ▮ homonyme : fard.

▸ Autre mot de la famille : gyrophare.

phare

pharmaceutique adj. Qui concerne la pharmacie. *Les produits pharmaceutiques,* vendus en pharmacie. *Les laboratoires pharmaceutiques fabriquent les médicaments.*

pharmacie n. f. 1. Magasin où l'on vend des médicaments et des produits pour la toilette. *Les pharmacies ont une croix verte pour enseigne.* 2. Ensemble des médicaments. *L'armoire à pharmacie est dans la salle de bains.* 3. Science des médicaments. *Il fait des études de pharmacie.*

▸ **pharmacien** n. m., **pharmacienne** n. f. Personne qui tient une pharmacie.

pharynx [faʀɛ̃ks] n. m. Endroit au fond de la bouche, où commence l'œsophage. *Les*

amygdales sont situées dans le pharynx.
Il y a un *y* après le *r*.

▸ **pharyngite** [faʀɛ̃ʒit] n. f. Inflammation du pharynx.
Il y a un *y* après le *r*.
▸ Autre mot de la famille : rhinopharyngite.

phase n. f. **1.** Chacun des moments d'une action, d'une évolution. ➜ **étape, période,** ② **stade.** *Les différentes phases d'une maladie.* **2.** *Les phases de la Lune,* les différents aspects qu'elle prend. ➜ planche **Lune.** *La nouvelle Lune, le croissant, le premier quartier, le dernier quartier et la pleine Lune sont différentes phases de la Lune.*

phénix n. m. Oiseau merveilleux qui, d'après la légende, vivait plusieurs siècles. *Le phénix mourait brûlé, puis renaissait de ses cendres.*

phénomène n. m. *Un phénomène,* c'est une chose qui se passe et que l'on voit, que l'on sent, dont on se rend compte. *La pluie, le vent, les marées sont des phénomènes naturels. Le vieillissement est un phénomène normal.*

▸ **phénoménal, phénoménale** adj. Étonnant, surprenant. *C'est un enfant d'une intelligence phénoménale.* ➜ **exceptionnel.** – Au masc. pl. *phénoménaux.*

phéromone n. f. Substance chimique émise par les animaux qui transmet une information aux individus de la même espèce. *Les phéromones sexuelles produites par la femelle émettent une odeur qui indique au mâle qu'elle est prête à être fécondée.*

philanthrope n. m. et f. Personne qui consacre son argent ou son énergie à améliorer le sort des hommes.

▸ **philanthropie** n. f. Amour de l'humanité. *Il a agi par pure philanthropie.* ➜ **désintéressement.** ▮ contraire : **égoïsme.**

philatélie n. f. Connaissance des timbres-poste et goût que l'on a pour les collectionner.

▸ **philatéliste** n. m. et f. Personne qui collectionne les timbres-poste.

philosophe n. m. et f. **1.** Personne qui élabore des théories sur les grands problèmes de l'humanité, sur la vie. ➜ **penseur.** *Les philosophes grecs de l'Antiquité.* **2.** Personne qui prend les choses avec optimisme. *Il pense que tout s'arrangera toujours : c'est un philosophe.* – adj. *Elle est très philosophe.*

▸ **philosophie** n. f. **1.** Science qui étudie les grands problèmes de l'homme, de la vie. *Il est professeur de philosophie dans un lycée.* **2.** Sagesse, optimisme. *Il prend la vie avec philosophie.*
On dit familièrement *la philo* au sens 1.

▸ **philosophique** adj. Qui a rapport à la philosophie. *Des ouvrages philosophiques,* de philosophie.

philtre n. m. Boisson magique destinée à rendre amoureux. *Tristan et Iseult ont bu un philtre d'amour.* ▮ homonyme : filtre.

phobie n. f. Peur maladive et injustifiée d'une chose précise. *Louise a la phobie des araignées.* ➜ **terreur.**

phonétique n. f. et adj.
▪ n. f. Étude des sons du langage.
▪ adj. Qui se rapporte aux sons du langage. *L'alphabet phonétique sert à noter les sons d'une langue. En alphabet phonétique, «oiseau» s'écrit* [wazo].

phoque n. m. Gros animal des mers froides, à fourrure rase, aux pattes avant palmées. ➜ planches **Littoral, pôles.** *Les phoques sont des mammifères.* ➜ aussi **otarie.** ▮ homonyme : foc.

phoque

phosphate n. m. Produit chimique contenant du phosphore. *Les phosphates servent d'engrais.*

a b c d e f g h i j k l m n o p q r s t u v w x y z

phosphore n. m. Produit chimique que l'on trouve dans la nature, qui brille dans l'obscurité et s'enflamme très facilement.

▸ **phosphorescent** [fɔsfɔʀesɑ̃], **phosphorescente** [fɔsfɔʀesɑ̃t] adj. Qui brille dans l'obscurité. ➜ aussi **fluorescent.** *Les vers luisants sont phosphorescents.*

photo n. f. et adj.

▪ n. f. Photographie. *Théo a fait beaucoup de photos pendant les vacances.*

▪ adj. Photographique. *Ce journaliste a trois appareils photos.*

▸ Autres mots de la famille : photocopie, photocopier, photocopieuse, photogénique, safari-photo.

photocopie n. f. Copie d'un document par reproduction photographique. *Il fait une photocopie de sa lettre avant de l'envoyer.*

▸ **photocopier** v. (conjug. 9) Faire une photocopie. *Le professeur a photocopié le schéma en 25 exemplaires.*

▸ **photocopieuse** n. f. Machine à photocopier. *La photocopieuse est en panne.*

On dit aussi *un photocopieur.*

▷ Mots de la famille de photo et de copie.

photocopillage n. m. Fait de photocopier un livre en de nombreux exemplaires afin de ne pas faire acheter ce livre à d'autres personnes. *Le photocopillage est interdit.*

Ce mot a été formé à partir de *photocopie* et *pillage.*

photoélectrique adj. *Une cellule photoélectrique,* c'est un instrument qui mesure l'intensité de la lumière et qui permet de déclencher un mécanisme. *Ce store monte et descend automatiquement en fonction de l'ensoleillement, qui est mesuré par une cellule photoélectrique.* ▷ Mot de la famille de électrique.

photogénique adj. Qui est très bien en photo. *Julie est très photogénique.* ▷ Mot de la famille de photo.

photographie n. f. **1.** Technique qui permet d'obtenir une image des objets par l'action de la lumière sur un film. *Elle fait de la photographie.* **2.** *Une photographie,* une image photographique, un cliché. ➜ **photo.**

▸ **photographe** n. m. et f. Personne qui prend des photos. *Elle est photographe de mode.*

▸ **photographier** v. (conjug. 9) Prendre en photo. *Il photographie surtout des paysages.*

▸ **photographique** adj. *Un appareil photographique,* qui sert à prendre des photos. ➜ **photo.**

photographe

photosynthèse n. f. Processus par lequel les plantes absorbent le gaz carbonique et produisent des glucides et de l'oxygène sous l'effet de la lumière du soleil.

phrase n. f. Suite de mots ayant un sens, qui commence par une majuscule et qui se termine par un point. *Cette phrase comprend un sujet, un verbe et un complément.* ➜ aussi **proposition.** *«Il pleut.» est une phrase affirmative, «Quel temps fait-il ?» est une phrase interrogative et «Il ne fait pas beau.» est une phrase négative.*

▸ Autres mots de la famille : paraphrase, périphrase.

phréatique adj. *Une nappe phréatique,* c'est une nappe d'eau souterraine qui alimente des sources et des puits.

phrygien [fʀiʒjɛ̃] adj. m. *Le bonnet phrygien,* c'est le bonnet rouge qui était porté par les révolutionnaires de 1789. *Le bonnet phrygien est l'emblème de la République française.*

phylloxéra [filɔkseʀa] n. m. Maladie de la vigne provoquée par un insecte parasite (appelé aussi *phylloxéra*).

physicien n. m., **physicienne** n. f. Personne dont le métier est d'étudier la physique. *Les Curie, Einstein furent de grands physiciens.*

▷ Mot de la famille de ① physique.

physiologie n. f. Science qui étudie le fonctionnement des organes des êtres vivants.

physionomie n. f. Aspect du visage. ➜ ② **air, expression.** *Une physionomie sympathique.*

▸ **physionomiste** adj. Qui est capable de reconnaître au premier coup d'œil le visage d'une personne qu'il a vue très peu de temps ou il y a longtemps.

① **physique** n. f. et adj.
▪ n. f. Science qui étudie les propriétés et les lois de la nature. *La mécanique et l'électricité sont des parties de la physique.*
▪ adj. *Un phénomène physique,* un phénomène que peut étudier la physique. *La chute des corps est un phénomène physique.*
▶ Autres mots de la famille : astrophysicien, physicien.

② **physique** adj. et n. m.
▪ adj. Du corps. ➜ **corporel.** ▮ contraires : **mental, psychique, psychologique.** *Alex aime l'effort physique. La culture physique,* la gymnastique.
▪ n. m. *Le physique,* l'aspect du corps et du visage. *Elle a un physique agréable.*

▸ **physiquement** adv. 1. D'un point de vue physique, en ce qui concerne l'état général. ▮ contraire : **moralement.** *Ce travail est pénible physiquement.* 2. En ce qui concerne l'aspect du corps et du visage. *Ils se ressemblent physiquement.* ▮ contraire : **mentalement.**

piaffer v. (conjug. 3) 1. *Les chevaux piaffent,* ils frappent le sol avec leurs sabots avant. 2. *Piaffer d'impatience,* être impatient. *C'est bientôt l'heure de la sortie, les enfants piaffent d'impatience.*

bonnet phrygien

piailler v. (conjug. 3) *Les oisillons piaillent,* ils poussent de petits cris aigus. ➜ **piauler.**

▸ **piaillement** n. m. Petit cri aigu des oiseaux. *On entend les piaillements des moineaux dans la cour.*

piano n. m. Instrument de musique à clavier, dont les cordes sont frappées par des marteaux. ➜ planche **Instruments** de musique. *Léa joue du piano.*
▶ Ce mot vient de l'italien. (➜ ÉTYM.)

▸ **pianiste** n. m. et f. Musicien, musicienne qui joue du piano.

▸ **pianoter** v. (conjug. 3) Tapoter sur quelque chose avec les doigts. *Il pianote nerveusement sur la table.*

piauler v. (conjug. 3) Pousser de petits cris. ➜ **piailler.** *Les poussins piaulent autour de la poule.*

pic n. m. 1. Outil pointu à manche, utilisé pour creuser le roc ou casser des cailloux. *Un pic de mineur.* 2. Montagne au sommet très pointu. *L'avion survole les pics enneigés.* ▮ homonymes : ① et ② pique. ▷ Mot de la famille de piquer.

à pic adv. 1. Verticalement. *La falaise s'élève à pic au-dessus de la mer.* ➜ aussi **à-pic.** *Le bateau a coulé à pic,* droit au fond de l'eau. 2. Familier. Au bon moment, à propos. *Tu tombes à pic, j'avais justement besoin de toi.* ▷ Mot de la famille de piquer.

pichenette n. f. Petit coup donné avec un doigt. ➜ **chiquenaude.** *D'une pichenette, elle a enlevé une miette sur sa veste.*

pichet n. m. Petit pot muni d'un bec et d'une anse. *On nous a servi du cidre dans un pichet en grès.*

pickpocket [pikpɔkɛt] n. m. Voleur qui opère en glissant la main dans la poche ou dans le sac des gens. *Un pickpocket a profité de la bousculade pour lui voler son portefeuille.* – Au pl. *Des pickpockets.*
▶ Ce mot vient de l'anglais *to pick* qui veut dire «prendre» et *pocket* qui veut dire «poche».

picorer v. (conjug. 3) Piquer avec le bec, pour manger. *Les poules picorent du grain.* ▷ Mot de la famille de piquer.

pictogramme

picoter v. (conjug. 3) Piquer légèrement. *La fumée lui picotait la gorge.*

▸ **picotement** n. m. Sensation de légères piqûres. *J'ai des picotements dans le nez avant d'éternuer.*

▹ Mots de la famille de piquer.

pictogramme n. m. Dessin simplifié qui indique ou signale quelque chose sur un panneau ou un objet. *Le panneau routier avec le pictogramme représentant un couteau et une fourchette indique un restaurant.*

pictural, picturale adj. Qui concerne l'art de la peinture. *Un tableau est une œuvre picturale.* – Au masc. pl. *picturaux.*

pic-vert → **pivert**

① **pie** n. f. Oiseau au plumage noir et blanc et à longue queue. → planche **Oiseaux.** *Les pies jacassent.* – *Être bavard comme une pie,* très bavard. ▮ homonymes : ① et ② pis.

▸ ② **pie** adj. inv. *Un cheval pie,* à robe noire et blanche ou fauve et blanche. *Des chevaux pie.*

cheval pie

① **pièce** n. f. **1.** Chacune des parties qui forment un ensemble. *Ce puzzle comprend cent pièces.* **2.** Morceau de tissu destiné à réparer, consolider. *Alex a une pièce à son jean.* **3.** *Mettre en pièces,* mettre en morceaux, déchiqueter. *Le chien a mis en pièces l'ours en peluche de Léa.* **4.** *À la pièce,* un par un, à l'unité. *Ces ananas se vendent à la pièce. Ces verres valent 2 euros pièce,* chaque verre vaut 2 euros. → **unité.** **5.** *Une pièce d'eau,* c'est un bassin. *Les cygnes nagent sur la pièce d'eau.* **6.** *Une pièce montée,* un gâteau à plusieurs étages, généralement fait de petits choux à la crème. *On sert souvent des pièces montées pour les mariages.* **7.** *Une pièce d'identité,* un papier officiel qui prouve qui on est. *La carte d'identité, le passeport et le permis de conduire sont des pièces d'identité.*

▸ Autres mots de la famille : deux-pièces, rapiécer.

② **pièce** n. f. Partie d'un appartement ou d'une maison délimitée par des cloisons ou des murs. *Un appartement de quatre pièces.*

③ **pièce** n. f. Petit rond de métal, plat, qui sert à payer. *Dans son porte-monnaie, Louise a une pièce de 2 euros et deux pièces de 50 centimes.*

④ **pièce** n. f. **1.** Texte écrit pour être joué au théâtre. *«L'Avare» est une pièce de Molière.* **2.** Morceau de musique. *Paul joue au piano une petite pièce de Mozart.*

① **pied** n. m. **1.** Partie du corps située au bas de la jambe, qui sert à marcher et à se tenir debout. *Julie est pieds nus. Alex donne un coup de pied dans le ballon. Ce n'est pas très loin, nous irons à pied,* en marchant. – *Avoir le pied marin,* être à l'aise sur un bateau. *Mettre le pied à l'étrier à quelqu'un,* l'aider à commencer un nouveau travail en lui donnant les moyens de réussir. *Ne pas savoir sur quel pied danser,* ne pas savoir quelle attitude avoir vis-à-vis de quelqu'un. *Mettre les pieds dans le plat,* aborder un problème délicat avec une franchise brutale. *Avoir les pieds sur terre,* être réaliste. *Attendre de pied ferme,* sans crainte, fermement. *Mettre sur pied quelque chose,* l'organiser. – Familier. *Faire des pieds et des* mains, se démener. *J'ai fait des pieds et des mains pour obtenir ce renseignement.* **2.** *Avoir pied,* c'est avoir les pieds en contact avec le sol, dans l'eau. *L'eau est très profonde ici, on n'a plus pied.* – *Perdre pied,* se troubler, perdre son assurance. *Le candidat n'a pas su répondre à la question et il a complètement perdu pied.* **3.** Emplacement des pieds. *Le chat s'est endormi au pied du lit de Léa.* **4.** Partie d'une chose qui touche le sol. *De la menthe pousse au pied du vieux mur.* **5.** Partie d'une chose qui sert de support. *Il boit dans des verres à pied. La chaise a un pied cassé.* **6.** *Le pied d'un champignon,* sa partie inférieure. → planche **Champignons.**

▶ Autres mots de la famille : d'arrache-pied, cale-pied, chausse-pied, à cloche-pied, contrepied, cou-de-pied, croche-pied, marchepied, nu-pieds, pied-à-terre, piédestal, de plain-pied, trépied, va-nu-pieds.

② pied n. m. **1.** Mesure de longueur valant environ 30 centimètres et utilisée dans l'aviation. *L'avion vole à 1 500 pieds.* **2.** *Traiter quelqu'un sur un pied d'égalité,* d'égal à égal. **3.** Syllabe d'un vers. *Un vers de douze pieds s'appelle un alexandrin.*

▶ Autre mot de la famille : pied de nez.

pied-à-terre [pjetatɛʀ] n. m. inv. Logement que l'on occupe en passant, à l'occasion. *Ils ont un pied-à-terre à Bordeaux.* – Au pl. *Des pied-à-terre.* ▷ Mot de la famille de ① pied et de terre.

pied de nez n. m. Geste de moquerie consistant à étendre la main, les doigts écartés et en appuyant le pouce sur son nez. *Julie a fait un pied de nez à Paul.* – Au pl. *Des pieds de nez.* ▷ Mot de la famille de ② pied et de nez.

piédestal n. m. (pl. **piédestaux**) **1.** Support. *Le piédestal d'une statue.* → **socle.** **2.** *Mettre quelqu'un sur un piédestal,* c'est l'admirer beaucoup. ▷ Mot de la famille de ① pied.

piège n. m. **1.** Engin servant à attraper des animaux. *Les braconniers ont posé des pièges dans la forêt.* **2.** Manœuvre organisée contre quelqu'un pour l'attraper par surprise. → **guet-apens, traquenard.** *Les policiers ont tendu un piège aux trafiquants.* **3.** Difficulté cachée. *Attention, cette dictée est pleine de pièges !* → **embûches.**

▶ **piéger** v. (conjug. 5b et 8) **1.** Attraper avec un piège. *Le braconnier a piégé plusieurs lièvres.* **2.** Mettre dans une situation embarrassante. *Il s'est fait piéger par un journaliste.* **3.** Installer un système qui fait exploser un objet. *Les terroristes ont piégé sa voiture.*

▶ **piégé, piégée** adj. Qui contient un engin explosif. *Le colis piégé a explosé.*

piercing [piʀsiŋ] n. m. Le fait de percer une partie du corps pour y introduire un anneau, un bijou. *Elle s'est fait faire deux piercings dans le nez.*

▶ Ce mot vient de l'anglais *to pierce* qui veut dire «perforer».

pierre n. f. **1.** Matière dure qui se trouve dans le sol. *La digue est faite de blocs de pierre.* **2.** *L'âge de la pierre taillée,* période de la préhistoire où les hommes ont commencé à fabriquer des outils et des armes en pierre. → **paléolithique.** *L'âge de la pierre polie.* → **néolithique.** **3.** Morceau de rocher. → aussi **caillou.** *De grosses pierres sont tombées de la falaise.* – *Faire d'une pierre deux coups,* obtenir deux résultats en faisant une seule action. **4.** *Les pierres précieuses,* ce sont des minéraux très rares qui valent très cher et dont on fait des bijoux. *Le diamant, l'émeraude, le rubis et le saphir sont des pierres précieuses.* → **gemme.**

▶ **pierreries** n. f. pl. Pierres précieuses. *La princesse portait un diadème serti de pierreries.* → **joyau.**

▶ **pierreux, pierreuse** adj. Couvert de pierres. *Un chemin pierreux mène à la ferme.*

▶ Autre mot de la famille : lance-pierre.

piété n. f. Caractère d'une personne pieuse. → **dévotion, ferveur.** *C'est une femme d'une grande piété.*

piétiner v. (conjug. 3) **1.** Avancer très lentement ou rester sur place au lieu d'avancer. *La foule piétinait à l'entrée du parc d'attractions.* **2.** Écraser avec les pieds. *Ne piétinez pas les platebandes !* **3.** Ne faire aucun progrès. *L'enquête piétine.* → **stagner.**

pigeonnier

① **piéton** n. m. Personne qui circule à pied. *Les piétons doivent marcher sur les trottoirs.*

▸ ② **piéton, piétonne** adj. Réservé aux piétons. ➜ **piétonnier.** *Dans le centre ville, beaucoup de rues sont piétonnes.*

▸ **piétonnier, piétonnière** adj. Réservé aux piétons. ➜ ② **piéton.** *Des rues piétonnières.*

piètre adj. Médiocre. *Ce n'est qu'une piètre consolation.*

▸ Ce mot appartient au langage soutenu.

pieu n. m. Morceau de bois dont l'un des bouts est pointu de façon à pouvoir être enfoncé dans le sol. ➜ **piquet.** *Les pieux d'une clôture.* ▮ homonyme : pieux.

pieusement adv. **1.** Avec piété. **2.** Avec un grand respect. *Elle conserve pieusement les dents de lait de ses enfants.* ▷ Mot de la famille de pieux.

pieuvre n. f. Gros mollusque marin qui a huit tentacules munis de ventouses. ➜ **poulpe** et aussi **calamar.**

pieux, pieuse adj. Qui est très attaché à la religion. ➜ aussi **piété.** *C'est une femme très pieuse, elle va à la messe tous les jours.* ▮ contraire : **impie.** ▮ homonyme : pieu.

▸ Autre mot de la famille : pieusement.

pigeon [piʒɔ̃] n. m. Oiseau au bec légèrement crochu, aux ailes courtes, au plumage blanc, gris ou brun. ➜ **colombe, palombe, ramier** et aussi **tourterelle.** ➜ planches Animaux **domestiques, oiseaux, ville.** *Les pigeons roucoulent. Les pigeons voyageurs sont dressés pour porter des messages.*

▸ **pigeonnier** [piʒɔnje] n. m. Petit bâtiment en hauteur où l'on élève des pigeons. *Les pigeonniers sont percés de niches qui abritent les pigeons.*

piger v. (conjug. **5b**) Familier. Comprendre. *Julie n'a rien pigé à l'explication du professeur.*

pigment n. m. Produit coloré. *La chlorophylle des feuilles est un pigment vert.*

① **pignon** n. m. Partie haute et triangulaire du mur d'une maison, entre les deux pentes du toit. *Une maison à pignons décorés.*

② **pignon** n. m. Roue dentée d'un engrenage. *La chaîne de la bicyclette entraîne le pignon de la roue arrière.* ➜ planche **Deux-roues.**

① **pile** n. f. **1.** Tas plus haut que large d'objets mis les uns sur les autres. *Il a une pile de livres sur son bureau.* **2.** *Les piles d'un pont,* les piliers qui soutiennent les arches du pont.

▸ Autres mots de la famille : compilation, empiler, pilier, pilori, pilotis.

② **pile** n. f. Appareil qui fournit de l'électricité à partir de l'énergie chimique. *Des piles rechargeables.*

③ **pile** n. f. et adv.

▪ **n. f.** *Le côté pile d'une pièce de monnaie,* l'envers. ▮ contraire : **face.** *Jouer à pile ou face,* jeter une pièce en l'air pour décider entre deux choses, selon que la pièce retombe d'un côté ou de l'autre.

▪ **adv.** Familier. *Il est midi pile,* exactement midi. ➜ ① **juste ;** fam. **tapant.** *La voiture s'est arrêtée pile au feu rouge,* elle s'est arrêtée net. ➜ aussi ② **piler.**

① **piler** v. (conjug. 3) Écraser en tout petits morceaux. ➜ **broyer.** *Le pâtissier pile des amandes dans un mortier.*

▸ Autres mots de la famille : pilon, pilonner.

② **piler** v. (conjug. 3) Familier. Freiner brutalement. *L'automobiliste a pilé au feu rouge.*

pileux adj. m. *Le système pileux,* l'ensemble des poils et des cheveux.

pilier n. m. Poteau qui soutient un bâtiment. ➜ **colonne.** *Ce temple grec a des piliers en marbre. Les piliers de la nef.* ➜ planche **Cathédrale.** ▷ Mot de la famille de ① pile.

piller [pije] v. (conjug. 3) Voler et détruire tout ce qu'il y a dans un endroit. ➜ **dévaster, saccager.** *Rome fut pillée par les Vandales au 5e siècle.*

▸ **pillage** n. m. Ensemble de vols et de dégâts commis de façon violente. *Les soldats se sont livrés au pillage.* ➜ aussi **razzia,** ② **sac.**

▸ **pillard** n. m., **pillarde** n. f. Personne qui pille. *La ville était la proie des pillards.*

scène de **pillage**

pilon n. m. Instrument long et lourd à bout arrondi, qui sert à piler. *Elle écrase des amandes dans un mortier avec un pilon.*

▸ **pilonner** v. (conjug. 3) Écraser sous les bombes. *Les bombardiers ont pilonné la ville.*
▷ Mots de la famille de ① piler.

pilori n. m. Poteau auquel on attachait les criminels sur la place publique. *Le voleur a été mis au pilori.* ▷ Mot de la famille de ① pile.

pilote n. m. et f. et adj.
▪ n. **1.** Marin qui aide les capitaines à conduire les navires dans les ports. **2.** Personne qui conduit un avion, une voiture ou une moto de course. *Le pilote a réussi à poser l'avion dans un champ. Elle est pilote de course.*
▪ adj. Qui essaie de nouvelles méthodes, qui sert d'exemple. *Une classe pilote.*

▸ **piloter** v. (conjug. 3) **1.** Conduire en tant que pilote. *Il apprend à piloter un avion.* **2.** Servir de guide. *Elle nous a pilotés dans Paris.* ➜ **guider.**

▸ **pilotage** n. m. **1.** Manœuvre d'un pilote de bateau. *Le pilotage est difficile dans ce port.* **2.** Conduite d'un avion, d'un hélicoptère. *L'avion a atterri en pilotage automatique.*
▸ Autre mot de la famille : copilote.

pilotis [pilɔti] n. m. Ensemble de pieux enfoncés en terre sur lesquels on bâtit une maison. ➜ planche **Habitations.** *On construit les maisons sur pilotis quand le terrain est très humide.* ▷ Mot de la famille de ① pile.
▸ Le *s* final ne se prononce pas.

pilule n. f. **1.** Médicament en forme de petite boule que l'on avale. *Des pilules pour le cœur.* ➜ aussi ② **comprimé, gélule, granule. 2.** *La pilule,* c'est un médicament que prend une femme pour ne pas avoir d'enfant. *Elle prend la pilule.* ➜ aussi **contraception.**

pimbêche n. f. Femme ou petite fille prétentieuse et désagréable. *Quelle pimbêche !*

piment n. m. Fruit des régions chaudes au goût très fort, brûlant, que l'on utilise comme épice. ➜ aussi **poivron.**

▸ **pimenté, pimentée** adj. Qui contient du piment. *Cette sauce est très pimentée.* ➜ **épicé,** ① **fort.** ▪ contraire : **fade.**

pimpant, pimpante adj. Élégant et gracieux. *Julie est toute pimpante, ce matin.* ➜ **fringant.**

pin n. m. Arbre qui produit de la résine et dont les aiguilles sont toujours vertes. ➜ planche **Arbres.** *Louise ramasse des pommes de pin.* ▪ homonyme : pain.
▸ Autre mot de la famille : pinède.

pinailler v. (conjug. 3) Familier. Discuter sur des détails. *Il pinaille au lieu d'aller à l'essentiel.* ➜ **ergoter.**

pince n. f. **1.** Instrument formé de deux branches, qui sert à saisir les objets et à les serrer. ➜ **tenailles.** *Il a arraché le clou avec une pince. Les pinces à linge servent à suspendre le linge.* **2.** Extrémité des pattes de certains

a b c d e f g h i j k l m n o p q r s t u v w x y z

crustacés comme le homard ou le crabe. *Alex mange des pinces de tourteau.* ▷ Mot de la famille de pincer.

pincé, pincée adj. *Un air pincé,* mécontent et prétentieux. ▷ Mot de la famille de pincer.

pinceau n. m. Instrument composé d'une touffe de poils au bout d'un manche, qui sert à étaler de la peinture, du vernis ou de la colle. ➔ planche **Artistes.** – Au pl. *Des pinceaux.*

des **pinceaux**

pincer v. (conjug. 5a) **1.** Serrer très fort entre les doigts ou entre deux objets. *Julie a pincé Alex au bras. Léa s'est pincé le doigt dans la porte.* **2.** *Pincer les lèvres,* les rapprocher en les serrant. *Elle pince les lèvres pour ne pas rire.*

▸ **pincée** n. f. Quantité de poudre que l'on peut prendre entre les doigts. *Il faut ajouter une pincée de sel dans la sauce.*

▸ **pincement** n. m. *Un pincement au cœur,* une brève sensation de douleur, d'angoisse. *Il a eu un pincement au cœur en voyant sa fille partir pour un mois.*

▸ **pince-sans-rire** n. m. et f. inv. Personne qui dit des choses drôles avec un air très sérieux. – Au pl. *Des pince-sans-rire.* ▷ Mot de la famille de sans et de ① rire.

▸ **pincettes** n. f. pl. Longue pince qui sert à remuer les bûches dans le feu. – *Ne pas être à prendre avec des pincettes,* être de très mauvaise humeur.

▸ **pinçon** n. m. Marque sur la peau lorsqu'elle a été pincée.

▸ Autres mots de la famille : pince, pincé.

pinède n. f. Plantation de pins. ▷ Mot de la famille de pin.

pingouin n. m. Gros oiseau de mer aux pattes palmées, aux ailes courtes, au plumage noir et blanc. ➔ planche **Pôles.** *Les pingouins vivent sur la banquise du pôle Nord.* ➔ aussi **manchot.**

▸ Ce mot vient du néerlandais.

ping-pong [piŋpɔ̃g] n. m. inv. Tennis de table. ➔ planche **Sport.** *Les enfants ont fait plusieurs parties de ping-pong. Une table de ping-pong.*

pingre adj. Avare. *Elle est très pingre.*

▸ Ce mot appartient au langage soutenu.

pin's [pins] n. m. Petit insigne décoratif qui se pique sur un vêtement. *Elle collectionne les pin's.*

▸ Ce mot vient de l'anglais *pin* qui veut dire «épingle».

pinson n. m. Oiseau au plumage bleu verdâtre et au bec court, qui chante très bien. – *Être gai comme un pinson,* très gai.

pintade n. f. Oiseau de la taille d'une poule, qui a un plumage sombre avec des taches claires. *Le cuisinier a préparé de la pintade au chou.*

▸ Ce mot vient du portugais. ➔ ÉTYM.

▸ **pintadeau** n. m. Petit de la pintade. *Des pintadeaux rôtis.*

pinte n. f. Mesure que l'on emploie pour les liquides en Grande-Bretagne, aux États-Unis et au Canada. *Une pinte de lait.*

pioche n. f. **1.** Outil formé d'un manche au bout duquel est fixé un fer dont une extrémité est pointue et l'autre aplatie et tranchante. *Le terrassier creuse le sol avec une pioche.* **2.** Tas de cartes ou de dominos où l'on pioche pendant la partie. *Il a pris une carte dans la pioche.*

▸ **piocher** v. (conjug. 3) **1.** Creuser avec une pioche. *Le jardinier pioche la terre.* **2.** Prendre une carte ou un domino dans un tas. *Julie a dû piocher deux fois.*

piolet n. m. Instrument qui ressemble à une petite pioche légère, utilisé par les alpinistes. *Les alpinistes taillent des marches dans la glace avec leur piolet.*

① **pion** n. m. Pièce du jeu de dames et de divers autres jeux. *Théo et Alex placent leurs pions sur le damier.*

② **pion** n. m., **pionne** n. f. Familier. Personne qui surveille les élèves, dans un lycée ou un collège. → **surveillant.**

pionnier n. m., **pionnière** n. f. **1.** n. m. Personne qui s'installe dans une région que personne n'a encore jamais habitée. → **colon.** *Les pionniers du Far West américain.* **2.** Personne qui, la première, fait une chose nouvelle. *Hélène Boucher est une pionnière de l'aviation.*

pipe n. f. Petit tuyau terminé à un bout par une partie évasée dans laquelle on met du tabac que l'on fume. *Son père fume la pipe.*

▸ **pipeau** n. m. Petite flûte. – Au pl. *Des pipeaux.*

▸ Autre mot de la famille : pipette.

pipeline [pajplajn] ou [piplin] n. m. Canalisation qui sert au transport de gaz ou de certains liquides sur de longues distances. *Le pétrole est transporté par pipelines.* → **oléoduc.**
Ce mot vient de l'anglais.

pipeline

piper v. (conjug. 3) **1.** *Ne pas piper,* ne pas dire un mot. *Elle l'a écouté sans piper.* **2.** *Piper des cartes, des dés,* les truquer. *Les cartes sont pipées.*

pipette n. f. Petit tube gradué qui sert à prélever un peu de liquide pour faire une expérience dans un laboratoire. ▷ Mot de la famille de pipe.

pipi n. m. Familier. Urine. *Paul a fait pipi derrière un arbre.*

piquant adj. et n. m., **piquante** adj.
▪ adj. Qui donne une sensation de piqûre. *Cette sauce est très piquante.*
▪ n. m. Sorte d'épine ou de poil dur de certaines plantes ou de certains animaux. *Le hérisson a dressé ses piquants.* ▷ Mot de la famille de piquer.

① **pique** n. f. Arme formée d'un long bâton muni d'un fer plat et pointu. → **lance.** ▮ homonyme : pic.

▸ ② **pique** n. m. Marque du jeu de cartes représentée par un fer de pique noir. *La dame de pique.*

▷ Mots de la famille de piquer.

en piqué adv. *En piqué,* presque à la verticale. *L'avion est descendu en piqué.* ▷ Mot de la famille de piquer.

avions en piqué

pique-assiette n. m. et f. Personne qui se fait inviter sans cesse. → **parasite.** – Au pl. *Des pique-assiettes.* ▷ Mot de la famille de piquer et de assiette.

pique-nique n. m. Repas en plein air dans la nature. *Nous faisons souvent des pique-niques en forêt.*
On peut aussi écrire *piquenique,* en un seul mot.

▸ **pique-niquer** v. (conjug. 3) Faire un pique-nique. *Les enfants ont pique-niqué au bord de la rivière.*
On peut aussi écrire *piqueniquer,* en un seul mot.

piquer v. (conjug. 3) **1.** Percer légèrement la peau avec une pointe. *Léa s'est piqué le doigt avec une épingle.* **2.** Enfoncer une aiguille. *Le médecin a piqué Alex dans le bras,* il lui a fait une piqûre. **3.** Enfoncer son dard dans la peau de sa victime. *Un moustique m'a piqué.*

a b c d e f g h i j k l m n o p q r s t u v w x y z

4. Donner une sensation de piqûre. *La fumée pique les yeux.* ➜ **irriter, picoter** et aussi **piquant.** **5.** Percer pour attraper. *Il pique le morceau de viande avec sa fourchette.* **6.** Coudre à la machine. *La couturière pique l'ourlet du pantalon.* **7.** Familier. Avoir brusquement. *Julie a piqué une crise parce qu'elle ne trouvait plus son cartable.* **8.** Familier. Voler. *Qui m'a piqué mon stylo ?* ➜ fam. **chiper, ② faucher.** **9.** Tomber, descendre brusquement. *L'avion piquait, faisait un looping et remontait.*

▸ **piquet** n. m. **1.** Petit pieu. *Le campeur enfonce les piquets de la tente.* **2.** *Un piquet de grève,* un groupe de grévistes qui reste sur place pour veiller à ce que la grève soit bien suivie. *Il y a un piquet de grève devant l'entrée de l'usine.*

▸ **piqueter** v. (conjug. 6b) Parsemer de points, de petites taches. *Son visage est piqueté de taches de rousseur.*

▸ **piqûre** n. f. **1.** Petite blessure faite par un objet ou un animal qui pique. *Théo a des piqûres de moustiques sur les jambes.* **2.** Suite de points faits à la machine ou à la main, qui sert de couture ou d'ornement sur un vêtement, un sac, etc. **3.** Introduction de l'aiguille d'une seringue dans une partie du corps, pour prélever du sang ou pour injecter un médicament. *Le médecin lui a fait une piqûre d'antibiotiques.* ➜ aussi **injection.**

▸ Attention à l'accent circonflexe du *û.*

▸ Autres mots de la famille : à-pic, marteau-piqueur, pic, à pic, picorer, picotement, picoter, piquant, ① et ② pique, en piqué, pique-assiette, repiquer.

piranha [piʀana] n. m. Petit poisson carnassier des fleuves d'Amérique du Sud qui est extrêmement vorace. ➜ planche **Poissons.**

▸ Ce mot vient d'une langue indienne d'Amérique du Sud.

pirate n. m. **1.** Bandit qui pillait les navires. ➜ aussi **corsaire.** *Les pirates écumaient les mers.* **2.** *Un pirate de l'air,* une personne qui détourne un avion et prend en otage l'équipage et les passagers.

▸ **pirater** v. (conjug. 3) Faire un double d'une œuvre, illégalement. *Il a déjà piraté des DVD et des logiciels.*

▸ **piratage** n. m. Action de pirater. *Le piratage est puni par la loi.*

▸ **piraterie** n. f. Pillage fait par les pirates. *Des actes de piraterie.*

pire adj. **1.** Plus mauvais, plus pénible. *La situation est pire que je ne croyais,* elle est encore plus grave. ▮ contraire : **meilleur.** *C'est bien pire que la dernière fois.* ▮ contraire : **mieux.** **2.** Le plus mauvais. *Elle a les pires ennuis avec sa voiture,* les plus graves ennuis. – n. m. *On a réussi à éviter le pire.*

▸ Autre mot de la famille : empirer.

pirogue n. f. Longue barque étroite et plate que l'on fait avancer avec une pagaie. *On utilise des pirogues en Afrique et en Océanie.*

▸ Ce mot vient d'une langue indienne d'Amérique du Sud.

pirogue

pirouette n. f. Tour ou demi-tour que l'on fait sur soi-même, sans changer de place, en pivotant sur le talon ou la pointe d'un seul pied. *Le patineur a fait une série de pirouettes.*

① **pis** [pi] n. m. Mamelle d'une vache, d'une brebis ou d'une chèvre. ▮ homonymes : ① et ② pie.

② **pis** [pi] adv. *De mal en pis,* de plus en plus mal. *Le malade va de mal en pis.*

▸ Ce mot appartient au langage soutenu.

▸ **pis-aller** [pizale] n. m. inv. Moyen, solution que l'on adopte faute de mieux. *Ce n'est qu'un pis-aller, nous trouverons mieux par la suite.* – Au pl. *Des pis-aller.* ▷ Mot de la famille de ① aller.

pisciculture n. f. Élevage des poissons. ▷ Mot de la famille de ① culture.

piscine n. f. (➜ ÉTYM.) Grand bassin dans lequel on nage. *Théo et Léa sont allés à la piscine hier.*

pisé [pize] n. m. Mélange de terre et de paille utilisé dans la construction. *Les cases de ce village africain ont des murs de pisé.* → **torchis.**

pissenlit n. m. Plante que l'on trouve dans les prés, qui a des feuilles longues et dentées et des fleurs jaunes. *Les feuilles de pissenlit se mangent en salade.*

pissenlit

pistache n. f. Graine verdâtre d'un fruit qui pousse dans les pays chauds, que l'on mange salée ou que l'on utilise pour faire des crèmes, des glaces, etc. → planche **Fruits.** *Des chocolats fourrés à la pistache.*

piste n. f. **1.** Trace laissée par un animal. *Le chien suit la piste d'un lièvre.* **2.** Indices qui mettent sur la bonne voie. *La police est sur la piste des ravisseurs,* elle a des indications qui la guident pour retrouver les ravisseurs. **3.** Terrain aménagé pour une course sportive. *La piste d'un vélodrome.* **4.** Partie circulaire d'un cirque où le spectacle se déroule. → planche **Cirque.** *Les lions sont entrés en piste.* **5.** Terrain aménagé pour un usage particulier. *Une piste de ski. Une piste cyclable. Une piste d'atterrissage.*

▶ Autres mots de la famille : dépistage, dépister.

pistil [pistil] n. m. Partie femelle de la fleur qui reçoit le pollen. → planche **Fleurs.**

On prononce le *l* final.

pistolet n. m. **1.** Petite arme à feu. → **révolver.** *Le témoin a entendu un coup de pistolet.* **2.** En Belgique. Petit pain rond.

① **piston** n. m. Pièce qui se déplace dans un tube par un mouvement de va-et-vient. *Les pistons d'un moteur.*

② **piston** n. m. Familier. Recommandation venant de personnes importantes, qui aide à obtenir un poste, un avancement. *Il a été nommé directeur par piston.*

▶ **pistonner** v. (conjug. 3) Intervenir en faveur d'une personne pour lui obtenir un poste, une faveur. *Il est pistonné par le ministre.* → **appuyer.**

pitance n. f. Nourriture insuffisante ou de mauvaise qualité. *Le prisonnier mange sa maigre pitance.*

Ce mot appartient au langage soutenu.

pitbull [pitbyl] ou [pitbul] n. m. Chien de taille moyenne, au poil court et rude, qui peut être utilisé pour des combats de chiens. *Dans certains pays dont la France, les pitbulls sont soumis à une réglementation car ils sont considérés comme des chiens dangereux.*

Ce mot vient de l'anglais.

piteux, piteuse adj. Pitoyable. *Il a eu un accident, sa moto est en piteux état,* en très mauvais état. → **pitoyable.**

▶ **piteusement** adv. D'une façon piteuse. *L'affaire a piteusement échoué.* → **lamentablement, pitoyablement.**

pitié n. f. Sentiment de sympathie que l'on éprouve pour une personne qui souffre. *Elle a eu pitié du SDF et lui a donné de l'argent.* → **compassion** et aussi **pitoyable.**

piton n. m. **1.** Clou ou vis dont la tête forme un anneau ou un crochet. **2.** *Un piton rocheux,* un sommet de montagne très élevé et très pointu. → **pic.** ▮ homonyme : python.

piton

pitoyable adj. Qui inspire la pitié. → **déplorable, lamentable, piteux.** *Ce pauvre chien errant est dans un état pitoyable.*

▸ **pitoyablement** adv. D'une façon pitoyable, lamentable. ➜ **lamentablement, piteusement.**

▶ Autres mots de la famille : impitoyable, impitoyablement.

pitre n. m. Personne qui fait rire par des plaisanteries, des grimaces. *Arrête de faire le pitre !* ➜ **clown.**

▸ **pitrerie** n. f. Plaisanterie, grimace pour amuser les autres. *Il fait sans cesse des pitreries.* ➜ **clownerie.**

pittoresque adj. Qui attire l'attention par son aspect original. *Les vieux quartiers de la ville sont très pittoresques.* ▮ contraire : **banal.**
◗ Ce mot s'écrit avec deux *t.*

pivert n. m. Oiseau jaune et vert qui frappe l'écorce des arbres avec son bec pour en faire sortir les larves d'insectes dont il se nourrit. ➜ planches **Forêt, oiseaux.**
◗ On écrit aussi *pic-vert, des pics-verts.*

pivoine n. f. Grosse fleur rouge, rose ou blanche. *Un bouquet de pivoines.*

pivot n. m. Pièce d'un mécanisme sur laquelle s'emboîte une autre pièce qui peut ainsi tourner. *L'aiguille d'une boussole repose sur un pivot.*

▸ **pivoter** v. (conjug. 3) Tourner comme autour d'un pivot. *Il a pivoté sur ses talons et fait demi-tour.*

pizza [pidza] n. f. Tarte salée faite de pâte à pain recouverte de tomates, de jambon, de fromage, etc. *Julie mage souvent des pizzas.*
◗ C'est un mot italien qui veut dire «galette».

▸ **pizzéria** [pidzeʀja] n. f. Restaurant où l'on sert des pizzas. *Il connaît les meilleures pizzérias.*
◗ On emploie aussi la graphie italienne *pizzeria,* sans accent.

placard n. m. Armoire aménagée dans un mur et fermée par une porte. *Léa range ses chaussures dans le placard.*

placarder v. (conjug. 3) Afficher. *On a placardé sur la porte du restaurant un avis interdisant de fumer.*

place n. f. **1.** Espace entouré de bâtiments. *Il habite sur la place de la mairie.* **2.** *Une place forte,* une forteresse. **3.** Partie d'un lieu. *Théo est très énervé, il ne tient pas en place,* il bouge sans arrêt. *Le commissaire s'est rendu sur place,* là où l'évènement s'est produit. **4.** Endroit qu'une personne ou une chose occupe. *Où sont mes lunettes ? Elles ne sont pas à leur place.* **5.** Siège. *Il a réservé deux places de train.* **6.** Espace inoccupé. *Il n'y a plus de place dans ce placard. Je cherche une place pour garer ma voiture.* **7.** *Se mettre à la place de quelqu'un,* imaginer qu'on est dans sa situation. *À ta place, je m'en irais,* si j'étais toi. – *Qui va à la chasse perd sa place,* on risque de trouver une situation différente à son retour. **8.** Rang dans un classement. *Cette chanson occupe la première place du hit-parade,* elle est classée première. **9.** Emploi. *Une bonne place. Il a perdu sa place,* il a été renvoyé. **10.** *À la place,* pour remplacer. *Nous ne pouvons pas vous rembourser, mais choisissez un autre article à la place.*

▶ Autres mots de la famille : déplacé, déplacement, déplacer, emplacement, irremplaçable, placement, placer, remplaçant, remplacement, remplacer, replacer, surplace.

placement n. m. Le fait de placer de l'argent pour qu'il rapporte des intérêts. *Vous avez fait un bon placement.* ➜ **investissement.** ▷ Mot de la famille de place.

placenta [plasɛ̃ta] n. m. Organe situé dans l'utérus d'une femme enceinte et qui sert aux échanges nutritifs et respiratoires entre la mère et le fœtus. *Le placenta est expulsé au moment de l'accouchement.*
◗ C'est un mot latin qui veut dire «galette».

placer v. (conjug. 5a) **1.** Conduire quelqu'un à une certaine place. *L'ouvreuse nous a placés au premier rang.* **2.** Mettre une chose quelque part. ➜ **disposer, poser.** *Il a placé l'escabeau sous le plafonnier pour changer l'ampoule.* **3.** *Placer un mot,* dire quelque chose. *Il est si bavard qu'on ne peut pas placer un mot quand il parle.* **4.** *Placer de l'argent,* le confier à une banque pour qu'il rapporte des intérêts. ▷ Mot de la famille de place.

placide adj. Doux et calme. *C'est un homme placide.*
◗ Ce mot appartient au langage soutenu.

plafond n. m. **1.** Partie horizontale supérieure d'une pièce, opposée au plancher. *Le plafond du salon est orné de moulures.* **2.** Maximum, niveau supérieur que l'on ne peut pas dépasser. *Le gouvernement a fixé un plafond pour le prix de l'essence.* ▮ contraire : **plancher.**

▸ **plafonner** v. (conjug. 3) Atteindre un niveau maximum. *Cet avion plafonne à 5 000 mètres,* il ne peut pas voler à une altitude supérieure.

▸ **plafonnier** n. m. Lampe fixée au plafond.

plage n. f. **1.** Étendue plate de sable ou de galets, au bord de la mer. *Ils ont passé la journée à la plage.* **2.** *La plage arrière d'une voiture,* l'endroit plat situé sous la vitre arrière.

plage

plagier v. (conjug. 9) *Plagier un auteur,* le copier. *Il est accusé d'avoir plagié son émission.*

▸ **plagiat** n. m. Le fait de copier un auteur ou une œuvre. *Un écrivain accusé de plagiat.*

plaid [plɛd] n. m. Couverture en lainage écossais.

▸ Ce mot vient de l'écossais.

plaider v. (conjug. 3) Défendre une cause devant un tribunal. *L'avocat plaide pour son client.*

▸ **plaidoirie** n. f. Discours que fait un avocat pour défendre son client. *L'avocat a fait une longue plaidoirie.*

▸ **plaidoyer** n. m. Défense passionnée. *Ce livre est un plaidoyer en faveur de la paix.*

plaie n. f. Blessure dans la chair. *Il faut désinfecter la plaie.*

plaindre v. (conjug. 55) **1.** Éprouver de la pitié pour quelqu'un. *Je plains ces malheureux qui dorment dehors en hiver.* **2. se plaindre,** exprimer sa douleur ou son mécontentement. *Julie a mal au ventre, elle se plaint. Ils se plaignent du bruit que font leurs voisins. Arrête de te plaindre !* ➜ **geindre.**

▸ **plaignant** n. m., **plaignante** n. f. Personne qui dépose une plainte en justice.

▸ Autres mots de la famille : complainte, plainte, plaintif.

plaine n. f. Grande étendue de pays plat et peu élevé. *La Belgique est un pays de plaines.*

de **plain-pied** adv. Au même niveau. *Le salon ouvre de plain-pied sur le jardin.* ▷ Mot de la famille de ① pied.

plainte n. f. **1.** *Il a porté plainte contre ses voisins,* il les a accusés devant la justice. **2.** Cri qu'on pousse quand on a mal. *La blessée était très courageuse pendant qu'on lui refaisait son pansement, on n'a pas entendu une seule plainte.* ➜ **gémissement** et aussi **jérémiades, lamentations.** ▮ homonyme : plinthe.

▸ **plaintif, plaintive** adj. Qui ressemble à une plainte. *Elle parle d'une voix plaintive,* douce et faible. ➜ **geignard.**

▷ Mots de la famille de plaindre.

plaire v. (conjug. 57) **1.** *Plaire à quelqu'un,* lui être agréable, convenir à ses goûts. *Ce film m'a beaucoup plu,* je l'ai trouvé intéressant et beau. **2.** *S'il te plaît, s'il vous plaît,* si cela ne te, ne vous dérange pas. *Passe-moi le pain, s'il te plaît.*

▸ se **plaire** v. **1.** S'apprécier mutuellement. *Ils se sont plu dès qu'ils se sont vus.* **2.** Trouver du plaisir à être quelque part. *Elle se plaît beaucoup à la montagne.*

▸ Autres mots de la famille : se complaire, complaisance, complaisant, déplaire, se déplaire, déplaisant, plaisance, plaisancier, plaisant, plaisanter, plaisanterie, plaisantin, plaisir.

plaisant adj. et n. m., **plaisante** adj.
▪ adj. **1.** Agréable, charmant. *Ce n'est pas très plaisant de se faire marcher sur les pieds.* ▮ contraire : **déplaisant. 2.** Amusant. *Il lui est arrivé une aventure plaisante.*

▪ n. m. *Un mauvais plaisant,* une personne qui fait des farces de mauvais goût. ➜ **plaisantin.** *Un mauvais plaisant leur a téléphoné en pleine nuit.*

▸ **plaisance** n. f. *Un bateau de plaisance,* qui sert à naviguer pour son plaisir et non pour son travail. ➜ **yacht.** – *Un port de plaisance,* réservé aux bateaux de plaisance.

▸ **plaisancier** n. m., **plaisancière** n. f. Personne qui pratique la navigation pour son plaisir.

▸ **plaisanter** v. (conjug. 3) **1.** Dire des choses qui font rire. ➜ fam. **blaguer.** *Elle aime bien plaisanter.* **2.** *Ne pas plaisanter avec quelque chose,* c'est le prendre très au sérieux. *La directrice ne plaisante pas avec la discipline.*

▸ **plaisanterie** n. f. Chose que l'on dit ou que l'on fait pour amuser, pour faire rire. *Paul aime bien faire des plaisanteries.* ➜ ① **farce ;** fam. **blague.**

▸ **plaisantin** n. m. Personne qui fait des plaisanteries ou des farces de mauvais goût. ➜ mauvais **plaisant.**

▷ Mots de la famille de plaire.

plaisir n. m. (➜ ÉTYM.) **1.** Impression agréable que l'on a quand on est content. ➜ **bien-être, contentement.** *Quel plaisir de vous revoir !* ➜ **bonheur, joie.** ▮ contraire : **tristesse.** *L'appétit de Louise fait plaisir à voir.* **2.** *Avec plaisir,* volontiers. *Voulez-vous venir avec nous ? – Avec plaisir.* ▷ Mot de la famille de plaire.

① **plan, plane** adj. Qui est uni, plat, lisse. *L'eau au repos est une surface plane.* ▮ homonyme : plant.

▸ ② **plan** n. m. **1.** Surface plane. *Les camions montent dans le bateau à l'aide d'un plan incliné.* **2.** *Le premier plan d'une photo,* ce qui est à l'avant, le plus près. *Sur la photo, Julie est au premier plan.* ▮ contraire : **arrière-plan.** *Un gros plan,* c'est une image rapprochée d'un objet ou d'un visage, au cinéma. **3.** Importance, valeur. *On ne peut pas mettre ces deux livres sur le même plan.* ➜ **niveau.**

▸ Autres mots de la famille : aplanir, arrière-plan, biplan, monoplan, planer, planeur.

③ **plan** n. m. **1.** Dessin qui représente un bâtiment ou une ville vus du dessus. *Il cherche une rue sur le plan.* **2.** Organisation des différentes parties d'un texte. *Avant de commencer un exposé, il faut en faire le plan,* définir la façon dont se suivent les informations. **3.** Projet organisé. *Théo et Paul ont élaboré un plan pour les prochaines vacances.*

▸ Autres mots de la famille : planification, planifier.

planche n. f. **1.** Morceau de bois plat, long et étroit. ➜ **latte.** *Il a acheté des planches pour faire une étagère.* – *Une planche à pain,* sur laquelle on pose le pain pour le couper. *Une planche à repasser.* **2.** *Faire la planche,* se laisser flotter sur le dos. **3.** *Les planches,* la scène au théâtre. *Il a toujours rêvé de monter sur les planches,* de faire du théâtre. **4.** Feuille d'un livre qui comporte uniquement des dessins. *Louise consulte la planche des champignons.* **5.** *Une planche à roulettes,* une planche munie de roulettes sur laquelle on peut se déplacer. ➜ **skateboard.** **6.** *Une planche à voile,* une planche munie d'une voile que l'on fait avancer sur l'eau.

port de **plaisance**

▶ **plancher** n. m. **1.** Sol d'une pièce, souvent fait de planches. ➜ **parquet** et aussi **plafond.** **2.** Minimum, niveau inférieur sous lequel on ne peut aller. *Le plancher des cotisations a été relevé.* ▮ contraire : **plafond.**

▶ **planchiste** n. m. et f. Personne qui fait de la planche à voile. ➜ **véliplanchiste.**

▶ Autre mot de la famille : véliplanchiste.

plancton n. m. Ensemble de très petits animaux qui vivent dans l'eau. *Les baleines se nourrissent de plancton.*

planer v. (conjug. 3) **1.** Voler sans battre des ailes. *L'aigle plane au-dessus de la vallée.* **2.** Voler sans moteur. *L'avion descendait en planant.* ➜ aussi **planeur.** **3.** Être là comme une menace. *Il a laissé planer un doute sur sa participation à la compétition.* ▷ Mot de la famille de ① plan.

planète n. f. (➜ ÉTYM.) Corps qui tourne autour du Soleil. *Mercure, Vénus, la Terre, Mars, Jupiter, Saturne, Uranus et Neptune sont les huit planètes du système solaire.* ➜ planche **Soleil.**

▶ **planétaire** adj. **1.** *Le système planétaire,* l'ensemble des planètes. **2.** Qui concerne la planète Terre tout entière. *La pollution est un problème planétaire.* ➜ **mondial.**

▶ **planétarium** n. m. Représentation de la voûte céleste et des astres dans une salle en forme de coupole. *Le planétarium du palais de la Découverte, à Paris.* – Au pl. *Des planétariums.*

▶ Autre mot de la famille : interplanétaire.

planeur n. m. Avion léger, sans moteur, fait pour planer. ➜ planche **Avions.** ▷ Mot de la famille de ① plan.

planifier v. (conjug. 9) Organiser quelque chose en suivant un plan. *Il a planifié son voyage.*

▶ **planification** n. f. Organisation selon un plan. *La planification des vacances.*

▷ Mots de la famille de ③ plan.

planisphère n. m. Carte qui représente toute la Terre. ➜ aussi **mappemonde.** ▷ Mot de la famille de sphère.

▶ *Planisphère* est un nom masculin : on dit *un planisphère.*

planning [planiŋ] n. m. Programme de travail. *Elle a fait son planning pour la semaine.* – Au pl. *Des plannings.*

▶ Ce mot s'écrit avec deux *n.* • C'est un mot anglais qui vient du verbe *to plan* «prévoir».

se planquer v. (conjug. 4) Familier. Se cacher, se mettre à l'abri. *Quand ils ont entendu du bruit, les cambrioleurs se sont planqués sous l'escalier.*

plant [plɑ̃] n. m. Plante jeune destinée à être repiquée ou qui vient de l'être. *Il repique des plants de salade.* ▮ homonymes : ①, ② et ③ plan.

▷ Mot de la famille de planter.

des **plants** de tomates

plantaire adj. *Une verrue plantaire,* sur la plante du pied. ▷ Mot de la famille de ① plante.

plantation n. f. **1.** Action de planter. *La plantation d'un arbre.* **2.** Ensemble de plantes cultivées. ➜ ① **culture.** *L'orage a abîmé les plantations.* **3.** Grande exploitation agricole où l'on cultive des produits tropicaux. *Une plantation d'ananas.* ▷ Mot de la famille de planter.

① **plante** n. f. *La plante du pied,* c'est le dessous du pied.

▶ Autres mots de la famille : plantaire, plantigrade.

② **plante** n. f. Végétal qui a des racines, une tige et des feuilles. *Les arbres, l'herbe, les fleurs sont des plantes.* ➜ aussi **flore, végétation** et **botanique.** *Il y a une plante verte dans le salon, une plante d'intérieur sans fleurs qui reste toujours verte. Elle se soigne par les plantes.* ➜ planche **Plantes** et santé. ▷ Mot de la famille de planter.

plantes et santé

Les plantes servent depuis des siècles à fabriquer des remèdes utilisés dans la médecine traditionnelle, particulièrement en Afrique, en Asie et en Amérique du Sud, et comme « médecine douce » pour les soins quotidiens dans les pays développés. On emploie différentes parties de la plante, fraîches ou séchées : racine, tige, écorce, bourgeon, feuille, fleur, fruit, graine... L'industrie pharmaceutique fabrique aussi de puissants médicaments à partir de plantes comme le pavot (morphine, contre la douleur) ou l'if (contre le cancer). Naturel ne signifie pas sans danger : certains végétaux sont très toxiques (digitale, belladone, ciguë...).

➔ botanique, herboriste, homéopathie, médicinal.
➔ planche fleurs.

La fleur de l'**aubépine** est bonne pour le cœur.

La racine de **valériane** réduit la nervosité et favorise le sommeil.

Le fruit du **fenouil** stimule la digestion.

La racine de **bardane** traite les affections cutanées.

Les extraits de **pervenche de Madagascar**, bloquant la division des cellules, sont utilisés dans le traitement du cancer.

cueillette de la pervenche de Madagascar

☠ L'**if**, qui est l'arbre le plus toxique, contient des substances anticancéreuses.

La **passiflore** sert à traiter les troubles du sommeil et l'anxiété.

La **violette** calme la toux.

L'**arnica**, surnommé herbe aux chutes, sert lors des petits traumatismes (contusion, bosse, hématome…).

La racine de **gentiane** a des vertus digestives et toniques.

L'opium, extrait du latex du fruit du **pavot**, fournit le médicament le plus efficace contre la douleur, la morphine, et une drogue, l'héroïne.

L'infusion de fleurs de **tilleul** est apaisante et calmante.

☠ L'utilisation de la **belladone** doit se faire sous contrôle médical car toutes ses parties sont extrêmement toxiques.

Le **gingembre** est efficace contre les nausées.

☠ La digitaline, extraite de la **digitale**, agit sur le cœur et peut provoquer la mort par arrêt cardiaque.

planter v. (conjug. 3) **1.** Mettre une plante dans la terre. *Ils ont planté des sapins.* ➜ aussi **repiquer.** ▮ contraires : **arracher, déraciner. 2.** Enfoncer. *Elle plante un clou dans le mur.* **3.** Mettre debout, droit. *Le campeur a planté la tente au bord de la rivière.* – **se planter,** se tenir debout et immobile. *Ils se sont plantés devant moi pour m'empêcher de passer.*

▸ **planteur** n. m., **planteuse** n. f. Personne qui possède une plantation dans les pays tropicaux. *Un planteur de café.*

▶ Autres mots de la famille : implantation, implanter, plant, plantation, ② plante, plantoir, plantule, replanter, transplantation, transplanter.

plantigrade adj. Qui marche en posant la plante du pied sur le sol. *L'homme, le singe, l'ours sont plantigrades.* – n. *Les plantigrades.*
▷ Mot de la famille de ① plante.

plantoir n. m. Outil pointu qui sert à planter.
▷ Mot de la famille de planter.

plantule n. f. Embryon de plante contenu dans la graine. *La plantule se développe au moment de la germination.* ▷ Mot de la famille de planter.

plantureux, plantureuse adj. *Un repas plantureux,* très abondant. ➜ **copieux.**

plaquer v. (conjug. 3) **1.** Mettre à plat. *Alex a plaqué ses cheveux avec du gel.* **2.** Appuyer avec force en maintenant. *Le judoka plaque son adversaire au sol.*

▸ **plaque** n. f. **1.** Feuille d'une matière rigide, plate et peu épaisse. *La table est recouverte d'une plaque de verre. Les plaques de cuisson d'une cuisinière. La voiture a dérapé sur une plaque de verglas.* ➜ **couche. 2.** Tache plus ou moins grande. *Elle a des plaques rouges sur le visage.*

▸ **plaqué, plaquée** adj. Recouvert d'une fine couche de métal précieux. *Une chaîne plaquée or,* qui n'est pas en or massif. – n. *Du plaqué or,* du métal recouvert d'or.

▸ **plaquette** n. f. Petite plaque. *Il a acheté une plaquette de beurre et une plaquette de chocolat.* ➜ **tablette.** *Les plaquettes de freins sont usées.*

▶ Autre mot de la famille : contreplaqué.

plasma n. m. **1.** *Le plasma sanguin,* c'est la partie liquide du sang dans laquelle baignent les globules rouges et blancs. ➜ **sérum. 2.** *Un écran plasma,* c'est un écran qui utilise une lumière spéciale.

plastic n. m. Explosif qui a la consistance du mastic. *Un attentat au plastic.* ▮ homonymes : ① et ② plastique.
▶ Ce mot vient de l'anglais.
▶ Autres mots de la famille : plastiquage, plastiquer.

plastifier v. (conjug. 9) Couvrir d'une couche de plastique. *Elle a fait plastifier son permis de conduire.*

plastiquage n. m. Attentat au plastic. *Le plastiquage d'un immeuble.* ➜ aussi **plastiquer.**
▷ Mot de la famille de plastic.

① **plastique** adj. *Les arts plastiques,* qui cherchent à représenter des formes. *La sculpture, l'architecture, le dessin, la peinture sont des arts plastiques.* ▮ homonyme : plastic.

② **plastique** adj. *La matière plastique,* c'est une matière artificielle qui peut être moulée. *Un seau en matière plastique.* – n. m. *Des couverts en plastique.*

plastiquer v. (conjug. 3) Faire exploser avec du plastic. ➜ aussi **plastiquage.** *Des terroristes ont plastiqué la villa du ministre.* ▷ Mot de la famille de plastic.

plastron n. m. Partie d'une chemise qui recouvre la poitrine.
▶ Ce mot vient de l'italien.

① **plat, plate** adj. **1.** Sans creux ni bosses. *Un terrain plat.* ➜ ① **plan.** ▮ contraire : **accidenté.** *Une barque à fond plat.* **2.** Peu profond. *Des assiettes plates.* ▮ contraire : **creux. 3.** Peu épais, mince. *La sole est un poisson plat. Des chaussures plates,* à talons peu élevés. **4.** *De l'eau plate,* non gazeuse. *Un style plat,* banal, sans originalité. **5.** *À plat,* horizontalement.

Pose ton cahier bien à plat pour écrire. Le pneu est à plat, il est dégonflé.

▶ ② **plat** n. m. **1.** Partie plate d'une chose. *Le plat de la main,* c'est la paume et les doigts étendus. **2.** Plongeon où le corps arrive dans l'eau à plat. *Il a fait un plat dans la piscine.*

▶ Autres mots de la famille : aplatir, omoplate, plateau, platebande, plateforme, ① platine, platitude.

③ **plat** n. m. **1.** Grande assiette dans laquelle on sert les aliments à table. *Elle pose le plat brûlant sur la table.* – *Mettre les petits plats dans les grands,* faire des dépenses inhabituelles pour recevoir un invité. **2.** Contenu d'un plat. *Alex a fini le plat.* **3.** Aliment préparé pour être mangé. *Le cassoulet est un plat du sud-ouest de la France.*

▶ Autre mot de la famille : dessous-de-plat.

platane n. m. Grand arbre au feuillage épais, à écorce lisse se détachant par plaques irrégulières. → planche **Arbres.** *La route est bordée de platanes.*

plateau n. m. **1.** Objet plat qui sert à poser et à transporter des objets. *Le serveur apporte les consommations sur un plateau. Le plateau d'une balance,* la partie plate sur laquelle on pose les poids ou les choses que l'on veut peser. **2.** Étendue de pays assez plate, dominant les environs. *Du plateau, on a une belle vue sur la ville. Une région de hauts plateaux.* **3.** Endroit où sont plantés les décors et où jouent les comédiens, au théâtre ou dans un studio de cinéma. *Les acteurs sont sur le plateau.* ▷ Mot de la famille de ① plat.

platebande n. f. Bande de terre cultivée, dans un jardin. *Le jardinier sarcle les platebandes.* ▷ Mot de la famille de ① plat et de ② bande.

▶ Écrire *platebande* en un seul mot est conforme à la nouvelle orthographe. • On écrit aussi *plate-bande, des plates-bandes.*

plateforme n. f. **1.** Surface plane, horizontale, construite à une hauteur plus ou moins grande. *Les personnes qui exploitent le pétrole en mer travaillent sur des plateformes de forage.* **2.** Partie ouverte, à l'arrière de certains autobus. *Il aime bien voyager sur la plateforme.* ▷ Mot de la famille de ① plat et de forme.

▶ Écrire *plateforme* en un seul mot est conforme à la nouvelle orthographe. • On écrit aussi *plate-forme, des plates-formes.*

plateforme de forage

① **platine** n. f. *La platine d'une chaîne stéréo,* le support plat sur lequel on pose le disque. *Une platine laser.* ▷ Mot de la famille de ① plat.

② **platine** n. m. Métal précieux, d'un blanc grisâtre. *Une montre en platine.*

▶ Ce mot vient de l'espagnol.

platitude n. f. Parole banale, sans intérêt. *Il débite des platitudes depuis une demi-heure.* → **banalité.** ▷ Mot de la famille de ① plat.

plâtre n. m. **1.** Poudre blanche qui, mélangée à de l'eau, forme une pâte dure en séchant. *Les murs de la maison sont recouverts de plâtre.* **2.** Bandage imprégné de plâtre qui maintient immobile un membre cassé. *Paul s'est cassé la jambe, on lui a mis un plâtre.*

▶ **plâtrer** v. (conjug. 3) **1.** Recouvrir de plâtre. *Il a plâtré les fissures du plafond.* **2.** Immobiliser une partie du corps dans un plâtre. *On lui a plâtré le bras.*

▶ **plâtrier** n. m., **plâtrière** n. f. Personne qui travaille le plâtre pour en recouvrir les murs ou faire d'autres travaux.

a b c d e f g h i j k l m n o p q r s t u v w x y z

plausible adj. Que l'on peut croire. → **crédible, vraisemblable.** *Les raisons qu'il a données pour expliquer son retard sont très plausibles.*

play-back [plɛbak] n. m. inv. Interprétation mimée d'une chanson enregistrée auparavant. *La chanteuse chante en play-back devant les caméras de télévision.* ▮ contraire : en **direct.** – Au pl. *Des play-back.*

▶ Ce mot vient de l'anglais *to play* «jouer» et *back* «derrière».

plèbe n. f. *La plèbe,* c'était la classe populaire, dans l'Antiquité romaine.

plébiscite [plebisit] n. m. Vote dans lequel on doit répondre par oui ou par non à une question posée par la personne qui dirige le pays. → aussi **référendum.**

▶ Ce mot s'écrit avec *sc.*

▸ **plébisciter** [plebisite] v. (conjug. 3) Approuver à une large majorité. *Le peuple a plébiscité la politique du gouvernement.*

▶ Ce mot s'écrit avec *sc.*

plein adj., n. m., prép. et adv., **pleine** adj.

▪ adj. **1.** Rempli. *Le cinéma est plein.* → **bondé, complet.** ▮ contraire : **vide.** *Ma valise est pleine à craquer. Ta jupe est pleine de taches.* → **constellé.** *Julie est pleine de courage, ce matin.* **2.** *Une femelle pleine,* qui attend des petits. *La jument est pleine.* **3.** Total, entier. *C'est la pleine lune. Elle travaille à plein temps.* ▮ contraire : à temps **partiel. 4.** *En pleine nuit,* au milieu de la nuit. *Julie s'est réveillée en pleine nuit. Il a tiré en plein milieu de la cible,* exactement au milieu. – *En pleine mer,* au large.

▪ n. m. **1.** *Faire le plein (d'essence),* remplir complètement le réservoir d'essence de sa voiture. **2.** *Battre son plein,* c'est être à son point culminant. *La fête bat son plein.*

▪ prép. et adv. En grande quantité. *Il a des bonbons plein les poches.* – Familier. *Il y a plein de monde,* beaucoup de monde.

▸ **pleinement** adv. Entièrement. *Il est pleinement satisfait de ses vacances.* → **complètement, totalement.**

▸ **plénitude** n. f. Totalité. *Malgré son âge, il a gardé la plénitude de ses facultés.*

▶ Autres mots de la famille : terre-plein, trop-plein.

pléonasme n. m. Mot ou expression qui ne fait que répéter ce qui vient d'être dit. *«Descendre en bas» et «prévoir d'avance» sont des pléonasmes.*

pléthore [pletɔʀ] n. f. Excès. ▮ contraires : **manque, pénurie.** *Il y a pléthore de candidats à cette élection,* il y en a trop.

▶ Ce mot appartient au langage soutenu. • Il y a un *h* après le *t.*

▸ **pléthorique** [pletɔʀik] adj. Surabondant, excessif. *Une production pléthorique.*

▶ Il y a un *h* après le *t.*

pleurer v. (conjug. 3) **1.** Verser des larmes. *Louise est tombée et elle s'est mise à pleurer. Alex pleure de rire en regardant les clowns.* **2.** Regretter, être attristé. *Il pleure sa mère disparue.*

▶ Autres mots de la famille : pleurnichard, pleurnicher, pleurs.

pleurésie n. f. Maladie des poumons.

pleurnicher v. (conjug. 3) Pleurer sans raison ou se plaindre sur un ton geignard. → **geindre.** *Julie pleurniche en disant qu'elle a mal au ventre.*

▸ **pleurnichard** n. m., **pleurnicharde** n. f. Personne qui pleurniche. *Le professeur n'aime pas les pleurnichards.*

▷ Mots de la famille de pleurer.

pleurs n. m. pl. Larmes. *Léa est en pleurs,* elle pleure. ▷ Mot de la famille de pleurer.

pleuvoir v. (conjug. 35) **1.** *Il pleut,* il tombe de la pluie. *Il pleut à verse. Il pleut à torrents.* **2.** S'abattre. *Les coups pleuvaient sur le boxeur.*

plexiglas [plɛksiglas] n. m. (marque déposée) Plastique dur transparent imitant le verre. *Une table en plexiglas.*

plexus n. m. *Le plexus solaire,* le réseau de nerfs situé au creux de l'estomac.

pli n. m. **1.** Endroit d'un tissu ou d'un papier qui a été plié ou froissé. *Elle repasse le pli de son pantalon.* **2.** Lettre. *On vient d'apporter un* *pli urgent.* **3.** Cartes que le gagnant ramasse. *Il a fait le dernier pli.* → **levée.**

▸ **plier** v. (conjug. 9) **1.** Mettre en double, une ou plusieurs fois. *Plie ta serviette.* ▪ contraire : **déplier. 2.** Rabattre les parties d'un objet articulé. *Elle plie la chaise longue.* **3.** Se courber. *La branche plie sous le poids des fruits.* → **ployer.**

▸ **se plier** v. **1.** Pouvoir être plié. *Ce lit se plie.* → aussi **pliable, pliant. 2.** *Se plier à,* s'adapter par force, se soumettre à. *Certains élèves ne se plient pas facilement à la discipline.*

▸ **pliable** adj. Qui peut être plié facilement. *Théo a un vélo pliable.*

▸ **pliage** n. m. **1.** Action ou manière de plier. **2.** *Un pliage,* c'est une feuille de papier pliée selon une certaine forme. *Les élèves de maternelle font des pliages.*

▸ **pliant** adj. et n. m., **pliante** adj.
▪ adj. Qui peut se plier. *Des chaises pliantes.*
▪ n. m. Siège dont les pieds se replient. *Le pêcheur est assis sur un pliant.*

▸ Autres mots de la famille : dépliant, déplier, plissé, plissement, plisser, pliure, repli, replier.

chaise **pliante**

plinthe n. f. Petite bande de bois fixée au bas d'une cloison. *Les fils électriques passent derrière la plinthe.* ▪ homonyme : plainte.
▸ Il y a un *h* après le *t.*

plisser v. (conjug. 3) **1.** Faire des plis. *Léa plisse du papier en accordéon.* **2.** *Plisser les yeux,* les fermer à moitié. *Le chat plisse les yeux.*

▸ **plissé, plissée** adj. Formé de plis. *Une jupe plissée.*

▸ **plissement** n. m. Déformation de la surface de la Terre produisant un ensemble de plis. *Les Alpes sont apparues à la suite du plissement alpin.*

▷ Mots de la famille de pli.

pliure n. f. Endroit où un pli est formé. *Il a déchiré la feuille en suivant la pliure.* ▷ Mot de la famille de pli.

plomb n. m. **1.** Métal lourd, gris-bleu, mou, qui se travaille facilement. *Une collection de soldats de plomb. De l'essence sans plomb.* **2.** *Les plombs,* ce sont de petites boules de plomb. *Les cartouches des chasseurs sont remplies de plombs.* **3.** *Les plombs,* ce sont des fils de plomb qui fondent quand le courant électrique est trop fort et qui évitent ainsi les courts-circuits. → **fusible.** *Les plombs ont sauté.*

▸ **plomber** v. (conjug. 3) **1.** Garnir de plombs. *Le pêcheur a plombé sa ligne.* **2.** *Plomber une dent,* boucher une dent cariée avec un alliage spécial.

▸ **plombage** n. m. Fait de plomber une dent. *Le dentiste lui a fait un plombage.*

▸ **plomberie** n. f. Ensemble des tuyaux et des canalisations.

▸ **plombier** n. m., **plombière** n. f. Personne qui installe et répare les installations sanitaires. *Le plombier a réparé la fuite.*

plonger v. (conjug. 5b) (→ ÉTYM.) **1.** Descendre au fond de l'eau. *Le sous-marin plongea.* → **s'immerger. 2.** Se jeter à l'eau, la tête et les bras en avant. *Alex a plongé du grand plongeoir.* **3.** Faire entrer dans un liquide. *Elle plonge les mains dans l'eau.* **4.** Mettre dans un certain état. *Votre question m'a plongé dans l'embarras.* **5. se plonger,** s'absorber. *Elle s'est plongée dans la lecture du journal.*

▸ **plongeant, plongeante** adj. *Une vue plongeante,* de haut en bas. *Du haut de la colline, on a une vue plongeante sur le port.*

▸ **plongée** n. f. **1.** Le fait d'être sous l'eau. *Le sous-marin est en plongée.* **2.** *Faire de la*

a b c d e f g h i j k l m n o p q r s t u v w x y z

plongée sous-marine, aller sous l'eau pour explorer les fonds marins ou pour pêcher.

▸ **plongeoir** [plɔ̃ʒwaʀ] n. m. Tremplin au-dessus de l'eau. *Julie a sauté du plongeoir.*
▸ Il y a un *e* après le *g*.

▸ **plongeon** [plɔ̃ʒɔ̃] n. m. Saut dans l'eau, la tête et les bras en avant. *Alex a réussi un beau plongeon.*
▸ Il y a un *e* après le *g*.

▸ **plongeur** n. m., **plongeuse** n. f. Personne qui travaille sous l'eau. *Des plongeurs sont allés repérer l'épave.* ➜ **homme-grenouille.**
▸ Autre mot de la famille : se replonger.

plongeur

plouf interj. Bruit qui imite le bruit de ce qui tombe à l'eau. *Plouf ! Sa montre est tombée dans la piscine.*

ployer v. (conjug. 10) Se courber. *Les branches du poirier ploient sous le poids des fruits.* ➜ **plier.**
▸ Autres mots de la famille : déploiement, déployer.

pluie n. f. Eau qui tombe en gouttes des nuages sur la terre. ➜ aussi **pleuvoir.** ➜ planche **Eau.** *Paul est parti à l'école sous une pluie battante.* ➜ fam. ② **flotte.** *La pluie n'a pas cessé de tomber.* – *Ce livre est ennuyeux comme la pluie*, très ennuyeux. *Après la pluie, le beau temps*, la joie succède souvent à la peine. *Parler de la puie et du beau temps*, dire des choses qui n'ont pas grand intérêt, échanger des banalités.
▸ Autre mot de la famille : parapluie.

plume n. f. **1.** Chacun des éléments effilés qui recouvrent la peau des oiseaux. ➜ aussi **duvet** et **penne.** ➜ planche **Oiseaux.** *Le pigeon lisse ses plumes. Un oreiller en plumes.* **2.** Petite lame de métal, terminée en pointe, adaptée à un stylo, et qui, enduite d'encre, sert à écrire. *Son stylo a une plume en or.*

▸ **plumage** n. m. Ensemble des plumes d'un oiseau. *Le corbeau a un plumage noir.*

▸ **plumeau** n. m. Ustensile formé d'un manche au bout duquel sont fixées des plumes, et qui sert à épousseter. – Au pl. *Des plumeaux.*

▸ **plumer** v. (conjug. 3) *Plumer un oiseau*, enlever ses plumes. *La fermière plume le poulet et le vide avant de le faire cuire.*

▸ **plumet** n. m. Touffe de plumes qui orne un chapeau.

▸ **plumier** n. m. Boîte dans laquelle on range les crayons, les stylos.
▸ Autres mots de la famille : porte-plume, se remplumer.

plume

la plupart n. f. **1.** Le plus grand nombre. *La plupart des invités sont partis à minuit.* ➜ **majorité.** **2.** *La plupart du temps, je rentre à pied du bureau*, ordinairement, le plus souvent.
▷ Mot de la famille de ① plus et de part.

pluraliste adj. Qui admet plusieurs opinions politiques et religieuses, des comportements différents. *Il est important d'avoir une presse pluraliste.*

pluri- Préfixe d'origine latine qui veut dire «plusieurs» (ex. : *pluriannuel*). ➜ **multi-, poly-.** ▮ contraires : **mono-, uni-.**

pluriannuel, pluriannuelle adj. Qui dure plusieurs années. *Le ministre a présenté un budget pluriannuel.* ▷ Mot de la famille de an.

pluriel n. m. Forme grammaticale que prend un mot quand il désigne plusieurs personnes ou plusieurs choses. *Le pluriel d'un adjectif. Mettez le nom «cheval» au pluriel. «Nous» est la première personne du pluriel.* ▮ contraire : **singulier.**

① plus adv. et prép. Généralement se prononce [ply] devant une consonne, [plyz] devant une voyelle et [plys] en fin de phrase.

▪ **adv.** **1.** Indique une valeur supérieure. *Alex est plus âgé que son frère. Prends-en plus.* ➜ **davantage.** ▮ contraire : **moins.** **2.** *Plus l'heure avance, plus j'ai sommeil.* **3.** *Plus ou moins,* à des degrés variables. *La directrice est plus ou moins sévère selon les jours,* sa sévérité varie. *Il y en a plus ou moins 2 kilos,* à peu près 2 kilos. *Louise et Julie sont plus ou moins fâchées,* pas tout à fait fâchées. **4.** *Plus de la moitié des élèves de la classe sont des filles,* il y a une majorité de filles. *Il était plus de minuit quand il est rentré,* il était minuit passé. **5.** *Une seconde de plus et le lait débordait,* une seconde supplémentaire. **6.** *Au plus,* au maximum, pas davantage. *J'en ai pour cinq minutes au plus.* **7.** *De plus en plus,* toujours davantage. *Il fait de plus en plus froid.* **8.** Indique la plus grande valeur. *C'est le plus important. Ce chat-là est le plus beau.*

▪ **prép.** **1.** En ajoutant. *Deux plus trois font cinq (2 + 3 = 5).* **2.** *La température est passée de moins 10° à plus 2°,* à 2 degrés au-dessus de zéro.

▸ **② plus** adv. On prononce toujours [ply]. *Théo n'est pas là et Alex non plus,* ni l'un ni l'autre ne sont là. *Les oiseaux ne chantent plus,* ils ont arrêté de chanter. *Je ne la verrai plus jamais.*

▸ Autres mots de la famille : la plupart, plutôt, surplus.

plusieurs adj. indéfini pl. Plus d'un. *Julie a invité plusieurs amies à goûter. Il est déjà allé plusieurs fois au Canada.*

plus-que-parfait [plyskəpaʀfɛ] n. m. Temps composé du passé dans lequel l'auxiliaire est à l'imparfait. *Dans la phrase «Je lui avais tout expliqué», le verbe «expliquer» est au plus-que-parfait de l'indicatif.*

plutonium [plytɔnjɔm] n. m. Métal radioactif produit à partir de l'uranium et utilisé pour produire de l'énergie nucléaire. *On fabrique des bombes atomiques avec du plutonium.*

plutôt adv. **1.** De préférence. *Je prendrai le train plutôt que l'avion.* **2.** Assez. *Louise est plutôt grande pour son âge.* ▹ Mot de la famille de ① plus et de tôt.

▸ Attention à l'accent circonflexe du *ô*.

pluvial, pluviale adj. Qui a rapport à la pluie. *Les eaux pluviales,* les eaux de pluie. – Au masc. pl. *pluviaux.*

pluvieux, pluvieuse adj. Caractérisé par la pluie. *Une région pluvieuse.* ▮ contraire : **sec.**

pluviomètre n. m. Instrument qui sert à mesurer la quantité de pluie tombée dans un lieu.

pneu n. m. (pl. **pneus**) Enveloppe de caoutchouc qui entoure une roue. ➜ planches **Deux-roues, voitures.** *Les pneus de mon vélo sont à plat, il faut les regonfler.*

▸ C'est l'abréviation de *pneumatique.*

pneumatique adj. **1.** *Un matelas pneumatique,* c'est un long coussin en toile enduite de caoutchouc, rempli d'air, sur lequel on peut s'allonger et aller dans l'eau. *Un canot pneumatique,* un canot gonflable. **2.** *Un marteau pneumatique,* c'est un instrument qui fonctionne à l'air comprimé et sert à défoncer le sol. ➜ **marteau-piqueur.**

pneumonie n. f. Maladie des poumons.

poche n. f. **1.** Partie d'un vêtement dans laquelle on peut mettre des objets que l'on porte sur soi. *Il se promène les mains dans les poches.* – *Se remplir les poches,* s'enrichir malhonnêtement. **2.** *De poche,* assez petit pour entrer dans une poche. *Il descend à la cave avec une lampe de poche. Un livre de poche.* **3.** *De l'argent de poche,* de l'argent réservé aux petites dépenses personnelles. *Léa s'est acheté un CD avec son argent de poche.* **4.** Compartiment d'un sac, d'un cartable, d'un portefeuille. *Il a mis sa gourde dans une des poches de son sac à dos.* **5.** Petite déformation en forme de bosse. *Ce pantalon fait des poches* *aux genoux. – Elle a des poches sous les yeux,* le dessous des yeux gonflé. ➜ aussi **cerne.** 6. Cavité remplie d'un liquide. *Un abcès est une poche de pus.*

▶ Autres mots de la famille : empocher, pochette.

poché, pochée adj. 1. *Un œil poché,* c'est un œil gonflé dont le tour est devenu bleu à cause du coup qu'il a reçu. *Alex s'est battu et il est revenu avec un œil poché.* 2. *Un œuf poché,* cuit sans sa coquille dans de l'eau bouillante.

pochette n. f. 1. Enveloppe qui protège un objet. *Une pochette de disque.* 2. Petit mouchoir qui dépasse de la poche de poitrine d'une veste. *Il a une pochette assortie à sa cravate.* ▷ Mot de la famille de poche.

pochoir n. m. Feuille de carton ou de métal découpée par endroits, sur laquelle on passe une brosse ou un pinceau pour peindre des dessins, des inscriptions. *Les motifs de ce tissu sont faits au pochoir.*

pochoir

podium [pɔdjɔm] n. m. Estrade sur laquelle monte le vainqueur d'une compétition sportive. *Les champions olympiques montent sur le podium pour recevoir leurs médailles.*

① **poêle** [pwal] n. m. Appareil de chauffage dans lequel on brûle du combustible. *Un poêle à mazout.* ▮ homonyme : poil.

② **poêle** [pwal] n. f. Récipient rond et plat en métal, à petits bords et muni d'un long manche, dans lequel on fait frire les aliments. *Le cuisinier fait revenir les oignons à la poêle.*

▸ **poêlon** [pwalɔ̃] n. m. Casserole en métal ou en terre, à manche creux, dans laquelle on fait revenir ou mijoter les aliments. *Un poêlon à fondue.*

poème n. m. Texte poétique en vers ou en prose. ➜ **poésie.** *Léa récite un poème.*

poésie n. f. (➜ ÉTYM.) 1. Art d'évoquer des impressions, des sentiments ou de décrire des objets grâce à l'harmonie des sons et au rythme des mots. *La poésie peut être en vers ou en prose.* ➜ aussi **poète.** 2. Poème. *Louise apprend une poésie par cœur.* 3. Beauté émouvante. *Ces ruines au coucher du soleil sont pleines de poésie.* ➜ aussi **poétique.**

poète n. m. et f. Écrivain qui fait des poèmes. *Baudelaire est un grand poète.*

poétique adj. 1. Qui a rapport à la poésie. *Il lit les œuvres poétiques de Musset,* les poèmes de Musset. 2. D'une beauté émouvante. *C'est une histoire très poétique.* ➜ **romantique.**

poids n. m. 1. Ce que pèse une personne, un animal ou une chose. *Le poids de cette statue est de 100 kilos. Mon père a pris du poids,* il a grossi. 2. Objet de métal servant à peser certaines choses. *L'épicier a rajouté un poids sur le plateau de la balance.* 3. Masse de métal qu'un sportif lance le plus loin possible. *Il est champion de lancer du poids.* 4. Sensation de lourdeur, de pesanteur. *J'ai un poids sur l'estomac.* 5. Ce qui accable, est pénible à supporter. *Elle est écrasée par le poids des soucis. Avoir un poids sur la conscience,* un souci, un remords. 6. *De poids,* qui a de la force, de l'importance. *C'est un argument de poids.* ▮ homonymes : pois, poix.

▸ **poids lourd** n. m. Très gros camion. *Les poids lourds pèsent plus de trois tonnes et demie.* ▷ Mot de la famille de lourd.

▶ Autre mot de la famille : contrepoids.

poignant, poignante adj. Qui cause une émotion très forte et très pénible. ➜ **déchirant, émouvant, pathétique.** *Des adieux poignants.*

poignard n. m. Arme à lame courte et large, très pointue du bout. *Il a reçu un coup de poignard.*

▸ **poignarder** v. (conjug. 3) Frapper de coups de poignard. *L'assassin a poignardé sa victime en plein cœur.*

poigne n. f. Force que l'on a dans le poignet, dans la main. *Il faut de la poigne pour dévisser ce couvercle.*

▸ **poignée** n. f. **1.** Quantité de matière que peut contenir une main fermée. *Le cuisinier ajoute une poignée de farine dans la sauce.* **2.** Partie d'un objet qui sert à le tenir avec la main. *La poignée d'une valise. Une poignée de porte.* **3.** *Une poignée de main,* c'est un geste pour saluer quelqu'un en lui serrant la main. *Il a donné une poignée de main à tous les invités.* **4.** Petit nombre de personnes. *Une poignée de mécontents s'est mise à siffler le chanteur.*

▸ **poignet** n. m. **1.** Articulation qui réunit l'avant-bras à la main. *Julie s'est foulé le poignet.* **2.** Extrémité d'une manche couvrant le poignet. *Ses poignets de chemise sont sales.*

▸ Autres mots de la famille : **empoignade, empoigner.**

poignée de main

poil n. m. **1.** Chacun des filaments qui recouvrent la peau de certains animaux et, en divers endroits, celle des humains. *Ce chien perd ses poils. Il a des poils sur la poitrine.* – *Avoir un poil dans la main,* être paresseux. **2.** *Le poil,* c'est l'ensemble des poils des animaux. → **pelage.** *Le poil des chats est très doux.* – *Reprendre du poil de la bête,* retrouver des forces et du courage. **3.** Chacun des filaments d'une brosse, d'un pinceau. *Les poils de cette brosse à dents sont en nylon.* ▮ homonymes : ① et ② poêle.

▸ ① **poilu, poilue** adj. Couvert de poils nombreux et apparents. → **velu.** *Il a la poitrine et les jambes très poilues.*

▸ ② **poilu** n. m. Soldat français de la Première Guerre mondiale.

▸ Autre mot de la famille : à **rebrousse-poil.**

poinçon n. m. Instrument de métal pointu servant à percer et à graver. *Le cordonnier fait des trous dans la ceinture avec un poinçon.*

▸ Attention à la cédille du ç.

▸ **poinçonner** v. (conjug. 3) Graver d'une marque au poinçon. *Les bijoux en or et en argent sont poinçonnés.*

▸ Attention à la cédille du ç.

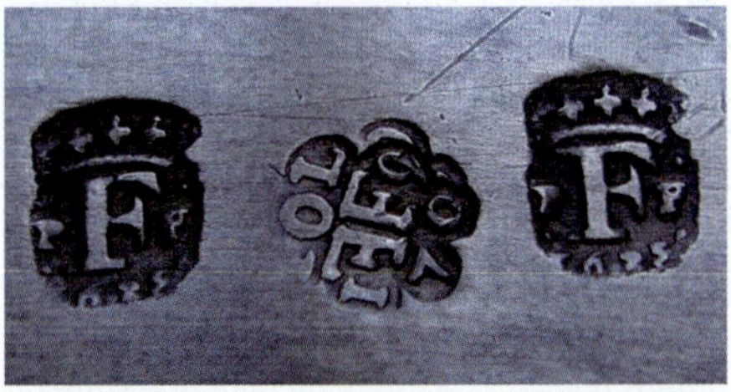

métal **poinçonné**

poindre v. (conjug. 52) *Le jour commence à poindre,* à apparaître.

▸ Ce mot appartient au langage soutenu.

poing n. m. Main fermée. *Ils se sont battus à coups de poing.* – *Dormir à poings fermés,* dormir profondément. ▮ homonymes : ①, ② et ③ point.

▸ Le *g* final ne se prononce pas.

① **point** n. m. **1.** Endroit, lieu. *Cette chaîne de magasins a de nombreux points de vente. Ils sont revenus à leur point de départ,* à l'endroit d'où ils sont partis. – *Alex est très gourmand, c'est son point faible,* sa faiblesse. **2.** La plus petite partie d'espace possible. *Les deux droites se coupent en un point A. Le bateau n'est plus qu'un point à l'horizon. Les quatre points cardinaux.* **3.** *Le capitaine fait le point,* il calcule la position du navire en mer. – *Faire le point,* c'est analyser la situation. **4.** *Le point mort,* position 0 du levier de vitesse dans un véhicule. *Le levier de vitesse est au point mort,* aucune vitesse n'est enclenchée. **5.** Petit signe rond. *Une phrase est terminée par un point. N'oublie pas les points sur les i et les j.* → aussi **ponctuation** et **exclamation, interrogation.** **6.** Chacune des unités d'une notation. *Il manque deux points à Alex pour avoir la moyenne. L'équipe adverse a marqué un point.* **7.** *Le point du jour,* le moment où le jour se lève. → aussi **poindre.** **8.** *À point,* au bon moment. *Vous arrivez à point.* – *Tout vient à point à qui sait attendre,* avec du temps et de la patience, on vient à bout de tout. – *Cette viande est cuite à point,* elle n'est ni trop saignante ni trop cuite. **9.** *Au point,* en état de fonctionner. *Cet appareil n'est pas encore au point.* **10.** *L'enquête en est toujours au même point,* elle n'a pas avancé. **11.** Degré. *Je ne l'ai jamais vu énervé à ce point.* **12.** *Être sur le point de,* être très près de. *J'étais sur le point de sortir,* j'allais sortir. ▮ homonyme : poing.

▶ Autres mots de la famille : deux-points, embonpoint, pointage, point de vue, ② pointer, pointillé, pointilleux, point-virgule, rond-point.

② point n. m. **1.** Piqûre faite dans un tissu avec une aiguille et du fil. *Elle coud l'ourlet à grands points.* **2.** Manière de faire une suite de points. *Le point mousse est un point de tricot.*

③ point adv. de négation *Ne... point* sert à exprimer la négation. *Malgré les apparences, elle n'est point coupable.* ➜ ② **pas.**

▶ Ce mot appartient au langage soutenu.

pointage n. m. Action de pointer sur une liste, de contrôler. *Chaque matin, le professeur fait le pointage des élèves.* ▷ Mot de la famille de ① point.

point de vue n. m. **1.** Endroit d'où l'on a une belle vue. ➜ **panorama.** *Au sommet de la colline, il y a un beau point de vue.* **2.** Avis, opinion. *Je ne partage pas ton point de vue sur ce sujet.* ➜ **position.** – Au pl. *Des points de vue.* ▷ Mot de la famille de ① point et de voir.

pointe n. f. **1.** Extrémité pointue d'un objet servant à percer, à piquer. *Elle a cassé la pointe de son aiguille.* **2.** Sorte de clou. *La grille du parc est hérissée de pointes.* **3.** Partie de terre qui s'avance dans la mer. ➜ aussi **cap.** *Il y a un phare à la pointe de l'île.* **4.** *La pointe des pieds,* leur extrémité. *Louise marche sur la pointe des pieds pour ne pas faire de bruit.* **5.** *Les pointes,* en danse classique, manière de se tenir en équilibre sur la pointe des orteils. *La danseuse fait des pointes.* **6.** Très petite quantité. *Il y a une pointe d'ail dans cette sauce.* **7.** *Les heures de pointe,* moment d'activité maximum. *Il y a beaucoup de monde dans le métro aux heures de pointe,* aux heures où un grand nombre de voyageurs l'utilisent en même temps. ➜ **affluence.** **8.** *De pointe,* d'avant-garde. *Les nanotechnologies sont des techniques de pointe.*

▶ **① pointer** v. (conjug. 3) **1.** Dresser en pointe. *Le chat pointe les oreilles.* **2.** S'élever en formant une pointe. *Le clocher pointe vers le ciel.* ➜ se **dresser.**

▶ Autre mot de la famille : pointu.

② pointer v. (conjug. 3) **1.** Diriger. *Louise pointe son doigt vers moi.* ➜ aussi **braquer.** **2.** Marquer chaque élément d'une liste pour faire un contrôle. *Le professeur pointe les noms des élèves.* ➜ aussi **pointage.** **3.** Enregistrer son heure d'arrivée au travail et son heure de départ. *À l'usine, les ouvriers pointent.* ▷ Mot de la famille de ① point.

pointillé n. m. Ligne formée de petits points qui se suivent. *Sur la carte, les frontières sont en pointillé.* ▷ Mot de la famille de ① point.

pointilleux, pointilleuse adj. Très minutieux et exigeant. ➜ **tatillon.** *La directrice est très pointilleuse sur les horaires.* ▷ Mot de la famille de ① point.

pointu, pointue adj. Terminé en pointe. *La mine d'un crayon bien taillé est pointue.* ▮ contraire : **arrondi.** ▷ Mot de la famille de pointe.

pointure n. f. Taille des chaussures, des gants ou des chapeaux. *Quelle pointure faites-vous ? – Je chausse du 38.*

point-virgule n. m. Signe de ponctuation (;) que l'on utilise à la place du point entre deux phrases dont le sens est lié. *Les points-virgules sont suivis d'une minuscule.* ▷ Mot de la famille de ① point et de virgule.

poire n. f. Fruit qui contient des pépins et qui a une forme allongée et ventrue. ➜ planche **Fruits.** *Une tarte aux poires.*

▶ **poirier** n. m. **1.** Arbre à fleurs blanches que l'on cultive pour ses fruits, les poires. **2.** *Faire le poirier,* se tenir en équilibre, la tête au sol.

des **poires**

poireau n. m. Légume de forme allongée qui a des feuilles vertes et un pied blanc. *Elle met des poireaux dans la soupe.*

pois n. m. **1.** *Les petits pois.* → **petit-pois.** **2.** *Les pois chiches,* ce sont des graines rondes et jaunes contenues dans une gousse. *On met des pois chiches dans le couscous.* **3.** *Les pois de senteur,* ce sont des fleurs roses, bleues ou blanches très parfumées. **4.** Petit rond. *Elle porte une robe noire à pois blancs.* ▪ homonymes : poids, poix.

▶ Autre mot de la famille : petit-pois.

poison n. m. et f. (→ ÉTYM.) **1.** n. m. Substance dangereuse pour la santé qui peut provoquer la mort. *L'arsenic est un poison violent.* **2.** n. m. et f. Familier. Personne désagréable, insupportable. *Quelle poison, cette Julie !* → **peste.**

▶ Autres mots de la famille : antipoison, contrepoison, empoisonnement, empoisonner.

poisser v. (conjug. 3) Salir avec une matière collante. *Léa s'est poissé les doigts avec de la confiture.*

▶ **poisseux, poisseuse** adj. Collant. *Après avoir mangé des bonbons, les enfants avaient les mains poisseuses.*

▷ Mots de la famille de poix.

poisson n. m. **1.** Animal qui a des nageoires et vit dans l'eau. *Le brochet est un poisson d'eau douce, le turbot est un poisson de mer.* → planches **Océan, poissons, rivière.** *Louise a des poissons rouges dans un aquarium. Les poissons respirent avec leurs branchies. Le pêcheur a pris du poisson. Nous avons mangé du poisson avec du riz.* → planche **Alimentation.** – *L'automobiliste nous a fait une queue de poisson,* il s'est rabattu brusquement après nous avoir doublés. **2.** *Un poisson d'avril,* c'est une farce que l'on fait le premier avril. *Les enfants aiment faire des poissons d'avril.*

▶ **poissonnerie** n. f. Boutique où l'on vend des poissons, des coquillages et des crustacés. *Il a acheté des crabes à la poissonnerie.*

▶ **poissonneux, poissonneuse** adj. Qui contient beaucoup de poissons. *Cette rivière est très poissonneuse.*

▶ **poissonnier** n. m., **poissonnière** n. f. Personne qui vend des poissons et des fruits de mer. *La poissonnière a écaillé les sardines.*

poitrail n. m. (pl. **poitrails**) Devant du corps du cheval et de quelques autres animaux, entre l'encolure et les pattes avant.

poitrine n. f. **1.** Partie du corps située entre les épaules et l'abdomen qui contient le cœur et les poumons. → **buste, thorax, torse.** **2.** Seins d'une femme. *Elle a une belle poitrine.*

poivre n. m. Épice au goût fort et piquant, faite avec les fruits d'un arbuste des régions tropicales, le poivrier. *Elle met du sel et du poivre dans la sauce.*

▶ **poivrer** v. (conjug. 3) Assaisonner de poivre. *Elle a salé et poivré le rôti.*

▶ **poivrier** n. m. **1.** Petit arbre tropical qui produit le poivre. **2.** Petit flacon ou petit pot dans lequel on met du poivre. *La salière et le poivrier sont sur la table.*

▶ **poivron** n. m. Piment doux, vert, rouge ou jaune. *Nous avons mangé des poivrons farcis.*

des **poivrons**

poix [pwa] n. f. Matière visqueuse qui contient de la résine. ▪ homonymes : poids, pois.

▶ Le *x* final ne se prononce pas.

▶ Autres mots de la famille : poisser, poisseux.

poker [pɔkɛʀ] n. m. Jeu de cartes où l'on mise de l'argent. *Ils jouent au poker.*

▶ Ce mot vient de l'anglais.

polaire adj. et n. m.

▪ adj. Propre aux régions qui se trouvent autour du pôle Nord et du pôle Sud. *Le climat polaire est très rigoureux. Les ours polaires sont blancs.*

▪ n. m. Tissu très chaud et très doux. *Julie a une veste en polaire.* ▷ Mot de la famille de pôle.

polariser v. (conjug. 3) Attirer l'attention. *Cet enfant turbulent polarise l'attention.* ▷ Mot de la famille de pôle.

les poissons

On trouve des poissons aussi bien dans les eaux douces que dans les mers. Avec près de 25 000 espèces, les poissons forment la famille la plus nombreuse des vertébrés. Sortant très rarement de l'eau, ils respirent presque tous avec leurs branchies. Leur corps est généralement recouvert d'écailles. Ils sont répartis en trois classes : les « agnathes », poissons primitifs dépourvus de mâchoire comme la lamproie, les poissons « cartilagineux » à l'image de la raie ou du requin et les poissons osseux qui représentent plus de 90 % du total. Les poissons ont des formes et des tailles très variables, de quelques millimètres à près de 20 m de long pour le requin baleine.

➔ aquatique, arête, 2. pêche, pisciculture.
➔ planches mare, océan, rivière.

poissons d'eau douce

truite

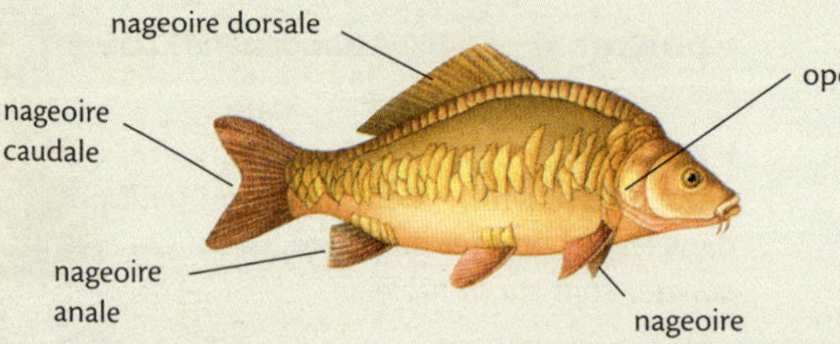

un poisson (carpe)

poisson-néon

silure glane

piranha

ombles

saumons

lamproie

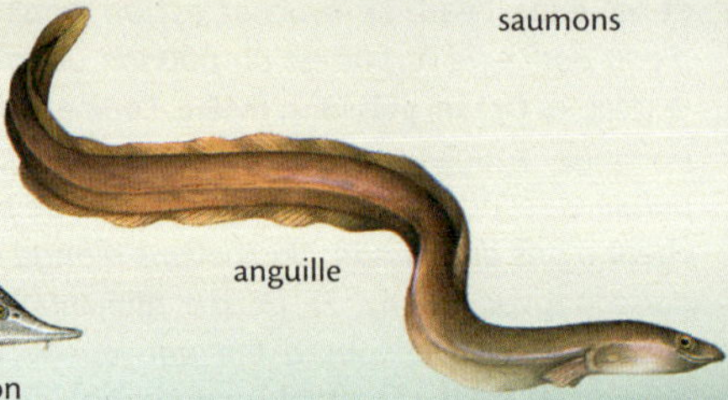
anguille

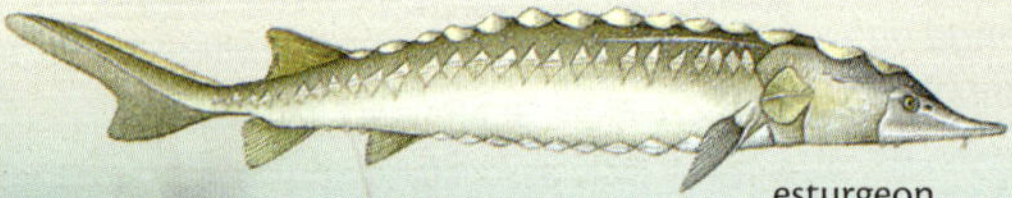
esturgeon

brochet

poissons de mer

polaroïd [pɔlaʀɔid] n. m. (marque déposée) Appareil photographique qui développe instantanément la photo que l'on vient de prendre.

polder [pɔldɛʀ] n. m. Terrain plus bas que le niveau de la mer, entouré de digues pour l'assécher et le cultiver. *La Hollande est une région de polders.*
Ce mot vient du néerlandais.

pôle n. m. 1. Chacun des deux points de la surface terrestre qui se trouvent aux deux extrémités de l'axe imaginaire autour duquel la Terre tourne sur elle-même. → planches **Pôles, Terre.** *Le pôle Nord et le pôle Sud.* 2. *Un pôle d'attraction,* c'est un endroit qui attire beaucoup de monde. *Le train fantôme est le pôle d'attraction de la fête foraine.*
Attention à l'accent circonflexe du *ô.*
▶ Autres mots de la famille : polaire, polariser.

polémique n. f. Discussion très violente. *L'affaire a provoqué une vive polémique.* → **controverse.**

① **poli, polie** adj. Qui respecte les règles de la politesse. *Léa est très polie,* elle est bien élevée. ▮ contraire : **impoli.**
▶ Autres mots de la famille : impoli, impolitesse, malpoli, poliment, politesse.

② **poli, polie** adj. Lisse et brillant. *Des cailloux bien polis.* ▮ contraire : **rugueux.** ▷ Mot de la famille de polir.

① **police** n. f. (→ ÉTYM.) Organisation chargée d'assurer l'ordre public, de faire respecter les lois de la vie en société. *Comme il entendait des hurlements, le gardien de l'immeuble a appelé la police. Un agent de police règle la circulation au carrefour.*
▶ Autre mot de la famille : policier.

② **police** n. f. *Une police d'assurance,* un contrat d'assurance.

polichinelle n. m. Marionnette ou pantin qui a une bosse dans le dos et une bosse devant. – *Un secret de Polichinelle,* un faux secret que tout le monde connaît.
Ce mot vient de l'italien *Pulcinella,* nom d'un personnage de la comédie italienne.

policier n. m. et adj., **policière** n. f. et adj.
▪ n. Personne qui appartient à un service de police. *Des policiers en uniforme accompagnaient la commissaire.*
▪ adj. 1. Relatif à la police. *Une enquête policière est en cours. Des chiens policiers,* des chiens dressés pour aider les policiers dans leur travail. 2. *Un roman, un film policier,* où il est question de crimes mystérieux et d'enquêtes pour trouver les coupables. ▷ Mot de la famille de ① police.

poliment adv. D'une manière polie. *Réponds poliment.* ▷ Mot de la famille de ① poli.

poliomyélite n. f. Maladie très grave de la moelle épinière qui s'accompagne généralement de paralysie. *Paul vient d'être vacciné contre la poliomyélite.*
On dit familièrement *la polio.* • Il y a un *y* après le *m.*

polder

les animaux des pôles

Les animaux de l'Arctique et de l'Antarctique sont adaptés aux conditions de vie particulières aux régions les plus froides de la Terre. Comme les cétacés, le morse et l'éléphant de mer sont protégés par une couche de graisse très épaisse. Les animaux arctiques sont le plus souvent de couleur claire. L'ours polaire conserve en permanence son pelage blanc, mais le phoque marbré, tout blanc à la naissance, est gris à l'âge adulte.

Arctique (●)
Antarctique (○)

● morse

● eider à duvet

● ours polaire

● fulmar boréal

● pingouins tordas

○ phoque de Weddell

○ gorfou

○ otarie à fourrure

○ éléphant de mer

○ manchots empereurs

●○ orque

○ manchots d'Adélie

polir v. (conjug. 11) Frotter pour rendre lisse et brillant. *Il polit les volets avec du papier de verre.* ➜ **poncer.**

▶ Autres mots de la famille : dépoli, ② poli.

polisson n. m., **polissonne** n. f. Enfant farceur et désobéissant. *Vous serez punis, petits polissons !* – adj. *Des yeux polissons.*

politesse n. f. Ensemble de règles sur la façon de se comporter et de parler que l'on suit quand on est bien élevé. ➜ **courtoisie.** *«S'il vous plaît» et «merci» sont des formules de politesse.* ▷ Mot de la famille de ① poli.

politique n. f. et adj.

■ n. f. Manière de gouverner un pays et de mener les relations avec les autres pays. *Pendant la campagne électorale, les candidats expliquent quelle sera leur politique. Faire de la politique,* s'occuper des affaires publiques.

■ adj. **1.** Qui concerne la manière de gouverner un pays. *Un parti politique. Elle n'a pas les mêmes opinions politiques que son mari.* **2.** *Les hommes et les femmes politiques,* les personnes qui participent au gouvernement ou qui pourraient y participer. ➜ aussi **politicien.**

▶ **politicien** n. m., **politicienne** n. f. Personne qui a une activité politique au gouvernement ou dans un parti. *Ce politicien appartient à l'opposition.*

polka n. f. Danse polonaise très rythmée.

◗ Ce mot vient du tchèque.

pollen [pɔlɛn] n. m. Poussière formée de petits grains produits par les étamines des fleurs et qui, une fois sur le pistil, donne naissance à un fruit. *Les insectes et le vent transportent le pollen d'une fleur à l'autre.* ➜ aussi **pollinisateur** et **pollinisation.**

pollinisateur, pollinisatrice adj. Qui transporte le pollen. *Les abeilles sont des insectes pollinisateurs.*

pollinisation n. f. Transport de pollen de l'étamine vers le pistil, qui permet la fécondation de la fleur.

polluer v. (conjug. 3) Salir en rendant malsain et dangereux. ■ contraire : **dépolluer.** *Les gaz produits par les voitures polluent l'atmosphère.*

▶ **polluant, polluante** adj. Qui pollue, rend malsain l'environnement. *Une industrie très polluante. Ils ont une voiture non polluante.*

▶ **pollution** n. f. Dégradation de l'environnement due à des produits toxiques. ➜ planche **Pollution.** *On ne peut pas se baigner dans la rivière à cause de la pollution. La lutte contre la pollution.*

▶ Autre mot de la famille : dépolluer.

polo n. m. **1.** Sport dans lequel les joueurs, à cheval, poussent une balle de bois avec des maillets à long manche. **2.** Chemise en tricot à col ouvert. *On enfile un polo par la tête.*

◗ Ce mot vient du tibétain.

▶ Autre mot de la famille : waterpolo.

polo

polochon n. m. Familier. Traversin. *Les enfants ont fait une bataille de polochons.*

poltron n. m., **poltronne** n. f. Personne qui manque de courage. *Quel poltron !* – adj. *Elle est un peu poltronne.* ➜ ① **lâche, peureux.**

■ contraire : **courageux.**

poly- Préfixe d'origine grecque qui signifie «plusieurs» (ex. *polyculture, polyvalent*). ➜ **multi-, pluri-.** ■ contraires : **mono-, uni-.**

polychrome [pɔlikʀom] adj. Qui est peint ou décoré de plusieurs couleurs. ➜ aussi **multicolore.** *Au Moyen Âge, l'intérieur des cathédrales était polychrome.*

polyculture n. f. Culture de plusieurs produits sur un même domaine ou dans la même région. ▷ Mot de la famille de ① culture.

la pollution

Depuis le 19e siècle, l'accroissement de la pollution de l'air, des eaux et des sols menace la planète. L'air est pollué par les gaz et les particules rejetés dans l'air par les véhicules à moteur, les installations de chauffage, les centrales thermiques et les industries. L'eau et les sols sont pollués quotidiennement par des rejets agricoles, urbains ou industriels mais aussi lors des accidents de transports routiers ou maritimes (« marées noires »). Traitement et recyclage des déchets sont nécessaires et doivent s'accompagner d'une réduction de la quantité de déchets produits.

→ biodégradable, environnement.
→ planches eau, espèces menacées.

pollution des sols
par les engrais et les pesticides

une décharge sauvage

les eaux usées sont traitées
dans une station d'épuration

pollution des eaux

le tri sélectif des déchets
permet leur recyclage

capteur pour
mesurer
la pollution
urbaine

pollution atmosphérique

polyèdre n. m. Figure de géométrie à trois dimensions ou objet dont toutes les faces sont des polygones. *Un cube, un parallélépipède, une pyramide sont des polyèdres.*

polyester [pɔliɛstɛʀ] n. m. Tissu synthétique. *Une robe en polyester.* ➔ **nylon.**

polygame n. m. et f. Homme qui a plusieurs femmes ou femme qui a plusieurs maris à la fois. *Une polygame.* – adj. *Les musulmans peuvent être polygames.* ▮ contraire : **monogame.**

▸ **polygamie** n. f. État d'un homme qui a plusieurs femmes ou d'une femme qui a plusieurs maris. ▮ contraire : **monogamie.**

polyglotte adj. Qui parle plusieurs langues. *Une secrétaire polyglotte.*

polygone n. m. Figure de géométrie qui a plusieurs côtés. *Le trapèze, le losange, le triangle sont des polygones.*

polysémique adj. Qui a plusieurs sens. *«Faire», «pièce» sont des mots polysémiques.*

polystyrène n. m. Matière plastique très légère, généralement blanche. *Le pâtissier a mis la glace dans une boîte en polystyrène.*

polytechnicien n. m., **polytechnicienne** n. f. Élève ou ancien élève de l'École polytechnique, une grande école d'ingénieurs française.

polythéisme n. m. Croyance en plusieurs dieux. *Le polythéisme des anciens Grecs.* ▮ contraire : **monothéisme.**

▸ **polythéiste** n. m. et f. Personne qui croit en plusieurs dieux. *Les Grecs et les Romains étaient des polythéistes.* ▮ contraire : **monothéiste.** – adj. *Une religion polythéiste.*

polyvalent, polyvalente adj. 1. Qui est capable de faire plusieurs tâches, de remplir plusieurs fonctions. *Un professeur polyvalent.* 2. *Une salle polyvalente,* qui peut servir à diverses activités. ▷ Mot de la famille de valoir.

pommade n. f. (➔ ÉTYM.) Crème grasse que l'on met sur la peau pour soigner ou soulager la douleur. *Louise met de la pommade sur ses piqûres de moustiques.*

pomme n. f. 1. Fruit du pommier, rond et contenant des pépins. ➔ planche **Fruits.** *Julie croque une pomme.* – Familier. *Tomber dans les pommes,* s'évanouir. 2. *La pomme de pin,* c'est le fruit du pin. 3. *Une pomme d'arrosoir,* c'est le bout percé de trous qui s'adapte au bec d'un arrosoir. 4. *La pomme d'Adam,* c'est la petite bosse que les hommes ont à l'avant du cou.

▸ **pommeau** n. m. Bout arrondi de la poignée d'une épée. – Au pl. *Des pommeaux.*

▸ **pomme de terre** n. f. Tubercule que l'on mange et qui pousse sous terre. ➔ fam. **patate.** *Des pommes de terre frites.* ➔ **frite.** *De la purée de pommes de terre.* ▷ Mot de la famille de terre.

▸ **pommelé, pommelée** adj. *Un cheval pommelé,* c'est un cheval à la robe couverte de taches rondes grises ou blanches.

▸ **pommette** n. f. Haut de la joue, au-dessous de l'œil. *Elle a les pommettes saillantes.*

▸ **pommier** n. m. Arbre fruitier à fleurs roses qui donne des pommes.

cheval **pommelé**

① **pompe** n. f. 1. *En grande pompe,* avec une grande solennité et dans le luxe. *Ils se sont mariés en grande pompe.* 2. *Les pompes funèbres,* l'entreprise qui s'occupe des enterrements. ➔ aussi **croquemort.**

▸ Autres mots de la famille : pompeusement, pompeux.

② **pompe** n. f. Appareil qui aspire et renvoie du liquide ou de l'air. *Une pompe à essence. Une pompe à vélo.* ➔ planche **Deux-roues.**

▸ **pomper** v. (conjug. 3) Aspirer avec une pompe. *Pour vider le bassin, on a pompé l'eau.*
▸ Autres mots de la famille : pompier, pompiste, sapeur-pompier.

pompeux, pompeuse adj. Solennel et un peu ridicule. → **grandiloquent.** *Le ministre a fait un discours pompeux.*

▸ **pompeusement** adv. De manière pompeuse, prétentieuse. *Une maison pompeusement appelée «château».*

▷ Mots de la famille de ① pompe.

pompier n. m. Homme dont le métier est de combattre les incendies et de secourir les victimes d'accidents et de catastrophes. → **sapeur-pompier.** *Il y a le feu, il faut appeler les pompiers.* ▷ Mot de la famille de ② pompe.

pompiste n. m. et f. Personne qui distribue l'essence dans une station-service. ▷ Mot de la famille de ② pompe.

pompon n. m. Boule de fils de laine. *Les marins ont un bonnet à pompon rouge.*

se **pomponner** v. (conjug. 4) Se faire beau, se préparer avec soin. *Elle se pomponne avant de sortir.* → se **bichonner.**

ponce adj. f. *Une pierre ponce,* c'est une pierre très légère et poreuse qui sert à frotter la peau pour la rendre lisse.

▸ **poncer** v. (conjug. 5a) Frotter pour rendre lisse avec un produit ou un appareil spécial. → **polir.** *Le peintre ponce le plafond avant de le repeindre.*

▸ **ponceuse** n. f. Machine qui sert à poncer.

poncho [pɔ̃tʃo] n. m. Manteau formé d'un grand morceau de tissu avec un trou au centre pour passer la tête. *On porte des ponchos en Amérique du Sud.*

▸ C'est un mot espagnol.

poncif n. m. Idée très banale, sans originalité. → **banalité, cliché, lieu** commun. *Ce roman est bourré de poncifs.*

ponction n. f. **1.** *Faire une ponction,* retirer un liquide du corps en l'aspirant avec une seringue. **2.** Prélèvement d'argent. *L'achat de cette voiture a fait une grosse ponction dans ses économies.*

▸ **ponctionner** v. (conjug. 3) Faire une ponction. *Le chirurgien a ponctionné le kyste.*

ponctualité n. f. Qualité d'une personne qui arrive à l'heure. → **exactitude.** ▷ Mot de la famille de ponctuel.

ponctuation n. f. *Les signes de ponctuation,* ce sont les signes qui permettent de séparer les éléments qui forment une phrase, ou les phrases entre elles. *Le point, le point d'interrogation, la virgule, les parenthèses sont des signes de ponctuation.* ▷ Mot de la famille de ponctuer.

ponctuel, ponctuelle adj. **1.** Qui est toujours à l'heure. *Il est ponctuel à ses rendez-vous.* → **exact. 2.** Qui porte sur un point précis. *Elle a fait des critiques ponctuelles.*

▸ **ponctuellement** adv. De manière ponctuelle. *Il arrive à son bureau tous les jours à 9 heures, très ponctuellement.*

▸ Autre mot de la famille : ponctualité.

ponctuer v. (conjug. 3) Mettre des signes de ponctuation dans un texte. *Ponctuez bien votre dictée.*

▸ Autre mot de la famille : ponctuation.

pondéré, pondérée adj. Équilibré et calme dans ses jugements. *C'est une femme très pondérée.*

▸ **pondération** n. f. Équilibre et calme dans les jugements. *Ce médecin fait toujours preuve de pondération.*

pondre v. (conjug. 44) Produire des œufs. *Les oiseaux, les reptiles, les poissons pondent des œufs.* → aussi **ovipare, ovovivipare.**

▸ **pondeuse** n. f. Poule élevée pour ses œufs. *Cette poule est une bonne pondeuse.*

▸ Autre mot de la famille : ponte.

poney n. m. (→ ÉTYM.) Cheval d'une race de très petite taille. *Louise fait une promenade à dos de poney.* – Au pl. *Des poneys.*

① **pont** n. m. **1.** Construction qui permet de franchir un cours d'eau, une voie ferrée ou une route. → aussi **viaduc.** *Un pont de pierre franchit la rivière.* **2.** *Un pont aérien,* c'est une liaison par avion, installée d'urgence et fonctionnant de façon ininterrompue, pour acheminer des vivres, des secours ou évacuer des réfugiés, dans une zone dangereuse. *Un pont aérien a été établi au-dessus de la zone des combats.* **3.** *Faire le pont,* avoir un jour de congé supplémentaire entre deux jours fériés.

▶ Autres mots de la famille : pont-levis, ponton.

② pont n. m. Plancher recouvrant la coque d'un bateau. → planche **Bateaux.** *Les paquebots ont souvent plusieurs ponts.*

▶ Autre mot de la famille : entrepont.

ponte n. f. Action de pondre. *Pour la plupart des oiseaux, la saison de la ponte est au printemps.* ▷ Mot de la famille de pondre.

ponte d'une tortue

pontife n. m. *Le souverain pontife,* le pape.

▶ **pontifical, pontificale** adj. Qui concerne le pape. *Une messe pontificale,* une messe célébrée par le pape. → **papal.** – Au masc. pl. *pontificaux.*

▶ **pontificat** n. m. Règne d'un pape. *Le pontificat de Benoît XVI.*

pont-levis n. m. Pont pouvant se lever ou s'abaisser au-dessus du fossé d'un château fort. → planche **Château** fort. *On a relevé le pont-levis pour empêcher les assaillants d'entrer.* – Au pl. *Des ponts-levis.* ▷ Mot de la famille de ① pont et de ① lever.

ponton n. m. Plateforme flottant sur l'eau. *Un ponton de bois sert de débarcadère.* ▷ Mot de la famille de ① pont.

pop [pɔp] adj. inv. *La musique pop,* c'est une musique très rythmée qui était à la mode dans les années 1960-1970. *Des groupes pop.* ▮ homonyme : pope.

▶ C'est un mot anglais qui veut dire «populaire».

popcorn ou **pop-corn** [pɔpkɔʀn] n. m. Grains de maïs soufflés que l'on mange sucrés ou salés. *Théo mange du popcorn.* – Au pl. *Des popcorns* ou *des pop-corns.*

▶ Ce mot vient de l'anglais. (→ ÉTYM.) • Écrire *popcorn* en un seul mot est conforme à la nouvelle orthographe.

pope n. m. Prêtre de l'Église orthodoxe. *Les popes ont le droit de se marier.* ▮ homonyme : pop.

popeline n. f. Tissu de coton ou de soie, fin et serré. *Une chemise en popeline.*

populace n. f. *La populace,* le peuple.

▶ Ce mot est méprisant.

populaire adj. **1.** Qui appartient au peuple, vient du peuple. *Il utilise des expressions populaires.* **2.** Apprécié par un grand nombre de gens. *Ce chanteur est très populaire.* **3.** *Un quartier populaire,* habité par les gens du peuple. ▮ contraire : **bourgeois.**

▶ **popularité** n. f. Considération, faveur. *La popularité du chef de l'État est en baisse.*

▶ Autres mots de la famille : impopulaire, impopularité.

population n. f. Ensemble des habitants d'un pays, d'une région, d'une ville. *La population de Mexico est très nombreuse.*

▶ Autre mot de la famille : surpopulation.

populeux, populeuse adj. Très peuplé. *Des villes populeuses.*

porc [pɔʀ] n. m. Animal au corps épais, au museau terminé par un groin, élevé pour sa chair et pour sa peau. → **cochon** et aussi **truie.** → planche Animaux **domestiques.** *Le jambon et le saucisson sont de la viande de porc.* → aussi **charcuterie.** *Il a une ceinture en peau de porc.* ▮ homonymes : pore, ① et ② port.

▶ **porcelet** n. m. Jeune porc. *La truie a eu dix porcelets.*

▶ Autres mots de la famille : porc-épic, porcherie, porcin.

porcelaine n. f. Matière blanche, fine et fragile avec laquelle on fabrique de la vaisselle et des bibelots. → aussi **kaolin.** *La porcelaine de Limoges est très réputée.*

porc-épic [pɔʀkepik] n. m. Petit animal sauvage plus gros que le hérisson, au corps recouvert de piquants longs et épais. *Les porcs-épics vivent en Afrique, en Asie et dans le sud de l'Europe.* ▷ Mot de la famille de porc.

porc-épic

porche n. m. Partie couverte d'un bâtiment, qui abrite la porte d'entrée. *Surpris par la pluie, ils se sont abrités sous le porche d'un immeuble.*

porcherie n. f. Bâtiment où l'on élève des porcs. ▷ Mot de la famille de porc.

porcin, porcine adj. Qui concerne les porcs. *Le sanglier appartient à la race porcine.* – n. m. *Dans cette ferme, on pratique l'élevage des porcins.* ▷ Mot de la famille de porc.

pore n. m. Petit trou à la surface de la peau. *Les pores permettent à la sueur de s'écouler.* ▮ homonymes : porc, ① et ② port.

▸ **poreux, poreuse** adj. Qui a de nombreux petits trous qui laissent passer les liquides. *Le calcaire est une matière poreuse.* ▮ contraire : **imperméable.**

pornographique adj. Qui montre la sexualité de manière obscène. *Un film pornographique.* ➜ aussi **érotique.**

porphyre n. m. Roche volcanique, souvent rouge sombre. *Le tombeau de Napoléon Ier, aux Invalides, est en porphyre.*
▮ Il y a un *y* après le *ph*.

① **port** n. m. Endroit aménagé au bord de la mer ou d'un fleuve pour abriter les navires. *Rouen est un port fluvial, Marseille un port maritime. Après leur journée de pêche, les bateaux sont rentrés au port.* – *Arriver à bon port,* arriver à destination sans accident. *Les voyageurs sont arrivés à bon port.* ▮ homonymes : porc, pore.
▸ Autres mots de la famille : aéroport, héliport, passeport, portuaire.

② **port** n. m. **1.** Le fait de porter sur soi. *À moto, le port du casque est obligatoire.* **2.** Prix du transport d'une lettre ou d'un colis. *Le port du colis a été payé par l'expéditeur.* ▷ Mot de la famille de porter.

portable adj. et n. m.
▪ adj. **1.** Que l'on peut porter, mettre sur soi. *Cette robe est encore portable.* ➜ **mettable.** ▮ contraire : **immettable. 2.** Que l'on peut transporter. ➜ **portatif.** *Un ordinateur portable. Un téléphone portable.* ➜ **mobile.**
▪ n. m. **1.** Ordinateur portable. *Il emporte son portable en vacances.* **2.** Téléphone portable. *Je l'ai appelé sur son portable.* ▷ Mot de la famille de porter.

portail n. m. (pl. **portails**) Grande porte à l'entrée d'un jardin, d'un parc, d'une église. *Le portail était ouvert. Le clocher surmonte le portail.* ➜ planche **Cathédrale.** ▷ Mot de la famille de porte.

portant, portante adj. **1.** *Être bien, mal portant,* être en bonne, en mauvaise santé. *Mon arrière-grand-mère est encore très bien portante,* elle se porte très bien. **2.** *À bout portant,* le bout de l'arme touchant presque la victime. *Il a été abattu à bout portant.* ▷ Mot de la famille de porter.

portatif, portative adj. Qui peut être transporté facilement. ➜ **portable.** *Une télévision portative.* ▷ Mot de la famille de porter.

porte n. f. **1.** Panneau que l'on peut faire pivoter ou glisser pour permettre l'ouverture et la fermeture d'un bâtiment, d'une pièce, d'un meuble ou d'un véhicule. *Elle ferme la porte de la maison à double tour.* – *Mettre à la porte,* mettre dehors, renvoyer. *Alex a été mis à la porte du cours de français.* **2.** *Les portes d'une ville,* les endroits par lesquels on peut y entrer. *La porte Dauphine, à Paris.*
▸ Autres mots de la famille : portail, porte-à-porte, porte-fenêtre, portier, portière, portillon.

a b c d e f g h i j k l m n o **p** q r s t u v w x y z

porte-avion

porté, portée adj. *Être porté à faire quelque chose*, être poussé à le faire, avoir tendance à le faire. → **enclin.** *Je suis porté à penser qu'il a fait n'importe quoi.* ▷ Mot de la famille de porter.

en **porte-à-faux** adv. En déséquilibre. *La pile de livres est en porte-à-faux sur le bord de la table, elle va tomber.* ▷ Mot de la famille de porter et de (1) faux.

porte-à-porte n. m. inv. *Faire du porte-à-porte*, faire de la vente à domicile. ▷ Mot de la famille de porte.

porte-avion n. m. ou **porte-avions** n. m. inv. Grand bateau de guerre qui permet à des avions de décoller et d'atterrir. → planche **Bateaux.** – Au pl. *Des porte-avions.* ▷ Mot de la famille de porter et de avion.

porte-bagage n. m. Support plat sur un vélo ou une moto, qui permet de transporter des objets ou des personnes. – Au pl. *Des porte-bagages.* ▷ Mot de la famille de porter et de bagage.
▶ On écrit aussi *porte-bagages* (invariable).

porte-bonheur n. m. Objet qui est supposé porter bonheur. *Le trèfle à quatre feuilles, le fer à cheval sont des porte-bonheur* ou *des porte-bonheurs.* ▷ Mot de la famille de porter et de bonheur.

porte-carte n. m. Portefeuille dans lequel on range ses papiers d'identité, ses cartes de crédit, etc. – Au pl. *Des porte-cartes.* ▷ Mot de la famille de porter et de (1) carte.
▶ On écrit aussi *porte-cartes* (invariable).

porte-clé n. m. Anneau ou étui qui sert à tenir ensemble plusieurs clés. *Théo collectionne les porte-clés.* ▷ Mot de la famille de porter et de clé.
▶ On écrit aussi *porte-clés* (invariable).

porte-document n. m. Sac rectangulaire, plat, qui sert à ranger des papiers, des dossiers. → **serviette.** – Au pl. *Des porte-documents.* ▷ Mot de la famille de porter et de document.
▶ On écrit aussi *porte-documents* (invariable).

portée n. f. **1.** Ensemble de petits qu'une femelle de mammifère a en une fois. *Les chattes peuvent avoir plusieurs portées par an.* **2.** Les cinq lignes horizontales et parallèles sur lesquelles sont écrites les notes de musique. *La partition est écrite sur la portée.* **3.** *À la portée de quelqu'un*, accessible pour lui. *Passe-moi le pain, la corbeille est juste à ta portée,* tu peux facilement l'atteindre. *Ces études ne sont pas à sa portée,* il n'est pas capable de les faire. **4.** Effet, conséquence. *On ne mesure pas toujours la portée de ce que l'on dit.* ▷ Mot de la famille de porter.

une chatte et sa portée

porte-fenêtre n. f. Fenêtre qui descend jusqu'au sol et qui sert de porte. – Au pl. *Des portes-fenêtres.* ▷ Mot de la famille de porte et de fenêtre.

portefeuille n. m. Étui muni de poches où l'on range des billets de banque, des papiers d'identité, etc. *Un portefeuille en cuir.* → aussi **porte-carte.** ▷ Mot de la famille de porter et de feuille.

portemanteau n. m. Crochet fixé au mur ou ensemble de crochets fixés à un pied et servant à suspendre des vêtements. *Accroche ta veste au portemanteau.* ➜ aussi **patère.** – Au pl. *Des portemanteaux.* ▷ Mot de la famille de porter et de manteau.

porte-monnaie ou **portemonnaie** n. m. Petit sac où l'on range des pièces de monnaie. ➜ ① **bourse.** *Julie a mis son argent dans son porte-monnaie.* – Au pl. *Des porte-monnaies* ou *des portemonnaies.* ▷ Mot de la famille de porter et de monnaie.

Écrire *portemonnaie* en un seul mot est conforme à la nouvelle orthographe.

porte-parole n. m. et f. Personne qui parle au nom de quelqu'un ou d'un groupe. *La porte-parole du gouvernement.* – Au pl. *Des porte-paroles* ou *des porte-parole* (invariable). ▷ Mot de la famille de porter et de parole.

porte-plume ou **porteplume** n. m. Tige au bout de laquelle est enfoncée une plume. *Autrefois, les écoliers écrivaient avec des porte-plumes* (ou *des porteplumes*). ▷ Mot de la famille de porter et de plume.

Écrire *porteplume* en un seul mot est conforme à la nouvelle orthographe.

porter v. (conjug. 3) **1.** Supporter un poids. *Il porte son bébé sur ses épaules.* **2.** *C'est une responsabilité lourde à porter,* à supporter. **3.** Prendre pour mettre quelque part. *Les infirmiers portent le blessé sur une civière.* **4.** Avoir sur soi. *Paul porte des lunettes. Hier, Julie portait un pantalon. Léa porte un joli prénom.* ➜ **avoir. 5.** Avoir des petits dans son ventre. *Les juments portent onze mois.* **6.** *Porter plainte,* déposer une plainte en justice. *Elle a porté plainte pour vol. Porter bonheur,* apporter du bonheur. *Les trèfles à quatre feuilles portent bonheur.* **7.** *Porter sur,* avoir pour sujet. *La discussion a porté sur l'éducation.* **8.** *Une voix qui porte,* que l'on entend de loin. **9.** Avoir de l'effet, de l'influence. *Les remarques que je lui ai faites ont porté.* **10.** ***Se porter** bien, mal,* aller bien ou mal, être en bonne ou en mauvaise santé. *Malgré son âge, le grand-père d'Alex se porte très bien.* ➜ aussi **portant.**

▸ **porte-savon** n. m. Petit support où l'on pose le savon. – Au pl. *Des porte-savons.* ▷ Mot de la famille de savon.

▸ **porte-serviette** n. m. Support où l'on suspend les serviettes de toilette. – Au pl. *Des porte-serviettes.* ▷ Mot de la famille de serviette.

On écrit aussi *porte-serviettes* (invariable).

▸ **porteur** n. m. et adj., **porteuse** n. f. et adj.

■ n. Personne qui porte les bagages des voyageurs. *Il a appelé un porteur sur le quai de la gare.*

■ adj. *Être porteur d'une maladie,* l'avoir et risquer de la transmettre. *Elle est porteuse d'un virus.*

▸ **porte-voix** n. m. inv. Appareil qui amplifie la voix. *Pour se faire entendre de tous, il crie dans un porte-voix.* – Au pl. *Des porte-voix.* ▷ Mot de la famille de voix.

▸ Autres mots de la famille : aéroporté, apport, apporter, comportement, comporter, se comporter, déportation, déporté, déporter, emportement, emporter, exportateur, exportation, exporter, héliporté, importateur, importation, ② importer, insupportable, ② port, portable, portant, portatif, porté, en porte-à-faux, porte-avion, porte-bagage, porte-bonheur, porte-carte, porte-clé, porte-document, portée, portefeuille, portemanteau, porte-monnaie, porte-parole, porte-plume, prêt-à-porter, rapport, rapporter, ① et ② rapporteur, remporter, report, ② reporter, support, supportable, supporter, transport, transportable, transporter, transporteur.

portier n. m. Personne qui surveille les entrées et les sorties à la porte d'un bâtiment. *Adressez-vous au portier de l'hôtel.* ▷ Mot de la famille de porte.

portière n. f. Porte d'une voiture ou d'un train. *La portière côté passager est mal fermée.* ➜ planche **Voitures.** ▷ Mot de la famille de porte.

portillon n. m. Petite porte à battant assez bas. *Il y a un portillon à l'entrée du square.* ▷ Mot de la famille de porte.

portion [pɔʀsjɔ̃] n. f. **1.** Part. ➜ **morceau, ration.** *Alex a commandé une portion de frites.*

2. Partie. *Une portion du jardin est réservée aux légumes.*

▶ Autres mots de la famille : disproportion, disproportionné, proportion, proportionné, proportionnel, proportionnellement.

portique n. m. Barre horizontale soutenue par des poteaux, à laquelle sont suspendus des agrès. *Dans le parc, il y a un portique avec une balançoire, un trapèze et des anneaux.*

portique

porto n. m. Vin sucré du Portugal. *Une bouteille de porto.*

Porto est le nom d'une ville du Portugal.

portrait n. m. **1.** Dessin, peinture ou photo qui représente une personne. *Le peintre a fait un portrait de sa femme.* **2.** *Être le portrait de quelqu'un,* lui ressembler beaucoup. *Julie est le portrait de son père.* **3.** Description d'une personne. *Elle nous a fait de lui un portrait très drôle.*

▶ **portrait-robot** n. m. Portrait établi à partir de témoignages. *La police a pu faire des portraits-robots des suspects.* ▷ Mot de la famille de robot.

▶ Autre mot de la famille : autoportrait.

portuaire adj. D'un port. *Les installations portuaires.* ▷ Mot de la famille de ① port.

poser v. (conjug. 3) **1.** Mettre. *Il pose son verre sur la table.* ➜ **placer.** – **se poser,** s'arrêter de voler sur un espace horizontal. *L'oiseau s'est posé sur une branche.* ▮ contraire : **s'envoler.** *L'avion se posera à 10 h 50.* ➜ **atterrir.** ▮ contraire : ① **décoller. 2.** Installer. *Ils ont fait poser de la moquette dans leur chambre.* **3.** *Poser une question à quelqu'un,* l'interroger. **4.** *Poser un chiffre,* c'est l'écrire en faisant une opération. *20 moins 2 égale 18, je pose 8 et je retiens 1.* **5.** Ne pas bouger quand on doit être photographié ou pris comme modèle pour être peint ou dessiné. *Les mannequins posent pour les photographes.* **6.** *Poser sa candidature,* se déclarer candidat. *Il a posé sa candidature pour un poste à l'étranger.*

▶ **pose** n. f. **1.** Installation. *La pose de ce papier peint est très facile.* **2.** Attitude. *Le mannequin garde la pose devant le photographe,* il reste immobile. ▮ homonyme : pause.

▶ **posé, posée** adj. Calme et sérieux. *Léa est une petite fille posée.*

▶ **posément** adv. Calmement. *Réfléchissons posément.*

▶ **poseur** n. m., **poseuse** n. f. **1.** Personne qui pose, qui installe quelque chose. *La police a identifié les poseurs de bombes.* **2.** Personne qui n'est pas naturelle. *Quelle poseuse, cette fille !* – adj. *Ils sont un peu poseurs.*

▶ Autres mots de la famille : apposer, apposition, déposer, dépositaire, déposition, dépôt, dépotoir, entreposer, entrepôt, exposant, exposé, exposer, exposition, s'interposer, juxtaposé, juxtaposer, juxtaposition, opposant, opposé, opposer, s'opposer, opposition, position, préposition, repos, reposant, ① et ② reposer, se reposer, superposer, supposer, supposition, transposer.

positif, positive adj. **1.** *Une réponse positive,* affirmative. ▮ contraire : ① **négatif. 2.** Plus grand que zéro. *Les nombres positifs sont précédés du signe .* **3.** Qui révèle la présence de quelque chose. *La cutiréaction est positive,* il y a une inflammation à l'endroit où elle a été faite. **4.** *Un esprit positif,* qui donne la préférence aux faits, aux réalités. ➜ **constructif.** ▮ contraire : ① **négatif.**

▶ Autre mot de la famille : séropositif.

position n. f. **1.** Manière de se tenir. ➜ **attitude.** *Le malade est en position couchée. Mettez-vous en position assise.* **2.** Place. *Le favori de la course est arrivé en seconde position.* **3.** Endroit où l'on se trouve. *Le bateau donne sa position par radio.* **4.** Point de vue. *Voilà ma position sur cette affaire.* ➜ **avis.** – *Prendre position,* c'est prendre parti, donner son avis. ▷ Mot de la famille de poser.

posologie n. f. Quantité de médicament à prendre. *Il faut respecter la posologie.*

posséder v. (conjug. 8) **1.** Avoir à soi. *Ils possèdent une grande propriété à la campagne.* **2.** Connaître parfaitement. *Le conférencier possédait bien son sujet.*
▶ Autre mot de la famille : déposséder.

possesseur n. m. Personne qui possède un bien. → **propriétaire.** *Le possesseur du numéro gagnant gagne un téléviseur.*
Ce mot est toujours du masculin, même quand il s'agit d'une femme. • Il y a deux fois deux *s* dans ce mot.

possessif, possessive adj. **1.** *Les adjectifs et les pronoms possessifs* indiquent à qui appartient une chose. *Dans la phrase : «Prête-moi ton crayon, j'ai perdu le mien», «ton» est un adjectif possessif et «le mien» un pronom possessif.* **2.** *Une personne possessive,* une personne exclusive, jalouse. *Il est trop possessif avec sa femme.* → **jaloux.**
Il y a deux fois deux *s* dans ce mot.

possession n. f. **1.** Fait de posséder quelque chose, de l'avoir à soi. *La possession d'un château est un luxe. Avoir une chose en sa possession,* l'avoir, la détenir. *Ce document n'est plus en ma possession.* **2.** Chose possédée. → **bien** et aussi **propriété.** *Cette belle maison est la possession d'un célèbre acteur de cinéma,* elle lui appartient.

possible adj. et n. m.
■ adj. **1.** Qui peut être fait, réalisé. → **faisable.** *Une chose possible. C'est très possible de faire ce travail en une heure.* ■ contraire : **impossible.** **2.** Qui peut arriver. *Il est possible que je ne sois pas là demain,* il se peut que je ne sois pas là. *C'est possible,* peut-être. **3.** *Léa s'applique le plus possible,* le plus qu'elle peut. *J'aimerais partir le plus tôt possible,* dès que je pourrai.
■ n. m. *Faire tout son possible,* tout ce qu'on peut. *Je ferai tout mon possible pour t'aider.*

▶ **possibilité** n. f. **1.** Chose possible, qui peut arriver. *Il faut envisager toutes les possibilités.* → **éventualité, hypothèse.** **2.** Moyen de faire quelque chose. *Les élèves de CM 1 ont la possibilité de partir en classe de neige,* ils le peuvent.
▶ Autres mots de la famille : impossibilité, impossible.

post- Préfixe d'origine latine qui veut dire «après » (ex. : *posthume, postopératoire*).
■ contraires : **anté-, pré-.**

① **poste** n. f. **1.** Service public chargé de distribuer le courrier. *Ce colis a été expédié par la poste.* **2.** Bâtiment qui abrite la poste. *La poste est juste à côté,* le bureau de poste.

▶ **postal, postale** adj. De la poste. *En France, les camions postaux sont jaunes.*
▶ Autres mots de la famille : ① poster, postier.

② **poste** n. m. **1.** Lieu où l'on doit être. *La sentinelle est à son poste.* **2.** *Le poste de police,* l'endroit où se tiennent les policiers de service. **3.** *Le poste de pilotage d'un avion,* l'endroit où se tient le pilote. **4.** Emploi. *Le père de Théo occupe un poste d'ingénieur dans une entreprise d'informatique.* **5.** Appareil qui reçoit ou émet des émissions. *Un poste de radio. Un poste de télévision.* → **téléviseur.**
▶ Autre mot de la famille : ② poster.

poste de pilotage

① poster v. (conjug. 3) Mettre à la poste. *J'ai posté ma lettre hier.* → **envoyer, expédier.** ▷ Mot de la famille de ① poste.

② poster v. (conjug. 3) **1.** Placer dans un endroit précis. *L'inspecteur a posté des policiers en civil devant l'immeuble.* **2. se poster,** s'installer pour surveiller. *Louise s'est postée devant la fenêtre pour guetter l'arrivée de Julie.* ▷ Mot de la famille de ② poste.

③ poster [pɔstɛʀ] n. m. Affiche servant à décorer. *Alex a mis des posters sur les murs de sa chambre.*
▶ C'est un mot anglais.

postérieur, postérieure adj. **1.** Qui est derrière, à l'arrière. *Les ours peuvent se tenir debout sur leurs pattes postérieures.* → **arrière.** ▮ contraire : **antérieur. 2.** Qui a lieu après. → **ultérieur.** *Cet évènement est postérieur à la naissance de Julie.*

a **posteriori** → **a posteriori**

postérité n. f. Les générations à venir, ensemble des personnes nées après quelqu'un. *L'œuvre de Victor Hugo est passée à la postérité.*

posthume adj. *Une œuvre posthume,* parue après la mort de son auteur. *Cet écrivain a laissé un dernier roman posthume.*
▶ Il y a un *h* après le *t.*

postiche adj. Faux. *Le voleur avait une barbe postiche.* – n. m. *Un postiche,* une fausse mèche de cheveux.

postier n. m., **postière** n. f. Personne qui travaille à la poste. ▷ Mot de la famille de ① poste.

① postillon n. m. Conducteur d'une diligence. → ① **cocher.**

② postillon n. m. Goutte de salive que l'on envoie en parlant, en éternuant. *Envoyer des postillons.*

▸ **postillonner** v. (conjug. 3) Envoyer des postillons. *Paul postillonne en parlant.*

postopératoire adj. Qui se produit ou se fait après une opération. *Il va rester deux jours à l'hôpital à cause des risques postopératoires,* à cause de ce qui peut se passer après l'opération qu'il a subie. ▷ Mot de la famille de opérer.

post-scriptum [pɔstskʀiptɔm] n. m. inv. Petit texte situé à la fin d'une lettre, après la signature. *Sa lettre comportait plusieurs post-scriptum.*
▶ *Post-scriptum* s'écrit en abrégé *P.-S.* [peɛs].

postuler v. (conjug. 3) Être candidat à un emploi. *Il a postulé un emploi de comptable.* → **solliciter.**

posture n. f. **1.** Position du corps. *Les postures du yoga.* **2.** *Être en mauvaise posture,* être dans une situation difficile. *Il est en bonne posture pour remporter la course,* il est bien placé.

posture de yoga

pot n. m. **1.** Récipient. *Un pot de confiture. Un pot à eau.* **2.** Récipient destiné aux besoins naturels. *Le bébé est sur le pot.* **3.** *Le pot d'échappement d'un véhicule,* le tuyau par où s'échappent les gaz brûlés. → planche **Deux-roues.** *Un pot catalytique.* **4.** *Tourner autour du pot,* ne pas dire directement ce que l'on a à dire. *Parle franchement, au lieu de tourner autour du pot.* ▮ homonyme : peau.
▶ Autres mots de la famille : cache-pot, empoté, pot-au-feu, pot-de-vin, potée, poterie, potiche, potier, pot-pourri, rempoter.

potable adj. *De l'eau potable,* que l'on peut boire sans danger. *Cette eau n'est pas potable.*

potage n. m. Bouillon dans lequel on a fait cuire des légumes coupés en morceaux. → **soupe.** *Un potage aux asperges.*

potager, potagère adj. **1.** *Un jardin potager,* où l'on cultive des légumes et des fruits.

– n. m. *Il plante des salades dans le potager.* **2.** *Les plantes potagères,* les plantes dont on peut manger certaines parties. *Les carottes et les navets sont des plantes potagères.* → aussi **légume.**

potasse n. f. Produit chimique blanc qui se dissout dans l'eau. *La potasse est utilisée comme engrais.*

pot-au-feu [potofø] n. m. Plat fait de viande de bœuf qui a bouilli avec des légumes. – Au pl. *Des pots-au-feu* ou *des pot-au-feu* (invariable). ▷ Mot de la famille de pot et de feu.

pot-de-vin n. m. Somme d'argent que l'on donne secrètement en plus du prix convenu dans un marché, ou pour obtenir quelque chose de façon illégale. – Au pl. *Des pots-de-vin.* ▷ Mot de la famille de pot et de vin.

pote n. Familier. Camarade, ami. → **copain.** *Il est venu avec des potes. Salut mon pote !*

poteau n. m. Pilier enfoncé dans le sol. *Les poteaux électriques,* les piliers qui soutiennent les fils électriques. → **pylône.**

potée n. f. Plat de viande de porc ou de bœuf bouillie, accompagnée de légumes. *De la potée aux choux.* ▷ Mot de la famille de pot.

potelé, potelée adj. Dodu, grassouillet. *Des bébés potelés.* ▮ contraire : **maigre.**

potence n. f. Instrument de supplice fait de deux poutres perpendiculaires soutenant une corde à laquelle on pendait les condamnés. → **gibet.**

potentiel [pɔtɑ̃sjɛl] adj. et n. m., **potentielle** adj.
▪ adj. Qui peut exister en théorie. *Nous avons des clients potentiels,* des personnes qui pourraient éventuellement acheter nos produits.
▪ n. m. Capacité à produire. *Ce pays a un grand potentiel industriel.* → **puissance.**

poterie n. f. **1.** Fabrication d'objets en terre cuite. *Léa fait de la poterie.* **2.** Objet en terre cuite. *Les plus anciennes poteries datent de plusieurs milliers d'années avant Jésus-Christ.* ▷ Mot de la famille de pot.

poterne n. f. Porte cachée dans le mur d'un château fort ou d'une forteresse. *La poterne était souvent située sous le pont-levis.*

potiche n. f. Grand vase de porcelaine. *Julie a cassé la potiche chinoise du salon.* ▷ Mot de la famille de pot.

potier n. m., **potière** n. f. Personne qui fabrique et vend des poteries. *Le potier façonne la terre sur un tour et la fait cuire dans un four.* ▷ Mot de la famille de pot.

potin n. m. *Des potins,* des commérages, des ragots. *Elle adore raconter des potins.* → **cancan.**

potion [pɔsjɔ̃] n. f. Médicament liquide qui se boit. *L'infirmière donne au malade une potion pour calmer la douleur.*

potiron n. m. Grosse citrouille. *De la soupe au potiron.*

pot-pourri n. m. **1.** Morceau de musique formé de plusieurs airs à la suite. – Au pl. *Des pots-pourris.* **2.** Mélange odorant à base de fleurs séchées. ▷ Mot de la famille de pot et de pourrir.

pou n. m. (pl. **poux**) Très petit insecte parasite qui vit dans les cheveux. → aussi **lente.** *Paul a attrapé des poux à l'école.* ▮ homonyme : pouls.
▶ Autre mot de la famille : pouilleux.

pou vu au microscope

poubelle n. f. (→ ÉTYM.) Récipient dans lequel on jette les ordures. *Les poubelles sont ramassées par les éboueurs. On a jeté les restes à la poubelle.*

pouce n. m. et interj.
▪ n. m. **1.** Le doigt le plus court et le plus gros. *Léa suce encore son pouce.* – *Se tourner les pouces,* rester sans rien faire. *Donner un coup de pouce à quelqu'un,* l'aider. **2.** Ancienne mesure de longueur valant un peu moins de 3 centimètres. *Il n'a pas bougé d'un pouce depuis tout à l'heure,* il n'a pas bougé du tout.
▪ interj. *Pouce !* Mot que l'on prononce en mettant le pouce en l'air quand on veut interrompre un jeu. *«Pouce !» dit Alex au milieu de la partie, «mon lacet s'est défait».*

a b c d e f g h i j k l m n o p q r s t u v w x y z

poule d'eau

poule faisane

poule

poudre n. f. **1.** Matière moulue en grains très fins. *Du sucre en poudre.* **2.** Produit de maquillage que l'on se met sur la peau avec une houppette ou un gros pinceau. *Elle se remet un peu de poudre sur le visage.* **3.** Mélange destiné à exploser. *Il y a de la poudre dans les cartouches.*

▸ **poudrer** v. (conjug. 3) Mettre de la poudre. *Autrefois, on poudrait sa perruque.* – **se poudrer,** se mettre de la poudre sur le visage. *Elle se poudre devant la glace.*

▸ **poudreux, poudreuse** adj. Fin comme de la poudre. *La neige fraîche est poudreuse.* On appelle aussi la neige poudreuse : *la poudreuse.*

▸ **poudrier** n. m. Boîte à poudre. *Elle remet la houppette dans le poudrier.*

▸ **poudrière** n. f. Endroit où l'on garde les explosifs. *Ce pays est une vraie poudrière,* il risque de s'y passer des choses très violentes.
▸ Autre mot de la famille : saupoudrer.

pouf n. m. Gros coussin posé sur le sol, qui sert de siège.

pouffer v. (conjug. 3) *Pouffer de rire,* éclater de rire malgré soi. *Louise et Julie ont pouffé de rire quand Paul est tombé par terre.*

pouilleux, pouilleuse adj. Très pauvre et sale. ➜ **misérable, sordide.** *Une chambre d'hôtel pouilleuse.* ▷ Mot de la famille de pou.

poulailler n. m. Abri pour les poules. *Le soir, la fermière enferme les poules dans le poulailler.* ▷ Mot de la famille de poule.

poulain n. m. Petit du cheval et de la jument, mâle ou femelle, jusqu'à l'âge de deux ans et demi. ➜ aussi **pouliche.**

① **poule** n. f. ➜ ÉTYM. **1.** Oiseau de basse-cour, à ailes courtes et arrondies, portant une petite crête. ➜ aussi **coq** et **poussin.** ➜ planche Animaux **domestiques.** *La poule rousse a pondu un œuf.* – *Se lever, se coucher avec les poules,* très tôt. – *Quand les poules auront des dents,* jamais. **2.** *Une poule d'eau,* c'est un oiseau de la taille d'un pigeon. *Une poule faisane,* c'est la femelle du faisan. **3.** *Une mère poule,* une mère qui protège beaucoup ses enfants. ➜ aussi **couver.** **4.** *Une poule mouillée,* une personne peureuse. ➜ **mauviette.** *Son frère n'a pas pris sa défense, c'est une vraie poule mouillée.*
▸ Autres mots de la famille : poulailler, poulet.

② **poule** n. f. Groupe d'équipes de rugby qui doivent se rencontrer au cours d'un championnat. *L'équipe de notre ville est en poule A.*

poulet n. m. Petit de la poule, âgé de 3 à 10 mois, plus grand que le poussin. *Nous avons mangé du poulet rôti.* ▷ Mot de la famille de ① poule.

pouliche n. f. Jeune jument de plus de 30 mois. ➜ aussi **poulain.**

poulie n. f. Petite roue sur laquelle passe une corde ou une chaîne et qui sert à soulever une charge.

poulie

poulpe n. m. Animal marin à huit tentacules munis de ventouses. ➜ **pieuvre.** *Les poulpes sont des mollusques.*

pouls [pu] n. m. (➜ ÉTYM.) Battement du sang dans les artères, que l'on sent très bien au poignet. ➜ aussi **pulsation.** *Le médecin prend le pouls du malade.* ▮ homonyme : pou.
On ne prononce ni le *l* ni le *s*.

poumon n. m. *Les poumons,* ce sont les deux organes situés dans la cage thoracique qui servent à respirer. *La pneumonie et la tuberculose sont des maladies des poumons.* ➜ aussi **pulmonaire.**
▶ Autre mot de la famille : s'époumoner.

poupe n. f. Arrière d'un bateau. ➜ planche **Bateaux.** ▮ contraire : **proue.**

poupée n. f. Jouet représentant un bébé, une personne. *Léa joue à la poupée.*

▶ **poupon** n. m. **1.** Bébé. *Un beau poupon.* **2.** Poupée représentant un bébé. ➜ **baigneur.** *Un poupon en caoutchouc.*

▶ **pouponner** v. (conjug. 3) S'occuper d'un bébé. *Elle adore pouponner.*

▶ **pouponnière** n. f. Endroit où l'on garde jour et nuit des enfants de moins de trois ans.

pour prép. et n. m. inv.
▪ prép. **1.** Indique le but, la conséquence. *Il a téléphoné pour prendre rendez-vous.* ➜ **afin** de. *Je l'ai appelé pour qu'il vienne m'aider. Prends ce sirop pour la toux.* ➜ **contre. 2.** Indique la destination. *Ils sont partis pour l'Espagne.* **3.** Indique une date, une durée. *Julie a des devoirs pour demain. J'en ai pour une heure.* **4.** Indique le choix. *Ils ont voté pour le même candidat.* **5.** Indique l'échange. *Elle s'est acheté une robe pour 75 euros.* **6.** Indique la cause. *Le cinéma est fermé pour travaux.* **7.** En ce qui concerne. *Pour ma part, je n'ai plus faim. Elle est bien pour son âge.*
▪ n. m. inv. *Le pour et le contre.* ➜ **contre.**
▶ Autres mots de la famille : pourboire, pourcentage, pourquoi, pourtant.

pourboire n. m. Petite somme d'argent que le client donne en plus du prix, à la personne qui l'a servi. *Il a donné un pourboire au chauffeur de taxi.* ➜ aussi **service.** ▷ Mot de la famille de pour et de boire.

pourceau n. m. Cochon, porc. – Au pl. *Des pourceaux.*
Ce mot appartient au langage soutenu.

pourcentage n. m. Proportion pour cent. *Un fort pourcentage des élèves déjeune à la cantine,* une grosse proportion. *Quatre-vingt-dix pour cent (90 %) est un pourcentage important.* ▷ Mot de la famille de pour et de cent.

pourchasser v. (conjug. 3) Poursuivre, chasser. *Le chat pourchasse les souris dans le grenier.* ▷ Mot de la famille de chasser.

se **pourlécher** v. (conjug. 8) Se passer la langue sur les lèvres en signe de plaisir avant ou après un bon repas. *Alex se pourlèche déjà à la vue de l'énorme gâteau.* ▷ Mot de la famille de lécher.

pourparlers n. m. pl. Discussions, négociations entre plusieurs États ou plusieurs personnes. *Les pourparlers entre les deux pays ont commencé.* ▷ Mot de la famille de parler.

pourpoint n. m. Veste que les hommes portaient autrefois.
▶ Autre mot de la famille : à brûle-pourpoint.

pourpoint

pourpre n. f. et n. m. **1.** n. f. Colorant rouge tiré d'un coquillage. *Les Phéniciens utilisaient la pourpre.* **2.** n. m. Couleur rouge foncé. *Des rideaux d'un beau pourpre.* – adj. *Des rideaux pourpres.*

a b c d e f g h i j k l m n o p q r s t u v w x y z

pourquoi adv. et conjonction
▪ adv. Pour quelle raison. *Pourquoi pleures-tu, Léa ? Dis-moi pourquoi tu n'es pas venu.*
▪ conjonction *Paul s'est réveillé en retard ce matin, c'est pourquoi il n'est pas là,* c'est pour cette raison qu'il n'est pas là. *Voilà pourquoi il n'était pas là,* voilà la raison pour laquelle il n'était pas là. ▷ Mot de la famille de pour et de quoi.

pourrir v. (conjug. 11) Se décomposer, se gâter. → se **putréfier.** *Les fruits tombés ont pourri.*

▶ **pourri, pourrie** adj. Qui est en décomposition, qui s'est gâté. *Les œufs pourris sentent très mauvais.*

▶ **pourriture** n. f. Matière en train de pourrir. *Une odeur de pourriture.* → **putréfaction.**

▶ Autre mot de la famille : pot-pourri.

poursuivre v. (conjug. 43) **1.** Courir derrière une personne, un animal ou une chose pour le rattraper. *Le chien poursuit le lièvre.* → **pourchasser. 2.** *Poursuivre quelqu'un en justice,* porter plainte contre lui. **3.** Continuer sans s'arrêter. *Elle poursuivit son récit sans se troubler.* ▮ contraires : **abandonner, arrêter.** – **se poursuivre,** continuer. *La discussion s'est poursuivie tard dans la nuit.*

▶ **poursuite** n. f. **1.** Action de poursuivre une personne, un animal qui s'enfuit, de courir après. *Le chien se lança à la poursuite du chat.* **2.** *Engager des poursuites contre une personne,* lui faire un procès.

▶ **poursuivant** n. m., **poursuivante** n. f. Personne qui en poursuit une autre. *Le voleur a été rattrapé par ses poursuivants.*

▷ Mots de la famille de suivre.

pourtant adv. Cependant, néanmoins. *Il est fatigué, et pourtant il rentre de vacances.* ▷ Mot de la famille de pour et de tant.

pourtour n. m. Partie qui fait le tour de quelque chose. *Le pourtour de la place est planté d'arbres.* ▷ Mot de la famille de tourner.

pourvoir v. (conjug. 28) **1.** Fournir le nécessaire. *Le père de Julie pourvoit seul à l'entretien de la famille,* c'est lui seul qui gagne l'argent nécessaire. → ① **assurer, subvenir. 2.** *Être pourvu de,* avoir. *La classe est pourvue de trois ordinateurs.*

▶ Autres mots de la famille : dépourvu, au dépourvu.

pourvu que conjonction *Pourvu qu'il fasse beau dimanche !* espérons qu'il fera beau.

pousse n. f. Bourgeon. *Au printemps, les arbres se couvrent de jeunes pousses.* ▷ Mot de la famille de ① pousser.

poussée n. f. **1.** Force exercée en poussant. *La porte s'ouvrit sous la poussée.* **2.** *Une poussée de fièvre,* un brusque accès de fièvre. ▷ Mot de la famille de ② pousser.

pousse-pousse n. m. inv. Voiture légère à deux roues pour une seule personne, tirée par un homme à pied, en Extrême-Orient. *On voit des pousse-pousse dans les rues de Bangkok.* ▷ Mot de la famille de pousser.

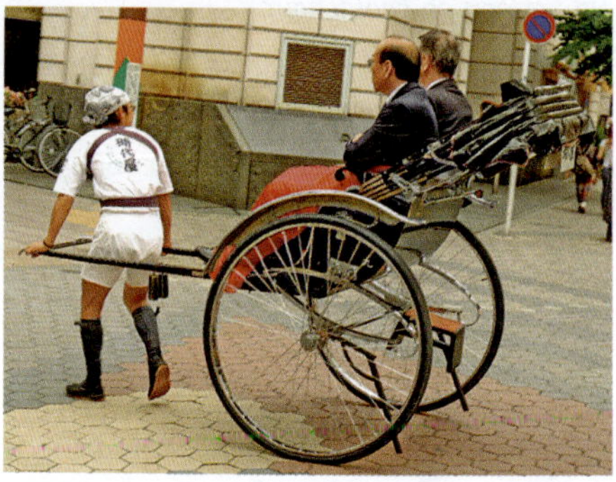

pousse-pousse

① **pousser** v. (conjug. 3) Se développer, grandir. *Les cheveux de Léa ont beaucoup poussé. Les feuilles poussent.*

▶ Autres mots de la famille : pousse, ① repousser.

② **pousser** v. (conjug. 3) **1.** Faire bouger en appuyant. *Il pousse tout le monde pour passer.* → **bousculer.** *Il poussa la porte et entra.* ▮ contraire : **tirer.** *Une jeune femme poussait un landau.* **2.** Entraîner. *Paul pousse ses camarades à faire des bêtises.* → **encourager, inciter.** ▮ contraires : **dissuader, empêcher. 3.** *Pousser quelqu'un à bout,* l'exaspérer. *Julie pousse* parfois sa mère à bout. **4. se pousser,** s'écarter pour laisser de la place. *Allons, poussez-vous un peu pour que tout le monde puisse entrer.* **5.** Faire entendre. *Il a poussé un cri en voyant arriver la voiture à toute vitesse.*

▸ **poussette** n. f. Petite voiture d'enfant que l'on pousse devant soi. ➜ aussi **landau.** *Théo promène sa petite sœur dans sa poussette.*

▸ Autres mots de la famille : poussée, pousse-pousse, repoussant, ② repousser.

poussière n. f. Débris de terre ou de saleté qui flottent dans l'air et se déposent sur les objets. *La voiture soulève des nuages de poussière. Les meubles sont couverts de poussière.*

▸ **poussiéreux, poussiéreuse** adj. Couvert de poussière. *Des livres poussiéreux.*

poussif, poussive adj. **1.** Qui manque de souffle. *Une vieille jument poussive.* **2.** Qui fonctionne mal. *Un moteur poussif.*

poussin n. m. Petit de la poule et du coq, qui vient de sortir de l'œuf. ➜ aussi **poulet.** *Les poussins sont couverts d'un duvet jaune ou gris.*

poutre n. f. Grosse et longue pièce de bois qui sert de support dans une construction. *Un plafond aux poutres apparentes.*

▸ **poutrelle** n. f. Barre de fer allongée, que l'on utilise dans les charpentes métalliques. *Le toit du hangar repose sur des poutrelles d'acier.*

poutser v. (conjug. 3) Nettoyer.

◗ Ce mot est utilisé en Suisse.

① **pouvoir** v. (conjug. 26) **1.** Avoir la possibilité, être capable. *Paul peut rester longtemps sous l'eau sans respirer. – Qui peut le plus peut le moins,* la personne qui est capable de faire une chose difficile est forcément capable de faire une chose facile. **2.** Avoir le droit, la permission. *Julie a pu aller au cinéma mardi soir.* **3.** Risquer. *Prends un parapluie, il pourrait pleuvoir.* **4.** *Il se peut que,* il est possible que. *Il se peut qu'elle vienne demain.* **5.** *Ne plus en pouvoir,* c'est être très fatigué ou en avoir assez. *Je n'en peux plus.*

▸ ② **pouvoir** n. m. **1.** Capacité, faculté. *Les bêtes n'ont pas le pouvoir de parler.* **2.** Autorité, puissance. *Cet homme a beaucoup de pouvoir.* **3.** Possibilité de gouverner un pays. *Il y a eu un coup d'État et les militaires ont pris le pouvoir.* **4.** *Les pouvoirs publics,* les personnes qui gouvernent. **5.** *Le pouvoir d'achat,* la possibilité d'acheter des choses avec l'argent que l'on a. *Dans les pays pauvres, le pouvoir d'achat est très faible.*

▸ Autres mots de la famille : impuissance, impuissant, peut-être, puissamment, puissance, puissant, sauve-qui-peut, tout-puissant.

praire n. f. Coquillage arrondi, dont on mange la chair. ➜ aussi **palourde.** *Des praires farcies.*

◗ Ce mot vient du provençal.

prairie n. f. Terrain couvert d'herbe haute. ➜ aussi **champ, pré.** ➜ planche **Prairie.** *Il y a des boutons d'or et des coquelicots dans la prairie.*

prairie

praline n. f. **1.** Bonbon fait d'une amande grillée trempée dans du sucre bouillant. *Les pralines sont roses ou brunes.* **2.** En Belgique et en Suisse. Bonbon au chocolat. *Une boîte de pralines.*

◗ *Praline* vient du nom du maréchal du *Plessis-Praslin* dont le cuisinier inventa ce bonbon.

▸ **praliné, pralinée** adj. Parfumé à la praline. *Une glace pralinée.*

praticable adj. *Un chemin praticable,* où l'on peut passer facilement. *La route est praticable seulement l'été.* ▮ contraire : **impraticable.**
▷ Mot de la famille de ① pratique.

praticien n. m., **praticienne** n. f. Docteur en médecine dont le métier est de soigner les malades, non de faire de la recherche. ➜ **médecin.** ▷ Mot de la famille de ① pratique.

a b c d e f g h i j k l m n o p q r s t u v w x y z

les animaux de la prairie

Insectes, mammifères, reptiles, oiseaux…, de nombreux animaux choisissent les prairies comme habitat principal. En Europe, la belette y guette les rongeurs comme les campagnols et parfois même les lapins ou les petits oiseaux. Les abeilles butinent les fleurs sans relâche : elles collectent le nectar qui deviendra le miel et participent à la pollinisation. Il existe plusieurs milliers d'espèces d'abeilles différentes. Quand elle est menacée, la perdrix grise préfère courir se cacher plutôt que voler.

abeille

piéride

buse variable

bourdon des prés

campagnol des champs

belette d'Europe

fauvette

sauterelle verte

lièvre brun

perdrix grise

vipère péliade

① pratique n. f. **1.** *La pratique*, c'est ce qui permet de mettre en application des choses que l'on a apprises et qui donne des résultats que l'on peut voir. ▮ contraire : **théorie.** *C'est par la pratique que l'on apprend un métier.* **2.** *Mettre en pratique*, appliquer, réaliser. *Il met toujours ses décisions en pratique.* **3.** *Une pratique*, c'est une manière habituelle d'agir. ➜ **procédé, ① usage.** *La vente à crédit est une pratique courante.* – *En pratique, dans la pratique*, en fait, dans la réalité. ➜ **pratiquement.**

▸ **② pratique** adj. **1.** *Avoir le sens pratique, l'esprit pratique*, avoir le sens des réalités, savoir se débrouiller dans toutes les situations de la vie courante, résoudre toutes les difficultés. *Il a beaucoup de sens pratique. Les travaux pratiques*, les exercices, les expériences où l'on met en application ce que l'on a appris. **2.** Facile à utiliser. *Cet outil est très pratique.* ➜ **② commode.** ▮ contraire : **malcommode.**

▸ **pratiquant, pratiquante** adj. *Une personne pratiquante*, c'est une personne qui fait exactement tout ce que sa religion lui demande de faire. ➜ aussi **pratiquer.** *Ils sont catholiques pratiquants.*

▸ **pratiquement** adv. Dans la réalité, dans les faits. *Ton idée est bonne mais, pratiquement, elle est difficile à réaliser.* ▮ contraire : **théoriquement.**

▸ **pratiquer** v. (conjug. 3) **1.** Exercer régulièrement une activité. *Il pratique le golf et le tennis. Ce médecin ne pratique plus*, il n'est plus en activité. **2.** Faire. *Il faut pratiquer un trou dans le mur.* ➜ **② ménager.** **3.** Faire exactement ce qui est exigé par sa religion. *Ils sont juifs, mais ils ne pratiquent pas.*

▸ Autres mots de la famille : impraticable, praticable, praticien.

pré n. m. Terrain où pousse de l'herbe qui sert à nourrir le bétail. ➜ aussi **champ, prairie.** *Les vaches broutent l'herbe du pré.*

pré- Préfixe d'origine latine qui signifie «avant, d'avance» (ex. *préavis, préconçu, préhistoire*). ➜ **anté-.** ▮ contraire : **post-.**

préalable adj. Qui a lieu avant. *Avant d'obtenir ce poste, il a eu plusieurs entretiens préalables avec son futur patron.* ➜ **préliminaire.** – n. m. *Au préalable*, auparavant, d'abord.

▸ **préalablement** adv. Auparavant, d'abord.

préambule n. m. Début d'un texte ou d'un discours, qui en annonce le sujet. ➜ **introduction,** entrée en **matière.** *L'avocat a fait un long préambule avant de commencer sa plaidoirie proprement dite.*

préau n. m. Partie couverte d'une cour d'école. *L'école dispose de deux préaux.*

préavis n. m. Avertissement officiel, donné à l'avance, de ce que l'on va faire. *Le locataire qui quitte un logement doit donner un préavis de trois mois à son propriétaire*, il doit prévenir le propriétaire trois mois avant son départ.

▷ Mot de la famille de avis.

précaire adj. (➜ ÉTYM.) Qui n'est pas sûr. *Il est d'une santé précaire.* ➜ **fragile.** ▮ contraire : **solide.** *Une situation précaire.* ➜ **incertain, instable.** ▮ contraire : **stable.**

▸ **précarité** n. f. Caractère précaire, instable. *La précarité d'un emploi.* ▮ contraire : **stabilité.**

précaution n. f. **1.** Ce que l'on fait pour éviter un mal ou un ennui. *Prendre une assurance au cas où l'on serait malade à l'étranger est une sage précaution.* **2.** Prudence. *Ce produit est dangereux, il faut le manier avec précaution.*

précéder v. (conjug. 8) **1.** Marcher devant quelqu'un. *Je vous précède pour vous montrer le chemin.* ▮ contraire : **suivre.** **2.** Être avant. *Le roman est précédé d'une préface de l'auteur.* **3.** Exister, se produire avant. *Vous avez tous les symptômes qui précèdent la grippe.* ▮ contraire : **succéder.**

▸ **précédent** adj. et n. m., **précédente** adj.

▪ adj. Qui vient avant. *Je l'avais vu la semaine précédente*, la semaine d'avant celle dont on parle. ▮ contraire : **① suivant.** *Le jour précédent*, la veille du jour dont il est question.

a b c d e f g h i j k l m n o p q r s t u v w x y z

■ n. m. *Un précédent,* c'est une chose qui a déjà eu lieu et qui peut servir d'exemple. *Cette décision va créer un précédent.* – *Sans précédent,* unique, jamais vu. *Il a obtenu un succès sans précédent.*

▸ **précédemment** [presedamã] adv. Avant, auparavant. *J'avais déjà lu ce livre précédemment.* ▮ contraires : **après, ultérieurement.**

précepte n. m. Règle de morale. *Aimer son prochain est un précepte de la morale chrétienne.*

précepteur n. m., **préceptrice** n. f. Professeur particulier d'un enfant qui ne va pas à l'école. *Autrefois, dans les familles riches, les enfants étaient instruits par des précepteurs.*

prêcher v. (conjug. 3) **1.** Faire un sermon. *Le prêtre prêche du haut de la chaire.* → aussi **prédicateur. 2.** Recommander, conseiller. *Les écologistes prêchent le respect de la nature.*
Attention à l'accent circonflexe du ê.

précieux, précieuse adj. (→ ÉTYM.) **1.** Qui a une grande valeur, vaut très cher. *L'or est un métal précieux.* **2.** Que l'on apprécie beaucoup, à quoi on donne du prix. *Votre amitié m'est très précieuse.* **3.** Qui manque de naturel. *Des manières précieuses.* ▮ contraire : **simple.**

▸ **précieusement** adv. Soigneusement. *Elle conserve précieusement les dessins de ses enfants.*

précipice n. m. Trou très profond, aux parois presque verticales. → **gouffre, ravin.** *La voiture roule le long du précipice.*

précipitamment adv. Très vite, à la hâte. *Il est parti précipitamment.* → **brusquement.** ▮ contraires : **lentement, tranquillement.** ▷ Mot de la famille de précipiter.

précipitation n. f. Trop grande hâte. *Il ne faut pas agir avec précipitation.* ▷ Mot de la famille de précipiter.

précipitations n. f. pl. Chutes de pluie, de grêle ou de neige. → planche **Eau.** *La météo annonce de fortes précipitations pour demain.*

précipiter v. (conjug. 3) **1.** Pousser avec violence. *Le choc les a précipités au fond de l'ascenseur.* **2.** Faire se produire avant le moment prévu. → **avancer.** *Il a dû précipiter son départ.* → **brusquer, hâter.** ▮ contraire : **retarder.**

▸ **se précipiter** v. **1.** Se jeter d'un lieu élevé. *Le torrent se précipite du haut de la montagne.* **2.** S'élancer brusquement, se hâter. *Dès que la cloche sonne, les élèves se précipitent vers la sortie.* → se **ruer.**

▸ **précipité, précipitée** adj. **1.** Très rapide. *On entendit des pas précipités.* ▮ contraire : **lent. 2.** Qui se fait trop vite, sans prendre le temps nécessaire. *Son départ a été trop précipité, il n'a pas eu le temps de régler toutes ses affaires.* → **hâtif.**

▶ Autres mots de la famille : précipitamment, précipitation.

précipice

précis, précise adj. **1.** Clair et détaillé. ▮ contraires : **flou, imprécis,** ② **vague.** *Ce guide donne des renseignements précis sur chaque ville.* **2.** Exact, juste. *Elle a pris les mesures précises de la pièce. La réunion commencera à 9 heures précises,* exactement à 9 heures. → ① **juste ;** fam. ③ **pile, tapant.**

▸ **précisément** adv. **1.** D'une manière précise, claire. *Il a répondu précisément à la ques-*

tion. ➜ **exactement.** **2.** Justement. *Julie a eu pour Noël précisément le cadeau qu'elle souhaitait.*

▶ **préciser** v. (conjug. 3) **1.** Expliquer de manière plus précise, plus nette. *Précisez le sens de votre question.* **2. se préciser,** c'est devenir plus précis, plus net. *Les choses se précisent peu à peu.*

▶ **précision** n. f. **1.** Clarté, netteté. *Ce plan de la ville est d'une grande précision.* **2.** Détail, explication supplémentaire. *Le vendeur donne des précisions sur le fonctionnement de l'appareil.*

▶ Autres mots de la famille : imprécis, imprécision.

précoce adj. **1.** Qui se produit plus tôt que d'habitude. *L'hiver est précoce, cette année.* ▮ contraire : **tardif.** **2.** *Un enfant précoce,* un enfant plus avancé que les autres enfants de son âge.

▶ **précocité** n. f. Le fait d'être précoce, en avance. *Ce petit garçon était d'une grande précocité,* il était en avance pour son âge.

préconçu, préconçue adj. *Une idée préconçue,* une idée toute faite, un préjugé que l'on adopte sans réfléchir. *C'est une femme très conformiste qui a beaucoup d'idées préconçues.* ▷ Mot de la famille de concevoir.

préconiser v. (conjug. 3) Conseiller vivement. ➜ **recommander.** *Le médecin lui a préconisé le repos.*

précurseur n. m. et adj. m.

▪ n. m. Personne qui est la première à faire une œuvre ou une découverte reprise plus tard par d'autres. *Pasteur a été un précurseur de la biologie moderne.*

▪ adj. m. *Un signe précurseur,* un signe qui annonce quelque chose. *L'arrivée des hirondelles est un signe précurseur du printemps.* ➜ **annonciateur.**

prédateur n. m. Animal qui chasse d'autres animaux pour se nourrir. ➜ aussi **proie.** *Les félins et les rapaces sont des prédateurs.*

prédécesseur n. m. et f. Personne qui en a précédé une autre dans une fonction. *Le directeur de l'école est plus jeune que son prédécesseur.* ▮ contraire : **successeur.**

prédestiné, prédestinée adj. Qui paraît destiné à l'avance à quelque chose. *Notre pharmacien s'appelle monsieur Bobo, c'est un nom prédestiné.* ▷ Mot de la famille de destiner.

prédicateur n. m., **prédicatrice** n. f. Personne qui prêche. *Le prédicateur monte en chaire pour faire son sermon.*

prédiction n. f. Ce qui est prédit. ➜ **prophétie.** *Les prédictions d'une voyante.*

prédilection n. f. Préférence très nette. *Alex a une prédilection pour le chocolat au lait.* ➜ **faible.**

prédire v. (conjug. 40 ; sauf *vous prédisez*) Annoncer qu'un évènement va se produire, comme si on connaissait l'avenir. ➜ aussi **prédiction.** *Une voyante lui a prédit qu'il serait célèbre.* ▷ Mot de la famille de dire.

prédisposer v. (conjug. 3) **1.** Mettre à l'avance dans des conditions favorables. *Rien ne la prédisposait à devenir artiste.* **2.** *Être prédisposé à une maladie,* risquer plus que d'autres de l'avoir. *Les membres de cette famille sont prédisposés aux maladies cardiaques.*

▶ **prédisposition** n. f. **1.** Tendance naturelle à une activité. *Elle a des prédispositions pour la musique.* ➜ **aptitude, disposition.** **2.** Tendance à contracter certaines maladies. *Une prédisposition à l'obésité.*

▷ Mots de la famille de disposer.

prédominer v. (conjug. 3) Être le plus important. *Parmi toutes ses qualités, c'est le courage qui prédomine.* ▷ Mot de la famille de dominer.

le renard est un prédateur

a b c d e f g h i j k l m n o p q r s t u v w x y z

préfabriqué, préfabriquée adj. *Des éléments préfabriqués,* ce sont des éléments de construction qui sont fabriqués en série pour être assemblés ensuite sur place. *Une maison préfabriquée,* construite avec des éléments préfabriqués. ▷ Mot de la famille de fabriquer.

montage d'une maison **préfabriquée**

préface n. f. Texte placé au début d'un livre et qui sert à le présenter aux lecteurs. ➜ **avant-propos, introduction.** *La préface de ce roman anglais a été écrite par le traducteur.*

préfectoral, préfectorale adj. Du préfet. *Une décision préfectorale.* – Au masc. pl. *préfectoraux.*

préfecture n. f. **1.** Bâtiment qui abrite les bureaux du préfet et des gens qui travaillent avec lui. *Pour obtenir ce papier, adressez-vous à la préfecture.* **2.** Ville où sont installés les bureaux du préfet. *Créteil est la préfecture du Val-de-Marne.* ➜ **chef-lieu.**

▶ Autre mot de la famille : sous-préfecture.

préférer v. (conjug. 8) Aimer mieux. *Il préfère le thé au café. Je préférerais que tu viennes demain.*

▶ **préféré, préférée** adj. Le plus aimé. *Louise écoute ses chansons préférées,* celles qui lui plaisent le plus. – n. *Julie est la préférée de son père.* ➜ **favori** et aussi ② **chouchou.**

▶ **préférable** adj. Qui mérite d'être préféré, choisi. *Cette solution est préférable à l'autre.*

▶ **préférence** n. f. **1.** Fait de préférer une chose à une autre. *Il faut respecter les préférences de chacun. Faisons comme tu veux, je n'ai pas de préférence,* cela m'est égal. **2.** *De préférence,* plutôt. *Appelez-moi le soir de préférence.*

préfet n. m., **préfète** n. f. En France, Personne nommée par le président de la République pour représenter le gouvernement à la tête du département ou de la Région. ➜ aussi **préfecture.**

▶ Autre mot de la famille : sous-préfet.

préfigurer v. (conjug. 3) Donner une idée de ce qui n'existe pas encore. ➜ **annoncer.** *Certains romans de science-fiction préfigurent ce que sera la vie dans l'avenir.* ▷ Mot de la famille de figure.

préfixe n. m. Élément placé au début d'un mot et qui sert à former un autre mot dont le sens est différent. *Le mot «incapable» est formé du préfixe «in-» et de l'adjectif «capable».* ➜ aussi **suffixe.**

préhensile adj. Qui peut servir à prendre, à saisir. *La trompe des éléphants est préhensile.*

préhistoire n. f. Époque très ancienne, située avant l'histoire, quand les hommes ne savaient pas écrire. ➜ aussi **néolithique, paléolithique.** *Les hommes de la préhistoire fabriquaient des outils.* ➜ aussi **préhistorique.** ▷ Mot de la famille de ② histoire.

préhistorique adj. Qui appartient à la préhistoire. *Le mammouth et le dinosaure sont des animaux préhistoriques.* ▷ Mot de la famille de historique.

sculpture **préhistorique**

préjudice n. m. Tort, dommage causé à quelqu'un. *Cette affaire lui a causé un gros préjudice.*

▸ **préjudiciable** adj. Qui cause un préjudice, un tort. *Le tabac est préjudiciable à la santé.* ➜ **nocif, nuisible.** ▮ contraires : **bénéfique, salutaire.**

préjugé n. m. Avis que l'on a sans avoir réfléchi ni vérifié, idée préconçue. *Avant de le connaître, j'avais des préjugés contre lui, et maintenant je le trouve très sympathique.* ➜ **prévention.** ▷ Mot de la famille de juger.

préjuger v. (conjug. 5b) Porter un jugement prématuré sur quelque chose. *On ne peut pas préjuger de l'avenir.* ▷ Mot de la famille de juger.

se **prélasser** v. (conjug. 4) Se reposer, rester sans rien faire. *Elles se sont prélassées toute la journée au bord de la piscine.*

prélat [prela] n. m. Haut personnage du clergé, dans l'Église catholique. *Les cardinaux et les évêques sont des prélats.*

prèle n. f. Plante qui a une tige creuse et des épis et qui pousse dans les lieux humides. *Les prèles n'ont pas de fleurs.*
▶ On écrit aussi *prêle.*

prèle

prélever v. (conjug. 7) Prendre une partie d'un tout. *Il a prélevé de l'argent sur son compte pour payer ses impôts.*

▸ **prélèvement** n. m. Action de prélever. *On lui a fait un prélèvement de sang,* on lui en a pris un peu. ➜ **prise.**

▷ Mots de la famille de (1) lever.

préliminaire adj. Qui vient avant une autre chose plus importante. *Après les explications préliminaires, passons au véritable sujet de la discussion.* ➜ **préalable.**

▸ **préliminaires** n. m. pl. Discussions qui précèdent un accord. *Il y a eu de longs préliminaires avant la signature de la paix.*

prélude n. m. 1. Petit morceau de musique. *Le pianiste joue un prélude de Chopin.* 2. Point de départ. *Cette rencontre fut le prélude d'une grande amitié.*

prématuré, prématurée adj. 1. Qui se produit trop tôt. *Cette décision est un peu prématurée.* ➜ **hâtif.** ▮ contraire : **tardif.** 2. *Un enfant prématuré,* qui naît avant la date prévue. – n. *Le prématuré a été mis en couveuse.*

▸ **prématurément** adv. Trop tôt. *Les épreuves l'ont fait vieillir prématurément.*

prémédité, préméditée adj. Préparé à l'avance et avec soin. *Un attentat prémédité.*

▸ **préméditation** n. f. Intention d'accomplir une mauvaise action. *Un crime commis avec préméditation.*

▷ Mots de la famille de méditer.

prémices n. f. pl. Premiers signes. *Voici les prémices du printemps.*
▶ Ce mot appartient au langage soutenu.

premier adj. et n. m., **première** adj. et n. f.
▪ adj. 1. Qui vient d'abord, est au commencement. *Le premier janvier (1er janvier) est le premier jour de l'année.* ▮ contraire : **dernier.** *Au premier abord, Léa semble très timide.* ➜ (2) **prime.** *À première vue,* tout d'abord. 2. Qui se présente avant les autres. *Prenez la première rue à droite.* ➜ (1) **prochain.** 3. Qui est meilleur que les autres. *Ce skieur est premier en slalom. Ils voyagent en première classe,* dans la classe la plus chère dans les moyens de transport. 4. *Un nombre premier,* un nombre que l'on ne peut diviser que par lui-même ou par 1, pour obtenir un nombre entier. *3 et 17 sont des nombres premiers.*
▪ n. 1. *Le premier, la première,* celui, celle qui est avant les autres. *Louise est arrivée la première chez Julie. Théo est le premier du concours,* le meilleur. ➜ **gagnant.** 2. n. m. *Le premier,* le premier étage. *Ils habitent au premier.*

a b c d e f g h i j k l m n o p q r s t u v w x y z

3. n. f. *La première,* la classe qui est avant la terminale dans l'enseignement secondaire français.

▸ **premièrement** adv. D'abord. *Julie a deux bonnes raisons d'être contente : premièrement, c'est son anniversaire, et deuxièmement, c'est mercredi.*

prémolaire n. f. Dent qui se trouve entre les canines et les molaires. *Un adulte a huit prémolaires.* ▹ Mot de la famille de molaire.

prémonition n. f. Pressentiment qu'une chose va arriver. *Il a eu la prémonition de la victoire.*

prémonitoire adj. *Un rêve prémonitoire,* c'est un rêve au cours duquel on voit des choses qui vont vraiment se réaliser plus tard.

se **prémunir** v. (conjug. 11) Se protéger. *Alex a mis son anorak pour se prémunir contre le froid.* ▹ Mot de la famille de se munir.

prénatal, prénatale adj. Qui précède la naissance. *Les femmes enceintes passent des examens prénatals.* ▹ Mot de la famille de natal.

prendre v. (conjug. 61) **1.** Mettre dans sa main. *Léa a pris un livre sur l'étagère.* **2.** Emporter avec soi. *Prends ton parapluie !* **3.** Considérer. *Il prend les choses avec bonne humeur. Il n'aime pas qu'on le prenne pour un idiot.* **4.** Faire sien. *Paul a pris l'habitude de boire un bol de lait le matin. Je téléphonerai demain pour prendre rendez-vous.* **5.** *Prendre une personne pour une autre,* la confondre avec une autre. *Dans l'obscurité, Julie a pris Paul pour Alex.* **6.** Absorber. *Ce médicament est à prendre avant les repas.* **7.** Employer. *Ce travail me prendra du temps.* **8.** Attraper. *Le pêcheur a pris une truite.* **9.** Conquérir. *Le dictateur a pris le pouvoir.* ➜ s'**emparer.** **10.** Surprendre. *Le voleur a été pris en flagrant délit. Tel est pris qui croyait prendre :* on subit souvent le mal que l'on a voulu faire aux autres. **11.** Utiliser. *Ils prendront l'avion demain.* **12.** *Le bébé a pris du poids,* il a grossi. **13.** Durcir. *La mayonnaise commence à prendre.* **14.** Commencer à brûler. *Les bûches sont humides, le feu ne prend pas,* ne s'allume pas.

▸ se **prendre** v. **1.** S'accrocher. *Son écharpe s'est prise dans la portière.* **2.** Se considérer. *Il se prend trop au sérieux.* **3.** *S'en prendre à quelqu'un,* c'est l'attaquer. *Elle s'en est prise à lui.* **4.** *S'y prendre bien, mal,* procéder de manière adroite ou maladroite. *Tu t'y prends mal avec ce marteau.*

▸ Autres mots de la famille : emprise, entreprenant, entreprendre, entrepreneur, entreprise, imprenable, se méprendre, méprise, multiprise, pris, prise, reprendre, repris de justice, ① reprise, surprenant, surprendre, surprise.

prénom n. m. Nom qui précède le nom de famille. *Son prénom est Julie.*

▸ **prénommer** v. (conjug. 3) **1.** Appeler d'un prénom. *Ses parents l'ont prénommée Marie.* **2. se prénommer,** s'appeler. *Il se prénomme Jean.*

▹ Mots de la famille de nom.

préoccuper v. (conjug. 3) Occuper complètement l'esprit, donner du souci. ➜ **tracasser.** *La santé de son mari la préoccupe beaucoup.* ➜ **inquiéter.** *Cette idée me préoccupe.* ➜ fam. **titiller.**

▸ **préoccupant, préoccupante** adj. Qui cause du souci. *Cette affaire est très préoccupante.* ➜ **grave, inquiétant, sérieux.** ▮ contraire : **rassurant.**

▸ **préoccupation** n. f. Souci, inquiétude. *Son travail lui donne de graves préoccupations.*

▹ Mots de la famille de occuper.

préparer v. (conjug. 3) **1.** Faire tout ce qu'il faut pour qu'une chose soit prête. *Elle prépare le dîner.* ➜ aussi **concocter.** *Je préparerai mes bagages demain.* **2.** *Préparer un examen,* travailler pour être prêt à le passer. **3. se préparer,** s'arranger pour être prêt. *Julie, prépare-toi, il est temps de partir !*

▸ **préparatifs** n. m. pl. Ce que l'on fait pour préparer quelque chose. *Il a commencé ses préparatifs de départ.*

▸ **préparation** n. f. Action de préparer. *La préparation de ce plat n'est pas longue,* ce n'est pas long de le préparer.

▸ **préparatoire** adj. **1.** Qui sert à préparer quelque chose. *Avant de faire ce voyage, ils ont assisté à une réunion préparatoire.* **2.** *Le cours préparatoire,* la première classe de l'enseignement primaire.

préponderant, prépondérante adj. Qui a plus de poids, d'importance que les autres. *Cet homme politique a une influence prépondérante dans son pays.*

▶ **prépondérance** n. f. Supériorité. *La prépondérance d'un pays sur ses voisins.*

préposé n. m., **préposée** n. f. 1. Employé. *Voici la préposée au vestiaire,* celle qui est chargée de s'occuper du vestiaire. 2. Facteur. *Le préposé distribue le courrier.*

préposition n. f. Mot invariable qui relie un complément au mot dont il dépend. *«À», «avec», «dans», «de», «par», «pour», «sous», «sur» sont des prépositions.* ▷ Mot de la famille de poser.

prérogative n. f. Avantage, privilège qu'une personne a grâce à sa fonction ou à son état. *Autrefois, les nobles jouissaient de nombreuses prérogatives.*

près adv. 1. À une petite distance. ▮ contraire : **loin.** *J'habite tout près,* à côté. *Léa habite près de l'école.* 2. *Il est près de midi,* pas loin de midi. *Près de la moitié des élèves étaient absents,* environ la moitié des élèves. ➜ **presque.** 3. *À peu près,* presque. *La salle était à peu près vide.* 4. *Être près de,* sur le point de. *Elle était près de pleurer.* ▮ homonymes : ① et ② prêt.
▶ Il ne faut pas confondre *près* et *prêt.* On dit : *elle était près d'accepter* et *elle était prête à accepter.*
▶ Autre mot de la famille : auprès de.

présage n. m. Signe qui annonce l'avenir. *Les Grecs et les Romains croyaient aux présages.*

▶ **présager** v. (conjug. 5b) Annoncer, laisser prévoir. *Ces gros nuages noirs ne présagent rien de bon.*

presbyte n. m. et f. Personne qui ne voit pas bien de près. *Il lui faut des lunettes pour presbyte.* — adj. *Avec l'âge, on devient presbyte.*
▶ Ce mot s'écrit avec un *y.*

presbytère n. m. Maison du curé. ➜ ② **cure.** *Le presbytère est juste à côté de l'église.*
▶ Ce mot s'écrit avec un *y.*

préscolaire adj. Qui précède la scolarité obligatoire. *La crèche accueille les enfants d'âge préscolaire.* ▷ Mot de la famille de scolaire.

prescription n. f. 1. Ordre, recommandation. *Le malade doit suivre les prescriptions du médecin.* 2. Délai prévu par la loi après lequel on ne peut plus poursuivre quelqu'un en justice. *Ce crime restera impuni, il y a prescription.*

prescrire v. (conjug. 42) Recommander, ordonner. *Le médecin a prescrit au patient des antibiotiques.*

① **présent** n. m. et adj., **présente** adj.
▪ n. m. 1. Partie du temps qui est en train de se passer. *Vivons dans le présent, ne pensons plus au passé.* ➜ aussi **avenir.** 2. Temps du verbe qui indique que l'action est en train de se passer. *Mettez les phrases suivantes au présent de l'indicatif.* 3. *À présent,* maintenant, au moment où l'on parle. *À présent, il est temps de se mettre à table. Jusqu'à présent, nous n'avons pas à nous plaindre.*
▪ adj. 1. *Être présent,* être là. *Aujourd'hui, tous les élèves sont présents.* ▮ contraire : **absent.** *Elle était présente à la réunion.* 2. *Le moment présent,* le moment qui est en train de se passer. *Profitons du moment présent.*

▶ **présence** n. f. Le fait d'être là. *Votre présence à la réunion est indispensable. L'accusé ne parlera qu'en présence de son avocat,* que lorsque son avocat sera là. ▮ contraire : **absence.**
▶ Autre mot de la famille : omniprésent.

② **présent** n. m. Cadeau. *Le roi fit à la princesse un magnifique présent.* ▷ Mot de la famille de présenter.
▶ Ce mot appartient au langage soutenu.

présenter v. (conjug. 3) 1. *Présenter une personne à une autre,* la lui faire connaître en disant son nom. *Il a présenté sa fiancée à ses parents.* 2. Faire connaître au public. *Sur cette chaîne, c'est une femme qui présente le journal télévisé de 20 heures.* 3. Montrer. *Il a présenté ses papiers au gendarme.* 4. Disposer pour montrer. *Ce plat est bien présenté.*

▶ se **présenter** v. 1. Arriver dans un lieu ou devant quelqu'un. *Je me présente, je m'appelle Paul. L'accusé s'est présenté devant le juge.* ➜ **comparaître.** 2. *Se présenter à une élection, à un examen,* y être candidat. *Elle s'est présentée au concours.* 3. Se produire, survenir. *Il a profité de l'occasion qui se présentait.* ➜ **s'of-**

a b c d e f g h i j k l m n o p q r s t u v w x y z

frir. 4. Avoir tel aspect. *Ce médicament se présente en comprimés.*

▸ **présentable** adj. Digne d'être présenté, d'un bel aspect. *Ce gâteau est excellent, mais il n'est pas très présentable,* pas très joli à voir.

▸ **présentateur** n. m., **présentatrice** n. f. Personne qui présente une émission de radio, de télévision, un spectacle. ➜ **animateur.** *Le présentateur du journal télévisé.*

▸ **présentation** n. f. 1. *Faire les présentations,* présenter les gens les uns aux autres. *Je vais faire les présentations.* 2. Apparence, aspect. *Théo a soigné la présentation de son devoir.*

▸ **présentoir** n. m. Support sur lequel on expose des objets à vendre. *Les livres sont exposés sur des présentoirs.*

▸ Autres mots de la famille : ② présent, représentant, représentatif, représentation, représenter.

présentoir

préserver v. (conjug. 3) Protéger. *La crème solaire préserve des coups de soleil.*

▸ **préservatif** n. m. Enveloppe de caoutchouc qui se met sur le sexe de l'homme au moment des rapports sexuels pour se protéger de certaines maladies comme le sida et pour éviter d'avoir des enfants. ➜ aussi **contraception.**

▸ **préservation** n. f. Sauvegarde, protection. *Cette organisation lutte pour la préservation des espèces animales en danger.*

président n. m., **présidente** n. f. 1. Personne qui dirige les discussions, le travail, dans une réunion. *Le président du tribunal a levé la séance.* 2. *Le président-directeur général, la présidente-directrice générale,* la personne qui dirige une entreprise, une société. ➜ **P.-D. G.** 3. *Le président de la République,* le chef de l'État. *Le président de la République a nommé un nouveau Premier ministre.*

▸ **présidence** n. f. Fonction de président. *La présidence de la République est la plus haute charge de l'État.*

▸ **présidentiel, présidentielle** adj. Qui concerne le président. *L'élection présidentielle aura lieu dans un mois,* l'élection du président de la République.

▸ Autre mot de la famille : vice-président.

présider v. (conjug. 3) Occuper la place de président. *Le maire préside le conseil municipal.*

présomption n. f. Opinion fondée sur des suppositions et non sur des preuves. *Nous ne pouvons pas affirmer que c'est lui qui a mis le feu, nous n'avons que des présomptions,* nous présumons juste que c'est lui.

présomptueux, présomptueuse adj. Qui a une trop bonne opinion de lui-même. ➜ **prétentieux** et aussi **présumer.** ▮ contraire : **modeste.** *Un jeune homme présomptueux.*

presque adv. À peu près, pas tout à fait. *Cela fait presque une heure que je t'attends,* près d'une heure. *Elle ne vient presque jamais nous voir.*

▸ **presqu'île** n. f. Terre entourée d'eau de tous les côtés sauf un. ➜ **péninsule.** *La presqu'île de Quiberon.* ▷ Mot de la famille de île.

pressant, pressante adj. 1. Urgent. *Il a de pressants besoins d'argent.* 2. *Une demande pressante,* une demande faite avec insistance. ▷ Mot de la famille de ② presser.

presse n. f. 1. Machine qui sert à écraser un objet ou à y laisser une empreinte. 2. Machine à imprimer. *Autrefois, on imprimait avec une presse à bras.* 3. *La presse,* c'est l'ensemble des journaux. *Toute la presse a commenté l'évènement.* ▷ Mot de la famille de ① presser.

① pressé, pressée adj. *Un citron pressé,* le jus d'un citron qui a été pressé. ▷ Mot de la famille de ① presser.

② pressé, pressée adj. **1.** Qui n'a pas beaucoup de temps, doit se dépêcher. *C'est une femme très occupée, toujours pressée.* **2.** Urgent. *Ce travail est très pressé.* ▷ Mot de la famille de ② presser.

presse-citron n. m. Appareil servant à presser les citrons et les oranges. – Au pl. *Des presse-citrons.* ▷ Mot de la famille de ① presser et de citron.

pressentir v. (conjug. 20) Sentir à l'avance, deviner. *Il avait pressenti le danger.*

▸ **pressentiment** n. m. Impression, intuition que l'on a d'une chose avant qu'elle ne se produise. ➜ **prémonition.** *Il avait le pressentiment que son équipe allait perdre.*

▷ Mots de la famille de sentir.

presse-papier n. m. Objet lourd que l'on pose sur des papiers pour les maintenir. – Au pl. *Des presse-papiers.* ▷ Mot de la famille de ① presser et de papier.

▸ On écrit aussi *presse-papiers* (invariable).

presse-purée n. m. Appareil servant à réduire les légumes en purée. – Au pl. *Des presse-purées.* ▷ Mot de la famille de ① presser et de purée.

① presser v. (conjug. 3) **1.** *Presser un fruit,* en faire sortir le jus. *Julie presse des citrons pour se faire une citronnade.* **2.** Appuyer sur quelque chose. *Il pressa le bouton de la sonnette.* **3. se presser,** se serrer les uns contre les autres. *Les gens se pressaient devant l'entrée du magasin,* ils s'entassaient.

▶ Autres mots de la famille : presse, ① pressé, presse-citron, presse-papier, presse-purée, pression, pressoir, pressurer, pressurisé.

② presser v. (conjug. 3) **1.** *Presser le pas,* marcher plus vite. *Elle sentit qu'on la suivait et elle pressa le pas.* ➜ **accélérer.** ▮ contraire : **ralentir.** **2.** Être urgent. *Rien ne presse, nous avons tout notre temps. Allons, le temps presse !* il faut faire vite. **3. se presser,** se dépêcher. ➜ se **hâter.** *Presse-toi un peu, tu vas être en retard. Elle s'est pressée pour arriver à l'heure.*

▶ Autres mots de la famille : empressé, empressement, pressant, ② pressé.

pressing [pʀesiŋ] n. m. Magasin où l'on effectue le nettoyage et le repassage des vêtements à la vapeur. ➜ aussi **teinturerie.**

▸ Ce mot vient de l'anglais.

pression n. f. **1.** Fait d'appuyer sur quelque chose. *D'une pression du doigt, elle referme la boîte.* **2.** *La pression atmosphérique,* c'est le poids de l'air dans l'atmosphère. *Le baromètre donne la pression atmosphérique.* **3.** *Une pression,* un bouton qui se ferme quand on appuie

presqu'île

a b c d e f g h i j k l m n o p q r s t u v w x y z

dessus. *La robe de Julie est fermée par des pressions.* **4.** Action qui cherche à contraindre. → **contrainte.** *La prise d'otages est un moyen de pression.* – *Faire pression sur quelqu'un,* exercer son influence, son autorité pour le forcer à agir. *Ils ont essayé de faire pression sur lui.* ▷ Mot de la famille de ① presser.

pressoir n. m. Machine servant à presser des fruits ou des graines pour en extraire le jus. *On presse le raisin dans un pressoir pour faire du vin.* ▷ Mot de la famille de ① presser.

pressoir

pressurer v. (conjug. 3) Exploiter. *Au Moyen Âge, les serfs étaient pressurés par les seigneurs.* ▷ Mot de la famille de ① presser.

pressurisé, pressurisée adj. Maintenu à une pression normale. *L'intérieur de l'avion est pressurisé.* ▷ Mot de la famille de ① presser.

prestance n. f. Allure, aspect qui en impose. *C'est un homme très grand, qui a beaucoup de prestance.*

prestation n. f. **1.** Aide financière versée par une administration. *Les assurés sociaux touchent des prestations en cas de maladie.* → **indemnité.** **2.** Spectacle donné par un artiste ou un sportif. *La brillante prestation d'un comédien dans un film.*

preste adj. Rapide et adroit. → **leste.** ▮ contraires : **lent, maladroit.** *D'un geste preste, Alex attrape le ballon.*

▶ Ce mot vient de l'italien.

prestidigitateur n. m., **prestidigitatrice** n. f. Personne qui fait des tours de magie. → **illusionniste.** → planche **Cirque.** *Le prestidigitateur a fait sortir un lapin du chapeau.*

▸ **prestidigitation** n. f. Art de faire des tours de magie. *Un numéro de prestidigitation.*

prestige n. m. *Avoir du prestige,* provoquer le respect ou l'admiration. *Le métier de pompier a beaucoup de prestige auprès des petits garçons.*

▸ **prestigieux, prestigieuse** adj. Qui impressionne et provoque l'admiration. *Le prix Nobel est une récompense prestigieuse.*

présumer v. (conjug. 3) **1.** Croire, supposer. *Je présume qu'il sait ce qu'il fait.* **2.** *Présumer de,* trop compter sur. *L'alpiniste a dû renoncer à atteindre le sommet, il avait trop présumé de ses forces.* → **surestimer** et aussi **présomptueux.**

▸ **présumé, présumée** adj. Que l'on croit tel. *En définitive, le présumé coupable n'était pas l'assassin.* → aussi **présomption.**

① **prêt, prête** adj. **1.** Qui est en état de. *Léa est prête à partir pour l'école,* habillée pour sortir. **2.** Préparé. *Passons à table, le dîner est prêt.* ▮ homonyme : près.

▶ Autres mots de la famille : s'apprêter, prêt-à-porter.

② **prêt** n. m. Somme d'argent que l'on prête. *La banque lui a consenti un prêt,* elle lui a prêté de l'argent. → aussi **emprunt.** ▷ Mot de la famille de prêter.

prêt-à-porter [pʀɛtapɔʀte] n. m. inv. Confection de vêtements en série. *Le prêt-à-porter est moins cher que la haute couture.* ▷ Mot de la famille de ① prêt et de porter.

prétendre v. (conjug. 44) **1.** Vouloir, avoir l'intention. *Le professeur prétend être obéi.* **2.** Affirmer, soutenir. *Alex a prétendu qu'il avait fait son exercice tout seul.*

▸ **prétendant** n. m., **prétendante** n. f. **1.** n. m. Jeune homme qui fait la cour à une jeune fille. *Elle a de nombreux prétendants.* **2.** n. Personne qui cherche à obtenir une fonction, un titre. *Le prétendant au trône.*

▸ **prétendu, prétendue** adj. Que l'on prétend à tort être tel. *Il a invoqué une prétendue* *grippe pour ne pas venir,* il a fait croire qu'il avait la grippe. *Le prétendu banquier était un escroc.* ➜ **soi-disant.**

▸ **prétentieux, prétentieuse** adj. Vaniteux, trop content de soi. ➜ **orgueilleux.** *Julie est un peu prétentieuse.* ▮ contraire : **modeste.**

▸ **prétention** n. f. 1. Ambition. *Il avait la prétention de présider la réunion.* 2. Vanité. *C'est un homme d'une grande prétention.* ➜ **orgueil, vanité.** ▮ contraire : **modestie.**

prêter v. (conjug. 3) 1. Mettre une chose à la disposition de quelqu'un à condition qu'elle soit rendue. ▮ contraire : **emprunter.** *Léa prête volontiers ses affaires.* ➜ aussi **prêteur.** *La banque lui a prêté de l'argent.* ➜ aussi ② **prêt.** 2. Apporter. *Il nous a gentiment prêté son aide.* ➜ aussi **aider.** *Il ne faut pas prêter attention à tout ce qu'il dit,* faire attention à tout ce qu'il dit. 3. Attribuer. *Vous me prêtez des intentions que je n'ai pas.*

▸ **prêteur, prêteuse** adj. Qui prête ses affaires de bonne grâce. *Julie n'est pas prêteuse.*

▸ Autre mot de la famille : ② prêt.

prétexte n. m. Fausse raison que l'on donne à une action. *Pour Alex, tous les prétextes sont bons pour ne pas travailler. Il n'est pas venu, sous prétexte qu'il était fatigué,* en donnant cette raison.

▸ **prétexter** v. (conjug. 3) Donner comme prétexte. *Elle a prétexté une grippe pour ne pas aller à la réunion.*

prétoire n. m. Pièce d'un tribunal où a lieu un procès, salle d'audience.

prétoire

prêtre n. m. Homme qui appartient au clergé. *Le prêtre célèbre la messe.* ➜ aussi **ecclésiastique.**

▸ **prêtresse** n. f. Femme ou jeune fille qui était attachée au culte d'une divinité, dans l'Antiquité. *Les prêtresses romaines.*

▸ **prêtrise** n. f. Fonction de prêtre.

preuve n. f. 1. *Une preuve,* c'est ce qui prouve qu'une chose est vraie. ➜ aussi **probant.** *Le commissaire a la preuve que le principal suspect est bien le coupable.* 2. *Faire preuve de quelque chose,* le montrer. *Léa a fait preuve de courage chez le dentiste, elle n'a pas pleuré.* 3. *Faire ses preuves,* prouver sa valeur, sa compétence. *Avant d'obtenir ce poste, il lui faudra faire ses preuves.* 4. *La preuve d'une opération,* c'est le calcul qui vérifie qu'elle est juste. *Pour vérifier qu'une multiplication est juste, on fait la preuve par 9.*

preux [pʀø] adj. m. Très brave. *Roland, le neveu de Charlemagne, était un preux chevalier.* – n. m. *Un preux.*

▸ Ce mot s'employait surtout au Moyen Âge.

prévaloir v. (conjug. 32) 1. L'emporter. *Dans un vote, c'est l'opinion de la majorité qui prévaut.* 2. **se prévaloir,** se vanter. *Il ne se sont jamais prévalus de leur supériorité.* ▷ Mot de la famille de valoir.

▸ Ce mot appartient au langage soutenu.

prévenir v. (conjug. 13) 1. Dire à l'avance, faire savoir. ➜ **avertir, informer.** *Ils nous a prévenus de son arrivée.* 2. Informer, mettre au courant. *Il y a le feu, prévenez vite les pompiers !* ➜ **alerter.** 3. Permettre d'éviter un désagrément, une chose fâcheuse. *Les vaccins préviennent les maladies.* ➜ aussi **préventif.** – *Mieux vaut prévenir que guérir,* il vaut mieux empêcher une chose désagréable d'arriver plutôt que d'essayer d'arranger les choses après.

▸ **prévenant, prévenante** adj. Qui est plein d'attentions délicates, qui va au-devant des désirs d'autrui. *Elle est très prévenante avec ses invités.*

▸ **prévenance** n. f. Attention délicate, gentillesse que l'on a envers quelqu'un. *Il entoure sa grand-mère de prévenances.*

préventif, préventive adj. Qui permet d'éviter ce qui peut arriver de fâcheux. *Les vaccins ont un rôle préventif.* ➜ aussi **prévenir.**

prévention n. f. **1.** Précaution, mesure que l'on prend pour éviter que des choses fâcheuses n'arrivent. *La prévention routière permet de limiter les accidents de la route.* **2.** Préjugé. *Au début, elle avait des préventions contre lui.*

prévenu n. m., **prévenue** n. f. Personne soupçonnée d'être coupable d'un délit. ➜ aussi **inculpé.** *La prévenue est restée en prison jusqu'au jugement.*

prévisible adj. Que l'on peut prévoir. *Le dénouement du film était prévisible.* ▮ contraire : **imprévisible.** ▷ Mot de la famille de voir.

prévision n. f. Ce que l'on peut prévoir. ➜ **pronostic.** *Voici les prévisions météorologiques,* les indications que l'on peut donner sur le temps qu'il va faire dans les jours à venir. ▷ Mot de la famille de voir.

prévoir v. (conjug. 27) **1.** Imaginer à l'avance qu'un évènement peut se produire. *On ne peut pas tout prévoir. J'avais bien prévu qu'il ne viendrait pas.* **2.** Organiser à l'avance, décider pour l'avenir. *La commune prévoit de construire de nouveaux logements. La réception est prévue pour 500 personnes.*

▸ **prévoyant, prévoyante** adj. Qui sait prévoir, s'organiser. *Elle est prévoyante et met un peu d'argent de côté chaque mois.* ▮ contraire : **imprévoyant.**

▸ **prévoyance** n. f. Qualité d'une personne qui sait prévoir. *Elle fait toujours preuve de prévoyance.* ▮ contraire : **imprévoyance.**

▷ Mots de la famille de voir.

prier v. (conjug. 9) **1.** S'adresser à Dieu. *Dans l'église, les fidèles priaient avec ferveur.* **2.** Demander avec insistance. *Je vous prie de bien vouloir m'excuser.*

▸ **prie-Dieu** n. m. inv. Siège bas sur lequel on s'agenouille pour prier. *Il y a dans la chapelle des prie-Dieu garnis de velours.* ▷ Mot de la famille de dieu.

▸ **prière** n. f. **1.** Paroles avec lesquelles on s'adresse à Dieu. *Il dit ses prières avant de se coucher.* **2.** Demande faite avec insistance. *Prière de s'essuyer les pieds,* essuyez-vous les pieds, s'il vous plaît.

prie-Dieu

primaire adj. **1.** *L'enseignement primaire,* c'est l'enseignement que l'on reçoit à l'école, du cours préparatoire au cours moyen deuxième année. ➜ aussi **secondaire.** *Julie est encore à l'école primaire, elle est en CE 2.* **2.** *L'ère primaire,* c'est la plus ancienne période de formation de la Terre. *Les poissons et les reptiles sont apparus à l'ère primaire.* ➜ aussi **quaternaire, secondaire, tertiaire.**

primate n. m. Mammifère qui a le cerveau développé et qui peut saisir des objets avec ses mains. *Les chimpanzés et les êtres humains sont des primates.*

primauté n. f. Première place. ➜ **prédominance, suprématie.** *Donner la primauté à une idée.*

① prime n. f. **1.** Somme d'argent qu'une personne reçoit parfois en plus de son salaire. *Le personnel de l'usine a reçu une prime de fin d'année.* ➜ **gratification.** **2.** *En prime,* en supplément, en plus. *Avec votre abonnement, vous recevrez une montre en prime.*

▸ **① primer** v. (conjug. 3) Distinguer par une récompense. *Ce film a été primé au festival de Cannes.*

② prime adj. *De prime abord,* au premier abord, à première vue. *De prime abord, il est assez froid.*

▸ **② primer** v. (conjug. 3) L'emporter, dominer. *Chez elle, c'est la gentillesse qui prime.*

▸ **primeur** n. f. *Avoir la primeur d'une chose,* être le premier à en bénéficier. *Nous avons eu la primeur de la nouvelle,* nous avons été les premiers à l'apprendre.

▸ **primeurs** n. f. pl. Fruits et légumes qui mûrissent avant la saison normale. *Ces primeurs ont poussé dans des serres.*

primevère n. f. Plante qui a des fleurs aux couleurs variées, qui fleurit au début du printemps. → planche **Fleurs.** *Un bouquet de primevères jaunes.* → aussi **coucou.**

des **primevères**

primitif, primitive adj. **1.** Premier, initial. *La couleur primitive de ce jean était noire, maintenant elle est grise.* **2.** *Les sociétés primitives,* des groupes humains qui ignorent l'écriture, qui ne sont pas évolués. ▮ contraire : **civilisé.**

primordial, primordiale adj. Très important. → ① **capital, essentiel.** *Les vitamines ont une importance primordiale pour l'organisme.* ▮ contraire : **secondaire.** – Au masc. pl. *primordiaux.*

prince n. m. **1.** Fils de roi ou membre d'une famille royale. *Le prince héritier du royaume.* **2.** Souverain d'une principauté. *Le prince de Monaco.*

▸ **princesse** n. f. Fille d'un roi, d'un prince ou femme d'un prince.

▸ **princier, princière** adj. Digne d'un prince. *Un accueil princier.* → **fastueux, royal.**

▸ Autre mot de la famille : principauté.

① **principal** adj. et n. m., **principale** adj. ▪ adj. **1.** Le plus important. *Ce plan n'indique que les rues principales. Citez-moi les principaux fleuves de ce pays.* ▮ contraire : **secondaire.** **2.** *La proposition principale,* c'est, dans une phrase, la proposition dont dépendent des propositions subordonnées. *Dans la phrase «je crois qu'il dort», «je crois» est la proposition principale.* → aussi **proposition** et **subordonnée.** ▪ n. m. *Le principal,* la chose la plus importante. *Ils sont contents, c'est le principal.* → **essentiel.**

▸ **principalement** adv. Par-dessus tout, avant les autres choses. → **surtout.** *Il s'intéresse principalement à l'histoire du Moyen Âge.*

② **principal** n. m. (pl. **principaux**), **principale** n. f. Personne qui dirige un collège. → **directeur** et aussi **proviseur.** *La principale a reçu les parents d'Alex.*

principauté n. f. État gouverné par un prince. *La principauté d'Andorre est située entre la France et l'Espagne.* ▹ Mot de la famille de prince.

principe n. m. **1.** Règle de conduite. *Elle est fidèle à ses principes.* **2.** Loi scientifique. *Le principe d'Archimède est l'un des grands principes de la physique.* **3.** *En principe,* si tout se passe comme prévu, normalement. *En principe, ils rentrent de vacances demain.* → **théoriquement.**

printemps n. m. Saison qui vient après l'hiver et avant l'été. → planche **Terre.** *Au printemps, la température s'adoucit et la végétation renaît. – Une hirondelle ne fait pas le printemps,* il ne faut pas tirer de conclusion à partir d'un seul cas.

▸ **printanier, printanière** adj. Qui évoque le printemps. *Les températures sont printanières,* elles sont douces comme au printemps.

▹ Mots de la famille de ① temps.

priorité n. f. **1.** *Avoir la priorité,* c'est avoir le droit de passer en premier. *Les voitures qui viennent de droite ont la priorité.* → planche **Signalisation** routière. **2.** *Une priorité,* c'est ce qui est le plus important. *La lutte contre le chômage est l'une des priorités du gouvernement.*

▸ **prioritaire** adj. **1.** Qui a la priorité. *Les ambulances sont des véhicules prioritaires.* **2.** Qui vient en premier par son importance. *Les objectifs prioritaires du gouvernement.*

prise de la Bastille

pris, prise adj. 1. Occupé. *Cette place est prise.* ▮ contraire : **libre.** *Je ne peux pas venir dîner chez vous ce soir, je suis pris.* 2. *Avoir la gorge prise,* enflammée. ▮ homonyme : prix. ▷ Mot de la famille de prendre.

prise n. f. 1. Action de prendre. *Le 14 juillet 1789 est la date de la prise de la Bastille,* c'est le jour où le peuple s'est emparé de la Bastille. 2. Ce que l'on attrape. *Le pêcheur a fait une belle prise,* il a attrapé un gros poisson. 3. *Une prise de judo,* une manière particulière d'attraper son adversaire. 4. Appui. *L'alpiniste cherche des prises sur la paroi rocheuse. Lâcher prise,* cesser de tenir ce à quoi l'on se tient. 5. *Avoir prise sur quelqu'un,* pouvoir agir sur lui. *Les critiques n'ont pas prise sur eux.* 6. *Une prise (de courant),* un dispositif qui établit un contact électrique. ➜ aussi **multiprise.** *Branche la lampe dans la prise.* 7. *Une prise de sang,* c'est l'action de prélever un peu de sang pour l'analyser. ➜ **prélèvement.** *On a fait une prise de sang à Léa.* ▷ Mot de la famille de prendre.

prisé, prisée adj. Qu'on apprécie, à quoi on accorde du prix, de la valeur. *L'honnêteté est une qualité très prisée.* ▷ Mot de la famille de prix.

prisme n. m. Objet transparent à facettes qui réfléchit et décompose la lumière. *À travers un prisme, on peut voir un à un tous les composants de la lumière.*

prison n. f. Endroit où l'on enferme les condamnés et les prévenus qui vont être jugés. *Les cambrioleurs ont été mis en prison.*

▸ **prisonnier** n. m. et adj., **prisonnière** n. f. et adj.

▪ n. Personne que l'on a enfermée dans une prison. ➜ **détenu.** *Le prisonnier va être bientôt libéré.*

▪ adj. Qui n'arrive pas à se libérer de quelque chose. *Le renard n'a pas réussi à se dégager du piège, sa patte est restée prisonnière,* coincée.

▶ Autres mots de la famille : emprisonnement, emprisonner.

lumière décomposée par un prisme

privation n. f. Absence, manque de choses nécessaires. *Les pauvres souffrent des privations.* ▷ Mot de la famille de priver.

privatiser v. (conjug. 3) *Privatiser une entreprise,* c'est la faire passer dans le secteur privé alors qu'elle appartenait au secteur public.

▮ contraire : **nationaliser.** *Le gouvernement a privatisé de nombreuses entreprises.*

▸ **privatisation** n. f. Action de privatiser une entreprise. *Le Premier ministre a annoncé la privatisation de cette banque.* ▮ contraire : **nationalisation.**

▷ Mots de la famille de privé.

privé, privée adj. **1.** Qui n'est pas ouvert au public. *Le parc du château est privé.* ▮ contraire : **public.** **2.** *La vie privée,* la vie personnelle, intime. *Il ne parle jamais de sa vie privée.* **3.** Qui ne dépend pas de l'État. *Une école privée.*

▸ Autres mots de la famille : privatisation, privatiser.

priver v. (conjug. 3) **1.** Empêcher de profiter d'un avantage, de quelque chose d'agréable. *Julie a été privée de dessert.* **2.** **se priver,** s'imposer des privations. *Elle se prive de vacances pour préparer son examen.*

▸ Autre mot de la famille : privation.

privilège n. m. Droit, avantage particulier accordé à une personne ou à un groupe de gens. *Avant la Révolution de 1789, les nobles avaient de nombreux privilèges.*

▸ **privilégié, privilégiée** adj. Qui bénéficie de privilèges. *Avant la Révolution, le clergé et la noblesse étaient des classes privilégiées.* ▮ contraire : **défavorisé.** — n. *Quelques privilégiés ont pu assister à la cérémonie.*

▸ **privilégier** v. (conjug. 9) **1.** Accorder un privilège. *Elle ne privilégie aucun de ses enfants.* → **avantager, favoriser.** **2.** Donner une importance particulière. *Les enquêteurs ne privilégient encore aucune piste.*

prix n. m. **1.** Ce que coûte quelque chose. → **valeur.** *À quel prix est ce manteau ?* combien coûte ce manteau ? *Le prix de l'essence a augmenté. Ce manteau est hors de prix,* très cher. **2.** Importance, valeur accordée à quelque chose. *J'attache beaucoup de prix à votre jugement.* — *À tout prix,* coûte que coûte. *Malgré le mauvais temps, Julie a voulu à tout prix mettre ses chaussures neuves.* **3.** Récompense donnée aux meilleurs, dans une compétition. *Théo a eu le premier prix du concours de dessin.* ▮ homonyme : pris.

▸ Autres mots de la famille : commissaire-priseur, mépris, méprisable, méprisant, mépriser, prisé.

probable adj. Qui a beaucoup de chances d'arriver, de se produire. → **vraisemblable.** ▮ contraire : **improbable.** *Il est probable qu'elle viendra avec nous. Il est peu probable qu'il parte avant minuit.*

▸ **probablement** adv. Sans doute. → **vraisemblablement.** *Je serai probablement en retard.*

▸ **probabilité** n. f. Chance qu'un évènement a de se produire. *Il y a de fortes probabilités qu'il gagne les élections.*

▸ Autre mot de la famille : improbable.

probant, probante adj. Qui prouve quelque chose. *Les raisons qu'il nous a données de son absence ne sont pas très probantes.* → **convaincant.**

probité n. f. Grande honnêteté. → **intégrité.** *Une femme d'une grande probité.*

problème n. m. **1.** Difficulté qu'il faut résoudre. *L'absence du professeur pose un problème à la directrice. Ils ont de gros problèmes d'argent.* → **difficulté, ennui.** **2.** Exercice de mathématiques qui consiste, en faisant des calculs, à donner la solution aux questions posées. *Paul lit l'énoncé du problème.*

▸ **problématique** adj. Qui pose des problèmes, n'est pas certain. *La réussite du projet est problématique.*

procéder v. (conjug. 8) **1.** *Procéder à quelque chose,* c'est exécuter minutieusement quelque chose qui est long à faire. *La police a procédé à une enquête.* → **effectuer, faire.** **2.** Agir. *Procédons par ordre.*

▸ **procédé** n. m. **1.** Méthode, manière de faire. *Un nouveau procédé de fabrication.* **2.** Manière d'agir à l'égard des autres. *Personne n'apprécie ses procédés.* → **comportement, conduite.**

▸ **procédure** n. f. **1.** Manière de procéder. *Quelle est la procédure à suivre ?* **2.** Ensemble des formalités et des règles à suivre dans une action en justice. *Elle a entamé une procédure de divorce.*

procès [prɔsɛ] n. m. **1.** Action en justice. *Il a fait un procès à ses voisins et il l'a gagné.* **2.** Dé-

procession (*La Procession des rogations*, J. Breton, 1880)

roulement d'un jugement. *Beaucoup de monde a assisté à son procès.*

▶ Autre mot de la famille : procès-verbal.

procession n. f. Défilé religieux qui se fait en chantant et en priant.

◗ Ce mot s'écrit avec un *c* puis deux *s*.

processus [prɔsesys] n. m. Façon de se dérouler, de se développer. ➜ **mécanisme.** *Cette maladie évolue toujours suivant le même processus.*

◗ Ce mot s'écrit avec un *c* puis deux *s*.

procès-verbal n. m. **1.** Contravention. *L'agent de police lui a dressé un procès-verbal.* **2.** Compte rendu d'une réunion. – Au pl. *Des procès-verbaux.* ▷ Mot de la famille de procès et de verbe.

◗ On dit souvent *un P.-V.* [peve].

① **prochain, prochaine** adj. **1.** Qui suit immédiatement. *Il rentre la semaine prochaine. Je descends au prochain arrêt.* ➜ ① **suivant.** ▮ contraire : **précédent. 2.** Qui est près de se produire. *J'irai le voir à la prochaine occasion.*

▶ ② **prochain** n. m. Toute personne autre que soi. *Il faut aider son prochain.* ➜ **autrui.**

▶ **prochainement** adv. Dans peu de temps, bientôt. *Ils vont se marier prochainement.*

▷ Mots de la famille de proche.

proche adj. et n. m. et f.

▪ adj. **1.** À faible distance, très près. *Le stade est proche de l'école.* ➜ **voisin.** ▮ contraire : **éloigné. 2.** Peu éloigné dans le temps. ➜ **imminent.** *Les vacances sont proches.* ▮ contraire : **lointain. 3.** Qui n'est pas très différent. *Leurs opinions sont assez proches.* **4.** Intime. *C'est un ami très proche.*

▪ n. m. et f. *Les proches,* les membres de la famille et les amis intimes. *Il n'a invité que ses proches.*

▶ Autres mots de la famille : approchant, approche, approché, approcher, s'approcher, ① et ② prochain, prochainement, rapprochement, rapprocher, se rapprocher.

proclamer v. (conjug. 3) **1.** Reconnaître officiellement. *Napoléon a été proclamé empereur en 1804.* **2.** Affirmer publiquement et avec force. *L'accusé proclamait son innocence.* ➜ **clamer, crier.**

▶ **proclamation** n. f. Annonce. ➜ **publication.** *La proclamation des résultats de l'examen aura lieu demain.*

procréer v. (conjug. 3) Donner la vie à un enfant. *C'est un adulte en âge de procréer.*

▶ **procréation** n. f. Action de donner la vie à un enfant.

◗ Ces mots appartiennent au langage soutenu.

▷ Mots de la famille de créer.

procuration n. f. Papier autorisant une personne à agir à la place d'une autre. *Il a voté par procuration.*

procurer v. (conjug. 3) **1.** Faire obtenir, fournir. *Il nous a procuré des places pour le match.* **2.** Apporter, causer. *Le jardinage lui procure beaucoup de plaisir.*

procureur n. m. et f. Magistrat chargé de l'accusation, dans un procès. *Le procureur a demandé la peine maximale.*

prodige n. m. 1. Évènement extraordinaire, miraculeux. *Sa guérison tient du prodige.* ➜ **miracle.** 2. Action très difficile qui émerveille. *Vous avez fait des prodiges !* 3. Personne qui a des dons extraordinaires. *Ce pianiste est un jeune prodige.* – *Mozart était un enfant prodige,* très précoce et très brillant. *Des enfants prodiges.*

▸ **prodigieux, prodigieuse** adj. Extraordinaire, étonnant. *Ils ont fait preuve d'une audace prodigieuse.*

▸ **prodigieusement** adv. Extraordinairement. *Il est prodigieusement riche.*

prodigue adj. Très dépensier. *C'est un homme prodigue.* ▮ contraires : **avare, économe.**

▸ **prodiguer** v. (conjug. 3) Donner sans compter, en grand nombre. *La nature prodigue ses bienfaits.*

▸ Ces mots appartiennent au langage soutenu.

producteur adj. et n. m., **productrice** adj. et n. f.

▪ adj. Qui produit. *Les pays producteurs de pétrole.*

▪ n. 1. Personne ou entreprise qui produit ce qui sera acheté. *Les producteurs de vin de la région de Bordeaux.* ▮ contraire : **consommateur.** 2. *Un producteur de cinéma,* la personne qui trouve de l'argent pour faire un film. ▷ Mot de la famille de produire.

productif, productive adj. Qui produit beaucoup. *Un sol productif.* ➜ **fertile.** ▮ contraire : **stérile.**

▸ **productivité** n. f. Rapport entre la quantité de biens produits et les moyens nécessaires pour les produire. *La productivité de cette usine est élevée.* ➜ **rendement.**

▷ Mots de la famille de produire.

production n. f. 1. *La production,* ce qui est produit par l'agriculture ou par l'industrie. *La production industrielle est en hausse.* 2. *Les productions du sol,* les produits du sol. *Le blé, l'orge, le maïs sont des productions du sol.* 3. Le fait de produire un film, un spectacle. *Une production à grand spectacle.* ▷ Mot de la famille de produire.

produire v. (conjug. 41) 1. Causer, provoquer. *Cette nouvelle a produit sur lui une vive impression.* 2. Donner, fournir. *Cet arbre produit de beaux fruits.* 3. Faire exister grâce à un travail. *Cette usine produit de l'électricité.* ▮ contraire : **consommer.** 4. *Produire un film ou un spectacle,* fournir l'argent nécessaire à sa réalisation. 5. **se produire,** arriver, avoir lieu. *Une chose incroyable s'est produite ce matin.* ➜ **survenir.**

▸ **produit** n. m. 1. Chose produite par la nature ou fabriquée grâce à un travail. *Le pétrole est un produit du sous-sol.* ➜ **production.** *Des produits de beauté.* 2. *Le produit d'une multiplication,* son résultat. *Le produit de 6 fois 7 est 42.*

▸ Autres mots de la famille : coproduction, producteur, productif, production, productivité, reproducteur, reproduction, reproduire, se reproduire, sous-produit, superproduction, surproduction.

deuxième **proclamation** de la République (1848)

proéminent, proéminente adj. Qui est en relief, qui dépasse. *Il a un nez proéminent.* → **saillant.** ▷ Mot de la famille de éminence.

museau **proéminent**

profane n. m. et f. et adj.
▪ n. Personne qui n'est pas initiée, qui ne connaît rien dans un domaine. *C'est une profane en musique.* ▮ contraire : **connaisseur.**
▪ adj. **1.** Ignorant dans un domaine. *Elle est profane en la matière.* **2.** Qui n'est pas religieux. *Il écoute de la musique profane.*

▸ **profaner** v. (conjug. 3) Traiter sans respect un objet ou un lieu qui est sacré. *Des voyous ont profané plusieurs tombes.*

▸ **profanation** n. f. Action de profaner, de violer un lieu sacré. *La profanation des tombes est un délit.* → **violation.**

proférer v. (conjug. 8) Dire d'une voix forte, violemment. *Il est parti en proférant des injures.*

professeur n. m. et f. Personne qui enseigne une matière. → **enseignant.** *La professeur de chimie sera absente demain. Les professeurs des écoles.* → **instituteur.**

▸ Autres mots de la famille : professoral, professorat.

profession n. f. **1.** Métier. *Quelle est votre profession ?* **2.** *Faire profession de quelque chose,* le déclarer publiquement. *Elle fait profession de ses convictions.*

▸ **professionnel, professionnelle** adj. **1.** Qui concerne le métier. *Les risques professionnels.* **2.** Qui pratique une activité comme métier. *Il est footballeur professionnel.* – n. *Cette joueuse de tennis est une professionnelle.* ▮ contraire : **amateur.**

professoral, professorale adj. Qui concerne les professeurs. *Le corps professoral,* l'ensemble des professeurs. – Au masc. pl. *professoraux.* ▷ Mot de la famille de professeur.

professorat n. m. Métier de professeur. *Elle se destine au professorat.* → **enseignement.** ▷ Mot de la famille de professeur.

profil [pʀɔfil] n. m. Visage vu de côté. *Il a un profil anguleux.* – *De profil,* de côté. *Il l'a photographié de profil.* ▮ contraires : de **dos,** de **face.**
▶ On prononce le *l* final.

▸ **se profiler** v. (conjug. 4) Se montrer avec des contours précis. → se **découper,** se **dessiner,** se **détacher.** *La tour se profile à l'horizon.*

profit n. m. **1.** Avantage. *Il a su tirer profit de ses lectures.* → **bénéfice.** – *Mettre à profit,* employer utilement. *Elle pourra mettre à profit ses connaissances dans son nouveau métier.* **2.** Fait de gagner de l'argent. *Le charcutier a fait de gros profits cette année.* → **bénéfice, gain.** ▮ contraire : **perte.**

▸ **profiter** v. (conjug. 3) **1.** Tirer un profit, un avantage de quelque chose. *Il faut profiter de l'occasion. Les voleurs ont profité de la bousculade pour s'enfuir.* **2.** *Profiter à quelqu'un,* lui être utile. *Vos conseils m'ont bien profité.* → **servir.**

▸ **profitable** adj. Utile, suivi d'un résultat. *Cette expérience leur a été profitable.* → **bénéfique.**

▸ Autre mot de la famille : profiteur.

profiterole n. f. Petit chou fourré de glace à la vanille et nappé de chocolat chaud.

profiteur n. m., **profiteuse** n. f. Personne qui tire profit du malheur des autres. *Pendant les guerres, il y a toujours des profiteurs.* ▷ Mot de la famille de profit.

profond, profonde adj. **1.** Dont le fond est éloigné des bords. *Un puits très profond. Le trou n'est pas assez profond.* → aussi **approfondir.** **2.** Très grand, très intense. *Il dort d'un sommeil profond.* → **lourd.** ▮ contraire : **léger.** **3.** Qui va au fond des choses. *Le savant est plongé dans de profondes réflexions.*

▸ **profondément** adv. **1.** À une grande profondeur. *Le puits a été creusé profondément.* **2.** De manière intense. *Respirez profondément,* à fond. *Je me suis profondément ennuyé,* extrêmement.

▸ **profondeur** n. f. **1.** Distance qui va du fond jusqu'au bord. *La piscine a 3 mètres de profondeur.* **2.** Distance qui va de l'avant vers l'arrière. *La profondeur d'un placard.* **3.** Qualité de ce qui va au fond des choses. *Un esprit d'une grande profondeur.*

▷ Mots de la famille de fond.

profusion n. f. Grande quantité. *Julie a reçu une profusion de cadeaux d'anniversaire. Le long du chemin, il y a des mûres à profusion,* en abondance.

progéniture n. f. Ensemble des enfants d'une personne, des petits d'un animal. *La chatte surveille sa progéniture.*

biche et sa progéniture

programme n. m. **1.** Sorte de journal annonçant et décrivant les spectacles, les émissions. *Elle consulte le programme de télévision.* **2.** Ensemble des matières enseignées. *La philosophie est au programme des classes terminales.* **3.** Ensemble de projets à réaliser, de buts à atteindre. *Les candidats aux élections exposent leur programme politique pendant la campagne électorale.* **4.** *Le programme d'un ordinateur,* l'ensemble des instructions permettant à un système informatique de fonctionner. ➜ aussi **programmation.**

▸ **programmer** v. (conjug. 3) **1.** Inclure dans l'ensemble des émissions de télévision ou de radio. *Ce film est programmé à une heure tardive.* **2.** *Programmer un ordinateur,* lui donner un programme. *Il a programmé le four pour qu'il s'éteigne au bout de 30 minutes de cuisson,* il a réglé le four.

▸ **programmation** n. f. **1.** Établissement des programmes de radio, de télévision, de cinéma. *La programmation de cette émission a été changée.* **2.** *La programmation d'un ordinateur,* l'ensemble des opérations que l'on fait pour programmer un ordinateur.

progrès n. m. **1.** Amélioration, développement en bien. *Louise a fait des progrès en calcul. La médecine fait sans cesse de grands progrès.* **2.** *Le progrès,* l'évolution de la civilisation, qui doit rendre la vie plus facile, plus agréable. *Il croit au progrès.* ➜ aussi **progressiste.**

▸ **progresser** v. (conjug. 3) **1.** Se développer. *L'épidémie progresse très rapidement.* ➜ se **propager.** ▮ contraire : **régresser. 2.** S'améliorer, faire des progrès. *Alex a progressé en français.*

▸ **progressif, progressive** adj. Qui se fait peu à peu, par degrés. ➜ **graduel.** *Une évolution progressive.*

▸ **progression** n. f. **1.** Mouvement en avant. *La progression des glaciers est très lente.* **2.** Développement régulier et continu. ▮ contraires : **recul, régression.** *On a enrayé la progression de l'épidémie.*

▸ **progressiste** adj. Qui est favorable au progrès, aux réformes dans la société. *Cet homme politique a des idées progressistes.* ▮ contraire : **rétrograde.** – n. *C'est une progressiste convaincue.*

▸ **progressivement** adv. Petit à petit. *En automne, les jours diminuent progressivement.* ➜ **graduellement.**

prohibé, prohibée adj. Interdit par la loi. ➜ **illicite, illégal.** *Les ciseaux, les tournevis sont des objets prohibés à bord d'un avion.* ▮ contraire : **autorisé.**

prohibitif, prohibitive adj. *Des prix prohibitifs,* beaucoup trop élevés. ➜ **excessif, exorbitant.**

▸ **prohibition** n. f. Interdiction par la loi. *La prohibition du trafic d'ivoire.*

a b c d e f g h i j k l m n o p q r s t u v w x y z

proie n. f. (→ ÉTYM.) **1.** Animal qu'un autre animal attrape pour le manger. *Le renard s'est jeté sur sa proie et l'a dévorée. L'aigle est un oiseau de proie,* un oiseau qui se nourrit de proies vivantes. → **rapace** et aussi **prédateur.** **2.** *Le château est la proie des flammes,* le feu le détruit. **3.** *Être en proie à un sentiment,* tourmenté par un sentiment. *Ce malheureux est en proie au doute.*

projecteur n. m. **1.** Appareil qui envoie une lumière très forte. → **spot.** *La scène du théâtre est éclairée par des projecteurs.* **2.** Appareil qui sert à projeter des images sur un écran.

projectile n. m. Objet que l'on lance à la main ou avec une arme. *Des voyous ont lancé des projectiles dans la vitrine. Les balles de fusil sont des projectiles.*

projection n. f. **1.** Ce qui est projeté, lancé au loin avec force. *L'éruption du volcan a commencé par des projections de cendres.* → aussi ② **projeter.** **2.** Action de projeter un film, des photos sur un écran. *Ils ont assisté à la projection d'un film sur le Japon.* → aussi **diaporama.**

① **projeter** v. (conjug. 6b) Avoir l'intention, le projet. *Ils projettent de passer leurs vacances en Italie.*

▸ **projet** n. m. **1.** Intention. *Quels sont vos projets pour cet été ?* → ③ **plan.** *Elle fait des projets de vacances.* **2.** Travail qui n'est pas encore terminé. *Ce film est encore à l'état de projet.* → **ébauche.**

② **projeter** v. (conjug. 6b) **1.** Jeter avec force. *L'arrêt brutal de l'autobus nous a projetés en avant.* **2.** *Projeter un film, des photos,* les faire apparaître sur un écran. → **passer** et aussi **projection.** ▷ Mot de la famille de jeter.

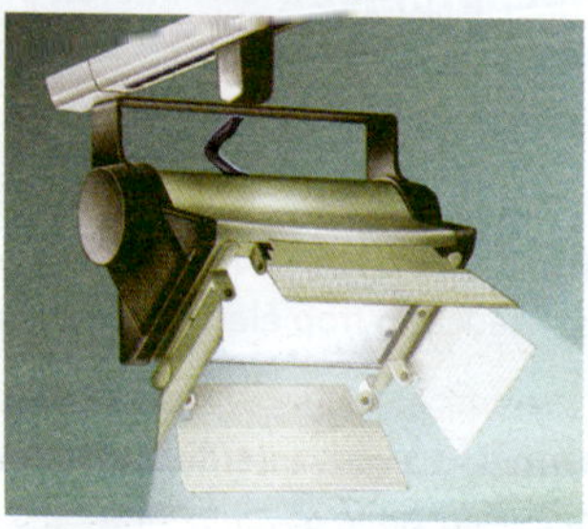

prolétaire n. m. et f. Travailleur manuel qui gagne peu d'argent et ne possède pas de capitaux. ▮ contraires : **capitaliste** et aussi **bourgeois.**

▸ **prolétariat** n. m. *Le prolétariat,* la classe sociale des prolétaires.

proliférer v. (conjug. 8) Devenir de plus en plus nombreux, abondant. *Le gibier prolifère dans cette région.* → se **multiplier.**

▸ **prolifération** n. f. Multiplication rapide. *Avec la chaleur, il y a eu une prolifération de guêpes.*

prolifique adj. Qui se reproduit rapidement. *Les lapins sont prolifiques.* → **fécond.**

prolixe adj. Qui est trop long quand il parle ou quand il écrit. → **bavard, verbeux.** ▮ contraire : **concis.**

prologue n. m. Première partie d'un roman, d'une pièce ou d'un film, où l'auteur explique ce qui s'est passé avant l'action proprement dite. → aussi **épilogue.**

prolonger v. (conjug. 5b) **1.** Faire durer plus longtemps. *Il a prolongé son séjour d'une semaine.* ▮ contraire : **écourter.** **2.** Faire aller plus loin. *On a prolongé l'autoroute.*

▸ **prolongation** n. f. **1.** Temps supplémentaire. *Il a obtenu une prolongation de congé de huit jours.* **2.** Période qui prolonge un match quand les deux équipes sont à égalité. *Il a fallu jouer les prolongations.*

▸ **prolongement** n. m. **1.** Augmentation de longueur. *Les ouvriers travaillent au prolongement de l'autoroute.* **2.** *Dans le prolongement,* dans la direction qui prolonge. *Tendez le bras dans le prolongement du corps.*

▷ Mots de la famille de long.

projecteur

promontoire

promener v. (conjug. 7) Faire faire un tour. *Il promène son chien.* – **se promener,** aller d'un lieu à un autre pour se détendre. *Le dimanche, ils vont se promener en forêt.* → fam. se **balader.**

▶ **promenade** n. f. Action de se promener. *Ils sont allés faire une promenade en voiture.* → ② **tour** ; fam. **balade.**

▶ **promeneur** n. m., **promeneuse** n. f. Personne qui se promène à pied. → aussi **flâneur.** *Ils ont rencontré des promeneurs dans la forêt.*

▷ Mots de la famille de mener.

promettre v. (conjug. 59) **1.** S'engager à faire ou à donner quelque chose. *Son père lui a promis un appareil photo. Il a promis à son fils de l'emmener aux États-Unis.* **2.** ***Se promettre** de,* faire le projet, avoir l'intention de. *Louise s'est promis de bien travailler cette année.*

▶ **promesse** n. f. Ce que l'on s'engage à faire. *Il tient toujours ses promesses.* → **parole.**

▶ **prometteur, prometteuse** adj. Qui laisse espérer une réussite. *Ce comédien a fait des débuts prometteurs.*

▶ **promis, promise** adj. **1.** Qui a été promis. *Voici la récompense promise. – Chose promise, chose due,* il faut donner ce que l'on a promis. **2.** *Promis à,* destiné à. *Un jeune homme promis à un brillant avenir.*

promiscuité n. f. Situation qui oblige des personnes à être côte à côte alors qu'elles n'en ont pas envie. *Elle n'aime pas la promiscuité des transports en commun.*

promontoire n. m. Pointe de terre élevée qui s'avance dans la mer. → **cap.** *Le phare est bâti sur un promontoire.* ▷ Mot de la famille de mont.

promoteur n. m., **promotrice** n. f. Personne qui fait construire des immeubles pour les vendre ensuite.

▶ On dit aussi *un promoteur immobilier.*

promotion n. f. **1.** Fait d'obtenir un poste plus élevé et mieux payé. *Il a obtenu une promotion.* → **avancement** et aussi **promouvoir. 2.** Action de vendre un produit moins cher pour le faire connaître. – *Il a acheté des savonnettes en promotion,* vendues moins cher pendant un certain temps. → aussi **réclame.**

▶ **promotionnel, promotionnelle** adj. *Une vente promotionnelle,* où sont vendus des produits en promotion.

promouvoir v. (conjug. 30) **1.** Donner à quelqu'un un grade plus élevé ou un poste plus important. *Elle a été promue chef de service.* → aussi **promotion. 2.** Favoriser le développement. *Il faut promouvoir la recherche médicale.* → **encourager.**

prompt [pʀɔ̃], **prompte** [pʀɔ̃t] adj. Rapide. *Nous vous souhaitons un prompt rétablissement. Louise a été prompte à réagir.* ▮ contraire : **lent.**

▶ **promptitude** [pʀɔ̃tityd] n. f. Rapidité, vivacité. *La promptitude de sa riposte les a surpris.* ▮ contraire : **lenteur.**

▶ On ne prononce pas le *p.* • Ces mots appartiennent au langage soutenu.

promulguer v. (conjug. 3) *Promulguer une loi,* la rendre officielle, la faire connaître à tout le monde.

prôner v. (conjug. 3) Recommander avec insistance. *Ils prônent la tolérance.* → **vanter.**

▶ Attention à l'accent circonflexe du *ô.* • Ce mot appartient au langage soutenu.

pronom n. m. Mot qui a la même fonction qu'un nom et qui souvent remplace un mot ou un groupe de mots. *Il y a des pronoms personnels* (ex. *je, tu, il, se*), *des pronoms relatifs* (ex. *qui, dont*), des *pronoms démonstratifs* (ex. *ceci, cela*), des *pronoms interrogatifs* (ex. *qui, quoi*), des *pronoms indéfinis* (ex. *rien, tout*), des *pronoms possessifs* (ex. *le mien, le vôtre*). ▷ Mot de la famille de nom.

pronominal, pronominale adj. *Un verbe pronominal,* c'est un verbe qui est précédé du pronom personnel *se* à l'infinitif. *«Se fâcher» est un verbe pronominal. Les verbes pronominaux se conjuguent avec l'auxiliaire «être».* ▷ Mot de la famille de nominal.

prononcer v. (conjug. 5a) **1.** Dire à haute voix. *Le maire a prononcé un discours.* **2.** Articuler les sons d'un mot. *Son nom est difficile à prononcer.*

▶ **se prononcer** v. **1.** Être émis, articulé. *«Haut» et «eau» se prononcent de la même façon. Son nom s'écrit comme il se prononce.* **2.** Donner son avis. *Les médecins ont examiné le malade, mais ils ne peuvent pas encore se prononcer.*

▶ **prononciation** n. f. Manière dont un mot, un son est prononcé. *«Chair» et «cher» ont la même prononciation.*

▶ Autre mot de la famille : imprononçable.

pronostic n. m. Opinion que l'on donne sur ce qui va arriver. *Il s'est trompé dans ses pronostics.* ➜ **prévision.**

propagande n. f. Action menée pour influencer, pour faire partager des idées. *Les partis politiques font de la propagande avant les élections.* ▷ Mot de la famille de propager.

propager v. (conjug. 5b) **1.** Faire connaître à tout le monde. *Les journaux ont propagé la nouvelle.* ➜ **diffuser, répandre.** **2. se propager,** s'étendre, gagner du terrain. *L'incendie se propage rapidement.* ➜ **progresser.**

▶ **propagation** n. f. Le fait de se propager, de s'étendre. *La propagation de l'épidémie a été très rapide.*

▶ Autre mot de la famille : propagande.

propane n. m. Gaz dont on se sert pour chauffer. *Une bouteille de propane.*

propension n. f. Tendance naturelle, penchant. *Elle a une certaine propension à la paresse.* ➜ **disposition, inclination.**

prophète n. m., **prophétesse** n. f. Personne inspirée par Dieu qui prédit l'avenir et révèle des vérités cachées. *Isaïe est un prophète de la Bible. Mahomet est le prophète des musulmans. – Nul n'est prophète en son pays,* il est plus difficile d'être cru par ses proches que par des étrangers.

▶ **prophétie** [pʀɔfesi] n. f. Ce qui est annoncé par les personnes qui prétendent connaître l'avenir. *Les prophéties d'une voyante.* ➜ **prédiction.**

▶ **prophétique** [pʀɔfetik] adj. Qui a le caractère d'une prophétie. *Il a prononcé des paroles prophétiques.*

propice adj. Favorable. *Il faut choisir le moment propice pour s'en aller.* ➜ **opportun.**

proportion n. f. **1.** *Les proportions,* les dimensions d'un objet les unes par rapport aux autres. *Cette maison a de belles proportions.* **2.** Quantité d'une chose par rapport à une autre ou à un ensemble. *Il y a une proportion égale de réussites et d'échecs à cet examen.* ➜ **pourcentage, taux.** **3.** *Des proportions,* dimensions, importance. *Dans ce pays, la pauvreté a pris des proportions considérables,* elle a beaucoup augmenté.

▶ **proportionné, proportionnée** adj. **1.** *Proportionné à quelque chose,* qui est en rapport avec quelque chose. ▮ contraire : **disproportionné.** *La punition était proportionnée à la faute.* **2.** *Bien proportionné,* qui a des proportions harmonieuses. *Elle a un corps bien proportionné.*

▶ **proportionnel, proportionnelle** adj. *Proportionnel à quelque chose,* en rapport avec quelque chose. *La taille des enfants est proportionnelle à leur âge.*

▶ **proportionnellement** adv. Suivant une certaine proportion. *Les impôts augmentent proportionnellement aux revenus.*

▷ Mots de la famille de portion.

propos n. m. **1.** Parole. *Ils échangent des propos courtois.* **2.** *À propos de,* au sujet de. *Je vous écris à propos de votre fille. À tout propos,* pour un rien. *Il se met en colère à tout propos.*

3. *À propos,* à point, au bon moment. *Je te cherchais, tu arrives à propos !* **4.** But que l'on se fixe. → **intention.** *Mon propos était de vous convaincre.*

▸ **proposer** v. (conjug. 3) **1.** Présenter, offrir. *À la fin du dîner, on nous a proposé plusieurs desserts. Théo a proposé à sa mère d'aller faire les courses.* **2.** ***Se proposer** de,* avoir l'intention de. *Ils se proposent de visiter l'Espagne cet été.* → **envisager, projeter.**

▸ **proposition** n. f. **1.** Offre. *J'accepte votre proposition.* **2.** Morceau de phrase qui contient un verbe. *Dans la phrase : «Alex regarde les chevaux qui courent», «Alex regarde les chevaux» est la proposition principale et «qui courent» est la proposition subordonnée.*

▸ Autres mots de la famille : à-propos, avant-propos.

① **propre** adj. Qui n'a aucune trace de saleté. *Cette chemise est propre.* → **impeccable, net.** ▮ contraire : **sale.**

▸ Autres mots de la famille : malpropre, malpropreté, ① proprement, propreté.

② **propre** adj. et n. m.

▪ adj. **1.** Qui appartient à une personne en particulier. *Je l'ai vu de mes propres yeux. Elle est venue par ses propres moyens,* en se débrouillant toute seule. *L'insouciance propre à la jeunesse,* particulière à la jeunesse. → **caractéristique.** **2.** *Un nom propre* ne désigne qu'une seule personne ou une seule chose et s'écrit avec une majuscule. *«Lyon» est un nom propre, «lion» est un nom commun.* **3.** *Le sens propre d'un mot,* son premier sens. *La «peste» au sens propre est une maladie, une «peste» au sens figuré est une personne insupportable.* **4.** *Propre à,* qui convient pour. *Cette viande est propre à la consommation,* elle peut être consommée. ▮ contraire : **impropre.**

▪ n. m. **1.** *Le propre de,* la qualité particulière de. *Le rire est le propre de l'homme.* **2.** *En propre,* que l'on est seul à posséder. *La maison lui appartient en propre,* à lui seul. **3.** *Mettre au propre,* mettre sous forme définitive ce qui était un brouillon.

▸ Autres mots de la famille : amour-propre, approprié, s'approprier, copropriétaire, copropriété, exproprier, impropre, ② proprement, propriétaire, propriété.

① **proprement** adv. D'une manière propre. *Essaie de manger proprement.* ▮ contraire : **salement.** ▷ Mot de la famille de ① propre.

② **proprement** adv. *À proprement parler,* en appelant les choses par leur nom exact. *Cette maison n'est pas à proprement parler un taudis, mais elle est quand même très misérable.* ▷ Mot de la famille de ② propre.

propreté n. f. Caractère de ce qui est propre, net. *Ces trottoirs sont d'une grande propreté.* ▮ contraire : **saleté.** ▷ Mot de la famille de ① propre.

propriété n. f. **1.** Le fait d'avoir à soi, d'être propriétaire. *Cet agriculteur a l'entière propriété de sa ferme.* → aussi **possession.** **2.** Belle maison avec un grand jardin. *Ils ont une propriété de famille dans le Midi.* **3.** Qualité qui caractérise une chose. → **caractéristique, particularité.** *L'eau a comme propriété de bouillir à 100°.*

▸ **propriétaire** n. m. et f. Personne qui possède quelque chose. *Rendez ce chien à son propriétaire. Le locataire paie le loyer au propriétaire,* à la personne à qui appartient l'appartement, la maison.

▷ Mots de la famille de ② propre.

propulser v. (conjug. 3) Faire avancer en poussant. *L'avion est propulsé par des moteurs à réaction.*

▸ **propulseur** n. m. **1.** À l'époque préhistorique, bâton avec une encoche qui permettait d'envoyer plus loin une lance, une sagaie. **2.** Moteur qui sert à faire avancer un bateau, un avion ou un engin spatial. *Les propulseurs d'une fusée.*

▸ **propulsion** n. f. Action de propulser. *Un sous-marin à propulsion nucléaire,* qui avance grâce à l'énergie nucléaire.

propulseur

prosaïque adj. Qui manque d'idéal, de noblesse. *Les aspects prosaïques de la vie.* → **banal, ordinaire.**

se prosterner

proscrire v. (conjug. 42) Interdire. *La religion musulmane proscrit l'alcool.* ▮ contraires : **autoriser, permettre.**

▸ **proscrit** n. m., **proscrite** n. f. Personne chassée de son pays. ➜ aussi **exilé.**

prose n. f. Façon de parler ou d'écrire ordinaire, par opposition à la poésie. *Les romans sont écrits en prose.*

prosélytisme n. m. Zèle à convertir autrui à sa religion ou à ses idées. *Cette secte fait du prosélytisme,* elle cherche à faire des adeptes. ◗ Il y a un *y* après le *l.*

prospecter v. (conjug. 3) Examiner un sol pour trouver des richesses naturelles. *Des ingénieurs prospectent le sol pour trouver du pétrole.*

▸ **prospection** n. f. Recherche dans le sol pour trouver des richesses naturelles. *Les compagnies pétrolières font de la prospection sous les mers.*

prospectus [pʀɔspɛktys] n. m. Papier sur lequel est imprimée une publicité. *Il y a de nombreux prospectus dans notre boîte aux lettres.*

prospère adj. Qui est en plein épanouissement. *Il jouit d'une santé prospère.* ➜ **florissant.** *Cette région est très prospère.* ➜ **opulent, riche.**

▸ **prospérer** v. (conjug. 8) Se développer. *Cette entreprise prospère,* elle marche bien. ▮ contraire : **péricliter.**

▸ **prospérité** n. f. Essor, progrès. *Une industrie en pleine prospérité.*

se prosterner v. (conjug. 4) S'incliner très bas pour marquer son respect. *Quand ils prient, les musulmans se prosternent en direction de La Mecque.*

se prostituer v. (conjug. 4) Avoir des relations sexuelles avec des clients pour de l'argent.

▸ **prostitué** n. m., **prostituée** n. f. Personne qui a des relations sexuelles pour de l'argent.

▸ **prostitution** n. f. Le fait d'avoir des relations sexuelles avec des clients pour de l'argent. *Il se livre à la prostitution.*

prostré, prostrée adj. Abattu, accablé. *Elle est restée prostrée à l'annonce de cette nouvelle.*

protagoniste n. m. et f. Personne qui joue le rôle le plus important dans une affaire, un film, une pièce de théâtre. ➜ **héros.** *Les protagonistes du drame avaient leur photo en première page.*

protecteur n. m. et adj., **protectrice** n. f. et adj.

▪ n. Personne qui protège, défend les autres. *Dans la cour de récréation, Alex s'est fait le protecteur des petits.* ➜ **défenseur.**

▪ adj. *La société protectrice des animaux,* c'est un organisme qui protège les animaux contre les mauvais traitements.

protection n. f. **1.** Action de protéger. *Alex a pris sa petite sœur sous sa protection.* **2.** Chose qui sert à protéger. *Les gants sont une bonne protection contre le froid.*

protéger v. (conjug. 5b et 8) **1.** Défendre d'un danger. *Alex protège sa sœur.* **2.** Mettre à l'abri d'un inconvénient. *Ton imperméable te protègera de la pluie.*

▸ **protégé** adj. et n. m., **protégée** adj. et n. f.

▪ adj. Qui est à l'abri d'un danger ou d'un inconvénient. *Le jardin est protégé du vent.* ➜ **abrité.** *Les espèces animales protégées.*

▪ n. Personne que l'on protège. *Voici sa petite protégée.*

▸ **protège-cahier** n. m. Couverture de matière souple qui sert à protéger un cahier. *Julie a des protège-cahiers de toutes les couleurs.*
▷ Mot de la famille de cahier.

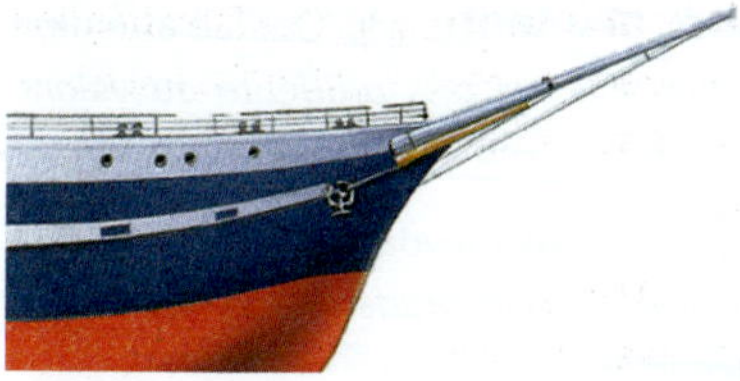

protéine n. f. Substance nourrissante contenue dans la viande, le poisson, les œufs. → planche **Alimentation.** *Les protéines sont indispensables à l'organisme.* → aussi **glucide, lipide.**

protestant n. m., **protestante** n. f. Chrétien qui appartient à une religion réformée qui ne reconnaît pas l'autorité du pape. *Les protestants vont au temple pour assister au culte.* – adj. *La religion protestante.*

▸ **protestantisme** n. m. Religion des protestants. *Le protestantisme est apparu au 16e siècle avec l'opposition de Luther et de Calvin au pape.*

protester v. (conjug. 3) **1.** Déclarer avec force que l'on n'est pas d'accord. *Ils ont protesté avec indignation contre cette injustice.* **2.** Affirmer. *L'accusé protestait de son innocence.*

▸ **protestation** n. f. **1.** Manifestation de désaccord. *Il fit un geste de protestation.* ▮ contraire : **approbation. 2.** Déclaration, manifestation. *Je ne crois pas beaucoup à ses protestations d'amitié.*

prothèse n. f. Appareil qui remplace un membre ou un organe. *Le dentiste lui a mis une prothèse à la place de sa dent cassée.*
Il y a un *h* après le *t*.

▸ **prothésiste** n. m. et f. Personne dont le métier est de fabriquer des prothèses. *Un prothésiste dentaire.*
Il y a un *h* après le *t*.

protocole n. m. Ensemble de règles que l'on doit observer dans les cérémonies et les réunions officielles. → ② **étiquette.** *Il faut respecter le protocole.*

prototype n. m. Modèle unique d'un objet qui n'est pas encore fabriqué en série. *Un prototype de voiture.* ▷ Mot de la famille de type.

protubérance n. f. Petite partie en relief. → **saillie.** *La bosse qu'il s'est faite sur le front forme une protubérance.* → **excroissance.**

proue n. f. Avant d'un bateau. → planche **Bateaux.** *La proue du voilier fend les vagues.* ▮ contraire : **poupe.**

prouesse n. f. Action remarquable. → **exploit, performance.** *Le champion olympique a été félicité pour ses prouesses.*

prouver v. (conjug. 3) **1.** Démontrer que quelque chose est vrai. *Il n'a pas pu prouver son innocence.* → **établir. 2.** Faire la preuve de. *Alex a prouvé qu'il était courageux.* → **montrer.**

provenir v. (conjug. 13) **1.** Venir. *Ces oranges proviennent du Maroc.* **2.** Avoir son origine. *Les crampes proviennent souvent d'un manque de magnésium.*

▸ **provenance** n. f. Endroit d'où vient une chose. *L'avion en provenance de Rome vient d'atterrir.*
▷ Mots de la famille de venir.

proverbe n. m. Phrase qui exprime une vérité générale, un conseil de sagesse. → aussi **dicton, maxime.** *«Rien ne sert de courir, il faut partir à point» est un proverbe.*

▸ **proverbial, proverbiale** adj. Bien connu. *Le courage des pompiers est proverbial.* → **légendaire.** – Au masc. pl. *proverbiaux.*

providence n. f. Sagesse de Dieu qui dirige et protège tout ce qu'Il a créé. *Les croyants s'en remettent à la providence.*

▸ **providentiel, providentielle** adj. Qui se produit au bon moment, par un heureux hasard. *Ton arrivée est providentielle.*

province n. f. (→ ÉTYM.) **1.** Région, avec ses traditions et ses coutumes. *La Normandie et la Bretagne sont des provinces françaises.* **2.** *La province,* c'est l'ensemble de la France, excepté Paris et sa banlieue. *Il habite en province.*

▸ **provincial, provinciale** adj. De la province. *Il aime la vie provinciale.* – n. *Les provinciaux,* les personnes qui habitent en province.

proviseur n. m. et f. Personne qui dirige un lycée. → **directeur** et aussi ② **principal.** *Madame le proviseur* ou *la proviseur.*

provision n. f. (→ÉTYM.) **1.** Réunion de choses utiles que l'on garde pour plus tard. → ① **réserve, stock.** *Il y a une provision de cahiers dans le placard de la classe. Il a fait provision de bois pour l'hiver.* **2.** *Les provisions,* les choses nécessaires à la vie de tous les jours que l'on doit acheter. *Elle est allée faire ses provisions.* → ① **commission, course. 3.** Somme d'argent disponible. *Il a fait un chèque sans provision,* sans avoir l'argent correspondant sur son compte en banque.

▶ Autres mots de la famille : approvisionné, approvisionnement, approvisionner.

provisoire adj. Qui ne doit pas durer longtemps, qui est destiné à être remplacé. → **temporaire.** *Ces baraquements sont des installations provisoires.* ▮ contraire : **définitif.**

▶ **provisoirement** adv. Pour peu de temps. *Elle dort provisoirement dans le salon.* → **momentanément, temporairement.** ▮ contraire : **définitivement.**

provoquer v. (conjug. 3) **1.** Être la cause. *C'est une fuite de gaz qui a provoqué l'explosion.* → ① **causer,** ① **entraîner. 2.** *Provoquer quelqu'un,* le pousser à réagir avec violence. *Tais-toi, ne le provoque pas.* → **exciter.**

▶ **provocant, provocante** adj. Qui incite à réagir violemment. *Il a une attitude provocante.* → **agressif.**

▶ **provocateur** n. m., **provocatrice** n. f. Personne qui pousse les autres à la violence. *Des provocateurs ont fait dégénérer la manifestation en émeute.*

▶ **provocation** n. f. Acte ou parole qui pousse à réagir violemment. *Ne réponds pas aux provocations de ces voyous.*

proximité n. f. **1.** Caractère de ce qui est près dans l'espace. *La proximité de la mer donne de la valeur à cette maison.* ▮ contraire : **éloignement.** – *Ils habitent à proximité de la gare,* tout près de la gare. **2.** Le fait d'être proche dans le temps. *La proximité des vacances excite les enfants.*

prudent, prudente adj. Qui fait attention au danger. *Elle est très prudente au volant.* ▮ contraire : **imprudent.**

▶ **prudemment** [pʀydamɑ̃] adv. En faisant attention. *Il conduit prudemment.* ▮ contraire : **imprudemment.**

▶ **prudence** n. f. Qualité d'une personne qui réfléchit aux conséquences de ses actes, fait ce qu'il faut pour empêcher qu'arrivent des ennuis et évite de faire des choses dangereuses. *Il a eu la prudence de faire réviser sa voiture avant de partir en vacances.* ▮ contraire : **imprudence.** – *Prudence est mère de sûreté,* il vaut mieux être prudent si l'on veut éviter le danger.

▶ Autres mots de la famille : imprudemment, imprudence, imprudent.

prune n. f. Petit fruit de forme ronde ou allongée, à chair juteuse et sucrée, contenant un noyau. → aussi **mirabelle,** ① **prunelle, quetsche, reine-claude.** → planche **Fruits.** *Une tarte aux prunes.*

▶ **pruneau** n. m. **1.** Prune séchée de couleur noire. *Nous avons mangé du lapin aux pruneaux.* **2.** En Suisse. Quetsche. *Une tarte aux pruneaux.*

▶ ① **prunelle** n. f. Petite prune bleu foncé, de goût âcre.

▶ Autre mot de la famille : prunier.

② **prunelle** n. f. Petit rond noir au centre de l'œil. → ② **pupille.** – *Tenir à quelque chose comme à la prunelle de ses yeux,* y tenir plus qu'à tout.

prunier n. m. Arbre fruitier qui produit les prunes. ▷ Mot de la famille de prune.

P.-S. ➜ **post-scriptum**

psaume n. m. Chant religieux tiré de la Bible. *Les moines chantent des psaumes.*

pseudonyme n. m. Nom que l'on choisit pour cacher son identité. *Ce journaliste écrit des romans sous un pseudonyme.*

psychanalyse [psikanaliz] n. f. Méthode qui permet de soigner certains troubles psychologiques en faisant parler le malade de choses graves qu'il avait peut-être oubliées. *Freud est le fondateur de la psychanalyse.* ➜ aussi **psychothérapie.**

▸ **psychanalyser** v. (conjug. 3) *Se faire psychanalyser,* se faire soigner par la psychanalyse.

▸ **psychanalyste** n. m. et f. Personne qui soigne par la psychanalyse.

▷ Mots de la famille de analyse.

psychiatre [psikjatʀ] n. m. et f. Médecin qui s'occupe des maladies mentales.

▸ **psychiatrie** [psikjatʀi] n. f. Partie de la médecine qui s'occupe des maladies mentales.

▸ **psychiatrique** [psikjatʀik] adj. Qui concerne la psychiatrie, les maladies mentales. *On l'a interné dans un hôpital psychiatrique,* dans un hôpital où l'on soigne les malades mentaux.

▶ Autre mot de la famille : pédopsychiatre.

psychique adj. De l'esprit, de la pensée. *Ce malade souffre de troubles psychiques.* ➜ **mental.** ▮ contraire : ② **physique.**

psychologie [psikɔlɔʒi] n. f. **1.** Science qui étudie ce qui se passe dans l'esprit des gens, leurs sentiments, leurs réactions. *La psychologie de l'enfant.* **2.** Qualité d'une personne qui comprend les sentiments et les attitudes des autres et peut prévoir leurs réactions. *Elle manque vraiment de psychologie.* ➜ **intuition, finesse.**

▸ **psychologique** adj. Qui concerne la psychologie, l'esprit. *Il a des problèmes psychologiques,* dans sa tête. ▮ contraire : ② **physique.**

▸ **psychologue** n. m. et f. et adj.
▪ n. m. et f. Personne spécialiste de psychologie. *Si un enfant a des difficultés en classe, il peut aller voir un psychologue scolaire.*
▪ adj. Qui comprend les autres et prévoit leurs réactions. *Elle n'est pas très psychologue, elle dit souvent des choses blessantes.*

psychothérapie [psikoteʀapi] n. f. Traitement qui aide à résoudre les problèmes psychologiques d'une personne. *Il suit une psychothérapie.* ➜ aussi **psychanalyse.**

▸ **psychothérapeute** n. m. et f. Spécialiste de la psychothérapie.

ptérodactyle n. m. Reptile volant de l'époque préhistorique, ancêtre des oiseaux. *Les ptérodactyles vivaient à la même époque que les dinosaures.*

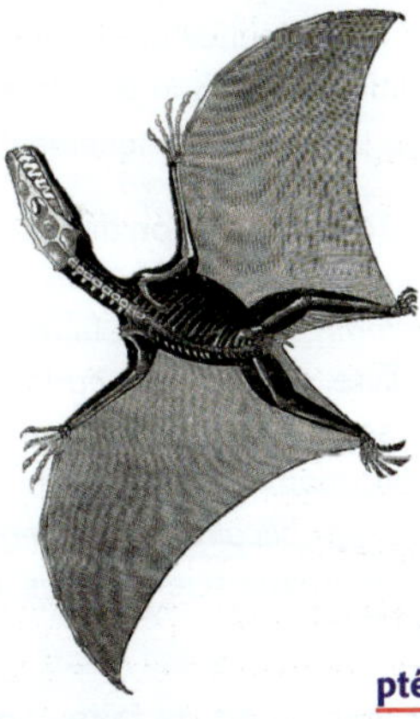

ptérodactyle

puant, puante adj. Qui pue, sent très mauvais. ➜ **nauséabond, pestilentiel.** *De vieux fromages puants.*

▸ **puanteur** n. f. Très mauvaise odeur. ➜ aussi **infection.**

▷ Mots de la famille de puer.

pub ➜ **publicité**

pubère adj. Qui a atteint l'âge de la puberté, qui quitte l'enfance et devient adolescent. *Une jeune fille pubère.*

puberté n. f. Ensemble des transformations du corps et de l'esprit qui se produisent au moment du passage de l'enfance à l'adolescence. *À la puberté, la voix des garçons devient plus grave.*

pubis [pybis] n. m. Partie qui forme un triangle au bas du ventre. ➜ planche **Corps** humain. *Les poils du pubis.*

On prononce le *s* final.

public adj. et n. m., **publique** adj.

■ adj. **1.** Qui concerne l'ensemble de la population, la nation tout entière. *L'intérêt public doit passer avant les intérêts particuliers.* ➜ **commun,** ② **général.** ▮ contraire : **personnel. 2.** Ouvert à tous. *Elle promène son bébé dans le jardin public.* ▮ contraire : **privé.** *Cette vente aux enchères est publique.* **3.** Qui dépend de l'État. *L'école publique est gratuite.* ▮ contraires : **libre, privé.**

■ n. m. **1.** L'ensemble de la population. *Le musée est ouvert au public de 9 h à 18 h.* **2.** *Le public,* l'ensemble des spectateurs. *Le chanteur a été applaudi par le public.* ➜ **assistance. 3.** *En public,* en présence de nombreuses personnes réunies. *Il a pris la parole en public.*

▶ Autre mot de la famille : publiquement.

publication n. f. **1.** Action de faire connaître à tous. *La publication des résultats du concours aura lieu demain.* **2.** Action de faire paraître, de publier un livre. *Ce roman a eu beaucoup de succès dès sa publication.* ➜ **parution, sortie. 3.** *Une publication,* un texte publié. *Elle est abonnée à des publications scientifiques,* à des revues, des journaux scientifiques. ▷ Mot de la famille de publier.

publicité n. f. **1.** Art de faire connaître un produit au public pour mieux le vendre. *Cette marque fait beaucoup de publicité.* **2.** Image, texte, film qui sert à faire vendre un produit. *Léa aime bien regarder les publicités à la télévision.*

On dit familièrement *la pub.*

▶ **publicitaire** adj. et n. m. et f.

■ adj. Qui fait la publicité d'un produit. *Ce comédien joue aussi dans des films publicitaires.*

■ n. m. et f. Personne qui travaille dans la publicité.

publier v. (conjug. 9) **1.** Annoncer en public. *Les résultats du concours seront publiés demain.* **2.** Fabriquer et mettre en vente un livre. *Cet éditeur publie des romans policiers.* ➜ **éditer. 3.** Faire paraître un document. *Sa photo a été publiée en première page du journal.*

▶ Autre mot de la famille : publication.

publiquement adv. En public. *Elle l'a félicité publiquement,* devant tout le monde. ▷ Mot de la famille de public.

puce n. f. **1.** Petit insecte parasite de l'homme et de quelques animaux. ➜ planche **Insectes.** *Le chien de Paul a des puces.* – *Mettre la puce à l'oreille,* éveiller les soupçons. *Son air bizarre nous a mis la puce à l'oreille.* **2.** *Le marché aux puces,* c'est un marché où l'on vend des choses anciennes et des objets d'occasion. **3.** *Une puce électronique,* c'est un tout petit élément qui stocke des informations et qui se trouve dans des ordinateurs, des cartes bancaires, etc. *Une carte à puce.*

▶ **puceron** n. m. Petit insecte parasite des plantes. ➜ planche **Insectes.** *Le rosier est couvert de pucerons.*

pucerons sur une tige

pudding [pudiŋ] n. m. Gâteau fait avec de la farine, des œufs, de la graisse de bœuf, des raisins secs et des épices.

Ce mot vient de l'anglais.

pudeur n. f. **1.** Gêne qu'une personne éprouve à montrer son corps. *Par pudeur, Julie change de maillot en s'enveloppant dans une serviette.* **2.** Délicatesse, discrétion. *Il cachait son chagrin par pudeur.*

pudique adj. Qui montre de la pudeur. *Elle a toujours été très pudique.*

puer v. (conjug. 3) Sentir très mauvais. → **empester.** *Ce vieux fromage pue.*

▶ Autres mots de la famille : puant, puanteur.

puériculteur n. m., **puéricultrice** n. f. Personne dont le métier est de s'occuper de bébés et de très jeunes enfants. *Elle est puéricultrice dans une crèche.*

puériculture n. f. Ensemble des connaissances et des méthodes nécessaires pour s'occuper des nouveau-nés et des très jeunes enfants. *Elle suit des cours de puériculture.*

puéril, puérile adj. Indigne d'un adulte, qui ne convient qu'à un enfant. *Il a eu une réaction puérile.* → **infantile.**

pugilat n. m. Bagarre à coups de poing. → aussi **rixe.**

puis adv. **1.** Après cela, dans le temps qui suit. → **ensuite.** *Il a mangé une pomme, puis du raisin.* **2.** *Et puis,* et d'ailleurs, en plus. *Je n'ai pas le temps, et puis cela m'embête.* ▮ homonyme : puits.

▶ Autres mots de la famille : depuis, puisque.

puiser v. (conjug. 3) **1.** Prendre du liquide au moyen d'un récipient. *Autrefois on allait puiser de l'eau au puits.* → **tirer.** **2.** Prendre dans une réserve. *Il a puisé dans ses économies pour s'acheter un ordinateur.* ▷ Mot de la famille de puits.

puisque conjonction *Puisque* indique la cause. *Puisque vous êtes ici, restez dîner.* ▷ Mot de la famille de puis et de que.

puissant, puissante adj. **1.** Qui a du pouvoir, qui commande à beaucoup de gens et décide beaucoup de choses. *Un homme riche et puissant.* **2.** Qui a de la force physique. *Il a des muscles puissants.* **3.** Qui a de l'énergie, de la puissance. *Une voiture puissante. Une ampoule puissante,* très forte.

▶ **puissance** n. f. **1.** Force, autorité d'un pays. *L'Empire romain a étendu sa puissance jusqu'en Orient.* **2.** *La puissance d'une ampoule électrique,* l'intensité de la lumière qu'elle produit. *La puissance d'une voiture,* la force de son moteur. **3.** *Les grandes puissances,* les pays les plus riches et les plus forts.

▶ **puissamment** adv. Extrêmement. *Ce pays est puissamment armé.*

▷ Mots de la famille de (1) pouvoir.

puits [pɥi] n. m. **1.** Construction autour d'un trou profond pratiqué dans le sol pour atteindre une nappe d'eau souterraine. *Autrefois on allait au puits tirer de l'eau.* **2.** Trou creusé dans le sol ou le sous-sol pour exploiter un gisement. *Le forage d'un puits de pétrole.* → planche **Énergie.** ▮ homonyme : puis.

▶ Autre mot de la famille : puiser.

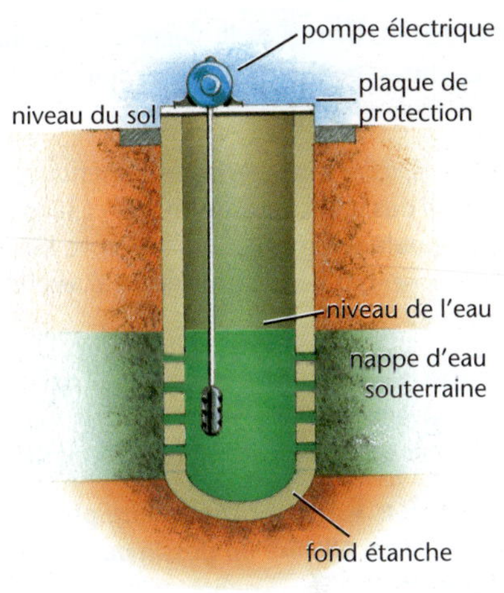

puits

pull-over [pulɔvœʀ] ou [pylɔvɛʀ] n. m. Vêtement tricoté en laine ou en coton qui couvre le haut du corps et que l'on enfile par la tête. → **chandail.** – Au pl. *Des pull-overs.*

▶ On dit aussi *un pull* [pyl], *des pulls.* • Ce mot vient de l'anglais.

pulluler v. (conjug. 3) Être en très grand nombre. *Les grenouilles pullulent dans cet étang.* → **abonder, grouiller.**

▶ Il y a deux *l* après le premier *u.*

pulmonaire adj. Qui concerne les poumons. *La tuberculose est une maladie pulmonaire.*

pulpe n. f. **1.** *La pulpe d'un fruit,* sa chair. **2.** *La pulpe des dents,* le tissu qui en remplit l'intérieur.

pulsation n. f. Battement du cœur ou des artères. ➜ aussi **pouls.** *On constate une accélération des pulsations pendant un effort.*

pulsion n. f. Force inconsciente qui pousse une personne à faire quelque chose. *Il essaie de ne pas céder à ses pulsions.*

pulvériser v. (conjug. 3) **1.** Projeter un liquide en fines gouttelettes. ➜ **vaporiser.** *Le jardinier pulvérise de l'insecticide sur les rosiers.* **2.** Réduire en petits morceaux. *Le parebrise a été pulvérisé.*

▸ **pulvérisateur** n. m. Appareil qui sert à projeter un liquide en fines gouttelettes. ➜ **atomiseur, vaporisateur.**

▸ **pulvérisation** n. f. Projection en poudre ou en fines gouttelettes. *Une pulvérisation d'insecticide.*

puma n. m. Animal sauvage d'Amérique, de la famille des félins, à pelage fauve et sans crinière, appelé aussi *couguar.* ➜ planche **Félins.**
▸ Ce mot vient d'une langue indienne d'Amérique du Sud.

① **punaise** n. f. Petit insecte plat qui sent très mauvais. ➜ planche **Insectes.** *Les punaises se cachent dans les fentes des planchers.*

② **punaise** n. f. Petit clou à tête plate et à pointe courte. *Elle fixe un dessin au mur avec des punaises.*

▸ **punaiser** v. (conjug. 3) Fixer avec des punaises. *Il a punaisé l'affiche sur le mur.*

① **punch** [pɔ̃ʃ] n. m. Boisson à base de rhum et de citron. *Un verre de punch.* – Au pl. *Des punchs.*
▸ C'est un mot d'une langue de l'Inde qui veut dire «cinq», cette boisson comportant cinq ingrédients.

② **punch** [pœnʃ] n. m. **1.** Capacité d'un boxeur à porter des coups secs et efficaces. *Ce boxeur manque de punch.* **2.** Familier. Dynamisme, énergie. *Elle a beaucoup de punch.*
▸ C'est un mot anglais qui veut dire «coup».

punching-ball [pœnʃiŋbol] n. m. Gros ballon maintenu à la verticale par des élastiques, sur lequel les boxeurs frappent pour s'entraîner. – Au pl. *Des punching-balls.*
▸ Ce mot vient de l'anglais *punching* «en frappant» et *ball* «ballon».

punir v. (conjug. 11) Infliger une punition ou une sanction à quelqu'un qui a mal agi. *La directrice a sévèrement puni Alex.* ➜ **sanctionner.**
▮ contraire : **récompenser.**

▸ **punition** n. f. Chose désagréable que l'on fait subir à une personne qui a mal agi. ➜ **sanction** et aussi ① **peine.** *Pour ta punition, tu resteras dans ta chambre.* ▮ contraire : **récompense.**

▸ **punitif, punitive** adj. Destiné à punir. *Ils ont organisé une expédition punitive contre les rebelles.*

▸ Autres mots de la famille : impuni, impunité.

① **pupille** n. m. et f. Enfant orphelin ou abandonné qui est pris en charge par un tuteur.

② **pupille** n. f. Partie noire, au milieu de l'œil. ➜ ② **prunelle.** *Dans le noir, les pupilles s'agrandissent.*

pupitre n. m. Support incliné sur lequel on pose un livre ou une partition de musique.

pupitre

pur, pure adj. **1.** Qui n'est mélangé à rien d'autre. *Une veste en pure laine.* **2.** Non pollué.
▮ contraire : **impur.** *Il respire l'air pur de la montagne.* **3.** *C'est la pure vérité,* la stricte vérité.

▸ Autres mots de la famille : épuration, épurer, impur, impureté, purement, pureté, purification, purifier, pur-sang.

purée n. f. Légumes bouillis et écrasés. *Voulez-vous de la purée de pommes de terre ou de la purée de carottes ?*

▸ Autre mot de la famille : presse-purée.

purement adv. Uniquement. *Il a fait des études purement scientifiques. Elle nous a purement et simplement menti,* sans aucun doute possible. ▷ Mot de la famille de pur.

pureté n. f. Caractère de ce qui est pur. *Cette eau est d'une grande pureté.* ➜ **limpidité.** ▷ Mot de la famille de pur.

purgatif n. m. Remède qui lutte contre la constipation. ➜ **laxatif, purge.** – adj. *Une tisane purgative.* ▷ Mot de la famille de purger.

purgatoire n. m. Dans la religion catholique, lieu où, après la mort, les âmes expient leurs péchés avant d'aller au paradis. *Le prêtre prie pour les âmes qui sont au purgatoire.* ▷ Mot de la famille de purger.

purger v. (conjug. 5b) **1.** Vider de son contenu. *Il faut purger les conduites d'eau quand il risque de geler.* ➜ **vidanger. 2.** Donner un produit contre la constipation. ➜ aussi **purgatif.** *L'infirmière a purgé le malade.* **3.** *Purger une peine,* l'effectuer. *Le trafiquant purge une peine de cinq ans de prison.*

▶ **purge** n. f. **1.** Évacuation d'un gaz ou d'un liquide qui empêche un appareil de bien fonctionner. *Le robinet de purge du radiateur fuit.* **2.** Remède qui lutte contre la constipation. ➜ **laxatif, purgatif.**

▶ Autres mots de la famille : purgatif, purgatoire.

purifier v. (conjug. 9) Rendre pur, enlever les impuretés. *On filtre l'eau pour la purifier.*

▶ **purification** n. f. Action d'éliminer les impuretés. *La purification de l'eau peut se faire par filtration, distillation, ébullition...*

▷ Mots de la famille de pur.

purin n. m. Liquide qui s'écoule du fumier. *Le purin est un bon engrais.*

puritain, puritaine adj. Qui est très strict sur la morale, qui respecte rigoureusement les principes. *Il a reçu une éducation puritaine.* ➜ **austère, rigide.**

pur-sang n. m. inv. Cheval de course de pure race. *Ils ont assisté à une course de pur-sang.* ▷ Mot de la famille de pur et de sang.

purulent, purulente adj. Qui produit ou contient du pus. *Une plaie purulente.*

pus [py] n. m. Liquide jaunâtre qui contient des microbes et se forme aux endroits du corps qui sont infectés. *Un bouton plein de pus.* ➜ aussi **pustule** et **purulent, suppurer.**

▶ Le *s* final ne se prononce pas.

pusillanime [pyzilanim] adj. Craintif. ➜ **timoré.** *Un enfant pusillanime.* ▮ contraire : **audacieux.**

▶ Ce mot appartient au langage soutenu.

pustule n. f. Bouton plein de pus.

putois n. m. (➜ ÉTYM.) Petit mammifère carnivore à fourrure brune, qui sent très mauvais. ➜ planche **Mammifères.** – *Crier comme un putois,* très fort.

se putréfier v. (conjug. 9) (➜ ÉTYM.) Se décomposer, pourrir. *Cette viande s'est putréfiée à la chaleur.*

▶ **putréfaction** n. f. Pourriture. *On a trouvé dans la cave un rat en putréfaction,* en train de se décomposer. ➜ **décomposition.**

putride adj. *Une odeur putride,* une odeur de pourriture.

putsch [putʃ] n. m. Coup d'État. *Le gouvernement a été renversé par un putsch militaire.* – Au pl. *Des putschs.*

▶ C'est un mot allemand qui veut dire «soulèvement».

puzzle [pœzl] ou [pœzœl] n. m. Jeu composé de morceaux que l'on doit assembler pour faire un dessin. *Léa aime beaucoup faire des puzzles.*

▶ C'est un mot anglais qui veut dire «énigme».

P.-V. → **procès-verbal**

pygmée n. m. et f. Personne d'une ethnie de très petite taille qui habite en Afrique, dans la forêt équatoriale.

▸ Attention, même au masculin ce mot se termine par un *e*.

pyjama n. m. Vêtement de nuit composé d'une veste et d'un pantalon. *Elle dort en pyjama.*

▸ Ce mot vient d'une langue de l'Inde. (→ ÉTYM.)

pylône n. m. Poteau en fer ou en béton soutenant des câbles électriques ou des antennes. *La voiture a heurté un pylône électrique.*

▸ Ce mot s'écrit avec un *y*. Attention à l'accent circonflexe du *ô*.

pyramide n. f. Monument dont la base est un carré et dont les quatre faces sont des triangles. *Les pyramides d'Égypte servaient de tombeaux aux pharaons.*

pyrex n. m. (marque déposée) Verre très résistant pouvant aller au feu. *Un plat en pyrex.*

pyromane n. m. et f. Personne qui prend plaisir à allumer des incendies. → **incendiaire.** *La police a arrêté le pyromane.*

python n. m. Très grand serpent d'Asie et d'Afrique, non venimeux, qui broie entre ses anneaux les animaux dont il se nourrit, avant de les avaler. → aussi **boa.** → planche **Reptiles** et amphibiens. ▮ homonyme : piton.

▸ Ce mot s'écrit avec un *y* et *th*.

pyramide

quadragénaire [kwadʀaʒenɛʀ] ou [kadʀa ʒenɛʀ] n. m. et f. Personne qui a entre 40 et 50 ans. – adj. *Elle est quadragénaire.*

quadri- Préfixe d'origine latine qui signifie «quatre» (ex. *quadrilatère, quadrimoteur*).

quadrige [kadʀiʒ] ou [kwadʀiʒ] n. m. Char antique à deux roues, tiré par quatre chevaux.

quadrige

quadrilatère [kwadʀilatɛʀ] ou [kadʀilatɛʀ] n. m. Figure géométrique qui a quatre côtés. *Le carré, le losange, le rectangle, le parallélogramme sont des quadrilatères.*

quadriller [kadʀije] v. (conjug. 3) **1.** Tracer des lignes droites qui se coupent à angle droit en formant des carreaux. *Il a quadrillé une feuille de papier pour faire une grille de mots croisés.* **2.** Diviser une zone en secteurs et répartir des policiers pour la contrôler. *La police a quadrillé le quartier.*

▸ **quadrillé, quadrillée** adj. *Papier quadrillé,* papier à carreaux.

▸ **quadrillage** n. m. **1.** Ensemble de lignes qui divisent une surface en carrés. *Du papier à petit quadrillage.* → **carreau.** **2.** Action de quadriller, de diviser un endroit en secteurs et d'y répartir des policiers. *La police a ordonné le quadrillage du quartier.*

quadrimoteur [kwadʀimɔtœʀ] ou [kadʀi mɔtœʀ] n. m. Avion qui a quatre moteurs. ▷ Mot de la famille de ① moteur.

quadriréacteur [kwadʀiʀeaktœʀ] ou [kadʀi ʀeaktœʀ] n. m. Avion qui a quatre réacteurs. ▷ Mot de la famille de réacteur.

quadrupède [kwadʀypɛd] ou [kadʀypɛd] adj. Qui a quatre pattes. *Les moutons sont quadrupèdes.* – n. m. *Les quadrupèdes.*

quadruple [kwadʀypl] ou [kadʀypl] n. m. et adj.

▪ n. m. Ce qui est égal à quatre fois quelque chose. *Quatre-vingts est le quadruple de vingt,* le produit de vingt multiplié par quatre.

▪ adj. Qui est répété quatre fois, qui vaut quatre fois. *Photocopiez ce texte en quadruple exemplaire,* en quatre exemplaires.

▸ **quadrupler** [kwadʀyple] ou [kadʀyple] v. (conjug. 3) Multiplier par quatre. *Le pays a quadruplé sa production de riz.*

▸ **quadruplés** [kwadʀyple] ou [kadʀyple] n. m. pl., **quadruplées** n. f. pl. Les quatre enfants nés en même temps de la même mère. *Ils ont eu des quadruplés.*

quai n. m. **1.** Plateforme longeant une voie ferrée. *Les voyageurs se pressent sur le quai du métro.* **2.** Dans un port, plateforme aménagée au bord de l'eau où les bateaux peuvent accoster. → **débarcadère, embarcadère.** *Le navire est à quai,* rangé le long du quai. **3.** Route, voie qui borde un cours d'eau. *Les quais de la Seine, à Paris.*

les **quais** de la Seine à Paris

qualificatif adj. et n. m., **qualificative** adj.

▪ adj. *Adjectif qualificatif,* adjectif qui caractérise, qui qualifie un nom. *«Courageux», dans «cet enfant a été courageux», est un adjectif qualificatif.*

▪ n. m. Mot ou groupe de mots servant à qualifier quelqu'un ou quelque chose. *Il a employé des qualificatifs élogieux pour parler de sa femme.* ▷ Mot de la famille de qualifier.

qualification n. f. **1.** Le fait d'avoir de l'expérience, des diplômes. *Il a les qualifications nécessaires pour faire ce travail.* **2.** Le fait de se qualifier, d'acquérir le droit de participer. *Notre équipe de football a remporté le match de qualification pour la finale.* ▷ Mot de la famille de qualifier.

qualifier v. (conjug. 9) **1.** Désigner, caractériser par un mot, une expression. *Le maire a qualifié l'attitude des pompiers d'héroïque.* **2.** *Être qualifié pour faire quelque chose,* avoir les qualités, les capacités nécessaires pour le faire. *Elle n'est pas qualifiée pour ce travail.* **3. se qualifier,** obtenir sa qualification. *Notre équipe s'est qualifiée pour la finale,* elle va y participer.

▶ Autres mots de la famille : disqualification, disqualifier, inqualifiable, qualificatif, qualification.

qualité n. f. **1.** *La qualité d'un produit,* ce qui fait qu'il est bon ou mauvais. *Des chaussures de bonne qualité.* **2.** Trait de caractère auquel on attache de la valeur. *La générosité et le courage sont des qualités.* ▮ contraire : **défaut.** **3.** *En qualité de,* en tant que. *Je m'adresse à vous en ma qualité de chef du gouvernement.*

▶ **qualitatif, qualitative** adj. Qui concerne la qualité. ▮ contraire : **quantitatif.** *Il y a une différence qualitative entre ces deux marques de chocolat.*

quand adv. et conjonction

▪ adv. À quel moment. *Quand partez-vous ?*

▪ conjonction Lorsque, au moment où. *Théo n'aime pas quand son père se met en colère.*

▮ homonyme : camp.

quant à [kɑ̃ta] prép. En ce qui concerne. *Il est originaire de Bretagne, quant à sa femme elle est du Midi.*

▶ **quant-à-soi** [kɑ̃taswa] n. m. inv. *Rester sur son quant-à-soi,* garder ses distances, être réservé. ▷ Mot de la famille de à et de soi.

quantité n. f. **1.** Nombre, poids plus ou moins grand. *Quelle quantité d'œufs faut-il pour faire ce gâteau ?* → **combien.** **2.** Grand nombre. *Il possède des quantités de livres. Elle a des robes en quantité,* en grand nombre.

▶ **quantitatif, quantitative** adj. Qui concerne la quantité. ▮ contraire : **qualitatif.** *D'un point de vue quantitatif, ce produit est plus intéressant que l'autre.*

quarante adj. inv. Quatre fois dix (40). *Elle a quarante ans.* → aussi **quadragénaire.** *Ouvrez votre livre page quarante.* – n. m. inv. Le nombre quarante. *Quarante et deux font quarante-deux* (42).

▶ **quarantaine** n. f. **1.** Groupe d'environ quarante personnes ou quarante choses semblables. *Il y avait une quarantaine de personnes.* **2.** Âge d'environ quarante ans. *Elle a la quarantaine.* **3.** Isolement, dont la durée n'est pas toujours la même, que l'on impose aux voyageurs, aux animaux et aux marchandises pour éviter la contagion. *Le navire a été mis en quarantaine.*

▸ **quarantième** adj. et n. m.
▪ adj. Qui vient après le trente-neuvième. *Il a eu la quarantième place au concours.*
▪ n. m. Partie d'un tout qui est divisé en quarante parties égales.

quart n. m. Partie d'un tout divisé en quatre parties égales. *Trois est le quart de douze. Elle n'a pas fait le quart de ce qu'elle voulait faire. Il part tous les matins à sept heures et quart (7 h 15). La bouteille est aux trois quarts pleine.*
▮ homonymes : ① et ② car, carre.

▸ **quart d'heure** n. m. Durée de quinze minutes. *Il a trois quarts d'heure de retard.* ▷ Mot de la famille de heure.

▸ Autres mots de la famille : ① quartier, quart-monde, quatre-quarts.

quartette [kwaʀtɛt] n. m. Groupe de quatre musiciens de jazz. ➜ aussi **quatuor.**

① **quartier** n. m. **1.** Partie d'une chose divisée en quatre. *Elle coupe sa pomme en quartiers. Les quartiers d'une orange,* les tranches découpées naturellement dans la pulpe. **2.** Chacune des quatre phases de la Lune. ➜ planche **Lune.** *La Lune est dans son premier quartier.* ▷ Mot de la famille de quart.

② **quartier** n. m. Partie d'une ville. *Un quartier très animé.*

quart-monde n. m. Ensemble des personnes les plus pauvres dans un pays riche ou ensemble des pays les plus pauvres du monde. ▷ Mot de la famille de quart et de monde.

quartz [kwaʀts] n. m. Roche transparente et très dure, formée de cristaux. *Une montre à quartz,* qui contient une lame de quartz qui vibre et fait fonctionner le mécanisme.

quartz rose

quasi [kazi] adv. Presque, pour ainsi dire. *On a retrouvé l'animal quasi mort de faim.* ➜ fam. **quasiment.** *La quasi-totalité du pays est désertique.*
▮ Devant un nom, *quasi* prend un trait d'union.

▸ **quasiment** adv. Familier. À peu près, presque. *Nous avons quasiment le même âge.*

quaternaire [kwatɛʀnɛʀ] adj. *L'ère quaternaire,* la période de formation de la Terre la plus récente, qui a commencé il y a plus de deux millions d'années. *L'homme est apparu à l'ère quaternaire.*

quatorze adj. inv. Dix plus quatre (14). *Il a quatorze ans. Le magasin ouvre à 14 heures,* à 2 heures de l'après-midi. – n. m. inv. Le nombre quatorze. *Sept et sept font quatorze.*

▸ **quatorzième** adj. et n. m.
▪ adj. Qui vient après le treizième. *Le quatorzième concurrent.*
▪ n. m. Partie d'un tout qui est divisé en quatorze parties égales.

quatre adj. inv. Trois plus un (4). *Dans les pays tempérés, il y a quatre saisons. – Manger comme quatre,* énormément. *Se mettre en quatre pour faire quelque chose,* se donner beaucoup de mal. *Il monte l'escalier quatre à quatre,* très vite, en montant plusieurs marches à la fois. – n. m. inv. Le nombre quatre. *Quatre et deux font six.*

▸ **quatrain** n. m. Strophe de quatre vers.

▸ **quatre-quarts** n. m. inv. Gâteau dans lequel il y a le même poids de beurre, de farine, d'œufs et de sucre. – Au pl. *Des quatre-quarts.* ▷ Mot de la famille de quart.

▸ **quatre-quatre** n. m. ou f. inv. Automobile dont les quatre roues sont entraînées par le moteur et qui roule sur n'importe quel terrain. ➜ aussi **jeep.** ➜ planche **Voitures.** – Au pl. *Des quatre-quatre.*

▸ **quatre-vingt(s)** adj. Quatre fois vingt (80). *Son arrière-grand-père a plus de quatre-vingts ans.* ➜ aussi **octogénaire.** – n. m. *Soixante et vingt font quatre-vingts.* ▷ Mot de la famille de vingt.

Quatre-vingts ne prend pas de s quand il est suivi d'un autre nombre (ex. *quatre-vingt-cinq*).

▸ **quatre-vingt-dix** adj. inv. Neuf fois dix (90). ➜ **nonante.** *Elle a vécu jusqu'à quatre-vingt-dix ans.* ➜ aussi **nonagénaire. –** n. m. inv. *Dix fois neuf égale quatre-vingt-dix.* ▷ Mot de la famille de vingt et de dix.

▸ **quatrième** adj. et n. f.
▪ adj. Qui succède au troisième. *Il habite au quatrième étage.*
▪ n. f. Classe de l'enseignement secondaire. *Elle entre en quatrième.*

quatuor [kwatɥɔʀ] n. m. **1.** Morceau de musique écrit pour quatre instruments. ➜ aussi **quintette, trio. 2.** Groupe de quatre musiciens qui exécutent un quatuor. ➜ aussi **quartette.** *Un quatuor à cordes.*

que pronom, conjonction et adv.
▪ pronom **1.** pronom interrogatif Introduit une interrogation. *Que se passe-t-il ?* quelle chose ? *Qu'est-ce que tu veux ?* **2.** pronom relatif Introduit une subordonnée relative et désigne une personne ou une chose qui a la fonction de complément. *C'est lui que j'aime. Faites ce que vous voulez.*
▪ conjonction **1.** Introduit une subordonnée complément de la principale. *Je sais qu'il est là. Il pense que tout ira bien.* **2.** S'emploie dans les comparaisons. *Il est plus grand que moi.* **3.** S'emploie avec *ne* et exprime une restriction. *Elle n'a que 5 ans.* **4.** Suivi d'un subjonctif, exprime un ordre ou un souhait. *Que personne ne sorte !*
▪ adv. Comme, combien. *Qu'il fait froid, ce matin ! Que c'est beau !*

quel, quelle adj. et pronom
▪ adj. **1.** adj. interrogatif *Quelle heure est-il ? Quels films as-tu vus ?* **2.** adj. exclamatif *Quelle jolie robe !*
▪ pronom interrogatif *Quelle est la plus grande des deux ?* qui, laquelle est la plus grande ?
▶ Autres mots de la famille : auquel, duquel, lequel, quelconque, quelque, quelque chose, quelquefois, quelques-uns, quelqu'un.

quelconque adj. **1.** Tel qu'on peut en trouver partout, sans qualité particulière. ➜ **médiocre, ordinaire.** *Ce restaurant est très quelconque.* **2.** N'importe lequel, quel qu'il soit. *Si pour une raison quelconque, tu ne peux pas venir, préviens-nous.* ▷ Mot de la famille de quel.

quelque adj. **1.** Un certain. *Depuis quelque temps, elle a mauvaise mine. J'ai quelque peine à te croire,* un peu de peine. **2.** *Quelques,* un petit nombre. *Elle a invité quelques amis à dîner.*

▸ **quelque chose** pronom m. Une chose que l'on ne précise pas. *Il cache quelque chose dans sa main. Elle a préparé quelque chose de bon pour le dîner.* ▷ Mot de la famille de chose.

▸ **quelquefois** adv. Parfois, de temps en temps. *Elle va quelquefois à la piscine.* ▷ Mot de la famille de fois.

▸ **quelque part** ➜ **part**

▸ **quelqu'un** pronom m. Une personne. *Quelqu'un a sonné.* ➜ **on.** *J'ai entendu quelqu'un crier.* ▷ Mot de la famille de un.

▸ **quelques-uns** pronom m. pl., **quelques-unes** pronom f. pl. Un petit nombre,

quatuor à cordes

plusieurs. *Quelques-uns des spectateurs sont partis avant la fin. Montre-moi quelques-unes de tes photos.* ▷ Mot de la famille de un. ▷ Mot de la famille de quel.

quémander v. (conjug. 3) Demander en insistant. *Il n'arrête pas de quémander de l'argent.*

qu'en-dira-t-on n. m. sing. Ce que pensent les gens, l'opinion des autres. *Elle fait ce qui lui plaît sans se soucier du qu'en-dira-t-on.* ▷ Mot de la famille de ② en, dire et on.

quenelle n. f. Petit rouleau de pâte légère mélangée à un hachis de poisson, de volaille ou de veau. *Des quenelles de brochet.*

quenotte n. f. Familier. Dent de petit enfant.

quenouille n. f. Petit bâton entouré de fibres de laine ou de coton que les femmes filaient autrefois en les déroulant sur le fuseau. ➜ aussi **rouet**.

querelle n. f. Dispute. *Une querelle a éclaté entre les deux amis. Chercher querelle à quelqu'un,* chercher à provoquer une dispute avec lui.

▸ **se quereller** v. (conjug. 4) Se disputer. *Théo et sa sœur se querellent parfois.* ➜ fam. se **chamailler.**

▸ **querelleur, querelleuse** adj. Qui aime les querelles, les disputes. *Une petite fille querelleuse.*

quérir v. (conjug. ce verbe n'existe qu'à l'infinitif) Chercher. *Le roi ordonna d'aller quérir un médecin.* ▮ Ce mot appartient au langage soutenu.

question n. f. **1.** Demande que l'on adresse à quelqu'un pour avoir une réponse. ➜ **interrogation.** *Le professeur a posé une question à Julie.* **2.** Sujet, problème. ➜ **affaire.** *Il a abordé les divers aspects de la question. Cette décision remet tout en question,* en cause. **3.** *Il a été question de vous dans la discussion,* on a parlé de vous. *Il est question que la directrice soit remplacée l'année prochaine,* on en parle. **4.** *Voici la personne en question,* celle dont il s'agit.

▸ **questionnaire** n. m. Liste de questions. *Il faut remplir ce questionnaire.* ➜ aussi **formulaire.**

▸ **questionner** v. (conjug. 3) Poser des questions. ➜ **interroger.** *L'avocat questionne le témoin.*

quête n. f. **1.** Collecte d'argent destinée à une œuvre pieuse ou charitable. *Ils font la quête pour la Croix-Rouge.* **2.** *En quête de,* à la recherche de. *Elle s'est mise en quête d'un nouvel appartement.*

▸ **quêter** v. (conjug. 3) Faire la quête. *Ils quêtent pour la recherche contre le sida.*

quetsche [kwɛtʃ] n. f. Prune allongée de couleur violet sombre. *Une tarte aux quetsches.*

des quetsches

quetzal n. m. Oiseau d'Amérique centrale au plumage brillant, vert et rouge.

queue n. f. **1.** Partie qui prolonge vers l'arrière le corps de certains animaux. *La queue touffue de l'écureuil. Les chiens remuent la queue en signe de joie.* – *Queue de cheval,* coiffure dans laquelle les cheveux sont attachés à l'arrière de la tête et retombent sur la nuque. – *Cette histoire n'a ni queue ni tête,* elle n'a aucun sens, elle est absurde. **2.** Tige d'une fleur ou d'un fruit. *Elle a coupé la queue des tulipes avant de les mettre dans un vase. Une queue de cerise.* **3.** *La queue d'une casserole,* son manche. **4.** Arrière d'une file de véhicules. *Wagon de queue,* dernier wagon. ▮ contraire : **tête. 5.** File de personnes qui attendent. *Les gens font la queue devant le cinéma.*

▶ Autre mot de la famille : tête-à-queue.

qui pronom **1.** Pronom interrogatif sujet ou complément désignant des personnes. *Qui te l'a dit ? Qui sont ces gens ? À qui parles-tu ?* **2.** Pronom relatif sujet ou complément désignant des personnes ou des choses. *L'homme qui vient de passer est chauve. Prenez la rue qui monte. La personne à qui j'ai parlé est italienne.*

▸ **quiconque** pronom indéfini N'importe qui. *Tu le sais mieux que quiconque.*

▸ Autres mots de la famille : qui-vive, sauve-qui-peut.

quiche n. f. (→ ÉTYM.) Tarte salée garnie d'un mélange d'œufs, de crème et de lardons.

On dit aussi *une quiche lorraine.*

quiétude n. f. Calme, tranquillité. *Elle aime la quiétude des soirées au coin du feu.*
contraire : **agitation.**

Ce mot appartient au langage soutenu.

quignon n. m. *Quignon de pain,* morceau de pain contenant beaucoup de croûte.

des **quilles**

① **quille** n. f. Pièce de bois ou de plastique de forme allongée que l'on doit renverser avec une boule lancée à la main. *Un jeu de quilles.*

② **quille** n. f. Partie d'un bateau située sous la coque, dans le sens de la longueur. → planche **Bateaux.**

quincaillier n. m., **quincaillière** n. f. Personne qui tient une quincaillerie.

On peut aussi écrire *quincailler, quincaillère,* sans *i* après les deux *l.*

▸ **quincaillerie** n. f. Magasin où l'on vend des outils, des ustensiles de ménage.

quinconce n. m. *En quinconce,* par groupes de cinq, quatre formant un carré et le cinquième se trouvant au milieu. *Il a planté des pommiers en quinconce.*

quinquagénaire [kɛ̃kaʒenɛʀ] n. m. et f. Personne qui a entre 50 et 60 ans. *Ce magazine s'adresse aux quinquagénaires.* – adj. *Elle est quinquagénaire.*

quinquennat n. m. Durée de cinq ans d'une fonction. *Le président a été élu pour un nouveau quinquennat.*

quintal n. m. (pl. **quintaux**) Poids de cent kilos. *Cette région produit 40 quintaux de blé à l'hectare.*

quinte n. f. *Une quinte de toux,* un accès de toux.

quintessence n. f. Ce qu'il y a de meilleur dans quelque chose. *Il a su dégager la quintessence de cette œuvre.*

Ce mot appartient au langage soutenu.

quintette [kɛ̃tɛt] ou [kɥɛ̃tɛt] n. m. **1.** Œuvre de musique écrite pour cinq instruments ou cinq voix. *«La Truite» de Schubert est un quintette.* → aussi **quatuor, trio. 2.** Orchestre de jazz composé de cinq musiciens.

quintuple n. m. Ce qui est égal à cinq fois quelque chose. *100 est le quintuple de 20.*

▸ **quintupler** v. (conjug. 3) **1.** Multiplier une chose par cinq. *Le fermier a quintuplé sa production de lait en dix ans.* **2.** Devenir cinq fois plus grand. *Les prix ont quintuplé.*

▸ **quintuplés** n. m. pl., **quintuplées** n. f. pl. Les cinq enfants nés en même temps de la même mère.

quinze adj. inv. et n. m. inv.
■ adj. inv. Quatorze plus un (15). *Elle a quinze ans. Il arrive dans quinze jours,* dans deux semaines.
■ n. m. inv. **1.** Le nombre quinze. *Deux fois quinze font trente.* **2.** Équipe de quinze joueurs, au rugby. *Le quinze de France.*

▸ **quinzaine** n. f. **1.** Groupe d'environ quinze personnes ou quinze choses semblables. *Une quinzaine de personnes attendaient l'autobus.* **2.** Durée de quinze jours ou de deux semaines. *Il a fait beau pendant la première quinzaine de mars.*

▶ **quinzième** adj. et n. m.
▪ adj. Qui suit le quatorzième. *Jeanne d'Arc a vécu au quinzième siècle.*
▪ n. m. Partie d'un tout divisé en quinze parties égales.

quiproquo [kipʀɔko] n. m. (→ ÉTYM.) Erreur que l'on fait quand on prend une personne ou une chose pour une autre. → **malentendu, méprise.** *Il a pris ma sœur pour ma mère, quel quiproquo !* – Au pl. *Des quiproquos.*

quitte adj. **1.** *Être quitte envers quelqu'un,* c'est ne plus rien lui devoir. *Louise a rendu à Paul l'argent qu'il lui avait prêté, elle est quitte envers lui. Ils sont quittes.* **2.** *En être quitte pour,* sortir d'une situation difficile avec juste un petit inconvénient. *L'accident n'a pas été grave, il en a été quitte pour la peur,* il a juste eu peur. **3.** *Quitte à,* au risque de. *Il faut savoir choisir, quitte à se tromper.*

▶ **quittance** n. f. Papier qui reconnaît que l'on a payé ce que l'on devait. *Le locataire a reçu sa quittance de loyer.*

▶ Autres mots de la famille : acquit, acquittement, acquitter.

quitter v. (conjug. 3) **1.** Laisser quelqu'un en partant. *Je te quitte. À bientôt !* – **se quitter,** se séparer. *Louise et Julie se sont quittées au coin de la rue.* **2.** S'en aller d'un endroit. *Ils ont quitté la France pour l'Australie.* **3.** Cesser de faire une chose que l'on faisait. → **abandonner.** *Il a quitté son emploi. Allo, ne quittez pas, je vous passe madame Leduc !* restez en ligne, ne raccrochez pas !

qui-vive n. m. inv. *Être sur le qui-vive,* être sur ses gardes, se méfier. *Les sentinelles sont restées toute la nuit sur le qui-vive.* ▷ Mot de la famille de qui et de ① vivre.

quoi pronom **1.** Pronom interrogatif. *À quoi penses-tu ?* à quelle chose. *Je ne vois pas en quoi cela te gêne,* de quelle façon. **2.** Pronom relatif. *Je ne sais quoi penser. Voilà de quoi je voulais te parler.* **3.** *Quoi ! tu oses me dire ça !* comment ! **4.** *Je viendrai quoi qu'il arrive,* quelle que soit la chose qui puisse arriver.

▶ **quoique** conjonction Bien que, alors que. *Paul est venu, quoique ses parents le lui aient interdit.*

quolibet [kɔlibɛ] n. m. Plaisanterie, moquerie. *Le chanteur est sorti de scène sous les quolibets du public.*
◗ Ce mot appartient au langage soutenu.

quota [kɔta] n. m. Pourcentage déterminé à l'avance. *L'importation de voitures étrangères est soumise à des quotas.* – *Quotas de pêche,* quantité de poissons que l'on a le droit de pêcher. *L'Union européenne établit des quotas de pêche en mer.*
◗ C'est un mot de la langue administrative.

quote-part [kɔtpaʀ] n. f. Ce que chacun doit donner ou recevoir. *Chacun a payé sa quote-part.* → **écot.** – Au pl. *Des quote-parts.* ▷ Mot de la famille de part.

quotidien adj. et n. m., **quotidienne** adj.
▪ adj. De chaque jour. *Le vieux monsieur fait sa promenade quotidienne dans le parc.* → **journalier.**
▪ n. m. Journal qui paraît tous les jours. *Un quotidien du soir.*

▶ **quotidiennement** adv. Tous les jours. *Ils se téléphonent quotidiennement.*

quotient [kɔsjɑ̃] n. m. Résultat d'une division. *Le quotient de 20 par 4 est 5.*

rabâcher v. (conjug. 3) Répéter tout le temps quelque chose d'une manière ennuyeuse. ➜ aussi **radoter.** *Il rabâche toujours les mêmes choses.* ➜ **ressasser.**

▸ **rabâchage** n. m. Le fait de raconter tout le temps la même chose.

rabaisser v. (conjug. 3) Mettre au-dessous de sa valeur. *Elle essaie toujours de rabaisser sa sœur.* ➜ **dénigrer.**

▸ **rabais** n. m. Diminution faite sur le prix d'une chose. ➜ **réduction, remise, ristourne** et aussi ② **solde.** *La vendeuse lui a fait un rabais de 5 euros.*

▷ Mots de la famille de baisser.

rabat n. m. Partie d'une chose que l'on peut replier. *Des poches à rabat.* ▷ Mot de la famille de abattre.

rabat-joie n. m. et f. Personne qui empêche les autres de s'amuser. ➜ **trouble-fête.** *Quel rabat-joie !* ▪ contraire : **boute-en-train.** – Au pl. *Des rabat-joie* ou *des rabat-joies.* ▷ Mot de la famille de abattre et de joie.

rabattre v. (conjug. 44) **1.** Mettre à plat en pliant. *Il rabat le col de son pardessus.* **2.** Diminuer en enlevant. *La vendeuse n'a pas voulu rabattre un centime du prix demandé.* **3.** Forcer à aller dans une direction. *Les chasseurs rabattent le gibier.*

▸ **se rabattre** v. **1.** Changer brusquement de direction en se portant vers le côté de la route. *La voiture s'est rabattue après avoir doublé.* **2.** *Se rabattre sur quelque chose,* être obligé d'accepter faute de mieux. *Ne pouvant s'offrir une voiture neuve, elle s'est rabattue sur une occasion.*

▷ Mots de la famille de abattre.

rabbin n. m. Chef religieux d'une communauté juive.

râble n. m. Bas du dos du lièvre ou du lapin. *Nous avons mangé du râble de lapin à la moutarde.*

▸ **râblé, râblée** adj. Qui a le dos large et musclé. *Un homme râblé.* ➜ **trapu.**

rabot n. m. Outil de menuisier qui sert à égaliser une surface de bois. *Quand on passe le rabot, on enlève des copeaux de bois.*

▸ **raboter** v. (conjug. 3) Rendre lisse en passant le rabot. *Il faut raboter le bas de la porte.*

rabot

rabougri, rabougrie adj. *Une plante rabougrie,* mal développée.

rabrouer v. (conjug. 3) Traiter quelqu'un durement, lui parler méchamment. *Il rabroue toujours sa petite sœur.* → **rudoyer ;** fam. **rembarrer.**

racaille n. f. Ensemble de gens malhonnêtes, peu recommandables.

raccommoder v. (conjug. 3) **1.** Réparer en cousant. *Elle raccommode l'accroc de sa jupe.* → **repriser. 2.** Familier. **se raccommoder,** se réconcilier. *Les deux amies fâchées se sont raccommodées.*

▸ **raccommodage** n. m. Réparation avec une aiguille. *Le raccommodage des filets de pêche.*

raccompagner v. (conjug. 3) Accompagner quelqu'un qui rentre chez lui. → **ramener, reconduire.** *Il l'a raccompagnée en voiture.* ▷ Mot de la famille de accompagner.

raccorder v. (conjug. 3) Relier. *Le plombier raccorde les deux tuyaux,* il les fait communiquer. – **se raccorder,** rejoindre. *La route se raccorde à l'autoroute après le pont.*

▸ **raccord** n. m. **1.** Pièce qui relie deux éléments. *Le plombier place un raccord entre les deux tuyaux.* **2.** Ce que l'on fait pour réparer quelque chose qui est abîmé à un endroit. *Il a fait un raccord de peinture sur le mur.*

▸ **raccordement** n. m. Manière de raccorder. *Le raccordement de deux routes.* → **jonction.** *Les wagons sont sur une voie de raccordement,* une voie qui en relie deux autres.

raccord entre deux tuyaux

raccourcir v. (conjug. 11) **1.** Rendre plus court. *Elle a raccourci sa jupe.* ▮ contraire : **rallonger. 2.** Devenir plus court. *En automne, les jours raccourcissent.* → **diminuer.**

▸ **raccourci** n. m. Chemin plus court que le chemin ordinaire. *Prenons ce raccourci.*

▷ Mots de la famille de (1) court.

raccrocher v. (conjug. 3) **1.** Accrocher de nouveau. *Il raccroche le tableau qui est tombé.* **2.** Mettre fin à une conversation téléphonique en reposant le combiné. ▮ contraire : **décrocher. 3. se raccrocher,** se retenir. *Louise a failli tomber mais elle s'est raccrochée à mon bras.* → se **rattraper.** ▷ Mot de la famille de accrocher.

race n. f. **1.** Groupe d'êtres humains qui ont en commun la couleur naturelle de leur peau. **2.** Catégorie à l'intérieur d'une espèce animale. *Il y a de nombreuses races de chats. Un chien de race,* qui a un pedigree.

▸ **racé, racée** adj. *Un animal racé,* qui a les qualités de sa race. *Une jument racée.*

▸ Autres mots de la famille : antiraciste, racial, racisme, raciste.

rachat n. m. Achat de quelque chose que l'on a déjà vendu. *Le garagiste lui propose le rachat de sa voiture.* ▮ contraire : **revente.** → aussi **racheter.** ▷ Mot de la famille de achat.

racheter v. (conjug. 7b) **1.** Acheter de nouveau. *Rachète du pain, il n'y en a pas assez.* **2.** Acheter à quelqu'un ce qu'il a lui-même acheté. *Je lui ai racheté sa voiture.* **3.** *Racheter ses erreurs,* les réparer et les faire oublier. – **se racheter,** se faire pardonner en se conduisant mieux. *Louise s'est rachetée en aidant sa mère.* ▷ Mot de la famille de acheter.

rachitique adj. Qui a le squelette mal formé, mal développé. *Un enfant rachitique.*

racial, raciale adj. Relatif à la race. *Des émeutes raciales ont éclaté.* – Au masc. pl. *raciaux.* ▷ Mot de la famille de race.

racine n. f. **1.** Partie d'un arbre ou d'une plante qui s'enfonce dans la terre. → planche **Arbres.** *Les carottes sont des racines.* **2.** Partie d'une dent qui s'enfonce dans la gencive. *Les molaires ont trois racines.* **3.** *La racine carrée d'un nombre,* le nombre dont le carré est égal à ce nombre. *4 est la racine carrée de 16* ($\sqrt{16}=4$). **4.** Mot ou partie de mot d'où viennent plusieurs mots. → aussi ① **radical.** *«Bataille» et «combat» ont la même racine : «battre».*

▶ Autres mots de la famille : déraciné, déraciner, enraciné.

racisme n. m. Croyance en la supériorité d'une race sur les autres qui conduit à mépriser les races différentes de la sienne. → aussi **apartheid** et **ségrégation.**

▶ **raciste** n. m. et f. Personne qui soutient le racisme, qui croit qu'il existe une race supérieure à une autre. – adj. *Des idées racistes.* → aussi **antisémite.** ▮ contraire : **antiraciste.**

▷ Mots de la famille de race.

racket [ʀakɛt] n. m. *Faire du racket,* extorquer de l'argent ou des objets aux gens en les menaçant. ▮ homonyme : raquette.

◗ Ce mot vient de l'anglais.

▶ **racketter** v. (conjug. 3) Extorquer à quelqu'un de l'argent, les vêtements ou les objets de valeur qu'il porte sur lui en le menaçant. *Certains élèves du collège rackettent les plus jeunes à la récréation.*

▶ **racketteur** n. m., **racketteuse** n. f. Personne qui en menace une autre pour lui voler ce qu'elle a.

raclée n. f. Familier. Série de coups. → **correction.** *Une bonne raclée.*

racler v. (conjug. 3) Frotter vigoureusement avec quelque chose de dur. → **gratter.** *Il faut racler le fond de la casserole.*

▶ **raclette** n. f. Plat suisse à base de fromage que l'on chauffe et dont on racle au fur et à mesure la partie ramollie pour la manger avec de la charcuterie, des pommes de terre.

racoler v. (conjug. 3) Attirer par tous les moyens. *Le marchand de fruits racole des clients en leur proposant deux kilos de pommes au prix d'un.*

raconter v. (conjug. 3) Faire le récit de quelque chose. *Mamie raconte une histoire à ses petits-enfants. Raconte-moi ce qui s'est passé.* → **dire, narrer.**

▶ **racontar** n. m. Chose méchante, souvent fausse, que l'on dit au sujet de quelqu'un. → **cancan, potin, ragot.** *N'écoute pas ces racontars.*

▷ Mots de la famille de conter.

racorni, racornie adj. Devenu dur comme de la corne. *Un bout de fromage racorni.* ▷ Mot de la famille de corne.

radar n. m. Appareil qui permet de savoir où se trouve un objet que l'on ne voit pas. *La position des avions dans le ciel est contrôlée par des radars. Sur les routes, la vitesse des voitures est surveillée par radar.*

◗ Ce mot vient de l'anglais.

radar

rade n. f. Grand bassin donnant sur la mer, dans lequel s'abritent les bateaux. *La rade de Brest.*

radeau n. m. Embarcation faite de morceaux de bois assemblés. *Les naufragés ont construit un radeau.* – Au pl. *Des radeaux.*

radiateur n. m. **1.** Appareil de chauffage. *Un radiateur électrique.* **2.** Appareil qui refroidit le moteur d'un véhicule.

① **radiation** n. f. Énergie qui se propage sous forme d'ondes. → **rayonnement.** *Les radiations émises par les matières radioactives.*

② **radiation** n. f. Suppression du nom d'une personne sur une liste, un registre. ▷ Mot de la famille de radier.

① **radical** n. m. (pl. **radicaux**) Partie d'un mot qui veut dire quelque chose et que l'on retrouve dans plusieurs mots. → aussi **racine.** *«Popul-» est le radical de «populaire» et de «population» et signifie «peuple».*

② radical, radicale adj. 1. Qui s'attaque à la cause de ce que l'on veut changer. *Le gouvernement a pris des mesures radicales pour lutter contre la drogue.* 2. Complet, total. *Un changement radical.* – Au masc. pl. *radicaux.*

▸ **radicalement** adv. Complètement, totalement. *Nous sommes radicalement opposés à ce projet.* ➜ **absolument.**

radier v. (conjug. 9) Enlever d'une liste. *Les membres du club qui n'ont pas payé leur cotisation seront radiés.*

▸ Autre mot de la famille : ② radiation.

radieux, radieuse adj. 1. Qui brille d'un grand éclat. *Un soleil radieux.* ➜ **éclatant.** 2. Rayonnant de bonheur. *La mariée était radieuse.*

radin, radine adj. Familier. Avare. ▮ contraire : **généreux.** – n. *Quelle radine !*

① radio n. f. 1. Émission et transmission de sons par le moyen des ondes. ➜ **radiodiffusion.** *Il écoute la radio.* 2. Appareil qui reçoit les émissions de radio, appelé aussi *poste de radio. Alex a emporté la radio dans la salle de bains.* ➜ aussi **transistor** et **tuner.**

▸ Autres mots de la famille : autoradio, radio-réveil.

② radio n. f. Photographie de l'intérieur du corps par le moyen des rayons X. ➜ **radiographie.** *On lui a fait une radio des poumons.*

③ radio n. m. Personne qui assure les liaisons par radio à bord d'un bateau ou d'un avion.

radioactif, radioactive adj. Qui émet des rayonnements dangereux. *Le radium et l'uranium sont des matières radioactives.*

▸ **radioactivité** n. f. Propriété qu'a une substance d'émettre des rayonnements. *La radioactivité d'un noyau atomique.*

▹ Mots de la famille de actif.

radiodiffusé, radiodiffusée adj. Retransmis par la radio. *Un concert radiodiffusé.* ➜ aussi **télévisé.**

▸ **radiodiffusion** n. f. Émission et transmission de programmes par le moyen des ondes. ➜ **① radio.** *Les premières émissions françaises de radiodiffusion ont eu lieu à Paris en 1920.*

▹ Mots de la famille de diffus.

radiotélescope

radiographie n. f. Photographie de l'intérieur du corps par le moyen des rayons X. ➜ **② radio, radioscopie.** *On lui a fait une radiographie du bassin.*

▸ **radiographier** v. (conjug. 9) Faire une radiographie. *On lui a radiographié les poumons.*

radiologie n. f. Partie de la médecine qui utilise les rayons X pour voir l'intérieur du corps. *Un cabinet de radiologie.*

▸ **radiologue** n. m. et f. Médecin qui fait des radiographies. *Le radiologue examine les radios de son patient.*

radiophonique adj. Qui se fait, qui passe à la radio. *Un jeu radiophonique.*

radio-réveil n. m. Poste de radio que l'on peut programmer pour qu'il se mette en marche à l'heure où l'on souhaite se réveiller. *Le radio-réveil l'a réveillé en musique à 8 heures.* – Au pl. *Des radios-réveils.* ▹ Mot de la famille de ① radio et de ② veille.

radioscopie n. f. Examen de l'image que forme, sur un écran fluorescent, un corps traversé par des rayons X. ➜ aussi **radiographie.**

radiotélescope n. m. Instrument qui capte les ondes émises par les astres. ▷ Mot de la famille de télescope.

radis n. m. (→ ÉTYM.) Racine d'une plante potagère, à chair blanche et à peau rose ou blanche. *Une botte de radis.*
▶ *Radis* se termine par un *s*.

radium [ʀadjɔm] n. m. (→ ÉTYM.) Métal radioactif que l'on trouve dans plusieurs minerais.

radius [ʀadjys] n. m. Os de l'avant-bras. → planche **Corps** humain. *Le radius a une forme allongée.*

radoter v. (conjug. 3) Répéter toujours la même chose. → aussi **rabâcher.** *Cesse de radoter !*

▶ **radotage** n. m. Ce que l'on dit quand on radote.

se radoucir v. (conjug. 11) **1.** Devenir plus doux, se calmer. *Son ton s'est radouci.* ▮ contraire : se **durcir. 2.** Se réchauffer. *Le temps se radoucit.*

▶ **radoucissement** n. m. Le fait de se radoucir. *Le radoucissement des températures.* → **réchauffement.**

▷ Mots de la famille de doux.

rafale n. f. **1.** Coup de vent soudain et brutal. → **bourrasque.** *Le vent souffle par rafales.* **2.** Série de coups de feu tirés très rapidement. *Une rafale de mitraillette.*

raffermir v. (conjug. 11) Rendre plus ferme. *Ces exercices raffermissent les cuisses.* ▮ contraire : **ramollir.** ▷ Mot de la famille de (1) ferme.

raffiner v. (conjug. 3) *Raffiner une matière*, séparer les éléments qui la composent pour obtenir un produit pur. *On obtient l'essence en raffinant le pétrole brut.*

▶ **raffinage** n. m. Opération qui permet de raffiner une matière. *Le raffinage du sucre le rend plus blanc.*

▶ **raffiné, raffinée** adj. **1.** Traité par raffinage. *Du sucre raffiné.* **2.** Qui montre beaucoup de goût, de délicatesse. *Des manières raffinées.* ▮ contraire : **grossier.**

▶ **raffinement** n. m. Ce qui montre que l'on est raffiné, que l'on a du goût et de la délicatesse. *Elle s'habille avec raffinement.* → **recherche.**

▶ **raffinerie** n. f. Usine où l'on transforme certains produits en les raffinant. *Une raffinerie de pétrole.* → planche **Énergie.**

▷ Mots de la famille de (2) fin.

raffoler v. (conjug. 3) Aimer à la folie. *Alex raffole des gâteaux au chocolat.* → **adorer.** ▷ Mot de la famille de fou.

raffut n. m. Familier. Grand bruit, tapage. → **vacarme.** *Arrêtez ce raffut !* → **boucan.**

rafiot n. m. Familier. Mauvais bateau. *Un vieux rafiot.*

rafistoler v. (conjug. 3) Familier. Réparer tant bien que mal. *Paul a rafistolé le phare de son vélo avec du fil de fer.*

raffinerie de pétrole

a b c d e f g h i j k l m n o p q r s t u v w x y z

rafle n. f. Arrestation de toutes les personnes présentes dans un endroit. *Une rafle de police.*

▶ **rafler** v. (conjug. 3) Familier. Prendre et emporter rapidement sans rien laisser. *Les voleurs ont raflé tous les bijoux qui étaient en vitrine.*

rafraîchir v. (conjug. 11) **1.** Rendre frais, refroidir un peu. *La pluie a rafraîchi l'atmosphère.* ▮ contraire : **réchauffer. 2.** Donner une sensation de fraîcheur. *Ce plongeon dans la piscine m'a rafraîchi.* **3.** Rendre la fraîcheur du neuf à une chose qui a vieilli. *Il faudrait rafraîchir la peinture du salon.*

▶ se **rafraîchir** v. **1.** Devenir plus frais. *La température s'est rafraîchie.* **2.** Boire une boisson fraîche. *Voulez-vous vous rafraîchir ?*

▶ **rafraîchissant, rafraîchissante** adj. Qui donne une sensation de fraîcheur. *Une boisson rafraîchissante.*

▶ **rafraîchissement** n. m. **1.** Baisse de la température. *La pluie a provoqué un léger rafraîchissement.* ➜ **refroidissement. 2.** Boisson fraîche sans alcool. *Elle sert des rafraîchissements à ses amis.*

▷ Mots de la famille de ① frais.

ragaillardir v. (conjug. 11) Redonner des forces à une personne découragée ou fatiguée. ➜ **réconforter, revigorer.** *Une bonne tasse de thé vous ragaillardira.* ▷ Mot de la famille de gaillard.

rage n. f. **1.** Maladie mortelle causée par un virus et transmise par la morsure de certains animaux, surtout des renards et des chiens. *Vaccin contre la rage.* **2.** Violente colère. *Théo est fou de rage d'avoir perdu la partie.* **3.** *Une rage de dents,* un mal de dents très douloureux. **4.** *Faire rage,* se déchaîner, atteindre la plus grande violence. *L'incendie faisait rage.*

▶ **rager** v. (conjug. 5b) Familier. Être très en colère. ➜ **enrager.** *Il rage contre la malchance.*

▶ **rageur, rageuse** adj. Qui montre de la mauvaise humeur. *Un ton rageur.* ➜ **hargneux.**

▶ **rageusement** adv. Avec rage. *Il a claqué la porte rageusement.*

▶ Autres mots de la famille : enragé, enrager.

ragondin n. m. Gros rongeur originaire d'Amérique du Sud, qui vit dans les cours d'eau. ➜ planche **Rivière.**

ragondin

ragot n. m. Familier. Bavardage malveillant. ➜ **cancan, potin, racontar.** *N'écoute pas tous ces ragots.*

ragoût n. m. Plat composé de morceaux de viande et de légumes cuits ensemble dans une sauce. *Un ragoût de mouton.* ▷ Mot de la famille de goût.

ragoûtant, ragoûtante adj. Appétissant. *Une sauce pleine de grumeaux peu ragoûtants.* ▮ contraire : **dégoûtant.** ▷ Mot de la famille de goût.
▶ Ce mot s'emploie surtout à la forme négative.

rai n. m. Rayon de lumière. *Un rai de soleil passe sous la porte.* ▮ homonymes : ① et ② raie.

▶ Autres mots de la famille : ② rayon, rayonnant, rayonnement, rayonner.

raid [rɛd] n. m. **1.** Attaque par surprise. *Un raid aérien a détruit la ville.* **2.** Longue course qui met à l'épreuve la résistance du matériel et l'endurance des participants. ➜ **rallye.** *Un raid à moto.* ▮ homonyme : raide.

raide adj. **1.** Qui manque de souplesse. ▮ contraire : **souple.** *Il boite car il a une jambe raide,* une jambe qu'il ne peut pas plier. *Des cheveux raides,* plats et lisses. ▮ contraire : **frisé. 2.** Tendu au maximum. *Le funambule marche sur une corde raide.* **3.** Très incliné. *Le sentier est en pente raide.* ➜ **abrupt.** ▮ contraire : **doux. 4.** *Tomber raide mort,* mourir brusquement. ▮ homonyme : raid.

▶ **raideur** n. f. État de ce qui est raide. *Son accident lui a laissé une raideur dans le dos.* ▮ contraire : **souplesse.**

▶ **raidir** v. (conjug. 11) **1.** Faire devenir raide. *L'athlète raidit ses muscles avant de sauter.* ➜ ③ **contracter. 2. se raidir,** devenir raide, contracter ses muscles. *Détendez-vous, ne vous raidissez pas !*

▶ **raidissement** n. m. État de ce qui est raidi. *Le raidissement des muscles.*

① **raie** n. f. **1.** Ligne droite ou bande tracée sur quelque chose. *Un pull rouge à raies blanches.* ➜ **rayure. 2.** Ligne qui sépare les cheveux. *Louise a la raie au milieu.* ▮ homonymes : rai et ② raie.

▶ Autres mots de la famille : rayé, rayer, rayure.

② **raie** n. f. Poisson de mer au corps aplati en forme de losange et à la queue hérissée de piquants. ➜ planche **Poissons.** *De la raie au beurre noir.* ▮ homonymes : rai et ① raie.

rail [Raj] n. m. Chacune des barres d'acier parallèles installées sur des traverses, qui constituent une voie ferrée sur laquelle roulent les trains. *Le train avance sur des rails.*

▶ Autres mots de la famille : autorail, déraillement, dérailler, dérailleur.

railler v. (conjug. 3) Tourner en ridicule.
▶ Ce mot appartient au langage soutenu.

▶ **raillerie** n. f. Plaisanterie, moquerie.

▶ **railleur, railleuse** adj. Moqueur. *Un air railleur,* ironique.

rainette n. f. Petite grenouille verte aux doigts munis de ventouses, qui vit dans les arbres, à proximité de l'eau. ➜ planche **Reptiles** et amphibiens. ▮ homonyme : reinette.

rainette

rainure n. f. Fente longue et étroite. *Les rainures du parquet.*

raisin n. m. Fruit de la vigne, constitué de grains réunis en grappes. ➜ planche **Fruits.** *Du raisin blanc et du raisin noir. On fait du vin avec le raisin.*

raison n. f. **1.** Ce qui permet de comprendre, de juger et d'agir comme il faut. ➜ **esprit, intelligence** et aussi **discernement.** – *L'âge de raison,* l'âge à partir duquel on sait ce que l'on doit faire. **2.** *Perdre la raison,* devenir fou. **3.** *Avoir raison,* faire ou dire ce qu'il faut, ne pas se tromper. *Tu as eu raison de prendre un parapluie car il va pleuvoir.* ▮ contraire : **tort.** *Je lui donne raison,* je l'approuve. **4.** Cause, motif. *Il est parti sans donner de raison. J'ignore la raison de son absence. L'avion n'a pas décollé en raison du brouillard,* à cause du brouillard. **5.** *Se faire une raison,* se résigner à admettre ce que l'on ne peut changer. *Tu ne peux pas sortir avec de la fièvre, il faut te faire une raison,* en prendre ton parti.

▶ **raisonnable** adj. **1.** Qui pense et agit avec sagesse et bon sens. ➜ **sage, sensé.** ▮ contraire : **déraisonnable.** *Sois raisonnable, ne pleure plus !* **2.** Qui est modéré. *Ils ont acheté leur maison à un prix raisonnable.* ▮ contraires : **exagéré, excessif.**

▶ **raisonnablement** adv. D'une manière sensée. *Après tout ce qu'il a déjà fait pour nous, on ne peut, raisonnablement, lui demander davantage.*

▶ **raisonnement** n. m. Activité de l'esprit qui fait s'enchaîner des idées pour aboutir à une conclusion. *Le résultat du problème est faux : le raisonnement est juste mais les opérations sont fausses.* ➜ **démonstration.**

▶ **raisonner** v. (conjug. 3) **1.** Faire un raisonnement. *Essayons de raisonner.* **2.** *Raisonner quelqu'un,* chercher à l'amener à être raisonnable. *J'ai cherché à le raisonner, mais rien n'a pu le faire changer d'avis.* – **se raisonner,** devenir raisonnable. *Allons, raisonne-toi, ta jalousie est ridicule !* ▮ homonyme : résonner.

▶ Autres mots de la famille : déraisonnable, déraisonner.

rajeunir v. (conjug. 11) **1.** Faire paraître plus jeune. *Cette nouvelle coiffure la rajeunit.*

a b c d e f g h i j k l m n o p q r s t u v w x y z

2. Paraître plus jeune. *Il a rajeuni de dix ans depuis qu'il a maigri.* ▮ contraire : **vieillir.**

▸ **rajeunissement** n. m. Le fait de rajeunir. ▮ contraire : **vieillissement.**

▷ Mots de la famille de jeune.

ralentisseur

rajouter v. (conjug. 3) Ajouter de nouveau. *Paul rajoute du sel dans sa soupe.*

▸ **rajout** n. m. Ce qui est rajouté. ➜ **ajout.** *L'auteur a fait un rajout dans la marge de son manuscrit.*

▷ Mots de la famille de ajouter.

rajuster v. (conjug. 3) **1.** Remettre en bonne place, en ordre. *Il rajuste sa cravate.* **2.** *Rajuster les salaires,* les relever pour qu'ils suivent la hausse des prix.
▸ On dit aussi *réajuster* au sens 2.

▸ **rajustement** n. m. Action de rajuster. *Le rajustement des salaires,* la hausse des salaires proportionnelle à l'augmentation des prix.
▸ On dit aussi *réajustement.*

▷ Mots de la famille de ① juste.

râle n. m. Bruit anormal fait en respirant.
▷ Mot de la famille de râler.

ralentir v. (conjug. 11) Aller plus lentement. *Les voitures ralentissent avant le feu rouge.* ▮ contraire : **accélérer.**

▸ **ralenti** n. m. **1.** Vitesse la plus faible à laquelle tourne un moteur. *Le garagiste règle le ralenti de la voiture.* **2.** *Au ralenti,* plus lentement que la vitesse normale. *On a revu au ralenti le moment où le footballeur marque un but.*

▸ **ralentissement** n. m. Le fait d'aller moins vite. *Les travaux provoquent un ralentissement de la circulation.* ▮ contraire : **accélération.**

▸ **ralentisseur** n. m. Sorte de dos-d'âne aménagé en travers de la chaussée pour obliger les véhicules à ralentir. *Il y a des ralentisseurs à proximité de l'école.*
▷ Mots de la famille de lent.

râler v. (conjug. 3) **1.** Faire entendre un bruit rauque anormal en respirant. *Les blessés râlaient sur le bord de la route.* **2.** Familier. Montrer sa mauvaise humeur en grognant. ➜ fam. **ronchonner, rouspéter.** *Elle râle dès qu'on lui demande un service.*

▸ **râleur** n. m., **râleuse** n. f. Familier. Personne qui montre tout le temps sa mauvaise humeur. *Quelle râleuse !* ➜ fam. **rouspéteur.** – adj. *Il est très râleur.*

▸ Autre mot de la famille : râle.

rallier v. (conjug. 9) **1.** Rejoindre un lieu. *Les concurrents rallieront l'étape demain.* **2.** Unir pour une cause commune, mettre d'accord. *Ce parti politique rallie tous les mécontents.* **3. se rallier,** adhérer, rejoindre. *Les conseillers municipaux se sont ralliés à l'avis du maire.*

▸ **ralliement** n. m. **1.** *Point de ralliement,* endroit où l'on doit se regrouper. *Notre point de ralliement, c'est la place de l'église.* **2.** Adhésion. *Il espère obtenir le ralliement des opposants.*

▷ Mots de la famille de lier.

rallonger v. (conjug. 5b) **1.** Rendre plus long. *Julie a grandi, sa mère doit rallonger sa robe.* ▮ contraire : **raccourcir. 2.** Devenir plus long. *En automne, les nuits rallongent.* ▮ contraire : **diminuer.**

▸ **rallonge** n. f. **1.** Planche qui sert à agrandir une table dans le sens de la longueur. *Nous serons dix à table, il faudra mettre la rallonge.* **2.** Fil électrique qui sert à en prolonger un autre qui est trop court. *La prise de courant est trop éloignée de la télévision, il faut une rallonge.*

▷ Mots de la famille de long.

rallumer v. (conjug. 3) Allumer de nouveau. *Il rallume le feu. – La lampe s'est éteinte, rallume ! –* **se rallumer,** s'allumer de nouveau. *Les lumières se sont rallumées à la fin du film.*
▷ Mot de la famille de allumer.

rallye [Rali] n. m. Compétition dans laquelle les concurrents doivent se rendre à un endroit déterminé en plusieurs étapes. → **raid.** *Un rallye automobile.*
▶ Ce mot vient de l'anglais.

ramadan n. m. Mois pendant lequel les musulmans ne doivent ni manger, ni boire, ni fumer entre le lever et le coucher du soleil.

ramage n. m. Chant des oiseaux. *Le ramage des rossignols.*
▶ Ce mot appartient au langage soutenu.

ramages n. m. pl. Dessins représentant des rameaux, des branches fleuries. *Une robe à ramages.*

ramasser v. (conjug. 3) **1.** Prendre par terre. *Elle ramasse le crayon qu'elle a fait tomber. Nous avons ramassé des champignons en forêt.* → **cueillir. 2.** Prendre pour mettre ensemble. *Le professeur a ramassé les cahiers.* → **relever. 3. se ramasser,** se mettre en boule. *Le chat se ramasse avant de sauter.*

▸ **ramassage** n. m. **1.** Le fait de ramasser. *Le ramassage des ordures ménagères.* **2.** *Ramassage scolaire,* transport par autocar des élèves de leur domicile à leur établissement scolaire.

▸ **ramassis** [Ramasi] n. m. Ensemble de choses ou de personnes de peu de valeur. → **tas.** *Un ramassis d'incapables.*
▶ Ce mot est péjoratif.
▷ Mots de la famille de ① masse.

rambarde n. f. Rampe servant de garde-fou sur un pont, une jetée, une passerelle de bateau. *Les passagers se tenaient à la rambarde.* → **bastingage.**

① **rame** n. f. Longue barre de bois à bout plat que l'on manœuvre pour faire avancer une barque. → **aviron.** *Il a traversé la Manche à la rame,* en ramant. ▷ Mot de la famille de ramer.

② **rame** n. f. File de wagons attachés les uns aux autres. *Une rame de métro.*

rameau n. m. Petite branche. *La colombe de la paix tient un rameau d'olivier dans son bec.* – Au pl. *Des rameaux.*

ramener v. (conjug. 7) **1.** *Ramener quelqu'un,* le faire revenir avec soi à l'endroit où il était avant. *Elle a ramené sa fille de l'école en voiture. Son père nous a ramenés à la maison.* → **raccompagner, reconduire. 2.** Faire renaître. *Le nouveau gouvernement a ramené l'ordre dans le pays.* → **rétablir.** ▷ Mot de la famille de mener.

ramequin n. m. Petit récipient utilisé pour faire cuire au four ou au bain- marie. *Il fait réchauffer la sauce dans un ramequin en porcelaine.*

ramer v. (conjug. 3) Manœuvrer les rames d'un bateau. *Il rame contre le courant.*

▸ **rameur** n. m., **rameuse** n. f. Personne qui rame. *Il y avait plusieurs rangs de rameurs sur les galères.*
▶ Autre mot de la famille : ① rame.

ramier n. m. Gros pigeon sauvage. → **palombe.**

ramier

se ramifier v. (conjug. 9) **1.** Se partager en plusieurs petites branches, en rameaux. *La grosse branche de l'arbre s'est ramifiée.* **2.** Se subdiviser. *Les veines se ramifient en vaisseaux sanguins.*

▸ **ramification** n. f. Division en branches, en vaisseaux plus petits. *Cette grosse branche a de nombreuses ramifications.*

ramollir v. (conjug. 11) Rendre mou, plus mou. *La chaleur ramollit le beurre.* ▮ contraires : **durcir, raffermir.** – **se ramollir,** devenir mou. *Ces biscuits se sont ramollis.* ▮ contraire : **durcir.**

▸ **ramollissement** n. m. Le fait de devenir mou. *La chaleur a provoqué le ramollissement de la plaque de beurre.*

▷ Mots de la famille de mou.

ramoner v. (conjug. 3) Nettoyer le conduit d'une cheminée pour en enlever la suie.

▸ **ramonage** n. m. Action de ramoner une cheminée.

▸ **ramoneur** n. m. Personne dont le métier est de ramoner les cheminées.

rampe n. f. **1.** Chemin en pente par où passent les voitures pour entrer dans un parking ou en sortir. *La rampe d'accès d'un parking.* **2.** Barre sur laquelle on s'appuie le long d'un escalier. *Tiens bien la rampe, l'escalier est glissant !* **3.** *Rampe de lancement,* construction en pente d'où est lancée une fusée. **4.** Rangée de lumières disposées au bord d'une scène de théâtre.

ramper v. (conjug. 3) **1.** Avancer en se traînant sur le ventre. *Les serpents se déplacent en rampant.* **2.** S'abaisser, s'humilier. *Il rampe devant son patron.*

ramure n. f. **1.** Ensemble des branches et des rameaux d'un arbre. *Ce vieux chêne a une épaisse ramure.* **2.** Ensemble des bois d'un cerf. → **andouiller.**

rance adj. Qui prend en vieillissant un goût et une odeur désagréables. *Du beurre rance.*

▸ **rancir** v. (conjug. 11) Devenir rance. *L'huile a ranci.*

ranch [Rɑ̃tʃ] n. m. Grande ferme où l'on élève du bétail, aux États-Unis. *Les ranchs du Texas.*
▸ Ce mot vient de l'anglais. • On emploie aussi le pluriel anglais *des ranches.*

rancœur n. f. Amertume que l'on éprouve à la suite d'une déception, d'une injustice. → **rancune.** *Son échec lui inspire de la rancœur.*

rançon n. f. **1.** Prix exigé en échange de la liberté d'une personne prise en otage. *Les ravisseurs demandent une forte rançon.* **2.** Inconvénient qui est provoqué par un avantage. *Les vedettes ne peuvent pas sortir sans être reconnues, c'est la rançon de la gloire.*

▸ **rançonner** v. (conjug. 3) Demander de l'argent en menaçant. *Les brigands rançonnaient les voyageurs des diligences.*

rancune n. f. Souvenir mêlé de haine et de désir de vengeance, que l'on garde de quelqu'un qui vous a fait du mal, de la peine. → **rancœur, ressentiment.** *Elle lui garde rancune de sa trahison.*

▸ **rancunier, rancunière** adj. Qui éprouve facilement de la rancune. → **vindicatif.** *Un caractère rancunier.*

randonnée n. f. Longue promenade. → **excursion.** *Une randonnée en montagne.*

▸ **randonneur** n. m., **randonneuse** n. f. Personne qui fait des randonnées. *Les randonneurs ont passé la nuit dans un refuge.*

randonneur

rang n. m. **1.** Ligne de personnes ou de choses les unes à côté des autres. *Mettez-vous en rang par deux. Dans la classe, Léa est assise au troisième rang.* → **rangée.** **2.** Place dans un classement, un ordre. *Des livres classés par rang de taille.* **3.** Place d'une personne dans la société. *Le ministre a été reçu avec tous les honneurs dus à son rang.*

▸ **rangée** n. f. Suite de personnes ou de choses disposées sur la même ligne. → **rang.** *Une rangée d'arbres borde la route.*

▸ **ranger** v. (conjug. 5b) **1.** Mettre une chose à sa place. *Paul range ses chaussures dans le placard.* **2.** Mettre de l'ordre dans un endroit. *Julie a rangé sa chambre.*

▸ se **ranger** v. **1.** Se mettre en rang. *Rangez-vous par trois !* **2.** S'écarter pour laisser le passage. *La voiture s'est rangée pour laisser passer l'ambulance.*

▸ **rangement** n. m. Action de ranger. *Léa fait du rangement,* elle range. *Un meuble de rangement,* pour y ranger des choses.

▸ Autres mots de la famille : arrangeant, arrangement, arranger, s'arranger, dérangé, dérangement, déranger.

ranimer v. (conjug. 3) **1.** Faire reprendre conscience à une personne évanouie. *Les pompiers ont ranimé le blessé.* ➜ **réanimer. 2.** Redonner de la force. *Il ranime le feu qui s'éteint.* ▷ Mot de la famille de animer.

rap n. m. Style de musique dont les paroles sont dites rapidement sur un air très rythmé. *Un chanteur de rap.*

Ce mot vient de l'anglais.

▸ Autre mot de la famille : rappeur.

rapace n. m. **1.** Oiseau au bec puissant, recourbé, et aux fortes griffes, qui mange les petits animaux qu'il chasse. *L'aigle et le hibou sont des rapaces.* ➜ oiseau de **proie. 2.** Personne qui cherche à s'enrichir sans avoir peur de nuire aux autres.

▸ **rapacité** n. f. Caractère d'une personne rapace.

rapatrier v. (conjug. 9) Faire rentrer dans son pays. *Les prisonniers de guerre ont été rapatriés après la signature du traité de paix.*

▸ **rapatriement** n. m. Le fait de faire revenir quelqu'un dans son pays. *Le rapatriement des prisonniers a été rapide.*

▷ Mots de la famille de patrie.

râpe n. f. Instrument rugueux qui sert à râper des légumes, du fromage ou à travailler le bois. *Une râpe à fromage. Une râpe de menuisier.*

▸ **râper** v. (conjug. 3) Réduire en petits morceaux allongés. *Elle râpe du gruyère pour faire un gratin.*

▸ **râpé, râpée** adj. **1.** Coupé en petits morceaux allongés. *Des carottes râpées.* **2.** Très usé. ➜ **élimé.** *Un vieux manteau tout râpé.*

▸ **râpeux, râpeuse** adj. Rugueux comme une râpe. *Les chats ont une langue râpeuse.* ▮ contraire : **lisse.**

rapetisser v. (conjug. 3) **1.** Faire paraître une chose plus petite qu'elle n'est. *La distance rapetisse les objets.* ▮ contraire : **agrandir. 2.** Devenir plus petit. *Alice boit une potion qui la fait rapetisser.* ▮ contraire : **grandir.** *Son pull a rapetissé au lavage.* ➜ **rétrécir.** ▷ Mot de la famille de petit.

raphia [Rafja] n. m. Ficelle faite avec les feuilles d'un palmier. *Des sets de table en raphia.*

① **rapide** adj. **1.** Qui bouge, se déplace vite. *Une voiture rapide. Le martinet est le plus rapide des animaux.* ▮ contraire : **lent. 2.** Qui prend peu de temps, est vite fait. *Une visite rapide. Sa guérison a été rapide.* ➜ **prompt.**

▸ ② **rapide** n. m. **1.** Partie d'une rivière où le courant est très fort et où se forment des tourbillons. *Ils ont descendu des rapides en kayak.* **2.** Train qui s'arrête peu et roule vite. *Le rapide de 13 h 48.*

▸ **rapidement** adv. À grande vitesse, en peu de temps. ➜ **vite.** *Elle a rapidement compris ce qui se passait.* ▮ contraire : **lentement.**

▸ **rapidité** n. f. Le fait de faire quelque chose, de parcourir une distance en peu de temps. ➜ **vitesse.** *Le coureur est parti avec la rapidité de l'éclair.* ➜ aussi **vélocité.** ▮ contraire : **lenteur.**

rapiécer v. (conjug. 5a et 8) Réparer en mettant une pièce de tissu. *Elle rapièce son jean usé.* ▷ Mot de la famille de ① pièce.

rapine n. f. (➜ ÉTYM.) Vol, pillage. *Les brigands vivaient de rapines.*

Ce mot appartient au langage soutenu.

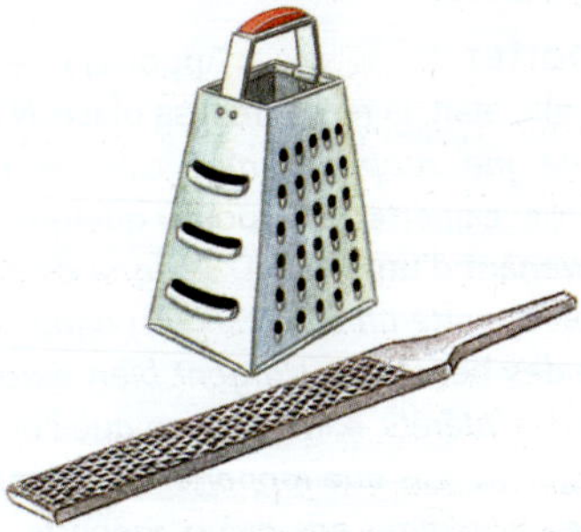

râpe

rappeler v. (conjug. 6a) **1.** Appeler une personne ou un animal pour le faire revenir. *Il rappelle son chien en le sifflant.* **2.** Appeler de nouveau au téléphone. *Rappelez-moi plus tard.* **3.** Remettre en mémoire. *Rappelez-moi votre nom.* **4.** Faire penser à quelque chose. *L'Irlande me rappelle la Bretagne.* ➜ **évoquer.** **5.** ***Se rappeler*** *quelque chose,* c'est l'avoir dans sa mémoire. ➜ se **souvenir.** *Je ne me rappelle plus bien mon rêve.* ▮ contraire : **oublier.**

▸ **rappel** n. m. **1.** Le fait de faire revenir quelqu'un. *Le gouvernement ordonne le rappel des ressortissants français.* **2.** Action de faire penser de nouveau à quelque chose. *Lettre de rappel,* destinée à rappeler à une personne qu'elle n'a pas payé quelque chose en temps voulu. **3.** Applaudissements qui rappellent un artiste sur scène à la fin du spectacle. *Il y a eu cinq rappels à la fin de la pièce.* **4.** *Piqûre de rappel,* nouveau vaccin prolongeant l'action du précédent. **5.** *L'alpiniste descend en rappel,* en ramenant vers lui une corde double.

▷ Mots de la famille de appeler.

rappeur n. m., **rappeuse** n. f. Chanteur, chanteuse de rap. ▷ Mot de la famille de rap.

rapport n. m. **1.** Argent que rapporte quelque chose. ➜ **gain, profit.** *Une terre d'un bon rapport.* **2.** Texte qui expose et explique comment une chose s'est passée ou doit se passer. ➜ **exposé.** *Les policiers ont rédigé un rapport sur l'accident.* ➜ **compte rendu.** **3.** Lien entre deux choses, deux faits. *Y a-t-il un rapport entre notre dispute et son départ ?* ➜ **relation.** **4.** Au plur. Relations entre des personnes. *Ils entretiennent de bons rapports avec leurs voisins.* **5.** *Par rapport à,* en comparant avec. *Léa est petite par rapport à Julie.* ▷ Mot de la famille de porter.

rapporter v. (conjug. 3) **1.** Apporter une chose là où elle était, la remettre à sa place. *N'oublie pas de me rapporter mes clés.* ➜ **rendre.** ▮ contraire : **emporter.** **2.** Apporter quelque chose en revenant d'un endroit. *Ses grands-parents lui ont rapporté un éventail d'Espagne.* **3.** Produire des bénéfices. *L'argent bien placé rapporte des intérêts.* **4.** Répéter ce que l'on a entendu. *Je ne fais que rapporter ses paroles. Le professeur n'aime pas qu'on rapporte,* qu'on dénonce ses camarades. ➜ fam. **moucharder.** **5.** ***Se rapporter*** *à quelque chose,* avoir un lien, un rapport avec cette chose. ➜ **concerner.** *Cet exercice se rapporte à ce que nous avons étudié hier.*

▸ ① **rapporteur** n. m. Instrument de géométrie en forme de demi-cercle gradué, qui sert à mesurer les angles.

▸ ② **rapporteur** n. m., **rapporteuse** n. f. Personne qui répète des choses pour faire du mal, qui dénonce les autres. ➜ **délateur, dénonciateur ;** fam. **mouchard.**

▷ Mots de la famille de porter.

raquette

rapprocher v. (conjug. 3) **1.** Mettre plus près. ➜ **approcher.** *Rapproche ta chaise.* ▮ contraire : **éloigner.** **2.** Faire approcher d'un temps à venir. *Chaque jour qui passe nous rapproche des vacances.* **3.** Rendre des personnes plus proches, plus amies. *Leur passion commune les a rapprochés.*

▸ **se rapprocher** v. **1.** Venir plus près. *Rapproche-toi de l'écran ! Julie et Léa se sont rapprochées l'une de l'autre.* **2.** *Se rapprocher de quelque chose,* c'est en être près par la ressemblance. *Ce n'est pas exactement la même couleur mais c'est celle qui s'en rapproche le plus.*

▸ **rapprochement** n. m. **1.** Le fait d'établir de meilleures relations. *Il y a eu un rapprochement entre les deux pays.* **2.** Rapport entre deux faits. ➜ **relation.** *Ils ont fait un rapprochement entre les deux évènements.*

▷ Mots de la famille de proche.

rascasse

rapt [Rapt] n. m. Enlèvement d'une personne. ➜ **kidnapping.** *Les auteurs du rapt ont demandé une rançon.* ➜ aussi **ravisseur.**

raquette n. f. **1.** Instrument qui sert à lancer la balle dans certains jeux comme le tennis, le ping-pong, etc. *Une raquette de tennis.* **2.** Large semelle que l'on attache à ses chaussures pour marcher dans la neige sans s'enfoncer. *Le trappeur a chaussé ses raquettes.* ▮ homonyme : racket.

rare adj. **1.** Dont il existe peu d'exemplaires. *Il collectionne les papillons rares.* ▮ contraires : **commun,** ① **courant. 2.** Qui se produit peu souvent. *Nous sommes allés à la plage les rares fois où il a fait beau.* ➜ **quelque.** ▮ contraires : **fréquent, nombreux. 3.** Que l'on trouve en petite quantité. *L'eau est rare en Afrique.* ▮ contraire : **abondant.**

▸ **rarement** adv. Peu souvent. *Ils vont très rarement au cinéma.* ▮ contraires : **fréquemment, souvent.**

▸ **se raréfier** v. (conjug. 9) Devenir rare. *L'oxygène se raréfie en altitude.*

▸ **rareté** n. f. Caractère de ce qui est rare. *Un timbre d'une grande rareté.*

▸ **rarissime** adj. Extrêmement rare. *L'occasion de voir un ours en liberté est rarissime.*

ras, rase adj. **1.** Très court. *Des cheveux ras.* **2.** *En rase campagne,* en pleine campagne. **3.** Qui est rempli jusqu'au bord, sans déborder. *Ajoutez une cuillère rase de farine. Un verre rempli à ras bord,* jusqu'au niveau du bord. **4.** *Un pull-over ras du cou,* dont l'encolure s'arrête à la base du cou. ▮ homonyme : rat.

▸ **rasade** n. f. Contenu d'un verre rempli à ras bord. *Il a bu une rasade d'eau.*

▷ Mots de la famille de raser.

rasage n. m. Action de raser, de se raser. *Cette lotion se met sur le visage après le rasage.*

▷ Mot de la famille de raser.

rascasse n. f. Poisson de la Méditerranée à la tête hérissée d'épines, que l'on peut manger.

raser v. (conjug. 3) **1.** Couper le poil au ras de la peau. *Il a rasé sa moustache.* – **se raser,** se couper les poils au ras de la peau. *Il s'est rasé soigneusement.* **2.** Démolir complètement. *La maison a été rasée après le séisme.* **3.** Passer tout près. *L'avion a rasé le clocher de l'église.* **4.** Familier. Ennuyer. *Tu nous rases avec tes histoires.*

▸ **rase-motte** n. m. Vol effectué par un avion tout près du sol. *L'avion vole en rase-motte.* – Au pl. *Des rase-mottes.* ▷ Mot de la famille de motte.

◗ On écrit aussi *faire du rase-mottes.*

▸ **raseur** n. m., **raseuse** n. f. Familier. Personne qui ennuie. *Quel vieux raseur !*

▸ **rasoir** n. m. Instrument qui sert à raser les poils. *Un rasoir électrique.*

▸ Autres mots de la famille : ras, rasade, rasage.

rassasier v. (conjug. 9) Satisfaire entièrement la faim de quelqu'un en lui donnant à manger. *C'est difficile de rassasier Paul, il a toujours faim.*

rassembler v. (conjug. 3) Mettre ensemble, au même endroit. *Rassemble tes affaires et mets-les dans ton cartable.* – **se rassembler,** se réunir dans un endroit. *Les manifestants se sont rassemblés sur la place.* ➜ se **regrouper.** ▮ contraire : se **disperser.**

▸ **rassemblement** n. m. Groupe de personnes. ➜ **attroupement.** *Un rassemblement s'est formé devant l'usine.*

▷ Mots de la famille de assembler.

a b c d e f g h i j k l m n o p q r s t u v w x y z

se rasseoir v. (conjug. 29) S'asseoir à nouveau. *À l'entrée du directeur, les élèves se sont levés, puis se sont rassis.* ▷ Mot de la famille de s'asseoir.

rasséréner v. (conjug. 8) Ramener au calme une personne inquiète, énervée. ▮ contraires : **affoler, inquiéter.** *Sa lettre nous a rassérénés.*
▷ Mot de la famille de serein.
▶ Ce mot est littéraire.

rassis, rassise adj. *Du pain rassis,* du pain qui n'est plus frais. ➜ **dur.**

rassurer v. (conjug. 3) Rendre la confiance. ➜ **tranquilliser.** *Le médecin nous a rassurés : Léa sera bientôt guérie.* ▮ contraires : **affoler, effarer, inquiéter.** – **se rassurer,** cesser de s'inquiéter, d'avoir peur. *Rassure-toi, tout se passera bien.*

▸ **rassurant, rassurante** adj. Qui redonne confiance, tranquillise. *Des nouvelles rassurantes.* ▮ contraire : **inquiétant.**
▷ Mots de la famille de sûr.

rat n. m. **1.** Petit rongeur à museau pointu et longue queue, plus gros que la souris. ➜ aussi ② **rate.** *Il y a des rats dans les égouts.* ➜ planche **Ville.** – *Être fait comme un rat,* être pris au piège. **2.** *Les petits rats de l'Opéra,* les jeunes élèves de l'école de danse de l'Opéra. ▮ homonyme : **ras.**
▶ Autres mots de la famille : ② rate, raton.

se ratatiner v. (conjug. 4) Devenir plus petit et ridé. *Les pommes se sont ratatinées.* ➜ aussi **rabougri.**

ratatouille n. f. Plat composé de tomates, de courgettes, d'aubergines et de poivrons cuits dans de l'huile d'olive.

① **rate** n. f. Organe situé en arrière de l'estomac, sous le diaphragme, à gauche. *On a dû lui enlever la rate.*
▶ Autre mot de la famille : dératé.

② **rate** n. f. Femelle du rat. *Une rate et ses ratons.* ▷ Mot de la famille de rat.

raté n. m. Bruit anormal que fait un moteur. *Sa moto a des ratés.* ▷ Mot de la famille de rater.

râteau n. m. Outil de jardinage formé d'un long manche auquel est fixée une pièce de métal garnie de dents. *Le jardinier ramasse les feuilles mortes avec un râteau.* ➜ aussi **ratisser.** – Au pl. *Des râteaux.*

râtelier n. m. **1.** Sorte d'échelle installée horizontalement contre un mur, derrière laquelle on met le fourrage pour le bétail. *Le râtelier de l'étable.* **2.** Familier. Dentier.

rater v. (conjug. 3) **1.** Manquer ce que l'on voulait atteindre. ➜ fam. **louper.** *Le chasseur a raté le lièvre. Si tu ne te dépêches pas, tu vas rater ton train.* **2.** Ne pas réussir. *Elle a raté son gâteau.* ▮ contraire : **réussir.**
▶ Autre mot de la famille : raté.

ratifier v. (conjug. 9) Approuver officiellement. *Le président de la République a ratifié l'accord entre les deux pays.*

▸ **ratification** n. f. Action de ratifier. *La ratification du traité de paix a été signée.*

ration n. f. Quantité de nourriture distribuée à une personne ou un animal pendant une journée. *Les chevaux ont eu leur ration d'avoine.*
▶ Autres mots de la famille : rationnement, rationner.

rationnel, rationnelle adj. Conforme au bon sens, à la raison. *Cette pièce est aménagée de façon rationnelle.*

▸ **rationnellement** adv. D'une manière rationnelle, méthodique. *Il a organisé son travail rationnellement.* ➜ **méthodiquement.**

rationner v. (conjug. 3) Distribuer en quantité limitée. *Les naufragés ont rationné l'eau potable et les vivres.*

▸ **rationnement** n. m. Action de rationner. *La sécheresse a rendu nécessaire le rationnement de l'eau.* ➜ **restriction.**
▷ Mots de la famille de ration.

ratisser v. (conjug. 3) **1.** Nettoyer à l'aide d'un râteau. *Le jardinier ratisse les allées du parc.* **2.** Fouiller avec soin et partout. *Les policiers ont ratissé le quartier.*

▸ **ratissage** n. m. **1.** Action de nettoyer à l'aide d'un râteau. **2.** Action de fouiller et de chercher partout. *Le ratissage du quartier a permis de retrouver le prisonnier évadé.*

raton n. m. **1.** Jeune rat. **2.** *Raton laveur,* petit animal carnassier d'Amérique du Nord, au pelage épais et à la longue queue tigrée, qui lave ses aliments avant de les manger. ➜ planche **Tropiques.** ▷ Mot de la famille de rat.

raton laveur

rattacher v. (conjug. 3) **1.** Attacher ce qui s'est détaché. *Il rattache son lacet.* **2.** Mettre en relation. ➜ **relier.** *On peut rattacher ces deux idées l'une à l'autre.* **3.** Annexer. *La Savoie fut rattachée à la France en 1860.*

▸ **rattachement** n. m. Action de rattacher, le fait d'être rattaché. *Le rattachement de la Bretagne à la France date du 16e siècle.*

▷ Mots de la famille de attacher.

rattraper v. (conjug. 3) **1.** Attraper ce que l'on a laissé échapper. *Les gendarmes ont rattrapé le prisonnier évadé.* ➜ **reprendre.** **2.** Récupérer. *Paul rattrape peu à peu son retard en calcul.* ➜ **regagner.** **3.** Rejoindre. *Partez devant, je vous rattraperai.*

▸ se **rattraper** v. **1.** Se raccrocher. *Il a trébuché et s'est rattrapé à une branche.* ➜ se **retenir.** **2.** Agir pour réparer une erreur, une maladresse. *Il a failli faire une gaffe mais il s'est rattrapé à temps.*

▸ **rattrapage** n. m. *Cours de rattrapage,* cours qui aide à rattraper son retard.

▷ Mots de la famille de trappe.

rature n. f. Trait qui barre une lettre ou un mot écrit, pour l'annuler. *Une dictée remplie de ratures.*

▸ **raturer** v. (conjug. 3) Barrer, rayer un mot. *Il a raturé plusieurs mots dans la page.*

rauque adj. *Voix rauque,* grave et voilée. ➜ **éraillé, rocailleux.**

ravages n. m. pl. Dégâts très importants. *L'incendie a fait des ravages.*

▸ **ravager** v. (conjug. 5b) Faire des dégâts très importants. *La guerre a ravagé le pays.* ➜ **dévaster, saccager.**

① **ravaler** v. (conjug. 3) *Ravaler un mur,* le nettoyer, le gratter et le repeindre. *La façade de l'immeuble a été ravalée.*

▸ **ravalement** n. m. Nettoyage et réparation des murs extérieurs d'un bâtiment. *Des échafaudages ont été installés pour le ravalement de l'église.*

② **ravaler** v. (conjug. 3) S'empêcher d'exprimer un sentiment. *Il ravale sa colère et se tait.* ▷ Mot de la famille de avaler.

rave n. f. Plante dont on mange la racine. *Les navets, les radis, les betteraves sont des raves.*

▸ Autre mot de la famille : betterave.

ravi, ravie adj. Très content. ➜ **enchanté.** *Louise est ravie de ses cadeaux. Ravi de vous avoir rencontrés !* ▷ Mot de la famille de ① ravir.

ravier n. m. Petit plat creux et allongé dans lequel on présente des hors-d'œuvre.

ravier

ravigoter v. (conjug. 3) Familier. Redonner des forces, de la vigueur. ➜ **revigorer.** *Un peu d'air frais va vous ravigoter.*

ravin n. m. Petite vallée étroite qui a des pentes abruptes.

raviner v. (conjug. 3) Creuser le sol de sillons. *Les eaux de pluie ravinent le sol.* – *Un visage raviné,* marqué de rides profondes.

ravioli n. m. Petit carré de pâte farci de viande, de légumes ou de fromage. *Des raviolis à la sauce tomate.*

▸ Ce mot vient de l'italien.

① **ravir** v. (conjug. 11) Plaire beaucoup. → **enchanter, enthousiasmer.** *Le spectacle a ravi les enfants. Cette robe te va à ravir,* elle te va très bien, à merveille.

▶ Autres mots de la famille : ravi, ravissant, ravissement.

② **ravir** v. (conjug. 11) Enlever de force. *L'aigle a ravi sa proie.*

Ce mot appartient au langage soutenu.

▶ Autre mot de la famille : ravisseur.

se **raviser** v. (conjug. 4) Changer d'avis. *Elle voulait aller à la piscine, mais elle s'est ravisée.* ▷ Mot de la famille de avis.

ravissant, ravissante adj. Très joli. *Sa mère est ravissante.* ▷ Mot de la famille de ① ravir.

ravissement n. m. Émotion ressentie par une personne qui éprouve une grande joie. → **enchantement.** *Ils l'ont écouté chanter avec ravissement.* ▷ Mot de la famille de ① ravir.

ravisseur n. m., **ravisseuse** n. f. Personne qui a enlevé quelqu'un. → aussi **rapt.** *Les ravisseurs ont fixé le montant de la rançon.* ▷ Mot de la famille de ② ravir.

ravitailler v. (conjug. 3) Fournir des vivres, du matériel. → **approvisionner.** *Un avion a ravitaillé les réfugiés.* – **se ravitailler,** se munir des provisions nécessaires. *Ils se sont ravitaillés avant de partir en randonnée.*

▸ **ravitaillement** n. m. Provisions, réserves. *Ils sont partis en montagne avec du ravitaillement pour plusieurs jours.*

raviver v. (conjug. 3) Rendre plus vif en faisant revivre. *Le souvenir de cette injustice a ravivé sa colère.* ▮ contraire : **estomper.** ▷ Mot de la famille de vif.

rayer v. (conjug. 10) **1.** Laisser en creux la trace d'une raie. *Le diamant raye le verre.* → aussi **rayure. 2.** Faire un trait sur un mot, un groupe de mots que l'on veut supprimer. → **barrer, raturer.** *J'ai rayé son nom sur la liste.*

▸ **rayé, rayée** adj. **1.** Qui a des raies, des rayures. *Une cravate rayée. Un pull rayé noir et blanc.* **2.** Qui a une ou plusieurs éraflures. *La portière de la voiture est rayée.*

▷ Mots de la famille de ① raie.

① **rayon** n. m. **1.** Gâteau de cire fait par les abeilles dans une ruche. *Les abeilles déposent le miel dans les rayons.* → aussi **alvéole. 2.** Planche d'un meuble de rangement. *Les rayons d'une bibliothèque.* → **étagère. 3.** Partie d'un magasin réservée à une sorte de marchandise. *Le rayon du bricolage dans un supermarché.*

▶ Autre mot de la famille : rayonnage.

② **rayon** n. m. **1.** Trace de lumière en ligne droite. *Un rayon de soleil.* **2.** Radiation. *Les appareils de radiographie utilisent les rayons X.* **3.** Tige de métal qui joint le centre de la roue à la jante. *Son écharpe s'est prise dans les rayons de la roue arrière de son vélo.* **4.** *Le rayon d'un cercle,* la ligne que l'on peut tracer du centre jusqu'à n'importe quel point de la circonférence. → planche **Géométrie.** *Le rayon est égal à la moitié du diamètre.* ▷ Mot de la famille de rai.

rayonnage n. m. Étagère d'un meuble de rangement. *Ses livres sont rangés sur des rayonnages.* ▷ Mot de la famille de ① rayon.

rayonnant, rayonnante adj. Qui dégage une impression de bien-être, de bonheur. *Les gagnants sont rayonnants.* → **radieux.** ▷ Mot de la famille de rai.

rayonnement n. m. **1.** Ensemble des radiations émises par un astre. *Le rayonnement solaire est une source d'énergie.* **2.** Influence. *Le rayonnement de la langue française dans le monde.* ▷ Mot de la famille de rai.

rayonner v. (conjug. 3) **1.** Montrer que l'on est content, heureux. *La mariée rayonne de bon-*

avenues qui **rayonnent**

heur. **2.** Partir d'un point central. *Dans le parc, il y a une fontaine d'où rayonnent des allées.*
▷ Mot de la famille de rai.

rayure n. f. **1.** Bande de couleur sur un fond d'une autre couleur. *Un pull vert à rayures blanches.* → ① **raie.** **2.** Fine rainure. → **éraflure.** *Il y a des rayures sur la carrosserie de la voiture.*
▷ Mot de la famille de ① raie.

raz-de-marée n. m. inv. Vague isolée très haute et très violente, qui pénètre dans les terres. *Les raz-de-marée sont provoqués par des tremblements de terre ou des éruptions volcaniques.* → **tsunami.** ▷ Mot de la famille de marée.
On écrit aussi *raz de marée.*

razzia [Razja] ou [Radzja] n. f. Attaque de pillards. – *Les invités ont fait une razzia sur les petits fours,* ils se sont jetés dessus et les ont tous mangés. – Au pl. *Des razzias.*
Ce mot vient de l'arabe.

re- Élément d'origine latine qui prend aussi les formes *ré-* ou *r-* et qui exprime le retour en arrière (ex. *raccompagner, réactionnaire, revenir*), la répétition (ex. *rallumer, redire, réélection*).

ré n. m. inv. Note de musique, entre do et mi. *Des ré bémols.*

réacteur n. m. Moteur d'avion à réaction. *Cet avion a quatre réacteurs.*
▶ Autres mots de la famille : quadriréacteur, turboréacteur.

réacteur

réaction n. f. **1.** Façon de répondre à une action. → aussi **réagir.** *Une réaction violente.* **2.** Mouvement politique qui s'oppose au progrès. **3.** *Avion à réaction,* dont les moteurs chassent les gaz vers l'arrière, ce qui projette l'avion, par réaction, vers l'avant. → aussi **réacteur.**

▸ **réactionnaire** adj. Qui s'oppose au progrès. → **rétrograde.** *Une politique réactionnaire.* → aussi **conservateur.** ▮ contraire : **progressiste.**

▷ Mots de la famille de ① action.

se réadapter v. (conjug. 4) S'adapter à nouveau à quelque chose dont on a perdu l'habitude. *Elle s'est bien réadaptée au travail après sa maladie.*

▸ **réadaptation** n. f. Le fait de se réadapter. *Une longue réadaptation.*

▷ Mots de la famille de apte.

réagir v. (conjug. 11) **1.** Prendre une certaine attitude en réponse à une action, à une parole. → aussi **réaction.** *Comment a-t-il réagi à cette nouvelle ?* **2.** S'opposer, lutter. *Il ne faut pas se laisser faire, il faut réagir !* ▷ Mot de la famille de agir.

réajuster → **rajuster** (sens 2)

réaliser v. (conjug. 3) **1.** Faire exister vraiment. *Il a réalisé son vieux rêve d'ouvrir un hôtel.* – **se réaliser,** devenir réel. *Ses prévisions se sont réalisées.* **2.** *Réaliser un film,* le mettre en scène et le diriger. **3.** Familier. Se rendre compte. *Il ne réalise pas la gravité de la situation.*

▸ **réalisable** adj. Possible. *Un projet réalisable.* → **faisable.** ▮ contraire : **irréalisable.**

▸ **réalisateur** n. m., **réalisatrice** n. f. Personne qui prépare, dirige et met en scène un film, une émission. *Le réalisateur d'une émission de télévision. Un réalisateur de cinéma.* → **cinéaste.**

▸ **réalisation** n. f. **1.** Action de rendre réel. → **exécution.** *La réalisation d'un projet.* **2.** Préparation et exécution d'un film, d'une émission.

▶ Autre mot de la famille : irréalisable.

a b c d e f g h i j k l m n o p q r s t u v w x y z

réalisme n. m. Attitude d'une personne qui voit la réalité telle qu'elle est. *Il faut voir les choses avec réalisme.*

▸ **réaliste** adj. Qui voit les choses comme elles sont vraiment. *Un homme réaliste.* ▮ contraires : **idéaliste, irréaliste.**

▶ Autres mots de la famille : irréaliste, surréaliste.

réalité n. f. **1.** Ce qui existe vraiment, réellement. *Son témoignage est conforme à la réalité.* **2.** *En réalité,* en fait. *Cet homme si gentil était en réalité un escroc.*

réanimer v. (conjug. 3) Rétablir les fonctions vitales d'une personne accidentée ou blessée. *Les pompiers réaniment le blessé.* → **ranimer.**

▸ **réanimation** n. f. Action qui consiste à aider à vivre une personne dont le cœur ou la respiration vient de s'arrêter. *Le blessé est en salle de réanimation.* → aussi **ranimer.**

▷ Mots de la famille de animer.

réapparaître v. (conjug. 60) Apparaître de nouveau. → **reparaître.** *La lune a réapparu après le passage des nuages.* ▷ Mot de la famille de paraître.

réapparition n. f. Le fait de réapparaître. *Le soleil a fait sa réapparition après l'averse.* ▷ Mot de la famille de apparition.

rébarbatif, rébarbative adj. Qui dégoûte par son aspect désagréable, ennuyeux. *Le mode d'emploi de cet appareil est rébarbatif.* → **rebutant.**

rebattre v. (conjug. 44) *Rebattre les oreilles à quelqu'un,* lui parler tout le temps de la même chose. *Il nous rebat les oreilles avec cette histoire.*

▸ **rebattu, rebattue** adj. Dont on a beaucoup parlé. *Un sujet rebattu,* sur lequel on a déjà dit tout ce qu'il y a à dire. → **éculé.**

▷ Mots de la famille de battre.

rebelle adj. **1.** Qui se révolte, s'oppose aux autorités. → **révolté.** *Des troupes rebelles entourent le palais présidentiel.* – n. *Des rebelles ont été faits prisonniers.* → **mutin. 2.** Qui ne cède pas, qui est hostile. *Ces chiens sont rebelles à tout dressage,* ils sont impossibles à dresser. → **réfractaire.**

▸ **se rebeller** v. (conjug. 4) Se révolter. *L'équipage s'est rebellé contre le capitaine.* → se **mutiner.**

▸ **rébellion** n. f. Révolte. → aussi **mutinerie.** *Le gouvernement a mis fin à la rébellion.*

se rebiffer v. (conjug. 4) Familier. Refuser de continuer à faire quelque chose, à obéir. → se **révolter.** *Elles se sont rebiffées à la première occasion.*

reboiser v. (conjug. 3) Replanter des arbres dans un endroit. *On a reboisé la colline après l'incendie.* ▮ contraire : **déboiser.**

▸ **reboisement** n. m. Le fait de replanter des arbres. *Le reboisement d'une région.* ▮ contraire : **déboisement.**

▷ Mots de la famille de bois.

reboisement

rebond n. m. Mouvement d'une balle qui rebondit. *Le joueur a renvoyé la balle avant le rebond.* ▷ Mot de la famille de bondir.

rebondi, rebondie adj. De forme arrondie. *Des joues rebondies.*

rebondir v. (conjug. 11) **1.** Faire un bond après avoir touché un obstacle. *Le ballon a rebondi trois fois.* **2.** Prendre un nouveau développement après un arrêt. *L'audition d'un nouveau témoin a fait rebondir l'enquête.*

▸ **rebondissement** n. m. Développement imprévu. *Un film à rebondissements,* où il se passe sans arrêt de nouvelles choses.

▷ Mots de la famille de **bondir**.

rebord n. m. Bord qui dépasse. *Le rebord d'une fenêtre.* ▷ Mot de la famille de ① **bord**.

reboucher v. (conjug. 3) Boucher ce qui a été ouvert, débouché. *Rebouche bien le tube de dentifrice.* ▷ Mot de la famille de ② **boucher**.

à **rebours** [aʀəbuʀ] adv. *Compter à rebours,* compter à l'envers pour arriver à zéro. *La fusée va bientôt partir, le compte à rebours a commencé.*

rebrousser v. (conjug. 3) **1.** Relever dans le sens contraire au sens normal. *Les chats n'aiment pas qu'on leur rebrousse le poil.* **2.** *Rebrousser chemin,* revenir sur ses pas, refaire le chemin en sens inverse. *Ils ont rebroussé chemin au bout de l'allée.*

▸ à **rebrousse-poil** adv. En relevant le poil dans le sens contraire au sens normal. *Les chats n'aiment pas qu'on les caresse à rebrousse-poil.* ▷ Mot de la famille de **poil**.

rebuffade n. f. Accueil désagréable, hargneux et méprisant. *Les rebuffades ne l'ont pas découragé.*

rébus [ʀebys] n. m. Devinette faite d'une suite de dessins, de signes, d'images, qui représentent chacun une syllabe.

rébus

rebut n. m. *Mettre quelque chose au rebut,* s'en débarrasser. *Ils ont mis leur vieux matelas au rebut.*

rebuter v. (conjug. 3) Décourager, dégoûter. *Le prix excessif l'a rebuté.* ▮ contraire : **attirer.**

▸ **rebutant, rebutante** adj. Difficile et ennuyeux. *Un livre rebutant.* ➜ **rébarbatif.**

récalcitrant, récalcitrante adj. Qui résiste avec entêtement. *Un âne récalcitrant.* ➜ **rétif.** ▮ contraire : **docile.**

recaler v. (conjug. 3) Familier. Refuser à un examen. *Il a été recalé au bac.* ▮ contraire : **recevoir.**

récapituler v. (conjug. 3) Répéter quelque chose en le résumant, en n'en citant que les points les plus importants. *Récapitulons ce qui reste à faire.*

▸ **récapitulatif, récapitulative** adj. Où l'on récapitule. *Voici un tableau récapitulatif avec tous les horaires des trains du week-end.* – n. m. *Un récapitulatif des travaux.*

▸ **récapitulation** n. f. Reprise, point par point, de ce qui a été dit ou fait. *Le maire a fait la récapitulation des travaux à effectuer dans la commune.*

receler (conjug. 7a) ou **recéler** (conjug. 8) v. **1.** Contenir. *Le sous-sol de la région recèle des fossiles.* ➜ **renfermer.** **2.** Garder chez soi des objets volés. *Receler des objets volés est interdit par la loi.*

▶ Écrire *recéler* avec e accent aigu est conforme à la nouvelle orthographe.

▸ **recel** n. m. Fait de garder chez soi des objets volés. *Il est accusé de recel de bijoux.*

▸ **receleur** ou **recéleur** n. m., **receleuse** ou **recéleuse** n. f. Personne qui garde des objets volés. *Les cambrioleurs ont déposé leur butin chez un receleur.*

▶ Écrire *recéleur, recéleuse* avec e accent aigu est conforme à la nouvelle orthographe.

récemment [ʀesamɑ̃] adv. Il y a peu de temps. ➜ **dernièrement.** *Ils se sont vus récemment.* ▷ Mot de la famille de **récent**.

recenser v. (conjug. 3) Compter avec précision les habitants d'un endroit. ➜ **dénombrer.**

On recense la population du pays régulièrement.

▸ **recensement** n. m. Opération qui consiste à compter les habitants. *Les chiffres du dernier recensement du pays sont publiés.*

récent, récente adj. Qui s'est produit il y a peu de temps. *Les évènements récents.* ▮ contraires : **ancien, vieux.**

▶ Autre mot de la famille : récemment.

récépissé n. m. Papier qui prouve qu'on a bien reçu une lettre, un paquet, de l'argent. → **reçu.** *Veuillez signer le récépissé.*

récepteur n. m. Appareil qui reçoit et amplifie les sons ou les images envoyés par un émetteur. *Le récepteur de télévision.* → **téléviseur.**

réception n. f. **1.** Le fait de recevoir quelque chose. *La réception d'une lettre. Un accusé de réception,* un papier qui prouve qu'une lettre recommandée a bien été reçue. → aussi **récépissé. 2.** Réunion organisée pour recevoir des invités. *Ils ont donné une grande réception.* → **fête, soirée. 3.** Endroit où l'on reçoit les clients dans un hôtel. *Adressez-vous à la réception.*

▸ **réceptionner** v. (conjug. 3) Recevoir une livraison et la vérifier. *Les marchandises ont été réceptionnées à l'entrepôt.*

▸ **réceptionniste** n. m. et f. Personne qui reçoit les clients dans un hôtel, une entreprise. → aussi **hôtesse.**

réception d'un hôtel

récession n. f. Diminution des ventes, des investissements, de la production dans un pays. → **crise** économique. ▮ contraires : **essor, expansion.**

recette n. f. **1.** Total des sommes d'argent reçues. *La caissière du magasin compte la recette de la journée.* ▮ contraire : **dépense. 2.** Manière de préparer un plat. *Sa voisine lui a donné sa recette de canard aux cèpes.*

recevoir v. (conjug. 31) **1.** Se voir donner, adresser quelque chose. *Léa a reçu un message de Paul.* ▮ contraire : **envoyer. 2.** Être atteint par quelque chose. *Théo a reçu le ballon en pleine tête.* **3.** Faire venir et accueillir chez soi. *Julie reçoit ses amis à goûter. Le médecin reçoit uniquement sur rendez-vous.* **4.** *Être reçu à un examen,* être admis, l'avoir réussi. ▮ contraires : **recaler, refuser.**

▸ **recevable** adj. Qui peut être accepté. *Cette excuse n'est pas recevable.* → **acceptable, admissible.** ▮ contraire : **inacceptable.**

▸ **receveur** n. m., **receveuse** n. f. Personne qui perçoit de l'argent public. *Il est receveur des impôts.*

▶ Autre mot de la famille : reçu.

de rechange adj. Qui sert à remplacer en cas de besoin. *Une pièce de rechange,* destinée à remplacer la pièce abîmée. *Des vêtements de rechange,* qui permettent de se changer. ▷ Mot de la famille de changer.

réchapper v. (conjug. 3) *Réchapper de quelque chose,* se tirer de quelque chose de dangereux. *Quel accident ! Pas un seul passager n'en a réchappé !* ▷ Mot de la famille de échapper.

recharger v. (conjug. 5b) Approvisionner de nouveau. *Le chasseur recharge son fusil. Il faut que je recharge mon téléphone portable.*

▸ **recharge** n. f. *Une recharge de stylo,* un petit réservoir cylindrique contenant de l'encre. → **cartouche.**

▸ **rechargeable** [ʀəʃaʀʒabl] adj. Que l'on peut recharger. *Ce briquet est rechargeable.*

▮ contraire : **jetable.**
◗ Attention au e après le *g.*
▷ Mots de la famille de charger.

réchaud n. m. Petit fourneau qui sert à chauffer et à cuire les aliments. *Un réchaud électrique.* ▷ Mot de la famille de chauffer.

réchauffer v. (conjug. 3) Chauffer à nouveau ce qui s'est refroidi. *La soupe est froide, il faut la réchauffer.* ▮ contraire : **refroidir.**

▸ **se réchauffer** v. 1. Avoir chaud de nouveau. *Elle s'est réchauffée devant la cheminée.* 2. Devenir plus chaud. *Le temps s'est réchauffé depuis hier.* ▮ contraire : se **rafraîchir.**

▸ **réchauffement** n. m. Le fait de devenir plus chaud, de se réchauffer. *Il y a eu un léger réchauffement de la température.* → **radoucissement.** *Le réchauffement de la planète provoque la fonte des glaciers.* ▮ contraires : **rafraîchissement, refroidissement.**
▷ Mots de la famille de chauffer.

rêche adj. Rude au toucher. → **rugueux.** *Cette serviette de toilette est rêche.* ▮ contraires : **doux, moelleux.**

rechercher v. (conjug. 3) Chercher activement à découvrir, à retrouver. *La police recherche les auteurs de l'attentat.*

▸ **recherche** n. f. 1. Effort pour retrouver quelqu'un ou quelque chose. *Le prisonnier évadé a échappé aux recherches de la police. Je suis à la recherche de mes lunettes,* je les cherche partout. 2. *La recherche,* l'ensemble des travaux scientifiques qui contribuent à la découverte de connaissances nouvelles. → aussi **chercheur.** 3. Raffinement. *Elle s'habille avec recherche.*

▸ **recherché, recherchée** adj. 1. Qui est rare et que tout le monde cherche à se procurer. *Ces timbres sont très recherchés.* 2. Qui manifeste de la recherche, du raffinement. *Une tenue très recherchée.*
▷ Mots de la famille de chercher.

rechigner v. (conjug. 3) Manifester sa mauvaise volonté. *Paul a terminé son assiette en rechignant.* → **renâcler.**

rechute n. f. Reprise d'une maladie qui semblait guérie. *À peine guérie de son angine, Louise a fait une rechute.*

▸ **rechuter** v. (conjug. 3) Recommencer à être malade alors que l'on venait de guérir. *Elle est sortie trop tôt et elle a rechuté.*
▷ Mots de la famille de choir.

récidive n. f. Le fait de commettre une nouvelle infraction après avoir été condamné. *Il a été condamné pour vol avec récidive.*

▸ **récidiver** v. (conjug. 3) Recommencer à commettre la même faute. *Les malfaiteurs, à peine sortis de prison, ont récidivé.*

▸ **récidiviste** n. m. et f. Personne qui commet une nouvelle fois la même faute.

récif n. m. Rocher à peine recouvert par la mer. → **écueil.** *Le bateau s'est échoué sur des récifs.*

récif

récipient n. m. Objet creux qui sert à contenir des matières solides ou liquides. *Les plats, les bocaux, les bouteilles sont des récipients.*

réciproque adj. et n. f.
▪ adj. Qui existe entre deux personnes, deux groupes. *Ils se font une confiance réciproque.* → **mutuel.**
▪ n. f. L'action inverse. *Louise aide toujours Alex,*

a b c d e f g h i j k l m n o p q r s t u v w x y z

mais la réciproque n'est pas vraie, Alex n'aide pas toujours Louise.

▸ **réciproquement** adv. De manière réciproque. *Paul et Alex se rendent service réciproquement,* l'un à l'autre. ➜ **mutuellement.** *Tu m'aimes bien, et réciproquement.* ➜ **vice versa.**

réciter v. (conjug. 3) Dire à haute voix et de mémoire. *Julie récite ses leçons.*

▸ **récit** n. m. Histoire que l'on raconte. *Il nous a fait le récit de ses aventures.*

▸ **récital** n. m. (pl. **récitals**) Séance au cours de laquelle un artiste se produit en public. ➜ **représentation.** *Le pianiste donne trois récitals dans la région.*

▸ **récitation** n. f. Texte, poème que l'on doit apprendre par cœur et réciter.

réclame n. f. *En réclame,* vendu à prix réduit. *Les pommes sont en réclame.* ➜ **promotion.**
▸ Autrefois, on disait *réclame* pour *publicité.*

réclamer v. (conjug. 3) Demander en insistant. *L'orateur réclame le silence.*

▸ **réclamation** n. f. Demande faite avec insistance pour faire reconnaître ses droits. ➜ aussi **plainte, revendication.** *Le service des réclamations.*

reclasser v. (conjug. 3) **1.** Classer à nouveau. *Toutes les fiches sont mélangées, il faut les reclasser.* **2.** Affecter à un nouveau poste, un nouvel emploi. *On a reclassé les employés licenciés.*

▸ **reclassement** n. m. **1.** Le fait de reclasser. *Le reclassement des dossiers.* **2.** Le fait de donner un nouvel emploi, une nouvelle activité à quelqu'un. *Le reclassement des employés licenciés.*
▷ Mots de la famille de ① classe.

reclus, recluse adj. Enfermé et isolé. *La vieille dame vit recluse dans sa chambre.*

réclusion n. f. Emprisonnement. ➜ **détention.** *Il a été condamné à 5 ans de réclusion.*

recoiffer v. (conjug. 3) Coiffer de nouveau. *Léa recoiffe sa poupée.* – **se recoiffer,** se coiffer à nouveau. *Julie s'est recoiffée avant de partir.*
▷ Mot de la famille de coiffer.

recoin n. m. Coin caché. *Louise et Paul ont exploré tous les recoins du grenier.* ▷ Mot de la famille de coin.

recoller v. (conjug. 3) **1.** Coller quelque chose qui s'est décollé. *Il faut recoller l'étiquette.* **2.** Réparer avec de la colle. *Il recolle le vase cassé.* ▷ Mot de la famille de colle.

récolte n. f. **1.** Ramassage ou cueillette des produits de la terre. *C'est la saison de la récolte du maïs.* ➜ aussi **moisson, vendange.** **2.** Les produits recueillis. *La récolte a été bonne cette année.*

▸ **récolter** v. (conjug. 3) Ramasser et cueillir les fruits, les légumes, les céréales. *On récolte les betteraves en automne.*

récolte du coton

recommander v. (conjug. 3) **1.** Demander avec insistance. ➜ ② **conseiller.** *Je vous recommande d'être prudents.* ➜ **préconiser.** **2.** Intervenir en faveur de quelqu'un. *Il a été chaudement recommandé auprès du ministre.* **3.** Vanter les mérites, les avantages de quelque chose. *Les dentistes recommandent ce dentifrice.*

▸ **recommandable** adj. Que l'on peut fréquenter. *Un individu peu recommandable.*

▸ **recommandation** n. f. Conseil. *Sa mère lui fait des recommandations avant de partir.*

▸ **recommandé, recommandée** adj. *Une lettre recommandée,* pour laquelle on paye une taxe afin qu'elle soit remise en mains propres à son destinataire.

recommencer v. (conjug. 5a) **1.** Faire à nouveau depuis le début. *Louise a dû recommencer son dessin.* → **refaire. 2.** Reprendre. *Les cours recommencent en septembre. – Il recommençait à pleuvoir.* ▷ Mot de la famille de commencer.

récompenser v. (conjug. 3) Donner quelque chose à quelqu'un qui le mérite pour lui montrer qu'on est content. ▮ contraires : **punir,** ① **sanctionner.** *Ses parents l'ont récompensé pour ses bons résultats à l'école.*

▸ **récompense** n. f. Cadeau donné à quelqu'un parce qu'il a fait quelque chose de bien. ▮ contraires : **punition, sanction.** *Il offre 150 euros de récompense à qui retrouvera son chien.*

recomposé, recomposée adj. *Une famille recomposée,* dans laquelle il y a des enfants nés d'une précédente union du père ou de la mère. → aussi **demi-frère, demi-sœur.** ▷ Mot de la famille de composer.

réconcilier v. (conjug. 9) Remettre d'accord des personnes qui étaient fâchées. *Julie a réconcilié Paul et Léa.* – **se réconcilier,** faire la paix. *Ils se sont réconciliés après leur dispute.* ▮ contraire : se **brouiller.**

▸ **réconciliation** n. f. Le fait de se réconcilier. *Leurs disputes finissent toujours par des réconciliations.* ▮ contraire : **brouille.**

▷ Mots de la famille de concilier.

reconduire v. (conjug. 41) Raccompagner. *Nous la reconduirons chez elle après le dîner.* → **ramener.** ▷ Mot de la famille de conduire.

réconforter v. (conjug. 3) **1.** Redonner du courage. *Tes paroles m'ont réconforté.* → **soutenir.** ▮ contraire : **démoraliser. 2.** Redonner des forces. *Après ces heures de marche, un thé bien chaud les a réconfortés.* → **ragaillardir, remonter, revigorer.**

▸ **réconfortant, réconfortante** adj. Qui redonne du courage, de l'énergie. *Des nouvelles réconfortantes.* → **consolant.**

▸ **réconfort** n. m. Ce qui redonne du courage. *À la mort de son père, les témoignages de sympathie lui ont apporté un grand réconfort.* → **consolation.**

▷ Mots de la famille de ① fort.

reconnaître v. (conjug. 60) **1.** *Reconnaître quelqu'un ou quelque chose,* savoir qui c'est ou ce que c'est, parce qu'on l'a déjà vu. → **identifier.** *Elle n'a pas reconnu Paul tout de suite tellement il a grandi.* – **se reconnaître,** savoir qui est l'autre. *Malgré dix ans de séparation, ils se sont reconnus immédiatement.* **2.** Admettre. *Il a reconnu qu'il s'était trompé. Il reconnaît ses torts.* → **avouer. 3.** Chercher à connaître, examiner. *Des éclaireurs sont partis reconnaître le terrain.* **4.** Admettre officiellement l'existence. *La France a reconnu la Chine populaire en 1964.*

▸ **reconnaissable** adj. Facile à reconnaître. *Julie est reconnaissable à ses cheveux roux et frisés.* ▮ contraire : **méconnaissable.**

▸ **reconnaissance** n. f. **1.** Examen, exploration d'un lieu inconnu. *Des soldats sont partis en reconnaissance.* **2.** Sentiment affectueux que l'on éprouve envers la personne qui a fait quelque chose de gentil et de généreux pour vous. → **gratitude.** *Il éprouve de la reconnaissance envers ses grands-parents qui l'ont élevé.* ▮ contraire : **ingratitude.**

▸ **reconnaissant, reconnaissante** adj. Qui éprouve de la reconnaissance, de la gratitude. *Je vous suis très reconnaissante de m'avoir aidée.* ▮ contraire : **ingrat.**

▷ Mots de la famille de connaître.

reconquérir v. (conjug. 24) Conquérir de nouveau. *L'armée a reconquis les territoires perdus.* ▷ Mot de la famille de conquérir.

reconquête n. f. Action de reconquérir. *La reconquête de la région a été longue.* ▷ Mot de la famille de conquête.

reconstituer v. (conjug. 3) Recréer quelque chose qui a disparu comme il était auparavant.

Pour tourner ce film, on a dû reconstituer un village gaulois.

▸ **reconstitution** n. f. Action de reconstituer une chose qui a disparu comme elle était auparavant. *Une reconstitution historique,* une évocation précise et fidèle d'un évènement historique. *Après l'enquête, la police essaie de faire la reconstitution du crime.*

▷ Mots de la famille de constituer.

reconstitution d'une bataille

reconstruire v. (conjug. 41) Construire de nouveau ce qui a été démoli. *Après le séisme, on a entièrement reconstruit ce quartier.*

▸ **reconstruction** n. f. Action de reconstruire. *La reconstruction de la ville bombarbée a pris des années.*

▷ Mots de la famille de construire.

reconversion n. f. Fait de se reconvertir ou d'être reconverti. *La reconversion d'une usine désaffectée en musée. – Plusieurs salariés de l'entreprise ont dû faire une reconversion professionnelle,* ils ont dû apprendre un nouveau métier. ▷ Mot de la famille de conversion.

reconvertir v. (conjug. 11) **1.** *Reconvertir une usine,* la transformer pour qu'elle fabrique des produits différents parce que les conditions économiques ont changé. *On a reconverti la fabrique de tanks en usine d'automobiles.* **2. se reconvertir,** apprendre un nouveau métier. *Les employés de l'usine se sont reconvertis.* ➜ aussi **reconversion.** ▷ Mot de la famille de convertir.

recopier v. (conjug. 9) Écrire à nouveau ce que l'on a déjà écrit. *Louise a recopié sur son cahier l'exercice qu'elle avait fait au brouillon.* ▷ Mot de la famille de copie.

record n. m. Meilleur résultat jamais atteint auparavant. *Ce coureur a battu le record du monde du cent mètres.*

▸ Ce mot vient de l'anglais.

▸ **recordman** [ʀəkɔʀdman] n. m. Sportif qui détient un record. ➜ **champion.** *Il est le recordman mondial du saut à la perche.* – Au pl. *Des recordmans.*

▸ On emploie aussi le pluriel anglais *des recordmen* [ʀəkɔʀdmɛn].

recoucher v. (conjug. 3) Remettre au lit. *Elle a recouché sa fille après lui avoir donné son biberon.* – **se recoucher,** se remettre au lit. *Léa s'est levée pour aller boire et s'est recouchée.*

▷ Mot de la famille de ① coucher.

recoudre v. (conjug. 51) Coudre ce qui est décousu. *Elle a recousu un bouton.* ▷ Mot de la famille de coudre.

recouper v. (conjug. 3) **1.** Couper de nouveau. *Il a recoupé des tranches de rôti.* **2.** Correspondre exactement. *Votre témoignage recoupe celui des autres témoins.* ➜ **coïncider.**

▸ **recoupement** n. m. Rencontre de renseignements venant de sources différentes qui permet de vérifier un fait. *Par recoupement des témoignages, la police s'est aperçue que l'alibi de l'accusé était faux.*

▷ Mots de la famille de couper.

recourber v. (conjug. 3) Rendre courbe. *Il recourbe la branche pour cueillir les fruits.*

▸ **recourbé, recourbée** adj. Dont l'extrémité est courbe. *L'aigle a un bec recourbé.* ➜ **crochu.**

▷ Mots de la famille de courbe.

recourir v. (conjug. 14) Demander de l'aide. *Il a recouru à un expert pour connaître la valeur de son tableau.* ➜ **consulter.**

▸ **recours** n. m. **1.** *Avoir recours à une personne*, faire appel à elle. → aussi s'**adresser.** *Elle a eu recours à une agence immobilière pour trouver un appartement.* **2.** Dernier moyen efficace. *Ce traitement est notre dernier recours contre la maladie.*

recouvrer v. (conjug. 3) **1.** Retrouver ce qu'on a perdu. *La malade a recouvré ses forces.* **2.** Recevoir le paiement. *Le percepteur recouvre les impôts.* → ① **percevoir.**

▸ **recouvrement** n. m. Le fait de percevoir une somme d'argent. *Le percepteur est chargé du recouvrement des impôts.*

recouvrir v. (conjug. 19) **1.** Couvrir de nouveau ce qui est découvert. *Il a recouvert son fils endormi.* **2.** Couvrir complètement. *La neige recouvre le jardin.* ▷ Mot de la famille de couvrir.

récréation n. f. Moment pendant lequel les élèves peuvent se détendre, s'amuser. *Paul joue aux billes pendant la récréation.*

se **récrier** v. (conjug. 9) Protester en s'exclamant. *Léa s'est récriée quand on l'a accusée d'avoir menti.* ▷ Mot de la famille de crier.

récriminer v. (conjug. 3) Montrer son mécontentement avec violence. → **critiquer, protester.** *Elle récrimine sans cesse contre tout le monde.*

▸ **récrimination** n. f. Plainte, protestation. *Ses récriminations perpétuelles agacent tout le monde.*

récrire → **réécrire**

se **recroqueviller** v. (conjug. 4) Se replier sur soi-même. *Julie s'est recroquevillée sous sa couette.*

recrudescence [ʀəkʀydesɑ̃s] n. f. Nouvelle augmentation plus grave, après une accalmie. *Il y a eu une recrudescence des cambriolages dans la ville.* ▮ contraire : **diminution.**
▶ Il y a un *s* devant le deuxième *c*.

recrue n. f. Soldat qui vient d'arriver dans l'armée.

▸ **recruter** v. (conjug. 3) Engager. *Le patron du café a recruté un nouveau serveur.* → **embaucher.**

▸ **recrutement** n. m. Action d'engager du personnel. *Le recrutement de nouveaux collaborateurs.*

rectal, rectale adj. Qui concerne le rectum. *La température rectale*, celle que l'on prend dans le rectum. – Au masc. pl. *rectaux.* ▷ Mot de la famille de rectum.

rectangle n. m. Figure géométrique qui a quatre angles droits et dont les côtés sont égaux deux à deux. → planche **Géométrie.** *Dessinez un rectangle de 20 centimètres de long sur 10 centimètres de large.* ▷ Mot de la famille de angle.

rectangulaire adj. Qui a la forme d'un rectangle. *Une table rectangulaire.*

rectifier v. (conjug. 9) Rendre exact. → **corriger.** *Il a rectifié le résultat de son opération.*

▸ **rectificatif, rectificative** adj. Qui corrige une chose inexacte. *Le journal a fait une note rectificative.* – n. m. *Le journal a publié un rectificatif.*

▸ **rectification** n. f. Correction. *Le journaliste a fait une rectification dans son article.*

rectiligne adj. En ligne droite. *Une allée rectiligne mène au château.* ▮ contraire : **sinueux.** ▷ Mot de la famille de ligne.

route **rectiligne**

a b c d e f g h i j k l m n o p q r s t u v w x y z

recto n. m. Première page d'une feuille de papier. ➜ ② **endroit.** ▮ contraire : **verso.** *Le début du questionnaire est au recto. La feuille est imprimée recto verso,* des deux côtés. – Au pl. *Des rectos.*

rectum [ʀɛktɔm] n. m. Dernière partie de l'intestin qui aboutit à l'anus.

▶ Autre mot de la famille : rectal.

reçu n. m. Papier prouvant que l'on a reçu quelque chose. ➜ **récépissé.** *On signe un reçu au livreur qui apporte un paquet.* ▷ Mot de la famille de recevoir.

recueil n. m. Livre qui réunit plusieurs textes. *Un recueil de contes.* ▷ Mot de la famille de ① recueillir.

recueillement n. m. État d'une personne qui s'isole du monde extérieur pour méditer ou prier. *La foule assiste à la cérémonie avec recueillement.* ▷ Mot de la famille de ② se recueillir.

① **recueillir** v. (conjug. 15) **1.** Rassembler, réunir. *Ils ont recueilli beaucoup d'argent en faisant leur collecte.* ➜ **collecter. 2.** Accueillir chez soi une personne qui est dans le malheur ou un animal abandonné. *Elle recueille tous les chiens errants.*

▶ Autre mot de la famille : recueil.

② se **recueillir** v. (conjug. 15) S'isoler en soi-même pour réfléchir ou prier. *Il s'est recueilli sur la tombe de sa mère.*

▶ Autre mot de la famille : recueillement.

reculer v. (conjug. 3) **1.** Aller vers l'arrière. *Il recule pour laisser passer sa femme.* ▮ contraire : **avancer.** – **se reculer,** aller vers l'arrière. *Elle s'est reculée pour admirer le tableau.* **2.** Renoncer à faire quelque chose. *Il faut y aller, il est trop tard pour reculer.* **3.** Mettre plus loin en arrière. *Elle recule sa chaise.* ▮ contraire : **avancer. 4.** Reporter à plus tard. *Il a reculé la date de son départ.* ➜ **différer,** ② **repousser, retarder.**

▶ **recul** n. m. **1.** Pas en arrière. *Il a eu un mouvement de recul en voyant le serpent.* **2.** *Prendre du recul,* reculer. *Léa prend du recul pour regarder l'affiche.* – *On manque encore de recul pour juger de la situation.*

▶ **reculé, reculée** adj. **1.** Lointain et difficile d'accès. *Un village reculé.* ➜ **retiré. 2.** Éloigné dans le temps. *Une époque reculée.* ➜ **lointain.** ▮ contraire : **proche.**

▶ **à reculons** adv. En reculant, en allant en arrière. *Louise s'amuse à marcher à reculons.*

récupérer v. (conjug. 8) **1.** Retrouver une chose que l'on avait perdue ou prêtée. *J'ai récupéré le livre qu'Alex m'avait emprunté.* **2.** Retrouver ses forces. *Laisse-moi le temps de récupérer.* **3.** Recueillir, rassembler des choses qui seraient perdues. ➜ aussi **recycler.** *Le garagiste récupère des pièces sur les vieilles voitures.*

▶ **récupération** n. f. Le fait de récupérer. *Des matériaux de récupération. Il a réparé sa voiture avec des pièces de récupération,* des pièces qu'il a récupérées.

▶ Autre mot de la famille : irrécupérable.

récurer v. (conjug. 3) Nettoyer en frottant. *Il récure la casserole.* ▷ Mot de la famille de curer.

récuser v. (conjug. 3) Refuser, rejeter. *Le juge récuse l'argument de l'avocat.*

▶ Autre mot de la famille : irrécusable.

pictogramme d'un produit **recyclable**

recycler v. (conjug. 3) **1.** *Recycler une chose,* lui faire subir un traitement pour pouvoir l'utiliser à nouveau. *On recycle les eaux usées.* – *Il écrit sur du papier recyclé.* **2. se recycler,** suivre des cours pour s'adapter à un nouveau travail, se reconvertir. *Ces employés suivent un stage pour se recycler.*

▶ **recyclable** adj. Que l'on peut recycler. *De nombreux déchets sont recyclables.* ➜ planche **Pollution.** ▮ contraire : **irrécupérable.**

▸ **recyclage** n. m. **1.** Formation que l'on suit pour acquérir de nouvelles connaissances ou s'adapter à un nouveau travail. *Des cours de recyclage.* **2.** *Le recyclage des déchets,* le traitement qu'on leur fait subir pour pouvoir les utiliser à nouveau.

▷ Mots de la famille de ① cycle.

rédacteur n. m., **rédactrice** n. f. Personne dont le métier est de rédiger des textes. *Elle est rédactrice dans un journal.*

rédaction n. f. **1.** Action ou manière de rédiger un texte. *La rédaction des articles de journaux.* **2.** Texte que l'on rédige en classe pour s'exercer à écrire.

reddition n. f. Le fait de se rendre, de reconnaître qu'on est vaincu. ➜ **capitulation.** *La reddition du chef des rebelles a mis fin à la guerre.*

la **reddition** de Vercingétorix

redescendre v. (conjug. 44) **1.** Descendre après être monté. *Ils sont montés en ascenseur et ils sont redescendus à pied.* ▮ contraire : **remonter.** **2.** Mettre en bas une chose qui avait été montée. *Elle a redescendu les valises du grenier.* ▷ Mot de la famille de descendre.

redevable adj. *Être redevable de quelque chose à quelqu'un,* avoir réussi grâce à lui. *Elle ne veut être redevable de rien à personne.* ▷ Mot de la famille de ① devoir.

redevance n. f. Taxe que l'on doit payer régulièrement. *La redevance audiovisuelle.* ▷ Mot de la famille de ① devoir.

redevenir v. (conjug. 13) Recommencer à être ce que l'on était et que l'on a cessé d'être. *À trente ans, elle est redevenue étudiante.* ▷ Mot de la famille de devenir.

rédhibitoire adj. Qui constitue un empêchement absolu. *Pour moi, le manque d'humour, c'est rédhibitoire.*

▶ Il y a un *h* après le *d.*

rediffusion n. f. Nouvelle diffusion d'une émission de radio ou de télévision. *Ce téléfilm est une rediffusion.* ▷ Mot de la famille de diffus.

rédiger v. (conjug. 5b) Écrire un texte. *Elle a rédigé un article pour une revue d'art.* ➜ aussi **rédacteur.**

redingote n. f. (➜ ÉTYM.) Très longue veste fendue derrière que portaient les hommes autrefois.

redingote

redire v. (conjug. 40) **1.** Dire plusieurs fois. ➜ **répéter.** *Il redit toujours la même chose.* ➜ **rabâcher, radoter.** **2.** Dire ce qu'un autre a déjà dit. *Redis-le après moi.* **3.** Critiquer. *Elle trouve à redire à tout.*

▸ **redite** n. f. Chose répétée inutilement. *Évitez les redites dans vos devoirs.* ➜ **répétition.**

▷ Mots de la famille de dire.

redonner v. (conjug. 3) **1.** Rendre à quelqu'un ce qu'on lui avait pris, ce qu'il n'avait plus. *Redonne-moi mon livre !* ➜ **rendre, restituer.** ▮ contraire : **garder.** *Il nous a redonné du courage.* **2.** Donner de nouveau. *Redonne du gâteau à Julie.* ▷ Mot de la famille de donner.

redoubler v. (conjug. 3) **1.** *Redoubler une classe,* la recommencer. *Son frère a redoublé sa terminale.* **2.** Recommencer de plus belle. *La pluie redouble.* **3.** Montrer encore plus. *Il redouble d'amabilité.*

▸ **redoublant** n. m., **redoublante** n. f. Élève qui redouble une classe.

▸ **redoublement** n. m. **1.** Le fait de redoubler une classe. **2.** Le fait d'être double. *Attention au redoublement de la lettre «d» dans le mot «reddition».*

▷ Mots de la famille de double.

redouter v. (conjug. 3) Avoir peur. → **craindre.** *Il redoute l'avenir. Elle redoute d'apprendre la vérité.*

▸ **redoutable** adj. Dont on doit avoir peur, qu'il faut redouter. *C'est un adversaire redoutable.* → **dangereux.** ▮ contraire : **inoffensif.**

redoux n. m. Radoucissement de la température au milieu de l'hiver. *Le redoux peut provoquer des avalanches en montagne.* ▷ Mot de la famille de doux.

redresser v. (conjug. 3) **1.** Remettre dans une position droite. *Il redresse le piquet de la tente qui était de travers.* ▮ contraires : **incliner, pencher.** **2.** Redonner sa forme normale. *Le garagiste a redressé le parechoc de la voiture.* ▮ contraire : **tordre.** **3.** *Redresser la situation,* rattraper les erreurs qui ont été faites.

▸ **se redresser** v. **1.** Se remettre droit. *Alex s'est cogné la tête en se redressant.* **2.** Retrouver son niveau normal. *L'économie du pays s'est redressée.*

▸ **redressement** n. m. Retour à un niveau normal. *Le redressement de l'économie a été difficile.*

▸ **redresseur** n. m., **redresseuse** n. f. *Un redresseur de torts,* une personne qui veut venger les innocents et punir les coupables. → **justicier.**

▷ Mots de la famille de ① dresser.

réduction n. f. **1.** Diminution. *La réduction des inégalités est souhaitable.* **2.** Diminution de prix. *Le garagiste fait une réduction de 10 % à ses bons clients.* → **rabais, remise, ristourne.** ▮ contraire : **augmentation.** **3.** Reproduction dans un format plus petit. *Cette photo est une réduction de la photo originale.* ▮ contraire : **agrandissement.** *Il a fabriqué une ferme en réduction,* en miniature. ▷ Mot de la famille de réduire.

réduire v. (conjug. 41) **1.** Rendre plus petit, moins important. → **diminuer.** *Le conducteur réduit sa vitesse. Il va falloir réduire nos dépenses.* → **restreindre.** ▮ contraire : **augmenter.** **2.** Mettre dans un état désagréable. → **amener.** *On l'a réduit au silence par des menaces.* → **contraindre.** *Les survivants en étaient réduits à manger de l'herbe.* **3.** Transformer en écrasant, en broyant. *Le mixeur a réduit les pommes de terre en purée.* **4.** ***Se réduire*** à, consister seulement en. *Ses économies se réduisent à quelques dizaines d'euros.*

modèle **réduit**

▸ ① **réduit, réduite** adj. **1.** Reproduit à petite échelle. *Il fabrique des modèles réduits d'avion.* **2.** *Tarif réduit,* moins élevé que le tarif normal. *Des billets d'avion à tarif réduit.* → aussi **demi-tarif.**

▸ ② **réduit** n. m. Petite pièce sombre. → **cagibi.**

▶ Autre mot de la famille : réduction.

réécrire v. (conjug. 42) Écrire, rédiger une nouvelle fois. *Je te réécrirai demain. Le journaliste a réécrit son article.* ▷ Mot de la famille de écrire.
▶ On dit aussi *récrire.*

rééditer v. (conjug. 3) Éditer de nouveau un livre. *Les œuvres rééditées.*

▸ **réédition** n. f. Nouvelle édition d'un ouvrage. *La réédition d'un roman.*

▷ Mots de la famille de éditer.

rééduquer v. (conjug. 3) Traiter un malade ou un blessé pour qu'il retrouve l'usage de la partie de son corps blessée, handicapée ou malade. *Il a été rééduqué plusieurs mois avant de pouvoir recommencer à marcher.*

▸ **rééducation** n. f. Ensemble de soins qui permettent de retrouver l'usage d'une partie du corps blessée ou atteinte par la maladie. *Après son accident de ski, il a suivi des séances de rééducation.*

▷ Mots de la famille de éduquer.

réel, réelle adj. Qui existe vraiment. ➜ **vrai.** *Les journaux rapportent des faits réels.* ➜ **authentique.** *Une histoire réelle.* ▮ contraires : **fictif, imaginaire, irréel.**

▸ **réellement** adv. En réalité. *Cet homme a réellement existé.* ➜ **vraiment.**

▸ Autre mot de la famille : irréel.

réélection n. f. Nouvelle élection. *Le candidat de la majorité est sûr de sa réélection,* il est sûr d'être réélu. ▷ Mot de la famille de élection.

réélire v. (conjug. 46) Élire de nouveau. *Le maire a été réélu facilement.* ▷ Mot de la famille de élire.

refaire v. (conjug. 37) **1.** Faire de nouveau ce que l'on a déjà fait. ➜ **recommencer.** *Je referai un voyage l'année prochaine.* **2.** Remettre en état. *Ils refont le magasin.* ▷ Mot de la famille de faire.

réfection n. f. Réparation, remise à neuf. *Le pont est en réfection.* ➜ **rénovation.**

réfectoire n. m. Salle à manger dans un bâtiment où des personnes vivent en groupe. ➜ aussi **cantine.** *Les moines prennent leur repas dans le réfectoire.*

référendum [ʀefeʀɛ̃dɔm] n. m. Vote de tous les électeurs servant à approuver ou à rejeter une proposition du gouvernement. ➜ **plébiscite.** – Au pl. *Des référendums.*

se référer v. (conjug. 8) Consulter. *Elle se réfère à son dictionnaire pour écrire certains mots difficiles.*

▸ **référence** n. f. **1.** Indication de l'auteur d'une citation et de l'ouvrage dont elle est tirée. *La référence se trouve à la fin de la citation.* **2.** Attestation servant de recommandation pour trouver du travail. *Le candidat a des références sérieuses.*

refermer v. (conjug. 3) Fermer ce qui était ouvert. *Il referme son livre.* ▮ contraire : **rouvrir.** ▷ Mot de la famille de fermer.

réfléchir v. (conjug. 11) **1.** Renvoyer une image. *Les miroirs réfléchissent les objets.* ➜ **refléter** et aussi **réverbérer.** – **se réfléchir,** avoir son image renvoyée. *Les montagnes se réfléchissent dans le lac.* **2.** Faire usage de la réflexion. ➜ **penser ;** fam. **cogiter.** *Réfléchis avant de répondre !*

▸ **réfléchi, réfléchie** adj. Qui réfléchit avant d'agir. ➜ **raisonnable, sérieux.** *Léa est une petite fille très réfléchie.* ▮ contraire : **étourdi.** *Tout bien réfléchi, nous viendrons par le train,* réflexion faite.

▸ Autre mot de la famille : irréfléchi.

réflecteur n. m. Appareil qui réfléchit la lumière, la chaleur au moyen de miroirs ou de prismes. *Le réflecteur d'un télescope.*

reflet n. m. **1.** Image réfléchie. *Paul voit son reflet dans la vitrine.* **2.** Effet brillant produit par la lumière qui se réfléchit. *La moire est un tissu à reflets changeants.* **3.** Expression, image. *On dit que les yeux sont le reflet de l'âme.*

▸ **refléter** v. (conjug. 8) **1.** Réfléchir l'image d'un objet. *Le miroir reflète la lumière des bougies.* – **se refléter,** se réfléchir. *La lune se reflétait dans l'eau.* **2.** Exprimer, manifester. *Son visage reflète l'intelligence.*

refleurir v. (conjug. 11) Fleurir de nouveau. *Après l'hiver, les plantes refleurissent.* ▷ Mot de la famille de (1) fleur.

réflexe n. m. **1.** Réaction automatique et très rapide d'une partie du corps quand elle est excitée. *Quand il fait froid, les poils de la peau se hérissent : c'est un réflexe.* **2.** Geste très rapide que l'on fait sans y penser. ➜ aussi **automatisme.** *Elle a eu le réflexe de freiner pour éviter le chien.*

réflexion n. f. **1.** Phénomène par lequel la lumière est réfléchie, renvoyée. ➜ aussi **reflet** et **réverbération. 2.** Le fait d'examiner au fond de soi une idée, un problème. ➜ aussi **méditation.** *Il a demandé une semaine de réflexion avant de se décider. Réflexion faite, je pars demain,* après avoir bien réfléchi. **3.** Observation, remarque. *Elle fait sans cesse des réflexions désagréables.*

réflexion de la lumière

refluer v. (conjug. 3) Aller en sens contraire, se retirer. *La foule reflue vers la sortie.* ▮ contraire : **affluer.**

reflux [ʀəfly] n. m. Mouvement de la marée descendante. ▷ Mot de la famille de **flux.**

réforme n. f. **1.** Ensemble de changements servant à améliorer quelque chose. *Le gouvernement a entrepris de grandes réformes sociales.* **2.** *La Réforme,* le mouvement religieux qui fonda le protestantisme au 16e siècle.

▸ **réformateur** n. m., **réformatrice** n. f. Personne qui fait des réformes. *Ce chef d'État est un grand réformateur.*

▸ **réformer** v. (conjug. 3) Changer en mieux. ➜ **améliorer.** *Le président de la République veut réformer la Constitution.*

▸ **réformiste** n. m. et f. Personne qui est pour les réformes, qui veut améliorer la société sans faire la révolution.

▷ Mots de la famille de **forme.**

refouler v. (conjug. 3) **1.** Faire reculer, repousser. *La police a refoulé les manifestants.* **2.** Retenir en soi. ➜ **réprimer.** *Il refoule ses larmes.*

réfractaire adj. **1.** Qui refuse de se soumettre, d'obéir. *Elle est réfractaire à la discipline du pensionnat.* ➜ **rebelle. 2.** *Une matière réfractaire,* qui résiste à de très hautes températures. *Un four à poterie en briques réfractaires.*

refrain n. m. **1.** Partie d'une chanson qui se répète après chaque couplet. *On a tous repris le refrain en chœur.* **2.** Paroles que quelqu'un répète sans cesse. *Elle se plaint de sa santé, c'est toujours le même refrain.* ➜ **rengaine.**

réfréner v. (conjug. 8) Réprimer, retenir. *Il réfrène mal son impatience.*

▶ On écrit aussi *refréner* [ʀefʀene].

réfrigérateur n. m. Appareil électroménager qui sert à conserver les aliments au froid. ➜ **frigidaire** et aussi **congélateur.**

refroidir v. (conjug. 11) **1.** Devenir plus froid ou moins chaud. *À table ! la soupe refroidit.* – **se refroidir,** devenir plus froid. *Le temps s'est refroidi.* ➜ se **rafraîchir.** ▮ contraire : se **réchauffer. 2.** Diminuer l'enthousiasme. *Son accueil peu aimable nous a refroidis.*

▸ **refroidissement** n. m. **1.** Diminution de la température. *La météo prévoit un refroidissement général.* ➜ **rafraîchissement.** ▮ contraire : **réchauffement. 2.** Rhume.

▷ Mots de la famille de **froid.**

refuge n. m. **1.** Endroit où l'on est protégé, à l'abri du danger. *Le chat a trouvé refuge sous le lit.* **2.** Petite maison qui sert d'abri en haute montagne. *Les randonneurs ont passé la nuit dans un refuge.*

▸ se **réfugier** v. (conjug. 9) Se mettre à l'abri ou en sécurité quelque part. *Le bébé s'est réfugié dans les bras de sa mère.*

▸ **réfugié** n. m., **réfugiée** n. f. Personne qui a fui son pays pour échapper à un danger. ➜ aussi **émigré.** *Des réfugiés politiques ont demandé asile à la France.*

refuser v. (conjug. 3) **1.** Ne pas accepter. *Il refuse d'obéir. Ils ont refusé notre aide.* ➜ ② **décliner.** ▮ contraire : **accepter. 2.** Ne pas recevoir à un examen. *Le candidat a été refusé.* ➜ **recaler.** ▮ contraires : **admettre, recevoir.**

▸ **refus** n. m. Le fait de refuser. *Quand il a demandé une augmentation, il s'est heurté à un refus.* ▮ contraires : **acceptation, consentement.**

réfuter v. (conjug. 3) *Réfuter un argument,* montrer qu'il est faux. *Je réfute tes objections.*
▶ Autre mot de la famille : irréfutable.

regagner v. (conjug. 3) **1.** Reprendre, retrouver ce que l'on avait perdu. ➜ **rattraper.** *Le cheval a regagné du terrain.* **2.** Revenir, retourner à un endroit. *Après la récréation, les élèves regagnent leur classe.* ➜ **rejoindre.** ▷ Mot de la famille de gagner.

regain n. m. **1.** Herbe qui repousse dans une prairie qui vient d'être fauchée. **2.** Retour, renouveau. *Depuis peu, ce restaurant connaît un regain d'activité.*

régal n. m. (pl. **régals**) Nourriture très bonne. *Cette tarte est un vrai régal.* ➜ **délice.**

▸ se **régaler** v. (conjug. 4) Manger quelque chose de très bon avec grand plaisir. *Les enfants se sont régalés au goûter d'anniversaire de Paul.*

refuge de montagne

regarder v. (conjug. 3) **1.** Observer, examiner. *Elle regarde le paysage par la fenêtre du train.* – **se regarder,** faire en sorte de voir son image. *Elle se regarde souvent dans la glace.* **2.** Être orienté, tourné dans une direction. *La ferme regarde vers l'ouest.* **3.** Concerner. *Il se mêle toujours de ce qui ne le regarde pas.* **4.** *Regarder à la dépense,* faire attention à ce que l'on dépense. ➜ aussi **regardant.**

▸ **regard** n. m. Expression des yeux de quelqu'un qui regarde. *Il la suit du regard. Elle lui a lancé un regard furieux.*

▸ **regardant, regardante** adj. Qui fait attention à ne pas dépenser trop d'argent. ➜ **avare, économe ;** fam. **radin.** *Elle est très regardante.* ▮ contraires : **dépensier, généreux.**

régate n. f. Course de bateaux à voiles ou à rames. *Les voiliers disputent une régate.*

régence n. f. Gouvernement exercé par un régent ou une régente. ▷ Mot de la famille de régent.

régénérer v. (conjug. 3) Redonner des qualités perdues. *Cette crème régénère la peau.*

régent n. m., **régente** n. f. Personne qui gouverne un pays à la place d'un souverain qui n'a pas encore l'âge de régner ou qui est absent. *Anne d'Autriche a été régente pendant la minorité de son fils Louis XIV.*

▸ **régenter** v. (conjug. 3) Diriger avec autorité. *Elle régente tout le monde.*
▶ Autre mot de la famille : régence.

régicide n. m. et f. **1.** n. m. et f. Personne qui assassine un souverain. *Le régicide Ravaillac fut écartelé.* **2.** n. m. Meurtre d'un roi. *Ravaillac a commis un régicide.*

régie n. f. **1.** Entreprise gérée par l'État. *La Régie française des tabacs avait le monopole des tabacs.* **2.** Organisation d'un spectacle ou d'une émission de radio, de télévision. ➜ aussi **régisseur.** ➜ planche **Spectacle. 3.** Local d'un studio de télévision ou de radio dans lequel se tiennent les techniciens. *Le réalisateur est en régie.*

regimber v. (conjug. 3) Résister en refusant. *Il a obéi sans regimber.* ➜ **protester** ; fam. se **rebiffer.**

① **régime** n. m. **1.** Manière dont un État est organisé. *Jusqu'en 1789, la France a vécu sous un régime monarchique. Les régimes démocratiques.* **2.** Manière de se nourrir en mangeant seulement certains aliments. *Il suit un régime sans sel.* **3.** *Le régime d'un fleuve,* la quantité d'eau qui s'écoule par seconde selon la saison et le climat. **4.** *Le régime d'un moteur,* la vitesse à laquelle il tourne. *La voiture roule à plein régime.*

② **régime** n. m. Ensemble de fruits poussant en grappe sur la même tige. *Un régime de bananes, de dattes.*

régime de bananes

régiment n. m. Troupe de soldats commandée par un colonel.

région n. f. **1.** Partie d'un pays. *Le nord de la France est une région très peuplée.* **2.** (avec une majuscule) En France, division administrative regroupant plusieurs départements. *La Région Midi-Pyrénées.*

▸ **régional, régionale** adj. Particulier à une région. *Les coutumes régionales. Les langues régionales. Le Conseil régional gère une Région.* – Au masc. pl. *régionaux.*

▸ **régionalisme** n. m. Mot particulier à une région. *«Chocolatine» est un régionalisme qui signifie «pain au chocolat».*

▸ **régionaliste** n. m. et f. Personne qui manifeste beaucoup d'intérêt pour sa région et la met en avant. – adj. *Des écrivains régionalistes.*

régisseur n. m., **régisseuse** n. f. Personne qui s'occupe de régler tous les détails d'une représentation théâtrale ou d'une émission de radio, de télévision (➜ aussi **régie**).

registre n. m. **1.** Cahier où sont notés des noms ou des chiffres. *Les naissances, les mariages et les décès sont inscrits sur le registre d'état civil.* **2.** Niveau de langue. *Le registre familier.*

▸ Autres mots de la famille : enregistrement, enregistrer, enregistreur.

réglable adj. Que l'on peut régler, mettre dans la position voulue. *Des étagères réglables.* ▹ Mot de la famille de règle.

réglage n. m. Opération qui permet de régler un appareil ou un mécanisme. *Le réglage du chauffage se fait à l'aide d'un thermostat.* ▹ Mot de la famille de règle.

règle n. f. **1.** Instrument allongé servant à tirer des traits et à mesurer des longueurs. *Il trace un trait avec sa règle.* **2.** Formule qui indique ce qu'il faut faire dans un cas précis. ➜ **loi, principe.** *Les règles d'accord du participe passé. La règle d'un jeu,* la manière dont il faut jouer. *En règle générale,* généralement. *En règle générale, les cours commencent à 8 heures.* **3.** *En règle,* conforme à la loi. *Ses papiers sont en règle.*

▸ Autres mots de la famille : dérégler, réglable, réglage, règlement, réglementaire, réglementation, réglementer, régler.

règlement n. m. **1.** Ensemble de règles que l'on doit respecter. *Le maître explique le règlement de l'école.* **2.** Le fait de résoudre un problème, de trouver une solution. *Le règlement d'un conflit.* **3.** Paiement. *Le règlement se fait à la caisse.*

▸ **réglementaire** adj. Conforme au règlement. *La tenue réglementaire des soldats.*

▸ **réglementation** n. f. Ensemble de règlements. *La vente de l'alcool est soumise à une réglementation.*

▸ **réglementer** v. (conjug. 3) Imposer un ensemble de règles. *On a réglementé le stationnement sur la place les jours de marché.*

régler v. (conjug. 8) **1.** Fixer exactement. ➜ **établir.** *La cérémonie est réglée par les organi-*

sateurs. **2.** Mettre au point pour un bon fonctionnement. *Le mécanicien règle le carburateur.* ▮ contraire : **dérégler. 3.** Résoudre définitivement. *Cette affaire n'est pas encore réglée,* terminée. **4.** Payer. *Elle règle ses achats en espèces.*

règles n. f. pl. Écoulement de sang d'une durée de quelques jours qui se produit chaque mois chez la femme, à partir de l'âge où elle peut avoir des enfants. ➜ aussi **puberté.**

réglisse n. f. et m. **1.** n. f. Plante qui a une racine sucrée. *La réglisse a des fleurs blanches, violettes ou bleues.* **2.** n. m. Bonbon fait de réglisse. *Il mange un réglisse.*

réglisse

règne n. m. **1.** Période pendant laquelle un souverain exerce son pouvoir. *Le long règne de Louis XIV.* **2.** Chacune des trois grandes divisions de la nature. *Le règne animal, le règne végétal et le règne minéral.*

▸ **régner** v. (conjug. 8) **1.** Exercer le pouvoir, pour un souverain. *Cléopâtre a régné en Égypte au Ier siècle avant Jésus-Christ.* **2.** Exister, s'être établi quelque part. *Un profond silence règne dans la forêt.*

regonfler v. (conjug. 3) Gonfler une chose qui s'est dégonflée. *Il regonfle les pneus de son vélo.* ▷ Mot de la famille de **gonfler.**

regorger v. (conjug. 5b) Contenir en grande quantité. *Le sol regorge d'eau.* ▷ Mot de la famille de **gorge.**

régresser v. (conjug. 3) Diminuer. ➜ **reculer.** *Le traitement a fait régresser la tumeur.* ▮ contraires : se **développer, progresser.**

▸ **régression** n. f. Diminution. ➜ **recul.** *Cette maladie est en régression.* ▮ contraire : **progression.**

regretter v. (conjug. 3) **1.** Éprouver de la tristesse en pensant à quelque chose que l'on a eu et que l'on n'a plus. *Elle regrette le temps des vacances. Quand vous serez partis, nous vous regretterons.* **2.** Être mécontent. *Je regrette d'avoir acheté ces chaussures.* ➜ se **repentir,** se **reprocher.** ▮ contraire : se **féliciter.** *Elle a regretté que nous ne puissions pas venir la voir.* ➜ **déplorer.** ▮ contraire : se **réjouir. 3.** Se montrer désolé. *Nous regrettons de vous avoir fait attendre.*

▸ **regret** n. m. **1.** Sentiment de tristesse causé par la perte de ce que l'on aimerait avoir encore. ➜ **nostalgie.** *Elle a quitté ses amis avec regret. Il est parti à regret,* contre son désir, à contrecœur. **2.** Mécontentement ou chagrin d'avoir fait quelque chose. ➜ **remords, repentir.** *Je n'éprouve aucun regret de ce que j'ai dit.*

▸ **regrettable** adj. Qui est à regretter. *Une erreur regrettable.* ➜ **fâcheux.**

regrouper v. (conjug. 3) Grouper de nouveau ce qui était dispersé. *Le chien regroupe le troupeau en aboyant.* ➜ **rassembler.** – **se regrouper,** se remettre en groupe. *Les élèves se sont regroupés autour du professeur.* ▮ contraire : se **disperser.** ▷ Mot de la famille de **groupe.**

régulariser v. (conjug. 3) Rendre régulier. *Le barrage a régularisé le régime du fleuve.*

régularité n. f. **1.** Caractère régulier, égal. *Théo fait preuve d'une grande régularité dans son travail.* **2.** Conformité aux règles. *La régularité des élections a été mise en cause.* **3.** Caractère de ce qui est régulier, harmonieux. *La régularité des traits d'un visage.*

▸ Autre mot de la famille : **irrégularité.**

réguler v. (conjug. 3) Assurer le bon fonctionnement de quelque chose. *Ce médicament régule la tension.*

▶ **régulation** n. f. Action de réguler, de faire fonctionner de manière correcte. *La régulation du trafic routier.*

régulier, régulière adj. 1. Qui ne varie pas, qui se répète de la même façon. *Le train roule à une vitesse régulière.* ➜ **constant, égal.** ▮ contraires : **irrégulier, variable.** *Elle mène une vie régulière,* elle a des habitudes et n'en change pas. 2. Qui a des proportions harmonieuses. *Une écriture régulière,* bien formée et nette. 3. Conforme à la loi, aux règles. *Ces élections sont tout à fait régulières. «Aimer» est un verbe régulier.* ▮ contraire : **irrégulier.** 4. *Clergé régulier,* qui fait partie d'un ordre religieux. *Les moines appartiennent au clergé régulier.* ▮ contraire : **séculier.**

▶ **régulièrement** adv. Selon un rythme constant. *Il se fait couper les cheveux régulièrement.*

▶ Autres mots de la famille : irrégulier, irrégulièrement.

régurgiter v. (conjug. 3) Rejeter par la bouche ce que l'on a avalé. *Le bébé a régurgité un peu de lait.* ➜ **vomir.**

réhabiliter v. (conjug. 3) *Réhabiliter un condamné,* reconnaître publiquement son innocence et lui faire retrouver ses droits et l'estime de tous. ➜ **blanchir** et aussi **innocenter.** *Galilée avait été condamné par l'Église, mais il a été réhabilité.* ▷ Mot de la famille de habiliter.

rehausser v. (conjug. 3) Rendre plus haut. ➜ **surélever.** *Le maçon a rehaussé le mur.* ▷ Mot de la famille de haut.

réimpression n. f. Nouvelle impression d'un ouvrage sans changement. ➜ aussi **réimprimer.** ▷ Mot de la famille de ① impression.

réimprimer v. (conjug. 3) Imprimer de nouveau sans changement. ➜ aussi **réimpression.** *Son livre vient d'être réimprimé.* ▷ Mot de la famille de imprimer.

rein n. m. 1. Chacun des deux organes qui filtrent le sang pour éliminer les déchets et produisent l'urine. ➜ aussi **rognon.** 2. *Les reins,* la partie inférieure du dos. *Il a souvent mal aux reins.* ➜ aussi **lumbago.**

réincarnation n. f. Le fait de vivre dans un autre corps après sa mort. *Certaines personnes croient à la réincarnation.* ▷ Mot de la famille de incarner.

reine n. f. 1. Femme d'un roi ou femme qui gouverne un royaume. *La reine d'Angleterre.* 2. Femelle qui pond, chez les abeilles, les guêpes, les fourmis. *Il n'y a qu'une reine dans une ruche.* ▮ homonymes : rêne, renne.

▶ **reine-claude** n. f. Prune verte à chair fondante. – Au pl. *Des reines-claudes.*

▶ **reine-marguerite** n. f. Plante à fleurs roses, mauves ou jaunes. – Au pl. *Des reines-marguerites.* ▷ Mot de la famille de marguerite.

reine-marguerite

reinette n. f. Variété de pomme jaune et rouge, à chair très parfumée. ▮ homonyme : rainette.

réinsérer v. (conjug. 8) Trouver une place pour réadapter quelqu'un à la vie sociale. *Cette association réinsère les anciens prisonniers dans la société.* ➜ aussi **réinsertion.** ▷ Mot de la famille de insérer.

réinsertion n. f. Le fait de donner à une personne la possibilité de se réadapter à la vie sociale. ➜ aussi **réinsérer.** *Cette association s'occupe de la réinsertion des détenus.* ▷ Mot de la famille de insertion.

réintégrer v. (conjug. 8) Revenir dans un endroit dont on est parti. *Le malade a réintégré sa chambre après l'opération.*

▸ **réintégration** n. f. Le fait de retrouver sa place dans la vie sociale. *Les salariés licenciés ont obtenu leur réintégration dans l'entreprise.*

▷ Mots de la famille de intégrer.

réitérer v. (conjug. 8) Faire de nouveau, faire plusieurs fois. *Je vous réitère ma demande.* ➜ **renouveler.**

rejaillir v. (conjug. 11) Se reporter. *Le scandale a rejailli sur sa famille.* ➜ **retomber.** ▷ Mot de la famille de jaillir.

rejeter v. (conjug. 6b) **1.** Jeter en sens inverse une chose que l'on a reçue ou que l'on a prise. *Le pêcheur a rejeté le poisson à l'eau.* **2.** Rendre quelqu'un responsable, faire retomber la responsabilité sur quelqu'un. *Il rejette la responsabilité sur les autres.* **3.** Refuser. *Il a rejeté notre offre.* ➜ ② **décliner.** ▮ contraire : **accepter.**

▸ **rejet** n. m. **1.** Refus. *Le rejet de sa demande de visa a contrarié ses plans de voyage.* **2.** Nouvelle pousse. ➜ **rejeton.** *Des rejets ont poussé sur cette plante.*

▸ **rejeton** n. m. **1.** Nouvelle pousse. ➜ **rejet.** **2.** Familier. Enfant.

▷ Mots de la famille de jeter.

des **rejets**

rejoindre v. (conjug. 52) **1.** Aller retrouver. *Il a rejoint sa famille pour le week-end.* **2.** Rattraper. *Paul a rejoint Alex qui marchait devant.* **3.** Revenir à un endroit. *Il est temps de rejoindre la maison.* ➜ **regagner.** **4.** Venir en contact avec. *Ce sentier rejoint la route.*

▸ **se rejoindre** v. **1.** Se rencontrer. *Ils doivent se rejoindre chez mes parents.* ➜ **se retrouver.** **2.** Venir en contact. *Ces deux rues se rejoignent plus loin.*

▷ Mots de la famille de joindre.

réjouir v. (conjug. 11) Rendre heureux, joyeux. *L'approche de Noël réjouit les enfants.* ▮ contraires : **attrister, déprimer.** – **se réjouir,** éprouver de la joie. *Il se réjouit de partir en vacances.* ▮ contraire : **regretter.**

▸ **réjouissance** n. f. **1.** Joie que partage tout le monde. *Les occasions de réjouissance ne manquent pas.* **2.** Distraction. *Quel est le programme des réjouissances aujourd'hui ?*

▸ **réjouissant, réjouissante** adj. Qui fait plaisir. *Voilà une nouvelle réjouissante.* ▮ contraire : **désolant.** *Tout cela n'est pas réjouissant.* ➜ **gai.**

relâcher v. (conjug. 3) **1.** Rendre moins serré. ➜ **desserrer, détendre.** *Il a relâché les sangles de son sac à dos.* **2.** Laisser faiblir. *Au bout d'une heure de cours, on relâche son attention.* – **se relâcher,** devenir moins rigoureux. *La discipline se relâche.* **3.** Remettre en liberté. *Ils ont relâché les otages.* ➜ **libérer.** **4.** Faire escale. *Le cargo a relâché à Marseille.*

▸ **relâche** n. f. **1.** *Sans relâche,* sans s'arrêter, sans répit. *Il travaille sans relâche.* ➜ **trêve.** **2.** Fermeture momentanée d'une salle de spectacle. *Dans ce théâtre, le jour de relâche est le lundi.*

▸ **relâchement** n. m. **1.** État de ce qui est relâché. *L'expiration est liée au relâchement des muscles.* ▮ contraire : **contraction.** **2.** Diminution. *Le relâchement de la discipline.*

▷ Mots de la famille de lâcher.

relais n. m. **1.** *Une course de relais,* une course disputée entre des équipes de plusieurs coureurs qui se remplacent à une distance déterminée. **2.** *Prendre le relais de quelqu'un,* le remplacer. *Quand tu seras fatigué de conduire, je prendrai le relais.* → aussi **relayer** et **relève.** **3.** *Un relais de télévision,* c'est un dispositif qui transmet des émissions envoyées par un émetteur. → planche **Télécommunications.** ▷ Mot de la famille de relayer.

On peut aussi écrire *un relai,* sans *s* final au singulier.

relancer v. (conjug. 5a) **1.** Lancer quelque chose après l'avoir reçu. *Paul a relancé le ballon à Alex.* → **renvoyer.** **2.** Remettre en marche, en activité. *Le gouvernement veut relancer l'activité économique du pays.*

▶ **relance** n. f. Reprise, nouvel essor. *Ces mesures ont permis une relance de l'économie du pays.*

▷ Mots de la famille de lance.

relater v. (conjug. 3) Raconter en détail. → **retracer.** *Le témoin a scrupuleusement relaté les faits.*

relatif, relative adj. **1.** Qui concerne. *Ils ont eu une discussion relative à l'éducation des enfants.* **2.** Incomplet, imparfait. *Cet endroit est d'une relative propreté.* **3.** *Pronom relatif,* pronom qui introduit une proposition subordonnée en la reliant à un mot de la proposition principale. *Qui, que, quoi, dont, où, lequel sont des pronoms relatifs.* – *Proposition subordonnée relative,* introduite par un pronom relatif. *Une proposition relative introduite par «que».*

▶ **relativement** adv. À peu près. *Il est relativement honnête.* → **plutôt.**

relation n. f. **1.** Lien. *Il y a une relation entre la végétation et le climat d'un pays.* → **rapport.** **2.** Contact. *Il a des relations professionnelles avec des banquiers. Elle s'est mise en relation avec le directeur du journal,* elle a pris contact avec lui. **3.** Personne que l'on connaît avec laquelle on a des liens moins forts qu'avec un ami. *Ils ont beaucoup de relations.* → **connaissance.**

se relaxer v. (conjug. 4) Se détendre, se reposer. → se **décontracter.** *Il se relaxe en écoutant de la musique.*

▶ **relaxation** n. f. Repos. *J'ai besoin d'un moment de relaxation.* → **détente.**

séance de **relaxation**

relayer v. (conjug. 10) Remplacer. *Le policier relaie son collègue qui surveille l'immeuble.* → **relever.** – **se relayer,** se remplacer l'un l'autre. *Les infirmières se sont relayées au chevet du malade.*

▶ Autre mot de la famille : relais.

reléguer v. (conjug. 8) Mettre dans un endroit où on ne va jamais ou rarement. *Il relègue ses vieilles affaires au grenier.*

relent n. m. Mauvaise odeur. *Des relents de friture.*

relever v. (conjug. 7) **1.** Remettre debout. *Alex a relevé Léa qui était tombée.* – **se relever,** se remettre debout. *Aide-moi à me relever !* **2.** Ramasser. *Le professeur relève les cahiers.* **3.** Diriger vers le haut. → **remonter.** *Il relève le col de son pardessus.* contraires : **abaisser, baisser.** **4.** Donner plus de goût. *Les épices relèvent la sauce.* **5.** Remarquer. *Le professeur a relevé trois fautes dans la dictée de Julie.* → **noter.** **6.** Noter par écrit. *Un employé a relevé le compteur d'électricité,* il a noté le chiffre correspondant à la quantité d'électricité utilisée.

7. Remplacer. *L'équipe de nuit relève l'équipe de jour.* → **relayer.**

▸ **relève** n. f. Remplacement d'une personne par une autre. → aussi **relais.** *La sentinelle a pris la relève. La relève de la garde.*

▸ **relevé** n. m. *Relevé de banque, relevé bancaire,* papier sur lequel sont notées les dépenses faites et la somme d'argent qui est sur un compte bancaire.

▸ **relèvement** n. m. Le fait de relever, de mettre plus haut. *Les syndicats réclament le relèvement général des salaires.* ▮ contraire : **baisse.**

▷ Mots de la famille de ① lever.

relief n. m. **1.** Ensemble des creux et des bosses qui couvrent la surface de la Terre. *Sur cette carte, on distingue bien le relief.* **2.** Ce qui fait saillie sur une surface. *Les pièces de monnaie sont imprimées en relief.* **3.** *Mettre en relief,* faire ressortir, mettre en évidence. *L'éclairage du musée met bien les objets exposés en relief.*

▶ Autre mot de la famille : bas-relief.

relier v. (conjug. 9) **1.** *Relier un livre,* attacher ensemble les feuilles qui le composent et les couvrir avec une couverture rigide. → aussi **reliure.** *Ce livre a été mal relié.* **2.** Attacher ensemble, réunir. → **joindre.** *Les alpinistes sont reliés par une corde.* **3.** Faire communiquer. *Cette route relie les deux villes.* → **raccorder.** **4.** Faire correspondre. *Dans cet exercice, il faut relier chaque mot à sa définition.*

▸ **relieur** n. m., **relieuse** n. f. Personne dont le métier est de relier des livres.

▷ Mots de la famille de lier.

religieux adj. et n. m., **religieuse** adj. et n. f. ▪ adj. **1.** Qui se rapporte à la religion. *Les églises, les temples, les mosquées, les synagogues sont des édifices religieux. Musique religieuse.* ▮ contraire : **profane.** **2.** Qui pratique une religion. *Une femme très religieuse.* → **pieux.** ▪ n. m. et f. Personne qui a consacré sa vie à Dieu et vit dans un couvent. → **moine.** *Elle a été en pension chez des religieuses.* → **nonne, sœur.**

▸ **religieusement** adv. **1.** En suivant les rites d'une religion. *Ils se sont mariés religieusement à l'église.* **2.** Avec une grande attention, avec recueillement. *Il écoute de la musique religieusement.*

religion n. f. Croyance en un dieu unique ou en plusieurs dieux. *Ils sont de religion catholique et leurs voisins de religion musulmane.*

reliquat [Rəlika] n. m. Ce qui reste d'une somme à payer ou à percevoir. *Le reliquat d'une dette.* → **reste.**

relique n. f. Morceau du corps d'un saint ou objet ayant appartenu à un saint ou au Christ, auquel on rend un culte. *Les reliques de la sainte sont conservées dans l'église.*

relire v. (conjug. 46) **1.** Lire ce que l'on vient d'écrire pour le vérifier, le corriger. *Théo relit sa lettre avant de la mettre dans l'enveloppe.* **2.** Lire une deuxième fois. *J'ai relu ce livre avec plaisir.* ▷ Mot de la famille de lire.

reliure n. f. Couverture rigide d'un livre. *Une reliure en cuir.* → aussi **relier.** ▷ Mot de la famille de lier.

reliure

reloger v. (conjug. 5b) Procurer un logement à quelqu'un qui n'en a plus. *La commune a relogé les victimes de l'inondation.* ▷ Mot de la famille de loge.

reluire v. (conjug. 41) Briller. *Il fait reluire ses chaussures avec une brosse.* ▷ Mot de la famille de luire.

a b c d e f g h i j k l m n o p q r s t u v w x y z

remâcher v. (conjug. 3) Penser sans cesse à quelque chose. *Il remâche ses soucis.* ➜ **ruminer.** ▷ Mot de la famille de mâcher.

remanier v. (conjug. 9) Modifier. *Le Premier ministre a remanié le gouvernement.*

▸ **remaniement** n. m. Le fait de modifier, de remanier. *Un remaniement ministériel.*

▷ Mots de la famille de manier.

se **remarier** v. (conjug. 9) Se marier de nouveau. *Elle s'est remariée après son divorce.* ▷ Mot de la famille de mari.

remarquer v. (conjug. 3) **1.** Avoir l'attention frappée par quelque chose. *Tout le monde a remarqué sa nouvelle coiffure.* ➜ **noter. 2.** *Se faire remarquer,* attirer l'attention sur soi.

▸ **remarquable** adj. Digne d'être remarqué. *Ce prestidigitateur est d'une adresse remarquable.*

▸ **remarquablement** adv. D'une manière remarquable. *Elle est remarquablement intelligente.*

▸ **remarque** n. f. **1.** Observation comportant une critique. *Le directeur du magasin a fait une remarque à la vendeuse.* ➜ **réflexion. 2.** Note portant sur un point auquel il faut faire attention. *Il y a des remarques sur les difficultés grammaticales à la fin du texte.*

remballer v. (conjug. 3) Remettre dans son emballage, ranger. *À la fin du marché, les commerçants remballent ce qu'ils n'ont pas vendu.* ▷ Mot de la famille de ① emballer.

rembarrer v. (conjug. 3) Familier. Repousser brutalement quelqu'un, l'envoyer promener. ➜ **rabrouer.** *Elle a rembarré son frère qui lui demandait un service.*

remblayer v. (conjug. 10) **1.** Boucher avec de la terre et des pierres. *Les ouvriers remblaient le fossé.* **2.** Surélever. *Les cantonniers ont remblayé la route.*

▸ **remblai** n. m. Amas de terre et de pierres qui sert à surélever. *La voie ferrée est posée sur un remblai.*

rembobiner v. (conjug. 3) Enrouler de nouveau sur une bobine. *Elle rembobine le tuyau d'arrosage. Rembobiner une cassette,* la faire revenir au début. ▷ Mot de la famille de bobine.

rembourrer v. (conjug. 3) Remplir d'une matière molle et confortable. *Ces coussins sont bien rembourrés.* ▷ Mot de la famille de bourrer.

rembourser v. (conjug. 3) Rendre de l'argent. *Prête-moi 10 euros, je te les rembourserai demain.*

▸ **remboursement** n. m. Le fait de rembourser. *Elle a obtenu le remboursement de son billet de train.*

▷ Mots de la famille de ① bourse.

se **rembrunir** v. (conjug. 11) Prendre un air sombre. *À ces mots, son visage s'est rembruni.* ▷ Mot de la famille de brun.

remède n. m. **1.** Produit utilisé pour soigner une maladie ou soulager un malaise. ➜ **médicament.** *Ce sirop est un excellent remède contre la toux.* **2.** Moyen utilisé pour atténuer un mal, résoudre une difficulté. *Le cinéma est un bon remède contre l'ennui.* ➜ **solution.** – *Aux grands maux, les grands remèdes,* il faut agir énergiquement dans les cas graves.

▸ **remédier** v. (conjug. 9) Trouver une solution à ce qui ne va pas. ➜ **pallier.** *Pour remédier au chômage, il faudrait relancer l'économie.*

▶ Autre mot de la famille : irrémédiable.

remembrement n. m. Réunion de petites parcelles de terrain morcelées en terres plus grandes et plus faciles à cultiver. ▷ Mot de la famille de membre.

se **remémorer** v. (conjug. 4) Se rappeler, se souvenir. *Elle s'est remémoré tous les détails de cette histoire.*

remercier v. (conjug. 9) **1.** Dire merci, témoigner sa reconnaissance. *Je te remercie de ton invitation. Je vous remercie de m'avoir aidé.* **2.** Renvoyer ➜ **congédier, licencier.** *Le boulanger a remercié un de ses employés.*

▸ **remerciement** n. m. Le fait de remercier. *Après avoir passé le week-end chez eux, elle leur a écrit une lettre de remerciement. Avec tous mes remerciements !*

▷ Mots de la famille de ① merci.

remettre v. (conjug. 59) **1.** Mettre un objet à la place où il était. *Il a remis son appareil photo* *dans son étui.* **2.** Mettre à nouveau un vêtement que l'on avait enlevé. *Elle remet son manteau et s'en va.* **3.** Mettre quelque chose dans l'état où il était. *Il remet le moteur en marche. Elle a tout remis en ordre.* **4.** Mettre une seconde fois. ➜ **ajouter.** *Elle remet de l'eau dans la théière.* **5.** Donner. *Le facteur a remis le colis à son destinataire.* **6.** Reporter à plus tard. *Il a dû remettre son départ à la semaine prochaine.* ➜ ② **repousser.**

▶ se **remettre** v. **1.** Recommencer. *Elle s'est remise à travailler.* **2.** Retrouver la santé. ➜ se **rétablir.** *Il s'est remis rapidement de son opération.* **3.** *S'en remettre à quelqu'un,* lui faire totalement confiance. *Je n'y connais rien, je m'en remets à vous.*

▷ Mots de la famille de mettre.

réminiscence [ʀeminisɑ̃s] n. f. Souvenir imprécis. *Je n'ai que de lointaines réminiscences de ce voyage.*

▶ Le *s* est suivi d'un *c*.

remise n. f. **1.** Action de remettre quelque chose dans l'état où il était. *La remise en état d'un appartement.* **2.** Action de remettre, de donner. *La remise des prix aux gagnants se fera demain.* ➜ **distribution.** **3.** Diminution de prix. *Cette boutique fait une remise à ses meilleurs clients.* ➜ **rabais, réduction.** **4.** Endroit où l'on peut abriter des voitures, ranger des objets divers. *Les outils de jardinage sont dans la remise.* ▷ Mot de la famille de mettre.

rémission n. f. **1.** Diminution momentanée d'un mal. *Il a eu des moments de rémission pendant sa maladie.* **2.** *Sans rémission,* sans indulgence. *Je vous donne encore 24 heures, sans rémission.*

remonter v. (conjug. 3) **1.** Monter de nouveau après être descendu. *Il remonte chercher ce qu'il a oublié.* ▮ contraire : **redescendre.** **2.** Augmenter après avoir diminué. *La température remonte.* **3.** Relever. *Elle remonte les vitres de sa voiture.* ▮ contraire : **baisser.** **4.** Aller vers la source d'un cours d'eau. *Le bateau remonte le fleuve.* **5.** Dater. *Ce château remonte au 16ᵉ siècle.* **6.** Tendre le ressort d'un mécanisme. *Il remonte la vieille horloge.* **7.** Remettre en place les pièces d'un mécanisme. *Le garagiste remonte le carburateur du camion.* ▮ contraire : **démonter.** **8.** Redonner des forces. *Ces vitamines vous remonteront. Elle lui a remonté le moral,* elle lui a redonné du courage alors qu'il était triste, déprimé. ➜ **réconforter.**

▶ **remontant** n. m. Médicament ou boisson qui redonne des forces quand on est fatigué. ➜ **fortifiant.** *La vitamine C est un bon remontant.*

▶ **remontée** n. f. **1.** Action de remonter une pente, un cours d'eau. *Ils ont effectué la remontée de la rivière en canoë.* **2.** *Remontée mécanique,* appareil qui permet aux skieurs de monter en haut des pistes. *Les télésièges, les téléskis et les téléfériques sont des remontées mécaniques.*

▶ **remonte-pente** n. m. Câble servant à hisser les skieurs en haut d'une pente au moyen de perches. ➜ **téléski.** – Au pl. *Des remonte-pentes.* ▷ Mot de la famille de pente.

▶ **remontoir** n. m. Petite pièce servant à remonter un mécanisme. *Le remontoir d'une montre.*

▷ Mots de la famille de monter.

remonte-pente

remontrer v. (conjug. 3) *En remontrer à quelqu'un,* montrer qu'on lui est supérieur, vouloir lui donner des leçons.

▶ **remontrance** n. f. Critique, reproche. *La directrice a fait des remontrances à Alex.*

▷ Mots de la famille de montrer.

remords [ʀəmɔʀ] n. m. Sentiment de regret mêlé de honte que l'on éprouve quand on a mal agi. *Elle a des remords d'avoir menti.*

▶ *Remords* se termine par *ds*.

remorquer v. (conjug. 3) Tirer derrière soi un véhicule sans moteur ou en panne. *La dépanneuse remorque la voiture jusqu'au garage.*

▸ **remorque** n. f. Véhicule tiré par un autre. *Une remorque est attachée à l'arrière de la voiture.* ➜ aussi **caravane.**

▸ **remorqueur** n. m. Petit bateau très puissant qui peut remorquer de gros bateaux. ➜ planche **Bateaux.**

▸ Autre mot de la famille : semi-remorque.

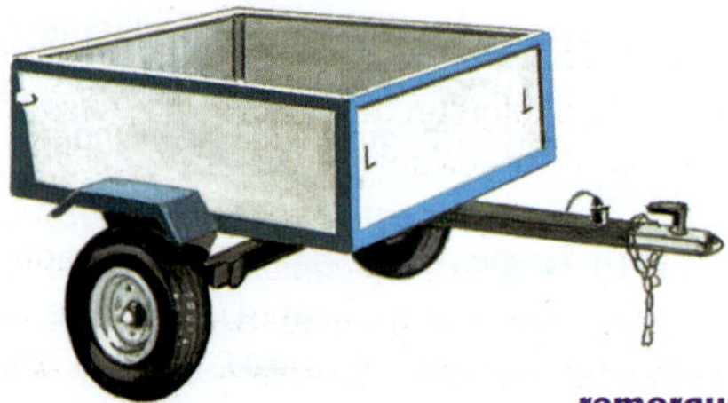

remorque

rémoulade n. f. Mayonnaise additionnée de moutarde et d'ail. *Du céleri rémoulade.*

rémouleur n. m., **rémouleuse** n. f. Personne dont le métier est d'aiguiser les lames des instruments tranchants. ▷ Mot de la famille de moudre.

remous [ʀəmu] n. m. **1.** Mouvement de l'eau qui tourbillonne. ➜ **tourbillon.** *Sur cette plage, il y a des remous dangereux.* **2.** Agitation dans une foule. *Le discours du maire provoqua des remous dans la salle.*

rempailler v. (conjug. 3) Garnir un siège avec de la paille. *Elle a fait rempailler des chaises.*

▸ **rempailleur** n. m., **rempailleuse** n. f. Personne dont le métier est de rempailler.

▷ Mots de la famille de paille.

rempart n. m. Grosse muraille qui entoure un château fort ou une ville fortifiée. ➜ planche **Château** fort.

remplacer v. (conjug. 5a) **1.** Mettre une chose à la place d'une autre. *Elle a remplacé les rideaux par des stores. Il veut remplacer sa vieille voiture.* ➜ **changer.** **2.** Faire le travail de quelqu'un à sa place. *Quand le médecin est en vacances, c'est un confrère qui le remplace.*

▸ **remplaçant** n. m., **remplaçante** n. f. Personne qui en remplace une autre dans son travail. *La remplaçante d'un médecin.*

▸ **remplacement** n. m. **1.** Le fait de remplacer une chose par une autre. *Le remplacement d'une pièce usée. Il s'est acheté un nouveau parapluie en remplacement de celui qu'il avait perdu,* à sa place. **2.** *Faire un remplacement,* remplacer une personne dans son travail temporairement. *Cette secrétaire fait un remplacement.* ➜ aussi **intérim.**

▷ Mots de la famille de place.

remplir v. (conjug. 11) **1.** Rendre plein. *Il remplit une casserole d'eau chaude.* ▮ contraire : **vider.** – **se remplir,** devenir plein. *La salle de cinéma s'est remplie très rapidement.* **2.** Compléter par les indications demandées. *Elle a rempli soigneusement le questionnaire.* **3.** Occuper entièrement. *Cette nouvelle me remplit de joie.* ➜ **combler.** **4.** Exercer. *Elle remplit la fonction de maire.*

▸ **remplissage** n. m. Action de remplir. *Le remplissage d'une cuve.*

▷ Mots de la famille de emplir.

rempart

se remplumer v. (conjug. 4) Familier. Devenir plus gros. *Elle s'est remplumée pendant les vacances.* ▷ Mot de la famille de plume.

remporter v. (conjug. 3) **1.** Emporter ce que l'on avait apporté. *Louise remporte les livres qu'elle avait prêtés à Léa.* **2.** Obtenir. *Alex a remporté le premier prix de dessin.* ▷ Mot de la famille de porter.

rempoter v. (conjug. 3) Mettre une plante dans un autre pot. *Elle rempote les géraniums.* ▷ Mot de la famille de pot.

remuer v. (conjug. 3) **1.** Faire changer de position. ➜ **déplacer, mouvoir.** *Les chiens remuent la queue quand ils sont contents.* **2.** Déplacer les éléments d'un tout. *Elle remue la salade.* ➜ **tourner ;** fam. **touiller.** *Remuer ciel et terre,* employer tous les moyens possibles pour obtenir quelque chose. **3.** Bouger, mouvoir son corps. *Paul est très agité, il remue tout le temps.* – Familier. **se remuer,** se dépêcher. *Allez, remue-toi, tu vas être en retard !*

▸ **remuant, remuante** adj. Turbulent, agité. *Une enfant très remuante.*

▸ **remue-ménage** n. m. Agitation désordonnée et bruyante. *Les voisins font un de ces remue-ménage !* ➜ **chahut.** ▷ Mot de la famille de ménage.

▶ Au pluriel, on peut aussi écrire *des remue-ménages.*

rémunérer v. (conjug. 8) Payer. ➜ **rétribuer.** *Un travail bien rémunéré.* ➜ **rémunérateur.**

▸ **rémunérateur, rémunératrice** adj. Qui rapporte de l'argent. *Il a un travail rémunérateur,* très bien payé.

▸ **rémunération** n. f. Somme d'argent que reçoit une personne pour un travail. ➜ **rétribution.** *Une rémunération importante.* ➜ **salaire.**

renâcler v. (conjug. 3) Montrer son mécontentement devant quelque chose que l'on est obligé de faire. ➜ **rechigner.** *Il a accepté cette corvée sans renâcler.*

renaissance n. f. **1.** Nouvel essor que prend une chose après une période où elle s'était affaiblie. *On assiste à une renaissance de l'artisanat.* ➜ **renouveau. 2.** *La Renaissance,* la période historique qui va de la fin du 14e siècle à la fin du 16e siècle, en Europe. ▷ Mot de la famille de naître.

renaître v. (conjug. 62) **1.** Recommencer à vivre ou à se développer. *Au printemps, la nature renaît.* **2.** Reprendre des forces, avoir de nouveau du courage. *Sous le soleil d'été, elle se sent renaître.* ▷ Mot de la famille de naître.

renard n. m., **renarde** n. f. (➜ ÉTYM.) Mammifère à la tête fine, au museau pointu, aux oreilles triangulaires et à la queue très touffue. ➜ aussi **fennec.** ➜ planches **Forêt, mammifères.** *Le renard glapit.*

▸ **renardeau** n. m. Petit du renard. *Des renardeaux.*

renchérir v. (conjug. 11) *Renchérir sur quelque chose,* c'est l'approuver et aller encore plus loin en paroles. *Il renchérit sur tout ce que dit sa sœur.*

rencontrer v. (conjug. 3) **1.** Se trouver en présence de quelqu'un par hasard. *Il a rencontré sa cousine en faisant ses courses.* **2.** Faire la connaissance de quelqu'un. *Elle a rencontré son futur mari chez des amis.* **3.** Être opposé à un adversaire. *Notre équipe de football rencontrera demain les champions en titre.* ➜ **affronter.**

▸ **se rencontrer** v. **1.** Se trouver en même temps au même endroit. *Elles se sont rencontrées chez le boucher.* **2.** Faire connaissance. *Ils se sont rencontrés l'été dernier.*

▸ **rencontre** n. f. **1.** Le fait de se trouver en présence de quelqu'un. *J'ai fait une rencontre inattendue. Il est allé à la rencontre de sa mère,* au-devant d'elle pour l'accueillir. **2.** Partie, match. *L'arbitre a sifflé la fin de la rencontre.*

▷ Mots de la famille de ① en et de contre.

rendement n. m. Production par rapport à la surface cultivée ou par rapport au matériel utilisé. ➜ **productivité.** *Il faudrait améliorer le rendement de ces terres.* ▷ Mot de la famille de rendre.

rendez-vous n. m. inv. Rencontre convenue entre plusieurs personnes, dans un endroit et à un moment qu'elles ont fixés. *Ils ont rendez-vous à la piscine à 14 heures. Le dentiste reçoit sur rendez-vous.* – Au pl. *Des rendez-vous.* ▷ Mot de la famille de rendre et de vous.

se rendormir v. (conjug. 20) Recommencer à dormir après avoir été réveillé. *Elle a ouvert un œil et s'est rendormie. Rendors-toi !* ▷ Mot de la famille de dormir.

rendre v. (conjug. 44) **1.** Redonner à quelqu'un ce qu'on lui a pris ou ce qu'on a reçu. *Je te rendrai ce livre demain. – Il faut rendre à César ce qui est à César,* il faut donner ce qui est dû. **2.** Produire, avoir un rendement. *Ces terres rendent peu.* **3.** Faire devenir, mettre dans un état. *Cette nouvelle l'a rendu triste.*

▶ **se rendre** v. **1.** Se soumettre en rendant ses armes. → **capituler** et aussi **reddition.** *Vercingétorix s'est rendu à César.* **2.** Se transporter, aller. *Elle se rend à son bureau en voiture.*

▶ Autres mots de la famille : compte rendu, rendement, rendez-vous.

rêne n. f. Chacune des courroies fixées sur un harnais, avec lesquelles le cavalier dirige sa monture. *Pour arrêter le poney, tu tires sur les rênes.* ▮ homonymes : reine, renne.

rênes

renégat n. m., **renégate** n. f. Personne qui a renié sa religion.

renfermer v. (conjug. 3) **1.** Contenir, avoir à l'intérieur. *Ce coffret renferme des pièces d'or.* → **receler. 2. se renfermer,** ne rien livrer de ses sentiments. *Elle s'est complètement renfermée sur elle-même.*

▶ ① **renfermé, renfermée** adj. Qui ne montre pas ses sentiments. *Une adolescente un peu renfermée.* ▮ contraires : **expansif, ouvert.**

▶ ② **renfermé** n. m. Mauvaise odeur d'un endroit mal aéré. *Le placard sent le renfermé.*

▷ Mots de la famille de fermer.

renflé, renflée adj. Gros et rond. → **bombé.** *Un vase aux formes renflées.* ▷ Mot de la famille de enfler.

renflouer v. (conjug. 3) **1.** Remettre en état de naviguer. *Les marins ont renfloué l'épave.* **2.** Sortir de difficultés financières en fournissant de l'argent. *Les banques ont renfloué l'entreprise.*

renfoncement n. m. Endroit formant un creux. → **coin, recoin.** *Il a mis l'armoire dans le renfoncement.* ▷ Mot de la famille de enfoncer.

renforcer v. (conjug. 5a) **1.** Rendre plus solide. *Les maçons ont renforcé le mur.* → **consolider.** *Cela renforce mes soupçons,* cela les confirme. **2.** Rendre plus efficace. *De nouveaux skieurs sont venus renforcer l'équipe.*

▶ **renforcement** n. m. Le fait de renforcer ou d'être renforcé. *Le renforcement des digues.*

▶ **renfort** n. m. Personnes ou matériels supplémentaires qui viennent renforcer un groupe, une armée. *Il nous faut du renfort. Le général a demandé des renforts.*

▷ Mots de la famille de force.

renfrogné, renfrognée adj. Tendu, crispé par le mécontentement. → **maussade.** *Un air renfrogné.* ▮ contraires : **aimable, enjoué.**

rengaine n. f. **1.** Chanson que l'on a trop entendue et qui est devenue lassante. *Il écoute une vieille rengaine à la radio.* **2.** Paroles répétées sans cesse. *Avec elle, c'est toujours la même rengaine.* → **refrain.**

se **rengorger** v. (conjug. 5b) Montrer que l'on est content de soi en prenant un air vaniteux. *Ce comédien se rengorge quand il voit qu'on l'a reconnu.* ▷ Mot de la famille de gorge.

renier v. (conjug. 9) Renoncer à une chose à laquelle on aurait dû rester fidèle. *Il a renié son passé.*

▶ **reniement** n. m. Le fait de renier. *Le reniement d'un engagement.*

▷ Mots de la famille de nier.

renifler v. (conjug. 3) **1.** Aspirer fort par le nez pour sentir. *Le chien renifle les traces du cerf.* → **flairer. 2.** Faire entrer de l'air par le nez en faisant du bruit.

renne n. m. Animal qui ressemble à un gros cerf aux bois aplatis et qui vit dans les régions froides de l'hémisphère Nord. ➜ aussi **caribou.** *Les Lapons élèvent des troupeaux de rennes.* ➜ planche Animaux **domestiques.** ▮ homonymes : reine, rêne.

renne

renom n. m. Bonne réputation. ➜ **célébrité.** *Ce restaurant a un certain renom.* ➜ **notoriété.** *Un artiste de renom.*

▸ **renommé, renommée** adj. Réputé. ➜ **célèbre, fameux.** *La cuisine française est renommée.* ▮ contraire : **inconnu.**

▸ **renommée** n. f. Célébrité. ➜ **notoriété.** *Pasteur est un savant de renommée mondiale.*

▷ Mots de la famille de nom.

renoncer v. (conjug. 5a) Décider de ne pas faire, de ne pas continuer. *Il a dû renoncer à son voyage. Je renonce à comprendre, c'est trop difficile !*

▸ **renoncement** n. m. Fait de se détacher volontairement des biens et des plaisirs de la vie. *Les moines mènent une vie de renoncement.*

renoncule n. f. Petite fleur sauvage aux couleurs vives. ➜ aussi **bouton-d'or.**

renouer v. (conjug. 3) **1.** Nouer une chose qui est dénouée. *Il renoue les lacets de ses baskets.* **2.** Reprendre des relations avec quelqu'un. *Elle a renoué avec une amie d'enfance.* ▷ Mot de la famille de nouer.

renouveau n. m. Vigueur nouvelle. ➜ **renaissance.** *Cette mode connaît un renouveau depuis quelque temps.* ▷ Mot de la famille de nouveau.

renouveler v. (conjug. 6a) **1.** Remplacer une chose qui a déjà servi par une chose nouvelle. *Il ouvre la fenêtre pour renouveler l'air de la pièce.* ➜ **changer.** **2.** Prolonger, donner une validité nouvelle. *Elle a renouvelé son abonnement qui allait expirer.* **3.** Faire de nouveau. *Je ne vous renouvellerai pas mon offre.* ➜ **refaire, réitérer.**

▸ se **renouveler** v. **1.** Se former à nouveau. *La peau se renouvelle sans cesse.* **2.** Recommencer. *Cet incident ne se renouvellera pas.* ➜ se **reproduire.**

▸ **renouvelable** adj. Qui peut être prolongé, renouvelé. *Un bail renouvelable tous les trois ans.* – *Les énergies renouvelables*, les sources d'énergie naturelles qui ne polluent pas et ne s'épuisent pas, comme le vent, le soleil et l'eau. ➜ planche **Énergie.**

▸ **renouvellement** n. m. **1.** Remplacement d'une chose par une chose semblable. *Le renouvellement de l'eau d'une piscine.* **2.** Le fait d'être renouvelé pour être encore valable. *Le renouvellement d'une carte de transport.*

▷ Mots de la famille de nouveau.

rénover v. (conjug. 3) Remettre à neuf. *Cet immeuble a été entièrement rénové.*

▸ **rénovation** n. f. Remise à neuf. ➜ **réfection,** ① **restauration.** *La rénovation d'un quartier.*

renoncule des glaciers

renseigner v. (conjug. 3) Donner un renseignement, une information. → **informer.** *Je cherche la poste, pouvez-vous me renseigner ?* – **se renseigner,** demander et obtenir un renseignement. *Elle s'est renseignée sur les horaires de train.*

▸ **renseignement** n. m. Chose que l'on fait savoir à quelqu'un. → **information.** *L'agence de voyages m'a donné des renseignements utiles.* → **indication.**

rente n. f. Argent que rapporte régulièrement ce que l'on possède. *Elle vit de ses rentes.*

▸ **rentable** adj. Qui rapporte de l'argent, fait des bénéfices. *Une entreprise très rentable.*

▸ **rentabiliser** v. (conjug. 3) Rendre rentable. *Il a rentabilisé ses investissements.*

▸ **rentabilité** n. f. Caractère de ce qui est rentable. *La rentabilité d'un placement.*

▸ **rentier** n. m., **rentière** n. f. Personne qui vit de ses rentes, sans travailler.

rentrer v. (conjug. 3) **1.** Entrer dans un endroit d'où l'on est sorti. *Ils n'arrêtent pas de sortir et de rentrer.* ▮ contraire : **ressortir.** **2.** Revenir chez soi. *Elle est rentrée tard hier.* **3.** Mettre à l'intérieur, à l'abri. *Rentre les parasols, il commence à pleuvoir.* ▮ contraire : **sortir.** *Le chat rentre ses griffes.* → **rétracter.** **4.** Retrouver une situation. *Elle est rentrée dans ses frais,* elle a récupéré l'argent qu'elle avait dépensé. *Tout est rentré dans l'ordre,* l'ordre est revenu. **5.** Entrer avec force quelque part. *La voiture est rentrée dans un arbre.* **6.** S'enfoncer, s'emboîter. *La clé rentre dans la serrure.*

▸ **rentrée** n. f. **1.** *La rentrée des classes,* la période qui suit les vacances d'été, où les élèves retournent en classe. *Demain, c'est la rentrée. Nous verrons cela à la rentrée,* après les vacances. **2.** *Une rentrée d'argent,* une somme d'argent que l'on reçoit, que l'on encaisse.

▷ Mots de la famille de **entrer.**

renverser v. (conjug. 3) **1.** Faire tomber. *L'automobiliste a renversé un piéton.* → ① **faucher.** *Paul a renversé son verre.* **2.** Obliger à démissionner. *Les militaires ont renversé le gouvernement.* **3.** Incliner en arrière. *Elle renverse la tête.*

▸ **renversant, renversante** adj. Qui étonne énormément. *Voilà une nouvelle renversante !*

▸ **à la renverse** adv. En arrière. *Le clown est tombé à la renverse.*

▸ **renversement** n. m. **1.** Changement complet. *À la fin du film, on assiste à un renversement de la situation.* → **retournement.** **2.** Chute, écroulement. *Le renversement du régime a bouleversé le pays.*

▷ Mots de la famille de **verser.**

tomber à la **renverse**

renvoyer v. (conjug. 10) **1.** Faire retourner une personne là où elle était. *Paul est guéri, on peut le renvoyer en classe.* **2.** Faire partir, mettre à la porte. → **congédier, licencier.** *Le directeur a renvoyé un de ses employés.* → **remercier.** **3.** Relancer un objet que l'on a reçu. *Il renvoie le ballon d'un coup de pied.* **4.** Faire reporter quelque chose à quelqu'un. *La lettre a été renvoyée à l'expéditeur.* → **retourner.**

▸ **renvoi** n. m. **1.** Mise à la porte. → **licenciement.** *La directrice a décidé le renvoi d'un élève.* → **exclusion.** **2.** Indication, dans un livre, invitant le lecteur à se reporter à une autre page.

Après la définition d'un mot, il peut y avoir un renvoi à un synonyme. **3.** Rot.

▷ Mots de la famille de envoyer.

réorganiser v. (conjug. 3) Organiser d'une autre manière. *Les enfants réorganisent la bibliothèque de la classe.* ▷ Mot de la famille de organe.

réouverture n. f. Le fait d'ouvrir à nouveau un établissement qui a été quelque temps fermé. *La réouverture du magasin se fera après les travaux.* → aussi **rouvrir.** ▷ Mot de la famille de ouvrir.

repaire n. m. **1.** Cachette qui sert d'abri aux animaux sauvages. → **antre, tanière.** *Le repaire du dragon.* **2.** Lieu qui sert de refuge à des individus dangereux. *L'île était un repaire de pirates.* ▮ homonyme : repère.

se **repaître** v. (conjug. 60) Se nourrir, manger. *Les hyènes se repaissent de charognes.* → aussi **repu.** ▷ Mot de la famille de paître.

répandre v. (conjug. 44) **1.** Disperser, laisser tomber une chose qui s'étale. *Le camion a répandu son chargement sur la route.* **2.** Produire autour de soi. *Le poêle répand une douce chaleur.* → **dégager, diffuser.** **3.** Faire connaître à un grand nombre de personnes. *Les journaux ont répandu la nouvelle.* → **diffuser, propager.**

▸ se **répandre** v. **1.** S'étaler. *Le pétrole s'est répandu sur la plage.* **2.** Se propager. *Une odeur infecte s'est répandue dans la pièce.* **3.** Circuler. → **courir.** *La rumeur s'est répandue.* **4.** Devenir très courant. *L'usage du téléphone portable s'est répandu très vite.*

▸ **répandu, répandue** adj. **1.** Qui a été renversé. *Il y a du café répandu sur la nappe.* **2.** Commun, courant. *C'est une idée très répandue.*

réparable adj. Que l'on peut réparer. *Ce pneu crevé est encore réparable.* ▮ contraire : **irréparable.** ▷ Mot de la famille de réparer.

reparaître v. (conjug. 60) Se montrer de nouveau. *Après la pluie, le soleil reparaît.* → **réapparaître.** ▮ contraire : **disparaître.** ▷ Mot de la famille de paraître.

▶ Attention au *î* devant un *t.*

réparateur n. m. et adj., **réparatrice** n. f. et adj.

▪ n. m. et f. Personne dont le métier est de réparer les objets. *Un réparateur d'appareils ménagers.* → **dépanneur.**

▪ adj. Qui redonne des forces. *Un sommeil réparateur.* ▷ Mot de la famille de réparer.

réparation n. f. Travail que l'on fait pour réparer quelque chose. *Combien coûtera la réparation de cette montre ?* ▷ Mot de la famille de réparer.

réparer v. (conjug. 3) **1.** Remettre en bon état. → **arranger.** *Il a réparé sa moto.* **2.** Supprimer les conséquences fâcheuses de quelque chose. *Pour réparer ses torts, il lui a envoyé des fleurs.*

▶ Autres mots de la famille : irréparable, réparable, réparateur, réparation.

reparler v. (conjug. 3) Parler à nouveau de quelque chose ou de quelqu'un. *On reparlera de ce problème demain.* ▷ Mot de la famille de parler.

répartie n. f. Réponse rapide et juste. → **réplique, riposte.** *Il a de la répartie, le sens de la répartie.*

▶ On écrit aussi *repartie* [ʀəpaʀti].

repartir v. (conjug. 20) **1.** Partir pour l'endroit d'où l'on vient. *À peine arrivé, il faut déjà repartir.* **2.** Partir à nouveau après un temps d'arrêt. *Le train repart après trois minutes d'arrêt en gare.* ▷ Mot de la famille de partir.

répartir v. (conjug. 11) **1.** Partager. → **distribuer.** *Le professeur a réparti le travail entre les élèves.* **2.** Étaler dans le temps. *Le stage est réparti sur trois semaines.*

▸ **répartition** n. f. Partage. → **distribution.** *La répartition des tâches entre tous les collaborateurs.*

▷ Mots de la famille de part.

repas n. m. Nourriture que l'on prend à heures régulières. → aussi ② **déjeuner,** ② **dîner,** ② **goûter, petit-déjeuner,** ① **souper.**

repassage n. m. Action de repasser. *Elle fait du repassage.* ▷ Mot de la famille de passer.

a b c d e f g h i j k l m n o p q r s t u v w x y z

① repasser (v.) (conjug. 3) **1.** Passer de nouveau. *Il n'est pas repassé par le même chemin.* → **revenir.** **2.** *Repasser un examen,* s'y présenter une nouvelle fois. *Il doit repasser son bac l'année prochaine.* ▷ Mot de la famille de passer.

② repasser (v.) (conjug. 3) Effacer les faux plis du linge, le rendre lisse à l'aide d'un *fer à repasser.* → aussi **repassage.** *Elle repasse une nappe.* ▷ Mot de la famille de passer.

repasser (*Les Repasseuses*, Degas, vers 1884)

repêcher (v.) (conjug. 3) **1.** Retirer de l'eau. *Sa casquette est tombée dans l'étang et il l'a repêchée de justesse.* **2.** *Repêcher un candidat,* le recevoir à un examen alors qu'il n'a pas le nombre de points suffisant. *Le jury a repêché plusieurs candidats.* ▷ Mot de la famille de ② pêcher.

repeindre (v.) (conjug. 55) Peindre à neuf. *Il a repeint sa chambre.* ▷ Mot de la famille de peindre.

se repentir (v.) (conjug. 20) Regretter d'avoir fait une chose, en se disant qu'on ne recommencera plus. *Léa s'est repentie d'avoir menti à son père.*

▶ **repentir** (n. m.) Regret de ce que l'on a fait. → **remords.** *Son repentir est sincère.*

repérage (n. m.) Recherche d'un lieu pour tourner un film. *Le réalisateur et le scénariste sont partis en repérage en Uruguay.* ▷ Mot de la famille de repère.

répercuter (v.) (conjug. 3) **1.** Renvoyer un son dans une autre direction. *Les montagnes répercutent l'écho.* **2. se répercuter,** se transmettre. *La bonne humeur de Julie se répercute sur ses amis.*

▶ **répercussion** (n. f.) Effet, conséquence. *Ce climat malsain a des répercussions sur la santé.* → **incidence, retombées.**

repère (n. m.) **1.** Marque qui permet de retrouver un endroit. *Il trace des repères sur le mur avant de suspendre le tableau.* **2.** *Un point de repère,* un objet ou un lieu précis qui permet de se retrouver. *Les phares servent de points de repère aux bateaux.* ▮ homonyme : repaire.

▶ **repérer** (v.) (conjug. 8) **1.** Situer avec précision, par rapport à des points de repère. *Les pirates ont repéré l'emplacement du trésor.* **2.** Familier. Trouver, découvrir. *J'ai repéré un coin tranquille pour pique-niquer.* **3. se repérer,** se retrouver, savoir où l'on est. *On se repère difficilement dans la forêt.*

▶ Autre mot de la famille : repérage.

répertoire (n. m.) **1.** Carnet, cahier, fichier dans lequel on classe des choses dans un certain ordre. *Il cherche un numéro dans son répertoire téléphonique.* **2.** *Le répertoire d'un artiste,* l'ensemble des œuvres qu'il a l'habitude de jouer, de chanter. *Ce pianiste a de nombreuses œuvres à son répertoire.*

▶ **répertorier** (v.) (conjug. 9) Inscrire dans un répertoire. *Paul a répertorié ses photos.*

répéter (v.) (conjug. 8) **1.** Dire une chose que l'on a déjà dite. → **redire.** *Tu répètes toujours la même chose. Je vous ai répété cent fois de ne pas toucher à cet appareil.* **2.** Dire ce qu'un autre a déjà dit. *C'est un secret, ne le répète à personne.* **3.** Refaire quelque chose que l'on a déjà fait. *Il faut répéter l'expérience.* → **recommencer.** **4.** Redire ou refaire pour s'exercer, pour fixer dans sa mémoire. *Léa répète sa récitation. Les comédiens répètent,* ils jouent sans public pour mettre la pièce au point.

▶ **répétitif, répétitive** (adj.) Qui recommence sans cesse. *Un travail répétitif.* → **mo-**

notone. *Les tâches répétitives sont ennuyeuses.* ▮ contraire : **varié.**

▸ **répétition** n. f. **1.** Chose que l'on a déjà dite ou écrite. *Il y a trop de répétitions dans ce texte.* **2.** Séance de travail au cours de laquelle les comédiens, les musiciens, les chanteurs s'exercent avant de jouer en public. *La pièce a demandé deux mois de répétitions.*

repeupler v. (conjug. 3) Peupler de nouveau un endroit qui s'est dépeuplé. *Des familles ont repeuplé le village.* ▷ Mot de la famille de peuple.

repiquer v. (conjug. 3) Mettre en terre ce qui a été semé ailleurs. *Il repique des plants de salades.* ▷ Mot de la famille de piquer.

répit n. m. Détente, repos. *Je n'ai pas eu un instant de répit depuis hier. Il travaille sans répit,* sans arrêt. → **relâche.**

replacer v. (conjug. 5a) Remettre une chose à sa place. *Il a replacé le livre dans la bibliothèque.* → **ranger.** ▮ contraire : **déplacer.** ▷ Mot de la famille de place.

replanter v. (conjug. 3) Planter à nouveau. *Après la tempête, de jeunes arbres ont été replantés.* ▷ Mot de la famille de planter.

replet, replète adj. Bien en chair, un peu gras. → **dodu, grassouillet.** *Une petite femme replète.* ▮ contraires : **maigre, maigrichon.**

replier v. (conjug. 9) **1.** Plier une chose qui avait été dépliée. *Il replia son journal.* **2.** Ramener en pliant ce qui a été déployé. *L'oiseau replie ses ailes.* **3. se replier,** reculer en bon ordre. *Les troupes se replient.*

▸ **repli** n. m. **1.** Pli profond ou pli qui se répète. *Les replis d'un rideau.* **2.** Recul, retraite. *Le général ordonne le repli des troupes.*

▷ Mots de la famille de pli.

① **réplique** n. f. Copie d'une œuvre d'art. *Les Romains ont fait de nombreuses répliques de statues grecques.*

② **réplique** n. f. **1.** Réponse vive marquant un désaccord. → **repartie, riposte.** *La réplique de Louise ne s'est pas fait attendre.* **2.** Ce qu'un acteur doit dire en réponse aux paroles qui lui sont adressées quand il joue une pièce, un film. *Le comédien a oublié sa réplique.*

▸ **répliquer** v. (conjug. 3) Répondre à quelqu'un avec vivacité. → **riposter.** *Alex a obéi sans répliquer. Elle a répliqué qu'elle s'en moquait.* → **rétorquer.**

se replonger v. (conjug. 5b) Se remettre à faire quelque chose. *Elle a levé la tête puis s'est replongée dans sa lecture.* ▷ Mot de la famille de plonger.

répondant n. m., **répondante** n. f. Personne qui se porte garante. *Quand il a emprunté de l'argent à la banque, son frère lui a servi de répondant,* il s'est engagé à rembourser à sa place s'il ne pouvait pas le faire. → **caution.** ▷ Mot de la famille de répondre.

répétition

répondeur n. m. Appareil relié ou intégré à un téléphone qui donne une réponse enregistrée et permet de laisser un message. *Il a laissé un message sur mon répondeur.* ▷ Mot de la famille de répondre.

répondre v. (conjug. 44) **1.** Faire connaître ce que l'on pense à quelqu'un qui s'est adressé à vous. *Il n'a pas voulu répondre à ma question. Léa a répondu à la lettre de son oncle. Elle lui a répondu qu'elle viendrait demain.* **2.** Réagir à quelque chose. *Le chien répond à l'appel de son nom. J'ai essayé de lui téléphoner, mais cela ne répond pas.* **3.** Correspondre à quelque chose. *Manger tous les jours répond à un besoin.* **4.** *Répondre de quelqu'un*, s'engager pour lui, se porter garant de lui. → aussi **répondant.** *Vous pouvez lui confier ce travail, je réponds de lui.*

▸ **réponse** n. f. **1.** Ce que l'on dit ou écrit pour répondre à quelqu'un. *Elle a reçu une réponse à sa lettre.* **2.** Réaction à quelque chose. *J'ai sonné, mais il n'y a pas eu de réponse.*

▶ Autres mots de la famille : répondant, répondeur.

report n. m. Le fait de renvoyer à plus tard. → aussi ② **reporter.** *Il a demandé le report de la réunion.* ▷ Mot de la famille de porter.

reportage n. m. Article ou émission où un journaliste raconte ce qu'il a vu et entendu. → aussi **reporteur.** *Elle regarde un reportage télévisé sur l'Afrique.*

① **reporter** → **reporteur**

② **reporter** v. (conjug. 3) **1.** Renvoyer à plus tard. *En raison des vacances, la réunion a été reportée à la rentrée.* → **remettre,** ② **repousser** et aussi **report.** **2.** Éprouver pour quelqu'un un sentiment que l'on éprouvait pour quelqu'un d'autre. *À la mort de son mari, elle a reporté toute son affection sur son fils.* **3.** **se reporter,** consulter. → se **référer.** *Pour trouver le sujet que vous cherchez dans ce livre, reportez-vous à la table des matières.* ▷ Mot de la famille de porter.

reporteur n. m., **reportrice** n. f. Journaliste qui fait des reportages. *Le reporteur interviewe les victimes de la catastrophe.*
▶ On emploie aussi la graphie anglaise *reporter* [ʀəpɔʀtɛʀ ; ʀəpɔʀtœʀ] au masculin. • Écrire *reporteur* est conforme à la nouvelle orthographe.

repos n. m. **1.** Délassement, détente. *Un moment de repos. Il a besoin de repos.* **2.** *Un métier de tout repos,* qui ne donne aucun mal. ▷ Mot de la famille de poser.

repos
(*Le Repos du voyageur*, J. Steen, 17e siècle)

reposant, reposante adj. Qui enlève la fatigue, détend. *Des vacances très reposantes.* → aussi **repos** et ② **reposer.** ▮ contraire : **fatigant.** ▷ Mot de la famille de poser.

① **reposer** v. (conjug. 3) Poser une chose que l'on a soulevée. *Elle a bu puis a reposé son verre sur la table.* ▷ Mot de la famille de poser.

② **reposer** v. (conjug. 3) **1.** Être construit. *La maison repose sur des fondations.* **2.** Être prouvé. *Ce que tu dis ne repose sur rien,* n'est pas fondé. **3.** Enlever la fatigue. *Quelques jours de vacances me reposeront.* → **délasser, détendre** et aussi **repos.**

▸ **se reposer** v. **1.** Prendre du repos. *Elle s'est un peu reposée après le déjeuner.* **2.** Faire confiance. *Il se repose entièrement sur son assistant.*

▷ Mots de la famille de poser.

repoussant, repoussante adj. Dégoûtant, répugnant. *Ces animaux repoussants sont inoffensifs. Un défaut repoussant.* → **rédhibitoire.** ▷ Mot de la famille de ② pousser.

① **repousser** v. (conjug. 3) Pousser à nouveau. *Au printemps, les feuilles repoussent.* ▷ Mot de la famille de ① pousser.

② **repousser** v. (conjug. 3) **1.** Pousser en arrière. *Il s'est levé et a repoussé sa chaise.* **2.** Faire reculer. *Charles Martel a repoussé les Arabes à Poitiers, en 732.* **3.** Refuser d'accepter. *Elle est très têtue et repousse tous les conseils.* ▮ contraire : **accepter.** **4.** Remettre à plus tard. *La réunion a été repoussée au mois prochain.* ➜ ② **reporter.** ▷ Mot de la famille de ② pousser.

répréhensible adj. Qui mérite d'être blâmé, condamné. *Mentir et voler sont des actes répréhensibles.* ➜ **condamnable.** ▮ contraire : **louable.**
▶ Attention au *h* après le deuxième *é*.

reprendre v. (conjug. 61) **1.** Prendre un peu plus de quelque chose. *Théo a repris de la tarte.* **2.** Prendre de nouveau. ➜ **rattraper.** *La police a repris le prisonnier qui s'était évadé. Ils ont repris courage.* **3.** Recommencer après une interruption. *Les cours reprendront en septembre.* **4.** *Reprendre quelqu'un,* le corriger quand il se trompe, quand il agit mal. *Le professeur reprend les élèves quand ils sont grossiers.* – **se reprendre,** corriger, rectifier son erreur. *Julie a fait une faute de français, mais elle s'est reprise aussitôt.* **5.** *On ne m'y reprendra plus,* je ne referai pas la même erreur. ▷ Mot de la famille de prendre.

représailles n. f. pl. Ce que l'on fait pour se venger quand on a été attaqué. *Une opération de représailles.*

représenter v. (conjug. 3) **1.** Faire apparaître dans l'esprit par une image. ➜ **montrer.** *Ce dessin représente un paysage de montagne.* **2.** Être le signe, le symbole. *Ces points rouges sur la carte représentent les villes.* ➜ **symboliser.** **3.** Constituer. *Ces travaux représentent une grosse dépense.* **4.** *Représenter une pièce,* la jouer. *Les élèves de la classe représenteront «l'Avare» de Molière.* **5.** *Représenter quelqu'un,* agir à sa place. *Les députés représentent le peuple.* **6.** ***Se représenter*** *une chose,* l'imaginer. *Elle se représentait très bien la scène.*

▸ **représentant** n. m., **représentante** n. f. **1.** Personne qui représente quelqu'un, agit en son nom. *Les députés sont les représentants de leurs électeurs.* **2.** Personne dont le métier est de rendre visite aux gens, au nom d'une société, pour leur vendre des produits. *Elle est représentante en produits de beauté.*

▸ **représentatif, représentative** adj. Qui est un exemple typique. *Julie et Louise sont bien représentatives des filles de 10 ans.*

▸ **représentation** n. f. Spectacle joué sur une scène de théâtre. *La représentation commencera à 20 heures.*
▷ Mots de la famille de présenter.

répressif, répressive adj. Qui sert à réprimer, à punir. *Des lois répressives.* ➜ aussi **répression, réprimer.** – *Des parents répressifs,* qui interdisent, punissent. ▮ contraires : **compréhensif, indulgent.**

répression n. f. Punition. *La répression des crimes et des délits.* ➜ **châtiment** et aussi **réprimer.**

réprimande n. f. Reproche. *Son père lui a fait des réprimandes pour sa mauvaise conduite.* ➜ **remontrance.** ▮ contraires : **compliment, félicitations.**

▸ **réprimander** v. (conjug. 3) Blâmer quelqu'un. ➜ **gronder.** *Le professeur a réprimandé Léa et Julie qui bavardaient pendant le cours.* ▮ contraire : **complimenter.**

réprimer v. (conjug. 3) **1.** Empêcher de se manifester, de s'exprimer. *Elle réprime un bâillement d'ennui.* **2.** Punir. *L'armée a durement réprimé la révolte.* ➜ aussi **répression.**

repris de justice n. m. inv. Individu qui a plusieurs fois été condamné par la justice. ➜ **récidiviste.** *Parmi les auteurs du braquage, il y a plusieurs repris de justice.* ▷ Mot de la famille de prendre et de ② juste.

① **reprise** n. f. **1.** Le fait de recommencer. *La reprise des cours aura lieu le 5 septembre.* **2.** Fois. *Ce skieur a été champion du monde à plusieurs reprises. Il nous l'a dit à deux reprises.* **3.** Partie d'un match de boxe. ➜ **round.** *Les boxeurs ont une minute de repos entre chaque reprise.* **4.** Capacité pour un moteur d'accélérer après avoir ralenti. *Cette voiture est nerveuse, elle a de bonnes reprises.* ▷ Mot de la famille de prendre.

② **reprise** n. f. Raccommodage sur un tissu déchiré ou troué. *J'ai fait des reprises à mon jean.*

▸ **repriser** v. (conjug. 3) Réparer en cousant un tissu déchiré, un accroc. ➜ **raccommoder.** *Elle reprise son pull.*

reprise

réprobateur, réprobatrice adj. Qui exprime la réprobation. *Un air réprobateur.* ➜ **désapprobateur.** ▮ contraire : **approbateur.**

réprobation n. f. Jugement très sévère que l'on porte sur une personne ou une chose qui déplaît profondément. ➜ aussi **réprouver.** *Sa conduite a suscité la réprobation générale.* ➜ **désapprobation.** ▮ contraire : **approbation.**

reprocher v. (conjug. 3) **1.** *Reprocher quelque chose à quelqu'un,* lui exprimer son mécontentement à propos d'une chose dont on le juge coupable ou responsable. ➜ **blâmer.** *Il reproche à son fils sa paresse.* **2.** ***Se reprocher*** *quelque chose,* se sentir coupable de quelque chose. *Elle s'est reproché son mouvement d'humeur.* ➜ **regretter.** *Je n'ai rien à me reprocher.*

▸ **reproche** n. m. Critique, blâme. ➜ **remontrance, réprimande.** ▮ contraires : **compliment, félicitations.** *Il m'a fait de nombreux reproches.*

▸ Autre mot de la famille : irréprochable.

reproducteur, reproductrice adj. *Les organes reproducteurs,* les organes qui servent à la reproduction des êtres vivants. ➜ aussi **génital** et se **reproduire.** ▷ Mot de la famille de produire.

reproduction n. f. **1.** Copie d'un objet. *Ce livre d'art contient des reproductions de tableaux.* **2.** Phénomène qui permet aux êtres vivants de donner naissance à d'autres êtres vivants de la même espèce. *Les abeilles permettent la reproduction des fleurs en transportant le pollen.* ➜ aussi se **reproduire.** ▷ Mot de la famille de produire.

reproduire v. (conjug. 41) **1.** Imiter. *Le perroquet reproduit la voix humaine.* **2.** Faire exister à de nombreux exemplaires. *L'imprimerie permet de reproduire des textes à des milliers d'exemplaires.*

▸ se **reproduire** v. **1.** Donner naissance à des êtres vivants de la même espèce que la sienne. *Les êtres humains, les animaux et les plantes se reproduisent.* ➜ aussi **reproducteur, reproduction. 2.** Se produire de nouveau. ➜ **recommencer.** *Cette erreur ne se reproduira plus.* ➜ se **renouveler.**

▷ Mots de la famille de produire.

réprouver v. (conjug. 3) Condamner sévèrement. ➜ **blâmer, désapprouver,** et aussi **réprobation.** *Elle réprouve les fréquentations de son fils.* ▮ contraire : **approuver.**

reptile n. m. Animal vertébré qui a des écailles ou une carapace. ➜ planche **Reptiles** et amphibiens. *Les serpents, les lézards, les crocodiles, les tortues sont des reptiles.*

repu, repue adj. Qui a mangé à sa faim. ➜ **rassasié** et aussi se **repaître.** ▮ contraire : **affamé.** *Le bébé a bu tout son biberon ; il est repu.* ▷ Mot de la famille de paître.

république n. f. (➜ ÉTYM.) Régime politique qui a un président et un parlement élus. *La France est devenue une république en 1792. Le président de la République française est élu au suffrage universel.*

▸ **républicain, républicaine** adj. Qui appartient à la république. *Les institutions françaises sont républicaines.*

répudier v. (conjug. 3) Renvoyer son épouse en rompant le mariage, dans certains pays ou à certaines époques. *Le roi a répudié sa femme qui ne pouvait pas avoir d'enfant.*

répugner v. (conjug. 3) **1.** *Répugner à quelqu'un,* lui faire horreur. *L'idée de manger des escargots lui répugne.* **2.** Ne pas aimer. *Elle répugne toujours à punir ses enfants.*

▸ **répugnant, répugnante** adj. Qui dégoûte, fait horreur. ➜ **dégoûtant.** *Des mains d'une saleté répugnante.* ▮ contraire : **ragoûtant.** *Un homme répugnant.* ➜ **repoussant.**

▸ **répugnance** n. f. Dégoût très vif. ➜ **répulsion.** *Elle débouche l'évier avec répugnance.*

république
(*Le Triomphe de la République,* 1875)

répulsion n. f. Profond dégoût. ➜ **répugnance.** *Elle a de la répulsion pour les araignées.* ▮ contraire : **attirance.**

réputation n. f. Le fait d'être connu pour une certaine raison, manière dont une personne ou une chose est considérée. *La directrice a la réputation d'être sévère,* on dit qu'elle est sévère. *Ce restaurant a une excellente réputation,* il est connu comme excellent. ➜ aussi **réputé.**

réputé, réputée adj. Connu, célèbre. *Une pianiste réputée. La France est réputée pour sa gastronomie.* ➜ **renommé.**

requérir v. (conjug. 24) **1.** Réclamer au nom de la loi. *Le procureur a requis un an de prison pour l'accusé.* ➜ aussi **réquisitoire. 2.** Demander, réclamer. *Ce travail requiert beaucoup de patience.*
▶ Autres mots de la famille : requis, réquisition, réquisitionner, réquisitoire.

requête n. f. Demande pressante. ➜ **prière.** *Il a cédé à la requête de ses enfants.*

requiem [rekɥijɛm] n. m. inv. Chant religieux à la mémoire des morts. *Mozart a composé un célèbre requiem.* – Au pl. *Des requiem.*
▶ C'est un mot latin qui veut dire «repos».

requin n. m. Très grand poisson carnivore, puissant et vorace. ➜ planches **Océan, poissons.** *Les requins sont des squales.*

requis, requise adj. Exigé comme nécessaire. *Vous ne remplissez pas les conditions requises pour ce poste.* ▷ Mot de la famille de requérir.

réquisition n. f. Le fait d'exiger la mise à disposition d'un bien. *L'officier a procédé à la réquisition du château pour loger les soldats.*

▸ **réquisitionner** v. (conjug. 3) Exiger que du matériel, des locaux, des personnes soient mis à disposition, lors de circonstances exceptionnelles. *Les autorités ont réquisitionné le gymnase pour loger les sinistrés.*
▷ Mots de la famille de requérir.

réquisitoire n. m. Discours prononcé contre l'accusé, dans un tribunal. *Le procureur a prononcé le réquisitoire.* ▷ Mot de la famille de requérir.

rescapé n. m., **rescapée** n. f. Personne qui a échappé à un accident ou à une catastrophe. *Un chalutier a recueilli les rescapés du naufrage.*

à la rescousse adv. Au secours, à l'aide. *Alex a appelé son grand frère à la rescousse.*

réseau n. m. **1.** Ensemble de voies de communication, de canalisations, de lignes électriques ou téléphoniques. *Le réseau routier.* **2.** Organisation secrète. *Des réseaux de résistance.* **3.** Ensemble d'ordinateurs reliés entre eux pour échanger des informations. *Internet est un réseau mondial.* ➜ planche **Télécommunications.**

reptiles et amphibiens

On connaît plus de 3 600 espèces d'amphibiens (grenouilles, crapauds, salamandres). La grande majorité des amphibiens mesure quelques centimètres mais la salamandre géante de Chine peut atteindre 1,80 m. On compte près de 7 000 espèces de reptiles (lézards, serpents, crocodiles, tortues) ; le plus petit est le gecko des îles Vierges, un lézard de 1,5 cm, et les plus grands, le python réticulé et l'anaconda, dépassent 10 m de long. Reptiles et amphibiens sont des animaux à sang froid. Des plans de protection sont mis en place pour sauver de la disparition de nombreuses espèces d'amphibiens.

➔ planches **dinosaures**, espèces **menacées**.

rainette verte

amphibiens

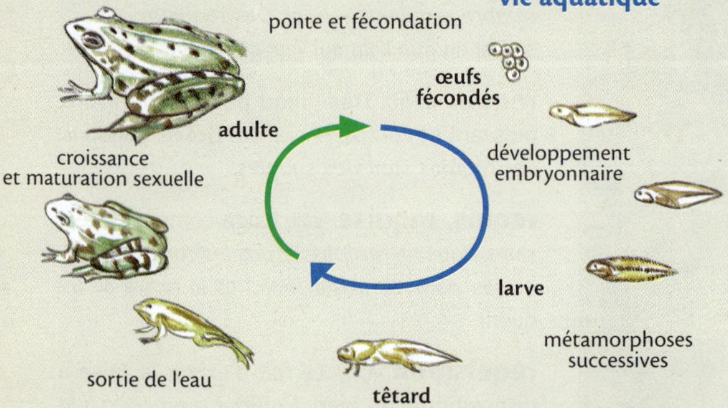

cycle de vie de la grenouille

crapaud

salamandre

triton

pélobate

reptiles

anaconda

orvet

vipère

python

cobra

○ tortue luth

●●●● tortue terrestre

○ tortue marine (caret)

● basilic

●●●● lézard

● iguane

●●●● caméléon

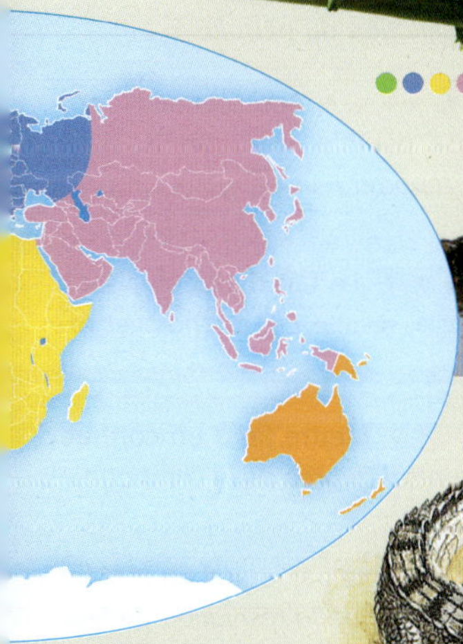

Amérique
Europe
Afrique
Asie
Océanie
océan

● alligator

● gavial

● varan

● crocodiles

réséda

réséda n. m. Plante aux fleurs très parfumées disposées en grappes.

réservation n. f. *Faire une réservation,* retenir une place ou une chambre pour une date précise. *Il a annulé sa réservation sur le vol Lyon-Madrid.* ▷ Mot de la famille de **réserver**.

① **réserve** n. f. **1.** *Faire des réserves,* émettre des doutes, ne pas approuver totalement. *Il a émis quelques réserves sur le projet.* – *Sans réserve,* sans restriction, total. *Elle a une admiration sans réserve pour son père.* **2.** Provision. *Paul a une réserve de chocolat dans sa table de nuit.* **3.** Territoire où les plantes et les animaux sont protégés. *Une réserve naturelle.* **4.** En Amérique du Nord, territoire réservé aux Indiens. ▷ Mot de la famille de **réserver**.

② **réserve** n. f. Attitude d'une personne discrète qui se garde de tout excès. ➜ **retenue.** *Elle fait preuve de réserve avec les gens qu'elle connaît mal.* ➜ aussi **réservé.** ▮ contraire : **familiarité.**

▸ **réservé, réservée** adj. *Une personne réservée,* qui manifeste de la réserve, de la retenue. ➜ **secret.** ▮ contraires : **démonstratif, exubérant.**

réserver v. (conjug. 3) **1.** Retenir d'avance ce que l'on veut avoir plus tard. ➜ ② **louer.** *Dans ce restaurant très connu, il faut réserver sa table plusieurs jours à l'avance.* **2.** Destiner spécialement à quelqu'un. *Les trottoirs sont réservés aux piétons.* **3.** Procurer, apporter. *La journée nous a réservé bien des surprises.*

▸ **réservoir** n. m. Bassin ou récipient pouvant contenir un liquide que l'on garde. *Le réservoir d'essence d'une moto.* ➜ planche **Deux-roues.**

▶ Autres mots de la famille : **réservation,** ① **réserve.**

résider v. (conjug. 3) **1.** Habiter. ➜ **demeurer.** *Ils résident en banlieue.* **2.** Se trouver. *C'est là que réside la difficulté.*

▸ **résidence** n. f. **1.** Endroit où l'on habite. *Leur résidence principale est à Paris, leur résidence secondaire en Bretagne.* **2.** Ensemble d'habitations assez luxueuses. *Ils habitent dans une résidence qui donne sur un parc.*

▸ **résident** n. m., **résidente** n. f. **1.** Personne qui habite dans un autre pays que le sien. ➜ **ressortissant.** *Il y a de nombreux résidents espagnols en France.* **2.** Personne qui habite dans un ensemble d'habitations. *Une note a été adressée à tous les résidents.*

▸ **résidentiel, résidentielle** adj. *Un quartier résidentiel,* qui ne comporte que des maisons et des immeubles d'habitation.

résidu n. m. Reste. *Le goudron est un des résidus de la distillation du pétrole.*

se **résigner** v. (conjug. 4) Accepter sans protester une chose pénible. ➜ **consentir.** *Ils se sont résignés à reporter leur départ.* ▮ contraire : **refuser.**

▸ **résignation** n. f. Le fait d'accepter sans protester. ▮ contraire : **révolte.** *Elle attend avec résignation.*

résilier v. (conjug. 9) Mettre fin à un contrat. *Il a résilié son contrat auprès de la compagnie d'assurances.*

▸ **résiliation** n. f. Acte par lequel on met fin à un contrat. *Ils ont signé la résiliation de leur bail.*

résine n. f. Produit collant et visqueux qui s'écoule de certains arbres. *Les conifères produisent de la résine.*

▸ **résineux** n. m. Arbre qui produit de la résine. ➜ planche **Arbres.** *Les sapins, les mélèzes sont des résineux.* ➜ **conifère.**

résister v. (conjug. 3) **1.** Ne pas céder, ne pas casser. *La vitre a résisté au choc.* **2.** Supporter. *Les chameaux résistent bien à la soif.* **3.** Lutter, se défendre. *La ville a résisté longtemps avant de se rendre.* **4.** S'opposer à quelque chose d'agréable. *Elle n'a pas pu résister à la tentation de dire ce qu'elle pensait.*

▸ **résistance** n. f. **1.** Force pour supporter la fatigue, les épreuves. ➜ **endurance.** *Il peut marcher des heures ; il a une grande résistance.* **2.** Le fait de lutter, de résister. *Le voleur s'est laissé arrêter sans opposer de résistance.* **3.** *Le plat de résistance,* le plat principal d'un repas. **4.** *La Résistance,* organisation qui luttait contre l'Occupation allemande pendant la Deuxième Guerre mondiale, en France.

▸ **résistant** adj. et n. m., **résistante** adj. et n. f.
▪ adj. Solide. *Ce tissu est très résistant.* ▮ contraire : **fragile.** *Elle est très résistante,* elle supporte l'effort prolongé. ➜ **endurant.**
▪ n. Personne qui était dans la Résistance, sous l'Occupation allemande. *Un groupe de résistants.* ➜ aussi **maquisard.**

▶ Autres mots de la famille : irrésistible, irrésistiblement.

résolu, résolue adj. Qui sait prendre une décision et n'en change pas. *Une femme résolue.* ▮ contraire : **indécis.**

▸ **résolument** adv. Avec force. ➜ **énergiquement, fermement.** *Il s'oppose résolument au projet.* ▮ contraire : **mollement.**

▷ Mots de la famille de se résoudre.

résolution n. f. Décision. *En ce début d'année, il a pris de bonnes résolutions,* il s'est décidé fermement à bien faire, à se corriger.
▷ Mot de la famille de se résoudre.

résonance n. f. *La caisse de résonance d'une guitare,* l'intérieur, où les sons frappés sur les cordes résonnent. ▷ Mot de la famille de sonner.

▶ *Résonance* s'écrit avec un seul *n*, alors que *résonner* en prend deux.

récolte de la **résine**

résonner v. (conjug. 3) **1.** Retentir avec un écho. *Sa voix résonne dans la grotte.* **2.** Être rempli de bruits. *La cour résonne de cris d'enfants.* ▮ homonyme : **raisonner.** ▷ Mot de la famille de sonner.

résorber v. (conjug. 3) **1.** Faire disparaître, supprimer. *Le gouvernement a pris des mesures pour résorber le chômage.* **2. se résorber,** disparaître peu à peu. *L'hématome s'est résorbé.*

résoudre v. (conjug. 54) *Résoudre un problème,* trouver sa solution. *Cette énigme n'est toujours pas résolue.*

se résoudre v. (conjug. 54) Se décider, après avoir bien réfléchi. *Ils se sont résolus à accepter notre offre.*

▶ Autres mots de la famille : résolu, résolument, résolution.

respect [ʀɛspɛ] n. m. **1.** Considération que l'on a pour quelqu'un en raison de son âge, de sa valeur. ➜ **déférence, égard.** *Elle a beaucoup de respect pour son vieux professeur.* ▮ contraires : **impertinence, insolence. 2.** Fait de se conformer à une règle, à une loi. *L'arbitre veille au respect des règles du jeu.* **3.** *Tenir quelqu'un en respect,* le maintenir à distance avec une arme.

▸ **respecter** v. (conjug. 3) **1.** Manifester du respect. *On doit respecter les personnes âgées.* **2.** *Respecter une règle,* s'y conformer. *Il faut respecter les limitations de vitesse.*

▸ **respectable** adj. Digne de respect. ➜ **honorable.** *Une dame d'un âge respectable.*

▶ Autres mots de la famille : respectueusement, respectueux.

respectif, respective adj. Qui concerne chaque chose ou chaque personne parmi d'autres. *Les enfants sont retournés à leurs places respectives,* chacun à sa place.

▸ **respectivement** adv. Dans l'ordre. *Alex, Paul et Théo ont respectivement 8, 9 et 10 ans.*

respectueux, respectueuse adj. Qui témoigne du respect. *Un ton respectueux.* ▮ contraire : **insolent.**

a b c d e f g h i j k l m n o p q r s t u v w x y z

▸ **respectueusement** adv. D'une manière respectueuse, avec respect. *Il parle respectueusement à ses professeurs.*

▷ Mots de la famille de respect.

respirer v. (conjug. 3) **1.** Faire entrer de l'air dans les poumons et le rejeter. *Respirez profondément !* ➜ aussi **expirer, inspirer. 2.** Avoir un moment de calme. *Je n'ai pas eu le temps de respirer depuis ce matin.* **3.** Exprimer. *Son visage respire la joie.*

▸ **respiration** n. f. **1.** Fonction du corps qui consiste à absorber de l'oxygène et à rejeter du gaz carbonique. *Alex retient un moment sa respiration.* **2.** *Respiration artificielle,* moyens mis en œuvre pour rétablir une respiration normale chez les personnes asphyxiées.

▸ **respiratoire** adj. Qui permet la respiration. *Les poumons et la trachée font partie de l'appareil respiratoire.*

▸ Autre mot de la famille : irrespirable.

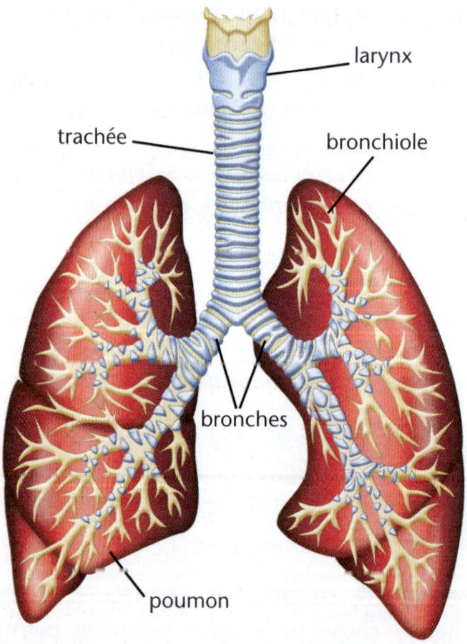

appareil **respiratoire**

resplendir v. (conjug. 11) Briller d'un vif éclat. *Il fait beau ; le soleil resplendit.*

▸ **resplendissant, resplendissante** adj. Très brillant. ➜ **éclatant.** *Le soleil est resplendissant. – Quelle mine resplendissante, Julie !* quelle bonne mine !

ressemblance
(*Les Deux Sœurs,* T. Chassériau, 1843)

responsable adj. et n. m. et f. (➜ ÉTYM.)
▪ adj. **1.** Qui a commis une faute et doit réparer le tort causé. *Le conducteur responsable de l'accident était ivre.* **2.** Qui doit rendre compte de ses actes et de ceux des personnes dont il a la charge. *Les parents sont responsables de leurs enfants.*
▪ n. m. et f. **1.** Personne qui a commis une faute. ➜ **auteur.** *Qui est le responsable de cette mauvaise plaisanterie ?* **2.** Personne qui prend les décisions dans une organisation, une société. ➜ **dirigeant.** *Le responsable d'un magasin.* ➜ **gérant.** *Des responsables syndicaux.*

▸ **responsabilité** n. f. **1.** Obligation de réparer le tort que l'on a causé. *L'enquête a établi la responsabilité du conducteur.* **2.** Fonction, charge que l'on doit remplir. *Il a beaucoup de responsabilités.* **3.** Obligation d'accepter les conséquences de ses actes. *Chacun doit prendre ses responsabilités.*

▸ Autre mot de la famille : irresponsable.

resquiller v. (conjug. 3) Entrer sans payer ou sans attendre son tour. *Il a resquillé dans le métro.*

▸ **resquilleur** n. m., **resquilleuse** n. f. Personne qui resquille. *Le contrôleur a donné une amende aux resquilleurs.*

ressac [Rəsak] n. m. Retour violent des vagues sur elles-mêmes, après avoir heurté un obstacle. *On entend le bruit du ressac contre la falaise.*

se **ressaisir** v. (conjug. 11) Être de nouveau maître de soi, retrouver son calme. *Elle a failli se mettre en colère, mais elle s'est ressaisie.* ▷ Mot de la famille de saisir.

ressasser v. (conjug. 3) Répéter sans cesse. → **rabâcher, radoter.** *Il ressasse toujours les mêmes histoires.*

ressembler v. (conjug. 3) **1.** Avoir des traits communs. *Paul ressemble à sa mère.* – **se ressembler,** ressembler l'un à l'autre. *Qui se ressemble s'assemble :* les personnes qui ont les mêmes goûts ou les mêmes défauts se rapprochent. **2.** Être conforme au caractère de quelqu'un. *Elle est en retard, cela ne lui ressemble pas,* ce n'est pas son habitude.

▸ **ressemblance** n. f. Rapport entre des personnes ou des choses qui ont des éléments communs. *La ressemblance entre sa sœur et elle est frappante.* ▮ contraire : **différence.**

▸ **ressemblant, ressemblante** adj. Qui ressemble au modèle. *Ce portrait est très ressemblant.*

▷ Mots de la famille de sembler.

ressemeler v. (conjug. 6a) Garnir d'une semelle neuve. *Les cordonniers ressemellent les chaussures.*

▸ **ressemelage** n. m. Le fait de mettre une nouvelle semelle. *Ces bottes ont besoin d'un bon ressemelage.*

▷ Mots de la famille de semelle.

ressentiment n. m. Rancœur, rancune que l'on ressent au souvenir de torts que l'on a subis. *Il a gardé un vif ressentiment de cette injustice.* ▷ Mot de la famille de sentir.

ressentir v. (conjug. 20) **1.** Éprouver. → **sentir.** *Il ressent un grand bonheur.* **2. se ressentir,** continuer à éprouver. *Elle s'est longtemps ressentie de cette opération,* elle en a senti les effets longtemps. ▷ Mot de la famille de sentir.

resserrer v. (conjug. 3) **1.** Serrer davantage. *Elle resserre sa ceinture d'un cran.* ▮ contraire : **desserrer. 2. se resserrer,** devenir plus étroit. *À cet endroit, la vallée se resserre.* → se **rétrécir.** ▷ Mot de la famille de serrer.

resservir v. (conjug. 18) **1.** Servir de nouveau un plat. *Elle ressert du gâteau aux enfants.* **2.** Être encore utilisable. *Ne jette pas ces outils, ils peuvent resservir.* ▷ Mot de la famille de servir.

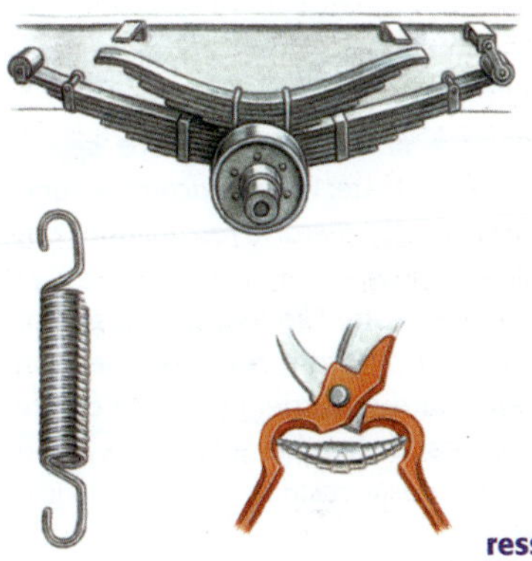

ressort

① **ressort** n. m. **1.** Objet d'acier qui peut se tendre et se détendre en produisant un mouvement. *Un matelas à ressorts.* **2.** Énergie, force. *Je n'ai pas de ressort aujourd'hui.*

② **ressort** n. m. **1.** *En dernier ressort,* en définitive, finalement. *En dernier ressort, il a fait appel à nous.* **2.** *Être du ressort de quelqu'un,* relever de sa compétence. *Cette affaire est du ressort de la police.* → **concerner, regarder.**

▶ Autre mot de la famille : ressortissant.

ressortir v. (conjug. 20) **1.** Sortir d'un endroit après y être entré. *Il est entré dans la maison puis en est ressorti une heure après.* ▮ contraire : **rentrer. 2.** Être bien visible. *Ces fleurs blanches ressortent bien sur ce fond rouge.* **3.** Apparaître comme conséquence. *Il est ressorti de cette conversation que nous étions entièrement d'accord.* ▷ Mot de la famille de sortir.

ressortissant n. m., **ressortissante** n. f. Personne qui vit dans un autre pays que le sien. *Les ressortissants français en Afrique.* → **résident.** ▷ Mot de la famille de ② ressort.

ressource n. f. **1.** Possibilité, recours. *Si vous ne trouvez pas ce livre, vous avez la ressource de le commander.* **2.** *Les ressources,* les moyens matériels pour vivre. *Cette famille est presque sans ressources.* **3.** *Les ressources d'un* *pays*, ses richesses naturelles. *Les ressources minières sont abondantes dans cette région.*

ressusciter [ʀesysite] v. (conjug. 3) Redevenir vivant. *Selon l'Évangile, le Christ est ressuscité le troisième jour après sa mort.* ➔ aussi **résurrection.**

Attention à l'orthographe : deux *s*, puis *sc*.

restant n. m. et adj., **restante** adj.

■ n. m. Ce qui reste. *Voici un acompte sur ce que je vous dois ; je paierai le restant dans un mois.* ➔ **reliquat, reste.**

■ adj. 1. Qui reste. *Elle fera un coussin avec le tissu restant.* 2. *Poste restante,* mention que l'on met sur du courrier indiquant que le destinataire ira le chercher à la poste. *Elle a reçu une lettre poste restante.* ▷ Mot de la famille de rester.

restaurant n. m. Endroit où l'on sert des repas. *Ils sont allés dîner au restaurant.* ▷ Mot de la famille de se restaurer.

restauratrice de tableau

① **restaurateur** n. m., **restauratrice** n. f. Personne dont le métier est de restaurer des œuvres d'art. *Une restauratrice de tableaux anciens.* ▷ Mot de la famille de restaurer.

② **restaurateur** n. m., **restauratrice** n. f. Personne qui tient un restaurant. ▷ Mot de la famille de se restaurer.

① **restauration** n. f. 1. *La Restauration,* le rétablissement de la royauté en France, avec les règnes de Louis XVIII et de Charles X, de 1814 à 1830. 2. Remise en état. ➔ **réfection, rénovation.** *La restauration d'un monument.* ▷ Mot de la famille de restaurer.

② **restauration** n. f. Tout ce qui concerne les activités d'un restaurant. *Il travaille dans la restauration.* ▷ Mot de la famille de se restaurer.

restaurer v. (conjug. 3) 1. Faire exister à nouveau ce qui a disparu. ➔ **rétablir.** *Les royalistes veulent restaurer la monarchie.* 2. *Restaurer une œuvre d'art,* la remettre en état. *La cathédrale a été restaurée.*

▶ Autres mots de la famille : ① restaurateur, ① restauration.

se restaurer v. (conjug. 4) Reprendre des forces en mangeant. *Les alpinistes se restaurent avant de repartir.*

▶ Autres mots de la famille : restaurant, ② restaurateur, ② restauration.

rester v. (conjug. 3) 1. Être quelque part, passer du temps dans un endroit. ➔ **demeurer, séjourner.** *Ils sont restés un mois au Canada. Léa est restée dormir chez Julie.* 2. Continuer d'être. *Le magasin restera ouvert tout l'été.* 3. Être encore disponible. *Il reste un peu de café,* il y en a encore. 4. *En rester à quelque chose,* s'y arrêter, ne pas aller plus loin. *Restons-en là,* n'en parlons plus. 5. *Reste à savoir,* on ne sait pas encore. *Tout est prêt pour la fête, reste à savoir s'il fera beau.*

▶ **reste** n. m. 1. Ce qui reste. *Théo a fait la plus grande partie de ses devoirs à l'étude, il fera le reste chez lui.* ➔ **restant.** *En vacances, elle lit et le reste du temps, elle se promène,* aux autres moments. 2. *Les restes,* la nourriture qui reste d'un repas précédent, ce qui n'a pas été mangé. *Ce soir, nous mangerons les restes.*

▶ Autre mot de la famille : restant.

restituer v. (conjug. 3) Rendre à quelqu'un quelque chose qui lui appartient. ➔ **redonner.** ▮ contraire : **garder.** *Julie a restitué à Alex le stylo qu'elle lui avait emprunté.*

▶ **restitution** n. f. Le fait de rendre quelque chose à quelqu'un. *On a exigé la restitution des objets volés.*

restreindre v. (conjug. 55) Diminuer. *Ils ont restreint leurs dépenses.* ➔ **limiter, réduire** et aussi **restriction.** ▮ contraire : **accroître.** – **se restreindre,** dépenser moins. *Ils se restreignent par nécessité.*

▸ **restreint, restreinte** adj. Limité, étroit. *Un espace restreint.* ▮ contraire : **étendu.**

restriction n. f. **1.** *Sans restriction,* entièrement. → ① **réserve.** *Le projet a été adopté sans restriction.* **2.** *Des restrictions,* des privations, en temps de pénurie. → **rationnement.** *Toute la population souffre des restrictions pendant les guerres.*

résulter v. (conjug. 3) Être le résultat. *Son échec résulte de son manque de travail.* → **découler, provenir.**

▸ **résultat** n. m. **1.** Conséquence. *Sa réussite est le résultat de ses efforts.* → **aboutissement.** **2.** Manière dont une chose se termine. *Le résultat d'un match de football. Il attend les résultats de son examen.* **3.** Solution d'une opération. *Léa a trouvé le résultat de la division.*

résumer v. (conjug. 3) Abréger, redire en moins de mots. → **condenser.** *Résumez ce texte en dix lignes.*

▸ **résumé** n. m. Texte qui en résume un autre. → **abrégé.** *Les élèves doivent faire un résumé de «Barbe-Bleue» en dix lignes.*

résurgence n. f. Fait, pour les eaux d'une rivière souterraine, de ressortir à la surface.

résurrection n. f. Retour à la vie. → aussi **ressusciter.** *À Pâques, les chrétiens fêtent la résurrection du Christ.*

rétablir v. (conjug. 11) **1.** Faire exister de nouveau. *La police a rétabli l'ordre.* → **ramener, restaurer.** **2. se rétablir,** retrouver la santé. *Après sa bronchite, elle s'est vite rétablie.* → **guérir,** se **remettre,** fam. se **retaper.**

▸ **rétablissement** n. m. **1.** Le fait de rétablir ce qui existait avant. *Les deux pays travaillent au rétablissement de la paix.* **2.** Guérison. *Nous vous souhaitons un prompt rétablissement.*

▷ Mots de la famille de **établir.**

retaper v. (conjug. 3) **1.** Arranger, réparer. *Ils ont retapé une vieille ferme.* **2.** Familier. **se retaper,** retrouver la santé. *Elle s'est vite retapée, après cet accident.* → se **rétablir.** ▷ Mot de la famille de **taper.**

résurrection du Christ (H. Memling)

retarder v. (conjug. 3) **1.** Mettre en retard. *Nous avons été retardés par les embouteillages.* **2.** Reporter à plus tard. → **différer, reculer,** ② **repousser.** *Le départ de l'avion a été retardé d'une heure.* **3.** Indiquer une heure moins avancée que l'heure réelle. *Cette pendule retarde de cinq minutes.* ▮ contraire : **avancer.**

▸ **retard** n. m. **1.** Le fait d'arriver, d'agir ou de se produire après le moment fixé. *Paul est arrivé en retard à l'école.* ▮ contraire : **avance.** *Le train est arrivé avec un quart d'heure de retard.* **2.** Le fait de fonctionner trop lentement. *Ma montre a pris du retard,* elle retarde.

▸ **retardataire** n. m. et f. Personne qui arrive en retard. *Les retardataires doivent attendre l'entracte pour entrer dans la salle de concert.*

▸ **retardement** n. m. *Une bombe à retardement,* une bombe qui explose un certain temps après avoir été posée, grâce à une minuterie.

▷ Mots de la famille de **tard.**

retenir v. (conjug. 13) **1.** Empêcher de partir, faire rester. *La directrice de l'école a été retenue par les parents d'élèves.* **2.** Maintenir en place, attacher. *Les cheveux de Léa sont retenus par* *une barrette.* **3.** Garder. *Les cotisations sociales sont retenues sur les salaires.* ➜ aussi **retenue.** **4.** Faire une retenue dans une opération. *Je pose 4 et je retiens 2.* **5.** Réserver. *Il a retenu une chambre d'hôtel.* **6.** Garder dans sa mémoire. *Je n'ai pas retenu son nom.* ▮ contraire : **oublier.**

▸ se **retenir** v. **1.** Faire un effort pour ne pas tomber. ➜ s'**accrocher,** se **rattraper.** *Elle s'est retenue à la rampe.* **2.** S'empêcher. *Il se retient pour ne pas éclater de rire.* **3.** Se garder en mémoire. *Son nom se retient facilement.*

▷ Mots de la famille de tenir.

retentir v. (conjug. 11) Résonner. *Les cloches de l'église retentissent.*

▸ **retentissant, retentissante** adj. **1.** Qui fait beaucoup de bruit, retentit. *Un bruit retentissant.* **2.** Dont on parle beaucoup. *Le film a eu un succès retentissant.* ➜ **éclatant.**

▸ **retentissement** n. m. Le fait d'attirer l'attention, de provoquer des réactions. *Cet évènement a eu un grand retentissement dans le monde.*

retenue n. f. **1.** Prélèvement d'une somme sur un salaire. *Les retenues servent à payer les cotisations sociales.* **2.** Chiffre que l'on retient pour le compter dans la colonne suivante, dans une opération. *Ton addition est fausse, tu as oublié la retenue.* **3.** Punition qui consiste à garder un élève à l'école, alors qu'il n'a pas cours. *Elle a eu trois heures de retenue.* **4.** Réserve, discrétion. *Il a fait preuve de beaucoup de retenue.* ▷ Mot de la famille de tenir.

réticent, réticente adj. Hésitant. *Elle est très réticente à se confier.*

▸ **réticence** n. f. Hésitation, réserve. *On sent une certaine réticence dans ses paroles.*

rétif, rétive adj. *Un cheval rétif,* qui refuse d'avancer, d'obéir. *Cette jument est rétive.* ➜ **récalcitrant.** ▮ contraire : **docile.**

rétine n. f. Membrane qui tapisse le fond de l'œil. *La rétine reçoit les impressions lumineuses et les transmet au nerf optique.*

retirer v. (conjug. 3) **1.** Enlever, ôter. *Il retire son blouson.* ▮ contraire : **mettre.** *On lui a retiré son permis de conduire.* ➜ aussi **retrait.** **2.** Faire sortir. *Il a retiré 100 euros à la banque.* ➜ **prendre.** **3.** Annuler ce que l'on a dit. *Je retire ce que j'ai dit,* je reviens sur ce que j'ai dit. ➜ se **rétracter.** ▮ contraire : **maintenir.** **4.** Obtenir pour soi. *Elle retire beaucoup de joies de son métier.*

▸ se **retirer** v. **1.** Aller dans un lieu pour y être tranquille. *Ils se sont retirés à la campagne. Elle s'est retirée des affaires,* elle les a quittées. ➜ aussi ② **retraite.** **2.** Refluer. *La mer se retire.* ➜ **descendre.** ▮ contraire : **monter.**

▸ **retiré, retirée** adj. Isolé, loin de tout. *Elle vit dans un endroit retiré.* ➜ **reculé.**

▷ Mots de la famille de tirer.

retomber v. (conjug. 3) **1.** Toucher le sol après s'être élevé. *La fusée est retombée dans la mer.* ➜ **redescendre.** *Un chat retombe toujours sur ses pattes. – Retomber sur ses pieds,* retrouver un équilibre après avoir été en difficulté. **2.** Rejaillir, être rejeté. *C'est sur lui que retombent toutes les responsabilités.*

▸ **retombées** n. f. pl. **1.** Ce qui retombe. *Les retombées radioactives sont très dangereuses,* les matières radioactives qui retombent après l'explosion d'une bombe atomique. **2.** Conséquences. ➜ **répercussion.** *Cette découverte a eu de nombreuses retombées dans la vie de tous les jours.*

▷ Mots de la famille de tomber.

retordre v. (conjug. 44) Tordre plusieurs fois. *Donner du fil à retordre à quelqu'un,* lui donner du mal, lui causer des soucis. ▷ Mot de la famille de tordre.

rétorquer v. (conjug. 3) Répondre. ➜ **répliquer.** *Il a rétorqué au professeur que la dictée était trop difficile.*

retors [RətɔR], **retorse** [RətɔRs] adj. Rusé, malin. *Elle est retorse en affaires.* ➜ **roué.**

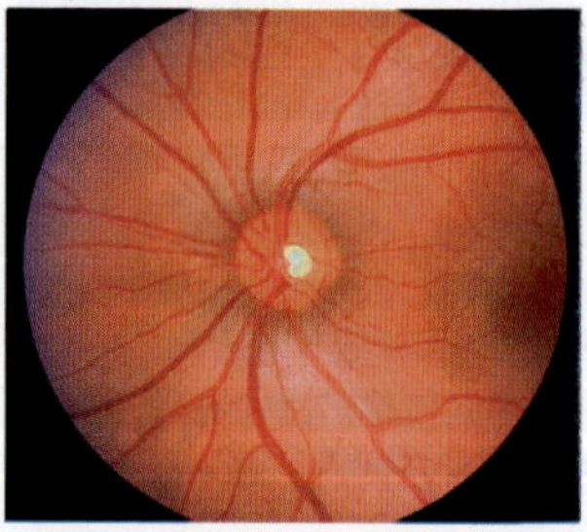

rétine

retoucher v. (conjug. 3) Modifier pour améliorer. *Ce logiciel permet de retoucher les photos. Elle a fait retoucher sa jupe.*

▸ **retouche** n. f. Modification faite pour corriger, améliorer. *Elle a fait faire des retouches à sa robe.*

▷ Mots de la famille de ① toucher.

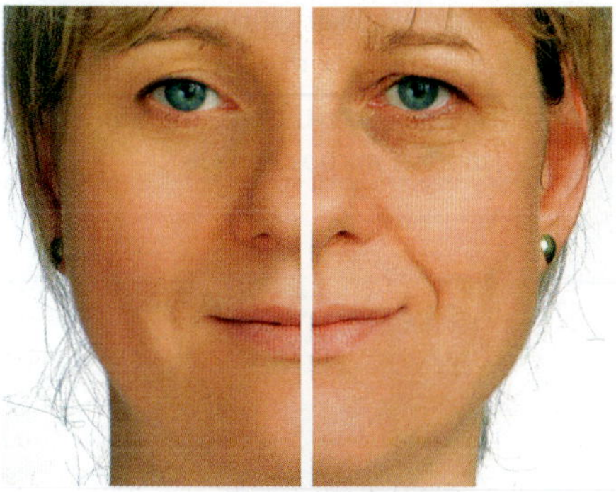

photo **retouchée** (à gauche)

retourner v. (conjug. 3) **1.** Tourner de l'autre côté, dans l'autre sens. *Elle retourne l'escalope dans la poêle.* **2.** Renvoyer. *Comme cette lettre n'était pas pour lui, il l'a retournée à l'expéditeur.* **3.** *Retourner quelque part,* aller à l'endroit d'où l'on vient ou dans un endroit où l'on est déjà allé. *Ils aimeraient retourner en Grèce. C'est l'heure de retourner à la maison.* ➜ **regagner, rejoindre, rentrer.**

▸ se **retourner** v. **1.** Changer de position en tournant son corps. *Le malade se retourne dans son lit.* **2.** Tourner la tête vers l'arrière. *Elle s'est retournée quand elle a entendu son nom.*

▸ **retour** n. m. **1.** Le fait de revenir à son point de départ. *Ils ont pris un train de nuit pour le retour.* ▮ contraire : ② **aller.** *Je t'appellerai à mon retour,* quand je serai rentré. **2.** Le fait d'être renvoyé. *Il m'a répondu par retour du courrier,* immédiatement, par le courrier qui a suivi mon envoi. **3.** Réapparition. *La météo annonce le retour du soleil.* **4.** *En retour,* en échange, en contrepartie. *Je te fais tes divisions, en retour tu m'aideras en français.*

▸ **retournement** n. m. Changement brusque. *Un retournement de situation.* ➜ **renversement.**

▷ Mots de la famille de tourner.

retracer v. (conjug. 5a) Raconter de façon vivante. *Cette histoire retrace la vie d'un village au 19e siècle.* ➜ **relater.** ▷ Mot de la famille de tracer.

rétracter v. (conjug. 3) Contracter en tirant vers l'arrière. *Le chat rétracte ses griffes.* ➜ **rentrer.**

▸ Autre mot de la famille : rétractile.

se **rétracter** v. (conjug. 4) Revenir sur ce que l'on a dit. ➜ se **dédire.** *L'accusé a avoué, puis s'est rétracté.*

rétractile adj. Que l'on peut rentrer. *Le chat a des griffes rétractiles.* ▷ Mot de la famille de rétracter.

retrait n. m. **1.** Action de retirer, d'enlever. *Il a eu un retrait de permis de conduire pour excès de vitesse. Elle a fait un retrait à la banque,* elle a retiré de l'argent de son compte. **2.** *En retrait,* à l'écart, en arrière. *La maison est en retrait de la route.*

▸ ① **retraite** n. f. **1.** Recul d'une armée. *L'armée a battu en retraite,* elle s'est repliée. **2.** *Une retraite aux flambeaux,* un défilé, la nuit, avec des flambeaux, des lampions.

▸ ② **retraite** n. f. **1.** Situation d'une personne qui ne travaille plus à partir d'un certain âge. *Le grand-père de Théo a pris sa retraite. Il est à la retraite.* **2.** Argent que l'on touche quand on est à la retraite. *Il touche une bonne retraite.*

▸ **retraité** n. m., **retraitée** n. f. Personne qui est à la retraite. *Un couple de retraités.* – adj. *Elle est retraitée depuis un an.*

retrancher v. (conjug. 3) **1.** Enlever. ➜ **ôter, soustraire.** *Si on retranche 4 de 12, on obtient 8.* ▮ contraires : **additionner, ajouter.** **2.** **se retrancher,** se mettre à l'abri, se protéger. *Elle s'est retranchée dans le silence.*

▸ **retranchement** n. m. Position où l'on est protégé de l'ennemi. ➜ ① **défense, fortification.** *L'armée est protégée par de solides retranchements.*

▷ Mots de la famille de trancher.

retransmettre v. (conjug. 59) Diffuser. *La télévision a retransmis le match en direct.*

▸ **retransmission** n. f. Diffusion. *Il écoute la retransmission d'un concert à la radio.*

▷ Mots de la famille de mettre.

rétrécir v. (conjug. 11) **1.** Rendre plus étroit. *La couturière a rétréci sa jupe.* ▮ contraire : **élargir.** **2.** Devenir plus étroit. *Ce pull a rétréci au lavage.* ➜ **rapetisser.** – **se rétrécir,** devenir plus étroit. *Après le tournant, le chemin se rétrécit.* ➜ se **resserrer.**

▸ **rétrécissement** n. m. Le fait de devenir plus étroit. *Un panneau indique un rétrécissement de la chaussée.* ▮ contraire : **élargissement.**

rétribuer v. (conjug. 3) Donner de l'argent en échange d'un travail. *Ce travail est bien rétribué.* ➜ **payer, rémunérer.**

▸ **rétribution** n. f. Argent que l'on reçoit pour un travail. ➜ **rémunération, salaire.** *On ne reçoit aucune rétribution quand on fait du bénévolat.*

rétro adj. Qui imite une mode, un style plus ancien. *Elle porte des robes rétros.*

rétro- Préfixe d'origine latine qui signifie «en arrière» (ex. *rétroactif, rétrograder, rétrospectivement, rétroviseur*).

rétroactif, rétroactive adj. *Un effet rétroactif,* qui s'applique à une période déjà passée. *Il a eu une augmentation de salaire en mars avec effet rétroactif depuis janvier.* ▷ Mot de la famille de actif.

rétrograder v. (conjug. 3) **1.** Passer la vitesse inférieure, en conduisant un véhicule. *Avant le virage, il a rétrogradé de troisième en seconde.* **2.** Régresser, reculer. ▮ contraire : **progresser.** *Notre équipe a rétrogradé en deuxième division.*

▸ **rétrograde** adj. Qui s'oppose au progrès. ➜ **réactionnaire.** *Des idées rétrogrades.* ▮ contraires : **avancé, progressiste.**

rétrospectif, rétrospective adj. Qui survient après coup et concerne des faits passés. *En voyant qu'il aurait pu tomber dans le ravin, il a eu une peur rétrospective.*

▸ **rétrospectivement** adv. Après coup, en repensant à ce qui s'est passé. *Rétrospectivement, il a eu très peur.*

▸ **rétrospective** n. f. Présentation de l'ensemble des œuvres d'un artiste. *Ce musée présente une rétrospective des tableaux de Picasso.*

retrousser v. (conjug. 3) Replier une chose vers le haut. ➜ **relever.** *Le chien retrousse ses babines et montre les dents.*

▸ **retroussé, retroussée** adj. *Un nez retroussé,* court et au bout relevé.

chien qui retrousse les babines

retrouver v. (conjug. 3) **1.** Trouver ce que l'on cherchait et que l'on n'avait plus. *Louise a retrouvé sa montre sous son lit.* ➜ **récupérer.** *La police retrouvera sûrement les prisonniers évadés. Je ne retrouve plus son nom.* – *Un(e) de perdu(e), dix de retrouvé(e)s :* la chose, la personne perdue est facile à remplacer ; se dit pour consoler une personne qui a des ennuis sentimentaux. **2.** Rejoindre. *Ils ont retrouvé leurs amis au restaurant.*

▸ **se retrouver** v. **1.** Être de nouveau en présence l'un de l'autre. *Julie et Léa se sont retrouvées chez Paul.* ➜ se **réunir.** **2.** Se trouver tout à coup dans une situation. *Après la mort de son mari, elle s'est retrouvée bien seule.*

▸ **retrouvailles** n. f. pl. Moment où l'on se retrouve après une séparation. *Ils ont fêté leurs retrouvailles.*

▷ Mots de la famille de trouver.

rétroviseur n. m. Petit miroir qui permet au conducteur de voir derrière lui sans avoir à se retourner. ➜ planche **Voitures.** *Avant de doubler, il regarde dans le rétroviseur.* ▷ Mot de la famille de voir.

réunifier v. (conjug. 9) Rendre son unité à ce qui l'avait perdue. *Le Viêtnam a été réunifié en 1976.*

▸ **réunification** n. f. Le fait de rendre son unité à ce qui l'avait perdue. *La réunification de l'Allemagne a eu lieu en 1990.*

▷ Mots de la famille de un.

réunir v. (conjug. 11) **1.** Mettre ensemble. ➜ **grouper, rassembler.** *Elle a réuni ses enfants et ses petits-enfants pour Noël.* **2. se réunir,** se retrouver ensemble au même endroit. *Réunissons-nous pour en discuter.*

▸ **réunion** n. f. Fait de réunir des personnes ; ensemble de personnes qui se rassemblent. *Il a une réunion importante ce matin. Elle adore les réunions de famille.*

▷ Mots de la famille de un.

réussir v. (conjug. 11) **1.** Obtenir un bon résultat. ▮ contraires : **échouer, rater.** *Je veux bien essayer, mais je ne suis pas sûr de réussir.* **2.** Parvenir. *Le coureur a réussi à dépasser tous ses concurrents.* ➜ **arriver.** **3.** Faire du bien, être bénéfique. *Les vacances te réussissent, tu as une mine superbe.*

▸ **réussite** n. f. **1.** Succès. *C'est une belle réussite ! Nous allons fêter sa réussite à son examen.* ▮ contraire : **échec.** **2.** Jeu de cartes où l'on joue seul. *Louise aime bien faire des réussites.*

réutilisable adj. Que l'on peut utiliser plusieurs fois. *Un sac réutilisable.* ▮ contraire : **jetable.** ▷ Mot de la famille de utile.

revaloir v. (conjug. 32) Rendre la pareille. *Je te remercie de m'avoir aidé, je te revaudrai cela,* je t'aiderai à mon tour quand l'occasion se présentera. ▷ Mot de la famille de valoir.

revaloriser v. (conjug. 3) Augmenter la valeur de quelque chose. *La direction de l'usine a revalorisé les salaires les plus bas.* ▮ contraires : **baisser, diminuer.**

▸ **revalorisation** n. f. Le fait d'augmenter la valeur de quelque chose. *La revalorisation de la monnaie d'un pays.* ▮ contraire : **dévaluation.**

▷ Mots de la famille de valoriser.

revanche n. f. **1.** *Prendre sa revanche,* se venger, reprendre l'avantage. *Notre équipe a perdu le match, mais elle va prendre sa revanche !* **2.** Partie, match qui donne au perdant une chance de gagner. *Tu as perdu la première manche, nous allons faire la revanche.* **3.** *En revanche,* en contrepartie. *Théo est faible en français, en revanche il est excellent en calcul.* ➜ par **contre.**

rêvasser v. (conjug. 3) Penser à des choses vagues, rêver à moitié. *Elle rêvasse au lieu de travailler.* ▷ Mot de la famille de rêver.

rêve n. m. **1.** Suite d'images formant souvent une histoire, qui se présentent à l'esprit quand on dort. ➜ **songe** et aussi **cauchemar.** *Dors bien, fais de beaux rêves !* **2.** Chose que l'on aimerait bien faire ou avoir. *Son rêve serait d'avoir beaucoup d'animaux.* ▷ Mot de la famille de rêver.

réunion de famille (F. Bazille, 1867)

a b c d e f g h i j k l m n o p q r s t u v w x y z

rêvé, rêvée adj. Idéal. *Les vacances toute l'année, ce serait la vie rêvée pour Alex !* ▷ Mot de la famille de rêver.

revêche adj. Qui est désagréable, a mauvais caractère. *Une vieille femme revêche.* → **acariâtre.** ▮ contraires : **agréable, avenant.**

réveiller v. (conjug. 3) Éveiller, tirer du sommeil. *Elle a été réveillée par l'orage.* – **se réveiller,** sortir du sommeil. *Paul se réveille tous les matins à 7 heures.* ▮ contraire : s'**endormir.** – *Il ne faut pas réveiller le chat qui dort,* il ne faut pas aller au-devant des dangers, des difficultés.

▸ **réveil** n. m. **1.** Moment où l'on se réveille. *Il est parfois de mauvaise humeur au réveil.* **2.** Petite pendule munie d'une sonnerie qui se déclenche à l'heure où l'on veut être réveillé. *Le réveil a sonné à 8 heures.* → aussi **radio-réveil.**
▷ Mots de la famille de ② veille.

réveillon n. m. Repas de fête que l'on fait la nuit de Noël et la nuit du 31 décembre. *Le réveillon du jour de l'an.*

▸ **réveillonner** v. (conjug. 3) Faire un réveillon. *Chaque année, ils réveillonnent en famille.*
▷ Mots de la famille de ② veille.

révéler v. (conjug. 8) **1.** Faire connaître ce qui était inconnu ou secret. → **dévoiler, divulguer.** ▮ contraire : **taire.** *Il nous a révélé un secret.* **2. se révéler,** apparaître. *Ce travail se révèle plus facile qu'on ne pensait.* → se **montrer.**

▸ **révélateur, révélatrice** adj. Significatif. *Son silence est révélateur.*

▸ **révélation** n. f. Chose que l'on dévoile, fait connaître. *Le témoin a fait des révélations à la police.*

revenant n. m. Mort qui est supposé revenir errer sur terre. → **fantôme,** ① **spectre.** *Il croit aux histoires de revenants.* ▷ Mot de la famille de venir.

revendiquer v. (conjug. 3) **1.** Réclamer une chose à laquelle on pense avoir droit. *Les grévistes revendiquent une augmentation de salaire.* **2.** Assurer être l'auteur d'un acte criminel. *L'attentat a été revendiqué par un groupe terroriste.*

▸ **revendication** n. f. Réclamation. *Les revendications du personnel d'une entreprise.*

revendre v. (conjug. 44) Vendre une chose que l'on a achetée. *Il a revendu sa vieille voiture pour en acheter une neuve.* → aussi **revente.**
▷ Mot de la famille de vendre.

revenir v. (conjug. 13) **1.** Venir de nouveau. *Je reviendrai demain.* → ① **repasser.** **2.** Rentrer. *Les enfants reviennent de l'école à 16 heures 30.* **3.** Être de nouveau présent à l'esprit. *Son nom me revient, maintenant !* **4.** *Revenir à soi,* reprendre conscience. **5.** *Ne pas en revenir,* être très étonné. *Vraiment, je n'en reviens pas !* **6.** Familier. Plaire. *Sa tête ne me revient pas.* **7.** Coûter. *Ce voyage nous est revenu assez cher.* **8.** Changer d'avis. *Il ne reviendra pas sur sa décision.* **9.** *Revenir à un sujet,* se remettre à en parler. – *Revenons à nos moutons,* arrêtons de parler d'autre chose. **10.** *Faire revenir un aliment,* le faire dorer dans de la matière grasse. → **rissoler.** *Faites revenir les oignons dans l'huile.* ▷ Mot de la famille de venir.

des **réverbères**

revente n. f. Action de vendre une chose que l'on a achetée. *La revente d'un appartement.* ▮ contraire : **rachat.** ▷ Mot de la famille de vendre.

revenu n. m. Argent dont on dispose. *Il a de gros revenus.* – *L'impôt sur le revenu,* sur l'argent que l'on gagne. ▷ Mot de la famille de venir.

rêver v. (conjug. 3) **1.** Faire un rêve. *Théo a rêvé qu'il volait. J'ai rêvé de toi.* **2.** Laisser aller son imagination. → **rêvasser.** *À quoi penses-tu, tu* *rêves ?* **3.** Souhaiter. *Il rêve d'être en vacances toute l'année.*

▶ Autres mots de la famille : **rêvasser, rêve, rêvé, rêverie, rêveur.**

réverbérer v. (conjug. 8) Renvoyer la lumière ou la chaleur. *Le mur blanc réverbère la lumière.* ➜ **réfléchir.**

▶ **réverbération** n. f. Phénomène par lequel la lumière ou la chaleur se reflète. *On est ébloui par la réverbération du soleil sur la neige.* ➜ **réflexion.**

▶ **réverbère** n. m. Lampadaire qui sert à éclairer les rues.

reverdir v. (conjug. 11) Redevenir vert. *Au printemps, les arbres reverdissent.*

révérence n. f. Salut que l'on fait en inclinant le buste et en pliant les genoux. *On fait la révérence devant les rois et les reines.*

révérend adj. et n. m., **révérende** adj. et n. f. Titre d'honneur donné à certains religieux. *La révérende mère.* – n. *Mon révérend.* ▷ Mot de la famille de **révérer.**

révérer v. (conjug. 8) Manifester du respect. ➜ **honorer, respecter.** *Les chrétiens révèrent Dieu.*

▶ Autre mot de la famille : **révérend.**

rêverie n. f. Chose qui vient à l'esprit quand on laisse aller son imagination. ➜ **songerie.** *Elle est plongée dans une profonde rêverie.* ▷ Mot de la famille de **rêver.**

revers n. m. **1.** Côté opposé au côté principal d'un objet. ➜ ② **envers.** *Le revers d'une feuille de papier.* ➜ **dos, verso.** ▮ contraires : **endroit, recto.** – *C'est le revers de la médaille,* le côté désagréable de la chose. **2.** Au tennis et au ping-pong, coup de raquette effectué avec le dos de la main en avant. *Ce joueur a un excellent revers.* **3.** Partie d'un vêtement qui forme un repli. *Un pantalon à revers.* **4.** Évènement malheureux. *Il a connu des revers dans sa vie.* ➜ **malheur.**

réversible adj. Qui peut être mis à l'endroit ou à l'envers. *Une veste réversible.*

▶ Autre mot de la famille : **irréversible.**

revêtir v. (conjug. 23) **1.** Mettre un vêtement. *Les chevaliers avaient revêtu leur armure.* **2.** Recouvrir une surface pour décorer ou protéger. *Les routes sont revêtues de bitume.*

▶ **revêtement** n. m. Matière qui recouvre une surface. *La moquette, le linoléum sont des revêtements de sol.*

▷ Mots de la famille de **vêtir.**

rêveur, rêveuse adj. Qui se laisse souvent aller à la rêverie. *Une enfant rêveuse.* – n. *C'est un doux rêveur !* ▷ Mot de la famille de **rêver.**

revient n. m. *Le prix de revient d'un objet,* ce qu'un objet coûte au fabricant tous frais compris. *Le prix de vente est égal au prix de revient augmenté du bénéfice.* ▷ Mot de la famille de **venir.**

revigorer v. (conjug. 3) Redonner de la vigueur, de la force. ➜ **ragaillardir ;** fam. **ravigoter.** *Ce café chaud m'a revigoré.* ➜ **réconforter, remonter.**

revirement n. m. Changement brusque d'opinion ou de décision. *Personne ne s'attendait à ce revirement.* ▷ Mot de la famille de **virer.**

réviser v. (conjug. 3) **1.** Revoir ce que l'on a appris. *Paul révise sa leçon.* ➜ ③ **repasser.** **2.** Vérifier le fonctionnement d'un objet. *Il fait régulièrement réviser sa voiture.*

▶ **révision** n. f. **1.** Action de revoir ce que l'on a appris. *Il fait des révisions avant le contrôle.* **2.** Examen par lequel on vérifie qu'un objet, qu'un mécanisme fonctionne bien. *Il a fait faire la révision de sa voiture.*

revivre v. (conjug. 49) **1.** Vivre de nouveau. *Je n'aimerais pas revivre cette expérience.* **2.** Retrouver ses forces, son énergie. *Au printemps, la nature revit.* **3.** *Faire revivre,* évoquer de manière vivante. *Ce film fait revivre les débuts de l'aviation.* ▷ Mot de la famille de ① **vivre.**

révocation n. f. Annulation d'une décision, d'une loi. ➜ aussi **révoquer.** *La révocation de l'édit de Nantes par Louis XIV date de 1685.* ▷ Mot de la famille de **révoquer.**

revoir v. (conjug. 33) **1.** Voir de nouveau. *Il a revu par hasard un ami d'enfance.* **2.** Voir de

a b c d e f g h i j k l m n o p q r s t u v w x y z

nouveau par le souvenir. *Elle revoyait la scène.* **3.** Réviser. *Léa revoit ses leçons.*

▶ au **revoir** interj. Mots que l'on dit en quittant quelqu'un que l'on doit revoir. *Au revoir, à demain !* ▮ contraire : **bonjour.**

▷ Mots de la famille de voir.

révolter v. (conjug. 3) Provoquer la colère et l'indignation. *Cette injustice me révolte.*

▶ se **révolter** v. **1.** Refuser d'obéir. ➜ s'**insurger,** se **soulever.** *Le peuple se révolta contre le tyran.* **2.** S'indigner. *Elle se révolte toujours contre l'injustice.*

▶ **révoltant, révoltante** adj. Qui provoque l'indignation, la colère. *Il est d'une mauvaise foi révoltante.*

▶ **révolte** n. f. **1.** Soulèvement d'un groupe de gens contre ceux qui les gouvernent. *Au Moyen Âge, il y avait de nombreuses révoltes chez les serfs.* **2.** Mouvement d'indignation, de colère. *Cette punition injuste a provoqué des sursauts de révolte dans la classe.*

▶ **révolté, révoltée** adj. Indigné, en révolte contre quelqu'un ou quelque chose. *Un adolescent révolté.*

révolu, révolue adj. Passé, terminé. *C'est une époque révolue. Elle a quinze ans révolus,* elle a entre 15 et 16 ans.

révolution n. f. **1.** Tour complet que fait un astre autour d'un autre. *La révolution de la Terre autour du Soleil s'effectue en une année.* ➜ planche **Terre.** **2.** Changement brutal de régime politique. *La Révolution française de 1789 a provoqué la chute de la royauté.* **3.** Changement profond. *Les impressionnistes ont opéré une révolution dans la peinture.*

▶ **révolutionnaire** adj. et n. m. et f.

▪ adj. **1.** De la révolution. *Dans le calendrier révolutionnaire, les semaines comptaient dix jours.* **2.** Qui apporte des changements considérables. *Internet est une invention révolutionnaire.*

▪ n. m. et f. Personne qui fait une révolution. *Robespierre, Danton, Marat étaient des révolutionnaires.*

▶ **révolutionner** v. (conjug. 3) Transformer complètement. ➜ **bouleverser.** *La machine à vapeur a révolutionné l'industrie.*

révolver [ʀevɔlvɛʀ] n. m. Arme à feu automatique, à canon court, que l'on tient d'une seule main. ➜ aussi **pistolet.**

▶ Ce mot vient de l'anglais. • On emploie aussi la graphie anglaise *revolver,* sans accent sur le premier e.

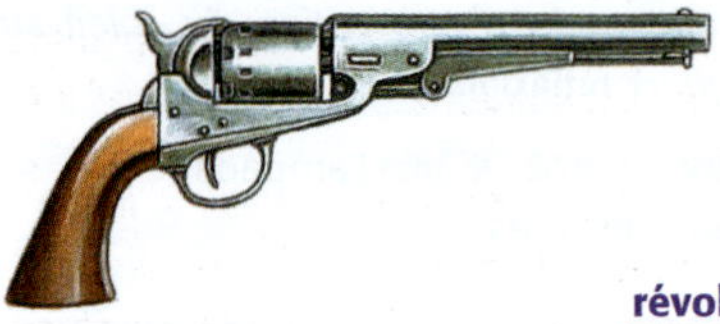

révolver

révoquer v. (conjug. 3) **1.** Chasser de son poste. ➜ **démettre, destituer.** *Ce fonctionnaire malhonnête a été révoqué.* **2.** Annuler une décision, une loi. *Louis XIV révoqua l'édit de Nantes en 1685.*

▶ Autres mots de la famille : irrévocable, révocation.

① **revue** n. f. Journal souvent illustré, paraissant à intervalles réguliers. ➜ **périodique.** *Les revues féminines.* ➜ **journal, magazine.** ▷ Mot de la famille de voir.

② **revue** n. f. **1.** Défilé militaire. *La revue du 14 Juillet.* **2.** *Passer en revue,* examiner un à un. *Nous avons passé en revue les différentes solutions.* ▷ Mot de la famille de voir.

se **révulser** v. (conjug. 4) *Ses yeux se sont révulsés,* se sont retournés de telle sorte qu'on n'en voyait plus que le blanc.

rez-de-chaussée n. m. inv. Partie d'un immeuble, d'une maison qui est au niveau de la rue. *Ils habitent un appartement au rez-de-chaussée.* – Au pl. *Des rez-de-chaussée.* ▷ Mot de la famille de chaussée.

rhabiller v. (conjug. 3) Habiller quelqu'un qui était déshabillé. *Léa déshabille et rhabille sa poupée.* – **se rhabiller,** remettre ses vêtements. *Après s'être baignée, elle s'est rhabillée.* ▷ Mot de la famille de habiller.

rhétorique n. f. Art de bien parler, de faire des discours.

rhinocéros [Rinɔserɔs] n. m. (→ ÉTYM.) Gros animal d'Afrique et d'Asie, à peau très épaisse, portant une ou deux cornes sur le museau. → planche **Savane.** *Les rhinocéros sont des herbivores qui vivent dans la savane et les régions marécageuses.*

rhinopharyngite n. f. Inflammation des fosses nasales et du pharynx. ▷ Mot de la famille de pharynx.

rhizome n. m. Tige de certaines plantes, qui pousse sous la terre. *Des rhizomes d'iris.*

rhododendron [Rɔdɔdɛ̃dRɔ̃] n. m. Arbuste à fleurs roses, rouges, blanches ou violettes, qui ressemble beaucoup à l'azalée. *Un massif de rhododendrons.*

rhubarbe n. f. Plante à larges feuilles, dont la tige au goût acide peut se manger. *De la compote de rhubarbe.*

rhubarbe

rhum [Rɔm] n. m. Alcool fabriqué avec du jus de canne à sucre. *Un baba au rhum.*

rhumatisme n. m. Douleur dans les articulations.

rhume n. m. Maladie sans gravité qui fait éternuer et se moucher très souvent. *Il a pris froid et a attrapé un gros rhume.*

▶ Autre mot de la famille : s'enrhumer.

ribambelle n. f. Familier. Grand nombre. *Théo a une ribambelle de cousins.* → **kyrielle.**

ricaner v. (conjug. 3) Rire bêtement ou pour se moquer. *Il a ricané méchamment quand elle a trébuché.*

▶ **ricanement** n. m. Rire bête ou méprisant. *Cessez vos ricanements idiots !*

riche adj. 1. Qui a beaucoup d'argent, possède beaucoup de choses. ▮ contraire : **pauvre.** *Des gens très riches.* → **fortuné, richissime.** *Être riche comme Crésus,* être extrêmement riche. – n. *Les riches et les pauvres. On ne prête qu'aux riches,* les qualités que l'on attribue à quelqu'un sont fondées sur sa réputation. 2. Fertile. *Un sol riche.* ▮ contraire : **stérile.** 3. Qui contient de nombreux éléments. *Les fruits sont riches en vitamines.*

▶ **richement** adv. D'une manière luxueuse, somptueuse. *La princesse était richement vêtue.* ▮ contraire : **pauvrement.**

▶ **richesse** n. f. 1. Le fait de posséder de grandes quantités de biens, d'argent. *C'était un roi d'une fabuleuse richesse,* très riche. ▮ contraire : **pauvreté.** 2. Qualité de ce qui est coûteux. *La richesse d'un mobilier.* → **luxe.** 3. *Les richesses d'un pays,* ses ressources. *Le pétrole constitue la principale richesse de ce pays.*

▶ **richissime** adj. Extrêmement riche.

▶ Autres mots de la famille : enrichir, enrichissement.

ricochet n. m. Rebond d'un objet plat qu'on lance à la surface de l'eau. *Paul fait des ricochets dans la mare.*

▶ **ricocher** v. (conjug. 3) Rebondir, faire des ricochets. *Le caillou a ricoché plusieurs fois sur le lac.*

rictus [Riktys] n. m. Sorte de grimace. *Un rictus de douleur.*

ride n. f. 1. Petit pli de la peau sur le visage et sur le cou. *Elle a des rides sur le front.* 2. Petit pli à la surface de l'eau. *Il n'y a pas une ride sur la mer.*

ridé, ridée adj. Marqué de rides. *Une peau ridée.* ▷ Mot de la famille de rider.

rideau n. m. 1. Morceau de tissu suspendu à une fenêtre pour tamiser la lumière ou isoler une pièce de l'extérieur. *Les rideaux sont suspendus à une tringle. Le soir, il tire les rideaux.* **2.** Grande draperie qui sépare la scène de la salle, dans un théâtre. *Le rideau se lève, la pièce va commencer.*

rider v. (conjug. 3) **1. se rider,** c'est se marquer de rides. *Quand on vieillit, le visage se ride.* **2.** Marquer de plis une surface liquide. *Le vent ride légèrement la mer.*

▶ Autres mots de la famille : dérider, ride, ridé.

ridicule adj. et n. m.

▪ adj. **1.** Qui donne envie de rire, de se moquer. *Quel chapeau ridicule !* ➜ **grotesque. 2.** Absurde, idiot. *Ce serait ridicule de rester chez soi avec ce beau temps.* **3.** Insignifiant, dérisoire. *Il a acheté cette maison pour un prix ridicule.*

▪ n. m. Ce qui fait que quelque chose donne envie de rire, de se moquer. *Il n'a vraiment pas le sens du ridicule. Il s'est couvert de ridicule.*

▶ **ridiculiser** v. (conjug. 3) Rendre ridicule. *Ce surnom le ridiculise.* – **se ridiculiser,** se rendre ridicule. *Notre équipe s'est ridiculisée en finale.*

rien pronom et n. m.

▪ pronom indéfini Aucune chose. ▮ contraire : **quelque chose.** *Allume, je ne vois rien. Il n'a peur de rien. Elle n'a rien dit du tout. Cet objet ne sert à rien. Cela ne fait rien,* cela n'est pas grave, cela n'a pas d'importance. *Il n'y a rien d'intéressant à la télévision ce soir. Paul a attendu Théo pour rien,* inutilement.

▪ n. m. **1.** Peu de chose. *Un rien l'amuse. Louise pleure pour un rien,* sans motif valable. *Il perd son temps à des riens,* à des bêtises. **2.** *En un rien de temps,* en très peu de temps, très vite.

▶ Autre mot de la famille : vaurien.

rieur, rieuse adj. Qui rit souvent. *Un visage rieur.* ➜ **gai, souriant.** ▷ Mot de la famille de ① rire.

rigide adj. **1.** Dur, qui ne se déforme pas. *Un livre à couverture rigide.* ▮ contraires : **souple, mou. 2.** Rigoureux, strict. *Elle a reçu une éducation très rigide.*

▶ **rigidité** n. f. **1.** Caractère de ce qui est rigide, dur, de ce que l'on ne peut pas plier. *La rigidité d'un carton.* ▮ contraires : **élasticité, souplesse. 2.** Caractère d'une personne rigoureuse, stricte. ➜ **sévérité.**

rigolade n. f. Familier. Le fait de rire, de s'amuser. *Quelle rigolade ! Il a pris cela à la rigolade,* comme une plaisanterie. ▷ Mot de la famille de rigoler.

rigole n. f. **1.** Petit fossé qui sert à l'écoulement de l'eau. ➜ aussi **caniveau.** *L'agriculteur a creusé des rigoles pour irriguer son champ.* **2.** Petit filet d'eau qui ruisselle. *La pluie fait des rigoles sur le sol.*

rigoler v. (conjug. 3) Familier. Rire, s'amuser. *Théo a fait rigoler toute la classe. On a bien rigolé.* ➜ fam. se **marrer.**

▶ **rigolo, rigolote** adj. Familier. Drôle, amusant. ➜ fam. **marrant.** *C'est rigolo, ce que tu dis ! Des histoires rigolotes. Il n'est pas très rigolo.*

▶ Autre mot de la famille : rigolade.

visage **rieur** (F. Hals)

rigoureux, rigoureuse adj. **1.** Dur à supporter. ➜ **rude.** *Un hiver rigoureux.* ▮ contraire : **doux. 2.** Très précis. *Le raisonnement mathématique est rigoureux.*

▶ **rigoureusement** adv. D'une manière rigoureuse, stricte. *Il est rigoureusement interdit de fumer.* ➜ **absolument.**

▷ Mots de la famille de rigueur.

rigueur n. f. **1.** Grande sévérité. ➜ **dureté.** *Les coupables ont été châtiés avec rigueur.* **2.** Dureté, caractère pénible d'une chose. *Un hiver d'une grande rigueur.* ➜ aussi **rigoureux.** ▮ contraire : **douceur. 3.** Exactitude, précision. *Ce travail demande beaucoup de rigueur.* **4.** *De rigueur,* obligatoire. *À cette réception, la tenue* *de soirée est de rigueur.* **5.** *À la rigueur,* s'il le faut vraiment. **6.** *Tenir rigueur à quelqu'un,* lui en vouloir.

▸ Autres mots de la famille : rigoureusement, rigoureux.

rillettes n. f. pl. Pâté fait de viande de porc ou d'oie hachée et cuite dans la graisse. *Un sandwich aux rillettes.*

rimer v. (conjug. 3) **1.** Se terminer par le même son. *«Épice» rime avec «réglisse».* **2.** *Tout cela ne rime à rien,* n'a aucun sens.

▸ **rime** n. f. Dernier mot d'un vers qui finit par le même son que le dernier mot d'un autre vers. *Léa cherche une rime en «-our».*

rincer v. (conjug. 5a) Nettoyer à l'eau pure. *Il lave les verres, puis les rince. Elle s'est rincé les cheveux à l'eau froide.*

▸ **rinçage** n. m. Action de rincer, de passer à l'eau pour enlever les produits de lavage. *La machine à laver fait plusieurs rinçages avant l'essorage.*

ring [Riŋ] n. m. Estrade carrée entourée de cordes où se déroule un match de boxe ou de catch. *Les boxeurs montent sur le ring.*

▸ Ce mot vient de l'anglais.

ring

ringard, ringarde adj. Familier. Démodé ou de mauvaise qualité. *Un film ringard. Sa robe est vraiment ringarde.* → fam. **tarte.**

riposte n. f. Réaction de défense très rapide. *La riposte de l'ennemi a été foudroyante.* → **contre-attaque, contre-offensive.**

▸ **riposter** v. (conjug. 3) **1.** Répondre vivement pour se défendre. → **répliquer.** **2.** Réagir à une attaque en attaquant à son tour. *L'ennemi a immédiatement riposté.* → **contre-attaquer.**

① **rire** v. (conjug. 39) **1.** Montrer de la gaieté par l'expression du visage et le souffle qui sort de la bouche par petites secousses sonores. *La farce a réussi, les enfants éclatent de rire. Le bébé rit aux éclats.* **2.** S'amuser. *Il aime mieux rire que travailler.* → fam. **rigoler.** – *Rira bien qui rira le dernier,* se dit pour annoncer une revanche. **3.** *Rire de quelqu'un,* se moquer de lui. *Léa est susceptible ; elle n'aime pas qu'on rie d'elle.* **4.** Plaisanter. *J'ai dit cela juste pour rire,* pour plaisanter.

▸ ② **rire** n. m. Ce que fait une personne qui rit. *Un rire sonore. Louise et Julie ont eu une crise de fou rire,* elles ne pouvaient plus s'empêcher de rire.

▸ Autres mots de la famille : pince-sans-rire, rieur, risée, risible, souriant, ① et ② sourire.

ris [Ri] n. m. *Le ris de veau,* c'est une glande située dans le cou du veau. *Ils ont mangé des ris de veau.* ▪ homonyme : riz.

risée n. f. *Être la risée de quelqu'un,* être la personne dont on se moque. *Elle est la risée de tout le monde, avec sa tenue ridicule.* ▹ Mot de la famille de ① rire.

risible adj. Qui donne envie de rire, de se moquer. → **ridicule, grotesque.** *Ses mensonges sont risibles tellement ils sont gros.* ▹ Mot de la famille de ① rire.

risque n. m. Danger possible. *Cette escalade présente beaucoup de risques.* – *Prendre un risque,* s'exposer à un danger. *Les pompiers prennent des risques pour combattre les incendies.*

▸ **risquer** v. (conjug. 3) **1.** Courir un danger. *Les alpinistes risquent parfois leur vie,* ils mettent leur vie en danger. – *Qui ne risque rien n'a rien,* si l'on ne prend jamais de risques, on n'obtient rien. **2.** Pouvoir. *Le vent risque de rallumer l'incendie.*

▸ **risqué, risquée** adj. Qui comporte des risques. → **dangereux, hasardeux.** *C'est une entreprise trop risquée.* ▪ contraire : **sûr.**

a b c d e f g h i j k l m n o p q r s t u v w x y z

rissoler v. (conjug. 3) *Faire rissoler un aliment,* le faire dorer dans de la graisse chaude. → **revenir.** *Faites rissoler les oignons dans la poêle.*

ristourne n. f. Réduction faite sur un prix. → **rabais, remise.** *La vendeuse m'a fait une ristourne de 10 %.*

rite n. m. **1.** Ensemble des cérémonies en usage dans une religion. → **liturgie.** *Le rite catholique.* **2.** Habitude. *Chez eux, tous les dimanches, on mange du poulet, c'est un rite.*

▶ Autre mot de la famille : rituel.

ritournelle n. f. Air, chanson avec des couplets et un refrain répétés sans cesse.

rituel adj. et n. m., **rituelle** adj.

▪ adj. **1.** Qui fait partie d'un rite. *Des chants rituels accompagnent la danse des Indiens.* **2.** Habituel. *Tous les dimanches, mon père fait sa promenade rituelle autour du lac.*

▪ n. m. Ensemble de rites, d'habitudes. *Le déjeuner de Noël, c'est tout un rituel, chez eux.*

▷ Mot de la famille de rite.

rizière

rivage n. m. Partie de la terre qui borde la mer. → ③ **côte, littoral.** *Le bateau s'approche du rivage.* ▷ Mot de la famille de rive.

rival n. m. (pl. **rivaux**), **rivale** n. f. Personne qui lutte contre d'autres pour gagner. → **adversaire, concurrent.** *Le champion a battu un à un tous ses rivaux.* – adj. *Les deux équipes rivales se rencontreront demain.*

▸ **rivaliser** v. (conjug. 3) Se battre, lutter. *Notre équipe ne peut pas rivaliser avec la vôtre, elle est trop faible.*

▸ **rivalité** n. f. Lutte qui oppose des rivaux. *La rivalité entre deux équipes adverses.* → **concurrence.**

rive n. f. Partie de la terre qui borde un cours d'eau, un lac ou un étang. → **berge,** ① **bord.** *Les rives du fleuve sont marécageuses.*

▶ Autres mots de la famille : dérivatif, dérivation, dérive, ① dériver, dériveur, rivage, riverain, rivière.

river v. (conjug. 3) **1.** Assembler par des clous spéciaux. → aussi **rivet.** *Il a rivé deux plaques de tôle.* **2.** *Avoir les yeux rivés sur quelque chose,* ne pas le quitter des yeux. *Paul avait les yeux rivés sur le gâteau,* il fixait le gâteau.

▶ Autre mot de la famille : rivet.

riverain n. m., **riveraine** n. f. **1.** Personne qui habite sur la rive d'un cours d'eau, d'un lac. *Les crues du fleuve ont inondé les maisons des riverains.* **2.** Personne dont la maison borde une rue. *Stationnement interdit, sauf aux riverains.* ▷ Mot de la famille de rive.

rivet n. m. Sorte de clou aux extrémités aplaties, servant à fixer très solidement. *Ces plaques de tôle sont assemblées par des rivets.* ▷ Mot de la famille de river.

rivière n. f. Cours d'eau qui se jette dans un autre cours d'eau. → aussi **fleuve.** → planches **Eau, rivière.** ▷ Mot de la famille de rive.

rixe n. f. Violente bagarre dans un lieu public. *Il y a eu une rixe dans un café.*

riz [Ri] n. m. Céréale des pays chauds et humides, dont les grains contiennent de l'amidon. *Beaucoup de pays d'Asie produisent du riz.* ▮ homonyme : ris.

▸ **rizière** n. f. Terrain inondé où l'on cultive le riz.

robe n. f. **1.** Vêtement de femme fait d'une seule pièce, de longueur variable, avec ou sans

les animaux de la rivière

Les rivières d'Europe sont des lieux de chasse pour des mammifères carnivores comme la loutre et de nombreux oiseaux : le martin-pêcheur plonge entièrement dans l'eau pour attraper dans son bec long et étroit des petits poissons – goujons, épinoches, petites truites... Puis ce petit oiseau rapide au plumage multicolore retourne sur une branche pour manger sa proie. Friand d'insectes aquatiques, le cincle plongeur a l'habitude de marcher dans la rivière dans le sens inverse du courant et il gobe les insectes qu'il croise.

➔ planche **poissons**.

martin-pêcheur

cincle plongeur

castor

ragondin

loutre d'Europe

bergeronnette des ruisseaux

demoiselle (caloptéryx vierge)

écrevisse à pattes rouges

goujon

truite fario

perche fluviatile

manches. *Une robe d'été.* **2.** Vêtement long et ample porté par les avocats et les magistrats. → **toge.** **3.** *Robe de chambre,* vêtement long et large, à manches, que l'on porte pour rester chez soi. → aussi **peignoir.** **4.** Pelage de certains animaux. *La panthère a une robe tachetée.*

▶ Autre mot de la famille : garde-robe.

robinet n. m. (→ ÉTYM.) Dispositif qui permet d'ouvrir ou de fermer le passage à un liquide ou à un gaz. *Elle ouvre à fond le robinet d'eau chaude.* → aussi **mélangeur, mitigeur.**

robot n. m. **1.** Automate à l'aspect humain, capable de bouger et d'agir. *Les robots des films de science-fiction.* **2.** Mécanisme qui peut remplacer dans certains cas le travail de l'homme. *Les usines automobiles utilisent des robots.* **3.** Appareil électroménager qui sert à moudre, hacher, mixer, couper en rondelles, râper. *Elle râpe des carottes avec un robot.*

▶ **robotique** n. f. Ce qui permet l'invention et la construction de robots.

▶ **robotisation** n. f. Mise en place de robots, de machines automatiques. *La robotisation de l'industrie automobile.*

▶ **robotisé, robotisée** adj. **1.** Équipé de robots. *Une usine robotisée.* **2.** *Système robotisé :* dispositif capable d'effectuer et de modifier certaines opérations.

▶ Autre mot de la famille : portrait-robot.

usine **robotisée**

robuste adj. Fort et résistant. → **vigoureux.** *Un garçon robuste. Une santé robuste.*
▮ contraire : **fragile.**

▶ **robustesse** n. f. Solidité. ▮ contraire : **fragilité.** *La robustesse d'une machine.*

roc n. m. Matière rocheuse et dure. *Des marches sont taillées dans le roc.* ▮ homonyme : rock. ▷ Mot de la famille de roche.

rocade n. f. Route qui contourne une ville. → aussi **périphérique.**

rocaille n. f. Amas de pierres disposées de manière à décorer un jardin. *Des campanules et des œillets poussent au milieu de la rocaille.*

▶ **rocailleux, rocailleuse** adj. **1.** Plein de pierres. → **caillouteux, pierreux.** *Un petit chemin rocailleux mène à la ferme.* **2.** *Une voix rocailleuse,* rauque.

▷ Mots de la famille de roche.

rocambolesque adj. Plein de péripéties incroyables, extravagant. *C'est une histoire rocambolesque.*

▶ Ce mot vient de *Rocambole,* un personnage de romans du 19e siècle.

roche n. f. **1.** Matière très dure. → **pierre.** *La roche affleure sous le chemin de terre.* **2.** Matière qui forme l'écorce terrestre. *Le basalte est une roche volcanique.* – *C'est clair comme de l'eau de roche,* c'est évident.

▶ **rocher** n. m. Bloc de pierre. *Les enfants escaladent les rochers.*

▶ **rocheux, rocheuse** adj. Formé de rochers. *Une côte rocheuse.*

▶ Autres mots de la famille : abri-sous-roche, roc, rocaille, rocailleux.

rock n. m. Musique très rythmée, qui vient d'Amérique. *Un groupe de rock.* ▮ homonyme : roc.

▶ Ce mot vient de l'anglais.

▶ **rockeur** [ʀɔkœʀ] n. m., **rockeuse** [ʀɔkøz] n. f. Chanteur, chanteuse de rock.

▶ On écrit aussi au masculin *rocker* [ʀɔkœʀ], comme en anglais.

rocking-chair [ʀɔkiŋtʃɛʀ] n. m. Fauteuil à bascule. – Au pl. *Des rocking-chairs.*

▶ Ce mot vient de l'anglais.

rodage n. m. Période pendant laquelle on rode un moteur, un véhicule. *Sa moto est encore en rodage.* ▷ Mot de la famille de roder.

rodéo n. m. En Amérique du Nord, fête au cours de laquelle des cavaliers essaient de maîtriser un cheval sauvage ou un taureau. *Les cow-boys participent à des rodéos.*

roder v. (conjug. 3) *Roder une voiture neuve,* l'utiliser avec douceur pour que les pièces du moteur s'adaptent bien les unes aux autres. ▮ homonyme : rôder.

▶ Autre mot de la famille : rodage.

rôder v. (conjug. 3) Errer dans un lieu avec de mauvaises intentions. *Un individu louche rôde dans le quartier.* ▮ homonyme : roder.

▸ **rôdeur** n. m., **rôdeuse** n. f. Personne qui rôde.

rogne n. f. Familier. Colère, mauvaise humeur. *Elle s'est mise en rogne.*

rogner v. (conjug. 3) **1.** Couper sur les bords. *Le relieur rogne les feuillets du livre.* **2.** *Rogner sur une somme d'argent,* en enlever une petite partie par mesquinerie, pour faire de petits profits. *Il rogne sur l'argent des courses.*

▶ Autre mot de la famille : rognure.

rognon n. m. Rein d'un animal. *Nous avons mangé des rognons de veau à la crème.*

rognure n. f. Ce qu'on enlève, ce qui tombe quand on rogne quelque chose. ➜ **déchet.** *Des rognures d'ongles.* ▷ Mot de la famille de rogner.

roi n. m. **1.** Souverain qui gouverne un pays. ➜ **monarque** et aussi **prince, reine.** *Les rois de France.* ➜ aussi **dynastie.** *Le roi Louis XIV avait tous les pouvoirs.* **2.** *La fête des Rois,* fête chrétienne qui rappelle la visite des Rois mages à Jésus. *Lors de la fête des Rois, le 6 janvier, on mange de la galette des Rois.* **3.** Carte à jouer portant la figure d'un roi. *Le roi de cœur.*

▶ Autres mots de la famille : royal, royalement, royaliste, royaume, royauté.

roitelet n. m. Oiseau à huppe jaune, plus petit que le moineau. *Le roitelet est un passereau.*

rôle n. m. **1.** Texte que dit un acteur. *Les comédiens apprennent leur rôle par cœur.* **2.** Personnage joué par un acteur. *Elle joue le rôle d'une espionne.* **3.** Influence que l'on a. *Il a joué un rôle très important dans cette affaire. Le professeur a pour rôle d'enseigner.* ➜ **fonction.** **4.** *À tour de rôle,* chacun son tour, l'un après l'autre. *Ils ont conduit à tour de rôle.*

roller [ʀɔlœʀ] n. m. Patin à roulettes auquel est fixée une chaussure. *Une paire de rollers. Elle fait du roller,* elle patine avec des rollers.
▶ Ce mot vient de l'anglais.

romain adj. et n. m., **romaine** adj. et n. f.
▪ adj. **1.** Qui appartient à l'ancienne Rome. *L'Empire romain. Les conquêtes romaines.* **2.** *Chiffre romain,* représenté par une lettre. *VI, IX, X sont des chiffres romains, 6, 9,10 des chiffres arabes.*
▪ n. *Les Romains,* les habitants de l'ancienne Rome. *Les Romains parlaient le latin. – Un travail de Romain,* un travail long et difficile.

▶ Autres mots de la famille : gallo-romain, gréco-romain, romanisation.

① **roman** n. m. Récit où est racontée une histoire imaginée. *Un roman d'aventures. Des romans policiers.* ▮ homonyme : romand.

▶ Autres mots de la famille : romancé, romancier, romanesque.

② **roman, romane** adj. *L'art roman,* c'est l'art du Moyen Âge en Europe aux 11ᵉ et 12ᵉ siècles, avant l'art gothique. ➜ planche **Cathédrale.** *La ville de Vézelay est célèbre pour sa basilique romane.*

église **romane**

romance n. f. Chanson sentimentale.

romancé, romancée adj. Qui déforme la réalité en racontant une histoire. *Il a écrit une biographie romancée de la chanteuse.* ▷ Mot de la famille de ① roman.

romancier n. m., **romancière** n. f. Personne qui écrit des romans. → aussi **auteur, écrivain.** ▷ Mot de la famille de ① roman.

romand, romande adj. *La Suisse romande,* la partie de la Suisse où l'on parle français. *Genève et Lausanne sont en Suisse romande.* ▮ homonymes : ① et ② roman.

romanesque adj. Digne d'un roman. *Une vie romanesque.* ▷ Mot de la famille de ① roman.

romanisation n. f. Le fait d'imposer à un peuple conquis les coutumes romaines et la langue latine. *La romanisation de la Gaule.* ▷ Mot de la famille de romain.

romantique adj. **1.** Qui fait rêver et remplit d'émotion. *Un paysage romantique.* **2.** Sentimental. *Une jeune fille romantique.*

▸ **romantisme** n. m. Caractère d'une personne sentimentale, rêveuse.

romarin n. m. Petit arbuste à l'odeur agréable dont on utilise les feuilles pour parfumer les plats.

rompre v. (conjug. 41) **1.** Casser, briser. *Le bateau a rompu ses amarres. Les enfants applaudirent à tout rompre quand les clowns firent leur entrée,* ils applaudirent très fort. – **se rompre,** se casser. *La corde s'est rompue.* **2.** Faire cesser. → **interrompre.** *Un bruit de moteur rompt le silence.* **3.** *Rompre avec quelqu'un,* se fâcher avec lui. *Il a rompu avec toute sa famille. Les deux amoureux ont rompu,* ils se sont séparés.

▸ **rompu, rompue** adj. **1.** Très habitué. *Cet alpiniste est rompu aux longues marches en montagne.* **2.** *Parler à bâtons rompus,* parler de choses et d'autres en changeant sans arrêt de sujet. *Une conversation à bâtons rompus.*

▸ Autres mots de la famille : ininterrompu, interrompre.

romsteck ou **rumsteck** [ʀɔmstɛk] n. m. Viande de bœuf. *Une tranche de romsteck.*

▸ Ce mot vient de l'anglais.

maison en **rondins**

ronce n. f. Arbuste épineux qui donne des mûres. *Le chemin est envahi par les ronces.*

ronchonner v. (conjug. 3) Familier. Protester en manifestant sa mauvaise humeur. → **bougonner, grogner, grommeler, râler.** *Il obéit en ronchonnant.*

rond adj., adv. et n. m., **ronde** adj.

▪ adj. **1.** Qui a la forme d'un cercle ou d'une boule. *La Terre est ronde.* → **sphérique.** *Une table ronde.* → ① **circulaire.** **2.** Arrondi, voûté. *Le chat fait le dos rond.* **3.** Gros et petit. *Elle est un peu ronde.* ▮ contraire : **maigre.** **4.** *Un chiffre rond,* un nombre entier, sans décimales, se terminant par un ou plusieurs zéros.

▪ adv. *Tourner rond,* fonctionner normalement. *Il y a quelque chose qui ne tourne pas rond,* qui ne va pas. *Cela fait 10 euros tout rond,* exactement 10 euros.

▪ n. m. **1.** Cercle, circonférence. *Il fait des ronds dans l'eau. Les enfants sont assis en rond par terre.* **2.** *Un rond de serviette,* un anneau servant à tenir serrée une serviette de table roulée.

▸ **ronde** n. f. **1.** Danse où plusieurs personnes se tiennent la main et tournent en formant un cercle. *Les enfants font la ronde.* **2.** Note de musique ronde, blanche et sans queue. *Une ronde vaut 2 blanches ou 4 noires.* **3.** *À la ronde,* tout autour, dans les environs. *La maison est très isolée : il n'y a personne à la ronde.* **4.** Visite de surveillance. *Les vigiles font leur ronde dans l'usine. Le chemin de ronde d'une forteresse.* → planche **Château** fort.

▸ **rondelet, rondelette** adj. Un peu rond, un peu gras. → **dodu, potelé.** *Elle est un peu rondelette.* ▮ contraire : **maigrichon.**

▸ **rondelle** n. f. Petite tranche ronde. *Des rondelles de saucisson.*

▸ **rondement** adv. Vite et efficacement. *L'affaire a été rondement menée.*

▸ **rondeur** n. f. Forme ronde d'une partie du corps. *La rondeur des joues d'un bébé.*

▸ **rondin** n. m. Morceau de bois rond. *Une maison forestière en rondins.*

▸ **rond-point** n. m. Place ronde d'où partent plusieurs routes ou rues. *Le rond-point des Champs-Élysées, à Paris.* – Au pl. *Des ronds-points.* ▷ Mot de la famille de ① point.

▶ Autres mots de la famille : arrondi, arrondir.

ronflant, ronflante adj. Familier. Qui fait beaucoup d'effet. *Ce journal aime bien les titres ronflants.* ➜ **grandiloquent, pompeux.**

ronfler v. (conjug. 3) **1.** Faire du bruit avec le nez en respirant pendant son sommeil. **2.** Faire un bruit qui ressemble à celui d'une personne qui ronfle. ➜ **ronronner, vrombir.** *La chaudière ronfle.*

▸ **ronflement** n. m. **1.** Bruit que fait une personne qui ronfle. *On entend des ronflements à travers la cloison.* **2.** Bruit régulier qui ressemble à celui d'une personne qui ronfle. *Le ronflement d'un moteur.* ➜ **vrombissement.**

ronger v. (conjug. 5b) **1.** User en coupant avec les dents par petits morceaux. *Le chien ronge son os. Louise se ronge les ongles.* **2.** Détruire peu à peu. *La rouille ronge le fer.* ➜ **attaquer, entamer.** *Il est rongé par la maladie.* ➜ ① **miner.** – *Être rongé de remords,* torturé par le remords.

▸ **rongeur** n. m. Petit animal aux incisives tranchantes, qui ronge ses aliments. *Le rat, le hamster, l'écureuil sont des rongeurs.*

ronron n. m. Petit grondement régulier que fait le chat avec sa gorge quand il est content. ➜ **ronronnement.**

▸ **ronronner** v. (conjug. 3) **1.** Faire entendre des ronrons. *Le chat ronronne sur son coussin.* **2.** Faire un bruit régulier. *Le moteur ronronne.*

▸ **ronronnement** n. m. **1.** Bruit du chat qui ronronne. ➜ **ronron. 2.** Bruit régulier d'une machine, d'un moteur.

roquefort n. m. (➜ ÉTYM.) Fromage de brebis, au goût fort et dont la pâte contient des moisissures bleu-vert.

roquet n. m. Petit chien qui aboie pour un rien.

roquette n. f. Petite fusée qui se dirige toute seule et qui est utilisée contre les chars.

rorqual n. m. (pl. **rorquals**) Très grand mammifère marin qui vit dans les mers froides. *Le rorqual est un cétacé, comme la baleine.*

rosace n. f. Grand vitrail rond. *Cette cathédrale a de magnifiques rosaces.* ➜ planche **Cathédrale.** ▷ Mot de la famille de ① rose.

rosace

rosâtre adj. D'une couleur vaguement rose. *Une cicatrice rosâtre.* ▷ Mot de la famille de ① rose.

rosbif n. m. (➜ ÉTYM.) Rôti de bœuf.

① **rose** n. f. **1.** Fleur à la tige garnie d'épines, qui sent très bon. ➜ planche **Fleurs.** *Un bouquet de roses rouges.* **2.** *Rose des vents,* étoile à 32 divisions, donnant les points cardinaux et représentée sur le cadran d'une boussole, sur les cartes marines.

▸ ② **rose** adj. et n. m.
- adj. Rouge très pâle. ➜ planche **Couleurs.** *Des chaussettes roses.*
- n. m. Couleur rouge pâle. *Léa aime le rose.*

a b c d e f g h i j k l m n o p q r s t u v w x y z

▸ **rosé, rosée** (adj.) Légèrement teinté de rose. *Un verre de vin rosé.* ▮ homonyme : rosée.

▶ Autres mots de la famille : rosace, rosâtre, roseraie, rosette, rosier.

roseau (n. m.) Plante à tige droite et lisse, qui pousse dans l'eau. *Le chasseur est à l'affût derrière les roseaux, au bord de l'étang.*

rosée (n. f.) Fines gouttelettes d'eau qui se déposent la nuit sur le sol et la végétation. *L'herbe est humide de rosée.* ▮ homonyme : rosé.

roseraie (n. f.) Terrain planté de rosiers. ▷ Mot de la famille de (1) rose.

rosette (n. f.) Insigne en forme de petite rose. *La rosette de la Légion d'honneur.* → **décoration.** ▷ Mot de la famille de (1) rose.

rosier (n. m.) Petit arbre épineux qui donne des roses. *Un rosier grimpant.* ▷ Mot de la famille de (1) rose.

rosse (n. f.) Familier. Personne dure et méchante. *Quelle vieille rosse !*

rosser (v.) (conjug. 3) Battre violemment. *Guignol s'est fait rosser.*

▶ Ce mot ne s'emploie plus beaucoup.

rossignol (n. m.) Oiseau au chant très harmonieux. *Le rossignol est un petit passereau.*

rot (n. m.) Familier. Renvoi par la bouche des gaz qui viennent de l'estomac. *Le bébé a fait un rot.*

▶ Autre mot de la famille : roter.

rotatif, rotative (adj.) *Mouvement rotatif*, tournant. → aussi **rotation.**

▸ **rotative** (n. f.) Machine qui imprime de manière continue, au moyen de cylindres. *Les journaux sont imprimés sur des rotatives.*

rotation (n. f.) Mouvement tournant. *La rotation de la Terre sur elle-même.* → planche **Terre.**

roter (v.) (conjug. 3) Familier. Faire un rot. ▷ Mot de la famille de rot.

rôti (n. m.) Morceau de viande que l'on fait cuire à feu vif. *Un rôti de bœuf.* → **rosbif.** *Des rôtis de porc.* ▷ Mot de la famille de rôtir.

rotin (n. m.) Tige d'un palmier grimpant que l'on utilise pour faire des meubles. *Un fauteuil en rotin.*

rôtir (v.) (conjug. 11) Cuire à feu vif. *Le gigot rôtit dans le four. – Du poulet rôti.*

▸ **rôtissoire** (n. f.) Four où l'on fait rôtir la viande. *Un mécanisme fait tourner la broche de la rôtissoire.*

▶ Autre mot de la famille : rôti.

rotonde (n. f.) Partie arrondie d'un bâtiment. *Une rotonde surmontée d'une coupole.*

▸ **rotondité** (n. f.) Caractère de ce qui est rond. *La rotondité de la Terre.*

rotule (n. f.) Petit os rond et plat sur le devant du genou. → planche **Corps** humain. *Le coureur s'est luxé la rotule.*

roturier (n. m.), **roturière** (n. f.) Personne qui n'est pas d'origine noble. *La princesse voulait épouser un roturier.*

rouage (n. m.) Chacune des petites roues d'un mécanisme. *Les rouages d'une montre.* ▷ Mot de la famille de roue.

rotative

roublard, roublarde (adj.) Familier. Rusé et pas toujours honnête. *Elle est un peu roublarde.*

▸ **roublardise** (n. f.) Familier. Conduite d'une personne roublarde.

rouble n. m. Monnaie utilisée en Russie et en Biélorussie.

roucouler v. (conjug. 3) *Les pigeons et les tourterelles roucoulent,* ils poussent leur cri.

▶ **roucoulement** n. m. Cri du pigeon et de la tourterelle.

roue n. f. **1.** Cercle qui tourne sur un axe et permet à un véhicule de rouler. *Les roues d'une voiture, d'une bicyclette, d'un avion.* ➔ planche **Deux-roues. 2.** Cercle qui tourne sur lui-même et transmet le mouvement à un objet. ➔ **poulie, rouage.** *La chaîne du vélo passe sur une roue dentée.* **3.** *Faire la roue,* tourner sur soi-même en faisant reposer le corps sur les mains puis sur les pieds. *Les acrobates font la roue. Le paon fait la roue,* il déploie en rond les plumes de sa queue. **4.** *La grande roue,* le manège qui a la forme d'une roue dressée, dans une fête foraine. ▮ homonyme : roux.

▶ Autres mots de la famille : déroulement, dérouler, deux-roues, enrouler, s'enrouler, enrouleur, rouage, rouet, roulade, roulant, roulé, rouleau, roulement, rouler, roulette, roulis, roulotte.

roué, rouée adj. Habile et rusé. *C'est un homme d'affaires très roué.* ➔ ① **malin, retors.** ▮ contraire : **naïf.**

rouer v. (conjug. 3) *Rouer quelqu'un de coups,* le frapper très fort. *Des voyous l'ont roué de coups.* ➔ **rosser.**

rouet n. m. Instrument constitué d'une roue actionnée par une pédale, qui servait autrefois à filer. ▷ Mot de la famille de roue.

rouge adj., n. m. et adv.
▪ adj. De la couleur du sang, du rubis, du coquelicot. ➔ planche **Couleurs.** *Du vin rouge. Des poissons rouges. Des roses rouges.*
▪ n. m. **1.** La couleur rouge. *Le feu passe au rouge, les voitures s'arrêtent. Une robe d'un beau rouge. Des rideaux rouge foncé.* **2.** Produit employé pour se maquiller. *Elle a mis du rouge à lèvres et du rouge à joues.* ➔ **fard.**
▪ adv. *Voir rouge,* entrer dans une colère terrible.

▶ **rougeâtre** [ʀuʒɑtʀ] adj. Légèrement rouge. *Une lueur rougeâtre.*
▶ Attention à l'accent circonflexe du *â.*

▶ **rougeaud** [ʀuʒo], **rougeaude** [ʀuʒod] adj. Qui a le teint rouge. *Un gros homme rougeaud.*

▶ **rouge-gorge** n. m. Petit oiseau au plumage rouge vif sur la gorge et la poitrine. ➔ planche **Oiseaux.** *Les rouges-gorges sont des passereaux.* ▷ Mot de la famille de gorge.

▶ **rougeoiement** [ʀuʒwamɑ̃] n. m. Reflet rougeâtre. *Le rougeoiement de l'horizon au coucher du soleil.*

▶ **rougeole** [ʀuʒɔl] n. f. Maladie contagieuse pendant laquelle la peau se couvre de taches rouges.

▶ **rougeoyer** [ʀuʒwaje] v. (conjug. 10) Prendre une teinte rouge. *Le ciel rougeoie au coucher du soleil.* ➔ aussi **rougeoiement.**

▶ **rouget** n. m. Poisson de mer de couleur rose. *Une friture de rougets.*

▶ **rougeur** n. f. Tache rouge sur la peau. *Le malade a des rougeurs sur tout le corps.*

▶ **rougir** v. (conjug. 11) Avoir le visage qui devient rouge parce que l'on a chaud, que l'on est ému ou que l'on se sent coupable. *Elle rougit lorsqu'on la complimente.* ▮ contraire : **pâlir.**

▶ Autre mot de la famille : infrarouge.

braises qui **rougeoient**

rouille n. f. Matière brun-rouge qui se forme sur le fer quand il est exposé à l'humidité. *Le minium protège le fer contre la rouille.*

a b c d e f g h i j k l m n o p q r s t u v w x y z

▸ **rouillé, rouillée** adj. Couvert de rouille. *La grille du parc est rouillée.*

▸ **rouiller** v. (conjug. 3) Se couvrir de rouille. *Les outils ont rouillé sous la pluie.*

rouler v. (conjug. 3) **1.** Se déplacer en tournant sur soi-même. *Des billes ont roulé sous l'armoire.* – *Pierre qui roule n'amasse pas mousse,* on ne s'enrichit pas en étant instable, en courant le monde. **2.** Se déplacer grâce à des roues ou des roulettes. *La voiture roulait trop vite.* **3.** Mettre en rouleau. *Ils ont roulé le tapis du salon pour pouvoir danser.* ▮ contraire : **dérouler. 4. se rouler,** se tourner d'un côté et de l'autre tout en étant allongé. *Le chien se roule dans l'herbe.* **5.** Familier. *Rouler quelqu'un,* le tromper. *Elle a payé son aspirateur trop cher, elle s'est fait rouler.*

▸ **roulade** n. f. Mouvement de gymnastique qui consiste à s'enrouler sur soi-même, les jambes par-dessus la tête et à rouler. ➜ **culbute, galipette.**

▸ **roulant, roulante** adj. **1.** Que l'on peut déplacer grâce à des roues ou à des roulettes. *Une table roulante.* **2.** *Escalier roulant,* escalier mobile qui permet de monter et de descendre sans gravir les marches. ➜ aussi **escalator.** – *Tapis roulant,* longue bande souple qui se déplace sur des rouleaux et qui transporte des objets ou des personnes. *Les passagers de l'avion récupèrent leurs bagages qui arrivent sur le tapis roulant.* **3.** *Feu roulant,* tir ininterrompu.

▸ **roulé, roulée** adj. Enroulé, mis en rouleau. *Un pull à col roulé.*

▸ **rouleau** n. m. **1.** Bande enroulée en forme de cylindre. *Des rouleaux de papier peint.* **2.** Grosse vague qui déferle. *Il surfe sur les rouleaux.* **3.** Objet en forme de cylindre. *Elle étale la pâte à l'aide d'un rouleau à pâtisserie.* **4.** *Un rouleau compresseur,* un gros cylindre de métal qui aplanit le sol. *Les ouvriers tassent le macadam au rouleau compresseur.*

▸ **roulement** n. m. **1.** Bruit continu et sourd. *Des roulements de tambour.* **2.** *Travailler par roulement,* en se relayant, à tour de rôle. *Les ouvriers de l'usine travaillent par roulement.*

▸ **roulette** n. f. **1.** Petite roue. *Des patins à roulettes.* **2.** Instrument formé d'une pointe qui tourne très vite dont se sert le dentiste pour soigner les dents cariées. ➜ ② **fraise. 3.** Jeu de hasard où une petite boule est lancée dans une cuvette qui tourne, et se pose sur une case numérotée. *On joue à la roulette au casino.*

▸ **roulis** n. m. Mouvement d'un côté à l'autre que la mer impose à un bateau. ➜ aussi **tangage** et **houle.** *Le vent se lève, il va y avoir du roulis.*

▸ **roulotte** n. f. Véhicule aménagé comme une maison, tiré par des chevaux ou une voiture. *Une roulotte de forains.* ➜ aussi **caravane.**

▷ Mots de la famille de **roue.**

round [Rund] ou [Raund] n. m. Partie d'un match de boxe. *Le boxeur a été mis K.-O. au deuxième round.* ➜ ① **reprise.**

▮ Ce mot vient de l'anglais.

roulotte (*Les Roulottes aux environs d'Arles,* Van Gogh)

roupie n. f. Monnaie de plusieurs pays d'Asie, dont l'Inde, le Népal et le Pakistan.

roupiller v. (conjug. 3) Familier. Dormir.

rouquin adj. Familier. Qui a les cheveux roux. *Une petite fille rouquine.* – n. *Une rouquine.* ▷ Mot de la famille de roux.

rouspéter v. (conjug. 8) Familier. Manifester sa mauvaise humeur, son mécontentement. → **râler.** *Elle rouspète tout le temps.*

▸ **rouspéteur** n. m., **rouspéteuse** n. f. Familier. Personne qui rouspète, se plaint tout le temps. *C'est une rouspéteuse.* → **râleur.** – adj. *Il est un peu rouspéteur.*

roussette n. f. 1. Petit requin. 2. Grande chauve-souris des régions tropicales. → planche **Mammifères.** 3. Petite grenouille rousse. ▷ Mot de la famille de roux.

rousseur n. f. *Tache de rousseur,* tache rousse sur la peau. *Un visage constellé de taches de rousseur.* ▷ Mot de la famille de roux.

roussi n. m. Odeur d'une chose qui a un peu brûlé. *Cela sent le roussi dans la cuisine.* ▷ Mot de la famille de roux.

route n. f. 1. Voie de communication importante. *Prenez la première route à gauche.* 2. Chemin à suivre. *Le conducteur regarde sa route sur une carte.* → **itinéraire.** 3. Voyage. *En route !* partons ! – *En route, en cours de route,* en chemin. 4. *Mettre en route,* faire fonctionner. *Il met le moteur en route,* en marche. 5. *Faire fausse route,* se tromper de chemin ; commettre une erreur de jugement. *Les partisans de la violence font fausse route.*

▸ **routier** adj. et n. m., **routière** adj.
▪ adj. Relatif aux routes. *Le réseau routier.* – *Une carte routière,* sur laquelle les routes sont indiquées.
▪ n. m. Personne dont le métier est de conduire un camion sur de longs trajets. → **camionneur.**

▶ Autres mots de la famille : autoroute, autoroutier, déroutant, déroute, dérouter.

routine n. f. Habitude si souvent répétée qu'elle devient automatique. *Elle ne supporte pas la routine.* → **traintrain.**

▸ **routinier, routinière** adj. Où il y a de la routine. *Elle déteste les activités routinières.*

rouvrir v. (conjug. 19) 1. Ouvrir de nouveau. *Il a fermé la porte et l'a rouverte.* ▪ contraire : **refermer.** 2. Être ouvert à nouveau. *La boulangerie rouvre demain.* → aussi **réouverture.** ▷ Mot de la famille de ouvrir.

roux, rousse adj. D'une couleur entre le brun, l'orange et le rouge. *En automne, les arbres sont roux. Julie est rousse,* elle a les cheveux roux. – n. *Sa femme est une jolie rousse.*
▪ homonyme : roue.

▶ Autres mots de la famille : rouquin, roussette, rousseur, roussi.

royal, royale adj. 1. Du roi. *La couronne royale.* 2. Digne d'un roi. → **magnifique, somptueux.** *Il fait des cadeaux royaux à sa femme.*

▸ **royalement** adv. D'une manière somptueuse. *Les invités ont été reçus royalement.*

▸ **royaliste** n. m. et f. Partisan de la monarchie. → **monarchiste.** *C'est une royaliste convaincue.* – adj. *Un journal royaliste.*

▷ Mots de la famille de roi.

royaume n. m. État gouverné par un roi. *Le royaume de Belgique.* ▷ Mot de la famille de roi.

royauté n. f. Pouvoir royal. → **monarchie.** *La Révolution française a provoqué la chute de la royauté.* ▷ Mot de la famille de roi.

ruade n. f. Mouvement brusque que les chevaux ou les ânes font en lançant en arrière leurs membres postérieurs. → aussi **ruer.** *La jument a lancé une ruade.* ▷ Mot de la famille de ruer.

ruban n. m. (→ ÉTYM.) 1. Étroite bande de tissu. *Louise attache ses cheveux avec un ruban.* 2. Bande mince et étroite d'une matière souple. *Un rouleau de ruban adhésif.*

rubéole n. f. (→ ÉTYM.) Maladie très contagieuse due à un virus et qui ressemble à la rougeole.

rubis n. m. Pierre précieuse de couleur rouge. *C'est en Birmanie que l'on trouve les plus beaux rubis.*

ruche

rubrique n. f. Ensemble des articles d'un journal consacrés à un sujet. *La rubrique économique d'un quotidien.*

ruche n. f. (→ ÉTYM.) Petite maison construite par l'homme pour abriter les abeilles. → aussi **alvéole, ① rayon.** *On enfume la ruche pour récolter le miel.*

rude adj. **1.** Simple et un peu brutal. *Des manières rudes.* → **grossier.** ▮ contraires : **délicat, raffiné. 2.** Dur à supporter. → **pénible.** *Un hiver très rude.* → **rigoureux.** ▮ contraires : **clément, doux. 3.** Dur au toucher. → **rugueux.** *Ce chien a le poil rude.* ▮ contraire : **doux.**

▸ **rudement** adv. **1.** Avec dureté, sans ménagement. *Il m'a répondu un peu rudement.* → **sèchement. 2.** Familier. Très, beaucoup. *C'était rudement bon.*

▸ **rudesse** n. f. Dureté, sévérité. *Il traite son chien avec rudesse.* ▮ contraires : **douceur, gentillesse.**

▶ Autre mot de la famille : rudoyer.

rudiments n. m. pl. Connaissances élémentaires. → **base, notion.** *Il a des rudiments de solfège.*

▸ **rudimentaire** adj. Peu développé. *Elle a des connaissances rudimentaires en anglais.* → **élémentaire.**

rudoyer v. (conjug. 10) Traiter rudement, avec des paroles dures. → **malmener, maltraiter.** *Il rudoie ses employés.*

rue n. f. Voie bordée de maisons, dans une ville ou un village. → aussi **avenue, boulevard.** *Fais attention en traversant la rue.* → aussi **chaussée, trottoir.** *Ils habitent 3, rue Hoche.* – *Être à la rue,* ne pas avoir de domicile.

▶ Autre mot de la famille : ruelle.

ruée n. f. Mouvement d'un grand nombre de personnes qui s'élancent dans la même direction. *Le premier jour des vacances, c'est la ruée vers les gares.* ▷ Mot de la famille de ruer.

ruelle n. f. Petite rue. *Les ruelles de la vieille ville.* ▷ Mot de la famille de rue.

ruer v. (conjug. 3) *Le cheval rue,* il lance violemment ses pattes postérieures vers l'arrière. → aussi **ruade.**

▸ **se ruer** v. S'élancer avec violence, se précipiter. → **② foncer.** *À la fin du cours, les enfants se sont rués vers la sortie.*

▶ Autres mots de la famille : ruade, ruée.

rugby n. m. Sport d'équipe dans lequel il faut poser un ballon ovale derrière la ligne de but de l'adversaire, ou le faire passer entre les poteaux de but. *Un match de rugby.*

▶ Ce mot vient de l'anglais.

▸ **rugbyman** [ʀygbiman] n. m. Joueur de rugby. – Au pl. *Des rugbymans.*

▶ On emploie aussi le pluriel anglais *des rugbymen* [ʀygbimɛn].

rugir v. (conjug. 11) *Les fauves rugissent,* ils poussent leur cri.

▸ **rugissement** n. m. Cri d'un fauve.

rugueux, rugueuse adj. Rude au toucher. → **râpeux, rêche.** *L'écorce rugueuse d'un arbre.* ▮ contraire : **lisse.**

▸ **rugosité** n. f. État de ce qui est rugueux. ▮ contraire : **douceur.** *La rugosité du papier de verre.*

ruine n. f. **1.** Ce qui reste d'un bâtiment détruit. → **décombres, vestige.** *Il y a de nombreuses ruines antiques en Grèce. Ils retapent une ruine,* une maison en très mauvais état. **2.** *Tomber en ruine,* s'écrouler. *Cette vieille maison tombe en ruine.* **3.** Perte de l'argent, des biens que l'on possède. *Un homme d'affaires au bord de la ruine.*

chapelle en **ruine**

▸ **ruiner** v. (conjug. 3) Faire perdre tout son argent. *Les mauvaises affaires qu'il a faites l'ont ruiné.* ▮ contraire : **enrichir.** – **se ruiner,** perdre tout son argent. *Elle s'est ruinée en jouant au casino. Il s'est ruiné en cadeaux de Noël,* il a dépensé beaucoup d'argent en cadeaux de Noël.

▸ **ruineux, ruineuse** adj. Qui fait perdre tout son argent. *Des dépenses ruineuses.*

ruisseau n. m. Petit cours d'eau. *Un ruisseau traverse le champ.* – *Les petits ruisseaux font les grandes rivières,* l'accumulation de petits profits finit par atteindre une grosse somme.

ruisseler v. (conjug. 6a) Couler en formant de petits ruisseaux. *La pluie ruisselle sur les vitres.*

▸ **ruisselant, ruisselante** adj. Couvert de liquide. *Elle est ruisselante de sueur,* elle est trempée de sueur.

▸ **ruissellement** n. m. Mouvement de l'eau qui ruisselle. *Le ruissellement de la pluie sur les vitres. Le ruissellement pluvial.* ➜ planche **Eau.**

rumeur n. f. **1.** Bruit de voix que l'on ne distingue pas bien. ➜ **brouhaha.** *Une rumeur s'élève dans le public.* **2.** Nouvelle peu sûre qui se répand, bruit qui court. *On dit qu'ils vont divorcer, mais ce n'est qu'une rumeur.*

ruminer v. (conjug. 3) **1.** Mâcher l'herbe qui revient de l'estomac avant de l'avaler définitivement. *Les vaches ruminent.* **2.** Penser sans arrêt à la même chose désagréable. *Il rumine tous les reproches qu'elle lui a faits.* ➜ **remâcher.**

▸ **ruminant** n. m. Mammifère qui rumine. *Les vaches, les moutons, les cerfs, les chameaux sont des ruminants.*

rumsteck ➜ **romsteck**

rupestre adj. Exécuté sur une paroi rocheuse. ➜ **pariétal.** *La grotte de Lascaux est célèbre pour ses peintures rupestres.*

rupture n. f. **1.** Fait de se casser. *L'accident de téléférique est dû à la rupture d'un câble.* ➜ aussi se **rompre.** **2.** Arrêt brusque d'une chose qui durait. ➜ **interruption.** *La rupture des relations diplomatiques entre deux pays.* **3.** Séparation entre des personnes qui s'aimaient. ➜ **brouille.** *Une rupture douloureuse.*

rural, rurale adj. Qui concerne la campagne. *Une commune rurale.* ▮ contraire : **urbain.** – Au masc. pl. *ruraux.*

peinture **rupestre**

ruse n. f. Ce que l'on fait pour tromper. → **feinte, stratagème, subterfuge.** *Paul cherche une ruse pour ne pas faire ses devoirs.*

▶ **rusé, rusée** adj. Qui fait preuve d'habileté pour tromper. → ① **malin.** *Il est rusé comme un renard.*

▶ **ruser** v. (conjug. 3) Agir avec ruse. *Il va falloir ruser pour réussir.*

rustine n. f. (marque déposée) Petite rondelle de caoutchouc qui sert à réparer une chambre à air de bicyclette.

rustique adj. *Des meubles rustiques,* solides et de formes simples, fabriqués à la campagne ou dans le style traditionnel de la campagne.

rustre n. m. Homme grossier et brutal. → **brute, goujat, malotru,** ② **mufle.** *Ce rustre m'a bousculé sans s'excuser.*

rut [ʀyt] n. m. Période pendant laquelle les animaux cherchent à s'accoupler. *Un cerf en rut.*

rutilant, rutilante adj. Brillant. *Une rutilante voiture de sport.*

rythme n. m. **1.** Mouvement d'une musique. → **cadence.** *Le rythme du rap. Il a le sens du rythme.* **2.** Mouvement régulier. *Le rythme cardiaque.* **3.** Allure à laquelle se fait une action. → **cadence, vitesse.** *À ce rythme-là, on n'aura jamais fini !*

▶ **rythmer** v. (conjug. 3) **1.** Soumettre à un rythme régulier. *Les vagues rythment le mouvement du bateau.* **2.** Marquer le rythme. *Le chanteur tape dans ses mains pour rythmer sa chanson.*

▶ **rythmique** adj. *Danse rythmique,* forme de danse qui tient de la danse classique et de la gymnastique.

s' ➜ **se** et ① **si**

sa ➜ ① **son**

sabbat n. m. **1.** Repos que les juifs observent le samedi. *Le jour du sabbat est consacré au culte.* **2.** Dans les légendes anciennes, réunion nocturne de sorciers et de sorcières.
▸ On dit aussi *shabbat,* au sens 1.

sable n. m. Ensemble de petits grains de roche ou de coquillages écrasés. *Une plage de sable fin.*
▶ Autres mots de la famille : s'**ensabler,** ① **sabler, sableux, sablier, sablonneux.**

sablé n. m. et adj., **sablée** adj.
▪ n. m. Petit gâteau sec qui se casse facilement.
▪ adj. *Pâte sablée,* pâte à tarte très friable. ▮ homonymes : ① et ② sabler.

① **sabler** v. (conjug. 3) Couvrir de sable. *On a sablé la route enneigée.* ▮ homonyme : sablé.
▷ Mot de la famille de **sable.**

② **sabler** v. (conjug. 3) *Sabler le champagne,* boire du champagne pour fêter un évènement.

sableux, sableuse adj. Qui contient du sable. *Un sol sableux.* ▷ Mot de la famille de **sable.**

sablier n. m. Instrument fait de deux récipients transparents superposés qui communiquent et à travers lequel du sable s'écoule lentement de bas en haut, mesurant le temps.
▷ Mot de la famille de **sable.**

sablonneux, sablonneuse adj. Couvert de sable. *Une clairière sablonneuse.* ▷ Mot de la famille de **sable.**

sabord n. m. Ouverture dans le côté d'un navire permettant le passage de la bouche des canons.

▸ **saborder** v. (conjug. 3) Percer la coque d'un navire pour le couler. *Les pirates ont sabordé le navire.*

sabot n. m. **1.** Chaussure faite d'un morceau de bois creusé. *Autrefois, les paysans portaient des sabots.* **2.** Corne qui entoure l'extrémité des doigts de certains animaux. *Les chevaux, les moutons, les vaches ont des sabots.*

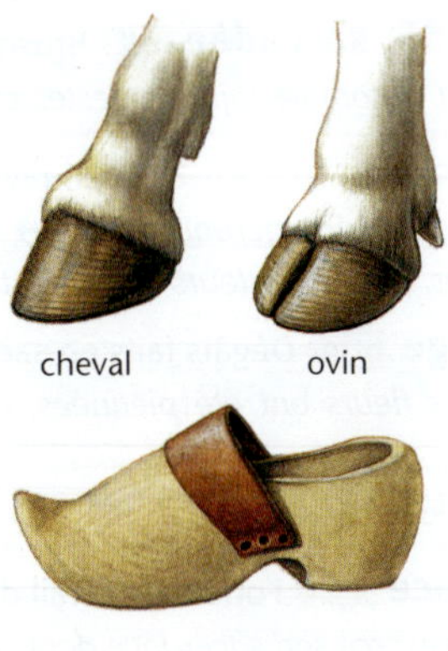

sabot

saboter v. (conjug. 3) **1.** *Saboter un travail,* le faire vite et mal. *Paul a saboté son devoir.* ➜ **bâcler. 2.** *Saboter une chose,* l'abîmer pour que l'on ne puisse plus s'en servir. *Des terroristes ont saboté l'avion.*

▸ **sabotage** n. m. Action de saboter. *L'accident d'avion est dû à un sabotage.*

▸ **saboteur** n. m., **saboteuse** n. f. Personne qui fait du sabotage.

sabre n. m. Grande épée pointue, tranchante d'un seul côté.

▸ **sabrer** v. (conjug. 3) *Sabrer un texte,* en supprimer des parties. *L'auteur a sabré plusieurs scènes.*

① **sac** n. m. Objet fabriqué dans une matière souple, qui s'ouvre par le haut et qui sert à transporter diverses choses. *La vendeuse met les bonbons dans un sac en papier. Elle a mis son portefeuille et ses clés dans son sac à main. Les campeurs rangent leurs affaires dans leur sac à dos. – Le voleur a été pris la main dans le sac,* sur le fait, en train de voler. ➜ en flagrant **délit.**

▸ Autres mots de la famille : besace, cul-de-sac, sachet, sacoche.

② **sac** n. m. Pillage. *Mettre à sac,* piller, saccager. *Rome fut mise à sac par les Wisigoths en 410.*

▸ Autres mots de la famille : saccage, saccager.

saccade n. f. Mouvement brusque et irrégulier. ➜ **à-coup, secousse.** *La voiture avance par saccades et s'immobilise.*

▸ **saccadé, saccadée** adj. Brusque et irrégulier. *L'automate fait des gestes saccadés.*

saccager v. (conjug. 5a) **1.** Piller, ravager. *Les envahisseurs saccagèrent la ville.* ➜ **dévaster.** **2.** Abîmer. *Les promoteurs saccagent la côte.*

▸ **saccage** n. m. Dégâts faits en saccageant. *Toutes les fleurs ont été piétinées, quel saccage !*

▷ Mots de la famille de ② sac.

sacerdoce n. m. Fonction, travail du prêtre. *Ce prêtre exerce son sacerdoce depuis dix ans.*

▸ **sacerdotal, sacerdotale** adj. Qui se rapporte au sacerdoce. *Les vêtements sacerdotaux d'un prêtre.*

sachet n. m. Petit sac. *Elle met un sachet de thé à infuser dans la théière.* ▷ Mot de la famille de ① sac.

sacoche n. f. Sac solide, de forme simple. *Il a des sacoches sur le porte-bagage de son vélo.* ▷ Mot de la famille de ① sac.

sacrer v. (conjug. 3) *Sacrer un roi, un empereur,* le déclarer solennellement roi ou empereur, au cours d'une cérémonie religieuse. *Charlemagne fut sacré empereur en l'an 800.*

▸ **sacre** n. m. Cérémonie religieuse par laquelle l'Église déclare un homme souverain ou évêque. *Le sacre des rois de France avait lieu à Reims.*

▸ **sacré, sacrée** adj. **1.** *Une chose sacrée,* que l'on respecte parce qu'elle concerne la religion. ➜ **saint.** *L'Ancien et le Nouveau Testament sont les livres sacrés des chrétiens. La musique sacrée,* religieuse. **2.** Très important, que l'on doit respecter absolument. *Pour moi, l'amitié est sacrée.*

▸ **sacrement** n. m. Cérémonie chrétienne très importante, instituée par Jésus-Christ. *Le baptême, le mariage, l'extrême-onction sont des sacrements.*

▸ Autres mots de la famille : consacrer, se consacrer, sacrifice, sacrifier, sacrilège, sacristie.

sacrifice n. m. **1.** Offrande que l'on fait à un dieu. *Les Anciens tuaient des animaux qu'ils offraient en sacrifice.* **2.** *Faire un sacrifice,* se priver volontairement de quelque chose. *Ses parents ont fait des sacrifices pour payer ses études.*

▸ **sacrifier** v. (conjug. 9) **1.** Offrir en sacrifice. *Les Anciens sacrifiaient des animaux à leurs dieux.* ➜ **immoler.** **2.** *Il a sacrifié sa santé à son travail,* il a négligé sa santé au profit de son travail qu'il a fait passer avant. **3. se sacrifier,** renoncer à prendre soin de soi pour s'occuper des autres. ➜ se **dévouer.** *Elle s'est sacrifiée pour sa famille.*

▸ **sacrifié, sacrifiée** adj. *Prix sacrifié,* très bas. *Marchandises vendues à des prix sacrifiés.*

▷ Mots de la famille de sacrer.

sacrilège n. m. **1.** Crime commis contre une chose sacrée. ➜ aussi **blasphème.** *Cambrioler une église est un sacrilège.* **2.** Manque de respect. *C'est un sacrilège d'avoir abattu ces arbres.* ▷ Mot de la famille de sacrer.

sacristie n. f. Pièce située dans une église, où l'on range les objets qui servent à la messe. *Le prêtre et les enfants de chœur s'habillent dans la sacristie.* ▷ Mot de la famille de sacrer.

sadisme n. m. Comportement d'une personne qui aime faire souffrir. *C'est du sadisme d'arracher les ailes d'une mouche.*

▶ **sadique** adj. (➜ ÉTYM.) Qui prend du plaisir à faire souffrir les autres. ➜ aussi **masochiste.** – n. *C'est une sadique.*

safari n. m. Expédition de chasse, en Afrique noire. *Un organisateur de safaris.*

▶ C'est un mot d'une langue africaine. (➜ ÉTYM.)

▶ **safari-photo** n. m. Expédition organisée pour filmer ou photographier des animaux sauvages. – Au pl. *Des safaris-photos.* ▷ Mot de la famille de photo.

safran n. m. Poudre orangée, d'origine végétale, utilisée en cuisine pour parfumer les plats. *Du riz au safran.*

saga n. f. Histoire d'une famille racontée sur plusieurs générations.

▶ C'est un mot scandinave qui veut dire «conte».

sagace adj. Qui comprend vite et a de l'intuition. ➜ **clairvoyant, perspicace, subtil.** *Un esprit sagace.*

▶ **sagacité** n. f. Qualité d'une personne sagace. ➜ **finesse, perspicacité.** *Rien n'échappe à sa sagacité.*

▶ Ces mots appartiennent au langage soutenu.

sagaie n. f. Lance des tribus primitives. ➜ **javelot.**

sage adj. **1.** Réfléchi et raisonnable. ➜ **prudent, sensé, sérieux.** *Il m'a donné un sage conseil.* **2.** Calme et obéissant. *Des enfants sages.* ▮ contraires : **infernal, insupportable, turbulent.** – *Être sage comme une image,* très sage.

▶ **sage-femme** n. f. Femme dont le métier est d'aider les femmes à accoucher. – Au pl. *Des sages-femmes.* ▷ Mot de la famille de femme.

▶ **sagement** adv. **1.** Avec prudence et bon sens. *Tu as agi sagement.* ➜ **raisonnablement.** **2.** Calmement. *Le chien attend sagement son maître à la porte du magasin.*

▶ **sagesse** n. f. **1.** Bon sens et prudence. *Il a agi avec sagesse.* ➜ aussi **modération.** **2.** Obéissance et tranquillité. *Un enfant d'une sagesse exemplaire.*

▶ Autre mot de la famille : s'assagir.

saigner v. (conjug. 3) **1.** Perdre du sang. *Alex saigne du nez.* **2.** *Saigner un animal,* l'égorger pour qu'il perde tout son sang et meure.

safari-photo

▸ **saignant, saignante** adj. *Une viande saignante,* peu cuite.

▸ **saignement** n. m. Écoulement de sang. → **hémorragie.** *Un saignement de nez.*

saillir v. (conjug. 16) Former une bosse, un relief. *Ses veines saillent sur le dos de sa main.*

▸ **saillant, saillante** adj. Qui est en avant. *Elle a les pommettes saillantes,* bien marquées. → **proéminent.**

▸ **saillie** n. f. Partie d'une chose qui dépasse, fait une bosse. *Le balcon est en saillie sur la façade.*

sain, saine adj. **1.** En bonne santé. *Des dents saines.* ▮ contraire : **malade. 2.** Bon pour la santé. → **salubre.** *L'air de la montagne est très sain.* ▮ contraires : **insalubre, malsain. 3.** Bon et normal. *La saine curiosité des enfants.* **4.** *Sain et sauf.* → ② **sauf.** ▮ homonymes : saint, sein.

▶ Autres mots de la famille : assainir, assainissement, malsain, sainement.

saindoux n. m. Graisse de porc fondue.

sainement adv. D'une manière saine, bonne pour la santé. *Mangez sainement.* ▷ Mot de la famille de sain.

sainfoin n. m. Plante à fleurs roses ou blanches, que l'on cultive pour nourrir les bêtes.

sainfoin

saint n. m. et adj., **sainte** n. f. et adj.
▪ n. Personne à qui l'Église catholique voue un culte après sa mort parce qu'elle a mené une vie exemplaire. *Sur les tableaux, les saints sont représentés avec des auréoles.*
▪ adj. **1.** *Un saint homme, une sainte femme,* une personne bonne et généreuse, qui mène une vie parfaite. **2.** *L'histoire sainte,* l'histoire religieuse. **3.** Sacré. *Les Lieux saints,* les lieux où vécut Jésus. ▮ homonymes : sain, sein.

▸ **saint-bernard** n. m. Grand chien de montagne à poil long, que l'on dresse à porter secours en montagne. → planche **Chiens** et chats. *Un saint-bernard a retrouvé les victimes de l'avalanche.* – Au pl. *Des saint-bernards.*

▸ **sainte nitouche** n. f. Femme hypocrite qui fait semblant d'être innocente et naïve. – Au pl. *Des saintes nitouches.* ▷ Mot de la famille de ne, de y et de ① toucher.

▸ **sainteté** n. f. **1.** Qualité d'une personne qui mène une vie exemplaire. *Le roi Louis IX avait une réputation de sainteté.* **2.** *Sa Sainteté,* titre donné au pape.

▶ Autre mot de la famille : toussaint.

saisir v. (conjug. 11) **1.** Attraper avec la main, rapidement ou avec force. → **empoigner.** *Le gardien de but a saisi le ballon.* – ***Se saisir*** *de,* attraper, prendre. *Elle s'est saisie d'une paire de ciseaux.* **2.** *Saisir l'occasion,* en profiter. *Alex saisit le moindre prétexte pour ne pas travailler.* **3.** Comprendre. *Julie n'a pas bien saisi l'explication du professeur.* **4.** Surprendre d'une manière désagréable. *Léa fut saisie de peur en voyant le rat. Le froid nous a saisis.* **5.** *Le tribunal a été saisi de cette affaire,* on la lui a confiée. **6.** *Saisir un texte,* l'enregistrer dans la mémoire de l'ordinateur. → aussi **saisie.** *Le texte a été saisi.*

▸ **saisie** n. f. **1.** Acte par lequel la justice confisque les biens d'une personne qui a des dettes. → **confiscation.** *L'huissier a effectué une saisie.* **2.** Enregistrement d'informations dans une mémoire d'ordinateur.

▸ **saisissant, saisissante** adj. Très étonnant. → **frappant, troublant.** *La ressemblance entre les deux sœurs est saisissante.*

▶ **saisissement** n. m. Effet causé par une impression brutale. *Il est resté muet de saisissement devant le spectacle.*

▶ Autres mots de la famille : se dessaisir, insaisissable, se ressaisir.

saison n. f. **1.** Chacune des quatre grandes époques de l'année. *Le printemps, l'été, l'automne et l'hiver sont les quatre saisons.* → planche **Terre. 2.** Période. *La saison des soldes.*

▶ **saisonnier, saisonnière** adj. **1.** Qui n'existe qu'à certaines périodes de l'année. *Le ski de fond est une activité saisonnière.* **2.** *Un travailleur saisonnier,* qui est employé à un travail saisonnier. – n. *Des saisonniers font les vendanges.*

▶ Autre mot de la famille : arrière-saison.

salade n. f. **1.** Plante cultivée pour ses feuilles que l'on mange généralement crues avec de la vinaigrette. *La laitue, la scarole sont des salades.* **2.** Plat froid fait de légumes, de viandes, d'œufs ou de poisson, servi avec de la vinaigrette. *Une salade de pommes de terre. Des tomates en salade,* servies comme une salade. **3.** *Une salade de fruits,* c'est un dessert composé de fruits coupés en morceaux servis avec du sirop. → **macédoine.**

▶ **saladier** n. m. Grand plat creux dans lequel on sert la salade.

salaire n. m. (→ ÉTYM.) Argent que l'on reçoit régulièrement pour son travail. → **appointements, paye, rémunération.** *Il a demandé une augmentation de salaire.* → aussi **salarial** et **salarié.**

salamandre

salamandre n. f. Petit animal noir taché de jaune, qui peut vivre à l'air ou dans l'eau, et dont la peau lisse sécrète un liquide venimeux. *La salamandre est un amphibien qui a la forme d'un lézard.* → planche **Reptiles** et amphibiens.

salami n. m. Gros saucisson sec haché fin.

Ce mot vient de l'italien *salame* qui veut dire «chose salée».

salant adj. m. *Marais salant,* bassin peu profond creusé sur les côtes pour recueillir le sel de la mer. → **saline.** ▷ Mot de la famille de saler.

marais **salant**

salarial, salariale adj. Qui concerne le salaire. *Les revendications salariales du personnel d'une entreprise.* – Au masc. pl. *salariaux.*

salarié n. m., **salariée** n. f. Personne qui reçoit un salaire en échange de son travail. *L'entreprise compte deux cents salariés.*

sale adj. **1.** Couvert de crasse, de poussière. → **crasseux, dégoûtant, malpropre.** *Des vêtements sales.* ▮ contraire : ① **propre. 2.** Très désagréable. *Quel sale temps !* → **mauvais. 3.** Méprisable, détestable. *C'est un sale type.*
▮ homonyme : salle.

▶ Autres mots de la famille : salement, saleté, salir, salissant.

salé adj. et n. m., **salée** adj.
▪ adj. Qui contient du sel. *L'eau de mer est salée. La soupe est trop salée.*
▪ n. m. *Du petit salé,* c'est un morceau de porc conservé avec du sel. *Du petit salé aux lentilles.*
▷ Mot de la famille de saler.

salement adv. D'une manière sale, en salissant. *Les cochons mangent salement.*
▮ contraire : ① **proprement.** ▷ Mot de la famille de sale.

saler v. (conjug. 3) Mettre du sel. *N'oublie pas de saler l'eau des pâtes !*

▶ Autres mots de la famille : dessaler, salant, salé, salière.

saleté n. f. **1.** État d'une chose sale. *Sa chambre est d'une saleté repoussante.* contraire : **propreté.** **2.** Chose sale. *Le chat a fait des saletés dans la cuisine.* ➜ **cochonnerie.** ▷ Mot de la famille de sale.

salière n. f. Petit pot dans lequel on met du sel et que l'on place sur la table du repas. ▷ Mot de la famille de saler.

saline n. f. **1.** Entreprise qui produit du sel. **2.** Marais salant.

salir v. (conjug. 11) Rendre sale. ➜ **souiller, tacher.** *Julie a sali son pantalon.* – **se salir,** devenir sale. *Louise s'est salie en jouant.*

▸ **salissant, salissante** adj. **1.** Qui devient vite sale. *Cette robe blanche est très salissante.* **2.** Qui salit. *Le mécanicien a un métier salissant.*

▷ Mots de la famille de sale.

salive n. f. Liquide que l'on a naturellement dans la bouche. ➜ aussi **bave.** *La salive contient des substances qui aident à digérer.*

▸ **salivaire** adj. *Les glandes salivaires,* qui sécrètent la salive.

▸ **saliver** v. (conjug. 3) Produire de la salive. ➜ aussi **baver.** *L'odeur du gâteau en train de cuire fait saliver les enfants.*

salle n. f. **1.** Pièce plus ou moins grande dans une habitation. *On dîne dans la salle à manger. Va te laver les mains dans la salle de bains.* **2.** Local à usage public. *La salle de cinéma était pleine. La salle des fêtes de la commune.* homonyme : sale.

Ce mot s'écrit avec deux *l*.

▸ **salon** n. m. **1.** Pièce où l'on reçoit les invités. *Passons au salon pour prendre le café.* **2.** *Salon de coiffure,* une boutique de coiffeur. *Salon de thé,* pâtisserie où l'on peut s'asseoir à une table pour consommer. **3.** Exposition. *Tous les ans a lieu le Salon du livre.* **4.** Lieu où les femmes de la noblesse ou de la grande bourgeoisie recevaient des écrivains, des philosophes ou des personnalités.

Au sens 3, *salon* s'écrit avec un *S* majuscule.

salopette n. f. Vêtement formé d'un pantalon et d'un haut à bretelles qui recouvre la poitrine.

salpêtre n. m. Poudre blanche qui couvre les murs humides. *Les murs de la cave sont couverts de salpêtre.*

salsifis [salsifi] n. m. Plante cultivée pour ses longues racines charnues que l'on mange.

saltimbanque n. m. et f. Personne qui fait des tours d'adresse, des acrobaties, en public. *Des saltimbanques se sont produits à la fête du village.*

Ce mot vient de l'italien. (➜ ÉTYM.)

saltimbanque
(*Les Saltimbanques,* Giandomenico Tiepolo)

salubre adj. Bon pour la santé. ➜ **sain.** *Le climat de la région est salubre.* contraires : **insalubre, malsain.**

▸ **salubrité** n. f. Qualité de ce qui est salubre, sain. *La salubrité de l'environnement.*

▸ Autre mot de la famille : insalubre.

saluer v. (conjug. 3) **1.** Dire bonjour en faisant un salut. *Il l'a salué d'un signe de tête.* **2.** Accueillir. *L'entrée de l'équipe sur le stade a été saluée par des applaudissements.* ▷ Mot de la famille de (2) salut.

① salut n. m. (→ ÉTYM.) Le fait d'échapper à la mort, au danger. *Pris dans la tempête, il ne dut son salut qu'à la solidité de son bateau.*

▶ Autre mot de la famille : salutaire.

② salut n. m. et interj.

▪ n. m. Geste que l'on fait ou parole que l'on dit lorsque l'on rencontre quelqu'un. *Louise fait un grand salut de la main à Théo.*

▪ interj. Familier. Formule d'accueil ou d'adieu. *Salut, tout le monde !* → **bonjour.** *Salut, à demain !* → **au revoir.**

▶ Autres mots de la famille : saluer, salutation.

salutaire adj. Bon, utile. → **bénéfique, bienfaisant.** *Vos conseils lui ont été salutaires.* ▷ Mot de la famille de ① salut.

salutation n. f. Formule de politesse que l'on emploie à la fin d'une lettre. *Transmettez à vos parents mes meilleures salutations.* ▷ Mot de la famille de ② salut.

salve n. f. Ensemble de coups de feu ou de coups de canon tirés en même temps ou l'un après l'autre. *L'arrivée de l'amiral fut saluée par une salve de coups de canon.*

samba n. f. Danse à deux temps d'origine brésilienne.

▶ Ce mot vient du portugais du Brésil.

samedi n. m. Jour de la semaine entre le vendredi et le dimanche. *Léa monte à cheval tous les samedis après-midi.*

samouraï [samuRaj] n. m. Guerrier japonais d'autrefois. *Les samouraïs étaient au service d'un seigneur.*

▶ Ce mot est japonais.

SAMU n. m. Service qui apporte les premiers soins aux blessés et aux accidentés et assure leur transport à l'hôpital.

▶ C'est le sigle de *service d'aide médicale d'urgence.*

sanatorium [sanatɔRjɔm] n. m. Établissement où l'on soignait les tuberculeux, au grand air.

sanction n. f. Punition, condamnation. *La directrice de l'école prendra des sanctions contre les élèves insolents.*

▶ **① sanctionner** v. (conjug. 3) Punir. *Les athlètes dopés ont été sanctionnés.* ▮ contraire : **récompenser.**

② sanctionner v. (conjug. 3) Confirmer officiellement. *Le baccalauréat sanctionne la fin des études secondaires.*

sanctuaire n. m. (→ ÉTYM.) Endroit consacré aux cérémonies religieuses. *Les églises et les temples sont des sanctuaires.*

sandale n. f. Chaussure légère faite d'une semelle retenue par des lanières qui passent sur le dessus du pied. *Des sandales de cuir.*

▶ **sandalette** n. f. Sandale très légère.

sandre n. m. Poisson d'eau douce, à chair très appréciée. ▮ homonyme : cendre.

sandwich [sɑ̃dwitʃ] n. m. Casse-croûte composé de deux tranches de pain entre lesquelles on met des aliments froids. *Un sandwich au jambon.* – Au pl. *Des sandwichs.*

▶ C'est un mot anglais. (→ ÉTYM.) • On emploie aussi le pluriel anglais *des sandwiches.*

sang n. m. Liquide rouge qui circule à travers le corps, dans les veines et les artères. *Un adulte a environ 5 litres de sang dans le corps.* – *Être en sang,* couvert de sang. *Son sang n'a fait qu'un tour,* il a réagi immédiatement. *Se faire du mauvais sang,* s'inquiéter. ▮ homonymes : cent, sans.

▶ **sang-froid** n. m. inv. Maîtrise de soi, contrôle de ses émotions qui permet de garder son calme. *Il a réagi avec beaucoup de sang-froid.* ▷ Mot de la famille de froid.

▶ **sanglant, sanglante** adj. 1. Couvert de sang. *Un pansement sanglant.* → **ensanglanté.** 2. Qui fait couler beaucoup de sang. → **meurtrier.** *Les combats ont été sanglants.*

▶ Autres mots de la famille : ensanglanté, exsangue, pur-sang, sangsue, sanguin, sanguinaire, sanguinolent.

sangle n. f. Bande large et plate, très solide, qui sert à attacher ou à tenir serré. → **courroie.** *Les sangles d'une selle.*

a b c d e f g h i j k l m n o p q r s t u v w x y z

sanglier n. m. (→ ÉTYM.) Porc sauvage à la peau épaisse garnie de poils très durs, vivant dans les forêts. → aussi **laie** et **marcassin.** → planche **Forêt.** *Le sanglier grogne.*

sanglier

sanglot n. m. Respiration brusque et bruyante quand on pleure très fort. *Elle a éclaté en sanglots.*

▸ **sangloter** v. (conjug. 3) Pleurer avec des sanglots.

sangria n. f. Boisson glacée à base de vin rouge sucré et de fruits macérés.

C'est un mot espagnol, qui vient de *sangre* qui veut dire «sang».

sangsue [sɑ̃sy] n. f. Gros ver qui colle à la peau et suce le sang avec ses ventouses. ▷ Mot de la famille de sang.

sanguin, sanguine adj. **1.** Qui concerne le sang. *Les veines et les artères sont des vaisseaux sanguins.* **2.** *Orange sanguine,* dont la pulpe est rouge. ▷ Mot de la famille de sang.

sanguinaire adj. Qui aime faire couler le sang. → **cruel.** *L'empereur romain Néron était un tyran sanguinaire.* ▷ Mot de la famille de sang.

sanguinolent, sanguinolente adj. Taché de sang. *Une compresse sanguinolente.* → **ensanglanté, sanglant.** ▷ Mot de la famille de sang.

sanitaire adj. **1.** Qui concerne la santé de tous, l'hygiène. *Des équipes sanitaires ont été envoyées sur les lieux de l'accident.* **2.** *Les installations, les appareils sanitaires,* destinés aux soins de propreté et à l'hygiène. *Les lavabos, les baignoires, les toilettes sont des appareils sanitaires.* – n. m. *Nettoyer les sanitaires.*

sans prép. **1.** Exprime le manque, la privation. *Elle est venue sans ses enfants.* ▮ contraire : **avec.** *Ne reste pas sans rien faire !* **2.** *Sans que,* conjonction. *Léa a fait la vaisselle sans qu'on le lui ait demandé,* alors qu'on ne le lui avait pas demandé. ▮ homonymes : cent, sang.

▸ **sans-abri** n. m. et f. Personne qui n'a plus de logement. → **sans-logis, SDF.** *Les inondations ont fait de nombreux sans-abris.* ▷ Mot de la famille de abri.

▸ **sans-culotte** n. m. (→ ÉTYM.) Nom donné aux révolutionnaires, à l'époque de la Révolution française. *Les sans-culottes.* ▷ Mot de la famille de cul.

▸ **sans-gêne** adj. inv. et n. m. inv.

▪ adj. inv. Qui agit avec une trop grande désinvolture, sans penser qu'il peut gêner les autres. *Ces filles sont vraiment sans-gêne.*

▪ n. m. inv. Impolitesse d'une personne qui ne se gêne pas pour les autres. → **désinvolture.** *Il est d'un sans-gêne incroyable.* ▷ Mot de la famille de gêne.

▸ **sans-logis** n. m. et f. Personne qui n'a plus de logement. → **sans-abri, SDF.** *L'aide aux sans-logis.* ▷ Mot de la famille de loge.

▸ Autres mots de la famille : pince-sans-rire, sans-papiers.

sans-culotte

sansonnet n. m. Étourneau.

sans-papiers n. m. et f. Personne qui réside dans un pays sans posséder les papiers officiels qui lui donnent le droit de s'y établir lé-

galement. *Il emploie des sans-papiers.* ▷ Mot de la famille de sans et de papier.
▶ On peut aussi écrire *un sans-papier.*

santal n. m. (pl. **santals**) Arbre d'Afrique et d'Asie, au bois précieux, dont on extrait un parfum. *Du savon au santal.*

santé n. f. **1.** Bon état, bon fonctionnement du corps. *Fumer est dangereux pour la santé.* **2.** *Être en bonne santé,* bien se porter. *Bonne année, bonne santé !*

santon n. m. Petit personnage de terre cuite servant à décorer les crèches de Noël.
▶ Ce mot vient d'un mot provençal qui veut dire « petit saint ».

saoul → **soûl**

saper v. (conjug. 3) **1.** Creuser, user et faire s'écrouler. *La mer a sapé la falaise.* **2.** *Saper le moral de quelqu'un,* le décourager.

sapeur-pompier n. m. Pompier. *Une compagnie de sapeurs-pompiers.* ▷ Mot de la famille de 2 pompe.

saphir n. m. Pierre précieuse transparente et bleue. *Une bague ornée d'un saphir.*

sapin n. m. Arbre résineux qui reste toujours vert et dont les feuilles sont des aiguilles. → aussi **conifère.** → planche **Arbres.** *Les enfants ont décoré le sapin de Noël.*

sarabande n. f. *Faire la sarabande,* jouer en faisant beaucoup de bruit et en s'agitant. *Les enfants font la sarabande dans la maison.*

sarbacane n. f. Tube creux dans lequel on souffle pour lancer de petits projectiles. *Alex lance des boulettes de papier avec une sarbacane.*
▶ Ce mot vient de l'espagnol.

sarcasme n. m. Moquerie méchante. *Il a répondu par des sarcasmes.*

▸ **sarcastique** adj. Moqueur et méchant. → **sardonique.** *Un sourire sarcastique.*

sarcler v. (conjug. 3) Arracher les mauvaises herbes. → **désherber.** *Il sarcle le potager.*

sarcophage n. m. (→ ÉTYM.) Cercueil de pierre. *Les momies des pharaons étaient déposées dans des sarcophages.*

sardine n. f. Petit poisson de mer argenté que l'on mange frais ou conservé dans l'huile. → planche **Poissons.** *Un banc de sardines. Des sardines grillées.*

sardonique adj. *Un rire sardonique,* un rire moqueur et méchant. → **sarcastique.**

sari n. m. Long morceau de soie ou de coton dans lequel se drapent les femmes indiennes. – Au pl. *Des saris.*
▶ Ce mot vient d'une langue de l'Inde.

sarment n. m. Branche de vigne qui porte les grappes de raisin. *Le vigneron taille les sarments.*

sarrasin n. m. Céréale à petits grains, appelée aussi *blé noir. Des crêpes de sarrasin.*

sas [sas] n. m. Petite pièce fermée par deux portes hermétiques, permettant le passage entre deux pièces ou entre une pièce et le milieu extérieur. *Les cosmonautes sortent de la fusée par un sas.*

satané, satanée adj. Maudit. *Je suis arrivé en retard à cause de ces satanés embouteillages.*

satanique adj. Qui fait penser au diable, paraît inspiré par le diable. → **démoniaque, diabolique.** *Un rire satanique.*

satellite n. m. **1.** Astre qui tourne autour d'une planète. *La Lune est le satellite de la Terre.* **2.** Engin que l'on lance de la Terre à l'aide d'une fusée pour qu'il tourne autour de la Terre. → planches **Espace, télécommunications.**

satellite

a b c d e f g h i j k l m n o p q r s t u v w x y z

Les satellites servent aux télécommunications, à la télédétection et aux observations météorologiques.

à satiété [asasjete] adv. Jusqu'à ce que l'on n'ait plus envie de rien. *Les invités ont mangé à satiété.*

satin n. m. Tissu lisse et brillant. *Une robe en satin.*

▸ **satiné, satinée** adj. Qui a l'aspect du satin. *Une peinture satinée.* ▮ contraire : **mat.**

satire n. f. Critique moqueuse. *Ce film est une satire violente de la publicité.* ▮ homonyme : satyre.

▸ **satirique** adj. Qui critique en se moquant. *Il fait des dessins satiriques pour les journaux.*

satisfaction n. f. **1.** Contentement, joie que l'on éprouve quand les choses sont exactement comme on veut. *Cet élève donne entière satisfaction à ses professeurs.* **2.** Ce qui donne de la joie, du plaisir. *La réussite de ses enfants est une grande satisfaction pour lui.* ▮ contraires : **contrariété, déception, frustration.** **3.** *Obtenir satisfaction,* obtenir ce que l'on réclame. *Les manifestants ont obtenu satisfaction.*

▸ Autre mot de la famille : autosatisfaction.

satisfaire v. (conjug. 37) **1.** *Satisfaire quelqu'un,* lui plaire, lui convenir. *Son métier la satisfait entièrement.* **2.** Contenter. *Il satisfait tous les désirs de sa femme.* ➔ **exaucer.** **3.** *Satisfaire à une condition,* la remplir. *Le candidat ne satisfaisait pas à toutes les conditions.*

▸ **satisfaisant, satisfaisante** adj. Qui satisfait, correspond à ce que l'on souhaite. ➔ **acceptable,** ① **bon.** *Les résultats scolaires de Julie sont satisfaisants.*

▸ **satisfait, satisfaite** adj. Qui a ce qu'il veut. *Elle est satisfaite de son sort.* ➔ **content.** ▮ contraires : **insatisfait, mécontent.**

▹ Mots de la famille de faire.

saturé, saturée adj. **1.** Qui ne peut contenir plus, est complètement rempli. *La terre est saturée d'eau.* ➔ **gorgé.** *Aux heures de pointe, les autoroutes sont saturées.* **2.** *Être saturé de quelque chose,* en avoir assez, en être dégoûté. *Les gens sont saturés de publicité.*

▸ **saturation** n. f. Le fait d'être saturé. *Le périphérique arrive à saturation.*

satyre n. m. Divinité de la mythologie grecque représentée avec un corps d'homme couvert de poils, des jambes de bouc et des oreilles pointues. ▮ homonyme : satire.

sauce n. f. Liquide plus ou moins épais qui accompagne certains plats. *Des pâtes à la sauce tomate.*

▸ **saucière** n. f. Récipient dans lequel on sert les sauces. *Une saucière en argent.*

saucisse n. f. (➔ ÉTYM.) Charcuterie faite de viande de porc hachée entourée d'un boyau, qui se mange cuite. *Des saucisses aux lentilles.*

▸ **saucisson** n. m. Grosse saucisse cuite ou séchée, qui se mange généralement froide. *Des rondelles de saucisson.*

① **sauf** prép. À l'exception de, à part. ➔ **excepté.** *Tout le monde était là, sauf Louise.* ➔ **hormis.**

② **sauf, sauve** adj. Qui n'a pas été blessé ni tué. ➔ **indemne.** *Sain et sauf,* en bon état physique, après un danger. *Les marins sont rentrés au port sains et saufs. Dans l'accident, tout le monde a eu la vie sauve,* personne n'a été tué.

▸ Autres mots de la famille : sauvegarde, sauvegarder, sauve-qui-peut, sauver, sauvetage, sauveteur, à la sauvette, sauveur.

sauge n. f. Plante dont certaines variétés sont utilisées pour donner plus de goût aux plats.

sauge

saugrenu, saugrenue adj. Bizarre et inattendu. *Quelle idée saugrenue !*

saule n. m. Arbre qui pousse dans les endroits humides. ➜ planche **Arbres.** *La rivière est bordée de saules. Le saule pleureur a des branches tombantes.*

saumâtre adj. *Eau saumâtre,* mélange d'eau douce et d'eau de mer, au goût légèrement salé.

saumon n. m. Poisson de mer à chair rose qui remonte les fleuves pour pondre. ➜ planche **Poissons.** *Du saumon grillé. Des tranches de saumon fumé.*

saumure n. f. Eau très salée dans laquelle on conserve certains aliments. *Les olives sont conservées dans la saumure.*

sauna n. m. Endroit aménagé pour prendre des bains de vapeur.
▶ Ce mot vient du finnois.

saupoudrer v. (conjug. 3) Couvrir d'une matière réduite en poudre. *Il saupoudre ses fraises de sucre.* ▷ Mot de la famille de poudre.

saur adj. m. *Un hareng saur,* salé et fumé. *Des harengs saurs.* ▮ homonyme : sort.

saurien n. m. Reptile au corps couvert d'écailles. *Les lézards, les crocodiles, les caméléons sont des sauriens.*

saut n. m. **1.** Mouvement du corps par lequel on cesse de s'appuyer sur le sol ou sur un appui pour s'élever ou se projeter. ➜ **bond.** *Le cheval a franchi la barrière d'un saut. Un champion de saut en longueur.* **2.** *Faire un saut quelque part,* y passer sans s'attarder. *Théo a fait un saut chez sa grand-mère.* ▮ homonymes : sceau, seau, sot.

▶ **sauter** v. (conjug. 3) **1.** S'élever un court instant au-dessus du sol. *Alex a sauté par-dessus la chaise.* **2.** S'élancer d'un endroit élevé. *Il rêve de sauter en parachute.* **3.** Se précipiter. ➜ **bondir.** *Julie saute au cou de son père.* **4.** Exploser. *Le train a sauté sur une mine.* **5.** Omettre. *Elle a sauté une page en lisant,* il y a une page qu'elle n'a pas lue. *Cet élève a sauté une classe,* il est passé directement dans la classe supérieure. **6.** *Faire sauter un aliment,* le faire cuire à feu vif dans de la matière grasse. *Elle fait sauter des pommes de terre dans la poêle.* ➜ **revenir, rissoler.**

▶ **saute** n. f. Changement brusque. *Une saute de température. Elle a parfois des sautes d'humeur.*

▶ **saute-mouton** n. m. Jeu où l'on saute par-dessus quelqu'un qui se tient courbé. *Les enfants jouent à saute-mouton.* ▷ Mot de la famille de mouton.

▶ **sauterelle** n. f. Insecte vert ou gris qui se déplace en sautant sur ses pattes arrière qui sont très longues. ➜ aussi **criquet.** ➜ planches **Insectes, prairie.**

▶ **sautiller** v. (conjug. 3) Faire de petits sauts. *Un moineau sautille sur le rebord de la fenêtre.*

▶ **sautoir** n. m. Très long collier. *Un sautoir de perles.*

▶ Autres mots de la famille : assaut, soubresaut, sursaut, sursauter.

sauterelle

sauvage adj. **1.** *Un animal sauvage,* qui vit en liberté dans la nature. *La belette est un animal sauvage.* ▮ contraires : **apprivoisé, domestique, familier.** **2.** *Une plante sauvage,* qui pousse sans être cultivée. *Louise a cueilli des fleurs sauvages,* des fleurs des champs. **3.** *Un endroit sauvage,* qui n'est pas habité par les hommes. *Une région sauvage. La côte sauvage.* **4.** Qui vit à l'écart de la civilisation. *Il existe encore des tribus sauvages,* qui ne connaissent pas nos civilisations. ➜ **primitif.** ▮ contraire : **civilisé.** **5.** Qui n'aime pas rencontrer des gens qu'il ne connaît pas. *Un enfant très sauvage.* ➜ **timide.** ▮ contraire : **sociable.** **6.** Barbare, violent. *Les enfants poussaient des cris* *sauvages,* stridents, inhumains. – *Une répression sauvage,* brutale. – n. *Ces gens sont vraiment des sauvages,* des brutes.

▸ **sauvagement** adv. D'une manière barbare. *Le journaliste a été sauvagement agressé.* → **cruellement.**

▸ **sauvagerie** n. f. Grande cruauté. → **barbarie.** *Il a été frappé avec sauvagerie.*

sauvegarde n. f. 1. Protection. *Les écologistes veillent à la sauvegarde de la nature.* → (1) **défense.** 2. Copie de sécurité de données informatiques. *Il fait une sauvegarde des fichiers les plus importants.*

▸ **sauvegarder** v. (conjug. 3) 1. Protéger. *Une association s'est constituée pour sauvegarder le vieux quartier de la ville.* → **préserver.** 2. Faire une sauvegarde de données informatiques. *Sauvegarder des fichiers.*

▷ Mots de la famille de (2) sauf et de garder.

sauve-qui-peut n. m. inv. Fuite désordonnée où chacun se tire d'affaire comme il peut, sans s'occuper des autres. → **débandade.** *Ce fut un sauve-qui-peut général.* – Au pl. *Des sauve-qui-peut.* ▷ Mot de la famille de (2) sauf, de qui et de (1) pouvoir.

sauver v. (conjug. 3) 1. Faire échapper à un danger, à la mort. *Le baigneur a sauvé l'enfant qui allait se noyer.* 2. **se sauver,** s'enfuir pour échapper à un danger ou à quelque chose de désagréable. *Les cambrioleurs se sont sauvés par les toits.* ▷ Mot de la famille de (2) sauf.

sauvetage n. m. Fait de sauver, de porter secours à quelqu'un. *Le sauvetage des naufragés. Un canot de sauvetage.* ▷ Mot de la famille de (2) sauf.

sauveteur n. m., **sauveteuse** n. f. Personne qui participe à un sauvetage. → aussi **secouriste.** *Les sauveteurs ont secouru les alpinistes pris dans l'avalanche.* ▷ Mot de la famille de (2) sauf.

à la sauvette adv. *Vendeur à la sauvette,* qui vend des marchandises illégalement, en fraude. *Il vend des montres à la sauvette.* ▷ Mot de la famille de (2) sauf.

sauveur n. m., **sauveuse** n. f. Personne qui sauve ou a sauvé quelqu'un. *Vous êtes mon sauveur, sans vous je serais perdu !* ▷ Mot de la famille de (2) sauf.

savamment adv. 1. De façon savante. *Il parle savamment de ce qu'il connaît le mieux.* 2. Habilement. *Un roman savamment construit.* → **adroitement.** ▷ Mot de la famille de (1) savoir.

savane n. f. Vaste prairie des régions tropicales où poussent de hautes herbes. → planche **Savane.** *De nombreux fauves vivent dans la savane.*

savant adj. et n. m., **savante** adj.
▪ adj. 1. Qui sait beaucoup de choses. *Elle est très savante en histoire.* → **érudit.** 2. *Animal savant,* que l'on a dressé à faire des exercices. *Au cirque, nous avons vu un numéro de chiens*

sauvetage en montagne

les animaux de la savane

Les grandes plaines de l'Afrique orientale abritent une faune sauvage, l'une des plus riches de la planète. Les grands félins tels que le lion, le léopard et le guépard sont de redoutables prédateurs. Leurs proies sont les paisibles mammifères herbivores comme la girafe, la gazelle, le zèbre, le buffle et les gnous (qui peuvent être rassemblés en troupeaux de plusieurs centaines de milliers de têtes). Éléphants et surtout rhinocéros sont menacés par la destruction de leur habitat traditionnel et par la chasse illégale.

➔ planches **félins**, espèces **menacées**.

lion

tisserin à dos d'or

éléphants d'Afrique

gazelle de Thomson

hyène tachetée

rhinocéros blancs

guépard

girafes de Rothschild

messager serpentaire

gnous bleus

zèbres

savants. **3.** Compliqué, trop difficile à comprendre. *Cette explication est trop savante pour moi.* ▮ contraire : **simple.**
▪ n. m. Personne qui contribue au progrès d'une science. *Louis Pasteur et Marie Curie furent de grands savants.* ➜ **scientifique.** ▷ Mot de la famille de ① savoir.

savate n. f. Vieille chaussure, vieille pantoufle. *Il aime bien traîner chez lui en savates.*

saveur n. f. Goût. *Une saveur sucrée, acide.*

① **savoir** v. (conjug. 34) **1.** Avoir connaissance de quelque chose. *Je ne sais pas l'âge de sa mère.* ➜ **connaître.** ▮ contraire : **ignorer.** *Je sais que Julie doit venir,* je suis au courant de cela. – *Faire savoir,* informer, communiquer. *Fais-moi savoir à quelle heure tu arrives.* **2.** Connaître par l'étude ou par l'intelligence. *Louise sait bien ses leçons. Il sait cinq langues.* ➜ **parler.** **3.** Être capable de faire une chose. *Léa sait nager.* **4.** Pouvoir. *Je ne saurais vous dire ce qui est le mieux.*

▸ ② **savoir** n. m. Ensemble des connaissances. ➜ ② **culture, instruction.** *Cet homme a un grand savoir.*

▸ **savoir-faire** n. m. inv. Habileté. ➜ ① **adresse, compétence.** *Le savoir-faire d'un artisan.* ▷ Mot de la famille de faire.

▸ **savoir-vivre** n. m. inv. Connaissance des règles de la politesse, bonne éducation. *Ces rustres manquent de savoir-vivre.* ▷ Mot de la famille de ① vivre.

▸ Autres mots de la famille : à l'insu de, savamment, savant.

savon n. m. Morceau moulé de produit qui sert à laver. *Un savon à la lavande.*

▸ **savonner** v. (conjug. 3) Laver en frottant avec du savon. *Il savonne le bébé dans son bain.* – **se savonner,** se laver avec du savon.

▸ **savonnette** n. f. Petit savon. *Une savonnette parfumée.*

▸ **savonneux, savonneuse** adj. Qui contient du savon. *De l'eau savonneuse.*

▸ Autre mot de la famille : porte-savon.

savourer v. (conjug. 3) Manger lentement pour apprécier le goût. ➜ **déguster.** *Alex savoure sa glace.*

▸ **savoureux, savoureuse** adj. Qui a bon goût. *Ces fraises sont savoureuses.*

saxophone n. m. Instrument de musique à vent, en cuivre. ➜ planche **Instruments** de musique. *Il joue du saxophone dans un orchestre de jazz.*

◗ On dit familièrement *un saxo.* • Ce mot vient du nom de l'inventeur, Adolphe *Sax.*

▸ **saxophoniste** n. m. et f. Personne qui joue du saxophone.

saynète n. f. Petite pièce de théâtre très courte. *Les élèves ont préparé des saynètes pour la fête de l'école.* ➜ aussi **sketch.**

◗ Il y a un *y* après le *a.* • Ce mot vient de l'espagnol.

sbire n. m. Personne sans scrupule qui exécute les ordres qu'on lui donne, quels qu'ils soient. *Les sbires du dictateur seront jugés.*

scabreux, scabreuse adj. Qui peut choquer, qui n'est pas convenable. *Une histoire scabreuse.* ➜ **trivial.**

scalp n. m. Peau du crâne, avec les cheveux, que les Indiens arrachaient à leurs ennemis. ▷ Mot de la famille de scalper.

scalpel n. m. Petit couteau très tranchant utilisé pour les opérations chirurgicales et les dissections. ➜ **bistouri.** *Le médecin incise l'abcès avec un scalpel.*

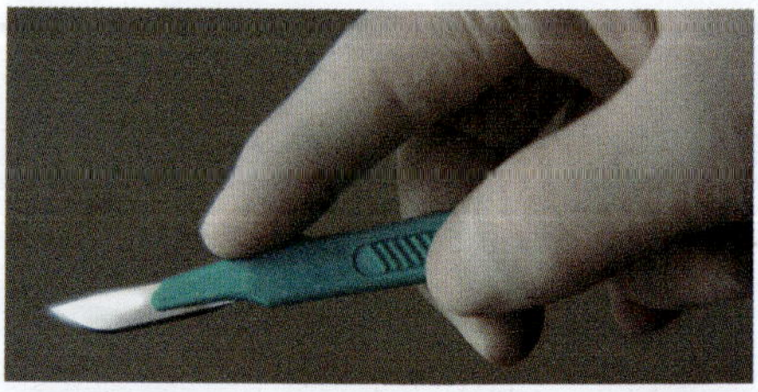

scalpel

scalper v. (conjug. 3) Arracher la peau du crâne avec les cheveux. *Les Indiens scalpaient leurs ennemis morts ou vivants.*

▸ Autre mot de la famille : scalp.

scandale n. m. **1.** Chose condamnable et révoltante. *Les coupables n'ont pas été punis, c'est un scandale.* **2.** Protestation bruyante faite en public. *Un client du restaurant a fait un scandale parce qu'il a trouvé un ver dans la salade.* ➜ **esclandre.**

▸ **scandaleux, scandaleuse** adj. Révoltant, honteux. *Une conduite scandaleuse. C'est scandaleux !*

▸ **scandaliser** v. (conjug. 3) Choquer. ➜ **révolter.** *Ce film a scandalisé le public.* ➜ **indigner.**

scander v. (conjug. 3) Prononcer des mots en détachant les syllabes sur un certain rythme. *Les manifestants scandent des slogans.*

① **scanner** [skanɛʀ] n. m. Appareil de radiographie qui, grâce à un ordinateur, permet de reconstituer sur un écran les images de l'intérieur du corps.

Ce mot vient de l'anglais *to scan* qui veut dire «scruter».

② **scanner** v. (conjug. 3) Analyser un document au moyen d'un scanner pour le transformer en fichier numérique. *La bibliothécaire a scanné les anciens numéros du journal.*

scaphandre n. m. Équipement composé d'une combinaison et d'un casque qui permet de respirer sous l'eau ou dans l'espace.

▸ **scaphandrier** n. m. Plongeur équipé d'un scaphandre. ➜ aussi **homme-grenouille.** *Les scaphandriers posent des câbles sous-marins.*

scarabée n. m. Insecte noir à reflets bruns et dorés, qui a des cornes sur la tête. *Le scarabée est un coléoptère qui se nourrit d'excréments.*

Ce mot masculin se termine par un e : *un scarabée.*

scarlatine n. f. Maladie contagieuse qui commence par une angine, puis se manifeste par une forte fièvre et des plaques rouges sur la peau et dans la bouche.

scarole n. f. Salade à larges feuilles croquantes.

sceau [so] n. m. Cachet officiel avec lequel on fait une marque sur des documents importants. ➜ aussi **sceller.** *Le roi apposa son sceau sur la lettre.* – Au pl. *Des sceaux.* ▮ homonymes : saut, seau, sot.

sceau royal

scélérat [seleʀa] n. m., **scélérate** [seleʀat] n. f. Personne qui fait le mal. ➜ **bandit, crapule, fripouille.**

sceller [sele] v. (conjug. 3) **1.** Marquer avec un sceau. *Le roi scella sa lettre.* **2.** Fermer parfaitement. *On scelle les boîtes de conserve.* **3.** Fixer avec du ciment ou du plâtre. *La grille est scellée dans le sol.* ▮ homonyme : seller.

▸ **scellés** n. m. pl. Cachets de cire au sceau de l'État, posés sur un meuble ou un local pour en empêcher l'ouverture. *L'appartement de la victime a été mis sous scellés.*

▸ Autre mot de la famille : desceller.

scénario n. m. Texte qui décrit scène par scène ce qui se passe dans un film. *Il a écrit de nombreux scénarios.* ➜ aussi **script.**

Ce mot vient de l'italien *scenario* qui veut dire «décor».

▸ **scénariste** n. m. et f. Personne qui écrit des scénarios.

scène n. f. **1.** Endroit du théâtre où jouent les comédiens. ➜ planche **Spectacle.** *Toute la troupe est sur scène.* ➜ aussi **planche, plateau.** **2.** *Mettre en scène une pièce de théâtre,* faire un spectacle d'après le texte de la pièce. ➜ aussi **réaliser.** *La mise en scène est faite par le metteur en scène.* **3.** Partie d'une pièce de théâtre. *Lisez la scène 3 de l'acte II.* **4.** Action d'une pièce. *La scène se passe à Venise, au 18e siècle.* **5.** Évènement qui ressemble à une

a b c d e f g h i j k l m n o p q r s t u v w x y z

scène de théâtre. *La dispute était violente, j'étais témoin de la scène.* **6.** *Faire une scène,* se mettre en colère, faire de violents reproches à quelqu'un. *Il lui a fait une scène parce qu'elle était en retard.* – *Une scène de ménage,* une dispute dans un couple.

sceptique [sɛptik] adj. Qui ne croit pas facilement quelque chose, qui doute. → **incrédule.** *Je suis très sceptique quant à ses chances de réussite.* → **dubitatif.** ▮ homonyme : septique.
▶ Il y a un *c* après le *s.*

▸ **scepticisme** [sɛptisism] n. m. Attitude d'une personne sceptique. *Il a accueilli la nouvelle avec scepticisme.* → **incrédulité.** ▮ contraire : **conviction.**

sceptre [sɛptʀ] n. m. Bâton qui est le signe du pouvoir d'un souverain.

schéma [ʃema] n. m. Dessin simplifié. *Le professeur a fait au tableau un schéma de l'appareil respiratoire.*

▸ **schématique** adj. Très simplifié. → **sommaire.** *Voici un plan schématique de la maison.*

▸ **schématiquement** adv. De façon schématique, simplifiée. *Représentez schématiquement un circuit électrique.*

▸ **schématiser** v. (conjug. 3) Présenter de façon schématique, simplifiée. *Je schématise, pour que vous compreniez mieux.* → **simplifier.**

schiste n. m. Roche composée de feuilles superposées qui se détachent facilement. *L'ardoise est un schiste.*

schuss [ʃus] n. m. Descente à ski en suivant la plus grande pente. *Le skieur descend la pente tout schuss,* tout droit, sans ralentir.
▶ Ce mot vient de l'allemand.

sciatique [sjatik] n. f. Douleur violente qui suit le trajet d'un nerf allant de la hanche jusqu'au pied. *Une crise de sciatique.*

scie [si] n. f. Outil ou machine qui sert à découper des matières dures, grâce à une lame dentée. *Une scie à bois. Une scie à métaux.* ▮ homonymes : ① et ② ci, ①, ② et ③ si, six. ▷ Mot de la famille de scier.

scierie

sciemment [sjamɑ̃] adv. En connaissance de cause, en sachant ce que l'on fait. → **volontairement.** *Elle nous a menti sciemment.* → **consciemment, exprès.** ▮ contraire : **involontairement.**

science n. f. **1.** *Les sciences,* les matières comme les mathématiques, la physique, la biologie, où l'on fait des calculs ou des expériences qui permettent de décrire avec précision ce que l'on étudie. *Les sciences naturelles, les sciences de la vie et de la terre étudient les êtres vivants et la nature.* **2.** *La science,* l'ensemble des connaissances. *Les progrès de la science.* → aussi **recherche.**

▸ **science-fiction** n. f. *Roman, film de science-fiction,* qui raconte des histoires qui se déroulent dans un monde futur tel qu'on peut l'imaginer. → **anticipation.** ▷ Mot de la famille de fiction.

scientifique adj. et n. m. et f.
▪ adj. **1.** Qui concerne les sciences. *Les chercheurs font des travaux scientifiques.* **2.** Précis et rigoureux. *Le professeur nous a donné l'explication scientifique du mirage.*
▪ n. m. et f. Personne qui étudie les sciences, spécialiste d'une science. → **savant.** *Les scientifiques ont identifié un nouveau virus.*

▸ **scientifiquement** adv. De façon scientifique. *Les chercheurs ont étudié scientifiquement ce phénomène.*

scier v. (conjug. 9) Couper avec une scie. *Le menuisier scie des planches.*

▸ **scierie** [siʀi] n. f. Usine où l'on scie du bois pour faire des planches.

▸ Autres mots de la famille : scie, sciure.

scinder [sɛ̃de] v. (conjug. 3) Couper. ➜ **diviser.** *Cette affaire a scindé le conseil municipal en deux clans.* – **se scinder,** se couper, se partager. *L'équipe s'est scindée en deux.* ➜ aussi **scission.**

scintiller v. (conjug. 3) Briller en faisant de petits éclats. ➜ **étinceler.** *Les étoiles scintillent dans la nuit.*

▸ **scintillant, scintillante** adj. Qui brille, scintille. *Un tissu scintillant.* ➜ ① **brillant, chatoyant.**

▸ **scintillement** n. m. Éclat brillant. *Le scintillement d'un diamant.*

scission [sisjɔ̃] n. f. Division dans un groupe de personnes. *Un désaccord a provoqué la scission de leur parti.* ➜ aussi **scinder.**

sciure [sjyʀ] n. f. Poussière produite par le bois que l'on scie. ▷ Mot de la famille de scier.

sclérose n. f. Maladie qui se manifeste par le durcissement d'un organe, etc. *Il souffre d'une sclérose artérielle.*

▸ se **scléroser** v. (conjug. 4) **1.** Se durcir, être atteint de sclérose. *En vieillissant, ses artères se sont sclérosées.* **2.** Ne plus évoluer, ne pas savoir s'adapter. *Ce parti politique se sclérose.*

scolaire adj. Qui concerne l'école, l'enseignement. *Louise a de bons résultats scolaires. Un collège est un établissement scolaire.*

▸ **scolariser** v. (conjug. 3) Faire suivre un enseignement scolaire. *Cet établissement scolarise les enfants de la maternelle au lycée.*

▸ **scolarité** n. f. Période pendant laquelle on fait ses études. *En France, la scolarité est obligatoire jusqu'à 16 ans.*

▸ Autres mots de la famille : parascolaire, préscolaire.

scoliose n. f. Déformation de la colonne vertébrale.

scolopendre n. f. Petit animal dont le corps est formé de 21 anneaux portant chacun une paire de pattes. ➜ **millepatte.** *La morsure de certaines scolopendres est dangereuse.*

scolopendre

scoop [skup] n. m. Nouvelle importante donnée pour la première fois. *Le président démissionne, c'est un scoop !*

▸ Ce mot vient de l'anglais.

scooter [skutœʀ] ou [skutɛʀ] n. m. Moto à petites roues, avec une carrosserie qui forme un plancher et qui monte jusqu'au guidon.

▸ Ce mot vient de l'anglais ; le verbe *to scoot* veut dire «filer».

scorbut [skɔʀbyt] n. m. Maladie causée par le manque de vitamine C, qui se manifeste par la chute des dents. *Autrefois, les marins risquaient d'avoir le scorbut parce qu'ils ne mangeaient ni fruits ni légumes frais.*

score n. m. Compte des points au cours d'un match. *Le score final est de 3 à 2.*

▸ Ce mot vient de l'anglais.

scories n. f. pl. Déchets que l'on obtient après avoir fondu du minerai ou brûlé du charbon. *Les terrils du Nord sont formés de scories.*

scorpion n. m. Petit animal dont la queue est armée d'un aiguillon crochu et venimeux et qui vit dans les régions chaudes. ➜ planche **Désert.** *La piqûre de certains scorpions est mortelle.*

scotch n. m. (marque déposée) Ruban de plastique adhésif transparent. *Un rouleau de scotch.*

▸ **scotcher** v. (conjug. 3) Coller avec du ruban adhésif. *Elle a scotché une photo de son chanteur favori sur le mur de sa chambre.*

scout [skut] n. m. Jeune garçon qui fait partie d'une organisation qui lui offre des activités de plein air et des jeux, tout en perfectionnant son éducation morale. ➜ aussi **louveteau.** *Une troupe de scouts campe dans la forêt voisine.* – adj. *Une chanson scoute.*

▸ **scoutisme** n. m. Mouvement qui réunit des jeunes et qui complète leur éducation morale et physique.

scrabble [skʀabl] n. m. (marque déposée) Jeu de société qui consiste à former des mots sur une grille à l'aide de jetons marqués des lettres de l'alphabet. *Une partie de scrabble.*

Ce mot vient de l'anglais *to scrabble* qui veut dire «gribouiller».

scribe n. m. ➜ ÉTYM. Homme dont le métier était d'écrire, dans l'Antiquité. *Les scribes égyptiens écrivaient sur du papyrus.*

scribe (Égypte)

script n. m. **1.** Type d'écriture à la main qui ressemble aux caractères d'imprimerie. *Écrire en script.* ➜ aussi **cursif. 2.** Texte d'un film, d'une émission comprenant les dialogues et les indications pour la mise en scène. ➜ aussi **scénario.** ▮ homonyme : scripte.

▸ **scripte** n. m et f. Personne dont le métier est de noter tous les détails d'une scène d'un film, au fur et à mesure qu'on tourne. *La scripte assiste le réalisateur.* ▮ homonyme : script.

scrupule n. m. Inquiétude que l'on a quand on se demande si on doit faire une chose ou non. *J'avais scrupule à vous déranger. C'est un homme sans scrupule,* qui agit sans avoir de problèmes moraux.

▸ **scrupuleux, scrupuleuse** adj. Qui est exigeant sur le plan moral. *La caissière du restaurant est d'une honnêteté scrupuleuse.*

▸ **scrupuleusement** adv. Avec exactitude, d'une manière scrupuleuse. *Il rembourse scrupuleusement ses dettes.*

scruter v. (conjug. 3) Examiner, observer avec une grande attention. *Le capitaine du bateau scrute l'horizon.*

scrutin n. m. Vote au moyen de bulletins déposés dans une boîte fermée. *Le député a été élu au premier tour de scrutin.*

sculpter [skylte] v. (conjug. 3) Tailler une matière dure pour en faire une œuvre d'art. *Cette statue a été sculptée dans le marbre.*

▸ **sculpteur** [skyltœʀ] n. m., **sculptrice** [skyltʀis] n. f. Personne qui fait des sculptures. ➜ planche **Artistes.** *Michel-Ange et Rodin furent de grands sculpteurs.*

Au féminin, on dit aussi *une sculpteuse.*

▸ **sculpture** [skyltyʀ] n. f. **1.** Art qui consiste à sculpter des matériaux. ➜ planche **Artistes.** *Il fait de la sculpture sur bois.* **2.** Œuvre d'art obtenue en sculptant. *On peut admirer de nombreuses sculptures égyptiennes au musée du Louvre.* ➜ aussi **bas-relief, statue.** ➜ planche **Musée.**

Le *p* de ces mots ne se prononce pas.

SDF n. m. et f. inv. ➜ ÉTYM. Personne sans revenus qui n'a pas de logement. ➜ **sans-abri, sans-logis.** *Des SDF dorment dans la rue.*

se pronom Pronom personnel réfléchi de la troisième personne du singulier et du pluriel. *Il se lève tôt. Le clocher s'aperçoit de loin. Julie s'habille. Les oiseaux se sont envolés.* ▮ homonymes : ① et ② **ce.**

Se devient *s'* devant une voyelle ou un *h* muet.

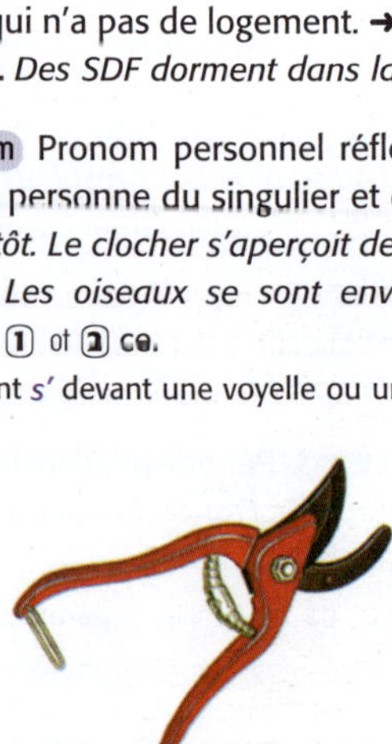

sécateur

séance n. f. 1. Réunion de travail où l'on discute. *Les députés assistent aux séances de l'Assemblée nationale.* 2. *Une séance de cinéma,* la projection d'un film.

① **séant** n. m. *Être sur son séant,* c'est être assis. *Léa s'est mise sur son séant.*
Cette expression appartient au langage soutenu.

② **séant, séante** adj. Convenable, décent. *Il n'est pas séant de partir avant la fin de la réunion.* ▷ Mot de la famille de seoir.
Ce mot appartient au langage soutenu.

seau n. m. 1. Récipient plus haut que large, muni d'une anse. *Un seau d'eau. Des seaux en plastique.* 2. *Il pleut à seaux,* très fort. → à **verse.**
homonymes : saut, sceau, sot.

sec adj. et n. m., **sèche** adj.
▪ adj. 1. Qui n'est pas imprégné de liquide. *Le linge sera bientôt sec.* contraires : **humide, mouillé.** *La terre est trop sèche. Le climat de cette région est sec,* il y pleut très peu. → **aride.** contraire : **pluvieux.** 2. *Légumes, fruits secs,* que l'on a débarrassés de leur humidité pour les conserver. contraire : ① **frais.** *Il y a des raisins secs dans le cake.* 3. Sans rien d'autre. *Du pain sec.* 4. *Un bruit sec,* très fort et très court. 5. Désagréable. *Sa lettre était très sèche.* contraire : **aimable.** 6. *Vin blanc sec,* non sucré. contraire : **doux.**
▪ n. m. 1. *Au sec,* à l'abri de l'humidité. *Ces biscuits sont à conserver au sec.* 2. *À sec,* sans eau. *Le torrent est à sec. Nettoyage à sec.*
▶ Autres mots de la famille : assèchement, assécher, dessèchement, dessécher, séchage, sèche-cheveux, sèche-linge, sèchement, sécher, sécheresse, séchoir.

sécant adj., **sécante** adj. et n. f. adj. Qui coupe une ligne, un plan. *Une droite sécante. Des plans sécants,* qui ont un point d'intersection, qui se coupent. – n. f. *Une sécante,* une droite sécante.

sécateur n. m. Gros ciseaux qui servent au jardinage. *Elle taille les rosiers avec un sécateur.*

sécession n. f. Action par laquelle une partie de la population se sépare de l'État auquel elle appartenait pour former un autre État. *Le nord de l'île a fait sécession.*

séchage n. m. Fait de sécher. *Une peinture à séchage rapide.* ▷ Mot de la famille de sec.

sèche-cheveux n. m. inv. Appareil électrique qui sèche les cheveux mouillés en soufflant de l'air chaud. → **séchoir.** – Au pl. *Des sèche-cheveux.* ▷ Mot de la famille de sec et de cheveu.

sèche-linge n. m. Machine qui sèche le linge. – Au pl. *Des sèche-linges* ou *des sèche-linge* (invariable). ▷ Mot de la famille de sec et de linge.

sèchement adv. Avec froideur, d'un ton sec. *Il lui a répondu sèchement.* → **rudement.**
contraire : **aimablement.** ▷ Mot de la famille de sec.

sécher v. (conjug. 8) 1. Devenir sec. *Elle a mis du linge à sécher dehors.* 2. Rendre sec. *Le froid sèche la peau.* → **dessécher.** *Elle se sèche les cheveux.* – **se sécher,** s'essuyer. *Sèche-toi vite !*
▷ Mot de la famille de sec.

sécheresse n. f. Manque de pluie. *Si la sécheresse continue, la récolte sera mauvaise.*
▷ Mot de la famille de sec.

sécheresse

séchoir n. m. 1. *Un séchoir à linge,* c'est un assemblage de fils sur lesquels on met du linge à sécher. 2. Sèche-cheveux. ▷ Mot de la famille de sec.

second [səgɔ̃] adj. et n. m., **seconde** [səgɔ̃d] adj. et n. f.
▪ adj. 1. Qui vient après le premier. → **deuxième.** *Il habite au second étage.* 2. Qui vient après le meilleur. *Elle voyage en seconde classe,* une classe moins luxueuse et moins chère que la

a b c d e f g h i j k l m n o p q r s t u v w x y z

première classe.

■ n. m. Personne qui en aide une autre. ➜ **adjoint, assistant.** *Elle est le second du directeur.*

■ n. f. **1.** Classe de l'enseignement secondaire entre la troisième et la première. *Il est en seconde.* **2.** Seconde classe, dans les transports. *Ils voyagent en seconde.*

▶ **secondaire** [səgɔ̃dɛʀ] adj. **1.** Peu important. *Cet acteur joue un rôle secondaire dans ce film.* ▮ contraires : **capital, essentiel, primordial.** **2.** *L'enseignement secondaire,* l'enseignement qui suit l'enseignement primaire. **3.** *L'ère secondaire,* la période pendant laquelle sont apparus les oiseaux et les premiers mammifères sur la Terre. ➜ aussi **primaire, quaternaire, tertiaire.**

▶ Autre mot de la famille : seconder.

seconde [səgɔ̃d] n. f. **1.** Soixantième partie de la minute. *Il y a 60 secondes dans une minute.* **2.** Temps très court. *J'en ai pour deux secondes.*

seconder [səgɔ̃de] v. (conjug. 3) Aider, assister dans son travail. *Elle seconde le directeur.* ➜ aussi **second.** ▷ Mot de la famille de second.

secouer v. (conjug. 3) **1.** Remuer dans tous les sens plusieurs fois. *Secouez le flacon avant l'emploi.* ➜ **agiter.** **2.** Ébranler. *Elle a été très secouée par la nouvelle.* ➜ **bouleverser, choquer.**

▶ Autre mot de la famille : secousse.

secourir v. (conjug. 14) Venir en aide à quelqu'un qui est en danger. *Les pompiers ont secouru un enfant qui se noyait.*

▶ **secourable** adj. Qui est toujours prêt à aider les autres.

▶ **secourisme** n. m. Méthode de sauvetage pour venir en aide aux blessés. *Il a un brevet de secourisme.*

▶ **secouriste** n. m. et f. Personne qui a appris à venir en aide aux blessés et qui a un brevet de secourisme. ➜ aussi **sauveteur.**

▶ **secours** n. m. **1.** Tout ce qui aide une personne en danger à s'en sortir. *Elle a appelé au secours. – Au secours !* appel à l'aide d'une personne en danger. *Ils sont venus à son secours. Le remorqueur a porté secours au navire en détresse.* ➜ **assistance.** **2.** Aide constituée de personnes ou de matériel que l'on envoie à des victimes. *Le gouvernement a fait parvenir des secours aux sinistrés.* **3.** *Roue de secours,* de rechange. *Sortie de secours,* utilisée en cas de nécessité.

secousse n. f. **1.** Mouvement brusque qui secoue. *Le camion a démarré après plusieurs secousses.* ➜ **saccade, soubresaut.** **2.** *Secousse sismique,* tremblement de terre. ▷ Mot de la famille de secouer.

secret n. m. et adj., **secrète** adj.

■ n. m. **1.** Chose que l'on ne doit dire à personne. *Je vais te confier un secret.* **2.** Moyen connu seulement de quelques personnes. *On ne sait pas ce que contient cette boisson, c'est un secret de fabrication.* **3.** *En secret,* en cachette, sans que personne ne le sache. ➜ **secrètement.** *Ils se sont mariés en secret.*

■ adj. **1.** Qui doit rester caché. *Des documents secrets.* ➜ **confidentiel.** ▮ contraires : **officiel,** ① **public.** **2.** Qui est connu de peu de personnes et qui est difficile à trouver. *Ils sont sortis du château par le passage secret.* **3.** Qui ne se confie pas facilement. *Elle est très secrète.* ➜ **réservé.**

▶ Autre mot de la famille : secrètement.

secrétaire n. m. et f. **1.** Personne dont le métier est de s'occuper du courrier, répondre au téléphone, classer des dossiers. *Elle est secrétaire de direction.* ➜ **assistant.** **2.** n. m. Meuble à tiroirs, avec un panneau que l'on peut rabattre et qui sert de table pour écrire.

▶ **secrétariat** n. m. **1.** Bureau et service où travaillent les secrétaires. *Demandez le formulaire au secrétariat.* **2.** Métier de secrétaire. *Elle fait du secrétariat.*

secrètement adv. En cachette, en secret. *Elle est secrètement amoureuse de lui.* ▷ Mot de la famille de secret.

sécréter v. (conjug. 8) Produire une substance. *Les glandes salivaires sont des glandes qui sécrètent la salive.*

▶ **sécrétion** n. f. Substance produite par le corps. *La sueur est une sécrétion du corps. – La sécrétion de la résine par les conifères.*

secte n. f. 1. Groupe de personnes qui ont des croyances particulières à l'intérieur d'une religion. *La secte des témoins de Jéhovah.* 2. Petit groupe fermé dont les adeptes suivent un chef spirituel qui leur impose sa doctrine et son pouvoir. *Le gourou de la secte.*

▸ **sectaire** adj. Qui n'admet pas que l'on ait d'autres idées que les siennes. *Ne soyez pas sectaire.* → **intolérant.** ▮ contraire : **tolérant.**

secteur n. m. 1. Partie d'un territoire. *Dans ce secteur, toutes les rues sont piétonnières.* → ② **quartier.** 2. *Le secteur privé,* l'ensemble des entreprises qui ne dépendent pas de l'État. *Le secteur public,* l'ensemble des entreprises qui dépendent de l'État.

section n. f. 1. Action de couper, fait d'être coupé. *La section de la moelle épinière entraîne une paralysie.* 2. Partie d'un groupe, d'un ensemble. *Une section syndicale,* les adhérents d'un syndicat. *Sa sœur est dans la section des petits à l'école maternelle.* 3. Partie d'un trajet. *Les lignes d'autobus sont divisées en sections comportant plusieurs stations.*

▸ **sectionner** v. (conjug. 3) Couper. *Le cambrioleur a sectionné le fil du téléphone. Il a eu une phalange sectionnée.*

séculaire adj. Qui existe depuis au moins cent ans. *Il y a des arbres séculaires dans le parc.* → aussi **centenaire.**

séculier, séculière adj. *Clergé séculier,* ensemble des religieux qui ne vivent pas dans un monastère ou un couvent. *Les prêtres des paroisses appartiennent au clergé séculier.* ▮ contraire : **régulier.**

sécuriser v. (conjug. 3) Donner une impression de sécurité. → **rassurer, tranquilliser.** *Cela la sécurise de laisser une lampe allumée, la nuit.* ▮ contraire : **inquiéter.**

sécurité n. f. 1. Situation tranquille ne présentant aucun danger. *Ici, nous serons en sécurité.* → **sûreté.** 2. *La Sécurité sociale,* organisation de l'État qui rembourse une partie des dépenses dues aux maladies ou aux accidents.

▸ Autre mot de la famille : insécurité.

sédatif n. m. Calmant. *Le médecin a donné au malade un léger sédatif.*

sédentaire adj. 1. *Un peuple sédentaire,* qui vit toujours au même endroit. ▮ contraire : **nomade.** 2. *Un travail sédentaire,* qui n'oblige pas à se déplacer.

sédiment n. m. Dépôt fait de débris de roches usées par l'eau, la glace ou le vent. *Les sédiments fluviaux.* → **alluvions.**

▸ **sédimentaire** adj. *Roche sédimentaire,* formée de sédiments. *Le sable, l'argile, le grès sont des roches sédimentaires.*

couches de **sédiments**

sédition n. f. Révolte, soulèvement. → **insurrection.** *L'armée a durement réprimé la sédition.*

séducteur n. m., **séductrice** n. f. Personne qui emploie tous les moyens pour plaire. → aussi **séduire.** *C'est une grande séductrice.* ▹ Mot de la famille de séduire.

séduction n. f. Pouvoir d'une personne qui séduit. → **charme.** *Il exerce une grande séduction sur les femmes.* ▹ Mot de la famille de séduire.

séduire v. (conjug. 41) Plaire énormément. *Il l'a tout de suite séduite en la faisant rire.*

▸ **séduisant, séduisante** adj. Qui plaît par sa séduction, son charme. *Une jeune fille très séduisante.*

▸ Autres mots de la famille : séducteur, séduction.

segment n. m. *Un segment de droite,* une portion de ligne droite limitée par deux points.

ségrégation n. f. *La ségrégation raciale,* c'est la séparation complète établie entre les gens de couleur et les Blancs dans un même pays. *L'Afrique du Sud pratiquait la ségrégation raciale.* → **apartheid.**

seiche n. f. Petit animal marin qui projette un liquide noir quand il est attaqué. → aussi **calmar.**

seiche

seigle n. m. Plante dont les épis garnis de poils contiennent des grains gris qui servent à faire de la farine. *Du pain de seigle.*

seigneur n. m. (→ ÉTYM.) Noble dont dépendaient une terre et ses occupants. → aussi **suzerain.** *Les seigneurs habitaient des châteaux forts.* – *À tout seigneur, tout honneur,* il faut rendre honneur à chacun selon son rang ; je vous dois bien cela.

▸ **seigneurie** n. f. Territoire sur lequel un seigneur exerçait son pouvoir. *Les tenures d'une seigneurie.*

sein n. m. **1.** Mamelle de la femme. → aussi **poitrine.** *Elle donne le sein à son bébé,* elle l'allaite. **2.** *Au sein de,* au milieu de, dans. *Il y a des désaccords au sein de l'équipe.* ▮ homonymes : sain, saint.

séisme n. m. Tremblement de terre. → aussi **sismique.**

seize adj. inv. Quinze plus un (16). *Julie a ramassé seize escargots dans le jardin.* – *La page seize,* la seizième page. – n. m. inv. *Vingt moins quatre font seize.*

▸ **seizième** adj. et n. m.

▪ adj. Qui vient après le quinzième. *Il habite au seizième étage.*

▪ n. m. Partie d'un tout divisé en seize parts égales.

séjour n. m. **1.** Temps assez long que l'on passe dans un endroit. *Il est rentré reposé de son séjour à la montagne.* **2.** *Salle de séjour,* pièce où l'on se tient le plus souvent.

▸ Au sens 2, on dit aussi *le séjour.*

▸ **séjourner** v. (conjug. 3) Rester quelque temps dans un endroit. *Elle a séjourné un mois en Bretagne.*

sel n. m. **1.** Matière blanche que l'on utilise pour assaisonner, saler les aliments. *Il met une pincée de sel sur sa viande.* – *Mettre son grain de sel,* intervenir dans une conversation, une affaire, sans y être invité. *Il met son grain de sel partout.* **2.** Ce qui donne de l'intérêt. *Ce récit ne manque pas de sel,* d'esprit, d'humour. ▮ homonymes : celle, ① et ② selle.

sélectif, sélective adj. **1.** Qui choisit ce qui convient le mieux. *Ce classement est sélectif.* **2.** *Tri sélectif des déchets,* tri des déchets selon leur nature. → planche **Pollution.**

sélection n. f. **1.** Action de choisir ce qui convient le mieux. *Le jury a fait une sélection parmi les films en compétition.* → **choix. 2.** *Sélection naturelle,* théorie selon laquelle les individus d'une espèce animale les moins aptes à survivre sont éliminés naturellement.

▸ **sélectionner** v. (conjug. 3) Choisir ce qu'il y a de mieux. *Le jury de lecteurs a sélectionné trois romans.*

▸ **sélectionneur** n. m., **sélectionneuse** n. f. Personne qui sélectionne des sportifs. *Le sélectionneur a choisi les joueurs de l'équipe nationale de football.*

self-service n. m. Restaurant dans lequel le client se sert lui-même. – Au pl. *Des self-services.*

▸ On dit familièrement *un self.* • C'est un mot anglais.

① **selle** n. f. *Les selles,* les excréments des humains. ▮ homonymes : celle, sel.

② **selle** n. f. **1.** Pièce de cuir rigide que l'on met sur le dos d'un cheval pour servir de siège au cavalier. *Il vérifie les sangles de la selle avant de monter à cheval.* **2.** Petit siège d'un vélo, d'une moto. → planche **Deux-roues.** *On peut régler la hauteur de la selle.*

▸ **seller** v. (conjug. 3) *Seller un cheval,* lui mettre une selle sur le dos. *La cavalière selle sa monture.* ▮ homonyme : sceller.

▸ **sellette** n. f. Familier. *Être sur la sellette,* c'est être la personne que l'on interroge et que l'on juge.

▸ **sellier** n. m. Fabricant et marchand de selles, de harnais. ▮ homonyme : cellier.

▶ Autre mot de la famille : desseller.

selle

selon prép. **1.** En prenant pour modèle, en se conformant à. ➜ **conformément** à, ② **suivant.** *Il a agi selon vos désirs.* **2.** D'après. *Selon la météo, il va neiger.* **3.** En fonction de. *Il dînera avec nous ou non, selon l'heure à laquelle il arrivera. Nous agirons selon les circonstances.*

semailles n. f. pl. Travail qui consiste à semer. *Les semailles et les moissons.* ▷ Mot de la famille de semer.

semaine n. f. **1.** Période de sept jours que l'on fait commencer le lundi. *Nous nous verrons en fin de semaine.* ➜ aussi **week-end.** *À la semaine prochaine ! Ce journal paraît une fois par semaine.* ➜ aussi **hebdomadaire. 2.** Durée de sept jours. *Elle a pris deux semaines de vacances.*

sémaphore n. m. Appareil qui permet d'envoyer des signaux aux bateaux, aux trains.

sembler v. (conjug. 3) Avoir l'air. ➜ **paraître.** *La maison semble abandonnée. – Il me semble,* j'ai l'impression. *Il m'a semblé entendre du bruit. – Il semble,* on dirait. *Il semble que la pluie a cessé.*

▸ **semblable** adj. et n. m. et f.

▪ adj. *Semblable à,* qui ressemble à. *Elle veut un pull semblable au mien.* ➜ **analogue, comparable, similaire.** ▮ contraire : **différent.** *Ils ont des goûts semblables,* les mêmes goûts.

▪ n. m. et f. Personne considérée par rapport aux autres. *Elle se dévoue à ses semblables,* aux autres, à son prochain.

▸ **semblant** n. m. *Faire semblant de,* faire comme si, donner l'apparence de. *Elle fait semblant de dormir.* ➜ aussi **feindre, simuler.**

▶ Autres mots de la famille : invraisemblable, invraisemblance, ressemblance, ressemblant, ressembler, vraisemblable, vraisemblablement, vraisemblance.

semelle n. f. **1.** Dessous de la chaussure. *Des mocassins à semelle de cuir.* **2.** Morceau de feutre, de liège que l'on met à l'intérieur d'une chaussure. **3.** *Ne pas quitter quelqu'un d'une semelle,* être tout le temps avec lui.

▶ Autres mots de la famille : ressemelage, ressemeler.

semer v. (conjug. 7) **1.** Mettre des graines dans la terre pour qu'elles donnent des plantes. *L'agriculteur sème du blé.* **2.** Répandre. *Des voyous sèment la terreur dans le village.*

▸ **semence** n. f. Graine que l'on sème. *Des semences de gazon.*

▶ Autres mots de la famille : clairsemé, ensemencer, parsemé, semailles, semis.

semestre n. m. Période de six mois. *Il y a deux semestres dans une année.* ➜ aussi **trimestre.**

▸ **semestriel, semestrielle** adj. Qui a lieu ou qui paraît tous les six mois. *Un cours semestriel.*

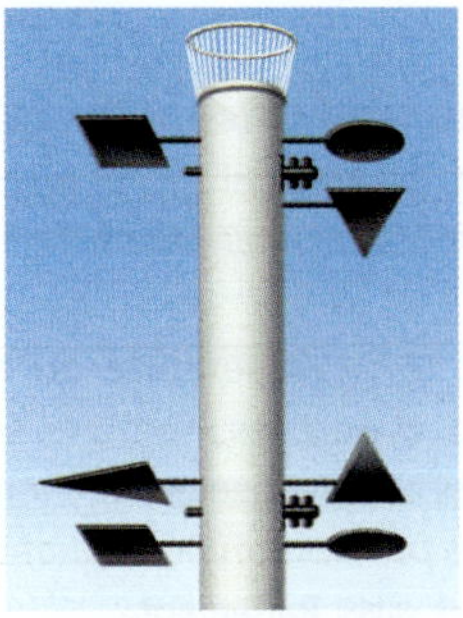

sémaphore

semi-remorque

semi- Préfixe d'origine latine qui signifie «à demi», «à moitié» (ex. *semi-remorque*). ▮ homonyme : semis.

séminaire n. m. **1.** École où étudient les futurs prêtres catholiques. *Il est entré au séminaire.* **2.** Réunion de personnes qui étudient un sujet. *Elle assiste à un séminaire de sociologie.* ➜ **colloque** et aussi **congrès.**

▸ **séminariste** n. m. Élève d'un séminaire, qui se prépare à devenir prêtre.

semi-remorque n. m. Gros camion formé d'une cabine où se trouve le moteur, et d'une grande remorque. – Au pl. *Des semi-remorques.* ▷ Mot de la famille de remorquer.

semis [s(ə)mi] n. m. Terrain où l'on a semé des graines. *Le jardinier arrose les semis de radis.* ▮ homonyme : semi-. ▷ Mot de la famille de semer.

semonce n. f. **1.** Reproche. ➜ **réprimande.** *Alex a reçu une sérieuse semonce.* **2.** *Un coup de semonce,* coup de canon qui donne à un navire l'ordre de s'arrêter. ➜ **sommation.** *Le navire ennemi continue sa route malgré les coups de semonce.*

semoule n. f. Sorte de farine faite de morceaux de grains de blé dur. *La semoule du couscous.*

sempiternel, sempiternelle adj. Continuel et lassant. ➜ **perpétuel.** *Il nous fatigue avec ses sempiternelles récriminations.*

Sénat n. m. (➜ ÉTYM.) Assemblée qui vote les lois, en France, et dont les membres sont élus par les députés et les conseillers généraux. *Les lois sont votées par l'Assemblée nationale, puis par le Sénat.* ➜ aussi **Parlement.**

▸ **sénateur** n. m., **sénatrice** n. f. Personne qui fait partie du Sénat. ➜ aussi **parlementaire.**

▸ **sénatorial, sénatoriale** adj. Du Sénat. *Les élections sénatoriales.* – Au masc. pl. *sénatoriaux.*

le palais du Luxembourg, siège du Sénat (Paris)

sénile adj. Propre aux vieillards, à la vieillesse. ▮ contraire : **juvénile.** *Un tremblement sénile.*

▸ **sénilité** n. f. Affaiblissement du corps et de l'esprit dû à la vieillesse. *Un vieillard atteint de sénilité.*

sénior ou **senior** [senjɔʀ] n. m. et f. **1.** Sportif de la catégorie des adultes, entre 20 et 35 ans. *L'équipe des séniors a gagné.* ➜ aussi **junior.** **2.** Personne de plus de 50 ans.

① **sens** [sɑ̃s] n. m. **1.** Direction. *Cette rue est à sens unique. On ferme le robinet en le tournant dans le sens des aiguilles d'une montre.* – *Sens dessus dessous* [sɑ̃dsydsu], dans un grand désordre. *Les cambrioleurs ont laissé la maison sens dessus dessous.* **2.** Direction que prend une activité. *Travaillons tous dans le même sens.*

▶ Autre mot de la famille : à contresens.

② **sens** [sɑ̃s] n. m. **1.** *Les sens,* ce qui permet à l'homme et aux animaux de sentir, de percevoir les objets. *La vue, l'ouïe, l'odorat, le goût et le toucher sont les cinq sens.* **2.** Instinct, intuition. *Il a le sens de l'orientation,* il sait s'orienter d'instinct, sans l'avoir appris. **3.** *Le bon sens,* c'est la faculté de bien juger, de savoir ce qui est raisonnable. **4.** *En un certain sens, il a bien fait,* d'un certain point de vue. **5.** *Le sens d'un mot,* sa signification. *Ce mot a plusieurs sens.* ➜ aussi **polysémique.** *Des mots qui ont le même sens sont des synonymes.*

▸ **sensation** n. f. **1.** Impression que l'on a à partir de ce que l'on sent. *Il éprouve une sensation de faim. Elle avait la sensation d'être suivie.* **2.** *Faire sensation,* produire une forte impression. *Son arrivée a fait sensation.*

▸ **sensationnel, sensationnelle** adj. Familier. Formidable. *Il a eu une idée sensationnelle.*

▸ **sensé, sensée** adj. Raisonnable. *Les personnes sensées.* ➜ **sage.** *Une réponse sensée.* ▮ contraires : **absurde, insensé.** ▮ homonyme : censé.

▸ **sensibiliser** v. (conjug. 3) Rendre sensible à, faire prendre conscience de. *Le ministre veut sensibiliser les jeunes aux dangers d'Internet.*

▸ **sensibilité** n. f. **1.** Caractère d'une personne qui réagit très fort à ce qu'elle sent et à ce qui arrive. *Elle a une grande sensibilité.* ▮ contraire : **insensibilité.** *Une œuvre pleine de sensibilité,* d'émotion, de sentiment. **2.** Aptitude d'un appareil à réagir à de très petits changements. *Cette balance est d'une grande sensibilité.*

▸ **sensible** adj. **1.** Capable de percevoir. *L'oreille des chiens est sensible aux ultrasons.* **2.** Douloureux au moindre contact. *Il a les pieds sensibles.* **3.** Émotif, impressionnable. *Une enfant très sensible.* ▮ contraire : **insensible.** **4.** Qui réagit au moindre changement. *Cette balance est très sensible.* **5.** Suffisant pour qu'on le remarque. *Les prix ont baissé de façon sensible.* ➜ **notable.**

▸ **sensiblement** adv. **1.** À peu près. *Théo et Paul sont sensiblement de la même taille.* **2.** Assez pour être remarqué. *La situation s'est sensiblement améliorée.* ➜ **notablement.**

▸ **sensoriel, sensorielle** adj. Qui se rapporte aux sens. *Les yeux, le nez, les oreilles et la bouche sont des organes sensoriels.*

▸ **sensuel, sensuelle** adj. Qui aime le plaisir que procurent les sens, les sensations. *Une femme sensuelle.*

▸ **sensualité** n. f. Caractère sensuel d'une personne ou d'une chose. *Le tango est une danse d'une grande sensualité.*

▶ Autres mots de la famille : contresens, insensé, insensibiliser, insensibilité, insensible, insensiblement, non-sens.

sentence n. f. Décision d'un juge. ➜ **jugement, verdict.** *Le juge a prononcé sa sentence.*

senteur n. f. Odeur agréable. ➜ **parfum.** *La senteur des violettes.* ▷ Mot de la famille de sentir.
▶ Ce mot appartient au langage soutenu.

sentier n. m. Chemin étroit. *Un sentier traverse la forêt.*

sentiment n. m. **1.** Ce que l'on éprouve, ce que l'on ressent. ➜ **émotion,** ② **passion.** *L'amour est un sentiment très fort. Il manifeste peu ses sentiments.* **2.** Impression, intuition. *J'ai le sentiment que nous nous trompons.*

▸ **sentimental, sentimentale** adj. Qui est sensible et donne de l'importance aux sentiments tendres. *Une jeune fille sentimentale.* ➜ **romantique.** — Au masc. pl. *sentimentaux.*

▷ Mots de la famille de sentir.

sentinelle n. f. (➜ ÉTYM.) Soldat qui surveille ce qui se passe. *Des sentinelles montent la garde devant le palais.*

sentinelle

sentir v. (conjug. 20) **1.** Connaître quelque chose par des sensations. → ② **percevoir.** *J'ai senti un courant d'air.* – **se sentir,** avoir l'impression d'être. *Elle se sent mieux, ce matin,* elle va mieux. **2.** Avoir la sensation de quelque chose grâce à l'odorat. *Je sens une odeur de brûlé.* **3.** Avoir une impression, un pressentiment. *Il a senti le danger.* **4.** *Faire sentir,* faire comprendre. *Il lui a fait sentir qu'elle était de trop.* **5.** Dégager une odeur. *Ce fromage sent mauvais.* → **puer.**

▶ Autres mots de la famille : assentiment, consentement, consentir, pressentiment, pressentir, ressentiment, ressentir, senteur, sentiment, sentimental.

seoir [swaʀ] v. (conjug. 29 ; ne se conjugue qu'à la 3e personne, participes séant et sis) Aller bien, convenir. *Cette tenue lui sied à merveille.* → **avantager** et aussi **seyant.**

Ce mot appartient au langage soutenu.

▶ Autres mots de la famille : bienséance, ② séant, seyant.

sépale n. m. Chacune des petites pièces du calice d'une fleur, situées à la base des pétales. → planche **Fleurs.**

séparer v. (conjug. 3) **1.** Faire en sorte que des personnes ne soient plus ensemble. *Elle a séparé ses deux fils qui se battaient.* contraires : **rassembler, réunir. 2.** Considérer comme étant à part. *Il a toujours séparé sa vie privée et sa vie professionnelle.* → **dissocier.** contraire : **confondre. 3.** Être entre deux choses de manière à les isoler l'une de l'autre. *Une cloison sépare les deux pièces.*

▶ **se séparer** v. **1.** Cesser d'être, de vivre ensemble. *Ses parents se sont séparés l'an dernier.* **2.** Se diviser. *Le fleuve se sépare en deux bras.*

▶ **séparation** n. f. **1.** Le fait de se séparer, d'être séparé. *Il a souffert de la séparation de ses parents.* → **rupture. 2.** Ce qui sépare, isole une chose d'une autre. *Une haie sert de séparation entre les deux jardins.*

▶ **séparatiste** n. m. et f. Personne qui réclame la séparation d'avec un pays, l'autonomie d'une région. → **autonomiste, indépendantiste.** *Les séparatistes provoquent des troubles dans le pays.* – adj. *Un mouvement séparatiste.*

▶ **séparément** adv. De façon séparée, à part l'un de l'autre. *Le commissaire a interrogé les deux témoins séparément.* contraire : ① **ensemble.**

▷ Mots de la famille de part.

sept [sɛt] adj. inv. Six plus un (7). *Il y a sept jours dans la semaine. Il est né le sept juin,* le septième jour de juin. – n. m. inv. *Elle a tiré le sept de cœur.* homonymes : cet, cette, set.

▶ **septante** adj. inv. et n. m. inv. Soixante-dix.

Ce mot est employé en Suisse et en Belgique.

▶ Autres mots de la famille : dix-sept, dix-septième, septennat, septième.

septembre n. m. (→ ÉTYM.) Neuvième mois de l'année. *L'automne commence fin septembre.*

septennat n. m. Durée de sept ans d'une fonction. *Le président de la République française F. Mitterrand a effectué deux septennats.*

▷ Mot de la famille de sept.

septentrional, septentrionale adj. Situé au nord. *Le Danemark fait partie de l'Europe septentrionale, le Portugal de l'Europe méridionale.* – Au masc. pl. *septentrionaux.*

septicémie n. f. Infection généralisée du sang.

septième [sɛtjɛm] adj. et n. m. **1.** adj. Qui vient après le sixième. *Juillet est le septième mois de l'année.* **2.** n. m. Partie d'un tout qui est divisé en sept parties égales. ▷ Mot de la famille de sept.

septique adj. *Fosse septique,* fosse où les excréments qui viennent des W.-C. sont traités afin d'éviter les odeurs et les risques de maladies. homonyme : sceptique.

septuagénaire adj. Qui a entre soixante-dix et quatre-vingts ans. – n. *Des septuagénaires.*

sépulture n. f. Lieu où est enterré un mort. → **tombeau.** *Dans l'ancienne Égypte, les pyramides servaient de sépulture aux pharaons.*

séquelles n. f. pl. Troubles qui persistent après une maladie ou un accident. *Cette chute lui a laissé des séquelles.*

séquence n. f. Suite d'images qui forment une scène, dans un film.

séquestrer v. (conjug. 3) Maintenir enfermé sans en avoir le droit. *Les ravisseurs ont séquestré leur victime.*

▸ **séquestration** n. f. Fait de séquestrer ou d'être séquestré. *La séquestration des otages.*

séquoia [sekɔja] n. m. Très grand arbre d'Amérique du Nord, de la famille du sapin, qui peut vivre très longtemps. *Certains séquoias atteignent 120 mètres de haut.*
Ce mot vient du nom d'un chef indien, *See-Quayah.*

séquoias

sérail n. m. (pl. **sérails**) Palais d'un sultan turc.

serein, sereine adj. 1. Pur et calme, sans nuages. *Un ciel serein.* 2. Calme et tranquille. ➜ **paisible.** *Un air serein.* ▮ homonyme : serin.

▸ **sereinement** adv. D'une manière sereine, calme. *Il envisage sereinement l'avenir.* ➜ **calmement, tranquillement.** ▮ contraire : **anxieusement.**

▶ Autres mots de la famille : rasséréner, sérénité.

sérénade n. f. Concert qui se donnait autrefois la nuit sous la fenêtre d'une femme aimée. ➜ aussi **aubade.**

sérénité n. f. Calme, tranquillité d'esprit. *Il a supporté cette épreuve avec sérénité.* ▷ Mot de la famille de serein.

serf [sɛʀ] n. m. (➜ ÉTYM.) Au Moyen Âge, paysan qui dépendait entièrement du seigneur dont il travaillait la terre. *Les serfs étaient soumis à de nombreuses corvées.* ▮ homonymes : cerf, serre, serres.

▶ Autre mot de la famille : servage.

serf

sergent n. m., **sergente** n. f. Sous-officier du grade le plus bas.

série n. f. 1. Suite, succession de choses semblables. *Une série de questions.* 2. *Série télévisée,* ensemble d'épisodes télévisés avec les mêmes personnages et formant un tout. 3. *Fabrication en série,* fabrication industrielle en grand nombre, d'objets identiques. *Les voitures sont fabriquées en série.*

sérieux adj. et n. m., **sérieuse** adj.
▪ adj. 1. Qui ne sourit pas. *Un visage sérieux.* ➜ **grave.** 2. Qui apporte beaucoup d'attention et de soin à ce qu'il fait. *Une élève sérieuse.* ➜ **consciencieux.** 3. Grave, inquiétant. *La méningite est une maladie sérieuse.*
▪ n. m. 1. Qualité d'une personne consciencieuse. *Elle fait preuve de beaucoup de sérieux dans son travail.* 2. *Garder son sérieux,* s'empêcher de rire. *Il avait du mal à garder son sérieux.* 3. *Prendre une chose au sérieux,* y attacher de l'importance. *Il faut prendre cette menace au sérieux.*

▸ **sérieusement** adv. 1. Sans rire, sans plaisanter. *Écoute-moi, je te parle sérieusement.* 2. Avec application. ➜ **consciencieusement.** *Alex ne travaille pas très sérieusement.* 3. Fortement. ➜ **gravement.** *Il est sérieusement blessé.* ➜ **grièvement.**

serin n. m. Petit oiseau au plumage jaune. ➜ **canari.** ▮ homonyme : serein.

a b c d e f g h i j k l m n o p q r s t u v w x y z

▸ **seriner** v. (conjug. 3) Familier. Répéter sans arrêt. *Il serine toujours les mêmes histoires.* ➜ **rabâcher, ressasser.**

seringue n. f. Petite pompe terminée par une aiguille qui sert à injecter un liquide dans le corps. *On fait les piqûres avec une seringue.*

serment n. m. Promesse solennelle faite en invoquant quelque chose de sacré ou une valeur morale. *Dans un procès, les témoins font le serment de dire la vérité. Prêter serment.*

sermon n. m. **1.** Discours que fait un prêtre dans une église, au cours d'une cérémonie religieuse. **2.** Discours souvent long et ennuyeux destiné à réprimander quelqu'un. *Son père lui a fait un sermon.*

▸ **sermonner** v. (conjug. 3) Faire des reproches, des remontrances. *Il a sermonné son fils.* ➜ faire la **morale.**

séropositif, séropositive adj. Qui a dans son sang le virus du sida. *Les personnes séropositives peuvent transmettre le sida.* ▷ Mot de la famille de positif.

serpe n. f. Outil tranchant à large lame recourbée, terminé par un manche, servant à tailler les branches, le bois. *Le vigneron taille la vigne à la serpe.*

serpent n. m. Reptile au corps cylindrique très allongé et couvert d'écailles, qui se déplace en rampant. ➜ planche **Reptiles** et amphibiens. *Les morsures de serpents peuvent être très dangereuses.*

▸ **serpenter** v. (conjug. 3) Suivre une ligne sinueuse, faire des détours. *La rivière serpente dans la vallée.*

▸ **serpentin** n. m. Petit rouleau de papier coloré qui se déroule quand on le lance.

serpillière n. f. Chiffon de grosse toile servant à laver le sol.

On peut aussi écrire *serpillère,* sans *i* après les deux *l.*

serpolet n. m. Variété de thym.

serre n. f. **1.** Construction vitrée, quelquefois chauffée, où l'on cultive les plantes qui craignent le froid. *Des tomates de serre.* **2.** *L'effet de serre,* c'est le réchauffement anormal de l'atmosphère terrestre dû à l'accumulation de gaz carbonique. *Gaz à effet de serre* (GES), les gaz présents dans l'atmosphère et qui provoquent l'effet de serre. homonymes : cerf, serf, serres.

serrer v. (conjug. 3) **1.** Tenir fort en pressant. *Elle lui a serré la main.* **2.** Visser à fond. *Il serre les boulons de la roue.* **3.** Comprimer. *Ces chaussures me serrent les pieds.* ➜ aussi **serré. 4.** ***Se serrer** contre quelqu'un,* se blottir contre lui. *Le bébé se serre contre sa mère.*

▸ **serré, serrée** adj. **1.** Contracté, noué. *Paul a peur d'être interrogé, il a la gorge serrée.* **2.** Qui serre trop fort. *Mes chaussures sont trop serrées.* ➜ (1) **juste. 3.** Rapproché. *Les soldats marchent en rangs serrés.* **4.** *Une écriture serrée,* dont les lettres sont très rapprochées les unes des autres. **5.** *Une lutte serrée,* acharnée, difficile.

▸ **serrement** n. m. *Serrement de cœur,* sentiment de tristesse ou d'angoisse. *Julie a un petit serrement de cœur en quittant ses parents pour deux semaines.*

▸ **serres** n. f. pl. Griffes très puissantes des oiseaux de proie. ➜ planche **Oiseaux.** *L'aigle a emporté un lapin dans ses serres.* homonymes : cerf, serf, serre.

▸ **serre-tête** n. m. Bandeau, demi-cercle servant à maintenir les cheveux. *Des serre-têtes.* ▷ Mot de la famille de tête.

▸ Autres mots de la famille : desserrer, enserrer, resserrer.

serres

serrure n. f. Dispositif qui permet de fermer et d'ouvrir une porte ou un tiroir à l'aide d'une clé. *Julie regarde par le trou de la serrure.*

▶ **serrurier** n. m., **serrurière** n. f. Personne qui fait ou répare les serrures et fabrique les clés.

▶ **serrurerie** n. f. Métier du serrurier.

sertir v. (conjug. 11) Fixer dans une monture. *Le joaillier sertit le diamant dans la monture.*

sertir

sérum [seʀɔm] n. m. **1.** Partie liquide du sang, transparente et jaunâtre. ➜ **plasma.** **2.** Préparation à base de sérum, destinée à lutter contre certains microbes. ➜ **vaccin.** *Un sérum antitétanique.* – Au pl. *Des sérums.*

servage n. m. État d'un serf. *Le servage a été aboli en France en 1789.* ➜ aussi **esclavage.** ▷ Mot de la famille de serf.

serval n. m. (pl. **servals**) Félin d'Afrique, plus petit qu'un guépard, à la robe tachetée. ➜ planche **Félins.** *Les servals vivent dans la savane.*

servante n. f. Autrefois, femme employée comme domestique. ➜ **bonne.** ▷ Mot de la famille de servir.

serveur n. m., **serveuse** n. f. Personne qui sert les clients dans un café ou un restaurant. *Il a laissé un pourboire à la serveuse.* ▷ Mot de la famille de servir.

serviable adj. Toujours prêt à rendre service aux autres. *Le gardien est très serviable.* ➜ **complaisant, obligeant.** ▷ Mot de la famille de servir.

service n. m. **1.** Travail que l'on a à accomplir. *Le facteur prend son service à 7 heures.* **2.** Groupe de personnes qui travaillent ensemble. ➜ aussi **bureau.** *Les différents services d'une entreprise.* **3.** *Le service (militaire),* c'est le temps qu'un jeune homme doit passer dans l'armée. *En France, le service militaire n'est plus obligatoire depuis 1997.* **4.** Travail d'une personne qui sert des clients. *Le service est rapide dans ce restaurant.* **5.** Somme d'argent, destinée au serveur ou à la serveuse d'un restaurant, qui correspond à un certain pourcentage de l'addition. *Menu à 25 euros, service compris.* ➜ aussi **pourboire.** **6.** *Rendre service,* aider, être utile. *Elle aime bien rendre service.* ➜ aussi **serviable.** **7.** Usage, fonctionnement. *Le distributeur de billets est hors service,* il ne fonctionne pas. **8.** Ensemble de pièces de vaisselle assorties. *Un service à thé, à café.* **9.** En Suisse. *Les services,* les couverts (fourchettes, couteaux, cuillères). ▷ Mot de la famille de servir.

serviette n. f. **1.** Morceau de tissu dont on se sert à table ou pour la toilette. *Les serviettes de table sont assorties à la nappe. Une serviette de toilette. Une serviette de bain.* **2.** *Serviette hygiénique,* bande de matière absorbante que les femmes utilisent comme protection pendant les règles. **3.** Porte-document. *Une serviette en cuir.*

▶ Autre mot de la famille : porte-serviette.

servile adj. Trop soumis. *Il répond à son chef sur un ton servile.* ➜ **obséquieux.**

▶ **servilité** n. f. Attitude servile.

servir v. (conjug. 18) **1.** Donner, apporter ce que quelqu'un demande. *La vendeuse sert sa cliente.* – *On n'est jamais si bien servi que par soi-même,* on est sûr que les choses sont bien faites quand on les fait soi-même. **2.** Aider, être utile à quelqu'un. *Son excellente mémoire l'a bien servi.* **3.** *Servir à quelque chose,* être utile. *À quoi sert cet outil ? Ne pleure pas, cela ne sert à rien.* **4.** *Servir de,* être utilisé pour. *Cette pièce sert de débarras.*

▶ se **servir** v. **1.** Prendre ce dont on a besoin. *Si tu veux de la purée, sers-toi.* **2.** *Se servir de,* utiliser. *Il se sert d'une calculette pour compter.*

▸ **serviteur** n. m. Domestique. *Le châtelain avait de nombreux serviteurs.*

▸ Autres mots de la famille : **desservir, libre-service, resservir, servante, serveur, serviable, service, station-service.**

servitude n. f. **1.** Esclavage. *Ces peuples sont maintenus dans la servitude.* ▪ contraire : **liberté.** **2.** Contrainte, obligation. *Il y a beaucoup de servitudes dans ce métier.*

ses → ① **son**

session n. f. **1.** Période pendant laquelle on peut passer un examen. *Il y a une session en juin et une autre en septembre.* **2.** Période pendant laquelle une assemblée ou un tribunal siège. *Les députés sont réunis en session extraordinaire.*

set [sɛt] n. m. **1.** Partie d'un match de tennis, de ping-pong ou de volleyball. → ① **manche.** *Le champion a gagné la finale en trois sets.* **2.** *Set de table,* grand napperon que l'on place sous l'assiette de chacun. ▪ homonymes : cet, cette, sept.

▸ C'est un mot anglais qui veut dire «ensemble».

setter [setɛʀ] n. m. Chien de chasse à poils longs. → planche **Chiens** et chats.

▸ Ce mot vient de l'anglais *to set* qui veut dire «s'arrêter».

seuil n. m. **1.** Entrée d'une maison. **2.** Commencement. *Nous voici au seuil de l'année nouvelle.*

▸ Le sens 2 appartient au langage soutenu.

seul, seule adj. **1.** Sans personne avec soi. *Depuis son divorce, elle vit seule. Il se sent un peu seul.* → **solitaire.** *Tout seul,* sans aide. *Le bébé veut manger tout seul.* **2.** Unique. *Léa a un seul pantalon, mais beaucoup de jupes. Le cinéma est plein, il n'y a plus une seule place.* — n. *Alex a été le seul à donner la bonne réponse.* **3.** Seulement. *Seuls les enfants peuvent monter sur le manège.*

▸ **seulement** adv. **1.** Uniquement. *Il reste des places seulement au premier rang.* **2.** Mais. *Il aimerait bien sortir plus souvent, seulement il a trop de travail.*

sève n. f. Liquide qui circule dans les plantes et qui les nourrit. *La sève monte dans les feuilles au printemps.*

sextant

sévère adj. **1.** Exigeant et dur. *Un professeur très sévère.* ▪ contraire : **indulgent.** **2.** Sans fantaisie. *Une coiffure sévère.* → **austère, strict.** **3.** Très grave. *Notre équipe a essuyé une sévère défaite.*

▸ **sévèrement** adv. Durement, avec sévérité. *Paul a été sévèrement puni par son père.*

▸ **sévérité** n. f. Caractère d'une personne sévère. *Ils font preuve de sévérité avec leurs enfants.* ▪ contraires : **faiblesse, indulgence.**

sévices n. m. pl. Violences, mauvais traitements. *Les prisonniers ont subi des sévices.*

sévir v. (conjug. 11) **1.** Punir sévèrement. *Le professeur a sévi contre les élèves qui perturbaient la classe.* **2.** Faire des ravages. *La famine sévit dans ce pays.*

sevrer v. (conjug. 7) *Sevrer un bébé,* cesser de l'alimenter uniquement avec du lait.

▸ **sevrage** n. m. Action de sevrer. *Le sevrage d'un bébé.*

sexagénaire adj. Qui a entre 60 et 70 ans. *Elle est sexagénaire.* — n. *Une sexagénaire.*

sexe n. m. **1.** Ce qui fait que l'on distingue l'homme de la femme ou le mâle de la femelle. *Un enfant du sexe masculin,* un garçon. **2.** Partie du corps située entre les cuisses et qui est différente chez les hommes et chez les femmes ; les organes génitaux. *Le sexe de l'homme est le pénis, celui de la femme, la vulve.* → aussi **testicules** et **vagin.**

▸ **sexiste** adj. *Une attitude sexiste,* l'attitude d'une personne qui considère systématiquement que les hommes sont supérieurs aux femmes.

▶ Autres mots de la famille : asexué, homosexuel, sexualité, sexué, sexuel, sexuellement.

sextant n. m. Appareil qui permet de mesurer la hauteur du soleil à partir d'un navire afin de déterminer sa position en mer.

sexualité n. f. Ce qui pousse les êtres à rechercher des relations sexuelles.

▶ **sexué, sexuée** adj. 1. Qui a un sexe, est mâle ou femelle. *Les mammifères sont des animaux sexués.* 2. *Reproduction sexuée,* dans laquelle un spermatozoïde et un ovule s'unissent pour former un embryon. ▮ contraire : **asexué.**

▶ **sexuel, sexuelle** adj. 1. *Les organes sexuels,* les organes génitaux, qui servent à la reproduction. ➜ aussi **sexe.** 2. *Les rapports sexuels, les relations sexuelles,* les relations physiques entre des personnes qui font l'amour.

▶ **sexuellement** adv. *Les maladies sexuellement transmissibles,* ce sont les maladies qui se transmettent par les relations sexuelles.

◗ On emploie aussi l'abréviation *MST.*

▷ Mots de la famille de sexe.

sexy adj. Qui excite le désir sexuel. *Elle porte des dessous sexys* ou *sexy.*

◗ Ce mot vient de l'anglais américain.

seyant, seyante adj. Qui sied, qui va bien. *Une robe très seyante.* ▷ Mot de la famille de seoir.

shabbat ➜ **sabbat**

shampoing [ʃɑ̃pwɛ̃] n. m. (➜ ÉTYM.) 1. Lavage des cheveux. *Elle se fait deux shampoings par semaine.* 2. Produit qui sert à se laver les cheveux. *Un shampoing contre les pellicules.*

◗ On écrit aussi *shampooing.*

shérif n. m. Chef de la police d'une ville, aux États-Unis.

◗ Ce mot vient de l'anglais.

shoot [ʃut] n. m. Au football, coup de pied violent dans le ballon.

◗ Ce mot vient de l'anglais.

▶ **shooter** v. (conjug. 3) Donner un violent coup de pied dans un ballon de football. *L'ailier a shooté dans le but.*

shopping [ʃɔpiŋ] n. m. *Faire du shopping,* aller de magasin en magasin pour regarder et acheter.

◗ C'est un mot anglais qui vient de *shop* qui signifie «boutique». • On peut aussi écrire *shoping,* avec un seul *p.*

short n. m. Culotte courte. *Il porte un short et une chemisette.* ➜ aussi **bermuda.**

◗ Ce mot vient de l'adjectif anglais *short* qui veut dire «court».

show [ʃo] n. m. Spectacle de variétés avec une seule vedette. *Des shows télévisés.* ▮ homonyme : chaud.

◗ Ce mot vient de l'anglais.

① **si** conjonction 1. Sert à introduire une condition, une hypothèse. *Si j'avais su, je ne serais pas venu. Apporte-moi une chaise, s'il te plaît.* 2. Sert à introduire une proposition de style indirect. *Elle se demandait s'il viendrait au rendez-vous.* ▮ homonymes : ① et ② ci, scie, six.

◗ *Si* devient *s'* devant *il* et *ils.*

▶ Autre mot de la famille : sinon.

② **si** adv. 1. Sert à s'opposer à ce que quelqu'un vient de dire à la forme négative. *Tu ne viens pas avec nous ? – Si, j'arrive !* 2. Tellement, autant. *Pas si vite ! Jamais elle ne s'était sentie si heureuse.* ➜ **aussi.** 3. S'utilise dans les comparaisons. ➜ **aussi.** *On n'est jamais si bien servi que par soi-même.*

▶ Autre mot de la famille : sitôt.

③ **si** n. m. inv. Note de musique. *Le pianiste a joué un la au lieu d'un si.* – Au pl. *Des si.*

siamois, siamoise adj. 1. *Chat siamois,* chat au pelage ras beige et brun et aux yeux bleus. ➜ planche **Chiens** et chats. 2. *Frères siamois, sœurs siamoises,* jumeaux, jumelles qui naissent attachés l'un à l'autre par un point du corps.

sibyllin, sibylline adj. Obscur, difficile à comprendre. ➜ **énigmatique.** *La sorcière prononça une phrase sibylline.*

a b c d e f g h i j k l m n o p q r s t u v w x y z

siège d'une ville

sida n. m. Maladie très grave provoquée par un virus qui se transmet par le sperme ou par le sang. ➜ aussi **séropositif.**

sidérer v. (conjug. 8) Étonner beaucoup. ➜ **ébahir, époustoufler, stupéfier.** *Cette nouvelle nous a sidérés.*

▸ **sidérant, sidérante** adj. Qui étonne énormément. ➜ **stupéfiant.** *Une nouvelle sidérante.*

sidérurgie n. f. Industrie qui produit la fonte, le fer et l'acier. ➜ aussi **métallurgie.**

▸ **sidérurgique** adj. Qui concerne la sidérurgie. *Une usine sidérurgique.*

siècle n. m. **1.** Période de cent ans dont le début et la fin sont déterminés. *Le 20ᵉ siècle s'est achevé à la fin de l'an 2000.* **2.** Durée de cent ans. *Cet arbre a plus d'un siècle.* ➜ aussi **séculaire.**

il **sied** ➜ **seoir**

siège n. m. **1.** Meuble qui sert à s'asseoir. *Les chaises, les fauteuils, les tabourets, les bancs sont des sièges.* **2.** *Le siège d'une entreprise,* l'endroit où se trouvent la direction et les principaux bureaux. **3.** Opération militaire menée pour s'emparer d'une place forte. *Les ennemis ont fait le siège de la ville.* ➜ aussi **assiéger.** **4.** Place à gagner dans une élection. *Le parti a perdu des sièges à l'Assemblée nationale.*

▸ **siéger** v. (conjug. 5b et 8) **1.** Être en séance de travail. *Les députés ont siégé toute la nuit.* **2.** Avoir son siège. *Le Parlement européen siège à Strasbourg.*

▸ Autres mots de la famille : assiéger, télésiège.

sien pronom possessif et n. m., **sienne** pronom possessif et n. f.

▪ pronom Pronom possessif de la troisième personne du singulier. *Julie a perdu son stylo, Louise lui a prêté le sien,* celui qui est à elle.

▪ n. **1.** n. m. *Y mettre du sien,* faire un effort. **2.** n. m. pl. *Les siens,* ses parents et ses amis. *Il est entouré de l'affection des siens.* **3.** n. f. pl. *Faire des siennes,* faire des bêtises.

sierra n. f. Chaîne de montagnes, en Espagne et en Amérique du Sud.

▸ Ce mot vient de l'espagnol.

sieste n. f. Repos pris après le repas de midi. *Il fait toujours une petite sieste.* ➜ aussi **③ somme.**

siffler v. (conjug. 3) **1.** Produire un son aigu en faisant sortir l'air par la bouche. *Paul siffle très bien. Il siffle «Au clair de la lune».* **2.** Émettre un son aigu. *Le merle siffle.* **3.** Appeler en sifflant. *Il siffle son chien. Le policier a sifflé l'automobiliste,* il l'a fait s'arrêter en soufflant dans un sifflet. **4.** Montrer son désaccord par des sifflements. *Le public mécontent a sifflé le chanteur.* **5.** Signaler en sifflant. *L'arbitre a sifflé une faute.*

▸ **sifflement** n. m. Son produit en sifflant. *Un sifflement admiratif.*

▸ **sifflet** n. m. **1.** Petit instrument formé d'un tuyau court qui produit des sons aigus quand on souffle dedans. *L'arbitre a donné un coup de sifflet.* **2.** *Des sifflets,* des sifflements exprimant le mécontentement. *Le chanteur a quitté la scène sous les sifflets du public.* → aussi **huées.**

▸ **siffloter** v. (conjug. 3) Siffler négligemment, sans faire attention.

sigle n. m. Abréviation d'un groupe de mots formée en prenant la première lettre de chacun de ses mots. *«H. L. M.» est le sigle de «habitation à loyer modéré».*

signal n. m. (pl. **signaux**) **1.** Geste ou bruit fait par quelqu'un pour indiquer le moment d'agir. *Le professeur de gymnastique a donné le signal du départ de la course.* **2.** Signe qui donne une information. *Un passager du train a tiré le signal d'alarme. Des signaux lumineux.*

▸ **signalement** n. m. Description permettant de reconnaître une personne. *La police a donné le signalement du terroriste.*

▸ **signaler** v. (conjug. 3) **1.** Annoncer par un signal. *Ce panneau signale un virage dangereux.* **2.** Faire remarquer en attirant l'attention. *Je te signale que tu as mis deux chaussettes différentes.* **3. se signaler,** se faire remarquer. → se **distinguer.** *Il s'est signalé par son courage.*

▸ **signalisation** n. f. Ensemble des signaux d'une route, d'une voie ferrée. → planche **Signalisation** routière. *Il faut respecter les panneaux de signalisation.*

▷ Mots de la famille de signe.

signataire n. m. et f. Personne qui signe ou qui a signé. *Les signataires d'une pétition.* ▷ Mot de la famille de signe.

signature n. f. Manière d'écrire son nom, toujours la même, pour approuver ou valider ce qui est écrit. *Sa signature est illisible.* ▷ Mot de la famille de signe.

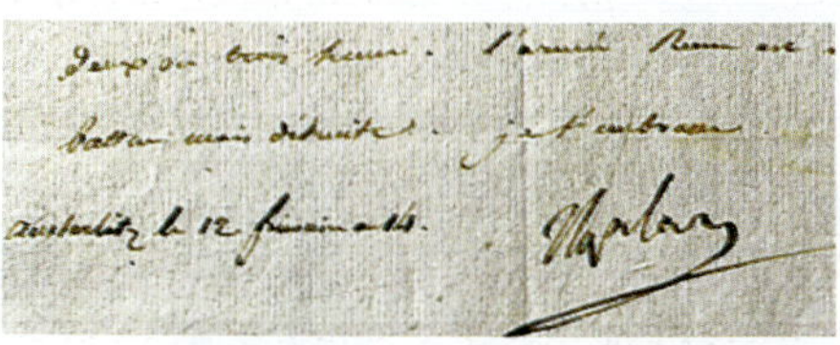

signature de Napoléon

signe n. m. **1.** Ce qui montre, prouve quelque chose. *Cette brume est signe de beau temps.* → **indice, marque.** *La fièvre est signe d'infection. Voici un cadeau en signe d'amitié.* → **gage, preuve, témoignage.** **2.** Geste destiné à faire savoir quelque chose. *Il m'a fait signe d'entrer.* – *Signe de croix,* geste que font les chrétiens en portant la main au front, à la poitrine puis à chaque épaule, en souvenir de la mort du Christ sur la croix. **3.** Représentation de quelque chose. → **symbole.** *Le point, la virgule sont des signes de ponctuation.* → **ponctuation.** *Le signe «–» signifie «moins».* **4.** *Les signes astrologiques,* les douze parties du zodiaque. *Alex est du signe du Lion,* le Soleil était dans la constellation du Lion quand il est né. → aussi **zodiaque.** ▮ homonyme : cygne.

▸ **signer** v. (conjug. 3) Écrire son nom, mettre sa signature. *Elle a signé son chèque.*

▸ **se signer** v. Faire le signe de croix. *Elle s'est signée en entrant dans l'église.*

▸ **signet** n. m. Petit ruban ou bande de carton qui permet de retrouver une page dans un livre.

▸ **signifier** v. (conjug. 9) **1.** Avoir un sens. *Que signifie ce mot ?* que veut-il dire ? **2.** Faire savoir. *Il nous a signifié sa décision.*

▸ **significatif, significative** adj. Qui exprime clairement quelque chose, qui renseigne clairement. → **révélateur.** *Ces résultats ne sont pas significatifs,* on ne peut pas en tirer de conclusion.

▸ **signification** n. f. Ce que signifie une chose. *Quelle est la signification de ce mot ?* que veut-il dire ? → ② **sens.**

▸ Autres mots de la famille : désignation, désigner, insigne, insignifiant, signal, signalement, signaler, signalisation, signataire, signature, sous-signé.

silence n. m. **1.** Fait de ne pas parler. *Il a gardé le silence. Silence !* taisez-vous ! **2.** Absence de bruit. ▮ contraire : **bruit.** *Le silence régnait dans la maison.*

▸ **silencieux** adj. et n. m., **silencieuse** adj.
▪ adj. **1.** Où il n'y a pas de bruit. → **tranquille.** *Une rue silencieuse.* ▮ contraire : **bruyant.** **2.** Qui reste sans parler. *Julie ne peut rester silen-*

la signalisation routière

On peut classer les principaux panneaux de signalisation routière selon leur fonction, leur forme et leur couleur. Les panneaux d'indication sont en général carrés et bleus, ceux d'obligation ronds et bleus. Les panneaux rouges triangulaires signalent des dangers, des priorités, les ronds des interdictions. Respecter les panneaux et le code de la route est indispensable pour assurer la sécurité de tous : piétons, cyclistes et automobilistes.

➔ planches **deux-roues, voitures.**

Attention, travaux

indications

Parc de stationnement — Parc de stationnement payant — Circulation à sens unique — Passage pour piétons — Ralentisseur — Arrêt d'autobus

Priorité par rapport au sens inverse — 1 voie de circulation 2 voies en sens inverse — Vitesse conseillée — Fin de vitesse conseillée — Entrée d'autoroute — Route pour automobiles (vitesse maximale autorisée 110 km/h) — Chemin sans issue

Emplacement pour pique-nique — Installation accessible aux handicapés physiques — Terrain de camping pour tentes — Terrain de camping pour caravanes — Poste de secours — Informations diverses — Poste d'appel d'urgence

obligations

Contournement obligatoire de l'obstacle : par la droite — Contournement obligatoire de l'obstacle : par la gauche — Direction obligatoire à la prochaine intersection : tout droit — Direction obligatoire à la prochaine intersection : à droite — Direction obligatoire à la prochaine intersection : tout droit ou à gauche — Chemin obligatoire pour cavaliers — Piste cyclable

Vitesse minimale obligatoire — Chaînes à neige obligatoires — Voie réservée aux véhicules de transport en commun — Chemin obligatoire pour piétons — Obligation dont la nature est signalée par une inscription sur le panneau

priorités

Cédez le passage aux véhicules débouchant de la ou des routes situées à droite — Intersection avec une route dont les usagers doivent céder le passage — Cédez le passage — Cédez le passage à l'intersection. Signal de position

Arrêt à l'intersection — Arrêt obligatoire à l'intersection. Signal de position — Indication du caractère prioritaire d'une route — Fin du caractère prioritaire d'une route

Attention, danger, arrêtez-vous

dangers

Virage à droite — Succession de virages — Ralentisseur — Chaussée rétrécie — Pont mobile — Cassis ou dos d'âne — Passages d'animaux sauvages

Chaussée particulièrement glissante — Descente dangereuse — Passage pour piétons — Endroits fréquentés par les enfants — Autres dangers — Passage à niveau à fonctionnement automatique — Annonce de feux tricolores

Circulation dans les deux sens — Risque de chute de pierres — Passage à niveau sans barrière — Traversée d'une aire de danger aérien — Vent latéral — Carrefour à sens giratoire avec priorité aux usagers circulant sur l'anneau

interdictions

Circulation interdite à tout véhicule dans les deux sens — Interdiction de tourner à droite à la prochaine intersection — Interdiction de faire demi-tour jusqu'à la prochaine intersection incluse — Interdiction de dépasser tous les véhicules à moteur autres que ceux à deux roues sans side-car — Sens interdit — Arrêt obligatoire au barrage de police — Arrêt obligatoire au poste de péage

Accès interdit aux véhicules à moteur — Accès interdit aux piétons — Accès interdit aux cycles — Accès interdit aux camions — Accès interdit aux véhicules agricoles — Accès interdit aux cyclomoteurs — Accès interdit aux véhicules ayant une longueur supérieure à 10 m

Accès interdit aux véhicules transportant des matières dangereuses — Accès interdit aux véhicules dont la largeur dépasse la dimension indiquée — Accès interdit aux véhicules dont la hauteur dépasse la dimension indiquée — Limitation de vitesse

Cédez le passage à la circulation venant en sens inverse — Signaux sonores interdits — Stationnement interdit — Arrêt et stationnement interdits

cieuse bien longtemps. ➜ **muet.** ▮ contraire : **bavard.**

▪ n. m. Dispositif qui diminue le bruit. *Les pots d'échappement des voitures sont équipés d'un silencieux.*

▸ **silencieusement** adv. En silence, sans faire de bruit. *La voiture démarre silencieusement.* ▮ contraire : **bruyamment.**

silex n. m. Roche très dure. *Les hommes préhistoriques taillaient les silex pour en faire des outils.*

silex taillés

silhouette n. f. **1.** Forme sombre dont on ne voit que les contours. *La silhouette de la maison se découpe à l'horizon.* **2.** Allure d'une personne. *Une silhouette mince.*

silhouette

sillage n. m. Trace que laisse un bateau derrière lui quand il avance.

sillon n. m. Longue tranchée faite dans la terre par une charrue. *L'agriculteur sème le grain dans les sillons.*

▸ **sillonner** v. (conjug. 3) Parcourir en tous sens. *Les pirates sillonnaient les mers.*

silo n. m. Grand réservoir dans lequel on conserve des céréales, du fourrage. *Des silos à maïs.*

simagrées n. f. pl. Manières un peu ridicules faites pour tromper. *Arrête tes simagrées !*

similaire adj. À peu près semblable. ➜ **équivalent.** *Ces produits sont similaires.* ▮ contraire : **différent.**

similitude n. f. Grande ressemblance. *La similitude de leurs réponses laisse à penser qu'ils ont copié l'un sur l'autre.*

simple adj. **1.** Qui ne fait pas de manières et qui n'est pas prétentieux. *Ils sont restés très simples malgré la célébrité.* **2.** Qui n'est constitué que d'une partie. *Il a pris un aller simple pour Bordeaux,* il a pris seulement l'aller. *Prenez une feuille simple.* ▮ contraire : **double.** *Temps simple,* sans auxiliaire. *Le présent est un temps simple.* ▮ contraire : **composé.** **3.** Facile à comprendre. *C'est un jeu très simple.* ▮ contraires : **compliqué, difficile.** **4.** Sans ornement. *Une robe toute simple.* **5.** Qui est seulement comme on le dit et rien de plus. *Le passage de la douane est une simple formalité dans les pays de l'Union européenne.*

▸ **simplement** adv. **1.** Sans complication. *Il nous a reçus très simplement.* **2.** Seulement. *Je venais simplement te dire bonjour.*

▸ **simplet, simplette** adj. Qui a une intelligence un peu inférieure à la normale. *Elle est un peu simplette.*

▸ **simplicité** n. f. **1.** Qualité d'une chose facile à comprendre ou à utiliser. *Les règles de ce jeu sont d'une grande simplicité.* ▮ contraire : **complication.** **2.** *En toute simplicité,* sans façon, sans cérémonie. *Elle les a reçus à dîner en toute simplicité.* ➜ à la bonne **franquette.**

▸ **simplifier** v. (conjug. 9) Rendre plus facile, plus simple. ➜ **faciliter.** *Les appareils ménagers simplifient la vie.* ▮ contraire : **compliquer.**

▸ **simplification** n. f. Action de rendre plus simple. *La simplification des calculs grâce à l'ordinateur.* ▮ contraire : **complication.**

▸ **simpliste** adj. Qui simplifie les choses de manière exagérée. *Son raisonnement est trop simpliste.*

simulacre n. m. Ce qui n'a que l'apparence de ce qu'il semble être. *Ce procès n'est qu'un simulacre de justice.* ➜ aussi **semblant.**

simuler v. (conjug. 3) Faire paraître vrai quelque chose qui ne l'est pas. *Alex a simulé un mal de tête pour ne pas aller à l'école*, il a fait semblant d'avoir mal à la tête. → **feindre.**

▸ **simulateur** n. m., **simulatrice** n. f. Personne qui fait semblant de quelque chose. *Elle prétend être malade, mais c'est une simulatrice.*

▸ **simulation** n. f. Fait de simuler un sentiment, une maladie. *Sa maladie n'est qu'une simulation.*

simultané, simultanée adj. Qui se produit en même temps. *Le coup de tonnerre et la panne d'électricité ont été simultanés.* ▮ contraire : **successif.**

▸ **simultanément** adv. En même temps. *Julie et Louise ont levé la main simultanément.* ▮ contraire : **successivement.**

▸ **simultanéité** n. f. Caractère de ce qui est simultané, se produit en même temps qu'une autre chose. *La simultanéité de deux événements.*

sincère adj. **1.** Qui dit ce qu'il pense vraiment, avec bonne foi. *C'est un garçon sincère.* → ② **franc, loyal.** ▮ contraires : **hypocrite, menteur. 2.** Que l'on ressent ou que l'on pense réellement. *Sa joie était sincère*, réelle, véritable.

▸ **sincèrement** adv. Vraiment et franchement. *Il l'aime sincèrement.*

▸ **sincérité** n. f. **1.** Qualité d'une personne qui pense ce qu'elle dit. → **franchise, loyauté.** *Il nous a parlé en toute sincérité.* ▮ contraire : **hypocrisie. 2.** Caractère de ce qui est réellement pensé ou senti. *La sincérité de ses sentiments ne fait aucun doute.*

sinécure n. f. Emploi bien payé où il n'y a presque rien à faire. *Ce travail n'est pas une sinécure.*

singe n. m. Animal très évolué qui a la face souvent nue, les membres inférieurs plus petits que les membres supérieurs, des mains, et souvent une longue queue qui peut saisir des objets. → aussi **guenon** et **primate.** *Le chimpanzé, le gorille, le macaque, l'orang-outan, le ouistiti sont des singes.* – *Ce n'est pas à un vieux singe qu'on apprend à faire la grimace*, on n'apprend pas les ruses à une personne pleine d'expérience.

▸ **singer** v. (conjug. 5b) Imiter en se moquant. *Il singe ses camarades.*

▸ **singerie** n. f. Grimace. *Arrête de faire des singeries !*

singe (Savery)

se singulariser v. (conjug. 4) Se faire remarquer par quelque chose de bizarre. *Elle cherche toujours à se singulariser.* ▷ Mot de la famille de singulier.

singularité n. f. Ce qui est particulier à quelqu'un ou à quelque chose. → **particularité.** *Cet appareil photo a la singularité de fonctionner sous l'eau.* ▷ Mot de la famille de singulier.

singulier adj. et n. m., **singulière** adj.
▪ adj. Digne d'être remarqué à cause de son aspect étrange. → **bizarre, curieux, original.** *Julie a eu la singulière idée de baigner son chat.* ▮ contraire : **banal.**
▪ n. m. Forme que prend un mot pour désigner une seule personne ou une seule chose. ▮ contraire : **pluriel.** *Dans la phrase «ils ont deux*

a b c d e f g h i j k l m n o p q r s t u v w x y z

filles et un garçon», le mot «garçon» est au singulier.

▶ **singulièrement** adv. **1.** Bizarrement. *Il s'est conduit singulièrement.* **2.** Beaucoup, très. *Il fait singulièrement froid pour la saison.*

Ce mot appartient au langage soutenu.

▶ Autres mots de la famille : se singulariser, singularité.

① **sinistre** adj. (→ ÉTYM.) **1.** Qui fait peur. → **effrayant, inquiétant.** *La nuit, le plancher fait des craquements sinistres.* **2.** Très triste. *Un air sinistre.* → **lugubre.** ▮ contraires : **gai, joyeux.**

▶ ② **sinistre** n. m. Évènement catastrophique, comme un incendie, une inondation, un tremblement de terre, etc. *Les sauveteurs sont arrivés sur les lieux du sinistre.*

▶ **sinistré, sinistrée** adj. Qui a subi un sinistre. *La région sinistrée attend des secours.* – n. *Les villages voisins ont accueilli les sinistrés,* les victimes du sinistre.

sinon conjonction. **1.** Si ce n'est. *Que pouvait-il faire sinon appeler les pompiers ?* **2.** Ou alors. → **autrement.** *Dépêche-toi, sinon tu vas arriver en retard.* ▷ Mot de la famille de ① si et de non.

sinueux, sinueuse adj. Qui fait des courbes, des détours. *Les routes de montagne sont sinueuses.* ▮ contraires : ① **droit, rectiligne.**

▶ **sinuosité** n. f. Ligne courbe.

route **sinueuse**

sinus [sinys] n. m. Cavité des os du visage qui sont au-dessus et au-dessous des yeux. *Léa a les sinus enflammés.*

▶ **sinusite** n. f. Inflammation des sinus.

siphon n. m. **1.** Tuyau recourbé qui sert à l'écoulement de l'eau sous un évier ou un lavabo. *Le siphon empêche les mauvaises odeurs de remonter.* **2.** Tuyau recourbé qui sert à transvaser un liquide. *Le garagiste vide le réservoir d'essence avec un siphon.* **3.** Bouteille remplie d'eau gazeuse sous pression.

sire n. m. Titre donné à un souverain quand on lui parle. → **majesté.** ▮ homonyme : cire.

▶ Autre mot de la famille : messire.

① **sirène** n. f. Être imaginaire à tête et buste de femme et à queue de poisson. → planche Créatures **fantastiques.** *«La Petite Sirène» est un conte d'Andersen.*

② **sirène** n. f. Appareil qui fait un bruit fort et prolongé pour donner un signal. *Les voitures des pompiers sont équipées d'une sirène.*

sirocco ou **siroco** n. m. Vent très chaud et très sec qui souffle du Sahara.

Ce mot vient de l'arabe *sarqui,* qui veut dire «vent».

• Écrire *siroco* avec un seul *c* est conforme à la nouvelle orthographe.

sirop [siʀo] n. m. (→ ÉTYM.) **1.** Liquide très sucré et épais qui se boit mélangé avec de l'eau. → aussi **sirupeux.** *Julie boit du sirop de grenadine.* **2.** Médicament liquide très sucré. *Un sirop contre la toux.*

▶ **siroter** v. (conjug. 3) Familier. Boire à petites gorgées, en savourant. → **déguster.** *Il sirote son jus d'orange.*

sirupeux, sirupeuse adj. Qui a la consistance épaisse du sirop. *Une boisson sirupeuse.*

sismique adj. Qui se rapporte aux tremblements de terre. *Une secousse sismique a été ressentie dans la région.* → **tellurique** et aussi **séisme.**

sismographe n. m. Appareil qui sert à enregistrer l'importance des tremblements de terre.

site n. m. **1.** Lieu où se trouve une ville, une construction. *Le village est construit sur le site d'une ville romaine.* → **emplacement.** **2.** Paysage beau ou pittoresque. *Les principaux sites tou-*

ristiques d'une région. **3.** *Site Internet,* ensemble d'informations que l'on peut consulter par Internet à une certaine adresse. *Le site d'un grand magasin, d'une école.*

▶ Autres mots de la famille : situation, situer.

sitôt adv. **1.** Aussitôt. *Sitôt couchée, elle s'est endormie.* **2.** *Pas de sitôt,* pas avant longtemps. *Il ne recommencera pas de sitôt.* ▷ Mot de la famille de ② si et de tôt.

situer v. (conjug. 3) Placer. → **localiser.** *La ville de Nice est située au bord de la Méditerranée.*

▶ **situation** n. f. **1.** Emplacement. *Cette ville a une situation privilégiée.* **2.** Ensemble de circonstances. *La situation financière d'une entreprise. « Quelle est sa situation de famille ? – Il est célibataire. »* **3.** Emploi. → **place, ② poste.** *Il a une belle situation.*

▷ Mots de la famille de site.

six adj. Cinq plus un (6). *Son petit frère a six ans. Elle a acheté six œufs.* → **demi-douzaine.** – n. m. *Deux fois trois font six.* ▮ homonymes : ① et ② ci, scie, ①, ② et ③ si.

▶ **sixième** adj. et n. m. et f.

▪ adj. Qui succède au cinquième. *Paul est arrivé sixième.*

▪ n. **1.** n. m. Partie d'un tout divisé en six parts égales. *Alex a mangé le sixième du gâteau.* **2.** n. f. Première classe de l'enseignement secondaire. *L'entrée en sixième (6ᵉ).*

skaï [skaj] n. m. Nom déposé Matière synthétique qui imite le cuir. *Un canapé en skaï.*

skate [skɛt] n. m. Sport qui consiste à se déplacer et à réaliser des acrobaties à l'aide d'une planche à roulettes (appelée aussi *skate*). *Faire du skate. Une planche de skate.*

▶ Ce mot est l'abréviation de l'anglais *skateboard. Skate* veut dire « patin » et *board* veut dire « planche ».

sketch [skɛtʃ] n. m. Pièce comique très courte, souvent jouée par un petit nombre d'acteurs. → **saynète.** – Au pl. *Des sketchs.*

▶ Ce mot vient de l'anglais. • On emploie parfois le pluriel anglais *des sketches.*

ski n. m. **1.** Long patin très étroit que l'on chausse pour glisser sur la neige. *Une paire de skis.* – *Faire du ski,* glisser sur la neige à l'aide de skis. *Ski alpin,* ski de descente. → planche **Sport.** *Ski de fond,* ski qui se pratique sur terrain plat. **2.** *Ski nautique,* sport qui consiste à glisser sur l'eau avec des skis en étant tiré par un bateau.

▶ Ce mot vient du norvégien.

▶ **skier** v. (conjug. 9) Faire du ski. *Alex skie très bien.*

▶ **skiable** adj. Où l'on peut skier. *Cette station de ski a un domaine skiable étendu.*

▶ **skieur** n. m., **skieuse** n. f. Personne qui fait du ski. *Les skieurs dévalent les pistes.*

▶ Autres mots de la famille : après-ski, monoski, téléski.

skippeur n. m., **skippeuse** n. f. Personne qui commande sur un bateau de croisière ou de course.

▶ Ce mot vient de l'anglais *skipper.* • On emploie aussi la graphie anglaise *skipper* au masculin.

slalom [slalɔm] n. m. Épreuve de ski dans laquelle le skieur descend le plus vite possible en zigzaguant entre des piquets plantés dans la neige.

▶ C'est un mot norvégien.

▶ **slalomer** v. (conjug. 3) **1.** Effectuer un parcours en slalom. *Le skieur slalome entre les piquets.* **2.** Zigzaguer. *Le scooter slalome entre les voitures.*

slalom

a b c d e f g h i j k l m n o p q r s t u v w x y z

slip n. m. Culotte que l'on porte comme sous-vêtement ou comme maillot de bain.
Ce mot vient de l'anglais.

slogan n. m. Phrase courte et frappante, souvent répétée, que l'on utilise dans la publicité ou la politique, pour attirer l'attention. *Les manifestants scandent des slogans. Un slogan publicitaire.*
Slogan est un mot écossais qui veut dire «cri de guerre».

slow [slo] n. m. Danse lente à pas glissés que l'on danse à deux. – Au pl. *Des slows.*
Ce mot vient de l'anglais *slow* qui veut dire «lent».

smash [smaʃ] n. m. Au tennis, au ping-pong, au volleyball, coup qui rabat violemment une balle haute. *Il a fait un smash.* – Au pl. *Des smashs.*
Ce mot vient de l'anglais. • On emploie parfois le pluriel anglais *des smashes.*

smoking [smɔkiŋ] n. m. Tenue de soirée habillée, composée d'un veston à revers de soie et d'un pantalon orné d'un galon de soie le long de la jambe. *À cette soirée, tous les hommes étaient en smoking.* – Au pl. *Des smokings.*
Ce mot vient de l'anglais.

SMS [ɛsɛmɛs] n. m. Court message échangé entre deux téléphones portables. → **texto.** *Il a envoyé et reçu plusieurs SMS.*
C'est un sigle de l'anglais.

snack-bar n. m. Café-restaurant où l'on sert rapidement des repas simples et légers, à toute heure. *Ils ont déjeuné dans un snack-bar.* – Au pl. *Des snack-bars.*
On dit aussi *un snack, des snacks.* • Ce mot vient de l'anglais.

snob n. m. et f. Personne qui, dans ses manières, ses goûts et ses relations, veut absolument avoir l'air distingué. *C'est une snob.* – adj. *Ses parents sont très snobs.*
Ce mot vient de l'anglais.

▶ **snobisme** n. m. Attitude et manière d'être des snobs. *Ils jouent au golf par snobisme.*

snowboard [snobɔʀd] n. m. Sport de glisse qui se pratique sur la neige, debout sur une planche (appelée aussi *snowboard*). → **surf des neiges.**
Ce mot vient de l'anglais *snow* qui veut dire «neige» et *board* qui veut dire «planche».

snowboard

sobre adj. **1.** Qui boit peu d'alcool. *Il faut être sobre quand on conduit.* **2.** Simple et discret. *Une tenue très sobre.* contraire : **excentrique.**

▶ **sobrement** adv. **1.** Avec modération. *Il boit sobrement.* **2.** Avec discrétion et simplicité. *Elle s'habille sobrement.* → **simplement.**

▶ **sobriété** n. f. **1.** Comportement d'une personne ou d'un animal qui mange et boit peu. *La sobriété du chameau.* **2.** Simplicité et discrétion. *La sobriété d'une décoration.*

sobriquet n. m. Surnom donné à quelqu'un pour se moquer de lui. *On lui a donné le sobriquet de «la louve».*

soc n. m. Grosse lame pointue d'une charrue qui ouvre les sillons dans la terre et permet de labourer.

sociable adj. Qui aime la compagnie des autres. *Une petite fille très sociable.* contraire : **sauvage.**

social, sociale adj. **1.** Qui concerne la société. *Les classes sociales. Les sciences sociales étudient la société.* **2.** Qui a pour but d'améliorer les conditions de vie des gens. *Le gou-*

vernement a pris des mesures sociales. — Au masc. pl. *sociaux.*

▸ **socialisme** n. m. Doctrine de ceux qui sont partisans d'améliorer le sort des gens les plus modestes et veulent rendre la société plus juste en faisant passer l'intérêt collectif avant les intérêts particuliers. ➜ aussi **communisme.**

▸ **socialiste** n. m. et f. Partisan du socialisme. *Les socialistes ont remporté les élections.* — adj. *Le parti socialiste.*

société n. f. 1. Groupe organisé d'êtres vivants. *Les abeilles et les fourmis vivent en société.* ➜ **colonie.** 2. Ensemble d'hommes vivant dans un pays à un moment donné et devant respecter les mêmes lois. ➜ **collectivité, communauté.** *Les marginaux vivent en dehors de la société.* 3. *Jeu de société,* jeu qui se joue à plusieurs et qui fait appel à la mémoire ou au hasard. 4. Entreprise commerciale. ➜ **compagnie, établissement, firme, maison.** *Une société de location de voitures.* 5. Association. ➜ **club, organisation.** *La Société protectrice des animaux protège les animaux.*

▸ **sociétaire** n. m. et f. Personne qui fait partie d'une société, d'une association. *Il est sociétaire d'un club de tennis.*

sociologie n. f. Science qui étudie les sociétés humaines.

▸ **sociologue** n. m. et f. Spécialiste de la sociologie.

socle n. m. Partie sur laquelle repose une construction, une statue. ➜ **support.** *La colonne est posée sur un socle de marbre.* ➜ **piédestal.**

socquette n. f. Chaussette courte, arrivant à la cheville. *Une paire de socquettes.*

soda n. m. Boisson à base d'eau gazeuse et de sirop de fruits. *Un soda à l'orange.* — Au pl. *Des sodas.*

sœur n. f. 1. Personne de sexe féminin qui a les mêmes parents qu'une autre personne. *Il a deux sœurs et un frère.* ➜ aussi fam. **frangin.** 2. Titre donné à une religieuse. *Bonjour ma sœur.*

▸ Autres mots de la famille : belle-sœur, consœur, demi-sœur.

soi pronom Pronom personnel masculin et féminin de la troisième personne du singulier, utilisé comme complément. *Cela fait du bien de rentrer chez soi. Cela va de soi,* c'est évident. *Il vaut mieux compter sur soi que sur les autres.*
▪ homonymes : soie, soit.

▸ **soi-disant** adj. inv. et adv.
▪ adj. inv. Prétendu. *Cela m'a été prédit par une soi-disant voyante.*
▪ adv. *Paul n'a soi-disant pas eu le temps de faire ses devoirs,* d'après ce qu'il prétend. ▹ Mot de la famille de dire.

▸ Autre mot de la famille : quant-à-soi.

soie n. f. 1. Tissu très fin, très doux et brillant, fait à partir d'un fil produit par la chenille d'un papillon, appelée *ver à soie.* ➜ aussi **bombyx.** *Un foulard en soie.* 2. Poil long et rude du porc et du sanglier. *Une brosse en soies de sanglier.*
▪ homonymes : soi, soit.

▸ **soierie** n. f. Tissu de soie.

▸ Autre mot de la famille : soyeux.

soif n. f. 1. Besoin et envie de boire. *L'effort physique donne soif.* 2. Fort désir. *Il a soif d'indépendance.*

▸ Autre mot de la famille : assoiffé.

soigner v. (conjug. 3) 1. Prendre soin. *Elle soigne les fleurs de son jardin.* ▪ contraire : **négliger.** 2. Apporter du soin, de l'application à ce que l'on fait. *Soigne ton travail, Paul !* ▪ contraire : **bâcler.** 3. S'occuper de rétablir la santé d'une personne malade. *Le médecin qui le soigne est très compétent.* ➜ **traiter.**

▸ **soigné, soignée** adj. 1. Fait avec soin, application. *Ce menuisier fait un travail soigné.* 2. Qui prend soin de son aspect, est toujours propre et impeccable. *Une femme très soignée.*

▸ **soigneur** n. m., **soigneuse** n. f. 1. Personne qui donne des soins aux sportifs. *Le soigneur d'un boxeur.* 2. Personne qui soigne et qui nourrit des animaux. *Les soigneurs du zoo.*

▸ **soigneux, soigneuse** adj. Qui prend soin des choses, y fait attention. *Léa est très soigneuse, elle range toujours bien ses affaires.*
▪ contraire : **négligent.**

▸ **soigneusement** adv. Avec soin. *Il plie soigneusement son pantalon.*

soin n. m. **1.** Attention que l'on apporte à ce que l'on fait. ➜ **application.** *Théo a fait ses devoirs avec soin.* **2.** *Prendre soin de quelque chose,* s'en occuper. *Le jardinier prend soin de la pelouse. Il a pris soin de nous avertir,* il a veillé à le faire. **3.** *Les soins,* les moyens utilisés pour soigner un malade. *Le blessé a été transporté à l'hôpital pour y recevoir des soins.* – *Être aux petits soins pour quelqu'un,* être très attentionné envers lui.

soir n. m. Moment de la journée entre l'après-midi et la nuit, quand le soleil est couché. *Un beau soir d'été.* ➜ **soirée.** *Il fait frais, le soir. Au revoir, à demain soir !* ▮ contraire : **matin.**

▸ **soirée** n. f. **1.** Dernière partie de la journée qui va de la fin du jour jusqu'au moment où l'on se couche. *Il a lu toute la soirée.* **2.** Réception qui a lieu le soir. *Ils ont donné une grande soirée.*

▶ Autre mot de la famille : bonsoir.

soit conjonction et adv.

▪ conjonction [swa] **1.** Ou. *Ils doivent venir en mars, soit le 14, soit le 15.* ▮ contraire : **ni.** **2.** À savoir. *Cette revue paraît un mois sur deux, soit six fois par an.* ➜ **c'est-à-dire.** ▮ homonymes : soi, soie.

▪ adv. [swat] Admettons, d'accord. ➜ ① **bon.** *Tu veux partir, eh bien soit ! va-t'en !* ▷ Mot de la famille de ① être.

soixante adj. inv. Six fois dix (60). *Sa grand-mère a soixante ans.* – n. m. inv. *Ils habitent au 60 de la rue de Paris.*

▸ **soixantaine** n. f. **1.** Groupe d'environ 60 personnes, 60 animaux ou 60 choses semblables. *Il y avait une soixantaine de personnes. Elle pèse une soixantaine de kilos.* **2.** Âge d'environ 60 ans. *Papi a la soixantaine.*

▸ **soixante-dix** adj. inv. Soixante plus dix (70). ➜ **septante.** *Sa poupée mesure soixante-dix centimètres.* – n. m. inv. *Dix fois sept font soixante-dix.* ▷ Mot de la famille de dix.

▸ **soixantième** adj. et n. m.

▪ adj. *Il est arrivé soixantième sur cent concurrents.*

▪ n. m. Partie d'un tout divisée en soixante parties égales. *Il a reçu un soixantième de l'héritage.*

soja n. m. Plante dont une espèce ressemble au haricot et qui sert à l'alimentation des humains et du bétail. *De l'huile, du lait de soja.*

soja

① **sol** n. m. **1.** Partie de la Terre qui est à la surface. ➜ **terrain, terre.** *Ici, le sol se prête bien à la culture du maïs. L'escargot rampe sur le sol.* ➜ planche **Sol.** **2.** Surface sur laquelle on marche. *Le sol de la cuisine est recouvert de carrelage.* ▮ homonyme : sole.

▶ Autres mots de la famille : entresol, sous-sol.

② **sol** n. m. inv. Note de musique, entre le fa et le la. – Au pl. *Des sol.*

solaire adj. **1.** Qui concerne le Soleil. *Le système solaire comprend le Soleil et les planètes qui tournent autour de lui.* ➜ planche **Soleil.** **2.** Qui fonctionne grâce à l'énergie du soleil. ➜ planche **Énergie.** *Leur maison est équipée d'un chauffage solaire.* **3.** Qui protège du soleil. *Sur la plage, elle se met de la crème solaire.*

soldat n. m. Homme qui est dans l'armée. ➜ **militaire.** *Les soldats marchent au pas.* – *Un simple soldat,* un militaire non gradé. ▷ Mot de la famille de ① solde.

① **solde** n. f. Salaire versé à un militaire.

▶ Autre mot de la famille : soldat.

② **solde** n. m. **1.** Somme qu'il reste à payer. *Vous devez payer 20 % à la commande et le solde à la livraison.* **2.** Marchandise vendue avec une réduction. *Ces soldes sont intéressants.* – *En solde,* vendu à prix réduit. *Ce manteau est en solde.* ▷ Mot de la famille de solder.

les animaux du sol

Un mètre carré du sol d'une prairie ou d'une forêt peut contenir une faune extraordinaire. Quelques vertébrés comme les serpents, les lapins et les taupes, qui creusent des terriers et des galeries, mais surtout plus de 1 000 espèces d'invertébrés. Certains animaux mangent des racines, d'autres des insectes vivants ou morts, d'autres encore des excréments, des débris végétaux ou des micro-organismes. Cette vie souterraine, comme celle des vers de terre qui ne cessent de brasser la terre, est très importante pour l'aération des sols.

→ planche **insectes.**

gendarme

millepatte

lucane (cerf-volant)

fourmi rousse

hanneton

tique du mouton

cloporte

escargot

hérisson

taupe

ver de terre (lombric)

solder v. (conjug. 3) 1. Vendre au rabais. *À la fin de l'hiver, le marchand de chaussures solde les bottes.* 2. **Se solder** *par*, aboutir à. *Ses efforts se sont soldés par un échec.*

▶ Autre mot de la famille : ② solde.

sole n. f. Poisson de mer plat et ovale, qui ressemble à la limande. *Des filets de sole.* ▮ homonymes : ① et ② sol.

sole

soleil n. m. 1. *Le Soleil,* l'astre qui donne lumière et chaleur à la Terre, et autour duquel tournent les planètes du système solaire. → planches **Soleil, Terre.** *Le Soleil est situé à 150 millions de kilomètres de la Terre.* – *Le soleil brille pour tout le monde,* il existe des avantages dont tout le monde peut profiter. 2. Lumière et chaleur que le Soleil envoie. *Ne reste pas trop longtemps au soleil, viens sous le parasol.* – *Des lunettes de soleil,* qui protègent les yeux des rayons du Soleil.

▶ Autres mots de la famille : ensoleillé, ensoleillement, pare-soleil.

solennel, solennelle [sɔlanɛl] adj. 1. Célébré en public, au cours d'une cérémonie. *Un hommage solennel a été rendu aux victimes.* 2. Fait avec grand sérieux. *Il lui a fait la promesse solennelle de ne plus jamais lui mentir,* il s'y est engagé. 3. Très cérémonieux. *Un ton solennel.* → **pompeux.**

▶ **solennellement** [sɔlanɛlmɑ̃] adv. D'une manière solennelle. *La nouvelle mairie a été inaugurée solennellement.*

solennité [sɔlanite] n. f. Caractère solennel, cérémonieux. *Le président de la République s'adresse au pays avec solennité.* → aussi **solennellement.**

solfège n. m. Façon dont on écrit et lit la musique. *Apprendre le solfège est indispensable pour jouer d'un instrument.*

▶ Ce mot vient de l'italien.

solfier v. (conjug. 9) Chanter en disant le nom des notes de musique. → aussi **solfège.**

solidaire adj. (→ ÉTYM.) 1. *Des personnes solidaires,* qui se soutiennent entre elles. *Les étudiants se sont déclarés solidaires des lycéens qui manifestaient.* 2. *Des choses solidaires,* des choses qui dépendent les unes des autres, qui sont liées. *Les deux roues avant de la voiture sont solidaires.* ▮ contraire : **indépendant.**

▶ se **solidariser** v. (conjug. 4) Être solidaire de quelqu'un, prendre son parti. → **soutenir.** *Les étudiants se sont solidarisés avec les ouvriers en grève.* ▮ contraire : se **désolidariser.**

▶ **solidarité** n. f. Relation entre des personnes solidaires. *Tous les ouvriers de l'usine se sont mis en grève par solidarité avec ceux qui étaient licenciés.*

▶ Autre mot de la famille : se désolidariser.

solide adj. et n. m.

▪ adj. 1. Qui ne se casse pas facilement, qui résiste aux chocs et à l'usure. → **résistant.** *Cette table est solide.* ▮ contraire : **fragile.** 2. Qui est fort et robuste, qui ne tombe pas facilement malade. *Alex est un garçon solide.* ▮ contraires : **faible, fragile.** 3. Qui n'est ni liquide ni gazeux. *Quand il gèle, l'eau devient solide.*

▪ n. m. 1. *La glace est un solide,* un corps qui n'est ni un liquide ni un gaz. 2. Figure géométrique qui a un volume. → planche **Géométrie.** *Le cône, le cube, la pyramide sont des solides.*

▶ **solidement** adv. D'une manière solide. *Un pieu solidement enfoncé. Alex attache solidement le paquet sur le porte-bagage de son vélo,* il l'attache de manière à ce qu'il ne tombe pas.

▶ se **solidifier** v. (conjug. 9) Prendre une consistance solide. → **durcir.** *Sous l'effet du gel,*

le Soleil

Le Soleil est une étoile de 1 392 000 km de diamètre dont la température atteint près de 15 millions de degrés en son centre. Situé à 150 millions de km de la Terre, il est au cœur d'un système où gravitent huit planètes, réparties en deux familles. Les planètes « telluriques » (dont la composition est proche de celle de la Terre), Mercure, Vénus, la Terre et Mars, sont les plus proches du Soleil. Plus éloignées, Jupiter, Saturne, Uranus et Neptune sont les planètes externes ou géantes, essentiellement composées de gaz (hydrogène et hélium).

➔ planches énergie, Lune, Terre.

le satellite SoHO, dont la mission est d'observer le Soleil

le système solaire

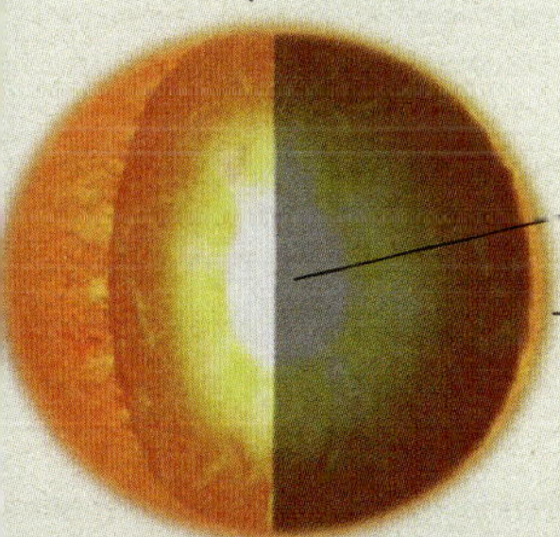

structure du Soleil

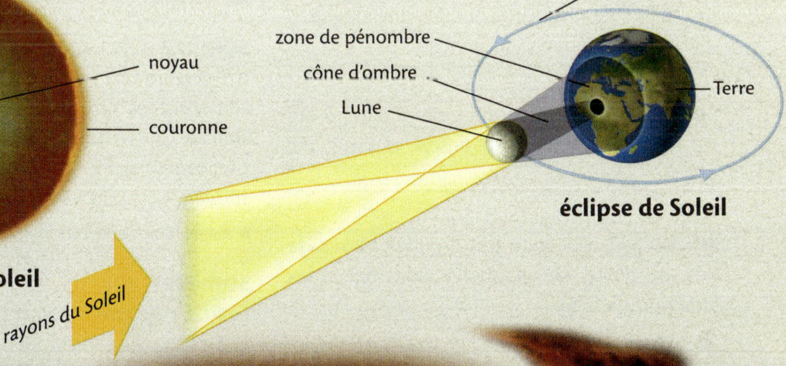

éclipse de Soleil

éruption solaire

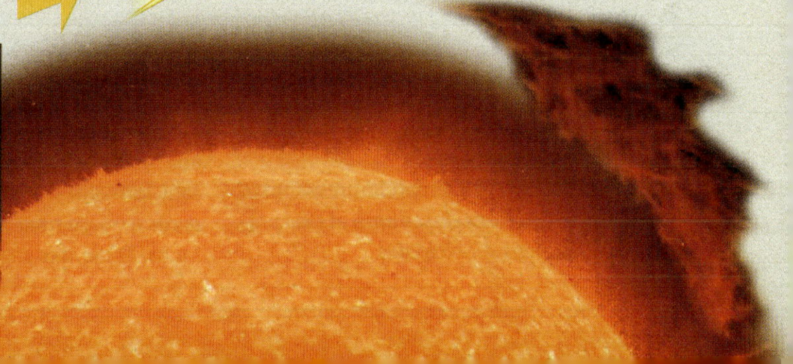

l'eau s'est solidifiée. ▮ contraires : **s'évaporer,** se **liquéfier.**

▸ **solidité** n. f. Qualité de ce qui ne s'use pas rapidement et ne se casse pas facilement. *Ce moteur est d'une grande solidité.* ➜ **robustesse.**
▮ contraire : **fragilité.**

▸ Autre mot de la famille : consolider.

soliste n. m. et f. Musicien ou chanteur qui interprète tout seul un morceau. ➜ aussi **solo.**
▸ Ce mot vient de l'italien.

soliste

solitaire adj. et n. m.
▪ adj. **1.** Qui vit seul, évite la compagnie des autres. *L'ours est un animal solitaire.* **2.** Où l'on est seul. *Un endroit solitaire.* ➜ **isolé.**
▪ n. m. Diamant monté seul sur une bague. *Il a offert un solitaire à sa fiancée.*

solitude n. f. Situation d'une personne qui est seule, vit seule. *Il a besoin de solitude.* ➜ aussi **solitaire.**

solive n. f. Chacune des grandes barres de bois ou de fer sur lesquelles sont fixées les lattes du plancher.

solliciter v. (conjug. 3) **1.** Demander avec déférence. *Il sollicite un emploi d'informaticien dans cette société.* ➜ **postuler.** **2.** Faire appel à. *Elle a sollicité l'aide de ses amis.*

▸ **sollicitation** n. f. Demande pressante. *Il a cédé aux sollicitations de ses amis et s'est présenté aux élections municipales.*

▸ **sollicitude** n. f. Attention et gentillesse. *Le médecin écoute ses malades avec sollicitude.* ▮ contraire : **indifférence.**

solo n. m. Morceau joué ou chanté par un seul interprète. *Il a exécuté un solo de batterie.* ➜ aussi **soliste.** – Au pl. *Des solos.* – *En solo,* seul, sans accompagnement. *Elle chante en solo dans un chœur.* ➜ aussi **soliste.**
▸ Ce mot vient de l'italien *solo* qui veut dire «seul».

solstice n. m. Jour de l'année où le Soleil se trouve le plus loin de l'équateur. ➜ planche **Terre.** *Le solstice d'été est le jour le plus long de l'année, le solstice d'hiver le jour le plus court.*

soluble adj. Qui peut fondre dans un liquide. ➜ aussi ① **solution.** *Le sucre est soluble dans l'eau.*

① **solution** n. f. Liquide contenant une matière dissoute. *L'eau de mer est une solution de sel.*

② **solution** n. f. **1.** Réponse à une question ou à un problème. *La solution d'un problème de mathématiques,* le résultat obtenu en suivant le bon raisonnement. ➜ aussi **résoudre.** **2.** Moyen par lequel on peut se sortir d'une difficulté. *Il faut envisager toutes les solutions possibles.*

solvable adj. Qui peut payer ce qu'il doit.

sombre adj. **1.** Où il y a peu de lumière, qui est peu éclairé. ➜ **obscur.** *Cette pièce est très sombre.* ▮ contraire : **clair.** **2.** Foncé. *Un costume sombre.* **3.** Triste et inquiet. *Un air sombre.* ▮ contraire : **gai.** **4.** Inquiétant. *L'avenir est sombre.* ▮ contraire : **rassurant.**

▸ Autres mots de la famille : assombrir, s'assombrir.

sombrer v. (conjug. 3) **1.** S'enfoncer dans l'eau. *Le bateau a sombré.* ➜ **chavirer, couler.** **2.** S'enfoncer sans pouvoir résister. *Louise a sombré dans le sommeil.*

sommaire adj. et n. m.
▪ adj. **1.** Très court et très simple. *Une explication sommaire.* ➜ **succinct.** **2.** Très rapide et sans formalités. ➜ **expéditif.** *Il a été condamné après un jugement sommaire.*
▪ n. m. Table des matières comprenant le ré-

sumé des chapitres d'un livre, d'une revue. *Le sommaire est au début du livre.*

▸ **sommairement** adv. D'une façon courte, simple et rapide. ➜ **brièvement, succinctement.** *Il a exposé sommairement son projet.*

sommation n. f. Ordre impératif. ➜ **injonction.** *Les policiers ont tiré sur le fuyard après la troisième sommation,* après lui avoir demandé trois fois de se rendre. ▷ Mot de la famille de sommer.

① **somme** n. f. (➜ ÉTYM.) **1.** Résultat d'une addition. *12 est la somme de 7 et 5.* **2.** Ensemble de choses qui s'ajoutent. *En somme,* tout compte fait, finalement. – On dit aussi *somme toute.* **3.** Quantité d'argent. *Il a gagné une grosse somme au loto.*

② **somme** n. f. *Une bête de somme,* c'est un animal qui peut porter des charges sur son dos. *Les ânes et les chameaux sont des bêtes de somme.*

③ **somme** n. m. *Faire un somme,* dormir un court moment. *Il a fait un petit somme après le déjeuner.* ➜ **sieste.**

▸ **sommeil** n. m. État dans lequel on est lorsque l'on dort. *Elle a sommeil,* elle a envie de dormir. *Théo parle dans son sommeil,* quand il dort.

▸ **sommeiller** v. (conjug. 3) Dormir légèrement ou peu de temps. *Il sommeille sur la plage.* ➜ **somnoler.**

▸ Autres mots de la famille : assommant, assommer, ensommeillé.

sommelier n. m., **sommelière** n. f. Personne dont le métier est de s'occuper de la cave, des vins et des alcools dans un restaurant.

sommer v. (conjug. 3) Demander avec force. ➜ ② **ordonner.** *Le professeur a sommé les élèves de se taire.*

▸ Autre mot de la famille : sommation.

sommet n. m. **1.** Point le plus élevé. *Le mont Blanc est le plus haut sommet de France.* ➜ **cime.** **2.** Degré le plus élevé. *Cet artiste est au sommet de sa gloire.* ➜ **faîte.** – *Les trois pays ont organisé une conférence au sommet,* une réunion entre les chefs d'État ou les chefs de gouvernement. **3.** Endroit où se coupent deux côtés d'une figure géométrique. *Un triangle a trois sommets.*

sommier n. m. Partie d'un lit sur laquelle est posé le matelas. *Un sommier à ressorts.*

sommité n. f. Personnage important dans un domaine, une science. ➜ **personnalité.** *Les sommités de la médecine.*

somnambule n. m. et f. Personne qui se lève et marche pendant son sommeil. *Une somnambule.* – adj. *Il est somnambule.*

somnifère n. m. Médicament qui fait dormir. ➜ **narcotique, soporifique.** *Le médecin lui a prescrit des somnifères.*

sommelier

somnoler v. (conjug. 3) Dormir à moitié. ➜ **sommeiller.** *Julie a somnolé pendant tout le voyage.*

▸ **somnolence** n. f. État d'une personne qui dort à moitié. *Après le déjeuner, elle a été prise de somnolence.*

▸ **somnolent, somnolente** adj. À moitié endormi. *Ce sirop contre la toux peut rendre somnolent.*

somptueux, somptueuse adj. Luxueux, beau et cher. ➜ **fastueux, magnifique.** *Une villa somptueuse au bord de la mer.*

① **son** adj. possessif m., **sa** adj. possessif f., **ses** adj. possessif pl. Qui est à lui ou à elle, lui appartient, le ou la concerne. ➜ **sien.** *Il a ap-*

porté tous ses instruments de musique : son tambour, son harmonica, sa flûte et sa harpe.
▮ homonymes : ça, çà ; ces.
▸ *Sa* devient *son* devant un nom féminin qui commence par une voyelle ou un *h* muet.

② **son** n. m. Ce que l'on entend. → **bruit.** *J'ai reconnu Paul au son de sa voix.* ▷ Mot de la famille de sonner.

③ **son** n. m. Ce qu'il reste de l'enveloppe des grains de céréales une fois moulus. *Du pain au son.*

sonar n. m. Appareil qui permet de savoir où sont situés des objets sous l'eau, grâce à des ondes sonores. → aussi **radar.**
▸ Ce mot vient de l'anglais.

sonar

sonate n. f. Morceau de musique pour un ou deux instruments. *Une sonate pour violon.*
▸ Ce mot vient de l'italien.

sonde n. f. **1.** Instrument qui sert à mesurer la profondeur de l'eau. **2.** Appareil qui sert à forer le sol et à déterminer son contenu. *On utilise des sondes pour chercher du pétrole.*

▸ **sonder** v. (conjug. 3) **1.** Reconnaître au moyen d'une sonde. *On a sondé la mer et on a trouvé du pétrole.* **2.** *Sonder quelqu'un,* chercher à savoir ce qu'il pense, à connaître ses intentions.

▸ **sondage** n. m. **1.** Exploration du sol à l'aide d'une sonde. *Les sondages ont permis de trouver du gaz naturel.* **2.** *Sondage d'opinion,* enquête faite auprès d'un petit groupe représentatif de personnes pour savoir ce que pense l'ensemble de la population. *On peut prévoir le résultat des élections grâce à des sondages d'opinion.*
▸ Autre mot de la famille : insondable.

songer v. (conjug. 5b) **1.** *Songer à quelque chose,* y penser. *À quoi songes-tu ?* **2.** Réfléchir à, envisager. *Nous songeons à acheter une maison.*

▸ **songe** n. m. Rêve. *La princesse fit un songe merveilleux.*
▸ Ce mot appartient au langage soutenu.

▸ **songerie** n. f. Rêverie. *Léa est perdue dans sa songerie.*
▸ Ce mot appartient au langage soutenu.

▸ **songeur, songeuse** adj. Rêveur. *Tu es bien songeuse, Julie !* → **pensif.** *Un air songeur.*

sonner v. (conjug. 3) **1.** Produire une sonnerie. *Les cloches sonnent à toute volée.* → **carillonner, résonner, tinter.** *Le réveil a sonné.* **2.** Faire résonner. *Autrefois, on sonnait le tocsin en cas de danger.* **3.** Faire fonctionner une sonnerie. *Sonnez avant d'entrer.* **4.** *Sonner quelqu'un,* l'appeler en faisant fonctionner une sonnerie. *Le malade a sonné l'infirmière.*

▸ **sonnerie** n. f. Bruit d'une chose qui sonne. *La sonnerie du téléphone.*
▸ Autres mots de la famille : insonorisation, insonoriser, résonance, résonner, ② son, sonnette, sonore, sonorisation, sonoriser, sonorité, supersonique, ultrason, unisson.

sonnet n. m. Petit poème de quatorze vers disposés en quatre strophes. *Les sonnets de Ronsard.*

sonnette n. f. Mécanisme qui déclenche une sonnerie. *Un coup de sonnette.* ▷ Mot de la famille de sonner.

sonore adj. **1.** Qui résonne fort. *Un rire sonore.* → **éclatant, retentissant.** **2.** Qui renvoie bien le son. *Cette pièce est très sonore.* **3.** Qui produit un son. *Un signal sonore.*

▸ **sonoriser** v. (conjug. 3) Équiper d'un matériel qui diffuse le son. *La salle des fêtes a été sonorisée.* ▮ contraire : **insonoriser.**

▸ **sonorisation** n. f. Installation qui permet de diffuser le son dans un lieu. *La sonorisation*

de cette salle est parfaite.
On dit familièrement *la sono.*

▶ **sonorité** n. f. Qualité du son. *Ce piano a une belle sonorité.*
▷ Mots de la famille de sonner.

sorgo

sophistiqué, sophistiquée adj. **1.** Qui a une allure très recherchée, très artificielle. *Une femme très sophistiquée.* ▮ contraires : **naturel, simple. 2.** Très perfectionné. *Un appareil photo sophistiqué.*

soporifique n. m. et adj.
▪ n. m. Produit qui fait dormir. ➜ **somnifère.** *Les voleurs ont mis un soporifique dans la pâtée du chien.*
▪ adj. Qui endort, ennuie. *Un film soporifique.* ➜ **ennuyeux.**

soprano n. m. et f. Chanteur, chanteuse dont la voix a un timbre aigu. – Au pl. *Des sopranos.*
Quand il s'agit d'une femme, on dit souvent *une soprane.* • C'est un mot italien. (➜ ÉTYM.)

sorbet n. m. Glace à l'eau, sans lait ni crème, souvent à base de jus de fruit. *Un sorbet à la mangue.*
Ce mot vient de l'arabe *chourba* qui veut dire «boisson».

▶ **sorbetière** n. f. Appareil qui sert à faire les sorbets et les glaces.

sorbier n. m. Arbre à petits fruits orangés.

sorcellerie n. f. Magie pratiquée par les sorciers. *Jeanne d'Arc fut accusée de sorcellerie et brûlée vive.*

sorcier n. m., **sorcière** n. f. Personne qui pratique la magie, qui jette des sorts. ➜ aussi **mage.** *Les sorcières des contes de fées sont souvent laides et méchantes.* – adj. Familier. *Ce n'est pas sorcier,* ce n'est pas difficile.

sordide adj. **1.** Très sale et repoussant. *Un taudis sordide.* ➜ **pouilleux. 2.** Répugnant, moralement ignoble. *Il est d'une avarice sordide.*

sorgo ou **sorgho** n. m. Céréale cultivée dans les pays chauds.

sornettes n. f. pl. Paroles qui ne sont pas sérieuses, qui ne reposent sur rien. ➜ **balivernes.** *N'écoute pas ces sornettes !*

sort n. m. **1.** Ce qui arrive à quelqu'un, du fait du hasard ou du destin. *Il est mécontent de son sort.* **2.** *Tirer au sort,* désigner par le hasard. *Les gagnants du concours seront tirés au sort.* **3.** *Jeter un sort à quelqu'un,* attirer le malheur sur lui par la sorcellerie, l'ensorceler. *La sorcière a jeté un sort à la princesse.* ▮ homonyme : saur.
▶ Autre mot de la famille : sortilège.

sortant, sortante adj. **1.** *Numéro sortant,* qui a été tiré au sort et qui a gagné. ➜ **gagnant. 2.** *Député sortant,* qui avait été élu aux élections précédentes. *Le député sortant a été battu.* ▷ Mot de la famille de sortir.

sorte n. f. **1.** Ensemble de personnes ou de choses ayant quelque chose en commun. ➜ **catégorie, espèce, genre, variété.** *Ce magasin vend toutes sortes d'articles de sport. Elle portait une sorte de turban,* une espèce de turban. **2.** *De telle sorte que,* de telle manière que. *Il s'est comporté de telle sorte qu'il a exaspéré tout le monde.* **3.** *Faire en sorte de,* s'arranger pour, essayer de. *Fais en sorte d'être à l'heure.*
▶ Autres mots de la famille : assorti, assortiment, assortir.

sortie n. f. **1.** Endroit par où l'on sort. ▮ contraire : **entrée.** *La sortie est au fond, à droite. La sortie de secours d'un cinéma.* ➜ **issue. 2.** Moment où des personnes sortent. *C'est l'heure de la sortie des classes.* **3.** *La sortie d'un film,* sa présentation au public. ▷ Mot de la famille de sortir.

sortilège n. m. Influence magique que peut exercer un sorcier. *La princesse était victime des sortilèges de la méchante fée.* ▷ Mot de la famille de sort.

souche

sortir v. (conjug. 20) **1.** Aller hors d'un lieu, à l'extérieur. ▮ contraire : **entrer.** *Elle sort de sa chambre.* **2.** Aller au spectacle ou dîner dehors. *Ils sont très mondains, ils sortent beaucoup.* **3.** Quitter un lieu. *Elle sort de chez le coiffeur,* elle en vient. *Julie sort de l'école à 4 heures et demie.* **4.** Être mis dans le commerce, proposé au public. *Son dernier livre n'est pas encore sorti.* ➜ **paraître.** *Le film sort la semaine prochaine.* **5.** Être tiré au sort, être gagnant. *À la loterie, c'est le numéro dix qui est sorti.* **6.** Emmener dehors. *Il sort son chien matin et soir.* **7.** Mettre dehors. *Elle sort la voiture du garage.* **8.** *Le chat sort ses griffes,* il les montre. ▮ contraire : **rentrer.** **9.** Familier. ***S'en sortir,*** venir à bout de quelque chose. *Je ne m'en sors pas, de ce travail ! Il s'en est bien sorti.* ➜ **tirer.**

▶ Autres mots de la famille : ressortir, sortant, sortie.

S. O. S. [ɛsoɛs] n. m. Signal de détresse. *Le navire en perdition a lancé un S. O. S.* – Au pl. *Des S. O. S.*

sosie n. m. Personne qui ressemble exactement à une autre. *Elle est le sosie d'une actrice de cinéma.*

sot, sotte adj. Bête, stupide. *Elle est gentille, mais un peu sotte.* ➜ **idiot.** ▮ homonymes : saut, sceau, seau.

▶ **sottement** adv. De manière sotte. ➜ **bêtement, stupidement.** *Il s'est conduit sottement.* ▮ contraire : **intelligemment.**

▶ **sottise** n. f. **1.** Bêtise, stupidité. *Il est d'une grande sottise.* **2.** Chose stupide. *Tu dis des sottises.* ➜ **ânerie, idiotie.**

sou n. m. (pl. **sous**) **1.** Ancienne pièce de monnaie. **2.** *Ne plus avoir un sou,* ne plus avoir d'argent. ▮ homonymes : soûl, sous.

soubassement n. m. Base des murs d'un bâtiment. *Le soubassement repose sur les fondations.* ▷ Mot de la famille de ① bas.

soubresaut n. m. Mouvement brusque et involontaire. ➜ **sursaut.** *Il a eu un soubresaut en entendant du bruit.* ▷ Mot de la famille de saut.

souche n. f. **1.** Partie du tronc et des racines qui reste quand un arbre a été coupé. **2.** Origine d'une famille. *Leur famille est de souche bretonne.* **3.** Partie d'une feuille qui reste fixée à un carnet, quand on a enlevé la partie qui se détache. *Il note le montant et la date du chèque sur la souche.* ➜ **talon.**

① **souci** n. m. **1.** Inquiétude, tracas. *Il a de nombreux soucis. Je me fais du souci pour elle,* je m'inquiète, me tracasse. **2.** Attitude d'une personne qui fait attention à ce qu'elle fait. ➜ **préoccupation.** *Il a le souci de bien faire son travail.*

▶ Autres mots de la famille : insouciance, insouciant, se soucier, soucieux.

② **souci** n. m. Petite plante à fleurs jaunes ou orangées. ➜ planche **Fleurs.** *Des platebandes de soucis.*

se **soucier** v. (conjug. 9) S'inquiéter, se préoccuper. *Elle ne se soucie pas de ce que l'on pense d'elle.* ▷ Mot de la famille de ① souci.

soucieux, soucieuse adj. Inquiet, préoccupé. *Elle paraît soucieuse ces jours-ci.* ▷ Mot de la famille de ① souci.

soucoupe n. f. **1.** Petite assiette qui se place sous une tasse. **2.** *Une soucoupe volante,* c'est un objet volant mystérieux. *Certaines personnes croient à l'existence des soucoupes volantes.* ➜ aussi **ovni.** ▷ Mot de la famille de ① coupe.

soudain adj. et adv., **soudaine** adj.
▪ adj. Brusque, subit. *La panne a été soudaine.*
▪ adv. Tout d'un coup. ➜ **soudainement.** *Soudain, la pluie se mit à tomber.*

▶ **soudainement** adv. Tout d'un coup, brusquement. *Cette idée m'est venue soudainement.*

▶ **soudaineté** n. f. Caractère de ce qui est rapide et imprévu. *La soudaineté de son départ nous a surpris.*

souder v. (conjug. 3) Faire tenir ensemble deux pièces de métal en faisant fondre leurs deux extrémités ou en coulant dessus du métal fondu. *Le plombier soude les deux tuyaux au chalumeau.*

▶ Autre mot de la famille : soudure.

souder

soudoyer v. (conjug. 10) Payer pour faire commettre une action malhonnête, interdite. *Le prisonnier a soudoyé un gardien.*

soudure n. f. Endroit où deux métaux ont été soudés. *Cette soudure est presque invisible.*

▷ Mot de la famille de souder.

souffler v. (conjug. 3) **1.** Faire sortir de l'air par la bouche ou par le nez. *Inspirez, soufflez !* ➜ **expirer.** *Il souffle sur les braises pour ranimer le feu.* **2.** Respirer avec peine. ➜ **haleter.** *Il souffle en montant l'escalier.* **3.** Reprendre haleine, se reposer. *Laisse-nous le temps de souffler un peu.* **4.** *Le vent souffle,* il produit un courant d'air. **5.** *Souffler des bougies,* les éteindre en envoyant sur les flammes de l'air qu'on a rejeté par la bouche. *Julie a soufflé toutes les bougies de son gâteau d'anniversaire.* **6.** Dire à voix basse. *Alex souffle la réponse à Léa.* ➜ **chuchoter.** – *Il n'a pas soufflé mot,* il n'a rien dit.

▶ **soufflé** n. m. Plat léger qui gonfle en cuisant au four. *Un soufflé au fromage.*

▶ **souffle** n. m. **1.** Air rejeté par la bouche. *Les spectateurs retiennent leur souffle en regardant le numéro des trapézistes.* ➜ **respiration.** **2.** Mouvement de l'air. *Il n'y a pas un souffle d'air, on étouffe.*

▶ **soufflerie** n. f. Machine qui sert à souffler de l'air. *La soufflerie d'un orgue amène l'air dans les tuyaux.*

▶ **soufflet** n. m. **1.** Instrument qui sert à envoyer de l'air. *Il attise les braises avec un soufflet.* **2.** Partie souple qui relie deux wagons de chemin de fer ou deux parties d'un bus. **3.** Gifle.

◗ Au sens 3, ce mot appartient au langage soutenu.

▶ **souffleur** n. m., **souffleuse** n. f. Personne chargée de souffler leur texte aux comédiens qui ont un trou de mémoire, au théâtre. *Autrefois, le souffleur se tenait dans un trou situé sur le devant de la scène.*

▶ Autres mots de la famille : boursouflé, boursouflure, essoufflement, essouffler.

souffreteux, souffreteuse adj. Qui a une mauvaise santé. ➜ **maladif.** *Une petite fille souffreteuse.*

souffrir v. (conjug. 19) **1.** Avoir mal, éprouver de la douleur. *Il a beaucoup souffert pendant sa maladie. Il souffre parfois de la solitude.* **2.** Être endommagé, abîmé. *Les plantes ont souffert de la sécheresse.* ➜ **pâtir.**

▶ **souffrance** n. f. **1.** Douleur. *Il a enduré de grandes souffrances.* **2.** *En souffrance,* en attente. *Le paquet est resté en souffrance à la poste.*

▶ **souffrant, souffrante** adj. Un peu malade. *Julie est souffrante, elle a mal à la gorge.*

▶ **souffre-douleur** n. m. inv. Personne que l'on fait souffrir par plaisir. *Il est le souffre-douleur de sa sœur aînée.* – Au pl. *Des souffre-douleur.* ▷ Mot de la famille de douleur.

soufre n. m. Matière jaune citron que l'on trouve dans la nature. *En brûlant, le soufre produit des vapeurs suffocantes.*

◗ *Soufre* s'écrit avec un seul *f*.

souhaiter v. (conjug. 3) Désirer, espérer. *Je souhaite vous revoir bientôt. Il nous a souhaité de bonnes vacances.*

▶ **souhait** n. m. Désir, vœu. *Il a exprimé le souhait de la revoir. Les souhaits de bonne année. On dit «À vos souhaits !» à quelqu'un qui éternue.*

▸ **souhaitable** adj. Que l'on peut souhaiter. *Elle a toutes les qualités souhaitables pour faire ce métier.* ➜ **désirable.**

souiller v. (conjug. 3) Salir, tacher. *Des taches de sauce souillent la nappe.*

▸ **souillon** n. f. Femme sale, négligée. *C'est une vraie souillon.*

souk n. m. Marché couvert, dans les pays arabes. – Au pl. *Des souks.*
C'est un mot arabe qui veut dire «marché».

souk

soûl [su], **soûle** [sul] adj. Ivre. ▪ homonymes : sou, sous.
On écrit parfois *saoul, saoule.*
▸ Autres mots de la famille : soûlant, soûler.

soulager v. (conjug. 5b) Calmer, apaiser. *L'aspirine soulage la douleur. Je suis soulagé de savoir qu'il est bien arrivé.*

▸ **soulagement** n. m. État d'une personne qui est soulagée, apaisée. *Il poussa un soupir de soulagement.*

soûler v. (conjug. 3) **1.** Rendre ivre. *L'alcool soûle.* ➜ **enivrer.** – **se soûler,** boire jusqu'à être soûl. ➜ s'**enivrer.** *Ils se sont soûlés au whisky.* **2.** Familier. Fatiguer, lasser. *Tais-toi un peu, tu nous soûles !* ➜ aussi **soûlant.**

▸ **soûlant, soûlante** adj. Familier. Fatigant, lassant. *Elle parle tout le temps, elle est soûlante.*
▷ Mots de la famille de soûl.

soulever v. (conjug. 7) **1.** Lever à une faible hauteur. *Les haltérophiles soulèvent des poids très lourds.* **2.** Faire s'élever. *La voiture soulevait des nuages de poussière.* **3. se soulever,** se révolter. *Le peuple se souleva contre le dictateur.* **4.** Déclencher, provoquer. *Le discours du président a soulevé l'enthousiasme général.*

▸ **soulèvement** n. m. Révolte. *Le soulèvement du peuple fut sévèrement réprimé.*
▷ Mots de la famille de ① lever.

soulier n. m. Chaussure. *Des souliers vernis.*
Ce mot s'emploie moins souvent que *chaussure.*

souligner v. (conjug. 3) **1.** Tirer un trait sous un mot. *Soulignez les verbes.* **2.** Faire remarquer avec insistance. *Tous les journaux ont souligné l'importance de l'évènement.* ▷ Mot de la famille de ligne.

soumettre v. (conjug. 59) **1.** Obliger à obéir. *L'armée a soumis les rebelles.* ➜ **mater.** – **se soumettre,** obéir. *Les rebelles refusèrent de se soumettre.* **2.** Soumettre à quelque chose, obliger à faire quelque chose. *Tous les citoyens d'un pays sont soumis aux mêmes lois,* ils doivent s'y plier. **3.** Présenter, proposer à quelqu'un pour qu'il donne son avis. *Je vous soumets le problème.*

▸ **soumis, soumise** adj. Docile, obéissant. *Une femme soumise. Un air soumis.*

▸ **soumission** n. f. Obéissance. *Les seigneurs firent acte de soumission au roi,* ils se soumirent.
▷ Mots de la famille de mettre.

soupape n. f. Partie d'un appareil qui peut bouger pour laisser passer un gaz, un liquide. ➜ **valve.** *Dans un moteur de voiture, les soupapes règlent l'entrée et la sortie des gaz.*

soupçon n. m. **1.** Sentiment que l'on a de la culpabilité de quelqu'un. *La police a des soupçons, mais pas de preuves.* **2.** *Un soupçon de,* une petite quantité de. *Elle a remis un soupçon de sel dans la sauce.*

▸ **soupçonner** v. (conjug. 3) Avoir des soupçons. ➜ **suspecter.** *Ses amis le soupçonnent de mentir. Louise soupçonne son frère de lui avoir pris son stylo,* elle pense qu'il est coupable de cela.

▸ **soupçonneux, soupçonneuse** adj. Plein de soupçons. ➜ **méfiant.** *Un air soupçonneux.*

▸ Attention à la cédille du ç.

soupe n. f. Aliment liquide plus ou moins épais, souvent à base de légumes cuits dans de l'eau. ➜ **bouillon, potage.** *Une soupe aux poireaux.* – *Cracher dans la soupe,* mépriser, critiquer une chose qui est avantageuse pour soi.

▸ Autres mots de la famille : ① et ② souper, soupière.

soupente n. f. Petite pièce aménagée sous un escalier ou dans la hauteur d'une pièce. *La soupente sert de placard à balais.* ▹ Mot de la famille de pente.

① **souper** n. m. **1.** Dîner que l'on prend très tard, la nuit. **2.** En Suisse. Repas du soir. ➜ ② **dîner.**

▸ ② **souper** v. (conjug. 3) **1.** Dîner très tard. *Ils sont allés au théâtre, puis ils ont soupé.* **2.** En Suisse. Prendre le repas du soir. ➜ ① **dîner.**

▹ Mots de la famille de soupe.

soupeser v. (conjug. 7) Évaluer le poids en soulevant avec la main. *Alex soupèse la grosse valise.* ▹ Mot de la famille de peser.

soupière n. f. Plat large et profond, dans lequel on sert la soupe. ▹ Mot de la famille de soupe.

soupir n. m. Respiration longue et profonde. *Julie s'ennuie et pousse de gros soupirs. Un soupir de soulagement.* – *Rendre le dernier soupir,* mourir. ▹ Mot de la famille de soupirer.

soupirail n. m. (pl. **soupiraux**) Très petite fenêtre pratiquée au bas d'un mur extérieur pour donner de l'air et de la lumière au sous-sol. *Les soupiraux de la cave ont des barreaux.*

soupirail

soupirant n. m. Amoureux. *Elle a deux soupirants.* ▹ Mot de la famille de soupirer.

▸ Ce mot appartient au langage soutenu.

soupirer v. (conjug. 3) Pousser un soupir. *Paul soupire en faisant ses devoirs.*

▸ Autres mots de la famille : soupir, soupirant.

souple adj. **1.** Qui se plie et se courbe facilement sans se casser. *Le caoutchouc est souple.* ➜ **flexible.** ▮ contraire : **rigide. 2.** Dont le corps est capable de se plier et de se mouvoir sans effort dans toutes les positions. *Les danseurs et les acrobates sont très souples.* **3.** Qui s'adapte facilement aux gens et aux situations. ➜ **accommodant.** *Un caractère très souple.*

▸ **souplesse** n. f. **1.** Caractère d'un être ou d'une chose souple, flexible. *La souplesse des gymnastes.* ▮ contraires : **raideur, rigidité. 2.** Facilité à s'adapter. *Il manque parfois de souplesse dans ses rapports avec les autres.* ➜ **diplomatie.**

▸ Autres mots de la famille : assouplir, assouplissement.

source n. f. **1.** Eau qui sort du sol. *De l'eau de source.* **2.** *La source d'un fleuve,* l'endroit où il prend naissance. ➜ planche **Eau.** *La Loire prend sa source au mont Gerbier-de-Jonc.* **3.** Origine, cause. *La source d'une erreur.* **4.** *Source d'énergie,* ce qui produit de l'énergie. *Le pétrole et le gaz sont des sources d'énergie.* **5.** Origine d'une information. *Il est parti, je le sais de source sûre,* je l'ai appris par des personnes bien informées.

▸ **sourcier** n. m., **sourcière** n. f. Personne qui découvre des sources à l'aide d'une baguette ou d'un pendule.

sourcil [sursi] n. m. Ligne de poils au-dessus des yeux. *Quand elle est mécontente, elle fronce les sourcils.*

▸ Le *l* final ne se prononce pas.

▸ **sourcilier, sourcilière** adj. *L'arcade sourcilière.* ➜ **arcade.**

▸ **sourciller** v. (conjug. 3) Manifester son émotion ou son mécontentement. *Il a payé la note, sans sourciller.*

a b c d e f g h i j k l m n o p q r s t u v w x y z

sourd, sourde adj. **1.** Qui n'entend pas ou entend mal. ➜ aussi **surdité.** *Il est devenu un peu sourd.* ➜ **malentendant.** – *Faire la sourde oreille,* faire comme si on n'entendait pas. – n. *Les sourds et les malentendants.* **2.** *Rester sourd à quelque chose,* refuser de l'entendre. *Elle est restée sourde à toutes nos prières.* **3.** Qui a un son étouffé, peu sonore. *Un bruit sourd.* **4.** *Une douleur sourde,* vague et continue. ▮ contraire : **aigu.**

▸ **sourdement** adv. Avec un bruit sourd. *Le tonnerre gronde sourdement.*

▸ **sourdine** n. f. Petit appareil qui amortit le son d'un instrument de musique. *Quand il joue du piano, il met la sourdine pour ne pas faire trop de bruit.* – *En sourdine,* faiblement, pas très fort. *On entend la radio en sourdine.*

▸ **sourd-muet** n. m., **sourde-muette** n. f. Personne qui est à la fois sourde et muette. *Les sourds-muets communiquent entre eux par gestes.* ▷ Mot de la famille de muet.

▶ Autres mots de la famille : assourdir, assourdissant.

souriant, souriante adj. Qui sourit, est aimable. *Une enfant très souriante.* ▷ Mot de la famille de ① rire.

souriceau n. m. Petit de la souris. *Une portée de souriceaux.* ▷ Mot de la famille de souris.

souricière n. f. Piège à souris. ▷ Mot de la famille de souris.

① **sourire** v. (conjug. 39) **1.** Prendre une expression rieuse avec la bouche et les yeux pour montrer que l'on est content ou que l'on veut être aimable. *La vendeuse sourit à la cliente qui vient d'entrer.* ➜ aussi **souriant.** **2.** Être favorable à quelqu'un. *La chance lui sourit : il a gagné au loto.* **3.** Être agréable, faire plaisir à quelqu'un. *La perspective de garder sa petite sœur ne souriait pas à Paul.* ➜ **enchanter, plaire.**

▸ ② **sourire** n. m. Expression du visage quand il sourit. *Elle a un joli sourire.*

▷ Mots de la famille de ① rire.

souris n. f. **1.** Petit rongeur à longue queue, plus petit que le rat. ➜ planche **Ville.** *Le chat chasse les souris.* **2.** Pièce d'un ordinateur qui permet d'intervenir sur l'écran. *Il clique à l'aide de la souris.*

▶ Autres mots de la famille : chauve-souris, souriceau, souricière.

souris

sournois, sournoise adj. Qui dissimule ce qu'il pense ou ce qu'il sait, dans une intention malveillante. ➜ **fourbe, hypocrite.** ▮ contraire : ② **franc.** *Un air sournois.*

▸ **sournoisement** adv. De façon sournoise, en dissimulant ses intentions. *L'ennemi nous a attaqués sournoisement.*

sous prép. **1.** Plus bas par rapport à une chose située au-dessus. *Le chat s'est réfugié sous l'armoire,* en-dessous de l'armoire. ▮ contraire : ① **sur.** **2.** *J'ai mis le chèque sous enveloppe,* à l'intérieur d'une enveloppe. **3.** *Les branches ploient sous le poids des fruits,* à cause de leur poids. **4.** *L'école est sous la responsabilité de la directrice,* la directrice en a la responsabilité. **5.** À l'époque de. *Sous la Révolution, il y a eu beaucoup de massacres.* ▮ homonymes : sou, soûl.

▶ Autres mots de la famille : dessous, dessous-de-plat.

sous-alimentation n. f. Alimentation insuffisante qui met en danger la santé ou la vie. ➜ aussi **malnutrition.** *De nombreux pays souffrent de sous-alimentation.* ▷ Mot de la famille de aliment.

sous-alimenté, sous-alimentée adj. Qui n'a pas assez à manger. *Il y a beaucoup d'enfants sous-alimentés en Afrique.* ▷ Mot de la famille de aliment.

sous-bois n. m. Partie de la forêt où la végétation pousse sous les arbres. *De nombreux champignons poussent dans les sous-bois.* ▷ Mot de la famille de bois.

souscrire v. (conjug. 42) **1.** S'engager à payer. *Ils ont souscrit un prêt auprès de la banque.* **2.** Donner son adhésion. ➜ **consentir.** *La police refuse de souscrire aux exigences des ravisseurs.*

▸ **souscription** n. f. Engagement de verser une somme d'argent pour financer une œuvre en cours de préparation, un ouvrage en cours de publication. *Ce dictionnaire est vendu par souscription.*

sous-cutané, sous-cutanée adj. *Piqûre sous-cutanée,* qui se fait sous la peau. ▷ Mot de la famille de cutané.

sous-développé, sous-développée adj. *Les pays sous-développés,* les pays qui sont pauvres parce que leur agriculture et leur industrie ne sont pas assez développées. ▷ Mot de la famille de développer.

◗ On dit plutôt *les pays en voie de développement.*

sous-entendre v. (conjug. 44) Laisser deviner ce qu'on pense sans le dire franchement. *Je ne sais pas exactement ce qu'il sous-entend.*

▸ **sous-entendu** n. m. Chose que l'on laisse deviner sans la dire vraiment. ➜ **allusion, insinuation.** *Des paroles pleines de sous-entendus.*

▷ Mots de la famille de entendre.

sous-estimer v. (conjug. 3) Estimer au-dessous de sa valeur, de son importance. ▮ contraire : **surestimer.** *Il a perdu le match car il a sous-estimé son adversaire.* ▷ Mot de la famille de estimer.

sous-main n. m. **1.** Rectangle de cuir, buvard, sur lequel on s'appuie pour écrire. — Au pl. *Des sous-mains.* **2.** *En sous-main,* en cachette, en secret. *Il a obtenu ces renseignements confidentiels en sous-main.* ▷ Mot de la famille de main.

sous-marin adj. et n. m., **sous-marine** adj.
▪ adj. Situé sous la surface de la mer. *La flore sous-marine.*
▪ n. m. Navire qui peut naviguer sous l'eau. ➜ **submersible.** ➜ planche **Bateaux.** *Les sous-marins sont en plongée.* ▷ Mot de la famille de marin.

fond sous-marin

sous-officier n. m., **sous-officière** n. f. Militaire au grade moins élevé que l'officier. *Le sergent et l'adjudant sont des sous-officiers.* ▷ Mot de la famille de officier.

sous-préfecture n. f. Ville où habite le sous-préfet et où sont installés ses bureaux. — Au pl. *Des sous-préfectures.* ▷ Mot de la famille de préfecture.

sous-préfet n. m., **sous-préfète** n. f. Fonctionnaire qui représente le gouvernement dans une partie du département, l'arrondissement. — Au pl. *Des sous-préfets.* ▷ Mot de la famille de préfet.

sous-produit n. m. Produit obtenu au cours de la fabrication d'un premier produit. *Les matières plastiques et les textiles synthétiques sont des sous-produits du pétrole.* ▷ Mot de la famille de produire.

soussigné, soussignée adj. Qui a signé plus bas. *Je, soussignée Françoise Dupond, déclare...* ▷ Mot de la famille de signe.

◗ Ce mot s'emploie dans des formules officielles ou administratives pour certifier que l'on est bien la personne qui signe une déclaration.

sous-sol n. m. **1.** Partie du sol qui se trouve loin sous la surface. *Le sous-sol de ce pays est* *riche en charbon.* **2.** Partie d'une construction située au-dessous du niveau du sol. *Le parking est au sous-sol.* – Au pl. *Des sous-sols.* ▷ Mot de la famille de ① sol.

sous-titre n. m. **1.** Titre placé après le titre principal. **2.** Texte qui traduit les dialogues d'un film, au bas de l'image. *Le film est présenté en version originale avec des sous-titres.*

▸ **sous-titrer** v. (conjug. 3) Mettre des sous-titres au bas des images d'un film. *Des films étrangers sous-titrés en français.*

▷ Mots de la famille de titre.

soustraction n. f. Opération par laquelle on retranche un nombre d'un autre. ▮ contraire : **addition.**

soustraire v. (conjug. 53) **1.** Retrancher par soustraction un nombre d'un autre. *Si on soustrait 10 de 15, il reste 5.* → **enlever, ôter.** ▮ contraires : **additionner, ajouter.** **2.** ***Se soustraire** à,* chercher à échapper à. *Il ne se soustrait jamais à ses responsabilités.*

sous-verre n. m. Photo ou gravure placée entre une plaque de verre et un carton rigide. – Au pl. *Des sous-verres.* ▷ Mot de la famille de verre.

sous-vêtement n. m. Vêtement qui se porte sous les autres vêtements. *Les slips, les soutiens-gorges, les caleçons sont des sous-vêtements.* ▷ Mot de la famille de vêtir.

soutane n. f. Longue robe boutonnée devant, portée par les prêtres catholiques. *Le pape porte une soutane blanche.*

▸ Ce mot vient de l'italien.

soute n. f. Partie d'un navire ou d'un avion où l'on met les bagages et les marchandises. → planche **Avions.**

soute

soutenir v. (conjug. 13) **1.** Servir de support, d'appui. → **porter, supporter.** *De grosses poutres soutiennent le toit.* **2.** Aider à se tenir debout. *L'infirmière soutient le malade pour lui faire faire quelques pas.* **3.** Réconforter, aider. *Dans son malheur, ses amis l'ont beaucoup soutenu.* **4.** Prendre le parti de quelqu'un. *Il soutient toujours sa sœur quand elle est attaquée.* **5.** Affirmer, prétendre. *Le témoin soutient avoir vu le suspect à 21 heures.* **6.** Faire durer sans faiblir. *Je suis fatigué, j'ai du mal à soutenir mon attention.*

▸ **soutenu, soutenue** adj. **1.** Qui ne se relâche pas. *Des efforts soutenus.* → **constant.** **2.** D'un ton assez intense. *Un bleu soutenu.* → **foncé, vif.** ▮ contraires : **clair, pâle.** **3.** Qui se maintient à un certain niveau, évite la familiarité. *La langue soutenue.* ▮ contraire : **familier.**

▷ Mots de la famille de tenir.

souterrain adj. et n. m., **souterraine** adj. ▪ adj. Situé au-dessous du niveau du sol. *Un passage souterrain. Les taupes creusent des galeries souterraines.* ▮ contraire : à **ciel** ouvert.
▪ n. m. Tunnel, galerie sous la terre. *Les souterrains d'un château.* ▷ Mot de la famille de terre.

soutien n. m. Aide, appui. *Ses amis lui ont apporté leur soutien.* ▷ Mot de la famille de tenir.

soutien-gorge n. m. Sous-vêtement de femme, qui couvre et maintient les seins. – Au pl. *Des soutiens-gorges.* ▷ Mot de la famille de tenir.

soutirer v. (conjug. 3) **1.** Transvaser doucement un liquide d'un récipient à un autre pour éliminer les dépôts. *Le vigneron soutire du vin d'un tonneau.* **2.** Obtenir grâce à la ruse ou à l'insistance. *Le commissaire a soutiré des renseignements au gardien.* → **arracher, extorquer.**
▷ Mot de la famille de tirer.

se **souvenir** v. (conjug. 13) Avoir présent dans la mémoire, se rappeler. ▮ contraire : **oublier.** *Je me souviendrai toujours de ce jour-là. Il ne se souvient pas d'avoir dit cela.*

▸ **souvenir** n. m. **1.** Mémoire. *Il a gardé le souvenir de cet évènement.* **2.** Moment dont on se souvient. *Elle aime bien raconter à ses petits-enfants ses souvenirs de jeunesse.* **3.** Objet qui fait se souvenir d'une personne ou d'un endroit. *Il a rapporté de nombreux souvenirs de ses voyages.*

souvent adv. À intervalles assez rapprochés. ➜ **fréquemment.** *Il pleut souvent en cette saison. Je ne le vois pas très souvent.* – *Le plus souvent,* généralement, habituellement. ▮ contraires : **jamais, rarement.**

souverain n. m. et adj., **souveraine** n. f. et adj.
▪ n. Chef d'un royaume ou d'un empire. ➜ aussi **empereur, impératrice, monarque, reine, roi.**
▪ adj. 1. Qui a le pouvoir de décider. *Dans une démocratie, le peuple est souverain.* 2. Efficace. *Ces pastilles sont souveraines contre la toux.* 3. Extrême, total. *Il a un mépris souverain pour les autres.*

▸ **souverainement** adv. Extrêmement, très. *Il est souverainement méprisant.*

▸ **souveraineté** n. f. Pouvoir, autorité. *Dans une démocratie, le peuple exerce sa souveraineté en votant.*

soyeux, soyeuse adj. Doux et brillant comme de la soie. *Ce chat a une fourrure soyeuse.* ▷ Mot de la famille de soie.

spacieux, spacieuse adj. Grand, vaste. *Une pièce très spacieuse.* ▮ contraire : **exigu.**

spaghetti n. m. *Les spaghettis,* pâtes longues et fines. *Des spaghettis à la sauce tomate.*
▸ Le *g* est suivi d'un *h.* • C'est un mot italien. (➜ ÉTYM.)

sparadrap [spaʀadʀa] n. m. Tissu collant utilisé pour faire des pansements.
▸ Ce mot se termine par un *p* qui ne se prononce pas.

spasme n. m. Contraction brusque et involontaire d'un muscle. ➜ aussi **convulsion, crampe.** *Des spasmes de l'estomac.*

▸ **spasmodique** adj. Dû à des spasmes. *Des frissons spasmodiques.*

spatial, spatiale [spasjal] adj. Qui se rapporte à l'espace interplanétaire. ➜ planche **Espace.** *Les engins spatiaux,* qui voyagent dans l'espace. *Des voyages spatiaux,* à travers l'espace. ➜ aussi **cosmique, interplanétaire.**

▸ **spationaute** [spasjonot] n. m. et f. Personne qui voyage dans l'espace. ➜ **astronaute, cosmonaute.**

spatule n. f. Instrument formé d'un manche et d'une large lame. *Le vitrier applique du mastic avec une spatule. La spatule d'un ski,* c'est la partie recourbée à l'avant.

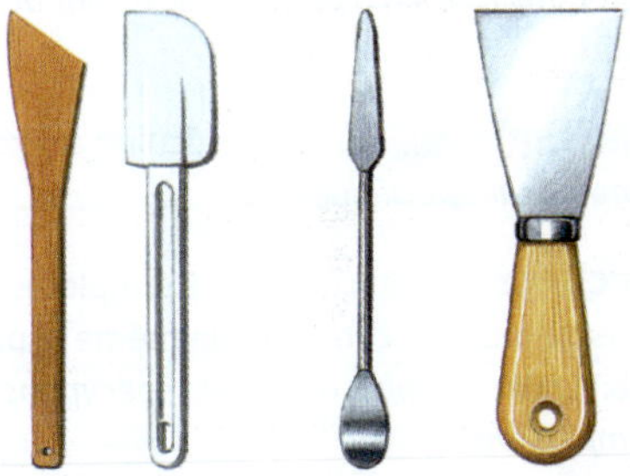

spatule

spécial, spéciale adj. 1. Particulier. *Les patineurs portent des chaussures spéciales.* – Au masc. pl. *spéciaux.* 2. Qui constitue une exception. *Pour visiter le château, il faut une autorisation spéciale.* 3. Qui n'est pas commun, pas ordinaire. *Il est un peu spécial.* ➜ **bizarre, étrange, original.**

▸ **spécialement** adv. 1. Exprès. *J'ai fait ce gâteau spécialement pour toi.* 2. En particulier, surtout. *Il aime les animaux, spécialement les chiens.*

▸ **spécialisé, spécialisée** adj. Qui a pour spécialité, qui s'est spécialisé dans un domaine. *Ce médecin est spécialisé dans les maladies cardiaques.* ➜ aussi **spécialiste.**

▸ se **spécialiser** v. (conjug. 4) Acquérir des connaissances approfondies dans un domaine. *Elle s'est spécialisée en pédiatrie.*

▸ **spécialisation** n. f. Formation spéciale dans un domaine. *Pour faire ce métier, il faut plusieurs années de spécialisation.*

▸ **spécialiste** n. m. et f. 1. Personne qui connaît très bien un travail, un domaine particulier. ➜ **expert.** *Les spécialistes de l'économie* *mondiale.* **2.** Médecin spécialisé dans une partie de la médecine. contraire : **généraliste.** *Un cardiologue est un spécialiste des maladies cardiaques.*

▸ **spécialité** n. f. **1.** Domaine que l'on connaît le mieux. *La spécialité de ce médecin est la dermatologie.* **2.** Plat particulier à un pays, une région. *La paella est une spécialité espagnole.*

spécifier v. (conjug. 9) Indiquer de façon précise. → **préciser.** *Il n'a pas spécifié le jour de son départ.*

spécifique adj. Qui est particulier à. *L'éther a une odeur spécifique.*

spécimen [spesimɛn] n. m. Exemple qui représente bien les choses de la même espèce. → **échantillon.** *Voici quelques spécimens de champignons.*

spectacle n. m. **1.** Ensemble des choses que l'on voit. → **tableau, vision.** *Après le passage du cyclone, l'île offrait un triste spectacle.* **2.** Ce que l'on montre au public pour le distraire (films, pièces de théâtre, ballets, etc.). → planche **Spectacle.** *Un spectacle de marionnettes.*

spectaculaire adj. Qui impressionne, frappe, étonne la personne qui regarde. *Cet exercice au trapèze volant est vraiment spectaculaire.* → **impressionnant.**

spectateur n. m., **spectatrice** n. f. **1.** Témoin d'un évènement. *Elle a été spectatrice de l'accident.* **2.** Personne qui assiste à un spectacle, à une compétition sportive ou à une cérémonie. *Les spectateurs applaudissent à tout rompre.*

▸ Autre mot de la famille : téléspectateur.

① **spectre** n. m. Fantôme, revenant. *La légende dit que des spectres hantent la maison.*

② **spectre** n. m. Suite de couleurs provenant de la décomposition de la lumière du soleil. *L'arc-en-ciel montre les sept couleurs du spectre.*

spéculer v. (conjug. 3) Faire des opérations de commerce en jouant sur le fait que les prix montent et baissent. *Quand on spécule, on achète au moment où les prix sont bas et on revend quand ils remontent.*

▸ **spéculateur** n. m., **spéculatrice** n. f. Personne qui spécule.

▸ **spéculation** n. f. Opération commerciale fondée sur le fait que les prix montent et baissent. *Ce promoteur fait de la spéculation sur les terrains à bâtir.*

spéléologie n. f. Exploration des grottes, des gouffres et des rivières souterraines.

▸ **spéléologue** n. m. et f. Personne qui explore les grottes, les gouffres et les rivières souterraines. *Une équipe de spéléologues vient de passer un mois sous terre.*

spéléologue

sperme n. m. Liquide produit par les testicules et qui contient les spermatozoïdes. *Le sperme est émis lors de l'éjaculation.*

▸ **spermatozoïde** n. m. Cellule reproductrice contenue dans le sperme. → aussi **ovule.**

sphère n. f. **1.** Figure géométrique qui a la forme d'une boule. → planche **Géométrie.** *La Terre a la forme d'une sphère aplatie aux deux pôles.* **2.** Domaine, milieu. *Les hautes sphères de la politique,* les dirigeants politiques.

▸ **sphérique** adj. En forme de sphère. → **rond.** *Un ballon de football est sphérique.*

▸ Autres mots de la famille : atmosphère, atmosphérique, hémisphère, planisphère, stratosphère.

Sphinx [sfɛ̃ks] n. m. Monstre antique imaginaire, représenté en Grèce avec un corps de lion, des ailes et une tête de femme, et en Égypte avec un corps de lion et une tête d'homme, de bélier ou d'épervier. ➜ planche Créatures **fantastiques.**

Sphinx

spirale n. f. Ligne courbe qui tourne sur elle-même autour d'un axe. *Un escalier en spirale,* qui tourne sur lui-même. ➜ **colimaçon.** – *Un cahier à spirale,* dont les pages sont reliées par une spirale de métal.

spiritisme n. m. Science occulte à l'aide de laquelle on cherche à communiquer avec les esprits des morts.

spirituel, spirituelle adj. 1. *La vie spirituelle,* la vie de l'esprit, de l'âme. ▮ contraires : **corporel,** ① **matériel,** ② **physique.** 2. *Une personne spirituelle,* une personne drôle, qui a de l'esprit. – *Une plaisanterie spirituelle,* pleine d'esprit.

spiritueux n. m. Boisson alcoolisée. *Un commerce de vins et spiritueux.*

splendeur n. f. Chose très belle, splendide. *Cette bague est une splendeur.* ➜ **merveille.**

splendide adj. Magnifique, superbe. ▮ contraire : **horrible.** *Ils ont un appartement splendide.* ➜ **somptueux.** *Quel temps splendide !*

spolier v. (conjug. 9) Priver brutalement quelqu'un de ce qui lui appartient par des moyens malhonnêtes. *Il a été spolié de son héritage par ses frères et sœurs.* ➜ **déposséder.**

spongieux, spongieuse adj. Qui est mou et retient l'eau, comme une éponge. *Après la pluie, la terre est spongieuse.*

sponsor n. m. Personne ou entreprise qui donne de l'argent pour financer un projet dans le domaine du sport ou de la culture. ➜ aussi **mécène.**

▶ Ce mot vient de l'anglais.

▸ **sponsoriser** v. (conjug. 3) Financer un projet dans le domaine du sport ou de la culture. ➜ aussi **parrainer** et **patronner.** *Le match est sponsorisé par une compagnie d'assurances.*

spontané, spontanée adj. 1. Que l'on fait sans y être obligé. *Le coupable a fait des aveux spontanés.* 2. Qui agit avec naturel, sans calcul. *Julie est une enfant spontanée.*

▸ **spontanéité** n. f. Caractère d'une personne spontanée, naturelle et directe. *Elle a beaucoup de spontanéité.*

▸ **spontanément** adv. Avec spontanéité. *Le témoin s'est présenté spontanément à la police,* de lui-même.

sporadique adj. Qui se produit çà et là, à intervalles irréguliers. *Des mouvements de grève sporadiques ont perturbé le trafic aérien.* ▮ contraires : **constant, fréquent.**

spore n. f. Cellule microscopique qui permet à certains végétaux de se reproduire. *Les spores des champignons, des algues.*

sport n. m. Exercice physique pratiqué régulièrement pour le plaisir ou la compétition. ➜ planche **Sport.** *Les sports individuels et les sports d'équipe. La boxe et le karaté sont des sports de combat.* – *Les sports d'hiver,* les sports que l'on pratique sur la neige et la glace.

▸ **sportif, sportive** adj. 1. Relatif au sport. *Une compétition sportive.* 2. Qui fait du sport. *Théo et Alex sont des garçons sportifs.* – n. *C'est un grand sportif.*

▶ Autre mot de la famille : omnisports.

spot [spɔt] n. m. 1. Petit projecteur. *La cuisine est éclairée par des spots.* 2. *Spot publicitaire,* message publicitaire, à la radio ou à la télé-

a b c d e f g h i j k l m n o p q r s t u v w x y z

les arts du spectacle : théâtre, danse, opéra

Le théâtre, la danse et l'opéra appartiennent au domaine des arts du spectacle vivant : les artistes jouent, chantent ou dansent sur une scène, en direct, devant le public. La pièce de théâtre raconte une histoire, tragique ou comique, dont les personnages sont incarnés par des comédiens. Dans un ballet de danse classique, les danseurs exécutent une chorégraphie sur de la musique. La danse contemporaine permet d'exprimer plutôt des idées et des sentiments. L'opéra est une œuvre mise en musique ; les chanteurs et les cantatrices, accompagnés par l'orchestre, chantent et interprètent leur rôle. Les costumes et les accessoires font partie du spectacle ; le décor, les éclairages, les bruitages, la musique le complètent.

➔ mime, représentation, spectateur.
➔ planche cirque.

Jean-Paul Belmondo dans *Frédérick ou le Boulevard du crime*.

Les spécialistes qui s'occupent de l'éclairage, du son, des costumes et des décors font partie de la régie.

séance de maquillage des artistes, avant d'entrer en scène

les coulisses

Aïda, opéra de Verdi

théâtre à l'italienne

Carmen, opéra de Bizet

le mime Marceau

théâtre classique : *L'École des femmes* (Molière)

théâtre contemporain : *La Cantatrice Chauve* (Ionesco)

ballet classique : *Le Lac des cygnes* (Tchaïkovski)

danse contemporaine :
EyeSpace (Merce Cunningham)

le sport : disciplines olympiques

Dans l'Antiquité, 8 siècles avant notre ère, tous les 4 ans, des jeux attiraient de nombreux athlètes dans la cité grecque d'Olympie. Les vainqueurs recevaient une couronne de branches d'olivier tressées. Les Jeux modernes ont été réintroduits par Pierre de Coubertin en 1896. Aujourd'hui organisés en Jeux d'été (28 sports, 300 épreuves) et Jeux d'hiver (7 sports, 86 épreuves) qui se succèdent tous les 2 ans dans un pays différent, les Jeux olympiques rassemblent plus de 10 000 participants du monde entier.

➔ athlète, compétition, épreuve, record.

tir à l'arc

escrime (épée)

basket

judo

haltérophilie

javelot

gymnastique

boxe

110 m haies

marathon

tennis de table (ping-pong)

badminton

aviron

cyclisme (BMX)

équitation (saut d'obstacle)

canoë-kayak

voile (yngling ou quillard)

natation

course en fauteuil (Jeux paralympiques, disputés par des handicapés)

patinage de vitesse

hockey sur glace

luge

ski alpin (descente)

Jeux d'été **Jeux d'hiver**

vision. *Le film est entrecoupé de spots publicitaires.*

Ce mot vient de l'anglais.

spray [sprɛ] n. m. Appareil qui projette du liquide en fines gouttelettes. ➜ **atomiseur, pulvérisateur, vaporisateur.** *De l'eau de toilette en spray.*

Ce mot vient de l'anglais.

sprint [spʀint] n. m. Moment où les coureurs vont le plus vite possible, à la fin d'une course.

Ce mot vient de l'anglais.

▸ **sprinter** [spʀinte] v. (conjug. 3) Accélérer à la fin d'une course.

▸ **sprinteur** ou **sprinter** n. m., **sprinteuse** n. f. Athlète, cycliste spécialiste des courses de vitesse ou remarquable au sprint. *Les sprinteuses s'élancent sur la piste.*

squale [skwal] n. m. Grand poisson marin au corps allongé. *Les requins sont des squales.*

square [skwaʀ] n. m. Petit jardin public au milieu d'une place. *Les enfants jouent dans le square.*

squash [skwaʃ] n. m. Sport pratiqué en salle, dans lequel deux joueurs se renvoient une balle en la frappant avec une raquette contre les murs.

Ce mot vient de l'anglais.

squash

squatteur [skwatœʀ] n. m., **squatteuse** [skwatøz] n. f. Personne qui s'installe dans un logement vide, sans en avoir le droit. *Des squatteurs occupent l'immeuble qui doit être démoli bientôt.*

▸ **squatter** [skwate] v. (conjug. 3) Occuper un local vide sans en avoir le droit. *Des sans-abris squattent un appartement inoccupé.*

Ces mots viennent de l'anglais *to squat* qui veut dire «se blottir».

squelette n. m. Ensemble des os du corps. ➜ **ossature.** ➜ planche **Corps** humain. *Le squelette d'un adulte compte 208 os.*

▸ **squelettique** adj. Très maigre. *Un chien squelettique.* ➜ **décharné.**

stable adj. **1.** Qui ne change pas, qui est toujours dans le même état. *Le temps est stable depuis une semaine. Un emploi stable.* contraire : **précaire. 2.** Qui tient en équilibre. *Attention, cette échelle n'est pas très stable.* contraire : **instable.**

▸ **stabiliser** v. (conjug. 3) Rendre stable. *Les prix ont été stabilisés.*

▸ **stabilité** n. f. État de ce qui est stable, de ce qui ne bouge pas, ne change pas. *Vérifie la stabilité de l'échelle avant de monter dessus.* ➜ **équilibre.**

▸ Autres mots de la famille : déstabiliser, instabilité, instable.

① **stade** n. m. Terrain de sport. *Les deux équipes de football s'affrontent sur le stade.*

② **stade** n. m. Moment, étape dans ce qui change, évolue. *Les différents stades d'une maladie.* ➜ **étape, phase.** *La chenille passe par plusieurs stades avant de devenir papillon.*

stage n. m. Période pendant laquelle on se forme, on se prépare à une activité ou à un métier ou pendant laquelle on se perfectionne. *Paul a suivi un stage de voile, cet été.*

▸ **stagiaire** n. m. et f. Personne qui suit un stage.

stagner [stagne] v. (conjug. 3) **1.** Ne pas couler. *Un peu d'eau sale stagne au fond du lavabo.* ➜ **croupir. 2.** Ne pas changer, ne pas évoluer. *Les affaires stagnent.*

▸ **stagnant** [stagnɑ̃], **stagnante** [stagnɑ̃t] adj. *Eau stagnante,* qui ne coule pas. *Les eaux* des marais sont des eaux stagnantes. ➜ **dormant.**

▸ **stagnation** [stagnasjɔ̃] n. f. Immobilité, arrêt. *Le gouvernement s'inquiète de la stagnation de la production.*

stalactite n. f. Colonne de calcaire qui se forme à partir du plafond d'une grotte. ➜ aussi **stalagmite.**

stalagmite n. f. Colonne de calcaire qui se forme à partir du sol d'une grotte. ➜ aussi **stalactite.**

stalagmite

stalle n. f. **1.** Siège de bois, à haut dossier, dans le chœur d'une église. **2.** Compartiment réservé à un cheval, dans une écurie. ➜ **box.**

stand [stɑ̃d] n. m. **1.** *Un stand de tir,* un endroit aménagé pour tirer sur des cibles. *Les stands de tir d'une fête foraine.* **2.** Endroit réservé à un commerçant, dans une foire, une exposition, un salon, une fête. *Les différents stands d'un salon.* **3.** Sur un circuit automobile, endroit où les voitures peuvent s'arrêter pendant la course. *La voiture n° 20 s'est arrêtée à son stand pour changer de pneus.*

▸ Ce mot vient de l'anglais.

① **standard** adj. inv. Qui appartient au modèle courant. *Des modèles standard.*

▸ Autres mots de la famille : standardisation, standardiser.

② **standard** n. m. Appareil qui permet de faire communiquer les postes téléphoniques d'une administration, d'une entreprise, avec l'extérieur. *Il faut passer par le standard pour appeler l'extérieur.*

▸ Autre mot de la famille : standardiste.

standardiser v. (conjug. 3) Rendre standard. *L'usine a standardisé sa production.*

▸ **standardisation** n. f. Le fait de rendre standard. ➜ **standardiser.** *La standardisation de la production industrielle.*

▷ Mots de la famille de ① standard.

standardiste n. m. et f. Personne dont le métier est de répondre au téléphone et de passer les communications. ▷ Mot de la famille de ② standard.

standing [stɑ̃diŋ] n. m. *Un immeuble de grand standing,* de luxe.

▸ Ce mot vient de l'anglais.

star n. f. Vedette de cinéma. ➜ **étoile.** *Ce jeune acteur est devenu une star internationale.*

▸ C'est un mot anglais qui veut dire «étoile».

starter [startɛʀ] n. m. Dispositif qui aide le moteur d'une voiture à démarrer. *Un starter automatique.*

▸ Ce mot vient de l'anglais *to start* qui veut dire «démarrer».

starting-block [startiŋblɔk] n. m. Appareil muni de cales sur lesquelles un coureur pose les pieds, au départ. *Les coureurs sont sur les starting-blocks.*

▸ C'est un mot anglais qui veut dire «bloc de départ».

start-up [startœp] n. f. inv. Jeune entreprise spécialisée dans les nouvelles technologies de l'information et de la communication. – Au pl. *Des start-up.*

▸ C'est un mot anglais ; on peut dire *jeune pousse.*

station n. f. **1.** Le fait de rester dans une certaine position. *La station debout lui est pénible.* ➜ **position.** **2.** Endroit réservé à l'arrêt de certains véhicules. *Une station de taxis. Une station d'autobus.* ➜ **arrêt.** **3.** Lieu où l'on séjourne dans un but précis. *Station de sports d'hiver. Une station balnéaire,* une ville touristique au bord de la mer. **4.** *Une station mé-*

steppe

téorologique, c'est un endroit aménagé pour faire des observations scientifiques sur le temps. **5.** *Une station de radio, de télévision,* l'ensemble des installations de l'émetteur.

▸ **stationnaire** adj. Qui n'évolue pas. *Le malade est dans un état stationnaire.* ➜ **stable.**

▸ **stationner** v. (conjug. 3) Rester à la même place, sur la voie publique. *Des voitures stationnent des deux côtés de la rue. – On ne peut pas stationner ici,* y garer sa voiture.

▸ **stationnement** n. m. Le fait de stationner, de garer sa voiture. *Le stationnement est interdit sur la place.* ➜ planche **Signalisation** routière.

▸ **station-service** n. f. Endroit où l'on vend de l'essence. – Au pl. *Des stations-services.* ▷ Mot de la famille de servir.

▸ Autre mot de la famille : géostationnaire.

statique adj. Qui bouge peu. *Cet acteur est trop statique, sur scène.*

statistiques n. f. pl. Chiffres qui permettent de comparer ou d'expliquer certaines choses dans un domaine particulier. *Les statistiques du chômage.*

statue n. f. Sculpture qui représente une personne ou un animal en entier. ➜ planche **Musée.** *Une statue équestre représente un personnage à cheval.* ▮ homonyme : statut.

▸ Autre mot de la famille : statuette.

statuer v. (conjug. 3) Prendre une décision officielle. *Le tribunal a statué sur le cas de l'accusé.*

▸ C'est un mot du vocabulaire du droit ou de l'administration.

statuette n. f. Petite statue. *Une statuette d'ivoire.* ▷ Mot de la famille de statue.

statu quo [statykwo] n. m. inv. État actuel des choses. *Comme personne n'était d'accord, on a maintenu le statu quo.* – Au pl. *Des statu quo.*

▸ Cette expression vient du latin.

stature n. f. Taille et allure générale. *Il a une stature d'athlète.*

statut n. m. **1.** Situation d'une personne dans la société, dans un groupe, définie par des règles. *Les professeurs des écoles ont le statut de fonctionnaire.* **2.** *Les statuts d'une association,* les règles qui lui permettent de fonctionner. ▮ homonyme : statue.

▸ Ce mot se termine par un *t* qui ne se prononce pas.

steak [stɛk] n. m. Morceau de bœuf que l'on fait griller. ➜ **bifteck.** *Il a mangé un steak avec des frites.* – Au pl. *Des steaks.*

▸ Ce mot vient de l'anglais.

stégosaure n. m. Grand dinosaure herbivore, portant deux rangées de plaques osseuses sur le dos. ➜ planche **Dinosaures.** *Le stégosaure avait un cerveau de la taille d'une noix.*

stèle n. f. Pierre qui porte des inscriptions. *Une stèle funéraire.*

sténo n. f. Sténographie. *La secrétaire a pris une lettre en sténo.*

▸ C'est l'abréviation de *sténographie.*

sténodactylo n. m. et f. Personne qui connaît la sténo et sait taper sur un clavier de machine à écrire ou d'ordinateur. *Des sténodactylos.* ▷ Mot de la famille de dactylo.

sténographie n. f. Écriture simplifiée qui permet de noter les paroles aussi vite qu'elles sont prononcées. → **sténo.**

steppe n. f. Grande plaine au climat sec et à la végétation très pauvre. *Les steppes de l'Asie centrale.*
Ce mot vient du russe.

stère n. m. Unité de mesure de volume valant un mètre cube. *Ils ont fait livrer trois stères de bois.*

stéréo n. f. et adj.
- n. f. Stéréophonie. *Un concert diffusé en stéréo.*
- adj. Stéréophonique. *Des casques stéréos.*

stéréophonie n. f. Façon d'enregistrer et de reproduire les sons qui donne l'impression qu'ils viennent de plusieurs endroits. → **stéréo.**

▸ **stéréophonique** adj. Qui utilise le principe de la stéréophonie. → **stéréo.**

stéréotype n. m. Idée toute faite. → **cliché.** *Un discours rempli de stéréotypes.*

▸ **stéréotypé, stéréotypée** adj. *Une formule stéréotypée,* une formule toute faite.
▷ Mots de la famille de type.

stérile adj. 1. Qui ne peut pas se reproduire. *Le mulet est un animal stérile.* contraire : **fécond.** 2. Où rien ne pousse. *Une terre stérile.* contraires : **fertile, riche.** 3. Qui n'aboutit à rien. *Tous ses efforts sont demeurés stériles.* → **inutile, vain.** 4. Sans microbe. *Un pansement stérile.*

▸ **stériliser** v. (conjug. 3) 1. Rendre stérile. *Ils ont fait stériliser leur chatte.* 2. Enlever les microbes. → **désinfecter.** *On stérilise toujours les instruments de chirurgie. – Le lait stérilisé peut se conserver longtemps.* → aussi **pasteuriser.**

▸ **stérilisation** n. f. Opération qui consiste à supprimer les microbes. *On pratique la stérilisation du lait en le faisant bouillir.* → aussi **pasteurisation.**

▸ **stérilité** n. f. 1. Incapacité de se reproduire, d'avoir des enfants. *Un traitement contre la stérilité.* contraire : **fécondité.** 2. État d'un sol qui ne produit pas de végétaux. *La stérilité d'un sol.* contraire : **fertilité.**

sternum [stɛʀnɔm] n. m. Os plat au milieu de la poitrine auquel sont rarrachées les côtes. → planche **Corps** humain. – Au pl. *Des sternums.*

stéthoscope n. m. Appareil qui permet d'écouter les bruits de l'intérieur du corps. *Le médecin ausculte le malade avec son stéthoscope.*
Il y a un *h* après le deuxième *t*.

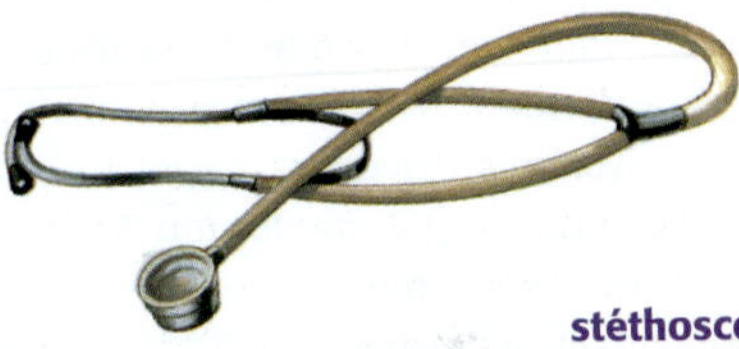

stéthoscope

steward [stjuwaʀd] ou [stiwaʀt] n. m. Homme qui sert les boissons et les repas aux passagers d'un avion ou d'un bateau. *Les stewards et les hôtesses de l'air nous ont accueillis à bord de l'avion.*
C'est un mot anglais qui veut dire « majordome ».

stick n. m. Produit présenté sous forme de bâtonnet. *Des sticks de colle.*
Ce mot vient de l'anglais.

stimuler v. (conjug. 3) Encourager. *Les compliments du professeur stimulent Léa.* contraire : **décourager.**

▸ **stimulant** adj. et n. m., **stimulante** adj.
- adj. Encourageant. *Les bonnes notes sont stimulantes.*
- n. m. Produit qui excite ou augmente l'activité. *Le café et le thé sont des stimulants.* → **excitant.**

▸ **stimulation** n. f. Fait de stimuler, d'encourager une personne. *Ce projet renforce la motivation et la stimulation des élèves.*

stipuler v. (conjug. 3) Faire savoir, dire avec précision. *L'annonce stipule que le candidat doit parler l'allemand.* → **préciser, spécifier.**
Ce mot appartient à la langue de l'administration.

stock n. m. Marchandise en réserve. *Les stocks se trouvent dans un entrepôt.*
Ce mot vient de l'anglais.

▸ **stocker** v. (conjug. 3) Garder en stock, en réserve. ➜ **entreposer.** *Les conserves sont stockées dans un placard de la cuisine.*

stoïque adj. Courageux et impassible. *Il est resté stoïque sous la pluie battante.*
▶ Attention au tréma du *ï*.

stop interj. et n. m.
▪ interj. Cri qui ordonne de s'arrêter. *Stop ! N'allez pas plus loin.* ➜ **halte.**
▪ n. m. **1.** Panneau du code de la route qui oblige à s'arrêter. ➜ planche **Signalisation** routière. *Les voitures doivent respecter les stops.* **2.** Familier. Auto-stop. *Faire du stop. Ils ont traversé la France en stop.*
▶ Ce mot vient de l'anglais.

▸ **stopper** v. (conjug. 3) S'arrêter. *Les manifestants ont fait stopper le train.*
▶ Autres mots de la famille : auto-stop, auto-stoppeur.

store n. m. Rideau fait de tissu épais, ou de lattes de métal, de bois ou de plastique, que l'on déroule devant une fenêtre.

strabisme n. m. Défaut de la vision qui fait loucher. *Il a un léger strabisme.*

strangulation n. f. Étranglement. *La victime est morte par strangulation.*

strapontin n. m. Petit siège attaché à un endroit fixe, qui se replie quand on ne l'utilise pas. *Les strapontins du métro.*

stratagème n. m. Moyen habile. ➜ **ruse.** *Paul a trouvé un stratagème pour ne pas être interrogé quand il n'a pas appris ses leçons.* ➜ **subterfuge.**

strate n. f. Couche de terrain dans le sol. *La coupe du sous-sol montre bien les strates qui se superposent.* ➜ aussi **stratifié.**
▶ Autres mots de la famille : stratifié, stratosphère.

stratège n. m. **1.** Général qui conduit de vastes opérations militaires. *Napoléon était un grand stratège.* **2.** Personne habile à élaborer des plans, à mener une action. *Les stratèges politiques.*

▸ **stratégie** n. f. **1.** Manière d'organiser une guerre, une bataille. *Le général explique à ses officiers sa stratégie pour la prochaine bataille.* ➜ aussi **tactique.** **2.** Plan d'action. *Le directeur expose sa stratégie commerciale.*

▸ **stratégique** adj. **1.** Qui représente un intérêt militaire. *Les armes stratégiques.* **2.** Qui a une importance déterminante. *Un poste stratégique. Un port est un lieu stratégique.*

stratifié, stratifiée adj. Disposé en couches superposées, en strates. *La falaise est formée de roches stratifiées.* ▷ Mot de la famille de strate.

stratosphère n. f. Couche supérieure de l'atmosphère, située entre 12 et 50 kilomètres de la surface de la Terre. ▷ Mot de la famille de strate et de sphère.

stress n. m. Angoisse, anxiété.
▶ Ce mot vient de l'anglais. ➜ ÉTYM.

▸ **stressé, stressée** adj. Qui éprouve du stress, de l'anxiété. *Elle est constamment stressée.*

strict [stʀikt], **stricte** [stʀikt] adj. **1.** Qui doit être absolument respecté. *Les ordres sont stricts. – C'est la stricte vérité,* la vérité telle qu'elle est. ➜ **pur.** **2.** Qui ne tolère aucune né-

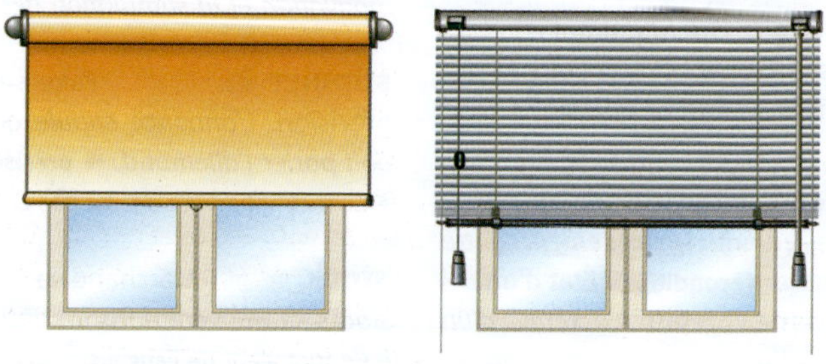

store

gligence. *Un homme très strict.* → **sévère.** 3. Qui constitue un minimum. *N'emportez que le strict nécessaire.*

▸ **strictement** adv. D'une manière stricte, rigoureuse. *Il est strictement interdit de fumer.* → **absolument, rigoureusement.**

studio d'enregistrement

strident, stridente adj. *Un bruit strident,* très aigu et très fort. *Le bébé poussait des cris stridents.*

strie n. f. Petite rayure. *Ce coquillage est marqué de stries.*

▸ **strié, striée** adj. Marqué de stries. *Une coquille striée.*

strip-tease ou **striptease** [stRiptiz] n. m. Spectacle au cours duquel une personne se déshabille en musique. *Le numéro de strip-tease d'un cabaret.* – Au pl. *Des strip-teases, des stripteases.*
▸ Ce mot vient de l'anglais. (→ ÉTYM.) • Écrire *striptease* en un seul mot est conforme à la nouvelle orthographe.

strophe n. f. Ensemble de plusieurs vers séparés des autres, dans un poème. *Un sonnet est formé de quatre strophes.*

structure n. f. Manière dont les parties d'une chose sont assemblées, organisées. *Les géologues étudient la structure de la Terre.*

stuc n. m. Matière qui imite le marbre. *Une cheminée en stuc.*

studieux, studieuse adj. Qui travaille avec application, aime étudier. *Une élève studieuse.*

studio n. m. 1. Appartement formé d'une seule pièce. 2. Endroit aménagé pour tourner des films ou faire des enregistrements. *Cette scène du film a été tournée en studio. Un studio de télévision.*

stupéfaction n. f. Étonnement qui rend incapable d'agir. → **stupeur.** *L'incident plongea tout le monde dans la stupéfaction.*

stupéfait, stupéfaite adj. Étonné au point de ne plus pouvoir réagir. *Elle est restée stupéfaite de ce qu'il lui a dit.* → **abasourdi, interdit.** ▷ Mot de la famille de faire.

stupéfier v. (conjug. 9) Étonner de manière à laisser sans réaction. → **sidérer.** *Ce qu'il a réussi à faire me stupéfie.*

▸ **stupéfiant, stupéfiante** adj. et n. m.
■ adj. Très étonnant. *Une nouvelle stupéfiante.* → **sidérant,** fam. **époustouflant.**
■ n. m. Drogue. *Le trafic de stupéfiants est sévèrement puni par la loi.*

stupeur n. f. Étonnement profond qui laisse sans réaction. → **stupéfaction.** *Elle est restée muette de stupeur.*

stupide adj. Idiot, sans intelligence. ▮ contraire : **intelligent.** *Ce film est stupide.* → ② **bête, inepte.**

▸ **stupidement** adv. De manière stupide. *Il s'est conduit stupidement.* → **sottement.**

▸ **stupidité** n. f. 1. Bêtise. *Il est d'une grande stupidité.* ▮ contraire : **intelligence.** 2. Chose stupide. *Julie regarde des stupidités à la télévision.*

style n. m. 1. Manière d'écrire. *Ce romancier a un style très particulier.* 2. Ensemble des caractères d'une œuvre d'art qui la fait ressembler à d'autres du même genre ou de la même époque. *L'architecture de style roman est plus sobre que celle de style gothique.* 3. Façon de se comporter, de s'habiller d'une personne. *Cette robe lui va bien, c'est tout à fait son style !* 4. Élégance dans les mouvements. *Ce nageur a un très beau style.*

a b c d e f g h i j k l m n o p q r s t u v w x y z

▸ **stylé, stylée** adj. *Un personnel stylé,* qui sert la clientèle de manière impeccable.

▸ Autres mots de la famille : stylisé, styliste.

stylet n. m. **1.** Poignard à lame mince et pointue. **2.** Instrument pointu servant à écrire, à agir sur un écran tactile.

stylet

stylisé, stylisée adj. Représenté avec des formes simplifiées. *Des fleurs stylisées.* ▷ Mot de la famille de style.

styliste n. m. et f. Personne qui crée des modèles pour l'habillement et l'ameublement. ▷ Mot de la famille de style.

stylo n. m. Objet muni d'un réservoir d'encre et servant à écrire. *Un stylo à encre. Un stylo à bille.* — Au pl. *Des stylos.*

suave adj. Doux et agréable. *Ces fleurs ont un parfum suave.*

subalterne adj. Inférieur, peu important. *Il occupe un emploi subalterne.* — n. *Il a convoqué ses subalternes,* les personnes qui sont sous ses ordres. ➜ **subordonné.**

subdiviser v. (conjug. 3) Diviser la partie d'une chose qui a déjà été divisée. *Les chapitres sont subdivisés en paragraphes.*

▸ **subdivision** n. f. Partie d'une chose divisée. *Les paragraphes sont des subdivisions à l'intérieur des chapitres,* des divisions plus petites que les chapitres.

▷ Mots de la famille de diviser.

subir v. (conjug. 11) Supporter quelque chose parce qu'on y est obligé. *Notre équipe a subi une défaite. Il vient de subir une opération,* d'être opéré.

subit, subite adj. Qui se produit brusquement. ➜ **soudain.** *Une vague de froid subite s'est abattue sur le pays.*

▸ **subitement** adv. Sans que l'on ne s'y attende. ➜ **brusquement.** *Il est parti subitement.*

subjectif, subjective adj. Particulier à une personne. *Les goûts sont subjectifs.* ➜ **personnel.** *C'est une opinion subjective, qui n'engage que toi.* ▮ contraire : ③ **objectif.**

▸ **subjectivité** n. f. Caractère de ce qui est subjectif, personnel. *La subjectivité d'un jugement.* ▮ contraires : **objectivité, partialité.** *La subjectivité des goûts de chacun.*

subjonctif n. m. Mode du verbe que l'on trouve surtout dans les propositions subordonnées. *Dans la phrase «il faut que je parte», le verbe «partir» est au subjonctif.*

subjuguer v. (conjug. 3) Séduire vivement. ➜ **charmer, envoûter, fasciner.** *Le conférencier a subjugué son auditoire.* ➜ **conquérir.**

sublime adj. Très beau, admirable. *Cette musique est sublime.*

submerger v. (conjug. 5b) **1.** Inonder. *Les prés ont été submergés par le fleuve.* **2.** *Être submergé de travail,* en avoir trop, être débordé.

route submergée

submersible n. m. Sous-marin.

▸ Autre mot de la famille : insubmersible.

subodorer v. (conjug. 3) Deviner quelque chose qui n'est pas clair. *Le commissaire subodore quelque chose de louche dans cet incendie.* ➜ **flairer, pressentir.**

subordination n. f. *Une conjonction de subordination* relie une proposition subordonnée à la principale. *«Quand» et «si» sont des conjonctions de subordination.*

subordonner v. (conjug. 3) **1.** Placer sous l'autorité de quelqu'un. *Elle est subordonnée à son chef de service,* elle est sous ses ordres. **2.** *Être subordonné à quelque chose,* en dépendre. *Notre randonnée est subordonnée au temps qu'il fera.*

▶ **subordonné** adj. et n. m., **subordonnée** adj. et n. f.
▪ adj. *Une proposition subordonnée* dépend de la proposition principale. *Dans la phrase «je crois qu'il dort», «qu'il dort» est la proposition subordonnée.*
▪ n. Personne qui travaille sous les ordres d'une autre. *Il fait confiance à ses subordonnés.* ➜ **subalterne.** ▮ contraire : **supérieur.**

▷ Mots de la famille de ① ordonner.

subrepticement adv. Par surprise, sans se faire remarquer. *Le chat est entré dans la maison subrepticement.* ➜ **furtivement.**

subsaharien, subsaharienne adj. Qui est situé au sud du Sahara. *L'Afrique subsaharienne.*

subsides [sybzid] n. m. pl. Argent versé pour aider. *L'association reçoit des subsides de la commune.* ➜ **subvention.**

subsidiaire adj. *Une question subsidiaire,* une question supplémentaire qui sert à départager les gagnants d'un concours.

subsister v. (conjug. 3) **1.** Continuer d'exister malgré tout. *Il subsiste peu de choses de l'ancien château.* ➜ **rester.** **2.** Survivre. *Il a du mal à subsister avec sa maigre pension.*

▶ **subsistance** n. f. Ce qui permet de vivre, de se nourrir. *Les moyens de subsistance d'une personne.*

substance n. f. **1.** Matière. ➜ **corps.** *L'or est une substance précieuse.* **2.** *En substance,* en résumé, en gros. *C'est, en substance, ce qu'il a dit.*

▶ **substantiel, substantielle** adj. **1.** Nourrissant. *Alex a pris un petit-déjeuner substantiel avant de partir pour l'école.* ➜ **copieux.** **2.** Important. *Il a eu une augmentation de salaire substantielle.*

substantif n. m. Nom. *«Table» et «bol» sont des substantifs.*

substituer v. (conjug. 3) **1.** Mettre une chose à la place d'une autre. *À la cantine, Paul s'est amusé à substituer le sel au sucre.* **2.** ***Se substituer** à,* prendre la place de. *Le premier adjoint se substitue au maire quand il est absent.* ➜ **remplacer.**

▶ **substitut** n. m. **1.** Ce qui tient lieu de quelque chose, le remplace. *Les substituts de sucre.* ➜ **ersatz, succédané.** **2.** Substitut du nom, groupe nominal ou pronom utilisé dans une phrase pour remplacer un nom et éviter la répétition.

▶ **substitution** n. f. Remplacement. *Un produit de substitution.* ➜ **substitut.**

subterfuge n. m. Moyen habile utilisé pour échapper à quelque chose. ➜ **stratagème.** *Alex a trouvé un subterfuge pour ne pas faire la vaisselle.*

subtil, subtile [sybtil] adj. **1.** Fin et intelligent. *Une femme subtile.* ➜ **perspicace.** **2.** Difficile à percevoir. *Entre ces deux nuances, la différence est subtile.*

▶ Autre mot de la famille : subtilité.

subtiliser v. (conjug. 3) Voler adroitement sans que cela ne se voie. *On lui a subtilisé son portefeuille dans le métro.*

subtilité n. f. Caractère d'une personne subtile. *Il a fait des allusions avec subtilité.* ▷ Mot de la famille de subtil.

subvenir v. (conjug. 13) *Subvenir à,* fournir ce qui est nécessaire à. *Elle subvient seule aux besoins de ses enfants.* ➜ **pourvoir.** ▷ Mot de la famille de venir.

subvention n. f. Argent donné par l'État ou par une association pour aider. ➜ **subsides.** *L'école perçoit une subvention de la commune.*

▶ **subventionner** v. (conjug. 3) Accorder une subvention. *Le ministère de la Culture subventionne certains théâtres.*

a b c d e f g h i j k l m n o p q r s t u v w x y z

subversif, subversive adj. Qui menace l'ordre établi. *Des idées subversives.*

suc n. m. 1. Liquide qui est à l'intérieur des plantes. *Les abeilles aspirent le suc des fleurs.* 2. *Suc digestif,* substance plus ou moins liquide qui facilite la digestion. *Les sucs digestifs sont composés d'enzymes. Le suc gastrique,* liquide fabriqué par l'estomac.

▶ Autre mot de la famille : succulent.

succédané [syksedane] n. m. Produit qui en remplace un autre. → **ersatz, substitut.** *La chicorée est un succédané de café.*

succéder v. (conjug. 8) Venir après, se produire après. *Le jour succède à la nuit. Il succédera à son père à la tête de l'entreprise familiale,* il prendra la succession de son père. ▮ contraire : **précéder.** – **se succéder,** venir les uns après les autres. *Les députés se sont succédé à la tribune.*

▶ Le participe passé reste invariable.

succès n. m. 1. Résultat heureux. → **réussite.** *Il a passé son permis de conduire avec succès.* ▮ contraire : **échec.** 2. *Avoir du succès,* plaire. *Ce film a eu beaucoup de succès.*

successeur n. m. et f. Personne qui succède à quelqu'un. → aussi **succession.** *Il est le successeur de son père à la tête de l'usine.* ▮ contraire : **prédécesseur.**

successif, successive adj. *Des choses successives,* qui se suivent, qui se succèdent. *Les étapes successives de la division de la cellule.*

▶ Autre mot de la famille : successivement.

succession n. f. 1. Suite, série. *Elle a été retardée par une succession de contretemps.* → **enchaînement.** 2. Transmission des biens, appartenant à une personne qui vient de mourir, à ses héritiers. *Les héritiers doivent payer à l'État des droits de succession.* 3. *Prendre la succession de quelqu'un,* lui succéder. *Elle a pris la succession de son père.* → aussi **successeur.**

successivement adv. L'un après l'autre. *On a entendu successivement plusieurs détonations.* ▷ Mot de la famille de successif.

succinct [syksɛ̃], **succincte** [syksɛ̃t] adj. Dit ou écrit en peu de mots. → **bref, sommaire.** *Un exposé succinct. Une description succincte.* ▮ contraire : **long.**

▶ Il y a un *c* qui ne se prononce pas avant le *t*.

▶ **succinctement** [syksɛ̃tmɑ̃] adv. De façon succincte, brève. *Il nous a décrit succinctement la situation.* → **brièvement, sommairement.** ▮ contraire : **longuement.**

▶ Le *c* qui est devant le *t* ne se prononce pas.

succion [sysjɔ̃] n. f. Action de sucer, d'aspirer. *Le bébé fait un bruit de succion en tétant.* ▷ Mot de la famille de sucer.

succomber v. (conjug. 3) 1. Mourir. *Le blessé a succombé à ses blessures.* 2. Ne pas résister. *Il a succombé à la tentation.* → **céder.**

succulent, succulente adj. D'un goût délicieux. → **excellent, savoureux.** *Cette tarte est succulente.* ▷ Mot de la famille de suc.

succursale n. f. Établissement, magasin qui dépend d'un autre. *Les succursales d'une chaîne d'hypermarchés.*

sucer v. (conjug. 5a) 1. Faire fondre dans la bouche. *Théo suce un caramel.* 2. *Sucer son pouce,* le mettre dans la bouche et le téter.

▶ **sucette** n. f. Bonbon à sucer fixé au bout d'un bâton.

▶ Autre mot de la famille : succion.

des **sucettes**

sucre n. m. (→ ÉTYM.) 1. Matière blanche, à saveur très douce, provenant de la *betterave à sucre* ou de la *canne à sucre,* qui fond dans l'eau et que l'on utilise dans les desserts, les gâteaux et les bonbons. *Du sucre en poudre, en morceaux.* **2.** Morceau de sucre. *Il met deux sucres dans son café.*

▶ **sucrer** v. (conjug. 3) Mettre du sucre. *Elle ne sucre jamais son thé.*

▶ **sucré, sucrée** adj. Qui contient du sucre, a le goût du sucre. *Cette confiture est trop sucrée.*

▶ **sucrerie** n. f. **1.** Usine où l'on fabrique le sucre. **2.** Friandise à base de sucre. → planche **Alimentation.** *Paul aime les sucreries.*

▶ **sucrier** adj. et n. m., **sucrière** adj.
- adj. *Les betteraves sucrières,* les betteraves qui fournissent du sucre.
- n. m. Récipient où l'on met le sucre.

sud n. m. **1.** L'un des quatre points cardinaux, opposé au nord. *La maison est exposée au sud.* → **midi.** *Nice est une ville du sud de la France.* **2.** *Le Sud,* la partie sud d'un pays, d'un continent. *Le Pérou est en Amérique du Sud.* **3.** (Invariable après un nom). Qui se trouve au sud. *Les quartiers sud. L'Argentine est dans l'hémisphère Sud.* → **austral.**

▶ **sud-américain, sud-américaine** adj. De l'Amérique du Sud. *La musique sud-américaine.* – n. *Les Sud-Américains.* ▷ Mot de la famille de américain.

sudoku [sudoku] n. m. Jeu de chiffres d'origine japonaise qui consiste à remplir une grille de neuf carrés de neuf cases avec des chiffres de 1 à 9.
▶ C'est un mot japonais.

sudoripare adj. *Les glandes sudoripares,* qui sécrètent la sueur.

suer v. (conjug. 3) Être en sueur. → **transpirer.** *Sous l'effort, il sue à grosses gouttes.*

▶ **sueur** n. f. Liquide qui sort de la peau lorsque l'on a très chaud, que l'on a fait un effort physique ou que l'on a peur. *Alex a tellement couru qu'il est en sueur,* en nage. *Sa chemise est trempée de sueur.* → **transpiration.**

suffire v. (conjug. 40) **1.** Être en assez grande quantité, assez important. *Son salaire suffit à faire vivre sa famille. Une journée suffira pour terminer ce travail.* – *Cela suffit,* en voilà assez. *Alex et Paul, arrêtez de bavarder, cela suffit !* **2.** *Il suffit de,* il n'y a qu'à. *Pour faire démarrer la machine, il suffit d'appuyer sur ce bouton.*

▶ **suffisance** n. f. Caractère d'une personne suffisante. → **prétention, vanité.** ▪ contraires : **humilité, modestie.**

▶ **suffisant, suffisante** adj. **1.** Qui est assez, qui suffit. *Elle n'a pas la somme suffisante pour faire ce voyage.* **2.** Qui a une trop haute idée de lui-même. *Un personnage suffisant.* → **prétentieux, vaniteux.**

▶ **suffisamment** adv. Assez. *Il ne travaille pas suffisamment.*

▶ Autres mots de la famille : insuffisamment, insuffisance, insuffisant.

suffixe n. m. Élément qui se place après un radical, à la fin d'un mot, pour former un dérivé. *«-able» est le suffixe du mot «aimable».* → aussi **préfixe.**

suffoquer v. (conjug. 3) **1.** Avoir du mal à respirer. → **étouffer.** *On suffoque dans cette pièce, ouvrez la fenêtre !* **2.** Couper le souffle de surprise. *Son insolence nous a suffoqués.*

▶ **suffocant, suffocante** adj. Qui empêche de respirer. *Une chaleur suffocante.* → **étouffant.**

suffrage n. m. **1.** *Le suffrage universel,* c'est un système de vote dans lequel tous les citoyens majeurs peuvent voter. *En France, le président de la République est élu au suffrage universel.* **2.** Voix dans une élection. *Le candidat le mieux placé a obtenu 40 % des suffrages.* **3.** Opinion favorable. *L'idée a rallié tous les suffrages,* elle a plu à tout le monde.

▶ **suffragette** n. f. Femme qui, au début du XXe siècle en Grande-Bretagne, militait pour obtenir le droit de vote des femmes. *Les manifestations des suffragettes.*

suggérer [sygʒeʀe] v. (conjug. 8) Donner l'idée. → **proposer** et aussi **suggestion.** *Elle a suggéré que nous allions nous promener après le déjeuner.*

suggestion [sygʒɛstjɔ̃] n. f. Idée que l'on propose. → **proposition,** et aussi **suggérer.** *Toute la classe approuve la suggestion de Julie.*

suicide n. m. Action de se donner la mort volontairement. *Une tentative de suicide.*

▸ **suicidaire** adj. Qui mène au suicide. *Des idées suicidaires. C'est suicidaire d'agir ainsi,* très imprudent.

▸ se **suicider** v. (conjug. 4) Se tuer volontairement.

suie n. f. Matière noire déposée par la fumée. *Il y a un dépôt de suie dans la cheminée.*

suif n. m. Graisse des animaux ruminants. *Le suif servait autrefois à fabriquer des chandelles et du savon.*

suinter v. (conjug. 3) S'écouler goutte à goutte. *Un peu de sang suinte de la plaie.*

▸ **suintement** n. m. Écoulement goutte à goutte. *Le suintement de l'eau sur les parois d'une grotte.*

résine qui suinte

suite n. f. **1.** Série, succession d'évènements. *Nous avons été retardés par une suite d'incidents.* **2.** Ce qui suit, qui vient après. *Mamie nous racontera la suite de l'histoire demain.* **3.** Conséquence, effet. *Il est mort des suites d'une longue maladie.* **4.** Ensemble des gens qui accompagnent un haut personnage. *Le roi est apparu, avec sa suite.* ➜ **escorte.** **5.** Appartement dans un hôtel luxueux. *Il a réservé une suite.* **6.** *À la suite,* successivement. *Théo a mangé trois gâteaux à la suite.* – On peut dire aussi *de suite.* **7.** *À la suite de,* à cause de, après. *Il est resté handicapé à la suite d'un accident.* **8.** *Tout de suite,* immédiatement. *Léa est rentrée chez elle tout de suite après l'école.* ➜ **aussitôt.** **9.** *Et ainsi de suite,* en continuant de la même façon. *Triez les mots qui commencent par «a», puis par «b» et ainsi de suite.* ▹ Mot de la famille de suivre.

① **suivant, suivante** adj. Qui vient immédiatement après, qui suit. *La fin de l'article est à la page suivante.* ▮ contraire : **précédent.** *Je descends à l'arrêt suivant.* ➜ **prochain.** ▹ Mot de la famille de suivre.

② **suivant** prép. Conformément à. *Il se lève tôt suivant son habitude.* ➜ **selon.** ▹ Mot de la famille de suivre.

suivi, suivie adj. Régulier, continu. *Un travail suivi.* ▹ Mot de la famille de suivre.

suivre v. (conjug. 43) **1.** Aller derrière. *Les mariés marchaient devant et le cortège suivait.* ▮ contraire : **précéder.** **2.** Se produire après. *Il y a eu un éclair et le tonnerre a suivi.* ➜ **succéder.** **3.** Aller dans une direction, le long de quelque chose. *Si on suit ce sentier, on arrive au bord d'un lac. Le chemin suit la voie ferrée.* ➜ **longer.** **4.** Se conformer à. *Je suivrai tes conseils. Tu devrais suivre l'exemple de ton frère,* faire comme lui. **5.** *Suivre un cours,* y assister régulièrement. *Il suit des cours de piano.* ➜ **prendre.** **6.** Observer attentivement, regarder. *Alex suit un match de tennis à la télévision.* **7.** Rester au niveau. *En CM 2, Léa a du mal à suivre.*

▸ se **suivre** v. **1.** Aller l'un derrière l'autre. *Les voitures se suivent sur l'autoroute.* **2.** Se présenter dans un ordre donné. *Il a trois cartes qui se suivent dans son jeu.* **3.** Venir l'un après l'autre. *Les jours se suivent.* ➜ se **succéder.**

▸ Autres mots de la famille : ensuite, s'ensuivre, poursuite, poursuivant, poursuivre, suite, ① et ② suivant, suivi.

① **sujet, sujette** adj. *Être sujet à un mal,* y être prédisposé. *Elle est sujette aux migraines.*

② **sujet** n. m., **sujette** n. f. Personne soumise à l'autorité d'un souverain. *Le roi était très aimé de ses sujets.*

▸ Autre mot de la famille : assujettir.

③ **sujet** n. m. **1.** Ce dont il s'agit, dans une conversation, un récit. ➜ **thème.** *Ils ont abordé de nombreux sujets.* ➜ **question.** – *Au sujet de,* à propos de. *Elle se fait du souci au sujet de son fils.* **2.** Motif, cause. *L'argent est un éternel sujet de dispute entre eux.* **3.** Groupe du nom avec lequel le verbe s'accorde. *Dans la phrase «Le vent souffle», «le vent» est le sujet du verbe «souffler».*

sulfater v. (conjug. 3) Pulvériser sur des végétaux un produit chimique à base de cuivre pour les protéger contre les maladies. *Le jardinier sulfate les tomates.*

▸ **sulfatage** n. m. Traitement chimique des cultures. *Le sulfatage de la vigne.*

sultan n. m. Souverain musulman. *Autrefois, en Turquie et au Maroc, il y avait des sultans.*

sultan

sumo n. m. Lutte japonaise traditionnelle. *Les lutteurs de sumo sont très corpulents.*
▸ Ce mot vient du japonais.

① **super** adj. Familier. Très bien, magnifique. *Ses amies sont supers* ou *super* (invariable). *C'est super !* → ② **extra.**

② **super** n. m. Essence de qualité supérieure. *Il a fait le plein de super.*

super- Préfixe d'origine latine qui indique le plus haut degré, la supériorité, qui se place devant un mot pour en renforcer le sens (ex. *supermarché, supersonique, superviser*). → aussi **archi-, extra-, hyper-, sur-.**

superbe adj. Très beau, magnifique, splendide. *Elle est revenue de vacances avec une mine superbe. Il fait un temps superbe.* ▮ contraires : **affreux, horrible.**

supercherie n. f. Tromperie, imposture. *On a découvert la supercherie du faussaire.* → **fraude.**

superficie n. f. Surface, étendue. *Un terrain de 800 mètres carrés de superficie.*

▸ **superficiel, superficielle** adj. **1.** Peu profond. *La coupure qu'il s'est faite au doigt est superficielle.* **2.** Sommaire, vague. *Des connaissances superficielles.* ▮ contraire : **approfondi.**

▸ **superficiellement** adv. D'une manière superficielle. *Les graines sont enfouies superficiellement.* ▮ contraire : **profondément.** – *Alex a étudié sa leçon superficiellement.* ▮ contraire : **à fond.**

superflu, superflue adj. Qui n'est pas absolument nécessaire, utile. *Une dépense superflue.* ▮ contraires : **indispensable, nécessaire.** – n. m. *Le superflu,* ce qui n'est pas indispensable. *L'essentiel et le superflu.*

supérieur adj. et n. m., **supérieure** adj. et n. f.
▪ adj. **1.** Situé plus haut. *Les chambres sont à l'étage supérieur.* ▮ contraire : **inférieur. 2.** Plus grand. *Paul a eu une note supérieure à la moyenne,* au-dessus de la moyenne. **3.** Plus fort, meilleur. *Notre équipe était supérieure à l'équipe adverse.*
▪ n. Personne qui est au-dessus d'autres personnes, qui peut leur donner des ordres. → **chef.** *Elle est convoquée par son supérieur.* ▮ contraire : **subordonné.**

▸ **supériorité** n. f. Qualité de ce qui est supérieur à quelque chose ou à quelqu'un. *La supériorité d'une équipe sportive.* → **suprématie.** ▮ contraire : **infériorité.**

superlatif n. m. *Le superlatif d'un adjectif,* le mot qui exprime le degré le plus élevé de l'adjectif. *«Très grand», «la plus belle», «le moins bon» sont des superlatifs de «grand», «beau» et «bon». «Le meilleur» et «le pire» sont les superlatifs irréguliers de «bon» et de «mauvais».* → aussi **comparatif.**

supermarché n. m. Grand magasin où l'on se sert soi-même. → aussi **hypermarché.** *Elle fait ses courses au supermarché.* ▷ Mot de la famille de marché.

supernova n. f. (pl. **supernovæ**) Étoile qui explose en fin de vie, avec une très vive luminosité. – Au pl. *Des supernovæ.*
▸ Au pluriel, on peut aussi écrire *des supernovas.*

superposer v. (conjug. 3) Poser l'un au-dessus de l'autre. *Le marchand de légumes superpose les cageots de salades.* → **empiler.** – *Des lits superposés,* disposés l'un au-dessus de l'autre. ▷ Mot de la famille de poser.

superproduction n. f. Film, spectacle réalisé à grands frais. *Ce film est une superproduction américaine.* ▷ Mot de la famille de produire.

supersonique adj. *Un avion supersonique,* qui peut dépasser la vitesse du son. ▷ Mot de la famille de sonner.

superstitieux [sypɛʀstisjø], **superstitieuse** [sypɛʀstisjøz] adj. Qui croit aux présages et pense que certaines choses portent bonheur ou malheur. *Elle ne passe jamais sous une échelle car elle est superstitieuse.*

superstition n. f. Croyance aux présages et au fait que certaines choses portent bonheur ou malheur. *Il a misé sur le cheval numéro 13 par superstition.*

superviser v. (conjug. 3) Contrôler sans vérifier les détails. *Le chef de service supervise le travail de ses employés.* ▷ Mot de la famille de voir.

supplanter v. (conjug. 3) Prendre la place d'une personne ou d'une chose. → **remplacer.** *Le cinéma parlant a supplanté le cinéma muet.*

suppléer v. (conjug. 3) Remédier à un défaut en le compensant. *Son enthousiasme supplée à son manque d'expérience.*

▶ **suppléant, suppléante** adj. Qui remplace une personne dans son travail. *Un professeur suppléant remplace le professeur malade.* – n. *La suppléante d'un député.* → **remplaçant.**

supplément n. m. **1.** Ce qui est ajouté à une chose déjà complète. *Les employés ont reçu un supplément de salaire à la fin de l'année. Un supplément de travail.* → **surcroît. 2.** Somme d'argent à payer en plus du prix normal. *Il y a un supplément à payer pour ce train.*

▶ **supplémentaire** adj. En plus de ce qui est habituel. *Il a mis une couverture supplémentaire sur son lit.*

supplication n. f. Prière par laquelle on supplie. *Il n'a pas cédé aux pleurs et aux supplications.* ▷ Mot de la famille de supplier.

supplice n. m. **1.** Punition qui cause de grandes souffrances physiques. *Au Moyen Âge, les condamnés subissaient de terribles supplices.* → aussi **torture. 2.** Cruelle souffrance morale. *L'attente des résultats de l'examen est un supplice.*

supplier v. (conjug. 9) Prier humblement avec insistance. *Je vous supplie de m'écouter.* → **conjurer, implorer.** *Je t'en supplie, aide-moi.*
▶ Autre mot de la famille : supplication.

supporter v. (conjug. 3) **1.** Soutenir, porter un poids. *Des poutres supportent le plafond.* **2.** Subir et accepter des choses pénibles. *Il ne*

le supplice du bûcher (16e siècle)

supporte pas les critiques. *Je ne supporte pas que l'on me mente.* **3.** Tolérer la présence, le comportement de. *La vieille dame ne supportait pas les chats.* **4.** Résister à. *Cette plante supporte la sécheresse.*

▸ **support** n. m. Ce qui soutient quelque chose. *La maquette est fixée sur un support de bois.*

▸ **supportable** adj. Que l'on peut supporter, endurer. *Cette douleur est très supportable.* ▮ contraire : **insupportable.**

▷ Mots de la famille de porter.

supporteur ou **supporter** [sypɔʀtɛʀ] n. m., **supportrice** n. f. Personne qui encourage des sportifs dans leur effort. *Les supporteurs d'une équipe de football.*

▶ Ce mot vient de l'anglais *supporter.* • La graphie *supporter* est anglaise.

des **supporteurs**

supposer v. (conjug. 3) **1.** Admettre quelque chose sans en être sûr. ➜ **imaginer, penser, présumer.** *Je suppose que tu es déjà au courant.* **2.** Avoir comme condition nécessaire. *Reconnaître ses erreurs suppose du courage,* il faut du courage pour le faire. ➜ **exiger, réclamer.**

▸ **supposition** n. f. Chose que l'on imagine sans pouvoir affirmer qu'elle est vraie. ➜ **hypothèse.** *Ce ne sont que des suppositions.*

▷ Mots de la famille de poser.

suppositoire n. m. Médicament que l'on introduit dans l'anus.

suppression n. f. Fait de supprimer. *Les syndicats s'opposent à la suppression d'emplois.* ▮ contraire : **création.**

supprimer v. (conjug. 3) **1.** Faire disparaître. *On a supprimé la cloison entre les deux pièces. Ce médicament supprime la douleur.* **2.** Enlever d'un ensemble. ➜ **ôter.** *On a supprimé tout un passage du texte.* ➜ aussi **suppression.**

suppurer v. (conjug. 3) Produire du pus. *La plaie suppure.*

supputer v. (conjug. 3) Calculer en faisant des suppositions. ➜ **évaluer.** *Il suppute ses chances de réussite.*

▶ Ce mot appartient au langage soutenu.

suprême adj. **1.** Qui est au-dessus des autres. *Le souverain représente l'autorité suprême,* l'autorité la plus élevée. **2.** Dernier. *Alex a gagné la course dans un suprême effort.* ➜ **ultime.**

▸ **suprématie** [sypʀemasi] n. f. Domination. *La suprématie de notre équipe est incontestable.* ➜ **supériorité.**

① **sur** prép. **1.** Dans une position supérieure. *Les clés sont sur la table.* ▮ contraire : **sous.** **2.** *Sur soi,* avec soi. *Je n'ai pas d'argent sur moi.* **3.** Parmi. *Un élève sur deux mange à la cantine.* **4.** Vers. *Prenez sur la droite,* à droite. *L'aigle a fondu sur sa proie.* **5.** Au sujet, à propos de. *J'ai appris quelque chose sur Louise.* **6.** *Sur le moment,* juste à ce moment-là. *Sur le moment, je n'y ai pas pensé.* ▮ homonymes : ② sur, sûr.

▸ Autre mot de la famille : sur-le-champ.

② **sur, sure** adj. Acide. *Ces pommes sont sures.*

sur- Préfixe d'origine latine qui signifie « plus haut, au-dessus » (ex. : *surélever, surlendemain*) ou qui exprime l'excès (ex. : *surabondant, surcharge, surestimer*). ➜ **hyper-, super-.**

sûr, sûre adj. **1.** Qui sait avec certitude, est assuré, convaincu de ne pas se tromper. *Elle est sûre d'avoir raison.* ➜ **certain.** **2.** En qui on peut avoir confiance, sur qui on peut compter. *Léa est une amie sûre.* ➜ **fiable.** **3.** Sans danger. *Ce quartier est très sûr la nuit,* on y est en sécurité. **4.** Évident. *Ils vont venir, c'est sûr.* ➜ **certain.** ▮ contraire : **douteux.** **5.** *Bien sûr,* évidemment. *Théo et Paul arriveront ensemble, bien*

a b c d e f g h i j k l m n o p q r s t u v w x y z

sûr. **6.** *Être sûr de soi,* avoir de l'assurance. ▮ homonymes : ① et ② sur.

▶ Autres mots de la famille : ① et ② assurance, assuré, assurément, ① et ② assurer, assureur, rassurant, rassurer, sûrement, sûreté.

surabondant, surabondante adj. Trop abondant. *La récolte de pommes a été surabondante cette année.* ➜ **pléthorique.**

▸ **surabondance** n. f. Trop grande abondance. *Il raconte l'histoire avec une surabondance de détails.*

▷ Mots de la famille de abonder.

suraigu, suraiguë adj. Très aigu. *Une voix suraiguë.* ➜ **strident.** ▷ Mot de la famille de aigu.

▶ Attention au tréma du ë au féminin.

suranné, surannée adj. Ancien et démodé. ➜ **désuet, vieillot.** *Un prénom suranné.*

▷ Mot de la famille de an.

▶ Ce mot appartient au langage soutenu.

surcharger v. (conjug. 5b) **1.** Charger d'un poids trop lourd, de trop de choses. *Une étagère surchargée de bibelots.* **2.** *Surcharger de travail,* en donner trop. ➜ **accabler.** *Les salariés de cette entreprise sont surchargés de travail.*

▸ **surcharge** n. f. Charge excessive ajoutée à la charge normale. *Le car a des passagers en surcharge.* ➜ aussi **surnombre.** – *Nous avons une surcharge de travail en fin d'année.* ➜ **surcroît.**

▷ Mots de la famille de charger.

surchauffer v. (conjug. 3) Chauffer à l'excès.

▸ **surchauffé, surchauffée** adj. Trop chauffé. *On étouffe dans ce train surchauffé.*

▷ Mots de la famille de chauffer.

surclasser v. (conjug. 3) Être nettement meilleur que les autres. *Alex surclasse tous ses camarades à la course.* ➜ **surpasser.** ▷ Mot de la famille de ① classe.

surcroît n. m. Ce qui vient s'ajouter à ce que l'on a déjà. ➜ **excédent, supplément.** *Un surcroît de travail.* ➜ **surcharge.** ▷ Mot de la famille de croître.

surdité n. f. Infirmité dont souffre une personne sourde.

surdose n. f. Consommation excessive d'une drogue, pouvant entraîner la mort. ➜ **overdose.** ▷ Mot de la famille de dose.

surdoué, surdouée adj. Qui a une intelligence très supérieure à la moyenne. *Des enfants surdoués.* ▷ Mot de la famille de doué.

sureau n. m. Petit arbre à baies rouges ou noires. – Au pl. *Des sureaux.*

sureau

surélever v. (conjug. 7) Donner plus de hauteur. *Ils ont surélevé leur maison d'un étage.* ➜ **rehausser.** ▷ Mot de la famille de ① lever.

sûrement adv. D'une manière certaine. *Ils viendront sûrement demain.* ➜ **certainement, probablement.** ▷ Mot de la famille de sûr.

surenchère n. f. Enchère plus élevée que la précédente.

▸ **surenchérir** v. (conjug. 11) Faire une surenchère. *Les acheteurs surenchérissent.*

▷ Mots de la famille de ② cher.

surestimer v. (conjug. 3) Estimer au-dessus de sa valeur. *Le candidat avait surestimé ses capacités et il a échoué.* ▮ contraire : **sous-estimer.** ▷ Mot de la famille de estimer.

sûreté n. f. Absence de danger. ➜ **sécurité.** *Ferme la porte à double tour pour plus de sûreté.* – *En sûreté,* en lieu sûr, à l'abri. *Ses bijoux sont en sûreté dans un coffre.* ▷ Mot de la famille de sûr.

surexcité, surexcitée adj. Très excité, énervé. *Des enfants surexcités.* ➜ **survolté.** ▷ Mot de la famille de exciter.

surf [sœʀf] n. m. Sport qui consiste à se laisser porter par de grosses vagues, debout sur une planche. *Un champion de surf. Une planche de surf.* – *Le surf des neiges.* ➜ **snowboard.**
Ce mot vient de l'anglais.
▶ Autre mot de la famille : surfer.

surf

surface n. f. **1.** Face apparente, visible. *La surface de l'eau au repos est horizontale.* **2.** Superficie. *Son appartement a une surface de 100 mètres carrés. Calculez la surface d'un rectangle de 3 centimètres sur 12.* ➜ **aire.** **3.** *Une grande surface,* c'est un très grand magasin où l'on se sert soi-même. ➜ **hypermarché, supermarché.** ▷ Mot de la famille de face.

surfait, surfaite adj. Inférieur à sa réputation, surestimé. *L'efficacité de ce médicament est surfaite.* ▷ Mot de la famille de faire.

surfer [sœʀfe] v. (conjug. 3) **1.** Faire du surf. *Des jeunes gens surfent sur la crête des vagues.* **2.** *Surfer sur Internet,* se déplacer sur Internet, aller d'un site à l'autre. ➜ **naviguer.** *Les internautes surfent sur Internet.* ▷ Mot de la famille de surf.

surgeler v. (conjug. 7a) Congeler très rapidement. *Dans cette usine, on surgèle des légumes.*

▶ **surgelé, surgelée** adj. Qui a été congelé rapidement pour être conservé. *Des filets de poisson surgelés.* – n. m. Produit surgelé. *Le rayon des surgelés d'une grande surface.*
▷ Mots de la famille de ① gel.

surgir v. (conjug. 11) Apparaître brusquement. *Un avion surgit des nuages. De nouvelles difficultés surgissent.*

surhumain, surhumaine adj. Qui semble au-dessus des forces d'un homme normal. *Des efforts surhumains.* ▷ Mot de la famille de humain.

sur-le-champ adv. Aussitôt, immédiatement. *Il est parti sur-le-champ.* ▷ Mot de la famille de ① sur, de ① le et de champ.

surlendemain n. m. Jour qui suit le lendemain. *Le malade s'est levé le surlendemain de son opération.* ➜ aussi **après-demain.** ▷ Mot de la famille de ① en, ① le et demain.

surligneur n. m. Gros feutre de couleur vive et fluorescente qui sert à recouvrir les passages d'un texte que l'on veut mettre en valeur. ▷ Mot de la famille de ligne.

surmener v. (conjug. 7) Imposer un travail excessif. *Il surmène ses collaborateurs.* – **se surmener,** se fatiguer en travaillant trop. *Ne vous surmenez pas !*

▶ **surmenage** n. m. Fatigue due à un excès de travail. *Le surmenage des étudiants avant les examens.*
▷ Mots de la famille de mener.

surmonter v. (conjug. 3) **1.** Être placé au-dessus. *Un baldaquin surmonte le lit.* **2.** Vaincre en faisant un effort. *Louise a surmonté sa peur et elle est descendue toute seule à la cave.* ▷ Mot de la famille de monter.

surmulot n. m. Gros rat gris appelé aussi *rat d'égout.* ▷ Mot de la famille de mulot.

surnager v. (conjug. 5b) Flotter à la surface d'un liquide. *Des détritus surnagent dans l'eau du port.* ▷ Mot de la famille de nager.

surnaturel, surnaturelle adj. Que l'on ne peut expliquer par les lois de la nature. ➜ **magique.** *La sorcière a des pouvoirs surnaturels.* ▷ Mot de la famille de nature.

surnom n. m. Nom donné à quelqu'un à la place de son vrai nom. *«Œil de lynx» est le surnom de Paul parce qu'il a une très bonne vue.* ➜ aussi **sobriquet.** ▷ Mot de la famille de nom.

en **surnombre** adv. En trop, en plus du nombre autorisé. *Le chauffeur de taxi a refusé de prendre un passager en surnombre.* ➜ aussi **surcharge.** ▷ Mot de la famille de nombre.

surnommer v. (conjug. 3) Donner un surnom. *Ils ont surnommé leur camarade «Œil de lynx».* ▷ Mot de la famille de nom.

suroît n. m. Chapeau imperméable de marin. *Par mauvais temps, les marins portent des cirés et des suroîts.*
On peut aussi écrire *suroit,* sans accent circonflexe.

surpasser v. (conjug. 3) Être meilleur que les autres. ➜ **surclasser.** *Julie surpasse tous ses camarades à la brasse.* – **se surpasser,** faire mieux que d'habitude. *Aujourd'hui, la cuisinière s'est surpassée.* ▷ Mot de la famille de passer.

surpeuplé, surpeuplée adj. Où il y a trop d'habitants. *Une ville surpeuplée.* ▷ Mot de la famille de peuple.

art **surréaliste**
(*Vestiges ataviques après la pluie,* Dali, 1934)

surpeuplement n. m. État d'un lieu où il y a trop d'habitants. *Le surpeuplement des grandes villes.* ➜ aussi **surpopulation.** ▷ Mot de la famille de peuple.

surplace n. m. *Faire du surplace,* ne pas avancer. *Dans les embouteillages, les voitures font du surplace.* ▷ Mot de la famille de place.

surplomb [syʀplɔ̃] n. m. Partie d'un mur, d'une paroi qui dépasse par rapport à la base. *Le balcon est en surplomb.* ➜ **saillie.**

▸ **surplomber** v. (conjug. 3) Dominer en se trouvant au-dessus. *La falaise surplombe la mer.*

surplus [syʀply] n. m. Ce qui est en plus de la quantité voulue. ➜ **excédent.** *Il cherche à perdre ce surplus de poids.* ▷ Mot de la famille de ① plus.

surpopulation n. f. Population trop nombreuse pour les ressources d'un pays. *Une trop forte natalité provoque la surpopulation.* ➜ aussi **surpeuplement.** ▷ Mot de la famille de population.

surprendre v. (conjug. 61) **1.** Prendre sur le fait. *On l'a surpris en train de voler des bonbons.* **2.** Arriver, se produire sans qu'on ne s'y attende. *La pluie nous a surpris à mi-chemin.* **3.** Étonner, stupéfier. *Ses réactions me surprennent toujours.*

▸ **surprenant, surprenante** adj. Inattendu. ➜ **étonnant.** *Une nouvelle surprenante.*

▸ **surprise** n. f. **1.** Étonnement. *Il a poussé un cri de surprise.* **2.** Ce qui surprend. *Quelle surprise de vous rencontrer ici !* **3.** Cadeau ou plaisir fait à quelqu'un qui ne s'y attend pas. *Nous lui avons préparé une surprise pour son anniversaire.* **4.** *Par surprise,* sans qu'on s'y attende. *L'inspecteur est arrivé par surprise.*
▷ Mots de la famille de prendre.

surproduction n. f. Production trop importante. *La surproduction entraîne la baisse des prix.* ▷ Mot de la famille de produire.

surréaliste adj. *L'art surréaliste,* art né au début du 20e siècle, utilisant le rêve et l'imaginaire plutôt que la réalité. *Salvador Dali était un peintre surréaliste.* ▷ Mot de la famille de réalisme.

sursaut n. m. Mouvement involontaire que l'on fait en se redressant brutalement. *Elle a eu un sursaut en entendant frapper à la porte.* – *En sursaut,* brusquement. *Théo s'est réveillé en sursaut.*

▸ **sursauter** v. (conjug. 3) Avoir un sursaut. *Le bruit l'a fait sursauter.*

▹ Mots de la famille de saut.

sursis [syʀsi] n. m. **1.** Report à une date postérieure. → **délai.** *Il a obtenu un sursis pour régler sa dette.* **2.** *Une peine de prison avec sursis,* une peine que l'on effectue seulement si l'on est condamné à nouveau.

surtout adv. **1.** Avant tout. *Surtout ne dites rien !* **2.** Principalement. *Alex aime le sport, surtout le football.* → **spécialement.** ▹ Mot de la famille de ① tout.

surveiller v. (conjug. 3) **1.** *Surveiller quelqu'un,* l'observer en faisant attention pour contrôler ce qu'il fait ou lui éviter un danger. *Louise surveille son petit frère qui prend son bain.* **2.** Veiller à ce que tout se déroule comme il faut. *Elle surveille la cuisson du soufflé.*

▸ **surveillance** n. f. Le fait d'observer en faisant attention. *Le maître nageur assure la surveillance de la piscine.*

▸ **surveillant** n. m., **surveillante** n. f. Personne qui surveille les élèves, assure la discipline. → fam. ② **pion.** *Les surveillants d'un collège.*

▹ Mots de la famille de ② veille.

survenir v. (conjug. 13) Arriver brusquement, de façon imprévue. *Si un problème survenait, téléphonez-moi.* → se **produire.** ▹ Mot de la famille de venir.

survêtement n. m. Tenue de sport, de loisirs composée d'une veste et d'un pantalon. → aussi **jogging.** ▹ Mot de la famille de vêtir.

survie n. f. Le fait de rester en vie. *Les rescapés ont dû leur survie à la rapidité des secours.* ▹ Mot de la famille de vie.

survivre v. (conjug. 49) **1.** *Survivre à quelqu'un,* continuer à vivre après sa mort. *Louis XIV survécut à son fils et à ses petits-enfants.* **2.** Échapper à la mort. *Un seul passager de l'avion a survécu à l'accident.* → **réchapper.**

▸ **survivance** n. f. Ce qui reste d'une chose disparue. *Les feux de la Saint-Jean sont une survivance des anciennes fêtes agricoles.*

▸ **survivant** n. m., **survivante** n. f. Personne qui a échappé à la mort là où d'autres sont mortes. *Il n'y a aucun survivant parmi les passagers de l'avion.* → **rescapé.**

▹ Mots de la famille de ① vivre.

survoler v. (conjug. 3) **1.** Voler au-dessus. *L'avion survole les Alpes.* **2.** Lire, examiner rapidement. *Il a survolé les titres du journal.* → **parcourir.**

▸ **survol** n. m. Action de survoler une région. *Le survol des zones militaires est interdit.*

▹ Mots de la famille de ① voler.

survolté, survoltée adj. Très énervé. → **surexcité.** *Après cette journée entière sans sortir, les enfants étaient survoltés.* ▹ Mot de la famille de volt.

sus [sys] adv. **1.** *Courir sus à l'ennemi,* l'attaquer. **2.** *En sus,* en plus. *Les taxes sont en sus du prix indiqué.*

▶ Ce mot appartient au langage soutenu.

① **susceptible** adj. Qui peut éventuellement. *Mes projets de vacances sont susceptibles de changer.*

② **susceptible** adj. Qui se vexe facilement. *Elle est très susceptible, on ne peut lui faire aucune remarque.*

▸ **susceptibilité** n. f. Caractère d'une personne susceptible. *Elle est d'une grande susceptibilité.*

susciter [sysite] v. (conjug. 3) Provoquer, faire naître. → **soulever.** *Le projet du maire a suscité l'intérêt de tous les habitants du village.*

suspect [syspɛ], **suspecte** [syspɛkt] adj. **1.** *Une personne suspecte,* une personne qui fait naître des soupçons. → ① **louche.** *Un individu suspect rôde derrière la gare.* – n. *La police interroge le suspect.* **2.** *Une chose suspecte,* une chose dont on se méfie. *Un colis suspect a été déposé devant la mairie.*

▸ **suspecter** v. (conjug. 3) Tenir pour suspect. ➜ **soupçonner.** *L'inspecteur suspecte le témoin d'avoir menti.*

① **suspendre** v. (conjug. 44) Accrocher par le haut de manière à faire pendre. *Il a suspendu sa veste au portemanteau.* – **se suspendre,** se pendre, se tenir pendu. *L'acrobate se suspend au trapèze par les pieds.* ▷ Mot de la famille de pendre.

② **suspendre** v. (conjug. 44) **1.** Arrêter. ➜ **interrompre.** *Le président a suspendu la séance.* **2.** *Suspendre quelqu'un,* lui retirer ses fonctions pendant un certain temps. *La fédération de football a suspendu pour un mois ce joueur trop violent.*

▸ Autres mots de la famille : en suspens, ② suspension.

suspendu, suspendue adj. **1.** *Un pont suspendu,* soutenu par des câbles. **2.** *Une voiture bien, mal suspendue,* qui a une bonne, une mauvaise suspension, de bons, de mauvais amortisseurs. ▷ Mot de la famille de pendre.

en **suspens** [ɑ̃syspɑ̃] adv. Momentanément interrompu, sans solution. *Les travaux sont restés en suspens. La question est toujours en suspens.* ▷ Mot de la famille de ② suspendre.

suspense [syspɛns] n. m. Moment d'une histoire où l'on a peur en attendant la suite. *Hitchcock a réalisé de nombreux films à suspense.*
Ce mot vient de l'anglais.

① **suspension** n. f. **1.** Système qui amortit les chocs sur un véhicule. ➜ **amortisseur.** *Cette voiture a une bonne suspension.* **2.** Appareil d'éclairage suspendu au plafond. ➜ **lustre.** **3.** *Particules en suspension,* très fines particules solides dans un liquide ou dans un gaz. *Des poussières en suspension dans l'air.* ▷ Mot de la famille de pendre.

② **suspension** n. f. **1.** Arrêt, interruption. *Les deux pays ont décidé la suspension des combats.* – *Le chauffard a eu une suspension de permis de conduire,* on lui a retiré son permis de conduire pendant un certain temps. **2.** *Points de suspension,* signe de ponctuation formé d'une suite de trois points (…) qui indique qu'une phrase s'interrompt. ▷ Mot de la famille de ② suspendre.

suspicion n. f. Méfiance envers des gens que l'on soupçonne de quelque chose. ➜ **défiance.** *Le dopage jette la suspicion sur les athlètes.*

se **sustenter** v. (conjug. 4) Se nourrir. ➜ se **restaurer.** *Ils se sont sustentés avant de partir.*
Ce mot appartient au langage soutenu.

pont **suspendu**

susurrer [sysyʀe] v. (conjug. 3) Dire tout doucement. ➜ **chuchoter, murmurer.** *Louise susurre des secrets à Julie.*

suture n. f. *Des points de suture,* ce sont des points que l'on fait pour recoudre une plaie. *Il s'est ouvert la jambe, on a dû lui faire dix points de suture.*

suzerain n. m., **suzeraine** n. f. Au Moyen Âge, seigneur qui avait remis une partie de ses terres à un vassal. ➜ aussi **fief.** *Le vassal devait obéissance et fidélité à son suzerain.*

svelte adj. Mince et élancé. *Une jeune femme svelte.* ▮ contraires : **lourd,** ① **massif, trapu.**

sweat-shirt [switʃœʀt] ou [swɛtʃœʀt] n. m. Pull-over en coton épais molletonné. – Au pl.

Des sweat-shirts.
Ce mot vient de l'anglais. • On dit aussi *sweat.*

syllabe n. f. Groupe de consonnes et de voyelles que l'on prononce d'un seul coup. *Le mot «grelot» a deux syllabes.*
▶ Autre mot de la famille : monosyllabe.

sylviculture n. f. Culture, mise en valeur et entretien des forêts. ▷ Mot de la famille de ① culture.

symbole n. m. **1.** Ce qui représente quelque chose d'abstrait. *La colombe est le symbole de la paix.* → **emblème.** **2.** Signe qui représente une chose précise. *Le signe «×» est le symbole de la multiplication. O est le symbole chimique de l'oxygène.*

▶ **symbolique** adj. Qui constitue un symbole, qui a de la valeur pour ce que cela représente. *L'échange des alliances entre les mariés est un geste symbolique.*

▶ **symboliser** v. (conjug. 3) Représenter par un symbole. *La balance symbolise la justice.*

symétrie n. f. Caractère d'une chose que l'on peut diviser en deux parties semblables de part et d'autre d'une ligne ou par rapport à un centre. *Les ailes du château ont été construites avec symétrie. Un losange a deux axes de symétrie.*

▶ **symétrique** adj. Qui présente une symétrie. *Une rosace est une figure symétrique.*
▶ Autres mots de la famille : asymétrique, dissymétrique.

façade **symétrique**

sympathie n. f. (→ ÉTYM.) Attirance spontanée que l'on éprouve pour une personne avec laquelle on pense que l'on va bien s'entendre. → **amitié, bienveillance.** *Il a reçu des messages de sympathie.* ▮ contraire : **antipathie.**

▶ **sympathique** adj. Pour qui on éprouve de la sympathie. → **agréable, aimable.** *Une femme très sympathique.* ▮ contraire : **antipathique.**
On dit familièrement *sympa : des filles sympas.*

▶ **sympathiser** v. (conjug. 3) S'entendre bien dès la première rencontre. *Alex et Théo ont sympathisé dès qu'ils se sont vus.*

symphonie n. f. Long morceau de musique composé pour un grand orchestre. *Beethoven a composé neuf symphonies.*

▶ **symphonique** adj. *Un orchestre symphonique,* composé des musiciens nécessaires pour jouer une symphonie.

symptôme [sɛ̃ptom] n. m. Signe qui permet de reconnaître une maladie. *Les courbatures et la fièvre sont des symptômes de la grippe.*

synagogue n. f. Bâtiment où ont lieu les cérémonies religieuses juives.

synchroniser v. (conjug. 3) **1.** *Synchroniser un film,* faire concorder le son et l'image, sans qu'il y ait de décalage. **2.** Faire s'accomplir en même temps plusieurs actions, plusieurs mouvements. *Il synchronise mal ses mouvements en nageant.* → **coordonner.**

▶ **synchronisation** n. f. Action de synchroniser. *Dans ce film, il y a une mauvaise synchronisation entre le son et l'image.*

syncope n. f. Arrêt ou ralentissement des battements du cœur et de la respiration, accompagné d'une perte de connaissance. → **évanouissement.** *Elle a eu une syncope.*

syndical, syndicale adj. D'un syndicat. *Des délégués syndicaux.*

▶ **syndicaliste** n. m. et f. Membre actif d'un syndicat.

syndicat n. m. **1.** Groupement de personnes qui veulent défendre ensemble leurs intérêts communs. **2.** *Syndicat d'initiative,* organisme destiné à développer le tourisme dans une localité et à renseigner les visiteurs. *Demandez la liste des hôtels au syndicat d'initiative.*

se syndiquer v. (conjug. 4) S'inscrire à un syndicat.

synonyme n. m. Mot qui a le même sens qu'un autre. *«Beau» est un synonyme de «joli».* ▮ contraires : **antonyme, contraire.** – adj. *«Rusé» et «malin» sont synonymes.*

syntaxe n. f. Partie de la grammaire qui étudie la construction des phrases, les relations entre les mots, les règles d'accord, etc.

synthèse n. f. **1.** Opération qui consiste à regrouper des idées de façon ordonnée et cohérente. *Le journaliste a fait la synthèse des idées exprimées par les participants au débat.* **2.** *Produit de synthèse,* obtenu de manière artificielle à partir des éléments qui le constituent. ➜ aussi **synthétique. 3.** *Image de synthèse,* image vidéo produite par des moyens informatiques.

▸ **synthétique** adj. Fabriqué par synthèse et non pas obtenu naturellement. ➜ **artificiel.** *Les textiles synthétiques.* ▮ contraire : **naturel.**

▸ **synthétiseur** n. m. Appareil électronique qui crée des sons.

synthétiseur

système n. m. **1.** Ensemble d'éléments qui fonctionnent ensemble et forment un tout organisé. *Le cerveau, la moelle épinière et les nerfs forment le système nerveux.* **2.** Moyen utilisé pour arriver à un but. ➜ **méthode.** *Le professeur a testé un nouveau système de notation.*

▸ **systématique** adj. Organisé avec ordre et méthode. *Une recherche systématique.* ➜ **méthodique.**

▸ **systématiquement** adv. D'une manière systématique. *Il critique systématiquement tout ce que les autres font.*

▸ Autre mot de la famille : écosystème.

t' → **te, toi**

ta → ① **ton**

tabac [taba] n. m. (→ ÉTYM.) **1.** Plante haute à larges feuilles. *Un champ de tabac.* **2.** Produit fait avec les feuilles de cette plante séchées et préparées pour être fumées. *Il a acheté du tabac pour sa pipe.* **3.** Boutique où l'on peut acheter du tabac, des cigarettes, des cigares, des allumettes. *Elle est allée au tabac acheter un paquet de chewing-gums.*

▸ **tabagie** n. f. Endroit rempli de fumée de cigarette. *C'est une tabagie ici, ouvrez la fenêtre !*

▸ **tabagisme** n. m. Abus de tabac. *Le tabagisme est une des causes du cancer du poumon.*

▸ **tabatière** n. f. Boîte dans laquelle on met du tabac en poudre.

tabac

table n. f. **1.** Meuble fait d'un plateau posé sur des pieds. *La table de la salle à manger est ronde. Louise met la table,* elle pose sur la table ce qu'il faut pour manger. → mettre le **couvert.** *C'est l'heure de se mettre à table,* de prendre un repas. **2.** *Une table ronde,* c'est une réunion pendant laquelle on peut parler librement de sujets précis. *Le directeur du collège a organisé une table ronde avec les professeurs.* **3.** *La table des matières d'un livre,* la liste des chapitres. *Paul consulte la table des matières de son livre d'histoire.* → aussi ② **index, sommaire.** **4.** *Les tables de multiplication,* les tableaux des multiplications des nombres avec le résultat. *Il récite la table de multiplication par 3.*

▸ **tableau** n. m. **1.** Peinture faite sur un support rigide. → **toile.** *«La Joconde» est un tableau de Léonard de Vinci.* → planche **Musée.** *Ce musée possède une belle collection de tableaux abstraits.* **2.** Récit. → **description.** *Il a brossé un rapide tableau de la situation.* **3.** Panneau sur lequel on met des informations. *La liste des candidats est inscrite sur le tableau d'affichage. Le professeur a écrit l'énoncé du problème au tableau.* **4.** *Le tableau de bord d'un véhicule,* c'est l'endroit où sont les compteurs, les voyants et les commandes. → planche **Voitures.** **5.** Série de renseignements disposés en listes, selon un ordre strict et très clair. *Des tableaux de conjugaison.*

▸ **tablée** n. f. Ensemble des personnes assises à une table et qui prennent leur repas ensemble. *Quand tous ses petits-enfants sont là, cela fait une joyeuse tablée.*

▸ **tabler** v. (conjug. 3) *Tabler sur quelque chose,* compter dessus. *Je table sur son aide.*

tag

▶ **tablette** n. f. **1.** Petite étagère. *Théo pose sa brosse à dents sur la tablette au-dessus du lavabo.* **2.** Aliment présenté sous la forme d'une petite plaque rectangulaire. *Louise et Paul partagent une tablette de chocolat.*

▶ ① **tablier** n. m. Plateforme qui constitue le plancher d'un pont.
▶ Autre mot de la famille : s'attabler.

② **tablier** n. m. Vêtement qui couvre le devant du corps et protège les autres vêtements. *Mets un tablier pour faire de la peinture !*

tabou, taboue adj. (→ ÉTYM.) *Un sujet tabou,* c'est un sujet dont on n'ose pas parler. *Chez eux, la politique est un sujet tabou.* – Au masc. pl. *tabous* ou *tabou.*

taboulé n. m. Plat d'origine libanaise, fait à partir de semoule de blé, de menthe, de persil, d'oignons et de tomates, et assaisonné à l'huile d'olive et au citron, qui se mange froid.
▶ Ce mot vient de l'arabe.

tabouret n. m. Siège à pieds, sans bras ni dossier. *Léa monte sur un tabouret pour attraper le pot de confiture.*

du tac au tac adv. *Répondre du tac au tac,* c'est répondre immédiatement et vivement à une remarque désagréable. *Alex a critiqué Louise qui lui a répondu du tac au tac.*

tache n. f. **1.** Marque d'une couleur différente. *Julie a les joues couvertes de taches de rousseur.* **2.** Marque sale. → **trace.** *Léa a fait une tache d'encre sur son cahier.*
▶ Autres mots de la famille : détachant, ② détacher, tacher, tacheté.

tâche n. f. Travail à faire. → **besogne, ouvrage.** *Les tâches ménagères.*
▶ Attention à l'accent circonflexe du *â.*
▶ Autre mot de la famille : tâcher.

tacher v. (conjug. 3) Salir en faisant des taches. *Paul a taché son jean.* – **se tacher,** salir ses vêtements en faisant des taches. *Julie s'est tachée en faisant de la peinture.* ▷ Mot de la famille de tache.

tâcher v. (conjug. 3) Faire des efforts. → **s'efforcer, essayer.** *Je vais tâcher d'arriver à l'heure. Tâchez que cela ne se reproduise plus !* faites en sorte que cela ne se reproduise plus.
▮ contraire : **éviter.** ▷ Mot de la famille de tâche.
▶ Attention à l'accent circonflexe du *â.*

tacheté, tachetée adj. Couvert de petites taches. *Le léopard a un pelage tacheté.* ▷ Mot de la famille de tache.

tacite adj. Qui n'est pas exprimé. *Il m'a donné son accord tacite,* sans rien dire clairement ni écrire. → **implicite.**

taciturne adj. Qui ne parle pas beaucoup. → **silencieux.** *C'est un enfant taciturne.*
▮ contraire : **bavard.**

tacot n. m. Familier. Vieille voiture qui n'avance pas.

tact [takt] n. m. Délicatesse dans les rapports avec les autres, qui permet d'éviter de vexer ou de faire de la peine. → **diplomatie, doigté.** *On lui a annoncé la mauvaise nouvelle avec tact.*

tactile adj. **1.** Qui concerne le toucher. *Les moustaches du chat sont tactiles,* elles servent à toucher. 2. *Un écran tactile,* c'est un écran d'ordinateur, de téléphone ou de console qui réagit quand on le touche avec le doigt ou un stylet.

tactique n. f. Manière de mettre un plan à exécution. → **stratégie.** *Les footballeurs ont changé de tactique au milieu du match.*

taffetas [tafta] n. m. Tissu de soie. *Une robe du soir en taffetas.*
▸ *Taffetas* prend deux *f* et un *s.*

tag n. m. Dessin représentant une signature qui se veut décorative, fait de nombreuses fois sur des murs, des voitures de métro, etc. *Le mur de l'immeuble est couvert de tags.* → **graffiti.**
▸ Ce mot vient de l'anglais.

tagliatelle [taljatɛl] n. f. *Les tagliatelles,* ce sont des pâtes alimentaires longues et plates. *Il a préparé des tagliatelles au saumon pour le dîner.*
▸ C'est un mot italien.

taie n. f. Enveloppe de tissu dans laquelle on met un oreiller. *Elle a acheté des draps et des taies d'oreiller assortis.*

taïga n. f. Forêt de conifères des régions du nord de l'Europe, de l'Asie et de l'Amérique. → aussi **toundra.** *La taïga sibérienne.*
▸ Ce mot vient du russe.

taïga

taillader v. (conjug. 3) Faire des coupures dans la peau. *Il s'est tailladé le menton en se rasant.* ▷ Mot de la famille de tailler.

① **taille** n. f. Impôt payé autrefois au seigneur par les serfs et les roturiers. *La taille a été abolie en 1789.*

② **taille** n. f. 1. Hauteur du corps humain. *Sa taille est de 1,50 m. Tu es de taille à te défendre,* tu es assez fort pour cela. 2. Grandeur d'un vêtement. *Ce pantalon est trop petit, il faudrait la taille au-dessus.* 3. Grandeur. → **dimension, format.** *Sa photo est de la taille d'un timbre-poste.*

③ **taille** n. f. Partie du corps entre les côtes et les hanches. *Théo avait de l'eau jusqu'à la taille.* → **ceinture.**

④ **taille** n. f. Action de tailler. *Le jardinier s'occupe de la taille des rosiers. La façade de l'immeuble est en pierre de taille,* en pierre taillée spécialement pour la construction.
▷ Mot de la famille de tailler.

tailler v. (conjug. 3) 1. Couper pour donner une certaine forme. *Julie taille ses crayons de couleur. Le jardinier a taillé les ifs de l'allée.* 2. Découper des morceaux de tissu pour faire un vêtement en les assemblant. → **couper.** *La couturière a taillé une robe.*

▸ **taillé, taillée** adj. 1. Fait. *Il est taillé en athlète,* son corps est celui d'un athlète. → **bâti.** 2. Coupé. *Il a les cheveux taillés en brosse.*

▸ **taille-crayon** n. m. Instrument qui sert à tailler les crayons. – Au pl. *Des taille-crayons.*
▷ Mot de la famille de crayon.

▸ **tailleur** n. m. 1. Homme dont le métier est de faire des vêtements sur mesure pour les hommes. → aussi **couturière.** 2. Ouvrier qui façonne une matière en la taillant. *Il est tailleur de diamants.* 3. Costume de femme composé d'une veste et d'une jupe de même tissu. *Elle portait un tailleur de flanelle. Un tailleur-pantalon,* composé d'une veste et d'un pantalon de même tissu. 4. *S'asseoir en tailleur,* s'asseoir par terre, les jambes repliées à plat sur le sol, les genoux écartés et les pieds croisés.

▸ **taillis** [taji] n. m. Partie d'un bois où il n'y a que de petits arbres. → ① **fourré.**
▸ Le *s* final ne se prononce pas.
▸ Autres mots de la famille : entaille, entailler, taillader, ④ taille.

tain n. m. Couche de métal que l'on applique sur une plaque de verre pour en faire un miroir. *Le tain est à base d'étain ou de mercure.*

a b c d e f g h i j k l m n o p q r s t u v w x y z

Une glace sans tain, qui permet de voir sans être vu car d'un côté elle fait miroir et de l'autre elle est semblable à une vitre transparente. ▮ homonymes : teint, thym.

taire v. (conjug. 57) **1. se taire,** garder le silence. *Julie s'est tue quand le professeur est entré.* ▮ contraire : **parler.** *Tais-toi !* arrête de parler, de crier ou de chanter. **2.** *Taire une chose,* c'est ne pas la dire. *Théo est incapable de taire un secret.* ➜ **cacher.** ▮ contraires : **divulguer, dévoiler, révéler.** ▮ homonymes : ter, terre.

talc n. m. Poudre blanche qui absorbe l'humidité. ➜ planche **Minéraux.** *Léa se met du talc sur les pieds.*
▶ Autre mot de la famille : talquer.

talent n. m. Qualité qui permet de réussir dans un domaine. ➜ **aptitude, capacité, don.** *C'est un auteur de talent.*
▶ **talentueux, talentueuse** adj. Qui a du talent. *Une comédienne talentueuse.*

taliban n. m. Musulman d'Afghanistan qui veut appliquer d'une manière rigoureuse les règles de l'islam. *Les talibans.*

talisman [talismɑ̃] n. m. Objet qui porte bonheur grâce à ses pouvoirs magiques. *Cette médaille est son talisman.* ➜ **amulette, fétiche, porte-bonheur.**

talkie-walkie [tokiwoki] ou [tɔlkiwɔlki] n. m. Petit appareil émetteur-récepteur de radio, portatif, qui permet de communiquer à faible distance. *Les deux gardes restent en contact grâce à leurs talkies-walkies.*
▶ Ce mot vient de l'anglais.

talon n. m. **1.** Ce qu'il reste d'une feuille de carnet quand on en a enlevé la partie détachable. *Elle inscrit le montant de ses achats sur le talon de son chéquier.* ➜ **souche. 2.** Arrière du pied. *Léa a une ampoule au talon.* **3.** Partie d'une chaussette, d'un bas ou d'une chaussure, au niveau du talon. *Ces chaussettes ont un trou au talon. Elle ne met jamais de chaussures à talons hauts.*
▶ **talonner** v. (conjug. 3) Suivre de très près, en poursuivant. *Les policiers talonnent le voleur.*

talquer v. (conjug. 3) Mettre du talc. *Il faut talquer la piscine gonflable avant de la ranger.*
▷ Mot de la famille de talc.

talus [taly] n. m. Terrain en pente très inclinée, le long d'un chemin ou d'un champ. *Un talus borde la voie ferrée.*
▶ Attention au *s* final qui ne se prononce pas.

tamanoir n. m. Grand animal d'Amérique du Sud qui a une langue fine et visqueuse avec laquelle il capture les fourmis dont il se nourrit. ➜ **fourmilier.** *Le tamanoir est un mammifère qui peut mesurer 2,50 mètres.*

tamanoir

tamaris [tamaʀis] n. m. Arbuste à petites fleurs roses en épis. *Une allée de tamaris.*

tambour n. m. **1.** Instrument de musique fait d'un cylindre fermé de chaque côté par une peau tendue sur laquelle on tape avec des baguettes. ➜ aussi grosse **caisse, tam-tam,** ① **timbale.** ➜ planche **Instruments** de musique. *Un roulement de tambour annonce le début de la cérémonie. – L'affaire a été menée tambour battant,* très rapidement. *Il est parti sans tambour ni trompette,* discrètement, sans attirer l'attention. **2.** Personne qui joue du tambour. **3.** Cylindre qui tourne dans un lave-linge. *J'ai mis le linge à laver dans le tambour.*
▶ **tambourin** n. m. Petit tambour muni de grelots. ➜ planche **Instruments** de musique.
▶ **tambouriner** v. (conjug. 3) Faire du bruit en tapant régulièrement sur un objet dur. *Quelqu'un tambourine à la porte.*

tamis [tami] n. m. Instrument formé d'un grillage fin tendu sur un cadre, qui retient les gros morceaux d'un mélange. ➜ **crible, passoire.** *Il passe le sable au tamis pour enlever les cailloux.*
▶ Le *s* final ne se prononce pas.

▸ **tamiser** v. (conjug. 3) Passer au tamis. *Le maçon tamise le sable.*

▸ **tamisé, tamisée** adj. **1.** *De la farine tamisée,* passée au tamis. **2.** *Une lumière tamisée,* une lumière rendue moins forte, adoucie. *Cet abat-jour donne un éclairage tamisé.* ▮ contraire : ② **cru.**

tampon n. m. **1.** Petit morceau de tissu ou de coton roulé en boule ou pressé. *Il imbibe d'alcool un tampon de ouate. Un tampon hygiénique,* mis dans le vagin pendant les règles. **2.** Morceau de caoutchouc portant une inscription. ➜ **cachet.** *L'employé de mairie donne un coup de tampon sur le certificat.* **3.** Ce qui amortit les chocs, sert d'intermédiaire. *Il y a une zone tampon entre les deux pays en guerre.*

▸ **tamponner** v. (conjug. 3) **1.** Essuyer, nettoyer avec un tampon. *Tamponnez doucement la blessure.* **2.** Apposer un tampon. *Votre autorisation doit être tamponnée par le directeur.* **3. se tamponner,** se heurter violemment. *Les deux voitures se sont tamponnées au carrefour.* ➜ se **télescoper.**

▸ **tamponneur, tamponneuse** adj. *Des autos tamponneuses,* ce sont de petites voitures électriques que l'on fait se heurter sur une piste. *Les enfants ont fait un tour d'autos tamponneuses à la fête foraine.*

tam-tam [tamtam] n. m. inv. Haut tambour d'Afrique noire sur lequel on tape avec les mains. – Au pl. *Des tam-tam.*

tam-tam

tanche n. f. Poisson d'eau douce comestible, à la peau sombre et gluante.

tandem [tɑ̃dɛm] n. m. Bicyclette qui a deux sièges et deux pédaliers placés l'un derrière l'autre. *Les parents d'Alex font du tandem le dimanche.*

tandis que [tɑ̃dikə] conjonction **1.** Pendant que. *Léa apprend sa récitation tandis que Julie fait des divisions.* **2.** Alors que, au contraire. *Alex ne pense qu'à s'amuser tandis que sa sœur, elle, travaille.*

▶ On ne prononce pas le *s.*

tangage n. m. Mouvement d'un bateau dont l'avant et l'arrière s'enfoncent dans l'eau alternativement. ➜ aussi **roulis.** ▷ Mot de la famille de **tanguer.**

tangent, tangente adj. **1.** Qui touche une ligne ou une surface en un seul point. *Tracez une droite tangente à ce cercle,* une droite qui touche le cercle en un seul point. – n. f. *Une tangente,* une droite tangente. **2.** Familier. Fait de justesse. *Il est passé en 6e, mais c'était tangent,* c'était juste, il a bien failli échouer.

tangible adj. Que l'on peut toucher, voir. ➜ **concret, réel.** *Il n'y a pas de preuve tangible de l'existence des extraterrestres.*

tango n. m. Danse originaire d'Argentine, sur un rythme à deux temps. *Un danseur de tango.* – Au pl. *Des tangos.*

tanguer v. (conjug. 3) *Le bateau tanguait,* il se balançait d'avant en arrière.

▶ Autre mot de la famille : **tangage.**

tanière n. f. Trou, caverne où se réfugie une bête sauvage. ➜ **antre,** ① **gîte, repaire, terrier.** *Le renard est rentré dans sa tanière.*

tank n. m. Char d'assaut. *Les tanks ennemis ont encerclé la ville.* ➜ aussi **blindé.**

tanner v. (conjug. 3) **1.** *Tanner une peau,* la préparer pour en faire du cuir. **2.** Familier. Demander avec insistance en agaçant pour obtenir ce qu'on veut. ➜ **harceler.** *Théo tanne son père pour avoir un skate.*

▸ **tannage** n. m. Action de tanner une peau. *Le tannage empêche les peaux de pourrir.*

▸ **tannerie** n. f. Endroit où l'on tanne les peaux.

▸ **tanneur** n. m., **tanneuse** n. f. Personne dont le métier est de tanner les peaux.

▶ Il y a deux *n* dans ces mots.

tant adv. **1.** À un tel point. → **tellement.** *Il souffre tant qu'il est resté couché.* **2.** Une grande quantité. *Je lui ai dit tant de fois de faire attention !* **3.** Une quantité que l'on ne précise pas. *Il gagne tant par mois.* **4.** Autant. *Paul frappait tant qu'il pouvait.* **5.** *Il a réparé sa voiture tant bien que mal,* comme il a pu. **6.** *Il a donné son avis en tant que médecin,* il a donné son point de vue de médecin. → **comme.** **7.** *Tant qu'à changer de voiture, il en a acheté une neuve,* puisqu'il fallait en changer. **8.** *Louise est guérie, tant mieux !* c'est bien, je m'en réjouis. *Paul n'est pas venu, tant pis !* c'est dommage. **9.** *Alex reste jouer dehors tant que sa mère ne l'appelle pas,* aussi longtemps qu'elle ne l'appelle pas. ▮ homonymes : taon, ① et ② temps.
▶ Autres mots de la famille : autant, pourtant, un tantinet, tantôt.

tante n. f. Sœur du père ou de la mère, ou femme de l'oncle. *Louise a deux tantes.* → aussi **neveu, nièce.** ▮ homonyme : tente.

un tantinet adv. Familier. Un petit peu. → **légèrement.** *Il exagère un tantinet. Elle est un tantinet trop ronde.*

tantôt adv. Parfois. *Julie est d'humeur changeante : tantôt elle rit, tantôt elle boude,* à certains moments elle rit, à certains moments elle boude. ▷ Mot de la famille de tant et de tôt.

taon [tɑ̃] n. m. Grosse mouche dont la femelle suce le sang des animaux et des humains. → planche **Insectes.** *Louise a été piquée par un taon.* ▮ homonymes : tant, ① et ② temps.

tapage n. m. **1.** Bruit violent et désordonné. → **chahut, tintamarre, vacarme ;** fam. **raffut.** *Les supporteurs de l'équipe font un tapage infernal.* **2.** *On a fait beaucoup de tapage autour de ce procès,* on en a beaucoup parlé.

▶ **tapageur, tapageuse** adj. Qui se fait remarquer. *Ils vivent dans un luxe tapageur,* dans un luxe qui attire l'attention.
▷ Mots de la famille de taper.

tapant, tapante adj. Familier. Précis, exact. *Il est arrivé à six heures tapantes.* → ① **juste ;** fam. ③ **pile.** ▷ Mot de la famille de taper.

taper v. (conjug. 3) **1.** Donner des coups. → **frapper.** *Il tape sur le clou avec un marteau. Julie a tapé sa petite sœur.* **2.** *Ce bruit me tape sur les nerfs,* m'énerve beaucoup, m'agace. **3.** Écrire avec une machine à écrire ou un ordinateur. *La secrétaire a tapé trois lettres. Il sait taper à la machine.* → **dactylographier** et aussi **saisir.**

▶ **tape** n. f. Coup donné avec le plat de la main. → **claque.** *Il lui a donné une petite tape sur l'épaule.*

▶ **tape-à-l'œil** adj. inv. Qui attire trop l'attention. *Elle aime les bijoux tape-à-l'œil.* ▷ Mot de la famille de œil.
▶ Autres mots de la famille : retaper, tapage, tapageur, tapant, tapoter.

en tapinois adv. En se cachant. → **en catimini,** à la **dérobée, discrètement.** *Paul et Théo se sont approchés de Léa en tapinois.* ▷ Mot de la famille de se tapir.
◗ Ce mot appartient au langage soutenu.

tapir n. m. Animal de la taille d'un petit cochon, dont le nez se prolonge en courte trompe. *Les tapirs sont des mammifères d'Asie du Sud-Est et d'Amérique tropicale.*

tapir

se tapir v. (conjug. 11) Se cacher en se blottissant. → se **terrer.** *Le chat s'est tapi sous le buffet.*
▶ Autre mot de la famille : en tapinois.

tapis n. m. Morceau de tissu épais dont on recouvre le sol d'une pièce. → aussi **moquette.**

▶ **tapisser** v. (conjug. 3) Couvrir de tissu, de tapisserie, de papier peint. → **recouvrir.** *Elle a tapissé sa chambre avec un papier à rayures.*

▶ **tapisserie** n. f. Panneau décoratif fait de motifs tissés. *Les tapisseries d'Aubusson et des Gobelins sont réputées.*

▸ **tapissier** n. m., **tapissière** n. f. Personne dont le métier est de recouvrir de tissu certains meubles et de confectionner des rideaux, des coussins, etc. *Le tapissier a recouvert nos fauteuils.*

tapoter v. (conjug. 3) Frapper légèrement en donnant de petits coups. *Il lui a tapoté la joue affectueusement.* ▷ Mot de la famille de taper.

taquin, taquine adj. Qui aime bien taquiner. *Julie est très taquine.*

▸ **taquiner** v. (conjug. 3) S'amuser à agacer gentiment. *Alex aime bien taquiner sa grand-mère.*

▸ **taquinerie** n. f. Ce que l'on fait ou dit pour taquiner. *Ce n'était pas méchant, c'était juste une taquinerie.*

tarabiscoté, tarabiscotée adj. Trop compliqué. *Cette histoire est tarabiscotée, on n'y comprend rien.*

tarabuster v. (conjug. 3) Tourmenter sans cesse, importuner. *Cesse de tarabuster ta sœur !* ➜ **harceler, houspiller.** *Cette idée me tarabuste.* ➜ **tracasser.**

tarama n. m. Hors-d'œuvre fait à base d'œufs de cabillaud fumés, d'huile d'olive et de citron.

▸ Ce mot vient du grec.

tard adv. **1.** Après le moment habituel, après un temps considéré comme long. *Léa aime se lever tard.* ▮ contraire : **tôt.** *Ils sont rentrés tard dans la nuit,* à une heure avancée. *Je saurai la vérité tôt ou tard,* je la saurai forcément, même si je ne sais pas quand. – *Mieux vaut tard que jamais,* il vaut mieux agir au dernier moment que pas du tout. **2.** *Plus tard,* dans l'avenir. *Nous verrons cela plus tard.* ➜ **après, ultérieurement.** ▮ homonymes : ① et ② tare.

▸ **tarder** v. (conjug. 3) **1.** Être lent à venir, se faire attendre. *Sa réponse n'a pas tardé.* **2.** Attendre avant de commencer à faire quelque chose. *Viens sans tarder,* tout de suite. ▮ contraires : se **dépêcher,** se **hâter,** se **presser.** *Ils ne devraient plus tarder à arriver,* ils devraient arriver bientôt. **3.** *Il me tardait de partir,* j'avais hâte de partir.

▸ **tardif, tardive** adj. **1.** Qui a lieu tard. *Il est rentré à une heure tardive.* ➜ **avancé.** **2.** Qui se développe plus lentement ou plus tard que la moyenne. *Ces fraises sont tardives,* elles mûrissent plus tard que les autres variétés. ▮ contraire : **précoce.**

▸ Autres mots de la famille : s'attarder, retard, retardataire, à retardement, retarder.

① **tare** n. f. Grave défaut. *Son chien a une tare : il est sourd.* ▮ homonyme : tard.

▸ **taré, tarée** adj. Atteint d'une tare, souvent héréditaire.

② **tare** n. f. Poids de l'emballage pesé avec une marchandise.

tarentule n. f. Grosse araignée venimeuse des pays chauds.

targette n. f. Petit verrou plat. *Tire la targette pour ouvrir la porte du grenier.*

se **targuer** v. (conjug. 4) Parler de soi et de ses mérites avec exagération. ➜ se **vanter.** *Léa s'est targuée d'y arriver toute seule.*

tarif n. m. Prix fixé. *Le coiffeur a augmenté ses tarifs.*

▸ Autre mot de la famille : demi-tarif.

tarir v. (conjug. 11) **1.** Cesser de couler, d'avoir de l'eau. *Ses larmes ne tarissaient pas.* – **se tarir,** devenir sec. *La source s'est tarie.* **2.** *Il ne tarit pas d'éloges sur ses enfants,* il n'arrête pas d'en parler d'une façon élogieuse.

▸ **tarissement** n. m. État d'une source, d'un cours d'eau qui est asséché.

▸ Autre mot de la famille : intarissable.

tarot n. m. *Les tarots,* ce sont de longues cartes à jouer portant des figures spéciales, que l'on utilise pour prédire l'avenir ou pour jouer à un jeu de cartes appelé *tarot. Un jeu de tarots comprend 78 cartes.*

des **tarots**

tartare adj. *Un steak tartare,* c'est de la viande de bœuf hachée servie crue avec un jaune d'œuf et différents condiments. *Ils ont commandé des steaks tartares.*

tarte n. f. et adj.

- n. f. Gâteau fait d'un fond de pâte garni de fruits, de légumes ou de crème. *Une tarte aux fraises.*
- adj. Familier. Laid et ridicule, démodé. *Elle avait une robe un peu tarte.* ➜ fam. **ringard.**

▸ **tartelette** n. f. Petite tarte pour une personne. *Des tartelettes aux framboises.*

tartine n. f. Tranche de pain que l'on recouvre de beurre, de confiture ou d'une pâte facile à étaler. *Paul a mangé deux tartines beurrées.*

▸ **tartiner** v. (conjug. 3) Étaler sur du pain. *Du fromage à tartiner.*

tartre n. m. **1.** Dépôt jaunâtre qui se forme sur les dents. *Il faut se laver les dents pour éviter la formation du tartre.* **2.** Croûte calcaire formée par l'eau qui bout. *La bouilloire est pleine de tartre.*

▸ Autres mots de la famille : détartrage, détartrant, détartrer, entartrer.

tas n. m. **1.** Quantité d'objets mis les uns sur les autres. ➜ **amas, monceau.** *Un tas de cailloux.* **2.** Familier. Grand nombre. *Alex s'intéresse à des tas de choses.* ▮ homonyme : ta.

▸ Autres mots de la famille : entassement, entasser, s'entasser, tassement, tasser, se tasser.

tasse n. f. Petit récipient muni d'une anse, qui sert à boire. *Louise pose les tasses à café sur la table. Léa a bu une tasse de thé,* le contenu d'une tasse. – *Le nageur a bu la tasse,* il a avalé involontairement de l'eau en se baignant.

tasseau n. m. Petite pièce de bois ou de métal servant à soutenir l'extrémité d'une tablette. *Les étagères de la bibliothèque reposent sur des tasseaux.*

tasser v. (conjug. 3) **1.** Comprimer le plus possible en appuyant. *Il tasse ses affaires dans sa valise.* **2.** Serrer les uns contre les autres. *Aux heures de pointe, les gens sont tassés dans le métro.* ➜ **entasser.**

▸ **se tasser** v. **1.** S'affaisser. *Ma grand-mère s'est tassée en vieillissant.* **2.** Familier. S'arranger. *Ils ont eu beaucoup d'ennuis mais ça va se tasser,* tout va revenir à un état normal.

▸ **tassement** n. m. Le fait de se tasser. *Elle a un tassement de vertèbres.*

▷ Mots de la famille de tas.

tatami n. m. Tapis spécial couvrant le sol des salles où l'on pratique des sports comme le judo ou le karaté.

▸ C'est un mot japonais.

tatou

tâter v. (conjug. 3) **1.** Toucher une chose avec la main, pour savoir comment elle est. ➜ **palper.** *Paul tâtait les murs pour retrouver son chemin dans le noir.* **2.** *Tâter le terrain,* prendre tous les renseignements possibles pour voir si l'on peut agir sans risque. *Julie tâte le terrain avant de demander une permission à son père,* elle essaie de voir dans quelles dispositions il est. ➜ **sonder.** **3.** Familier. **se tâter,** s'interroger longuement. *Je ne sais que choisir, je me tâte.* ➜ **hésiter.**

▸ **tatillon, tatillonne** adj. Trop attaché aux détails, trop minutieux. ➜ **pointilleux.**

▸ Il n'y a pas d'accent circonflexe sur le *a* de tatillon.

▸ **tâtonner** v. (conjug. 3) **1.** Tâter les objets autour de soi pour se guider. *Léa tâtonnait dans le noir et elle a trébuché.* **2.** Hésiter, faire divers essais. *Les élèves tâtonnent avant de trouver la solution du problème.*

▸ **tâtonnement** n. m. Tentative pour essayer de trouver une solution. *L'enquête a abouti après bien des tâtonnements.*

▸ **à tâtons** adv. En tâtonnant. ➜ **à l'aveuglette.** *Paul a trouvé la sortie à tâtons.*

tatou n. m. (pl. **tatous**) Animal d'Amérique du Sud, sans dents, dont le corps est recouvert d'une carapace et qui peut se rouler en boule. → planche **Mammifères.** *Le tatou est un mammifère qui se nourrit d'insectes et de petits animaux.*

tatouer v. (conjug. 3) Graver un dessin dans la peau en projetant une encre indélébile au moyen de piqûres très rapprochées. *Elle s'est fait tatouer un cœur sur l'épaule.*

▸ **tatouage** n. m. Dessin indélébile gravé dans la peau. *Il a des tatouages sur les bras.*

▸ **tatoué, tatouée** adj. Qui porte un tatouage. *Il a le dos tatoué.*

taudis [todi] n. m. Maison misérable, sans confort. *Les taudis d'un bidonville.*

Attention au *s* final.

taupe n. f. Petit animal qui vit sous terre en creusant de longues galeries. → planches **Mammifères, sol.** *Les taupes sont presque aveugles.*

▸ **taupinière** n. f. Petit tas de terre rejeté par la taupe qui creuse sa galerie. *Il y a des taupinières dans le jardin.*

taureau n. m. Mâle de la vache. → aussi **bœuf.** *Ils ont assisté à une course de taureaux,* à une corrida. – *Prendre le taureau par les cornes,* s'attaquer à une difficulté avec détermination.

▸ **tauromachie** n. f. Art de combattre les taureaux dans l'arène. → aussi **corrida** et **toréro.**

taureau

taux n. m. Proportion. *Quel est le taux de natalité du pays cette année ?* → **pourcentage.** *La banque prête de l'argent à un taux d'intérêt de 5 %,* elle fait payer 5 euros d'intérêts pour 100 euros prêtés. ▪ homonyme : tôt.

tavelé, tavelée adj. Marqué de petites taches. *Une poire tavelée.*

taverne n. f. Restaurant d'autrefois où l'on pouvait boire et manger. → **auberge.**

① **taxer** v. (conjug. 3) *Taxer un produit,* c'est faire payer un impôt dessus à l'acheteur. *Les boissons alcoolisées et les cigarettes sont fortement taxées.*

▸ **taxe** n. f. Somme versée à l'État. → **contribution, impôt** et aussi **redevance, T. V. A.** *Ce prix est donné toutes taxes comprises (T. T. C.),* il comprend le montant de ce qui doit être versé à l'État.

▸ Autre mot de la famille : détaxer.

② **taxer** v. (conjug. 3) Accuser. *Elle taxe son voisin de méchanceté.*

taxi n. m. Voiture conduite par un chauffeur, munie d'un compteur indiquant le prix de la course, et dans laquelle on monte pour faire un trajet. *Ils ont pris un taxi pour aller à la gare. Il est chauffeur de taxi.*

taxidermiste n. m. et f. Personne dont le métier est d'empailler les animaux.

te pronom personnel Pronom personnel de la deuxième personne du singulier, complément. → aussi **toi, tu.** *Je te vois. Il t'a parlé. Tu t'habilleras après.*

Te devient *t'* devant une voyelle ou un *h* muet.

technique [tɛknik] n. f. et adj.

▪ n. f. **1.** Ensemble des procédés, des méthodes qui permettent de fabriquer des objets, d'arriver à un résultat déterminé. *La technique fait des progrès fascinants.* **2.** Façon de procéder. *Luc joue du piano mais il manque de technique.*

▪ adj. **1.** Qui concerne un domaine particulier. *Chaque métier a son vocabulaire technique.* **2.** *L'enseignement technique,* qui prépare à un métier de technicien. **3.** Qui concerne un mécanisme. *Le train s'est arrêté à cause d'un incident technique,* à cause du mauvais fonctionnement du matériel.

▸ **technicien** n. m., **technicienne** n. f. Personne spécialisée dans une technique. *Des techniciens sont venus vérifier les téléphones.*

technologie n. f. **1.** Étude des techniques, des machines et des matériaux. *Il est professeur de technologie dans un collège.* **2.** Technique moderne, de pointe. *Les nouvelles technologies.*

▶ **technologique** adj. Qui concerne la technologie. *Il suit un enseignement technologique.*

▶ Autre mot de la famille : nanotechnologie.

teck n. m. Bois brun très dur et très lourd qui ne pourrit pas. *Le banc du jardin est en teck.*

On écrit aussi *tek.*

teckel n. m. Petit chien aux pattes courtes, de la même famille que le basset. → planche **Chiens** et chats.

teeshirt ou **tee-shirt** [tiʃœʀt] n. m. Maillot de corps en coton, en forme de T, avec des manches courtes ou longues, qui couvre le haut du corps. *Julie était en jean et en teeshirt.* – Au pl. *Des teeshirts, des tee-shirts.*

Ce mot vient de l'anglais. (→ ÉTYM.) • Écrire *teeshirt* en un seul mot est conforme à la nouvelle orthographe.

tégument n. m. Enveloppe de la graine d'une plante.

teigne n. f. **1.** Maladie du cuir chevelu qui fait tomber les cheveux. *La teigne est causée par un champignon microscopique.* **2.** Personne très méchante. → **peste.** *Quelle sale teigne !*

▶ **teigneux, teigneuse** adj. **1.** Qui a la teigne. *Un chien teigneux.* **2.** Familier. Méchant et agressif. → **hargneux.** *Un joueur teigneux et combatif.*

teindre v. (conjug. 55) Donner une nouvelle couleur. *Elle a teint sa jupe en noir. Il se teint les cheveux.* – *Il a les cheveux teints.* – **se teindre,** teindre ses cheveux. *Elle s'est teinte en blonde.*

▶ **teint** n. m. Couleur et aspect de la peau du visage. *Léa a le teint mat.* ▮ homonymes : tain, thym.

▶ **teinte** n. f. Couleur. → **coloris, nuance,** ② **ton.** *Cette robe existe dans différentes teintes.*

▶ **teinter** v. (conjug. 3) Colorer légèrement. *Il teinte son eau avec un peu de vin.* – **se teinter,** prendre une autre couleur. *Le ciel se teintait de rose.* ▮ homonyme : tinter.

▶ **teinté, teintée** adj. Légèrement coloré. *Il a des lunettes aux verres teintés.*

▶ **teinture** n. f. **1.** Action de teindre. *Elle s'est fait une teinture,* elle s'est teint les cheveux. **2.** Produit qui sert à teindre. *Elle plonge son pull-over dans la teinture.*

▶ **teinturier** n. m., **teinturière** n. f. Personne dont le métier est de teindre et de nettoyer les vêtements. *Il a porté un costume chez le teinturier.*

▶ **teinturerie** n. f. Magasin où l'on teint, nettoie et repasse les vêtements. *Mon manteau est à la teinturerie.* → **pressing** et aussi **blanchisserie.**

▶ Autre mot de la famille : déteindre.

tek → **teck**

tel, telle adj. **1.** Semblable, du même genre. → **pareil.** *Il ne s'attendait pas à une telle réaction.* **2.** *Tel que,* comme. *Il faut prendre les gens tels qu'ils sont,* comme ils sont. **3.** *Les choses sont restées telles quelles,* dans l'état où elles étaient, sans changement. **4.** Si grand, si fort. *Il a eu une telle peur qu'il est parti en courant. Rien de tel que la marche pour se délasser,* rien n'est aussi efficace que la marche pour cela.

▶ Autre mot de la famille : tellement.

télé n. f. Familier. **1.** Télévision. *Louise regarde la télé en rentrant de l'école.* **2.** Poste de télévision. → **téléviseur.** *Éteins la télé ! Ils ont plusieurs télés chez eux.*

▶ Autres mots de la famille : téléfilm, téléspectateur.

télé- Préfixe d'origine grecque qui signifie «au loin» (ex. *télécommande, téléguider*).

télécabine n. f. Ensemble de petites cabines suspendues à un câble. *Les skieurs prennent la télécabine pour aller en haut des pistes.* → aussi **téléférique** et **télésiège.** ▷ Mot de la famille de cabine.

télécharger v. (conjug. 3) Mettre sur son ordinateur des données en utilisant un réseau informatique. *On peut télécharger des films, de la musique, des livres, des logiciels.* ▷ Mot de la famille de charger.

télécommander v. (conjug. 3) Commander de loin. → **téléguider.** *La mise à feu de la fusée est télécommandée.*

▸ **télécommande** n. f. Petit appareil qui permet de régler un appareil à distance, sans se déplacer. *Prends la télécommande de la télévision pour changer de chaîne.* → aussi **zapper.**

▸ **télécommandé, télécommandée** adj. Que l'on fait fonctionner à distance. *Un aiguillage télécommandé.* → **téléguidé.**

▷ Mots de la famille de commander.

télécommunication n. f. Ensemble des moyens qui permettent de communiquer et de faire passer des informations à des personnes éloignées. *Le téléphone, le fax, Internet font partie des télécommunications.* → planche **Télécommunications.** ▷ Mot de la famille de communiquer.

télécopie n. f. Procédé qui permet de transmettre un message écrit, un document, immédiatement, par une ligne téléphonique. → **fax.** *Envoyez-nous les documents par télécopie.*

▸ **télécopieur** n. m. Appareil de télécopie. → **fax.**

▷ Mots de la famille de copie.

télédétection n. f. Technique qui permet d'étudier la surface du globe à partir d'images obtenues par des avions ou des satellites. *La télédétection permet de faire des cartes des fonds marins.* ▷ Mot de la famille de détecter.

téléférique ou **téléphérique** n. m. Système de transport, en montagne, formé d'une cabine suspendue à un câble. *Les skieurs ont pris le téléférique.* → aussi **télécabine, télésiège.**

téléfilm n. m. Film fait pour la télévision. *Il a joué dans plusieurs téléfilms.* ▷ Mot de la famille de télé et de film.

télécabine

télégramme n. m. Message écrit, généralement court, qui était transmis très rapidement par les services de la poste. → **dépêche.** *Le jour de leur mariage, ils avaient reçu beaucoup de télégrammes.*

télégraphe n. m. Système permettant de transmettre très rapidement des messages au loin, qui a été inventé un siècle avant le téléphone.

▸ **télégraphier** v. (conjug. 9) Envoyer un télégramme. *Il a télégraphié qu'il ne pouvait pas venir.*

▸ **télégraphique** adj. 1. *Un message télégraphique,* envoyé par le télégraphe. 2. *Il écrit en style télégraphique,* dans un style abrégé, sans faire de vraies phrases, comme dans un télégramme.

téléguider v. (conjug. 3) Guider de loin. → **télécommander.** *Téléguider une fusée.*

▸ **téléguidé, téléguidée** adj. *Paul a une voiture téléguidée,* qu'il dirige à distance, sans la toucher. → **télécommandé.**

▷ Mots de la famille de guider.

télématique n. f. Ensemble des techniques qui associent l'informatique et les télécommunications. *La télématique permet l'usage des cartes de crédit.*

téléobjectif n. m. Objectif d'un appareil photo qui agrandit l'image et sert à photographier de loin. *Les lions ont été pris en photo au téléobjectif.* ▷ Mot de la famille de ② objectif.

télépathie n. f. Communication à distance par la pensée. → aussi **transmission** de pensée.

téléphérique → **téléférique**

téléphone n. m. Appareil qui permet de transmettre au loin et de recevoir de loin des sons par l'intermédiaire de circuits électriques. → planche **Télécommunications.** *Donne-moi ton numéro de téléphone portable.* → **mobile, portable.** *Il m'a appelé au téléphone. Alex m'a passé un coup de téléphone,* il m'a téléphoné.

▸ **téléphoner** v. (conjug. 3) Communiquer par le moyen du téléphone. *Téléphone-moi dès que tu seras arrivé.* → **appeler.**

▸ **téléphonique** adj. Relatif au téléphone. *Ils ont eu une conversation téléphonique,* ils se sont parlé au téléphone.

les télécommunications

Aujourd'hui, on peut communiquer instantanément d'un bout à l'autre du monde, se parler, s'envoyer des messages écrits, des sons et des images. La transmission des informations est possible grâce à l'utilisation de satellites et d'antennes relais qui communiquent ensuite avec nos ordinateurs, nos téléphones, nos télévisions, nos radios... Grâce au réseau Internet, plus d'un milliard d'ordinateurs connectés entre eux multiplient sans cesse la quantité d'informations échangées.

→ télématique.
→ planche espace.

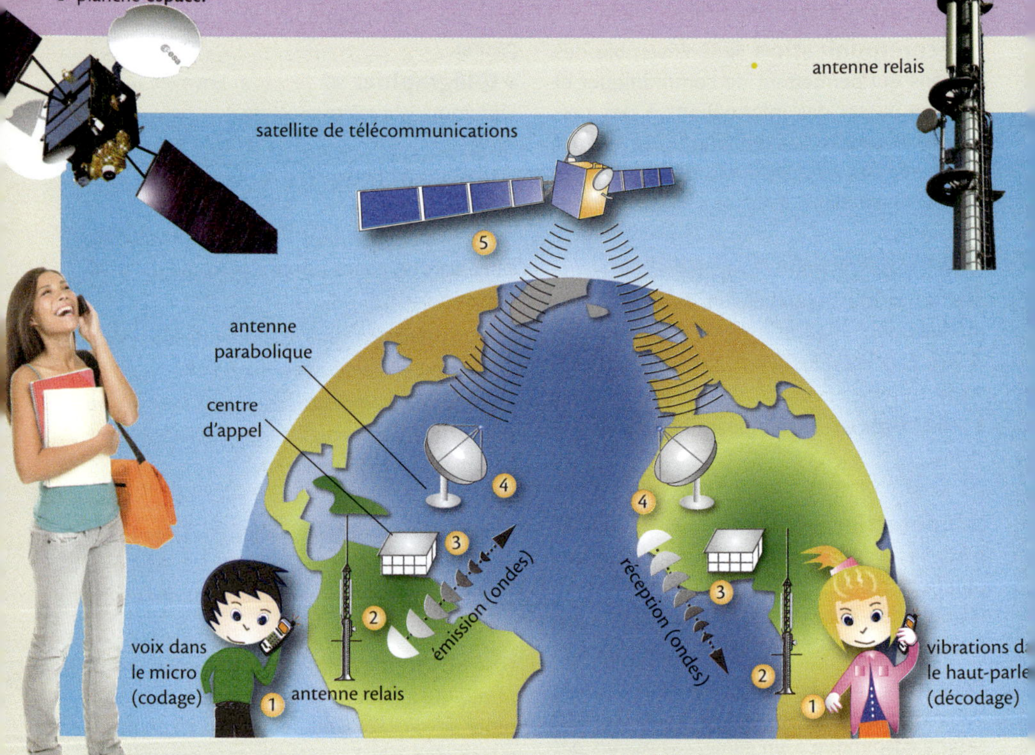

Communication par téléphone

Navigation sur Internet

télescopage n. m. Le fait de se télescoper. *Le télescopage des voitures a fait plusieurs victimes.* → **carambolage.** ▷ Mot de la famille de télescoper.

télescope n. m. Instrument qui permet d'observer des objets très éloignés. *Les astronomes observent les astres au télescope.* → planche **Espace.**
▶ Autre mot de la famille : radiotélescope.

télescope

télescoper v. (conjug. 3) Rentrer dans un véhicule avec un choc violent. → **tamponner.** *Le train a télescopé un camion au passage à niveau.* – **se télescoper,** se heurter violemment. *Les deux voitures se sont télescopées.*
▶ Autre mot de la famille : télescopage.

télescopique adj. Dont les éléments s'emboîtent les uns dans les autres. *Elle a un parapluie télescopique,* un parapluie pliant.

télésiège n. m. Remontée mécanique constituée par une série de sièges suspendus à un câble. → aussi **télécabine** et **téléférique.** ▷ Mot de la famille de siège.

téléski n. m. Câble muni de perches qui sert à tirer les skieurs en haut des pistes. → **remonte-pente.** ▷ Mot de la famille de ski.

téléspectateur n. m., **téléspectatrice** n. f. Personne qui regarde la télévision. *Plusieurs millions de téléspectateurs ont regardé le match.* ▷ Mot de la famille de télé et de spectateur.

téléthon [telet̃ɔ] n. m. Spectacle télévisé de longue durée destiné à recueillir de l'argent pour la recherche médicale.

télévisé, télévisée adj. Retransmis par la télévision. *Il regarde le journal télévisé de 20 heures.* ▷ Mot de la famille de voir.

téléviseur n. m. Poste qui permet de recevoir la télévision. → fam. **télé.** ▷ Mot de la famille de voir.

télévision n. f. **1.** Système qui permet de transmettre des images. *Une caméra de télévision.* **2.** Programme, émission transmise par télévision. *Louise regarde la télévision.* → fam. **télé.** **3.** Poste qui permet de recevoir la télévision. → **téléviseur.** *La télévision est cassée.* ▷ Mot de la famille de voir.

télex [telɛks] n. m. Appareil inventé dans les années 1930 permettant de transmettre à distance des textes tapés à la machine. *Il a envoyé un message par télex.*

tellement adv. À un tel degré. → ② **si.** *Il fait tellement froid qu'il ne sort pas. Elle a tellement grandi que je ne la reconnaissais pas.* → **tant.** ▷ Mot de la famille de tel.

tellurique adj. Qui concerne la Terre. *Il y a eu une secousse tellurique,* un tremblement de terre. → **sismique.**

téméraire adj. Audacieux au point d'être imprudent. → **hardi, intrépide.** *Théo était bien téméraire de vouloir escalader la falaise.* → aussi **témérité.** ▮ contraires : **prudent, timoré.**

témérité n. f. Audace excessive. → **hardiesse** et aussi **téméraire.** *Il a agi avec témérité, sans réfléchir.* ▮ contraire : **prudence.**

témoigner v. (conjug. 3) **1.** Dire officiellement qu'on a vu ou entendu quelque chose. → **attester, certifier** et aussi **témoin.** *Les personnes qui avaient vu le chauffard s'enfuir après l'accident ont témoigné à son procès.* **2.** Faire connaître, montrer. → **manifester.** *Ils nous ont témoigné leur confiance.*

▶ **témoignage** n. m. **1.** Déclaration faite par un témoin. → **déposition.** *Le témoignage du chauffeur de taxi a fait avancer l'enquête.* **2.** Ce qui montre quelque chose. → **manifestation, preuve, signe.** *Ces témoignages d'amitié l'ont beaucoup touché.*

témoin n. m. Personne qui a assisté à quelque chose sans forcément le vouloir. *Elle est le seul témoin du braquage.* → aussi **témoigner.**

tempe n. f. Côté de la tête, entre le coin de l'œil et le haut de l'oreille. *Son père a les tempes grisonnantes,* il a des cheveux grisonnants sur les tempes.

tempérament n. m. **1.** Caractère d'une personne. *Léa est d'un tempérament réservé.* → **nature.** **2.** *Acheter quelque chose à tempérament,* en le payant en plusieurs fois. → **à crédit.**

tempérance n. f. Qualité d'une personne qui mange et boit modérément. *Il fait preuve de tempérance.* ▷ Mot de la famille de tempérer.
▶ Ce mot appartient au langage soutenu.

température n. f. **1.** Degré de chaleur ou de froid. *La température extérieure est de 20 degrés, il fait bon.* **2.** Chaleur du corps. *Léa prend sa température,* elle vérifie avec un thermomètre si elle a de la fièvre.

tempérer v. (conjug. 8) Rendre moins excessif, plus doux. → **adoucir, atténuer.** *Essaie de tempérer ton agressivité !* → **modérer.**

▸ **tempéré, tempérée** adj. Ni très chaud, ni très froid. *La France jouit d'un climat tempéré.* → **doux.**
▶ Autre mot de la famille : tempérance.

tempête n. f. Vent très fort, souvent accompagné d'orage. → **bourrasque, cyclone, ouragan, tourmente.** *Ce n'est pas le moment de partir en mer, la tempête fait rage.*

▸ **tempêter** v. (conjug. 3) Manifester son mécontentement avec colère. *L'automobiliste tempête contre les embouteillages.*

temple n. m. **1.** Bâtiment religieux, consacré au culte d'une divinité. → aussi **église, mosquée, pagode, synagogue.** *Les Grecs et les Romains construisirent de nombreux temples.* **2.** Lieu de culte des protestants. *Il va au temple tous les dimanches.*

temple grec

tempo [tɛmpo] n. m. Vitesse à laquelle on doit exécuter un morceau de musique. *Des tempos rapides.*
▶ C'est un mot italien.

temporaire adj. Qui ne dure qu'un moment limité. → **momentané,** ② **passager, provisoire.** *Il a trouvé un emploi temporaire pour le mois de juillet.* ▮ contraires : **définitif, permanent, perpétuel.**

▸ **temporairement** adv. Pour un temps. → **momentanément, provisoirement.** *Le magasin est fermé temporairement pour travaux.* ▮ contraire : **définitivement.**

temporel, temporelle adj. Qui concerne le temps. *La cohérence temporelle d'un récit,* le choix des temps des verbes en fonction du moment où l'action se passe.

temporiser v. (conjug. 3) Attendre un moment plus favorable pour agir en faisant traîner les choses en longueur. *Il faut savoir temporiser et évaluer la gravité de la situation.*

① **temps** n. m. **1.** Durée. *Il faut du temps pour faire un gâteau. Nous partons dans peu de temps,* bientôt. *Le temps a passé vite. Je n'ai pas eu le temps de t'écrire. Léa parle tout le temps,* sans arrêt. *Prends ton temps,* ne te dépêche pas. **2.** Moment, date. *Dans le temps,* autrefois. *En ce temps-là, il n'y avait pas Internet.* → **époque.** *C'est bientôt le temps des vendanges.* → **saison.** *Elle est fatiguée ces temps-ci,* en ce moment. **3.** *Il est temps de se décider,* le moment est venu pour cela. *Julie est arrivée juste à temps,* juste assez tôt. *Théo et Paul ont éclaté de rire en même temps,* ensemble et au même moment. *Alex va de temps en temps à la bibliothèque,* quelquefois. **4.** Forme du verbe qui indique si l'action a eu lieu dans le passé, se passe dans le présent ou se produira dans l'avenir. *Conjuguez le verbe «danser» à tous les temps de l'indicatif.* **5.** Division de la mesure, en musique. *La valse est une danse à trois temps.* ▮ homonymes : tant, taon.
▶ Autres mots de la famille : contretemps, entre-temps, longtemps, mi-temps, passe-temps, printanier, printemps.

② **temps** n. m. Aspect du ciel, température de l'air, vent qu'il y a à un moment donné. ➜ aussi **météorologie.** *Quel temps fera-t-il demain ? Le temps est orageux. Ils ont eu beau temps pendant leurs vacances.*

tenable adj. Où l'on peut se tenir, rester. *Il fait trop chaud dans cette pièce, ce n'est pas tenable.* ➜ **supportable.** ▮ contraires : **insupportable, intenable.** ▷ Mot de la famille de tenir.

tenace adj. **1.** Qui dure, ne part pas. ➜ **persistant.** *L'odeur de friture est particulièrement tenace.* **2.** Qui persévère malgré les difficultés. ➜ ① **ferme, opiniâtre.** *Un enquêteur tenace.*

▸ **ténacité** n. f. Caractère d'une personne tenace. *C'est un homme d'une ténacité à toute épreuve.* ➜ **obstination.**

▷ Mots de la famille de tenir.

tenailles n. f. pl. Pince qui sert à arracher des clous.

▸ **tenailler** v. (conjug. 3) Faire souffrir en tourmentant. *Le remords tenaillait le coupable qui s'est finalement rendu à la police.* ➜ **torturer.**

▷ Mots de la famille de tenir.

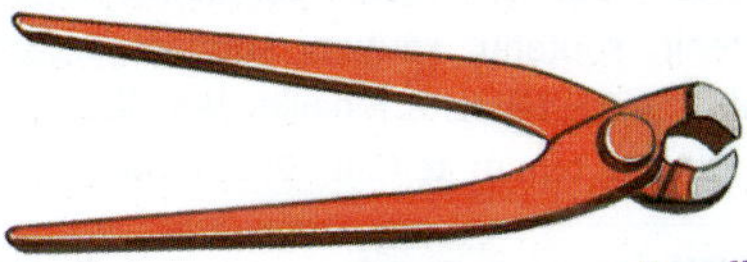

tenailles

tenancier n. m., **tenancière** n. f. Personne qui s'occupe d'un établissement soumis à une surveillance particulière. *La tenancière de l'hôtel.* ➜ ② **patron.** ▷ Mot de la famille de tenir.

① **tenant, tenante** adj. *Sa proposition a été acceptée séance tenante,* tout de suite, sur-le-champ. ▷ Mot de la famille de tenir.

② **tenant** n. m., **tenante** n. f. **1.** *Le tenant d'un titre sportif,* la personne qui le détient. *La finale opposera la tenante du titre à une inconnue.* **2.** n. m. *D'un seul tenant,* d'une seule pièce, en un seul morceau. *Ils possèdent un domaine de 15 hectares d'un seul tenant.* ▷ Mot de la famille de tenir.

tendance n. f. Ce qui fait que l'on se comporte d'une certaine façon. ➜ **disposition, penchant, propension.** *Alex a une certaine tendance à rêvasser,* il y est enclin.

▸ **tendancieux, tendancieuse** adj. Qui déforme la vérité, manifeste des préjugés. ➜ **partial.** *Ce journaliste présente l'affaire d'une façon tendancieuse.* ▮ contraires : **impartial,** ③ **objectif.**

▷ Mots de la famille de ② tendre.

tendeur n. m. Câble élastique qui sert à tendre, à fixer. *Paul fait tenir le panier sur le porte-bagage de son vélo avec des tendeurs.*

▷ Mot de la famille de ① tendre.

tendinite n. f. Inflammation d'un tendon. *Alex a une tendinite du coude après avoir joué au tennis.*

tendon n. m. Extrémité d'un muscle qui le rattache à un os. *Le tendon d'Achille attache les muscles du mollet au talon.* ➜ planche **Corps** humain.

① **tendre** v. (conjug. 44) **1.** Tirer sur quelque chose pour rendre droit. *Paul tend la corde.* **2.** Déplier complètement. ➜ **déployer.** *Le pêcheur a tendu ses filets.* **3.** Recouvrir. *Il a tendu les murs du salon de tissu.* **4.** Avancer ou allonger une partie du corps. *Léa me tend la main pour me dire bonjour.* **5.** Avancer quelque chose vers quelqu'un pour le lui donner. *Le professeur tend une image à Julie.* **6. se tendre,** menacer de rompre, devenir difficile. *Les relations entre les deux pays se sont tendues.*

▸ Autres mots de la famille : détendre, se détendre, détendu, détente, distendre, étendre, s'étendre, étendu, étendue, tendeur, tendu, tension, tenture.

② **tendre** v. (conjug. 44) Avoir un but et s'en rapprocher. ➜ **viser.** *La situation tend à s'améliorer,* elle évolue vers une amélioration.

▸ Autres mots de la famille : tendance, tendancieux.

③ **tendre** adj. **1.** Qui présente peu de résistance. ➜ ① **mou.** *Cette viande est très tendre.* ➜ aussi **tendreté.** ▮ contraires : **coriace, dur.** **2.** Affectueux et doux. *Elle est tendre avec ses enfants.* ➜ aussi **tendresse.**

▸ **tendrement** adv. Avec tendresse. *Il aime ses enfants tendrement.*

▸ **tendresse** n. f. Affection tendre. ➜ **amour.** *Il regarde sa femme avec tendresse.* ▮ contraires : **dureté, froideur.**

▸ **tendreté** n. f. Qualité d'une viande qui est tendre. *Cette viande est d'une grande tendreté.* ▮ contraire : **dureté.**

▶ Autres mots de la famille : attendri, attendrir, attendrissant, attendrissement.

tendu, tendue adj. Contracté, préoccupé, soucieux. *Elle était tendue en attendant le résultat de son examen.* ▮ contraire : **détendu.** ▷ Mot de la famille de ① tendre.

ténèbres n. f. pl. Obscurité profonde. *D'épaisses ténèbres enveloppaient le château.* ▮ contraire : **lumière.**

▸ **ténébreux, ténébreuse** adj. Mystérieux et dangereux. *Alex raconta une ténébreuse histoire de fantômes.* ➜ **sombre.**

teneur n. f. Ce que contient une chose. *Ce minerai a une forte teneur en plomb,* il contient beaucoup de plomb. ▷ Mot de la famille de tenir.

ténia n. m. Long ver qui vit en parasite dans l'intestin des mammifères, appelé aussi *ver solitaire.*

ténia

tenir v. (conjug. 13) **1.** Garder à la main ou dans ses bras sans faire tomber. *Il tenait sa casquette à la main.* **2.** Faire rester en place. ➜ **maintenir, retenir.** *Une courroie tient les livres.* **3.** Faire rester dans un état. *Ce manteau tient chaud.* **4.** *Tiens !* marque l'étonnement. *Tiens ! vous voilà !* **5.** *Je le tenais en estime,* je l'estimais. **6.** Avoir appris quelque chose. *De qui tenez-vous cette histoire ?* qui vous l'a racontée ? **7.** Occuper un espace. *Ce buffet tient trop de place. Cette voiture tient bien la route,* elle ne s'écarte pas de la direction que son conducteur veut lui faire suivre. **8.** S'occuper de quelque chose. *Ils tiennent un restaurant,* ils le dirigent. ➜ **gérer. 9.** *Il tient de drôles de propos,* il dit de drôles de choses. **10.** Respecter. *On peut se fier à lui, il tient sa parole,* il y est fidèle. *Tiendras-tu ta promesse ?* **11.** Rester en place. *Mes lunettes ne tiennent pas, elles glissent tout le temps.* **12.** Être solide. *Fais un double nœud à tes lacets, cela tiendra mieux.* **13.** Résister. *Tiens bon !* ne cède pas. **14.** Croire. *Je la tiens pour une femme honnête.* ➜ **considérer. 15.** Résister. *N'y tenant plus, Léa a ouvert le paquet,* étant trop impatiente. **16.** Être contenu dans un espace. *Nous ne tiendrons pas tous dans la voiture,* nous ne pourrons pas tous y entrer. **17.** Vouloir absolument. *Elle a tenu à vous inviter.*

▸ **se tenir** v. **1.** *Théo et Léa se tenaient par la main,* chacun avait la main de l'autre dans sa main. **2.** *Tiens-toi à la rampe,* appuie-toi sur elle, accroche-toi à elle. **3.** Rester, demeurer. *Les enfants se sont tenus tranquilles tout l'après-midi. Tiens-toi droite !* **4.** *S'en tenir à quelque chose,* c'est ne rien vouloir savoir de plus. *Tenons-nous-en aux faits.*

▶ Autres mots de la famille : contenance, contenant, contenir, contenu, décontenancer, détenir, détenu, entretenir, s'entretenir, ① et ② entretien, insoutenable, intenable, maintenance, maintenir, maintien, obtenir, retenir, se retenir, retenue, soutenir, soutenu, soutien, soutien-gorge, tenable, tenace, ténacité, tenailler, tenailles, tenancier, ① et ② tenant, teneur, tenu, tenue, tenure.

tennis [tenis] n. m. et f. (➜ ÉTYM.) **1.** n. m. Sport dans lequel deux ou quatre joueurs se renvoient une balle avec des raquettes, par-dessus un filet. *On joue au tennis sur un court.* – *Le tennis de table,* c'est un jeu qui ressemble au tennis mais où l'on doit faire rebondir une petite balle légère sur une table. ➜ **ping-pong.** ➜ planche **Sport. 2.** n. f. ou m. Chaussure de sport basse, à semelle de caoutchouc. *Julie a des tennis blanches en cuir.* ➜ aussi ① **basket.**

ténor n. m. Chanteur qui a la voix d'homme la plus aiguë. *Il est ténor à l'Opéra.* ▮ contraire : **basse.**

tension n. f. **1.** Manière dont une chose est tendue. *Si la tension d'un élastique est trop forte, il se casse.* **2.** Pression du sang. *Le médecin lui a pris sa tension.* **3.** État de ce qui risque de rompre. *La tension augmente entre les deux pays,* leurs relations sont de plus en plus tendues, difficiles. ▷ Mot de la famille de ① tendre.

tentacule n. m. Long bras souple de certains mollusques. *La pieuvre se déplace grâce à ses longs tentacules munis de ventouses.*
▶ *Tentacule* est un mot masculin : on dit *un tentacule.*

▸ **tentaculaire** adj. Qui se développe dans toutes les directions. *Los Angeles est une ville tentaculaire.*

tentant, tentante adj. Séduisant, attirant. *Sa proposition est très tentante.* ➜ **alléchant.** ▷ Mot de la famille de ① tenter.

tentation n. f. Envie à laquelle il est difficile de résister. *Louise n'a pu résister à la tentation de lire la carte destinée à son frère.* ▷ Mot de la famille de ① tenter.

tentative n. f. Essai en vue d'obtenir un résultat. *Les tentatives de sauvetage ont échoué.* ▷ Mot de la famille de ② tenter.

tente n. f. Abri de toile tendue sur des mâts et des piquets, que l'on peut monter et démonter. *Les campeurs ont planté leur tente près du ruisseau.* ▮ homonyme : tante.

① **tenter** v. (conjug. 3) Faire envie. ➜ **attirer.** *Ces chocolats me tentent trop, cache-les.* ▮ contraire : **dégoûter.**
▶ Autres mots de la famille : tentant, tentation.

② **tenter** v. (conjug. 3) Essayer. *Un prisonnier a tenté de s'évader.*
▶ Autre mot de la famille : tentative.

tenture n. f. Tissu tendu le long d'un mur ou d'une porte. *Une tenture dissimule la porte.* ➜ aussi **rideau.** ▷ Mot de la famille de ① tendre.

tennis

tenu, tenue adj. **1.** Obligé. *Un médecin est tenu au secret professionnel.* **2.** Entretenu. *Sa maison est très bien tenue.* ▮ homonyme : tenue. ▷ Mot de la famille de tenir.

ténu, ténue adj. Très mince, très fin. *Les fils des toiles d'araignées sont ténus.*
▶ Autres mots de la famille : atténuant, atténuer.

tenue n. f. **1.** Façon de se tenir, de se conduire. *Paul a une mauvaise tenue en classe : il bavarde et n'écoute pas.* **2.** Façon d'être habillé. *Une tenue de soirée,* une robe du soir ou un smoking. *Une tenue de sport,* des vêtements de sport. **3.** *Cette voiture a une bonne tenue de route,* elle reste dans la direction que son conducteur veut lui faire suivre, sans déraper, elle tient bien la route. ▮ homonyme : tenu. ▷ Mot de la famille de tenir.

tenure n. f. Parcelle de terre accordée par le seigneur féodal aux paysans qui, en échange, effectuaient des corvées ou payaient des redevances. ▷ Mot de la famille de tenir.

ter [tɛʀ] adj. inv. Indique la répétition, une troisième fois, du numéro. *Il habite au 10 ter de la rue des Vignes,* au numéro qui vient après le 10 bis. ▮ homonymes : taire, terre.

térébenthine n. f. *Essence de térébenthine,* produit fabriqué à partir de la résine de pin. *Le peintre nettoie ses pinceaux à l'essence de térébenthine.*
▶ Attention au *h* après le deuxième *t.*

tergal n. m. (pl. **tergals**) (marque déposée) Tissu synthétique qui ne se froisse pas. *Un pantalon de tergal.*

tergiverser v. (conjug. 3) Hésiter, avoir du mal à se décider. *Le temps presse, ce n'est plus le moment de tergiverser.*

▸ **tergiversations** n. f. pl. Moyens utilisés pour retarder le moment de donner une réponse ou un avis. *Assez de tergiversations, il faut agir !* ➜ **faux-fuyant.**

① **terme** n. m. **1.** Limite dans le temps. *Nous voilà au terme du voyage,* à la fin du voyage. *Le bébé est né avant terme,* avant la date prévue. *Il faut mettre un terme à cette situation,* la faire cesser. **2.** *Des projets à court terme,* des projets qui doivent se réaliser bientôt. ➜ **échéance.** *Elle a fait un emprunt à long terme,*

a b c d e f g h i j k l m n o p q r s t u v w x y z

un emprunt qu'elle va rembourser sur une longue période. **3.** Loyer. *Dans cet immeuble, le terme se paie tous les trimestres.* ▮ homonyme : thermes.

② terme n. m. **1.** Mot ou expression. *Je ne trouve pas le terme exact. Il connaît beaucoup de termes de marine.* **2.** Relation. *Nous sommes en bons termes avec nos voisins,* nous avons de bonnes relations avec eux.

termitière

terminer v. (conjug. 3) **1.** Faire arriver à sa fin. → **achever, finir.** *Théo a terminé ses devoirs.* ▮ contraires : **commencer, entreprendre. 2.** Être la dernière partie d'une chose. *Un feu d'artifice termina la fête.* – **se terminer,** prendre fin. *La phrase se termine par un point.* ▮ contraire : **débuter.**

▸ **terminaison** n. f. *La terminaison d'un mot,* c'est sa fin. → **finale.** *Les terminaisons de l'imparfait sont : -ais, -ais, -ait, -ions, -iez, -aient.*

▸ **① terminal, terminale** adj. Final. *Nous arrivons à la phase terminale de nos travaux. Les classes terminales du lycée.* → aussi **terminale.** – Au masc. pl. *terminaux.*

▸ **② terminal** n. m. (pl. **terminaux**) **1.** Appareil qui permet d'entrer en contact avec un ordinateur central. *L'écran et le clavier d'un terminal.* → **console. 2.** Partie d'une aérogare d'où partent et où arrivent les passagers. *Les passagers du vol Paris-Pau sont attendus au terminal D.*

▸ **terminale** n. f. Dernière classe du lycée. *Elles sont en terminale.*

▸ **terminus** [tɛʀminys] n. m. Dernière station d'une ligne de chemin de fer, de métro, de car ou de bus. *Terminus ! Tout le monde descend !*

▶ Autre mot de la famille : **interminable.**

termite n. m. Insecte qui vit en société et qui ronge le bois. → planche **Insectes.** *La reine d'une colonie de termites peut pondre dix mille œufs par jour. Les termites ont détruit la charpente.*

▸ *Termite* est un nom masculin : on dit *un termite.*

▸ **termitière** n. f. Nid de termites. *Les termitières peuvent mesurer jusqu'à six mètres de hauteur.*

terne adj. **1.** Sans éclat, sans reflet. *Les femelles des oiseaux ont un plumage plus terne que celui des mâles.* ▮ contraires : **éclatant, vif. 2.** Ennuyeux, sans intérêt. *C'est un personnage terne,* sans originalité. *La conversation était terne.* ▮ contraire : **brillant.**

▸ **ternir** v. (conjug. 11) Rendre terne. *La poussière ternit les meubles.* – **se ternir,** devenir terne. *Les couleurs du tableau se sont ternies au fil des ans.*

terrain n. m. **1.** Sol. *Le terrain est marécageux. Ils ont un véhicule tout-terrain.* → **tout-terrain. 2.** *Les deux adversaires ont trouvé un terrain d'entente,* ils sont parvenus à s'entendre. **3.** Espace, étendue de terre. *Ils ont acheté un terrain pour y faire construire une maison.* **4.** Endroit aménagé pour un usage particulier. *Un terrain de camping. Un terrain de tennis.* → **② court.** ▷ Mot de la famille de **terre.**

terrasse n. f. **1.** Plateforme, au sommet d'un immeuble ou d'une maison, qui sert de toit. *Une piscine a été aménagée sur la terrasse de l'immeuble.* **2.** Plateforme en plein air qui prolonge un étage de maison ou d'immeuble,

culture en terrasses

grand balcon. *Il a un appartement avec une terrasse.* **3.** Partie d'un café ou d'un restaurant qui est sur le trottoir. *En été, il y a du monde à la terrasse des cafés.* **4.** *La culture en terrasses,* sur des parcelles de terrains qui forment des sortes d'escaliers, à flanc de colline ou de montagne. ▷ Mot de la famille de terre.

Il y a deux *r* et deux *s* dans *terrasse.*

terrassement n. m. Opération par laquelle on creuse et on déplace la terre. *Des travaux de terrassement. Le bulldozer est un engin de terrassement.* ▷ Mot de la famille de terre.

Il y a deux *r* et deux *s* dans *terrassement.*

terrasser v. (conjug. 3) **1.** Jeter à terre. *Le boxeur a terrassé son adversaire.* **2.** Faire mourir brusquement. *Il a été terrassé par une crise cardiaque.* ▷ Mot de la famille de terre.

terrassier n. m. Ouvrier employé aux travaux de terrassement. *Les terrassiers creusent les fondations de l'immeuble.* ▷ Mot de la famille de terre.

terre n. f. **1.** Planète où vivent les êtres humains. *La Terre tourne autour du Soleil.* → planche **Terre.** *Il a parcouru la terre entière,* le monde entier. **2.** Surface sur laquelle vivent les humains, les animaux et les plantes. *Il y a eu un tremblement de terre au Japon. Léa est tombée par terre. Le métro passe sous terre.* → aussi **souterrain.** *Les marins sont descendus à terre,* ils ont débarqué. **3.** Matière qui est à la surface de la planète Terre. *La charrue retourne la terre.* → ① **sol. 4.** Terrain que l'on peut cultiver. *Il a acheté un lopin de terre.* **5.** Territoire, zone. *Les explorateurs ont découvert des terres encore inconnues.* **6.** *De la terre cuite,* de l'argile durcie par la chaleur, avec laquelle on fabrique des objets. *Des statuettes en terre cuite.* ▮ homonymes : taire, ter.

▸ **terre à terre** adj. inv. Qui donne beaucoup d'importance aux choses matérielles, qui manque de poésie. *Tes préoccupations sont bien terre à terre.*

▸ **terreau** n. m. Engrais naturel fait de terre et de plantes en décomposition. → **humus.** *Le jardinier met du terreau sur les parterres de fleurs.*

▸ Autres mots de la famille : atterrer, atterrir, atterrissage, déterrer, enterrement, enterrer, extraterrestre, méditerranéen, parterre, pied-à-terre, pomme de terre, souterrain, terrain, terrasse, terrassement, terrasser, terrassier, terre-plein, se terrer, terrestre, terreux, terrien, terrier, terril, terrine, territoire, territorial, terroir, tout-terrain.

terre-neuve n. m. inv. Gros chien à longs poils noirs et à tête large, originaire de l'île canadienne de Terre-Neuve. *Les terre-neuve sont dressés pour le sauvetage.*

terre-plein n. m. Portion de terrain surélevée. *Le terre-plein central de l'autoroute est couvert de gazon.* – Au pl. *Des terre-pleins.* ▷ Mot de la famille de terre et de plein.

se terrer v. (conjug. 4) Se cacher dans un endroit couvert ou souterrain. *Le lièvre apeuré s'est terré dans son gîte.* → se **tapir.** ▷ Mot de la famille de terre.

terrestre adj. **1.** De la planète Terre. *Le relief de l'écorce terrestre.* **2.** Qui vit sur la terre, le sol. *Les chevaux sont des animaux terrestres, les poissons des animaux aquatiques.* ▷ Mot de la famille de terre.

terreur n. f. Très grande peur. → **effroi, épouvante, frayeur.** *Les souris lui inspirent une véritable terreur. Les pillards semaient partout la terreur.*

terreux, terreuse adj. **1.** De la nature de la terre. *Ces champignons ont un goût terreux,* un goût de terre. **2.** Qui a une couleur qui rappelle la terre. *Le malade avait le teint terreux,* terne, blafard. ▷ Mot de la famille de terre.

terrible adj. **1.** Qui fait peur, remplit de terreur. → **affreux, effrayant, effroyable, épouvantable, horrible.** *Cet incendie fut une terrible catastrophe.* **2.** Très fort, très pénible. *Il fait une chaleur terrible.* **3.** Insupportable, turbulent. *Ces enfants sont vraiment terribles, ils ne font que des bêtises.* **4.** Familier. Extraordinaire, formidable. *Le film que j'ai vu n'est vraiment pas terrible,* il n'est pas bien. *Théo a une terrible envie de voir Louise.*

▸ **terriblement** adv. Extrêmement, énormément. *C'est une affaire terriblement compliquée.* → **très.**

la Terre

La Terre est surnommée « la planète bleue » car plus de 70 % de sa surface est recouvert d'eau (océans, mers intérieures, lacs, rivières). Sa structure interne est formée de plusieurs couches, dont la croûte terrestre et le manteau qui entourent son noyau en fusion. La Terre tourne en un jour autour de son axe et en une année autour du Soleil. Quand l'hémisphère Nord se trouve orienté vers l'astre solaire, c'est l'été. Au même moment, c'est l'hiver dans l'hémisphère Sud.

→ révolution, rotation.
→ planches énergie, Lune, Soleil, volcans.

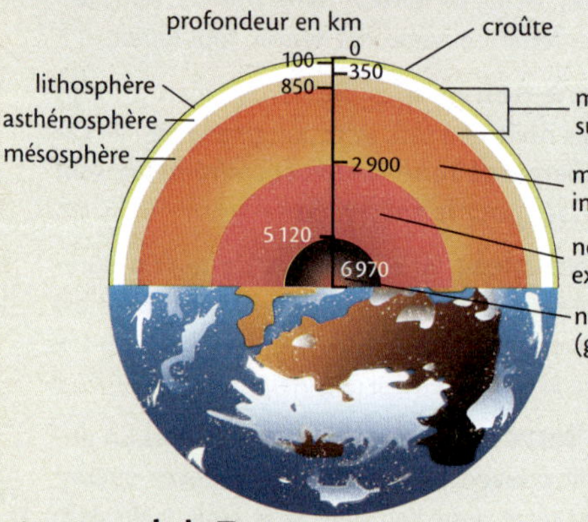

structure de la Terre

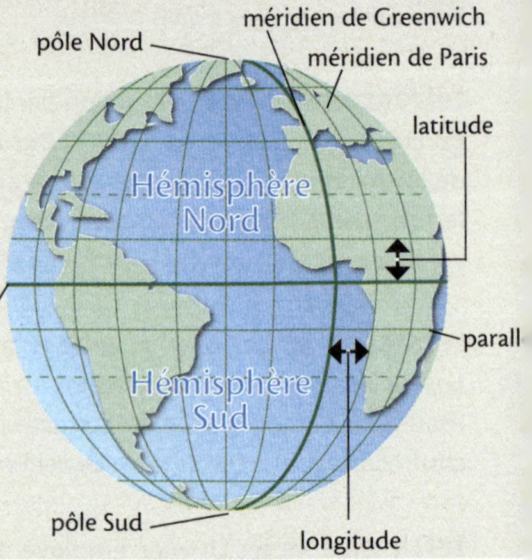

les saisons

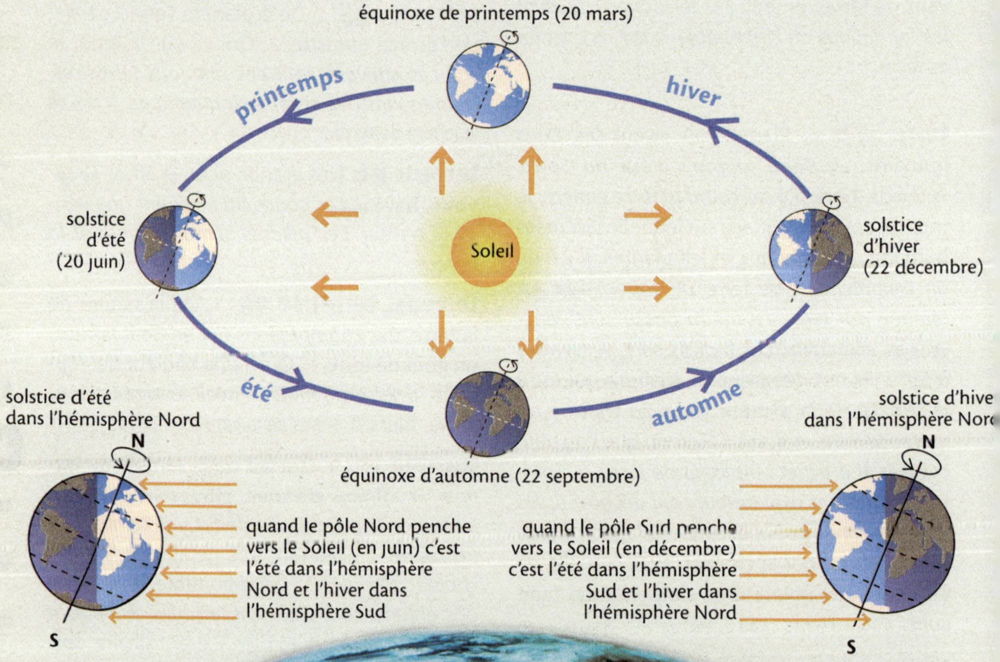

terrien adj. et n. m., **terrienne** adj. et n. f.
▪ adj. Qui possède des terres. *Les propriétaires terriens.*
▪ n. Habitant de la Terre. *Dans ce film de science-fiction, les terriens se battent contre des extraterrestres.* ▷ Mot de la famille de terre.

terrier n. m. Abri creusé dans la terre par certains animaux. → **tanière.** *Le renard sort de son terrier.* ▷ Mot de la famille de terre.

terrifier v. (conjug. 9) Frapper de terreur. → **effrayer, terroriser.** ▮ contraire : **rassurer.** *Les rugissements du lion terrifiaient Léa.*
▸ **terrifiant, terrifiante** adj. Qui terrifie. → **effrayant, effroyable.** *Il nous a raconté une histoire terrifiante.*

terril [teʀil] n. m. Colline formée par les déblais d'une mine. → planche **Énergie.** *Dans le nord de la France, on voit beaucoup de terrils.* ▷ Mot de la famille de terre.

des **terrils**

terrine n. f. **1.** Récipient assez profond, en terre cuite, fermé par un couvercle. *Elle fait cuire le foie gras dans une terrine.* **2.** Pâté cuit dans une terrine. *Cette terrine de lièvre est succulente.* ▷ Mot de la famille de terre.

territoire n. m. Étendue de terre sur laquelle vivent des êtres vivants. *Le territoire français.*
▸ **territorial, territoriale** adj. Qui fait partie d'un territoire. *Les eaux territoriales,* la partie de la mer qui borde un pays et qui appartient à ce pays. – Au masc. pl. *territoriaux.*
▷ Mots de la famille de terre.

terroir n. m. Petite partie d'une province. *Cette ferme vend des produits du terroir,* de la région. ▷ Mot de la famille de terre.

terroriser v. (conjug. 3) Frapper de terreur, faire vivre dans la terreur. → **effrayer, épouvanter, terrifier.** *Julie est terrorisée par l'orage.*
▸ **terrorisme** n. m. Actes de violence faits dans un but politique. *Les attentats sont des actes de terrorisme.*
▸ **terroriste** n. m. et f. Personne qui participe à des actes de terrorisme. *Les terroristes ont détourné l'avion.* – adj. *Un attentat terroriste,* commis par des terroristes.

tertiaire adj. *L'ère tertiaire,* c'est la période qui a succédé à l'ère secondaire, il y a 65 millions d'années, et où sont apparues des chaînes de montagnes comme les Alpes. → aussi **primaire, quaternaire, secondaire.**

tertre n. m. Petit monticule au sommet aplati.

tes → ① **ton**

tesson n. m. Débris de verre ou de terre cuite. *Paul s'est blessé en marchant sur un tesson de bouteille.*

test [tɛst] n. m. **1.** Examen qui permet de juger l'intelligence ou le caractère d'une personne. *Le psychologue a fait passer des tests aux enfants de la classe.* **2.** Essai. *La voiture a été soumise à des tests de sécurité.*
▸ Autres mots de la famille : alcootest, tester.

testament n. m. **1.** Texte par lequel une personne prévoit de donner ses biens après sa mort. *Il a fait son testament devant notaire.* **2.** *L'Ancien et le Nouveau Testament,* ce sont les deux parties de la Bible, pour les chrétiens.

tester v. (conjug. 3) **1.** Soumettre à un test. *Le psychologue a testé les enfants.* **2.** Essayer, expérimenter. *Les voitures neuves sont testées avant d'être vendues.* ▷ Mot de la famille de test.

testicule n. m. Glande qui sert à la reproduction chez les hommes et les animaux mâles. *Les testicules produisent les spermatozoïdes.*

tétanos [tetanos] n. m. Maladie très grave dans laquelle les muscles se contractent très fort et font très mal. *Elle s'est fait vacciner contre le tétanos.*
▸ Autre mot de la famille : antitétanique.

têtard n. m. Petit de la grenouille qui a une grosse tête et un corps fin, et qui vit dans l'eau. *Peu à peu les têtards se métamorphosent et deviennent des grenouilles.* ➜ planche **Reptiles** et amphibiens. ▷ Mot de la famille de tête.

têtard

tête n. f. **1.** Partie du corps qui contient le cerveau et les principaux organes des sens. *Il met son bonnet sur sa tête. Julie a mal à la tête.* ➜ **crâne.** – *Tenir tête à quelqu'un,* s'opposer à lui, lui résister. – *Avoir la tête sur les épaules,* être raisonnable, savoir ce que l'on fait. *J'en mettrais ma tête à couper,* j'en ai la conviction, j'en suis sûr. **2.** Vie. *Il risque sa tête.* **3.** Visage, figure, face. *Il a une tête sympathique. Louise fait la tête,* elle boude. **4.** Coup de tête dans la balle, au football. *Alex fait une tête et passe le ballon à son coéquipier.* **5.** Esprit, cerveau. *Tu as une idée derrière la tête,* tu penses à quelque chose de précis. *Il a pris peur et a perdu la tête,* il s'est affolé. *Il est parti sur un coup de tête,* sans réfléchir. *Elle a fait l'addition de tête,* mentalement, sans la poser. *Avoir la grosse tête,* être prétentieux, se prendre pour quelqu'un de supérieur. *Avoir la tête dure,* ne rien comprendre ou faire semblant de ne rien comprendre. **6.** Personne. *Le repas est revenu à 15 euros par tête.* **7.** Partie haute d'une chose. *Les jardiniers coupent la tête des arbres.* ➜ **cime. 8.** Partie avant d'une chose. *Il est monté en tête du train.* ▪ contraire : **queue.** *Les mariés sont à la tête du cortège.* **9.** Place de la personne qui dirige. *Elle a pris la tête de l'entreprise.*

▸ **tête-à-queue** n. m. inv. *La voiture a fait un tête-à-queue,* elle a fait un demi-tour sur elle-même, en dérapant. – Au pl. *Des tête-à-queue.* ▷ Mot de la famille de queue.

▸ **tête-à-tête** n. m. inv. Entrevue de deux personnes qui se trouvent seules ensemble. *J'ai eu un tête-à-tête avec lui.* – Au pl. *Des tête-à-tête.*

▸ **en tête à tête** adv. *Ils ont dîné en tête à tête,* seuls tous les deux.

▸ **tête-bêche** adv. *Ils ont dormi tête-bêche dans le même lit,* le long l'un de l'autre, les pieds de l'un du côté de la tête de l'autre.

▶ Autres mots de la famille : appuie-tête, casse-tête, entête, entêté, entêtement, s'entêter, serre-tête, têtard, têtu, à tue-tête.

téter v. (conjug. 8) Boire en suçant le sein ou une tétine de biberon. *Le veau tète le pis de la vache. L'enfant tète sa mère.*

▸ **tétée** n. f. Repas d'un nourrisson. *Le bébé prend six tétées par jour.*

▸ **tétine** n. f. **1.** Bouchon en caoutchouc d'un biberon, que tète le bébé. **2.** Embout de caoutchouc qu'on donne à sucer à un bébé. *Son bébé a besoin de sa tétine pour s'endormir.*

têtu, têtue adj. Qui refuse de changer d'idée. ➜ **entêté, obstiné.** *Julie est têtue comme une mule.* ▷ Mot de la famille de tête.

texte n. m. Suite de phrases écrites. *Le texte de la dictée est long.*

▶ Autres mots de la famille : contexte, texto, textuel, textuellement.

textile adj. et n. m.

▪ adj. *Les matières textiles,* ce sont les matières qui servent à faire les tissus. *Le coton, la soie sont des matières textiles. L'industrie textile,* l'industrie de la fabrication des tissus.

▪ n. m. Matière qui sert à faire des tissus. *La laine est un textile naturel, le polyester un textile artificiel.*

texto n. m. Nom déposé Message écrit envoyé d'un téléphone portable vers un autre. ➜ **SMS.** *Julie a envoyé deux textos à Paul pour lui dire qu'elle sera en retard.* ▷ Mot de la famille de texte.

textuel, textuelle adj. Conforme au texte. *C'est une traduction textuelle.*

▸ **textuellement** adv. Mot pour mot. *Je te répète textuellement ce qu'il m'a dit.* ➜ **exactement.**

▷ Mots de la famille de texte.

T. G. V. n. m. inv. (marque déposée) Train à grande vitesse. *Il a pris le T. G. V. pour Lyon.*

thalassothérapie n. f. Soins utilisant l'eau de mer, le climat qu'il y a au bord de la mer. *Ils ont passé trois jours dans un centre de thalassothérapie en Bretagne.*

Attention à l'orthographe : un *h* après le premier *t*, un autre après le second.

thé n. m. **1.** Feuilles séchées d'un petit arbre d'Asie. *L'Inde, la Chine et Sri Lanka sont de grands producteurs de thé.* **2.** Boisson obtenue en faisant infuser des feuilles de thé dans de l'eau bouillante. *Le matin, elle boit du thé. Voulez-vous une tasse de thé ?*

▶ Autre mot de la famille : théière.

théâtre n. m. **1.** Art qui consiste à jouer une histoire devant des spectateurs. *Elle voudrait faire du théâtre.* → aussi **acteur, comédien.** *Les comédies et les tragédies sont des pièces de théâtre.* **2.** Bâtiment où ont lieu les spectacles de théâtre. → planche **Spectacle.** *Ce soir, nous allons au théâtre,* nous allons dans une salle de spectacle voir jouer une pièce de théâtre. **3.** *Un coup de théâtre,* un changement brusque et inattendu. *Son départ précipité a été un vrai coup de théâtre.* **4.** Endroit où se passe un évènement. *Waterloo a été le théâtre d'une célèbre bataille.*

▶ **théâtral, théâtrale** adj. Qui concerne le théâtre. *Une représentation théâtrale,* la représentation d'une pièce de théâtre. – Au masc. pl. *théâtraux.*

▶ Autre mot de la famille : amphithéâtre.

théière n. f. Récipient dans lequel on prépare et on sert le thé. ▷ Mot de la famille de thé.

thème n. m. **1.** Idée sur laquelle on parle ou on réfléchit. *Le thème de la discussion était l'éducation des enfants.* → ③ **sujet.** **2.** Exercice qui consiste à traduire dans une langue étrangère. *Il est bon en thème anglais,* en traduction du français en anglais. → aussi **version.**

▶ **thématique** adj. Qui concerne un thème, un sujet. *Si tu regardes la planche thématique des chiens dans ton dictionnaire, tu pourras voir un doberman et un caniche.*

théologie n. f. Étude de la religion. *Les prêtres font des études de théologie.*

théorème n. m. Règle de mathématiques que l'on peut démontrer.

théorie n. f. **1.** Ensemble d'idées qui expliquent quelque chose. *Ce scientifique a bâti une nouvelle théorie de l'univers.* → **doctrine, système.** **2.** Manière abstraite de voir les choses. ▮ contraire : ① **pratique.** *En théorie, cette idée est bonne, mais elle est difficile à appliquer.* → en **principe.**

▶ **théorique** adj. Qui appartient à la théorie. *Il a une connaissance théorique de ce domaine,* une connaissance abstraite. ▮ contraire : ② **pratique.**

▶ **théoriquement** adv. En principe, selon ce qui est prévu. *Théoriquement, il devrait arriver dans une heure. Théoriquement, ton idée est bonne mais elle est difficile à appliquer.* ▮ contraire : **pratiquement.**

thérapeutique adj. Qui permet de guérir. *Les médicaments ont une action thérapeutique.*

plantation de **thé**

thermes n. m. pl. Bâtiment où l'on venait prendre des bains, dans l'Antiquité. ▮ homonymes : ① et ② terme.

▸ **thermal, thermale** adj. *Une eau thermale,* qui sert à soigner certaines maladies. *Évian et La Bourboule sont des stations thermales,* des villes où l'on fait des cures d'eau thermale. – Au masc. pl. *thermaux.*

thermique adj. Qui concerne la chaleur. *L'énergie thermique,* c'est la production de chaleur. *Une centrale thermique,* c'est une centrale qui produit de l'électricité à partir de la chaleur. → planche **Énergie.**

thermomètre n. m. Instrument qui sert à mesurer la température. *Il gèle, le thermomètre indique –2°.*

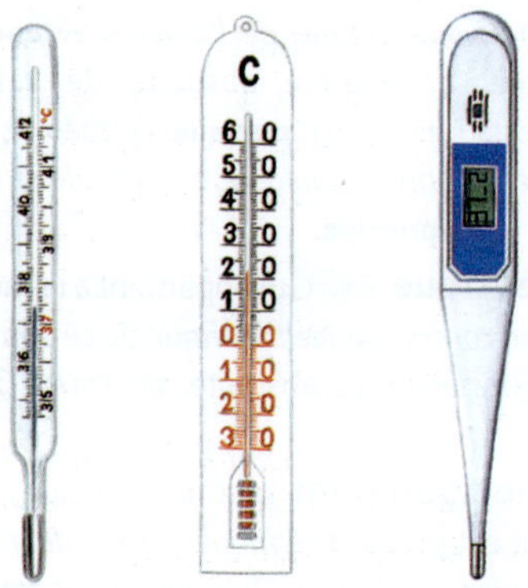

thermomètre

thermonucléaire adj. *Une bombe thermonucléaire,* c'est une bombe atomique à hydrogène, très puissante. ▹ Mot de la famille de nucléaire.

thermos [tɛʀmos] n. m. ou f. (marque déposée) Récipient qui permet de garder un liquide à la même température pendant plusieurs heures. *Elle a mis du thé chaud dans un thermos.*

▶ On dit aussi *une bouteille thermos.* • *Thermos* est un mot grec qui veut dire « chaud ».

thermostat n. m. Appareil qui permet de maintenir constamment la même température. *Il a réglé le thermostat de la chaudière sur 20 degrés.*

thésauriser v. (conjug. 3) Amasser de l'argent pour se faire un trésor. → **économiser, épargner.** *Il n'achète rien, il thésaurise.* ▮ contraire : **dépenser.**

thèse n. f. Opinion, théorie que l'on pense vraie et que l'on défend. *Je ne suis pas d'accord avec la thèse qu'il soutient.*

▶ Autres mots de la famille : hypothèse, hypothétique.

thon n. m. Grand poisson de mer à chair ferme. → planche **Poissons.** *On pêche le thon en haute mer.* ▮ homonymes : ① et ② ton.

▸ **thonier** n. m. Bateau servant à la pêche au thon. → planche **Bateaux.**

thorax n. m. Partie du corps humain située entre le cou et l'abdomen, qui contient le cœur et les poumons. → **poitrine, torse.** → planche **Corps** humain. *Quand on respire, on gonfle le thorax.*

▸ **thoracique** adj. Qui concerne le thorax. *La cage thoracique,* le thorax.

thuya [tyja] n. m. Arbre qui ressemble au cyprès. *Le thuya est un conifère. Une haie de thuyas.*

thym [tɛ̃] n. m. Plante à odeur forte et agréable que l'on utilise en cuisine. *Elle met du thym et du laurier dans la ratatouille.* ▮ homonymes : tain, teint.

thyroïde n. f. Glande située dans le cou qui joue un rôle important dans la croissance.

▶ Ce mot s'écrit avec un *h* et un *y*. Le *i* porte un tréma.

tibia n. m. Os du devant de la jambe. → planche **Corps** humain. → aussi **péroné.**

tic n. m. Geste automatique que l'on répète sans le faire exprès. *Elle cligne sans arrêt des yeux, c'est un tic nerveux.* ▮ homonyme : tique.

ticket n. m. Petit morceau de carton ou de papier qui donne le droit d'entrer dans un lieu, qui prouve que l'on a payé. → **billet.** *Un carnet de tickets de métro.*

▶ Le *c* est suivi d'un *k*.

tic-tac n. m. inv. Bruit sec et répété d'une horloge, d'un réveil ou d'une montre. *Le tic-tac du réveil l'empêchait de dormir.* – Au pl. *Des tic-tac.*

tiède adj. Un peu chaud, ni chaud ni froid. *Julie se lave les mains à l'eau tiède.* ▮ contraires : **brûlant, glacé.**

▸ **tiédeur** n. f. Température de ce qui est tiède. *Il aime la tiédeur des soirées d'été.*

▸ **tiédir** v. (conjug. 11) Devenir tiède. *Il laisse tiédir son café avant de le boire.*

tien pronom possessif et n. m., **tienne** pronom possessif

▪ pronom Pronom possessif de la deuxième personne du singulier. *Ce sont mes affaires, occupe-toi des tiennes,* de ce qui te concerne.

▪ n. m. **1.** *Tu y as mis du tien,* tu as fait un effort. **2.** n. m. pl. *Il faut penser aux tiens,* à tes parents, tes amis.

chat **tigré**

tiens ! → **tenir**

tiers adj. et n. m., **tierce** adj.

▪ adj. **1.** *Une tierce personne,* une troisième personne. *Une tierce personne a servi de témoin aux deux automobilistes.* **2.** *Le tiers état,* la classe sociale qui comprenait les personnes qui n'étaient pas nobles et qui n'étaient pas membres du clergé, sous l'Ancien régime, en France. *Les paysans faisaient partie du tiers état.*

▪ n. m. **1.** Troisième personne. *Ils ne se disputent jamais devant des tiers,* devant des étrangers. **2.** *Le tiers,* une partie d'une chose divisée en trois parts égales. *Louise a mangé les deux tiers de la tarte.*

▸ **tiercé** n. m. Pari où l'on doit dire quels sont les trois chevaux qui gagneront, dans une course. *Il joue au tiercé chaque semaine.*

▸ **tiers-monde** n. m. *Le tiers-monde,* les pays les plus pauvres du monde. ▷ Mot de la famille de monde.

tige n. f. **1.** Partie allongée d'une plante, qui commence au-dessus de la racine et qui porte les feuilles. *Les tulipes ont une longue tige souple.* → **queue. 2.** *Une tige de métal,* une barre de métal mince et longue.

tignasse n. f. Familier. Chevelure touffue et mal peignée. *Julie a une abondante tignasse rousse.*

tigre n. m., **tigresse** n. f. Grand félin d'Asie au pelage jaune-roux rayé de noir. → planches **Félins,** espèces **menacées.** *Le tigre est un dangereux carnassier.*

▸ **tigré, tigrée** adj. *Un chat tigré,* un chat au pelage marqué de bandes plus foncées.

tilleul n. m. **1.** Grand arbre dont les fleurs blanches ou jaune pâle sont odorantes. → planche **Arbres.** *Une allée de tilleuls.* **2.** Infusion faite avec les fleurs séchées du tilleul. → planche **Plantes** et santé. *Elle boit une tasse de tilleul avant de se coucher.*

① **timbale** n. f. Sorte de tambour dont la caisse est arrondie et qu'on utilise généralement par paires. → planche **Instruments** de musique. *Les timbales sont des instruments à percussion.*

② **timbale** n. f. Gobelet de métal. *Une timbale d'argent.*

① **timbre** n. m. Son particulier d'une voix ou d'un instrument de musique. → **sonorité.** *Le timbre grave de la contrebasse.*

▸ ① **timbré, timbrée** adj. *Une voix bien timbrée,* qui a un beau timbre, qui a une belle sonorité.

② **timbre** n. m. **1.** *Un timbre,* un petit morceau de papier collant qui sert à payer l'envoi du courrier par la poste. *Théo colle le timbre sur l'enveloppe. Léa collectionne les timbres.* → aussi **philatélie. 2.** Marque, cachet que doivent porter certains documents. *Un timbre fiscal est collé à l'intérieur de chaque passeport.*

▶ Au sens 1, on dit aussi *un timbre-poste, des timbres-poste.*

▸ **timbrer** v. (conjug. 3) Coller des timbres. → ② **affranchir.** *Léa a timbré la carte avant de la poster.*

▸ ② **timbré, timbrée** adj. **1.** *Une enveloppe timbrée,* qui porte un timbre-poste. **2.** *Du papier timbré,* c'est un document qui porte un timbre, un tampon de l'administration.

a b c d e f g h i j k l m n o p q r s t u v w x y z

tir au but

timide adj. Qui manque de confiance en soi, qui n'ose pas faire les choses. *Léa est un peu timide.* ▮ contraires : **audacieux, hardi.**

▸ **timidement** adv. De façon timide. *Paul a demandé timidement la permission de sortir.*

▸ **timidité** n. f. Caractère d'une personne timide. ▮ contraire : **audace.** *Elle a surmonté sa timidité.*

▸ Autres mots de la famille : intimidé, intimider.

timonier n. m. Homme qui tient le gouvernail d'un navire. *Le timonier garde le cap.*

timoré, timorée adj. Qui a peur du changement et ne veut pas prendre de risques. ➔ **craintif, pusillanime, timide.** ▮ contraires : **audacieux, entreprenant, hardi.** *Léa est une petite fille assez timorée.*

tinter v. (conjug. 3) Produire des sons clairs et aigus. *Il fait tinter la monnaie dans sa poche.* ▮ homonyme : teinter.

▸ **tintement** n. m. Bruit d'une chose qui tinte. *On entend au loin le tintement des cloches de l'église.*

▸ **tintamarre** n. m. Ensemble de bruits désagréables. ➔ **tumulte, vacarme.** *On entend le tintamarre des klaxons dans la rue.*

▸ Il y a deux *r* dans *tintamarre.*

tintinnabuler v. (conjug. 3) Produire un son léger et aigu. *Les clochettes tintinnabulent.*

▸ Ce mot appartient au langage soutenu. • Attention aux deux *n*.

tipi n. m. Tente traditionnelle des Indiens des plaines d'Amérique du Nord. ➔ planche **Habitations.**

▸ Ce mot vient d'une langue indienne d'Amérique du Nord.

tique n. f. Insecte parasite de certains animaux (chien, bœuf, mouton). ➔ planche **Sol.** *Les tiques sucent le sang.* ▮ homonyme : tic.

▸ Ce mot est féminin : on dit *une tique.*

tir n. m. **1.** Le fait de tirer avec une arme. *Alex fait du tir à l'arc,* il lance des flèches avec un arc. ➔ planche **Sport. 2.** Coup de pied dans un ballon. ➔ **shoot.** *Théo a réussi un tir au but,* il a envoyé le ballon dans le but. ▹ Mot de la famille de tirer.

tirade n. f. Longue suite de phrases dites par un personnage dans une pièce de théâtre. *Il y a de nombreuses tirades célèbres dans les tragédies de Corneille.*

tirage n. m. **1.** Mouvement de l'air qui est attiré par le feu. *Le tirage de la cheminée est excellent.* **2.** Nombre de livres, de journaux imprimés en une fois. *Le tirage de ce quotidien est de 500 000 exemplaires par jour.* **3.** Impression d'une photo. *Il a fait faire des tirages sur papier glacé.* **4.** *Un tirage au sort,* c'est le fait de désigner un ou plusieurs numéros par le hasard. *Les gagnants seront désignés par tirage au sort.* ▹ Mot de la famille de tirer.

tirailler v. (conjug. 3) **1.** Tirer à petits coups dans plusieurs directions. *Il tiraillait nerveusement sa moustache.* **2.** *Être tiraillé entre deux choses,* c'est hésiter sans réussir à choisir, être écartelé entre les deux. *Je suis tiraillé entre l'envie de partir et l'envie de rester.*

▸ **tiraillement** n. m. Crampe, douleur. *Elle a des tiraillements dans la jambe.*

▸ **tirailleur** n. m. Soldat isolé qui tire sur l'ennemi pour le harceler.

▹ Mots de la famille de tirer.

tirant d'eau n. m. Hauteur de la coque d'un bateau, entre la surface de l'eau et la quille. *Le bateau a 1,50 m de tirant d'eau.* ▹ Mot de la famille de tirer et de eau.

tiré, tirée adj. *Elle a les traits tirés,* marqués par la fatigue. ▹ Mot de la famille de tirer.

tire-bouchon n. m. Instrument qui sert à ouvrir les bouteilles fermées par un bouchon

de liège. – *Les cochons ont une queue en tire-bouchon,* une queue en spirale comme la tige d'un tire-bouchon. – Au pl. *Des tire-bouchons.* ▷ Mot de la famille de tirer et de ② boucher.
On peut aussi écrire *tirebouchon* en un seul mot, *des tirebouchons.*

tire-bouchon

à **tire-d'aile** adv. En donnant des coups d'ailes rapides, sans s'arrêter. *L'oiseau s'est envolé à tire-d'aile.* ▷ Mot de la famille de tirer et de aile.

tirelire n. f. Boîte percée d'une fente dans laquelle on met les pièces de monnaie que l'on veut économiser. *Julie a 17 euros dans sa tirelire.*

tirer v. (conjug. 3) **1.** Déplacer en amenant vers soi. *Dans le train, un voyageur a tiré le signal d'alarme.* **2.** Faire bouger pour ouvrir ou fermer. *Elle a tiré les rideaux pour se protéger du soleil.* **3.** Faire avancer en déplaçant derrière soi. ➜ **tracter, traîner.** *La voiture tirait une caravane.* ▮ contraire : ② **pousser.** **4.** *Le spectacle tire à sa fin,* il est presque fini. **5.** *Ce bleu tire sur le vert,* il se rapproche du vert. **6.** Envoyer au loin un projectile avec une arme à feu. *Le gangster a tiré un coup de feu. Le chasseur a tiré un lièvre,* il l'a visé avec son fusil. **7.** Faire sortir une chose de l'endroit où elle est. ➜ **enlever, retirer, sortir.** *Alex a tiré un mouchoir de sa poche. Le chien tire la langue.* **8.** Prendre au hasard. *C'est Léa qui a tiré le numéro gagnant. Les sujets d'examen sont tirés au sort.* – *Une voyante lui a tiré les cartes,* lui a prédit l'avenir en consultant les cartes. **9.** ***S'en tirer,*** réussir une chose difficile. *Ils s'en sont bien tirés,* ils s'en sont bien sortis. **10.** Extraire. *On tire de l'huile des olives. Cette citation est tirée d'un livre de Victor Hugo.* **11.** Obtenir. *Il a su tirer parti de la situation,* l'exploiter, en profiter. *Quelle morale tires-tu de cette histoire ?* **12.** Tracer. *Théo tire un trait à la fin de son devoir.* **13.** Imprimer. *Ce livre a été tiré à 10 000 exemplaires.* **14.** *La cheminée tire bien,* la circulation de l'air y est bonne. ➜ aussi **tirage.**

▸ **tiret** n. m. **1.** Petit trait horizontal qui sert à couper un mot et qui se place en fin de ligne. ➜ aussi **trait d'union.** *Le tiret indique que le mot n'est pas fini.* **2.** Dans un dialogue écrit, petit trait horizontal qui indique qu'une autre personne parle.

▸ **tirette** n. f. Tablette que l'on peut tirer dans certains meubles.

▸ **tireur** n. m., **tireuse** n. f. **1.** Personne qui tire avec une arme à feu. *C'est un très bon tireur. Un tireur d'élite est posté sur le toit du bâtiment.* **2.** *Une tireuse de cartes,* c'est une femme qui prédit l'avenir en interprétant les cartes. ➜ **cartomancienne.**

▸ **tiroir** n. m. Partie d'un meuble en forme de boîte que l'on tire pour l'ouvrir. *Elle range ses chaussettes dans les tiroirs de la commode.*

▸ **tiroir-caisse** n. m. Tiroir d'une caisse de magasin où l'argent est enfermé et qui s'ouvre automatiquement quand on appuie sur un bouton. *La caissière ouvre le tiroir-caisse.* – Au pl. *Des tiroirs-caisses.* ▷ Mot de la famille de caisse.

▸ Autres mots de la famille : attirance, attirant, attirer, étirer, franc-tireur, retiré, retirer, se retirer, soutirer, tir, tirage, tiraillement, tirailler, tirailleur, tirant d'eau, tiré, tire-bouchon, à tire-d'aile.

tisane n. f. Boisson chaude à base de plantes. ➜ **infusion.** *Elle boit une tasse de tisane.*

tison n. m. Reste d'un morceau de bois brûlé, encore incandescent. ➜ aussi **braise.** *Il souffle sur les tisons pour ranimer le feu.*

▸ **tisonnier** n. m. Longue barre de fer qui sert à attiser le feu. *Elle remue les braises avec le tisonnier.*

tisser v. (conjug. 3) Fabriquer un tissu en entrelaçant des fils. *On tisse sur un métier à tisser.*

– *Les araignées tissent leur toile,* elles la fabriquent.

▸ **tissage** n. m. Action de tisser. *Le tissage des tapis.*

▸ **tisserand** n. m., **tisserande** n. f. Ouvrier qui fabrique des tissus sur un métier à tisser.

▸ *Tisserand* se termine par un *d.*

▸ **tisserin** n. m. Petit oiseau d'Afrique et d'Asie de la taille d'un moineau, qui construit son nid en tissant des fibres végétales. → planches **Oiseaux, savane.**

▸ **tissu** n. m. **1.** Assemblage souple de fils entrelacés. → **étoffe.** *La soie est un tissu doux et brillant.* **2.** Suite de choses désagréables. *L'histoire qu'il nous a racontée est un tissu de mensonges.*

métier à **tisser**

titan n. m. Géant. *Il a accompli un travail de titan,* un travail gigantesque, démesuré.

▸ Ce mot vient du nom des *Titans,* qui sont les enfants du Ciel et de la Terre, dans la mythologie grecque.

titiller v. (conjug. 3) Familier. Préoccuper. *Cette histoire me titille depuis un moment.* → **tracasser.**

titre n. m. **1.** Nom d'un livre, d'un poème, d'une chanson, d'un morceau de musique, d'une pièce de théâtre ou d'un film. *Quel est le titre de ce roman ? Les titres des journaux,* les phrases écrites en gros caractères qui présentent les articles. → aussi ② **manchette. 2.** Qualité de gagnant, de champion. *Ce skieur détient le titre de champion du monde de slalom.* **3.** *Un titre de transport,* un billet, un ticket ou une carte qui permet de voyager. **4.** *À titre de,* en tant que. *Elle vient d'être engagée à titre de comptable,* comme comptable. *J'y ai droit au même titre que toi,* de la même manière que toi. **5.** *À juste titre,* avec raison. *Il s'est plaint à juste titre.*

▸ Autres mots de la famille : sous-titre, sous-titrer.

tituber v. (conjug. 3) Marcher en allant de travers. → **chanceler, vaciller.** *L'ivrogne marchait en titubant.*

titulaire adj. **1.** Qui a un poste qui lui a été attribué officiellement. *Elle est professeur titulaire.* ▮ contraires : **auxiliaire, suppléant. 2.** Qui possède légalement quelque chose. *Il est titulaire du permis de conduire.*

▸ **titulariser** v. (conjug. 3) Rendre une personne titulaire de son poste. *Ce fonctionnaire vient d'être titularisé.*

① **toast** [tost] n. m. *Nous portons un toast à l'heureux gagnant,* nous levons notre verre et buvons en son honneur.

▸ Ce mot vient de l'anglais.

② **toast** [tost] n. m. Tranche de pain de mie grillée. *Des toasts beurrés.*

▸ Ce mot vient de l'anglais.

toboggan n. m. (→ ÉTYM.) Piste inclinée sur laquelle on s'amuse à se laisser glisser. *Léa descend à toute allure sur le toboggan.*

▸ Il y a deux *g* dans ce mot.

toc n. m. Imitation d'une matière précieuse. *Ce bracelet n'est pas en or, c'est du toc !* ▮ homonyme : toque.

tocade n. f. Familier. Caprice, goût passager pour quelque chose ou pour quelqu'un. → **engouement, lubie.** *Il veut apprendre le vol à voile : c'est sa dernière tocade.*

▸ On écrit aussi *toquade.*

tocsin n. m. Sonnerie de cloche qui donne l'alarme. *Autrefois, on sonnait le tocsin en cas d'incendie.*

toge n. f. **1.** Grand morceau de tissu dans lequel se drapaient les Romains. **2.** Grande robe noire portée par les avocats quand ils plaident.

tohu-bohu n. m. inv. Bruit confus, tumulte. *Je n'entends pas ce que tu dis dans le tohu-bohu de la gare.*

toi pronom personnel Pronom personnel masculin et féminin de la deuxième personne du singulier, utilisé pour renforcer le sujet ou comme complément. *Toi, tu restes ici. C'est toi qui l'as voulu. Mets-toi là. Elle est plus petite que toi. J'irai sans toi. C'est à toi de jouer.* ▮ homonyme : toit.

toile n. f. **1.** Tissu simple et solide. *Julie porte un pantalon de toile bleue.* **2.** Tableau d'un peintre. → planche **Artistes.** *Elle admire les toiles exposées au musée.* **3.** *Une toile d'araignée,* c'est le réseau de fils que fabrique l'araignée. *L'araignée a tissé sa toile entre deux arbustes.*

toilette n. f. **1.** *Faire sa toilette,* se laver. *Julie fait sa toilette avant de s'habiller. Ses affaires de toilette sont sur l'étagère. Une eau de toilette,* c'est un parfum léger. **2.** *Une toilette,* l'ensemble des vêtements que porte une femme. → **tenue.** *Elle porte aujourd'hui une toilette élégante.*

toilettes n. f. pl. Endroit où l'on fait ses besoins. → **cabinet, waters, W.-C.** *Les toilettes du café sont au sous-sol.*

toise n. f. Grande règle verticale qui sert à mesurer la taille. *À la visite médicale, l'infirmière fait passer chaque enfant sous la toise.*

▸ **toiser** v. (conjug. 3) Regarder quelqu'un avec mépris. → **dévisager, examiner.** *Elle toisa le nouveau venu des pieds à la tête.*

toison n. f. Pelage laineux des moutons.

homme portant la **toge**

toit n. m. **1.** Dessus d'un bâtiment, qui le protège. → **toiture.** *Dans le Midi, les maisons ont des toits de tuiles.* **2.** Dessus de la carrosserie d'un véhicule. *Cette voiture a un toit ouvrant.* → planche **Voitures.** ▮ homonyme : toi.

▸ **toiture** n. f. Couverture d'un bâtiment. → **toit.** *Il faut refaire la toiture de la maison.*

tôle n. f. Feuille de fer ou d'acier. *Le toit du garage est en tôle ondulée.*

▶ Attention à l'accent circonflexe du *ô*.

tolérer v. (conjug. 8) **1.** Permettre une chose qui pourrait ou devrait être interdite. → **admettre, autoriser.** ▮ contraires : ② **défendre, interdire.** *On tolère le stationnement sur le trottoir de l'avenue.* **2.** Supporter avec patience. *Je ne tolère pas que tu me parles sur ce ton.* → **admettre.**

▸ **tolérable** adj. Que l'on ne peut tolérer, supporter. *Ton insolence n'est pas tolérable.* → **admissible, supportable.** ▮ contraire : **intolérable.**

▸ **tolérance** n. f. Qualité d'une personne qui respecte les idées ou les façons d'agir différentes des siennes. ▮ contraire : **fanatisme.** *Il faut faire preuve de tolérance à l'égard d'autrui.* ▮ contraire : **intolérance.**

▸ **tolérant, tolérante** adj. Qui respecte les idées différentes des siennes. *Ses parents sont tolérants.* ▮ contraire : **intolérant.**

▶ Autres mots de la famille : intolérable, intolérance, intolérant.

tollé n. m. Cris de protestation. → **huées.** *L'élimination d'un des joueurs déclencha un tollé général dans le public.* ▮ contraires : **acclamation, ovation.**

▶ Il y a deux *l* dans *tollé*.

tomahawk [tɔmaok] n. m. Hache de guerre des Indiens d'Amérique du Nord.

▶ On dit aussi *tomawak*.

tomate n. f. (→ ÉTYM.) Fruit rouge de forme arrondie que l'on mange comme légume, cru ou cuit. *Elle a préparé une salade de tomates. Il mange des spaghettis à la sauce tomate,* avec de la sauce à la tomate.

tombal, tombale adj. *Une pierre tombale,* c'est une dalle de pierre qui recouvre une tombe. *Le nom du défunt est gravé sur la pierre tombale.* — Au masc. pl. *tombaux.* ▷ Mot de la famille de tombe.

tombant, tombante adj. Qui s'incline vers le bas. *Ce chien a les oreilles tombantes.*
▷ Mot de la famille de tomber.

tombe n. f. Fosse creusée dans la terre, où l'on enterre un mort. → **sépulture.** *Il est allé au cimetière se recueillir sur la tombe de sa mère.*

▶ **tombeau** n. m. Monument élevé sur une tombe. → aussi **caveau, mausolée.** *Alex est allé visiter le tombeau de Napoléon, aux Invalides. – L'automobiliste roule à tombeau ouvert,* très vite. – Au pl. *Des tombeaux.*
▶ Autre mot de la famille : tombal.

tombeau

tomber v. (conjug. 3) **1.** Faire une chute. *Léa est tombée par terre de tout son long. Je tombe de sommeil,* j'ai du mal à me tenir debout tellement je suis fatigué. *L'assiette s'est cassée en tombant par terre.* **2.** Descendre très vite vers le sol. *La neige tombe depuis deux jours.* **3.** *En hiver, la nuit tombe tôt,* elle arrive tôt. **4.** Baisser. *La température est tombée au-dessous de zéro.* → **descendre.** ▮ contraire : **monter.** **5.** Devenir. *Elle est tombée malade.* **6.** Arriver, se produire. *Cette année, Noël tombe un lundi. Te voilà, Théo, cela tombe bien !* **7.** *Je suis tombé sur lui dans la rue,* je l'ai rencontré par hasard. **8.** *Laisser tomber,* c'est ne plus s'occuper de quelqu'un ou de quelque chose. *Il a laissé tomber tous ses amis,* il ne les voit plus. *Elle a laissé tomber le piano,* elle n'en fait plus. – Familier. *Laisse tomber !* ne t'occupe plus de cela.

▶ **tombée** n. f. *La tombée de la nuit, la tombée du jour,* le moment où le jour décline et où la nuit arrive. *Ils ont joué dehors jusqu'à la tombée de la nuit.* → aussi **crépuscule.**

▶ **tombereau** n. m. Benne d'un camion qui peut basculer vers l'arrière. *On a déchargé deux tombereaux de sable,* le contenu de deux tombereaux.
▶ Autres mots de la famille : retombées, retomber, tombant.

tombola n. f. Loterie où l'on gagne des objets. *Julie et Léa vendent des billets de tombola pour la kermesse de l'école.*
▶ C'est un mot italien qui veut dire «loto».

tome n. m. Chaque volume d'un ouvrage. *Ce dictionnaire comporte six tomes.* ▮ homonyme : tomme.

tomette n. f. Petit carreau plat de brique rouge, à six côtés. *Le sol de la cuisine est recouvert de tomettes.*

tomme n. f. Fromage à pâte dure en forme de disque. *De la tomme de Savoie.* ▮ homonyme : tome.

① **ton** adj. possessif m., **ta** adj. possessif f., **tes** adj. possessif pl. Qui est à toi, t'appartient. → aussi **tien.** *Ton frère, ta sœur, tes parents et ton amie Lucie t'attendent dehors.* ▮ homonymes : thon, tas, thé.

② **ton** n. m. **1.** Façon de parler qui, selon le son et la vitesse, exprime les sentiments que l'on ressent. → **intonation.** *Elle lui a répondu d'un ton sec.* **2.** Hauteur des sons émis par la voix, dans le chant. *Tous les chanteurs de la chorale chantent dans le même ton.* **3.** *De bon ton,* comme il faut. *Elle s'habille avec une élégance de bon ton.* **4.** Couleur. → **coloris, nuance, teinte.** *Léa aime beaucoup les tons clairs.*

▶ **tonalité** n. f. **1.** Qualité du son. *Cette chaîne a une bonne tonalité.* **2.** Son que l'on entend dans un téléphone fixe avant de composer un numéro.
▶ Autres mots de la famille : demi-ton, détonner, entonner, intonation, monotone, monotonie.

tondre v. (conjug. 44) **1.** Couper à ras le poil d'un animal ou les cheveux d'une personne. *Le berger a tondu les moutons.* **2.** Couper très court l'herbe, le gazon. *Le jardinier tond la pelouse.*

▸ **tondeuse** n. f. **1.** Instrument qui sert à tondre le poil ou les cheveux. *Le coiffeur lui rase la nuque avec une tondeuse.* **2.** *Une tondeuse à gazon,* c'est une machine qui coupe le gazon. *Le jardinier passe la tondeuse chaque semaine.*
▸ Autres mots de la famille : tonsure, tonte.

tonifier v. (conjug. 9) Rendre plus fort, plus dynamique. → ① **fortifier.** *Ce bain glacé l'a tonifié.* → **revigorer, vivifier.**

▸ **tonifiant, tonifiante** adj. Qui donne de l'énergie. → **vivifiant.** *L'air de la mer est tonifiant.* → **tonique.**

tonique adj. Qui donne de l'énergie, du tonus, stimule. *L'air marin est tonique.* → **stimulant, tonifiant, vivifiant.**

tonitruant, tonitruante adj. Qui fait un bruit très fort. *Une voix tonitruante.*

tonnage n. m. *Le tonnage d'un navire,* le volume de marchandises qu'il peut transporter. → aussi **capacité** et ① **tonneau.** ▹ Mot de la famille de tonne.

tonne n. f. **1.** Unité de poids valant mille kilos. *Ce taureau pèse plus d'une tonne.* **2.** Familier. Grande quantité. *Elle a épluché des tonnes de légumes.*

▸ ① **tonneau** n. m. Unité de volume utilisée pour mesurer le tonnage des bateaux. *Un bateau de 200 tonneaux.*
▸ Autre mot de la famille : tonnage.

② **tonneau** n. m. **1.** Grand récipient en bois, cerclé de fer, plus large au milieu qu'aux extrémités. *On fait vieillir le vin dans des tonneaux.* → **barrique, fût.** **2.** Tour complet que fait une voiture quand elle se renverse. *La voiture a fait trois tonneaux.*

▸ **tonnelet** n. m. Petit tonneau. *Un tonnelet d'eau-de-vie.*

▸ **tonnelier** n. m. Fabricant de tonneaux.

tonnelle n. f. Petit abri au sommet arrondi, fait d'un treillage sur lequel grimpent des plantes. → aussi **pergola.** *Nous nous sommes mis à l'ombre sous la tonnelle du jardin.*

tonner v. (conjug. 3) *Il tonne,* il y a du tonnerre.
▸ Ce verbe se conjugue seulement à la 3e personne du singulier.

▸ **tonnerre** n. m. **1.** Bruit de la foudre qui accompagne l'éclair pendant un orage. *On a entendu un coup de tonnerre.* **2.** Bruit très fort. *Le chanteur entre en scène sous un tonnerre d'applaudissements.*
▸ *Tonnerre* prend deux *n* et deux *r*.
▸ Autre mot de la famille : paratonnerre.

tonsure n. f. Petit cercle rasé, au sommet du crâne. *Les moines portaient la tonsure.* ▹ Mot de la famille de tondre.

tonte n. f. Action de tondre. *Voici l'époque de la tonte des moutons. La tonte de la pelouse prend deux heures.* ▹ Mot de la famille de tondre.

tonus [tɔnys] n. m. Énergie, dynamisme. *Ces vitamines redonnent du tonus aux gens fatigués.* → **vigueur** et aussi **tonique.**

topaze n. f. Pierre précieuse jaune et transparente.

top-modèle n. m. et f. Mannequin vedette connu dans le monde entier. *C'est une top-modèle.* – Au pl. *Des top-modèles.*
▸ On écrit aussi *top model.* • Ce mot vient de l'anglais.

topo n. m. Familier. Bref discours, exposé sommaire sur un sujet précis. *Le directeur nous a fait un topo sur le règlement.* – *C'est toujours le même topo,* c'est toujours la même histoire, la même chose.

topographie n. f. Relief d'un terrain. *La topographie d'une région.*

▸ **topographique** adj. *Les randonneurs ont pris avec eux une carte topographique,* une carte sur laquelle est représenté le relief du terrain.

des **tonneaux**

toquade → **tocade**

toque n. f. Coiffure assez haute et sans bords. *Une toque de fourrure. Les cuisiniers portent une toque blanche.* ▮ homonyme : toc.

torche n. f. **1.** Bâton enduit de résine ou de cire que l'on enflamme pour éclairer. → **flambeau.** *Des porteurs de torches ouvraient le défilé.* **2.** *Une torche électrique,* une lampe électrique portative, de forme cylindrique.

torchis [tɔʀʃi] n. m. Mélange de terre et de paille utilisé dans la construction. *Des murs en torchis.*

▶ Le *s* final ne se prononce pas.

torchon n. m. **1.** Morceau de tissu qui sert à essuyer la vaisselle. *Elle essuie les verres avec un torchon propre.* → aussi **essuie-main, serviette. 2.** En Belgique. Serpillière.

tordre v. (conjug. 44) **1.** Déformer un objet en tournant les deux extrémités en sens contraire, en enroulant en torsade. *Elle tord son maillot pour l'essorer.* **2.** Plier un objet rigide. *Le vent tordait les branches.* **3.** Plier brutalement une articulation. *Julie s'est tordu la cheville.* **4. se tordre,** se plier en deux. *Elle se tord de douleur sur son lit.*

▸ **tordant, tordante** adj. Familier. Très drôle, très amusant. *Il nous a raconté des histoires tordantes.* → **marrant, rigolo.**

▸ Autres mots de la famille : contorsion, se contorsionner, contorsionniste, entorse, entortiller, retordre, tors, torsade, torsadé, torsion, torticolis, tortillard, tortiller, tortueux.

toréro ou **torero** [tɔʀeʀo] n. m. Homme qui affronte le taureau, dans une corrida. *Plusieurs toréros se sont succédé dans l'arène.* → aussi **matador.**

▶ Ce mot vient de l'espagnol.

toréro

tornade n. f. Vent extrêmement violent qui dévaste tout sur son passage. → **cyclone, ouragan.** *La tornade a détruit plusieurs toitures.*

▶ Ce mot vient de l'espagnol *tornar* qui veut dire «tourner».

torpeur n. f. État d'une personne à moitié endormie. → **somnolence.** *Allongée au soleil, elle sentait une douce torpeur l'envahir.*

torpille n. f. **1.** Engin explosif à moteur que l'on lance dans l'eau. *Des torpilles ont coulé le navire.* **2.** Poisson qui ressemble à la raie et qui produit des décharges électriques pour paralyser ses proies.

▸ **torpiller** v. (conjug. 3) Faire exploser avec des torpilles. *Le sous-marin a torpillé le navire.*

▸ **torpilleur** n. m. Bateau de guerre qui lance des torpilles.

torque n. m. Collier rigide en métal porté par les Celtes puis par les soldats romains.

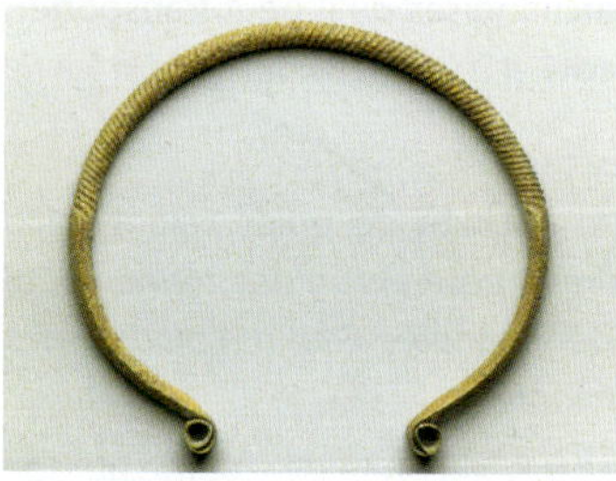

torque

torréfier v. (conjug. 9) Faire griller. *On torréfie le café pour lui donner de l'arôme.*

▸ **torréfaction** n. f. *La torréfaction du cacao,* c'est le fait de le torréfier, de le faire griller.

torrent n. m. **1.** Cours d'eau rapide et irrégulier, à pente très forte. *Un torrent dévale la montagne.* **2.** *Il pleut à torrents,* très fort.

▸ **torrentiel, torrentielle** adj. Qui coule avec la force d'un torrent. *Les inondations ont été provoquées par des pluies torrentielles,* par de très fortes pluies.

torride adj. (→ ÉTYM.) Extrêmement chaud. *En Afrique, il fait souvent une chaleur torride.* → **brûlant.**

tors [tɔʀ], **torse** [tɔʀs] adj. Qui est tordu, déformé. *Il a les jambes torses.* ▮ homonyme : tort.

▷ Mot de la famille de tordre.

torsade n. f. Rouleau de fils tordus ensemble, qui sert de décoration. *Les rideaux sont retenus par des torsades de soie. Louise s'est fait une torsade avec ses cheveux,* elle a enroulé ses cheveux sur eux-mêmes.

▸ **torsadé, torsadée** adj. Qui a une torsade, des torsades. *Julie a un pull torsadé.*
▷ Mots de la famille de tordre.

torse n. m. Haut du corps humain, entre le cou et la taille. → planche **Corps** humain. → **buste, poitrine, thorax.** *Alex est torse nu.*

torsion n. f. Action de tordre. *Théo a immobilisé Paul par une torsion du bras,* en lui tordant le bras. ▷ Mot de la famille de tordre.

tort n. m. **1.** Mauvaise conduite ou mauvaise action. *L'accusé a reconnu ses torts.* **2.** Erreur. *Ce serait un tort de ne pas venir avec nous.* **3.** *Faire du tort,* nuire. *Ces médisances lui ont fait du tort,* lui ont porté préjudice. **4.** *Avoir tort,* être dans l'erreur. *Tu as tort de dire cela,* tu commets une erreur en le disant. ▮ contraire : **raison.** **5.** *À tort,* pour de mauvaises raisons, injustement. *Le commissaire l'a soupçonné à tort,* il s'est trompé en le soupçonnant. *Julie parle souvent à tort et à travers,* sans réfléchir. **6.** *L'automobiliste qui a provoqué l'accident est dans son tort,* il est en faute. ▮ contraire : ③ **droit.**
▮ homonyme : tors.

torticolis [tɔʀtikɔli] n. m. Douleur dans le cou qui empêche de tourner la tête. *Louise a un torticolis.* ▷ Mot de la famille de tordre et de col.
▶ Le *s* final ne se prononce pas.

tortiller v. (conjug. 3) **1.** Tourner en faisant plusieurs tours. *Léa tortillait une mèche de ses cheveux.* **2. se tortiller,** se tourner d'un côté et de l'autre, sur soi-même. → se **trémousser.** *Arrête de te tortiller sur ta chaise !*

▸ **tortillard** n. m. Petit train qui va très lentement et qui fait de nombreux détours.
▷ Mots de la famille de tordre.

tortionnaire n. m. et f. Personne qui torture. → **bourreau.** *Le prisonnier a échappé à ses tortionnaires.*

tortue n. f. (→ ÉTYM.) Animal dont le corps est enfermé dans une carapace d'où sortent la tête, munie d'un bec en corne, et quatre pattes courtes. *Les tortues sont des reptiles terrestres ou marins.* → planche **Reptiles** et amphibiens.

tortueux, tortueuse adj. Qui fait des détours, des courbes. *Les rues de la vieille ville sont tortueuses.* → **sinueux.** ▮ contraires : ① **droit, rectiligne.** ▷ Mot de la famille de tordre.

torture n. f. **1.** Souffrance physique que l'on fait subir à une personne pour lui faire avouer ce qu'elle refuse de dire. → **supplice.** *Les aveux ont été obtenus sous la torture.* **2.** Souffrance très pénible à endurer. *Cette attente interminable est une véritable torture.* → **martyre, tourment.**

▸ **torturer** v. (conjug. 3) **1.** Faire subir des tortures. *Les otages ont été atrocement torturés.* **2.** Faire beaucoup souffrir. *La jalousie le torturait.*

tôt adv. Avant le moment habituel ou normal. *Je me suis levé tôt ce matin,* de bonne heure. ▮ contraire : **tard.** *Les invités sont arrivés plus tôt que prévu. Ce travail sera fini dans huit jours au plus tôt,* pas avant huit jours. *Venez le plus tôt possible,* dès que possible. *Il faudra y penser tôt ou tard,* un jour ou l'autre. ▮ homonyme : taux.
▶ Autres mots de la famille : aussitôt, bientôt, plutôt, sitôt, tantôt.

total adj. et n. m. (pl. **totaux**), **totale** adj.
▪ adj. Complet, absolu. *J'ai une totale confiance en lui.* → **entier.**
▪ n. m. Le nombre total, la quantité totale. *Le total des dépenses s'élève à 200 euros.* → **montant,** ① **somme.**

▸ **totalement** adv. Complètement, tout à fait. *Paul est totalement guéri de son angine.* → **entièrement, parfaitement.** ▮ contraire : **partiellement.**

▸ **totaliser** v. (conjug. 3) Avoir au total. *Le joueur qui totalise le plus de points a gagné.*

▸ **totalité** n. f. Ensemble de toutes les parties d'un tout. *Il a dépensé la totalité de la somme,* toute la somme. → ② **tout.** ▮ contraires : **fraction,** ① **partie.**

▸ **totalitaire** adj. *Un régime totalitaire,* c'est un régime politique dans lequel un seul parti gouverne sans admettre d'opposition. *Les régimes totalitaires sont des dictatures.*

▸ **totalitarisme** n. m. Système politique d'un régime totalitaire.

totem [tɔtɛm] n. m. Statue représentant l'animal protecteur d'un clan. *Ces Indiens ont un aigle pour totem.*
Totem est un mot des Indiens d'Amérique du Nord.

toucan n. m. Oiseau d'Amérique du Sud, à très gros bec et aux couleurs vives.
C'est un mot indien du Brésil.

toucan

① toucher v. (conjug. 3) **1.** Entrer en contact. *Elle touche le radiateur pour s'assurer qu'il est chaud. Le chasseur a touché le lièvre,* il l'a atteint. → **blesser. 2.** Être tout proche de quelque chose. *Le garage touche la maison.* – **se toucher,** être très proche, contigu. *Ces deux maisons se touchent.* **3.** Entrer en contact avec quelqu'un, par lettre, par téléphone ou par mail. → **contacter, joindre.** *Où peut-on vous toucher pendant les vacances ?* **4.** Recevoir. *Il touche son salaire le 30 du mois. Elle a touché 2 000 euros pour sa participation à l'émission.* → **empocher, gagner. 5.** Émouvoir. *Votre gentillesse m'a beaucoup touché.* → **attendrir. 6.** *Ne touche pas à ces fils électriques, c'est dangereux,* ne pose pas la main sur eux. **7.** *L'été touche à sa fin,* il se termine.

▸ **② toucher** n. m. Sens qui permet de sentir et de reconnaître avec la peau. *Le velours est doux au toucher.* → aussi **tactile.**

▸ **touchant, touchante** adj. Émouvant. *Cette histoire est très touchante.*

▸ **① touche** n. f. **1.** Secousse que donne un poisson qui mord à l'hameçon. *Le pêcheur a senti une touche au bout de la ligne.* **2.** Couleur posée d'un coup de pinceau. *Le peintre ajoute une touche de bleu sur la toile.* **3.** Chacune des limites sur les côtés d'un terrain de football ou de rugby. *Le ballon est sorti en touche.*

▸ **② touche** n. f. Petit levier que l'on frappe avec les doigts sur un clavier. *Les touches blanches et les touches noires d'un piano. Les touches d'un clavier d'ordinateur.*
▸ Autres mots de la famille : retouche, retoucher, sainte nitouche.

touffe n. f. Groupe de poils, de brins réunis à la base. *Les enfants ont arraché des touffes d'herbe.*

▸ **touffu, touffue** adj. Épais, dense. *Il a une barbe touffue.* ▮ contraire : **clairsemé.**

touiller v. (conjug. 3) Familier. Remuer. *Il touille son café avant de le boire.*

toujours adv. **1.** Tout le temps, sans cesse. → **constamment, continuellement.** *Louise est toujours en retard.* ▮ contraires : **jamais, parfois, quelquefois.** *Il n'est pas toujours très aimable.* **2.** Encore maintenant. *Cela fait une heure que je l'attends et il n'est toujours pas là.* **3.** De tout temps. *Julie a toujours aimé les chats.* **4.** *Il est parti pour toujours,* définitivement, à tout jamais. **5.** De toute façon. *On peut toujours espérer.* ▷ Mot de la famille de ① tout et de jour.

toundra n. f. Steppe des régions arctiques du nord de l'Europe, de l'Asie et de l'Amérique, où pousse une maigre végétation. → aussi **taïga.** *La toundra est couverte de mousses, de lichens et de bruyères.*
C'est un mot russe qui vient du lapon.

toupet n. m. Familier. Audace. → fam. **culot.** *Il a eu le toupet de me demander de l'argent. Il ne manque pas de toupet ! Quel toupet !*

toupie n. f. Jouet formé d'un cône qui reste en équilibre sur sa pointe en tournant.

① tour n. f. **1.** Construction en hauteur qui domine un bâtiment. *Le château est flanqué de deux tours.* → aussi **donjon, tourelle.** → planche **Château** fort. **2.** Construction élevée, beaucoup plus haute que large. *Du haut de la tour Eiffel, on voit tout Paris. Ils habitent au 20ᵉ étage d'une tour.* → aussi **gratte-ciel.** → planche **Habitations.** *Les aiguilleurs du ciel sont dans la tour*

toundra

de contrôle, le local d'où ils peuvent surveiller le mouvement des avions.

▶ Autre mot de la famille : tourelle.

② tour n. m. **1.** Circonférence, pourtour. *Quel est ton tour de taille ?* **2.** *Faire le tour d'un lieu,* aller autour. *Le gardien a fait le tour de la maison,* il a tourné autour. *Alex aimerait faire le tour du monde,* parcourir le monde, voyager dans le monde entier. **3.** Promenade. *Il fait beau, allons faire un tour !* **4.** Mouvement tournant. *Elle a donné deux tours de clé pour fermer la porte.* **5.** Exercice difficile, qui demande de l'habileté. *Le prestidigitateur fait des tours de magie. Il a accompli un tour de force,* un exploit. **6.** Farce, blague. *Paul a joué un tour à Théo en lui cachant son livre.* **7.** Moment où c'est à quelqu'un de faire quelque chose. *Julie, c'est ton tour de jouer,* c'est à toi. *Le professeur interroge les élèves à tour de rôle,* l'un après l'autre. **8.** *Un tour de chant,* un récital. *Le chanteur a été très applaudi à la fin de son tour de chant.* **9.** Façon dont une situation évolue. → **tournure.** *Les choses ont pris un tour inquiétant.* ▷ Mot de la famille de tourner.

③ tour n. m. Machine qui tourne et qui permet de fabriquer des objets. *Les potiers font de la poterie avec un tour.* → aussi **tourneur.** ▷ Mot de la famille de tourner.

tourbe n. f. Matière formée par la décomposition de plantes qui pourrissent à l'abri de l'air. *On peut se chauffer en brûlant de la tourbe séchée.*

▶ **tourbière** n. f. Marécage d'où l'on extrait la tourbe. *Il y a des tourbières en Irlande.*

tourbillon n. m. Mouvement tournant et rapide d'un liquide ou de matières entraînées par l'air. *La voiture soulevait des tourbillons de poussière,* de la poussière qui s'élevait en tournant rapidement. *Ici, la rivière fait de dangereux tourbillons,* l'eau tourne sur elle-même en produisant un courant dangereux. → **remous.**

▶ **tourbillonner** v. (conjug. 3) Former des tourbillons. *La neige tourbillonnait.* → **tournoyer.**

tourelle n. f. **1.** Petite tour. *Les tourelles d'un château.* → planche **Château** fort. **2.** *La tourelle d'un tank,* la partie qui tourne, sur laquelle se trouve le canon. ▷ Mot de la famille de ① tour.

tourbière

tourisme n. m. Le fait de voyager pour son plaisir. *Cet été, nous avons fait du tourisme en Bretagne.*

▶ **touriste** n. m. et f. Personne qui voyage pour son plaisir. *Le groupe de touristes est accompagné d'un guide.*

▸ **touristique** adj. Fait pour les touristes. *Un guide touristique. Rome est une ville touristique,* une ville qui attire les touristes.
▷ Mots de la famille de tourner.

tourment n. m. Grave souci, tracas. *Les tourments et les joies de l'adolescence.*

▸ **tourmente** n. f. Violente tempête. *Le bateau a été pris dans la tourmente.*

▸ **tourmenter** v. (conjug. 3) Faire souffrir volontairement. ➜ **maltraiter.** *Julie, arrête de tourmenter ce pauvre chat ! –* **se tourmenter,** se faire du souci. *Ne vous tourmentez pas, tout ira bien.* ➜ s'**inquiéter,** se **tracasser.**

tournage n. m. *Le tournage d'un film,* c'est le fait de faire un film, de le tourner. ➜ **réalisation.** *Le tournage a duré trois mois.* ▷ Mot de la famille de tourner.

tournant n. m. Endroit où une route fait une courbe. ➜ **virage.** *Ralentissez, ce tournant est dangereux.* ▷ Mot de la famille de tourner.

tournedos n. m. Tranche de filet de bœuf. *Ils ont commandé deux tournedos grillés.*

tournée n. f. **1.** Voyage, déplacement selon un itinéraire qui est toujours le même. *Le facteur fait sa tournée.* **2.** *Une tournée théâtrale,* c'est un voyage effectué par une compagnie de théâtre pour jouer une pièce dans différents endroits. *La troupe est partie en tournée à l'étranger.* ▷ Mot de la famille de tourner.

en un **tournemain** adv. Très vite, en un instant. *Ce jeu s'installe en un tournemain sur l'ordinateur.* ▷ Mot de la famille de tourner et de main.
Ce mot appartient au langage soutenu.

tourner v. (conjug. 3) **1.** Bouger autour d'un axe. *La clé tourne dans la serrure.* **2.** Faire bouger, faire pivoter. *Tournez la poignée vers la gauche pour ouvrir. Elle tourne la salade,* elle la remue pour la mélanger à la sauce. ➜ fam. **touiller. 3.** Bouger en décrivant une courbe. *La Terre tourne autour du Soleil.* **4.** *J'ai la tête qui tourne,* je suis étourdi. **5.** Fonctionner. *Le moteur tourne,* il marche. *Il y a quelque chose qui ne tourne pas rond,* qui ne va pas. **6.** Diriger en sens inverse. *Léa tourna la tête vers la porte.* – **se tourner,** se mettre en sens inverse ou dans une certaine direction. *Tourne-toi vers moi. Elle s'est tournée pour le regarder.* **7.** Changer de direction. *Au prochain feu, tu tourneras à droite.* **8.** Éviter en contournant. *Voilà une bonne manière de tourner la difficulté.* **9.** *Ce film a été tourné en Afrique,* les scènes ont été filmées en Afrique. *Silence, on tourne !* **10.** Fabriquer avec un tour. *Le potier tourne un vase.* **11.** *Tu tournes tout en ridicule,* tu donnes à tout un aspect ridicule. **12.** *Le temps tourne à l'orage,* il devient orageux.

tournoi

13. *Leur aventure a bien tourné,* elle s'est bien terminée. **14.** *Le lait a tourné,* il est devenu aigre.

▶ Autres mots de la famille : **alentours, autour, contour, contourner, demi-tour, détour, détourné, détournement, détourner, entourage, entourer, incontournable, pourtour, retour, retournement, retourner,** se **retourner,** ② et ③ **tour, tourisme, touriste, touristique, tournage, tournant, tournée,** en un **tournemain, tournesol, tourneur, tournevis, tourniquet, tournis, tournoiement, tournoyer, tournure.**

tournesol n. m. Plante à grosse fleur jaune qui se tourne vers le soleil. → planche **Fleurs.** *On fait de l'huile de table avec les graines de tournesol.* ▷ Mot de la famille de **tourner.**

tourneur n. m., **tourneuse** n. f. Ouvrier, ouvrière qui travaille sur un tour. *Un tourneur sur métaux fabrique des pièces métalliques.* → aussi ③ **tour.** ▷ Mot de la famille de **tourner.**

tournevis [tuʀnəvis] n. m. Outil qui sert à visser et à dévisser des vis. ▷ Mot de la famille de **tourner** et de **vis.**

tourniquet n. m. Appareil formé d'une croix qui tourne en ne laissant passer qu'une personne à la fois. *Il faut passer par un tourniquet pour entrer dans le supermarché.* ▷ Mot de la famille de **tourner.**

tournis [tuʀni] n. m. Familier. Vertige. *Arrête de bouger, tu me donnes le tournis.* ▷ Mot de la famille de **tourner.**

▶ Attention au *s* final qui ne se prononce pas.

tournoi n. m. (→ ÉTYM.) **1.** Au Moyen Âge, combat entre deux chevaliers armés de lances. → **joute. 2.** Compétition sportive. *Alex a remporté le tournoi de ping-pong.* → **championnat.**

tournoyer v. (conjug. 10) Tourner en faisant des cercles. → **tourbillonner.** *Les feuilles mortes tournoyaient en tombant.*

▶ **tournoiement** n. m. Mouvement de ce qui tournoie. *Le tournoiement des flocons de neige.*

▷ Mots de la famille de **tourner.**

tournure n. f. **1.** Aspect que prend quelque chose qui évolue. → ② **tour.** *Je n'aime pas la tournure que prend cette affaire,* la façon dont elle évolue. **2.** *Il a une drôle de tournure d'esprit,* une drôle de façon de voir les choses. **3.** Forme d'une phrase, expression. *N'employez pas de tournures trop compliquées quand vous racontez une histoire.* ▷ Mot de la famille de **tourner.**

tourte n. f. Tarte salée recouverte de pâte. *Une tourte aux légumes.*

tourteau n. m. Gros crabe de l'Atlantique, à carapace brune, lisse et large. → planche **Crustacés** et coquillages. *La chair des tourteaux est délicate.*

tourterelle n. f. Oiseau qui ressemble à un petit pigeon. *Un couple de tourterelles roucoule dans le jardin.*

▶ **tourtereau** n. m. **1.** Petit de la tourterelle. **2.** *Des tourtereaux,* de jeunes amoureux. *Regarde les tourtereaux qui s'embrassent sur le banc.*

des **tourterelles**

tous → ① **tout**

Toussaint n. f. Fête catholique de tous les saints. *La Toussaint se fête le 1er novembre.* ▷ Mot de la famille de ① **tout** et de **saint.**

tousser v. (conjug. 3) Chasser de l'air par la bouche en faisant un bruit qui part de la gorge. → aussi **toux.** *Léa a une bronchite, elle tousse beaucoup.*

▶ **toussoter** v. (conjug. 3) Tousser sans faire beaucoup de bruit. *Il toussota pour signaler sa présence.*

▷ Mots de la famille de **toux.**

① tout, toute adj., pronom et adv.
■ adj. **1.** Complet, entier. *Il a plu toute la journée. J'ai tout mon temps. Tout le monde est content.* **2.** *Tous les amis de Julie étaient là pour son anniversaire,* l'ensemble de ses amis. ▮ contraires : **aucun, ① nul.** **3.** *Ils s'écrivent toutes les semaines,* chaque semaine. **4.** *Un cadeau sera remis à toute personne qui présentera ce bon,* à n'importe quelle personne. ➜ **quiconque.**
■ pronom **1.** *Les enfants de la classe savent tous lire et écrire,* l'ensemble des enfants sait lire et écrire. *Ce sont toutes des brunes.* **2.** L'ensemble des choses. *Il sait tout faire. Tout va bien.* ▮ contraire : **rien.** *Cela fera 100 euros en tout,* au total. *Il mange de tout. Elle est gentille comme tout,* elle est très gentille. *Après tout, ce n'est pas de sa faute,* en définitive.
■ adv. **1.** Entièrement, complètement. *Sa voiture est toute neuve. Léa était tout étonnée. Ces chatons sont tout jeunes.* – On écrit toujours *tout* devant un adjectif masculin et devant un adjectif féminin commençant par une voyelle ou un *h* muet. **2.** *Tout à fait,* complètement, entièrement. *Ce n'est pas tout à fait pareil.* ➜ **absolument, exactement.** *Tout à coup, tout d'un coup.* ➜ **coup.** *Tout à l'heure.* ➜ **heure.** *Tout de même.* ➜ **même.** *Tout de suite.* ➜ **suite.** **3.** Très. *J'habite tout près. Parle tout doucement.* ▮ homonyme : toux.

▸ **② tout** n. m. (pl. **touts**) **1.** *Le tout,* c'est l'ensemble des choses. ➜ **totalité.** *Le marchand nous a vendu le tout pour 20 euros.* **2.** *Un tout,* c'est un ensemble formé de plusieurs parties. *Les membres d'une même famille forment un tout.* **3.** *Le tout est de ne pas s'énerver,* le plus important est de ne pas s'énerver. ➜ **① principal.** **4.** *Il ne fait pas froid du tout,* il ne fait absolument pas froid. **5.** *Il a changé du tout au tout,* complètement.

▸ **tout-à-l'égout** n. m. inv. Ensemble de tuyaux qui envoient les eaux sales d'une maison dans les égouts. – Au pl. *Des tout-à-l'égout.* ▷ Mot de la famille de goutte.

▸ **toutefois** adv. Cependant, néanmoins. *Ce devoir est bon, toutefois l'orthographe laisse à désirer.* ▷ Mot de la famille de fois.

▸ **tout-petit** n. m. Très jeune enfant. *Ce dessin animé est destiné aux tout-petits.* ▷ Mot de la famille de petit.

▸ **tout-puissant, toute-puissante** adj. Qui a un très grand pouvoir. *Des dictateurs tout-puissants se sont succédé à la tête du pays.* ▷ Mot de la famille de ① pouvoir.

▸ **tout-terrain** adj. inv. *Un véhicule tout-terrain,* c'est un véhicule qui peut rouler hors des routes, sur tous les terrains. *Seuls les véhicules tout-terrain peuvent emprunter les pistes du désert. Léa a un vélo tout-terrain.* ➜ **V. T. T.** – n. m. inv. *Un tout-terrain,* un véhicule tout-terrain. ➜ **quatre-quatre** et aussi **jeep.** – Au pl. *Des tout-terrain.* ▷ Mot de la famille de terre.

▸ **tout-venant** n. m. Tout ce qui se présente. *Il n'a pas choisi, il a pris le tout-venant.* ▷ Mot de la famille de venir.

▶ Autres mots de la famille : essuie-tout, faitout, fourre-tout, partout, passe-partout, surtout, toujours, Toussaint, va-tout, à tout venant.

toux [tu] n. f. Bruit que l'on fait quand on tousse. *Louise a eu un violent accès de toux.* ➜ **quinte.** *Théo prend du sirop contre la toux.* ▮ homonymes : ① et ② tout.
▶ *Toux* se termine par un *x* qui ne se prononce pas.
▶ Autres mots de la famille : tousser, toussoter.

toxique adj. Dangereux pour la santé. ➜ aussi **poison.** *Les voitures rejettent des gaz toxiques. Ce champignon est toxique.* ➜ **vénéneux.** ▮ contraire : **comestible.**

▸ **toxicomane** n. m. et f. Personne qui se drogue. ➜ **drogué.** *Dans cet hôpital, les toxicomanes peuvent se faire désintoxiquer.*

▸ **toxicomanie** n. f. Habitude de prendre de la drogue.

▶ Autres mots de la famille : désintoxication, désintoxiquer, intoxication, intoxiquer.

trac n. m. Peur que l'on ressent avant de parler en public ou de passer un examen. ➜ aussi **angoisse.** *Beaucoup de comédiens ont le trac avant de monter sur scène.*

traçabilité n. f. Possibilité de connaître l'origine d'un produit et de le suivre depuis sa production jusqu'à sa mise en vente en magasin. *La traçabilité de la viande bovine.* ▷ Mot de la famille de tracer.

tracteur

tracasser v. (conjug. 3) Donner du souci, tourmenter. *Ses ennuis de santé le tracassent beaucoup.* – **se tracasser,** se faire du souci. *Tout ira bien, ne vous tracassez pas.* → s'**inquiéter,** se **tourmenter.**

▸ **tracas** n. m. Souci, tourment. *Ce déménagement nous a donné bien du tracas.*

Le *s* final ne se prononce pas.

▸ **tracasserie** n. f. Petit ennui, petite difficulté sans importance. *Que de temps perdu avec les tracasseries administratives !*

tracer v. (conjug. 5a) **1.** Dessiner avec des traits. *Le professeur a tracé un cercle au tableau.* **2.** Indiquer un chemin en faisant une trace. *Le bateau trace un sillage dans la mer.*

▸ **tracé** n. m. Dessin fait de traits simples. *Sur cette carte, le tracé des autoroutes est en rouge,* le dessin du parcours des autoroutes est représenté par une ligne rouge.

▸ **trace** n. f. **1.** Empreinte laissée par le passage d'un être vivant ou d'un objet. *On voit des traces de pneus sur le sol.* **2.** Marque, tache. *Il y a des traces de rouge à lèvres sur ce verre.* **3.** Reste. *Les archéologues retrouvent les traces des civilisations disparues.* → **vestige. 4.** Très petite quantité. *On a retrouvé des traces de pesticides dans l'eau.*

▸ Autres mots de la famille : retracer, traçabilité.

trachée [tʀaʃe] n. f. Conduit qui va de la gorge aux bronches, par où passe l'air que l'on respire.

On dit aussi *la trachée-artère.*

▸ **trachéite** [tʀakeit] n. f. Inflammation de la trachée. *Louise a une trachéite.*

tract [tʀakt] n. m. Feuille de papier sur laquelle sont imprimées des idées que l'on veut faire connaître. *Les grévistes distribuent des tracts pour expliquer les raisons de leur grève.*

tractation n. f. Discussion longue au cours de laquelle on négocie pour obtenir quelque chose. → **négociation.** *Les tractations ont abouti à la libération des otages.*

tracter v. (conjug. 3) Tirer au moyen d'un véhicule. *La voiture tracte une caravane.*

▸ **tracteur** n. m. Véhicule à moteur qui sert à tirer des remorques ou des machines agricoles. *L'agriculteur est sur son tracteur.*

traction n. f. Force qui permet de tirer. *Le train utilise la traction électrique,* il est tiré par une locomotive électrique. *Cette voiture est à traction avant,* le moteur fait tourner ses roues avant.

tradition n. f. Coutume, usage qui se transmet de génération en génération. *C'est une tradition de se souhaiter «bonne année» le 1er janvier.*

▸ **traditionaliste** adj. Qui est attaché aux traditions. *Elle est très traditionaliste.* – n. *Les traditionalistes n'aiment pas le changement.*

Traditionaliste s'écrit avec un seul *n*, alors que *traditionnel* en prend deux.

▸ **traditionnel, traditionnelle** adj. Qui se fait, a lieu selon la tradition. *Le traditionnel défilé du 14 Juillet.*

▸ **traditionnellement** adv. Selon la tradition, de manière traditionnelle. *Traditionnellement, les gens se font des cadeaux à Noël.*

traduire v. (conjug. 41) **1.** Exprimer dans une langue ce qui était dans une autre. *L'interprète traduit en français le discours du ministre suédois.* **2.** Exprimer, montrer. *Sa voix traduisait une grande émotion.* – **se traduire,** prendre la forme de quelque chose. *La crise se traduit par un chômage important.*

▸ **traducteur** n. m., **traductrice** n. f. Personne dont le métier est de traduire des textes. → aussi **interprète.** *Elle est traductrice de romans policiers.*

▸ **traduction** n. f. Action, manière de traduire. *La traduction de ce roman est bonne,* ce roman est bien traduit. → aussi **thème, version.**

▸ Autre mot de la famille : intraduisible.

trafic n. m. 1. Circulation des véhicules. *Il y a beaucoup de trafic dans les grandes villes. Le trafic aérien,* la circulation des avions. 2. Commerce interdit par la loi. *Le trafic de drogue est sévèrement puni.*

▸ **trafiquer** v. (conjug. 3) 1. Se livrer à un commerce interdit. *On a arrêté des contrebandiers qui trafiquaient des cigarettes entre l'Espagne et la France,* qui faisaient le trafic des cigarettes. 2. Modifier de manière anormale ou illégale. *Il a trafiqué le moteur de sa moto pour qu'elle aille plus vite.*

▸ **trafiquant** n. m., **trafiquante** n. f. Personne qui fait du trafic. *De gros trafiquants de drogue viennent d'être arrêtés.*

train d'atterrissage

tragédie n. f. 1. Pièce de théâtre dont les héros ont un destin malheureux. ➜ aussi **tragique.** *Corneille et Racine ont écrit de nombreuses tragédies.* ▮ contraire : **comédie.** 2. Évènement dramatique. ➜ **catastrophe, drame.** *Le naufrage du «Titanic» fut une terrible tragédie.*

tragique adj. 1. Qui concerne la tragédie. *Corneille est un auteur tragique,* un auteur de tragédies. 2. Dramatique, terrible. *Un tragique incendie a fait plusieurs dizaines de morts.*

▸ **tragiquement** adv. D'une façon tragique. *L'aventure aurait pu finir tragiquement.* ➜ **dramatiquement.**

trahir v. (conjug. 11) 1. *Trahir quelqu'un,* c'est l'abandonner, le dénoncer. *Le voleur a trahi ses complices.* ➜ **livrer.** *Cet espion a trahi son pays.* ➜ aussi **traître.** 2. Lâcher. *Ses forces le trahissaient,* lui faisaient défaut. 3. Faire connaître une chose qui aurait dû rester cachée. *C'est mal de trahir un secret,* de le divulguer. ➜ **révéler.** 4. **se trahir,** laisser apparaître malgré soi ce qu'on voulait cacher. *Elle s'est trahie en posant cette question.*

▸ **trahison** n. f. Le fait de trahir. *L'espion a été condamné pour trahison,* pour avoir trahi son pays.

▸ Il y a un *h* entre le *a* et le *i.*

① **train** n. m. 1. Ensemble formé par une locomotive et les wagons qu'elle traîne. ➜ aussi **chemin de fer.** *Il a pris le train de 20 h 17. Un train à grande vitesse.* ➜ **T. G. V.** *Le train entre en gare.* 2. *Un train de péniches descend le fleuve,* une file de péniches remorquées descend le fleuve. 3. *Le train d'atterrissage,* l'ensemble des roues d'un avion. *Le pilote rentre le train d'atterrissage après le décollage.* ▷ Mot de la famille de **traîner.**

② **train** n. m. 1. Allure, vitesse. *À ce train-là, ce travail ne sera jamais fini.* 2. *Le train de vie,* la façon dont on dépense son argent pour la vie courante. *Ils ont un train de vie élevé,* ils dépensent beaucoup pour vivre. 3. *Être* **en train de** *faire quelque chose,* c'est le faire précisément à ce moment-là. *Alex est en train de lire une bande dessinée.*

▶ Autres mots de la famille : **boute-en-train, entrain, traintrain.**

traîner v. (conjug. 3) 1. Tirer derrière soi. *Le camion traîne une remorque.* ➜ **tracter.** *Julie traîne la jambe en marchant,* elle marche avec peine. — **se traîner,** se déplacer avec peine. *Le blessé s'est traîné jusqu'à la porte.* 2. Amener, avoir partout avec soi. *Léa traîne toujours son vieux nounours.* ➜ fam. **trimbaler.** 3. Pendre par terre en balayant le sol. *Sa longue jupe traînait par terre.* 4. Être posé n'importe où, sans ordre. *Louise est très désordonnée, elle laisse traîner toutes ses affaires.* 5. Durer trop longtemps. *La réunion a traîné pendant des heures.* ➜ **s'éterniser.** 6. S'attarder. *Paul et Alex traînent en revenant de l'école.* ▮ contraire : se **dépêcher.**

▸ Attention à l'accent circonflexe du *î.*

▸ **traînard** n. m., **traînarde** n. f. Personne qui reste en arrière d'un groupe qui marche. *Dépêchez-vous, les traînards !*

▸ **traînasser** v. (conjug. 3) Familier. Être trop long à faire quelque chose. *Si tu traînasses encore, tu ne sauras pas ta poésie demain.*

▶ **traîne** n. f. Bas d'un manteau ou d'une robe qui traîne à terre. *La traîne d'une robe de mariée.*

▶ **à la traîne** adv. En arrière d'un groupe qui marche. *Léa est restée à la traîne, il faut l'attendre !*

▶ **traîneau** n. m. Véhicule fait pour glisser sur la neige. → aussi **luge.** *Ils ont fait une course de traîneaux tirés par des chiens.*

▶ **traînée** n. f. Longue trace. *La traînée lumineuse d'une comète.*

▶ Autres mots de la famille : entraînant, ① entraîner, ① train.

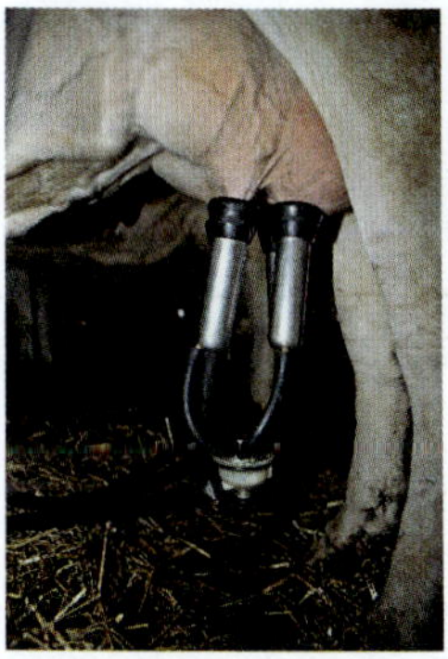

traite des vaches

traintrain ou **train-train** n. m. Ensemble des occupations qui se répètent tous les jours. → **routine.** *Il ne se passe rien de spécial en ce moment, c'est le traintrain quotidien.* ▷ Mot de la famille de ② train.

traire v. (conjug. 53) *La fermière trait les vaches tous les jours,* elle presse leurs pis pour en faire sortir le lait.

▶ Autres mots de la famille : ① traite, trayeuse.

trait n. m. **1.** Petite ligne. *Soulignez les verbes d'un trait rouge.* **2.** *Les traits,* ce sont les lignes du visage. *Léa a les traits fins.* **3.** *Un trait de caractère,* c'est ce qui permet de reconnaître la personnalité de quelqu'un, de le différencier des autres personnes. **4.** *Un trait de génie,* une idée géniale. **5.** *Avoir trait à quelque chose,* concerner quelque chose, s'y rapporter. *Julie s'intéresse à tout ce qui a trait à ce chanteur.* **6.** *D'un trait,* en une seule fois. *Il a vidé son verre d'un trait.* → **coup.** **7.** *Un animal de trait,* qui sert à tirer des voitures. *Des chevaux de trait.* ▮ homonyme : très.

▶ Autre mot de la famille : trait d'union.

traitant, traitante adj. *C'est notre médecin traitant,* le médecin qui nous soigne habituellement, s'occupe de nous. ▷ Mot de la famille de traiter.

trait d'union n. m. Petit trait horizontal qui se place entre les différentes parties d'un mot composé. *Le mot «arc-en-ciel» comporte deux traits d'union.* → aussi **tiret.** ▷ Mot de la famille de trait et de un.

① **traite** n. f. Action de traire. *La traite des vaches s'effectue à la main ou à la machine.* ▷ Mot de la famille de traire.

② **traite** n. f. **1.** Trafic qui consiste à acheter et vendre des êtres humains. *La traite des Noirs,* c'était, autrefois, le commerce des esclaves noirs. **2.** Papier qui indique la somme que l'on doit payer à une certaine date pour un achat à crédit.

③ **traite** n. f. *D'une traite,* en une fois. *Nous avons fait la route d'une seule traite,* sans nous arrêter.

traiter v. (conjug. 3) **1.** Agir d'une certaine façon avec quelqu'un. *Il traite bien ses employés.* **2.** Soigner. *On traite sa maladie par des antibiotiques.* **3.** Donner un nom déplaisant à quelqu'un. *Alex a traité Julie d'idiote.* **4.** Soumettre à une certaine action. *Il a traité le parquet contre les termites.* **5.** Avoir pour sujet. *Ce livre traite du jardinage.* **6.** Régler en discutant. *Le gouvernement refuse de traiter avec les rebelles.* → **négocier, parlementer.** **7.** Soumettre une information à un programme informatique. *On a pu traiter les résultats du sondage.*

▶ **traité** n. m. **1.** Livre qui traite d'un sujet. *Un traité de mathématiques.* → ② **manuel.** **2.** Accord entre des pays. → **pacte.** *Les deux pays ont signé un traité de paix.*

▶ **traitement** n. m. **1.** Façon de se conduire envers une personne ou un animal. *Cet animal a subi de mauvais traitements,* il a été maltraité. **2.** Manière de soigner un malade. *Le médecin a donné au malade un nouveau traitement. Il doit suivre son traitement pendant une semaine.* **3.** Salaire d'un fonctionnaire. *Elle* *touche un bon traitement.* **4.** *Un traitement de texte,* c'est un programme informatique qui permet de composer, mettre en forme, corriger et éditer des textes.

▶ **traiteur** n. m. Personne dont le métier est de cuisiner des plats à emporter et à manger chez soi. *Certains charcutiers sont aussi traiteurs.*

▶ Autres mots de la famille : **intraitable, maltraiter, traitant.**

traître n. m. et adj., **traîtresse** n. f. et adj.

■ n. Personne qui trahit. *Les traîtres ont été arrêtés.* ➜ aussi **félon.** *Prendre quelqu'un en traître,* agir avec lui de façon perfide et sournoise, sans le prévenir de ce que l'on va faire.

■ adj. **1.** Coupable de trahison. *On l'a accusé d'avoir été traître à sa patrie.* ▮ contraires : **fidèle, loyal.** **2.** *Pas un traître mot,* pas un seul. *Il ne sait pas un traître mot de sa leçon.*

◗ On emploie rarement le féminin.

▶ **traîtrise** n. f. Action par laquelle on trahit. ➜ **perfidie.** *Il s'est rendu coupable de traîtrise.*
▮ contraires : **fidélité, loyauté.**

trajectoire n. f. Chemin suivi par un objet qui se déplace. *Les ingénieurs ont calculé précisément la trajectoire de la fusée.*

trajet n. m. Chemin à parcourir d'un lieu à un autre. ➜ **itinéraire, parcours.** *Il a une heure de trajet pour aller de chez lui à son bureau. Quel trajet prenez-vous pour aller à la poste ?*

trame n. f. **1.** Ensemble des fils d'un tissu qui sont passés dans le sens de la largeur. *Ce vieux manteau est usé jusqu'à la trame.* **2.** *La trame d'une histoire,* le déroulement des évènements. *La trame de ce roman policier est très compliquée.* ➜ **intrigue.**

▶ **tramer** v. (conjug. 3) Comploter, manigancer. *Les conspirateurs ont tramé un attentat.*

tramontane n. f. Vent du nord-ouest qui souffle dans le sud de la France, sur la côte du Languedoc et du Roussillon. ➜ aussi **mistral.** *La tramontane est un vent froid.*

◗ Ce mot vient de l'italien.

trampoline n. m. Grande toile tendue par des ressorts, sur laquelle on fait des sauts. *Julie saute et rebondit sur le trampoline.*

◗ Ce mot vient de l'italien.

tramway [tʀamwɛ] n. m. Grand véhicule de transport en commun, à l'intérieur d'une ville, qui circule sur des rails et avance grâce au courant électrique. ➜ aussi **trolleybus.**

◗ On dit familièrement *un tram* [tʀam]. • Ce mot vient de l'anglais.

tramway

trancher v. (conjug. 3) **1.** Couper avec un instrument dur et fin. *Le boucher a tranché la tête du poulet.* ➜ **sectionner.** **2.** Régler une question en faisant un choix. *En cas de désaccord entre les conseillers municipaux, c'est le maire qui tranche.* **3.** Faire un contraste. *Le rouge de sa jupe tranche avec le noir de sa veste.* ➜ **contraster.**

▶ **tranchant** adj. et n. m., **tranchante** adj.

■ adj. **1.** Qui coupe très bien. ➜ **coupant.** *Les ciseaux sont des instruments tranchants.* ▮ contraire : **contondant.** **2.** *Un ton tranchant,* dur et sans réplique. ➜ **catégorique, péremptoire.**

■ n. m. Côté mince et coupant d'un instrument tranchant. *Il aiguise le tranchant du couteau.*

▶ **tranche** n. f. Morceau mince coupé dans la largeur. *Louise a mangé deux tranches de jambon.*

▶ **tranché, tranchée** adj. Qui est affirmé avec force. *Elle a des opinions tranchées sur tout,* des opinions nettes et catégoriques.

▶ **tranchée** n. f. Trou long et étroit, creusé dans le sol. ➜ **fossé.** *Les canalisations de la rue sont enfouies dans une tranchée.*

▶ Autres mots de la famille : **retranchement, retrancher.**

tranquille adj. **1.** Calme, paisible. *Ils habitent un quartier tranquille.* ▮ contraire : **bruyant.** **2.** Qui est sage, ne remue pas beaucoup et ne fait pas de bruit. ▮ contraires : **agité, nerveux, turbulent.** *Les enfants, restez tranquilles ou je vais me fâcher !* soyez gentils, sages. **3.** *Laisser tranquille,* ne pas ennuyer. *Julie, laisse ce chat tranquille !* laisse-le en paix. **4.** Qui est sans inquiétude. *Tout se passera bien, soyez tranquilles,* ne vous inquiétez pas. ▮ contraires : **anxieux, inquiet.**

▸ **tranquillement** adv. Calmement, paisiblement. *Théo joue tranquillement dans sa chambre.*

▸ **tranquilliser** v. (conjug. 3) Calmer. ➜ **rassurer.** *Ton coup de téléphone m'a tranquillisé.* ▮ contraires : **affoler, inquiéter.** – **se tranquilliser,** ne pas se faire de souci. *Tout ira bien, tranquillisez-vous.* ▮ contraires : s'**inquiéter,** se **tourmenter,** se **tracasser.**

▸ **tranquillisant** n. m. Médicament qui calme, rend moins nerveux. *Il prend des tranquillisants.* ➜ **calmant.**

▸ **tranquillité** n. f. Calme. *Elle tient à sa tranquillité. Vous pouvez partir en toute tranquillité,* sans vous faire de souci. ➜ **sérénité.**

trans- Préfixe d'origine latine qui veut dire «au travers» (ex. : *transatlantique, translucide, transporter*).

transaction n. f. Marché conclu entre un acheteur et un vendeur. *Les achats et les ventes sont des transactions commerciales.* ➜ **échange.**

transat [tʀɑ̃zat] n. m. Chaise longue en toile. *Elle s'est allongée au soleil sur un transat.*

transat

transatlantique n. m. et adj.
▪ n. m. Paquebot qui traverse l'Atlantique, entre l'Europe et l'Amérique.
▪ adj. *Une course transatlantique,* c'est une course de voiliers qui traversent l'Atlantique.

transcrire v. (conjug. 42) Reproduire des mots dans une langue ayant un alphabet différent ou dans un code secret. *Théo a transcrit son nom en arabe.*

▸ **transcription** n. f. *La transcription phonétique d'un mot,* c'est la notation des sons de ce mot en alphabet phonétique. ➜ **phonétique.** *Ce dictionnaire donne la transcription phonétique de certains mots.*

transe n. f. Vive inquiétude, grande peur. ➜ **anxiété, tourment.** *Les candidats sont dans les transes en attendant la proclamation des résultats.*
▸ Ce mot appartient au langage soutenu.

transept [tʀɑ̃sɛpt] n. m. Partie d'une église qui coupe la nef à angle droit en formant une croix. *Le transept sépare le chœur de la nef.* ➜ planche **Cathédrale.**

transférer v. (conjug. 8) Faire changer de lieu. *Cette école a été transférée à Strasbourg.*

▸ **transfert** n. m. Déplacement d'un lieu dans un autre. ➜ **transport.** *Le prisonnier s'est évadé pendant son transfert à l'hôpital.*

transfigurer v. (conjug. 3) Transformer en donnant une beauté éclatante et inhabituelle. ➜ **transformer.** *Le bonheur l'a transfiguré.* ▷ Mot de la famille de **figurer.**

transformer v. (conjug. 3) **1.** Changer, modifier, donner une autre forme. *On a complètement transformé ce magasin. La fée a transformé la citrouille en carrosse.* – **se transformer,** prendre une autre forme. *La chenille se transforme en papillon.* ➜ se **métamorphoser.** **2.** *Transformer un essai,* au rugby, c'est envoyer le ballon, que l'on a posé au sol, entre les poteaux du but adverse.

▸ **transformation** n. f. **1.** Opération par laquelle on transforme. *Des centrales permettent la transformation de l'énergie hydraulique en électricité.* **2.** Changement apporté. *Ils ont fait des transformations dans leur appartement,* ils ont fait des aménagements, des travaux.

▸ **transformateur** n. m. Appareil qui permet de modifier la tension d'un courant électrique.
▸ On dit familièrement *un transfo.*
▷ Mots de la famille de **forme.**

a b c d e f g h i j k l m n o p q r s t u v w x y z

transfusion n. f. *Une transfusion de sang,* une injection de sang dans les veines d'une personne. *Ce blessé a perdu beaucoup de sang, il faut lui faire une transfusion.*

transgresser v. (conjug. 3) Ne pas respecter un ordre, une règle. → **désobéir, enfreindre, violer.** *Un criminel est un homme qui transgresse les lois.*

transhumance n. f. Déplacement du bétail qui va dans la montagne en été.
Il y a un *h* après le *s*.

transhumance

transi, transie adj. Engourdi par le froid. *Après une heure de ski, Julie est transie.*

transiger v. (conjug. 5b) Faire des concessions. → **céder.** *Les terroristes refusent de transiger. Tu dois rentrer avant minuit, je ne transigerai pas sur ce point.*
▶ Autres mots de la famille : intransigeance, intransigeant.

transistor n. m. Poste de radio portatif.

transit [tʀɑ̃zit] n. m. Situation de passagers qui font escale dans un pays pour repartir dans un autre et ne passent pas les contrôles de police ni de douane. *Les passagers en transit attendent dans la salle d'embarquement.*

▶ **transiter** v. (conjug. 3) Être en transit. *Les passagers de ce vol transitent par Francfort pour aller à Boston,* ils font escale à Francfort.

transitif, transitive adj. *Un verbe transitif,* c'est un verbe qui peut avoir un complément d'objet. *«Manger», «apprendre», «donner» sont des verbes transitifs.* contraire : **intransitif.**
▶ Autre mot de la famille : intransitif.

transition n. f. Passage progressif d'un état à un autre. *L'automne fait la transition entre l'été et l'hiver.* → aussi **transitoire.** *Elle est passée du rire aux larmes sans transition,* brusquement.

transitoire adj. Qui passe, qui ne dure pas. *L'adolescence est une période transitoire entre l'enfance et l'âge adulte,* une période qui fait la transition. → ② **passager.** contraires : **durable, permanent.**

translucide adj. Qui laisse passer la lumière mais ne permet pas de distinguer nettement les objets à travers. *La vitre de la salle de bains est translucide.* → aussi **transparent.**

transmettre v. (conjug. 59) **1.** Faire passer d'une personne à l'autre. *Je lui transmettrai le message. Léa a transmis la varicelle à son frère.* – **se transmettre,** se propager d'une personne à une autre. *Cette maladie se transmet facilement,* elle est très contagieuse. **2.** Faire passer d'un endroit à un autre. *Le métal transmet la chaleur.* → **conduire.**

▶ **transmissible** adj. Qui se transmet d'une personne à une autre. *Le sida est une maladie sexuellement transmissible,* qui se transmet par les relations sexuelles.

▶ **transmission** n. f. **1.** Le fait de transmettre. *Je me charge de la transmission du message.* **2.** Déplacement d'un endroit à un autre. *Sur une bicyclette, la transmission du mouvement du pédalier se fait par la chaîne.* **3.** *La transmission de pensée,* c'est la communication directe entre les esprits sans passer par la parole. *On a eu la même idée en même temps, c'est de la transmission de pensée.* → aussi **télépathie.**
▷ Mots de la famille de mettre.

transparaître v. (conjug. 60) Se montrer à travers quelque chose. → **apparaître, paraître.** *Le jour transparaît à travers les rideaux. La joie transparaissait sur son visage,* était visible.
▷ Mot de la famille de paraître.

transparent, transparente adj. Qui laisse passer la lumière et laisse voir nettement ce qui est derrière. *L'eau du torrent est transparente.* → **limpide.**

▸ **transparence** n. f. Qualité d'un corps transparent. *La transparence de l'eau permet de voir les poissons.* → **limpidité.**

transpercer v. (conjug. 5a) **1.** Percer de part en part. *L'aiguille lui a transpercé le doigt.* **2.** Passer au travers, pénétrer. *Une pluie fine transperçait les vêtements.* → **traverser.** ▷ Mot de la famille de percer.

transpirer v. (conjug. 3) **1.** Être en sueur. → **suer.** *Il transpire à grosses gouttes.* **2.** Finir par être connu. *La nouvelle a transpiré.*

▸ **transpiration** n. f. Sécrétion de la sueur par les pores de la peau. *Elle met du déodorant pour supprimer les odeurs de transpiration.*

transplanter v. (conjug. 3) **1.** Sortir une plante de terre pour la planter ailleurs. *Ils ont transplanté de jeunes sapins.* → **repiquer.** **2.** *Transplanter un organe,* l'enlever à quelqu'un pour le mettre dans le corps d'un malade. *On peut sauver des cardiaques en leur transplantant un cœur.* → aussi **greffer.**

▸ **transplantation** n. f. *On lui a fait une transplantation cardiaque,* on lui a transplanté un cœur. → aussi (2) **greffe.**

▷ Mots de la famille de planter.

transporter v. (conjug. 3) **1.** Déplacer d'un endroit à un autre en portant. *Le blessé a été immédiatement transporté à l'hôpital.* **2.** Enchanter. → **enthousiasmer.** *Cette nouvelle nous a transportés de joie.*

▸ **transport** n. m. Manière de déplacer des personnes ou des choses sur une distance assez longue. *Ce train assure le transport des voyageurs et des marchandises entre Paris et Lyon. La voiture, le train, l'avion, le bateau sont des moyens de transport. Les transports en commun,* ce sont des véhicules publics qui transportent des voyageurs, comme le train, le métro, l'autobus, le tramway, etc.

▸ **transportable** adj. Qui peut être transporté. *Ce blessé n'est pas transportable.*

▸ **transporteur** n. m. Personne qui se charge de transporter des marchandises. *Un transporteur routier.*

▷ Mots de la famille de porter.

transposer v. (conjug. 3) Faire changer une histoire en la faisant passer dans un autre domaine ou dans une autre époque. *Le cinéaste a transposé la légende de Tristan et Iseult à notre époque.* → **adapter.** ▷ Mot de la famille de poser.

transvaser v. (conjug. 3) Faire couler d'un récipient dans un autre. *Le sommelier transvase le vin dans une carafe.* ▷ Mot de la famille de (1) vase.

transversal, transversale adj. *Une rue transversale,* qui en coupe une autre à angle droit. – Au masc. pl. *transversaux.*

trapèze n. m. **1.** Figure géométrique qui a quatre côtés dont deux sont parallèles. → planche **Géométrie.** **2.** Appareil de gymnastique composé d'une barre de bois horizontale suspendue par les extrémités à deux cordes. *Les acrobates font du trapèze volant,* ils sautent d'un trapèze à un autre en se balançant.

▸ **trapéziste** n. m. et f. Acrobate qui fait du trapèze.

des **trapézistes**

trappe n. f. **1.** Trou fait dans un plancher ou un plafond et fermé par un panneau. *Il ouvre la trappe pour descendre à la cave.* **2.** Piège pour les animaux, formé d'un trou recouvert de branchages. *Un tigre était pris dans la trappe.*

▸ **trappeur** n. m. Homme dont le métier est de chasser des animaux pour vendre leur fourrure, en Amérique du Nord.

▸ Autres mots de la famille : attrape, attrape-nigaud, attraper, rattrapage, rattraper, se rattraper.

trapu, trapue adj. Petit et large d'épaules. *Ce rugbyman est trapu.* ➜ **épais, râblé.** ▮ contraires : **élancé, mince.**

traquer v. (conjug. 3) Poursuivre un gibier en resserrant le cercle autour de lui. *Les chiens traquent le renard.*

▸ **traquenard** n. m. Piège. ➜ **guet-apens.** *Le malfaiteur a été pris dans le traquenard tendu par la police.*

traumatiser v. (conjug. 3) Provoquer un violent choc psychologique. *Ce drame l'a traumatisé.*

▸ **traumatisme** n. m. **1.** Choc, trouble provoqué par un coup, une blessure grave. *Une chute sur la tête peut causer un traumatisme crânien.* **2.** Choc psychologique provoqué par une émotion violente. *La fermeture de l'usine a été un traumatisme pour la population.*

travailler v. (conjug. 3) **1.** Avoir un métier. *Elle ne s'est jamais arrêtée de travailler. Il travaille en usine.* ➜ fam. **bosser. 2.** Faire une chose avec un certain effort, pour obtenir un résultat utile. *Il a été recalé à son bac parce qu'il n'a pas assez travaillé. Il travaille dur.* ➜ fam. **trimer. 3.** Modifier une chose par une action suivie. *Les agriculteurs travaillent la terre.* ➜ **cultiver.** *Théo travaille son morceau de piano.* ➜ **étudier. 4.** Se déformer, se modifier. *La porte ne ferme plus parce que le bois a travaillé sous l'effet de l'humidité.*

▸ **travail** n. m. (pl. **travaux**) **1.** Activité qui permet de gagner de l'argent. ➜ **emploi, profession.** *Il a changé de travail l'année dernière.* **2.** Activité faite en vue d'un résultat utile. *Cette réparation demande quatre heures de travail. Tu as du travail, Léa ?* des devoirs et des leçons. **3.** *Des travaux,* ce sont des choses à faire qui demandent du temps et des moyens techniques. *Les travaux ménagers.* ➜ **tâche.** *Ils font des travaux dans leur appartement.* ➜ **transformation. 4.** *Des travaux,* une suite de recherches. *Le vaccin contre la rage a été le résultat des travaux de Pasteur.*

▸ **travailleur** n. m. et adj., **travailleuse** n. f. et adj.

▪ n. Personne qui exerce un métier. *Les menuisiers sont des travailleurs manuels.*

▪ adj. Qui travaille beaucoup et aime travailler. *Louise est très travailleuse.* ▮ contraire : **paresseux.**

travée n. f. **1.** Rangée de tables ou de sièges placés les uns derrière les autres. *Vous êtes assis dans la travée centrale.* **2.** Partie d'une voûte ou d'un pont comprise entre deux piliers. *Les travées latérales d'une église.*

① **travers** n. m. **1.** *En travers de,* dans le sens de la largeur. *Léa s'est endormie en travers du lit.* **2.** *À travers,* en traversant l'épaisseur de quelque chose. *Il se fraye un chemin à travers la foule,* au milieu de la foule. *Je le vois à travers la vitre,* par la vitre. **3.** *Au travers. La toile de la tente est usée, la pluie passe au travers,* elle la traverse. **4.** *De travers,* pas droit. *Il a mis sa casquette de travers,* sur le côté. *Elle a compris de travers,* elle a mal compris.

▸ ② **travers** n. m. Défaut. *Tout le monde a ses petits travers.*

traverse n. f. **1.** Morceau de bois ou de métal posé en travers d'un assemblage. *Les traverses de chemin de fer maintiennent l'écartement des rails.* **2.** *Un chemin de traverse,* c'est un chemin qui coupe, qui est plus court et plus rapide que le chemin normal. ➜ **raccourci.** *Il est passé par des chemins de traverse.*

traverser v. (conjug. 3) **1.** Passer à travers. ➜ **percer, transpercer.** *Il a traversé la cloison avec sa perceuse.* **2.** Aller d'un bord à l'autre. *Alex attend que le feu soit rouge pour traverser la rue.* **3.** Aller d'un bout à l'autre d'une période. *Paul traverse une mauvaise passe.* **4.** *Une idée m'a traversé l'esprit,* m'est passée par l'esprit.

▸ **traversée** n. f. Action de traverser une grande étendue. *Ils ont fait la traversée du désert en quatre-quatre.*

traversin n. m. Long coussin cylindrique qui tient toute la largeur du lit. ➜ fam. **polochon.** *Léa dort avec un traversin sous son oreiller.*

se travestir v. (conjug. 11) Se déguiser. *Les enfants se sont travestis pour le carnaval.*

trayeuse n. f. Machine électrique pour traire les vaches. ▷ Mot de la famille de **traire.**

trébucher v. (conjug. 3) **1.** Perdre l'équilibre en marchant, faire un faux pas. *Il a trébuché contre une pierre et il est tombé.* ➜ **buter. 2.** Être arrêté par une difficulté. *Alex trébuche sur les mots difficiles.*

trèfle n. m. (→ ÉTYM.) **1.** Petite plante dont les feuilles ont trois parties. → planche **Fleurs.** *On dit que les trèfles à quatre feuilles portent bonheur.* **2.** Dans un jeu de cartes, l'une des quatre couleurs dont la marque est un trèfle noir. *Le roi de trèfle.*

trèfle

treille n. f. Tonnelle sur laquelle pousse de la vigne. *Ils déjeunent à l'ombre de la treille.*

▸ **treillage** n. m. Assemblage de lattes croisées. *Le rosier grimpant est fixé à un treillage.*

▸ ① **treillis** n. m. Assemblage de lattes de bois ou de fils de fer croisés. *Le poulailler est fermé par un treillis métallique.*

Treillis se termine par un *s* qui ne se prononce pas.

② **treillis** n. m. Tenue militaire de combat en grosse toile très solide. *Des soldats en treillis.*

treize adj. inv. Dix plus trois (13). *Elle a treize ans. Il est 13 heures,* une heure de l'après-midi. – n. m. inv. Le nombre treize. *Certains pensent que le treize porte malheur.*

▸ **treizième** adj. et n. m.

▪ adj. Qui vient après le douzième. *Elle travaille dans le treizième arrondissement, à Paris.*

▪ n. m. Partie d'un tout qui est divisé en treize parties égales. *Chacun des treize voleurs a eu un treizième du butin.*

tréma n. m. Signe formé de deux points que l'on met sur les voyelles *e, i, u,* pour indiquer que la voyelle qui précède doit être prononcée séparément (ex. *héroïque* [eʀɔik], *aiguë* [egy]). *N'oublie pas le i tréma (ï) dans «naïf».*

trembler v. (conjug. 3) **1.** Être agité par une suite de petits mouvements répétés. *Louise tremble de froid.* → **frissonner, grelotter.** *La terre a tremblé,* elle a été agitée par des secousses. **2.** Avoir peur. *Les élèves tremblent devant la directrice.*

▸ **tremblant, tremblante** adj. Qui tremble. *Julie est tremblante de fièvre.* → **frissonnant.**

▸ **tremblement** n. m. **1.** Mouvement de ce qui tremble. *Il fut pris d'un violent tremblement.* → **frémissement, frisson. 2.** *Un tremblement de terre,* une suite de secousses qui agitent la terre. → aussi **séisme.** *Il y a souvent des tremblements de terre dans ce pays.*

▸ **tremble** n. m. Peuplier à écorce lisse et au tronc droit, dont les feuilles tremblent au moindre souffle de vent.

▸ **trembloter** v. (conjug. 3) Trembler légèrement. *La flamme des bougies tremblote.*

trémolo n. m. Tremblement d'émotion. *Il raconte ses malheurs avec des trémolos dans la voix.*

Ce mot vient de l'italien.

se trémousser v. (conjug. 4) S'agiter avec de petits mouvements vifs et réguliers. → **remuer,** se **tortiller.** *Léa se trémoussait sur sa chaise.*

tremper v. (conjug. 3) **1.** Mouiller complètement. *L'averse a trempé les fauteuils du jardin.*

▪ contraire : **sécher.** – *J'ai été surpris par la pluie, je suis trempé.* **2.** Mettre dans un liquide. *Il trempe son croissant dans son café.* **3.** Rester plongé dans un liquide. *Elle a mis du linge à tremper.* **4.** Être mêlé à une affaire malhonnête. *Plusieurs personnes ont trempé dans cette escroquerie,* y ont participé, ont été complices.

▸ Autre mot de la famille : détremper.

tremplin n. m. Planche sur laquelle on prend son élan pour sauter. *Alex plonge dans la piscine du haut du tremplin.* → **plongeoir.**

tremplin de saut à ski

trente adj. inv. Trois fois dix (30). *Il a trente ans.* – n. m. inv. Le nombre trente. *Vingt-huit et deux font trente.*

▸ **trentaine** n. f. **1.** Groupe d'environ trente personnes ou trente choses semblables. *Le chenil abrite une trentaine de chiens.* **2.** Âge d'environ trente ans. *Elle a dépassé la trentaine.*

▸ **trentième** adj. et n. m.
- adj. Qui a le numéro trente. *Il est arrivé trentième à l'épreuve de ski.*
- n. m. Partie d'un tout qui est divisé en trente parties égales. *Dix est le trentième de trois cents.*

trépasser v. (conjug. 3) Mourir. ➔ **décéder.** *Le vieillard a trépassé dans la nuit.*

▸ **trépas** n. m. *Passer de vie à trépas,* c'est mourir.

Ces mots appartiennent au langage soutenu.

▷ Mots de la famille de passer.

trépider v. (conjug. 3) Être agité de petites secousses rapides. *Le moteur de la tondeuse trépide.*

▸ **trépidant, trépidante** adj. Très agité, très rapide. *Ils mènent une vie trépidante.* contraires : **calme, tranquille.**

▸ **trépidation** n. f. Vibration rapide. *Les trépidations du marteau-piqueur.*

trépied n. m. Support à trois pieds. *Il a posé son appareil photo sur un trépied.* ▷ Mot de la famille de ① pied.

trépied

trépigner v. (conjug. 3) Frapper des pieds par terre plusieurs fois de suite. *Louise trépigne d'impatience.*

très adv. À un haut degré. ➔ **bien,** ① **fort.** *Elle est très gentille.* ➔ **extrêmement.** *Je suis très en retard. Paul mange très vite. Il fait très froid aujourd'hui.* contraires : ② **pas, peu.** homonyme : trait.

trésor n. m. **1.** Ensemble d'objets précieux accumulés et cachés. *On a découvert un trésor au fond du vieux puits.* **2.** Objet de grande valeur. *Ce musée renferme des trésors artistiques.*

▸ **trésorier** n. m., **trésorière** n. f. Personne qui s'occupe de l'argent d'un club, d'une association.

▸ **trésorerie** n. f. Argent dont dispose une entreprise. ➔ **finance.** *Le club a des difficultés de trésorerie.*

tressaillir v. (conjug. 16) Éprouver un tressaillement. ➔ **sursauter.** *Il tressaille au moindre bruit.*

▸ **tressaillement** n. m. Ensemble de petits mouvements brusques et involontaires qui agitent le corps sous l'effet d'une émotion ou d'une sensation inattendue. *Un léger tressaillement le parcourut.* ➔ **frémissement, tremblement.**

tresse n. f. Assemblage de trois longues mèches de cheveux entrelacées. ➔ **natte.** *Louise a une grande tresse dans le dos.*

▸ **tresser** v. (conjug. 3) **1.** Mettre en tresse. *Elle tresse ses cheveux.* **2.** Faire un objet en entrecroisant des fils ou des brins. *Les enfants ont tressé des guirlandes de fleurs.*

tréteau n. m. Long support à quatre pieds. *Il a posé une planche sur des tréteaux pour faire une table.*

treuil n. m. Appareil composé d'un cylindre autour duquel s'enroule un câble, et qui permet de tirer des poids très lourds. *On remonte l'ancre des gros bateaux à l'aide d'un treuil.*

trêve n. f. **1.** Arrêt provisoire des combats pendant une guerre, une lutte. *Les combattants ont observé une trêve au moment du premier de l'an.* **2.** Arrêt d'une chose pénible. *Elle a travaillé sans trêve pendant tout le week-end,* sans arrêt. ➔ sans **relâche.**

tri n. m. Action de trier. *Elle a fait le tri de ses vieux vêtements. Le tri sélectif,* le fait de trier ses déchets et de les jeter dans différents conteneurs. ▷ Mot de la famille de trier.

tri- Préfixe d'origine grecque et latine, qui signifie «trois» (ex. : *triangulaire, tricycle*).

triage n. m. *Une gare de triage,* c'est une gare où l'on sépare, puis où l'on regroupe, les wagons de marchandises pour former des convois. ▷ Mot de la famille de trier.

triangle n. m. **1.** Figure géométrique à trois côtés. ➜ planche **Géométrie.** *Un triangle isocèle a deux côtés égaux.* **2.** Instrument de musique fait d'une tige d'acier repliée en triangle sur laquelle on frappe avec une baguette. ➜ planche **Instruments** de musique. ▷ Mot de la famille de angle.

triangulaire adj. **1.** En forme de triangle. *Le foc est une voile triangulaire.* **2.** *Le commerce triangulaire,* commerce qui consistait, du 16e au 19e siècle, à se procurer des esclaves noirs en Afrique contre des marchandises, à les vendre en Amérique et à rapporter des produits tropicaux en Europe.

tribord n. m. Côté droit d'un bateau, quand on regarde vers l'avant. *Terre à tribord !* ➜ aussi **bâbord.**

tribu n. f. Dans les sociétés non industrialisées, groupe de familles descendant d'un même ancêtre, vivant sous l'autorité d'un même chef et partageant les mêmes croyances. *Les tribus d'Amazonie.* ▮ homonyme : tribut.

tribulations n. f. pl. Aventures plus ou moins désagréables. ➜ **mésaventure.** *Il n'est pas au bout de ses tribulations.*

treuil

tribunal n. m. (pl. **tribunaux**) **1.** Endroit où l'on rend la justice. *Il a été convoqué au tribunal pour son divorce.* ➜ **palais** de justice. **2.** Ensemble des personnes qui rendent la justice. *L'accusé a comparu devant le tribunal.* ➜ aussi **magistrat.**

tribune n. f. **1.** Partie d'un stade, d'un champ de courses, où il y a des gradins. *Le public s'entasse dans les tribunes.* **2.** Endroit surélevé, estrade d'où l'on s'adresse au public. *L'orateur est monté à la tribune pour faire son discours.*

tribut n. m. Ce que doit donner le vaincu au vainqueur. *Dans l'Antiquité, le pays vaincu devait payer un tribut au vainqueur,* lui donner de l'argent, de la nourriture, des esclaves. ▮ homonyme : tribu.

▸ **tributaire** adj. Dépendant. *L'Europe est tributaire des pays tropicaux pour le café.*

tricher v. (conjug. 3) **1.** Ne pas respecter les règles d'un jeu, pour gagner. *Je ne veux plus jouer avec lui, il triche.* **2.** Enfreindre une règle. ➜ **frauder.** *Il a triché à l'examen.*

▸ **triche** n. f. Familier. Le fait de tricher. ➜ **tricherie.** *Son frère lui a soufflé la réponse, c'est de la triche !*

▸ **tricherie** n. f. Le fait de tricher. ➜ **fraude, tromperie.** *Il a gagné par tricherie.* ➜ fam. **triche.**

▸ **tricheur** n. m., **tricheuse** n. f. Personne qui triche au jeu ou à un examen.

tricolore adj. **1.** Qui a trois couleurs. *Des feux tricolores règlent la circulation.* **2.** Qui a les trois couleurs du drapeau français : bleu, blanc, rouge. *Le maire a mis son écharpe tricolore. L'équipe tricolore a gagné,* l'équipe de France.

tricoter v. (conjug. 3) Faire des rangs de mailles de laine ou de coton au moyen de longues aiguilles (les *aiguilles à tricoter*), de manière à obtenir une étoffe très souple. *Elle tricote une écharpe pour sa fille.*

▸ **tricot** n. m. **1.** Action de tricoter. *Elle fait du tricot.* **2.** Vêtement tricoté que l'on porte sur le haut du corps. ➜ **chandail, gilet, pull-over.** *Mets ton tricot.*

tricycle n. m. Sorte de petit vélo à trois roues dont deux à l'arrière. ▷ Mot de la famille de ② cycle.

trident n. m. Fourche à trois dents. *Neptune, le dieu de la mer des Romains, est toujours représenté avec un trident à la main.* ▷ Mot de la famille de dent.

Neptune et son **trident** (L. S. Adam, 1733)

trier v. (conjug. 9) **1.** Choisir dans un ensemble en éliminant certaines choses, spécialement ce qui est mauvais. *Elle trie les fraises avant de faire la confiture.* **2.** Faire plusieurs groupes dans un ensemble, sans rien éliminer. → **classer.** *À la poste, on trie le courrier par destination.*

▶ Autres mots de la famille : tri, triage.

trilingue adj. Qui parle trois langues. *Une secrétaire trilingue.* → aussi **bilingue, polyglotte.**

trille n. m. Battement très rapide sur deux notes voisines. *On entend les trilles du rossignol.*

▶ *Trille* est un nom masculin : on dit *un trille.*

trimaran n. m. Voilier formé d'une coque centrale et de deux petites coques parallèles réunies par une armature rigide. → aussi **catamaran.**

trimbaler v. (conjug. 3) Familier. Transporter avec soi. → **traîner.** *Il va falloir trimbaler ce gros paquet toute la journée.*

▶ On écrit aussi *trimballer* avec deux *l.*

trimer v. (conjug. 3) Familier. Travailler avec effort à quelque chose de pénible. *Il a trimé dur pour réussir le concours.*

trimestre n. m. Période de trois mois. → aussi **semestre.** *Le premier trimestre de l'année scolaire va de la rentrée aux vacances de Noël.*

▸ **trimestriel, trimestrielle** adj. Qui arrive tous les trois mois. *Une facture trimestrielle.*

tringle n. f. Tige horizontale de bois ou de métal qui sert de support. → **barre.** *Des tringles à rideaux.*

trinquer v. (conjug. 3) (→ ÉTYM.) Heurter légèrement son verre contre celui d'une autre personne avant de boire ensemble. *Trinquons à la victoire de notre équipe !*

trio n. m. **1.** Morceau de musique pour trois instruments ou trois chanteurs. *Il écoute un trio pour piano, violon et violoncelle.* **2.** Groupe de trois musiciens qui jouent ensemble. **3.** Groupe de trois personnes. *Julie, Louise et Léa forment un joyeux trio.* – Au pl. *Des trios.*

▶ C'est un mot italien.

triomphe n. m. **1.** Victoire éclatante. *Il a remporté un triomphe aux dernières élections.* ▮ contraire : **défaite. 2.** *Porter quelqu'un en triomphe,* le hisser au-dessus de la foule pour le faire acclamer. *Le capitaine de l'équipe a été porté en triomphe.* **3.** Grand succès. *Ce spectacle est un triomphe.* ▮ contraire : **échec.**

▸ **triomphal, triomphale** adj. Accompagné d'honneurs, d'acclamations. *Ce chanteur a reçu un accueil triomphal aux États-Unis.* → **enthousiaste.** – Au masc. pl. *triomphaux.*

▸ **triomphalement** adv. De façon triomphale. *Les vainqueurs du match ont été accueillis triomphalement.*

▸ **triompher** v. (conjug. 3) **1.** Vaincre. *Il a triomphé de ses adversaires.* **2.** Manifester sa joie d'avoir réussi, crier victoire. *Ne triomphe pas trop vite !* → **pavoiser.**

▸ **triomphant, triomphante** adj. Qui montre sa joie d'avoir gagné. *Le vainqueur souriait d'un air triomphant.*

tripes n. f. pl. Morceaux de boyaux de ruminants préparés pour être mangés. *Nous avons mangé des tripes à la mode de Caen.*

triple adj. et n. m.
▪ adj. **1.** Qui se présente comme trois. *Il a un triple menton,* qui fait trois plis. **2.** Qui est répété trois fois. *Photocopiez la lettre en triple exemplaire.*
▪ n. m. Quantité trois fois plus grande. *Il a revendu la maison le triple de son prix d'achat.*

▸ **tripler** v. (conjug. 3) **1.** Multiplier par trois. *Il a triplé ses revenus en cinq ans.* **2.** Devenir trois fois plus grand. *La pâte à pain a triplé de volume.*

▸ **triplés** n. m. pl., **triplées** n. f. pl. Les trois enfants nés en même temps de la même mère. *Ils ont eu des triplés, deux garçons et une fille.*

tripoter v. (conjug. 3) Familier. Toucher avec insistance, machinalement. ➜ **triturer.** *Cesse de te tripoter les cheveux !*

trique n. f. Gros bâton utilisé pour frapper. ➜ **gourdin, massue, matraque.**

trisomique adj. *Un enfant trisomique,* c'est un enfant atteint d'une anomalie des chromosomes, qui l'empêche de se développer normalement. ➜ **mongolien.**

triste adj. **1.** Qui a du chagrin, de la peine. *Julie est triste d'avoir perdu son chat.* ➜ **malheureux.** ▮ contraires : **content, gai, heureux, joyeux. 2.** Qui répand la tristesse. *Ce temps gris est triste.* ➜ **maussade,** ① **sinistre. 3.** Qui fait de la peine. *Je dois vous annoncer une triste nouvelle.* ➜ **pénible.**

▸ **tristement** adv. D'un air triste. *Il baissait tristement la tête.* ▮ contraires : **gaiement, joyeusement.**

▸ **tristesse** n. f. Chagrin, peine. *La tristesse se lisait dans ses yeux.* ▮ contraires : **gaieté, joie.**
▶ Autre mot de la famille : attrister.

triton n. m. Petit animal qui vit dans les mares et les étangs et qui ressemble à la salamandre, avec une queue aplatie. ➜ planche **Reptiles** et amphibiens.
▶ *Triton* est le nom d'un dieu marin de la mythologie grecque.

triturer v. (conjug. 3) **1.** Écraser. *Les molaires triturent les aliments.* ➜ **broyer. 2.** Toucher machinalement. ➜ fam. **tripoter.** *Il triturait nerveusement ses clés.*

trivial, triviale adj. Vulgaire, grossier. ➜ **choquant.** *Il fait des plaisanteries triviales.* — Au masc. pl. *triviaux.*

troc n. m. Échange d'une chose contre une autre, sans utiliser d'argent. *Théo fait du troc avec Alex.* ➜ aussi **troquer.** ▷ Mot de la famille de troquer.

troène n. m. Petit arbuste à fleurs blanches. *Une haie de troènes.*

troglodyte n. m. Personne qui habite une grotte ou une maison faite dans une paroi de rocher. *Une maison de troglodyte.*

▸ **troglodytique** adj. Qui concerne les troglodytes. *Nous avons visité un site troglodytique,* un site avec des habitations de troglodytes.

habitations **troglodytiques**

trognon n. m. Ce qui reste quand on a enlevé ce qui se mange dans une pomme, une poire, un chou, une salade. *Un trognon de pomme.*

troïka [tʀɔika] n. f. Grand traîneau russe, tiré par trois chevaux qui sont les uns à côté des autres.
▶ Ce mot vient du russe.

trois adj. Deux plus un (3). *Il revient dans trois jours.* — n. m. Le nombre trois. *Un, deux, trois, partez !*

▸ **troisième** adj. Qui vient après le deuxième. *L'ascenseur s'est arrêté au troisième étage.* ➜ aussi **tiers.**

▸ **trois-mâts** n. m. Voilier à trois mâts. ➜ planche **Bateaux.** *Ils ont fait une croisière sur un trois-mâts.* ▷ Mot de la famille de mât.

décor en **trompe-l'œil**

trolleybus [tʀɔlɛbys] n. m. Autobus qui fonctionne à l'électricité grâce à une perche reliée à des fils électriques aériens. ➜ aussi **tramway.** ▷ Mot de la famille de bus.

trombe n. f. 1. *Des trombes d'eau,* des pluies torrentielles. *Des trombes d'eau se sont abattues sur le village.* ➜ **déluge.** 2. *Il a démarré en trombe,* très vite.

trombone n. m. 1. Instrument de musique à vent, au son plus grave que la trompette. ➜ planche **Instruments** de musique. *Le trombone à coulisse est utilisé dans les orchestres de jazz.* 2. Petit morceau de fil de fer, replié en deux boucles, qui sert à attacher des feuilles de papier ensemble.

trompe n. f. 1. Cor de chasse. *Lors des chasses à courre, les chasseurs sonnent de la trompe.* 2. Partie allongée du nez de l'éléphant. *L'éléphant peut aspirer de l'eau avec sa trompe pour la boire ou pour s'en asperger.* 3. Chacun des deux canaux qui vont de l'utérus à l'ovaire, dans lesquels a lieu la fécondation.

▶ Autres mots de la famille : trompette, trompettiste.

tromper v. (conjug. 3) 1. Induire en erreur en mentant ou en cachant la vérité. *Le vendeur a essayé de nous tromper.* ➜ **berner, duper, mystifier.** 2. Échapper à une surveillance. *Le prisonnier a trompé la vigilance de ses gardiens.* 3. *Tromper son mari, sa femme,* avoir des relations sexuelles avec une autre personne que lui, qu'elle. ➜ aussi **adultère.** 4. **se tromper,** faire une erreur. ➜ se **méprendre ;** fam. se **gourer.** *Tout le monde peut se tromper. Nous nous sommes trompés de route.*

▶ **tromperie** n. f. Mensonge, tricherie. ➜ **duperie, mystification.** *Ce ne sont pas des croissants pur beurre, il y a tromperie sur la marchandise.*

▶ **trompe-l'œil** n. m. inv. Peinture décorative qui veut faire croire que l'objet qui est peint existe réellement, en relief. *On a peint des fenêtres en trompe-l'œil sur la façade de cet immeuble.* – Au pl. *Des trompe-l'œil.* ▷ Mot de la famille de œil.

▶ Autres mots de la famille : détromper, trompeur.

trompette n. f. Instrument de musique à vent. ➜ planche **Instruments** de musique. *Il joue de la trompette.* – *Elle a un nez en trompette,* un nez retroussé.

▶ **trompettiste** n. m. et f. Musicien qui joue de la trompette. ➜ planche **Instruments** de musique. *Un trompettiste de jazz.*

▷ Mots de la famille de trompe.

trompeur, trompeuse adj. Qui n'est pas vrai, qui induit en erreur. ➜ ① **faux, mensonger.** *Les apparences sont souvent trompeuses.* ➜ **illusoire.** ▷ Mot de la famille de tromper.

tronc [tʀɔ̃] n. m. 1. Partie de l'arbre comprise entre le sol et les branches les plus basses. ➜ planche **Arbres.** *Le tronc est recouvert d'écorce.* 2. Partie du corps humain où sont fixés la tête, les bras et les jambes. 3. Boîte percée d'une fente où l'on met l'argent que l'on donne, dans une église. *Il a mis une pièce dans le tronc, pour les cierges.*

▶ **tronçon** n. m. 1. Partie coupée d'un objet, plus longue que large. *Il débite les branches en tronçons pour faire des bûches.* 2. Partie d'une route. *On a ouvert un nouveau tronçon d'autoroute.*

▶ Attention à la cédille du ç.

▸ **tronçonner** v. (conjug. 3) Couper en tronçons. *Le bûcheron tronçonne un arbre.*

▸ **tronçonneuse** n. f. Scie à moteur utilisée pour tronçonner. *Il débite des branches à la tronçonneuse.*

▸ Autre mot de la famille : tronquer.

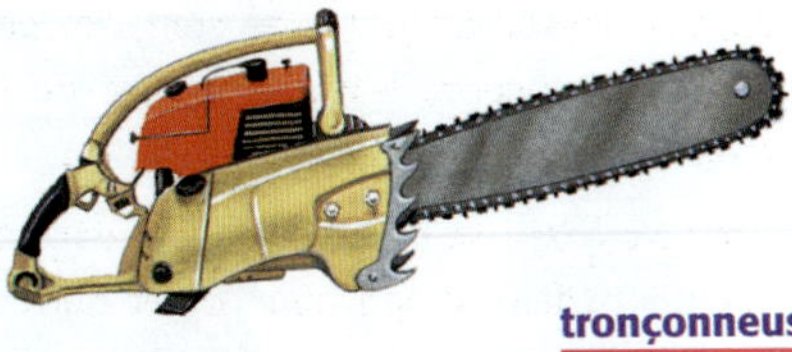

tronçonneuse

trône n. m. **1.** Siège élevé sur lequel s'assied un souverain pendant les cérémonies. *La reine a pris place sur le trône.* **2.** Pouvoir d'un souverain. *Les prétendants au trône.*

▸ **trôner** v. (conjug. 3) **1.** Être assis sur un trône. *Le roi trône au milieu de ses sujets.* **2.** Être dans un endroit bien visible. *Un nouveau vase trône sur la cheminée.*

Attention à l'accent circonflexe du *ô*.

▸ Autre mot de la famille : détrôner.

tronquer v. (conjug. 3) Couper une partie. *On a tronqué cette citation.* ▷ Mot de la famille de tronc.

trop adv. **1.** Plus qu'il ne faudrait. ➜ **excessivement.** *Ce film est trop long. J'ai trop mangé.* ➜ **exagérément.** *Paul a trop chaud.* **2.** Beaucoup, très. *Vous êtes trop aimable.* ➜ **bien.** **3.** *Tu fais trop de bruit,* plus de bruit qu'il ne faut. ▮ homonyme : trot.

▸ Autre mot de la famille : trop-plein.

trophée n. m. Objet que l'on rapporte d'un combat ou d'une compétition et qui montre que l'on a gagné. *Le vainqueur de la course a reçu un trophée en argent.*

Ce nom masculin se termine par un e : on écrit *un trophée.*

tropique n. m. **1.** Chacun des deux cercles imaginaires qui font le tour de la Terre au-dessus et au-dessous de l'équateur. ➜ planche **Terre.** *Le tropique du Cancer et le tropique du Capricorne.* **2.** *Les tropiques,* les régions de la Terre situées près des deux tropiques. ➜ planche **Tropiques.** *Il fait chaud et humide toute l'année sous les tropiques.*

▸ **tropical, tropicale** adj. **1.** Qui concerne les tropiques. *La végétation tropicale est très dense et luxuriante,* la végétation des pays situés près des tropiques. *La banane, l'ananas sont des fruits tropicaux.* **2.** *Il fait une chaleur tropicale,* il fait très chaud. ➜ **torride.** — Au masc. pl. *tropicaux.*

trop-plein n. m. **1.** Quantité d'eau en trop. *Le trop-plein du lac se déverse dans un canal.* **2.** Dispositif permettant à l'eau qui est en trop de s'écouler. *Quand il y a trop d'eau dans la baignoire, cette eau s'écoule par le trop-plein.* — Au pl. *Des trop-pleins.* ▷ Mot de la famille de trop et de plein.

troquer v. (conjug. 3) Échanger. *Théo a troqué trois billes contre un calot.*

▸ Autre mot de la famille : troc.

trotter v. (conjug. 3) **1.** Aller au trot. *Le poulain trotte dans le pré.* **2.** Marcher rapidement à petits pas. *Le petit garçon trottait aux côtés de sa mère.* ➜ **trottiner.** **3.** *Trotter dans la tête,* obséder. *Cet air me trotte dans la tête,* je l'ai dans la tête.

▸ **trot** [tʀo] n. m. Allure du cheval entre le pas et le galop. *La jument est partie au trot.* ▮ homonyme : trop.

▸ **trotteur** n. m. Cheval spécialement entraîné pour les courses de trot. *Un élevage de trotteurs.*

▸ **trotteuse** n. f. Aiguille d'une montre qui marque les secondes.

▸ **trottiner** v. (conjug. 3) **1.** Trotter à petits pas. *Le poulain, fatigué, est revenu en trottinant.* **2.** Marcher à petits pas pressés. *Léa trottine derrière son père.*

▸ **trottinette** n. f. Jouet composé d'une petite plateforme montée sur deux roues et d'un guidon au bout d'une tige verticale. *Louise fait de la trottinette.* ➜ **patinette.**

▸ **trottoir** n. m. Partie surélevée, sur le côté d'une rue, réservée aux piétons. *Les piétons marchent sur le trottoir et les voitures circulent sur la chaussée.*

les animaux des tropiques

Véritable réserve de biodiversité, les forêts tropicales – comme ici aux Caraïbes – foisonnent d'espèces animales originales. Les frégates mâles exhibent une incroyable poche rouge au niveau de la gorge lorsqu'elles exécutent leur parade nuptiale. Très agile, l'iguane vert est capable de grimper au sommet des arbres mais aussi de nager sur de longues distances. Quant au dynaste hercule, il est l'un des plus grands coléoptères du monde : le mâle peut mesurer plus de 15 cm de long.

trou n. m. (pl. **trous**) **1.** Endroit où le sol forme un creux. ➜ **cavité, excavation.** *Le chien creuse un trou dans le jardin.* **2.** Ouverture dans une chose. *Paul regarde par le trou de la serrure. La couturière passe le fil dans le trou de l'aiguille.* ➜ **chas. 3.** Déchirure. *Il a fait un trou dans sa chaussette.*

▶ Autres mots de la famille : bouche-trou, trouée, trouer.

troubadour n. m. (➜ÉTYM.) Poète qui chantait ses poèmes, au Moyen Âge. *Les troubadours vivaient dans le sud de la France et parlaient la langue d'oc.* ➜ aussi **trouvère.**

troubler v. (conjug. 3) **1.** Rendre moins clair. ➜ **obscurcir.** *Aucun nuage ne trouble le bleu du ciel.* **2.** Rendre moins net. *L'émotion troublait sa voix.* **3.** Bouleverser, déranger. ➜ **perturber.** *Rien ne trouble son sommeil.* **4.** Impressionner, émouvoir. ➜ **déconcerter.** *Julie ne se laisse pas facilement troubler. Un détail trouble le commissaire,* le rend perplexe. – **se troubler,** s'émouvoir. *Le candidat répondit sans se troubler.*

▶ **troublant, troublante** adj. *Une chose troublante,* c'est une chose qui trouble, déconcerte. *Le commissaire a remarqué plusieurs détails troublants au cours de son enquête.*

▶ ① **trouble** adj. **1.** Qui n'est pas clair. *L'eau des flaques est trouble.* ▮ contraires : **limpide, transparent. 2.** Pas net. *La télévision est mal réglée, l'image est trouble.* ➜ **flou. 3.** Un peu louche. *C'est une affaire trouble.*

▶ ② **trouble** n. m. **1.** État d'une personne émue. *Léa a rougi, elle a du mal à cacher son trouble.* **2.** Mauvais fonctionnement d'un organe. *Il a des troubles intestinaux.* **3.** *Des troubles ont éclaté à la frontière,* une agitation provoquée par des gens qui se révoltent. ➜ **émeute.**

▶ **trouble-fête** n. m. et f. Personne qui empêche les autres de s'amuser. *C'est une vraie trouble-fête.* ➜ **rabat-joie.** – Au pl. *Des trouble-fêtes.* ▷ Mot de la famille de fête.

trouer v. (conjug. 3) Faire un trou. *Paul a troué sa chaussette.* ➜ **percer.**

▶ **trouée** n. f. Large ouverture qui permet de passer ou de voir. *La piste de ski fait une trouée parmi les arbres.*

▷ Mots de la famille de trou.

trouille n. f. Familier. Peur. *J'ai la trouille.* ➜ fam. **frousse.**

▶ **trouillard, trouillarde** adj. Familier. Qui a peur. *Léa est très trouillarde.* ➜ **peureux.** – n. *Quel trouillard !* ➜ fam. **froussard.**

troubadour

troupe n. f. **1.** Groupe important de soldats. *Des éclaireurs précèdent le gros de la troupe. Nos troupes ont été victorieuses,* notre armée. **2.** Groupe de personnes ou d'animaux. *Elle est venue avec une troupe d'amis.* → ① **bande.** **3.** Groupe d'artistes qui jouent ensemble. *La troupe est en tournée.*

▸ **troupeau** n. m. Groupe d'animaux domestiques élevés ensemble. *Des troupeaux de vaches.*

▸ Autres mots de la famille : attroupement, s'attrouper.

trousse n. f. **1.** Étui dans lequel on range des choses dont on a besoin. *Alex met son stylo, sa gomme et son compas dans sa trousse. J'ai mis ma trousse de toilette dans ma valise.* **2.** *Être aux trousses de quelqu'un,* le poursuivre. *Le voleur a la police à ses trousses,* il est poursuivi par elle.

▸ **trousseau** n. m. **1.** *Un trousseau de clés,* plusieurs clés attachées ensemble. – Au pl. *Des trousseaux.* **2.** Ensemble des vêtements et du linge dont on a besoin. *Elle prépare le trousseau de son fils qui va en pension.*

trouver v. (conjug. 3) **1.** Apercevoir, rencontrer ce que l'on cherchait. *Ça y est, j'ai trouvé mes lunettes !* → **retrouver.** ▮ contraires : **égarer, perdre.** **2.** Réussir à avoir. *Il a trouvé un nouvel appartement.* **3.** Découvrir une chose sans l'avoir cherchée. *Elle a trouvé un parapluie dans l'autobus.* **4.** Découvrir par un effort de l'esprit. → **imaginer, inventer.** *Théo trouve toujours une excuse pour ses retards. Louise a trouvé la solution du problème. J'ai trouvé !* → **deviner** et aussi **eurêka.** **5.** Éprouver. *Julie trouve un malin plaisir à embêter son frère.* **6.** Estimer. *Je la trouve très intelligente.* → **juger.** *Je trouve qu'il a eu raison de faire ça.* → **penser.**

▸ **se trouver** v. **1.** Être situé. *Leur maison se trouve à la sortie du village.* **2.** Être dans un certain état. → se **sentir.** *Elle s'est trouvée mal,* elle s'est évanouie. **3.** Se croire. *Il se trouve trop gros.*

▸ **trouvaille** n. f. **1.** Le fait de trouver par chance un objet qui plaît. *J'ai fait une trouvaille au marché aux puces.* **2.** Idée originale, invention. *Le récit de Léa était plein de trouvailles.*

▸ Autres mots de la famille : introuvable, retrouvailles, retrouver, se retrouver.

trouvère n. m. Poète qui chantait ses poèmes, au Moyen Âge. *Les trouvères vivaient dans le nord de la France et parlaient la langue d'oïl.* → aussi **troubadour.**

truand n. m. Individu malhonnête qui organise des vols, fait du trafic, etc. → **bandit, gangster, malfaiteur.** *La police a arrêté une bande de truands.*

▸ *Truand* se termine par un *d.*

truc n. m. **1.** Façon habile d'agir. → **astuce,** ② **moyen.** *Je vais t'apprendre un bon truc pour ouvrir facilement les bocaux.* **2.** Familier. Objet que l'on ne nomme pas. → **bidule, chose, machin.** *Qu'est-ce que c'est que ce truc ?*

▸ **trucage** n. m. Procédé employé au cinéma pour créer une illusion, des effets spéciaux.

▸ On écrit aussi *truquage.*

▸ Autre mot de la famille : truquer.

truchement n. m. *J'ai obtenu ces renseignements par le truchement d'un ami,* par l'intermédiaire d'un ami.

▸ Ce mot appartient au langage soutenu.

truculent, truculente adj. Qui étonne et amuse par ses excès. *Un personnage truculent.*

truelle n. f. Outil de maçon, fait d'une lame plate triangulaire et d'un manche. *La truelle sert à étendre le ciment.*

truelle

truffe n. f. **1.** Champignon noir, au goût très délicat, qui pousse sous la terre. → planche **Champignons.** *Une omelette aux truffes.* **2.** *Une truffe (en chocolat),* un bonbon fait de beurre et de chocolat mélangés. **3.** Bout du museau du chien. *Le cocker a posé sa truffe humide sur le genou de Théo.*

▶ **truffé, truffée** adj. **1.** Garni de truffes. *Du foie gras truffé.* **2.** Rempli. *Cette dictée est truffée de fautes.*

truie n. f. Femelle du porc. ➜ aussi **verrat.** *La truie a mis bas huit porcelets.*

truite n. f. Poisson au corps ovale dont la chair est délicate. ➜ planches **Poissons, rivière.** *Il est allé à la pêche à la truite.*

truquer v. (conjug. 3) Changer pour tromper, donner une fausse apparence. *Il a truqué les cartes pour être sûr de gagner.* ➜ **falsifier.**

▶ **truquage** ➜ **trucage**

▷ Mots de la famille de truc.

photo **truquée**

trust [tʀœst] n. m. Grand groupe industriel qui domine un secteur de l'économie. *Les grands trusts du pétrole, de la chimie.*

▶ Ce mot vient de l'anglais.

tsar n. m. Empereur de Russie. *Le dernier tsar fut Nicolas II.*

tsétsé n. f. ou **tsé-tsé** n. f. inv. *La mouche tsétsé,* c'est une mouche d'Afrique dont la piqûre transmet la maladie du sommeil. – Au pl. *Des mouches tsétsés* ou *des mouches tsé-tsé* (invariable).

tsigane n. m. et f. *Les Tsiganes,* ce sont les membres d'un peuple nomade venu d'Europe centrale. ➜ **gitan.** *Les Tsiganes sont des gens du voyage.* – adj. *La musique tsigane,* c'est une musique populaire, originaire de Hongrie, où dominent les violons.

▶ On écrit aussi *tzigane.*

tsunami [tsunami] n. m. Raz-de-marée provoqué par un tremblement de terre ou par une éruption volcanique.

▶ C'est un mot japonais.

tu pronom personnel Pronom personnel sujet représentant la deuxième personne du singulier. ➜ aussi **te, toi.** *Tu es jeune. As-tu bien dormi ?*

▶ Autres mots de la famille : tutoiement, tutoyer.

tuant, tuante adj. Familier. Très fatigant. ➜ **épuisant, exténuant.** *Monter ces six étages, c'est tuant !* ▷ Mot de la famille de tuer.

① **tuba** n. m. Gros instrument de musique à vent. ➜ planche **Instruments** de musique. *Il y a plusieurs tubas dans l'orchestre.*

② **tuba** n. m. Tube qui sert à respirer quand on nage la tête sous l'eau. *Paul plonge avec son masque et son tuba.*

tube n. m. **1.** Cylindre creux, long et mince. *Le plombier soude des tubes de cuivre.* ➜ **tuyau.** *Un tube en verre.* ➜ **éprouvette.** **2.** *Le tube digestif,* c'est dans le corps l'ensemble des conduits par où passent les aliments que l'on mange. *L'œsophage, l'estomac et l'intestin font partie du tube digestif.* **3.** Petit emballage cylindrique, souple ou rigide, fermé par un bouchon. *Un tube de dentifrice.* **4.** Familier. Chanson qui a beaucoup de succès. *Julie écoute les tubes de l'été.*

tubercule n. m. Racine arrondie d'une plante. *La pomme de terre est un tubercule.*

tuberculeux, tuberculeuse adj. Qui est atteint de la tuberculose. *Une enfant tuberculeuse.* – n. *Autrefois, les tuberculeux étaient soignés dans des sanatoriums.*

▶ Autre mot de la famille : antituberculeux.

tuberculose n. f. Maladie contagieuse qui atteint surtout les poumons. *La tuberculose est provoquée par le bacille de Koch.* ➜ aussi **tuberculeux, B. C. G.** et **cutiréaction.**

tuer v. (conjug. 3) **1.** Faire mourir. *L'assassin a tué sa victime d'un coup de couteau.* → **assassiner, exécuter.** *Il a tué deux lièvres à la chasse.* → **abattre. 2.** *Tuer le temps,* s'occuper pour ne pas s'ennuyer. *Elle lit un roman pour tuer le temps,* pour passer le temps. **3.** Fatiguer, épuiser. *Ce bruit me tue.*

▸ **se tuer** v. **1.** Se donner la mort volontairement. → se **suicider.** *Elle s'est tuée par désespoir.* **2.** Mourir accidentellement. *Ils ont failli se tuer en voiture.* **3.** Se donner beaucoup de mal. → se **fatiguer.** *Je me tue à vous le répéter.* → s'**évertuer.**

▸ **tué** n. m., **tuée** n. f. Personne morte de mort violente. *Il y a eu trois tués et deux blessés dans l'accident.* → ③ **mort** et aussi **victime.**

▸ **tuerie** [tyʀi] n. f. Massacre d'un très grand nombre de personnes. *Cette guerre a été une affreuse tuerie.* → **carnage, hécatombe.**

▸ à **tue-tête** adv. D'une voix très forte. *Paul chante à tue-tête.* ▷ Mot de la famille de **tête.**

▸ **tueur** n. m., **tueuse** n. f. Personne dont le métier est de tuer. *Un tueur à gages.*

▶ Autres mots de la famille : s'**entretuer, tuant.**

tuile n. f. Plaque de terre cuite qui sert à couvrir les toits.

tuile

tulipe n. f. (→ ÉTYM.) Fleur aux couleurs vives. → planche **Fleurs.** *Il y a d'immenses champs de tulipes aux Pays Bas.*

tulle n. m. Tissu léger et transparent. *La mariée portait un voile de tulle.*

▶ *Tulle* s'écrit avec deux *l.*

tuméfié, tuméfiée adj. Enflé de façon anormale. *Le boxeur avait le visage tuméfié.*

tumeur n. f. Grosseur anormale qui se forme à la surface de la peau ou à l'intérieur du corps. *Il a une tumeur au cerveau.*

tumulte n. m. Désordre bruyant. → **brouhaha, chahut, tohu-bohu, vacarme.** *On n'arrive pas à se faire entendre dans ce tumulte.*
▮ contraires : **calme, paix.**

▸ **tumultueux, tumultueuse** adj. Agité et bruyant. *La réunion a été tumultueuse.* → **houleux, orageux.** ▮ contraires : **calme, paisible.**

tumulus [tymylys] n. m. Amas de pierres, de terre recouvrant une tombe. *Les archéologues ont découvert des tumulus vieux de plus de 7 000 ans.*

tuner [tynɛʀ] n. m. Radio branchée sur une chaîne haute-fidélité. – Au pl. *Des tuners.*

▶ Ce mot vient de l'anglais.

tunique n. f. **1.** Longue chemise droite que l'on portait dans l'Antiquité. *Les anciens Grecs portaient des tuniques.* **2.** Longue chemise droite descendant jusqu'à mi-cuisse. *Elle portait un pantalon et une tunique.*

tunnel n. m. Passage creusé sous la terre. *Ils ont emprunté le tunnel sous la Manche pour aller en Angleterre.*

▶ *Tunnel* s'écrit avec deux *n.*

turban n. m. Longue bande de tissu enroulée autour de la tête. *En Inde, certains hommes portent un turban.*

turban

turbine n. f. Moteur qui tourne grâce à la force de l'eau ou d'un gaz. *L'eau du barrage fait fonctionner les turbines de la centrale électrique.* → planche **Énergie.**

turboréacteur n. m. Moteur à réaction muni d'une turbine à gaz. *Les turboréacteurs d'un avion.* → planche **Avions.** ▷ Mot de la famille de réacteur.

turbot n. m. Gros poisson de mer plat et ovale dont la chair est très bonne. → planche **Littoral.** *Le turbot n'a pas d'écailles.*

turbulent, turbulente adj. Remuant et bruyant. *Julie est une enfant turbulente.* ▮ contraires : **calme, sage, tranquille.**

▸ **turbulence** n. f. Agitation de l'atmosphère. *L'avion traverse en ce moment une zone de turbulences, les passagers sont priés d'attacher leurs ceintures.*

turfiste [tœʀfist] ou [tyʀfist] n. m. et f. Personne qui aime les courses de chevaux et fait des paris. *Les turfistes se retrouvent à l'hippodrome pour le tiercé.*

turpitude n. f. Action ou parole honteuse, malhonnête. *Il cherche à dissimuler ses turpitudes.*
▶ Ce mot appartient au langage soutenu.

turquoise n. f. Pierre précieuse d'un bleu-vert assez clair. *Un collier de turquoises.* – adj. inv. Bleu-vert comme cette pierre. → planche **Couleurs.** *Il a des chaussettes turquoise.* – Invariable après le nom de couleur bleu. *Des yeux bleu turquoise.*

tutelle n. f. Charge d'une personne qui prend soin d'un enfant mineur ou d'un adulte qui ne peut pas s'occuper seul de ses affaires. → aussi **tuteur.** *Si un enfant perd ses parents, on le met sous la tutelle d'un autre adulte.*

tuteur n. m., **tutrice** n. f. **1.** Personne qui est responsable d'un mineur ou d'un adulte incapable de s'occuper tout seul de ses affaires. *L'orphelin a été confié à un tuteur.* → aussi **tutelle. 2.** n. m. Tige de bois, de plastique ou de métal que l'on fixe dans le sol pour soutenir une plante. *Le jardinier attache les plants de tomates aux tuteurs.*

tutoyer v. (conjug. 10) S'adresser à quelqu'un en employant la deuxième personne du singulier. *Le professeur tutoie ses élèves mais il vouvoie la directrice,* il dit «tu» à ses élèves. – **se tutoyer,** se dire «tu» l'un à l'autre. *Les jeunes se tutoient.*

▸ **tutoiement** n. m. Le fait de dire «tu» à quelqu'un quand on s'adresse à lui. *Le tutoiement est fréquent sur Internet.*
▷ Mots de la famille de tu.

tutu n. m. Jupe des danseuses de ballet classique. *Les danseuses portaient des tutus de tulle rose.*

tuyau n. m. Tube creux dans lequel on fait passer un liquide ou un gaz. → aussi **canalisa-**

danseuses en **tutu** (Degas)

a b c d e f g h i j k l m n o p q r s **t** u v w x y z

tion, conduit. *Un tuyau d'arrosage.* – Au pl. *Des tuyaux.*

▸ **tuyauterie** n. f. Ensemble des tuyaux d'une installation. *Le plombier a vérifié la tuyauterie du chauffage central.*

tuyère [tɥijɛʀ] n. f. Partie d'un moteur à réaction par où s'échappent les gaz. *Les tuyères d'une fusée.*

T. V. A. n. f. inv. Taxe, comprise dans le prix des marchandises et des services, que paie le consommateur et que le vendeur reverse ensuite à l'État. *La T. V. A. est un impôt indirect.*

C'est l'abréviation de *Taxe à la valeur ajoutée.*

tweed [twid] n. m. Épais tissu de laine. *Une veste de tweed.*

Ce mot vient de l'anglais.

tympan n. m. (→ÉTYM.) **1.** Membrane située au fond du conduit de l'oreille. *Les sons font vibrer le tympan.* **2.** Partie située au-dessus du portail d'une église romane ou gothique.

type n. m. **1.** Sorte, modèle. *Ce type de voiture est peu courant.* **2.** Ensemble des caractères physiques propres à une population. *Il a le type asiatique.* **3.** Personne qui a des caractéristiques qui font qu'elle peut servir de modèle. *Elle est le type même de la femme d'affaires.* **4.** Familier. Homme, individu. → **bonhomme.** *C'est un drôle de type.*

▸ Autres mots de la famille : prototype, stéréotype, stéréotypé, typique, typiquement.

typhon n. m. Cyclone des mers de Chine et de l'océan Indien. → **ouragan.** *Les typhons provoquent des raz-de-marée.*

typique adj. Caractéristique. *Il porte la tenue typique des garçons de son âge.*

▸ **typiquement** adv. D'une manière typique, caractéristique. *La choucroute est un plat typiquement alsacien.*

▹ Mots de la famille de type.

typographe n. m. et f. Personne dont le métier est d'assembler les caractères d'imprimerie pour faire un texte. *Autrefois, les typographes composaient les textes avec des caractères en plomb.*

▸ **typographie** n. f. Manière d'imprimer un texte, choix des caractères. *La typographie de ce texte est très claire.*

tyran n. m. **1.** Personne qui gouverne un pays de manière absolue, par la force. → **despote, dictateur.** *Une révolution a renversé le tyran.* **2.** Personne très autoritaire. *Cet enfant est un véritable tyran.*

▸ **tyrannie** n. f. Gouvernement absolu et cruel. *Le peuple s'est soulevé contre la tyrannie.*

▸ **tyrannique** adj. Autoritaire. *Cet enfant est tyrannique.*

▸ **tyranniser** v. (conjug. 3) Abuser de son pouvoir ou de sa force. → **persécuter.** *Julie tyrannise son petit frère.*

Il y a deux *n* à *tyrannie, tyrannique* et *tyranniser.*

typhon

tyrannosaure n. m. Grand reptile carnivore de l'époque préhistorique. → aussi **dinosaure, diplodocus.** → planche **Dinosaures.** *Les tyrannosaures pouvaient mesurer jusqu'à 15 mètres de long.*

Tyrannosaure s'écrit avec un *y* et deux *n.*

tzigane → **tsigane**

ubac n. m. Versant d'une montagne exposé à l'ombre. ▮ contraire : **adret.**

ubiquité [ybikɥite] n. f. *Avoir le don d'ubiquité,* pouvoir être dans plusieurs endroits à la fois.

ulcère n. m. Plaie qui ne se cicatrise pas. *Il a un ulcère à l'estomac.*

ulcérer v. (conjug. 8) Blesser profondément, faire beaucoup de peine. *Son manque de confiance m'a ulcéré.*

U. L. M. [yɛlɛm] n. m. inv. Petit avion très léger à une ou deux places. – Au pl. *Des U. L. M.*
▶ Ce mot est le sigle de *Ultra Léger Motorisé.*

U. L. M.

ultérieur, ultérieure adj. Qui arrivera plus tard. ➜ **futur, postérieur.** *Son départ est reporté à une date ultérieure.* ▮ contraire : **antérieur.**

▸ **ultérieurement** adv. Plus tard. *La réunion aura lieu ultérieurement.* ➜ **après, ensuite.** ▮ contraires : **auparavant,** ① **avant, précédemment.**

ultimatum [yltimatɔm] n. m. Dernières conditions accompagnées de menaces, présentées pour obtenir quelque chose. *Les terroristes ont adressé un ultimatum au gouvernement.* – Au pl. *Des ultimatums.*

ultime adj. Dernier, final. *Dans un ultime effort, le naufragé a atteint le rivage.* ▮ contraire : **premier.**

ultra- Préfixe d'origine latine qui veut dire « au plus haut point, au-delà » (ex. : *ultramoderne, ultrason*).

ultramoderne adj. Très moderne. *Cette usine possède des machines ultramodernes.* ▷ Mot de la famille de moderne.

ultrason n. m. Son trop aigu pour qu'un homme puisse l'entendre. *Les chiens et les chats perçoivent les ultrasons.* ▷ Mot de la famille de sonner.

ultraviolet, ultraviolette adj. *Les rayons ultraviolets,* ce sont des rayons semblables aux rayons lumineux, mais que l'on ne peut pas voir. – n. *Les ultraviolets,* les rayons ultraviolets. ▷ Mot de la famille de violette.
▶ Pour le nom, on dit aussi *U. V.*

ululer ➜ **hululer**

▸ **ululement** ➜ **hululement**

un, une adj., article indéfini et pronom indéfini,
▪ adj. Premier nombre entier exprimant l'unité. *Cette bouteille contient un litre d'eau. Il est une heure. J'ai le numéro 1,* le premier numéro.

– n. m. Le chiffre un (1). *Un et un font deux.* ■ article indéfini Déterminant qui désigne un être ou une chose distinct mais indéterminé. *Il y a un homme dehors. Il a mangé une tartine. Je veux une sucette et des bonbons.* ➜ aussi ② **des.** ■ pronom indéfini *Rome est une des plus belles villes que je connaisse. Les uns sont arrivés en train, les autres en voiture. Je n'aime ni l'un ni l'autre,* aucun des deux.

▶ Autres mots de la famille : chacun, désunir, quelques-uns, quelqu'un, réunification, réunifier, réunion, réunir, trait d'union, unanime, unanimement, unanimité, uni, unification, unifier, union, unique, uniquement, unir, unitaire, unité.

unanime adj. **1.** *Des personnes unanimes,* qui sont toutes du même avis. *Ce film est excellent, les critiques sont unanimes.* **2.** Qui est fait par tous, en même temps. *Sa plaisanterie provoqua un éclat de rire unanime.* ➜ ② **général.**

▶ **unanimement** adv. D'une manière unanime, par tous. *Cet attentat a été unanimement condamné.*

▶ **unanimité** n. f. Accord complet entre tous les membres d'un groupe. *Cette décision ne fait pas l'unanimité. Le maire a été élu à l'unanimité,* par tous les votants sans exception.

▷ Mots de la famille de un.

unau n. m. Petit animal des forêts tropicales d'Amérique du Sud, sorte de paresseux. *Les unaus sont aussi appelés paresseux à deux doigts.*

une ➜ **un**

uni, unie adj. **1.** D'une seule couleur. *Une robe unie.* ▮ contraires : **bariolé, bigarré, multicolore.** **2.** *Une famille unie,* dont tous les membres s'entendent bien. ▷ Mot de la famille de un.

uni- Préfixe d'origine latine qui veut dire «un seul» (ex. : *uniforme, unijambiste, unisson*). ➜ **mono-.** ▮ contraires : **multi-, pluri-, poly-.**

unifier v. (conjug. 9) **1.** Rendre semblables plusieurs choses. *La Région va unifier les tarifs de l'eau,* le prix de l'eau sera le même dans toute la région. ➜ **uniformiser.** **2.** Unir pour faire un tout. *L'Italie a été unifiée au 19e siècle.*

▶ **unification** n. f. Le fait d'unifier. *L'unification d'un pays.*

▷ Mots de la famille de un.

① **uniforme** adj. Qui a la même forme, le même aspect. *Un ciel d'un gris uniforme.*

▶ ② **uniforme** n. m. Habillement qui est le même pour toutes les personnes d'un groupe. *Les hôtesses de l'air portent un uniforme. Un policier en uniforme.* ▮ contraire : en **civil.**

▶ **uniformément** adv. De la même façon d'un bout à l'autre. *Un paysage uniformément plat.*

▶ **uniformiser** v. (conjug. 3) Rendre des choses semblables ou presque semblables. ➜ **unifier.** *On a uniformisé les programmes scolaires.*

▶ **uniformité** n. f. Absence de changement, caractère de ce qui ne varie pas. *L'uniformité d'un paysage.* ➜ **monotonie.** ▮ contraires : **diversité, variété.**

▷ Mots de la famille de forme.

unau

unijambiste n. m. et f. Personne qui n'a plus qu'une jambe. ▷ Mot de la famille de jambe.

unilatéral, unilatérale adj. **1.** Qui se fait d'un seul côté. *Cette rue est en stationnement unilatéral.* ➜ aussi **bilatéral.** **2.** Qui ne provient que d'une seule personne, d'un seul groupe. *Une décision unilatérale.* – Au masc. pl. *unilatéraux.* ▷ Mot de la famille de latéral.

union n. f. **1.** Entente, accord entre plusieurs personnes. *L'union règne dans cette famille.* ➜ **harmonie.** **2.** Groupement de plusieurs États.

Les États-Unis sont une union d'États. ➜ **fédération.** *L'Union européenne.* ▷ Mot de la famille de un.

unique adj. 1. Seul. *C'est mon unique manteau. Il est fils unique,* il n'a ni frère, ni sœur. *Une rue à sens unique.* ▮ contraire : **double.** 2. Seul de son genre et très différent des autres. ➜ **exceptionnel.** *Cette œuvre est unique en son genre. Un talent unique.*

▸ **uniquement** adv. Seulement. *Cet article est vendu uniquement sur Internet.* ➜ **exclusivement.**

▷ Mots de la famille de un.

unir v. (conjug. 11) 1. Mettre ensemble. ➜ **rapprocher, réunir.** *On unit des mots pour former une phrase.* 2. Lier. *Une grande amitié les unit.* ▮ contraires : **opposer, séparer.** – **s'unir,** se rapprocher, s'allier. *Les deux pays se sont unis pour lutter contre la fraude.* 3. Relier. *Des lignes aériennes unissent les continents.* 4. Avoir à la fois en soi. *Elle unit l'intelligence à la beauté.* ➜ **allier, associer, joindre.** ▷ Mot de la famille de un.

unisson n. m. Son unique produit par plusieurs voix ou plusieurs instruments en même temps. *Ils chantent à l'unisson.* ▷ Mot de la famille de sonner.

unitaire adj. 1. *Prix unitaire,* prix à l'unité. *Le prix unitaire de ces bonbons est de 50 centimes.* 2. Qui recherche l'unité. *Nous avons agi dans un esprit unitaire.* ▷ Mot de la famille de un.

unité n. f. 1. État de ce qui forme un tout. *Le gouvernement essaie de maintenir l'unité dans le pays.* ➜ **cohésion, union.** 2. *À l'unité,* un par un. *Est-ce que vous vendez ces marrons glacés à l'unité ?* ➜ ① **pièce** et aussi **unitaire.** 3. Élément qui sert à former les nombres. *Le nombre trente est composé de trente unités. Dans 325, le chiffre des unités est 5.* 4. Grandeur servant de base pour mesurer d'autres grandeurs. *Le mètre est une unité de longueur.* 5. *L'unité centrale d'un ordinateur,* la partie qui contient la mémoire et les organes de calcul. 6. Groupe de militaires commandés par un même chef. *Une unité d'infanterie.* ▷ Mot de la famille de un.

univers n. m. 1. Ensemble de tout ce qui existe. ➜ **monde, nature.** *La connaissance de l'Univers.* 2. Ensemble des hommes qui sont sur la Terre.

▸ **universel, universelle** adj. Qui concerne toutes les personnes et toutes les choses. ➜ ② **général.** *Une exposition universelle. L'histoire universelle,* celle de tous les peuples. ➜ **mondial.**

▸ **universellement** adv. Par tous les hommes, dans le monde entier. *« La Joconde » est un tableau universellement connu.* ➜ **mondialement.**

université n. f. Endroit où l'on fait des études supérieures, après le baccalauréat. *Il est professeur à l'université de Caen.* ➜ aussi **faculté.**

▸ **universitaire** adj. Qui concerne l'université. *Les études universitaires. Un restaurant universitaire,* qui dépend de l'université. – n. *Une brillante universitaire.*

uppercut [ypɛʀkyt] n. m. Coup porté de bas en haut, en boxe. – Au pl. *Des uppercuts.*

▸ Ce mot vient de l'anglais.

uppercut

uranium [yʀanjɔm] n. m. Métal radioactif dur et gris qui sert de combustible dans les centrales nucléaires. *Un gisement d'uranium.*

urbain, urbaine adj. De la ville. ▮ contraire : **rural.** *Une zone urbaine. Les moyens de transport urbains.*

▸ **urbaniser** v. (conjug. 3) Transformer un lieu en ville. *La région est très urbanisée.*

▸ **urbanisation** n. f. Transformation d'un endroit en ville. *L'urbanisation des zones rurales.*

▸ **urbanisme** n. m. Étude de l'aménagement des villes. *L'urbanisme permet de rendre les villes plus agréables à vivre.*

▸ **urbaniste** n. m. et f. Personne dont le métier est d'aménager des villes, des quartiers. ➜ aussi **architecte.**

▸ Autre mot de la famille : périurbain.

urée n. f. Substance que l'on trouve dans le sang et dans l'urine. *Le sang transporte l'urée qui est éliminée par le rein dans l'urine.*

uretère n. m. Canal qui conduit l'urine du rein à la vessie. *L'uretère droit et l'uretère gauche.*

urètre n. m. Canal qui part de la vessie et qui évacue l'urine à l'extérieur du corps.

urgent, urgente adj. Dont il faut s'occuper tout de suite, sans attendre. ➜ **pressé.** *Un travail urgent. Un besoin urgent.* ➜ **pressant.**

▸ **urgence** n. f. **1.** Nécessité d'agir vite. *En cas d'urgence, appelez ce numéro.* – *D'urgence,* sans attendre. *Il doit être opéré d'urgence.* **2.** Malade qu'il faut soigner tout de suite. *Le médecin a été appelé pour une urgence.* **3.** *Les urgences,* le service d'un hôpital où l'on reçoit les malades qui doivent être soignés rapidement.

▸ **urgentiste** n. m. et f. Médecin spécialiste de la médecine d'urgence. *Les urgentistes d'un hôpital.*

urine n. f. Liquide jaune qui se forme dans le rein et qui est rejeté à l'extérieur du corps après avoir été dans la vessie. ➜ fam. **pipi.** *Une analyse d'urine.*

▸ **urinaire** adj. Qui concerne l'urine. *Les reins et la vessie font partie de l'appareil urinaire. Les voies urinaires.*

▸ **uriner** v. (conjug. 3) Rejeter de l'urine à l'extérieur du corps. ➜ fam. faire **pipi.**

▸ **urinoir** n. m. Installation sanitaire permettant à un homme d'uriner debout.

urne n. f. **1.** Boîte dont le couvercle est muni d'une fente et dans laquelle on met son bulletin de vote. **2.** Vase dans lequel on conserve les cendres d'une personne incinérée. *Une urne funéraire.*

urticaire n. f. Éruption sur la peau de petits boutons rouges qui démangent. *Une crise d'urticaire.*

us [ys] n. m. pl. *Les us et coutumes,* les usages et les traditions. *On doit respecter les us et coutumes du pays dans lequel on vit.*

On prononce le *s* final.

▸ ① **usage** n. m. Habitude, coutume. ➜ **us.** *En montagne, l'usage veut que celui qui descend laisse passer celui qui monte. Il est d'usage de souhaiter une bonne année à son entourage le 1er janvier.*

② **usage** n. m. **1.** Emploi, utilisation. *Un couteau est un objet d'usage courant,* que l'on utilise couramment. *Je te donne mon vélo car je n'en ai plus l'usage,* je ne m'en sers plus. *Ce mot n'est plus en usage,* on ne l'emploie plus. **2.** *Avoir l'usage de,* la faculté de. *Les animaux n'ont pas l'usage de la parole.* **3.** *Faire usage de,* se servir de. *L'escroc a fait usage de faux papiers.* **4.** Le fait de servir à quelque chose. *Cet outil a plusieurs usages.* – *Hors d'usage,* qui ne peut plus servir. *Mon réveil est hors d'usage.* **5.** *Une pommade à usage externe,* qu'il ne faut utiliser que sur la peau. ▷ Mot de la famille de ① user.

usagé, usagée adj. Qui a beaucoup servi sans être forcément abîmé. ▮ contraire : ② **neuf.** *Elle donne ses vêtements usagés à une association.* ➜ **défraîchi, vieux.** ▷ Mot de la famille de ② user.

usager n. m., **usagère** n. f. Personne qui utilise un service public. ➜ **utilisateur.** *Les usagers du métro.* ▷ Mot de la famille de ① user.

① **user** v. (conjug. 3) *User d'une chose,* l'utiliser, l'employer. *Il a usé de son influence pour obtenir cette autorisation.*

▸ Autres mots de la famille : abus, abuser, abusif, désabusé, inusité, ② usage, usager, usité, usuel.

② user v. (conjug. 3) **1.** *User une chose,* l'abîmer à force de s'en servir. *Il a usé son manteau jusqu'à la corde.* – **s'user,** s'abîmer à force de servir. *Ces chaussures se sont usées très vite.* → se **détériorer. 2.** Consommer. *Sa voiture use beaucoup d'huile.* **3.** Diminuer, rendre plus faible. *La lecture m'a usé la vue.*

▶ **usé, usée** adj. Abîmé à force d'avoir servi. *Cette veste est très usée.* → **élimé, râpé.**

▶ Autres mots de la famille : inusable, usagé, usure.

usine n. f. Grand bâtiment ou ensemble de bâtiments où l'on fabrique des objets avec des machines. → **fabrique, manufacture** et aussi **industrie.** *Une usine d'automobiles.*

▶ **usiner** v. (conjug. 3) Fabriquer avec une machine. → **façonner.** *Il contrôle les dimensions de la pièce usinée.*

▶ Autre mot de la famille : navire-usine.

usité, usitée adj. Qui est employé couramment. *Ce mot est très usité.* → **① courant, fréquent, usuel.** ▷ Mot de la famille de ① user.

ustensile n. m. Objet dont on se sert dans la maison. *Les casseroles et les poêles sont des ustensiles de cuisine.*

usuel, usuelle adj. Utilisé habituellement. → **① courant, ordinaire.** *Une cafetière est un objet usuel. Ce dictionnaire contient les mots usuels.* ▮ contraire : **rare.** ▷ Mot de la famille de ① user.

usufruit n. m. Droit d'utiliser un bien sans en avoir la propriété. *Elle a l'usufruit de la maison.* → **jouissance.**

usure n. f. **1.** Action d'user. *Le frottement provoque l'usure des semelles de chaussures.* **2.** État d'une chose usée. *Il y a des traces d'usure sur les pneus de cette voiture.* ▷ Mot de la famille de ② user.

usurier n. m., **usurière** n. f. Personne qui autrefois prêtait de l'argent en exigeant des intérêts excessifs et illégaux.

usurper v. (conjug. 3) S'emparer d'un bien, d'un titre sans en avoir le droit. *Le roi d'Angleterre Richard III usurpa le pouvoir.*

▶ **usurpateur** n. m., **usurpatrice** n. f. Personne qui s'est attribué quelque chose sans en avoir le droit.

ut [yt] n. m. inv. Autre nom de la note de musique *do.* → **do.** *La 5e symphonie de Beethoven est en ut mineur.* – Au pl. *Des ut.*

utérus [yteʀys] n. m. Organe creux, dans le ventre de la femme et de la femelle des mammifères, où se développe le bébé ou le petit avant sa naissance.

utile adj. Qui sert à quelque chose, qui rend service. *Ce parapluie m'a été bien utile.* ▮ contraire : **inutile.** *Se rendre utile,* aider, rendre service. *Il cherche toujours à se rendre utile.*

▶ **utilement** adv. D'une manière utile. *Elle a employé son argent utilement.*

▶ **utiliser** v. (conjug. 3) Employer. *Il utilise sa voiture pour les vacances.*

usine d'automobiles

a b c d e f g h i j k l m n o p q r s t u v w x y z

▸ **utilisable** adj. Qu'on peut utiliser. *Ce pot de peinture est encore utilisable.* ▮ contraire : **inutilisable.**

▸ **utilisateur** n. m., **utilisatrice** n. f. Personne qui utilise une chose. ➜ **usager.** *Cette machine est livrée avec une notice à l'intention de l'utilisateur.*

▸ **utilisation** n. f. Emploi, usage. *Ce produit est d'une utilisation facile.*

▸ **utilité** n. f. Qualité d'une chose utile. *Un objet d'une grande utilité.* ▮ contraire : **inutilité.**

▸ **utilitaire** adj. *Véhicule utilitaire,* destiné à transporter des marchandises ou des personnes.

▶ Autres mots de la famille : inutile, inutilement, inutilisable, inutilisé, inutilité, réutilisable.

véhicule **utilitaire**

utopie n. f. Chose impossible à réaliser. ➜ **chimère, rêve.** *Un monde où personne ne serait malade ni malheureux est une utopie.*

▸ **utopique** adj. Irréalisable. *Ce projet est complètement utopique.* ➜ **chimérique.** ▮ contraire : **réaliste.**

U. V. ➜ **ultraviolet**

vacances n. f. pl. Période pendant laquelle on ne travaille pas. ➜ **congé.** *Ils vont passer leurs vacances à la montagne.*

▸ **vacancier** n. m., **vacancière** n. f. Personne qui est en vacances. *Les vacanciers envahissent les plages en été.* ➜ **estivant.**

▹ Mots de la famille de vacant.

vacant, vacante adj. Qui n'est occupé par personne. *Un appartement vacant.* ➜ **disponible, libre.**

▸ Autres mots de la famille : vacances, vacancier.

vacarme n. m. Grand bruit. ➜ **tapage, tintamarre, tumulte ;** fam. **boucan, raffut.** *Quel vacarme dans la rue !*

vaccin [vaksɛ̃] n. m. ➜ ÉTYM. Produit fabriqué à partir d'un microbe, que l'on inocule pour ne pas attraper la maladie causée par ce microbe. ➜ aussi **sérum.** *Le médecin lui a fait un vaccin contre la grippe.*

▸ **vacciner** v. (conjug. 3) Faire un vaccin. *Le médecin l'a vacciné contre la grippe.*

▸ **vaccination** n. f. Le fait de vacciner. *La campagne de vaccination contre la grippe.*

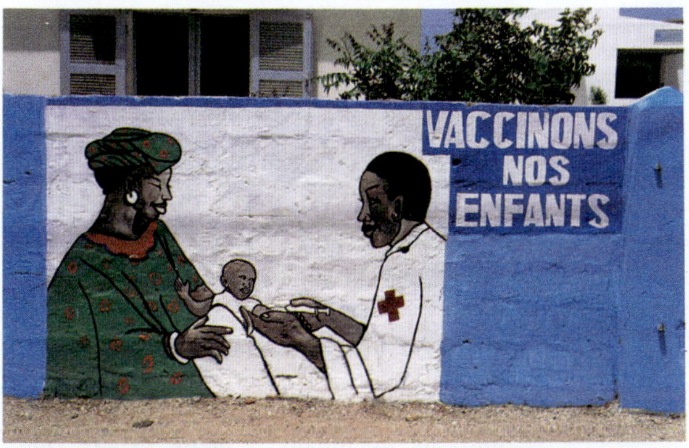

campagne de **vaccination**

vache n. f. Gros animal domestique qui donne du lait. ➜ aussi **taureau** et **veau.** *La vache est un ruminant.* – *Manger de la vache enragée,* mener une vie difficile où l'on se prive de tout parce l'on n'a pas d'argent. *Parler français comme une vache espagnole,* parler très mal le français.

vacherin n. m. **1.** Fromage à pâte molle fait en Franche-Comté et en Savoie. **2.** Dessert composé de meringue, de glace et de crème chantilly. *Un vacherin au cassis.*

des **vagues**

vaciller v. (conjug. 3) Pencher d'un côté puis de l'autre en risquant de tomber. → **chanceler.** *Épuisé, il vacillait sur ses jambes. La flamme de la bougie vacille,* elle tremble en menaçant de s'éteindre.

▸ **vacillant, vacillante** adj. Tremblant, chancelant. *Une démarche vacillante.* ▮ contraire : ① **ferme.**

vadrouille n. f. Familier. Promenade sans but précis. → fam. **balade.** *Ils sont partis en vadrouille.*

va-et-vient n. m. inv. 1. Mouvement de gens qui vont et viennent, entrent et sortent. → **allées et venues, passage.** *Il y a un va-et-vient continuel dans le café.* 2. Installation électrique qui permet d'allumer et d'éteindre une lumière à partir de plusieurs endroits. – Au pl. *Des va-et-vient.* ▷ Mot de la famille de ① aller et de venir.

vagabond n. m., **vagabonde** n. f. Personne sans travail et sans maison. → **clochard, sans-abri, sans-logis, SDF.**

▸ **vagabonder** v. (conjug. 3) Aller d'un endroit à l'autre, sans but. → **errer, traîner.** *Elle laisse vagabonder son imagination.* → **vaguer.**

▸ **vagabondage** n. m. Le fait de vivre sans travail, sans maison. *Sans papiers ni argent, il a été arrêté pour vagabondage.*

vagin n. m. Canal qui, chez la femme et la femelle des mammifères, va de l'utérus à l'extérieur du sexe. → aussi **vulve.** *Le vagin est un organe sexuel féminin.*

vagir v. (conjug. 11) *Les nouveau-nés vagissent,* ils poussent des cris.

▸ **vagissement** n. m. Cri de l'enfant qui vient de naître.

① **vague** n. f. 1. Masse d'eau qui se soulève et s'abaisse. *Les vagues déferlent sur le rivage.* → **lame.** 2. Grande quantité. → **afflux.** *Une première vague de touristes est arrivée samedi.* 3. Phénomène qui arrive tout d'un coup. *Une vague de chaleur,* une période de temps très chaud.

② **vague** adj. Imprécis, mal défini. → **flou.** *Je n'ai de lui qu'un vague souvenir.* ▮ contraires : **net, précis.** – n. m. *Elle regarde dans le vague,* sans rien fixer de précis.

▸ **vaguement** adv. De façon vague, imprécise. *Il m'a vaguement expliqué où il habite.* ▮ contraires : **clairement, nettement.** *Je m'en souviens vaguement.* ▮ contraire : **précisément.**

vaguer v. (conjug. 3) Aller au hasard. → **errer, vagabonder.** *Laisse vaguer ton imagination.*
◗ Ce mot appartient au langage soutenu.

vahiné n. f. Femme de Tahiti. *Les vahinés portent des colliers de fleurs.*
◗ *Vahiné* est un mot tahitien.

vaillant, vaillante adj. 1. Brave, courageux. *Le vaillant chevalier a délivré la princesse.* ▮ contraire : ① **lâche.** – *À cœur vaillant, rien d'impossible,* avec du courage, on vient à bout de tout. 2. *Ne plus avoir un sou vaillant,* ne plus avoir du tout d'argent.

▸ **vaillamment** adv. Avec courage. → **bravement, courageusement.** *Les soldats ont vaillamment résisté à l'assaut des ennemis.*

▸ **vaillance** n. f. Bravoure et courage. ▮ contraires : **faiblesse, lâcheté.**

▷ Mots de la famille de valoir.

vain, vaine adj. 1. Sans efficacité, inutile. *Tous nos efforts ont été vains,* ils n'ont servi à rien. 2. Qui ne repose sur rien. *Ses espérances étaient vaines.* → **illusoire.** ▮ contraire : **fondé.** ▮ homonymes : vin, vingt.

▸ **en vain** adv. Sans résultat. → **inutilement, vainement.** *J'ai cherché mes clés partout, en vain.*

▸ Autre mot de la famille : vainement.

vaincre v. (conjug. 45) 1. Remporter une victoire sur quelqu'un. → **battre, défaire.** *Notre* équipe a vaincu les champions. ➜ **écraser, triompher.** *Ils ont vaincu.* ▮ contraire : **perdre.** **2.** Faire reculer ou disparaître. *Il doit vaincre sa timidité pour parler en public.* ➜ **surmonter.**

▸ **vaincu, vaincue** adj. Qui a subi une défaite. ➜ **perdant.** *L'équipe vaincue.* ▮ contraires : **gagnant, victorieux.** – n. *L'humiliation des vaincus.* ▮ contraire : **vainqueur.**

▶ Autre mot de la famille : vainqueur.

vainement adv. Inutilement, sans succès. ➜ en **vain.** *J'ai vainement cherché mes lunettes toute la matinée.* ▷ Mot de la famille de vain.

vainqueur n. m. et f. Personne qui a gagné, a remporté une victoire. ➜ **gagnant.** *La coupe a été remise au vainqueur du tournoi.* ▮ contraires : **perdant, vaincu.** ▷ Mot de la famille de vaincre.

vair n. m. Fourrure d'un écureuil gris. *La reine portait un manteau de vair.* ▮ homonymes : ver, verre, ① et ② vers, vert.

① **vaisseau** n. m. *Vaisseau sanguin,* conduit dans lequel circule le sang à l'intérieur du corps. *Les artères et les veines sont des vaisseaux sanguins.* ➜ aussi **capillaire** et **vasculaire.**

② **vaisseau** n. m. **1.** Grand bateau d'autrefois. ➜ **bâtiment, navire.** *Les vaisseaux du roi.* **2.** *Un vaisseau spatial,* c'est un engin destiné à voyager dans l'espace.

vaisselle n. f. **1.** Ensemble des récipients qui servent à présenter la nourriture et à manger. *La vaisselle est rangée dans le buffet.* **2.** *Faire la vaisselle,* laver tous les ustensiles qui ont été utilisés pour préparer, servir et prendre le repas.

▸ **vaisselier** n. m. Meuble dans lequel on expose la vaisselle. ➜ aussi **buffet.**

▶ Autre mot de la famille : lave-vaisselle.

val n. m. (pl. **vaux** ou **vals**) Vallée. *Le Val de Loire.* – *Être toujours par monts et par vaux,* en voyage, en déplacement.

▶ Autres mots de la famille : aval, dévaler, vallée, vallon, vallonné, à vau-l'eau.

valable adj. **1.** Qui remplit les conditions nécessaires et exigées. *Un passeport est valable dix ans.* ➜ ② **valide.** ▮ contraire : **périmé.** **2.** À quoi on peut accorder de la valeur. ➜ **acceptable, sérieux.** *Une excuse valable.* ▮ contraire : **contestable.** ▷ Mot de la famille de valoir.

valet n. m. **1.** Autrefois, domestique, serviteur. ➜ **laquais.** **2.** Carte à jouer représentant un jeune homme. *Le valet de pique.*

valeur n. f. **1.** Prix que vaut quelque chose si on veut l'échanger ou le vendre. *Des bijoux de grande valeur. Ce tableau n'a aucune valeur,* il ne vaut rien. – *Cette robe la met en valeur,* elle l'avantage. **2.** Qualité d'une chose ou d'une personne à laquelle on accorde de l'intérêt, de l'estime. ➜ **mérite.** *Un homme de valeur.* **3.** Quantité approximative. *Ajoutez la valeur d'une cuillérée à soupe de farine.* ➜ **équivalent.**

▸ **valeureux, valeureuse** adj. Brave et courageux. ➜ **vaillant.** *De valeureux soldats.*

▷ Mots de la famille de valoir.

vaisselier

validation n. f. Le fait de rendre conforme au règlement. *La validation des billets de train est obligatoire.* ➜ aussi **valider.** ▷ Mot de la famille de valoir.

① **valide** adj. En bonne santé, capable d'effort physique. *Ce vieil homme est encore très valide.* ▮ contraires : **invalide, malade.** ▷ Mot de la famille de valoir.

② **valide** adj. En règle, conforme au règlement. ➜ **valable.** *Ce billet d'avion est valide deux mois.*

▸ **valider** v. (conjug. 3) Rendre valide. *Il faut composter le billet de train pour le valider.* ➜ aussi **validation.**

▸ **validité** n. f. Caractère de ce qui est valide. *La validité d'un passeport est de dix ans.*
▷ Mots de la famille de **valoir.**

valise n. f. Bagage rectangulaire, plat et rigide, muni d'une poignée pour qu'on puisse le porter à la main. – *Faire sa valise* ou *ses valises,* y mettre les affaires que l'on veut emporter en partant.
▶ Autre mot de la famille : **dévaliser.**

vallée n. f. **1.** Couloir formé par un cours d'eau entre deux montagnes ou deux collines. *Le village est au fond de la vallée.* ➜ **vallon. 2.** Région arrosée par un cours d'eau. *La vallée du Rhône.* ▷ Mot de la famille de **val.**

vallon n. m. Petite vallée.

▸ **vallonné, vallonnée** adj. Où il y a des collines et des vallons. *Une région vallonnée.*
▷ Mots de la famille de **val.**

valoir v. (conjug. 32) **1.** Avoir une certaine valeur, un certain prix. ➜ **coûter.** *Leur maison vaut cinq cent mille euros.* **2.** Avoir des qualités, des mérites. *Ces pommes ne valent rien,* elles sont mauvaises. **3.** *Valoir mieux,* être préférable. *Il vaudrait mieux partir tout de suite.* – *Un tiens vaut mieux que deux tu l'auras :* il vaut mieux avoir une chose modeste que l'espoir d'en obtenir une de plus de valeur. **4.** *L'inaction ne lui vaut rien,* ne lui réussit pas. **5.** Présenter un intérêt. *Allez voir le château, il en vaut la peine. Ce restaurant vaut le détour.* **6.** Être valable. *Le règlement vaut pour tout le monde,* s'applique à tous. **7.** Procurer, avoir comme conséquence. *Cette histoire lui a valu des ennuis.*
▶ Autres mots de la famille : **dévaluation, dévaluer, équivalence, équivalent, équivaloir, évaluation, évaluer, invalide, invalidité, polyvalent, prévaloir, revaloir, vaillamment, vaillance, vaillant, valable, valeur, valeureux, validation,** ① et ② **valide, valider, validité, vaurien.**

valoriser v. (conjug. 3) Augmenter la valeur, le prix. *La piscine a valorisé leur maison.*
▮ contraires : **déprécier, dévaloriser.**

▸ **valorisant, valorisante** adj. Qui augmente la valeur, qui valorise. *Il fait un métier valorisant.*

▸ **valorisation** n. f. Le fait d'augmenter la valeur de quelque chose, de mettre quelqu'un en valeur.
▶ Autres mots de la famille : **dévalorisant, dévaloriser, revalorisation, revaloriser.**

vanille

valse n. f. **1.** Danse à trois temps, où les couples de danseurs évoluent en tournant sur eux-mêmes. **2.** Musique sur laquelle on peut danser la valse. *Les valses de Chopin.*

▸ **valser** v. (conjug. 3) Danser la valse.

▸ **valseur** n. m., **valseuse** n. f. Personne qui valse. *Il est bon valseur.*

valve n. f. **1.** Chacune des deux parties de la coquille de certains mollusques, comme les huîtres et les moules. **2.** Système qui permet à l'air ou à un liquide de passer dans un seul sens. *Dévisse la valve de la chambre à air pour regonfler le pneu de ton vélo.* ➜ planche **Deux-roues.**

vampire n. m. **1.** Fantôme qui sort la nuit de sa tombe pour aller sucer le sang des vivants. *Dracula est un célèbre vampire.* **2.** Grande chauve-souris d'Amérique du Sud, qui suce le sang des animaux.

van [vɑ̃] n. m. Petit camion qui sert à transporter des chevaux. ▮ homonyme : **vent.**
▶ Ce mot vient de l'anglais.

vandale n. m. et f. (➜ ÉTYM.) Personne qui fait exprès de casser et d'abîmer des choses, pour s'amuser. *Des vandales ont saccagé l'abribus.*

▸**vandalisme** n. m. Destruction faite pour le plaisir. *Des actes de vandalisme ont été commis cette nuit dans le parking.*

vanille n. f. Plante exotique grimpante dont le fruit en forme de gousse donne un produit très parfumé. *Une glace à la vanille.*

▸**vanillé, vanillée** adj. Parfumé à la vanille. *Du sucre vanillé.*

vanité n. f. Défaut d'une personne qui est trop contente d'elle-même et qui s'en vante. ➜ **orgueil, prétention.** ▮ contraire : **modestie.**

▸**vaniteux, vaniteuse** adj. Trop fier de soi. ➜ **orgueilleux, prétentieux, suffisant.** *Elle est très vaniteuse.* ▮ contraire : **modeste.**

vanne n. f. Panneau vertical qui laisse s'écouler l'eau quand on le soulève et l'empêche de passer quand on le baisse. *Les vannes d'une écluse.*

vanné, vannée adj. Familier. Très fatigué. ➜ fam. **crevé.** *Louise est rentrée vannée de la piscine.*

vannerie n. f. Fabrication d'objets en osier ou en rotin tressé.

vantail n. m. (pl. **vantaux**) Panneau d'une porte ou d'une fenêtre. ➜ ① **battant.** *L'église a une porte à deux vantaux.*

▶ On peut aussi écrire *ventail,* ce mot étant de la famille de *vent.*

vanter v. (conjug. 3) **1.** Parler de quelque chose en en disant du bien. ➜ ① **louer.** *Il nous a vanté les qualités de sa voiture.* ▮ contraire : **dénigrer.** **2. se vanter,** parler de soi en exagérant ce qu'on a fait. *Il n'a pas pu y arriver tout seul, il se vante.* ➜ **bluffer.** *Julie s'est vantée d'avoir eu 10 à sa dictée.* ➜ se **flatter,** se **targuer.** ▮ homonyme : venter.

▸**vantard, vantarde** adj. Qui a l'habitude de se vanter, d'exagérer ce qu'il réussit à faire. *Elle est un peu vantarde.*

▸**vantardise** n. f. Défaut d'une personne qui exagère ce qu'elle a fait.

va-nu-pieds n. m. et f. inv. Personne très pauvre et mal habillée. ➜ **misérable.** – Au pl. *Des va-nu-pieds.* ▷ Mot de la famille de ① **aller, nu** et ① **pied.**

vapeur n. f. **1.** Ensemble de fines gouttelettes d'eau qui sont dans l'air. ➜ **brouillard.** **2.** Eau transformée en gaz quand elle bout. *Machine à vapeur,* qui utilise l'énergie produite par la vapeur. *Autrefois, il y avait des locomotives et des bateaux à vapeur.* – *Légumes cuits à la vapeur,* au-dessus de l'eau bouillante. **3.** Produit à l'état de gaz. *Des vapeurs d'essence.*

▶ Au sens 2, on dit aussi *vapeur d'eau.*

vaporeux, vaporeuse adj. Léger, fin et transparent. *Une chemise de nuit vaporeuse.*

vaporiser v. (conjug. 3) Projeter en fines gouttelettes. *Le jardinier vaporise de l'insecticide sur le rosier.* ➜ **pulvériser.**

▸**vaporisateur** n. m. Petit appareil qui sert à répandre un liquide en fines gouttelettes. ➜ **atomiseur, pulvérisateur.** *Un vaporisateur à parfum.*

vaquer v. (conjug. 3) *Vaquer à ses occupations,* faire ce que l'on a à faire, s'occuper.

varan n. m. Grand lézard carnivore d'Afrique et d'Asie. ➜ planche **Reptiles** et amphibiens. *Certains varans mesurent plus de trois mètres de long.*

varappe n. f. Escalade de rochers en montagne. *L'été, ils font de la varappe.*

varappe

varech [varɛk] n. m. Algues rejetées par la mer, qu'on récolte sur le rivage. ➜ **goémon.** *Le varech sert d'engrais.*

vareuse n. f. Veste courte et ample en toile, qui ne s'ouvre pas devant. *Une vareuse de marin.*

variable adj. Qui peut changer. → **changeant, incertain, instable.** *La météo annonce un temps variable pour demain.* – *Un mot variable,* dont la forme peut varier. *Les adjectifs sont variables en genre et en nombre.* ▮ contraire : **invariable.** ▷ Mot de la famille de varier.

variante n. f. Forme un peu différente. *Il existe des variantes de cette légende.* ▷ Mot de la famille de varier.

variation n. f. Modification. → **changement.** *Dans le désert, les variations de température sont très fortes.* → **amplitude, écart.** ▷ Mot de la famille de varier.

varice n. f. Veine gonflée. *Elle a des varices aux jambes.*

varicelle n. f. Maladie contagieuse, causée par un virus, qui se manifeste par des boutons sur tout le corps.

varier v. (conjug. 9) **1.** Faire changer, rendre un peu différent. *Il faut varier son alimentation.* **2.** Se modifier. *Le temps variera peu dans les jours qui viennent.* → **changer. 3.** Être différent. *Les traditions varient d'une région à l'autre.*

▸ **varié, variée** adj. Qui présente des éléments distincts, qui donne une impression de diversité. *Un dessin aux couleurs variées. Des hors-d'œuvre variés.* → **divers.**

▸ **variété** n. f. **1.** Caractère de ce qui contient des éléments différents. → **diversité.** *Ce paysage manque de variété.* ▮ contraires : **monotonie, uniformité. 2.** Sorte. → **type.** *Il existe de nombreuses variétés de roses.* → **espèce. 3.** *Un spectacle de variétés,* c'est un spectacle composé de numéros variés. → aussi **music-hall.**

▶ Autres mots de la famille : invariable, invariablement, variable, variante, variation.

variole n. f. Maladie contagieuse très grave qui se manifeste par une éruption de pustules. *La variole a disparu grâce à la vaccination.*

vasculaire adj. Qui concerne les vaisseaux sanguins. *Les maladies vasculaires.*

▶ Autre mot de la famille : cardiovasculaire.

① **vase** n. m. Récipient dans lequel on met des fleurs coupées. *Un vase en cristal.*

▶ Autres mots de la famille : évasé, transvaser.

② **vase** n. f. Boue qui se dépose au fond de l'eau stagnante. *La barque s'est enlisée dans la vase.*

▸ **vaseux, vaseuse** adj. Plein de vase. *Une mare vaseuse.*

▶ Autre mot de la famille : s'envaser.

vaseline n. f. Pommade incolore très grasse.

vasistas [vazistas] n. m. Petit panneau pouvant s'ouvrir séparément en haut d'une porte ou d'une fenêtre.

▮ Ce mot vient de l'allemand. (→ ÉTYM.)

vasque n. f. Bassin peu profond qui recueille l'eau d'une fontaine. *Une vasque en marbre.*

vassal n. m. (pl. **vassaux**) Homme à qui un seigneur donnait une terre, au Moyen Âge. *Les vassaux juraient fidélité à leur seigneur.* → aussi **fief, suzerain.**

vaste adj. Très grand. *Une vaste forêt.* → **étendu.** *Une maison très vaste.* → **spacieux.**

va-tout n. m. inv. *Jouer son va-tout,* c'est risquer tout ce que l'on a, prendre un grand risque, jouer le tout pour le tout. – Au pl. *Des va-tout.* ▷ Mot de la famille de ① aller et de ① tout.

vaudou adj. et n. m. (pl. **vaudous**), **vaudoue** adj. n. m. Religion de l'île d'Haïti et des Antilles, dans laquelle les pratiques de sorcellerie se mêlent aux pratiques chrétiennes. – adj. *Des cérémonies vaudoues.*

à vau-l'eau adv. *Aller à vau-l'eau,* aller à la ruine, péricliter. *Tous mes projets s'en vont à vau-l'eau.* ▷ Mot de la famille de val et de eau.

vaurien n. m., **vaurienne** n. f. (→ ÉTYM.) Petit voyou. *Bande de vauriens !* ▷ Mot de la famille de valoir et de rien.

vautour n. m. Grand oiseau rapace au bec crochu, à la tête et au cou dénudés, qui mange des cadavres et des détritus. → **charognard** et aussi **condor.** → planches Espèces **menacées, oiseaux.**

se vautrer v. (conjug. 4) S'étendre en se roulant tout à son aise. *Elle s'est vautrée sur le canapé.*

à la va-vite adv. Vite et sans s'appliquer. *Paul a fait ses devoirs à la va-vite.* ▷ Mot de la famille de ① aller et de vite.

veau n. m. Petit de la vache, âgé de moins d'un an, mâle ou femelle. ➜ aussi **génisse.** *Des veaux qui tètent leur mère. – Une escalope de veau.*

veau

vécu, vécue adj. Qui s'est réellement passé dans la vie. ➜ **réel, vrai.** *Ce roman est tiré d'une histoire vécue.* ▷ Mot de la famille de ① vivre.

① **vedette** n. f. Petit bateau rapide à moteur. *Une vedette de la police surveille la côte.*

② **vedette** n. f. **1.** Artiste célèbre. ➜ **star.** *Une vedette de cinéma.* **2.** *Se mettre en vedette,* chercher à attirer l'attention, à se faire remarquer. *Elle cherche toujours à se mettre en vedette.*

végéter v. (conjug. 8) Vivre sans rien faire d'intéressant, avec peu d'argent. ➜ **vivoter.** *Il végète dans une chambre d'hôtel.*

▸ **végétal** n. m. (pl. **végétaux**) Être vivant qui se nourrit sur place d'eau et de minéraux puisés dans la terre. ➜ ② **plante.** *Les arbres, les fleurs, les algues, les champignons sont des végétaux.* ➜ aussi **botanique.** – adj. Qui provient de végétaux. *L'huile d'olive est une huile végétale.*

▸ **végétarien, végétarienne** adj. Qui ne mange ni viande ni poisson. *Elle est végétarienne.* – n. *C'est un végétarien.*

▸ **végétatif, végétative** adj. *Une vie végétative,* une vie inactive qui fait penser à celle d'une plante.

▸ **végétation** n. f. Ensemble de plantes qui poussent dans un endroit. ➜ **flore.** *Une végétation luxuriante.*

▸ **végétations** n. f. pl. Petites peaux qui se développent au fond du nez et de la gorge et qui gênent la respiration. *Alex a été opéré des végétations.*

véhément, véhémente adj. Violent et passionné. *Des reproches véhéments.* ➜ **virulent.**

▸ **véhémence** n. f. Force et violence. *Le maire s'est opposé avec véhémence au projet.* ➜ **virulence.**

Il y a un *h* entre les deux *é*.

véhicule n. m. Engin qui permet de se déplacer ou de transporter des objets. *Les voitures, les camions, les motos sont des véhicules.*

▸ **véhiculer** v. (conjug. 3) Transporter dans un véhicule. *Il nous a véhiculés jusqu'à la gare.*

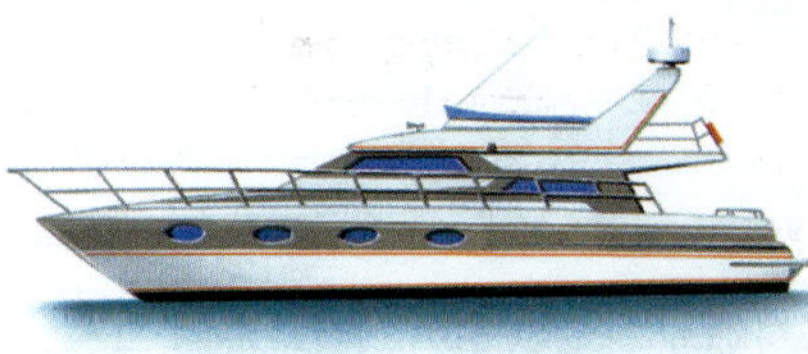

vedette

① **veille** n. f. Jour qui précède le jour dont on parle. ➜ aussi **hier.** *Cette lettre est arrivée la veille de mon départ.* ▮ contraire : **lendemain.**

▸ Autre mot de la famille : avant-veille.

② **veille** n. f. **1.** Moment sans sommeil pendant le temps où l'on devrait dormir. *Il a passé de longues veilles à préparer ses examens.* ▮ contraire : **sommeil.** **2.** État d'un appareil électrique arrêté, mais toujours sous tension et prêt à fonctionner. *Téléviseur, ordinateur en veille.*

▸ **veillée** n. f. Moment de la soirée entre le repas du soir et le coucher. *Autrefois, on passait la veillée au coin du feu.*

▸ **veiller** v. (conjug. 3) **1.** Rester éveillé pendant le temps où l'on devrait dormir. *Alex a veillé pour le réveillon.* **2.** Rester la nuit auprès de quelqu'un pour s'occuper de lui, ne pas le laisser seul. *Une infirmière veille le malade.* **3.** Faire attention. *Veillez à bien fermer le robinet. Elle veille sur son petit frère.* ➜ **surveiller.**

▸ **veilleur** n. m. *Un veilleur de nuit,* un gardien qui est de service la nuit. ➜ **vigile.** *Le veilleur de nuit fait sa ronde dans le parking.*

▸ **veilleuse** n. f. **1.** Petite lampe qui reste allumée. *Ils laissent une veilleuse dans la chambre du bébé.* **2.** *Les veilleuses d'une voiture,* les lampes des phares qui donnent la lumière la plus faible. ➜ aussi **code, phare.**

▸ Autres mots de la famille : éveil, éveillé, éveiller, radio-réveil, réveil, réveiller, réveillon, réveillonner, surveillance, surveillant, surveiller.

① **veine** n. f. Familier. Chance. *Il a eu beaucoup de veine dans sa vie.*

▸ **veinard, veinarde** adj. Familier. Qui a de la chance. ➜ **chanceux,** fam. **verni.** ▮ contraire : **malchanceux.** – n. *Elle part en vacances, quelle veinarde !*

▸ Autre mot de la famille : déveine.

② **veine** n. f. **1.** Vaisseau sanguin dans lequel circule le sang qui revient au cœur. ➜ aussi **artère.** *L'infirmière pique la veine du bras pour faire une prise de sang.* **2.** Ligne de couleur dans le bois ou la pierre. *Du marbre rose parcouru de veines blanches.*

▸ **veiné, veinée** adj. *Le marbre est veiné,* il est parcouru de lignes colorées.

▸ **veineux, veineuse** adj. Qui concerne les veines du corps. *Le système veineux.*

▸ Autre mot de la famille : intraveineux.

velcro n. m. (marque déposée) Système de fermeture constitué de deux rubans tissés différemment qui s'agrippent par contact. *Des chaussures fermées par des velcros.*

vêler v. (conjug. 3) *La vache vêle,* elle donne naissance à un veau.

véliplanchiste n. m. et f. Personne qui pratique la planche à voile. ▷ Mot de la famille de planche.

▸ On dit souvent *planchiste.*

velléité n. f. Intention, désir qui n'aboutit pas à une action. *Léa a eu des velléités de faire du judo.*

▸ **velléitaire** adj. Qui ne va jamais au bout de ses intentions par manque de volonté. *Un homme velléitaire.*

▸ Attention aux deux *l.*

vélo n. m. Bicyclette. ➜ planche **Deux-roues.** *Elle est venue à vélo. Un vélo tout-terrain.* ➜ **V. T. T.**

▸ Autres mots de la famille : vélodrome, vélomoteur.

vélocité n. f. Vitesse et agilité. *Ce virtuose du piano joue avec vélocité.*

vélodrome n. m. Piste pour les courses cyclistes. ▷ Mot de la famille de vélo.

vélodrome

vélomoteur n. m. Vélo équipé d'un petit moteur. → **cyclomoteur.** → planche **Deux-roues.**
▷ Mot de la famille de vélo et de ① moteur.

velours n. m. Tissu très doux dont un côté est formé de poils courts et serrés. *Un pantalon en velours côtelé.* – *Le chat fait patte de velours,* il ne sort pas ses griffes.

velouté adj. et n. m., **veloutée** adj.
▪ adj. Doux au toucher. *Les pêches ont une peau veloutée.* → **duveté.**
▪ n. m. Potage onctueux. *Un velouté d'asperges.*

velu, velue adj. Couvert de poils. → **poilu.** *Un homme à la poitrine velue.*

velux [velyks] n. m. (marque déposée) Fenêtre aménagée dans une toiture.

vénal, vénale adj. Qui est prêt à faire des choses malhonnêtes pour de l'argent. *Un homme vénal.* ▮ contraires : **désintéressé, incorruptible, intègre.** – Au masc. pl. *vénaux.*

à tout **venant** adv. À tout le monde, à chacun. *Sa porte est ouverte à tout venant.*
▷ Mot de la famille de ① tout et de venir.

vendange n. f. Cueillette du raisin qui sert à faire le vin. *On fait les vendanges en automne.*

▶ **vendanger** v. (conjug. 5b) Récolter le raisin pour faire du vin. *Les vignerons ont vendangé leurs vignes très tôt cette année.*

▶ **vendangeur** n. m., **vendangeuse** n. f. Personne qui fait la récolte du raisin.

les **vendanges**

vendre v. (conjug. 44) **1.** Donner quelque chose à quelqu'un contre de l'argent. *Le boucher vend de la viande.* ▮ contraire : **acheter.** **2.** Trahir, dénoncer. *Le truand a vendu tous ses complices.* → **livrer.**

▶ **vendeur** n. m., **vendeuse** n. f. Personne qui vend quelque chose. *Le vendeur de l'appartement n'a pas encore trouvé d'acheteur. La vendeuse de chaussures sert une cliente.* → **commerçant, marchand.**
▶ Autres mots de la famille : après-vente, revendre, revente, vente.

vendredi n. m. Jour de la semaine, entre le jeudi et le samedi. *Alex a un cours de solfège tous les vendredis matin.*

vénéneux, vénéneuse adj. Qui contient du poison. *Un champignon vénéneux.* → **toxique.** ▮ contraire : **comestible.**

vénérer v. (conjug. 8) Aimer et respecter. → **adorer, révérer.** *Les Bretons vénèrent sainte Anne.*

▶ **vénérable** adj. Très respectable. *Un vieillard vénérable.*

▶ **vénération** n. f. Respect admiratif. → **adoration, culte.** *Il a une véritable vénération pour sa grand-mère.*

vénerie n. f. Art de la chasse à courre.

venger v. (conjug. 5b) Réparer un tort fait à quelqu'un en punissant son auteur. *Le chevalier vengea son roi.* – **se venger,** punir une personne qui nous a fait du mal. *Elle s'est vengée de lui,* elle lui a fait autant de mal qu'il lui en avait fait.

▶ **vengeance** [vɑ̃ʒɑ̃s] n. f. Action de faire du mal à une personne qui en a fait à une autre. *Ma vengeance sera terrible ! – La vengeance est un plat qui se mange froid,* il faut savoir attendre pour se venger.
▶ Attention au e après le *g.*

▶ **vengeur** n. m. et adj., **vengeresse** adj.
▪ n. m. Personne qui venge, punit. *Alex s'est fait le vengeur des petits.* → aussi **vindicatif.**
▪ adj. Qui montre que l'on veut se venger. *Des paroles vengeresses.*

a b c d e f g h i j k l m n o p q r s t u v w x y z

venin n. m. Poison produit par certains animaux qui l'injectent en piquant ou en mordant. *Les vipères et les scorpions ont du venin.*

▸ **venimeux, venimeuse** adj. Qui a du venin. *Un serpent venimeux.*

▸ Autre mot de la famille : envenimer.

venir v. (conjug. 13) **1.** Se déplacer. *Viens chez moi. Le plombier doit venir réparer la fuite.* **2.** Arriver, provenir d'un endroit. *Cet avion vient de Berlin. Ce vase vient de Chine,* il a été fait en Chine. *De nombreux mots français viennent du latin.* → ② **dériver.** **3.** *Venir de,* avoir juste fini de. *Il venait juste de sortir.* **4.** *En venir à un sujet,* l'aborder. *Venons-en à la question des vacances,* parlons-en. *Où veux-tu en venir ?* que cherches-tu, en fin de compte ? *Ils en sont venus aux mains,* ils ont fini par se battre. **5.** Arriver, se produire. → **survenir.** *Il faut prendre les choses comme elles viennent. Léa est venue au monde un dimanche,* elle est née un dimanche.

▸ Autres mots de la famille : advenir, allées et venues, avenir, bienvenu, bienvenue, intervenir, parvenir, parvenu, provenance, provenir, revenant, revenir, revenu, revient, subvenir, survenir, tout-venant, va-et-vient, à tout venant, venu, venue.

vent n. m. **1.** Mouvement naturel de l'air. *Le vent du nord souffle sur la ville. Il y a du vent aujourd'hui.* – *Passer en coup de vent,* très rapidement. *C'est une jeune femme dans le vent,* à la mode. **2.** *Avoir vent de quelque chose,* être au courant, en avoir entendu parler. **3.** *Du vent,* des choses inutiles, sans intérêt. *Toutes ces belles promesses, ne t'y trompe pas, ce n'est que du vent,* ce n'est pas sérieux. **4.** *Des instruments à vent,* des instruments de musique dans lesquels on souffle pour en faire sortir des sons. *La trompette, la flûte, la cornemuse sont des instruments à vent.* ▮ homonyme : van.

▸ **ventail** → **vantail**

▸ Autres mots de la famille : coupe-vent, éventail, éventer, s'éventer, paravent, venter, venteux, ventilateur, ventilation, ventiler.

vente n. f. Le fait d'échanger quelque chose contre de l'argent. *Sa maison est en vente,* elle est à vendre. ▷ Mot de la famille de vendre.

venter v. (conjug. 3) *Il vente,* il y a du vent. ▮ homonyme : vanter. ▷ Mot de la famille de vent.

◗ Ce verbe ne s'emploie qu'à la 3ᵉ personne du singulier.

venteux, venteuse adj. *Un endroit venteux,* où il y a beaucoup de vent. *Cette plage est très venteuse.* ▷ Mot de la famille de vent.

ventiler v. (conjug. 3) Faire circuler de l'air. *Laisse la porte ouverte pour ventiler la pièce.* → **aérer.**

▸ **ventilateur** n. m. Appareil muni d'une hélice qui crée un courant d'air.

▸ **ventilation** n. f. **1.** Action de renouveler l'air. *Un vasistas assure la ventilation de la salle de bains.* → **aération.** **2.** *Ventilation pulmonaire,* renouvellement de l'air dans les poumons par l'inspiration et l'expiration.

▷ Mots de la famille de vent.

ventouse n. f. **1.** Organe de certains animaux, qui leur permet de se fixer à ce qu'ils touchent. *Les sangsues et les pieuvres ont des ventouses.* **2.** Rondelle de caoutchouc qui se fixe, sans colle ni clou, sur une surface lisse, juste en appuyant dessus. *Des fléchettes à ventouse.*

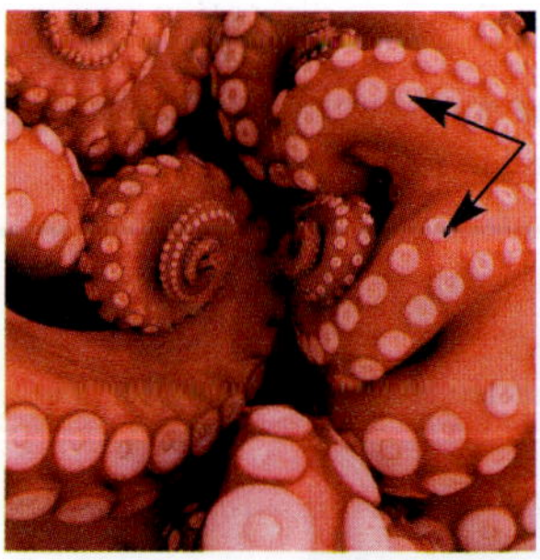

ventouses

ventre n. m. Partie du bas du tronc de l'homme et des mammifères, qui contient l'intestin. → **abdomen.** *Julie a mangé trop de chocolat, elle a mal au ventre. Le ventre du chat est très doux.* – *Alex dort à plat ventre,* allongé sur le ventre. ▮ contraire : sur le **dos.**

▸ **ventral, ventrale** adj. Du ventre. *La femelle du kangourou porte son petit dans sa poche ventrale. Les nageoires ventrales d'un poisson.* – Au masc. pl. *ventraux.*

▸ Autres mots de la famille : bas-ventre, éventrer, ventriloque, ventripotent, ventru.

ventricule n. m. Chacune des deux cavités inférieures du cœur. ➜ aussi **oreillette.**

ventriloque n. m. et f. Personne qui arrive à parler sans bouger les lèvres, avec une voix qui semble venir du ventre. *Le ventriloque fait parler une marionnette.* ▷ Mot de la famille de ventre.

ventripotent, ventripotente adj. Qui a un gros ventre. *Une femme ventripotente.* ➜ **bedonnant, ventru.** ▷ Mot de la famille de ventre.

ventru, ventrue adj. Qui a un gros ventre. ➜ **ventripotent.** *Un homme ventru.* – *Cette barque a une coque ventrue,* renflée, bombée. ▷ Mot de la famille de ventre.

venu n. m., **venue** n. f. 1. *Le premier venu,* n'importe qui. *Ce n'est pas la première venue.* 2. *Un nouveau venu,* une personne qui vient d'arriver. *Il y a deux nouveaux venus dans la classe.* ▷ Mot de la famille de venir.

venue n. f. Le fait de venir. *Nous attendons sa venue,* qu'il vienne. ➜ **arrivée.** ▷ Mot de la famille de venir.

ver [vɛʀ] n. m. Petit animal au corps allongé et mou, sans pattes. ➜ **asticot.** *Une pomme pleine de vers.* ➜ aussi **véreux.** *Les vers de terre sont cylindriques et de couleur rougeâtre.* ➜ **lombric.** ➜ planche **Sol.** *Il a eu le ver solitaire.* ➜ **ténia.** *Les fils de soie sont fabriqués par une chenille appelée ver à soie.* – *Tirer les vers du nez à quelqu'un,* réussir à le faire parler, à lui faire dire ce qu'on veut savoir. ▮ homonymes : vair, verre, ① et ② vers, vert.

▸ Autres mots de la famille : véreux, vermoulu.

véracité n. f. Le fait d'être vrai. *La véracité d'une information.* ➜ **authenticité, exactitude, sincérité.** ▮ contraire : **fausseté.**

véranda n. f. Galerie vitrée le long d'une maison. *En hiver, elle met les plantes dans la véranda.*

verbe n. m. 1. Mot qui exprime une action ou un état, et dont la forme varie selon le sujet, le temps et le mode. *Conjuguez le verbe «sortir» à l'imparfait de l'indicatif.* 2. *Avoir le verbe haut,* parler fort.

▸ **verbal, verbale** adj. 1. Qui concerne le verbe. *«Mangeons» et «faites» sont des formes verbales,* des formes des verbes conjugués. 2. Fait en parlant, sans écrire. *Ils ont conclu des accords verbaux.* ➜ **oral.**

▸ **verbalement** adv. Par la parole. ➜ **oralement.** *Il a donné son accord verbalement,* de vive voix. ▮ contraire : par **écrit.**

▸ **verbaliser** v. (conjug. 3) Dresser un procès-verbal. *L'agent de police a verbalisé pour stationnement interdit.*

▸ **verbeux, verbeuse** adj. Qui dit les choses en trop de mots. *Un discours verbeux.* ▮ contraire : **concis.**

▸ **verbiage** n. m. Trop grande quantité de paroles qui ne disent pas grand-chose. *Ce discours n'est qu'un verbiage creux.*

▸ Autre mot de la famille : procès-verbal.

verdâtre adj. D'une couleur verte un peu sale. *L'eau de la mare est verdâtre.*

verdeur n. f. Force et vigueur de la jeunesse, chez une personne âgée.

verdict [vɛʀdikt] n. m. Décision, jugement. ➜ **sentence.** *Le tribunal a rendu son verdict : l'accusé est acquitté.*

verdir v. (conjug. 11) Devenir vert. *Les blés verdissent. Paul a verdi de peur.* ➜ **blêmir, pâlir.**

verdoyant, verdoyante adj. Très vert, où la végétation abonde. *Une région verdoyante.*

verdure n. f. (➜ ÉTYM.) 1. Ensemble des arbres, des plantes, des feuilles, de l'herbe. ➜ **végétation.** 2. Plante que l'on mange crue, en salade. *Manger de la verdure.*

véreux, véreuse adj. 1. Plein de vers. *Une pomme véreuse.* 2. Malhonnête. *Un homme d'affaires véreux.* ▷ Mot de la famille de ver.

① **verge** n. f. Baguette de bois souple.

② **verge** n. f. Sexe de l'homme et des mammifères mâles. ➜ **pénis.**

a b c d e f g h i j k l m n o p q r s t u v w x y z

verger n. m. Terrain planté d'arbres fruitiers. *Dans ce verger il y a des pommiers et des poiriers.*

verger

verglas [vɛʀgla] n. m. (→ ÉTYM.) Mince couche de glace sur le sol. *La voiture a dérapé sur une plaque de verglas.*
Le *s* final ne se prononce pas.

▸ **verglacé, verglacée** adj. Couvert de verglas. *Une route verglacée.*

sans **vergogne** adv. Sans honte, sans scrupule. *Il ment sans vergogne.*

vergue n. f. Long morceau de bois fixé en travers du mât d'un bateau, qui soutient la voile.

véridique adj. Vrai, exact. → **authentique.** *Une histoire véridique.* contraires : (1) **faux, mensonger.**

vérifier v. (conjug. 9) **1.** Examiner une chose pour voir si elle est vraie, exacte. → **contrôler.** *Elle vérifie ses comptes.* **2.** Examiner une chose pour s'assurer de son état. *Il a fait vérifier les freins de sa voiture. – Alex vérifie qu'il a bien fermé la porte.*

▸ **vérifiable** adj. Que l'on peut vérifier. *Son alibi est vérifiable.*

▸ **vérification** n. f. Le fait de vérifier. *Le policier procède à une vérification d'identité.* → **contrôle.**

vérité n. f. Ce qui est vrai, correspond à la réalité. *Dis-moi la vérité. Toute vérité n'est pas bonne à dire :* il n'est pas toujours bien de dire ce que l'on sait. *Il n'y a que la vérité qui blesse :* si un reproche fait de la peine, c'est qu'il est justifié. – *En vérité,* en fait, en réalité. *En vérité, Julie n'avait rien vu.*

▸ **véritable** adj. Vrai, réel. *Une chaîne en or véritable.* contraire : (1) **faux.** *Théo est un véritable ami,* un ami digne de ce nom.

▸ **véritablement** adv. Effectivement, réellement. → **vraiment.** *L'été est véritablement fini.*

verlan n. m. Façon de parler très familière consistant à inverser les syllabes de certains mots. *En verlan, «pourri» se dit «ripou».*
Verlan, c'est l'inverse de *(à) l'envers.*

(1) **vermeil, vermeille** adj. Rouge vif. *La princesse avait les lèvres vermeilles.*

▸ (2) **vermeil** n. m. Argent recouvert d'une couche d'or un peu rouge. *Des couverts en vermeil.*

vermicelle n. m. (→ ÉTYM.) Pâtes à potage en forme de fils très minces. *Du bouillon au vermicelle.*

vermifuge n. m. Médicament qui tue les vers qui sont dans l'intestin.

vermillon n. m. Rouge vif un peu orangé. → planche **Couleurs.** *Une robe d'un beau vermillon.* – adj. inv. *Des chaussettes vermillon.*

vermine n. f. Insectes comme les poux, les puces et les punaises, qui sont des parasites de l'homme et des animaux. *Un cachot infesté de vermine.*

vermisseau n. m. Petit ver. *Les poules picorent des vermisseaux.*

vermoulu, vermoulue adj. Mangé par les vers. *Un escalier vermoulu mène au grenier.*
▷ Mot de la famille de ver et de moudre.

vernis n. m. Produit brillant, transparent ou coloré, que l'on passe sur une surface pour la protéger ou l'embellir. *La coque du bateau est recouverte d'une couche de vernis. Elle s'est mis du vernis à ongles rouge.*

▸ **vernir** v. (conjug. 11) Couvrir de vernis. *Le peintre vernit son tableau.*

▸ **vernì, vernie** adj. **1.** Recouvert de vernis. *Des chaussures vernies.* **2.** Familier. Qui a de la chance. → **chanceux,** fam. **veinard.** *Julie est vraiment vernie, elle a encore gagné à la tombola.*

▸ **vernissage** n. m. Inauguration d'une exposition de peinture. *Ils sont invités à un vernissage.*

▸ **vernissé, vernissée** adj. Enduit de vernis. *Des tuiles vernissées.*

chaussure **vernie**

verrat n. m. Porc mâle. → aussi **truie.**

verre n. m. **1.** Matière fabriquée, dure, cassante et transparente. *Les vitres des fenêtres sont en verre.* → aussi ② **glace.** *Une bouteille en verre.* **2.** Morceau de verre. *Le verre de la montre protège le cadran. Des lunettes aux verres teintés.* **3.** Récipient en verre dans lequel on boit. *Un verre en cristal. Paul boit un verre d'eau,* le contenu d'un verre. ▮ homonymes : vair, ver, ① et ② vers, vert.

▸ **verrerie** n. f. Usine où l'on fabrique du verre ou des objets en verre.

▸ **verrier** n. m. Ouvrier qui travaille dans une verrerie.

▸ **verrière** n. f. Toit en verre. *La piscine est surmontée d'une verrière.*

▸ **verroterie** n. f. Verre coloré, imitant les pierres précieuses, dont on fait des bijoux et des objets décoratifs. *Un collier en verroterie.*

▶ Autre mot de la famille : sous-verre.

verrou n. m. (pl. **verrous**) Système de fermeture, formé d'un morceau de métal que l'on fait coulisser pour bloquer une porte. → aussi **targette.** – *Le voleur est sous les verrous,* il est en prison.

▸ **verrouiller** v. (conjug. 3) Fermer à l'aide d'un verrou. *Il a verrouillé la porte d'entrée.*

▸ **verrouillage** n. m. Le fait de fermer avec un verrou, de bloquer une ouverture. *Le verrouillage d'une porte.*

verrue n. f. Petite boule dure qui pousse sous la peau. *Le médecin lui a enlevé une verrue sur la main.*

① **vers** n. m. Ligne d'un poème. *Ces deux vers riment entre eux.* ▮ homonymes : vair, ver, verre, vert.

▶ Autres mots de la famille : verset, versification.

② **vers** prép. **1.** En direction de. *Julie regarde vers nous.* **2.** Aux environs de. *Nous nous arrêterons vers Lyon.* **3.** Aux alentours de. *Il viendra vers midi.*

▶ Autre mot de la famille : ① envers.

versant n. m. Pente d'une montagne. *Les alpinistes ont escaladé le versant nord de la montagne.*

versatile adj. Qui change facilement d'avis. → **changeant, inconstant.** *Un homme versatile.* ▮ contraires : **entêté, opiniâtre.**

verser v. (conjug. 3) **1.** Faire couler un liquide d'un récipient que l'on incline. *Il verse du vin dans les verres. Verse-moi à boire, s'il te plaît.* → **servir. 2.** Répandre. *Elle a versé un larme à la fin du film.* **3.** Donner de l'argent pour payer. *Il faut verser 200 euros à la commande. Son salaire est versé sur son compte en banque.* → **virer. 4.** Basculer et tomber sur le côté. *La voiture a versé dans le fossé.* → se **renverser.**

▸ **à verse** adv. *Il pleut à verse,* très fort. → aussi **averse.**

▸ **versé, versée** adj. Savant et expérimenté. *Elle est très versée en histoire.*

▸ **versement** n. m. Action de verser de l'argent. → **paiement.** *Ils ont payé leur canapé en trois versements.*

▶ Autres mots de la famille : averse, déverser, renversant, à la renverse, renversement, renverser, verseur.

verset n. m. Paragraphe d'un texte sacré. *Les versets de la Bible.* ▷ Mot de la famille de ① vers.

verseur, verseuse adj. Qui sert à verser. *La cafetière a un bec verseur.* ▷ Mot de la famille de verser.

versification n. f. Art de faire des vers, des poèmes. *Les règles de la versification.* ▷ Mot de la famille de ① vers.

a b c d e f g h i j k l m n o p q r s t u v w x y z

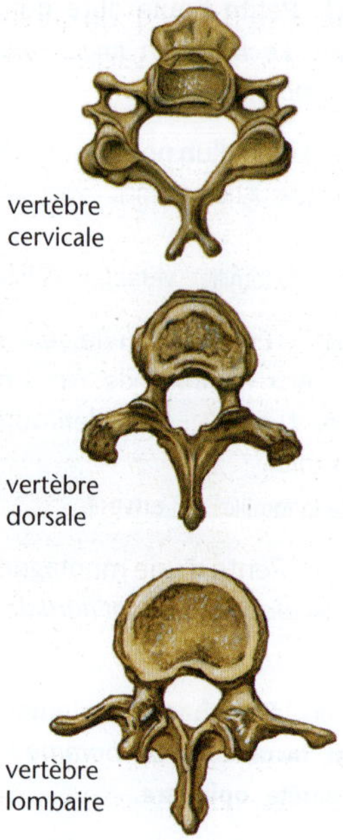

vertèbre

version n. f. **1.** Exercice scolaire de traduction dans sa propre langue d'un texte écrit dans une langue étrangère. *Une version anglaise.* → aussi **thème.** **2.** *Le film est en version originale,* il n'est pas doublé, il est dans la langue dans laquelle il a été tourné. **3.** Manière de raconter ce qui s'est passé. *Chaque témoin donne sa version des faits.*

verso n. m. Envers d'une feuille de papier. → **dos.** *Lisez la suite au verso.* ▮ contraire : **recto.** – Au pl. *Des versos.*

vert adj. et n. m., **verte** adj.
▪ adj. **1.** De la couleur de l'herbe, des végétaux. → planche **Couleurs.** *La chlorophylle donne aux plantes leur couleur verte. – Avoir la main verte,* savoir cultiver les plantes. **2.** Pas mûr. *Les tomates sont encore vertes.* **3.** *Des légumes verts,* que l'on consomme frais, non séchés. → aussi **verdure.** ▮ contraire : **sec.** **4.** Encore fort et plein d'énergie malgré son âge. → aussi **verdeur.**
▪ n. m. La couleur verte. *Le feu est passé au vert. Des volets d'un beau vert. Des gants vert amande.* ▮ homonymes : vair, ver, verre, ① et ② vers.

▸ **vert-de-gris** n. m. inv. Dépôt verdâtre qui se forme sur le cuivre et le bronze exposés à l'humidité. *Les grilles du parc sont recouvertes de vert-de-gris.* ▷ Mot de la famille de **gris.**

▶ Autres mots de la famille : **colvert, vertement.**

vertèbre n. f. Chacun des os qui forment la colonne vertébrale. → planche **Corps** humain. *L'être humain a 33 vertèbres séparées par des disques.*

▸ **vertébral, vertébrale** adj. Des vertèbres. *La colonne vertébrale.* → planche **Corps** humain. – Au masc. pl. *vertébraux.*

▸ **vertébré** n. m. Animal qui a une colonne vertébrale. *Les mammifères, les oiseaux, les poissons sont des vertébrés.* ▮ contraire : **invertébré.**

▶ Autre mot de la famille : **invertébré.**

vertement adv. Vivement, rudement. *Paul s'est fait reprendre vertement par le professeur.* ▷ Mot de la famille de **vert.**

vertical, verticale adj. **1.** Qui forme un angle droit avec une surface horizontale. *La position verticale.* → aussi **debout.** – Au masc. pl. *verticaux.* **2.** n. f. *Une verticale,* une ligne verticale. – *À la verticale,* verticalement.

▸ **verticalement** adv. En suivant une ligne verticale. *La pluie tombe verticalement.* ▮ contraire : **horizontalement.**

vertige n. m. **1.** Impression que tout tourne autour de soi, qui fait perdre l'équilibre. → **éblouissement, étourdissement.** *Elle a souvent des vertiges.* **2.** Peur de tomber dans le vide. *Louise ne peut pas aller sur le balcon du 5e étage, elle a le vertige.*

▸ **vertigineux, vertigineuse** adj. Qui pourrait donner le vertige. *Les chamois grimpent à des hauteurs vertigineuses.*

vertu n. f. **1.** Qualité morale. *L'honnêteté et le courage sont des vertus.* ▮ contraire : **vice.** **2.** Pouvoir de produire un effet. *Certaines plantes ont des vertus bienfaisantes.* → **propriété.** **3.** *En vertu de,* au nom de, conformément à. *Le coupable a été condamné en vertu de la loi.*

▸ **vertueux, vertueuse** adj. Qui a des qualités morales. → **honnête, moral, sage.** *Une personne vertueuse.*

verve n. f. Le fait de parler avec aisance, d'une manière vivante, brillante et pleine de fantaisie. *Il nous a raconté sa mésaventure avec verve.* ➜ **brio.**

verveine n. f. Plante dont les feuilles servent à faire de la tisane. *Une infusion de verveine.*

vésicule n. f. *La vésicule biliaire,* c'est une petite poche près du foie, qui contient la bile.

vesse-de-loup n. f. Champignon qui forme une petite boule blanche que l'on peut manger quand il est jeune et qui se remplit d'une poussière brune quand il est vieux. *Des vesses-de-loup.* ▷ Mot de la famille de loup.

vessie n. f. Poche située dans le bas du ventre dans laquelle s'accumule l'urine.

veste n. f. Vêtement ouvert devant, qui couvre le haut du corps et les bras et qui se porte par-dessus d'autres vêtements. ➜ **veston.**

▶ Autre mot de la famille : veston.

vestiaire n. m. **1.** Lieu où l'on laisse les vêtements que l'on porte seulement à l'extérieur, dans un endroit public. *Le vestiaire d'un théâtre, d'un musée.* **2.** Local où l'on se change dans un gymnase, une piscine, un stade. *Après le match, les joueurs sont retournés dans les vestiaires.*

vestibule n. m. Pièce d'entrée d'une maison ou d'un appartement. ➜ **entrée.**

vestige n. m. Ce qui reste d'une chose ancienne, détruite ou disparue. ➜ **reste, ruine, trace.** *Les vestiges d'un château fort.*

vestimentaire adj. Qui concerne les vêtements. *Elle soigne toujours sa tenue vestimentaire,* la façon dont elle est habillée.

veston n. m. Veste d'un costume d'homme.
▷ Mot de la famille de veste.

vêtement n. m. Ce que l'on met sur son corps pour le couvrir et le protéger. ➜ **habit.** *Des vêtements chauds.* ▷ Mot de la famille de vêtir.

vétéran n. m. **1.** Ancien combattant. *Les vétérans de la guerre d'Indochine.* **2.** Sportif de plus de 35 ans. *Les séniors et les vétérans.*

vétérinaire n. m. et f. Médecin qui soigne les animaux. *Le vétérinaire a vacciné mon chien contre la rage.*

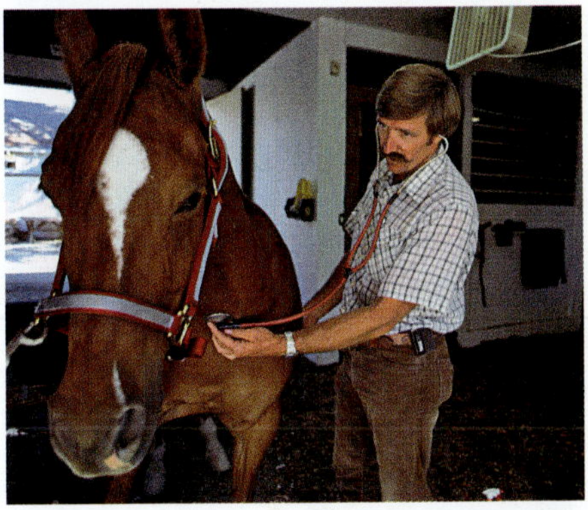

vétérinaire

vétille n. f. Chose sans importance. ➜ **détail.** *Ils se sont fâchés pour une vétille.* ➜ **broutille.**

vêtir v. (conjug. 23) Couvrir de vêtements. ➜ **habiller.** *Elle est vêtue d'un jean et d'un tee-shirt.* – **se vêtir,** s'habiller. *Léa s'est vêtue chaudement.*

▶ Autres mots de la famille : dévêtir, revêtement, revêtir, sous-vêtement, survêtement, vêtement.

veto [veto] n. m. inv. Pouvoir de s'opposer à quelque chose et de refuser sa réalisation. *Louis XVI avait le droit de veto. Le maire a mis son veto à ce projet.* – Au pl. *Des veto.*
C'est un mot latin qui veut dire «je m'oppose».

vétuste adj. Vieux et en mauvais état. *Rénover un appartement vétuste.*

▶ **vétusté** n. f. État d'une chose abîmée par le temps. ➜ **délabrement.** *La vétusté des installations électriques est une cause d'incendie.*
Ce mot appartient au langage soutenu.

veuf n. m., **veuve** n. f. Personne dont la femme ou le mari est mort. *Il s'est remarié avec une veuve.* – adj. *Elle a été veuve très jeune.*

▶ Autre mot de la famille : veuvage.

veule adj. Lâche, faible, peureux, sans volonté. *Un homme veule.* ▮ contraires : **énergique,** (1) **ferme.**

veuvage n. m. Situation d'une personne veuve. *Il s'est remarié après une année de veuvage.* ▷ Mot de la famille de veuf.

a b c d e f g h i j k l m n o p q r s t u v w x y z

vexer v. (conjug. 3) *Vexer quelqu'un,* lui faire de la peine et le fâcher en l'attaquant dans son amour-propre. ➜ **blesser, froisser, humilier, mortifier, offenser.** *Louise a vexé Théo en lui disant qu'il ne savait pas raconter les histoires. Léa est vexée que personne ne l'écoute.* – **se vexer,** se sentir humilié. *Julie se vexe facilement,* elle est très susceptible.

▸ **vexant, vexante** adj. Qui blesse l'amour-propre. ➜ **blessant, humiliant.** *Il lui a dit des choses très vexantes.*

▸ **vexation** n. f. Blessure d'amour-propre. *Elle a subi des vexations.*

▸ **vexatoire** adj. Fait exprès pour blesser l'amour-propre. *Des mesures vexatoires.*

via prép. En passant par. *Le train va de Brest à Paris, via Rennes.*
C'est un mot latin qui veut dire «voie».

① **viabilité** n. f. État d'une route sur laquelle on peut rouler. *Des travaux doivent améliorer la viabilité de ce chemin.*

② **viabilité** n. f. État de ce qui peut vivre, durer. *La viabilité de cette entreprise est douteuse,* ses chances de réussite sont incertaines.
▷ Mot de la famille de **vie.**

viable adj. Qui peut vivre, durer un certain temps. *Ce veau est né trop tôt, il n'est pas viable.* ▷ Mot de la famille de **vie.**

viaduc n. m. Pont très long sur lequel passe une route ou une voie ferrée. *Le train franchit le viaduc.*

viaduc

viager adj. et n. m., **viagère** adj.
▪ adj. *Rente viagère,* somme d'argent qu'une personne touche régulièrement jusqu'à ce qu'elle meure.
▪ n. m. *Le viager,* la rente viagère. *La vieille dame a vendu sa maison en viager,* elle touche de l'argent régulièrement de l'acheteur qui deviendra propriétaire à sa mort.

viande n. f. Chair des mammifères et des oiseaux, que l'on mange. *La viande apporte des protéines.* ➜ planche **Alimentation.** *La viande rouge,* la viande de bœuf, de mouton, de cheval. *La viande blanche,* la viande de veau, de porc et la volaille. *Les végétariens ne mangent pas de viande.* ➜ aussi **carnassier** et **carnivore.**

vibrer v. (conjug. 3) **1.** Trembler très rapidement. *Le plancher du bateau vibre quand on met le moteur en marche.* **2.** Être très ému, exalté. *La plaidoirie de l'avocat a fait vibrer les jurés.*

▸ **vibrant, vibrante** adj. Pathétique, émouvant. *Un discours vibrant.*

▸ **vibration** n. f. Mouvement et bruit d'une chose qui vibre. *Les vibrations d'une moto.* ➜ **trépidation.**

vice n. m. Grave défaut. *Il fume, c'est son seul vice.* ▮ contraire : **vertu.** *Cette fissure vient d'un vice de construction.* ▮ homonyme : **vis.**
▶ Autres mots de la famille : **vicié, vicieux.**

vice-président n. m., **vice présidente** n. f. Personne qui assiste le président ou la présidente et qu'elle remplace quand il le faut. *Le vice-président des États-Unis.* – Au pl. *Des vice-présidents.* ▷ Mot de la famille de **président.**

vice versa [viseveʀsa] ou [visveʀsa] adv. Aussi dans l'autre sens. ➜ **réciproquement.** *Il prépare le dîner quand sa femme rentre tard et vice versa.*
Vice versa est une expression latine.

vicié, viciée adj. Impur et malsain. *L'air des villes est vicié.* ➜ **pollué.** ▮ contraires : **pur, sain.**
▷ Mot de la famille de **vice.**

vicieux, vicieuse adj. **1.** *Un cheval vicieux,* qui n'est pas docile. ➜ **rétif. 2.** Mauvais, rempli d'erreurs. → **fautif, incorrect.** *Un raisonnement vicieux.* **3.** Qui a des goûts pervers. ▷ Mot de la famille de vice.

vicinal, vicinale adj. *Un chemin vicinal,* une route étroite qui relie deux villages. – Au masc. pl. *vicinaux.*

vicissitudes n. f. pl. Choses bonnes et surtout mauvaises qui se succèdent dans la vie. *Leur couple a tenu bon face aux vicissitudes de l'existence.*
▶ Ce mot appartient au langage soutenu.

vicomte n. m., **vicomtesse** n. f. Titre de noblesse au-dessous de celui de comte. ▷ Mot de la famille de comte.

victime n. f. **1.** Personne tuée ou blessée. *L'accident a fait trois victimes. Il a été victime d'une agression.* **2.** Personne qui est maltraitée par quelqu'un, qui souffre de quelque chose qu'elle subit. *Les enfants maltraités sont des victimes innocentes.*

victoire n. f. Succès obtenu dans une bataille ou une compétition. *Notre équipe a remporté une belle victoire.* → **triomphe.** ▮ contraires : **défaite, échec.**

victorieux, victorieuse adj. Qui a remporté une victoire. *L'équipe victorieuse a été acclamée.* ▮ contraires : **perdant, vaincu.** *Les gagnants ont un air victorieux.* → **triomphant** et aussi **vainqueur.**

victuailles n. f. pl. Nourriture, provisions. → **vivres.** *Ils ont emporté un panier de victuailles pour le pique-nique.*

vidange n. f. Action de vider. *Le mécanicien fait la vidange du réservoir d'huile de la voiture.*

▸ **vidanger** v. (conjug. 5b) Enlever le liquide qui est dans un réservoir. *Le plombier vidange le chauffe-eau avant de le réparer.*

▷ Mots de la famille de vider.

vide adj. et n. m.
▪ adj. Où il n'y a rien. *Une bouteille vide.* ▮ contraires : **plein, rempli.** *Le cinéma est vide,* il n'y a personne dedans. – *Se sentir, avoir la tête vide,* ne plus pouvoir penser à rien.
▪ n. m. **1.** Espace où il n'y a rien. *Je ne peux pas regarder du haut de la falaise, j'ai peur du vide. Le maçon comble les vides entre les pierres du muret.* – *Faire le vide autour de soi,* faire fuir tout le monde. **2.** Espace où l'air a été supprimé. *Du café emballé sous vide.* **3.** *À vide,* sans rien à l'intérieur. *L'autobus est parti à vide,* sans passagers. *Le moteur tourne à vide,* sans produire l'effet attendu. ▷ Mot de la famille de vider.

vide-grenier n. m. Marché où des particuliers vendent des objets dont ils veulent se débarrasser. *Louise a vendu ses poupées dans un vide-grenier.* – Au pl. *Des vide-greniers.* ▷ Mot de la famille de vider et de grenier.

vide-grenier

vidéo n. f. et adj.
▪ n. f. Technique qui permet d'enregistrer des images et des sons sur un support magnétique ou numérique au moyen d'un magnétoscope ou d'un caméscope et de les retransmettre sur un écran.
▪ adj. *Une caméra vidéo.* → **caméscope.** *Une cassette vidéo.* → **vidéocassette.** *Jeu vidéo,* jeu qui transmet à un écran des images que l'on commande de manière électronique. *Des jeux vidéos* ou *vidéo.*

▸ **vidéocassette** n. f. Cassette contenant une bande vidéo qui permet d'enregistrer des images et des sons grâce à un magnétoscope ou un caméscope et de les retransmettre sur un écran de télévision. ▷ Mot de la famille de cassette.
▶ On dit aussi *une cassette vidéo.*

▸ **vidéodisque** n. m. Disque qui permet de retransmettre sur un écran des images et des sons enregistrés. *Vidéodisque numérique.* → **DVD.** ▷ Mot de la famille de disque.

On dit aussi *un disque vidéo.*

vieillard (autoportrait de Léonard de Vinci)

vider v. (conjug. 3) **1.** Rendre vide en enlevant ce qu'il y a dedans. *Il vide la poubelle.* contraires : **garnir, remplir.** *Le poissonnier vide la truite,* il en enlève les entrailles. – **se vider,** devenir vide. *L'évier se vide rapidement.* **2.** Enlever ce qui remplit. *Elle a vidé l'eau de la baignoire.*

▸ **vide-ordures** n. m. inv. Tuyau vertical dans lequel on peut jeter les ordures, dans un immeuble. – Au pl. *Des vide-ordures.* ▷ Mot de la famille de ordures.

▸ Autres mots de la famille : évider, vidange, vidanger, vide, vide-grenier.

vie n. f. **1.** Ce qui caractérise l'homme, les animaux et les plantes qui naissent, respirent, se nourrissent, se reproduisent et meurent. → aussi ① **vivre.** *Le moineau blessé est toujours en vie.* contraire : ① **mort.** *Les pompiers lui ont sauvé la vie. Elle a risqué sa vie pour le sauver.* **2.** Temps compris entre la naissance et la mort. → **existence.** *Elle n'a jamais été aussi heureuse de sa vie.* **3.** Ce que l'on fait pendant le temps où l'on est vivant. *Le professeur nous a raconté la vie de Christophe Colomb.* → aussi **biographie.** **4.** Partie des activités, de ce que l'on fait. *Il ne mélange pas sa vie professionnelle et sa vie privée.* **5.** Ce qu'il faut pour vivre. *Elle gagne bien sa vie.*

▸ Autres mots de la famille : eau-de-vie, survie, ② viabilité, viable.

vieillard n. m. Homme très vieux. *Un vieillard centenaire.* ▷ Mot de la famille de vieux.

vieille → **vieux**

vieillerie n. f. Objet vieux et usé. *Jette donc toutes ces vieilleries !* ▷ Mot de la famille de vieux.

vieillesse n. f. Dernière partie de la vie, pendant laquelle on est âgé. *Il a eu une vieillesse heureuse, entouré de ses nombreux petits-enfants.* ▷ Mot de la famille de vieux.

vieillir v. (conjug. 11) **1.** Devenir vieux, de plus en plus vieux. *Il a beaucoup vieilli cette année.* **2.** Faire paraître plus vieux. *Cette coiffure la vieillit.* contraire : **rajeunir.**

▸ **vieillissement** n. m. Le fait de vieillir. *Le vieillissement de la peau.* contraire : **rajeunissement.**

▷ Mots de la famille de vieux.

vieillot, vieillotte adj. Vieux et démodé. → **désuet, suranné.** *Elle s'habille de manière un peu vieillotte.* ▷ Mot de la famille de vieux.

vielle n. f. Ancien instrument de musique à cordes et à roue. → planche **Musique.** *La roue de la vielle frotte les cordes comme un archet.*

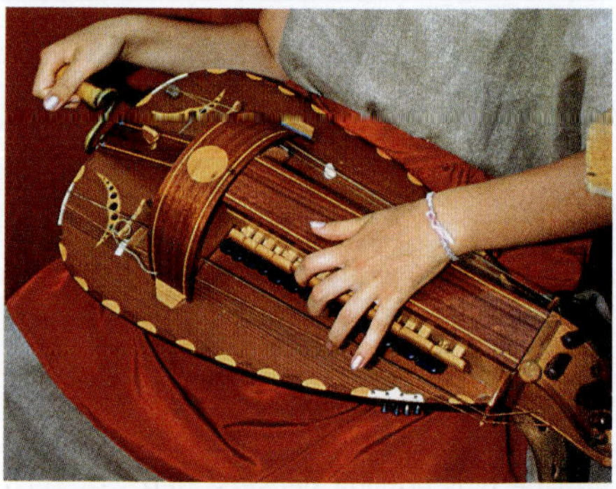

vielle

viennoiserie n. f. Ensemble des produits fabriqués par le boulanger qui ne sont pas du pain. *Les croissants, les brioches, les pains aux raisins sont des articles de viennoiserie.*

vierge adj. **1.** Qui n'a jamais eu de relations sexuelles. ➜ aussi **virginité.** *Jeanne d'Arc est morte vierge.* **2.** Qui n'a jamais été touché, sali ou utilisé. *Une feuille vierge,* où rien n'a été écrit. *Une cassette vierge,* sur laquelle rien n'a été enregistré. **3.** *La forêt vierge,* la forêt tropicale impénétrable.

vieux adj. et n. m., **vieille** adj. et n. f.

■ adj. **1.** Qui a vécu longtemps, qui est à l'âge de la vieillesse. ➜ **âgé.** *Une vieille dame.* ▮ contraire : **jeune.** *Leur chien est mort très vieux.* **2.** *Alex est plus vieux que sa sœur,* il est plus âgé qu'elle. **3.** *Ce sont de vieilles amies,* elles sont amies depuis longtemps. **4.** Qui existe depuis longtemps. *De vieux meubles.* ➜ **ancien.** *Une vieille voiture.* ▮ contraires : ② **neuf, nouveau, récent.**

■ n. **1.** Personne âgée. *Un couple de vieux.* ➜ **vieillard. 2.** Familier. *Mon vieux, ma vieille* termes d'affection qui s'emploient même entre personnes jeunes. *Salut, ma vieille !* **3.** n. m. Familier. *Prendre un coup de vieux,* vieillir rapidement.

Vieux devient *vieil* devant un nom commençant par une voyelle (ex. : *un vieil ami*) ou un *h* muet (ex. : *un vieil homme*).

▶ Autres mots de la famille : vieillard, vieillerie, vieillesse, vieillir, vieillissement, vieillot.

vif adj. et n. m., **vive** adj.

■ adj. **1.** Qui est rapide dans ses mouvements et ses réactions. ➜ ① **alerte, éveillé.** *Julie est une petite fille vive et intelligente.* ▮ contraire : **mou. 2.** Qui s'emporte facilement. *Il a été un peu vif dans la discussion.* ➜ **brusque. 3.** Rapide. *Avoir l'esprit vif,* comprendre vite. ▮ contraire : **lent.** *Théo a une vive imagination,* une grande imagination. **4.** Vivant. *Jeanne d'Arc a été brûlée vive.* **5.** Fort et intense. *Faites chauffer à feu vif.* ▮ contraire : **doux.** *Une douleur très vive.* ▮ contraire : **faible.** *Léa a un teeshirt rouge vif.* ▮ contraire : **pâle. 6.** Qui saisit. *Un froid vif. Un air vif,* frais et pur. ➜ **vivifiant.**

■ n. m. **1.** *Une plaie à vif,* avec la chair à nu. **2.** *La photo a été prise sur le vif,* sans poser, dans une attitude naturelle. **3.** *Il a été piqué au vif,* au point le plus sensible. **4.** *Entrons dans le vif du sujet,* parlons du point le plus important.

▶ Autres mots de la famille : raviver, vivacité, vivement.

vigie n. f. Marin qui surveille la mer du haut du mât ou de l'avant du bateau. *La vigie a aperçu un iceberg.*

vigilant, vigilante adj. Qui surveille avec beaucoup d'attention. ➜ **attentif.** *Soyez vigilants, ne laissez pas entrer n'importe qui !*

▶ **vigilance** n. f. Surveillance très attentive. *Les cambrioleurs ont trompé la vigilance du gardien.*

vigile n. m. Gardien, surveillant. *Le centre commercial est surveillé par des vigiles.*

vigne n. f. **1.** Petit arbuste dont le fruit est le raisin. ➜ aussi **cep, sarment.** *La Bourgogne est une région où l'on cultive la vigne.* **2.** Champ planté de vignes. ➜ **vignoble.** *Le vigneron laboure ses vignes.* **3.** *La vigne vierge,* plante décorative qui pousse le long des murs. *La façade de la maison est recouverte de vigne vierge.*

▶ **vigneron** n. m., **vigneronne** n. f. Personne qui cultive la vigne et fait du vin. ➜ **viticulteur.** *Les vignerons du Beaujolais.*

▶ Autre mot de la famille : vignoble.

vigne

vignette n. f. **1.** Étiquette imprimée qui prouve que l'on a payé quelque chose. *Colle la vignette sur ta carte d'adhérent.* **2.** Petite illustration dans un livre.

vignoble n. m. Terrain planté de vignes. *Le Bordelais est une région de vignobles.* ▷ Mot de la famille de vigne.

vigogne n. f. Petit lama au pelage fin d'un jaune roux, qui vit sur les hauts plateaux d'Amérique du Sud.

des **vigognes**

vigoureux, vigoureuse adj. Plein de vigueur. → ① **fort, puissant, robuste, solide.** *Une femme vigoureuse.* → **énergique.**

▶ **vigoureusement** adv. Avec force. → **énergiquement.** *Elle se frotte vigoureusement le dos. Ils ont vigoureusement protesté.*

▷ Mots de la famille de vigueur.

vigueur n. f. 1. Force, puissance. → **énergie.** *Ils se serrent la main avec vigueur,* vigoureusement. 2. *Une loi en vigueur,* en usage, en application. ▮ contraire : en **désuétude.**

▶ Autres mots de la famille : vigoureusement, vigoureux.

vil, vile adj. Qui inspire le mépris. → **méprisable.** *Un être vil. Une action vile.* ▮ contraire : **noble.** ▮ homonyme : ville.

▶ Autre mot de la famille : s'avilir.

① **vilain, vilaine** adj. 1. Qui n'est pas gentil. → **méchant.** *Vilaine fille !* 2. Mal. *C'est vilain de mentir.* 3. Désagréable à voir. → **laid.** *De vilaines dents.* ▮ contraires : **beau, joli.** 4. Mauvais. *Quel vilain temps !* → **sale.**

② **vilain** n. m. Paysan libre, au Moyen Âge. *Les serfs et les vilains.*

vilebrequin n. m. 1. Outil formé d'une mèche et d'une manivelle, qui sert à percer des trous. → **chignole** et aussi **perceuse.** 2. Barre de métal qui relie les bielles d'un moteur de voiture. → aussi **bielle.**

villa [villa] n. f. Maison entourée d'un jardin. → aussi **pavillon.** *Une villa au bord de la mer.*

village [vilaʒ] n. m. Groupe de maisons à la campagne, plus petit qu'une ville mais plus grand qu'un hameau, qui possède une mairie, des commerçants, des artisans, etc. → **bourg, bourgade, localité.** *Un village de montagne.*

▶ **villageois** [vilaʒwa] n. m., **villageoise** [vilaʒwaz] n. f. Habitant d'un village. *Les villageois réclament une école.*

▶ Attention au *e* après le *g.*

ville [vil] n. f. Grand groupe de maisons, avec de nombreuses rues et de nombreux habitants. → **cité** et aussi **urbain.** → planche **Ville.** *Lyon est une grande ville française.* ▮ homonyme : vil.

▶ Autres mots de la famille : bidonville, centre-ville.

villégiature [vileʒjatyʀ] n. f. Séjour de repos. *Un lieu de villégiature.*

vin n. m. Boisson alcoolisée faite avec du raisin. *Il préfère le vin rouge au vin blanc.* ▮ homonymes : vain, vingt.

▶ **vinaigre** n. m. Liquide piquant obtenu à partir de vin ou d'alcool, qui sert à assaisonner. *Du vinaigre de cidre. – On ne prend pas les mouches avec du vinaigre,* on n'obtient rien par la dureté. ▷ Mot de la famille de aigre.

▶ **vinaigrette** n. f. Sauce faite avec de l'huile et du vinaigre. *Des poireaux vinaigrette.* ▷ Mot de la famille de aigre.

▶ Autres mots de la famille : pot-de-vin, vinicole, vinification.

vindicatif, vindicative adj. Qui veut se venger. → **rancunier.** *Un caractère vindicatif.*

vingt adj. inv. Deux fois dix (20). *Marc a vingt ans.* – n. m. inv. *Son anniversaire est le 20 mai.*

▮ homonymes : vain, vin.

▶ *Vingt* est invariable sauf dans *quatre-vingts.*

▶ **vingtaine** n. f. Groupe d'environ vingt personnes ou vingt choses semblables. *Il me reste à lire une vingtaine de pages.*

▶ **vingtième** adj. et n. m.

▪ adj. Qui suit le dix-neuvième. *Ils habitent dans le vingtième arrondissement de Paris.*

▪ n. m. Partie d'un tout divisé en vingt parts égales.

▶ Autres mots de la famille : quatre-vingt(s), quatre-vingt-dix.

les animaux de la ville

Des millions d'animaux vivent dans les villes d'Europe, à proximité des hommes. Dissimulés dans des galeries souterraines, dans les espaces verts ou sur le toit des immeubles, ils s'alimentent la plupart du temps de déchets et certains, comme les cygnes ou les pigeons, sont nourris par les citadins. Les rats et les souris pullulent dans les égouts et se cachent dans les caves. Ce sont des rongeurs, le plus grand groupe des mammifères avec 1 700 espèces différentes.

hirondelle

étourneau

corneille

mésange

rat

souris grise

cygne

moineau domestique

vulcain

écureuil

fouine

pigeons

vinicole adj. Qui concerne la production du vin. *Une région vinicole,* où l'on produit du vin. ➜ **viticole.** ▷ Mot de la famille de vin.

vinification n. f. Transformation du jus de raisin en vin. *La vinification se fait sous l'action de la fermentation.* ▷ Mot de la famille de vin.

vinyle n. m. Matière plastique. *Avant les CD, il y avait des disques en vinyle.*

viol n. m. Acte de violence par lequel un homme force une personne à avoir des relations sexuelles avec lui. *Il a été condamné pour viol.* ▮ homonyme : viole. ▷ Mot de la famille de violer.

violacé, violacée adj. D'une couleur presque violette. *Il a les mains violacées à cause du froid.*

violation n. f. **1.** Le fait de ne pas respecter un engagement, un accord ou un droit. *Il y a eu violation de la loi.* ➜ **infraction. 2.** Le fait d'entrer dans un lieu protégé. *La violation d'un sanctuaire.* ➜ **profanation.** ▷ Mot de la famille de violer.

viole n. f. Instrument de musique à cordes et à archet, utilisé autrefois. *La viole est apparue en France au 15e siècle.* ▮ homonyme : viol.
▶ Autres mots de la famille : violon, violoncelle, violoncelliste, violoniste.

viole (J.-B. Oudry)

violent, violente adj. **1.** Qui a des sentiments très forts qu'il ne contrôle pas et devient facilement brutal quand il est en colère. *Un homme violent.* ▮ contraires : **calme, doux.** – *Il lui a dit des paroles très violentes.* ➜ **virulent. 2.** Très fort, terrible. *Un violent orage.*

▶ **violemment** [vjɔlamɑ̃] adv. Avec violence. ➜ **brutalement.** *Le bateau a heurté violemment le quai.* ▮ contraire : **doucement.**

▶ **violence** n. f. Force brutale. *La manifestation a été réprimée avec violence.* ➜ **brutalité.** ▮ contraire : **douceur.** *La tempête a été d'une rare violence.*
▶ Autres mots de la famille : non-violence, non-violent.

violer v. (conjug. 3) **1.** Ne pas respecter. ➜ **enfreindre, transgresser.** *Les criminels violent les lois.* ▮ contraire : **observer. 2.** Pénétrer de force dans un endroit protégé. *Des sépultures ont été violées,* elles ont été ouvertes et traitées sans respect. ➜ **profaner. 3.** *Il a violé une femme,* il a eu des relations sexuelles avec elle alors qu'elle ne le voulait pas.
▶ Autres mots de la famille : viol, violation.

violette n. f. Petite fleur de couleur violette qui pousse au printemps. ➜ planches **Fleurs, plantes** et santé. *Un bouquet de violettes.*

▶ **violet** adj. et n. m., **violette** adj. **1.** adj. D'une couleur qui est un mélange de bleu et de rouge. ➜ planche **Couleurs.** *Des chaussettes violettes.* **2.** n. m. La couleur violette. *Une écharpe d'un joli violet. Des chaussettes violet foncé.*
▶ Autre mot de la famille : ultraviolet.

violon n. m. Instrument de musique à quatre cordes que l'on frotte avec un archet, et que l'on tient entre l'épaule et le menton. ➜ planche **Instruments** de musique. – *Il faudrait accorder vos violons !* il faudrait vous mettre d'accord !

▶ **violoniste** n. m. et f. Personne qui joue du violon. ➜ planche **Instruments** de musique. *Paganini fut un grand violoniste italien.*

▶ **violoncelle** n. m. Instrument de musique qui ressemble à un gros violon, dont on joue assis en le tenant entre les jambes. ➜ planche **Instruments** de musique. *Le violoncelle a des sons plus graves que le violon.*

▶ **violoncelliste** n. m. et f. Personne qui joue du violoncelle.
▷ Mots de la famille de viole.

vipère n. f. Serpent venimeux, à la tête triangulaire, qui vit dans les terrains ensoleillés couverts de broussailles. → planches **Désert, montagne, prairie, reptiles** et amphibiens. *Il s'est fait mordre par une vipère.*

vipère

virage n. m. Partie d'une route qui tourne. → **tournant.** *Attention, virage dangereux !* ▷ Mot de la famille de virer.

viral, virale adj. Provoqué par un virus. *La grippe est une maladie virale.* – Au masc. pl. *viraux.* ▷ Mot de la famille de virus.

virer v. (conjug. 3) **1.** Changer de direction en tournant. *Le bateau a viré à droite à la sortie du port.* **2.** Changer, se transformer. → **tourner.** *Le papier a viré au jaune,* il a jauni. **3.** *Virer de l'argent sur un compte en banque,* faire passer de l'argent d'un compte sur un autre. *Son salaire est viré sur son compte tous les mois.* → **verser.**

▶ **virée** n. f. Familier. Petite promenade, petite excursion. *Nous avons fait une virée en Bretagne.*

▶ **virement** n. m. Transfert d'argent d'un compte sur un autre.

▶ **virevolter** v. (conjug. 3) Tourner rapidement sur soi-même. *Les couples de danseurs virevoltent, emportés par la musique.*

▶ Autres mots de la famille : revirement, virage.

virginité n. f. État d'une personne qui n'a jamais eu de rapports sexuels. → aussi **vierge.**

virgule n. f. **1.** Signe de ponctuation qui sert à séparer des mots ou des groupes de mots, à l'intérieur d'une phrase (,). **2.** Signe qui précède la décimale dans un nombre décimal. *Il y a une virgule dans 2,4.*

▶ Autre mot de la famille : point-virgule.

viril, virile adj. Qui a les caractéristiques que l'on attribue plus spécialement aux hommes. → **courageux, énergique, mâle.** *Il a eu une attitude virile devant le danger.*

▶ **virilité** n. f. Ensemble des qualités qui correspondent à l'image traditionnelle de l'homme.

virtuel, virtuelle adj. **1.** Qui est possible, qui réunit toutes les conditions pour pouvoir être réalisé. → **potentiel.** *La clientèle de ce nouveau produit est encore virtuelle.* ▮ contraires : ② **effectif, réel. 2.** *Une image virtuelle,* créée par ordinateur.

▶ **virtuellement** adv. En théorie, en principe. *Il ne reste plus qu'un match à jouer, notre équipe a virtuellement gagné le tournoi.*

virtuose n. m. et f. Personne qui joue d'un instrument de musique avec un très grand talent et une très bonne technique. *C'est une virtuose du piano.*

▶ **virtuosité** n. f. Talent, habileté du virtuose. → **brio, maîtrise.** *Le violoniste a exécuté ce morceau avec virtuosité.*

virulent, virulente adj. Très violent. → **véhément.** *Ce film a suscité des critiques virulentes.* ▮ contraires : **mesuré, modéré.**

▶ **virulence** n. f. Violence dans ce qui est dit, écrit. *Les députés ont protesté avec virulence.* → **véhémence.** ▮ contraires : **douceur, modération.**

virus [viʀys] n. m. **1.** Organisme microscopique, encore plus petit qu'un microbe, qui cause une maladie. *La rage est provoquée par un virus.* **2.** *Un virus informatique,* c'est un programme caché qui peut empêcher un ordinateur de fonctionner correctement.

▶ Autre mot de la famille : viral.

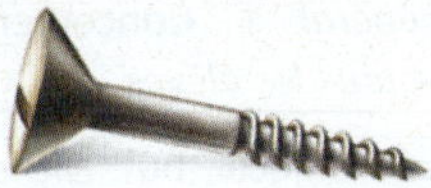
vis

vis [vis] n. f. Tige de métal pointue que l'on enfonce en tournant. *L'étagère est fixée au mur par quatre vis.* ▮ homonyme : vice.

▶ Autres mots de la famille : dévisser, tournevis, visser.

visa n. m. Cachet spécial mis sur un passeport, qui autorise l'entrée dans un pays. *Le consulat délivre les visas.*

visage n. m. 1. Partie avant de la tête de l'homme. → **face, figure.** *Julie a un visage rond et expressif. Elle cherche dans la foule un visage connu,* quelqu'un qu'elle connaît. 2. Aspect d'une chose. *Ce documentaire montre le vrai visage de l'Afrique.*

▶ Autre mot de la famille : dévisager.

vis-à-vis de [vizavidə] prép. 1. En face de. *Léa et Théo sont assis vis-à-vis l'un de l'autre.* – adv. *Ils sont assis en vis-à-vis.* 2. En face de, en présence de. *J'ai honte vis-à-vis de lui.* 3. Envers, à l'égard de. *Il s'est engagé vis-à-vis d'elle.*

viscère [visɛʀ] n. m. Organe qui est à l'intérieur du corps. *Le cerveau, le cœur, les poumons, l'estomac sont des viscères.*

▶ **viscéral, viscérale** adj. 1. Qui concerne les viscères. *La chirurgie viscérale.* 2. Profond et impossible à raisonner et à surmonter. *Léa a une peur viscérale des araignées.* – Au masc. pl. *viscéraux.*

▶ **viscéralement** adv. D'une manière que l'on ne peut pas contrôler. *Il est viscéralement attaché à sa liberté.* → **profondément.**

Il y a un *c* après le *s* dans *viscère, viscéral* et *viscéralement.*

viscosité n. f. État de ce qui est visqueux. *La viscosité d'une huile de moteur.* ▷ Mot de la famille de visqueux.

viser v. (conjug. 3) 1. Diriger une arme vers le but à atteindre. *Le tireur vise la cible.* 2. Chercher à obtenir. → **briguer.** *Elle vise le poste de directeur général.* 3. Concerner. *Cette remarque vise tous les élèves.*

▶ **visée** n. f. Objectif, but. *Elle a des visées ambitieuses.*

▶ **viseur** n. m. Partie d'un appareil par où l'on regarde pour viser une cible ou cadrer une photo. *Le viseur d'un appareil photo.*

▷ Mots de la famille de voir.

vison

visible adj. 1. Que l'on peut voir. → **apparent.** *Les microbes ne sont pas visibles à l'œil nu.* ■ contraire : **invisible.** 2. Évident. → **manifeste.** *Sa déception est visible.*

▶ **visiblement** adv. D'une façon visible, évidente. → **manifestement.** *Visiblement, Paul n'a pas envie de venir.* → **apparemment.**

▶ **visibilité** n. f. Possibilité de voir. *Avec ce brouillard, la visibilité est nulle,* on ne voit rien.

▷ Mots de la famille de voir.

visière n. f. Partie d'une casquette ou d'un képi qui protège le haut du visage et les yeux. *La visière d'une casquette.*

vision n. f. 1. Vue. *Les troubles de la vision.* 2. Manière de voir les choses, de penser. *Il n'a pas une vision réaliste de l'avenir.* 3. Chose que l'on voit en imagination. → **hallucination, rêve.** *Paul dit qu'il a vu une soucoupe volante, il a dû avoir des visions.*

▶ **visionnaire** n. m. et f. Personne qui a une vision juste de l'avenir ou de ce qui est caché. *Léonard de Vinci fut un artiste visionnaire.*

▷ Mots de la famille de voir.

visiter v. (conjug. 3) Aller voir, parcourir pour connaître. *Ils ont visité les États-Unis en voiture.*

▶ **visite** n. f. 1. Le fait d'aller voir quelqu'un et de rester avec lui un certain temps. *Ils ont rendu visite à leurs cousins. J'ai reçu la visite d'une amie.* 2. Déplacement d'un médecin chez un malade. *Le médecin est parti faire ses visites.* 3. Le fait de se rendre dans un lieu et de le parcourir, le visiter. *La visite du château est gratuite.*

▶ **visiteur** n. m., **visiteuse** n. f. 1. Personne qui va voir quelqu'un chez lui pour lui rendre visite. *Elle reconduit ses visiteurs jusqu'à la porte.* 2. Personne qui visite un endroit. *Le* *musée est ouvert aux visiteurs à partir de 10 heures.*

▷ Mots de la famille de voir.

vison n. m. Petit animal qui ressemble au putois, dont la fourrure est très recherchée. *Un élevage de visons.*

visqueux, visqueuse adj. *Un liquide visqueux,* épais et qui coule difficilement. ➜ **collant, gluant, poisseux.** *Le goudron est une matière visqueuse. – La peau visqueuse du crapaud,* couverte d'une substance gluante.

▶ Autre mot de la famille : viscosité.

visser v. (conjug. 3) **1.** Faire tenir avec des vis. *L'électricien a vissé l'interrupteur dans le mur.* **2.** Serrer en tournant. *Alex visse le couvercle du pot de confiture.* ▮ contraire : **dévisser.** ▷ Mot de la famille de vis.

visuel, visuelle adj. Qui concerne la vue. *Louise a une excellente mémoire visuelle,* elle se souvient bien de tout ce qu'elle voit.

▶ **visualiser** v. (conjug. 3) **1.** Rendre visible sur un écran d'ordinateur. *Ce site permet de visualiser des monuments sous plusieurs angles.* **2.** Se représenter. *Je visualise mal votre projet.*

▷ Mots de la famille de voir.

vitrail

vital, vitale adj. **1.** Qui est nécessaire pour vivre. *La respiration est une fonction vitale.* **2.** Très important. ➜ **essentiel, fondamental.** *La faim dans le monde, la paix, la pollution sont des problèmes vitaux.*

▶ **vitalité** n. f. Énergie, dynamisme. *Ces enfants sont pleins de vitalité.*

vitamine n. f. Substance indispensable au bon fonctionnement de l'organisme, que l'on trouve en petites quantités dans les aliments. *Les oranges sont riches en vitamine C.*

vite adv. **1.** En parcourant un grand espace en peu de temps. *Marchons plus vite !* ▮ contraire : **lentement. 2.** En peu de temps. *Julie comprend vite ce qu'on lui explique.* ➜ **rapidement. 3.** Au bout d'une courte durée. *Les travaux seront vite terminés.* ➜ **bientôt.**

▶ **vitesse** n. f. **1.** Distance parcourue divisée par le temps mis à la parcourir. *La voiture roule à la vitesse de 100 kilomètres à l'heure.* ➜ **allure. 2.** Le fait de parcourir une distance, de faire quelque chose en peu de temps. ➜ **rapidité.** *L'avion prend de la vitesse. L'automobiliste a eu une amende pour excès de vitesse,* pour avoir roulé trop vite. *Louise admire la vitesse avec laquelle Julie range ses affaires.* ➜ **hâte, promptitude.** ▮ contraire : **lenteur.** – *En vitesse, à toute vitesse,* très vite. ➜ à toute **allure. 3.** *Le changement de vitesse d'une voiture,* le mécanisme qui permet d'aller plus ou moins vite en réglant l'effort fourni par le moteur. ➜ planche **Voitures.**

▶ Autre mot de la famille : à la va-vite.

viticole adj. Qui produit de la vigne. *La Bourgogne est une région viticole.* ➜ **vinicole.**

viticulteur n. m., **viticultrice** n. f. Personne qui cultive la vigne pour produire du vin. ➜ **vigneron.**

viticulture n. f. Culture de la vigne.

vitre n. f. **1.** Plaque de verre qui garnit une fenêtre ou une porte. ➜ **carreau.** *Elle fait les vitres,* elle les nettoie. **2.** Panneau de verre d'une voiture. ➜ ① **glace** et aussi **parebrise.** *Le conducteur a baissé sa vitre.*

▶ **vitrage** n. m. Vitre. *Des fenêtres à double vitrage.*

▶ **vitrail** n. m. (pl. **vitraux**) Panneau fait de morceaux de verre colorés qui forment un dessin. *Les vitraux d'une cathédrale.* ➜ aussi **rosace.** ➜ planche **Cathédrale.**

▶ **vitré, vitrée** adj. Garni d'une vitre. *Une porte vitrée donne sur le jardin.*

▶ **vitreux, vitreuse** adj. Terne, sans éclat. *Des poissons morts à l'œil vitreux.* ▮ contraire : **vif.**

a b c d e f g h i j k l m n o p q r s t u v w x y z

▸ **vitrier** n. m. Homme qui vend des vitres et les pose. *Le vitrier a remplacé un carreau cassé.*

▸ **vitrifier** v. (conjug. 9) Recouvrir d'une matière plastique transparente pour protéger. *On a vitrifié le parquet du salon.*

▸ **vitrine** n. f. **1.** Partie vitrée d'un magasin où l'on expose les objets à vendre. → **devanture.** *Elle regarde les chaussures exposées en vitrine.* **2.** Petite armoire vitrée où l'on expose les objets de collection. *Les bibelots d'une vitrine.*

▶ Autre mot de la famille : lèche-vitrine.

vitriol n. m. Produit très dangereux qui détruit les choses en les rongeant. *Le vitriol est un acide très corrosif.*

vitupérer v. (conjug. 8) Protester vivement. → **vociférer.** *Les joueurs sanctionnés vitupèrent contre l'arbitre.*

vivable adj. Avec qui l'on peut vivre. → **supportable.** ▮ contraire : **invivable.** *Il n'est pas vivable.*
▷ Mot de la famille de ① vivre.

vivace adj. **1.** *Une plante vivace,* c'est une plante qui vit plusieurs années. *Le lierre est une plante vivace.* **2.** Durable, tenace. → **persistant.** *Il garde un souvenir vivace de leur première rencontre.* ▷ Mot de la famille de ① vivre.

vivacité n. f. **1.** Qualité de ce qui est vif, rapide, animé. *Les enfants répondent avec vivacité aux questions du professeur.* → **entrain, rapidité.** ▮ contraire : **lenteur.** *Théo a une grande vivacité d'esprit,* il comprend vite. **2.** Intensité, éclat. *Les couleurs de la tapisserie ont gardé leur vivacité, malgré les années.* ▷ Mot de la famille de vif.

① **vivant, vivante** adj. **1.** Qui est en vie. *Les homards vivants sont bleus.* ▮ contraire : ② **mort.** **2.** Qui vit. *Les plantes et les animaux sont des êtres vivants,* qui naissent, se reproduisent et meurent. → **animé.** **3.** Plein de vie. → **vif.** *Julie est une enfant très vivante.* **4.** Plein d'animation, de gaieté. *Un quartier vivant.* ▮ contraires : ② **mort, triste.** **5.** Utilisé de nos jours, actuel. *L'anglais est une langue vivante, le latin une langue morte.*

▸ ② **vivant** n. m. **1.** *Bon vivant.* → **bon vivant.** **2.** *Du vivant de quelqu'un,* pendant qu'il est ou qu'il était en vie. *Ce roman a été publié du vivant de l'auteur.*
▷ Mots de la famille de ① vivre.

vivarium [vivaʀjɔm] n. m. Cage vitrée où l'on garde de petits animaux vivants dans un environnement proche de leur milieu naturel. *Les serpents sont dans le vivarium du zoo.* – Au pl. *Des vivariums.*

vivarium

vivat [viva] n. m. Cri d'acclamation. *Les spectateurs ont salué le vainqueur avec des vivats.* ▮ contraire : **huées.** ▷ Mot de la famille de ① vivre.

vive interj. Mot qui sert à montrer que l'on a de l'admiration pour quelqu'un, de l'enthousiasme pour quelque chose. *Vive les vacances !* ▮ contraire : **à bas.** ▷ Mot de la famille de ① vivre.

vivement adv. **1.** D'une manière vive, avec vivacité. → **rapidement.** *Le lièvre s'est enfui vivement dans les taillis.* ▮ contraire : **lentement.** **2.** D'un ton vif. → **vertement.** *Elle lui a répliqué vivement.* **3.** Beaucoup, fortement. → **profondément.** *Nous regrettons vivement son absence.* **4.** Mot qui sert à formuler un souhait. *Vivement dimanche ! Vivement qu'il revienne !*
▷ Mot de la famille de vif.

vivier n. m. Endroit aménagé pour élever des poissons ou des crustacés, ou pour les garder vivants après les avoir pêchés. *Le vivier d'une poissonnerie.*

vivifier v. (conjug. 9) Donner de la vitalité, stimuler. ➜ **tonifier.** *Ce climat marin vivifie.*

▶ **vivifiant, vivifiante** adj. Stimulant. ➜ **tonique.** *L'air de la mer est vivifiant.*

vivipare adj. *Un animal vivipare,* c'est un animal dont les petits naissent déjà formés. *La souris, le requin sont vivipares.* – n. *Les vivipares et les ovipares.*

vivisection n. f. Dissection d'animaux vivants, faite pour les étudier. *Cette association milite contre la vivisection.*

vivoter v. (conjug. 3) Vivre avec peu d'argent, en ne faisant pas grand-chose. *Il vivote tant bien que mal.* ➜ **végéter.** ▷ Mot de la famille de ① vivre.

① **vivre** v. (conjug. 49) **1.** Être en vie, être vivant. ➜ **exister.** *Certains arbres peuvent vivre des centaines d'années. Elle respire la joie de vivre.* **2.** Passer sa vie dans un endroit. ➜ **habiter, résider.** *Elle a vécu à Rome pendant dix ans.* **3.** Passer sa vie d'une certaine façon. *Elle vit seule. Il est facile à vivre,* il a bon caractère. **4.** Avoir ce qu'il faut pour se nourrir, se loger. *Il travaille pour vivre. Ils ont à peine de quoi vivre.* **5.** Avoir, passer. *Il a vécu une enfance heureuse.*

▶ Autres mots de la famille : bon vivant, invivable, qui-vive, revivre, savoir-vivre, survivance, survivant, survivre, vécu, vivable, vivace, ① et ② vivant, vivat, vive, vivoter, ② vivre, vivrier.

② **vivre** n. m. **1.** *Le vivre et le couvert,* la nourriture et le logement. *L'hôtelier assure le vivre et le couvert à ses clients.* **2.** *Les vivres,* tout ce qui sert à l'alimentation humaine. *Il est parti en mer avec des vivres pour quinze jours,* avec des aliments, de la nourriture pour quinze jours. ➜ aussi **victuailles.** – *Couper les vivres à quelqu'un,* ne plus lui donner d'argent.

▶ **vivrier, vivrière** adj. *Les cultures vivrières,* les cultures de produits qui servent à l'alimentation.

▷ Mots de la famille de ① vivre.

vizir n. m. Ministre, du temps de l'Empire turc.

vlan interj. Onomatopée qui imite un bruit fort et sec. *Et vlan ! il a claqué la porte.*

vocabulaire n. m. (➜ ÉTYM.) **1.** Ensemble de mots d'une langue, d'un domaine. *Le vocabulaire du sport.* ➜ **lexique.** **2.** Ensemble de mots connus par une personne. *Les enfants enrichissent tous les jours leur vocabulaire.*

vocal, vocale adj. Écrit pour le chant. *La musique vocale.* ▮ contraire : **instrumental.** – Au masc. pl. *vocaux.*

▶ **vocalise** n. f. Exercice qui consiste à chanter une suite de notes sur une seule voyelle. *La cantatrice fait des vocalises.*

vocation n. f. Attirance, goût pour un métier, une activité. *Julie veut être danseuse, c'est sa vocation.*

vociférer v. (conjug. 8) Parler en criant, dire avec colère. ➜ **hurler, vitupérer.** *La foule hostile vociférait des menaces.*

vodka n. f. Eau-de-vie faite avec de l'orge ou du seigle fermentés.

▶ C'est un mot russe. (➜ ÉTYM.)

vœu n. m. **1.** Souhait que s'accomplisse quelque chose. *Léa a vu passer une étoile filante et elle a fait un vœu. Son vœu a été exaucé.* ➜ **désir.** *Au début de l'année, on envoie ses vœux à ses amis,* ses souhaits de bonheur. *Tous nos vœux de bonheur aux jeunes mariés !* **2.** Promesse faite à Dieu. *Les moines font vœu de pauvreté.*

vogue n. f. *En vogue,* à la mode. *Ce restaurant est très en vogue.* ▮ contraire : **démodé.**

voguer v. (conjug. 3) Avancer sur l'eau, naviguer. *Le navire vogue sur l'eau.*

voici prép. Mot qui sert à présenter une personne ou une chose. ➜ aussi **voilà.** *Voici ma chambre et voilà la tienne. Voici la pluie,* la pluie arrive. ▷ Mot de la famille de voir et de ici.

▶ En principe, *voici* désigne quelque chose qui est proche.

voie n. f. **1.** Endroit par où l'on passe pour aller quelque part. ➜ **chemin, passage.** *L'explorateur se fraie une voie à travers la jungle.* **2.** Endroit aménagé pour les transports. *Les autoroutes sont des voies de communication.* – *Les voies navigables,* les fleuves et les ca-

a b c d e f g h i j k l m n o p q r s t u v w x y z

naux. **3.** Partie d'une route sur laquelle peut rouler une file de voitures. *Une route à quatre voies.* **4.** *Voie ferrée* ou *voie,* ensemble des rails mis bout à bout et formant un chemin pour les trains. *Les voies et les quais d'une gare.* **5.** Chemin que l'on suit dans la vie, direction. *Il n'a pas encore trouvé sa voie. Être sur la bonne voie,* en train de réussir. **6.** *En voie de,* sur le point de. *On protège les espèces animales en voie de disparition.* ▪ homonyme : voix.

▶ Autres mots de la famille : claire-voie, convoi, se fourvoyer.

voilà prép. Mot qui sert à présenter une personne ou une chose. ➜ aussi **voici.** *Le voilà, là-bas, c'est lui. Voilà un taxi,* un taxi arrive. *Voilà ce que c'est que de ne pas obéir.* ▷ Mot de la famille de voir et de là.

▶ En principe, *voilà* désigne quelque chose qui est assez éloigné.

voilage n. m. Rideau léger et transparent. *Une baie vitrée garnie de voilages.* ▷ Mot de la famille de ① voile.

① **voile** n. m. **1.** Morceau de tissu qui cache le visage. *Certaines musulmanes portent un voile.* ➜ aussi **foulard. 2.** Tissu fin qui recouvre la tête. *Le voile de la mariée est en tulle.* **3.** Tissu très léger et fin. *Des rideaux en voile de coton.* **4.** Ce qui rend la vision moins nette. *Un voile de brume s'étend sur la campagne.*

▶ Autres mots de la famille : dévoiler, voilage, voiler.

② **voile** n. f. **1.** Morceau de toile qui permet à un bateau d'avancer lorsque le vent souffle dedans. ➜ planche **Bateaux.** *Le navigateur hisse la voile.* **2.** Sport qui consiste à naviguer sur des bateaux à voiles. ➜ planche **Sport.** *Paul apprend à faire de la voile.*

▶ Autres mots de la famille : se voiler, voilier, voilure.

voiler v. (conjug. 3) Rendre moins clair, moins visible. *Le brouillard voile l'horizon.* – **se voiler,** perdre de son éclat. *Le ciel s'est voilé en fin d'après-midi.* ▷ Mot de la famille de ① voile.

se voiler v. (conjug. 4) Se déformer. *La roue du vélo s'est voilée sous le choc.* ▷ Mot de la famille de ② voile.

voilier n. m. Bateau à voiles. ➜ planche **Bateaux.** ▷ Mot de la famille de ② voile.

voilure n. f. Ensemble des voiles d'un bateau. *Quand le vent souffle fort, on réduit la voilure.* ▷ Mot de la famille de ② voile.

voir v. (conjug. 33) **1.** Percevoir par les yeux. *Les chats voient la nuit. Elle voit mal sans lunettes. Je l'ai vu la première !* ➜ **apercevoir, distinguer.** *Allons voir si Louise est prête. Fais voir tes mains !* ➜ **montrer. 2.** Imaginer, se représenter. *Je te verrais bien déguisé en pirate.* **3.** Être spectateur de quelque chose. ➜ **assister.** *J'ai vu deux films cette semaine. Il en a vu d'autres !* il a connu des choses pires. **4.** Se trouver en présence de quelqu'un. *Je ne veux voir personne aujourd'hui.* **5.** Regarder attentivement, examiner. *Nous allons voir ce que nous pouvons faire.* **6.** Se rendre compte, comprendre. *Quand il a vu qu'il avait tort, il est devenu tout rouge.* ➜ **constater.** *Vous voyez ce que je veux dire.* ➜ **comprendre. 7.** *Avoir quelque chose à voir avec,* avoir un rapport avec. *Cela n'a rien à voir avec le sujet.* ▪ homonyme : voire.

▶ **se voir** v. **1.** Voir son image. *Léa s'est vue dans la glace.* **2.** Être visible. *La tache se voit encore.* **3.** Se rencontrer. *Louise et Théo se voient tous les jours.* **4.** S'imaginer. *Je ne me vois pas lui demander son âge.*

▶ Autres mots de la famille : audiovisuel, clairvoyant, entrevoir, entrevue, imprévisible, imprévoyance, imprévoyant, imprévu, invisible, longue-vue, malvoyant, non-voyant, point de vue, prévisible, prévision, prévoyance, prévoyant, rétroviseur, revoir, au revoir, ① et ② revue, superviser, télévisé, téléviseur, télévision, visée, viser, viseur, visibilité, visible, visiblement, vision, visionnaire, visite, visiter, visiteur, visualiser, visuel, voici, voilà, voyance, ①, ② et ③ voyant, vu, vue.

voire adv. Et même. *Ce médicament est inefficace, voire dangereux.* ▪ homonyme : voir.

voirie n. f. Service municipal qui s'occupe du nettoyage des rues et des places publiques. *Les employés de la voirie déblaient la neige.*

voisin adj. et n. m., **voisine** adj. et n. f.
▪ adj. **1.** Proche, à peu de distance. *Il y a quelqu'un dans la pièce voisine.* ▪ contraire : **éloigné. 2.** Semblable, similaire. *Ils ont des idées assez voisines.* ▪ contraire : **différent.**
▪ n. **1.** Personne qui habite tout près. *Il a rendu*

service à sa voisine. **2.** Personne qui est juste à côté. *Léa a emprunté une gomme à sa voisine de droite.*

▸ **voisinage** n. m. **1.** Ensemble des voisins. *Ses cris ont ameuté tout le voisinage.* **2.** Alentours, environs. *Julie connaît tous les enfants du voisinage.*

▸ **voisiner** v. (conjug. 3) Être à côté. *Dans son jardin, les jonquilles voisinent avec les tulipes.*

▸ Autre mot de la famille : avoisinant.

vol d'oies sauvages

voiture n. f. **1.** Véhicule à quatre roues et à moteur qui permet de transporter quelques personnes. ➜ **auto, automobile ;** fam. **bagnole.** ➜ planche **Voitures.** *Il a garé sa voiture devant l'école.* **2.** Véhicule monté sur roues. *Les diligences étaient des voitures à cheval,* des véhicules tirés par des chevaux. *Une voiture d'enfant.* ➜ **landau, poussette. 3.** Partie d'un train dans laquelle sont transportés des voyageurs. ➜ **wagon.** *Il a retenu une place dans la voiture 8.*

▸ **voiture-bar** n. f. Voiture d'un train aménagée en bar. *Des voitures-bars.* ▷ Mot de la famille de ① bar.

voix n. f. **1.** Ensemble des sons produits par la gorge et la bouche. *Il a une voix grave. Théo a chuchoté quelque chose à voix basse. Parler à voix haute,* de manière à être entendu. *Quand il est en colère, le professeur élève la voix,* il parle plus fort. *Elle est restée sans voix,* sans pouvoir parler. *Je les préviendrai de vive voix,* en leur parlant et non par écrit. ➜ **oralement. 2.** Ce que l'on ressent en soi-même. *Il faut écouter la voix de la raison,* ce que la raison nous dit de faire. **3.** Vote exprimé dans une élection. *Le maire a obtenu la majorité des voix au premier tour.* ➜ **suffrage. 4.** Aspect du verbe. *La voix active et la voix passive.* ▮ homonyme : voie.

▸ Autre mot de la famille : porte-voix.

① **vol** n. m. **1.** Déplacement dans l'air. *Une mouette prend son vol. Julie observe le vol des hirondelles. Le village est à 3 kilomètres à vol d'oiseau,* en ligne droite. *Elle a attrapé la balle au vol,* elle l'a attrapée rapidement au passage. ➜ **volée. 2.** Déplacement d'un avion, d'une fusée dans l'air. *Il y a une heure de vol entre Paris et Genève.* **3.** Groupe d'oiseaux qui volent ensemble. *Un vol d'oies sauvages a traversé le ciel.* ➜ **volée.** ▷ Mot de la famille de ① voler.

② **vol** n. m. **1.** Action de voler, de dérober quelque chose à quelqu'un. *On a commis un vol à la bijouterie.* **2.** Le fait de faire payer trop cher. *Faire payer un gâteau si cher, c'est du vol !* ➜ **escroquerie.** ▷ Mot de la famille de ② voler.

volage adj. Qui change facilement de sentiments. ➜ **frivole, inconstant.** *Un homme un peu volage.* ▮ contraire : **fidèle.**

volaille n. f. **1.** *La volaille,* l'ensemble des oiseaux de basse-cour élevés pour leurs œufs et leur chair (les poules, les canards, les oies, etc.). *La fermière jette du grain à la volaille.* **2.** *Une volaille,* un oiseau de basse-cour. ➜ **volatile.** *Ils mangent une volaille rôtie.*

▸ **volailler** n. m., **volaillère** n. f. Marchand de volailles.

▷ Mots de la famille de ① voler.

① **volant, volante** adj. **1.** Capable de voler. *Il y a des poissons volants dans les mers chaudes.* **2.** *Une feuille volante,* une feuille de papier isolée. ▷ Mot de la famille de ① voler.

② **volant** n. m. **1.** Petit objet léger, muni de plumes, fait pour être lancé en l'air et renvoyé avec une raquette. **2.** Bande de tissu qui orne le bord d'un vêtement, d'un objet. *Une jupe à volants.* ▷ Mot de la famille de ① voler.

③ **volant** n. m. Objet circulaire avec lequel le conducteur oriente les roues avant d'une voiture. ➜ planche **Voitures.** *Il tourne le volant à gauche puis à droite pour se garer. Elle est au volant,* en train de conduire.

volatil, volatile adj. Qui s'évapore facilement. *L'essence est volatile.* ▮ homonyme : volatile. ▷ Mot de la famille de ① voler.

les voitures

Au début du 19e siècle, les premières voitures « automobiles » à vapeur ressemblaient à des voitures à cheval et n'avançaient pas plus vite. Mais l'invention des moteurs à explosion fonctionnant à l'essence ou au gazole, à la fin du 19e siècle, a permis à ces automobiles d'aller de plus en plus rapidement (les voitures de course roulent aujourd'hui à plus de 300 km/h) et sur de plus longues distances. Selon la forme de la carrosserie, l'aménagement intérieur et le nombre de places, on donne aux voitures des noms différents : berline, break, cabriolet, coupé, monospace, etc. On compte maintenant plus d'un milliard de véhicules automobiles dans le monde. Pour réduire la pollution et économiser le pétrole, les voitures électriques sont peut-être une solution.

➔ planches **pollution**, **signalisation** routière.

voiturette Renault 1898

Delage (1933-1934)

2CV Citroën (1948)

cabriolet Cadillac (1959)

Rolls Royce

Fiat 500 (1957)

DS Citroën (1955)

Simca 1000 (1961)

4 x 4 Mitsubishi Pajero

monospace Renault Espace (2002)

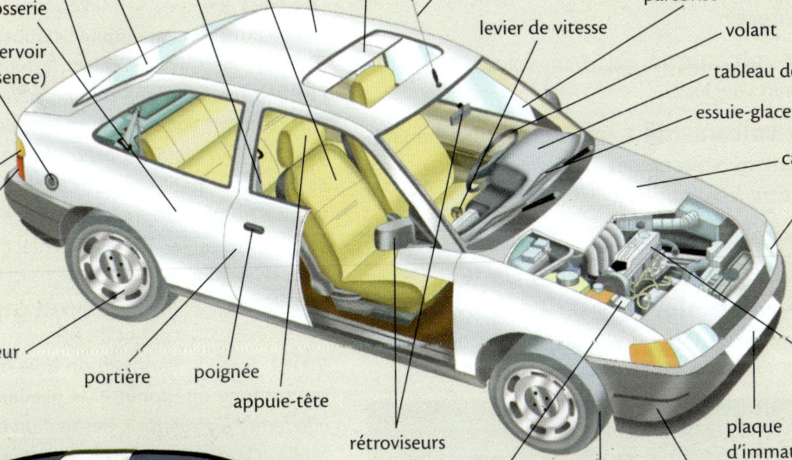

la voiture du futur ?

break

volatile n. m. Oiseau de basse-cour. → **volaille.** *On entend caqueter et glousser les volatiles.* ▮ homonyme : volatil. ▷ Mot de la famille de ① voler.

se **volatiliser** v. (conjug. 4) **1.** S'évaporer. *L'éther se volatilise très vite.* **2.** Disparaître. *Où est mon stylo ? Il ne s'est pourtant pas volatilisé !* → s'**envoler.** ▷ Mot de la famille de ① voler.

volcan n. m. (→ ÉTYM.) Montagne d'où sortent ou d'où peuvent sortir des matières brûlantes fondues. → planche **Volcans.** *Le volcan est en éruption.*

▸ **volcanique** adj. D'un volcan. *Une éruption volcanique.*

▸ **volcanisme** n. m. Ensemble des manifestations volcaniques. *Les volcanologues étudient le volcanisme.*

▸ **volcanologie** n. f. Étude scientifique des volcans.

▸ **volcanologue** n. m. et f. Spécialiste des volcans. → planche **Volcans.**

volcanologue

volée n. f. **1.** Groupe d'oiseaux qui volent ensemble. → ① **vol.** *Une volée de moineaux s'est abattue sur le champ.* **2.** *À toute volée,* très fort. *Il a refermé la porte à toute volée.* **3.** *À la volée,* au vol. *Alex a attrapé la balle à la volée.* **4.** Suite de coups forts et rapprochés. *Guignol a reçu une volée de coups de bâton.* ▷ Mot de la famille de ① voler.

① **voler** v. (conjug. 3) **1.** Se déplacer dans l'air grâce à des ailes. *Les hirondelles volent bas ce soir. L'avion vole à très haute altitude.* **2.** Effectuer des vols en avion. *Il apprend à voler.* → **piloter. 3.** Se déplacer en l'air. *Le vent fait voler la poussière.* **4.** *Voler en éclats,* se briser de sorte que les éclats volent au loin. **5.** Aller très vite. *Alex a volé au secours de son frère.* → s'**élancer,** se **précipiter.**

▶ Autres mots de la famille : cerf-volant, envol, s'envoler, survol, survoler, ① vol, volaille, volailler, ① et ② volant, volatil, volatile, se volatiliser, volée, voleter, volière.

② **voler** v. (conjug. 3) **1.** Prendre ce qui appartient à autrui. → s'**approprier, dérober,** s'**emparer,** ② **ravir, subtiliser ;** fam. **chiper,** ② **faucher, piquer.** *Les cambrioleurs ont volé plusieurs tableaux. Elle s'est fait voler son porte-monnaie. – Qui vole un œuf, vole un bœuf,* la personne qui commet un petit vol est capable d'en commettre un plus important. **2.** Faire payer trop cher. → fam. **rouler.** *Tu t'es fait voler par ce plombier.* → **escroquer.**

▶ Autres mots de la famille : antivol, ② vol, voleur.

volet n. m. **1.** Panneau de bois ou de métal qui protège une fenêtre. → **persienne.** *Le soir, elle ferme les volets.* **2.** Partie d'un objet qui se replie. *Ce dépliant a trois volets.* ▮ homonyme : volley.

voleter v. (conjug. 6b) Voler à petits coups d'ailes, en changeant souvent de direction. → **voltiger.** *Des papillons volettent autour de la lampe.* ▷ Mot de la famille de ① voler.

voleur n. m., **voleuse** n. f. **1.** Personne qui vole les choses qui appartiennent aux autres. → **cambrioleur, pickpocket.** *La police n'a pas retrouvé les voleurs.* **2.** Personne qui fait payer les choses trop cher. *Ce garagiste est un voleur.* → **escroc.** ▷ Mot de la famille de ② voler.

volière n. f. Grande cage où les oiseaux peuvent voler. ▷ Mot de la famille de ① voler.

volley [vɔlɛ] ou **volleyball** [vɔlɛbol] n. m. Sport dans lequel deux équipes de six joueurs doivent se renvoyer un ballon au-dessus d'un filet. *Un match de volley.* ▮ homonyme : volet.
▶ C'est un mot anglais, de *volley* «volée» et *ball* «balle». • On écrit aussi *volley-ball.* • Écrire *volleyball*

en un seul mot, comme *football*, est conforme à la nouvelle orthographe.

▸ **volleyeur** n. m., **volleyeuse** n. f. Joueur, joueuse de volley. *Les deux équipes de volleyeurs se rencontreront samedi.*

match de **volley**

volontaire adj. **1.** Qui a de la volonté. *Une petite fille têtue et volontaire.* ▮ contraires : **faible, velléitaire. 2.** Dû à la volonté. *Un oubli volontaire.* → **délibéré, intentionnel.** ▮ contraire : **involontaire. 3.** Qui fait une chose parce qu'il le veut bien. *Qui est volontaire pour effacer le tableau ?* – n. *On demande des volontaires pour ranger les livres.*

▸ **volontairement** adv. Exprès, en sachant ce que l'on fait. → **délibérément.** *Il a volontairement caché certains détails à la police.*

▷ Mots de la famille de volonté.

volonté n. f. **1.** Qualité d'une personne qui veut les choses avec énergie et fermeté. *Elle a beaucoup de volonté.* → **caractère, fermeté. 2.** Ce qu'une personne veut. *Les élèves doivent respecter les volontés de la directrice. Ce retard est indépendant de notre volonté,* nous n'en sommes pas responsables. **3.** *À volonté,* autant que l'on veut. *Il y a à boire et à manger à volonté.* → à **discrétion. 4.** *Bonne volonté, mauvaise volonté,* disposition à faire ou à ne pas faire volontiers quelque chose. *Louise a fait preuve de bonne volonté en nous aidant. Théo a mis de la mauvaise volonté à ranger sa chambre.*

▶ Autres mots de la famille : involontaire, involontairement, volontaire, volontairement.

volontiers adv. Avec plaisir. *Paul prête volontiers son vélo.* → de bon **cœur.** *Voulez-vous dîner avec nous ? – Volontiers.* → **oui.**

volt [vɔlt] n. m. (→ ÉTYM.) Unité qui sert à mesurer la force d'un courant électrique. *Cet appareil fonctionne en 220 volts.*

▸ **voltage** n. m. Nombre de volts nécessaires pour qu'un appareil électrique fonctionne normalement. *Le voltage n'est pas le même en France et au Canada.*

▶ Autre mot de la famille : survolté.

volte-face n. f. inv. **1.** Brusque demi-tour. *Elle a fait volte-face en entendant son nom.* **2.** Brusque changement d'opinion. → **revirement.** *Les nombreuses volte-face d'un homme politique.* ▷ Mot de la famille de face.

▶ On peut aussi écrire *volteface,* des *voltefaces.*

voltiger v. (conjug. 5b) Voler ici et là. *Les feuilles mortes voltigent au vent.*

▸ **voltige** n. f. Exercice d'acrobatie à la corde, au trapèze ou à cheval. *Les trapézistes ont exécuté un numéro de voltige.*

voltige à cheval

volubile adj. Très bavard. *Théo est extrêmement volubile ce matin.* → **loquace.** ▮ contraires : **muet, silencieux, taciturne.**

▸ **volubilité** n. f. Le fait de parler beaucoup et vite. *Il raconte son voyage avec volubilité.*

les volcans

Une cinquantaine d'éruptions volcaniques est recensée chaque année dans le monde sous des formes très diverses. Les plus fréquentes sont les « nuées ardentes » et les émissions de lave. Les premières sont formées par un mélange de gaz et de cendres qui dévale les flancs du volcan à plusieurs centaines de km/h. Caractéristiques des éruptions dites « effusives », les coulées de lave visqueuse, dont la température moyenne est de 1 000 °C, ne parcourent en général que quelques centaines de mètres par heure avant de se solidifier. On dénombre environ 1 500 volcans terrestres et 5 000 volcans sous-marins en activité.

➔ volcanisme, volcanologie.
➔ planche **Terre**.

L'Eyjafjallajökull, en Islande

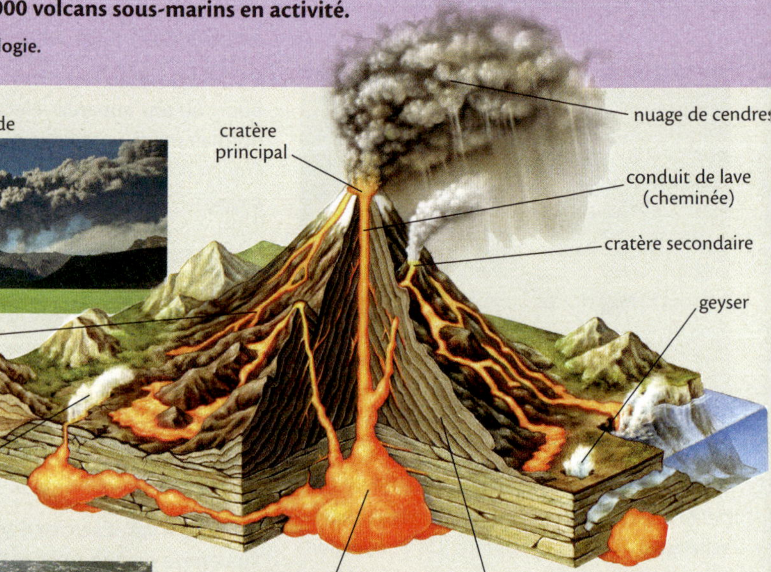

Le Vésuve, en Italie

Le Stromboli, en Italie

un volcanologue

① **volume** n. m. **1.** Partie de l'espace qu'occupe une chose. *Ma cheville enflée a doublé de volume. Cette armoire occupe un grand volume dans la pièce,* elle prend beaucoup de place. **2.** Quantité totale. *Le volume des exportations a augmenté.* **3.** Force, puissance d'un son. *Régler le volume.*

▸ **volumineux, volumineuse** adj. Gros, encombrant. *Une caisse volumineuse.*

② **volume** n. m. Livre. *Les volumes alignés dans une bibliothèque. Un dictionnaire en deux volumes.* ➜ **tome.**

volupté n. f. Grand plaisir. *Elle se plonge avec volupté dans un bain chaud.*

▸ **voluptueux, voluptueuse** adj. Qui procure un grand plaisir. *Ces fleurs dégagent une odeur voluptueuse.*

▸ **voluptueusement** adv. En prenant du plaisir. *Le chat s'étire voluptueusement devant la cheminée.*

volute n. f. Forme enroulée en spirale. *Des volutes de fumée.*

volutes de fumée

vomir v. (conjug. 11) **1.** Rejeter ce que l'on a mangé. ➜ **régurgiter, rendre.** *Elle a eu mal au cœur et elle a vomi.* **2.** Projeter au-dehors. *Le volcan vomit de la lave en fusion.*

▸ **vomissement** n. m. Action de vomir. *Il a été pris de vomissements.* ➜ aussi **nausée.**

▸ **vomitif** n. m. Produit qui fait vomir.

vorace adj. Qui mange énormément. *Ce chien est très vorace.* ➜ **glouton.**

▸ **voracement** adv. Avec voracité. *Le chien s'est jeté voracement sur la viande.*

▸ **voracité** n. f. Avidité à manger. ➜ **gloutonnerie, goinfrerie.** *Paul a dévoré son sandwich avec voracité.*

vos ➜ **votre**

vote n. m. (➜ ÉTYM.) **1.** L'opinion que l'on exprime en votant. ➜ **suffrage, voix.** *Le soir des élections, chaque parti compte les votes qui lui sont favorables.* **2.** Action de voter. ➜ **élection, scrutin.** *Le vote s'est déroulé dans le calme. Le conseil municipal a procédé au vote du budget,* il a voté le budget.

▸ **votant** n. m., **votante** n. f. Personne qui participe à un vote. ➜ **électeur.** *Les votants ont mis leur bulletin dans l'urne.*

▸ **votation** n. f. Action de voter. ➜ **vote.**
▸ Ce mot est employé en Suisse.

▸ **voter** v. (conjug. 3) **1.** Exprimer son opinion par un vote, lors d'une élection. *En France, on a le droit de voter à 18 ans. Il a voté pour le candidat de son parti.* **2.** Faire accepter par un vote. *Les députés votent les lois.*

votre (pl. **vos**) adj. possessif Qui est à vous. ➜ aussi **mon,** ① **ton,** ① **son, notre,** ② **leur.** *Vous oubliez votre écharpe et vos gants !*

vôtre pronom possessif et n. m.
■ **pronom possessif** L'être ou la chose qui est à vous. *Rendez-moi mes lunettes et reprenez les vôtres.*
■ n. m. **1.** *Il faut que vous y mettiez un peu du vôtre,* que vous fassiez un effort. **2.** n. m. pl. *Je serai des vôtres ce soir,* je serai parmi vous.

vouer v. (conjug. 3) **1.** Consacrer. *Elle a voué son temps aux handicapés.* **2.** Manifester un sentiment durable. *Alex voue une grande admiration à son oncle.* **3.** Destiner à un sort désagréable. ➜ **condamner.** *Ce quartier est voué à la démolition.*
▸ Autres mots de la famille : dévoué, dévouement, se dévouer.

vouloir v. (conjug. 25) **1.** Désirer, souhaiter très fort. *Je veux bien une tasse de thé. Je voudrais voir le directeur. N'aie pas peur de ce chien, il* *ne te veut pas de mal,* il n'a pas l'intention de te faire du mal. *Je voudrais qu'il vienne.* **2.** *En vouloir à quelqu'un,* garder de la rancune contre lui. *Léa en veut à son frère de s'être moqué d'elle.* **3.** Accepter. *Je ne veux pas de tes conseils.* **4.** Être d'accord pour. *Tu veux venir avec nous ? Je veux bien aller à la piscine avec toi.* → **accepter, consentir.** **5.** Familier. Arriver à. *Le moteur ne veut pas démarrer.* **6.** *Vouloir dire,* signifier. *Que veut dire ce mot ?*

vous pronom personnel Pronom personnel de la deuxième personne du pluriel, sujet et complément. **1.** *Vous* désigne plusieurs personnes auxquelles on s'adresse. *Je vous donne 10 euros à chacun. À vous deux, vous y arriverez bien,* tous les deux. **2.** *Vous* s'emploie par politesse pour désigner une seule personne à laquelle on s'adresse. *Je vous remercie, monsieur.*

▶ Autres mots de la famille : garde-à-vous, rendez-vous, vouvoiement, vouvoyer.

voûte n. f. Plafond arrondi. *Des fresques ornent la voûte de l'église.* → planche **Cathédrale.**

On peut aussi écrire *voute,* sans accent circonflexe.

▸ **voûté, voûtée** adj. **1.** Couvert d'une voûte. *Une cave voûtée.* **2.** Qui a le dos courbé. *Une vieille dame voûtée.*

On peut aussi écrire *vouté, voutée,* sans accent circonflexe.

▸ **se voûter** v. (conjug. 4) Devenir voûté, avoir le dos qui se courbe. *Avec l'âge, elle s'est voûtée.*

On peut aussi écrire *se vouter,* sans accent circonflexe.

cave **voûtée**

vouvoyer v. (conjug. 10) S'adresser à quelqu'un en employant la deuxième personne du pluriel. *Le professeur tutoie ses élèves mais vouvoie la directrice.* – **se vouvoyer,** se dire «vous» l'un à l'autre. *Ils se sont toujours vouvoyés.*

▸ **vouvoiement** n. m. Le fait de dire «vous» à quelqu'un quand on lui parle. *Avec son chef, il utilise le vouvoiement.* → aussi **tutoiement.**

▷ Mots de la famille de vous.

voyage n. m. **1.** Déplacement d'une personne qui va dans un lieu assez éloigné. *Ils ont fait un voyage en Italie. Elle aimerait partir en voyage.* **2.** Déplacement destiné à transporter des objets. *Il a fallu trois voyages pour monter les valises dans l'appartement.* **3.** *Les gens du voyage,* les gens du cirque, les forains, les nomades qui mènent une vie itinérante.

▸ **voyager** v. (conjug. 5b) Faire un voyage. *Elle préfère voyager par le train. Il a beaucoup voyagé,* il a fait de nombreux voyages.

▸ **voyageur** n. m., **voyageuse** n. f. Personne qui fait un voyage. *Les voyageurs doivent composter leur billet avant de monter dans le train. C'est un grand voyageur,* il voyage beaucoup.

▸ **voyagiste** n. m. et f. Personne ou entreprise qui vend des voyages aux touristes.

voyance n. f. Faculté de voir les évènements passés ou futurs. → aussi ① **voyant.** ▷ Mot de la famille de voir.

① **voyant** n. m., **voyante** n. f. Personne qui prédit l'avenir. → **devin** et aussi **cartomancien.**

▷ Mot de la famille de voir.

② **voyant** n. m. Petite lumière qui s'allume pour signaler qu'un appareil marche ou ne marche pas. *Les voyants du tableau de bord d'une voiture.* ▷ Mot de la famille de voir.

③ **voyant, voyante** adj. Qui attire le regard, qui est visible de loin. *Elle porte une robe de couleur voyante.* → **criard, éclatant.** ▮ contraire : **discret.** ▷ Mot de la famille de voir.

voyelle n. f. Lettre qui représente un son du langage qui résonne dans la bouche. → aussi **consonne.** *A, e, i, o, u, y, sont les six voyelles de l'alphabet.*

voyou n. m. (pl. **voyous**) Garçon mal élevé qui traîne dans les rues. ➜ **garnement, vaurien.** *Une bande de voyous.*

en vrac adv. **1.** Au poids. *Du thé en vrac.* **2.** En désordre. *Julie a posé ses affaires en vrac sur la table.* ➜ **pêle-mêle.**

vrille

vrai adj., n. m. et adv., **vraie** adj.

▪ adj. **1.** Qui correspond à la vérité. ➜ **certain, exact, sûr, véritable.** ▮ contraire : (1) **faux.** *Une histoire vraie.* ➜ **réel, véridique.** ▮ contraire : **mensonger.** *Il est vrai que ce film est émouvant.* **2.** Qui est réellement ce qu'il a l'air d'être, qui n'est pas une imitation. *Une chemise en vraie soie.* ▮ contraire : **artificiel.** *Ce tableau est un vrai Renoir, ce n'est pas une copie.* ➜ **authentique.** **3.** Qui a l'air d'exister vraiment. *Les personnages de ce roman sont vrais.*

▪ n. m. **1.** Vérité, réalité. *Il est difficile de reconnaître le vrai du faux dans ce qu'il raconte.* **2.** *À dire vrai* ou *à vrai dire,* pour parler franchement. *À dire vrai, Julie ne sait plus pourquoi elle boude.* ➜ en **vérité.**

▪ adv. *Ces fleurs artificielles font vrai,* elles ont l'air naturelles.

▸ **vraiment** adv. **1.** En vérité, en réalité. ➜ **effectivement, réellement, véritablement.** *Tu es vraiment allé là-bas ?* **2.** *Vraiment* souligne une affirmation. ➜ **franchement, sincèrement.** *Vraiment, tu exagères !*

▸ **vraisemblable** [vʀɛsɑ̃blabl] adj. Probablement vrai, apparemment vrai. ➜ **plausible.** *Je n'ai pas vérifié, mais cela est très vraisemblable.* ▷ Mot de la famille de **sembler.**

▸ **vraisemblablement** [vʀɛsɑ̃blabləmɑ̃] adv. Probablement, sans doute. *À l'heure qu'il est, il est vraisemblablement arrivé.* ▷ Mot de la famille de **sembler.**

▸ **vraisemblance** [vʀɛ̃sɑ̃blɑ̃s] n. f. Apparence de vérité. *Cette histoire est d'une parfaite vraisemblance.* ▷ Mot de la famille de **sembler.**

▶ Autres mots de la famille : **invraisemblable, invraisemblance.**

vrille n. f. **1.** Petite pousse qui s'enroule autour d'un support et permet à la plante de grimper. *Les vrilles de la vigne.* **2.** Outil fait d'une tige de métal en forme de vis. ➜ **mèche.** *Il fait un trou dans la planche avec une vrille.* **3.** Mouvement d'un avion qui descend en tournant sur lui-même. *L'avion est tombé en vrille.*

vrombir v. (conjug. 11) Produire un bourdonnement. *Le moteur du bolide vrombit.* ➜ **ronfler.**

▸ **vrombissement** n. m. Bruit de ce qui vrombit. ➜ **ronflement.** *Le vrombissement du moteur.*

V. T. T. [vetete] n. m. inv. Vélo tout-terrain.

V. T. T.

vu adj., n. m. et prép., **vue** adj.

▪ adj. *Bien vu, mal vu,* bien, mal considéré. *Elle est bien vue par son patron.*

▪ n. m. *Au vu et au su de tout le monde,* devant tout le monde, sans se cacher. *Il a volé un CD au vu et au su de tout le monde.* ➜ aussi **ouvertement.**

■ **prép.** En considérant, étant donné. *Vu son humeur, je ne lui demande rien.*

▶ **vue** n. f. **1.** Sens par lequel on voit. *L'œil et le nerf optique sont les organes de la vue.* **2.** Manière de voir. ➜ **vision.** *Elle a une bonne vue.* **3.** Manière de regarder. *À première vue,* au premier abord. *À première vue, le problème semble facile. Je la connais de vue,* je sais la reconnaître si je la vois, mais je ne la connais pas davantage. – *À vue d'œil,* de manière visible. *La ville s'agrandit à vue d'œil,* rapidement. **4.** Ce que l'on peut voir. *D'ici, on a une belle vue.* ➜ **panorama.** **5.** *À la vue de,* en voyant. *Le bébé sourit à la vue de sa mère.* **6.** Image, photo. *Cette vue de la Terre a été prise par les astronautes.* **7.** Idée. *Nous partageons les mêmes vues.* **8.** *En vue de,* dans le but de. *Elle économise en vue d'un voyage,* pour faire un voyage.

▷ Mots de la famille de voir.

vulgaire adj. **1.** Qui manque de distinction. *Une femme très vulgaire.* ▮ contraires : **distingué, raffiné.** *Des mots vulgaires,* des gros mots. ➜ **grossier.** **2.** Qui est quelconque. ➜ **banal.** *Ce n'est pas un tableau de Renoir, c'est une vulgaire copie,* ce n'est qu'une copie. **3.** Connu de tous. *«Millepatte» est le nom vulgaire de la scolopendre.* ➜ ① **courant.** ▮ contraire : **savant.**

▶ **vulgairement** adv. **1.** Avec vulgarité. *Elle s'habille vulgairement.* **2.** Dans le langage courant. *Le ténia est appelé vulgairement ver solitaire.*

▶ **vulgariser** v. (conjug. 3) Mettre à la portée de tous, expliquer de telle façon que tout le monde comprenne. *Cette émission de télévision a pour but de vulgariser la recherche scientifique.*

▶ **vulgarisation** n. f. Le fait de mettre des connaissances à la portée de tous. *Une revue de vulgarisation scientifique.*

▶ **vulgarité** n. f. Manque de distinction et de délicatesse. *Elle est d'une grande vulgarité.* ▮ contraire : **distinction.**

vulnérable adj. **1.** Fragile, facile à blesser. *Les crabes sont vulnérables lorsqu'ils muent.* **2.** Faible, facile à rendre malheureux. ➜ **sensible.** *Elle se sent vulnérable.*

▶ **vulnérabilité** n. f. Fragilité, caractère de ce qui est vulnérable.

▶ Autre mot de la famille : invulnérable.

vulve n. f. Organe génital externe de la femme et de la femelle des mammifères.

W w

wagon n. m. Voiture de chemin de fer, tirée par une locomotive. *Des wagons de marchandises.*

▸ On dit plutôt *une voiture* pour les voyageurs. • Ce mot vient de l'anglais.

▸ **wagon-lit** n. m. Voiture de chemin de fer pour les voyageurs, dont les compartiments contiennent des lits et un lavabo. *Ils sont allés à Venise en wagon-lit.* – Au pl. *Des wagons-lits.* ▷ Mot de la famille de lit.

▸ **wagonnet** n. m. Petit chariot qui se déplace sur des rails et qui transporte le charbon dans les mines.

walkman [wɔkman] n. m. (marque déposée) Baladeur. – Au pl. *Des walkmans.*

▸ Ce mot vient de l'anglais. → ÉTYM.

wapiti [wapiti] n. m. Grand cerf d'Amérique du Nord et de Sibérie. → planche **Mammifères.** *Un troupeau de wapitis.*

▸ Ce mot vient d'une langue indienne d'Amérique du Nord.

wassingue [wasɛ̃g] n. f. Serpillière.

▸ Ce mot est utilisé dans le nord de la France et en Belgique.

waterpolo ou **water-polo** [watɛʀpɔlo] n. m. Jeu de ballon comparable au handball qui se joue dans l'eau et où s'opposent deux équipes de sept nageurs. ▷ Mot de la famille de polo.

▸ Ce mot vient de l'anglais. • Écrire *waterpolo* en un seul mot est conforme à la nouvelle orthographe.

waters [watɛʀ] n. m. pl. Endroit où l'on fait ses besoins. → **cabinet, toilettes, W.-C.**

watt [wat] n. m. Unité qui sert à mesurer la puissance de l'électricité. *Une ampoule de 100 watts.* ▮ homonyme : ouate.

▸ Ce mot vient du nom de l'ingénieur James *Watt.*

waterpolo

W.-C. [dubləvese] ou [vese] n. m. pl. Endroit où l'on fait ses besoins. → **cabinet, toilettes, waters.** *Les W.-C. sont occupés.*

Web [wɛb] n. m. Système qui permet d'accéder à tout le réseau Internet. *Alex surfe sur le Web.*

On écrit aussi *web.* • Ce mot vient de l'anglais.

week-end [wikɛnd] n. m. Congé de fin de semaine comprenant le samedi et le dimanche. *Ils partent en week-end à la campagne.* – Au pl. *Des week-ends.*

Ce mot vient de l'anglais.

western [wɛstɛʀn] n. m. Film dont l'action se passe au Far West et qui raconte des histoires de cow-boys et d'Indiens. *Il aime beaucoup les westerns.*

Ce mot vient de l'anglais. (→ ÉTYM.)

whisky [wiski] n. m. Alcool fort, de couleur orangée, fait à base de grain. *Un verre de whisky.* – Au pl. *Des whiskys.*

Ce mot vient de l'anglais. • On emploie aussi le pluriel anglais *des whiskies.*

white-spirit [wajtspiʀit] n. m. Produit pétrolier qui sert à diluer la peinture. *Le peintre nettoie ses pinceaux avec du white-spirit.*

Ce mot vient de l'anglais.

wifi n. m. Système qui permet d'établir une connexion sans fil à un réseau informatique. *Ordinateur portable avec wifi intégré. – Borne wifi d'une gare, d'un hôtel,* qui permet de se connecter à Internet.

Ce mot vient de l'anglais.

winch n. m. Petit treuil sur un yacht. – Au pl. *Des winchs.*

On emploie aussi le pluriel anglais *des winches.*

X x

xénophobe (adj.) Qui n'aime pas les étrangers et tout ce qui vient de l'étranger. ➜ aussi **raciste.**

▸ **xénophobie** (n. f.) Hostilité aux étrangers. ➜ aussi **racisme.** *La lutte contre la xénophobie.*

xylophone (n. m.) Instrument de musique formé de lames de bois ou de métal sur lesquelles on frappe avec deux petits marteaux.

xylophone

Y y

y adv. et pronom
■ adv. Dans cet endroit. *Passe chez moi ce soir, j'y serai certainement. On y va.*
■ pronom Pronom qui correspond à un complément introduit par *à*. *Je renonce à tout, et j'y renonce de bon cœur. Que veux-tu que j'y fasse ?*
▶ Autre mot de la famille : sainte nitouche.

yacht [jɔt] n. m. Bateau de plaisance, à voiles ou à moteur, utilisé pour faire des croisières. *Ils ont fait le tour du monde sur un yacht.* – Au pl. *Des yachts.*
▶ Ce mot vient du néerlandais.

▶ **yachting** [jɔtiŋ] n. m. Navigation de plaisance sur un yacht.

yack [jak] n. m. Gros bœuf des hauts plateaux de l'Asie centrale, à la longue toison soyeuse et aux cornes recourbées. → planche Animaux **domestiques.**
▶ Ce mot vient du tibétain.

yack

yankee [jɑ̃ki] n. m. et f. Surnom donné aux Américains des États-Unis. – Au pl. *Des yankees.*
▶ Ce mot est américain.

yaourt [jauʀt] n. m. Lait caillé par un ferment spécial. *Des yaourts aux fruits. Un pot de yaourt.*
▶ On dit aussi *yogourt* [jɔguʀt]. • Ce mot vient du turc. (→ ÉTYM.)

yard [jaʀd] n. m. Unité de mesure anglaise valant environ 90 centimètres.
▶ Ce mot vient de l'anglais.

yen [jɛn] n. m. Monnaie du Japon. – Au pl. *Des yens.* ■ homonyme : hyène.
▶ Ce mot est japonais.

yeux → **œil**

yoga n. m. Gymnastique d'origine hindoue qui aide à mieux maîtriser son corps et son esprit. *Elle fait du yoga pour se relaxer.*

yogourt → **yaourt**

yole n. f. Barque légère et allongée que l'on fait avancer à l'aide d'un aviron.
▶ Ce mot vient du néerlandais ou du danois.

yourte ou **iourte** n. f. Tente circulaire des nomades d'Asie centrale. → planche **Habitations.** *Les nomades de Mongolie vivent dans des yourtes.*
▶ Ce mot vient du russe.

youyou n. m. (pl. **youyous**) Petit canot assez large, utilisé entre un bateau au mouillage et la terre ferme. *Ils regagnent le navire à bord d'un youyou.*

Ce mot vient du chinois.

yoyo n. m. Jouet formé de deux disques emboîtés l'un dans l'autre que l'on fait monter et descendre le long d'une ficelle. *Léa joue au yoyo.* – Au pl. *Des yoyos.*

On écrit aussi *yo-yo, des yo-yo* (invariable).

yucca [juka] n. m. Plante exotique originaire d'Amérique tropicale, à longues feuilles pointues.

Ce mot vient de l'espagnol.

yucca

Zz

zapper v. (conjug. 3) Passer rapidement d'une chaîne de télévision à l'autre. *Il zappe dès qu'il y a de la publicité.* ➜ aussi **zapping.**
Ce mot vient de l'anglais.

zapping [zapiŋ] n. m. Le fait de passer sans arrêt d'une chaîne de télévision à l'autre. ➜ aussi **zapper.**
Ce mot vient de l'anglais.

zèbre n. m. Mammifère d'Afrique qui ressemble à un âne, au pelage rayé de noir et de blanc et à la courte crinière en brosse. ➜ planches **Mammifères,** espèces **menacées, savane.** *Un troupeau de zèbres.*
Ce mot vient du portugais.

▸ **zébré, zébrée** adj. Marqué de rayures parallèles qui rappellent le pelage du zèbre. *Une main zébrée d'égratignures.*

▸ **zébrure** n. f. Marque de coup de forme allongée. *Les coups de fouet laissent des zébrures sur la peau.*

zébu n. m. Grand bœuf d'Afrique et d'Asie qui a une bosse sur le dos, près de l'encolure. *On domestique facilement les zébus.* ➜ planche Animaux **domestiques.**

zébu

zèle n. m. Énergie que l'on met à faire un travail que l'on aime ou à servir une personne à laquelle on est dévoué. ➜ **dévouement, empressement.** *Il travaille avec zèle.* ➜ **application, ardeur.** ▮ contraire : **négligence.**

▸ **zélé, zélée** adj. Plein de zèle. *Une collaboratrice zélée.* ➜ **dévoué.** ▮ contraire : **négligent.**

zen [zɛn] n. m. Doctrine religieuse du Japon, issue du bouddhisme. *Dans le zen, la méditation est très importante.* – adj. inv. *Des temples zen.*
Ce mot vient du japonais.

zénith [zenit] n. m. Point du ciel juste au-dessus de la personne qui regarde. *Le soleil est à son zénith à midi,* à son plus haut point.
Ce mot vient de l'arabe.

zéro n. m. **1.** Chiffre (0) qui, placé après un autre chiffre, le multiplie par dix. *Un chiffre avec plusieurs zéros.* **2.** Nombre qui indique une valeur nulle. *Deux moins deux égalent zéro. Notre équipe a gagné le match par trois buts à zéro.* **3.** Aucun. *Julie a eu zéro faute à sa dictée.* **4.** Point à partir duquel on compte ou on mesure quelque chose. *Le thermomètre est descendu au-dessous de zéro.* **5.** Note la plus basse. *Alex a eu zéro à son devoir.* – Au pl. *Des zéros.*
Ce mot vient de l'arabe. ➜ ÉTYM.

zeste n. m. Petit morceau d'écorce de citron ou d'orange. *Elle met des zestes d'orange dans la mousse au chocolat.*

zézayer v. (conjug. 10) Prononcer les *j* comme des *z* et les *ch* comme des *s.* ➜ fam. **zozoter.** *Louise zézaie un peu.*

▸ **zézaiement** n. m. Défaut de prononciation d'une personne qui zézaie. *Il a un léger zézaiement.*

zibeline n. f. Petit animal voisin de la martre, qui a une très belle fourrure.

zigzag n. m. Ligne qui forme des angles aigus. *La route fait des zigzags.* ➜ **lacet.**

▸ **zigzaguer** v. (conjug. 3) Faire des zigzags, aller de travers. *La moto zigzague entre les voitures.* ➜ **slalomer.**

zinc [zɛ̃g] n. m. Métal dur d'un gris bleuâtre. *Les gouttières sont en zinc.*

◗ Ce mot vient de l'allemand.

zizanie n. f. Discorde. ➜ **brouille.** *Il cherche à semer la zizanie dans notre groupe d'amis.*

zodiaque n. m. Zone du ciel dans laquelle on voit le Soleil se déplacer au cours de l'année et qui est divisée en douze parties égales. *Il y a douze signes du zodiaque,* douze figures qui correspondent aux constellations qui occupent ces douze parties du ciel. *En astrologie, les signes du zodiaque servent à établir les horoscopes.*

◗ Les douze signes du zodiaque sont le Bélier, le Taureau, les Gémeaux, le Cancer, le Lion, la Vierge, la Balance, le Scorpion, le Sagittaire, le Capricorne, le Verseau et les Poissons.

zona n. m. Maladie qui se caractérise par une éruption de boutons et des douleurs très vives sur le trajet d'un nerf. *Le zona est provoqué par un virus.*

zone n. f. Partie d'une surface, d'un lieu. *La zone tempérée. Une zone industrielle,* l'endroit où sont implantées les industries, à proximité d'une ville.

zoo [zo] ou [zoo] n. m. Parc où l'on peut voir des animaux rares, exotiques. ➜ aussi **zoologique.** – Au pl. *Des zoos.*

◗ C'est l'abréviation de *jardin zoologique.*

zoologie [zɔɔlɔʒi] n. f. Science qui étudie les animaux. *L'ornithologie est une partie de la zoologie.*

▸ **zoologique** adj. *Un jardin zoologique,* c'est un endroit où l'on peut voir des animaux rares, exotiques. ➜ **zoo.**

▸ **zoologiste** n. m. et f. Spécialiste de l'étude des animaux.

zoom [zum] n. m. Objectif d'appareil photo ou de caméra qui sert à rapprocher ou à éloigner ce que l'on veut photographier ou filmer. *Une photo prise au zoom.*

◗ Ce mot vient de l'anglais.

zouave n. m. **1.** Autrefois, soldat algérien de l'armée française en Algérie. *Les zouaves portaient des culottes bouffantes.* **2.** Familier. *Faire le zouave,* faire le malin, le pitre. ➜ faire le **clown.**

zozoter v. (conjug. 3) Familier. Zézayer. *Il zozote un peu.*

zut interj. Mot qui sert à montrer que l'on n'est pas content, que l'on est déçu ou agacé. ➜ ① **flûte.** *Zut ! la mine de mon crayon est cassée.*

signes du **zodiaque**

ANNEXES

Aide-mémoire de grammaire

La nature des mots

Tous les mots de la langue française appartiennent chacun à une catégorie grammaticale et à une seule. C'est la **nature du mot**. Elle est indiquée dans le dictionnaire : *voiture* n. f. = nom féminin – *confier* v. = verbe

Les noms

Les noms communs

- Ils servent à désigner des personnes ou des animaux *(un élève, un chat)*, des choses *(une table)* ou des idées *(le bonheur)*. Ils ont un genre (masculin ou féminin) et un nombre (singulier ou pluriel).
- Ils s'écrivent sans majuscule et sont généralement précédés d'un déterminant.

Ex. : le *chien* (nom masculin singulier).
la *chienne* (nom féminin singulier).
les *chiens* (nom masculin pluriel).
les *chiennes* (nom féminin pluriel).

Les noms propres

- Ils servent à nommer des personnes, des lieux, des périodes historiques, des événements importants…
- Ils commencent par une majuscule.

Ex. : *Jacques Durand* ; les *Français* ; les *Alpes* ; *Paris* ; la *Révolution.*

Les noms composés

Ils sont composés de plusieurs mots séparés ou non par un trait d'union.

Ex. : un *porte-monnaie* ; des *pommes de terre* ; un *chou-fleur.*

Les déterminants

- Les déterminants accompagnent les noms et précisent leur genre (masculin ou féminin) et leur nombre (singulier ou pluriel).
- Ils sont toujours placés avant le nom.
- Ce sont :

  * des **articles** : *le, la, les, l', un, une, des*

* des **adjectifs démonstratifs** : *ce, cet, cette, ces*
* des **adjectifs possessifs** : *mon, ma, ses, leurs…*
* des **adjectifs interrogatifs et exclamatifs** : *quel, quelle…*
* des **adjectifs indéfinis** : *aucun, quelque, chaque…*

Les adjectifs

- Un adjectif est un mot que l'on ajoute au nom pour donner une précision.
- Il se place après ou avant le nom.
- Il s'accorde en genre avec le nom :

  Ex. : un plat *chaud* – une boisson *chaude*.
- Il s'accorde en nombre avec le nom :

  Ex. : un *petit* nuage *blanc* – des *petits* nuages *blancs*.

Les verbes

- Les verbes expriment une action *(il travaille)* ou un état *(elle est contente)*.
- Le verbe change de forme (il se conjugue) :
  * en fonction du groupe sujet (de qui ou de quoi on parle).

    Ex. : L'arbitre *siffle*. Les spectateurs *sifflent*.
  * en fonction du moment où l'histoire se déroule.

    Ex. : Le joueur *reste* au sol. Il *restera* au repos quelques jours.
- Pour raconter ce qui se passe au moment où l'on parle, on conjugue le verbe au présent.

  Ex. : Aujourd'hui, nous *allons* à l'école.
  présent
- Pour raconter ce qui s'est déjà passé, on conjugue le verbe à un temps du passé.

  Ex. : Le mois dernier, nous *sommes allés* chez Mamie. J'*étais* content.
  passé composé **imparfait**
- Pour raconter ce qui va se passer plus tard, on conjugue le verbe au futur.

  Ex. : L'été prochain, nous *retournerons* chez Mamie.
  futur

➥ *Regarde les tableaux de conjugaison des pages 1195 à 1231.*

- Quand le verbe n'est pas conjugué, il est à l'infinitif.

  Ex. : *chanter, être, avoir, jouer, finir, boire, peindre, prendre, venir…*
- Pour trouver un verbe dans le dictionnaire, il faut connaître son infinitif.

Les adverbes

- Les adverbes précisent une action. Ils sont invariables. Ils peuvent modifier le sens d'un verbe, d'un adjectif, d'une phrase…

  Ex. : Léa travaille *bien* – C'est une *très* bonne élève – *Aujourd'hui* elle se repose.

Les pronoms

- Les pronoms remplacent les noms et évitent les répétitions.
- On distingue :
  * les pronoms personnels : *je, tu, il/elle, nous, vous, ils/elles*
    me, te, lui… en, y
  * les pronoms possessifs : *le mien, la tienne, les nôtres…*
  * les pronoms démonstratifs : *celui-ci, celle-là, ceux-ci…*
  * les pronoms indéfinis : *certains, aucun, tout, rien…*
  * les pronoms relatifs : *qui, que, dont, où…*

Formes et types de phrases

Formes affirmative ou négative

- **La phrase affirmative** indique qu'un fait a lieu ou qu'on est d'accord.

  Ex. : *J'ai un vélo. Je suis contente.*
- **La phrase négative** permet de nier quelque chose ou de dire qu'on n'est pas d'accord.

  Ex. : *Je* ***ne*** *suis* ***pas*** *content. Je* ***ne*** *vois* ***personne****.*

Phrases déclarative, interrogative, exclamative ou impérative

- **La phrase déclarative** donne une information ou affirme quelque chose.

  Ex. : *Il fait beau. Je suis heureuse.*
- **La phrase interrogative** permet de poser une question.

  Ex. : *Est-ce que tu vas venir ? Quand viendras-tu ?*
- **La phrase exclamative** exprime un souhait, un sentiment…

  Ex. : *Comme tu es gentille !*
- **La phrase impérative** permet de donner un ordre, un conseil…

  Ex. : *Dépêche-toi ! Il faut que tu arrives à l'heure !*

Phrases simple ou complexe

- **La phrase simple** est une phrase qui ne contient qu'un seul verbe conjugué.

  Ex. : *Paul a fait un rêve.*
- **La phrase complexe** contient plusieurs verbes conjugués. Elle peut être composée :
  * de propositions juxtaposées

    Ex. : *Il prend son manteau, il sort.*

* de propositions coordonnées réunies par une conjonction de coordination *(mais, ou, et, donc, or, ni, car)*

Ex. : *Elle rentre chez elle et elle lit.*

* d'une proposition principale et d'une (ou plusieurs) proposition(s) subordonnée(s) qui complète(nt) la proposition principale. Elles sont reliées à la proposition principale par des conjonctions de subordination *(que, quand, lorsque, où, parce que, si…)*

Ex. : *Tes parents espèrent que tu leur écriras. Ils sont contents parce que tu t'amuses bien.*

Les fonctions dans la phrase

Dans la phrase, les mots peuvent avoir des fonctions différentes – des « rôles » – qui dépendent de leur nature, de leur place dans la phrase et du sens que l'on veut donner.

- Un **nom** peut par exemple être :

* sujet (S) : *<u>Julie</u> parle avec son frère.*

* complément d'objet direct du verbe (COD) : *Elle raconte <u>son voyage</u>.*

* complément d'objet indirect du verbe (COI) : *Maintenant elle raconte son voyage <u>à sa mère</u>.*

* complément circonstanciel (CC) : *Elle montrera ses photos <u>ce soir</u>.*

* complément d'un autre nom (CN) : *Madame Duval regardera les photos <u>de sa fille</u>.*

- Un **adjectif** peut être :

* épithète : *La <u>petite</u> chatte dort.*

* attribut : *Cette petite chatte est <u>douce</u>.*

Les accords dans la phrase

Les éléments d'une phrase s'accordent entre eux :

- **Dans le groupe nominal**, on doit faire les accords en genre et en nombre entre les noms, leurs déterminants et leurs adjectifs.

Ex. : *Le petit chat – Le<u>s</u> petit<u>s</u> chat<u>s</u>*

- **Dans la phrase**, on doit faire les accords entre le sujet et le verbe et entre le sujet et l'attribut.

Ex. : *Le petit chat dort – **<u>Les petits chats</u>** dor<u>ment</u>*

*Elle est gentille – **<u>Elles sont</u>** gentille<u>s</u>*

Les noms de nombres

chiffres arabes		chiffres romains
0	zéro	
1	un	I
2	deux	II
3	trois	III
4	quatre	IV
5	cinq	V
6	six	VI
7	sept	VII
8	huit	VIII
9	neuf	IX
10	dix	X
11	onze	XI
12	douze	XII
13	treize	XIII
14	quatorze	XIV
15	quinze	XV
16	seize	XVI
17	dix-sept	XVII
18	dix-huit	XVIII
19	dix-neuf	XIX
20	vingt	XX
21	vingt et un	XXI
22	vingt-deux	XXII
30	trente	XXX
31	trente et un	XXXI
32	trente-deux	XXXII
40	quarante	XL
41	quarante et un	XLI
42	quarante-deux	XLII
50	cinquante	L
51	cinquante et un	LI
52	cinquante-deux	LII
60	soixante	LX
61	soixante et un	LXI
62	soixante-deux	LXII
70	soixante-dix	LXX
71	soixante et onze	LXXI
72	soixante-douze	LXXII
80	quatre-vingts	LXXX
81	quatre-vingt-un	LXXXI
82	quatre-vingt-deux	LXXXII
90	quatre-vingt-dix	XC
91	quatre-vingt-onze	XCI
92	quatre-vingt-douze	XCII

chiffres arabes		chiffres romains
100	cent	C
101	cent un	CI
102	cent deux	CII
200	deux cents	CC
201	deux cent un	CCI
202	deux cent deux	CCII
300	trois cents	CCC
301	trois cent un	CCCI
302	trois cent deux	CCCII
400	quatre cents	CD
500	cinq cents	D
999	neuf cent quatre-vingt-dix-neuf	IM
1000	mille	M
1001	mille un	MI
1002	mille deux	MII
1100	mille cent ou onze cents	MC
1200	mille deux cents ou douze cents	MCC
2000	deux mille	MM

Au-delà de deux mille, on n'emploie guère les chiffres romains.

9 999	neuf mille neuf cent quatre-vingt-dix-neuf
10 000	dix mille
99 999	quatre-vingt-dix-neuf mille neuf cent quatre-vingt-dix-neuf
100 000	cent mille
100 001	cent mille un ou cent mille et un
100 002	cent mille deux
101 000	cent un mille
1 000 000	un million
1 000 000 000	un milliard

Remarque : Les composés des adjectifs numéraux cardinaux s'écrivent avec des traits d'union (exemple : dix-sept, quatre-vingt-un), sauf si entrent dans leur composition les mots et, cent ou mille, lesquels ne sont jamais précédés ou suivis de trait d'union (exemple : cent sept, vingt et un, trois mille vingt-deux).

Les couleurs

accord des mots désignant les couleurs

variables

Les adjectifs de couleur s'accordent en général, en genre et en nombre, avec le nom auquel ils se rapportent :

*des nappes **vertes***
*des robes **bleues***
*des assiettes **blanches***
*des joues **roses***
*des fleurs **mauves***
*des écharpes **violettes***

invariables

Les noms de couleur sont invariables quand ils sont accompagnés d'un autre mot qui les précise :

*des yeux **vert clair***
*des jupes **bleu marine***

Les noms de chose désignant des couleurs sont invariables :

*des gants **marron***
*des rubans **orange***
*des caniches **abricot***

emploi du trait d'union

Entre deux termes de couleur, on met un trait d'union :

*une chemise **gris-bleu***

Entre deux mots dont l'un n'est pas un nom de couleur, on ne met pas de trait d'union :

*des chaussettes **vert pomme***

Orthographe : les recommandations de 1990

Le français, comme toutes les langues vivantes, évolue avec le temps. Des mots nouveaux apparaissent, la prononciation change. L'orthographe aussi a connu des modifications et des réformes au cours des siècles. Pour rendre plus simple et plus logique l'écriture de certains mots, de nouvelles recommandations ont été publiées au *Journal officiel* en 1990. Ces nouvelles façons d'écrire sont recommandées, sans être imposées ; les formes nouvelles et les formes traditionnelles sont admises, chacune d'elles est correcte. Ces rectifications concernent plusieurs points, en particulier les accents et le tréma, le trait d'union et les mots composés, les mots d'origine étrangère, la conjugaison et quelques « anomalies » orthographiques. En voici les grandes règles.

Les accents et le tréma

événement - évènement
voûte - voute
aiguë - aigüe

- Un accent aigu est ajouté sur les *e* qui se prononcent *é* : *asséner, cuillérée, recéler, répartie...*
- L'accent aigu est remplacé par un accent grave dans les mots où l'on entend *è* : *évènement, allègrement...*
- L'accent circonflexe disparaît sur les lettres *i* et *u* : *ainé, goulument, suroit...* (il reste dans les terminaisons du passé simple et du subjonctif : *nous finîmes, qu'elle finît,* ainsi que dans les cas où il permet de distinguer deux mots : *mur* et *mûr*)
- Le tréma est ajouté ou déplacé pour insister sur la prononciation de la lettre *u* : *ambigüité, cigüe, gageüre...*

Le trait d'union et les mots composés

cent deux - cent-deux
pique-nique - piquenique

- Les numéraux composés prennent un trait d'union : *trente-et-un, cent-quarante-six, mille-trois-cents...*
- Des mots savants, des mots bien implantés dans l'usage, des onomatopées s'écrivent en un seul mot, sans trait d'union ; le pluriel est alors régulier : *agroalimentaire, bassecour, millepatte, parebrise, plateforme, portemonnaie...*
- Au pluriel, les mots à trait d'union composés d'un verbe et d'un nom ou d'une préposition et d'un nom suivent la règle des mots simples et seul le second élément porte la marque du pluriel : *un abat-jour, des abat-jours ; un compte-goutte, des compte-gouttes ; un sans-papier, des sans-papiers ; un sèche-cheveu, des sèche-cheveux...*

Les mots d'origine étrangère

fjord - fiord
manager - manageur
des gentlemen - des gentlemans

Les mots empruntés aux autres langues suivent en général les règles qui s'appliquent aux mots français :

- pour l'accent : *diésel, pénalty, pizzéria, révolver, sénior, toréro...*
- pour le pluriel : *des barmans, des ferrys, des matchs, des raviolis, des sopranos, des tumulus...*
- pour le choix de l'écriture la plus simple, sans accent inutile ni signe étranger : *allo, cacahouète, canyon, iglou, mixeur, siroco...*
- pour les mots composés, écrits sans trait d'union : *babyfoot, harakiri, popcorn, teeshirt, volleyball...*

La conjugaison

elle dételle - elle détèle
elle libérera - elle libèrera

- Les verbes qui se terminent en *-eler* et *-eter* se conjuguent comme *peler* et *acheter* : *je renouvèle, il chancèlera, il musèle, il volète...* (sauf *appeler, jeter* et leurs composés).
- Au futur et au conditionnel, on emploie l'accent grave pour les verbes qui se conjuguent sur le modèle de *céder* : *je cèderai, il libèrera, elle possèdera, ils tolèreraient...*

Les « anomalies »

dentellière - dentelière
interpeller - interpeler
eczéma - exéma

Certaines anomalies sont corrigées, pour harmoniser la graphie avec la prononciation ou l'étymologie, ou avec une série similaire. Il est recommandé d'écrire par exemple *boursoufflure* (famille de *souffler*), *charriot* (famille de *charrette, charrue*), *combattif* (famille de *battre*), *imbécilité* (famille de *imbécile*), *nénufar, relai* (comme *balai, essai...*), etc.

Les conjugaisons des verbes

Dans les tableaux suivants, les verbes sont présentés dans l'ordre de classement le plus habituel. On trouvera donc successivement :

• les auxiliaires *avoir* et *être* (conjug. 1 et 2)

Un auxiliaire est un verbe que l'on emploie pour conjuguer les autres verbes à certains temps (les temps « composés » du passé).

• les verbes du 1er groupe (conjug. 3 à 10)

Ce sont les verbes dont l'infinitif se termine par ***–er*** comme *chanter*. Ils sont les plus nombreux (90% des verbes français).

Ce sont des verbes réguliers : leur radical ne change pas. Mais certains ont des particularités orthographiques souvent liées à la prononciation comme *bouger, geler, payer...*

(Attention ! Le verbe *aller* n'est pas du 1er groupe mais du 3e groupe !)

• les verbes du 2e groupe (conjug. 11)

Ce sont les verbes dont l'infinitif se termine par ***-ir*** et le participe présent en ***-issant*** comme *finir (finissant)*. Il y en a environ 400.

Ces verbes sont réguliers et le début du verbe présente une alternance entre deux formes : *je finis, je finirai... et nous finissons, je finissais.*

Tous les verbes en ***-ir*** n'appartiennent pas au 2e groupe.

• les verbes irréguliers (3e groupe) (conjug. 12 à 62)

Ces sont des verbes dont l'infinitif se termine par ***-ir***, par ***-oir*** ou par ***-re***. Ils sont peu nombreux — environ 350 — mais très utilisés : *venir, vouloir, pouvoir, faire,* etc.

Dans les articles du dictionnaire, on indique la conjugaison par un numéro placé après le verbe. Par exemple, à l'article *ciseler*, on écrit (conjug. 7). Le numéro 7 correspond à un type de verbes et ceux qui sont conjugués sont des exemples : ainsi *geler* est l'exemple des verbes en ***-eler*** qui prennent un accent : *je gèle, nous gelons,* par opposition aux verbes de type 6 qui n'en prennent pas et doublent le *l* (comme *appeler*). Il faut donc suivre le modèle donné par l'exemple : *je gèle → je cisèle ; nous gelons → nous ciselons.*

INDICATIF

présent

j'	ai
tu	as
il, elle	a
nous	avons
vous	avez
ils, elles	ont

passé composé

j'	ai eu
tu	as eu
il, elle	a eu
nous	avons eu
vous	avez eu
ils, elles	ont eu

imparfait

j'	avais
tu	avais
il, elle	avait
nous	avions
vous	aviez
ils, elles	avaient

plus-que-parfait

j'	avais eu
tu	avais eu
il, elle	avait eu
nous	avions eu
vous	aviez eu
ils, elles	avaient eu

passé simple

j'	eus
tu	eus
il, elle	eut
nous	eûmes
vous	eûtes
ils, elles	eurent

passé antérieur

j'	eus eu
tu	eus eu
il, elle	eut eu
nous	eûmes eu
vous	eûtes eu
ils, elles	eurent eu

futur simple

j'	aurai
tu	auras
il, elle	aura
nous	aurons
vous	aurez
ils, elles	auront

futur antérieur

j'	aurai eu
tu	auras eu
il, elle	aura eu
nous	aurons eu
vous	aurez eu
ils, elles	auront eu

CONDITIONNEL

présent

j'	aurais
tu	aurais
il, elle	aurait
nous	aurions
vous	auriez
ils, elles	auraient

passé

j'	aurais eu
tu	aurais eu
il, elle	aurait eu
nous	aurions eu
vous	auriez eu
ils, elles	auraient eu

SUBJONCTIF

présent

que j'	aie
que tu	aies
qu'il, qu'elle	ait
que nous	ayons
que vous	ayez
qu'ils, qu'elles	aient

passé

que j'	aie eu
que tu	aies eu
qu'il, qu'elle	ait eu
que nous	ayons eu
que vous	ayez eu
qu'ils, qu'elles	aient eu

imparfait

que j'	eusse
que tu	eusses
qu'il, qu'elle	eût
que nous	eussions
que vous	eussiez
qu'ils, qu'elles	eussent

plus-que-parfait

que j'	eusse eu
que tu	eusses eu
qu'il, qu'elle	eût eu
que nous	eussions eu
que vous	eussiez eu
qu'ils, qu'elles	eussent eu

IMPÉRATIF

présent

aie
ayons
ayez

passé

L'impératif passé n'est pas utilisé.

PARTICIPE

présent

ayant

passé

eu, eue
ayant eu

INFINITIF

présent

avoir

passé

avoir eu

INDICATIF

présent

je	suis
tu	es
il, elle	est
nous	sommes
vous	êtes
ils, elles	sont

passé composé

j'	ai été
tu	as été
il, elle	a été
nous	avons été
vous	avez été
ils, elles	ont été

imparfait

j'	étais
tu	étais
il, elle	était
nous	étions
vous	étiez
ils, elles	étaient

plus-que-parfait

j'	avais été
tu	avais été
il, elle	avait été
nous	avions été
vous	aviez été
ils, elles	avaient été

passé simple

je	fus
tu	fus
il, elle	fut
nous	fûmes
vous	fûtes
ils, elles	furent

passé antérieur

j'	eus été
tu	eus été
il, elle	eut été
nous	eûmes été
vous	eûtes été
ils, elles	eurent été

futur simple

je	serai
tu	seras
il, elle	sera
nous	serons
vous	serez
ils, elles	seront

futur antérieur

j'	aurai été
tu	auras été
il, elle	aura été
nous	aurons été
vous	aurez été
ils, elles	auront été

CONDITIONNEL

présent

je	serais
tu	serais
il, elle	serait
nous	serions
vous	seriez
ils, elles	seraient

passé

j'	aurais été
tu	aurais été
il, elle	aurait été
nous	aurions été
vous	auriez été
ils, elles	auraient été

SUBJONCTIF

présent

que je	sois
que tu	sois
qu'il, qu'elle	soit
que nous	soyons
que vous	soyez
qu'ils, qu'elles	soient

passé

que j'	aie été
que tu	aies été
qu'il, qu'elle	ait été
que nous	ayons été
que vous	ayez été
qu'ils, qu'elles	aient été

imparfait

que je	fusse
que tu	fusses
qu'il, qu'elle	fût
que nous	fussions
que vous	fussiez
qu'ils, qu'elles	fussent

plus-que-parfait

que j'	eusse été
que tu	eusses été
qu'il, qu'elle	eût été
que nous	eussions été
que vous	eussiez été
qu'ils, qu'elles	eussent été

IMPÉRATIF

présent

sois
soyons
soyez

passé

L'impératif passé n'est pas utilisé.

PARTICIPE

présent

étant

passé

été
ayant été

INFINITIF

présent

être

passé

avoir été

INDICATIF

présent

je	chante
tu	chantes
il, elle	chante
nous	chantons
vous	chantez
ils, elles	chantent

passé composé

j'	ai chanté
tu	as chanté
il, elle	a chanté
nous	avons chanté
vous	avez chanté
ils, elles	ont chanté

imparfait

je	chantais
tu	chantais
il, elle	chantait
nous	chantions
vous	chantiez
ils, elles	chantaient

plus-que-parfait

j'	avais chanté
tu	avais chanté
il, elle	avait chanté
nous	avions chanté
vous	aviez chanté
ils, elles	avaient chanté

passé simple

je	chantai
tu	chantas
il, elle	chanta
nous	chantâmes
vous	chantâtes
ils, elles	chantèrent

passé antérieur

j'	eus chanté
tu	eus chanté
il, elle	eut chanté
nous	eûmes chanté
vous	eûtes chanté
ils, elles	eurent chanté

futur simple

je	chanterai
tu	chanteras
il, elle	chantera
nous	chanterons
vous	chanterez
ils, elles	chanteront

futur antérieur

j'	aurai chanté
tu	auras chanté
il, elle	aura chanté
nous	aurons chanté
vous	aurez chanté
ils, elles	auront chanté

CONDITIONNEL

présent

je	chanterais
tu	chanterais
il, elle	chanterait
nous	chanterions
vous	chanteriez
ils, elles	chanteraient

passé

j'	aurais chanté
tu	aurais chanté
il, elle	aurait chanté
nous	aurions chanté
vous	auriez chanté
ils, elles	auraient chanté

SUBJONCTIF

présent

que je	chante
que tu	chantes
qu'il, qu'elle	chante
que nous	chantions
que vous	chantiez
qu'ils, qu'elles	chantent

passé

que j'	aie chanté
que tu	aies chanté
qu'il, qu'elle	ait chanté
que nous	ayons chanté
que vous	ayez chanté
qu'ils, qu'elles	aient chanté

imparfait

que je	chantasse
que tu	chantasses
qu'il, qu'elle	chantât
que nous	chantassions
que vous	chantassiez
qu'ils, qu'elles	chantassent

plus-que-parfait

que j'	eusse chanté
que tu	eusses chanté
qu'il, qu'elle	eût chanté
que nous	eussions chanté
que vous	eussiez chanté
qu'ils, qu'elles	eussent chanté

IMPÉRATIF

présent

chante
chantons
chantez

passé

aie chanté
ayons chanté
ayez chanté

PARTICIPE

présent

chantant

passé

chanté, ée
étant chanté, ée

INFINITIF

présent

chanter

passé

être chanté, ée

INDICATIF

présent

je me	régale
tu te	régales
il, elle se	régale
nous nous	régalons
vous vous	régalez
ils, elles se	régalent

passé composé

je me	suis régalé, ée
tu t'	es régalé, ée
il, elle s'	est régalé, ée
nous nous	sommes régalés, ées
vous vous	êtes régalés, ées
ils, elles se	sont régalés, ées

imparfait

je me	régalais
tu te	régalais
il, elle se	régalait
nous nous	régalions
vous vous	régaliez
ils, elles se	régalaient

plus-que-parfait

je m'	étais régalé, ée
tu t'	étais régalé, ée
il, elle s'	était régalé, ée
nous nous	étions régalés, ées
vous vous	étiez régalés, ées
ils, elles s'	étaient régalés, ées

passé simple

je me	régalai
tu te	régalas
il, elle se	régala
nous nous	régalâmes
vous vous	régalâtes
ils, elles se	régalèrent

passé antérieur

je me	fus régalé, ée
tu te	fus régalé, ée
il, elle se	fut régalé, ée
nous nous	fûmes régalés, ées
vous vous	fûtes régalés, ées
ils, elles se	furent régalés, ées

futur simple

je me	régalerai
tu te	régaleras
il, elle se	régalera
nous nous	régalerons
vous vous	régalerez
ils, elles se	régaleront

futur antérieur

je me	serai régalé, ée
tu te	seras régalé, ée
il, elle se	sera régalé, ée
nous nous	serons régalés, ées
vous vous	serez régalés, ées
ils, elles se	seront régalés, ées

CONDITIONNEL

présent

je me	régalerais
tu te	régalerais
il, elle se	régalerait
nous nous	régalerions
vous vous	régaleriez
ils, elles se	régaleraient

passé

je me	serais régalé, ée
tu te	serais régalé, ée
il, elle se	serait régalé, ée
nous nous	serions régalés, ées
vous vous	seriez régalés, ées
ils, elles se	seraient régalés, ées

SUBJONCTIF

présent

que je me	régale
que tu te	régales
qu'il, qu'elle se	régale
que nous nous	régalions
que vous vous	régaliez
qu'ils, qu'elles se	régalent

passé

que je me	sois régalé, ée
que tu te	sois régalé, ée
qu'il, qu'elle se	soit régalé, ée
que nous nous	soyons régalés, ées
que vous vous	soyez régalés, ées
qu'ils, qu'elles se	soient régalés, ées

imparfait

que je me	régalasse
que tu te	régalasses
qu'il, qu'elle se	régalât
que nous nous	régalassions
que vous vous	régalassiez
qu'ils, qu'elles se	régalassent

plus-que-parfait

que je me	fusse régalé, ée
que tu te	fusses régalé, ée
qu'il, qu'elle se	fût régalé, ée
que nous nous	fussions régalés, ées
que vous vous	fussiez régalés, ées
qu'ils, qu'elles se	fussent régalés, ées

IMPÉRATIF

présent

régale-toi
régalons-nous
régalez-vous

passé

On n'utilise pas le passé de l'impératif des verbes pronominaux.

PARTICIPE

présent

se régalant

passé

s'étant régalé, ée

INFINITIF

présent

se régaler

passé

s'être régalé, ée

	INDICATIF		
	présent	imparfait	futur
5 a - PLACER	je place nous plaçons	je plaçais nous placions	je placerai nous placerons

REMARQUE – Les verbes en *-ecer* (ex. : *dépecer*) se conjuguent comme ***placer*** et ***geler***. Les verbes en *-écer* (ex. : *rapiécer*) se conjuguent comme ***placer*** et ***céder***.

	présent	imparfait	futur
b - BOUGER	je bouge nous bougeons	je bougeais nous bougions	je bougerai nous bougerons

REMARQUE – Les verbes en *-éger* (ex. : *protéger*) se conjuguent comme ***bouger*** et ***céder***.

	présent	imparfait	futur
6 a - APPELER	j'appelle nous appelons	j'appelais nous appelions	j'appellerai nous appellerons
b - JETER	je jette nous jetons	je jetais nous jetions	je jetterai nous jetterons
7 a - GELER	je gèle nous gelons	je gelais nous gelions	je gèlerai nous gèlerons
b - ACHETER	j'achète nous achetons	j'achetais nous achetions	j'achèterai nous achèterons

et les verbes en ***-emer*** (ex. : *semer*), ***-ener*** (ex. : *mener*), ***-eser*** (ex. : *peser*), ***-ever*** (ex. : *lever*), etc.

REMARQUE – Les verbes en *-ecer* (ex. : *dépecer*) se conjuguent comme ***geler*** et ***placer***.

	présent	imparfait	futur
8 CÉDER	je cède nous cédons	je cédais nous cédions	je céderai nous céderons

et les verbes en ***-é*** + consonne(s) + ***-er*** (ex. : *célébrer, lécher, déléguer, préférer*, etc.).

REMARQUE – Les verbes en *-éger* (ex. : *protéger*) se conjuguent comme ***céder*** et ***bouger***. Les verbes en *-écer* (ex. : *rapiécer*) se conjuguent comme ***céder*** et ***placer***.

	présent	imparfait	futur
9 ÉPIER	j'épie nous épions	j'épiais nous épiions	j'épierai nous épierons
10 NOYER	je noie nous noyons	je noyais nous noyions	je noierai nous noierons

et les verbes en ***-uyer*** (ex. : *appuyer*).

REMARQUE – Le verbe ***envoyer*** fait au futur : *j'enverrai*, et au conditionnel : *j'enverrais*.

	présent	imparfait	futur
PAYER	je paie ou je paye nous payons	je payais nous payions	je paierai ou je payerai nous paierons ou nous payer[...]

et tous les verbes en ***-ayer***

INDICATIF passé simple	INDICATIF passé composé	PARTICIPE passé	SUBJONCTIF présent
je plaçai nous plaçâmes	j'ai placé nous avons placé	placé, ée	que je place que nous placions
je bougeai nous bougeâmes	j'ai bougé nous avons bougé	bougé, ée	que je bouge que nous bougions
j'appelai nous appelâmes	j'ai appelé nous avons appelé	appelé, ée	que j'appelle que nous appelions
je jetai nous jetâmes	j'ai jeté nous avons jeté	jeté, ée	que je jette que nous jetions
je gelai nous gelâmes	j'ai gelé nous avons gelé	gelé, ée	que je gèle que nous gelions
j'achetai nous achetâmes	j'ai acheté nous avons acheté	acheté, ée	que j'achète que nous achetions
je cédai nous cédâmes	j'ai cédé nous avons cédé	cédé, ée	que je cède que nous cédions
j'épiai nous épiâmes	j'ai épié nous avons épié	épié, ée	que j'épie que nous épiions
je noyai nous noyâmes	j'ai noyé nous avons noyé	noyé, ée	que je noie que nous noyions
je payai nous payâmes	j'ai payé nous avons payé	payé, ée	que je paie ou paye que nous payions

INDICATIF

présent

je	finis
tu	finis
il, elle	finit
nous	finissons
vous	finissez
ils, elles	finissent

passé composé

j'ai	fini
tu	as fini
il, elle	a fini
nous	avons fini
vous	avez fini
ils, elles	ont fini

imparfait

je	finissais
tu	finissais
il, elle	finissait
nous	finissions
vous	finissiez
ils, elles	finissaient

plus-que-parfait

j'	avais fini
tu	avais fini
il, elle	avait fini
nous	avions fini
vous	aviez fini
ils, elles	avaient fini

passé simple

je	finis
tu	finis
il, elle	finit
nous	finîmes
vous	finîtes
ils, elles	finirent

passé antérieur

j'	eus fini
tu	eus fini
il, elle	eut fini
nous	eûmes fini
vous	eûtes fini
ils, elles	eurent fini

futur simple

je	finirai
tu	finiras
il, elle	finira
nous	finirons
vous	finirez
ils, elles	finiront

futur antérieur

j'	aurai fini
tu	auras fini
il, elle	aura fini
nous	aurons fini
vous	aurez fini
ils, elles	auront fini

CONDITIONNEL

présent

je	finirais
tu	finirais
il, elle	finirait
nous	finirions
vous	finiriez
ils, elles	finiraient

passé

j'	aurais fini
tu	aurais fini
il, elle	aurait fini
nous	aurions fini
vous	auriez fini
ils, elles	auraient fini

SUBJONCTIF

présent

que je	finisse
que tu	finisses
qu'il, qu'elle	finisse
que nous	finissions
que vous	finissiez
qu'ils, qu'elles	finissent

passé

que j'	aie fini
que tu	aies fini
qu'il, qu'elle	ait fini
que nous	ayons fini
que vous	ayez fini
qu'ils, qu'elles	aient fini

imparfait

que je	finisse
que tu	finisses
qu'il, qu'elle	finît
que nous	finissions
que vous	finissiez
qu'ils, qu'elles	finissent

plus-que-parfait

que j'	eusse fini
que tu	eusses fini
qu'il, qu'elle	eût fini
que nous	eussions fini
que vous	eussiez fini
qu'ils, qu'elles	eussent fini

IMPÉRATIF

présent

finis
finissons
finissez

passé

aie fini
ayons fini
ayez fini

PARTICIPE

présent

finissant

passé

fini, e
ayant fini

INFINITIF

présent

finir

passé

avoir fini

INDICATIF

présent

je	vais
tu	vas
il, elle	va
nous	allons
vous	allez
ils, elles	vont

passé composé

je	suis allé, ée
tu	es allé, ée
il, elle	est allé, ée
nous	sommes allés, ées
vous	êtes allés, ées
ils, elles	sont allés, ées

imparfait

j'	allais
tu	allais
il, elle	allait
nous	allions
vous	alliez
ils, elles	allaient

plus-que-parfait

j'	étais allé, ée
tu	étais allé, ée
il, elle	était allé, ée
nous	étions allés, ées
vous	étiez allés, ées
ils, elles	étaient allés, ées

passé simple

j'	allai
tu	allas
il, elle	alla
nous	allâmes
vous	allâtes
ils, elles	allèrent

passé antérieur

je	fus allé, ée
tu	fus allé, ée
il, elle	fut allé, ée
nous	fûmes allés, ées
vous	fûtes allés, ées
ils, elles	furent allés, ées

futur simple

j'	irai
tu	iras
il, elle	ira
nous	irons
vous	irez
ils, elles	iront

futur antérieur

je	serai allé, ée
tu	seras allé, ée
il, elle	sera allé, ée
nous	serons allés, ées
vous	serez allés, ées
ils, elles	seront allés, ées

CONDITIONNEL

présent

j'	irais
tu	irais
il, elle	irait
nous	irions
vous	iriez
ils, elles	iraient

passé

je	serais allé, ée
tu	serais allé, ée
il, elle	serait allé, ée
nous	serions allés, ées
vous	seriez allés, ées
ils, elles	seraient allés, ées

SUBJONCTIF

présent

que j'	aille
que tu	ailles
qu'il, qu'elle	aille
que nous	allions
que vous	alliez
qu'ils, qu'elles	aillent

passé

que je	sois allé, ée
que tu	sois allé, ée
qu'il, qu'elle	soit allé, ée
que nous	soyons allés, ées
que vous	soyez allés, ées
qu'ils, qu'elles	soient allés, ées

imparfait

que j'	allasse
que tu	allasses
qu'il, qu'elle	allât
que nous	allassions
que vous	allassiez
qu'ils, qu'elles	allassent

plus-que-parfait

que je	fusse allé, ée
que tu	fusses allé, ée
qu'il, qu'elle	fût allé, ée
que nous	fussions allés, ées
que vous	fussiez allés, ées
qu'ils, qu'elles	fussent allés, ées

IMPÉRATIF

présent

va (sauf dans *vas-y*)
allons
allez

passé

sois allé, ée
soyons allés, ées
soyez allés, ées

PARTICIPE

présent

allant

passé

allé, ée
étant allé, ée

INFINITIF

présent

aller

passé

être allé, ée

INDICATIF

présent

je	viens
tu	viens
il, elle	vient
nous	venons
vous	venez
ils, elles	viennent

passé composé

je	suis venu, ue
tu	es venu, ue
il, elle	est venu, ue
nous	sommes venus, ues
vous	êtes venus, ues
ils, elles	sont venus, ues

imparfait

je	venais
tu	venais
il, elle	venait
nous	venions
vous	veniez
ils, elles	venaient

plus-que-parfait

j'	étais venu, ue
tu	étais venu, ue
il, elle	était venu, ue
nous	étions venus, ues
vous	étiez venus, ues
ils, elles	étaient venus, ues

passé simple

je	vins
tu	vins
il, elle	vint
nous	vînmes
vous	vîntes
ils, elles	vinrent

passé antérieur

je	fus venu, ue
tu	fus venu, ue
il, elle	fut venu, ue
nous	fûmes venus, ues
vous	fûtes venus, ues
ils, elles	furent venus, ues

futur simple

je	viendrai
tu	viendras
il, elle	viendra
nous	viendrons
vous	viendrez
ils, elles	viendront

futur antérieur

je	serai venu, ue
tu	seras venu, ue
il, elle	sera venu, ue
nous	serons venus, ues
vous	serez venus, ues
ils, elles	seront venus, ues

CONDITIONNEL

présent

je	viendrais
tu	viendrais
il, elle	viendrait
nous	viendrions
vous	viendriez
ils, elles	viendraient

passé

je	serais venu, ue
tu	serais venu, ue
il, elle	serait venu, ue
nous	serions venus, ues
vous	seriez venus, ues
ils, elles	seraient venus, ues

SUBJONCTIF

présent

que je	vienne
que tu	viennes
qu'il, qu'elle	vienne
que nous	venions
que vous	veniez
qu'ils, qu'elles	viennent

passé

que je	sois venu, ue
que tu	sois venu, ue
qu'il, qu'elle	soit venu, ue
que nous	soyons venus, ues
que vous	soyez venus, ues
qu'ils, qu'elles	soient venus, ues

imparfait

que je	vinsse
que tu	vinsses
qu'il, qu'elle	vînt
que nous	vinssions
que vous	vinssiez
qu'ils, qu'elles	vinssent

plus-que-parfait

que je	fusse venu, ue
que tu	fusses venu, ue
qu'il, qu'elle	fût venu, ue
que nous	fussions venus, ues
que vous	fussiez venus, ues
qu'ils, qu'elles	fussent venus, ues

IMPÉRATIF

présent

viens
venons
venez

passé

sois venu, ue
soyons venus, ues
soyez venus, ues

PARTICIPE

présent

venant

passé

venu, ue
étant venu, ue

INFINITIF

présent

venir

passé

être venu, ue

		INDICATIF	
	présent	imparfait	futur
14 COURIR	je cours il, elle court nous courons ils, elles courent	je courais nous courions	je courrai nous courrons
15 CUEILLIR	je cueille il, elle cueille nous cueillons ils, elles cueillent	je cueillais nous cueillions	je cueillerai nous cueillerons
16 ASSAILLIR	j'assaille il, elle assaille nous assaillons ils, elles assaillent	j'assaillais nous assaillions	j'assaillirai nous assaillirons
17 BOUILLIR	je bous il, elle bout nous bouillons ils, elles bouillent	je bouillais nous bouillions	je bouillirai nous bouillirons
18 SERVIR	je sers il, elle sert nous servons ils, elles servent	je servais nous servions	je servirai nous servirons
19 COUVRIR	je couvre il, elle couvre nous couvrons ils, elles couvrent	je couvrais nous couvrions	je couvrirai nous couvrirons

INDICATIF passé simple	INDICATIF passé composé	PARTICIPE passé	SUBJONCTIF présent
je courus nous courûmes	j'ai couru nous avons couru	couru, ue	que je coure que nous courions
je cueillis nous cueillîmes	j'ai cueilli nous avons cueilli	cueilli, ie	que je cueille que nous cueillions
j'assaillis nous assaillîmes	j'ai assailli nous avons assailli	assailli, ie	que j'assaille que nous assaillions
je bouillis nous bouillîmes	j'ai bouilli nous avons bouilli	bouilli, ie	que je bouille qu'il, qu'elle bouille que nous bouillions
je servis nous servîmes	j'ai servi nous avons servi	servi, ie	que je serve que nous servions
je couvris nous couvrîmes	j'ai couvert nous avons couvert	couvert, e	que je couvre que nous couvrions

		INDICATIF	
	présent	imparfait	futur
20 PARTIR	je pars il, elle part nous partons ils, elles partent	je partais nous partions	je partirai nous partirons
SENTIR	je sens il, elle sent nous sentons ils, elles sentent	je sentais nous sentions	je sentirai nous sentirons
21 FUIR	je fuis il, elle fuit nous fuyons ils, elles fuient	je fuyais nous fuyions	je fuirai nous fuirons
22 MOURIR	je meurs il, elle meurt nous mourons ils, elles meurent	je mourais nous mourions	je mourrai nous mourrons
23 VÊTIR	je vêts il, elle vêt nous vêtons ils, elles vêtent	je vêtais nous vêtions	je vêtirai nous vêtirons
24 ACQUÉRIR	j'acquiers il, elle acquiert nous acquérons ils, elles acquièrent	j'acquérais nous acquérions	j'acquerrai nous acquerrons

INDICATIF passé simple	INDICATIF passé composé	PARTICIPE passé	SUBJONCTIF présent
je partis nous partîmes	je suis parti, ie nous sommes partis, ies	parti, ie	que je parte que nous partions
je sentis nous sentîmes	j'ai senti nous avons senti	senti, ie	que je sente que nous sentions
je fuis nous fuîmes	j'ai fui nous avons fui	fui, fuie	que je fuie que nous fuyions
je mourus nous mourûmes	je suis mort, morte nous sommes morts, mortes	mort, morte	que je meure que nous mourions
je vêtis nous vêtîmes	j'ai vêtu nous avons vêtu	vêtu, ue	que je vête que nous vêtions
j'acquis nous acquîmes	j'ai acquis nous avons acquis	acquis, e	que j'acquière que nous acquérions

INDICATIF

présent

je	veux
tu	veux
il, elle	veut
nous	voulons
vous	voulez
ils, elles	veulent

passé composé

j'	ai voulu
tu	as voulu
il, elle	a voulu
nous	avons voulu
vous	avez voulu
ils, elles	ont voulu

imparfait

je	voulais
tu	voulais
il, elle	voulait
nous	voulions
vous	vouliez
ils, elles	voulaient

plus-que-parfait

j'	avais voulu
tu	avais voulu
il, elle	avait voulu
nous	avions voulu
vous	aviez voulu
ils, elles	avaient voulu

passé simple

je	voulus
tu	voulus
il, elle	voulut
nous	voulûmes
vous	voulûtes
ils, elles	voulurent

passé antérieur

j'	eus voulu
tu	eus voulu
il, elle	eut voulu
nous	eûmes voulu
vous	eûtes voulu
ils, elles	eurent voulu

futur simple

je	voudrai
tu	voudras
il, elle	voudra
nous	voudrons
vous	voudrez
ils, elles	voudront

futur antérieur

j'	aurai voulu
tu	auras voulu
il, elle	aura voulu
nous	aurons voulu
vous	aurez voulu
ils, elles	auront voulu

CONDITIONNEL

présent

je	voudrais
tu	voudrais
il, elle	voudrait
nous	voudrions
vous	voudriez
ils, elles	voudraient

passé

j'	aurais voulu
tu	aurais voulu
il, elle	aurait voulu
nous	aurions voulu
vous	auriez voulu
ils, elles	auraient voulu

SUBJONCTIF

présent

que je	veuille
que tu	veuilles
qu'il, qu'elle	veuille
que nous	voulions
que vous	vouliez
qu'ils, qu'elles	veuillent

passé

que j'	aie voulu
que tu	aies voulu
qu'il, qu'elle	ait voulu
que nous	ayons voulu
que vous	ayez voulu
qu'ils, qu'elles	aient voulu

imparfait

que je	voulusse
que tu	voulusses
qu'il, qu'elle	voulût
que nous	voulussions
que vous	voulussiez
qu'ils, qu'elles	voulussent

plus-que-parfait

que j'	eusse voulu
que tu	eusses voulu
qu'il, qu'elle	eût voulu
que nous	eussions voulu
que vous	eussiez voulu
qu'ils, qu'elles	eussent voulu

IMPÉRATIF

présent

veux (veuille)
voulons
voulez (veuillez)

passé

aie voulu
ayons voulu
ayez voulu

PARTICIPE

présent

voulant

passé

voulu, ue
ayant voulu

INFINITIF

présent

vouloir

passé

avoir voulu

INDICATIF

présent

je	peux ou je puis
tu	peux
il, elle	peut
nous	pouvons
vous	pouvez
ils, elles	peuvent

passé composé

j'	ai pu
tu	as pu
il, elle	a pu
nous	avons pu
vous	avez pu
ils, elles	ont pu

imparfait

je	pouvais
tu	pouvais
il, elle	pouvait
nous	pouvions
vous	pouviez
ils, elles	pouvaient

plus-que-parfait

j'	avais pu
tu	avais pu
il, elle	avait pu
nous	avions pu
vous	aviez pu
ils, elles	avaient pu

passé simple

je	pus
tu	pus
il, elle	put
nous	pûmes
vous	pûtes
ils, elles	purent

passé antérieur

j'	eus pu
tu	eus pu
il, elle	eut pu
nous	eûmes pu
vous	eûtes pu
ils, elles	eurent pu

futur simple

je	pourrai
tu	pourras
il, elle	pourra
nous	pourrons
vous	pourrez
ils, elles	pourront

futur antérieur

j'	aurai pu
tu	auras pu
il, elle	aura pu
nous	aurons pu
vous	aurez pu
ils, elles	auront pu

CONDITIONNEL

présent

je	pourrais
tu	pourrais
il, elle	pourrait
nous	pourrions
vous	pourriez
ils, elles	pourraient

passé

j'	aurais pu
tu	aurais pu
il, elle	aurait pu
nous	aurions pu
vous	auriez pu
ils, elles	auraient pu

SUBJONCTIF

présent

que je	puisse
que tu	puisses
qu'il, qu'elle	puisse
que nous	puissions
que vous	puissiez
qu'ils, qu'elles	puissent

passé

que j'	aie pu
que tu	aies pu
qu'il, qu'elle	ait pu
que nous	ayons pu
que vous	ayez pu
qu'ils, qu'elles	aient pu

imparfait

que je	pusse
que tu	pusses
qu'il, qu'elle	pût
que nous	pussions
que vous	pussiez
qu'ils, qu'elles	pussent

plus-que-parfait

que j'	eusse pu
que tu	eusses pu
qu'il, qu'elle	eût pu
que nous	eussions pu
que vous	eussiez pu
qu'ils, qu'elles	eussent pu

IMPÉRATIF

présent

Pas d'impératif

passé

Pas d'impératif

PARTICIPE

présent

pouvant

passé

pu
ayant pu

INFINITIF

présent

pouvoir

passé

avoir pu

	INDICATIF présent	INDICATIF imparfait	INDICATIF futur
27 PRÉVOIR	je prévois il, elle prévoit nous prévoyons ils, elles prévoient	je prévoyais nous prévoyions	je prévoirai nous prévoirons
28 POURVOIR	je pourvois il, elle pourvoit nous pourvoyons ils, elles pourvoient	je pourvoyais nous pourvoyions	je pourvoirai nous pourvoirons
29 ASSEOIR	j'assois ou j'assieds il, elle assoit ou il, elle assied nous assoyons ou nous asseyons ils, elles assoient ou ils, elles asseyent	j'assoyais ou j'asseyais nous assoyions ou nous asseyions	j'assoirai ou j'assiérai ou j'asseyerai nous assoirons
30 MOUVOIR	je meus il, elle meut nous mouvons ils, elles meuvent	je mouvais nous mouvions	je mouvrai nous mouvrons

REMARQUE – Les verbes ***émouvoir*** et ***promouvoir*** font au participe passé *ému, ue ; promu, ue.*

	présent	imparfait	futur
31 RECEVOIR	je reçois il, elle reçoit nous recevons ils, elles reçoivent	je recevais nous recevions	je recevrai nous recevrons
DEVOIR	je dois	je devais	je devrai
32 VALOIR	je vaux il, elle vaut nous valons ils, elles valent	je valais nous valions	je vaudrai nous vaudrons

REMARQUE – Le verbe ***équivaloir*** fait ***équivalu*** (invariable) au participe passé. Le verbe ***prévaloir*** fait ***prévalu,ue*** au participe passé et ***que je prévale*** au subjonctif présent.

	présent	imparfait	futur
33 VOIR	je vois il, elle voit nous voyons ils, elles voient	je voyais nous voyions	je verrai nous verrons
34 SAVOIR	je sais il, elle sait nous savons ils, elles savent	je savais nous savions	je saurai nous saurons

verbes impersonnels

	présent	imparfait	futur
35 PLEUVOIR	il pleut	il pleuvait	il pleuvra
36 FALLOIR	il faut	il fallait	il faudra

INDICATIF passé simple	passé composé	PARTICIPE passé	SUBJONCTIF présent
je prévis nous prévîmes	j'ai prévu nous avons prévu	prévu, ue	que je prévoie que nous prévoyions
je pourvus nous pourvûmes	j'ai pourvu nous avons pourvu	pourvu, ue	que je pourvoie que nous pourvoyions
j'assis nous assîmes	j'ai assis nous avons assis	assis, e	que j'assoie ou que j'asseye que nous assoyions ou que nous asseyions
je mus nous mûmes	j'ai mû nous avons mû	mû, mue, mus	que je meuve que nous mouvions
je reçus nous reçûmes	j'ai reçu nous avons reçu	reçu, ue	que je reçoive que nous recevions
je dus	j'ai dû	dû, due, dus	que je doive
je valus nous valûmes	j'ai valu nous avons valu	valu, ue	que je vaille que nous valions
je vis nous vîmes	j'ai vu nous avons vu	vu, vue	que je voie que nous voyions
je sus nous sûmes	j'ai su nous avons su	su, ue	que je sache que nous sachions
il plut	il a plu	plu *(invariable)*	qu'il pleuve
il fallut	il a fallu	fallu *(invariable)*	qu'il faille

INDICATIF

présent

je	fais
tu	fais
il, elle	fait
nous	faisons
vous	faites
ils, elles	font

passé composé

j'	ai fait
tu	as fait
il, elle	a fait
nous	avons fait
vous	avez fait
ils, elles	ont fait

imparfait

je	faisais
tu	faisais
il, elle	faisait
nous	faisions
vous	faisiez
ils, elles	faisaient

plus-que-parfait

j'	avais fait
tu	avais fait
il, elle	avait fait
nous	avions fait
vous	aviez fait
ils, elles	avaient fait

passé simple

je	fis
tu	fis
il, elle	fit
nous	fîmes
vous	fîtes
ils, elles	firent

passé antérieur

j'	eus fait
tu	eus fait
il, elle	eut fait
nous	eûmes fait
vous	eûtes fait
ils, elles	eurent fait

futur simple

je	ferai
tu	feras
il, elle	fera
nous	ferons
vous	ferez
ils, elles	feront

futur antérieur

j'	aurai fait
tu	auras fait
il, elle	aura fait
nous	aurons fait
vous	aurez fait
ils, elles	auront fait

CONDITIONNEL

présent

je	ferais
tu	ferais
il, elle	ferait
nous	ferions
vous	feriez
ils, elles	feraient

passé

j'	aurais fait
tu	aurais fait
il, elle	aurait fait
nous	aurions fait
vous	auriez fait
ils, elles	auraient fait

SUBJONCTIF

présent

que je	fasse
que tu	fasses
qu'il, qu'elle	fasse
que nous	fassions
que vous	fassiez
qu'ils, qu'elles	fassent

passé

que j'	aie fait
que tu	aies fait
qu'il, qu'elle	ait fait
que nous	ayons fait
que vous	ayez fait
qu'ils, qu'elles	aient fait

imparfait

que je	fisse
que tu	fisses
qu'il, qu'elle	fît
que nous	fissions
que vous	fissiez
qu'ils, qu'elles	fissent

plus-que-parfait

que j'	eusse fait
que tu	eusses fait
qu'il, qu'elle	eût fait
que nous	eussions fait
que vous	eussiez fait
qu'ils, qu'elles	eussent fait

IMPÉRATIF

présent

fais
faisons
faites

passé

aie fait
ayons fait
ayez fait

PARTICIPE

présent

faisant

passé

fait, faite
ayant fait

INFINITIF

présent

faire

passé

avoir fait

	INDICATIF présent	imparfait	futur
38 CONCLURE	je conclus il, elle conclut nous concluons ils, elles concluent	je concluais nous concluions	je conclurai nous conclurons

REMARQUE – Le verbe ***exclure*** se conjugue comme ***conclure*** : participe passé *exclu, ue* ; ***inclure*** se conjugue comme ***conclure*** sauf au participe passé : *inclus, incluse.*

	présent	imparfait	futur
39 RIRE	je ris il, elle rit nous rions ils, elles rient	je riais nous riions	je rirai nous rirons
40 DIRE	je dis il, elle dit nous disons vous dites ils, elles disent	je disais nous disions	je dirai nous dirons

REMARQUE – Les verbes ***médire, contredire, dédire, interdire, prédire*** se conjuguent comme ***dire*** sauf *médisez, contredisez, dédisez, interdisez, prédisez.*

	présent	imparfait	futur
SUFFIRE	vous suffisez		

REMARQUE – Le verbe ***confire*** se conjugue comme ***suffire*** sauf au participe passé : *confit, e.*

	présent	imparfait	futur
41 NUIRE	je nuis il, elle nuit nous nuisons ils, elles nuisent	je nuisais nous nuisions	je nuirai nous nuirons
CONDUIRE			

et les verbes : ***luire, reluire, construire, cuire, déduire, détruire, enduire, induire, instruire, introduire, produire, réduire, séduire, traduire.***

	présent	imparfait	futur
42 ÉCRIRE	j'écris il, elle écrit nous écrivons ils, elles écrivent	j'écrivais nous écrivions	j'écrirai nous écrirons

INDICATIF passé simple	INDICATIF passé composé	PARTICIPE passé	SUBJONCTIF présent
je conclus nous conclûmes	j'ai conclu nous avons conclu	conclu, ue	que je conclue que nous concluions
je ris nous rîmes	j'ai ri nous avons ri	ri *(invariable)*	que je rie que nous riions
je dis nous dîmes	j'ai dit nous avons dit	dit, dite	que je dise que nous disions
		suffi *(invariable)*	
je nuisis nous nuisîmes	j'ai nui nous avons nui	nui *(invariable)*	que je nuise que nous nuisions
	j'ai conduit nous avons conduit	conduit, e	
j'écrivis nous écrivîmes	j'ai écrit nous avons écrit	écrit, e	que j'écrive que nous écrivions

	INDICATIF présent	imparfait	futur
43 SUIVRE	je suis il, elle suit nous suivons ils, elles suivent	je suivais nous suivions	je suivrai nous suivrons
44 RENDRE	je rends il, elle rend nous rendons ils, elles rendent	je rendais nous rendions	je rendrai nous rendrons

et les verbes en *-andre* (ex. : *répandre*), *-erdre* (ex. : *perdre*), *-ondre* (ex. : *répondre*), *-ordre* (ex. : *mordre*).

	présent	imparfait	futur
ROMPRE	il, elle rompt	il, elle rompait	il, elle rompra
BATTRE	je bats il, elle bat nous battons ils, elles battent	je battais nous battions	je battrai nous battrons
45 VAINCRE	je vaincs il, elle vainc nous vainquons ils, elles vainquent	je vainquais nous vainquions	je vaincrai nous vaincrons
46 LIRE	je lis il, elle lit nous lisons ils, elles lisent	je lisais nous lisions	je lirai nous lirons
47 CROIRE	je crois il, elle croit nous croyons ils, elles croient	je croyais nous croyions	je croirai nous croirons
48 CLORE	je clos il, elle clôt ils, elles closent	je closais *(contesté)*	je clorai *(rare)*

INDICATIF passé simple	INDICATIF passé composé	PARTICIPE passé	SUBJONCTIF présent
je suivis nous suivîmes	j'ai suivi nous avons suivi	suivi, ie	que je suive que nous suivions
je rendis nous rendîmes	j'ai rendu nous avons rendu	rendu, ue	que je rende que nous rendions
il, elle rompit	il, elle a rompu	rompu, ue	qu'il, qu'elle rompe
je battis nous battîmes	j'ai battu nous avons battu	battu, ue	que je batte que nous battions
je vainquis nous vainquîmes	j'ai vaincu nous avons vaincu	vaincu, ue	que je vainque que nous vainquions
je lus nous lûmes	j'ai lu nous avons lu	lu, lue	que je lise que nous lisions
je crus nous crûmes	j'ai cru nous avons cru	cru, crue	que je croie que nous croyions
(n'existe pas)	j'ai clos nous avons clos	clos, close	que je close que nous closions

	INDICATIF présent	imparfait	futur
49 VIVRE	je vis il, elle vit nous vivons ils, elles vivent	je vivais nous vivions	je vivrai nous vivrons
50 MOUDRE	je mouds il, elle moud nous moulons ils, elles moulent	je moulais nous moulions	je moudrai nous moudrons
51 COUDRE	je couds il, elle coud nous cousons ils, elles cousent	je cousais nous cousions	je coudrai nous coudrons
52 JOINDRE	je joins il, elle joint nous joignons ils, elles joignent	je joignais nous joignions	je joindrai nous joindrons
53 TRAIRE	je trais il, elle trait nous trayons ils, elles traient	je trayais nous trayions	je trairai nous trairons
54 DISSOUDRE	je dissous il, elle dissout nous dissolvons ils, elles dissolvent	je dissolvais nous dissolvions	je dissoudrai nous dissoudrons

REMARQUE – Le verbe ***résoudre*** se conjugue comme ***dissoudre***. Il a deux participes passés : *résolu, ue (problème résolu)* et *résous, oute (brouillard résous en pluie).*

	présent	imparfait	futur
55 CRAINDRE	je crains il, elle craint nous craignons ils, elles craignent	je craignais nous craignions	je craindrai nous craindrons
PEINDRE	je peins il, elle peint nous peignons ils, elles peignent	je peignais nous peignions	je peindrai nous peindrons

INDICATIF passé simple	INDICATIF passé composé	PARTICIPE passé	SUBJONCTIF présent
je vécus nous vécûmes	j'ai vécu nous avons vécu	vécu, ue	que je vive que nous vivions
je moulus nous moulûmes	j'ai moulu nous avons moulu	moulu, ue	que je moule que nous moulions
je cousis nous cousîmes	j'ai cousu nous avons cousu	cousu, ue	que je couse que nous cousions
je joignis nous joignîmes	j'ai joint nous avons joint	joint, jointe	que je joigne que nous joignions
(n'existe pas)	j'ai trait nous avons trait	trait, traite	que je traie que nous trayions
je dissolus	j'ai dissous nous avons dissous	dissous, oute	que je dissolve que nous dissolvions
je craignis nous craignîmes	j'ai craint nous avons craint	craint, crainte	que je craigne que nous craignions
je peignis nous peignîmes	j'ai peint nous avons peint	peint, peinte	que je peigne que nous peignions

	INDICATIF		
	présent	imparfait	futur
56 BOIRE	je bois il, elle boit nous buvons ils, elles boivent	je buvais nous buvions	je boirai nous boirons
57 PLAIRE	je plais il, elle plaît nous plaisons ils, elles plaisent	je plaisais nous plaisions	je plairai nous plairons

REMARQUE – Le participe passé de ***plaire, complaire, déplaire,*** est invariable.

	présent	imparfait	futur
TAIRE	il, elle tait		
58 CROÎTRE	je croîs il, elle croît nous croissons ils, elles croissent	je croissais nous croissions	je croîtrai nous croîtrons

REMARQUE – Les verbes ***accroître*** et ***décroître*** ne prennent un accent circonflexe que sur le ***i*** suivi d'un ***t*** : *j'accrois, elle décrut ; accru, ue ; décru, ue ;* et aux 1re et 2e personnes du pluriel du passé simple.

	présent	imparfait	futur
59 METTRE	je mets il, elle met nous mettons ils, elles mettent	je mettais nous mettions	je mettrai nous mettrons
60 CONNAÎTRE	je connais il, elle connaît nous connaissons ils, elles connaissent	je connaissais nous connaissions	je connaîtrai nous connaîtrons
61 PRENDRE	je prends il, elle prend nous prenons ils, elles prennent	je prenais nous prenions	je prendrai nous prendrons
62 NAÎTRE	je nais il, elle naît nous naissons ils, elles naissent	je naissais nous naissions	je naîtrai nous naîtrons

REMARQUE – Le verbe ***renaître*** n'a pas de participe passé.

INDICATIF passé simple	INDICATIF passé composé	PARTICIPE passé	SUBJONCTIF présent
je bus nous bûmes	j'ai bu nous avons bu	bu, bue	que je boive que nous buvions
je plus nous plûmes	j'ai plu nous avons plu	plu *(invariable)*	que je plaise que nous plaisions
		tu, tue	
je crûs nous crûmes	j'ai crû nous avons crû	crû, crue, crus	que je croisse que nous croissions
je mis nous mîmes	j'ai mis nous avons mis	mis, mise	que je mette que nous mettions
je connus nous connûmes	j'ai connu nous avons connu	connu, ue	que je connaisse que nous connaissions
je pris nous prîmes	j'ai pris nous avons pris	pris, prise	que je prenne que nous prenions
je naquis nous naquîmes	je suis né, née nous sommes nés, nées	né, née	que je naisse que nous naissions

PETIT DICTIONNAIRE D'ÉTYMOLOGIE

L'histoire d'un mot, c'est-à-dire son étymologie, apporte de précieuses informations : éclairer une orthographe difficile parce que mystérieuse, saisir de nouveaux liens entre les mots, former des familles sur des bases historiques. Le français d'aujourd'hui est le produit de l'histoire.

D'où viennent les mots ? Chercher leur origine invite au voyage. Ils ont voyagé à travers le temps et à travers l'espace. Certains mots sont aussi vieux que la langue française. Ils ont évolué au cours des siècles : ils ont changé d'orthographe, de sens ou de prononciation. Voyage dans l'espace également. Toute langue est un musée vivant. Elle conserve des échos de langues disparues, la trace des rencontres de cultures, des échanges d'idées et de marchandises, des guerres et des conquêtes. La langue française a vécu de grands rendez-vous : avec le germanique lors des invasions barbares, avec l'arabe au Moyen Âge, avec les langues d'Amérique au retour des voyages de découverte, avec l'italien à la Renaissance, et puis avec l'anglais. Elle a longuement côtoyé les langues des régions de France : le breton, le provençal, le picard, le basque, le normand... Ces contacts ont laissé des mots en héritage qui forment un trésor commun. Ce trésor continue de s'enrichir. Cet enrichissement passe aussi par la création de mots et les scientifiques puisent toujours aux racines grecques *(cyclone, dinosaure, écologie...)* et latines *(mammifère, ordinateur, radium...)*.

Ces 400 mots donnent une idée de la diversité des langues qui ont participé à la formation du français, qui ne vient pas seulement du latin et du grec, et bien peu du gaulois. Les mots sont classés par ordre alphabétique. Des renvois en couleur invitent à consulter des notices complémentaires : mots de même racine (*patience* et *sympathie, saucisse* et *salaire*), de même origine (*chiffre* et *zéro*), de formation similaire (*cordonnier* et *maroquinerie*), du même champ lexical (*canine, incisive* et *molaire*) ou permettant de reconstituer une série (*janvier* et *septembre*). Pour faciliter les recherches et les exercices, nous proposons également un classement par thème (les animaux, l'histoire...) et un autre par langue d'origine (anglais, malais...).

À la suite du corpus, nous avons ajouté un index général qui répertorie, en plus des mots traités, les mots mentionnés dans toutes les notices (plus de 800 mots au total). *Aval* est évoqué dans la notice consacrée à *amont, tribord* dans celle de *bâbord. Bougie* est l'occasion d'aborder la distinction d'avec *cierge* et *chandelle, domestique* de présenter des mots apparentés comme *domicile* et *majordome.* Les noms des jours de la semaine sont regroupés à *lundi.* Des noms propres sont également cités : noms de lieux (*Islande* à *banquise, Lugdunum* et *Verdun* à *dune*), prénoms (*Estelle* à *étoile, Mélissa* à *hydromel*) et noms de personnes (*Fabre* et *Lefebvre* à *orfèvre*).

Marie-Hélène Drivaud

Index par thème

Les qualités et les défauts

La religion

La santé

Les sciences

Le sport, le jeu, les loisirs

La technique, les machines

Le temps qu'il fait

Le temps qui passe

Le travail, les activités humaines

Les végétaux

La vie quotidienne, les objets

La violence

Index par langue d'origine

* On appelle *ancien français* la langue française telle qu'elle existait entre le 9e et le 14e siècle ; elle est très différente de la langue actuelle mais ce n'est plus du latin.

Malais

Néerlandais

Langues nordiques

Normand

Langues de Polynésie

Portugais

Provençal

Russe

Turc

Noms propres

A

abécédaire • Ce livre d'initiation à l'alphabet tire son nom des quatre premières lettres du système français : *a, b, c* et *d.* **(→ alphabet)**

abeille • Cet insecte s'appelle au Moyen Âge *mouche à miel.* Son nom moderne vient du mot latin *apicula,* diminutif de *apis* qui veut dire «abeille». On retrouve ce mot latin dans le terme savant *apiculture.*

abracadabrant • Cet adjectif très long est tiré du mot *abracadabra,* formule magique bien connue.

accrocher • *Accrocher,* c'est tout simplement «suspendre à un *crochet*», *crochet* qui est un «petit *croc*», c'est-à-dire un fer recourbé et pointu. Un nez *crochu* est également recourbé et le *croc-en-jambe* comme le *croche-pied* a pour but de saisir la jambe ou la cheville.

acharner • L'acharnement comporte l'idée de poursuite obstinée et hostile comme le chien ou le faucon qui s'attaque à sa proie pour la dévorer. Le verbe *acharner* est formé avec le vieux mot *charn* qui est devenu aujourd'hui *chair.* On reconnaît *charn* dans *décharné* qui signifie «très maigre», précisément «sans chair», et dans *charnu* «bien en chair».

adolescent • Le nom de la personne qui traverse cette période de la vie a la même origine que le mot *adulte.* Ils viennent tous deux du verbe latin *adolescere* ou *adulescere* qui veut dire «grandir» : l'adolescent est celui «qui est en train de grandir» tandis que l'adulte est celui «qui a grandi».

affamé • Celui qui est affamé est torturé par la faim qui se dit *fames* en latin. Les mots *famine, famélique,* en relation avec la faim, ont la même origine.

agenda • Ce mot latin veut dire «ce qui doit être fait, choses à faire». C'est une forme du verbe *agere* signifiant «faire, s'occuper de», verbe qui est à l'origine du verbe *agir.*

alarme • Ce mot vient du domaine militaire. Il a pour origine l'italien *all'arme* «aux armes !», cri pour appeler au combat.

album • *Album* est un mot latin qui désignait dans l'Antiquité romaine un support (mur, tablette) blanchi avec du plâtre, qui portait des inscriptions publiques. En français, un album est un livre blanc. Le latin vient de l'adjectif *albus* qui signifie «blanc». Une personne dont la peau et les cheveux n'ont pas de pigment, c'est-à-dire qu'ils sont presque blancs, est *albinos ;* ce mot a la même origine.

alligator • C'est un mot anglais qui vient de l'espagnol *el lagarto* qui signifie «le lézard».

alphabet • Ce mot vient du nom des deux premières lettres grecques, *alpha* et *bêta.* Une personne *analphabète,* qui ne sait ni lire ni écrire, «ne sait ni A ni B». L'alphabet latin que nous employons est issu de l'alphabet grec.

altitude • Ce mot remonte à l'adjectif latin *altus* qui signifie «haut, élevé» ; cet adjectif a donné en français *haut* et en italien *alto.* C'est de l'italien que nous tenons les mots *altesse* (idée de «rang élevé»), *altier* et, en musique, *alto.*

amnistie • Ce mot vient du grec *amnestia* qui signifie «pardon», de *amnêstos* «oublié». Pour pardonner, il faut savoir oublier.

amont • L'expression *en amont* s'oppose à *en aval.* Dans la première on reconnaît les mots *mont, montagne,* dans la seconde, *val, vallée. En amont* signifie donc «vers la source d'un cours d'eau, plus haut», et *en aval* «vers l'embouchure, plus bas».

anarchie • Ce mot vient du grec *anarkhia* qui signifie «absence de commandement». L'idée de commandant, de chef se retrouve dans des mots comme *hiérarchie, monarchie,* ainsi que dans *archaïque,* l'autorité étant souvent le privilège du grand âge.

angora • Ce mot vient d'un nom propre. On a dit d'abord *chat d'Angora* car les premiers chats à poil long connus en Europe venaient d'Angora. Angora est une ville de Turquie qui devient la capitale du pays en 1923 ; elle prend le nom de *Ankara* en 1930.

anniversaire • Un anniversaire célèbre le retour annuel du jour d'un évènement marquant, comme le jour de la naissance de quelqu'un. Ce mot vient du latin *anniversarius,* formé de *annus* qui veut dire «année» et d'une forme du verbe *vertere* signifiant «revenir».

anorak • Ce mot nous vient du froid. Il est emprunté à la langue des Inuits et l'explorateur Charcot l'utilise au début du 20e siècle. Il devient vraiment fréquent avec l'habitude d'aller aux sports d'hiver, à la montagne, où ce vêtement est indispensable.

antipode • Ce nom signifie exactement «qui a les pieds opposés (aux nôtres)». En grec, *pied* se dit *pous, podos.* Les antipodes de la France correspondent à des îles inhabitées appartenant à la Nouvelle-Zélande, là où l'on pensait que les habitants vivaient la tête en bas.

apartheid • Ce mot vient de l'afrikaans, c'est-à-dire du néerlandais parlé par les Blancs qui vivent en Afrique du Sud. Il est formé du néerlandais *apart* qui n'est autre que le français *à part.* L'apartheid, politique de séparation des populations selon la couleur de peau, exige que certains soient mis à l'écart, tenus «à part».

apitoyer • Lorsqu'on éprouve de la pitié, on s'*apitoie,* devant une personne ou une situation *pitoyable.* Ces mots sont formés à partir de *pitié.*

apparent • Cet adjectif vient du participe présent *(aparant)* d'un ancien verbe, *aparoir,* qui a été remplacé par *apparaître.*

aquarelle • Ce terme d'art désigne un procédé de peinture à l'eau et les tableaux peints selon cette technique. Il nous vient de l'italien *acquarella, acqua* signifiant «eau» dans cette langue.

arabesque • Dans la religion musulmane, le monde humain ou animal n'est pas représenté dans l'art car il s'agit d'une réalité trop sacrée, de l'œuvre de Dieu. Les artistes se servent donc de formes géométriques ou végétales entrelacées et de calligraphies pour réaliser des motifs décoratifs. Ce nom vient de l'italien *arabesco* qui signifie «à la manière arabe».

arène • Ce mot vient du latin *arena* qui signifie «sable». L'amphithéâtre antique comporte une muraille circulaire à arcades, des gradins pour les spectateurs, et une *arène,* qui est l'espace central recouvert de sable. Les jeux du cirque, les combats de gladiateurs ou d'animaux se déroulent dans l'arène. Aujourd'hui, on dit *les arènes* en parlant d'un amphithéâtre romain *(les arènes de Nîmes, d'Arles).*

armistice • Ce mot vient du latin ; il est composé à partir de *arma* qui signifie «arme» et du verbe *stare* qui veut dire «être immobile». L'armistice est donc un «arrêt des armes», tout comme le *solstice* est un «arrêt du Soleil».

arriver • Le verbe *arriver* est à l'origine un terme de marine, à rapprocher des verbes *aborder* et *accoster* formés de la même manière. Cette origine maritime n'est plus sentie et ces verbes n'évoquent plus le navire qui parvient à destination en touchant la *rive,* le *bord,* la *côte.*

athlète • Ce mot vient du grec *athlêtês* qui signifie «celui qui s'exerce à la lutte», de *athlos* qui veut dire «lutte, combat». Un autre mot du vocabulaire sportif est de même origine : *décathlon* qui désigne une compétition avec dix épreuves à disputer.

atlas • Ce mot vient d'un nom propre. Le géant Atlas est le dieu grec condamné à soutenir le ciel sur ses épaules. Un géographe flamand du 16e siècle a réalisé un ensemble de cartes dont la première page était ornée d'une gravure représentant Atlas portant le monde.

atome • Ce mot vient du grec *atomos* «que l'on ne peut couper, diviser», du verbe *temnein* «couper». Cette particule de matière a longtemps été considérée comme la plus petite qui existe. Les progrès de la science ont montré que cet élément pouvait être à son tour décomposé **(→ nucléaire)**. Cette idée de coupure se retrouve dans *anatomie,* mot qui signifie «dissection» lorsqu'il apparaît en français.

attrayant • Le verbe *traire,* très ancien et très courant, a été peu à peu remplacé par *tirer* qui avait le même sens. *Traire* s'est maintenu seulement au sens de «tirer le lait». En ancien français, il existait un verbe *attraire* voulant dire «attirer» et «charmer» : il a disparu, mais il reste ses deux participes, *attrayant* et *attrait,* que nous utilisons toujours.

auréole • Ce mot s'est d'abord écrit *oreole,* orthographe qui fait apparaître son rapport avec le mot *or.* En latin, *corona aureola* signifie «couronne d'or», ce métal précieux se disant *aurum.*

avion • Un ingénieur français, Clément Ader, invente à la fin du 19e siècle de drôles d'appareils avec des ailes pour s'élever dans les airs. Il baptise ses modèles *Avion I, Avion II,* etc., nom propre qu'il crée à partir du latin *avis* qui veut dire «oiseau». Ces appareils portaient alors le nom de *aéroplane* et c'est seulement après la Première Guerre mondiale, dans les années 1920, que le terme *avion* va s'imposer et devenir fréquent.

B

bâbord • Ce mot vient du néerlandais *bakboord* qui signifie mot à mot «côté du dos». En effet, les anciens navigateurs pilotaient leur navire à l'aide d'un gouvernail placé sur la droite du bateau ; ils tournaient le dos au côté gauche, côté que les marins appellent *bâbord.* Le côté opposé porte le nom de *tribord,* qui, en néerlandais, signifie «côté du gouvernail».

baldaquin • Le commerce en Méditerranée concernait des produits précieux et rares comme les épices, l'ivoire, la porcelaine et les tissus qui occupaient une place importante dans le monde musulman médiéval. Le mot *baldaquin* vient de l'italien *baldacchino* qui signifie «drap de soie». Cette étoffe précieuse provenait de Bagdad ; cette ville se dit *Baldacco* en Toscane. D'autres riches tissus portent un nom qui évoque l'Orient. **(→ mousseline)**

ballerine, ballet • Ces deux termes de danse nous viennent de l'italien qui remonte au verbe latin *ballare* qui veut dire «danser». Le nom français *bal* est de même origine.

banane • La banane est un fruit originaire d'Asie. Le bananier est acclimaté en Afrique et sa culture progresse de l'est du continent vers l'ouest. Les Portugais y découvrent cette plante inconnue des Européens. Au 16e siècle, ils la répandent aux Caraïbes et en Amérique. Ce mot vient du portugais *banana,* qui vient probablement d'un mot africain de Guinée. Le fruit était connu auparavant mais on le nommait en français *pomme de paradis.*

banque • Dès le Moyen Âge, des marchands du nord de l'Italie pratiquent les métiers de la banque. Ce mot vient de l'italien *banca,* désignant la table, le comptoir du commerçant qui changeait et prêtait de l'argent ; plus tard, il désigne l'endroit où se pratique le commerce de l'argent.

banquet • Le banquet est un grand repas de fête réunissant de nombreux invités. Le mot *banquet* vient de l'italien *banchetto* qui signifie «festin», issu de *banco* qui veut dire «banc». Le festin se déroulait autrefois sur de longues tables garnies de bancs.

banquise • Ce mot vient d'une langue nordique où il signifie mot à mot «paquet de glace» ; *glace*, qui se dit *is*, se retrouve dans le mot *iceberg* qui signifie «montagne de glace» et dans *Islande* «pays de glace».

baobab • Cet immense arbre africain aux fruits comestibles porte un nom d'origine arabe. Dans cette langue, *buhibab* signifie «fruit aux nombreuses graines».

barbarisme • Le barbarisme est une faute de langage grossière qui consiste par exemple à inventer des mots ou des formes qui n'existent pas (comme «ils croivent» à la place de «ils croient»). Cette mauvaise façon de parler était attribuée par les Grecs aux étrangers, aux *Barbares*.

barricade • On forme une barricade en entassant pêle-mêle divers vieux objets provenant des remises, des caves ou des greniers : matelas, barriques, pavés, poutres, meubles, charrettes... Ce mot est formé à partir du mot *barrique*.

bégonia • Ce mot vient d'un nom propre. Michel Bégon, intendant de marine, crée en 1697 à Rochefort (en Charente-Maritime) un jardin botanique destiné à la culture des plantes exotiques et il envoie une expédition étudier la flore des Antilles. Un botaniste en rapporte une plante fleurie inconnue en France ; il l'appelle *bégonia*, en l'honneur de l'organisateur de l'expédition.

bestiole • Ce mot vient du latin *bestiola* qui signifie «petite bête, insecte», c'est le diminutif de *bestia* qui a donné *bête* et probablement *bicho*.

beugler • Ce verbe exprime le cri propre à la vache. Il a pour origine l'ancien français *bugle* qui voulait dire «bœuf sauvage, buffle», du latin *buculus* signifiant «jeune bœuf».

biberon • Le mot *biberon* vient du verbe latin *bibere* qui veut dire «boire». On reconnaît la même origine dans le verbe français *imbiber*.

bijou • Ce mot vient du breton *bizou* qui signifie «anneau» ; il est formé à partir de *biz* qui veut dire «doigt». En breton, *biz ar bizou* désigne le doigt à bague, c'est-à-dire l'annulaire.

biologie • Ce mot a été créé par un savant français au début du 19e siècle, à partir d'éléments tirés du grec : *bios* qui signifie «manière de vivre, mode de vie» et *logia* qui veut dire «théorie». Le suffixe *-logie* sert à former des noms de sciences qui étudient des domaines précis *(minéralogie, zoologie...)*. La biologie est donc la science qui étudie les êtres vivants, les phénomènes vitaux.

biscotte • Ce mot vient de l'italien *biscotto* qui signifie «biscuit», c'est-à-dire «cuit deux fois». En effet, la biscotte est faite de pain de mie ou de pain brioché que l'on a fait cuire et que l'on passe ensuite au four pour le sécher et le faire dorer.

bob • Le bob est à l'origine le petit bonnet des marins américains, que les Français découvrent lors de la Seconde Guerre mondiale. Cette coiffure tire son nom de *Bob* qui est le surnom affectueux que les Américains donnent aux personnes prénommées *Robert*.

boucher • Le mot *boucher* est si ancien que son origine est devenue mystérieuse. Il n'est pas en rapport avec *bouche* mais avec *bouc :* le rôle du boucher était d'abattre les boucs.

boue • Ce mot est d'origine gauloise ; il viendrait de *bawa* qui signifie «saleté». Le gaulois a laissé des traces en français dans des noms de villes et dans le vocabulaire qui désigne des réalités de la campagne, des noms de plantes, d'animaux, de travaux des champs.

bougie • *Bougie* est l'ancien nom d'une ville d'Algérie qui s'appelle aujourd'hui *Bejaïa*. Au Moyen Âge, cette ville fournit de grandes quantités de cire fine. L'éclairage à la bougie de cire est réservé aux nobles et au roi, la *chandelle* composée de suif est pour le peuple et la bourgeoisie, tandis que le *cierge* sert à un usage religieux.

bouillir • Ce verbe vient du latin de même sens *bullire,* formé de *bulla* qui veut dire «bulle qui se forme à la surface de l'eau». Le mot *ébullition* est de même origine.

bouledogue • Ce mot vient de l'anglais *bull-dog* qui signifie mot à mot «chien-taureau», *chien* se disant *dog.* Ce chien courageux et puissant gardait les troupeaux de bovins ; son cou épais évoque l'encolure du taureau ; il affrontait les taureaux dans les arènes au Moyen Âge en Angleterre où les combats entre animaux étaient très appréciés. Ce mot anglais a été adapté à l'orthographe française, comme le nom d'un autre chien, le *dogue.* Un autre chien de combat, le *pitbull,* provient de croisements de bouledogues.

boxe • Ce mot vient de l'anglais *box* qui signifie «coup, donné notamment sur l'oreille» ; en anglais ce sport de combat se dit *boxing.*

brioche • Cette délicieuse pâtisserie est une sorte de pain enrichi au beurre. Son nom serait originaire de Normandie, région renommée pour ses produits laitiers. Le verbe *brier* était la façon normande de dire *broyer,* c'est-à-dire «pétrir la pâte». Le boulanger se servait d'une barre de bois, la *brie,* pour battre la pâte.

brouette • Ce petit véhicule tel que nous le connaissons aujourd'hui est une sorte de caisse munie d'une roue à l'avant. Il n'en a pas toujours été ainsi ; jusqu'au 17e siècle, il s'agit d'une petite charrette à deux roues. Le mot *brouette* remonte au latin *birota* qui signifie «véhicule à deux roues», *roue* se disant *rota.*

budget • C'est un mot anglais qui a signifié «bourse, sac de voyage» et pris ensuite un sens lié à l'argent. Ce mot anglais vient de l'ancien mot français *bougette* «sacoche de cuir», qui est le diminutif de *bouge* «sac, poche». Le mot *bougette* ne s'est plus employé à partir du 17e siècle et le français a adopté le mot anglais à la fin du 18e siècle pour l'appliquer aux finances françaises.

buisson • Ce mot vient de l'ancien français *boisson* qui signifiait «petit bois» ; c'était le diminutif du mot *bois.*

bungalow • C'est un mot anglais qui vient d'un mot de l'Inde, *bangla,* qui signifie «(maison) dans le style du Bengale», c'est-à-dire une maison basse en bois entourée d'une véranda. Le Bengale, région qui s'étend autour de Calcutta et du delta du Gange, a été colonisé très tôt par les Britanniques. Une partie est indépendante sous le nom de *Bangladesh* qui signifie «pays du Bengale».

C

cabri • Le cabri est le petit de la chèvre, animal qui se dit *capra* en latin. Celui qui saute comme un cabri fait des *cabrioles,* et l'animal qui se *cabre* se dresse sur ses pattes arrière comme le fait souvent la chèvre, tentée par des feuilles inaccessibles. **(→ cabriole)**

cabriole • Ce mot vient de l'italien *capriola* qui désigne la femelle du chevreuil, animal souple et gracieux qui se déplace par bonds. Ce mot italien est lié au latin *capra* qui signifie «chèvre» ; on le retrouve dans *caprin* qui est l'adjectif correspondant à *chèvre.*

cacahouète • L'arachide est une plante tropicale originaire d'Amérique du Sud. Elle va suivre la route des négriers : elle est introduite en Afrique puis repart avec les esclaves vers le sud des États-Unis. Le mot *cacahouète* vient de l'espagnol *cacahuete ;* c'est une adaptation de *tlacacahuatl,* qui signifiait mot à mot «cacao de terre» dans la langue d'un ancien peuple indien du Mexique, les Aztèques.

cachemire • Le Cachemire est un État situé au nord-ouest de l'Inde, près de l'Himalaya. Les chèvres de cette région ont un poil fin et soyeux dont on fait un lainage très chaud, le *cachemire.*

cahier • Ce mot apparaît en français sous la forme *quaer.* Il vient du latin *quaterni* «par quatre», *quatre* se disant *quattuor.* Une feuille de papier pliée en quatre et coupée forme une sorte de cahier de huit pages.

calendrier • Ce mot vient du latin *calendarium* qui signifie «livre de compte, registre où l'on inscrit les dettes», de *calendae* qui désignait le premier jour du mois chez les Romains ; l'habitude était de payer en début de mois. Ces calendes qui font partie de l'histoire romaine sont à l'origine de l'expression *aux calendes grecques* c'est-à-dire «jamais» ; ce moment ne peut jamais arriver puisque les Grecs ne connaissaient pas les calendes.

canicule • La canicule est une période de chaleur intense. Son nom vient du latin *canicula* qui est le diminutif de *canis* qui veut dire «chien». Cette «petite chienne» est en fait une étoile, aussi appelée *Sirius,* qui fait partie de la constellation du Grand Chien. Cette étoile se lève à l'aube avec le Soleil au milieu de l'été, période qui correspond aux plus fortes chaleurs.

canine • Les canines sont les dents pointues, situées sur le côté, entre les incisives et les prémolaires. Elles sont particulièrement développées chez les carnivores, comme le loup ou le chien (qui se dit *canis* en latin). Cette dent s'est d'abord appelée *dent canine* «dent de chien», puis *canine* tout court. **(→ incisive, molaire)**

cantine • Ce mot vient de l'italien *cantina* qui signifie «cave, cellier». Il a d'abord désigné un petit coffre utilisé par les militaires pour transporter des bouteilles, puis un magasin qui fournissait du tabac aux soldats, ainsi que du vin, de la bière ; plus tard, il prend son sens moderne de «lieu où l'on sert des repas à une communauté».

cantique • Ce mot vient du latin *canticum* qui veut dire «chant, chanson» et plus tard «chant religieux, cantique». Le verbe latin *cantare* signifie «chanter». *Cantate, cantatrice, incantation* sont des mots qui remontent au même verbe. Ils sont en rapport avec le chant, exécuté dans un contexte musical ou magique.

canyon • Ce mot vient de l'espagnol d'Amérique *cañon,* mot qui désigne un relief caractéristique du sud-ouest des États-Unis. L'espagnol *cañon* signifie mot à mot «gros tube, gros tuyau» ; il est formé à partir de *caña* qui signifie «canne, tube creux».

caribou • Ce mot vient de la langue d'une tribu indienne du Canada, qui chasse le castor, le porc-épic et le caribou. Ces Indiens ont baptisé l'animal *kalibu* qui signifie «celui qui creuse» car il fouille la neige avec ses larges sabots pour trouver de quoi se nourrir.

caricature • Ce mot vient de l'italien *caricatura,* provenant du verbe *caricare* «charger». Il s'agit en effet de charger le dessin, d'exagérer les traits, les défauts, pour rendre ridicule ce qui est représenté.

carrefour • Le croisement de plusieurs chemins forme un *carrefour.* Ce mot vient de l'adjectif latin *quadrifurcus* qui veut dire «qui a quatre fourches». Le carrefour, c'est également l'endroit où le chemin *bifurque,* c'est-à-dire se divise en deux branches, comme une fourche. Ces deux mots ont le même ancêtre, le latin *furca* qui signifie «fourche».

cartable • Ce mot se rattache au latin *charta* qui veut dire «feuille de papyrus, de papier», comme *carte, carton* ou *pancarte.*

catamaran • Le catamaran est une embarcation traditionnelle utilisée en Inde et en Polynésie, faite de troncs d'arbre assemblés. En tamoul, langue de l'Inde du Sud, ce radeau s'appelle *kattumaram,* mot composé de *katta* «lier» et *maram* «bois».

cavalcade • Ce mot vient de l'italien *cavalcata* qui veut dire «course à cheval de plusieurs personnes», *cheval* se disant *cavallo* dans cette langue. L'italien a aussi donné *cavalier* au français qui possédait déjà *chevalier.* Ces deux mots ont pris un sens différent.

caviar • Ce mets de luxe évoque la Russie et l'Iran. Pourtant, son nom vient du turc *havyar* qui signifie «œufs de poisson salés».

cédille • Ce mot vient de l'espagnol *cedilla* ou *zedilla* qui signifie «petit c, petit z» ; c'est le diminutif de *ceda* ou *zeda* «z» qui est en rapport avec *zêta,* nom de la sixième lettre de l'alphabet grec. Ce petit signe se place sous le *c* en français et en portugais ; il a disparu de l'espagnol d'aujourd'hui.

céréale • Dans la mythologie romaine, Cérès est la déesse de l'Agriculture et des Moissons ; elle est souvent représentée avec une gerbe de blé, symbole de fertilité. Elle correspond à Déméter chez les Grecs. En latin, l'adjectif *cerealis* signifie à la fois «relatif au blé, au pain» et «relatif à Cérès» ; il a donné le français *céréale.*

chandail • Les vendeurs de légumes des anciennes Halles de Paris portaient de gros tricots de laine. On a donné à ces pulls le nom des commerçants, les *chands* («marchands») *d'ail.*

charade • Ce mot vient probablement du provençal *charrado* qui signifie «bavardage, conversation», formé à partir du verbe *charra* «converser», que l'on retrouve dans *charabia.* Du premier sens de *charade* qui était «conversation pour passer le temps», on est passé à «jeu de langage»

charcutier • Le charcutier fait commerce de viande de porc. Il vend de la viande fraîche et il réalise également des préparations comme le jambon, le pâté, le boudin, etc., à base de *chair cuite.* Le charcutier est un *chaircuitier.*

chauffeur • Ce mot est aujourd'hui un synonyme de *conducteur.* Un chauffeur est à l'origine une personne chargée d'entretenir le feu d'une forge, d'une chaudière. Dans une locomotive à vapeur, le chauffeur alimente la chaudière en charbon et le mécanicien conduit l'engin. Aujourd'hui, un chauffeur est celui qui conduit un véhicule.

chêne • Ce mot est très probablement d'origine gauloise. En latin, il y a un mot, qui est *quercus,* pour désigner cet arbre. Mais ce mot latin n'a pas réussi à s'implanter en Gaule car le chêne était associé aux cérémonies religieuses des druides ; il avait une grande importance symbolique pour les Gaulois. Le mot *chêne* fait partie des rares mots indigènes qui ont résisté au latin.

chenet • Les premiers supports de ce genre étaient souvent en forme de chiens allongés, d'où leur nom. Ce mot est un diminutif ancien de *chien.*

chiffre • Ce mot vient de l'arabe *sifr* qui signifie «le vide» et également «zéro», signe qui désigne l'absence. En mathématiques, nous devons aux Arabes le système numérique décimal, le zéro, l'algèbre ; ils avaient découvert ces notions lors de leurs conquêtes en Inde. La numération écrite latine utilisait les *chiffres romains* (I, II, III, IV...) que nous avons délaissés au profit des *chiffres arabes* (1, 2, 3, 4...). **(→ zéro)**

chips • Ce mot vient de l'anglais *chip* qui veut dire «copeau, flocon», et dans le domaine de l'alimentation «fine tranche, petit morceau». *Chips* est l'abréviation de *potato chips* «fines rondelles de pomme de terre, frites pour devenir croustillantes, puis salées».

chocolat • Ce mot vient de l'espagnol *chocolate ;* c'est l'adaptation d'un mot de la langue d'un ancien peuple indien du Mexique qui signifiait peut-être «eau amère». Les Aztèques accordaient une grande valeur à ce breuvage des dieux et le cacaoyer était un arbre sacré. Les conquérants espagnols prennent goût au chocolat et expédient des fèves de cacao vers l'Espagne. Louis XIII et Louis XIV épousent des infantes d'Espagne qui font connaître la nouvelle boisson à la cour de France, laquelle adopte le produit et le mot.

choucroute • Ce plat de l'Est est composé de lanières de chou. Il porte pourtant un nom qui, à l'origine, est sans rapport avec le mot *chou !* Son nom vient de l'alsacien *sûrkrût* qui traduit l'allemand *Sauerkraut* qui signifie mot à mot «herbe aigre». Une fois découpé, le chou blanc est mis à fermenter dans la saumure ; cela permet de le conserver et lui donne un goût piquant. L'adjectif allemand *sauer* «acide, aigre» a la même origine que notre adjectif *sur* «acide».

cimetière • Ce mot remonte au grec *koimêtêrion* qui signifie «lieu où l'on dort, dortoir» ; plus tard, dans les textes chrétiens, il veut dire «lieu où reposent les morts». Pour les chrétiens, la mort est une sorte de repos, de long sommeil dans l'attente de la résurrection.

cirque • Le mot *cirque* désigne plusieurs choses : le cirque antique avec l'arène où ont lieu les combats de gladiateurs et autres jeux du cirque, le cirque sous chapiteau avec ses numéros de clowns, ou encore le cirque qui est une particularité géographique naturelle. Le point commun est la forme de ces lieux, toujours ronde. Ce mot vient du latin *circus* qui veut dire «cercle». Les mots *circulaire, circuit* ou *cerceau* ont la même origine.

citoyen • Ce mot vient de *cité* et pendant longtemps il a signifié «habitant d'une cité, d'une ville» comme *citadin,* avant de prendre un sens politique. Le mot *cité* vient lui-même du latin *civitas ;* il est en relation avec les adjectifs *civil* et *civique* qui signifient «qui concerne les citoyens», comme avec *civisme.*

clarinette • C'est le diminutif du mot provençal *clarin* qui désigne le hautbois. *Clarin* est formé à partir de *clar* qui veut dire «clair, en parlant d'un son».

cocon • L'industrie de la soie s'est développée dans le sud de la France. Au 16e siècle, sous Henri IV, un jardinier de Nîmes fait planter plusieurs millions de mûriers en Provence et en Languedoc ; les feuilles de mûrier blanc constituent l'unique nourriture de la chenille appelée *ver à soie.* Son élevage se développe dans les Cévennes, qui deviennent le principal centre français de production de la soie. Le mot *cocon* vient du provençal *coucoun* qui signifie «coquille d'œuf» et «enveloppe que file le ver à soie» ; la coque, la coquille se dit *coco.*

cohue • Ce mot vient du breton *koc'hu* ou *koc'hui* qui signifie «halle». Le sens a évolué au cours du temps : «lieu où se tient le marché», puis «bâtiment qui l'abrite» et enfin «foule qui se presse, se bouscule». À Vannes, la Cohue est un édifice du 13e siècle, dont le rez-de-chaussée était occupé au Moyen Âge par les étals des marchands et l'étage par le parlement de Bretagne ; il abrite aujourd'hui le musée des Beaux-Arts. Dans plusieurs villes bretonnes, il existe une «rue de la Cohue».

colère • Ce mot vient du grec *kholera* qui désigne plusieurs maladies digestives (comme le *choléra*), de *kholê* qui a à la fois le sens médical de «bile» et le sens psychologique de «colère, humeur». Le mot *cholestérol* qui signifie «bile solide» et le mot *mélancolie* qui veut dire «humeur sombre, due à la bile noire qui provoque la tristesse» ont la même origine.

compagnon • Ce mot vient du latin *companionem ;* il est formé des mots *cum* qui signifie «avec» et *panis* «pain». *Companio* signifie donc mot à mot «celui avec qui on partage le pain», c'est-à-dire «personne qui vit et partage ses activités avec quelqu'un». Ce même mot latin, sous la forme *companio,* est également à l'origine de *copain,* plus familier.

confluent • Ce mot vient du latin *confluere* qui signifie «couler avec», «couler ensemble, en parlant de deux cours d'eau». Le verbe *fluere* est à l'origine de plusieurs mots français en rapport avec le fait de couler : *affluent, fleuve, fluide, flux* et *reflux,* ainsi que *affluence, affluer, afflux.*

consonne • Ce mot vient du latin *consonus* qui veut dire «qui sonne avec (sous-entendu : une voyelle)». La consonne ne peut pas se prononcer seule, elle a besoin de la voyelle pour se faire entendre.

coquelicot • Cette fleur des champs rouge porte un nom qui évoque sa ressemblance avec la crête du coq. Son nom vient de l'ancien français *coquerico,* qui est l'ancienne forme pour *cocorico.*

corde • Ce mot vient du grec *khordê* qui signifie au pluriel «intestins». L'utilisation antique des boyaux de bœuf ou de mouton dans la fabrication des lyres, des cithares a conduit au sens de «corde d'un instrument de musique». C'est avec ce sens technique que le mot est passé en latin pour désigner la corde de chanvre, la ficelle.

cordonnier • Ce sont les Arabes qui ont introduit l'art du cuir en Espagne **(→ maroquinerie)**. Les tanneurs de Cordoue préparaient un très bon cuir utilisé pour fabriquer les chaussures. Le mot *cordonnier* vient de *cordouan :* c'est un adjectif qui signifie «de la ville de Cordoue» ; c'est aussi un nom masculin qui veut dire «cuir obtenu à Cordoue à partir de peaux de mouton ou de chèvre». Le cordonnier est d'abord celui qui réalise des chaussures sur mesure avant de devenir l'artisan que nous connaissons, celui qui les répare. C'est du premier sens que vient l'expression «les cordonniers sont toujours les plus mal chaussés».

cormoran • L'apparence sévère de ce palmipède au plumage sombre lui vaut le surnom de *corbeau de mer ;* il n'a pourtant rien à voir avec l'oiseau terrestre. Ce mot est la transformation de *cormareng ;* il est composé de l'ancien français *corp* qui signifiait «corbeau» et de l'adjectif *marenc* qui voulait dire «marin».

corolle • Les pétales sont disposés en cercle autour de la fleur et forment comme une petite couronne, la *corolle.* Ce mot vient du latin *corolla,* qui est le diminutif de *corona* qui veut dire «couronne». Les deux artères *coronaires* entourent le cœur à la manière d'une couronne.

corridor • Un corridor est une sorte de long passage couvert, de couloir sur lequel donnent plusieurs portes. Ce mot vient de l'italien qui veut dire mot à mot «lieu où l'on court», *courir* se disant *correre* dans cette langue.

corsaire • Le corsaire poursuit les navires marchands ennemis et les capture pour s'emparer de leur cargaison. Cette pratique, encouragée par les États, s'appelait la *guerre de course* ou la *course.* C'est l'origine du mot italien *corsaro,* de *corsa* qui veut dire «course».

costaud • Celui qui est *costaud* a une large cage thoracique, de fortes côtes en quelque sorte. Cet adjectif vient de *côte,* qui s'est d'abord écrit *coste.*

coton • Le cotonnier a été introduit en Europe par les Arabes qui le plantent en Sicile et en Andalousie dès le 12e siècle. C'est par l'intermédiaire de l'italien *cotone* que le mot arrive en français. L'arabe *qutun* désigne le duvet qui protège les graines du cotonnier.

couette • Ce mot est le diminutif de l'ancien français *coue :* c'est *queue* au Moyen Âge. *Couette* veut donc dire précisément «petite queue». Un adjectif littéraire vient également de cette ancienne forme : *couard* qui veut dire «lâche, peureux». Le couard, c'est celui «qui a la queue entre les jambes».

courtisan • Ce mot vient de l'italien *cortigiano* qui veut dire «qui appartient à la cour d'un pape, d'un prince», de *corte* qui signifie «la cour (d'un personnage important)». Un haut personnage est entouré de nombreux admirateurs et quémandeurs qui témoignent de son importance et l'accompagnent pour lui rendre hommage en formant un *cortège,* autre mot de même origine italienne.

cow-boy • Ce mot vient de l'anglais *cowboy* «personne qui garde, conduit les vaches», formé de *cow* qui signifie «vache» et de *boy* «garçon».

cravate • Au 17e siècle, la *compagnie de Cravates* est un régiment de soldats croates, comme par exemple le Royal Cravates. Ces cavaliers croates portaient une bande de tissu autour du cou, bande de tissu qui est devenue une pièce de l'habillement masculin, appelée *cravate.*

crétin • Ce mot est originaire des Alpes suisses ; il vient du latin *christianus* qui veut dire «chrétien». Dans cette région de Suisse, l'eau contient peu d'iode, ce qui entraînait un problème de santé et une déficience mentale. Les simples d'esprit ont la réputation d'être bénis de Dieu, il ne faut pas se moquer d'eux, ce sont des créatures de Dieu, des «chrétiens».

crevette • La crevette se déplace par petits bonds, comme la chèvre en liberté saute de rocher en rocher. Le mot *crevette* est la forme qui correspond à *chevrette* dans certaines régions du nord de la France (Normandie, Picardie). Une image semblable se retrouve dans le nom de la grosse crevette rose appelée *bouquet :* c'est un diminutif de *bouc,* le mâle de la chèvre (peut-être à cause des «barbes» de ce petit crustacé).

crustacé • Le homard, la langouste, la langoustine, la crevette, le crabe, l'écrevisse sont des crustacés. Ils ont en commun une carapace qui recouvre et protège leur corps. Le mot *crustacé* remonte au latin *crusta* qui veut dire «ce qui entoure, recouvre» et qui a donné *croûte* en français. Les verbes *incruster* et *croustiller* ont la même origine.

cube • Ce mot vient du grec *kubos* qui signifie «dé à jouer» et qui désigne également d'autres objets de forme cubique.

cul • Ce mot grossier vient du latin *culus* qui était un mot populaire. Ce mot français a servi à former des mots courants dont on ne soupçonne plus l'origine. Des verbes comme *acculer, basculer, bousculer, culbuter, reculer,* l'adjectif *éculé* comportent l'idée d'arrière, de dos, de retournement, qui vient de leur origine commune, le français *cul.*

cunéiforme • L'écriture cunéiforme, née à Sumer au sud de la Mésopotamie, est la première écriture connue. Elle se répand dans tout le Proche-Orient antique. Les scribes utilisent la pointe d'un roseau taillé en biais pour inscrire des signes dans des tablettes d'argile humide. Le roseau laisse une empreinte triangulaire, en forme de clou ou de coin comme celui qui sert à fendre le bois, *coin* se disant *cuneus* en latin.

cyclone • Ce mot a été créé par un spécialiste de la météorologie qui observait ces phénomènes à Calcutta au milieu du 19e siècle. Il est formé sur le grec *kuklos* qui veut dire «cercle, roue», car la masse des nuages de pluie s'enroule en spirale sous l'influence du mouvement circulaire des vents.

D

débraillé • Les hommes gaulois portaient une sorte de pantalon large, serré en bas des jambes. Ces culottes s'appelaient les *braies,* retenues par une ceinture nommée *brai(e)l* en ancien français. Une personne *débraillée* a sa tenue en désordre, car la ceinture en question est dénouée.

décapiter • Ce verbe vient du latin qui l'a formé à partir du mot *caput* qui veut dire «tête». *Caput* signifie aussi «celui qui est à la tête, personnage principal», ce qui explique que le mot *capitaine* est de même origine.

décibel • L'Américain Alexander Graham Bell (1847-1922) est à l'origine de l'invention du téléphone. En son honneur, l'unité de mesure acoustique s'appelle le *bel ;* sa dixième partie, le *décibel,* sert à mesurer la puissance sonore.

dédale • Ce mot vient d'un nom propre. Dédale était un architecte et sculpteur grec d'Athènes. Selon la légende, Minos, le roi de Crète, demanda à ce génial artisan de construire un labyrinthe pour y enfermer le Minotaure qui dévorait les jeunes gens du pays.

delta • Pour désigner la région de l'embouchure du Nil, les Grecs employaient le mot *delta* qui est le nom de la quatrième lettre de leur alphabet. Ce choix est dû à la forme triangulaire de sa majuscule qui rappelle la forme prise par certains fleuves à la fin de leur trajet.

démarrer • Ce verbe est à l'origine un terme de marine, le contraire de *amarrer* qui signifie «attacher (un bateau) avec des amarres». Un bateau peut également *démarrer,* c'est-à-dire «rompre les amarres qui le retiennent». Le verbe *démarrer* a ensuite pris le sens de «partir», «se mettre en marche». Sa valeur maritime n'est aujourd'hui plus sentie.

démentﾠ• Cet adjectif vient du latin *demens* qui veut dire «insensé, fou furieux». Cet adjectif latin est formé de *mens, mentis* qui signifie «intelligence, esprit, réflexion», précédé de *de-* qui indique l'absence : il qualifie quelqu'un qui a perdu la raison, l'esprit.

démocratie • La démocratie est la forme de gouvernement des cités grecques de l'Antiquité : l'assemblée des citoyens administre les affaires au nom du peuple et dans son intérêt. Ce mot vient du grec *demokratia,* formé de *dêmos* qui signifie «peuple» et du verbe *kratein* qui veut dire «commander». On retrouve le premier élément de ce mot dans *démagogie, démographie, épidémie,* et le second dans *aristocratie.* **(→ épidémie)**

désastre • Les hommes se sont toujours souciés de l'influence des astres sur leur destinée. Leur étude par les astrologues, les devins fournit des connaissances et des prédictions. La position des astres au moment de la naissance est très importante dans cette étude : chaque être humain naît sous une bonne ou une mauvaise étoile. Le mot *désastre* reprend cette idée : il vient de l'italien *disastro* qui signifie mot à mot «mauvais astre», situation défavorable qui a des conséquences catastrophiques.

destrier • Au Moyen Âge, l'écuyer est chargé de porter le lourd équipement du chevalier, de mener sa monture et de l'aider sur le champ de bataille. Un bon destrier, cheval entraîné à la guerre, est précieux. Ce cheval doit être tenu de la main droite, côté qui se dit *destre* en ancien français et vient du latin *dexter.* On reconnaît ce mot dans *dextérité,* qualité de celui qui est habile, qui sait se servir de sa main droite, qui est *adroit.*

dinde • Les Espagnols découvrent ce volatile au Mexique où il vivait à l'état sauvage avant d'être domestiqué par les Aztèques. Le nom français de cet oiseau a d'abord été *poule d'Inde,* abrégé ensuite en *dinde.* Les navigateurs européens parvenus en Amérique se croyaient en effet arrivés aux Indes. L'erreur de Christophe Colomb a eu des conséquences surprenantes !

dinosaure • Au 19e siècle, un spécialiste anglais de la préhistoire crée le mot *dinosaure* pour désigner cet animal terrifiant. Il contient le grec *deinos* qui signifie «qui inspire la peur» et *sauros* qui veut dire «lézard». Ce second élément se retrouve dans *saurien* et dans d'autres noms de reptiles fossiles comme *brontosaure, ichtyosaure, stégosaure* ou *tyrannosaure.*

divan • La Turquie a été le centre d'un vaste empire. Le sultan était le chef ; il gouvernait avec son conseil, dirigé par le grand vizir. Ce conseil se réunissait régulièrement dans une salle meublée à l'orientale, avec des banquettes basses garnies de coussins. Le mot *divan* vient du turc *diwan* qui signifie «assemblée, conseil politique», emprunté au persan. Le français emprunte le sens de «siège long, sans bras, sur lequel on peut s'étendre».

doigt • Ce mot a pour origine le latin *digitus* qui signifie «doigt de la main» et «doigt du pied». Les traces laissées par les doigts sont les empreintes *digitales.* Le *prestidigitateur* doit avoir les doigts prestes, rapides et habiles, pour exécuter ses tours.

domestique • Les accidents, les travaux domestiques concernent la maison, lieu qui se dit *domus* en latin. Les *serviteurs domestiques,* attachés au service d'une maison, se sont appelés simplement les *domestiques* au fil du temps. Les mots *domicile* ou *majordome* («chef de la maison») ont la même origine.

douleur • La douleur, qu'elle soit physique ou morale, fait souffrir. Le mot *douleur* est lié au verbe latin *dolere* qui veut dire «souffrir». Les mots de même origine partagent l'idée de douleur : *deuil* évoque le chagrin, tristesse à laquelle on s'associe en présentant ses *condoléances ; doléances* rappelle la plainte provoquée par la souffrance.

drakkar • La proue de ces bateaux scandinaves était ornée d'un dragon. Cet animal fabuleux de la mythologie nordique, symbole de force et de courage, protégeait des mauvais esprits de la mer et terrorisait les populations envahies. Le mot *drakkar* vient du suédois ; c'est le pluriel de *drake* qui veut dire « dragon ».

dromadaire • Ce mammifère voisin du chameau, élancé et rapide, est capable de courir à une vitesse exceptionnelle. Le méhari est un dromadaire spécialement dressé pour les courses de vitesse. Le mot *dromadaire* contient le grec *dromas* qui veut dire « qui court ». L'élément *-drome,* qui évoque la course, se retrouve en français dans les mots *hippodrome, vélodrome.*

dune • Ce mot est probablement d'origine gauloise ; il viendrait du gaulois *duno* qui signifiait « hauteur ». Ce mot celtique évoque une hauteur sur laquelle on a construit une place fortifiée ; il est à l'origine de plusieurs noms de villes françaises comme *Autun, Verdun* ou encore *Lugdunum* qui donnera *Lyon* et *Laon.*

E

écologie • Ce mot n'a aucun rapport avec *école.* Il a été formé au 19e siècle à partir du grec *oikos* qui signifie « maison, habitat » et *logos* « discours, connaissance » ; il s'agit donc de la science qui étudie les êtres vivants dans leur milieu naturel, et les relations entre les deux. Le premier élément de ce mot se retrouve dans *économe* qui désigne la personne qui s'occupe des dépenses d'une maison, et dans *écosystème.*

écuyer • Au Moyen Âge, l'écuyer est un jeune noble au service d'un chevalier ; il a été page et il sera chevalier lui-même. Il n'a pas encore le droit de combattre. Son rôle est de porter l'équipement de guerre de son maître, de conduire son cheval **(→ destrier)**, de l'aider sur le champ de bataille. Il doit porter la lance, le heaume, l'armure et le bouclier appelé alors *écu.* L'ensemble des pages et des écuyers forme l'*écurie.* Ce dernier mot va changer de sens et prendre celui que nous connaissons, les chevaux étant à la charge des écuyers.

édulcorant • Les édulcorants donnent un goût sucré, ils apportent une saveur agréable aux boissons et aux aliments que nous consommons. Ces aliments sont doux au goût ; *doux* se dit *dulcis* en latin et *dulcor* signifie « saveur douce ».

église • Les premiers chrétiens qui se réunissaient régulièrement pour leurs cérémonies formaient une assemblée. En grec, *ekklesia* signifie « assemblée du peuple, des citoyens », puis « lieu où se tient cette assemblée, où se réunissent les fidèles ». En français, *l'Église* désigne l'ensemble des chrétiens, et *l'église* concerne l'édifice dans lequel ils se rassemblent. Le mot qui désigne les membres du clergé, *ecclésiastique,* a la même origine.

égoïste • L'égoïste parle de lui, se préoccupe de son intérêt, de son plaisir, sans se soucier de celui des autres ; c'est « moi d'abord ». Ce mot est formé à partir du latin *ego* qui signifie « moi ».

éloquent • Une personne *éloquente* sait bien parler, celle qui est *loquace* parle beaucoup, celle qui est *grandiloquente* parle en employant de grands mots. Ces adjectifs ont une origine commune : le verbe latin *loqui* qui veut dire « parler ». Le *ventriloque* parle sans remuer les lèvres, comme si sa voix sortait du ventre.

émir • En arabe, *amir* signifie « prince » et « chef militaire ». Ce mot arabe a donné en français *émir* et *amiral* qui désigne celui qui commande en mer.

emmental • Le nom de ce fromage à pâte cuite vient de l'allemand *Emmentaler,* mot qui désigne ce qui vient de la vallée (qui se dit *Tal*) de la rivière suisse appelée *Emme.* La Gruyère, région montagneuse du canton de Fribourg, est également associée à un fromage, le *gruyère.*

enfant • L'enfant est un être humain caractérisé par son jeune âge. Il est si jeune qu'il ne sait pas encore parler. Il tire son nom de cette incapacité : le latin *infans* veut dire «qui ne parle pas». L'adjectif *infantile* a la même origine latine. **(→ fantassin)**

envahir • Envahir un territoire, c'est y pénétrer de force. Ce verbe vient du latin *invadere,* formé de *vadere* qui veut dire «marcher, s'avancer», précédé de *in-* signifiant «dans».

éolienne • Ce mot vient d'un nom propre. Dans la mythologie grecque, Éole est le dieu qui commande les vents ; son nom vient du grec *aiolos* qui signifie «rapide». L'adjectif *éolien* s'est employé pour ce qui concerne Éole, puis pour ce qui est dû à l'action du vent et ce qui est actionné par le vent. L'éolienne utilise l'énergie du vent, comme le faisaient autrefois les ailes du moulin.

épidémie • Lorsqu'une maladie touche en même temps un grand nombre de personnes et se propage rapidement, on parle d'épidémie. Ce mot vient du grec *epidêmos* qui veut dire «qui circule dans un pays», formé du mot *dêmos* qui signifie «territoire» et «peuple». **(→ démocratie)**

équinoxe • Ce mot vient du latin *aequinoctium,* qui est composé de *aequus* qui signifie «égal» et de *nox, noctis* qui veut dire «nuit». En effet, à cette période de l'année, la durée de la nuit est égale à celle du jour. On retrouve l'idée d'égalité exprimée par le premier élément dans *équidistant* et *équilatéral. Nocturne* et *noctambule* ont la même origine que le second élément.

érotique • En grec, *amour* se dit *erôs.* L'adjectif *érotique* signifie «qui concerne l'amour». Dans la mythologie grecque, Éros est le dieu de l'Amour. Il est aussi le fils d'Aphrodite, déesse de l'Amour et de la Beauté ; c'est la Vénus des Romains qui a pour fils Cupidon.

escale • Les occupants d'un bateau qui fait escale doivent utiliser une échelle pour débarquer. Cette échelle est à l'origine du mot *escale :* il remonte au latin *scala* qui veut dire «échelle» et «escalier». Ce mot latin a donné également *échelle, escalier, escalade.*

étoile • Ce mot vient du latin *stella* qui signifie «étoile» et qui entre dans la composition du mot qui désigne un groupe d'étoiles, *constellation.* Ce qui est *constellé* est parsemé de points, comme le ciel l'est d'étoiles. Le prénom *Estelle* a également la même origine.

évier • Ce mot vient du latin *aquarium* qui signifie «abreuvoir, réservoir d'eau», *eau* se disant *aqua.* Le mot *aquarium* a été repris au latin au 19e siècle pour désigner le récipient plein d'eau où vivent des poissons.

ex æquo • Cette expression latine veut dire «à égalité». Elle est formée de l'adjectif *aequus* qui signifie «uni», «juste» et «égal», que l'on retrouve dans de nombreux mots français. Un triangle *équilatéral* a des côtés égaux ; à l'*équinoxe,* la durée de la nuit est égale (à celle du jour) ; un partage *équitable* est juste ; ce qui est *équivalent* a une valeur égale. **(→ équinoxe)**

exode • Ce mot vient du grec *exodos* qui signifie «action de sortir», formé de *hodos* «route». En grec, ce mot s'est employé à propos du départ des Hébreux hors d'Égypte, sous la conduite de Moïse.

F

faitout • Cet ustensile de cuisine est bien pratique. En effet, ce grand récipient à bords hauts sert à *tout faire* comme son nom l'indique : c'est un *fait tout.*

fantassin • Ce mot vient de l'italien *fantaccino* qui signifie «simple soldat, soldat qui va à pied». Il est tiré de *fante* «valet», qui est la forme abrégée de *infante* qui veut dire à la fois «jeune guerrier» et «petit enfant, jeune garçon». C'est de l'italien de même origine que nous tenons *infanterie.* **(→ enfant)**

fesse • Le derrière est formé de deux masses charnues, les fesses, séparées par une «fente», une raie. Le mot *fesse* vient du latin *fissum* qui signifie «fente», du verbe *findere* qui veut dire «séparer, diviser». Ce verbe a donné le français *fendre.* Les mots *fissure* et *fente* ont la même origine.

fiancé • Prendre la décision de se marier est un acte important de la vie. Les fiançailles ont lieu avant le mariage, c'est un engagement, une promesse envers quelqu'un qui a toute notre confiance, à qui l'on se *fie.* Cette idée de confiance se retrouve dans d'autres mots de même origine comme *fiable, se confier, confidence* ou *se méfier.*

filleul • Ce mot vient du latin *filiolus* qui veut dire «fils chéri» ; c'est le diminutif de *filius* signifiant «fils». Le parrain et la marraine sont comme des parents et leur filleul est comme un fils.

flamant • Le plumage de cet échassier doit sa couleur rose à son régime alimentaire composé notamment de crevettes. L'éclat très vif de ce plumage est à l'origine du nom de l'oiseau, qui vient du catalan *flamenc,* du latin *flamma* qui veut dire «flamme».

football • Ce mot anglais signifie «jeu de ballon avec le pied», de *foot* «pied» et *ball* «ballon». Lorsque ce mot apparaît en français au 19e siècle, il désigne deux jeux différents : l'un se joue en frappant du pied un ballon rond comme on le fait dans les collèges anglais de Cambridge ou de Sheffield, l'autre avec un ballon ovale que l'on peut porter dans les mains ou taper du pied selon les règles du collège de Rugby. Les marins anglais font connaître dans les ports européens le mot *football* qui s'emploie alors dans les deux sens. Au 20e siècle, on distingue le *football* du *rugby.*

fossile • Au 16e siècle, Bernard Palissy est l'un des premiers à comprendre la vraie nature des fossiles, organismes pétrifiés dans la vase que l'on trouve à l'endroit où ils vivaient plusieurs siècles auparavant. Il faut creuser pour tirer ces vestiges du sol, d'où leur nom. Il vient du latin *fossilis,* adjectif qui signifie «tiré de la terre» ; il fait partie de la famille de *fodere* qui veut dire «creuser».

four • Les mots en rapport avec le four, comme *fournée, fournaise, fournil* ou *enfourner,* sont formés sur le vieux mot *forn* qui est devenu aujourd'hui *four.* Ce mot vient du latin *furnus* qui a le même sens.

fresque • À la Renaissance, cette technique de peinture murale est très employée, surtout en Italie. Il faut peindre directement sur le mur humide, sur le plâtre ou l'enduit encore frais avec des couleurs délayées ; ainsi, la peinture se fixe dans le support. Le mot *fresque* vient de l'italien *fresco* qui veut dire «frais».

friser • L'origine de ce verbe n'est pas bien connue mais on pense qu'il vient du verbe *frire.* Des cheveux qui frisent rappellent la forme des bords d'un aliment qui cuit dans un corps gras à feu vif. Une fine tranche de lard ondule dans la poêle chaude...

fromage • Avant de devenir du fromage, le lait caillé est versé dans un moule creux appelé *forme.* Le mot *fromage* s'est d'abord écrit *formage ;* il vient du latin *formaticus* qui signifie «fait, moulé dans une forme». Ce sens d'origine se retrouve dans le *fromage de tête,* qui désigne une préparation de charcuterie à base de tête de cochon, pressée dans un moule.

fugue • Le fugueur disparaît sans prévenir, il s'enfuit de chez lui. Le mot *fugue* remonte au verbe latin *fugere* qui veut dire «fuir». C'est également l'origine des mots *fugitif* ou *refuge.*

funambule • Le funambule est aussi appelé *danseur de corde.* Cette image correspond à son origine latine : *funis* qui signifie «corde» et le verbe *ambulare* qui veut dire «marcher». Ce verbe latin se reconnaît dans d'autres mots. Le marchant *ambulant* se déplace de ville en ville, le promeneur qui *déambule* marche sans but, le *somnambule* marche pendant son sommeil, le *noctambule* la nuit.

G

gambade • Ce mot vient du provençal *gambado,* formé à partir de *gambo* qui signifie «jambe». La gambade est un saut avec un mouvement des jambes. En italien, langue qui est proche du provençal, *jambe* se dit *gamba ;* ce mot a donné au français l'adjectif *ingambe* qui signifie mot à mot «en jambe», c'est-à-dire «alerte, en forme pour son âge» et entre dans la formation du nom d'un instrument de musique ancienne, la *viole de gambe* dont on joue en la tenant entre les jambes (comme un violoncelle).

gendarme • Le métier désigné par ce mot a évolué au fil du temps. Au 15e siècle, l'*écuyer gendarme* est un cavalier lourdement armé. Comme il existe des gens de maison, des gens de lettres, les gendarmes sont des... *gens d'armes.*

gentleman • Ce mot anglais est formé sur le modèle du français *gentilhomme,* à partir de l'adjectif *gentle* qui signifie «noble» et de *man* qui veut dire «homme». Le français distingue les deux mots : seul le *gentilhomme* fait partie de la noblesse ; le *gentleman* se remarque par ses bonnes manières et son excellente éducation.

géographie • Dans la mythologie grecque, Gaïa ou Gê personnifie la Terre ; toute seule, elle donne naissance au ciel étoilé (Ouranos), aux montagnes et à la mer, puis, unie à Ouranos, elle est l'ancêtre des dieux de l'Olympe. L'élément savant *géo-* remonte au grec *gê* qui veut dire «Terre». Il entre dans la composition de nombreux mots en relation avec l'étude de la Terre : *géographie* (science qui la décrit), *géologie* (qui l'étudie), *géométrie* (qui la mesure).

germe • Ce mot vient du latin *germen* qui signifie «germe, bourgeon, rejeton» ; il veut dire aussi «enfant», et ce sens est à l'origine de *germain* (les cousins *germains* sont du même sang). Le nom du septième mois du calendrier révolutionnaire, *germinal,* a été formé sur ce mot latin car il se situe au début du printemps.

gestation • Ce mot vient du latin *gestatio* qui signifie «action de porter», et spécialement «porter, attendre un enfant». L'hormone indispensable à la grossesse, qui s'appelle la *progestérone,* a la même origine («favorable à la gestation»).

godillot • Alexis Godillot est un industriel du 19e siècle qui fournit les équipements militaires aux armées. Il possède notamment des tanneries et réalise des articles en cuir comme des selles, des harnais et des grosses chaussures montantes qui prendront son nom. Le *godillot* fait toujours penser à l'armée et la *godasse* est une chaussure, en langage familier.

goulu • Celui qui est goulu se jette sur la nourriture et mange avec avidité. Cet adjectif vient du vieux mot *goule* qui est devenu aujourd'hui *gueule.* Les mots de même origine reprennent l'idée d'ouverture *(goulet, goulot),* ouverture qui permet à un liquide de s'écouler *(dégouliner, gargouille).*

grenadine • Ce mot désigne d'abord un sirop fait avec le jus acidulé du fruit appelé *grenade,* et aujourd'hui une boisson parfumée par plusieurs fruits rouges. La grenade est un fruit à l'enveloppe très dure qui renferme des graines à la pulpe rouge et juteuse. La présence de graines explique le nom de ce fruit (qui s'appelle «pomme à grains» en latin), comme dans le mot *grenier* qui désigne la partie de la maison où l'on conservait les grains de céréales après la moisson.

grève • La place de Grève était une grande place du centre de Paris, où se trouvait l'Hôtel de Ville construit par François Ier. Au Moyen Âge, les ouvriers sans travail se rassemblent sur cette place en attendant de se faire embaucher. L'expression *être en grève* voulait dire «chercher du travail» puis «cesser le travail».

griotte • Cette cerise s'est d'abord appelée *agriotte.* Ce mot vient du provençal *agriota,* formé à partir de l'adjectif *agre,* en français *aigre,* à cause du goût acidulé de ce fruit. En parlant de cette cerise, on disait *l'agriotte* mais on a compris *la griotte.*

guillotine • Ce mot vient d'un nom propre. Le docteur Guillotin, médecin du frère du roi Louis XVI, propose d'utiliser une machine à décapiter ; elle permettrait d'écourter les souffrances des condamnés à mort et de les exécuter tous de la même manière quel que soit leur crime ou leur rang. Cette machine est mise au point par le docteur Louis ; on l'appelle la *louison*, la *louisette* et enfin la *guillotine*.

H

handball • Le français a pris ce mot à l'allemand *Handball*, composé de *Hand* qui signifie «main» et *Ball* qui veut dire «ballon». Dans ce sport, le joueur ne doit pas toucher la balle avec la jambe ou le pied, seulement avec la main. L'origine germanique de ce mot explique sa prononciation en «al» comme dans *balle*, différente de celle de *football* qui vient de l'anglais. **(→ football)**

hasard • Ce mot remonte à l'arabe *az-zahr* qui signifie «dé à jouer ; jeu de dés». Autrefois les dés portaient une fleur sur l'une des faces, *fleur* se disant *zahr* en arabe. Quand on jette les dés, on peut gagner ou perdre suivant la manière dont ils tombent, selon la chance. La même idée de hasard qui fait réussir ou échouer une entreprise est présente dans le mot *chance* qui vient d'un mot latin signifiant «action de tomber», spécialement au jeu des osselets, la chance pouvant être bonne ou mauvaise, sens qui sera plus tard porté par le mot *malchance*.

hémorragie • Ce mot qui désigne un important écoulement de sang est d'origine grecque. Il est formé à partir de *haima, haimatos* qui veut dire «sang». D'autres mots en rapport avec le liquide vital ont la même origine : *hématome, hémoglobine, hémophilie*.

heureux • Cet adjectif, qui a d'abord signifié «qui a de la chance», vient du vieux mot français *heur* qui veut dire «destin». Quand ce destin est favorable, on parle de *bonheur*, s'il est pénible, c'est le *malheur* qui frappe.

hiéroglyphe • Ce mot remonte au grec *hierogluphikos*, formé à partir de *hieros* qui signifie «sacré» et du verbe *gluphein* qui veut dire «graver» ; il s'agit donc de l'«écriture sacrée» de l'ancienne Égypte.

hippopotame • Dans l'Antiquité, les hippopotames étaient très nombreux dans la vallée du Nil. Ce mot vient du grec *hippopotamos* qui signifie «cheval du fleuve (le Nil)». Cet animal massif et lourd est cependant très rapide à la course. Le grec *hippos* qui veut dire «cheval» se retrouve dans les mots *hippique, hippisme, hippocampe* et *hippodrome*, ou dans le prénom *Philippe.* Quant à *potamos* «fleuve», on le retrouve dans le nom propre *Mésopotamie*, pays de l'Antiquité situé «entre les fleuves».

hold-up • Ce mot anglais vient de l'expression *hold up your hands* qui signifie mot à mot «levez vos mains» ; c'est ce que disaient les bandits qui attaquaient les trains, les diligences ou les banques du Far West, au 19e siècle, en Amérique.

homonyme • Ce mot vient du grec *homônumos* qui signifie «qui porte le même nom». Cette racine grecque du nom se retrouve dans les mots *anonyme* («sans nom»), *antonyme, paronyme, patronyme* («nom du père»), *pseudonyme, synonyme.*

horloge • L'horloge fait partie des instruments qui permettent à l'homme de mesurer le temps. Son nom remonte au grec *hôrologion* qui veut dire exactement «ce qui dit l'heure». L'heure, *hôra* en grec, est également présente dans le mot *horoscope* qui veut dire en grec «qui examine l'heure», l'étude des astres au moment de la naissance permettant aux astrologues de prédire le destin **(→ désastre)**.

humble • Celui qui est humble ne craint pas de s'abaisser par modestie, de se pencher vers la terre en signe de faiblesse. Cet adjectif est en rapport avec le latin *humus* qui veut dire «terre». On retrouve la même origine dans les verbes *inhumer* «mettre en terre» et *exhumer* «déterrer», et aussi *humilier* «rabaisser quelqu'un» et *humilité.*

hydromel • L'hydromel, la boisson des dieux de l'Antiquité, est faite avec du miel. Son nom grec, *hudromeli,* est formé de *hudôr* qui veut dire «eau» et de *meli* qui signifie «miel». Ce dernier mot entre dans la composition de *marmelade, mélasse* ou encore du prénom *Mélissa.*

hypnose • Dans la mythologie, le dieu du Sommeil s'appelle Hypnos. Fils de la Nuit et frère jumeau de la Mort, c'est également le père de Morphée **(→ morphine)**. On qualifie de *hypnotique* ce qui provoque le sommeil ou un état proche, appelé *hypnose.*

hypocrisie • Ce mot vient du grec *hupokrisis* qui signifie «jeu de l'acteur», provenant d'un verbe qui veut dire «jouer un rôle ; mimer, feindre». Quand on est acteur, on doit faire semblant ; le mot est passé de l'imitation volontaire au fait de déguiser sa pensée, son caractère.

I

igloo • Pendant les expéditions de chasse en hiver, les Inuits doivent parfois construire cet abri traditionnel. Dans la langue des Inuits, *iglo* signifie «habitation» en général, qu'elle soit construite avec des blocs de neige ou d'autres matériaux.

ignoble • Ce qui est ignoble inspire le dégoût. L'origine latine de cet adjectif signifie précisément «qui est de naissance modeste», c'est le contraire de *noble.*

implorer • Quand on implore quelqu'un, on le supplie d'une manière touchante, avec des larmes pour éveiller sa pitié. Ce désespoir se retrouve dans l'origine du verbe, qui vient du latin *plorare* qui veut dire «pleurer». Une situation *déplorable* attriste au point de donner envie de pleurer.

impôt • Le paiement de l'impôt est obligatoire, on ne s'en acquitte généralement pas par plaisir. Cette contribution n'est pas volontaire, elle est forcée. C'est là l'origine de son nom qui vient du latin *impositum* signifiant «ce qui est imposé».

impressionniste • Ce mot est créé par un journaliste en 1874 ; il écrit un article sur une exposition de jeunes peintres organisée dans les ateliers du photographe Nadar. Parmi ces peintres, il y a Cézanne, Degas, Monet, Sisley, Renoir et Pissaro. Pour se moquer de ces artistes dont les tableaux sont refusés par les Salons officiels, il intitule son article «l'exposition des impressionnistes». Il invente ce mot à partir du titre d'une œuvre de Monet, *Impression, soleil levant* (que l'on peut voir au musée Marmottan à Paris). En effet, ce nouveau mouvement artistique souhaite représenter l'impression créée par la réalité plutôt que la réalité elle-même.

incisive • Les incisives sont les dents de devant, tranchantes, qui servent à couper les aliments. Elles sont particulièrement développées chez les rongeurs. Des instruments coupants comme le *ciseau,* les *ciseaux,* les *cisailles* portent un nom de même origine. **(→ canine, molaire)**

individu • L'individu est un être organisé, autonome, qui forme un tout, une unité distincte de toutes les autres. Il est «indivisible», c'est-à-dire «impossible à diviser». *Diviser,* c'est *dividere* en latin.

infirme • Cet adjectif est apparu en français avec un sens aujourd'hui disparu : il voulait dire «faible, sans force». Il vient du latin *infirmus* qui est le contraire de *firmus* signifiant «solide, résistant» ; *firmus* nous a donné l'adjectif *ferme.*

insecte • En observant un insecte, une fourmi ou une abeille par exemple, on constate que son corps comporte plusieurs parties : la tête, nettement séparée du thorax (qui porte les pattes et éventuellement les ailes), et l'abdomen. Les insectes sont formés de segments ou d'anneaux articulés. Cette particularité est à l'origine de leur nom : le latin *insecta,* qui signifie «(animal) coupé, divisé», vient du verbe *secare* «couper». Ce verbe se retrouve dans plusieurs mots français en rapport avec l'action de couper : les verbes *scier, sectionner,* les noms comme *sécateur* ou *segment.*

intrépide • Celui qui est *intrépide* n'a peur de rien, il ne recule pas devant le danger. Ce mot vient d'un adjectif latin qui veut dire «qui ne tremble pas», contraire de l'adjectif *trepidus* signifiant «qui s'agite» et «tremblant». Les mots de même origine conservent ces deux idées : l'agitation dans *trépidant,* le tremblement dans *trépidation, trembler* et *trémolo.*

islam • En arabe, ce mot signifie «soumission», et, quand on parle de religion, «soumission totale à la volonté de Dieu» ; il vient du verbe *aslama* qui veut dire «se soumettre, s'abandonner». Ce verbe a pour participe *muslim* qui est à l'origine du mot *musulman* qui désigne en français le fidèle de la religion islamique.

isolé • Ce mot est en rapport avec l'italien *isola* qui signifie «île». Quand on est isolé, on est «comme une île», seul, séparé du reste du monde.

J

jadis • Cet adverbe très ancien vient de l'expression *ja a dis* qui signifiait «il y a déjà des jours». L'ancien français *di* qui veut dire «jour» se retrouve dans *midi* («qui se trouve au milieu du jour») ; il vient du latin *dies,* conservé dans le nom des jours de la semaine. **(➜ lundi)**

janvier • Tout comme les jours de la semaine portent un nom en rapport avec les planètes connues des Anciens **(➜ lundi)**, les mois sont dédiés à des divinités ou à des personnages importants. Le mois de *janvier* a été nommé par les Romains en l'honneur de *Janus ;* son nom vient du latin *Januarius (mensis)* qui veut dire «(mois) de Janus». Le mois de *février* était celui des purifications religieuses (*februarius* en latin), *mars* est celui du dieu du même nom, *avril* (latin *aprilis*) pourrait être en rapport avec *Aphrodite, mai* avec la déesse *Maïa, juin* avec *Junon* (ou *Junius Brutus,* premier consul romain ?), *juillet* avec *Jules César (Julius)* qui est né à cette époque de l'année, et *août* est dédié à l'empereur *Auguste.* **(➜ septembre)**

judo • C'est un mot japonais qui signifie «voie de la souplesse». En effet, dans ce sport, il ne faut pas opposer de résistance à la force de l'adversaire et le judoka doit réagir tout en souplesse.

K

kaki • C'est en Inde que l'anglais a connu ce mot qui provient d'une langue indienne dans laquelle il signifie «poussiéreux». Le français a pris l'anglais *khaki* qui désigne une couleur brun jaunâtre et le tissu de cette couleur utilisé pour faire les costumes des soldats britanniques de l'armée des Indes. Un uniforme «couleur de poussière» est peu salissant et pratique pour passer inaperçu.

képi • Ce mot vient d'un diminutif de *Kappe* qui signifie «bonnet» dans une variété d'allemand. *Kappe* provient du latin *cappa* qui veut dire «capuchon». *Képi* fait partie de la grande famille qui comprend des noms de coiffure comme *capuche, chapeau, chaperon, capote, capeline.*

L

labeur • Le mot *labeur* évoque le travail avec l'idée d'effort à fournir, de fatigue. Il vient du latin *labor* qui veut dire «peine qu'on se donne pour faire quelque chose, travail». Le travail long et difficile est *laborieux,* les travaux de la terre comme le *labour* sont particulièrement pénibles, et travailler à plusieurs revient à *collaborer.*

lapalissade • Le seigneur de La Palice (ou La Palisse), maréchal de France, est tué à la bataille de Pavie (1525), sous le règne de François Ier. Les soldats, pour célébrer son courage et sa fin héroïque, composent une chanson qui se termine par ces paroles naïves : «Un quart d'heure avant sa mort, il était encore en vie». Le mot *lapalissade,* apparu bien plus tard, désigne une évidence, si logique qu'elle fait rire.

lavande • Depuis longtemps, cette plante est associée au lavage, à la propreté. Les Romains utilisaient ses fleurs bleues au parfum délicat dans l'eau du bain, on peut les distiller pour en tirer une eau de toilette (qui servait aux soins de propreté du corps) et elles parfument le linge qui vient d'être lavé. Ce mot vient de l'italien *lavanda,* provenant du verbe *lavare* qui veut dire «laver».

lévrier • Ce chien est capable de courir très vite. Il est si rapide que des courses de lévriers sont organisées dans certains pays et qu'autrefois il était entraîné pour courir le lièvre à la chasse. C'est cet autre animal qui est à l'origine de son nom.

limonade • Cette boisson rafraîchissante est à l'origine composée d'eau, de sucre et de jus de *limon* (préparation qui s'appelle de nos jours *citronnade*). Le limon, qui est le fruit du limonier, est un citron acide à l'écorce fine.

luciole • La luciole est un petit coléoptère qui est aussi appelé *mouche à feu* au Canada ; en effet, cet insecte nocturne émet de la lumière (comme le ver *luisant*). Cette propriété originale est à l'origine de son nom : le latin *lux, lucis* veut dire «lumière». Celui qui est *lucide* a l'esprit lumineux, clair, ce qui est *translucide* laisse passer la lumière et on fait la lumière sur un mystère que l'on parvient à *élucider.* Les prénoms *Lucie, Lucile, Lucien* ont la même origine.

lundi • Ce mot vient du latin *Lunæ dies* qui signifie mot à mot «jour de la Lune». Les Romains désignaient les jours de la semaine par les noms des sept planètes connues dans l'Antiquité : le jour de la Lune, de Mars (à l'origine de *mardi*), de Mercure *(mercredi),* de Jupiter *(jeudi),* de Vénus *(vendredi),* de Saturne et du Soleil. Le christianisme a remplacé ces deux derniers par *samedi* («jour du sabbat») et *dimanche* («jour du Seigneur»). L'anglais a conservé *saturday* «samedi» et *sunday* «dimanche». Les mois portent le nom de divinités **(→ janvier)** ou d'adjectifs numéraux **(→ septembre)**.

lurette • Il y a belle lurette... La *lurette* n'apparaît que dans cette phrase qui signifie «il y a longtemps». Ce mot est la transformation de *l'heurette, heurette* étant le diminutif de *heure.*

lyncher • Ce verbe vient d'un nom propre. Un riche planteur américain de Virginie à la fin du 18ᵉ siècle, du nom de *Lynch,* exerçait les fonctions de juge et dirigeait un tribunal pendant la Révolution américaine. Ceux qui s'opposaient à l'indépendance des États-Unis étaient rapidement jugés et condamnés, selon la «loi de Lynch».

M

macédoine • Alexandre le Grand régnait sur le royaume de *Macédoine,* région des Balkans, royaume qu'il a étendu à la Grèce et à la Perse. La population très diversifiée de cet immense empire est caractérisée par le mélange, comme l'est la macédoine de légumes ou de fruits.

maire • Ce nom vient de l'ancien adjectif *maire* qui signifiait «plus grand», provenant du latin *major* qui est le comparatif de *magnus* «grand». Le maire est en effet le principal personnage de la commune, comme le maire du Palais était le principal personnage du royaume après le roi. L'idée de grandeur, d'importance ou de dignité inspirant le respect est présente dans les autres mots français de la famille du latin *major : majesté, majeur* et *major,* ou encore *majuscule.*

maïs • Le maïs est une plante originaire d'Amérique centrale et Christophe Colomb en rapporte quelques grains lors de son premier voyage. Les Espagnols introduisent sa culture en Europe au 16ᵉ siècle et cette céréale s'appelle alors *blé d'Inde* (nom qu'elle porte encore au Québec) ou *blé d'Espagne.* Le mot *maïs* vient de l'espagnol *maiz,* qui l'a pris à une langue indienne des Caraïbes.

malfamé • Un lieu malfamé est mal fréquenté, on risque d'y faire des rencontres désagréables. Il a une mauvaise *fame,* mot d'ancien français qui vient du latin *fama* signifiant «réputation». Ce mot latin est aussi à l'origine des adjectifs *fameux* et *infâme.*

mammifère • La caractéristique commune à ces animaux est de posséder des mamelles et de pouvoir allaiter leurs petits. L'ornithorynque est un drôle de mammifère qui n'a pas de mamelles ; il possède des glandes mammaires qui sécrètent du lait sortant par les pores de la peau de son abdomen. Le mot *mammifère* a été formé à la fin du 18e siècle à partir du latin *mamma* qui signifie «sein, mamelle» et du verbe *ferre* qui veut dire «porter».

mammouth • Les sols gelés en permanence du nord de la Sibérie sont des sortes de congélateurs naturels qui conservent des dépouilles de ces animaux ; les derniers représentants ont disparu à la fin de la période glaciaire. Ce mot vient du russe *mamut,* qui l'a pris à une langue sibérienne.

mandarine • Ce fruit originaire d'Extrême-Orient s'est appelé *orange mandarine,* puis *mandarine,* car sa couleur rappelle celle de la tunique des *mandarins* qui étaient les hauts dignitaires chinois. La *clémentine* est une variété de mandarine sans pépins, obtenue vers 1902 par le père *Clément* qui était moine près d'Oran en Algérie.

mannequin • Ce mot vient du néerlandais *mannekijn* qui signifie mot à mot «petit homme».

mansarde • Le toit à la Mansart est un toit dont la pente est brisée, la partie la plus haute étant suivie d'un pan plus ou moins vertical. Les pièces aménagées dans les combles de ce type de toit sont des *mansardes.* Cette forme de toit a été souvent employée par l'architecte François *Mansart* au 17e siècle.

manufacture • Ce mot vient du latin *manufactura* qui signifie «construction», d'une expression qui veut dire «faire à la main», *main* se disant *manus.* On retrouve l'idée de «main» dans d'autres mots comme *manipuler, manivelle, manœuvre, manucure, manuscrit.*

mappemonde • Ce mot vient du latin *mappa mundi* qui signifie «carte du monde» ; *mappa* veut dire «serviette de table» puis «carte de géographie». Sur une mappemonde, les deux hémisphères sont en effet représentés à plat.

marathon • La première guerre médique oppose les Grecs et les Perses de Darios Ier. Elle se termine par la victoire des Grecs dans la plaine de Marathon, en Grèce, en 490 avant J.-C. Un soldat grec est chargé d'annoncer la bonne nouvelle à Athènes. Il meurt d'épuisement à l'arrivée, tant il a couru. L'épreuve olympique du marathon, course longue de 42,195 kilomètres, doit son nom à cet exploit.

maroquinerie • Le travail du cuir est une tradition ancienne au *Maroc.* À Fès et Marrakech, un quartier est réservé aux tanneurs. Le *maroquin* est une peau de chèvre ou de mouton tannée. Le mot *maroquinerie* situe l'origine géographique de la fabrication artisanale d'articles en cuir fin. Ce sont les Arabes qui l'ont fait connaître à l'Espagne. **(→ cordonnier)**

mazout • Le mazout est un résidu épais obtenu par distillation du pétrole brut qui est un mélange d'hydrocarbures. Ce mot vient du russe *mazut,* qui pourrait venir de l'arabe *mahzulat* qui signifie «restes, résidus, déchets».

méandre • Ce mot vient d'un nom propre. *Méandre* est l'ancien nom d'un fleuve d'Asie Mineure qui se jette dans la mer Égée. Ce fleuve situé en Turquie porte aujourd'hui le nom turc de *Menderes.* Ce cours d'eau aux nombreuses courbes a donné son nom à ces sinuosités.

mécène • Ce mot vient d'un nom propre. *Mécène* est un riche chevalier romain du 1er siècle avant J.-C., qui descend d'une grande famille étrusque. Ami et conseiller de l'empereur Auguste, il encourage les artistes, protège des poètes comme Virgile et Horace. Le siècle d'Auguste est une période de paix et de prospérité favorable à la culture et aux arts, comme l'est la Renaissance quand ce mot apparaît comme nom commun. François Ier développe une politique de mécénat en s'inspirant de l'Italie et des Médicis.

méditerranéen • La Méditerranée est une mer fermée, située entre l'Europe, l'Afrique et l'Asie. Avant d'être un nom propre, c'est un adjectif *(une position méditerranée)* et un nom féminin *(une méditerranée)*. Ce mot vient du latin *mediterraneus* qui veut dire exactement «qui est au milieu des terres», composé de *medius* «au milieu» et *terra* «terre».

meeting • C'est un mot anglais qui signifie «assemblée, réunion». Il vient du verbe *to meet* qui veut dire «rencontrer». En français, ce mot appartient au vocabulaire politique ou sportif.

mégalithe • Les mégalithes sont des monuments préhistoriques formés avec une ou plusieurs grandes pierres. Le mot signifie en grec «grande pierre». Le grec *lithos* qui veut dire «pierre» se retrouve dans les mots *lithographie* ou *paléolithique, néolithique* **(→ néolithique)**. En France, on peut voir des mégalithes en Bretagne. **(→ menhir)**

mémoire • Ce mot vient du latin *memoria* qui signifie «mémoire, souvenir», provenant de *memor* qui veut dire «qui a le souvenir, qui rappelle». En français, d'autres mots en rapport avec le souvenir ont la même origine : *commémoration* qui désigne une cérémonie célébrée en mémoire de quelqu'un ou d'un évènement, *mémorable, remémorer.*

ménestrel • Au Moyen-Âge, le ménestrel est le poète ou le musicien qui va de château en château et gagne sa vie en proposant ses talents, ses services. Son nom remonte au latin *minister* qui veut dire «serviteur». Ce mot latin est également à l'origine de *ministre, métier* et *administrer.*

menhir • C'est un mot breton ; il est composé du mot *men* qui signifie «pierre» et de l'adjectif *hir* qui veut dire «long». Ce nom *men* se retrouve dans *dolmen* qui signifie en breton «table de pierre».

méridien • Le Soleil se trouve à midi au point le plus haut de sa trajectoire, il culmine au méridien du point d'observation. Ce mot vient de l'adjectif latin *meridianus* qui signifie «de midi», c'est-à-dire «du milieu du jour» ; *milieu* se dit *medius* et *jour, dies.*

mesquin • Ce mot remonte à l'arabe *miskin* qui signifie «pauvre».

métropole • Ce mot vient du grec *mêtropolis* qui signifie «ville mère», *ville* se disant *polis.* **(→ police)**

microscope • Cet appareil permet d'observer ce qui est invisible à l'œil nu. C'est le sens de son nom, formé des éléments grecs *micro-* qui signifie «petit» et *-scope* qui vient du verbe *skopein* «observer», également présent dans *télescope* («instrument pour voir de loin»).

miette • Ce mot est tout simplement le diminutif du mot *mie* qui désigne la partie molle du pain.

migraine • La migraine se caractérise par un violent mal de tête, souvent localisé à la moitié de la tête. Ce mot vient du grec *hêmikrania* qui signifie «moitié du crâne» et, en médecine, «douleur qui touche un seul côté de la tête». *Hêmi* qui signifie «demi» se retrouve dans *hémisphère.*

miniature • Ce nom vient de l'italien *miniatura* qui désigne les petites figures peintes de couleurs vives qui ornent manuscrits et parchemins. Les dimensions réduites de ces ornements rapprochent par erreur le mot *miniature* des mots en *mini-*. En réalité, il est en relation avec le mot *minium* car ce pigment rouge était employé dans les enluminures.

minutieux • Un réglage minutieux, un examen minutieux supposent une attention apportée aux plus petits détails. Cet adjectif est en relation avec le verbe latin *minuere* qui veut dire «rendre plus petit», verbe qui a pour participe *minutus.* D'autres mots français de même origine partagent l'idée de petitesse : *diminuer, menuisier* qui désigne un artisan qui réalise des travaux *menus,* délicats, *minute* «petite division du temps».

mirador • Le mirador est un poste d'observation situé en hauteur. Le français a pris ce mot à l'espagnol qui le tient du catalan, du verbe *mirar* qui veut dire «regarder». *Admirer, mirage* ou *miroir* ont la même origine.

mistral • Ce vent souffle en rafales dans le sud-est de la France ; il règne en maître sur le Midi. Il porte un nom qui vient d'un ancien mot provençal, *maestral,* qui correspond à l'adjectif français *magistral.*

molaire • Les molaires sont les grosses dents du fond de la bouche, qui servent à broyer les aliments, à les écraser. Leur nom latin, *(dens) molaris,* signifie «(dent) en forme de meule», comme la meule du moulin écrase le grain en tournant. **(→ canine, incisive)**

mollusque • La pieuvre, l'anémone de mer, la moule, la limace, l'escargot sont des mollusques. À la différence de la carapace qui entoure tout le corps **(→ crustacé)**, la coquille sécrétée par certains mollusques protège leur corps mou et fragile. Cette particularité est à l'origine de leur nom : le latin *mollis* qui veut dire «mou, tendre».

mongolien • Les mongoliens sont atteints d'une grave anomalie génétique qui empêche leur développement normal. Ils présentent un visage particulier, avec une face ronde et des yeux bridés. Ce visage caractéristique évoque le peuple d'Asie centrale établi en *Mongolie,* les Mongols.

monument • Le monument est un ouvrage d'architecture ou de sculpture qui permet aux générations suivantes de se souvenir ; c'est un signal pour la mémoire. Ce mot vient du latin *monumentum* qui désigne ce qui rappelle quelque chose ou quelqu'un, ce qui fait durer le souvenir. Il signifie particulièrement «monument commémoratif, monument funéraire» et vient du verbe *monere* qui signifie «faire penser, rappeler».

morceau • Si l'on croque à belles dents dans une pomme, on en détache un morceau. *Morceau* a pour origine le verbe *mordre :* c'est la partie que l'on enlève en mordant.

mordoré • Cet adjectif s'écrit à la fin du 17e siècle *more doré,* puis en un seul mot. *More* est une autre façon d'écrire *maure* qui veut dire «de Mauritanie, pays d'Afrique». *Mordoré* évoque à la fois la couleur brune et le doré.

morphine • Au 19e siècle, les scientifiques étudient l'opium et découvrent qu'il contient une substance très active qu'ils baptisent *morphine* car ses effets rappellent l'action de *Morphée.* Dans la mythologie grecque, Morphée est le dieu des Songes ; c'est le fils d'Hypnos, le dieu du Sommeil, et de Nyx, la déesse de la Nuit. L'expression *être dans les bras de Morphée* signifie «dormir d'un profond sommeil». **(→ hypnose)**

mousseline • L'Orient a été pendant longtemps la source de produits précieux comme les épices ou les tissus richement ornés. Certaines étoffes conservent dans leur nom la trace de leur origine géographique : la *mousseline* (de la ville de *Mossoul* en Irak), le *damas* (de *Damas* en Syrie), la *gaze* (peut-être de *Gaza* en Palestine), le *satin* (de *Tsia-Toung* en Chine), le *calicot* et le *madras* (du nom de villes d'Inde). **(→ baldaquin)**

mousson • L'Inde et l'Asie du Sud-Est connaissent de fortes moussons qui sont utilisées depuis longtemps par les navigateurs. En été, les vents tropicaux qui soufflent de l'ouest vers l'est apportent la pluie et facilitent la navigation à voile de la mer Rouge vers le continent indien ; l'hiver, la mousson sèche souffle en sens inverse et permet de faire le voyage du retour. Le mot *mousson* a beaucoup voyagé avant d'arriver en français : il passe en portugais, en espagnol, en néerlandais mais il vient de l'arabe *mausim* qui signifie «saison» et désigne une fête saisonnière mais aussi une saison où les vents sont favorables à la navigation.

moustique • Ce mot vient de l'espagnol *mosquito,* qui est lui-même le diminutif de *mosca* qui signifie «mouche» dans cette langue.

muse • Dans la mythologie grecque, les Muses sont les divinités des Arts et des Sciences. Elles apportent aux hommes l'inspiration poétique et la connaissance. Leur nom en a fourni d'autres : le *musée* qui est le temple des Muses sur le Parthénon, lieu où l'on pratique les arts littéraires ; la *musique* qui est l'art des Muses ; la *mosaïque* qui décorait les grottes dédiées aux Muses.

N

naguère • Un évènement qui s'est passé naguère est assez récent ; il date d'il *n'*y *a guère* de temps. Il ne faut donc pas le confondre avec *jadis.* **(→ jadis)**

narcissisme • Dans la mythologie grecque, *Narcisse* est un beau jeune homme qui tombe amoureux de son image reflétée dans l'eau d'une fontaine. Par allusion à ce mythe, le fait de porter une très grande attention à soi-même s'appelle le *narcissisme.*

nausée • Avoir la nausée, des nausées, c'est avoir envie de vomir, par exemple lorsqu'on se trouve sur un bateau agité par les vagues. Le mot *nausée* vient du latin *nausea* qui veut dire «mal de mer». Il a pour origine le grec *naus* qui signifie «bateau». La famille grecque de *naus* est à l'origine de l'adjectif *nautique,* du suffixe *-naute* que l'on retrouve dans *astronaute* ou *internaute,* ou du nom du sous-marin du capitaine Nemo, le *Nautilus.*

néolithique • Le développement technique permet à l'homme préhistorique de polir des pierres dures pour en faire des outils et c'est l'origine du nom donné à cette période : le *néolithique* ou âge «de la pierre nouvelle». En grec, *neos* signifie «nouveau» et *lithos* veut dire «pierre» **(→ mégalithe)**. Ce nom évoque un profond changement du mode de vie puisque l'homme va devenir capable d'agir sur son environnement avec l'agriculture : c'est la *révolution néolithique.*

nicotine • Ce mot vient d'un nom propre. Jean Nicot, ambassadeur de France au Portugal, développe vers 1560 à la cour de France l'usage du tabac, plante originaire du Nouveau Monde que l'on considère comme un médicament en Europe. Le tabac est alors appelé *nicotiane, herbe à Nicot* et la plante a pour nom scientifique latin *Nicotiana.* La *nicotine,* substance excitante découverte au 19e siècle, est nommée ainsi en l'honneur de ce diplomate.

nocif • Ce qui est nocif est mauvais pour la santé. Cet adjectif vient du verbe latin *nocere* qui veut dire «faire du mal, nuire». Ce verbe est également à l'origine d'un adjectif qui signifie «qui ne fait pas de mal», qui a donné *innocent.*

nonchalant • Cet adjectif est le participe présent d'un verbe disparu, *nonchaloir,* qui veut dire «négliger, mépriser». Ce verbe très rare était composé de *non* et de *chaloir* qui voulait dire «importer».

normand • *Normand* signifie mot à mot «homme du Nord». Les Normands sont les envahisseurs scandinaves, pillards venus de Norvège et du Danemark par la mer ; ils se nommaient entre eux *Vikings.* En 911, un roi carolingien cède à Rollon, chef norvégien, un territoire situé dans la vallée de la Seine qui deviendra le duché de Normandie. En contrepartie, Rollon doit renoncer à ses expéditions, se convertir au catholicisme et rendre hommage au roi.

nouille • La plupart des mots désignant les pâtes alimentaires viennent de l'italien *(lasagne, macaroni, ravioli, spaghetti, tagliatelle),* parfois du français *(coquillette).* Le mot *nouille* vient de l'allemand *Nudel* qui signifie «pâte alimentaire». **(➜ spaghetti, vermicelle)**

nucléaire • Cet adjectif s'emploie en physique pour parler de ce qui concerne la partie située au cœur de l'atome, le noyau, autour duquel tournent les électrons. La découverte de l'existence du noyau de l'atome en 1911 a permis d'étudier l'énergie colossale que l'on peut en tirer lorsqu'on arrive à le casser ou à le fusionner avec un autre noyau. Le mot *nucléaire* vient du latin *nucleus* qui veut dire «noyau, pépin». **(➜ atome)**

nurse • Il s'agit d'un mot anglais qui vient de l'ancien français *nurice* qui est devenu *nourrice.* Le mot *nurse* désigne la femme qui s'occupe d'enfants qui ne sont pas les siens, mais qui ne les nourrit pas de son lait comme le faisaient les nourrices autrefois.

O

orang-outan • Ce mot vient du malais, langue d'Indonésie, et il est composé des mots *orang* qui signific «homme» et *hutan* qui veut dire «forêt». La ressemblance avec l'homme de ce grand singe d'Asie adapté à la vie dans les arbres lui a valu son nom d'«homme des bois».

ordinateur • Ce mot de l'informatique a été formé au milieu du 20e siècle d'après le verbe latin *ordinare* qui veut dire «mettre en ordre, arranger».

orfèvre • L'orfèvre travaille les métaux précieux comme l'or, l'argent, le vermeil pour fabriquer des objets de parure ou de décoration. Ce mot est formé, avec *or,* sur l'ancien français *fèvre* qui voulait dire «forgeron». *Fèvre* vient du latin *faber* qui signifie «ouvrier, artisan». Les noms de famille comme *Fabre, Favre, Faure, Lefebvre, Lefébure* ont la même origine.

orthographe • L'orthographe est la «manière correcte d'écrire un mot». Ce mot vient du grec *orthographia ;* il est composé de *orthos* qui signifie «droit» et «correct» et du verbe *graphein* qui veut dire «écrire».

ouvrable • Un jour ouvrable est un jour «normal», qui n'est ni un dimanche ni un jour férié, un jour où les commerces et les bureaux sont ouverts. Ce n'est pourtant pas du côté du verbe *ouvrir* qu'il faut chercher l'origine de l'adjectif *ouvrable.* Il vient du verbe *ouvrer* qui veut dire «travailler» et qui ne s'emploie plus dans ce sens de nos jours. Cette idée de travail se retrouve dans les mots de même origine comme *ouvrage, ouvrier, œuvre* ou encore *désœuvré.*

ovale • Un visage ovale, un ballon ovale ont la forme d'une courbe fermée et allongée, la forme d'un œuf. L'adjectif *ovale* a pour origine le latin *ovum* qui veut dire «œuf». Des mots concernant la reproduction comme *ovaire, ovipare* ou *ovule* ont la même origine.

P

pacifique • Cet adjectif a pour origine le latin *pax, pacis* qui veut dire «paix». Son emploi en géographie pour qualifier l'océan remonte au voyage fait par Magellan au 16e siècle. Celui-ci navigue en suivant la route de l'ouest à la recherche d'un passage pour franchir le continent américain récemment découvert. Il trouve ce passage à l'extrémité du Chili (le détroit de Magellan), le traverse au milieu de violentes tempêtes et débouche dans un océan dont le calme le surprend. La tranquillité de ces eaux est à l'origine du nom.

paella • Ce plat, qui symbolise la cuisine espagnole pour les Français, est composé de riz au safran garni de légumes, de viande et de fruits de mer, comme dans la région de Valence. Ce riz est cuisiné dans un plat typique, rond et large, peu profond, sorte de grande poêle munie de deux anses. Le mot *paella* nous vient de l'espagnol qui l'a pris au catalan ; dans cette langue du nord de l'Espagne, *paella* veut dire « poêle » et vient du latin *patella* comme le français *poêle !*

païen • Ce mot très ancien vient du latin *paganus* qui veut dire « de la campagne », « paysan, villageois ». Le christianisme s'est diffusé lentement et rencontrait la résistance des campagnards qui continuaient d'honorer les nombreux dieux de l'Antiquité. L'attitude des païens s'appelle le *paganisme.*

panique • Dans la mythologie grecque, *Pan* est le dieu des Bergers et des Troupeaux. Il est si laid que sa mère, en le voyant, l'abandonne. Avec son corps mi-homme mi-bouc, il épouvante les hommes lorsqu'il apparaît : il déclenche la *panique.*

pantagruélique • Pantagruel est un brave géant, fils d'un autre géant qui s'appelle Gargantua. Tous deux sont des héros imaginés par l'écrivain François Rabelais au 16e siècle. Ces deux géants sont remarquables par leur faim et leur soif que rien ne peut apaiser. Un repas, un menu, un appétit pantagruélique sont dignes de ce héros.

papier • Le mot *papier* vient d'une déformation du latin *papyrus* qui est d'origine grecque. Le papyrus est un roseau d'Égypte qui pousse en grande quantité sur les bords du Nil. Sa tige fibreuse permet de réaliser de la toile pour les vêtements, des mèches de lampe à huile et de minces feuilles sur lesquelles on peut écrire. Ces feuilles sont souples et résistantes ; collées ensemble, elles forment une longue bande. Pendant des siècles, on a écrit sur ces rouleaux, dans le monde entier. Le papier que nous connaissons aujourd'hui est encore fait de fibres végétales (chiffons de lin ou de chanvre et, à partir du 19e siècle, bois).

parfumer • Le geste de se mettre du parfum consiste de nos jours à extraire le précieux liquide d'un joli flacon pour le déposer à certains endroits de son corps. Il n'en a pas toujours été ainsi. Pour obtenir une odeur agréable, on a d'abord fait brûler des substances solides comme du bois, des écorces ou de l'encens. La fumée, en s'élevant, imprègne les lieux, les vêtements de sa senteur. Ce verbe est formé à partir du latin *fumare* qui veut dire « fumer ».

pasteuriser • Ce mot vient d'un nom propre. Louis *Pasteur* est un chimiste du 19e siècle qui découvre que la fermentation est provoquée par des organismes microscopiques. Si l'on détruit les germes et les bactéries contenus dans un liquide comme le lait, le cidre ou la bière, on peut le conserver plus longtemps et il n'est pas dangereux à consommer. Pasteur a recommandé de chauffer et de refroidir rapidement le liquide afin de le débarrasser des microbes ; ce procédé s'appelle la *pasteurisation.*

patchwork • Cet ouvrage est fait d'un assemblage harmonieux de morceaux de tissu de récupération. Le mot *patchwork* est d'origine anglaise ; il est composé de *patch* qui signifie « morceau, pièce de tissu pour rapiécer » et de *work* qui veut dire « travail ».

patience • La patience est la qualité qui permet de supporter sans rien dire, sans se décourager, sans s'énerver les aspects désagréables d'autrui ou de l'existence. Le mot *patience* vient du latin, du verbe *pati* qui veut dire « supporter, endurer, subir » avec l'idée de résignation, de persévérance. Le verbe *pâtir,* les mots *compassion* et *compatissant* sont de même origine. **(→ sympathie)**

patrimoine • Ce mot vient du latin *patrimonium* qui signifie « bien de famille », de *pater* qui veut dire « père ». Il apparaît en français avec le sens de « ensemble des biens, des droits hérités du père », puis il prend celui de « ce qui est transmis par les ancêtres, les générations précédentes ». Cette transmission par les ancêtres peut concerner la couleur des yeux ou des cheveux (le *patrimoine génétique*) ou des biens artistiques, des sites naturels qu'il faut sauvegarder.

pêche • Le pêcher est un arbre originaire de Chine qui, importé par les caravanes, se retrouve en Perse. Alexandre le Grand le rapporte en Grèce, d'où il gagne Rome qui lui donne un nom latin, *persica arbor*, qui signifie «arbre de Perse», ainsi que celui de son fruit, *persicum (malum)* «(pomme, fruit) de Perse».

pédiatre • Le pédiatre est le médecin spécialiste des enfants. Ce mot est formé à partir du grec *pais, paidos* qui exprime l'enfance, la jeunesse. On retrouve cette idée dans les mots de même origine comme *pédagogue* («celui qui conduit les enfants») ou *pédophile* («celui qui aime les enfants»).

pelage • Le pelage est l'ensemble des poils d'un animal, sa fourrure. L'ancienne forme du mot *poil* est *pe(i)l*, du latin *pilus*. Dans les mots français en relation avec les poils, on retrouve *pil- (pileux, épiler)* ou *pel- (peluche, pelouse* qui est du «poil d'herbe»).

pellicule • Les pellicules sont de petites peaux mortes qui se détachent du cuir chevelu. Le mot *pellicule* vient du latin *pellicula*, diminutif de *pellis* qui veut dire «peau (d'animal)».

péninsule • Ce mot vient du latin *paeninsula*, mot formé de *paene* qui signifie «presque» et de *insula* qui veut dire «île». Les mots *péninsule* et *presqu'île* sont équivalents, le premier vient du latin alors que le second est d'origine française.

pépite • Ce mot vient de l'espagnol *pepita* qui signifie «pépin de fruit». Les petites masses d'or trouvées à l'état brut dans la nature ont une forme qui rappelle celle des pépins de raisin.

pesticide • C'est un mot emprunté à l'anglais, composé de *pest* qui signifie «insecte, plante nuisible». Un pesticide détruit ce qui est nuisible.

pétanque • Le joueur de pétanque lance sa boule sans prendre d'élan, en gardant «les pieds fixés au sol». Le mot *pétanque* vient du provençal *pétanco*, composé de *pé* qui signifie «pied» et de *tanco* qui veut dire «pieu pour planter quelque chose».

pétrole • Le pétrole est une huile minérale naturelle qui s'est formée il y a des millions d'années et qui s'est accumulée dans le réservoir formé par une roche poreuse, situé sous une couche imperméable. En latin, *petroleum* veut dire «huile de pierre». On retrouve *oleum* qui signifie «huile» dans *oléoduc, oléagineux*, et *petra* «pierre» dans *pétrifier* ou *salpêtre* («sel de pierre» en latin).

piano • C'est un mot italien qui signifie «tout doucement», employé dans l'expression *piano e forte* qui veut dire «doucement et fort». En effet, le piano permet un jeu plus expressif que le clavecin ; les nuances possibles vont du *piano* au *forte*.

pintade • Ce mot vient du portugais *pintada* qui désigne un oiseau terrestre originaire d'Afrique où il vit à l'état sauvage et qui signifie mot à mot «(oiseau) peint», par allusion à son plumage gris moucheté de blanc, comme marqué de coups de pinceau.

piscine • Une piscine est un grand bassin où l'on peut barboter, nager, se rafraîchir. Ce mot vient du latin *piscina* qui veut dire «vivier», c'est-à-dire un bassin aménagé pour élever et engraisser des poissons, des crustacés ou un simple réservoir pour garder le poisson vivant. Il a pour origine le latin *piscis* qui veut dire «poisson», que l'on retrouve dans *pisciculture*.

plaisir • Ce mot est l'ancien infinitif du verbe *plaire*. Le verbe *plaisir* se conjuguait ainsi : *je plais, tu plais...* Sur le modèle d'autres verbes comme *faire-je fais*, l'infinitif est devenu *plaire* et *plaisir* s'est alors employé comme un nom.

planète • Les planètes se déplacent parmi les étoiles. Les observateurs de l'Antiquité ne savaient pas comment expliquer ce mouvement ; ils pensaient qu'il était dû au hasard, que les planètes étaient des astres errants et les étoiles des astres fixes. Le mot *planète* remonte au grec, à la famille de *planês, planêtos* qui signifie «voyageur, vagabond».

plonger • Lorsque l'on plonge, on entre dans l'eau en se dirigeant vers le fond, avant de remonter vers la surface. Plonger vient d'un verbe latin qui veut dire «garnir de plomb un filet, une sonde pour les faire descendre au fond de l'eau», verbe dérivé de *plumbum* qui signifie «plomb».

poésie • Ce mot vient du grec *poiêsis* qui signifie «création, production», du verbe *poiein* qui veut dire «faire, créer, fabriquer». Ce même verbe se retrouve sous la forme *-pée* dans les mots *épopée* («composition d'un récit»), *onomatopée* («création de mots par imitation de sons») ou *mélopée.*

poison • Le poison est une substance, liquide ou solide, très dangereuse pour la santé et qui peut même être fatale *(poison mortel).* Lorsque ce mot apparaît en français, il désigne une boisson suspecte. Il vient du latin *potio, potionis* qui veut dire «action de boire» et «breuvage», mot dérivé du verbe *potare* qui signifie «boire». Lorsque cette boisson a des vertus médicinales on parle de *potion,* s'il s'agit d'un philtre magique c'est du *poison ;* ces deux mots, *poison* et *potion,* ont la même origine, de même que l'adjectif *potable* («que l'on peut boire»).

police • Ce mot vient du latin *politia* qui signifiait «organisation politique, gouvernement». Le latin est emprunté au grec, qui est de la famille de *polis* voulant dire «cité, ville». La *police* est la bonne façon de gouverner, d'organiser une ville, tout comme la *politique* (mot de même origine) est l'art et la manière de gouverner les hommes.

pommade • Ce mot vient de l'italien. La pommade est une crème utilisée pour les soins de la peau et c'est une préparation pharmaceutique. Autrefois, c'était un produit de toilette utilisé pour parfumer la peau et les cheveux. Il était composé de corps gras et d'essences parfumées, tirées de la pulpe de pomme d'api. La *pommade* est une crème à la *pomme !*

poney • Ce mot vient de l'anglais *pony* qui proviendrait d'un ancien diminutif de *poulain* qui était *poulenet.* Un poney est donc un «petit jeune cheval» !

popcorn • Ce mot vient de l'anglais d'Amérique *popcorn,* forme abrégée de *popped corn* qui signifie «maïs (*corn*) qu'on a fait éclater (*to pop*) par l'effet de la chaleur».

poubelle • Ce mot vient d'un nom propre. Eugène *Poubelle,* préfet de la Seine, préoccupé par l'hygiène des rues de Paris, ordonne en 1884 aux propriétaires d'immeubles de mettre à la disposition des locataires un récipient commun destiné à recevoir les ordures ménagères, récipient vidé par des employés municipaux.

poule • Ce mot vient du latin *pulla,* féminin de *pullus* qui désigne le petit d'un animal, notamment un poulet. *Pullus* a donné en français d'autres noms de jeunes animaux comme *poulain* (dont l'ancien diminutif *poulenet* a donné *poney*) et *poussin.* Le verbe *pulluler* a la même origine : il signifiait en latin «avoir de nombreux petits, se multiplier». **(→ poney)**

pouls • Lorsque l'on prend le pouls en posant le bout des doigts sur le poignet, on sent une série de petits chocs réguliers qui correspondent aux battements du cœur. Le mot *pouls* vient du latin *pulsus* qui veut dire «impulsion, choc» et s'emploie dans des termes signifiant «battement des veines, des artères». Il a la même origine que *pulsation.*

précaire • Une situation, une santé précaire sont instables et peuvent se dégrader à tout moment. Cet adjectif d'origine latine est en rapport avec la prière ; le verbe latin *precari* veut dire «prier, supplier un dieu ou quelqu'un». Ce qui est précaire est «obtenu par la prière» mais cette intervention d'une autorité supérieure n'est pas assurée dans le temps et la complaisance divine peut n'être que passagère.

précieux • Les métaux précieux, les pierres précieuses sont rares et donc chers. On tient beaucoup à ce qui est précieux, on y attache une grande importance, une grande valeur. Cet adjectif remonte au latin *pretium* qui désigne la valeur d'une chose, son *prix.* De même origine, les verbes *apprécier* et *déprécier* concernent la valeur, le prix attribué à quelqu'un ou à quelque chose.

proie • Ce mot vient du latin *praeda* qui signifie «butin, ce qui est pris à la guerre» et «ce qui est pris à la chasse, à la pêche». *Prédateur* a la même origine.

province • Ce mot vient du latin *provincia* qui signifie «territoire gouverné par un magistrat romain» puis «administration d'un territoire conquis» et enfin «région, contrée». La première province romaine de Gaule comprenait le bassin du Rhône, depuis la Saône jusqu'à la Méditerranée ; cette *Provincia* deviendra la *Provence.*

provision • Quand on fait des provisions, on achète par avance tout ce qui est nécessaire pour subvenir aux besoins d'une personne, d'une famille. Le latin *provisio* signifie «action de prévoir» et «précautions». Ce qui est *improvisé* ou fait *à l'improviste* n'est pas organisé d'avance.

putois • Ce petit mammifère carnivore dégage une odeur très désagréable. Cette particularité est à l'origine de son nom qui vient de l'ancien adjectif *put, pute* qui veut dire «puant, nauséabond». Cet adjectif est courant jusqu'au 15e siècle.

putréfier • Ce verbe a pour origine le latin *putris* qui veut dire «pourri». Les mots *putride* et *imputrescible,* de même origine, évoquent eux aussi la pourriture. Ce qui est pourri sent mauvais, ces deux idées étant rendues par le verbe latin *putere* (➜ **putois**).

pyjama • Ce mot vient de l'anglais qui l'a découvert en Inde où il signifie précisément «vêtement des jambes», c'est-à-dire «pantalon».

Q

quiche • Ce mot est peut-être l'adaptation faite en Lorraine du mot alsacien *küchen* qui signifie «gâteau», comme l'allemand *Kuchen.*

quiproquo • Un quiproquo est une erreur, une méprise qui fait prendre une personne pour une autre. Cette situation est souvent utilisée au théâtre pour ses conséquences imprévues. Ce mot vient de l'expression latine *quid pro quod* qui veut dire «(prendre) un *quoi* pour un *ce que*», c'est-à-dire prendre une chose pour une autre, volontairement ou non.

R

radis • Le radis, qu'il soit rose ou noir, est cultivé pour sa racine comestible. Ce mot vient de l'italien *radice* qui signifie «racine».

radium • Ce métal a été découvert par les chimistes Pierre et Marie Curie en 1898. Ils l'ont obtenu en traitant un minerai qui émet un rayonnement. Le nom est formé avec le latin *radius* qui veut dire «rayon» et le suffixe *-ium* des noms de métaux (comme dans *aluminium, magnésium, uranium...*).

rapine • Ce mot, peu courant, remonte au latin *rapere* qui veut dire «emporter précipitamment, violemment ; enlever de force» qui a donné le français *ravir.* Les autres mots de même origine sont plus fréquents : *ravisseur, rapt, rapide* ou encore *rapace* qui désigne un oiseau qui fond sur sa proie et s'en empare.

redingote • Ce mot vient de l'anglais *riding coat* qui signifie mot à mot «habit *(coat)* pour monter à cheval *(to ride)*». L'orthographe et la prononciation de ce mot ont été adaptées aux habitudes du français.

renard • Ce mot vient d'un nom propre d'origine germanique. Un récit du Moyen Âge, *le Roman de Renart,* prend pour héros des animaux et raconte la lutte entre le rusé Renart et Ysengrin le loup. Cette histoire est si populaire que le mot *goupil,* d'origine latine, est remplacé par *renard* qui devient un nom commun.

république • Ce mot vient du latin *respublica* qui signifie «l'État, les affaires publiques, la vie politique», mot formé par la soudure de *res publica* qui veut dire «chose publique».

responsable • Ce mot vient du latin, de la famille de *respondere* qui signifie «garantir, assurer» et «faire une réponse». Quelqu'un qui est *responsable* doit répondre de ses actes et se préoccuper de leurs conséquences.

rhinocéros • Ce mot vient du grec *rhinokhêros* qui est formé de *rhis, rhinos* qui signifie «nez» et de *keras* qui veut dire «corne» ; le rhinocéros porte en effet une ou deux cornes sur le nez. Après avoir désigné un animal fabuleux proche de la licorne, il correspond au mammifère que nous connaissons. En 1513, des Portugais expédient un rhinocéros baptisé *Ulysse* de Goa, en Inde, à Lisbonne pour le roi Manuel et alors la distinction entre les deux animaux s'impose. Dürer réalisa une célèbre gravure de cet animal en 1515.

robinet • Le mot *robinet* est le diminutif de *robin* qui était le sobriquet familier du mouton. Les robinets d'autrefois avaient souvent la forme d'une tête de mouton. *Robin* est le diminutif du prénom *Robert* et au Moyen Âge on disait *Robin mouton* comme l'on dit encore *Jeannot lapin.* Jean de La Fontaine écrit dans la fable *Le Berger et son troupeau : «Ah ! le pauvre Robin mouton !».*

roquefort • Ce fromage fait avec du lait de brebis porte le nom d'une commune de l'Aveyron, Roquefort-sur-Soulzon. De nombreux fromages portent des noms de localités ou de régions : *brie, camembert, cantal, livarot, pont-l'évêque, saint-nectaire...* **(→ emmental)**

rosbif • Ce mot vient de l'anglais *roast beef,* formé de *beef* qui signifie «bœuf» et de l'adjectif *roast* qui veut dire «rôti» ; ces deux mots ont été empruntés à l'ancien français.

ruban • Ce mot vient du néerlandais *ringband* qui signifie «collier», formé de *ring* qui veut dire «anneau» et de *band* «lien» : il s'agit d'un «lien de forme circulaire». Il apparaît en français sous la forme *riban.*

rubéole • Cette maladie contagieuse se reconnaît aux taches rouges qui apparaissent sur la peau. Le mot *rubéole* est formé avec le latin *rubeus* qui veut dire «roux». La *rougeole* et la *roséole* sont des maladies du même genre.

ruche • Le mot *ruche* est d'origine gauloise ; il vient de *rusca* qui signifie «écorce». Les premières ruches étaient faites d'écorce de chêne-liège ou de paille tressée. On trouve encore des ruches d'écorce en Provence.

S

sadique • Le marquis de *Sade* est un écrivain du 18e siècle célèbre pour ses romans qui mettent en scène des personnages violents et cruels, menant une vie de débauche. Une personne sadique tire un plaisir malsain à faire souffrir les autres, à les voir malheureux.

safari • Un safari est une expédition entreprise pour chasser ou photographier des animaux sauvages. Ce mot signifie «voyage» en swahili, une langue d'Afrique de l'Est parlée au Kenya et en Tanzanie ; il vient de l'arabe *safara* qui veut dire «voyager».

salaire • Le sel, qui se dit *sal* en latin, était un produit de valeur qui a longtemps servi de moyen d'échange entre les hommes. Sous la République, les légionnaires romains reçoivent de l'État une ration de sel appelée *salarium.* Ensuite, cet usage est aboli et ils reçoivent une somme d'argent pour acheter ce sel ; cette somme a conservé le même nom, *salarium,* qui a donné en français le mot *salaire.*

saltimbanque • Les saltimbanques se produisaient dans les foires, sur les places publiques où ils effectuaient leurs tours, leurs acrobaties sur une estrade. Ce mot vient de l'italien *saltimbanco* qui signifie mot à mot «saute en banc».

salut • Cette marque de politesse, de respect vient du latin *salus, salutis* qui veut dire «bon état physique, santé». Saluer quelqu'un, c'est lui souhaiter de bien se porter.

sanctuaire • Ce mot vient du latin *sanctuarium* qui veut dire «lieu sacré», qui vient de l'adjectif *sanctus* signifiant «rendu sacré et inviolable (par un rite religieux)». Le latin *sanctus* a donné le français *saint.*

sandwich • Ce mot vient d'un nom propre. Un Anglais du 18e siècle, John Montagu, 4e comte de *Sandwich,* était passionné par le jeu. Il ne souhaitait même pas interrompre la partie en cours pour prendre un repas ! Son cuisinier glissa de la viande entre deux tranches de pain et ce repas sommaire devint à la mode sous le nom de *sandwich.* Le nom de ce même personnage est attaché à un archipel. En effet, l'explorateur James Cook est le premier Européen à aborder les îles Hawaii et il les baptise *îles Sandwich* en l'honneur de son protecteur qui était premier lord de l'Amirauté (ministre de la Marine britannique).

sanglier • Le sanglier est un mammifère sauvage qui vit dans les forêts. Ses mœurs solitaires sont à l'origine de son nom : le latin *singularis (porcus)* qui veut dire «(porc) qui vit seul, isolé». En grammaire, le *singulier* concerne une seule chose ou une seule personne.

sans-culotte • Ce mot, apparu à la Révolution, fait allusion à la manière de s'habiller dans les différentes classes de la société française. Le peuple porte le pantalon long, souvent rayé, tandis que l'aristocratie porte la culotte, vêtement serré sous les genoux, sur des bas de soie. Ceux qui ne sont pas nobles, les patriotes, les révolutionnaires, se distinguent par leur tenue : ils sont baptisés *sans-culotte.*

sarcophage • Ce mot vient du grec *sarkophagos* qui signifie précisément «qui mange la chair», car on croyait que la pierre des tombeaux antiques détruisait la chair des cadavres. Les anciens Égyptiens embaumaient et momifiaient le corps des défunts pour qu'il puisse continuer à vivre dans la tombe, avec l'âme qui est immortelle. Le verbe grec *phagein* qui signifie «manger» se retrouve dans les mots *anthropophage* et *œsophage.*

saucisse • La *saucisse,* le *saucisson,* le *salami* sont des préparations de viande et de gras de porc hachés, assaisonnés et glissés dans un boyau. Ces charcuteries sont salées, point commun à l'origine de leur nom issu du latin *salsus* qui veut dire «salé», de *sal* «sel». **(→ salaire)**

scribe • Le scribe est un personnage important dans l'Antiquité car il maîtrise l'écriture, après un long apprentissage. Son nom vient de cette capacité d'écrire, verbe qui se dit *scribere* en latin. Les mots *manuscrit, post-scriptum* ont la même origine.

SDF • Ce mot est formé des initiales de ***s**ans **d**omicile **f**ixe :* c'est un sigle. Les SDF sont des exclus de la société, qui vivent dans la rue. On a dit aussi *sans abri, sans logis* et *clochard.*

seigneur • Ce mot vient du latin *senior* qui est un terme de respect signifiant «ancien, plus âgé» ; c'est le comparatif de *senex* qui veut dire «vieux». Le latin *senior* a donné trois mots en français : *seigneur, sire* et *sieur ;* ce dernier est encore utilisé dans la langue du droit et dans le mot composé *monsieur.*

Sénat • Le sénat de la Rome antique était formé par le Conseil des Anciens. *Ancien* est un terme de respect qui désignait les sénateurs, personnages importants et âgés. Ce grand âge est à l'origine du latin *senatus* qui vient de *senex* signifiant «vieux, vieillard», comme les mots français *sénior* ou *sénile.* **(→ seigneur)**

sentinelle • Ce mot est emprunté à l'italien *sentinella,* qui vient du verbe *sentire* signifiant «entendre». La sentinelle qui fait le guet doit avoir tous les sens en alerte pour percevoir la moindre information.

septembre • L'ancienne année romaine comprenait dix mois et commençait en mars **(→ printemps)**. Dans cette organisation, *septembre* était le septième mois de l'année, le numéro *sept* (qui se dit *septem* en latin), *octobre* le numéro *huit* (*octo* en latin), *novembre* le numéro *neuf* (*novem* en latin) et *décembre* le *dix (decem).* Sur la proposition d'Antoine, le cinquième mois fut débaptisé en l'honneur de Jules César et le sixième en celui d'Auguste. Il y a maintenant douze mois, le début de l'année est fixé en janvier, et le calendrier réformé par Jules César sur les conseils d'un astronome s'appelle le calendrier *julien.* **(→ janvier)**

serf • Ce mot vient du latin *servus* qui signifie «esclave». L'absence de liberté réunit l'esclave antique et le serf médiéval dépendant du seigneur qui lui confie sa terre et lui donne sa protection. Les mots *servir, asservir, servile* et *servitude* ont la même origine.

shampoing • C'est un mot anglais qui vient du verbe *to shampoo* qui signifie «faire un shampoing», provenant d'un verbe indien qui veut dire «masser, presser».

sinistre • Les augures de rite grec interprétaient les signes célestes en observant le vol des oiseaux pour connaître la volonté des dieux : un oiseau qui se trouvait dans la partie gauche du ciel était un oiseau de mauvais augure, un présage défavorable. Cette superstition antique est à l'origine du sens négatif de cet adjectif. Ce mot vient du latin *sinister* qui signifie «gauche, qui est du côté gauche» et «malheureux, fâcheux».

sirop • Ce mot vient de l'arabe *sarab* qui signifie «boisson» et qui désignait des sirops dans la médecine arabe médiévale, le sucre étant alors un produit rare employé en pharmacie. Ce même mot arabe, en passant par le turc et l'italien, a donné en français le mot *sorbet,* préparation à base de fruits et de sucre comme le sirop.

solidaire • Ce mot comporte l'idée de responsabilité commune : lorsqu'on est solidaire, on est responsable de soi comme des autres. Mon associé ne peut pas payer ses dettes, je dois le faire à sa place si nous sommes solidaires. Ce mot d'origine latine appartient à la famille de *solide* et vient de l'expression juridique *in solidum* qui signifie «pour le tout, globalement», et s'oppose à «pour sa part». L'idée de dépendance réciproque a évolué vers celle d'entraide. L'adjectif *solidaire* a donné le nom *solidarité.*

somme • Faire la somme de plusieurs nombres c'est effectuer l'addition qui permet de trouver leur total. Quand on pose l'opération, on trace un trait après ces nombres : en bas de nos jours, en haut pour les Romains qui comptaient du bas en remontant vers le haut. Le mot *somme* vient du latin *summa linea* «la ligne du haut». Les mots *sommet, sommité, summum* partagent l'idée de «plus haut» et la même origine.

soprano • La voix de soprano est la plus aiguë des voix de femme ou de garçon, celle qui monte haut, «qui est au-dessus» de toutes les autres. C'est un mot italien spécialisé comme terme de musique, qui vient de *sopra* qui signifie «au-dessus».

spaghetti • *Spaghetti* est le pluriel du mot italien *spaghetto ;* c'est le diminutif de *spago* qui veut dire «ficelle». Les spaghettis ne sont donc pas de longues pâtes mais de «petites ficelles» !

stress • En anglais le mot *stress* existe depuis le 14ᵉ siècle. Il s'agit du mot *distress* un peu abrégé (comme on dit *car* pour *autocar*), qui n'est autre que le mot français *détresse !*

strip-tease • C'est un mot anglais d'Amérique, qui est composé de *to strip* qui veut dire «se déshabiller» et de *to tease* qui signifie «agacer, taquiner». Quand on fait un strip-tease, il faut enlever ses vêtements de manière à taquiner le spectateur, c'est-à-dire lentement, en se tournant, pour retarder le moment où l'on se retrouve entièrement nu.

sucre • Originaire d'Asie, la canne à sucre est cultivée au Moyen-Orient et les Arabes l'acclimatent en Espagne et en Sicile. Comme le sucre, ce mot a beaucoup voyagé : nous l'avons pris à l'italien *zucchero* qui venait de l'arabe *sukkar,* d'origine indienne.

sympathie • Ce mot vient du grec *sumpatheia* qui signifie «participation à la souffrance d'autrui», de *pathos* qui veut dire «ce que l'on éprouve, ce qui arrive (de mal) : malheur, maladie...». Le mot *compassion,* d'origine latine, a le même sens. **(→ patience)**

T

tabac • Le tabac est une plante originaire d'Amérique centrale et d'Amérique du Sud. Christophe Colomb remarque que les indigènes fument des feuilles sèches roulées dans de longs tubes. Dès le début du 16e siècle le tabac est cultivé aux Antilles, en Espagne et au Portugal. Ce mot vient de l'espagnol *tabaco* qui l'avait pris à une langue indienne de Cuba et d'Haïti. **(→ nicotine)**

tabou • Ce mot vient d'une langue polynésienne dans laquelle *tapu, tabu* désigne ce qui est interdit et sacré, que l'on ne peut toucher sans commettre une grave faute. Le français connaît ce mot par l'intermédiaire de l'anglais *taboo,* introduit en Occident par le récit du 3e voyage du capitaine Cook en Océanie.

teeshirt • Ce vêtement à manches courtes rappelle, lorsqu'il est posé à plat, la forme d'un T majuscule. Ce mot anglais d'Amérique est composé de *tee* qui note la prononciation de la lettre *t* et de *shirt* qui signifie «chemise».

tennis • Au jeu de paume, qui est l'ancêtre du tennis, le joueur qui est au service dit «tenez», impératif du verbe *tenir,* pour annoncer à son adversaire le début de l'échange. Cette exclamation est devenue *tennis* en Angleterre, pays où ce sport a connu un rapide développement. Le tennis porte un nom anglais d'origine française.

toboggan • Ce jeu d'enfants porte un nom qui vient du Canada. Des mots proches désignent là-bas un traîneau utilisé par les Indiens d'Amérique. Il permet de glisser sur la neige comme le toboggan permet de glisser sur sa rampe inclinée.

tomate • Ce mot vient de l'espagnol *tomata,* d'une langue indienne du Mexique qui nomme ce fruit *tomatl.* La tomate, rapportée d'Amérique par les conquérants espagnols, est plantée dans le bassin méditerranéen. Les Italiens l'appellent *pomme d'or,* les Provençaux *pomme d'amour.*

torride • Cet adjectif qualifie la chaleur intense, brûlante, produite par les feux ardents du soleil. Il est issu du verbe latin *torrere* qui veut dire «sécher, dessécher ; brûler». Ce verbe a également donné *torréfier* «griller (du café)» ou encore *torrent* (ce cours d'eau, maigre et irrégulier, risque de se dessécher).

tortue • Ce reptile étrange était considéré dans l'Antiquité comme une bête infernale, une créature sortie du Tartare, symbole du mal et des ténèbres. Dans la mythologie grecque, le Tartare est une région des Enfers, une sorte de prison où vivent les dieux chassés de l'Olympe. Le nom de cet animal remonte au grec *tartaroukos* qui veut dire «du Tartare».

tournoi • Ce combat se déroulait en champ clos et les chevaliers s'affrontaient dans la lice, tournant en bout de course pour préparer une nouvelle charge. Le mot est dérivé du verbe *tournoyer* qui a eu le sens de «participer à un tournoi» au 12e siècle, lui-même du verbe *tourner.*

trèfle • Le trèfle porte une feuille composée de trois parties arrondies, exceptionnellement quatre ; la quatrième, celle qui porte bonheur, est une anomalie de la nature. Le mot *trèfle* vient du grec *triphullon* qui signifie «à trois feuilles». Le grec *phullon* qui veut dire «feuille» se retrouve dans les mots *chlorophylle* (ce qui rend «la feuille verte») ou *phylloxéra* (maladie de la vigne qui rend «les feuilles sèches»).

trinquer • On trinque en société en formulant un souhait et en choquant les verres lorsque l'on s'apprête à boire. Ce verbe vient du verbe allemand *trinken* qui veut dire «boire».

troubadour • Ce mot vient du provençal *trobador* qui signifie «poète», provenant du verbe *trobar* qui veut dire «trouver, inventer» et «faire des vers». Dans les régions du nord de la France (Normandie, Champagne, Artois, Picardie, Flandre), le conteur et jongleur qui s'exprimait en langue d'oïl était appelé *trouvère*, mot de même sens formé en ancien français.

tulipe • La tulipe blanche rappelle la forme du turban. Originaire des plaines d'Asie centrale, la tulipe passe de Turquie en Europe au 16e siècle. Ce mot vient du turc *tülbend* qui signifie «turban», mot d'origine persane.

tympan • Comme la peau d'un tambour, le tympan est une membrane élastique tendue sur une caisse qui reçoit les ondes sonores et se met à vibrer, transmettant ces vibrations à l'intérieur de l'oreille. Ce mot vient du grec *tumpanon* qui signifie «tambour».

V

vaccin • Les bovins souffrent d'une maladie virale, la vaccine, appelée en latin médical *variola vaccina* qui veut dire «variole des vaches», *vache* se disant *vacca.* Un médecin de campagne anglais de la fin du 18e siècle, Edward Jenner, remarqua que les personnes qui s'occupaient des vaches atteintes de la vaccine attrapaient cette maladie mais résistaient aux graves épidémies de variole. Il eut l'idée d'injecter des virus de vaccine à un enfant, qui guérit très vite, puis il lui inocula la variole qui resta sans effet ! Plus tard, Pasteur utilisa les travaux de Jenner pour mettre au point la vaccination préventive.

vandale • Ce mot vient du nom du peuple germanique qui traverse le Rhin au début du 5e siècle, envahit la Gaule, franchit les Pyrénées pour se rendre en Espagne, puis en Afrique du Nord sous la pression des Wisigoths. Ces Barbares ravageaient et pillaient tout sur leur passage.

vasistas • Le vasistas est un petit panneau mobile qui peut s'ouvrir dans une porte ou une fenêtre. Cette ouverture permet de jeter un coup d'œil et de poser la question *Was ist das ?* qui signifie «Qu'est-ce que c'est ?» en allemand.

vaurien • Le vaurien est une personne peu recommandable, sans valeur, qui ne *vaut rien.* D'autres mots de même origine, comme *vaillant* et *valeureux,* se disent d'une personne pleine de mérite, brave et courageuse.

verdure • L'adjectif *vert,* qui vient du latin *viridis,* pouvait s'écrire *verd* en ancien français. C'est pour cette raison que de nombreux mots de la famille conservent ce *d : verdâtre, verdeur, verdir, verdoyant, verdure...*

verglas • Le verglas est une couche de glace lisse, brillante, transparente, fragile comme le verre. Il doit son nom à cette ressemblance entre la *glace* et le *verre ;* il s'écrit d'abord *verreglaz* au 12e siècle, puis *verglas* au 15e.

vermicelle • Ces pâtes en forme de fils minces peuvent faire penser à des petits vers, des vermisseaux. C'est d'ailleurs l'origine de leur nom qui vient d'un mot italien qui signifie «petit ver» (*ver* se dit *verme* en italien).

vocabulaire • Ce mot remonte au latin *vocabulum* qui veut dire «nom d'une chose, mot», l'action de nommer étant en rapport avec la voix qui se dit *vox, vocis* en latin.

vodka • C'est un mot russe qui est le diminutif de *voda* qui signifie «eau» dans cette langue. Cette boisson alcoolisée est très forte en dépit de son nom, «petite eau».

volcan • Ce mot vient d'un nom propre. Vulcain est le dieu romain du Feu et des Métaux. Laid et boiteux, c'est le forgeron des dieux. Dans son atelier sous l'Etna, aidé par les Cyclopes, il forge la foudre pour Jupiter, un trident pour Neptune, des flèches pour Diane. Lorsqu'il travaille le fer, le volcan crache le feu. Son nom latin est *Vulcanus* ou *Volcanos,* mot qui signifie aussi «feu, incendie».

volt • Ce mot vient d'un nom propre. Alessandro *Volta* est un savant italien ; il réalisa la première pile constituée de disques métalliques séparés par des rondelles de feutre humide. Plus tard, on donna le nom de *volt* à une unité électrique, en hommage à ce savant qui le premier réussit à produire du courant.

vote • L'Angleterre a appris le fonctionnement de la démocratie à la France au 18e siècle et c'est à cette époque que le mot *vote* a été emprunté. Les électeurs s'expriment en votant. Ce mot vient de l'anglais *vote,* provenant du latin *votum* qui signifie «promesse faite aux dieux» puis «offrande» ; de manière plus générale, il veut dire «souhait, désir». Le latin *votum* a donné au français les mots *vœu* et *ex-voto* qui signifie mot à mot «selon le vœu fait».

W

walkman • Ce mot a été créé par une marque japonaise avec des mots anglais : il est composé du verbe *to walk* qui signifie «marcher» et de *man* qui veut dire «homme». Le mot *baladeur* a été proposé pour remplacer *walkman.*

western • Ce mot anglais est un adjectif qui signifie «de l'ouest» ; il est employé en Amérique pour désigner la région située à l'ouest du Mississippi. Le mot *western* en français désigne un genre de film qui a pour thème des épisodes héroïques de la conquête de l'Ouest par les pionniers, cette région légendaire et lointaine qu'est le *Far West.* Les noms français des points cardinaux sont d'origine anglaise et *ouest* vient de l'anglais *west.*

Y

yaourt • Cette préparation à base de lait fermenté est consommée traditionnellement dans les Balkans, en Asie centrale et surtout en Turquie et en Bulgarie. Dans les années 1920, ce produit est commercialisé en France, principalement dans les pharmacies, sous des noms qui évoquent son origine orientale *(Pacha, Constantinople, Sofia, Caucase...).* Ce mot vient du turc *yogurt ;* en français, on trouve d'abord *yogourt,* et, plus tard, *yaourt.*

Z

zéro • Le zéro est bien utile en mathématiques. Ce chiffre, apparu en dernier, est pourtant un chiffre à part entière (le dixième). Les Indiens savaient écrire tous les nombres à l'aide de dix signes ; le dixième était un point représentant «le vide». Les Arabes adoptent le système indien ; ils remplacent le point par un petit cercle qu'ils nomment *sifr,* traduction arabe signifiant «vide, néant». L'usage du zéro apparaît en Occident au 12e siècle, avec la traduction de traités de mathématiques. En latin du Moyen Âge, *sifr* devient *zephirum,* puis en italien *zefiro,* qui sera abrégé en *zero.* L'arabe *sifr* est à l'origine d'un autre mot français : *chiffre,* qui apparaît au 13e siècle avec le sens de «zéro». Il prend son sens actuel au 15e siècle, au moment où le français emprunte *zéro* à l'italien. **(→ chiffre)**

Index général

Les mots en caractères gras font l'objet d'une notice.
Les mots en italique renvoient à la notice dans laquelle ils sont cités.

DÉCOUVERTE DU MONDE

Histoire

Géographie

Frise historique

■ Cette frise chronologique illustrée est divisée en six **périodes** correspondant au découpage historique qui distingue :

→ **La préhistoire** : des premiers australopithèques (v. 7 millions d'années av. J.-C.) au début du néolithique (v. 9500 av. J.-C.)

→ **L'Antiquité** : de l'invention de l'écriture (v. 3500 av. J.-C.) à la fin de l'Empire romain d'Occident (476)

→ **Le Moyen Âge** : du baptême de Clovis, roi des Francs (496) à la fin de l'Empire romain d'Orient (1453)

→ **Les Temps modernes** : de la découverte de l'Amérique par Christophe Colomb (1492) à la fin de la Révolution française (1799)

→ **Le 19e siècle** : du Premier Empire (1804) à la fin de la Révolution industrielle (1910)

→ **Le 20e siècle et le début du 21e siècle** : de la Première Guerre mondiale (1914) à nos jours

■ La frise est divisée, suivant l'axe du temps, en **unités repères** qui varient d'une période à l'autre : par exemple, échelle de 30 ans pour le Moyen Âge et de 10 ans pour les Temps modernes.

→ **Au centre** de la frise figurent les dates des **principaux évènements** de l'histoire de France et du monde

→ **En haut** sont indiqués (dans des bandeaux jaunes) les noms des **grands personnages** historiques, en particulier ceux des souverains et chefs d'État français

→ **En bas** on a repéré (dans des bandeaux mauves) des **faits historiques** de longue durée (par exemple les Grandes Invasions, la guerre de Cent Ans)

■ Les mots figurant en **gras** dans la frise et dans les légendes des illustrations renvoient au **petit dictionnaire de noms propres** qui propose 200 notices environ : personnages, évènements essentiels correspondant au **programme d'histoire** de l'école élémentaire.

■ Couteaux en silex taillé (fin du néolithique)

-7 millions **Toumaï** (australopithèque)

-3,7 millions **Lucy** (australopithèque)

-2,4 millions Premiers outils (*Homo habilis*)

-600 000 Maîtrise du feu

-450 000 Homme de **Tautavel** (*Homo erectus*)

-150 000 Homme de **Neanderta**

-7 millions -5m -3m -1m -775 000 -550 000 -325 000 -100 000

■ Alignements de **Carnac** (-4500)

■ Grotte de **Lascaux** : la salle des aurochs

paléolithique — néolithique

-35 000 Homme de **Cro-Magnon** (*Homo sapiens*)

-30 000 Premières formes d'art

-15 000 Peintures de la grotte de **Lascaux**

-9 500 Début de l'agriculture et de l'élevage au Proche-Orient

- 35 000 | -30 000 | -25 000 | -20 000 | -15 000 | -10 000 | -5000

■ Hache en pierre polie

■ Pointes de flèches néolithiques

HISTOIRE ▶ L'Antiquité

■ L'écriture cunéiforme, apparue en **Mésopotamie**

■ La grande pyramide de **Khéops**

néolithique — âge des métaux

- -3500 Invention de l'écriture en **Mésopotamie**
- -2700 Pyramide de **Khéops** en **Égypte**
- -2300 Métallurgie du bronze en Europe
- -1200 Installation des **Hébreux**, peuple de la **Bible**, en Palestine
- -1000 Métallurgie du fer en Europe
- -753 Fondation légendaire de **Rome**
- -750 Installation des **Celtes** en **Gaule**

-3750 -3300 -2850 -2400 -1950 -1500 -1050 -600

■ Remus et Romulus, fondateurs légendaires de **Rome**

■ La Vénus de Milo, sculpture grecque

■ Monnaie à l'effigie de **Vercingétorix**

■ Jules **César**

-5/30 vie de **Jésus**

-500 Début de la République à **Rome**

-450 La **Grèce** de **Périclès** - Construction de l'**Acropole** à **Athènes**

-58/-51 Conquête de la **Gaule**

-52 **Vercingétorix** est battu par **César** à **Alésia**

-21 Fondation de l'Empire **romain** par **Auguste**

392 Le christianisme, religion officielle de l'Empire **romain**

410 Pillage de **Rome** par les **Wisigoths**

400

-450 -325 -200 -75 +50 +175 300 425

■ *Triomphe de Neptune*, mosaïque romaine

■ Monnaie gauloise

HISTOIRE ▶ Le Moyen Âge

■ Le baptême de **Clovis**

■ Une page du **Coran**

481 – 511 Clovis

570 – 632 Vie de **Mahomet**, fondateur de l'islam (**Coran**)

450 Invasion de la **Gaule** par les **Francs**

476 Fin de l'Empire **romain** d'Occident

496 Baptême de **Clovis**, roi des **Francs**, fondateur de la dynastie des **Mérovingiens**

634 Début des conquêtes arabes vers l'Afrique du Nord puis l'Espagne

630 **Grandes Invasions** (**Barbares**)

450 – 480 – 510 – 540 – 570 – 600 – 630 – 660

■ Une mosaïque byzantine de l'église Sainte-Sophie (construite à **Constantinople** au 6e siècle)

■ La mosquée de Cordoue, en Espagne (architecture islamique, 8 e siècle)

Charlemagne et Roland à Roncevaux

714 741 **Charles Martel**

768 814 **Charlemagne**

732 **Charles Martel**, vainqueur des Arabes à Poitiers

800 **Charlemagne** couronné empereur d'Occident

843 L'Empire **carolingien** est divisé en trois royaumes

850 900 Raids des **Vikings** (« **Normands** »)

720 750 780 810 840 870 900 930

Un drakkar, bateau **viking**

Une église romane

Un château fort

987 996 **Hugues Capet**

1180 1223 **Philippe Auguste**

12

987 Début de la dynastie des **Capétiens**

1066 Le duc de Normandie **Guillaume le Conquérant** devient roi d'Angleterre

1096 **Croisades**

990 1020 1050 1080 1110 1140 1170 1200

La conquête de **Constantinople** par les croisés

Le bal de la cour (enluminure)

Saint Louis rend la justice

La nef de Notre-Dame d'Amiens, cathédrale gothique (13e siècle)

Jeanne d'Arc

1270 **Louis IX** (…int Louis)

1422 **Charles VII** | 1461 **Louis XI** 1483

1275-1295 Voyages de Marco **Polo**

1429-1431 **Jeanne d'Arc** lutte contre les Anglais et fait couronner **Charles VII**

1450 **Gutenberg** invente l'imprimerie

1453 prise de **Constantinople** par les Turcs, fin de l'Empire **romain** d'Orient

1270

1337 Guerre de **Cent Ans** 1453

1260 1290 1320 1350 1380 1410 1440 1470

La Dame à la licorne : « Le Goût » (tapisserie, fin du 15e siècle)

La presse de **Gutenberg**, inventeur de l'imprimerie

HISTOIRE ▶ Les Temps modernes

■ Caravelle de **Christophe Colomb**

■ **Chambord**, château de la **Renaissance**

1515	1547	1559	1560
François 1er		**Henri II**	**Charles**

1492 Christophe **Colomb** découvre l'Amérique

1497 Voyage de Vasco de **Gama** vers les Indes

1515 Victoire de **François 1er** à **Marignan**

1519 - 1521 Tour du monde de **Magellan**

1520 Début de la **Réforme** protestante (**Luther** puis **Calvin**)

1543 **Copernic** prouve que la Terre tourne autour du Soleil

1562

1490 1500 1510 1520 1530 1540 1550 1560

■ *Moïse* de Michel-Ange (1515)

■ *La Joconde* de Léonard de Vinci (1503-1506)

■ Henri IV

■ Le cardinal de **Richelieu** (par Philippe de Champaigne)

1574 | **Henri III** | 1589 | **Henri IV** | 1610 | **Louis XIII** | 1643 | **Louis XIV**

1572 Massacre de la **Saint-Barthélemy**

1598 Édit de **Nantes**

1624 **Richelieu**, principal conseiller de **Louis XIII**

1632 **Galilée** défend la théorie de **Copernic**

Guerres de **Religion** 1598

1580 1590 1600 1610 1620 1630 1640 1650

■ Le massacre de la **Saint-Barthélemy**

■ **Louis XIV**

■ Le château de **Versailles**

Louis XIV — 1715

1661 Début du règne personnel de **Louis XIV**

1685 Révocation de l'édit de **Nantes**

v. 1700 Développement de l'esclavage transatlantique (traite des Noirs)

1660 — 1670 — 1680 — 1690 — 1700 — 1710 — 1720 — 1730

■ Tapisserie de la manufacture des **Gobelins**, fondée par **Colbert**

■ La citadelle de Neuf-Brisach, fortifiée par **Vauban**

■ **Marie-Antoinette** (par Mme Vigée-Lebrun)

■ La prise de la **Bastille**

Louis XV	1774 Louis XVI	1792 Première République

1751/1772 Rédaction de l'**Encyclopédie**, ouvrage des **Lumières** auquel collaborent **Diderot**, **Voltaire**, **Rousseau**

1769 Machine à vapeur de James **Watt**

1789 Prise de la **Bastille** (14 juillet) **Déclaration des droits de l'homme et du citoyen** (26 août)

1792 Victoire française de **Valmy** - Proclamation de la Première République

1793-1794 la **Terreur**

1794 Chute de **Robespierre**

1799 Coup d'État de **Napoléon Bonaparte** (**Consulat**)

1789 1799 **Révolution française**

1740 1750 1760 1770 1780 1790 1800

■ **Louis XV** (par Van Loo)

■ **Robespierre**

Le 19e siècle

■ *Bonaparte franchissant le Grand Saint-Bernard* (1800), par David

1799 | 1804 | 1814 | 1824

Première République | **Napoléon 1er** (Premier **Empire**) | **Louis XVIII**

Consulat | **Restauration**

1804 **Napoléon 1er** empereur des Français
Code civil

1805 **Austerlitz**

1815 **Waterloo** et exil de **Napoléon 1er** à **Sainte-Hélène**

1816 Invention de la photographie (**Niépce**)

1801 · 1804 · 1807 · 1810 · 1813 · 1816 · 1819 · 1822

■ **Napoléon** avec le **Code civil**

■ *Jeune Orpheline au cimetière* (1824), par Eugène Delacroix, peintre romantique

■ Le travail des enfants dans un atelier de verrerie au 19e siècle

1830 | **Charles X** | **Louis-Philippe** | 1848 | Deuxième République

1829 Première ligne de chemin de fer en France

1830 **Révolution de 1830**

1841 Loi limitant le travail des enfants

1848 **Révolution de 1848**
Suffrage universel (masculin)
Abolition de l'esclavage
(Victor **Schoelcher**)

1830 Révolution industrielle - Colonisation en Afrique et en Asie

1828 | 1831 | 1834 | 1837 | 1840 | 1843 | 1846 | 1849

■ La colonisation de l'Algérie : la soumission d'Abd el-Kader (1847)

■ *Le Pont de l'Europe, gare Saint-Lazare* (1877), par Claude Monet, peintre impressionniste

■ *La Danse* (1869), sculpture de Carpeaux ornant la façade de l'Opéra de Paris

1852 – 1870 **Napoléon III** (Second **Empire**)

1860 Invention du moteur à explosion

1870 **Guerre de 1870** entre la France et la Prusse

1871 La **Commune**

18 Invention du télépho (Graham **Bell**)

Révolution industrielle - Colonisation en Afrique et en Asie

1852 1855 1858 1861 1864 1867 1870 1873

■ La construction de la tour Eiffel (1887-1889)

■ **Pasteur** dans son laboratoire (1885)

■ Une salle de classe à la fin du 19e siècle

Troisième République

1882 L'école laïque, gratuite et obligatoire (Jules **Ferry**)

1885 **Pasteur** crée le vaccin contre la rage

1890 Premier vol de l'avion de Clément **Ader**

1895 Invention du cinéma par les frères **Lumière**

1898 Affaire **Dreyfus**

Révolution industrielle - Colonisation en Afrique et en Asie

1879 1882 1885 1888 1891 1894 1897 1900

■ L'*Éole*, appareil volant construit par Clément **Ader** (1890)

■ Les premières voitures : une Delahaye de 1895

■ Marie **Curie** dans son laboratoire

Troisième République

- 1903 Pierre et Marie **Curie**, prix Nobel de physique
- 1905 Loi de séparation des Églises et de l'État
- 1914 L'assassinat de l'archiduc d'Autriche déclenche la Première **Guerre mondiale**
- 1916 Bataille de **Verdun**
- 1917 **révolution russe**
- 1917

Colonisation en Afrique et en Asie — 1910

1914 Première **Guerre mondiale**

1901 1903 1905 1907 1909 1911 1913 1915 1917

■ *Les Demoiselles d'Avignon* (1907), tableau cubiste de Picasso

Les Temps modernes (1936), film de Charlie Chaplin (« Charlot »)

Troisième République

1918 Signature de l'armistice (11 novembre)

1922 Création de l'**URSS** sous la direction de **Lénine**
Mussolini prend le pouvoir en Italie

1928 Découverte de la pénicilline (**Fleming**)

1929 Crise économique mondiale
Staline prend le pouvoir en **URSS**

1933 **Hitler** prend le pouvoir en Allemagne

1919 **Clemenceau** Premier ministre

18

1934 **Mao Zedong** conduit la Longue Marche

1919 1921 1923 1925 1927 1929 1931 1933 1935

Première **Guerre mondiale** : dans les tranchées

■ L'entrée du camp d'extermination nazi d'Auschwitz-Birkenau

1940

Troisième République | Gouvernement

1936 arrivée au pouvoir du **Front populaire** en France

1939 L'Allemagne nazie provoque la Seconde **Guerre mondiale**

1940
Appel du général de **Gaulle** (18 juin) - La France demande l'armistice (22 juin)
Occupation allemande - **Résistance** britannique (**Churchill**)

1936 | 1939

Guerre civile en Espagne (**Franco**) | Seconde **Guerre mondiale**

1936 1937 1938 1939 1940 1941

■ Le débarquement en Normandie (6 juin 1944)

■ **Libération** de Paris :
le général de **Gaulle** descend
les Champs-Élysées (26 août 1944)

1944

de Vichy | Quatrième République

1943 Mort de Jean **Moulin**, héros de la **Résistance**

1944 Débarquement des Alliés en Normandie (6 juin), début de la **Libération**

1945 Fin de la Seconde **Guerre mondiale** en Europe (8 mai)
Bombe atomique sur **Hiroshima** et **Nagasaki**

1946
Création de l'**ONU**
Droit de vote des femmes en France
Premiers ordinateurs

1945

1942 1943 1944 1945 1946 1947

■ Bombe atomique
sur **Nagasaki** (9 août 1945)

■ Un ordinateur (vers 1985)

■ Le drapeau de l'**Union européenne**

1958 | 1969 | 1974 | 198

Quatrième République | De **Gaulle** | **Pompidou** | **Giscard d'Estaing**

1957 Traité de **Rome** : création de la Communauté économique européenne

1958 Cinquième République

1968 Événements de **Mai 68**

1969 Premier pas sur la Lune (**Armstrong**, mission **Apollo** 11)

1947 – 1962 décolonisation

1948 | 1953 | 1958 | 1963 | 1968 | 1973 | 1978

■ Le premier homme sur la Lune (juillet 1969)

■ Palais des Droits de l'homme, à Strasbourg

Mitterrand	1995 Chirac	2007 Sarkozy	2012

1989 Chute du mur de **Berlin**

1991 Création du réseau **Internet** mondial (www.)

1992 Création de l'**Union européenne** (traité de **Maastricht**)

2002 L'euro : monnaie européenne

2007 L'**Union européenne** comprend 27 pays

1983 — 1988 — 1993 — 1998 — 2003 — 2008 — 2013

■ La chute du mur de **Berlin** (9 novembre 1989)

■ L'*Eurostar* à Londres

Acropole n. f. Citadelle de Grèce, située sur une colline qui domine **Athènes.** Forteresse construite vers 2000 avant Jésus-Christ, elle fut détruite et, reconstruite par **Périclès,** elle devint un centre religieux consacré à la déesse Athéna au 5ᵉ siècle avant Jésus-Christ. Ses ruines, spécialement celles du Parthénon, sont visitées de nos jours par de nombreux touristes.

Le Parthénon, temple d'Athéna sur l'**Acropole**

Ader Clément (1841-1925) • Ingénieur français. Il réalisa le premier appareil volant plus lourd que l'air, l'*Éole,* dont les ailes font penser à une chauve-souris. À bord de cet engin, il parcourut une distance de 50 m à 20 centimètres au-dessus du sol en 1890. Il inventa le nom *Avion* pour nommer ses autres modèles.

Alésia • Ancienne ville gauloise, située dans l'actuel département de la Côte-d'Or, en Bourgogne, dans l'est de la France. Jules **César** y remporta une victoire décisive sur les Gaulois menés par **Vercingétorix,** après une résistance de deux mois, en 52 avant Jésus-Christ. Cette victoire marque la fin de la résistance gauloise.

Antiquité n. f. Période de l'histoire qui suit la préhistoire. Elle commence avec l'apparition de l'écriture vers 3500 ans avant Jésus-Christ et se termine à la chute de l'Empire romain d'Occident en 476. Le Moyen Âge lui succède.

Apollo • Programme américain d'exploration de la Lune entre 1961 et 1972. La fusée *Apollo 11,* premier vaisseau à se poser sur la Lune, transportait Neil **Armstrong** qui fut le premier homme à marcher sur le sol lunaire, le 21 juillet 1969.

Armstrong Neil (né en 1930) • Astronaute américain. Membre de l'expédition **Apollo** 11, il est le premier homme qui a marché sur la Lune (21 juillet 1969).

Athènes • Capitale de la **Grèce.** Dans l'Antiquité, Athènes fut une ville très puissante du 10ᵉ au 4ᵉ siècle avant Jésus-Christ. C'est à Athènes qu'est née la démocratie au 6ᵉ siècle avant Jésus-Christ. Athènes connut son apogée au 5ᵉ siècle avant Jésus-Christ sous **Périclès** qui fit construire l'**Acropole.**

Auguste (63 avant Jésus-Christ-14 après Jésus-Christ) • Empereur romain. Petit-neveu et fils adoptif de **César,** sous le nom d'Octave, il battit ses rivaux et devint le maître de tout l'Empire **romain** en 27 avant Jésus-Christ. Il prit alors le nom d'Auguste (qui signifie « saint, majestueux ») et fixa les frontières de l'Empire. Il protégea les arts et la littérature ; son règne marqua l'apogée de la culture romaine.

Austerlitz • Localité de la République tchèque. **Napoléon** y battit les Russes et les Autrichiens le 2 décembre 1805.

Barbares n. m. pl. Peuples nomades qui envahirent l'Empire romain à partir du 4ᵉ siècle.
→ aussi **Grandes Invasions.**

Bastille n. f. Ancienne forteresse de Paris, construite en 1370. Richelieu en fit une prison. Le peuple de Paris s'en empara le 14 juillet 1789 parce qu'elle était le symbole du pouvoir du roi et qu'elle contenait des armes. La *prise de la Bastille* marque le début de la **Révolution française.** La Bastille fut démolie en 1790.

Bell Alexander Graham (1847-1922) • Inventeur américain d'origine britannique. C'est en enseignant le langage aux enfants sourds qu'il s'intéressa à la transmission de la parole. Il mit au point en 1876 un appareil composé d'un émetteur et d'un récepteur permettant de communiquer à distance, le téléphone.

Des soldats **carolingiens** attaquent une ville (miniature, 9e siècle)

Berlin (mur de) • Mur construit par la République démocratique allemande (RDA) dans la nuit du 13 août 1961 à Berlin pour arrêter la fuite des Allemands de l'Est vers l'Ouest. Il séparait la ville en deux secteurs : Berlin-Ouest et Berlin-Est. Il fut détruit le 9 novembre 1989.

Bible n. f. Texte sacré des juifs et des chrétiens. La Bible juive se compose de 39 textes répartis en 24 livres qui racontent l'histoire du peuple juif. Augmentée de sept autres livres, elle est devenue l'Ancien Testament des chrétiens. La Bible chrétienne comprend l'Ancien Testament et les 27 livres du Nouveau Testament, dont les quatre Évangiles, qui commence avec la naissance de Jésus.

Bonaparte → **Napoléon Ier**

Calvin Jean (1509-1564) • Écrivain et philosophe religieux français, l'un des fondateurs du protestantisme. Il adhéra à la **Réforme** et dut s'installer en Suisse pour fuir les persécutions contre les protestants. Comme **Luther,** il pensait que l'homme ne peut être sauvé que par la grâce de Dieu et que la Bible était la seule autorité en ce qui concerne la foi et les mœurs.

Capétiens n. m. pl. Dynastie de rois de France qui succéda aux **Carolingiens** et régna de 987 à 1328. Elle fut fondée par **Hugues Capet.** Les Capétiens, dont **Philippe Auguste** et **Louis IX,** agrandirent le domaine royal limité au départ aux régions de Paris et d'Orléans.

Carnac • Commune du Morbihan, en Bretagne, dans l'ouest de la France. Le site préhistorique de Carnac comprend un ensemble de menhirs, de dolmens et de tombes qui datent des années 2000 à 1400 avant Jésus-Christ.

Carolingiens n. m. pl. Dynastie de rois francs qui succéda aux **Mérovingiens** et régna de 751 à 911 en Germanie et 987 en France. Elle fut fondée par le père de **Charlemagne.** Les Carolingiens organisèrent l'administration, développèrent la féodalité et se rapprochèrent de l'Église. Les **Capétiens** leur ont succédé.

Celtes n. m. pl. Peuples venus d'Allemagne qui se répandirent dans toute l'Europe à partir de 1800 avant Jésus-Christ. Ils furent repoussés par les Romains au 2e siècle avant Jésus-Christ et ne purent rester qu'en Bretagne et dans les îles britanniques. Les Gaulois étaient des Celtes.

Cent Ans (guerre de) • Ensemble de conflits qui opposèrent la France à l'Angleterre de 1337 à 1453, provoqués par la volonté des rois d'Angleterre d'être aussi rois de France. Les Anglais furent alternativement vainqueurs et vaincus, jusqu'à leur défaite finale face à **Charles VII** qui avait été sacré roi grâce à **Jeanne d'Arc.** Ils ne conservèrent que Calais.

César ou **Jules César** (101 avant Jésus-Christ-44 avant Jésus-Christ) • Homme d'État romain. Général et consul, il battit **Vercingétorix** en 52 avant Jésus-Christ et conquit toute la **Gaule** dont il fit une province romaine. Revenu en Italie, il provoqua une guerre civile en 50 avant Jésus-Christ et fut nommé dictateur à vie en 44 avant Jésus-Christ. Il fut assassiné le jour où il devait être proclamé roi. Il a écrit deux ouvrages précieux pour les historiens : les *Commentaires sur la guerre des Gaules* et *De la guerre civile.*

Chambord • Commune du Loir-et-Cher, dans le centre de la France. Le château de Chambord a été construit de 1519 à 1537 pour le roi **François Ier.** Ce chef-d'œuvre de la **Renaissance** est le plus grand des châteaux de la Loire.

Charlemagne (742-814) • Roi des Francs puis empereur d'Occident. Petit-fils de **Charles Martel,** il régna de 768 à sa mort. Il constitua un empire auquel il donna une solide organisation administrative. Il mit en place les principes de la féodalité et encouragea la culture. Il fut sacré empereur d'Occident en l'an 800 et partagea son empire entre ses trois fils. Son nom signifie «Charles le Grand».

Charles VII (1403-1461) • Roi de France. Il régna de 1422 jusqu'à sa mort. Il ne fut vraiment accepté en tant que roi de France que grâce à **Jeanne d'Arc** qui le fit sacrer à Reims en 1429. Il reconquit ensuite son royaume. C'est sous son règne que la guerre de **Cent Ans** a pris fin. Son fils Louis XI lui a succédé.

Charles IX (1550-1574) • Roi de France. Fils d'Henri II, il régna de 1560 jusqu'à sa mort. Il chercha un accord avec les protestants mais ordonna néanmoins le massacre de la **Saint-Barthélemy** en 1572.

Charles X (1757-1836) • Roi de France. Petit-fils de Louis XV, frère de Louis XVI et de Louis XVIII, il régna de 1824 à 1830. Partisan d'un retour à la monarchie absolue, il mena une politique autoritaire qui déclencha la **révolution de 1830** et l'obligea à abdiquer.

Charles Martel (v. 688-741) • Maire du palais (l'équivalent de Premier ministre) du royaume franc des derniers **Mérovingiens.** Il prit le pouvoir en 714 et unifia l'État mérovingien. Il repoussa les Arabes à Poitiers en 732, ce qui lui permit de devenir le suzerain de l'Aquitaine et de la Provence. Il est le grand-père de Charlemagne.

Chirac Jacques (né en 1932) • Homme politique français. Partisan du général de **Gaulle,** il fut plusieurs fois ministre sous la présidence de Pompidou. Valéry Giscard d'Estaing en fit son Premier ministre (1974-1976). Il fonda son parti, le Rassemblement pour la République (RPR), en 1976, devint maire de Paris (1977-1995) et Premier ministre de **Mitterrand** (1986-1988). Il fut ensuite président de la République de 1995 à 2007 (élu en 1995, réélu en 2002).

Churchill Winston (1874-1965) • Homme politique britannique. Premier ministre (1940-1945) pendant la Seconde **Guerre mondiale,** il symbolise la résistance britannique contre Hitler. Il s'allia aux États-Unis, négocia avec Staline et contribua au succès des conférences internationales qui préparaient l'après-guerre. Il milita ensuite pour maintenir la grandeur de l'Empire britannique et s'engagea du côté américain dans la «guerre froide» contre le communisme, inventant l'expression *rideau de fer.* Il publia ses *Mémoires de guerre* (1948-1954) et reçut le prix Nobel de littérature en 1953. Il fut à nouveau Premier ministre de 1951 à 1955.

Winston **Churchill**

Clemenceau Georges (1841-1929) • Homme politique français. Député de gauche, il fut président du Conseil (l'équivalent de Premier ministre) de 1906 à 1909 et de 1917 à 1919. Pendant la Première **Guerre mondiale,** il lutta contre les défaitistes et eut un rôle important dans la victoire de la France sur l'Allemagne.

Clovis (vers 466-511) • Roi des **Francs.** Il régna de 481 jusqu'à sa mort. Roi d'un petit royaume au nord de la Gaule, il l'agrandit considérablement en conquérant presque tout le pays. Il se convertit au christianisme et fut baptisé à Reims vers 496.

Code civil • Recueil de 36 lois promulgué en France en 1804 et appelé aussi *Code Napo-*

léon. La mission de ses rédacteurs était d'unifier les lois dans tout le pays et de remplacer les règles de l'Ancien Régime. De nombreux États s'en sont inspirés pour créer leur législation. Il est toujours appliqué en France, même s'il a subi de nombreuses modifications depuis le 19e siècle.

Colbert Jean-Baptiste (1619-1683) • Homme politique français. Sorte de ministre des Finances de **Louis XIV,** il réforma les impôts et réorganisa l'administration du royaume. Il développa l'industrie et favorisa la création de manufactures comme celle des **Gobelins.** En ce qui concerne le commerce, il limita les importations et développa les exportations en modernisant la marine et en créant de grandes compagnies commerciales.

Colomb Christophe (vers 1451-1506) • Navigateur d'origine italienne. Installé au Portugal, il étudia les cartes de géographie et réussit à convaincre les souverains espagnols de l'aider à réaliser son projet : trouver une route vers les Indes en passant par l'ouest. Il partit alors d'Espagne avec trois caravelles en août 1492 et découvrit en octobre des îles proches du continent américain (Bahamas, Cuba, Haïti). Il effectua ensuite jusqu'en 1504 trois voyages au cours desquels il découvrit d'autres îles et les côtes de l'Amérique centrale.

Commune (la) • Gouvernement révolutionnaire mis en place à Paris en mars 1871, après la défaite française face à la Prusse et le transfert du gouvernement à Versailles. Le Conseil de la Commune prit des mesures révolutionnaires et organisa la résistance militaire. Au cours de la «Semaine sanglante» du 21 au 28 mai 1871, les insurgés exécutèrent des otages et incendièrent des monuments. Les soldats de l'armée régulière, les «Versaillais», envoyés contre Paris, massacrèrent environ 20 000 «communards» et mirent fin à la Commune.

Constantinople • Capitale de l'Empire romain d'Orient de 395 à 1453 et capitale religieuse des chrétiens d'Orient. Construite sur le site de Byzance, c'était une ville très riche. L'église Sainte-Sophie y a été construite au 6e siècle. La ville fut prise en 1453 par les Turcs qui l'appellent maintenant Istanbul.

Consulat n. m. Gouvernement de la France de 1799 à 1804, de la fin de la Révolution française jusqu'au Premier Empire. Il débuta après le coup d'État organisé par **Napoléon** Bonaparte en novembre 1799. Ce dernier, avec le titre de Premier consul puis celui de consul à vie, s'empara de tous les pouvoirs. Il créa la Banque de France et la Légion d'honneur. Il rétablit l'esclavage dans les colonies. Il promulgua le **Code civil** et fut nommé empereur en 1804.

Copernic Nicolas (1473-1543) • Astronome polonais. Il affirma que la Terre et les autres planètes tournent sur elles-mêmes et autour du Soleil. Cette théorie selon laquelle la Terre n'occupe pas le centre de l'univers fut condamnée par l'Église mais prouvée ensuite par **Galilée.**

Coran n. m. Livre sacré des musulmans qui contient pour eux le message d'Allah, le Dieu unique, transmis à son prophète **Mahomet** par l'ange Gabriel au 7e siècle. Écrit en arabe, le Coran est composé de plus de 6 000 versets, répartis en 114 chapitres («sourates»).

Croisades n. f. pl. Expéditions militaires menées au Moyen Âge par les chrétiens pour délivrer les «Lieux saints» occupés par les musulmans, notamment le tombeau du Christ à Jérusalem. Il y a eu huit croisades entre 1095 et 1270. On peut compter aussi une neuvième croisade qui échoua en 1291.

Croisades : combat entre croisés et musulmans

Cro-Magnon • Site préhistorique de Dordogne, dans le sud-ouest de la France. On y a découvert en 1868 des ossements fossiles d'*«Homo sapiens»,* l'homme moderne. On a appelé *homme de Cro-Magnon* des hommes préhistoriques qui venaient du Proche-Orient et qui vécurent il y a 30 000 ans en Europe et en Afrique du Nord. L'*homme de Cro-Magnon* fabriquait des outils de pierre et d'os et enterrait ses morts. Il peignait et gravait des signes et des images, spécialement des animaux, dans les grottes où il vivait.

Curie Pierre et Marie • Physiciens français. Pierre Curie (1859-1906) et sa femme Marie Curie (née Sklodowska), d'origine polonaise (1867-1934) firent des recherches sur la radioactivité et découvrirent le radium. Ils obtinrent tous les deux le prix Nobel de physique en 1903 et Marie reçut celui de chimie en 1911. Ils reposent au Panthéon, à Paris.

Déclaration des droits de l'homme et du citoyen • Déclaration votée en août 1789 après l'abolition de la féodalité et qui servit de base à la Constitution de 1791. Elle affirme les droits fondamentaux de liberté, de propriété et d'égalité. La *Déclaration universelle des droits de l'homme,* votée par l'**ONU** en 1948, s'inspire de la déclaration de 1789 et réaffirme la liberté et l'égalité de tous les êtres humains.

Diderot Denis (1713-1784) • Écrivain et philosophe français. Philosophe des **Lumières,** curieux de toutes les formes de la connaissance, il dirigea la rédaction de l'**Encyclopédie.** Persuadé que l'homme éprouve du plaisir à être bon, il exposa ses principes dans de nombreux ouvrages, dont *Lettre sur les aveugles à l'usage de ceux qui voient, Le Neveu de Rameau* et *Jacques le Fataliste et son maître.*

Dreyfus Alfred (1859-1935) • Officier français. Juif alsacien, il fut accusé à tort de livrer des informations militaires à l'Allemagne. Jugé en 1894, il fut dégradé et envoyé au bagne. «L'affaire Dreyfus» divisa alors les Français entre ceux qui le pensaient coupable (les *antidreyfusards*), pour la plupart antisémites, et ceux qui le pensaient innocent (les *dreyfusards*). Il fut à nouveau jugé coupable en 1899 et condamné à dix ans de prison mais gracié par le président de la République. Son innocence ne fut reconnue qu'en 1906 et il fut alors réhabilité.

Égypte ancienne • Pays du nord-est de l'Afrique. L'Égypte des pharaons fut une grande civilisation de l'Antiquité. Les Égyptiens inventèrent les hiéroglyphes à la fin du 4e millénaire avant Jésus-Christ. On peut encore voir les pyramides, comme celle de **Khéops,** qui servaient de tombeaux aux pharaons. L'Égypte fut un empire très puissant pendant plus de 3 000 ans, jusqu'au 10e siècle avant Jésus-Christ.

Égypte : le temple de Louksor

Empire (Premier) • Période de l'histoire de France pendant laquelle le pays fut gouverné par l'empereur **Napoléon Ier,** du 18 mai 1804 au 4 avril 1814 et du 20 mars au 22 juin 1815. Sacré empereur le 2 décembre 1804, Napoléon entreprit la conquête de l'Europe : entre 1810 et 1812 son empire s'étendait sur la Belgique, la Hollande, l'Allemagne, la Pologne, la Suisse, l'Italie, la Dalmatie et l'Espagne. Les abdications de Napoléon en 1814 et en 1815 mirent fin au Premier Empire qui fut suivi par la **Restauration** de la monarchie.

Empire (Second) • Période de l'histoire de France pendant laquelle le pays fut gouverné par l'empereur **Napoléon III,** du 2 décembre 1852 au 4 septembre 1870. Le régime fut d'abord très autoritaire puis laissa l'opposition se développer. Ce fut une époque d'essor économique et de progrès. La France étendit ses colonies en Afrique et en Asie. Le Second Empire prit fin avec la déchéance de Napoléon III après la capitulation de Sedan lors de la guerre contre la Prusse en 1870. La Troisième République lui succéda.

Encyclopédie n. f. Œuvre publiée au 18e siècle, de 1751 à 1772. Elle présentait, de façon claire et avec de nombreuses planches illustrées, l'état des connaissances culturelles, scientifiques et techniques de l'époque. Près de 150 savants, philosophes et spécialistes, faisant partie des **Lumières,** y collaborèrent, dont **Diderot, Voltaire** et **Rousseau.** Son titre complet est *Encyclopédie ou Dictionnaire raisonné des sciences, des arts et des métiers.*

Ferry Jules (1832-1893) • Homme politique français. Maire de Paris (1870), plusieurs fois ministre (1879-1885) et président du Conseil (1880-1885) sous la Troisième République, il fit adopter en 1882 une réforme de l'enseignement public rendant l'enseignement primaire laïque, gratuit et obligatoire, et ouvrit l'enseignement secondaire aux jeunes filles. Il contribua à établir la liberté de la presse et la liberté syndicale.

Fleming Alexander (1881-1955) • Médecin britannique. Il découvrit, en 1928, qu'une moisissure détruisait certaines bactéries et la nomma pénicilline : c'était le premier antibiotique. Il ouvrit ainsi la voie au traitement des maladies infectieuses. Il a reçu le prix Nobel de médecine en 1945.

Franco Francisco (1892-1975) • Homme politique et général espagnol. Chef des nationalistes contre les républicains pendant la guerre civile espagnole (1936-1939), il prit le titre de *caudillo* (mot espagnol signifiant «guide») et devint chef de l'État et des armées. Il établit alors une dictature qui s'appuyait sur l'armée et le clergé conservateur. En 1947, il rétablit la monarchie mais se nomma régent à vie.

François Ier (1494-1547) • Roi de France. Il régna de 1515 jusqu'à sa mort. Son règne fut marqué par sa rivalité avec Charles Quint, empereur germanique et roi d'Espagne. D'abord proche des protestants, il s'opposa finalement à la **Réforme.** Il s'entoura d'une cour raffinée, imposa de rédiger en français les actes juridiques et favorisa le développement des arts. Il introduisit la culture de la **Renaissance** en France.

François Ier

Francs n. m. pl. Peuple qui était établi en Allemagne et qui envahit la Gaule romaine pendant les **Grandes Invasions** au 5e siècle. Les Francs furent unifiés par **Clovis.** C'est sur leur nom qu'a été formé le nom de la France.

Front populaire • Union des partis de gauche qui gouverna la France de 1936 à 1938. Le Front populaire réussit à obtenir notamment une augmentation des salaires, la semaine de travail de 40 heures, les congés payés, la nationalisation des chemins de fer.

Galilée (1564-1642) • Astronome et physicien italien, l'un des fondateurs de la physique moderne. Il construisit une lunette astronomique avec laquelle il observa le Soleil, Jupiter, Saturne et les phases de la Lune. Il défendit la thèse de **Copernic** sur le mouvement de la Terre et des autres planètes autour du Soleil. Il fut condamné par l'Église à renoncer à cette théorie mais s'écria : «Et pourtant, elle tourne !»

Gama Vasco de (vers 1469-1524) • Navigateur portugais. Il découvrit la route des Indes en contournant l'Afrique par le cap de Bonne-Espérance en 1497. Il fonda ensuite des établissements commerciaux portugais sur les côtes africaines.

Gaule n. f. Territoire qui correspond à peu près à la France et à la Belgique actuelles, augmentées d'une partie de la Suisse, de l'Italie et des Pays-Bas. Elle fut envahie par les **Celtes** puis par les Romains. Jules **César** soumit les Gaulois, écrasa la révolte de leur chef, **Vercingétorix,** en 52 avant Jésus-Christ à **Alésia,** et fit de la Gaule une province romaine. Au 5e siècle la Gaule fut conquise par les **Francs.** C'est pourquoi elle prit plus tard le nom de *France,* après la mort de Charlemagne.

Gaulle Charles de (1890-1970) • Homme politique et général français. Pendant la Seconde **Guerre mondiale,** refusant l'armistice de 1940, il partit pour Londres d'où il lança à la radio l'«appel du 18 juin» pour convaincre les Français de continuer le combat et organisa la **Résistance** contre l'Allemagne. Reconnu comme chef politique à la **Libération** de Paris (1944), il devint président du Gouvernement provisoire de la République française (1945-1946). Rappelé au pouvoir pendant la guerre d'Algérie en 1958, il fonda la Cinquième République et fut le premier président de la République élu au suffrage universel. Réélu en 1965, il démissionna en 1969, à la suite des évènements de **Mai 68.**

Giscard d'Estaing Valéry (né en 1926) • Homme politique français. Ministre des Finances sous la présidence du général de Gaulle puis de Pompidou, entre 1962 et 1974, il fut élu président de la République en 1974. Pendant son septennat l'âge de la majorité a été abaissé à 18 ans et la loi sur l'interruption volontaire de grossesse a été votée.

Gobelins (Manufacture nationale des) • Manufacture de tapisseries, située dans le 13e arrondissement de Paris. Fondée au 15e siècle par une famille de teinturiers champenois, les Gobelin, elle fut reprise par des tapissiers flamands et devint sous Louis XIV la Manufacture royale de meubles et de tapisseries de la Couronne. Aujourd'hui, la manufacture produit et restaure des tapisseries destinées à la décoration des édifices publics.

Grandes Invasions • Entrée en masse des **Barbares** à partir de la fin du 4e siècle dans l'Empire romain d'Occident qu'ils détruisirent en 476.

Grèce antique n. f. Pays du sud-est de l'Europe. La Grèce fut le centre d'une des plus brillantes civilisations de l'histoire. Les Grecs de l'Antiquité ont diffusé une écriture alphabétique imitée de celle des Phéniciens, créé les jeux Olympiques, inventé la monnaie et développé les arts. Ils ont créé la démocratie et sont à l'origine d'une mythologie que les Romains ont ensuite copiée. La Grèce devint une province romaine au 2e siècle avant Jésus-Christ.

Grèce : la frise des Panathénées

Guerre de 1870 • Conflit qui opposa la France à la Prusse et à l'ensemble des États allemands en 1870 et 1871. La guerre fut déclarée à la Prusse par **Napoléon III,** mais la France fut battue et dut capituler après la défaite de Sedan en septembre 1870, ce qui entraîna la chute du Second **Empire** et la proclamation de la Troisième République. L'Allemagne obtint l'Alsace et une grande partie de la Lorraine.

Guerre mondiale (Première) • Guerre qui opposa de 1914 à 1918 l'Allemagne, l'Autriche-Hongrie, l'Empire ottoman et la Bulgarie aux «Alliés» : la France, la Grande-

Bretagne, la Russie, la Serbie, la Belgique, le Japon, l'Italie, la Roumanie, le Portugal, la Grèce et les États-Unis. Cette guerre, qui fit près de 10 millions de morts, fut gagnée par les Alliés. L'armistice fut signé le 11 novembre 1918. Les traités de paix qui suivirent mirent fin aux Empires (Allemagne, Autriche-Hongrie, Empire ottoman) et donnèrent naissance à de nouveaux pays, comme la Tchécoslovaquie, la Yougoslavie et la Turquie. L'Alsace et la Lorraine, qui avaient été perdues pendant la **guerre de 1870,** furent rendues à la France.

Guerre mondiale (Seconde) • Guerre qui opposa, de 1939 à 1945, l'Allemagne, l'Italie et le Japon aux Alliés (France, Grande-Bretagne, URSS, États-Unis, Chine...) qui furent vainqueurs. Elle est née de l'opposition entre des régimes totalitaires (la dictature nazie d'**Hitler** en Allemagne, la dictature fasciste de **Mussolini** en Italie et la dictature militaire au Japon) et les démocraties. La France fut vaincue en juin 1940 ; le gouvernement, établi à Vichy, pratiqua alors une politique de collaboration avec l'Allemagne tandis que s'organisait la **Résistance.** Après l'entrée en guerre des États-Unis en décembre 1941, l'Allemagne ne connut plus que des défaites. Hitler se suicida le 30 avril 1945 et l'Allemagne capitula le 8 mai 1945. La Seconde Guerre mondiale est le conflit le plus meurtrier de l'histoire (50 à 55 millions de morts).

Guillaume le Conquérant (1027-1087) • Duc de Normandie et roi d'Angleterre. À la mort du roi anglo-saxon qui l'avait désigné pour lui succéder, mais dont le fils s'était emparé du pouvoir, il débarqua en Angleterre avec ses hommes et tua le nouveau roi en 1066. Il régna alors sur l'Angleterre jusqu'à sa mort.

Gutenberg (vers 1399-1468) • Imprimeur allemand. Il inventa la presse à imprimer et une encre permettant d'imprimer les deux faces du papier. Il remplaça les caractères en bois par des caractères en métal. Il fit de la Bible le premier ouvrage imprimé.Son invention favorisa la diffusion des connaissances et des idées nouvelles.

Hébreux n. m. pl. Peuple de l'Orient ancien ou du Proche-Orient dont la Bible raconte l'histoire. Nomades originaires de Mésopotamie, ils se rendent en Égypte vers 1500 avant Jésus-Christ. Devenus esclaves, ils s'installent en Palestine vers 1200 avant Jésus-Christ. On les appelle «Juifs» depuis le 6e siècle avant Jésus-Christ.

Henri II (1519-1559) • Roi de France. Fils de François Ier, il régna de 1547 jusqu'à sa mort. Il combattit les protestants, s'opposa à Charles Quint, empereur germanique et roi d'Espagne, et mit fin aux guerres d'Italie. Il mourut d'un coup de lance au cours d'un tournoi.

Henri III (1551-1589) • Roi de France. Fils d'Henri II, il succéda à son frère Charles IX et régna de 1574 jusqu'à sa mort. Il essaya de trouver un accord entre les protestants et les catholiques. Son attitude modérée provoqua la formation de la Ligue, une association de catholiques, et il fit assassiner son chef. Il fut lui-même tué par un moine.

Henri IV (1553-1610) • Roi de Navarre puis de France. Il régna de 1589 jusqu'à sa mort. Chef des protestants, il épousa la sœur du roi de France Charles IX et se convertit au catholicisme pour échapper au massacre de la **Saint-Barthélemy** en 1572 et devenir roi de France. Il promulgua l'édit de **Nantes** qui mit fin aux **guerres de Religion,** en 1598, et redressa l'économie du pays. Il mourut assassiné par Ravaillac. Son fils Louis XIII lui a succédé.

La Bible imprimée par **Gutenberg**

Hiroshima • Ville du Japon. Le 6 août 1945, les États-Unis y larguèrent la première bombe atomique, qui fit plus de 130 000 victimes, dont 80 000 morts. La ville, détruite à 90 %, fut reconstruite après la guerre. ➔ aussi **Nagasaki.**

Hitler Adolf (1889-1945) • Homme politique allemand d'origine autrichienne. Chef du parti nazi, il arriva au pouvoir en 1933, avec le titre de *Führer* (mot allemand signifiant «guide»). Il organisa une police d'État, la *Gestapo,* mit en œuvre un programme pour venger l'Allemagne de la défaite de 1918 et commença à annexer les pays voisins. Il ordonna l'extermination des opposants politiques et des populations qu'il considérait comme inférieures, particulièrement les Juifs, mais aussi les homosexuels, les Tsiganes, les handicapés. Il provoqua la Seconde **Guerre mondiale** en envahissant la Pologne. Vaincu, il se suicida en 1945 à Berlin.

Hugues Ier Capet (vers 941-996) • Roi de France. Il fut élu roi en 987 et fonda la dynastie des **Capétiens.**

Internet n. m. Réseau informatique international qui permet de communiquer avec le monde entier et d'avoir accès à toutes sortes d'informations depuis son ordinateur. Créé en 1969 pour le département de la Défense des États-Unis, le réseau s'est ensuite considérablement développé notamment grâce au Web mis en place au début des années 1990.

Jeanne d'Arc (vers 1412-1431) • Héroïne française de la guerre de **Cent Ans.** Elle déclara avoir entendu des voix lui ordonnant de libérer la France alors en guerre contre l'Angleterre, réussit à obtenir une armée et fit sacrer **Charles VII** à Reims en 1429. Prisonnière des Anglais après plusieurs victoires, elle fut jugée par un tribunal religieux comme hérétique et sorcière, condamnée à mort et brûlée vive à Rouen. Elle a été déclarée sainte en 1920.

Jésus (4 ou 5 avant Jésus-Christ-28 ou 29) • Fondateur de la religion chrétienne, pour laquelle il est le Christ, le Messie, l'envoyé, le fils de Dieu. Sa vie est connue par les Évangiles qui racontent sa naissance à Bethléem en Palestine à la fin du 1er siècle avant l'ère chrétienne, sa jeunesse à Nazareth, ses miracles en Galilée, sa condamnation à mort, sa mort sur la croix, sa résurrection et sa «montée au ciel». On l'appelle aussi Jésus-Christ. Sa naissance, que l'on a longtemps située en l'an 1, est le point de départ de notre calendrier.

Khéops • Pharaon qui régna sur l'Égypte vers 2650 avant Jésus-Christ. Il fit construire son tombeau, une grande pyramide qui mesure 230 m de côté et 137 m de haut. La *pyramide de Khéops* est l'un des sept monuments les plus remarquables de l'Antiquité que l'on appelle les Sept Merveilles du monde.

Lascaux (grotte de) • Grotte préhistorique de Dordogne, dans le sud-ouest de la France, découverte en 1940. Ses murs sont ornés de peintures, datant d'il y a environ 17 000 ans, qui représentent des taureaux, des vaches, des bisons, des chevaux, des cerfs. Une scène montre un homme renversé par un bison. La grotte a été fermée au public en 1963 ; on peut cependant en voir une réplique exacte qui a été réalisée à proximité.

Lénine Vladimir Ilitch Oulianov, dit (1870-1924) • Homme politique russe. Militant révolutionnaire, il fut déporté en Sibérie de 1897 à 1900 puis vécut en Suisse et à Paris. Il imposa l'idée d'une révolution socialiste contrôlée par la classe ouvrière : la «dictature du prolétariat». Revenu en Russie, il organisa la **révolution russe** d'octobre 1917 et fit signer la paix avec l'Allemagne.

Libération n. f. Période de la fin de la Seconde **Guerre mondiale** où les troupes allemandes furent chassées par les Alliés et les résistants des territoires qu'elles occupaient en France.

Louis IX ou **Saint Louis** (1214-1270) • Roi de France. Il régna de 1226 jusqu'à sa mort. Il s'efforça de faire régner la justice, augmenta l'autorité royale et imposa une monnaie dans tout le royaume. Il eut aussi un rôle d'arbitre dans des conflits survenus entre des pays d'Europe. Très chrétien, il participa à deux **croisades** et mourut de la peste devant Tunis. Le pape le déclara saint en 1297.

Saint Louis lave les pieds des pauvres

Louis XI (1423-1483) • Roi de France. Il régna de 1461 jusqu'à sa mort. Il était le fils de Charles VII contre qui il se révolta. Devenu roi, il combattit les révoltes féodales organisées par les grands nobles, renforça son pouvoir et consolida l'unité de son royaume qu'il agrandit considérablement. Il créa des parlements et les premières postes, améliora les routes, favorisa le développement des foires, de l'imprimerie et des premières manufactures de soieries. Réputé pour sa ruse et sa cruauté, il se fit craindre plutôt qu'aimer.

Louis XIII (1601-1643) • Roi de France. Fils d'Henri IV, il régna de 1610 jusqu'à sa mort. Son règne commença par la régence de sa mère, Marie de Médicis, qui le tenait écarté du pouvoir au bénéfice de Concini, un aventurier italien sans scrupules. Il fit assassiner ce dernier et exila sa mère qui ne cessa de comploter contre lui. Aidé du cardinal de **Richelieu,** il mit fin à la résistance des protestants, affirma l'autorité royale et établit la prépondérance de la France en Europe. Son fils Louis XIV lui a succédé.

Louis XIV (1638-1715) • Roi de France surnommé le Roi Soleil. Fils de Louis XIII, il régna de 1643 jusqu'à sa mort mais son règne personnel commença en 1661. Monarque absolu, il réduisit le rôle de la noblesse, réorganisa le royaume, centralisa l'administration, modernisa la marine et développa le commerce. Il fit construire le château de **Versailles** où il s'entoura d'artistes et d'écrivains. Il s'attaqua aux protestants en révoquant l'édit de **Nantes** en 1685. Les nombreuses guerres qu'il mena agrandirent le pays et consolidèrent les frontières mais, ajoutées aux famines de 1693-1694 et 1709-1710, elles affaiblirent le pays et le conduisirent au bord de la ruine. Son arrière-petit-fils Louis XV lui a succédé.

Louis XV (1710-1774) • Roi de France. Arrière-petit-fils de Louis XIV, il régna de 1715 jusqu'à sa mort. Surnommé le Bien-Aimé au début de son règne, il mourut détesté des Français. Faible, il subit l'influence de ses maîtresses et de ses ministres. Il perdit le Canada et l'Inde mais réussit à obtenir la Lorraine et acheta la Corse. Son petit-fils Louis XVI lui a succédé.

Louis XVI (1754-1793) • Roi de France, puis roi des Français. Petit-fils de Louis XV, il régna de 1774 jusqu'à 1792. Les réformes que ses ministres voulaient appliquer provoquèrent l'opposition des nobles. Ruinée par la guerre d'Indépendance américaine et les dépenses de la cour, la France traversait alors une grave crise financière qui entraîna des troubles dans tout le pays. La prise de la **Bastille** le 14 juillet 1789 marqua le début de la **Révolution française.** À la suite du 10 août 1792, date de la chute de la royauté, Louis XVI fut jugé, condamné à mort et guillotiné le 21 janvier 1793. Il était le frère aîné des futurs rois Louis XVIII et Charles X.

Louis XVIII (1755-1824) • Roi de France. Petit-fils de Louis XV, frère de Louis XVI, il régna de 1814 à sa mort (sauf entre mars et juin 1815). Il émigra en 1791, prit le titre de Régent après la mort de Louis XVI et celui de roi en 1795 mais il ne régna qu'après l'abdication de Napoléon Ier. Il tenta de conserver les progrès de la Révolution et de l'Empire tout en restaurant la tradition de la monarchie. Son frère Charles X lui a succédé. ➜ aussi **Restauration.**

Louis-Philippe Ier (1773-1850) • Roi des Français. Successeur de son cousin **Charles X,** il régna de 1830 à 1848. Il établit une monarchie modérée. Une crise économique, financière et politique provoqua la **révolution de 1848** et la chute de Louis-Philippe qui s'exila en Angleterre. La Deuxième République fut alors proclamée.

Louis-Philippe

Lucy • Australopithèque femelle qui vécut il y a 3 millions d'années. On a découvert son squelette presque complet en 1974 en Afrique. Elle mesurait moins d'1,35 m, avait de longs bras et de courtes jambes. Elle pesait entre 30 et 45 kilos et elle était capable de marcher debout.

Lumière (les frères) • Industriels français. Auguste Lumière, biologiste (1862-1954) et Louis Lumière, chimiste (1864-1948) inventèrent le « cinématographe », un appareil permettant à la fois de filmer et de projeter des images animées. Leur premier film, *La Sortie des usines Lumière,* fut présenté au public le 28 décembre 1895 à Paris. Il fut suivi de *L'Arrivée d'un train en gare de La Ciotat* et de *L'Arroseur arrosé.* Ils mirent également au point le premier procédé commercial de photographie en couleur (1903).

Lumières (les) • Mouvement d'idées qui traversa l'Europe au 18e siècle. Les penseurs des Lumières combattent l'ignorance et la superstition ; ils croient au triomphe de la raison et au progrès de la science pour conduire l'homme à la perfection et à la sagesse. Ils défendent la liberté de pensée et la tolérance religieuse. Ils critiquent la monarchie absolue et réclament l'abolition de l'esclavage. Les principaux représentants des Lumières en France **(Diderot, Rousseau, Voltaire)** ont participé à la rédaction de l'**Encyclopédie.**

Luther Martin (1483-1546) • Écrivain et philosophe religieux allemand, l'un des fondateurs du protestantisme. Voulant ramener le christianisme à sa pureté d'origine, il dénonça la corruption de l'Église, ce qui marqua le début de la **Réforme.** Il traduisit la Bible en allemand. Grâce à l'imprimerie, ses idées se répandirent rapidement dans toute l'Europe. ➜ aussi **Calvin.**

Maastricht (traité de) • Traité signé à Maastricht, aux Pays-Bas, le 7 février 1992 par les membres de la Communauté européenne et approuvé par les États en 1992 et 1993. Il concerne essentiellement l'union économique, monétaire et politique de ses membres. Ce traité a fondé l'**Union européenne.**

Magellan Fernand de (vers 1480-1521) • Navigateur portugais. Parti d'Espagne, il entreprit une expédition pour atteindre les Indes par l'ouest et découvrit ainsi en 1520 le détroit qui porte maintenant son nom à la pointe de l'Amérique du Sud. Il traversa l'océan Pacifique et atteignit les Philippines, où il fut tué par un indigène. Son lieutenant revint en Espagne en contournant l'Afrique, achevant ainsi le premier tour du monde et démontrant que la Terre est ronde.

Mahomet (vers 570-632) • Prophète et fondateur de l'islam, la religion des musulmans. Selon la tradition il eut une apparition de l'ange Gabriel qui lui transmit la parole de Dieu. Il commença à enseigner cette parole, qui forme le texte du **Coran,** mais il fut persécuté et dut s'enfuir en 622. Cette date correspond au début du calendrier musulman. Il fit ensuite la conquête de l'Arabie où il répandit la nouvelle religion.

Mai 1968 (évènements de) • Crise sociale, politique, économique et culturelle que connut la France en mai et juin 1968. La contestation commença chez les étudiants de Paris et de sa région, qui construisirent des barricades et s'opposèrent violemment à la police. Le mouvement s'étendit aux ouvriers et une grève générale paralysa le pays. Cependant le parti du président de la République, le général de **Gaulle,** sortit vainqueur des élections qui suivirent. Les évènements de 1968 eurent des conséquences importantes sur l'évolution de la société française.

Une affiche de **Mai 68**

Mao Zedong ou **Mao Tsé-toung** (1893-1976) • Homme politique chinois. Il participa à la création du Parti communiste chinois dont il prit la tête. Il lutta contre le Japon pendant la Seconde Guerre mondiale et, après 3 ans de guerre civile, proclama la République populaire de Chine en 1949. Il en devint le président et rompit avec l'URSS en 1960. Il organisa ensuite la «Révolution culturelle» (1965-1968) dont il exposa le programme politique dans le *Petit Livre rouge.* Il s'appuya sur la jeunesse, organisée en «gardes rouges» qui devaient combattre toutes les personnes soupçonnées de prendre la voie du capitalisme. Cette révolution, qui fit des millions de morts, mit aussi le pays au bord de la faillite.

Marie-Antoinette (1755-1793) • Reine de France. Fille de l'impératrice d'Autriche, elle épousa **Louis XVI** et se rendit très impopulaire par ses dépenses, ses fêtes et ses intrigues. Peu favorable à l'esprit des **Lumières,** elle influença le roi pendant la **Révolution française.** Elle refusa toute concession avec les révolutionnaires et préféra faire appel à l'étranger pour tenter de sauver la monarchie. Emprisonnée après le 10 août 1792, elle fut jugée, condamnée à mort et guillotinée.

Marignan • Ville du nord de l'Italie. Pendant les guerres d'Italie, le roi de France **François Ier** y remporta une victoire sur les Suisses en 1515.

Mérovingiens n. m. pl. Première dynastie des rois francs, qui régna de 481 à 751. Elle fut fondée par **Clovis** et doit son nom à son grand-père, Mérovée. Au 7e siècle le pouvoir passa aux mains des «maires du palais» (qui étaient l'équivalent de nos Premiers ministres) comme **Charles Martel.** Le dernier roi mérovingien fut renversé par le père de Charlemagne et le pouvoir passa aux **Carolingiens.**

Mésopotamie n. f. Région historique de l'ouest de l'Asie, entre le Tigre et l'Euphrate, qui correspond à l'Irak d'aujourd'hui. La Mésopotamie eut une civilisation brillante : c'est là que s'est développée l'agriculture au 5e millénaire avant Jésus-Christ et qu'est née l'écriture vers 3500 avant Jésus-Christ.

Bas-relief de **Mésopotamie**

Mitterrand François (1916-1996) • Homme politique français. Plusieurs fois ministre entre 1947 et 1957, il prit, à partir de 1958, la tête de l'opposition de gauche au général de **Gaulle.** Premier secrétaire du Parti socialiste (1971), il fut président de la République (élu en 1981 et réélu en 1988) de 1981 à 1995. Ses deux septennats furent marqués par le développement de la construction européenne et par d'importantes réformes comme l'abolition de la peine de mort, la semaine de travail de 39 heures et la retraite à 60 ans.

Moulin Jean (1899-1943) • Résistant français. Préfet, il partit en 1940 pour Londres rejoindre le général de **Gaulle** qui le chargea d'organiser la **Résistance** française. Devenu président du Conseil national de la Résistance, il fut arrêté par les Allemands à la suite d'une trahison. Torturé, il mourut au cours de son transfert en Allemagne. Il repose au Panthéon, à Paris.

Moyen Âge n. m. Période de l'histoire de l'Europe comprise entre l'Antiquité et les Temps modernes. Le Moyen Âge commence à la chute de l'Empire romain d'Occident en 476 et finit à la découverte de l'Amérique en 1492. Le Moyen Âge est marqué successivement par les **Grandes Invasions,** l'expansion du christianisme, la féodalité, les **croisades,** l'art roman puis l'art gothique, le développement des villes et de la bourgeoisie grâce au commerce, la guerre de **Cent Ans,** les débuts de l'imprimerie et les grands voyages de découverte.

Mussolini Benito (1883-1945) • Homme politique italien. Il fonda le parti fasciste, s'empara du pouvoir en 1922 et établit une dictature en Italie, prenant le titre de *Duce* (mot italien signifiant «guide»). Proche d'Hitler, il engagea son pays dans la Seconde **Guerre mondiale** aux côtés de l'Allemagne et du Japon. Après les défaites militaires italiennes, il fut arrêté sur ordre du roi d'Italie en 1943. Délivré par des Allemands, il fut finalement exécuté par des partisans communistes à la libération.

Napoléon III

Nagasaki • Ville du Japon. Le 9 août 1945, les États-Unis y larguèrent la deuxième bombe atomique, après celle d'**Hiroshima.** La catastrophe fit 80 000 morts et provoqua la capitulation du Japon.

Nantes (édit de) • Édit signé par le roi de France **Henri IV** en 1598 pour mettre fin aux guerres de **Religion.** Il autorisait les protestants à pratiquer leur culte et à accéder à tous les emplois. Sa révocation, signée par **Louis XIV** en 1685, entraîna la persécution des protestants qui furent nombreux à quitter la France.

Napoléon Ier (1769-1821) • Empereur des Français. Il régna de 1804 jusqu'à 1815. Né en Corse, Napoléon Bonaparte se fit remarquer au cours des guerres menées pendant la Révolution et fut un général très populaire. Il s'empara du pouvoir par un coup d'État en 1799 (➜ **Consulat**). Il réorganisa les finances, la justice, l'administration, créa les lycées, la Légion d'honneur, la Banque de France et fit promulguer le **Code civil.** Proclamé empereur en 1804, il devint aussi roi d'Italie et entreprit des guerres de conquête dans toute l'Europe. Mais après la retraite de son armée en Russie, il fut vaincu par l'Europe coalisée et dut abdiquer en 1814. Exilé sur l'île d'Elbe, une île à l'est de la Corse, il réussit à revenir en France et à reprendre le pouvoir en 1815. Mais l'Europe s'unit à nouveau contre lui et le battit définitivement la même année à **Waterloo.** Les Anglais le déportèrent alors dans l'île de

Sainte-Hélène, où il mourut en 1821. Il repose aux Invalides, à Paris.

Napoléon III (1808-1873) • Empereur des Français. Neveu de Napoléon Ier, il régna de 1852 à 1870. Après avoir essayé deux fois de prendre le pouvoir, il fut emprisonné et s'évada vers l'Angleterre. Il revint en France après la **révolution de 1848** et fut élu président de la République. Il organisa un coup d'État le 2 décembre 1851 qui lui permit d'établir le Second **Empire,** proclamé le 2 décembre 1852. Il entreprit de moderniser l'économie en favorisant le développement des chemins de fer, la rénovation des grandes villes et fit faire de grands travaux d'urbanisation. À l'extérieur, il mena plusieurs guerres jusqu'à sa défaite face à la Prusse en 1870. L'Assemblée proclama alors sa déchéance et il s'exila en Angleterre.

Neandertal • Vallée de l'ouest de l'Allemagne. On y a découvert en 1056 un crâne humain fossile. On a appelé *homme de Neandertal* des hommes préhistoriques qui vécurent entre 150 000 et 35 000 ans avant Jésus-Christ en Europe, en Afrique du Nord et en Palestine. L'*homme de Neandertal* mesurait environ 1,50 m, pesait entre 70 et 90 kilos et vivait de la chasse et de la cueillette. Il savait faire du feu, fabriquait des outils et travaillait le bois et la peau.

Niépce Nicéphore (1765-1833) • Physicien français. En 1827, il réalisa les premières épreuves photographiques «d'après nature». Il est considéré comme l'inventeur de la photographie.

Normands n. m. pl. → ÉTYM. **Vikings** qui s'établirent en France au 9e siècle et firent ensuite la conquête de l'Angleterre, du sud de l'Italie et de la Sicile.

Occupation n. f. Période de la Seconde **Guerre mondiale,** entre 1940 et 1945, pendant laquelle l'armée allemande a occupé la France.

ONU (Organisation des nations unies) n. f. Organisation internationale, créée en 1945, par 51 pays en guerre contre l'Allemagne, l'Italie et le Japon. Elle compte 192 membres en 2010. Son but est de maintenir la paix et la sécurité dans le monde. Son siège est aux États-Unis, à New York.

Pasteur Louis (1822-1895) • Scientifique français. Il découvrit, en étudiant la fermentation, l'existence d'organismes microscopiques et créa la «microbiologie». Il trouva le moyen de détruire certaines bactéries en chauffant les aliments à haute température, en les «pasteurisant». Ses expériences lui permirent d'inventer des vaccins préventifs pour les animaux. En 1885, il mit au point le vaccin contre la rage, le premier vaccin fait à un homme. L'Institut Pasteur, créé en 1888, poursuit son œuvre.

Périclès (vers 495 avant Jésus-Christ-429 avant Jésus-Christ) • Homme politique grec. Il réalisa d'importantes réformes démocratiques à **Athènes,** fit construire de nombreux monuments de l'**Acropole** et favorisa l'essor intellectuel et artistique de la cité ainsi que son essor militaire. On a donné le nom de *siècle de Périclès* au 5e siècle avant Jésus-Christ qui vit l'apogée de la civilisation grecque.

Paris sous l'**Occupation** (1940)

Philippe Auguste ou **Philippe II** (1165-1223) • Roi de France. Il régna de 1180 jusqu'à sa mort. Il combattit les rois anglais qui possédaient une partie de la France. Il agrandit le royaume et renforça le pouvoir royal. Il participa à la 3e **croisade** et embellit Paris qu'il fit paver et où il fit construire le Louvre et une nouvelle enceinte.

Polo Marco (vers 1254-1324) • Voyageur italien de Venise. Il voyagea avec son père et son oncle, marchands vénitiens, et arriva en Chine. Il y occupa alors pendant seize ans de hautes fonctions à la cour. Il revint à Venise couvert de richesses et raconta ses aventures dans *Le Livre des merveilles du monde.*

Pompidou Georges (1911-1974) • Homme politique français. Premier ministre du général de **Gaulle** (1962-1968), il lui succéda à la présidence de la République en 1969 mais mourut avant la fin de son mandat. Il est à l'origine de la création du Centre national d'art et de culture Georges-Pompidou à Paris.

Réforme n. f. Mouvement religieux qui donna naissance au protestantisme au 16e siècle. La Réforme, conduite principalement par **Luther** et **Calvin,** invite à redécouvrir la Bible dans son texte original. Elle supprime le célibat des prêtres, simplifie le culte et diminue le nombre de sacrements. Le développement de l'imprimerie permit la diffusion des idées de la Réforme dans toute l'Europe. En France l'opposition entre catholiques et protestants fut à l'origine des guerres de **Religion.**

Religion (guerres de) • Succession de conflits qui opposèrent en France catholiques et protestants de 1562 à 1598. Le succès de la **Réforme** provoquant un climat de tension, les grands seigneurs catholiques et protestants profitèrent de la situation pour tenter de s'emparer du gouvernement au détriment du pouvoir royal. Les catholiques obtinrent le soutien de l'Espagne et les protestants celui de l'Angleterre. Le pays, devenu un terrain de batailles et de pillages, fut alors dévasté. **Henri IV** mit fin aux guerres de Religion en signant l'édit de **Nantes.**

Renaissance n. f. Mouvement culturel et scientifique que connut l'Europe des 15e et 16e siècles, considéré comme une nouvelle naissance de la civilisation après le Moyen Âge. La société est transformée par les grandes découvertes, le développement du commerce et l'essor économique et artistique de l'Europe. Apparue d'abord en Italie, la Renaissance rejette la féodalité et redécouvre les valeurs développées dans l'Antiquité. Les artistes et les penseurs voient différemment l'homme et la nature. L'homme peut, par son esprit, agir sur son destin sans être entièrement soumis à Dieu : c'est l'«humanisme». Les idées nouvelles se répandent grâce à l'imprimerie. Au cours des guerres d'Italie, les Français découvrent une architecture raffinée, très différente de celle de leurs châteaux forts. La Renaissance marque le début des **Temps modernes.**

Révolution française :
Rouget de Lisle chantant *La Marseillaise*

Résistance n. f. Opposition à l'occupation allemande pendant la Seconde **Guerre mondiale** en France et dans différents autres pays d'Europe. Elle s'organisa en France après l'appel lancé depuis Londres par le général de **Gaulle** le 18 juin 1940. Jean **Moulin** unifia les différents mouvements qui s'étaient formés. Les membres de la Résistance furent à l'origine d'attentats, de sabotages et participèrent avec les Alliés à la **libération** du pays.

Restauration n. f. Période de l'histoire de France qui succéda au Premier **Empire** (1814-1830). Elle correspond au rétablissement de la monarchie après la chute de Napoléon Ier avec les règnes **de Louis XVIII** et de **Charles X.** La Restauration s'acheva avec la **révolution de 1830.**

révolution de 1830 • Insurrection des 27, 28 et 29 juillet 1830 qui mit fin au règne de **Charles X.** Après l'annulation d'élections par le roi et la suppression de la liberté de la presse, l'insurrection éclata à Paris parmi les ouvriers typographes et parmi les étudiants puis s'étendit rapidement. Charles X fut obligé d'abdiquer et **Louis-Philippe Ier** lui succéda.

révolution de 1848 • Insurrection des 22, 23 et 24 février 1848. L'opposition à **Louis-Philippe Ier** était déjà forte à cause de la crise économique et à la politique autoritaire du roi. L'insurrection se déclencha après l'interdiction d'un banquet où devaient se réunir des partisans des réformes. Le roi dut abdiquer et la Deuxième République fut proclamée le 25 février 1848.

Révolution française • Période de l'histoire de France (1789-1799). Elle commença en 1789 avec la réunion des députés des états généraux, qui représentaient toute la société française. Ils avaient été convoqués par **Louis XVI** alors que la France traversait une grave crise économique. Les députés du «peuple» (le tiers état) réussirent à obtenir l'abolition des privilèges de la noblesse et du clergé tandis que le peuple de Paris avait pris la **Bastille** le 14 juillet 1789. L'Assemblée vota la **Déclaration des droits de l'homme et du citoyen.** La monarchie fut renversée en 1792. À partir de 1793, sous le régime de la **Terreur,** furent éliminés tous ceux que l'on accusait d'être des ennemis de la République. La Révolution finit par la prise du pouvoir par Napoléon Bonaparte en 1799.

révolution russe • Mouvement révolutionnaire qui commença en février 1917 avec des grèves et des manifestations qui aboutirent à l'abdication et à l'arrestation du tsar. La révolution qui suivit, en octobre 1917, établit un régime socialiste en Russie avec la «dictature du prolétariat» et donna naissance à **l'URSS** sous la direction de **Lénine.**

Richelieu Armand Jean du Plessis, cardinal de (1585-1642) • Cardinal et homme politique français. Ministre de **Louis XIII** de 1624 jusqu'à sa mort, il renforça le pouvoir du roi et établit la prépondérance de la France en Europe. Il réorganisa l'administration, développa l'industrie et le commerce, limita le pouvoir des protestants et fit exécuter ou exiler les nobles qui conspiraient contre le roi. Il créa l'Académie française en 1635.

Robespierre Maximilien de (1758-1794) • Homme politique français. Avocat, député aux états généraux, il avait un idéal de démocratie, mettant en avant la liberté, l'instruction gratuite et obligatoire, le suffrage universel et un gouvernement fondé sur la vertu. Lors de la **Révolution française** il vota la mort du roi Louis XVI en 1793, mit en place une dictature révolutionnaire et instaura la **Terreur.** Il fut renversé et guillotiné en 1794.

romain (Empire) • L'Empire romain fut fondé en 27 avant Jésus-Christ par **Auguste.** Il comprenait tous les pays qui sont baignés par la Méditerranée, notamment la **Gaule,** plus la Bretagne (qui correspond à l'Angleterre actuelle). Il fut divisé en deux en 395 et il y eut alors l'*Empire romain d'Occident,* dont la capitale était **Rome,** et l'*Empire romain d'Orient,* dont la capitale était **Constantinople.** L'Empire romain d'Occident fut anéanti par les invasions barbares en 476 et l'Empire romain d'Orient dura jusqu'en 1453, année où Constantinople fut prise par les Turcs.

La Maison carrée, temple **romain** à Nîmes

Rome antique • Capitale de l'Italie. Dans l'Antiquité, Rome fut une ville très puissante. Elle fut fondée selon la légende par Romulus en 753 avant Jésus-Christ. Rome soumit l'Italie entière au 6e siècle avant Jésus-Christ et domina le monde méditerranéen jusqu'en 476, date à laquelle les invasions barbares l'anéantirent. → aussi Empire **romain.**

Rome (traité de) • Traité signé à Rome, le 25 mars 1957, par la France, l'Italie, l'Allemagne, la Belgique, les Pays-Bas et le Luxembourg. Il donnait naissance à la Communauté économique européenne (CEE), ancêtre de l'**Union européenne,** en établissant une union douanière et une politique économique et financière commune.

Rousseau Jean-Jacques (1712-1778) • Écrivain et philosophe genevois. Venu à Paris, il se lia avec **Diderot** et collabora à l'**Encyclopédie.** Il exprima son idée que le retour à la nature est indispensable au bonheur de l'homme alors que la société et la civilisation l'en éloignent. Il exposa ses idées dans un traité pédagogique, *Émile ou De l'éducation,* et exerça ses talents dans tous les genres littéraires : la théorie politique *(Du contrat social),* le roman composé de lettres *(Julie ou la Nouvelle Héloïse)* et l'autobiographie *(Les Confessions ; Les Rêveries du promeneur solitaire).* Ses idées inspirèrent les penseurs de la **Révolution française.**

Saint-Barthélemy (massacre de la) • Massacre des protestants qui eut lieu à Paris dans la nuit du 23 au 24 août 1572. **Charles IX,** poussé par sa mère qui s'inquiétait de l'influence des chefs protestants, ordonna le massacre des protestants venus assister au mariage de sa sœur (catholique) avec le futur **Henri IV** (protestant). Il y eut plus de 3 000 morts à Paris et le massacre se poursuivit en province jusqu'en octobre.

Sainte-Hélène • Île britannique, située dans le sud de l'océan Atlantique, entre le Brésil et l'Angola. **Napoléon Ier** y fut déporté par les Anglais en 1815, et y mourut en 1821.

Saint Louis → **Louis IX**

Sarkozy Nicolas (né en 1955) • Homme politique français. Plusieurs fois ministre sous la présidence de Jacques Chirac entre 1993 et 2007, il a été élu président de la République en 2007.

Schoelcher Victor (1804-1893) • Homme politique français. Membre du gouvernement provisoire après la révolution de 1848, il fit adopter le décret sur l'abolition de l'esclavage dans les colonies en 1848. Il repose au Panthéon, à Paris.

Staline Joseph Vissarionovitch Djougachvili, dit (1879-1953) • Homme politique de l'URSS. Élu secrétaire général du parti communiste en 1922, il affirma son autorité sur le parti malgré **Lénine,** qui le jugeait «trop brutal». Après la mort de Lénine en 1924, il élimina tous ses rivaux et devint le chef du parti et le maître absolu de l'**URSS.** Allié puis ennemi d'Hitler, il obtint un partage avantageux de l'Europe après la Seconde **Guerre mondiale** et imposa alors un régime communiste dans les pays de l'Europe de l'Est. Il développa à son profit le «culte de la personnalité» et gouverna en s'appuyant sur la répression et les persécutions.

Staline

Tautavel • Commune des Pyrénées-Orientales dans le sud de la France. On y a découvert en 1971 des restes de plusieurs «*Homo erectus*» qui y vivaient il y a 450 000 ans. L'*homme de Tautavel* est considéré comme l'ancêtre de l'homme de **Neandertal.**

Temps modernes • Période de l'histoire comprise entre le Moyen Âge et l'époque contemporaine. Elle commence avec la découverte de l'Amérique en 1492 et finit selon les historiens à la fin du Premier Empire en 1815 ou au début de la Première Guerre mondiale en 1914. Cette période vit successivement les grandes découvertes, la **Renaissance,** la **Réforme** et les guerres de **Religion,** la **Révolution française,** la chute de la monarchie puis sa **Restauration,** le Premier **Empire...**

Terreur (la) • Période de la **Révolution française** (1793-1794). Un tribunal extraordinaire fut créé en 1792 pour juger et éliminer les «ennemis de la Révolution» : les nobles, les prêtres réfractaires, les émigrés et leur famille, les officiers suspects de trahison. Plus de 40 000 personnes furent ainsi arrêtées et exécutées, dont la reine **Marie-Antoinette.** La Terreur prit fin avec la mort de **Robespierre** en 1794.

Toumaï • Australopithèque qui vécut il y a 7 millions d'années. C'est le plus ancien ancêtre connu de l'homme. On a découvert son crâne en 2001 en Afrique.

Union européenne • Union politique, économique et monétaire créée par le traité de **Maastricht** en 1992, succédant à la Communauté économique européenne créée en 1957 par le traité de **Rome.** Elle est entrée en vigueur le 1er novembre 1993 et compte 27 pays en 2010 : l'Allemagne, la Belgique, le Danemark, l'Espagne, le Portugal, la France, la Grèce, l'Irlande, l'Italie, le Luxembourg, les Pays-Bas et le Royaume-Uni de Grande-Bretagne et d'Irlande du Nord depuis 1993 ; la Suède, la Finlande et l'Autriche depuis 1995 ; Chypre, l'Estonie, la Hongrie, la Lettonie, la Lituanie, Malte, la Pologne, la République tchèque, la Slovaquie et la Slovénie depuis 2004 ; la Roumanie et la Bulgarie depuis 2007. L'euro est la monnaie de la majorité d'entre eux depuis 2002. Le drapeau de l'Europe comporte douze étoiles jaunes sur un fond bleu et son hymne est l'*Ode à la joie,* un morceau de la *Neuvième Symphonie* de Beethoven.

URSS (Union des républiques socialistes soviétiques) n. f. Ancien pays d'Europe et d'Asie, formé de 15 républiques, dont la Russie. Sa superficie était de 22,4 millions de km² (41 fois la France). Il comptait 283 millions d'habitants (les *Soviétiques*). Sa capitale était Moscou. L'URSS naquit en 1922 des suites de la **révolution russe** d'octobre 1917. Elle était dirigée par un parti unique, le parti communiste, qui imposa un régime autoritaire. Après avoir dominé l'ensemble des pays communistes du «Bloc de l'Est» pendant plus de 40 ans, l'URSS perdit de son influence à partir de 1989 et fut dissoute en 1991. → aussi mur de **Berlin.**

Valmy • Commune de la Marne, dans le nord-est de la France. L'armée française y remporta une victoire le 20 septembre 1792 contre l'armée prussienne qui tentait d'envahir la France et de venir en aide à **Louis XVI.** La Première République fut proclamée le lendemain.

Vauban Sébastien Le Prestre de (1633-1707) • Maréchal de France. Il construisit de nombreuses citadelles pour fortifier les points faibles du royaume, notamment les frontières du nord et de l'est (Belfort, Besançon, Briançon, Dunkerque, Luxembourg, Saint-Malo) et édifia de grands ports et des canaux. Il inventa un système de défense adapté au terrain et perfectionna les techniques d'attaque des places fortes.

Vercingétorix (72 avant Jésus-Christ-46 avant Jésus-Christ) • Chef gaulois. Il fit l'alliance des peuples gaulois contre **César.** Il battit les Romains à Gergovie, mais capitula à **Alésia** en 52 avant Jésus-Christ et dut se rendre à César. Il mourut étranglé en prison à Rome.

Verdun • Ville du département de la Meuse, en Lorraine, dans l'est de la France. Pendant la Première **Guerre mondiale,** une longue bataille se déroula dans sa région du 21 février au 19 décembre 1916, faisant 700 000 morts parmi les Français et les Allemands. Cette bataille, remportée par la France, est devenue le symbole de l'horreur de la guerre.

Jules Hardouin-Mansart : les Grandes Écuries de **Versailles**

Versailles • Chef-lieu du département des Yvelines, à l'ouest de Paris. Le château de Versailles, d'abord pavillon de chasse de Louis XIII, fut agrandi entre 1661 et 1686 sur les ordres de **Louis XIV** qui s'y installa avec la cour en 1682. Le parc et les jardins « à la française », agrémentés de bassins, de fontaines et de statues, sont traversés par le Grand Canal, une pièce d'eau de 24 hectares.

Vikings n. m. pl. Peuples de l'Europe du Nord qui étaient de grands navigateurs et des commerçants très actifs depuis le 6e siècle. Ils longèrent dans leurs drakkars les côtes de France, d'Espagne, d'Italie, de Grande-Bretagne, d'Islande, du Groenland et probablement du Canada. Leur but était de s'enrichir en rançonnant les populations et ils inspirèrent la terreur en Occident et en Orient de 800 à 1050. Les Vikings qui s'installèrent en France furent appelés **Normands** (« les hommes du Nord »).

Voltaire François Marie Arouet, dit (1694-1778) • Écrivain et philosophe français. Emprisonné à la Bastille, exilé en Angleterre et plus tard en Suisse pour avoir offensé le pouvoir royal, il s'enthousiasma pour le système libéral anglais. Grand esprit des **Lumières,** il dénonça les institutions politiques et sociales, ainsi que le fanatisme religieux, et influença les révolutionnaires de 1789. Il fut élu à l'Académie française et collabora à l'**Encyclopédie.** Il est l'auteur de pièces de théâtre *(Zaïre)*, de contes philosophiques *(Zadig, Candide)* et d'essais. Il repose au Panthéon, à Paris.

Waterloo • Commune de Belgique, située au sud de Bruxelles. Les Britanniques et les Prussiens y battirent **Napoléon Ier** le 18 juin 1815. Cette défaite provoqua la seconde abdication de l'Empereur et son exil à **Sainte-Hélène.**

Watt James (1736-1819) • Ingénieur britannique. Il apporta de nombreuses améliorations à un modèle de machine qui employait la pression atmosphérique et conçut ainsi la première machine à vapeur en 1769. Son nom a été donné à l'unité de puissance mécanique ou électrique.

Wisigoths n. m. pl. Peuple venu d'Allemagne qui conquit une partie de la Gaule et l'Espagne au 5e siècle. Battus par **Clovis** en 507, ils partirent de Gaule mais conservèrent l'Espagne où ils fondèrent un royaume et se convertirent au christianisme. Leur royaume disparut au 8e siècle lors de la conquête de l'Espagne par les musulmans.

Les scènes d'intérieur

En peinture, depuis le 17e siècle, les « scènes de genre » montrent des personnes dans des situations de la vie quotidienne ou familiale (repas, toilette, tâche domestique, réjouissances…). Souvent, ces représentations sont situées à l'intérieur d'une maison. Certains artistes s'intéressent plus au décor qu'aux personnages, inventant ainsi des « scènes d'intérieur ». Ils aiment créer des ambiances, en travaillant la lumière et les ombres, ainsi que les relations entre ce qui est montré à l'intérieur et ce que l'on voit à l'extérieur (par une fenêtre, notamment). Aujourd'hui, les photographies de famille sont aussi des scènes de genre.

➜ atmosphère, domestique, intime, quotidien

• François Boucher, *Le Déjeuner*, 1739

Sans personne, cet intérieur témoigne de la solitude du peintre.

• Vincent Van Gogh, *La Chambre de Van Gogh à Arles*, 1889

Opposant le dedans (rouge) et le dehors (vert), Matisse relie les deux espaces par des « échos de forme » : forme de l'arbre et de la coiffure, éparpillement des fleurs dans le pré et des pommes sur la nappe…

• Henri Matisse, *La Chambre rouge (Harmonie en rouge)*, 1908

• Edward Hopper, *Automat*, 1927

Le portrait

Le portrait est l'image du visage d'une personne, l'artiste recherchant une ressemblance « trait *pour trait* ». Avant l'invention de la photographie (en 1816), les portraits étaient dessinés, peints ou sculptés. Au 20e siècle, la photographie permettant de traduire la ressemblance, la peinture et la sculpture expérimentent de nouvelles recherches. Un *portrait en pied* montre la personne en entier. Le *portrait de groupe* montre plusieurs personnes. Un portrait est à la fois *physique* (ressemblance des traits du modèle et des formes du corps) et *moral* (description du caractère). Tout prend sens dans un portrait : le visage, la position du corps, le costume, les accessoires, le décor.

➜ autoportrait, buste, caricature, effigie, face, portrait-robot, profil

Les Romains réalisaient beaucoup de portraits, pour se souvenir du visage des ancêtres morts.

● Portrait funéraire provenant du Fayoum, Haute Égypte, 2e siècle apr. J.-C.

Depuis l'Antiquité, on montre des figures humaines sur les pièces de monnaie.

● Monnaie à l'effigie de Louis XVI

● Sandro Botticelli, *Portrait d'un jeune homme tenant une médaille représentant Cosme l'Ancien*, 15e siècle

Ce portrait de groupe montre la famille du roi d'Espagne Philippe IV. Le peintre s'y est représenté lui-même (autoportrait), à gauche, en noir.

● Vélasquez, *Les Ménines*, vers 1656

Un portrait peut être sculpté, comme ici (où l'artiste recherche surtout à réaliser un portrait « moral »).

● Jean Antoine Houdon, *Voltaire*, vers 1778

Nadar est l'un des premiers portraitistes de l'histoire de la photographie.

● Nadar, *Portrait de Charles Baudelaire*, 1855

● Auguste Rodin, *Monument à Balzac*, 1898

L'artiste cherche à exprimer la beauté du modèle par la couleur pure.

● André Derain, *Buste de femme*, 1905

● Robert Doisneau, *Portrait de Louis Aragon*, 1963

Cet assemblage d'objets, regardé sous un certain angle, représente un visage.

● Bernard Pras, *Tom Murphy*, 2003

Le paysage

Ce sont les peintres qui, les premiers, ont employé le mot *paysage*, au 17e siècle, pour désigner l'image d'une partie du *pays* que l'on regarde pour sa seule beauté. Jusqu'à cette époque, en effet, les peintures d'extérieur montraient toujours des personnages, et le pays qui les entourait n'était qu'un décor. Les paysages peints montrent souvent l'horizon, qui sépare le ciel de la terre. Les artistes s'intéressent à la lumière, qui change selon la saison, l'heure ou le temps qu'il fait. Ils tentent d'en montrer la profondeur, par plans successifs et par la perspective. Ils s'émerveillent de l'infinie diversité des formes de la nature.

➜ arrière-plan, panorama, point de vue, site, vue

Les paysages de Poussin sont composés à partir d'éléments copiés dans des lieux différents. Ici, à gauche, il montre un paysage urbain (monuments de Rome).

● Nicolas Poussin, *Orphée et Eurydice*, vers 1650

● Jacob van Ruisdael, *Vue de Haarlem* ou *Le Blanchissage dans les champs près de Haarlem*, vers 1670-1675

● Paul Cézanne, *Montagne Sainte-Victoire*, vers 1890

Les peintres chinois et japonais ont réalisé les plus anciens paysages de l'histoire de l'art.

● Utagawa Hiroshige, *Kameyama* (47e vue de la série des 53 stations du Tokaido), vers 1833

La nature morte

En France, les peintures ne montrant pas de personnages en mouvement (vivants) étaient appelées *natures mortes*. Jusqu'au milieu du 19e siècle, elles sont considérées comme moins nobles et plus faciles à réaliser, donc inférieures aux autres genres de peintures, comme la peinture d'histoire, le portrait ou le paysage. Les natures mortes s'intéressent aux formes et aux matières des objets et les mettent en scène pour évoquer leur beauté (et souvent leur richesse). Elles demandent au spectateur de les contempler longuement, pour méditer sur le sens et la beauté des choses.
En allemand ou en anglais, leur nom signifie « vie immobile ».

➜ assemblage, composition

● Mosaïque (100-339) provenant d'El-Djem (Tunisie)

La nature morte permet au peintre de montrer sa virtuosité : comment rendre la transparence du verre ou l'éclat de l'argent ?

● Willem Claesz. Heda, nature morte, 1634

● Simon Renard de Saint-André, vanité, 17e siècle

Dans la nature morte dite « vanité », chaque objet invite à méditer sur le temps qui passe et nous rapproche de la mort… mais c'est pour nous rappeler de profiter de la vie !

Après l'invention de la photographie, les peintres ont recherché de nouvelles manières de représenter les objets en peinture.

● Nicolas de Staël, *Nature morte au chandelier sur fond bleu*, 1955

La peinture abstraite

La peinture abstraite crée des images qui ne ressemblent pas à la réalité visible. Elle tente de représenter des choses qui sont réelles mais que l'on ne peut ni voir ni toucher, des choses *abstraites*, par exemple les sentiments, la légèreté... L'art abstrait a été inventé au début du 20e siècle par des artistes comme Kandinsky, qui constatèrent que l'émotion était présente dans leur peinture même si les formes n'étaient pas toujours reconnaissables (les couleurs et les matières suffisaient). Ils voulaient faire naître avec la peinture les mêmes sensations qu'un art abstrait très ancien et très connu, la musique.

➜ forme, pictural

La peinture abstraite du début du 20e siècle est souvent géométrique.

● Kasimir Malevitch, *Non-Objective Composition*, 1915

● Jackson Pollock, *Undulating Paths* (« Sentiers ondulés »), 1947

Jackson Pollock peint en laissant couler ou gicler la peinture sur la toile, sans la toucher, pour créer une peinture non géométrique et gestuelle.

● Mark Rothko, *The Green Stripe*, 1955

Cette peinture abstraite est en fait l'empreinte d'un corps de femme enduit de peinture bleue.

● Yves Klein, *Anthropométrie n° 140*, 1960

Les illusions d'optique

Toute image est une illusion, puisqu'elle fait croire à une chose en volume et en profondeur (un paysage, un portrait...) alors qu'elle n'est en réalité qu'un morceau de papier, de mur ou de toile, entièrement plat, et recouvert d'encre ou de peinture. Partant de ce constat, de nombreux artistes ont tenté de trouver des illusions de plus en plus en plus complexes, en jouant sur les limites de la vision et de l'œil humains. Ce sont les illusions d'optique. Dans les années 1960, un mouvement artistique s'est même construit autour de cette idée, nommé *Op'art* (qui vient de l'anglais *Optical Art*).

➜ trompe-l'œil

● Fractale

● Victor Vasarely, *Saturne*, 1970

En déformant peu à peu des ovales et en les juxtaposant régulièrement, Vasarely donne à notre œil l'illusion d'une demi-sphère alors qu'en réalité, tout est plat.

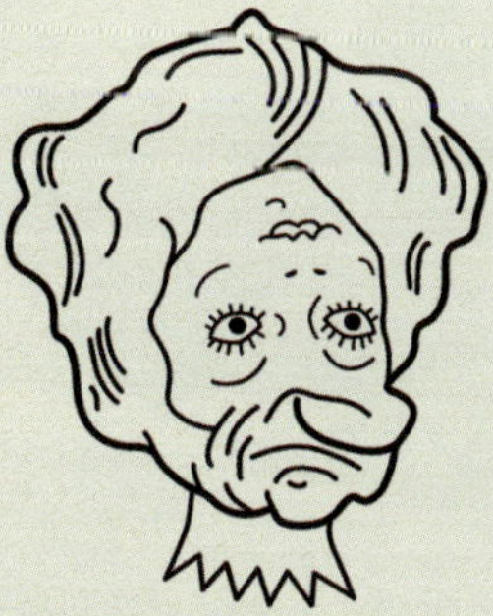

Où est la jolie princesse ?

Comparez chaque silhouette. Attention à l'effet de perspective !

La photographie

La photographie est l'invention au début du 19e siècle d'une machine (l'appareil photographique) qui permet de créer automatiquement et rapidement des images permanentes du réel, par l'action de la lumière. Cette invention va libérer les peintres de la représentation de la réalité et les amener à chercher de nouvelles manières de s'exprimer. Aujourd'hui tout le monde peut faire des photos, mais il reste très difficile de réaliser des photographies d'art. Il faut en effet pour cela choisir un bon sujet, se placer au bon endroit, être attentif à la lumière et aux couleurs, cadrer convenablement, déclencher au bon moment…

➜ caméra, cliché, développer, épreuve, exposition, film, flash, ② négatif, numérique, ② objectif, pellicule, photographe, poser, retoucher, viseur

Cette image est l'une des toutes premières photographies. Elle n'est pas très précise et ressemble à un dessin. Elle a nécessité un temps de pose de près de 8 heures.

● Nicéphore Niépce, *La Table servie*, vers 1826

Cette photographie a nécessité une ouverture de l'appareil de plus de 20 minutes. Seul ce qui ne bougeait pas pouvait être capté par ce type d'image.

● Louis Jacques Mandé Daguerre, *La Seine aux Tuileries* ou *Le Pavillon de Flore*, 1839-1840

Nadar est le premier grand portraitiste de l'histoire de la photographie. C'est aussi lui qui a réalisé la première photo aérienne (1858), depuis un ballon.

● Félix Nadar, *Portrait de Sarah Bernhardt*, 1862

Henri Cartier-Bresson, *Belgique*, 1932

L'œuvre d'Atget constitue une remarquable documentation sur le vieux Paris et les petits métiers d'alors.

Eugène Atget, *Chiffonnier, avenue des Gobelins*, 1901

Le noir et blanc peut être un choix esthétique.

Shoji Ueda, *Papa, maman et les enfants*, 1947

Aujourd'hui, la photographie est en couleurs, et elle est instantanée (l'ouverture de l'appareil est très rapide). Elle permet aux « chasseurs d'images » de prendre des images sur le vif et de réaliser des reportages.

Martin Parr, *Gulf Art Fair*, 2007

Le cinéma

Le *cinématographe* consiste à projeter 24 photographies par seconde sur un écran, ce qui donne à l'œil humain l'illusion du mouvement. Les frères Lumière inventent ce procédé en 1895, pensant que c'est un amusement sans avenir. Il n'y a pas de paroles *(cinéma muet)* et les images sont en noir et blanc. Dès 1896, Georges Méliès comprend que le cinéma peut raconter des histoires et il réalise les premiers trucages. Le succès est immédiat et énorme. Aujourd'hui appelé *septième art*, le cinéma est en couleurs, sonore et même en trois dimensions (3D), créant l'impression du relief. On peut voir les films dans des salles spéciales, mais aussi à la télévision, sur les ordinateurs ou les téléphones portables.

➜ acteur, affiche, animation, audiovisuel, bruitage, caméra, cinéaste, cinémathèque, décor, dessin animé, figurant, générique, ② plan, projection, séance, scénario, star, studio, téléfilm, tournage, trucage, vedette, vidéo

● Georges Méliès, décor du *Voyage dans la lune*, 1902

Charlie Chaplin est la première star internationale du cinéma. Les films de Charlot mélangent le comique et l'émotion.

● Charlie Chaplin, affiche publicitaire éditée par Erka-Prodisco, vers 1936

● Scène du film d'animation *Blanche-Neige et les sept nains*, studios Walt Disney, 1937

● Scène du film *Les Vacances de M. Hulot* de Jacques Tati, 1953

● Scène du film *Rio Bravo* d'Howard Hawks, 1959, avec John Wayne

Les westerns, qui racontent l'histoire mythique des États-Unis, sont très populaires au 20e siècle en Amérique et en Europe.

Une série de dessins représentant chaque plan permet de préparer le tournage.

● Extrait du story-board du film *Les Contrebandiers de Moonfleet* de Fritz Lang, 1955 ; dessins de Stan Johnson

● Dessins de Federico Fellini pour son film *Les Clowns*, 1971

● Scène du film *La Guerre des étoiles, épisode IV : Un nouvel espoir* de George Lucas, 1977

Les films fantastiques et de science-fiction actuels sont les descendants directs des premiers chefs-d'œuvre de Georges Méliès.

● Scène du film *Alice au pays des merveilles* de Tim Burton, 2010, avec Johnny Depp et Mia Wasikowska

Les statues

L'art de réaliser les statues s'appelle la *statuaire*. Une statue est une sculpture qui représente un être humain (ou un animal) en entier. Les statues sont en bois, en pierre (souvent du marbre), ou en métal comme le bronze. Il peut s'agir de divinités, de personnages célèbres ou d'une idée abstraite personnifiée. Selon les époques et les cultures, les formes des statues sont réalistes (elles ressemblent au réel) ou stylisées (les formes sont simplifiées). Jusqu'au 20e siècle, en France et en Europe, presque toutes les sculptures étaient des statues.

➜ ciseau, gisant, moulage, piédestal, sculpter, sculpteur, statuette, ④ taille

Les rondeurs exagérées de cette statuette féminine symbolisent sans doute la fécondité.

● Vénus de Willendorf, vers 24 000-22 000 av. J.-C.

● Scribe accroupi, 4e ou 5e dynastie, 2600-2350 av. J.-C., statue provenant de Saqqara (Égypte)

● Idole des Cyclades (2700-2300 av. J.-C.) provenant de Syros (Grèce)

Cette statue d'une divinité grecque personnifie la victoire (qui donne des ailes).

● Victoire de Samothrace, vers 190 av. J.-C., Grèce

Michel-Ange, *Pietà*, vers 1497, basilique Saint-Pierre, Rome (Italie)

Auguste Rodin, *Le Penseur*, 1903

Alberto Giacometti, *L'Homme qui marche I*, 1960

Avec cette statue très épurée, l'artiste veut exprimer la marche vers l'avenir de tous les humains.

Les « Nanas » sont des femmes rondes, éclatantes de vie et de couleurs.

Niki de Saint Phalle, *Caroline*, Nana, 1973, Hanovre (Allemagne)

La sculpture moderne

Au 20e siècle, de nombreux artistes s'intéressent à la recherche de nouvelles formes sculptées. Pour les trouver, ils abandonnent la statuaire (voir la planche précédente), et expérimentent de nouveaux matériaux (la tôle de métal, le plastique, le carton, le fil de fer...). Ils créent ainsi des objets en volume totalement inconnus jusqu'alors, aux formes souvent abstraites. Beaucoup de ces œuvres sont monumentales et prévues pour être installées à l'extérieur. Leur apparence et leurs couleurs s'accordent au décor des villes modernes.

➜ assemblage, mobile, sculpter, sculpteur, soudure

● Constantin Brancusi, *Colonne sans fin*, 1937, Târgu Jiu (Roumanie)

La colonne sans fin répète la même forme, que le spectateur peut imaginer continuer jusqu'à... l'infini !

En assemblant un tabouret et une roue de bicyclette, Marcel Duchamp pose une question : « Un objet de tous les jours n'est-il pas lui aussi une œuvre d'art ? ».

● Marcel Duchamp, *Roue de bicyclette* (3e version), 1951

● Naum Gabo, *Torsion, Variation*, 1974

De difficiles calculs mathématiques sont à l'origine de cette forme étrange.

Par le contraste du rouge et des courbes de sa sculpture avec les lignes droites et le bleu de l'immeuble du fond, Calder intègre l'espace qui l'entoure et le met en valeur.

● Alexander Calder, *L'Araignée rouge* ou *Le Grand Stabile rouge*, 1976, La Défense

Les monuments

Un monument est une construction architecturale, souvent de grande taille, destinée à marquer le paysage rural ou urbain, généralement pour une longue durée. Les monuments signalent un lieu, commémorent un évènement important, ou rendent hommage à un personnage célèbre ou héroïque (par exemple les *monuments aux morts*). Ils sont d'abord réalisés en petit format, sous forme de maquettes, avant d'être construits. Il n'est pas rare que les monuments servent aussi à expérimenter de nouveaux matériaux ou de nouvelles techniques, comme ce fut le cas pour la tour Eiffel, l'une des premières constructions de métal.

➜ arche, colonne, historique, mausolée, mémorial, obélisque, tombeau

Gigantesque au milieu du désert, le Sphinx effrayait les éventuels envahisseurs ou les pilleurs de tombes.

● Le Sphinx et la pyramide de Khéphren, 4e dynastie (2520-2494 av. J.-C.), Gizeh (Égypte)

Les armées victorieuses passaient sous l'arc de triomphe. Ce sont les Romains qui ont inventé ce type d'arc, l'arc en plein cintre.

● Arc de Constantin Ier le Grand, vers 312, Rome (Italie)

En 1889, on inaugure la tour Eiffel qui, avec ses 300 m, est restée la plus haute du monde jusqu'en 1930.

● Tour Eiffel, par Gustave Eiffel, 1887-1889, Paris

● Vladimir Ievgrafovitch Tatline, projet pour un *Monument à la Troisième Internationale*, 1919-1920

Les gares

Lors du développement du chemin de fer, en Europe au milieu du 19e siècle, la gare est le type de construction le plus moderne, mais aussi le plus complexe à réaliser. En effet, il faut bâtir de vastes espaces pouvant abriter plusieurs trains à la fois, ainsi que des milliers de voyageurs. La pierre ne pouvant le permettre, c'est un autre matériau, l'acier, qui apporte la solution. Les premières gares cachent leur armature d'acier derrière des murs de pierre, jugés plus nobles, alors que dans celles d'aujourd'hui, le métal se montre. Un autre matériau moderne, le béton armé, est largement utilisé.

➜ **quai, rail, terminus, train, verrière**

● Façade (détail) de la gare du Nord, 1861-1865, Paris

● Verrière (détail) de la gare du Nord, Paris

Au 19e siècle, la façade de pierre, très ouvragée, masque le reste du bâtiment, construit en acier.

À l'intérieur de la gare, l'armature de métal, majestueuse, se dévoile au regard de tous.

La gare, immeuble de l'industrie triomphante et de la modernité du 19e siècle, doit être l'un des plus beaux monuments de la ville.

● Claude Monet, *La Gare Saint-Lazare*, 1877

● Gare d'Orsay (aujourd'hui musée d'Orsay), conçue par Victor Laloux pour l'Exposition universelle de 1900, Paris

Aujourd'hui, les gares restent des lieux d'expérimentation de la nouveauté.

● La gare TGV, Strasbourg

Les théâtres et opéras

Les Grecs de l'Antiquité ont inventé le théâtre. Ils installaient des gradins en demi-cercle, creusés à flanc de colline. Ainsi, tout le monde pouvait voir le spectacle, en face et en bas, sur la scène. Entre le public et la scène, l'orchestre servait aux évolutions du chœur. Cette forme semi-circulaire n'a pas beaucoup changé au cours du temps. Les théâtres et opéras construits du 17e siècle à nos jours ont ajouté derrière la scène un immense espace pour ranger et manipuler les décors. Les façades ont évolué, cherchant toujours à marquer la ville de leur prestigieuse présence.

➜ acoustique, amphithéâtre, coulisses, loge, plateau, rideau

● Théâtre d'Épidaure, 4e-3e siècle av. J.-C. (Grèce)

Ce sont les cultes rendus à Dionysos qui ont donné naissance au théâtre. Les chants religieux, les danses à la gloire des dieux et des héros vont peu à peu se dérouler dans un lieu spécifique proche du temple.

● Salle du théâtre Cuvilliés, 1751-1753, Munich (Allemagne)

Les formes intérieures du théâtre sont conçues pour qu'on entende bien, quel que soit l'endroit où l'on est assis.

La façade est très décorée et colorée, afin de contraster avec la rigueur un peu triste des bâtiments qui l'entourent et d'offrir un spectacle aux passants.

● Opéra, par Charles Garnier, inauguré en 1875, Paris

Les théâtres et opéras modernes cherchent de nouvelles formes, toujours aussi impressionnantes et originales.

● Opéra, par Jørn Utzon, inauguré en 1973, Sydney (Australie)

Les jardins

Un jardin, c'est un morceau de nature délimité et souvent clos, qui ne comporte aucun danger, autour d'une habitation. La végétation est domestiquée, pour produire de quoi manger (*jardin potager*, verger) ou pour créer un décor agréable (*jardin d'agrément*), souvent fleuri, qui change au fil des saisons et évolue avec le temps. Aux 16ᵉ et 17ᵉ siècles, l'art des jardins invente des espaces mesurés et taillés (*jardin à la française*). Aux 18ᵉ et 19ᵉ siècles, on construit des parcs qui donnent l'impression d'une nature libre et romantique (*jardin anglais*). Les techniques et matériaux d'aujourd'hui permettent d'inventer de nouvelles formes de jardins. Les créateurs des jardins sont des paysagistes.

➜ biodiversité, bordure, culture, friche, horticulture, jardinier, ② massif, orangerie, parterre, pelouse, pergola, plantation, platebande, rocaille, roseraie, serre, square

● Jardin médiéval

● Jardin du patio du Generalife (16ᵉ siècle), palais d'été de l'Alhambra, Grenade (Espagne)

● Fontaine du jardin de la villa d'Este (16ᵉ siècle), Tivoli (Italie)

● Jardin japonais

Dans un *jardin à la française*, la végétation est taillée pour créer des formes géométriques.

● Parterres des jardins d'amour, château de Villandry

Le *jardin anglais* donne l'impression que la végétation est libre, mais tout a été dessiné et planté par le paysagiste.

● Jardin anglais

Les techniques modernes d'arrosage permettent de créer ces étonnants jardins verticaux. Le mur végétal protège les maisons du froid l'hiver et de la chaleur l'été.

● Jeff Koons, *Puppy*, 1992, Bilbao (Espagne)

Jeff Koons crée une sculpture végétale en disposant des milliers de pots de fleurs sur une armature métallique.

● Façade végétale conçue par Patrick Blanc, musée du Quai Branly réalisé par Jean Nouvel, 21e siècle, Paris

L'art chrétien

L'art des chrétiens catholiques (France, Europe du Sud et du centre, Amérique latine) et orthodoxes (Europe de l'Est) se caractérise par une très grande production d'images représentant les personnages et les évènements de la Bible. Ces images sont peintes sur les murs des églises ou sur des tableaux, ou bien encore sculptées. Elles sont également présentes sous la forme de vitraux, permettant à la fois d'illustrer les textes sacrés et d'illuminer les églises de mille couleurs. Les protestants (Europe du Nord et Amérique du Nord) n'apprécient pas beaucoup les images, leur préférant le texte et le chant.

➜ abbaye, ange, autel, basilique, cathédrale, chapelle, ② chœur, croix, crucifix, fresque, gothique, monastère, nativité, relique, ② roman, sanctuaire, temple, sacré, saint, vierge

Les églises romanes (10e-11e s.) sont plutôt trapues et leurs formes montrent beaucoup de courbes.

● Église Saint-Hilaire (12e siècle), Melle (Deux-Sèvres)

Les cathédrales gothiques (13e s.) s'élancent vers le ciel et leurs formes sont surtout rectilignes et verticales.

● Cathédrale Notre-Dame (13e siècle), Reims

● *Le Baptême du Christ*, vitrail (13e siècle), Notre-Dame de Paris

● Melozzo degli Ambrosi dit Melozzo da Forli, *Ange jouant du luth*, vers 1480

● Emmanuel Lambardos, *Vierge de tendresse*, vers 1609

Les peintures orthodoxes, appelées *icônes*, sont souvent peintes sur un fond d'or.

● Frantisek Voitländer, croix reliquaire, 1691

● Marguerite Brunswig Staude, chapelle de la Sainte-Croix, 1956, Sedona (Arizona)

L'art juif

L'art juif est le plus ancien des arts des religions issues de la Bible. Il est très diversifié car il existe depuis plus de 3 000 ans, sur les cinq continents. Le deuxième des dix commandements de la Bible interdit la représentation de Dieu et des créatures bibliques, c'est pourquoi l'art sacré juif ne comporte aucune peinture ou sculpture d'homme ou d'animal. Les objets de culte sont très ouvragés, montrant de beaux décors abstraits ou végétaux. Le texte de la Bible étant la chose la plus importante de cette religion, les manuscrits qui le présentent sont richement décorés d'enluminures et précieusement conservés.

→ **hébreu, judaïsme, sabbat, synagogue**

• Moïse au puits de Beér, dont l'eau coule vers les douze tribus d'Israël (100-299), fresque de la synagogue de Doura-Europos (Syrie)

• Ménorah, période romaine

La ménorah, chandelier à sept branches, est avec l'étoile de David l'un des symboles du judaïsme.

• Rituel de prières avec la Haggadah de Pâques, 1520

La Torah, texte sacré, est présentée sous la forme d'un rouleau, dont l'étui est ici richement décoré d'orfèvrerie.

• Rouleau de la Torah dans son étui d'argent, 1860

Les juifs européens ont été longtemps persécutés. C'est à partir de la Révolution française, qui les rend égaux en droit, qu'ils construisent de grandes synagogues.

• Grande Synagogue (1888-1893), Pilsen (République tchèque)

L'art islamique

Issue de la Bible, la religion musulmane applique le deuxième commandement de Dieu qui interdit la représentation de Dieu et des créatures bibliques dans les lieux et les ouvrages sacrés. L'art sacré islamique ne montre donc aucune peinture ou sculpture d'humain ou d'animal. Le texte du Coran étant l'élément le plus important de cette religion, c'est lui qui est utilisé dans l'art religieux, peint ou sculpté partout, avec des lettres arabes très décoratives, enjolivées de formes végétales et abstraites colorées. Les mosquées présentent souvent un grand dôme et toujours une ou plusieurs tours, les minarets, qui servent à appeler les fidèles à la prière.

➜ arabesque, calligraphie, coran, islam

● Minaret de la Grande Mosquée (9e siècle), Samarra (Irak)

● Grande Mosquée (8e-10e siècle), Cordoue (Espagne)

● Chapiteau orné de l'Alhambra (14e siècle), Grenade (Espagne)

Comme l'architecture, le texte calligraphié est orné d'enluminures aux formes compliquées, souvent géométriques.

● Coran (18e siècle), Turquie

● Mosquée du cheikh Lotfollah (1602-1618), Ispahan (Iran)

Le décor, calligraphie et formes abstraites, est en céramique à couleur dominante bleue.

L'art bouddhique

L'élément le plus connu est la représentation peinte ou sculptée de Bouddha, le fondateur du bouddhisme (qui aurait vécu au 6e siècle avant J.-C.). Les temples bouddhiques ont des formes variées, mais présentent toujours une ou plusieurs tours à sommet arrondi (les *stupas*). Ils sont souvent décorés de très nombreuses sculptures. Un autre élément architectural important est la pagode, aux toits superposés. Les nombreuses divinités du bouddhisme sont présentées sous la forme de sculptures colorées ou sont montrées au milieu de peintures symboliques de forme circulaire, très détaillées et colorées, les *mandalas*.

→ méditation, réincarnation

Le plus grand monument bouddhiste ; vu du ciel, il a la forme d'un mandala.

• Temple bouddhique (8e-9e siècle), Borobudur, Java (Indonésie)

• Temple du Bayon (fin 12e siècle), Angkor (Cambodge)

Bouddha est figuré avec une sorte de chignon et les oreilles trouées par ses lourds bijoux, qu'il a quittés en abandonnant la vie mondaine pour se consacrer à la méditation.

• Grand Bouddha (13e siècle), Kamakura (Japon)

• Mandala sur le plafond du monastère, Upper Pisang (Népal)

Autour des temples, les moines bouddhistes zen ont créé des jardins secs, aidant à la méditation.

• Jardin zen du temple Kongobuji, Koyasan (Japon)

L'orfèvrerie

L'orfèvrerie est le travail des métaux précieux, comme l'or ou l'argent, pour fabriquer des objets décorés ou des bijoux. Le travail de l'orfèvre est extrêmement minutieux. Il insère quelquefois des pierres précieuses (des gemmes) dans le métal. En Occident, ce sont les Celtes qui ont maîtrisé les premiers cet art, il y a près de 2 500 ans. Les formes décoratives qu'ils ont créées sont les volutes et les lignes entrelacées. Depuis cette époque, elles ont été utilisées par toutes les civilisations d'Europe et elles décorent aujourd'hui encore la plupart des bijoux modernes.

➜ bijoutier, ciseler, incrustation, joaillier, joyau, monture, ouvragé, parure, poinçon, sertir

La frise la plus large de ce casque est formée d'un enchaînement de trois volutes entrelacées, nommé *triskèle*.

● Casque gaulois (3e siècle avant J.-C.) provenant d'Amfreville-sous-les-Monts (Eure)

Autour de la plaque centrale en ivoire, l'orfèvrerie d'or est incrustée de gemmes et d'émaux colorés.

● Évangéliaire à l'usage de Metz, début du 9e siècle

Benvenuto Cellini est aussi l'un des plus grands sculpteurs de son époque.

● Benvenuto Cellini, salière en or réalisée pour François Ier, 1540-1543

● René Lalique, *Femme libellule*, ornement de corsage, 1897-1898

Au 20e siècle, l'orfèvrerie abandonne les décorations compliquées, leur préférant la beauté des formes simples et pures.

● Marianne Brandt, *Petit pot pour extrait de thé*, théière en tôle de laiton argenté et bois d'ébène, 1924

Le costume et la mode

Le mot *mode* désigne surtout les *modes de vie* d'une société, dont font partie les manières de s'habiller, qui changent beaucoup selon les époques et les cultures. En France, depuis le 14e siècle, la mode vestimentaire était réservée aux nobles, et s'inventait à la cour du roi. Aujourd'hui, elle se divise en « haute couture », qui crée des vêtements d'exception coûtant très cher, et en « prêt-à-porter » qui invente ceux que nous portons tous les jours. Les couturiers dessinent leurs créations avant de les réaliser. Ils les présentent au public lors de défilés, où elles sont portées par des hommes ou des femmes nommés *mannequins*.

➜ confection, costume, coudre, ② coupe, couture, créateur, démodé, garde-robe, habiller, habit, look, luxe, styliste, tailleur, tenue, vogue

Jusqu'au 20e siècle, le buste des femmes était serré dans un corset très peu confortable.

Les nobles ne portaient pas le pantalon, réservé aux hommes du peuple jusqu'au 19e siècle.

• Frans Pourbus le Jeune, *Portrait d'Henri IV* (à gauche), *Portrait de Marie de Médicis* (à droite), début 17e siècle

Dans les années 1960, la mini-jupe devient le symbole de la libération de la femme.

• Jeunes filles en minijupe, à Paris, fin des années 60

Le jean, vêtement de travail apparu au 19e siècle, est porté partout et par tous.

• Yves Saint Laurent, *Smoking jupe courte*, collection haute couture printemps-été 1987

Le mobilier

Le mobilier désigne tous les éléments d'habitation qui peuvent être *mobiles*, c'est-à-dire les meubles, par opposition à la maison (qui fait partie de l'*immobilier*). Ses trois fonctions essentielles, s'asseoir, poser et ranger, n'ont pas changé au cours du temps. Seules les formes ont évolué. Durant longtemps, les meubles étaient réservés aux riches et aux rois. Jusqu'au 16e siècle, ils sont peu nombreux et faciles à transporter car on voyage souvent. Les lourdes armoires richement décorées n'apparaissent qu'à la Renaissance. Aujourd'hui, la plupart des meubles modernes sont créés par des « designers », puis produits en série.

➜ ameublement, antiquaire, armoire, buffet, bureau, canapé, chaise, ① commode, décoration, design, ébéniste, fauteuil, lit, menuisier, rangement, table, secrétaire, siège

● Chaise provenant de la tombe de Sennedjem, 1300-1235 av. J.-C., Deir el-Medineh (Égypte)

● Trône de Dagobert, 650-899

● Fauteuil cabriolet, style Louis XV

● Chaise Thonet, 1859

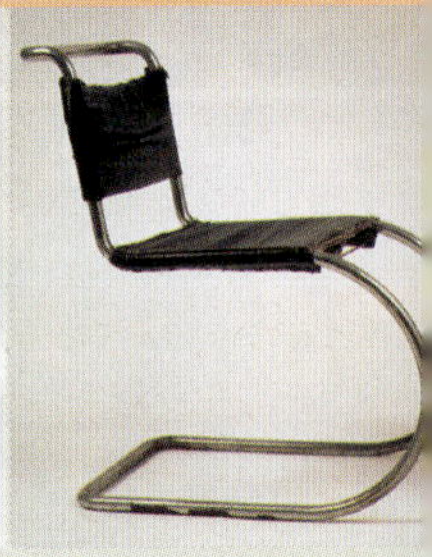

● Chaise conçue par Marcel Breuer, 1925-1928

La richesse du décor et des matières est une caractéristique du meuble ancien « de style ».

● Cabinet espagnol, 1500-1550

Évolution du siège, de l'Égypte antique à nos jours. Réservée au prince à l'origine, la chaise s'adresse peu à peu à tout le monde, puis est produite en série.

● Chaise dessinée par Werner Panton, 1960

● Armoire en noyer, 18e siècle, Lyon

● Table de réunion et fauteuils, inspirés du mobilier *Tulip* créé en 1956 par Eero Saarinen

Le design

Le design est l'art de créer les formes et les couleurs des objets qui nous entourent. Le mot *design* est d'origine anglaise, et il signifie « dessin ». En effet, avant d'être réalisés dans leurs formes et matières définitives, les objets sont dessinés. La forme doit convenir à l'utilisation de l'objet et être appréciée des futurs acheteurs : l'objet utile peut aussi être beau. Le design existe depuis le milieu du 19e siècle, époque de l'essor de l'industrie. Auparavant, les formes des objets du quotidien (meubles, ustensiles de cuisine…) étaient créées directement par les artisans qui les fabriquaient.

➜ esthétique, styliste

● DS Citroën, 1955-1975

Les lignes effilées de ces objets ont été conçues en observant les formes des oiseaux et des poissons, qui leur permettent de se déplacer très vite dans leur milieu de vie.

● Bouteille de Coca-Cola, conçue en 1915

Le design sert également à inventer des images de marque.

● L'Eurostar, train à grande vitesse

● Téléphone en bakélite, années 1940

● Bic Cristal, 1950

● Montres Swatch

● Basket Reebok

● Toilettes, par Philippe Starck

● Ordinateur iMac d'Apple, 2009

L'art dans la rue

Les sculptures, les architectures et les affiches de nos villes ne sont pas les seules œuvres d'art visibles dans la rue. Au cours de l'histoire, avant d'être présentés dans des lieux spécialisés (musées, opéras, théâtres ou salles de concert), la plupart des autres arts se sont également développés dans les rues. C'est le cas de la danse et du théâtre, qui y sont nés (dans les fêtes de village, notamment). De même, la peinture, à diverses époques et dans diverses cultures, a recouvert les murs des rues, pour décorer ou informer. Les arts de la rue sont des arts éphémères, dont les traces restent dans la mémoire des passants.

➜ graffiti, peinture murale, saltimbanque, tag

● Graffitis sur les murs d'une gare désaffectée, Munich (Allemagne)

Le tag est une calligraphie et une signature.

● Graffiti au pochoir représentant l'ours Paddington, Bristol (Royaume-Uni)

● Dessin à la craie réalisé sur le trottoir

Certaines peintures murales veulent faire croire à une scène de la réalité. Ce sont des trompe-l'œil.

● Keith Haring, *Tuttomondo*,1989,
mur extérieur de l'église Sant'Antonio, Pise (Italie)

● Démonstration hip-hop
à Piccadilly Circus, Londres (Royaume-Uni)

● Statue vivante représentant la Statue de la Liberté,
New York (États-Unis)

Depuis les années 1990, un artiste place secrètement dans les rues ces petites mosaïques évoquant un jeu vidéo de la fin des années 1970.

L'affiche

En France, deux choses permettent à l'art de l'affiche de se développer à la fin du 19e siècle. La première est la loi sur la liberté d'expression, issue de la Révolution française, qui autorise chacun à faire de la publicité pour un spectacle ou un commerce. La seconde est le progrès de l'imprimerie, qui permet de produire en grand nombre et rapidement des affiches en couleurs. Très vite, les règles sont fixées : simplicité de lecture et image mise au service du texte. Ces règles sont encore largement valables aujourd'hui pour rendre efficaces ces œuvres temporaires.

→ affichage, graphisme, lithographie, message, pancarte, placarder, ③ poster, propagande, tract, typographie, visuel

● Toulouse-Lautrec, *Aristide Bruant dans son cabaret*, 1893

Les premiers grands affichistes sont aussi de grands peintres.

Cassandre fixe les règles de création des affiches, dont s'inspireront ses successeurs.

● Cassandre, affiche publicitaire pour le paquebot Normandie, 1935

● Milton Glaser, affiche pour un album du chanteur Bob Dylan, 1967

L'humour et un personnage médiatique, ici le couturier Karl Lagerfeld, renforcent le message.

● Campagne de la sécurité routière, agence Lowe Stratéus, 2008

Atlas du monde

Cet atlas est accompagné d'un petit dictionnaire regroupant 300 notices consacrées aux continents, à tous les pays du monde et à certaines régions (France, Belgique, cantons suisses).

160°
120°
60° Ouest
0°
OCÉAN
GLACIA
Cercle polaire arctique
EUROPE
Tropique du Cancer
AMÉRIQUE
OCÉAN ATLANTIQUE
Équateur
AFRIQUE
Tropique du Capricorne
OCÉAN PACIFIQUE
0
4 000 km
OCÉAN
GLACIA
Cercle polaire antarctique

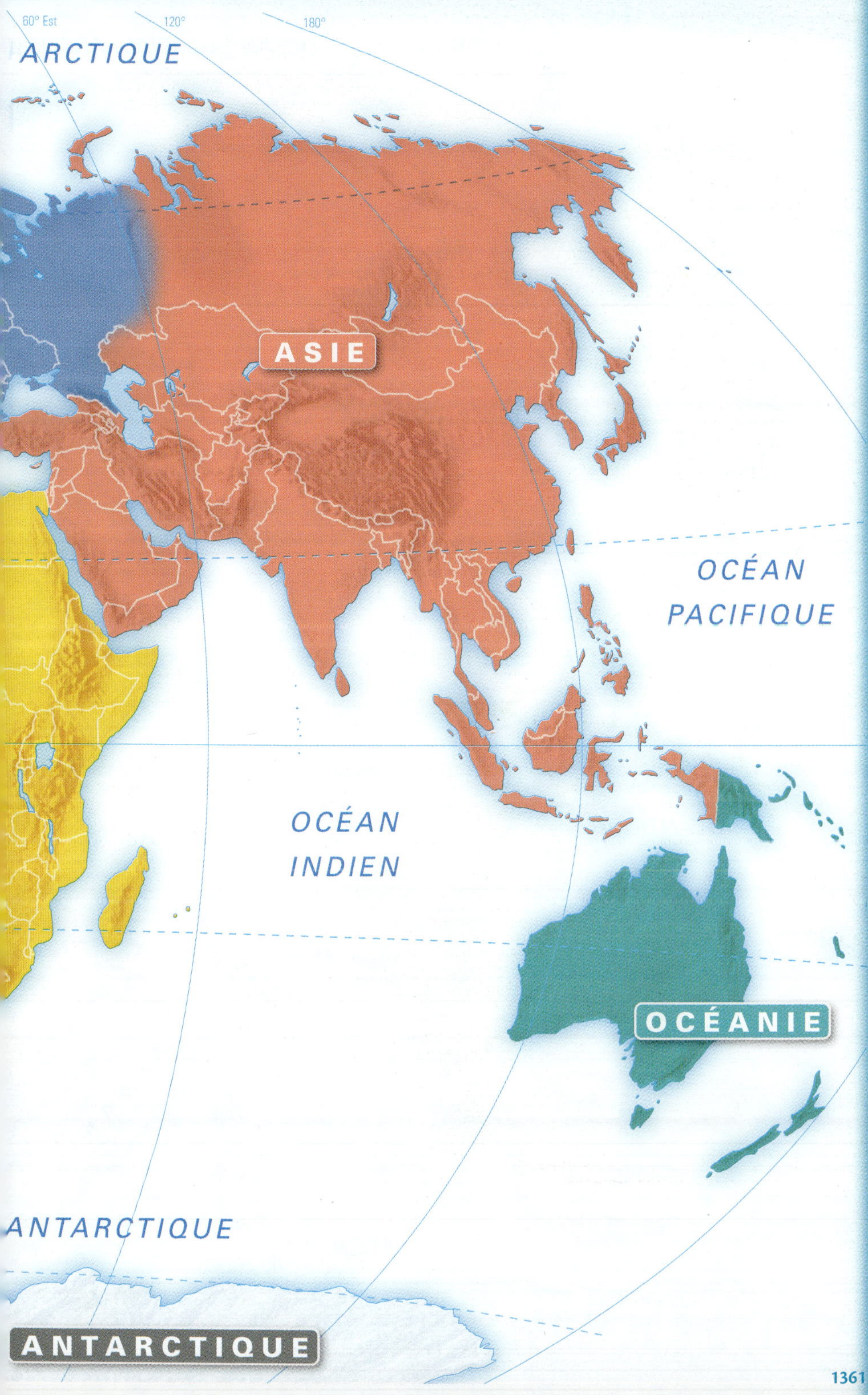
60° Est
120°
180°
ARCTIQUE
ASIE
OCÉAN
PACIFIQUE
OCÉAN
INDIEN
OCÉANIE
ANTARCTIQUE
ANTARCTIQUE

OCÉAN GLACIAL ARCTIQUE
Cercle polaire arctique
0°
60°
20°
50°
40°
Îles Féroé (Danemark)
Îles Shetland
Galdhøpiggen 2 470 m
Massif scandina
Ben Nevis 1 343 m
MER DU NORD
Tamise
MANCHE
Îles Anglo-Normandes
OCÉAN ATLANTIQUE
Weser
Elbe
Seine
Loire
Vosges
Rhin
Danube
Jura
Mt Blanc 4 810 m
Massif central
Alpes
Rhône
Garonne
Pô
Pyrénées
Aneto 3 404 m
Douro
Èbre
Tage
Apennin
MER ADRIATIQ
Corse
Sardaigne
Îles Baléares
MER TYRRHÉNIENNE
Détroit de Gibraltar
MER MÉDITERRANÉE
Etna 3 329 m
Sicile
AFRIQUE

Cap Nord
MER DE BARENTS
Petchora
Monts Oural
Ob
ASIE
MER BLANCHE
Plaine russe
Lac Onega
Lac Ladoga
Kama
Volga
MER
LTIQUE
Plateau central
Plateau de la Volga
Oural
ASIE
Don
Volga
Dniepr
Dniestr
atra
663 m
Carpates
Dépression caspienne
MER CASPIENNE
MER D'AZOV
Crimée
Elbrouz
5 642 m
Caucase
Danube
MER NOIRE
Bosphore
Olympe
2 911 m
ASIE
Dardanelles
MER ÉGÉE
Crète
0
500 km
Sommet
Montagne
Colline et plateau
Plaine
Seine
Fleuve et rivière
Frontière de pays

L'Europe : les pays

MER DE BARENTS
ASIE
FINLANDE
Tampere
Helsinki
Stockholm
MER
BALTIQUE
Tallinn
ESTONIE
Saint-Pétersbourg
RUSSIE
Perm
Oufa
Kazan
Nijni-Novgorod
Moscou
Samara
LETTONIE
Riga
LITUANIE
Vilnius
(Russie)
Gdansk
Minsk
BIÉLORUSSIE
Varsovie
Lodz
POLOGNE
Cracovie
Kiev
Kharkov
Volgograd
UKRAINE
SLOVAQUIE
Bratislava
Dniepropetrovsk
Donetsk
MER CASPIENNE
Budapest
MOLDAVIE
Chisinau
MER D'AZOV
Odessa
HONGRIE
ROUMANIE
Belgrade
Bucarest
MER NOIRE
GÉORGIE
AZERBAÏDJAN
ARMÉNIE
SERBIE
Pristina
BULGARIE
Sofia
KOS.
Skopje
Plovdiv
Podgorica
Istanbul
MACÉDOINE
Salonique
ALBANIE
IRAN
TURQUIE
ASIE
GRÈCE
MER ÉGÉE
MER IONIENNE
Athènes
IRAK
Nicosie
SYRIE
MÉDITERRANÉE
Rhodes
CHYPRE
Crète

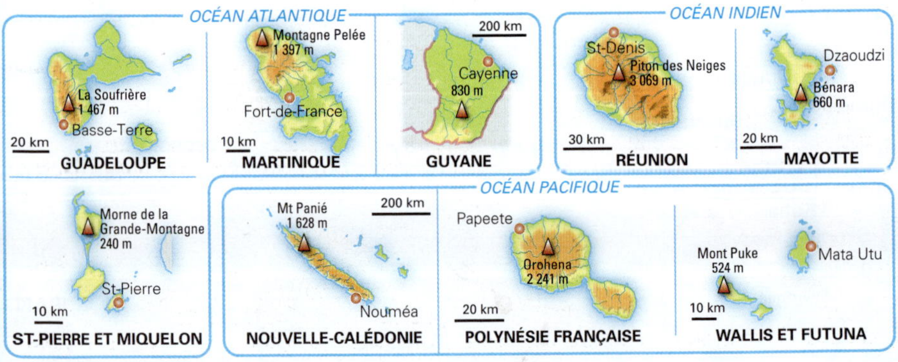

Sommet — Montagne — Colline et plateau — Plaine

Fleuve et rivière — Frontière de pays

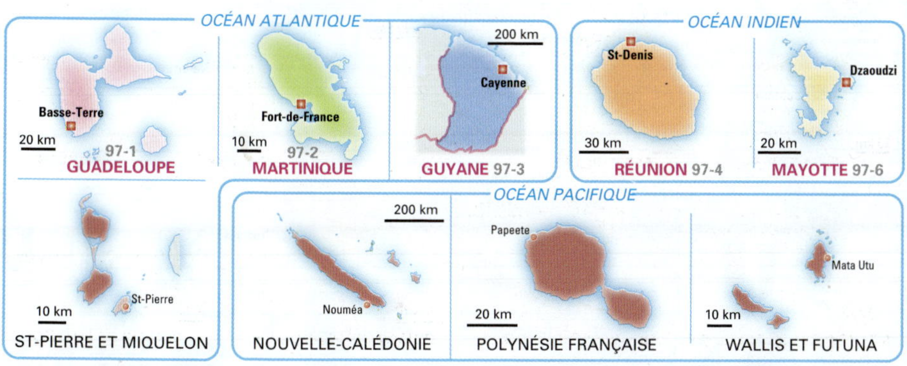

ALSACE Strasbourg — Région et chef-lieu de Région (préfecture de Région)

LOT 46 Cahors — Département et chef-lieu de département (préfecture)

Frontière internationale

Limite de Région

Limite de département

Autres territoires français

La Suisse

▲ Sommet
Fleuve et rivière
Frontière de pays
Montagne
Colline et plateau
Plaine

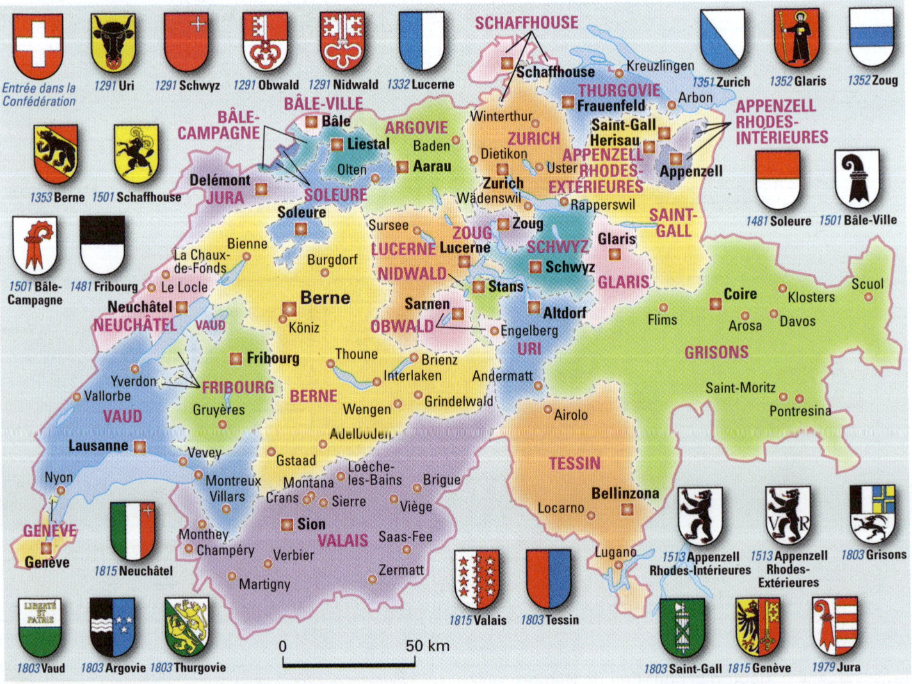

Berne ■ Capitale
Sierre ● Autre ville
VALAIS Canton
Sion ■ Chef-lieu de canton
Frontière internationale
Limite de canton

La Belgique et le Luxembourg

Sommet
Altitude
Frontière de pays
Lys Fleuve et rivière
Canaux
Colline et plateau
Plaine

Bruxelles Capitale
Chef-lieu de Région
Gand Chef-lieu de province
Clervaux Autre ville
R.B.C. Région
HAINAUT Province
Frontière internationale
Limite de Région
Limite de province

L'Amérique du Nord et l'Amérique centrale

L'Amérique du Sud

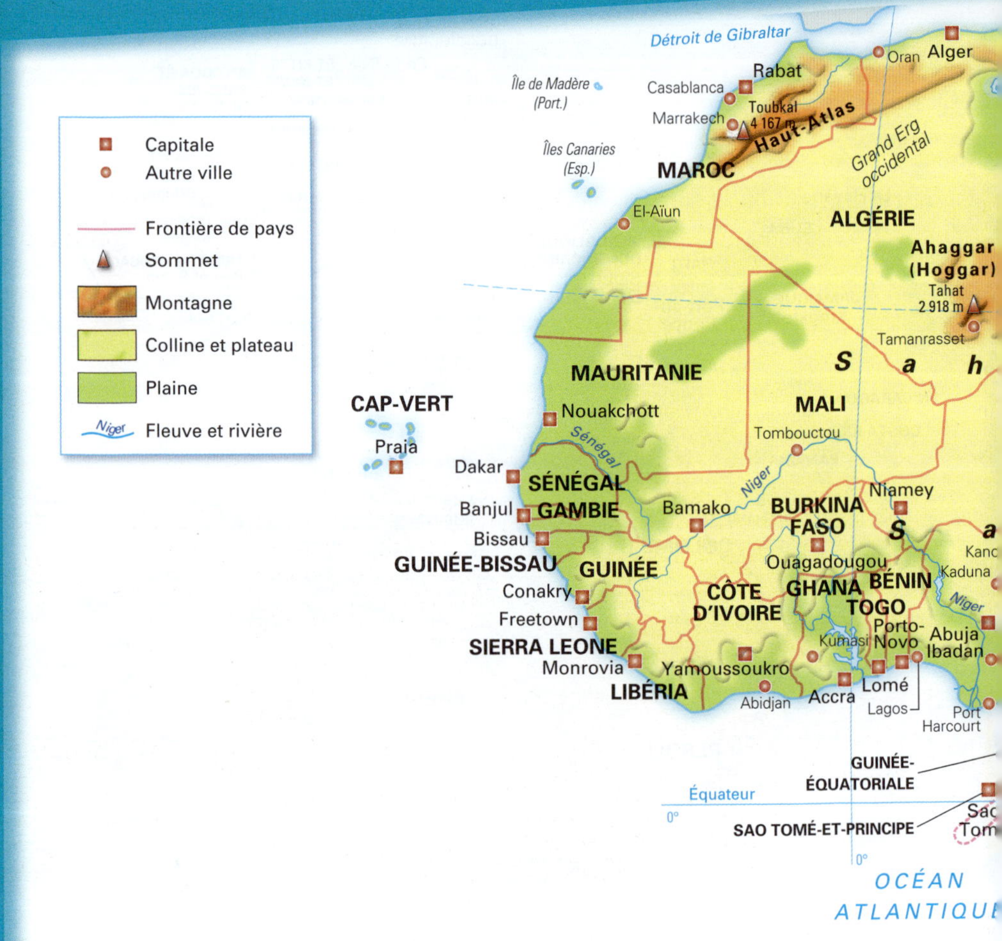
Capitale
Autre ville
Frontière de pays
Sommet
Montagne
Colline et plateau
Plaine
Niger
Fleuve et rivière
Détroit de Gibraltar
Île de Madère (Port.)
Îles Canaries (Esp.)
Rabat
Casablanca
Marrakech
Toubkal 4 167 m
Haut-Atlas
Oran
Alger
Grand Erg occidental
MAROC
El-Aïun
ALGÉRIE
Ahaggar (Hoggar)
Tahat 2 918 m
Tamanrasset
S a h
MAURITANIE
MALI
CAP-VERT
Praia
Nouakchott
Sénégal
Tombouctou
Dakar
SÉNÉGAL
Banjul
GAMBIE
Bamako
Niger
BURKINA FASO
Niamey
S a
Bissau
GUINÉE-BISSAU
GUINÉE
Ouagadougou
Kano
Kaduna
Conakry
CÔTE D'IVOIRE
GHANA
BÉNIN
TOGO
Niger
Freetown
Porto-Novo
Abuja
Ibadan
SIERRA LEONE
Kumasi
Monrovia
Yamoussoukro
LIBÉRIA
Abidjan
Accra
Lomé
Lagos
Port Harcourt
GUINÉE-ÉQUATORIALE
Équateur
0°
SAO TOMÉ-ET-PRINCIPE
0°
OCÉAN ATLANTIQUE

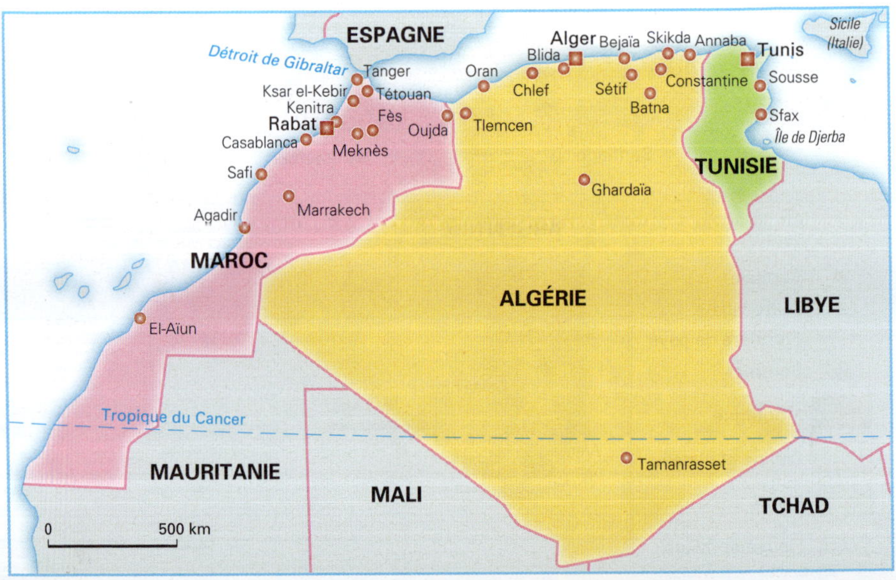
ESPAGNE
Détroit de Gibraltar
Tanger
Ksar el-Kebir
Tétouan
Kenitra
Rabat
Fès
Casablanca
Meknès
Oujda
Oran
Tlemcen
Alger
Blida
Chlef
Bejaïa
Skikda
Annaba
Sétif
Batna
Constantine
Tunis
Sousse
Sfax
Île de Djerba
Sicile (Italie)
TUNISIE
Safi
Marrakech
Agadir
Ghardaïa
MAROC
El-Aïun
ALGÉRIE
LIBYE
Tropique du Cancer
MAURITANIE
MALI
Tamanrasset
TCHAD
0
500 km

EUROPE
ASIE
MER MÉDITERRANÉE
Tunis
TUNISIE
Tripoli
Grand Erg oriental
Benghazi
Alexandrie
Canal de Suez
Le Caire
El Fayoum
Nil
LIBYE
ÉGYPTE
Désert de Libye
Louxor
Assouan
Lac Nasser
MER ROUGE
Tropique du Cancer
Tibesti
Ténéré
Désert de Nubie
Nil
NIGER
TCHAD
Sahel
Khartoum
ÉRYTHRÉE
Asmara
SOUDAN
Lac Tchad
Nil bleu
Nil blanc
Ras Dachan 4 533 m
DJIBOUTI
Djibouti
Golfe d'Aden
NIGÉRIA
Ndjamena
Darfour
Addis Abeba
CAMEROUN
CENTRAFRIQUE
SOUDAN DU SUD
ÉTHIOPIE
Cameroun 4 095 m
Douala
Bangui
Juba
SOMALIE
Malabo
Yaoundé
Bassin du Congo
OUGANDA
KENYA
Mogadiscio
CONGO
Libreville
Ruwenzori 5 110 m
Kampala
Équateur
0°
GABON
Congo
RÉP. DÉM. DU CONGO
Lac Victoria
Kigali
Nairobi
RWANDA
Uhuru 5 895 m (Kilimandjaro)
Brazzaville
Bujumbura
BURUNDI
SEYCHELLES
Victoria
Kinshasa
Hauts-Plateaux d'Afrique orientale
Cabinda (Angola)
Mbuji-Mayi
Lac Tanganyika
Dodoma
Dar es Salam
TANZANIE
Luanda
Iringa
OCÉAN INDIEN
Lac Malawi
Lubumbashi
COMORES
Moroni
MALAWI
ANGOLA
ZAMBIE
Lilongwe
Lusaka
MOZAMBIQUE
Maramba
Harare
Zambèze
Quelimane
Canal de Mozambique
Désert de Namib
ZIMBABWE
NAMIBIE
Antananarivo
MAURICE
Port-Louis
Windhoek
BOTSWANA
MADAGASCAR
Serowe
Désert du Kalahari
Gaborone
Tropique du Capricorne
Réunion (France)
Pretoria
Johannesbourg
Maputo
Mbabane
SWAZILAND
Cap Sainte Marie
Maseru
Mt aux Sources 3 299 m
LESOTHO
Durban
AFRIQUE DU SUD
Drakensberg
0
1 000 km
Le Cap
Port Elizabeth
Cap de Bonne-Espérance
Cap des Aiguilles
20°
40°

OCÉAN
GLACIAL
Cercle polaire arctique
EUROPE
(RUSSIE D'EUROPE)
Moscou
Nijni-Novgorod
Kazan
Samara
Volga
Oural
Ob
Plaine de Sibérie occidentale
Iénissei
Iekaterinbourg
Tcheliabinsk
RUSSIE
Omsk
Krasnoïarsk
Novosibirsk
Astana
KAZAKHSTAN
Baïkonour
Qaraghandy
Istanbul
Mer Noire
Elbrouz 5 642 m
Ankara
TURQUIE
GÉORGIE
Tbilissi
ARMÉNIE
Mer Caspienne
AZERBAÏDJAN
CHYPRE
Nicosie
Erevan
Bakou
OUZBÉKISTAN
LIBAN
Beyrouth
SYRIE
Tigre
Almaty
Bichkek
Tachkent
Tel Aviv-Jaffa
Damas
TURKMÉNISTAN
Jérusalem
Amman
IRAK
Achgabat
KIRGHIZSTAN
ISRAËL
JORDANIE
Euphrate
Téhéran
Douchanbé
Bagdad
TADJIKISTAN
IRAN
Kaboul
KOWEÏT
Koweït
AFGHANISTAN
ARABIE SAOUDITE
Islamabad
Himalaya
Tibet
BAHREÏN
al-Manama
Lahore
Everest 8 850 m
Lhassa
Riyad
Indus
Djeddah
QATAR
Doha
Dubaï
PAKISTAN
Delhi
NÉPAL
La Mecque
É.A.U.
New Delhi
Katmandou
Abou Dhabi
Mascate
Thimphou
Mer Rouge
Karachi
Gange
BHOUTAN
OMAN
INDE
Dacca
Calcutta
Sanaa
YÉMEN
Mer d'Oman
Bombay (Mumbai)
BANGLADESH
Hyderabad
Golfe du Bengale
Madras
Bangalore
AFRIQUE
SRI LANKA
Colombo
Sri Jayewardenepura Kotte
Malé
MALDIVES
Victoria
SEYCHELLES
OCÉAN INDIEN
40°
60°
80°
100°
20°
0°

Capitale
Autre ville
Frontière de pays
Sommet
Montagne et haut plateau
Colline et plateau
Plaine
Indus
Fleuve et rivière
É.A.U. : Émirats arabes unis
0
1 000 km
RCTIQUE
140°
160°
40°
20°
0°
100°
140°
Léna
Plateau Sibérie entrale
Amour
Lac Baïkal
tsk
Sapporo
Harbin
n-Bator
ONGOLIE
Pékin (Beijing)
Shenyang
CORÉE DU NORD
Pyongyang
JAPON
Tokyo
ert de Gobi
Fleuve Jaune (Huang He)
Tianjin
Séoul
CORÉE DU SUD
Kyoto
Osaka
Qingdao
Lanzhou
Zhengzhou
Xian
INE
Nankin
Shanghai
Tropique du Cancer
Chengdu
Fleuve Bleu (Chang Jiang)
Wuhan
Chongqing
Taipei
TAIWAN
OCÉAN PACIFIQUE
Canton (Guangzhou)
Hong Kong
Macao
NIE
MAR)
Hanoï
LAOS
Vientiane
PHILIPPINES
Quezon City
Manille
THAÏLANDE
Mékong
Bangkok
VIETNAM
CAMBODGE
Phnom Penh
Hô Chí Minh-Ville (Saigon)
Bandar Seri Begawan
BRUNEI
Équateur
Kuala Lumpur
MALAISIE
Putrajaya
Singapour
SINGAPOUR
Bornéo
Sumatra
Puncak Jaya 4 884 m
INDONÉSIE
Jakarta
Java
Bandung
Surabaya
Dili
TIMOR ORIENTAL
OCÉANIE

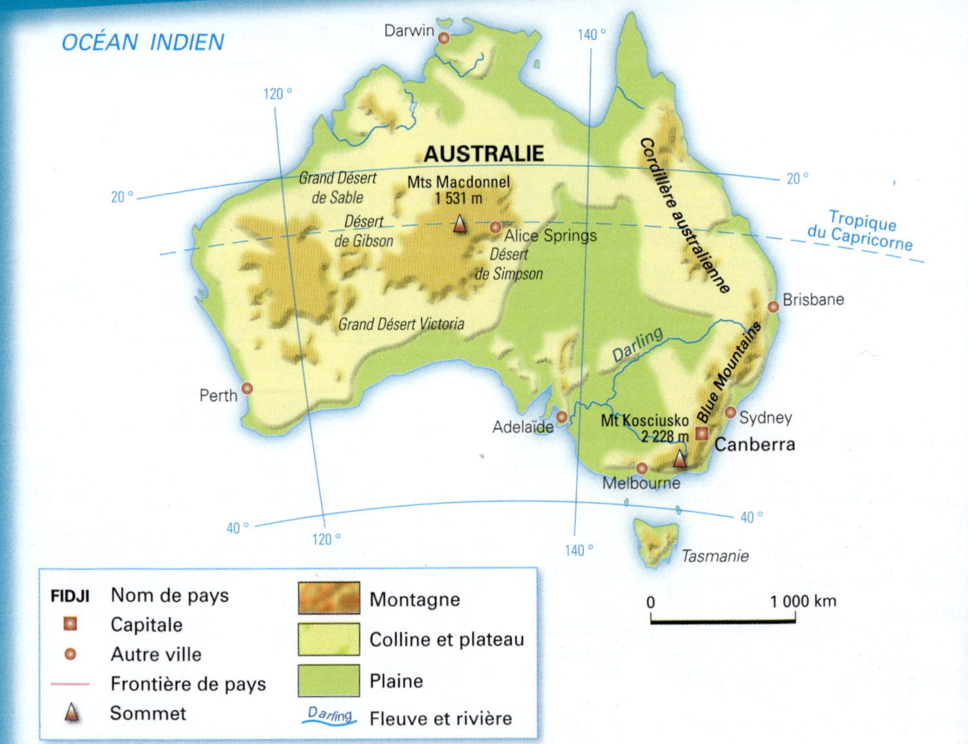
OCÉAN INDIEN
Darwin
140 °
120 °
AUSTRALIE
Grand Désert de Sable
Mts Macdonnel 1 531 m
Désert de Gibson
Alice Springs
Désert de Simpson
Grand Désert Victoria
Cordillère australienne
20 °
Tropique du Capricorne
Brisbane
Darling
Blue Mountains
Perth
Adelaïde
Mt Kosciusko 2 228 m
Sydney
Canberra
Melbourne
40 °
120 °
140 °
Tasmanie
FIDJI Nom de pays
Capitale
Autre ville
Frontière de pays
Sommet
Montagne
Colline et plateau
Plaine
Darling Fleuve et rivière
0 1 000 km

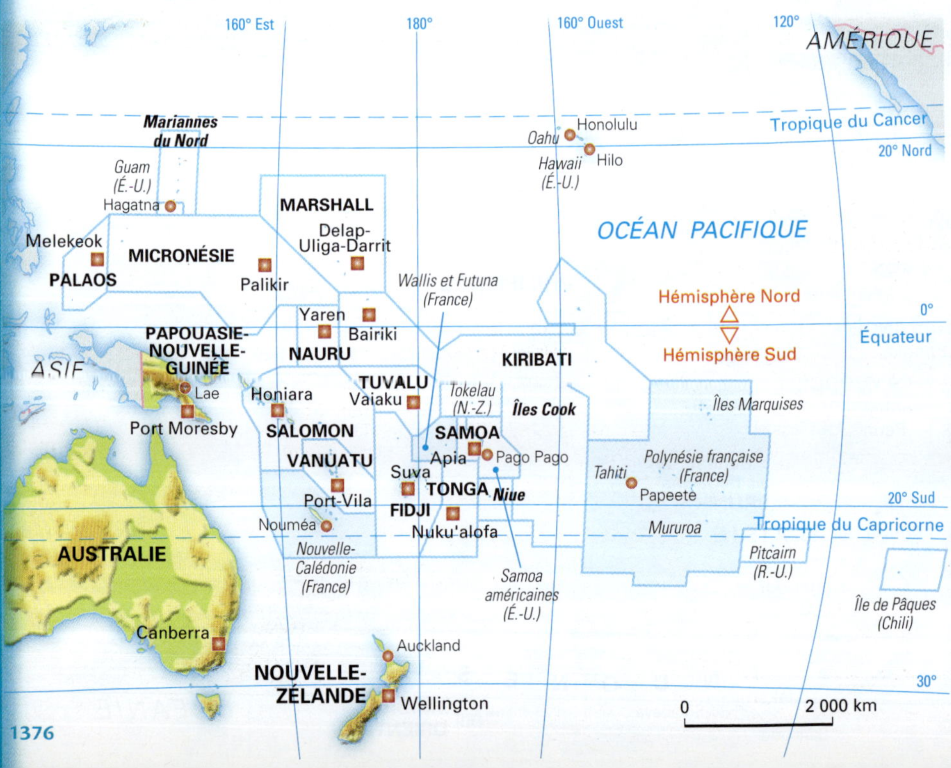
160° Est
180°
160° Ouest
120°
AMÉRIQUE
Mariannes du Nord
Oahu
Honolulu
Tropique du Cancer
20° Nord
Hawaii (É.-U.)
Hilo
Guam (É.-U.)
Hagatna
MARSHALL
Delap-Uliga-Darrit
OCÉAN PACIFIQUE
Melekeok
MICRONÉSIE
PALAOS
Palikir
Wallis et Futuna (France)
Hémisphère Nord
0°
Yaren
Bairiki
Équateur
PAPOUASIE-NOUVELLE-GUINÉE
NAURU
KIRIBATI
Hémisphère Sud
ASIE
Lae
Honiara
TUVALU
Vaiaku
Tokelau (N.-Z.)
Îles Cook
Îles Marquises
Port Moresby
SALOMON
SAMOA
Apia
Pago Pago
VANUATU
Suva
Polynésie française (France)
Tahiti
Papeete
Port-Vila
TONGA
Niue
FIDJI
20° Sud
Nouméa
Nuku'alofa
Mururoa
Tropique du Capricorne
Nouvelle-Calédonie (France)
Pitcairn (R.-U.)
AUSTRALIE
Samoa américaines (É.-U.)
Île de Pâques (Chili)
Canberra
Auckland
NOUVELLE-ZÉLANDE
Wellington
30°
0 2 000 km

Les Pôles

Ville   Sommet   Inlandsis

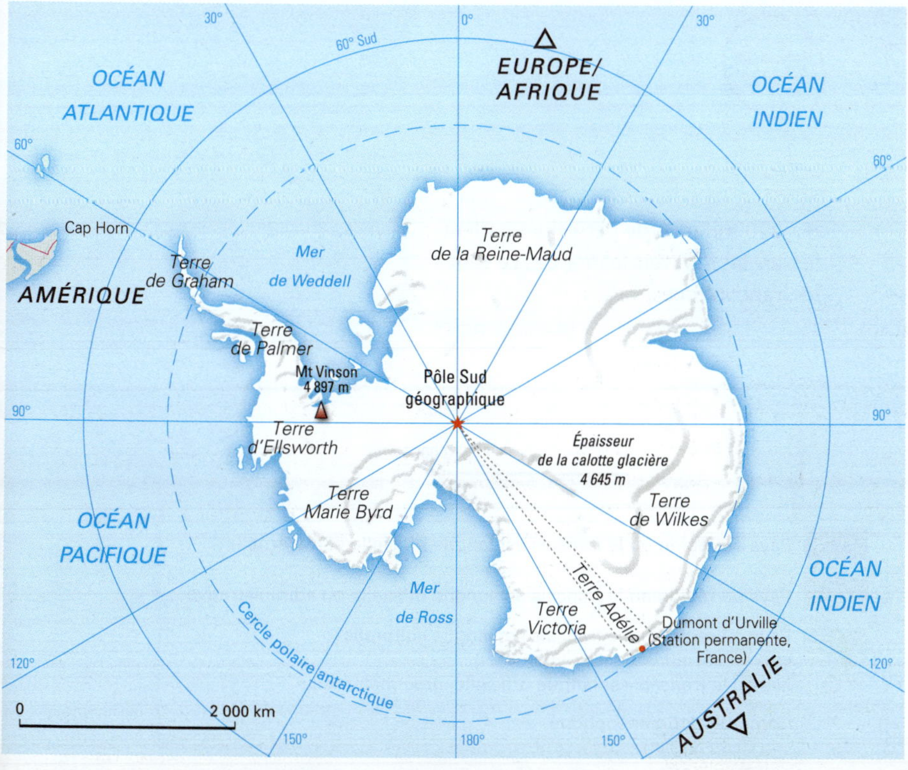

La francophonie

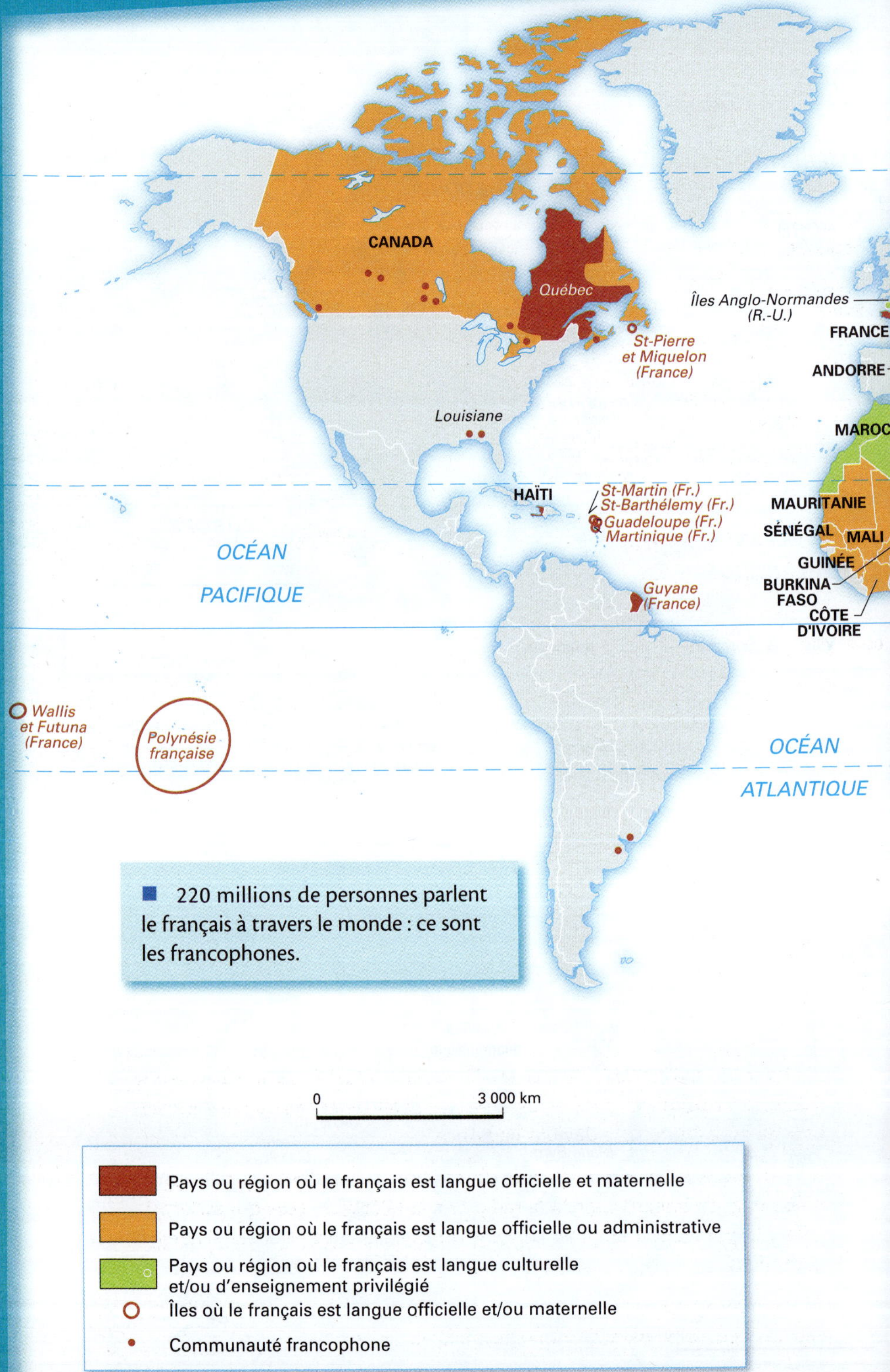

■ 220 millions de personnes parlent le français à travers le monde : ce sont les francophones.

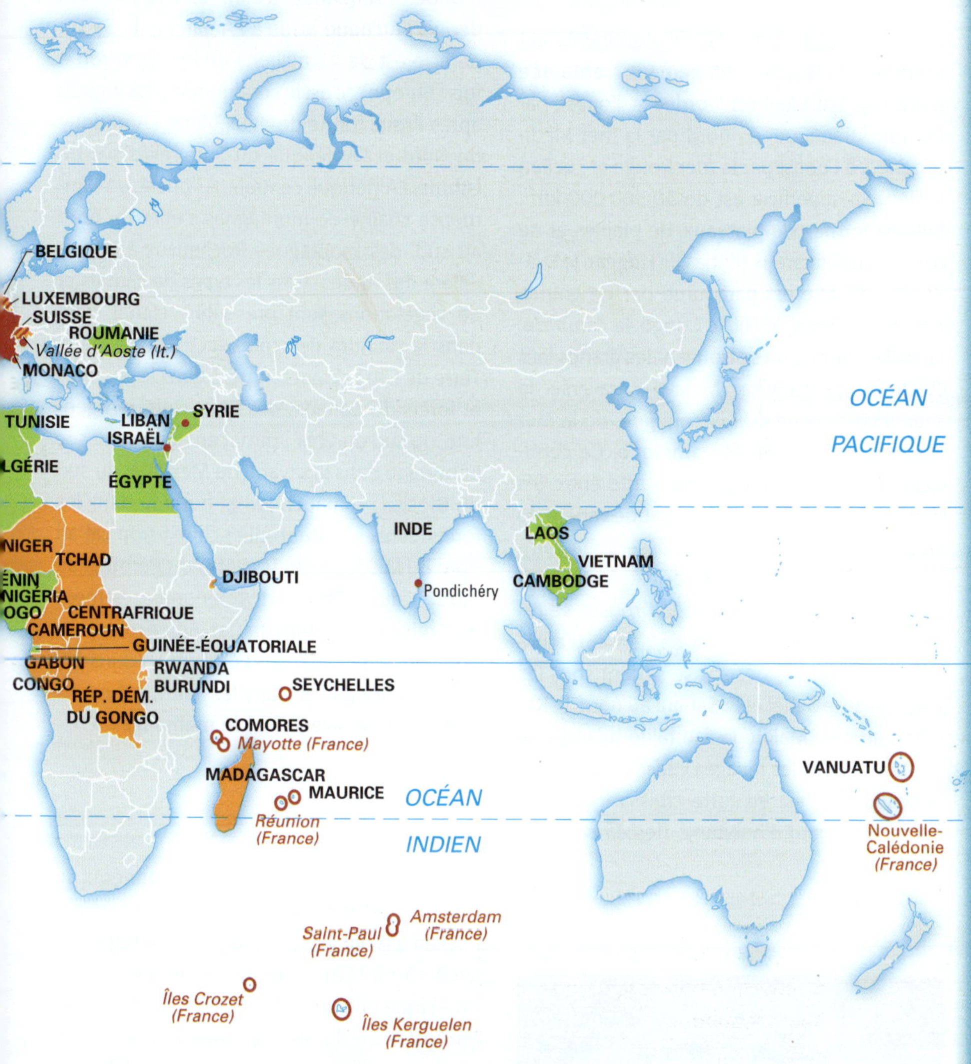

■ Pour 110 millions d'entre eux, les Français, les Québécois, une partie des Belges, des Luxembourgeois et des Suisses, il s'agit de leur langue maternelle, celle qu'ils ont entendue dès leur naissance.

■ Le français est la langue officielle de nombreux pays d'Afrique, celle qu'on utilise dans l'administration, à la radio et à la télévision, celle qui est enseignée ; la population emploie souvent d'autres langues pour les échanges quotidiens.

■ Le français est également une langue de communication et de culture ; c'est le cas dans les pays d'Afrique du Nord ou au Liban.

Continents

Afrique n. f. Un des six continents du monde. Presque entièrement entourée d'océans, l'Afrique est bordée à l'ouest par l'océan Atlantique, au nord par la mer Méditerranée, à l'ouest par la mer Rouge et l'océan Indien. Sa superficie est de 30 300 000 km^2. Elle est formée de plateaux, de plaines et de massifs montagneux (l'Atlas, le Hoggar, le Drakensberg). Elle est parcourue par de grands fleuves : le Niger, le Nil, le Congo, le Zambèze. La vallée du Rift, où se trouvent les grands lacs (Victoria, Tanganyika, Malawi), traverse le massif volcanique du Kilimandjaro, de la mer Rouge aux côtes du Mozambique. Ce continent chaud, situé en grande partie entre les deux tropiques, connaît une grande variété de climats – équatorial, tropical, désertique, tempéré, méditerranéen – et de végétation. La forêt tropicale, la savane et la brousse se répartissent symétriquement de part et d'autre de l'équateur. Les déserts se situent sous les tropiques : le Sahel et le Sahara au nord, le Kalahari au sud. Malgré la mortalité infantile, la malnutrition et les ravages causés par le sida, la population est en forte croissance et dépasse le milliard d'habitants (les *Africains*).

La Terre (photo prise par satellite)

Amérique n. f. Un des six continents du monde. L'Amérique s'étire sur 18 000 km depuis l'Arctique jusqu'à l'Antarctique. Sa superficie est de 42 millions de km^2 (environ 4 fois l'Europe) : c'est le continent le plus étendu après l'Asie, formé de deux blocs, l'Amérique du Nord et l'Amérique du Sud, reliés par un isthme, l'Amérique centrale. À l'ouest, une immense chaîne de montagnes s'étire du nord au sud, des montagnes Rocheuses à la cordillère des Andes. Tous les types de climats et de végétations sont présents : climat froid dans la toundra des côtes arctiques et de la Terre de Feu ; climat tempéré dans les prairies et forêts du Canada, des États-Unis, d'Argentine, du sud du Chili ; climat en alternance sec et humide dans la savane du Mexique, du sud du Brésil... ; climat chaud et humide dans les forêts denses d'Amazonie ; climat tropical au nord du Mexique, sur les côtes du Pérou et au nord du Chili. L'Amérique compte 931 millions d'habitants (les *Américains*). La population peu dense, concentrée dans les régions littorales et dans les villes, est caractérisée par la diversité et le métissage.

Antarctique n. m. Un des six continents du monde. Centré sur le pôle Sud et entouré par l'océan glacial Antarctique, l'Antarctique est situé à 3 600 km du cap de Bonne-Espérance, en Afrique du Sud, et à 1 000 km du cap Horn, en Amérique du Sud. Sa superficie est d'environ 14 millions de km^2. 98 % de l'Antarctique sont couverts par un glacier continental (appelé *inlandsis*), qui se prolonge par des plateformes sur l'océan. La rigueur du climat, le plus froid (en moyenne –50 °C au pôle) et le plus venteux (maximum 320 km/h) du globe, explique la pauvreté de la flore et de la faune terrestres ; on y trouve des champignons, des lichens, des protozoaires, des insectes. L'Antarctique compte environ 1 500 habitants, qui sont essentiellement des explorateurs et des scientifiques qui se relaient pour travailler dans des bases de recherche.

Asie n. f. Un des six continents du monde. L'Asie, le plus grand des continents (44 millions de km^2, plus de 4 fois l'Europe), est délimitée au sud-ouest par la mer Rouge et à l'ouest par l'Oural, la mer Noire et la mer Méditerranée. Elle comprend aussi des îles, comme les Philippines, l'Indonésie et le Japon, qui s'étirent en arc, de la mer de Béring jusqu'à l'océan Indien. Une immense chaîne montagneuse, comprenant l'Himalaya (avec l'Everest culminant à 8 850 m), traverse le continent de la Turquie à l'océan Pacifique. Les montagnes du Tibet et de l'Himalaya sont les plus grands « châteaux d'eau » du monde et de grands fleuves y prennent leur source (le Tigre, l'Euphrate, l'Ob, l'Ienisseï, l'Indus, le Gange...). Au nord, se trouvent les plateaux et les plaines de Sibérie. Au sud on trouve des péninsules formées de plateaux ou de moyennes montagnes (Arabie, Inde, Indochine). Le contraste est fort entre les zones désertiques et les régions de mousson, qui sont très peuplées (Inde, est de la Chine, Japon). L'Asie compte 4,1 milliards d'habitants (les *Asiatiques*), c'est le continent le plus peuplé avec plus de 60 % de la population mondiale.

Europe n. f. Un des six continents du monde. L'Europe est le continent le plus mal délimité, compris entre l'océan Arctique au nord, l'océan Atlantique à l'ouest, la mer Méditerranée et la mer Noire au sud. Sa superficie est de 10 millions de km^2. L'Europe est formée au nord-est par d'immenses plaines et plateaux au climat continental et bordée à l'est par le Caucase, la mer Caspienne et l'Oural. À l'ouest elle est constituée de plaines au climat océanique et au sud par les massifs montagneux des Alpes, des Pyrénées et le plateau espagnol, au climat plutôt méditerranéen. L'Europe compte 732 millions d'habitants (les *Européens*) ; c'est le continent qui a la densité de population la plus élevée.

Océanie n. f. Un des six continents du monde. L'Océanie est située dans l'océan Pacifique. Sa superficie est de 9 millions de km^2. Outre l'Australie, la Nouvelle-Zélande et la Nouvelle-Guinée, elle est constituée de quelque 10 000 îles regroupées en trois grands ensembles, en majorité au sud de l'équateur : la Mélanésie, la Micronésie et la Polynésie. Elle compte 35 millions d'habitants (les *Océaniens*).

▪ Pays du monde

Afghanistan n. m. Pays du centre de l'Asie. Sa superficie est de 652 000 km^2 (un peu plus que la France). L'Afghanistan compte environ 28 millions d'habitants (les *Afghans*). C'est une république islamiste dont la capitale est Kaboul. Les langues officielles sont le pachto et le persan ; on y parle aussi d'autres langues locales. La monnaie est l'afghani.

Afrique du Sud n. f. Pays du sud de l'Afrique. Sa superficie est de 1,2 million de km^2 (plus du double de la France). L'Afrique du Sud compte 48,8 millions d'habitants (les *Sudafricains*). C'est une république qui a deux capitales : Pretoria est la capitale administrative et le siège du gouvernement et Le Cap est la capitale législative. On y parle 11 langues officielles : l'afrikaans, l'anglais et 9 langues africaines. La monnaie est le rand.

Albanie n. f. Pays du sud de l'Europe, bordé à l'ouest par la mer Adriatique. Sa superficie est de 28 748 km^2 (un peu moins que la Belgique). L'Albanie compte 3,1 millions d'habitants (les *Albanais*). C'est une république dont la capitale est Tirana. La langue officielle est l'albanais. La monnaie est le lek.

Algérie n. f. Pays du nord de l'Afrique, bordé au nord par la mer Méditerranée. Sa superficie est de 2,4 millions de km^2 (plus de 4 fois la France). L'Algérie compte 32,8 millions d'habitants (les *Algériens*). C'est une république dont la capitale est Alger. La langue officielle est l'arabe ; on y parle aussi le berbère et le français. La monnaie est le dinar.

Allemagne n. f. Pays du centre de l'Europe, bordé au nord par la mer du Nord et la mer Baltique. Sa superficie est de 356 959 km² (environ les deux tiers de la France). L'Allemagne compte 82,4 millions d'habitants (les *Allemands*). C'est une république fédérée de 16 États (que l'on appelle des Länder), membre de l'Union européenne, dont la capitale est Berlin. La langue officielle est l'allemand. La monnaie est l'euro.

Allemagne : la porte de Brandebourg, à Berlin

Andorre n. f. Pays de l'ouest de l'Europe, situé dans les Pyrénées entre la France et l'Espagne. Sa superficie est de 465 km² (4 fois et demie Paris). L'Andorre compte 90 000 habitants (les *Andorrans*). C'est une principauté indépendante, dirigée à la fois par l'évêque de la ville d'Urgel en Catalogne et par le président de la République française. Sa capitale est Andorre-la-Vieille. La langue officielle est le catalan. La monnaie est l'euro.

Angola n. m. Pays du sud de l'Afrique, bordé à l'ouest par l'océan Atlantique. Sa superficie est de 1,2 million de km² (2 fois et demie la France). L'Angola compte 17,5 millions d'habitants (les *Angolais*). C'est une république dont la capitale est Luanda. La langue officielle est le portugais ; on y parle aussi des langues bantoues. La monnaie est le kwanza reajustado.

Antigua-et-Barbuda n. f. Pays d'Amérique centrale, qui est formé de trois îles, situées dans les Petites Antilles, au nord de la Guadeloupe. Sa superficie est de 440 km² (4 fois Paris). Antigua-et-Barbuda compte 73 000 habitants (les *Antiguayens*). C'est une démocratie parlementaire dont la capitale est Saint John's. La langue officielle est l'anglais ; on y parle aussi un créole. La monnaie est le dollar des Caraïbes de l'Est.

Arabie saoudite n. f. Pays d'Asie occupant la plus grande partie de la péninsule d'Arabie, bordé à l'ouest par la mer Rouge. Sa superficie est de 2,2 millions de km² (environ 4 fois la France). L'Arabie saoudite compte 24,6 millions d'habitants (les *Saoudiens*). C'est une monarchie dont la capitale est Riyad. La langue officielle est l'arabe. La monnaie est le riyal saoudien.

Argentine n. f. Pays du sud de l'Amérique du Sud, bordé à l'est par l'océan Atlantique. Sa superficie est de 2,8 millions de km² (environ 5 fois la France). L'Argentine compte 39,4 millions d'habitants (les *Argentins*). C'est une république dont la capitale est Buenos Aires. La langue officielle est l'espagnol. La monnaie est le peso.

Arménie n. f. Pays de l'ouest de l'Asie. Sa superficie est de 29 800 km² (à peu près comme la Belgique). L'Arménie compte 3 millions d'habitants (les *Arméniens*). C'est une république dont la capitale est Erevan. La langue officielle est l'arménien ; on y parle aussi le russe. La monnaie est le dram.

Australie n. f. Pays d'Océanie composé de deux îles, l'Australie (la plus grande île du monde) et la Tasmanie, bordé à l'est par

Australie : Sydney

l'océan Pacifique et à l'ouest par l'océan Indien. Sa superficie est de 7,7 millions de km^2 (environ 14 fois la France). L'Australie compte 21,2 millions d'habitants (les *Australiens*). C'est une démocratie parlementaire dont la capitale est Canberra. La langue officielle est l'anglais ; on y parle aussi des langues aborigènes. La monnaie est le dollar australien.

Autriche n. f. Pays du centre de l'Europe. Sa superficie est de 83 872 km^2 (environ un sixième de la France). L'Autriche compte 8,2 millions d'habitants (les *Autrichiens*). C'est une république, membre de l'Union européenne, dont la capitale est Vienne. La langue officielle est l'allemand. La monnaie est l'euro.

Azerbaïdjan n. m. Pays de l'ouest de l'Asie, bordé à l'est par la mer Caspienne. Sa superficie est de 86 600 km^2 (moins d'un sixième de la France). L'Azerbaïdjan compte 8,4 millions d'habitants (les *Azerbaïdjanais*). C'est une république dont la capitale est Bakou. La langue officielle est l'azéri ; on y parle aussi le russe et l'arménien. La monnaie est le manat.

Bahamas n. f. pl. Pays du sud de l'Amérique du Nord. C'est un archipel composé de plus de 700 îles, situé dans l'océan Atlantique, au large de la Floride (États-Unis). Sa superficie est de 13 939 km^2 (un peu moins de la moitié de la Belgique). Les Bahamas comptent 304 000 habitants (les *Bahaméens*). C'est une démocratie parlementaire dont la capitale est Nassau, dans l'île de New Providence. La langue officielle est l'anglais ; on y parle aussi un créole. La monnaie est le dollar des Bahamas.

Bahreïn n. m. Pays de l'ouest de l'Asie. Composé de 33 îles, il est situé à peu près au milieu du golfe Persique. Sa superficie est de 691 km^2 (environ 6 fois Paris). Bahreïn compte 726 000 habitants (les *Bahreïniens*). C'est une monarchie dont la capitale est Manama. La langue officielle est l'arabe ; on y parle aussi l'anglais. La monnaie est le dinar bahreïni.

Bangladesh n. m. Pays du sud de l'Asie, bordé au sud par l'océan Indien. Il forme une enclave dans le nord-est de l'Inde, au fond du golfe du Bengale. Sa superficie est de 144 000 km^2 (plus du quart de la France). Le Bangladesh compte 141,8 millions d'habitants (les *Bangladais*). C'est une république dont la capitale est Dacca. La langue officielle est le bengali ; on y parle aussi l'ourdou et l'anglais. La monnaie est le taka.

Bangladesh : le Gange à Dacca

Barbade (la) n. f. Pays d'Amérique centrale. Île de l'océan Atlantique au nord du Venezuela. Sa superficie est de 431 km^2 (environ 4 fois Paris). La Barbade compte 280 000 habitants (les *Barbadiens*). C'est une démocratie parlementaire dont la capitale est Bridgetown. La langue officielle est l'anglais. La monnaie est le dollar de la Barbade.

Belau n. m. → **Palaos** (les)

Belgique n. f. Pays de l'ouest de l'Europe, au nord de la France, bordé au nord-ouest par la mer du Nord. Sa superficie est de 30 527 km^2 (environ le vingtième de la France). La Belgique compte 10,6 millions d'habitants (les *Belges*). C'est une monarchie, membre de l'Union européenne, dont la capitale est Bruxelles (voir aussi les régions de Belgique page 1408). Les langues officielles sont le néerlandais (parlé par presque 60 %) de la population), le français (environ 40 %) et l'allemand (0,6 %). La monnaie est l'euro.

Bélize n. m. Pays d'Amérique centrale, situé entre le Mexique et le Guatemala, bordé à l'est par l'océan Atlantique. Sa superficie est de 22 960 km^2 (à peu près les deux tiers de la Belgique). Le Bélize compte 312 000 habitants (les *Béliziens*). C'est une démocratie parlementaire dont la capitale est Belmopan. La langue officielle est l'anglais ; on y parle aussi l'espagnol et un créole. La monnaie est le dollar de Bélize.

Bénin n. m. Pays de l'ouest de l'Afrique, bordé au sud par l'océan Atlantique. Sa superficie est de 112 622 km^2 (environ un cinquième de la France). Le Bénin compte 9,3 millions d'habitants (les *Béninois*). C'est une république dont la capitale est Porto-Novo. La langue officielle est le français ; on y parle aussi le haoussa, le yoruba et le fon. La monnaie est le franc CFA.

Bermudes n. f. pl. Pays situé au nord de l'océan Atlantique, au large des États-Unis et au nord-est des Bahamas. C'est un archipel composé de 140 îles. Sa superficie est de 53 km^2 (la moitié de Paris). Les Bermudes comptent 62 000 habitants (les *Bermudiens*). C'est une démocratie parlementaire dont la capitale est Hamilton. La langue officielle est l'anglais. La monnaie est le dollar des Bermudes.

Bhoutan n. m. Pays du sud de l'Asie. Il est situé dans l'Himalaya entre la Chine et l'Inde. Sa superficie est de 46 500 km^2 (un peu plus que la Suisse). Le Bhoutan compte 2,2 millions d'habitants (les *Bhoutanais*). C'est une monarchie dont la capitale est Thimphou. La langue officielle est le dzongkha. La monnaie est le ngultrum.

Biélorussie n. f. Pays de l'est de l'Europe. Sa superficie est de 207 600 km^2 (environ 7 fois la Belgique). La Biélorussie (appelée aussi *Belarus* n. m.) compte 9,8 millions d'habitants (les *Biélorusses*). C'est une république dont la capitale est Minsk. Les langues officielles sont le biélorusse et le russe ; on y parle aussi l'ukrainien et le polonais. La monnaie est le rouble biélorusse.

Birmanie n. f. Pays du sud-est de l'Asie, bordé au sud par l'océan Indien. Sa superficie est de 676 579 km^2 (une fois un quart la France). La Birmanie (appelée aussi *Myanmar* n. m.) compte 49 millions d'habitants (les *Birmans*). C'est un régime militaire dont la capitale administrative est Nay Pyi Taw et la capitale commerciale Rangoon. La langue officielle est le birman. La monnaie est le kyat.

Birmanie : la pagode Shwedagon à Rangoon

Bolivie n. f. Pays de l'ouest de l'Amérique du Sud. Sa superficie est de 1,1 million de km^2 (plus de 2 fois la France). La Bolivie compte 9,4 millions d'habitants (les *Boliviens*). C'est une république dont la capitale est Sucre ; le siège du gouvernement et des ambassades se trouve à La Paz. La langue officielle est l'espagnol ; on y parle aussi des langues indiennes. La monnaie est le boliviano.

Bosnie-Herzégovine n. f. Pays du sud de l'Europe, possédant un accès à la mer Adriatique à travers la Croatie. Sa superficie est de 51 129 km^2 (environ un dixième de la France). La Bosnie-Herzégovine compte 3,9 millions d'habitants (les *Bosniens*). C'est une république dont la capitale est Sarajevo. Les langues officielles sont le bosniaque, le serbe et le croate. La monnaie est le mark bosniaque convertible.

Botswana n. m. Pays du sud de l'Afrique. Sa superficie est de 600 372 km^2 (un peu plus que la France). Le Botswana compte 1,9 million d'habitants (les *Botswanais*). C'est une république dont la capitale est Gaborone. La langue officielle est l'anglais ; on y parle aussi le tswana et le khoïsan. La monnaie est le pula.

Brésil n. m. Pays du nord-est de l'Amérique du Sud, bordé à l'est par l'océan Atlantique. Sa superficie est de 8,5 millions de km^2 (presque 16 fois la France). Le Brésil compte 189,3 millions d'habitants (les *Brésiliens*). C'est une république dont la capitale est Brasilia. La langue officielle est le portugais. La monnaie est le real.

Brunei n. m. Pays du sud-est de l'Asie, bordé au nord par la mer de Chine. Sa superficie est de 5 785 km^2 (à peu près le cinquième de la Belgique). Brunei compte 373 000 habitants (les *Brunéiens*). C'est une monarchie dont la capitale est Bandar Seri Begawan. La langue officielle est le malais ; on y parle aussi l'anglais, le chinois et des langues locales. La monnaie est le dollar de Brunei.

Bulgarie n. f. Pays du sud-est de l'Europe, bordé à l'est par la mer Noire. Sa superficie est de 110 912 km^2 (environ un cinquième de la France). La Bulgarie compte 7,9 millions d'habitants (les *Bulgares*). C'est une république, membre de l'Union européenne, dont la capitale est Sofia. La langue officielle est le bulgare ; on y parle aussi le turc. La monnaie est le lev.

Burkina Faso n. m. Pays de l'ouest de l'Afrique. Sa superficie est de 274 000 km^2 (environ la moitié de la France). Le Burkina Faso compte 15,2 millions d'habitants (les *Burkinabés*). C'est une république dont la capitale est Ouagadougou. La langue officielle est le français ; on y parle aussi le mossi, le malinké, le dioula et le peul. La monnaie est le franc CFA.

Burundi n. m. Pays du centre de l'Afrique. Sa superficie est de 27 834 km^2 (un peu moins que la Belgique). Le Burundi compte 8,9 millions d'habitants (les *Burundais*). C'est une république dont la capitale est Bujumbura. Les langues officielles sont le kirundi et le français ; on y parle aussi le swahili. La monnaie est le franc du Burundi.

Cambodge n. m. Pays du sud-est de l'Asie, bordé au sud-ouest par la mer de Chine. Sa superficie est de 181 000 km^2 (environ le tiers de la France). Le Cambodge compte 14,4 millions d'habitants (les *Cambodgiens*). C'est une monarchie dont la capitale est Phnom Penh. La langue officielle est le khmer ; on y parle aussi le français. La monnaie est le riel.

Cameroun n. m. Pays d'Afrique équatoriale, bordé à l'ouest par l'océan Atlantique. Sa superficie est de 475 442 km^2 (plus des trois quarts de la France). Le Cameroun compte 18,9 millions d'habitants (les *Camerounais*). C'est une république dont la capitale est Yaoundé. Les langues officielles sont l'anglais et le français ; on y parle aussi le bantou et le soudanais. La monnaie est le franc CFA.

Canada n. m. Pays du nord de l'Amérique du Nord, bordé à l'ouest par l'océan Pacifique, au nord par l'océan Glacial Arctique et à l'est par l'océan Atlantique. Sa superficie est de 9 984 670 km^2 (environ 18 fois la France). Le Canada compte 32,9 millions d'habitants (les *Canadiens*). C'est une démocratie parlementaire, une fédération de dix provinces et trois territoires, dont la capitale fédérale est Ottawa. Les langues officielles sont l'anglais et le français. La monnaie est le dollar canadien.

Canada : le lac Louise, en Alberta

Cap-Vert n. m. Pays de l'ouest de l'Afrique. Archipel situé dans l'océan Atlantique, au large du Sénégal. Sa superficie est de 4 033 km^2 (à peu près la moitié de la Corse). Le Cap-Vert compte 540 000 habitants (les *Cap-*

Verdiens). C'est une république dont la capitale est Praia. La langue officielle est le portugais ; on y parle aussi un créole. La monnaie est l'escudo du Cap-Vert.

Centrafrique n. f. Pays du centre de l'Afrique. Sa superficie est de 622 436 km^2 (un peu plus que la France). La Centrafrique compte 4,4 millions d'habitants (les *Centrafricains*). C'est une république (appelée aussi *République centrafricaine*) dont la capitale est Bangui. Les langues officielles sont le français et le sango ; on y parle aussi le sara et le peul. La monnaie est le franc CFA.

Chili n. m. Pays du sud-ouest de l'Amérique du Sud, bordé à l'ouest par l'océan Pacifique. Sa superficie est de 756 945 km^2 (presque une fois et demie la France). Le Chili compte 16,6 millions d'habitants (les *Chiliens*). C'est une république dont la capitale est Santiago. La langue officielle est l'espagnol ; on y parle aussi le quechua. La monnaie est le peso.

Chine n. f. Pays de l'est de l'Asie, bordé à l'est par la mer de Chine. Sa superficie est de 9,6 millions de km^2 (plus de 17 fois la France). La Chine compte 1,3 milliard d'habitants (les *Chinois*). C'est une république populaire dont la capitale est Pékin. La langue officielle est le chinois mandarin ; on y parle aussi le chinois cantonais et de nombreuses langues locales. La monnaie est le yuan.

Chine : la Grande Muraille

Chypre n. f. Pays du sud de l'Europe. C'est une île située en mer Méditerranée, au sud de la Turquie et à l'ouest de la Syrie. Sa superficie est de 9 251 km^2 (à peu près comme la Corse). Chypre compte un million d'habitants (les *Chypriotes*). Chypre est divisée en deux États : une partie grecque, la République de Chypre qui fait partie de l'Union européenne, et une partie turque, la République turque du Nord, qui n'en fait pas partie. Même la capitale, Nicosie, est divisée en deux. Les langues officielles sont le grec dans la partie grecque et le turc dans la partie turque. La monnaie est l'euro dans la partie grecque, la livre turque dans la partie turque.

Colombie n. f. Pays du nord-ouest de l'Amérique du Sud, bordé au nord par l'océan Atlantique et à l'ouest par l'océan Pacifique. Sa superficie est de 1,1 million de km^2 (plus de 2 fois la France). La Colombie compte 46,2 millions d'habitants (les *Colombiens*). C'est une république dont la capitale est Bogota. La langue officielle est l'espagnol. La monnaie est le peso.

Comores n. f. pl. Pays de l'est de l'Afrique. Archipel de l'Océan Indien, au nord de Madagascar. Sa superficie est de 1 862 km^2 (à peu près le 5e de la Corse). Les Comores comptent 860 000 habitants (les *Comoriens*). C'est une république dont la capitale est Moroni. Les langues officielles sont l'arabe, le français et le shikomori. La monnaie est le franc comorien.

Congo n. m. (république du Congo) Pays d'Afrique équatoriale, bordé au sud-ouest par l'océan Atlantique. Sa superficie est de 341 821 km^2 (environ les deux tiers de la France). La république du Congo compte 3,8 millions d'habitants (les *Congolais*). C'est une république dont la capitale est Brazzaville. La langue officielle est le français ; on y parle aussi le kikongo, le lingala, le munukutuba, le sango et le toba. La monnaie est le franc CFA.

Congo n. m. (république démocratique du Congo) Pays du centre de l'Afrique. Sa superficie est de 2 345 000 km^2 (plus de 4 fois la France).

La république démocratique du Congo compte 64,7 millions d'habitants (les *Congolais*). C'est une république dont la capitale est Kinshasa. La langue officielle est le français ; on y parle aussi le swahili, le tchiluba, le kikongo et le lingala. La monnaie est le franc congolais.

Cook (îles) • Pays composé d'îles éparpillées sur plus de 2 millions de km², au centre de l'océan Pacifique, à l'est de l'Australie. Sa superficie est de 293 km² (environ 3 fois Paris). Les îles Cook comptent 19 500 habitants (les *Maori des îles Cook*). C'est un pays autonome associé à la Nouvelle-Zélande, dont la capitale est Avarua. Les langues officielles sont l'anglais et le maori des îles Cook. La monnaie est le dollar des îles Cook.

Corée du Nord n. f. Pays de l'est de l'Asie, bordé à l'ouest par la mer Jaune et à l'est par la mer du Japon. Sa superficie est de 120 538 km² (environ le quart de la France). La Corée du Nord compte 23,3 millions d'habitants (les *Nord-Coréens*). C'est une république populaire dont la capitale est Pyongyang. La langue officielle est le coréen. La monnaie est le won nord-coréen.

Corée du Sud n. f. Pays de l'est de l'Asie, bordé à l'ouest par la mer Jaune et à l'est par la mer du Japon. Sa superficie est de 99 274 km² (environ un cinquième de la France). La Corée du Sud compte 48,7 millions d'habitants (les *Sud-Coréens*). C'est une république dont la capitale est Séoul. La langue officielle est le coréen. La monnaie est le won sud-coréen.

Costa Rica n. m. Pays d'Amérique centrale, bordé à l'ouest par l'océan Pacifique et à l'est par l'océan Atlantique. Sa superficie est de 51 100 km² (un peu plus du dixième de la France). Le Costa Rica compte 4,5 millions d'habitants (les *Costariciens*). C'est une république dont la capitale est San José. La langue officielle est l'espagnol. La monnaie est le colon.

Côte d'Ivoire n. f. Pays de l'ouest de l'Afrique, bordé au sud par l'océan Atlantique. Sa superficie est de 322 463 km² (environ les deux tiers de la France). La Côte d'Ivoire compte 19,6 millions d'habitants (les *Ivoiriens*). C'est une république dont la capitale est Yamoussoukro. La langue officielle est le français ; on y parle aussi l'akan, le dioula, le haoussa et le malinké. La monnaie est le franc CFA.

Croatie n. f. Pays du sud de l'Europe, bordé à l'ouest par la mer Adriatique. Sa superficie est de 56 538 km² (environ un dixième de la France). La Croatie compte 4,4 millions d'habitants (les *Croates*). C'est une république dont la capitale est Zagreb. La langue officielle est le croate. La monnaie est la kuna.

Cuba n. f. Pays d'Amérique centrale. C'est un archipel situé dans l'océan Atlantique, entre les États-Unis et l'Amérique centrale. Sa superficie est de 110 860 km² (environ un cinquième de la France). Cuba compte 11,2 millions d'habitants (les *Cubains*). C'est une république socialiste dont la capitale est La Havane. La langue officielle est l'espagnol. La monnaie est le peso.

Danemark n. m. Pays du nord de l'Europe, bordé au nord et à l'ouest par la mer du Nord et au sud-est par la mer Baltique. Sa superficie est de 43 069 km² (environ un douzième de la France). Le Danemark compte 5,4 millions d'habitants (les *Danois*). C'est une monarchie, membre de l'Union européenne, dont la capitale est Copenhague. La langue officielle est le danois. La monnaie est la couronne danoise.

Djibouti n. m. Pays de l'est de l'Afrique, situé à l'entrée de la mer Rouge. Sa superficie est de 23 200 km² (environ les deux tiers de la Belgique). Djibouti compte 848 000 habitants (les *Djiboutiens*). C'est une république dont la capitale est Djibouti. Les langues officielles sont le français et l'arabe ; on y parle aussi l'afar et le somali. La monnaie est le franc djiboutien.

dominicaine (République) • Pays d'Amérique centrale, occupant la partie est de l'île d'Haïti dans l'océan Atlantique. Sa superficie est de 48 730 km² (un peu plus que la Belgique). La République dominicaine compte 9,8 millions d'habitants (les *Dominicains*). C'est une république dont la capitale est Saint-Domingue. La langue officielle est l'espagnol. La monnaie est le peso.

Dominique n. f. Pays d'Amérique centrale. C'est une île volcanique située dans l'océan Atlantique, entre la Guadeloupe et la Martinique. Sa superficie est de 751 km² (plus de 7 fois Paris). La Dominique compte 72 000 habitants (les *Dominiquais*). C'est une démocratie parlementaire dont la capitale est Roseau. La langue officielle est l'anglais. La monnaie est le dollar des Caraïbes de l'Est.

Égypte n. f. Pays du nord-est de l'Afrique, bordé au nord par la mer Méditerranée et à l'est par la mer Rouge. Sa superficie est de 1 million de km² (presque 2 fois la France). L'Égypte compte 75,5 millions d'habitants (les *Égyptiens*). C'est une république dont la capitale est Le Caire. La langue officielle est l'arabe. La monnaie est la livre égyptienne.

Égypte : le Nil à Assouan

Émirats arabes unis n. m. pl. Pays d'Asie, dans la péninsule Arabique, bordé au nord par le golfe Persique. Sa superficie est de 83 657 km² (le double de la Suisse). Les Émirats arabes unis comptent 5,1 millions d'habitants (les *Émiriens*). C'est une fédération de sept émirats (les plus importants étant Abou Dhabi et Dubaï) dont la capitale est Abou Dhabi. La langue officielle est l'arabe. La monnaie est le dirham.

Équateur n. m. Pays du nord-ouest de l'Amérique du Sud, bordé à l'ouest par l'océan Pacifique. Sa superficie est de 283 561 km² (environ la moitié de la France). L'Équateur compte 13,3 millions d'habitants (les *Équatoriens*). C'est une république dont la capitale est Quito. La langue officielle est l'espagnol ; on y parle aussi le quechua. La monnaie est le dollar.

Érythrée n. f. Pays du nord-est de l'Afrique, bordé à l'est par la mer Rouge. Sa superficie est de 117 600 km² (moins d'un cinquième de la France). L'Érythrée compte 4,4 millions d'habitants (les *Érythréens*). C'est une république dont la capitale est Asmara. Les langues officielles sont le tigrigna, l'arabe et l'anglais. La monnaie est le nakfa.

Espagne n. f. Pays du sud de l'Europe, bordé au nord-ouest par l'océan Atlantique, au sud et à l'est par la mer Méditerranée. Sa superficie est de 504 748 km² (un peu moins que la France). L'Espagne compte 45,2 millions d'habitants (les *Espagnols*). C'est une monarchie, membre de l'Union européenne, dont la capitale est Madrid. Le pays est divisé en 17 communautés autonomes regroupant 50 provinces. La langue nationale est l'espagnol (appelé aussi *castillan*), les langues officielles régionales sont le basque, le catalan, le galicien et l'aranais. La monnaie est l'euro.

Estonie n. f. Pays du nord-est de l'Europe, bordé au nord et à l'ouest par la mer Baltique. Sa superficie est de 45 100 km² (à peu près la Suisse). L'Estonie compte 1,3 million d'habitants (les *Estoniens*). C'est une république, membre de l'Union européenne, dont la capitale est Tallinn. La langue officielle est l'estonien. La monnaie est la couronne estonienne.

États-Unis n. m. pl. Pays d'Amérique du Nord, bordé à l'est par l'océan Atlantique et à l'ouest par l'océan Pacifique. Sa superficie est de 9,4 millions de km² (environ 17 fois la France). Les États-Unis comptent 305,8 millions d'habitants (les *Américains*). C'est une république formée de cinquante

États et d'un district fédéral, dont la capitale est Washington. La langue officielle est l'anglais ; on y parle aussi l'espagnol, des langues indiennes et le français (en Louisiane). La monnaie est le dollar.

États-Unis : Monument Valley, en Arizona

Éthiopie n. f. Pays de l'est de l'Afrique. Sa superficie est 1,1 million de km² (environ 2 fois la France). L'Éthiopie compte 73,9 millions d'habitants (les *Éthiopiens*). C'est une république dont la capitale est Addis Abeba. La langue officielle est l'amharique ; on y parle aussi l'italien, le tigréen et le somali. La monnaie est le nouveau birr.

Fidji n. f. pl. Pays d'Océanie. C'est un archipel de l'océan Pacifique, situé à l'est de l'Australie et au nord de la Nouvelle-Zélande. Sa superficie est de 18 333 km² (plus du double de la Corse). Les Fidji comptent 860 000 habitants (les *Fidjiens*). C'est une démocratie parlementaire dont la capitale est Suva. Les langues officielles sont le fidjien et l'anglais. La monnaie est le dollar fidjien.

Finlande n. f. Pays du nord de l'Europe, bordé au sud et au sud-ouest par la mer Baltique. Sa superficie est de 337 032 km² (un peu moins des deux tiers de la France). La Finlande compte 5,3 millions d'habitants (les *Finlandais*). C'est une république, membre de l'Union européenne, dont la capitale est Helsinki. Les langues officielles sont le finnois et le suédois ; on y parle aussi le same. La monnaie est l'euro.

France n. f. Pays de l'ouest de l'Europe, bordé au nord-ouest par la Manche, à l'ouest par l'océan Atlantique et au sud-est par la mer Méditerranée. Sa superficie est de 551 602 km² (avec les îles qui la bordent). La France compte 64,1 millions d'habitants (les *Français*). C'est une république, membre de l'Union européenne, dont la capitale est Paris (voir aussi les régions administratives de la France page 1405). La langue officielle est le français ; on y parle aussi l'alsacien, le basque, le breton, le catalan, le corse et des dialectes. La monnaie est l'euro.

Gabon n. m. Pays d'Afrique équatoriale, bordé à l'ouest par l'océan Atlantique. Sa superficie est de 267 667 km² (environ la moitié de la France). Le Gabon compte 1,4 million d'habitants (les *Gabonais*). C'est une république dont la capitale est Libreville. La langue officielle est le français ; on y parle aussi des langues bantoues. La monnaie est le franc CFA.

Gambie n. f. Pays de l'ouest de l'Afrique, formant une enclave dans le Sénégal, bordé par l'océan Atlantique. Sa superficie est de 11 300 km² (à peu près un tiers de la Belgique). La Gambie compte 1,8 million d'habitants (les *Gambiens*). C'est une république dont la capitale est Banjul. La langue officielle est l'anglais ; on y parle aussi le mandingue, le wolof et le peul. La monnaie est le dalasi.

Géorgie n. f. Pays de l'ouest de l'Asie, bordé à l'ouest par la mer Noire. Sa superficie est de 69 700 km² (le double de la Belgique). La Géorgie compte 4,5 millions d'habitants (les *Géorgiens*). C'est une république dont la capitale est Tbilissi. La langue officielle est le géorgien ; on y parle aussi l'arménien et le russe. La monnaie est le lari.

Ghana n. m. Pays de l'ouest de l'Afrique, bordé au sud par l'océan Atlantique. Sa superficie est de 239 460 km² (moins de la moitié de la France). Le Ghana compte 24 millions d'habitants (les *Ghanéens*). C'est une république dont la capitale est Accra. La langue officielle est l'anglais ; on y parle aussi l'akan, l'éwé, le haoussa, le mossi. La monnaie est le cedi.

Grande-Bretagne n. f. → **Royaume-Uni de Grande-Bretagne et d'Irlande du Nord**

Grèce n. f. Pays du sud de l'Europe, bordé par la mer Méditerranée. Sa superficie est de 131 957 km^2 (moins du quart de la France). La Grèce compte 11,3 millions d'habitants (les *Grecs*). C'est une république, membre de l'Union européenne, dont la capitale est Athènes. La langue officielle est le grec. La monnaie est l'euro.

Une île de **Grèce**

Grenade n. f. Pays d'Amérique centrale. C'est une île de l'océan Atlantique, au nord du Venezuela. Sa superficie est de 344 km^2 (environ 3 fois Paris). La Grenade compte 106 000 habitants (les *Grenadiens*). C'est une démocratie parlementaire dont la capitale est Saint-Georges. La langue officielle est l'anglais ; on y parle aussi un créole. La monnaie est le dollar des Caraïbes de l'Est.

Guatémala n. m. Pays d'Amérique centrale, bordé au sud par l'océan Pacifique, possédant à l'est un accès à l'océan Atlantique. Sa superficie est de 108 889 km^2 (environ un cinquième de la France). Le Guatémala compte 13,4 millions d'habitants (les *Guatémaltèques*). C'est une république dont la capitale est Ciudad de Guatemala. La langue officielle est l'espagnol ; on y parle aussi des langues indiennes. La monnaie est le quetzal.

Guinée n. f. Pays de l'ouest de l'Afrique, bordé par l'océan Atlantique. Sa superficie est de 245 857 km^2 (un peu moins que la moitié de la France). La Guinée compte 9,6 millions d'habitants (les *Guinéens*). C'est une république dont la capitale est Conakry. La langue officielle est le français ; on y parle aussi le mandingue, le peul, le soussou et le bassari. La monnaie est le franc guinéen.

Guinée-Bissau n. f. Pays de l'ouest de l'Afrique, au nord-ouest de la Guinée, bordé par l'océan Atlantique. Sa superficie est de 36 125 km^2 (un peu plus que la Belgique). La Guinée-Bissau compte 1,7 million d'habitants (les *Bissaoguinéens*). C'est une république dont la capitale est Bissao. La langue officielle est le portugais ; on y parle aussi un créole, le malinké, le balante et le peul. La monnaie est le franc CFA.

Guinée équatoriale n. f. Pays du centre de l'Afrique, bordé à l'ouest par l'océan Atlantique. Sa superficie est de 28 051 km^2 (un peu moins que la Belgique). La Guinée équatoriale compte 520 000 habitants (les *Équato-guinéens*). C'est une république dont la capitale est Malabo. Les langues officielles sont le français et l'espagnol ; on y parle aussi un créole et le fang. La monnaie est le franc CFA.

Guyana n. m. Pays du nord-est de l'Amérique du Sud, bordé au nord par l'océan Atlantique. Sa superficie est de 214 970 km^2 (plus du quart de la France). La Guyana compte 760 000 habitants (les *Guyaniens*). C'est une république dont la capitale est Georgetown. La langue officielle est l'anglais ; on y parle aussi le créole guyanais et l'hindi. La monnaie est le dollar de Guyana.

Haïti n. f. Pays d'Amérique centrale, occupant la partie ouest de l'île d'Haïti, dans l'océan Atlantique. Sa superficie est de 27 750 km^2 (un peu moins que la Belgique). Haïti compte 9,6 millions d'habitants (les *Haïtiens*). C'est une république dont la capitale est Port-au-Prince. Les langues officielles sont le français et le créole haïtien. Les monnaies sont la gourde et le dollar.

Honduras n. m. Pays d'Amérique centrale, bordé au nord par l'océan Atlantique et au sud par l'océan Pacifique. Sa superficie est de 112 088 km^2 (environ un cinquième de la

France). Le Honduras compte 7,1 millions d'habitants (les *Honduriens*). C'est une république dont la capitale est Tegucigalpa. La langue officielle est l'espagnol ; on y parle aussi des langues indiennes et l'anglais. La monnaie est le lempira.

Hongrie n. f. Pays du centre de l'Europe. Sa superficie est de 93 030 km^2 (environ un sixième de la France). La Hongrie compte 10 millions d'habitants (les *Hongrois*). C'est une république, membre de l'Union européenne, dont la capitale est Budapest. La langue officielle est le hongrois. La monnaie est le forint.

Inde n. f. Pays du sud de l'Asie, bordé à l'ouest, au sud et à l'est par l'océan Indien. Sa superficie est de 3 287 263 km^2 (plus de 6 fois la France). L'Inde compte 1,2 milliard d'habitants (les *Indiens*). C'est une république fédérale composée de 28 États et de 7 Territoires, dont la capitale est New Delhi. Les langues officielles sont l'anglais et l'hindi ; chaque État a une ou plusieurs langues officielles. La monnaie est la roupie indienne.

Indonésie n. f. Pays du sud-est de l'Asie. Cet archipel est situé au nord de l'Australie, dans l'océan Indien et l'océan Pacifique. Sa superficie est de 1 919 444 km^2 (plus de 3 fois la France). L'Indonésie compte 231,3 millions d'habitants (les *Indonésiens*). C'est une république dont la capitale est Jakarta. La langue officielle est l'indonésien ; on y parle aussi de nombreuses langues locales dont le javanais. La monnaie est la roupie.

Indonésie : les rizières de Bali

Irak n. m. Pays de l'ouest de l'Asie, bordé au sud-est par le golfe Persique. Sa superficie est de 440 000 km^2 (un peu moins que la France). L'Irak compte 39 millions d'habitants (les *Irakiens*). C'est une république dont la capitale est Bagdad. La langue officielle est l'arabe ; on y parle aussi le turc, le kurde et l'arménien. La monnaie est le dinar irakien.

Iran n. m. Pays de l'ouest de l'Asie, bordé au nord par la mer Caspienne et au sud par le golfe Persique. Sa superficie est de 1,6 million de km^2 (un peu plus de 3 fois la France). L'Iran compte 71,2 millions d'habitants (les *Iraniens*). C'est une république islamiste dont la capitale est Téhéran. La langue officielle est le persan ; on y parle aussi le kurde, le turc et l'azéri. La monnaie est le rial.

Irlande n. f. Pays de l'ouest de l'Europe. Limité au nord-est par l'Irlande du Nord (qui fait partie du Royaume-Uni), il occupe la plus grande partie de l'île d'Irlande dans l'océan Atlantique. Sa superficie est de 70 280 km^2 (moins d'un huitième de la France). L'Irlande (appelée aussi *Éire*) compte 4,3 millions d'habitants (les *Irlandais*). C'est une république, membre de l'Union européenne, dont la capitale est Dublin. Les langues officielles sont l'irlandais (le gaélique) et l'anglais. La monnaie est l'euro.

Islande n. f. Pays du nord-ouest de l'Europe. C'est une île située au nord de l'océan Atlantique, près du Groenland. Sa superficie est de 102 828 km^2 (environ un cinquième de la France). L'Islande compte 308 000 habitants (les *Islandais*). C'est une république dont la capitale est Reykjavik. La langue officielle est l'islandais. La monnaie est la couronne islandaise.

Israël n. m. Pays de l'ouest de l'Asie, bordé à l'ouest par la mer Méditerranée, au nord-est de l'Égypte. Sa superficie est de 20 770 km^2 (environ la moitié de la Suisse). Israël compte 6,9 millions d'habitants (les *Israéliens*). C'est une république dont la capitale est Tel-Aviv-Jaffa ; Jérusalem est la capitale fixée par l'État d'Israël mais elle n'est pas reconnue par la communauté internationale. Les langues officielles sont l'hébreu et l'arabe. La monnaie est le shekel.

Italie n. f. Pays du sud de l'Europe, bordé à l'ouest et au sud par la mer Méditerranée, à l'est par la mer Adriatique. Il englobe deux îles, la Sardaigne et la Sicile, et deux territoires indépendants : la république de Saint-Marin et la cité du Vatican. Sa superficie est de 301 230 km^2 (plus de la moitié de la France). L'Italie compte 59 millions d'habitants (les *Italiens*). C'est une république, membre de l'Union européenne, dont la capitale est Rome. La langue officielle est l'italien. La monnaie est l'euro.

Italie : Florence

Jamaïque n. f. Pays d'Amérique centrale. C'est une île située au sud de Cuba et à l'ouest d'Haïti, dans l'océan Atlantique. Sa superficie est de 10 991 km^2 (un peu plus que la Corse). La Jamaïque compte 2,7 millions d'habitants (les *Jamaïcains*). C'est une démocratie parlementaire dont la capitale est Kingston. La langue officielle est l'anglais ; on y parle aussi un créole. La monnaie est le dollar de la Jamaïque.

Japon n. m. Pays de l'est de l'Asie, formé de plusieurs îles, bordé à l'est par l'océan Pacifique et à l'ouest par la mer du Japon. Sa superficie est de 377 755 km^2 (environ les deux tiers de la France). Le Japon compte 128 millions d'habitants (les *Japonais*). C'est une monarchie dont la capitale est Tokyo. La langue officielle est le japonais. La monnaie est le yen.

Jordanie n. f. Pays de l'ouest de l'Asie, à l'est d'Israël. Sa superficie est de 92 000 km^2 (moins d'un sixième de la France). La Jordanie compte 4,2 millions d'habitants (les *Jordaniens*). C'est une monarchie dont la capitale est Amman. La langue officielle est l'arabe. La monnaie est le dinar jordanien.

Jordanie : la cité antique de Pétra

Kazakhstan n. m. Pays du centre de l'Asie. Sa superficie est de 2,7 millions de km^2 (environ 5 fois la France). Le Kazakhstan compte 15,4 millions d'habitants (les *Kazakhstanais*). C'est une république dont les capitales sont Astana et Almaty. Les langues officielles sont le kazakh et le russe. La monnaie est le tengue.

Kenya n. m. Pays de l'est de l'Afrique, bordé au sud-est par l'océan Indien. Sa superficie est de 582 646 km^2 (un peu plus que la France). Le Kenya compte 38,6 millions d'habitants (les *Kényans*). C'est une république dont la capitale est Nairobi. Les langues officielles sont l'anglais et le swahili ; on y parle aussi le kikouyou, le luo et le massaï. La monnaie est le shilling du Kenya.

Kirghizstan n. m. Pays du centre de l'Asie, à l'ouest de la Chine. Sa superficie est de 198 500 km^2 (moins du tiers de la France). Le Kirghizstan compte 5,2 millions d'habitants (les *Kirghizes*). C'est une république dont la capitale est Bichkek. Les langues officielles sont le kirghize et le russe. La monnaie est le som.

Kiribati n. f. pl. Pays d'Océanie. C'est un archipel composé de 33 îles, situé au centre de l'océan Pacifique. Sa superficie est de 717 km² (environ 7 fois Paris). Les Kiribati comptent 96 000 habitants (les *Kiribatiens*). C'est une république dont la capitale est Bairiki, sur l'atoll de Tarawa. La langue officielle est l'anglais ; on y parle aussi le gilbertien. La monnaie est le dollar australien.

Kosovo n. m. Pays du sud de l'Europe, au sud de la Serbie. Sa superficie est de 10 887 km² (moins du tiers de la Belgique). Le Kosovo compte 2,1 millions d'habitants (les *Kosovars* ou *Kossoviens*). C'est une république dont la capitale est Pristina. Les langues officielles sont l'albanais et le serbe ; on y parle aussi le bosniaque et le turc. La monnaie est l'euro.

Koweït n. m. Pays de l'ouest de l'Asie, au nord de l'Arabie saoudite, bordé par le golfe Persique. Sa superficie est de 17 818 km² (plus de la moitié de la Belgique). Le Koweït compte 2,9 millions d'habitants (les *Koweïtiens*). C'est une monarchie dont la capitale est Koweït. La langue officielle est l'arabe. La monnaie est le dinar koweïtien.

Laos n. m. Pays du sud-est de l'Asie. Sa superficie est de 236 800 km² (moins de la moitié de la France). Le Laos compte 5,9 millions d'habitants (les *Laotiens*). C'est une république populaire dont la capitale est Vientiane. La langue officielle est le lao ; on y parle aussi le français. La monnaie est le kip.

Lesotho n. m. Pays du sud de l'Afrique qui forme une enclave dans l'Afrique du Sud. Sa superficie est de 30 355 km² (à peu près la Belgique). Le Lesotho compte 2 millions d'habitants (les *Lesothiens*). C'est une monarchie dont la capitale est Maseru. Les langues officielles sont l'anglais et le sotho. La monnaie est le loti.

Lettonie n. f. Pays du nord-est de l'Europe, bordé par la mer Baltique. Sa superficie est de 64 500 km² (plus de 2 fois la Belgique). La Lettonie compte 2,3 millions d'habitants (les *Lettons*). C'est une république, membre de l'Union européenne, dont la capitale est Riga. La langue officielle est le letton ; on y parle aussi le russe. La monnaie est le lats.

Liban n. m. Pays de l'ouest de l'Asie, entre la Syrie et Israël, bordé à l'ouest par la mer Méditerranée. Sa superficie est de 10 452 km² (à peu près un tiers de la Belgique). Le Liban compte 4 millions d'habitants (les *Libanais*). C'est une république dont la capitale est Beyrouth. La langue officielle est l'arabe ; on y parle aussi le français, l'anglais, l'arménien. La monnaie est la livre libanaise.

Liban : les vestiges romains de Baalbek

Libéria n. m. Pays de l'ouest de l'Afrique, bordé par l'océan Atlantique. Sa superficie est de 111 370 km² (environ un cinquième de la France). Le Libéria compte 3,9 millions d'habitants (les *Libériens*). C'est une république dont la capitale est Monrovia. La langue officielle est l'anglais ; on y parle aussi les langues des nombreuses communautés qui peuplent le pays. La monnaie est le dollar libérien.

Libye n. f. Pays du nord de l'Afrique, sur la mer Méditerranée. Sa superficie est de 1,7 million de km² (plus de 3 fois la France). La Libye compte 6,1 millions d'habitants (les *Libyens*). C'est un régime militaire dont la capitale est Tripoli. La langue officielle est l'arabe ; on y parle aussi le berbère. La monnaie est le dinar libyen.

Liechtenstein n. m. Principauté du centre de l'Europe, entre la Suisse et l'Autriche. Sa superficie est de 160 km² (un peu plus grand que Paris). Le Liechtenstein compte 34 600 habitants (les *Liechtensteinois*). C'est une monarchie dont la capitale est Vaduz. La langue officielle est l'allemand. La monnaie est le franc suisse.

Lituanie n. f. Pays du nord-est de l'Europe, sur la mer Baltique. Sa superficie est de 65 200 km^2 (environ 2 fois la Belgique). La Lituanie compte 3,4 millions d'habitants (les *Lituaniens*). C'est une république, membre de l'Union européenne, dont la capitale est Vilnius. La langue officielle est le lituanien ; on y parle aussi le russe et le polonais. La monnaie est le litas.

Luxembourg n. m. Pays de l'ouest de l'Europe, situé entre la Belgique, l'Allemagne et la France. Sa superficie est de 2 586 km^2 (moins du tiers de la Corse). Le Luxembourg compte 476 200 habitants (les *Luxembourgeois*). C'est un grand-duché, membre de l'Union européenne, dont la capitale est Luxembourg. Les langues officielles sont le luxembourgeois, le français et l'allemand. La monnaie est l'euro.

Macédoine n. f. Pays du sud de l'Europe, au nord de la Grèce. Sa superficie est de 25 713 km^2 (à peu près 3 fois la Corse). La Macédoine compte 2 millions d'habitants (les *Macédoniens*). C'est une république dont la capitale est Skopje. La langue officielle est le macédonien. La monnaie est le denar.

Madagascar n. f. Pays de l'est de l'Afrique. C'est une île située dans l'océan Indien, au large du Mozambique. Sa superficie est de 587 081 km^2 (un peu plus que la France). Madagascar compte 20,2 millions d'habitants (les *Malgaches*). C'est une république dont la capitale est Tananarive. Les langues officielles sont le malgache et le français. La monnaie est l'ariary.

Malaisie n. f. Pays du sud-est de l'Asie, formé par le sud de la péninsule de Malacca et d'une partie de l'île de Bornéo, bordé par la mer de Chine. Sa superficie est de 329 758 km^2 (environ les deux tiers de la France). La Malaisie compte 26,6 millions d'habitants (les *Malaisiens* ou *Malais*). C'est une monarchie dont la capitale est Kuala Lumpur. La langue officielle est le malais. La monnaie est le ringgit.

Malawi n. m. Pays du sud-est de l'Afrique, bordé à l'est par le lac Malawi. Sa superficie est de 119 310 km^2 (plus du quart de la France). Le Malawi compte 14,3 millions d'habitants (les *Malawites*). C'est une république dont la capitale est Lilongwe. Les langues officielles sont le chichewa et l'anglais ; on y parle aussi le yao, le tonga, le swahili. La monnaie est le kwacha.

Maldives n. f. pl. Pays d'Asie. C'est un archipel de l'océan Indien situé au sud de l'Inde. Sa superficie est de 298 km^2 (environ 3 fois Paris). Les Maldives comptent 300 000 habitants (les *Maldiviens*). C'est une république dont la capitale est Malé. La langue officielle est le maldivien. La monnaie est le rufiyaa.

Mali n. m. Pays de l'ouest de l'Afrique. Sa superficie est de 1,2 million de km^2 (environ 2 fois et demie la France). Le Mali compte 12,7 millions d'habitants (les *Maliens*). C'est une république dont la capitale est Bamako. La langue officielle est le français ; on y parle aussi le mandé, le songhaï, le dogon, le hassanya et le berbère. La monnaie est le franc CFA.

Malte n. f. Pays du sud de l'Europe. C'est un archipel situé en mer Méditerranée, entre la Sicile et la Tunisie. Sa superficie est de 316 km^2 (environ 3 fois Paris). Malte compte 407 000 habitants (les *Maltais*). C'est une république, membre de l'Union européenne, dont la capitale est La Valette. Les langues officielles sont le maltais et l'anglais ; on y parle aussi l'italien. La monnaie est l'euro.

Mariannes du Nord n. f. pl. Pays d'Océanie. C'est un archipel de l'océan Pacifique, à l'est des Philippines. Sa superficie est de 477 km^2 (plus de 4 fois Paris). Les Mariannes du Nord comptent 69 200 habitants (les *Mariannais*). C'est un pays autonome associé aux États-Unis, dont la capitale est Garapan (île de Saipan). La langue officielle est l'anglais ; on y parle aussi le chamorro et le filipino. La monnaie est le dollar.

Maroc n. m. Pays du nord-ouest de l'Afrique, bordé à l'ouest par l'océan Atlantique et au nord par la mer Méditerranée. Sa superficie est de 706 550 km² (moins d'une fois et demie la France). Le Maroc compte 31,2 millions d'habitants (les *Marocains*). C'est une monarchie dont la capitale est Rabat. La langue officielle est l'arabe ; on y parle aussi le berbère, le français et l'espagnol. La monnaie est le dirham marocain.

Maroc : le ksar d'Aït-Ben-Haddou

Marshall n. f. pl. Pays d'Océanie. C'est un archipel de l'océan Pacifique, situé au nord-est de l'Australie. Sa superficie est de 181 km² (environ 2 fois Paris). Les îles Marshall comptent 51 000 habitants (les *Marshallais*). C'est une république dont la capitale est Delap-Uliga-Darrit, sur l'atoll de Majuro. Les langues officielles sont l'anglais et le marshall. La monnaie est le dollar.

Maurice n. f. Pays de l'océan Indien. C'est une île située à l'est de Madagascar. Sa superficie est de 2 040 km² (le quart de la Corse) avec les îles Rodrigues, Agalega et Saint-Brandon. Maurice compte 1,3 million d'habitants (les *Mauriciens*). C'est une république dont la capitale est Port-Louis. La langue officielle est l'anglais ; on y parle aussi un créole, le français, des langues indiennes et le chinois. La monnaie est la roupie mauricienne.

Mauritanie n. f. Pays de l'ouest de l'Afrique, bordé à l'ouest par l'océan Atlantique. Sa superficie est d'un million de km² (presque deux fois la France). La Mauritanie compte 3,2 millions d'habitants (les *Mauritaniens*). C'est une république islamiste dont la capitale est Nouakchott. La langue officielle est l'arabe ; on y parle aussi le peul, le wolof et le français. La monnaie est l'ouguiya.

Mexique n. m. Pays du sud de l'Amérique du Nord, bordé à l'ouest par l'océan Pacifique et à l'est par l'océan Atlantique. Sa superficie est de 1,97 million de km² (plus de trois fois et demie la France). Le Mexique compte 106,5 millions d'habitants (les *Mexicains*). C'est une république, formée de 31 États fédérés et de la capitale Mexico. La langue officielle est l'espagnol ; on y parle aussi des langues indiennes. La monnaie est le peso.

Mexique : le site maya de Chichen Itza

Micronésie n. f. Pays d'Océanie, situé dans l'océan Pacifique, comprenant les îles Carolines sauf les Palaos. Sa superficie est de 700 km² (environ 7 fois Paris). La Micronésie compte 108 000 habitants (les *Micronésiens*). C'est une république, formée de quatre États fédérés, dont la capitale est Palikir. La langue officielle est l'anglais ; on y parle aussi des langues micronésiennes et polynésiennes. La monnaie est le dollar.

Moldavie n. f. Pays de l'est de l'Europe, à l'est de la Roumanie. Sa superficie est de 33 700 km² (un peu plus que la Belgique). La Moldavie compte 4,2 millions d'habitants (les *Moldaves*). C'est une république dont la capitale est Chisinau. La langue officielle est le moldave ; on y parle aussi le russe, l'ukrainien et le turc. La monnaie est le leu.

Monaco n. m. Pays de l'ouest de l'Europe formant une enclave dans le département français des Alpes-Maritimes, bordé par la mer Méditerranée. Sa superficie est de 1,5 kilomètre carré (l'équivalent d'un des plus petits arrondissements de Paris). Il compte 32 700 habitants (les *Monégasques*). C'est une principauté dont la capitale est Monaco. La langue officielle est le français. La monnaie est l'euro.

Mongolie n. f. Pays de l'est de l'Asie, entre la Russie et la Chine. Sa superficie est de 1,5 million de km² (presque 3 fois la France). La Mongolie compte 2,6 millions d'habitants (les *Mongols*). C'est une république dont la capitale est Oulan-Bator. La langue officielle est le mongol. La monnaie est le tugrik.

Monténégro n. m. Pays du sud-est de l'Europe, bordé au sud par la mer Adriatique. Sa superficie est de 13 812 km² (environ la moitié de la Belgique). Le Monténégro compte 685 000 habitants (les *Monténégrins*). C'est une république dont la capitale est Podgorica. On y parle le monténégrin. La monnaie est l'euro.

Mozambique n. m. Pays du sud-est de l'Afrique, bordé par l'océan Indien. Sa superficie est de 799 380 km² (un peu moins d'une fois et demie la France). Le Mozambique compte 21,8 millions d'habitants (les *Mozambicains*). C'est une république dont la capitale est Maputo. La langue officielle est le portugais ; on y parle aussi des langues bantoues. La monnaie est le metical.

Myanmar n. m. → **Birmanie**

Namibie n. f. Pays du sud-ouest de l'Afrique, bordé à l'ouest par l'océan Atlantique. Sa superficie est de 824 268 km² (environ une fois et demie la France). La Namibie compte 2,1 millions d'habitants (les *Namibiens*). C'est une république dont la capitale est Windhoek. La langue officielle est l'anglais ; on y parle aussi l'afrikaans, l'allemand, des langues khoïsanes et bantoues. La monnaie est le dollar namibien.

Nauru n. f. Pays d'Océanie. C'est une île située dans l'océan Pacifique, au sud de l'équateur et au nord des îles Salomon. Sa superficie est de 22 km² (environ un quart de Paris). Nauru compte 13 500 habitants (les *Nauruans*). C'est une république dont la capitale est Yaren. Les langues officielles sont le nauruan et l'anglais. La monnaie est le dollar australien.

Nigéria :
statue d'Ifé, en terre cuite

Népal n. m. Pays du sud de l'Asie. Sa superficie est de 140 797 km² (moins du quart de la France). Le Népal compte 28,8 millions d'habitants (les *Népalais*). C'est une république démocratique fédérale dont la capitale est Katmandou. La langue officielle est le népalais. La monnaie est la roupie népalaise.

Nicaragua n. m. Pays d'Amérique centrale, bordé à l'est par l'océan Atlantique et à l'ouest par l'océan Pacifique. Sa superficie est de 139 682 km² (un peu moins du tiers de la France). Le Nicaragua compte 5,7 millions d'habitants (les *Nicaraguayens*). C'est une république dont la capitale est Managua. La langue officielle est l'espagnol ; on y parle aussi des langues indiennes. La monnaie est le cordoba.

Niger n. m. Pays de l'ouest de l'Afrique. Sa superficie est de 1,3 million de km² (plus de 2 fois la France). Le Niger compte 14,7 millions d'habitants (les *Nigériens*). C'est une république dont la capitale est Niamey. La langue officielle est le français ; on y parle aussi le haoussa, le peul, le songhaï et le berbère. La monnaie est le franc CFA.

Nigéria n. m. Pays de l'ouest de l'Afrique, bordé au sud par l'océan Atlantique. Sa superficie est de 923 773 km^2 (presque 2 fois la France). Le Nigéria compte 151,5 millions d'habitants (les *Nigérians*). C'est une république dont la capitale est Abuja. La langue officielle est l'anglais ; on y parle aussi le français, le haoussa, le yoruba, l'ibo et le fulani. La monnaie est le naira.

Niue n. f. Pays d'Océanie. C'est une île du centre de l'océan Pacifique, à l'est des Tonga. Sa superficie est de 258 km^2 (2 fois Paris). Niue compte 2 000 habitants. C'est un pays autonome associé à la Nouvelle-Zélande, dont la capitale est Alofi. La langue officielle est l'anglais. La monnaie est le dollar néozélandais.

Norvège n. f. Pays du nord de l'Europe, bordé au nord par l'océan Arctique, à l'ouest et au sud par l'océan Atlantique. Sa superficie est de 323 879 km^2. La Norvège compte 4,7 millions d'habitants (les *Norvégiens*). C'est une monarchie dont la capitale est Oslo. La langue officielle est le norvégien ; on y parle aussi le same. La monnaie est la couronne norvégienne.

Nouvelle-Zélande n. f. Pays d'Océanie. Archipel situé dans l'océan Pacifique, au sud-est de l'Australie, dont il est séparé par la mer de Tasman. Sa superficie est de 267 844 km^2. La Nouvelle-Zélande compte 4 millions d'habitants (les *Néozélandais*). C'est une démocratie parlementaire dont la capitale est Wellington. Les langues officielles sont l'anglais et le maori ; on y parle aussi des langues polynésiennes. La monnaie est le dollar néozélandais.

Oman n. m. Pays d'Arabie, bordé à l'est et au sud par l'océan Indien. Sa superficie est de 212 460 km^2 (un peu moins de la moitié de la France). Oman compte 2,6 millions d'habitants (les *Omanais*). C'est une monarchie (dirigée par un sultan) dont la capitale est Mascate. La langue officielle est l'arabe. La monnaie est le riyal omanais.

Ouganda n. m. Pays du centre de l'Afrique. Sa superficie est de 241 038 km^2 (un peu moins de la moitié de la France). L'Ouganda compte 31,9 millions d'habitants (les *Ougandais*). C'est une république dont la capitale est Kampala. La langue officielle est l'anglais ; on y parle aussi des langues bantoues et nilotiques. La monnaie est le shilling ougandais.

Ouzbékistan n. m. Pays du centre de l'Asie. Sa superficie est de 447 400 km^2 (plus des trois quarts de la France). L'Ouzbékistan compte 26,6 millions d'habitants (les *Ouzbeks*). C'est une république dont la capitale est Tachkent. La langue officielle est l'ouzbek. La monnaie est le soum.

Ouzbékistan : Samarkand

Pakistan n. m. Pays du sud de l'Asie, bordé au sud par l'océan Indien. Sa superficie est de 796 095 km^2 (moins d'une fois et demie la France). Le Pakistan compte 167 millions d'habitants (les *Pakistanais*). C'est une république islamiste dont la capitale est Islamabad. Les langues officielles sont l'ourdou et l'anglais. La monnaie est la roupie pakistanaise.

Palaos n. f. pl. Pays de l'archipel des Carolines, dans l'océan Pacifique, à l'est des Philippines. Il est composé de 26 îles et de 300 îlots. Sa superficie est de 488 km^2 (environ 4 fois Paris). Les Palaos comptent 14 200 habitants (les *Palaois*). C'est une république dont la capitale est Melekeok. Les langues officielles sont l'anglais et le paluan. La monnaie est le dollar.

Panama n. m. Pays d'Amérique centrale, bordé au sud par l'océan Pacifique et au nord par l'océan Atlantique. Sa superficie est de 75 517 km^2 (moins d'un septième de la France). Panama compte 3,4 millions d'habitants (les *Panaméens*). C'est une république dont la capitale est Panama. La langue officielle est l'espagnol ; on y parle aussi l'anglais et des langues amérindiennes. La monnaie est le balboa.

Papouasie-Nouvelle-Guinée n. f. Pays d'Océanie dans le sud-ouest de l'océan Pacifique, au nord de l'Australie, constitué de plusieurs îles et de la moitié est de la Nouvelle-Guinée. Sa superficie est de 462 840 km^2 (plus des deux tiers de la France). La Papouasie-Nouvelle-Guinée compte 6,5 millions d'habitants (les *Papouasiens* ou *Néoguinéens*). C'est une démocratie parlementaire dont la capitale est Port Moresby. La langue officielle est l'anglais ; on y parle aussi le pidgin, le motu et des langues mélanésiennes. La monnaie est le kina.

Paraguay n. m. Pays du sud-est de l'Amérique du Sud. Sa superficie est de 406 752 km^2 (environ les trois quarts de la France). Le Paraguay compte 6,2 millions d'habitants (les *Paraguayens*). C'est une république dont la capitale est Asuncion. Les langues officielles sont l'espagnol et le guarani. La monnaie est le guarani.

Pays-Bas n. m. pl. Pays du nord-ouest de l'Europe, bordé à l'ouest par la mer du Nord. Sa superficie est de 41 500 km^2 (à peu près la Suisse). Les Pays-Bas comptent 16,5 millions d'habitants (les *Néerlandais*). C'est une monarchie, membre de l'Union européenne, dont la capitale est Amsterdam. La langue officielle est le néerlandais ; on y parle aussi le frison. La monnaie est l'euro.

Pérou n. m. Pays du nord-ouest de l'Amérique du Sud, bordé à l'ouest par l'océan Pacifique. Sa superficie est de 1,3 million de km^2 (un peu plus de 2 fois la France). Le Pérou compte 28,2 millions d'habitants (les *Péruviens*). C'est une république dont la capitale est Lima. Les langues officielles sont l'espagnol, le quechua, l'aymara ; on y parle d'autres langues indigènes. La monnaie est le nouveau sol.

Portugal : la tour de Belém, à Lisbonne

Philippines n. f. pl. Pays du sud-est de l'Asie. Archipel situé dans l'océan Pacifique, au nord de l'Indonésie. Sa superficie est de 300 000 km^2 (un peu plus des deux tiers de la France). Les Philippines comptent 89,7 millions d'habitants (les *Philippins*). C'est une république dont la capitale est Manille. Les langues officielles sont l'anglais et le tagalog ; on y parle aussi de nombreuses langues régionales. La monnaie est le peso.

Pologne n. f. Pays du centre de l'Europe, bordé au nord par la mer Baltique. Sa superficie est de 312 683 km^2 (environ les deux tiers de la France). La Pologne compte 38,1 millions d'habitants (les *Polonais*). C'est une république, membre de l'Union européenne, dont la capitale est Varsovie. La langue officielle est le polonais. La monnaie est le zloty.

Porto Rico n. m. Pays d'Amérique centrale, composé de 3 îles dont l'île de Porto Rico, à l'est de la République dominicaine dans l'océan Atlantique. Sa superficie est de 8 897 km^2 (à peu près la Corse). Porto Rico compte 3,9 millions d'habitants (les *Portoricains* ou les *Puertoricains*). C'est un État autonome associé aux États-Unis. Sa capitale est San Juan de Porto Rico. Les langues officielles sont l'espagnol et l'anglais. La monnaie est le dollar.

Portugal n. m. Pays du sud de l'Europe, bordé à l'ouest et au sud par l'océan Atlantique. Sa superficie est de 92 072 km^2 (environ un sixième de la France). Le Portugal compte 10,7 millions d'habitants (les *Portugais*). C'est une république, membre de l'Union européenne, dont la capitale est Lisbonne. La langue officielle est le portugais. La monnaie est l'euro.

Qatar n. m. Pays d'Asie, à l'est de l'Arabie saoudite, sur le golfe Persique. Sa superficie est de 11 437 km^2 (un peu moins de la moitié de la Belgique). Le Qatar compte 856 000 habitants (les *Qatariens*). C'est une monarchie (dirigée par un émir) dont la capitale est Doha. La langue officielle est l'arabe. La monnaie est le riyal qatari.

Roumanie n. f. Pays d'Europe centrale, bordé au sud-est par la mer Noire. Sa superficie est de 237 500 km^2 (environ la moitié de la France). La Roumanie compte 21,5 millions d'habitants (les *Roumains*). C'est une république, membre de l'Union européenne, dont la capitale est Bucarest. La langue officielle est le roumain ; on y parle aussi le hongrois, l'allemand et le romani. La monnaie est le leu.

Royaume-Uni de Grande-Bretagne et d'Irlande du Nord n. m. Pays de l'ouest de l'Europe comprenant l'Angleterre, l'Écosse, le pays de Galles et l'Irlande du Nord. Il est bordé à l'ouest et au nord par l'océan Atlantique, à l'est par la mer du Nord et au sud par la Manche. Sa superficie est de 244 046 km^2 (près de la moitié de la France). Le Royaume-Uni de Grande-Bretagne et d'Irlande du Nord compte 60,2 millions d'habitants (les *Britanniques*). C'est une monarchie, membre de l'Union européenne, dont la capitale est Londres. La langue officielle est l'anglais ; on y parle aussi l'écossais, le gallois, l'irlandais et le mannois. La monnaie est la livre sterling.

Russie n. f. Pays de l'est de l'Europe et du nord de l'Asie, bordé au sud-ouest par la mer Noire et la mer Caspienne, au nord par l'océan Glacial Arctique, et à l'est par l'océan Pacifique. Sa superficie est de 17 millions de km^2 (environ 31 fois la France). La Russie compte 142,5 millions d'habitants (les *Russes*). C'est une fédération qui regroupe 21 républiques, 9 territoires, 46 régions plus une région autonome, 4 arrondissements autonomes et 2 villes fédérales. La capitale est Moscou. La langue officielle est le russe ; on y parle aussi les langues et les dialectes des différentes minorités qui composent le pays. La monnaie est le rouble.

Russie :
la cathédrale Saint-Sauveur à Saint-Pétersbourg

Rwanda n. m. Pays du centre de l'Afrique. Sa superficie est de 26 338 km^2 (un peu plus petit que la Belgique). Le Rwanda compte 10 millions d'habitants (les *Rwandais*). C'est une république dont la capitale est Kigali. Les langues officielles sont l'anglais, le français et le rwanda ; on y parle aussi le swahili. La monnaie est le franc rwandais.

Sainte-Lucie • Pays d'Amérique centrale. C'est une île située dans l'océan Atlantique, entre la Martinique et Saint-Vincent-et-les Grenadines. Sa superficie est de 616 km^2 (environ 6 fois Paris). Sainte-Lucie compte 167 000 habitants (les *Luciens*). C'est une démocratie parlementaire dont la capitale est Castries. La langue officielle est l'anglais ; on y parle aussi un créole. La monnaie est le dollar des Caraïbes de l'Est.

Saint-Kitts-et-Nevis • Pays d'Amérique centrale, formé de l'île Saint-Kitts et de l'île Nevis, au nord-ouest de la Guadeloupe, dans l'océan Atlantique. Sa superficie est de 269 km^2 (plus de 2 fois Paris).

Saint-Kitts-et-Nevis (appelé aussi *Saint-Christophe-et-Niévès*) compte 42 500 habitants (les *Christophiens*). C'est une démocratie parlementaire dont la capitale est Basseterre. La langue officielle est l'anglais ; on y parle aussi un créole. La monnaie est le dollar des Caraïbes de l'Est.

Saint-Marin • Pays du sud de l'Europe, formant une enclave à l'intérieur de l'Italie, sur la côte est, au sud de Rimini. Sa superficie est de 61 km² (environ la moitié de Paris). Saint-Marin compte 29 000 habitants (les *Saint-Marinais*). C'est une république dont la capitale est Saint-Marin. La langue officielle est l'italien. La monnaie est l'euro.

Saint-Vincent-et-les-Grenadines • Pays d'Amérique centrale. C'est un archipel situé dans l'océan Atlantique, entre Sainte-Lucie et la Grenade. Sa superficie est de 388 km² (plus de 3 fois Paris). Saint-Vincent-et-les-Grenadines compte 112 000 habitants (les *Vincentais*). C'est une démocratie parlementaire dont la capitale est Kingstown. La langue officielle est l'anglais. La monnaie est le dollar des Caraïbes de l'Est.

Salomon n. f. pl. Pays d'Océanie. C'est un archipel situé dans le sud-ouest de l'océan Pacifique, au nord-est de l'Australie. Sa superficie est de 27 556 km² (un peu moins que la Belgique). Les îles Salomon comptent 286 000 habitants (les *Salomonais* ou *Salomoniens*). C'est une démocratie parlementaire dont la capitale est Honiara. La langue officielle est l'anglais ; on y parle aussi des dialectes mélanésiens, papous et polynésiens. La monnaie est le dollar des îles Salomon.

Salvador n. m. Pays d'Amérique centrale, bordé au sud par l'océan Pacifique. Sa superficie est de 21 041 km² (un peu moins que la Belgique). Le Salvador compte 10 millions d'habitants (les *Salvadoriens*). C'est une république dont la capitale est San Salvador. La langue officielle est l'espagnol. Les monnaies sont le colon et le dollar.

Samoa n. f. pl. Pays faisant partie de l'archipel volcanique des Samoa, au centre de l'océan Pacifique. Sa superficie est de 2 830 km² (environ le tiers de la Corse). Les Samoa comptent 180 000 habitants (les *Samoens*). C'est une monarchie dont la capitale est Apia. Les langues officielles sont l'anglais et le samoan. La monnaie est le tala.

Sao Tomé-et-Principe n. m. Pays d'Afrique. C'est un archipel volcanique situé dans l'océan Atlantique, au large du Gabon. Sa superficie est de 1 001 km² (un peu plus grand que la Corse). Sao Tomé-et-Principe compte 162 000 habitants (les *Santoméens*). C'est une république dont la capitale est Sao Tomé. La langue officielle est le portugais ; on y parle aussi des créoles. La monnaie est le dobra.

Sénégal n. m. Pays de l'ouest de l'Afrique, bordé à l'ouest par l'océan Atlantique. Sa superficie est de 196 200 km² (un peu plus du tiers de la France). Le Sénégal compte 12,7 millions d'habitants (les *Sénégalais*). C'est une république dont la capitale est Dakar. La langue officielle est le français ; on y parle aussi le wolof, le peul, le diola, le malinké, le sérère et le soninké. La monnaie est le franc CFA.

Sénégal :
la culture du riz en Casamance, au sud du pays

Serbie n. f. Pays du sud de l'Europe, à l'ouest de la Roumanie. Sa superficie est de 77 474 km² (moins du sixième de la France). La Serbie compte 9,9 millions d'habitants (les *Serbes*). C'est une république dont la capitale est Belgrade. La langue officielle est le serbe. La monnaie est le dinar.

Seychelles n. f. pl. Pays d'Afrique. C'est un archipel situé dans l'océan Indien, au nord-est de Madagascar. Sa superficie est de 453 km² (un peu plus de 4 fois Paris). Les Seychelles comptent 81 200 habitants (les *Seychellois*). C'est une république dont la capitale est Victoria, dans l'île de Mahé. Les langues officielles sont l'anglais, le français et le créole seychellois. La monnaie est la roupie seychelloise.

Sierra Leone n. f. Pays de l'ouest de l'Afrique, bordé au sud-ouest par l'océan Atlantique. Sa superficie est de 73 326 km² (environ un septième de la France). La Sierra Leone compte 6 millions d'habitants (les *Sierraléonais*). C'est une république dont la capitale est Freetown. La langue officielle est l'anglais ; on y parle aussi le krio, le mendé, le temné. La monnaie est le leone.

Singapour n. f. Pays du sud-est de l'Asie. C'est un archipel situé à l'extrémité sud-est de la péninsule de Malacca, bordé à l'ouest par l'océan Indien et à l'est par la mer de Chine. Sa superficie est de 699 km² (environ 6 fois Paris). Singapour compte 4,5 millions d'habitants (les *Singapouriens*). C'est une république dont la capitale est Singapour. Les langues officielles sont le malais, le chinois, l'anglais et le tamoul. La monnaie est le dollar singapourien.

Slovaquie n. f. Pays du centre de l'Europe. Sa superficie est de 49 036 km² (plus grand que la Suisse). La Slovaquie compte 5,4 millions d'habitants (les *Slovaques*). C'est une république, membre de l'Union européenne, dont la capitale est Bratislava. La langue officielle est le slovaque ; on y parle aussi le hongrois et le romani. La monnaie est l'euro.

Slovénie n. f. Pays du centre de l'Europe, bordé au sud-ouest par la mer Adriatique. Sa superficie est de 20 251 km² (les deux tiers de la Belgique). La Slovénie compte 2 millions d'habitants (les *Slovènes*). C'est une république, membre de l'Union européenne, dont la capitale est Ljubljana. La langue officielle est le slovène. La monnaie est l'euro.

Somalie n. f. Pays de l'est de l'Afrique, bordé au nord et à l'est par l'océan Indien. Sa superficie est de 637 657 km² (un peu plus que la France). La Somalie compte 8 millions d'habitants (les *Somaliens*). C'est une république dont la capitale est Mogadiscio. Les langues officielles sont le somali et l'arabe ; on y parle aussi l'anglais et l'italien. La monnaie est le shilling somali.

Soudan n. m. Pays de l'est de l'Afrique, bordé au nord-est par la mer Rouge. Sa superficie est de 1,9 million de km² (plus de 3 fois la France). Le Soudan compte 30,9 millions d'habitants (les *Soudanais*). C'est une république dont la capitale est Khartoum. Les langues officielles sont l'arabe et l'anglais ; on y parle aussi le dinka, le peul et le nuer. La monnaie est la livre soudanaise.

Soudan du Sud n. m. Pays de l'est de l'Afrique. Sa superficie est de 620 000 km² (un peu plus que la France). Le Soudan du Sud compte 10 millions d'habitants (les *Sud-Soudanais*). C'est une république dont la capitale est Juba. La langue officielle est l'anglais ; on y parle aussi l'arabe. La monnaie est la livre sud-soudanaise.

Sri Lanka n. m. Pays du sud de l'Asie. C'est une île située dans l'océan Indien. Sa superficie est de 66 000 km² (environ un huitième de la France). Le Sri Lanka compte 19 millions d'habitants (les *Srilankais*). C'est une république dont la capitale commerciale est Colombo et la capitale administrative est Sri Jayewardenepura Kotte. Les langues officielles sont le singhalais et le tamoul ; on y parle aussi l'anglais. La monnaie est la roupie srilankaise.

Suède n. f. Pays du nord de l'Europe, bordé à l'est et au sud par la mer Baltique. Sa superficie est de 449 964 km² (un peu moins que la France). La Suède compte 9,2 millions d'habitants (les *Suédois*).C'est une monarchie, membre de l'Union européenne, dont la capitale est Stockholm. La langue officielle est le suédois ; on y parle aussi le same et le finnois. La monnaie est la couronne suédoise.

Suisse n. f. Pays du centre de l'Europe. Sa superficie est de 41 285 km^2 (un quart plus grand que la Belgique). La Suisse compte 7,5 millions d'habitants (les *Suisses*). C'est une république fédérale formée de 26 cantons dont la capitale est Berne (voir aussi la liste des cantons suisses page 1408). Les langues nationales sont l'allemand (plus de 60 %), le français, l'italien et le romanche. La monnaie est le franc suisse.

Suriname n. m. Pays du nord-est de l'Amérique du Sud, bordé au nord par l'océan Atlantique. Sa superficie est de 163 000 km^2 (plus du quart de la France). Le Suriname compte 518 000 habitants (les *Surinamiens*). C'est une république dont la capitale est Paramaribo. La langue officielle est le néerlandais ; on y parle aussi des langues caraïbes. La monnaie est le dollar du Suriname.

Swaziland n. m. Pays du sud de l'Afrique, formant une enclave entre l'Afrique du Sud et le Mozambique. Sa superficie est de 17 363 km^2 (environ la moitié de la Belgique). Le Swaziland compte 1,2 million d'habitants (les *Swazis*). C'est une monarchie dont la capitale est Mbabane. Les langues officielles sont l'anglais et le swati. La monnaie est le lilangeni.

Syrie n. f. Pays de l'ouest de l'Asie, au nord d'Israël, bordé au nord-ouest par la mer Méditerranée. Sa superficie est de 185 180 km^2 (environ le tiers de la France). La Syrie compte 20,4 millions d'habitants (les *Syriens*). C'est une république dont la capitale est Damas. La langue officielle est l'arabe ; on y parle aussi le kurde, le circassien, l'arménien et le syriaque. La monnaie est la livre syrienne.

Tadjikistan n. m. Pays du centre de l'Asie, à l'ouest de la Chine. Sa superficie est de 143 100 km^2 (moins du tiers de la France). Le Tadjikistan compte 6,7 millions d'habitants (les *Tadjiks*). C'est une république dont la capitale est Douchanbé. La langue officielle est le tadjik ; on y parle aussi le russe. La monnaie est le somoni.

Taiwan • Pays d'Asie. C'est une île de l'océan Pacifique, à 150 km au sud-est de la Chine. Sa superficie est de 35 966 km^2 (un peu plus que la Belgique). Taiwan compte 23 millions d'habitants (les *Taiwanais*). C'est une république non reconnue dont la capitale est Taipei. La langue officielle est le chinois mandarin. La monnaie est le nouveau dollar de Taiwan.

Taiwan : un temple, à Taipei

Tanzanie n. f. Pays du sud-est de l'Afrique, bordé par l'océan Indien. Sa superficie est de 945 037 km^2 (plus d'une fois et demie la France). La Tanzanie compte 41,5 millions d'habitants (les *Tanzaniens*). C'est une république dont la capitale est Dodoma ; Dar es Salam, l'ancienne capitale, est le siège des ambassades. Les langues officielles sont l'anglais et le swahili ; on y parle aussi des langues bantoues et nilotiques. La monnaie est le shilling tanzanien.

Tchad n. m. Pays du centre de l'Afrique, au sud du Sahara. Sa superficie est de 1,3 million de km^2 (plus de 2 fois la France). Le Tchad compte 11 millions d'habitants (les *Tchadiens*). C'est une république dont la capitale est Ndjamena. Les langues officielles sont le français et l'arabe ; on y parle aussi le sara, le peul et le haoussa. La monnaie est le franc CFA.

tchèque (République) • Pays du centre de l'Europe, à l'est de l'Allemagne. Sa superficie est de 78 864 km^2 (environ un septième de la France). La République tchèque compte 10,2 millions d'habitants (les *Tchèques*). C'est une république, membre de l'Union européenne, dont la capitale est Prague. La langue officielle est le tchèque ; on y parle aussi l'allemand, le polonais, le romani et l'ukrainien. La monnaie est la couronne tchèque.

République **tchèque** : Prague

Thaïlande n. f. Pays au sud-est de l'Asie, bordé au sud par la mer de Chine. Sa superficie est de 513 115 km² (un peu moins que la France). La Thaïlande compte 63,9 millions d'habitants (les *Thaïlandais*). C'est une monarchie dont la capitale est Bangkok. La langue officielle est le thaï ; on y parle aussi le chinois et l'anglais. La monnaie est le baht.

Timor oriental n. m. Pays d'Asie formé par la partie est de l'île de Timor, dans l'océan Indien, au nord de l'Australie. Sa superficie est de 14 874 km² (environ la moitié de la Belgique). Le Timor oriental compte 1,2 million d'habitants (les *Timorais*). C'est une république dont la capitale est Dili. Les langues officielles sont le portugais et le tetum ; on y parle aussi l'indonésien. La monnaie est le dollar.

Togo n. m. Pays de l'ouest de l'Afrique, bordé au sud par l'océan Atlantique. Sa superficie est de 56 785 km² (moins d'un dixième de la France). Le Togo compte 6,8 millions d'habitants (les *Togolais*). C'est une république dont la capitale est Lomé. La langue officielle est le français ; on y parle aussi l'éwé, le kabyé, le kotokoli, le mina et le peul. La monnaie est le franc CFA.

Tonga n. f. pl. Pays d'Océanie. C'est un archipel situé dans l'océan Pacifique, à l'est des îles Fidji. Sa superficie est de 675 km² (plus de 6 fois Paris). Les Tonga comptent 103 000 habitants (les *Tongiens*). C'est une monarchie dont la capitale est Nuku'alofa. Les langues officielles sont l'anglais et le tongan. La monnaie est le pa'anga.

Trinité-et-Tobago n. f. Pays d'Amérique centrale, formé de deux îles, Trinité et Tobago, situées dans l'océan Atlantique au large des côtes du Venezuela. Sa superficie est de 5 128 km² (environ les deux tiers de la Corse). Trinité-et-Tobago compte 1,3 million d'habitants (les *Trinidadiens*). C'est une république dont la capitale est Port of Spain. La langue officielle est l'anglais. La monnaie est le dollar de Trinité-et-Tobago.

Tunisie n. f. Pays du nord de l'Afrique, bordé au nord et à l'est par la mer Méditerranée. Sa superficie est de 163 610 km² (plus du tiers de la France). La Tunisie compte 10 millions d'habitants (les *Tunisiens*). C'est une république dont la capitale est Tunis. La langue officielle est l'arabe ; on y parle aussi le français et le berbère. La monnaie est le dinar tunisien.

Turkménistan n. m. Pays du centre de l'Asie, bordé à l'ouest par la mer Caspienne. Sa superficie est de 488 100 km² (un peu moins que la France). Le Turkménistan compte 5 millions d'habitants (les *Turkmènes*). C'est une république dont la capitale est Achgabat. La langue officielle est le turkmène ; on y parle aussi le russe. La monnaie est le manat.

Turquie n. f. Pays situé à cheval sur l'Europe et l'Asie, à l'ouest de l'Iran, bordé au nord par la mer Noire, à l'ouest et au sud par la mer Mé-

Turquie : paysage de Cappadoce

diterranée. Sa superficie est de 779 452 km^2 (environ une fois et demie la France). La Turquie compte 72,2 millions d'habitants (les *Turcs*). C'est une république dont la capitale est Ankara. La langue officielle est le turc ; on parle aussi le kurde et l'arménien. La monnaie est la livre turque.

Tuvalu n. f. pl. Pays d'Océanie. C'est un archipel formé d'atolls situés au milieu de l'océan Pacifique, au sud de l'équateur et à l'ouest de Kiribati. Sa superficie est de 26 km^2 (le quart de Paris). Les Tuvalu comptent 8 200 habitants (les *Tuvalais*). C'est une démocratie parlementaire dont la capitale est Vaiaku, sur l'atoll de Funafuti. La langue officielle est l'anglais ; on y parle aussi le tuvaluan. La monnaie est le dollar tuvaluan et australien.

Ukraine n. f. Pays de l'est de l'Europe, bordé au sud par la mer Noire et la mer d'Azov. Sa superficie est de 603 700 km^2 (un peu plus que la France). L'Ukraine compte 47,6 millions d'habitants (les *Ukrainiens*). C'est une république dont la capitale est Kiev. La langue officielle est l'ukrainien ; on y parle aussi le russe. La monnaie est la grivnia.

Uruguay n. m. Pays du sud-est de l'Amérique du Sud, bordé par l'océan Atlantique. Sa superficie est de 186 926 km^2 (environ le tiers de la France). L'Uruguay compte 3,3 millions d'habitants (les *Uruguayens*). C'est une république dont la capitale est Montevideo. La langue officielle est l'espagnol. La monnaie est le peso uruguayen.

Vanuatu n. m. Pays d'Océanie. C'est un archipel situé dans l'océan Pacifique, au nord-est de la Nouvelle-Calédonie. Sa superficie est de 14 763 km^2 (environ la moitié de la Belgique). Le Vanuatu compte 142 600 habitants (les *Vanouatais*). C'est une république dont la capitale est Port-Vila. Les langues officielles sont le français, l'anglais et le bichlamar ; on y parle aussi des langues océaniennes. La monnaie est le vatu.

Vatican n. m. Pays d'Europe, situé sur une colline de Rome, en Italie. Sa superficie est de 44 hectares (0,44 km^2). C'est le plus petit État du monde. Le Vatican compte environ 1 000 habitants. C'est un État dirigé par le pape. La langue officielle est l'italien ; on y utilise aussi le latin et le français. La monnaie est l'euro.

Venezuela n. m. Pays du nord de l'Amérique du Sud, bordé au nord par l'océan Atlantique. Sa superficie est de 912 050 km^2 (plus d'une fois et demie la France). Le Venezuela compte 27,5 millions d'habitants (les *Vénézuéliens*). C'est une république dont la capitale est Caracas. La langue officielle est l'espagnol. La monnaie est le bolivar.

Vietnam n. m. Pays du sud-est de l'Asie, bordé à l'est et au sud par la mer de Chine. Sa superficie est de 329 566 km^2 (plus de la moitié de la France). Le Vietnam compte 88,5 millions d'habitants (les *Vietnamiens*). C'est une république socialiste dont la capitale est Hanoï. La langue officielle est le vietnamien ; on y parle aussi le khmer et le thaï. La monnaie est le dong.

Yémen n. m. Pays de la péninsule Arabique, au sud de l'Arabie saoudite, bordé au sud-est par l'océan Indien et à l'ouest par la mer Rouge. Sa superficie est de 536 869 km^2 (à peu près comme la France). Le Yémen compte 22,3 millions d'habitants (les *Yéménites*). C'est une république dont la capitale est Sanaa. La langue officielle est l'arabe. La monnaie est le riyal yéménite.

Zambie n. f. Pays du sud de l'Afrique. Sa superficie est de 752 614 km^2 (une fois et demie la France). La Zambie compte 11,7 millions d'habitants (les *Zambiens*). C'est une république dont la capitale est Lusaka. La langue officielle est l'anglais ; on y parle aussi le swahili et des langues bantoues. La monnaie est le kwacha.

Zimbabwe n. m. Pays du sud de l'Afrique. Sa superficie est de 390 308 km^2 (plus des deux tiers de la France). Le Zimbabwe compte 19 millions d'habitants (les *Zimbabwéens*). C'est une république dont la capitale est Harare. Les langues officielles sont l'anglais, le shona, le ndébélé, le venda, le nambya, le shangaan, le kalanga, le sotho et le tonga. La monnaie est le dollar zimbabwéen.

▪ France

les divisions administratives

▫ les Régions

Alsace n. f. Région administrative de l'est de la France, formée de deux départements : le Bas-Rhin et le Haut-Rhin. Sa superficie est de 8 280 km² (1,5 % du territoire métropolitain). C'est la plus petite Région française. Elle compte 1,8 million d'habitants (les *Alsaciens*). Son chef-lieu est Strasbourg.

La plaine d'**Alsace**

Aquitaine n. f. Région administrative du sud-ouest de la France, formée de cinq départements : la Dordogne, la Gironde, les Landes, le Lot-et-Garonne et les Pyrénées-Atlantiques. Sa superficie est de 41 308 km² (7,6 % du territoire métropolitain). Elle compte 3,1 millions d'habitants (les *Aquitains*). Son chef-lieu est Bordeaux.

Auvergne n. f. Région administrative du centre de la France, formée de quatre départements : l'Allier, le Cantal, la Haute-Loire et le Puy-de-Dôme. Sa superficie est de 26 013 km² (4,8 % du territoire métropolitain). Elle compte 1,3 million d'habitants (les *Auvergnats*). Son chef-lieu est Clermont-Ferrand.

Basse-Normandie n. f. Région administrative de l'ouest de la France, formée de trois départements : le Calvados, la Manche et l'Orne. Sa superficie est de 17 589 km² (3,2 % du territoire métropolitain). Elle compte 1,4 million d'habitants (les *Normands*). Son chef-lieu est Caen.

Bourgogne n. f. Région administrative du centre-est de la France, formée de quatre départements : la Côte-d'Or, la Nièvre, la Saône-et-Loire et l'Yonne. Sa superficie est de 31 582 km² (5,8 % du territoire métropolitain). Elle compte 1,6 million d'habitants (les *Bourguignons*). Son chef-lieu est Dijon.

Bretagne n. f. Région administrative de l'ouest de la France, formée de quatre départements : les Côtes-d'Armor, le Finistère, l'Ille-et-Vilaine et le Morbihan. Sa superficie est de 27 208 km² (5 % du territoire métropolitain). Elle compte 3 millions d'habitants (les *Bretons*). Son chef-lieu est Rennes.

Centre n. m. Région administrative du centre de la France, formée de six départements : le Cher, l'Eure-et-Loir, l'Indre, l'Indre-et-Loire, le Loiret et le Loir-et-Cher. Sa superficie est de 39 151 km² (7,2 % du territoire métropolitain). Elle compte 2,5 millions d'habitants. Son chef-lieu est Orléans.

Champagne-Ardenne n. f. Région administrative du nord-est de la France, formée de quatre départements : les Ardennes, l'Aube, la Haute-Marne et la Marne. Sa superficie est de 25 606 km² (4,7 % du territoire métropolitain). Elle compte 1,4 million d'habitants (les *Champenois*). Son chef-lieu est Châlons-en-Champagne.

Corse n. f. Île française de la mer Méditerranée constituant une Région administrative. Elle est formée de deux départements : la Corse-du-Sud et la Haute-Corse. Sa superficie est de 8 680 km² (1,6 % du territoire métropolitain). Elle compte 279 000 habitants (les *Corses*). C'est la Région française la moins peuplée. Son chef-lieu est Ajaccio.

Franche-Comté n. f. Région administrative de l'est de la France, formée de quatre départements : le Doubs, la Haute-Saône, le Jura, le Territoire-de-Belfort. Sa superficie est de 16 202 km² (3 % du territoire métropolitain). Elle compte 1,1 million d'habitants (les *Franc-Comtois*). Son chef-lieu est Besançon.

Haute-Normandie n. f. Région administrative de l'ouest de la France, formée de deux départements : l'Eure et la Seine-Maritime. Sa superficie est de 12 317 km² (2,3 % du territoire métropolitain). Elle compte 1,8 million d'habitants (les *Normands*). Son chef-lieu est Rouen.

Île-de-France n. f. Région administrative du centre-nord de la France, formée de huit départements : l'Essonne, les Hauts-de-Seine, Paris, la Seine-et-Marne, la Seine-Saint-Denis, le Val-de-Marne, le Val-d'Oise et les Yvelines. Sa superficie est de 12 010 km² (2,2 % du territoire métropolitain). Elle compte 11,5 millions d'habitants (les *Franciliens*). C'est la Région française la plus peuplée. Son chef-lieu est Paris.

Languedoc-Roussillon n. m. Région administrative du sud de la France, formée de cinq départements : l'Aude, le Gard, l'Hérault, la Lozère et les Pyrénées-Orientales. Sa superficie est de 27 376 km² (5 % du territoire métropolitain). Elle compte 2,5 millions d'habitants (les *Languedociens*). Son chef-lieu est Montpellier.

Languedoc-Roussillon :
le pont du Gard, aqueduc romain

Limousin n. m. Région administrative du centre de la France, formée de trois départements : la Corrèze, la Creuse et la Haute-Vienne. Sa superficie est de 16 942 km² (3,1 % du territoire métropolitain). Elle compte 711 000 habitants (les *Limousins*). Son chef-lieu est Limoges.

Lorraine n. f. Région administrative de l'est de la France, formée de quatre départements : la Meurthe-et-Moselle, la Meuse, la Moselle et les Vosges. Sa superficie est de 23 547 km² (4,3 % du territoire métropolitain). Elle compte 2,3 millions d'habitants (les *Lorrains*). Son chef-lieu est Metz.

Midi-Pyrénées n. m. Région administrative du sud-ouest de la France, formé de huit départements : l'Ariège, l'Aveyron, le Gers, la Haute-Garonne, les Hautes-Pyrénées, le Lot, le Tarn et le Tarn-et-Garonne. Sa superficie est de 45 348 km² (8,3 % du territoire métropolitain). C'est la plus grande Région française. Elle compte 2,8 millions d'habitants. Son chef-lieu est Toulouse.

Nord-Pas-de-Calais n. m. Région administrative du nord de la France, formée de deux départements : le Nord et le Pas-de-Calais. Sa superficie est de 12 414 km² (2,3 % du territoire métropolitain). Elle compte 4 millions d'habitants. Son chef-lieu est Lille.

Pays de la Loire n. m. pl. Région administrative de l'ouest de la France, formée de cinq départements : la Loire-Atlantique, le Maine-et-Loire, la Mayenne, la Sarthe et la Vendée. Sa superficie est de 32 082 km² (5,9 % du territoire métropolitain). Elle compte 3,4 millions d'habitants (les *Ligériens*). Son chef-lieu est Nantes.

Pays de la Loire :
les marais salants de Guérande (Loire-Atlantique)

Picardie n. f. Région administrative du nord de la France, formée de trois départements : l'Aisne, l'Oise et la Somme. Sa superficie est de 19 399 km² (3,6 % du territoire métropolitain). Elle compte 1,9 million d'habitants (les *Picards*). Son chef-lieu est Amiens.

Poitou-Charentes n. m. Région administrative de l'ouest de la France, formée de quatre départements : la Charente, la Charente-Maritime, les Deux-Sèvres et la Vienne. Sa superficie est de 25 809 km² (4,7 % du territoire métropolitain). Elle compte 1,7 million d'habitants (les *Picto-Charentais*). Son chef-lieu est Poitiers.

Provence-Alpes-Côte d'Azur (PACA) • Région administrative du sud-est de la France, formée de six départements : les Alpes-de-Haute-Provence, les Alpes-Maritimes, les Bouches-du-Rhône, les Hautes-Alpes, le Var et le Vaucluse. Sa superficie est de 31 400 km² (5,8 % du territoire métropolitain). Elle compte 4,8 millions d'habitants. Son chef-lieu est Marseille.

Rhône-Alpes • Région administrative du sud-est de la France, formée de huit départements : l'Ain, l'Ardèche, la Drôme, la Haute-Savoie, l'Isère, la Loire, le Rhône et la Savoie. Sa superficie est de 43 698 km² (8 % du territoire métropolitain). Elle compte 6 millions d'habitants (les *Rhônalpins*). Son chef-lieu est Lyon.

□ les départements et Régions d'outre-mer (DOM-ROM)

Guadeloupe n. f. Région et département d'outre-mer ; la Guadeloupe est formée de deux grandes îles de l'océan Atlantique situées dans les Petites Antilles. Sa superficie est de 1 703 km² (plus de seize fois Paris). Elle compte 447 000 habitants (les *Guadeloupéens*). Son chef-lieu est Basse-Terre.

Guyane n. f. Région et département d'outre-mer ; la Guyane est située au nord-est de l'Amérique du Sud, entre le Suriname et le Brésil. Sa superficie est de 86 504 km² (environ le sixième de la France). Elle compte 202 000 habitants (les *Guyanais*). Son chef-lieu est Cayenne.

Martinique n. f. Région et département d'outre-mer ; île de l'océan Atlantique, située dans les Petites Antilles. Sa superficie est de 1 128 km² (environ onze fois Paris). Elle compte 399 000 habitants (les *Martiniquais*). Son chef-lieu est Fort-de-France.

Mayotte • Région et département d'outre-mer qui comprend deux îles de l'archipel des Comores situées dans l'océan Indien. Sa superficie est de 373 km² (plus de trois fois Paris). Elle compte 160 000 habitants (les *Mahorais*). Son chef-lieu est Dzaoudzi.

Réunion n. f. Région et département d'outre-mer ; île de l'océan Indien, à l'est de Madagascar. Sa superficie est de 2 504 km² (environ vingt-cinq fois Paris). Elle compte 784 000 habitants (les *Réunionnais*). Son chef-lieu est Saint-Denis.

□ pays d'outre-mer (POM)

Polynésie française n. f. Pays d'outre-mer formé de cinq archipels de 130 îles et atolls, au centre de l'océan Pacifique, à l'est de l'Australie. Sa superficie est de 4 200 km² (moins de la moitié de la Corse). Elle compte 260 000 habitants (les *Polynésiens*). Son chef-lieu est Papeete, sur l'île de Tahiti. La monnaie est le franc Pacifique.

Polynésie : l'île de Moorea

□ les collectivités d'outre-mer (COM)

Saint-Barthélemy • Collectivité d'outre-mer ; île des Petites Antilles, dans l'océan Atlantique, à 200 km au nord-ouest de la Guadeloupe. Sa superficie est de 20 km^2 (un cinquième de Paris). Elle compte 7 000 habitants. Son chef-lieu est Gustavia.

Saint-Martin • Collectivité d'outre-mer, formée de la partie nord de l'île de Saint-Martin, dans les Petites Antilles ; île de l'océan Atlantique, au nord-nord-ouest de la Guadeloupe. Sa superficie est de 53 km^2 (la moitié de Paris). Elle compte 29 100 habitants (les *Saint-Martinois*). Son chef-lieu est Marigot.

Saint-Pierre et Miquelon • Collectivité d'outre-mer, composée de trois îles situées dans l'océan Atlantique, au sud de l'île de Terre-Neuve. Sa superficie est de 242 km^2 (plus de deux fois Paris). Elle compte 6 300 habitants (les *Saint-Pierrais et Miquelonnais*). Son chef-lieu est Saint-Pierre.

Terres Australes et Antarctiques françaises (TAAF) • Collectivité d'outre-mer, formée d'îles situées dans l'Antarctique, comprenant les archipels Crozet et Kerguelen, les îles de Saint-Paul et Amsterdam (Terres australes, 7 829 km^2) et la Terre Adélie (432 000 km^2). Une présence humaine est assurée mais il n'y a pas de population permanente.

Wallis et Futuna • Collectivité d'outre-mer formée d'un archipel de Polynésie situé au centre de l'océan Pacifique, à l'est de l'Australie. Sa superficie est de 274 km^2 (plus de deux fois Paris). Elle compte 12 400 habitants (les *Wallisiens et Futuniens*). Son chef-lieu est Mata Utu. La monnaie est le franc Pacifique.

▫ collectivité territoriale

Nouvelle-Calédonie n. f. Collectivité territoriale, archipel d'Océanie formé d'une île principale et de nombreux îles et îlots, dans l'océan Pacifique. Sa superficie est de 18 575 km^2 (deux fois la Corse). Elle compte 231 000 habitants (les *Néo-Calédoniens*). Son chef-lieu est Nouméa. La monnaie est le franc Pacifique.

▪ Belgique : les Régions

Bruxelles-Capitale (Région de) • Région administrative de Belgique formant une enclave au sud de la Région flamande, composée de 19 communes, dont Bruxelles. Sa superficie est de 161 km^2 (une fois et demie Paris). Elle compte 1 million d'habitants. C'est la région bilingue : on y parle le français (majoritaire) et le néerlandais. La capitale est Bruxelles.

flamande (Région) • Région administrative du nord de la Belgique, formée des provinces d'Anvers, du Brabant flamand, de Flandre-Occidentale, de Flandre-Orientale et de Limbourg. Sa superficie est de 13 522 km^2 (44 % du territoire). Elle compte 6,6 millions d'habitants (les *Flamands*). C'est la région de langue néerlandaise. La capitale est Bruxelles.

wallonne (Région) • Région administrative du sud de la Belgique, formée des provinces du Brabant wallon, de Hainaut, de Liège, de Luxembourg et de Namur. Sa superficie est de 16 844 km^2 (55 % du territoire). Elle compte 3,4 millions d'habitants (les *Wallons*). Cette Région est formée de la région de langue française et de la région de langue allemande. La capitale est Namur.

▪ Suisse : les cantons

Appenzell Rhodes-Extérieures (canton d') • Canton du nord-est de la Suisse, situé au sud du lac de Constance, formant une enclave dans le canton de Saint-Gall. Sa superficie est de 243 km^2. Il compte 52 500 habitants (les *Appenzellois*). La langue officielle est l'allemand. Son chef-lieu est Herisau.

Appenzell Rhodes-Intérieures (canton d') • Canton du nord-est de la Suisse, situé au sud du lac de Constance, formant une enclave dans le canton de Saint-Gall. Sa superficie est de 172 km^2. Il compte 15 300 habitants (les *Appenzellois*). La langue officielle est l'allemand. Son chef-lieu est Appenzell.

Argovie (canton d') • Canton du nord de la Suisse, bordé au nord par le Rhin qui forme la frontière avec l'Allemagne. Sa superficie est de 1 404 km². Il compte 575 000 habitants (les *Argoviens*). La langue officielle est l'allemand. Son chef-lieu est Aarau.

Bâle-Campagne (canton de) • Canton du nord-ouest de la Suisse, bordé au nord-est par le Rhin. Sa superficie est de 428 km². Il compte 267 200 habitants (les *Bâlois*). La langue officielle est l'allemand. Son chef-lieu est Liestal.

Bâle-Ville (canton de) • Canton du nord-ouest de la Suisse, à la frontière avec la France et l'Allemagne. Sa superficie est de 37 km². Il compte 184 800 habitants (les *Bâlois*). La langue officielle est l'allemand. Son chef-lieu est Bâle.

La ville de **Bâle**

Berne (canton de) • Canton de l'ouest de la Suisse, situé sur l'Aar. Sa superficie est de 6 051 km². Il compte 959 000 habitants (les *Bernois*). Les langues officielles sont l'allemand et le français. Son chef-lieu est Berne.

Fribourg (canton de) • Canton de l'ouest de la Suisse, bordé au nord par le lac de Neuchâtel. Sa superficie est de 1 671 km². Il compte 258 300 habitants (les *Fribourgeois*). Les langues officielles sont le français et l'allemand. Son chef-lieu est Fribourg.

Genève (canton de) • Canton du sud-ouest de la Suisse, sur le lac Léman, près de la frontière française. Sa superficie est de 282 km². Il compte 433 200 habitants (les *Genevois*). La langue officielle est le français. Son chef-lieu est Genève qui l'occupe presque totalement.

Glaris (canton de) • Canton de l'est de la Suisse, situé dans les Alpes. Sa superficie est de 685 km². Il compte 38 000 habitants (les *Glaronnais*). La langue officielle est l'allemand. Son chef-lieu est Glaris.

Grisons (canton des) • Canton du sud-est de la Suisse, situé dans les Alpes. Sa superficie est de 7 105 km². Il compte 188 000 habitants (les *Grisons*). Les langues officielles sont l'allemand, l'italien et le romanche. Son chef-lieu est Coire.

Jura (canton du) • Canton du nord-ouest de la Suisse. Sa superficie est de 836 km². Il compte 69 300 habitants (les *Jurassiens*). La langue officielle est le français. Son chef-lieu est Delémont.

Lucerne (canton de) • Canton du centre de la Suisse, situé à l'ouest du lac des Quatre-Cantons. Sa superficie est de 1 493 km². Il compte 359 000 habitants (les *Lucernois*). La langue officielle est l'allemand. Son chef-lieu est Lucerne.

Neuchâtel (canton de) • Canton de l'ouest de la Suisse, sur le lac de Neuchâtel. Sa superficie est de 803 km². Il compte 169 000 habitants (les *Neuchâtelois*). La langue officielle est le français. Son chef-lieu est Neuchâtel.

Nidwald (canton de) • Canton du centre de la Suisse qui formait autrefois avec le canton d'Obwald le canton d'Unterwald. Sa superficie est de 276 km². Il compte 40 000 habitants (les *Nidwaldiens*). La langue officielle est l'allemand. Son chef-lieu est Stans.

Obwald (canton de) • Canton du centre de la Suisse qui formait autrefois avec le canton de Nidwald le canton d'Unterwald. Sa superficie est de 491 km². Il compte 33 800 habitants (les *Obwaldiens*). La langue officielle est l'allemand. Son chef-lieu est Sarnen.

Saint-Gall (canton de) • Canton du nord-est de la Suisse, situé au sud du lac de Constance. Sa superficie est de 2 026 km². Il compte 461 800 habitants (les *Saint-Gallois*). La langue officielle est l'allemand. Son chef-lieu est Saint-Gall.

Paysage du **Valais**

Schaffhouse (canton de) • Canton du nord-est de la Suisse, situé sur le Rhin. Sa superficie est de 298 km^2. Il compte 74 000 habitants (les *Schaffhousois*). La langue officielle est l'allemand. Son chef-lieu est Schaffhouse.

Schwyz (canton de) • Canton du centre de la Suisse, situé à l'est du lac des Quatre-Cantons. Sa superficie est de 908 km^2. Il compte 139 000 habitants (les *Schwyzois*). La langue officielle est l'allemand. Son chef-lieu est Schwyz.

Soleure (canton de) • Canton du nord-ouest de la Suisse, situé sur l'Aar, au pied du Jura. Sa superficie est de 791 km^2. Il compte 249 000 habitants (les *Soleurois*). La langue officielle est l'allemand. Son chef-lieu est Soleure.

Tessin (canton du) • Canton du sud de la Suisse, situé dans les Alpes ; il contient une partie du lac Majeur et du lac de Lugano. C'est un lieu de passage entre la Suisse et l'Italie. Sa superficie est de 2 812 km^2. Il compte 324 900 habitants (les *Tessinois*). La langue officielle est l'italien. Son chef-lieu est Bellinzona.

Thurgovie (canton de) • Canton du nord-est de la Suisse, séparé de l'Allemagne par le lac de Constance. Sa superficie est de 991 km^2. Il compte 235 800 habitants (les *Thurgoviens*). La langue officielle est l'allemand. Son chef-lieu est Frauenfeld.

Uri (canton d') • Canton du centre de la Suisse. Sa superficie est de 1 077 km^2. Il compte 35 000 habitants (les *Uranais*). La langue officielle est l'allemand. Son chef-lieu est Altdorf.

Valais (canton du) • Canton du sud-ouest de la Suisse, situé dans les Alpes. Sa superficie est de 5 224 km^2. Il compte 294 600 habitants (les *Valaisans*). Les langues officielles sont le français et l'allemand. Son chef-lieu est Sion.

Vaud (canton de) • Canton du sud-ouest de la Suisse, bordé par le lac Léman au sud, le lac de Neuchâtel au nord, le Jura français à l'ouest et les Alpes à l'est. Sa superficie est de 3 211 km^2. Il compte 662 000 habitants (les *Vaudois*). La langue officielle est le français. Son chef-lieu est Lausanne.

Zoug (canton de) • Canton du centre de la Suisse, situé sur la rive nord du lac de Zoug. Sa superficie est de 239 km^2. Il compte 24 900 habitants (les *Zougois*). La langue officielle est l'allemand. Son chef-lieu est Zoug.

Zurich (canton de) • Canton du nord-est de la Suisse, sur le lac de Zurich, traversé par le Rhin. Sa superficie est de 1 729 km^2. Il compte 1,3 million d'habitants (les *Zurichois*). La langue officielle est l'allemand. Son chef-lieu est Zurich.

La ville de **Zurich**

Les noms d'habitants : adjectifs et noms correspondant aux noms de lieux

Aux noms propres de lieux correspondent des noms et des adjectifs. Par exemple, au nom féminin *Allemagne* correspondent

1. l'adjectif ***allemand*** : *les musiciens allemands ;*
   le peuple allemand ;
2. le nom ***Allemand, Allemande*** qui désigne
   - un citoyen de l'Allemagne : *un Allemand, une Allemande, les Allemands* (toujours avec une majuscule dans ce cas) ;
   - la langue allemande : *elle parle l'allemand* (toujours avec une minuscule).

On trouvera ci-dessous une liste des noms de pays, de quelques noms de villes, de provinces ou de régions avec les adjectifs qui leur correspondent.

Afghanistan : afghan, afghane.
Afrique : africain, africaine.
Afrique du Sud : sudafricain, sudafricaine.
Albanie : albanais, albanaise.
Alger : algérois, algéroise.
Algérie : algérien, algérienne.
Allemagne : allemand, allemande.
Alsace : alsacien, alsacienne.
Amérique : américain, américaine.
Amsterdam : amstellodamien, amstellodamienne.
Andorre : andorran, andorrane.
Angleterre : anglais, anglaise.
Angola : angolais, angolaise.
Anjou : angevin, angevine.
Antigua-et-Barbuda : antiguais et barbudien, antiguaise et barbudienne.
Antilles : antillais, antillaise.
Anvers : anversois, anversoise.
Arabie saoudite : saoudien, saoudienne.
Argentine : argentin, argentine.
Arménie : arménien, arménienne.
Asie : asiatique.
Athènes : athénien, athénienne.
Australie : australien, australienne.
Autriche : autrichien, autrichienne.
Auvergne : auvergnat, auvergnate.
Azerbaïdjan : azerbaïdjanais, azerbaïdjanaise.

Bahamas : bahamien, bahamienne.
Bahreïn : bahreïnien, bahreïnienne.
Bangladesh : bangladais, bangladaise.
Barbade : barbadien, barbadienne.
Pays basque : basque, basquaise.
Belgique : belge.
Bélize : bélizien, bélizienne.
Bénin : béninois, béninoise.
Berlin : berlinois, berlinoise.
Berry : berrichon, berrichonne.
Bhoutan : bhoutanais, bhoutanaise.
Biélorussie : biélorusse.
Birmanie : birman, birmane.
Bolivie : bolivien, bolivienne.
Bordeaux : bordelais, bordelaise.
Bosnie-Herzégovine : bosniaque.
Botswana : botswanéen, botswanéenne.
Bourgogne : bourguignon, bourguignonne.
Brabant : brabançon, brabançonne.
Brésil : brésilien, brésilienne.
Bretagne : breton, bretonne.
Brunei : brunéien, brunéienne.
Bruxelles : bruxellois, bruxelloise.
Bulgarie : bulgare.
Burkina Faso : burkinabé.
Burundi : burundais, burundaise.

Cambodge : cambodgien, cambodgienne.
Cameroun : camerounais, camerounaise.
Canada : canadien, canadienne.
Cap-Vert : cap-verdien, cap-verdienne.
République centrafricaine : centrafricain, centrafricaine.
Cévennes : cévenol, cévenole.
Chili : chilien, chilienne.
Chine : chinois, chinoise.

Chypre : chypriote ou cypriote.
Colombie : colombien, colombienne.
Comores : comorien, comorienne.
Congo : congolais, congolaise.
Corée : coréen, coréenne.
Corse : corse.
Costa Rica : costaricain, costaricaine.
Côte d'Ivoire : ivoirien, ivoirienne.
Croatie : croate.
Cuba : cubain, cubaine.

Danemark : danois, danoise.
Djibouti : djiboutien, djiboutienne.
République dominicaine : dominicain, dominicaine.
Dominique : dominiquais, dominiquaise.

Écosse : écossais, écossaise.
Égypte : égyptien, égyptienne.
Émirats arabes unis : émirien, émirienne.
Équateur : équatorien, équatorienne.
Espagne : espagnol, espagnole.
Estonie : estonien, estonienne.
États-Unis : américain, américaine ; états-unien, états-unienne.
Éthiopie : éthiopien, éthiopienne.
Europe : européen, européenne.

Fidji : fidjien, fidjienne.
Finlande : finlandais, finlandaise.
Flandres ou **Flandre :** flamand, flamande.
France : français, française.
Fribourg : fribourgeois, fribourgeoise.

Gabon : gabonais, gabonaise.
Pays de Galles : gallois, galloise.
Gambie : gambien, gambienne.
Gascogne : gascon, gasconne.
Gaule : gaulois, gauloise.
Genève : genevois, genevoise.
Géorgie : géorgien, géorgienne.
Ghana : ghanéen, ghanéenne.
Grande-Bretagne : britannique.
Grèce : grec, grecque.
Grenade : grenadien, grenadienne.
Guadeloupe : guadeloupéen, guadeloupéenne.
Guatémala : guatémaltèque.
Guinée : guinéen, guinéenne.
Guinée-Bissau : bissao-guinéen, bissao-guinéenne.
Guinée Équatoriale : équato-guinéen, équato-guinéenne.
Guyana : guyanien, guyanienne.
Guyane : guyanais, guyanaise.
Hainaut : hainuyer, hainuyère.
Haïti : haïtien, haïtienne.
Hollande : hollandais, hollandaise.
Honduras : hondurien, hondurienne.
Hongrie : hongrois, hongroise.

Île-de-France : francilien, francilienne.
Inde : indien, indienne.
Indonésie : indonésien, indonésienne.
Irak : irakien, irakienne.
Iran : iranien, iranienne.
Irlande : irlandais, irlandaise.
Islande : islandais, islandaise.
Israël : israélien, israélienne.
Italie : italien, italienne.

Jamaïque : jamaïcain, jamaïcaine.
Japon : japonais, japonaise.
Jordanie : jordanien, jordanienne.
Jura : jurassien, jurassienne.

Kazakhstan : kazakh, kazakhe.
Kenya : kényan, kényane.
Kirghizistan : kirghiz, kirghize.
Kiribati : kiribatien, kiribatienne.
Kosovo : kosovar, kosovare.
Koweït : koweïtien, koweïtienne.

Laos : laotien, laotienne.
Lesotho : lesothan, lesothane.
Lettonie : letton, lettone.
Liban : libanais, libanaise.
Libéria : libérien, libérienne.
Libye : libyen, libyenne.
Liechtenstein : liechtensteinois, liechtensteinoise.
Liège : liégeois, liégeoise.
Lille : lillois, lilloise.
Limousin : limousin, limousine ou limougeaud, limougeaude.
Lituanie : lituanien, lituanienne.
Londres : londonien, londonienne.
Lorraine : lorrain, lorraine.
Luxembourg : luxembourgeois, luxembourgeoise.
Lyon : lyonnais, lyonnaise.

Macédoine : macédonien, macédonienne.
Madagascar : malgache.
Madrid : madrilène.
Maghreb : maghrébin, maghrébine.

Malaisie : malaisien, malaisienne.
Malawi : malawien, malawienne.
Maldives : maldivien, maldivienne.
Mali : malien, malienne.
Malte : maltais, maltaise.
Maroc : marocain, marocaine.
Marseille : marseillais, marseillaise.
îles Marshall : marshallais, marshallaise.
Martinique : martiniquais, martiniquaise.
Maurice : mauricien, mauricienne.
Mauritanie : mauritanien, mauritanienne.
Mexique : mexicain, mexicaine.
Micronésie : micronésien, micronésienne.
Moldavie : moldave.
Monaco : monégasque.
Mongolie : mongol, mongole.
Monténégro : monténégrin, monténégrine.
Montréal : montréalais, montréalaise.
Moscou : moscovite.
Mozambique : mozambicain, mozambicaine.

Namibie : namibien, namibienne.
Nauru : nauruan, nauruane.
Népal : népalais, népalaise.
New York : new-yorkais, new-yorkaise.
Nicaragua : nicaraguayen, nicaraguayenne.
Niger : nigérien, nigérienne.
Nigéria : nigérian, nigériane.
Normandie : normand, normande.
Norvège : norvégien, norvégienne.
Nouvelle-Calédonie : néo-calédonien, néo-calédonienne.
Nouvelle-Zélande : néo-zélandais, néo-zélandaise.

Oman : omanais, omanaise.
Ouganda : ougandais, ougandaise.
Ouzbékistan : ouzbek, ouzbèke.

Pakistan : pakistanais, pakistanaise.
Panama : panaméen, panaméenne.
Papouasie-Nouvelle-Guinée : papouan-néo-guinéen, papouane-néo-guinéenne.
Paraguay : paraguayen, paraguayenne.
Paris : parisien, parisienne.
Pays-Bas : néerlandais, néerlandaise.
Perche : percheron, percheronne.
Pérou : péruvien, péruvienne.
Philippines : philippin, philippine.
Picardie : picard, picarde.
Poitou : poitevin, poitevine.
Pologne : polonais, polonaise.
Polynésie : polynésien, polynésienne.
Portugal : portugais, portugaise.
Provence : provençal, provençale.

Qatar : qatarien, qatarienne.
Québec : québécois, québécoise.

Réunion : réunionnais, réunionnaise.
Rome : romain, romaine.
Roumanie : roumain, roumaine.
Royaume-Uni : britannique.
Russie : russe.
Rwanda : rwandais, rwandaise.

Saint-Kitts-et-Nevis : kitticien et névicien, kitticienne et névicienne.
Sainte-Lucie : saint-lucien, saint-lucienne.
Saint Marin : saint-marinais, saint-marinaise.
Saint-Vincent-et-les-Grenadines : saint-vincentais et grenadin, saint-vincentaise et grenadine.
Salomon : salomonais, salomonaise.
Salvador : salvadorien, salvadorienne.
Samoa : samoan, samoane.
Sao Tomé-et-Principe : santoméen, santoméenne.
Sarre : sarrois, sarroise.
Savoie : savoyard, savoyarde.
Scandinavie : scandinave.
Sénégal : sénégalais, sénégalaise.
Serbie : serbe.
Seychelles : seychellois, seychelloise.
Sierra Leone : sierra-léonais, sierra-léonaise.
Singapour : singapourien, singapourienne.
Slovaquie : slovaque.
Slovénie : slovène.
Somalie : somalien, somalienne.
Soudan : soudanais, soudanaise.
Soudan du Sud : sud-soudanais, sud-soudanaise.
Sri Lanka : srilankais, srilankaise.
Suède : suédois, suédoise.
Suisse : suisse ou helvétique.
Suriname ou **Surinam :** surinamais, surinamaise.
Swaziland : swazi, swazie.
Syrie : syrien, syrienne.

Tadjikistan : tadjik, tadjike.
Tahiti : tahitien, tahitienne.
Taiwan : taiwanais, taiwanaise.
Tanzanie : tanzanien, tanzanienne.
Tchad : tchadien, tchadienne.
République tchèque : tchèque.
Thaïlande : thaïlandais, thaïlandaise.
Tibet : tibétain, tibétaine.

Timor oriental : est-timorais, est-timoraise.
Togo : togolais, togolaise.
Tonga : tonguien, tonguienne.
Touraine : tourangeau, tourangelle.
Trinité-et-Tobago : trinidadien, trinidadienne.
Tunis : tunisois, tunisoise.
Tunisie : tunisien, tunisienne.
Turkménistan : turkmène.
Turquie : turc, turque.
Tuvalu : tuvaluan, tuvaluane.

Ukraine : ukrainien, ukrainienne.
Uruguay : uruguayen, uruguayenne.

Valais : valaisan, valaisane.
Canton de Vaud : vaudois, vaudoise.
Venezuela : vénézuélien, vénézuélienne.
Vienne : viennois, viennoise.
Vietnam : vietnamien, vietnamienne.
Vosges : vosgien, vosgienne.

Wallonie : wallon, wallonne.

Yémen : yéménite.
Yougoslavie : yougoslave.

Zaïre : zaïrois, zaïroise.
Zambie : zambien, zambienne.
Zimbabwe : zimbabwéen, zimbabwéenne.

Crédits photographiques

LANGUE FRANÇAISE

A - abbaye : Shutterstock/Philip Lange - aborigène : Getty/Paul Chesley - abstrait : BIS/Archives Nathan - acarien : Gamma-Rapho/G. Rossi - aciérie : Slide - acrobate: Shutterstock/Gordana Sermek - adoubement : DR/Edmund Blair Leighton - aérodrome : Shutterstock/Philip Lange - affiche : salon du livre 2010 - alevin : Gamma-Rapho/Hoa-Qui/Jacana/Le Toquin/T. - algue : Shutterstock/Kuttelvaserova - alpiniste : Fotolia/Olivier Mansiot - améthyste : Fotolia/kathy libby - ammonite : Shutterstock/Anyka - ange : BIS/Archives Nathan/Fra Angelico - angora : Shutterstock/snow wons - apesanteur : NASA - apiculteur : Shutterstock/Kirsanov - aqueduc : Hétier/T. - arachide : Gamma-Rapho/Hoa-Qui/Jacana/Konig/T. - archéologique : Shutterstock/topal - aride : Fotolia/Kwest - arlequin : BIS/Archives Nathan - aromatique : Fotolia/BVDC - arquebuse : Shutterstock/Vladimir Kirienko - aspic : Fotolia/james murey - assaut : BIS/Archives Nathan - astrolabe : Shutterstock/Dja65 - atoll : BIS/Archives Nathan/Sonneville - attelage : Shutterstock/Arkadiusz Komski - attraction : Fotolia/FikMik - auguste : Getty/Johner - australopithèque : AFP/The Picture Desk/Gianni Dagli Orti - automne : Fotolia/Auteur John Keith - autoportrait : BIS/Archives Larbor - autruche : iStock/Peter Malbury - avalanche : Fotogram-Stone/M. Muench - avenue : Shutterstock/Nick Hawkes - aviron : Shutterstock/Sportlibrary

B - babouche : Shutterstock/Gautier Willaume - bactérie : Slide/M. P. Kage/Okapia 1991 - ballet : Shutterstock/NC - banc : iStock/Nikontiger - banquise : Shutterstock/Armin Rose - baroque : BIS/Archives Larbor - baseball : iStock/Rob Friedman - bas-relief : BIS/Archives Nathan/Sonneville - bathyscaphe : Getty/SSPL - batterie : Shutterstock/Dario Sabljak - bécasse : iStock/John Anderson - bidonville : Getty/Christopher Pillitz - billard : iStock/Perkus - biniou : SIPA/Maisonneuve - bison : iStock/F. Loranger - bobsleigh : Fotolia/Steeve Roche - bolet : iStock/Christian Johnsson - bombyx : iStock/Eric Lawton - boomerang : Corbis/Freelance Consulting Services PTY Ltd - bouclier : Coll. Archives Larbor/British Library, Londres - bouledogue : Shutterstock/WilleeCole - bouvreuil : iStock/Andrew Howe - brise-glace : Slide/C. Frey - bronze : BIS/Archives Nathan - brousse : Fotolia/DApics - burnous : Corbis/Alexandra Boulat

C - calanque : BIS/Archives Nathan - calèche : Fotolia/Gratien Jonxis - calligraphie : BIS/Archives Nathan - canoë : Shutterstock/Lane V. Erickson - canyon : Shutterstock/Galyna Andrushko - caparaçonné : BIS/Archives Nathan - capteur : Shutterstock/JNT Visual - caravane : Hemis/Bruno Morandi - caricature : BIS/Archives Nathan - carnaval : REA/M. Fourmy - carrosse : RMN - case : Fotolia/beatrice prève - catcheur : Corbis/Wally McNamee - centaure : RMN/Bulloz/Bibliothèque de l'Institut, Paris - centurion : Leemage - cerf-volant : Shutterstock/Hallgerd - chevalier : BIS/Archives Nathan - chœur : Shutterstock/Mirenska Olga - chute : BIS/Archives Nathan/Sonneville - cigale : iStock/img85h - cigogne : Parade Sauvage - citadelle : Fotolia/B.Bouvier - clavecin : BIS/Archives Nathan - clepsydre : Cosmos/SSPl/Science Museum - cloître : BIS/Archives Nathan - cobra : Shutterstock/Jason Mintzer - cocon : Fotogram-Stone/K. Su - coffre-fort : Fotolia/James Steidl - colimaçon : BIS/Archives Nathan - collage : Florent Touchot - colombage : Écomusée d'Alsace - comète : BIS/Archives Nathan - commentateur : Shutterstock/Ken Durden - compétition : Fotolia/Orlando Florin Rosu - concert : Shutterstock/Ferenc Szelepcsenyi - confluent : BIS/Archives Nathan - conquistador : Shutterstock/Willierossin - constructeur : Gamma-Rapho/Top/Musée national Fernand-Léger/© Adagp, Paris 2011, Fernand Léger - contorsionniste : Shutterstock/Jose Gil - contrebasse : Shutterstock/Valeriy Lebedev - copiste : BIS/Archives Nathan - coque : iStock/Maatzey - corail : Shutterstock/Zeamonkey Images - corrida : BIS/Archives Nathan - coucou : iStock/Andy Gehrig - coupole : BIS/Archives Nathan/Sonneville - couronnement : BIS/Archives Nathan - couveuse : Fotolia/Fanfo - coyote : iStock/Ken Canning - cratère : BIS/Archives Nathan/Sonneville - croisade : BIS/Archives Nathan - cross : Fotolia/philippe Devanne - cruche : BIS/Archives Nathan © Adagp, Paris 2011, Georges Braque - cuirasse : BIS/Archives Nathan - cumulus : BIS/Archives Nathan - cunéiforme : Shutterstock/Fedor Selivanov

D - débarquement : BIS/Archives Nathan/USIS - déboisement : Shutterstock/Darren J. Bradley - déchet : Shutterstock/dutourdumonde - décoller : Fotolia/Andrew Barker - décombres : Corbis/C. Redondo - décoration : Shutterstock/Andrejs Pidjass - découper : Fotolia/EF-EL - déesse : BIS/Coll. Archives Larbor - défilé : Shutterstock/kojoku - déformant : Getty/Charles Gupton - dégel : Fotolia/Mikael Damkier - délabré : Fotolia/ArtHdesign - delta : BIS/Archives Nathan/Nasa - démolition : Slide/J. Ege/Okapia - démonté : Fotolia/Didepare29 - déneiger : Fotolia/lilufoto - dentelle : BIS/Archives Nathan - dépliant : Alliance DR - dépouillement : REA/Hamilton - derrick : Fotolia/lightmoon - descente : Slide/Skishooter - désert : Shutterstock/apdesign - désosser : Fotolia/Dominique Vernier - dessin : BIS/Archives Nathan - désuet : DR - détroit : Nasa/GSFC/J. Descloitres/Modis Rapid Response Team - dévorer : Corbis/E. & D. Hosking - diadème : Shutterstock/val lawless - dieu (égypte) : (G) BIS/Coll. Archives Larbor/Guiley-Lagache ; (D) RMN/Gérard Blot/musée d'Archéologie nationale, Saint-Germain-en-Laye - diligence : The Picture Desk/Dagli Orti - discobole : BIS/Archives Larbor/Gustavo Tomsich - disparition : Shutterstock/Nik Niklz - dissymétrique : BIS/Archives Nathan/© Picasso Administration, Paris 2011 - distillerie : Shutterstock/Jaime Pharr - distributeur : Getty/Bloomberg - djellaba : Fotolia/Heiko Löffler - dodo : Getty - dolmen : Corbis/E. & P. Ragazzani - dompteur : Corbis/Marc Garanger - douve : Shutterstock/Tilo G - dragon : BIS/Archives Nathan - dune : Shutterstock/Strider

E - échassier : iStock/Nikolay Stoilov - échauguette : Shutterstock/Mariia Sats - éclair : Fotolia/valdezrl - écu : BIS/Archives Nathan - écuyère : BIS/Archives Nathan - effigie : BIS/Archives Nathan - effraie : iStock/John Pitcher - église : BIS/Archives Nathan - élevage : Shutterstock/Dudarev Mikhail - émail : Shutterstock/Studio DMM Photography, Designs & Art - embouteillage : Shutterstock/Brian Tan - empereur : Fotolia/Sam Spiro - enceinte : Fotolia/tuulimaa - encensoir : Shutterstock/Netfalls - enclume : Fotolia/focusart.fr - endive : REA/Berti Hanna - enfer : BIS/Archives Nathan - enfourner : REA/S. Ortola - engin : Shutterstock/1971yes - enluminure : BIS/Archives Nathan - entraînement : CIT'images/Christophe Couffinhal - entrepôt : Fotolia/Kelvin Cantlon - éolienne : iStock/VCNW - épervier : iStock/Andrew Howe - éponge : Fotolia/Mickael Guenard - épouiller : Shutterstock/Sam DCruz - épouvantail : Shutterstock/m. bonotto - épuration : Shutterstock/Andrey Kekyalyaynen - équestre : BIS/Archives Nathan - escalade : Fotolia/Olivier Tuffé - esclave : BIS/Archives Nathan - esplanade : Shutterstock/Stefan Ataman - essaim : Shutterstock/Steve Cukrov - estampe : BIS/Archives Nathan - estuaire : Fotolia/cedric Schmidt - étincelle : Shutterstock/motorolka - étrier : Shutterstock/Alexia Khruscheva - évolution : Fotolia/James Steidl - excavateur : Shutterstock/Dmitry Kalinovsky - exclamation : Éditions Vents d' Ouest - exode : BIS/Archives Nathan/Lapi-Viollet - expérience : Fotolia/KaYann - exploitation : Sagaphoto/Patrick Forget - extraction : Shutterstock/inacio pires

F - facette : Shutterstock/FreshPaint - faïence : RMN/Gérard Blot/ musée de la Renaissance, Écouen - falaise : Shutterstock/PHB.cz (Richard Semik) - fanal : Leemage/SanGiorgio - fanion : Fotolia/Bernard Bailly - farandole : Rue des Archives/Mary Evans - faucon : Shutterstock/Jeff Banke - fée : Bridgeman-Giraudon - ferrer : Fotolia/cassam - feu d'artifice : Fotolia/Ticoel - feuillu : Fotolia/bierman - fiacre : SIPA/Dazay - filmer : Gamma-Rapho/liaison Duhamel - fiole : Fotolia/Beboy - fjord : Shutterstock/Igor Plotnikov - flamant : Fotolia/Anna Omelchenko - flottage : REA/Tim Hetherington - foire : Andia/Delmarty/Alpaca - folklorique : Shutterstock/Stanislaw Tokarski - fondations : REA/Report Digital/J.

Harris - forestier : Shutterstock/Poznukhov Yuriy - forge : Shutterstock/Jens Stolt - fort : Gamma-RaphoHoa-Qui/Age/Fotostock/ José Fuste Raga - fossile : BIS/Archives Larbor/Jeanbor - fourreau : Shutterstock/ studio online - fracture : Shutterstock/kuehdi - fraise : BIS/Archives Nathan/Sonneville - fresque : BIS/Archives Nathan/Sonneville - frise : BIS/Archives Nathan/Sonneville - fumerolle : Fotolia/DjiggiBodgi - furet : iStock/Fülöp Gergely

G - galaxie : Shutterstock/Konstantin Mironov - gangue : Getty/ DEA/C. Bevilacqua - garde-à-vous : Nicolas / DR - gardian : Fotolia/Bernard Girardin - gargouille : Fotolia/bonzodog - gecko : iStock/Cathy Keifer - genêt : Shutterstock/ ninette luz - geyser : Shutterstock/J van der Wolf - girouette : Fotolia/Nathalie Pirhonen - gladiateur : AKG - glycine : Shutterstock/ tazzymoto - golf : Shutterstock/Chad McDermott - gondole : Fotolia/The Chad - gothique : The Picture Desk/Gianni Dagli Orti/T. - granit : Shutterstock/Daniele Silva - gratte-ciel : Shutterstock/Rafael Ramirez Lee - gravure : BIS/Archives Nathan - grenadier : Fotolia/debeve2001 - grive : iStock/Andrew Howe - groom : Nimatallah/Ricciarini/© Adagp, Paris 2011, Chaïm Soutine, Le Groom - grotte : Fotolia/VDA - grue : Fotolia/Stephen Coburn - guérite : Fotolia/Nathalie P - guignol : Voyages gourmand/Jean Daniel Sudres - gymnase : REA/Laif

H - haie : Shutterstock/Neil Roy Johnson - handball : Shutterstock/muzsy - haras : Fotolia/Hugues Argence - herbier : Fotolia/benamalice - herse : AKG/ David Borland - hibou : iStock/Ian Jeffery - hiéroglyphe : Bridgeman-Giraudon./T. - hockey : Fotolia/Winston Lue - horloger : Shutterstock/igor gratzer - hors-bord : Fotolia/Sergey Kolesnikov - houx : Fotolia/ philippe Devanne - hulotte : Shutterstock/ Sue Robinson - hussard : Bridgeman-Giraudon/P. Lorette

I - icône : BIS/Archives Nathan - idéogramme : BIS/Archives Nathan - îlot : iStock/rpv - image : BIS/Archives Nathan - impala : iStock/Lærke Morell - impasse : iStock/Dave White - impériale : Shutterstock/Michal Rosak - implorer : BIS/Archives Nathan - impressionniste : BIS/Archives Nathan - imprimerie : (G) Bridgeman-Giraudon/T. ; (D) Gamma-Rapho/Bourcart/T. - inachevé : Shutterstock/Blaj Gabriel - incandescent : Shutterstock/Valeriy Lebedev - incendie : Fotolia/synto - incrustation : Shutterstock/ Jane-two - indien : Fotolia/trappy76 - indistinct : Shutterstock/Lucas Photo - industriel : Bavaria - infanterie : BIS/ Archives Nathan - infirmier : Shutterstock/ Reflekta - informatique : Shutterstock/Dmitriy Shironosov - infrarouge : Shutterstock/ James Doss - inondation : Slide/J.-M. Roignant - insectivore : Shutterstock/Mircea Bezergheanu - insigne : AKG/ullstein bild - inspection : Shutterstock/ Carolina K. Smith, M.D - insurrection : AFP/ Nicolas Asfouri - intérieur : BIS/Archives Nathan - internet : Fotolia/Andrzej Puchta - interview : Shutterstock/Byron W.Moore - inuit : Fotolia/debr22pics - invertébré : Fotolia/hljdesign - iris : Fotolia/mashe - irrigation : Corbis/G. D. Lepp - isthme : BIS/Archives Nathan/J.-B. Oudry

J - jabot : BIS/Archives Bordas/Daniel Marret - jardinage : Shutterstock/Sandra Cunningham - jarre : BIS/Archives Nathan - jockey : Fotolia/Rafal Przondo - jonque : Shutterstock/Norman Chan - judo : Shutterstock/goran cakmazovic - jumeau : Corbis/K. Kaminesky - jungle : Shutterstock/Wilm Ihlenfeld - justaucorps : iStock/Rubberball

K - kiwi : iStock/Bridget Lazenby

L - labrador : Shutterstock/Baevskiy Dmitry - lacustre : Fotolia/Nanou prod - lagon : Gamma-Rapho/Hoa-Qui/M. Renaudeau - lampion : Fotolia/laurent gehant - lande : Shutterstock/Yco - lanterne : Fotolia/ Philippe BERNARD - laser : BIS/Archives Nathan - lavande : Shutterstock/aLiepa - légionnaire : BIS/Coll. Archives Larbor/ musée du Louvre, Paris - lémurien : iStock/ Christian Riedel - lettrine : iStock/Duncan Walker - libération : BIS/Archives Nathan/ Roger-Viollet - lichen : Shutterstock/ suzz - licorne : Bridgeman-Giraudon - limousine : iStock/aldra - lingot : iStock/apcuk - litchi : Fotolia/aris sanjaya - loir : Shutterstock/ Eric Isselée - longitude : Fotolia/Vincent TT - luge : Fotolia/Hallgerd

M - macaque : Fotolia/Roman Sigaev - mâchicoulis : Fotolia/Alonbou - machine : Shutterstock/Gr8 - magma : Shutterstock/ Vulkanette - maharadja : Getty/Bridgeman - majorette : SIPA/Sang Tan - maki : Fotolia/ Tomang - manga : Fotolia/Daria T. - manifestation : REA/Denis - mappemonde : Leemage/Selva - marabout : iStock/ Christian Musat - marécageux : Fotolia/A. Zaytsev - marin : Fotolia/Romain Letang - marionnette : (G) Shutterstock/afaizal ; (D) Fotolia/feeed - marqueterie : Fotolia/ RomainQuéré - marteau : Shutterstock/ Diego Barbieri - masque : Fotolia/Nimbus - masque : RMN/Th. Ollivier/musée national des arts asiatiques Guimet, Paris - match : Fotolia/soniador2 - méandre : Shutterstock/Graham Prentice - médaille : Fotolia/L.Bouvier - médiéval : Shutterstock/ Carlos Caetano - méduse : Fotolia/ Davidpstephens - mêlée : Fotolia/sylvaine thomas - melon : Fotolia/Geofff - menhir : Fotolia/XE13 - menuisier : Fotolia/Wendy Kaveney - méridien : iStock/T-Immagini - métronome : Shutterstock/Andrea Leone - meule : Fotolia/[illegible] - meute : Fotolia/ Ron Hilton - microscope : Shutterstock/ Nata-Lia - millepatte : iStock/jeridu - mime : Shutterstock/Inc - minaret : Fotolia/ Mohamed El Hajjami - miniature : BIS/Coll. Archives Larbor - mirage : Shutterstock/ Loskutnikov - mite : Shutterstock/Florian Andronache - mobile : RMN/© Adagp, Paris 2011 - moine : Lightmotiv/Richard Baron - moissonneuse : Shutterstock/Leonid Shcheglov - momie : Bridgeman-Giraudon - monoplan : Shutterstock/Richard Thornton - montgolfière : Fotolia/sonya etchison - moraine : Fotolia/Michel Toupet - mortier : Shutterstock/trevorb - mosaïque : BIS/ Archives Nathan - motoneige : Shutterstock/ Sascha Burkard - mouflon : iStock/Yuqun Cao - multicoque : REA/Lecker - myrtille : Fotolia/Olga Lyubkin

N - nacre : Shutterstock/ josefauer - narcisse : Fotolia/Natalia Vorozheeva - naufrage : Freestins - naval : AKG/ North Wind Picture Archives - navette : Shutterstock/Jason Grower - nébuleuse : Fotolia/kazeyan - néolithique : RMN/ Jean Schormans/musée d'Archéologie nationale, Saint-Germain-en-Laye - névé : Fotolia/Thierry Burdin - nomade : Fotolia/ Vladimir Melnik - nordique : Fotolia/ Frida&Diego - nouveau-né : Fotolia/ Nikolay Pozdeev - nymphe : BIS/Archives Nathan

O - oasis : Fotolia/KarineR33 - oblitérer : DR - obstacle : Shutterstock/Margo Harrison - océanien : Shutterstock/ Tupungato - oie : Shutterstock/Justin Black - okapi : iStock/Heather Robertson - ombre : Fotolia/lilufoto - opale : Fotolia/Otto Durst - opéra : Shutterstock/Harry Hu - opossum : Shutterstock/teekaygee - or : Fotolia/ Christophe Denis - orang-outan : Fotolia/ Darren Ager - orfèvre : Fotolia/Christophe Fouquin - orgue : BIS/Archives Nathan/ Sonneville - ostréiculture : Slide/Le Lann - oued : BIS/Archives Nathan/H. Lathe - oursin : Fotolia/naturediver - ouvragé : BIS/ Coll. Archives Larbor - oxydation : Fotolia/ w14a - page : RMN/Hervé Lewandowski

P - pagode : iStock/Robert Churchill - paléolithique : RMN/Jean Schormans/ musée d'Archéologie nationale, Saint-Germain-en-Laye - palmeraie : Shutterstock/ Khoo Eng Yow - paon : iStock/Petko Danov - parachute : Fotolia/Csaba Balasi - parapente : Fotolia/Yves Roland - paravent : Bridgeman-Giraudon/Lauros - pare-balle : REA/John M. Mantel/The New York Times - paréo : Shutterstock/tomas del amo - parterre : Shutterstock/Pack-Shot - parure : RMN/Gérard Blot - parvis : Shutterstock/ DavidEwingPhotography - passerelle : Fotolia/Unclesam - patchwork : Fotolia/ Catherine Jones - patinage : Shutterstock/ testing - patio : BIS/Archives Nathan - paume : Leemage/MP - pavoiser : BIS/ Archives Nathan - pécari : iStock/Gary Unwin - pédalo : iStock/Rendery - pèlerin : BIS/Archives Nathan - pelote : Getty/ Laurence Delderfield - pêne : Fotolia/ Richard Villalon - penseur : BIS/Archives Nathan - pépinière : Shutterstock/Rigucci - perce-neige : Shutterstock/Anette Linnea Rasmussen - perche : Fotolia/synto - péristyle : Fotolia/Xiongmao - perlier : Getty/Bruno Barbier - perroquet : iStock/ Zeynep Mufti - perspective : BIS/Archives Nathan - pétanque : REA/Laif/M. Linke - phare : Fotolia/Bruno Delacotte - phoque : Fotolia/Claude Davy - photographe : Shutterstock/Mircea Bezergheanu - phrygien : Leemage/Photo Josse - pillage : BIS/Archives Nathan - pipeline : Fotolia/ Roger Asbury - piqué : Fotolia/Sébastien Closs - pirogue : Shutterstock/kkaplin - plage : Fotolia/Laurent Breche - plaisance : Fotolia/richard matéo - plant : Fotolia/ FOOD-micro - plateforme : BIS/Archives Nathan/Total - plongeur : Shutterstock/ frantisekhojdysz - poinçonner : Coll. part. - poivron : Fotolia/Bernard Bailly - polder : Fotolia/philippe Devanne - polo : Fotolia/ fifranck - porte-avion : REA/D. Fracchia - portique : Shutterstock/Symbiot - poste : Fotolia/Carlos Santa Maria - posture : Fotolia/dean - pou : iStock/arlindo71 - pourpoint : iStock/HultonArchive - pousse-pousse : Shutterstock/mypokcik - prairie : Slide - précipice : Campagne, Campagne - prédateur : Fotolia/Valeriy Kirsanov - préfabriqué : Getty/Lester Lefkowitz - préhistorique : RMN/Jean-Gilles Berizzi - prèle : iStock/Alan Tobey - présentoir : Fotolia/reynald lassire - presqu'île : BIS/

Archives Nathan - prétoire : Shutterstock/Asparuh - prie-Dieu : iStock/Elias Gomez - prise : BIS/Archives Nathan - prisme : Shutterstock/ XYZ - procession : BIS/Archives Nathan - proclamation : AKG/Coll. part. - progéniture : Fotolia/Glenda Powers - projecteur : Fotolia/Driving South - promontoire : Fotolia/Moustique - propulseur : RMN/Gérard Blot - prosterner : Shutterstock/Nicholas Rjabow - ptérodactyle : Leemage/Selva - puceron : iStock/ Andrea Gingerich - pyramide : BIS/Archives Nathan/Sonneville

Q - quadrige : AFP/Franck Perry - quai : BIS/Archives Nathan/Sonneville - quartz : Shutterstock/Runa - quatuor : AFP/Photo Press

R - rabot : iStock/Daniel Naylor - radar : Shutterstock/Jason Janetzky - radiotélescope : Shutterstock/ejwhite - raffinerie : BIS/Archives Nathan - ragondin : iStock/Roberto Cerruti - ralentisseur : REA/Pascal Sittler - randonneur : Shutterstock/Kapu - rayonner : Slide/Halary - réacteur : Shutterstock/dutourdumonde - reboisement : Plainpicture/Uwe Schmida - réception : Fotolia/contrastwerkstatt - récif : Fotolia/stéphane leroy - récolte : REA/Xinhua/Zuma - reconstitution : Fotolia/Ludovic Laan - rectiligne : Fotolia/milos - recyclable : BIS/Archives Nathan - reddition : BIS/Archives Nathan - réduit : Fotolia/laurent hamels - réflexion : Fotolia/Veronika Vasilyuk - refuge : Fotolia/Belle-Isle - relaxation : Fotolia/Robert Kneschke - reliure : BIS/Archives Nathan - remonte-pente : Fotolia/galam - rempart : The Picture Desk/G. Dagli Orti/T. - rêne : Shutterstock/Margo Harrison - renverse : Corbis/90695 - repasser : BIS/Archives Nathan - répétition : ArtComArt/Pascal Victor - repos : The Picture Desk/G. Dagli Orti - république : BIS/Archives Nathan - respiratoire : Fotolia/Vanessa - ressemblance : BIS/Archives Nathan - restaurateur : Gamma-Rapho/HFP/P. Aventurier - résurrection : BIS/Archives Nathan - rétine : Fotolia/LightScribe - retoucher : Fotolia/brozova - réunion : BIS/Archives Nathan - réverbère : Gamma-Rapho/Hoa-Qui/Age/Fotostock/M. N. Paras - rieur : BIS/Archives Nathan - ring : Shutterstock/Petar Ivanov Ishmiriev - rizière : BIS/Archives Nathan/Sonneville - robotisé : Fotolia/Small Town Studio - roman : Fotolia/Mermozine - rondin : iStock/hanhanpeggy - rosace : The Picture Desk/Gianni Dagli Orti/T. - rotative : Getty/Kim Steele - rougeoyer : Fotolia/Ament Gellért - roulotte : BIS/Archives Nathan - ruine : BIS/Archives Nathan - rupestre : BIS/Archives Nathan

S - safari : Fotolia/Natasha Owen - sainfoin : Fotolia/lamax - salant : Fotolia/Italiapuglia - saltimbanque : BIS/Archives Larbor/Foto Tosa - sans-culotte : Leemage/Photo Josse - satellite : BIS/Archives Nathan - sauge : Fotolia/Studio Gi - sauvetage : Fotolia/choucashoot - scalpel : Fotolia/mario beauregard - sceau : BIS/Archives Nathan - scierie : Fotolia/viappy - scolopendre : Fotolia/jscalev - scribe : The Picture Desk/Dagli Orti - sécheresse : Fotolia/Eric Isselée - sédiment : Fotolia/Joy Prescott - seiche : iStock/Rob Broek - Sénat : BIS/Archives Nathan/Sonneville - sentinelle : Fotolia/gator - séquoia : Shutterstock/urosr - serf : BIS/Archives Nathan - sertir : Fotolia/meailleluc - sextant : Fotolia/Ericos - siège : BIS/Archives Nathan - signature : BIS/Archives Nathan - silhouette : Dover publication (New York) - singe : BIS/Archives Nathan - sinueux : Fotolia/Hunta - slalom : Shutterstock/Sportsphotographer - snowboard : Fotolia/akiebler - soliste : WikiSpectacle/Vincent Pontet - sommelier : Gamma-Rapho/Hoa-Qui/Top/F. Ducasse - sonar : Getty/Chris Sattlberger - sorgo : Shutterstock/Gualberto Becerra - souche : Shutterstock/Vlasov Pavel - souk : Fotolia/fiburas - sous-marin : BIS/Archives Nathan - spéléologue : Shutterstock/salajean - Sphinx : Gamma-Rapho/Hoa-Qui/Age/Fotostock/J. D. Dallet - squash : Fotolia/Ljupco Smokovski - stalagmite : SIPA/AP/Susan Montoya Bryan - steppe : Shutterstock/Pichugin Dmitry - studio : Shutterstock/Sheftsoff - stylet : Fotolia/Emmanuel Bergère - submerger : Fotolia/Lulu Berlu - suinter : Fotolia/Maslov Dmitry - sultan : BIS/Archives Larbor - supplice : BIS/Archives Nathan - supporteur : Panoramic/FEP/N. Le Gouic - surf : Vandystadt - surréaliste : Archives Smeets © Salvador Dali, Fondation Gala-Salvador Dali/Adagp, Paris 2011 - suspendu : Fotolia/mikael pianfetti - symétrique : Fotolia/dutourdumonde

T - tag : Shutterstock/Mr Brown - taïga : iStock/Georgiy Shpade - tapir : iStock/ Jan Gottwald - tarot : Fotolia/J. Charles Cuvelier - tatou : iStock/Lisa Kyle Young - taureau : Fotolia/LianeM - télécabine : Fotolia/Jean Yves Yan Lun - temple : Fotolia/labelverte - tennis : Shutterstock/Benis Arapovic - termitière : iStock/gibsons - terrasse : BIS/Archives Nathan/Sonneville - terril : REA/Franck Crusiaux - thé : Fotolia/Marco Desscouleurs - tigré : Fotolia/Vladimir Konjushenko - tir : AFP/Jacques Demarthon - tisser : iStock/Eliza Snow - toge : BIS/Archives Nathan - tombeau : Bridgeman-Giraudon - tonneau : Fotolia/Phils - toréro : Shutterstock/digitalsport - torque : RMN/Hervé Lewandowski - toucan : iStock/Roberto A Sanchez - toundra : Fotolia/Bartez - tourbière : Pix/A. Grillon - tournoi : BIS/Archives Nathan - tourterelle : Fotolia/Bogdan Vasilescu - train : Fotolia/philippe Devanne - traite : Fotolia/riko23 - tramway : Fotolia/patrick perrier - transhumance : Fotolia/Zeno - trapéziste : Corbis/Gideon Mendel - tremplin : Panoramic/Imago - trident : Bridgeman-Giraudon/Lauros - troglodytique : Fotolia/DX - trompe-l'œil : Bridgeman-Giraudon/Alinari - troubadour : Corbis/Gianni Dagli Orti - truelle : Fotolia/simonkr - truquer : Fotolia/laurent hamels - turban : BIS/Archives Nathan/Sonneville - tutu : BIS/Archives Nathan - typhon : Shutterstock/Ramon Berk

U - U.L.M : Fotolia/Vincent R - unau : Shutterstock/worldswildlifewonders - uppercut : Getty/ImageZoo/Coco Flamingo - usine : BIS/Archives Nathan/Citroën Communication

V - vaccination : Gamma-Rapho/Hoa-Qui/M. Renaudeau - vague : Fotolia/j. gruau - vaisselier : Getty/Steven Morris - varappe : Fotolia/faucilhon - veau : Fotolia/Melissa Schalke - vélodrome : UMA/ Philippe Montigni - vendange : Fotolia/Phils - ventouse : Fotolia/Bohi - verger : Fotolia/Catalin Petolea - vétérinaire : Fotolia/XXIV - viaduc : Fotolia/Laurent Prat - vide-grenier : REA/Franck Crusiaux - vieillard : BIS/Archives Nathan - vielle : Fotolia/C.Bluesman - vigogne : iStock/Martin Minces - viole : RMN/René-Gabriel Ojeda - vitrail : BIS/Archives Nathan/Sonneville - vivarium : BSIP/C. Steimer/Arco - vol : ShutterStock/Craig Hosterman - volcanologue : Fotolia/Tanguy de Saint Cyr - volleyball : Fotolia/alice rawson - voltige : CIT en scène/Christophe Couffinhal - volute : Fotolia/C. Bluesman - voûté : Fotolia/Nicolas Logerot - V.T.T. : Fotolia/vigorin

W - waterpolo : iStock/Eliza Snow

Y - yucca : Fotolia/Jonathan

PLANCHES THÉMATIQUES

- **l'alimentation** Jupiter Images/Brandx - Jupiter Images/Brandx - Jupiter Images/Polka Dot - Jupiter Images/Brandx - Jupiter Images/Thinkstock LLC - Jupiter Images/Polka Dot - Jupiter Images/Thinkstock LLC - Fotolia/Nathalie Pecqueur - Jupiter Images/Photoobjects - Jupiter Images/Photoobjects - Jupiter Images/Goodshoot - Jupiter Images/Brandx - Jupiter Images/Polka Dot - Jupiter Images/Polka Dot - Shutterstock/Tomas Loutocky - Fotolia/Liz Van Steenburgh - Shutterstock/Nolie - Shutterstock/Sandra Caldwell - Fotolia/Freddy Smeets - Shutterstock/Jorge Pedro Barradas de Casais - Jupiter Images/Comstock Images - Shutterstock/Photazz - Shutterstock/Pmphoto - Jupiter Images/Comstock Images - Picturetank/Marie Genel - **les arbres** m-rgs - iStockphoto/Maksym Bondarchuk - Shutterstock/2happy - **des artistes : le sculpteur et le peintre** Fotolia/Cleomiu - Getty/Stone/John Millar - Fotolia/JMP de Nieuwburgh - iStockphoto/ben phillips - Fotolia/Olly - IStockphoto/Hogne Botnen Totland - **les avions** Zanichelli - iStockphoto/Carlos Santa Maria - iStockphoto/Terraxplorer - **les bateaux** iStockphoto/craftvision - iStockphoto/David Garry - iStockphoto - Zanichelli - iStockphoto/Clicks - iStockphoto/luoman **la cathédrale** Parade sauvage - Zanichelli - iStockphoto/Evelin Elmest - Parade sauvage - **les champignons** Bios/Christelle Lebruman - Bios/Jean-Yves Grospas - Bios/Michael Leach/OSF - Bios/Maurice Chadirac - Bios/Jean-Yves Grospas - Bios/Michel Rauch - iStockphoto/Henk Bentlage - iStockphoto/Loretta Hostettler - iStockphoto/Christian Johnsson - iStockphoto/Michele Galli - **le château fort** Seventh Square/Pascal Faligot - Zanichelli - Parade sauvage - iStockphoto/Margo van Leeuwen - Parade sauvage - **chiens et chats** iStockphoto/Eric Isselée - iStockphoto/Nataliya Kuznetsova - iStockphoto/Kirill Vorobyev - iStockphoto/kristian sekulic - **le cirque** Fotolia/Foxytoul - Gamma-Rapho/Hervé Bruhat - AFP/Torsten Blackwood - BIS/Archives Bordas/Michel Didier/ill. Jacques Bonneau, © Adagp, Paris 2011 - Getty/WireImage/Didier Messens - Age Fotostock/Superstock - Corbis/Lawrence Manning - Enguerand-Bernand/Pascal Gely - **le corps humain : squelette et muscles** Zanichelli - **les couleurs** iStockphoto/Brian Santa Maria - m-rgs - iStockphoto/Julian Barkway - m-rgs - **crustacés et coquillages** iStockphoto/Lindsay Noechel - iStockphoto/Mark

Gillow - iStockphoto/Dmitry Rukhlenko - iStockphoto/Paul Mckeown - iStockphoto/Tammy Peluso - iStockphoto/Chris Van de Velde - **les animaux du désert** Bios/Berndt Fisher - Parade sauvage - iStockphoto/Eric Isselée - Bios/Alain Dragesco-Joffé - Parade sauvage - iStockphoto/Nico Smit - Bios/Olivier Digoit - iStockphoto/Horia Bogdan-Bios/Jean-Yves Grospas - iStockphoto/Irina Belousa - Parade sauvage - **les deux-roues** iStockphoto/Jacom Stephens - Zanichelli - Zanichelli - iStockphoto/Hafizov Ivan - **les dinosaures** Bios/John Cancalosi - Corbis/Louie Psihoyos - Corbis/DPA/Martin Shutt - Cosmos/SPL/Sinclair Stammers - AKG/Isabelle Picarel - Corbis/Louie Psihoyos - Getty/Dorling Kindersley - Getty/Dorling Kindersley/Colin Keates - Cosmos/SPL/Joe Tucciarone - Getty/Dorling Kindersley - Getty/Dorling Kindersley/Andy Crawford - Getty/Dorling Kindersley/Andy Crawford - Getty/Dorling Kindersley - Cosmos/SPL/Joe Tucciarone - Cosmos/SPL/Roger Harris - Getty/Dorling Kindersley/Colin Keates - Getty/Dorling Kindersley - **les animaux domestiques** Photodisc - Photodisc - Photodisc - Photodisc - Photodisc - Photodisc - iStockphoto/Eric Isselée - Photodisc - Corbis/Barry Lewis - iStockphoto/AtWaG - iStockphoto/Lenka Dankova - Photodisc - Photodisc - Photodisc - Photodisc - Photodisc - Photodisc - **le cycle de l'eau** Zanichelli - iStockphoto/zbindere - Fotolia/Svetlana Privezentse - Fotolia/Christian Musat - iStockphoto/Michael Utech - **l'écriture** BIS/Archives Larbor/Hubert Josse - RMN/Michel Urtado - AKG/Erich Lessing - BIS/Coll. Archives Nathan - RMN Dist/The Trustees of the British Museum - AKG/Bruce Connolly - AKG/Schütze/Rodemann - AKG/Gérard Degeorge - Fotolia/Swisshippo - AKG/Werner Forman - iStockphoto/Chris Schmidt - **les sources d'énergie** iStockphoto/Tomas Bercic - Zanichelli - iStockphoto/Peter Elvidge - iStockphoto/Brasil2 - iStockphoto/Robert Ellis - iStockphoto/GavinD - Zanichelli - iStockphoto/Manfred Steinbach - Photodisc - iStockphoto/eliandric - Parade sauvage - **la conquête de l'espace** BIS/NASA/Archives Nathan - AFP/Tass - NASA - ESA/P. Carril - ESA - AKG/Ria-Novosti - Zanichelli - NASA - ESA/R. Francis - **les créatures fantastiques** BIS/Archives Larbor - iStockphoto/Lucjan Podstawka - RMN/DR - Bridgeman-Giraudon - RMN/Gérard Blot/Christian Jean - RMN/Franck Raux - RMN/Hervé Lewandowski - iStockphoto/Hsing-Wen Hsu - **les félins** iStockphoto/Olga Kotsyurbiy - iStockphoto/Duncan Noakes - iStockphoto/Eric Isselée - iStockphoto/Irving N Saperstein - iStockphoto/kristian sekulic - iStockphoto/jim kruger - iStockphoto/Andy Gehrig - iStockphoto/Peter Wey - iStockphoto/HighlanderImages - iStockphoto/Jeff Grabert - iStockphoto/Keith Barlow - **les fleurs** Parade sauvage - m-rgs - iStockphoto/Bartosz Hadyniak - iStockphoto/Joe Cicak - iStockphoto/Jaap Hart - Parade sauvage - Parade sauvage - Parade sauvage - Parade sauvage - Parade sauvage - Parade sauvage - Parade sauvage - Parade sauvage - Parade sauvage - Parade sauvage - **les animaux de la forêt** iStockphoto/Damian Kuzdak - iStockphoto/Andy Gehrig - iStockphoto/Evgeni Stefanov - iStockphoto/Chris Crafter - iStockphoto/Graeme Purdy - iStockphoto/Anna Fredriksson - iStockphoto/Prill Mediendesign & Fotografie - iStockphoto/BostjanT - Parade sauvage - iStockphoto/Jenny Horne - Parade sauvage - **les fruits** iStockphoto/Oliver Hamalainen - iStockphoto/ZoneCreative - iStockphoto/Miiicha - iStockphoto/pjjones - iStockphoto/Francesco Ridolfi - iStockphoto/Ernt Fretz - iStockphoto/Valentyn Volkov - iStockphoto/Valentyn Volkov - iStockphoto/Valentyn Volkov - iStockphoto/Valentyn Volkov - iStockphoto/Sandra Caldwell - iStockphoto/Valentyn Volkov - iStockphoto/vm - iStockphoto/MistikaS - iStockphoto/kryczka - iStockphoto/Anton Ignatenco - iStockphoto/kryczka - iStockphoto/Valentyn Volkov - iStockphoto/vig64 - iStockphoto/NuStock - iStockphoto/Valentyn Volkov - iStockphoto/Sergey Mironov - iStockphoto/Natalia Lisovskaya - iStockphoto/Irina Belousa - iStockphoto/RedHelga - iStockphoto/suprun - iStockphoto/Jerome Skiba - **la géométrie** iStockphoto/Zoran Kolundzija - Shutterstock/James Steidl - Shutterstock/Kate Connes - AKG/Hervé Champollion - Shutterstock/vuongchivi - Shutterstock/joingate - iStockphoto/Bridget Lazenby - iStockphoto/Don Bayley - **les habitations** Photodisc - iStockphoto/andydidyk - iStockphoto/Nickolay Vinokurov - Hemis/John Frumm - iStockphoto/GelatoPlus - Parade sauvage - Gamma-Rapho/Hoa-Qui/Jean-Denis Joubert - iStockphoto/Keith Molloy - iStockphoto/kickers - iStockphoto/marc fischer - MVRDV/Hans Werlemann - Shutterstock/Nicolae Feraru - Air Images/Pascal Guignard - Photodisc - Photodisc - **les insectes** iStockphoto/Jirí Hodecek - m-rgs - iStockphoto/Martin Spurny - iStockphoto/Giorgio Perbellini - iStockphoto/Brandon Alms - iStockphoto/Lieven Snoeck - iStockphoto/img85h - iStockphoto/Scott Winegarden - iStockphoto/Ziutograf - iStockphoto/Marek Walica - iStockphoto/Henrik Larsson - iStockphoto/Alanna Jurden - iStockphoto/fotofrankyat - iStockphoto/Pauline S Mills - Parade sauvage - Parade sauvage - iStockphoto/Solymosi Tamás - iStockphoto/Laurie Knight - iStockphoto/James Steidl - Parade sauvage - **les instruments de musique classique** iStockphoto/David Rehner - iStockphoto/Sasha Radosavljevic - Corbis/Sygma/Jacques Sarrat - Photodisc - Photodisc - iStockphoto/Craig Swatton - Photodisc - Photodisc - Photodisc - Photodisc - Photodisc - iStockphoto/Jošt Gantar - **les animaux du littoral** iStockphoto/Olivier Anlauf - iStockphoto/gary forsyth - iStockphoto/David Pruter - iStockphoto/Paul Tessier - iStockphoto/becomeAchildAgain - iStockphoto/Steve Geer - iStockphoto/Matjaz Antloga - iStockphoto/Geoff Hardy - iStockphoto/Iela Wilson - iStockphoto/Rui Miguel da Costa Neves Saraiva - iStockphoto/Ivan Montero - iStockphoto/Timothy Epp - iStockphoto/Scott Hunt - Parade sauvage - **la Lune** ESA - Zanichelli - Zanichelli - ESA - **les mammifères** iStockphoto/Paula Connelly - iStockphoto/Jeff Grabert - iStockphoto/Graham Taylor - iStockphoto/Carsten Brandt - iStockphoto/Matthew Okimi - iStockphoto/Nico Smit - iStockphoto/Daniel Budiman - iStockphoto/Hansjoerg Richter - **les animaux de la mare** iStockphoto/Eric Isselée - Bios/Christophe Véchot - Parade sauvage - iStockphoto/Prill Mediendesign & Fotografie - iStockphoto/Robjem - iStockphoto/Andy Gehrig - iStockphoto/Witold Ryka - iStockphoto/Frank Muller - Bios/Frédéric Fève - iStockphoto/Aleksandar Dickov - Parade sauvage - Parade sauvage - **les espèces animales menacées** Gamma-Rapho/NPL/Jacana/Phil Savoie - Gamma-Rapho/NPL/Jacana/Nigel Bean - Bios/Michel et Christine Denis-Huot - Gamma-Rapho/NPL/Jacana/T.J. Rich - Bios/Mark Bowler/Photoshot - BSIP/Arco/P. Wegner - Shutterstock/Dennis Steen - Sunset/NHPA - Bios/Jean-Paul Ferrero - Sunset/Imagebroker - Sunset/Michel Pakiela - Gamma-Rapho/NPL/Jacana/Lynn M. Stone - Gamma-Rapho/NPL/Jacana/Doug Perrine - **les animaux de la montagne** iStockphoto/Stuart Berman - iStockphoto/Adrian Assalve - iStockphoto/Jens Stolt - iStockphoto/Schmitz Olaf - iStockphoto/Alain Turgeon - Sunset/Ant Photo Library - iStockphoto/Mihail Zhukov - iStockphoto/Tomo Jesenicnik - iStockphoto/Andy Gehrig - Gamma-Rapho/NPL/Jacana/Dave Watts - iStockphoto/Filip Fuxa - **un musée : le Louvre** BIS/Archives Larbor - BIS/Archives Larbor - BIS/Archives Larbor - RMN/Hervé Lewandowski - BIS/Archives Larbor/Hubert Josse - RMN/Hervé Lewandowski - RMN/Hervé Lewandowski - BIS/Archives Larbor/Hubert Josse - Parade sauvage - RMN/Franck Raux - BIS/Archives Larbor/Hubert Josse - BIS/Archives Nathan/Frédéric Hanoteau - BIS/Archives Larbor/Hubert Josse - RMN/Daniel Arnaudet - BIS/Archives Larbor/J.P. Vieil - BIS/Archives Larbor - RMN/Hervé Lewandowski - BIS/Archives Larbor - BIS/Archives Larbor/Hubert Josse - Andia/Mediacolors - **les musiques du monde** iStockphoto/Kimberly Cubero - iStockphoto/Doug Cannell - iStockphoto/cenap refik ONGAN - iStockphoto/Shawn Harris - iStockphoto/Michal Boubin - iStockphoto/GoodMood Photo - iStockphoto/Bartosz Hadyniak - iStockphoto/Jon Schulte - Getty/Dorling Kindersley - Shutterstock/Slavko Sereda - iStockphoto/Nuno Silva - iStockphoto/Radu Razvan - iStockphoto/Beata Pastuszek - iStockphoto/Vincenzo Vergelli - iStockphoto - iStockphoto/Vadim Volkov - iStockphoto/Justin Horrocks - iStockphoto/Radu Razvan - Hemis/Alamy/Photocritic.org - Corbis/Hamid Sardar - iStockphoto/asterix0597 - iStockphoto/Henrique NDR Martins - **les animaux de l'océan** iStockphoto/Dmitriy Filippov - iStockphoto/Liz Leyden - iStockphoto/Michelle McNicoll - iStockphoto/Harry Kolenbrander - iStockphoto/Melissa Fiene - iStockphoto/Ian Scott - iStockphoto/Ian Scott - iStockphoto/syagci - iStockphoto/Keith Flood - iStockphoto/fmg1308 - iStockphoto/Mark Gillow - iStockphoto/Daniel Delaney - iStockphoto/sharon metson - Sunset/Juniors Bildarchiv - iStockphoto/Jacob Wackerhausen - Bios/J.-M. Labat-Y. Lanceau - Gamma-Rapho/NPL/Jacana/David Shale - Norbert Wu - Norbert Wu - Face to Face/Pierre Guiberte - NOAA/Monterey Bay Aquarium Research Institute - **les oiseaux** iStockphoto/Benny Rytter - Parade sauvage - iStockphoto/Gertjan Hooijer - iStockphoto/Andrew Howe - iStockphoto/Andrew Howe -

iStockphoto/Nikolay Stoilov - iStockphoto/Dirk R - iStockphoto/Warwick Lister-Kaye - **les papillons** iStockphoto/Luca Moi - Parade sauvage - m-rgs - iStockphoto/Eduardo Jose Bernardino - iStockphoto/Solymosi Tamás - Parade sauvage - Parade sauvage - iStockphoto/Galina Ermolaeva - iStockphoto/Vladimir Davydov - iStockphoto/Willem Dijkstra - iStockphoto/Claudia Steininger - Parade sauvage - **plantes et santé** Bios/Pierre Huguet - Gamma-Rapho/NPL/Jacana/Niall Benvie - Gamma-Rapho/Jacana/Pascal Tordeux - Gamma-Rapho/NPL/Jacana/Philippe Clement - Bios/Martin Harvey - Bios/Cyril Ruoso - Gamma-Rapho/NPL/Jacana/Fabio Liverani - Bios/François Gilson - Bios/Michael Peuckert/Flowerphotos - Gamma-Rapho/NPL/Jacana/Philippe Clement - Bios/Antoni Agelet - Bios/Michel Gunther - Bios/Frédéric Didillon - Bios/Jerry Mason/Science Photo Library - Corbis/DK Limited - Parade sauvage - **les poissons** iStockphoto/Daniel Vucsko - iStockphoto/Vera Volkova - iStockphoto/Andrei Nekrassov - iStockphoto/Vebjørn Karlsen - iStockphoto/Dieter K. Henke - iStockphoto/Krzysztof Odziomek - iStockphoto/Serdar Yagci - iStockphoto/Martin Strmko - iStockphoto/Konovalikov Andrey - iStockphoto/Kristian Sekulic - iStockphoto/Ian Scott - **les animaux des pôles** iStockphoto/Michel de Nijs - iStockphoto/Alistair Scott - iStockphoto/Irving N Saperstein - iStockphoto/Andrew Howe - iStockphoto/Alan Crawford - iStockphoto/oversnap - iStockphoto/Richard Lindie - iStockphoto/Hansjoerg Richter - iStockphoto/James Richey - iStockphoto/Keith Szafranski - iStockphoto/Tammy Wolfe - iStockphoto/Thuerig Manfred - **la pollution** iStockphoto/Andrey Prokhorov - Photodisc - Photodisc - Fotolia/Rachid Amrous-Spleen - Photodisc - iStockphoto/Yali Shi - Bios/Albert Montanier - Photodisc - Photodisc - **les animaux de la prairie** iStockphoto/ElementalImaging - iStockphoto/Roger Whiteway - iStockphoto/Vassiliy Vishnevskiy - iStockphoto/Pauline S Mills - iStockphoto/Timur Ihsan Turker - Parade sauvage - iStockphoto/Andrew Howe iStockphoto/Marek Walica - Parade sauvage - iStockphoto/Ruth Black - iStockphoto/Ruud de Man - Parade sauvage - **reptiles et amphibiens** iStockphoto/Petra Budkova - m-rgs - iStockphoto/Ziutograf - iStockphoto/Witold Ryka - iStockphoto/Wojciech Gajda - iStockphoto/Iurii Kuzmin - iStockphoto/Alasdair Thomson - iStockphoto/Jošt Gantar - iStockphoto/Shannon Plummer - iStockphoto/Julie Harris - Bios/SA Team/FotoNatura - iStockphoto/Ron Masessa - iStockphoto/Timur Kulgarin - iStockphoto/Alain Couillaud - iStockphoto/Frank Leung - iStockphoto/Liz Leyden - **les animaux de la rivière** iStockphoto/Andrew Howe - Gamma-Rapho/NPL/Jacana/Markus Varesvuo - iStockphoto/kawisign - Parade sauvage - iStockphoto/Andy Gehrig - Parade sauvage - Minden Pictures/Wil Meinderts - iStockphoto/Andrew Howe - Gamma-Rapho/NPL/Jacana/Willem Kolvoort - iStockphoto/Piotr Kwiatkowski - iStockphoto/Marcin Pawinski - Parade sauvage - **les animaux de la savane** iStockphoto/Nico Smit - iStockphoto/Prill Mediendesign & Fotografie - iStockphoto/Johan Elzenga - iStockphoto/Nico Smit iStockphoto/Peter Malsbury - iStockphoto/dlugoska - iStockphoto/Keith Barlow - iStockphoto/Prill Mediendesign & Fotografie - iStockphoto/David Gomez - iStockphoto/Irving N Saperstein - iStockphoto/Robert Hardholt - **la signalisation routière** Fotolia/Alain Besancon - iStockphoto/Lisa F Young - iStockphoto/Javier Sanchez Mingorance - **les animaux du sol** iStockphoto/Simon Gaberšcik - iStockphoto/Pauline S Mills - iStockphoto/Henrik Larsson - iStockphoto/Karel Broz - iStockphoto/Viktor Kitaykin - iStockphoto/Rolf Aasa - iStockphoto/Steve McWilliam - Parade sauvage - iStockphoto/Norbert Bieberstein - iStockphoto/Marcin Pawinski - Sunset/Animals Animals - **le Soleil** NASA - Zanichelli - ESA - Zanichelli - Hinode JAXA/NASA/PPARC - ESA/NASA - **les arts du spectacle : théâtre, danse, opéra** Corbis/Sygma/Richard Melloul - ArtComArt/Christian Ganet - iStockphoto/Knud Nielsen - IStockphoto/Luoman - IStockphoto/Luoman - Corbis/Epa/Mohamed Omar - iStockphoto/Nikada - Getty/LatinContent/Jam Media/Francisco Estrada - Enguerand-Bernand/Marc Enguerand - WikiSpectacle/Pascal Poirier - WikiSpectacle/Vincent Pontet - Shutterstock/df028 - Cit'en scène/Benoîte Fanton - **le sport** : disciplines olympiques Sipa/DPPI/Crosnier - Getty/AFP/Stu Forster - Getty/AFP/Giuseppe Cacace - Getty/AFP/Pedro Ugarte - Getty/AFP/Julian Finney - Getty/AFP/Adrian Dennis - AFP/Adrian Dennis - Getty/AFP/Mark Dadswell - AFP/Fayez Nureldine - Getty/AFP/Jamie Squire - UMA/Pressefoto MIS/Bernd Feil - Corbis/NewSport/Troy Wayrynen - Getty/AFP/David Hecker - AFP/Indranil Mukherjee - Getty/Jamie Squire - UMA/Philippe Montigny - UMA/Gilles Martin-Raget - Corbis/For Picture/Reix-Liewig - Sipa/Chine Nouvelle - Getty/AFP/Franck Fife - Sipa/Catuffe - AFP/Kazuhiro Nogi - Getty/AFP/Olivier Morin - **les télécommunications** NASA - iStockphoto/Gimmerton - IStockphoto/Ariwasabi - m-rgs - Fotolia/Margot Petrowski - Fotolia/HaywireMedia - **la Terre** m-rgs - m-rgs - m-rgs - NASA - **les animaux des tropiques** iStockphoto/Walter Spina - iStockphoto/Kurt Bertels - iStockphoto/David Thyberg - iStockphoto/Mark Hatfield - Parade sauvage - Parade sauvage - Parade sauvage - Parade sauvage - iStockphoto/Nancy Nehring - iStockphoto/Cathy Keifer - iStockphoto/Nico Smit - Bios/S.-J. Krasemann/Peter Arnold - Parade sauvage - **les animaux de la ville** iStockphoto/Svetoslav Iliev - iStockphoto/Willi Schmitz - iStockphoto/Daniel Cardiff - iStockphoto/Andrew Howe - iStockphoto/Dmitry Maslov - iStockphoto/Sascha Burkard - iStockphoto/Nancy Tripp - iStockphoto/Andrew Howe - iStockphoto/Claudia Steininger - iStockphoto/Anna Fredriksson - Minden Pictures/Ad Van Roosendaal - Gamma-Rapho/NPL/Jacana/Philippe Clement - **les voitures** iStockphoto/Jakob Kamender - iStockphoto/Angela Sorrentino - Shutterstock/Vorm in Beeld - Wikimedia/Garage de l'Est - iStockphoto/Mark Evans - Zanichelli - Fotolia/julien tromeur - Age Fotostock/Cultur/Achim Hartmann - **les volcans** iStockphoto/Jon Helgason - Zanichelli - iStockphoto/Tatiana Belova - Bios/Federico Raiser - Fotolia/Tanguy de Saint Cyr - iStockphoto/Beboy ltd -

CHRONOLOGIE

La préhistoire (H) BIS/Archives Larbor ; (B) Archivo LARA/Planeta - (H) BIS/Archives Larbor/C. Roux ; (BG) BIS/Archives Larbor/Michel Didier ; (BD) BIS/Archives Larbor/J. M. Labat - **L'Antiquité** (HG) BIS/Archives Larbor ; (HD) BIS/Archives Nathan/Sonneville ; (BG) BIS/Coll. Archives Nathan ; (BD) Archivo LARA/Planeta - (HG) BIS/Coll. Archives Larbor ; (HD) BIS/Archives Larbor/Gustavo Tomsich ; (BG) BIS/Archives Larbor ; (BD) BIS/Coll. Archives Nathan - **Le Moyen Âge** (HG) BIS/Coll. Archives Larbor ; (HD) BIS/Coll. Archives Nathan ; (BG) BIS/Archives Larbor/Gustavo Tomsich ; (BD) Shutterstock/Brandus Lan Lucian - (H) BIS/Coll. Archives Bordas ; (B) Gamma-Rapho/Age/Bruno Perousse - (HG) Archivo LARA/Planeta ; (HD) Archivo LARA/Planeta ; (BG) BIS/Coll. Archives Larbor ; (BD) BIS/Musée de l'Imprimerie, Lyon - (HG) BIS/Archives Larbor/Jean-Loup Charme ; (HM) BIS/Coll. Archives Nathan ; (HD) BIS/Archives Bordas/Lucien Malaisy ; (BG) BIS/Archives Larbor/musée de Cluny/Hubert Josse ; (BD) BIS/musée de l'Imprimerie, Lyon - **Les Temps modernes** (HG) BIS/Coll. Archives Larbor ; (HD) BIS/Archives Nathan/Sonneville ; (BG) BIS/Archives Larbor/Scala ; (BD) BIS/Archives Nathan/Frédéric Hanoteau - (HG) BIS/Coll. Archives Nathan ; (HD) BIS/Archives Larbor/Hubert Josse ; (B) BIS/Coll. Archives Larbor - (HG) BIS/Archives Nathan ; (HD) BIS/Archives Nathan ; (BG) BIS/Archives Larbor/Luc Joubert ; (BD) BIS/Archives Larbor/Michel Didier - (HG) BIS/Archives Larbor/Hubert Josse ; (HD) BIS/Archives Bordas/Michel Didier ; (BG) BIS/Peinture de Carle Van Loo/Archives Larbor/musée des Beaux-Arts ; (BD) BIS/Archives Larbor/musées de la Ville de Paris - **Le 19e siècle** (H) BIS/Archives Larbor/Hubert Josse ; (BG) BIS/Archives Bordas/Jean-Pierre Delagarde ; (BD) BIS/Archives Larbor/Hubert Josse - (H) BIS/Coll. Archives Nathan ; (BG) BIS/Archives Nathan ; (BD) BIS/Archives Larbor - (H) BIS/Archives Larbor ; (B) BIS/Peinture de Paul-Louis Delance/Archives Larbor/Hubert Josse - (HG) BIS/Peinture de Albert Gustav Edelfelt/Archives Nathan ; (HD) BIS/Archives Larbor/Jean-Loup Charmet ; (BG) BIS/Coll. Archives Nathan ; (BD) BIS/Archives Bordas/Daniel Fleurant - **Le 20e siècle** (H) BIS/Archives Larbor/H Manuel ; (B) BIS/Archives Nathan/Les Demoiselles d'Avignon/© Succession Picasso, Paris 2011 - (H) BIS/Coll. Archives Larbor/Roy Export SAS ; (BG) BIS/Archives Larbor/Moreau ; (BD) BIS/Archives Larbor/Moreau - (H) BIS/Coll. Archives Larbor/Centre de documentation juive contemporaine ; (B) BIS/Coll. Archives Larbor/DR - (H) BIS/Coll. Archives Larbor/DR/X ; (B) Gamma-Rapho/Keystone - **Le 20e siècle et le 21e siècle** (HG) Amstrad/DR ; (HD) Commission Européenne ; (B) BIS/Archives Larbor/NASA - (H) BIS/Archives Larbor/Conseil de l'Europe, Strasbourg, «Architecte Richard

Rogers Partnership» ; (BG) Cosmos/Hélène Bamberger ; (BD) Archivo LARA/Planeta

•HISTOIRE

Acropole BIS/Archives Nathan/ Sonneville - **Carolingiens** BIS Archives Nathan - **Churchill** BIS/Archives Nathan - **Croisades** BIS/Archives Larbor - **Égypte ancienne** BIS/Archives Larbor/ Gianni Dagli Orti - **François Ier** BIS/Archives Larbor/Hubert Josse - **Grèce antique** BIS/ Archives Nathan/Archaeological Receipts Fund - **Gutenberg** BIS/Archives Larbor - **Louis IX** BIS/Archives Larbor - **Louis-Philippe Ier** BIS/Archives Nathan - **Mai 1968** BIS/ Archives Larbor - **Mésopotamie** BIS/Archives Larbor - **Napoléon III** BIS/Archives Nathan - **Occupation** BIS/Archives Larbor/Gustavo Tomsich - **Révolution française** BIS/Archives Larbor/Franz Jupp - **romain (Empire)** BIS/ Archives Nathan - **Staline** BIS/Archives Larbor/J. J. Hautefeuille - **Versailles** BIS/ Archives Nathan

•HISTOIRE DES ARTS

La peinture d'histoire Archivo L.A.R.A/ Planeta - BIS/ Ph. Guiley-Lagache/ Archives Larbor - BIS/ Ph. Hubert Josse/ Archives Larbor - BIS/ Archives Nathan - **Les scènes d'intérieur** BIS/ Archives Larbor - Archivo L.A.R.A/ Planeta - Archivo L.A.R.A/ Planeta - Archivo L.A.R.A/ Planeta © Succession Matisse, Paris 2012 - **Le portrait** BIS/ Kunsthistorisches Museum, Vienne/ Archives Larbor- BIS/ Archives Nathan - BIS/ Archives Larbor - Archivo L.A.R.A/ Planeta - Archivo L.A.R.A/ Planeta - BIS/ Archives Larbor- Hélène Jous - BIS/ Courtesy Galerie Schmit, Paris/ Archives Larbor © Adagp, Paris 2012 - Rapho/ Robert Doisneau - Bernard Pras © Adagp, Paris 2012 - **Le paysage** BIS/ Ph. Hubert Josse/ Archives Larbor - BIS/ Mauritshuis Museum, La Haye - BIS/ Archives Larbor - Archivo L.A.R.A/ Planeta - **La nature morte** BIS/ Musée du Bardo, Tunis/ Archives Larbor - BIS/ Collection Thyssen Bornemisza, Madrid/ Archives Larbor - BIS/ Archives Larbor - BIS/ Ph. Studio Jan/ Archives Larbor © Adagp, Paris 2012 - **La peinture abstraite** BIS/ Courtesy Galerie Gmurzynska, Cologne - Archivo L.A.R.A/ Planeta © Adagp, Paris 2011 - BIS/ Collection Mesnil Houston/ Archives Larbor © 1998 Kate Rothko Prizel & Christopher Rothko, Adagp, Paris 2012 - BIS/ Galerie Beaubourg, Vence © Adagp, Paris 2012 - **Les illusions d'optique** iStockphoto/ Dmitri Rostovtsev - Shutterstock/ Peteri - Archivo L.A.R.A/ Planeta © Adagp, Paris 2012 - Shutterstock/ Copestello - **La photographie** BIS/ Musée Nicéphore Niépce, Ville de Chalon-sur-Saône/ Archives Larbor - BIS/ Archives Larbor - BIS/ Archives Larbor - BIS/ Archives Larbor - Magnum/ Henri Cartier-Bresson - Shoji Ueda Office Tokyo, Japon - Magnum/ Martin Parr - **Le cinéma** BIS/ Archives Larbor © Adagp, Paris 2012 - BIS/ Archives Larbor - Collection Kipa/ DR - BIS/ Ph. André Dino/ Les Films de Mon Oncle/ Collection Archives Larbor - Collection Christophe L/ Warner - Cinémathèque française/ Archives Nathan - BIS/ Collection National Film/ Archives Larbor - Collection Christophe L/ Lucasfilm - Collection Christophe L/ Walt Disney Pictures, The Zanuck Company - **Les statues** BIS/ Naturhistorisches Museum, Vienne/ Collection Archives Larbor - BIS/ Archives Larbor - Archivo L.A.R.A/ Planeta - Archivo L.A.R.A/ Planeta - BIS/ Ph. St. Nick - BIS/ Archives Larbor - BIS/ Fondation Maeght, Saint-Paul-de-Vence © Succession Giacometti, Adagp, Paris 2012 - Shutterstock/ Guen Termanaus © 2012 Niki Charitable Art Foundation, Adagp Paris - **La sculpture moderne** iStockphoto/ Ammit © Adagp, Paris 2012 - Archivo L.A.R.A/ Planeta © Adagp, Paris 2012 - BIS/ Collection Graham Williams, courtesy Juda Fine Art, Londres/ Ph. Nina Williams - BIS/ Ph. Jeanbor/ Archives Larbor © Calder Foundation, New York, Adagp, Paris 2012 - **Les monuments** BIS/ Ph. Albo - Fotolia/ Goran Bogicevic - BIS/ Ph. Luc Joubert/ Archives Larbor - BIS/ Ph. Martine Coquilleau - **Les gares** iStockphoto/ S. Greg Panosian - iStockphoto/ Barbara Hoogenoloorn - iStockphoto/ Loopis - BIS/ Ph. Hubert Josse/ Archives Larbor - Fotolia/ Pierre-Pierre - Shutterstock/ Tomasz Parys/ Jean-Marie Duthilleul-Arep - **Les théâtres et opéras** Fotolia/ Ignatius Wooster - iStockphoto/ Sebastian Julian - Shutterstock/ Claudia Carlsen - Shutterstock/ Bumihills © Adagp, Paris 2012 - **Les jardins** Fotolia/ Sternstunden - Shutterstock/ L'arki - Shutterstock/ Perseomedusa - iStockphoto/ Vandeets - Fotolia/ Beboy - Shutterstock/ Scotshot - Shutterstock/ PixAcchi © Jeff Koons - Fotolia/ pp76 © Jean Nouvel/ Musée du Quai Branly, Adagp Paris 2012 et © Patrick Blanc/ Musée du Quai Branly, Adagp Paris 2012 - **L'art chrétien** iStockphoto/ André Grave - BIS/ King photo - iStockphoto/ Joris van Ostaeyen - Archivo L.A.R.A/ Planeta - BIS/ Archives Nathan - BIS/ Archives Larbor - Shutterstock/ Dany Ortega - **L'art juif** BIS/ Ph. Fred Anderegg, Princeton University Press/ Archives Bordas - BIS/ Ph. Hubert Josse/ Archives Larbor - BIS/ Archives Larbor - BIS/ Ph. Hubert Josse/ Archives Larbor - Shutterstock/ Kletr - **L'art islamique** Archivo L.A.R.A/ Planeta - Archivo L.A.R.A/ Planeta - Archivo L.A.R.A/ Planeta – iStockphoto/ Tunart - BIS/ Jodi Jacobson - **L'art bouddhique** iStockphoto/ Atid Kiattisaksiri - Shutterstock/ PhonProm - Shutterstock/ Redswept - Shutterstock/ Serg Zastavkin - Shutterstock/ Paul Prescott - Shutterstock/ Valeria73 - **L'orfèvrerie** BIS/ Collection Archives Larbor - Archivo L.A.R.A/ Planeta - Archivo L.A.R.A/ Planeta - BIS/ Collection Archives Larbor © Adagp , Paris 2012 - BIS/ G. Lepkowski/ Archives Nathan © Adagp, Paris 2012 - **Le costume et la mode** Archivo L.A.R.A/ Planeta - Archivo L.A.R.A/ Planeta - Roger Viollet/ Jacques Cuinières - iStockphoto/ Valua Vitaly - © Fondation Pierre Bergé-Yves Saint Laurent - **Le mobilier** BIS/ Musée du Louvre/ Collection Archives Larbor - BIS/ Collection Archives Nathan - Fotolia/ Cynoclub - Archivo L.A.R.A/ Planeta - Archivo L.A.R.A/ Planeta - BIS/ Christine Smith/ Archives Larbor - Fotolia © Adagp, Paris 2012 - Rouillac - Fotolia/ Ettore - **Le design** iStockphoto/ Mehmet Hilmi Barcin - Shutterstock - Archivo L.A.R.A/ Planeta - iStockphoto/ Irina Silayeva - Archivo L.A.R.A/ Planeta - iStockphoto/ Kurt Drubbel - iStockphoto/ Joseph Gareri - iStockphoto/ Jill Fromer - **L'art dans la rue** iStockphoto/ Robert Kohlhuber/ DR - iStockphoto/ Akabei/ Michael Bond, DR - Fotolia/ Philophoto - Fotolia/ Capteurdimages - iStockphoto/ Massimo Merlini © Keith Haring - iStockphoto/ Roran Mircetic - iStockphoto/ Joel Carillet - Hélène Jous - **L'affiche** BIS/ Collection Archives Nathan - BIS/ Collection Archives Nathan © Mouron Cassandre, lic. 2012, www.cassandre.fr - BIS/ Ph. J. Bottet/ Collection Archives Larbor, DR - Sécurité routière.

•GÉOGRAPHIE

Afrique BIS/Archives Larbor/Cliché BEICIP d'après une image de l'ESA de Darmstadt (RFA) produit par le CMS de Lannion - **Allemagne** Photodisc - **Australie** Photodisc - **Bangladesh** BIS/Archives Nathan/Sonneville - **Birmanie** Photodisc - **Canada** Photodisc - **Chine** Photodisc - **Égypte** DR - **États-Unis** Photodisc - **Grèce** Photodisc - **Indonésie** Photodisc - **Italie** Photodisc - **Jordanie** BIS/Archives Nathan - **Liban** BIS/Archives Nathan - **Maroc** Photodisc - **Mexique** Photodisc - **Nigéria** BIS/Archives Larbor - **Ouzbékistan** BIS/ Archives Nathan/Sonneville - **Portugal** Photodisc - **Russie** DR - **Sénégal** DR - **Taiwan** Photodisc - **tchèque (République)** Photodisc - **Turquie** BIS/Archives Nathan - **Alsace** BIS/Archives Larbor/Jeanbor - **Languedoc-Roussillon** DR - **Pays de la Loire** BIS/Archives Larbor/Jeanbor - **Polynésie française** Photodisc - **Bâle-Ville (canton de)** Fotolia/KlausMJan - **Valais (canton du)** Fotolia/benjamin cabassot - **Zurich (canton de)** Fotolia/mirubi

Cet ouvrage a été composé
avec CALLIGRAM PAGINATION conçu par X-MEDIA
F92200 Neuilly-sur-Seine (www.x-media.fr)

IMPRIM'VERT

N° d'éditeur : 10183230 - Dépôt légal : Avril 2012
Imprimé en France par Pollina - L10773

Liechtenstein | Lituanie | Luxembourg | Macédoine | Madagascar

Malaisie | Malawi | Maldives | Mali | Malte

Maroc | Marshall | Maurice | Mauritanie | Mexique

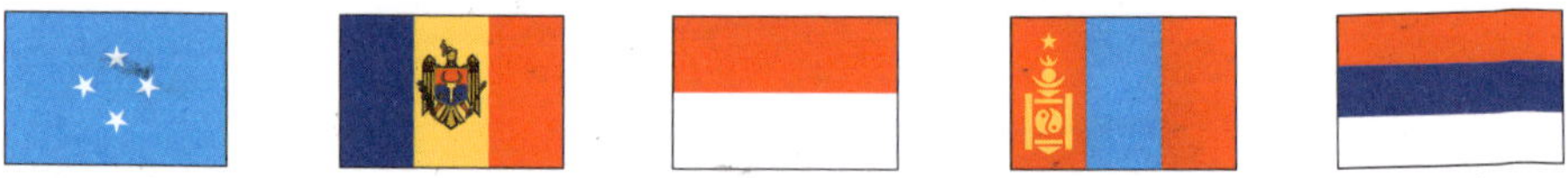

Micronésie | Moldavie | Monaco | Mongolie | Monténégro

Mozambique | Myanmar (Birmanie) | Namibie | Nauru | Népal

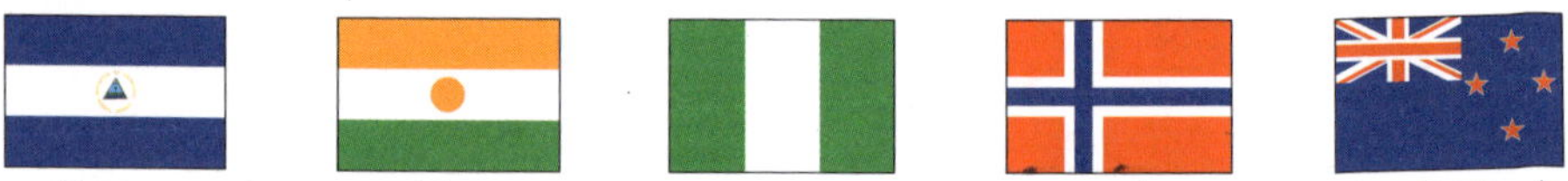

Nicaragua | Niger | Nigeria | Norvège | Nouvelle-Zélande

Oman | Ouganda | Ouzbékistan | Pakistan | Palau

Panama | Papouasie-Nlle-Guinée | Paraguay | Pays-Bas | Pérou

Philippines | Pologne | Porto-Rico | Portugal | Qatar

Québec | Roumanie | Royaume-Uni (Grande-Bretagne) | Russie | Rwanda

Histoire des arts

Présentation

Les thématiques choisies posent des bases pour l'enseignement de l'histoire des arts et présentent trois des six domaines artistiques des programmes scolaires : les **arts du visuel** (peinture, sculpture, photographie, cinéma, vidéo…), les **arts de l'espace** (architecture, jardins, urbanisme) et **les arts du quotidien** (objets d'art, arts appliqués, design).

● **Arts du visuel** La classification académique des genres picturaux forme la première grande catégorie : *la peinture d'histoire, les scènes d'intérieur, le portrait, le paysage* et *la nature morte*. Sont abordés ensuite deux types d'images qui ont complété ou accompagné la typologie précédente, au cours de l'histoire : *la peinture abstraite* et *les illusions d'optique*. Enfin, *la photographie*, aboutissement de la recherche du réalisme des formes, et *le cinéma*, aboutissement de la recherche du réalisme du mouvement. Les œuvres en trois dimensions sont présentées ensuite : *les statues*, archétypes de l'image en volume, puis *la sculpture moderne*, ces productions artistiques s'émancipant en partie du statut d'image.

● **Arts de l'espace** *Les monuments* sont assez proches de la notion de sculpture, dans leurs formes et dans leurs situations spatiales. Deux grands types d'édifices publics, *les gares* et *les théâtres et opéras*, permettent ensuite d'élargir les connaissances. Ces planches sont à mettre en relation avec celle sur *les habitations*, dans le dictionnaire (p. 518-519). La planche consacrée aux *jardins* propose des espaces d'agrément.

● **Art religieux** Placées entre les planches des « beaux-arts », que les religions les plus représentatives de nos sociétés ont largement utilisés, et celles des arts du quotidien et de la rue, avec lesquels elles ont également à voir, ces quatre planches permettent de saisir la dimension fondamentalement sacrée de la plupart des arts et de mettre en évidence les ressemblances et les différences dans les choix esthétiques, selon les croyances et les époques.

● **Arts du quotidien** Les dernières planches abordent des domaines moins immédiatement perçus comme artistiques, avec les objets d'art et les arts décoratifs ou appliqués *(l'orfèvrerie, le costume et la mode, le mobilier, le design)*. Sont également évoqués les arts éphémères, avec *l'art dans la rue* qui croise au passage les arts du spectacle vivant, autre domaine des programmes, et *l'affiche*, dont la place en fin de cahier permet de contourner la question de son domaine d'appartenance (elle fait en effet autant partie des arts du visuel – puisque objet visuel avant tout – que des arts du quotidien – puisque issue du design de communication visuelle).

La peinture d'histoire

Au 17e siècle, l'Académie royale de peinture est une école et un institut d'artistes savants, qui décide de presque tout ce qui concerne l'art de peindre en France. Elle utilise le terme *peinture d'histoire* pour désigner les œuvres représentant des scènes religieuses (catholiques), mythologiques, ou montrant des évènements historiques (sacre des rois, batailles…). Jusqu'à la fin du 19e siècle, on appellera également ce genre de peinture le *genre supérieur*, par comparaison avec le portrait, le paysage ou la nature morte, jugés moins prestigieux. La peinture d'histoire est l'un des ancêtres des films à grand spectacle d'aujourd'hui (guerre ou mythologie).

➜ allégorie, héros

Charles Le Brun, *Pierre Séguier, chancelier de France*, vers 1655-1661

Raphaël, *La Vierge à l'enfant avec le petit saint Jean-Baptiste*, dite *La Belle Jardinière*, 1508

Ingres, *Œdipe explique l'énigme du sphinx*, 1808

Delacroix adapte la peinture d'histoire pour immortaliser la révolution de 1830 (soulèvement contre le roi Charles X).

Eugène Delacroix, *Le 28 juillet. La Liberté guidant le peuple*, 1830